Y0-ERX-401

WILLIAM F. MAAG LIBRARY
YOUNGSTOWN STATE UNIVERSITY

Department for Economic and Social Information and Policy Analysis, Statistics Division

Département de l'information économique et sociale et de l'analyse des politiques, Division de statistique

1995

Demographic Yearbook
Annuaire démographique

Forty-seventh issue/Quarante-septième édition

United Nations/Nations Unies
New York, 1997

NOTE

Symbols of United Nations documents are composed of capital letters combined with figures. Mention of such a symbol indicates a reference to a United Nations document.

The designations used in this publication have been provided by the competent authorities. Those designations and the presentation of material in this publication do not imply the expression of any opinion whatsoever on the part of the Secretariat of the United Nations concerning the legal status of any country, territory, city or area or of its authorities, or concerning the delimitation of its frontiers or boundaries.

Where the designation "country or area" appears in the headings of tables, it covers countries, territories, cities or areas.

NOTE

Les cotes des documents de l'Organisation des Nations Unies se composent de lettres majuscules et de chiffres. La simple mention d'une cote dans un texte signifie qu'il s'agit d'un document de l'Organisation.

Les appellations utilisées dans cette publication ont été fournies par les autorités compétentes. Ces appellations et la présentation des données qui figurent dans cette publication n'impliquent de la part du Secrétariat de l'Organisation des Nations Unies aucune prise de position quant au statut juridique des pays, territoires, villes ou zones, ou de leurs autorités, ni quant au trace de leurs frontières ou limites.

L'appellation "pays ou zone" figurant dans les titres des rubriques des tableaux désigne des pays, des territoires, des villes ou des zones.

ST/ESA/STAT/SER.R/26

UNITED NATIONS PUBLICATION
Sales No. E/F.97.XIII.1

PUBLICATION DES NATIONS UNIES
Numéro de vente : E/F.97.XIII.1

Inquiries should be directed to:
PUBLISHING DIVISION
UNITED NATIONS
NEW YORK, N.Y. 10017

Adresser toutes demandes de renseignements à la
DIVISION DES PUBLICATIONS
NATIONS UNIES
NEW YORK, N.Y. 10017

ISBN
92-1-051086-0

Copyright © United Nations 1997
All rights reserved

Copyright © Nations Unies, 1997
Tous droits réservés

OWe15 1zl
HA
171
.D45
1995

Special topics of the Demographic Yearbook series: 1948 – 1995

Sujets spéciaux des diverses éditions de l'Annuaire démographique: 1948 – 1995

Year Année	Sales No. Numéro de vente	Issue–Edition	Special topic–Sujet spécial
1948	49.XIII.1	First–Première	General demography–Démographie générale
1949–50	51.XIII.1	Second–Deuxième	Natality statistics–Statistiques de la natalité
1951	52.XIII.1	Third–Trosième	Mortality statistics–Statistiques de la mortalité
1952	53.XIII.1	Fourth–Quatrième	Population distribution–Répartition de la population
1953	54.XIII.1	Fifth–Cinquième	General demography–Démographie générale
1954	55.XIII.1	Sixth–Sixième	Natality statistics–Statistiques de la natalité
1955	56.XIII.1	Seventh–Septième	Population censuses–Recensement de population
1956	57.XIII.1	Eighth–Huitième	Ethnic and economic characteristics of population–Caractéristiques ethniques et économiques de la population
1957	58.XIII.1	Ninth–Neuvième	Mortality statistics–Statistiques de la mortalité
1958	59.XIII.1	Tenth–Dixième	Marriage and divorce statistics–Statistiques de la nuptialité et de la divortialité
1959	60.XIII.1	Eleventh–Onzième	Natality statistics–Statistiques de la natalité
1960	61.XIII.1	Twelfth–Douzième	Population trends–L'évolution de la population
1961	62.XIII.1	Thirteenth–Treizième	Mortality statistics–Statistiques de la mortalité
1962	63.XIII.1	Fourteenth–Quatorzième	Population census statistics I–Statistiques des recensements de population I
1963	64.XIII.1	Fifteenth–Quinzième	Population census statistics II–Statistiques des recensements de population II
1964	65.XIII.1	Sixteenth–Seizième	Population census statistics III–Statistiques des recensements de population III
1965	66.XIII.1	Seventeenth–Dix–septième	Natality statistics–Statistiques de la natalité
1966	67.XIII.1	Eighteenth–Dix–huitième	Mortality statistics I–Statistiques de la mortalité I
1967	E/F.68.XIII.1	Nineteenth–Dix–neuvième	Mortality statistics II–Statistiques de la mortalité II
1968	E/F.69.XIII.1	Twentieth–Vingtième	Marriage and divorce statistics–Statistiques de la nuptialité et de la divortialité
1969	E/F.70.XIII.1	Twenty–first–Vingt et unième	Natality statistics–Statistiques de la natalité
1970	E/F.71.XIII.1	Twenty–second–Vingt–deuxième	Population trends–L'évolution de la population
1971	E/F.72.XIII.1	Twenty–third–Vingt–troisième	Population census statistics I–Statistiques des recensements de population I
1972	E/F.73.XIII.1	Twenty–fourth–Vingt–quatrième	Population census statistics II–Statistiques des recensements de population II
1973	E/F.74.XIII.1	Twenty–fifth–Vingt–cinquième	Population census statistics III–Statistiques des recensements de population III
1974	E/F.75.XIII.1	Twenty–sixth–Vingt–sixième	Mortality statistics–Statistiques de la mortalité
1975	E/F.76.XIII.1	Twenty–seventh–Vingt–septième	Natality statistics–Statistiques de la natalité
1976	E/F.77.XIII.1	Twenty–eighth–Vingt–huitième	Marriage and divorce statistics–Statistiques de la nuptialité et de la divortialité
1977	E/F.78.XIII.1	Twenty–ninth–Vingt–neuvième	International Migration Statistics–Statistiques des migration internationales
1978	E/F.79.XIII.1	Thirtieth–Trentième	General tables–Tableaux de caractè général
1978	E/F.79.XIII.8	Special issue–Edition spéciale	Historical supplement–Supplément rétrospectif
1979	E/F.80.XIII.1	Thirty–first–Trente et unième	Population census statistics–Statistiques des recensements de population

WILLIAM F. MAAG LIBRARY
YOUNGSTOWN STATE UNIVERSITY

Special topics of the Demographic Yearbook series: 1948 – 1995

Sujets spéciaux des diverses éditions de l'Annuaire démographique: 1948 – 1995

Year Année	Sales No. Numéro de vente	Issue–Edition	Special topic–Sujet spécial
1980	E/F.81.XIII.1	Thirty–second– Trente–deuxième	Mortality statistics– Statistiques de la mortalité
1981	E/F.82.XIII.1	Thirty–third– Trente–troisième	Natality statistics– Statistiques de la natalité
1982	E/F.83.XIII.1	Thirty–fourth Trente–quatrième	Marriage and divorce statistics– Statistiques de la nuptialité et de la divortialité
1983	E/F.84.XIII.1	Thirty–fifth Trente–cinquième	Population census statistics I– Statistiques des recensements de population I
1984	E/F.85.XIII.1	Thirty–sixth Trente–sixième	Population census statistics II– Statistiques des recensements de population II
1985	E/F.86.XIII.1	Thirty–seventh– Trente–septième	Mortality statistics– Statistiques de la mortalité
1986	E/F.87.XIII.1	Thirty–eighth– Trente–huitième	Natality statistics– Statistiques de la natalité
1987	E/F.88.XIII.1	Thirty–ninth– Trente–neuvième	Household composition – Les éléments du ménage
1988	E/F.89.XIII.1	Fortieth– Quarantième	Population census statistics – Statistiques des recensements de population
1989	E/F.90.XIII.1	Forty–first– Quarante–et–unième	International Migration Statistics–Statistiques des migration internationales
1990	E/F.91.XIII.1	Forty–second– Quarante–deuxième	Marriage and divorce statistics– Statistiques de la nuptialité et de la divortialité
1991	E/F.92.XIII.1	Forty–third Quarante–troisième	General tables– Tableaux de caractè général
1991	E/F.92.XIII.8	Special issue– Edition spéciale	Population ageing and the situation of elderly persons– Vieillissement de la population et situation des personnes agées
1992	E/F.94. III.1	Forty–fourth– Quarante–quatriéme	Fertility and mortality statistics– Statistiques de la fecondité et de la mortalité
1993	E/F.95. III.1	Forty–fifth– Quarante–cinquième	Population census statistics I– Statistiques des recensements de population I
1994	E/F.96. III.1	Forty–sixth– Quarante–sixième	Population census statistics II– Statistiques des recensements de population II
1995	E/F.97.XIII.1	Forty–seventh– Quarante–septième	Household composition – Les éléments du ménage

CONTENTS – TABLE DES MATIERES

Table *Page*

SPECIAL TOPIC TABLES

INDEX

Tableaux *Page*

TABLEAUX PORTANT SUR LE SUJET SPECIAL

INDEX

EXPLANATION OF SYMBOLS

Category not applicable	..
Data not available	...
Magnitude zero	–
Magnitude not zero, but less than half of unit employed	0 and/or 0.0
Marked break in series is indicated by a vertical bar	I
Provisional	*
United Nations estimate	x
Data tabulated by year of registration rather than occurrence	+
Based on less than specified minimum	◆
Relatively reliable data	Roman type
Data of lesser reliability	Italics

EXPLICATION DES SIGNES

Sans objet	..
Données non disponibles	...
Néant	–
Chiffre inférieur à la moitié de l'unité employée	0 et/ou 0.0
Un trait vertical dans la colonne indique une discontinuité notable dans la série	I
Données provisoires	*
Estimations des Nations Unies	x
Données exploitées selon l'année de l'enregistrement et non l'année de l'événement	+
Rapport fondé sur un nombre inférieur à celui spécifié	◆
Données relativement sûres	Charactères romains
Données dont l'exactitude est moindre	Italiques

INTRODUCTION

The Demographic Yearbook is a comprehensive collection of international demographic statistics, prepared by the Statistics Division of the United Nations. The Demographic Yearbook 1995, which features household and family characteristics as the special topic is the forty-seventh in a series published by the United Nations.

Through the co-operation of national statistical services, official demographic statistics are presented for about 233 countries or areas throughout the world. Estimates prepared by the United Nations Population Division, Department for Economic and Social Information and Policy Analysis of the United Nations, have been used in certain instances to supplement official statistics. The use of United Nations estimates has made it possible to present tables giving summary data for all countries or areas of the world using 1995 as a common year of reference.

The tables in this issue of the Yearbook are presented in two parts, the basic tables followed by the tables devoted to household and family characteristics, the special topic in this issue. The first part contains tables giving a world summary of basic demographic statistics, followed by tables presenting statistics on the size, distribution and trends in population, natality, foetal mortality, infant and maternal mortality, general mortality, nuptiality and divorce. In the second part, this issue of the Yearbook serves to update the household and family characteristics featured in the 1987 issue.

The tables on household characteristics show the number of households with various characteristics of the household head or reference person such as age, sex and marital status. Data are shown by urban/rural residence in many of the tables.

The Technical Notes on the Statistical Tables are to assist the reader in using the tables. Acumulative index, found at the end of the Yearbook, is a guide to the subject matter, by years covered, in all forty-seven issues. The sales numbers of previous issues and a listing of the special topics featured in each issue are shown on pages iii and iv.

To commemorate the thirtieth anniversary of the publication of the Demographic Yearbook, a special edition entitled the Demographic Yearbook: Historical Supplement was issued in 1979. The Historical Supplement presents time series on population size, age, sex and urban/rural residence, natality, mortality and nuptiality as well as selected derived measures concerning these components of population change for a 30-year time period, 1948-1978. The first issue of the Yearbook, the Demographic Yearbook 1948, included many of the same tables showing annual data for the period 1932 to 1947. Therefore, the Historical Supplement, in particular when used jointly with the Demographic Yearbook 1948, can furnish a wealth of historical international demographic data.

INTRODUCTION

L'Annuaire démographique est un recueil de statistiques démographiques internationales qui est établi par la Division de statistique de l'Organisation des Nations Unies. L'Annuaire de 1995, qui a comme sujet spécial les characteristiques des ménages et des familles est le quarante-septieme d'une série que publie l'ONU.

Grâce à la coopération des services nationaux de statistique, il a été possible de faire figurer dans la présente édition des statistiques démographiques officielles pour environ 233 pays ou zones du monde entier. Dans certains cas, pour compléter les statistiques officielles, on a utilisé des estimations établies par la Division de la population du Departement de l'Information Economique et Sociale et de l'Analyse des Politiques de l'ONU. Grâce à ces estimations, on a pu présenter des tableaux contenant des données récapitulatives pour l'ensemble des pays ou zones du monde entier, avec 1995 pour année de référence.

Les tableaux de la présente édition de l'Annuaire sont présentés en deux groupes d'abord les tableaux de base, puis les tableaux consacrés aux ménages et aux familles, qui est le sujet spécial. Dans le groupe I se trouvent des tableaux qui donnent un aperçu mondial des statistiques démographiques de base, depuis des tableaux qui présentent des statistiques sur la dimension, la répartition et les tendances de la population, la natalité, la mortalité foetale, la mortalité infantile et la mortalité liée à la maternité, la mortalité générale et la nuptialité et divortialité. Dans le deuxième groupe, la présente édition de l'Annuaire démographique met à jour les données des ménages et des familles dans les éditions de 1987.

Les tableaux sur les caractéristiques des ménages et des familles présentent des données statistiques sur le nombre, dimension et la composition des ménages et sur le nombre des ménages classés selon diverses caractéristiques du chef de ménage ou membre de référence, telles que l'age, le sexe et l'état matrimonial. Dans l'ensemble de l'Annuaire, des donnés clasées selon la résidence, urbaine/rurale sont presénétés dans un grand nombre de tableaux.

Les Notes techniques sur les tableaux statistiques sont destinées à aider le lecteur. A la fin de l'Annuaire, un index cumulatif donne des renseignements sur les matières traitées dans chacune des quarante-et-sept éditions et sur les années sur lesquelles portent les données. Les numéros de vente des éditions antérieures et une liste des sujets spéciaux traités dans les différentes éditions apparaissent en page iii et iv.

A l'occasion du trentième anniversaire de l'Annuaire démographique, une édition spéciale intitulée Annuaire démographique : Supplément rétrospectif a été publiée en 1979. Ce supplément rétrospectif présente des séries chronologiques sur la dimension de la population, l'âge, le sexe et la résidence urbaine/rurale, la natalité, la mortalité et la nuptialité ainsi que quelques mesures indirectes concernant les changements de population pour une période de 30 années (1948-1978). L'Annuaire démographique 1948, qui était la première édition, comprenait beaucoup de tableaux semblables présentant des données annuelles couvrant la période 1932-1947. De ce fait, le Supplément rétrospectif, utilisé conjointement avec l'Annuaire de 1948, pourra fournir des données démographiques internationales de grande valeur historique.

In June 1984, the Population and Vital Statistics Report: 1984 Special Supplement was published. The Special Supplement updates several data series presented in the Demographic Yearbook: Historical Supplement; in particular, population estimates and a summary of vital statistics rates, population by age, sex and urban/rural residence as reported in the 1970 and 1980 round of population censuses and age specific birth and death rates. Throughout the Yearbook data are shown by urban/rural residence.

The Demographic Yearbook is one of a co-ordinated and interrelated set of publications issued by the United Nations and the specialized agencies and designed to supply basic statistical data for demographers, economists, public-health workers and sociologists. Under the co-ordinated plan, the Demographic Yearbook is the international source of demographic statistics. Some of the data assembled for it are reprinted in the publications of the World Health Orgnization -- in particular in the World Health Statistics Annual -- to make them more readily accessible to the medical and public-health professions.

In addition, the World Health Organization publishes annually compilations of deaths by cause, age and sex, detailed statistics on selected causes of death, information on cases of deaths from notifiable diseases and other data of medical interest, which supplement the Demographic Yearbook tables. Both the Demographic Yearbook and the World Health Organization publications should be used when detailed figures on the full range of internationally assembled statistics on these subjects are required.

Data shown in this issue of the Demographic Yearbook are available on magnetic tape at a cost of $320.00.

A database that runs on microcomputers is under development. Known as the Demographic and Social Statistics Database, it contains data previously published in the Demographic Yearbook. This microcomputer-based system provides fast access to demographic and social time series statistics. The current version runs on an IMB-compatible microcomputer of 80286 or higher with at least 600 Kb of RAM, 10Mb of hard disk and one floppy drive.

The system is menu-driven. It permits users to choose topics, time periods, countries or areas and data sources. Users can select outputs directed to the screen, to paper on to a database in ASCII format. As the development continues, topics will be updated at the completion of their preparation for publication in the Yearbook. Data from this issue are available as follows:

Population by sex	1950 - 1994
Population by age and sex	1950 - 1994
Live births by sex	1950 - 1994
Live births by age of mother/ and sex of child	1950 - 1994
Deaths by sex	1950 - 1994
Deaths by age and sex	1950 - 1994
Expectation of life at exact ages/ by sex	1950 - 1994

En juin 1984, le Rapport sur la population et les statistiques de l'état civil : Supplément spécial de 1984, été publió. Cette édition spéciale est une mise à jour de plusieurs séries présentées dans l'Annuaire démographique : Supplément historique; notament, les estimations concernant la population et une récapitulacion des taux démographiques, la répartition de la population par âge, sexe et résidence urbaine/rurale telle qu'elle ressort des cycles de recensements de population, de 1970 et de 1980, et les taux de natalité et de mortalité par âge. Dans l'ensemble de l'Annuaire, les données présentés sont classées selon la résidence (urbaine/rurale).

L'Annuaire démographique s'intègre dans un ensemble de publications complémentaires que font paraître l'Organisation des Nations Unies et les institutions spécialisées et qui ont pour objet de fournir des statistiques de base aux démographes, aux économistes, aux spécialistes de la santé publique et aux sociologues. Conformément au plan de coordination, l'Annuaire démographique constitue la source internationale des statistiques démographiques. Certaines des données qui y sont rassemblées sont reproduites dans les publications de l'Organisation mondiale de la santé notamment dans l'Annuaire des statistiques sanitaires mondiales -- afin qu'elles soient plus accessibles au corps médical et aux agents de la santé publique.

En outre, l'Organisation mondiale de la santé publie chaque année des statistiques des décès selon la cause, l'âge et le sexe, des séries détaillées sur les décès imputables à certaines causes, des données sur les cas de maladies à déclaration obligatoire et sur les décès dus à ces maladies, ainsi que d'autres statistiques d'intérêt médical qui viennent compléter les tableaux de l'Annuaire démographique. L'Annuaire démographique et les publications de l'Organisation mondiale de la santé doiventêtre consultés concurremment si l'on veut connaître, dans tout leur détail, les statistiques rassemblées dans ces dcmaines sur le plan international.

Il est possible de se procurer sur bande magnétique, moyennant le paiement d'une somme 320 dollars les données recueillies dans le présent Annuaire démographique.

On met actuellement au point une base de base de données exploitable sur micro-ordinateur. Intitulée Base de données des statistiques demographiques et sociales, celle-ci contient des données déjà publiées dans l'Annuaire démographique. Grâce à ce système informatisé, l'utilisateur pourra avoir rapidement accès aux statistiques chronologiques dans les domaines démographiques et sociales. La version actualle de la base de données est exploitable sur les micro-ordinateurs compatibles IBM de type 80286 au plus, dotés au minimum de 600 kilo-octets de mémoir e vive, d'un disque dur de 10 méga-octets et d'une unité de disque souple.

Grace à ce système, qui est à base de menus, l'utilisateur peut opérer des choix selon les sujets, les séries chronologiques, les pays ou zones et les sources des données, et extraire les données auxquelles il aura ainsi accédé directement sur l'écran, sur papier ou sur un fichier de type ASCII. Au fur et à mésure de la mise au point de cette base de données, les différents sujets seront mis à jour une fois qu'ils aurong été définivement établis aux fins de publication dans l'Annuaire. Les données de cette édition sont disponibles comme suit :

Population selon le sexe	1950 - 1994
Population selon l'âge et le sexe	1950 - 1994
Naissances vivants par sexe	1950 - 1994
Naissances vivants selon l'âge de	1950 - 1994
Décès selon l'âge	1950 - 1994
Décès selon l'âge et le sexe	1950 - 1994
Espérance de vie à un âge donnée pour chaque sexe	1950 - 1994

Infant deaths by sex	1950 - 1994	Décès d'enfants de moins/ d'un an selon le sexe	1950 - 1994
Marriages	1950 - 1994	Mariages	1950 - 1994
Marriages by age of groom and bride	1980-1994	Mariages selon l'âge de l'époux et de l'épouse	1980 - 1994
Divorces	1950 - 1994	Divorces	1950 - 1994

Users wishing to conduct their own research can do so by obtaining the database on diskette. For further information and ways to obtain the database, users may contact the Director, Statistics Division, United Nations, New York, NY 10017.

Les utilisateurs qui désirent faire leur propre recherche peuvent obtenir la base de données sur disquette. Pour obtenir plus d'information sur les moyens de recevoir la base de données, on peut contacter le directeur de la Division de statistique.

TECHNICAL NOTES ON THE STATISTICAL TABLES

1. GENERAL REMARKS

1.1 Arrangement of Technical Notes

These Technical Notes are designed to give the reader relevant information for using the statistical tables. Information pertaining to the Yearbook in general is presented in sections dealing with various geographical aspects and population and vital statistics data. The following section which refers to individual tables includes a description of the variables, remarks on the reliability of the data, limitations, coverage and information on the presentation of earlier data. When appropriate, details on computation of rates, ratios or percentages are presented.

1.2 Arrangement of tables

The tables are grouped in two parts, the general tables and the special topic tables, which in this particular issue deal with population census statistics on household and family characteristics. In each group, tables are arranged according to subject matter and shown in the table of contents under the appropriate subheadins. Since the numbering of the tables does not correspond exactly to those in previous issues, the reader is advised to use the index which appears at the end of this book to find data in earlier issues.

1.3 Source of data

The statistics presented in the Demographic Yearbook are official data unless otherwise indicated. The primary source of data for the Yearbook is a set of questionnaires sent annually and monthly to about 220 national statistical services and other appropriate government offices. Data forwarded on these questionnaires are supplemented, to the extent possible, by data taken from official national publications and by correspondence with the national statistical services. In the interest of comparability, rates, ratios and percentages have been calculated in the Statistics Division of the United Nations, except for the life table functions and a few exceptions in the rate tables, which have been appropriately noted. The methods used by the Statistics Division to calculate these rates and ratios are described in the Technical Notes for each table. The populations used for these computations are those published in this or previous issues of the Yearbook.

In cases when data in this issue of the Demographic Yearbook differ from those published in earlier issues of the Demographic Yearbook or related publications, statistics in this issue may be assumed to reflect revisions received in the Statistics Division of the United Nations by 31 March 1996. It should be noted that, in particular, data shown as provisional are subject to further revision.

1.4 Changes appearing in this issue

1.4.1 Presentation of data

Information regarding recent name changes for various countries or areas is shown in section 2.3.2

NOTES TECHNIQUES SUR LES TABLEAUX STATISTIQUES

1. REMARQUES D'ORDRE GENERAL

1.1 Ordonnance des Notes techniques

Les Notes techniques ont pour but de donner au lecteur tous les renseignements dont il a besoin pour se servir des tableaux statistiques. Les renseignements qui concernent l'Annuaire en général sont présentés dans des sections portant sur diverses considérations géographiques, sur la population et sur les statistiques de natalité et de mortalité. Dans la section suivante, les tableaux sont commentés chacun séparémentet, à propos de chacun d'eux, on trouvera une description des variables ainsi que des indications sur la fiabilité, les insuffisances et la portée des données, et sur les données publiées antérieurement. Des détails sont fournis également, le cas échéant, sur le mode de calcul des taux, quotients ou pourcentages.

1.2 Ordonnance des tableaux

Les tableaux sont présentés en deux groupes, les tableaux généraux et les tableaux portant sur le sujet spécial, qui, dans la présente édition, concerne les statistiques des ménages et des familles. Dans chaque groupe, les tableaux sont présentés pour sujet et figure dans la table des matières sous les rubriques correspondantes. Comme la numérotation des tableaux ne correspond pas exactement à celle des éditions précédante, il est recommandé au lecteur de se reporter à l'index qui figure à la fin du présent ouvrage pour trouver les données publiées dans les précédentes éditions.

1.3 Origine des données

Sauf indication contraire, les statistiques présentés dans l'Annuaire démographique sont des données officielles. Elles sont fournies essentiellement par des questionnaires qui sont envoyés, annuellement ou mensuellement, à environ 220 services nationaux de statistique et autres services gouvernementaux compétents. Les données communiquées en réponse à ces questionnaires sont complétées, dans toute la mesure possible, par des données tirées de publications nationales officielles et des renseignements communiqués par les services nationaux de statistique dans leur correspondance avec l'ONU. Pour que les données soient comparables, les taux, rapports et pourcentages ont été calculés au Division de statistique de l'ONU, excepté les paramètres des tables de mortalité et quelques cas dans les tableaux relatifs aux taux, qui ont été dûment signalés en note. Les méthodes suivies par la Division pour le calcul des taux et rapports sont décrites dans les Notes techniques relatives à chaque tableau. Les chiffres de population utilisés pour ces calculs sont ceux qui figurent dans la présente édition de l'Annuaire ou qui ont paru dans des éditions antérieures.

Chaque fois que l'on constatera des différences entre les données du présent volume et celles des éditions antérieures de l'Annuaire démographique, ou de certaines publications apparentées, on pourra en conclure que les statistiques publiées cette année sont des chiffres révisés communiqués au Division de statistique avant le 31 mars 1996. On notera en particulier que les chiffres présentés comme provisoires pourront être révisés eux aussi.

1.4 Modifications introduites dans la présente édition

1.4.1 Présentation des données

On trouvera dans la section 2.3.2 des informations sur les changements récemment apportés aux noms de divers pays ou zones.

2. GEOGRAPHICAL ASPECTS

2.1 Coverage

Geographical coverage in the tables of this Yearbook is as comprehensive as possible. Data are shown for as many individual countries or areas as provide them. Table 3 is the most comprehensive in geographical coverage, presenting data on population and surface area for every country or area with a population of at least 50 persons. Not all of these countries or areas appear in subsequent tables. In many cases the data required for a particular table are not available. In general, the more detailed the data required for any table, the fewer the number of countries or areas that can provide them.

In addition, with the exception of three tables, rates and ratios are presented only for countries or areas reporting at least a minimum number of relevant events. The minimums are explained in the Technical Notes for the individual tables. The three exceptions, in which rates for countries or areas are shown regardless of the number of events on which they were based, are tables 4, 9, and 18, presenting a summary of vital statistics rates, crude birth rates, and crude death rates, respectively.

Except for summary data shown for the world and by mayor areas and regions in tables 1 and 2, all data are presented on the national level.

2.2 Territorial composition

In so far as possible, all data, including time series data, relate to the territory within 1995 boundaries. Exceptions to this are footnoted in individual tables. Additionally, in table 3, recent changes and other relevant clarifications are elaborated.

Data relating to the People's Republic of China generally include those for Taiwan Province in the field of statistics relating to population, surface area, natural resources, natural conditions such as climate, etc. In other fields of statistics, they do not include Taiwan Province unless otherwise stated. Therefore in this publication, the data published under the heading "China" include those for Taiwan Province.

Through accession of the German Democratic Republic to the Federal Republic of Germany with effect from 3 October 1990, the two German States have united to form one sovereign State. As from the date of unification, the Federal Republic of Germany acts in the United Nations under the designation of "Germany". All data shown which pertain to Germany prior to 3 October 1990 are indicated separately for the Federal Republic of Germany and the former German Democratic Republic based on their respect live boundaries at the time indicated.

In 1991, the Union of Soviet Socialist Republics formally dissolved into fifteen individual countries (Armenia, Azerbaijan, Belarus, Estonia, Georgia, Kazakstan, Kyrgyzstan, Latvia, Lithuania, Republic of Moldova, Russian Federation, Tajikistan, Turkmenistan, Ukraine and Uzbekistan. Whenever possible, data are shown for the individual countries. Otherwise, data are shown for the former USSR.

2. CONSIDERATIONS GEOGRAPHIQUES

2.1 Portée

La portée géographique des tableaux du présent Annuaire est aussi complète que possible. Des données sont présentées sur tous les pays ou zones qui en ont communiquées. Le tableau 3, le plus complet, contient des données sur la population et la superficie de chaque pays ou zone ayant une population d'au moins 50 habitants. Ces pays ou zones ne figurent pas tous dans les tableaux suivants. Dans bien des cas, les données requises pour un tableau particulier n'étaient pas disponibles. En général, le nombre de pays ou zones qui peuvent fournir des données estd'autant plus petit que les données demandées sont plus détaillées.

De plus, sauf dans trois tableaux, les taux et rapports ne sont présentés que pour les pays ou zones ayant communiqué des chiffres correspondant à un nombre minimal de faits considérés. Les minimums sont indiqués dans les Notes techniques relatives à chacun des tableaux. Les trois tableaux faisant exception, où les taux pour les pays ou zones sont présentés quel que soit le nombre de faits sur lequel ils se fondent, sont les tableaux 4, 9 et 18, où figurent respectivement des données récapitulatives sur les taux démographiques, les taux bruts de natalité et les taux bruts de mortalité.

A l'exception des données récapitulatives présentées dans les tableaux 1 et 2 pour le monde, les grandes régions et les régions, toutes les données se rapportent aux pays.

2.2 Composition territoriale

Autant que possible, toutes les données, y compris les séries chronologiques, se rapportent au territoire de 1995. Les exceptions à cette règle sont signalées en note au bas des tableaux. De plus, les changements intervenus récemment et d'autres précisions intéressantes figurent au tableau 3.

Les données relatives à la République populaire de Chine comprennent en général celles de la province de Taiwan concernant la population, la superficie, les ressources naturelles, les conditions naturelles telles que le climat, etc. Dans d'autres domaines statistiques, elles ne comprennent pas les données relatives à la province de Taiwan, sauf indication contraire. Dans la présente publication, les données figurant sous la rubrique "Chine" comprennent donc les données relatives à la province de Taiwan.

En vertu de l'adhésion de la République démocratique allemande à la République fédérale d'Allemagne, prenant effet le 3 octobre 1990, les deux Etats allemands se sont unis pour former un seul Etat souverain. A compter de la date de l'unification, la République fédérale d'Allemagne est désignéà l'ONU sous le nom d'Allemagne. Toutes les données se rapportant à l'Allemagne avant le 3 octobre figurent dans deux rubriques séparées basées sur les territoires respectifs de la République fédérale d'Allemagne et l'ancienne République démocratique allemande selon la période indiquée.

En 1991, l'Union des républiques socialistes soviétiques s'est séparée en 15 pays distincts (Arménie, Azerbaïdjan, Bélarus, Estonie, Géorgie, Kazakstan, Kyrgyzstan, Lettonie, Lituanie, la République de Moldova, Fédération Russe, Tadjikistan, Turkménistan, Ukraine, Ouzbékistan). Les données sont présentées pour ces pays pris séparément quand cela est possible. Autrement, les données sont présentées pour l'ancienne URSS.

2.3 Nomenclature

Because of space limitations, the country or area names listed in the tables are generally the commonly employed short titles in use in the United Nations as of 31 March 1996,[1] the full titles being used only when a short form is not available.

2.3.1 Order of presentation

Countries or areas are listed in English alphabetical order within the following continents: Africa, North America, South America, Asia, Europe and Oceania.

The designations employed and the presentation of the material in this publication were adopted solely for the purpose of providing a convenient geographical basis for the accompanying statistical series. The same qualification applies to all notes and explanations concerning the geographical units for which data are presented.

The following change in country name appears for the first time in this issue of the Yearbook:

Former Listing	Current Listing
Kazakhstan	Kazakstan

2.4 Surface Area Data

Surface area data, shown in tables 1 and 3, represent the total surface area, comprising land area and inland waters (assumed to consist of major rivers and lakes) and excluding only polar regions and uninhabited islands. The surface area given is the most recent estimate available. All are presented in square kilometres, a conversion factor of 2.589988 having been applied to surface areas originally reported in square miles.

For the first time in the 1990 questionnaires, information on the surface area of cities and urban agglomerations was reported. Data for 64 countries or areas are shown in table 8.

2.4.1 Comparability over time

Comparability over time in surface area estimates for any given country or area may be affected by improved surface area estimates, increases in actual land surface by reclamation, boundary changes, changes in the concept of "land surface area" used or a change in the unit of measurement used. In most cases it was possible to as certain the reason for a revision but, failing this, the latest figures have nevertheless generally been accepted as correct and substituted for those previously on file.

2.4.2 International comparability

Lack of international comparability between surface are a estimates arises primarily from differences in definition. In particular, there is considerable variation in the treatment of coastal bays, inlets and gulfs, rivers and lakes. International comparability is also impaired by the variation in methods employed to estimate surface area.

2.3 Nomenclature

Pour gagner de la place, on a jugé commode de nommer en général dans les tableaux les pays ou zones par les désignations abrégées couramment utilisées par les Nations Unies au 31 mars 1996 [1], les désignations complètes n'étant utilisées que lors qu'il n'existait pas de forme abrégée.

2.3.1 Ordre de présentation

Les pays ou zones sont classés dans l'ordre alphabétique anglais et regroupés par continent comme ci-après : Afrique, Amérique du Nord, Amérique du Sud, Asie, Europe et Océanie.

Les appellations employées dans la présente édition et la présentation des données qui y figurent n'ont d'autre objet que de donner un cadre géographique commode aux séries statistiques. La même observation vaut pour toutes les notes et précisions fournies sur les unités géographiques pour lesquelles des données sont présentées.

Le changement suivant dans l'appellation d'un pays figure pour la première fois dans la présente édition de l'Annuaire :

Appellation antérieure	Nouvelle appellation
Kazakhstan	Kazakstan

2.4 Superficie

Les données relatives à la superficie qui figurent dans les tableaux 1 et 3 représentent la superficie totale, c'est-à-dire qu'elles englobent les terres émergées et les eaux intérieures (qui sont censées comprendre les principaux lacs et cours d'eau) à la seule exception des régions polaires et des îles inhabitées. Les données relatives à la superficie correspondent aux chiffres estimatifs les plus récents.
Les superficies sont toutes exprimées en kilomètres carrés; les chiffres qui avaient été communiqués en miles carrés ont été convertis à l'aide d'un coefficient de 2,589988.

Pour le premier fois dans les questionnaires de 1990, les données relatives à la superficie des villes et des agglomérations urbaines étaient communiquées. Les chiffres pour 64 pays ou zones sont présentés à tableau 8.

2.4.1 Comparabilité dans le temps

La comparabilité dans le temps des estimations relatives à la superficie d'un pays ou d'une zone donnés peut être affectée par la révision des estimations antérieures de la superficie, par des augmentations effectives de la superficie terrestre dues par exemple à des travaux d'assèchement, par des rectifications de frontières, par des changements d'interprétation du concept de "terres émergées", ou par l'utilisation de nouvelles unités de mesure. Dans la plupart des cas, il a été possible de déterminer la raison de ces révisions; toutefois, lors qu'on n'a pas pu le faire, on a néanmoins remplacé les anciens chiffres par les nouveaux et on a généralement admis que ce sont ces derniers qui sont exacts.

2.4.2 Comparabilité internationale

Le défaut de comparabilité internationale entre les données relatives à la superficie est dû essentiellement à des différences de définition. En particulier, la définition des golfes, baies et criques, lacs et cours d'eau varie sensiblement d'un pays à l'autre. La diversité des méthodes employées pour estimer les superficies nuit elle aussi à la comparabilité internationale.

These range from surveys based on modern scientific methods to conjectures based on diverse types of information. Some estimates are recent while others may not be. Since neither the exact method of determining the surface area nor the precise definition of its composition and time reference is known for all countries or areas, the estimates in table 3 should not be considered strictly comparable from one country or area to another.

Certaines données proviennent de levés effectués selon des méthodes scientifiques modernes; d'autres ne représentent que des conjectures reposant sur diverses catégories de renseignements. Certains chiffres sont récents, d'autres pas. Comme ni la méthode de calcul de la superficie ni la composition du territoire et la date à laquelle se rapportent les données ne sont connues avec précision pour tous les pays ou zones, les estimations figurant au tableau 3 ne doivent pas être considérées comme rigoureusement comparables d'un pays ou d'une zone à l'autre.

3. POPULATION

Population statistics, that is, those pertaining to the size, geographical distribution and demographic characteristics of the population, are presented in a number of tables of the Demographic Yearbook.

Data for countries or areas include population census figures, estimates based on results of sample surveys (in the absence of a census), postcensal or intercensal estimates and those derived from continuous population registers. In the present issue of the Yearbook, the latest available census figure of the total population of each country or area and mid-year estimates for 1990 and 1995 are presented in table 3. Mid-year estimates of total population for 10 years are shown in table 5 and mid-year estimates of urban and total population by sex for 10 years are shown in table 6. The latest available data on population by age, sex and urban/rural residence are given in table 7. The latest available figures on the population of capital cities and of cities of 100 000 and more inhabitants are presented in table 8.

Summary estimates of the mid-year population of the world, major areas and regions for selected years and of its age and sex distribution in 1995 are set forth in tables 1 and 2, respectively.

The statistics on total population, population by age, sex and urban/rural distribution are used in the calculation of rates in the Yearbook. Vital rates by age and sex were calculated using data which appear in table 7 in this issue or the corresponding tables of previous issues of the Demographic Yearbook.

3.1 Sources of variation of data

The comparability of data is affected by several factors, including (1) the definition of the total population,(2) the definitions used to classify the population into its urban/rural components, (3) difficulties relating to age reporting, (4) the extent of over-enumeration or under-enumeration in the most recent census or other source of bench-mark population statistics and (5) the quality of population estimates. These five factors will be discussed in some detail in sections 3.1.1 to 3.2.4 below. Other relevant problems are discussed in the Technical Notes to the individual tables. Readers interested in more detail, relating in particular to the basic concepts of population size, distribution and characteristics as elaborated by the United Nations, should consult the Principles and Recommendations for Population and Housing Censuses.[2]

3. POPULATION

Les statistiques de la population, c'est-à-dire celles qui se rapportent à la dimension, à la répartition géographique et aux caractéristiques démographiques de la population, sont présentées dans un certain nombre de tableaux de l'Annuaire démographique.

Les données concernant les pays ou les zones représentent les résultats de recensements de population, des estimations fondées sur les résultats d'enquêtes par sondage (s'il n'y a pas eu recensement), des estimations postcensitaires ou intercensitaires, ou des estimations établies à partir de données tirées des registres de population permanents. Dans la présente édition de l'Annuaire, le tableau 3 présente pour chaque pays ou zone le chiffre le plus récent de la population totale au dernier recensement et des estimations établies au milieu de l'année 1990 et de l'année 1995. Le tableau 5 contient des estimations de la population totale au milieu de chaque année pendant 10 ans, et le tableau 6 des estimations de la population urbaine et de la population totale, par sexe, au milieu de chaque année pendant 10 ans. Les dernières données disponibles sur la répartition de la population selon l'âge, le sexe et la résidence (urbaine/rurale) sont présentées dans le tableau 7. Les derniers chiffres disponibles sur la population des capitales et des villes de 100000 habitants ou plus sont présentés dans le tableau 8.

Les tableaux 1 et 2 présentent respectivement des estimations récapitulatives de la population du monde, des grandes régions et des régions en milieu d'année, pour diverses années, ainsi que des estimations récapitulatives, pour 1995, de cette population répartie selon l'âge et le sexe.

On a utilisé pour le calcul des taux les statistiques de la population totale et de la population répartie selon l'âge, le sexe et la résidence (urbaine/rurale). Les taux démographiques selon l'âge et le sexe ont été calculés à partir des données qui figurent dans le tableau 7 de la présente édition ou dans les tableaux correspondants de précédentes éditions de l'Annuaire démographique.

3.1 Sources de variation des données

Plusieurs facteurs influent sur la comparabilité des données : 1) la définition de la population totale, 2) les définitions utilisées pour distinguer entre population urbaine et population rurale, 3) les difficultés liées aux déclarations d'âge, 4) l'étendue du sur-dénombrement ou du sous-dénombrement dans le recensement le plus récent ou dans une autre source de statistiques de référence sur la population, et 5) la qualité des estimations relatives à la population. Ces cinq facteurs sont analysés en quelques détails dans les sections 3.1.1 à 3.2.4 ci-après. D'autres questions seront traitées dans les Notes techniques relatives à chaque tableau. Pour plus de précisions concernant, notamment, les concepts fondamentaux de dimension, de répartition et de caractéristiques de la population qui ont été élaborés par les Nations Unies, le lecteur est prié de se reporter aux Principes et recommandations concernant les recensements de la population et l'habitation.[2]

WILLIAM F. MAAG LIBRARY
YOUNGSTOWN STATE UNIVERSITY

3.1.1 Total population

The most important impediment to comparability of total populations is the difference between de facto and dejure population. A de facto population should include all persons physically present in the country or area at the reference date. The de jure population, by contrast, should include all usual residents of the given country or area, whether or not they were physically present there at the reference date. By definition, therefore, a de facto total and a de jure total are not entirely comparable.

Comparability of even two ostensibly de facto totals or of two ostensibly de jure totals is often affected by the fact that, simple as the two concepts appear, strict conformity to either of them is rare. To give a few examples,some so-called de facto counts do not include foreign military, naval and diplomatic personnel present in the country or area on official duty, and their accompanying family members and servants; some do not include foreign visitors in transit through the country or area or transients on ships in harbour. On the other hand, they may include such persons as merchant seamen and fishermen who are out of the country or area working at their trade.

The de jure population figure presents even more opportunity for lack of comparability because it depends in the first place on the concept of a "usual resident", which varies from one country or area to another and is, in any case, difficult to apply consistently in a census or survey enumeration. For example, civilian aliens temporarily in a country or area as short-term workers may officially be considered residents after a stay of a specified period of time or they may be considered as non-residents throughout the duration of their stay; at the same time, the same persons may be officially considered as residents or non-residents of the country or area from which they came, depending on the duration and/or purpose of their absence. Furthermore, regardless of the official treatment, individual respondents may apply their own interpretation of residence in responding to the inquiry. In addition, there may be considerable differences in the accuracy with which countries or areas are informed about the number of their residents temporarily out of the country or area.

So far as possible, the population statistics presented in the tables of the Yearbook are de facto. Figures not otherwise qualified may, therefore, be assumed to have been reported by countries or areas as de facto. Those reported as de jure are identified as such. In an effort to overcome, to the extent possible, the effect of the lack of strict conformity to either the de facto or the de jure concept given above, significant exceptions are footnoted when they are known. It should be remembered, however, that the necessary detailed information has not been available in many cases.

It cannot, therefore, be assumed that figures not thus qualified reflect strict de facto or de jure definitions.

3.1.1 Population totale

Le facteur qui fait le plus obstacle à la comparabilité des données relatives à la population totale est la différence qui existe entre population de fait et population de droit. La population de fait comprend toutes les personnes présentes dans le pays ou la zone à la date de référence, tandis que la population de droit comprend toutes les personnes qui résident habituellement dans le pays ou la zone, qu'elles y aient été ou non présentes à la date de référence. La population totale de fait et la population totale de droit ne sont donc pas rigoureusement comparables entre elles par définition.

Même lorsqu'on veut comparer deux totaux qui se rapportent manifestement à des populations de fait ou deux totaux qui se rapportent manifestement à des populations de droit, on risque souvent de faire des erreurs pour cette raison que, aussi simples que ces concepts puissent paraître, il est rare qu'ils soient appliqués strictement. Pour citer quelques exemples, certains comptages qui sont censés porter sur la population de fait netiennent pas compte du personnel militaire, naval et diplomatique étranger en fonction dans le pays ou la zone, ni des membres de leurs familles et de leurs domestiques les accompagnant; certains autres ne comprennent pas les visiteurs étrangers de passage dans le pays ou la zone ni les personnes à bord de navires ancrés dans lesports. En revanche, il arrive que l'on compte des personnes, inscrits maritimes et marins pêcheurs par exemple, qui, en raison de leur activité professionnelle, se trouvent hors du pays ou de la zone de recensement.

Les risques de disparités sont encore plus grands quand il s'agit de comparer des populations de droit, car ces comparaisons dépendent au premier chef de la définition de la "résidence habituelle", qui varie d'un pays ou d'une zone à l'autre et qu'il est, de toute façon, difficile d'appliquer uniformément pour le dénombrement lors d'un recensement ou d'une enquête. Par exemple, les civils étrangers qui se trouvent temporairement dans un pays ou une zone comme travailleurs à court terme peuvent officiellement être considérés comme résidents après un séjour d'une durée déterminée, mais ils peuvent aussi être considérés comme non-résidents pendant toute la durée de leur séjour; ailleurs, ces mêmes personnes peuvent être considérées officiellement comme résidents ou comme non-résidents du pays ou de la zone d'où ils viennent, selon la durée et, éventuellement, la raison de leur absence. Qui plus est, quel que soit son statut officiel, chacun des recensés peut, au moment de l'enquête, interpréter à sa façon la notion de résidence. De plus, les autorités nationales ou de zon es ne savent pas toutes avec la même précision combien de leurs résidents se trouvent temporairement à l'étranger.

Les chiffres de population présentés dans les tableaux de l'Annuaire représentent, autant qu'il a été possible, la population de fait. Sauf indication contraire, on peut supposer que les chiffres présentés ont été communiqués par les pays ou les zones comme se rapportant à la population de fait. Les chiffres qui ont été communiqués comme se rapportant à la population de droit sont identifiés comme tels. Lorsqu'on savait que les données avaient été recueillies selon une définition de la population de fait ou de la population de droit qui s'écartait sensiblement de celle indiquée plus haut, on l'a signalé en note, de manière à compenser dans toute la mesure possible les conséquences de cette divergence. Il ne faut pas oublier néanmoins qu'on ne disposait pas toujours de renseignements détaillés à ce sujet.

On ne peut donc partir du principe que les chiffres qui ne sont pas accompagnés d'une note signalant une divergence correspondent exactement aux définitions de la population de fait ou de la population de droit.

A possible source of variation within the statistics of a single country or area may arise from the fact that some countries or areas collect information on both the de facto and the de jure population in, for example, a census, but prepare detailed tabulations for only the de jure population. Hence, even though the total population shown in table 3 is de facto, the figures shown in the tables presenting various characteristics of the population, for example, urban/rural distribution, age and sex, may be de jure. These de jure figures are footnoted when known.

3.1.2 Urban/rural classification

International comparability of urban/rural distributions is seriously impaired by the wide variation among national definitions of the concept of "urban". The definitions used by individual countries or areas are shown at the end of table 6, and their implications are discussed in the Technical Notes for that table.

3.1.3 Age distribution

The classification of population by age is a core element of most analysis, estimation and projection of population statistics. Unfortunately, age data are subject to a number of sources of error and non-comparability. Accordingly, the reliability of age data should be of concern to nearly all users of these statistics.

3.1.3.1 Collection and compilation of age data

Age is the estimated or calculated interval of time between the date of birth and the date of the census, expressed in completed solar years.@3 There are two methods of collecting age data. The first is to obtain the date of birth for each member of the population in a census or survey and then to calculate the completed age of the individual by substracting the date of birth from the date of enumeration.@4 The second method is to record the individuals completed age at the time of the census, that is to say, age at last birthday.

The recommended method is to calculate age at last birthday by subtracting the exact date of birth from the date of the census. Some places, however, do not use this method but instead calculate the difference between the year of birth and the year of the census. Classifications of this type are footnoted whenever possible. They can be identified to a certain extent by a smaller than expected population under one year of age. However, an irregular number of births from one year to the next or age selective omission of infants may obscure the expected population under one year of age.

3.1.3.2 Errors in age data

Errors in age data may be due to a variety of causes, including ignorance of correct age; reporting years of age in terms of a calendar concept other than completed solar years since birth,@5 carelessness in reporting and recording age; a general tendency to state age in figures ending in certain digits (such as zero, two, five and eight); a tendency to exaggerate length of life at advanced ages; possibly subconscious aversion to certain numbers and wilful misrepresentations arising from motives of an economic, social, political or purely personal character.

Il peut y avoir hétérogénéité dans les statistiques d'un même pays ou d'une même zone dans le cas des pays ou zones qui, bien qu'ils recueillent des données sur la population de droit et sur la population de fait à l'occasion d'un recensement, par exemple, ne font une exploitation statistique détaillée des données que pour la population de droit. Ainsi, tandis que les chiffres relatifs à la population totale qui figurent au tableau 3 se rapportent à la population de fait, ceux des tableaux qui présentent des données sur diverses caractéristiques de la population résidence (urbaine/rurale), âge et sexe, par exemple peuvent ne se rapporter qu'à la population de droit. Lorsqu'on savait que les chiffres se rapportaient à la population de droit, on l'a signalé en note.

3.1.2 Résidence (urbaine/rurale)

L'hétérogénéité des définitions nationales du terme "urbain" nuit sérieusement à la comparabilité internationale des données concernant la répartition selon la résidence. Les définitions utilisées par les différents pays ou zones sont reproduites à la fin du tableau 6, et leurs incidences sont examinées dans les Notes techniques relatives à ce même tableau.

3.1.3 Répartition par âge

La répartition de la population selon l'âge est un paramètre fondamental de la plupart des analyses, estimations et projections relatives aux statistiques de la population. Malheureusement, ces données sont sujettes à un certain nombre d'erreurs et difficilement comparables. C'est pourquoi pratiquement tous les utilisateurs de ces statistiques doivent considérer ces répartitions avec la plus grande circonspection.

3.1.3.1 Collecte et exploitation des données sur l'âge

L'âge est l'intervalle de temps déterminé par calcul ou par estimation qui sépare la date de naissance de la date du recensement et qui est exprimé en années solaires révolues.@3 Les données sur l'âge peuvent être recueillies selon deux méthodes: la première consiste à obtenir la date de naissance de chaque personne à l'occasion d'un recensement ou d'un sondage, puis à calculer l'âge en années révolues en soustrayant la date de naissance de celle du dénombrement.@4 La seconde consiste à enregistrer l'âge en années révolues au moment du rencensement, c'est-à-dire l'âge au dernier anniversaire.

La méthode recommandée consiste à calculer l'âge au dernier anniversaire en soustrayant la date exacte de la naissance de la date du recensement. Toutefois, on n'a pas toujours recours à cette méthode; certains pays ou zones calculent l'âge en faisant la différence entre l'année du recensement et l'année de la naissance. Lorsque les données sur l'âge ont été établies de cette façon, on l'a signalé chaque fois si possible en note au bas des tableaux. On peut d'ailleurs s'en rendre compte dans une certaine mesure, car les chiffres dans la catégorie des moins d'un an sont plus faibles qu'ils ne devraient l'être. Cependant, un nombre irrégulier de naissances d'une année à l'autre ou l'omission de certains âges parmi les moins d'un an peut fausser les chiffres de la population de moins d'un an.

3.1.3.2 Erreurs dans les données sur l'âge

Les causes d'erreurs dans les données sur l'âge sont diverses : on peut citer notamment l'ignorance de l'âge exact, la déclaration d'années d'âge correspondant à un calendrier différent de celui des années solaires révolues depuis la naissance@5, la négligence dans les déclarations et dans la façon dont elles sont consignées, la tendance générale à déclarer des âges se terminant par certains chiffres tels que 0, 2, 5 ou 8, la tendance, pour les personnes âgées, à exagérer leur âge, une aversion subconsciente pour certains nombres, et les fausses déclarations faites délibérément pour des motifs d'ordre économique, social, politique ou simplement personnel.

These reasons for errors in reported age data are common to most investigations of age and to most countries or areas, and they may impair comparability to a marked degree.

Les causes d'erreurs mentionnées ci-dessus, communes à la plupart des enquêtes sur l'âge et à la plupart des pays ou zones, peuvent nuire sensiblement à la comparabilité.

As a result of the above-mentioned difficulties, the age-sex distribution of population in many countries or areas shows irregularities which may be summarized as follows : (1) a deficiency in number of infants and young children, (2) a concentration at ages ending with zero and five (that is, 5, 10, 15, 20...), (3) a preference for even ages (for example, 10, 12, 14...) over odd ages (for example, 11, 13, 15...), (4) unexpectedly large differences between the frequency of males and females at certain ages, and (5) unaccountably large differences between the frequencies in adjacent age groups. Comparison of identical age-sex cohorts from successive censuses, as well as study of the age-sex composition of each census, may reveal these and other inconsistencies, some of which in varying degree are characteristic of even the most modern censuses.

A cause des difficultés indiquées ci-dessus, les répartitions par âge et par sexe de la population d'un grand nombre de pays ou de zones comportent des irrégularités qui sont notamment les suivantes : 1) erreurs par défaut dans les groupes d'âge correspondant aux enfants de moins d'un an et aux jeunes enfants; 2) polarisation des déclarations sur les âges se terminant par les chiffres 0 ou 5 (c'est-à-dire 5, 10,15, 20...); 3) prépondérance des âges pairs (par exemple 10, 12, 14...) au détriment des âges impairs (par exemple 11, 13, 15...); 4) écart considérable et surprenant entre le rapport masculin/féminin à certains âges; 5) différences importantes et difficilement explicables entre les données concernant des groupes d'âge voisins. En comparant les statistiques fournies par des recensements successifs pour des cohortes identiques d'âge et de sexe et en étudiant la répartition par âge et par sexe de la population à chaque recensement, on peut déceler l'existence de ces incohérences et de quelques autres, un certain nombre d'entre elles se retrouvant à des degrés divers même dans les recensements les plus modernes.

3.1.3.3 Evaluation of accuracy

To measure the accuracy of data by age on the evidence of irregularities in 5-year groups, an index was devised for presentation in the Demographic Yearbook 1949-1950.[6] Although this index was sensitive to various sources of inaccuracy in the data, it could also be affected considerably by real fluctuations in past demographic processes. It could not, therefore, be applied indiscriminately to all types of statistics, unless certain adjustments were made and caution used in the interpretation of results.

The publication of population statistics by single years of age in the Demographic Yearbook 1955 made it possible to apply a simple, yet highly sensitive, index known as Whipple's Index, or the Index of Concentration, [7] the interpretation of which is relatively free from consideration of factors not connected with the accuracy of age reporting. More refined methods for the measurement of accuracy of distributions by single year of age have been devised, but this particular index was selected for presentation in the Demographic Yearbook on the basis of its simplicity and the wide use it has already found in other sources.

Whipple's Index is obtained by summing the age returns between 23 and 62 years inclusive and finding what percentage is borne by the sum of the returns of years ending with 5 and 0 to one-fifth of the total sum. The results would vary between a minimum of 100, representing no concentration at all, and a maximum of 500, if no returns were recorded with any digits other than the two mentioned.[8]

The index is applicable to all age distributions for which single years are given at least to the age of 62, with the following exceptions: (1) where the data presented are the result of graduation, no irregularity is scored by Whipple's Index, even though the graduated data may still be affected by inaccuracies of a different type; (2) where statistics on age have been derived by reference to the year of birth, and tendencies to round off the birth year would result in an excessive number of ages ending in odd numbers, the frequency of age reporting with terminal digits 5 and 0 is not an adequate measure of their accuracy.

3.1.3.3 Evaluation de l'exactitude

Pour déterminer, sur la base des anomalies relevées dans les groupes d'âge quinquennaux, le degré d'exactitude des statistiques par âge, on avait mis au point un indice spécial [6] pour l'Annuaire démographiqe 1949-1950. Cet indice était sensible à l'influence des différents facteurs qui limitent l'exactitude des données et il n'échappait pas non plus à celle des véritables fluctuations démographiques du passé. On ne pouvait donc l'appliquer indistinctement à tous les types de données à moins d'effectuer les ajustements nécessaires et de faire preuve de prudence dans l'interprétation des résultats.

La publication dans l'Annuaire démographique 1955 de statistiques de la population par année d'âge a permis d'utiliser un indice simple, mais très sensible,connu sous le nom d'indice de Whipple ou indice de concentration,[7] dont l'interpretation échappe pratiquement à l'influence des facteurs sans rapport avec l'exactitude des déclarations d'âge. Il existe des méthodes plus perfectionnées pour évaluer l'exactitude des répartitions de population par année d'âge, mais on a décidé de se servir ici de cet indice à cause de sa simplicité et de la large utilisation dont il a déjà fait l'objet dans d'autres publications.

L'indice de Whipple s'obtient en additionnant les déclarations d'âge comprises[10] entre 23 et 62 ans inclusivement et en calculant le pourcentage des âges déclarés se terminant par 0 ou 5 par rapport au cinquième du nombre total de déclarations. Les résultats varient entre un minimum de 100, s'il n'y a aucune concentration, et un maximum de 500, si aucun âge déclaré ne se termine par un chiffre autre que 0 et 5. [8]

Cet indice est applicable à toutes les répartitions par âge pour lesquelles les années d'âge sont données au moins jusqu'à 62 ans, sauf dans les cas suivants : 1) lorsque les données présentées ont déjà fait l'objet d'un ajustement, l'indice de Whipple ne révèle aucune irrégularité bien que des inexactitudes d'un type différent puissent fausser ces données; 2) lorsque les statistiques relatives à l'âge sont établies sur la base de l'année de naissance et que la tendance à arrondir l'année de naissance se traduit par une fréquence excessive des âges impairs, on ne peut utiliser la méthode reposant sur les déclarations d'âge se terminant par 5 et 0 pour évaluer l'exactitude des données recueillies.

Using statistics for both sexes combined, the index has now been computed for all the single-year age distributions in table 26 of the 1993 Yearbook from censuses held between 1985 and 1993, with the exception of those excluded on the criteria set forth above. The ratings achieved by 77 such distributions can be found on pages 19 to 20 of the Demographic Yearbook 1993.

Although Whipple's Index measures only the effects of preferences for ages ending in 5 and 0, it can be assumed that such digit preference is usually connected with other sources of inaccuracy in age statements and the index can be accepted as a fair measure of the general reliability of the age distribution.[9]

3.2 Methods used to indicate quality of published statistics

To the extent possible, efforts have been made to give the reader an indication of reliability of the statistics published in the Demographic Yearbook. This has been approached in several ways. Any information regarding a possible under-enumeration or over-enumeration, coming from a postcensal survey, for example, has been noted in the footnotes to table 3.[10] Any deviation from full national coverage, a explained in section 2.1 under Geographical Aspects, has also been noted. In addition, national statistical offices have been asked to evaluate the estimates of total population they submit to the Statistics Division of the United Nations.

3.2.1 Quality code for total population estimates

As early as the second issue of the Yearbook, that is, the Demographic Yearbook 1949-1950, a code was developed to describe the manner in which the estimates of total population were constructed. This code has subsequently been modified and expanded. The present code was instituted in 1958, and it is structured to take into account four elements which have been recognized as affecting the reliability of population estimates: (1) the nature of the base measurement of the population, (2) the time elapsed since the last measurement, (3) the method of time adjustment by which the base figure was brought up to date, and (4) the quality of the time adjustment. The revised code is thus composed of four parts, namely, the nature of the base data, their recency, the nature of the time adjustment, and its quality.[11] The symbols of the code are listed below:

Part I. Nature of base data (capital letter)

A Complete census of individuals.
B Sample survey.
C Partial census or partial registration of individuals.
D Conjecture.
...Nature of base data not determined.

Part II. Recency of base data (subscript numeral following capital letter)

Numeral indicates time elapsed (in years) since establishment of base figure.

Part III. Method of time adjustment (lower-case letter)

a Adjustment by continuous population register.
b Adjustment based on calculated balance of births, death and migration.

A partir de chiffres relatifs à l'ensemble des deux sexes, on a calculé cet indice pour toutes les répartitions par année d'âge du tableau de l'édition de 1993 de l'Annuaire démographique sur la base des recensements effectués entre 1985 et 1993, à l'exception de celles que l'on a écartées pour les motifs indiqués plus haut. L'édition de 1993 de l'Annuaire démographique (p. 19 à 20)donne une évaluation de l'exactitude des déclarations d'âge pour les distributions données.

Bien que l'indice de Whipple ne mesure que les effets de la préférence pour les âges se terminant par 50 et 0, il semble que l'on puisse admettre qu'il existe généralement certains liens entre préférence et d'autres sources d'inexactitudes dans les déclarations d'âge, de telle sorte que l'on peut dire qu'il donne une assez bonne idée de l'exactitude de la répartition par âge en général, non seulement dans les données de recensements. [9]

3.2 Méthodes utilisées pour indiquer la qualité des statistiques publiées

On a cherché dans toute la mesure possible à donner au lecteur une indication du degré de fiabilité des statistiques publiées dans l'Annuaire démographique. On a, pour ce faire, procédé de diverses façons. Chaque fois que l'on savait, grâce par exemple à une enquête postcensitaire, qu'il y avait eu sous-dénombrement ou surdénombrement, on l'a signalé en note au bas du tableau 3[10]. Ainsi qu'on l'a indiqué dans la section 2.1 sous la rubrique "Considérations géographiques", chaque fois que les données ne portaient pas sur la totalité du pays, on l'a également signalé en note. De plus, les services nationaux de statistique ont été priés de fournir une évaluation des estimations de la population totale qu'ils communiquaient au Division de statistique de l'ONU.

3.2.1 Codage qualitatif des estimations de la population totale

Dès la deuxième édition de l'Annuaire, c'est-à-dire dans l'Annuaire démographique de 1949-1950, on a introduit un code indiquant la manière dont les estimations de la population totale sont établies. Ce codea, par la suite, été modifié et développé. Le code actuel, établi en 1958, est conçu de manière à tenir compte de quatre éléments dont on a admis qu'ils influent sur la fiabilité des estimations de la population : 1) la nature du chiffre de population qui sert de base; 2) le temps écoulé depuis qu'il a été établi; 3) la méthode d'ajustement chronologique ayant servi à mettre à jour le chiffre de base; 4) la qualité de l'ajustement chronologique. Le code révisé se compose donc de quatre éléments, à savoir la nature des données de base, leur âge, la méthode d'ajustement chronologique et la qualité de cet ajustement.[11] Voici quels sont les signes conventionnels du code:

Premier élément. Nature des données de base (lettre majuscule)

A Recensement complet.
B Enquête par sondage.
C Recensement ou enregistrement partiel.
D Estimations conjecturales.
...Nature des données de base inconnue.

Deuxième élément. Age des données de base (indice numérique accompagnant la majuscule)

Dans chaque cas, l'indice représente le nombre d'années écoulées depuis l'établissement des données de base.

Troisième élément. Méthode d'ajustement chronologique (lettre minuscule)

a Ajustement après un registre de population permanent.
b Ajustement d'après l'équation de concordance (balance des naissances, des décès et de la migration nette).

c Adjustment by assumed rate of population increase.

d No adjustment : base figure held constant at least two consecutive years.

... Method of time adjustment not determined.

Part IV. Quality of adjustment for types a and b (numeral following letter a or b)

1. Population balance adequately accounted for.
2. Adequacy of accounting for population balance not determined but assumed to be adequate.
3. Population balance not adequately accounted for.

Quality of adjustment for type c (numeral following letter c)

1. Two or more censuses taken at decennial intervals or less.
2. Two or more censuses taken, but latest interval exceeds a decennium.
3. One or no census taken.

In addition to these four points, it would have been desirable to consider the probable error in the base measurement of the population. However, this has not been possible as an indication of it is so rarely available.

3.2.2 Treatment of estimates of total population

On the basis of the quality code assessments, the latest official total population estimates are classified as "reliable" or "less reliable" by the Statistics Division of the United Nations. "Reliable" data are set in roman type while "less reliable" data are set in italics. Two criteria are used in establishing reliability.

To begin with, reliable estimates can be defined in terms of the "nature of base data. Reliable estimates are those having their origin in a population census (codedA); those based on a sample survey representing the majority of the population (coded B); and, provided the total population is under 1,000 persons, those obtained by annual administrative counting of population (coded C).

A second criterion of reliability is the "method of time adjustment". Time adjustment by the population-register method (coded a), or by the balancing equation method (coded b), is considered reliable, provided the components of the adjusting factors are adquately accounted for. Reliable accounting is defined for this purpose as combinations of (a) and (b) with (1) or (2). Less reliable time adjustment includes updating by assumed rates of population growth (coded c), no updating (coded d), and method unknown (coded...).

Population estimates which are considered reliable are those which are classified as reliable according to the nature of the base data and in addition are considered reliable on the basis of the method of time adjustment. These estimates are shown in roman type. Estimates which are considered less reliable are shown in italics.

3.2.3 Treatment of time series of population estimates

When a series of mid-year population estimates are presented, the same indication of quality is shown for the entire series as was determined for the latest estimate. The quality is indicated by the type face employed.

c Ajustement d'après un taux d'accroissement présumé de la population.

d Pas d'ajustement : base constante pour au moins deux années consécutives.

... Méthode d'ajustement inconnue.

Quatrième élément. Qualité de l'ajustement pour les types a et b (chiffres accompagnant la lettre a ou b)

1. Balance démographique sûre.
2. Balance démographique de qualité inconnue mais supposée sûre.
3. Balance démographique non sûre.

Qualité de l'ajustement pour le type c (chiffre accompagnant la lettre c)

1. Au moins deux recensements, à intervalle de dix ans ou moins.
2. Au moins deux recensements, l'intervalle entre les deux derniers étant de plus de dix ans.
3. Un ou aucun recensement.

En plus de ces quatre éléments, il eut été souhaitable d'étudier la probabilité d'erreur dans le chiffre de population pris pour base. Cela n'a toutefois pas été possible, car il est rare que l'on dispose d'indications à ce sujet.

3.2.2 Traitement des estimations de la population totale

Se fondant sur les évaluations de la qualité des données, la Division de statistique de l'ONU classe les dernières estimations officielles de la population totale comme "sûres" ou "moins sûres". Les "sûres" sont imprimées en caractères romains alors que les données "moins sûres" sont imprimées en italique. Deux critères permettent de déterminer la fiabilité des estimations.

Tout d'abord, les estimations sûres peuvent être définies du point de vue de la "nature des données de base". On peut définir comme sûres les estimations fondées sur un recensement de population (codées A); celles qui reposent sur une enquête par sondage représentant la majorité de la population (codées B); et, à condition que la population totale soit inférieure à 1,000, celles qui résultent d'un comptage administratif annuel de la population (codées C).

Un deuxième critère de fiabilité est la "méthode d'ajustement chronologique". L'ajustement chronologique d'après un registre de population (codé a) ou d'après l'équation de concordance (codéb) est jugé "sûr" à condition toutefois qu'il ait été dûment tenu compte des composantes du facteur d'ajustement. On considère qu'il n'en est ainsi que lorsque les lettres a et b sont combinées avec les chiffres 1 ou 2. L'ajustement chronologique est jugé "moins sûr" dans les cas suivants : ajustement d'après un taux d'accroissement présumé de la population (codé c), pas d'ajustement (codé d) et méthode d'ajustement inconnue (codé...).

Les estimations de la population qui sont considérées comme sûres sont celles qui sont classées comme telles selon la nature des données de base et qui sont en outre considérées comme sûres d'après la méthode d'ajustement chronologique. Ces estimations sont imprimées en caractères romains. Les estimations considérées moins sûres sont imprimées en italique.

3.2.3 Traitement des séries chronologiques d'estimations de la population

En ce qui concerne les séries d'estimations de la population en milieu d'année, on considère que la qualité de la série tout entière est la même que celle de la dernière estimation. La qualité de la série est indiquée par le caractère d'imprimerie utilisé.

No attempt has been made to split the series even though it is evident that in cases where the data are now considered reliable, in earlier years, many may have been considerably less reliable than the current classification implies. Thus it will be evident that this method over-states the probable reliability of the time series in many cases. It may also understate the reliability of estimates for years immediately preceding or following a census enumeration.

3.2.4 Treatment of estimated distributions by age and other demographic characteristics

Estimates of the age-sex distribution of population may be constructed by two major methods: (1) by applying the specific components of population change to each age-sex group of the population as enumerated at the time of the census and (2) by distributing the total estimated for a postcensal year proportionately according to the age-sex structure at the time of the census. Estimates constructed by the latter method are not published in the Demographic Yearbook.

Among published, estimated age-sex distributions are categorized as "reliable" or less reliable'' according to the method of construction established for the latest estimate of total mid-year population. Hence, the quality designation of the total figure, as determined by the code, is considered to apply also to the whole distribution by age and sex, and the data are set in italic or roman type, as appropriate, on this basis alone. Further evaluation of detailed age structure data has not been undertaken to date.

4. VITAL STATISTICS

For purposes of the Demographic Yearbook, vital statistics have been defined as statistics of live birth, death, foetal death, marriage and divorce.

In this volume of the 1994 Yearbook, only general tables dealing with natality, mortality, nuptiality and divorce are presented.

4.1 Sources of variation of data

Most of the vital statistics data published in this Yearbook come from national civil registration systems. The completeness and the accuracy of the data which these systems produce vary from one country or area to another. 12

The provision for a national civil registration system is not universal, and in some cases, the registration system covers only certain vital events. For example, in some countries or areas only births and deaths are registered. There are also differences in the effectiveness with which national laws pertaining to civil registration operate in the various countries or areas.

The manner in which the law is implemented and the degree to which the public complies with the legislation determine the reliability of the vital statistics obtained from the civil registers. It should be noted that some statistics for marriage and divorce are obtained from sources other than civil registers. For example, in some countries or areas, the only source for data on marriages is church registers.

On n'a pas cherché à subdiviser les séries, mais il est évident que les données qui sont jugées sûres actuellement n'ont pas toutes le même degré de fiabilité et que, pour les premières années, nombre d'entre elles étaient peut-être bien moins sûres que la classification actuelle ne semble l'indiquer. Ainsi, il apparaît clairement que cette méthode tend, dans bien des cas, à surestimer la fiabilité probable des séries chronologiques. Elle peut aussi sous-estimer la fiabilité des estimations pour les années qui précèdent ou qui suivent immédiatement un recensement.

3.2.4 Traitement des séries estimatives selon l'âge et d'autres caractéristiques démographiques

Des estimations de la répartition de la population par âge et par sexe peuvent être obtenues selon deux méthodes principales : 1) en appliquant les composantes spécifiques du mouvement de la population, pour chaque groupe d'âge et pour chaque sexe, à la population dénombrée lors du recensement; et 2) en répartissant proportionnellement le chiffre total estimé pour une année postcensitaire d'après la composition par âge et par sexe au moment du recensement. Les estimations obtenues par la seconde méthode ne sont pas publiées dans l'Annuaire démographique.

Les séries estimatives selon l'âge et le sexe qui sont publiées sont classées en deux catégories, "sûres" ou "moins sûres", selon la méthode retenue pour le plus récent calcul estimatif de la population totale en milieu d'année. Ainsi, l'appréciation de la qualité du chiffre total, telle qu'elle ressort des signes de code, est censée s'appliquer aussi à l'ensemble de la répartition par âge et par sexe, et c'est sur cette seule base que l'on décide si les données figureront en caractères italiques ou romains. On n'a pas encore procédé à une évaluation plus poussée des données détaillées concernant la composition par âge.

4. STATISTIQUES DE L'ETAT CIVIL

Aux fins de l'Annuaire démographique, on entend par statistiques de l'état civil les statistiques des naissances vivantes, des décès, des morts foetales, des mariages et des divorces.

Dans le présent volume de l'Annuaire 1994, on n'a présenté que les tableaux généraux sur la natalité, la mortalité, la nuptialité et la divortialité.

4.1 Sources de variations des données

La plupart des statistiques de l'état civil publiées dans le présent Annuaire sont fournies par les systèmes nationaux d'enregistrement des faits d'état civil. Le degré d'exhaustivité et d'exactitude de ces données varie d'un pays ou d'une zone à l'autre. 12

Il n'existe pas partout de système national d'enregistrement des faits d'état civil et, dans quelques cas, seuls certains faits sont enregistrés. Par exemple, dans certains pays ou zones, seuls les naissances et les décès sont enregistrés. Il existe également des différences quant au degré d'efficacité avec lequel les lois relatives à l'enregistrement des faits d'état civil sont appliquées dans les divers pays ou zones.

La fiabilité des statistiques tirées des registres d'état civil dépend des modalités d'application de la loi et de la mesure dans laquelle le public s'y soumet. Il est à signaler qu'en certains cas les statistiques de la nuptialité et de la divortialité sont tirées d'autres sources que les registres d'état civil. Dans certains pays ou zones, par exemple, les seules données disponibles sur la nuptialité sont tirées des registres des églises.

Divorce statistics, on the other hand, are obtained from court records and/or civil registers according to national practice. The actual compilation of these statistics may be the responsibility of the civil registrar, the national statistical office or other government offices.

As well as these factors, others affecting the international comparability of vital statistics are much the same as those which must be considered in evaluating the variations in other population statistics. Differences in statistical definitions of vital events, differences in geographical and ethnic coverage of the data and diverse tabulation procedures -- all these may influence comparability.

In addition to vital statistics from civil registers, some vital statistics published in the Yearbook are official estimates. These estimates are frequently from sample surveys. As such, their comparability may be affected by the national completeness of reporting in household surveys, non-sampling and sampling errors and other sources of bias. Estimates prepared by the Population Division of the United Nations Secretariat have been used in certain instances to supplement official data. Both official and United Nations estimates are noted when they appear in tables.

Readers interested in more detailed information on standards for vital statistics should consult the Principles and Recommendations for a Vital Statistics System. [13] The Handbook of Vital Statistics Methods Volumes I: Legal, Organizational and Technical Aspects and II: Review of national practices [14] published in connection with it provide detailed information on the sources of error in vital statistics data and the application of recommendations to national systems.

The Handbook of Household Surveys [15] provides information in collection and evaluation of data on fertility, mortality and other vital events collected in household surveys.

4.1.1 Statistical definitions of events

An important source of variation lies in the statistical definition of each vital event. The Demographic Yearbook attempts to collect data on vital events, using the standard definitions put forth in paragraph 46 of Principles and Recommendations for a Vital Statistics System. These are as follows:

4.1.1.1 LIVE BIRTH is the complete expulsion or extraction from its mother of a product of conception, irrespective of the duration of pregnancy, which after such separation breathes or shows any other evidence of life such as beating of the heart, pulsation of the umbilical cord, or definite movement of voluntary muscles, whether or not the umbilical cord has been cut or the placenta is attached; each product of such a birth is considered live-born regardless of gestational age.

4.1.1.2 DEATH is the permanent disappearance of all evidence of life at any time after live birth has taken place (postnatal cessation of vital functions without capability of resuscitation). This definition therefore excludes foetal deaths

Les statistiques de la divortialité sont en outre, suivant la pratique suivie par chaque pays, tirées des actes des tribunaux et/ou des registres d'état civil. L'officier de l'état civil, le service national de statistique ou d'autres administrations publiques peuvent être chargés d'établir ces statistiques.

Les autres facteurs qui influent sur la comparabilité internationale des statistiques de l'état civil sont à peu près les mêmes que ceux qu'il convient de prendre en considération pour interpréter les variations observées dans les statistiques de la population. La définition des faits d'état civil aux fins de statistique, la portée des données du point de vue géographique et ethnique ainsi que les méthodes d'exploitation des données sont autant d'éléments qui peuvent influer sur la comparabilité.

En plus des statistisques tirées des registres d'état civil, l'Annuaire présente des statistiques de l'état civil qui sont des estimations officielles nationales, fondés souvent sur les résultats de sondages. Aussi leur comparabilité varie-t-elle en fonction du degré d'exhaustivité des déclarations recueillies lors d'enquêtes sur les ménages, des erreurs d'échantillonnage ou autres, et des distorsions d'origines diverses. Dans certains cas, les données officielles ont été complétées par des estimations établies par la Division de la population du Secrétariat de l'Organisation des Nations Unies. Les estimations officielles nationales et celles établies par l'ONU sont signalées en note au bas des tableaux où elles figurent.

Pour plus de précisions au sujet des pratiques nationales dans le rassemblementétat civil, [13] le lecteur pourra se reporter aux Principes et recommendations pour un systeme de statistiques de l'état civil. Le Manuel de statistique de l'état civil Volume I: Legal, Organizational and Technical Aspects et Volume II: etude des pratiques nationales [14] qui était publié en liaison avec ce document donne des précisions sur les sources d'erreurs dans les statistiques de l'état civil et sur l'application des recommandations aux systèmes nationaux.

Le "Handbook of Household Surveys" [15] fournit des informations sur la collecte et sur l'évaluation des recueillies au cours des enquêtes sur les familles.

4.1.1 Définition des faits d'état civil aux fins de la statistique

Une cause importante d'hétérogénéité dans les données est le manque d'uniformité des définitions des différents faits d'état civil. Aux fins de l'Annuaire démographique, il est recommandé de recueillir les données relatives aux faits d'état civil en utilisant les définitions établies au paragraphe 46 des Principes et recommandations pour un système de statistiques de l'état civil. Ces définitions sont les suivantes :

4.1.1.1 La NAISSANCE VIVANTE est l'expulsion ou l'extraction complète du corps de la mère, indépendamment de la durée de la gestation, d'un produit de la conception qui, après cette séparation, respire ou manifeste tout autre signe de vie, tel que battement de coeur, pulsation du cordon ombilical ou contraction effective d'un muscle soumis à l'action de la volonté, que le cordon ombilical ait été coupé ou non et que le placenta soit ou non demeuré attaché; tout produit d'une telle naissance est considéré comme "enfant né vivant".

4.1.1.2 Le DECES est la disparition permanente de tout signe de vie à un moment quelconque postérieur à la naissance vivante (cessation des fonctions vitales après la naissance sans possibilité de réanimation). Cette définition ne comprend donc pas les morts foetales.

4.1.1.3 FOETAL DEATH is death prior to the complete expulsion or extraction from its mother of a product of conception, irrespective of the duration of pregnancy; the death is indicated by the fact that after such separation the foetus does not breathe or show any other evidence of life, such as beating of the heart, pulsation of the umbilical cord, or definite movement of voluntary muscles. Late foetal deaths are those of twenty-eight or more completed weeks of gestation. These are synonymous with the events reported under the pre-1950 term stillbirth.

ABORTION is defined, with reference to the woman, as any interruption of pregnancy before 28 weeks of gestation with a dead foetus. There are two major categories of abortion: spontaneous and induced. Induced abortions are those initiated by deliberate action undertaken with the intention of terminating pregnancy; all other abortions are considered as spontaneous.

4.1.1.4 MARRIAGE is the act, ceremony or process by which the legal relationship of husband and wife is constituted. The legality of the union may be established by civil, religious, or other means as recognized by the laws of each country.

4.1.1.5 DIVORCE is a final legal dissolution of a marriage, that is, that separation of husband and wife which confers on the parties the right to remarriage under civil,religious and/or other provisions, according to the laws of each country.

4.1.2 Problems relating to standard definitions

A basic problem affecting international comparability of vital statistics is deviation from standard definitions of vital events. An example of this can be seen in the cases of live births and foetal deaths. 16 In some countries or areas, an infant must survive for at least 24 hours before it can be inscribed in the live-birth register. Infants who die before the expiration of the 24-hour period are classified as late foetal deaths and, barring special tabulation procedures, they would not be counted either as live births or as deaths. Similarly, in several other countries or areas, those infants who are born alive but who die before registration of their birth are also considered as late foetal deaths.

Unless special tabulation procedures are adopted in such cases, the live-birth and death statistics will both be deficient by the number of these infants, while the incidence of late foetal deaths will be increased by the same amount. Hence the infant mortality rate is under estimated.

Although both components (infant deaths and live births) are deficient by the same absolute amount, the deficiency is proportionately greater in relation to the infant deaths, causing greater errors in the infant mortality rate than in the birth rate.

Moreover, the practice exaggerates the late foetal death ratios. Some countries or areas make provision for correcting this deficiency (at least in the total frequencies) at the tabulation stage. Data for which the correction has not been made are indicated by footnote whenever possible.

4.1.1.3 La MORT FOETALE est le décès d'un produit de la conception lorsque ce décès est survenu avant l'expulsion ou l'extraction complète du corps de la mère, indépendamment de la durée de la gestation; le décès est indiqué par le fait qu'après cette séparation le foetus ne respire ni ne manifeste aucun signe de vie, tel que battement de coeur, pulsation du cordon ombilical ou contraction effective d'un muscle soumis à l'action de la volonté. Les morts foetales tardives sont celles qui sont survenues après 28 semaines de gestation ou plus. Il n'y a aucune différence entre ces "morts foetales tardives" et les faits dont l'ensemble était désigné, avant 1950, par le terme mortinalité.

Par référence à la femme, l'AVORTEMENT se définit comme "toute interruption de grossesse qui est survenue avant 28 semaines de gestation et dont le produit est un foetus mort". Il existe deux grandes catégories d'avortement : l'avortement spontané et l'avortement provoqué. L'avortement provoqué a pour origine une action délibérée entreprise dans le but d'interrompre une grossesse. Tout autre avortement est considéré comme spontané.

4.1.1.4 Le MARIAGE est l'acte, la cérémonie ou la procédure qui établit un rapport légal entre mari et femme. L'union peut être rendue légale par une procédure civile ou religieuse, ou par toute autre procédure, conformément à la législation du pays.

4.1.1.5 Le DIVORCE est la dissolution légale et définitive des liens du mariage, c'est-à-dire la séparation de l'époux et de l'épouse qui confère aux parties le droit de se remarier civilement ou religieusement, ou selon toute autre procédure, conformément à la législation du pays.

4.1.2 Problèmes posés par les définitions établies

Les variations par rapport aux définitions établies des faits d'état civil sont le facteur essentiel qui nuit à la comparabilité internationale des statistiques de l'état civil. Un exemple en est fourni par le cas des naissances vivantes et celui des morts foetales. 16 Dans certains pays ou zones, il faut que le nouveau-né ait vécu 24 heures pour pouvoir être inscrit sur le registre des naissances vivantes. Les décès d'enfants qui surviennent avant l'expiration des 24 heures sont classés parmi les morts foetales tardives et, en l'absence de méthodes spéciales d'exploitation des données, ne sont comptés ni dans les naissances vivantes ni dans les décès. De même, dans plusieurs autres pays ou zones, les décès d'enfants nés vivants et décédés avant l'enregistrement de leur naissance sont également comptés dans les morts foetales et tardives.

A moins que des méthodes spéciales aient été adoptées pour l'exploitation de ces données, les statistiques des naissances vivantes et des décès ne tiendront pas compte de ces cas, qui viendront en revanche accroître d'autant le nombre des morts foetales tardives. Le résultat le plus important est que le taux de mortalité infantile s'en trouvera sous-estimé.

Bien que les éléments constitutifs du taux (décès d'enfants de moins d'un an et naissances vivantes) accusent exactement la même insuffisance en valeur absolue, les lacunes sont proportionnellement plus fortes pour les décès de moins d'un an, ce qui cause des erreurs plus importantes dans les taux de mortalité infantile.

En plus cette pratique augmente les rapports de mortinatalité. Quelques pays ou zones effectuent, au stade de la mise en tableau, les ajustements nécessaires pour corriger ce défaut (du moins dans les fréquences totales). Lorsqu'il n'a pas été effectué d'ajustement, les notes l'indiquent chaque fois que possible.

The definitions used for marriage and divorce also present problems for international comparability. Unlike birth and death, which are biological events, marriage and divorce are defined only in terms of law and custom and as such are less amenable to universally applicable statistical definitions. They have therefore been defined for statistical purposes in general terms referring to the laws of individual countries or areas. Laws pertaining to marriage and particularly to divorce, vary from one country or area to another. With respect to marriage, the most widespread requirement relates to the minimum age at which persons may marry but frequently other requirements are specified. When known the minimum legal age at which marriage can occur with parental consent is given in Table 24 showing marriages by age of groom and age of bride.

Laws and regulations relating to the dissolution of marriage by divorce range from total prohibition, through a wide range of grounds upon which divorces may be granted, to the granting of divorce in response to a simple statement of desire or intention by husbands in accordance with Islamic law in some countries or areas.

4.1.3 Fragmentary geographical or ethnic coverage

Ideally, vital statistics for any given country or area should cover the entire geographical area and include all ethnic groups. In fact, however, fragmentary coverage is not uncommon. In some countries or areas, registration is compulsory for only a small part of the population, limited to certain ethnic groups, for example. In other places there is no national provision for compulsory registration, but only municipal or state ordinances which do not cover the entire geographical area. Still others have developed a registration area which comprises only a part of the country or area, the remainder being excluded because of inaccessibility or because of economic and cultural considerations that make regular registration a practical impossibility.

4.1.4 Tabulation procedures

4.1.4.1 By place of occurrence

Vital statistics presented on the national level relate to the de facto, that is, the present-in-area population. Thus, unless otherwise noted, vital statistics for a given country or area cover all the events which occur within its present boundaries and among all segments of the population therein. They may be presumed to include events amongnomadic tribes and aborigines, and among nationals and aliens. When known, deviations from the present-in-area concept are footnoted.

Urban/rural differentials in vital rates for some countries may vary considerably depending on whether the relevant vital events were tabulated on the basis of place of occurrence or place of usual residence. For example, if a substantial number of women residing in rural areas near major urban centres travel to hospitals or maternity homes located in a city to give birth, urban fertility and neo-natal and infant mortality rates will usually be higher (and the corresponding rural rates will usually be lower) if the events are tabulated on the basis of place of occurrence rather than on the basis of place of usual residence.

Les définitions du mariage et du divorce posent aussi un problème du point de vue de la comparabilité internationale. Contrairement à la naissance et au décès, qui sont des faits biologiques, le mariage et le divorce sont uniquement déterminés par la législati on et la coutume et, de ce fait, il est moins facile d'en donner une définition statistique qui ait une application universelle. A des fins statistiques, ces concepts ont donc été définis de manière générale par référence à la législation de chaque pays ou zone. La législation relative au mariage, et en particulier au divorce, varie d'un pays ou d'une zone à l'autre. En ce qui concerne le mariage, l'âge de nubilité est la condition la plus fréquemment requise mais il arrive souvent que d'autres conditions soient exigées. Lorsqu'il est connu, l'âge minimum auquel le mariage peut avoir lieu avec le consentement des parents est indiqué au tableau 24, où sont présentés les mariages selon l'âge de l'époux et de l'épouse.

Les lois et règlements relatifs à la dissolution du mariage par le divorce vont de l'interdiction absolue, en passant par diverses conditions requises pour l'obtention du divorce, jusqu'à la simple déclaration, par l'époux, de son désir ou de son intention de divorcer, requise par la loi islamique en vigueur dans certains pays ou zones.

4.1.3 Portée géographique ou ethnique restreinte

En principe, les statistiques de l'état civil devraient s'étendre à l'ensemble du pays ou de la zone auxquels elles se rapportent et englober tous les groupes ethniques. En fait, il n'est pas rare que les données soient fragmentaires. Dans certains pays ou zones, l'enregistrement n'est obligatoire que pour une petite partie de la population, certains groupes ethniques seulement, par exemple. Dans d'autres, il n'existe pas de disposition qui prescrive l'enregistrement obligatoire sur le plan national, mais seulement des règlements ou décrets des municipalités ou des Etats, qui ne s'appliquent pas à l'ensemble du territoire. Il en est encore autrement dans d'autres pays ou zones où les autorités ont institué une zone d'enregistrement comprenant seulement une partie du territoire, le reste étant exclu en raison des difficultés d'accès ou parce qu'il est pratiquement impossible, pour des raisons d'ordre économique ou culturel, d'y procéder à un enregistrement régulier.

4.1.4 Exploitation des données

4.1.4.1 Selon le lieu de l'événement

Les statistiques de l'état civil qui sont présentées pour l'ensemble du territoire national se rapportent à la population de fait ou population présente. En conséquence, sauf indication contraire, les statistiques de l'état civil relatives à un pays ou zone donné portent sur tous les faits survenus dans l'ensemble de la population, à l'intérieur des frontières actuelles du pays ou de la zone en cause. On peut donc considérer qu'elles englobent les faits d'état civil survenus dans les tribus nomades et parmi les aborigènes ainsi que parmi les ressortissants du pays et les étrangers. Des notes signalent les exceptions lorsque celles-ci sont connues.

Pour certains pays, les écarts entre les taux démographiques pour les zones urbaines et pour les zones rurales peuvent varier très sensiblement selon que les faits d'état civil ont été exploités sur la base du lieu de l'événement ou du lieu de résidence habituelle. Par exemple, si un nombre appréciable de femmes résidant dans des zones rurales à de grands centres urbains vont accoucher dans les hôpitaux ou maternités d'une ville, les taux de fé condité ainsi que les taux de mortalité néo-natale et infantile seront généralement plus élevés pour les zones urbaines (et par conséquent plus faibles pour les zones rurales) si les faits sont exploités sur la base du lieu de l'événement et non du lieu de résidence habituelle.

A similar process will affect general mortality differentials if substantial numbers of persons residing in rural areas use urban health facilities when seriously ill.

4.1.4.2 By date of occurrence versus by date of registration

In so far as possible, the vital statistics presented in the Demographic Yearbook refer to events which occurred during the specified year, rather than to those which were registered during that period. However, a considerable number of countries or areas tabulate their vital statistics not by date of occurrence, but by date of registration.

Because such statistics can be very misleading, the countries or areas known to tabulate vital statistics by date of registration are identified in the tables by a plus symbol (+). Since complete information on the method of tabulating vital statistics is not available for all countries or areas, tabulation by date of registration may be more prevalent than the symbols on the vital statistics tables would indicate.

Because quality of data is inextricably related to delay in registration, it must always be considered in conjunction with the quality code description in section 4.2.1 below. Obviously, if registration of births is complete and timely (code C), the ill effects of tabulating by date of registration, are, for all practical purposes, nullified. Similarly, with respect to death statistics, the effect of tabulating by date of registration may be minimized in many countries or areas in which the sanitary code requires that a death must be registered before a burial permit can be issued, and this regulation tends to make registration prompt. With respect to foetal death, registration is usually made at once or not at all. Therefore, if registration is prompt, the difference between statistics tabulated by date of occurrence and those tabulated by date of registration may be negligible. In many cases, the length of the statutory time period allowed for registering various vital events plays an important part in determining the effects of tabulation by date of registration on comparability.

With respect to marriage and divorce, the practice of tabulating data by date of registration does not generally pose serious problems. In many countries or areas marriage is a civil legal contract which, to establish its legality, must be celebrated before a civil officer. It follows that for these countries or areas registration would tend to be almost automatic at the time of, or immediately following, the marriage ceremony. Because the registration of a divorce in many countries or areas is the responsibility solely of the court or the authority which granted it, and since the registration record in such cases is part of the records of the court proceedings, it follows that divorces are likely to be registered soon after the decree is granted.

On the other hand, if registration is not prompt vital statistics by date of registration will not produce internationally comparable data. Under the best circumstances, statistics by date of registration will include primarily events which occurred in the immediately preceding year; in countries or areas with less well-developed systems, tabulations will include some events which occurred many years in the past.

Le phénomène sera le même dans le cas de la mortalité générale si un bon nombre de personnes résidant dans des zones rurales font appel aux services de santé des villes lorsqu'elles sont gravement malades.

4.1.4.2 Selon la date de l'événement ou la date de l'enregistrement

Autant que possible, les statistiques de l'état civil figurant dans l'Annuaire démographique se rapportent aux faits survenus pendant l'année considérée et non aux faits enregistrés au cours de ladite année. Bon nombre de pays ou zones, toutefois, exploitent leurs statistiques de l'état civil selon la date de l'enregistrement et non selon la date de l'événement.

Comme ces statistiques risquent d'induire gravement en erreur, les pays ou zones dont on sait qu'ils établissent leurs statistiques d'après la date de l'enregistrement sont identifiés dans les tableaux par un signe (+). On ne dispose toutefois pas pour tous les pays ou zones de renseignements complets sur la méthode d'exploitation des statistiques de l'état civil et les données sont peut-être exploitées selon la date de l'enregistrement plus souvent que ne le laisserait supposer l'emploi des signes.

Etant donné que la qualité des données est inextricablement liée aux retards dans l'enregistrement, il faudra toujours considérer en même temps le code de qualité qui est décrit à la section 4.2.1 ci-après. Evidemment, si l'enregistrement des naissances est complet et effectué en temps voulu (code C), les effets perturbateurs de cette méthode seront pratiquement annulés. De même, en ce qui concerne les statistiques des décès, les effets de cette méthode pourront bien souvent être réduits au minimum dans les pays ou zones où le code sanitaire subordonne la délivrance du permis d'inhumer à l'enregistrement du décès, ce qui tend à hâter l'enregistrement. Quant aux morts foetales, elles sont généralement déclarées immédiatement ou ne sont pas déclarées du tout. En conséquence, si l'enregistrement se fait dans un délai très court, la différence entre les statistiques établies selon la date de l'événement et celles qui sont établies selon la date de l'enregistrement peut être négligeable. Dans bien des cas, la durée des délais légaux accordés pour l'enregistrement des faits d'état civil est un facteur dont dépend dans une large mesure l'incidence sur la comparabilité de l'exploitation des données selon la date de l'enregistrement.

En ce qui concerne le mariage et le divorce, la pratique consistant à exploiter les statistiques selon la date de l'enregistrement ne pose généralement pas de graves problèmes. Le mariage étant, dans de nombreux pays ou zones, un contrat juridique civil qui, pour être légal, doit être conclu devant un officier de l'état civil, il s'ensuit que dans ces pays ou zones l'enregistrement se fait à peu près automatiquement au moment de la cérémonie ou immédiatement après. Comme dans de nombreux pays ou zones le tribunal ou l'autorité qui a prononcé le divorce est seul habilité à enregistrer cet acte, et comme l'acte d'enregistrement figure alors sur les registres du tribunal l'enregistrement suit généralement de peu le jugement.

En revanche, si l'enregistrement n'a lieu qu'avec un certain retard, les statistiques de l'état civil établies selon la date de l'enregistrement ne sont pas comparables sur le plan international. Au mieux, les statistiques par date de l'enregistrement prendront surtout en considération des faits survenus au cours de l'année précédente; dans les pays ou zones où le système d'enregistrement n'est pas très développé, il y entrera des faits datant de plusieurs années.

Examination of available evidence reveals that delays of up to many years are not uncommon for birth registration, though the majority are recorded between two to four years after birth. As long as registration is not prompt, statistics by date of registration will not be internationally comparable either among themselves or with statistics by date of occurrence.

It should also be mentioned that lack of international comparability is not the only limitation introduced by date-of-registration tabulation. Even within the same country or area, comparability over time may be lost by the practice of counting registrations rather than occurrences. If the number of events registered from year to year fluctuates because of ad hoc incentives to stimulate registration, or to the sudden need, for example, for proof of (unregistered) birth or death to meet certain requirements, vital statistics tabulated by date of registration are not useful in measuring and analysing demographic levels and trends. All they can give is an indication of the fluctuations in the need for a birth, death or marriage certificate and the work-load of the registrars. Therefore statistics tabulated by date of registration may be of very limited use for either national or international studies.

4.2 Methods used to indicate quality of published vital statistics.

The quality of vital statistics can be assessed in terms of a number of factors. Most fundamental is the completeness of the civil registration system on which the statistics are based. In some cases, the incompleteness of the data obtained from civil registration systems is revealed when these events are used to compute rates. However,this technique applies only where the data are markedly deficient, where they are tabulated by date or occurrence and where the population base is correctly estimated.

Tabulation by date of registration will often produce rates which appear correct, simply because the numerator is artificially inflated by the inclusion of delayed registrations and, conversely, rates may be of credible magnitude because the population at risk has been underestimated. Moreover, it should be remembered that knowledge of what is credible in regard to levels of fertility, mortality and nuptiality is extremely scanty for many parts of the world, and borderline cases, which are the most difficult to appraise, are frequent.

4.2.1 Quality code for vital statistics from registers

On the Demographic Yearbook annual "Questionnaire on vital statistics" national statistical offices are asked to provide their own estimates of the completeness of the births, deaths, late foetal deaths, marriages and divorces recorded in their civil registers.

Il ressort des documents dont on dispose que des retards de plusieurs années dans l'enregistrement des naissances ne sont pas rares, encore que, dans la majorité des cas, les retards ne dépassent pas deux à quatre ans. Tant que l'enregistrement se fera avec retard, les statistiques fondées sur la date d'enregistrement ne ser ont comparables sur le plan international ni entre elles ni avec les statistiques établies selon la date de fait d'état civil.

Il convient également de noter que l'exploitation des données selon la date de l'enregistrement ne nuit pas seulement à la comparabilité international le des statistiques. Même à l'intérieur d'un pays ou d'une zone, le procédé qui consiste à compter les enregistrements et non les faits peut compromettre la comparabilité des chiffres sur une longue période. Si le nombre des faits d'état civil enregistrés varie d'une année à l'autre (par suite de l'application de mesures destinées spécialement à encourager l'enregistrement ou par suite du fait que, tout d'un coup, il est devenu nécessaire, par exemple, de produire le certificat d'une naissance ou décès non enregistré pour l'accomplissement de certaines formalités), les statistiques de l'état civil établies d'après la date de l'enregistrement ne permettent pas de quantifier ni d'analyser l'état et l'évolution de la population. Tout au plus peuvent-elles montrer les fluctuations qui se sont produites dans les conditions d'exigibilité du certificat de naissance, de décès ou de mariage et dans le volume de travail des bureaux d'état civil Les statistiques établies selon la date de l'enregistrement peuvent donc ne présenter qu'une utilité très réduite pour des études nationales ou internationales.

4.2 Méthodes utilisées pour indiquer la qualité des statistiques de l'état civil qui sont publiés

La qualité des statistiques de l'état civil peut être évaluée sur la base de plusieurs facteurs. Le facteur essentiel est la complétude du système d'enregistrement des faits d'état civil d'après lequel les statistiques sont établies. Dans certains cas, on constate que les données tirées de l'enregistrement ne sont pas complètes lorsqu'on les utilise pour le calcul des taux. Toutefois, cette observation est valable uniquement lorsque les statistiques présentent des lacunes évidentes, qu'elles sont exploitées d'après la date de l'événement et que l'estimation du chiffre de population pris pour base est exacte.

L'exploitation des données d'après la date de l'enregistrement donne souvent des taux qui paraissent exacts, tout simplement parce que le numérateur est artificiellement gonflé par suite de l'inclusion d'un grand nombre d'enregistrements tardifs; inversement, il arrive que des taux paraissent vraisemblables parce que l'on a sous-évalué la population exposée au risque. Il ne faut pas oublier, en outre, que les renseignements dont on dispose sur les taux de fécondité, de mortalité et de nuptialité normaux dans un grand nombre de régions du monde sont extrêmement sommaires et que les cas limites, qui sont les plus difficiles à évaluer, sont fréquents.

4.2.1 Codage qualitatif des statistiques tirées des registress de l'état civil

Dans le "Questionnaire relatif au mouvement de la population" de l'Annuaire démographique qui leur est présenté chaque année, les services nationaux de statistique sont priés de donner leur propre évaluation du degré de complétude des données sur les naissances, les décès, les décès d'enfants de moins d'un an, les morts foetales tardives, les mariages et les divorces figurant dans leurs registres d'état civil.

On the basis of information from the questionnaires, from direct correspondence and from relevant official publications, it has been possible to classify current national statistics from civil registers of birth, death, infant death, late foetal death, marriage and divorce into three broad quality categories, as follows:

C: Data estimated to be virtually complete, that is, representing at least 90 per cent of the events occurring each year.

U: Data estimated to be incomplete, that is representing less than 90 per cent of the events occurring each year.

Data for which no specific information is available regarding completeness.

These quality codes appear in the first column of the tables which show total frequencies and crude rates (or ratios) over a period of years for live births (table 9), late foetal deaths (table 12), infant deaths (table 15), deaths (table 18), marriages (table 23), and divorces (table 25). The classification of countries or areas in terms of these quality codes may not be uniform. Nevertheless, it was felt that national statistical offices were in the best position to judge the quality of their data. It was considered that even the very broad categories that could be established on the basis of the information at hand would provide useful indicators of the quality of the vital statistics presented in this Yearbook.

In the past, the bases of the national estimates of completeness were usually not available. In connection with the Demographic Yearbook 1977, countries were asked, for the first time, to provide some indication of the basis of their completeness estimates. They were requested to indicate whether the completeness estimates reported for registered live births, deaths, and infant deaths were prepared on the basis of demographic analysis, dual record checks or some other specified method. Relatively few countries or areas have so far responded to this new question; therefore, no attempt has been made to revise the system of quality codes used in connection with the vital statistics data presented in the Yearbook. It is hoped that, in the future, more countries will be able to provide this information so that the system of quality codes used in connection with the vital statistics data presented in the Yearbook may be revised.

Among the countries or areas indicating that the registration of live births was estimated to be 90 per cent or more complete (and hence classified as C in table 9), the following countries or areas provided information on the basis of this completeness estimate:

(a) Demographic analysis -- Argentina, Australia, Canada, Chile, Cuba, Egypt, French Guiana, Guadeloupe, Guernsey, Iceland, Ireland, Island of Mauritius, Israel, Kuwait, Latvia, Puerto Rico, Rodrigues, Romania, San Marino, Singapore, Switzerland and United States.
(b) Dual record check -- Bahamas, Barbados, Bulgaria, Cook Islands, Cuba, Cyprus, Denmark, Fiji, Finland, France, French Guiana, Greece, Guam, Guadeloupe, Guernsey, Iceland, Isle of Man, Japan, Maldives, New Zealand, Peninsular Malaysia, Northern Marianas, Romania, Saint Kitts and Nevis, Saint Lucia, Singapore, Sri Lanka, Sweden, Switzerland, Tokelau, Uruguay and

D'après les renseignements directement fournis par les gouvernements ou tirés des questionnaires ou de publications officielles pertinentes, il a été possible de classer les statistiques courantes de l'enregistrement des faits d'état civil (naissances, décès, décès d'enfants de moins d'un an, morts foetales tardives, mariages et divorces) en trois grandes catégories, selon leur qualité :

C : Données jugées pratiquement complètes, c''est-à-dire représentant au moins 90 p. 100 des faits d'état civil survenant chaque année.

U : Données jugées imcomplètes, c'est-à-dire représentant moins de 90 p. 100 des faits survenant chaque année.

... : Données dont le degré de complétude ne fait pas l'objet de renseignements précis.

Ces codes de qualité figurent dans la première colonne des tableaux qui présentent, pour un nombre d'années déterminé les chiffres absolus et les taux (ou rapports) bruts concernant les décès naissances vivantes (tableau 9), les morts foetales tardives tardives (tableau 12), décès d'enfants de moins d'un an (tableau 15), les décès (tableau 18) les mariages (tableau 23) et les divorces (tableau 25). La classification des pays ou zones selon ces codes de qualité peut ne pas être uniforme. On a estimé néanmoins que les services nationaux de statistique étaient les mieux placés pour juger de la qualité de leurs données. On a pensé que les catégories que l'on pouvait distinguer sur la base des renseignements disponibles, bien que très larges, donneraient cependant une indication utile de la qualité des statistiques de l'état civil publiées dans l'Annuaire.

Dans le passé, les bases sur lesquelles les pays évaluaient l'exhaustivité de leurs données n'étaient généralement pas connues. Pour l'Annuaire démographique 1977, les pays ont été priés, pour la première fois, de donner des indications à ce sujet. On leur a demandé d'indiquer si leurs estimations du degré d'exhaustivité des données d'enregistrement des naissances vivantes, des décès et de la mortalité infantile reposaient sur une analyse démographique, un double contrôle des registres ou d'autres méthodes qu'ils devaient spécifier. Relativement peu de pays ou zones ont jusqu'à présent répondu à cette nouvelle question; on n'a donc pas cherché à réviser le système de codage qualitatif utilisé pour les statistiques de l'état civil présentées dans l'Annuaire. Il faut espérer qu'à l'avenir davantage de pays pourront fournir ces renseignements afin que le système de codage qualitatif employé pour les statistiques de l'état civil présentées dans l'Annuaire puisse être révisé.

Sur les pays ou zones qui ont estimé à 90 p. 100 ou plus le degré d'exhaustivité de leur enregistrement des naissances vivantes (classé C dans le tableau 9), les pays ou zones suivants ont fourni les indications ci-après touchant les bases sur lesquelles leur estimation reposait :

(a) Analyse démographique Argentine, Australie, Canada, Chili, Cuba, Egypte, Etats-Unis, Guadeloupe, Guernesey, Guyane française, Ile Maurice, Irlande, Islande, Israël, Koweït, Lettonie, Porto Rico, Rodrigues, Roumanie, Saint-Marin, Singapour, et Suisse.
(b) Double contrôle des registres, Bahamas, Barbade, Bulgarie, Chypre, Cuba, Danemark, Fidji, Finlande, France, Guadeloupe, Guernesey, Guyane française,Grèce, Guam, Ile de Man, Iles Cook, Iles Mariannes du Nord, Islande, Malaisie péninsulaire, Maldives, Nouvelle-Zélande, Saint-Kitts-et-Nevis, Sainte-Lucie, Romanie, Singapour, Sri Lanka, Suède, Suisse , Tokélaou, Uruguay et Venezuela.
© Autre méthode spécifiée , Allemagne, Belgique, Bermudes, Groenland,

Venezuela.
(c) Other specified methods -- Belgium, Bermuda, Cayman Islands, Germany, Greenland, Hong Kong, Iceland, Japan, Luxembourg, Netherlands, Norway, Poland, Singapore and Slovenia.

Hong-kong, Iles Caïmanes, Islande, Japon, Luxembourg, Norvège, Pays-Bas, Pologne, Singapour et Slovénie.

Among the countries or areas indicating that the registration of deaths was estimated to be 90 per cent or more complete (and hence classified as C in table 18), the following countries provided information on the basis of this estimate:

(a) Demographic analysis -- Argentina, Australia, Canada, Chile, Cuba, Egypt, French Guiana, Guadeloupe, Guernsey, Iceland, Ireland, Island of Mauritius, Israel, Kuwait, Latvia, Puerto Rico, Rodrigues, Romania, San Marino, Singapore, Switzerland and United States.
(b) Dual record check -- Bahamas, Bulgaria, Cook Islands, Cuba, Denmark, Fiji, Finland, France, Greece, Greenland, Guam, Guernsey, Iceland,Isle of Man, Maldives, New Zealand, Northern Marianas, Romania, Saint Kitts and Nevis, Saint Lucia, Singapore, Sri Lanka, Sweden, Switzerland, Tokelau and Uruguay.
(c) Other specified methods -- Belgium, Bermuda, Cayman Islands, Germany, Hong Kong, Iceland, Ireland, Japan, Luxembourg, Netherlands, Norway, Poland, Singapore and Slovenia.

Sur les pays ou zones qui ont estimé à 90 p. 100 ou plus le degré d'exhaustivité de leur enregistrement des décès (classé C dans le tableau 18), les pays ou zones suivants donné des indications touchant la base de cette estimation:

(a) Analyse démographique - Argentine, Australie, Canada, Chili, Cuba, Egypte, Etats-Unis, Guadeloupe, Guernesey, Guyane française, Ile Maurice, Islande, Israël, Koweït, Lettonie, Porto Rico, Rodrigues, Roumanie, Saint-Marin, Singapour, et Suisse.
(b) Double contrôle des registres -- Bahamas, Bulgarie, Cuba, Danemark, Fidji, Finlande, France, Grèce, Groenland, Guadeloupe, Guam, Guernesey, Guyane française, Ile de Man, Iles Mariannes du Nord, Islande, Maldives, Nouvelle Zélande, Saint-Kitts-et-Nevis, Saint-Lucie, Roumanie, Singapour, Sri Lanka, Suède, Suisse, Tokélaou et Uruguay.
© Autre méthode spécifiée -- Allemagne, Belgique, Bermudes, Hong Kong, Iles Caïmanes, Islande, Japon, Luxembourg, Norvège, Pays-Bas, Pologne, Singapour et Slovénie.

Among the countries or areas indicating that the registration of infant deaths was estimated to be 90 per cent or more complete (and hence classified as C in table 15), the following countries or areas provided information on the basis of this estimate:

(a) Demographic analysis -- Argentina, Australia, Canada, Chile, Cuba, Egypt, Iceland, Ireland, Island of Mauritius, Israel, Kuwait, Latvia, Puerto Rico, Rodrigues, Romania, San Marino, Singapore, Sri Lanka, Switzerland and United States.
(b) Dual record check -- Bahamas, Bulgaria, Cook Islands, Cuba, Denmark, Fiji, Finland, France, Greece, Greenland, Guam, Guernsey, Iceland, Isle of Man, Japan, Maldives, New Zealand, Northern Marianas, Romania, Saint Kitts and Nevis, Saint Lucia, Singapore, Sweden, Switzerland, Tokelau and Uruguay.
(c) Other specified methods -- Belgium, Bermuda, Cayman Islands, Germany, Hong Kong, Iceland, Japan, Luxembourg, Netherlands, Norway, Poland, Singapore and Slovenia.

Sur les pays ou zones qui ont estimé à 90 p. 100 ou plus le degré d'exhaustivité de leur enregistrement des décès à moins d'un an classé C dans le tableau 15), les pays ou zones suivant ont donné des indications touchant la base de cette estimation :

(a) Analyse démographique -- Argentine, Australie, Canada, Chili, Cuba, Egypte, Etats-Unis, Ile Maurice, Irlande, Islande, Israël, Koweït, Lettonie, Porto Rico, Rodrigues, Roumanie, Saint-Marin, Singapour, Sri Lanka et Suisse.

(b) Double contrôle des registres -- Bahamas, Bulgarie, Cuba, Danemark, Fidji, Finlande, France, Grèce, Gröenlandie, Guam, Guernesey, Ile de Man, Iles Cook, Iles Mariannes du Nord, Islande, Japon, Maldives, Nouvelle-Zélande, Roumanie, Saint-Kitts-et-Nevis, Saint-Lucie, Singapour, Suède, Suisse, Tokélaou, et Uruguay.
(C) Autre méthode spécifiée -- Allemagne, Belgique, Bermudes, Hong-kong, Iles Caïmanes, Islande, Japon, Luxembourg, Norvège, Pays-Bas, Pologne, Singapour et Slovénie.

4.2.2 Treatment of vital statistics from registers

On the basis of the quality code described above, the vital statistics shown in all tables of the Yearbook are treated as either reliable or unreliable. Data coded C are considered reliable and appear in roman type. Data coded U or ... are considered unreliable and appear in italics. Although the quality code itself appears only in certain tables, the indication of reliability (that is, the use of italics to indicate unreliable data) is shown on all tables presenting vital statistics data.

In general, the quality code for deaths shown in table 18 is used to determine whether data on deaths in other tables appear in roman or italic type. However, some data on deaths by cause are shown in italics in tables 17 and 21 when it is known that the quality, in terms of completeness, differs greatly from the completeness of the registration of the total number of deaths.

4.2.2 Traitement des statistiques tirées des registres d'état civil

Dans tous les tableaux de l'Annuaire, on a indiqué le degré de fiabilité des statistiques de l'état civil en se fondant sur le codage qualitatif décrit ci-dessus. Les statistiques codées C, jugées sûres, sont imprimées en caractères romains. Celles qui sont codées U ou ..., jugées douteuses, sont reproduites en italique. Bien que le codage qualitatif proprement dit n' 'apparaisse que dans certains tableaux, l'indication du degré de fiabilité (c'est-à-dire l'emploi des italiques pour désigner les données douteuses) se retrouve dans tous les tableaux présentant des statistiques de l'état civil.

En général, le code de qualité pour les décès indiqué au tableau 18 sert à déterminer si, dans les autres tableaux, les données relatives aux décès apparaissent en caractères romains ou en italique. Toutefois, certaines données sur les décès selon la cause figurent en italique dans les tableaux 17 et 21 lorsqu'on sait que leur degré d'exhaustivité diffère grandement de celui du nombre total des décès.

In cases when the quality code in table 18 does not correspond with the type face used in tables 17 and 21 relevant information regarding the completeness of cause-of-death statistics is given in a footnote.

The same indication of reliability used in connection with tables showing the frequencies of vital events is also used in connection with tables showing the corresponding vital rates. For example, death rates computed using deaths from a register which is incomplete or of unknown completeness are considered unreliable and appear in italics. Strictly speaking, to evaluate vital rates more precisely, one would have to take into account the accuracy of population data used in the denominator of these rates. The quality of population data is discussed in section 3.2 of the Technical Notes.

It should be noted that the indications of reliability used for infant mortality rates, maternal mortality rates and late foetal death ratios (all of which are calculated using the number of live births in the denominator) are determined on the basis of the quality codes for infant deaths, deaths and late foetal deaths respectively. To evaluate these rates and ratios more precisely, one would have to take into account the quality of the live-birth data used in the denominator of these rates and ratios. The quality codes for live births are shown in table 9 and described more fully in the text of the Technical Notes for that table.

4.2.3 Treatment of time series of vital statistics from registers

The quality of a time series of vital statistics is more difficult to determine than the quality of data for a single year. Since a time series of vital statistics is usually generated only by a system of continuous civil registration, it was decided to assume that the quality of the entire series was the same as that for the latest year's data obtained from the civil register. The entire series is treated as described in section 4.2.2 above. That is, if the quality code for the latest registered data is C, the frequencies and rates for earlier years are also considered reliable and appear in roman type. Conversely, if the latest registered data are coded as U or ... then data for earlier years are considered unreliable and appear in italics. It is recognized that this method is not entirely satisfactory because it is known that data from earlier years in many of the series were considerably less reliable than the current code implies.

4.2.4 Treatment of estimated vital statistics

In addition to data from vital registration systems, estimated frequencies and rates also appear in the Demographic Yearbook. Estimated rates include both official estimates and those prepared by the Population Division of the United Nations Secretariat. These rates are usually ad hoc estimates which have been derived either from the results of a sample survey or by demographic analysis. Estimated frequencies and rates have been included in the tables because it is assumed that they provide information which is more accurate than that from existing civil registration systems. By implication, therefore, they are also assumed to be reliable and as such they are not set in italics. Estimated frequencies and rates continue to be treated in this manner even when they are interspersed in a time series with data from civil registers.

Dans les cas où le code de qualité du tableau 18 ne correspond pas aux caractères utilisés dans les tableaux 17 et 21, les renseignements concernant l'exhaustivité des statistiques des décès selon la cause sont indiqués en note à la fin du tableau.

On a utilisé la même indication de fiabilité dans les tableaux des taux démographiques et dans ceux des fréquences correspondantes. Par exemple, les taux de mortalité calculés d'après les décès figurant sur un registre incomplet ou d'exhaustivité indéterminée sont jugés douteux et apparaissent en italique. Au sens strict, pour évaluer de façon plus précise les taux démographiques, il faudrait tenir compte de la précision des données sur la population figurant au dénominateur dans les taux. La qualité des données sur la population est étudiée à la section 3.2 des Notes techniques.

Il convient de noter que, pour les taux de mortalité infantile, les taux de mortalité liée à la maternité et les rapports de morts foetales tardives (calculées en utilisant au dénominateur le nombre de naissances vivantes), les indications relatives à la fiabilité sont déterminées sur la base des codes de qualité utilisés pour les décès d'enfants de moins d'un an, les décès totaux et les morts foetales tardives, respectivement. Pour évaluer ces taux et rapports de façon plus précise, il faudrait tenir compte de la qualité des données relatives aux naissances vivantes, utilisées au dénominateur dans leur calcul. Les codes de qualité pour les naissances vivantes figurent au tableau 9 et sont décrits plus en détail dans les Notes techniques se rapportant à ce tableau.

4.2.3 Traitement des séries chronologiques de statistiques tirées des registres d'état civil

Il est plus difficile de déterminer la qualité des séries chronologiques de statistiques de l'état civil que celle des données pour une seule année. Etant donné qu'une série chronologique de statistiques de l'état civil ne peut généralement avoir pour source qu'un système permanent d'enregistrement des faits d'état civil, on a arbitrairement supposé que le degré d'exactitude de la série tout entière était le même que celui de la dernière tranche annuelle de données tirées du registre d'état civil. La série toutentière est traitée de la manière décrite à la section 4.2.2 ci-dessus : lorsque le code de qualité relatif aux données d'enregistrement les plus récentes est C, les fréquences et les taux relatifs aux années antérieures sont eux aussi considérés comme sûrs et figurent en caractères romains. Inversement, si les données d'enregistrement les plus récentes sont codées U ou ..., les données des années antérieures sont jugées douteuses et figurent en italique. Cette méthode n'est certes pas entièrement statisfaisante, car les données des premières années de la série sont souvent beaucoup moins sûres que le code actuel ne l'indique.

4.2.4 Traitement des estimations fondées sur les statistiques de l'état civil

En plus des données provenant des systèmes d'enregistrement des faits d'état civil, l'Annuaire démographique contient aussi des estimations fréquences et taux. Les taux estimés sont soit officiels, soit calculés par la Division de la population du Secrétariat de l'ONU. Ils sont en général calculés spécialement à partir des résultats d'un sondage ou par analyse démographique. Si des estimations fréquences et taux figurent dans les tableaux, c'est parce que l'on considère qu'elles fournissent des renseignements plus exacts que les systèmes existants d'enregistrement des faits d'état civil. En conséquence, elles sont également jugées sûres et ne sont donc pas indiquées en italique, et cela même si elles sont entrecoupées, dans une série chronologique de données tirées des registres d'état civil.

In tables showing the quality code, the code applies only to data from civil registers. If a series of data for a country or area contains both data from a civil register and estimated data, then the code applies only to the registered data. If only estimated data are shown, then the symbol (..) is shown.

Dans les tableaux qui indiquent le code de qualité,ce code ne s'applique qu'aux données tirées des registres d'état civil. Si une série pour un pays ou une zone renferme à la fois des données tirées d'un registre d'état civil et des données estimatives, le code ne s'applique qu'aux données d'enregistrement. Si seules des données estimatives apparaissent, le symbole '..' est utilisé.

4.3 Cause of death

4.3 Causes de décès

Statistics on deaths classified according to underlying cause of death are shown in several tables of the Demographic Yearbook. In order to promote international comparability of cause of death statistics, the World Health Organization organizes and conducts an international Conference for the revision of the International Classification of Diseases (ICD) on a regular basis in order to insure that the Classification is kept current with the most recent clinical and statistical concepts. Although revisions provide an up-to-date version of the ICD, such revisions create several problems related to the comparability of cause of death statistics. The first is the lack of comparability over time that inevitably accompanies the use of a new classification. The second problem affects comparability between countries or areas because countries may adopt the new classification at different times. The more refined the classification becomes, the greater is the need for expert clinical diagnosis of cause of death. In many countries or areas few of the deaths occur in the presence of an attendant who is medically trained, i.e. most deaths are certified by a lay attendant. Because the ICD contains many diagnoses that cannot be identified by a non-medical person, the ICD does not always promote international comparability particularly between countries or areas where the level of medical services differs widely.

Plusieurs tableaux de l'Annuaire démographique présentent les décès classés par cause. Pour assurer la comparabilité internationale des statistiques des causes de décès, l'Organisation mondiale de la santé organise régulièrement des conférences internationales de révision de la Classification internationale des maladies (CIM) et veille ainsi à l'aligner, au fur et à mesure, sur les progrès les plus récents de la médecine clinique et de la statistique.
Bien que ces révisions aboutissent à l'élaboration d'une version actualisée de la CIM, elle pose plusieurs problèmes de comparabilité des statistiques des causes de décès. Le premier de ces problèmes tient au manque de comparabilité dans le temps, qui accompagne inévitablement la mise en oeuvre d'une classification nouvelle. Le deuxième est celui de la comparabilité entre pays ou zones, car les différents pays peuvent adopter la classification nouvelle à des époques différentes. Plus la classification se précise, plus il faut s'appuyer sur un diagnostic clinique compétent des causes de décès. Dans beaucoup de pays ou zones, il est rare que les décès se produisent en présence d'un témoin possédant une formation médicale, c'est-à-dire que le certificat de décès est le plus souvent établi par un témoin non qualifié médicalement. Comme la CIM offre de nombreux diagnostics qu'il est impossible d'établir si l'a n'a pas de formation en médecine, elle ne favorise pas toujours la comparabilité internationale, notamment entre pays ou zones où la qualité des services médicaux est très différente.

To provide readers some guidance in the use of statistics on cause of death, the following section gives a brief history of the International Classification of Diseases (ICD), compares classification of the 1975 (ninth) revision with that of the 1965 (eighth) revision, compares the tabulation lists used in the Demographic Yearbook from the eighth and ninth revisions and finally presents some of the recommendations on maternal mortality, perinatal mortality and lay reporting of cause of death.

Pour donner au lecteur une certaine idée de l'utilisation des statistiques établies selon la cause de décès, les paragraphes qui suivent donnent un aperçu de la Classification internationale des maladies (CIM), comparent la Classification de 1975 (9e révision) avec celle de 1965 (8e révision), comparent les tableaux présentés dans l'Annuaire démographique entre la huitième et la neuvième révision, et exposent enfin un certain nombre de recommendations concernant la mortalité liée à la maternité, la mortalité périnatale et la déclaration des causes de décès par des personnes non qualifiées.

The history of the International Classification of Diseases may be traced to classifications proposed by William Farr and Marc d'Espine. In 1855, a classification of 138 rubrics proposed by these two authors was adopted by the first International Statistical Congress.

Le Classification internationale des maladies remonte à celles qui ont été proposées par William Farr et Marc d'Espine. En 1855, ces deux auteurs ont proposé une classification en 138 rubriques, adoptée ensuite par le premier Congrès international de statistique.

According to the main principle for developing this classification, diseases were grouped by anatomical site. Subsequently, Jacques Bertillon revised this classification taking into account the classifications used in England, Germany and Switzerland. The International Statistical Institute (the successor to the International Statistical Congress) adopted it in 1893 and strongly encouraged its use by member countries in order to promote international comparability in cause of death statistics. Under the direction of the French government, the first international Conference for the Revision of the Bertillon, or International, Classification of Causes of Death was held in Paris in 1900. From then on a revision Conference was held during each decade in order to update this Bertillon classification.

Cette classification reposait essentiellement sur un regroupement des maladies selon leur site anatomique. Par la suite, Jacques Bertillon l'a modifiée en tenant compte des nomenclatures utilisées en Angleterre, Allemagne et Suisse. L'Institut international de statistique, qui avait succédé au Congrès international de statistique, a adopté la proposition de Bertillon en 1893 et en a vivement encouragé l'usage par les pays membres, afin d'assurer la comparabilité internationale des statistiques des causes de décès. Sous l'égide du Gouvernement français, la première Conférence internationale pour la révision de la Classification internationale des causes de décès, dite Classification Bertillon, s'est tenue à Paris en 1900. Ensuite, une conférence de révision a eu lieu tous les dix ans afin de mettre à jour la classification Bertillon.

This early work established that the axis of the International Classification of Diseases (ICD), as it has become known, refers to a etiology rather than manifestation. The major goals of the decennial revision of the ICD are to promote international comparability in cause of death statistics while maintaining a classification which uses current levels of medical knowledge as the criteria for including specific detailed codes or rubrics.

Following several revisions, the Sixth Decennial Revision Conference held in 1948 under the auspices of the World Health Organization, which had earlier been given responsibility for the revision of the classification, marked a milestone in international co-operation in vital and health statistics by defining the concept of underlying cause of death, by expanding the content of the classification to include both mortality and morbidity, and by initiating a programme of international co-operation in vital and health statistics. Although subsequent revisions have changed the ICD in a variety of ways, cause of death statistics since the sixth revision are characterized by continuity.

The 1975 (ninth) revision is the latest revision of the ICD. In general the changes created in the ninth revision do not create major discrepancies in the cause of death statistics shown in the Demographic Yearbook for several reasons: first, the structure of the classification itself is similar for both the eighth and ninth revision; and secondly, the tabulation list developed from the ninth revision was designed to maximize comparability with List B from the eighth revision.[17] Each of these are discussed in greater detail below.

Ces premiers travaux ont fait apparaître que la Classification internationale des maladies (CIM), nom qu'elle portait désormais, s'appuyait sur l'étiologie des maladies plutôt que sur leurs symptômes. Les buts principaux de la révision décennale de la CIM sont de favoriser la comparabilité internationale des statistiques des causes de décès, tout en conservant une classification qui s'appuie sur le niveau contemporain des connaissances médicales comme critère d'inclusion des codes ou de rubriques spécifiques dans la classification.

A la suite de plusieurs révisions, la Sixième conférence décennale de révision, qui s'est tenue en 1948 sous les auspices de l'Organisation mondiale de la santé récemment chargée de réviser la classification --, a marqué une étape historique dans la coopération internationale pour l'établissement des statistiques de l'état civil et de la santé, en définissant le concept de cause initiale du décès, en élargissant la classification à la morbidité, et en inaugurant un programme de coopération internationale dans le domaine des statistiques de l'état civil et de la santé. Bien que les révisions ultérieures aient modifié la CIM à bien des égards, les statistiques des causes de décès sont caractérisées, depuis la sixième révision, par leur continuité.

La neuvième révision, de 1975, est la dernière qu'ait connue la CIM. En général, les modifications qui y ont été introduites n'influencent pas profondément les statistiques des causes de décès qui figurent dans l'Annuaire démographique, et cela pour plusieurs raisons. En premier lieu, le cadre de la Classification est le même selon la huitième et la neuvième révision; en second lieu, la présentation statistique résultant de la neuvième révision a été conçue de façon à assurer une comparabilité maximale avec la liste B de la huitième révision [17]. Chacun de ces points est analysé ci-après.

Comparison of the Abbreviated Mortality Lists from the Eighth and Ninth Revisions of the International Classification of Diseases Used to Code Cause of Death

Eighth Revision (List B) 18

All Causes (000-E999)

B-1 Cholera (000)
B-2 Typhoid fever (001)
B-3 Bacillary dysentery and amoebiasis (004, 006)
B-4 Enteritis and other diarrhoeal diseases (008, 009)
B-5 Tuberculosis of respiratory system (010-012)
B-6 Other tuberculosis, including late effects (013-019)
B-7 Plague (020)
B-8 Diphtheria (032)
B-9 Whooping cough (033)
B10 Streptococcal sore throat and scarlet fever (034)
B11 Meningococcal infection (036)
B12 Acute poliomyelitis (040-043)
B13 Smallpox (050)
B14 Measles (055)
B15 Typhus and other rickettsioses (080-083)
B16 Malaria (084)
B17 Syphilis and its sequelae (090-097)
B18 All other infective and parasitic diseases/
(Remainder of 000-136)
B19 Malignant neoplasms, including neoplasms of lymphatic and haematopoietic tissue (140-209)
B20 Benign neoplasms and neoplasms of unspecified nature (210-239)
B21 Diabetes mellitus (250)
B22 Avitaminoses and other nutritional deficiency (260-269)
B23 Anaemias (280-285)
B24 Meningitis (320)
B25 Active rheumatic fever (390-392)
B26 Chronic rheumatic heart disease (393-398)
B27 Hypertensive disease (400-404)
B28 Ischaemic heart disease (410-414)
B29 Other forms of heart disease (420-429)
B30 Cerebrovascular disease (430-438)
B31 Influenza (470-474)
B32 Pneumonia (480-486)
B33 Bronchitis, emphysema and asthma (490-493)
B34 Peptic ulcer (531-533)
B35 Appendicitis (540-543)
B36 Intestinal obstruction and hernia (550-553, 560)
B37 Cirrhosis of liver (571)
B38 Nephritis and nephrosis (580-584)
B39 Hyperplasia of prostate (600)
B40 Abortion (640-645)
B41 Other complications of pregnancy, childbirth and the puerperium. Delivery without mention of complication (630-639, 650-678)
B42 Congenital anomalies (740-759)
B43 Birth injury, difficult labour and other anoxic and hypoxic conditions (764-768, 772-776)
B44 Other causes of perinatal mortality (760-763, 769-771, 773-775, 777-779)
B45 Symptoms and ill-defined conditions (780-796)
B46 All other diseases (Remainder of 240-738)
BE47 Motor vehicle accidents (E810-E823)

BE48 All other accidents (E800-E807, E825-E949)
BE49 Suicide and self-inflicted injuries (E950-E959)
BE50 All other external causes (E960-E999)

Ninth Revision (Adapted Mortality List) 18

All Causes (001-E999)

AM-1 Cholera (001)
AM-2 Typhoid fever (002.0)
AM-3 Other intestinal infectious diseases (Remainder of 001-009)
AM-4 Tuberculosis (010-018)
AM-5 Whooping cough (033)
AM-6 Meningococcal infection (036)
AM-7 Tetanus (037)
AM-8 Septicaemia (038)
AM-9 Smallpox (050)
AM10 Measles (055)
AM11 Malaria (084)
AM12 All other infectious and parasitic diseases
(Remainder of 001-139)
AM13 Malignant neoplasm of stomach (151)
AM14 Malignant neoplasm of colon (153)
AM15 Malignant neoplasm of rectum, rectosigmoid junction an anus (154)
AM16 Malignant neoplasm of trachea, bronchus and lung (162)
AM17 Malignant neoplasm of female breast (174)
AM18 Malignant neoplasm of cervix uteri (180)
AM19 Leukaemia (204-208)
AM20 All other malignant neoplasms (Remainder of 140-208)
AM21 Diabetes mellitus (250)
AM22 Nutritional marasmus (261)
AM23 Other protein-calorie malnutrition (262, 263)
AM24 Anaemias (280-285)
AM25 Meningitis (320-322)
AM26 Acute rheumatic fever (390-392)
AM27 Chronic rheumatic heart disease (393-398)
AM28 Hypertensive disease (401-405)
AM29 Acute myocardial infarction (410)
AM30 Other ischaemic heart diseases (411-414)
AM31 Cerebrovascular disease (430-438)
AM32 Atherosclerosis (440)
AM33 Other diseases of circulatory system (Remainder of 390-459)
AM34 Pneumonia (480-486)
AM35 Influenza (487)
AM36 Bronchitis, emphysema and asthma (490-493)
AM37 Ulcer of stomach and duodenum (531-533)
AM38 Appendicitis (540-543)
AM39 Chronic liver disease and cirrhosis (571)
AM40 Nephritis, nephrotic syndrome and nephrosis (580-589)
AM41 Hyperplasia of prostate (600)
AM42 Abortion (630-639)
AM43 Direct obstetric causes (640-646, 651-676)
AM44 Indirect obstetric causes (647, 648)
AM45 Congenital anomalies (740-759)
AM46 Birth trauma (767)
AM47 Other conditions originating in the perinatal period (760-766, 768-779)
AM48 Signs, symptoms and ill-defined conditions (780-799)
AM49 All other diseases (Remainder of 001-799)
AM50 Motor vehicle traffic accidents (E810-E819)
AM51 Accidental falls (E880-E888)
AM52 All other accidents, and adverse effects
(Remainder of E800-E949)
AM53 Suicide and self-inflicted injury (E950-E959)
AM54 Homicide and injury purposely inflicted by other persons (E960-E969)
AM55 Other violence (E970-E999)

Comparaison entre les listes abrégées de mortalité de la huitième et de la neuvième révision de la classification internationalte des maladies, employées pour classer les causes de décès.

Liste B Huitième révision 19
Toutes Causes (000-E999)

B-1 Choléra (000)
B-2 Fièvre typhoïde (001)
B-3 Dysenterie bacillaire et amibiase (004, 006)
B-4 Entérites et autres maladies diarrhéiques (008, 009)
B-5 Tuberculose de l'appareil respiratoire (010-012)
B-6 Autres formes de tuberculose et leurs séquelles (013-019)
B-7 Peste (020)
B-8 Diphtérie (032)
B-9 Coqueluche (033)
B10 Angine à streptocoques et scarlatine (034)
B11 Infections à méningocoques (036)
B12 Poliomyélite aiguë (040-043)
B13 Variole (050)
B14 Rougeole (055)
B15 Typhus et autres rickettsioses (080-083)
B16 Paludisme (084)
B17 Syphilis et ses séquelles (090-097)
B18 Toutes autres maladies infectieuses et parasitaires (le reste de 000-[illegible])
B19 Tumeurs malignes, y compris les tumeurs des tissus lymphatiques et hématopoïétiques (140-209)
B20 Tumeurs bénignes et tumeurs de nature non précisée (210-239)
B21 Diabète sucré (250)
B22 Avitaminoses et autres états de carence (260-269)
B23 Anémies (280-285)
B24 Méningite (320)
B25 Rhumatisme articulaire aigu (390-392)
B26 Cardiopathies rhumatismales chroniques (393-398)
B27 Maladies hypertensives (400-404)
B28 Maladies ischémiques du coeur (410-414)
B29 Autres formes de cardiopathies (420-429)
B30 Maladies cérébro-vasculaires (430-438)
B31 Grippe (470-474)
B32 Pneumonie (480-486)
B33 Bronchite, emphysème et asthme (490-493)
B34 Ulcère de l'estomac et du duodénum (531-533)
B35 Appendicite (540-543)
B36 Occlusion intestinale et hernie (550-553, 560)
B37 Cirrhose du foie (571)
B38 Néphrite et néphrose (580-584)
B39 Hypertrophie de la prostate (600)
B40 Avortements (640-645)
B41 Autres complications de la grossesse, de l'accouchement et des suites de couches. Accouchement sans mention de complication (630-639, 650-678)
B42 Anomalies congénitales (740-759)
B43 Lésions obstétricales, accouchements dystociques et autres états anoxémiques et hypoxémiques (764-768, 772, 776)
B44 Autres causes de mortalité périnatale (760-763, 769-771, 773-775, 777-779)
B45 Symptômes et états morbides mal définis (780-790)
B46 Toutes autres maladies (le reste de 240-738)
BE47 Accidents de véhicule à moteur (E810-E823)
BE48 Tous autres accidents (E800-807, E825-E949)
BE49 Suicide et lésions faites volontairement à soi-même
BE50 Toutes autres causes exterieures (E960-E999)

Liste adaptée de causes de mortalité 19 Neuvième révision
Toutes causes (001-E999)

AM-1 Choléra (001)
AM-2 Fièvre typhoïde (002.0)
AM-3 Autres maladies infectieuses intestinales (Restant de 001-009)
AM-4 Tuberculose (010-018)
AM-5 Coqueluche (033)
AM-6 Infections à méningocoques (036)
AM-7 Tétanos (037)
AM-8 Septicémie (038)
AM-9 Variole (050)
AM10 Rougeole (055)
AM11 Paludisme (084)
AM12 Autres maladies infectieuses et parasitaires (Restant de 001-139)
AM13 Tumeur maligne de l'estomac (151)
AM14 Tumeur maligne du gros intestin (153)
AM15 Tumeur maligne du rectum et du canal anal (154)
AM16 Tumeur maligne de la trachée, des bronches et du poumon (162)
AM17 Tumeur maligne du sein (174)
AM18 Tumeur maligne du col de l'utérus (180)
AM19 Leucémie (204-208)
AM20 Autres tumeurs malignes (Restant de 140-208)
AM21 Diabète sucré (250)
AM22 Marasme nutritionnel (261)
AM23 Autres malnutritions protéo-caloriques (262, 263)
AM24 Anémies (280-285)
AM25 Méningites (320-322)
AM26 Rhumatisme articulaire aigu (390-392)
AM27 Cardiopathies rhumatismales chroniques (393-398)
AM28 Maladies hypertensives (401-405)
AM29 Infarctus aigu du myocarde (410)
AM30 Autres myocardiopathies ischémiques (411-414)
AM31 Maladies cérébro-vasculaires (430-438)
AM32 Athérosclérose (440)
AM33 Maladies des autres parties de l'appareil circulatoire (Restant de 390-459)
AM34 Pneumonie (480-486)
AM35 Grippe (487)(Restant de 390-459)
AM36 Bronchite, emphysème et asthme (490-493)
AM37 Ulcère de l'estomac et du duodénum (531-533)
AM38 Appendicite (540-543)
AM39 Maladies chroniques et cirrhose du foie (571)
AM40 Néphrite, syndrome néphrotique et néphrose (580-589)
AM41 Hyperplasie de la prostate (600)
AM42 Avortements (630-639)
AM43 Causes obstétricales directes (640-646, 651-676)
AM44 Causes obstétricales indirectes (647-648)
AM45 Anomalies congénitales (740-759)
AM46 Traumatisme obstétrical (767)
AM47 Autres affections dont l'origine se situe dans la période périnatale (760-766, 768-779)
AM48 Symptômes, signes et états morbides mal définis (780-799)
AM49 Autres maladies (Restant de 001-799)
AM50 Accident de véhicule à moteur sur la voie publique (E810-E819)
AM51 Chute accidentelle (E880-E888)
AM52 Autres accidents et effets adverses (Restant de E800-E949)
AM53 Suicide (E950-E959)
AM54 Homicide (E960-E969)
AM55 Autres violences (E970-E999)

Like earlier revisions, the chapters of the ninth revision consist of three digit codes which have undergone only limited change since the previous revision. In the interest of greater specificity, however, more detail is provided in the ninth revision by additional fourth and sometimes fifth digits to the codes.[20] As before the three digit codes identify aetiology of disease. Although manifestation of disease may also be identified with the ninth revision for the first time, it is not used to code cause of death. Chapter one contains infectious and contagious diseases, chapter two refers to all neoplasms, and chapter three to endocrine, nutritional and metabolic diseases and immunity disorders. The remaining chapters group diseases according to anatomical site affected except for the final chapters which refer to mental disorders: complications of pregnancy, childbirth and the puerperium; congenital anomalies; and conditions originating in the perinatal period. Finally, an entire chapter is devoted to signs, symptoms and ill-defined conditions.

Within chapters, however, the changes vary from minor to major. In the chapters dealing with infectious and parasitic diseases, diseases of the blood and blood forming organs, mental disorders, diseases of the digestive system, diseases of the skin and subcutaneous tissues and congenital anomalies. The changes are minor. Major changes were made in the structure of chapters dealing with the nervous system and sense organs, complications of pregnancy, childbirth and puerperium, certain causes of perinatal morbidity and mortality and diseases of the musculoskeletal system and connective tissues.

Until 1975 the Manual of the International Statistical Classification of Diseases, Injuries and Cause of Death contained not only the classification scheme used to code cause of death but also tabulation lists derived from the scheme itself. Since cause of death classifications may be needed for a variety of uses, several tabulation lists in varying degrees of detail were recommended. Although frequently criticized for not being flexible, the use of these lists by many countries or areas has served to promote international comparability in the statistics on cause of death.

Although great care was taken in the ninth revision to maintain the same structure of the chapters used previously, so as to minimize the discontinuity previously created by revising the ICD, in order to promote flexibility the tabulation lists recommended previously were not adopted. Instead, the Basic Tabulation List (BTL) was adopted with the intention of enabling each country or area to adapt it to its unique needs by adopting an appropriate list of categories. One limitation of the Basic Tabulation List for use in the Demographic Yearbook is that it does not contain a set of mutually exclusive categories whose totals add to the sum of all deaths. Therefore, residual categories do not exist separately. They may be obtained only by subtracting the sum of a group of categories from the total. In order to remedy this shortcoming, the World Health Organization and the United Nations collaborated in developing an abbreviated mortality list of causes of death derived from the three-digit codes in the ninth revision. Known as the Adapted Mortality List, the major objective used in the development of this list was to ensure the greatest degree of comparability with the List B from the eighth revision.

Comme les révisions antérieures, la neuvième se fonde sur un code à trois chiffres qui n'a subi que des modifications limitées par rapport à celui de la huitième révision. Toutefois, afin d'aboutir à plus de précision, la neuvième révision donne plus de détails en ajoutant au code parfois un quatrième et parfois un cinquième chiffre.[20] Comme precédemment, le code à trois chiffres se réfère à l'étiologie des maladies. Bien que les symptômes des maladies apparaissent quelquefois dans la neuvième révision pour la première fois, ils ne servent pas pour la codification des causes de décès. Le chapitre concerne les maladies infectieuses et contagieuses, le chapitre 2 l'ensemble des néoplasmes, et le chapitre 3 les maladies du système endocrinien, de la nutrition et du métabolisme, ainsi que les affections immunitaires. Enfin, les autres chapitres groupent les maladies selon leur site anatomique, à l'exception des dernières qui concernent les affections mentales, les complications de la grossesse, de l'accouchement et des suites de couches; les anomalies congénitales et les affections de la période périnatale. Enfin, un chapitre entier est consacré aux manifestations, symptômes et affections mal définis.

Dans le cadre de chacun des chapitres, par contre, les modifications peuvent être mineures ou importantes. Ainsi, dans les chapitres consacrés aux maladies infectie uses et parasitaires, aux maladies du sang et des organes hématopoïétiques, aux affections mentales, aux maladies du système digestif, aux maladies du tissu cutané et sous-cutané et aux anomalies congénitales, les modifications sont mineures. Les modifications importantes ont été apportées à la présentation des chapitres consacrés au système nerveux et aux organes sensoriels, aux complications de la grossesse, de l'accouchement et des suites de couches, à certaines causes de morbidité et de mortalité périnatales et aux maladies du système ostéomusculaire et du tissu conjonctif.

Jusqu'en 1975, le Manuel de la Classification statistique internationale des maladies, traumatismes et causes de décès contenait non seulement le système de classification utilisé pour coder les causes de décès, mais également des tables construites à partir de ce système. Comme une classification des causes de décès peut se révéler nécessaire à divers usages, le Manuel recommandait plusieurs présentations plus ou moins détaillées. Bien qu'on lui ait fréquemment reproché de manquer de flexibilité, l'utilisation de ces listes par de nombreux pays ou zones a permis de développer la comparabilité internationale des statistiques des causes de décès.

Il est exact que l'on s'est efforcé, dans la neuvième révision, de conserver aux chapitres la même structure, de façon à réduire au minimum les discontinuités résultant des révisions antérieures, mais les listes recommandées auparavant n'ont pas été adoptées. On a retenu, au contraire, la Liste de base (BTL) dans l'intention de permettre à chaque pays ou zone de l'adapter à ses besoins propres. Or, l'emploi de la Liste de base dans l'Annuaire démographique est limité pour une part du fait qu'elle ne contient pas de catégories exclusives. On n'y trouve donc pas de catégories résiduelles. Celles-ci ne peuvent être constituées qu'en retranchant du total la somme d'un groupe de catégories. Pour remédier à cette insuffisance, l'Organisation mondiale de la santé et l'Organisation des Nations Unies ont collaboré à l'élaboration d'une liste abrégé de causes de mortalité, tirée de celle à trois chiffres de la neuvième révision. Cette liste, dite adaptée, avait surtout pour but d'assurer la plus grande comparabilité possible avec la liste B de la huitième révision.

The Adapted Mortality List, consisting of55 categories, in combination with the abbreviated list of the eighth revision, List B, is shown in the preceding pages. Reflecting the similarity between the eighth and ninth revisions of the ICD itself, the Adapted Mortality List from the ninth revision does not differ extensively from List B from the eighth revision. A comparable level of detail was maintained for certain infectious and parasitic diseases such as cholera, typoid fever, whooping cough, meningococcal infection, smallpox, measles and malaria. Another area of similarity exists among the following diseases which are listed separately in both revisions: pneumonia; influenza; bronchitis; emphysema and asthma; ulcer of the stomach and duodenum; appendicitis; chronic liver disease and cirrhosis; nephritis, nephrotic syndrome and nephroses; and hyperplasia of prostate.

However, care should be exercised in comparing trends by cause of death because in some instances the level of detail differs between the revisions. Changes in the location of infectious and parasitic diseases between the eighth and ninth revisions may adversely affect the comparability of several cause categories shown in table 21. For example, the three digit categories included in causes of death due to tuberculosis (B5 and B6) in the eighth revision differ from AM4 in the ninth revision. In the eighth revision, these categories included late effects of tuberculosis, while in the ninth revision the same late effects were not assigned to this cause.

Therefore a comparison of B5 and B6 with AM4 would lead incorrectly to the conclusion that deaths due to tuberculosis were decreasing, since some condition sleading to a diagnosis of death due to tuberculosis under the rules of the eighth revision would be attributed to other causes under the ninth revision.

In addition, neoplasms are shown in greater detail in the ninth revision than the eighth. In the ninth revision malignant neoplasms of the stomach, of the colon, the rectum, rectosigmoid junction and anus, of the trachea, bronchus and lung, of the female breast, of the cervix uteri and leukaemia are shown separately whereas in the eighth revision all malignant neoplasms were grouped together (B19). Therefore to obtain comparable statistics on deaths from malignant neoplasms for a country or area which reports in terms of both the eighth and ninth revisions, the user could add causes AM13 through AM20 from the ninth revision to obtain comparable causes to B19 from the eighth revision. Nutritional deficiencies are also handled differently in the two revisions. Avitaminosis and nutritional deficiencies (B22) in the eighth revision are classified in the adapted mortality list as nutritional marasmus (AM22) and other protein-caloric malnutrition (AM23). A single category of other intestinal infections was created from bacillary dysentery and amoebiasis (B3) and enteritis and other diarrhoeal diseases (B4).

Particular care should be devoted to use of residual categories, which may contain different causes of death in the two revisions. For example, the residual category of infectious and parasitic diseases, B18 and AM12 in the eighth and ninth revisions, respectively, is not identical in the two revisions. For example, in the ninth revision this residual category includes plague, diphtheria, scarlet fever, polio, typhus and syphilis which were listed separately in the eighth revision.

La Liste adaptée des causes de mortalité, composée de 55 catégories, est donnée à la page précédente en regard de la liste B abrégée de la huitième révision. La Liste adaptée des causes de mortalité, dérivée de la neuvième révision, ne diffère pas beaucoup de la liste B de la huitième révision, dès lors que ces deuxrévisions sont très semblables l'une à autre. On y a conservé un niveau semblable de détail dans le cas de certaines maladies infectieuses ou parasitaires telles que le choléra, la fièvre typhoïde, la coqueluche, les infections à méningocoques, la variole, la rougeole et le paludisme. On retrouve une même similarité entre les maladies suivantes, qui sont distinguées dans les deux révisions neumonie, grippe, bronchite, emphysème et asthme, ulcères de l'estomac et du duodénum, appendicite, hépatites chroniques et cirrhoses, néphrites, syndromes néphrotiques et néphroses, enfin hyperplasie de la prostate.

Toutefois, il faut agir avec circonspection lorsque l'on compare les tendances de la mortalité par cause de décès car, dans certains cas, le détail diffère d'une révision à l'autre. Les modifications du site des maladies infectieuses ou parasitaires, intervenues entre la huitième et neuvième révision, peuvent nuire à la comparabilité de plusieurs catégories de causes de décès du tableau 21. Par exemple, les catégories à trois chiffres des décès par tuberculose (B5 et B6) dans la huitième révision diffèrent de la catégorie AM4 de la neuvième révision. Dans la huitième révision, ces catégories comprenaient les effets tardifs de la tuberculose, alors que dans la neuvième ces effets n'ont pas été attribués à la même cause.

C'est pourquoi une comparaison des statistiques B5 et B6 avec celles de la catégorie AM4 amènerait fallacieusement à conclure que les effets tardifs de la tuberculose ont diminué d'incidence, tandis que certaines affections conduisant à un diagnostic de décès par tuberculose en vertu de la huitième révision seraient attribuées à d'autres causes dans le contexte de la neuvième révision.

Au surplus, les néoplasmes sont plus détaillé dans la neuvième révision que dans la huitième. Dans la neuvième révision, la leucémie et les tumeurs malignes de l'estomac, du côlon, du rectum, du canal anal et de l'anus, de la trachée, des bronches et du poumon, du sein et du col de l'utérus figurent séparément les uns des autres, tandis que, dans la huitième révision, toutes les tumeurs malignes étaient regroupées (B19). C'est pourquoi, pour obtenir des statistiques comparables des décès par tumeurs malignes dans un pays ou une zone qui présente ses statistiques à la fois selon la huitième et la neuvième révision, l'utilisateur peut faire la somme des causes A M13 à AM20 de la neuvième révision pour obtenir les causes comparables de la catégorie B19 de la huitième révision. Les carences nutritives font également l'objet, dans les deux révisions, d'un traitement différent. Les avitaminoses et les carences nutritives (B22) de la huitième révision sont classées, dans la liste adaptée des causes de mortalité, comme marasmes nutritionels (AM22) et autres états de malnutrition protéo-caloriques (AM23). La catégorie des infections instestinales diverses a été créée par regroupement des dysenteries bacillaires et amibiases (B3) avec les entérites et autres maladies diarrhéiques (B4).

Il convient de veiller particulièrement à l'affectation des catégories résiduelles, qui peuvent être différentes dans les deux révisions. Par exemple, les maladies infectieuses et parasitaires, B18 et AM12 dans les huitième et neuvième révisions respectivement, ne sont pas les mêmes d'une révision à l'autre. Dans la neuvième, elles comprennent la peste, la diphtérie, la scarlatine, la poliomyélite, le typhus et la syphilis, qui apparaissent séparément dans la huitième révision.

Finally, signs, symptoms and ill-defined conditions are coded to B45 and AM48 in the eighth and ninth revision, respectively. If more than 25 per cent of deaths reported in a country or area are coded to signs, symptoms and ill-defined conditions, the data are considered unreliable for the purposes of the Demographic Yearbook. In such instances, deaths by cause are not included in table 21, since it is not possible to determine whether the distribution of known causes is biased by such a large unknown category.

4.3.1 Maternal mortality

According to the ninth revision, "Maternal death" is defined as the death of a woman while pregnant or within 42 days of termination of pregnancy, irrespective of the duration and the site of the pregnancy, from any cause related to or aggravated by the pregnancy or its management but not from accidental or incidental causes.

"Maternal deaths should be subdivided into direct and in direct obstetric deaths. Direct obstetric deaths are those resulting from obstetric complications of the pregnant state (pregnancy, labour and puerperium) from interventions, omissions, incorrect treatment, or from a chain of events resulting from any of the above. Indirect obstetric deaths are those resulting from previous existing disease or disease that developed during pregnancy and which was not due to direct obstetric causes, but which was aggravated by physiologic effects of pregnancy".

Following the definition of a maternal death shown above, the Demographic Yearbook includes deaths due to abortion (B40) and deaths due to other complications of pregnancy, childbirth and the puerperium and delivery without mention of complication (B41) when cause of death is classified according to the eighth revision. When the ninth revision is used, maternal deaths are the sum of deaths due to abortion (AM42), direct obstetric causes (AM43) and indirect obstetric causes (AM44).

A further recommendation by the ninth revision conference proposed that maternal death rates be expressed per 1,000 live births rather than per 1,000 women of childbearing age in order to estimate more accurately the risk of maternal death. Although births do not represent an unbiased estimate of pregnant women, this figure is more reliable than other estimates since it is impossible to determine the number of pregnant women and live births are more accurately registered than live births plus foetal deaths.

4.3.2 Perinatal mortality

The definition of perinatal death was recommended by the Study Group on Perinatal Mortality set up by the World Health Organization. The International Conference for the Eighth Revision of the International Classification of Diseases adopted the recommendation that the perinatal period be defined "as extending from the 28th week of gestation to the seventh day of life". Noting that several countries considered as late foetal deaths any foetal death of 20 weeks or longer gestation, the Conference agreed to accept a broader definition of perinatal death which extends from the 20th week of gestation to the 28th day of life.

Enfin, les manifestations, symptômes et affections mal définies apparaissent respectivement, dans la huitième et la neuvième révision, sous B45 et AM48. Si plus de 25 p. 100 des décès signalés dans un pays ou une zone sont codés sous la rubrique manifestations, symptômes et affections mal définies, les données sont considérées comme douteuses dans l'Annuaire démographique. Alors, les décès par cause ne figurent pas dans tableau 21, car il n'est pas possible de déterminer si la répartition des causes connues est faussée par l'existence d'une catégorie "inconnue" aussi importante.

4.3.1 Mortalité maternelle

D'après la neuvième révision de la CIM, "la mortalité maternelle se définit comme le décès d'une femme survenu au cours de la grossesse ou dans une délai de 42 jours après sa terminaison, quelle qu'en soit la durée et la localisation, pour une cause quelconque déterminée ou aggravée par la grossesse ou les soins qu'elle a motivés, mais ni accidentelle ni fortuite".

Les morts maternelles se répartissent en deux groupes:
1) Décès par cause obstétricale directe ... qui résultent de complications obstétricales (grossesse, travail et suites de couches), d'interventions, d'omissions, d'un traitement incorrect ou d'un enchaînement d'événements de l'un quelconque des facteurs ci-dessus.
2) Décès par cause obstétricale indirecte ... qui résultent d'une maladie préexistante ou d'une affection apparue au cours de la grossesse, sans qu'elles soit due à des causes obstétricales directes, mais qui a été aggravée par les effets physiologiques de la grossesse.

Considérant la définition ci-dessus de la mortalité maternelle, l'Annuaire démographique y inclut les décès par avortement (B40) et les décès imputables à d'autres complications de la grossesse, de l'accouchement et des suites de couches, sans mention de complications (B41) lorsque la cause de décès est classée selon la huitième révision. Sur la base de la neuvième révision, la mortalité maternelle constitue la somme des décès par avortement (AM42), des décès d'origine obstétricale directe (AM43) et des décès d'origine obstétricale indirecte (AM44).

La neuvième révision recommande également que les taux de mortalité maternelle soient exprimés sur la base de 1.000 naissances vivantes plutôt que sur celle de 1.000 femmes en âge de reproduire, afin d'aboutir à une évaluation plus exacte du risque de mortalité maternelle. Bien que les naissances ne permettent pas d'évaluer sans distortion le nombre des femmes enceintes, leur nombre est plus sûr que d'autres estimations car il est impossible d'évaluer le nombre des femmes enceintes, et le nombre des naissances vivantes est plus exactement enregistré que celui des naissances vivantes et des morts foetales.

4.3.2 Mortalité périnatale

La définition de la mortalité périnatale a été recommandée par le Groupe d'étude sur la mortalité périnatale, constitué par l'Organisation mondiale de la santé. La Conférence internationale pour la huitième révision de la Classification internationale des maladies a adopté la recommandation selon laquelle la période périnatale devait être définie comme suit : "période comprise entre la vingt-huitième semaine de gestation et la septième journée de vie". Considérant que plusieurs pays comptaient comme mort foetale tardive toute mort foetale intervenue 20 semaines ou plus après le début de la gestation, la Conférence a décidé d'accepter aussi une définitions plus large de la mortalité périnatale qui s'étend de la vingtième semaine de la gestation à la vingt-huitième journée de vie.

This alternative definition was believed to promote more complete registration of events between 28 weeks of gestation and the end of the first 6 days of life. In 1975, the Ninth Revision Conference recommended the collection of perinatal mortality statistics by use of a standard perinatal death certificate according to a definition which not only includes a minimum length of gestation but also minimum weight and length criteria.

In table 19 of the 1985 Demographic Yearbook and previous issues of the Yearbook that included perinatal mortality statistics, the definition of perinatal deaths used is the sum of late foetal deaths (foetal deaths of 28 or more weeks of gestation) and infant deaths within the first week of life. In addition, in order to standardize the definition and eliminate differences due to national practice, the figures on perinatal death are calculated in the Statistics Division for inclusion in the Demographic Yearbook. Contrary to the recommendations of the Ninth Revision Conference, the perinatal mortality rate is calculated per 1000 live births in order to minimize the effect of limited foetal death registration on the magnitude of the denominator.

4.3.3 Medical certification and lay reporting

In many countries or areas a sizeable fraction of the deaths may be registered by non-medical personnel. In order to improve the reporting of cause of death in these cases, the Ninth Revision Conference recommended that:"The World Health Organization should become increasingly involved in the attempts made by the various developing countries for collection of morbidity and mortality statistics through lay or paramedical personnel; organize meetings at regional level for facilitating exchange of experiences between the countries currently facing this problem so as to design suitable classification lists with due consideration to national differences in terminology; assist countries in their endeavour to establish or expand the system of collection of morbidity and mortality data through lay or paramedical personnel. [21]

DESCRIPTION OF TABLES

Table 1

Table 1 presents for the world, major areas and regions estimates of the order of magnitude of population size, rates of population increase, crude birth and death rates, surface area and population density.

Description of variables: Estimates of world population by major areas and by regions are presented for 1950, 1960 and each fifth year, 1965 to 1985, and for 1990 and 1995. Average annual percentage rates of population growth, the crude birth and crude death rates are shown for the period 1990 to 1995. Surface area in square kilometres and population density estimates relate to 1995.

All population estimates and rates presented in this table were prepared by the Population Division of the United Nations Secretariat and have been published in World Population Prospects: The 1994 Revision.

Cette deuxième définition devait en principe permettre l'enregistrement plus complet des morts foetales intervenues entre la vingt-huitième semaine de gestation et la fin des six premières journées de la vie. En 1975, la Conférence chargée de la neuvième révision a recommandé que les statistiques de la mortalité périnatale s'appuient sur un certificat de mortalité périnatale standardisé, fondé sur une définition qui prévoit non seulement une durée minimale de gestation, mais également un minimum de poids et de taille.

Dans le tableau 19 de l'Annuaire démographique 1985 et dans les éditions antérieures de l'Annuaire où figuraient des statistiques sur la mortalité périnatale, la définition de mortalité périnatale s'appuie sur la somme des morts foetales tardives (mortalité foetale au terme de 28 semaines de gestation ou plus) et de la mortalité infantile dans la première semaine de vie. De plus, afin de normaliser la définition et d'éliminer les différences dues aux pratiques nationales, les chiffres de la mortalité périnatale sont calculés par la Division de statistique aux fins d'inclusion dans l'Annuaire démographique. Contrairement aux recommandations de la neuvième conférence de révision, le taux de mortalité périnatale avait été calculé sur 1 000 naissances vivantes, afin de minimiser l'effet des insuffisances d'enregistrement des morts foetales sur le dénominateur de la fraction.

4.3.3 Certificats médicaux et déclarations de témoins non qualifiés

Dans bien des pays et zones, une bonne partie des décès sont déclarés par des personnes sans formation médicale. Afin d'améliorer la déclaration des causes de décès dans ces cas, la neuvième conférence de révision a recommandé que l'Organisation mondiale de la santé prenne "une part croissante à l'action entreprise par divers pays en voie de développement pour la collecte de données statistiques de morbidité et de mortalité par du personnel non professionnel ou paramédical", qu'elle organise" au niveau régional des réunions visant à faciliter un échange d'expériences entre les pays qui doivent actuellement faire face à ce problème, de manière à mettre au point des listes de classification appropriées, compte dûment tenu des différences de terminologie entre les pays" et qu'elle aide" les pays à mettre en place ou à développer le système de collecte de données de morbidité et de mortalité à l'aide d'un personnel non professionnel ou paramédical" [21].

DESCRIPTION DES TABLEAUX

Tableau 1

Le tableau 1 donne, pour l'ensemble du monde, les grandes régions géographiques, des estimations de l'ordre de grandeur de la population, les taux d'accroissement démographique, les taux bruts de natalité et demortalité, la superficie et la densité de peuplement.

Description des variables : Des estimations de la population mondiale par ''grandes régions'' et par 'régions géographiques' sont présentées pour 1950 et à intervalle quinquennal de 1965 à 1985, ainsi que pour 1990 et 1995. Les taux annuels moyens d'accroissement de la population et les taux bruts de natalité et de mortalité portent sur la période 1990 à 1995. Les indications concernant la superficie exprimée en kilomètres carrés et l'ordre de grandeur de la densité de population se rapportent à 1995.

Toutes les estimations de population et les taux de natalité, taux de mortalité et taux annuels d'accroissement de la population qui sont présentés dans ce tableau ont été établis par la Division de la population du Secrétariat de l'ONU et ont été publiés dans World Population Prospects: The 1994 Revision.

The scheme of regionalization used for the purpose of making these estimates is described on page. Although some continental totals are given, and all can be derived, the basic scheme presents major areas that are so drawn as to obtain greater homogeneity in sizes of population, types of demographic circumstances and accuracy of demographic statistics.

Five of the major areas are further subdivided into 20 regions. These are arranged within major areas: these together with Northern America, which is not subdivided, make a total of 21 regions.

The major areas of Northern America and Latin America were distinguished, rather than the conventional continents of North America and South America, because population trends in the middle American mainland and the Caribbean region more closely resemble those of South America than those of America north of Mexico. Data for the traditional continents of North and South America can be obtained by adding Central America and Caribbean region to Northern America and deducting from Latin America. Latin America has somewhat wider limits than it would be defined only to include the Spanish-speaking, French-speaking and Portuguese-speaking countries.

The average annual percentage rates of population growth were calculated by the Population Division of the United Nations Secretariat, using an exponential rate of increase.

Crude birth and crude death rates are expressed in terms of the average annual number of births and deaths, respectively, per 1,000 mid-year population. These rates are estimated.

Surface area totals were obtained by summing the figures for individual countries or areas shown in table 3.

Computation: Density, calculated by the Statistics Division of the United Nations, is the number of persons in the 1995 total population per square kilometre of total surface area.

Reliability of data: With the exception of surface area, all data are set in italic type to indicate their conjectural quality.

Limitations: Being derived in part from data in table 3, the estimated orders of magnitude of population and surface area are subject to all the basic limitations set forth in connection with table 3. Likewise, the rates of population increase and density indexes are affected by the limitations of the original figures. However, it may be noted that, in compiling data for regional and macro region totals, errors in the components may tend to compensate each other and the resulting aggregates may be somewhat more reliable than the quality of the individual components would imply.

Because of their estimated character, many of the birth and death rates shown should also be considered only as orders of magnitude, and not as measures of the true level of natality or mortality. Rates for 1990-1995 are based on the data available as of 1994, the time when the estimates were prepared, and much new information has been taken into account in constructing these new estimates.

La classification géographique utilisée pour établir ces estimations est exposée à la page 00. Bien que l'on ait donné certains totaux pour les continents (tous les autres pouvant être calculés), on a réparti le monde en huit grandes régions qui ont été découpées de manière à obtenir une plus grande homogénéité du point de vue des dimensions de population, des types de situation démographique et de l'exactitude des statistiques démographiques.

Cinq de ces huit grandes régions ont été subdivisées en 20 régions. Celles-ci ont été classées à l'intérieur de chaque grande région. Avec l'Amérique septentrionale, qui est subdivisée on arrive à un total de 21 regions.

On l'Amérique septentrionale et l'Aérique latine, au lieu des continents classiques (Amérique du Nord et Amérique du Sud), parce que les tendances démographiques dans la partie continentale de l'Amérique centrale et dans la région des Caraïbes se rapprochent davantage de celles de l'Amérique du Sud que de celles del'Amérique au nord du Mexique. On obtient les données pour les continents traditionnels de l'Amérique du Nord et de l'Amérique du Sud en extrayant des données relatives à l'Amérique latine les données concernant l'Amérique centrale et les Caraïbes, et les regroupant avec celles relatives à l'Amérique septentionale. L'Amérique latine ainsi définie a par conséquent des limites plus larges que celles des pays ou zones de langues espagnole, portugaise et française qui constituent l'Amérique latine au sens le plus strict du terme.

Les taux annuels moyens d'accroissement de la population ont été calculés par la Division de la population du Secrétariat de l'ONU, qui a appliqué à cette fin un taux d'accroissement exponentiel.

Les taux bruts de natalité et de mortalité représentent respectivement le nombre annuel moyen de naissances et de décès par millier d'habitants en milieu d'année. Ces taux sont estimatifs.

La superficie totale a été obtenue en faisant la somme des superficies des pays ou zones du tableau 3.

Calculs : La densité, calculée par la Division de statistique de l'ONU, est égale au rapport de l'effectif total de la population en 1995 à la superficie totale exprimée en kilomètres carrés.

Fiabilité des données : A l'exception des données concernant la superficie, toutes les données sont reproduites en italique pour en faire ressortir le caractère conjectural.

Insuffisance des données : Les estimations concernant l'ordre de grandeur de la population et la superficie reposent en partie sur les données du tableau 3; elles appellent donc toutes les réserves fondamentales formulées à propos de ce tableau. Les taux d'accroissement et les indices de densité de la population se ressentent eux aussi des insuffisances inhérentes aux données de base. Toutefois, il est à noter que, lorsqu'on additionne des données par territoire pour obtenir des totaux régionaux et par grandes régions, les erreurs qu'elles comportent arrivent parfois à s'équilibrer, de sorte que les agrégats obtenus peuvent être un peu plus exacts que chacun des éléments dont on est parti.

Vu leur caractère estimatif, un grand nombre des taux de natalité et de mortalité du tableau 1 doivent être considérés uniquement comme des ordres de grandeur et ne sont pas censés mesurer exactement le niveau de la natalité ou de la mortalité. On s'est fondé pour établir les taux de 1990-1995 sur les données dont on disposait en 1994, date à laquelle les nouvelles estimations ont été établies, et beaucoup d'éléments nouveaux sont alors intervenus dans le calcul de celles-ci.

As a result they may differ from earlier estimates prepared for the same years and published in previous issues of the Yearbook.

It should be noted that the United Nations estimates that appear in this table are from the same series of estimates which also appear in tables 2, 3, 4, 5, 9, 15, 18, and 22 of this Yearbook.

The limitations related to surface area data are described in the Technical Notes for table 3. Because surface area totals were obtained by summing the figures for individual countries or areas shown in table 3, they exclude places with a population of less than 50, for example, uninhabited polar areas.

In interpreting the population densities, one should consider that some of the regions include large segments of land that are uninhabitable or barely habitable, and density values calculated as described make no allowance for this, nor for differences in patterns of land settlement.

Coverage: Data for 21 regions are presented.

C'est pourquoi il se peut qu'elles s'écartent d'estimations antérieures portant sur ces mêmes années et publiées dans de précédentes éditions de l'Annuaire.

Il y a lieu de noter que les estimations du Secrétariat de l'ONU qui sont reproduites dans ce tableau appartiennent à la même série d'estimations que celles qui figurent dans les tableaux 2, 3, 4, 5, 9, 15, 18, et 22 de la présente édition de l'Annuaire.

Les Notes techniques relatives au tableau 3 indiquent les insuffisances des données de superficie. Parce que les totaux des superficies ont été obtenus en additionnant les chiffres pour chaque pays ou zones, qui apparaissent dans le tableau 3, ils ne comprennent pas les lieux où la population est de moins de 50 personnes, tels que les régions polaires inhabitées.

Pour interpréter les valeurs de la densité de population, il faut tenir compte du fait qu'il existe dans certaines des régions de vastes étendues de terres inhabitables ou à peine habitables, et que les chiffres calculés selon la méthode indiquée ne tiennent compte ni de ce fait ni des différences de dispersion de la population selon le mode d'habitat.

Portée : Les données présentées concernent 21 régions.

Composition of macro regions and component regions set forth in table 1
Composition des grandes régions considérés au tableau 1 et des régions qui en font partie

AFRICA-AFRIQUE

Eastern Africa-Afrique orientale

Burundi
Comoros-Comores
Djibouti
Eritrea-Erythrée
Ethiopia
Kenya
Madagascar
Malawi
Mauritius-Maurice
Mozambique
Réunion
Rwanda
Seychelles
Somalia-Somalie
Uganda-Ougande
United Rep. Of Tanzania-
Rép. Unie de Tanzanie
Zambia-Zambie
Zimbabwe

Middle Africa-Afrique centrale

Angola
Cameroon-Cameroun
Central African Republic-
République centrafricaine
Chad-Tchad
Congo
Equatorial Guinea-
Guinée équatoriale
Gabon
Sao Tome and Principe
Sao Tomé-et-Principe
Zaire

Northern Afica-Afrique septentrionale

Algeria-Algerie
Egypt-Egypte
Libyan Arab Jamahiriya-
Jamahiriya arabe libyenne
Morocco-Maroc
Sudan-Soudan
Tunisia-Tunisie
Western Sahara-
Sahara Occidental

Southern Africa-Afrique méridionale

Botswana
Lesotho
Namibia-Namibie
South Africa-
Afrique du Sud
Swaziland

Western Africa-Afrique occidentale

Benim-Bénim
Burkina Faso
Cape Verde-Cap-Vert
Côte d'Ivoire
Gambia-Gambie
Ghana
Guinea-Guinée
Guinea-Bissau-
Guinée Bissau-
Liberia-Libéria
Mali
Mauritania-Mauritanie
Niger
Nigeria-Nigéria
St. Helena -
Sainte-Hélène
Senegal-Sénégal
Sierra Leone
Togo

LATIN AMERICA-AMERIQUE LATINE

Caribbean-Caraïbes

Anguilla
Antigua and Barbuda-
Antigua-et-Barbuda
Aruba
Bahamas
Barbados-Barbade
British Virgin Islands
Iles Vierges
britanniques
Cayman Islands-
Iles Caïmanes
Cuba
Dominica-Dominique
Dominican Republic-
République dominicaine
Grenada-Grenade
Guadalupe
Haiti
Jamaica-Jamaique
Martinique
Monserrat
Netherlands Antilles-
Antilles néerlandaises
Puerto Rico-Porto Rico
St.Kitts-Nevis
Saint-Kitts-et Nevis
Saint Lucia-Sainte-Lucie
Saint Vincent and the
Grenadines-
Saint Vincent-et-Grenadines
Trinidad and Tobago -
Trinité-et-Tobago
Turks and Caicos Islands-
Iles Turques et Caiques
United States Virgin
Islands-Iles Vierges
américaines

Central America-Amérique centrale

Belize
Costa Rica
El Salvador
Guatemala
Honduras
Mexico-Mexique
Nicaragua
Panama

South America-Amérique du Sud

Argentina-Argentine
Bolivia-Bolivie
Brazil-Brésil
Chile-Chili
Colombia-Colombie
Ecuador-Equateur
Falkland Islands (Malvinas)-
Iles Falkland (Malvinas)
French Guiana-
Guyane Française
Guyana
Paraguay
Peru-Pérou
Suriname
Uruguay
Venezuela

NORTHERN AMERICA-AMERIQUE SEPTENTRIONALE

Bermuda-Bermudes
Canada
Greenland-Groenland
St. Pierre and Miquelon-
Saint-Pierre-et-Miquelon
United States-Etats-Unis

ASIA-ASIE

Eastern Asia-Asia Orientale

China-Chine
Hong Kong-Hong-kong
Japan-Japon
Korea-Corée
Korea, Dem. People's Rep.
of-Corée, rép.
populaire dém. de
Korea, Republic of-
Corée, République de
Macau-Macao
Mongolia-Mongolie

South-central Asia Asie centrale méridionale

Afghanistan
Bangladesh
Bhutan-Bhoutan
India-Inde
Iran (Islamic Republic of-
Rép. Islamique d')
Kazakstan

Composition of macro regions and component regions set forth in table 1
Composition des grandes régions considérées au tableau 1 et des régions qui en font partie

Kyrgyzstan-Kirghizistan
Maldives
Nepal-Népal
Pakistan
Sri Lanka
Tajikistan-Tadjikistan
Turkmenistan-Turkménistan
Uzbekistan-Ouzbékistan

South-eastern Asia-
Asie méridionale orientale

Brunei Darussalam-
Brunéi Darussalam
Cambodia-Cambodge
East Timor-Timor oriental
Indonesia-Indonésie
Lao People's Dem. Rep.-
Rép. Dém.
populaire Lao
Malaysia-Malaisie
Myanmar
Philippines
Singapore-Singapour
Thailand-Thailande
Viet Nam

Western Asia-
Asie occidentale

Armenia-Arménie
Azerbaijan-Azerbaïdjan
Bahrain-Bahreïn
Cyprus-Chypre
Georgia-Géorgie
Iraq
Israel-Israël
Jordan-Jordanie
Kuwait-Koweït
Lebanon-Liban
Oman
Palestine (Gaza Strip)-
Palestine (Zone de Gaza)
Qatar
Saudi Arabia-
Arabie saudite
Syrian Arab Republic
République arabe
syrienne
Turkey-Turquie
United Arab Emirates-
Emirats Arabes Unis
Yemen-Yémen

EUROPE

Eastern Europe-Europe orientale

Belarus-Bélarus
Bulgaria-Bulgarie
Czech Republic-
Rép. Tcheque
Hungary-Hongrie
Polad-Pologne
Republic of Moldova-Re. de Moldova
Romania-Roumanie
Russian Federation -
Féderation de Russie
Slovakie-Slovaquie
Ukraine

Northern Europe-Europe septentrionale

Channel Islands-
Iles Anglo-Normandes
Denmark-Danemark
Estonia-Estonie
Faeroe Islands-
Iles Féroé
Finland-Finlande
Iceland-Islande
Ireland-Irlande
Isle of Man-Ile de Man
Latvia-Lettonie
Lithuania-Lithuanie
Norway-Norvège
Sweden-Suède
United Kingdom-Royaume-Uni

Southern Europe-Europe méridionale

Albania-Albanie
Andorra-Andorre
Bosnia-Herzegovina
Bosnia-Herzégovine
Croatia-Croatie
Gibraltar
Greece-Grèce
Holy See-
Saint-Siège
Italy-Italie
Malta-Malte
Portugal
San Marino-Saint-Marin
Slovenia-Slovénie
Spain-Espagne
The former Yugoslav Rep. Of
Macedonia-L'ex Rép.
de Macédoine
Yugoslavia-Yugoslavie

Western Europe-Europe occidentale

Austria-Autriche
Belgium-Belgique
France
Germany-Allemagne
Liechtenstein
Luxembourg
Monaco
Netherlands-Pays-Bas
Switzerland-Suisse

OCEANIA-OCEANIE

Australia and New Zealand -
Australie et Nouvelle-Zélande

Australia-Australie
New Zealand-
Nouvelle-Zélande
Norfolk Island-Ile Norfolk

Melanesia-Melenésie

Fiji-Fidji
New Caledonia-
Nouvelle Calédonie
Papua New Guinea-
Papouasie-Nouvelle-Guinée
Solomon Islands-Iles Salomon
Vanuatu

Micronesia-Micronésie

Federated States of
Micronesia - Etats
Federatives de
Micronesie
Guam
Johnston Island-
Ile Johnston
Kiribati
Marshall Islands-
Iles Marshall
Nauru
Northern Mariana Islands-
Iles Mariannes
Du Nord
Palau-Palaos

Polynesia-Polynésie

American Samoa-
Samoa américaines
Cook Islands-Iles Cook
French Polynesia-
Polynésie francaise
Niue-Nioué
Pitcairn
Samoa
Tokelau-Tokélaou
Tonga
Tuvalu
Wallis and Futuna Islands
Iles Wallis et Futuna

Table 2

Table 2 presents estimates of population and the percentage distribution, by age and sex and the percentage distribution, by age and sex and sex ratio for all ages, for the world, major areas and regions for 1995.

Description of variables: All population estimates presented in this table were prepared by the Population Division of the United Nations Secretariat. These estimates have been published (using more detailed age groups) in the Sex and Age Distribution of the World Populations:

The scheme of regionalization used for the purpose of making these estimates is described on page 32 and discussed in detail in the Technical Notes for table 1. Age groups presented in this table are: under 15 years, 15-64 years and 65 years and over. Sex ratio refers to the number of males per 100 females of all ages.

Using the Population Division estimates, the percentage distributions and the sex ratios which appear in this table have been calculated by the Statistics Division of the United Nations.

Reliability of data: All data are set in italic type to indicate their conjectural quality.

Limitations: The data presented in this table are from the same series of estimates, prepared by the Population Division of the United Nations Secretariat, presented in table 1. They are subject to the same general limitations as discussed in the Technical Notes for table 1.

In brief, because of their estimated character, these distributions by broad age groups and sex should be considered only as orders of magnitude. However, it may be noted that, in compiling data for regional and macro region totals, errors in the components may tend to compensate each other and the resulting aggregates may be somewhat more reliable than the quality of the individual components would imply.

In addition, data in this table are limited by factors affecting data by age. These factors are described in the Technical Notes for table 7. Because the age groups presented in this table are so broad, these problems are minimized.

It should be noted that the United Nations Secretariat estimates that appear in this table are from the same series of estimated which also appear in tables 1, 3, 4, 5, 9, 15, 18 and 22 of this Yearbook.

Coverage: Data for 21 regions are presented.

Table 3

Table 3 presents for each country or area of the world the total, male and female population enumerated at the latest population census, estimates of the mid-year total population for 1990 and 1995, the average annual exponential rate of increase (or decrease) for the period 1990 to 1995, and the surface area and the population density for 1995.

Tableau 2

Ce tableau fournit, pour l'ensemble du monde, les grandes régions et les régions, des estimations de la population pour 1995 ainsi que sa répartition en pourcentage selon l'âge et le sexe, et le rapport de masculinité tous âges.

Description des variables : Toutes les données figurant dans ce tableau ont été établies par la Division de la population du Secrétariat de l'ONU et ont été publiées dans le Sex and Age Distribution of the World Populations: The 1994 Revision.

La classification géographique utilisée pour établir ces estimations est exposée à la page 32 et analysée en détail dans les Notes techniques relatives au tableau 1. Les groupes d'âge présentés dans ce tableau sont définis comme suit : moins de 15 ans, de 15 à 64 ans et 65 ans et plus. Le rapport de masculinité représente le nombre d'individus de sexe masculin pour 100 individus de sexe féminin sans considération d'âge.

Les pourcentages et les rapports de masculinité qui sont présentés dans ce tableau ont été calculés par la Division de statistique de l'ONU d'après des estimations établies par la Division de la population.

Fiabilité des données : Toutes les données figurant dans ce tableau sont reproduites en italique pour en faire ressortir le caractère conjectural.

Insuffisance des données : Les données de ce tableau appartenant à la même série d'estimations, établie par la Division de la population du Secrétariat de l'ONU, que celles qui figurent au tableau 1 appellent également toutes les réserves formulées dans les Notes techniques relatives au tableau 1.

Sans entrer dans le détail, il convient de préciser que les données relatives à la répartition par grand groupe d'âge et par sexe doivent, en raison de leur caractère estimatif, être considérées uniquement comme des ordres de grandeur. Toutefois, il est à noter que, lorsqu'on additionne des données par territoire pour obtenir des totaux régionaux et par grandes régions, les erreurs qu'elles comportent arrivent parfois à s'équilibrer, de sorte que les agrégats obtenus peuvent être un peu plus exacts que chacun des éléments dont on est parti.

En outre, les donnés figurant dans ce tableau présentent un caractère d'insuffisance en raison des facteurs influant sur les données par âge. Ces facteurs sont décrits dans les Notes techniques relatives au tableau 7. Ces problèmes sont cependant minimisés du fait de l'étendue des groupes d'âge présentés dans ce tableau.

Il y a lieu de noter que les estimations du Secrétariat de l'ONU qui sont reproduites dans ce tableau appartiennent à la même série d'estimations que celles qui figurent dans les tableaux 1, 3, 4, 5, 9,15,18 et 22 de la présente édition de l'Annuaire.

Portée : Les données présentées concernent 21 régions.

Tableau 3

Ce tableau indique pour chaque pays ou zone du monde la population totale selon le sexe d'après les derniers recensements effectués, les estimations concernant la population totale au milieu de l'année 1990 et de l'année 1995, le taux moyen d'accroissement annuel exponentiel positif ou négatif) pour la période allant de 1990 à 1995, ainsi que la superficie et la densité de population en 1995.

Description of variables: The total, male and female population is, unless otherwise indicated, the de facto (present-in-area) population enumerated at the most recent census for which data are available. The date of this census is given. Unless otherwise indicated, population census data are the results of a nation-wide enumeration. If, however, a nation-wide enumeration has never taken place, the results of a sample survey, essentially national in character, are presented. Results of of surveys referring to less than 50 percent of the total territory or population are not included.

Mid-year population estimates refer to the de facto population on 1 July. In some areas the mid-year population has been calculated by the Statistics Division of the United Nations as the mean of two year-end official estimates.

Mid-year estimates, calculated in this manner, are assumed to be sufficiently similar to official estimates for the population on 1 July; they, therefore, have not been footnoted.

Mid-year estimates of the total population are those provided by national estatistical offices, unless otherwise indicated. As needed, these estimates are supplemented by mid-year population estimates prepared by the Population Division of the United Nations Secretariat 22 when for example official mid-year estimates of the total population either are not available or have not been revised to take into account the results of a recent population census or sample survey. The United Nations Secretariat estimates are identified with a superscript (x) and are based on data available in 1994 including census and survey results, taking into account the reliability of base data as well as available fertility, mortality, and migration data.

The policy of using United Nations Secretariat estimates is designed to produce comparable mid-year estimates for population for 1990 and 1995 which are not only in accord with census and survey results shown in this table but also with estimates for prior years shown in table 5. Unrevised official estimates as well as results of censuses or surveys and estimates for dates other than the mid-yearhave been eliminated in favour of the United Nations Secretariat consistend mid-year estimates.

Surface area, expressed in square kilometres, refers to the total surface area, comprising land area and inland waters (assumed to consist of major rivers and lakes) and exluding only polar regions and uninhabited islands. Exceptions to this re noted. Surface areas, originally reported in square miles, have been converted to square kilometres using a conversion factor of 2.589988.

Computation: The annual rate of increase is the average annual percentage rate of population growth between 1990 and 1995, computed using the mid-year estimates (unrounded) presented in this table using an exponential rate of increase.

Although mid-year estimates presented in this table appear only in thousands, unrounded figures, when available, have been used to calculate the rates of population increase.

Description des variables : Sauf indication contraire, la population masculine et féminine totale est la population de fait ou population présente dénombrée lors du dernier recensement dont les résultats sont disponibles. La date de ce recensement est indiquée. Sauf indication contraire, les données de recensement fournies résultent d'un dénombrement de population nationale. S'il n'y a jamais eu de dénombrement général, ce sont les résultats d'une enquête par sondage à caractère essentiellement national qui sont indiqués. Il n'est pas présenté de résultats d'enquêtes portant sur moins de 50 p. 100 de l'ensemble du territoire ou de la population.

Les estimations de la population en milieu d'année sont celles de la population de fait au ler juillet. Dans certains cas, la Division de statistique de l'ONU a obtenu ces estimations en faisant la moyenne des estimations officielles portant sur la fin de deux années successives.

Les estimations de la population en milieu d'année ainsi établies sont jugées suffisamment proches des estimations officielles de la population au 1er juillet pour n'avoir pas à faire l'objet d'une note.

Sauf indication contraire, les estimations de la population totale en milieu d'année sont celles qui ont été communiquées par les services nationaux de statistique. On les a complétées le cas échéant par des estimations de la population en milieu d'année établies par la Division de la population du Secrétariat de l'ONU, 22 par exemple lorsque l'on ne possédait pas d'estimations officielles de la population totale en milieu d'année ou lorsque celles dont on disposait n'avaient pas été rectifiées pour tenir compte des résultats d'un récent recensement ou enquête par sondage. Les estimations du Secrétariat de l'ONU, qui sont affectées du signe(x),sont fondées sur les données disponibles en 1994, y compris les résultats de recensements ou d'enquêtes et compte tenu de la fiabilité des données de base ainsi que des données de fécondité, de mortalité et de migration disponibles.

L'utilisation d'estimations établies par le Secrétariat de l'ONU a pour objet d'obtenir pour 1990 et 1995 des estimations de la population en milieu d'année qui se prêtent à la comparaison et qui soient compatibles non seulement avec les résultats de recensements ou d'enquêtes reproduits dans ce tableau, mais aussi avec les estimations relatives aux années précédentes qui figurent au tableau 5. On a renoncé aux estimations officielles non rectifiées, ainsi qu'aux résultats de recensements ou d'enquêtes et aux estimations se rapportant à des dates autres que le milieu de l'année, pour leur substituer les estimations établies de façon homogène pour le milieu de l'année par le Secrétariat de l'ONU.

La superficie -- exprimée en kilomètres carrés -- représente la superficie totale, c'est-à-dire qu'elle englobe les terres émergées et les eaux intérieures (qui sont censées comprendre les principaux lacs et cours d'eau) à la seule exception des régions polaires et de certaines îles inhabitées. Les exceptions à cette règle sont signalées en note. Les indications de superficie initialement fournies en miles carrés ont été transformées en kilomètres carrés au moyen d'un coefficient de conversion de 2,589988.

Calculs : Le taux d'accroissement annuel est le taux annuel moyen de variation (en pourcentage) de la population entre 1990 et 1995, calculé à partir des estimations en milieu d'année (non arrondies) qui figurent dans le tableau utilisant le taux exponentiel d'accroissement.

Bien que les estimations en milieu d'année ne soient exprimées qu'en milliers dans ce tableau, on a utilisé chaque fois qu'on le pouvait des chiffres non arrondis pour calculer les taux d'accroissement de la population.

It should be noted that all United Nations Secretariat estimates used to calculate these rates are rounded.

Density is the number of persons in the 1995 total population per square kilometre of total surface area.

Reliability of data: Each country or area has been asked to provide information of the method it has used in preparing the official mid-year population estimates shown in this table. Information referring to the 1995 estimates has been coded and appears in the column entitled "Type". The four elements of the quality code which appear in this column relate to the nature of the base data, the recency of the base data, the method of time adjustment and the quality of that adjustment, respectively. This quality code is explained in detail in section 3.2.1 of the Technical Notes. it should be noted briefly here, hoewever, that the codes (A) and (B) refer to estimates which are based on complete census enumerations and sample surveys, respectively. Code (C) refers to estimates based on a partial census of partial registration of individuals while code (D) refers to conjecture. The figures which appear as the sencond element in the quality code indicate the number of years elapsed since the reference year of the base data.

This quality code is the basis of determining which mid-year estimates are considered reliable. In brief, reliable mid-year population estimates are those which are based on a complete census (or a sample survey) and have been djusted by a continous population register or adjusted on the basis of the calculated balance of births, deaths and migration. Mid-year estimates of this type are considered reliable and appear in roman type. Mid-year estimates which are not calculated on this basis are considered less reliable and are shown in italics. Estimates for years prior to 1995 are considered reliable or less reliable on the basis of the 1995 quality code and appear in roman type or in italics accordingly.

In addition, census data and sample survey results are considered reliable and, therefore, appear in roman type.

Rates of population increase which were calculated using population estimates considered less reliable, as described above, are set in italics rather than roman type.

All surface area dta are assumed to be reliable and therefore appear in roman type. Population density data, however, are considered reliable or less reliable on the basis of the reliability of the 1995 population estimates used as the numerator.

Limitations: Statistics on the total population enumerated at the time of the census, estimates of the mid-year total population and surface area data are subject to the same qualifications as have been set forth for population and surface area statistics in sections 3 and 2.4 of the Technical Notes, respectively.

Regarding the limitations of census data, it should be noted that although census data are considered reliable, and therefore appear in roman type, the actual quality of census data varies widely from one country or area to another. When known, an estimate of the extent of ove-enumeration or under-enumeration is given.

Il convient de signaler que toutes les estimations du Secrétariat de l'ONU qui ont servi à ces calculs ont été arrondies.

La densité est égale au rapport de l'effectif total de la population en 1995 à la superficie totale, exprimée en kilomètres carrés.

Fiabilité des données : Il a été demandé à chaque pays ou zone de donner des indications sur la méthode utilisée pour établir les estimations officielles de la population en milieu d'année, telles qu'elles apparaissent dans ce tableau. Les indications concernant les estimations pour 1994 ont été codées et figurent dans la colonne intitulée "Type". Les quatre éléments de codage qualitatif qui apparaissent dans cette colonne concernent respectivement la nature des données de base, leur caractère plus ou moins récent, la méthode d'ajustement chronologique employée et la qualité de cet ajustement. Ce codage qualitatif est exposé en détail à la section 3.2.1 des Notes techniques. Il faut toutefois signaler brièvement ici que les lettres de code (A) et (B) désignent respectivement des estimations établies sur la base de dénombrements complets et d'enquêtes par sondage. La lettre de code © désigne des estimations fondées sur un recensement partiel ou sur un enregistrement partiel des individus, tandis que la lettre de code (D) indique qu'il s'agit d'estimations conjecturales. Le chiffre qui constitue le deuxième élément du codage qualitatif représente le nombre d'années écoulées depuis l'année de référence des données de base.

Ce codage qualitatif est destiné à servir de base pour déterminer les estimations en milieu d'année qui sont considérées sûres. En résumé, sont sûres les estimations de la population en milieu d'année qui sont fondées sur un recensement complet (ou sur une enquête par sondage) et qui ont été ajustées en fonction des données fournies par un registre de population permanent ou en fonction de la balance établie par le calcul des naissances, des décès et des migrations. Les estimations de ce type sont considérées comme sûres et apparaissent en caractères romains. Les estimations en milieu d'année dont le calcul n'a pas été effectué sur cette base sont considérées comme moins sûres et apparaissent en italique. Les estimations relatives aux années antérieures à 1995 sont jugées plus ou moins sûres en fonction du codage qualitatif de 1995 et indiquées, selon le cas, en caractères romains ou en italique.

En outre, les données de recensements ou les résultats d'enquêtes par sondage sont considérés comme sûrs et apparaissent par conséquent en caractères romains.

Les taux d'accroissement de la population, calculés à partir d'estimations jugées moins sûres d'après les normes décrites ci-dessus, sont indiqués en italique plutôt qu'en caractères romains.

Toutes les données de superficie sont présumées sûres et apparaissent par conséquent en caractères romains. En revanche, les données relatives à la densité de la population sont considérées plus ou moins sûres en fonction de la fiabilité des estimations de 1995 ayant servi de numérateur.

Insuffisance des données : Les statistiques portant sur la population totale dénombrée lors d'un recensement, les estimations de la population totale en milieu d'année et les données de superficie appellent les mêmes réserves que celles qui ont été respectivement formulées aux sections 3 et 2.4 des Notes techniques à l'égard des statistiques relatives à la population et à la superficie.

S'agissant de l'insuffisance des données obtenues par recensement, il convient d'indiquer que, bien que ces données soient considérées comme sûres et apparaissent par conséquent en caractères romains, leur qualité réelle varie considérablement d'un pays ou d'une région à l'autre. Lorsqu'on possédait les renseignements voulus, on a donné une estimation du degré de surdénombrement ou de sous-dénombrement.

In the case of sample surveys, a description is given of the population covered.

A most important limitation affecting mid-year population estimates is the variety of ways in which they have been prepared. As described above, the column entitled "Type" presents a quality code which provides information on the method of estimation. The first element of the quality code refers to the type of base data used to prepare estimates. This may give some indication of the confidence which may be placed on these estimates. Other things being equal, estimates made on the basis of codes "A" or "B" are better than estimates made on the basis of codes "C" or "D". However, no distinction has been made with respect to the quality of these base data. Another indicator of quality may be obtained from the second element of the quality code which provides information on the recency of the base data used in preparing estimates.

It is important to keep in mind that information used to prepare these codes may be inadequate or imcomplete in some cases. These codes, once established, may not always reflect the most current estimating procedures used by individual countries or areas.

It should be emphasized that, as an assesment of the reliability of some of the small populations, the codes are quite inadequate. This is so because some small populations are estimated by methods not easily classificable by the present scheme, and others are disproportionately affected by the frequent arrival and departure of migrants, visitors, and so forth, with consequent relatively large variations between de facto and de jure population.

Because the reliability of the population estimates for any given country or area is based on the quality code for the 1995 estimate, the reliability of estimates prior to 1995 may be overstated.

The mid-year estimates prepared by the Population Division of the United Nations Secretariat, used to supplement official data in this table, have the advantage of being prepared by a consistent methodology. However, it is very important to note that, among countries or areas, the actual amount of data and the quality of those data upon which the estimates were based vary considerably.

Percentage rates of population growth are subject to all the qualifications of the population estimates mentioned above. In some cases, they admittedly reflect simply the rate calculated or assumed in constructing the estimates themselves when adequate measures of natural increase and net migration were not available . 23 For small populations, an error up to approximately 0.5 may be introduced by chance alone. Despite their shortcomings, these rates do provide a useful index for estudying population change and, used with proper precautions, they can be useful also in evaluating the accuracy of vital and migration statistics.

Because no indication in the table is given to show which of the mid-year estimates are rounded and which are not, the rates calculated on the basis of these estimates may be much more precise in some cases than in others.

Dans le cas des enquêtes par sondage, une description de la population considérée est fournie.

Les estimations de la population en milieu d'année appellent une réserve très importante en ce qui concerne la diversité des méthodes employées pour les établir. Comme il a été indiqué précédemment, un codage qualitatif porté dans la colonne intitulée "Type" renseigne sur la méthode d'estimation employée. Le premier élément de codage se rapporte à la nature des données de base utilisées pour établir les estimations. Cela peut donner une idée du degré de confiance qu'on peut accorder à ces estimations. Toutes choses égales d'ailleurs, les estimations assorties des lettres de code "A" ou "B" sont plus sûres que celles qui sont accompagnées des lettres de code "C" ou "D". Il n'a cependant pas été établi de distinction quant à la qualité de ces données de base. On peut également se faire une idée de la valeur des estimations d'après le deuxième élément de codage qualitatif qui renseigne sur le caractère plus ou moins récent des données de base qui ont servi à l'établissement de ces estimations.

Il importe de ne pas oublier que les informations utilisées pour le codage sont parfois inexactes ou insuffisantes. Une fois établis, les codes ne reflètent pas toujours les méthodes d'estimation les plus couramment employées dans les différents pays ou zones considérés.

Il convient de souligner que le codage n'offre pas un moyen satisfaisant d'évaluer la fiabilité des données concernant certaines populations peu nombreuses. Il en est ainsi parce que certaines estimations de populations peu nombreuses sont établies par des métho des qui ne se prêtent pas à ce codage et que l'effectif d'autres populations peu nombreuses subit de violentes fluctuations en raison de la fréquence des entrées et sorties de migrants, de visiteurs, etc., ce qui se traduit par des écarts relativement importants entre population de fait et population de droit.

La fiabilité des estimations de la population d'un pays ou zone quelconque reposant sur le codage qualitatif des estimations de 1995, il se peut que la fiabilité des estimations antérieures à 1995 soit surévaluée.

Les estimations en milieu d'année établies par la Division de la population du Secrétariat de l'ONU, utilisées pour suppléer les données officielles aux fins de ce tableau, présentent l'avantage d'avoir été effectuées selon une méthodologie homogène. Il importe cependant de noter que le volume de données effectivement disponibles et la qualité de celles à partir desquelles les estimations ont été établies varient considérablement d'un pays ou d'une zone à l'autre.

Les taux d'accroissement en pourcentage appellent toutes les réserves mentionnées plus haut à propos des estimations concernant la population. Dans certains cas, ils représentent seulement le taux qu'il a fallu calculer ou présumer pour établir les estimations elles-mêmes lorsqu'on ne disposait pas de mesures appropriées de l'accroissement naturel et des migrations nettes 23. Lorsqu'il s'agit de populations peu nombreuses, l'erreur fortuite peut atteindre à elle seule jusqu'à plus ou moins 0,5. Malgré leurs imperfections, ces taux fournissent des indications intéressantes pour l'étude du mouvement de la population et, utilisés avec les précautions nécessaires, ils peuvent également servir à évaluer l'exactitude des statistiques de l'état civil et des migrations.

Rien dans le tableau ne permettant de déterminer sitelle ou telle estimation en milieu d'année a été arrondie ou non, il se peut que les taux calculés à partir de ces estimations soient beaucoup plus précis dans certains cas que dans d'autres.

Which respect to data on population density, it should be emphsized that density values are very rough indexes, in as much as they do not take account of the dispersion or concentration of population within countries or areas nor the proportion of habitable land.

They should not be interpreted as reflecting density in the urban sense nor as indicating the supporting power of a territory 's land and resources.

Coverage: Population by sex, rate of population increase, surface area and density are shown for 230 countries or areas with a population of 50 or more.

En ce qui concerne les données relatives à la densité de population, il convient de souligner que les valeurs de cette densité ne constituent que des indices très approximatifs, car elles ne tiennent compte ni de la dispersion ou de la concentration de la population à l'intérieur des pays ou zones, ni de la proportion du territoire qui est habitable.

Il ne faut donc y voir d'indication ni de la densité au sens urbain du terme ni du chiffre de population que seraient capables de supporter les terres et les ressources naturelles du territoire considéré.

Portée : L'effectif de la population par sexe, le taux d'accroissement de la population, la superficie et la densité de population sont indiqués pour 230 pays ou zones ayant une population de 50 habitants au moins.

Table 4

Table 4 presents, for each country or area of the world, basic vital statistics including in the following order: live births, crude birth rate, deaths, crude death rate and rate of natural increase, infants deaths and infant mortality rate, the expectation of life at birth by sex. In addition, the total fertility rate and marriages, the crude marriage rate, divorces and the crude divorce rate are shown.

Description of variables: The vital events and rates shown in this table are defined as follows: 24

LIVE BIRTH is the complete expulsion or extraction from its mother of a product of conception, irrespective of the duration of pregnancy, which after such separation breathes or shows any other evidence of life such as beating of the heart, pulsation of the umbilical cord, of definite movement of voluntary muscles, whether or not the umbilical cord has been cut or the placenta is attached; each product of such a birth is considered live-born regardless of gestational age.

DEATH is the permanent disappearance of all evidence of life at any time after live birth has taken place (post-natal cessation of vital functions capability of resuscitation). This definition therefore exludes foetal deaths.

Infant deaths are deaths of live-born infants under one year of age.

Expectation of life at abirth is defined as the average number of years of life for males and females if they continued to be subject to the same mortality experienced in the year(s) to which these life expectancies refer.

The total fertility rate is the average number of children that would be born alive to a hypothetical cohort of women if, throughout their reproductive years, the age-specific fertility rates for the specified year remained unchanged.

MARRIAGE is the act, ceremony or process by which the legal relationship of husband and wife is constituted. The legality of the union may be established by civil, religious, or other means as recognized by the laws of each country.

Tableau 4

Le Tableau 4 présente, pour chaque pays ou zone du monde, des statistiques de base de l'état civil comprenant, dans l'ordre, les naissances vivantes, le taux brut de natalité, les déces, le taux brut de mortalité et le taux d'accroissement naturel de la population, les décès d'enfants de moins d'un an et le taux de mortalité infantile et l'espérance de vie à la naissance par sexe. En outre, l'indice synthetique de fécondité et les marriages, le taux brut de nuptialité, les divorces et le taux brut de divortialité sont indiqué.

Description des variables : Les faits d'état civil utilisés aux fins du calcul des taux présentés dans ce tableau sont définis comme suit: 24

La NAISSANCE VIVANTE est l'expulsion ou l'extraction complète du corps de la mère, indépendamment de la duré de la gestation, d'un produit de la conception qui après cette séparation, respire ou manifeste tout autre signe de vie, tel que battement de coeur, pulsation du cordon ombilical ou contraction effective d'un muscle soumis à l'action de la volonté, que le cordon ombilical ait été coupé ou non et que le placenta soit ou non demeuré attaché; tout produit d'une telle naissance est considéré comme 'enfant né vivant'.

Le DECES est la disparition permanente de tout signe de vie à un moment quelconque postérieur à la naissance vivante (cessation des fonctions vitales après la naissance sans possibilité de réanimation). Cette définition ne comprend donc pas les morts foetales.

Il convient de préciser que les chiffres relatifs aux décès d'enfants de moins d'un an se rapportent aux naissances vivantes.

L'espérance de vie à la naissance est le nombre moyen d'années de vie que peuvent escompter les individus du sexe masculin et du sexe féminin s'ils continuent d'être soumis aux mêmes conditions de mortalité que celles qui existaient pendant les années auxquelles se rapportent les valeurs indiquées.

L'indice synthétique de fécondité représente le nombre moyen d'enfants que mettrait au monde une cohorte hypothétique de femmes qui seraient soumises, toute au long de leur vie, aux mêmes conditions de fécondité par âge que celles auxquelles sont soumises les femmes, dans chaque groupe d'âge, au cours d'une année ou d'une periode donnée.

Le MARIAGE est l'acte, la cérémonie ou la procédure qui établit un rapport légal entre mari et femme. L'union peut être rendue légale par une procédure civile ou religieuse, ou par toute autre procédure, conformément à la législation du pays.

DIVORCE is a final dissolution of a marriage, that is, that separation of husband and wife which confers on the parties the right to remarriage under civil, religious and/or other provisions, according to the laws of each country.

Crude birth rates and crude death rates presented in this table are calculated using the number of live births and the number of deaths obtained from civil registers. These civil registration data are used only if they are considered reliable (estimated completeness of 90 per cent or more). If, however, registered birth or deaths for any given country or area are less than 90 per cent complete, then estimated rates are also presented. First priority is given to estimated rates provided by the individual countries or areas. If suitable official estimated rates are not available, or if rates are only available for years prior to 1985, then rates prepared by the Population Division of the United Nations Secretariat [25] are presented. It should be noted that in the case of some small countries or areas for which civil registration is estimated to be less than 90 per cent complete, and for which no estimated rates are available, rates calculated using these data are presented. These rates appear in italics.

Similarly, total fertility rates and infant mortality rates presented in this table are calculated using the number of live births and the number of infant deaths obtained from civil registers. If, however, the registration of births or infant deaths for any given country or area is estimated to be less than 90 per cent complete, then official estimated rates are presented when possible. If no suitable estimated total fertility rates or infant mortality rates are available, rates calculated using unreliable vital statistics are presented and are shown in italics. If available, total fertility rates and infant mortality rates estimated by the Population Division of the United Nations Secretariat [26] are presented in place of unreliable vital rates.

The expectation-of-life values are those provided by the various national statistical offices. If official data are not available or if data are only available for years prior to 1985, then estimates of these values prepared by the United Nations Secretariat [27] are included. These are indicated by footnote.

Marriage and divorce rates presented in this table are calculated using data from civil registers of marriage and statistics obtained from court registers and/or civil registers of divorce according to national practice, respectively.

Rate computation: The crude birth, death, marriage and divorce rates are the annual number of each of these vital events per 1,000 mid-year population.

Total fertility rates are the sum of age-specific fertility rates. The standard method of calculating the total fertility rate is the sum of the age-specific fertility rates. However, if the rates used are fertility rates for 5-year age groups, they must be multiplied by 5.
The total fertility rates have been calculated by the Statistical Office of the United Nations unless otherwise noted. When the basic official data with which to calculate these rates have not been available, estimates prepared by the Population Division of the United Nations Secretariat [28] have been included; these are indicated by footnotes.

Le DIVORCE est la dissolution légale et définitive des liens du mariage, c'est-à-dire la séparation de l'époux et de l'épouse qui confère aux parties le droit de se remarier civilement ou religieusement, ou selon toute autre procédure, conformément à la législation du pays.

Les taux bruts de natalité et de mortalité présentés ont été établis sur la base du nombre de naissances vivantes et du nombre de décès inscrits sur les registres de l'état civil. Ces données n'ont été utilisées que lorsqu'elles étaient considérées comme sûres (degré estimatif de complétude égal ou supérieur à 90 p. 100). Toute fois, lorsque les données d'enregistrement relatives aux naissances ou aux décès ne sont pas complètes à 90 p. 100 au moins pour un pays ou zone quelconque, on a fait figurer des taux estimatifs. La priorité est alors accordée aux taux estimatifs fournis par les pays ou zones concernés. A défaut de taux estimatifs officiels appropriés, ou au cas où les taux se rapportent à une anée avant 1985, on a fait figurer des taux estimatifs établis par la Division de la population du Secrétariat de l'ONU. [25] Il y a lieu de noter que, dans le cas de certains petits pays ou zones pour lesquels les données de l'état civil n'étaient pas considérées complètes à 90 p. 100 au moins et pour lesquels on ne disposait pas de taux estimatifs, on a fait figurer des taux établis à partir des données en cause. Ces taux sont indiqués en italique.

De même, les indices synthétiques de fécondité et les taux de mortalité infantile présentés dans ce tableau ont été établis à partir du nombre de naissances vivantes et du nombre de décès d'enfants de moins d'un an inscrits sur les registres de l'état civil. Toutefois, lorsque les données relatives aux naissances ou aux décès d'enfants de moins d'un an pour un pays ou zone quelconque n'étaient pas considérées complètes à 90 p. 100 au moins, on a fait figurer, chaque fois que possible, les taux estimatifs officiels. Lorsque des indices synthétiques estimatifs officiels appropriés ne sont pas disponibles, on a fait figurer en italique des indices établis à partir des statistiques de l'état civil jugées douteuses. A défaut de l'indice synthétique de fécondité et de taux de mortalité infantile estimatifs officiels appropriés, on a fait figurer des taux estimatifs établis par la Division de la population de l'ONU. [26]

Les valeurs de l'espérance de vie ont été fournies par les divers services nationaux de statistique. Toutefois, lorsqu'on ne disposait pas de données officielles ou au cas où les taux données se rapportent à une année avant 1985, on a fait figurer des valeurs estimatives établies par le Secrétariat de l'ONU. Ces valeurs sont signalées en note. [27]

Les taux de nuptialité et de divortialité présentés dans ce tableau ont été respectivement calculés à partir des données des registres de l'état civil pour les mariages et de statistiques fournies par les greffes des tribunaux ou les registres de l'état civil pour les divorces, selon la pratique des différents pays.

Calcul des taux : Les taux bruts de natalité, de mortalité, de nuptialité et de divortialité représentent le nombre annuel de chacun de ces faits d'état civil pour 1.000 habitants au milieu de l'année considérée.

Les indices synthétiques de fécondité sont les sommes des taux de fécondité par âge. La méthode standard de calculer l'indice synthétique de fécondité est l'addition des taux de fecondité par âge simple. Au cas les taux sont des taux de fécondité par groupe d'âge quinquennale il faut les multipliés par 5.
Sauf indication contraire, les indices synthétiques de fécondité ont été calculés par la Division de statistique del'ONU. Lorsqu'on ne disposait pas des données officielles de base nécessaires pour les calculer, on a fait figurer les chiffres estimatifs établis par la Division de la population du Secrétariat de l'ONU [28]. Quand tel était le cas, on l'a signalé en note au bas du tableau.

Les taux de mortalité infantile représentent le nombre annuel de

Infant mortality rates are the annual number of deaths of infants under one year of age per 1,000 live births (as shown in table 9) in the same year.

Rates of natural increase are the difference between the crude birth rate and the crude death rate. It should be noted that the rates of natural increase presented here may differ from the population growth rates presented in table 3 as rates of natural increase do not take net international migration into account while population growth rates do.

Rates which appear in this table have been calculated by the Statistics Division of the United Nations unless otherwise noted. The exceptions include official estimated rates, many of which were based on sample surveys, and rates estimated by the Population Division of the United Nations Secretariat.

Rates calculated by the Statistics Division of the United Nations presented in this table have not been limited to those countries or areas having a minimum number of events in a given year. However, rates based on 30 or fewer live births, infant deaths, marriages or divorces are identified by the symbol. (◊)

Reliability of data: Rates calculated on the basis of registered vital statistics which are considered unreliable (estimated to be less than 90 per cent complete) appear in italics. Estimated rates, either those prepared by the individual countries or areas or those prepared by the Population Division of the United Nations Secretariat, have been presented whenever possible in place of rates calculated using unreliable vital statistics.

The designation of vital statistics as being either reliable or unreliable is discussed in general in section 4.2 of the Technical Notes. The Technical Notes for tables 9, 15, 18, 23 and 25 provide specific information on reliability of statistics on live births, infant deaths, deaths, marriages and divorces, respectively.

Rates of natural increase which were calculated using crude birth rates and crude death rates considered unreliable, as described above, are set in italics rather than roman type.

Since the expectation-of-life values shown in this table come either from official life tables or from estimates prepared at the United Nations Secretariat, they are all considered to be reliable.

Limitations: Statistics on marriages, divorces, births, deaths and infant deaths are subject to the same qualifications as have been set forth for vital statistics in general in section 4 of the Technical Notes and in the Technical Notes for individual tables presenting detailed data on these events (table 9, live births; table 15, infant deaths; table 18, deaths; table 23, marriages and table 25, divorces).

In assessing comparability it is important to take into account the reliability of the data used to calculate these rates, as discussed above.

Les taux de mortalité infantile représentent le nombre annuel de décès d'enfants de moins d'un an pour 1.000 naissances vivantes (fréquences du tableau 9) survenues pendant la même année.

Le taux d'accroissement naturel est égal à la différence entre le taux brut de natalité et le taux brut de mortalité. Il y a lieu de noter que les taux d'accroissement naturel indiqués dans ce tableau peuvent différer des taux d'accroissement de la population figurant dans le tableau 3, les taux d'accroissement naturel ne tenant pas compte des taux nets de migration internationale, alors que ceux-ci sont inclus dans les taux d'accroissement de la population.

Sauf indication contraire, les taux figurant dans ce tableau ont été calculés par la Division de statistique de l'ONU. Les exceptions comprennent les taux estimatifs officiels, dont bon nombre ont été établis sur la base d'enquêtes par sondage et les taux estimatifs établis par la Division de la population du Secrétariat de l'ONU.

Les taux calculés par la Division de statistique de l'ONU qui sont présentés dans ce tableau ne se rapportent pas aux seuls pays ou zones où l'on a enregistré un certain nombre minimal d'événements au cours d'une année donnée. Toutefois, les taux qui sont fondés sur 30 naissances vivantes ou moins, décès d'enfants de moins d'un an, décès, mariages ou divorces, sont indentifiés par le signe (◊) .

Fiabilité des données : Les taux établis sur la base des statistiques de l'état civil enregistrées qui sont jugées douteuses (degré estimatif de complétude inférieur à 90p.100) sont indiqués en italique. Chaque fois que possible, à la place de taux établis sur la base de statistiques de l'état civil jugées douteuses, on a fait figurer des taux estimatifs établis par les pays ou zones concernés ou par la Division de la population du Secrétariat de l'ONU.

Le classement des statistiques de l'état civil en tant que sûres ou douteuses est présenté sur le plan général à la section 4.2 des Notes techniques. Les Notes techniques relatives aux tableaux 9, 15, 18, 23 et 25 donnent respectivement des indications spécifiques sur la fiabilité des statistiques des naissances vivantes, des décès d'enfants de moins d'un an, des décès, des mariages et des divorces.

Les taux d'accroissement naturel calculés à partir de taux bruts de natalité et de taux bruts de mortalité jugés douteux d'après les normes mentionnées plus haut sont indiqués en italique plutôt qu'en caractères romains.

Etant donné que les valeurs de l'espérance de vie figurant dans ce tableau proviennent soit de tables officielles de mortalité, soit d'estimations établies par le Secrétariat de l'ONU, elles sont toutes présumées sûres.

Insuffisance des données : Les statistiques des mariages, divorces, naissances, décès et décès d'enfants de moins d'un an appellent toutes les réserves qui ont été faites à propos des statistiques de l'état civil en général à la section 4 des Notes techniques et dans les Notes techniques relatives aux différents tableaux présentant des données détaillées sur ces événements (tableau 9,naissances vivantes; tableau 15, décès d'enfants de moins d'un an; tableau 18, décès, tableau 23, mariages et tableau 25, divorces).

Pour évaluer la comparabilité des divers taux, il importe de tenir compte de la fiabilité des données utilisées pour calculer ces taux, comme il a été indiqué précédemment.

It should be noted that the crude rates are particularly affected by the age-sex structure of the population. Infant mortality rates, and to a much lesser extent crude birth rates and crude death rates, are affected by the variation in the definition of a live birth and tabulation procedures.

Because this table presents data for the latest available year, reference dates vary from one country or area to another. It should also be noted that the reference date within a given country or area may not be the same for all the rates presented. These factors should be kept in mind when making comparisons.

Also, because this table presents data in a summary form, symbols which appear in other tables are not presented here due to lack of space. Provisional data are not so indicated, and rates based on vital events which are tabulated on the basis of date of registration, rather than date of occurrence, are not so designated. For information on these aspects, the reader should consult the more detailed vital statistics tables in this Yearbook.

Coverage: Vital statistics rates, natural increase rates and expectation of life are shown for 223 countries or areas.

population influe de façon particulière sur les taux bruts. Le manque d'uniformité dans la définition des naissances vivantes et dans les procédures de mise en tableaux influe sur les taux de mortalité infantile et, à moindre degré, sur les taux bruts de natalité et les taux bruts de mortalité.

Les données présentées dans ce tableau correspondant à la dernière année pour laquelle on possède des renseignements, les dates de référence varient d'un pays ou d'une zone à l'autre. Il y a lieu de noter également que la date de référence dans tel ou tel pays ou zone peut ne pas être la même pour tous les taux présentés. Ces facteurs doivent être présents à l'esprit lorsqu'on fait des comparaisons.

De même, comme ce tableau présente des données sous forme résumée, on a omis, en raison du manque de place, les symboles qui apparaissent dans d'autres tableaux. Les données provisoires ne sont pas signalées comme telles, pas plus que les taux établis à partir de faits d'état civil mis en tableaux sur la base de leur date d'enregistrement et non de la date à laquelle ils sont survenus. Pour de plus amples renseignements sur ces aspects, le lecteur est invité à se reporter aux tableaux de statistiques de l'état civil de caractère plus détaillé qui figurent dans le présent Annuaire.

Portée :Les taux démographiques, les taux d'accroissement naturel et les valeurs de l'espérance de vie sont indiqués pour 223 pays ou zones.

Table 5

Table 5 presents estimates of mid-year population for as many years as possible between 1986 and 1995.

Description of variables: Mid-year population estimates refer to the de facto population on 1 July.

Unless otherwise indicated, all estimates relate to the population within present geographical boundaries. Major exceptions to this principle have been explained in footnotes. On the other hand, the disposition of certain major segments of population (such as armed forces) has been indicated, even though this disposition does not strictly constitute disagreement with the standard.

In some cases the mid-year population has been calculated by the Statistics Division of the United Nations as the mean of two year-end official estimates. Mid-year estimates, calculated in this manner, are assumed to be sufficiently similar to official estimates for the population on 1 July; they, therefore, have not been footnoted.

Mid-year estimates of the total population are those provided by national statistical offices, unless otherwise indicated. As needed, these estimates are supplemented by mid-year population estimates prepared by the Population Division of the United Nations Secretariat [29] when for example, official mid-year estimates of the total population are either not available or have not been revised to take in to account the results of a recent population census sample survey.

The United Nations Secretariat estimates are identified with a superscript (x) and are based on data available in 1994 including census and survey results, taking into account the reliability of available base data as well as available fertility, mortality, an migration data.

Tableau 5

Le tableau 5 présente des estimations de la population en milieu d'année pour le plus grand nombre possible d'années entre 1986 et 1995.

Description des variables : Les estimations de la population en milieu d'année sont celles de la population de fait au 1er juillet.

Sauf indication contraire, toutes les estimations se rapportent à la population présente sur le territoire actuel des pays ou zones considérés. Les principales exceptions à cette règle sont expliquées en note. On a aussi indiqué le traitement de certains groupes importants (tels que les militaires), même si ce traitement ne constitue pas à proprement parler une exception à la règle.

Dans certains cas, la Division de statistique de l'ONU a évalué la population en milieu d'année en faisant la moyenne des estimations officielles portant sur la fin de deux années successives. Les estimations en milieu d'année ainsi établies sont jugées suffisamment proches des estimations officielles de la population au 1er juillet pour ne pas avoir à faire l'objet d'une note.

Sauf indication contraire, les estimations de la population totale en milieu d'année sont celles qui ont été communiquées par les services nationaux de statistique. On les a complétées le cas échéant par des estimations de la population en milieu d'année établies par la Division de la population du Secrétariat de l'ONU, [29] par exemple l'orsqu'on ne possédait pas d'estimations officielles de la population totale en milieu d'année ou lorsque celles dont on disposait n'avaient pas été rectifiées en tenant compte des résultats d'un récent recensement ou enquête par sondage.

Les estimations établies par le Secrétariat de l'ONU qui sont précédées du signe (x) sont fondées sur les données disponibles en 1994, y compris les résultats de recensements ou d'enquêtes et compte tenu de la fiabilité des données de base ainsi que des données de fécondité, de mortalité et de migration disponibles.

The policy of using United Nations Secretariat estimates is designed to produce comparable mid-year estimates for population for the period 1986 to 1995 which are in accord with census and survey results shown in table 3. Unrevised official estimates as well as results of censuses or surveys and estimates for dates other than the mid-year have been eliminated in favour of the United Nations Secretariat consistent mid-year estimates.

All figures are presented in thousands. The data have been rounded by the Statistics Division of the United Nations.

Reliability of data: Population estimates are considered to be reliable or less reliable on the basis of the quality code for the 1995 estimates shown in table 3. In brief, reliable mid-year population estimates are those which are based on a complete census (or on a sample survey) and have been adjusted by a continuous population register or adjusted on the basis of the calculated balance of births, deaths and migration. Reliable mid-year estimates appear in roman type. Mid-year estimates which are not calculated on this basis are considered less reliable and are shown in italics. Estimates for years prior to 1995 are considered reliable or less reliable on the basis of the 1995 quality code and appear in roman type or in italics accordingly.

Limitations: Statistics on estimates of the mid-year total population are subject to the same qualifications as have been set forth for population statistics in general in section 3 of the Technical Notes.

A most important limitation affecting mid-year population estimates is the variety of ways in which they have been prepared. The quality code for the 1995 estimates, presented in table 3, and the Technical Notes for table 3 deal with the subject in detail. In brief, these estimates are affected by the accuracy and recency of the census, if any, on which estimates are based and by the method of time adjustment. However, the policy of replacing out-of-line estimates and scattered census results by an internally consistent series of mid-year estimates constructed by the Population Division of the United Nations Secretariat should increase comparability.

Because the reliability of the population estimates for any given country or area is based on the quality code for the 1995 estimate, the reliability of estimates prior to 1995 may be overstated.

The mid-year estimates prepared by the Population Division of the United Nations Secretariat, used to supplement official data in this table, have the advantage of being prepared by a consistent methodology. However, it is very important to note that, among countries or areas, the actual amount of data and the quality of those data upon which the estimates were based vary considerably.

International comparability of mid-year population estimates is also affected because some of these estimates refer to the de jure, and not the de facto, population. Individual cases, when known, are footnoted. The difference between the de facto and the de jure population is discussed at length in section 3.1.1 of the Technical Notes.

L'utilisation d'estimations établies par le Secrétariat de l'ONU a pour objet d'obtenir, pour la période allant de 1986 à 1995, des estimations de la population en milieu d'année qui se prêtent à la comparaison et qui soient compatibles avec les résultats de recensements ou d'enquêtes qui figurent au tableau 3. On a renoncé aux estimations officielles non rectifiées ainsi qu'aux résultats de recensements ou d'enquêtes et aux estimations se rapportant à des dates autres que le milieu de l'année, pour leur substituer les estimations établies de façon homogène pour le milieu de l'année par le Secrétariat de l'ONU.

Tous les chiffres sont exprimés en milles. Les données ont été arrondies par la Division de statistique de l'ONU.

Fiabilité des données : Les estimations de la population sont considérées comme sûres ou moins sûres en fonction du codage qualitatif des estimations de 1995 figurant au tableau 3. En résumé, sont sûres les estimations de la population en milieu d'année qui sont fondées sur un recensement complet (ou sur une enquête par sondage) et qui ont été ajustées en fonction des données fournies par un registre de population permanent ou en fonction de la résultante calculée des naissances, décès et migrations. Les estimations en milieu d'année sont considérées comme sûres et apparaissent en caractères romains. Les estimations en milieu d'année dont le calcul n'a pas été effectué sur cette base sont considérées comme moins sûres et apparaissent en italique. Les estimations relatives aux années antérieures à 1995 sont jugées sûres ou moins sûres en fonction du codage qualitatif de 1995 et indiquées, selon le cas, en caractères romains ou en italique.

Insuffisance des données : Les statistiques concernant les estimations de la population totale en milieu d'année appellent toutes les réserves qui ont été faites à la section 3 des Notes techniques à propos des statistiques de la population en général.

Les estimations de la population en milieu d'année appellent aussi une réserve très importante en ce qui concerne la diversité des méthodes employées pour les établir. Le codage qualitatif des estimations de 1995 figurant dans le tableau 3 et les Notes techniques relatives au même tableau éclairent cette question en détail. En résumé, la qualité de ces estimations dépend de l'exactitude et du caractère plus ou moins récent des résultats de recensement sur lesquels elles reposent éventuellement et de la méthode d'ajustement chronologique employée. Quoi qu'il en soit, la méthode consistant à remplacer les estimations divergentes et les données de recensement fragmentaires par des séries cohérentes d'estimations en milieu d'année établies par la Division de la population du Secrétariat des Nations Unies devrait assurer une meilleure comparabilité.

La fiabilité des estimations de la population d'un pays ou zone quelconque reposant sur le codage qualitatif des estimations de 1995, il se peut que la fiabilité des estimations antérieures à 1995 soit surévaluée.

Les estimations en milieu d'année, établies par la Division de la population du Secrétariat de l'ONU, utilisées pour suppléer les données officielles aux fins de ce tableau, ont l'avantage d'avoir été effectuées selon une méthodologie homogène. Il importe cependant de noter que le volume de données effectivement disponibles et la qualité de celles à partir desquelles les estimations ont été établies varient considérablement d'un pays ou d'une région à l'autre.

La comparabilité internationale des estimations de la population en milieu d'année se ressent également du fait que certaines de ces estimations se réfèrent à la population de droit et non à la population de fait. Les cas de ce genre, lorsqu'ils étaient connus, ont été signalés en note. La différence entre la population de fait et la population de droit est expliquée en détail à la section 3.1.1 des Notes techniques.

Coverage: Estimates of the mid-year population are shown for 227 countries or areas, with a population of 1,000 or more.

Earlier data: Estimates of mid-year population have been shown in previous issues of the Demographic Yearbook. For information on specific years covered, readers should consult the Index.

Portée : Des estimations de la population en milieu d'année sont présentées pour 227 pays ou zones ayant une population de 1.000 habitants ou plus.

Données publiées antérieurement : Des estimations de la population en milieu d'année ont été publiées dans des éditions antérieures de l'Annuaire démographique. Pour plus de précisions concernant les années pour lesquelles ces données ont été publiées, se reporter à l'Ind l'Index.

Table 6

Table 6 presents urban and total population by sex for as many years as possible between 1986 and 1995.

Description of variables: Data are from nation-wide population censuses or are estimates, some of which are based on sample surveys of population carried out among all segments of the population. The results of censuses are identified by a (C) following the date in the stub; sample surveys are further identified by footnotes; other data are generally estimates.

Data refer to the de facto population; exceptions are footnoted.

Estimates of urban population presented in this table have been limited to countries or areas for which estimates have been based on the results of a sample survey or have been constructed by the component method from the results of a population census or sample survey. Distributions which result when the estimated total population is distributed by urban/rural residence according to percentages in each group at the time of a census or sample survey are not acceptable and they have not been included in this table.

Urban is defined according to the national census definition. The definition for each country is set forth at the end of this table.

Percentage computation: Percentages urban are the number of persons defined as "urban" per 100 total population.

Reliability of data: Estimates which are believed to be less reliable are set in italics rather than in roman type. Classification in terms of reliability is based on the method of construction of the total population estimate as shown in table 3 and discussed in the Technical Notes for that table.

Limitations: Statistics on urban population by sex are subject to the same qualifications as have been set forth for population statistics in general, as discussed in section 3 of the Technical Notes.

The basic limitations imposed by variations in the definition of the total population and in the degree of under-enumeration are perhaps more important in relation to urban/rural than to any other distributions. The classification by urban and rural is affected by variations in defining usual residence for purposes of sub-national tabulations.

Tableau 6

Le tableau 6 présente des données sur la population urbaine et la population totale selon le sexe pour le plus grand nombre possible d'années entre 1986 et 1995.

Description des variables : Les données sont tirées de recensements de la population ou sont des estimations fondées, dans certains cas, sur des enquêtes par sondage portant sur tous les secteurs de la population. Les résultats de recensement sont indiqués par la lettre (C) placée après la date dans la colonne de gauche du tableau; les enquêtes par sondage sont en outre signalées en note; toutes les autres données sont en général des estimations.

Les données se rapportent à la population de fait; les exceptions étant signalées en note.

Les estimations de la population urbaine qui figurent dans ce tableau ne concernent que les pays ou zones pour lesquels les estimations se fondent sur les résultats d'une enquête par sondage ou ont été établies par la méthode des composantes à partir des résultats d'un recensement de la population ou d'une enquête par sondage. Les répartitions selon la résidence (urbaine/rurale) obtenues en appliquant à l'estimation de la population totale les pourcentages enregistrés pour chaque groupe lors d'un recensement ou d'une enquête par sondage ne sont pas acceptables et n'ont pas été reproduites dans ce tableau.

Le sens donné au terme "urbain" est censé être conforme aux définitions utilisées dans les recensements nationaux. La définition pour chaque pays figure à la fin du tableau.

Calcul des pourcentages : Les pourcentages urbains représentent le nombre de personnes définies comme vivant dans des "régions urbaines" pour 100 personnes de la population totale.

Fiabilité des données : Les estimations considérées comme moins sûres sont indiquées en italique plutôt qu'en caractères romains. Le classement du point de vue de la fiabilité est fondé sur la méthode utilisée pour établir l'estimation de la population totale qui figure dans le tableau 3 (voir explications dans les Notes techniques relatives à ce même tableau).

Insuffisance des données : Les statistiques de la population urbaine selon le sexe appellent toutes les réserves qui ont été faites à la section 3 des Notes techniques à propos des statistiques de la population en général.

Les limitations fondamentales imposées par les variations de la définition de la population totale et par les lacunes du recensement se font peut-être sentir davantage dans la répartition de la population en urbaine et rurale que dans sa répartition suivant toute autre caractéristique. C'est ainsi que la classification en population urbaine ou population rurale est affectée par des différences de définition de la résidence habituelle utilisée pour l'exploitation des données à l'échelon sous-national.

Likewise, the geographical differentials in the degree of under-enumeration in censuses affect the comparability of these categories throughout the table.

The distinction between de facto and de jure population is also very important with respect to urban/rural distributions. The difference between the de facto and the de jure population is discussed at length in section 3.1.1 of the Technical Notes.

A most important and specific limitation, however, lies in the national differences in the definition of urban. Because the distinction between urban and rural areas is made in so many different ways, the definitions have been included at the end of this table. The definitions are necessarily brief and, where the classification as urban involves administrative civil divisions, they are often given in the terminology of the particular country or area. As a result of variations in terminology, it may appear that differences between countries or areas are greater than they actually are. On the other hand, similar or identical terms (for example, town, village, district) as used in different countries or areas may have quite different meanings.

It will be seen from an examination of the definitions that they fall roughly into three major types: (1) classification of certain size localities as urban; (2) classification of administrative centres of minor civil divisions as urban and the remainder of the division as rural; and (3) classification of minor civil divisions on a chosen criterion which may include type of local government, number of inhabitants or proportion of population engaged in agriculture.

Places with as few as 400 inhabitants are considered urban in Albania, while in Austria the lower limit is 5,000 persons. In Bulgaria, urban refers to localities legally established as urban regardless of size; in Israel, it implies predominantly non-agricultural centres; in Sweden, it is built-up areas with less than 200 metres between houses. The lack of strict comparability is immediately apparent.

The designation of areas as urban or rural is so closely bound up with historical, political, cultural, and administrative considerations that the process of developing uniform definitions and procedures moves very slowly. Not only do the definitions differ one from the other, but, in fact, they may no longer reflect the original intention of distinguishing urban from rural. The criteria once established on the basis of administrative subdivisions (as most of these are) become fixed and resistant to change. For this reason, comparisons of time-series data may be severely affected because the definitions used become outdated. Special care must be taken in comparing data from censuses with those from sample surveys because the definitions of urban used may differ.

Despite their shortcomings, however, statistics of urban and rural population are useful in describing the diversity within the population of a country or area.

Pareillement, les différences de degré de sous-dénombrement suivant la zone géographique, à l'occasion des recensements, influent sur la comparabilité de ces deux catégories dans l'ensemble du tableau.

La distinction entre population de fait et population de droit est également très importante du point de vue de la répartition de la population en urbaine et rurale. Cette distinction est expliquée en détail à la section 3.1.1 des Notes techniques.

Toutefois, la difficulté la plus caractérisée provient du fait que les pays ou zones ne sont pas d'accord sur la définition du terme urbain. La distinction entre les régions urbaines et les régions rurale varie tellement que les définitions utilisées ont été reproduites à la fin de ce tableau. Les définitions sont forcément brèves et, lorsque le classement en "zone urbaine" repose sur des divisions administratives, on a souvent identifié celles-ci par le nom qu'elles portent dans le pays ou zone considéré. Par suite des variations dans la terminologie, les différences entre pays ou zones peuvent sembler plus grandes qu'elles ne le sont réellement. Mais il se peut aussi que des termes similaires ou identiques, tels que ville, village ou district, aient des significations très différentes suivant les pays ou zones.

On constatera, en examinant les définitions adoptées par les différents pays ou zones, qu'elles peuvent être ramenées à trois types principaux : 1) classification des localités de certaines dimensions comme urbaines; 2) classification des centres administratifs de petites circonscriptions administratives comme urbains, le reste de la circonscription étant considéré comme rural; 3) classification des petites divisions administratives selon un critère déterminé, qui peut être soit le type d'administration locale, soit le nombre d'habitants, soit le pourcentage de la population exerçant une activité agricole.

Sont considérées comme urbaines en Albanie des localités de 400 habitants à peine, alors qu'en Autriche les agglomérations ne sont reconnues comme telles que lorsque leur population atteint 5 000 personnes au moins. En Bulgarie, les localités urbaines sont celles qui possèdent juridiquement le statut urbain, quelle que soit l'importance de leur population; en Israël, les centres urbaines sont ceux de caractère essentiellement non agricole; en Suède, ce sont les zones bâties où les maisons sont espacées de moins de 200 mètres. Le manque de comparabilité apparaît immédiatement.

La distinction entre régions urbaines et régions rurales est si étroitement liée à des considérations d'ordre historique, politique, culturel et administratif que l'on ne peut progresser que très lentement vers des définitions et des méthodes uniformes. Non seulement les définitions sont différentes les unes des autres, mais on n'y retrouve parfois même plus l'intention originale de distinguer les régions rurales des régions urbaines. Lorsque la classification est fondée, en particulier, sur le critère des circonscriptions administratives (comme la plupart le sont), elle a tendance à devenir rigide avec le temps et à décourager toute modification. Pour cette raison, la comparaison des données appartenant à des séries chronologiques risque d'être gravement faussée du fait que les définitions employées sont désormais périmées. Il faut être particulièrement prudent lorsqu'on compare des données de recensements avec des données d'enquêtes par sondage, car il se peut que les définitions du terme urbain auxquelles ces données se réfèrent respectivement soient différentes.

Malgré leurs insuffisances, les statistiques urbaines et rurales permettent de mettre en évidence la diversité de la population d'un pays ou d'une zone.

The definition of urban/rural areas is based on bothqualitative and quantitative criteria that may include any combination of the following: size of population, population density, distance between built-up areas, predominant type of economic activity, conformity to legal or administrative status and urban characteristics such as specific services and facilities.30

Although statistics classified by urban/rural areas are widely available, no international standard definition appears to be possible at this time since the meaning differs from one country or area to another. The urban/rural classification of population used here is reported according to the national definition, as indicated in a footnote to this table and described in detail in the Technical Notes for table 2 of the Historical Supplement. 31 Thus, the differences between urban and rural characteristics of the population, though not precisely measured, will tend to be reflected in the statistics.

Coverage: Urban and total population by sex are shown for 127 countries or areas.

Earlier data: Urban and total population by sex have been shown in previous issues of the Demographic Yearbook. For information on specific years covered, readers should consult the Index.

La distinction urbaine/rurale repose sur une série de critères qualitatifs aussi bien que quantitatifs, dont, en combinaisons variables: effectif de la population, densité de peuplement, distance entre îlots d'habitations, type prédominant d'activité économique, statut juridique ou administratif, et caractéristiques d'une agglomération urbaine, c'est-à-dire services publics et équipements collectifs. 30

Bien que les statistiques différenciant les zones urbaines des zones rurales soient très généralisées, il ne paraît pas possible pour le moment d'adopter une classification internationale type de ces zones, vu la diversité des interprétations nationales. La classification de la population en urbaine ou rurale retenue ici est celle qui correspond aux définitions nationales, comme l'indique une note au tableau, et selon le détail exposé dans les Notes techniques au tableau 2 du Supplément rétrospectif.31 On peut donc dire que si les contrastes entre la population rurale et la population urbaine ne sont pas mesurés de façon précise ils se reflètent néanmoins dans les statistiques.

Portée : Des statistiques de la population urbaine et de la population totale selon le sexe sont présentées pour 127 pays ou zones.

Données publiée antérieurement : Des statistiques de la population urbaine et de la population totale selon le sexe ont été publiées dans des éditions antérieures de l'Annuaire démographique. Pour plus de précisions concernant les années pour lesquelles ces données ont été publiées, se reporter à l'Index.

Table 7

Table 7 presents population by age, sex and urban/rural residence for the latest available year between 1986 and 1995.

Description of variables: Data in this table either are from population censuses or are estimates some of which are based on sample surveys. Data refer to the de facto population unless otherwise noted.

The reference date of the census or estimate appears in the stub of the table. The results of censuses are identified by a "(C)" following the date. In general, the estimates refer to mid-year (1 July).

Age is defined as age at last birthday, that is, the difference between the date of birth and the reference date of the age distribution expressed in completed solar years. The age classification used in this table is the following: under 1 year, 1-4 years, 5-year groups through 80-84 years, and 85 years and over and age unknown.

The urban/rural classification of population by age and sex is that provided by each country or area; it is presumed to be based on the national census definitions of urban population that have been set forth at the end of table 6.

Estimates of population by age and sex presented in this table have been limited to countries or areas for which estimates have been based on the results of a sample survey or have been constructed by the component method from the results of a population census or sample survey.

Tableau 7

Le tableau 7 présente des données sur la population selon l'âge, le sexe et la résidence (urbaine/rurale) pour la dernière année disponible entre 1986 et 1995.

Description des variables : Les données de ce tableau sont tirées de recensements de la population, ou bien sont des estimations fondées, dans certains cas, sur des enquêtes par sondage. Sauf indication contraire, elles se rapportent à la population de fait.

La date de référence du recensement ou de l'estimation figure dans la colonne de gauche du tableau. Les données de recensement sont identifiées par la lettre 'C' placée après la date. En général, les estimations se rapportent au milieu de l'année (1er juillet).

L'âge désigne l'âge au dernier anniversaire, c'est-à-dire la différence entre la date de naissance et la date de référence de la répartition par âge exprimée en années solaires révolues. La classification par âge utilisée dans ce tableau est la suivante : moins d'un an, 1 à 4 ans, groupes quinquennaux jusqu'à 80 à 84 ans, 85 ans et plus et une catégorie âge inconnu.

La classification par zones urbaines et rurales de la population selon l'âge et le sexe est celle qui est fournie par chaque pays ou zone; cette classification est présumée fondée sur les définitions utilisées dans les recensements nationaux de la population urbaine, qui sont reproduites à la fin du tableau 6.

Les estimations de la population selon l'âge et le sexe qui figurent dans ce tableau ne concernent que les pays ou zones pour lesquels les estimations se fondent sur les résultats d'une enquête par sondage ou ont été établies par la méthode des composantes à partir des résultats d'un recensement de la population ou d'une enquête par sondage.

Distributions which result when the estimated total population is distributed by age and sex according to percentages in each age-sex group at the time of a census or sample survey are not acceptable, and they have not been included in this table.

Reliability of data: Estimates which are believed to be less reliable are set in italics rather than in roman type. Classification in terms of reliability is based on the method of construction of the total population estimate as shown in table 3 and discussed in the Technical Notes for that table. No attempt has been made to take account of age-reporting accuracy, the evaluation of which has been described in section 3.1.3 of the Technical Notes.

Limitations: Statistics on population by age and sex are subject to the same qualifications as have been set forth for population statistics in general and age distributions in particular, as discussed in sections 3 and 3.1.3, respectively, of the Technical Notes.

Comparability of population data classified by age and sex is limited in the first place by variations in the definition of total population, discussed in detail in section 3 of the Technical Notes, and by the accuracy of the original enumeration. Both of these factors are more important in relation to certain age groups than to others. For example, under-enumeration is known to be more prevalent among infants and young children than among older persons. Similarly, the exclusion from the total population of certain groups which tend to be of selected ages (such as the armed forces) can markedly affect the age structure and its comparability with that for other countries or areas. Consideration should be given to the implications of these basic limitations in using the data.

In addition to these general qualifications are the special problems of comparability which arise in relation to age statistics in particular. Age distributions of population are known to suffer from certain deficiencies which have their origin in irregularities in age reporting. Although some of the irregularities tend to be obscured or eliminated when data are tabulated in five-year age groups rather than by single years, precision still continues to be affected, though the degree of distortion is not always readily seen. 32

Another factor limiting comparability is the age classification employed by the various countries or areas. Age may be based on the year of birth rather than the age at last birthday, in other words, calculated using the day, month and year of birth. Distributions based on the year of birth only are footnoted when known.

The absence of frequencies in the unknown age group does not necessarily indicate completely accurate reporting and tabulation of the age item. It is often an indication that the unknowns have been eliminated by assigning ages to them before tabulation, or by proportionate distribution after tabulation.

As noted in connection with table 5, intercensal estimates of total population are usually revised to accord with the results of a census of population if inexplicable discontinuities appear to exist. Postcensal age-sex distributions, however, are less likely to be revised in this way.

Les répartitions par âge et par sexe obtenues en appliquant à l'estimation de la population totale les pourcentages enregistrés pour les divers groupes d'âge pour chaque sexe lors d'un recensement ou d'une enquête par sondage ne sont pas acceptables et n'ont pas été reproduites dans ce tableau.

Fiabilité des données : Les estimations considérées comme moins sûres sont indiquées en italique plutôt qu'en caractères romains. Le classement du point de vue de la fiabilité est fondé sur la méthode utilisée pour établir l'estimation de la population totale qui figure dans le tableau 3 (voir explications dans les Notes techniques relatives à ce même tableau). On n'a pas tenu compte des inexactitudes dans les déclarations d'âge, dont la méthode d'évaluation est exposée à la section 3.1.3 des Notes techniques.

Insuffisance des données : Les statistiques de la population selon l'âge et le sexe appellent les mêmes réserves que celles qui ont été respectivement formulées aux sections 3 et 3.1.3 des Notes techniques à l'égard des statistiques de la population en général et des répartitions par âge en particulier.

La comparabilité des statistiques de la population selon l'âge et le sexe est limitée en premier lieu par le manque d'uniformité dans la définition de la population totale (voir explications à la section 3 des Notes techniques) et par les lacunes des dénombrements. L'influence de ces deux facteurs varie selon les groupes d'âge. Ainsi, le dénombrement des enfants de moins d'un an et des jeunes enfants comporte souvent plus de lacunes que celui des personnes plus âgées. De même, l'exclusion du chiffre de la population totale de certains groupes de personnes appartenant souvent à des groupes d'âge déterminés, par exemple les militaires, peut influer sensiblement sur la structure par âge et sur la comparabilité des données avec celles d'autres pays ou zones. Il conviendra de tenir compte de ces facteurs fondamentaux lorsqu'on utilisera les données du tableau.

Outre ces difficultés d'ordre général, la comparabilité pose des problèmes particuliers lorsqu'il s'agit des données par âge. On sait que les répartitions de la population selon l'âge présentent certaines imperfections dues à l'inexactitude des déclarations d'âge. Certaines de ces anomalies ont tendance à s'estomper ou à disparaître lorsqu'on classe les données par groupes d'âge quinquennaux et non par années d'âge, mais une certaine imprécision demeure, même s'il n'est pas toujours facile de voir à quel point il y a distorsion. 32

Le degré de comparabilité dépend également de la classification par âge employée dans les divers pays ou zones. L'âge retenu peut être défini par date exacte (jour, mois et année) de naissance ou par celle du dernier anniversaire. Lorsqu'elles étaient connues, les répartitions établies seulement d'après l'année de la naissance ont été signalées en note à la fin du tableau.

Si aucun nombre ne figure dans la colonne réservée aux âges inconnus, cela ne signifie pas nécessairement que les déclarations d'âge et l'exploitation des données par âge aient été tout à fait exactes. C'est souvent une indication que l'on a attribué un âge aux personnes d'âge inconnu avant la mise en tableau ou que celles-ci ont été réparties proportionnellement entre les différents groupes après cette opération.

Comme on l'a indiqué à propos du tableau 5, les estimations intercensitaires de la population totale sont d'ordinaire rectifiées d'après les résultats des recensements de population si l'on constate des discontinuités inexplicables. Les données postcensitaires concernant la répartition de la population par âge et par sexe ont toutefois moins de chance d'être rectifiées de cette manière.

The policy of using United Nations Secretariat estimates is designed to produce comparable mid-year estimates for population for the period 1986 to 1995 which are in accord with census and survey results shown in table 3. Unrevised official estimates as well as results of censuses or surveys and estimates for dates other than the mid-year have been eliminated in favour of the United Nations Secretariat consistent mid-year estimates.

All figures are presented in thousands. The data have been rounded by the Statistics Division of the United Nations.

Reliability of data: Population estimates are considered to be reliable or less reliable on the basis of the quality code for the 1995 estimates shown in table 3. In brief, reliable mid-year population estimates are those which are based on a complete census (or on a sample survey) and have been adjusted by a continuous population register or adjusted on the basis of the calculated balance of births, deaths and migration. Reliable mid-year estimates appear in roman type. Mid-year estimates which are not calculated on this basis are considered less reliable and are shown in italics. Estimates for years prior to 1995 are considered reliable or less reliable on the basis of the 1995 quality code and appear in roman type or in italics accordingly.

Limitations: Statistics on estimates of the mid-year total population are subject to the same qualifications as have been set forth for population statistics in general in section 3 of the Technical Notes.

A most important limitation affecting mid-year population estimates is the variety of ways in which they have been prepared. The quality code for the 1995 estimates, presented in table 3, and the Technical Notes for table 3 deal with the subject in detail. In brief, these estimates are affected by the accuracy and recency of the census, if any, on which estimates are based and by the method of time adjustment. However, the policy of replacing out-of-line estimates and scattered census results by an internally consistent series of mid-year estimates constructed by the Population Division of the United Nations Secretariat should increase comparability.

Because the reliability of the population estimates for any given country or area is based on the quality code for the 1995 estimate, the reliability of estimates prior to 1995 may be overstated.

The mid-year estimates prepared by the Population Division of the United Nations Secretariat, used to supplement official data in this table, have the advantage of being prepared by a consistent methodology. However, it is very important to note that, among countries or areas, the actual amount of data and the quality of those data upon which the estimates were based vary considerably.

International comparability of mid-year population estimates is also affected because some of these estimates refer to the de jure, and not the de facto, population. Individual cases, when known, are footnoted. The difference between the de facto and the de jure population is discussed at length in section 3.1.1 of the Technical Notes.

L'utilisation d'estimations établies par le Secrétariat de l'ONU a pour objet d'obtenir, pour la période allant de 1986 à 1995, des estimations de la population en milieu d'année qui se prêtent à la comparaison et qui soient compatibles avec les résultats de recensements ou d'enquêtes qui figurent au tableau 3. On a renoncé aux estimations officielles non rectifiées ainsi qu'aux résultats de recensements ou d'enquêtes et aux estimations se rapportant à des dates autres que le milieu de l'année, pour leur substituer les estimations établies de façon homogène pour le milieu de l'année par le Secrétariat de l'ONU.

Tous les chiffres sont exprimés en milles. Les données ont été arrondies par la Division de statistique de l'ONU.

Fiabilité des données : Les estimations de la population sont considérées comme sûres ou moins sûres en fonction du codage qualitatif des estimations de 1995 figurant au tableau 3. En résumé, sont sûres les estimations de la population en milieu d'année qui sont fondées sur un recensement complet (ou sur une enquête par sondage) et qui ont été ajustées en fonction des données fournies par un registre de population permanent ou en fonction de la résultante calculée des naissances, décès et migrations. Les estimations en milieu d'année sont considérées comme sûres et apparaissent en caractères romains. Les estimations en milieu d'année dont le calcul n'a pas été effectué sur cette base sont considérées comme moins sûres et apparaissent en italique. Les estimations relatives aux années antérieures à 1995 sont jugées sûres ou moins sûres en fonction du codage qualitatif de 1995 et indiquées, selon le cas, en caractères romains ou en italique.

Insuffisance des données : Les statistiques concernant les estimations de la population totale en milieu d'année appellent toutes les réserves qui ont été faites à la section 3 des Notes techniques à propos des statistiques de la population en général.

Les estimations de la population en milieu d'année appellent aussi une réserve très importante en ce qui concerne la diversité des méthodes employées pour les établir. Le codage qualitatif des estimations de 1995 figurant dans le tableau 3 et les Notes techniques relatives au même tableau éclairent cette question en détail. En résumé, la qualité de ces estimations dépend de l'exactitude et du caractère plus ou moins récent des résultats de recensement sur lesquels elles reposent éventuellement et de la méthode d'ajustement chronologique employée. Quoi qu'il en soit, la méthode consistant à remplacer les estimations divergentes et les données de recensement fragmentaires par des séries cohérentes d'estimations en milieu d'année établies par la Division de la population du Secrétariat des Nations Unies devrait assurer une meilleure comparabilité.

La fiabilité des estimations de la population d'un pays ou zone quelconque reposant sur le codage qualitatif des estimations de 1995, il se peut que la fiabilité des estimations antérieures à 1995 soit surévaluée.

Les estimations en milieu d'année, établies par la Division de la population du Secrétariat de l'ONU, utilisées pour suppléer les données officielles aux fins de ce tableau, ont l'avantage d'avoir été effectuées selon une méthodologie homogène. Il importe cependant de noter que le volume de données effectivement disponibles et la qualité de celles à partir desquelles les estimations ont été établies varient considérablement d'un pays ou d'une région à l'autre.

La comparabilité internationale des estimations de la population en milieu d'année se ressent également du fait que certaines de ces estimations se réfèrent à la population de droit et non à la population de fait. Les cas de ce genre, lorsqu'ils étaient connus, ont été signalés en note. La différence entre la population de fait et la population de droit est expliquée en détail à la section 3.1.1 des Notes techniques.

Coverage: Estimates of the mid-year population are shown for 227 countries or areas, with a population of 1,000 or more.

Earlier data: Estimates of mid-year population have been shown in previous issues of the Demographic Yearbook. For information on specific years covered, readers should consult the Index.

Portée : Des estimations de la population en milieu d'année sont présentées pour 227 pays ou zones ayant une population de 1.000 habitants ou plus.

Données publiées antérieurement : Des estimations de la population en milieu d'année ont été publiées dans des éditions antérieures de l'Annuaire démographique. Pour plus de précisions concernant les années pour lesquelles ces données ont été publiées, se reporter à l'Ind l'Index.

Table 6

Table 6 presents urban and total population by sex for as many years as possible between 1986 and 1995.

Description of variables: Data are from nation-wide population censuses or are estimates, some of which are based on sample surveys of population carried out among all segments of the population. The results of censuses are identified by a (C) following the date in the stub; sample surveys are further identified by footnotes; other data are generally estimates.

Data refer to the de facto population; exceptions are footnoted.

Estimates of urban population presented in this table have been limited to countries or areas for which estimates have been based on the results of a sample survey or have been constructed by the component method from the results of a population census or sample survey. Distributions which result when the estimated total population is distributed by urban/rural residence according to percentages in each group at the time of a census or sample survey are not acceptable and they have not been included in this table.

Urban is defined according to the national census definition. The definition for each country is set forth at the end of this table.

Percentage computation: Percentages urban are the number of persons defined as "urban" per 100 total population.

Reliability of data: Estimates which are believed to be less reliable are set in italics rather than in roman type. Classification in terms of reliability is based on the method of construction of the total population estimate as shown in table 3 and discussed in the Technical Notes for that table.

Limitations: Statistics on urban population by sex are subject to the same qualifications as have been set forth for population statistics in general, as discussed in section 3 of the Technical Notes.

The basic limitations imposed by variations in the definition of the total population and in the degree of under-enumeration are perhaps more important in relation to urban/rural than to any other distributions. The classification by urban and rural is affected by variations in defining usual residence for purposes of sub-national tabulations.

Tableau 6

Le tableau 6 présente des données sur la population urbaine et la population totale selon le sexe pour le plus grand nombre possible d'années entre 1986 et 1995.

Description des variables : Les données sont tirées de recensements de la population ou sont des estimations fondées, dans certains cas, sur des enquêtes par sondage portant sur tous les secteurs de la population. Les résultats de recensement sont indiqués par la lettre (C) placée après la date dans la colonne de gauche du tableau; les enquêtes par sondage sont en outre signalées en note; toutes les autres données sont en général des estimations.

Les données se rapportent à la population de fait; les exceptions étant signalées en note.

Les estimations de la population urbaine qui figurent dans ce tableau ne concernent que les pays ou zones pour lesquels les estimations se fondent sur les résultats d'une enquête par sondage ou ont été établies par la méthode des composantes à partir des résultats d'un recensement de la population ou d'une enquête par sondage. Les répartitions selon la résidence (urbaine/rurale) obtenues en appliquant à l'estimation de la population totale les pourcentages enregistrés pour chaque groupe lors d'un recensement ou d'une enquête par sondage ne sont pas acceptables et n'ont pas été reproduites dans ce tableau.

Le sens donné au terme "urbain" est censé être conforme aux définitions utilisées dans les recensements nationaux. La définition pour chaque pays figure à la fin du tableau.

Calcul des pourcentages : Les pourcentages urbains représentent le nombre de personnes définies comme vivant dans des "régions urbaines" pour 100 personnes de la population totale.

Fiabilité des données : Les estimations considérées comme moins sûres sont indiquées en italique plutôt qu'en caractères romains. Le classement du point de vue de la fiabilité est fondé sur la méthode utilisée pour établir l'estimation de la population totale qui figure dans le tableau 3 (voir explications dans les Notes techniques relatives à ce même tableau).

Insuffisance des données : Les statistiques de la population urbaine selon le sexe appellent toutes les réserves qui ont été faites à la section 3 des Notes techniques à propos des statistiques de la population en général.

Les limitations fondamentales imposées par les variations de la définition de la population totale et par les lacunes du recensement se font peut-être sentir davantage dans la répartition de la population en urbaine et rurale que dans sa répartition suivant toute autre caractéristique. C'est ainsi que la classification en population urbaine ou population rurale est affectée par des différences de définition de la résidence habituelle utilisée pour l'exploitation des données à l'échelon sous-national.

Likewise, the geographical differentials in the degree of under-enumeration in censuses affect the comparability of these categories throughout the table.

The distinction between de facto and de jure population is also very important with respect to urban/rural distributions. The difference between the de facto and the de jure population is discussed at length in section 3.1.1 of the Technical Notes.

A most important and specific limitation, however, lies in the national differences in the definition of urban. Because the distinction between urban and rural areas is made in so many different ways, the definitions have been included at the end of this table. The definitions are necessarily brief and, where the classification as urban involves administrative civil divisions, they are often given in the terminology of the particular country or area. As a result of variations in terminology, it may appear that differences between countries or areas are greater than they actually are. On the other hand, similar or identical terms (for example, town, village, district) as used in different countries or areas may have quite different meanings.

It will be seen from an examination of the definitions that they fall roughly into three major types: (1) classification of certain size localities as urban; (2) classification of administrative centres of minor civil divisions as urban and the remainder of the division as rural; and (3) classification of minor civil divisions on a chosen criterion which may include type of local government, number of inhabitants or proportion of population engaged in agriculture.

Places with as few as 400 inhabitants are considered urban in Albania, while in Austria the lower limit is 5,000 persons. In Bulgaria, urban refers to localities legally established as urban regardless of size; in Israel, it implies predominantly non-agricultural centres; in Sweden, it is built-up areas with less than 200 metres between houses. The lack of strict comparability is immediately apparent.

The designation of areas as urban or rural is so closely bound up with historical, political, cultural, and administrative considerations that the process of developing uniform definitions and procedures moves very slowly. Not only do the definitions differ one from the other, but, in fact, they may no longer reflect the original intention of distinguishing urban from rural. The criteria once established on the basis of administrative subdivisions (as most of these are) become fixed and resistant to change. For this reason, comparisons of time-series data may be severely affected because the definitions used become outdated. Special care must be taken in comparing data from censuses with those from sample surveys because the definitions of urban used may differ.

Despite their shortcomings, however, statistics of urban and rural population are useful in describing the diversity within the population of a country or area.

Pareillement, les différences de degré de sous-dénombrement suivant la zone géographique, à l'occasion des recensements, influent sur la comparabilité de ces deux catégories dans l'ensemble du tableau.

La distinction entre population de fait et population de droit est également très importante du point de vue de la répartition de la population en urbaine et rurale. Cette distinction est expliquée en détail à la section 3.1.1 des Notes techniques.

Toutefois, la difficulté la plus caractérisée provient du fait que les pays ou zones ne sont pas d'accord sur la définition du terme urbain. La distinction entre les régions urbaines et les régions rurale varie tellement que les définitions utilisées ont été reproduites à la fin de ce tableau. Les définitions sont forcément brèves et, lorsque le classement en "zone urbaine" repose sur des divisions administratives, on a souvent identifié celles-ci par le nom qu'elles portent dans le pays ou zone considéré. Par suite des variations dans la terminologie, les différences entre pays ou zones peuvent sembler plus grandes qu'elles ne le sont réellement. Mais il se peut aussi que des termes similaires ou identiques, tels que ville, village ou district, aient des significations très différentes suivant les pays ou zones.

On constatera, en examinant les définitions adoptées par les différents pays ou zones, qu'elles peuvent être ramenées à trois types principaux : 1) classification des localités de certaines dimensions comme urbaines; 2) classification des centres administratifs de petites circonscriptions administratives comme urbains, le reste de la circonscription étant considéré comme rural; 3) classification des petites divisions administratives selon un critère déterminé, qui peut être soit le type d'administration locale, soit le nombre d'habitants, soit le pourcentage de la population exerçant une activité agricole.

Sont considérées comme urbaines en Albanie des localités de 400 habitants à peine, alors qu'en Autriche les agglomérations ne sont reconnues comme telles que lorsque leur population atteint 5 000 personnes au moins. En Bulgarie, les localités urbaines sont celles qui possèdent juridiquement le statut urbain, quelle que soit l'importance de leur population; en Israël, les centres urbaines sont ceux de caractère essentiellement non agricole; en Suède, ce sont les zones bâties où les maisons sont espacées de moins de 200 mètres. Le manque de comparabilité apparaît immédiatement.

La distinction entre régions urbaines et régions rurales est si étroitement liée à des considérations d'ordre historique, politique, culturel et administratif que l'on ne peut progresser que très lentement vers des définitions et des méthodes uniformes. Non seulement les définitions sont différentes les unes des autres, mais on n'y retrouve parfois même plus l'intention originale de distinguer les régions rurales des régions urbaines. Lorsque la classification est fondée, en particulier, sur le critère des circonscriptions administratives (comme la plupart le sont), elle a tendance à devenir rigide avec le temps et à décourager toute modification. Pour cette raison, la comparaison des données appartenant à des séries chronologiques risque d'être gravement faussée du fait que les définitions employées sont désormais périmées. Il faut être particulièrement prudent lorsqu'on compare des données de recensements avec des données d'enquêtes par sondage, car il se peut que les définitions du terme urbain auxquelles ces données se réfèrent respectivement soient différentes.

Malgré leurs insuffisances, les statistiques urbaines et rurales permettent de mettre en évidence la diversité de la population d'un pays ou d'une zone.

Table 9

Table 9 presents live births and crude live-birth rates by urban/rural residence for as many years as possible between 1991 and 1995.

Description of variables : Live birth is defined as the complete expulsion or extraction from its mother of a product of conception, irrespective of the duration of pregnancy, which after such separation, breathes or shows any other evidence of life such as beating of the heart, pulsation of the umbilical cord, or definite movement of voluntary muscles, whether or not the umbilical cord has been cut or the placenta is attached; each product of such a birth is considered live-born regardless of gestational age. 33

Statistics on the number of live births are obtained from civil registers unless otherwise noted. For those countries or areas where civil registration statistics on live births are considered reliable (estimated completeness of 90 per cent or more) the birth rates shown have been calculated on the basis of registered live births.

However, for countries or areas where civil registration of live births is non-existent or considered unreliable (estimated completeness of less than 90 per cent or of unknown completeness), estimated rates are presented whenever possible instead of the rates based on the registered births. These estimated rates are identified by a footnote. Officially estimated rates using well-defined estimation procedures and sources whether based on census or sample survey data are given first priority. If such estimates are not available, rates estimated by the Population Division of the United Nations Secretariat are presented.

The urban-rural classification of births is that provided by each country or area; it is presumed to be based on the national census definitions of urban population that have been set forth at the end of table 6.

Rate computation : Crude live-birth rates are the annual number of live births per 1,000 mid-year population.

Rates by urban/rural residence are the annual number of live births, in the appropriate urban and rural category, per 1,000 corresponding mid-year population.

Rates presented in this table have not been limited to those countries or areas having a minimum number of live births in a given year. However, rates based on 30 or fewer live births are identified by the symbol (◊).

These rates, unless otherwise noted, have been calculated by the Statistics Division of the United Nations.

Tableau 9

Le tableau 9 présente des données sur les naissances vivantes et les taux bruts de natalité selon la résidence (urbaine/rurale) pour le plus grande nombre d'années possible entre 1991 et 1995.

Description des variables : La naissance vivante est l'expulsion ou l'extraction complète du corps de la mère, indépendamment de la durée de gestation, d'un produit de la conception qui, apèrs cette séparation, respire ou manifeste tout autre signe de vie, tel que battement de coeur, pulsation du cordon ombilical ou contraction effective d'un muscle soumis à l'action de la volonté, que le cordon ombilical ait été coupé ou non et que le placenta soit ou non demeuré attaché; tout produit d'une telle naissance est considéré comme "enfant né vivant". 33

Sauf indication contraire, les statistiques du nombre de naissances vivantes sont établies sur la base des registres de l'état civil. Pour les pays ou zones où les statistiques tirées de l'enregistrement des naissances vivantes par les services de l'état civil sont jugées sûres (complétude estimée à 90 p.100 ou plus), les taux de natalité indiqués ont été calculés d'après les naissances vivantes enregistrées.

En revanche, pour les pays ou zones où l'enregistrement des naissances vivantes par les services de l'état civil n'existe pas ou est de qualité doute use (complétude estimée à moins de 90 p. 100 ou degré de complétude inconnu), on a présenté, autant que possible, des taux estimatifs et non des taux fondés sur les naissances enregistrées. Lorsque tel était le cas, on l'a signalé en note au bas du tableau. On a retenu en priorité les taux estimatifs officiels établis d'après des méthodes d'estimation et des sources bien définies, qu'il s'agisse de données de recensement ou de résultats d'enquêtes par sondage. Lorsqu'on ne disposait pas d'estimation de ce genre, on a présenté les taux estimatifs établis par la Division de la population du Secrétariat de l'ONU.

La classification des naissances selon la résidence (urbaine/rurale) est celle qui a été fournie par chaque pays ou zone; il faut en conclure qu'elle repose sur les définitions de la population urbaine utilisées pour les recensements nationaux telles qu'elles sont reproduites à la fin du tableau 6.

Calcul des taux : Les taux bruts de natalité représentent le nombre annuel de naissances vivantes pour 1000 habitants au milieu de l'année.

Les taux selon la résidence (urbaine/rurale) représentent le nombre annuel de naissances vivantes, classées selon la catégorie urbaine ou rurale appropriée pour 1000 habitants au milieu de l'année.

Les taux présentés dans ce tableau ne se rapportent pas aux seuls pays où l'on a enregistré en certain nombre minimal de naissances vivantes au cours d'une année donnée. Toutefois, les taux qui sont fondés sur 30 naissances vivantes ou moins sont identifiés par le signe,(◊).

Ces taux, sauf indication contraire, ont été calculés par la Division de statistique de l'ONU.

In addition, some rates have been obtained from sample surveys, from analysis of consecutive population census results, and from the application of the "reverse-survival" method, which consists of increasing the number of children of a given age group recorded in a census or sample survey, by a life-table survival coefficient, so as to estimate the number of births from which these children are survivors. To distinguish them from civil registration data, estimated rates are identified by a footnote.

Reliability of data : Each country or area has been asked to indicate the estimated completeness of the live births recorded in its civil register. These national assessments are indicated by the quality codes C, U and ... that appear in the first column of this table. C indicates that the data are estimated to be virtually complete, that is, representing at least 90 per cent of the live births occurring each year, while U indicates that data are estimated to be incomplete, that is, representing less than 90 per cent of the live births occurring each year. The code ... indicates that no information was provided regarding completeness.

Data from civil registers which are reported as incomplete or of unknown completeness (coded U or...) are considered unreliable. They appear in italics in this table. When data so coded are used to calculate rates, the rates also appear in italics.

These quality codes apply only to data from civil registers. If a series of data for a country or area contains both data from a civil register and estimated data from, for example, a sample survey, then the code applies only to the registered data. If only estimated data are presented, the symbol .. is shown instead of the quality code. For more information about the quality of vital statistics data in general, and the information available on the basis of the completeness estimates in particular, see section 4.2 of the Technical Notes.

Limitations : Statistics on live births are subject to the same qualifications as have been set forth for vital statistics in general and birth statistics in particular as discussed in section 4 of the Technical Notes.

The reliability of data, an indication of which is described above, is an important factor in considering the limitations. In addition, some live births are tabulated by date of registration and not by date of occurrence; these have been indicated by a (+).
Whenever the lag between the date of occurrence and date of registration is prolonged and, therefore, a large proportion of the live-birth registrations are delayed, birth statistics for any given year may be seriously affected.

Another factor which limits international comparability is the practice of some countries or areas not to include in live-birth statistics infants who were born alive but died before the registration of the birth or within the first 24 hours of life, thus underestimating the total number of live births. Statistics of this type are footnoted.

En outre, certains taux ont été obtenus à partir des résultats d'enquêtes par sondage, par l'analyse des données de recensements consécutifs et par la méthode de la projection rétrospective, qui consiste à accroître le nombre d'enfants d'un groupe d'âge donné enregistré lors d'un recensement ou d'une enquête par sondage, en appliquant le coefficient de survie d'une table de mortalité de manière à estimer le nombre de naissances de la cohorte dont ces enfants sont les survivants. Pour les distinguer des données qui proviennent des registres de l'état civil, ces taux estimatifs ont été identifiées par une note au bas du tableau.

Fiabilité des données : Il a été demandé à chaque pays ou zone d'indiquer le degré estimatif de complétude des données sur les naissances vivantes figurant dans ses registres d'état civil. Ces évaluations nationales sont désignées par les codes de qualité "C", "U", et "..." qui apparaissent dans la première colonne du tableau. Le lettre "C" indique que les données sont jugées à peu près complètes, c'est-à-dire qu'elles représentent au moins 90 p. 100 des naissances vivantes survenues chaque année; la lettre "U" indique que les données sont jugées incomplètes, c'est-à-dire qu'elles représentent moins de 90 p. 100 des naissances vivantes survenues chaque année. Le signe "..." indique qu'aucun renseignement n'a été fourni quant à la complétude des données.

Les données provenant des registres de l'état civil qui sont déclarées incomplètes ou dont le degré de complétude n'est pas connu (et qui sont affectées de la lettre "U" ou du signe "...") sont jugées douteuses. Elles apparaissent en italique dans le présent tableau. Lorsque ces données sont utilisées pour calculer des taux, ces taux apparaissent eux aussi en italique.

Ces codes de qualité ne s'appliquent qu'aux données tirées des registres de l'état civil. Si une série de données pour un pays ou une zone contient à la fois des données provenant des registres de l'état civil et des estimations calculées, par exemple, sur la base d'enquêtes par sondage, le code s'applique uniquement aux données d'enregistrement. Si l'on ne présente que des données estimatives, le signe ".." est utilisé à la place du code de qualité. Pour plus de précisions sur la qualité des données reposant sur les statistiques de l'état civil en général, voir la section 4.2 des Notes techniques, qui fournit aussi des renseignements fondés sur les estimations de complétude.

Insuffisance des données : Les statistiques des naissances vivantes appellent toutes les réserves qui ont été faites à propos des statistiques de l'état civil en général et des statistiques des naissances en particulier (voir explications données à la section 4 des Notes techniques).

La fiabilité des données, au sujet de laquelle des indications ont été fournies plus haut, est un facteur important. Il faut également tenir compte du fait que, dans certains cas, les données relatives aux naissances vivantes sont exploitées selon la date de l'enregistrement et non la date de l'événement; ces cas ont été identifiés par le signe (+). Là où le décalage entre l'événement et son enregistrement est grand, c'est-à-dire là où une forte proportion des naissances vivantes fait l'objet d'un enregistrement tardif, les statistiques des naissances vivantes pour une année donnée peuvent être sérieusement faussées.

Un autre facteur qui nuit à la comparabilité internationale est la pratique de certains pays ou zones qui consiste à ne pas inclure dans les statistiques des naissances vivantes les enfants nés vivants mais décédés avant l'enregistrement de leur naissance ou dans les 24 heures qui ont suivi la naissance, pratique qui conduit à sous-estimer le nombre total de naissances vivantes. Quand tel était la cas, on l'a signalé en note au bas du tableau.

In addition, it should be noted that rates are affected also by the quality and limitations of the population estimates which are used in their computation. The problems of under-enumeration or over-enumeration and, to some extent, the differences in definition of total population have been discussed in section 3 of the Technical Notes dealing with population data in general, and specific information pertaining to individual countries or areas is given in the footnotes to table 3. In the absence of official data on total population, United Nations estimates of mid-year population have been used in calculating some of these rates.

The rates estimated from the results of sample surveys are subject to possibilities of considerable error as a result of omissions in reporting of births, or as a result of erroneous reporting of events occurring outside the reference period. However, rates estimated from sample surveys do have an outstanding advantage, and that is the availability of a built-in and strictly corresponding population base. The accuracy of the birth rates estimated by the "reverse-survival" method is affected by several factors, the most important of which are the accuracy of the count of children in the age groups used and errors in the survival coefficients.

It should be emphasized that crude birth rates--like crude death, marriage and divorce rates--may be seriously affected by the age-sex structure of the populations to which they relate. Nevertheless, they do provide simple measure of the level of and changes in natality.

The comparability of data by urban/rural residence is affected by the national definitions of urban and rural used in tabulating these data. It is assumed, in the absence of specific information to the contrary, that the definitions of urban and rural used in connection with the national population census were also used in the compilation of the vital statistics for each country or area. However, the possiblity cannot be excluded that, for a given country or area, the same definitions of urban and rural are not used for both the vital statistics data and the population census data. When known, the definitions of urban used in national population censuses are presented at the end of table 6. As discussed in detail in the Technical Notes for table 6, these definitions vary considerably from one country or area to another.

In addition to problems of comparability, vital rates classified by urban/rural residence are also subject to certain special types of bias. If, when calculating vital rates, different definitions or urban are used in connection with the vital events and the population data and if this results in a net difference between the numerator and denominator of the rate in the population at risk, then the vital rates would be biased. Urban/rural differentials in vital rates may also be affected by whether the vital events have been tabulated in terms of place of occurrence or place of usual residence. This problem is discussed in more detail in section 4.1.4.1 of the Technical Notes.

Coverage : Live births are shown for 139 countries or areas. Data are presented by urban/rural residence for 62 countries or areas.

Crude live-birth rates are shown for 207 countries or areas. Rates are presented by urban/rural residence for 46 countries or areas.

Il convient de noter par ailleurs que l'exactitude des taux dépend également de la qualité et des insuffisances des estimations de population qui sont utilisées pour leur calcul. Le problème des erreurs par excès ou par défaut commises lors du dénombrement et, dans une certain mesure, le problème de l'hétérogénéité des définitions de la population totale ont été examinés à la section 3 des Notes techniques relative à la population en général; des indications concernant les différents pays ou zones sont données en note au bas du tableau 3. Lorsqu'il n'existait pas de chiffres officiels sur la population totale, ce sont les estimations de la population en milieu d'année, établies par le Secrétariat de l'ONU, qui ont servi pour le calcul des taux.

Les taux estimatifs fondés sur les résultats d'enquêtes par sondage comportent des possiblilités d'erreurs considérables dues soit à des omissions dans les déclarations, soit au fait que l'on a déclaré à tort des naissances survenues en réalité hors de la période considérée. Toutefois, les taux estimatifs fondés sur les résultats d'enquêtes par sondage présentent un gros avantage: le chiffre de population utilisé comme base est, par définition, connu rigoureusement correspondant. L'exactitude des taux de natalité estimés selon la méthode de la projection rétrospective dépend de plusieurs facteurs, dont les principaux sont l'exactitude du dénombrement des enfants des groupes d'âge utilisés et les erreurs dans les coefficients de survie.

Il faut souligner que les taux bruts de natalité, de même que les taux bruts de mortalité, de nuptialité et de divortialité, peuvent varier très sensiblement selon la structure par âge et par sexe de la population à laquelle ils se rapportent. Ils offrent néanmoins un moyen simple de mesurer le niveau et l'évolution de la natalité.

La comparabilité des données selon la résidence (urbaine/rurale) peut être limitée par les définitions nationales des termes "urbain" et "rural" utilisées pour la mise en tableaux de ces données. En l'absence d'indications contraires, on a supposé que les définitions des termes "urbain" et "rural" pour le recensement national de la population avaient été utilisées pour le recensement national de la population et pour l'établissement des statistiques de l'état civil pour chaque pays ou zone. Toutefois, on ne peut exclure la possiblité que, pour un pays ou zone donné les mêmes définitions des termes "urbain" et "rural" n'aient pas été utilisées dans les deux cas. Les définitions du terme "urbaine" pour les recensements nationaux de population ont été présentées à la fin du tableau 6 lorsqu'elles étaient connues. Comme on l'a précisé en détail dans les Notes techniques relatives au tableau 6, ces définitions varient très sensiblement d'un pays ou d'une zone à l'autre.

Outre ces problèmes de comparabilité, les taux démographiques classés selon la résidence (urbaine/rurale) sont également sujets à certains types particuliers d'erreurs. Si, lors du calcul de ces taux, des définitions différentes du terme "urbain" sont utilisées pour classer les faits d'état civil et les données relatives à la population et s'il en résulte une différence nette entre le numérateur et le dénominateur pour le taux de la population exposée aurisque, les taux démographiques s'en trouveront faussés. La différence entre ces taux pour les zones urbaines et rurales pourra aussi être faussée selon que les faits d'état civil auront été classés d'après le lieu de l'événement ou le lieu de résidence habituelle. Ce problème est examiné plus en détail à la section 4.1.4.1 des Notes techniques.

Portée : Le tableau 9 présente des statistiques des naissances vivantes pour 139 pays ou zones. Les répartitions selon la résidence (urbaine/rurale) intéressent 62 pays ou zones.

Le tableau 9 présente également des taux bruts de natalité pour 207 pays ou zones. Les taux selon la résidence (urbaine/rurale) intéressent 46 pays ou zones.

Earlier data : Live births and crude live birth rates have been shown in each issue of the Demographic Yearbook. Data included in this table update the series covering a period of years as follows :

Issue	Years covered
1992	1983-1992
1986	1967-1986
1981	1962-1981
Historical Supplement	1948-1977

For further information on years covered prior to 1948, readers should consult the Index.

Data in machine-readable form: Data shown in this table are available in magnetic tape at a cost of US$150 for all available years as shown below:

Total	1948-1995
Urban/rural	1972-1995

Données publiées antérieurement : Des données sur les naissances vivantes et des taux bruts de natalité ont été présentés dans chaque édition de l'Annuaire démographique. Les données présentées dans ce tableau mettent à jour les périodes d'années suivantes :

Edition	Années considérées
1992	1983-1992
1986	1967-1986
1981	1962-1981
Supplément rétrospectif	1948-1977

Pour plus de précisions concernant les années antérieur à 1948, on reportera à l'Index.

Données sur support magnétique: Il est possible de se procurer sur bande magnétique, moyennant de paiement d'une somme $150 les données dans ce tableau pour tous les années disponibles suivantes:

Total	1948-1995
Urbain/rural	1972-1995

Table 10

Table 10 presents live births by age of mother, sex and urban/rural residence for the latest available year.

Description of variables : Age is defined as age at last birthday, that is, the difference between the date of birth and the date of the occurrence of the event, expressed in completed solar years. The age classification used in this table is the following : under 15 years, 5-year age groups through 45-49 years, 50 years and over, and age unknown.

The urban/rural classification of births is that provided by each country or area; it is presumed to be based on the national census definitions of urban population that have been set forth at the end of table 6.

Reliability of data : Data from civil registers of live births which are reported as incomplete (less than 90 per cent completeness) or of unknown completeness are considered unreliable and are set in italics rather than in roman type. Table 9 and the Technical Notes for that table provided more detailed information on the completeness of live-birth registration. For more information about the quality of vital statistics data in general, and the information available on the basis of the completeness estimates in particular, see section 4.2 of the Technical Notes.

Limitations : Statistics on live births by age of mother are subject to the same qualifications as have been set forth for vital statistics in general and birth statistics in particular as discussed in section 4 of the Technical Notes.

Tableau 10

Le tableau 10 présente des données sur les naissances vivantes selon l'âge de la mère, le sexe de l'enfant et la résidence (urbaine/rurale) pour la dernière année disponible.

Description des variables : L'âge désigne l'âge au dernier anniversaire, c'est-à-dire la différence entre la date de naissance et la date de l'événement exprimée en années solaires révolues. La classification par âge utilisée dans ce tableau comprend les catégories suivantes : moins de 15 ans, groupes quinquennaux jusqu'à 45 à 49 ans, 50 ans et plus, et âge inconnu.

La classification des naissances selon la résidence(urbaine/rurale) est celle qui a été fournie par chaque pays ou zone; il faut en conclure qu'elle repose sur les définitions de la population urbaine utilisées pour les recensements nationaux, telles qu'elles sont reproduites à la fin du tableau 6.

Fiabilité des données : Les données sur les naissances vivantes provenant des registres de l'état civil qui sont déclarées incomplètes (degré de complétude inférieur à 90 p. 100) ou dont le degré de complétude n'est pas connu sont jugées douteuses et apparaissent en italique et non en caractères romains. Le tableau 9 et les Notes techniques se rapportant à ce tableau présentent des renseignements plus détaillés sur le degré de complétude de l'enregistrement des naissances vivantes. Pour plus de précisions sur la qualité des données reposant sur les statistiques de l'état civil en général, voir la section 4.2 des Notes techniques, qui fournit aussi des renseignements fondés sur les estimations de complétude.

Insuffisance des données : Les statistiques des naissances vivantes selon l'âge de la mère appellent toutes les réserves qui ont été faites à propos des statistiques de l'état civil en général et des statistiques de naissances en particulier (voir explications à la section 4 des Notes techniques).

The reliability of the data, an indication of which is described above, is an important factor in considering the limitations. In addition, some live births are tabulated by date of registration and not by date of occurrence; these have been indicated by a (+). Whenever the lag between the date of occurrence and date of registration is prolonged and, therefore, a large proportion of the live-birth registrations are delayed, birth statistics for any given year may be seriously affected.

Another factor which limits international comparability is the practice of some countries or areas not to include in live-birth statistics infants who were born alive but died before the registration of the birth or within the first 24 hours of life, thus underestimating the total number of live births. Statistics of this type are footnoted.

Because these Statistics are classified according to age, they are subject to the limitations with respect to accuracy or age reporting similar to those already discussed in connection with section 3.1.3 of the Technical Notes. The factors influencing inaccurate reporting may be somewhat dissimilar in vital statistics (because of the differences in the method of taking a census and registering a birth) but, in general, the same errors can be oberserved.

The absence of frequencies in the unknown age group does not necessarily indicate completely accurate reporting and tabulation of the age item. It is often an indication that the unknowns have been eliminated by assigning ages to them before tabulation, or by proportionate distribution after tabulation.

On the other hand, large frequencies in the unknown age category may indicate that a large proportion of the births are illegitimate, the records for which tend to be in complete in so far as characteristics of the parents are concerned.

Another limitation of age reporting may result from calculating age of mother at birth of child (or at time of registration) from year of birth rather than from day, month and year of birth. Information on this factor is given in footnotes when known.

When birth statistics are tabulated by date of registration rather than by date of occurrence, the age of the mother will almost always refer to the date of registration rather than to the date of birth of the child. Hence, in those countries or areas where registration of births is delayed, possibly for years, statistics on births by age of mother should be used with caution.

In a few countries, data by age refer to confinements (deliveries) rather than to live birthscausingunder in the event of a multiple birth. This practice leads to lack of strict comparability, both among countries or areas relying on this practice and between data shown in this table and table 9. A footnote indicates the countries in which this practice occurs.

The comparability of data by urban/rural residence is affected by the national definitions of urban and rural used in tabulating these data.

La fiabilité des données, au sujet de laquelle des indications ont été fournies plus haut, est un facteur important. Il faut également tenir compte du fait que, dans certains cas, les données relatives aux naissances vivantes sont exploitées selon la date de l'enregistrement et non la date de l'événement; ces cas ont été identifiés par le signe " + ". Là où le décalage entre l'événement et son enregistrement est grand, c'est-à-dire où une forte proportion des naissances vivantes fait l'objet d'un enregistrement tardif, les statistiques des naissances vivantes pour une année donnée peuvent être sérieusement faussées.

Un autre facteur qui nuit à la comparabilité internationale est la pratique de certains pays ou zones qui consiste à ne pas inclure dans les statistiques des naissances vivantes les enfants nés vivants mais décédés avant l'enregistrement de leur naissance ou dans les 24 heures qui ont suivi la naissance, pratique qui conduit à sous-estimer le nombre total de naissances vivantes. Quand tel était le cas, on l'a signalé en note au bas du tableau.

Comme ces statistiques sont classées selon l'âge, elles appellent les mêmes réserves concernant l'exactitude des déclarations d'âge que celles dont il a déjà été fait mention dans la section 3.1.3 des Notes techniques. Dans le cas des statistiques de l'état civil, les facteurs qui interviennent à cet égard sont parfois un peu différents, étant donné que le recensement et l'enregistrement des naissances se font par des méthodes différentes, mais, d'une manière générale, les erreurs observées sont les mêmes.

Si aucun nombre ne figure dans la colonne réservée aux âges inconnus, cela ne signifie pas nécessairement que les déclarations d'âge et l'exploitation des données par âge aient été tout à fait exactes. C'est souvent une indication que l'on a attribué un âge aux personnes d'âge inconnu avant l'exploitation des données ou que celles-ci ont été réparties proportionnellement entre les différents groupes après cette opération.

D'autre part, lorsque le nombre des personnes d'âge inconnu est important, cela peut signifier que la proportion de naissances illégitimes est élevée, étant donné qu'en pareil cas l'acte de naissance ne contient pas toutes les caractéristiques concernant les parents.

Les déclarations par âge peuvent comporter des distorsions, du fait que l'âge de la mère au moment de la naissance d'un enfant (ou de la déclaration de naissance) est donné par année de naissance et non par date exacte (jour, mois et année). Des renseignements à ce sujet sont fournis en note chaque fois que faire se peut.

Il convient de noter que, lorsque les statistiques de la natalité sont établies selon la date de l'enregistrement et non celle de l'événement, l'âge de la mère représente presque toujours son âge à la date de l'enregistrement et non à la date de la naissance de l'enfant. Ainsi, dans les pays ou zones où l'enregistrement des naissances est tardif le retard atteignant souvent plusieurs années, il faut utiliser avec prudence les statistiques de naissances selon l'âge de la mère.

Dans quelques pays, la classification par âges se réfère aux accouchements, et non aux naissances vivantes, ce qui conduit à un sous-dénombrement en cas de naissances gémellaires. Cette pratique est une cause d'incomparabilité, à la fois entre pays ou zones où elle a cours, et entre les données du tableau 10 et celles du tableau 9. Les pays qui la suivent sont indiqués en note.

La comparabilité des données selon la résidence (urbaine/rurale) peut être limitée par les définitions nationales des termes "urbain" et "rural" utilisés pour la mise en tableaux de ces données.

It is assumed, in the absence of specific information to the contrary, that the definitions of urban and rural used in connection with the national population census were also used in the compilation of the vital statistics for each country or area. However, the possibility cannot be excluded that, for a given country or area, the same definitions of urban and rural are not used for both the vital statistics data and the population census data. When known, the definitions of urban used in national population censuses are presented at the end of table 6. As discussed in detail in the Technical Notes for table 6, these definitions vary considerably from one country or area to another.

Coverage : Live births by age of mother are shown for 132 countries or areas. Cross-classification by sex of child is shown for 96 countries or areas. Data are presented by urban/rural residence for 60 countries or areas.

Earlier data : Live births by age of mother have been shown for the latest available year in each issue of the Yearbook. Data included in this table update the series covering period of years as follows :

Issue	Years covered
1992	1983-1992
1986	1977-1988
1981	1972-1980
Historical Supplement	1948-1977

For further information on years covered prior to 1948, readers should consult the Index.

Data in machine-readable form: Data shown in this table are available in magnetic tape at a cost of US$150 for all available years as shown below:

Total	1948-1994
Urban/rural	1972-1994

En l'absence d'indications contraires, on a supposé que les définitions des termes urbain et rural pour le recensement national de la population avaient été utilisées aussi pour l'établissement des statistiques de l'état civil pour chaque pays ou zone. Toutefois, on ne peut exclure la possibilité que, pour un pays ou zone donné, les mêmes définitions des termes urbain" et rural n'aient pas été utilisées dans les deux cas. Les définitions du terme "urbain" pour les recensements nationaux de population ont été présentées à la fin du tableau 6 lorsqu'elles étaient connues. Comme on l'a précisé en détail dans les Notes techniques relatives au tableau 6, ces définitions varient très sensiblement d'un pays ou d'une zone à l'autre.

Portée : Le tableau 10 présente des données sur les naissances vivantes classées selon l'âge de la mère pour 132 pays ou zones. Des répartitions selon le sexe de l'enfant sont présentées pour 96 pays ou zones. Les répartitions selon la résidence (urbaine/rurale) intéressent 60 pays ou zones.

Données publiées antérieurement : Des statistiques des naissances vivantes selon l'âge de la mère ont été présentées pour la dernière année disponible dans chaque édition de l'Annuaire démographique. Les données présentées dans ce tableau mettent à jour les périodes d'années suivantes :

Editions	Années considérées
1992	1983-1992
1986	1977-1985
1981	1972-1980
Supplément rétrospectif	1948-1977

Pour plus de précision sur les années antérieur à 1948, on se reportera à l'index.

Données sur support magnétique: Il est possible de se procurer sur bande magnétique, moyennant de paiement d'une somme $150 les données dans ce tableau pour tous les années disponibles suivantes:

Total	1948-1994
Urbain/rural	1972-1994

Table 11

Table 11 presents live-birth rates specific for age of mother and urban/rural residence for the latest available year.

Description of variables : Age is defined as age at last birthday, that is, the difference between the date of birth and the date of the occurrence of the event, expressed in completed solar years. The age classification used in this table is the following : under 20 years, 5-year age groups through 40-44 years, and 45 years and over.

The urban/rural classification of births is that provided by each country or area; it is presumed to be based on the national census definitions of urban population that have been set forth at the end of table 6.

Tableau 11

Le tableau 11 présente des taux des naissances vivantes selon l'âge de la mère et selon la résidence (urbaine/rurale) pour la dernière année disponible.

Description des variables : L'âge désigne l'âge au dernier anniversaire, c'est-à-dire la différence entre la date de naissance et la date de l'événement, exprimée en années solaires révolues. La classification par âge utilisée dans le tableau 11 comprend les catégories suivantes: moins de 20 ans, groupes quinquennaux jusqu'à 40 à 44 ans, et 45 et plus.

La classification des naissances selon la résidence urbaine/rurale) est celle qui a été fournie par chaque pays ou zone; il faut en conclure qu'elle repose sur les définitions de la population urbaine utilisées pour les recensements nationaux, telles qu'elles sont reproduites à la fin du tableau 6.

Rate computation : Live-birth rates specific for age of mother are the annual number of births in each age group (as shown in table 10) per 1,000 female population in the same age group.

Birth rates by age of mother and urban/rural residence are the annual number of live births that occurred in a specific age-urban/rural group (as shown in table 10) per 1,000 females in the corresponding age-urban/rural group.

Since relatively few births occur to women below 15 or above 50 years of age, birth rates for women under 20 years of age and for those 45 years of age and over are computed on the female population aged 15-19 and 45-49, respectively. Similarly, the rate for women of "All ages" is based on all live births irrespective of age of mother, and is computed on the female population aged 15-49 years. This rate for "All ages" is known as the general fertility rate.

Births to mothers of unknown age have been distributed proportionately in accordance with births to mothers of known age by the Statistics Division of the United Nations prior to calculating the rates.

The population used in computing the rates is estimated or enumerated distributions of females by age. First priority was given to an estimate for the mid-point of the same year (as shown in table 7), second priority to census returns of the year to which the births referred, and third priority to an estimate for some other point of time in the year.

Rates presented in this table have been limited to those for countries or areas having at least a total of 100 live births in a given year. Moreover, rates specific for individual sub-categories based on 30 or fewer births are identified by the symbol (◊).

Reliability of data : Rates calculated using data from civil registers of live births which are reported as incomplete (less than 90 per cent completeness) or of unknown completeness are considered unreliable and are set in italics rather than in roman type. Table 9 and the Technical Notes for that table provide more detailed information on the completeness of live-birth registration.

For more information about the quality of vital statistics data in general, and the information available on the basis of the completeness estimates in particular, see section 4.2 of the Technical Notes.

Limitations : Rates shown in this table are subject to all the same limitations which affect the corresponding frequencies and are set forth in the Technical Notes for table 10.

These include differences in the completeness of registration, the treatment of infants who were born alive but died before the registration of the birth or within the first 24 hours of life, the method used to determine age of mother and the quality of the reported information relating to age of mother. In addition, some rates are based on births tabulated by date of registration and not by date of occurrence; these have been indicated by a (+).

Calcul des taux : Les taux des naissances vivantes selon l'âge de la mère représentent le nombre annuel de naissances dans chaque groupe d'âge (fréquences du tableau 10) pour 1.000 femmes des mêmes groupes d'âge.

Les taux de natalité selon l'âge de la mère et la résidence (urbaine/rurale) représentent le nombre annuel de naissances vivantes intervenues dans un groupe d'âge donné dans la population urbaine ou rurale (comme il est indiqué au tableau 10) pour 1.000 femmes du groupe d'âge correspondant dans la population urbaine ou rurale.

Etant donné que le nombre de naissances parmi les femmes de moins de 15 ans ou de plus de 50 ans est relativement peu élevé, les taux de natalité parmi les femmes âgées de moins de 20 ans et celles de 45 ans et plus ont été calculés sur la base des populations féminines âgées de 15 à 19 ans et de 45 à 49 ans, respectivement. De la même façon, le taux pour les femmes de "tous âges" est fondé sur la totalité des naissances vivantes, indépendamment de l'âge de la mère et ce chiffre est rapporté à l'effectif de la population féminine âgée de 15 à 49 ans. Ce taux "tous âges" est le taux global de fécondité.

Les naissances pour lesquelles l'âge de la mère était inconnu ont été réparties par la Division de statistique de l'ONU, avant le calcul des taux, suivant les proportions observées pour celles où l'âge de la mère était connu.

Les chiffres de population utilisés pour le calcul des taux proviennent de dénombrements ou de répartitions estimatives de la population féminine sel on l'âge. On a utilisé de préférence les estimations de la population au milieu de l'année considérée selon les indications du tableau 7; à défaut, on s'est contenté des données censitaires se rapportant à l'année des naissances et, si ces données manquaient également, d'estimations établies pour une autre date de l'année.

Les taux présentés dans ce tableau ne concernent que les pays ou zones où l'on a enregistré un total d'au moins 100 naissances vivantes dans une année donnée. Les taux relatifs à des sous-catégories qui sont fondés sur 30 naissances ou moins sont identifiés par le signe (◊).

Fiabilité des données : Les taux établis à partir de données sur les naissances vivantes provenant des registres de l'état civil qui sont déclarées incomplètes (degré de complétude inférieur à 90 p. 100) ou dont le degré de complétude n'est pas connu sont jugés douteux et apparaissent en italique et non en caractères romains. Le tableau 9 et les Notes techniques se rapportant à ce tableau présentent des renseignements plus détaillés sur le degré de complétude l'enregistrement des naissances vivantes.

Pour plus de précisions sur la qualité des données reposant sur les statistiques de l'état civil en général, voir la section 4.2 des Notes techniques, qui fournit aussi des renseignements fondés sur les estimations de complétude.

Insuffisance des données : Les taux du tableau 11 appellent les mêmes réserves que les fréquences correspondantes; voir à ce sujet les explications données dans les Notes techniques relatives au tableau 10.

Leurs imperfections tiennent notamment au degré de complétude de l'enregistrement, au classement des relatives aux enfants nés vivants mais décédés avant l'enregistrement de leur naissance ou dans les 24 heures qui ont suivi la naissance, à la méthode utilisée pour déterminer l'âge de la mère et à l'exactitude des renseignements fournis sur l'âge de la mère. En outre, dans certains cas, les données relatives aux naissances sont exploitées selon la date de l'enregistrement et non selon la date de l'événement; ces cas ont été identifiés par le signe "+".

The effect of including delayed registration on the distribution of births by age of mother may be noted in the age-specific fertility rates for women at older ages. In some cases, high age-specific rates for women aged 45 years and over may reflect age of mother at registration of birth and not fertility at these older ages.

On peut se rendre compte, d'après les taux relatifs aux groupes d'âge les plus avancés, des conséquences que peut avoir l'inclusion, dans les statistiques des naissances selon l'âge de la mère, des naissances enregistrées tardivement. Dans certains cas, il se peut que des taux élevés pour le groupe d'âge 45 ans et plus traduisent non pas le niveau de la fécondité de ce groupe d'âge, mais l'âge de la mère au moment où la naissances a été enregistrée.

The method of distributing the unknown ages is open to some criticism because of the fact that the age-of-mother distribution for legitimate births is known to differ from that for illegitimate births and that the proportion of births for which age of mother is unknown is higher among illegitimate births than it is among legitimate births.

La méthode de répartition des âges inconnus prête, dans une certaine mesure, à la critique, parce qu'on sait que la répartition selon l'âge de la mère est différente pour les naissances légitimes et pour les naissances illégitimes et que la proportion des naissances pour lesquelles l'âge de la mère est inconnu est plus forte dans le cas des naissances illégitimes.

The comparability of data by urban/rural residence is affected by the national definitions of urban and rural used in tabulating these data. It is assumed, in the absence of specific information to the contrary, that the definitions of urban and rural used in connection with the national population census were also used in the compilation of the vital statistics for each country or area. However, the possibility cannot be excluded that, for a given country or area, the same definitions of urban and rural are not used for both the vital statistics data and the population census data. When known, the definitions of urban used in national population censuses are presented at the end of table 6. As discussed in detail in the Technical Notes for table 6, these definitions vary considerably from one country or area to another.

La comparabilité des données selon la résidence (urbaine/rurale) peut être limitée par les définitions nationales des termes "urbain" et "rural" utilisées pour la mise en tableaux de ces données. En l'absence d'indications contraires, on a supposé que les définitions des termes urbain et rural utilisées pour le recensement national de la population avaient été utilisées aussi pour l'établissement de statistiques de l'état civil pour chaque pays ou zone. Toutefois, on ne peut exclure la possibilité que, pour un pays ou zone donné, les mêmes définitions des termes "urbain" et "rural" n'aient pas été utilisées dans deux cas. Les définitions du terme "urbain" utilisées pour les recensements nationaux de population ont été présentées à la fin du tableau 6 lorsqu'elles étaient connues. Comme on l'a précisé en détail dans les Notes techniques relatives au tableau 6, ces définitions varient très sensiblement d'un pays ou d'une zone à l'autre.

In addition to problems of comparability, vital rates classified by urban/rural residence are also subject to certain special types of bias. If, when calculating vital rates, different definitions of urban are used in connection with the vital events and the population data and if this results in a net difference between the numerator and denominator of the rate in the population at risk, then the vital rates would be biased. Urban/rural differentials in vital rates may also be affected by whether the vital events have been tabulated in terms of place of occurrence or place of usual residence. This problem is discussed in more detail in section 4.1.4.1 of the Technical Notes.

Outre ces problèmes de comparabilité, les taux démographiques classés selon la résidence (urbaine/rurale) sont également sujets à certains types particuliers d'erreurs. Si, lors du calcul de ces taux, des définitions différentes du terme "urbain" sont utilisées pour classer les faits d'état civil et les données relatives à la population et s'il en résulte une différence nette entre le numérateur et le dénominateur pour le taux de la population exposée au risque, les taux démographiques s'en trouveront faussés. La différence entre ces taux pour les zones urbaines et rurales pourra aussi être faussée selon que les faits d'état civil auront été classés d'après le lieu de l'événement ou le lieu de résidence habituelle. Ce problème est examiné plus en détail à la section 4.1.4.1 des Notes techniques.

Coverage : Live-birth rates specific for age of mother are shown for 109 countries or areas. Rates are presented by urban/rural residence for 42 countries or areas.

Portée : Le tableau 11 présente des taux des naissances vivantes selon l'âge de la mère pour 109 pays ou zones. Les taux selon la résidence (urbaine/rurale)intéressent 42 pays ou zones.

Earlier data : Live-birth rates specific for age of mother have been shown for the latest available year in each issue of the Yearbook. Data included in this table update the series covering a period of years as follows :

Issue	Years covered
1992	1983-1992
1986	1977-1985
1981	1972-1980
Historical Supplement	1948-1977

Données publiées antérieurement : Des taux des naissances vivantes selon l'âge de la mère ont déjà été publiés pour la dernière année disponible dans chaque édition de l'Annuaire démographique. Les données présentées dans ce tableau mettent à jour les périodes d'années suivantes :

Edition	Années considérées
1992	1983-1992
1986	1977-1985
1981	1972-1980
Supplément rétrospectif	1948-1977

Table 12

Table 12 presents late foetal deaths and late foetal-death ratios by urban/rural residence for as many years as possible between 1990 and 1994.

Description of variables : Late foetal deaths are foetal deaths 34 of 28 or more completed weeks of gestation. Foetal deaths of unknown gestational age are included with those 28 or more weeks. Statistics on the number of late foetal deaths are obtained from civil registers unless otherwise noted.

The urban/rural classification of late foetal deaths is that provided by each country or area; it is presumed to be based on the national census definitions of urban population that have been set forth at the end of table 6.

Ratio computation : Late foetal-death ratios are the annual number of late foetal deaths per 1,000 live births (as shown in table 9) in the same year. The live-birth base was adopted because it is assumed to be more comparable from one country or area to another than the combination of live births and foetal deaths.

Ratios by urban/rural residence are the annual number of late foetal deaths, in the appropriate urban or rural category, per 1,000 corresponding live births (as shown in table 9).

Ratios presented in this table have been limited to those for countries or areas having at least a total of 1,000 late foetal deaths in a given year. Moreover, ratios specific for individual sub-categories based on 30 or fewer late foetal deaths are identified by the symbol (◊).

These ratios have been calculated by the Statistics Division of the United Nations.

Reliability of data : Each country or area has been asked to indicate the estimated completeness of the late foetal deaths recorded in its civil register. These national assessments are indicataed by the quality codes, C, U and ... that appear in the first column of this table.

C indicates that the data are estimated to be virtually complete, that is, representing at least 90 per cent of the late foetal deaths occurring each year, while U indicates that data are estimated to be incomplete, that is, representing less than 90 per cent of the late foetal deaths occurring each year. The code ... indicates that no information was provided regarding completeness.

Data from civil registers which are reported as incomplete or of unknown completeness (coded U or ...) are considered unreliable. They appear in italics in this table. When data so coded are used to calculate ratios, the ratios also appear in italics.

For more information about the quality of vital statistics data in general, see section 4.2 of the Technical Notes.

Tableau 12

Le tableau 12 présente des données sur les morts foetales tardives et des rapports de mortinatalité selon la résidence (urbaine/rurale) pour le plus grand nombre d'années possible entre 1990 et 1994.

Description des variables : Par mort foetale tardive, on ent end décès d'un foetus 34 survenu après 28 semaines complètes de gestation au moins. Les morts foetales pour lesquelles la durée de la période de gestation n'est pas connue sont comprises dans cette catégorie. Sauf indication contraire, les statistiques du nombre de morts foetales tardives sont établies sur la base des registres de l'état civil.

La classification des morts foetales tardives selon la résidence (urbaine/rurale) est celle qui a été fournie par chaque pays ou zone; il faut en conclure qu'elle repose sur les définitions de la population urbaine utilisées pour les recensements nationaux, telles qu'elles sont reproduites à la fin du tableau 6.

Calcul des rapports : Les rapports de mortinatalité représentent le nombre annuel de morts foetales tardives pour 1000 naissances vivantes (telles qu'elles sont présentées au tableau 9) survenues pendant la même année. On a pris pour base de calcul les naissances vivantes parce qu'on pense qu'elle sont plus facilement comparables d'un pays ou d'une zone à l'autre que la combinaison des naissances vivantes et des morts foetales.

Les rapports selon la résidence (urbaine/rurale) représentent le nombre annuel de morts foetales tardives, classées selon la catégorie urbaine ou rurale appropriée pour 1000 naissances vivantes (telles qu'elles sont présentées au tableau 9) survenues dans la population correspondante.

Les rapports présentés dans le tableau 12 ne concernent que les pays ou zones où l'on a enregistré un total d'au moins 1000 morts foetales tardives dans une année donnée. Les rapports relatifs à des sous-catégories qui sont fondés sur 30 morts foetales tardives ou moins sont identifiés par le signe (◊).

Sauf indication contraire, ces rapports ont été calculés par la Division de statistique de l'ONU.

Fiabilité des données : Il a été demandé à chaque pays ou zone d'indiquer le degré estimatif de complétude des données sur les morts foetales tardives figurant dans ses registres d'état civil. Ces évaluations nationales sont désignées par les codes de qualité "C", "U", et "..." qui apparaissent dans la première colonne du tableau.

La lettre "C" indique que les données sont jugées à peu près complètes, c'est-à-dire qu'elles représentent au moins 90 p. 100 des morts foetales tardives survenues chaque année; la lettre "U" indique que les données sont jugées incomplètes, c'est-à-dire qu'elles représentent moins de 90 p.100 des morts foetales tardives survenues chaque année. Le signe "..." indique qu'aucun renseignement n'a été fourni quant à la complétude des données.

Les données provenant des registres de l'état civil qui sont déclarées incomplètes ou dont le degré de complétude n'est pas connu (et qui sont affectées de la lettre "U" ou du signe "...")sont jugées douteuses. Elles apparaissent en italique dans le présent tableau. Lorsque ces données sont utilisées pour calculer des rapports, ces rapports apparaissent eux aussi en italique.

Pour plus de précisions sur la qualité des données reposant sur les statistiques de l'état civil en général, voir la section 4.2 des Notes techniques.

Limitations : Statistics on late foetal deaths are subject tothe same qualifications as have been set forth for vital statistics in general and foetal-death statistics in particular as discussed in section 4 of the Technical Notes.

The reliability of the data, an indication of which is described above, is a very important factor. Of all vital statistics, the registration of foetal deaths is probably the most incomplete.

Variation in the definition of foetal deaths, and in particular late foetal deaths, also limits international comparability. The criterion of 28 or more completed weeks of gestation to distinguish late foetal deaths is not universally used; some countries or areas use different durations of gestation or other criteria such as size of the foetus. In addition, the difficulty of accurately determining gestational age further reduces comparability. However,to promote comparability, late foetal deaths shown in this table are restricted to those of at least 28 or more completed weeks of gestation. Wherever this is not possible a footnote is provided. Data shown in this table may differ from those included in previous issues of the Demographic Yearbook

Another factor introducing variation in the definition of late foetal deaths is the practice by some countries or areas of including in late foetal-death statistics infants who were born alive but died before the registration of the birth or within the first 24 hours of life, thus overestimating the total number of late foetal deaths. Statistics of this type are footnoted.

In addition, late foetal-death ratios are subject to the limitations of the data on live births with which they have been calculated. These have been set forth in the Technical Notes for table 9.

Regarding the computation of the ratios, it must be pointed out that when late foetal deaths and live births are both underregistered, the resulting ratios may be of quite reasonable magnitude. As a matter of fact, for the countries or areas where live-birth registration is poorest, the late foetal-death ratios may be the largest, effectively masking the completeness of the base data.

For this reason, possible variations in birth-registration completeness as well as as the reported completeness of late foetal deaths must always be borne in mind in evaluating late foetal-death ratios.

In addition to the indirect effect of live-birth under-registration, late foetal-death ratios may be seriously affected by date-of-registration tabulation of live births. When the annual number of live births registered and reported fluctuates over a wide range due to changes in legislation or to special needs for proof of birth on the part of large segments of the population, then the late foetal-death ratios will fluctuate also, but inversely.

Because of these effects, data for countries or areas known to tabulate live births by date of registration should be used with caution unless it is also known that statistics by date of registration approximate those by date of occurrence.

Insuffisance des données : Les statistiques des morts foetales tardives appellent toutes les réserves qui ont été faites à propos des statistiques de l'état civil en général et des statistiques des morts foetales en particulier (voir explication figurant à la section 4 des Notes techniques).

La fiabilité des données, au sujet de laquelle des indications ont été fournies plus haut, est facteur très important. Les statistiques des morts foetales sont probablement les moins complètes de toutes les statistiques de l'état civil.

L'hétérogénéité des définitions de la mort foetales et, en particulier, de la mort foetale tardive nuit aussi à la comparabilité internationale des données. Le critère des 28 semaines complètes de gestation au moins n'est pas universellement utilisé; certains pays ou zones utilisent des critères différents pour la durée de la période de gestation ou d'autres critères tels que la taille du foetus. Pour faciliter les comparaisons, les morts foetales tardives considérées ici sont exclusivement celles qui sont survenues au terme de 28 semaines de gestation au moins. Les exceptions sont signalées en note. Il se peut que les données de ce tableau diffèrent de celles des éditions antérieures de l'Annuaire démographique.

Un autre facteur d'hétérogénéité dans la définition de la mort foetale tardive est la pratique de certains pays ou zones qui consiste à inclure dans les statistiques des morts foetales tardives les enfants nés vivants mais décédés avant l'enregistrement de leur naissance ou dans les 24 heures qui ont suivi la naissance, pratique qui conduit à surestimer le nombre total des morts foetales tardives. Quand tel était le cas, on l'a signalé en note au bas du tableau.

Les rapports de mortinatalité appellent en outre toutes les réserves qui ont été fourmulées à propos des statistiques des naissances vivantes qui ont servi à leur calcul. Voir à ce sujet les Notes techniques relatives au tableau 9.

En ce qui concerne le calcul des rapports, il convient de noter que, si l'enregistrement est défectueux à la fois pour les morts foetales tardives et pour les naissances vivantes, les rapports de mortinalité peuvent être tout à fait raisonnables. En fait, c'est parfois pour les pays ou zones où l'enregistrement des naissances vivantes laisse le plus à désirer que les rapports de mortinalité sont les plus élevés, ce qui masque l'incomplétude des données de base.

Aussi, pour porter un jugement sur la qualité des rapports demortinatalité, il ne faut jamais oublier que la complétude de l'enregistrement des naissances comme celle del'enregistrement des morts foetales tardives peut varier sensiblement.

En dehors des effets indirects des lacunes de l'enregistrement des naissances vivantes, il arrive que les rapports de mortinatalité soient sérieusement faussés lorsque l'exploitation des données relatives aux naissances se fait d'après la date de l'enregistrement. Si le nombre des naissances vivantes enregistrées vient à varier notablement d'une année à l'autre par suite de modifications de la législation ou parce que des groupes importants de la population ont besoin de posséder une attestation de naissance, les rapports demortinatalité varient également, mais en sens contraire.

Il convient donc d'utiliser avec prudence le données des pays ou zones où les statistiques sont établies d'après la date de l'enregistrement, à moins qu'on ne sache aussi que les données exploitées d'après la date de l'enregistrement diffèrent peu de celles qui sont exploitées d'après la date de l'événement.

Finally, it may be noted that the counting of live-born infants as late foetal deaths, because they died before the registration of the birth or within the first 24 hours of life, has the effect of inflating the late foetal-death ratios unduly by decreasing the birth denominator and increasing the foetal-death numerator. This factor should not be overlooked in using data from this table.

The comparability of data by urban/rural residence is affected by the national definitions of urban and rural used in tabulating these data. It is assumed, in the absence of specific information to the contrary, that the definitions of urban and rural used in connection with the national population census were also used in the compilation of the vital statistics for each country or area. However, the possibility cannot be excluded that, for a given country or area, the same definitions of urban and rural are not used for both the vital statistics data and the population census data. When known, the definitions of urban used in national population censuses are presented at the end of table 6. As discussed in detail in the Technical Notes for table 6, these definitions vary considerably from one country or area to another.

Urban/rural differentials in late foetal-death ratios may also be affected by whether the late foetal deaths and live births have been tabulated in terms of place of occurrence or place of usual residence. This problem is discussed in more detail in section 4.1.4.1 of the Technical Notes.

Coverage : Late foetal deaths are shown for 85 countries or areas. Data are presented by urban/rural residence for 35 countries or areas.

Late-foetal-death ratios shown for 29 countries or areas. Ratios are presented by urban/rural residence of 12 countries or areas.

Earlier data : Late foetal deaths and late foetal-death ratios have been shown in each issue of the Demographic Yearbook beginning with the 1951 issue. For information on specific years covered, readers should consult the index.

Table 13

Table 13 presents legally induced abortions for as many years as possible between 1986 and 1994.

Description of variables : Abortion appears in the International Classification of Diseases, 1965 Revision, [35] in two places : (a) as a disease or cause of death of a woman [36] and (b) as a cause of death of the foetus [37]. It is defined, with reference to the woman, as any interruption of pregnancy before 28 weeks of gestation with a dead foetus [38]. There are two major categories of abortion : spontaneous and induced. Induced abortions are those initiated by deliberate action undertaken with the intention of terminating pregnancy; all other abortions are considered as spontaneous. [39]

Enfin, on notera que l'inclusion parmi les morts foeta les tardives des décès d'enfants nés vivants qui sont décédés avant l'engistrement de leur naissance ou dans les 24 heures qui ont suivi la naissance conduit à des rapports de mortinatalité exagérés parce que le dénominateur (nombre de naissances) se trouve alors diminué et le numérateur (morts foetales) augmenté. Il importe de ne pas négliger ce facteur lorsqu'on utilise les données du présent tableau.

La comparabilité des données selon la résidence (urbaine/rurale)peut être limitée par les définitions nationales des termes "urbain" et "rural" utilisées pour la mise en tableaux de ces données. En l'absence d'indications contraires, on a supposé que les définitions des termes urbain et "rural" utilisées pour le recensement national de la population avaient été utilisées aussi pour l'établissement des statistiques de l'état civil pour chaque pays ou zone. Toutefois, on ne peut exclure la possibilité que, pour un pays ou zone donné, les mêmes définitions des termes "urbain" et "rural" n'aient pas été utilisées dans les deux cas. Les définitions du terme urbain utilisées pour les recensements nationaux de population ont été présentées à la fin du tableau 6 lorsqu'elles étaient connues. Comme on l'a précisé en détail dans les Notes techniques relatives au tableau 6, ces définitions varient très sensiblement d'un pays ou d'une zone à l'autre.

La différence entre les rapports de mortinatalité pour les zones urbaines et rurales pourra aussi être faussée selon que les morts foetales tardives et les naissances vivantes auront été classées d'après le lieu de l'événement ou le lieu de la résidence habituelle. Ce problème est examiné plus en détail à la section 4.1.4.1 des Notes techniques.

Portée : Ce tableau présente des données sur les morts foetales tardives pour 85 pays ou zones. Les répartitions selon la résidence (urbaine/rurale)intéressent 35 pays ou zones.

Ce tableau présente également des données sur les rapports de mortinatalité pour 29 pays ou zones. Les rapports ventilés selon la résidence (urbaine/rurale) intéressent 12 pays ou zones.

Données publiées antérieurement : Des statistiques des morts foetales tardives et des rapports de mortinatalité ont été publiées dans toutes les éditions de l'Annuaire démographique à partir de celle de 1951. Pour plus de précisions concernant les années pour lesquelles ces données ont été publiées, on se reportera à l'index.

Tableau 13

Ce tableau présente des données sur les avortements provoqués pour des raisons légales pour le plus grand nombre d'années possible entre 1986 et 1994.

Description des variables : Le terme avortement apparaît à deux reprises dans la Classification internationale des maladies, Révision 1965 [35] : a) comme maladie ou cause de décès de la femme [36], et b) comme cause de décès du foetus [37]. Il est défini, en ce qui concerne la femme, comme toute interruption d'une grossesse avant la 28e semaine avec présence d'un foetus mort [38]. L'avortement peut être spontané ou provoqué. L'avortement provoqué est celui qui résulte de manoeuvres délibérées entreprises dans le dessein d'interrompre la grossesse; tous les autres avortements sont considérés comme spontanés [39].

The induction of abortion is subject to governmental regulation in most, if not all, countries or areas. This regulation varies from complete prohibition in some countries or areas to abortion on request, with services provided by governmental health authorities, in others. More generally, governments have attempted to define the conditions under which pregnancy may lawfully be terminated, and have established procedures for authorizing abortion in individual cases. [40]

L'interruption délibérée de la grossesse fait l'objet d'une réglementation officielle dans la plupart des pays ou zones, sinon dans tous. Cette réglementation va de l'interdiction totale à l'autorisation de l'avortement sur demande, pratiqué par des services de santé publique. Le plus souvent, les gouvernements se sont efforcés de définir les circonstances dans lesquelles la grossesse peut être interrompue licitement et de fixer une procédure d'autorisation [40].

Legally induced abortions are further classified according to the legal grounds on which induced abortion may be performed. A code shown next to the country or area name indicates the grounds on which induced abortion is legal in that particular country or area, the meanings of which are shown below :

a Continuance of pregnancy would involve risk to the life of the pregnant woman greater than if the pregnancy were terminated.

b Continuance of pregnancy would involve risk of injury to the physical health of the pregnant woman greater than if the pregancy were terminated.

c Continuance of pregnancy would involve risk of injury to the mental health of the pregnant woman greater if the pregnancy were terminated.

d Continuance of pregnancy would involve risk of injury to mental or physical health of any existing children of the family greater than if the pregnancy were terminated.

e There is a substantial risk that if the child were born it would suffer from such physical or mental abnormalitie as to be seriously handicapped.

f Other

Les interruptions légales de grossesse sont également classées selon le motif d'autorisation. Une indication codée, en regard du pays ou de la zone, signale les motifs d'autorisation de l'avortement, comme ci-après:

a - La non-interruption de la grossesse comporterait, pour la vie de la femme enceinte, un risque plus grave que celui de l'avortement;

b - La non-interruption de la grossesse comporterait, pour la santé physique de la femme enceinte, un risque plus grave que celui de l'avortement;

c - La non-interruption de la grossesse comporterait, pour la santé mentale de la femme enceinte, un risque plus grave que celui de l'avortement.

d - La non-interruption de la grossesse comporterait, pour la santé mentale ou physique d'un enfant déjà né dans la famille, un risque plus grave que celui de l'avortement.

e - L'enfant né à terme courrait un risque substantiel de souffrir d'anomalies physiques ou mentales entraînant pour lui un grave handicap;

f - Autres motifs.

The focus of the present table is on abortion as a social, rather than physiological, event. Differences among countries or areas in definition and in record-keeping would seem to preclude the collection of abortion data on any internationally comparable basis if abortion were defined solely in physiological terms. By restricting coverage to events that have been induced, the table minimizes any distortion arising either from differences in definition or from differences in accuracy and comprehensiveness of the records kept concerning spontaneous foetal loss.

By further restricting coverage to events performed under legal auspices, the table at least reduces (if it does not eliminate altogether) the likelihood of distortion arising from any reluctance to report the occurrence of such a procedure.

Le tableau 13 cherche à présenter l'avortement comme un fait social plutôt que physiologique. Etant donné les différences qui existent entre les pays ou zones, quant à la définition du terme "avortement" et au comptage des cas, il paraît impossible, en partant d'une définition purement physiologique, d'obtenir des données permettant la moindre comparaison internationale. Comme la portée du tableau est limitée aux seuls avortements provoqués, on réduit au minimum les déformations qui résulteraient de différences de définition ou d'exhaustivité des enregistrements des pertes foetales spontanées.

Comme, de surcroît, il n'est question que des avortements légaux, les possibilités de distorsion qu'entraînerait l'hésitation à déclarer les avortements effectivement pratiqués sont réduites, sinon éliminées.

Reliability of data : Unlike data on live births and foetal deaths, which are generally collected through systems of vital registration, data on abortion are collected from a variety of sources. Because of this, the quality specification, showing the completeness of civil registers, which is presented for other tables, does not appear here.

Fiabilité des données : A la différence des données sur les naissances vivantes et les morts foetales, qui proviennent généralement des registres d'état civil, les données sur l'avortement sont tirées de sources diverses. Aussi ne trouve-t-on pas ici une évaluation de la qualité des données, semblable à celle qui indique, pour les autres tableaux, le degré d'exhaustivité des données de l'état civil.

Limitations : With regard to the collection of information on abortions, a variety of sources are used, but hospital records are the most common source of information. [41]

Insuffisance des données : En ce qui concerne les renseignements sur l'avortement, un grand nombre de sources sont utilisées [41], mais les relevés hospitaliers constituent la source la plus fréquente d'information.

This obviously implies that most cases which have no contact with hospitals are missed. Data from other sources are probably also incomplete. The data in the present table are limited to legally induced abortions which, by their nature, might be assumed to be more complete than data on all induced abortions.

Coverage : Legally induced abortions are shown for 50 countries or areas.

Earlier data : Legally induced abortions have been shown previously in all issues of the Demographic Yearbook since the 1971 issue.

Il s'ensuit que la plupart des cas qui ne passent pas par les hôpitaux sont ignorés. Les données d'autres sources sont sans doute également incomplètes. Les données du tableau 13 se limitent aux avortements provoqués pour raisons légales dont on peut supposer, en raison de leur nature même, que les statistiques sont plus complètes que les données concernant l'ensemble des avortements provoqués.

Portée : Ce tableau présente des données sur les avortements provoqués pour raisons légales concernant 50 pays ou zones.

Données publiées antérieurement : Des statistiques des avortements provoqués pour raisons légales ont déjà été publiées dans toutes les éditions de l'Annuaire démographique depuis celle de 1971.

Table 14

Table 14 presents legally induced abortions by age and number of previous live births of women for the latest available year.

Description of variables: Abortion appears in the International Classification of Diseases, 1965 Revision,[42] in two places: (a) as a disease or cause of death of a woman[43] and (b) as a cause of death of a foetus.[44] It is defined, with reference to the woman, as any interruption of pregnancy before 28 weeks of gestation with a dead foetus.[45] There are two major categories of abortion: spontaneous and induced. Induced abortions are those initiated by deliberate action undertaken with the intention of terminating pregnancy; all other abortions are considered as spontaneous.[46] The Technical Notes for table 13 provide more detailed information on the classification of legally induced abortion.

Age is defined as age at last birthday, that is, the difference between the date of birth and the date of the occurrence of the event, expressed in completed solar years. The age classification used in this table is the following: under 15 years, 5-year age groups through 45-49 years 50 years and over, and age unknown.

Except where otherwise indicated, eight categories are used in classifying the number of previous live births: 0 through 5, 6 or more live births, and, if required, number of live births unknown.

The focus of the present table is on abortion as a social, rather than physiological, event. Differences among countries or areas in definition and in record-keeping would seem to preclude the collection of abortion data on any internationally comparable basis if abortion were defined solely in physiological terms. By restricting coverage to events that have been induced, the table avoids any distortion arising either from differences in definition or from differences in accuracy and comprehensiveness of the records kept concerning spontaneous foetal loss. By further restricting coverage to events performed under legal auspices, the table at least reduces (if it does not eliminate altogether) the likelihood of distortion arising from any reluctance to report the occurrence of such a procedure.

Reliability of data: Unlike data on live births and foetal deaths, which are generally collected through systems of vital registration, data on abortion are collected from a variety of sources.

Tableau 14

Ce tableau présente des données sur les avortements provoqués pour des raisons légales, selon l'âge de la mère et le nombre de naissances vivantes antérieures, pour la dernière année pour laquelle ces données existent.

Descriptions des variables : Le terme avortement apparaît à deux reprises dans la Classification internationale des maladies, Révision 1965[42]: a) comme maladie ou cause de décès de la femme[43], et b) comme maladie ou cause de décès du foetus [44]. Il est défini, en ce qui concerne la femme, comme toute interruption d'une grossesse avant la 28e semaine avec présence d'un foetus mort[45]. L'avortement peut être spontané ou provoqué. L'avortement provoqué est celui résulte de manoeuvres délibérées enterprises dans le dessein d'interrompre la grossesse; tous les autres avortements sont considérés comme spontanés [46]. Les Notes techniques au tableau 13 donnent plus de détails concernant la classification des avortements légaux.

L'âge est l'âge au dernier anniversaire, c'est-à-dire la différence entre la date de naissance et la date de l'avortement, exprimée en années solaires révolues. La classification par âge utilisée dans ce tableau est la suivante : moins de 15 ans, groupes quinquennaux jusqu'à 45 à 49 ans, 50 ans et plus, et âge inconnu.

Sauf indication contraire, les naissances vivantes antérieures sont classées dans les huit catégories suivantes : 0 à 5 naissances vivantes, 6 naissances vivantes ou plus et, le cas échéant, nombre de naissances vivantes inconnu.

Le tableau 14 cherche à présenter l'avortement comme un fait social plutôt que physiologique. Etant donné les différences qui existent entre les pays ou zones quant à la définition du terme et au comptage des cas, il paraît impossible, en partant d'une définition purement physiologique, d'obtenir des données permettant la moindre comparaison internationale. Comme la portée du tableau est limitée aux seuls avortements provoqués, on évite les déformations qui résulteraient de différences de définition ou de différences dans la précision ou l'exhaustivité des enregistrements des pertes foetales spontanées. Comme, de surcroît, il n'est question que des avortements légaux, les possibilités de distorsion qu'entraînerait l'hésitation à déclarer les avortements effectivement pratiqués sont réduites, sinon éliminées.

Fiabilité des données : A la différence des données sur les naissances vivantes et les morts foetales, qui proviennent généralement des registres d'état civil, les données sur l'avortement sont tirées de sources diverses.

Because of this, the quality specification, showing the completeness of civil registers, which is presented for other tables, does not appear here.

Limitations: With regard to the collection of information on abortions, a variety of sources are used, but hospital records are the most common source of information.[47] This obviously implies that most cases which have no contact with hospitals are missed. Data from other sources are probably also incomplete. The data in the present table are limited to legally induced abortions which, by their nature, might be assumed to be more complete than data on all induced abortions.

In addition, deficiencies in reporting of age and number of previous live births of the woman, differences in the method used for obtaining the age of the woman, and the proportion of abortions for which age or previous live births of the woman are unknown must all be taken into account in using these data.

Coverage: Legally induced abortions by age and number of previous live births of women are shown for 36 countries or areas.

Earlier data: Legally induced abortions by age and previous live births of women have been shown previously in most issues of the Demographic Yearbook since the 1971 issue. For information on specific years covered, readers should consult the Index.

Aussi ne trouve-t-on pas ici une évaluation de la qualité des données semblable à celle qui indique, pour les autres tableaux, le degré d'exhaustivité des données de l'état civil.

Insuffisances des données : En ce qui concerne les renseignements sur l'avortement, un grand nombre de sources sont utilisées [47], mais les relevés hospitaliers constituent la source la plus fréquente d'information. Il s'ensuit que la plupart des cas qui ne passent pas par les hôpitaux sont ignorés. Les données d'autres sources sont sans doute également incomplètes. Les données du tableau 49 se limitent aux avortements provoqués pour raisons légales, dont on peut supposer, en raison de leur nature même, que les statistiques sont plus complètes ques les données concernant l'ensemble des avortements provoqués.

En outre, on doit tenir compte, lorsqu'on utilise ces données, des erreurs de déclaration de l'âge de la mère et du nombre des naissances vivantes précédentes, de l'hétérogénéité des méthodes de calcul de l'âge de la mère et de la proportion d'avortements pour lesquels l'âge de la mère ou le nombre des naissances vivantes ne sont pas connus.

Portée : Ce tableau présente des données sur les avortements provoqués pour raisons légales, selon l'âge de la mère et le nombre des naissances vivantes antérieures, pour 36 pays ou zones.

Données publiées antérieurement : Des statistiques des avortements provoqués pour raisons légales, selon l'âge de la mère et le nombre de naissances vivantes antérieures, figurent déjà dans la plupart des éditionsde l'Annuaire démographique depuis celle de 1971. Pour plus de précisions concernant les années pour les quelles ces données ont été publiées, on se reportera à l'Index.

Table 15

Table 15 presents infant deaths and infant mortality rates by urban/rural residence for as many years as possible between 1991 and 1995.

Description of variables: Infant deaths are deaths of live-born infants under one year of age.

Statistics on the number of infant deaths are obtained from civil registers unless otherwise noted. Infant mortality rates are, in most instances, calculated from data on registered infant deaths and registered live births where civil registration is considered reliable (estimated completeness of 90 per cent or more). However, for countries or areas where civil registration of infant deaths is non-existent or considered unreliable (estimated completeness of less than 90 per cent or of unknown completeness), estimated rates are presented whenever possible instead of therates based on the registered infant deaths. These estimated rates are identified by a footnote. Rates based on estimates provided by national statistical offices using well-defined estimation procedures and sources, whether based on census or sample survey data, are given first priority. If such rates are not available, rates estimated by the Population Division of the United Nations Secretariat are presented.

The urban/rural classification of infant deaths is that provided by each country or area; it is presumed to be based on the national census definitions of urban population that have been set forth at the end of table 6.

Tableau 15

Ce tableau présente des données sur les décès d'enfants de moins d'un an et des taux de mortalité infantile selon la résidence (urbaine/rurale) pour le plus grand nombre d'années possible entre 1991 et 1995.

Description des variables : Les chiffres relatifs aux décès d'enfants de moins d'un an se rapportent aux naissances vivantes.

Sauf indication contraire, les statistiques du nombre de décès d'enfants de moins d'un an sont établies sur la base des registres de l'état civil. Dans la plupart des cas, les taux de mortalité infantile sont calculés à partir des statistiques des décès enregistrés d'enfants de moins d'un an et des naissances vivantes enregistrées où l'enregistrement de l'état civil est jugé sûr (exhaustivité estimée à 90 p. 100 ou plus). En revanche, pour les pays ou zones où l'enregistrement des décès d'enfants de moins d'un an par les servives de l'état civil n'existe pas ou est de qualité douteuse (exhaustivité estimée à moins de 90 p. 100 ou inconnue), on a présenté, autant que possible, des taux estimatifs et non des taux fondés sur les décès d'enfants de moins d'un an enregistrés. Lorsque tel était le cas, on l'a signalé en note au bas du tableau. On a retenu en priorité les estimations officielles établies d'après des méthodes et des sources bien définies, qu'il s'agisse de données de recensement ou de résultats d'enquêtes par sondage. Lorsqu'on ne disposait pas d'estimations de ce genre, on a présenté les taux estimatifs établis par la Division de la population du Secrétariat de l'ONU.

La classification des décès d'enfants de moins d'un an selon la résidence (urbaine/rurale) est celle qui a été fournie par chaque pays ou zone; il faut en conclure qu'elle repose sur les définitions de la population urbaine utilisées pour les recensements nationaux, telles qu'elles sont reproduites à la fin du tableau 6.

Rate computation: Infant mortality rates are the annual number of deaths of infants under one year of age per 1,000 live births (as shown in table 9) in the same year.

Rates by urban/rural residence are the annual number of infant deaths, in the appropriate urban or rural category, per 1,000 corresponding live births (as shown in table 9).

Rates presented in this table have been limited to those for countries or areas having at least a total of 100 infant deaths in a given year. Moreover, rates specific for individual sub-categories based on 30 or fewer infant deaths are identified by the symbol (◊).

These rates, unless otherwise noted, have been calculated by the Statistics Division of the United Nations.

In addition, some rates have been obtained from other sources, including analytical estimates based on census or survey data. To distinguish them from civil registrationdata, estimated rates are identified by a footnote.

Reliability of data: Each country or area has been asked to indicate the estimated completeness of the infant deaths recorded in its civil register. These national assessments are indicated by the quality codes (C), (U) and (...) that appear in the first column of this table.

C indicates that the data are estimated to be virtually complete, that is, representing at least 90 per cent of the infant deaths occurring each year, while U indicates that data are estimated to be incomplete, that is, representing less than 90 per cent of the infant deaths occurring each year. The code (...) indicates that no information was provided regarding completeness.

Data from civil registers which are reported as incomplete or of unknown completeness (coded U or ...) are considered unreliable. They appear in italics in this table. When data so coded are used to calculate rates, the rates also appear in italics.

These quality codes apply only to data from civil registers. If a series of data for a country or area contains both data from a civil register and estimated data from, for example, a sample survey, then the code applies only to the registered data. If only estimated data are presented, there is shown instead of the quality code. For more information about the quality of vital statistics data in general, and the information available on the basis of the completeness estimates in particular, see section 4.2 of the Technical Notes.

Limitations: Statistics on infant deaths are subject to the same qualifications as have been set forth for vital statistics in general and death statistics in particular as discussed in section 4 of the Technical Notes.

The reliability of the data, an indication of which is described above, is an important factor in considering the limitations. In addition, some infant deaths are tabulated by date of registration and not by date of occurrence; these have been indicated by a (+). Whenever the lag

Calcul des taux : Les taux de mortalité infantile représentent le nombre annuel de décès d'enfants de moins d'un an pour 1,000 naissances vivantes (fréquences du tableau 9) survenues pendant la même année.

Les taux selon la résidence (urbaine/rurale)représentent le nombre annuel de décès d'enfants de moins d'un an, classés selon la catégorie urbaine ou rurale appropriée pour 1 000 naissances vivantes survenues dans la population correspondante (fréquences du tableau 9).

Les taux présentés dans ce tableau se rapportent aux seuls pays ou zones où l'on a enregistré un total d'au moins 100 décès d'enfants de moins d'unan au cours d'une année donnée. Les taux relatifs à des sous-catégories qui sont fondés sur un nombre égal ou inférieur à 30 décès d'enfants âgés de moins d'un an sont identifiés par le signe (◊).

Sauf indication contraire, ces taux ont été calculés par la Division de statistique de l'ONU.

En outre, des taux ont été obtenus d'autres sources; ils proviennent notamment d'estimations analytiques fondées sur des résultats de recensements ou d'enquêtes. Pour les distinguer des données qui proviennent des registres de l'état civil, ces taux estimatifs ont été identifiés par une note à la fin du tableau.

Fiabilité des données : Il a été demandé à chaque pays ou zone d'indiquer le degré estimatif de complétude des données sur les décès d'enfants de moins d'un an figurant dans ses registres d'état civil. Ces évaluations nationales sont désignées par les codes de qualité (C), (U) et (...)qui apparaissent dans la première colonne du tableau.

La lettre (C)indique que les données sont jugées à peu près complètes, c'est-à-dire qu'elles représentent au moins 90 p. 100 des décès d'enfants de moins d'un an survenus chaque année; la lettre (U)indique que les données sont jugées incomplètes, c'est-à-dire qu'elles représentent moins de 90 p.100 des décès d'enfants de moins d'un an survenus chaque année. Le signe (...) indique qu'aucun renseignement n'a été fourni quant à la complétude des données.

Les données provenant des registres de l'état civil qui sont déclarées incomplètes ou dont le degré de complétude n'est pas connu (et qui sont affectées de la lettre (U)ou du signe (...) sont jugées douteuses.

Elles apparaissent en italique dans le présent tableau. Lorsque ces données sont utilisées pour calculer des taux, ces taux apparaissent eux aussi en italique. Ces codes de qualité ne s'appliquent qu'aux données tirées des registres de l'état civil. Si une série de données pour un pays ou une zone contient à la fois des données provenant des registres de l'état civil et des estimations calculées, par exemple, sur la base d'enquêtes par sondage, le code s'applique uniquement aux données d'enregistrement. Sil'on ne présente que des données estimatives, le signe (..) est utilisé à la place du code de qualité. Pour plus de précisions sur la qualité des données reposant sur les statistiques de l'état civil en général, voir la section 4.2 des Notes techniques, qui fournit aussi des renseignements fondés sur les estimations de complétude.

Insuffisance des données : Les statistiques des décès d'enfants de moins d'un an appellent toutes les réserves qui ont été faites à propos des statistiques de l'état civil en général et des statistiques des décès en particulier (voir explications à la section 4 des Notes techniques).

Le fiabilité des données, au sujet de laquelle des indications ont été fournies plus haut, est un facteur important. Il faut également tenir compte du fait que, dans certains cas, les données relatives aux décès d'enfants de moins d'un an sont exploitées selon la date de l'enregistrement et non la date de l'événement; ces cas ont été between the date of occurrence and date of registration is prolonged and, therefore, a large proportion of the infant-death registrations are delayed, infant-death statistics for any given year may be seriously affected.

Another factor which limits international comparability is the practice of some countries or areas not to include in infant-death statistics infants who were born alive but died before the registration of the birth or within the first 24 hours of life, thus underestimating the total number of infant deaths. Statistics of this type are footnoted.

The method of reckoning age at death for infants may also introduce non-comparability. If year alone, rather than completed minutes, hours, days and months elapsed since birth, is used to calculate age at time of death, many of the infants who died during the eleventh month of life and some of those who died at younger ages will be classified as having completed one year of age and thus be excluded from the data. The effect would be to underestimate the number of infant deaths. Information on this factor is given in footnotes when known. Reckoning of infant age is discussed in greater detail in the Technical Notes for table 16.

In addition, infant mortality rates are subject to the limitations of the data on live births with which they have been calculated. These have been set forth in the Technical Notes for table 9.

Because the two components of the infant mortality rate infant deaths in the numerator and live births in the denominator, are both obtained from systems of civil registration, the limitations which affect live-birth statistics are very similar to those which have been mentioned above in connection with the infant-death statistics.

It is important to consider the reliability of the data (the completeness of registration) and the method of tabulation (by date of occurrence or by date of registration) of live-birth statistics as well as infant-death statistics, both of which are used to calculate infant mortality rates.

The quality code and use of italics to indicate unreliable data presented in this table refer only to infant deaths. Similarly, the indication of the basis of tabulation (the use of the symbol (+) to indicate data tabulated by date of registration) presented in this table also refers only to infant deaths. Table 9 provides the corresponding information for live births.

If the registration of infant deaths is more complete than the registration of live births, then infant mortality rates would be biased upwards. If, however, the registration of live births is more complete than registration of infant deaths, infant mortality rates would be biased downwards. If both infant deaths and live births are tabulated by registration, it should be noted that deaths tend to be more promptly reported than births.

identifiés par le signe(+). Là où le décalage entre l'événement et son enregistrement est grand, c'est-à-dire où une forte proportion des décès d'enfants de moins d'un an fait l'objet d'un enregistrement tardif, les statistiques des décès d'enfants de moins d'un an pour une année donnée peuvent être sérieusement faussées.

Un autre facteur qui nuit à la comparabilité internationale est la pratique de certains pays ou zones qui consiste à ne pas inclure dans les statistiques des décès d'enfants de moins d'un an les enfants nés vivants mais décédés avant l'enregistrement de leur naissance ou dans les 24 heures qui ont suivi la naissance, pratique qui conduit à sous-estimer le nombre total de décès d'enfants de moins d'un an. Quand tel était le cas, on l'a signalé en note à la fin du tableau.

Les méthodes suivies pour calculer l'âge au moment du décès peuvent également nuire à la comparabilité des données. Si l'on utilise à cet effet l'année seulement, et non pas les minutes, heures, jours et mois qui se sont écoulés depuis la naissance, de nombreux enfants décédés au cours du onzième mois qui a suivi leur naissance et certains enfants décédés encore plus jeunes seront classés comme décédés à un an révolu et donc exclus des données. Cette pratique conduit à sous-estimer le nombre de décès d'enfants de moins d'un an. Les renseignements dont on dispose sur ce facteur apparaissent en note à la fin du tableau. La question du calcul de l'âge au moment du décès est examinée plus en détail dans les Notes techniques se rapportant au tableau 16.

Les taux de mortalité infantile appellent en outre toutes les réserves qui ont été formulées à propos des statistiques des naissances vivantes qui ont servi à leur calcul. Voir à ce sujet les Notes techniques relatives au tableau 9.

Les deux composantes du taux de mortalité infantile décès d'enfants de moins d'un an au numérateur et naissances vivantes au dénominateur étant obtenues à partir des registres de l'état civil, les statistiques des naissances vivantes appellent des réserves presque identiques à celles qui ont été formulées plus haut à propos des statistiques des décès d'enfants de moins d'un an.

Il importe de prendre en considération la fiabilité des données (complétude de l'enregistrement) et le mode d'exploitation (selon la date de l'événement ou selon la date de l' enregistrement) dans le cas des statistiques des naissances vivantes tout comme dans le cas de celles des décès d'enfants de moins d'un an, puisque les unes et les autres servent au calcul des taux de mortalité infantile.

Dans le présent tableau, le code de qualité et l'emploi de caractères italiques pour signaler les données moins sûres ne concernent que les décès d'enfants de moins d'un an. L'indication du mode d'exploitation des données (emploi du signe (+) pour identifier les données exploitées selon la date de l'enregistrement) concerne aussi des enfants de moins d'un an exclusivement. Le tableau 9 fournit les renseignements correspondants pour les naissances vivantes.

Si l'enregistrement des décès d'enfants de moins d'un an est plus complet que l'enregistrement des naissances vivantes, les taux de mortalité infantile seront entachés d'une erreur par excès. En revanche, si l'enregistrement des naissances vivantes est plus complet que l'enregistrement des décès d'enfants de moins d'un an, les taux de mortalité infantile seront entachés d'une erreur par défaut. Si les décès d'enfants de moins d'un an et les naissances vivantes sont exploités selon la date de l'enregistrement, il convient de ne pas perdre de vue que les décès sont, en règle générale, déclarés plus rapidement que les naissances.

Infant mortality rates may be seriously affected by the practice of some countries or areas not to consider infants who were born alive but died before the registration of the birth or within the first 24 hours of life as alive birth and subsequent infant death. Although this practice results in both the number of infant deaths in the numerator and the number of live births in the denominator being underestimated, its impact is greater on the numerator of the infant mortality rate. As a result this practice causes infant mortality rates to be biased downwards.

Infant mortality rates will also be underestimated if the method of reckoning age at death results in an underestimation of the number of infant deaths. This point has been discussed above.

Because all of these factors are important, care should be taken in comparing and rank ordering infant mortality rates.

With respect to the method of calculating infant mortality rates used in this table, it should be noted that no adjustment was made to take account of the fact that a proportion of the infant deaths which occur during a given year are deaths of infants who were born during the preceding year and hence are not taken from the universe of births used to compute the rates. However, unless the number of live births or infant deaths is changing rapidly, the error involved is not important. [48]

Estimated rates based directly on the results of sample surveys are subject to considerable error as a result of omissions in reporting infant deaths or as a result of erroneous reporting of those which occurred outside the period of reference. However, such rates do not have the advantage of having a "built-in" and corresponding base.

The comparability of data by urban/rural residence is affected by the national definitions of urban and rural used in tabulating these data. It is assumed, in the absence of specific information to the contrary, that the definitions of urban and rural used in connection with the national population census were also used in the compilation of the vital statistics for each country or area.

However, the possibility cannot be excluded that, for a given country or area, the same definitions of urban and rural are not used for both the vital statistics data and the population census data. When known, the definitions of urban used in national population censuses are presented at the end of table 6. As discussed in detail in the Technical Notes for table 6, these definitions vary considerably from one country or area to another.

Urban/rural differentials in infant mortality rates may also be affected by whether the infant deaths and live births have been tabulated in terms of place of occurence or place of usual residence. This problem is discussed in more detail in section 4.1.4.1 of the Technical Notes.

Coverage: Infant deaths are shown for 121 countries or areas. Data are presented by urban/rural residence for 47 countries or areas.

Les taux de mortalité infantile peuvent être gravement faussés par la pratique de certains pays ou zones qui consiste à ne pas classer dans les naissances vivantes et ensuite dans les décès d'enfants de moins d'un an les enfants nés vivants mais décédés soit avant l'enregistrement de leur naissance, soit dans les 24 heures qui ont suivi la naissance. Cette pratique conduit à sous-estimer aussi bien le nombre des décès d'enfants de moins d'un an, qui constitue le numérateur, que le nombre des naissances vivantes, qui constitue le dénominateur, mais c'est pour le numérateur du taux de mortalité infantile que la distorsion est la plus marquée. Ce système a pour effet d'introduire une erreur par défaut dans les taux de mortalité infantile.

Les taux de mortalité infantile seront également sous-estimés si la méthode utilisée pour calculer l'âge au moment du décès conduit à sous-estimer le nombre de décès d'enfants de moins d'un an. Cette question a été examinée plus haut.

Tous ces facteurs sont importants et il faut donc en tenir compte lorsqu'on compare et classe les taux de mortalité infantile.

En ce qui concerne la méthode de calcul des taux de mortalité infantile utilisée dans ce tableau, il convient de noter qu'il n'a pas été tenu compte du fait qu'une partie des décès survenus pendant une année donnée sont des décès d'enfants nés l'année précédente et ne correspondent donc pas à l'univers des naissances utilisé pour le calcul des taux. Toutefois, l'erreur n'est pas grave, à moins que le nombre des naissances vivantes ou des décès d'enfants de moins d'un an ne varie rapidement [48].

Les taux estimatifs fondés directement sur les résultats d'enquêtes par sondage comportent des possibilités d'erreurs considérables dues soit à des omissions dans les déclarations de décès d'enfants de moins d'un an, soit au fait que l'on a déclaré à tort des décès survenus en réalité hors de la période considérée. Mais ils présentent aussi un avantage puisque le chiffre des naissances vivantes utilisé comme base est connu par définition et rigoureusement correspondant.

La comparabilité des données selon la résidence (urbaine/rurale) peut être limitée par les définitions nationales des termes "urbain" et "rural" utilisées pour la mise en tableaux de ces données. En l'absence d'indications contraires, on a supposé que les définitions des termes "urbain"et "rural" utilisées pour le recensement national de la population avaient été utilisées aussi pour l'établissement des statistiques de l'état civil pour chaque pays ou zone.

Toutefois, on ne peut exclure la possibilité que, pour un pays ou zone donné, les mêmes définitions des termes "urbain" et "rural" n'aient pas été utilisées dans les deux cas. Les définitions du terme "urbain" utilisées pour les recensements nationaux de population ont été présentées à la fin du tableau 6 lorsqu'elles étaient connues. Comme on l'a précisé en détail dans les Notes techniques relatives au tableau 6, ces définitions varient très sensiblement d'un pays ou d'une zone à l'autre.

La différence entre les taux de mortalité infantile pour les zones urbaines et rurales pourra aussi être faussée selon que les décès d'enfants de moins d'un an et les naissances vivantes auront été classés d'après le lieu de l'événement ou le lieu de résidence habituelle. Ce problème est examiné plus en détail à la section 4.1.4.1 des Notes techniques.

Portée : Ce tableau présente des données sur les décès d'enfants de moins d'un an pour 121 pays ou zones. Les données sont classées selon la résidence(urbaine/rurale) pour 47 pays ou zones.

Infant mortality rates are shown for 168 countries or areas. Rates are presented by urban/rural residence for 44 countries or areas.

Earlier data: Infant deaths and infant mortality rates have been shown in previous issues of the Demographic Yearbook. For information on specific years covered, readers should consult the Index.
Data in machine-readable form: Data shown in this table are available in magnetic tape at a cost of US$150 for all available years as shown below:

Total	1948-1995
Urban/rural	1972-1995

Ce tableau présente également des taux de mortalité infantile pour 168 pays ou zones. Les taux sont classés selon la résidence (urbaine/rurale) pour 44 pays ou zones.

Données publiées antérieurement : Des statistiques des décès d'enfants de moins d'un an et des taux de mortalité infantile ont déjà été présentées dans des éditions antérieures de l'Annuaire démographique. Pour plus de précisions concernant les années pour lesquelles ces données ont été publiées, on se reportera à l'Index.
Données sur support magnétique: Il est possible de se procurer sur bande magnétique, moyennant de paiement d'une somme $150 les données dans ce tableau pour tous les années disponibles suivantes:

Total	1948-1995
Urbain/rurale	1972-1995

Table 16

Table 16 presents infant deaths and infant mortality rates by age, sex and urban/rural residence for the latest available year.

Description of variables: Age is defined as hours, days and months of life completed, based on the difference between the hour, day, month and year of birth and the hour, day, month and year of death. The age classification used in this table is the following: under 1 day, 1-6 days, 7-27 days, 28-364 days, and age unknown.

The urban/rural classification of infant deaths is that provided by each country or area; it is presumed to be based on the national census definitions of urban population that have been set forth at the end of table 6.

Rate computation: Infant mortality rates by age and sex are the annual number of deaths of infants under one year of age by age and sex per 1,000 live births by sex (as shown in table 9) in the same year.

Infant mortality rates by age, sex and urban/rural residence are the annual number of infant deaths that occurred in a specific age-sex-urban/rural group per 1,000 live births in the corresponding sex-urban/rural group (as shown in table 9).

The denominator for all of these rates, regardless of age of infant at death, is the number of live births by sex (and by urban/rural residence if appropriate).

Infant deaths of unknown age are included only in the rate for under one year of age. Deaths of unstated sex are included in the rate for the total and hence these rates, shown in the first column of the table, should agree with the infant mortality rates shown in table 15. Discrepancies are explained in footnotes.

Rates presented in this table have been limited to those for countries or areas having at least a total of 1,000 infant deaths in a given year. Moreover, rates specific for individual sub-categories based on 30 or fewer infant deaths are identified by the symbol (◊).

Tableau 16

Ce tableau présente des données sur les décès d'enfants de moins d'un an et des taux de mortalité infantile selon l'âge, le sexe et la résidence (urbaine/rurale) pour la dernière année disponible.

Description des variables : L'âge est exprimé en heures, jours et mois révolus et est calculé en retranchant la date de la naissance (heure, jour, mois et année) de celle du décès (heure, jour, mois et année). La classification par âge utilisée dans ce tableau est la suivante : moins d'un jour, 1 à 6 jours, 7 à 27 jours, 28 à 364 jours et âge inconnu.

La classification des décès d'enfants de moins d'un an selon la résidence (urbaine/rurale) est celle qui a été fournie par chaque pays ou zone; il faut en conclure qu'elle repose sur les définitions de la population urbaine utilisées dans le cadre des recensements nationaux, telles qu'elles sont reproduites à la fin du tableau 6.

Calcul des taux : Les taux de mortalité infantile selon l'âge et le sexe représentent le nombre annuel de décès d'enfants de moins d'un an selon l'âge et le sexe pour 1000 naissances vivantes d'enfants du même sexe (fréquences du tableau 9) survenues au cours de l'année considérée.

Les taux de mortalité infantile selon l'âge, le sexe et la résidence (urbaine/rurale) représentent le nombre annuel de décès d'enfants de moins d'un an intervenus dans un groupe d'âge donné dans la population urbaine ou rurale du sexe masculin ou féminin (fréquences du tableau 9) pour 1000 naissances vivantes intervenues dans la population urbaine ou rurale du même sexe.

Le dénominateur de tous ces taux, quel que soit l'âge de l'enfant au moment du décès, est le nombre de naissances vivantes selon le sexe (et selon la résidence (urbaine/rurale), le cas échéant).

Il n'est tenu compte des décès d'enfants d'âge 'inconnu' que pour le calcul du taux relatif à l'ensemble des décès de moins d'un an. Les décès d'enfants de sexe inconnu étant compris dans le numérateur des taux concernant le total, ces taux, qui figurent dans la première colonne du tableau 16, devraient concorder avec les taux de mortalité infantile du tableau 15. Les divergences sont expliquées en note.

Les taux présentés dans ce tableau ne concernent que les pays ou zones où l'on a enregistré un total d'au moins 1 000 décès d'enfants de moins d'un an au cours d'une année donnée. Les taux relatifs à des sous-catégories qui sont fondés sur un nombre égal ou inférieur à 30 décès d'enfants âgés de moins d'un an sont identifiés par le signe (◊).

Reliability of data: Data from civil registers of infant deaths which are reported as incomplete (less than 90 percent completeness) or of unknown completeness are considered unreliable and are set in italics rather than in roman type. Rates calculated using these data are also set in italics. Table 15 and the Technical Notes for that table provide more detailed information on the completeness of infant death registration. For more information about the quality of vital statistics data in general, and the information available on the basis of the completeness estimates in particular, see section 4.2 of the Technical Notes.

Limitations: Statistics on infant deaths by age and sex are subject to the same qualifications as have been set forth for vital statistics in general and death statistics in particular as discussed in section 4 of the Technical Notes.

The reliability of the data, an indication of which is described above, is an important factor in considering the limitations. In addition, some infant deaths are tabulated by date of registration and not by date of occurrence; these have been indicated by a (+). Whenever the lag between the date of occurrence and date of registration is prolonged and, therefore, a large proportion of the infant-death registrations are delayed, infant-death statistics for any given year may be seriously affected.

Another factor which limits international comparability is the practice of some countries or areas not to include in infant-death statistics infants who were born alive but died before the registration of the birth or within the first 24 hours of life, thus underestimating the total number of infant deaths. Statistics of this type are footnoted. In this table in particular, this practice may contribute to the lack of comparability among deaths under one year, under 28 days, under one week and under one day.

Variation in the method of reckoning age at the time of death introduces limitations on comparability. Although it is to some degree a limiting factor throughout the age span, it is an especially important consideration with respect to deaths at ages under one day and under one week (early neonatal deaths) and under 28 days (neonatal deaths). As noted above, the recommended method of reckoning infant age at death is to calculate duration of life in minutes, hours and days, as appropriate. This gives age in completed units of time. In some countries or areas, however, infant age is calculated to the nearest day only, that is, age at death for an infant is the difference between the day, month and year of birth and the day, month and year of death. The result of this procedure is to classify as deaths at age one day many deaths of infants dying before they have completed 24 hours of life. The under-one-day class is thus understated while the frequency in the 1-6-day age group is inflated.

A special limitation on comparability of neonatal (under 28 days) deaths is the variation in the classification of infant age used. It is evident from the footnotes in the tables that some countries or areas continue to report infant age in calendar, rather than lunar-month (4-week or 28-day), periods.

Fiabilité des données : Les données sur les décès d'enfants de moins d'un an provenant des registres de l'état civil qui sont déclarées incomplètes (degré de complétude inférieur à 90 p.100) ou dont le degré de complétude n'est pas connu sont jugées douteuses et apparaissent en italique et non en caractères romains. Les taux calculés à partir de ces données apparaissent eux aussi en italique. Le tableau 15 et les Notes techniques se rapportant à ce tableau présentent des renseignements plus détaillés sur le degré de complétude de l'enregistrement des décès d'enfants de moins d'un an. Pour plus de précisions sur la qualité des données reposant sur les statistiques de l'état civil en général, voir la section 4.2 des Notes techniques, qui fournit aussi des renseignements fondés sur les estimations de complétude.

Insuffisance des données : Les statistiques des décès d'enfants de moins d'un an selon l'âge et le sexe appellent toutes les réserves qui ont été formulées à propos des statistiques de l'état civil en général et des statistiques des décès en particulier (voir explications à la section 4 des Notes techniques).

La fiabilité des données, au sujet de laquelle des indications ont été fournies plus haut, est un facteur important. Il faut également tenir compte du fait que, dans certains cas, les données relatives aux décès d'enfants de moins d'un an sont exploitées selon la date de l'enregistrement et non la date de l'événement; ces cas ont été identifiés par le signe(+). Là où le décalage entre l'événement et son enregistrement est grand, c'est-à-dire où une forte proportion des décès d'enfants de moins d'un an fait l'objet d'un enregistrement tardif, les statistiques des décès d'enfants de moins d'un an pour une année donnée peuvent être sérieusement faussées.

Un autre facteur qui nuit à la comparabilité internationale est la pratique de certains pays ou zones qui consiste à ne pas inclure dans les statistiques des décès d'enfants de moins d'un an les enfants nés vivants mais décédés soit avant l'enregistrement de leur naissance, soit dans les 24 heures qui ont suivi la naissance, pratique qui conduit à sous-estimer le nombre total de décès d'enfants de moins d'un an. Lorsqu'on savait que ce facteur était intervenu, on l'a signalé en note. Dans ce tableau en particulier, ce système peut contribuer au défaut de comparabilité des données concernant les décès d'enfants de moins d'un an, de moins de 28 jours, de moins d'une semaine et de moins d'un jour.

Le manque d'uniformité des méthodes suivies pour calculer l'âge au moment du décès nuit également à la comparabilité des données. Ce facteur influe dans une certaine mesure sur les données relatives à la mortalité à tous les âges, mais il a des répercussions particulièrement marquées sur les statistiques des décès de moins d'un jour et de moins d'une semaine (mortalité néo-natale précoce)ainsi que sur celles des décès de moins de 28 jours (mortalité néo-natale). Comme on l'a dit, l'âge d'un enfant de moins d'un an à son décès est calculé, selon la méthode recommandée, en évaluant la durée de vie en minutes, heures et jours, selon le cas. L'âge est ainsi exprimé en unités de temps révolues. Toutefois, dans certains pays ou zones, l'âge de ces enfants n'est calculé qu'en jours, c'est-à-dire que l'âge au décès est calculé en retranchant la date de la naissance (jour, mois et année) de celle du décès (jour, mois et année). Il s'ensuit que de nombreux décès survenus dans les vingt-quatre heures qui suivent la naissance sont classés comme décès d'un jour. Dans ces conditions, les données concernant les décès de moins d'un jour sont entachées d'une erreur par défaut et celles qui se rapportent aux décès de 1 à 6 jours d'une erreur par excès.

La comparabilité des données relatives à la mortalité néo-natale (moins de 28 jours) est influencée par un facteur spécial : l'hétérogénéité de la classification par âge utilisée pour les enfants de moins d'un an. Les notes figurant au bas des tableaux montrent que, dans un certain nombre de pays ou zones, on continue d'utiliser le mois civil au lieu du mois lunaire (4 semaines ou 28 jours).

Failure to tabulate infant deaths under 4 weeks of age in terms of completed days introduces another source of variation between countries or areas. Deaths classified as occurring under one month usually connote deaths within any one calendar month; these frequencies are not strictly comparable with those referring to deaths within 4 weeks or 27 completed days. Other differences in age classification will be evident from the table.

In addition, infant mortality rates by age and sex are subject to the limitations of the data on live births with which they have been calculated. These have been set forth in the Technical Notes for table 9. These limitations have also been discussed in the Technical Notes for table 15.

In addition, it should be noted that infant mortality rates by age are affected by the problems related to the practice of excluding infants who were born alive but died before the registration of the birth or within the first 24 hours of life from both infant-death and live-birth statistics and the problems related to the reckoning of infant age at death. These factors, which have been described above, may affect certain age groups more than others. In so far as the numbers of infant deaths for the various age groups are underestimated or overestimated, the corresponding rates for the various age groups will also be underestimated or overestimated. The younger age groups are more likely to be underestimated than other age groups; the youngest age group (under one day) is likely to be the most seriously affected.

The comparability of data by urban/rural residence is affected by the national definitions of urban and rural used in tabulating these data. It is assumed, in the absence of specific information to the contrary, that the definitions of urban and rural used in connection with the national population census were also used in the compilation of the vital statistics for each country or area.

However, the possibility cannot be excluded that, for a given country or area, the same definitions of urban and rural are not used for both the vital statistics data and the population census data. When known, the definitions of urban used in national population censuses are presented at the end of table 6. As discussed in detail in the Technical Notes for table 6, these definitions vary considerably from one country or area to another.

Urban/rural differentials in infant mortality rates may also be affected by whether the infant deaths and live births have been tabulated in terms of place of occurrence or place of usual residence. This problem is discussed in more detail in section 4.1.4.1 of the Technical Notes.

Coverage: Infant deaths by age and sex are shown for 110 countries or areas. Data are presented by urban/rural residence for 2 countries or areas.

Infant mortality rates by age and sex are shown for 50 countries or areas. Rates are presented by urban/rural residence for 2 countries or areas.

Lorsque les données relatives aux décès de moins de 4 semaines ne sont pas exploitées sur la base de l'âge en jours révolus, il existe une nouvelle cause de non-comparabilité internationale. Les décès de "moins de 1 mois" sont généralement ceux qui se produisent au cours d'un mois civil; les taux calculés sur la base de ces données ne sont pas strictement comparables à ceux qui sont établis à partir des données concernant les décès survenus pendant 4 semaines ou 27 jours révolus. Le tableau 16 montre que la classification des âges présente d'autres différences.

Les taux de mortalité infantile selon l'âge et le sexe appellent en outre toutes les réserves qui ont été formulées à propos des statistiques des naissances vivantes qui ont servi à leur calcul. Voir à ce sujet les Notes techniques relatives aux tableaux 9. Ces insuffisances ont également été examinées dans les Notes techniques relatives au tableau 15.

Il convient de signaler aussi que les taux de mortalité infantile selon l'âge se ressentent des problèmes dus à la pratique qui consiste à n'inscrire ni dans les statistiques des décès d'enfants de moins d'un an ni dans celles des naissances vivantes des enfants nés vivants mais décédés soit avant l'enregistrement de leur naissance, soit dans les 24 heures qui ont suivi la naissance, et des problèmes que pose le calcul de l'âge de l'enfant au moment du décès. Ces facteurs, qui ont été décrits plus haut, peuvent fausser plus les statistiques pour certains groupes d'âge que pour d'autres. Si le nombre des décès d'enfants de moins d'un an pour chaque groupe d'âge est sous-estimé (ou surestimé), les taux correspondants pour chacun de ces groupes d'âge seront eux aussi sous-estimés (ou surestimés).
Les risques de sous-estimation sont plus grands pour les groupes les plus jeunes; c'est pour le groupe d'âge le plus jeune de tous (moins d'un jour) que les données risquent de présenter les plus grosses erreurs.

La comparabilité des données selon la résidence (urbaine/rurale) peut être limitée par les définitions nationales des termes "urbain" et "rural" utilisées pour la mise en tableaux de ces données. En l'absence d'indications contraires, on a supposé que les définitions des termes "urbain" et "rural" utilisées pour le recensement national de la population avaient été utilisées aussi pour l'établissement des statistiques de l'état civil pour chaque pays ou zone.

Toutefois, on ne peut exclure la possibilité que, pour un pays ou zone donné, les même définitions des termes "urbain" et "rural" n'aient pas été utilisées dans les deux cas. Les définitions du terme "urbain" utilisées pour les recensements nationaux de population ont été présentées à la fin du tableau 6 lorsqu'elles étaient connues. Comme on l'a précisé en détail dans les Notes techniques relatives au tableau 6, ces définitions varient très sensiblement d'un pays ou d'une zone à l'autre.

La différence entre les taux de mortalité infantile pour les zones urbaines et rurales pourra aussi être faussée selon que les décès d'enfants de moins d'un an et les naissances vivantes auront été classés d'après le lieu de l'événement ou le lieu de résidence habituelle. Ce problème est examiné plus en détail à la section 4.1.4.1 des Notes techniques.

Portée : Ce tableau présente des données sur les décès d'enfants de moins d'un an selon l'âge et le sexe pour 110 pays ou zones. Les données sont classées selon la résidence (urbaine/rurale) pour 2 pays ou zones.

Ce tableau présente également des taux de mortalité infantile selon l'âge et le sexe pour 50 pays ou zones. Les données sont classées selon la résidence (urbaine/rurale) pour 2 pays ou zones.

Earlier data: Infant deaths and infant mortality rates by age and sex have been shown in previous issues of the Demographic Yearbook. For information on specific years covered, readers should consult the Index.

Données publiées antérieurement : Des statistiques des décès d'enfants de moins d'un an et des taux de mortalité infantile selon l'âge et le sexe ont déjà été présentées dans des éditions antérieures de l'Annuaire démographique. Pour plus de précisions concernant les années pour lesquelles ces données ont été publiées, on se reportera à l'Index.

Table 17

Table 17 presents maternal deaths and maternal mortality rates for as many years as possible between 1985 and 1994.

Description of variables: Maternal deaths are defined for the purposes of the Demographic Yearbook as those caused by deliveries and complications of pregnancy, childbirth and the puerperium. These deaths are those classified as B40 and B41 in the "Abbreviated list of 50 causes for tabulation of mortality" 49 in the International Classification of Diseases, 1965 (eighth) revision, or as AM42, AM43 and AM44 in the "Adapted Mortality List" of 55 causes derived from the International Classification of Diseases, 1975 (ninth) revision.50

Maternal deaths classified according to the 1965 and 1975 revisions are essentially identical since cause B40 from the 1965 revision and AM42 from the 1975 revision are both deaths from abortion and cause B41 from the 1965 revision was divided into two parts, AM43 and AM44, in the 1975 revision.

Nevertheless, because the data in this table cover a period of years in which most countries or areas used the 1965 revision, the symbol (1) has been used to separate the earlier data which correspond to the 1965 definition from the later data corresponding to the 1975 definition.

For further information on the definition of maternal mortality from the 1965 and 1975 revisions, see section 4.3 of the Technical Notes.

Statistics on maternal death presented in this table have been limited to countries or areas which meet all of the following three criteria: first, that cause-of-death statistics are either classified by or convertible to the 1965 or 1975 lists mentioned above; secondly, that at least a total of 1,000 deaths (for all causes combined) occurred in a given year; and thirdly, that within this distribution the total number of deaths classified as due to ill-defined causes as shown in the table in section 4.3 does not exceed 25 per cent of deaths from all causes.

Rate computation: Maternal mortality rates are the annual number of maternal deaths per 100 000 live births (as shown in table 9) in the same year.

As noted above, rates (as well as frequencies) presented in this table have been limited to those countries or areas having a total of at least 1,000 deaths from all causes in a given year and have also been limited to those not having more than 25 per cent of all deaths classified as due to ill-defined causes. Moreover, rates based on 30 or fewer maternal deaths shown in this table are identified by the symbol (◊).

Tableau 17

Ce tableau présente des statistiques et des taux de mortalité liée à la maternité pour le plus grand nombre d'années possible entre 1985 et 1994.

Description des variables : Aux fins de l'Annuaire démographique, les décès liés à la maternité s'entendent des décès entraînés par l'accouchement ou les complications de la grossesse, de l'accouchement et des suites de couches. Ces causes de décès sont rangées sous les rubriques B40 et B41 de la "Liste de 50 rubriques pour la mise en tableaux des causes de mortalité" 49 de la Classification internationale des maladies, révision de 1965 (huitième révision) et dans les rubriques AM42, AM43 et AM44 de la Liste adaptée de 55 causes de mortalité, dérivés de la neuvième révision (1975) de la Classification 50.

La classification des décès liés à la maternité selon les révisions de 1965 et 1975 sont pratiquement identiques, puisque les rubriques B40 (1965) et AM42 (1975) se réfèrent l'une et l'autre à l'avortement et que la rubrique B41 (1965) a été subdivisée en AM43 et AM44 en 1975.

Néanmoins, comme les données du tableau concernant certaines années où la plupart des pays ou zones utilisaient la Révision de 1965, on a utilisé le signe (1) pour distinguer les données les plus anciennes, qui correspondent à la définition de 1965, de celles plus récentes qui correspondent à la définition de 1975.

Pour plus de précisions concernant les définitions de la mortalité liée à la maternité dans les révision 1965 et 1975, se reporter à la section 4.3 des Notes techniques.

Les statistiques de mortalité liée à la maternité présentées dans ce tableau ne se rapportent qu'aux pays ou zones pour lesquels les trois critères suivants sont réunis : premièrement, le classement des statistiques des décès selon la cause doit être conforme à la liste de 1965 ou à celle de 1975, mentionnées plus haut, ou convertible aux catégories de cette liste; deuxièmement, le nombre total des décès (pour toutes les causes réunies) intervenus au cours d'une année doit être au moins égal à 1,000; troisièmement, à l'intérieur de cette répartition, le nombre total des décès dus à des causes mal définies selon le tableau de la section 4. 3 ne doit pas dépasser 25 p. 100 du nombre des décès pour toutes causes.

Calcul des taux : Les taux de mortalité liée à la maternité représentent le nombre annuel de décès dus à la maternité pour 100 000 naissances vivantes (fréquences du tableau9) de la même année.

Comme il est indiqué ci-dessus, les taux et les fréquences présentés dans ce tableau ne concernent que les pays ou zones où l'on a enregistré un total d'au moins 1 000 décès pour toutes causes dans l'année, dont 25 p.100 au maximum de décès dus à des causes mal définies. Enfin, les taux fondés sur 30 décès de la maternité ou moins sont identifiés à l'aide du signe (◊).

Reliability of data: Data from civil registers of deaths which are reported as incomplete (less than 90 per cent completeness) or of unknown completeness are considered unreliable and are set in italics rather than in roman type. Rates calculated using these data are also set in italics. Table 18 and the Technical Notes for that table provide more detailed information on the completeness of death registration. For more information about the quality of vitalstatistics data in general, and the information available on the basis of the completeness estimates in particular, see section 4.2 of the Technical Notes.

In general the quality code for deaths shown in table 18 is used to determine whether data on deaths in other tables appear in roman or italic type. However, some data on deaths by cause are shown in italics in this table when it is known that the quality, in terms of completeness, differs greatly from the completeness of the registration of the total number of deaths. In cases when the quality code in table 18 does not correspond with the type face used in this table, relevant information regarding the completeness of cause-of-death statistics is given in a footnote.

Limitations: Statistics on maternal deaths are subject to the same qualifications that have been set forth for vital statistics in general and death statistics in particular as discussed in section 4 of the Technical Notes.

The reliability of the data, an indication of which is described above, is an important factor in considering the limitations. In addition, some deaths are tabulated by date of registration and not by date of occurrence; these have been indicated by a (+). Whenever the lag between the date of occurrence and the date of registration is prolonged and a large proportion of the death registrations are, therefore, delayed, death statistics for any given year may be seriously affected.

In addition, maternal-death statistics are subject to all the qualifications relating to cause-of-death statistics. These have been set forth in section 4 of the Technical Notes.

Although cause-of-death statistics may be reported in terms of the 1965 revision for some years and in terms of the 1975 revision for other years, comparability of maternal-death statistics is not affected because deaths due to abortion (B40 and AM42) are identical and other complications (B41) are equivalent to AM43 and AM44 combined.

Maternal mortality rates are subject to the limitations of the data on live births with which they have been calculated. These have been set forth in the Technical Notes for table 9.

The calculation of the maternal mortality rates based on the total number of live births approximates the risk of dying from complications of pregnancy, childbirth or puerperium. Ideally this rate should be based on the number of women exposed to the risk of pregnancy, in other words, the number of women conceiving. Since it is impossible to know how many women have conceived, the total number of live births is used in calculating this rate.

Fiabilité des données : Les données sur les décès provenant des registres d'état civil qui sont déclarées incomplètes (degré d'exhaustivité inférieur à 90 p. 100) ou dont le degré d'exhaustivité n'est pas connu sont jugées douteuses et apparaissent en italique et non en caractères romains. Les taux calculés à partir de ces données apparaissent eux aussi en italique. Le tableau 18 et les Notes techniques se rapportant à ce tableau présentent des renseignements plus détaillés sur le degré d'exhaustivité de l'enregistrement des décès. Pour plus de précisions sur la qualité des statistiques de l'état civil en général, et sur les estimations de l'exhaustivité en particulier, voir la section 4.2 des Notes techniques.

En général, le code de qualité des données sur les décès indiqué au tableau 18 sert à déterminer si, dans les autres tableaux, les données de mortalité apparaissent en caractères romains ou italiques. Toutefois, certaines données sur les décès selon la cause figurent en italique dans le présent tableau lorsqu'on sait que leur exhaustivité diffère grandement de celle des données sur le nombre total des décès. Dans les cas où le code de qualité du tableau 18 ne correspond pas aux caractères utilisés dans le présent tableau, les renseignements concernant le degré d'exhaustivité des statistiques des décès selon la cause sont indiqués en note à la fin du tableau.

Insuffisance des données : Les statistiques de la mortalité liée à la maternité appellent toutes les réserves qui ont été formulées à propos des statistiques de l'état civil en général et des statistiques de mortalité en particulier (voir explications à la section 4 des Notes techniques).

La fiabilité des données, au sujet de laquelle des indications ont été fournies plus haut, est un facteur important en l'occurrence. Il faut également tenir compte du fait que, dans certains cas, les données relatives aux décès sont classées par date d'enregistrement et non par date de décès; ces cas ont été identifiés par le signe(+). Lorsque le décalage entre le décès et son enregistrement est grand, c'est-à-dire qu'une forte proportion des décès fait l'objet d'un enregistrement tardif, les statistiques des décès de l'année peuvent être sérieusement faussées.

En outre, les statistiques de la mortalité à la maternité appellent les mêmes réserves que les statistiques des causes de décès exposées à la section 4 des Notes techniques.

Le fait que les statistiques par causes de décès se réfèrent pour certaines années à la révision de 1965 et pour d'autres à la révision de 1975 n'influe pas sur la comparabilité des statistiques de la mortalité maternelle, puisque les décès consécutifs à un avortement (B40 et AM42) sont comptés de la même façon et que les autres complications (B41) équivalent à la somme de AM43 et AM44.

Les taux de mortalité liée à la maternité appellent également toutes les réserves formulées à propos des statistiques des naissances vivantes qui ont servi à leur calcul. Voir à ce sujet les Notes techniques relatives au tableau 9.

En prenant le nombre total des naissances vivantes comme base pour le calcul des taux de mortalité, on obtient une mesure approximative de la probabilité de décès dus aux complications de la grossesse, de l'accouchement et des suites de couches. Idéalement, ces taux devraient être calculés sur la base du nombre de femmes exposées au risque de grossesse, soit, en d'autres termes, sur la base du nombre de femmes qui conçoivent. Etant donné qu'il est impossible de connaître le nombre de femmes ayant conçu, c'est le nombre total de naissances vivantes que l'on utilise pour calculer ces taux.

Coverage: Maternal deaths are shown for 84 countries or areas and maternal mortality rates are shown for 76 countries or areas.

Earlier data: Maternal deaths and maternal mortality rates have been shown in previous issues of the Demographic Yearbook. For information on specific years covered, the reader should consult the Index.

Previous issues of the Demographic Yearbook have shown maternal deaths and maternal death rates. In issues prior to 1975, these rates were calculated using the female population rather than live births. Therefore maternal mortality rates published since 1975 are not comparable to the earlier maternal death rates.

Portée : Ce tableau présente des statistiques de la mortalité liée à la maternité (nombre de décès) pour 84 pays ou zones et les taux correspondants pour 76 pays ou zones.

Données publiées antérieurement : Des statistiques des décès liés à la maternité (nombre de décès et taux) figurent déjà dans des éditions antérieures de l'Annuaire démographique. Pour plus de précisions concernant les années pour lesquelles ces données ont été publiées, on se reportera à l'Index.

Le même type de statistiques figurait aussi dans des éditions plus anciennes, mais, avant 1975, les taux étaient calculés sur la base de la population féminine et non sur celle du nombre de naissances vivantes. Ils ne sont donc pas comparables à ceux qui figurent dans les cinq dernières éditions.

Table 18

Table 18 presents deaths and crude death rates by urban/rural residence for as many years as possible between 1991 and 1995.

Description of variables: Death is defined as the permanent disappearance of all evidence of life at any time after live birth has taken place (post-natal cessation of vital functions without capability of resuscitation). 51

Statistics on the number of deaths are obtained from civil registers unless otherwise noted. For those countries or areas where civil registration statistics on deaths are considered reliable (estimated completeness of 90 per centor more), the death rates shown have been calculated on the basis of registered deaths. However, for countries or areas where civil registration of deaths is non-existent or considered unreliable (estimated completeness of less than 90 per cent or of unknown completeness), estimated rates are presented whenever possible instead of the rates based on the registered deaths. These estimated rates are identified by a footnote. Rates based on estimates provided by national statistical offices using well-defined estimation procedures and sources, whether based on census or sample survey data, are given first priority. If such rates are not available, rates estimated by the Population Division of the United Nations Secretariat are presented.

The urban/rural classification of deaths is that provided by each country or area; it is presumed to be based on the national census definitions of urban population that have been set forth at the end of table 6.

Rate computation: Crude death rates are the annual number of deaths per 1,000 mid-year population.

Rates by urban/rural residence are the annual number of deaths, in the appropriate urban or rural category, per 1,000 corresponding mid-year population.

Rates presented in this table have not been limited to those countries or areas having a minimum number of deaths in a given year. However, rates based on 30 or fewer deaths are identified by the symbol (◊).

Tableau 18

Le tableau 18 présente des données sur le nombre des décès et des taux bruts de mortalité selon la résidence (urbaine/rurale) pour le plus grand nombre d'années possible entre 1991 et 1995.

Description des variables : Le décès est défini comme la disparition permanente de tout signe de vie à un moment quelconque postérieur à la naissance vivante (cessation des fonctions vitales après la naissance sans possibilité de réanimation) 51.

Sauf indication contraire, les statistiques du nombre de décès sont établies sur la base des registres d'état civil. Pour les pays ou zones où les données de l'enregistrement des décès par les services de l'état civil sont jugées sûres (exhaustivité est timée à 90 p. 100 ou plus), les taux de mortalité ont été calculés d'après les décès enregistrés. En revanche, pour les pays ou zones où l'enregistrement des décès par les services de l'état civil n'existe pas ou est de qualité douteuse (exhaustivité estimée à moins de 90 p. 100 ou inconnue), on a présenté, autant que possible, des taux estimatifs et non des taux fondés sur les décès enregistrés. Lorsque tel était le cas, on l'a signalé en note au bas du tableau. On a retenu en priorité des taux d'après des estimations établies d'après des méthodes et des sources bien définies provenant des services nationaux de statistiques, qu'il s'agisse de données de recensement ou de résultats d'enquêtes par sondage. Lorsqu'on ne disposait pas de taux de ce genre, on a présenté les taux estimatifs établis par la Division de la population du Secrétariat de l'ONU.

La classification (urbaine/rurale) des décès est celle qui a été fournie par chaque pays ou zone; il est donc présumé qu'elle repose sur les définitions de la population urbaine utilisées pour les recensements nationaux, qui sont reproduites à la fin du tableau 6.

Calcul des taux : Les taux bruts de mortalité représentent le nombre annuel de décès pour 1000 habitants en milieu d'année.

Les taux selon la résidence (urbaine/rurale) représentent le nombre annuel de décès, classés selon la catégorie urbaine ou rurale appropriée, pour 1 000 habitants en milieu d'année.

Les taux de ce tableau ne concernent pas seulement les pays ou zones où l'on a enregistré un minimum de décès dans une année donnée. Toutefois, les taux fondés sur 30 décès ou moins sont identifiés à l'aide du signe (◊).

These rates, unless otherwise noted, have been calculated by the Statistics Division of the United Nations. In addition, some rates have been obtained from other sources, including analytical estimates based on census or survey data.

Reliability of data: Each country or area has been asked to indicate the estimated completeness of the deaths recorded in its civil register. These national assessments are indicated by the quality codes C, U and ... that appear in the first column of this table.

C indicates that the data are estimated to be virtually complete, that is, representing at least 90 per cent of the deaths occurring each year, while U indicates that data are estimated to be incomplete, that is, representing less than 90 per cent of the deaths occurring each year. The code (...) indicates that no information was provided regarding completeness.

Data from civil registers which are reported as incomplete or of unknown completeness (code U or ...) are considered unreliable. They appear in italics in this table. When data so coded are used to calculate rates, the rates also appear in italics.

These quality codes apply only to data from civil registers. If a series of data for a country or area contains both data from a civil register and estimated data from, for example, a sample survey, then the code applies only to the registered data. If only estimated data are presented, the simbol is shown instead of the quality code. For more information about the quality of vital statistics data in general, and the information available on the basis of the completeness estimates in particular, see section 4.2 of the Technical Notes.

Limitations: Statistics on deaths are subject to the same qualifications as have been set forth for vital statistics in general and death statistics in particular as discussed in section 4 of the Technical Notes.

The reliability of the data, an indication of which is described above, is an important factor in considering the limitations. In addition, some deaths are tabulated by date of registration and not by date of occurrence; these have been indicated by a (+). Whenever the lag between the date of occurrence and date of registration is prolonged and, therefore, a large proportion of the death registrations are delayed, death statistics for any given year may be seriously affected.

As a rule, however, delays in the registration of deaths are less common and shorter than in the registration of live births.

International comparability in mortality statistics may also be affected by the exclusion of deaths of infants who were born alive but died before the registration of the birth or within the first 24 hours of life. Statistics of this type are footnoted.

In addition, it should be noted that rates are affected also by the quality and limitations of the population estimates which are used in their computation.

Sauf indication contraire, ces taux ont été calculés par la Division de statistique de l'ONU. En outre, des taux ont été obtenus d'autres sources, notamment à partir d'estimations analytiques fondées sur des résultats de recensements ou de sondages.

Fiabilité des données : Il a été demandé à chaque pays ou zone d'indiquer le degré estimé d'exhaustivité des données sur les décès figurant dans ses registres d'état civil. Ces évaluations nationales sont désignées par les codes de qualité C, U et ... qui apparaissent dans la première colonne du tableau.

La lettre C indique que les données sont jugées à peu près complètes, c'est-à-dire qu'elles représentent au moins 90 p. 100 des décès survenus chaque année; la lettre U indique que les données sont jugées incomplètes, c'est-à-dire qu'elles représentent moins de 90 p. 100 des décès survenus chaque année. Le signe (...) indique qu'aucun renseignements n'a été fourni quant à l'exhaustivité des données.

Les données provenant des registres d'état civil qui sont déclarées incomplètes ou dont le degré d'exhaustivité n'est pas connu (code U ou...) sont jugées douteuses. Elles apparaissent en italique dans le présent tableau. Lorsque ces données sont utilisées pour calculer des taux, ces taux apparaissent eux aussi en italique.

Ce code de qualité ne s'applique qu'aux données tirées des registres d'état civil. Si une série de données pour un pays ou zone contient à la fois des données provenant de ces registres et des estimations calculées, par exemple sur la base d'enquêtes par sondage, le code s'applique uniquement aux données de l'état civil. Si l'on ne présente que des données estimatives, le signe (..) est utilisé à la place du code de qualité. Pour plus de précisions sur la qualité des données d'état civil en général, et sur les estimations de l'exhaustivité en particulier, voir la section 4.2 des Notes techniques.

Insuffisance des données : Les statistiques de la mortalité totale appellent toutes les réserves qui ont été faites à propos des statistiques de l'état civil en général et des statistiques des décès en particulier (voir explications à la section 4 des Notes techniques).

La fiabilité des données, au sujet de laquelle des indications ont été fournies plus haut, est un facteur important en l'occurrence. Il faut également tenir compte du fait que, dans certains cas, les décès sont classés par date d'enregistrement et non par date effective; ces cas ont été identifiés par le signe(+). Lorsque le décalage entre le décès et son enregistrement est grand, c'est-à-dire qu'une forte proportion des décès fait l'objet d'un enregistrement tardif, les statistiques des décès dans l'année peuvent être sérieusement faussées.

En règle générale, toutefois, les décès sont enregistrés beaucoup plus rapidement que les naissances vivantes, et les longs retards sont rares.

Un autre facteur qui nuit à la comparabilité internationale des statistiques de la mortalité est la pratique qui consiste à ne pas y inclure les enfants nés vivants mais décédés avant l'enregistrement de leur naissance ou dans les 24 heures qui ont suivi la naissance. Quand tel était le cas, on l'a signalé en note à la fin du tableau.

Il convient de noter par ailleurs que l'exactitude des taux dépend également de la qualité et des insuffisances des estimations de la population qui sont utilisées pour leur calcul.

The problems of under-enumeration or over-enumeration and, to some extent, the differences in definition of total population have been discussed in section 3 of the Technical Notes dealing with population data in general, and specific information pertaining to individual countries or areas is given in the footnotes to table 3. In the absence of official data on total population, United Nations estimates of mid-year population have been used in calculating some of these rates.

Estimated rates based directly on the results of sample surveys are subject to considerable error as a result of omissions in reporting deaths or as a result of erroneous reporting of those which occurred outside the period of reference. However, such rates do have the advantage of having a "built-in" and corresponding base.

It should be emphasized that crude death rates -- like crude birth, marriage and divorce rates -- may be seriously affected by the age-sex structure of the populations to which they relate. Nevertheless, they do provide a simple measure of the level and changes in mortality.

The comparability of data by urban/rural residence is affected by the national definitions of urban and rural used in tabulating these data. It is assumed, in the absence of specific information to the contrary, that the definitions of urban and rural used in connection with the national population census were also used in the compilation of the vital statistics for each country or area. However, the possibility cannot be excluded that, for a given country or area, the same definitions of urban and rural are not used for both the vital statistics data and the population census data. When known, the definitions of urban used in national population censuses are presented at the end of table 6. As discussed in detail in the Technical Notes for table 6, these definitions vary considerably from one country or area to another.

In addition to problems of comparability, vital rates classified by urban/rural residence are also subject to certain special types of bias. If, when calculating vital rates, different definitions of urban are used in connection with the vital events and the population data and if this results in a net difference between the numerator and denominator of the rate in the population at risk, then the vital rates would be biased. Urban/rural differentials in vital rates may also be affected by whether the vital events have been tabulated in terms of place of occurrence or place of usual residence. This problem is discussed in more detail in section 4.1.4.1 of the Technical Notes.

Coverage: Deaths are shown for 139 countries or areas. Data are presented by urban/rural residence for 59 countries or areas.

Crude death rates are shown for 207 countries or areas. Rates are presented by urban/rural residence for 44 countries or areas.

Le problème des erreurs par excès ou par défaut commises lors du dénombrement et, dans une certains mesure, le problème de l'hétérogénéité des définitions de la population totale ont été examinés à la section 3 des Notes techniques, relative à la population en général; des indications concernant les différents pays ou zones sont données en note au bas du tableau 3. Lorsqu'il n'existait pas de chiffres officiels de la population totale, ce sont les estimations de la population en milieu d'année établies par le Secrétariat de l'ONU qui ont servi pour le calcul des taux.

Les taux estimatifs fondés directement sur les résultats d'enquêtes par sondage comportent des possiblités d'erreurs considérables dues soit à des omissions dans les déclarations des décès, soit au fait que l'on a déclaré à tort des décès survenus en réalité hors de la période considérée. Toutefois, ces taux présentent un avant age : le chiffre de population utilisé comme base est connu par définition et rigoureusement correspondant.

Il faut souligner que les taux bruts de mortalité, de même que les taux bruts de natalité, de nuptialité et de divortialité, peuvent varier très sensiblement selon la composition par âge et par sexe de la population à laquelle ils se rapportent. Ils offrent néanmoins un moyen simple de mesurer le niveau et l'évolution de la mortalité.

La comparabilité des données selon la résidence (urbaine/rurale) peut être limitée par les définitions nationales des termes "urbain" et "rural" utilisées pour le classement de ces données. En l'absence d'indications contraires, on a supposé que les définitions des termes "urbain" et "rural" utilisées pour le recensement national de la population l'avaient été aussi pour l'établissement des statistiques de l'état civil dans chaque pays ou zone. Toutefois, on ne peut exclure la possibilité que, pour un pays ou une zone, les mêmes définitions n'aient pas été utilisées dans les deux cas. Les définitions du terme "urbain" utilisées pour les recensements nationaux de population ont été indiquées à la fin du tableau 6 lorsqu'elles étaient connues. Comme on l'a précisé en détail dans les Notes techniques relatives au tableau 6, ces définitions varient très sensiblement d'un pays ou zone à l'autre.

Outre ces problèmes de comparabilité, les taux démographiques classés selon la résidence "urbaine" ou "rurale" sont également sujets à certaines distorsions particulières. Si, lors du calcul de ces taux des définitions différentes du terme "urbain" sont utilisées pour classer les faits d'état civil et les données relatives à la population, et s'il en résulte une différence nette entre le numérateur et le dénominateur pour le taux de la population exposée au risque, les taux démographiques s'en trouveront faussés. La différence entre ces taux pour les zones urbaines et rurales pourra aussi être faussée selon que les faits d'état civil auront été classés d'après le lieu où ils se sont produits ou le lieu de résidence habituelle. Ce problème est examiné plus en détail à la section 4.1.4.1 des Notes techniques.

Portée : Ce tableau présente les statistiques des décès pour 139 pays ou zones. Les répartitions selon la résidence (urbaine/rurale) concernent 59 pays ou zones.

Ce tableau présente également des taux bruts de mortalité pour 207 pays ou zones. Des taux selon la résidence (urbaine/rurale) sont fournis pour 44 pays ou zones.

Earlier data: Deaths and crude death rates have been shown in each issue of the Demographic Yearbook. Data included in this table update the series covering a period of years as follows :

Issue	Years covered
1992	1983-1992
1985	1976-1985
1980	1971-1980
Historical Supplement	1948-1977

Data in machine-readable form: Data shown in this table are available in magnetic tape at a cost of US$150 for all available years as shown below:

Total	1948-1995
Urban/rural	1972-1995

Données publiées antérieurement : Des statistiques de décès et des taux bruts de mortalité figurent dans chaque édition de l'Annuaire démographique. Les données présentées dans ce tableau mettent à jour les périodes d'années suivantes :

Edition	Années considérées
1992	1983-1992
1985	1976-1985
1980	1971-1980
Supplément rétrospectif	1948-1977

Données sur support magnétique: Il est possible de se procurer sur bande magnétique, moyennant de paiement d'une somme $150 les données dans ce tableau pour tous les années disponibles suivantes:

Total	1948-1995
Urbain/rural	1972-1995

Table 19

Table 19 presents deaths by age, sex and urban/rural residence for the latest available year.

Description of variables: Age is defined as age at last birthday, that is, the difference between the date of birth and the date of the occurrence of the event, expressed in completed solar years. The age classification used in this table is the following: under 1 year, 1-4 years, 5-year age groups through 80-84 years, 85 years and over, and age unknown.

The urban/rural classification of deaths is that provided by each country or area; it is presumed to be based on the national census definitions of urban population that have been set forth at the end of table 6.

Reliability of data: Data from civil registers of deaths which are reported as incomplete (less than 90 per cent completeness) or of unknown completeness are considered unreliable and are set in italics rather than in roman type. Table 18 and the Technical Notes for that table provide more detailed information on the completeness of death registration. For more information about the quality of vital statistics data in general, and the information available on the basis of the completeness estimates in particular, see section 4.2 of the Technical Notes.

Limitations: Statistics on deaths by age and sex are subject to the same qualifications as have been set forth for vital statistics in general and death statistics in particular as discussed in section 4 of the Technical Notes.

Tableau 19

Le tableau 19 présente des données sur les décès selon l'âge, le sexe et la résidence (urbaine/rurale) pour la dernière année disponible.

Description des variables : L'âge est l'âge au dernier anniversaire, c'est-à-dire la différence entre la date de naissance et la date du décès, exprimée en années solaires révolues. La classification par âge est la suivante : moins d'un an, 1 à 4 ans, groupes quinquennaux jusqu'à 80 à 84 ans, 85 ans et plus, et âge inconnu.

La classification des décès selon la résidence (urbaine/rurale) est celle qui a été fournie par chaque pays ou zone; il est donc présumé qu'elle repose sur les définitions de la population urbaine utilisées pour les recensements nationaux, qui sont reproduites à la fin du tableau 6.

Fiabilité des données : Les données sur les décès provenant des registres d'état civil qui sont déclarées incomplètes (degré d'exhaustivité inférieur à 90 p.100) ou dont le degré d'exhaustivité n'est pas connu sont jugées douteuses et apparaissent en italique et non en caractères romains. Le tableau 18 et les Notes techniques s'y rapportant présentent des renseignements plus détaillés sur le degré d'exhaustivité de l'enregistrement des décès. Pour plus de précisions sur la qualité des statistiques de l'état civil en général, et l'exhaustivité en particulier, voir la section 4.2 des Notes techniques.

Insuffisance des données : Les statistiques des décès selon l'âge et le sexe appellent les mêmes réserves que les statistiques de l'état civil en général et les statistiques de mortalité en particulier (voir explications à la section 4 des Notes techniques).

The reliability of the data, an indication of which is described above, is an important factor in considering the limitations. In addition, some deaths are tabulated by date of registration and not by date of occurrence; these have been indicated by a (+). Whenever the lag between the date of occurrence and date of registration is prolonged and, therefore, a large proportion of the death registrations are delayed, death statistics for any given year may be seriously affected.

As a rule, however, delays in the registration of deaths are less common and shorter than in the registration of live births.

Another factor which limits international comparability is the practice of some countries or areas not to include in death statistics infants who were born alive but died before the registration of the birth or within the first 24 hours of life, thus underestimating the number of deaths under one year of age. Statistics of this type are footnoted.

Because these statistics are classified according to age, they are subject to the limitations with respect to accuracy of age reporting similar to those already discussed in connection with section 3.1.3 of the Technical Notes. The factors influencing inaccurate reporting may be somewhat dissimilar in vital statistics (because of the differences in the method of taking a census and registering a death) but, in general, the same errors can be observed.

The absence of frequencies in the unknown age group does not necessarily indicate completely accurate reporting and tabulation of the age item. It is often an indication that the unknowns have been eliminated by assigning ages to them before tabulation, or by proportionate distribution after tabulation.

International comparability of statistics on deaths by age is also affected by the use of different methods to determine age at death. If age is obtained from an item that simply requests age at death in completed years or is derived from information on year of birth and death rather than from information on complete date (day, month and year) of birth and death, the number of deaths classified in the under-one-year age group will tend to be reduced and the number of deaths in the next age group will tend to be somewhat increased. A similar bias may affect other age groups but its impact is usually negligible. Information on this factor is given in the footnotes when known.

The comparability of data by urban/rural residence is affected by the national definitions of urban and rural used in tabulating these data. It is assumed, in the absence of specific information to the contrary, that the definitions of urban and rural used in connection with the national population census were also used in the compilation of the vital statistics for each country or area. However, the possibility cannot be excluded that, for a given country or area, the same definitions of urban and rural are not used for both the vital statistics data and the population census data. When known, the definitions of urban used in national population censuses are presented at the end of table 6. As discussed in detail in the Technical Notes for table 6, these definitions vary considerably from one country or area to another.

La fiabilité des données, au sujet de laquelle des indications ont été fournies plus haut, est un facteur important en l'occurrence. Il faut également tenir compte du fait que, dans certains cas, les données relatives aux décès sont classées par date d'enregistrement et par date effective; ces cas ont été identifiés par le signe(+). Lorsque le décalage entre le décès et son enregistrement est grand, c'est-à-dire qu'une forte proportion des décès fait l'objet d'un enregistrement tardif, les statistiques des décès de l'année peuvent être sérieusement faussées.

En règle générale, toutefois, les décès sont enregistrés beaucoup plus rapidement que les naissances vivantes, et les longs retards sont rares.

Un autre facteur qui nuit à la comparabilité internationale est la pratique de certains pays ou zones qui consiste à ne pas inclure dans les statistiques des décès les enfants nés vivants mais décédés avant l'enregistrement de leur naissance ou dans les 24 heures qui ont suivi la naissance, pratique qui conduit à sous-évaluer le nombre de décès à moins d'un an. Quand tel était le cas, on l'a signalé en note à la fin du tableau.

Comme ces statistiques sont classées selon l'âge, elles appellent les mêmes réserves concernant l'exactitude des déclarations d'âge que celles dont il a été fait mention dans la section 3.1.3 des Notes techniques. Dans le cas des données d'état civil, les facteurs qui interviennent à cet égard sont parfois un peu différents, étant donné que le recensement et l'enregistrement des décès se font par des méthodes différentes, mais, d'une manière générale, les erreurs observées sont les mêmes.

Si aucun nombre ne figure dans la colonne réservée aux âges inconnus, cela ne signifie pas nécessairement que les déclarations d'âge et le classement par âge sont tout à fait exacts. C'est souvent une indication que les personnes d'âge inconnu se sont vu attribuer un âge avant la répartition où ont été réparties proportionnellement aux effectifs connus après cette opération.

Le manque d'uniformité des méthodes suivies pour obtenir l'âge au moment du décès nuit également à la comparabilité internationale des données. Si l'âge est connu, soit d'après la réponse à une simple question sur l'âge du décès en années révolues, soit d'après l'année de la naissance et l'année du décès, et non d'après des renseignements concernant la date exacte (année, mois et jour) de la naissance et du décès, le nombre de décès classés dans la catégorie 'moins d'un an' sera entaché d'une erreur par défaut et le chiffre figurant dans la catégorie suivante d'une erreur par excès. Les données pour les autres groupes d'âge pourront être entachées d'une distorsion analogue, mais ses répercussions seront généralement négligeables. Ces imperfections, lorsqu'elles étaient connues, ont été signalées en note à la fin du tableau.

La comparabilité des données selon la résidence (urbaine/rurale) peut être limitée par les définitions nationales des termes 'urbain' et 'rural' utilisées pour le classement de ces données. En l'absence d'indications contraires, on a supposé que les définitions des termes 'urbain' et 'rural' utilisées pour le recensement national de la population l'avaient été aussi pour l'établissement des statistiques de l'état civil dans chaque pays ou zone. Toutefois, on ne peut exclure la possibilité que, pour un pays ou une zone, les mêmes définitions n'aient pas été utilisées dans les deux cas. Les définitions du terme "urbain" utilisées pour les recensements nationaux de population ont été indiquées à la fin du tableau 6 lorsqu'elles étaient connues. Comme on l'a précisé en détail dans les Notes techniques relatives au tableau 6, ces définitions varient très sensiblement d'un pays ou zone à l'autre.

Coverage: Deaths by age and sex are shown for 135 countries or areas. Data are presented by urban/rural residence for 61 countries or areas.

Earlier data: Deaths by age and sex have been shown for the latest available year in each issue of the Yearbook since the 1955 issue. Data included in this table update the series covering a period of years as follows:

Issue	Years covered
1992	1983-1992
1985	1976-1984
1980	1971-1979
Historical Supplement	1948-1977

Data have been presented by urban/rural residence in each regular issue of the Yearbook since the 1967 issue.

Data in machine-readable form: Data shown in this table are available in magnetic tape at a cost of US$150 for all available years as shown below:

Total	1948-1994
Urban/rural	1972-1994

Portée : Ce tableau présente des données sur les décès selon l'âge et le sexe pour 135 pays ou zones. Des données selon la résidence (urbaine/rurale) sont présentées pour 61 pays ou zones.

Données publiées antérieurement : Des statistiques des décès selon l'âge et le sexe ont été présentées, pour la dernière année où il en existait, dans chaque édition de l'Annuaire démographique depuis celle de 1955. Les données présentées dans ce tableau mettent à jour les périodes d'années suivantes :

Edition	Années considérées
1992	1983-1992
1985	1976-1984
1980	1971-1979
Supplément rétrospectif	1948-1977

Des données selon la résidence (urbaine/rurale) ont été présentées dans toutes les éditions courantes de l'Annuaire depuis celle de 1967.

Données sur support magnétique: Il est possible de se procurer sur bande magnétique, moyennant de paiement d'une somme $150 les données dans ce tableau pour tous les années disponibles suivantes:

Total	1948-1994
Urbain/rural	1972-1994

Table 20

Table 20 presents death rates specific for age, sex and urban/rural residence for the latest available year.

Description of variables: Age is defined as age at last birthday, that is, the difference between the date of birth and the date of the occurrence of the event, expressed in completed solar years. The age classification used in this table is the following: under 1 year, 1-4 years, 5-year age groups through 80-84, and 85 years and over.

The urban/rural classification of deaths is that provided by each country or area; it is presumed to be based on the national census definitions of urban population that have been set forth at the end of table 6.

Rate computation: Death rates specific for age and sex are the annual number of deaths in each age-sex group (as shown in table 19) per 1,000 population in the same age-sex group.

Death rates by age, sex and urban/rural residence are the annual number of deaths that occurred in a specific age-sex-urban/rural group (as shown in table 19) per 1000 population in the corresponding age-sex-urban/rural group.

Deaths at unknown age and the population of unknown age were disregarded except as they formed part of the death rate for all ages combined.

Tableau 20

Le tableau 20 présente des taux de mortalité selon l'âge et le sexe et selon la résidence (urbaine/rurale) pour la dernière année disponible.

Description des variables : L'âge est l'âge au dernier anniversaire, c'est-à-dire la différence entre la date de naissance et la date du décès, exprimée en années solaires révolues. La classification par âge est la suivante : moins d'un an, 1 à 4 ans, groupes quinquennaux jusqu'à 80 à 84 ans, et 85 ans et plus.

La classification des décès selon la résidence (urbaine/rurale) est celle qui a été fournie par chaque pays ou zone; il est donc présumé qu'elle repose sur les définitions de la population urbaine utilisées pour les recensements nationaux, qui sont reproduites à la fin du tableau 6.

Calcul des taux : Les taux de mortalité selon l'âge et le sexe représentent le nombre annuel de décès survenus pour chaque sexe et chaque groupe d'âge (fréquences du tableau 19) pour 1000 personnes du même groupe.

Les taux de mortalité selon l'âge, le sexe et la résidence (urbaine/rurale) représentent le nombre annuel de décès intervenus dans un groupe d'âge et de sexe donnés dans la population urbaine ou rurale (fréquences du tableau 19) pour 1000 personnes du même groupe dans la population urbaine ou rurale.

On n'a pas tenu compte des décès à un âge inconnu ni de la population d'âge inconnu, sauf dans les taux de mortalité pour tous les âges combinés.

It should be noted that the death rates for infants under one year of age in this table differ from the infant mortality rates shown elsewhere, because the latter are computed per 1000 live births rather than per 1000 population.

The population used in computing the rates is estimated or enumerated distributions by age and sex. First priority was given to an estimate for the mid-point of the same year (as shown in table 7), second priority to census returns of the year to which the deaths referred and third priority to an estimate for some other point of time in the year.

Rates presented in this table have been limited to those for countries or areas having at least a total of 1000 deaths in a given year. Moreover, rates specific for individual sub-categories based on 30 or fewer deaths are identified by the symbol (◊).

Reliability of data: Rates calculated using data from civil registers of deaths which are reported as incomplete (less than 90 per cent completeness) or of unknown completeness are considered unreliable and are set in italics rather than in roman type. Table 18 and the Technical Notes for that table provide more detailed information on the completeness of death registration. For more information about the quality of vital statistics data in general, and the information available on the basis of the completeness estimates in particular, see section 4.2 of the Technical Notes.

Limitations: Rates shown in this table are subject to all the same limitations which affect the corresponding frequencies and are set forth in the Technical Notes for table 19.

These include differences in the completeness of registration, the treatment of infants who were born alive but died before the registration of the birth or within the first 24 hours of life, the method used to determine age at death and the quality of the reported information relating to age at death. In addition, some rates are based on deaths tabulated by date of registration and not by date of occurrence; these have been indicated by a (+).

The problem of obtaining precise correspondence between deaths (numerator) and population (denominator) as regards the inclusion or exclusion of armed forces, refugees, displaced persons and other special groups is particularly difficult where age-specific death rates are concerned. In cases where it was not possible to achieve strict correspondence, the differences in coverage are noted. Male rates in the age range 20 to 40 years may be especially affected by this non-correspondence, and care should be exercised in using these rates for comparative purposes.

It should be added that even when deaths and population do correspond conceptually, comparability of the rates may be affected by abnormal conditions such as absence from the country or area of large numbers of young men in the military forces or working abroad as temporary workers. Death rates may appear high in the younger ages, simply because a large section of the able-bodied members of the age group, whose death rates under normal conditions might be less than the average for persons of their age, is not included.

Il convient de noter que, dans ce tableau, les taux de mortalité des groupes de moins d'un an sont différents des taux de mortalité infantile qui figurent dans d'autres tableaux, ces derniers ayant été établis pour 1000 naissances vivantes et non pour 1000 habitants.

Les chiffres de population utilisés pour le calcul des taux proviennent de dénombrements ou de répartitions estimatives de la population selon l'âge et le sexe. On a utilisé de préférence les estimations de la population en milieu d'année selon les indications du tableau 7; à défaut, on s'est contenté des données censitaires se rapportant à l'année du décès et, si ces données manquaient également, d'estimations établies pour une autre date de l'année.

Les taux présentés dans le tableau 14 ne se rapportent qu'aux pays ou zones où l'on a enregistré un total d'au moins 1000 décès dans l'année. Les taux relatifs à des sous-catégories, qui sont fondés sur 30 décès ou moins, sont identifiés à l'aide du signe (o).

Fiabilité des données : Les taux calculés à partir de données sur les décès provenant des registres d'état civil qui sont déclarées incomplètes (degré d'exhaustivité inférieur à 90 p. 100)ou dont le degré d'exhaustivité n'est pas connu sont jugés douteux et apparaissent en italique et non en caractères romains. Le tableau 18 et les Notes techniques s'y rapportant présentent des renseignements plus détaillés sur le degré d'exhaustivité de l'enregistrement des décès. Pour plus de précisions sur la qualité des statistiques de l'état civil en général, et sur les estimations d'exhaustivité en particulier, voir la section 4.2 des Notes techniques.

Insuffisance des données : Les taux de ce tableau appellent les mêmes réserves que les fréquences correspondantes; voir à ce sujet les explications données dans les Notes techniques se rapportant au tableau 19.

Leurs imperfections tiennent notamment aux différences d'exhaustivité de l'enregistrement, au classement des enfants nés vivants mais décédés avant l'enregistrement de leur naissance ou dans les 24 heures qui ont suivi la naissance, à la méthode utilisée pour obtenir l'âge au moment du décès, et à la qualité des déclarations concernant l'âge au moment du décès. En outre, dans certains cas, les données relatives aux décès sont classées par date d'enregistrement et non par date effective; ces cas ont été identifiés par le signe (+).

S'agissant des taux de mortalité par âge, il est particulièrement difficile d'établir une correspondance exacte entre les décès (numérateur)et la population (dénominateur) du fait de l'inclusion ou de l'exclusion des militaires, des réfugiés, des personnes déplacées et d'autres groupes spéciaux. Dans les cas où il n'a pas été possible d'y parvenir tout à fait, des notes indiquent les différences de portée des données de base. Les taux de mortalité pour le sexe masculin dans les groupes d'âge de 20 à 40 ans peuvent être tout particulièrement influencés par ce manque de correspondance, et il importe d'être prudent lorsqu'on les utilise dans des comparaisons.

Il convient d'ajouter que, même lorsque population et décès correspondent, la comparabilité des taux peut être compromise par des conditions anormales telles que l'absence du pays ou de la zone d'un grand nombre de jeunes gens qui sont sous les drapeaux ou qui travaillent à l'étranger comme travailleurs temporaires. Il arrive ainsi que les taux de mortalité paraissent élevés
parmi la population jeune simplement parce qu'on a laissé de côté un grand nombre d'hommes valides de ces groupes d'âge pour lesquels le taux de mortalité pourrait être, dans des conditions normales, inférieur à la moyenne observée pour les personnes du même âge.

Also, in a number of cases the rates shown here for all ages combined differ from crude death rates shown elsewhere, because in this table they are computed on the population for which an appropriate age-sex distribution was available, while the crude death rates shown elsewhere may utilize a different total population. The population by age and sex might refer to a census date within the year rather than to the mid-point, or it might be more or less inclusive as regards ethnic groups, armed forces and so forth.

In a few instances, the difference is attributable to the fact that the rates in this table were computed on the mean population whereas the corresponding rates in other tables were computed on an estimate for 1 July. Differences of these types are insignificant but, for convenience, they are not in the table.

The comparability of data by urban/rural residence is affected by the national definitions of urban and rural used in tabulating these data. It is assumed, in the absence of specific information to the contrary, that the definitions of urban and rural used in connection with the national population census were also used in the compilation of the vital statistics for each country or area. However, the possibility cannot be excluded that, for a given country or area, the same definitions of urban and rural are not used for both the vital statistics data and the population census data. When known, the definitions of urban used in national population censuses are presented at the end of table 6.

As discussed in detail in the Technical Notes for table 6, these definitions vary considerably from one country or area to another.

In addition to problems of comparability, vital rates classified by urban/rural residence are also subject to certain special types of bias. If, when calculating vital rates, different definitions of urban are used in connection with the vital events and the population data and if this results in a net difference between the numerator and denominator of the rate in the population at risk, then the vital rates would be biased. Urban/rural differentials in vital rates may also be affected by whether the vital events have been tabulated in terms of place of occurrence or place of usual residence. This problem is discussed in more detail in section 4.1.4.1 of the Technical Notes.

Coverage: Death rates specific for age and sex are shown for 94 countries or areas. Rates are presented by urban/rural residence for 40 countries or areas.

Earlier data: Death rates specific for age and sex have been shown for the latest available year in many of the issues of the Yearbook since the 1955 issue. Data included in this table update the series shown in the Yearbook and in the recently issued Population and Vital Statistics Report: Special Supplement covering a period of years as follows:

Issue	Years covered
1992	1983-1992
1985	1976-1984
1980	1971-1979

De même, les taux indiqués pour tous les âges combinés diffèrent dans plusieurs cas des taux bruts de mortalité qui figurent dans d'autres tableaux, parce qu'ils se rapportent à une population pour laquelle on disposait d'une répartition par âge et par sexe appropriée, tandis que les taux bruts de mortalité indiqués ailleurs peuvent avoir été calculés sur la base d'un chiffre de population totale différent. Ainsi, il est possible que les chiffres de population par âge et par sexe proviennent d'un recensement effectué dans l'année et non au milieu de l'année, et qu'ils se différencient des autres chiffres de population en excluant ou incluant certains groupes ethniques, les militaires, etc.

Quelquefois, la différence tient à ce que les taux de ce ont été calculés sur la base de la population moyenne, alors que les taux correspondants des autres tableaux reposent sur une estimation au 1er juillet. Les écarts de cet ordre sont insignifiants, mais on les a signalés dans le tableau à toutes fins utiles.

La comparabilité des données selon la résidence (urbaine/rurale) peut être limitée par les définitions nationales des termes 'urbain' et 'rural' utilisées pour le classement de ces données.
En l'absence d'indications contraires, on a supposé que les définitions des termes "urbain" et 'rural' utilisées pour le recensement national de la population l'avaient été aussi pour l'établissement des statistiques de l'état civil dans chaque pays ou zone. Toutefois, on ne peut exclure la possibilité que, pour un pays ou une zone, les mêmes définitions n'aient pas été utilisées dans les deux cas. Les définitions du terme 'urbain' pour les recensements nationaux de population ont été indiquées à la fin du tableau 6 lorsqu'elles étaient connues.

Comme on l'a précisé en détail dans les Notes techniques relatives au tableau 6, ces définitions varient très sensiblement d'un pays ou zone à l'autre.

Outre ces problèmes de comparabilité, les taux démographiques classés selon la résidence urbaine ou rurale sont également sujets à certaines distorsions particulières. Si, lors du calcul de ces taux, des définitions différentes du terme 'urbain' sont utilisées pour classer les faits d'état civil et les données relatives à la population, et s'il en résulte une différence nette entre le numérateur et le dénominateur pour le taux de la population considérée, les taux démographiques s'en trouveront faussés. La différence entre ces taux pour les zones urbaines et rurales pourra aussi être faussée selon que les faits d'etat civil auront été classés d'après le lieu où ils se sont produits ou le lieu de résidence habituelle. Ce problème est examiné plus en détail à la section 4.1.4.1 des Notes techniques.

Portée : Ce tableau présente des taux de mortalité selon l'âge et le sexe pour 94 pays ou zones. Des taux selon la résidence (urbaine/rurale) sont présentés pour 40 pays ou zones.

Données publiées antérieurement : Des taux de mortalité selon l'âge et le sexe pour la dernière année où ils étaient connus figurent dans beaucoup d'éditions de l'Annuaire depuis celle de 1955. Les données présentées dans ce tableau mettent à jour les séries présentées dans l'Annuaire démographique et dans le Rapport de statistiques de la population et de l'état civil: Supplément spécial 1984 qui couvrent les périodes d'années suivantes :

Edition	Années considérées
1992	1983-1992
1985	1976-1984
1980	1971-1979

Table 21

Table 21 presents deaths and death rates by cause for the latest available year.

Description of variables: Causes of death are all those diseases, morbid conditions or injuries which either resulted in or contributed to death and the circumstances of the accident or violence which produced any such injuries. 52

The underlying cause of death, rather than direct or intermediate antecedent cause, is the one recommended as the main cause for tabulation of mortality statistics. It is defined as (a) the disease or injury which initiated the train of events leading directly to death, or (b) the circumstances of the accident or violence which produced the fatal injury. 53

The table is divided into two parts, A and B. Part A shows deaths and death rates classified according to the "Adapted Mortality List" derived from the classification recommended by the International Conference for the Ninth Revision of the International Classification of Diseases.54 The 1975 (ninth) revision is known or assumed to have been used by all of the countries or areas for which data are included in part A. Part B is devoted to data classified according to the "Abbreviated List of 50 causes for tabulation of mortality" recommended by the 1965 (eighth) revision Conference. 55 The two-part presentation is used because the ninth revision does not provide a classification which conforms directly to the eighth revision.

The use of the ninth revision began during 1979 in a limited number of countries. Now 76 countries or areas included in this table report cause of death according to the ninth revision and 4 countries or areas use the eighth revision. The classification of cause of death shown in the stub of this table is referred to only in terms of the list numbers due to space limitations.

The full titles of each of the 50 causes of death from the eighth revision and the 55 causes of death used in the ninth revision (and the corresponding numbers referring to the 3- and 4- digit codes from the International Classification of Diseases) appear in the table shown in section 4.3 of the Technical Notes. This section discusses the International Classification of Diseases with particular references to the similarities and differences between the eighth and ninth revisions.

Statistics on cause of death presented in this table have been limited to countries or areas which meet all of the following three criteria: first, that statistics are either classified by, or convertible to, the 1965 or 1975 Lists mentioned above; secondly, that at least a total of 1,000 deaths (for all causes combined) occurred in a given year; and thirdly, that within this distribution the total number of deaths classified as due to ill-defined causes (B45,AM48) does not exceed 25 per cent of deaths from all causes.

Tableau 21

Le tableau 21 présente des statistiques et des taux de mortalité selon la cause, ainsi que les pourcentages de décès, pour la dernière année disponible.

Description des variables : Les causes de décès sont toutes les maladies, états morbides ou traumatismes qui ont abouti ou contribué au décès et les circonstances de l'accident ou de la violence qui ont entraîné ces traumatismes 52.

La cause initiale de décès, plutôt que la cause directe du décès, est recommandée pour les statistiques de la mortalité. La cause initiale de décès est définie comme : a) la maladie ou le traumatisme qui a déclenché l'évolution morbide conduisant directement au décès, ou b) les circonstances de l'accident ou de la violence qui ont entraîné le traumatisme mortel 53.

Le tableau est divisé en deux parties, A et B. La Partie A présente le nombre et le taux des décès selon la cause, classés selon la 'Liste adoptée des causes de mortalité' derivée de la classification recommandée par la Conférence internationale pour la Classification des Maladies 54. La neuvième révision (1975) à été utilisé, par tous les pays ou zones pour lasquelles des statistiques présentées dans la Partie A. La Partie B présente des données classées selon la 'Liste abregé de 50 rubriques pour la mise en tableaux des causes de mortalitée', recommandée par la Conférence de la huitième révision (1965) 55. Il a fallu présenter le tableau en deux parties parce que la classification utilisée dans la révision de 1975 ne correspond pas exactement à celle de 1965.

Un petit nombre de pays ou zones ont commencé à utiliser la neuvième révision en 1979. Maintenant 00 pays ou zones considérés ici ont présenté leurs statistiques des causes de décès selon la neuvième révision et 0 pays ou zones selon la huitième révision. La nomenclature des causes de décès figurant dans la première colonne du tableau ne reproduit que les numéros de rubrique, faute d'espace.

Le titre complet de chacune des 50 causes de décès de la huitième révision et des 55 causes retenues dans la neuvième révision (ainsi que les numéros du code à 3 et 4 chiffres de la Classification internationale des maladies) figure dans le tableau incorporé dans la section 4.3 des Notes techniques, où il est question de la Classification internationale et plus particulièrement des similitudes et différences entre les huitième et neuvième révisions.

Les statistiques des causes de décès présentées dans ce tableau ne se rapportent qu'aux pays ou zones pour lesquels les trois critères suivants sont réunis: premièrement, le classement des statistiques des décès selon la cause doit être conforme à la liste de 1965 ou à celle de 1975 mentionnées plus haut, ou convertible aux catégories de cette liste; deuxièmement, le nombre total des décès (pour toutes les causes réunies) intervenus au cours d'une année donnée doit être au moins égal à 1000, et; troisièmement, à l'intérieur de cette répartition, le nombre total des décès dus à des causes mal définies (B45 ou AM48) ne èdoit pas dépasser 25 p. 100 du nombre des décès pour toutes les causes.

The third criterion is based on the premise that if 25 per cent of the deaths have been coded as due to ill-defined causes, frequencies in the other cause groups in the Classification must be understated to a marked degree. The limit has been placed deliberately high to exclude all poor data. Moreover, it must be admitted that this criterion fails to consider the equally indicative percentages in the residual category, all other diseases (B46 in the eighth revision or AM49 in the ninth revision), which often accounts for an inordinately large proportion of the whole.

Rate computation: In part A, for cause groups AM1 through AM16, AM19 through AM40, AM45 and AM48 through AM55, rates are the annual number of deaths in each cause group reported for the year per 100,000 corresponding mid-year population. The other cause groups, for which the population more nearly approximates the population at risk, are specified below: rates for AM17 and AM18 (Malignant neoplasm of female breast and Malignant neoplasm of cervix uteri) are computed per 100,000 female population 15 years and over; rates for AM41 (Hyperplasia of prostate) are computed per 100,000 male population 50 years and over; and rates for AM42 (Abortion), AM43-AM44 (Direct and indirect obstetric causes), AM46 (Birth trauma) and AM47 (Other conditions originating in the perinatal period) are computed per 100,000 total live births in the same year.

In part B, for cause groups B1 through B38, B42 and B45 through BE50, rates are the annual number of deaths in each cause group reported for the year per 100,000 corresponding mid-year population. The other cause groups, a population which more nearly approximates the population at risk of death is used, as specified below: rates for B39 (Hyperplasia of prostate) are computed per 100,000 male population 50 years and over; rates for B40 (Abortion) are computed per 100,000 total live births, rates for B41 (Other complications of pregnancy, childbirth and the puerperium and delivery without mention of complication) are computed per 100,000 total live births in the same year; and rates for B43 (Birth injury, difficult labour and other anoxic and hypoxic conditions) and B44 (Other causes of perinatal mortality) are computed per 100,000 total live births in the same year.

As noted above, rates (as well as frequencies) presented in this table have been limited to those countries or areas having a total of at least 1,000 deaths from all causes in a given year and have also been limited to those not having more than 25 per cent of all deaths classified as due to ill-defined causes (B45 or AM48). In certain cases death rates by cause have not been calculated because the population data needed for the denominator are not available. This may arise in either of two situations. First, no data on population at risk are available. Second, cause-of-death statistics are available for only a limited portion of the country and it is not possible to identify births or population at risk for that limited geographic area. The same situation arises when data on deaths by cause are limited to medically certified deaths and when those medically certified deaths do not comprise a substantial portion of all deaths for the country or area, in which case no rates are calculated. Moreover, rates based on 30 or fewer deaths shown in this table are identified by the symbol (◊).

Le troisième critère est fondé sur l'argument suivant : si 25 p. 100 des décès sont classés comme dus à des causes mal définies, les chiffres relatifs aux autres causes de la Liste doivent être sensiblement inférieurs à la réalité. Le seuil a été délibérément placé haut afin d'exclure toutes les données de qualité médiocre. De plus, il faut admettre que ce critère ne s'étend pas aux pourcentages, tout aussi indicatifs, de la catégorie résiduelle 'Toutes autres maladies' (B46 dans la huitième révision, AM49 dans la neuvième), qui groupe souvent une proportion exceptionnellement forte du nombre total des décès.

Calcul des taux : Dans la Partie A, les taux correspondant aux catégories AM1 à AM16, AM19 à AM40, AM45 et AM48 à AM55 représentent le nombre annuel de décès signalés dans chaque groupe, pour l'année, dans une population de 100 000 personnes en millieu d'années. Les taux correspondant aux autres catégories de causes correspondent aux populations les plux semblables à la population exposée. Les taux correspondant aux catégories AM17 et AM18 (tumeurs malignes du sein et tumeurs malignes du col de l'utérus) sont calculés sur une population de 100 000 femmes de 15 ans ou plus. Les taux correspondant à la catégorie AM41 (hyperplasie de la prostate) sont calculés sur une population de 100 000 personnes de sexe masculin âgées de 50 ans ou plus, et les taux pour la catégorie AM42 (avortements), les catégories AM43 et AM44 (causes obstétricales directes et indirectes). la catégorie AM46 (traumatisme obstétrical) et enfin la catégorie AM47 (autres affections dont l'origine se situe dans la période périnatale) sont calculés sur 100 000 naissances vivantes de la même année.

Dans la Partie B, les taux correspondant aux catégories de causes B1 à B38, B42 et B45 à BE50 représentent le nombre annuel de décès attribués à chaque catégorie de causes, dans l'année, pour 100 000 habitants en millieu d'anné. Dans les autres catégories de causes, on s'est fondé sur les populations les plus semblables de la population exposée, comme on le verra plus loin, . Les taux correspondant à la catégorie B39 (hypertrophie de la prostate) sont calculés sur 100 000 personnes de sexe masculin âgées de 50 ans ou plus. Les taux correspondant à B40 (avortements) sont calculés sur 100 000 naissances vivantes, les taux pour la catégorie B41 (autres complications de la grossesse, de l'accouchement et des suites de couches et accouchement sans mention de complication) sont calculés sur 100 000 naissances vivantes de la même année, enfin les taux correspondant à la catégorie B43 (lésions obstétricales, accouchements dystociques et autres états anoxémiques et hypoxémiques) et à la catégorie B44 (autres causes de mortalité périnatale) sont calculés sur 100 000 naissances vivantes de la même année.

Comme on l'a dit, les taux et les nombres figurant dans ce tableau ne concernent que les pays ou zones où l'on a relevé 1 000 décès de toutes causes dans l'année, ainsi que 25 p. 100 au plus de décès imputés à une cause mal définie (B45 ou AM48). Dans certains cas, on n'a pas calculé les taux de mortalité selon la cause car l'on ne disposait pas des informations sur la population qui étaient nécessaires pour déterminer le dénominateur. Cela peut se présenter dans deux cas. Dans le premier, on n'a pas d'informations sur la population exposée au risque. Dans le second, il n'existe de statistique selon les causes de décès que pour une partie limitée du pays, et il n'est pas possible de s'informer particulièrement les naissances ou sur la population exposée dans cette région géographique limitée. Le même cas se présente lorsque les données concernant les décès selon la cause ne se rapportent qu'aux décès médicalement certifiés et lorsque ces décès ne représentent pas une fraction importante de l'ensemble des décès dans le pays ou la zone; alors, il n'a pas été calculé de taux. De plus, les taux calculés sur la base de 30 décès ou moins, qui sont indiqués dans le tableau, sont identifiées par le signe.

Reliability of data: Data from civil registers of deaths which are reported as incomplete (less than 90 per cent completeness) or of unknown completeness are considered unreliable and are set in italics rather than in roman type. Rates calculated using these data are also set in italics. Table 18 and the Technical Notes for that table provide more detailed information on the completeness of death registration.
For more information about the quality of vital statistics data in general, and the information available on the basis of the completeness estimates in particular, see section 4.2 of the Technical Notes.

In general, the quality code for deaths shown in table 18 is used to determine whether data on deaths in other tables appear in roman or italic type. However, some data on deaths by cause are shown in italics in this table when it is known that the quality, in terms of completeness, differs greatly from the completeness of the registration of the total number of deaths. In cases when the quality code in table 18 does not correspond with the type-face used in this table, relevant information regarding the completeness of cause-of-death statistics is given in a footnote.

Limitations: Statistics on deaths by cause are subject to the same qualifications as have been set forth for vital statistics in general and death statistics in particular as discussed in section 4 of the Technical Notes.

The reliability of the data, an indication of which is described above, is an important factor in considering the limitations. In addition, some deaths are tabulated by date of registration and not by date of occurrence; these have been indicated by a (+). Whenever the lag between the date or if occurrence and date of registration is prolonged and, therefore, a large proportion of the death registrations are delayed, death statistics for any given year may be seriously affected.

In considering cause-of-death statistics it is important to take account of the differences among countries or areas in the quality, availability, and efficiency of medical services, certification procedures, and coding practices. In most countries or areas, when a death is registered and reported for statistical purposes, the cause of death is required to be stated.

This statement of cause may have several sources: (1) If the death has been followed by an autopsy, presumably the "true" cause will have been discovered; (2) If an autopsy is not performed but the decedent was treated prior to death by a medical attendant, the reported cause of death will reflect the opinion of that physician based on observation of the patient while he was alive; (3) If, on the other hand, the decedent has died without medical attendance, his body may be examined (without autopsy) by a physician who, aided by the questioning of persons who saw the patient before death, may come to a decision as to the probable cause of death; (4) Still another possibility is that a physician or other medically trained person may question witnesses without seeing the decedent and arrive at a diagnosis; (5) Finally, there is the case where witnesses give the cause of death without benefit of medical advice or questioning. These five possible sources of information on cause of death constitute in general five degrees of decreasing accuracy in reporting.

Fiabilité des données : Les données sur les décès provenant des registres d'état civil qui sont déclarées incomplètes (degré d'exhaustivité inférieur à 90 p.100) ou dont le degré d'exhaustivité n'est pas connu sont jugées douteuses et apparaissent en italique et non en caractères romains. Les taux calculés à partir de ces données apparaissent eux aussi en italique.

Le tableau 18 et les Notes techniques se rapportant à ce tableau présentent des renseignements plus détaillés sur le degré d'exhaustivité de l'enregistrement des décès. Pour plus de précisions sur la qualité des statistiques de l'état civil en général, et sur les estimations de l'exhaustivité en particulier, voir la section 4.2 des Notes techniques.

En général, le code de qualité des données sur les décès indiqué au tableau 18 sert à déterminer si, dans les autres tableaux, les données de mortalité apparaissent en caractères romains ou en italique. Toutefois, certaines données sur les décès selon la cause figurent en italique dans le présent tableau lorsqu'on sait que leur exhaustivité diffère grandement de celle des données sur le nombre total des décès. Dans les cas où le code de qualité du tableau 18 ne correspond pas aux caractères utilisés dans le présent tableau, les renseignements concernant le degré d'exhaustivité des statistiques des décès selon la cause sont indiqués en note à la fin du tableau.

Insuffisance des données : Les statistiques des décès selon la cause appellent toutes les réserves qui ont été faites à propos des statistiques de l'état civil en général et des statistiques de mortalité en particulier (voir explications à la section 4 des Notes techniques).

La fiabilité des données, au sujet de laquelle des indications ont été fournies plus haut, est un facteur important en l'occurrence. Il faut également tenir compte du fait que, dans certains cas, les données relatives aux décès sont classées par date d'enregistrement et non par date effective; ces cas ont été identifiés par le signe(+). Lorsque le décalage entre le décès et son enregistrement est grand, c'est-à-dire qu'une forte proportion des décès fait l'objet d'un enregistrement tardif, les statistiques des décès de l'année peuvent être sérieusement faussées.

Lorsqu'on étudie les statistiques des causes de décès, il importe de tenir compte des différences existant entre pays ou zones du point de vue de la qualité, de l'accessibilité et de l'efficacité des services médicaux, ainsi que des méthodes d'établissement des certificats de décès et des procédés de codage. Dans la plupart des pays ou zones, lorsqu'un décès est enregistré et déclaré aux fins de statistique, le bulletin établi doit mentionner la cause du décès.

Or, la déclaration de la cause peut émaner de plusieurs sources : 1) si le décès a été suivi d'une autopsie, il est probable qu'on en aura décelé la cause 'véritable'; 2) s'il n'y a pas eu d'autopsie, mais si le défunt avait reçu, avant sa mort, les soins d'un médecin, la déclaration de la cause du décès reflétera l'opinion de ce médecin, fondée sur l'observation de malade alors qu'il vivait encore; 3) si, au contraire, le défunt est mort sans avoir reçu de soins médicaux, il se peut qu'un médecin examine le corps (sans qu'il soit fait d'autopsie), auquel cas il pourra, en questionnant les personnes qui ont vu le malade avant sa mort, se former une opinion sur la cause probable du décès; 4) il se peut encore que, sans voir le corps, un médecin ou une autre personne de formation médicale interroge des témoins et arrive ainsi à un diagnostic; 5) enfin, il y a le cas où de simples témoins indiquent une cause de décès sans l'avis d'un médecin. A ces cinq sources de renseignements possibles correspondent généralement cinq degrés décroissants d'exactitude des données.

Serious difficulties of comparability may stem also from differences in the form of death certificate being used, an increasing tendency to enter more than one cause of death on the certificate and diversity in the principles by which the primary or underlying cause is selected for statistical use when more than one is entered. 56

La comparabilité est aussi parfois très difficile à assurer par suite des différences existant dans la forme des certificats de décès utilisés, de la tendance croissante à indiquer plus d'une cause de décès sur le certificat, et de la diversité des principes régissant le choix de la cause principale ou initiale à retenir dans les statistiques quand le certificat indique plus d'une cause 56.

Differences in terminology used to identify the same disease also result in lack of comparability in statistics. These differences may arise in the same language in various parts of one country or area, but they are particularly troublesome between different languages. They arise even in connection with the medically certified deaths, but they are infinitely more varied and obscure in causes of death reported by lay persons. This problem of terminology and its solution are receiving attention by the World Health Organization.

Les différences entre les termes utilisés pour désigner la même maladie compromettent aussi la comparabilité des statistiques. On en rencontre parfois d'une région à l'autre d'un même pays ou d'une même zone où toute la population parle la même langue, mais elles sont particulièrement gênantes lorsque plusieurs langues interviennent. Ces différences soulèvent des difficultés même quand les décès sont certifiés par un médecin, mais elles sont infiniment plus grandes et plus difficiles à éclaircir lorsque la cause du décès est indiquée par de simples témoins. L'Organisation mondiale de la santé s'emploie à étudier et à résoudre ce problème de terminologie.

Coding problems, and problems in interpretation of rules, arise constantly in using the various revisions of the International Statistical Classification of Diseases, Injuries and Causes of Death. Lack of uniformity between countries or areas in these interpretations and in adapting rules to national needs results in lack of comparability which can be observed in the statistics. It is particularly evident in causes which are coded differently according to the age of the decedent, such as pneumonia, diarrhoeal diseases and others. Changing interpretations and new rules can also introduce disparities into the time series for one country or area. Hence, large increases or decreases in deaths reported from specified diseases should be examined carefully for possible explanations in terms of coding practice, before they are accepted as changes in mortality.

En outre, des problèmes de codage et d'interprétation des règles se posent constamment lorsqu'on utilise les diverses révisions de la Classification statistique internationale des maladies, traumatismes et causes de décès. Les pays ou zones n'interprètent pas ces règles de manière uniforme et ne les adaptent pas de la même façon à leurs besoins; la comparabilité s'en ressent, comme le montrent les statistiques. Cela est particulièrement vrai pour les causes comme la pneumonie et les maladies diarrhéiques et autres, qui sont codées différemment selon l'âge du défunt. Les changements d'interprétation et l'adoption de nouvelles règles peuvent aussi introduire des divergences dans les séries chronologiques d'un même pays ou d'une même zone. En conséquence, il convient d'examiner attentivement les cas où le nombre de décès attribués à des maladies déterminées s'accroît ou diminue fortement, pour s'assurer, avant de conclure à une évolution de la mortalité, que le changement n'est pas dû à la méthode de codage.

Further limitations of statistics by cause of death result from the periodic revision of the International Classification of Diseases. Each country or area reporting cause-of-death statistics in this table used either the 1965 or 1975 revision, a comparison of which is shown in Section 4.3 of the Technical Notes. In addition to the qualifications explained in footnotes, particular care must be taken in using distributions with relatively large numbers of deaths attributed to ill-defined causes (B45 or AM48) or the all-other-causes group (B46 or AM49). Large frequencies in the two categories may indicate that cause of death among whole segments of the population has been undiagnosed, and the distribution of known causes in such cases is likely to be quite unrepresentative of the situation as a whole.

D'autres irrégularités statistiques, s'agissant des causes de décès, résultent des révisions périodiques de la Classification internationale des maladies. Tous les pays ou zones qui ont présenté des statistiques reprises dans ce tableau ont utilisé soit la révision de 1965, soit celle de 1975, qui sont comparées dans la section 4.3 des Notes techniques. Outre les réserves expliquées dans les notes, il faudra interpréter avec beaucoup de prudence les répartitions comportant un nombre relativement élevé de décès attribués à des causes mal définies ou inconnues (B45 ou AM48) ou au groupe 'Toutes autres maladies' (B46 ou AM49). Si les chiffres donnés pour ces deux catégories sont importants, c'est sans doute parce que les décès survenus dans des groupes entiers de la population n'ont fait l'objet d'aucun diagnostic; en pareil cas, il est probable que la répartition des causes connues est loin de donner une vue exacte de la situation d'ensemble.

The possibility of error being introduced by the exclusion of deaths of infants who were born alive but died before the registration of the birth or within the first 24 hours of life should not be overlooked. These infant deaths are incorrectly classified as late foetal deaths. In several countries or areas, tabulation procedures have been devised to separate these pseudo-late-foetal deaths from true late foetal deaths and to incorporate them into the total deaths, but even in these cases there is no way of knowing the cause of death. Such distributions are footnoted.

Il ne faut pas négliger non plus le risque d'erreur que peut présenter l'exclusion des enfants nés vivants mais décédés avant l'enregistrement de leur naissance, ou dans les 24 heures qui ont suivi la naissance. Ces décès sont classés à tort dans les morts foetales tardives. Dans plusieurs pays ou zones, les méthodes d'exploitation permettent de différencier ces pseudo-morts foetales tardives des morts foetales tardives véritables et de les ajouter au nombre total des décès, mais, là encore, il est impossible de connaître la cause du décès. Ces répartitions sont signalées en note.

For a further detailed discussion of the development of statistics of causes of death and the problems involved, see chapter II of the Demographic Yearbook 1951.

Pour un exposé plus détaillé de l'évolution des statistiques des causes de décès et des problèmes qui se posent, voir le chapitre II de l'Annuaire démographique 1951.

Coverage: Deaths and death rates by cause are shown for 89 countries or areas (85 in part A and 4 in part B).

Data for ethnic or geographical segments of the population are included in the absence of national figures. These data are not presented as being representative of national level statistics but as an index of the availability of statistics.

Earlier data: Deaths and death rates by cause have been shown in previous issues of the Demographic Yearbook. For information on specific years covered, readers should consult the Index.

Portée : Ce tableau présente des statistiques des décès selon la cause (nombre et taux) pour 89 pays ou zones 85 dans la Partie A et 4 dans la Partie B).

Données publiées antérieurement : Des statistiques des décès selon la cause (nombre et taux) figurent déjà dans des éditions antérieures de l'Annuaire démographique.

Pour plus de précisions concernant les années pour lesquelles ces données ont été publiées, se reporter à l'Index.

Table 22

Table 22 presents expectation of life at specified ages for each sex for the latest available year.

Description of variables: Expectation of life is defined as the average number of years of life which would remain for males and females reaching the ages specified if they continued to be subjected to the same mortality experienced in the year(s) to which these life expectancies refer.

The table shows life expectancy according to an abridged life table or a complete life table as reported by the country. Values from complete life tables are shown in this table only when a more recent abridged life table is not available.

Male and female expectations are shown separately for selected ages beginning at birth (age 0) and proceeding with ages 1, 2, 3, 4, 5, 10, 15, 20, 25, 30, 35, 40,45, 50, 55, 60, 65, 70, 75, 80 and 85 years.

Life expectancy is shown with two decimals regardless of the number of digits provided in the original computation.

The data come mainly from the official life tables of the countries or areas concerned. Where official data are lacking, estimates of life expectancy at birth, prepared by the Population Division of the United Nations Secretariat, are included. These estimates have been prepared by use of the techniques described in the United Nations Manual on Methods of Estimating Basic Demographic Measures from Incomplete Data [57] and the application of assumed rates of gain in life expectancy based on model life tables [58] and other information. United Nations estimates are identified in the table by footnotes.

Life table computation: From the demographic point of view, a life table is regarded as a theoretical model of a population which is continuously replenished by births and depleted by deaths. The model gives a complete picture of the mortality experience of a population based on the assumption that the theoretical cohort is subject, throughout its existence, to the age-specific mortality rates observed at a particular time. Thus levels of mortality prevailing at the time a life table is constructed are assumed to remain unchanged into the future until all members of the cohort have died.

Tableau 22

Le tableau 22 présente les espérances de vie à des âges déterminés, pour chaque sexe, pour la dernière année disponible.

Description des variables : L'espérance de vie est le nombre moyen d'années restant à vivre aux personnes du sexe masculin et du sexe féminin atteignant les âges indiqués si elles continuent d'être soumises aux mêmes conditions de mortalité que celles qui existaient pendant les années auxquelles se rapportent les valeurs considérées.

Dans le tableau figurent les espérances de vie calculées, selon une table de mortalité abrégée ou une table de mortalité complète, par le pays même. On ne trouve dans le tableau des chiffres calculés à partir de tables de mortalité complètes que lorsqu'il n'en existe pas sur la base de tables de mortalité plus récentes abrégées.

Les chiffres sont présentés séparément pour chaque sexe à partir de la naissance (âge 0) et pour les âges suivants : 1, 2, 3, 4, 5,10, 15, 20, 25, 30, 35, 40, 45, 50, 55, 60, 65, 70, 75, 80 et 85 ans.

Les espérances de vie sont chiffrées à deux décimales, indépendamment du nombre de celles qui figurent dans le calcul initial.

Ces données proviennent surtout des tables officielles de mortalité des pays ou zones auxquels elles se rapportent. Toutefois, là où il n'existait pas de données officielles, on a présenté des estimations concernant l'espérance de vie à la naissance établies par la Division de la population du Secrétariat de l'ONU. Ces estimations ont été calculées à l'aide des techniques mentionnées dans le Manuel des Nations Unies sur les méthodes permettant d'estimer les mesures démographiques fondamentales à partir de données incomplètes [57] et en appliquant des taux hypothétiques de gain d'espérance de vie fondés sur des tables types de mortalité [58] et sur d'autres renseignements. Les estimations de l'ONU sont signalées en note à la fin du tableau.

Calcul des tables de mortalité : Du point de vue démographique, les tables de mortalité sont considérées comme des modèles théoriques représentant une population constamment reconstituée par les naissances et réduite par les décès. Ces modèles donnent un aperçu complet de la mortalité d'une population, reposant sur l'hypothèse que chaque cohorte théoriquement distinguée connaît, pendant toute son existence, la mortalité par âge observée à un moment donné. Les mortalités correspondant à l'époque à laquelle sont calculées les tables de mortalité sont ainsi censées demeurer inchangées dans l'avenir jusqu'au décès de tous les membres de la cohorte.

The starting point for the calculation of life-table values is usually the computation of death rates for the various age groups. From these rates other functions are derived, and from the latter functions survival ratios are derived, expressing the proportion of persons, among those who survive to a given age, who live on and attain the next age level.

The functions of the life table are calculated in the following sequence: (1) mx, the death rate among persons of a given age, x; (2) qx, the probability of dying within a given age interval, (3) lx, the number of survivors to a specific age from an assumed initial number of births; (4) Lx, the number of years lived collectively by those survivors within the given age interval; (5) Tx, person-years lived by a hypothetical cohort from age x and onward; and (6) eox, the expectation of life of an individual of given age.

In all these symbols, the suffix "x" denotes age. It denotes either the lower limit of an age group or the entire age group, depending on the nature of the function. In standard usage a subscript "n" preceeds each of these functions. In a complete life table n is 1 and is frequently omitted. In an abridged life table by five-year age groups, "n" becomes 5.

The life-table death rate, qx, expresses the probability that an individual about to enter an age group will die before reaching the upper limit of that age group. In many instances the value shown is 1,000 qx. For a complete life table, 1,000q10 = 63.0 is interpreted to mean that of 1,000 persons reaching age 10, 63 will die before their eleventh birthday. From an abridged life table 1,000q10 = 63 is interpreted to mean that of 1,000 persons reaching age 10, only 63 die before their fifteenth birthday.

The number of survivors to the given exact age is symbolized by lx, where the suffix "x" indicates the lower limit of each age group. In most life tables, 100,000 births are assumed and the lx function shows how many of the 100,000 reach each age.

Expectation of life, ex, is defined as the average number of years of life which would remain for males and females reaching the ages specified if they continued to be subjected to the same mortality experienced in the year(s) to which these life expectancies refer. 59

Reliability of data: Since the values shown in this table come either from official life tables or from estimates prepared at the United Nations, they are all considered to be reliable. With regard to the values taken from official life tables, it is assumed that, if necessary, the basic data (population and deaths classified by age and sex) have been adjusted for deficiencies before their use in constructing the life tables.

Limitations: Expectation-of-life values are subject to the same qualifications as have been set forth for population statistics in general and death statistics in particular, as discussed in sections 3 and 4, respectively, of the Technical Notes.

Le point de départ du calcul des tables de mortalité consiste d'ordinaire à calculer les taux de mortalité des divers groupes d'âges. A partir de ces taux, on détermine d'autres paramètres, puis, à partir de ces paramètres, des quotients de survie mesurant la proportion de personnes, parmi les survivants jusqu'à un âge donné, qui atteignent le palier d' âge suivant.

Les paramètres des tables de mortalité sont calculés dans l'ordre suivant : 1) mx, taux de mortalité des individus d'un âge donné x; 2) qx, probabilité de décès entre deux âges donnés; 3) 1x, nombre de survivants jusqu'à un âge donné à partir d'un nombre initial supposé de naissances; 4) Lx, nombre d'années vécues collectivement par les survivants du groupe d'âges considérés; 5) Tx, nombre d'années personne vécues par la cohorte hypothétique à partir de l'âge x, enfin , 6) espérance de vie d'une personne d'âge donné.

Dans tous ces symboles, l'indice(x)désigne l'âge, c'est-à-dire soit la limite inférieure d'une fourchette d'âges, soit le groupe d'âges dans son entier, selon la nature du paramètre. Normalement, un 'n' précède chacun de ces paramètres. Dans les tables de mortalité complètes, n = 1 et on l'omet fréquemment. Dans les tables de mortalité abrégées par groupes quinquennaux, 'n' devient 5.

Le taux de mortalité actuariel, qx exprime la probabilité qu'a un individu sur le point d'accéder à un groupe d'âges de mourir avant d'avoir atteint la limite supérieure de la fourchette des âges de ce groupe. Dans beaucoup de cas, la valeur retenue est 1000 qx. Dans les tables de mortalité complètes, 1000 q 10 = 63,0 signifie que, sur 1000 personnes atteignant l'âge 10,63 décéderont avant leur onzième anniversaire. Dans les tables de mortalité abrégées, 1 000 q10 = 63 signifie que, sur 1 000 personnes atteignant l'âge 10, 63 seulement décéderont avant leur quinzième anniversaire.

Le nombre de survivants jusqu'à l'âge exact donné est représenté par lx, où l'indice 'x' indique la limite inférieure de chaque groupe d'âges. Dans la plupart des tables de mortalité, on se base sur 100 000 naissances et le paramètre lx indique le nombre de survivants de cette cohorte de 100 000 qui atteint chaque âge.

L'espérance de vie ex se définit comme le nombre moyen d'années de survie des hommes et des femmes qui ont atteint les âges indiqués, au cas où leur cohorte continuerait d'être soumise à la même mortalité que dans l'année ou les années auxquelles se réfère l'espérance de vie 59.

Fiabilité des donnés : Etant donné que les chiffres figurant dans ce tableau proviennent soit de tables officielles de mortalité, soit d'estimations établies par l'ONU, elles sont toutes présumées sûres. En ce qui concerne les chiffres tirés de tables officielles de mortalité, on suppose que les données de base (effectif de la population et nombre de décès selon l'âge et le sexe) ont été ajustées, en tant que de besoin, avant de servir à l'établissement de la table de mortalité.

Insuffisance des données : Les espérances de vie appellent les mêmes réserves que celles qui ont été formulées à propos des statistiques de la population en général et des statistiques de mortalité en particulier (voir explications aux sections 3 et 4, respectivement, des Notes techniques).

Perhaps the most important specific qualifications which can be set forth in connection with expectation-of-life values is that they must be interpreted strictly in terms of the underlying assumption that surviving cohorts are subjected to the age-specific mortality rates of the period to which the life table refers.

Coverage: Expectation of life at specified ages for each sex is shown for 191 countries or areas.

Earlier data: Expectation of life at specified ages for each sex has been shown in previous issues of the Demographic Yearbook. Data included in this table update the series covering a period of years as follows:

Issues	Years covered
Special Issue	1900-1990
Historical Supplement	1948-1977
1948	1896-1947

Data in machine-readable form: Data shown in this table are available in magnetic tape at a cost of US$150 for all available years as shown below:

Total	1948-1994

La principale réserve à faire au sujet des espérances de vie est peut-être que, lorsqu'on interprète les données, il ne faut jamais perdre de vue que, par hypothèse, les cohortes de survivants sont soumises, pour chaque âge, aux conditions de mortalité de la période visée par la table de mortalité.

Portée : Ce tableau présente les espérances de vie à des âges déterminés pour chaque sexe, pour 191 pays ou zones.

Données publiées antérieurement : Des espérances de vie à des âges déterminés pour chaque sexe figurent déjà dans des éditions antérieures de l'Annuaire démographique. Les données présentées dans ce tableau mettent à jour les périodes d'années suivantes :

Editions	Années considérées
Edition spéciale	1900-1990
Supplément rétrospectif	1948-1977
1948	1896-1947

Données sur support magnétique: Il est possible de se procurer sur bande magnétique, moyennant de paiement d'une somme $150 les données dans ce tableau pour tous les années disponibles suivantes:

Total	1948-1994

Table 23

Table 23 presents number of marriages and crude marriage rates by urban/rural residence for as many years as possible between 1991 and 1995.

Description of variables: Marriage is defined as the act, ceremony or process by which the legal relationship of husband and wife is constituted. The legality of the union may be established by civil, religious, or other means as recognized by the laws of each country.60

Marriage statistics in this table, therefore, include both first marriages and remarriages after divorce, widowhood or annulment. They do not, unless otherwise noted, include resumption of marriage ties after legal separation. These statistics refer to the number of marriages performed, and not to the number of persons marrying.

Statistics shown are obtained from civil registers of marriage. Exceptions, such as data from church registers, are identified in the footnotes.

The urban/rural classification of marriages is that provided by each country or area; it is presumed to be based on the national census definitions of urban population which have been set forth at the end of table 6.

Rate computation: Crude marriage rates are the annual number of marriages per 1,000 mid-year population.

Tableau 23

Le tableau 23 présente des données sur les mariages et les taux bruts de nuptialité selon la résidence (urbaine/rurale) pour le plus grand nombre possible d'années entre 1991 et 1995.

Description des variables : Le mariage désigne l'acte, la cérémonie ou la procédure qui établit un rapport légal entre mari et femme. L'union peut être rendue légale par une procédure civile ou religieuse, ou par toute autre procédure, conformément à la législation du pays 60.

Les statistiques de la nuptialité présentées dans ce tableau comprennent donc les premiers mariages et les remariages faisant suite à un divorce, un veuvage ou une annulation. Toutefois, sauf indication contraire, elles ne comprennent pas les unions reconstituées après une séparation légale. Ces statistiques se rapportent au nombre de mariages célébrés, non au nombre de personnes qui se marient.

Les statistiques présentées reposent sur l'enregistrement des mariages par les services de l'état civil. Les exceptions (données tirées des registres des églises, par exemple) font l'objet d'une note au bas du tableau.

La classification des mariages selon la résidence (urbaine/rurale) est celle qui a été fournie par chaque pays ou zone; il faut en conclure qu'elle repose sur les définitions de la population urbaine utilisées pour les recensements nationaux telles qu'elles sont reproduites à la fin du tableau 6.

Calcul des taux : Les taux bruts de nuptialité représentent le nombre annuel de mariages pour 1000 habitants au milieu de l'année.

Rates by urban/rural residence are the annual number of marriages, in the appropriate urban or rural category, per 1,000 corresponding mid-year population.

Rates presented in this table have been limited to those for countries or areas having at least a total of 100 marriages in a given year. Moreover, rates based on 30 or fewer marriages are identified by the symbol (◊).

These rates, unless otherwise noted, have been calculated by the Statistics Division of the United Nations.

Reliability of data: Each country or area has been asked to indicate the estimated completeness of the number of marriages recorded in its civil register. These national assessments are indicated by the quality codes C, U and ... that appear in the first column of this table.

C indicates that the data are estimated to be virtually complete, that is, representing at least 90 per cent of the marriages occurring each year, while U indicates that data are estimated to be incomplete, that is, representing less than 90 per cent of the marriages occurring each year. The code (...) indicates that no information was provided regarding completeness.

Data from civil registers which are reported as incomplete or of unknown completeness (coded U or ...) are considered unreliable. They appear in italics in this table. When data so coded are used to calculate rates, the rates also appear in italics.

These quality codes apply only to data from civil registers. For more information about the quality of vital statistics data in general, see section 4.2 of the Technical Notes.

Limitations: Statistics on marriages are subject to the same qualifications which have been set forth for vital statistics in general and marriage statistics in particular as discussed in section 4 of the Technical Notes.

The fact that marriage is a legal event, unlike birth and death which are biological events, has implications for international comparability of data. Marriage has been defined, for statistical purposes, in terms of the laws of individual countries or areas.

These laws vary throughout the world. In addition, comparability is further limited because some countries or areas compile statistics only for civil marriages although religious marriages may also be legally recognized; in others, the only available records are church registers and, therefore, the statistics do not relate to marriages which are civil marriages only.

Because in many countries or areas marriage is a civil legal contract which, to establish its legality, must be celebrated before a civil officer, it follows that for these countries or areas registration would tend to be almost automatic at the time of, or immediately following, the marriage ceremony.

This factor should be kept in mind when considering the reliability of data, described above.

Les taux selon la résidence (urbaine/rurale) représentent le nombre annuel de mariages, classés selon la catégorie urbaine ou rurale appropriée, pour 1000 habitants au milieu de l'année.

Les taux de ce tableau ne se rapportent qu'aux pays ou zones où l'on a enregistré un total d'au moins 100 mariages dans une année donnée. De plus, les taux calculés sur la base de 30 mariages ou moins, qui sont indiqués dans le tableau sont identifiés par le signe.

Sauf indication contraire, ces taux ont été calculés par la Division de statistique de l'ONU.

Fiabilité des données : Il a été demandé à chaque pays ou zone d'indiquer le degré estimatif de complétude des données sur les mariages figurant dans ses registres d'état civil. Ces évaluations nationales sont désignées par les codes de qualité C, U et ... qui apparaissent dans la première colonne du tableau.

La lettre (C)indique que les données sont jugées à peu près complètes, c'est-à-dire qu'elles représentent au moins 90 p. 100 des mariages survenus chaque année; la lettre (U) indique que les données sont jugées incomplètes, c'est-à-dire qu'elles représentent moins de 90 p. 100 des mariages survenus chaque année. Le signe(...) indique qu'aucun renseignement n'a été fourni quant à la complétude des données.

Les données provenant des registres de l'état civil qui sont déclarées incomplètes ou dont le degré de complétude n'est pas connu (et qui sont affectées de la lettre (U) ou du signe (...) sont jugées douteuses. Elles apparaissent en italique dans le présent tableau. Lorsque ces données sont utilisées pour calculer des taux, ces taux apparaissent eux aussi en italique.

Ces codes de qualité ne s'appliquent qu'aux données tirées des registres de l'état civil. Pour plus de précisions sur la qualité des données reposant sur les statistiques de l'état civil en général, voir la section 4.2 des Notes techniques.

Insuffisance des données : Les statistiques des mariages appellent toutes les réserves qui ont été formulées à propos des statistiques de l'état civil en général et des statistiques de la nuptialité en particulier (voir explications figurant à la section 4 des Notes techniques).

Le fait que le mariage soit un acte juridique, à la différence de la naissance et du décès, qui sont des faits biologiques, a des répercussions sur la comparabilité internationale des données. Aux fins de la statistique, le mariage est défini par la législation de chaque pays ou zone.

Cette législation varie d'un pays à l'autre. La comparabilité est limitée en outre du fait que certains pays ne réunissent des statistiques que pour les mariages civils, bien que les mariages religieux y soient également reconnus par la loi; dans d'autres, les seuls relevés disponibles sont les registres des églises et, en conséquence, les statistiques ne rendent pas compte des mariages exclusivement civils.

Le mariage étant, dans de nombreux pays ou zones, un contrat juridique civil qui, pour être légal, doit être conclu devant un officier d'état civil, il s'ensuit que dans ces pays ou zones l'enregistrement se fait à peu près automatiquement au moment de la cérémonie ou immédiatement après. Il faut tenir compte de cet élément lorsqu'on étudie la fiabilité des données, dont il est question plus haut.

For this reason the practice of tabulating data by date of registration does not generally pose serious problems of comparability as it does in the case of birth and death statistics.

As indicators of family formation, the statistics on the number of marriages presented in this table are bound to be deficient to the extent that they do not include either customary unions, which are not registered even though they are considered legal and binding under customary law, or consensual unions (also known as extra-legal or de facto unions).

In general, low marriage rates over a period of years are an indication of high incidence of customary or consensual unions. This is particularly evident in Africa and Latin America.

In addition, it should be noted that rates are affected also by the quality and limitations of the population estimates which are used in their computation. The problems of under-enumeration or over-enumeration and, to some extent, the differences in definition of total population havebeen discussed in section 3 of the Technical Notes dealing with population data in general, and specific information pertaining to individual countries or areas is given in the footnotes to table 3. In the absence of official data on total population, United Nations estimates of mid-year population have been used in calculating some of these rates.

As will be seen from the footnotes, strict correspondence between the numerator of the rate and the denominator is not always obtained; for example, marriages among civilian and military segments of the population may be related to civilian population.

The effect of this may be to increase the rates or, if the population is larger than that from which the marriages are drawn, to decrease them, but, in most cases, it is probably negligible.

It should be emphasized that crude marriage rates like crude birth, death and divorce rates may be seriously affected by age-sex-marital structure of the population to which they relate. Like crude divorce rates they are also affected by the existing distribution of population by marital status. Nevertheless, crude marriage rates do provide a simple measure of the level and changes in marriage.

The comparability of data by urban/rural residence is affected by the national definitions of urban and rural used in tabulating these data. It is assumed, in the absence of specific information to the contrary, that the definitions of urban and rural used in connection with the national population census were also used in the compilation of the vital statistics for each country or area. However, the possibility cannot be excluded that, for a given country or area, the same definitions of urban and rural are not used for both the vital statistics data and the population census data. When known, the definitions of urban in national population censuses are presented at the end of table 6. As discussed in detail in the Technical Notes for table 6, these definitions vary considerably from one country or area to another.

C'est pourquoi la pratique consistant à exploiter les données selon la date de l'enregistrement ne pose généralement pas les graves problèmes de comparabilité auxquels on se heurte dans le cas des statistiques des naissances et des décès.

Les statistiques relatives au nombre des mariages présentées dans ce tableau donnent une idée forcément trompeuse de la formation des familles, dans la mesure où elles ne tiennent compte ni des mariages coutumiers, qui ne sont pas enregistrés bien qu'ils soient considérés comme légaux et créateurs d'obligations en vertu du droit coutumier, ni des unions consensuelles (appelées également unions non légalisées ou unions de fait).

En général, un faible taux de nuptialité pendant un certain nombre d'années indique une proportion élevée de mariages coutumiers ou d'unions consensuelles. Le cas est particulièrement manifeste en ce qui concerne l'Afrique et l'Amérique latine.

Il convient de noter par ailleurs que l'exactitude des taux dépend également de la qualité et des insuffisances des estimations de population qui sont utilisées pour leur calcul. Le problème des erreurs par excès ou par défaut commises lors du dénombrement et, dans une certaine mesure, le problème de l'hétérogénéité des définitions de la population totale ont été examinés à la section 3 des Notes techniques relative à la population en général; des indications concernant les différents pays ou zones sont données en note au bas du tableau 3. Lorsqu'il n'existait pas de chiffres officiels sur la population totale, ce sont les estimations de la population en milieu d'année, établies par le Secrétariat de l'ONU, qui ont servi pour le calcul des taux.

Comme on le constatera d'après les notes, il n'a pas toujours été possible, pour le calcul des taux, d'obtenir une correspondance rigoureuse entre le numérateur et le dénominateur. Par exemple, les mariages parmi la population civile et les militaires sont parfois rapportés à la population civile.

Cela peut avoir pour effet d'accroître les taux; au contraire, si la population de base englobe un plus grand nombre de personnes que celle dans laquelle les mariages ont été comptés, les taux seront plus faibles, mais, dans la plupart des cas, il est probable que la différence sera négligeable.

Il faut souligner que les taux bruts de nuptialité, de même que les taux bruts de natalité, de mortalité et de divortialité, peuvent varier sensiblement selon la structure par âge et par sexe de la population à laquelle ils se rapportent. Tout comme les taux bruts de divortialité, ils dépendent également de la répartition de la population selon l'état matrimonial. Les taux bruts de nuptialité offrent néanmoins un moyen simple de mesurer la fréquence et l'évolution des mariages.

La comparabilité des données selon la résidence (urbaine/rurale) peut être limitée par les définitions nationales des termes 'urbain' et 'rural' utilisées pour la mise en tableaux de ces données. En l'absence d'indications contraires, on a supposé que les définitions des termes 'urbain' et 'rural' utilisées pour le recensement national de la population avaient été utilisées pour l'établissement des statistiques de l'état civil pour chaque pays ou zone.
Toutefois, on ne peut exclure la possibilité que, pour un pays ou zone donné les mêmes définitions des termes 'urbain' et 'rural' n'aient pas été utilisées dans les deux cas. Les définitions du terme 'urbain' pour les recensements nationaux de population ont été présentées à la fin du tableau 6 lorsqu'elles étaient connues. Comme on l'a précisé en détail dans les Notes techniques relatives au tableau 6, ces définitions varient très sensiblement d'un pays ou d'une zone à l'autre.

In addition to problems of comparability, marriage rates classified by urban/rural residence are also subject to certain special types of bias. If, when calculating marriage rates, different definitions of urban are used in connection with the vital events and the population data, and if this results in a net difference between the numerator and denominator of the rate in the population at risk, then the marriage rates would be biased. Urban/rural differentials in marriage rates may also be affected by whether the vital events have been tabulated in terms of place of occurrence or place of usual residence. This problem is discussed in more detail in section 4.1.4.1 of the Technical Notes.

Coverage: Marriages are shown for 127 countries or areas. Data are presented for urban/rural residence for 38 countries or areas.

Crude marriage rates are shown for 125 countries or areas. Rates are presented for urban/rural residence for 29 countries or areas.

Earlier data: Marriages and crude marriage rates have been shown in each issue of the Demographic Yearbook. For information on specific years covered, readers should consult the Index.

Data in machine-readable form: Data shown in this table are available in magnetic tape at a cost of US$150 for all available years as shown below:

Total 1948-1995
Urban/rural 1972-1995

Table 24

Table 24 presents the marriages by age of groom and age of bride for the latest available year.

Description of variables: Marriages [61] include both first marriages and remarriages after divorce, widowhood or annulment. They do not, unless otherwise noted, include resumption of marriage ties after legal separation.

Age is defined as age at last birthday, that is, the difference between the date of birth and the date of the occurrence of the event, expressed in completed solar years. The age classification used in this table is the following: under 15 years, 5-year age groups through 55-59, 60 years and over, and age unknown. The same classification is used for both grooms and brides.

To aid in the interpretation of data this table also provides information on the legal minimum age for marriage for grooms and the corresponding age for brides. Information is not available for all countries and, even for those for which data are at hand, there is confusion as to what is meant by "minimum age for marriage".

Outre ces problèmes de comparabilité, les taux de nuptialité classés selon la résidence urbaine ou rurale sont également sujets à certains types particuliers d'erreurs. Si, lors du calcul de ces taux, des définitions différentes du terme "urbain" sont utilisées pour classer les faits d'état civil et les données relatives à la population, et s'il en résulte une différence nette entre le numérateur et le dénominateur pour le taux de la population exposée aurisque, les taux de nuptialité s'en trouveront faussés. La différence entre ces taux pour les zones urbaines et rurales pourra aussi être faussée selon que les faits d'état civil auront été classés d'après le lieu de l'événement ou le lieu de résidence habituelle. Ce problème est examiné plus en détail à la section 4.1.4.1 des Notes techniques.

Portée : Ce tableau présente des données sur le nombre des mariages pour 127 pays ou zones. Les répartitions selon la résidence (urbaine/rurale)intéressent 38 pays ou zones.

Ce tableau présente des taux bruts de nuptialité pour 125 pays ou zones. Les répartitions selon la résidence (urbaine/rurale) intéressent 29 pays ou zones.

Données publiées antérieurement : Des données sur le nombre des mariages ont été présentées
dans chaque édition de l'Annuaire démographique. Pour plus de précisions concernant lesannées pour lesquelles des données ont été publiées, se reporter à l'Index.

Données sur support magnétique: Il est possible de se procurer sur bande magnétique, moyennant de paiement d'une somme $150 les données dans ce tableau pour tous les années disponibles suivantes:

Total 1948-1995
Urbain/rural 1972-1995

Tableau 24

Le tableau 24 tableau présente des statistiques des mariages classés selon l'âge de l'époux et selon l'âge de l'épouse pour la dernière année disponible.

Description des variables : La notion de mariage [61] recouvre les premiers mariages et les remariages faisant suite à un divorce, un veuvage ou une annulation. Toutefois, sauf indication contraire, elle ne comprend pas les unions reconstituées après une séparation légale.

L'âge désigne l'âge au dernier anniversaire, c'est-à-dire la différence entre la date de naissance et la date de l'événement, exprimée en années solaires révolues. Le classement par âge utilisé dans le tableau 24 comprend les groupes suivants: moins de 15 ans, groupes quinquennaux jusqu'à 55 à 59 ans, 60 ans et plus, et âge inconnu. On a adopté la même classification pour les deux sexes.

Pour faciliter l'interprétation des données, ce tableau indique aussi l'âge minimal légal de nubilité pour le sexe masculin et pour le sexe féminin. On n'a pas à ce sujet de données pour tous les pays et, même lorsqu'on en possède, une certaine confusion subsiste sur ce qu'il faut entendre par "âge minimum du mariage".

In some cases, it appears to mean "age below which marriage is not valid without consent of parents or other specified persons"; in others, it is the "age below which valid marriage cannot be performed, irrespective of consent".

Beginning in 1986, the countries or areas providing data on marriages by age of bride and groom were requested to specify "the minimum legal age at which marraige with parental consent can occur". The minimum age shown in this table comes primarily from responses to this request.

Reliability of data : Data from civil registers of marriages which are reported as incomplete (less than 90 per cent completeness) or of unknown completeness are considered unreliable and are set in italics rather than in roman type. Table 23 and the Technical Notes for that table provide more detailed information on the completeness of marriage registration. For more information about the quality of vital statistics data in general, see section 4.2 of the Technical Notes.

Limitations : Statistics on marriages by age of groom and age of bride are subject to the same qualifications as have been set forth for vital statistics in general and marriage statistics in particular as discussed in Section 4 of the Technical Notes.

The fact that marriage is a legal event, unlike birth and death which are biological events, has implications for international comparability of data. Marriage has been defined, for statistical purposes, in terms of the laws of individual countries or areas. These laws vary throughout the world. In addition, comparability is further limited because some countries or areas compile statistics only for civil marriages although religious marriages may also be legally recognized; in others, the only available records are church registers and, therefore, the statistics do not relate to marriages which are civil marriages only.

Because in many countries or areas marriage is a civil legal contract which, to establish its legality, must be celebrated before a civil officer, it follows that for these countries or areas registration would tend to be almost automatic at the time of, or immediately following, the marriage ceremony. This factor should be kept in mind when considering the reliability of data, described above. For this reason the practice of tabulating data by date of registration does not generally pose serious problems of comparability as it does in the case of birth and death statistics.

Because these statistics are classified according to age, they are subject to the limitations with respect to accuracy of age reporting similar to those already discussed in connection with Section 3.1.3 of the Technical Notes. It is probable that biases are less pronounced in marriage statistics, because information is obtained from the persons concerned and since marriage is a legal act, the participants are likely to give correct information. However, in some countries or areas, there appears to be an abnormal concentration of marriages at the legal minimum age for marriage and at the age at which valid marriage may be contracted without parental consent, indicating perhaps an overstatment in some cases to comply with the law.

Dans certains cas, il semble qu'o; s'agisse de l'âge au-dessous duquelle mariage n'est pas valide sans le consentement des parents ou d'autres personnes autorisées'; dans d'autres, ce serait l'âge au-dessous duquel le mariage ne peut pas être valide, même avec le consentement des personnes responsables'.

A partir de 1986, il a été demandé aux pays ou zones qui fournissent des données sur les mariages selon l'âge de l'épouse et de l'époux de préciser l'âge de nubilité, à savoir l'âge minimum auquel le mariage peur avoir lien avec le consentement des parents'. Les chiffres d'âge minimum qui apparaissent dans le tableau proviennent principalement de renseignements communiqués en réponse à cette demande.

Fiabilité des données : Les données sur les mariages provenant des registres de l'état civil qui sont déclarées incomplètes (degré de complétude inférieur à 90 p. 100) ou dont le degré decomplétude n'est pas connu sont jugées douteuses et apparaissent en italique et non en caractères romains. Le tableau 23 et les Notes techniques s'y rapportant présentent des renseignements plus détaillés sur le degré de complétude de l'enregistrement des mariages. Pour plus de précisions sur la qualité des données reposant sur les statistiques de l'état civil en général, voir la section 4.2 des Notes techniques.

Insuffisance des données : Les statistiques des mariages selon l'âge de l'époux et selon l'âge de l'épouse appellent toutes les réserves qui ont été faites à propos des statistiques de l'état civil en général et des statistiques de la nuptialitée en particulier (voir explications à la section 4 des Notes techniques).

Le fait que le mariage soit un acte juridique, à la différence de la naissance et du décès, qui sont des faits biologiques, a des répercussions sur la comparabilité internationale des données. Aux fins de la statistique, le mariage est défini par la législation de chaque pays ou zone. Cette législation varie d'un pays à l'autre. La comparabilité est limitée en outre du fait que certains pays ne réunissent des statistiques que pour les mariages civils, bien que les mari ages religieux y soient également reconnus par la loi; dans d'autres, les seuls relevés disponibles sont les registres des églises et, en conséquence, les statistiques ne rendent pas compte des mariages exclusivement civils.

Le mariage étant, dans de nombreux pays ou zones, un contrat juridique civil qui, pour être légal, doit être conclu devant un officier d'état civil, il s'ensuit que, dans ces pays ou zones, l'enregistrement se fait à peu près automatiquement au moment de la cérémonie ou immédiatement après. Il fait tenir compte de cet élément lorsqu'on étudie la fiabilité des données, dont il est question plus haut. C'est pourquoi la pratique consistant à exploiter les données selon la date de l'enregistrement ne pose généralement pas les graves problèmes de comparabilité auxquels on se heurte dans le cas des statistiques des naissances et des décès.

Comme ces statistiques sont classées selon l'âge, elles appellent les mêmes réserves concernant l'exactitude des déclarations d'âge que celles dont il a déjà été fait mention dans la section 3.1.3 des Notes techniques. Il est probable que les statistiques de la nuptialité sont moins faussées par ce genre d'erreur, car les renseignements sont donnés par les intéressés eux-mêmes, et, comme le mariage et un acte juridique, il y a toutes chances pour que leurs déclarations soient exactes. Toutefois, dans certains pays ou zones, il semble y avoir une concentration anormale des mariages à l'âge minimal légal de nubilité ainsi qu'à l'âge auquel le mariage peut être valablement contracté sans le consentement des parents, ce qui peut indiquer que certains déclarants se vieillissent pour se conformer à la loi.

Aside from the possibility of age misreporting, it should be noted that marriage patterns at younger ages, that is, for ages up to 24 years, are indeed influenced to a large extent by laws regarding the minimum age for marriage. Information on legal minimum age for both grooms and brides is included in this table.

Factors which may influence age reporting particularly at older ages include an inclination to understate the age of bride in order that it may be equal to or less than that of the groom.

The absence of frequencies in the unknown age group does not necessarily indicate completely accurate reporting and tabulation of the age item. It is often an indication that the unknowns have been eliminated by assigning ages to them before tabulation, or by proportionate distribution after tabulation.

Another age-reporting factor which must be kept in mind in using these data is the variation which may result from calculating age at marriage from year of birth rather than from day, month and year of birth. Information on this factor is given in footnotes when known.

Coverage : Marriages by age of groom and age of bride are shown for 96 countries or areas.

Earlier data : Marriages by age of groom and age of bride have been shown for the latest available year in most issues of the Demographic Yearbook. In addition, issues, including those featuring marriage and divorce statistics, have presented data covering a period of years. For information on the years covered, readers should consult the Index.

Outre la possibilité d'erreurs dans les déclarations d'âge, il convient de noter que la législation fixant l'âge minimal de nubilité influe notablement sur les caractéristiques de la nuptialité pour les premiers âges, c'est-à-dire jusqu'à 24 ans. Le tableau 25 indique l'âge minimal légal de nubilité pour les époux et les épouses.

Parmi les facteurs pouvant exercer une influence sur les déclarations d'âge, en particulier celles qui sont faites par des personnes plus âgées, il faut citer la tendance à diminuer l'âge de l'épouse de façon qu'il soit égal ou inférieur à celui de l'époux.

Si aucun nombre ne figure dans la colonne réservée aux âges inconnus, cela ne signifie pas nécessairement que les déclarations d'âge et l'exploitation des données par âge aient été tout à fait exactes. C'est souvent une indication que l'on a attribué un âge aux personnes d'âge inconnu avant l'exploitation des données ou que celles-ci ont été réparties proportionnellement entre les différents groupes après cette opération.

Il importe de ne pas oublier non plus, lorsqu'on utilisera ces données, que l'on calcule parfois l'âge des conjoints au moment du mariage sur la base de l'année de naissance seulement et non d'après la date exacte (jour, mois et année) de naissance. Des renseignements à ce sujet sont fournis en note chaque fois que faire se peut.

Portée : Ce tableau présente des statistiques des mariages selon l'âge de l'époux et selon l'âge de l'épouse pour 96 pays ou zones.

Données publiées antérieurement : Des statistiques des mariages selon l'âge de l'époux et selon l'âge de l'épouse ont été présentées pour la dernière année disponible dans la plupart des éditions de l'Annuaire démographique. En outre, des éditions, y compris celles dont le sujet spécial était les statistiques de la nuptialité et de la divortialité, ont présenté des données qui portaient sur les périodes d'années. Pour plus de précisions concernant les années pour lesquelles ces données ont été publiées, on se reportera à l'Index.

Table 25

Table 25 presents number of divorces and crude divorce rates for as many years as possible between 1991 and 1995.

Description of variables: Divorce is defined as a final legal dissolution of a marriage, that is, that separation of husband and wife which confers on the parties the right to remarriage under civil, religious and/or other provisions, according to the laws of each country. 62

Unless otherwise noted, divorce statistics exclude legal separations which do not allow remarriage. These statistics refer to the number of divorces granted, and not to the number of persons divorcing.

Divorce statistics are obtained from court records and/or civil registers according to national practice. The actual compilation of these statistics may be the responsibility of the civil registrar, the national statistical office or other government offices.

Rate computation: Crude divorce rates are the annual number of divorces per 1,000 mid-year population.

Rates presented in this table have been limited to those for countries or areas having at least a total of 100 divorces in a given year.

Tableau 25

Le tableau 25 présente des statistiques des divorces pour le plus grand nombre d'années possible entre 1991 et 1995.Description des variables :

Le divorce est la dissolution légale et définitive des liens du mariage, c'est-à-dire la séparation de l'époux et de l'épouse qui confère aux parties le droit de se remarier civilement ou religieusement, ou selon toute autre procédure, conformément à la législation du pays 62.

Sauf indication contraire, les statistiques de la divortialité n'englobent pas les séparations légales qui excluent un remariage. Ces statistiques se rapportent aux jugements de divorce prononcés, non aux personnes divorcées.

Les statistiques de la divortialité sont tirées, selon la pratique suivie par chaque pays, des actes des tribunaux et ou des registres de l'état civil. L'officier d'état civil, les services nationaux de statistique ou d'autres services gouvernementaux peuvent être chargés d'établir ces statistiques.

Calcul des taux : Les taux bruts de divortialité représentent le nombre annuel de divorces enregistrés pour 1000 habitants au milieu de lannée.

Les taux de ce tableau ne se rapportent qu'aux pays ou zones où l'on a enregistré un total d'au moins 100 divorces dans une année donnée.

These rates, unless otherwise noted, have been calculated by the Statistics Division of the United Nations.

Reliability of data: Each country or area has been asked to indicate the estimated completeness of the divorces recorded in its civil register. These national assessments are indicated by the quality codes C, U and ... that appear in the first column of this table.

C indicates that the data are estimated to be virtually complete, that is, representing at least 90 per cent of the divorces occurring each year, while U indicates that data are estimated to be incomplete, that is, representing less than 90 per cent of the divorces occurring each year. The code (...) indicates that no information was provided regarding completeness.

Data from civil registers which are reported as incomplete or of unknown completeness (coded U or ...) are considered unreliable. They appear in italics in this table. When data so coded are used to calculate rates, the rates also appear in italics.

These quality codes apply only to data from civil registers. For more information about the quality of vital statistics data in general, see section 4.2 of the Technical Notes.

Limitations: Statistics on divorces are subject to the same qualifications as have been set forth for vital statistics in general and divorce statistics in particular as discussed in section 4 of the Technical Notes.

Divorce, like marriage, is a legal event, and this has implications for international comparability of data. Divorce has been defined, for statistical purposes, in terms of the laws of individual countries or areas. The laws pertaining to divorce vary considerably from one country or area to another. This variation in the legal provision for divorce also affects the incidence of divorce, which is relatively low in countries or areas where divorce decrees are difficult to obtain.

Since divorces are granted by courts and statistics on divorce refer to the actual divorce decree, effective as of the date of the decree, marked year-to-year fluctuations may reflect court delays and clearances rather than trends in the incidence of divorce. The comparability of divorce statistics may also be affected by tabulation procedures. In some countries or areas annulments and/or legal separations may be included. This practice is more common for countries or areas in which the number of divorces is small. Information on this practice is given in the footnotes when known.

Because the registration of a divorce in many countries or areas is the responsibility solely of the court or the authority which granted it, and since the registration recording such cases is part of the records of the court proceedings, it follows that divorces are likely to be registered soon after the decree is granted. For this reason the practice of tabulating data by date of registration does not generally pose serious problems of comparability as it does in the case of birth and death statistics.

Sauf indication contraire, ces taux ont été calculés par la Division de statistique de l'ONU.

Fiabilité des données : Il a été demandé à chaque pays ou zone d'indiquer le degré estimatif de complétude des données sur les divorces figurant dans ses registres d'état civil. Ces évaluations nationales sont désignées par les codes de qualité (C),(U) et (...) qui apparaissent dans la première colonne du tableau.

La lettre (C) indique que les données sont jugées à peu près complètes, c'est-à-dire qu'elles représentent au moins 90 p. 100 des divorces survenus chaque année; la lettre (U) indique que les données sont jugées incomplétes, c'est-à-dire qu'elles représentent moins de 90 p. 100 des divorces survenus chaque année. Le signe (...)indique qu'aucun renseignement n'a été fourni quant à la complétude des données.

Les données provenant des registres de l'état civil qui sont déclarées incomplètes ou dont le degré de complétude n'est pas connu (et qui sont affectées de la lettre (U)ou du signe(...) sont jugées douteuses. Elles apparaissent en italique dans le présent tableau. Lorsque ces données sont utilisées pour calculer des taux, ces taux apparaissent eux aussi en italique.

Ces codes de qualité ne s'appliquent qu'aux données tirées des registres de l'état civil. Pour plus de précision sur la qualité des données reposant sur les statistiques de l'état civil en général, voir la section 4.2 des Notes techniques.

Insuffisance des données : Les statistiques des divorces appellent toutes les réserves qui ont été formulées à propos des statistiques de l'état civil en général et des statistiques de divortialité en particulier (voir explications figurant à la section 4 des Notes techniques).

Le divorce est, comme le mariage, un acte juridique, et ce fait influe sur la comparabilité internationale des données. Aux fins de la statistique, le divorce est défini par la législation de chaque pays ou zone. La législation sur le divorce varie considérablement d'un pays ou d'une zone à l'autre, ce qui influe aussi sur la fréquence des divorces qui est relativement faible dans les pays ou zones où le jugement de divorce est difficile à obtenir.

Comme les divorces sont prononcés par les tribunaux et que les statistiques de la divortialité se rapportent aux jugements de divorce proprement dits qui prennent effet à la date où ces jugements sont rendus, il se peut que des fluctuations annuelles accusées traduisent le rythme plus ou moins rapide auquel les affaires sont jugées plutôt que l'évolution de la fréquence des divorces. Les méthodes d'exploitation des données peuvent aussi influer sur la comparabilité des statistiques de la divortialité. Dans certains pays ou zones, ces statistiques peuvent comprendre les annulations et ou les séparations légales. C'est fréquemment le cas, en particulier dans les pays ou zones où les divorces sont peu nombreux. Lorsqu'ils sont connus, des renseignements à ce propos sont indiqués dans une note au bas du tableau.

Comme dans de nombreux pays ou zones, le tribunal ou l'autorité qui a prononcé le divorce est seul habilité à enregistrer cet acte, et, comme l'acte d'enregistrement figure alors sur les registres du tribunal, l'enregistrement suit généralement de peu le jugement. C'est pourquoi la pratique consistant à exploiter les données selon la date de l'enregistrement ne pose généralement pas les graves problèmes de comparabilité auxquels on se heurte dans le cas des statistiques des naissances et des décès.

As noted briefly above, the incidence of divorce is affected by the relative ease or difficulty of obtaining a divorce according to the laws of individual countries or areas. The incidence of divorce is also affected by the ability of individuals to meet financial and other costs of the court procedures. Connected with this aspect is the influence of certain religious faiths on the incidence of divorce. For all these reasons, divorce statistics are not strictly comparable as measures of family dissolution by legal means. Furthermore, family diss olution by other than, legal means, such as separation, is not measured in statistics for divorce.

For certain countries or areas there is or was no legal provision for divorce in the sense used here, and therefore no data for these countries or areas appear in this table.

In addition, it should be noted that rates are affected also by the quality and limitations of the population estimates which are used in their computation. The problems of under-enumeration or over-enumeration, and, to some extent, the differences in definition of total population, have been discussed in section 3 of the Technical Notes dealing with population data in general, and specific information pertaining to individual countries or areas is given in the footnotes to table 3. In the absence of official data on total population, United Nations estimates of mid-year population have been used in calculating some of these rates.

As will be seen from the footnotes, strict correspondence between the numerator of the rate and the denominator is not always obtained; for example, divorces among civilian plus military segments of the population may be related to civilian population. The effect of this may be to increase the rates or, if the population is larger than that from which the divorces are drawn, to decrease them but, in most cases, it is probably negligible.

As mentioned above, data for some countries or areas may include annulments and/or legal separations. This practice will affect the comparability of the crude divorce rates. For example, inclusion of annulments in the numerator of the rates produces a negligible effect on the rates, but inclusion of legal separations may have a measurable effect on the level.

It should be emphasized that crude divorce rates like crude birth, death and marriage rates may be seriously affected by age-sex structure of the populations to which they relate. Like crude marriage rates, they are also affected by the existing distribution of the population by marital status. Nevertheless, crude divorce rates do provide a simple measure of the level and changes in divorce.

Coverage: Divorces are shown for 103 countries or areas. Crude divorce rates are shown for 96 countries or areas.

Earlier data: Divorces have been shown in previous issues of the Demographic Yearbook. The earliest data, which were for 1935, appeared in the 1951 issue. For information on specific years covered, readers should consult the Index.

Comme on l'a brièvement mentionné ci-dessus, la fréquence des divorces est fonction notamment de la facilité relative avec laquelle la législation de chaque pays ou zone permet d'obtenir le divorce. La fréquence des divorces dépend également de la capacité des intéressés à supporter les frais de procédure. A cet égard, il convient de citer aussi l'influence de certaines religions sur la fréquence des divorces. Pour toutes ces raisons, les statistiques de divortialité ne sont pas rigoureusement comparables et ne permettent pas de mesurer exactement la fréquence des dissolutions légales de mariages. De plus, les statistiques de la divortialité ne rendent pas compte des cas de dissolution extrajudiciaire du mariage, comme la séparation.

Dans certains pays ou zones, il n'existe ou il n'existait pas de législation sur le divorce selon l'acceptation retenue aux fins du présent tableau, si bien qu'on n'y trouve aucune indication pour ces pays ou zones.

Il convient de noter par ailleurs que l'exactitude des taux dépend également de la qualité et des insuffisances des estimations de population qui sont utilisées pour leur calcul. Le problème des erreurs par excès ou par défaut commises lors du dénombrement et, dans une certaine mesure, le problème de l'hétérogénéité des définitions de la population totale ont été examinés à la section 3 des Notes techniques relatives à la population en général; des indications concernant les différents pays ou zones sont données en note au bas du tableau 3. Lorsqu'il n'existait pas de chiffres officiels sur la population totale, ce sont les estimations de la population en milieu d'année, établies par le Secrétariat de l'ONU, qui ont servi pour le calcul des taux.

Comme on le verra dans les notes, il n'a pas toujours été possible, pour le calcul des taux, d'obtenir une correspondance rigoureuse entre le numérateur et le dénominateur. Par exemple, les divorces parmi la population civile et les militaires sont parfois rapportés à la population civile. Cela peut avoir pour effet d'accroître les taux; au contraire, si la population de base englobe un plus grand nombre de personnes que celle dans laquelle les divorces ont été comptés, les taux seront plus faibles, mais, dans la plupart des cas, il est probable que la différence sera négligeable.

Comme il est indiqué plus haut, les données fournies pour certains pays ou zones peuvent comprendre les annulations et/ou les séparations légales. Cette pratique influe sur la comparabilité des taux bruts de divortialité. Par exemple, l'inclusion des annulations dans le numérateur a une influence négligeable, mais l'inclusion des séparations légales peut avoir un effet appréciable sur le niveau du taux.

Il faut souligner que les taux bruts de divortialité, de même que les taux bruts de natalité, de mortalité et de nuptialité, peuvent varier sensiblement selon la structure par âge et par sexe. Comme les taux bruts de nuptialité, ils peuvent également varier du fait de la répartition de la population selon l'état matrimonial. Les taux bruts de divortialité offrent néanmoins un moyen simple de mesurer la fréquence et l'évolution des divorces.

Portée : Ce tableau présente des statistiques des divorces pour 103 pays ou zones. Ce tableau présente des taux bruts de divortialité pour 96 pays ou zones.

Données publiées antérieurement : Des statistiques des divorces ont déjà été présentées dans des éditions antérieures de l'Annuaire démographique. Les plus anciennes, qui portaient sur 1935, ont été publiées dans l'édition de 1951. Pour plus de précisions concernant les années pour lesquelles ces données ont été publiées, on se reportera à l'Index.

Table 26

Table 26 presents selected derived measures of nuptiality and divorce for as many years as possible between 1985 and 1995. These measures are the percentage of single (never married) persons by selected age groups, the average annual marriage rates by sex among the marriageable population and the average annual divorce rate among the married population.

Description of variables: The percentage of single persons by sex for selected age groups, is for a given age group, the proportion of the male or the female population classified as single (never married). The age groups presented are 15-19, 20-24 and 45-49 years.

These percentages provide both an indication of both timing of marriage and some indication of the intensity of marriage. The percentages of the younger age groups provide an indication of the propensity of the male and female population to marry at comparatively young ages, while the percentages for ages 45-49 suggest the proportion of men and women who will never marry, since few first marriages take place after the age of 50.

The average annual marriage rate by sex is the average number of marriages over a three-year period centred on a census year per 1,000 marriageable male or female population 15 years of age and over. Because this rate is specific for sex and excludes from its denominator persons who due to their youth or marital status are ineligible or highly unlikely to marry, this rate is partially standardized for variations in the age, sex and marital status composition of the population.

The average annual divorce rate is the average number of divorces over a three-year period centred on a census year per 1,000 married couples. Because this rate is specific for sex and excludes from its denominator persons who due to their youth or marital status are ineligible or highly unlikely to divorce, this rate is partially standardized for variations in the age, sex and marital status composition of the population.

The singulate mean age at marriage, the average age at which men and women mary, is an estimate of the average number of years lived prior to first marriage by a hypothetical cohort, if they marry before age 50.

Percentage and rate computation: The percentage of single persons by sex for selected age groups is the ratio of the number of persons classified as single (never-married) at a given moment, to the number of persons of all marital statuses, including marital status unknown, for a given age group by sex.

These percentages are calculated for the male and for the female population aged 15-19, 20-24 and 45-49 years, using population by age, sex and marital status.

The percentages presented in this table have not been limited to those countries or areas having a minimum number of single persons in a single age group. However, percentages shown based on 30 or fewer single persons in a given age group are identified by the symbol (◊).

Tableau 26

Le tableau 26 présente quelques mesures indirectes de la nuptialité et de la divortialité pour le plus grand nombre d'années possible entre 1985 et 1995. Il s'agit du pourcentage des personnes célibataires (jamais mariées) classées selon le sexe pour quelques groupes d'âges, des taux annuels moyens de nuptialité selon le sexe pour la population mariable et des taux annuels moyens de divortialité pour la population mariée.

Description des variables : Le pourcentage des personnes célibataires classées selon le sexe pour quelques groupes d'âge est pour un groupe d'âge donné, la proportion de la population masculine ou féminine considéré comme célibataire (jamais marié). Les groupes d'âges envisages sont les suivants : 15-19, 20-24 et 45-49 ans.

Ces pourcentages indiquent à la fois le calendrier des mariages et, dans une certaine mesure, l'intensité de la nuptialité. Pour les groupes d'âges plus jeunes, ils indiquent la tendance de la population masculine et féminine à se marier rélativement jeune, tandis que les pourcentages se rapportant au groupe d'âge 45-49 ans donnent une idée de la proportion d'hommes et de femmes qui ne se marieront jamais, les premiers mariages contractés aprés l'âge de 50 ans étant peu fréquents.

Le taux moyen annuel de nuptialité selon le sexe représente le nombre moyen des mariages célébres pendant une période de trois ans (l'année de recensement, l'année précédente et l'année suivante) pour une population mariable de 1,000 personnes du sexe masculine, d"une part, et du sexe féminin, d'autre part, âgées de 15 ans ou plus. Comme ce taux est calculé séparément pour chaque sexe et qu'il n'est pas tenu compte dans le dénominateur des personnes qui, du fait de leur jeune âge ou de leur état matrimonial, ne peuvent pas se marier ou dont le mariage est hautement improbable, il est corrigéen partie des différences de structure de la population selon l'âge, le sexe et l'état matrimonial.

Le taux moyen annuel de divortialité représente le nombre moyen de divorces prononcés pendant une période de trois ans (l'année de recensement, l'année précédente et l'année suivante) pour 1,000 couples mariés. Comme il n"est pas tenu compte dans le dénominateur des personnes qui, du fait de leur jeune âge ou de leur état matrimonial, ne peuvent pas divorcer ou dont le divorce est hautement improbable, ce taux est corrigé en partie des différences de structure de la population sel on l'âge et l'état matrimonial.

L'âge moyen singularisé au mariage, l'âge moyen auquel les hommes et femmes marient, est une estimation du nombre moyen d'années qu'une cohorte hypothétique a vécues avant le premier mariage et ces personnes se marient avant l'âge de 50 ans.

Calcul des pourcentages et des taux : Le pourcentage des personnes célibataires classées selon le sexe pour quelques groupes d'âges est le quotient obtenu en divisant le nombre de personnes considérées comme célibataires (jamais mariées) à un moment donné par le nombre de personnes de tout état matrimonial y compris d'état matrimonial inconnu, classées selon le sexe, pour un groupe d'âge donné.

Les pourcentages pour la population masculine et pour la population féminine ont été calculés pour les groupes d'âges 15-19 ans, 20-24 ans et 45-49 ans, sur la base des données censitaires et sur la base de la population par âge et par sexe et l'état matrimonial.

Les pourcentages indiqués dans ce tableau ne concernent pas uniquement les pays ou les zones comptant un nombre minimum de personnes célibataires dans un groupe d'âge donné. Toutefois, les pourcentages calculés sur la base de 30 personnes célibataires ou moins dans un groupe d'âge donné sont identifiés par le signe (◊).

Average annual marriage rates by sex are the mean annual number of marriage regardless of age of groom or bride for a three-year period centred on a census year per 1,000 marriageable male or female population 15 years of age and over or of unknown age. If data on the number of marriages for a three-year period (centred on a census year are not available, then data for two years or even one year of that period have been employed. These are footnoted.

For purposes of this table, marriageable population comprises single, widowed divorced and consensually married persons. It also includes persons of unknown marital status. In other words, the marriageable population is the total population less those classified as legally married or separated.

The number of married couples was estimated to be the mean of the number of legally married and separated males and legally married and separated females. Persons reported as consensually married and those of unknown marital status are excluded.

Average annual divorce rates presented in this table have been limited to those countries or areas having at least a total of 100 divorces in the three-year period centred on a census year.

Average annual marriage and divorce rates are calculated from the combined data for three years in order to minimize the effect of erratic fluctuations of marriage or divorce from one year to another and thereby to provide a more stable estimate of the underlying level of marriage or divorce.

All the rates and percentages in this table have been calculated by the Statistics Division of the United Nations.

Reliability of data: Percentages calculated using estimates which are believed to be less reliable are set in italics rather than in roman type. Classification in terms of reliability is based on the method of construction of the total population estimate as shown in table 3 in the volume containing the general tables and discussed in the Technical Notes for that table. No attempt has been made to take account of age-reporting accuracy, the evaluation of which has been described in section 3.1.3 of the Technical Notes.

Marriage and divorce rates calculated using civil registers of marriages and divorces which are reported as incomplete (less than 90 per cent completeness) or of unknown completeness are set in italics rather than in roman type. Tables 23 and 25 and the Technical Notes for those tables provide more detailed information on the completeness of marriage and divorce registration, respectively.

For more information about the quality of vital statistics data in general, see section 4.2 of the Technical Notes.

Limitations: The percentage of single persons by sex for selected age groups shown in this table are subject to all the same limitations which affect the data on population by marital status, age and sex from which they have been calculated.

Les taux annuels moyens de nuptialité selon le sexe représente le nombre annuel moyen de mariages, quel que soit l'âge de l'epoux ou de l'épouse célébrés pendant une période de trois ans (l'année de recensement, l'année précédente et l'année suivante), pour une population mariable de 1,000 personnes du sexe masculin ou du sexe féminin âgées de 15 ans ou plus ou d'âge inconnu. A défaut de données portant sur une période de trois ans, on a utilisé des chiffres correspondant à deux années ou même à une seule année. Quand tel était le cas, on l'a signalé en note au bas du tableau.

Aux fins de ce tableau, on entend par population "mariable" les personnes célibataires, veuves, divorcées ou vivant en union consensuelle, ainsi que les personnes d'état matrimonial inconnu. En d'autres termes, la population mariable représente la population totale moins les personnes qui sont considérées légalement mariées ou séparées.

On a admis que le nombre des "couples" était égal à la moyenne de la somme du nombre des hommes légalement mariées ou séparés et du nombre des femmes légalement séparées. On n'a pas tenu compte des personnes vivant en union consensuelle ni de celles dont l'état matrimonial était inconnu.

Les taux annuels moyens de divortialité présentés dans ce tableau ne concernent que les pays ou les zones ou l'on a enregistré un total d'au moins 100 divorces pendant une période de trois ans (l'année précédente et l'année suivante.

Les taux annuels moyens de nuptialité et de divortialité sont calculés d'après des données globales portant sur les trois années afin de minimiser l'effet des variations irrégulières du nombre des mariages et des divorces d'une année à l'autre et d'évaluer ainsi leur nombre de façon plus exacte.

Tous les percentages et taux indiqués dans ce table au ont été calculés par le Bureau de statistique de l'ONU.

Fiabilité des données : Les pourcentages établis à partir d'estimations considérées comme moins sûres sont indiqués en italique plutot qu'en caractères romains. Le classement du point de vue de la fiabilité est fondé sur la méthode utilisée pour établir l"estimation de la population totale qui figure dans le tableau 3 du volume consacré aux tableaux de caractère générale (voir explications dans les Notes techniques relatives à ce même tableau). On n'a pas tenu compte des inexactitudes dans les déclarations d'âge, dont la méthode d'évaluation est exposée à la section 3.1.3 des Notes techniques.

Les taux de nuptialité et divortialité établis à partir de données sur les mariages et divorces provenant des registres de l'état civil qui sont déclarés incomplètes (degréde complétude inférieur à 90 p. 100) ou dont le degré de complétude n'est pas connu sont jugés douteux et apparaissent en italique et non en caractères romains. Les tableaux 23 et 25 et les Notes techniques se rapportant à ce tableau présentent des renseignements plus détaillés sur le degréde complétude l'enregistrement des mariages et des divorces, respectivement.

Pour plus de précisions sur la qualité des données reposant sur les statistiques de l'état civil en général, voir la section 4.2 des Notes techniques.

Insuffisance des donnes : Le pourcentage des célibataires classés selon le sexe, présenté dans ce tableau pour quelques groupes d'âge, appelle toutes les réserves qui ont été formulées à propos des données relatives à l'état matrimonial, l'âge et le sexe de la population utilisée comme base de calcul.

An important factor limiting the international comparability of these percentages is the treatment of the consensually married population. As noted above, relatively few countries or areas present data separately for the consensually married population. If data are not tabulated separately for the category of "consensually married", it is most likely that persons in this category are included in the category "married". Because persons who are in consensual unions may still be considered as being single from a legal point of view in most cases and may report themselves as such, the percentage of the population which is reported as single may overestimate the proportion of the population that has never participated in a marital union of any form, including a consensual union.

Another factor which may limit the comparability of these data is the classification of people who were formerly in a consensual union. They may be reported as widowed, divorced or single, even though from a legal point of view they may be single.

It should also be mentioned that percentage of persons single for the youngest age group, 15-19 years of age, may also be affected by the variation in the legal minimum age for marriage. Information on the legal minimum age for males and for females is shown on table 24. The marked international differences in percentages for this age group may be due in large part to national variations for the legal age requirements for entering marriage contract.

Because a large proportion of marriages occur between the ages of 15 and 24, the data presented in this table in 5-year age groups only provide a general indication of the timing of marriage.

It should also be noted that as indicators of both timing and intensity of marriage these percentages represent the experience of three different cohorts at a given moment of time and do not represent the lifetime experience of any single male or female cohort. It should be noted that the marriage experience of the three cohorts represented by these age groups may be quite different.

The average annual marriage rates and the average annual divorce rates shown in this table are subject to the same limitations which affect the numerators and the denominators used in their calculation.

Average annual marriage and divorce rates are available only for a certain number of countries or areas and a limited number of years because the necessary population base (classified by age, sex and marital status) is usually available only at the time of the census of population and these may not be the years for which marriage frequencies are available.

The average annual divorce rates are available for fewer countries or areas than the corresponding marriage rates because it was not always possible to obtain the necessary divorce frequencies for a three-year period centred on a census year.

Comparability of both the average annual marriage rates and average annual divorce rates is affected also by the composition of the population used for the computation of the rates.

Un facteur important qui nuit à la comparabilité international de ces pourcentages est la façon dont on a classé les personnes vivant en union consensuelle. Comme on l'a signalé plus haute, il est relativement peu fréquent que les pays ou zones classent ces personnes dans une catégorie distincte. Lorsque les données relatives aux unions consensuelles ne font pas l'objet d'une catégorie distincte, les personnes vivant en union consensuelle sont généralement classées dans la colonne "mariés". Comme ces personnes peuvent continuer, dans la plupart des cas, à être considérées comme célibataires au regard de la loi et peuvent se déclarer comme telles, le pourcentage de la population déclarée comme célibataire peut gonfler la proportion de la population qui n'a jamais contracté d'union conjugale, sous quelle que forme que ce soit, y compris d'union consensuelle.

Un autre facteur qui peut limiter la comparabilité de ces données est la façon dont on a classé les personnes qui ont veçu en union consensuelle. Ces personnes peuvent être declarées comme veuves, divorcées ou célibataires, même si, au regard de la loi, elles sont célibataires.

Il convient d'autre part de signaler que la variation de l'âge minimum légal de nubilité peut avoir des répercussions sur le pourcentage de personnes célibataires dans le groupe d'âge le plus jeune (15-19 ans). On trouvera au tableau 24 les renseignements sur l'âge minimum légal de nubilité pour les garcons et les filles. Les différences marquées qui font apparaître d'un pays et d'une zone à l'autre les pourcentages se rapportant à ce groupe d'âge sont peut-être dues en grande partie au fait que l'âge minimum légal pour contracter mariage varie selon les pays.

Comme une forte proportion des mariages sont contractes entre 15 et 24 ans, les données présentées par groupe quinquennal dans ce tableau ne donnent qu'une indication générale du calendrier des mariages.

Il est à signalér également que ces pourcentages, en tant qu'indicateurs du calendrier des mariages, et de l'intensité de la nuptialité représentent l'expérience vécue par trois cohortes différentes à un moment donné de leur vie et non pas l'expérience, étalée sur toute une vie, d'une cohorte unique, masculine ou féminine. Il convient de préciser que les trois cohortes représentées par ces groupes d'âge peuvent avoir une expérience tout à fait différente en matière de mariage.

Les taux annuels de nuptialité et de divortialité indiqués dans le présent tableau appellent les mêmes réserves que les numérateurs et dénominateurs qui ont servi à les calculer.

Les taux annuel moyens de nuptialité et de divortialié dont on dispose sont limités à un certain nombre de pays ou zones et un certain nombre d'années du fait de la necessité de disposer d'une base (population classé selon l'âge, le sexe et l'êtat matrimonial) qui n'est généralement connue que pour les années de recensement, lesquelles ne sont pas forcément celles pour lesquelles on connait le nombre des mariages.

Le nombre de pays ou zones pour lesquels on dispose de taux annuels moyens de divortialité est plus limité que dans le cas des taux de nuptialité correspondants car il n"est pas toujours possible d'obtenir des chiffres indiquant la fréquence des divorces pendant une période de trois ans (l'année de recensement, l'année précédente et l'année suivante).

La comparabilité des taux annuels moyens de nuptialité et de divortialité dépend également de la composition de la population servant de base à leur calcul.

A problem arises from the fact that population in consensual unions is tabulated separately for only relatively few countries or areas. For these few it is possible to construct an appropriate population base for the marriageable population and for the married population, the latter of which is used to calculate the number of married couples. For most countries or areas, however, it must be assumed (because of lack of specific information) that the consensually married population is reported and counted as "married". Hence the marriageable population used in the denominator of the average annual marriage rates may tend to be underestimated and the rates, therefore, higher than they should be. At the same time the married population used to calculate the denominator of the average annual divorce rates may tend to be overestimated and the rates, therefore, lower than they should be.

Similarly, if persons who are separated are reported and counted as "divorced", the marriageable population may tend to be overestimated and the average annual marriage rates lower then they should be. More importantly, the married population used to calculate the denominator of the average annual divorce rates tend to be underestimated and the rates, therefore, higher than they should be. These points should be borne in mind in using these rates for international comparison.

Probably the most important factor with respect to the composition of the population used in the denominator for these rates is the treatment of the consensually married population. Some countries or areas shown the consensually married population separately. In a few cases, it is stated that consensually married has been included with "married" but, in the majority of cases, no mention is made of its disposition; for the latter, the assumption made--rightly or wrongly--is that it has been tabulated with "married".

Additional problems of comparability of these rates is raised with respect to age of the population used in the denominator of these rates. For the average annual marriage rates lack of precise comparability between the numerator and the denominator of the rate occurs because of the inclusion in the numerator of all marriages performed, irrespective of age, while the denominator is limited to marriageable population 15 years of age and over.

The legal minimum age for marriage varies from one country or area to another, the mode being around 18 for grooms and 15 for brides. However, many marriages take place before the minimum age and hence, in many cases, the age limits of the numerator and the denominator do not correspond. The effect is to overestimate the rate.

For the average annual divorce rates, a similar problem is posed. In a number of countries or areas, population by marital status is tabulated only for persons above a minimum age, which may be 12, 13, 14, 15, 16 and even 18 years. Where such minima may have been adopted, it is not possible to construct a married population base which, in so far as age is concerned, corresponds exactly to the divorces in the numerator. In these cases, an assumption has been made that all population below the minimum age is single, with the result that rates may tend to be slightly

Un problème tient au fait qu'il n'y a que relativement peu de pays ou zones où les personnes vivant en union consensuelle sont classées dans une catégorie distincte. Pour ces quelques pays, il est possible d'obtenir, pour le calcul des taux, l'effectif de la population mariable et de la population mariée, ce dernier chiffre servant à calculer le nombre de couples mariés. En revanche, pour la plupart des pays ou zones, on est obligé de supposer, faut de renseignements précis, que les personnes vivant en union consensuelle sont declarées comme "mariées" et comptées comme telles. En conséquence, l'effectif de la population mariable pris comme un dénominateur pour le calcul des taux annuels moyens de nuptialité peut avoir tendance à comporter une erreur par excès. Parallèlement, l'effectif de la population mariée pris comme dénominateur pour le calcul des taux annuels moyens de divortialité comporte probablement une erreur par excès et les taux une erreur par défaut.

De même, si des personnes qui sont séparées sont déclarées comme "divorcées" et comptées comme telles, l'effectif de la population mariable comporte probablement une erreur par excès et les taux annuels moyens de nuptialité une erreur par défaute. Enfin, et c'est l'élément le plus important, l'effectif de la population mariée pris comme dénominateur pour le calcul des taux annuels moyens de divortialité comporte probablement une erreur par défaut et les taux une erreur par excès. Il faudra tenir compte de ces faits lorsque l'on comparera les taux entre pays et zones.

En ce qui concerne la composition de la population prise comme dénominateur pour le calcul de ces taux, le facteur le plus important est probablement la façon dont on a classé les personnes vivant en union consensuelle. Le nombre de personnes vivant en union consensuelle est indiqué pour certaines pays ou zones. Dans quelques cas, il est précisécis que les personnes vivant en union consensuelle ont été comprises dans la catégorie des "mariés" mais, dans la majorité des cas, il n'est fait aucune mention de leur classement; dans ces derniers cas, on a supposé- à tort ou à raison - que ces personnes avaient été comptées avec les "mariés".

L'âge de la population prise comme dénominateur pour le calcul de ces taux accroit encore les problèmes de comparabilité. En ce qui concerne les taux annuels moyens de nuptialité, une autre cause de non-concordance entre les données du numérateur et celles du dénominateur est que le numérateur comprend tous les mariages célébrées, quelque soit l'âge des époux, alors que le dénominateur ne comprend que la population mariable de 15 ans et plus. L'âge minimum légal pour qu'un mariage soit valide varie d'un pays ou d'une zone à l'autre, le mode étant de 18 ans pour les époux et de 15 ans pour les épouses.

Toutefois, de nombreux mariages sont célébrés avant l'âge minimum, de sorte que, dans bien de cas, l'âge limite pour le numérateur et le dénominateur ne correspondent pas. Il en résulte, pour le taux, une erreur par excès.

Le même problème se pose dans le cas des taux annuels moyens de divortialité. Dans un certain nombre de pays ou zones, la population n'est classée selon l'état matrimonial qu'à partir d'un âge minimum, qui peut être de 12, 13, 14, 15, 16 et même 18 ans. Lorsqu'un tel minimum a été fixé, il n'est pas possible d'établir comme dénominateur une base de population mariée qui corresponde exactement, du point du vue de l'âge, aux divorces indiqués ou numérateur. En pareil cas, on a posé comme hypothèse que toutes les personnes dont l'âge est inférieur à l'âge minimum sont célibataires, de sorte que ces taux peuvent avoir tendance à comporter une légère erreur par excès.

Coverage: Of the selected derived measures of nuptiality and divorce, the percentage of single (never married) persons by sex for selected age groups is shown for 118 countries or areas, the average annual marriage rates by sex among the marriageable population are shown for 73 countries or areas and the average annual divorce rates among the married population are shown 62 for countries or areas. Singulate mean year at marriage is shown for 115 countries or areas.

Earlier Data: The percentage of single (never married) persons by sex for selected age groups, average annual marriage rates by sex among the marriageable population and average annual divorce rates among the married population have been shown in previous issues of the Demographic Yearbook featuring marriage and divorce. Data included in this table update the series covering a period of years as follows:

Issues	Years covered
1982	1972-1981
Historical Supplement	1948-1977

For further information on years covered, readers should consult the Index.

Porté : Ce tableau, qui donne quelques mesures indirectes de la nuptialité et de la divortialité, présente, pour quelques groupes d'âge, le pourcentage des personnes célibataires (jamais mariées) classées selon le sexe pour 118 pays ou zones, des taux annuels moyens de nuptialité, classés selon le sexe, de la population mariable pour 73 pays ou zones et des taux annuels moyens de divortialité de la population mariée pour 62 pays ou zones. Age singularisé au marriage est présentée por 115 pays ou zones.

Données publiées antérieurement : Le pourcentage des personnes célibataires (jamais mariées) classées selon le sexe, des taux annuels moyens de nuptialité, classés selon le sexe, pour la population mariable et des taux annuels moyens de divortialité pour la population marié ont été publiés antérieurement dans les éditions de l'Annuaire démographique qui avait comme sujet spécial la nuptialité et la divortialité. Les données présentées dans ce tableau mettent à jour les périodes d'années suivantes:

Editions	Années considérés
1982	1972-1981
Supplément rétrospectif	1948-1977

Pour plus de précisions concernant les années pour lesquelles ces données ont été publiées, on se reportera à l'Index.

Table 27

Table 27 presents population in households, number of households and number of family nuclei, by size of household and urban/rural residence for each census between 1985 and 1995.

Description of variables : The concept of "household" is based on the arrangements made by persons, individually or in groups, for providing themselves with food or other essentials for living. A household may be either: (a) a one-person household, that is, a person who makes provision for his own food or other essentials for living without combining with any other person to form part of a multi-person household or (b) a multi-person household, that is, a group of two or more persons who make common provision for food or other essentials for living. The persons in the group may pool their incomes and have a common budget to a greater or less extent; they may be related or unrelated persons or a combination of both.

Households usually occupy the whole, part of or more than one housing unit but they may also be found living administrative personnel in institutions or they may be homeless.

Tableau 27

Le tableau 27 présente des statistiques des effectifs des ménages, du nombre de ménages et du nombre de noyaux familiaux, selon la dimension du ménage et la résidence (urbaine/rurale) pour chaque recensement effectué entre 1985 et 1995.

Description des variables : Le "ménage" est défini en fonction de la manière dont les personnes pourvoient, individuellement ou en groupe, à leurs besoins alimentaires et autres besoins vitaux. Un ménage peut être soit a) un ménage composé d'une seule personne, c'est-à-dire une personne qui pourvoit à ses propres besoins alimentaires et autres besoins vitaux sans s'associer avec d'autres personnes pour former un ménage multiple, soit b) un ménage multiple, c'est-à-dire un groupe de deux ou plusieurs personnes qui pourvoient en commun à leurs besoins alimentaires et autres besoins vitaux. Les membres du groupe peuvent, dans une mesure variable, mettre leurs revenus en commun et avoir un budget unique. Le groupe peut se composer soit de personnes apparentées, soit de personnes non apparentées, soit de personnes appartenant à l'une et l'autre catégorie.

Les ménages occupent généralement, en totalit ou en partie, une unité d'habitation ou même plusieurs, mais ils peuvent vivre également dans des camps, des pensions de famille ou hôtels, ou dans des institutions, comme personnel administratif ou être sans logis.

Households consisting of extended families which make common provision for food or of potentially separate households with a common head, resulting from polygamous unions, may occupy more than one housing unit.

Homeless households are defined as those households without a shelter. They carry their few possessions with them, sleeping in the street, in doorways or on piers or in any other space on a more or less random basis. 67 Persons who are not members of households include persons in military installations and in correctional and penal institutions, in the dormitories of schools and universities, in hospitals, in religious institutions and so forth.

The classification for the size of household, based on the number of persons living in the household, is the following : 1,2,3,4,5,6,7,8,9,10 persons and over and size of household not stated. In addition, the number of persons not living in households is presented, and the number of persons for whom no information is available is also presented.

Average size of household is the ratio of population in households to the number of households shown in this table. These ratios have been calculated by the Statistics Division of the United Nations.

A family nucleus is defined as consisting of the following conjugal family types (each of which must consist of persons living in the same household): (a) a married couple without children, (b) a married couple with one or more never-married children, (c) a father with one or more never-married children or (d) a mother with one or more never-married children. Couples living in consensual unions should be regarded as married couples. 68

The classification for the number of family nuclei is the following: 0, 1, 2, 3, 4, and over, and number unknown, when appropriate.

The urban/rural classification is that provided by each country or area; it is presumed to be based on the national definitions of urban population which have been set forth at the end of table 6.

Statistics presented in this table are from population censuses and from large sample surveys.

The latter have been footnoted. Unless otherwise indicated the data refer to de facto (present-in-area) population.

Reliability of data : No special reliability codes have been used in connection with these tables.

Limitations : Statistics on population in households, number of households and number of family nuclei, by size of household are subject to the same qualifications which have been set forth for Population statistics in general as discussed in section 3 of the Technical Notes.

Les ménages composés de familles élargies qui subviennent en commun à leurs besoins alimentaires, ou de ménages potentiellement distincts mais ayant un même chef de ménage par suite d'unions polygames, peuvent occuper plus d'une unité d'habitation.

Sont dits sans logis les ménages qui ne disposent pas d'un abri. Ils transportent avec eux le peu qu'ils possèdent, couchent dans la rue, dans les embrasures de portes, sur des quais ou dans n'importe quel autre endroit, plus ou moins au hasard. 67 Les personnes ne faisant pas partie de ménages sont notamment des personnes vivant dans des installations militaires et dans des maisons de redressement et des établissements pénitentiaires, dans les dortoirs d'écoles et d'universités, dans des hôpitaux, dans des institutions religieuses, etc.

La classification des ménages selon leur dimension, en fonction du nombre de personnes qui en font partie, comprend les catégories suivantes: 1, 2, 3, 4, 5, 6, 7, 8, 9, 10 personnes et plus et une catégorie dimension non déterminée. On a également indiqué le nombre de personnes ne vivant pas dans des ménages ainsi que le nombre de personnes pour lesquelles on ne dispose d'aucun renseignement.

La dimension moyenne du ménage est le rapport de la population des ménages au nombre des ménages. Ces rapports ont été calculés par le Bureau de statistique de l'ONU.

Le noyau familial qui doit toujours être composé de personnes vivant dans le même ménage représente l'un des éléments ci-après : a) couple marié sans enfants; b) couple marié avec un ou plusieurs enfants célibataires; c) père avec un ou plusieurs enfants célibataires, et d) mère avec un ou plusieurs enfants célibataires. Les couples vivant en unique consensuelle sont considérés comme des couples mariés. 68

La classification du nombre de noyaux familiaux comprend les catégories suivantes : 0, 1, 2,3, 4 et plus et, le cas échéant, une catégorie nombre inconnu.

La classification selon la résidence (urbaine/rurale) est celle qui a été fournie par chaque pays ou zone; il faut en conclure qu'elle repose sur les définitions nationales de la population urbaine reproduites à la fin du tableau 6.

Toutes les statistiques présentées dans le tableau 27 sont tirées de recensements de la population ou d'enquêtes par sondage de grande ampleur, ce deuxième cas étant mentionnée en note.

Sauf indication contraire, les données se réfèrent à la population de fait ou population présente.

Fiabilité des données : On n'a pas utilisé pour ces tableaux de code particulier indiquant la fiabilité des données.

Insuffisance des données : Les statistiques des effectifs des ménages, du nombre de ménages et du nombre de noyaux familiaux, selon la dimension du ménage, appellent toutes les réserves qui ont été formulées à propos des statistiques de la population en général dans la section 3 des Notes techniques.

Errors in national census data can arise at any stage of the collection, processing or presentation process, and these errors may limit the quality and international comparability of census statistics presented in the Demographic Yearbook.

Two major types of errors in census data are often distinguished, first, coverage errors, which lead to the over-enumeration or under-enumeration of the population in the census, and second, content errors, which affect the accuracy of the recorded information for the covered population. Because coverage errors may occur more frequently among some population sub-groups than others, coverage errors may affect not only the absolute number of persons in any given category but also their relative distribution. Levels and patterns of coverage and content errors differ widely among countries and even, at times, from census to census for a specific country. Further limiting the international comparability of census statistics are variations among countries in the concepts, definitions and classifications used in their censuses.

The principal factor limiting the international comparability of data is that different concepts are used in the definition of household. The definition recommended by the United Nations, shown above with the description of variables, has been characterized as the housekeeping concept. According to the United Nations definition, the general criteria used in identifying a multi-person household is that its members have common housekeeping arrangements, that is, common arrangements for supplying basic living needs such as principal meals. Some countries or areas, instead of using the housekeeping concept recommended by the United Nations, have simply defined a household as the entire group of persons jointly occupying a housing unit, or as a person living alone in a separate unit. For convenience, this is referred to as the housing unit concept. The housekeeping concept recommended by the United Nations differs primarily from the housing unit concept in that according to the former, a household may occupy a housing unit in common with one or more other households, where the housekeeping arrangements are so organized.

The two concepts also differ in that according to the United Nations concept, a household (i) may occupy more than one housing unit, (ii) may occupy parts of living quarters other than housing units, such as hotels or camps, or (iii) may be homeless.

Most countries or areas use the United Nations recommendation, based on the housekeeping concept, but may limit this somewhat in application by specifying that households must occupy all or part of a housing unit but may not occupy more than one housing unit or other living quarters. Some of the distributions of household set forth in this table apparently relate only to family households, that is to those containing a nucleus of at least two persons related by blood or marriage. Although this has not been stated explicitly in every case, it may reasonably be assumed that this is the case for the distributions for which data on one-person households are not available but data on multi-person households are.

Des erreurs dans les données de recensements nationaux peuvent se produire à n'importe quel stade du processus de collecte ou de présentation et nuire à la qualité et à la comparabilité internationale des statistiques des recensements présentées dans l'Annuaire démographique.

Deux principaux types d'erreurs sont couramment distingués dans les données de recensement, à savoir, premièrement, les erreurs de coverture, qui conduisent au surdénombrement ou au sous-dénombrement de la population recensée, et, deuxièmement, les erreurs de contenu, qui influent sur l'exactitude des renseignements enregistrés au sujet de l'univers considéré. Etant donnée qu'elles sont susceptibles de se produire plus fréquemment dans certains sous-groupes de la population que dans d'autres, les erreurs de couverture peuvent porter non seulement sur le nombre absolu de personnes comprises dans une catégorie donnée, mais aussi sur leur répartition relative. L'ampleur et les caractéristiques deserreurs de couverture et de contenu diffèrent considérablement d'un pays à l'autre et même, parfois, d'un recensement à l'autre dans un même pays. Les différences entre les concepts, définitions et classifications utilisés par les pays aux fins de leurs recensements contribuent également à limiter la comparabilité internationale des statistiques de recensement.

Le principal élément qui nuit à la comparabilité internationale des données est le fait que la notion de ménage est définie de façon différente. La définition recommandée par l'ONU, qu'on a d'ailleurs retenue pour la description des variables, et caractérisée par le concept de ménage-foyer. Selon cette définition, les critères généraux à utiliser pour indentifier les membres d'un ménage multiple sont le fait d'avoir organisé une vie domestique commune, c'est-à-dire de prendre des dispositions en commun pour les besoins vitaux essentiels, par exemple les principaux repas. Certains pays ou zones n'utilisent pas le concept de ménage-foyer recommandé par l'Organisation des Nations Unies, mais définissent simplement le "ménage" comme toutes les personnes qui occupent en commun une unité d'habitation, ou comme un personne vivant seule dans une unité d'habitation distincte. C'est ce qu'on appelle, pour plus de commodité, le concept du ménage-unité d'habitation. La principale différence entre le concept de ménage-foyer recommandé par l'ONU et le concept du ménage-unité d'habitation est que, dans le premier cas, un ménage peut, dans les pays où telle est la pratique, partager une unité d'habitation avec un ou plusieurs ménages.

Une autre différence est que, selon la conception préconisée par l'ONU, un ménage : i) peut occuper plus d'une unité d'habitation; ii) peut occuper des parties des locaux à usage d'habitation autres que les unités d'habitation, comme des hôtels ou des camps; iii) peut ne pas avoir defoyer.

La plupart des pays ou zones utilisent la définition fondée sur le concept de ménage-foyer recommandé par l'ONU mais en limitent la portée en pratique puis qu'ils précisent que les ménages doivent occuper la totalité ou une partie d'une unité d'habitation mais qu'ils ne peuvent occuper ni plus d'une unité d'habitation ni d'autres locaux à usage d'habitation. Certaines des répartitions figurant dans le tableau 27 se rapportent exclusivement semble-t-il aux ménages familiaux, c'est-à-dire à ceux comprenant un noyau d'au moins deux personnes liées par le sang ou par le mariage. Bien qu'il n'ait pas toujours été donné de précisions à ce sujet, on peut raisonnablement conclure que tel est la cas pour les répartitions ne comprenant pas de données sur les ménages d'une personne, mais seulement sur les ménages de plusieurs personnes.

Aside from the lack of information on one-person households, the remaining data on households are probably not very much affected because the great majority of multi-person households are family households.

Mis à part l'absence de renseignements sur les ménages d'une personne, le reste des données sur les ménages se ressent vraisemblablement assez peu de ce système, la grosse majorité des ménages de plusieurs personnes étant constituée par des ménages familiaux.

Aside from the household definition itself, national practices in collecting and compiling statistics of households also differ according to certain differences in enumeration practices. In countries or areas in which each person is counted where physically present at the census reference date, the census household consists of all of the persons present in the household at the specified time, whether they were usual members of the household or only visitors, but excludes persons normally resident at that place who were temporarily absent at the not they were physically present at the census reference date, the census household consists of all the usual residents of the household and does not include any persons who were visiting in the household at the reference date.

En dehors de la définition du ménage proprement dite, les méthodes de rassemblement et de traitement des statistiques des ménages varient selon la méthode de dénombrement utilisée par les divers pays. Dans les pays ou zones où l'on dénombre chaque personne effectivement présente le jour du recensement, le ménage statistique comprend toutes les personnes présentes à cette date, qu'il s'agisse des membres habituels du ménage ou seulement de visiteurs, mais ne tient pas compte des personnes qui y résident normalement et qui étaient temporairement absentes ce jour-là. Dans les pays ou zones où les personnes sont dénombrées dans leur lieu habituel de résidence, qu'elles s'y trouvent effectivement ou non à la date du recensement, le ménage statistique comprend tous les résidents habituels sans tenir compte des hôtes de passage qui s'y trouvaient ce jour-là.

Because there are many small variations of these two general practices, the original census reports on enumeration techniques should be consulted to determine the exact enumeration techniques used in particular cases.

Etant donné que ces deux pratiques générales comportent des variations nombreuses, il faut consulter les rapports initiaux de recensement sur les méthodes de dénombrement employées afin de déterminer exactement celles qui ont été utilisées dans chaque cas.

The comparability of data by urban/rural residence is affected by the national definitions of urban and rural used in tabulating these data. When known, the definitions of urban used in national population censuses are presented at the end of table 6. As discussed in detail in the Technical Notes for table 6, these definitions vary considerably from one country or area to another.

La comparabilité des données selon la résidence (urbaine/rurale) peut être limitée par les définitions nationales des termes "urbain" et "rural" utilisées pour la mise en tableaux de ces données. Les définitions du terme "urbain" utilisées pour les recensements nationaux de population ont été présentées à la fin du tableau 6 lorsqu'elles étaient connues. Comme on l'a précisé en détail dans les Notes techniques relatives au tableau 6, ces définitions varient très sensiblement d'un pays ou d'une zone à l'autre.

Coverage : Population in households and number of households by size of household is shown for 111 countries or areas.

Portée : Le tableau 27 présente des statistiques des effectifs des ménages et du nombre de ménages selon la dimension du ménage pour 111 pays ou zones.

Cross-classification by number of family nuclei in household is shown for 16 countries or areas. Data are presented for urban/rural residence for 20 countries or areas.

Une classification croisée selon le nombre de noyaux familiaux dans les ménages est indiquée pour 16 pays ou zones. Des données sur la répartition selon la résidence (urbaine/rurale) sont présentées pour 20 pays ou zones.

Earlier data : Population in households and number of households by size of household and urban/rural residence has been shown in previous issues of the Demographic Yearbook. For information on the years covered, readers should consult the Index.

Données publiées antérieurement : Des statistiques des effectifs des ménages et du nombre de ménages selon la dimension du ménage et la résidence (urbaine/rurale) ont été publiées antérieurement dans des éditions de l'Annuaire démographique. Pour plus de précisions concernant les années pour lesquelles ces données ont été publiées, on se reportera à l'Index.

Table 28

Table 28 presents total population, household population, institutional population and shelterless population by age, sex and urban/rural residence for each census between 1985 and 1995.

Description of variables: Statistics presented in this table are from population censuses and from large sample surveys. The latter have been footnoted. Unless otherwise indicated, data refer to the de facto (present-in-area) population.

Tableau 28

Le tableau 28 présente des données sur la population totale, la population du ménage, la population des collectivités et la population sans logis selon l'âge, le sexe et la résidence urbaine/rurale pour chaque recensement entre 1985 et 1995.

Description des variables : Les statistiques figurant dans le présent tableau proviennent de recensements de population ou de enquêtes par sondage de grande ampleur, ce dernier cas étant mentionné en note. Sauf indication contraire, les données se réfèrent à la population de fait ou population présente.

Population by living arrangements are presented according to five categories as follows:
Total population: all persons present in the area at the time of the census regardless of the type of living arrangements they inhabit. Exceptions are footnoted.

Data presented on the basis of usual residence rather than on the basis of place where present are more useful for investigating populaton by living arrangements since the place of enumeration on census night might be temporary; [69].

Household population: persons living in households, including one-person households as defined in the population or housing census.

Institutional population: persons who are living together for a specific purpose including personsiving in military installations, correctional and penal institutions, dormitories, universities and other educational facilities, religious institutions, long-term hospitals, etc.; [70] persons living in group quarters, e.g., hotels, boarding houses or other forms of collective househols are not part of the institutional population according to the definition recommended by the United Nations. When known if persons in group quarters are included in the institutional population, information is given in a footnote; shelterless population: includes two categories of population as follows: 1) persons in homeless households not living in a shelter that would fall within the scope of living quarters, i.e., structures intended as independent and separate places of abode; they carry their few possessions with them, sleeping in the street, in doorways or on piers or on any other space on a more or less random basis, 2) persons living alone without belonging to any household. [71] Persons in households living in marginal or substandard housing may be included with the shelterless population. When known this information is reported in a footnote.Other: population in other or not stated living quarters.

Age is defined as age at last birthday, that is, the difference between the date of birth and the reference date of the age distribution expressed in completed solar years.

The age classification used in this table is the following: under 15 years, 5-year groups through 70-74 years, 75 years and over and age unknown.

In addition a category for 15 years and over is presented; in this category persons of unknown age are excluded.

The same classification is used for both males and females.

The urban/rural classification is that provided by each country or area; it is presumed to be based on the national definitions of urban population that have been set forth at the end of table 6.

Reliability of data: No special reliability codes have been used in connection with this table.

La population a été répartie en fonction du mode d'organisation domestique en cinq catégories, comme suit: population totale: toutes les personnes présentes le jour du recensement sans distinction de mode d'organisation domestique. Les exceptions sont mentionnées en note.

Les données présentées sur la base de la résidence habituelle plutôt sur la base de l'endroit où les personnes se trouvaient le jour de recensement sont plus utiles lorsqu'il s'agit d'étudier la population en fonction du mode d'organisation domestique, étant donné a été dénombrée le jour du recensement peut n'être qu'un lieu de séjour temporaire [69].

Ménages: personnes vivant dans des ménages, y compris les ménages d'un personne tels qu'ils sont définis dans le recensement de la population et de l'habitation.

Collectivités: personnes vivant en commun dans un but précis, et notamment personnes vivant dans des établissements militaires, des établissements correctionnnels ou pénitentiaires, des internats ou foyers d'universités et autres établissements scolaires, des établissements religieux, des hôpitaux pour malades chroniques, etc; [70] les personnes qui vivent dans des locaux d'habitation collective tels que des hôtels, pensions de famille ou autres ménages collectifs du même genre ne font pas partie des collectivités. Dans les cas où l'on savait que les personnes vivant dans ce genre de locaux d'habitation collective avaient été incluses dans la population des collectivités, ce renseignement a été mentionné en note. population sans logis: elle se répartit en deux catégories, à savoir: 1) les personnes appartenant à des ménages sans logis, c'est-à-dire qui ne disposent pas d'un abri entrant dans la catégorie de locaux d'habitation, (locaux distincts et indépendants utilisés comme habitation); ils transportent avec eux le peu qu'ils possèdent, couchent dans la rue, dans les embrasures de portes, sur des quais ou dans n'importe quel autre endroit, plus ou moins, au hasard; 2) les personnes vivant seules sans appartenir à aucun ménage [71], les personnes vivant dans des ménages occupant des locaux d'habitation marginaux peuvent être rangés dans la population sans logis. Lorsque ce fait est connu, il est indiqué en note. autres: population occupant des locaux d'habitation qui n'appartiennent à aucune des catégories ci-dessus ou pour lesquels aucune définition n'est fournie.

L'âge désigne l'âge au dernier anniversaire, c'est-à-dire la différence entre la date de naissance et la date de référence de la répartition par âge exprimée en années solaires révolues.

La classification par âge utilisée dans ce tableau est la suivante : moins de 15 ans, groupes quinquennaux jusqu'à 70 à 74 ans, 75 ans et plus et une catégorie âge inconnu.

On a ajouté une catégorie 15 ans et plus dont sont exclues les personnes d'âge inconnu.

On a adopté la même classification pour les deux sexes.

La classification selon la résidence (urbaine/rurale) est celle qui a été fournie par chaque pays ou zone; elle est censée reposer sur les définitions nationales de la population urbaine reproduites à la fin du tableau 6.

Fiabilité des données : Aucun code de fiabilité particulier n'a été utilisé pour le présent tableau.

Limitations: Statistics on total population by living arrangements, sex and urban/rural residence are subject to the same qualifications as have been set forth for population statistics in general in section 3 of the Technical Notes.

Errors in national census data can arise at any stage of the collection, processing or presentation process, and these errors may limit the quality and international comparability of census statistics presented in the Demographic Yearbook. Two major types of errors in census data are often distinguished: first, coverage errors, which lead to the over-enumeration or under-enumeration of the population in the census, and second, content errors which affect the accuracy of the recorded information for the covered population.

Because coverage errors may occur more frequently among some population sub-groups than others, coverage errors may affect not only the absolute number of persons in any given category but also their relative distribution. Levels and patterns of coverage and content errors differ widely among countries and even, at times from census to census for a specific country. Further limiting the census comparability of census statistics are variations among countries in the concepts, definitions and classifications used in their censuses.

The principal limitation in connection with data on living arrangement arises from variations in the definitions of households and institutions, the enumeration practices adopted in conducting the census and the classifications used to present census data.

As noted in table 27, the definition of household recommended by the United Nations is based on the arrangements made by persons, individually or in groups, for providing themselves with food or other essentials for living. Reliance on a household definition based on alternative criteria is an important factor limiting the comparability of tabulations of population by living arrangements. Definitions of institutions, collective households, shelterless or marginal settlements also differ widely.

With regard to enumeration procedures, two important factors contribute to non-comparability, namely, 1)some countries use the family rather than the household as the unit of enumeration and 2) different questionnaires are frequently used to enumerate persons living in collective households or in non-standard dwellings which may exclude some questions asked of persons living in households.

The classification of living arrangements differs markedly in the tabulations appearing in this table. For instance, 13 countries or areas tabulated the shelterless population separately; some report that the shelterless population or population living in collective households are part of the household population; others report the institutional population together with the homeless or with persons living in group quarters and a number of countries report a category of other or not stated living arrangement.

Insuffisance des données : Les statistiques concernant la population en fonction du mode d'organisation domestique selon le sexe et selon la résidence urbaine/rurale appellent toutes les réserves qui ont été faites à la section 3 des Notes techniques.

Des erreurs dans les données de recensements nationaux peuvent se produire à n'importe quel stade du processus de collecte ou de présentation et nuire à la comparabilité internationale des statistiques des recensements dans l'Annuaire démographique. Deux principaux types d'erreurs sont couramment distingués dans les données de recensement, à savoir, premièrement, les erreurs de couverture, qui conduisent au surdénombrement ou au sous-dénombrement de la population recensée, et, deuxièment, les erreurs de contenu, qui influent sur l'exactitude des renseignements enregistrés au sujet de l'univers considéré.

Etant donnée qu'elles sont susceptibles de se produire plus fréquemment dans certains sous-groupes de la population que dans d'autres, les erreurs de couverture peuvent porter non seulement sur le nombre absolu de personnes comprises dans une catégorie donnée, mais aussi les répartitions relatives. L'ampleur et les caractéristiques des erreurs de couverture et de contenu diffèrent considérablement d'un pays à l'autre et même, parfois, d'un recensement à l'autre dans un même pays. Les différences entre les concepts, définitions et classifications utilisés par les pays aux fins de leurs recensements contribuent également à limiter la comparabilité internationale des statistiques de recensement.

Le principaux facteurs limitatifs à l'égard des données touchant le mode d'organisation domestique tiennent aux différences dans la façon de définir le ménage et les collectivités, aux méthodes de dénombrement utilisées lors du recensement et au mode d'exploitation utilisé pour présenter les données de recensement.

Ainsi qu'il a été noté au tableau 27, la définition du ménage recommandée par l'Organisation des Nations Unies repose sur la manière dont les personnes pourvoient, individuellement ou en groupe, à leurs besoins alimentaires et autres besoins vitaux. Le fait que la définition du ménage utilisée repose parfois sur d'autres critères contribue largement à limiter la comparabilité des tableaux qui presentent la population selon le mode d'organisation domestique.

En ce qui concerne les méthodes de dénombrement, deux facteurs importants contribuent à la non-comparabilité des donnés: 1) certains pays utilisent la famille et non le ménage comme unité de dénombrement et 2) on dénombre fréquemment sur des feuilles distinctes des personnes vivant dans des ménages collectifs ou dans des logements non classiques, ce qui peut aboutir à l'omission de certaines des questions posées aux personnes vivant dans des ménages.

Des différences substantielles apparaissent quant à la classification des modes d'organisation domestique dans les exploitations statistiques dont a été tiré le présent tableau. C'est ainsi que 13 pays ou zones exploitent la population sans logis; certains ont signalé que la population sans logis ou la population vivant dans des ménages collectifs a été rangée dans la population des ménages; d'autres ont rangé la population des collectivités avec les sans logis ou avec les habitants de locaux d'habitation collectifs tels qu'hôtels et pensions de famille enfin un certain nombre de pays utilisent une catégorie "divers" lorsque le mode d'organisation domestique ou bien n'appartient à aucune des catégories prévues, ou bien n'a pas été declaré.

Persons living in marginal housing units may be included in some countries in the household population and in others among the shelterless.

Where information on grouping of categories is available, it is included in footnotes.

Under-enumemeration may be more common among some groups than others as it is particularly difficult to enumerate persons not living in regular housing units.

Because these statistics are classified according to age, they are subject to the limitations with respect to accuracy of age reporting similar to those already discussed in section 3.1.3 of the Technical Notes.

Aside from the household definition itself, national practices in collecting and compiling statistics of house-holds also differ according to certain differences in enumeration practices. In countries or areas in which each person is counted where physically present at the census reference date, the census household consists of all of the persons present in the household at the specified time, whether they were usual members of the household or only visitors, but excludes persons normally resident at that place who were temporarily absent at the census reference date. In countries or areas where persons are counted at their usual residence, whether or not they were physically present at the census reference date, the census household consists of all the usual residents of the household and does not include any persons who were visiting in the household at the reference date. Because there are many small variations of these two general practices, the original census reports on enumeration techniques should be consulted to determine the exact ones used in particular cases.

The comparability of data by urban/rural residence is affected by the national definitions of urban and ruralused in tabulating these data. When known, the definitions of urban used in national population censuses are presented at the end ot table 6. As discussed in detail in the Technical Notes for table 6, these definitions vary considerably from one country or area to another.

Coverage: Living arrangements of the population by age and sex are shown for 52 countries or areas. Data are presented by urban/rural residence for 8 countries or areas.

Earlier data: Population by living arrangements are shown for the second time in this issue of the Demographic Yearbook.

Table 29

Table 29 presents institutional population and per cent of population in institutions by age, sex and urban/rural residence for each census between 1985 and 1995.

Les personnes vivant dans des unités d'habitation marginales peuvent, dans certains pays, être rangées dans la population des ménages et dans d'autres parmi la population sans logis.

Lorsque des renseignements ont été communiqués sur la façon d'établir les catégories, ils sont mentionnés en note.

Le sous-dénombrement est parfois plus fréquent pour certains groupes que pour d'autres dans la mesure par exemple où il est particulièrement difficile de dénombrer les personnes n'habitant par des unités d'habitation ordinaires.

Comme ces statistiques sont classées selon l'âge, elles appellent les mêmes réserves concernant l'exactitude des déclarations d'âge que celles déjà mentionnées dans la section 3.1.3 des Notes techniques.

En dehors de la définition du ménage proprement dite, les méthodes de rassemblement et de traitement des statistiques des ménages varient selon la méthode de dénombrement utilisée par les divers pays. Dans les pays ou zones où l'on dénombre chaque personne effectivement présente le jour du recensement, le ménage statistique comprend toutes les personnes présentes à cette date, qu'il s'agisse des membres habituels du ménage ou seulement d'hôtes de passage, mais ne tient pas compte des personnes qui y résident normalement et qui étaient temporairement absentes ce jour-là. Dans les pays ou zones où les personnes sont dénombrées dans leur lieu habituel de résidence, qu'elles s'y trouvent effectivement ou non à la date du recensement, le ménage statistique comprend tous les résidents habituels sans tenir compte des visiteurs qui s'y trouvaient ce jour-là. Etant donné que ces deux pratiques générales comportent des variations nombreuses, il faut consulter les rapports initiaux de recensement sur les méthodes de dénombrement employées afin de déterminer exactement celles qui ont été utilisées dans chaque cas.

La comparabilité des données selon la résidence (urbaine/rurale) peut être limitée par les définitions nationales des termes "urbain" et "rural" utilisées pour la mise en tableaux de ces données. Les définitions du terme "urbain" utilisées pour les recensements nationaux de population ont été présentées à la fin du tableau 6 lorsqu'elles étaient connues. Comme on l'a précisé en détail dans les Notes techniques relatives au tableau 6, ces définitions varient très sensiblement d'un pays ou d'une zone à l'autre.

Portée : Des statistiques sur la population en fonction du mode d'organisation domestique selon l'âge et le sexe sont présentées pour 52 pays ou zones. La répartition selon la résidence (urbaine/rurale) est indiquée pour 8 pays ou zones.

Données publiées antérieurement: Les statistiques des données sur la population en fonction du mode d'organisation domestique on été publiées pour la deuxième fois dans l'Annuaire démographique.

Tableau 29

Le tableau 29 présente des données sur la population des collectivités et sa répartition en pourcentage selon l'âge et le sexe et selon la résidence (urbaine/rurale) pour chacun des recensements effectués entre 1985 et 1995.

Description of variables: Statistics in this table are from population censuses and from large sample surveys.

The latter have been footnoted. Unless otherwise indicated, data refer to the de facto (present-in-area population).

Institutional population includes persons living in military installations, correctional and penal institutions, dormitories of schools and universities, religious institutions, hospitals, etc. 72 Persons living in collective households may also be defined as part of the institutional population. When known, this is included in footnotes.

Age is defined as age at last birthday, that is, the difference between the date of birth and the reference date of the age distribution expressed in completed solar years.

The age classification used in this table is the following: under 15 years, 5-year groups through 70-74 years, 75 years and over and age unknown.

In addition a category for 15 years and over is presented; in this category persons of unknown age are excluded. The same classification is used for both males and females.

The urban/rural classification is that provided by each country or area; it is presumed to be based on the national definitions of urban population which have been set forth at the end of table 6.

Percentage computation : Percentage of population in institutions, for both sexes and male and female separately, is the number of persons recorded as living in institutions per 100 persons in the same age-sex group at the same date.

Reliability of data : No special reliability codes have been used in connection with these tables.

Limitations : Statistics on institutional population by age, sex and urban/rural residence are subject to the same qualifications which have been set forth for population statistics in general as discussed in section 3 of the Technical Notes. Errors in national census data can arise at any stage of the collection, processing or presentatation process, and these errors may limit the quality and international comparability of census statistics presented in the Demographic Yearbook. Two major types of errors in census data are often distinguished: first, coverage errors, which lead to the over-enumeration or under-enumeration of the population in the census, and second, content errors, which affect the accuracy of the recorded information for the covered population. Because coverage errors may occur more frequently among some population sub-groups than other, coverage errors may affect not only the absolute number of persons in any given category but also their relative distribution. Levels and patterns of coverage and content errors differ widely among countries and even, at times from census to census for a specific country.

Description des variables : Les données de ce tableau sont tirées de recensements de la population, ou bien sont des estimations fondées, dans certains cas, sur des enquêtes par sondage.

Sauf indication contraire, elles se rapportent à la population de fait.

La population des collectivités comprend les personnes vivant dans des établissements militaires, des établissements correctionnels ou pénitentiaires, des internats ou foyers scolaires et universitaires, des établissements religieux, des hôpitaux, etc. 72. Les personnes vivant dans des ménages collectifs peuvent également être définies comme faisant partie de la population des collectivités. Dans les cas où l'on savait, ce renseignement a été mentionné en note.

L'âge désigne l'âge au dernier anniversaire, c'est-à-dire la différence entre la date de naissance et la date de référence de la répartition par âge exprimée en années solaires révolues.

La classification par âge utilisée dans ce tableau est la suivante : moins de 15 ans, groupes quinquennaux jusqu'à 70 à 74 ans, 75 ans et plus et une catégorie âge inconnu.

On a ajouté une catégorie 15 ans et plus dont sont exclues les personnes d'âge inconnu. On a adopté la même classification pour les deux sexes.

La classification selon la résidence (urbaine/rurale) est celle qui a été fournie par chaque pays ou zone; il faut en conclure qu'elle repose sur les définitions nationales de la population urbaine reproduites à la fin du tableau 6.

Calcul des pourcentages : Le pourcentage de la population des collectivités, sexes confundus et pour chaque sexe séparément, est le nombre de personnes déclarées comme vivant dans des collectivités pour 100 personnes du même groupe d'âge et du même sexe à la même date.

Fiabilite des données : Aucun code de fiabilité particulier n'a été utilisé pour le présent tableau. Insuffisance des données : Les statistiques des effectifs de la population des selon l'âge, le sexe et la résidence (urbaine/rurale) appellent tout les réserves ont été formulées à propos des statitiques de la population en général dans la section 3 des notes techniques.

Des erreurs dans les données de recensements nationaux peuvent se produire à n'importe quel stade du processus de collecte ou de présentation et nuire à la comparabilité internationale des statistiques des recensements présentées dans l'Annuaire démographique. Deux principaux types d'erreurs sont couramment distingués dans les données de recensement, à savoir, premièrement, les erreurs de couverture, qui conduisent au surdénombrement ou au sous-dénombrement de la population recensée, et, deuxièment, les erreurs de contenu, qui influent sur l'exactitude des renseignements enregistrés au sujet de l'univers considéré. Etant donnée qu'elles sont susceptibles de se produire plus fréquemment dans certains sous-groupes de la population que dans d'autres, les erreurs de couverture peuvent porter non seulement sur le nombre absolu de personnes comprises dans une catégorie donnée, mais aussi sur les répartitions relatives. L'ampleur et les caractéristiques des erreurs de couverture et de contenu diffèrent considérablement d'un pays à l'autre et même, parfois, d'un recensement à l'autre dans un même pays.

Further limiting the census comparability of census statistics are variations among countries in the concepts, definitions and classifications used in their censuses.

Les différences entre les concepts, définitions et classifications utilisés par les pays aux fins de leurs recensements contribuent également à limiter la comparabilité internationale des statistiques de recensement.

In this table, the insitutional population is by definition only those persons living together for a special purpose; However, persons living in group quarters such as boarding houses are sometimes included in the institutional population. When known, such distributions are footnoted.

Dans le présent tableau, la population des collectivités ne comprend par définition que les personnes qui vivent en commun dans un but précis; mais il ressort clairement des définitions de la population des collectivités. C'est ainsi que les personnes vivant dans locaux d'habitation collectifs tels que des pensions de famille sont parfois comprises dans la population des collectivités. Quand ce fait est connu, il est mentionné en note.

Because these statistics are classified according to age, they are subject to the limitations with respect to accuracy of age reporting similar to those already discussed in section 3.1.3 of the Technical Notes.

Comme ces statistiques sont classées selon l'âge, elles appellent les mêmes réserves concernant l'exactitude des déclarations d'âge que celles déjà mentionnées dans la section 3.1.3 des Notes techniques.

Aside from the household definition itself, national practices in collecting and compiling statistics of house-holds also differ according to certain differences in enumeration practices. In countries or areas in which each person is counted where physically present at the census reference date, the census household consists of all of the persons present in the household at the specified time, whether they were usual members of the household or only visitors, but excludes persons normally resident at that place who were temporarily absent at the census reference date. In countries or areas where persons are counted at their usual residence, whether or not they were physically present at the census reference date, the census household consists of all the usual residents of the household and does not include any persons who were visiting in the household at the reference date.

En dehors de la définition du ménage proprement dite, les méthodes de rassemblement et de traitement des statistiques des ménages varient selon la méthode de dénombrement utilisée par les divers pays. Dans les pays ou zones où l'on dénombre chaque personne effectivement présente le jour du recensement, le ménage statistique comprend toutes les personnes présentes à cette date, qu'il s'agisse des membres habituels du ménage ou seulement de visiteurs, mais ne tient pas compte des personnes qui y résident normalement et qui étaient temporairement absentes ce jour-là. Dans les pays ou zones où les personnes sont dénombrées dans leur lieu habituel de résidence, qu'elles s'y trouvent effectivement ou non à la date du recensement, le ménage statistique comprend tous les résidents habituels sans tenir compte des visiteurs qui s'y trouvaient ce jour-là.

Because there are many small variations of these two general practices, the original census reports on enumeration techniques should be consulted to determine the exact ones used in particular cases.

Etant donné que ces deux pratiques générales comportent des variations nombreuses, il faut consulter les rapports initiaux de recensement sur les méthodes de dénombrement employées afin de déterminer exactement celles qui ont été utilisées dans chaque cas.

The comparability of data by urban/rural residence is affected by the national definitions of urban and rural used in tabulating these data. When known, the definitions of urban used in national population censuses are presented at the end ot table 6. As discussed in detail in the Technical Notes for table 6, these definitions vary considerably from one country or area to another.

La comparabilité des données selon la résidence (urbaine/rurale) peut être limitée par les définitions nationales des termes "urbain" et "rural" utilisées pour la mise en tableaux de ces données. Les définitions du terme "urbain" utilisées pour les recensements nationaux de population ont été présentées à la fin du tableau 6 lorsqu'elles étaient connues. Comme on l'a précisé en détail dans les Notes techniques relatives au tableau 6, ces définitions varient très sensiblement d'un pays ou d'une zone à l'autre.

Coverage : Institutional and total population by age and sex are shown for 52 countries or areas. Data are presented by urban/rural residence for 7 countries or areas.

Portée : Des statistiques sur la population des collectivités et la population totale selon l'âge et le sexe sont présentées pour 52 pays ou zones. Elles sont classées selon la résidence (urbaine/rurale) pour 7 pays ou zones.

Earlier data : Institutional and total population by age and sex are shown for the second time in this issue of the Demographic Yearbook.

Données publiées antérieurement : Les statistiques des données sur la population des collectivités et la population totale selon l'âge et le sexe, on été publiées pour la deuxième fois dans l'Annuaire démographique.

Table 30

Table 30 presents households by size of household, age and sex of householder and urban/rural residence for each census between 1985 and 1995.

Tableau 30

Le tableau 30 présente des statistiques des ménages selon la dimension du ménage, l'âge et le sexe du chef de ménage et la résidence (urbaine/rurale) pour chaque recensement effectué entre 1985 et 1995.

Description of variables : The concept of "household" is based on the arrangements made by persons, individually or in groups, for providing themselves with food or other essentials for living.

A household may be either: (a) a one-person household, that is, a person who makes provision for his own food or other essentials for living without combining with any other person to form part of a multi-person household or (b) a multi-person household, that is, a group of two or more persons who make common common provision for food or other essentials for living. The persons in the group may pool their incomes and have a common budget to a greater or less extent; they may be related or unrelated persons or a combination of both.

The classification for the size of household, based on the number of persons living in the household, is the following : 1,2,3,4,5,6 persons and over and size of household not stated.

The householder (household head or reference person) is identified for the purpose of establishing the relationship among household members. According to United Nations recommendations, the household head is defined as that person in the household or family acknoledged by the other members of the household as such; 73 alternatively, it was suggested that countries might prefer to designate a reference person with no implication of headship. In the statistics shown in this table, the national definitions of householders are based on one of several criteria, namely: the person acknowledged as head by the other members, the person economically responsible or the person with authority for managing household activities.

Age is defined as age at last birthday, that is, the difference between the date of birth and the reference date of the age distribution expressed in completed solar years. The age classification used in this table is the following: under 15 years, 5-year groups through 70-74 years, 75 years and over and age unknown.

In addition a category for 15 years and over is presented; in this category householders are excluded.

The same classification is used for both males and females.

The urban/rural classification is that provided by each country or area; it is presumed to be based on the national definitions of urban population which have been set forth at the end of table 6.

Statistics presented in this table are from population censuses and from large scale sample surveys.

The latter have been footnoted. Unless otherwise indicated, data refer to the de facto (present-in-area) population.

Reliability of data : No special reliability codes have been used in connection with these tables.

Limitations : Statistics on households by age and sex of household head/reference person and by size of household are subject to the same qualifications which have been set forth for Population statistics in general as discussed in section 3 of the Technical Notes.

Description des variables : Le "ménage" est défini en fonction de la manière dont les personnes pourvoient, individuellement ou en groupe, à leurs besoins alimentaires et autres besoins vitaux.

Un ménage peut être soit a) un ménage composé d'une seule personne, c'est-à-dire une personne qui pourvoit à ses propres besoins alimentaires et autres besoins vitaux sans s'associer avec d'autres personnes pour former un ménage multiple, soit b) un ménage multiple, c'est-à-dire un groupe de deux ou plusieurs personnes qui pourvoient en commun à leurs besoins alimentaires et autres besoins vitaux. Les membres du groupe peuvent, dans une mesure variable, mettre leurs revenus en commun et avoir un budget unique. Le groupe peut se composer soit de personnes apparentées, soit de personnes non apparentées, soit de personnes appartenant à l'une et l'autre catégorie.

La classification des ménages selon leur dimension, en fonction du nombre de personnes qui en font partie, comprend les catégories suivantes: 1, 2, 3, 4, 5, 6 personnes et plus et une catégorie dimension non déterminée.

Le chef de ménage est identifié afin de préciser les liens existant entre les membres du ménage. Selon les recommandations de l'Organisation des Nations Unies, le chef de ménage est défini comme la personne reconnue comme tel par les autres membres 73; mais il a également été indiqué que les pays pouvaient s'ils le préféraient désigner une personne de référence sans que cela implique au'il s'agisse du chef de ménage. Dans les statistiques reprises dans le présent tableau, les définitions nationales du chef de ménage/de référence sont fondées sur l'un des critères suivants: la personne reconnue comme chef de ménage par les autres membres du ménage: la personne qui subvient aux besoins du ménage; ou la personne chargée de gérer les activités du ménage.

L'âge désigne l'âge au dernier anniversaire, c'est-à-dire la différence entre la date de naissance et la date de référence de la répartition par âge exprimée en années solaires révolues. La classification par âge utilisée dans ce tableau est la suivante : moins de 15 ans, groupes quinquennaux jusqu'à 70 à 74 ans, 75 ans et plus et une catégorie âge inconnu.

On a ajouté une catégorie 15 ans et plus dont sont exclues les personnes d'âge inconnu.

On a adopté la même classification pour les deux sexes.

La classification selon la résidence(urbaine/rurale) est celle qui a été fournie par chaque pays ou zone; il faut en conclure qu'elle repose sur les définitions nationales de la population urbaine reproduites à la fin du tableau 6.

Les statistiques figurant dans le présent tableau proviennent de recensements de population et d'enquêtes par sondage.

Sauf indication contraire, les données portent sur la population de fait (population présente dans la zone considérée).

Fiabilité des données : On n'a pas utilisé pour ces tableaux de code particulier indiquant la fiabilité des données.

Insuffisance des données : Les statistiques des effectifs des ménages selon l'âge et le sexe du chef de ménage et dimension du ménage, appellent toutes les réserves qui ont été formulées à propos des statistiques de la population en général dans la section 3 des Notes techniques.

Errors in national census data can arise at any stage of the collection, processing or presentation process, and these errors may limit the quality and international comparability of census statistics presented in the Demographic Yearbook.

Two major types of errors in census data are often distinguished: first, coverage errors, which lead to the over-enumeration or under-enumeration of the population in the census, and second, content errors, which affect the accuracy of the recorded information for the covered population. Because coverage errors may occur more frequently among some population sub-groups than others, coverage errors may affect not only the absolute number of persons in any given category but also their relative distribution. Levels and patterns of coverage and content errors differ widely among countries and even, at times from census to census for a specific country. Further limiting the census comparability of census statistics are variations among countries in the concepts, definitions and classifications used in their censuses.

The special limitations on comparability resulting from differences in the definition of households have been set forth in the Technical Notes for table 27. These are also the principal sources of variation in the data shown in this table.

In addition to the recommended criterion of the person acknowledged as head, two alternative criteria are frequently used, namely, the person who exercises authority or the one who has economic responsibility for household expenses. Further limitations on comparability result from the fact that some countries or areas have designated a reference person with no implication of headship.

Several other factors limit comparability of the household statistics presented in this table as follows:
1) inclusion of collective households along with private householdd; 2) tabulation by family rather than households; and 3) tabulation for both sexes combined.

Because these statistics are classified according to age, they are further subject to the limitations with respect to accuracy of age reporting similar to those already discussed in section 3.1.3 of the Technical Notes.

Aside from the household definition itself, national practices in collecting and compiling statistics of house-holds also differ according to certain differences in enumeration practices. In countries or areas in which each person is counted where physically present at the census reference date, the census household consists of all of the persons present in the household at the specified time, whether they were usual members of the household or only visitors, but excludes persons normally resident at that place who were temporarily absent at the census reference date. In countries or areas where persons are counted at their usual residence, whether or not they were physically present at the census reference date, the census household consists of all the usual residents of the household and does not include any persons who were visiting in the household at the reference date.

Des erreurs dans les données de recensements nationaux peuvent se produire à n'importe quel stade du processus de collecte ou de présentation et nuire à la comparabilité internationale des statistiques des recensements présentées dans l'Annuaire démographique.

Deux principaux types d'erreurs sont couramment distingués dans les données de recensement, à savoir, premièrement, les erreurs de couverture, qui conduisent au sur dénombrement ou au sous-dénombrement de la population recensée, et, deuxièment, les erreurs de contenu, qui influent sur l'exactitude des renseignements enregistrés au sujet de l'univers considéré. Etant donnée qu'elles sont susceptibles de se produire plus fréquemment dans certains sous-groupes de la population que dans d'autres, les erreurs de couverture peuvent porter non seulement sur le nombre absolu de personnes comprises dans une catégorie donnée, mais aussi sur les répartitions relatives. L'ampleur et les caractéristiques des erreurs de couverture et de contenu diffèrent considérablement d'un pays à l'autre et même, parfois, d'un recensement à l'autre dans un même pays. Les différences entre les concepts, définitions et classifications utilisés par les pays aux fins de leurs recensements contribuent également à limiter la comparabilité internationale des statistiques de recensement.

On a déjà traité en détail, dans les Notes techniques concernant le tableau 27 de l'influence particulière que les divergences dans la définition des ménages peuvent avoir sur la comparabilité des données. C'est à elles qu'il faut particulièrement attribuer le manque d'homogénéité des séries de ce tableau.

S'y ajoutent des facteurs qui limitent la comparabilité des statistiques relatives aux chefs de ménage et qui tiennent aux critères utilisés pour définir ceux-ci. Autre le critère recommandé (personne reconnue comme chef de ménage par les autres membres) deux autres critères sont fréquemment utilisés, à savoir: la personne qui exerce l'autorité dans le ménage ou la personne chargée de pourvoir aux dépenses du ménage. La comparabilité est également limitée par le fait que certains pays ou zones ont désigne une personne de référence sans que cela implique qu'il s'agisse du chef de ménage.

Plusieurs autres facteurs restreint à la comparabili té des statistiques sur les ménages présentées dans le presente tableau:
1) inclusion éventuelle des ménages collectifs avec les ménages ordinaires; 2) utilisation de la famille plutôt que du ménage comme unité d'exploitation; 3) exploitation sexes confundus.

Comme ces statistiques sont classées selon l'âge, elles appellent les mêmes réserves concernant l'exactitude des déclarations d'âge que celles déjà mentionnées dans la section 3.1.3 des Notes techniques.

En dehors de la définition du ménage proprement dite, les méthodes de rassemblement et de traitement des statistiques des ménages varient selon la méthode de dénombrement utilisée par les divers pays. Dans les pays ou zones où l'on dénombre chaque personne effectivement présente le jour du recensement, le ménage statistique comprend toutes les personnes présentes à cette date, qu'il s'agisse des membres habituels du ménage ou seulement d'hôtes de passage, mais ne tient pas compte des personnes qui y résident normalement et qui étaient temporairement absentes ce jour-là. Dans les pays ou zones où les personnes sont dénombrées dans leur lieu habituel de résidence, qu'elles s'y trouvent effectivement ou non à la date du recensement, le ménage statistique comprend tous les résidents habituels sans tenir compte des visiteurs qui s'y trouvaient ce jour-là.

Because there are many small variations of these general practices, the original census reports on enumeration techniques should be consulted to determine the exact ones used in particular cases.

The comparability of data by urban/rural residence is affected by the national definitions of urban and rural used in tabulating these data. When known, the definitions of urban used in national population censuses are presented at the end of table 6. As discussed in detail in the Technical Notes for table 6, these definitions vary considerably from one country or area to another.

Coverage : Numbers of households by size of household and age and sex of householder is shown for 67 countries or areas. Data are presented for urban/rural residence for 11 countries or areas.

Earlier data : Number of households by size of household, age and sex of householder and urban/rural residence are shown for the second time in this issue of the Demographic Yearbook.

Etant donné que ces deux pratiques générales comportent des variations nombreuses, il faut consulter les rapports initiaux de recensement sur les méthodes de dénombrement employées afin de déterminer exactement celles qui ont été utilisées dans chaque cas.

La comparabilité des données selon la résidence (urbaine/rurale) peut être limitée par les définitions nationales des termes "urbain" et "rural" utilisées pour la mise en tableaux de ces données. Les définitions du terme "urbain" utilisées pour les recensements nationaux de population ont été présentées à la fin du tableau 6 lors qu'elles étaient connues. Comme on l'a précisé en détail dans les Notes techniques relatives au tableau 6, ces définitions varient très sensiblement d'un pays ou d'une zone à l'autre.

Portée : Le tableau 30 présente des statistiques des effectifs des ménages pour 67 pays ou zones. Des données sur la répartition selon la résidence (urbaine/rurale) sont présentées pour 11 pays ou zones.

Données publiées antérieurement : Des statistiques des effectifs des ménages et du nombre de ménage selon la dimension du ménage, l'âge et le sexe du chef de ménage et la résidence (urbaine/rurale) ont été publiées pour la deuxième fois dans l'Annuaire démographique.

Table 31

Table 31 presents headship rates by age and sex of householder and by urban/rural residence for each census between 1985 and 1995.

Description of variables : The concept of "household" is based on the arrangements made by persons, individually or in groups, for providing themselves with food or other essentials for living. A household may be either: (a) a one-person household, that is, a person who makes provision for his own food or other essentials for living withoutcombining with any other person to form part of a multi-person household or (b) a multi-person household, that is, a group of two or more persons who make common provision for food or other essentials for living. The persons in the group may pool their incomes and have a common budget to a greater or less extent; they may be related or unrelated persons or a combination of both.

The householder is identified for the purpose of establishing the relationship among household members. According to United Nations recommendations, the household head is defined as that person in the household or family acknowledged by the other members of the household as such; 74 alternatively, it was suggested that countries might prefer to designate a reference person with no implication of headship.

In the statistics shown in this table, the national definitions of householder are based on one of several criteria, namely: the person acknowledged as head by the other members the person economically responsible or the person with authority for managing household activities.

Population used to calculate the headship rates is the total population of the country or area by age and sex including both household population and persons who are not members of households - including persons in institutions, homeless persons, etc.

Tableau 31

Le tableau 31 présente les taux de chef de ménages selon l'âge et le sexe du chef de ménage et selon la résidence (urbaine/rurale) pour chaque recensement effectué entre 1985 et 1995.

Description des variables : Le "ménage" est défini en fonction de la manière dont les personnes pourvoient, individuellement ou en groupe, à leurs besoins alimentaires et autres besoins vitaux. Un ménage peut être soit a) un ménage composé d'une seule personne, c'est-à-dire une personne qui pourvoit à ses propres besoins alimentaires et autres besoins vitaux sans s'associer avec d'autres personnes pour former un ménage multiple, soit b) un ménage multiple, c'est-à-dire un groupe de deux ou plusieurs personnes qui pourvoient en commun à leurs besoins alimentaires et autres besoins vitaux.
Les membres du groupe peuvent, dans une mesure variable, mettre leurs revenus en commun et avoir un budget unique. Le groupe peut se composer soit de personnes apparentées, soit de personnes non apparentées, soit de personnes appartenant à l'une et l'autre catégorie.

Le chef de ménage est identifié afin de préciser les liens qui existent entre les membres du ménage. Selon les recommandations de l'Organisation des Nations Unies, le chef de ménage est défini comme celle des personnes du ménage ou de la famille qui est reconnue comme tel par les autres membres du ménage 74; il a également été suggéré que les pays pouvaient s'ils le préféraient désigner une personne de référence sans que cela implique qu'il s'agisse du chef de ménage.

Dans les statistiques reprises dans le présent tableau, les définitions nationales du chef de ménage sont fondées sur l'un des critères suivants: personne reconnue comme chef du ménage par les autres membres du ménage; personne chargée de subvenir aux besoins du ménage; personne chargée de gérer les activités du ménage.

La population sur la base de laquelle sont calculés les taux de chef de ménage est la population totale du pays ou de la zone classée selon l'âge et le sexe, y compris tant la population des ménages que les personnes n'appartenant pas à des ménages - notamment les personnes vivant dans des établissements, les personnes sans logis, etc.

Rate computation : Headship rates by age and sex of householder are the ratios of households with a householder of a specified age and sex (as shown in table 30) to the total population with corresponding age and sex (as shown in table 28) per 100. These rates have been calculated by the Statistics Division of the United Nations.

Where population by age, sex and living arrangements were not reported, the total population by age and sex was used in the denominator. Rates of this type are footnoted.

The urban/rural classification is that provided by each country or area; it is presumed to be based on the national definitions of urban population which have been set forth at the end of table 6.

Statistics presented in this table are from population censuses and from large population surveys.

The latter have been footnoted. Unless otherwise indicated, data refer to the de facto (present-in-area) population.

Reliability of data : No special reliability codes have been used in connection with these tables.

Limitations : Statistics on households by age and sex of householder are subject to the same qualifications which have been set forth for population statistics in general as discussed in section 3 of the Technical Notes.

Errors in national census data can arise at any stage of the collection, processing or presentation process, and these errors may limit the quality and international comparability of census statistics presented in the Demographic Yearbook. Two major types of errors in census data are often distinguished: first, coverage errors, which lead to the over-enumeration or under-enumeration of the population in the census, and second, content errors, which affect the accuracy of the recorded information for the covered population.

Because coverage errors may occur more frequently among some population sub-groups than other, coverage errors may affect not only the absolute number of persons in any given category but also their relative distribution. Levels and patterns of coverage and content errors differ widely among countries and even, at times from census to census for a specific country. Further limiting the census comparability of census statistics are variations among countries in the concepts, definitions and classifications used in their censuses.

The special limitations on comparability resulting from differences in the definition of households have been set forth in the Technical Notes for table 27. These are also the principal sources of variation in the data shown in this table.

Because these statistics are classified according to age, they are subject to the limitations with respect to accuracy of age reporting similar to those already discussed in section 3.1.3 of the Technical Notes.

Calcul des taux: les taux de chef de ménage selon l'âge et le sexe du chef de ménage sont le rapport, exprimé en pourcentage, du nombre de chefs de ménage à un âge et d'un sexe donnés (tels qu'ils apparaissent au tableau 30) à l'ensemble de la population du même sexe correspondant à cet âge. Ces taux ont été calculés par le Bureau de statistique de l'Organisation des Nations Unies.

Lorsqu'il n'avait pas été communiqué de données sur la population classée selon l'âge, le sexe et le mode d'organisation domestique, on a utilisé au dénominateur l'effectif total de la population classé selon l'âge et le sexe. Les taux calculés de cette façon sont mentionnés en note.

La classification selon la résidence urbaine/rural est celle qui a été fournie par chaque pays ou zone; il faut en conclure qu'elle repose sur les définitions nationales de la population urbaine reproduites à fin du tableau 6.

Les statistiques figurant dans le présent tableau proviennent de recensements de population et d'enquêtes par sondage.

Sauf indication contraire, les données portent sur la population de fait (population présente dans la zone considérée).

Fiabilité des données : On n'a pas utilisé pour ce tableaux de code particulier indiquant la fiabilité des données.

Insuffisance des données : Les statistiques des effectifs des ménages selon l'âge et le sexe du chef de ménage, toutes les réserves qui ont été formulées à propos des statistiques de la population en général dans la section 3 des Notes techniques.

Des erreurs dans les données de recensements nationaux peuvent se produire à n'importe quel stade du processus de collecte ou de présentation et nuire à la comparabilité internationale des statistiques des recensements présentées dans l'Annuaire démographique. Deux principaux types d'erreurs sont couramment distingués dans les données de recensement, à savoir, premièrement, les erreurs de couverture, qui conduisent au sur dénombrement ou au sous-dénombrement de la population recensée, et, deuxièment, les erreurs de contenu, qui influent sur l'exactitude des renseignements enregistrés au sujet de l'univers considéré.

Etant donnée qu'elles sont susceptibles de se produire plus fréquemment dans certains sous-groupes de la population que dans d'autres, les erreurs de couverture peuvent porter non seulement sur le nombre absolu de personnes comprises dans une catégorie donnée, mais aussi sur les répartitions relatives. L'ampleur et les caractéristiques des erreurs de couverture et de contenu diffèrent considérablement d'un pays à l'autre et même, parfois, d'un recensement à l'autre dans un même pays. Les différences entre les concepts, définitions et classifications utilisés par les pays aux fins de leurs recensements contribuent également à limiter la comparabilité internationale des statistiques de recensement.

On a déjà traité en détail, dans les Notes techniques concernant le tableau 27 de l'influence particulière que les divergences dans la définition des ménages peuvent avoir sur la comparabilité des données. C'est à elles qu'il faut particulièrement attribuer le manque d'homogénéité des séries de ce tableau.

Comme ces statistiques sont classées selon l'âge, elles appellent les mêmes réserves concernant l'exactitude des déclarations d'âge que celles déjà mentionnées dans la section 3.1.3 des Notes techniques.

Headship rates are calculated in the United Nations Statistics Division by relying on data reported from the census. The most important factors leading to lack of comparability among the headship rates presented are the definitions of households and householders and the classifications of living arrangements used to present statistics. For example, if homelessness is equal in two countries and homeless households are included among the household population in one country but not in another, the headship rates will be higher in the former; or if householders are defined, as in Norway, as the oldest member of the household, the age pattern of headship rates is completely controlled by the definition.

Aside from the household definition itself, national practices in collecting and compiling statistics of households also differ according to certain differences in enumeration practices. In countries or areas in which each person is counted where physically present at the census reference date, the census household consists of all of the persons present in the household at the specified time, whether they were usual members of the household or only visitors, but excludes persons normally resident at that place who were temporarily absent at the census reference date. In countries or areas where persons are counted at their usual residence, whether or not they were physically present at the census reference date, the census household consists of all the usual residents of the household and does not include any persons who were visiting in the household at the reference date.

Because there are many small variations of these two general practices, the original census reports on enumeration techniques should be consulted to determine the exact ones used in particular cases.

The comparability of data by urban/rural residence is affected by the national definitions of urban and rural used in tabulating these data. When known, the definitions of urban used in national population censuses are presented at the end of table 6. As discussed in detail in the Technical Notes for table 6, these definitions vary considerably from one country or area to another.

Coverage : Headship rates by age and sex are shown for 65 countries or areas.

Headship rates by age for both sexes combined are shown for 4 countries or areas. Data are presented for urban/rural residence for 9 countries or areas.

Earlier data : Headship rates by age and sex of householder and urban/rural residence are shown for the second time in this issue of the Demographic Yearbook.

Les taux de chef de ménage sont calculés par le Bureau de statistique de l'Organisation des Nations Unies sur la base des données de recensement communiquées. Les principaux facteurs qui restreint à la comparabilité des taux de chef de ménage présentés sont les définitions du ménage et du chef de ménage et les classifications selon le mode d'organisation domestique utilisées pour l'établissement des statistiques. Si par exemple deux pays ont un nombre égal de sans logis mais que l'un comprenne les ménages sans logis dans la population des ménages dans l'un de ces pays et l'autre pays, les taux de chef de ménage seront plus élevés dans le premier; pour citer un autre cas, si le chef de ménage/membre de référence est comme en Norvège, défini comme le membre le plus âgé du ménage, la répartition par âge des taux de chef de ménage est entièrement fonction de cette définition.

En dehors de la définition du ménage proprement dite, les méthodes de rassemblement et de traitement des statistiques des ménages varient selon la méthode de dénombrement utilisée par les divers pays. Dans les pays ou zones où l'on dénombre chaque personne effectivement présente le jour du recensement, le ménage statistique comprend toutes les personnes présentes à cette date, qu'il s'agisse des membres habituels du ménage ou seulement de visiteurs, mais ne tient pas compte des personnes qui y résident normalement et qui étaient temporairement absentes ce jour-là. Dans les pays ou zones où les personnes sont dénombrées dans leur lieu habituel de résidence, qu'elles s'y trouvent effectivement ou non à la date du recensement, le ménage statistique comprend tous les résidents habituels sans tenir compte des visiteurs qui s'y trouvaient ce jour-là.

Etant donné que ces deux pratiques générales comportent des variations nombreuses, il faut consulter les rapports initiaux de recensement sur les méthodes de dénombrement employées afin de déterminer exactement celles qui ont été utilisées dans chaque cas.

La comparabilité des données selon la résidence (urbaine/rurale) peut être limitée par les définitions nationales des termes "urbain" et "rural" utilisées pour la mise en tableaux de ces données. Les définitions du terme "urbain" utilisées pour les recensements nationaux de population ont été présentées à la fin du tableau 6 lors qu'elles étaient connues. Comme on l'a précisé en détail dans les Notes techniques relatives au tableau 6, ces définitions varient très sensiblement d'un pays ou d'une zone à l'autre.

Portée : Le tableau 31 présente des taux de chef de ménage selon l'âge et le sexe pour 65 pays ou zones.

Des taux de chef de ménage selon l'âge, sexes confondus, sont présentés pour 4 pays ou zones. Des données classées selon la résidence (urbaine/rurale) sont présentées pour 9 pays ou zones.

Données publiées antérieurement : Le présent Annuaire est la deuxième à présenter des taux de chef du ménage selon l'âge et le sexe du chef de ménage et selon la résidence (urbaine/rurale).

Table 32

Table 32 presents households by marital status, age and sex of the householder and urban/rural residence for each census between 1985 and 1995.

Description of variables : The concept of "household" is based on the arrangements made by persons, individually or in groups, for providing themselves with food or other essentials for living. A household may be either: (a) a one-person household, that is, a person who makes provision for his own food or other essentials for living without combining with any other person to form part of a multi-person household or (b) a multi-person household, that is, a group of two or more persons who make common provision for food or other essentials for living.

The persons in the group may pool their incomes and have a common budget to a greater or less extent; they may be related or unrelated persons or a combination of both.

The householder is identified for the purpose of establishing the relationship among household members. According to United Nations recommendations, the household head is defined as that person in the household or family acknowledged by the other members of the household as such; [76] alternatively, it was suggested that countries might prefer to designate a reference person with no implication of headship.

In the statistics shown in this table, the national definitions of householder are based on one of several criteria, namely: the person acknowledged as head by the other members, the person economically responsible or the person with authority for managing household activities.

Marital status is defined as the personal status of that individual in relation to the marriage laws or customs of that country. [76]

The marital status classification used in this table is the following: single (never married), married, widowed (but not remarried) and divorced (but not remarried). Additional classifications appear for certain countries or areas when data are available. These include: consensually married, separated and marital status unknown.

Unless otherwise specified, when the categories of "consensually married" and "separated" are not shown separately, it can be assumed that persons in these categories are shown as "married".

Age is defined as age at last birthday, that is, the difference between the date of birth and the reference date of the age distribution expressed in completed solar years. The age classification used in this table is the following: under 15 years, 5-year age groups through 70-74 years, 75 years and over and age unknown. In addition a category for 15 years and over is presented; in this category householders of unknown age are excluded. The same classification is used for both males and females.

Tableau 32

Le tableau 32 présente des données sur les ménages selon l'état matrimonial, l'âge et la sexe du chef de ménage et selon la résidence (urbaine/rural) pour chacun des recensements effectués autre 1985 et 1995.

Description des variables : Le "ménage" est défini en fonction de la manière dont les personnes pourvoient, individuellement ou en groupe, à leurs besoins alimentaires et autres besoins vitaux. Un ménage peut être soit a) un ménage composé d'une seule personne, c'est-à-dire une personne qui pourvoit à ses propres besoins alimentaires et autres besoins vitaux sans s'associer avec d'autres personnes pour former un ménage multiple, soit b) un ménage multiple, c'est-à-dire un groupe de deux ou plusieurs personnes qui pourvoient en commun à leurs besoins alimentaires et autres besoins vitaux. Les membres du groupe peuvent, dans une mesure variable, mettre leurs revenus en commun et avoir un budget unique.

Le groupe peut se composer soit de personnes apparentées, soit de personnes non apparentées, soit de personnes appartenant à l'une et l'autre catégorie.

Le chef de ménage est identifié afin de préciser les liens existant entre les membres du ménage. Selon les recommandations de l'Organisation des Nations Unies, le chef de ménage est défini comme la personne reconnue comme tel par les autres membres; mais il a également été indiqué que les pays pouvaient s'ils le préféraient désigner une personne de référence sans que cela implique au'il s'agisse du chef de ménage.

Dans les statistiques reprises dans le présent tableau, les définitions nationales du chef de ménage personne de référence sont fondées sur l'un des critères suivants: la personne reconnue comme chef de ménage par les autres membres du ménage: la personne qui subvient aux besoins du ménage; ou la personne chargée de gérer les activités du ménage.

L'état matrimonial est sa situation à l'égard des lois ou coutumes de son pays concernant le mariage [76].

Les catégories employées dans ce tableau pour le classement selon l'état matrimonial sont les suivantes: célibataires (jamais mariés), mariés, veufs (non remariés) et divorcés (non remariés). Lorsque les données le permettaient, on a ajouté pour certains pays ou zones les catégories ci-après: vivant en union consensuelle, séparés et état matrimonial inconnu.

Sauf indication contraire, on peut, lorsque les catégories "vivant en union consensuelle" et séparés ne font pas l'objet d'une mention distincte, considérer que les personnes en question figurent dans la colonne "mariés".

L'âge désigne l'âge au dernier anniversaire, c'est-à-dire la différence entre la date de naissance et la date de référence de la répartition par âge exprimée en années solaires révolues. La classification par âge utilisée dans ce tableau est la suivante : moins de 15 ans, groupes quinquennaux jusqu'à 70 à 74 ans, 75 ans et plus et une catégorie âge inconnu. On a ajouté une catégorie 15 ans et plus dont sont exclues les personnes d'âge inconnu. On a adopté la même classification pour les deux sexes.

The urban/rural classification is that provided by each country or area; it is presumed to be based on the national definitions of urban population which have been set forth at the end of table 6.

Statistics presented in this table are from population censuses and from large population surveys.

The latter have been footnoted. Unless otherwise indicated, data refer to the de facto (present-in-area) population.

Reliability of data : No special reliability codes have been used in connection with these tables.

Limitations : Statistics on households by marital status, age and sex of the householder are subject to the same qualifications which have been set forth for population statistics in general as discussed in section 3 of the Technical Notes.

Errors in national census data can arise at any stage of the collection, processing or presentation process, and these errors may limit the quality and international comparability of census statistics presented in the Demographic Yearbook. Two major types of errors in census data are often distinguished: first, coverage errors,which lead to the over-enumeration or under-enumeration of the population in the census, and second, content errors, which affect the accuracy of the recorded information for the covered population. Because coverage errors may occur more frequently among some population sub-groups than others, coverage errors may affect not only the absolute number of persons in any given category but also their relative distribution. Levels and patterns of coverage and content errors differ widely among countries and even, at times from census to census for a specific country. Further limiting the census comparability of census statistics are variations among countries in the concepts, definitions and classifications used in their censuses.

The special limitations on comparability resulting from differences in the definition of households have been set forth in the Technical Notes for Table 27. These are also the principal sources of variation in the data shown in this table.

In addition to the recommended criterion of the person acknowledged as head, two alternative criteria are frequently used to define the householder, namely, the person who exercises authority or the one who has economic responsibility for household expenses.

Further limitations on the comparability result from the fact that some countries or areas have designated a reference person with no implication of headship.

Comparability is also affected by the accuracy of the response to the questions on marital status. Divorced or separated persons may erroneously be reported as single, while those in consensual unions may be reported as married. Also, persons that are divorced may report themselves as single, married or widowed.

La classification selon la résidence urbaine/rural est celle qui a été fournie par chaque pays ou zone; il faut en conclure qu'elle repose sur les définitions nationales de la population urbaine reproduites à fin du tableau 6.

Les statistiques figurant dans le présent tableau proviennent de recensements de population et d'enquêtes par sondage.

Sauf indication contraire, les données portent sur la population de fait (population présente dans la zone considérée).

Fiabilité des données : On n'a pas utilisé pour ces tableaux de code particulier indiquant la fiabilité des données.

Insuffisance des données : Les statistiques sur les ménages classés selon l'état matrimonial, l'âge et le sexe du chef de ménage appellent toutes les réserves qui ont été formulées à propos des statistiques de la population en général dans le section 3 des notes techniques.

Des erreurs dans les données de recensements nationaux peuvent se produire à n'importe quel stade du processus de collecte ou de présentation et nuire à la comparabilité internationale des statistiques de recensement présentées dans l'Annuaire démographique. Deux principaux types d'erreurs sont couramment distingués dans les données de recensement, à savoir, premièrement, les erreurs de couverture, qui conduisent au surdénombrement ou au sous-dénombrement de la population recensée, et, deuxièment, les erreurs de contenu, qui influent sur l'exactitude des renseignements enregistrés au sujet de l'univers considéré. Etant donnée qu'elles sont susceptibles de se produire plus fréquemment dans certains sous-groupes de la population que dans d'autres, les erreurs de couverture peuvent porter non seulement sur le nombre absolu de personnes comprises dans une catégorie donnée, mais aussi sur les répartitions relatives. L'ampleur et les caractéristiques des erreurs de couverture et de contenu diffèrent considérablement d'un pays à l'autre et même, parfois, d'un recensement à l'autre dans un même pays. Les différences entre les concepts, définitions et classifications utilisés par les pays aux fins de leurs recensements contribuent également à limiter la comparabilité internationale des statistiques de recensement.

On a déjà traité en détail, dans les Notes techniques concernant le tableau 27, de l'influence particulière que les divergences dans la définition des ménages peuvent avoir sur la comparabilité des données. C'est à elles qu'il faut particulièrement attribuer le manque d'homogénéité des séries de ce tableau.

S'y ajoutent des facteurs qui limitent la comparabilité des statistiques relatives aux chefs de ménage et qui tiennent aux critères utilisés pour définir ceux-ci. Outre le critère recommandé (personne reconnue comme chef de ménage par les autres membres du ménage), deux autres critères ont fréquemment été utilisés pour définir le chef de ménage, à savoir: la personne qui exerce l'autorité dans le ménage ou la personne qui a la charge de subvenir aux besoins et aux dépenses du ménage.

Un autre facteur qui limite la comparabilité des statistiques est le fait que certains pays ou zones ont désigné une personne de référence sans impliquer qu'il s'agisse du chef de ménage.

La comparabilité dépend également de l'exactitude des réponses données à la question concernant l'état matrimonial. Il arrive que des personnes divorcées ou séparées soient par erreur enregistrées comme célibataires et que des personnes vivant en union consensuelle soient enregistrées comme mariées. De plus, une personne divorcées peut, du dénombrement, se déclarer soit célibataire, soit mariée, soit veuve.

Unless householders in consensual unions are tabulated separately in countries or areas where these unions are relatively numerous, comparability of data by marital status is limited. Evidence seems to indicate that parties in consensual unions are more likely to report themselves as married rather than single.

It will be seen from this table that 15 countries or areas give consensually married as a separate category.

Similarly, the category "separated" may be of uncertain composition. It may contain persons whose marriage has been suspended by legal process, or it may include as well married persons who are simply living apart at the time of the census but who may or may not intend to remain apart. Since laws and practices with regard to legal separation differ within and among countries or areas. A genuine demarcation for this group is probably impossible. Because of this, separated persons are generally included in the category "married", although - as will be seen in the table - they are tabulated separately by 29 countries or areas and combined with divorced in 8.

The absence of frequencies in the category of either marital status unknown or age unknown does not necessaril indicate completely accurate reporting and tabulation of these items. It is often an indication that unknowns have been eliminated by ascribing to them either a marital status or an age before tabulation, or by proportionate distribution after tabulation.

Because these statistics are classified according to age, they are further subject to the limitations with respect to accuracy of age reporting similar to those already discussed in section 3.1.3 of the Technical Notes.

Aside from the household definition itself, national practices in collecting and compiling statistics on households also differ according to certain differences in enumeration practices. In countries or areas in which each person is counted where physically present at the census reference date, the census household consists of all of the persons present in the household at the specified time, whether they were usual members of the household or only visitors, but excludes persons normally resident at that place who were temporarily absent at the census reference date. In countries or areas where persons are counted at their usual residence, whether or not they were physically present at the census reference date, the census household consists of all the usual residents of the household and does not include any persons who were visiting in the household at the reference date.

Because there are many small variations of these two general practices, the original census reports on enumeration techniques should be consulted to determine the exact ones used in particular cases.

The comparability of data by urban/rural residence is affected by the national definitions of urban and rural used in tabulating these data. When known, the definitions of urban used in national population censuses are presented at the end of table 6. As discussed in detail in the Technical Notes for table 6, these definitions vary considerably from one country or area to another.

Pour faciliter la comparabilité des données sur l'état matrimonial, il faut enregistrer séparément les personnes vivant en union consensuelle dans les pays ou zones où ces unions sont relativement nombreuses. Il semble que les personnes vivant en union consensuelle aient tendanceà se declarer mariées plutôt que célibataires.

L'examen de ce tableau montre que 00 pays ou zones ont une rubrique spéciale pour les personnes vivant en union consensuelle.

De même, la catégorie "séparés" est de composition incertaine. Elle peut comprendre les personnes dont le mariage a été suspendu par une procédure létale et elle peut englober également les personnes mariées qui vivent simplement séparées de leur conjoint sans avoir nécesairement l'intention de le rester. Cependant, comme les lois et coutumes relatives à la séparation légale diffèrent d'un pays ou d'une zone à l'autre et à l'interieur d'un même pays, une véritable comparabilité pour ce groupe est probablement impossible. Pour cette raison, les personnes séparées sont généralement rangées dans la catégorie "mariés" mais on verra dans le tableau qu'elles sont classées séparément dans 00 pays ou zones et assimilées aux divorcées dans 00 autres.

Si aucun nombre ne figure dans les collones état matrimonial inconnu ou âge inconnu, cela ne signifie pas nécessairement que les déclarations et l'exploitation des données aient été tout à fait exactes. C'est souvent une indication que l'on a attribué un état matrimonial ou d'âge inconnu avant l'exploitation des données ou que celles-ci ont été réparties proportionnellement entre les différents groupes après cette opération.

Comme ces statistiques sont classées selon l'âge, elles appellent les mêmes réserves concernant l'exactitude des déclarations d'âge que celles déjà mentionnées dans la section 3.1.3 des Notes techniques.

En dehors de la définition du ménage proprement dite, les méthodes de rassemblement et de traitement des statistiques des ménages varient selon la méthode de dénombrement utilisée par les divers pays. Dans les pays ou zones où l'on dénombre chaque personne effectivement présente le jour du recensement, le ménage statistique comprend toutes les personnes présentes à cette date, qu'il s'agisse des membres habituels du ménage ou seulement de visiteurs, mais ne tient pas compte des personnes qui y résident normalement et qui étaient temporairement absentes ce jour-là. Dans les pays ou zones où les personnes sont dénombrées dans leur lieu habituel de résidence, qu'elles s'y trouvent effectivement ou non à la date du recensement, le ménage statistique comprend tous les résidents habituels sans tenir compte des visiteurs qui s'y trouvaient ce jour-là.

Etant donné que ces deux pratiques générales comportent des variations nombreuses, il faut consulter les rapports initiaux de recensement sur les méthodes de dénombrement employées afin de déterminer exactement celles qui ont été utilisées dans chaque cas.

La comparabilité des données selon la résidence (urbaine/rurale) peut être limitée par les définitions nationales des termes "urbain" et "rural" utilisées pour la mise en tableaux de ces données. Les définitions du terme "urbain" utilisées pour les recensements nationaux de population ont été présentées à la fin du tableau 6 lorsqu'elles étaient connues. Comme on l'a précisé en détail dans les Notes techniques relatives au tableau 6, ces définitions varient très sensiblement d'un pays ou d'une zone à l'autre.

Coverage : Households by marital status and sex of householder are shown for 43 countries or areas. Cross-classification by age is shown for 37 countries or areas. Data are presented for urban/rural residence for 7 countries or areas.

Earlier data : Households by marital status, age and sex of householder are shown for the second time in this issue of the Demographic Yearbook.

Portée : Ce tableau présente des statistiques des ménages selon l'état matrimonial et selon le sexe du chef de ménages pour 43 pays ou zones. On a utilisé une classification croisée par âge pour 37 pays ou zones. Des données sur la répartition selon la résidence (urbaine/rural) sont présentées pour 7 pays ou zones.

Données publiées antérieurement : Des statistiques des ménages selon l'état matrimonial, l'âge et le sexe ont été publiées pour la deuxième fois dans l'Annuaire démographique.

Table 33

Table 33 presents households by size of household, relationship of members to householder, age and sex of householder and urban/rural residence for each year between 1985 and 1995.

Description of variables : The concept of "household" is based on the arrangements made by persons, individually or in groups, for providing themselves with food or other essentials for living. A household may be either: (a) a one-person household, that is, a person who makes provision for his own food or other essentials for living without combining with any other person to form part of a multi-person household or (b) a multi-person household, that is, a group of two or more persons who make common provision for food or other essentials for living. The persons in the group may pool their incomes and have a common budget to a greater or less extent; they may be related or unrelated persons or a combination of both.

The householder is identified for the purpose of establishing the relationship among household members. According to United Nations recommendations, the household head is defined as that person in the household or family acknowledged by the other members of the household as such; alternatively, it was suggested that countries might prefer to designate a reference person with no implication of headship. 77

In the statistics shown in this table, the national definitions of householder are based on one of several criteria, namely: the person acknowledged as head by the other members, the person economically responsible or the person with authority for managing household activities.

Household structure in this table is classified according to household size and the relationship among members and their lifecycle stage as follows:
one-person households; two-personhouseholds consisting of 1) householder with spouse, 2) householder without spouse with child and 3) householder without spouse with other and not stated; three or more person household consisting of a householder 1) with spouse and children only, 2) with spouse, children and others, 3) without spouse with children only, without spouse with children and others and 5 with others and not stated.

Age is defined as age at last birthday, that is, the difference between the date of birth and the reference date of the age distribution expressed in completed solar years.

Tableau 33

Le tableau 33 présente des données sur les ménages classés selon la dimension du ménage, les liens des membres du ménage avec le chef de ménage, l'âge et le sexe du chef de ménage et la résidence (urbaine/rurale) pour chacune des années entre 1985 et 1995.

Description des variables : Le "ménage" est défini en fonction de la manière dont les personnes pourvoient, individuellement ou en groupe, à leurs besoins alimentaires et autres besoins vitaux. Un ménage peut être soit a) un ménage composé d'une seule personne, c'est-à-dire une personne qui pourvoit à ses propres besoins alimentaires et autres besoins vitaux sans s'associer avec d'autres personnes pour former un ménage multiple, soit b) un ménage multiple, c'est-à-dire un groupe de deux ou plusieurs personnes qui pourvoient en commun à leurs besoins alimentaires et autres besoins vitaux.
Les membres du groupe peuvent, dans une mesure variable, mettre leurs revenus en commun et avoir un budget unique. Le groupe peut se composer soit de personnes apparentées, soit de personnes non apparentées, soit de personnes appartenant à l'une et l'autre catégorie.

Le chef de ménage est identifié afin de préciser les liens existant entre les membres du ménage. Selon les recommandations de l'Organisation des Nations Unies, le chef de ménage est défini comme la personne reconnue comme tel par les autres membres; mais il a également été indiqué que les pays pouvaient s'ils le préféraient désigner une personne de référence sans que cela implique au'il s'agisse du chef de ménage 77.

Dans les statistiques reprises dans le présent tableau, les définitions nationales du chef de ménage/personne de référence sont fondées sur l'un des critères suivants: la personne reconnue comme chef de ménage par les autres membres du ménage: la personne qui subvient aux besoins du ménage; ou la personne chargée de gérer les activités du ménage.

Dans le présent tableau, la structure du ménage est classée selon la dimension du ménage et selon les liens qui existent entre les membres du ménage et l'étape où ils se trouvent du cycle familial: ménages d'une personne; ménages de deux personnes composés soit 1) du chef de ménage et de son conjoint, soit 2) du chef de ménage sans conjoint avec un enfant, soit 3) du chef de ménage sans conjoint avec une autre personne non spécifiée; ménages de trois personnes ou d'avantage se composant d'un chef de ménage, 1) avec son conjoint et ses enfants seulement, 2) avec son conjoint et ses enfants et d'autres personnes, 3) sans conjoint et avec ses enfants seulement, 4) sans conjoint avec ses enfants et d'autres personnes, et 5) avec d'autres personnes non spécifiées.

L'âge désigne l'âge au dernier anniversaire, c'est-à-dire la différence entre la date de naissance et la date de référence de la répartition par âge exprimée en années solaires révolues.

The age classification used in this table is the following: under 15 years, 5-year groups through 70-74 years, 75 years and over and age unknown. In addition a category for 15 years and over is presented; in this category persons of unknown age are excluded. The same classification is used for both males and females.

The urban/rural classification is that provided by each country or area; it is presumed to be based on the national definitions of urban population which have been set forth at the end of table 6. Where statistics presented in this table are not from population censuses, the source is given in a footnote.

Reliability of data : No special reliability codes have been used in connection with these tables.

Limitations : Statistics on households by size and relations hip to householder and age and sex of householder are subject to the same qualifications which have been set forth for Population statistics in general as discussed in section 3 of the Technical Notes.

Errors in national census data can arise at any stage of the collection, processing or presentatation process, and these errors may limit the quality and international comparability of census statistics presented in the Demographic Yearbook. Two major types of errors in census data are often distinguished: first, coverage errors, which lead to the over-enumeration or under-enumeration of the population in the census, and second, content errors, which affect the accuracy of the recorded information for the covered population. Because coverage errors may occur more frequently among some population sub-groups than others, coverage errors may affect not only the absolute number of persons in any given category but also their relative distribution. Levels and patterns of coverage and content errors differ widely among countries and even, at times from census to census for a specific country. Further limiting the census comparability of census statistics are variations among countries in the concepts, definitions and classifications used in their censuses.

The special limitations on comparability resulting from differences in the definition of households have been set forth in the Technical Notes for Table 27. These are also the principal sources of variation in the data shown in this table. Comparability of data is primarily affected by the national classifications used to present the composition of households. Some countries or areas rely exclusively on size of household. Data of this type appear in tables 27 and 30 but are not included here. Other countries or areas do not use household size at all to present data on household composition.

La classification par âge utilisée dans ce tableau est la suivante : moins de 15 ans, groupes quinquennaux jusqu'à 70 à 74 ans, 75 ans et plus et une catégorie âge inconnu. On a ajouté une catégorie 15 ans et plus dont sont exclues les personnes d'âge inconnu. On a adopté la même classification pour les deux sexes.

La classification selon la résidence urbaine/rural est celle qui a été fournie par chaque pays ou zone; il faut en conclure qu'elle repose sur les définitions nationales de la population urbaine reproduites à fin du tableau 6. Lorsque les statistiques présentées dans le présent tableau ne sont pas tirées des recensements de la population, la source est mentionnée en note.

Fiabilité des données : On n'a pas utilisé pour ces tableaux de code particulier indiquant la fiabilité des données.

Insuffisance des données : Les statistiques des ménages selon la dimension du ménage, les liens avec le chef de ménage et l'âge et le sexe du chef de ménage appellent toutes les réserves qui ont été formulées à propos des statistiques de la population en général dans la section 3 des notes techniques.

Des erreurs dans les données de recensements nationaux peuvent se produire à n'importe quel stade du processus de collecte ou de présentation et nuire à la comparabilité internationale des statistiques des recensements présentées dans l'Annuaire démographique. Deux principaux types d'erreurs sont couramment distingués dans les données de recensement, à savoir, premièrement, les erreurs de couverture, qui conduisent au sur dénombrement ou au sous-dénombrement de la population recensée, et, deuxièment, les erreurs de contenu, qui influent sur l'exactitude des renseignements enregistrés au sujet de l'univers considéré. Etant donnée qu'elles sont susceptibles de se produire plus fréquemment dans certains sous-groupes de la population que dans d'autres, les erreurs de couverture peuvent porter non seulement sur le nombre absolu de personnes comprises dans une catégorie donnée, mais aussi sur les répartitions relatives. L'ampleur et les caractéristiques des erreurs de couverture et de contenu diffèrent considérablement d'un pays à l'autre et même, parfois, d'un recensement à l'autre dans un même pays. Les différences entre les concepts, définitions et classifications utilisés par les pays aux fins de leurs recensements contribuent également à limiter la comparabilité internationale des statistiques de recensement.

On a déjà traité en détail, dans les Notes techniques concernant le tableau 27, de l'influence particulière que les divergences dans la définition des ménages peuvent avoir sur la comparabilité des données. C'est à elles qu'il faut particulièrement attribuer le manque d'homogénéité des séries de ce tableau.
Le principal élément qui nuit à la comparabilité des données est la diversité des classifications nationales utilisées pour présenter la composition des ménages. Certains pays ou zones se fondent exclusivement sur la dimension du ménage. Des données de ce genre sont présentées aux tableaux 27 et 30 mais pas dans le présent tableau. Dans d'autres pays ou zones, la dimension du ménage n'est pas utilisée du tout pour présenter des données relatives à la composition du ménage.

Because these statistics are classified according to age, they are further subject to the limitations with respect to accuracy of age reporting similar to those already discussed in section 3.1.3 of the Technical.

Comme ces statistiques sont classées selon l'âge, elles appellent les mêmes réserves concernant l'exactitude des déclarations d'âge que celles déjà mentionnées dans la section 3.1.3 des Notes techniques.

Aside from the household definition itself, national practices in collecting and compiling statistics on households also differ according to certain differences in enumeration practices. In countries or areas in which each person is counted where physically present at the census reference date, the census household consists of all of the persons present in the household at the specified time, whether they were usual members of the household or only visitors, but excludes persons normally resident at that place who were temporarily absent at the census reference date. In countries or areas where persons are counted at their usual residence, whether or not they were physically present at the census reference date, the census household consists of all the usual residents of the household and does not include any persons who were visiting in the household at the reference date.

En dehors de la définition du ménage proprement dite, les méthodes de rassemblement et de traitement des statistiques des ménages varient selon la méthode de dénombrement utilisée par les divers pays. Dans les pays ou zones où l'on dénombre chaque personne effectivement présente le jour du recensement, le ménage statistique comprend toutes les personnes présentes àcette date, qu'il s'agisse des membres habituels du ménage ou seulement de visiteurs, mais ne tient pas compte des personnes qui y résident normalement et qui étaient temporairement absentes ce jour-là. Dans les pays ou zones où les personnes sont dénombrées dans leur lieu habituel de résidence, qu'elles s'y trouvent effectivement ou non à la date du recensement, le ménage statistique comprend tous les résidents habituels sans tenir compte des visiteurs qui s'y trouvaient ce jour-là.

Because there are many small variations of these two general practices, the original census reports on enumeration techniques should be consulted to determine the exact ones used in particular cases.

Etant donné que ces deux pratiques générales comportent des variations nombreuses, il faut consulter les rapports initiaux de recensement sur les méthodes de dénombrement employées afin de déterminer exactement celles qui ont été utilisées dans chaque cas.

The comparability of data by urban/rural residence is affected by the national definitions of urban and rural used in tabulating these data. When known, the definitions of urban used in national population censuses are presented at the end of table 6. As discussed in detail in the Technical Notes for table 6, these definitions vary considerably from one country or area to another.

La comparabilité des données selon la résidence (urbaine/rurale) peut être limitée par les définitions nationales des termes "urbain" et "rural" utilisées pour la mise en tableaux de ces données. Les définitions du terme "urbain" utilisées pour les recensements nationaux de population ont été présentées à la fin du tableau 6 lorsqu'elles étaient connues. Comme on l'a précisé en détail dans les Notes techniques relatives au tableau 6, ces définitions varient très sensiblement d'un pays ou d'une zone à l'autre.

Coverage : Households by size of household, relationship of members to householder and age and sex of householder are shown for 22 countries or areas. Data are presented for urban/rural residence for 5 countries or areas.

Portée : Le tableau 33 présente des statistiques sur les ménages classés selon la dimension du ménage, les liens des membres du ménage avec le chef de ménage, l'âge et le sexe du chef de ménage pour 22 pays ou zones. Des données sur la répartition selon la résidence (urbaine/rurale) sont présentées pour 5 pays ou zones.

Earlier data : Households by size of household, relationship of members to the householder age and sex of householder and urban/rural residence are shown for the second time in this issue of the Demographic Yearbook.

Données publiées antérieurement : Des statistiques des effectifs des ménages et du nombre de ménages selon la dimension du ménage et la résidence (urbaine/rurale) ont été publiées pour la deuxième fois dans l'Annuaire démographique.

Table 34

Table 34 presents household population by age and sex of householder, and relationship of members to householder and urban/rural residence for each census between 1985 and 1995.

Description of variables : Statistics presented in this table are from population censuses.
Data obtained from large sample surveys are shown for those countries or areas where no census of the total population was held during the period. These have been footnoted. Unless otherwise indicated, data refer to the de facto (present-in-area population).

The household or family population is defined as persons living in households, including one-person households as defined in the population or housing census.

Tableau 34

Le tableau 34 présente la population des ménages selon l'âge et le sexe du chef de ménage, les liens des membres du ménage avec le chef de ménage et la résidence (urbaine/rurale) pour chaque recensement effectué entre 1985 et 1995.

Description des variables : Les statistiques figurant dans le présent tableau proviennent de recensements de population. Les données présentées dans le cas de pays ou zones où n'a pas été effectué de recensement de la population totale pendant la période considérée ont été tirées d'enquêtes par sondage et font l'objet de notes explicatives. Sauf indication contraire, les données portent sur la population de fait (population présente dans la zone considérée).

La population des ménages ou des familles est définie comme se composant des personnes vivant dans des ménages y compris les ménages d'une personne tels qu'ils sont définis dans les recensements de la population ou de l'habitation.

The householder is identified for the purpose of establishing the relationship among household members. According to United Nations recommendations, the household head is defined as that person in the household or family acknowledged by the other members of the household as such; alternatively, it was suggested that countries might prefer to designate a reference person with no implication of headship. 78

Le chef de ménage est identifié afin de préciser les liens qui existent entre les membres du ménage. Selon les recommandations de l'Organisation des Nations Unies, le chef de ménage est défini comme celle des personnes du ménage ou de la famille qui est reconnue comme tel par les autres membres du ménage; il a également été suggéré que les pays pouvaient, s'ils le préféraient, désigner une personne de référence sans impliquer qu'il s'agisse du chef de ménage 78.

In the statistics shown in this table, the national definitions of householder are based on one of several criteria, namely: the person acknowledged as head by the other members, the person economically responsible or the person with authority for managing household activities.

Dans les statistiques reprises dans le présent tableau, les définitions nationales du chef de ménage sont fondées sur l'un des critères suivants: personne reconnue comme tel par les autres membres du ménage; personne chargée de subvenir aux besoins du ménage; personne ayant pouvoir pour gérer les affaires du ménage.

Household structure in this table is based on household size and the relationship among household members as presented in Table 33.

Les données sur la structure du ménage présentés dans le présent tableau sont fondées sur la dimension du ménage et sur les liens entre les membres du ménage tels qu'ils sont présentés au tableau 33.

Age is defined as age at last birthday, that is, the difference between the date of birth and the reference date of the age distribution expressed in completed solar years.

L'âge désigne l'âge au dernier anniversaire, c'est-à-dire la différence entre la date de naissance et la date de référence de la répartition par âge exprimée en années solaires révolues.

The age classification used in this table is the following: under 15 years, 5-year groups through 70-74 years, 75 years and over and age unknown.

La classification par âge utilisée dans ce tableau est la suivante : moins de 15 ans, groupes quinquennaux jusqu'à 70 à 74 ans, 75 ans et plus et une catégorie âge inconnu.

In addition a category for 15 years and over is presented; in this category persons of unknown age are excluded. The same classification is used for both males and females.

On a ajouté une catégorie de 15 ans et plus dont d'âge inconnu. La même classification est utilisé pour les deux sexes.

The urban/rural classification is that provided by each country or area; it is presumed to be based on the national definitions of urban population which have been set forth at the end of table 6.
Reliability of data : No special reliability codes have been used in connection with these tables.

La classification selon la résidence urbaine/rural est celle qui a été fournie par chaque pays ou zone; il faut en conclure qu'elle repose sur les définitions nationales de la population urbaine reproduites à fin du tableau 6.
Fiabilité des données : On n'a pas utilisé pour ces tableaux de code particulier indiquant la fiabilité des données.

Limitations : Statistics on household population by age and sex of householder, relationship of members to householder and urban/rural residence are subject to the same classifications as have been set forth for population statistics in general in section 3 of the Technical Notes.

Insuffisance des données : Les statistiques concernant la population des ménages selon l'âge et le sexe du chef de ménage, les liens des membres du ménage avec le chef de ménage et la résidence (urbaine/rurale) appellent toutes les réserves qui ont été formulées à l'égard des statistiques de la population en général dans la section 3 des notes techniques.

Errors in national census data can arise at any stage of the collection, processing or presentatation process, and these errors may limit the quality and international comparability of census statistics presented in the Demographic Yearbook. Two major types of errors in census data are often distinguished: first, coverage errors, which lead to the over-enumeration or under-enumeration of the population in the census, and second, content errors, which affect the accuracy of the recorded information for the covered population.

Des erreurs dans les données de recensements nationaux peuvent se produire à n'importe quel stade du processus de collecte ou de présentation et nuire à la comparabilité internationale des statistiques des recensements présentées dans l'Annuaire démographique. Deux principaux types d'erreurs sont couramment distingués dans les données de recensement, à savoir, premièrement, les erreurs de couverture, qui conduisent au sur dénombrement ou au sous-dénombrement de la population recensée, et, deuxièment, les erreurs de contenu, qui influent sur l'exactitude des renseignements enregistrés au sujet de l'univers considéré.

Because coverage errors may occur more frequently among some population sub-groups than others, coverage errors may affect not only the absolute number of persons in any given category but also their relative distribution. Levels and patterns of coverage and content errors differ widely among countries and even, at times from census to census for a specific country.

Etant donnée qu'elles sont susceptibles de se produire plus fréquemment dans certains sous-groupes de la population que dans d'autres, les erreurs de couverture peuvent porter non seulement sur le nombre absolu de personnes comprises dans une catégorie donnée, mais aussi sur les répartitions relatives. L'ampleur et les caractéristiques des erreurs de couverture et de contenu diffèrent considérablement d'un pays à l'autre et même, parfois, d'un recensement à l'autre dans un même pays.

Further limiting the census comparability of census statistics are variations among countries in the concepts, definitions and classifications used in their censuses.

Because these statistics are classified according to age, they are further subject to the limitations with respect to accuracy of age reporting similar to those already discussed in section 3.1.3 of the Technical Notes.

Furthermore, comparability of data shown in this table is affected by the classification used by countries to tabulate household structure. Countries were requested to provide data on household structure classified according to household size and family life cycle stage. Where data were reported according to an alternative classification scheme, every effort was made to include them in this table. Therefore, particular care should be taken in making comparisons of household structure between such countries or areas which use a non-standard classification.

Because there are many small variations of these two general pratices, the original census reports on enumeration techniques should be consulted to determine the eact ones used in particular.

The comparability of data by urban-rural residence is affected by the national definitions of urban and rural used in tabulating these data. When known, the definitions of urban used in national population censuses are presented at the end of table 6. As discused in detail in the Technical Notes for table 6, these definitions vary considerably from one country or area to another.

Coverage: Household population by age and sex of householder, and household composition are shown for 22 countries or areas. Data are presented for urban-rural residence for 5 countries or areas.

Earlier data: Household population by age and sex of householder and household composition are shown for the second time in this issue of the Demographic Yearbook.

Les différences entre les concepts, définitions et classifications utilisés par les pays aux fins de leurs recensements contribuent également à limiter la comparabilité internationale des statistiques de recensement.

On a déjà traité en détail, dans les Notes techniques concernant le tableau 27 de l'influence particulière que les divergences dans la définition des ménages peuvent avoir sur la comparabilité des données. C'est à elles qu'il faut particulièrement attribuer le manque d'homogéneité des séries de ce tableau.

Comme ces statistiques sont classées selon l'âge, elles appellent les mêmes réserves concernant l'exactitude des déclarations d'âge que celles déjà mentionnées dans la section 3.1.3 des Notes techniques. Une autre élément qui nuit à la comparabilité des données figurant dans le présent tableau est la diversité des classifications utilisées par les pays pour exploiter les données relatives à la structure des ménages. Il avait été demandé aux pays de communiquer des données sur la structure des ménages classées selon la dimension du ménage et le stade du cycle familial. Lorsque les données ont été communiquées selon une autre classification, on s'est néanmoins efforcé de les incorporer au présent tableau. Une prudence toute particulière s'impose par conséquent lorsqu'il s'agit de comparer les données relatives à la structure des ménages de pays ou zones qui utilisent une classification hors normes.

En dehors de la définition du ménage proprement dite, les méthodes de rassemblement et de traitement des statistiques des ménages varient selon la méthode de dénombrement utilisée par les divers pays. Dans les pays ou zones où l'on dénombre chaque personne effectivement présente le jour du recensement, le ménage statistique comprend toutes les personnes présentes à cette date, qu'il s'agisse des membres habituels du ménage ou seulement de visiteurs, mais ne tient pas compte des personnes qui y résident normalement et qui étaient temporairement absentes ce jour-là. Dans les pays ou zones où les personnes sont dénombrées dans leur lieu habituel de résidence, qu'elles s'y trouvent effectivement ou non à la date du recensement, le ménage statistique comprend tous les résidents habituels sans tenir compte des visiteurs qui s'y trouvaient ce jour-là.

Etant donné que ces deux pratiques générales comportent des variations nombreuses, il faut consulter les rapports initiaux de recensement sur les méthodes de dénombrement employées afin de déterminer exactement celles qui ont été utilisées dans chaque cas.

La comparabilité des données selon la résidence (urbaine-rurale) peut être limitée par les définitions nationales des termes "urbain" et "rural" utilisées pour la mise en tableaux de ces données. Les définitions du terme "urbain" utilisées pour les recensements nationaux de population ont été présentées à la fin du tableau 6 lorsqu'elles ètaient connues. Comme on l'a précisé en détail dans les Notes techniques relatives au tableau 6, ces définitions varient très sensiblement d'un pays ou d'une zone à l'autre.

Portée : Le tableau 34 présente des statistiques des ménages selon l'âge et le sexe du chef de ménage, les liens des membres du ménage avec le chef de ménage pour 22 pays ou zones. Des données sur la répartition selon la résidence (urbaine-rurale) sont présentées pour 5 pays ou zones.

Données publiées antérieurement : Des statistiques des effectifs des ménages et du nombre de ménages selon la dimension du ménage et la résidence (urbaine-rurale) ont été publiées pour la deuxième fois dans l'Annuaire démographique.

Table 35

Table 35 presents households by size and type of household and age and sex of householder and urban-rural residence for each census between 1985 and 1995.

Description of variables : The concept of "household" is based on the arrangements made by persons, individually or in groups, for providing themselves with food or other essentials for living. A household may be either: (a) a one-person household, that is, a person who makes provision for his own food or other essentials for living without combining with any other person to form part of a multi-person household or (b) a multi-person household, that is, a group of two or more persons who make common provision for food or other essentials for living. The persons in the group may pool their incomes and have a common budget to a greater or less extent; they may be related or unrelated persons or a combination of both.

The classification for the size of household, based on the number of persons living in the household, is the following : a) one person, and b) two persons and over.

Types of households are classified according to the number of family nuclei and the relationship, if any, between the family nuclei and the relationship, if any, between the family nuclei and other household members as follows:

Nuclear households: consisting entirely of a single family nucleus. A family nucleus is defined as consisting of the following conjugal family types (each of which must consist of persons living in the same household): (a) a married couple without children, (b) a married couple with one more never-married children or (c) a father with one or more never-married children or (d) a mother with one or more never-married children. Couples living in consensual unions should be regarded as married couples. [79]

Extended households: consisting of either (a) single family nucleus and related individuals, (b) two or more family nuclei related to each other, with or without any additional persons related to one of them, (c) two or more persons related to each other, but none of whom comprises a family nucleus.

Composite households: (composed of extended households plus at least one person related to any of the other members of the household): consisting of either (a) single family nucleus and other individuals, at least some of which are not related to family nucleus and (b) two or more family nuclei related to each other, with at least one person not related to either of them.

The householder is identified for the purpose of establishing the relationship among household members.

Tableau 35

Le tableau 35 présente des données sur les ménages selon la dimension et le type du ménage et selon l'âge et le sexe du chef de ménage et la résidence (urbaine-rurale) pour chaque recensement effectué entre 1985 et 1995.

Description des variables : Le "ménage" est défini en fonction de la manière dont les personnes pourvoient, individuellement ou en groupe, à leurs besoins alimentaires et autres besoins vitaux. Un ménage peut être soit a) un ménage composé d'une seule personne, c'est-à-dire une personne qui pourvoit à ses propres besoins alimentaires et autres besoins vitaux sans s'associer avec d'autres personnes pour former un ménage multiple, soit b) un ménage multiple, c'est-a-dire un groupe de deux ou plusieurs personnes qui pourvoient en commun à leurs besoins alimentaires et autres besoins vitaux. Les membres du groupe peuvent, dans une mesure variable, mettre leurs revenus en commun et avoir un budget unique. Le groupe peut se composer soit de personnes apparentées, soit de personnes non apparentées, soit de personnes appartenant à l'une et l'autre catégorie.

La classification des ménages selon leur dimension, en fonction du nombre de personnes qui en font partie, comprend les catégories suivantes : 1,2,3 personnes et plus.

Les types de ménages sont classés selon le nombre de noyaux familiaux, les liens éventuels entre les noyaux familiaux et les liens éventuels entre les noyaux familiaux et les autres membres du ménage, comme suit:

Ménages nucleaires: ménages composés d'un seul noyau familial. Le noyau familial qui doit toujours être composé de personnes vivant dans le même mênage représente l'une des éléments ci-après : a) couple mariés ans enfants, b) couple marié avec un ou plusieurs enfants n'ayant jamais été mariés, c) père avec un ou plusieurs enfants n'ayant jamais été mariés et d) mère avec un ou plusieurs enfants n'ayant jamais été mariés. Les couples vivant en union consensuelle sont considerés comme des couples mariés [79].

Ménages élargis: ménages dont la composition correspond à l'un ou l'autre des types suivants: (a) noyaux familial unique et autres personnes apparentées à ce noyaux, (b) deux noyaux familiaux ou plus apparentées entre eux, avec éventuellement d'autres personnes apparentées à l'un de ces noyaux, (c) deux personnes ou plus apparentés entre elles, mais donc aucune ne constitue un noyau familial.

Ménages complexes (composés) de ménages élargis et d'au moins une autre personne qui n'est apparentée à aucun des autre membres du ménage) correspondant à l'un ou l'autre des types suivants: (a) noyau familial unique comprenant d'autres personnes dont certaines au moins ne sont pas apparentées à ce noyau, (b) deux noyaux familiaux ou plus apparentés entre eux et au moins une personne sans lien de parenté avec l'un ou l'autre.

Le chef de ménage est identifié afin de préciser les liens qui existent entre les membres du ménage.

According to United Nations recommendations, the household head is defined as that person in the household or family acknowledged by the other members of the household as such; alternatively, it was suggested that countries might prefer to designate a reference person with no implication of headship. 80

In the statistics shown in this table, the national definitions of householder are based on one of several criteria, namely: the person acknowledged as head by the other members, the person economically responsible or the person with authority for managing household activities.

Age is defined as age at last birthday, that is, the difference between the date of birth and the reference date of the age distribution expressed in completed solar years.

The age classification used in this table is the following: under 15 years, 5-year groups through 70-74 years, 75 years and over and age unknown. In addition a category for 15 years and over is presented; in this category persons of unknown age are excluded. The same classification is used for both males and females.

The urban-rural classification is that provided by each country or area; it is presumed to be based on the national definitions of urban population which have been set forth at the end of table 6.

All of the statistics presented in this table are from population censuses or large scale sample surveys.

Reliability of data : No special reliability codes have been used in connection with these tables.

Limitations : Statistics on households, by age and sex of householder, size of household, and family type are subject to the same qualifications which have been set forth for Population statistics in general as discussed in section 3 of the Technical Notes.

Errors in national census data can arise at any stage of the collection, processing or presentation process, and these errors may limit the quality and international comparability of census statistics presented in the Demographic Yearbook. Two major types of errors in census data are often distinguished, first, coverage errors, which lead to the over-enumeration or under-enumeration of the population in the census, and second, content errors, which affect the accuracy of the recorded information for the covered population. Because coverage errors may occur more frequently among some population sub-groups than others, coverage errors may affect not only the absolute number of persons in any given category but also their relative distribution. Levels and patters of coverage and content errors differ widely among countries and even, at times, from census to census for a specific country. Further limiting the international comparability of census statistics are variations among countries in the concepts, definitions and classifications used in their censuses.

Selon les recommandations de l'Organisation des Nations Unies, le chef de ménage est défini comme celle des personnes du ménage ou de la famille qui est reconnue comme tel par les autres membres du ménage; il a également été suggéré que les pays pouvaient, s'ils le préféraient, désigner une personne de référence sans impliquer qu'il s'agisse du chef de ménage 80.

Dans les statistiques reprises dans le présent tableau, les définitions nationales du chef de ménage sont fondées sur l'un des critères suivants: personne reconnue comme tel par les autres membres du ménage; personne chargée de subvenir aux besoins du ménage; personne ayant pouvoir pour gérer les affaires du ménage.

L'âge désigne l'âge au dernier anniversaire, c'est-à-dire la différence entre la date de naissance et la date de référence de la répartition par âge exprimée en années solaires révolues.

La classification par âge utilisée dans ce tableau est la suivante : moins de 15 ans, groupes quinquennaux jusqu'à 70 à 74 ans, 75 ans et plus et une catégorie âge inconnu. On a ajouté une catégorie 15 ans et plus dont sont exclues les personnes d'âge inconnu. Il est également prévu une catégorie de personnes âgées de 15 ans et plus dont sont exclues les personnes d'âge inconnu. La classification est la même pour les personnes de sexe masculin et de sexe féminin.

La classification selon la résidence (urbaine/rurale) est celle qui a été fournie par chaque pays ou zone; il faut en conclure qu'elle repose sur les définitions nationales de la population urbaine reproduites à la fin du tableau 6.

Toutes les statistiques reprises dans le présent tableau sont tirées de recensements de la population ou d'enquêtes par sondage de grande ampleur.

Fiabilité des données : On n"a pas utilisé pour ces tableaux de code particulier indiquant la fiabilité des données.

Insuffisance des données : Les statistiques des effectifs des ménages, du nombre de ménages et du nombre de noyaux familiaux, selon la dimension du ménage, appellent toutes les réserves qui ont été formulées à propos des statistiques de la population en général dans la section 3 des Notes techniques.

Des erreurs dans les données de recensements nationaux peuvent se produire à n'importe quel stade du processus de collecte ou de présentation et nuire à la comparabilité internationale des statistiques des recensements présentées dans l'Annuaire démographique. Deux principaux types d'erreurs sont couramment distinguées dans les données de recensement, à savoir, premièrement, les erreurs de couverture, qui conduisent au surdénombrement ou au sous-dénombrement de la population recensée, et, deuxiément, les erreurs de contenu, qui influent sur l'exactitude des renseignements enregistrés au sujet de l'univers considéré. Etant donnée qu'elles sont susceptibles de se produire plus fréquemment dans certains sous-groupes de la population que dans d'autres, les erreurs de couverture peuvent porter non seulement sur le nombre absolu de personnes comprises dans une catégorie donnée, mais aussi sur les répartitions relatives. L'ampleur et les caractéristiques des erreurs de couverture et de contenu diffèrent considérablement d'un pays à l'autre et même, parfois, d'un recensement à l'autre dans un même pays. Les différences entre les concepts, définitions et classifications utilisés par les pays aux fins de leurs recensements contribuent également à limiter la comparabilité internationale des statistiques de recensement.

The special limitations on comparability resulting from differences in the definition of households have been set forth in the special article referred to above. These are also the principal sources of variation in the data shown in this table.

Because these statistics are classified according to age, they are further subject to the limitations with respect to accuracy of age reporting similar to those already discussed in section 3.1.3 of the Technical Notes.

Aside from the household definition itself, national practices in collecting and compiling statistics of households also differ according to certain differences in enumeration practices. In countries or areas in which each person is counted where physically present at the census reference date, the census household consists of all of the persons present in the household at the specified time, whether they were usual members of the household or only visitors, but excludes persons normally resident at that place who were temporarily absent at the census reference date. In countries or areas where persons are counted at their usual residence, whether or not they were physically present at the census reference date, the census household consists of all the usual residents of the household and does not include any persons who were visiting in the household at the reference date.

Because there are many small variations of these two general practices, the original census reports on enumeration techniques should be consulted to determine the exact ones used in particular cases.

The comparability of data by urban-rural residence is affected by the national definitions of urban and rural used in tabulating these data. When known, the definitions of urban used in national population censuses are presented at the end of table 6. As discussed in detail in the Technical Notes for table 6, these definitions vary considerably from one country or area to another.

Coverage : Households by size and type of households and age sex of householder are shown for 13 countries or areas. Data are presented for urban-rural residence for 4 countries or areas.

Earlier data : Householda by size and type of household, age and sex of householder are shown for the second time in this issue of the Demographic Yearbook.

On a déjà traité en détail, dans les Notes techniques concernant le tableau 27 et dans l'article spécial précédemment mentionné, de l'influence particulière que les divergences dans la définition des ménages peuvent avoir sur la comparabilité des données. C'est à elles qu'il faut particulièrement attribuer le manque d'homogénéité des séries de ce tableau.

Comme ces statistiques sont classées selon l'âge, elles appellent les mêmes réserves concernant l'exactitude des déclarations d'âge que celles déjà mentionnées dans la section 3.1.3 des Notes techniques.

En dehors de la définition du ménage proprement dite, les méthodes de rassemblement et de traitement des statistiques des ménages varient selon la méthode de dénombrement utilisée par les divers pays. Dans les pays ou zones où l'on dénombre chaque personne effectivement présente le jour du recensement, le ménage statistique comprend toutes les personnes présentes à cette date, qu'il s'agisse des membres habituels du ménage ou seulement de visiteurs, mais ne tient pas compte des personnes qui y résident normalement et qui étaient temporairement absentes ce jour-là. Dans les pays ou zones où les personnes sont dénombrées dans leur lieu habituel de résidence, qu'elles s'y trouvent effectivement ou non à la date du recensement, le ménage statistique comprend tous les résidents habituels sans tenir compte des visiteurs qui s'y trouvaient ce jour-là.

Etant donné que ces deux pratiques générales comportent des variations nombreuses, il faut consulter les rapports initiaux de recensement sur les méthodes de dénombrement employées afin de déterminer exactement celles qui ont été utilisées dans chaque cas.

La comparabilité des données selon la résidence (urbaine/rurale) peut être limitée par les définitions nationales des termes "urbain" et "rural" utilisées pour la mise en tableaux de ces données. Les définitions du terme "urbain" utilisées pour les recensements nationaux de population ont été présentées à la fin du tableau 6 lorsqu'elles étaient connues. Comme on l'a précisé en détail dans les Notes techniques relatives au tableau 6, ces définitions varient très sensiblement d'un pays ou d'une zone à l'autre.

Portée : Le tableau 35 présente des statistiques sur les ménages selon la dimension et le type de ménage et selon l'âge et le sexe du chef de ménage pour 13 pays ou zones. Des données sur la répartition selon la résidence (urbaine/rurale) sont présentées pour 4 pays ou zones.

Données publiées antérieurement : Des statistiques des effectifs des ménages et du nombre de ménages selon la dimension du ménage et la résidence (urbaine/rurale) ont été publiées pour la deuxième fois dans l'Annuaire démographique.

FOOTNOTES

1 For a listing of the majority of these, see "Names of Countries and Adjectives of Nationality" (United Nations document ST/CS/SER.F/317 and Corr.1-2).

2 United Nations publication, Sales No. E.80.XVII.8.

3 Principles and Recommendations for Population Censuses, para. 2.88 (ST/ESA/STAT/SER.M/67).

4 Alternatively, if a population register is used, complete d ages are calculated by subtracting the date of birth of individuals listed in the register from a reference date to which the age data pertain.

5 A source of non-comparability may result from differences in the method of reckoning age, for example, the Western versus the Eastern or, as it is usually known, the English versus the Chinese system. By the latter, a child is regarded as one year old at birth and his age advances one year at each Chinese New Year. The effect of this system is most obvious at the beginning of the age span, where the frequencies in the under-one-year category are markedly understated. The effect on higher age groups is not so apparent. Distributions constructed on this basis are often adjusted before publication, but the possibility of such aberrations should not be excluded when census data by age are compared.

6 In this index, differences were scored from expected values of ratios between numbers of either sex in the same age group, and numbers of the same sex in adjoining age group. In compounding the score, allowance had to be made for certain factors such as the effects of past fluctuations in birth rates, of heavy war casualties, and of the smallness of the population itself. A detailed description of the index, with results of its application to the data presented in the 1949-1950 and 1951 issues of the Demographic Yearbook, is furnished in Population Bulletin, No. 2 (United Nations publication, Sales No. 52.XIII.4), pp. 59-79. The scores obtained from statistics presented in Demographic Yearbook 1952 are presented in that issue, and the index has also been briefly explained in that issue, as well as those of 1953 and 1954.

7 United States, Bureau of the Census, Thirteenth Census... vol. I (Washington, D.C., U.S. Government Printing Office), pp. 291-292.

8 J.T. Marten, Census of India, 1921, vol. I, part I (Calcutta, 1924), pp. 126-127.

9 United Nations publication, Sales No. E/F.80.XIII.1, p p.13-14.

10 For further discussion, see Demographic Yearbook 1962 (United Nations publication, Sales No. 63.XIII.1). chap. 1.

11 For detailed explanation of the content of each category of the code, see Demographic Yearbook 1964 (United Nations publication, Sales No. 65.XIII.1).

NOTES

1 Pour une liste de la plupart d'entre eux, voir "Names of countries and adjectives of nationality" (document des Nations Unies ST/CS/SER.F/317 et Corr. 1 et 2).

2 Publication des Nations Unies, numéro de vente : F.80.XVII.8.

3 Principes et recommandations concernant les recensements de population par. 2.88 (ST/ESA/STAT/SER.M/67).

4 Lorsqu'on utilise un registre de la population, on peut également calculer l'âge en années révolues en soustrayant la date de naissance de chaque personne inscrite sur le registre de la date de référence à laquelle se rapportent les données sur l'âge.

5 L'emploi de méthodes différentes de calcul de l'âge, par exemple la méthode occidentale et la méthode orientale, ou, comme on les désigne plus communément, la méthode anglaise et la méthode chinoise, représente une cause de non-comparabilité. Selon la méthode chinoise, on considère que l'enfant est âgé d'un an à sa naissance et qu'il avance d'un an à chaque nouvelle année chinoise. Les répercussions de cette méthode sont très apparentes dans les données pour le premier âge : les données concernant les enfants de moins d'un an sont nettement inférieures à la réalité. Les effets sur les chiffres relatifs aux groupes d'âge suivants sont moins visibles. Les séries ainsi établies sont souvent ajustées avant d'être publiées, mais il ne faut pas exclure la possibilité d'aberrations de ce genre lorsqu''on compare des données censitaires sur l'âge.

6 Dans cet indice, on déterminait les différences à partir des rapports prévus de masculinité dans un groupe d'âge et dans les groupes d'âge adjacents. Il fallait pour cela tenir compte de l'influence de facteurs tels que les mouvements passés des taux de natalité, les pertes de guerre élévées et, le cas échéant, le faible effectif de la population. On trouvera dans le Bulletin démographique, no. 2 (publication des Nations Unies, numéro de vente : 52.XIII.4), p. 64 à 87, un exposé détaillé sur cet indice ainsi que les résultats de son application aux données présentées dans les éditions de 1949-1950 et de 1951 de l'Annuaire démographique. On a fait les mêmes calculs sur les statistiques publiées dans l'Annuaire démographique 1952 et les résultats obtenus sont indiqués dans cette édition de l'Annuaire, qui, comme celles de 1953 et de 1954, donne de brèves explications sur l'indice en question.

7 United States Bureau of the Census, Thirteenth Census ..., vol. I (Washington, D.C., U.S. Government Printing Office), p.291 à 292.

8 J.T. Marten, Census of India, 1921, vol. I, partie I (Calcutta, 1924), p. 126 et 127.

9 Publication des Nations Unies, numéro de vente: E/F.80.XIII.1, p.82.

10 Pour plus de détails, voir l'Annuaire démographique 1962 (publication des Nations Unies, numéro de vente : 63.XIII.1), chap. premier.

11 On trouvera des explications plus complètes du contenu de chaque catégorie du code dans l'Annuaire démographique 1964 (publication des Nations Unies, numéro de vente : 65.XIII.1).

12 For an analysis of the regional availability of birth and death statistics, see Population Bulletin of the United Nations, No. 6 (United Nations publication, Sales No. 62.XIII.2), and Population Bulletin of the United Nations, No. 7 (United Nations publication, Sales No. 64.XIII.2).

13 United Nations publication, Sales No. E.73.XVII.9.

14 United Nations publication, Sales No. E.84.XVII.11.

15 United Nations publication, Sales No. E.83.XVII.13.

16 For more information on historical and legal background on the use of differing definitions of live births and foetal deaths, comparisons of definitions used as of 1 January 1950, and evaluation of the effects of these differences on the calculation of various rates, see Handbook of Vital Statistics Methods, chap. IV.

17 World Health Organization, Manual of the International Classification of Diseases, Injuries and Causes of Death, 1965 Revision, vol.I (Geneva, 1967).

18 Other innovations in the ninth revision which do not apply directly in coding cause-of-death statistics are discussed in World Health Organization, WHO Chronicle, vol. 32, No. 6 (Geneva, 1978), pp. 219-225.

19 World Health Organization, Manual of the International Statistical Classification of Diseases, Injuries and Causes of Death, 1965 Revision, vol. I (Geneva, 1967), pp. 445-446.

20 The Adapted Mortality List is derived from the Basic Tabulation List shown in World Health Organization, Manual of the International Statistical Classification of Diseases, Injuries and Causes of Death, 1975 revision, vol. I (Geneva, 1977), pp. 745-755.

21 World Health Organization, Manual of the International Statistical Classification of Diseases, Injuries and Causes of Death, 1975 Revision, vol. I (Geneva, 1977), p. xix.

22 Source: World Population Prospects: Estimates and Projections as Assessed in 1984 (ST/ESA/SER.A/98).

23 Demographic Yearbook 1956, p. 13.

24 Principles and Recommendations for a Vital Statistics System (United Nations publication, Sales No.E.73.XVII.9),
para. 46.

25 Source: World Population Prospects: Estimates and Projections as Assessed in 1984 (ST/ESA/SER.A/98).

26 Ibid.

27 Ibid.

28 Ibid.

29 Ibid.

12 Pour une analyse des statistiques régionales disponibles sur la natalité et la mortalité, voir le Bulletin démographique des Nations Unies, no. 6 (publication des Nations Unies, numéro de vente: 62.XIII.2), et le Bulletin démographique des Nations Unies, no. 7 (publication des Nations Unies, numéro de vente : 64.XIII.2).

13 Publication des Nations Unies, numéro de vente : F.7 3.XVII.9.

14 Publication des Nations Unies, numéro de vente :E.84.XVII.11.

15 Publication des Nations Unies, numéro de vente : E.83.XVII.13.

16 Pour plus de précisions au sujet des considérations historiques et juridiques auxquelles se rattachent les différentes définitions utilisées des naissances vivantes et des morts foetales, pour une comparaison des définitions utilisées depuis le 1er janvier 1950 et pour une évaluation des effets de ces différences de définition sur le calcul de divers taux, voir le Manuel de statistique de l'état civil, chap. IV.

17 Organisation mondiale de la santé, Manuel de la Classification statistique internationale des maladies, traumatismes et causes de décès, Révision 1965, vol. I (Genève, 1967).

18 D'autres innovations introduites dans la neuvième révision, et qui ne s'appliquent pas directement au codage des statistiques de causes de décès, sont exposées dans : Chronique de l'OMS vol. 32, no. 6. Genève, 1968), p. 219 à 225.

19 Organisation mondiale de la santé, Manuel de la classification statistique internationale des maladies, traumatismes et causes de décès, Révision 1965, vol. I (Genève, 1967).

20 Organisation mondiale de la santé, Manuel de la classification statistique internationale des maladies, traumatismes et causes de décès, Révision 1975, vol. I (Genève, 1977).

21 Organisation mondiale de la santé, Manuel de la classification statistique internationale des maladies, traumatismes et causes de décès, Révision 1975, vol. I (Genève, 1977), p. XVIII.

22 Source: World Population Prospects: Estimates and Projections as Assessed in 1984 (ST/ESA/SER.A/98).

23 Voir Annuaire démographique 1956, p. 74.

24 Principes et recommandations pour un système de statistiques de l'état civil (publication des Nations Unies, numéro de vente : F.73.XVII.9), par. 46.

25 Source :World Population Prospects: Estimates and Projections as Assessed in 1984 (ST/ESA/SER.A/98).

26 Ibid.

27 Ibid.

28 Ibid.

29 Ibid.

30 For further information, see Social and Demographic Statistics: Classifications of Size and Type of Locality and Urban/Rural Areas (United Nations publication, E/CN.3/551, 29 July 1980).

31 Demographic Yearbook: Historical Supplement (United Nations publication, Sales No. E/F.79.XIII.8), pp. 14-20.

32 For further information, see Manual IV: Methods of Estimating Basic Demographic Measures from Incomplete Data (United Nations publication, Sales No. E.67.XIII.2).

33 Principles and Recommendations for a Vital Statistics System, para. 46(1).

34 For definition, see section 4.1.1.3 of the Technical Notes.

35 The definition of legally induced abortion was not altered in the Manual of the International Statistical Classification of Diseases, Injuries and Causes of Death, 1975 Revision. For further information about the International Classification of Diseases see section 4.3 of the Technical Notes.

36 World Health Organization, Manual of the International Statistical Classification of Diseases, Injuries and Causes of Death, 1965 Revision, vol. I (Geneva, 1967), p. 243.

37 Ibid., p. 298.

38 Ibid., p. 243.

39 Principles and Recommendations for a Vital Statistics System, para. 46(3).

40 Ibid.

41 World Health Organization, World Health Statistics Report, vol. 22, No. I (Geneva, 1969), pp. 38-42.

42 The definition of legally induced abortion was not alte red in the Manual of the International Statistical Classification of Diseases, Injuries and Causes of Death, 1975 Revision. For further information about the International Classification of Diseases see section 4.3 of the Technical Notes.

43 World Health Organization, Manual of the International Statistical Classification of Diseases, Injuries and Causes of Death, 1965 Revision, vol. I (Geneva, 1967), p. 243.

44 Ibid., p. 198.

45 Ibid., p. 243.

46 Principles and Recommendations for a Vital Statistics System, para. 46(3).

47 World Health Organization, World Health Statistics Report, vol. 22, No. I (Geneva, 1969), pp. 38-42.

30 Pour plus de précisions, voir Statistiques sociales et démographiques : Classification par type et taille de localité et par régions urbaines et rurales (publication des Nations Unies, E/CN.3/551, 29 juillet 1980).

31 Annuaire démographique, Supplément rétrospectif (publication des Nations Unies, numéro de vente : E/F.79.XIII.8), p. 46 à 53.

32 Pour plus de renseignements, voir Méthodes permettant d'estimer les mesures démographiques fondamentales établies à partir de données incomplètes manuel IV (publication des Nations Unies, numéro de vente :F.67.XIII.2).

33 Principes et recommandations pour un système de statistiques de l'tat civil, par. 46(1).

34 Pour la définition, voir la section 4.1.1.3 des Notes techniques.

35 La définition de l'avortement pour raison légale n'a pas été modifiée dans le Manuel de la Classification statistique internationale des maladies, traumatismes et causes de décès, Révision 1975. Pour plus de détails à ce sujet, voir la section 4.3 des Notes techniques.

36 Organisation mondiale de la santé, Manuel de la Classification statistique internationale des maladies, traumatismes et causes de décès, Révision 1965, vol. I (Genève, 1967), p. 249.

37 Ibid., p. 313.

38 Ibid., p. 249.

39 Principes et recommandations pour un système de statistiques de l'état civil, par. 46(3).

40 Ibid.

41 Organisation mondiale de la santé, Rapport de statis tiques sanitaires mondiales, vol. 22, no. 1 (Genève, 1969), p. 38 à 42.

42 La définition de l'avortement pour raison légale n'a pas été modifiée dans le Manuel de la Classification statistique internationale des maladies, traumatismes et causes de décès, Révision 1975. Pour plus de détails à ce sujet, voir la section 4.3 des Notes techniques.

43 Organisation mondiale de la santé, Manuel de la Classification statistique internationale des maladies, traumatismes et causes de décès, Révision 1965, vol. 1 (Genève, 1967), p. 249.

44 Ibid., p. 313.

45 Ibid., p. 249.

46 Principes et recommandations pour un système de statistiques de l'état civil, par. 46(3).

47 Organisation mondiale de la santé, Rapport de statistiques sanitaires mondiales, vol. 22, no. 1 (Genève, 1969), p. 38 à 42.

48 For a more detailed discussion of the problem, see W.P.D. Logan, "The measurement of infant mortality", Population Bulletin of the United Nations, No. 2 (United Nations publication, Sales No. 53.XII.8), pp. 30-67.

48 Pour un expos critique plus detaille sur le problème, voir W.P.D. Logan, "Mesure de la mortalité infantile", Bulletin démographique des Nations Unies, no. 2 (publication des Nations Unies, numèro de vente : F.52.XIII.8), p. 32 à 72.

49 World Health Organization, Manual of the International Statistical Classification of Diseases, Injuries and Causes of Death, vol. I (Geneva, 1967), pp. 445-446.

49 Voir Organisation mondiale de la santé, Manuel de la Classification statistique internationale des maladies, traumatismes et causes de décès, vol. I (Genéve, 1967).

50 The "Adapted Mortality List" is derived from the Basic Tabulation List shown in World Health Organization, Manual of the International Statistical Classification of Diseases, Injuries and Causes of Death, vol. I (Geneva, 1977), pp. 745-755.

50 La liste adaptée de mortalité est dérivée de la Liste de base pour la mise en tableaux présentée dans le Manuel de la Classification internationale des maladies, traumatismes et causes de décès, O.M.S., vol. I (révision de 1975), Genève, 1977, p. 753 à 764.

51 Principles and Recommendations for a Vital Statistics System, para. 46(2).

51 Principes et recommandations pour un système de statistiques de l'etat civil, par. 46(2).

52 The definition recommended for cause of death is identical in World Health Organization, Manual of the International Classification of Diseases, Injuries and Causes of Death, 1965 Revision, vol. I (Geneva, 1967), p. 469, and in World Health Organization, Manual of the International Statistical Classification of Diseases, Injuries and Causes of Death, 1975 Revision, vol. I (Geneva, 1977), p. 763.

52 La définition recommandée est la même dans : Organisation mondiale de la santé, Manuel de la Classification statistique internationale des maladies, traumatismes et causes de décès, Révision 1965, vol. I (Genève, 1967), p. 493, et dans : Organisation mondiale de la santé, Manuel de la Classification internationale des maladies, traumatismes et causes de décès, Révision 1975, vol. I (Genève, 1977), p. 771.

53 Ibid.

53 Ibid.

54 World Health Organization, Manual of the International Statistical Classification of Diseases, Injuries and Causes of Death, 1975 Revision, vol. I (Geneva, 1977).

54 Organisation mondiale de la santé, Manuel de la Classification statistique internationale des maladies, traumatismes et causes de décès, Révision 1975, vol. I (Genève, 1977).

55 World Health Organization, Manual of the International Classification of Diseases, Injuries and Causes of Death, 1965 Revision, vol. I (Geneva, 1967).

55 Organisation mondiale de la santé, Manuel de la Classification statistique internationale des maladies, traumatismes et causes de décès, Révision 1965, vol. I (Genève, 1967).

56 World Health Organization, Bulletin, Supp. 4, Comparability of Statistics of Causes of Death According to the Fifth and Sixth Revisions of the International List (Geneva, 1952).

56 Organisation mondiale de la santé, Bulletin, Supplément no.4, Comparabilité des statistiques des causes de décès selon la cinquième et la sixième révision de la Nomenclature internationale (Genève, 1952).

57 Manuals on Methods of Estimating Population, Manual IV: Methods of Estimating Basic Demographic Measures from Incomplete Data (United Nations publication, Sales No. 67.XIII.2). See also Indirect Techniques for Demographic Estimation (United Nations publication, Sales No. E.83.XIII.2).

57 Manuels sur les méthodes d'estimation de la population -- Manuel IV (publication des Nations Unies, numéro de vente : 67.XIII.2). Voir aussi Techniques indirectes d'estimation démographique (publication des Nations Unies, numéro de vente : F83.XIII.2).

58 Manuals on Methods of Estimating Population, Manual III: Methods for Population Projections by Age and Sex (United Nations publication, Sales No. 56.XIII.3); Coale, A. J. and Demeny, Paul, Regional Model Life Tables and Stable Population, Princeton, Princeton University Press, 1966).

58 Manuels sur les méthodes d'estimation de la population -- Manuel III, Méthodes de projections démographiques par sexe et par âge (publication des Nations Unies, numéro de vente : 56.XIII.3); Coale, A.J. et Demeny, Paul, Regional Model Life Tables and Stable Population (Princeton, Princeton University Press, 1966).

59 For further information on the construction and interpretation of life tables, refer to Manuals on Methods of Estimating Population, Manual III: Methods for Population Projections by Age and Sex (United Nations publication, Sales No. 56.XIII.3).

59 Pour plus de précision concernant l'établissement et l'interprétation des tables de mortalité, voir : Manuels sur les méthodes d'estimation de la population -- Manuel III : méthodes de projections démographiques par sexe et par âge (publication des Nations Unies, numéro de vente : 56.XIII.3).

60 Principles and Recommendations for a Vital Statistics System, para. 46(4).

60 Principes et recommandations pour un système de statistiques de l'état civil, par. 46(4).

61 For definition, see section 4.1.1.4 of the Technical Notes.

61 Pour la définition, voir la section 4.1.1.4 des Notes techniques.

62 Ibid.

63 Principles and Recommendations for a Vital Statistics System, para. 46(5).

64 For definition, see section 4.1.1.5 of the Technical Notes.

65 Ibid.

66 Principles and Recommendations for Population and Housing Censuses, para. 2.97.

67 Principles and Recommendations for Population and Housing Censuses, para. 1.223-1.227.

68 Ibid. para. 280.

69 Ibid. para. 1.229.

70 Ibid. para. 1.230.

71 Ibid. para. 1.227.

72 Ibid. para. 1.229.

73 Ibid. para. 2.65-2.66.

74 Ibid.

75 Ibid.

76 Ibid. para. 2.97.

77 Ibid. para. 2.65-2.66.

78 Ibid.

79 Ibid. para. 2.79-2.84.

80 Ibid. para. 2.65-2.66.

62 Ibid.

63 Principes et recommandations pour un systéme de statistiques de l'état civil, par. 46(5).

64 Pour la définition, voir la section 4.1.1.5 des Notes techniques.

65 Ibid.

66 Principes et recommandations concernant les recensements de population et de l'habitation, par. 2.97.

67 Principes et recommandations pour une système de statistiques de l'état civil, par. 1.223-1.227.

68 Ibid. par. 280.

69 Ibid. par. 1.229.

70 Ibid. par. 1.230.

71 Ibid. par. 1.227.

72 Ibid. par. 1.229.

73 Ibid. par. 2.65-2.66.

74 Ibid.

75 Ibid.

76 Ibid. par. 2.97.

77 Ibid. par. 2.65-2.66.

78 Ibid.

79 Ibid. par. 2.79-2.84.

80 Ibid. par. 2.65-2.66.

1. Population, rate of increase, birth and death rates, surface area and density for the world, major areas and regions: selected years

Population, taux d'accroissement, taux de natalité et taux de mortalité, superficie et densité pour l'ensemble du monde, les grandes régions et les régions géographiques: diverses années

(See notes at end of table. – Voir notes à la fin du tableau.)

Major areas and regions Grandes régions et régions	Population: Mid-year estimates / Estimations au milieu de l'année (millions) 1950	1960	1970	1975	1980	1985	1990	1995	Annual rate of increase / Taux d'accroissement annuel % 1990–95	Birth rate / Taux de natalité (0/00) 1990–95	Death rate / Taux de mortalité (0/00) 1990–95	Surface area / Superficie (km²) (000's) 1995	Density[1] / Densité[1] 1995
WORLD TOTAL – ENSEMBLE DU MONDE	**2 520**	**3 021**	**3 697**	**4 077**	**4 444**	**4 846**	**5 285**	**5 716**	**1.6**	**25**	**9**	**135641**	**42**
AFRICA – AFRIQUE	**224**	**282**	**364**	**414**	**476**	**549**	**633**	**728**	**2.8**	**42**	**14**	**30306**	**24**
Eastern Africa – Afrique orientale	66	83	110	125	145	168	196	227	3.0	46	16	6 356	36
Middle Africa – Afrique centrale	26	32	40	45	52	61	70	82	3.1	46	15	6 613	12
Northern Africa–Afrique septentrionale	53	67	85	96	110	126	143	161	2.3	31	9	8 525	19
Southern Africa–Afrique méridionale	16	20	25	29	33	38	42	47	2.3	32	9	2 675	18
Western Africa – Afrique occidentale	63	80	104	118	135	156	181	211	3.0	46	16	6 138	34
LATIN AMERICA AMERIQUE LATINE	**166**	**217**	**283**	**320**	**358**	**398**	**440**	**482**	**1.8**	**26**	**7**	**20533**	**23**
Caribbean – Caraïbes	17	20	25	27	29	31	34	36	1.3	24	8	235	152
Central America – Amérique centrale	37	49	67	78	89	101	113	126	2.2	30	6	2 480	51
South America – Amérique du Sud	112	147	191	214	240	267	293	320	1.7	25	7	17819	18
NORTHERN AMERICA[2] – AMERIQUE SEPTENTRIONALE[2]	**166**	**199**	**226**	**239**	**252**	**265**	**278**	**293**	**1.0**	**16**	**9**	**21517**	**14**
ASIA[3] – ASIE[3]	**1 403**	**1 703**	**2 147**	**2 406**	**2 642**	**2 904**	**3 186**	**3 458**	**1.6**	**25**	**8**	**31764**	**109**
Eastern Asia – Asie Orientale	671	792	987	1 097	1 179	1 259	1 352	1 424	1.0	18	7	11762	121
South Central Asia – Asie centrale méridionale	499	621	788	886	990	1 113	1 243	1 381	2.1	31	10	10776	128
South Eastern Asia – Asie máriodionale orientale	182	225	287	324	360	401	442	484	1.8	27	8	4 495	108
Western Asia[3] – Asie Occidentale[3]	50	66	86	99	113	131	149	168	2.4	32	7	4 731	36
EUROPE[3]	**549**	**605**	**656**	**676**	**693**	**706**	**722**	**727**	**0.2**	**12**	**11**	**22986**	**32**
Eastern Europe – Europe orientale	221	254	276	286	295	303	310	309	–0.1	12	12	18813	16
Northern Europe – Europe septentrionale	78	82	87	89	90	91	92	94	0.3	14	11	1 749	53
Southern Europe –Europe mériodionale	109	118	128	132	138	141	143	144	0.1	11	10	1 316	109
Western Europe – Europe occidentale	141	152	165	169	170	172	176	181	0.6	12	11	1 107	163
OCEANIA[2] – OCEANIE[2]	**12.6**	**15.7**	**19.3**	**21.4**	**22.7**	**24.5**	**26.4**	**28.5**	**1.5**	**19**	**8**	**8 537**	**3**
Australia and New Zealand – Australie et Nouvelle Zélande	10.1	12.6	15.4	17.0	17.7	18.9	20.2	21.7	1.4	15	8	7 984	3
Melanesia – Melanésie	2.1	2.6	3.3	3.7	4.2	4.7	5.2	5.8	2.2	32	9	541	11
Micronesia – Micronésie	0.2	0.2	0.2	0.3	0.3	0.4	0.4	0.5	2.3	33	6	3	161
Polynesia – Polynésie	0.2	0.3	0.4	0.4	0.5	0.5	0.5	0.6	1.5	31	6	9	66

GENERAL NOTES

Unless otherwise specified all figures are estimates of the order of magnitude and are subject to a substantial margin of error; all data except for surface area are therefore set in italics. For composition of major areas and regions and for method of construction of estimates, see Technical Notes, page 29.

NOTES GENERALES

Sauf indication contraire, tous les chiffres sont des estimations de l'ordre de grandeur comportant une assez grande marge d'erreur; toutes les données à l'exception de celles relatives à la "superficie" sont de ce fait en italique. Pour la composition des grandes régions et la méthodes utilisée afin d'établir les estimations, voir Notes tecniques, page 29.

FOOTNOTES

1 Population per square kilometre of surface area. Figures are merely the quotients of population divided by surface area and are not to be considered as either reflecting density in the urban sense or as indicating the supporting power of a territory's land and resources.

2 Hawaii, a state of the United States of America, is included in Northern America rather than Oceania.

3 The European portion of Turkey is included in Western Asia rather than Europe.

NOTES

1 Habitants per kilomètre carré. Il s'agit simplement du quotient calculé en divisant la population par la superficie et n'est pas considéré comme indiquant la densité au sens urbain du mot ni l'effectif de population que les terres et les ressources du territoire sont capables de nourrir.

2 Hawaii, un Etat des Etats–Unis d'Amérique, est compris en Amérique septentrionale plutôt qu'en Océanie.

3 La partie européenne de la Turquie est comprise en Asie Occidentale plutôt qu'en Europe.

2. Estimates of population and its percentage distribution, by age and sex and sex ratio for all ages for the world, major areas and regions: 1995

(See notes at end of table.)

Major areas and regions	Population (in millions – en millions)											
	Both sexes – Les deux sexes				Male – Masculin				Female – Féminin			
	All ages Tous âges	-15	15–64	65+	All ages Tous âges	-15	15–64	65+	All ages Tous âges	-15	15–64	65+
WORLD TOTAL	**5 716**	**1 802**	**3 542**	**371**	**2 879**	**923**	**1 796**	**159**	**2 836**	**879**	**1 745**	**211**
AFRICA	**728**	**320**	**384**	**22**	**363**	**161**	**191**	**10**	**365**	**159**	**193**	**12**
Eastern Africa	227	105	115	6	113	52	57	2	114	52	58	3
Middle Africa	82	38	41	2	40	19	20	1	41	19	21	1
Northern Africa	160	62	91	6	81	31	46	2	79	30	45	3
Southern Africa	47	17	27	2	23	9	13	...	23	8	13	1
Western Africa	210	96	108	5	104	48	53	2	106	48	54	3
LATIN AMERICA	**482**	**162**	**294**	**25**	**240**	**82**	**146**	**11**	**241**	**80**	**147**	**13**
Caribbean	35	10	22	2	17	5	11	1	17	5	11	1
Central America	126	47	73	5	63	24	36	2	63	23	37	2
South America	319	104	197	17	159	52	98	7	160	51	99	9
NORTHERN AMERICA [1]	**292**	**64**	**191**	**36**	**143**	**32**	**95**	**14**	**149**	**31**	**96**	**21**
ASIA [2]	**3 457**	**1 107**	**2 166**	**183**	**1 767**	**571**	**1 112**	**84**	**1 690**	**536**	**1 054**	**99**
Eastern Asia	1 424	362	964	96	728	188	497	43	695	174	467	53
South Central Asia	1 381	512	809	58	711	264	418	28	670	248	391	30
South Eastern Asia	484	168	295	20	241	85	146	9	242	82	148	11
Western Asia [2]	168	63	97	7	86	32	50	3	81	31	46	4
EUROPE [2]	**726**	**139**	**486**	**100**	**351**	**71**	**242**	**37**	**375**	**68**	**244**	**62**
Eastern Europe	308	64	205	38	146	33	100	12	162	31	105	25
Northern Europe	93	18	60	14	45	9	30	5	47	8	30	8
Southern Europe	143	24	98	20	70	12	49	8	73	12	49	12
Western Europe	180	31	121	26	88	16	61	10	92	15	60	16
OCEANIA [1]	**28.5**	**7.4**	**18.3**	**2.7**	**14.3**	**3.8**	**9.3**	**1.1**	**14.2**	**3.6**	**9.0**	**1.5**
Australia and New Zealand	21.6	4.7	14.4	2.5	10.7	2.4	7.2	1.0	10.8	2.3	7.1	1.4
Melanesia	5.8	2.2	3.3	0.1	2.9	1.1	1.7	0.0	2.8	1.1	1.6	0.0
Micronesia	0.4	0.1	0.2	0.0	0.2	0.0	0.1	0.0	0.2	0.0	0.1	0.0
Polynesia	0.5	0.2	0.3	0.0	0.3	0.1	0.1	0.0	0.2	0.1	0.1	0.0

GENERAL NOTES

All figures are estimates of the order of magnitude and are subject to a substantial margin of error; all data are therefore set in italics. For composition of major areas and regions and for method of construction of estimates, see Technical Notes, page 34.

FOOTNOTES

1 Hawaii, a state of the United States of America, is included in Northern America rather than Oceania.
2 The European portion of Turkey is included with Western Asia rather than Europe.

2. Estimations de la population et pourcentage de répartition selon l'âge et le sexe et rapport de masculinité pour l'ensemble du monde, les grandes régions et les régions géographiques: 1995

(Voir notes à la fin du tableau.)

Per cent – Pourcentage												Sex ratio (Males per 100 females of all ages) Rapport de masculinité (Hommes pour 100 femmes de tous âges)	Grandes régions et régions
Both sexes – Les deux sexes				Male – Masculin				Female – Féminin					
All ages Tous âges	–15	15–64	65+	All ages Tous âges	–15	15–64	65+	All ages Tous âges	–15	15–64	65+		
100	**32**	**62**	**6**	**100**	**32**	**62**	**6**	**100**	**31**	**62**	**7**	**101**	**ENSEMBLE DU MONDE**
100	**44**	**53**	**3**	**100**	**45**	**53**	**3**	**100**	**44**	**53**	**3**	**99**	**AFRIQUE**
100	46	51	3	100	47	51	2	100	46	51	3	99	Afrique orientale
100	46	50	3	100	47	50	3	100	46	51	4	97	Afrique centrale
100	39	57	4	100	39	57	4	100	39	57	4	102	Afrique septentrionale
100	38	58	4	100	38	58	4	100	37	58	5	98	Afrique mériodionale
100	46	51	3	100	46	51	3	100	45	52	3	98	Afrique occidentale
100	**34**	**61**	**5**	**100**	**34**	**61**	**5**	**100**	**33**	**61**	**6**	**99**	**AMERIQUE LATINE**
100	30	63	7	100	31	63	6	100	30	63	7	99	Caraïbes
100	37	58	4	100	38	58	4	100	37	59	4	99	Amérique centrale
100	33	62	5	100	33	62	5	100	32	62	6	99	Amérique du Sud
100	**22**	**66**	**13**	**100**	**23**	**67**	**10**	**100**	**21**	**64**	**15**	**95**	**AMERIQUE SEPTENTRIONALE** [1]
100	**32**	**63**	**5**	**100**	**32**	**63**	**5**	**100**	**32**	**62**	**6**	**104**	**ASIE** [2]
100	25	68	7	100	26	68	6	100	25	67	8	104	Asie Orientale
100	37	59	4	100	37	59	4	100	37	58	5	106	Asie méridionale centrale
100	35	61	4	100	36	61	4	100	34	61	5	99	Asie méridionale orientale
100	38	58	4	100	38	58	4	100	38	57	5	105	Asie occidentale [2]
100	**19**	**67**	**14**	**100**	**20**	**69**	**11**	**100**	**18**	**65**	**17**	**93**	**EUROPE** [2]
100	**21**	**67**	**12**	**100**	**23**	**69**	**9**	**100**	**20**	**65**	**16**	**90**	**Europe orientale**
100	**20**	**65**	**15**	**100**	**21**	**67**	**13**	**100**	**19**	**64**	**18**	**95**	**Europe septentrionale**
100	**17**	**68**	**15**	**100**	**18**	**70**	**12**	**100**	**16**	**67**	**17**	**95**	**Europe méridionale**
100	**18**	**67**	**15**	**100**	**18**	**70**	**12**	**100**	**17**	**65**	**18**	**95**	**Europe occidentale**
100	**26**	**64**	**10**	**100**	**27**	**65**	**8**	**100**	**25**	**64**	**11**	**100**	**OCEANIA** [1]
100	22	67	12	100	22	67	10	100	21	66	13	99	Australie et Nouvelle Zélande
100	39	58	3	100	39	58	3	100	39	58	3	105	Melanésie
100	40	57	3	100	39	58	3	100	40	57	3	106	Micronésie
100	40	57	3	100	40	57	3	100	40	56	4	107	Polynésie

NOTES GENERALES

Tous les chiffres sont des estimations de grandeur comportant une assez grande marge d'erreur, toutes les données sont de ce fait en italique. Pour le composition des grandes régions et la méthode utilisée afin d'établir les estimations, voir Notes techniques, page 34.

NOTES

1 Hawaii, un Etat des Etats–Unis d'Amérique, est compris en Amérique septentrionale plutôt qu'en Océanie.
2 La partie européenne de la Turquie est comprise en Asie Occidentale plutôt qu'en Europe.

3. Population by sex, rate of population increase, surface area and density

Population selon le sexe, taux d'accroissement de la population, superficie et densité

(See notes at end of table. – Voir notes à la fin du tableau.)

Continent and country or area / Continent et pays ou zone	Population: Latest census – dernier recensement (in units – en unités): Date	Both sexes / Les deux sexes	Male / Masculin	Female / Féminin	Mid – year estimates / Estimations au milieu de l'année (in thousand–en milliers): 1990	1995	Type [1] 1995	Annual rate of increase / Taux d' accrois–sement annuel 1990–95 (%)	Surface area / Superficie (km²) 1995	Density / Densité 1995 [2]
AFRICA—AFRIQUE										
Algeria – Algérie [3]	20–III–87	23 033 942	...	...	25 363	*28 548	A8 c1	2.4	2 381 741	12
Angola [4]	15–XII–70	5 646 166	2 943 974	2 702 192	10 020	x11 072	A25 c1	2.0	1 246 700	9
Benin – Bénin	15–II–92	4 915 555	2 390 336	2 525 219	4 739	5 561	A3 c3	3.2	112 622	49
Botswana	21–VIII–91	1 326 796	634 400	692 396	1 300	*1 456	A4 c1	2.3	581 730	3
Burkina Faso	10–XII–85	7 964 705	3 833 237	4 131 468	9 001	*10 200	A10 c3	2.5	274 000	37
Burundi	16–VIII–90	5 139 073	2 473 599	2 665 474	5 458	*5 982	A5 c3	1.8	27 834	215
Cameroon – Cameroun	IV–87	*10 493 655	...	...	x11 526	*13 277	A8 c3	2.8	475 442	28
Cape Verde – Cap–Vert	23–VI–90	341 491	161 494	179 997	x341	x392	A5 c1	2.8	4 033	97
Central African Republic – Rép. centrafricaine	8–XII–88	2 463 616	1 210 734	1 252 882	x2 927	x3 315	A7 c3	2.5	622 984	5
Chad – Tchad	8–IV–93	[5] 6 279 931	...	...	5 687	x6 361	B32 c3	2.2	1 284 000	5
Comoros – Comores	15–IX–91	[6] 446 817	[6] 221 152	[6] 225 665	x543	x653	A4 c3	3.7	2 235	292
Congo	22–XII–84	1 843 421	...	...	x2 232	x2 590	A11 c3	3.0	342 000	8
Côte d'Ivoire	1–III–88	10 815 694	5 527 343	5 288 351	11 717	*14 230	A7 c3	3.9	322 463	44
Djibouti	1960–61	81 200	...	...	x517	x577	A35 d	2.2	23 200	25
Egypt – Egypte	17–XI–86	48 254 238	24 709 274	23 544 964	53 270	*59 226	A9 c1	2.1	1 001 449	59
Equatorial Guinea – [7] Guinée équatoriale	4–VII–83	300 000	144 760	155 240	348	x400	A12 c3	2.8	28 051	14
Eritrea – Erythrée	9–V–84	2 748 304	1 374 452	1 373 852	3 082	x3 531	A11 c3	2.7	117 600	30
Ethiopia – Ethiopie	9–V–84	39 868 572	20 062 490	19 806 082	48 360	*56 677	A11 c3	3.2	1 104 300	51
Gabon	31–VII–93	*1 011 710	*498 710	*513 000	x1 146	x1 320	A35 c3	2.8	267 668	5
Gambia – Gambie	13–IV–93	*1 025 867	*514 530	*511 337	x923	x1 118	A12 c1	3.8	11 295	99
Ghana	11–III–84	12 296 081	6 063 848	6 232 233	x15 020	x17 453	A11 c1	3.0	238 533	73
Guinea – Guinée [8]	4–II–83	4 533 240	...	...	x5 755	x6 700	A12 c3	3.0	245 857	27
Guinea–Bissau – Guinée–Bissau	1–XII–91	983 367	476 210	507 157	x964	x1 073	A4 c1	2.1	36 125	30
Kenya	24–VIII–89	21 443 636	10 628 368	10 815 268	[9] 24 032	*30 522	A6 c2	([10])	580 367	53
Lesotho	12–IV–86	1 447 000	...	...	x1 792	x2 050	A9 c3	2.7	30 355	68
Liberia – Libéria	1–II–84	2 101 628	...	...	2 407	*2 760	A11 c3	2.7	111 369	25
Libyan Arab Jamahiriya – Jamahiriya arabe libyenne	31–VII–84	3 642 576	1 953 757	1 688 819	[9] 4 151	x5 407	A11 c3	([10])	1 759 540	3
Madagascar	1–VIII–93	*12 092 157	*5 991 171	*6 100 986	11 197	[9]x14 763	A21 c3	([10])	587 041	25
Malawi	1–IX–87	7 988 507	3 867 136	4 121 371	8 289	*9 788	A8 c3	3.3	118 484	83
Mali	1–IV–87	[3] 7 696 348	[3] 3 760 711	[3] 3 935 637	[9] 8 156	x10 795	A8 c3	([10])	1 240 192	9
Mauritania – Mauritanie	5–IV–88	[11] 1 864 236	[11] 923 175	[11] 941 061	x2 003	*2 284	A7 c3	2.6	1 025 520	2
Mauritius – Maurice	1–VII–90	1 056 660	527 760	528 900	1 059	*1 122	A5 b1	1.2	2 040	550
Island of Mauritius – Ile Maurice	1–VII–90	1 022 456	510 676	511 780	1 025	*1 087	A5 b1	1.2	1 865	583
Rodrigues	1–VII–90	34 204	17 084	17 120	34	35	A5 b1	3.0	104	334
Others – Autres [12]	30–VI–72	366	272	94	...	...	..	...	71	...
Morocco – Maroc	2–IX–94	*26 073 717	...	...	24 487	*27 111	A13 c2	2.0	446 550	61
Mozambique [8]	1–VIII–80	11 673 725	5 670 484	6 003 241	14 151	*17 423	A15 c1	4.2	801 590	22
Namibia – Namibie	21–X–91	1 409 920	686 327	723 593	1 349	x1 540	A4 c3	2.6	824 292	2
Niger	20–V–88	7 248 100	3 590 070	3 658 030	x7 731	x9 151	A7 c3	3.4	1 267 000	7
Nigeria – Nigéria	26–XI–91	*88 514 501	*44 544 531	*43 969 970	x96 154	x111 721	A32 c2	3.0	923 768	121
Réunion [3]	15–III–90	597 828	294 256	303 572	601	x653	A5 b3	1.7	2 510	260
Rwanda	15–VIII–91	*7 142 755	...	...	7 181	x7 952	A4 c3	2.0	26 338	302
St. Helena ex. dep. – Sainte–Hélène sans dép.	22–II–87	5 644	2 769	2 875	6	x7	A8 b3	0.6	122	54
Ascension	31–XII–78	849	608	241	...	...	..	...	88	...
Tristan da Cunha	22–II–87	296	139	157	...	...	..	...	...	...
Sao Tome and Principe – Sao Tomé–et–Principe	4–VIII–91	116 998	57 837	59 161	115	*127	A4 c1	2.0	964	132
Senegal – Sénégal	27–V–88	6 896 808	3 353 599	3 543 209	7 504	*8 312	A7 c3	2.0	196 722	42
Seychelles	17–VIII–87	68 598	34 125	34 473	70	75	A8 b2	1.6	455	165
Sierra Leone [8]	15–XII–85	3 515 812	1 746 055	1 769 757	x3 999	x4 509	A10 c1	2.4	71 740	63
Somalia – Somalie	1986–87	*7 114 431	*3 741 664	*3 372 767	x8 677	x9 250	A9 c3	1.3	637 657	15
South Africa – Afrique du Sud	7–III–91	[13] 30986 920	[13] 15479 528	[13] 15507 392	x37 066	*41 244	A4 c1	2.1	1 221 037	34
Sudan – Soudan	15–IV–93	*24 940 683	*12 518 638	*12 422 045	25 752	x28 098	A12 c3	1.7	2 505 813	11
Swaziland	25–VIII–86	681 059	321 579	359 480	769	*908	A9 c1	3.3	17 364	52

3. Population by sex, rate of population increase, surface area and density (continued)

Population selon le sexe, taux d'accroissement de la population, superficie et densité (suite)

(See notes at end of table. – Voir notes à la fin du tableau.)

Continent and country or area / Continent et pays ou zone	Population: Latest census – dernier recensement (in units – en unités): Date	Both sexes / Les deux sexes	Male / Masculin	Female / Féminin	Mid – year estimates Estimations au milieu de l'année (in thousand–en milliers): 1990	1995	Type[1] 1995	Annual rate of increase / Taux d' accrois– sement annuel 1990–95 (%)	Surface area / Superfi– cie (km ²) 1995	Density / Densit é 1995[2]
AFRICA—AFRIQUE (Cont.–Suite)										
Togo	22–XI–81	2 703 250	...	...	x3 531	x4 138	A14 c1	3.2	56 785	73
Tunisia – Tunisie	20–IV–94	*8 785 364	*4 447 341	*4 338 023	8 099	x8 896	A1 c1	1.9	163 610	54
Uganda – Ouganda	12–I–91	16 671 705	8 185 747	8 485 958	17 949	*21 297	A4 c1	3.4	241 038	88
United Rep. of Tanzania – Rép.–Unie de Tanzanie	28–VIII–88	23 126 310	11 217 723	11 908 587	25 635	*30 337	A7 c3	3.4	883 749	34
Western Sahara – Sahara Occidental [14]	31–XII–70	76 425	43 981	32 444	x230	x283	A25 c1	4.1	266 000	1
Zaire – Zaïre	1–VII–84	29 916 800	14 543 800	15 373 000	35 562	x43 901	A11 c3	4.2	2 344 858	19
Zambia – Zambie	20–VIII–90	7 383 097	3 617 577	3 765 520	8 073	*9 373	A5 c1	3.0	752 618	12
Zimbabwe	18–VIII–92	10 412 548	5 083 537	5 329 011	9 369	*11 526	A3 c1	4.1	390 757	29
AMERICA,NORTH— AMERIQUE DU NORD										
Anguilla	10–IV–84	6 987	3 428	3 559	x7	x8	A11 b1	2.7	96	83
Antigua and Barbuda – Antigua–et–Barbuda	28–V–91	*62 922	...	...	x64	x66	A4 b1	0.6	442	149
Aruba [3]	6–X–91	66 687	32 821	33 866	x67	x70	A4 b1	0.9	193	363
Bahamas	1–V–90	255 095	124 992	130 103	255	*278	A5 b1	1.7	13 878	20
Barbados – Barbade	2–V–90	*257 082	...	...	257	*264	A5 b1	0.5	430	614
Belize	12–V–91	189 774	96 289	93 485	189	*217	A4 c1	2.7	22 696	10
Bermuda – Bermudes	20–V–91	74 837	...	...	[15]61	[15]x63	A4 b1	0.8	53	1 189
British Virgin Islands – Iles Vierges britanniques	12–V–91	17 809	...	...	x16	x19	A4 b1	3.4	151	126
Canada [3 8]	4–VI–91	27 296 859	13 454 580	13 842 280	26 584	*29 606	A4 b1	2.2	9 970 610	3
Cayman Islands – Iles Caïmanes [3]	15–X–89	25 355	12 372	12 983	26	x31	A6 c1	3.3	264	117
Costa Rica [3]	10–VI–84	2 416 809	1 208 216	1 208 593	2 805	*3 333	A11 b2	3.5	51 100	65
Cuba	11–IX–81	9 723 605	4 914 873	4 808 732	10 625	x11 041	A14 b1	0.8	110 861	100
Dominica – Dominique	12–V–91	71 794	35 927	35 867	72	x71	A4 b1	–0.1	751	95
Dominican Republic – Rép. dominicaine	24–IX–93	7 089 041	...	...	7 170	*7 915	A14 c1	2.0	48 734	162
El Salvador	27–IX–92	5 118 599	2 485 613	2 632 986	x5 172	x5 768	A24 b1	2.2	21 041	274
Greenland – Groenland [3]	26–X–76	49 630	26 856	22 774	56	x58	A19 a1	0.8	2 175 600	–
Grenada – Grenade [16]	30–IV–81	89 088	42 943	46 145	x91	x92	A14 b1	0.2	344	267
Guadeloupe [3 17]	15–III–90	387 034	189 187	197 847	x385	x428	A5 b1	2.1	1 705	251
Guatemala [8]	17–IV–94	8 322 051	...	...	9 198	*10 621	A14 b2	2.9	108 889	98
Haiti – Haïti [3]	30–VIII–82	5 053 792	2 448 370	2 605 422	6 486	*7 180	A13 c3	2.0	27 750	259
Honduras	V–88	4 248 561	2 110 106	2 138 455	5 105	*5 953	A7 c1	3.1	112 088	53
Jamaica – Jamaïque	7–IV–91	2 366 067	...	...	2 415	*2 530	A4 b1	0.9	10 990	230
Martinique [3]	15–III–90	359 579	173 878	185 701	362	x379	A5 b1	0.9	1 102	344
Mexico – Mexique [3]	12–III–90	81 249 645	39 873 969	41 366 676	82 589	*90 487	A5 c1	1.8	1 958 201	46
Montserrat	12–V–80	11 932	...	...	x11	x11	A15 b1	0.0	102	108
Netherlands Antilles– [3 8 18] Antilles néerlandaise	27–I–92	189 474	90 707	98 767	188	*199	A3 c1	1.2	800	249
Nicaragua [3]	20–IV–71	1 877 952	921 543	956 409	3 871	*4 539	A24 b3	3.2	130 000	35
Panama	13–V–90	2 329 329	1 178 790	1 150 539	2 398	*2 631	A5 c1	1.9	75 517	35
Puerto Rico–Porto Rico [3 19]	1–IV–90	3 522 037	1 705 642	1 816 395	3 527	x3 674	A5 b1	0.8	8 875	414
Saint Kitts and Nevis – Saint–Kitts–et–Nevis	12–V–91	40 618	19 933	20 685	42	x41	A4 b1	–0.5	261	157
Saint Lucia – Sainte–Lucie	12–V–91	135 685	65 988	69 697	x133	*145	A4 b1	1.8	622	234
St. Pierre and Miquelon – Saint–Pierre–et–Miquelon	9–III–82	6 037	2 981	3 056	x6	x6	A13 d	0.0	242	25
St. Vincent and the Grenadines – Saint–Vincent–et–Grenadines [20]	12–V–91	106 499	53 165	53 334	x107	x111	A4 b1	0.7	388	285
Trinidad and Tobago – Trinité–et–Tobago	2–V–90	1 234 388	618 050	616 338	1 215	x1 306	A5 b1	1.4	5 130	255
Turks and Caicos Islands – Is.Turques et Caïques	31–V–90	12 350	6 289	6 061	x12	x14	A5 d	3.1	430	33
United States – Etats–Unis [21]	1–IV–90	248 709 873	121 239 418	127 470 455	249 911	*263 034	A5 b1	1.0	9 363 520	28

3. Population by sex, rate of population increase, surface area and density (continued)

Population selon le sexe, taux d'accroissement de la population, superficie et densité (suite)

(See notes at end of table. – Voir notes à la fin du tableau.)

Continent and country or area / Continent et pays ou zone	Population: Latest census – dernier recensement (in units – en unités): Date	Both sexes / Les deux sexes	Male / Masculin	Female / Féminin	Mid-year estimates / Estimations au milieu de l'année (in thousand – en milliers): 1990	1995	Type [1] 1995	Annual rate of increase / Taux d'accroissement annuel 1990–95 (%)	Surface area / Superficie (km [2]) 1995	Density / Densité 1995 [2]
AMERICA, NORTH— (Cont.–Suite) AMERIQUE DU NORD										
United States Virgin Islands – Iles Vierges américaines [3 19]	1–IV–90	101 809	49 210	52 599	102	105	A5 c1	0.6	347	303
AMERICA, SOUTH— AMERIQUE DU SUD										
Argentina – Argentine	15–V–91	32 615 528	15 937 980	16 677 548	32 547	*34 587	A4 c1	1.2	2 780 400	12
Bolivia – Bolivie	3–VI–92	6 420 792	3 171 265	3 249 527	6 573	*7 414	A3 c3	2.4	1 098 581	7
Brazil – Brésil [22]	1–IX–91	[3] 146825 475	[3] 72 485 122	[3] 74 340 353	144 723	*155 822	A4 c1	1.5	8 547 403	18
Chile – Chili	22–IV–92	13 348 401	6 553 254	6 795 147	13 100	*14 210	A3 b1	1.6	756 626	19
Colombia – Colombie	15–X–85	27 837 932	13 777 700	14 060 232	32 300	*35 099	A10 b3	1.7	1 138 914	31
Ecuador – Equateur [23]	25–XI–90	9 648 189	4 796 412	4 851 777	10 264	*11 460	A5 b3	2.2	283 561	40
Falkland Is. (Malvinas)– [24 25] Iles Falkland (Malvinas)	5–III–91	2 050	1 095	955	x2	x2	A4 d	0.0	12 173	–
French Guiana – Guyane Française [3]	15–III–90	114 808	59 798	55 010	x117	x147	A5 c1	4.6	90 000	2
Guyana	12–V–80	758 619	375 841	382 778	x796	x835	A15 b1	1.0	214 969	4
Paraguay	26–VIII–92	4 152 588	2 085 905	2 066 683	4 219	*4 828	A3 c2	2.7	406 752	12
Peru – Pérou [22]	11–VII–93	22 048 356	10 956 375	11 091 981	21 569	*23 532	A14 c2	1.7	1 285 216	18
Suriname	1–VII–80	355 240	...	...	404	x423	A15 c2	0.9	163 265	3
Uruguay [8]	23–X–85	2 955 241	1 439 021	1 516 220	3 094	*3 186	A10 b3	0.6	177 414	18
Venezuela [22]	20–X–90	18 105 265	9 019 757	9 085 508	19 325	*21 644	A5 c1	2.3	912 050	24
ASIA—ASIE										
Afghanistan	23–VI–79	[26] 13051 358	[26] 6 712 377	[26] 6 338 981	[26] 16121	x20 141	A16 c3	([10])	652 090	31
Armenia – Arménie	12–I–89	[3] 3 304 776	[3] 1 619 308	[3] 1 685 468	3 545	*3 762	A6 b1	1.2	29 800	126
Azerbaijan – Azerbaïdjan	12–I–89	[3] 7 021 178	[3] 3 423 793	[3] 3 597 385	7 153	x7 499	A6 b1	0.9	86 600	87
Bahrain – Bahreïn	16–XI–91	508 037	294 346	213 691	503	*586	A4 c1	3.1	694	844
Bangladesh	12–III–91	*104 766 143	*53 918 319	*50 847 824	x108 118	x120 433	A4 c1	2.2	143 998	836
Bhutan – Bhoutan	XI–69	1 034 774	...	...	x1 544	x1 638	A26 c3	1.2	47 000	35
Brunei Darussalam – [8 27] Brunéi Darussalam	7–VIII–91	260 482	137 616	122 866	253	x285	A4 c2	2.4	5 765	49
Cambodia – Cambodge [28]	17–IV–62	5 728 771	2 862 939	2 865 832	8 568	*9 836	A33 c3	2.8	181 035	54
China – Chine [29]	1–VIII–90	1160 044 618	581 820 407	548 690 231	x1155 305	x1221 462	A5 c3	1.1	9 596 961	127
Cyprus – Chypre	1–X–92	[30] 602 025	[30] 299 614	[30] 302 411	681	x742	A3 b2	1.7	9 251	80
East Timor – Timor oriental	31–X–90	747 750	386 939	360 811	x740	x814	A5 c1	1.9	14 874	55
Georgia – Géorgie	12–I–89	[3] 5 400 841	[3] 2 562 040	[3] 2 838 801	5 464	x5 457	A6 b1	–0.0	69 700	78
Hong Kong – Hong-kong [31]	15–III–91	5 522 281	2 811 991	2 710 290	5 705	*6 190	A4 b2	1.6	[32] 1 075	5 758
India – Inde [33]	1–III–91	846 302 688	439 230 458	407 072 230	834 697	x935 744	A4 c1	2.3	3 287 590	285
Indonesia – Indonésie [34]	31–X–90	179 378 946	89 463 545	89 915 401	179 483	*193 750	A5 c1	1.5	1 904 569	102
Iran (Islamic Republic of – Rép. islamique d')	1–X–91	55 837 163	28 768 450	27 068 713	54 496	x67 283	A4 c1	4.2	1 633 188	41
Iraq	17–X–87	16 335 199	8 395 889	7 939 310	17 373	x20 449	A8 c1	3.3	438 317	47
Israel – Israël [3 35]	4–VI–83	4 037 620	2 011 590	2 026 030	4 660	*5 545	A12 b1	3.5	21 056	263
Japan – Japon [36]	1–X–90	123 611 167	60 696 724	62 914 443	123 478	*125 197	A5 b1	0.3	377 801	331
Jordan – Jordanie [37]	10–XII–94	[38] *4 095 579	[38] *2 135 883	[38] *1 959 696	x4 259	x5 439	A16 b3	4.9	97 740	56
Kazakstan	12–I–89	16 536 511	8 012 985	8 523 526	16 670	x16 590	A6 b1	–0.1	2 717 300	6
Korea, Dem. People's Rep. of – Corée, rép. populaire dém. de	31–XII–93	21 213 378	10 329 699	10 883 679	x21 774	x23 917	D32 c3	1.9	120 538	198
Korea, Republic of– [8 39] Corée, Rép. de	1–XI–90	43 410 899	21 782 154	21 628 745	42 869	*44 851	A5 c1	0.9	99 274	452
Kuwait – Koweït	XI–95	1 575 983	914 324	661 659	2 141	*1 691	A10 c1	–4.7	17 818	95
Kyrgyzstan – Kirghizistan	12–I–89	[3] 4 257 755	[3] 2 077 623	[3] 2 180 132	4 395	*4 668	A6 b1	1.2	198 500	24
Lao People's Dem. Rep. – Rép. dém. populaire Lao	1–III–85	3 584 803	1 757 115	1 827 688	x4 202	x4 882	A10 c3	3.0	236 800	21
Lebanon – Liban [40]	15–XI–70	[41] 2 126 325	[41] 1 080 015	[41] 1 046 310	2 555	x3 009	B25 c3	3.3	10 400	289
Macau – Macao [42]	30–VIII–91	*385 089	...	...	335	*418	A4 c1	4.4	18	23194
Malaysia – Malaisie	14–VIII–91	18 379 655	...	...	17 764	x20 140	A4 c2	2.5	329 758	61
Maldives	8–III–90	213 215	109 336	103 879	216	x254	A5 c1	3.3	298	852

3. Population by sex, rate of population increase, surface area and density (continued)

Population selon le sexe, taux d'accroissement de la population, superficie et densité (suite)

(See notes at end of table. – Voir notes à la fin du tableau.)

Continent and country or area / Continent et pays ou zone	Population: Latest census – dernier recensement (in units – en unités): Date	Both sexes / Les deux sexes	Male / Masculin	Female / Féminin	Mid – year estimates Estimations au milieu de l'année (in thousand–en milliers): 1990	1995	Type [1] 1995	Annual rate of increase Taux d' accrois–sement annuel 1990–95 (%)	Surface area Superfi–cie (km [2]) 1995	Density Densit é 1995 [2]
ASIA—ASIE (Cont.–Suite)										
Mongolia – Mongolie	5–I–89	2 043 400	...	...	x2 177	x2 410	A6 c1	2.0	1 566 500	2
Myanmar	31–III–83	[3] 35 307 913	[3] 17 518 255	[3] 17 789 658	x41 813	x46 527	A12 c2	2.1	676 578	69
Nepal – Népal [3]	22–VI–91	18 491 097	9 220 974	9 270 123	18 111	x21 918	A4 c1	3.8	147 181	149
Oman	1–XII–93	2 018 074	...	...	2 000	x2 163	A2 c3	1.6	212 457	10
Pakistan [43]	1–III–81	84 253 644	44 232 677	40 020 967	112 404	*129 808	A14 c1	2.9	796 095	163
Palestine [44]	18–XI–31	1 035 821	[45] 524 268	[45] 509 028	...	...	..	...	...	...
Gaza Strip – Zone de Gaza [46]	14–IX–67	356 261	172 511	183 750	...	...	..	...	378	...
Philippines [3]	1–V–90	60 559 116	30 443 187	30 115 929	61 480	*70 267	A5 c2	2.7	300 000	234
Qatar	16–III–86	369 079	247 852	121 227	486	x551	A9 c3	2.5	11 000	50
Saudi Arabia – Arabie saoudite	27–IX–92	*16 929 294	*9 466 541	*7 462 753	14 870	x17 880	A3 c3	3.7	2 149 690	8
Singapore – Singapour [47]	30–VI–90	2 705 115	1 370 059	1 335 056	2 705	*2 987	A5 b2	2.0	618	4 833
Sri Lanka	17–III–81	14 846 750	7 568 253	7 278 497	16 993	x18 354	A14 c1	1.5	65 610	280
Syrian Arab Republic – République arabe syrienne [48]	3–IX–94	*13 812 000	...	...	12 116	*14 315	A14 c1	3.3	185 180	77
Tajikistan – Tadjikistan	12–I–89	5 108 576	2 537 546	2 571 030	5 303	*5 836	A6 b1	1.9	143 100	41
Thailand – Thaïlande [3]	1–IV–90	*54 532 300	*27 031 200	*27 501 100	56 082	*60 206	A5 c1	1.4	513 115	117
Turkey – Turquie	21–X–90	56 473 035	28 607 047	27 865 988	56 098	*61 644	A5 c1	1.9	774 815	80
Turkmenistan – Turkménistan	12–I–89	[3] 3 522 717	[3] 1 735 179	[3] 1 787 538	3 670	x4 099	A6 b1	2.2	488 100	8
United Arab Emirates– [49] Emirats arabes unis	15–XII–80	1 043 225	720 360	322 865	x1 671	*2 314	A15 c3	6.5	83 600	28
Uzbekistan – Ouzbékistan	12–I–89	[3] 19 810 077	[3] 9 784 156	[3] 10 025 921	20 531	x22 843	A6 b1	2.1	447 400	51
Viet Nam	1–IV–89	64 411 713	31 336 568	33 075 145	66 233	x74 545	A6 c3	2.4	331 689	225
Yemen – Yémen	16–XII–94	14 587 807	7 473 540	7 114 267	11 279	[9]x14 501	..	([10])	527 968	27
EUROPE										
Albania – Albanie	12–IV–89	3 182 400	*1 638 900	*1 543 500	3 256	x3 645	A6 b1	2.3	28 748	127
Andorra – Andorre	XI–54	5 664	...	...	53	x68	A41 c3	5.1	453	150
Austria – Autriche [3]	15–V–91	7 795 786	3 753 989	4 041 797	7 718	*8 053	A4 b1	0.8	83 859	96
Belarus – Bélarus	12–I–89	10 199 709	4 775 835	5 423 874	10 260	x10 141	A6 b1	–0.2	207 600	49
Belgium – Belgique [3]	1–III–91	*9 978 681	...	...	9 967	x10 113	A4 b1	0.3	30 519	331
Bosnia Herzegovina – [3] Bosnie–Herzégovine	31–III–91	4 377 033	2 183 795	2 193 238	4 474	*4 484	A4 b1	0.0	51 129	88
Bulgaria – Bulgarie	4–XII–92	*8 472 724	...	...	8 991	*8 402	A3 b1	–1.4	[50] 110912	76
Channel Islands – Iles Anglo–Normandes	21–IV–91	142 949	69 159	73 790	x142	x148	A4 b1	0.8	195	759
Guernsey – Guernesey [51]	21–IV–91	58 867	28 297	30 570	60	...	..	...	78	...
Jersey	10–III–91	84 082	40 862	43 220	...	84	A4 b1	...	116	728
Croatia – Croatie [3]	31–III–91	4 784 265	2 318 623	2 465 642	4 778	x4 495	A4 b1	–1.2	88 117	51
Czech Republic – Rép. tchèque [3]	3–III–91	10 302 215	4 999 935	5 302 280	10 363	*10 331	A4 b1	–0.1	78 864	131
Denmark – Danemark [3 52]	1–I–91	5 146 469	2 536 391	2 610 078	5 140	*5 228	A4 a1	0.3	43 094	121
Estonia – Estonie	12–I–89	[3] 1 565 662	[3] 731 392	[3] 834 270	1 571	x1 530	A6 b1	–0.5	45 100	34
Faeroe Islands – Iles Féroé [3]	22–IX–77	41 969	21 997	19 972	47	x47	A18 b1	–0.2	1 399	34
Finland – Finlande [3]	31–XII–90	4 998 478	2 426 204	2 572 274	4 986	*5 108	A5 b1	0.5	338 145	15
France [53 54]	5–III–90	[55] 56634 299	[55] 27553 788	[55] 29080 511	56 735	*58 143	A5 b1	0.5	551 500	105
Germany – Allemagne [3 56]	...	...	...	...	79 365	*81 642	..	0.6	356 733	229
Germany, Federal Rep. of – Allemagne, République fédérale d' [3]	25–V–87	61 077 042	29 322 923	31 754 119	63 253	...	..	..	248 647	..
Former German Democratic Republic – [3] Ancienne République démocratique allemand	31–XII–81	16 705 635	7 849 112	8 856 523	16 247	...	..	..	108 333	..
Gibraltar [57]	9–XI–81	29 616	14 992	14 624	31	x28	A4 b1	–1.9	6	4 667
Greece – Grèce	17–III–91	10 259 900	5 055 408	5 204 492	10 161	*10 458	A4 b2	0.6	131 957	79
Holy See – Saint–Siège	30–IV–48	890	548	342	x1	x1	D7 c1	0.0	[60] 0	2 273
Hungary – Hongrie	1–I–90	[58] 10374 823	[58] 4 984 904	[58] 5 389 919	[59] 10365	[59] 10225	A5 b1	–0.3	93 032	110

3. Population by sex, rate of population increase, surface area and density (continued)

Population selon le sexe, taux d'accroissement de la population, superficie et densité (suite)

(See notes at end of table. – Voir notes à la fin du tableau.)

Continent and country or area / Continent et pays ou zone	Population: Latest census – dernier recensement (in units – en unités): Date	Both sexes / Les deux sexes	Male / Masculin	Female / Féminin	Mid – year estimates Estimations au milieu de l'année (in thousand–en milliers): 1990	1995	Type [1] 1995	Annual rate of increase / Taux d' accroissement annuel 1990–95 (%)	Surface area / Superficie (km [2]) 1995	Density / Densit é 1995 [2]
EUROPE (Cont.–Suite)										
Iceland – Islande [3]	1–XII–70	204 930	103 621	101 309	255	*269	A25 a1	1.1	103 000	3
Ireland – Irlande	21–IV–91	3 525 719	1 753 418	1 772 301	3 503	*3 582	A4 b2	0.4	70 284	51
Isle of Man – Ile de Man	14–IV–91	69 788	33 693	36 095	x69	x72	A4 b1	0.8	572	126
Italy – Italie	20–X–91	59 103 833	...	...	[3] 57 661	[3]x57 187	A4 b1	–0.2	301 268	190
Latvia – Lettonie	12–I–89	[3] 2 666 567	[3] 1 238 806	[3] 1 427 761	2 671	*2 515	A6 b1	–1.2	64 600	39
Liechtenstein	2–XII–80	25 215	...	...	x29	x31	A15 b1	1.3	160	194
Lithuania – Lituanie	12–I–89	[3] 3 674 802	[3] 1 738 953	[3] 1 935 849	3 722	*3 715	A6 b1	–0.0	65 200	57
Luxembourg [3]	31–III–91	384 634	188 570	196 064	382	*406	A4 b2	1.2	2 586	157
Malta – Malte [61]	16–XI–85	345 418	169 832	175 586	354	*371	A10 b2	0.9	316	1 173
Monaco [3]	4–III–82	27 063	12 598	14 465	x30	x32	A13 c1	1.3	[62] 1	21477
Netherlands – Pays–Bas [3]	28–II–71	13 060 115	...	...	14 952	*15 451	A24 a1	0.7	40 844	378
Norway – Norvège [3]	3–XI–90	4 247 546	2 099 881	2 147 665	4 241	*4 360	A5 a1	0.6	323 877	13
Poland – Pologne [63]	6–XII–88	37 878 641	18 464 373	19 414 268	38 119	*38 588	A7 b1	0.2	323 250	119
Portugal [64]	15–IV–91	9 862 540	4 754 632	5 107 908	9 899	x10 797	A4 b1	1.7	91 982	117
Republic of Moldova – République de Moldova	12–I–89	4 337 592	2 058 160	2 279 432	4 364	*4 432	A6 b1	0.3	33 700	132
Romania – Roumanie	7–I–92	22 810 035	11 213 763	11 596 272	23 207	*22 680	A3 b2	–0.5	238 391	95
Russian Federation – Féd. de Russie	12–I–89	[3] 147021 869	[3] 68 713 869	[3] 78 308 000	147 913	*147 855	A6 b1	–0.0	17075400	9
San Marino – Saint–Marin	30–XI–76	19 149	9 654	9 495	23	25	A19 a2	1.5	61	410
Slovakia – Slovaquie [3]	3–III–91	5 274 335	2 574 061	2 700 274	5 298	*5 364	A4 b1	0.2	49 012	109
Slovenia – Slovénie [3]	31–III–91	1 965 986	952 611	1 013 375	1 998	*1 984	A4 b1	–0.1	20 256	98
Spain – Espagne [65]	1–III–91	39 433 942	19 338 083	20 095 859	38 959	*39 210	A4 c1	0.1	505 992	77
Svalbard and Jan Mayen Islands – Svalbard et Ile Jan–Mayen [66]	1–XI–60	3 431	2 545	886	...	...	..	...	62 422	...
Sweden – Suède [3]	1–IX–90	8 587 353	4 242 351	4 345 002	8 559	*8 831	A5 a1	0.6	449 964	20
Switzerland – Suisse [3]	4–XII–90	6 873 687	3 390 212	3 483 475	6 712	*7 040	A5 b1	1.0	41 284	171
The former Yugoslav Rep. of Macedonia – L'ex Rép. youg. de Macédoine [3]	20–VI–94	*1 936 877	...	...	2 028	x2 163	A4 b1	1.3	25 713	84
Ukraine	12–I–89	[3] 51 452 034	[3] 23 745 108	[3] 27 706 926	51 839	*51 639	A6 b1	–0.1	603 700	86
United Kingdom–RoyaumeUni [67]	21–IV–91	*56 352 200	...	...	57 561	x58 258	A4 b1	0.2	244 100	239
Yugoslavia – Yougoslavie [3]	31–III–91	10 394 026	5 157 120	5 236 906	10 529	*10 544	A4 b1	0.0	102 173	103
OCEANIA—OCEANIE										
American Samoa – Samoa américaines [3] [19]	1–IV–90	46 773	24 023	22 750	47	*56	A5 b1	3.5	199	283
Australia – Australie	30–VI–91	16 850 540	8 362 815	8 487 725	17 065	*18 054	A4 b1	1.1	7 741 220	2
Cook Islands – Iles Cook [68]	1–XII–91	*18 617	...	...	x18	x19	A4 b1	0.9	236	81
Fiji – Fidji	31–VIII–86	715 375	362 568	352 807	731	*796	A9 b1	1.7	18 274	44
French Polynesia – [69] Polynésie française	6–IX–88	188 814	98 345	90 469	197	x220	A7 c1	2.2	4 000	55
Guam [3] [19]	1–IV–90	133 152	70 945	62 207	133	*149	A5 b1	2.3	549	272
Kiribati [70]	7–XI–90	72 298	...	...	x72	x79	A5 c1	1.9	726	109
Marshall Islands – Iles Marshall	13–XI–88	43 380	...	...	46	*56	A7 c1	3.7	181	307
Micronesia, Federated States of, – Micronésie, Etats fédérés de	18–IX–94	105 506	53 923	51 583	101	*105	A1 c1	1.0	702	150
Nauru	1992	*9 919	...	...	x10	11	A3 d	1.5	21	514
New Caledonia – Nouvelle–Calédonie [71]	4–IV–89	164 173	83 862	80 311	170	*186	A6 c1	1.8	18 575	10
New Zealand – Nouvelle–Zélande [72]	5–III–91	3 434 949	1 693 050	1 741 899	3 363	*3 542	A4 b1	1.0	270 534	13
Niue – Nioué	IX–91	2 239	...	...	x2	x2	A4 d	0.0	260	8
Norfolk Is. – Ile Norfolk	30–VI–86	2 367	1 170	1 197	...	...	..	...	36	...

3. Population by sex, rate of population increase, surface area and density (continued)

Population selon le sexe, taux d'accroissement de la population, superficie et densité (suite)

(See notes at end of table. – Voir notes à la fin du tableau.)

Continent and country or area / Continent et pays ou zone	Population: Latest census – dernier recensement (in units – en unités): Date	Both sexes / Les deux sexes	Male / Masculin	Female / Féminin	Mid – year estimates Estimations au milieu de l'année (in thousand–en milliers): 1990	1995	Type [1] 1995	Annual rate of increase / Taux d' accrois- sement annuel 1990–95 (%)	Surface area / Superfi- cie (km²) 1995	Density / Densit é 1995 [2]
OCEANIA—OCEANIE(Cont.–Suite)										
Northern Mariana Islands – Iles Mariannes du Nord	1–IV–90	43 345	...	...	[9] 26	x47	A5 c1	([10])	464	101
Palau – Palaos	1990	15 122	...	...	x15	x17	A5 c1	2.5	459	37
Papua New Guinea – Papouasie–Nouvelle–Guinée [73]	11–VII–90	3 607 954	...	...	3 699	*4 074	A5 c3	1.9	462 840	9
Pitcairn	31–XII–91	66	...	...	–	...	..	...	5	...
Samoa	XI–91	*161 298	...	...	164	x171	A4 c1	0.9	2 831	60
Solomon Islands – Iles Salomon [74]	23–XI–86	285 176	147 972	137 204	x320	378	A9 c1	3.3	28 896	13
Tokelau – Tokélaou	1991	1 577	..	...	x2	x2	A4 b1	0.0	12	167
Tonga	28–XI–86	94 649	47 611	47 038	97	x98	A9 c1	0.3	747	131
Tuvalu	17–IX–91	9 043	4 376	4 667	x9	x10	A4 c1	2.1	26	385
Vanuatu	16–V–89	142 944	73 674	69 270	144	165	A6 c1	2.7	12 189	14
Wallis and Futuna Islands – Iles Wallis et Futuna	1990	13 705	...	...	x14	x14	A5 c1	0.0	200	70

GENERAL NOTES

Unless otherwise indicated, figures refer to de facto (present–in–area) population for present territory; surface area estimates include inland waters. For method of evaluation and limitations of data, see Technical Notes, page 34.

FOOTNOTES

* Provisional.
x Estimate prepared by the Population Division of the United Nations.

1 For explanation of code, see page 11.
2 Population per square kilometre of surface area in 1995. Figures are merely the quotients of population divided by surface area and are not to be considered either as reflecting density in the urban sense or as indicating the supporting power of a territory's land and resources.
3 De jure population.
4 Including the enclave of Cabinda.
5 Data have been adjusted for underenumeration, estimated at 1.4 per cent.

6 Excluding Mayotte.
7 Comprising Bioko (which includes Pagalu) and Rio Muni (which includes Corisco and Elobeys).
8 Mid–year estimates have been adjusted for under–enumeration. Census data have not been adjusted for under–enumeration, estimated as follows:

	Percentage adjustment	Adjusted census total
Brunei Darussalam	1.06	...
Canada	...	...
Guatemala	13.7	...
Guinea	...	...
Korea, Republic of	1.9	...
Mozambique	3.8	...
Netherlands Antilles	2.0	...
Sierra Leone	10.0	*3 002 426
Uruguay	2.6	...

9 Estimate not in accord with the latest census and/or the latest estimate.

10 Rate not computed because of apparent lack of comparability between estimates shown for 1990 and 1995.
11 Including an estimate of 224 095 for nomad population.
12 Comprising the islands of Agalega and St. Brandon.
13 Excluding Bophuthatswana, Ciskei, Transkei and Venda.
14 Comprising the Northern Region (former Saguia el Hamra) and Southern Region (former Rio de Oro).
15 De jure population, but excluding persons residing in institutions.
16 Including Carriacou and other dependencies in the Grenadines.

NOTES GENERALES

Sauf indication contraire, les chiffres relatifs à la population se rapportent à la population de fait présente du territoire actuel; les estimations de superficie comprennent les eaux intérieures. Pour la méthode d'évaluation et les insuffisances des données, voir Notes techniques, page 34.

NOTES

* Données provisoires.
x Estimation établie par la Division de la population de l'Organisation des Nations Unies.
1 Pour l'explication du code, voir la page 11.
2 Nombre d'habitants au kilomètre carré en 1995. Il s'agit simplement du quotient du chiffre de la population divisé par celui de la superficie: il ne faut pas y voir d'indication de la densité au sens urbain du terme ni de l'effectif de population que les terres et les ressources du territoire sont capables de nourrir.
3 Population de droit.
4 Y compris l'enclave de Cabinda.
5 es données ont été ajustées pour compenser les lacunes de dénombrement, estimées à 1,4 p. 100.
6 Non compris Mayotte.
7 Comprend Bioko (qui comprend Pagalu) et Rio Muni (qui comprend Corisco et Elobeys).
8 Les estimations au milieu de l'année tiennent compte d'un ajustement destiné à compenser les lacunes du dénombrement. Les données de recensement ne tiennent pas compte de cet ajustement. En voici le détail:

	Ajustement (en pourcentage)	Chiffre de recensement ajusté
Brunéi Darussalam	1,06	...
Canada	...	...
Guatemala	13,7	...
Guinée	...	...
Corée, Rép. de	1,9	...
Mozambique	3,8	...
Antilles néerlandaises	2,0	...
Sierra Leone	10,0	*3 002 426
Uruguay	2,6	...

9 L'estimation ne s'accorde avec le dernier recensement, et /ou avec la dernière estimation.
10 On n'a pas calculé le taux parce que les estimations pour 1990 et 1995 ne paraissent pas comparables.
11 Y compris une estimation de 224 095 personnes pour la population nomade.
12 Y compris les îles Agalega et Saint–Brandon.
13 Non compris Bophuthatswana, Ciskei, Transkei et Venda.
14 Comprend la région septentrionale (ancien Saguia–el–Hamra) et la région méridionale (ancien Rio de Oro).
15 Population de droit, mais non compris les personnes dans les institutions.
16 Y compris Carriacou et les autres dépendances du groupe des îles Grenadines.

FOOTNOTES (continued)

17 Including dependencies: Marie–Galante, la Désirade, les Saintes, Petite–Terre, St. Barthélemy and French part of St. Martin.
18 Comprising Bonaire, Curaçao, Saba, St. Eustatius and Dutch part of St. Martin.
19 Including armed forces in the area.
20 Including Bequia and other islands in the Grenadines.
21 De jure population, but excluding civilian citizens absent from country for extended period of time. Census figures also exclude armed forces overseas.
22 Excluding Indian jungle population.
23 Excluding nomadic Indian tribes.
24 Excluding dependencies, of which South Georgia (area 3 755 km2) had an estimated population of 499 in 1964 (494 males, 5 females). The other dependencies namely, the South Sandwich group (surface area 337 km2) and a number of smaller islands, are presumed to be uninhabited.
25 A dispute exists between the governments of Argentina and the United Kingdom of Great Britain and Northern Ireland concerning sovereignty over the Falkland Islands (Malvinas).
26 Excluding nomad population.
27 Excluding transients afloat.
28 Excluding foreign diplomatic personnel and their dependants.
29 This total population of China, as given in the communiqué of the State Statistical Bureau releasing the major figures of the census, includes a population of 6 130 000 for Hong Kong and Macau.
30 For government controlled areas.
31 Comprising Hong Kong island, Kowloon and the New (leased) Territories.
32 Land area only. Total including ocean area within administrative boundaries is 2 916 km2.
33 Including data for the Indian–held part of Jammu and Kashmir, the final status of which has not yet been determined.
34 Figures provided by Indonesia including East Timor, shown separately.
35 Including data for East Jerusalem and Israeli residents in certain other territories under occupation by Israeli military forces since June 1967.
36 Comprising Hokkaido, Honshu, Shikoku, Kyushu. Excluding diplomatic personnel outside the country and foreign military and civilian personnel and their dependants stationed in the area.
37 Including military and diplomatic personnel and their families abroad, numbering 933 at 1961 census, but excluding foreign military and diplomatic personnel and their families in the country, numbering 389 at 1961 census. Also including registered Palestinian refugees number 654 092 and 722 687 at 30 June 1963 and 31 May 1967, respectively.
38 Excluding data for Jordanian territory under occupation since June 1967 by Israeli military forces.
39 Excluding alien armed forces, civilian aliens employed by armed forces, foreign diplomatic personnel and their dependants and Korean diplomatic personnel and their dependants outside the country.
40 Excluding Palestinian refugees in camps.
41 Based on results of sample survey.
42 Comprising Macau City and islands of Taipa and Coloane.
43 Excluding data for Jammu and Kashmir, the final status of which has not yet been determined, Junagardh, Manavadar, Gilgit and Baltistan.
44 Former mandated territory administered by the United Kingdom until 1948.
45 Excluding United Kingdom armed forces, numbering 2 507.

NOTES (suite)

17 Y compris les dépendances: Marie–Galante, la Désirade, les Saintes, Petite–Terre, Saint–Barthélemy et la partie française de Saint–Martin.
18 Comprend Bonaire, Curaçao, Saba, Saint–Eustache et la partie néederlandaise de Saint–Martin.
19 Y compris les militaires en garnison sur le territoire.
20 Y compris Bequia et des autres îles dans les Grenadines.
21 Population de droit, mais non compris les civils hors du pays pendant une période prolongée. Les chiffres de recensement ne comprennent pas également les militaires à l'étranger.
22 Non compris les Indiens de la jungle.
23 Non compris les tribus d'Indiens nomades.
24 Non compris les dépendances, parmi lesquelles figure la Georgie du Sud (3 755 km2) avec une population estimée à 499 personnes en 1964 (494 du sexe masculin et 5 du sexe féminin). Les autres dépendances, c'est–à–dire le groupe des Sandwich de Sud (superficie: 337 km2) et certaines petites–îles, sont présumées inhabitées.
25 La souveraineté sur les îles Falkland (Malvinas) fait l'objet d'un différend entre le Gouvernement argentin et le Gouvernement du Royaume–Uni de Grande–Bretagne et d'Irlande du Nord.
26 Non compris la population nomade.
27 Non compris les personnes de passage à bord des navires.
28 Non compris le personnel diplomatique étranger et les membres de leur famille les accompagnant.
29 Le chiffre indiqué pour la population totale de la Chine, qui figure dans le communiqué du Bureau du statistique de l'Etat publiant les principaux chiffres du recensement, comprennent la population de Hong–kong et Macao qui s'élève à 6 130 000 personnes.
30 Pour les zones controlées par le Gouvernement.
31 Comprend les îles de Hong–kong, Kowloon et les Nouveaux Territoires (à bail).
32 Superficie terrestre seulement. La superficie totale, qui comprend la zone maritime se trouvant à l'intérieur des limites administratives, est de 2 916 km2.
33 Y compris les données pour la partie du Jammu et du Cachemire occupée par l'Inde dont le statut définitif n'a pas encore été déterminé.
34 Les chiffres fournis par l'Indonesie comprennent le Timor oriental, qui fait l'objet d'une rubrique distincte.
35 Y compris les données pour Jérusalem–Est et les résidents israéliens dans certains autres territoires occupés depuis juin 1967 par les forces armées israéliennes.
36 Comprend Hokkaido, Honshu, Shikoku, Kyushu. Non compris le personnel diplomatique hors du pays, les militaires et agents civils étrangers en poste sur le territoire et les membres de leur famille les accompagnant.
37 Y compris les militaires et le personnel diplomatique à l'étranger et les membres de leur famille les accompagnant, au nombre de 933 personnes au recensement de 1961, mais non compris les militaires et le personnel diplomatique étrangers sur le territoire et les membres de leur famille les accompagnant, au nombre de 389 personnes au recensement de 1961. Y compris également les réfugiés de Palestine immatriculés: 654 092 au 30 juin 1963 et 722 687 au 31 may 1967.
38 Non compris les données pour le territoire jordanien occupé depuis juin 1967 par les forces armées israéliennes.
39 Non compris les militaires étrangers, les civils étrangers employés par les forces armées, le personnel diplomatique étranger et les membres de leur famille les accompagnant et le personnel diplomatique coréen hors du pays et les membres de leur familles les accompagnant.
40 Non compris les réfugiés de Palestine dans les camps.
41 D'après les résultats d'une enquête par sondage.
42 Comprend la ville de Macao et les îles de Taipa et de Colowane.
43 Non compris les données pour le Jammu et le Cachemire, dont le statut définitif n'a pas encore été déterminé, le Junagardh, le Manavadar, le Gilgit et le Baltistan.
44 Ancien territoire sous mandat administré par le Royaume–Uni jusqu'à 1948.
45 Non compris les forces armées du Royaume–Uni au nombre de 2 507 personnes.

3. Population by sex, rate of population increase, surface area and density

Population selon le sexe, taux d'accroissement de la population, superficie et densité

FOOTNOTES (continued)

46 Comprising that part of Palestine under Egyptian administration following the Armistice of 1949 until June 1967, when it was occupied by Israeli military forces.

47 Excluding transients afloat and non–locally domiciled military and civilian services personnel and their dependants and visitors, numbering 5 553, 5 187 and 8 895 respectively at 1980 census.

48 Including Palestinian refugees numbering 193 000 on 1 July 1977.

49 Comprising 7 sheikdoms of Abu Dhabi, Dubai, Sharjah, Ajaman, Umm al Qaiwain, Ras al Khaimah and Fujairah, and the area lying within the modified Riyadh line as announced in October 1955.

50 Excluding surface area of frontier rivers.

51 Including dependencies: Alderey, Brechou, Herm, Jethou, Lithou and Sark Island.

52 Excluding Faeroe Islands and Greenland.

53 Excluding Overseas Departments, namely French Guiana, Guadeloupe, Martinique and Réunion, shown separately.

54 De jure population, but excluding diplomatic personnel outside the country and including foreign diplomatic personnel not living in embassies or consulates.

55 Excluding military personnel stationed outside the country who do not have a personal residence in France.

56 All data shown pertaining to Germany prior to 3 October 1990 are indicated separately for the Federal Republic of Germany and the former German Democratic Republic based on their respective territories at the time indicated. See explanatory notes on data pertaining to Germany on page 4.

57 Excluding armed forces.

58 Including armed forces stationed outside the country, but excluding alien armed forces stationed in the area.

59 Including armed forces stationed outside the country, but including alien armed forces stationed in the area.

60 Surface area is 0.44 km2.

61 Including Gozo and Comino Islands and civilian nationals temporarily outside the country.

62 Surface area is 1.49 km2.

63 Excluding civilian aliens within the country, but including civilian nationals temporarily outside the country.

64 Including the Azores and Madeira Islands.

65 Including the Balearic and Canary Islands, and Alhucemas, Ceuta, Chafarinas, Melilla and Penon de Vélez de la Gomera.

66 Inhabited only during the winter season. Census data are for total population while estimates refer to Norwegian population only. Included also in the de jure population of Norway.

67 Excluding Channel Islands and Isle of Man, shown separately.

68 Excluding Niue, shown separately, which is part of Cook Islands, but because of remoteness is administered separately.

69 Comprising Austral, Gambier, Marquesas, Rapa, Society and Tuamotu Islands.

70 Including Christmas, Fanning, Ocean and Washington Islands.

71 Including the islands of Huon, Chesterfield, Loyalty, Walpole and Belep Archipelago.

72 Including Campbell and Kermadec Islands (population 20 in 1961, surface area 148 km2) as well as Antipodes, Auckland, Bounty, Snares, Solander and Three Kings island, all of which are uninhabited. Excluding diplomatic personnel and armed forces outside the country, the latter numbering 1 936 at 1966 census; also excluding alien armed forces within the country.

73 Comprising eastern part of New Guinea, the Bismarck Archipelago, Bougainville and Buka of Solomon Islands group and about 600 smaller islands.

74 Comprising the Solomon islands group (except Bougainville and Buka which are included with Papua New Guinea shown separately), Ontong, Java, Rennel and Santa Cruz Islands.

NOTES (suite)

46 Comprend la partie de la Palestine administrée par l'Egypt depuis l'armistice de 1949 jusqu'en juin 1967, date laquelle elle a été occupée par les forces armées israéliennes.

47 Non compris les personnes de passage à bord de navires, les militaires et agents civils non résidents et les membres de leur famille les accompagnant, et les visiteurs, soit: 5 553, 5 187 et 8 895 personnes respectivement au recensement de 1980.

48 Y compris les réfugiés de Palestine au nombre de 193 000 au 1er juillet 1977.

49 Comprend les sept cheikhats de Abou Dhabi, Dabai, Ghârdja, Adjmân, Oumm–al–Quiwaïn, Ras al Khaîma et Foudjaïra, ainsi que la zone délimitée par la ligne de Riad modifiée comme il a été annoncé en octobre 1955.

50 Non compris la surface des cours d'eau frontières.

51 Y compris les dépendances: Aurigny, Brecqhou, Herm, Jethou, Lihou et l'île de Sercq.

52 Non compris les îles Féroé et le Groenland.

53 Non compris les départements d'outre–mer, c'est–à–dire la Guyane française, la Guadeloupe, la Martinique et la Réunion, qui font l'objet de rubriques distinctes.

54 Population de droit, non compris le personnel diplomatique hors du pays et y compris le personnel diplomatique étranger qui ne vit pas dans les ambassades ou les consulats.

55 Non compris les militaires en garnison hors du pays et sans résidence personnelle en France.

56 Toutes les données se rapportant à l'Allemagne avant le 3 octobre 1990 figurent dans deux rubriques séparées basées sur les territoires respectifs de la République fédérale d'Allemagne et l'ancienne République démocratique allemande selon la période indiquée. Voir les notes explicatives sur les données concernant l'Allemagne à la page 4.

57 Non compris les militaires.

58 Y compris les militaires en garnison hors du pays, mais non compris les militaires étrangers en garnison sur le territoire.

59 Y compris les militaires en garnison hors du pays, mais y compris les militaires étrangers en garnison sur le territoire.

60 Superficie: 0,44 km2.

61 Y compris les îles de Gozo et de Comino et les civils nationaux temporairement hors du pays.

62 Superficie: 1,49 km2.

63 Non compris les civils étrangers dans le pays, mais y compris les civils nationaux temporairement hors du pays.

64 Y compris les Açores et Madère.

65 Y compris les Baléares et les Canaries, Al Hoceima, Ceuta, les îles Zaffarines, Melilla et Penon de Vélez de la Gomera.

66 N'est habitée pendant la saison d'hiver. Les données de recensement se rapportent à la population totale, mais les estimations ne concernent que la population norvégienne, comprise également dans la population de droit de la Norvège.

67 Non compris les îles Anglo–Normandes et l'île de Man, qui font l'objet de rubriques distinctes.

68 Non compris Nioué, qui fait l'objet d'une rubrique distincte et qui fait partie des îles Cook, mais qui, en raison de son éloignement, est administrée séparément.

69 Comprend les îles Australes, Gambier, Marquises, Rapa, de la Societé et Tuamotou.

70 Y compris les îles Christmas, Fanning, Océan et Washington.

71 Y compris les îles Huon, Chesterfield, Loyauté et Walpole, et l'archipel Belep.

72 Y compris les îles Campbell et Kermadec (20 habitants en 1961, superficie: 148 km2) ainsi que les îles Antipodes, Auckland, Bounty, Snares, Solander et Three Kings, qui sont toutes inhabitées. Non compris le personnel diplomatique et les militaires hors du pays, ces derniers au nombre de 1 936 au recensement de 1966; non compris également les militaires étrangers dans le pays.

73 Comprend l'est de la Nouvelle–Guinée, l'archipel Bismarck, Bougainville et Buka (ces deux dernières du groupe des Salomon) et environ 600 îlots.

74 Comprend les îles Salomon (à l'exception de Bougainville et de Buka dont la population est comprise dans celle de Papouasie–Nouvelle Guinée qui font l'objet d'une rubrique distincte), ainsi que les îles Ontong, Java, Rennel et Santa Cruz.

4. Vital statistics summary and expectation of life at birth: latest available year

(See notes at end of table.)

Continent and country or area / Continent et pays ou zone	Year / Année	Live births / Naissances vivantes: Number / Nombre	Live births / Naissances vivantes: Rate / Taux	Deaths / Décès: Number / Nombre	Deaths / Décès: Rate / Taux (000s)	Natural increase / Accroissement naturel	Year / Année	Infant deaths / Décès d'enfants de moins d'un an: Number / Nombre	Infant deaths / Décès d'enfants de moins d'un an: Rate / Taux (000s)
AFRICA—AFRIQUE									
1 Algeria – Algérie	1990–95	...	[1] 29.1	...	[1] 6.4	[1] 22.7	1990–95	...	[1] 55.0
2 Angola [1]	1990–95	...	51.3	...	19.2	32.1	1990–95	...	124.2
3 Benin – Bénin [1]	1990–95	...	48.7	...	17.8	30.9	1990–95	...	85.8
4 Botswana	1990–95	...	[1] 37.1	...	[1] 6.6	[1] 30.5	1990–95	...	[1] 43.0
5 Burkina Faso [1]	1990–95	...	46.8	...	18.2	28.6	1990–95	...	129.9
6 Burundi [1]	1990–95	...	46.0	...	15.7	30.2	1990–95	...	102.0
7 Cameroon – Cameroun [1]	1990–95	...	40.7	...	12.2	28.5	1990–95	...	63.0
8 Cape Verde – Cap-Vert	1992	9 671	26.9	2 843	7.9	19.0	1990	629	65.1
Central African Republic – 9 Rép. centrafricaine [1]	1990–95	...	41.5	...	16.6	24.9	1990–95	...	101.7
10 Chad – Tchad [1]	1990–95	...	43.7	...	18.0	25.8	1990–95	...	122.0
11 Comoros – Comores [1]	1990–95	...	48.5	...	11.7	36.7	1990–95	...	88.9
12 Congo [1]	1990–95	...	44.7	...	14.9	29.8	1990–95	...	83.6
13 Côte d'Ivoire [1]	1990–95	...	49.8	...	15.1	34.7	1990–95	...	91.7
14 Djibouti [1]	1990–95	...	38.1	...	16.1	22.0	1990–95	...	114.9
15 Egypt – Egypte	1994	1 719 971	29.7	414 643	7.2	22.6	1992	54 392	36.3
Equatorial Guinea – 16 Guinée équatoriale	1990–95	...	[1] 43.5	...	[1] 18.0	[1] 25.5	1990–95	...	[1] 116.6
17 Eritrea – Erythrée [1]	1990–95	...	43.0	...	15.2	27.8	1990–95	...	105.2
18 Ethiopia – Ethiopie [1]	1990–95	...	48.5	...	18.0	30.4	1990–95	...	119.2
19 Gabon [1]	1990–95	...	37.2	...	15.5	21.7	1990–95	...	94.0
20 Gambia – Gambie [1]	1990–95	...	43.7	...	18.8	24.9	1990–95	...	132.0
21 Ghana [1]	1990–95	...	41.7	...	11.7	30.0	1990–95	...	81.1
22 Guinea – Guinée [1]	1990–95	...	50.6	...	20.3	30.3	1990–95	...	134.2
Guinea-Bissau – 23 Guinée-Bissau [1]	1990–95	...	42.7	...	21.3	21.4	1990–95	...	140.0
24 Kenya [1]	1990–95	...	44.5	...	11.7	32.8	1990–95	...	69.3
25 Lesotho [1]	1990–95	...	36.9	...	10.0	26.9	1990–95	...	79.0
26 Liberia – Libéria	1990–95	...	[1] 47.3	...	[1] 14.2	[1] 33.1	1990–95	...	[1] 125.9
Libyan Arab Jamahiriya – 27 Jamahiriya arabe libyenne	1990–95	...	[1] 41.9	...	[1] 8.0	[1] 33.8	1990–95	...	[1] 68.3
28 Madagascar [1]	1990–95	...	43.8	...	11.8	32.1	1990–95	...	93.0
29 Malawi	1987 [2]	329 144	43.9	112 391	15.0	28.9	1977 [2]	34 808	130.0
30 Mali	1987 [2]	375 117	48.7	96 221	12.5	36.2	1987 [2]	26 731	71.3
31 Mauritania – Mauritanie [1]	1990–95	...	39.8	...	14.4	25.4	1990–95	...	100.5
32 Mauritius – Maurice	1995	20 549	18.3	7 465	6.7	11.7	1995	404	19.7
Island of Mauritius – 33 Ile Maurice	1994	20 967	19.5	7 234	6.7	12.7	1994	379	18.1
34 Rodrigues	1994	737	21.3	168	4.8	16.4	1994	15	♦ 20.4
35 Morocco – Maroc [1]	1990–95	...	29.1	...	8.1	21.0	1990–95	...	68.3
36 Mozambique [1]	1990–95	...	45.2	...	18.5	26.7	1990–95	...	148.3
37 Namibia – Namibie [1]	1990–95	...	37.0	...	10.5	26.4	1990–95	...	60.0
38 Niger [1]	1990–95	...	52.5	...	18.9	33.6	1990–95	...	124.1
39 Nigeria – Nigéria [1]	1990–95	...	45.4	...	15.4	30.0	1990–95	...	84.2
40 Réunion	1991	14 107	23.1	3 415	5.6	17.5	1991	103	7.3
41 Rwanda	1990–95	...	[1] 44.1	...	[1] 16.6	[1] 27.5	1990–95	...	[1] 110.2
St. Helena ex. dep. – Sainte-Hélène 42 sans dép.	1994	58	8.9	54	8.3	0.6	1994	2	♦ 34.5
43 Ascension	1981	15	♦ 14.6	2	♦ 2.0	♦ 12.7	1980	1	♦ 200.0
44 Tristan da Cunha	1993	2	♦ 6.8	2	♦ 6.8	♦ –	1980	2	♦ 400.0
Sao Tome and Principe – 45 Sao Tomé-et-Principe	1993	5 254	43.0	1 102	9.0	34.0	1993	267	50.8
46 Senegal – Sénégal [1]	1990–95	...	43.0	...	16.0	27.0	1990–95	...	68.0
47 Seychelles	1995	1 582	21.0	525	7.0	14.0	1995	29	♦ 18.3
48 Sierra Leone [1]	1990–95	...	49.1	...	25.1	24.0	1990–95	...	166.5
49 Somalia – Somalie [1]	1990–95	...	50.2	...	18.5	31.7	1990–95	...	121.7

4. Aperçu des statistiques de l'état civil et espérance de vie à la naissance: dernière année disponible

(Voir notes à la fin du tableau.)

Expectation of life at birth / Espérance de vie à la naissance					Marriages / Mariages			Divorces			
Year(s) / Année(s)	Male / Masculin	Female / Féminin	Year / Année	Fertility / Fécondité	Year / Année	Number / Nombre	Rate / Taux (000s)	Year / Année	Number / Nombre	Rate / Taux (000s)	
1987	65.75	66.34	1990–95	[1] 3.850	1993	153 137	5.6	...	...	...	1
1990–95	44.90	48.10	1990–95	7.200	...	...	...	...	...	...	2
1990–95	45.92	49.29	1990–95	7.100	...	...	...	...	...	...	3
1981	52.32	59.70	1990–95	[1] 4.847	1987	1 862	1.6	...	...	...	4
1990–95	45.84	49.01	1990–95	6.500	...	...	...	...	...	...	5
1990–95	48.42	51.92	1990–95	6.800	...	...	...	...	...	...	6
1990–95	54.50	57.50	1990–95	5.700	...	...	...	...	...	...	7
1990	63.53	71.33	1990	5.450	1992	1 360	3.8	...	...	...	8
1990–95	46.87	51.88	1990–95	5.690	...	...	...	...	...	...	9
1990–95	45.93	49.12	1990–95	5.890	...	...	...	...	...	...	10
1990–95	55.50	56.50	1990–95	7.050	...	...	...	...	...	...	11
1990–95	48.91	53.77	1990–95	6.290	...	...	...	...	...	...	12
1990–95	49.69	52.38	1990–95	7.410	...	...	...	...	...	...	13
1990–95	46.72	50.00	1990–95	5.800	...	...	...	...	...	...	14
1991	62.86	66.39	1992	3.854	1994	530 746	9.2	1994	89 938	1.6	15
1981	44.86	47.78	1990–95	[1] 5.890	...	...	...	...	...	...	16
1990–95	48.85	52.06	1990–95	5.800	...	...	...	...	...	...	17
1990–95	45.93	49.06	1990–95	7.000	...	...	...	...	...	...	18
1990–95	51.86	55.18	1990–95	5.340	...	...	...	...	...	...	19
1990–95	43.41	46.63	1990–95	5.600	...	...	...	...	...	...	20
1990–95	54.22	57.84	1990–95	5.964	...	...	...	...	...	...	21
1990–95	44.00	45.00	1990–95	7.000	...	...	...	...	...	...	22
1990–95	41.92	45.12	1990–95	5.790	...	...	...	...	...	...	23
1990–95	54.18	57.29	1990–95	6.278	...	...	...	...	...	...	24
1990–95	58.00	63.00	1990–95	5.200	...	...	...	...	...	...	25
1971	45.80	44.00	1990–95	[1] 6.800	...	...	...	...	...	...	26
1990–95	[1] 61.58	[1] 65.00	1990–95	[1] 6.390	1991	21 924	5.1	1991	2 175	0.5	27
1990–95	55.00	58.00	1990–95	6.100	...	...	...	...	...	...	28
1992–97	43.51	46.75	1987 [2]	6.633	...	...	...	...	...	...	29
1987 [2]	55.24	58.66	1987 [2]	6.800	1987 [2]	33 646	4.4	...	...	...	30
1990–95	49.90	53.10	1990–95	5.400	...	...	...	...	...	...	31
1992–94	66.44	73.95	1994	2.251	1993	11 576	10.5	1991	707	0.7	32
1992–94	66.37	73.90	1994	2.241	1993	11 383	10.7	1992	781	0.7	33
1990–92	66.53	73.52	1994	2.755	1992	162	4.7	...	...	...	34
1990–95	61.58	65.00	1990–95	3.750	...	...	...	...	...	...	35
1990–95	44.88	48.01	1990–95	6.500	...	...	...	...	...	...	36
1990–95	57.50	60.00	1990–95	5.250	...	...	...	...	...	...	37
1990–95	44.90	48.14	1990–95	7.400	...	...	...	...	...	...	38
1990–95	48.81	52.01	1990–95	6.450	...	...	...	...	...	...	39
1990–95	[1] 69.38	[1] 77.73	1990	2.360	1990	3 716	6.2	1990	763	1.3	40
1978	45.10	47.70	1990–95	[1] 6.550	1982	14 313	2.6	...	...	...	41
...	...	...	...	...	1993	28	♦ 4.3	1994	10	♦ 1.5	42
...	...	...	...	...	1981	3	♦ 2.9	...	...	...	43
...	...	...	...	...	1988	1	♦ 3.3	...	...	...	44
...	...	...	...	...	1988	49	0.4	...	...	...	45
1990–95	48.30	50.30	1990–95	6.060	...	...	...	...	...	...	46
1981–85	65.26	74.05	1993	2.590	1994	878	11.9	1995	92	1.2	47
1990–95	37.47	40.58	1990–95	6.500	...	...	...	...	...	...	48
1990–95	45.41	48.60	1990–95	7.000	...	...	...	...	...	...	49

4. Vital statistics summary and expectation of life at birth: latest available year (continued)

(See notes at end of table.)

Continent and country or area / Continent et pays ou zone	Year / Année	Live births / Naissances vivantes: Number / Nombre	Live births / Naissances vivantes: Rate / Taux	Deaths / Décès: Number / Nombre	Deaths / Décès: Rate / Taux (000s)	Natural increase / Accroissement naturel	Year / Année	Infant deaths / Décès d'enfants de moins d'un an: Number / Nombre	Infant deaths / Décès d'enfants de moins d'un an: Rate / Taux (000s)
AFRICA–AFRIQUE(Cont.–Suite)									
1 South Africa – Afrique du Sud [1]	1990–95	...	31.2	...	8.8	22.3	1990–95	...	52.8
2 Sudan – Soudan [1]	1990–95	...	39.8	...	13.1	26.7	1990–95	...	78.1
3 Swaziland	1990–95	...	[1] 38.5	...	[1] 10.7	[1] 27.8	1990–95	...	[1] 75.2
4 Togo	1990–95	...	[1] 44.5	...	[1] 12.8	[1] 31.7	1990–95	...	[1] 85.3
5 Tunisia – Tunisie	1990–95	...	[1] 25.6	...	[1] 6.4	[1] 19.2	1990–95	...	[1] 43.0
6 Uganda – Ouganda [1]	1990–95	...	51.8	...	19.2	32.6	1990–95	...	115.4
7 United Rep. of Tanzania – Rép.–Unie de Tanzanie	1990–95	...	[1] 43.1	...	[1] 13.6	[1] 29.5	1990–95	...	[1] 84.9
8 Zaire – Zaïre [1]	1990–95	...	47.5	...	14.5	33.0	1990–95	...	92.6
9 Zambia – Zambie	1990–95	...	[1] 44.6	...	[1] 15.1	[1] 29.4	1990–95	...	[1] 104.4
10 Zimbabwe	1992 [2]	359 286	34.3	98 808	9.4	24.9	1992 [2]	20 603	57.3
AMERICA,NORTH– AMERIQUE DU NORD									
11 Anguilla	1993	169	18.4	59	6.4	12.0	1993	5	♦ 29.6
12 Antigua and Barbuda – Antigua–et–Barbuda	1990	1 288	20.1	433	6.8	13.4	1985	29	♦ 24.4
13 Aruba	1988	949	15.6	335	5.5	10.1	...	...	...
14 Bahamas	1994	4 357	15.9	1 538	5.6	10.3	1994	119	27.3
15 Barbados – Barbade	1995	3 473	13.1	2 481	9.4	3.8	1995	46	13.2
16 Belize	1990–95	...	[1] 34.7	...	[1] 4.8	[1] 29.9	1990–95	...	[1] 32.5
17 Bermuda – Bermudes	1991	901	14.7	452	7.4	7.3	1991	7	♦ 7.8
18 British Virgin Islands – Iles Vierges britanniques	1989	244	19.5	77	6.1	13.3	1988	7	♦ 29.5
19 Canada	1994	386 350	13.2	211 535	7.2	6.0	1994	2 400	6.2
20 Cayman Islands – Iles Caïmanes	1994	531	17.0	149	4.8	12.2	1994	7	♦ 13.2
21 Costa Rica	1992	80 164	27.3	12 253	4.2	23.1	1994	1 045	13.0
22 Cuba	1993	152 226	14.0	78 504	7.2	6.8	1993	1 431	9.4
23 Dominica – Dominique	1994	1 599	21.6	530	7.2	14.5	1990	30	♦ 18.4
24 Dominican Republic – République dominicaine	1990–95	...	[1] 27.0	...	[1] 5.6	[1] 21.4	1990–95	...	[1] 42.0
25 El Salvador	1990–95	...	[1] 33.5	...	[1] 7.1	[1] 26.4	1990–95	...	[1] 45.6
26 Greenland – Groenland	1993	1 200	21.7	436	7.9	13.8	1993	22	♦ 18.3
27 Grenada – Grenade	1979	2 664	24.5	739	6.8	17.7	1979	41	15.4
28 Guadeloupe	1992	7 310	17.9	2 292	5.6	12.3	1992	76	10.4
29 Guatemala	1993	370 138	36.9	73 870	7.4	29.5	1993	17 085	46.2
30 Haiti – Haïti [1]	1990–95	...	35.3	...	11.9	23.4	1990–95	...	86.2
31 Honduras	1990–95	...	[1] 37.1	...	[1] 6.1	[1] 30.9	1990–95	...	[1] 43.0
32 Jamaica – Jamaïque	1994	59 235	23.7	13 503	5.4	18.3	1984	758	13.2
33 Martinique	1993	5 900	15.6	2 292	6.1	9.6	1993	23	♦ 3.9
34 Mexico – Mexique	1990–95	...	[1] 27.7	...	[1] 5.3	[1] 22.4	1990–95	...	[1] 36.0
35 Montserrat	1986	200	16.8	123	10.3	6.5	1986	1	♦ 5.0
36 Netherlands Antilles – Antilles néerlandaises	1995	3 793	19.1	1 364	6.9	12.2	1989	22	♦ 6.3
37 Nicaragua	1990–95	...	[1] 40.4	...	[1] 6.8	[1] 33.6	1990–95	...	[1] 52.1
38 Panama	1990–95	...	[1] 25.0	...	[1] 5.3	[1] 19.7	1990–95	...	[1] 25.1
39 Puerto Rico – Porto Rico	1994	64 325	17.5	28 444	7.7	9.7	1994	738	11.5
40 Saint Kitts and Nevis – Saint–Kitts–et–Nevis	1994	909	22.2	400	9.8	12.4	1994	22	♦ 24.2
41 Saint Lucia – Sainte–Lucie	1995	3 659	25.2	860	5.9	19.3	1995	66	18.0
42 St. Pierre and Miquelon – Saint–Pierre–et–Miquelon	1984	128	21.3	58	9.7	11.7	1981	1	♦ 9.2
43 St. Vincent and the Grenadines – Saint–Vincent–et–Grenadines	1995	2 473	22.4	732	6.6	15.7	1995	47	19.0
44 Trinidad and Tobago – Trinité–et–Tobago	1993	21 094	16.9	8 807	7.1	9.9	1993	258	12.2

4. Aperçu des statistiques de l'état civil et espérance de vie à la naissance: dernière année disponible (suite)

(Voir notes à la fin du tableau.)

Expectation of life at birth / Espérance de vie à la naissance					Marriages / Mariages			Divorces			
Year(s) / Année(s)	Male / Masculin	Female / Féminin	Year / Année	Fertility / Fécondité	Year / Année	Number / Nombre	Rate / Taux (000s)	Year / Année	Number / Nombre	Rate / Taux (000s)	
1990–95	60.01	66.00	1990–95	4.095	...	...	...	...	...	...	1
1990–95	51.58	54.37	1990–95	5.740	...	...	...	...	...	...	2
1976	42.90	49.50	1990–95	[1] 4.856	1989	3 115	4.2	...	...	...	3
1990–95	[1] 53.23	[1] 56.82	1990–95	[1] 6.580	1979	5 753	2.3	...	...	...	4
1990–95	[1] 66.85	[1] 68.68	1990–95	[1] 3.150	1993	55 163	6.4	1994	7 500	0.9	5
1990–95	43.57	46.19	1990–95	7.300	...	...	...	...	...	...	6
1988 [2]	47.00	50.00	1988 [2]	6.500	...	...	...	...	...	...	7
1990–95	50.40	53.66	1990–95	6.700	...	...	...	...	...	...	8
1980	50.70	53.00	1990–95	[1] 5.980	...	...	...	...	...	...	9
1990	58.00	62.00	1990–95	[1] 5.014	...	...	...	...	...	...	10
...	...	...	...	...	1993	201	21.8	1985	6	♦ 0.9	11
...	...	...	...	...	1987	343	5.4	1987	43	0.7	12
1972–78	68.30	75.40	...	...	1988	390	6.4	1988	196	3.2	13
1989–91	68.32	75.28	1992	2.708	1992	2 406	9.1	1992	305	1.2	14
1980	67.15	72.46	1988	1.582	1994	2 963	11.2	1995	369	1.4	15
1991	69.95	74.07	1993	3.200	1994	1 373	6.5	1993	122	0.6	16
1991	70.23	78.01	1991	1.676	1991	871	14.2	1991	195	3.2	17
...	...	...	1988	1.932	1988	176	14.2	1988	9	♦ 0.7	18
1985–87	73.02	79.79	1992	1.694	1994	158 200	5.4	1993	78 226	2.7	19
...	...	...	1990	3.800	1993	245	8.0	1991	152	5.5	20
1990–95	72.89	77.60	1993	3.020	1994	20 073	6.5	1994	3 385	1.1	21
1988	72.89	76.80	1992	1.520	1992	191 837	17.7	1993	64 938	6.0	22
...	...	...	...	...	1990	225	3.1	1990	29	♦ 0.4	23
1990–95	[1] 67.63	[1] 71.69	1990–95	[1] 3.094	1985	21 301	3.3	1985	7 808	1.2	24
1985	50.74	63.89	1992	3.518	1992	23 050	4.2	1992	2 804	0.5	25
1981–85	60.40	66.30	1991	2.410	1993	403	7.3	1993	109	2.0	26
...	...	...	...	...	1979	360	3.3	1979	21	♦ 0.2	27
1975–79	66.40	72.40	1992	2.200	1992	1 933	4.7	1992	448	1.1	28
1979–80	55.11	59.43	1977	6.026	1993	46 789	4.7	1993	1 516	0.2	29
1990–95	54.95	58.34	1990–95	4.790	...	...	...	...	...	...	30
1990–95	[1] 65.43	[1] 70.06	1981	5.881	1983	19 875	4.9	1983	1 520	0.4	31
1990–95	[1] 71.41	[1] 75.82	1982	3.246	1994	15 171	6.1	1994	1 343	0.5	32
1975	67.00	73.50	1992	2.200	1992	1 646	4.4	1992	357	1.0	33
1979	62.10	66.00	1990–95	[1] 3.205	1993	659 567	7.2	1993	32 746	0.4	34
...	...	...	1982	2.336	1986	40	3.4	...	...	...	35
1981–91	72.28	77.87	1992	2.450	1990	1 267	6.7	1990	409	2.2	36
1990–95	64.80	67.71	1990–95	[1] 5.039	1987	11 703	3.3	1990	866	0.2	37
1990–94	70.85	75.00	1993	2.695	1994	13 537	5.2	1992	1 947	0.8	38
1990–92	69.60	78.50	1994	2.133	1992	34 222	9.6	1992	14 227	4.0	39
1991	65.10	70.08	1988	2.840	1977	172	3.9	1977	8	♦ 0.2	40
1986	68.00	74.80	1986	3.823	1995	493	3.4	1995	32	0.2	41
...	...	...	...	...	1984	33	5.5	1984	5	♦ 0.8	42
...	...	...	1980	3.859	1995	531	4.8	1995	83	0.8	43
1990	68.39	73.20	1993	2.000	1993	7 012	5.6	1993	1 091	0.9	44

4. Vital statistics summary and expectation of life at birth: latest available year (continued)

(See notes at end of table.)

Continent and country or area / Continent et pays ou zone	Year / Année	Live births / Naissances vivantes: Number / Nombre	Live births / Naissances vivantes: Rate / Taux	Deaths / Décès: Number / Nombre	Deaths / Décès: Rate / Taux (000s)	Natural increase / Accroissement naturel	Year / Année	Infant deaths / Décès d'enfants de moins d'un an: Number / Nombre	Infant deaths / Décès d'enfants de moins d'un an: Rate / Taux (000s)
AMERICA,NORTH–(Cont.–Suite) AMERIQUE DU NORD									
1 Turks and Caicos Islands – Iles Turques et Caïques	1982	204	25.5	33	4.1	21.4	1982	5	♦ 24.5
2 United States – Etats-Unis	1994	3 979 000	15.3	2 286 760	8.8	6.5	1994	31 400	7.9
3 United States Virgin Islands – Iles Vierges américaines	1993	2 529	24.3	569	5.5	18.8	1993	31	12.3
AMERICA,SOUTH– AMERIQUE DU SUD									
4 Argentina – Argentine	1994	707 869	20.7	260 245	7.6	13.1	1994	14 405	20.3
5 Bolivia – Bolivie	1990–95	...	[1] 35.7	...	[1] 10.2	[1] 25.5	1990–95	...	[1] 75.1
6 Brazil – Brésil	1990–95	...	[1] 24.6	...	[1] 7.5	[1] 17.2	1990–95	...	[1] 57.7
7 Chile – Chili	1994	288 175	20.6	75 445	5.4	15.2	1994	3 454	12.0
8 Colombia – Colombie	1990–95	...	[1] 24.0	...	[1] 5.9	[1] 18.0	1990–95	...	[1] 37.0
9 Ecuador – Equateur	1990–95	...	[1] 28.2	...	[1] 6.2	[1] 22.0	1990–95	...	[1] 49.7
10 Falkland Islands (Malvinas)– Iles Falkland (Malvinas)	1992	27	♦ 13.5	19	♦ 9.5	♦ 4.0	1978	1	♦ 38.5
11 French Guiana – Guyane Française	1986	2 392	25.2	491	5.2	20.0	1986	53	22.2
12 Guyana	1978	23 200	28.3	6 000	7.3	21.0	1974	1 208	52.3
13 Paraguay	1990–95	...	[1] 33.0	...	[1] 5.5	[1] 27.5	1990–95	...	[1] 38.1
14 Peru – Pérou	1994 [3]	663 239	28.7	171 476	7.4	21.3	1994 [3]	48 416	73.0
15 Suriname	1993	9 398	22.7	2 998	7.2	15.5	1993	248	26.4
16 Uruguay	1991	54 754	17.6	29 784	9.6	8.0	1993	1 128	20.1
17 Venezuela	1991	602 024	30.4	88 634	4.5	25.9	1991	12 162	20.2
ASIA–ASIE									
18 Afghanistan [1]	1990–95	...	50.2	...	21.8	28.4	1990–95	...	163.4
19 Armenia – Arménie	1994	51 143	13.6	24 648	6.6	7.1	1994	772	15.1
20 Azerbaijan – Azerbaïdjan	1989	181 631	25.6	44 016	6.2	19.4	1989	4 749	26.1
21 Bahrain – Bahreïn	1990–95	...	[1] 28.1	...	[1] 4.0	[1] 24.2	1990–95	...	[1] 18.0
22 Bangladesh	1990–95	...	[1] 35.5	...	[1] 11.7	[1] 23.8	1990–95	...	[1] 107.5
23 Bhutan – Bhoutan [1]	1990–95	...	39.6	...	15.3	24.3	1990–95	...	124.0
24 Brunei Darussalam – Brunéi Darussalam	1993	7 314	26.5	1 018	3.7	22.8	1993	82	11.2
25 Cambodia – Cambodge [1]	1990–95	...	43.5	...	14.3	29.2	1990–95	...	115.7
26 China – Chine [1]	1990–95	...	18.5	...	7.2	11.3	1990–95	...	44.5
27 Cyprus – Chypre	1994	10 379	14.3	4 924	6.8	7.5	1994	89	8.6
28 East Timor – Timor oriental [1]	1990–95	...	36.5	...	17.4	19.1	1990–95	...	149.5
29 Georgia – Géorgie	1989	91 138	16.7	47 077	8.6	8.1	1989	1 787	19.6
30 Hong Kong – Hong-kong	1994	71 646	11.8	29 905	4.9	6.9	1994	322	4.5
31 India – Inde	1994	...	[4] 28.6	...	[4] 9.2	[4] 19.4	1994	...	[4] 73.0
32 Indonesia – Indonésie	1990–95	...	[1] 24.7	...	[1] 8.4	[1] 16.4	1990–95	...	[1] 58.1
33 Iran (Islamic Republic of – Rép. islamique d')	1990–95	...	[1] 35.4	...	[1] 6.7	[1] 28.8	1990–95	...	[1] 36.0
34 Iraq	1990–95	...	[1] 38.1	...	[1] 6.7	[1] 31.4	1990–95	...	[1] 57.8
35 Israel – Israël [5]	1995	116 412	21.0	35 117	6.3	14.7	1993	876	7.8
36 Japan – Japon	1994	1 238 328	9.9	875 933	7.0	2.9	1994	5 261	4.2
37 Jordan – Jordanie	1990–95	...	[1] 38.8	...	[1] 5.5	[1] 33.4	1990–95	...	[1] 36.0
38 Kazakstan	1993	316 263	18.7	156 317	9.3	9.5	1993	9 099	28.8
39 Korea, Dem. People's Rep. of – Corée, rép. populaire dém. de [1]	1990–95	...	24.1	...	5.3	18.8	1990–95	...	24.4
40 Korea, Republic of– Corée, Rép. de	1994 [6]	710 064	16.0	239 523	5.4	10.6	1990–95	...	[1] 10.9
41 Kuwait – Koweït	1994	38 868	24.0	3 464	2.1	21.9	1994	493	12.7
42 Kyrgyzstan – Kirghizistan	1994	110 113	24.6	37 109	8.3	16.3	1994	3 262	29.6
43 Lao People's Dem. Rep. – Rép. dém. populaire Lao [1]	1990–95	...	45.2	...	15.2	29.9	1990–95	...	97.0
44 Lebanon – Liban [1]	1990–95	...	26.9	...	7.1	19.8	1990–95	...	34.0
45 Macau – Macao	1995	5 876	14.1	1 351	3.2	10.8	1995	33	5.6

4. Aperçu des statistiques de l'état civil et espérance de vie à la naissance: dernière année disponible (suite)

(Voir notes à la fin du tableau.)

	Expectation of life at birth Espérance de vie à la naissance				Marriages Mariages			Divorces			
Year(s) Année(s)	Male Masculin	Female Féminin	Year Année	Fertility Fécondité	Year Année	Number Nombre	Rate Taux (000s)	Year Année	Number Nombre	Rate Taux (000s)	
...	...	...	...	...	1983	43	4.8	1983	4	♦ 0.4	1
1993	72.20	78.80	1993	2.046	1993	2 334 000	9.0	1993	1 187 000	4.6	2
...	...	...	1990	3.028	1993	3 646	35.1	1993	469	4.5	3
1990–91	68.17	73.09	1993	2.708	1995	158 805	4.6	...	...	...	4
1990–95	[1] 57.74	[1] 61.00	1990–95	[1] 4.800	1980	26 990	5.0	...	...	...	5
1995	63.81	70.38	1990–95	[1] 2.882	1994	763 129	5.0	1994	94 818	0.6	6
1995	71.83	77.77	1994	2.321	1993	92 821	6.7	1993	6 405	0.5	7
1990–95	66.36	72.26	1990–95	[1] 2.666	1986	70 350	2.3	...	...	...	8
1995	67.32	72.49	1990–95	[1] 3.516	1993	68 193	6.2	1993	7 302	0.7	9
...	...	...	1991	1.675	1988	17	♦ 8.5	1988	4	♦ 2.0	10
...	...	...	...	...	1986	332	3.5	1986	34	0.4	11
1990–95	[1] 62.44	[1] 68.02	1970	3.933	...	...	...	...	...	...	12
1990–95	66.30	70.83	1990–95	[1] 4.308	1991	16 379	3.8	...	...	...	13
1990–95	62.74	66.55	1995 [3]	3.200	1993	90 000	4.0	...	...	...	14
1990–95	[1] 67.80	[1] 72.78	1990–95	[1] 2.680	1993	1 944	4.7	1993	1 720	4.2	15
1984–86	68.43	74.88	1990	2.330	1992	19 376	6.2	1991	9 800	3.1	16
1985	66.68	72.80	1990	3.586	1991	107 136	5.4	1991	19 560	1.0	17
1990–95	43.00	44.00	1990–95	6.900	...	...	...	...	...	...	18
1991–92	68.66	75.51	1992	2.347	1994	17 074	4.6	1994	3 402	0.9	19
1989	66.60	74.20	1989	2.761	1994	47 386	6.4	1989	11 436	1.6	20
1986–91	66.83	69.43	1994	3.000	1992	3 048	5.9	1992	574	1.1	21
1988	56.91	55.97	1988	4.450	1991	1 200 000	10.9	...	...	...	22
1990–95	49.10	52.40	1990–95	5.860	...	...	...	...	...	...	23
1981	70.13	72.69	1992	3.051	1993	1 971	7.1	1992	286	1.1	24
1990–95	50.10	52.90	1990–95	5.250	...	...	...	...	...	...	25
1990–95	66.70	70.45	1990–95	1.950	...	...	...	...	...	...	26
1992–93	74.64	79.05	1994	2.234	1993	5 999	8.4	1993	504	0.7	27
1990–95	44.15	45.94	1990–95	4.766	...	...	...	...	...	...	28
1989	68.10	75.70	1989	2.136	1989	38 288	7.0	1989	7 358	1.4	29
1994	75.84	81.16	1994	1.215	1993	41 681	7.0	1990	5 551	1.0	30
1986–90	57.70	58.10	1990–95	[1] 3.746	...	...	...	...	...	...	31
1990–95	[1] 61.00	[1] 64.50	1990–95	[1] 2.900	1986	1 249 034	7.4	1986	131 886	0.8	32
1986	58.38	59.70	1990–95	[1] 5.000	1993	460 888	7.9	1993	29 388	0.5	33
1990	77.43	78.22	1990–95	[1] 5.700	1988	145 885	8.6	1981	1 476	0.1	34
1993	75.33	79.10	1994	2.904	1993	34 344	6.5	1993	7 324	1.4	35
1994	76.57	82.98	1994	1.500	1994	782 735	6.3	1993	188 297	1.5	36
1990–95	[1] 66.16	[1] 69.84	1990–95	[1] 5.570	1992	37 216	8.0	1992	5 513	1.2	37
1990	63.83	73.06	1991	2.623	1993	146 161	8.7	1993	45 516	2.7	38
1990–95	67.70	73.95	1990–95	2.367	...	...	...	...	...	...	39
1991	67.66	75.67	1994	1.800	1993	308 492	7.0	1989	40 368	1.0	40
1992–93	71.77	73.32	1987	3.531	1992	10 803	7.6	1992	2 709	1.9	41
1992	64.23	72.23	1992	3.620	1992	40 818	9.1	1992	8 043	1.8	42
1990–95	49.50	52.50	1990–95	6.689	...	...	...	...	...	...	43
1990–95	66.60	70.50	1990–95	3.085	...	...	...	...	...	...	44
1988	75.01	80.26	1995	1.356	1993	3 397	8.8	1993	174	0.4	45

4. Vital statistics summary and expectation of life at birth: latest available year (continued)

(See notes at end of table.)

Continent and country or area / Continent et pays ou zone	Year Année	Live births / Naissances vivantes: Number Nombre	Live births / Naissances vivantes: Rate Taux	Deaths / Décès: Number Nombre	Deaths / Décès: Rate Taux (000s)	Natural increase / Accroisse ment naturel	Year Année	Infant deaths / Décès d'enfants de moins d'un an: Number Nombre	Infant deaths / Décès d'enfants de moins d'un an: Rate Taux (000s)
ASIA–ASIE(Cont.–Suite)									
1 Malaysia – Malaisie [1]	1990–95	...	28.7	...	5.1	23.6	1990–95	...	13.0
Peninsular Malaysia –									
2 Malaisie Péninsulaire	1989	374 290	26.2	69 707	4.9	21.3	1993	4 515	10.6
3 Sabah	1986	51 410	40.4	5 114	4.0	36.4	1986	1 089	21.2
4 Sarawak	1986	41 702	27.5	5 184	3.4	24.1	1986	426	10.2
5 Maldives	1993	7 780	32.6	1 319	5.5	27.1	1993	266	34.2
6 Mongolia – Mongolie	1990–95	...	[1] 27.6	...	[1] 7.4	[1] 20.3	1990–95	...	[1] 59.7
7 Myanmar	1990–95	...	[1] 32.5	...	[1] 11.1	[1] 21.4	1990–95	...	[1] 84.0
8 Nepal – Népal	1990–95	...	[1] 39.2	...	[1] 13.3	[1] 25.9	1990–95	...	[1] 99.0
9 Oman [1]	1990–95	...	43.6	...	4.8	38.8	1990–95	...	29.7
10 Pakistan [7]	1992	3 628 799	30.4	932 678	7.8	22.6	1992	366 007	100.9
11 Philippines	1990–95	...	[1] 30.4	...	[1] 6.4	[1] 24.0	1990–95	...	[1] 43.6
12 Qatar	1994	10 561	17.8	964	1.6	16.2	1994	118	11.2
Saudi Arabia –									
13 Arabie saoudite [1]	1990–95	...	35.1	...	4.7	30.4	1990–95	...	28.9
14 Singapore – Singapour	1995	48 611	16.3	15 569	5.2	11.1	1995	195	4.0
15 Sri Lanka	1993	350 193	19.9	93 752	5.3	14.6	1989	6 668	18.4
Syrian Arab Republic – République arabe									
16 syrienne	1990–95	...	[1] 41.1	...	[1] 5.8	[1] 35.3	1990–95	...	[1] 39.4
17 Tajikistan – Tadjikistan	1993	186 504	33.1	49 326	8.7	24.3	1993	8 677	46.5
18 Thailand – Thaïlande	1990–95	...	[1] 19.4	...	[1] 6.1	[1] 13.3	1990–95	...	[1] 36.6
19 Turkey – Turquie	1995 [6]	1 381 000	22.4	405 000	6.6	15.8	1995 [6]	61 316	44.4
Turkmenistan –									
20 Turkménistan	1989	124 992	34.9	27 609	7.7	27.2	1989	6 847	54.8
United Arab Emirates –									
21 Emirats arabes unis	1990–95	...	[1] 23.2	...	[1] 2.7	[1] 20.5	1990–95	...	[1] 18.8
Uzbekistan –									
22 Ouzbékistan	1994	657 100	29.0	148 200	6.5	22.5	1994	18 900	28.8
23 Viet Nam	1990–95	...	[1] 30.7	...	[1] 8.0	[1] 22.7	1990–95	...	[1] 42.0
24 Yemen – Yémen [1]	1990–95	...	49.4	...	15.5	33.9	1990–95	...	119.5
EUROPE									
25 Albania – Albanie	1991	77 361	23.8	17 743	5.5	18.3	1991	2 547	32.9
26 Andorra – Andorre	1994	704	10.9	184	2.8	8.0	1992	8	♦ 11.0
27 Austria – Autriche	1995	87 760	10.9	80 368	10.0	0.9	1995	479	5.5
28 Belarus – Bélarus	1994	110 599	10.7	130 003	12.6	–1.9	1994	1 473	13.3
29 Belgium – Belgique	1995	115 638	11.4	105 933	10.5	1.0	1994	885	7.6
Bosnia Herzegovina –									
30 Bosnie–Herzégovine	1990	66 952	15.0	29 093	6.5	8.5	1990	1 022	15.3
31 Bulgaria – Bulgarie	1995	68 397	8.1	112 632	13.4	–5.3	1995	1 080	15.8
Channel Islands –									
32 Iles Anglo–Normandes	1994	1 818	12.4	1 427	9.7	2.7	1994	5	♦ 2.8
33 Guernsey – Guernesey	1993	681	11.7	606	10.4	1.3	1994	3	♦ 4.4
34 Jersey	1994	1 142	13.5	836	9.9	3.6	1994	2	♦ 1.8
35 Croatia – Croatie	1994	48 584	10.2	49 482	10.4	–0.2	1994	495	10.2
Czech Republic –									
36 Rép. tchèque	1995	96 097	9.3	117 913	11.4	–2.1	1995	713	7.4
37 Denmark – Danemark	1995	69 796	13.4	63 216	12.1	1.3	1995	372	5.3
38 Estonia – Estonie	1995	13 527	8.8	21 071	13.8	–4.9	1994	205	14.5
Faeroe Islands –									
39 Iles Féroé	1991	865	18.3	396	8.4	9.9	1990	6	♦ 6.4
40 Finland – Finlande	1995	63 178	12.4	49 352	9.7	2.7	1994	308	4.7
41 France	1995	729 000	12.5	529 000	9.1	3.4	1995	3 550	4.9
42 Germany – Allemagne	1995	759 528	9.3	875 071	10.7	–1.4	1994	4 309	5.6
43 Gibraltar	1993	512	18.3	275	9.8	8.5	1976	5	♦ 9.8
44 Greece – Grèce	1995	103 000	9.8	98 000	9.4	0.5	1995	810	7.9
45 Hungary – Hongrie	1994	115 598	11.3	146 889	14.3	–3.0	1994	1 335	11.5
46 Iceland – Islande	1994	4 330	16.3	1 720	6.5	9.8	1994	14	♦ 3.2

4. Aperçu des statistiques de l'état civil et espérance de vie à la naissance: dernière année disponible (suite)

(Voir notes à la fin du tableau.)

Expectation of life at birth / Espérance de vie à la naissance					Marriages / Mariages			Divorces			
Year(s) / Année(s)	Male / Masculin	Female / Féminin	Year / Année	Fertility / Fécondité	Year / Année	Number / Nombre	Rate / Taux (000s)	Year / Année	Number / Nombre	Rate / Taux (000s)	
1990–95	68.68	73.04	1990–95	3.620	...	...	...	...	...	...	1
1992	69.37	74.11	1993	3.339	1988	44 904	3.2	1976	221	...	2
1970	48.79	52.69	...	...	...	...	...	...	...	...	3
1970	51.15	52.69	1986	3.363	1975	4 737	4.3	1975	261	0.2	4
1992	67.15	66.60	1990–95	[1] 6.800	1995	4 998	19.7	1995	2 731	10.8	5
1990–95	[1] 62.32	[1] 65.00	1990–95	[1] 3.560	1989	15 600	7.5	1989	1 000	0.5	6
1986	57.89	63.14	1990–95	[1] 4.157	...	...	...	...	...	...	7
1981	50.88	48.10	1990–95	[1] 5.425	...	...	...	...	...	...	8
1990–95	67.70	71.80	1990–95	7.200	...	...	...	...	...	...	9
1976–78	59.04	59.20	1992	5.836	...	...	...	...	...	...	10
1991	63.10	66.70	1994	3.522	1991	445 526	7.0	...	...	...	11
1990–95	[1] 68.75	[1] 74.20	1986	4.529	1993	1 570	2.8	1993	432	0.8	12
1990–95	68.39	71.41	1990–95	6.370	...	...	...	...	...	...	13
1994	74.20	78.50	1995	1.707	1994	24 662	8.4	1994	3 772	1.3	14
1981	67.78	71.66	1989	2.634	1992	159 856	9.2	1988	2 732	0.2	15
1981	64.42	68.05	1990–95	[1] 5.899	1993	114 979	8.6	1994	10 343	0.7	16
1992	65.40	71.10	1991	5.035	1993	53 946	9.6	1993	5 293	0.9	17
1985–86	63.82	68.85	1992	2.210	1993	484 569	8.3	1986	36 602	0.7	18
1989	63.26	66.01	1989	3.385	1992	436 121	7.4	1993	27 725	0.5	19
1989	61.80	68.40	1989	4.271	1989	34 890	9.8	1989	4 940	1.4	20
1990–95	[1] 72.95	[1] 75.27	1990–95	[1] 4.240	1994	7 381	4.0	1994	2 121	1.1	21
1989	66.00	72.10	1989	4.021	1994	176 300	7.8	1989	29 953	1.5	22
1979	63.66	67.89	1990–95	[1] 3.867	...	...	...	...	...	...	23
1990–95	49.90	50.40	1990–95	7.600	...	...	...	...	...	...	24
1988–89	69.60	75.50	1990	3.026	1991	24 853	7.6	1991	2 236	0.7	25
...	...	...	...	...	1994	132	2.0	...	...	...	26
1994	73.34	79.73	1994	1.443	1994	42 994	5.4	1993	16 299	2.0	27
1993	63.75	74.43	1993	1.607	1994	75 540	7.3	1992	39 904	3.9	28
1988–90	72.43	79.13	1987	1.540	1995	51 543	5.1	1991	20 838	2.1	29
1990–95	[1] 69.55	[1] 75.11	1990–95	[1] 1.600	...	...	...	...	...	...	30
1991–93	67.71	74.72	1993	1.454	1993	41 973	5.0	1992	9 434	1.1	31
...	...	...	...	...	1993	881	6.2	1991	382	2.7	32
...	...	...	1991	1.585	1993	345	5.9	1993	147	2.5	33
1972	66.91	73.72	1991	1.425	1993	536	6.4	1991	209	2.5	34
1989–90	68.29	75.63	1993	1.521	1993	23 021	4.8	1994	4 630	1.0	35
1994	69.53	76.55	1994	1.438	1994	58 349	5.6	1993	30 227	2.9	36
1992–93	72.49	77.76	1994	1.806	1994	35 362	6.8	1993	12 971	2.5	37
1992	64.05	75.03	1993	1.451	1995	6 852	4.5	1994	5 606	3.7	38
1981–85	73.30	79.60	1991	2.612	1991	232	4.9	1991	47	1.0	39
1994	72.82	80.15	1994	1.847	1994	23 949	4.7	1993	12 284	2.4	40
1992	72.94	81.15	1993	1.654	1992	271 427	4.7	1991	108 086	1.9	41
1992–94	72.77	79.30	1994	1.243	1994	437 505	5.4	1993	156 425	1.9	42
...	...	...	...	...	1993	758	27.1	1981	93	3.1	43
1990–91	74.61	79.96	1994	1.357	1994	59 000	5.7	1994	7 000	0.7	44
1994	64.84	74.23	1994	1.640	1994	54 000	5.3	1994	23 402	2.3	45
1992–93	76.85	80.75	1993	2.222	1993	1 219	4.6	1994	480	1.8	46

(See notes at end of table.)

	Continent and country or area / Continent et pays ou zone	Year Année	Live births Naissances vivantes: Number Nombre	Live births: Rate Taux	Deaths Décès: Number Nombre	Deaths: Rate Taux (000s)	Natural increase Accroissement naturel	Year Année	Infant deaths Décès d'enfants de moins d'un an: Number Nombre	Infant deaths: Rate Taux (000s)
	EUROPE(Cont.–Suite)									
1	Ireland – Irlande	1994	47 928	13.4	30 744	8.6	4.8	1994	284	5.9
2	Isle of Man – Ile de Man	1994	883	12.4	902	12.7	–0.3	1994	8	♦ 9.1
3	Italy – Italie	1994	527 406	9.2	548 081	9.6	–0.4	1994	3 498	6.6
4	Latvia – Lettonie	1995	21 470	8.5	40 080	15.9	–7.4	1995	403	18.8
5	Liechtenstein	1994	358	11.7	206	6.7	5.0	1989	1	♦ 2.7
6	Lithuania – Lituanie	1995	41 180	11.1	45 306	12.2	–1.1	1995	514	12.5
7	Luxembourg	1995	5 421	13.4	3 797	9.4	4.0	1995	30	♦ 5.5
8	Malta – Malte	1995	4 116	11.1	2 711	7.3	3.8	1995	43	10.4
9	Monaco	1983	529	19.6	448	16.6	3.0	1980	1	♦ 1.9
10	Netherlands – Pays-Bas	1995	189 408	12.3	136 154	8.8	3.4	1994	1 104	5.6
11	Norway – Norvège	1995	60 098	13.8	45 117	10.3	3.4	1993	301	5.0
12	Poland – Pologne	1995	443 000	11.5	384 000	10.0	1.5	1995	6 000	13.5
13	Portugal	1994	105 843	10.7	97 429	9.8	0.8	1993	996	8.7
14	Republic of Moldova – République de Moldova	1994	62 177	14.3	52 153	12.0	2.3	1994	1 425	22.9
15	Romania – Roumanie	1995	236 640	10.4	271 674	12.0	–1.5	1995	5 027	21.2
16	Russian Federation – Fédération Russie	1995	1 378 200	9.3	2 176 400	14.7	–5.4	1994	26 141	18.6
17	San Marino – Saint-Marin	1995	244	9.8	186	7.4	2.3	1995	3	♦ 12.3
18	Slovakia – Slovaquie	1995	61 427	11.5	52 686	9.8	1.6	1995	675	11.0
19	Slovenia – Slovénie	1995	19 134	9.6	18 968	9.6	0.1	1995	105	5.5
20	Spain – Espagne	1995	357 197	9.1	343 965	8.8	0.3	1995	1 987	5.6
21	Sweden – Suède	1995	103 326	11.7	96 910	11.0	0.7	1995	381	3.7
22	Switzerland – Suisse	1995	81 379	11.6	60 755	8.6	2.9	1994	424	5.1
23	The former Yugoslav Rep. of Macedonia – L'ex Rép. yougoslavie de Macédoine	1993	32 551	15.4	15 591	7.4	8.0	1993	781	24.0
24	Ukraine	1994	521 545	10.0	764 669	14.7	–4.7	1994	7 683	14.7
25	United Kingdom – Royaume-Uni	1994	750 671	12.9	625 897	10.7	2.1	1994	4 648	6.2
26	Yugoslavia – Yougoslavie	1995	139 460	13.2	107 966	10.2	3.0	1995	2 283	16.4
	OCEANIA–OCEANIE									
27	American Samoa – Samoa américaines	1993	1 998	37.8	223	4.2	33.6	1993	22	♦ 11.0
28	Australia – Australie	1994	258 051	14.5	126 692	7.1	7.4	1994	1 512	5.9
29	Cook Islands – Iles Cook	1988	430	24.3	94	5.3	19.0	1988	4	♦ 9.3
30	Fiji – Fidji	1995	19 577	24.6	4 959	6.2	18.4	1995	271	13.8
31	French Polynesia – Polynésie française	1990–95	...	[1] 26.9	...	[1] 5.3	[1] 21.5	1990–95	...	[1] 17.2
32	Guam	1995	4 190	28.1	625	4.2	23.9	1995	38	9.1
33	Marshall Islands – Iles Marshall	1994	1 341	24.8	213	3.9	20.9	1994	29	♦ 21.6
34	Nauru	1995	203	18.8	49	4.5	14.3	1995	5	♦ 24.6
35	New Caledonia – Nouvelle-Calédonie	1994	4 267	23.2	1 060	5.8	17.5	1994	43	10.1
36	New Zealand – Nouvelle-Zélande	1995	57 795	16.3	27 960	7.9	8.4	1995	386	6.7
37	Niue – Nioué	1987	50	20.9	13	♦ 5.4	♦ 15.5	1986	2	♦ 41.7
38	Norfolk Island – Ile Norfolk	1981	20	♦ 10.8	14	♦ 7.6	♦ 3.2	1971	2	♦ 83.3
39	Northern Mariana Islands – Iles Mariannes du Nord	1989	989	39.5	122	4.9	34.6	1989	2	♦ 2.0
40	Palau – Palaos	1988	292	19.5	112	7.5	12.0	1988	8	♦ 27.4
41	Papua New Guinea – Papouasie-Nouvelle-Guinée [1]	1990–95	...	33.4	...	10.7	22.7	1990–95	...	68.3
42	Pitcairn	1990	1	♦ 19.2	1	♦ 19.2	♦ –	1990	1	♦ 1000.0
43	Samoa	1982–83	...	[8] 31.0	...	[8] 7.4	[8] 23.4	1982–83	...	[8] 30.0
44	Solomon Islands – Iles Salomon	1980–84	...	[2] 42.0	...	[2] 10.0	[2] 32.0	1980–84	...	33.0

4. Aperçu des statistiques de l'état civil et espérance de vie à la naissance: dernière année disponible (suite)

(Voir notes à la fin du tableau.)

Expectation of life at birth / Espérance de vie à la naissance					Marriages / Mariages			Divorces			
Year(s) / Année(s)	Male / Masculin	Female / Féminin	Year / Année	Fertility / Fécondité	Year / Année	Number / Nombre	Rate / Taux (000s)	Year / Année	Number / Nombre	Rate / Taux (000s)	
1990–92	72.30	77.87	1994	1.854	1993	15 728	4.4	...	...	...	1
1991	71.47	79.94	...	...	1994	451	6.3	1992	371	5.3	2
1992	73.79	80.36	1993	1.221	1994	286 512	5.0	1993	23 863	0.4	3
1994	60.72	72.87	1994	1.389	1994	11 572	4.5	1994	8 570	3.4	4
1980–84	66.07	72.94	1987	1.445	1994	396	12.9	1989	29	♦ 1.0	5
1993	63.27	75.04	1993	1.670	1994	23 337	6.3	1994	11 061	3.0	6
1985–87	70.61	77.87	1994	1.720	1993	2 379	6.0	1993	751	1.9	7
1994	74.86	79.11	1994	1.890	1994	2 578	7.0	...	...	...	8
...	...	...	...	...	1983	196	7.3	1983	39	1.4	9
1992–93	74.21	80.20	1994	1.569	1994	82 000	5.3	1994	36 182	2.4	10
1993	74.24	80.25	1993	1.860	1994	20 000	4.6	1994	11 000	2.5	11
1993	67.37	76.00	1994	1.798	1994	208 900	5.4	1992	32 024	0.8	12
1993–94	71.18	78.23	1993	1.500	1993	68 176	6.9	1993	12 093	1.2	13
1991	64.28	70.99	1992	2.207	1992	39 340	9.0	1994	13 811	3.2	14
1992–94	65.88	73.32	1994	1.405	1994	154 000	6.8	1994	39 663	1.7	15
1994	57.59	71.18	1994	1.400	1993	1 106 723	7.5	1993	663 282	4.5	16
1977–86	73.16	79.12	1994	4.010	1992	205	8.6	1992	16	♦ 0.7	17
1994	68.34	76.48	1994	1.663	1994	28 155	5.3	1994	8 666	1.6	18
1993–94	69.58	77.38	1994	1.323	1993	7 596	3.8	1992	1 966	1.0	19
1990–91	73.40	80.49	1991	1.302	1995	196 916	5.0	1991	23 063	0.6	20
1994	76.08	81.38	1994	1.889	1993	34 005	3.9	1993	21 673	2.5	21
1993–94	75.10	81.60	1994	1.490	1994	42 411	6.1	1994	14 500	2.1	22
1990–95	[1] 68.80	[1] 74.95	1992	2.179	1993	15 086	7.1	1993	575	0.3	23
1992–93	63.50	73.70	1993	1.553	1993	427 882	8.2	1994	207 577	4.0	24
1994	74.17	79.44	1994	1.740	1993	341 600	5.9	1992	174 717	3.0	25
1990–95	[1] 69.50	[1] 74.49	1990–95	[1] 2.032	1995	60 302	5.7	1993	7 394	0.7	26
...	...	...	1990	4.362	1991	358	7.3	1991	54	1.1	27
1994	75.04	80.94	1994	1.846	1994	111 174	6.2	1993	48 324	2.7	28
1974–78	63.17	67.09	...	...	1988	122	6.9	1976	8	♦ 0.4	29
1976	60.72	63.87	1987	3.090	1995	6 903	8.7	1979	410	0.7	30
1990–95	[1] 67.23	[1] 72.76	1990–95	[1] 3.205	1994	1 318	6.1	...	...	...	31
1979–81	69.53	75.59	1992	3.523	1992	1 468	10.5	1987	1 279	10.3	32
1989	59.06	62.96	1989	4.489	1994	170	3.1	1994	18	♦ 0.3	33
...	...	...	...	...	1995	57	5.3	...	...	...	34
1994	67.70	73.90	1994	2.825	1994	898	4.9	1993	215	1.2	35
1990–92	72.86	78.74	1992	2.124	1994	21 858	6.3	1992	9 114	2.6	36
...	...	...	...	...	1987	10	♦ 4.2	1981	3	♦ 0.9	37
...	...	...	...	...	1995	28	♦ ...	1975	7	♦ 3.7	38
...	...	...	1989	5.110	1989	713	28.5	1986	62	2.9	39
...	...	...	...	...	...	...	...	...	...	...	40
1990–95	55.16	56.68	1990–95	5.054	...	...	...	...	...	...	41
...	...	...	...	...	1992	2	♦ 37.0	...	...	...	42
1976	61.00	64.30	1990–95	[1] 4.500	1992	803	5.0	1983	99	0.6	43
1980–84	59.90	61.40	1990–95	[1] 5.389	...	...	...	...	...	...	44

(See notes at end of table.)

Continent and country or area Continent et pays ou zone	Year Année	Live births / Naissances vivantes: Number Nombre	Live births / Naissances vivantes: Rate Taux	Deaths / Décès: Number Nombre	Deaths / Décès: Rate Taux (000s)	Natural increase: Accroisse ment naturel	Year Année	Infant deaths / Décès d'enfants de moins d'un an: Number Nombre	Infant deaths / Décès d'enfants de moins d'un an: Rate Taux (000s)
OCEANIA–OCEANIE(Cont.–Suite)									
1 Tokelau – Tokélaou	1983	35	21.9	8	♦ 5.0	♦ 16.9	1983	1	♦ 28.6
2 Tonga	1991	2 403	24.7	411	4.2	20.5	1990	23	♦ 9.0
3 Vanuatu [1]	1990–95	...	35.2	...	7.2	28.0	1990–95	...	47.0
Wallis and Futuna Islands – 4 Iles Wallis et Futuna	1970	372	43.3	91	10.6	32.7	1978	15	♦ 40.5

GENERAL NOTES

Countries or areas not listed may be assumed to lack vital statistics of national scope. Crude birth, death, marriage, divorce and natural increase rates are computed per 1 000 mid–year population; infant mortality rates are per 1 000 live births and total fertility rates are the sum of the age–specific fertility rates per woman. For method of evaluation and limitations of data, see Technical Notes page 38. For more precise information in terms of coverage, basis of tabulation, etc., see tables 9, 15, 18, 22, 23 and 25.

FOOTNOTES

- ♦ Rates based on 30 or fewer live births.
- 1 Estimate(s) for 1990–1995 prepared by the Population Division of the United Nations.
- 2 Estimate(s) based on results of the population census.
- 3 Including an upward adjustment for under–registration.
- 4 Based on a Sample Registration Scheme.

NOTES GENERALES

Les pays ou zones ne figurant pas au tableau n'ont vraisemblablement pas de statistiques de l'état civil de portée nationale. Les taux bruts de natalité, de mortalité, de nuptialité, de divortialité et d'accroissement naturel sont calculés pour 1 000 personnes au millieu de l'année; les taux de mortalité infantile sont calculés pour 1 000 naissances vivantes et les indices synthétiques de fécondité sont la somme des taux de fécondité par âge par femme. Pour la méthode d'évaluation et les insuffisances des données, voir Notes techniques, page 38. Pour plus de détails sur la portée, la base d'exploitation des données, etc., voir tableaux 9, 15, 18, 22, 23 et 25.

NOTES

- ♦ Taux basés sur 30 naissances viv antes ou moins.
- 1 Estimation(s) pour 1990–1995 établie(s) par la Division de la population de l'Organisation des Nations Unies.
- 2 Estimation(s) fondée(s) sur les résultats du recensement de la population.
- 3 Y compris un ajustement pour sous–enregistrement.
- 4 D'après le Programme d'enregistrement par sondage.

4. Aperçu des statistiques de l'état civil et espérance de vie à la naissance: dernière année disponible (suite)

(Voir notes à la fin du tableau.)

Expectation of life at birth / Espérance de vie à la naissance					Marriages / Mariages			Divorces			
Year(s) / Année(s)	Male / Masculin	Female / Féminin	Year / Année	Fertility / Fécondité	Year / Année	Number / Nombre	Rate / Taux (000s)	Year / Année	Number / Nombre	Rate / Taux (000s)	
...	...	...	...	...	1983	4	♦ 2.5	...	...	...	1
...	...	...	...	...	1991	666	6.9	1986	304	3.3	2
1990–95	63.48	67.34	1990–95	4.680	...	...	...	...	...	...	3
...	...	...	...	...	...	...	...	...	...	...	4

FOOTNOTE (continued)

5 Including data for East Jerusalem and Israeli residents in certain other territories under occupation by Israeli military forces since June 1967.

6 Based on the results of the Continuous Demographic Sample Survey.

7 Based on the results of the Population Growth Survey.

8 Estimates based on results of sample survey.

NOTES (suite)

5 Y compris les données pour Jérusalem–Est et les résidents israéliens dans certains autres territoires occupés depuis juin 1967 par les forces armées israéliennes.

6 D'après les résultats d'une enquête démographique par sondage.

7 D'après les résultants de la Population Growth Survey .

8 Estimations fondées sur les résultats d'une enquête par sondage.

5. Estimates of mid-year population: 1986 – 1995

Estimations de la population au milieu de l'année: 1986 – 1995

(See notes at end of table. – Voir notes à la fin du tableau.)

Continent and country or area	Population estimates (in thousands) — Estimations (en milliers)									
Continent et pays ou zone	1986	1987	1988	1989	1990	1991	1992	1993	1994	1995
AFRICA—AFRIQUE										
Algeria – Algérie [1]	22 520	23 021	x23 732	x 24 335	25 363	25 964	26 586	27 232	27 902	*28 548
Angola	x8 188	x8 407	x8 641	9 739	10 020 /	x9 524	10 609 /	x10 276	x10 674	x11 072
Benin – Bénin	4 188	4 324	4 465	4 606	4 739	4 889	5 047	5 215	5 387	*5 561
Botswana [1 2]	1 128	1 169	1 210	1 245	1 300	1 348	1 358	1 443	1 423	*1 456
Burkina Faso [2]	8 097	8 314	8 537	8 766	9 001	9 191	9 433	9 682	10 179	*10 200
Burundi [2]	4 857	5 001	5 149	5 302	5 458	5 620	5 786 /	5 769	5 875	*5 982
Cameroon – Cameroun	10 457	10 822	x10 883	11 540 /	x11 526	x11 853	x12 184	x12 522	x12 871	*13 277
Cape Verde – Cap–Vert [2]	339	347	x326	x333	x341	x350	x360	x370	x381	x392
Central African Republic – Rép. centrafricaine	2 740	x2 721	2 878	2 989	x2 927	x3 001	x3 077	x3 156	x3 235	x3 315
Chad – Tchad [2]	x5 120	x5 219	x5 320	5 556	5 687	5 819	5 961	6 098	6 214	x6 361
Comoros – Comores [2]	476	x488	x505	x524	x543	x564	x585	x607	x630	x653
Congo	x1 981	x2 040	x2 101	x2 165	x2 232	x2 300	x2 371	x2 443	x2 516	x2 590
Côte d'Ivoire [2]	10 319	10 717	10 816	11 260	11 717	12 186	12 672	13 175	13 695	*14 230
Djibouti	456	x445	x472	x496	x517	x534	x546	x557	x566	x577
Egypt – Egypte [2]	47 811	49 050	50 267	51 477	53 270	54 531	55 739	56 488	57 851	*59 226
Equatorial Guinea – Guinée équatoriale [2]	x324	x333	333	340	348	356	x369	x379	x389	x400
Eritrea – Erythrée	2 769	2 843	2 920	2 999	3 082	3 167	3 255	3 345	3 437	3 531
Ethiopia – Ethiopie [2]	42 787	44 146	45 449	46 928	48 360	49 947	51 571	53 236	54 938	*56 677
Gabon [2]	x1 018	x1 050	x1 082	x1 114	x1 146	x1 179	x1 213	x1 248	x1 283	x1 320
Gambia – Gambie	x775	x809	x846	x884	x923	x963 /	878	1 042	x1 081	x1 118
Ghana	13 050	13 391	x14 137	x14 571	x15 020	x15 484	x15 959	x16 446	x16 944	x17 453
Guinea – Guinée	4 794	4 931	5 071	x5 585	x5 755	x5 932	x6 116	x6 306	x6 501	x6 700
Guinea–Bissau – Guinée–Bissau	889	910	932	x944	x964	x984	x1 006	x1 028	x1 050	x1 073
Kenya	21 163	22 936	23 883	24 872 /	24 032	25 905	25 700 /	28 113	29 292	*30 522
Lesotho	1 578	1 618	x1 699	1 700	x1 792	x1 841	x1 891	x1 943	x1 996	x2 050
Liberia – Libéria [2]	2 221	2 281	2 341	2 401	2 407	2 520	2 580	2 640	2 700	*2 760
Libyan Arab Jamahiriya – Jamahiriya arabe libyenne	3 517	3 666	3 821	3 982	4 151	4 326	4 509	4 700	4 899 /	x5 407
Madagascar	x10 992	x11 369	x11 759	x12 161 /	11 197	11 493 /	x13 417	x13 854	x14 303	x14 763
Malawi [2]	7 279	7 499	7 755	8 022	8 289	8 556	8 823	9 135	9 461	*9 788
Mali [2]	7 566	7 696	7 827	7 960	8 156 /	x9 507	x9 816	x10 135	x10 462	x10 795
Mauritania – Mauritanie	x1 812	x1 858	x1 905	x1 953	x2 003	2 036	x2 107	2 148	2 211	*2 284
Mauritius – Maurice [2]	1 028	1 036	1 043	1 051	1 059	1 070	1 084	1 097	1 113	*1 122
Island of Mauritius – Ile Maurice [2]	994	1 002	1 009	1 017	1 025	1 036	1 050	1 063	1 078	*1 087
Rodrigues	34	34	34	34	34	34	34	34	35	*35
Morocco – Maroc [2]	22 354	22 884	23 407	23 951	24 487	25 020	25 547	26 069	26 590	*27 111
Mozambique [3]	14 161	14 116	13 946	13 985	14 151	14 420	14 790	15 583	16 614	*17 423
Namibia – Namibie [2]	1 210	1 243	1 278	1 313	1 349	1 385	1 423	1 461	1 500	x1 540
Niger [2]	x6 822	x7 036	x7 257	x7 487	x7 731	x7 991	x8 264	x8 361	x8 846	x9 151
Nigeria – Nigéria [2]	98 168	101 408	104 957 /	x93 336	x96 154	x99 087	x102 129	x105 264	x108 467	x111 721
Réunion	555	565	574	590	601	612	x624	x632	x644	x653
Rwanda [2]	x6 240	x6 425	x6 611	x6 798	7 181	x7 174	x7 363	x7 554	x7 750	x7 952
St. Helena ex. dep. – Sainte–Hélène sans dép. [2]	6	6	6	6	6	6	6	6	7	x7
Sao Tome and Principe – Sao Tomé–et–Principe	107	109	111	113	115	x121	120	122	125	*127
Senegal – Sénégal [2]	6 719	6 908	7 101	7 300	7 504	7 764	7 930	8 152	x8 102	x8 312
Seychelles	66	68	69	69	70	70	71	72	74	*75
Sierra Leone	x3 658	x3 738	x3 821	x3 908	x3 999	x4 094	x4 194	x4 297	x4 402	x4 509
Somalia – Somalie [2]	x8 068	x8 247	x8 409	x8 553	x8 677	x8 779	x8 865	x8 954	x9 077	x9 250
South Africa – Afrique du Sud [2 3]	x33 833	x34 626	x35 425	x36 237	x37 066	38 012	38 819	39 628	40 436	*41 244
Sudan – Soudan [2]	22 804	23 517	24 245	24 989	25 752	26 530	27 323	28 129	28 947	28 098
Swaziland [2]	668	692	717	743	769	796	833	851	879	*908

5. Estimates of mid-year population: 1986 – 1995 (continued)

Estimations de la population au milieu de l'année: 1986 – 1995 (suite)

(See notes at end of table. – Voir notes à la fin du tableau.)

Continent and country or area / Continent et pays ou zone	Population estimates (in thousands) — Estimations (en milliers)									
	1986	1987	1988	1989	1990	1991	1992	1993	1994	1995
AFRICA—AFRIQUE (Cont.–Suite)										
Togo	x3 121	x3 217	3 296	x3 422	x3 531	x3 645	x3 763	x3 885	3 928	x4 138
Tunisia – Tunisie	7 465	7 639	7 770	7 910	8 099	8 253	8 415	8 572	8 815	x8 896
Uganda – Ouganda	15 608	16 146	16 721	17 324	17 949	18 595	19 261	19 940	20 621	x21 297
United Rep. of Tanzania – Rép.–Unie de Tanzanie	22 462	23 217	23 997	24 802	25 635	x26 398	x27 204	x28 019	x28 846	*30 337
Western Sahara – Sahara Occidental	x195	x204	x212	x221	x230	x240	x250	x261	x272	x283
Zaire – Zaïre	31 499	32 461	33 458	34 491	35 562	36 672 /	x39 939	x41 231	x42 552	x43 901
Zambia – Zambie	x7 110	x7 365	7 531	7 804	8 073	x8 412	x8 339	x8 936	x9 196	*9 373
Zimbabwe	8 406	8 640	8 878	9 122	9 369	x10 191	10 469	10 779	11 150	*11 526
AMERICA,NORTH— AMERIQUE DU NORD										
Anguilla	x7	x7	x7	x7	x7	x7	x8	9	x8	x8
Antigua and Barbuda – Antigua–et–Barbuda	76 I	x63	x63	x63	x64	x64	x65	x65	x65	x66
Aruba	60	60	61	x66	x67	x67	x68	x69	x69	x70
Bahamas [2]	236	241	246	251	255	260	264	269	274	*278
Barbados – Barbade	253	254	254	255	257	258	263	264	x264	*264
Belize [2]	170	175	180	183	189	194	199	205	211	*217
Bermuda – Bermudes [1,4]	57	57	59	60	61	61	x62	x63	x63	x63
British Virgin Islands – Iles Vierges britanniques	12	12	12	13 I	x16	x17	x17	x18	x18	x19
Canada [1,2]	25 353	25 617	25 911	26 240	26 584 I	28 120	28 542	28 947	29 251	*29 606
Cayman Islands – Iles Caïmanes	21	22	24	25	26	28	29	31	31	x31
Costa Rica [1,2]	2 716	2 781	2 851	2 922 I	2 805	2 871	2 938	3 005	3 071	*3 333
Cuba [2]	10 199	10 301	10 412	10 523	10 625	10 744	10 831	10 904	x10 960	x11 041
Dominica – Dominique	74	73	73	72	72	71	72	73	74	x71
Dominican Republic – Rép. dominicaine	6 565	6 716	6 867	7 019	7 170	7 320	7 471	7 620	7 769	*7 915
El Salvador [2]	4 948	5 054	5 090	5 193	x5 172	5 351	5 477	x5 517	x5 641	x5 768
Greenland – Groenland [1,2]	54	54	55	55	56	56	55	55	55	x58
Grenada – Grenade	97	97	x90	x91	x91	x91	x91	x92	x92	x92
Guadeloupe [1]	356	364	372	381	x385	x395	x408	x413	x421	x428
Guatemala [2,3]	8 195	8 434	8 681	8 935	9 198	9 467	9 745	10 030	10 322	*10 621
Haiti – Haïti [1,2]	5 989	6 113	6 238	6 362	6 486	6 625	6 764	6 903	7 041	*7 180
Honduras [2]	4 514	4 656	4 802	4 951	5 105	5 265	5 427	5 595	5 770	*5 953
Jamaica – Jamaïque	2 340	2 350	2 360	2 390	2 415 I	2 366	x2 394	x2 411	2 496	*2 530
Martinique [1]	341	345	350	356	362	368	373	377	x375	x379
Mexico – Mexique [1]	79 567	81 199	82 721	84 272 /	82 589 /	87 836	89 538	91 261	93 008 /	*90 487
Montserrat	12	x11	x11	x11	x11	x11	x11	x11	x11	x11
Netherlands Antilles – Antilles néerlandaises	x184	191	187	187	188	189	191	195	200	*199
Nicaragua [2]	3 384	3 501	3 622	3 745	3 871	3 999	4 131	4 265	4 401	*4 539
Panama [2]	2 212	2 257	2 303	2 350	2 398	2 443	2 488	2 535	2 583	*2 631
Puerto Rico – Porto Rico [1,2,5]	3 406	3 433	3 461	3 497	3 527	3 547	3 580	3 622	3 686	x3 674
Saint Kitts and Nevis – Saint–Kitts–et–Nevis	44	43	44	42	42	42	42	42	41	x41
St. Lucia – St. Lucie [3]	140	142	145	148 I	x133	x135	x137	x139	x141	*145
St. Pierre and Miquelon – Saint–Pierre–et–Miquelon	x6	x6	x6	x6	x6	x6	x6	x6	x6	x6
St. Vincent and Grenadines St. Vincent–et–Grenadines	111	112	105	x106	x107	x108	109	110	x111	*111
Trinidad and Tobago – Trinité–et–Tobago [2]	1 196	1 212	1 212	1 213	1 215	1 225	1 240	1 247	1 250 I	x1 306

5. Estimates of mid-year population: 1986 – 1995 (continued)

Estimations de la population au milieu de l'année: 1986 – 1995 (suite)

(See notes at end of table. – Voir notes à la fin du tableau.)

Continent and country or area / Continent et pays ou zone	Population estimates (in thousands) — Estimations (en milliers)									
	1986	1987	1988	1989	1990	1991	1992	1993	1994	1995
AMERICA,NORTH— (Cont.–Suite) AMERIQUE DU NORD										
Turks and Caicos Islands – Is. Turques et Caïques	x10	x10	x11	x11	x12	x12	x13	x13	x14	x14
United States – Etats–Unis [1,2,6]	240 680	242 836	245 057	247 343	249 911	252 643	255 419	258 137	260 660	*263 034
United States Virgin Is.– Iles Vierges américaines [1,5]	110	106 |	103	103	102	x103	x103	x104	x104	x105
AMERICA,SOUTH— AMERIQUE DU SUD										
Argentina – Argentine	30 771	31 221	31 670	32 114	32 547	32 966	33 375	33 671	34 180	*34 587
Bolivia – Bolivie [2]	6 025	6 157	6 293	6 431	6 573	6 733	6 897	7 065	7 237	*7 414
Brazil – Brésil [2,7]	134 653	137 267	139 819	142 306	144 723	147 073	149 357	151 571	153 725	*155 822
Chile – Chili [2]	12 327	12 536	12 748	12 961	13 100	13 320	13 545	13 771	13 994	*14 210
Colombia – Colombie	30 024	30 578	31 141	31 715	32 300	32 841	33 392	33 951	34 520	*35 099
Ecuador – Equateur [2,8]	9 330	9 561	9 794	10 029	10 264	10 502	10 741	10 981	11 221	*11 460
Falkland Islands (Malvinas)– Is. Falkland (Malvinas) [2]	x2	2	x2	x2	x2	2	x2	x2	x2	x2
French Guiana – Guyane Française [1]	95	100	106	111	x117	x123	x129	x135	x141	x147
Guyana	x792	x793	x793	x794	x796	x801	x808	x816	x825	x835
Paraguay [2]	3 723	3 841	3 963	4 089	4 219	4 334	4 453	4 575	4 700	*4 828
Peru – Pérou [2,3,7]	19 840	20 261	20 684	21 113	21 569	21 998	22 454	22 916	23 130	*23 532
Suriname	x382	x387	x391	401	404	404	x409	x414	x418	x423
Uruguay [2,3]	3 025	3 042	3 060	3 077	3 094	3 112	3 131	3 149	3 167	*3 186
Venezuela [2,7]	17 526	17 974	18 422	18 872	19 325	19 787	20 249	20 712	21 377	*21 644
ASIA—ASIE										
Afghanistan	18 614	[9] 15 219	[9] 15 513	[9] 15 814	[9] 16 121	[9] 16 433	x16 624	x17 691	x18 879	x20 141
Armenia – Arménie [2]	3 387	3 435	3 453	3 482	3 545	3 612	3 686	3 732	3 750	*3 762
Azerbaijan – Azerbaïdjan [2]	6 760	6 866	6 980	7 085	7 153	7 175	7 266	7 333	7 392	*7 499
Bahrain – Bahreïn [2]	442	458	473	489	503	503	508	537	557	*586
Bangladesh [2,3]	101 673	102 563	104 532	106 507	x108 118	109 880	x112 709	x115 203	x117 787	x120 433
Bhutan – Bhoutan	x1 410	x1 446	x1 483	x1 516	x1 544	x1 566	x1 582	x1 596	x1 614	x1 638
Brunei Darussalam – Brunéi Darussalam [2]	225	232	239	246	253	260	268	276	x285	x285
Cambodia – Cambodge [2,10]	x7 819	x8 070	x8 320	x8 575	8 568	8 807	9 054	9 308	9 568	*9 836
China – Chine [2]	x1086 733	x 1104 193	x 1121 957	x 1139 193	x 1155 305	x 1170 052	x 1183 617	x 1190 360	x 1208 841	x 1221 462
Cyprus – Chypre [2]	650	659	664	671	681	693	706	718	726	x742
East Timor–Timor oriental	x677	x694	x709	x725	x740	x756	x771	x785	x800	x814
Georgia – Géorgie [2]	5 250	5 282	5 370	5 450	5 464	x5 433	x5 442	x5 446	x5 450	x5 457
Hong Kong – Hong–kong [2]	5 525	5 581	5 628	5 686	5 705	5 755	5 812	5 919	6 061	*6 190
India – Inde [2,11]	767 199	783 730	800 496	817 488	834 697	851 661	867 818	883 910	x918 570	x935 744
Indonesia – Indonésie [2]	168 348	172 010	175 589	179 136 |	179 483	181 385	184 491	187 589	190 676	*193 750
Iran (Islamic Republic of – Rép. islamique d') [2]	49 445	50 662	51 909	53 187	54 496	55 837	57 153	58 481	59 778 |	x67 283
Iraq [2,12]	16 110	16 330	16 882	17 428	17 373	17 903	x19 011	x19 454	x19 925	x20 449
Israel – Israël [1,2,13]	4 299	4 369	4 442	4 518	4 660	4 949	5 124	5 261	5 399	*5 545
Japan – Japon [2,14]	121 482	122 069	122 578	123 069	123 478	123 921	124 324	124 670	124 961	*125 197
Jordan – Jordanie [15]	x3 938	x4 005	x4 057	x4 134	x4 259	x4 443	x4 675	x4 936	x5 198	x5 439
Kazakstan [2]	16 019	16 167	16 362	16 537	16 670	16 806	16 903	16 892	x17 027 |	*16 590
Korea, Dem. People's Rep. of – Corée, rép. populaire dém. de [2]	x20 240	x20 604	x20 981	x21 371	x21 774	x22 189	x22 615	x23 048	x23 483	x23 917
Korea, Republic of– Corée, Rép. de [2,16]	41 214	41 622	42 031	42 449	42 869	43 268	43 663	44 056	44 453	*44 851
Kuwait – Koweït	1 802	1 885	1 969	2 055	2 141 |	x2 072 |	1 422	1 461	1 620	*1 691
Kyrgyzstan–Kirghizistan [2]	4 093	4 173	4 250	4 327	4 395	4 453	4 493	4 482	4 473 |	*4 668
Lao People's Dem. Rep. – Rép. dém. populaire Lao	x3 701	x3 818	x3 942	x4 071	x4 202	x4 334	x4 469	x4 605	x4 742	x4 882
Lebanon – Liban [17]	x2 639	x2 598	x2 559	x2 540	x2 555	x2 610	x 2 698	x2 806	x2 915	x3 009

5. Estimates of mid-year population: 1986 – 1995 (continued)

Estimations de la population au milieu de l'année: 1986 – 1995 (suite)

(See notes at end of table. – Voir notes à la fin du tableau.)

Continent and country or area / Continent et pays ou zone	Population estimates (in thousands) — Estimations (en milliers)									
	1986	1987	1988	1989	1990	1991	1992	1993	1994	1995
ASIA—ASIE (Cont.–Suite)										
Macau – Macao [1]	296	307	316	325	335	352	372	388	403	*418
Malaysia – Malaisie [2]	16 109	16 526	16 942	17 354	17 764	18 181	18 616	19 061	19 650	x20 140
Maldives [2]	190	197	203	209	216	223	231	238	246	x254
Mongolia – Mongolie [2]	1 925	1 973	2 021	2 070	x2 177	x2 226	x2 273	x2 318	x2 363	x2 410
Myanmar	37 800	x39 187	x40 043	x40 919	x41 813 |	41 552	42 333	43 116	43 922 |	x46 527
Nepal – Népal	16 667	17 017	17 374	17 739	18 111	x19 755	18 879	19 275	x21 360	x21 918
Oman	x1 463	x1 531	x1 602	x1 675 |	2 000	x1 829	x1 909	1 992	2 096	x2 163
Pakistan [18]	99 539	102 705	105 970	109 140	112 404	115 766	119 229	122 795	126 467	*129 808
Philippines [1 2]	56 004	57 356	58 721	60 097	61 480 |	63 692	65 339	66 982	68 624	*70 267
Qatar	x386	x413	428	456	486	503	533	559	593 |	x551
Saudi Arabia – Arabie saoudite	13 357	13 612	14 016	14 435	14 870 |	x16 487	x16 824	x17 119	x17 451	x17 880
Singapore – Singapour [19]	2 519	2 554	2 599	2 648	2 705	2 763	2 818	2 874	2 930	*2 987
Sri Lanka	16 117	16 361	16 599	16 825	16 993	17 247	17 405	17 619	17 865	x18 354
Syrian Arab Republic – République arabe syrienne [2 20]	10 612	10 969	11 338	11 719	12 116	12 529	12 958	13 393	13 844	*14 315
Tajikistan – Tadjikistan [2]	4 719	4 874	5 027	5 175	5 303	5 465	5 571	5 638	5 750	*5 836
Thailand – Thaïlande [2]	52 511	53 427	54 326	55 214	56 082	56 923	57 760	58 584	59 396	*60 206
Turkey – Turquie [2]	51 433	52 561	53 715	54 894	56 098	57 326	58 584	59 869	60 576	*61 644
Turkmenistan – Turkménistan [2]	3 316	3 408	3 495	3 578	3 670	x3 745	x3 833	x3 921	x4 010	x4 099
United Arab Emirates – Emirats arabes unis	x1 442	x1 503	x1 561	x1 617	x1 671	x1 721	x1 770 |	1 206	x1 861	*2 314
Uzbekistan – Ouzbékistan [2]	18 757	19 298	19 737	20 114	20 531	x20 896	x21 375	x21 860	22 633	x22 843
Viet Nam [2]	61 109	62 452	63 727	64 774	66 233	67 774	69 405	70 983	72 510	x74 545
Yemen – Yémen [2]	x9 880	x10 164	10 608	10 947	11 279	11 613	11 952	12 302	12 672 |	x14 501
EUROPE										
Albania – Albanie [2]	3 016	3 076	3 138	3 199	3 256	3 255	3 363	x3 389	x3 414	x3 645
Andorra – Andorre	46	48	50	51	53	57	60	63	65	x68
Austria – Autriche [1 2]	7 565	7 573	7 595	7 618	7 718	7 825	7 884	7 991	8 031	*8 053
Belarus – Bélarus [2]	10 058	10 111	10 167	10 229	10 260	10 271	10 313	10 357	10 355	x10 141
Belgium – Belgique [1]	9 862	9 870	9 902	9 938	9 967	9 979	10 055	10 084	x10 080	x10 113
Bosnia Herzegovina – Bosnie–Herzégovine [2]	x4 192	x4 275	x4 344	x4 363	4 474	4 449	4 409	4 434	4 459	*4 484
Bulgaria – Bulgarie [2]	8 958	8 971	8 981	8 989	8 991	8 982 |	8 540	8 472	8 443	*8 402
Channel Islands – Iles Anglo–Normandes	136	136	140	142	x142	143	143	142	x147	x148
Croatia – Croatie [2]	4 485 |	4 713	4 731	4 767	4 778	4 785	4 782	4 779	4 777 |	x4 495
Czech Republic – Rép. tchèque [2]	10 341	10 349	10 356	10 362	10 363	10 309	10 318	10 331	10 336	*10 331
Denmark – Danemark [1 21]	5 121	5 127	5 130	5 133	5 140	5 154	5 170	5 189	5 205	*5 228
Estonia – Estonie [2]	1 532	1 546	1 560	1 569	1 571	1 566	1 544	1 517	1 499	x1 530
Faeroe Islands – Iles Féroé [1]	46	47	47	47	47	47	x47	x47	x47	x47
Finland – Finlande [1 2]	4 918	4 932	4 946	4 964	4 986	5 014	5 042	5 066	5 088	*5 108
France [1 2 22]	55 546	55 824	56 118	56 423	56 735	57 055	57 374	57 655	57 903	*58 143
Germany – Allemagne [1]	77 635	77 718	78 116	78 677	79 365	79 984	80 570	81 187	81 410	*81 642
Gibraltar [23]	29	29	30	31	31	28	x28	x28	x28	x28
Greece – Grèce [2 24]	9 967	10 001	10 037	10 090	10 161	10 247	10 322	10 379	10 426	*10 458
Holy See – Saint–Siège	1	1	1	x1	x1	x1	x1	x1	x1	x1
Hungary – Hongrie [2]	10 534	10 486	10 443	10 398	10 365	10 346	10 324	10 294	10 261	*10 225
Iceland – Islande [1 2]	243	246	250	253	255	258	261	264	266	x269
Ireland – Irlande [2 25]	3 541	3 543	3 538	3 515	3 503	3 526	3 549	3 563	3 571	*3 582

5. Estimates of mid-year population: 1986 – 1995 (continued)

Estimations de la population au milieu de l'année: 1986 – 1995 (suite)

(See notes at end of table. – Voir notes à la fin du tableau.)

Continent and country or area / Continent et pays ou zone	Population estimates (in thousands) — Estimations (en milliers)									
	1986	1987	1988	1989	1990	1991	1992	1993	1994	1995
EUROPE (Cont.–Suite)										
Isle of Man – Ile de Man [2]	64	64	67	68	x69	70	70	71	71	*72
Italy – Italie [1]	57 246	57 345	57 441	57 541	57 661	56 751	56 859	57 049	57 204	*57 187
Latvia – Lettonie [2]	2 600	2 627	2 653	2 670	2 671	2 662	2 632	2 586	2 548	*2 515
Liechtenstein	27	28	28	28	x29	x29	30	x30	31	x31
Lithuania – Lituanie [2]	3 579	3 616	3 655	3 691	3 722	3 742	3 742	3 730	3 721	*3 715
Luxembourg [1]	368	371	374	378	382	387	390	398	404	*406
Malta – Malte [26]	342	344	347	351	354	358	361	365	368	*371
Monaco [1]	x28	x29	x29	x30	x30	x30	x31	x31	x31	x32
Netherlands–Pays–Bas [1 2]	14 564	14 665	14 758	14 849	14 952	15 070	15 184	15 290	15 383	*15 451
Norway – Norvège [1 2]	4 167	4 187	4 209	4 227	4 241	4 262	4 286	4 312	4 325	*4 360
Poland – Pologne [2 27]	37 456	37 664	37 862	37 963	38 119	38 245	38 365	38 459	38 544	*38 588
Portugal [2]	10 011	9 994	9 968	9 937	9 899	9 871	9 867	9 881	9 902	*10 797
Republic of Moldova – Rép. de Moldova [2]	4 255	4 290	4 321	4 349	4 364	4 363	4 348	4 356	4 350	x4 432
Romania – Roumanie [2]	22 823	22 940	23 054	23 152	23 207	23 185	22 789	22 755	22 731	*22 680
Russian Federation – Féd. de Russie [2]	144 156	145 386	146 494	147 331	147 913	148 245	148 310	148 146	147 968	*147 855
San Marino – Saint–Marin [2]	23	23	23	23	23	23	24	24	25	*25
Slovakia – Slovaquie [2]	5 193	5 224	5 251	5 276	5 298	5 283	5 307	5 325	5 347	*5 364
Slovenia – Slovénie [1 2]	1 981	1 989	2 000	1 999	1 998	2 002	1 996	1 991	1 989	*1 984
Spain – Espagne [1 2]	38 604	38 716	38 809	38 888	38 959	39 025	39 006	39 083	39 143	*39 210
Sweden – Suède [1 2]	8 370	8 398	8 437	8 493	8 559	8 617	8 668	8 719	8 781	*8 831
Switzerland – Suisse [1 2]	6 504	6 545	6 593	6 647	6 712	6 800	6 875	6 938	6 994	*7 040
The former Yugoslav Rep. of Macedonia – L'ex Rép. Rép. yougoslavie de Macédoine [1 2]	1 982	1 995	2 007	2 018	2 028	2 039	2 056	x2 119	x2 142	x2 163
Ukraine [2]	51 025	51 261	51 484	51 770	51 839	52 001	52 150	52 179	51 921	*51 639
United Kingdom–Royaume–Uni	56 852	57 009	57 158	57 358	57 561	57 801	58 006	58 191	58 395 I	x58 258
Yugoslavia – Yougoslavie [1]	10 277	10 342	10 411	10 471	10 529	10 409	10 445	10 485	10 516	*10 544
OCEANIA—OCEANIE										
American Samoa – Samoa américaines [1 2 5]	41	42	44	46	47	49	51	53	55	*56
Australia–Australie [1 2 3]	16 018	16 263	16 518	16 814	17 065	17 284	17 489	17 656	17 838	*18 054
Cook Islands – Iles Cook	17	x17	18	18	x18	x19	x19	x19	x19	x19
Fiji – Fidji [2]	714	721	720	752	731	741	746	771	784	*796
French Polynesia – Polynésie française	178	183	188	193	197	202	206	210	x215	x220
Guam [1 2 5]	121	124	126	129	133	136	139	143	146	*149
Kiribati	x68	x69	x70	x71	x72	x74	x75	x76	x77	x79
Marshall Islands – Iles Marshall	40	42	43	44	46	48	50	52	54	*56
Micronesia, Federated States of, – Micronésie, Etats fédérés de	x98	x100	x103	x106	101	x111	x114	x118 /	104	*105
Nauru	x9	x9	x9	x9	x10	x10	x10	10	10	11
New Caledonia – Nouvelle–Calédonie [2]	157	161	164	167	170	173	177	181	184	*186
New Zealand – Nouvelle–Zélande [2 28]	3 277	3 304	3 317	3 330	3 363	3 406	3 443	3 451	3 493	*3 542
Niue – Nioué	3	2	x2	x2	x2	x2	x2	x2	x2	x2

5. Estimates of mid-year population: 1986 – 1995 (continued)

Estimations de la population au milieu de l'année: 1986 – 1995 (suite)

(See notes at end of table. – Voir notes à la fin du tableau.)

Continent and country or area Continent et pays ou zone	Population estimates (in thousands) — Estimations (en milliers)									
	1986	1987	1988	1989	1990	1991	1992	1993	1994	1995
OCEANIA—OCEANIE(Cont.–Suite)										
Norfolk Island–Ile Norfolk	*2*	...	...	...	...	...	...	...	...	...
Northern Mariana Islands – Iles Mariannes du Nord	*21*	*x28*	*x34* ǀ	*25*	*26* ǀ	*x46*	*x47*	*x47*	*x47*	*x47*
Palau – Palaos	*x14*	*x14*	*x15*	*14*	*x15*	*x16*	*x16*	*x16*	*x17*	*x17*
Papua New Guinea – Papouasie–Nouvelle–Guinée	*3 407*	*3 482*	*3 557*	*3 630*	*3 699*	*3 772*	*3 847*	*3 922*	*3 997*	**4 074*
Samoa	*x161*	*x161*	*162*	*163*	*164*	*x164*	*161*	*x169*	*164*	*x171*
Solomon Islands – Iles Salomon	*x279*	*290*	*299*	*x310*	*x320*	*x331*	*x343*	*355*	*x366*	*x378*
Tokelau – Tokélaou	*x2*	*x2*	*x2*	*x2*	*x2*	*x2*	*x2*	*x2*	*x2*	*x2*
Tonga [2]	*x92*	*x93*	*x94*	*x95*	*97*	*97*	*x97*	*x98*	*x98*	*x98*
Tuvalu	*x8*	*x8*	*x8*	*x9*	*x9*	*x9*	*x9*	*x9*	*x9*	*x10*
Vanuatu [2]	*140*	*145*	*150* ǀ	*140*	*144*	*148*	*152*	*156*	*161*	**165*
Wallis and Futuna Islands – Iles Wallis et Futuna	*x13*	*x13*	*x13*	*x13*	*x14*	*x14*	*x14*	*x14*	*x14*	*x14*

5. Estimates of mid-year population: 1986 – 1995 (continued)

Estimations de la population au milieu de l'année: 1986 – 1995 (suite)

GENERAL NOTES

For certain countries or areas, there is a discrepancy between the mid-year population estimates shown in this table and those shown in subsequent tables for the same year. Usually this discrepancy arises because the estimates occurring in a given year are revised, although the remaining tabulations are not. Unless otherwise indicated, data are official estimates of population for 1 July, or averages of end-year estimates. For method of evaluation and limitations of data, see Technical Notes, page 41.

Italics: estimates which are less reliable.

Break in series because estimates for earlier years have not been revised either on the basis of more recent data from a national census or sample survey taken within the period or in accord with later revised official estimates.

FOOTNOTES

- * Provisional.
- x Estimate prepared by the Population Division of the United Nation.

1 De jure population.
2 For urban population, see table 6.
3 Data have been adjusted for underenumeration, at latest census; for further details, see table 3.
4 Excluding persons residing in institutions.
5 Including armed forces stationed in the area.
6 Excluding civilian citizens absent from country for extended period of time.
7 Excluding Indian jungle population.
8 Excluding nomadic Indian tribes.
9 Excluding nomad population.
10 Excluding foreign diplomatic personnel and their dependants.
11 Including data for the Indian-held part of Jammu and Kashmir, the final status of which has not yet been determined.
12 Estimates are for 14 October of year stated.
13 Including data for East Jerusalem and Israeli residents in certain other territories under occupation by Israeli military forces since June 1967.
14 Excluding diplomatic personnel outside the country, and foreign military and civilian personnel and their dependants stationed in the area.

NOTES GENERALES

Pour quelques pays ou zones il y a une discordance entres leestimations au milieu de l'année présentées dans ce tableau et celles présentées dans des tableaux suivants pour la même année. Habituellement ces différences apparaîssent lorsque les estimations pour une certaine année ont été révisées; alors que les autres tabulations ne l'ont pas été. Sauf indication contraire, les données sont des estimations officielles de population au 1er juillet ou des moyennes d'estimations de fin d'année. Pour la méthode d'évaluation et les insuffisances des données, voir Notes techniques, page 41.

Italiques: estimations moins sûres.

Cette discontinuité dans la série peut résulter du fait que les estimations pour les années antérieures n'ont pas été révisées en fonction des données récentes provenant d'un recensement national ou d'une enquête par sondage effectués durant la période, ou bien du fait qu'elles ne concordent pas avec les dernières estimations officielles révisées.

NOTES

- * Données provisoires.
- x Estimation établie par la Division de la population de l'Organisation des Nations Unies.

1 Population de droit.
2 Pour la population urbaine, voir le tableau 6.
3 Les données ont été ajustées pour compenser les lacunes du dénombrement lors du dernier recensement; pour plus de détails, voir le tableau 3.
4 Non compris les personnes dans les institutions.
5 Y compris les militaires en garnison sur le territoire.
6 Non compris les civils hors du pays pendant une période prolongée.
7 Non compris les Indiens de la jungle.
8 Non compris les tribus d'Indiens nomades.
9 Non compris la population nomade.
10 Non compris le personnel diplomatique étranger et les membres de leur famille les accompagnant.
11 Y compris les données pour la partie du Jammu-et-Cachemire occupée par l'Inde, dont le statut définitif n'a pas encore été déterminé.
12 Estimations au 14 octobre de l'année considérée.
13 Y compris les données pour Jérusalem-Est et les résidents israéliens dans certains autres territoires occupés depuis juin 1967 par les forces armées israéliennes.
14 Non compris le personnel diplomatique hors du pays, les militaires et agents civils étrangers en poste sur le territoire et les membres de leur famille les accompagnant.

FOOTNOTES (continued)

15 Including registered Palestinian refugees, numbering at mid–year 1965 and 1966, 688 327 and 706 568, respectively, and 722 687 at 31 May l967.

16 Excluding alien armed forces, civilian aliens employed by armed forces, and foreign diplomatic personnel and their dependants and Korean diplomatic personnel and their dependants stationed outside the country.

17 For Lebanese nationals on population register, including those living outside the country. Excluding non–resident foreigners and registered Palestinian refugees, the latter numbering at mid–year 1972, 1973 and 1977, 184 043, 187 529 and 200 000 respectively.

18 Excluding data for Jammu and Kashmir, the final status of which has not yet been determined, Junagardh, Manavadar, Gilgit and Baltistan.

19 Excluding transients afloat and non–locally domiciled military and civilian services personnel and their dependants and visitors, numbering 5 553, 5 187 and 8 985 respectively at 1980 census.

20 Including Palestinian refugees numbering at end–year 1967 and 1968, 163 041 and 149 537, repectively, and at mid–year 1971 and 1977, 163 809 and 193 000, respectively.

21 Excluding Faeroe Islands and Greenland.

22 Excluding diplomatic personnel outside the country and including foreign diplomatic personnel not living in embassies or consulates.

23 Excluding armed forces.

24 Excluding armed forces stationed outside the country, but including alien armed forces stationed in the area.

25 Estimates are for 15 April of year stated.

26 Including civilian nationals temporarily outside the country.

27 Excluding civilian aliens within the country, and including civilian nationals temporarily outside the country.

28 Excluding diplomatic personnel and armed forces stationed outside the country, the latter numbering 1 936 at 1966 census; also excluding alien armed forces within the country.

NOTES (suite)

15 Y compris les réfugiés de Palestine immatriculés, dont le nombre au milieu de l'année 1965 et 1966 s'établissait comme suit: 688 327 et 706 568, respectivement, et à 722 687 au 31 mai l967.

16 Non compris les militaires étrangers, les civils étrangers employés par les forces armées, le personnel diplomatique étranger et les membres de leur famille les accompagnant, le personnel diplomatique coréen hors du pays et les membres de leur famille les accompagnant.

17 Pour les nationaux libanais inscrits sur le registre de la population, y compris ceux qui vivent hors du pays. Non compris les étrangers non résidents et les réfugiés de Palestine immatriculés; le nombre de ces derniers au milieu de 1972, 1973 et 1977. 184 043, 187 529 et 200 000, respectivement.

18 Non compris les données pour le Jammu–et–Cachemire, dont le statut définitif n'a pas encore été déterminé, le Junagardh, le Manavadar, le Gilgit et le Baltistan.

19 Non compris les personnes de passage à bord de navires, les militaires et agents civils non résidents et les membres de leur famille les accompagnant et les visiteurs, au nombre de 5 553, 5 187 et 8 985 respectivement, au recensement de 1980.

20 Y compris les réfugiés de Palestine dont le nombre, à la fin de l'année 1967 et 1968, s'établissait comme suit: 163 041 et 149 537, respectivement, et au milieu de l'année 1971 et 1977, 163 809 et 193 000, respectivement.

21 Non compris les îles Féroé et le Groenland.

22 Non compris le personnel diplomatique hors du pays, et y compris le personnel diplomatique étranger qui ne vit pas dans les ambassades ou les consulats.

23 Non compris les militaires.

24 Non compris les militaires en garnison hors du pays, mais y compris les militaires étrangers en garnison sur le territoire.

25 Estimations au 15 avril de l'année considérée.

26 Y compris les civils nationaux temporairement hors du pays.

27 Non compris les civils étrangers dans le pays, mais y compris les civils nationaux temporairement hors du pays.

28 Non compris le personnel diplomatique et les militaires hors du pays, ces derniers au nombre de 1 936 au recensement de 1966; non compris également les militaires étrangers dans le pays.

6. Urban and total population by sex: 1986 – 1995

Population urbaine et population totale selon le sexe: 1986 – 1995

(See notes at end of table. – Voir notes à la fin du tableau.)

Continent, country or area and date Continent, pays ou zone et date	Both sexes – Les deux sexes: Total	Both sexes – Urban – Urbaine: Number / Nombre	Both sexes – Urban – Urbaine: Per cent / P. 100	Male – Masculin: Total	Male – Urban – Urbaine: Number / Nombre	Male – Urban – Urbaine: Per cent / P. 100	Female – Féminin: Total	Female – Urban – Urbaine: Number / Nombre	Female – Urban – Urbaine: Per cent / P. 100
AFRICA—AFRIQUE									
Benin – Bénin									
15 II 1992(C)	4 915 555	1 756 197	35.7	2 390 336	857 191	35.9	2 525 219	899 006	35.6
Botswana [1 2]									
1 VII 1986	*1 127 888*	*245 298*	*21.7*	*536 866*	*126 085*	*23.5*	*591 022*	*119 213*	*20.2*
1 VII 1987	*1 169 197*	*262 226*	*22.4*	*557 768*	*134 855*	*24.2*	*611 429*	*127 371*	*20.8*
1 VII 1988	*1 210 074*	*279 893*	*23.1*	...	...	...	...	...	...
1 VII 1989	*1 244 909*	*289 980*	*23.3*	...	...	...	...	...	...
1 VII 1990	*1 299 705*	*319 369*	*24.6*	...	...	...	...	...	...
1 VII 1991	*1 347 568*	*341 149*	*25.3*	...	...	...	...	...	...
1 VII 1992	*1 358 000*	*650 000*	*47.9*	...	...	...	...	...	...
1 VII 1994	*1 423 000*	*683 000*	*48.0*	...	...	...	...	...	...
1 VII 1995*	*1 456 000*	*700 000*	*48.1*	...	...	...	...	...	...
Burkina Faso									
1 VII 1986	*8 097 379*	*1 077 965*	*13.3*	...	...	...	...	...	...
1 VII 1987	*8 314 388*	*1 194 386*	*14.4*	...	...	...	...	...	...
1 VII 1988	*8 537 214*	*1 323 379*	*15.5*	...	...	...	...	...	...
1 VII 1989	*8 766 011*	*1 466 304*	*16.7*	...	...	...	...	...	...
1 VII 1990	*9 000 940*	*1 624 665*	*18.0*	...	...	...	...	...	...
1 VII 1991	*9 190 791*	*1 287 285*	*14.0*	*4 492 153*	*642 285*	*14.3*	*4 698 638*	*645 000*	*13.7*
1 VII 1992	*9 433 428*	*1 345 084*	*14.3*	...	...	...	...	...	...
1 VII 1993	*9 682 470*	*1 405 478*	*14.5*	...	...	...	...	...	...
1 VII 1995*	*10 200 453*	*1 534 524*	*15.0*	...	...	...	...	...	...
Burundi									
1 VII 1986	*4 857 347*	*242 867*	*5.0*	...	...	...	...	...	...
1 VII 1987	*5 001 124*	*250 056*	*5.0*	...	...	...	...	...	...
1 VII 1988	*5 149 158*	*257 458*	*5.0*	...	...	...	...	...	...
1 VII 1989	*5 301 573*	*265 079*	*5.0*	...	...	...	...	...	...
1 VII 1990	*5 458 499*	*272 925*	*5.0*	...	...	...	...	...	...
Cape Verde – Cap-Vert									
1 VII 1986	*338 560*	*109 672*	*32.4*	*157 917*	...	...	*180 643*	...	...
1 VII 1987	*347 060*	*114 928*	*33.1*	*162 367*	...	...	*184 693*	...	...
23 VI 1990(C)	341 491	150 599	44.1	161 494	71 891	44.5	179 997	78 708	43.7
Chad – Tchad									
8 IV 1993(C)*	6 158 992	1 339 019	21.7	2 950 415	684 155	23.2	3 208 577	654 864	20.4
Comoros – Comores [3]									
15 IX 1991(C)	446 817	127 219	28.5	221 152	64 000	28.9	225 665	63 219	28.0
Côte d'Ivoire									
1 III 1988	*10 815 694*	*4 220 535*	*39.0*	*5 527 343*	*2 181 294*	*39.5*	*5 288 351*	*2 039 241*	*38.6*
1 VII 1993	*13 175 000*	*6 008 000*	*45.6*	*6 718 000*	*3 063 000*	*45.6*	*6 457 000*	*2 944 000*	*45.6*
Egypt – Egypte [1]									
1 VII 1986	*47 811 000*	*21 021 000*	*44.0*	...	...	...	...	...	...
17 XI 1986(C)	48 254 238	21 215 504	44.0	24 709 274	10 908 850	44.1	23 544 964	10 306 654	43.8
1 VII 1987	*49 050 000*	*21 565 000*	*44.0*	...	...	...	...	...	...
1 VII 1988	*50 267 000*	*22 100 000*	*44.0*	...	...	...	...	...	...
1 VII 1989	*51 477 000*	*22 632 000*	*44.0*	...	...	...	...	...	...
1 VII 1990	*53 270 397*	*23 109 051*	*43.4*	*27 234 215*	*11 814 382*	*43.4*	*26 036 182*	*11 294 669*	*43.4*
1 VII 1991	*54 531 452*	*23 581 481*	*43.2*	*27 887 491*	*12 050 137*	*43.2*	*26 643 961*	*11 531 344*	*43.3*
1 VII 1993	*56 488 000*	*24 836 000*	*44.0*	...	...	...	...	...	...
1 VII 1994	*57 851 000*	*25 435 000*	*44.0*	...	...	...	...	...	...
Equatorial Guinea – Guinée équatoriale									
1 VII 1991	*356 100*	*131 830*	*37.0*	*172 860*	*66 450*	*38.4*	*183 240*	*65 380*	*35.7*

6. Urban and total population by sex: 1986 – 1995 (continued)

Population urbaine et population totale selon le sexe: 1986 – 1995 (suite)

(See notes at end of table. – Voir notes à la fin du tableau.)

Continent, country or area and date / Continent, pays ou zone et date	Both sexes – Les deux sexes			Male – Masculin			Female – Féminin		
	Total	Urban – Urbaine		Total	Urban – Urbaine		Total	Urban – Urbaine	
		Number / Nombre	Per cent / P. 100		Number / Nombre	Per cent / P. 100		Number / Nombre	Per cent / P. 100
AFRICA—AFRIQUE (Cont.–Suite)									
Ethiopia – Ethiopie									
1 VII 1986	42 787 200	5 100 800	11.9	...	...	...	...	...	...
1 VII 1987	44 146 300	5 404 000	12.2	...	...	...	...	...	...
1 VII 1988	45 449 400	5 728 600	12.6	...	...	...	...	...	...
1 VII 1989	46 927 600	6 189 600	13.2	...	...	...	...	...	...
1 VII 1990	48 359 800	6 629 900	13.7	...	...	...	...	...	...
1 VII 1991	49 947 400	6 994 900	14.0	...	...	...	...	...	...
1 VII 1992	51 570 500	7 378 000	14.3	...	...	...	...	...	...
1 VII 1993	53 236 400	7 789 100	14.6	...	...	...	...	...	...
1 VII 1994	54 938 100	8 222 000	15.0	...	...	...	...	...	...
1 VII 1995*	56 677 100	8 681 400	15.3	...	...	...	...	...	...
Gabon									
31 VII 1993(C)*	1 011 710	741 032	73.2	498 710	369 513	74.1	513 000	371 519	72.4
Liberia – Libéria									
1 VII 1986	2 221 280	816 125	36.7	...	...	...	...	...	...
1 VII 1987	2 281 106	929 510	40.7	...	...	...	...	...	...
1 VII 1988	2 340 932	967 305	41.3	...	...	...	...	...	...
1 VII 1989	2 400 758	1 005 101	41.9	...	...	...	...	...	...
1 VII 1990	2 406 584	1 042 896	43.3	...	...	...	...	...	...
1 VII 1991	2 520 410	1 080 691	42.9	...	...	...	...	...	...
1 VII 1992	2 580 236	1 118 486	43.3	...	...	...	...	...	...
1 VII 1993	2 640 062	1 156 282	43.8	...	...	...	...	...	...
1 VII 1994	2 699 888	1 194 077	44.2	...	...	...	...	...	...
1 VII 1995*	2 759 714	1 231 872	44.6	...	...	...	...	...	...
Malawi [4]									
1 VII 1986	7 278 925	929 600	12.8	3 536 334	...	...	4 121 371	...	...
1 VII 1987	7 499 092	993 700	13.3	...	...	...	...	...	...
1 IX 1987(C)	7 988 507	853 390	10.7	3 867 136	445 863	11.5	4 121 371	407 527	9.9
1 VII 1988	7 754 537	1 079 500	13.9	3 773 619	...	...	3 980 918	...	...
1 VII 1989	8 021 742	1 172 700	14.6	3 907 028	...	...	4 114 714	...	...
1 VII 1990	8 288 946	1 265 800	15.3	...	...	...	...	...	...
1 VII 1991	8 556 151	1 359 000	15.9	...	...	...	...	...	...
1 VII 1992	8 823 355	1 452 200	16.5	...	...	...	...	...	...
1 VII 1993	9 134 976	1 576 500	17.3	...	...	...	...	...	...
1 VII 1994	9 461 403	1 711 200	18.1	...	...	...	...	...	...
1 VII 1995*	9 787 831	1 845 900	18.9	...	...	...	...	...	...
Mali									
1 IV 1987(C) [1]	7 696 348	1 690 289	22.0	3 760 711	837 287	22.3	3 935 637	853 002	21.7
Mauritius – Maurice									
1 VII 1986	1 028 360	413 852	40.2	...	...	...	...	...	...
1 VII 1987	1 036 082	410 905	39.7	...	...	...	...	...	...
1 VII 1988	1 043 239	411 567	39.5	...	...	...	...	...	...
1 VII 1989	1 051 260	413 820	39.4	...	...	...	...	...	...
1 VII 1990	1 058 775	415 099	39.2	527 760	206 104	39.1	528 900	208 138	39.4
1 VII 1991	1 070 128	469 620	43.9	...	...	...	...	...	...
1 VII 1992	1 084 401	475 393	43.8	542 917	237 383	43.7	541 484	237 334	43.8
1 VII 1993	1 097 305	479 146	43.7	549 790	240 018	43.7	547 515	239 128	43.7
1 VII 1994	1 112 607	485 550	43.6	556 979	242 907	43.6	555 628	242 643	43.7

6. Urban and total population by sex: 1986 – 1995 (continued)

Population urbaine et population totale selon le sexe: 1986 – 1995 (suite)

(See notes at end of table. – Voir notes à la fin du tableau.)

Continent, country or area and date / Continent, pays ou zone et date	Both sexes – Les deux sexes: Total	Both sexes – Urban – Urbaine: Number / Nombre	Both sexes – Urban – Urbaine: Per cent / P. 100	Male – Masculin: Total	Male – Urban – Urbaine: Number / Nombre	Male – Urban – Urbaine: Per cent / P. 100	Female – Féminin: Total	Female – Urban – Urbaine: Number / Nombre	Female – Urban – Urbaine: Per cent / P. 100
AFRICA—AFRIQUE (Cont.–Suite)									
Mauritius – Maurice									
Island of Mauritius – Ile Maurice									
1 VII 1986	994 319	413 852	41.6	...	...	...	...	...	...
1 VII 1987	1 001 607	410 905	41.0	...	...	...	...	...	...
1 VII 1988	1 009 332	411 567	40.8	...	...	...	...	...	...
1 VII 1989	1 017 307	413 820	40.7	...	...	...	...	...	...
1 VII 1990	1 024 571	415 099	40.5	510 676	...	...	511 780	...	...
1 VII 1991	1 035 807	469 620	45.3	...	...	...	...	...	...
1 VII 1992	1 049 967	475 393	45.3	525 751	237 383	45.2	524 216	237 334	45.3
1 VII 1993	1 062 810	479 146	45.1	532 599	240 018	45.1	530 211	239 128	45.1
1 VII 1994	1 077 946	485 550	45.0	539 715	242 907	45.0	538 231	242 643	45.1
Morocco – Maroc									
1 VII 1986	22 354 000	10 153 000	45.4	...	...	...	...	...	...
1 VII 1987	22 884 000	10 562 000	46.2	...	...	...	...	...	...
1 VII 1988	23 407 000	10 989 000	46.9	...	...	...	...	...	...
1 VII 1989	23 951 000	11 426 000	47.7	11 723 000	5 652 000	48.2	12 228 000	5 774 000	47.2
1 VII 1990	24 487 000	11 860 000	48.4	11 995 000	5 895 000	49.1	12 492 000	5 965 000	47.8
1 VII 1991	25 020 000	12 298 000	49.2	12 264 000	6 141 000	50.1	12 756 000	6 157 000	48.3
1 VII 1992	25 547 000	12 725 000	49.8	12 529 000	6 378 000	50.9	13 018 000	6 347 000	48.8
1 VII 1993	26 069 000	13 149 000	50.4	12 792 000	6 616 000	51.7	13 277 000	6 533 000	49.2
1 VII 1994	26 590 000	13 576 000	51.1	...	...	...	...	...	...
1 VII 1995*	27 111 000	13 993 000	51.6	...	...	...	...	...	...
Namibia – Namibie									
21 X 1991(C)	1 409 920	382 680	27.1	686 327	194 479	28.3	723 593	188 201	26.0
Niger									
20 V 1988(C)*	7 248 100	1 105 740	15.3	3 590 070	554 790	15.5	3 658 030	550 950	15.1
Nigeria – Nigéria									
1 VII 1986	98 168 079	15 814 878	16.1	48 091 522	7 986 513	16.6	50 076 557	7 828 365	15.6
1 VII 1987	101 407 626	16 336 769	16.1	49 679 575	8 250 068	16.6	51 728 051	8 086 701	15.6
1 VII 1988	104 956 895	16 908 557	16.1	52 028 618	8 538 820	16.4	52 928 277	8 369 737	15.8
Rwanda									
15 VIII 1991(C)*	7 142 755	384 295	5.4	3 268 240	...	...	3 281 720	...	...
St. Helena ex. dep. – Sainte-Hélène sans dép.									
22 II 1987(C)	5 644	2 417	42.8	2 769	1 164	42.0	2 875	1 253	43.6
Senegal – Sénégal [1]									
1 VII 1986	6 718 884	2 554 456	38.0	...	...	...	...	...	...
1 VII 1987	6 907 526	2 672 187	38.7	...	...	...	...	...	...
27 V 1988(C)	6 896 808	2 653 943	38.5	3 353 599	1 303 775	38.9	3 543 209	1 350 168	38.1
1 VII 1988	7 100 937	2 794 798	39.4	...	...	...	...	...	...
1 VII 1989	7 299 754	2 923 025	40.0	...	...	...	...	...	...
1 VII 1990	7 504 157	3 057 155	40.7	...	...	...	...	...	...
1 VII 1991	7 764 274	3 197 430	41.2	...	...	...	...	...	...
1 VII 1992	7 930 279	3 344 147	42.2	...	...	...	...	...	...
1 VII 1993	8 152 320	3 497 584	42.9	...	...	...	...	...	...
Somalia – Somalie									
1986 – 1987(C)*	7 114 431	1 674 470	23.5	3 741 664	840 488	22.5	3 372 767	833 982	24.7
South Africa – [5] Afrique du Sud									
7 III 1991(C)	30 986 920	17 551 745	56.6	15 479 528	8 914 311	57.6	15 507 392	8 637 434	55.7
Sudan – Soudan									
1 VII 1986	22 804 000	5 077 000	22.3	...	...	...	...	...	...
1 VII 1987	23 517 000	5 377 000	22.9	...	...	...	...	...	...
1 VII 1988	24 245 000	5 674 000	23.4	...	...	...	...	...	...
1 VII 1989	24 989 000	5 996 000	24.0	...	...	...	...	...	...
1 VII 1990	25 752 000	6 333 000	24.6	...	...	...	...	...	...
1 VII 1991	26 530 000	6 686 000	25.2	...	...	...	...	...	...
1 VII 1992	27 323 000	7 057 000	25.8	...	...	...	...	...	...
1 VII 1993	28 129 000	7 446 000	26.5	...	...	...	...	...	...
1 VII 1994	28 947 000	7 853 000	27.1	...	...	...	...	...	...

6. Urban and total population by sex: 1986 – 1995 (continued)

Population urbaine et population totale selon le sexe: 1986 – 1995 (suite)

(See notes at end of table. – Voir notes à la fin du tableau.)

Continent, country or area and date / Continent, pays ou zone et date	Both sexes – Les deux sexes: Total	Both sexes – Urban – Urbaine: Number / Nombre	Both sexes – Urban – Urbaine: Per cent / P. 100	Male – Masculin: Total	Male – Urban – Urbaine: Number / Nombre	Male – Urban – Urbaine: Per cent / P. 100	Female – Féminin: Total	Female – Urban – Urbaine: Number / Nombre	Female – Urban – Urbaine: Per cent / P. 100
AFRICA—AFRIQUE (Cont.–Suite)									
Swaziland									
1 VII 1986	*668 124*	*149 882*	*22.4*	...	...	...	...	...	...
25 VIII 1986(C)	681 059	154 979	22.8	321 579	79 936	24.9	359 480	75 043	20.9
1 VII 1987	*692 461*	*157 072*	*22.7*	...	...	...	...	...	...
1 VII 1988	*717 346*	*164 525*	*22.9*	...	...	...	...	...	...
1 VII 1989	*742 818*	*172 261*	*23.2*	...	...	...	...	...	...
1 VII 1990	*768 880*	*180 290*	*23.4*	...	...	...	...	...	...
1 VII 1991	*795 534*	*188 628*	*23.7*	...	...	...	...	...	...
1 VII 1992	*832 784*	*197 250*	*23.7*	...	...	...	...	...	...
1 VII 1993	*850 628*	*206 203*	*24.2*	...	...	...	...	...	...
1 VII 1994	*879 081*	*217 309*	*24.7*	...	...	...	...	...	...
1 VII 1995*	*908 119*	*225 074*	*24.8*	...	...	...	...	...	...
Uganda – Ouganda									
12 I 1991(C)	16 671 705	1 889 622	11.3	8 185 747	916 646	11.2	8 485 958	972 976	11.5
United Rep. of Tanzania – Rép.–Unie de Tanzanie									
1 VII 1986	*22 462 000*	*4 086 000*	*18.2*	...	...	...	...	...	...
1 VII 1987	*23 217 000*	*4 369 000*	*18.8*	...	...	...	...	...	...
1 VII 1988	*23 997 000*	*4 670 000*	*19.5*	...	...	...	...	...	...
28 VIII 1988(C)	23 126 310	4 269 462	18.5	11 217 723	2 123 761	18.9	11 908 587	2 145 701	18.0
1 VII 1989	*24 802 000*	*4 991 000*	*20.1*	...	...	...	...	...	...
1 VII 1990	*25 635 000*	*5 333 000*	*20.8*	...	...	...	...	...	...
Zambia – Zambie [2]									
1 VII 1990	*8 073 407*	*3 979 407*	*49.3*	...	...	...	...	...	...
20 VIII 1990(C)*	7 383 097	2 905 283	39.4	3 617 577	1 453 816	40.2	3 765 520	1 451 467	38.5
AMERICA,NORTH— AMERIQUE DU NORD									
Bahamas									
1 V 1990(C)	255 095	213 094	83.5	124 992	103 575	82.9	130 103	109 519	84.2
Belize									
1 VII 1990	*189 000*	*88 028*	*46.6*	*96 000*	*43 216*	*45.0*	*93 000*	*44 812*	*48.2*
12 V 1991(C)	189 774	89 761	47.3	96 289	44 136	45.8	93 485	45 625	48.8
1 VII 1991	*194 000*	*90 374*	*46.6*	*98 000*	*44 117*	*45.0*	*96 000*	*46 257*	*48.2*
1 VII 1992	*199 000*	*92 688*	*46.6*	*101 000*	*45 467*	*45.0*	*98 000*	*47 221*	*48.2*
1 VII 1993	*205 000*	*97 430*	*47.5*	*104 000*	*47 951*	*46.1*	*101 000*	*49 479*	*49.0*
1 VII 1994	*211 000*	*100 285*	*47.5*	*107 000*	*49 335*	*46.1*	*104 000*	...	...
Canada [1]									
3 VI 1986(C)	25 309 330	19 352 085	76.5	12 485 650	9 416 560	75.4	12 823 680	9 935 525	77.5
4 VI 1991(C)	27 296 859	20 906 875	76.6	13 454 580	10 175 035	75.6	13 842 280	10 731 635	77.5

6. Urban and total population by sex: 1986 – 1995 (continued)

Population urbaine et population totale selon le sexe: 1986 – 1995 (suite)

(See notes at end of table. – Voir notes à la fin du tableau.)

Continent, country or area and date / Continent, pays ou zone et date	Both sexes – Les deux sexes: Total	Both sexes – Urban – Urbaine: Number / Nombre	Both sexes – Urban – Urbaine: Per cent / P. 100	Male – Masculin: Total	Male – Urban – Urbaine: Number / Nombre	Male – Urban – Urbaine: Per cent / P. 100	Female – Féminin: Total	Female – Urban – Urbaine: Number / Nombre	Female – Urban – Urbaine: Per cent / P. 100
AMERICA,NORTH— (Cont.-Suite) AMERIQUE DU NORD									
Costa Rica [1]									
1 VII 1990	2 804 769	1 238 658	44.2	1 512 211	...	...	1 481 465	...	...
1 VII 1991	2 871 085	1 271 495	44.3	1 547 718	...	...	1 515 890	...	...
1 VII 1992	2 938 377	1 303 763	44.4	...	...	...	...	...	...
1 VII 1993	3 004 577	1 324 667	44.1	1 455 016	641 216	44.1	1 483 361	683 451	46.1
1 VII 1994	3 070 918	1 352 375	44.0	1 540 055	661 153	42.9	1 530 863	691 222	45.2
Cuba									
1 VII 1986	10 199 276	7 299 526	71.6	5 137 823	3 600 767	70.1	5 061 453	3 698 759	73.1
1 VII 1987	10 301 057	7 426 582	72.1	5 187 621	3 663 683	70.6	5 113 436	3 762 899	73.6
1 VII 1988	10 412 431	7 554 403	72.6	5 242 663	3 728 220	71.1	5 169 768	3 826 183	74.0
1 VII 1989	10 522 796	7 694 443	73.1	5 297 524	3 798 023	71.7	5 225 272	3 896 420	74.6
1 VII 1991	10 743 694	7 955 667	74.0	5 405 363	3 925 667	72.6	5 338 331	4 030 000	75.5
1 VII 1992	10 831 070	8 049 004	74.3	5 447 421	3 973 761	72.9	5 383 649	4 075 243	75.7
1 VII 1993	10 904 466	8 111 613	74.4	5 482 360	4 001 875	73.0	5 422 106	4 109 738	75.8
Dominican Republic – République dominicaine									
1 VII 1986	*6 564 954*	*3 635 658*	*55.4*	*3 335 969*	...	...	*3 228 977*	...	...
1 VII 1987	*6 715 649*	*3 777 702*	*56.3*	*3 412 652*	...	...	*3 302 991*	...	...
1 VII 1988	*6 867 370*	*3 921 513*	*57.1*	...	...	...	...	...	...
1 VII 1989	*7 019 107*	*4 064 811*	*57.9*	...	...	...	...	...	...
1 VII 1990	*7 169 845*	*4 205 313*	*58.7*	...	...	...	...	...	...
1 VII 1991	*7 320 068*	*4 343 211*	*59.3*	...	...	...	...	...	...
1 VII 1992	*7 470 534*	*4 480 109*	*60.0*	...	...	...	...	...	...
1 VII 1993	*7 620 395*	*4 615 596*	*60.6*	...	...	...	...	...	...
1 VII 1994	*7 768 912*	*4 749 370*	*61.1*	...	...	...	...	...	...
1 VII 1995*	*7 915 321*	*4 881 102*	*61.7*	*4 023 015*	*2 411 347*	*59.9*	*3 892 306*	*2 469 755*	*63.5*
El Salvador									
1 VII 1986	*4 948 494*	*2 159 939*	*43.6*	*2 422 143*	*1 029 696*	*42.5*	*2 526 351*	*1 130 243*	*44.7*
1 VII 1987	*5 053 962*	*2 215 505*	*43.8*	*2 482 153*	*1 057 318*	*42.6*	*2 571 809*	*1 158 187*	*45.0*
1 VII 1988	*5 089 999*	*2 272 059*	*44.6*	*2 490 269*	*1 084 846*	*43.6*	*2 599 730*	*1 187 213*	*45.7*
1 VII 1989	*5 193 349*	*2 327 666*	*44.8*	*2 547 862*	*1 112 373*	*43.7*	*2 645 487*	*1 215 293*	*45.9*
1 VII 1991	*5 350 613*	*2 441 391*	*45.6*	*2 624 080*	*1 167 835*	*44.5*	*2 726 533*	*1 273 556*	*46.7*
27 IX 1992(C)	5 118 599	2 581 834	50.4	2 485 613	1 220 024	49.1	2 632 986	1 361 810	51.7
Greenland – Groenland [1]									
1 VII 1986	53 570	42 373	79.1	29 119	...	...	24 451	...	...
1 VII 1987	54 129	42 991	79.4	29 455	...	...	24 674	...	...
1 VII 1988	54 848	43 628	79.5	...	...	...	...	...	...
1 VII 1989	55 365	44 147	79.7	...	...	...	...	...	...
1 VII 1990	55 589	44 456	80.0	...	...	...	...	...	...
1 VII 1991	55 503	44 499	80.2	...	...	...	...	...	...
1 VII 1992	55 251	44 366	80.3	...	...	...	...	...	...
1 VII 1993	55 268	44 472	80.5	...	...	...	...	...	...
1 VII 1994	55 419	44 656	80.6	...	...	...	...	...	...
Guatemala [6]									
1 VII 1990	9 198 448	3 497 910	38.0	...	...	...	...	...	...
1 VII 1991	9 467 029	3 614 420	38.2	...	...	...	...	...	...
1 VII 1992	9 744 627	3 731 787	38.3	...	...	...	...	...	...
1 VII 1994	10 322 109	3 978 444	38.5	...	...	...	...	...	...
1 VII 1995*	10 621 226	4 107 943	38.7	...	...	...	...	...	...
Haiti – Haïti [1]									
1 VII 1986	*5 989 067*	*1 637 211*	*27.3*	...	...	...	...	...	...
1 VII 1987	*6 113 311*	*1 705 486*	*27.9*	...	...	...	...	...	...
1 VII 1988	*6 237 555*	*1 775 510*	*28.5*	...	...	...	...	...	...
1 VII 1989	*6 361 799*	*1 847 289*	*29.0*	...	...	...	...	...	...
1 VII 1990	*6 486 048*	*1 920 830*	*29.6*	...	...	...	...	...	...
1 VII 1991	*6 624 895*	*2 000 547*	*30.2*	...	...	...	...	...	...
1 VII 1992	*6 763 745*	*2 082 204*	*30.8*	...	...	...	...	...	...
1 VII 1993	*6 902 595*	*2 165 805*	*31.4*	...	...	...	...	...	...
1 VII 1994	*7 041 445*	*2 251 351*	*32.0*	...	...	...	...	...	...
1 VII 1995*	*7 180 296*	*2 338 842*	*32.6*	...	...	...	...	...	...

6. Urban and total population by sex: 1986 – 1995 (continued)

Population urbaine et population totale selon le sexe: 1986 – 1995 (suite)

(See notes at end of table. – Voir notes à la fin du tableau.)

Continent, country or area and date Continent, pays ou zone et date	Both sexes – Les deux sexes: Total	Both sexes – Urban – Urbaine: Number / Nombre	Both sexes – Urban – Urbaine: Per cent / P. 100	Male – Masculin: Total	Male – Urban – Urbaine: Number / Nombre	Male – Urban – Urbaine: Per cent / P. 100	Female – Féminin: Total	Female – Urban – Urbaine: Number / Nombre	Female – Urban – Urbaine: Per cent / P. 100
AMERICA,NORTH— (Cont.–Suite) AMERIQUE DU NORD									
Honduras									
1 VII 1986	4 513 940	1 827 332	40.5	...	...	...	...	...	...
1 VII 1987	4 656 440	1 922 058	41.3	...	...	...	...	...	...
V 1988(C)	4 248 561	1 674 944	39.4	2 110 106	793 929	37.6	2 138 455	881 015	41.2
1 VII 1988	4 801 500	2 021 695	42.1	...	...	...	...	...	...
1 VII 1989	4 950 633	2 126 496	43.0	...	...	...	...	...	...
1 VII 1990	5 105 347	2 236 730	43.8	...	...	...	...	...	...
1 VII 1991	5 264 621	2 331 531	44.3	...	...	...	...	...	...
1 VII 1992	5 427 442	2 446 645	45.1	...	...	...	...	...	...
1 VII 1993	5 595 353	2 566 675	45.9	...	...	...	...	...	...
1 VII 1994	5 769 892	2 692 458	46.7	...	...	...	...	...	...
1 VII 1995*	5 952 585	2 824 877	47.5	...	...	...	...	...	...
Nicaragua									
1 VII 1986	3 384 444	1 963 997	58.0	1 692 947	952 441	56.3	1 691 497	1 011 556	59.8
1 VII 1987	3 501 176	2 049 355	58.5	1 752 247	995 163	56.8	1 748 929	1 054 192	60.3
1 VII 1988	3 621 594	2 142 704	59.2	1 813 451	1 041 732	57.4	1 808 143	1 100 972	60.9
1 VII 1989	3 745 031	2 239 025	59.8	1 876 192	1 090 743	58.1	1 868 839	1 148 282	61.4
1 VII 1990	3 870 820	2 338 019	60.4	...	...	...	...	...	...
1 VII 1991	3 999 231	2 439 898	61.0	...	...	...	...	...	...
1 VII 1992	4 130 707	2 544 858	61.6	...	...	...	...	...	...
1 VII 1993	4 264 845	2 652 586	62.2	...	...	...	...	...	...
1 VII 1994	4 401 244	2 762 756	62.8	...	...	...	...	...	...
1 VII 1995*	4 539 499	2 875 051	63.3	...	...	...	...	...	...
Panama [2]									
13 V 1990(C)	2 329 329	1 151 555	49.4	1 178 790	607 025	51.5	1 150 539	644 530	56.0
1 VII 1990	2 397 538	1 286 856	53.7	1 214 528	625 346	51.5	1 183 010	661 936	56.0
1 VII 1991	2 442 514	1 318 459	54.0	1 236 818	641 916	51.9	1 205 696	676 543	56.1
1 VII 1992	2 488 333	1 350 002	54.3	1 259 517	657 496	52.2	1 228 816	692 506	56.4
1 VII 1993	2 535 012	1 381 542	54.5	1 282 633	673 074	52.5	1 252 379	708 468	56.6
1 VII 1994	2 582 566	1 413 083	54.7	1 306 173	688 653	52.7	1 276 393	724 430	56.8
1 VII 1995*	2 631 013	1 444 622	54.9	1 330 145	704 231	52.9	1 300 868	740 391	56.9
Puerto Rico – Porto Rico									
1 IV 1990(C) [1,7]	3 522 037	2 508 346	71.2	1 705 642	1 198 085	70.2	1 816 395	1 310 261	72.1
United States – Etats-Unis									
1 IV 1990(C) [1,8,9]	248 709 873	187 053 487	75.2	121 239 418	90 386 114	74.6	127 470 455	96 667 373	75.8
AMERICA,SOUTH— AMERIQUE DU SUD									
Bolivia – Bolivie									
3 VI 1992(C)	6 420 792	3 694 846	57.5	3 171 265	1 793 445	56.6	3 249 527	1 901 401	58.5
Brazil – Brésil									
1 IX 1991(C) [1,10]	146 825 475	110 990 990	75.6	72 485 122	53 854 256	74.3	74 340 353	57 136 734	76.9
Chile – Chili									
1 VII 1986	12 327 030	10 302 613	83.6	6 085 008	4 984 901	81.9	6 242 022	5 317 712	85.2
1 VII 1987	12 536 374	10 509 512	83.8	6 189 092	5 087 692	82.2	6 347 282	5 421 820	85.4
1 VII 1988	12 748 207	10 718 888	84.1	6 294 428	5 191 835	82.5	6 453 779	5 527 053	85.6
1 VII 1989	12 961 032	10 931 787	84.3	6 400 207	5 297 921	82.8	6 560 825	5 633 866	85.9
1 VII 1990	13 099 513	10 888 486	83.1	6 471 912	5 281 043	81.6	6 627 601	5 607 443	84.6
1 VII 1991	13 319 726	11 109 294	83.4	6 582 343	5 392 054	81.9	6 737 383	5 717 240	84.9
22 IV 1992(C)	13 348 401	11 140 405	83.5	6 553 254	5 364 760	81.9	6 795 147	5 775 645	85.0
1 VII 1992	13 544 964	11 335 101	83.7	6 695 425	5 505 686	82.2	6 849 539	5 829 415	85.1
1 VII 1993	13 771 187	11 561 902	84.0	6 809 060	5 619 865	82.5	6 962 127	5 942 037	85.3
1 VII 1994	13 994 355	11 785 639	84.2	6 921 150	5 732 505	82.8	7 073 205	6 053 134	85.6
1 VII 1995*	14 210 429	12 002 308	84.5	7 029 597	5 841 532	83.1	7 180 832	6 160 776	85.8

6. Urban and total population by sex: 1986 – 1995 (continued)

Population urbaine et population totale selon le sexe: 1986 – 1995 (suite)

(See notes at end of table. – Voir notes à la fin du tableau.)

Continent, country or area and date — Continent, pays ou zone et date	Both sexes – Les deux sexes: Total	Both sexes – Urban – Urbaine: Number / Nombre	Both sexes – Urban – Urbaine: Per cent / P. 100	Male – Masculin: Total	Male – Urban – Urbaine: Number / Nombre	Male – Urban – Urbaine: Per cent / P. 100	Female – Féminin: Total	Female – Urban – Urbaine: Number / Nombre	Female – Urban – Urbaine: Per cent / P. 100
AMERICA,SOUTH— (Cont.–Suite) AMERIQUE DU SUD									
Ecuador – Equateur [11]									
1 VII 1986	9 329 636	4 866 832	52.2	4 641 663	...	...	4 637 973	...	...
1 VII 1987	9 561 489	5 065 657	53.0	4 807 930	...	...	4 753 559	...	...
1 VII 1988	9 794 477	5 268 062	53.8	4 924 686	...	...	4 869 790	...	...
1 VII 1989	10 028 670	5 474 040	54.6	5 041 991	...	...	4 986 680	...	...
1 VII 1990	10 264 137	5 683 585	55.4	5 159 900	...	...	5 104 237	...	...
25 XI 1990(C)	9 648 189	5 345 858	55.4	4 796 412	2 597 107	54.1	4 851 777	2 748 751	56.7
1 VII 1991	10 501 529	5 897 427	56.2	5 278 737	...	...	5 222 792	...	...
1 VII 1992	10 740 799	6 115 572	56.9	5 398 462	3 007 784	55.7	5 342 337	3 107 789	58.2
1 VII 1993	10 980 972	6 492 485	59.1	5 518 593	3 194 719	57.9	5 462 379	3 297 766	60.4
1 VII 1994	11 221 070	6 560 382	58.5	5 638 647	...	...	5 582 423	...	...
1 VII 1995*	11 460 117	6 784 855	59.2	5 758 141	...	...	5 701 976	...	...
Falkland Islands (Malvinas)– Iles Falkland (Malvinas)									
16 XI 1986(C)	1 878	1 231	65.5	994	626	63.0	884	605	68.4
5 III 1991(C)	2 050	1 557	76.0	1 095	814	74.3	955	743	77.8
Paraguay									
26 VIII 1992(C) [12]	4 152 588	2 089 684	50.3	2 085 905	1 007 400	48.3	2 066 683	1 082 288	52.4
Peru – Pérou [6, 10]									
1 VII 1986	19 840 357	13 538 691	68.2	9 990 901	6 771 882	67.8	9 849 456	6 766 809	68.7
1 VII 1987	20 261 439	13 936 356	68.8	10 201 555	6 968 010	68.3	10 059 884	6 968 346	69.3
1 VII 1988	20 684 244	14 335 022	69.3	10 413 017	7 164 607	68.8	10 271 227	7 170 415	69.8
1 VII 1989	21 112 598	14 738 918	69.8	10 627 341	7 363 932	69.3	10 485 257	7 374 986	70.3
1 VII 1990	21 569 271	14 814 128	68.7	10 846 578	7 568 242	69.8	10 703 744	7 584 023	70.9
1 VII 1991	21 998 261	15 576 912	70.8	11 071 166	7 778 518	70.3	10 927 095	7 798 394	71.4
1 VII 1992	22 453 867	16 010 043	71.3	11 299 736	7 993 254	70.7	11 154 131	8 016 789	71.9
11 VII 1993(C)	22 048 350	15 458 599	70.1	10 956 375	7 606 489	69.4	11 091 981	7 852 110	70.8
1 VII 1995*	23 531 701	16 758 691	71.2	11 688 601	...	...	11 843 100	...	...
Uruguay [6]									
1 VII 1986	3 025 264	2 651 301	87.6	1 476 854	1 259 551	85.3	1 548 410	1 391 750	89.9
1 VII 1987	3 042 356	2 675 616	87.9	1 484 685	1 271 359	85.6	1 557 671	1 404 257	90.2
1 VII 1988	3 059 545	2 699 888	88.2	1 492 557	1 283 135	86.0	1 566 988	1 416 753	90.4
1 VII 1989	3 076 830	2 724 119	88.5	1 500 470	1 294 880	86.3	1 576 360	1 429 239	90.7
1 VII 1990	3 094 214	2 748 317	88.8	1 508 426	1 306 600	86.6	1 585 788	1 441 717	90.9
1 VII 1991	3 112 303	2 772 808	89.1	1 517 095	1 318 907	86.9	1 595 208	1 453 901	91.1
1 VII 1992	3 130 500	2 797 288	89.4	1 525 815	1 331 199	87.2	1 604 685	1 466 089	91.4
1 VII 1993	3 148 803	2 821 758	89.6	1 534 585	1 343 478	87.5	1 614 218	1 478 280	91.6
1 VII 1994	3 167 212	2 846 219	89.9	1 543 405	1 355 742	87.8	1 623 807	1 490 477	91.8
1 VII 1995*	3 185 729	2 870 688	90.1	1 552 276	1 368 001	88.1	1 633 453	1 502 690	92.0
Venezuela [6, 10]									
1 VII 1986	17 526 214	14 424 074	82.3	...	...	...	...	...	...
1 VII 1987	17 973 699	14 873 236	82.8	...	...	...	...	...	...
1 VII 1988	18 422 090	15 325 337	83.2	...	...	...	...	...	...
1 VII 1989	18 871 904	15 776 913	83.6	...	...	...	...	...	...
1 VII 1990	19 325 222	16 231 254	84.0	9 747 375	8 094 783	83.0	9 577 847	8 136 471	85.0
20 X 1990(C)	18 105 265	15 227 740	84.1	9 019 757	...	...	9 085 508	...	...
ASIA—ASIE									
Armenia – Arménie									
1 VII 1986	3 386 800	2 302 600	68.0	...	...	...	...	...	...
1 VII 1987	3 434 500	2 343 500	68.2	...	...	...	...	...	...
1 VII 1988	3 452 800	2 365 700	68.5	1 694 200	1 152 500	68.0	1 758 600	1 213 200	69.0
12 I 1989(C) [1]	3 304 776	2 222 241	67.2	1 619 308	1 077 746	66.6	1 685 468	1 144 495	67.9
1 VII 1989	3 481 800	2 398 100	68.9	1 699 100	1 157 200	68.1	1 782 700	1 240 900	69.6
1 VII 1990	3 544 700	2 456 000	69.3	1 719 400	1 173 900	68.3	1 825 300	1 282 100	70.2
1 VII 1991	3 611 700	2 500 100	69.2	1 751 600	1 193 500	68.1	1 860 100	1 306 600	70.2
1 VII 1992	3 685 600	2 525 700	68.5	1 785 800	1 204 200	67.4	1 899 800	1 321 500	69.6
Azerbaijan – Azerbaïdjan									
12 I 1989(C) [1]	7 021 178	3 805 885	54.2	3 423 793	1 867 911	54.6	3 597 385	1 937 974	53.9

6. Urban and total population by sex: 1986 – 1995 (continued)

Population urbaine et population totale selon le sexe: 1986 – 1995 (suite)

(See notes at end of table. – Voir notes à la fin du tableau.)

Continent, country or area and date / Continent, pays ou zone et date	Both sexes – Les deux sexes			Male – Masculin			Female – Féminin		
	Total	Urban – Urbaine		Total	Urban – Urbaine		Total	Urban – Urbaine	
		Number / Nombre	Per cent / P. 100		Number / Nombre	Per cent / P. 100		Number / Nombre	Per cent / P. 100
ASIA—ASIE (Cont.–Suite)									
Bahrain – Bahreïn									
16 XI 1991(C)	508 037	449 336	88.4	294 346	260 555	88.5	213 691	188 781	88.3
Bangladesh									
1 VII 1986	*101 673 124*	*13 987 902*	*13.8*	*52 396 473*	*7 605 662*	*14.5*	*49 276 651*	*6 382 240*	*13.0*
Brunei Darussalam – Brunéi Darussalam									
7 VIII 1991(C)	260 482	173 411	66.6	137 616	90 607	65.8	122 866	82 804	67.4
Cambodia – Cambodge									
1 VII 1990 [13]	*8 567 582*	*1 081 291*	*12.6*	*3 964 497*	*490 359*	*12.4*	*4 603 085*	*590 932*	*12.8*
China – Chine [14]									
1 VII 1990(C)	1130510 638	296 145 180	26.2	581 820 407	154 178 452	26.5	548 690 231	141 966 728	25.9
Cyprus – Chypre									
1 X 1992(C) [15]	602 025	407 324	67.7	299 614	201 811	67.4	302 411	205 513	68.0
Georgia – Géorgie									
12 I 1989(C) [1]	5 400 841	2 991 352	55.4	2 562 040	1 401 043	54.7	2 838 801	1 590 309	56.0
Hong Kong – Hong-kong									
11 III 1986(C) [16]	5 395 997	5 024 047	93.1	2 772 464	2 576 497	92.9	2 623 533	2 447 550	93.3
India – Inde [17]									
1 III 1991(C)	846 302 688	217 611 012	25.7	439 230 458	114 908 844	26.2	407 072 230	102 702 168	25.2
1 VII 1993	883 910 000	232 203 000	26.3	459 157 000	...	...	424 753 000	...	...
Indonesia – Indonésie									
31 X 1990(C) [18]	179 378 946	55 502 063	30.9	89 463 545	27 733 632	31.0	89 915 401	27 768 431	30.9
Iran (Islamic Republic of – Rép. islamique d')									
22 IX 1986(C)	49 445 010	26 844 561	54.3	25 280 961	13 769 617	54.5	24 164 049	13 074 944	54.1
1 VII 1987	*50 662 037*	*27 776 043*	*54.8*	...	...	...	...	...	...
1 VII 1988	*51 909 019*	*28 739 847*	*55.4*	...	...	...	...	...	...
1 VII 1989	*53 186 694*	*29 737 094*	*55.9*	...	...	...	...	...	...
1 VII 1990	*54 495 817*	*30 768 945*	*56.5*	...	...	...	...	...	...
1 X 1991(C)	*55 837 163*	*31 836 598*	*57.0*	*28 768 450*	*16 435 244*	*57.1*	*27 068 713*	*15 401 354*	*56.9*
1 VII 1992	*57 153 200*	*32 583 039*	*57.0*						
1 VII 1993	*58 480 900*	*33 626 518*	*57.5*						
Iraq									
17 X 1987(C)	16 335 199	11 468 969	70.2	8 395 889	5 951 403	70.9	7 939 310	5 517 566	69.5
1 VII 1990	*17 373 000*	*12 149 800*	*69.9*	*8 730 000*	*6 111 500*	*70.0*	*8 643 000*	*6 038 300*	*69.9*
Israel – Israël [1 6 19]									
1 VII 1986	4 298 800	3 827 000	89.0	2 144 600	...	...	2 154 200	...	...
1 VII 1987	4 368 900	3 884 000	88.9	2 179 000	1 929 000	88.5	2 189 900	1 955 000	89.3
1 VII 1988	4 441 700	3 943 700	88.8	2 215 200	...	...	2 226 500	...	...
1 VII 1989	4 518 200	4 060 200	89.9	2 253 200	...	...	2 265 000	...	...
1 VII 1990	4 660 200	4 193 400	90.0	2 321 000	2 080 500	89.6	2 339 100	2 113 800	90.4
1 VII 1991	4 946 300	4 454 800	90.1	2 458 300	...	...	2 487 900	...	...
1 VII 1992	5 123 300	4 604 700	89.9	2 542 900	2 276 300	89.5	2 580 400	2 328 400	90.2
1 VII 1993	5 261 400	4 723 500	89.8	2 609 400	2 333 200	89.4	2 652 000	2 390 300	90.1
1 VII 1994	5 399 300	4 843 800	89.7	2 675 800	2 390 900	89.4	2 723 500	2 453 000	90.1
Japan – Japon									
1 X 1990(C) [20]	123 611 167	95 643 521	77.4	60 696 724	47 124 420	77.6	62 914 443	48 519 101	77.1
Kazakstan									
1 VII 1986	16 019 200	9 045 500	56.5	...	...	...	...	...	...
1 VII 1987	16 166 597	9 155 437	56.6	7 814 842	4 350 720	55.7	8 351 755	4 804 717	57.5
1 VII 1988	16 361 752	9 318 010	56.9	7 919 170	4 430 406	55.9	8 442 582	4 887 604	57.9
12 I 1989(C) [1]	16 536 511	9 465 351	57.2	8 012 985	4 511 090	56.3	8 523 526	4 954 261	58.1
1 VII 1989	16 536 959	9 458 345	57.2	8 013 521	4 500 507	56.2	8 523 438	4 957 838	58.2
1 VII 1990	16 669 700	9 564 437	57.4	8 086 627	4 555 346	56.3	8 583 073	5 009 091	58.4
1 VII 1991	16 806 400	9 659 500	57.5	8 159 900	4 602 300	56.4	8 646 500	5 057 200	58.5
1 VII 1992	16 902 700	9 684 400	57.3	8 211 040	4 613 957	56.2	8 691 660	5 070 443	58.3
1 VII 1993	16 892 056	9 573 403	56.7	8 210 471	4 560 033	55.5	8 681 585	5 013 370	57.7
Korea, Dem. People's Rep. of – Corée, rép. populaire dém. de									
31 XII 1993(C)	21 213 378	12 501 217	58.9	10 329 699	5 951 077	57.6	10 883 679	6 550 140	60.2

6. Urban and total population by sex: 1986 – 1995 (continued)

Population urbaine et population totale selon le sexe: 1986 – 1995 (suite)

(See notes at end of table. – Voir notes à la fin du tableau.)

Continent, country or area and date / Continent, pays ou zone et date	Both sexes – Les deux sexes: Total	Both sexes – Urban – Urbaine: Number / Nombre	Both sexes – Urban – Urbaine: Per cent / P. 100	Male – Masculin: Total	Male – Urban – Urbaine: Number / Nombre	Male – Urban – Urbaine: Per cent / P. 100	Female – Féminin: Total	Female – Urban – Urbaine: Number / Nombre	Female – Urban – Urbaine: Per cent / P. 100
ASIA—ASIE (Cont.–Suite)									
Korea, Republic of– Corée, République de									
1 XI 1990(C) [21]	43 410 899	32 308 970	74.4	21 782 154	16 199 493	74.4	21 628 745	16 109 477	74.5
Kyrgyzstan – Kirghizistan									
1 VII 1986	4 092 600	1 552 800	37.9	1 992 100	737 900	37.0	2 100 500	814 900	38.8
1 VII 1987	4 173 300	1 584 800	38.0	2 033 600	752 900	37.0	2 139 700	831 900	38.9
1 VII 1988	4 249 800	1 620 200	38.1	2 073 200	769 400	37.1	2 176 600	850 800	39.1
12 I 1989(C) [1]	4 257 755	1 624 535	38.2	2 077 623	770 066	37.1	2 180 132	854 469	39.2
1 VII 1989	4 326 800	1 651 200	38.2	2 113 400	784 400	37.1	2 213 400	866 800	39.2
1 VII 1990	4 394 700	1 674 000	38.1	2 150 000	796 400	37.0	2 244 700	877 700	39.1
1 VII 1991	4 453 300	1 690 800	38.0	2 182 500	805 500	36.9	2 270 900	885 400	39.0
1 VII 1992	4 493 300	1 688 100	37.6	...	...	...	...	...	...
1 VII 1993	4 482 300	1 633 600	36.4	2 207 400	782 400	35.4	2 274 900	851 200	37.4
1 VII 1994	4 473 000	1 581 500	35.4	2 205 500	760 000	34.5	2 267 500	821 500	36.2
1 VII 1995*	4 667 500	1 836 500	39.3	...	...	...	...	...	...
Malaysia – Malaisie									
14 VIII 1991(C)	17 566 982	8 896 225	50.6	8 861 124	4 464 187	50.4	8 705 858	4 432 038	50.9
Maldives									
8 III 1990(C)	213 215	55 130	25.9	109 336	30 150	27.6	103 879	24 980	24.0
Mongolia – Mongolie									
5 I 1989(C)	2 043 400	1 165 900	57.1	...	...	...	...	...	...
Philippines [1 2]									
1 VII 1986	56 004 130	22 665 184	40.5	28 112 404	...	...	27 891 726	...	...
1 VII 1987	57 356 042	23 530 304	41.0	28 795 983	...	...	28 560 059	...	...
1 VII 1988	58 721 307	24 416 144	41.6	29 486 544	...	...	29 234 763	...	...
1 VII 1989	60 096 988	25 321 600	42.1	30 182 591	...	...	29 914 397	...	...
1 V 1990(C)	60 559 116	29 440 153	48.6	30 443 187	14 546 463	47.8	30 115 929	14 893 690	49.5
1 VII 1990	61 480 180	26 245 568	42.7	30 882 646	...	...	30 597 534	...	...
Syrian Arab Republic – République arabe syrienne [22]									
1 VII 1986	10 612 000	5 208 000	49.1	5 420 000	2 692 000	49.7	5 192 000	2 516 000	48.5
1 VII 1987	10 969 000	5 428 000	49.5	5 603 000	2 805 000	50.1	5 366 000	2 623 000	48.9
1 VII 1988	11 338 000	5 672 000	50.0	5 793 000	2 932 000	50.6	5 545 000	2 740 000	49.4
1 VII 1989	11 719 000	5 855 000	50.0	5 986 000	3 025 000	50.5	5 733 000	2 830 000	49.4
1 VII 1990	12 116 000	6 087 000	50.2	6 189 000	3 146 000	50.8	5 927 000	2 941 000	49.6
1 VII 1991	12 529 000	6 301 000	50.3	...	...	...	...	...	...
1 VII 1992	12 958 000	6 594 000	50.9	6 620 000	3 408 000	51.5	6 338 000	3 186 000	50.3
1 VII 1993	13 393 000	6 815 000	50.9	6 842 000	3 547 000	51.8	6 551 000	3 268 000	49.9
1 VII 1994	13 844 000	7 112 000	51.4	7 071 000	3 702 000	52.4	6 773 000	3 410 000	50.3
1 VII 1995*	14 315 000	7 397 000	51.7	...	...	...	...	...	...
Tajikistan – Tadjikistan									
1 VII 1986	4 718 600	1 555 100	33.0	...	...	...	...	...	...
1 VII 1987	4 874 400	1 600 300	32.8	...	...	...	...	...	...
1 VII 1988	5 027 000	1 643 600	32.7	...	...	...	...	...	...
1 VII 1989	5 175 000	1 677 600	32.4	2 570 700	...	...	2 604 300	...	...
1 VII 1990	5 303 200	1 685 200	31.8	2 632 500	827 700	31.4	2 670 700	857 500	32.1
1 VII 1991	5 464 500	1 691 600	31.0	2 710 400	826 200	30.5	2 754 100	865 400	31.4
1 VII 1992	5 571 200	1 675 400	30.1	2 764 200	814 500	29.5	2 807 000	860 900	30.7
1 VII 1993	5 637 700	1 643 300	29.1	2 799 200	801 400	28.6	2 838 500	841 900	29.7

6. Urban and total population by sex: 1986 – 1995 (continued)

Population urbaine et population totale selon le sexe: 1986 – 1995 (suite)

(See notes at end of table. – Voir notes à la fin du tableau.)

Continent, country or area and date / Continent, pays ou zone et date	Both sexes – Les deux sexes: Total	Both sexes – Urban – Urbaine: Number / Nombre	Both sexes – Urban – Urbaine: Per cent / P. 100	Male – Masculin: Total	Male – Urban – Urbaine: Number / Nombre	Male – Urban – Urbaine: Per cent / P. 100	Female – Féminin: Total	Female – Urban – Urbaine: Number / Nombre	Female – Urban – Urbaine: Per cent / P. 100
ASIA—ASIE (Cont.–Suite)									
Thailand – Thaïlande									
1 IV 1990(C)* [1]	54 532 300	10 206 900	18.7	27 031 200	4 941 000	18.3	27 501 100	5 265 900	19.1
Turkey – Turquie									
1 VII 1986	51 432 500	27 704 600	53.9	...	...	...	...	...	...
1 VII 1987	52 561 200	28 946 800	55.1	...	...	...	...	...	...
1 VII 1988	53 714 700	30 227 000	56.3	27 243 400	...	...	26 471 300	...	...
1 VII 1989	54 893 500	31 545 400	57.5	27 826 800	...	...	27 066 700	...	...
1 VII 1990	56 098 100	32 902 300	58.7	28 417 600	17 035 500	59.9	27 680 500	15 866 700	57.3
21 X 1990(C)*	56 473 035	33 326 351	59.0	28 607 047	17 247 553	60.3	27 865 988	16 078 798	57.7
1 VII 1991	57 325 800	34 293 900	59.8	29 027 600	...	...	28 298 200	...	...
1 VII 1992	58 583 800	35 728 200	61.0	29 647 000	...	...	28 936 800	...	...
1 VII 1993	59 869 400	37 201 500	62.1	30 327 500	...	...	29 541 900	...	...
1 VII 1994	60 576 000	37 464 800	61.8	...	...	...	...	...	...
1 VII 1995*	61 644 000	38 571 700	62.6	...	...	...	...	...	...
Turkmenistan – Turkménistan									
12 I 1989(C) [1]	3 522 717	1 591 148	45.2	1 735 179	783 245	45.1	1 787 538	807 903	45.2
Uzbekistan – Ouzbékistan									
12 I 1989(C) [1]	19 810 077	8 040 963	40.6	9 784 156	3 937 149	40.2	10 025 921	4 103 814	40.9
Viet Nam									
1 VII 1986	*61 109 333*	*11 817 000*	*19.3*	*29 912 001*	...	...	*31 197 332*	...	...
1 VII 1987	*62 452 446*	*12 271 000*	*19.6*	*30 611 596*	...	...	*31 840 850*	...	...
1 VII 1988	*63 727 350*	*12 662 000*	*19.9*	*31 450 047*	...	...	*32 277 303*	...	...
1 VII 1990	*66 233 000*	*13 281 000*	*20.1*	*32 327 000*	...	...	*33 906 000*	...	...
1 VII 1991	*67 774 000*	*13 619 000*	*20.1*	*32 994 000*	...	...	*34 780 000*	...	...
1 VII 1992	*69 405 200*	*13 285 000*	*19.1*	*33 813 900*	...	...	*35 591 300*	...	...
1 VII 1993	*70 982 500*	*13 647 300*	*19.2*	*34 541 300*	...	...	*36 441 200*	...	...
1 VII 1994	*72 509 500*	*14 139 200*	*19.5*	*35 386 400*	...	...	*37 123 100*	...	...
Yemen – Yémen									
1 VII 1988	*10 608 020*	*2 002 570*	*18.9*	...	...	...	...	...	...
1 VII 1989	*10 947 350*	*2 205 470*	*20.1*	...	...	...	...	...	...
1 VII 1990	*11 279 450*	*2 415 310*	*21.4*	*5 564 070*	...	...	*5 718 300*	...	...
1 VII 1991	*11 612 520*	*2 632 770*	*22.7*	...	...	...	...	...	...
1 VII 1992	*11 952 010*	*2 858 200*	*23.9*	...	...	...	...	...	...
1 VII 1993	*12 301 970*	*3 091 990*	*25.1*	...	...	...	...	...	...
1 VII 1994	*12 671 730*	*3 346 500*	*26.4*	...	...	...	...	...	...
EUROPE									
Albania – Albanie									
1 VII 1986	3 016 200	1 055 700	35.0	1 553 300	536 300	34.5	1 462 900	519 400	35.5
1 VII 1987	3 076 100	1 082 800	35.2	1 584 200	549 500	34.7	1 491 900	533 300	35.7
1 VII 1988	3 138 100	1 111 400	35.4	1 616 100	563 500	34.9	1 522 000	547 900	36.0
12 IV 1989(C)*	3 182 400	1 129 800	35.5	1 638 900	...	...	1 543 500	...	...
1 VII 1989	3 199 233	1 146 506	35.8	1 646 300	581 544	35.3	1 552 900	564 962	36.4
1 VII 1990	3 255 891	1 176 002	36.1	1 674 321	596 112	35.6	1 581 570	579 890	36.7
1 VII 1991	3 254 995	1 195 226	36.7	1 651 254	...	...	1 603 741	...	...
Austria – Autriche									
15 V 1991(C) [1]	7 795 786	5 032 189	64.6	3 753 989	2 386 002	63.6	4 041 797	2 646 187	65.5
Belarus – Bélarus									
1 VII 1986	10 057 500	6 316 000	62.8	...	...	...	...	...	...
1 VII 1987	10 111 200	6 453 500	63.8	...	...	...	...	...	...
1 VII 1988	10 167 000	6 598 600	64.9	...	...	...	...	...	...
12 I 1989(C) [1]	10 199 709	6 678 585	65.5	4 775 835	3 149 649	65.9	5 423 874	3 528 936	65.1
1 VII 1989	10 228 800	6 736 000	65.9	...	...	...	...	...	...
1 VII 1990	10 259 900	6 840 300	66.7	...	...	...	...	...	...
1 VII 1991	10 270 600	6 916 600	67.3	...	...	...	...	...	...
1 VII 1992	10 313 300	6 988 900	67.8	4 847 300	3 284 800	67.8	5 466 000	3 704 100	67.8
1 VII 1993	10 356 500	7 049 700	68.1	4 867 600	3 313 400	68.1	5 488 900	3 736 300	68.1
Bosnia Herzegovina – Bosnie–Herzégovine									
31 III 1991(C) [1]	4 377 033	1 732 795	39.6	...	...	...	...	...	...

6. Urban and total population by sex: 1986 – 1995 (continued)

Population urbaine et population totale selon le sexe: 1986 – 1995 (suite)

(See notes at end of table. – Voir notes à la fin du tableau.)

Continent, country or area and date Continent, pays ou zone et date	Both sexes – Les deux sexes			Male – Masculin			Female – Féminin		
	Total	Urban – Urbaine		Total	Urban – Urbaine		Total	Urban – Urbaine	
		Number Nombre	Per cent P. 100		Number Nombre	Per cent P. 100		Number Nombre	Per cent P. 100
EUROPE (Cont.–Suite)									
Bulgaria – Bulgarie									
1 VII 1986	8 957 638	5 839 302	65.2	4 451 946	2 907 972	65.3	4 505 692	2 931 330	65.1
1 VII 1987	8 971 358	5 921 244	66.0	4 437 666	2 923 029	65.9	4 533 692	2 998 215	66.1
1 VII 1988	8 981 446	5 990 895	66.7	4 438 638	2 956 276	66.6	4 542 808	3 034 619	66.8
1 VII 1989	8 989 476	6 051 093	67.3	4 438 707	2 984 449	67.2	4 550 769	3 066 644	67.4
1 VII 1990	8 990 741	6 097 047	67.8	4 435 274	3 004 845	67.7	4 555 467	3 092 202	67.9
1 VII 1991	8 982 013	6 119 450	68.1	4 427 289	3 012 981	68.1	4 554 724	3 106 469	68.2
1 VII 1992	8 540 272	5 737 350	67.2	4 199 343	2 811 073	66.9	4 340 929	...	...
1 VII 1993	8 472 313	5 712 671	67.4	4 160 386	2 794 209	67.2	4 311 927	2 918 462	67.7
Croatia – Croatie									
1 VII 1989	4 766 857	2 587 755	54.3	2 309 670	1 239 661	53.7	2 457 187	1 348 094	54.9
1 VII 1990	4 777 823	2 593 708	54.3	2 315 308	1 242 687	53.7	2 462 515	1 351 021	54.9
31 III 1991(C)	4 784 265	2 597 205	54.3	2 318 623	1 244 466	53.7	2 465 642	1 352 739	54.9
1 VII 1991	4 785 089	2 597 652	54.3	2 319 139	1 244 743	53.7	2 465 950	1 352 909	54.9
Czech Republic – Rép. tchèque									
1 VII 1986	10 340 737	8 097 747	78.3	...	...	...	...	...	...
1 VII 1987	10 348 834	8 120 881	78.5	...	...	...	...	...	...
1 VII 1988	10 356 359	8 148 865	78.7	...	...	...	...	...	...
1 VII 1989	10 362 257	8 185 883	79.0	...	...	...	...	...	...
1 VII 1990	10 362 740	8 173 907	78.9	...	...	...	...	...	...
3 III 1991(C)	10 302 215	7 745 828	75.2	4 999 935	3 742 716	74.9	5 302 280	4 003 112	75.5
1 VII 1991	10 308 682	7 757 427	75.3	5 003 602	...	...	5 305 082	...	...
1 VII 1992	10 317 807	7 716 953	74.8	5 009 229	...	...	5 308 578	...	...
1 VII 1993	10 330 607	7 719 966	74.7	5 016 950	...	...	5 313 657	...	...
Estonia – Estonie									
1 VII 1986	1 531 971	1 094 816	71.5	712 670	504 726	70.8	819 301	590 090	72.0
1 VII 1987	1 546 489	1 105 693	71.5	720 562	510 378	70.8	825 927	595 315	72.1
1 VII 1988	1 559 587	1 114 649	71.5	727 911	515 170	70.8	831 676	599 479	72.1
12 I 1989(C)	1 565 662	1 118 829	71.5	731 392	517 400	70.7	834 270	601 429	72.1
1 VII 1989	1 568 655	1 121 088	71.5	733 239	518 669	70.7	835 416	602 419	72.1
1 VII 1990	1 571 050	1 122 194	71.4	735 014	519 395	70.7	836 036	602 799	72.1
1 VII 1991	1 566 334	1 116 993	71.3	733 062	516 883	70.5	833 272	600 110	72.0
1 VII 1992	1 544 374	1 095 199	70.9	722 225	506 025	70.1	822 149	589 174	71.7
1 VII 1993	1 516 728	1 068 133	70.4	708 438	492 432	69.5	808 290	575 701	71.2
Finland – Finlande [1]									
1 VII 1986	4 918 154	3 037 980	61.8	2 381 823	...	...	2 536 331	...	...
1 VII 1987	4 932 123	3 047 658	61.8	2 389 367	...	...	2 542 756	...	...
1 VII 1988	4 946 481	3 055 944	61.8	2 397 118	...	...	2 549 363	...	...
1 VII 1989	4 964 371	3 063 263	61.7	2 407 064	...	...	2 557 307	...	...
1 VII 1990	4 986 431	3 073 388	61.6	2 419 482	...	...	2 566 949	...	...
31 XII 1990(C) [1]	4 998 478	3 079 763	61.6	2 426 204	1 464 406	60.4	2 572 274	1 615 357	62.8
1 VII 1991	5 013 740	3 089 746	61.6	...	...	...	...	...	...
1 VII 1992	5 041 992	3 127 364	62.0	...	...	...	...	...	...
1 VII 1993	5 066 447	3 243 196	64.0	...	...	...	...	...	...
1 VII 1994	5 088 333	3 266 117	64.2	2 475 923	1 560 508	63.0	2 612 410	1 705 609	65.3
France [2,3]									
5 III 1990(C)	56 634 299	41 923 233	74.0	27 553 788	20 194 431	73.3	29 080 511	21 728 802	74.7
1 VII 1992	57 373 641	42 379 585	73.9	27 941 946	...	...	29 431 695	...	...

6. Urban and total population by sex: 1986 – 1995 (continued)

Population urbaine et population totale selon le sexe: 1986 – 1995 (suite)

(See notes at end of table. – Voir notes à la fin du tableau.)

Continent, country or area and date Continent, pays ou zone et date	Both sexes – Les deux sexes: Total	Both sexes – Urban – Urbaine: Number Nombre	Both sexes – Urban – Urbaine: Per cent P. 100	Male – Masculin: Total	Male – Urban – Urbaine: Number Nombre	Male – Urban – Urbaine: Per cent P. 100	Female – Féminin: Total	Female – Urban – Urbaine: Number Nombre	Female – Urban – Urbaine: Per cent P. 100
EUROPE (Cont.–Suite)									
Germany – Allemagne [24]	...	...	...	...	...	...	...	...	...
Former German Democratic Republic – Ancienne République dém. allemande [1]									
1 VII 1986	16 624 375	12 739 918	76.6	7 880 864	6 006 828	76.2	8 743 511	6 733 090	77.0
1 VII 1987	16 641 298	12 778 830	76.8	...	...	...	...	...	...
1 VII 1988	16 666 340	12 797 833	76.8	7 951 914	6 076 263	76.4	8 714 426	6 721 570	77.1
1 VII 1989	16 629 750	12 766 153	76.8	7 960 345	6 081 600	76.4	8 669 405	6 684 553	77.1
1 VII 1990	16 247 284	12 401 458	76.3	7 776 885	5 906 444	75.9	8 470 399	6 495 014	76.7
Greece – Grèce									
17 III 1991(C) [25]	10 259 900	6 038 981	58.9	5 055 408	2 914 404	57.6	5 204 492	3 124 577	60.0
Hungary – Hongrie									
1 VII 1986	10 534 296	6 453 254	61.3	...	...	...	...	...	...
1 VII 1987	10 486 429	6 446 144	61.5	...	...	...	...	...	...
1 VII 1988	10 442 541	6 435 275	61.6	...	...	...	...	...	...
1 VII 1989	10 398 261	6 423 099	61.8	...	...	...	...	...	...
1 I 1990(C)	10 374 823	6 417 273	61.9	4 984 904	3 052 894	61.2	5 389 919	3 364 379	62.4
1 VII 1990	10 364 833	6 580 115	63.5	4 978 544	...	...	5 386 289	...	...
1 VII 1991	10 346 039	6 579 066	63.6	4 966 357	...	...	5 379 682	...	...
1 VII 1992	10 323 708	6 575 698	63.7	4 951 970	3 123 691	63.1	5 371 738	3 454 117	64.3
1 VII 1993	10 293 574	6 563 782	63.8	4 933 180	3 113 807	63.1	5 360 394	3 449 975	64.4
1 VII 1994	10 261 323	6 492 931	63.3	4 913 327	3 071 972	62.5	5 347 996	3 420 959	64.0
Iceland – Islande [1]									
1 VII 1986	243 209	217 912	89.6	122 200	108 595	88.9	121 009	109 317	90.3
1 VII 1987	245 962	221 033	89.9	123 543	110 127	89.1	122 419	110 906	90.6
1 VII 1988	249 885	225 305	90.2	125 523	112 293	89.5	124 362	113 012	90.9
1 VII 1989	252 746	228 494	90.4	126 946	113 859	89.7	125 800	114 635	91.1
1 VII 1990	254 788	230 942	90.6	127 895	115 022	89.9	126 893	115 920	91.4
1 VII 1991	257 965	234 453	90.9	129 394	116 728	90.2	128 571	117 725	91.6
1 VII 1992	261 103	237 984	91.1	130 945	...	...	130 158	...	...
1 VII 1993	263 783	240 824	91.3	132 308	120 006	90.7	131 475	120 818	91.9
Ireland – Irlande									
13 IV 1986(C)	3 540 643	1 996 778	56.4	1 769 690	969 003	54.8	1 770 953	1 027 775	58.0
21 IV 1991(C)	3 525 719	2 010 700	57.0	1 753 418	972 111	55.4	1 772 301	1 038 589	58.6
Isle of Man – Ile de Man									
6 IV 1986(C)	64 282	46 764	72.7	30 782	22 255	72.3	33 500	24 509	73.2
Latvia – Lettonie									
1 VII 1986	2 599 892	1 788 864	68.8	...	...	...	...	...	...
1 VII 1987	2 626 583	1 812 595	69.0	...	...	...	...	...	...
1 VII 1988	2 653 434	1 835 289	69.2	...	...	...	...	...	...
12 I 1989(C) [1]	2 666 567	1 888 526	70.8	1 238 806	869 572	70.2	1 427 761	1 018 954	71.4
1 VII 1989	2 669 620	1 849 072	69.3	...	...	...	...	...	...
1 VII 1990	2 670 670	1 850 115	69.3	...	...	...	...	...	...
1 VII 1991	2 662 414	1 841 859	69.2	...	...	...	...	...	...
1 VII 1992	2 631 567	1 813 908	68.9	...	...	...	...	...	...
1 VII 1993	2 586 015	1 783 683	69.0	...	...	...	...	...	...
1 VII 1994	2 547 699	1 761 408	69.1	1 181 408	807 576	68.4	1 366 291	953 832	69.8
Lithuania – Lituanie									
1 VII 1986	3 578 908	2 366 000	66.1	1 687 508	1 111 301	65.9	1 891 400	1 254 699	66.3
1 VII 1987	3 616 374	2 415 296	66.8	1 707 440	1 135 855	66.5	1 908 934	1 279 441	67.0
1 VII 1988	3 654 674	2 463 115	67.4	1 728 219	1 159 869	67.1	1 926 455	1 303 246	67.6
12 I 1989(C) [1]	3 674 802	2 486 832	67.7	1 738 953	1 171 621	67.4	1 935 849	1 315 211	67.9
1 VII 1989	3 691 153	2 506 485	67.9	1 747 134	1 181 301	67.6	1 944 019	1 325 184	68.2
1 VII 1990	3 722 306	2 542 180	68.3	1 762 611	...	...	1 959 760	...	...
1 VII 1991	3 741 751	2 562 889	68.5	1 771 984	1 209 090	68.2	1 969 767	1 353 799	68.7
1 VII 1992	3 741 671	2 558 169	68.4	1 771 413	1 206 613	68.1	1 970 258	1 351 556	68.6
1 VII 1993	3 730 229	2 541 182	68.1	1 764 848	1 197 614	67.9	1 965 381	1 343 568	68.4
1 VII 1994	3 720 852	2 529 920	68.0	1 758 895	1 190 891	67.7	1 961 957	1 339 029	68.2
1 VII 1995*	3 714 795	2 521 744	67.9	1 754 607	1 185 614	67.6	1 960 188	1 336 130	68.2

6. Urban and total population by sex: 1986 – 1995 (continued)

Population urbaine et population totale selon le sexe: 1986 – 1995 (suite)

(See notes at end of table. – Voir notes à la fin du tableau.)

Continent, country or area and date Continent, pays ou zone et date	Both sexes – Les deux sexes: Total	Both sexes – Urban – Urbaine: Number / Nombre	Both sexes – Urban – Urbaine: Per cent / P. 100	Male – Masculin: Total	Male – Urban – Urbaine: Number / Nombre	Male – Urban – Urbaine: Per cent / P. 100	Female – Féminin: Total	Female – Urban – Urbaine: Number / Nombre	Female – Urban – Urbaine: Per cent / P. 100
EUROPE (Cont.–Suite)									
Netherlands – Pays-Bas [1 2 26]									
1 VII 1986	14 563 763	12 886 763	88.5	7 204 429	6 348 862	88.1	7 367 837	6 537 707	88.7
1 VII 1987	14 665 040	12 970 107	88.4	7 248 978	6 388 979	88.1	7 416 062	6 581 128	88.7
1 VII 1988	14 758 362	13 055 945	88.5	7 294 013	6 430 555	88.2	7 464 556	6 625 390	88.8
1 VII 1989	14 848 768	13 154 499	88.6	7 337 405	6 478 137	88.3	7 511 363	6 676 362	88.9
1 VII 1990	14 951 524	13 265 149	88.7	7 389 006	6 534 277	88.4	7 562 518	6 730 872	89.0
1 VII 1991	15 069 591	13 411 247	89.0	7 449 839	6 609 652	88.7	7 619 752	6 801 595	89.3
1 VII 1992	15 184 138	13 512 348	89.0	7 507 827	6 660 446	88.7	7 676 311	6 851 902	89.3
1 VII 1993	15 290 348	9 257 818	60.5	...	...	...	...	...	...
1 VII 1994	15 382 830	9 316 457	60.6	7 606 682	4 563 873	60.0	7 776 149	4 752 580	61.1
Norway – Norvège									
3 XI 1990(C) [1]	4 247 546	3 056 194	72.0	2 099 881	1 488 678	70.9	2 147 665	1 567 516	73.0
Poland – Pologne [27]									
1 VII 1986	37 455 681	22 608 829	60.4	18 268 160	10 852 682	59.4	19 187 521	11 756 147	61.3
1 VII 1987	37 663 756	22 879 384	60.7	18 369 716	10 985 709	59.8	19 294 040	11 893 675	61.6
1 VII 1988	37 862 063	22 832 686	60.3	18 466 797	10 934 542	59.2	19 395 266	11 898 144	61.3
6 XII 1988(C)	37 878 641	23 174 726	61.2	18 464 373	11 120 389	60.2	19 414 268	12 054 337	62.1
1 VII 1989	37 962 808	22 977 270	60.5	18 504 503	10 994 679	59.4	19 458 305	11 982 591	61.6
1 VII 1990	38 118 805	23 198 334	60.9	18 577 970	11 103 897	59.8	19 540 835	12 094 437	61.9
1 VII 1991	38 244 503	23 331 385	61.0	18 633 531	11 168 410	59.9	19 610 972	12 162 975	62.0
1 VII 1992	38 364 729	23 817 297	62.1	18 685 863	11 236 993	60.1	19 678 866	12 237 984	62.2
1 VII 1993	38 459 031	23 747 649	61.7	18 726 070	11 293 109	60.3	19 732 961	12 299 224	62.3
1 VII 1994	38 543 577	23 689 765	61.5	18 763 139	11 339 127	60.4	19 780 438	12 350 638	62.4
1 VII 1995*	38 587 596	23 873 641	61.9	23 873 641	...	...	14 713 955	...	...
Portugal									
15 IV 1991(C)	9 862 540	4 757 134	48.2	4 754 632	2 264 977	47.6	5 107 908	2 492 157	48.8
Republic of Moldova – République de Moldova									
1 VII 1986	4 255 100	1 884 300	44.3	...	...	...	...	...	...
1 VII 1987	4 290 000	1 943 600	45.3	2 039 600	925 100	45.4	2 250 400	1 018 500	45.3
1 VII 1988	4 320 500	2 006 200	46.4	2 054 500	957 300	46.6	2 266 000	1 048 900	46.3
12 I 1989(C) [1]	4 337 592	2 036 407	46.9	2 058 160	975 479	47.4	2 279 432	1 060 928	46.5
1 VII 1989	4 348 700	2 051 700	47.2	2 070 600	984 100	47.5	2 278 100	1 067 500	46.9
1 VII 1990	4 364 000	2 071 500	47.5	2 079 900	994 400	47.8	2 284 100	1 077 100	47.2
1 VII 1991	4 362 700	2 062 900	47.3	2 081 100	991 100	47.6	2 281 600	1 071 800	47.0
1 VII 1992	4 347 800	2 039 200	46.9	...	...	...	...	...	...
Romania – Roumanie									
1 VII 1986	22 823 479	11 540 494	50.6	11 261 467	5 683 325	50.5	11 562 012	5 857 169	50.7
1 VII 1987	22 940 430	11 770 927	51.3	11 319 082	5 796 977	51.2	11 621 348	5 973 950	51.4
1 VII 1988	23 053 552	11 961 847	51.9	11 374 681	5 885 696	51.7	11 678 871	6 076 151	52.0
1 VII 1989	23 151 564	12 311 803	53.2	11 422 472	6 047 000	52.9	11 729 092	6 264 803	53.4
1 VII 1990	23 206 720	12 608 844	54.3	11 449 147	6 184 787	54.0	11 757 573	6 424 057	54.6
1 VII 1991	23 185 084	12 552 407	54.1	11 435 286	6 146 306	53.7	11 749 798	6 406 101	54.5
7 I 1992(C)	22 810 035	12 391 819	54.3	11 213 763	6 047 785	53.9	11 596 272	6 344 034	54.7
1 VII 1992	22 788 969	12 367 358	54.3	11 200 695	6 018 859	53.7	11 588 274	6 348 499	54.8
1 VII 1993	22 755 260	12 406 240	54.5	11 176 390	6 032 330	54.0	11 578 870	6 373 874	55.0
1 VII 1994	22 730 622	12 427 612	54.7	11 156 807	6 037 065	54.1	11 573 815	6 390 547	55.2
Russian Federation – Fédération de Russie									
1 VII 1986	144 155 800	104 464 100	72.5	...	...	...	...	...	...
1 VII 1987	145 386 000	105 950 500	72.9	...	...	...	...	...	...
1 VII 1988	146 493 700	107 282 000	73.2	...	...	...	...	...	...
12 I 1989(C)	147 021 869	107 959 002	73.4	68 713 869	50 332 668	73.2	78 308 000	57 626 334	73.6
1 VII 1989	147 330 500	108 336 600	73.5	...	...	...	...	...	...
1 VII 1990	147 913 000	109 052 000	73.7	...	...	...	...	...	...
1 VII 1991	148 244 800	109 270 600	73.7	...	...	...	...	...	...
1 VII 1992	148 310 200	108 833 400	73.4	...	...	...	...	...	...
1 VII 1993	148 145 900	108 234 100	73.1	...	...	...	...	...	...
1 VII 1994	147 967 813	107 948 598	73.0	69 479 594	50 517 227	72.7	78 488 219	57 431 371	73.2
1 VII 1995*	147 855 050	107 779 850	72.9	...	...	...	...	...	...

6. Urban and total population by sex: 1986 – 1995 (continued)

Population urbaine et population totale selon le sexe: 1986 – 1995 (suite)

(See notes at end of table. – Voir notes à la fin du tableau.)

Continent, country or area and date — Continent, pays ou zone et date	Both sexes – Les deux sexes			Male – Masculin			Female – Féminin		
	Total	Urban – Urbaine		Total	Urban – Urbaine		Total	Urban – Urbaine	
		Number — Nombre	Per cent — P. 100		Number — Nombre	Per cent — P. 100		Number — Nombre	Per cent — P. 100
EUROPE (Cont.–Suite)									
San Marino – Saint-Marin									
1 VII 1987	22 686	20 517	90.4	11 231	10 144	90.3	11 455	10 373	90.6
1 VII 1988	22 634	20 470	90.4	11 143	10 064	90.3	11 491	10 406	90.6
1 VII 1989	22 829	20 647	90.4	11 225	10 138	90.3	11 604	10 509	90.6
1 VII 1992	23 837	21 558	90.4	11 876	10 726	90.3	11 961	10 832	90.6
1 VII 1993	24 360	22 031	90.4	12 118	10 945	90.3	12 242	11 086	90.6
1 VII 1994	24 889	22 505	90.4	12 382	11 194	90.4	12 507	11 311	90.4
Slovakia – Slovaquie									
1 VII 1986	5 192 789	2 928 208	56.4	...	...	...	...	...	...
1 VII 1987	5 223 609	2 978 522	57.0	...	...	...	...	...	...
1 VII 1988	5 251 120	3 026 953	57.6	2 571 170	...	...	2 679 950	...	...
1 VII 1989	5 276 186	3 072 101	58.2	2 582 014	...	...	2 694 172	...	...
1 VII 1990	5 297 774	3 110 161	58.7	2 590 571	...	...	2 707 203	...	...
3 III 1991(C)	5 274 335	2 997 353	56.8	2 574 061	1 450 057	56.3	2 700 274	1 547 296	57.3
1 VII 1991	5 283 404	3 040 831	57.6	2 577 971	...	...	2 705 433	...	...
1 VII 1992	5 306 539	3 036 860	57.2	2 587 606	...	...	2 718 933	...	...
1 VII 1993	5 324 632	3 038 834	57.1	2 594 672	...	...	2 729 960	...	...
1 VII 1994	5 347 413	3 045 894	57.0	2 604 937	1 472 177	56.5	2 742 476	1 573 717	57.4
Slovenia – Slovénie [1]									
1 VII 1988	1 999 988	1 019 398	51.0	970 618	...	...	1 029 370	...	...
1 VII 1989	1 999 404	1 004 971	50.3	969 713	...	...	1 029 691	...	...
1 VII 1990	1 998 090	1 010 705	50.6	969 149	...	...	1 028 941	...	...
31 III 1991(C)	1 965 986	993 049	50.5	952 611	473 672	49.7	1 013 375	519 377	51.3
1 VII 1991	2 001 768	1 011 336	50.5	971 398	...	...	1 030 370	...	...
1 VII 1992	1 995 832	1 011 151	50.7	968 257	...	...	1 027 575	...	...
1 VII 1993	1 990 623	1 002 422	50.4	965 175	478 022	49.5	1 025 448	524 400	51.1
1 VII 1994	1 988 850	997 916	50.2	964 113	475 551	49.3	1 024 737	522 365	51.0
1 VII 1995*	1 983 640	991 075	50.0	...	...	...	...	...	...
Spain – Espagne									
1 III 1991(C)	39 433 942	25 270 359	64.1	19 338 083	12 239 540	63.3	20 095 859	13 030 819	64.8
Sweden – Suède									
1 IX 1990(C) [1]	8 587 353	7 164 769	83.4	4 242 351	3 494 512	82.4	4 345 002	3 670 257	84.5
Switzerland – Suisse [1]									
1 VII 1986	6 504 125	4 516 532	69.4	3 170 147	1 890 928	59.6	3 333 978	2 056 366	61.7
1 VII 1987	6 545 107	4 538 353	69.3	3 190 883	1 897 757	59.5	3 354 224	2 062 075	61.5
1 VII 1988	6 593 387	4 564 408	69.2	3 215 388	1 906 472	59.3	3 377 999	2 069 917	61.3
1 VII 1989	6 646 912	4 592 017	69.1	3 243 229	1 915 779	59.1	3 403 683	2 077 758	61.0
1 VII 1990	6 712 273	4 626 223	68.9	3 277 925	1 928 644	58.8	3 434 348	2 087 622	60.8
4 XII 1990(C)	6 873 687	4 737 376	68.9	3 390 212	2 311 240	68.2	3 483 475	2 426 136	69.6
1 VII 1991	6 799 979	4 649 245	68.4	3 319 314	2 243 759	67.6	3 480 665	2 405 486	69.1
1 VII 1992	6 875 364	4 688 090	68.2	3 357 791	2 264 080	67.4	3 517 573	2 424 010	68.9
1 VII 1993	6 938 265	4 717 847	68.0	3 388 890	2 279 166	67.3	3 549 375	2 438 681	68.7
1 VII 1994	6 993 795	4 744 463	67.8	3 416 116	2 292 412	67.1	3 577 679	2 452 051	68.5
The former Yugoslav Rep. of Macedonia – L'ex Rép. yougoslavie de Macédoine									
31 III 1991(C) [1]	2 033 964	1 181 894	58.1	1 027 352	...	...	1 006 612	...	...
Ukraine									
1 VII 1986	51 025 200	33 311 900	65.3	...	...	...	...	...	...
1 VII 1987	51 260 900	33 731 300	65.8	...	...	...	...	...	...
1 VII 1988	51 484 200	34 163 700	66.4	...	...	...	...	...	...
1 VII 1989	51 770 216	34 716 880	67.1	23 955 650	16 212 532	67.7	27 814 566	18 504 348	66.5
1 VII 1990	51 838 500	34 869 200	67.3	...	...	...	...	...	...
1 VII 1991	52 000 500	35 191 100	67.7	24 126 500	16 471 300	68.3	27 874 000	18 719 800	67.2
1 VII 1993	52 179 267	35 435 832	67.9	24 258 971	16 607 359	68.5	27 920 296	18 828 473	67.4
OCEANIA—OCEANIE									
American Samoa – Samoa américaines									
1 IV 1990(C) [1,7]	46 773	15 599	33.4	24 023	7 931	33.0	22 750	7 668	33.7
Australia – Australie									
30 VI 1986(C) [12]	15 602 156	13 316 945	85.4	7 768 313	6 567 861	84.5	7 833 843	6 749 084	86.2

6. Urban and total population by sex: 1986 – 1995 (continued)

Population urbaine et population totale selon le sexe: 1986 – 1995 (suite)

(See notes at end of table. – Voir notes à la fin du tableau.)

Continent, country or area and date Continent, pays ou zone et date	Both sexes – Les deux sexes			Male – Masculin			Female – Féminin		
	Total	Urban – Urbaine		Total	Urban – Urbaine		Total	Urban – Urbaine	
		Number Nombre	Per cent P. 100		Number Nombre	Per cent P. 100		Number Nombre	Per cent P. 100
OCEANIA—OCEANIE(Cont.–Suite)									
Fiji – Fidji									
1 VII 1986	713 968	276 356	38.7	...	...	...	...	...	...
31 VIII 1986(C)	715 375	277 025	38.7	362 568	138 277	38.1	352 807	138 748	39.3
1 VII 1987	721 133	279 078	38.7	...	...	...	...	...	...
Guam [17]									
1 VII 1986	120 979	47 802	39.5	64 647	...	...	59 198	...	...
1 VII 1987	123 678	48 869	39.5	...	...	...	...	...	...
1 VII 1988	126 437	49 959	39.5	66 000	26 156	39.6	60 437	23 803	39.4
1 VII 1989	129 257	51 074	39.5	67 472	26 738	39.6	61 785	24 334	39.4
1 IV 1990(C)	133 152	50 801	38.2	70 945	27 737	39.1	62 207	23 064	37.1
1 VII 1991	136 226	51 974	38.2	72 583	28 378	39.1	63 643	23 596	37.1
1 VII 1992	139 371	53 174	38.2	74 258	29 033	39.1	65 113	24 141	37.1
1 VII 1993	142 589	54 402	38.2	...	...	...	...	...	...
1 VII 1994	145 881	55 658	38.2	...	...	...	...	...	...
1 VII 1995*	149 249	56 943	38.2	...	...	...	...	...	...
New Caledonia – Nouvelle-Calédonie									
1 VII 1986	157 350	88 486	56.2	...	...	...	...	...	...
4 IV 1989(C)	164 173	97 581	59.4	83 862	49 525	59.1	80 311	48 056	59.8
New Zealand – [28] Nouvelle-Zélande									
4 III 1986(C)	3 307 083	2 768 403	83.7	1 638 354	1 353 792	82.6	1 668 729	1 414 611	84.8
5 III 1991(C)	3 434 952	2 916 381	84.9	1 693 050	1 419 993	83.9	1 496 388	1 496 388	100.0
Tonga									
28 XI 1986(C)	94 649	29 018	30.7	47 611	14 363	30.2	47 038	14 655	31.2
Vanuatu									
16 V 1989(C)	142 944	26 294	18.4	73 674	13 907	18.9	69 270	12 387	17.9

6. Urban and total population by sex: 1986 – 1995 (continued)

Population urbaine et population totale selon le sexe: 1986 – 1995 (suite)

GENERAL NOTES

(C) after date indicates census data. Percentages urban are the number of persons defined as "urban" per 100 total population. For definitions of "urban", see end of table. For method of evaluation and limitations of data, see Technical Notes, page 43.

Italics: estimates which are less reliable.

FOOTNOTES

- * Provisional.
- 1 De jure population.
- 2 Series not strictly comparable due to differences of definitions of "urban".
- 3 Excluding Mayotte.
- 4 Because of rounding, totals are not in all cases the sum of the parts.
- 5 Excluding Bophuthatswana, Ciskei, Transkei and Venda.
- 6 Mid–year estimates have been adjusted for under–enumeration. Census data have not been adjusted for this under–enumeration.
- 7 Including armed forces stationed in the area.
- 8 Excluding civilian citizens absent from country for extended period of time.
- 9 Excluding armed forces overseas.
- 10 Excluding Indian jungle population.
- 11 Excluding nomadic Indian tribes.
- 12 Data have not been adjusted for under–enumeration; for further details, see table 3.
- 13 Excluding foreign diplomatic presonnel and their dependants.
- 14 Covering only the civilian population of 30 provinces, municipalities and autonomous regions. Excluding Jimmen and Mazhu islands.
- 15 For government controlled areas.
- 16 Including 26 106 transients and 9 131 Vietnamese refugees.
- 17 Including data for the Indian–held part of Jammu and Kashmir, the final status of which has not yet been determined.
- 18 Figures provides by Indonesia including East Timor.
- 19 Including data for East Jerusalem and Israeli residents in certain other territories under occupation by Israeli military forces since June 1967.
- 20 Excluding diplomatic personnel outside the country and foreign military and civilian personnel and their dependants stationed in the area.
- 21 Excluding alien armed forces, civilian aliens employed by armed forces, foreign diplomatic personnel and their dependants and Korean diplomatic personnel and their dependants stationed outside the country.
- 22 Including Palestinian refugees numbering 173 936 on 30 June 1973.
- 23 De jure population, but excluding diplomatic personnel outside the country and including foreign diplomatic personnel not living in embassies or consulates.
- 24 All data shown pertaining to Germany prior to 3 October 1990 are indicated separately for the Federal Republic of Germany and the former German Democratic Republic based on their respective territories at the time indicated. See explanatory notes on data pertaining to Germany on page 4.
- 25 Including armed forces stationed outside the country, but excluding alien armed forces stationed in the area.
- 26 Data for urban population exclude persons on the Central Register of Population (containing persons belonging to the Netherlands population but having no fixed municipality of residence). Including semi–urban.
- 27 Excluding civilian aliens within the country, but including civilian nationals temporarily outside the country.
- 28 Excluding diplomatic personnel and armed forces outside the country, the latter numbering 1 936 at 1966 census, also excluding alien armed forces within the country.

NOTES GENERALES

La lettre (C) indique qu'il s'agit de données de recensement. Les pourcentages urbains répresentent le nombre de personnes définies comme vivant dans des "régions urbaines" pour 100 personnes de la population totale. Pour les définitions des "régions urbaines", se reporter à la fin du tableau. Pour la méthode d'évaluation et les insuffisances des données, voir Notes techniques, page 43.
Italiques: estimations moins sûres.

NOTES

- * Données provisoires.
- 1 Population de droit.
- 2 Les séries ne sont pas strictement comparables en raison des différences existant dans la définition des "régions urbaines".
- 3 Excluding Mayotte.
- 4 Les chiffres étant arrondis, les totaux correspondent pas toujours rigoureusement à la somme des chiffres partiels.
- 5 Non compris Bophuthatswana, Ciskei, Transkei et Venda.
- 6 Les estimations au milleu de l'année tiennent compte d'une ajustement destiné à compenser les lacunes du dénombrement. Les données de recensement ne tiennent pas compte de cet ajustement.
- 7 Y compris les militaires en garnison sur le territoire.
- 8 Non compris les civils hors du pays pendant une période prolongée.
- 9 Non compris les militaires à l'étranger.
- 10 Non compris les Indiens de la jungle.
- 11 Non compris les tribus d'Indiens nomades.
- 12 Les données n'ont pas éeté ajustées pour compenser les lacunes de dénombrement; pour plus de détails, voir le tableau 3.
- 13 Non compris les personnes diplomatique étranger et les et les membres de leur famille les accompagnant.
- 14 Pour la population civile seulement de 30 provinces, municipalités et régions autonomes. Non compris les îles de Jimmen et Mazhu.
- 15 Pour les zones controlées par le Gouvernement.
- 16 Y compris 26 106 transients et 9 131 réfugiés du Viet Nam.
- 17 Y compris les données pour la partie du Jammu et Cachemire occupée par l'Inde, dont le statut définitif n'a pas encore été déterminé.
- 18 Les chiffres fournis par l'Indonésie comprennent le Timor oriental.
- 19 Y compris les données pour Jérusalem–Est et les résidents israéliens dans certains autres territoires occupés depuis juin 1967 par les forces armées israéliennes.
- 20 Non compris les personnel diplomatique hors du pays, les militaires et agents civils étrangers en poste sur le territoire et les membres de leur famille les accompagnant.
- 21 Non compris les militaires étrangers, les civils étrangers employés par les forces armées, le personnel diplomatique étranger et les membres de leur famille les accompagnant, le personnel diplomatique coréen hors du pays et les membres de leur famille les accompagnant.
- 22 Y compris les réfugiés de Palestine, au nombre de 173 936 au 30 juin 1973.
- 23 Population de droit, mais non compris le personnel diplomatique hors du pays et y compris le personnel diplomatique qui ne vit pas dans les ambassades et les consulats.
- 24 Toutes les données se rapportant à l'Allemagne avant le 3 octobre 1990 figurent dans deux rubriques séparées basées sur les territoires respectifs de la République fédérale d'Allemagne et l'ancienne République démocratique allemande selon la période indiquée. Voir les notes explicatives sur les données concernant l'Allemagne à la page 4.
- 25 Y compris les militaires en garnison hors du pays, mais non compris les militaires étrangers en garnison sur le territoire.
- 26 Les données pour la population urbaine ne comprennent pas les personnes inscrites sur le Registre central de la population (personnes appartenant à la population néerlandaise mais sans résidence fixe dans l'une des municipalités). Y compris semi–urbaine.
- 27 Non compris les civils étrangers dans le pays, mais y compris les civils nationaux temporairement hors du pays.
- 28 Non compris le personnel diplomatique et les militaires hors du pays, ces derniers au nombre de 1 936 au recensement de 1966; non compris également les militaires étrangers dans le pays.

DEFINITION OF "URBAN"

AFRICA

Benin: Not available.
Botswana: Agglomeration of 5 000 or more inhabitants where 75 per cent of the economic activity is of the non–agricultural type.
Burkina Faso: Not available.
Burundi: Commune of Bujumbura.
Cape Verde: Towns.
Chad: Administrative centrea of prefectures, small prefectures and administrative posts.
Comoros: Administrative centres of prefectures and localities of 5 000 or more inhabitants.
Côte d'Ivoire: Not available.
Egypt: Governorates of Cairo, Alexandria, Port Said, Ismailia, Suez, frontier governorates and capitals of other governorates as well as district capitals (Markaz).

Equatorial Guinea: District centres and localities with 300 dwellings and or 1 500 inhabitants or more.
Ethiopia: Localities of 2 000 or more inhabitants.
Gabon: Not available.
Liberia: Localities of 2 000 or more inhabitants.
Malawi: All townships and town planning areas and all district centres.
Mali: Localities of 5 000 or more inhabitants and district centres.
Mauritius: Towns with proclaimed legal limits.

Morocco: Not available.
Namibia: Not available.
Niger: Not available.
Nigeria: Not available.
Rwanda: Not available.
St. Helena: Jamestown, the capital.
Senegal: Agglomerations of 10 000 or more inhabitants.
Somalia: Not available.
South Africa: Places with some form of local authority.
Sudan: Localities of administrative and/or commercial importance or with population of 5 000 or more inhabitants.
Swaziland: Localities proclaimed as urban.
Uganda: Not available.
United Republic of Tanzania: 16 gazetted townships.
Zambia: Localities of 5 000 or more inhabitants, the majority of whom all depend on non–agricultural activities.

AMERICA, NORTH

Bahamas: Not available.
Belize: Not available.
Canada: Places of 1 000 or more inhabitants, having a population density of 400 or more per square kilometre.
Costa Rica: Administrative centres of cantons.
Cuba: Population living in a nucleus of 2 000 or more inhabitants.
Dominican Republic: Administrative centres of municipios and municipal districts, some of which include suburban zones of rural character.
El Salvador: Administrative centres of municipios.
Greenland: Localities of 200 or more inhabitants.
Guatemala: Municipio of Guatemala Department and officially recognized centres of other departments and municipalities.
Haiti: Administrative centres of communes.
Honduras: Localities of 2 000 or more inhabitants, having essentially urban characteristics.
Nicaragua: Administrative centres of municipios and localities of 1 000 or more inhabitants with streets and electric light.
Panama: Localities of 1 500 or more inhabitants having essentially urban characteristics. Beginning 1970, localities of 1 500 or more inhabitants with such urban characteristics as streets, water supply systems, sewerage systems and electric light.
Puerto Rico: Places of 2 500 or more inhabitants and densely settled urban fringes of urbanized areas.
United States: Places of 2 500 or more inhabitants and urbanized areas.

DEFINITIONS DES "REGIONS URBAINES"

AFRIQUE

Bénin: Définition non communiquée.
Botswana: Agglomération de 5 000 habitants et plus dont 75 p. 100 de l'activité économique n'est pas de type agricole.
Burkina Faso: Définition non communiquée.
Burundi: Commune de Bujumbura.
Cap–Vert: Villes.
Tchad: Chefs–lieux de préfectures, sous–préfectures et postes administratifs.

Comores: Chefs–lieux de préfectures et localités de 5 000 habitants et plus.

Côte d'Ivoire: Définition non communiquée.
Egypt: Chefs–lieux de gouvernements du Caire, d'Alexandrie, de Port Saïd, d'Ismaïlia, de Suez; chefs–lieux de gouvernements frontières, autres chefs–lieux de gouvernements et chefs–lieux de district (Markaz).
Guinée equatoriale: Chef–lieux de district et localités avec 300 maisons et ou 1 500 habitants et plus.
Ethiopia: Localités de 2 000 habitants et plus.
Gabon: Définition non communiquée.
Libérie: Localités de 2 000 habitants et plus.
Malawi: Toutes les villes et zones urbanisées et tous les chefs–lieux de district.
Mali: Localités de 5 000 habitants et plus et chefs–lieux de district.
Maurice: Villes ayant des limites officiellement définies.
Maroc: Définition non communiquée.
Namibie: Définition non communiquée.
Nigér: Définition non communiquée.
Nigéria: Définition non communiquée.
Rwanda: Définition non communiquée.
St. Hélène: La capitale (Jamestown).
Sénégal: Agglomémations de 10 000 habitants et plus.
Somalie: Définition non communiquée.
Afrique du Sud: Zones avec quelque autorité locale.
Soudan: Localités dont le caractère est principalement administrant et/ou commercial ou localités ayant une population de 5 000 habitants et plus.
Swaziland: Localités déclarées urbaines.
Ouganda: Définition non communiquée.
République–Unie de Tanzanie: 16 villes érigées en communes.
Zambie: Localités de 5 000 habitants et plus dont l'activité économique prédominante n'est pas de type agricole.

AMERIQUE DU NORD

Bahamas: Définition non communiquée.
Belize: Définition non communiquée.
Canada: Agglomérations de 1 000 habitants ou plus, ayant une densité de population de 400 ou plus habitants au kilomètre carrée.
Costa Rica: Chefs–lieux des cantons.
Cuba: Population vivant dans des agglomérations de 2 000 habitants ou plus.
République dominicaine: Chefs–lieux de municipios et districts municipaux, dont certains comprennent des zones suburbaines ayant des caractèristiques rurales.
El Salvador: Chefs–lieux de municipios.
Groenland: Localités de 200 ou plus habitants.
Guatemala: Municipio du département de Guatemala et centres officiellement reconnues d'autres départements et municipalités.
Haïti: Chefs–lieux de communes.
Honduras: Localités de 2 000 ou plus ayant des caractèristiques essentiellement urbaines.
Nicaragua: Chefs–lieux de municipios et localités de 1 000 habitants ou plus avec rues et éclairage électrique.
Panama: Localités de 1 500 habitants et plus ayant des caractéristiques essentiellement urbaines. A partir de 1970, localités de 1 500 habitants et plus présentant des caractéristiques urbaines, telles que: rues, éclairage électrique, systèmes d'approvisionnement en eau et systèmes d'égouts.
Porto Rico: Localités de 2 500 habitants et plus et couronne urbaine à forte densité de population des zones urbanizées.
Etats–Unis: Localités de 2 500 habitants et plus et zones urbanisées.

AMERICA, SOUTH

Bolivia: Localities of 2 000 or more inhabitants.
Brazil: Urban and suburban zones of administrative centres of municipios and districts.
Chile: Populated centres which have definite urban characteristics such as certain public and municipal services.
Ecuador: Capitals of provinces and cantons.
Falkland Islands (Malvinas): Town of Stanley.
Paraguay: Cities, towns and administrative centres of departments and districts.
Peru: Populated centres with 100 or more dwellings.
Uruguay: Cities.
Venezuela: Centres with a population of 1 000 or more inhabitants.

ASIA

Armenia: Cities and urban–type localities, offficially designated as such, usually according to the criteria of number of inhabitants and predominance of agricultural, or number of non–agricultural workers and their families.
Azerbaijan: Cities and urban–type localities, offficially designated as such, usually according to the criteria of number of inhabitants and predominance of agricultural, or number of non–agricultural workers and their families.
Bahrain: Communes or villages of 2 500 or more inhabitants.
Bangladesh: Places having a municipality (Pourashava), a town committee (shahar committee) or a cantonment board.
Brunei Darussalam: Not available.
Cambodia: Towns.
China: Not available.
Cyprus: Municipal areas, suburban areas and some villages.
Georgia: Cities and urban–type localities, offficially designated as such, usually according to the criteria of number of inhabitants and predominance of agricultural, or number of non–agricultural workers and their families.
Hong Kong: Areas comprising Hong Kong island, New Kowloon and New Towns in New Territories.
India: Towns (places with municipal corporation, municipal area committee, town committee, notified area committee or cantonment board); also, all places having 5 000 or more inhabitants, a density of not less than 1 000 persons per square mile or 390 per square kilometre, pronounced urban characteristics and at least three fourths of the adult male population employed in pursuits other than agriculture.

Indonesia: Places with urban characteristics.
Iran (Islamic Republic of): All Shahrestan centres, regardless of size, and all places having municipal centres.
Iraq: The area within the boundaries of Municipality Councils (Al–Majlis Al–Baldei).
Israel: All settlements of more than 2 000 inhabitants, except those where at least one third of households, participating in the civilian labour force, earn their living from agriculture.
Japan: City (shi) having 50 000 or more inhabitants with 60 per cent or more of the houses located in the main built–up areas and 60 per cent or more of the population (including their dependants) engaged in manufacturing, trade or other urban type of business. Alternatively, a shi having urban facilities and conditions as defined by the prefectural order is considered as urban.

Kazakstan: Cities and urban–type localities, offficially designated as such, usually according to the criteria of number of inhabitants and predominance of agricultural, or number of non–agricultural workers and their families.
Korea, Dem. People's Rep. of : Not available.
Korea, Republic of: Population living in cities irrespective of size of population.

Kyrgyzstan: Cities and urban–type localities, offficially designated as such, usually according to the criteria of number of inhabitants and predominance of agricultural, or number of non–agricultural workers and their families.
Malaysia: Gazetted areas with population of 10 000 more.
Sabah: Gazetted areas with population of 10 000 or more.
Sarawak: Gazetted areas with population of 10 000 or more.
Maldives: Malé, the capital.
Mongolia: Capital and district centres.
Philippines: Not available.
Syrian Arab Republic: Cities, Mohafaza centres and Mantika centres, and communities with 20 000 or more inhabitants.

AMERIQUE DU SUD

Bolivie: Localités de 2 000 habitants et plus.
Brésil: Zones urbaines et suburbaines des chefs–lieux des municipios et des distritos.

Chili: Centres de peuplement ayant des charactéristiques nettement urbaines dues à la présence de certains services publics et municipaux.
Equateur: Capitales des provinces et chefs–lieux de canton.
Iles Falkland (Malvinas): Ville de Stanley.
Paraguay: Grandes villes, villes et chefs–lieux des départements et des districts.
Pérou: Centres de peuplement de 100 logements ou plus qui sont occupés.
Uruguay: Villes.
Venezuela: Centres de 1 000 habitants et plus.

ASIE

Arménie: Grandes villes et localités de type urbain, officiellement désignées comme telles, généralement sur la base du nombre d'habitants et de la prédominance des travailleurs agricoles ou non agricoles avec leur famille.
Azerbaidjan: Grandes villes et localités de type urbain, officiellement désignées comme telles, généralement sur la base du nombre d'habitants et de la prédominance des travailleurs agricoles ou non agricoles avec leur famille.
Bahrein: Communes ou villages de 2 500 et plus.
Bangladesh: Zones ayant une municipalité (Pourashava), un comité de ville (shahar) ou un comité de zone de cantonnement.
Brunéi Darussalam: Définition non communiquée.
Cambodge: Villes.
Chine: Définition non communiquée.
Chypre: Zones municipales, zones semi–urbaines et quelques villes.
Géorgie: Grandes villes et localités de type urbain, officiellement désignées comme telles, généralement sur la base du nombre d'habitants et de la prédominance des travailleurs agricoles ou non agricoles avec leur famille.
Hong–kong: Comprend les îles de Hong–kong, Kowloon et les Nouvelles villes dans les Nouveaux Territoires.
Inde: Villes (localités dotées d'une charte municipale, d'un comité de zone municipal, d'un comité de zone déclarée urbaine ou d'un comité de zone de cantonnement); également toutes les localités qui ont une population de 5 000 habitants au moins, une densité de population d'au moins 1 000 habitants au mille carré ou 390 au kilomètre carré, des caractéristiques urbaines prononcées et où les trois quarts au moins des adultes du sexe masculin ont une occupation agricole.
Indonésie: Localités présentant des caractéristiques urbaines.
Iran (Rép. islamique): Tous les chefs–lieux de Shahrestan, quelle qu'en soit la dimension, et toutes les agglomérations avec centres municipaux
Iraq: La zone relevant des conseils municipaux (Al–Majlis Al–Baldei).
Israël: Tous les peuplements de plus de 2 000 habitants à l'exception de ceux où le tiers au moins des chefs de ménage faisant partie de la population civile active vivent de l'agriculture.
Japon: Villes (shi), comptant 50 000 habitants ou plus, où 60 p. 100 au moins des habitations sont situées dans les principales zones bâties, et dont 60 p. 100 au moins de population (dépendants compris) vit d'emplois s'exerçant dans les industries manufacturières, le commerce et autres branches d'activités essentiellement urbaines. D'autre part, tout shi possédant les équipements et présentant les caractères definis comme urbains par l'administration préfectorale est consideré comme zone urbaine.
Kazakhstan: Grandes villes et localités de type urbain, officiellement désignées comme telles, généralement sur la base du nombre d'habitants et de la prédominance des travailleurs agricoles ou non agricoles avec leur famille.
Corée, rép. populaire dém. de: Définition non communiquée.
Corée, République de: Population vivant dans les villes irrespectivement de la dimension de la population.
Kirghizistan: Grandes villes et localités de type urbain,officiellement désignées comme telles, généralement sur la base du nombre d'habitants et de la prédominance des travailleurs agricoles ou non agricoles avec leur famille.
Malaisie: Zones déclarées telles et comptant au moins 10 000 habitants.
Sabah: Zones déclarées telles et comptant au moins 10 000 habitants.
Sarawak: Zones déclarées telles et comptant au moins 10 000 habitants.
Maldives: Malé, la capitale.
Mongolia: Capitale et chefs–lieux de district.
Philippines: Définition non communiquée.
République arabe syrienne: Villes, centres de district (Mohafaza) et centres de sous–district (Mantika), et communes de 20 000 habitants et plus.

DEFINITION OF "URBAN"

ASIA

Tajikistan: Cities and urban–type localities, offficially designated as such, usually according to the criteria of number of inhabitants and predominance of agricultural, or number of non–agricultural workers and their families.
Thailand: Municipal areas.
Turkey: Population of the localities within the municipality limits of administrative centres of provinces and districts.
Turkmenistan: Cities and urban–type localities, officially designated as such, usually according to the criteria of number of inhabitants and predominance of agricultural, or number of non–agricultural workers and their families.
Uzbekistan: Cities and urban–type localities, officially designated as such, usually according to the criteria of number of inhabitants and predominance of agricultural, or number of non–agricultural workers and their families.
Viet Nam: Cities, towns and districts with 2 000 or more inhabitants.
Yemen: Not available.

EUROPE

Albania: Towns and other industrial centres of more than 400 inhabitants.
Austria: Communes of more than 5 000 inhabitants.
Belarus: Cities and urban–type localities, officially designated as such, usually according to the criteria of number of inhabitants and predominance of agricultural, or number of non–agricultural workers and their families.
Bosnia Herzegovina: Not available.
Bulgaria: Towns, that is, localities legally established as urban.
Croatia: Not available.
Czech Republic: Localities with 2 000 or more inhabitants.
Estonia: Cities and urban–type localities, officially designated as such, usually according to the criteria of number of inhabitants and predominance of agricultural, or number of non–agricultural workers and their families.
Finland: Urban communes. 1970: Localities.
France: Communes containing an agglomeration of more than 2 000 inhabitants living in contiguous houses or with not more than 200 metres between houses, also communes of which the major portion of the population is part of a multicommunal agglomeration of this nature.
Germany:
Former German Democratic Republic: Communities with 2 000 or more inhabitants.

Greece: Population of municipalities and communes in which the largest population centre has 10 000 or more inhabitants. Including also the population of the 18 urban agglomerations, as these were defined at the census of 1991, namely: Greater Athens, Thessaloniki, Patra, Iraklio, Volos, Chania, Irannina, Chalkida, Agrinio, Kalamata, Katerini, Kerkyra, Salamina, Chios, Egio, Rethymno, Ermoupolis, and Sparti.
Hungary: Budapest and all legally designated towns.

Iceland: Localities of 200 or more inhabitants.
Ireland: Cities and towns including suburbs of 1 500 or more inhabitants.

Isle of Man: Borough of Douglas, town and village districts.

DEFINITIONS DES "REGIONS URBAINES"

ASIA

Tadjikistan: Grandes villes et localités de type urbain, officiellement désignées comme telles, généralement sur la base du nombre d'habitants et de la prédominance des travailleurs agricoles ou non agricoles avec leur famille.
Thaïlande: Zones municipales.
Turquie: Population des localités contenues à l'intérieur des limites municipaux des chefs–lieux des provinces et des districts.
Turkménistan: Grandes villes et localités de type urbain, officiellement désignées comme telles, généralement sur la base du nombre d'habitants et de la prédominance des travailleurs agricoles ou non agricoles avec leur famille.
Ouzbékistan: Grandes villes et localités de type urbain, officiellement désignées comme telles, généralement sur la base du nombre d'habitants et de la prédominance des travailleurs agricoles ou non agricoles avec leur famille.
Viet–Nam: Grand villes, villes et districts de 2 000 habitants et plus.
Yémen: Définition non communiquée.

EUROPE

Albanie: Villes et autres centres industriels de plus de 400 habitants.
Austrie: Communes de plus de 5 000 habitants.
Bélarus: Grandes villes et localités de type urbain, officiellement désignées comme telles, généralement sur la base du nombre d'habitants et de la prédominance des travailleurs agricoles ou non agricoles avec leur famille.
Bosnie–Herzégovine: Définition non communiquée.
Bulgarie: Villes, c'est–à–dire localités reconnues comme urbaines.
Croatie: Définition non communiquée.
Rép. tchèque: Localités de 2 000 habitants et plus.
Estonie: Grandes villes et localités de type urbain, officiellement désignées comme telles, généralement sur la base du nombre d'habitants et de la prédominance des travailleurs agricoles ou non agricoles avec leur famille.
Finlande: Communes urbaines. 1970: Localités.
France: Communes comprenant une agglomération de plus de 2 000 habitants vivant dans des habitations contiguës ou qui ne sont pas distantes les unes des autres de plus de 200 mètres et communes où la majeure partie de la population vit dans une agglomération multicommunale de cette nature.
Allemagne:
Ancienne République démocratique allemande: Agglomérations de 2 000 habitants et plus.
Grèce: Municiplaités et communes de 10 000 habitants et plus pour l'agglomération. Y compris également 18 agglomérations urbaines, selon la définition qui en a été donnée lors du recensement de 1991, a savoir: le Grand Athénes, Thessaloniki, Patra, Iraklio, Volos, Chania, Irannina, Chalkida, Agrinio, Kalamata, Katerini, Kerkyra, Salamina, Chios, Egio, Rethymno, Ermoupolis et Sparti.

Hongrie: Budapest et toutes les autres localités reconnues officiellement comme urbaines.
Islande: Localités de 200 habitants et plus.
Irlande: Villes de toutes dimensions, y compris leur banlieue, comptant 1 500 habitants ou plus.
Ile de Man: Borough de Douglas, villes et chefs–lieus des districts.

DEFINITION OF "URBAN"

EUROPE

Latvia: Cities and urban–type localities, officially designated as such, usually according to the criteria of number of inhabitants and predominance of agricultural, or number of non–agricultural workers and their families.
Lithuania: Cities and urban–type localities, officially designated as such, usually according to the criteria of number of inhabitants and predominance of agricultural, or number of non–agricultural workers and their families.
Netherlands: Urban: Municipalities with a population of 2 000 and more inhabitants. Semi–urban: Municipalities with a population of less than 2 000 but with not more than 20 per cent of their economically active male population engaged in agriculture, and specific residential municipalities of commuters.
Norway: Localities of 200 or more inhabitants.
Poland: Towns and settlements of urban type, e.g. workers' settlements, fishermen's settlements, health resorts.
Portugal: Agglomeration of 10 000 or more inhabitants.
Republic of Moldova: Cities and urban–type localities, officially designated as such, usually according to the criteria of number of inhabitants and predominance of agricultural, or number of non–agricultural workers and their families.
Romania: Cities, municipalities and other towns.
Russian Federation: Cities and urban–type localities, officially designated as such, usually according to the criteria of number of inhabitants and predominance of agricultural, or number of non–agricultural workers and their families.
San Marino: Not available.
Slovakia: 138 cities with 5 000 inhabitants or more.
Slovenia: Not available.
Spain: Localities of 200 or more inhabitants.
Sweden: Not available.
Switzerland: Communes of 10 000 or more inhabitants, including suburbs.
The former Yugoslav Rep. of Macedonia: Not available.
Ukraine: Cities and urban–type localities, officially designated as such, usually according to the criteria of number of inhabitants and predominance of agricultural, or number of non–agricultural workers and their families.

OCEANIA

American Samoa: Places of 2 500 or more inhabitants and urbanized areas.
Australia: Population clusters of 1 000 or more inhabitants and some areas of lower population (e.g. holiday areas), if they contain 250 or more dwellings of which at least 100 are occupied.
Fiji: Not available.
Guam: Places of 2 500 or more inhabitants and urbanized areas.
New Caledonia: Nouméa and communes of Païta, Dumbéa and Mont–Dore.
New Zealand: All cities, plus boroughs, town districts, townships and country towns with a population of 1 000 or more.
Tonga: Greater Nuku'alofa (Kolomotu'a and Kolofo'ou Districts).
Vanuatu: Luganville centre and Vila urban.

DEFINITIONS DES "REGIONS URBAINES"

EUROPE

Lettonie: Grandes villes et localités de type urbain, officiellement désignées comme telles, généralement sur la base du nombre d'habitants et de la prédominance des travailleurs agricoles ou non agricoles avec leur famille.
Lituanie: Grandes villes et localités de type urbain, officiellement désignées comme telles, généralement sur la base du nombre d'habitants et de la prédominance des travailleurs agricoles ou non agricoles avec leur famille.
Pays–Bas: Régions urbaines: municipalités de 2 000 habitants et plus. Régions semi–urbaines: municipalités de moins de 2 000 habitants, mais où 20 p. 100 au maximum de la population active du sexe masculin pratiquent l'agriculture, et certaines municipalités de caractère résidential dont les habitants travaillent ailleurs.
Norvège: Localités de 200 habitants it plus.
Pologne: Villes et peuplements de type urbain, par exemple groupements de travailleurs ou de pêcheurs et stations climatiques.
Portugal: Agglomérations de 10 000 habitants et plus.
République de Moldova: Grandes villes et localités de type urbain, officiellement désignées comme telles, généralement sur la base du nombre d'habitants et de la prédominance des travailleurs agricoles ou non agricoles avec leur famille.
Roumanie: Grandes villes, municipalités et autres villes.
Fédération de Russie: Grandes villes et localités de type urbain, officiellement désignées comme telles, généralement sur la base du nombre d'habitants et de la prédominance des travailleurs agricoles ou non agricoles avec leur famille.
Saint–Marin: Définition non communiquée.
Slovaquie: 138 villages de 5 000 habitants et plus.
Slovènie: Définition non communiquée.
Espagne: Localités de 200 habitants it plus.
Suède: Définition non communiquée.
Suisse: Communes de 10 000 habitants et plus, et leurs banlieuses.
L'ex. Rép. Yougolavie de Macedonie: Définition
Ukraine: Grandes villes et localités de type urbain, officiellement désignées comme telles, généralement sur la base du nombre d'habitants et de la prédominance des travailleurs agricoles ou non agricoles avec leur famille.
non communiquée.

OCEANIE

Samoa américaines: Localités de 2 500 habitants et plus et zones urbainisées.
Australie: Agglomérations de 1 000 habitants et plus et certaines zones où la population est moindre (centre de villégiature), si elles contiennent 250 logements et plus dont 100 ou mois sont occupées.
Fidji: Définition non communiquée.
Guam: Localités de 2 500 habitants et plus et zones urbanisées.
Nouvelle–Calédonie: Nouméa et communes de Païta, Dumbéa et Mont–Dore.
Nouvelle–Zélande: Grandes villes, boroughs, chefs–lieux, municipalités et chefs–lieux des comtés de 1 000 habitants et plus.
Tonga: Le Grand Nuku'alofa (les districts de Kolomotu'a et Kolofo'ou).
Vanuatu: Centre Luganville et Vila urbaine.

7. Population by age, sex and urban/rural residence: latest available year, 1986 – 1995

(See notes at end of table.)

	Continent, country or area, sex, date and urban/rural residence Continent, pays ou zone, sexe, date et résidence, urbaine/rurale	Age (in years) All ages Tous âges	– 1	1 – 4	5 – 9	10 – 14	15 – 19	20 – 24	25 – 29	30 – 34
	AFRICA—AFRIQUE									
	Algeria – Algérie 1 VII 1995* [1]									
1	Total	*28 243 000*	*— 3 7	*41 000 —*	*3 688 000*	*3 634 000*	*3 212 000*	*2 746 000*	*2 400 000*	*2 023 000*
2	Male – Masculin	*14 314 000*	*— 1 9	*11 000 —*	*1 887 000*	*1 854 000*	*1 642 000*	*1 403 000*	*1 210 000*	*1 022 000*
3	Female – Féminin	*13 929 000*	*— 1 8	*30 000 —*	*1 801 000*	*1 780 000*	*1 570 000*	*1 343 000*	*1 190 000*	*1 001 000*
	Benin – Bénin 1 VII 1995* [2]									
4	Total	*5 408 463*	*— 1 0	*53 000 —*	*907 000*	*696 000*	*542 000*	*424 000*	*372 000*	*335 000*
5	Male – Masculin	*2 630 779*	*—— 530	*000 ——*	*473 000*	*358 000*	*275 000*	*195 000*	*159 000*	*142 000*
6	Female – Féminin	*2 777 684*	*—— 523	*000 ——*	*434 000*	*338 000*	*267 000*	*229 000*	*213 000*	*193 000*
	Botswana 21 VIII 1991(C) [2]									
7	Total	1 326 796	41 972	151 693	196 614	183 483	152 525	116 883	99 848	80 633
8	Male – Masculin	634 400	20 880	75 796	97 563	89 887	73 112	54 261	45 408	36 620
9	Female – Féminin	692 396	21 092	75 897	99 051	93 596	79 413	62 622	54 440	44 013
	Burkina Faso 30 VI 1991 [2]									
10	Total	*9 190 791*	*285 640*	*1 307 084*	*1 687 532*	*1 220 940*	*884 143*	*610 806*	*551 108*	*451 047*
11	Male – Masculin	*4 492 153*	*144 800*	*651 293*	*849 637*	*630 542*	*483 143*	*304 627*	*228 221*	*180 292*
12	Female – Féminin	*4 698 638*	*140 840*	*655 791*	*837 895*	*590 398*	*401 000*	*306 179*	*322 887*	*270 755*
	Burundi 16 VIII 1990(C) [1]									
13	Total	5 292 793	206 771	784 543	844 741	622 185	493 643	433 976	409 666	363 068
14	Male – Masculin	2 574 126	103 357	390 913	419 743	309 455	243 314	204 321	195 199	175 720
15	Female – Féminin	2 718 667	103 414	393 630	424 998	312 730	250 329	229 655	214 467	187 348
	Cameroon – Cameroun 1 VII 1986* [2 3]									
16	Total	*10 446 409*	*418 405*	*1 527 718*	*1 592 570*	*1 178 113*	*998 795*	*864 175*	*742 827*	*630 790*
17	Male – Masculin	*5 212 483*	*209 841*	*766 409*	*798 946*	*590 539*	*500 525*	*433 757*	*373 298*	*316 739*
18	Female – Féminin	*5 233 926*	*208 564*	*761 309*	*793 624*	*587 574*	*498 270*	*430 418*	*369 529*	*314 051*
	Cape Verde – Cap-Vert 23 VI 1990(C) [2]									
19	Total	341 491	12 322	47 683	51 115	42 403	34 300	32 476	26 353	19 092
20	Male – Masculin	161 494	6 186	23 868	25 660	21 143	17 288	15 833	12 465	8 283
21	Female – Féminin	179 997	6 136	23 815	25 455	21 260	17 012	16 643	13 888	10 809
	Central African Republic – République centrafricaine 8 XII 1988(C)* [2]									
22	Total	2 463 614	86 893	338 552	365 099	273 774	253 262	225 105	198 637	152 618
23	Male – Masculin	1 210 732	43 593	169 653	183 662	143 572	121 902	108 575	94 732	74 363
24	Female – Féminin	1 252 882	43 300	168 899	181 437	130 202	131 360	116 530	103 905	78 255
	Chad – Tchad 8 IV 1993(C) [2 4]									
25	Total	6 193 538	*— 1 1	25 473 —*	1 062 740	777 185	611 145	453 417	454 232	354 363
26	Male – Masculin	3 001 371	*—— 565	539 ——*	534 245	400 917	292 416	204 657	197 509	163 792
27	Female – Féminin	3 192 167	*—— 559	934 ——*	528 495	376 268	318 729	248 760	256 723	190 571
	Côte d'Ivoire 1 III 1988(C) [2]									
28	Total	10 815 694	411 641	1 709 946	1 719 529	1 217 099	1 024 650	1 020 680	906 249	688 645
29	Male – Masculin	5 527 343	208 054	867 206	877 117	630 003	487 774	499 644	455 010	365 078
30	Female – Féminin	5 288 351	203 587	842 740	842 412	587 096	536 876	521 036	451 239	323 567
	Egypt – Egypte 1 VII 1995* [2]									
31	Total	*59 226 000*	*1 758 000*	*6 507 000*	*7 666 000*	*7 218 000*	*6 070 000*	*5 320 000*	*4 625 000*	*3 990 000*
32	Male – Masculin	*30 138 000*	*900 000*	*3 335 000*	*3 930 000*	*3 702 000*	*3 123 000*	*2 736 000*	*2 374 000*	*2 044 000*
33	Female – Féminin	*29 088 000*	*858 000*	*3 172 000*	*3 736 000*	*3 516 000*	*2 947 000*	*2 584 000*	*2 251 000*	*1 946 000*

7. Population selon l'âge, le sexe et la résidence, urbaine/rurale: dernière année disponible, 1986 – 1995

(Voir notes à la fin du tableau.)

Age (en années)												
35 – 39	40 – 44	45 – 49	50 – 54	55 – 59	60 – 64	65 – 69	70 – 74	75 – 79	80 – 84	85 +	Unknown Inconnu	
1 562 000	*1 260 000*	*923 000*	*708 000*	*663 000*	*576 000*	*432 000*	*303 000*	*— 372 000 —*			–	1
799 000	*649 000*	*463 000*	*344 000*	*318 000*	*276 000*	*209 000*	*146 000*	*— 181 000 —*			–	2
763 000	*611 000*	*460 000*	*364 000*	*345 000*	*300 000*	*223 000*	*157 000*	*— 191 000 —*			–	3
267 701	*200 963*	*154 650*	*117 285*	*91 081*	*74 388*	*60 437*	*43 657*	*24 689*	*— 44 612 —*		–	4
119 005	*91 486*	*72 684*	*55 229*	*42 612*	*34 436*	*28 054*	*20 878*	*12 337*	*— 22 058 —*		–	5
148 696	*109 477*	*81 966*	*62 056*	*48 469*	*39 952*	*32 383*	*22 779*	*12 352*	*— 22 554 —*		–	6
66 228	48 198	39 049	33 711	27 749	22 756	19 843	14 729	10 241	6 244	14 397	–	7
29 887	23 197	18 553	16 192	12 746	10 485	8 688	6 857	4 633	3 283	6 352	–	8
36 341	25 001	20 496	17 519	15 003	12 271	11 155	7 872	5 608	2 961	8 045	–	9
394 094	*343 320*	*278 304*	*240 001*	*269 129*	*— 544 2 54 —*						123 389	10
163 644	*143 680*	*126 218*	*127 115*	*114 336*	*— 303 5 08 —*						41 097	11
230 450	*199 640*	*152 086*	*112 886*	*154 793*	*— 240 7 46 —*						82 292	12
266 799	183 473	140 614	135 299	95 777	94 097	57 244	61 584	33 658	27 873	28 171	9 611	13
131 248	85 936	65 088	59 199	44 960	40 322	26 288	27 591	16 060	13 527	15 002	6 883	14
135 551	97 537	75 526	76 100	50 817	53 775	30 956	33 993	17 598	14 346	13 169	2 728	15
533 483	*449 544*	*374 056*	*304 988*	*245 122*	*198 457*	*158 944*	*115 578*	*58 472*	*— 54 372 —*		–	16
267 567	*224 751*	*185 934*	*149 955*	*119 437*	*95 301*	*74 870*	*52 930*	*27 644*	*— 24 040 —*		–	17
265 916	*224 793*	*188 122*	*155 033*	*125 685*	*103 156*	*84 074*	*62 648*	*30 828*	*— 30 332 —*		–	18
13 067	6 873	7 124	10 323	9 702	8 801	5 389	4 698	4 612	3 212	1 946	–	19
5 148	2 697	2 654	3 953	4 017	3 951	2 405	2 069	1 901	1 331	642	–	20
7 919	4 176	4 470	6 370	5 685	4 850	2 984	2 629	2 711	1 881	1 304	–	21
119 143	98 258	88 239	76 145	62 111	49 819	32 962	17 947	9 926	5 677	5 141	4 306	22
56 723	46 835	40 803	35 144	29 576	24 181	16 477	9 346	5 277	2 884	2 751	683	23
62 420	51 423	47 436	41 001	32 535	25 638	16 485	8 601	4 649	2 793	2 390	3 623	24
295 276	*257 420*	*173 788*	*176 935*	*91 049*	*127 259*	*55 406*	*74 940*	*— 78 654 —*			*24 256*	25
137 388	*117 788*	*83 414*	*81 489*	*45 345*	*60 027*	*28 465*	*36 932*	*— 41 237 —*			*10 211*	26
157 888	*139 632*	*90 374*	*95 446*	*45 704*	*67 232*	*26 941*	*38 008*	*— 37 417 —*			*14 045*	27
536 118	393 116	340 537	261 321	209 059	144 109	105 669	54 091	31 071	18 981	16 313	6 870	28
289 644	207 631	182 267	141 965	115 200	79 104	58 495	28 585	16 217	8 404	6 398	3 547	29
246 474	185 485	158 270	119 356	93 859	65 005	47 174	25 506	14 854	10 577	9 915	3 323	30
3 431 000	*2 932 000*	*2 482 000*	*2 074 000*	*1 667 000*	*1 302 000*	*972 000*	*644 000*	*— 568 000 —*			–	31
1 753 000	*1 494 000*	*1 259 000*	*1 034 000*	*816 000*	*620 000*	*456 000*	*299 000*	*— 263 000 —*			–	32
1 678 000	*1 438 000*	*1 223 000*	*1 040 000*	*851 000*	*682 000*	*516 000*	*345 000*	*— 305 000 —*			–	33

7. Population by age, sex and urban/rural residence: latest available year, 1986 – 1995 (continued)

(See notes at end of table.)

	Continent, country or area, sex, date and urban/rural residence / Continent, pays ou zone, sexe, date et résidence, urbaine/rurale	Age (in years) All ages / Tous âges	– 1	1 – 4	5 – 9	10 – 14	15 – 19	20 – 24	25 – 29	30 – 34
	AFRICA—AFRIQUE (Cont.–Suite)									
	Equatorial Guinea – Guinée équatoriale 1 VII 1990									
1	Total	*348 150*	*— 58	720 —*	*48 550*	*41 060*	*35 760*	*31 250*	*24 870*	*19 160*
2	Male – Masculin	*168 870*	*— 29	570 —*	*24 470*	*20 670*	*17 940*	*15 270*	*11 540*	*8 560*
3	Female – Féminin	*179 280*	*— 29	150 —*	*24 080*	*20 390*	*17 820*	*15 980*	*13 330*	*10 600*
	Ethiopia – Ethiopie 1 VII 1995* [2]									
4	Total	*56 677 100*	*— 10 5	10 700 —*	*8 863 800*	*7 931 100*	*6 480 200*	*4 904 300*	*3 494 800*	*2 581 700*
5	Male – Masculin	*28 446 200*	*— 5 3	00 300 —*	*4 484 500*	*4 069 700*	*3 359 800*	*2 554 100*	*1 771 100*	*1 228 800*
6	Female – Féminin	*28 230 900*	*— 5 2	10 400 —*	*4 379 300*	*3 861 400*	*3 120 400*	*2 350 200*	*1 723 700*	*1 352 900*
	Guinea–Bissau – Guinée–Bissau 1 XII 1991(C)*									
7	Total	983 367	32 772	*— 249	498 —*	175 755	103 947	*—	—	– 275 213 –
8	Male – Masculin	476 210	16 338	*— 125	019 —*	90 894	50 051	*—	—	– 121 553 –
9	Female – Féminin	507 157	16 434	*— 124	479 —*	84 861	53 896	*—	—	– 153 660 –
	Kenya 24 VIII 1989(C)									
10	Total	21 443 636	807 672	2 992 372	3 468 939	2 989 692	2 378 695	1 902 934	1 629 763	1 159 424
11	Male – Masculin	10 628 368	406 759	1 504 457	1 743 647	1 504 045	1 177 983	889 594	782 474	583 773
12	Female – Féminin	10 815 268	400 913	1 487 915	1 725 292	1 485 647	1 200 712	1 013 340	847 289	575 651
	Lesotho 1 VII 1987									
13	Total	*1 617 998*	*— 253	666 —*	*220 804*	*184 099*	*154 915*	*134 558*	*117 382*	*102 677*
14	Male – Masculin	*778 998*	*— 125	886 —*	*109 216*	*90 131*	*75 797*	*65 592*	*56 555*	*49 233*
15	Female – Féminin	*839 000*	*— 127	780 —*	*111 588*	*93 968*	*79 118*	*68 966*	*60 827*	*53 444*
	Libyan Arab Jamahiriya – Jamahiriya arabe libyenne 31 VII 1991 [5]									
16	Total	*4 231 600*	*196 349*	*684 751*	*681 400*	*548 699*	*455 098*	*374 199*	*283 301*	*216 401*
17	Male – Masculin	*2 157 200*	*100 092*	*348 208*	*345 500*	*278 200*	*231 399*	*190 700*	*145 300*	*111 601*
18	Female – Féminin	*2 074 400*	*96 257*	*336 543*	*335 900*	*270 499*	*223 699*	*183 499*	*138 001*	*104 800*
	Malawi 1 VII 1991 [2]									
19	Total	*8 556 200*	*— 1 7	28 800 —*	*1 330 000*	*1 074 100*	*870 500*	*719 100*	*592 900*	*485 700*
20	Male – Masculin	*4 173 900*	*— 865	400 —*	*663 100*	*534 300*	*431 800*	*354 600*	*287 000*	*229 400*
21	Female – Féminin	*4 382 300*	*— 863	400 —*	*666 900*	*539 800*	*438 700*	*364 500*	*305 900*	*256 300*
	Mali 1 IV 1987(C) [1 2]									
22	Total	7 696 348	249 363	1 180 197	1 241 526	864 160	725 719	574 357	536 226	443 702
23	Male – Masculin	3 760 711	124 931	593 220	631 761	451 102	347 345	259 552	230 587	198 985
24	Female – Féminin	3 935 637	124 432	586 977	609 765	413 058	378 374	314 805	305 639	244 717
	Mauritania – Mauritanie 24 IV 1993*									
25	Total	*2 147 778*	*— 390	397 —*	*287 946*	*294 024*	*215 166*	*185 066*	*156 811*	*140 238*
26	Male – Masculin	*1 066 298*	*— 196	530 —*	*146 131*	*152 069*	*112 582*	*90 442*	*72 641*	*64 843*
27	Female – Féminin	*1 081 480*	*— 193	867 —*	*141 815*	*141 955*	*102 584*	*94 624*	*84 170*	*75 395*

7. Population selon l'âge, le sexe et la résidence, urbaine/rurale: dernière année disponible, 1986 – 1995 (suite)

(Voir notes à la fin du tableau.)

Age (en années)												
35 – 39	40 – 44	45 – 49	50 – 54	55 – 59	60 – 64	65 – 69	70 – 74	75 – 79	80 – 84	85 +	Unknown Inconnu	
15 740	14 360	13 730	12 490	10 280	8 300	6 200	4 090	2 340	*— 1 250	—*	–	1
7 040	6 370	6 220	6 010	5 060	3 960	2 850	1 820	1 010	*— 510	—*	–	2
8 700	7 990	7 510	6 480	5 220	4 340	3 350	2 270	1 330	*— 740	—*	–	3
2 266 800	2 163 500	1 960 100	1 616 700	1 255 500	962 400	696 000	465 800	*—	– 523 700	—*	–	4
1 018 000	979 500	932 500	802 400	631 600	479 200	343 400	230 400	*—	– 260 900	—*	–	5
1 248 800	1 184 000	1 027 600	814 300	623 900	483 200	352 600	235 400	*—	– 262 800	—*	–	6
——	——*	*——	——	——	——	146 182	——	——	——	——*	–	7
——	——*	*——	——	——	——	72 355	——	——	——	——*	–	8
——	——*	*——	——	——	——	73 827	——	——	——	——*	–	9
918 893	732 178	574 531	476 524	360 172	318 398	230 668	174 177	127 075	*— 201 529	—*	–	10
460 949	367 933	281 126	235 906	179 017	150 496	113 689	82 965	66 599	*— 96 956	—*	–	11
457 944	364 245	293 405	240 618	181 155	167 902	116 979	91 212	60 476	*— 104 573	—*	–	12
89 253	77 305	67 536	57 025	48 066	38 861	29 873	21 298	12 944	*— 7 736	—*	–	13
42 689	36 613	31 627	26 486	21 890	17 215	13 009	8 880	5 141	*— 3 038	—*	–	14
46 564	40 692	35 909	30 539	26 176	21 646	16 864	12 418	7 803	*— 4 698	—*	–	15
181 701	150 698	123 600	99 900	78 803	60 000	43 800	28 600	*—	– 24 300	—*	–	16
94 101	78 199	64 100	51 501	40 399	30 600	21 900	14 000	*—	– 11 400	—*	–	17
87 600	72 499	59 500	48 399	38 404	29 400	21 900	14 600	*—	– 12 900	—*	–	18
396 600	329 600	274 200	225 300	177 900	135 600	98 100	63 900	35 700	*— 18 200	—*	–	19
182 700	152 200	127 800	105 900	82 300	61 700	44 300	28 400	15 500	*— 7 500	—*	–	20
213 900	177 400	146 400	119 400	95 600	73 900	53 800	35 500	20 200	*— 10 700	—*	–	21
379 184	325 824	263 717	236 346	182 328	180 624	115 973	82 093	41 615	*— 52 930	—*	20 464	22
178 089	156 580	131 802	116 685	95 161	89 512	60 436	40 116	21 030	*— 24 988	—*	8 829	23
201 095	169 244	131 915	119 661	87 167	91 112	55 537	41 977	20 585	*— 27 942	—*	11 635	24
112 705	85 646	68 958	51 822	56 191	27 591	33 265	16 779	*—	– 25 173	—*	–	25
54 208	42 337	32 675	25 394	26 848	14 406	16 093	8 307	*—	– 10 792	—*	–	26
58 497	43 309	36 283	26 428	29 343	13 185	17 172	8 472	*—	– 14 381	—*	–	27

7. Population by age, sex and urban/rural residence: latest available year, 1986 – 1995 (continued)

(See notes at end of table.)

	Continent, country or area, sex, date and urban/rural residence — Continent, pays ou zone, sexe, date et résidence, urbaine/rurale	All ages Tous âges	Age (in years) -1	1 – 4	5 – 9	10 – 14	15 – 19	20 – 24	25 – 29	30 – 34
	AFRICA—AFRIQUE (Cont.–Suite)									
	Mauritius – Maurice 1 VII 1994 [2]									
1	Total	1 112 607	21 362	87 545	95 654	109 323	109 081	94 732	102 409	101 939
2	Male – Masculin	556 979	10 746	44 534	48 685	55 370	55 143	48 542	52 678	52 240
3	Female – Féminin	555 628	10 616	43 011	46 969	53 953	53 938	46 190	49 731	49 699
	Island of Mauritius – Ile Maurice 1 VII 1994									
4	Total	1 077 946	20 647	84 682	91 711	104 147	104 496	91 168	99 873	99 810
5	Male – Masculin	539 715	10 392	43 051	46 720	52 823	52 821	46 718	51 404	51 237
6	Female – Féminin	538 231	10 255	41 631	44 991	51 324	51 675	44 450	48 469	48 573
	Rodrigues 1 VII 1994									
7	Total	34 661	715	2 863	3 943	5 176	4 585	3 564	2 536	2 129
8	Male – Masculin	17 264	354	1 483	1 965	2 547	2 322	1 824	1 274	1 003
9	Female – Féminin	17 397	361	1 380	1 978	2 629	2 263	1 740	1 262	1 126
	Morocco – Maroc 1 VII 1995* [2]									
10	Total	*27 111 000*	*— 3 2	82 000 —*	*3 247 000*	*3 312 000*	*3 102 000*	*2 697 000*	*2 296 000*	*1 951 000*
11	Male – Masculin	*13 310 000*	*— 1 6	76 000 —*	*1 637 000*	*1 693 000*	*1 589 000*	*1 329 000*	*1 078 000*	*918 000*
12	Female – Féminin	*13 801 000*	*— 1 6	06 000 —*	*1 610 000*	*1 619 000*	*1 513 000*	*1 368 000*	*1 218 000*	*1 033 000*
	Mozambique 1 VII 1995*									
13	Total	*17 423 275*	*— 3 1	80 423 —*	*2 549 604*	*2 277 754*	*1 837 503*	*1 536 136*	*1 198 146*	*1 011 342*
14	Male – Masculin	*8 455 842*	*— 1 5	96 620 —*	*1 276 501*	*1 136 490*	*906 294*	*731 887*	*538 092*	*460 179*
15	Female – Féminin	*8 967 433*	*— 1 5	83 803 —*	*1 273 103*	*1 141 264*	*931 209*	*804 249*	*660 054*	*551 163*
	Namibia – Namibie 21 X 1991(C) [2]									
16	Total	1 409 920	49 692	169 173	192 619	176 903	165 555	130 735	110 195	86 156
17	Male – Masculin	686 327	24 848	84 253	95 872	87 836	81 386	63 471	52 369	40 531
18	Female – Féminin	723 593	24 844	84 920	96 747	89 067	84 169	67 264	57 826	45 625
	Niger 20 V 1988(C)* [2]									
19	Total	7 248 100	*— 1 5	40 760 —*	1 280 220	710 900	645 390	592 310	562 410	425 910
20	Male – Masculin	3 590 070	*— 776	020 —*	650 730	380 090	290 790	256 230	245 270	202 220
21	Female – Féminin	3 658 030	*— 764	740 —*	629 490	330 810	354 600	336 080	317 140	223 690
	Réunion 1 I 1993 [1]									
22	Total	631 500	14 200	54 000	63 900	61 100	59 700	56 500	59 800	52 400
23	Male – Masculin	311 200	7 200	27 400	32 400	30 800	30 100	27 800	29 500	26 000
24	Female – Féminin	320 300	7 000	26 600	31 500	30 300	29 600	28 700	30 300	26 400
	Rwanda 15 VIII 1991(C) [1]									
25	Total	7 149 215	*— 1 2	97 225 —*	1 183 060	923 245	711 050	585 070	529 435	481 305
26	Male – Masculin	3 482 460	*— 644	055 —*	583 400	455 165	348 780	282 230	261 830	239 795
27	Female – Féminin	3 666 755	*— 653	170 —*	599 660	468 080	362 270	302 840	267 605	241 510
	St. Helena ex. dep. – Sainte–Hélène sans dép. 1 VII 1994									
28	Total	6 472	69	297	402	548	541	694	637	561
29	Male – Masculin	3 324	40	159	204	268	261	356	320	276
30	Female – Féminin	3 148	29	138	198	280	280	338	317	285

7. Population selon l'âge, le sexe et la résidence, urbaine/rurale: dernière année disponible, 1986 – 1995 (suite)

(Voir notes à la fin du tableau.)

Age (en années)												
35 – 39	40 – 44	45 – 49	50 – 54	55 – 59	60 – 64	65 – 69	70 – 74	75 – 79	80 – 84	85 +	Unknown Inconnu	
88 462	78 056	55 212	40 499	34 876	28 524	26 961	18 042	10 656	5 817	3 457	–	1
45 165	39 563	27 087	19 662	16 569	13 464	12 363	7 969	4 281	2 047	871	–	2
43 297	38 493	28 125	20 837	18 307	15 060	14 598	10 073	6 375	3 770	2 586	–	3
86 546	76 629	54 003	39 219	33 833	27 725	26 412	17 657	10 362	5 678	3 348	–	4
44 167	38 840	26 467	19 046	16 060	13 059	12 111	7 787	4 169	2 002	841	–	5
42 379	37 789	27 536	20 173	17 773	14 666	14 301	9 870	6 193	3 676	2 507	–	6
1 916	1 427	1 209	1 280	1 043	799	549	385	294	139	109	–	7
998	723	620	616	509	405	252	182	112	45	30	–	8
918	704	589	664	534	394	297	203	182	94	79	–	9
1 614 000	1 233 000	894 000	795 000	781 000	640 000	481 000	377 000	*— 409 000 —*			–	10
775 000	603 000	419 000	354 000	349 000	296 000	212 000	180 000	*— 202 000 —*			–	11
839 000	630 000	475 000	441 000	432 000	344 000	269 000	197 000	*— 207 000 —*			–	12
888 077	750 266	609 959	492 379	382 945	285 745	194 848	121 483	65 062	*— 41 603 —*		–	13
425 994	364 036	294 029	233 570	179 022	131 380	86 485	51 974	26 715	*— 16 574 —*		–	14
462 083	386 230	315 930	258 809	203 923	154 365	108 363	69 509	38 347	*— 25 029 —*		–	15
66 533	54 815	43 779	38 219	27 895	28 717	23 199	21 704	10 866	6 592	5 985	588	16
32 045	26 757	21 477	18 664	13 881	12 806	10 135	9 704	4 885	2 794	2 241	372	17
34 488	28 058	22 302	19 555	14 014	15 911	13 064	12 000	5 981	3 798	3 744	216	18
335 370	294 590	193 690	190 910	110 190	125 860	60 160	71 580	30 890	*— 51 750 —*		25 210	19
171 750	147 510	109 810	102 830	66 530	66 500	35 470	35 540	17 130	*— 25 700 —*		9 950	20
163 620	147 080	83 880	88 080	43 660	59 360	24 690	36 040	13 760	*— 26 050 —*		15 260	21
45 400	36 500	28 700	24 800	21 600	16 500	14 000	9 800	6 400	*— 6 200 —*		–	22
22 500	18 400	14 500	12 200	10 400	7 700	6 200	4 000	2 300	*— 1 800 —*		–	23
22 900	18 100	14 200	12 600	11 200	8 800	7 800	5 800	4 100	*— 4 400 —*		–	24
358 200	244 850	175 750	173 205	134 170	126 230	84 070	73 365	*— 68 985 —*			–	25
176 375	118 140	77 880	73 080	61 455	55 100	39 400	32 755	*— 33 020 —*			–	26
181 825	126 710	97 870	100 125	72 715	71 130	44 670	40 610	*— 35 965 —*			–	27
500	474	419	323	234	218	173	146	112	54	70	–	28
281	248	252	195	139	102	72	66	45	22	18	–	29
219	226	167	128	95	116	101	80	67	32	52	–	30

7. Population by age, sex and urban/rural residence: latest available year, 1986 – 1995 (continued)

(See notes at end of table.)

	Continent, country or area, sex, date and urban/rural residence — Continent, pays ou zone, sexe, date et résidence, urbaine/rurale	All ages Tous âges	Age (in years) -1	1-4	5-9	10-14	15-19	20-24	25-29	30-34
	AFRICA—AFRIQUE (Cont.–Suite)									
	St. Helena–Sainte – Sainte–Hélène Tristan da Cunha 1 VII 1993									
1	Total	*295*	*2*	*12*	*16*	*17*	*16*	*33*	*19*	*15*
2	Male – Masculin	*140*	*1*	*9*	*6*	*11*	*2*	*19*	*6*	*8*
3	Female – Féminin	*155*	*1*	*3*	*10*	*6*	*14*	*14*	*13*	*7*
	Sao Tome and Principe – Sao Tomé–et–Principe 4 VIII 1991(C)									
4	Total	117 504	3 918	14 685	19 445	17 055	12 642	9 992	8 178	6 069
5	Male – Masculin	58 040	1 953	7 423	9 820	8 560	6 423	5 005	3 969	2 848
6	Female – Féminin	59 464	1 965	7 262	9 625	8 495	6 219	4 987	4 209	3 221
	Senegal – Sénégal 27 V 1988(C) [1 2]									
7	Total	6 896 808	*— 1 3	19 911 —*	1 127 648	819 035	710 188	560 017	532 033	379 177
8	Male – Masculin	3 353 599	*—— 662	816 ——*	554 176	408 713	333 468	260 066	239 588	181 011
9	Female – Féminin	3 543 209	*—— 657	095 ——*	573 472	410 322	376 720	299 951	292 445	198 166
	Seychelles 1 VII 1994									
10	Total	73 850	1 731	6 340	7 445	7 385	7 262	6 752	7 316	6 824
11	Male – Masculin	36 983	858	3 243	3 755	3 715	3 646	3 332	3 610	3 520
12	Female – Féminin	36 867	873	3 097	3 690	3 670	3 616	3 420	3 706	3 304
	South Africa – Afrique du Sud [6] 7 III 1991(C) [2]									
13	Total	30 986 920	666 821	3 151 740	3 596 812	3 306 221	3 158 990	2 966 754	2 695 491	2 409 874
14	Male – Masculin	15 479 528	332 158	1 593 276	1 813 818	1 663 472	1 587 893	1 494 166	1 372 128	1 234 243
15	Female – Féminin	15 507 392	334 664	1 558 465	1 782 993	1 642 750	1 571 097	1 472 589	1 323 364	1 175 631
	Sudan – Soudan 15 IV 1993(C)*									
16	Total	24 941 000	*— 4 3	05 000 —*	3 786 000	2 627 000	2 445 000	2 255 000	2 026 000	1 624 000
17	Male – Masculin	12 519 000	*— 2 1	73 000 —*	1 911 000	1 285 000	1 247 000	1 158 000	1 028 000	802 000
18	Female – Féminin	12 422 000	*— 2 1	32 000 —*	1 875 000	1 341 000	1 199 000	1 098 000	997 000	822 000
	Swaziland 1 VII 1994 [2]									
19	Total	*879 081*	*37 041*	*132 421*	*144 613*	*121 500*	*93 633*	*70 012*	*57 687*	*48 155*
20	Male – Masculin	*410 924*	*18 600*	*65 956*	*71 780*	*60 333*	*44 135*	*29 528*	*24 529*	*20 874*
21	Female – Féminin	*468 157*	*18 441*	*66 465*	*72 833*	*61 167*	*49 498*	*40 484*	*33 158*	*27 281*
	Tunisia – Tunisie 20 IV 1994(C) [2]									
22	Total	8 785 711	177 191	791 125	1 055 358	1 034 646	939 066	818 718	743 903	656 615
23	Male – Masculin	4 439 289	91 223	405 657	538 919	530 178	478 618	412 463	363 603	326 172
24	Female – Féminin	4 346 422	85 968	385 468	516 439	504 468	460 448	406 255	380 300	330 443
	Uganda – Ouganda 12 I 1991(C) [2]									
25	Total	16 671 705	674 274	2 478 848	2 506 991	2 220 368	1 802 260	1 525 840	1 283 307	945 587
26	Male – Masculin	8 185 747	334 285	1 231 594	1 246 565	1 130 236	865 780	710 213	610 223	465 672
27	Female – Féminin	8 485 958	339 989	1 247 254	1 260 426	1 090 132	936 480	815 627	673 084	479 915
	Zambia – Zambie 20 VIII 1990(C) [2]									
28	Total	7 383 097	252 502	946 026	1 117 831	1 028 246	939 395	710 761	532 783	429 349
29	Male – Masculin	3 617 577	125 355	469 808	553 193	511 845	454 345	329 925	248 186	210 486
30	Female – Féminin	3 765 520	127 147	476 218	564 638	516 401	485 050	380 836	284 597	218 863
	Zimbabwe 1 VII 1994 [2]									
31	Total	*11 150 006*	*— *1 8*	*99 204* —*	*1 559 301*	*1 549 078*	*1 332 552*	*1 097 061*	*806 430*	*635 995*
32	Male – Masculin	*5 442 958*	*—— *939*	*630* ——*	*775 873*	*770 271*	*661 613*	*526 373*	*378 787*	*295 861*
33	Female – Féminin	*5 707 048*	*—— *959*	*574* ——*	*783 428*	*778 807*	*670 939*	*570 688*	*427 643*	*340 134*

7. Population selon l'âge, le sexe et la résidence, urbaine/rurale: dernière année disponible, 1986 – 1995 (suite)

(Voir notes à la fin du tableau.)

Age (en années)												
35 – 39	40 – 44	45 – 49	50 – 54	55 – 59	60 – 64	65 – 69	70 – 74	75 – 79	80 – 84	85 +	Unknown Inconnu	
13	21	22	23	22	13	20	15	7	5	4	–	1
5	10	10	9	13	7	10	8	2	3	1	–	2
8	11	12	14	9	6	10	7	5	2	3	–	3
4 771	3 495	2 965	3 385	3 082	2 643	2 115	1 343	864	504	353	–	4
2 152	1 622	1 378	1 669	1 548	1 288	1 028	657	393	185	119	–	5
2 619	1 873	1 587	1 716	1 534	1 355	1 087	686	471	319	234	–	6
339 714	218 921	219 261	164 223	159 931	108 407	97 971	*—— 140 371 ——*				–	7
158 738	105 298	106 186	83 553	79 531	58 463	51 690	*—— 70 302 ——*				–	8
180 976	113 623	113 075	80 670	80 400	49 944	46 281	*—— 70 069 ——*				–	9
4 975	3 444	2 578	2 421	2 348	2 042	1 647	1 306	997	556	481	–	10
2 814	1 948	1 427	1 208	1 088	939	682	533	369	153	143	–	11
2 161	1 496	1 151	1 213	1 260	1 103	965	773	628	403	338	–	12
2 004 256	1 660 256	1 346 082	1 118 924	891 048	682 748	493 508	406 143	211 050	135 193	85 006	–	13
1 020 907	843 271	674 435	552 975	432 148	313 535	219 243	171 275	84 373	49 036	27 176	–	14
983 348	816 986	671 648	565 947	458 901	369 214	274 265	234 870	126 677	86 159	57 828	–	15
1 359 000	1 109 000	947 000	766 000	603 000	433 000	298 000	195 000	*—— 163 000 ——*			–	16
658 000	526 000	453 000	377 000	308 000	229 000	161 000	109 000	*—— 94 000 ——*			–	17
700 000	582 000	494 000	388 000	295 000	205 000	136 000	85 000	*—— 73 000 ——*			–	18
40 041	33 087	27 071	21 875	17 275	13 131	9 448	6 216	3 564	1 655	656	–	19
17 577	14 609	11 954	9 629	7 523	5 597	3 870	2 408	1 287	549	186	–	20
22 464	18 478	15 117	12 246	9 752	7 534	5 578	3 808	2 277	1 106	470	–	21
560 347	437 893	307 149	270 357	266 740	251 363	173 855	137 177	77 202	58 593	28 413	–	22
282 297	219 789	149 840	133 005	133 154	127 279	91 042	69 561	42 546	30 245	13 698	–	23
278 050	218 104	157 309	137 352	133 586	124 084	82 813	67 616	34 656	28 348	14 715	–	24
692 512	541 048	457 763	428 172	267 235	283 694	175 442	163 153	85 349	*—— 132 320 ——*		7 542	25
339 433	260 825	224 675	207 711	137 998	134 321	88 797	79 266	45 258	*—— 69 454 ——*		3 441	26
353 079	280 223	233 088	220 461	129 237	149 373	86 645	83 887	40 091	*—— 62 866 ——*		4 101	27
296 650	265 561	214 159	191 983	140 789	115 552	73 898	56 509	30 217	15 941	13 779	11 166	28
146 636	126 510	104 291	92 170	74 276	59 054	40 674	31 313	18 347	8 354	7 247	5 562	29
150 014	139 051	109 868	99 813	66 513	56 498	33 224	25 196	11 870	7 587	6 532	5 604	30
536 105	407 549	305 266	283 879	211 904	173 186	122 636	93 751	*—— 136 109 ——*			–	31
249 002	192 799	151 403	136 955	104 325	91 935	63 048	44 545	*—— 60 538 ——*			–	32
287 103	214 750	153 863	146 924	107 579	81 251	59 588	49 206	*—— 75 571 ——*			–	33

7. Population by age, sex and urban/rural residence: latest available year, 1986 – 1995 (continued)

(See notes at end of table.)

	Continent, country or area, sex, date and urban/rural residence — Continent, pays ou zone, sexe, date et résidence, urbaine/rurale	Age (in years): All ages Tous âges	-1	1-4	5-9	10-14	15-19	20-24	25-29	30-34
	AMERICA,NORTH— AMERIQUE DU NORD									
	Aruba									
	6 X 1991(C) [1]									
1	Total	66 687	1 049	4 489	5 497	5 227	4 501	4 413	5 781	6 752
2	Male – Masculin	32 821	573	2 391	2 833	2 654	2 313	2 244	2 859	3 349
3	Female – Féminin	33 866	476	2 098	2 665	2 574	2 188	2 167	2 921	3 403
	Bahamas									
	1 VII 1992									
4	Total	264 175	6 375	23 507	28 195	26 879	27 946	26 414	26 961	22 318
5	Male – Masculin	128 939	3 242	11 826	14 293	13 512	13 905	13 061	13 248	10 663
6	Female – Féminin	135 236	3 133	11 681	13 902	13 367	14 041	13 353	13 713	11 655
	Barbados – Barbade									
	31 XII 1988									
7	Total	255 200	3 694	16 073	20 769	22 593	24 275	25 612	25 062	21 682
8	Male – Masculin	122 300	1 917	8 141	10 404	11 297	12 181	12 855	12 438	10 652
9	Female – Féminin	132 900	1 777	7 932	10 365	11 296	12 094	12 757	12 624	11 030
	Belize									
	1 VII 1993 [2]									
10	Total	_205 000_	_6 747_	_26 161_	_30 434_	_26 657_	_22 444_	_18 661_	_16 086_	_13 019_
11	Male – Masculin	_104 000_	_3 425_	_13 273_	_15 393_	_13 620_	_11 183_	_9 292_	_8 037_	_6 670_
12	Female – Féminin	_101 000_	_3 322_	_12 888_	_15 041_	_13 037_	_11 261_	_9 369_	_8 049_	_6 349_
	Bermuda – Bermudes									
	1 VII 1991 [1]									
13	Total	61 220	*—— 4	030 ——*	4 120	3 940	4 280	4 470	5 020	5 490
14	Male – Masculin	29 840	*—— 2	060 ——*	2 100	1 970	2 170	2 280	2 520	2 650
15	Female – Féminin	31 380	*—— 1	970 ——*	2 020	1 970	2 110	2 190	2 500	2 840
	British Virgin Islands – Iles Vierges britanniques									
	12 V 1991(C) [1 7]									
16	Total	16 115	355	1 255	1 428	1 346	1 219	1 509	1 854	1 732
17	Male – Masculin	8 262	167	645	728	675	604	741	953	879
18	Female – Féminin	7 853	188	610	700	671	615	768	901	853
	Canada									
	1 VII 1994* [1 2]									
19	Total	29 248 064	387 867	1 617 508	1 974 888	1 984 358	1 962 299	2 057 476	2 304 843	2 682 068
20	Male – Masculin	14 482 914	198 667	828 925	1 008 471	1 014 973	1 005 017	1 042 271	1 163 495	1 357 708
21	Female – Féminin	14 765 150	189 200	788 583	966 417	969 385	957 282	1 015 205	1 141 348	1 324 360
	Cayman Islands – Iles Caïmanes									
	15 X 1989(C) [1]									
22	Total	25 355	422	1 595	1 925	1 816	2 053	2 274	2 867	2 711
23	Male – Masculin	12 372	209	803	945	942	966	1 158	1 404	1 297
24	Female – Féminin	12 983	213	792	980	874	1 087	1 116	1 463	1 414
	Costa Rica									
	1 VII 1994 [1 2]									
25	Total	3 070 918	*—— 325	912 ——*	365 061	341 495	312 771	251 480	256 920	*————
26	Male – Masculin	1 540 055	*—— 166	941 ——*	190 570	175 774	159 090	132 799	124 866	*————
27	Female – Féminin	1 530 863	*—— 158	971 ——*	174 491	165 721	153 681	118 681	132 054	*————
	Cuba									
	1 VII 1993 [2]									
28	Total	10 904 466	153 628	713 861	851 564	708 424	892 838	1 142 005	1 168 851	956 389
29	Male – Masculin	5 482 360	79 756	365 707	435 889	363 661	454 153	580 099	589 824	478 332
30	Female – Féminin	5 422 106	73 872	348 154	415 675	344 763	438 685	561 906	579 027	478 057

7. Population selon l'âge, le sexe et la résidence, urbaine/rurale: dernière année disponible, 1986 – 1995 (suite)

(Voir notes à la fin du tableau.)

Age (en années)												
35 – 39	40 – 44	45 – 49	50 – 54	55 – 59	60 – 64	65 – 69	70 – 74	75 – 79	80 – 84	85 +	Unknown Inconnu	
6 170	5 105	4 079	3 585	3 054	2 127	1 478	1 219	922	710	391	140	*1*
2 953	2 476	1 939	1 699	1 429	1 014	708	533	369	293	130	60	*2*
3 215	2 627	2 137	1 887	1 624	1 112	769	685	554	418	258	80	*3*
16 742	13 009	11 527	9 270	7 087	5 446	4 138	3 701	2 397	1 390	873	–	*4*
7 990	6 315	5 541	4 368	3 369	2 472	1 804	1 571	968	516	275	–	*5*
8 752	6 694	5 986	4 902	3 718	2 974	2 334	2 130	1 429	874	598	–	*6*
17 178	12 616	10 075	9 181	9 022	8 321	8 088	7 842	6 582	*— 6 535 —*		–	*7*
8 407	5 971	4 626	3 998	3 841	3 537	3 436	3 323	2 728	*— 2 548 —*		–	*8*
8 771	6 645	5 449	5 183	5 181	4 784	4 652	4 519	3 854	*— 3 987 —*		–	*9*
9 984	*7 527*	*5 412*	*5 027*	*4 311*	*3 822*	*3 061*	*2 261*	*1 510*	*1 140*	*736*	–	*10*
5 194	*3 889*	*2 831*	*2 671*	*2 264*	*2 018*	*1 553*	*1 130*	*732*	*512*	*313*	–	*11*
4 790	*3 638*	*2 581*	*2 356*	*2 047*	*1 804*	*1 508*	*1 131*	*778*	*628*	*423*	–	*12*
5 730	5 160	4 090	3 350	3 010	2 700	2 150	1 520	1 120	*— 1 040 —*		–	*13*
2 840	2 610	2 000	1 610	1 440	1 230	930	630	420	*— 380 —*		–	*14*
2 890	2 550	2 090	1 740	1 570	1 470	1 220	890	700	*— 660 —*		–	*15*
1 390	1 099	771	536	368	353	314	237	174	88	85	2	*16*
713	593	420	280	196	182	176	129	89	46	44	2	*17*
677	506	351	256	172	171	138	108	85	42	41	–	*18*
2 548 053	2 255 645	1 991 564	1 526 171	1 268 413	1 214 414	1 106 986	951 289	646 812	437 956	329 454	–	*19*
1 280 000	1 127 699	1 001 587	764 948	630 660	596 109	518 497	416 785	263 988	163 408	99 706	–	*20*
1 268 053	1 127 946	989 977	761 223	637 753	618 305	588 489	534 504	382 824	274 548	229 748	–	*21*
2 357	1 717	1 327	1 126	878	686	521	412	307	191	170	–	*22*
1 105	874	659	577	431	336	257	175	108	71	55	–	*23*
1 252	843	668	549	447	350	264	237	199	120	115	–	*24*
459 053 –*	*— 300 309 —*		*— 199 953 —*		*— 136 389 —*		*— 118 865 —*				2 710	*25*
220 331 –*	*— 145 489 —*		*— 98 744 —*		*— 66 098 —*		*— 57 929 —*				1 424	*26*
238 722 –*	*— 154 820 —*		*— 101 209 —*		*— 70 291 —*		*— 60 936 —*				1 286	*27*
662 150	701 910	625 477	553 973	432 536	369 161	*— 545 017 —*		*— 328 470 —*		98 212	–	*28*
328 394	348 110	307 672	277 055	215 057	185 434	*— 269 206 —*		*— 157 681 —*		46 330	–	*29*
333 756	353 800	317 805	276 918	217 479	183 727	*— 275 811 —*		*— 170 789 —*		51 882	–	*30*

7. Population by age, sex and urban/rural residence: latest available year, 1986 – 1995 (continued)

(See notes at end of table.)

	Continent, country or area, sex, date and urban/rural residence / Continent, pays ou zone, sexe, date et résidence, urbaine/rurale	Age (in years)								
		All ages / Tous âges	-1	1-4	5-9	10-14	15-19	20-24	25-29	30-34
	AMERICA,NORTH— (Cont.-Suite) AMERIQUE DU NORD									
	Dominica – Dominique 12 V 1991(C)*									
1	Total	71 183	*—— 6	084 ——*	8 683	8 044	7 756	6 513	4 875	4 235
2	Male – Masculin	35 471	*—— 3	334 ——*	4 398	3 937	4 221	3 263	2 589	2 128
3	Female – Féminin	35 712	*—— 2	750 ——*	4 285	4 107	3 535	3 250	2 286	2 107
	Dominican Republic – République dominicaine 1 VII 1995* [2]									
4	Total	*7 915 321*	*—— *996*	*573* ——*	*967 749*	*904 707*	*801 256*	*748 440*	*711 809*	*631 345*
5	Male – Masculin	*4 023 015*	*—— *507*	*476* ——*	*492 012*	*459 734*	*407 795*	*381 701*	*363 168*	*321 798*
6	Female – Féminin	*3 892 306*	*—— *489*	*097* ——*	*475 737*	*444 973*	*393 461*	*366 739*	*348 641*	*309 547*
	El Salvador 27 IX 1992(C) [2]									
7	Total	5 118 599	122 388	535 831	646 366	675 761	590 005	483 270	394 450	325 038
8	Male – Masculin	2 485 613	61 717	272 991	330 236	345 974	289 109	222 909	182 278	152 015
9	Female – Féminin	2 632 986	60 671	262 840	316 130	329 787	300 896	260 361	212 172	173 023
	Greenland – Groenland 1 I 1994 [1 2]									
10	Total	55 419	1 151	4 578	5 060	4 383	3 419	3 837	6 459	6 031
11	Male – Masculin	29 624	608	2 297	2 535	2 240	1 778	2 030	3 414	3 266
12	Female – Féminin	25 795	543	2 281	2 525	2 143	1 641	1 807	3 045	2 765
	Guadeloupe 1 I 1992 [1 8]									
13	Total	368 796	*—— 33	171 ——*	32 611	31 476	38 154	31 712	32 906	29 320
14	Male – Masculin	178 422	*—— 16	639 ——*	16 379	15 894	19 494	15 307	16 051	14 452
15	Female – Féminin	190 374	*—— 16	532 ——*	16 232	15 582	18 660	16 405	16 855	14 868
	Guatemala 1 VII 1990 [2]									
16	Total	*9 197 351*	*— *1 6*	*09 333* —*	*1 381 541*	*1 188 696*	*984 705*	*804 741*	*664 417*	*540 678*
17	Male – Masculin	*4 646 726*	*—— *820*	*499* ——*	*703 816*	*604 697*	*500 123*	*406 962*	*334 728*	*270 712*
18	Female – Féminin	*4 550 625*	*—— *788*	*834* ——*	*677 725*	*583 999*	*484 582*	*397 779*	*329 689*	*269 966*
	Haiti – Haïti 1 VII 1990 [1 2]									
19	Total	*6 486 048*	*209 172*	*779 896*	*860 673*	*759 504*	*692 099*	*594 901*	*511 408*	*418 194*
20	Male – Masculin	*3 180 411*	*106 045*	*393 965*	*433 163*	*381 781*	*347 272*	*295 675*	*249 409*	*198 983*
21	Female – Féminin	*3 305 637*	*103 127*	*385 931*	*427 510*	*377 723*	*344 827*	*299 226*	*261 999*	*219 211*
	Honduras V 1988(C) [2]									
22	Total	4 248 561	153 352	580 896	684 034	571 575	446 949	347 053	300 492	248 036
23	Male – Masculin	2 110 106	78 394	296 914	349 055	290 189	219 858	163 623	142 319	120 498
24	Female – Féminin	2 138 455	74 958	283 982	334 979	281 386	227 091	183 430	158 173	127 538
	Jamaica – Jamaïque 31 XII 1989									
25	Total	2 392 130	58 490	207 350	267 870	273 750	277 880	257 970	217 660	164 120
26	Male – Masculin	1 191 030	29 660	104 770	134 840	140 650	140 460	127 600	106 900	80 220
27	Female – Féminin	1 201 100	28 830	102 580	133 030	133 100	137 420	130 370	110 760	83 900
	Martinique 1 I 1992 [1 8]									
28	Total	370 756	*—— 31	450 ——*	29 990	28 351	32 600	33 178	34 662	31 730
29	Male – Masculin	178 697	*—— 15	775 ——*	15 105	14 459	16 655	16 325	16 777	15 582
30	Female – Féminin	192 059	*—— 15	675 ——*	14 885	13 892	15 945	16 853	17 885	16 148
	Mexico – Mexique 1 VII 1995* [1]									
31	Total	*90 487 425*	*— *11 1*	*48 843* —*	*10 678 682*	*10 309 800*	*10 220 236*	*9 622 077*	*7 861 778*	*6 415 090*
32	Male – Masculin	*44 846 710*	*— *5 6*	*94 715* —*	*5 444 447*	*5 239 883*	*5 152 706*	*4 774 155*	*3 840 030*	*3 121 031*
33	Female – Féminin	*45 640 715*	*— *5 4*	*54 128* —*	*5 234 235*	*5 069 917*	*5 067 530*	*4 847 922*	*4 021 748*	*3 294 059*

7. Population selon l'âge, le sexe et la résidence, urbaine/rurale: dernière année disponible, 1986 – 1995 (suite)

(Voir notes à la fin du tableau.)

Age (en années)												
35 – 39	40 – 44	45 – 49	50 – 54	55 – 59	60 – 64	65 – 69	70 – 74	75 – 79	80 – 84	85 +	Unknown Inconnu	
3 736	2 634	2 952	2 707	1 638	2 529	*———	———	6 837	———	———*	1 960	1
2 022	1 348	1 738	1 029	674	1 029	*———	———	2 909	———	———*	852	2
1 714	1 286	1 214	1 678	964	1 500	*———	———	3 928	———	———*	1 108	3
511 345	*400 507*	*319 318*	*249 286*	*204 709*	*163 452*	*133 491*	*79 588*	*———	*91 746*	———*	–	4
260 956	*205 055*	*163 488*	*127 076*	*103 490*	*81 041*	*66 557*	*38 926*	*———	*42 742*	———*	–	5
250 389	*195 452*	*155 830*	*122 210*	*101 219*	*82 411*	*66 934*	*40 662*	*———	*49 004*	———*	–	6
265 000	229 341	183 914	163 379	125 329	122 912	86 786	69 169	44 174	30 137	25 349	–	7
123 135	108 873	87 323	76 260	57 639	58 177	40 044	32 672	20 274	13 477	10 510	–	8
141 865	120 468	96 591	87 119	67 690	64 735	46 742	36 497	23 900	16 660	14 839	–	9
4 765	3 669	3 337	2 779	1 984	1 628	1 083	598	382	189	87	–	10
2 692	2 112	2 045	1 636	1 136	818	532	266	137	60	22	–	11
2 073	1 557	1 292	1 143	848	810	551	332	245	129	65	–	12
25 375	22 614	18 055	14 841	14 042	12 032	11 044	8 553	5 947	3 883	3 060	–	13
11 881	10 690	8 721	7 098	6 584	5 526	5 022	3 874	2 420	1 487	903	–	14
13 494	11 924	9 334	7 743	7 458	6 506	6 022	4 679	3 527	2 396	2 157	–	15
451 988	*352 659*	*286 772*	*246 672*	*218 016*	*174 993*	*125 287*	*78 853*	*48 306*	*—— 39 696*	——*	–	16
225 690	*176 058*	*143 387*	*123 528*	*108 419*	*86 665*	*61 731*	*38 368*	*23 281*	*—— 18 053*	——*	–	17
226 298	*176 601*	*143 385*	*123 144*	*109 597*	*88 328*	*63 556*	*40 485*	*25 025*	*—— 21 643*	——*	–	18
350 683	*287 420*	*243 343*	*205 729*	*171 706*	*136 439*	*106 123*	*76 599*	*47 425*	*—— 34 734*	——*	–	19
164 605	*134 430*	*113 997*	*96 275*	*80 380*	*63 559*	*48 967*	*34 913*	*21 527*	*—— 15 465*	——*	–	20
186 078	*152 990*	*129 346*	*109 454*	*91 326*	*72 880*	*57 156*	*41 686*	*25 898*	*—— 19 269*	——*	–	21
204 490	157 746	132 576	110 346	91 220	70 709	55 162	35 683	26 989	17 805	13 448	–	22
99 623	77 319	65 328	54 369	44 554	35 010	27 125	17 645	13 254	8 720	6 309	–	23
104 867	80 427	67 248	55 977	46 666	35 699	28 037	18 038	13 735	9 085	7 139	–	24
117 100	93 920	81 650	74 240	65 150	55 670	47 720	41 710	*———	89 880	———*	–	25
57 510	46 410	40 890	37 540	32 670	26 820	23 720	20 190	*———	40 180	———*	–	26
59 590	47 510	40 760	36 700	32 480	28 850	24 000	21 520	*———	49 700	———*	–	27
25 855	21 953	18 275	16 163	15 760	14 147	12 251	9 243	6 973	4 534	3 641	–	28
12 163	10 228	8 664	7 510	7 451	6 634	5 575	4 093	2 906	1 680	1 115	–	29
13 692	11 725	9 611	8 653	8 309	7 513	6 676	5 150	4 067	2 854	2 526	–	30
5 407 261	*4 424 075*	*3 541 072*	*2 892 585*	*2 295 934*	*1 854 608*	*1 428 918*	*1 061 355*	*647 443*	*—— 677 668*	——*	–	31
2 624 538	*2 143 683*	*1 711 729*	*1 398 966*	*1 102 785*	*878 438*	*664 270*	*480 490*	*285 163*	*—— 289 681*	——*	–	32
2 782 723	*2 280 392*	*1 829 343*	*1 493 619*	*1 193 149*	*976 170*	*764 648*	*580 865*	*362 280*	*—— 387 987*	——*	–	33

7. Population by age, sex and urban/rural residence: latest available year, 1986 – 1995 (continued)

(See notes at end of table.)

	Continent, country or area, sex, date and urban/rural residence Continent, pays ou zone, sexe, date et résidence, urbaine/rurale	All ages Tous âges	-1	1-4	5-9	10-14	15-19	20-24	25-29	30-34
		Age (in years)								
	AMERICA,NORTH— (Cont.–Suite) AMERIQUE DU NORD									
	Netherlands Antilles – Antilles néerlandaises 1 VII 1994 [1]									
1	Total	199 659	3 929	15 808	17 214	16 043	14 159	13 058	15 593	19 171
2	Male – Masculin	95 527	1 978	7 991	8 649	8 042	7 186	6 494	7 416	8 941
3	Female – Féminin	104 132	1 951	7 818	8 564	8 001	6 974	6 563	8 178	10 230
	Nicaragua 1 VII 1989 [2]									
4	Total	*3 745 031*	*143 237*	*530 429*	*570 796*	*479 624*	*408 688*	*341 100*	*281 808*	*231 237*
5	Male – Masculin	*1 876 192*	*73 079*	*270 150*	*290 112*	*243 397*	*206 746*	*170 964*	*140 306*	*114 297*
6	Female – Féminin	*1 868 839*	*70 158*	*260 279*	*280 684*	*236 227*	*201 942*	*170 136*	*141 502*	*116 940*
	Panama 1 VII 1995* [2]									
7	Total	*2 631 013*	*—— *304*	*996* ——*	*296 401*	*276 567*	*258 674*	*254 172*	*233 977*	*203 939*
8	Male – Masculin	*1 330 145*	*—— *156*	*070* ——*	*151 468*	*140 784*	*131 606*	*128 162*	*117 652*	*101 980*
9	Female – Féminin	*1 300 868*	*—— *148*	*926* ——*	*144 933*	*135 783*	*127 068*	*126 010*	*116 325*	*101 959*
	Puerto Rico – Porto Rico 1 VII 1994 [1 2 9]									
10	Total	3 685 730	*—— 316	217 ——*	331 182	355 355	341 902	300 576	283 137	266 105
11	Male – Masculin	1 784 915	*—— 160	905 ——*	168 826	180 734	173 330	147 551	135 006	124 766
12	Female – Féminin	1 900 815	*—— 155	312 ——*	162 356	174 621	168 572	153 025	148 131	141 339
	Saint Kitts and Nevis – Saint–Kitts–et–Nevis 1 VII 1988									
13	Total	44 380	*—— 4	840 ——*	4 750	4 660	4 340	3 890	3 880	3 240
14	Male – Masculin	22 740	*—— 2	550 ——*	2 480	2 440	2 280	2 040	2 250	1 810
15	Female – Féminin	21 640	*—— 2	290 ——*	2 270	2 220	2 060	1 850	1 630	1 430
	Saint Lucia – Sainte–Lucie 12 V 1991(C)*									
16	Total	133 308	3 099	12 578	17 250	16 045	14 766	12 954	11 502	8 992
17	Male – Masculin	64 645	1 552	6 217	8 573	8 068	7 291	6 375	5 579	4 209
18	Female – Féminin	68 663	1 547	6 361	8 677	7 977	7 475	6 579	5 923	4 783
	St. Vincent and the Grenadines – Saint–Vincent–et–Grenadines 12 V 1991(C)									
19	Total	106 499	2 280	9 814	13 827	13 705	12 221	9 737	9 463	7 669
20	Male – Masculin	53 165	1 165	5 014	6 931	6 951	6 150	4 996	4 827	3 957
21	Female – Féminin	53 334	1 115	4 800	6 896	6 754	6 071	4 741	4 636	3 712
	Trinidad and Tobago – Trinité–et–Tobago 1 VII 1994									
22	Total	1 249 736	18 360	88 518	131 967	136 050	120 152	106 726	106 468	103 392
23	Male – Masculin	629 768	9 138	44 458	66 783	69 007	62 252	54 809	53 342	51 173
24	Female – Féminin	619 968	9 222	44 060	65 184	67 043	57 900	51 917	53 126	52 219
	Turks and Caicos Islands – Iles Turques et Caïques 31 V 1990(C)*									
25	Total	11 465	259	1 016	*—— 2	412 ——*	*—— 2	082 ——*	*————	—————
26	Male – Masculin	5 837	134	509	*—— 1	215 ——*	*—— 1	042 ——*	*————	—————
27	Female – Féminin	5 628	125	507	*—— 1	197 ——*	*—— 1	040 ——*	*————	—————
	United States – Etats–Unis 1 VII 1995* [2 10 11]									
28	Total	262 755 270	3 848 106	15 743 042	19 219 956	18 914 532	18 064 517	17 882 118	19 005 343	21 867 796
29	Male – Masculin	128 313 798	1 969 872	8 055 333	9 843 300	9 685 241	9 265 025	9 087 045	9 529 765	10 902 150
30	Female – Féminin	134 441 472	1 878 234	7 687 709	9 376 656	9 229 291	8 799 492	8 795 073	9 475 578	10 965 646

7. Population selon l'âge, le sexe et la résidence, urbaine/rurale: dernière année disponible, 1986 – 1995 (suite)

(Voir notes à la fin du tableau.)

Age (en années)												
35 – 39	40 – 44	45 – 49	50 – 54	55 – 59	60 – 64	65 – 69	70 – 74	75 – 79	80 – 84	85 +	Unknown Inconnu	
17 958	15 887	13 035	9 577	7 895	6 201	4 858	3 587	2 718	1 765	1 206	–	*1*
8 394	7 407	6 076	4 547	3 721	2 965	2 151	1 521	1 083	624	343	–	*2*
9 564	8 482	6 958	5 030	4 175	3 235	2 706	2 067	1 636	1 139	865	–	*3*
187 618	*137 728*	*108 614*	*90 610*	*73 857*	*59 637*	*43 807*	*28 493*	*———	– *27 748*	———*	–	*4*
92 232	*67 985*	*53 376*	*44 275*	*35 338*	*28 100*	*20 568*	*13 192*	*———	– *12 075*	———*	–	*5*
95 386	*69 743*	*55 238*	*46 335*	*38 519*	*31 537*	*23 239*	*15 301*	*———	– *15 673*	———*	–	*6*
171 301	*142 116*	*117 460*	*96 535*	*76 705*	*59 936*	*50 022*	*37 246*	*27 148*	*— *23 818*	—*	–	*7*
85 384	*71 235*	*59 561*	*49 159*	*38 952*	*30 638*	*25 232*	*18 182*	*13 107*	*— *10 973*	—*	–	*8*
85 917	*70 881*	*57 899*	*47 376*	*37 753*	*29 298*	*24 790*	*19 064*	*14 041*	*— *12 845*	—*	–	*9*
247 501	236 472	203 000	169 398	147 503	130 655	117 957	90 707	*———	– 148 063	———*	–	*10*
115 573	110 248	95 646	79 520	68 755	60 568	54 786	42 197	*———	– 66 504	———*	–	*11*
131 928	126 224	107 354	89 878	78 748	70 087	63 171	48 510	*———	– 81 559	———*	–	*12*
2 700	2 050	1 660	1 460	1 440	1 280	1 320	1 170	800	490	410	–	*13*
1 390	1 040	790	670	690	590	610	510	300	170	130	–	*14*
1 310	1 010	870	790	750	690	710	660	500	320	280	–	*15*
7 061	5 626	4 679	3 715	3 270	3 080	3 041	2 314	1 612	909	815	–	*16*
3 419	2 719	2 311	1 701	1 473	1 402	1 320	1 048	755	370	263	–	*17*
3 642	2 907	2 368	2 014	1 797	1 678	1 721	1 266	857	539	552	–	*18*
5 445	4 045	3 204	2 966	2 618	2 572	2 402	1 850	1 296	787	581	17	*19*
2 714	2 074	1 584	1 443	1 239	1 221	1 017	816	556	300	198	12	*20*
2 731	1 971	1 620	1 523	1 379	1 351	1 385	1 034	740	487	383	5	*21*
95 273	78 187	64 462	49 059	39 875	31 537	27 088	22 572	15 655	*— 14 395	—*	–	*22*
48 797	40 104	32 261	25 087	19 629	15 499	13 084	10 862	7 391	*— 6 092	—*	–	*23*
46 476	38 083	32 201	23 972	20 246	16 038	14 004	11 710	8 264	*— 8 303	—*	–	*24*
– 4 327 ———	———	———*	*———	– 795 ———	———*	*———	———	574 ———	———	———*	–	*25*
– 2 317 ———	———	———*	*———	– 368 ———	———*	*———	———	252 ———	———	———*	–	*26*
– 2 010 ———	———	———*	*———	– 427 ———	———*	*———	———	322 ———	———	———*	–	*27*
22 248 914	20 218 805	17 448 898	13 629 862	11 084 606	10 046 478	9 927 958	8 831 205	6 681 247	4 463 733	3 628 154	–	*28*
11 071 207	9 990 476	8 559 836	6 621 815	5 317 251	4 726 807	4 505 822	3 836 272	2 720 385	1 609 321	1 016 875	–	*29*
11 177 707	10 228 329	8 889 062	7 008 047	5 767 355	5 319 671	5 422 136	4 994 933	3 960 862	2 854 412	2 611 279	–	*30*

7. Population by age, sex and urban/rural residence: latest available year, 1986 – 1995 (continued)

(See notes at end of table.)

	Continent, country or area, sex, date and urban/rural residence Continent, pays ou zone, sexe, date et résidence, urbaine/rurale	Age (in years) All ages Tous âges	–1	1–4	5–9	10–14	15–19	20–24	25–29	30–34
	AMERICA, NORTH— (Cont.–Suite) AMERIQUE DU NORD									
	United States Virgin Islands – Iles Vierges américaines(C) [1] [9] 1 IV 1990									
1	Total	101 809	1 644	7 586	10 072	10 142	9 623	7 103	7 353	7 324
2	Male – Masculin	49 210	868	3 800	5 040	5 125	4 830	3 452	3 489	3 435
3	Female – Féminin	52 599	776	3 786	5 032	5 017	4 793	3 651	3 864	3 889
	AMERICA, SOUTH— AMERIQUE DU SUD									
	Argentina – Argentine 1 VII 1993 [2]									
4	Total	*33 671 000*	*— *3 4*	*67 000* —*	*3 391 000*	*3 456 000*	*2 945 000*	*2 534 000*	*2 380 000*	*2 287 000*
5	Male – Masculin	*16 460 000*	*— *1 7*	*55 000* —*	*1 715 000*	*1 744 000*	*1 465 000*	*1 254 000*	*1 175 000*	*1 130 000*
6	Female – Féminin	*17 212 000*	*— *1 7*	*12 000* —*	*1 676 000*	*1 712 000*	*1 480 000*	*1 280 000*	*1 205 000*	*1 157 000*
	Bolivia – Bolivie 1 VII 1995* [2]									
7	Total	*7 413 834*	*— *1 1*	*41 147* —*	*990 204*	*875 686*	*782 764*	*695 833*	*563 505*	*464 712*
8	Male – Masculin	*3 680 139*	*—— *581*	*968* ——*	*503 221*	*443 092*	*393 213*	*346 469*	*278 431*	*228 184*
9	Female – Féminin	*3 733 695*	*—— *559*	*179* ——*	*486 983*	*432 594*	*389 551*	*349 364*	*285 074*	*236 528*
	Brazil – Brésil 1 VII 1994 [2] [12]									
10	Total	*153 725 000*	*3 094 000*	*12 737 000*	*17 004 000*	*17 135 000*	*15 670 000*	*14 359 000*	*13 818 000*	*12 799 000*
11	Male – Masculin	*75 944 000*	*1 570 000*	*6 447 000*	*8 601 000*	*8 661 000*	*7 914 000*	*7 223 000*	*6 848 000*	*6 225 000*
12	Female – Féminin	*77 781 000*	*1 524 000*	*6 290 000*	*8 403 000*	*8 474 000*	*7 756 000*	*7 136 000*	*6 970 000*	*6 574 000*
	Chile – Chili 30 VI 1995* [2]									
13	Total	14 210 429	*— 1 4	66 702 —*	1 431 392	1 287 193	1 211 582	1 227 358	1 231 493	1 222 695
14	Male – Masculin	7 029 597	*—— 746	677 ——*	728 234	654 485	614 249	619 924	619 487	612 249
15	Female – Féminin	7 180 832	*—— 720	025 ——*	703 158	632 708	597 333	607 434	612 006	610 446
	Colombia – Colombie 1 VII 1995*									
16	Total	*35 098 737*	*— *3 9*	*08 679* —*	*3 835 382*	*3 879 386*	*3 618 612*	*3 161 945*	*3 405 512*	*2 959 274*
	1 VII 1994*									
17	Male – Masculin	*17 113 934*	*— *1 9*	*89 333* —*	*1 958 231*	*1 957 945*	*1 788 343*	*1 598 466*	*1 675 020*	*1 408 824*
18	Female – Féminin	*17 406 252*	*— *1 9*	*10 302* —*	*1 885 309*	*1 895 939*	*1 749 554*	*1 591 883*	*1 699 300*	*1 460 961*
	Ecuador – Equateur 1 VII 1995* [2] [13]									
19	Total	*11 460 117*	*297 147*	*1 151 843*	*1 384 064*	*1 340 122*	*1 244 600*	*1 107 862*	*972 064*	*829 701*
20	Male – Masculin	*5 758 141*	*151 552*	*586 079*	*703 316*	*680 129*	*630 697*	*560 315*	*490 359*	*417 312*
21	Female – Féminin	*5 701 976*	*145 595*	*565 765*	*680 747*	*659 992*	*613 901*	*547 548*	*481 706*	*412 392*
	Falkland Islands (Malvinas)– Iles Falkland (Malvinas) 5 III 1991(C) [2]									
22	Total	2 050	*——	125 ——*	137	160	149	140	175	184
23	Male – Masculin	1 095	*——	70 ——*	61	83	79	77	88	90
24	Female – Féminin	955	*——	55 ——*	76	77	70	63	87	94
	French Guiana – Guyane Française 15 III 1990(C) [1]									
25	Total	114 808	684	11 830	14 173	11 628	10 666	9 895	10 774	10 354
26	Male – Masculin	59 798	371	6 004	7 168	5 934	5 364	5 230	5 740	5 485
27	Female – Féminin	55 010	313	5 826	7 005	5 694	5 302	4 665	5 034	4 869

7. Population selon l'âge, le sexe et la résidence, urbaine/rurale: dernière année disponible, 1986 – 1995 (suite)

(Voir notes à la fin du tableau.)

Age (en années)												
35 – 39	40 – 44	45 – 49	50 – 54	55 – 59	60 – 64	65 – 69	70 – 74	75 – 79	80 – 84	85 +	Unknown Inconnu	
7 173	7 866	6 990	5 294	3 980	3 180	2 524	1 763	1 173	*—	605 —*	414	1
3 151	3 730	3 379	2 559	1 948	1 563	1 166	808	498	*—	227 —*	142	2
4 022	4 136	3 611	2 735	2 032	1 617	1 358	955	675	*—	378 —*	272	3
2 188 000	*2 026 000*	*1 743 000*	*1 536 000*	*1 402 000*	*1 343 000*	*1 094 000*	*782 000*	*572 000*	*328 000*	*197 000*	–	4
1 077 000	*1 001 000*	*859 000*	*746 000*	*672 000*	*620 000*	*496 000*	*334 000*	*229 000*	*122 000*	*66 000*	–	5
1 111 000	*1 025 000*	*884 000*	*790 000*	*730 000*	*724 000*	*599 000*	*448 000*	*342 000*	*206 000*	*131 000*	–	6
402 571	*343 757*	*286 586*	*228 387*	*195 469*	*159 945*	*126 722*	*79 811*	*45 437*	*— *31*	*298* —*	–	7
196 353	*166 241*	*138 355*	*109 683*	*92 842*	*74 864*	*58 431*	*36 012*	*19 842*	*— *12*	*938* —*	–	8
206 218	*177 516*	*148 231*	*118 704*	*102 627*	*85 081*	*68 291*	*43 799*	*25 595*	*— *18*	*360* —*	–	9
10 594 000	*8 559 000*	*6 839 000*	*5 587 000*	*4 788 000*	*3 683 000*	*2 947 000*	*1 930 000*	*1 223 000*	*— *959*	*000* —*	–	10
5 131 000	*4 127 000*	*3 304 000*	*2 674 000*	*2 298 000*	*1 730 000*	*1 370 000*	*881 000*	*533 000*	*— *407*	*000* —*	–	11
5 463 000	*4 432 000*	*3 535 000*	*2 913 000*	*2 490 000*	*1 953 000*	*1 577 000*	*1 049 000*	*690 000*	*— *552*	*000* —*	–	12
1 064 138	874 038	728 675	618 762	486 378	420 355	346 140	251 475	177 003	*— 165	050 —*	–	13
530 714	433 341	357 668	299 373	231 320	193 339	154 150	106 719	69 783	*— 57	885 —*	–	14
533 424	440 697	371 007	319 389	255 058	227 016	191 990	144 756	107 220	*— 107	165 —*	–	15
2 440 582	*2 012 375*	*1 553 490*	*1 145 342*	*900 703*	*730 290*	*579 236*	*438 366*	*275 549*	*— *254*	*014* —*	–	16
1 142 343	*927 199*	*711 682*	*529 741*	*414 783*	*332 409*	*261 948*	*193 410*	*119 016*	*— *105*	*241* —*	–	17
1 217 132	*1 003 719*	*763 399*	*564 731*	*458 042*	*380 169*	*306 292*	*231 660*	*148 724*	*— *139*	*136* —*	–	18
700 164	*593 021*	*440 183*	*358 405*	*299 061*	*241 686*	*187 875*	*136 498*	*92 464*	*56 111*	*27 244*	–	19
350 889	*295 797*	*218 884*	*177 183*	*146 877*	*117 490*	*90 203*	*64 272*	*41 881*	*24 326*	*10 583*	–	20
349 275	*297 223*	*221 299*	*181 223*	*152 184*	*124 197*	*97 672*	*72 227*	*50 583*	*31 786*	*16 661*	–	21
183	154	141	131	98	85	63	54	39	*—	32 —*	–	22
107	80	73	83	57	42	42	28	20	*—	15 —*	–	23
76	74	68	48	41	43	21	26	19	*—	17 —*	–	24
9 164	7 152	5 139	3 877	2 701	2 126	1 688	1 252	856	483	366	–	25
4 829	3 940	2 836	2 081	1 492	1 149	826	613	390	206	140	–	26
4 335	3 212	2 303	1 796	1 209	977	862	639	466	277	226	–	27

7. Population by age, sex and urban/rural residence: latest available year, 1986 – 1995 (continued)

(See notes at end of table.)

	Continent, country or area, sex, date and urban/rural residence Continent, pays ou zone, sexe, date et résidence, urbaine/rurale	All ages Tous âges	–1	1–4	5–9	10–14	15–19	20–24	25–29	30–34
	AMERICA,SOUTH— (Cont.–Suite) AMERIQUE DU SUD									
	Paraguay 1 VII 1994 [2]									
1	Total	*4 699 855*	*——— *715*	*014* ———*	*654 658*	*586 281*	*470 439*	*411 468*	*372 517*	*329 185*
2	Male – Masculin	*2 368 072*	*——— *364*	*150* ———*	*332 801*	*297 813*	*238 954*	*208 846*	*189 181*	*166 900*
3	Female – Féminin	*2 331 783*	*——— *350*	*864* ———*	*321 857*	*288 468*	*231 485*	*202 622*	*183 336*	*162 285*
	Peru – Pérou 1 VII 1995* [2 3 12]									
4	Total	*23 531 701*	*590 827*	*2 311 508*	*2 835 701*	*2 714 672*	*2 581 888*	*2 277 913*	*1 969 288*	*1 696 666*
5	Male – Masculin	*11 688 601*	*301 161*	*1 174 780*	*1 438 704*	*1 375 752*	*1 302 975*	*1 136 807*	*965 555*	*824 053*
6	Female – Féminin	*11 843 100*	*289 666*	*1 136 728*	*1 396 997*	*1 338 920*	*1 278 913*	*1 141 106*	*1 003 733*	*872 613*
	Uruguay 1 VII 1990 [2]									
7	Total	3 094 214	*——— 259	434 ———*	259 657	278 700	260 238	226 855	225 179	214 519
8	Male – Masculin	1 508 426	*——— 132	577 ———*	132 553	141 974	132 915	114 056	111 402	104 717
9	Female – Féminin	1 585 788	*——— 126	857 ———*	127 102	136 729	127 324	112 800	113 777	109 802
	Venezuela 1 VII 1992 [2 12]									
10	Total	20 248 826	553 625	2 180 803	2 567 099	2 332 576	2 063 322	1 874 161	1 703 801	1 484 310
11	Male – Masculin	10 209 751	282 488	1 112 572	1 308 527	1 187 886	1 048 100	950 322	861 944	748 605
12	Female – Féminin	10 039 075	271 137	1 068 231	1 258 572	1 144 690	1 015 222	923 839	841 857	735 705
	ASIA—ASIE									
	Afghanistan 1 VII 1988 [2 14]									
13	Total	*15 513 267*	*675 423*	*2 362 304*	*2 320 586*	*1 788 262*	*1 460 045*	*1 253 734*	*1 037 438*	*866 336*
14	Male – Masculin	*7 962 397*	*325 293*	*1 156 002*	*1 183 222*	*946 113*	*776 377*	*646 215*	*514 309*	*412 668*
15	Female – Féminin	*7 550 870*	*350 130*	*1 206 302*	*1 137 364*	*842 149*	*683 668*	*607 519*	*523 129*	*453 668*
	Armenia – Arménie 1 VII 1992 [2]									
16	Total	3 685 600	73 164	303 766	389 504	343 977	306 846	283 631	307 217	346 281
17	Male – Masculin	1 785 809	37 513	156 431	199 320	176 001	155 930	144 446	147 529	165 066
18	Female – Féminin	1 899 791	35 651	147 335	190 184	167 976	150 916	139 185	159 688	181 215
	Azerbaijan – Azerbaïdjan 12 I 1989(C) [1 2]									
19	Total	7 021 178	176 713	685 225	758 832	681 239	693 716	687 145	706 364	560 859
20	Male – Masculin	3 423 793	91 429	352 401	389 636	348 627	365 213	330 419	335 599	271 533
21	Female – Féminin	3 597 385	85 284	332 824	369 196	332 612	328 503	356 726	370 765	289 326
	Bahrain – Bahreïn 1 VII 1995*									
22	Total	*585 893*	*13 893*	*52 829*	*61 530*	*52 154*	*37 151*	*47 689*	*70 186*	*82 683*
23	Male – Masculin	*338 513*	*7 223*	*27 507*	*31 759*	*26 631*	*18 978*	*25 051*	*40 245*	*52 455*
24	Female – Féminin	*247 380*	*6 670*	*25 322*	*29 771*	*25 523*	*18 173*	*22 638*	*29 941*	*30 228*
	Bangladesh 1 I 1990* [2 3]									
25	Total	*109 291 000*	*———	*47 854 000*		———*	*———			———*
26	Male – Masculin	*56 381 000*	*———	*24 366 000*		———*	*———			———*
27	Female – Féminin	*52 910 000*	*———	*23 488 000*		———*	*———			———*
	Brunei Darussalam – Brunéi Darussalam 1 VII 1992 [2]									
28	Total	*267 800*	*——— *34*	*800* ———*	*30 700*	*26 800*	*23 000*	*25 200*	*27 600*	*27 700*
29	Male – Masculin	*141 300*	*——— *18*	*000* ———*	*15 800*	*13 800*	*11 800*	*12 900*	*14 500*	*14 900*
30	Female – Féminin	*126 500*	*——— *16*	*800* ———*	*14 900*	*13 000*	*11 200*	*12 300*	*13 100*	*12 800*

7. Population selon l'âge, le sexe et la résidence, urbaine/rurale: dernière année disponible, 1986 – 1995 (suite)

(Voir notes à la fin du tableau.)

Age (en années)												
35 – 39	40 – 44	45 – 49	50 – 54	55 – 59	60 – 64	65 – 69	70 – 74	75 – 79	80 – 84	85 +	Unknown Inconnu	
284 549	*246 627*	*151 622*	*128 128*	*105 906*	*76 980*	*63 014*	*45 379*	*31 578*	**— 26 510 —**		–	1
144 628	*126 630*	*77 050*	*64 973*	*51 990*	*34 849*	*27 121*	*19 310*	*12 945*	**— 9 931 —**		–	2
139 921	*119 997*	*74 572*	*63 155*	*53 916*	*42 131*	*35 893*	*26 069*	*18 633*	**— 16 579 —**		–	3
1 405 236	*1 176 631*	*954 472*	*783 348*	*664 829*	*544 009*	*408 244*	*285 627*	*184 745*	*103 231*	*42 866*	–	4
681 759	*575 147*	*469 631*	*385 317*	*324 983*	*263 109*	*193 656*	*132 285*	*82 348*	*43 974*	*16 605*	–	5
723 477	*601 484*	*484 841*	*398 031*	*339 846*	*280 900*	*214 588*	*153 342*	*102 397*	*59 257*	*26 261*	–	6
192 009	178 715	167 543	159 150	162 470	150 890	123 692	91 925	73 378	*— 69 861 —*		–	7
94 526	86 708	81 465	76 046	78 246	70 868	56 673	39 917	29 506	*— 24 279 —*		–	8
97 483	92 007	86 078	83 104	84 225	80 022	67 020	52 007	43 872	*— 45 582 —*		–	9
1 276 045	1 065 212	823 180	628 386	509 081	413 962	310 520	213 091	*— 249 652 —*			–	10
642 240	535 453	412 348	312 376	251 529	202 594	148 720	98 450	*— 105 597 —*			–	11
633 805	529 759	410 832	316 010	257 552	211 368	161 800	114 641	*— 144 055 —*			–	12
763 350	*660 267*	*573 754*	*484 934*	*390 502*	*301 044*	*217 124*	*149 205*	*95 406*	**— 113 553 —**		–	13
364 551	*334 199*	*304 002*	*267 777*	*221 781*	*173 015*	*125 398*	*86 925*	*55 902*	**— 68 648 —**		–	14
398 799	*326 068*	*269 752*	*217 157*	*168 721*	*128 029*	*91 726*	*62 280*	*39 504*	**— 44 905 —**		–	15
277 329	203 166	116 393	174 196	163 485	159 283	110 639	45 025	37 158	26 726	17 814	–	16
129 763	95 600	53 860	81 078	75 861	74 360	48 450	16 325	12 921	8 996	6 359	–	17
147 566	107 566	62 533	93 118	87 624	84 923	62 189	28 700	24 237	17 730	11 455	–	18
389 153	232 310	256 739	355 789	285 748	217 031	108 269	76 355	70 400	39 955	39 239	97	19
188 995	112 057	123 350	169 845	137 175	97 038	39 643	24 552	23 341	12 169	10 729	42	20
200 158	120 253	133 389	185 944	148 573	119 993	68 626	51 803	47 059	27 786	28 510	55	21
65 184	*35 737*	*19 309*	*14 583*	*11 104*	*8 793*	*5 959*	*3 554*	**— 3 555 —**			–	22
44 745	*25 187*	*12 483*	*8 451*	*6 111*	*4 639*	*3 190*	*1 969*	**— 1 889 —**			–	23
20 439	*10 550*	*6 826*	*6 132*	*4 993*	*4 154*	*2 769*	*1 585*	**— 1 666 —**			–	24
*50 554 00 0 —**			**— 10 883 000 —**								–	25
*26 000 00 0 —**			**— 6 015 000 —**								–	26
*24 554 00 0 —**			**— 4 868 000 —**								–	27
22 600	*15 900*	*9 300*	*7 500*	*5 300*	*4 000*	*2 700*	*2 000*	*1 200*	*900*	*600*	–	28
12 600	*9 100*	*5 300*	*4 000*	*2 700*	*2 100*	*1 400*	*1 100*	*600*	*400*	*300*	–	29
10 000	*6 800*	*4 000*	*3 500*	*2 600*	*1 900*	*1 300*	*900*	*600*	*500*	*300*	–	30

7. Population by age, sex and urban/rural residence: latest available year, 1986 – 1995 (continued)

(See notes at end of table.)

	Continent, country or area, sex, date and urban/rural residence Continent, pays ou zone, sexe, date et résidence, urbaine/rurale	All ages Tous âges	Age (in years) –1	1–4	5–9	10–14	15–19	20–24	25–29	30–34
	ASIA—ASIE (Cont.–Suite)									
	China – Chine 1 VII 1990(C) [2,3]									
1	Total	1130510 638	23 220 851	93 217 568	99 336 743	97 226 692	120158421	125761174	104267525	83 875 707
2	Male – Masculin	581 820 407	12 254 905	48 794 225	51 630 875	50 183 593	61 650 589	64 233 023	53 512 983	43 706 133
3	Female – Féminin	548 690 231	10 965 946	44 423 343	47 705 868	47 043 099	58 507 832	61 528 151	50 754 542	40 169 574
	Cyprus – Chypre 1 VII 1994 [1,2,16]									
4	Total	*633 900*	**—— 53*	*700 ——**	*53 000*	*53 000*	*45 000*	*44 800*	*46 800*	*50 600*
5	Male – Masculin	*316 000*	**—— 27*	*700 ——**	*27 500*	*27 400*	*22 900*	*22 600*	*23 700*	*25 500*
6	Female – Féminin	*317 900*	**—— 26*	*000 ——**	*25 500*	*25 600*	*22 100*	*22 200*	*23 100*	*25 100*
	Georgia – Géorgie 12 I 1989(C) [1,2]									
7	Total	5 400 841	89 211	376 451	440 725	432 087	419 267	413 724	467 645	416 847
8	Male – Masculin	2 562 040	45 937	192 066	224 349	219 975	217 727	203 373	226 171	201 288
9	Female – Féminin	2 838 801	43 274	184 385	216 376	212 112	201 540	210 351	241 474	215 559
	Hong Kong – Hong-kong 1 VII 1995* [2]									
10	Total	6 189 800	75 100	304 400	379 400	416 500	402 000	475 700	557 000	669 400
11	Male – Masculin	3 147 000	39 100	158 400	197 400	216 200	208 300	232 100	264 400	329 500
12	Female – Féminin	3 042 800	36 000	146 000	182 000	200 300	193 700	243 600	292 600	339 900
	India – Inde [17] 1 VII 1993 [2]									
13	Total	*883 910 000*	**— 110 5*	*18 000 —**	*104422000*	*96 314 000*	*90 912 000*	*85 564 000*	*74 140 000*	*62 114 000*
14	Male – Masculin	*459 157 000*	**— 57 0*	*96 000 —**	*54 099 000*	*49 907 000*	*47 084 000*	*44 909 000*	*39 308 000*	*32 663 000*
15	Female – Féminin	*424 753 000*	**— 53 4*	*22 000 —**	*50 323 000*	*46 407 000*	*43 828 000*	*40 655 000*	*34 832 000*	*29 451 000*
	Indonesia – Indonésie 1 VII 1995* [2]									
16	Total	*193 749 850*	**— 21 7*	*14 350 —**	*21 445 600*	*22 518 050*	*21 328 450*	*18 397 600*	*16 229 300*	*14 909 300*
17	Male – Masculin	*96 621 700*	**— 11 0*	*47 500 —**	*10 889 300*	*11 449 250*	*10 978 050*	*9 170 500*	*7 728 900*	*7 137 100*
18	Female – Féminin	*97 128 150*	**— 10 6*	*66 850 —**	*10 556 300*	*11 068 800*	*10 350 400*	*9 227 100*	*8 500 400*	*7 772 200*
	Iran (Islamic Republic of – Rép. islamique d') 11 IX 1991(C) [1,2]									
19	Total	55 837 163	1 463 534	6 677 751	9 035 458	7 547 131	5 908 903	4 947 260	4 005 278	3 504 220
20	Male – Masculin	28 768 450	749 985	3 406 306	4 612 149	3 901 458	3 057 609	2 520 312	2 012 493	1 779 932
21	Female – Féminin	27 068 713	713 549	3 271 445	4 423 309	3 645 673	2 851 294	2 426 948	1 992 785	1 724 288
	Iraq 1 VII 1988* [2]									
22	Total	*17 250 267*	**— 2 9*	*76 073 —**	*2 512 933*	*2 189 068*	*1 980 216*	*1 621 499*	*1 323 537*	*1 016 723*
23	Male – Masculin	*8 864 163*	**— 1 5*	*24 947 —**	*1 285 715*	*1 132 146*	*1 026 243*	*839 589*	*684 619*	*526 334*
24	Female – Féminin	*8 386 104*	**— 1 4*	*51 126 —**	*1 227 218*	*1 056 922*	*953 973*	*781 910*	*638 918*	*490 389*
	Israel – Israël [18] 1 VII 1994 [1,2]									
25	Total	5 399 300	113 500	441 100	538 800	513 300	500 800	458 600	393 000	365 500
26	Male – Masculin	2 675 800	58 300	226 100	276 100	264 000	256 800	232 800	198 800	183 200
27	Female – Féminin	2 723 500	55 200	215 000	262 800	249 400	244 000	225 800	194 200	182 300
	Japan – Japon 1 X 1994 [2,19]									
28	Total	125 034 000	1 222 000	4 827 000	6 724 000	7 644 000	8 868 000	9 986 000	8 673 000	7 897 000
29	Male – Masculin	61 328 000	627 000	2 479 000	3 446 000	3 917 000	4 550 000	5 111 000	4 399 000	3 992 000
30	Female – Féminin	63 706 000	595 000	2 348 000	3 277 000	3 727 000	4 317 000	4 875 000	4 275 000	3 905 000
	Jordan – Jordanie [20] 1 VII 1994 [2,21]									
31	Total	*4 110 621*	**—— 616*	*048 ——**	*565 812*	*528 577*	*480 498*	*445 005*	*372 259*	*268 785*
32	Male – Masculin	*2 136 416*	**—— 315*	*849 ——**	*289 447*	*270 929*	*248 594*	*236 120*	*203 327*	*142 389*
33	Female – Féminin	*1 974 205*	**—— 300*	*199 ——**	*276 365*	*257 648*	*231 904*	*208 885*	*168 932*	*126 396*

7. Population selon l'âge, le sexe et la résidence, urbaine/rurale: dernière année disponible, 1986 – 1995 (suite)

(Voir notes à la fin du tableau.)

Age (en années) 35 – 39	40 – 44	45 – 49	50 – 54	55 – 59	60 – 64	65 – 69	70 – 74	75 – 79	80 – 84	85 +	Unknown Inconnu	
86 351 812	63 707 664	49 087 941	45 619 559	41 709 335	33 976 254	26 332 520	18 050 580	10933924	5 352 690	2 323 678	–	1
44 568 847	33 335 977	25 855 900	24 110 355	21 839 937	17 481 948	12 917 485	8 344 204	4 689 104	1 993 954	716 370	–	2
41 782 965	30 371 687	23 232 041	21 509 204	19 869 398	16 494 306	13 415 035	9 706 376	6 244 820	3 358 736	1 607 308	–	3
47 900	*43 400*	*40 000*	*33 000*	*27 700*	*25 000*	*22 300*	*18 000*	*13 700*	**— 16 000 —**		–	4
24 300	*21 700*	*20 000*	*16 400*	*13 400*	*11 500*	*10 200*	*8 300*	*6 100*	**— 6 800 —**		–	5
23 600	*21 700*	*20 000*	*16 600*	*14 300*	*13 500*	*12 100*	*9 700*	*7 600*	**— 9 200 —**		–	6
362 386	261 028	296 574	345 628	303 864	297 455	160 594	123 376	100 777	55 978	37 224	–	7
174 508	124 662	138 999	163 876	140 794	130 218	57 628	39 464	32 950	17 632	10 423	–	8
187 878	136 366	157 575	181 752	163 070	167 237	102 966	83 912	67 827	38 346	26 801	–	9
653 600	516 300	403 700	244 100	255 300	247 200	215 400	159 900	108 300	64 000	42 500	–	10
336 600	271 300	219 600	136 900	140 100	130 000	108 600	74 500	47 100	24 800	12 100	–	11
317 000	245 000	184 100	107 200	115 200	117 200	106 800	85 400	61 200	39 200	30 400	–	12
52 951 000	*45 669 000*	*39 390 000*	*33 889 000*	*28 388 000*	*22 247 000*	*16 090 000*	**— 21 302 000 —**				–	13
27 404 000	*23 458 000*	*20 269 000*	*17 566 000*	*14 849 000*	*11 672 000*	*8 301 000*	**— 10 572 000 —**				–	14
25 547 000	*22 211 000*	*19 121 000*	*16 323 000*	*13 539 000*	*10 575 000*	*7 789 000*	**— 10 730 000 —**				–	15
13 048 200	*10 411 150*	*8 123 350*	*7 061 100*	*6 019 550*	*4 638 250*	*3 507 200*	*2 092 550*	**— 2 305 850 —**			–	16
6 535 250	*5 339 250*	*4 068 950*	*3 455 500*	*2 925 500*	*2 222 450*	*1 676 250*	*990 300*	**— 1 007 650 —**			–	17
6 512 950	*5 071 900*	*4 054 400*	*3 605 600*	*3 094 050*	*2 415 800*	*1 830 950*	*1 102 250*	**— 1 298 200 —**			–	18
2 866 669	2 037 477	1 577 983	1 570 622	1 442 929	1 303 390	885 077	465 167	185 993	139 781	214 175	58 365	19
1 462 338	1 027 459	798 299	821 599	793 283	723 318	514 014	264 440	103 443	73 347	110 509	36 157	20
1 404 331	1 010 018	779 684	749 023	649 646	580 072	371 063	200 727	82 550	66 434	103 666	22 208	21
832 326	*640 925*	*506 649*	*426 267*	*352 740*	*283 136*	*208 936*	*159 309*	*112 224*	**— 107 706 —**		–	22
431 587	*332 916*	*262 961*	*218 509*	*177 221*	*139 417*	*101 901*	*77 017*	*53 540*	**— 49 501 —**		–	23
400 739	*308 009*	*243 688*	*207 758*	*175 519*	*143 719*	*107 035*	*82 292*	*58 684*	**— 58 205 —**		–	24
357 700	350 300	295 400	190 800	193 800	174 500	166 600	142 800	87 800	73 400	41 800	–	25
176 400	172 800	144 300	92 700	92 200	80 000	72 500	62 700	37 500	31 100	17 700	–	26
181 400	177 600	151 100	98 000	101 700	94 500	94 200	80 000	50 300	42 400	24 000	–	27
7 906 000	9 494 000	9 976 000	9 063 000	7 853 000	7 319 000	6 228 000	4 491 000	3 147 000	2 245 000	1 475 000	–	28
3 983 000	4 762 000	4 994 000	4 486 000	3 850 000	3 529 000	2 901 000	1 818 000	1 223 000	810 000	451 000	–	29
3 922 000	4 731 000	4 983 000	4 579 000	4 004 000	3 790 000	3 326 000	2 674 000	1 923 000	1 436 000	1 024 000	–	30
186 919	*140 241*	*126 519*	*113 992*	*91 052*	*67 717*	*42 090*	*29 541*	*14 471*	*10 231*	*7 539*	3 325	31
96 990	*72 362*	*62 488*	*60 988*	*47 898*	*35 057*	*22 708*	*13 587*	*7 490*	*4 602*	*3 715*	1 876	32
89 929	*67 879*	*64 031*	*53 004*	*43 154*	*32 660*	*19 382*	*15 954*	*6 981*	*5 629*	*3 824*	1 449	33

7. Population by age, sex and urban/rural residence: latest available year, 1986 – 1995 (continued)

(See notes at end of table.)

	Continent, country or area, sex, date and urban/rural residence Continent, pays ou zone, sexe, date et résidence, urbaine/rurale	All ages Tous âges	– 1	1 – 4	5 – 9	10 – 14	15 – 19	20 – 24	25 – 29	30 – 34
			Age (in years)							
	ASIA—ASIE (Cont.–Suite)									
	Kazakstan									
	1 I 1991 [2]									
1	Total	16 721 113	352 960	1 520 331	1 760 298	1 614 317	1 457 582	1 296 096	1 451 120	1 448 227
2	Male – Masculin	8 115 857	180 755	773 695	890 629	814 507	745 170	679 812	725 951	723 795
3	Female – Féminin	8 605 256	172 205	746 636	869 669	799 810	712 412	616 284	725 169	724 432
	Korea, Republic of– Corée, République de									
	1 VII 1995* [1 2 22]									
4	Total	*44 850 801*	*672 545*	*2 643 197*	*3 264 612*	*3 819 446*	*3 942 032*	*4 435 973*	*4 254 528*	*4 239 522*
5	Male – Masculin	*22 576 258*	*347 603*	*1 386 472*	*1 725 597*	*1 976 895*	*2 035 179*	*2 281 055*	*2 183 881*	*2 157 557*
6	Female – Féminin	*22 274 543*	*324 942*	*1 256 725*	*1 539 015*	*1 842 551*	*1 906 853*	*2 154 918*	*2 070 647*	*2 081 965*
	Kuwait – Koweït									
	1 VII 1994									
7	Total	*1 620 086*	*—— *172**	*360 ——**	*171 529*	*132 274*	*108 930*	*140 003*	*209 662*	*202 791*
8	Male – Masculin	*994 055*	*—— *88**	*195 ——**	*87 516*	*67 064*	*56 308*	*80 750*	*141 056*	*138 627*
9	Female – Féminin	*626 031*	*—— *84**	*165 ——**	*84 013*	*65 210*	*52 622*	*59 253*	*68 606*	*64 164*
	Kyrgyzstan – Kirghizistan									
	1 I 1995* [2]									
10	Total	4 450 661	106 436	473 175	594 047	509 213	439 985	384 743	334 293	341 482
11	Male – Masculin	2 193 704	54 429	242 108	300 758	257 206	221 202	195 892	170 386	168 700
12	Female – Féminin	2 256 957	52 007	231 067	293 289	252 007	218 783	188 851	163 907	172 782
	Macau – Macao									
	1 VII 1995* [1]									
13	Total	*417 500*	*—— *32**	*500 ——**	*39 700*	*33 000*	*24 600*	*29 400*	*36 600*	*45 800*
14	Male – Masculin	*202 700*	*—— *16**	*900 ——**	*20 300*	*17 200*	*12 800*	*13 500*	*14 400*	*20 100*
15	Female – Féminin	*214 800*	*—— *15**	*600 ——**	*19 400*	*15 800*	*11 800*	*15 900*	*22 200*	*25 700*
	Malaysia – Malaisie									
	1 VII 1993									
16	Total	*19 060 996*	*529 385*	*1 975 218*	*2 389 111*	*2 037 587*	*1 874 520*	*1 765 011*	*1 653 729*	*1 465 927*
17	Male – Masculin	*9 610 451*	*273 759*	*1 019 399*	*1 229 988*	*1 047 502*	*957 598*	*899 954*	*833 921*	*714 676*
18	Female – Féminin	*9 450 545*	*255 626*	*955 819*	*1 159 123*	*990 085*	*916 922*	*865 057*	*819 808*	*751 251*
	Peninsular Malaysia – Malaisie Péninsulaire									
	1 VII 1990									
19	Total	*14 616 700*	*— *1 9**	*50 500 —**	*1 814 100*	*1 531 500*	*1 494 200*	*1 393 300*	*1 301 500*	*1 105 300*
20	Male – Masculin	*7 338 800*	*— *1 0**	*02 500 —**	*931 200*	*784 400*	*760 800*	*708 300*	*644 900*	*532 200*
21	Female – Féminin	*7 277 900*	*—— *947**	*900 ——**	*882 900*	*747 100*	*733 300*	*685 000*	*656 600*	*573 100*
	Sabah									
	1 VII 1990									
22	Total	*1 470 400*	*—— *267**	*600 ——**	*228 500*	*158 200*	*149 200*	*116 400*	*112 300*	*112 900*
23	Male – Masculin	*766 700*	*—— *138**	*300 ——**	*118 800*	*80 900*	*76 900*	*59 700*	*55 500*	*59 400*
24	Female – Féminin	*703 700*	*—— *129**	*300 ——**	*109 700*	*77 300*	*72 300*	*56 700*	*56 800*	*53 500*
	Sarawak									
	1 VII 1990									
25	Total	*1 668 700*	*—— *216**	*800 ——**	*192 000*	*180 300*	*195 100*	*169 600*	*145 500*	*116 600*
26	Male – Masculin	*843 800*	*—— *113**	*800 ——**	*99 700*	*92 700*	*100 400*	*87 000*	*70 800*	*55 800*
27	Female – Féminin	*824 900*	*—— *103**	*000 ——**	*92 300*	*87 600*	*94 700*	*82 600*	*74 700*	*60 800*
	Maldives									
	1 VII 1993 [2]									
28	Total	*238 363*	*—— *42**	*435 ——**	*37 496*	*31 640*	*24 648*	*21 105*	*17 992*	*14 174*
29	Male – Masculin	*122 045*	*—— *21**	*724 ——**	*19 164*	*16 170*	*12 594*	*10 352*	*8 700*	*7 080*
30	Female – Féminin	*116 318*	*—— *20**	*711 ——**	*18 332*	*15 470*	*12 054*	*10 753*	*9 292*	*7 094*
	Mongolia – Mongolie									
	5 I 1989(C) [2]									
31	Total	2 043 400	*—— 324	700 ——*	274 600	255 700	221 500	196 300	179 500	135 300

(Voir notes à la fin du tableau.)

Age (en années)												
35 – 39	40 – 44	45 – 49	50 – 54	55 – 59	60 – 64	65 – 69	70 – 74	75 – 79	80 – 84	85 +	Unknown Inconnu	
1 198 026	943 952	541 250	944 099	555 545	638 368	382 017	220 508	203 691	117 631	75 095	–	1
591 795	461 207	259 516	445 910	256 914	268 079	128 527	67 549	55 387	29 870	16 789	–	2
606 231	482 745	281 734	498 189	298 631	370 289	253 490	152 959	148 304	87 761	58 306	–	3
4 055 301	*2 972 165*	*2 444 420*	*2 127 615*	*1 942 544*	*1 493 779*	*1 029 726*	*747 866*	*435 504*	**— 330 026 —**		–	4
2 063 014	*1 524 253*	*1 244 120*	*1 070 288*	*955 395*	*677 088*	*420 061*	*291 120*	*151 470*	**— 85 210 —**		–	5
1 992 287	*1 447 912*	*1 200 300*	*1 057 327*	*987 149*	*816 691*	*609 665*	*456 746*	*284 034*	**— 244 816 —**		–	6
171 790	*119 043*	*75 103*	*46 669*	*31 592*	*17 187*	*9 904*	*5 676*	*3 227*	**— 2 346 —**		–	7
120 060	*83 822*	*52 982*	*32 692*	*21 899*	*10 877*	*5 941*	*3 153*	*1 854*	**— 1 259 —**		–	8
51 730	*35 221*	*22 121*	*13 977*	*9 693*	*6 310*	*3 963*	*2 523*	*1 373*	**— 1 087 —**		–	9
292 014	222 568	139 716	104 920	147 157	116 480	112 169	60 687	31 847	23 606	16 123	–	10
144 103	108 702	67 466	51 806	69 685	52 979	47 822	20 604	9 124	6 507	4 225	–	11
147 911	113 866	72 250	53 114	77 472	63 501	64 347	40 083	22 723	17 099	11 898	–	12
48 100	*37 300*	*25 200*	*13 500*	*10 900*	*10 900*	*10 500*	*8 200*	**—— – 11 300 ——**			–	13
23 800	*19 700*	*14 000*	*7 400*	*5 700*	*5 000*	*4 500*	*3 300*	**—— – 4 100 ——**			–	14
24 300	*17 600*	*11 200*	*6 100*	*5 200*	*5 900*	*6 000*	*4 900*	**—— – 7 200 ——**			–	15
1 236 102	*1 018 446*	*764 315*	*654 951*	*537 403*	*407 403*	*300 651*	*221 406*	*116 540*	**— 113 291 —**		–	16
601 311	*506 736*	*388 095*	*332 788*	*265 660*	*193 927*	*144 371*	*100 552*	*52 484*	**— 47 730 —**		–	17
634 791	*511 710*	*376 220*	*322 163*	*271 743*	*213 476*	*156 280*	*120 854*	*64 056*	**— 65 561 —**		–	18
914 400	*757 000*	*560 700*	*523 200*	*373 400*	*318 400*	*221 100*	*169 900*	*96 300*	**— 91 900 —**		–	19
445 200	*381 500*	*284 200*	*263 800*	*180 600*	*154 100*	*103 000*	*77 700*	*44 200*	**— 40 200 —**		–	20
469 300	*375 600*	*276 500*	*259 400*	*192 800*	*164 300*	*118 100*	*92 200*	*52 100*	**— 51 700 —**		–	21
84 700	*56 700*	*48 800*	*41 100*	*31 600*	*22 000*	*16 500*	*12 500*	*6 000*	**— 5 400 —**		–	22
47 200	*31 200*	*26 900*	*22 100*	*17 200*	*12 000*	*8 500*	*6 600*	*2 900*	**— 2 600 —**		–	23
37 500	*25 500*	*21 900*	*19 000*	*14 400*	*10 000*	*8 000*	*5 900*	*3 100*	**— 2 800 —**		–	24
100 100	*79 000*	*64 700*	*51 600*	*43 900*	*36 200*	*27 700*	*22 200*	*12 100*	**— 15 300 —**		–	25
50 400	*39 300*	*32 600*	*26 000*	*20 900*	*17 700*	*13 100*	*10 900*	*5 800*	**— 6 900 —**		–	26
49 700	*39 700*	*32 100*	*25 600*	*23 000*	*18 500*	*14 600*	*11 300*	*6 300*	**— 8 400 —**		–	27
10 601	*7 433*	*6 320*	*6 905*	*5 900*	*4 659*	*3 410*	*1 839*	**—— – 1 806 ——**			–	28
5 335	*3 878*	*3 284*	*3 580*	*3 225*	*2 731*	*2 022*	*1 097*	**—— – 1 109 ——**			–	29
5 266	*3 555*	*3 036*	*3 325*	*2 675*	*1 928*	*1 388*	*742*	**—— – 697 ——**			–	30
92 300	70 400	68 300	55 400	50 200	36 200	31 500	*—— —— 51 500 ——*				–	31

7. Population by age, sex and urban/rural residence: latest available year, 1986 – 1995 (continued)

(See notes at end of table.)

	Continent, country or area, sex, date and urban/rural residence Continent, pays ou zone, sexe, date et résidence, urbaine/rurale	Age (in years)								
		All ages Tous âges	– 1	1 – 4	5 – 9	10 – 14	15 – 19	20 – 24	25 – 29	30 – 34
	ASIA—ASIE (Cont.–Suite)									
	Myanmar 1 X 1987									
1	Total	*38 541 119*	**— 5 0*	*32 740 —**	*4 728 861*	*4 618 754*	*4 305 011*	*3 774 146*	*3 219 612*	*2 671 431*
2	Male – Masculin	*19 107 650*	**— 2 5*	*32 494 —**	*2 352 181*	*2 293 451*	*2 133 123*	*1 868 858*	*1 594 198*	*1 322 994*
3	Female – Féminin	*19 433 469*	**— 2 5*	*00 246 —**	*2 376 680*	*2 325 303*	*2 171 888*	*1 905 288*	*1 625 414*	*1 348 437*
	Nepal – Népal 22 VI 1991(C) [1]									
4	Total	18 491 097	565 413	2 141 939	2 806 133	2 327 286	1 792 527	1 586 763	1 374 409	1 154 301
5	Male – Masculin	9 220 974	287 551	1 083 674	1 430 265	1 209 803	878 035	729 279	648 268	552 339
6	Female – Féminin	9 270 123	277 862	1 058 265	1 375 868	1 117 483	914 492	857 484	726 141	601 962
	Pakistan [23] 1 VII 1995*									
7	Total	*129 808 000*	**— 21 1*	*15 000 —**	*17 021 000*	*15 509 000*	*12 312 000*	*10 475 000*	*9 722 000*	*8 513 000*
8	Male – Masculin	*67 022 000*	**— 10 8*	*63 000 —**	*8 502 000*	*7 878 000*	*6 397 000*	*5 486 000*	*5 049 000*	*4 440 000*
9	Female – Féminin	*62 786 000*	**— 10 2*	*52 000 —**	*8 519 000*	*7 631 000*	*5 915 000*	*4 989 000*	*4 673 000*	*4 073 000*
	Philippines 1 VII 1995* [1 2]									
10	Total	*70 267 000*	**— 9 8*	*49 000 —**	*8 350 000*	*8 053 000*	*7 420 000*	*6 518 000*	*5 810 000*	*5 119 000*
11	Male – Masculin	*35 299 000*	**— 5 0*	*27 000 —**	*4 274 000*	*4 118 000*	*3 796 000*	*3 342 000*	*2 938 000*	*2 490 000*
12	Female – Féminin	*34 968 000*	**— 4 8*	*22 000 —**	*4 076 000*	*3 935 000*	*3 624 000*	*3 176 000*	*2 872 000*	*2 629 000*
	Qatar 16 III 1986(C)									
13	Total	369 079	8 161	32 993	34 644	26 654	22 633	32 569	53 194	54 252
14	Male – Masculin	247 852	4 143	16 822	17 774	13 871	12 338	22 121	41 664	41 004
15	Female – Féminin	121 227	4 018	16 171	16 870	12 783	10 295	10 448	11 530	13 248
	Singapore – Singapour 1 VII 1995* [24]									
16	Total	2 986 500	*—— 246	400 ——*	230 000	209 000	200 700	236 900	261 000	301 800
17	Male – Masculin	1 502 900	*—— 127	300 ——*	119 000	108 300	103 400	118 700	128 900	151 500
18	Female – Féminin	1 483 600	*—— 119	100 ——*	111 000	100 700	97 300	118 200	132 100	150 300
	Sri Lanka 1 VII 1994									
19	Total	*17 865 000*	**— 2 2*	*33 000 —**	*2 025 000*	*2 032 000*	*1 929 000*	*1 837 000*	*1 534 000*	*1 355 000*
20	Male – Masculin	*9 107 000*	**— 1 1*	*37 000 —**	*1 030 000*	*1 037 000*	*978 000*	*922 000*	*768 000*	*686 000*
21	Female – Féminin	*8 758 000*	**— 1 0*	*96 000 —**	*995 000*	*995 000*	*951 000*	*915 000*	*766 000*	*669 000*
	Syrian Arab Republic – République arabe syrienne 1 VII 1994 [1 2 25]									
22	Total	*13 844 000*	*506 000*	*2 102 000*	*2 361 000*	*1 844 000*	*1 323 000*	*1 013 000*	*776 000*	*709 000*
23	Male – Masculin	*7 071 000*	*260 000*	*1 079 000*	*1 219 000*	*967 000*	*672 000*	*524 000*	*371 000*	*341 000*
24	Female – Féminin	*6 773 000*	*246 000*	*1 023 000*	*1 142 000*	*877 000*	*651 000*	*489 000*	*405 000*	*368 000*
	Tajikistan – Tadjikistan 1 VII 1991* [2]									
25	Total	5 448 579	208 954	746 492	782 904	621 002	551 190	489 092	447 996	382 294
26	Male – Masculin	2 708 078	107 244	378 546	396 201	313 157	279 900	240 664	218 794	189 349
27	Female – Féminin	2 740 501	101 710	367 946	386 703	307 845	271 290	248 428	229 202	192 945
	Thailand – Thaïlande 1 VII 1994 [1 2]									
28	Total	*59 396 000*	**— 5 7*	*10 000 —**	*5 945 000*	*6 158 000*	*6 217 000*	*6 115 000*	*5 874 000*	*4 999 000*
29	Male – Masculin	*29 767 000*	**— 2 9*	*11 000 —**	*3 021 000*	*3 120 000*	*3 154 000*	*3 111 000*	*2 983 000*	*2 523 000*
30	Female – Féminin	*29 629 000*	**— 2 7*	*99 000 —**	*2 924 000*	*3 038 000*	*3 063 000*	*3 004 000*	*2 891 000*	*2 476 000*
	Turkey – Turquie 1 VII 1995* [2]									
31	Total	*61 644 000*	*1 358 000*	*5 208 000*	*6 602 000*	*6 758 000*	*6 621 000*	*5 936 000*	*5 185 000*	*4 935 000*
32	Male – Masculin	*31 174 000*	*690 000*	*2 654 000*	*3 385 000*	*3 458 000*	*3 383 000*	*3 034 000*	*2 634 000*	*2 519 000*
33	Female – Féminin	*30 470 000*	*667 000*	*2 554 000*	*3 217 000*	*3 298 000*	*3 238 000*	*2 904 000*	*2 551 000*	*2 416 000*

7. Population selon l'âge, le sexe et la résidence, urbaine/rurale: dernière année disponible, 1986 – 1995 (suite)

(Voir notes à la fin du tableau.)

Age (en années)												
35 – 39	40 – 44	45 – 49	50 – 54	55 – 59	60 – 64	65 – 69	70 – 74	75 – 79	80 – 84	85 +	Unknown Inconnu	
2 119 099	*1 695 953*	*1 469 831*	*1 344 771*	*1 161 522*	*908 379*	*		*1 491 009*		*	–	*1*
1 049 248	*838 348*	*725 109*	*661 794*	*569 669*	*443 678*	*		*722 505*		*	–	*2*
1 069 851	*857 605*	*744 722*	*682 977*	*591 853*	*464 701*	*		*768 504*		*	–	*3*
1 027 247	842 719	734 162	598 484	465 957	431 645	270 472	183 952	*	185 165	*	2 523	*4*
516 229	409 992	374 362	307 446	250 040	215 479	141 707	94 230	*	91 322	*	953	*5*
511 018	432 727	359 800	291 038	215 917	216 166	128 765	89 722	*	93 843	*	1 570	*6*
7 218 000	*6 490 000*	*5 601 000*	*4 445 000*	*3 624 000*	*2 886 000*	*2 123 000*	*1 395 000*	*797 000*	* *562 000*	*	–	*7*
3 790 000	*3 407 000*	*2 948 000*	*2 333 000*	*1 901 000*	*1 523 000*	*1 095 000*	*713 000*	*405 000*	* *292 000*	*	–	*8*
3 428 000	*3 083 000*	*2 653 000*	*2 112 000*	*1 723 000*	*1 363 000*	*1 028 000*	*682 000*	*392 000*	* *270 000*	*	–	*9*
4 427 000	*3 665 000*	*2 841 000*	*2 240 000*	*1 831 000*	*1 417 000*	*1 067 000*	*746 000*	*495 000*	* *419 000*	*	–	*10*
2 122 000	*1 803 000*	*1 426 000*	*1 122 000*	*902 000*	*683 000*	*503 000*	*342 000*	*224 000*	* *187 000*	*	–	*11*
2 305 000	*1 862 000*	*1 415 000*	*1 118 000*	*929 000*	*734 000*	*564 000*	*404 000*	*271 000*	* *232 000*	*	–	*12*
39 984	25 081	16 463	10 150	5 236	3 202	1 580	1 032	492	* 666	*	93	*13*
30 158	19 236	12 742	7 692	3 848	2 177	1 003	565	279	* 342	*	73	*14*
9 826	5 845	3 721	2 458	1 388	1 025	577	467	213	* 324	*	20	*15*
302 100	256 900	204 700	126 200	114 100	94 400	75 400	51 400	35 900	* 39 600	*	–	*16*
153 600	131 000	103 600	63 300	56 900	46 000	36 200	24 300	15 600	* 15 300	*	–	*17*
148 500	125 900	101 100	62 900	57 200	48 400	39 200	27 100	20 300	* 24 300	*	–	*18*
1 009 000	*840 000*	*734 000*	*649 000*	*509 000*	*409 000*	*303 000*	*218 000*	*127 000*	* *122 000*	*	–	*19*
507 000	*433 000*	*372 000*	*342 000*	*268 000*	*220 000*	*160 000*	*117 000*	*67 000*	* *63 000*	*	–	*20*
502 000	*407 000*	*362 000*	*307 000*	*241 000*	*189 000*	*143 000*	*101 000*	*60 000*	* *59 000*	*	–	*21*
699 000	*578 000*	*448 000*	*335 000*	*260 000*	*284 000*	*187 000*	*185 000*	*	*234 000*	*	–	*22*
350 000	*302 000*	*233 000*	*172 000*	*138 000*	*138 000*	*95 000*	*92 000*	*	*118 000*	*	–	*23*
349 000	*276 000*	*215 000*	*163 000*	*122 000*	*146 000*	*92 000*	*93 000*	*	*116 000*	*	–	*24*
266 067	186 131	115 003	168 404	142 720	129 480	82 180	49 122	36 265	22 346	20 937	–	*25*
131 746	92 215	62 230	84 706	69 190	62 562	33 728	17 703	13 428	8 428	8 287	–	*26*
134 321	93 916	52 773	83 698	73 530	66 918	48 452	31 419	22 837	13 918	12 650	–	*27*
4 278 000	*3 442 000*	*2 609 000*	*2 132 000*	*1 896 000*	*1 482 000*	*1 099 000*	*708 000*	*	*732 000*	*	–	*28*
2 134 000	*1 714 000*	*1 306 000*	*1 051 000*	*907 000*	*696 000*	*511 000*	*322 000*	*	*303 000*	*	–	*29*
2 144 000	*1 728 000*	*1 303 000*	*1 081 000*	*989 000*	*786 000*	*588 000*	*386 000*	*	*429 000*	*	–	*30*
4 153 000	*3 438 000*	*2 721 000*	*2 126 000*	*1 901 000*	*1 814 000*	*1 373 000*	*781 000*	*	*738 000*	*	–	*31*
2 129 000	*1 754 000*	*1 374 000*	*1 044 000*	*904 000*	*892 000*	*640 000*	*364 000*	*	*317 000*	*	–	*32*
2 023 000	*1 682 000*	*1 346 000*	*1 082 000*	*995 000*	*924 000*	*733 000*	*415 000*	*	*421 000*	*	–	*33*

(See notes at end of table.)

	Continent, country or area, sex, date and urban/rural residence Continent, pays ou zone, sexe, date et résidence, urbaine/rurale	Age (in years) All ages Tous âges	– 1	1 – 4	5 – 9	10 – 14	15 – 19	20 – 24	25 – 29	30 – 34
	ASIA—ASIE (Cont.–Suite)									
	Turkmenistan – Turkménistan 12 I 1989(C) [1 2]									
1	Total	3 522 717	*—— 559	641 ——*	461 968	406 796	366 290	326 637	321 739	252 541
2	Male – Masculin	1 735 179	*—— 283	551 ——*	233 256	204 615	187 886	161 333	157 763	123 936
3	Female – Féminin	1 787 538	*—— 276	090 ——*	228 712	202 181	178 404	165 304	163 976	128 605
	Uzbekistan – Ouzbékistan 12 I 1989(C) [1 2]									
4	Total	19 810 077	669 297	2 547 112	2 611 040	2 255 753	2 004 739	1 832 462	1 785 410	1 392 663
5	Male – Masculin	9 784 156	341 103	1 289 953	1 318 918	1 138 237	1 003 102	910 718	890 752	696 145
6	Female – Féminin	10 025 921	328 194	1 257 159	1 292 122	1 117 516	1 001 637	921 744	894 658	696 518
	Viet Nam 31 XII 1992 [2]									
7	Total	*69 175 080*	*2 001 535*	*7 434 032*	*9 417 737*	*8 506 356*	*7 549 286*	*6 360 986*	*5 385 675*	*5 134 977*
8	Male – Masculin	*33 312 978*	*1 020 783*	*3 905 228*	*4 845 729*	*4 412 810*	*3 725 455*	*2 902 592*	*2 286 311*	*2 427 883*
9	Female – Féminin	*35 862 102*	*980 752*	*3 528 804*	*4 572 008*	*4 093 546*	*3 823 831*	*3 458 394*	*3 099 364*	*2 707 094*
	Yemen – Yémen 1 VII 1993 [2]									
10	Total	*12 301 970*	*— *2 3*	*99 550* —*	*2 172 490*	*1 805 190*	*1 290 240*	*926 290*	*666 820*	*591 880*
11	Male – Masculin	*6 104 940*	*— *1 2*	*26 280* —*	*1 099 420*	*938 900*	*683 460*	*466 800*	*306 210*	*253 840*
12	Female – Féminin	*6 197 030*	*— *1 1*	*73 270* —*	*1 073 070*	*866 290*	*606 780*	*459 490*	*360 610*	*338 040*
	EUROPE									
	Andorra – Andorre 31 XII 1994 [2]									
13	Total	64 311	*—— 3	314 ——*	3 243	3 513	3 943	5 312	7 000	7 131
14	Male – Masculin	34 083	*—— 1	725 ——*	1 697	1 795	2 074	2 726	3 608	3 822
15	Female – Féminin	30 228	*—— 1	589 ——*	1 546	1 718	1 869	2 586	3 392	3 309
	Austria – Autriche 1 VII 1994 [1 2]									
16	Total	8 029 717	93 542	378 809	463 654	477 405	463 458	588 339	716 683	705 660
17	Male – Masculin	3 891 680	47 909	194 435	237 807	244 987	238 359	297 341	368 346	364 310
18	Female – Féminin	4 138 037	45 633	184 374	225 847	232 418	225 099	290 998	348 337	341 350
	Belarus – Bélarus 1 VII 1993* [1 2]									
19	Total	10 308 609	121 983	580 671	841 502	785 641	733 808	693 084	727 735	875 971
20	Male – Masculin	4 842 913	62 638	298 665	428 889	399 099	369 836	346 104	361 559	439 252
21	Female – Féminin	5 465 696	59 345	282 006	412 613	386 542	363 972	346 980	366 176	436 719
	Belgium – Belgique 1 VII 1990 [1]									
22	Total	9 967 378	122 135	475 483	599 543	609 055	659 332	735 387	806 679	785 782
23	Male – Masculin	4 870 392	62 577	244 041	307 059	311 527	337 039	374 890	411 237	399 813
24	Female – Féminin	5 096 986	59 558	231 442	292 484	297 528	322 293	360 497	395 442	385 969
	Bosnia Herzegovina – Bosnie–Herzégovine 1 VII 1991 [1]									
25	Total	4 449 412	*—— 351	180 ——*	343 206	354 583	364 250	373 041	415 963	388 163
26	Male – Masculin	2 218 224	*—— 180	412 ——*	176 066	181 481	187 299	192 482	214 382	202 944
27	Female – Féminin	2 231 188	*—— 170	768 ——*	167 140	173 102	176 951	180 559	201 581	185 219

(Voir notes à la fin du tableau.)

Age (en années)												
35 – 39	40 – 44	45 – 49	50 – 54	55 – 59	60 – 64	65 – 69	70 – 74	75 – 79	80 – 84	85 +	Unknown Inconnu	
185 306	106 103	108 567	114 086	97 240	84 072	48 374	33 821	27 035	13 021	9 480	–	1
90 661	52 550	54 130	56 391	46 348	36 914	17 534	11 435	9 466	4 395	3 015	–	2
94 645	53 553	54 437	57 695	50 892	47 158	30 840	22 386	17 569	8 626	6 465	–	3
1 013 369	572 375	625 531	651 050	561 358	483 693	269 629	184 229	165 734	100 456	83 816	361	4
503 602	286 366	317 673	322 719	265 666	215 661	97 157	60 068	57 981	37 436	30 728	171	5
509 767	286 009	307 858	328 331	295 692	268 032	172 472	124 161	107 753	63 020	53 088	190	6
3 627 005	*2 452 443*	*2 180 257*	*1 944 942*	*1 912 388*	*1 776 884*	*1 401 409*	*916 907*	*647 829*	*333 454*	*190 978*	–	7
1 689 916	*1 145 069*	*991 028*	*862 243*	*827 661*	*821 777*	*611 955*	*385 883*	*257 607*	*123 517*	*69 531*	–	8
1 937 089	*1 307 374*	*1 189 229*	*1 082 699*	*1 084 727*	*955 107*	*789 454*	*531 024*	*390 222*	*209 937*	*121 447*	–	9
517 800	*448 150*	*358 480*	*297 530*	*265 610*	*188 900*	*146 000*	*93 850*	*———	*133 190*	———*	–	10
220 190	*198 290*	*166 670*	*139 310*	*134 340*	*93 230*	*70 170*	*45 320*	*———	*62 510*	———*	–	11
297 610	*249 860*	*191 810*	*158 220*	*131 270*	*95 670*	*75 830*	*48 530*	*———	*70 680*	———*	–	12
6 160	5 058	4 296	3 441	2 659	2 589	2 267	1 816	1 095	815	659	–	13
3 394	2 840	2 389	1 845	1 417	1 375	1 181	911	565	423	296	–	14
2 766	2 218	1 907	1 596	1 242	1 214	1 086	905	530	392	363	–	15
600 740	523 648	495 567	541 547	394 030	380 869	375 067	342 360	179 530	187 731	121 078	–	16
307 672	265 962	250 328	269 215	192 906	180 561	159 878	122 610	60 432	57 578	31 044	–	17
293 068	257 686	245 239	272 332	201 124	200 308	215 189	219 750	119 098	130 153	90 034	–	18
817 208	714 987	477 114	552 843	600 164	590 833	493 366	282 132	172 330	150 304	96 933	–	19
406 027	351 484	230 821	257 270	267 451	250 098	178 179	88 223	47 157	37 634	22 527	–	20
411 181	363 503	246 293	295 573	332 713	340 735	315 187	193 909	125 173	112 670	74 406	–	21
731 641	703 760	547 171	561 857	582 272	559 911	521 699	304 264	312 026	209 532	139 849	–	22
372 734	358 178	275 780	278 539	284 213	265 700	236 692	128 549	117 887	67 472	36 465	–	23
358 907	345 582	271 391	283 318	298 059	294 211	285 007	175 715	194 139	142 060	103 384	–	24
345 271	278 127	208 337	260 916	245 856	200 749	128 326	67 581	57 647	42 263	23 953	–	25
178 555	141 781	102 973	127 312	118 853	94 574	49 895	24 700	20 471	14 380	9 664	–	26
166 716	136 346	105 364	133 604	127 003	106 175	78 431	42 881	37 176	27 883	14 289	–	27

7. Population by age, sex and urban/rural residence: latest available year, 1986 – 1995 (continued)

(See notes at end of table.)

	Continent, country or area, sex, date and urban/rural residence Continent, pays ou zone, sexe, date et résidence, urbaine/rurale	All ages Tous âges	Age (in years) – 1	1 – 4	5 – 9	10 – 14	15 – 19	20 – 24	25 – 29	30 – 34
	EUROPE (Cont.–Suite)									
	Bulgaria – Bulgarie 31 XII 1993 [2]									
1	Total	8 459 763	83 090	377 152	535 726	577 309	640 273	592 821	538 365	562 917
2	Male – Masculin	4 151 638	42 713	193 704	274 411	297 012	327 397	302 239	272 551	282 881
3	Female – Féminin	4 308 125	40 377	183 448	261 315	280 297	312 876	290 582	265 814	280 036
	Channel Islands – Iles Anglo-Normandes Guernsey – Guernesey 21 IV 1991(C)									
4	Total	58 867	751	2 763	3 258	3 227	3 886	5 009	4 801	4 379
5	Male – Masculin	28 297	374	1 394	1 677	1 649	1 953	2 327	2 349	2 180
6	Female – Féminin	30 570	377	1 369	1 581	1 578	1 933	2 682	2 452	2 199
	Jersey 10 III 1991(C)									
7	Total	84 082	1 042	3 729	4 202	4 043	4 637	7 853	8 465	7 219
8	Male – Masculin	40 862	521	1 929	2 151	2 016	2 340	3 830	4 166	3 626
9	Female – Féminin	43 220	521	1 800	2 051	2 027	2 297	4 023	4 299	3 593
	Croatia – Croatie 31 III 1991(C) [1 2]									
10	Total	4 784 265	54 459	225 597	314 697	331 426	326 290	320 222	342 388	365 956
11	Male – Masculin	2 318 623	27 915	115 673	161 383	169 518	166 909	162 613	172 740	185 298
12	Female – Féminin	2 465 642	26 544	109 924	153 314	161 908	159 381	157 609	169 648	180 658
	Czech Republic – Rép. tchèque 31 XII 1994 [1 2]									
13	Total	10 333 161	105 904	496 333	647 304	698 483	888 050	820 709	682 070	670 548
14	Male – Masculin	5 020 464	54 312	254 838	331 240	357 771	453 378	419 781	348 286	341 701
15	Female – Féminin	5 312 697	51 592	241 495	316 064	340 712	434 672	400 928	333 784	328 847
	Denmark – Danemark [26] 1 VII 1995* [1]									
16	Total	5 227 862	70 163	268 696	296 788	271 754	322 125	375 410	403 073	403 938
17	Male – Masculin	2 579 829	35 912	137 781	152 298	138 735	164 613	191 090	206 672	207 182
18	Female – Féminin	2 648 033	34 251	130 915	144 490	133 019	157 512	184 320	196 401	196 756
	Estonia – Estonie 1 VII 1993 [2]									
19	Total	1 516 728	16 254	82 880	115 056	109 153	105 943	109 129	101 147	112 608
20	Male – Masculin	708 438	8 385	42 490	58 496	55 524	53 895	57 118	51 310	55 943
21	Female – Féminin	808 290	7 869	40 390	56 560	53 629	52 048	52 011	49 837	56 665
	Faeroe Islands – Iles Féroé 1 VII 1991 [1]									
22	Total	47 372	*—— 4	232 ——*	3 550	3 817	3 942	3 692	3 582	3 446
23	Male – Masculin	24 659	*—— 2	164 ——*	1 853	1 977	2 103	1 986	1 938	1 817
24	Female – Féminin	22 713	*—— 2	068 ——*	1 698	1 841	1 839	1 706	1 645	1 629
	Finland – Finlande 1 VII 1994 [1 2]									
25	Total	5 088 333	64 725	262 345	314 782	329 632	326 747	304 794	363 105	382 159
26	Male – Masculin	2 475 923	32 912	133 880	160 853	168 614	166 978	155 788	185 220	195 391
27	Female – Féminin	2 612 410	31 814	128 468	153 933	161 021	159 773	149 010	177 888	186 771

7. Population selon l'âge, le sexe et la résidence, urbaine/rurale: dernière année disponible, 1986 – 1995 (suite)

(Voir notes à la fin du tableau.)

Age (en années)												
35 – 39	40 – 44	45 – 49	50 – 54	55 – 59	60 – 64	65 – 69	70 – 74	75 – 79	80 – 84	85 +	Unknown Inconnu	
585 556	617 161	582 008	495 164	516 584	521 807	485 574	372 236	175 389	*—— 200	631 ——*	–	1
290 893	305 320	286 360	241 065	248 221	247 814	222 474	162 975	74 524	*—— 79	084 ——*	–	2
294 663	311 841	295 648	254 099	268 363	273 993	263 100	209 261	100 865	*—— 121	547 ——*	–	3
4 047	4 659	3 424	3 382	3 059	2 942	2 750	2 281	1 945	1 306	998	–	4
2 057	2 303	1 705	1 717	1 518	1 366	1 263	987	762	466	250	–	5
1 990	2 356	1 719	1 665	1 541	1 576	1 487	1 294	1 183	840	748	–	6
6 372	6 506	5 071	4 932	4 293	3 808	3 465	2 762	2 550	1 787	1 346	–	7
3 147	3 266	2 535	2 526	2 194	1 867	1 611	1 160	1 019	611	347	–	8
3 225	3 240	2 536	2 406	2 099	1 941	1 854	1 602	1 531	1 176	999	–	9
375 091	345 466	259 849	304 427	311 402	278 948	219 466	119 676	109 642	73 229	34 027	72 007	10
192 203	176 628	129 464	150 063	149 183	126 447	83 278	43 574	38 517	24 218	9 652	33 347	11
182 888	168 838	130 385	154 364	162 219	152 501	136 188	76 102	71 125	49 011	24 375	38 660	12
714 558	813 411	807 808	644 146	484 624	502 981	477 667	417 611	175 858	185 160	99 936	–	13
360 900	407 683	401 463	315 515	230 202	229 843	203 603	162 088	62 937	59 045	25 878	–	14
353 658	405 728	406 345	328 631	254 422	273 138	274 064	255 523	112 921	126 115	74 058	–	15
373 223	368 268	403 480	356 387	276 935	239 736	223 524	207 689	161 403	116 261	89 009	–	16
190 491	186 885	204 854	180 135	137 684	115 924	104 635	91 433	66 036	42 170	25 299	–	17
182 732	181 383	198 626	176 252	139 251	123 812	118 889	116 256	95 367	74 091	63 710	–	18
112 198	106 900	85 456	93 829	89 722	85 619	72 109	46 453	31 019	25 613	15 640	–	19
54 876	51 374	40 251	43 386	39 902	35 994	26 100	14 511	9 051	6 501	3 331	–	20
57 322	55 526	45 205	50 443	49 820	49 625	46 009	31 942	21 968	19 112	12 309	–	21
3 243	3 302	2 802	2 187	1 923	1 957	1 819	1 595	1 147	682	458	–	22
1 711	1 783	1 569	1 176	1 030	980	864	758	509	286	161	–	23
1 533	1 519	1 233	1 011	893	977	955	837	638	396	298	–	24
391 066	413 152	420 464	290 788	266 433	245 204	232 011	188 813	132 603	97 364	62 130	–	25
199 344	210 897	214 165	145 379	130 264	115 454	101 582	71 295	44 171	28 701	15 057	–	26
191 724	202 258	206 303	145 414	136 173	129 753	130 431	117 521	88 436	68 668	47 079	–	27

7. Population by age, sex and urban/rural residence: latest available year, 1986 – 1995 (continued)

(See notes at end of table.)

	Continent, country or area, sex, date and urban/rural residence Continent, pays ou zone, sexe, date et résidence, urbaine/rurale	Age (in years) All ages Tous âges	-1	1-4	5-9	10-14	15-19	20-24	25-29	30-34
	EUROPE (Cont.–Suite)									
	France 1 I 1993 [2] [27]									
1	Total	57 526 521	730 146	3 009 036	3 804 760	3 918 608	3 938 648	4 338 607	4 331 986	4 321 569
2	Male – Masculin	28 017 601	373 794	1 539 365	1 945 821	2 006 411	2 013 000	2 193 942	2 171 374	2 154 548
3	Female – Féminin	29 508 920	356 352	1 469 671	1 858 939	1 912 197	1 925 648	2 144 665	2 160 612	2 167 021
	Germany – Allemagne 1 VII 1994* [1]									
4	Total	81 421 960	784 162	3 474 319	4 568 328	4 471 116	4 227 859	5 228 248	7 010 419	7 060 920
5	Male – Masculin	39 575 586	402 837	1 781 809	2 344 506	2 293 338	2 175 164	2 689 772	3 638 873	3 654 754
6	Female – Féminin	41 846 374	381 325	1 692 510	2 223 822	2 177 778	2 052 695	2 538 476	3 371 546	3 406 166
	Greece – Grèce 1 VII 1994 [2] [28]									
7	Total	10 426 289	102 014	419 159	581 019	705 795	770 129	789 356	793 459	747 565
8	Male – Masculin	5 148 361	52 619	215 888	298 511	363 058	395 751	404 028	400 125	372 939
9	Female – Féminin	5 277 928	49 395	203 271	282 508	342 737	374 378	385 328	393 334	374 626
	Hungary – Hongrie 1 VII 1994 [2]									
10	Total	10 261 323	115 097	486 841	616 156	672 289	869 091	745 220	663 812	622 103
11	Male – Masculin	4 913 327	59 028	248 979	315 086	343 586	445 300	381 755	338 080	312 945
12	Female – Féminin	5 347 996	56 069	237 862	301 070	328 703	423 791	363 465	325 732	309 158
	Iceland – Islande 1 VII 1993 [1]									
13	Total	263 783	*—— 18	482 ——*	20 503	21 905	20 706	20 783	21 572	21 462
15	Male – Masculin	132 308	*—— 9	479 ——*	10 485	11 250	10 537	10 539	10 845	10 917
15	Female – Féminin	131 475	*—— 9	003 ——*	10 018	10 655	10 169	10 244	10 727	10 545
	Ireland – Irlande 1 IV 1995* [2]									
16	Total	3 582 231	48 246	209 918	288 048	334 716	330 559	282 173	254 350	248 976
17	Male – Masculin	1 776 446	24 889	108 143	147 636	171 796	169 287	143 172	127 434	120 695
18	Female – Féminin	1 805 785	23 357	101 775	140 412	162 920	161 272	139 001	126 916	128 281
	Isle of Man – Ile de Man 14 IV 1991(C) [1]									
19	Total	69 788	851	3 194	3 947	4 105	4 641	5 002	4 833	4 563
20	Male – Masculin	33 693	435	1 609	2 013	2 113	2 354	2 496	2 469	2 239
21	Female – Féminin	36 095	416	1 585	1 934	1 992	2 287	2 506	2 364	2 324
	Italy – Italie 1 VII 1994 [1]									
22	Total	57 203 534	541 540	2 236 192	2 801 970	3 093 254	3 793 983	4 463 973	4 706 259	4 418 348
23	Male – Masculin	27 764 700	278 403	1 147 102	1 434 822	1 581 424	1 934 672	2 272 057	2 378 403	2 217 630
24	Female – Féminin	29 438 834	263 137	1 089 091	1 367 150	1 511 831	1 859 315	2 191 919	2 327 856	2 200 720

7. Population selon l'âge, le sexe et la résidence, urbaine/rurale: dernière année disponible, 1986 – 1995 (suite)

(Voir notes à la fin du tableau.)

Age (en années)												
35 – 39	40 – 44	45 – 49	50 – 54	55 – 59	60 – 64	65 – 69	70 – 74	75 – 79	80 – 84	85 +	Unknown Inconnu	
4 268 566	4 356 906	3 543 748	2 761 077	2 897 242	2 945 176	2 678 261	2 082 475	1 322 042	1 286 783	990 885	–	1
2 125 547	2 191 274	1 790 890	1 383 631	1 414 807	1 392 596	1 206 403	891 681	512 648	443 994	265 875	–	2
2 143 019	2 165 632	1 752 858	1 377 446	1 482 435	1 552 580	1 471 858	1 190 794	809 394	842 789	725 010	–	3
6 138 516	5 669 331	4 661 084	5 737 228	5 661 288	4 281 434	3 942 975	3 390 691	1 817 262	1 959 247	1 337 533	–	4
3 159 808	2 878 451	2 371 343	2 903 451	2 825 554	2 073 753	1 699 444	1 200 347	585 935	566 625	329 822	–	5
2 978 708	2 790 880	2 289 741	2 833 777	2 835 734	2 207 681	2 243 531	2 190 344	1 231 327	1 392 622	1 007 711	–	6
723 540	684 095	654 085	590 679	645 516	637 821	559 946	390 127	276 886	210 602	144 496	–	7
361 133	343 875	326 337	291 214	313 019	307 975	261 472	174 251	118 348	87 702	60 116	–	8
362 407	340 220	327 748	299 465	332 497	329 846	298 474	215 876	158 538	122 900	84 380	–	9
792 001	811 655	689 052	633 128	558 916	554 457	508 620	431 354	197 726	193 648	100 157	–	10
395 658	401 043	336 281	299 630	250 692	244 055	211 339	166 281	71 440	63 972	28 177	–	11
396 343	410 612	352 771	333 498	308 224	310 402	297 281	265 073	126 286	129 676	71 980	–	12
20 235	17 866	14 987	11 223	10 141	10 469	9 038	7 542	5 476	3 644	3 099	4 650	13
10 325	9 197	7 715	5 600	5 001	5 164	4 396	3 519	2 376	1 487	1 111	2 365	14
9 910	8 669	7 272	5 623	5 140	5 305	4 642	4 023	3 100	2 157	1 988	2 285	15
246 216	237 979	223 796	176 620	152 108	136 058	124 895	113 601	83 297	55 667	35 008	–	16
121 698	118 822	112 999	89 780	76 307	67 323	58 807	50 371	34 802	21 349	11 136	–	17
124 518	119 157	110 797	86 840	75 801	68 735	66 088	63 230	48 495	34 318	23 872	–	18
4 418	5 267	4 457	3 893	3 515	3 660	3 783	3 232	2 966	2 056	1 405	–	19
2 221	2 662	2 223	1 971	1 755	1 677	1 710	1 373	1 244	756	373	–	20
2 197	2 605	2 234	1 922	1 760	1 983	2 073	1 859	1 722	1 300	1 032	–	21
3 945 926	3 764 200	3 819 233	3 511 207	3 494 085	3 311 113	3 035 360	2 572 983	1 446 179	1 367 885	879 863	–	22
1 971 071	1 873 233	1 894 055	1 722 158	1 690 330	1 564 369	1 380 202	1 089 131	571 284	499 683	264 698	–	23
1 974 855	1 890 969	1 925 179	1 789 051	1 803 757	1 746 745	1 655 158	1 483 853	874 897	868 204	615 167	–	24

7. Population by age, sex and urban/rural residence: latest available year, 1986 – 1995 (continued)

(See notes at end of table.)

	Continent, country or area, sex, date and urban/rural residence Continent, pays ou zone, sexe, date et résidence, urbaine/rurale	All ages Tous âges	Age (in years) – 1	1 – 4	5 – 9	10 – 14	15 – 19	20 – 24	25 – 29	30 – 34
	EUROPE (Cont.–Suite)									
	Latvia – Lettonie 1 VII 1994 [2]									
1	Total	2 547 699	25 124	129 770	195 286	181 550	166 415	176 700	174 398	192 773
2	Male – Masculin	1 181 408	12 805	66 490	99 625	92 434	84 172	90 647	89 763	95 549
3	Female – Féminin	1 366 291	12 319	63 280	95 661	89 116	82 243	86 053	84 635	97 224
	Liechtenstein 31 XII 1987									
4	Total	27 714	365	1 454	1 823	1 859	2 260	2 494	2 570	2 454
5	Male – Masculin	13 527	195	709	922	932	1 129	1 172	1 225	1 251
6	Female – Féminin	14 187	170	745	901	927	1 131	1 322	1 345	1 203
	Lithuania – Lituanie 1 VII 1993 [2]									
7	Total	3 730 229	49 245	223 232	293 191	265 919	264 118	286 493	289 787	310 153
8	Male – Masculin	1 764 848	25 261	114 173	149 612	135 116	133 729	147 112	148 433	154 716
9	Female – Féminin	1 965 381	23 984	109 059	143 579	130 803	130 389	139 381	141 354	155 437
	Luxembourg 1 VII 1994 [1]									
10	Total	403 750	5 434	21 381	24 009	22 831	21 895	26 423	33 500	35 412
11	Male – Masculin	198 267	2 800	11 022	12 281	11 641	11 211	13 460	17 122	17 933
12	Female – Féminin	205 483	2 634	10 360	11 729	11 190	10 686	12 965	16 379	17 481
	Malta – Malte 31 XII 1994 [29]									
13	Total	369 451	*—— 25	923 ——*	27 009	28 242	28 533	25 967	23 970	28 030
14	Male – Masculin	182 838	*—— 13	330 ——*	13 845	14 407	14 772	13 352	12 279	14 481
15	Female – Féminin	186 613	*—— 12	593 ——*	13 164	13 835	13 761	12 615	11 691	13 549
	Netherlands – Pays-Bas 1 VII 1994 [1 2]									
16	Total	15 382 830	195 446	789 813	937 997	903 788	928 602	1 177 212	1 302 813	1 305 828
17	Male – Masculin	7 606 682	99 970	404 049	479 107	461 972	474 594	597 895	667 828	667 749
18	Female – Féminin	7 776 148	95 476	385 764	458 890	441 816	454 008	579 317	634 985	638 079
	Norway – Norvège 1 VII 1992 [1 2]									
19	Total	4 286 401	60 305	236 187	261 112	261 724	294 099	336 537	333 920	317 899
20	Male – Masculin	2 119 890	31 113	121 075	134 005	134 128	150 174	172 111	171 733	163 292
21	Female – Féminin	2 166 511	29 192	115 113	127 108	127 596	143 925	164 430	162 188	154 607
	Poland – Pologne 1 VII 1994 [1 30]									
22	Total	38 543 577	484 658	2 098 770	3 065 829	3 371 476	3 167 176	2 727 861	2 449 369	2 761 034
23	Male – Masculin	18 763 139	247 997	1 076 484	1 568 970	1 721 521	1 618 230	1 392 448	1 249 274	1 396 778
24	Female – Féminin	19 780 438	236 661	1 022 286	1 496 859	1 649 955	1 548 946	1 335 413	1 200 095	1 364 256
	Portugal 31 XII 1994 [2]									
25	Total	9 912 140	108 490	448 840	553 770	672 450	806 910	828 070	751 520	721 820
26	Male – Masculin	4 773 650	56 030	229 440	283 090	343 760	409 510	417 100	376 680	355 580
27	Female – Féminin	5 138 490	52 460	219 400	270 680	328 690	397 400	410 970	374 840	366 240
	Republic of Moldova – République de Moldova 1 VII 1992* [2]									
28	Total	4 351 225	70 039	319 263	431 854	380 485	358 101	288 756	303 969	372 259
29	Male – Masculin	2 076 505	35 849	163 116	219 376	192 691	179 673	147 513	146 358	180 238
30	Female – Féminin	2 274 720	34 190	156 147	212 478	187 794	178 428	141 243	157 611	192 021
	Romania – Roumanie 1 VII 1994 [2]									
31	Total	22 730 622	248 229	1 096 374	1 748 408	1 709 752	1 989 300	1 811 743	1 722 468	1 358 098
32	Male – Masculin	11 156 807	127 308	560 830	891 532	872 517	1 018 744	917 886	875 520	686 792
33	Female – Féminin	11 573 815	120 921	535 544	856 876	837 235	970 556	893 857	846 948	671 306

7. Population selon l'âge, le sexe et la résidence, urbaine/rurale: dernière année disponible, 1986 – 1995 (suite)

(Voir notes à la fin du tableau.)

Age (en années)												
35 – 39	40 – 44	45 – 49	50 – 54	55 – 59	60 – 64	65 – 69	70 – 74	75 – 79	80 – 84	85 +	Unknown Inconnu	
186 711	169 416	148 668	160 654	160 999	142 277	128 376	86 092	49 631	44 017	28 842	–	1
91 234	81 144	69 602	73 340	71 128	59 784	45 779	25 689	14 035	11 424	6 764	–	2
95 477	88 272	79 066	87 314	89 871	82 493	82 597	60 403	35 596	32 593	22 078	–	3
2 375	2 205	1 723	1 300	1 052	1 070	981	648	566	330	185	–	4
1 214	1 158	882	654	524	454	442	286	217	114	47	–	5
1 161	1 047	841	646	528	616	539	362	349	216	138	–	6
254 931	235 574	206 337	220 507	209 114	197 088	158 017	96 170	69 749	58 036	42 568	–	7
125 291	113 112	96 780	101 453	92 585	83 066	57 155	33 693	22 017	18 574	12 970	–	8
129 640	122 462	109 557	119 054	116 529	114 022	100 862	62 477	47 732	39 462	29 598	–	9
33 308	30 123	26 840	23 514	21 869	21 321	18 901	14 268	9 280	8 110	5 350	–	10
16 946	15 503	14 004	11 955	10 868	10 323	8 480	5 321	3 454	2 588	1 379	–	11
16 364	14 621	12 837	11 561	11 002	11 000	10 422	8 948	5 826	5 524	3 972	–	12
29 325	28 133	29 929	19 183	18 480	16 242	13 850	12 187	6 675	4 798	2 975	–	13
14 838	14 189	14 784	9 338	8 720	7 243	6 182	5 366	2 779	1 887	1 046	–	14
14 487	13 944	15 145	9 845	9 760	8 999	7 668	6 821	3 896	2 911	1 929	–	15
1 210 441	1 146 099	1 151 516	869 037	750 250	693 203	619 976	548 320	382 462	269 786	200 241	–	16
615 414	583 789	588 890	443 660	376 275	336 587	284 892	234 756	147 257	89 488	52 510	–	17
595 027	562 310	562 626	425 377	373 975	356 616	335 084	313 564	235 205	180 298	147 731	–	18
313 413	305 391	290 735	207 974	180 966	189 929	199 107	188 564	143 285	96 089	69 157	–	19
160 023	157 503	148 933	104 524	89 639	92 136	93 440	82 928	57 963	34 677	20 481	–	20
153 391	147 891	141 800	103 451	91 328	97 758	105 669	105 636	85 323	61 412	48 718	–	21
3 288 829	3 131 297	2 375 003	1 736 590	1 873 087	1 842 856	1 593 903	1 160 138	590 129	520 196	305 376	–	22
1 654 818	1 559 271	1 167 264	833 899	875 239	834 600	662 256	446 524	208 131	166 198	83 237	–	23
1 634 011	1 572 026	1 207 739	902 691	997 848	1 008 256	931 647	713 614	381 998	353 998	222 139	–	24
683 520	653 440	621 380	543 540	552 570	534 730	487 650	402 830	260 490	181 440	98 680	–	25
333 350	317 880	298 730	257 940	258 930	245 510	216 550	173 020	105 030	66 080	29 440	–	26
350 170	335 560	322 650	285 600	293 640	289 220	271 100	229 810	155 460	115 360	69 240	–	27
342 155	314 692	167 597	231 474	206 480	194 266	153 077	100 066	61 279	38 124	17 289	–	28
166 076	151 408	77 148	105 318	92 800	83 877	58 408	37 722	21 667	12 436	4 831	–	29
176 079	163 284	90 449	126 156	113 680	110 389	94 669	62 344	39 612	25 688	12 458	–	30
1 703 523	1 616 824	1 280 013	1 191 961	1 352 572	1 244 970	1 065 347	775 103	342 947	316 996	155 994	–	31
853 447	806 483	633 658	578 792	643 751	582 399	481 624	317 666	130 018	119 855	57 985	–	32
850 076	810 341	646 355	613 169	708 821	662 571	583 723	457 437	212 929	197 141	98 009	–	33

7. Population by age, sex and urban/rural residence: latest available year, 1986 – 1995 (continued)

(See notes at end of table.)

	Continent, country or area, sex, date and urban/rural residence Continent, pays ou zone, sexe, date et résidence, urbaine/rurale	All ages Tous âges	Age (in years) – 1	1 – 4	5 – 9	10 – 14	15 – 19	20 – 24	25 – 29	30 – 34
	EUROPE (Cont.–Suite)									
	Russian Federation – Fédération de Russie 1 VII 1994 [2]									
1	Total	147 967 813	1 409 618	7 106 850	11 959 349	11 580 762	10 690 270	10 043 725	9 582 798	12 243 647
2	Male – Masculin	69 479 594	723 589	3 645 851	6 096 195	5 880 698	5 420 061	5 188 129	4 864 378	6 161 664
3	Female – Féminin	78 488 219	686 029	3 460 999	5 863 154	5 700 064	5 270 209	4 855 596	4 718 420	6 081 983
	San Marino – Saint–Marin 31 XII 1994									
4	Total	24 707	263	1 007	1 156	1 282	1 519	1 782	2 237	2 304
5	Male – Masculin	12 079	134	511	603	684	772	889	1 063	1 105
6	Female – Féminin	12 628	129	496	553	598	747	893	1 174	1 199
	Slovakia – Slovaquie 3 III 1991(C) [1]									
7	Total	5 274 335	77 062	322 472	442 586	471 841	443 893	370 865	390 814	413 503
8	Male – Masculin	2 574 061	39 556	164 458	226 147	240 964	226 160	188 969	198 048	209 901
9	Female – Féminin	2 700 274	37 506	158 014	216 439	230 877	217 733	181 896	192 766	203 602
	Slovenia – Slovénie 1 VII 1994 [1 2]									
10	Total	1 988 850	19 466	84 824	126 259	143 077	150 443	141 774	150 162	153 228
11	Male – Masculin	964 113	9 965	43 560	64 622	73 368	77 203	72 151	74 501	76 673
12	Female – Féminin	1 024 737	9 501	41 264	61 637	69 709	73 240	69 623	75 661	76 555
	Spain – Espagne 1 VII 1993*									
13	Total	39 141 219	416 752	1 640 147	2 208 009	2 730 221	3 231 781	3 269 521	3 292 678	3 069 229
14	Male – Masculin	19 216 162	215 215	849 283	1 141 536	1 409 492	1 661 616	1 675 414	1 677 313	1 543 425
15	Female – Féminin	19 925 057	201 537	790 864	1 066 473	1 320 729	1 570 165	1 594 107	1 615 365	1 525 804
	Sweden – Suède 31 XII 1994 [1 2]									
16	Total	8 816 381	111 984	493 727	557 977	498 977	512 229	585 109	636 698	611 780
17	Male – Masculin	4 356 254	57 173	253 366	286 446	256 195	262 490	297 919	326 435	313 912
18	Female – Féminin	4 460 127	54 811	240 361	271 531	242 782	249 739	287 190	310 263	297 868
	Switzerland – Suisse 1 VII 1994 [1 2]									
19	Total	6 993 795	40 995	341 657	409 161	400 097	393 785	455 324	562 440	603 285
20	Male – Masculin	3 416 116	21 017	175 394	209 532	205 793	202 056	228 704	279 647	304 847
21	Female – Féminin	3 577 679	19 978	166 263	199 629	194 304	191 729	226 620	282 793	298 438
	The former Yugoslav Rep. of Macedonia – L'ex Rép. yougoslavie de Macédoine 1 VII 1992 [1]									
22	Total	2 055 997	15 808	147 544	165 798	167 285	162 087	153 908	155 535	163 013
23	Male – Masculin	1 038 331	8 139	76 194	84 912	85 318	83 166	79 979	80 733	84 464
24	Female – Féminin	1 017 666	7 669	71 350	80 886	81 967	78 921	73 929	74 802	78 549
	Ukraine 1 I 1993 [2]									
25	Total	51 989 407	593 399	2 749 275	3 914 755	3 669 793	3 690 730	3 515 528	3 502 139	4 051 799
26	Male – Masculin	24 119 315	304 090	1 407 852	1 991 070	1 865 642	1 865 466	1 785 263	1 751 302	2 000 480
27	Female – Féminin	27 870 092	289 309	1 341 423	1 923 685	1 804 151	1 825 264	1 730 265	1 750 837	2 051 319
	United Kingdom – Royaume–Uni 1 VII 1994									
28	Total	58 394 616	758 524	3 116 893	3 829 020	3 654 264	3 420 133	4 133 543	4 712 761	4 662 457
29	Male – Masculin	28 591 623	389 021	1 596 147	1 964 558	1 875 546	1 760 094	2 119 372	2 398 653	2 368 203
30	Female – Féminin	29 802 993	369 503	1 520 746	1 864 462	1 778 718	1 660 039	2 014 171	2 314 108	2 294 254

7. Population selon l'âge, le sexe et la résidence, urbaine/rurale: dernière année disponible, 1986 – 1995 (suite)

(Voir notes à la fin du tableau.)

Age (en années)												
35 – 39	40 – 44	45 – 49	50 – 54	55 – 59	60 – 64	65 – 69	70 – 74	75 – 79	80 – 84	85 +	Unknown Inconnu	
12 753 689	11 596 391	8 080 991	6 954 827	9 315 780	7 398 144	7 446 492	3 962 802	2 587 135	2 125 446	1 129 097	–	1
6 347 427	5 696 677	3 901 547	3 198 503	4 151 589	3 097 324	2 722 555	1 092 084	637 575	455 540	198 208	–	2
6 406 262	5 899 714	4 179 444	3 756 324	5 164 191	4 300 820	4 723 937	2 870 718	1 949 560	1 669 906	930 889	–	3
1 892	1 727	1 716	1 473	1 414	1 332	1 134	1 058	611	505	295	–	4
939	870	856	731	716	643	547	473	257	197	89	–	5
953	857	860	742	698	689	587	585	354	308	206	–	6
428 131	360 630	276 730	249 077	243 867	238 211	218 462	113 534	107 608	68 729	34 847	1 473	7
215 439	179 463	132 878	117 142	112 511	106 151	92 880	46 404	41 706	24 027	10 465	792	8
212 692	181 167	143 852	131 935	131 356	132 060	125 582	67 130	65 902	44 702	24 382	681	9
159 755	160 954	122 858	120 990	110 516	107 888	88 952	66 671	30 035	32 852	18 146	–	10
80 980	82 711	62 532	60 326	53 644	48 901	35 178	22 855	10 058	10 224	4 661	–	11
78 775	78 243	60 326	60 664	56 872	58 987	53 774	43 816	19 977	22 628	13 485	–	12
2 680 165	2 442 628	2 338 375	2 001 241	2 107 667	2 139 960	1 866 685	1 465 066	1 040 709	718 354	482 031	–	13
1 343 784	1 220 489	1 160 118	985 561	1 014 996	1 014 640	856 050	632 782	402 832	257 296	154 320	–	14
1 336 381	1 222 139	1 178 257	1 015 680	1 092 671	1 125 320	1 010 635	832 284	637 877	461 058	327 711	–	15
589 654	593 926	664 306	568 363	446 695	404 841	403 962	413 340	314 681	233 150	174 982	–	16
301 548	302 428	337 109	289 831	223 242	195 909	189 878	186 933	133 057	88 975	53 408	–	17
288 106	291 498	327 197	278 532	223 453	208 932	214 084	226 407	181 624	144 175	121 574	–	18
551 096	506 860	507 649	450 135	373 944	340 836	301 305	269 675	191 666	160 925	132 960	–	19
281 369	255 965	256 748	226 055	184 341	162 459	135 213	115 201	77 200	57 012	37 563	–	20
269 727	250 895	250 901	224 080	189 603	178 377	166 092	154 474	114 466	103 913	95 397	–	21
165 406	149 699	114 326	109 471	111 541	89 373	73 462	43 470	27 863	17 004	8 536	14 868	22
85 763	76 495	57 697	53 962	54 479	42 506	33 445	19 751	12 844	7 916	3 774	6 794	23
79 643	73 204	56 629	55 509	57 062	46 867	40 017	23 719	15 019	9 088	4 762	8 074	24
3 808 769	3 683 591	2 399 230	3 582 311	3 095 003	3 020 875	2 713 806	1 554 715	1 101 251	883 519	458 919	–	25
1 859 891	1 775 902	1 127 241	1 633 274	1 408 990	1 279 421	973 696	469 971	295 939	219 866	103 959	–	26
1 948 878	1 907 689	1 271 989	1 949 037	1 686 013	1 741 454	1 740 110	1 084 744	805 312	663 653	354 960	–	27
4 026 242	3 810 521	4 049 830	3 234 821	2 992 249	2 807 562	2 668 066	2 555 109	1 649 982	1 302 119	1 010 520	–	28
2 021 798	1 907 072	2 023 695	1 612 253	1 482 008	1 363 187	1 247 737	1 114 895	648 358	447 826	251 200	–	29
2 004 444	1 903 449	2 026 135	1 622 568	1 510 241	1 444 375	1 420 329	1 440 214	1 001 624	854 293	759 320	–	30

7. Population by age, sex and urban/rural residence: latest available year, 1986 – 1995 (continued)

(See notes at end of table.)

	Continent, country or area, sex, date and urban/rural residence Continent, pays ou zone, sexe, date et résidence, urbaine/rurale	All ages Tous âges	Age (in years) -1	1-4	5-9	10-14	15-19	20-24	25-29	30-34
	EUROPE (Cont.–Suite)									
	Yugoslavia – Yougoslavie 31 III 1991(C) [1]									
1	Total	10 394 026	*—— 772	164 ——*	791 505	809 234	786 687	741 299	718 531	739 731
	OCEANIA—OCEANIE									
	American Samoa – Samoa américaines 1 IV 1990(C) [1 2 9]									
2	Total	46 773	1 132	5 820	5 640	5 229	4 718	4 664	4 161	3 399
3	Male – Masculin	24 023	575	3 023	2 924	2 812	2 396	2 301	1 986	1 737
4	Female – Féminin	22 750	557	2 797	2 716	2 417	2 322	2 363	2 175	1 662
	Australia – Australie 30 VI 1995* [1 2]									
5	Total	18 053 989	256 572	1 033 841	1 286 338	1 290 860	1 269 142	1 445 953	1 380 912	1 458 443
6	Male – Masculin	8 990 481	131 579	530 226	659 788	662 205	651 818	736 706	693 177	727 859
7	Female – Féminin	9 063 508	124 993	503 615	626 550	628 655	617 324	709 247	687 735	730 584
	Cook Islands – Iles Cook 1 XII 1986(C)									
8	Total	17 614	*—— 2	046 ——*	2 036	2 413	2 310	1 712	1 207	892
	Fiji – Fidji 31 XII 1987 [2]									
9	Total	715 593	19 156	79 887	93 521	80 789	72 917	71 167	62 973	51 341
10	Male – Masculin	362 158	10 000	41 073	47 988	41 335	36 816	35 428	31 511	25 628
11	Female – Féminin	353 435	9 156	38 814	45 533	39 454	36 101	35 739	31 462	25 713
	French Polynesia – Polynésie française 6 IX 1988(C)									
12	Total	188 814	*—— 25	405 ——*	21 961	20 528	20 473	19 166	16 360	14 556
13	Male – Masculin	98 345	*—— 12	999 ——*	11 265	10 537	10 550	10 081	8 611	7 660
14	Female – Féminin	90 469	*—— 12	406 ——*	10 696	9 991	9 923	9 085	7 749	6 896
	Marshall Islands – Iles Marshall 30 VI 1989									
15	Total	*44 407*	*—— *9*	*225* ——*	*7 377*	*5 868*	*4 508*	*3 546*	*3 020*	*2 643*
16	Male – Masculin	*22 698*	*—— *4*	*730* ——*	*3 782*	*3 016*	*2 284*	*1 763*	*1 496*	*1 346*
17	Female – Féminin	*21 709*	*—— *4*	*495* ——*	*3 595*	*2 852*	*2 224*	*1 783*	*1 524*	*1 297*
	Micronesia, Federated States of, – Micronésie, Etats fédérés de 18 IX 1994(C)*									
18	Total	104 724	*—— 14	662 ——*	15 090	14 944	12 425	9 192	7 042	6 800
19	Male – Masculin	53 500	*—— 7	545 ——*	7 932	7 656	6 532	4 489	3 514	3 393
20	Female – Féminin	51 224	*—— 7	117 ——*	7 158	7 288	5 893	4 703	3 528	3 407
	New Caledonia – Nouvelle-Calédonie 1 VII 1994 [2]									
21	Total	*183 759*	*4 269*	*17 234*	*17 333*	*18 333*	*17 537*	*18 572*	*15 032*	*13 775*
22	Male – Masculin	*93 570*	*2 206*	*8 949*	*8 925*	*9 355*	*8 859*	*9 424*	*7 639*	*6 766*
23	Female – Féminin	*90 189*	*2 063*	*8 285*	*8 408*	*8 978*	*8 678*	*9 148*	*7 393*	*7 009*

7. Population selon l'âge, le sexe et la résidence, urbaine/rurale: dernière année disponible, 1986 – 1995 (suite)

(Voir notes à la fin du tableau.)

Age (en années)												
35 – 39	40 – 44	45 – 49	50 – 54	55 – 59	60 – 64	65 – 69	70 – 74	75 – 79	80 – 84	85 +	Unknown Inconnu	
795 134	725 337	515 289	615 867	642 920	597 281	445 689	222 562	*——	– 365 108	——*	109 688	1
2 721	2 246	1 779	1 522	1 093	923	667	424	290	125	106	114	2
1 359	1 178	974	835	598	467	324	223	137	55	49	70	3
1 362	1 068	805	687	495	456	343	201	153	70	57	44	4
1 416 148	1 325 792	1 256 845	972 554	805 414	700 891	691 990	591 992	406 269	274 050	189 983	–	5
706 837	661 701	637 551	496 795	409 242	348 852	336 623	269 755	170 567	102 499	56 701	–	6
709 311	664 091	619 294	475 759	396 172	352 039	355 367	322 237	235 702	171 551	133 282	–	7
852	790	771	720	557	458	326	504	*——	– 20	——*	–	8
42 186	35 162	29 189	23 106	17 507	12 418	9 293	6 239	*——	– 6 432	——*	2 310	9
21 070	17 654	14 613	11 662	8 916	6 352	4 654	3 177	*——	– 3 078	——*	1 203	10
21 116	17 508	14 576	11 444	8 591	6 066	4 639	3 062	*——	– 3 354	——*	1 107	11
11 490	9 579	8 045	6 567	5 104	3 745	2 351	1 725	1 062	506	191	–	12
6 081	5 186	4 351	3 575	2 747	1 944	1 165	815	516	188	74	–	13
5 409	4 393	3 694	2 992	2 357	1 801	1 186	910	546	318	117	–	14
2 178	*1 616*	*1 091*	*771*	*669*	*629*	*532*	*370*	*216*	*——	*148* ——*	–	15
1 146	*865*	*590*	*414*	*347*	*315*	*260*	*176*	*104*	*——	*64* ——*	–	16
1 032	*751*	*501*	*357*	*322*	*314*	*272*	*194*	*112*	*——	*84* ——*	–	17
5 998	5 131	3 601	2 271	2 089	1 978	1 308	1 169	544	313	167	–	18
3 049	2 675	1 941	1 111	998	1 013	639	542	263	137	71	–	19
2 949	2 456	1 660	1 160	1 091	965	669	627	281	176	96	–	20
12 166	*10 669*	*9 904*	*7 877*	*6 477*	*5 039*	*3 743*	*—— *4 043*	——*	*—— *1 756*	——*	–	21
6 088	*5 504*	*5 368*	*4 072*	*3 396*	*2 555*	*1 835*	*—— *1 913*	——*	*—— *716*	——*	–	22
6 078	*5 165*	*4 536*	*3 805*	*3 081*	*2 484*	*1 908*	*—— *2 130*	——*	*—— *1 040*	——*	–	23

7. Population by age, sex and urban/rural residence: latest available year, 1986 – 1995 (continued)

(See notes at end of table.)

	Continent, country or area, sex, date and urban/rural residence — Continent, pays ou zone, sexe, date et résidence, urbaine/rurale	Age (in years): All ages / Tous âges	-1	1-4	5-9	10-14	15-19	20-24	25-29	30-34
	OCEANIA—OCEANIE(Cont.-Suite)									
	New Zealand – Nouvelle-Zélande 31 XII 1992 [2 31]									
1	Total	3 442 500	58 950	226 660	257 530	253 980	277 280	282 670	267 740	287 230
2	Male – Masculin	1 698 500	30 630	116 800	132 170	129 140	140 510	142 470	131 270	140 600
3	Female – Féminin	1 744 000	28 310	109 860	125 370	124 850	136 770	140 210	136 450	146 620
	Niue – Nioué 29 IX 1986(C)									
4	Total	2 531	56	305	329	283	260	181	158	164
5	Male – Masculin	1 271	27	135	169	162	148	91	83	81
6	Female – Féminin	1 260	29	170	160	121	112	90	75	83
	Norfolk Island – Ile Norfolk 30 VI 1986(C)									
7	Total	2 367	*——	150 ——*	159	142	113	206	214	180
8	Male – Masculin	1 170	*——	78 ——*	84	74	51	97	121	87
9	Female – Féminin	1 197	*——	72 ——*	75	68	62	109	93	93
	Northern Mariana Islands – Iles Mariannes du Nord 1 VII 1990									
10	Total	*25 929*	*—— *4*	*793* ——*	*3 936*	*3 160*	*2 605*	*2 255*	*1 991*	*1 732*
11	Male – Masculin	*13 290*	*—— *2*	*485* ——*	*2 020*	*1 599*	*1 321*	*1 164*	*1 004*	*826*
12	Female – Féminin	*12 639*	*—— *2*	*308* ——*	*1 916*	*1 561*	*1 284*	*1 091*	*987*	*906*
	Papua New Guinea – Papouasie-Nouvelle-Guinée 1 VII 1990*									
13	Total	*3 727 250*	*—— *565*	*240* ——*	*493 280*	*446 040*	*418 110*	*368 760*	*285 450*	*239 480*
14	Male – Masculin	*1 928 120*	*—— *288*	*050* ——*	*250 740*	*231 470*	*217 230*	*194 460*	*157 030*	*125 780*
15	Female – Féminin	*1 799 130*	*—— *277*	*190* ——*	*242 540*	*214 570*	*200 880*	*174 300*	*128 420*	*113 700*
	Pitcairn 31 XII 1993									
16	Total	53	1	2	6	5	4	2	–	5
17	Male – Masculin	25	1	1	3	1	3	2	–	1
18	Female – Féminin	28	–	1	3	4	1	–	–	4
	Solomon Islands – Iles Salomon 23 XI 1986(C)									
19	Total	285 176	10 587	39 825	44 325	40 265	29 858	24 209	19 356	15 550
20	Male – Masculin	147 972	5 562	20 581	23 148	21 023	15 027	11 905	9 611	7 923
21	Female – Féminin	137 204	5 025	19 244	21 177	19 242	14 831	12 304	9 745	7 627
	Tonga 28 XI 1986(C) [1 2]									
22	Total	93 049	2 693	11 079	12 520	11 762	12 270	8 813	5 917	4 938
23	Male – Masculin	46 737	1 363	5 710	6 457	6 160	6 389	4 484	2 888	2 295
24	Female – Féminin	46 312	1 330	5 369	6 063	5 602	5 881	4 329	3 029	2 643
	Tuvalu 17 XI 1991(C)									
25	Total	9 043	*—— 1	294 ——*	1 059	782	601	736	840	753
26	Male – Masculin	4 376	*——	696 ——*	576	395	312	381	403	329
27	Female – Féminin	4 667	*——	598 ——*	483	387	289	355	437	424
	Vanuatu 1 VII 1989* [2]									
28	Total	*150 165*	*—— *27*	*254* ——*	*22 384*	*18 807*	*15 521*	*13 347*	*11 037*	*9 156*
29	Male – Masculin	*78 338*	*—— *14*	*142* ——*	*11 679*	*9 806*	*8 114*	*6 993*	*5 791*	*4 819*
30	Female – Féminin	*71 826*	*—— *13*	*112* ——*	*10 705*	*9 001*	*7 407*	*6 354*	*5 245*	*4 337*

7. Population selon l'âge, le sexe et la résidence, urbaine/rurale: dernière année disponible, 1986 – 1995 (suite)

(Voir notes à la fin du tableau.)

Age (en années)												
35 – 39	40 – 44	45 – 49	50 – 54	55 – 59	60 – 64	65 – 69	70 – 74	75 – 79	80 – 84	85 +	Unknown Inconnu	
254 100	235 950	196 180	171 900	137 980	139 790	129 400	104 230	77 890	49 890	33 200	–	1
124 120	117 120	98 720	86 010	69 710	71 060	62 030	45 810	32 360	18 310	9 700	–	2
129 980	118 850	97 450	85 900	68 270	68 740	67 360	58 430	45 540	31 580	23 500	–	3
105	110	139	110	67	77	60	42	44	30	11	–	4
53	55	64	53	35	39	28	19	17	8	4	–	5
52	55	75	57	32	38	32	23	27	22	7	–	6
170	176	173	136	160	141	85	*———	———	156 ———	———*	6	7
84	94	83	66	81	73	37	*———	———	57 ———	———*	3	8
86	82	90	70	79	68	48	*———	———	99 ———	———*	3	9
1 404	1 055	815	660	529	391	289	208	61	23	22	–	10
666	541	452	378	309	225	156	99	27	10	8	–	11
738	514	363	282	220	166	133	109	34	13	14	–	12
200 090	190 400	131 000	124 670	91 410	82 140	51 380	29 340	*——— –	10 460	———*	–	13
102 530	94 560	67 120	63 530	46 750	41 790	25 990	15 500	*——— –	5 590	———*	–	14
97 560	95 840	63 880	61 140	44 660	40 350	25 390	13 840	*——— –	4 870	———*	–	15
8	3	1	3	2	3	4	2	1	–	1	–	16
6	1	–	–	1	2	1	1	1	–	–	–	17
2	2	1	3	1	1	3	1	–	–	1	–	18
12 746	11 450	8 833	7 451	6 715	4 740	3 796	*———	——— 5 470	———	———*	–	19
6 469	6 082	4 644	4 027	3 598	2 735	2 224	*———	——— 3 413	———	———*	–	20
6 277	5 368	4 189	3 424	3 117	2 005	1 572	*———	——— 2 057	———	———*	–	21
3 947	3 738	3 503	3 178	2 732	2 054	1 578	1 040	612	400	274	1	22
1 777	1 742	1 647	1 543	1 343	1 034	799	529	311	177	89	–	23
2 170	1 996	1 856	1 635	1 389	1 020	779	511	301	223	185	1	24
629	486	353	357	321	294	267	156	*——— –	115	———*	–	25
263	220	150	157	129	140	128	64	*——— –	33	———*	–	26
366	266	203	200	192	154	139	92	*——— –	82	———*	–	27
7 493	6 157	5 103	4 158	3 295	2 536	1 807	1 198	*——— –	912	———*	–	28
3 914	3 200	2 670	2 182	1 724	1 323	931	609	*——— –	441	———*	–	29
3 579	2 957	2 433	1 976	1 571	1 213	876	589	*——— –	471	———*	–	30

7. Population by age, sex and urban/rural residence: latest available year, 1986 – 1995 (continued)

Data by urban/rural residence

(See notes at end of table.)

	Continent, country or area, sex, date and urban/rural residence Continent, pays ou zone, sexe, date et résidence, urbaine/rurale	All ages Tous âges	Age (in years) – 1	1 – 4	5 – 9	10 – 14	15 – 19	20 – 24	25 – 29	30 – 34
	AFRICA—AFRIQUE									
	Benin – Bénin									
	Urban – Urbaine									
	15 II 1992(C)									
1	Urban – Urbaine	1 756 197	51 996	226 619	291 645	223 784	184 544	163 827	148 394	112 435
2	Male – Masculin	857 191	26 171	114 449	145 750	110 826	92 194	79 268	68 531	53 311
3	Female – Féminin	899 006	25 825	112 170	145 895	112 958	92 350	84 559	79 863	59 124
	Rural – Rurale									
	15 II 1992(C)									
4	Rural – Rurale	3 159 358	110 037	519 155	621 463	342 113	252 504	215 974	226 720	179 866
5	Male – Masculin	1 533 145	55 149	261 125	325 715	191 139	123 389	84 408	89 232	77 119
6	Female – Féminin	1 626 213	54 888	258 030	295 748	150 974	129 115	131 566	137 488	102 747
	Botswana									
	Urban – Urbaine									
	21 VIII 1991(C)									
7	Urban – Urbaine	606 239	18 975	59 752	74 630	68 501	71 029	71 998	62 080	48 312
8	Male – Masculin	285 340	9 403	29 579	35 086	29 501	30 319	33 843	29 771	23 305
9	Female – Féminin	320 899	9 572	30 173	39 544	39 000	40 710	38 155	32 309	25 007
	Rural – Rurale									
	21 VIII 1991(C)									
10	Rural – Rurale	720 557	22 997	91 941	121 984	114 982	81 496	44 885	37 768	32 321
11	Male – Masculin	349 060	11 477	46 217	62 477	60 386	42 793	20 418	15 637	13 315
12	Female – Féminin	371 497	11 520	45 724	59 507	54 596	38 703	24 467	22 131	19 006
	Burkina Faso									
	Urban – Urbaine									
	30 VI 1991									
13	Urban – Urbaine	*1 287 285*	*32 008*	*146 807*	*212 917*	*186 873*	*157 186*	*119 163*	*94 570*	*72 155*
14	Male – Masculin	*642 285*	*16 568*	*74 616*	*103 298*	*91 310*	*82 541*	*64 778*	*44 886*	*34 930*
15	Female – Féminin	*645 000*	*15 440*	*72 191*	*109 619*	*95 563*	*74 645*	*54 385*	*49 684*	*37 225*
	Rural – Rurale									
	30 VI 1991									
16	Rural – Rurale	*7 903 506*	*253 632*	*1 160 277*	*1 474 615*	*1 034 067*	*726 957*	*491 643*	*456 538*	*378 892*
17	Male – Masculin	*3 849 868*	*128 232*	*576 677*	*746 339*	*539 232*	*400 602*	*239 849*	*183 335*	*145 362*
18	Female – Féminin	*4 053 638*	*125 400*	*583 600*	*728 276*	*494 835*	*326 355*	*251 794*	*273 203*	*233 530*
	Cameroon – Cameroun									
	Urban – Urbaine									
	1 VII 1986 [3]									
19	Urban – Urbaine	*2 937 165*	*116 350*	*393 718*	*412 061*	*335 224*	*355 291*	*312 035*	*238 747*	*181 053*
20	Male – Masculin	*1 522 752*	*59 010*	*198 364*	*205 530*	*175 214*	*186 740*	*165 686*	*125 632*	*93 156*
21	Female – Féminin	*1 414 413*	*57 340*	*195 354*	*206 531*	*160 010*	*168 551*	*146 349*	*113 115*	*87 897*
	Rural – Rurale									
	1 VII 1986 [3]									
22	Rural – Rurale	*7 509 244*	*302 055*	*1 134 000*	*1 180 509*	*842 889*	*643 504*	*552 140*	*504 080*	*449 737*
23	Male – Masculin	*3 689 731*	*150 831*	*568 045*	*593 416*	*415 325*	*313 785*	*268 071*	*247 666*	*223 583*
24	Female – Féminin	*3 819 513*	*151 224*	*565 955*	*587 093*	*427 564*	*329 719*	*284 069*	*256 414*	*226 154*
	Cape Verde – Cap-Vert									
	Urban – Urbaine									
	23 VI 1990(C)									
25	Urban – Urbaine	150 599	5 193	19 852	22 138	19 381	15 667	14 848	13 114	9 694
26	Male – Masculin	71 891	2 621	9 950	11 055	9 576	7 559	7 322	6 448	4 612
27	Female – Féminin	78 708	2 572	9 902	11 083	9 805	8 108	7 526	6 666	5 082
	Rural – Rurale									
	23 VI 1990(C)									
28	Rural – Rurale	190 892	7 129	27 831	28 977	23 022	18 633	17 628	13 239	9 398
29	Male – Masculin	89 603	3 565	13 918	14 605	11 567	9 729	8 511	6 017	3 671
30	Female – Féminin	101 289	3 564	13 913	14 372	11 455	8 904	9 117	7 222	5 727
	Central African Republic – République centrafricaine									
	Urban – Urbaine									
	8 XII 1988(C)*									
31	Urban – Urbaine	913 439	32 871	123 912	134 898	111 841	106 761	91 910	74 044	54 871
32	Male – Masculin	452 808	16 635	62 181	67 319	57 743	52 714	45 502	35 544	26 837
33	Female – Féminin	460 631	16 236	61 731	67 579	54 098	54 047	46 408	38 500	28 034

7. Population selon l'âge, le sexe et la résidence, urbaine/rurale: dernière année disponible, 1986 – 1995 (suite)

Données selon la résidence urbaine/rurale

(Voir notes à la fin du tableau.)

Age (en années) 35 – 39	40 – 44	45 – 49	50 – 54	55 – 59	60 – 64	65 – 69	70 – 74	75 – 79	80 – 84	85 +	Unknown Inconnu	
88 836	65 337	47 551	39 869	25 449	27 969	16 186	15 934	7 272	7 947	8 786	1 817	1
42 182	31 758	23 083	18 909	12 355	12 280	7 243	7 178	3 346	3 358	3 970	1 029	2
46 654	33 579	24 468	20 960	13 094	15 689	8 943	8 756	3 926	4 589	4 816	788	3
152 732	114 743	87 401	78 548	45 582	63 572	34 861	41 799	18 633	24 178	27 960	1 517	4
67 365	52 685	40 824	36 568	21 982	29 407	16 920	21 788	10 001	12 401	15 278	650	5
85 367	62 058	46 577	41 980	23 600	34 165	17 941	20 011	8 632	11 777	12 682	867	6
37 184	24 281	17 743	13 899	10 583	7 681	6 143	4 411	3 188	1 877	3 972	–	7
18 436	12 823	9 383	7 270	5 139	3 491	2 495	1 827	1 258	732	1 679	–	8
18 748	11 458	8 360	6 629	5 444	4 190	3 648	2 584	1 930	1 145	2 293	–	9
29 044	23 917	21 306	19 812	17 166	15 075	13 700	10 318	7 053	4 367	10 425	–	10
12 051	10 374	9 170	8 922	7 607	6 994	6 193	5 030	3 375	1 951	4 673	–	11
16 993	13 543	12 136	10 890	9 559	8 081	7 507	5 288	3 678	2 416	5 752	–	12
61 937	*48 105*	*37 961*	*28 103*	*31 326*	*——	——	*52 165*	——	——	——*	6 009	13
30 190	*23 682*	*17 244*	*16 123*	*12 768*	*——	——	*26 453*	——	——	——*	2 898	14
31 747	*24 423*	*20 717*	*11 980*	*18 558*	*——	——	*25 712*	——	——	——*	3 111	15
332 157	*295 215*	*240 343*	*211 898*	*237 803*	*——	——	*492 089*	——	——	——*	117 380	16
133 454	*119 998*	*108 974*	*110 992*	*101 568*	*——	——	*277 055*	——	——	——*	38 199	17
198 703	*175 217*	*131 369*	*100 906*	*136 235*	*——	——	*215 034*	——	——	——*	79 181	18
171 797	*121 972*	*101 121*	*65 942*	*47 241*	*32 873*	*17 863*	*13 705*	*7 407*	*—— *10 597*	——*	2 168	19
88 138	*65 571*	*56 640*	*36 194*	*26 016*	*16 928*	*9 001*	*5 863*	*3 309*	*—— *4 473*	——*	1 387	20
83 659	*56 401*	*44 481*	*29 748*	*21 225*	*15 945*	*8 862*	*7 842*	*4 098*	*—— *6 224*	——*	781	21
361 686	*327 572*	*272 935*	*239 046*	*197 881*	*165 584*	*141 631*	*101 873*	*51 080*	*—— *39 822*	——*	1 220	22
179 429	*159 180*	*129 294*	*113 761*	*93 421*	*78 373*	*65 869*	*47 067*	*24 335*	*—— *17 656*	——*	624	23
182 257	*168 392*	*143 641*	*125 285*	*104 460*	*87 211*	*75 762*	*54 806*	*26 745*	*—— *22 166*	——*	596	24
6 523	3 402	3 195	4 133	3 652	2 993	1 877	1 584	1 585	1 085	683	–	25
2 989	1 539	1 350	1 681	1 528	1 242	725	598	542	371	183	–	26
3 534	1 863	1 845	2 452	2 124	1 751	1 152	986	1 043	714	500	–	27
6 544	3 471	3 929	6 190	6 050	5 808	3 512	3 114	3 027	2 127	1 263	–	28
2 159	1 158	1 304	2 272	2 489	2 709	1 680	1 471	1 359	960	459	–	29
4 385	2 313	2 625	3 918	3 561	3 099	1 832	1 643	1 668	1 167	804	–	30
42 028	33 080	27 793	23 700	18 736	14 983	9 547	5 068	2 780	1 653	1 384	1 579	31
20 607	16 541	13 337	11 181	9 011	7 172	4 683	2 587	1 446	751	684	333	32
21 421	16 539	14 456	12 519	9 725	7 811	4 864	2 481	1 334	902	700	1 246	33

7. Population by age, sex and urban/rural residence: latest available year, 1986 – 1995 (continued)

Data by urban/rural residence

(See notes at end of table.)

	Continent, country or area, sex, date and urban/rural residence / Continent, pays ou zone, sexe, date et résidence, urbaine/rurale	All ages / Tous âges	Age (in years): -1	1-4	5-9	10-14	15-19	20-24	25-29	30-34
	AFRICA—AFRIQUE (Cont.–Suite)									
	Central African Republic – République centrafricaine									
	Rural – Rurale									
	8 XII 1988(C)*									
1	Rural – Rurale	1 550 175	54 022	214 640	230 201	161 933	146 501	133 195	124 593	97 747
2	Male – Masculin	757 924	26 958	107 472	116 343	85 829	69 188	63 073	59 188	47 526
3	Female – Féminin	792 251	27 064	107 168	113 858	76 104	77 313	70 122	65 405	50 221
	Chad – Tchad									
	Urban – Urbaine									
	1 VII 1992									
4	Urban – Urbaine	*1 901 000*	*——— 277	000 ———*	*222 000*	*200 000*	*185 000*	*182 000*	*174 000*	*152 000*
5	Male – Masculin	*980 000*	*——— 139	000 ———*	*111 000*	*102 000*	*100 000*	*101 000*	*92 000*	*79 000*
6	Female – Féminin	*921 000*	*——— 138	000 ———*	*111 000*	*98 000*	*85 000*	*81 000*	*82 000*	*73 000*
	Rural – Rurale									
	1 VII 1992									
7	Rural – Rurale	*4 070 000*	*——— 708	000 ———*	*587 000*	*486 000*	*393 000*	*350 000*	*305 000*	*257 000*
8	Male – Masculin	*1 900 000*	*——— 357	000 ———*	*289 000*	*237 000*	*184 000*	*157 000*	*138 000*	*116 000*
9	Female – Féminin	*2 170 000*	*——— 351	000 ———*	*298 000*	*249 000*	*209 000*	*193 000*	*167 000*	*141 000*
	Côte d'Ivoire									
	Urban – Urbaine									
	1 III 1988(C)									
10	Urban – Urbaine	4 220 535	146 140	604 188	625 561	522 348	492 232	449 783	400 685	306 505
11	Male – Masculin	2 181 294	74 233	308 510	309 990	251 872	236 379	221 762	205 018	173 136
12	Female – Féminin	2 039 241	71 907	295 678	315 571	270 476	255 853	228 021	195 667	133 369
	Rural – Rurale									
	1 III 1988(C)									
13	Rural – Rurale	6 595 159	265 501	1 105 758	1 093 968	694 751	532 418	570 897	505 564	382 140
14	Male – Masculin	3 346 049	133 821	558 696	567 127	378 131	251 395	277 882	249 992	191 942
15	Female – Féminin	3 249 110	131 680	547 062	526 841	316 620	281 023	293 015	255 572	190 198
	Egypt – Egypte									
	Urban – Urbaine									
	1 VII 1991									
16	Urban – Urbaine	*23 983 000*	*— 3 5	89 000 —*	*3 085 000*	*2 756 000*	*2 471 000*	*2 166 000*	*1 822 000*	*1 535 000*
17	Male – Masculin	*12 282 000*	*— 1 8	49 000 —*	*1 576 000*	*1 422 000*	*1 300 000*	*1 168 000*	*964 000*	*767 000*
18	Female – Féminin	*11 701 000*	*— 1 7	40 000 —*	*1 509 000*	*1 334 000*	*1 171 000*	*998 000*	*858 000*	*768 000*
	Rural – Rurale									
	1 VII 1991									
19	Rural – Rurale	*30 705 000*	*— 4 5	95 000 —*	*3 949 000*	*3 529 000*	*3 164 000*	*2 773 000*	*2 332 000*	*1 965 000*
20	Male – Masculin	*15 725 000*	*— 2 3	67 000 —*	*2 017 000*	*1 820 000*	*1 664 000*	*1 496 000*	*1 234 000*	*983 000*
21	Female – Féminin	*14 980 000*	*— 2 2	28 000 —*	*1 932 000*	*1 709 000*	*1 500 000*	*1 277 000*	*1 098 000*	*982 000*
	Ethiopia – Ethiopie									
	Urban – Urbaine									
	1 VII 1995*									
22	Urban – Urbaine	*8 681 400*	*— 1 6	42 000 —*	*1 280 400*	*965 600*	*902 400*	*883 400*	*708 900*	*476 400*
23	Male – Masculin	*4 214 800*	*——— 826	300 ———*	*652 900*	*500 200*	*451 100*	*419 600*	*319 300*	*207 900*
24	Female – Féminin	*4 466 600*	*——— 815	700 ———*	*627 500*	*465 400*	*451 300*	*463 800*	*389 600*	*268 500*
	Rural – Rurale									
	1 VII 1995*									
25	Rural – Rurale	*47 995 700*	*— 8 8	68 700 —*	*7 583 400*	*6 965 500*	*5 577 800*	*4 020 900*	*2 785 900*	*2 105 300*
26	Male – Masculin	*24 231 400*	*— 4 4	74 000 —*	*3 831 600*	*3 569 500*	*2 908 700*	*2 134 500*	*1 451 800*	*1 020 900*
27	Female – Féminin	*23 764 300*	*— 4 3	94 700 —*	*3 751 800*	*3 396 000*	*2 669 100*	*1 886 400*	*1 334 100*	*1 084 400*

Données selon la résidence urbaine/rurale

(Voir notes à la fin du tableau.)

Age (en années)												
35 – 39	40 – 44	45 – 49	50 – 54	55 – 59	60 – 64	65 – 69	70 – 74	75 – 79	80 – 84	85 +	Unknown Inconnu	
77 115	65 178	60 446	52 445	43 375	34 836	23 415	12 879	7 146	4 024	3 757	2 727	1
36 116	30 294	27 466	23 963	20 565	17 009	11 794	6 759	3 831	2 133	2 067	350	2
40 999	34 884	32 980	28 482	22 810	17 827	11 621	6 120	3 315	1 891	1 690	2 377	3
129 000	*106 000*	*88 000*	*70 000*	*50 000*	*——	——	66 000	——	——	——*	–	4
68 000	*53 000*	*42 000*	*34 000*	*26 000*	*——	——	33 000	——	——	——*	–	5
61 000	*53 000*	*46 000*	*36 000*	*24 000*	*——	——	33 000	——	——	——*	–	6
215 000	*182 000*	*150 000*	*122 000*	*101 000*	*——	——	214 000	——	——	——*	–	7
95 000	*83 000*	*69 000*	*53 000*	*41 000*	*——	——	81 000	——	——	——*	–	8
120 000	*99 000*	*81 000*	*69 000*	*60 000*	*——	——	133 000	——	——	——*	–	9
225 537	143 237	107 775	73 873	50 162	30 288	19 646	9 670	5 521	3 044	2 246	2 094	10
134 832	85 598	65 130	44 963	30 178	17 411	10 764	5 195	2 905	1 376	863	1 179	11
90 705	57 639	42 645	28 910	19 984	12 877	8 882	4 475	2 616	1 668	1 383	915	12
310 581	249 879	232 762	187 448	158 897	113 821	86 023	44 421	25 550	15 937	14 067	4 776	13
154 812	122 033	117 137	97 002	85 022	61 693	47 731	23 390	13 312	7 028	5 535	2 368	14
155 769	127 846	115 625	90 446	73 875	52 128	38 292	21 031	12 238	8 909	8 532	2 408	15
1 365 000	*1 217 000*	*988 000*	*825 000*	*704 000*	*550 000*	*415 000*	*273 000*	*——	222 000	——*	–	16
677 000	*610 000*	*491 000*	*400 000*	*335 000*	*263 000*	*204 000*	*141 000*	*——	115 000	——*	–	17
688 000	*607 000*	*497 000*	*425 000*	*369 000*	*287 000*	*211 000*	*132 000*	*——	107 000	——*	–	18
1 747 000	*1 559 000*	*1 265 000*	*1 057 000*	*902 000*	*704 000*	*531 000*	*349 000*	*——	284 000	——*	–	19
866 000	*781 000*	*629 000*	*512 000*	*429 000*	*338 000*	*261 000*	*180 000*	*——	148 000	——*	–	20
881 000	*778 000*	*636 000*	*545 000*	*473 000*	*366 000*	*270 000*	*169 000*	*——	136 000	——*	–	21
367 000	*359 900*	*320 200*	*230 000*	*165 000*	*134 600*	*97 500*	*66 800*	*——	81 300	——*	–	22
159 700	*162 700*	*150 800*	*115 900*	*84 700*	*62 000*	*41 100*	*27 200*	*——	33 400	——*	–	23
207 300	*197 200*	*169 400*	*114 100*	*80 300*	*72 600*	*56 400*	*39 600*	*——	47 900	——*	–	24
1 899 800	*1 803 600*	*1 639 900*	*1 386 700*	*1 090 500*	*827 800*	*598 500*	*399 000*	*——	442 400	——*	–	25
858 300	*816 800*	*781 700*	*686 500*	*546 900*	*417 200*	*302 300*	*203 200*	*——	227 500	——*	–	26
1 041 500	*986 800*	*858 200*	*700 200*	*543 600*	*410 600*	*296 200*	*195 800*	*——	214 900	——*	–	27

7. Population by age, sex and urban/rural residence: latest available year, 1986 – 1995 (continued)

Data by urban/rural residence

(See notes at end of table.)

	Continent, country or area, sex, date and urban/rural residence Continent, pays ou zone, sexe, date et résidence, urbaine/rurale	All ages Tous âges	– 1	1 – 4	5 – 9	10 – 14	15 – 19	20 – 24	25 – 29	30 – 34
		Age (in years)								
	AFRICA—AFRIQUE (Cont.–Suite)									
	Malawi									
	Urban – Urbaine									
	1 IX 1987(C)									
1	Urban – Urbaine	853 390	31 156	110 376	125 680	105 626	88 338	90 503	86 414	60 362
2	Male – Masculin	445 863	15 668	54 836	61 662	48 592	43 701	43 773	48 196	35 636
3	Female – Féminin	407 527	15 488	55 540	64 018	57 034	44 637	46 730	38 218	24 726
	Rural – Rurale									
	1 IX 1987(C)									
4	Rural – Rurale	7 135 117	266 520	985 898	1 184 759	870 894	682 333	580 421	504 027	376 649
5	Male – Masculin	3 421 273	131 562	486 362	585 600	445 685	324 433	257 032	233 443	172 155
6	Female – Féminin	3 713 844	134 958	499 536	599 159	425 209	357 900	323 389	270 584	204 494
	Mali									
	Urban – Urbaine									
	1 IV 1987(C) [1]									
7	Urban – Urbaine	1 690 289	55 188	240 724	253 864	201 632	185 600	149 547	131 461	102 380
8	Male – Masculin	837 287	27 751	121 251	128 331	100 768	87 854	72 520	61 515	49 694
9	Female – Féminin	853 002	27 437	119 473	125 533	100 864	97 746	77 027	69 946	52 686
	Rural – Rurale									
	1 IV 1987(C) [1]									
10	Rural – Rurale	6 006 059	194 175	939 473	987 662	662 528	540 119	424 810	404 765	341 322
11	Male – Masculin	2 923 424	97 180	471 969	503 430	350 334	259 491	187 032	169 072	149 291
12	Female – Féminin	3 082 635	96 995	467 504	484 232	312 194	280 628	237 778	235 693	192 031
	Mauritius – Maurice									
	Urban – Urbaine									
	1 VII 1990(C)									
13	Urban – Urbaine	414 242	7 994	28 734	37 393	39 595	33 524	37 667	42 075	37 861
14	Male – Masculin	206 104	4 080	14 637	19 074	20 086	16 902	18 943	21 363	19 426
15	Female – Féminin	208 138	3 914	14 097	18 319	19 509	16 622	18 724	20 712	18 435
	Rural – Rurale									
	1 VII 1990(C)									
16	Rural – Rurale	642 418	12 758	47 233	66 089	73 678	63 678	64 997	63 507	55 728
17	Male – Masculin	321 656	6 410	23 693	33 427	37 085	32 336	33 483	32 326	28 288
18	Female – Féminin	320 762	6 348	23 540	32 662	36 593	31 342	31 514	31 181	27 440
	Morocco – Maroc									
	Urban – Urbaine									
	1 VII 1995*									
19	Urban – Urbaine	*13 993 000*	*— 1 3	60 000 —*	*1 412 000*	*1 506 000*	*1 602 000*	*1 606 000*	*1 437 000*	*1 183 000*
20	Male – Masculin	*7 084 000*	*— 690	000 —*	*718 000*	*787 000*	*861 000*	*843 000*	*730 000*	*583 000*
21	Female – Féminin	*6 909 000*	*— 670	000 —*	*694 000*	*719 000*	*741 000*	*763 000*	*707 000*	*600 000*
	Rural – Rurale									
	1 VII 1995*									
22	Rural – Rurale	*13 118 000*	*— 1 9	22 000 —*	*1 835 000*	*1 806 000*	*1 500 000*	*1 091 000*	*859 000*	*768 000*
23	Male – Masculin	*6 233 000*	*— 986	000 —*	*919 000*	*906 000*	*728 000*	*486 000*	*348 000*	*335 000*
24	Female – Féminin	*6 885 000*	*— 936	000 —*	*916 000*	*900 000*	*772 000*	*605 000*	*511 000*	*433 000*
	Namibia – Namibie									
	Urban – Urbaine									
	21 X 1991(C)									
25	Urban – Urbaine	382 680	12 575	33 600	37 601	36 413	41 832	47 364	46 106	35 607
26	Male – Masculin	194 479	6 291	16 593	18 306	17 500	19 705	23 756	23 766	18 542
27	Female – Féminin	188 201	6 284	17 007	19 295	18 913	22 127	23 608	22 340	17 065
	Rural – Rurale									
	21 X 1991(C)									
28	Rural – Rurale	1 027 240	37 117	135 573	155 018	140 490	123 703	83 371	64 089	50 549
29	Male – Masculin	491 848	18 557	67 660	77 566	70 336	61 661	39 715	28 603	21 989
30	Female – Féminin	535 392	18 560	67 913	77 452	70 154	62 042	43 656	35 486	28 560

7. Population selon l'âge, le sexe et la résidence, urbaine/rurale: dernière année disponible, 1986 – 1995 (suite)

Données selon la résidence urbaine/rurale

(Voir notes à la fin du tableau.)

Age (en années)												
35 – 39	40 – 44	45 – 49	50 – 54	55 – 59	60 – 64	65 – 69	70 – 74	75 – 79	80 – 84	85 +	Unknown Inconnu	
50 232	31 686	24 719	15 359	10 911	7 129	*— 13 564 —*					1 335	1
29 834	19 883	15 825	9 554	6 777	3 874	*— 7 085 —*					967	2
20 398	11 803	8 894	5 805	4 134	3 255	*— 6 479 —*					368	3
374 425	261 642	243 367	182 868	164 800	132 802	*— 320 395 —*					3 317	4
173 122	121 864	116 080	82 143	78 906	58 493	*— 152 511 —*					1 882	5
201 303	139 778	127 287	100 725	85 894	74 309	*— 167 884 —*					1 435	6
84 562	68 619	54 672	44 961	32 655	28 922	18 849	13 119	7 060	*— 8 604 —*		7 870	7
42 318	34 605	28 658	23 314	17 279	14 293	9 632	6 000	3 443	*— 3 675 —*		4 386	8
42 244	34 014	26 014	21 647	15 376	14 629	9 217	7 119	3 617	*— 4 929 —*		3 484	9
294 622	257 205	209 045	191 385	149 673	151 702	97 124	68 974	34 555	*— 44 326 —*		12 594	10
135 771	121 975	103 144	93 371	77 882	75 219	50 804	33 979	17 587	*— 21 313 —*		4 580	11
158 851	135 230	105 901	98 014	71 791	76 483	46 320	34 995	16 968	*— 23 013 —*		8 014	12
33 012	24 840	19 051	16 999	14 757	14 028	*— 26 674 —*					38	13
16 788	12 288	9 242	8 253	7 153	6 711	*— 11 142 —*					16	14
16 224	12 552	9 809	8 746	7 604	7 317	*— 15 532 —*					22	15
48 197	35 595	25 659	21 039	17 406	16 818	*— 30 002 —*					34	16
24 496	17 838	12 666	10 209	8 535	8 047	*— 12 803 —*					14	17
23 701	17 757	12 993	10 830	8 871	8 771	*— 17 199 —*					20	18
954 000	*711 000*	*493 000*	*415 000*	*394 000*	*328 000*	*241 000*	*181 000*	*— 170 000 —*			–	19
469 000	*361 000*	*238 000*	*191 000*	*179 000*	*158 000*	*112 000*	*83 000*	*— 81 000 —*			–	20
485 000	*350 000*	*255 000*	*224 000*	*215 000*	*170 000*	*129 000*	*98 000*	*— 89 000 —*			–	21
660 000	*522 000*	*401 000*	*380 000*	*387 000*	*312 000*	*240 000*	*196 000*	*— 239 000 —*			–	22
306 000	*242 000*	*181 000*	*163 000*	*170 000*	*138 000*	*107 000*	*97 000*	*— 121 000 —*			–	23
354 000	*280 000*	*220 000*	*217 000*	*217 000*	*174 000*	*133 000*	*99 000*	*— 118 000 —*			–	24
26 279	18 988	13 684	10 664	6 840	5 065	3 504	2 742	1 829	1 040	717	230	25
14 327	10 755	7 888	6 055	3 838	2 593	1 668	1 280	764	424	258	170	26
11 952	8 233	5 796	4 609	3 002	2 472	1 836	1 462	1 065	616	459	60	27
40 254	35 827	30 095	27 555	21 055	23 652	19 695	18 962	9 037	5 552	5 268	378	28
17 718	16 002	13 589	12 609	10 043	10 213	8 467	8 424	4 121	2 370	1 983	202	29
22 536	19 825	16 506	14 946	11 012	13 439	11 228	10 538	4 916	3 182	3 285	156	30

7. Population by age, sex and urban/rural residence: latest available year, 1986 – 1995 (continued)

Data by urban/rural residence

(See notes at end of table.)

	Continent, country or area, sex, date and urban/rural residence Continent, pays ou zone, sexe, date et résidence, urbaine/rurale	All ages Tous âges	Age (in years) – 1	1 – 4	5 – 9	10 – 14	15 – 19	20 – 24	25 – 29	30 – 34
	AFRICA—AFRIQUE (Cont.–Suite)									
	Niger									
	Urban – Urbaine									
	20 V 1988(C)*									
1	Urban – Urbaine	1 105 740	*—— 224	790 ——*	188 730	125 920	109 950	96 550	86 870	65 760
2	Male – Masculin	554 790	*—— 113	170 ——*	93 350	63 620	57 430	45 780	39 460	32 240
3	Female – Féminin	550 950	*—— 111	620 ——*	95 380	62 300	52 520	50 770	47 410	33 520
	Rural – Rurale									
	20 V 1988(C)*									
4	Rural – Rurale	6 142 360	*— 1 3	15 970 —*	1 091 490	584 980	535 440	495 760	475 540	360 150
5	Male – Masculin	3 035 280	*—— 662	850 ——*	557 380	316 470	233 360	210 450	205 810	169 980
6	Female – Féminin	3 107 080	*—— 653	120 ——*	534 110	268 510	302 080	285 310	269 730	190 170
	Senegal – Sénégal									
	Urban – Urbaine									
	27 V 1988(C) [1]									
7	Urban – Urbaine	2 653 943	*—— 460	994 ——*	398 540	331 388	300 783	252 105	216 159	166 996
8	Male – Masculin	1 303 775	*—— 233	091 ——*	195 049	161 576	144 119	121 670	103 918	83 129
9	Female – Féminin	1 350 168	*—— 227	903 ——*	203 491	169 812	156 664	130 435	112 241	83 867
	Rural – Rurale									
	27 V 1988(C) [1]									
10	Rural – Rurale	4 242 865	*—— 858	917 ——*	729 108	487 647	409 405	307 912	315 874	212 181
11	Male – Masculin	2 049 824	*—— 429	725 ——*	359 127	247 137	189 349	138 396	135 670	97 882
12	Female – Féminin	2 193 041	*—— 429	192 ——*	369 981	240 510	220 056	169 516	180 204	114 299
	South Africa – Afrique du Sud [6]									
	Urban – Urbaine									
	7 III 1991(C)									
13	Urban – Urbaine	17 551 745	330 112	1 387 224	1 657 453	1 555 292	1 686 616	1 758 272	*— 3 2	97 507 —*
14	Male – Masculin	8 914 310	164 518	688 162	836 891	782 927	854 954	903 118	*— 1 7	12 441 —*
15	Female – Féminin	8 637 435	165 594	699 062	820 562	772 365	831 662	855 154	*— 1 5	85 066 —*
	Rural – Rurale									
	7 III 1991(C)									
16	Rural – Rurale	13 435 175	336 709	1 794 517	1 939 359	1 750 929	1 472 374	1 208 483	*— 1 8	07 859 —*
17	Male – Masculin	6 565 217	167 640	905 115	976 928	880 544	732 938	591 048	*—— 893	931 ——*
18	Female – Féminin	6 869 958	169 069	889 402	962 431	870 385	739 436	617 435	*—— 913	928 ——*
	Swaziland									
	Urban – Urbaine									
	1 VII 1994									
19	Urban – Urbaine	*217 309*	*9 148*	*26 127*	*26 049*	*22 773*	*24 278*	*24 598*	*21 309*	*17 176*
20	Male – Masculin	*108 790*	*3 657*	*12 967*	*12 597*	*10 637*	*10 681*	*11 971*	*10 984*	*9 237*
21	Female – Féminin	*108 519*	*5 491*	*13 160*	*13 452*	*12 136*	*13 597*	*12 627*	*10 325*	*7 939*
	Rural – Rurale									
	1 VII 1994									
22	Rural – Rurale	*661 772*	*27 893*	*106 294*	*118 564*	*98 727*	*69 355*	*45 414*	*36 378*	*30 979*
23	Male – Masculin	*302 134*	*14 943*	*52 989*	*59 183*	*49 696*	*33 454*	*17 557*	*13 545*	*11 637*
24	Female – Féminin	*359 638*	*12 950*	*53 305*	*59 381*	*49 031*	*35 901*	*27 857*	*22 833*	*19 342*
	Tunisia – Tunisie									
	Urban – Urbaine									
	20 IV 1994(C)									
25	Urban – Urbaine	5 361 927	104 855	447 380	608 233	605 460	546 290	497 919	479 111	443 690
26	Male – Masculin	2 717 168	53 856	229 089	309 289	307 625	280 017	254 409	237 120	223 004
27	Female – Féminin	2 644 759	50 999	218 291	298 944	297 835	266 273	243 510	241 991	220 686
	Rural – Rurale									
	20 IV 1994(C)									
28	Rural – Rurale	3 423 784	72 336	343 745	447 125	429 186	392 776	320 799	264 792	212 925
29	Male – Masculin	1 722 121	37 367	176 568	229 630	222 553	198 601	158 054	126 483	103 168
30	Female – Féminin	1 701 663	34 969	167 177	217 495	206 633	194 175	162 745	138 309	109 757
	Uganda – Ouganda									
	Urban – Urbaine									
	12 I 1991(C)									
31	Urban – Urbaine	1 889 622	81 593	254 889	241 666	221 853	227 046	245 673	206 724	137 134
32	Male – Masculin	916 646	40 740	125 691	114 061	98 227	94 680	116 303	105 624	74 445
33	Female – Féminin	972 976	40 853	129 198	127 605	123 626	132 366	129 370	101 100	62 689
	Rural – Rurale									
	12 I 1991(C)									
34	Rural – Rurale	14 782 083	592 681	2 223 959	2 265 325	1 998 515	1 575 214	1 280 167	1 076 583	808 453
35	Male – Masculin	7 269 101	293 545	1 105 903	1 132 504	1 032 009	771 100	593 910	504 599	391 227
36	Female – Féminin	7 512 982	299 136	1 118 056	1 132 821	966 506	804 114	686 257	571 984	417 226

7. Population selon l'âge, le sexe et la résidence, urbaine/rurale: dernière année disponible, 1986 – 1995 (suite)

Données selon la résidence urbaine/rurale

(Voir notes à la fin du tableau.)

Age (en années) 35 – 39	40 – 44	45 – 49	50 – 54	55 – 59	60 – 64	65 – 69	70 – 74	75 – 79	80 – 84	85 +	Unknown Inconnu	
54 310	41 560	29 480	23 830	14 620	12 840	6 760	7 200	3 380	*— 5 940 —*		7 250	1
27 600	21 880	16 740	13 300	8 710	6 350	3 860	3 200	1 650	*— 2 200 —*		4 250	2
26 710	19 680	12 740	10 530	5 910	6 490	2 900	4 000	1 730	*— 3 740 —*		3 000	3
281 060	253 030	164 210	167 080	95 570	113 020	53 400	64 380	27 510	*— 45 810 —*		17 960	4
144 150	125 630	93 070	89 530	57 820	60 150	31 610	32 340	15 480	*— 23 500 —*		5 700	5
136 910	127 400	71 140	77 550	37 750	52 870	21 790	32 040	12 030	*— 22 310 —*		12 260	6
136 107	88 516	78 057	62 069	54 184	37 101	28 823	*— 42 121 —*				–	7
67 165	44 154	38 590	31 031	26 769	18 934	14 627	*— 19 953 —*				–	8
68 942	44 362	39 467	31 038	27 415	18 167	14 196	*— 22 168 —*				–	9
203 607	130 405	141 204	102 154	105 747	71 306	69 148	*— 98 250 —*				–	10
91 573	61 144	67 596	52 522	52 762	39 529	37 063	*— 50 349 —*				–	11
112 034	69 261	73 608	49 632	52 985	31 777	32 085	*— 47 901 —*				–	12
— 2 451 897 —		*— 1 621 981 —*		567 772	428 887	*— 808 731 —*					–	13
— 1 283 682 —		*— 837 179 —*		286 088	208 086	*— 356 264 —*					–	14
— 1 168 215 —		*— 784 802 —*		281 684	220 801	*— 452 467 —*					–	15
— 1 212 614 —		*— 843 025 —*		323 277	253 861	*— 492 168 —*					–	16
— 580 495 —		*— 390 231 —*		146 059	105 449	*— 194 839 —*					–	17
— 632 119 —		*— 452 794 —*		177 218	148 412	*— 297 330 —*					–	18
13 639	*10 643*	*7 473*	*5 494*	*3 686*	*2 262*	*1 311*	*697*	*418*	*171*	*57*	–	19
7 695	*6 171*	*4 385*	*3 292*	*2 104*	*1 208*	*666*	*302*	*161*	*57*	*18*	–	20
5 944	*4 472*	*3 088*	*2 202*	*1 582*	*1 054*	*645*	*395*	*257*	*114*	*39*	–	21
26 402	*22 444*	*19 598*	*16 381*	*13 589*	*10 869*	*8 137*	*5 519*	*3 146*	*1 484*	*599*	–	22
9 882	*8 438*	*7 569*	*6 337*	*5 419*	*4 389*	*3 204*	*2 106*	*1 126*	*492*	*168*	–	23
16 520	*14 006*	*12 029*	*10 044*	*8 170*	*6 480*	*4 933*	*3 413*	*2 020*	*992*	*431*	–	24
376 253	291 220	203 611	169 597	161 533	150 315	102 677	79 962	44 044	33 199	16 578	–	25
192 213	150 579	101 390	84 240	80 938	75 525	52 738	38 819	22 951	15 977	7 389	–	26
184 040	140 641	102 221	85 357	80 595	74 790	49 939	41 143	21 093	17 222	9 189	–	27
184 094	146 673	103 538	100 760	105 207	101 048	71 178	57 215	33 158	25 394	11 835	–	28
90 084	69 210	48 450	48 765	52 216	51 754	38 304	30 742	19 595	14 268	6 309	–	29
94 010	77 463	55 088	51 995	52 991	49 294	32 874	26 473	13 563	11 126	5 526	–	30
86 299	55 758	38 906	31 831	16 224	15 972	8 761	7 775	3 914	*— 6 169 —*		1 435	31
47 960	31 472	22 036	16 884	8 969	7 200	4 205	3 194	1 800	*— 2 423 —*		732	32
38 339	24 286	16 870	14 947	7 255	8 772	4 556	4 581	2 114	*— 3 746 —*		703	33
606 213	485 290	418 857	396 341	251 011	267 722	166 681	155 378	81 435	*— 126 151 —*		6 107	34
291 473	229 353	202 639	190 827	129 029	127 121	84 592	76 072	43 458	*— 67 031 —*		2 709	35
314 740	255 937	216 218	205 514	121 982	140 601	82 089	79 306	37 977	*— 59 120 —*		3 398	36

7. Population by age, sex and urban/rural residence: latest available year, 1986 – 1995 (continued)

Data by urban/rural residence

(See notes at end of table.)

	Continent, country or area, sex, date and urban/rural residence Continent, pays ou zone, sexe, date et résidence, urbaine/rurale	Age (in years) All ages Tous âges	-1	1 – 4	5 – 9	10 – 14	15 – 19	20 – 24	25 – 29	30 – 34
	AFRICA—AFRIQUE (Cont.–Suite)									
	Zambia – Zambie									
	Urban – Urbaine									
	20 VIII 1990(C)									
1	Urban – Urbaine	2 905 283	100 486	356 571	432 631	412 076	388 592	311 360	235 840	196 079
2	Male – Masculin	1 453 816	49 901	177 030	211 645	198 001	184 382	147 068	112 767	100 267
3	Female – Féminin	1 451 467	50 585	179 541	220 986	214 075	204 210	164 292	123 073	95 812
	Rural – Rurale									
	20 VIII 1990(C)									
4	Rural – Rurale	4 477 814	152 016	589 455	685 200	616 170	550 803	399 401	296 943	233 270
5	Male – Masculin	2 163 761	75 454	292 778	341 548	313 844	269 963	182 857	135 419	110 219
6	Female – Féminin	2 314 053	76 562	296 677	343 652	302 326	280 840	216 544	161 524	123 051
	Zimbabwe									
	Urban – Urbaine									
	18 VIII 1992(C)									
7	Urban – Urbaine	3 187 720	100 169	340 958	397 861	318 062	362 520	423 662	324 096	260 389
8	Male – Masculin	1 636 352	49 860	169 277	194 201	152 498	158 750	208 363	168 079	139 619
9	Female – Féminin	1 551 368	50 309	171 681	203 660	165 564	203 770	215 299	156 017	120 770
	Rural – Rurale									
	18 VIII 1992(C)									
10	Rural – Rurale	7 224 828	236 447	907 117	1 255 927	1 138 689	885 718	566 235	388 112	345 976
11	Male – Masculin	3 447 185	117 692	452 134	627 118	572 407	456 978	258 474	167 634	140 447
12	Female – Féminin	3 777 643	118 755	454 983	628 809	566 282	428 740	307 761	220 478	205 529
	AMERICA,NORTH— AMERIQUE DU NORD									
	Belize									
	Urban – Urbaine									
	12 V 1991(C)									
13	Urban – Urbaine	90 005	*—— 13 045	——*	*—— 23 389	——*	*—— 18 457	——*	*—— 13 501	——*
14	Male – Masculin	44 412	*—— 6 662	——*	*—— 11 991	——*	*—— 8 882	——*	*—— 6 662	——*
15	Female – Féminin	45 593	*—— 6 383	——*	*—— 11 398	——*	*—— 9 575	——*	*—— 6 839	——*
	Rural – Rurale									
	12 V 1991(C)									
16	Rural – Rurale	99 387	*—— 17 370	——*	*—— 29 297	——*	*—— 19 358	——*	*—— 13 440	——*
17	Male – Masculin	51 913	*—— 8 825	——*	*—— 15 055	——*	*—— 9 863	——*	*—— 7 268	——*
18	Female – Féminin	47 474	*—— 8 545	——*	*—— 14 242	——*	*—— 9 495	——*	*—— 6 172	——*
	Canada									
	Urban – Urbaine									
	IV 1992 [1]									
19	Urban – Urbaine	19 319 193	292 405	1 056 764	1 262 342	1 247 266	1 269 000	1 514 886	1 725 637	1 786 861
20	Male – Masculin	9 467 387	150 137	545 245	644 063	638 630	645 760	766 809	861 844	885 007
21	Female – Féminin	9 851 806	142 268	511 518	618 278	608 637	623 240	748 077	863 793	901 853
	Rural – Rurale									
	IV 1992 [1]									
22	Rural – Rurale	7 089 977	110 084	442 555	557 022	560 448	511 929	399 618	509 961	601 551
23	Male – Masculin	3 575 159	54 393	224 371	287 859	288 892	265 850	205 437	257 082	299 574
24	Female – Féminin	3 514 818	55 691	218 185	269 163	271 557	246 080	194 182	252 879	301 980
	Costa Rica									
	Urban – Urbaine									
	1 VII 1994 [1]									
25	Urban – Urbaine	1 352 375	*—— 119 498	——*	138 763	140 487	140 814	112 541	116 646 *——	——
26	Male – Masculin	661 153	*—— 62 821	——*	72 188	73 445	69 060	59 443	55 795 *——	——
27	Female – Féminin	691 222	*—— 56 677	——*	66 575	67 042	71 754	53 098	60 851 *——	——
	Rural – Rurale									
	1 VII 1994 [1]									
28	Rural – Rurale	1 718 543	*—— 206 414	——*	226 298	201 008	171 957	138 939	140 274 *——	——
29	Male – Masculin	878 902	*—— 104 120	——*	118 382	102 329	90 030	73 356	69 071 *——	——
30	Female – Féminin	839 641	*—— 102 294	——*	107 916	98 679	81 927	65 583	71 203 *——	——

7. Population selon l'âge, le sexe et la résidence, urbaine/rurale: dernière année disponible, 1986 – 1995 (suite)

Données selon la résidence urbaine/rurale

(Voir notes à la fin du tableau.)

Age (en années) 35 – 39	40 – 44	45 – 49	50 – 54	55 – 59	60 – 64	65 – 69	70 – 74	75 – 79	80 – 84	85 +	Unknown Inconnu	
138 259	109 025	76 793	56 829	35 038	22 919	13 061	8 171	4 055	1 992	1 803	3 703	1
75 119	63 214	46 379	34 390	21 565	13 310	7 684	4 669	2 445	963	871	2 146	2
63 140	45 811	30 414	22 439	13 473	9 609	5 377	3 502	1 610	1 029	932	1 557	3
158 391	156 536	137 366	135 154	105 751	92 633	60 837	48 338	26 162	13 949	11 976	7 463	4
71 517	63 296	57 912	57 780	52 711	45 744	32 990	26 644	15 902	7 391	6 376	3 416	5
86 874	93 240	79 454	77 374	53 040	46 889	27 847	21 694	10 260	6 558	5 600	4 047	6
201 785	133 062	98 222	77 762	49 289	38 618	19 056	15 613	*— 14 429 —*			12 167	7
114 928	79 156	61 580	49 571	32 763	25 093	10 989	8 267	*— 6 211 —*			7 147	8
86 857	53 906	36 642	28 191	16 526	13 525	8 067	7 346	*— 8 218 —*			5 020	9
287 130	230 713	190 656	202 838	132 153	141 105	83 048	105 145	*— 106 000 —*			21 819	10
114 432	95 110	83 857	83 690	61 950	70 417	40 213	50 012	*— 45 815 —*			8 805	11
172 698	135 603	106 799	119 148	70 203	70 688	42 835	55 133	*— 60 185 —*			13 014	12
— 8 100 —		*— 4 501 —*		*— 4 055 —*		*— 4 957 —*					–	13
— 3 997 —		*— 2 221 —*		*— 1 776 —*		*— 2 221 —*					–	14
— 4 103 —		*— 2 280 —*		*— 2 279 —*		*— 2 736 —*					–	15
— 7 951 —		*— 4 970 —*		*— 3 501 —*		*— 3 500 —*					–	16
— 4 153 —		*— 2 596 —*		*— 2 077 —*		*— 2 076 —*					–	17
— 3 798 —		*— 2 374 —*		*— 1 424 —*		*— 1 424 —*					–	18
1 648 657	1 496 301	1 253 209	987 027	865 212	832 817	746 183	554 912	408 603	253 123	117 988	–	19
816 552	726 277	632 079	474 110	427 076	396 411	337 388	229 208	155 154	93 055	42 582	–	20
832 105	770 022	621 131	512 918	438 137	436 405	408 794	325 705	253 450	160 068	75 407	–	21
591 242	552 191	424 426	351 527	321 552	312 486	289 125	238 393	170 730	96 064	49 073	–	22
299 215	281 468	220 304	177 358	159 535	158 513	139 201	111 415	80 699	44 192	19 801	–	23
292 029	270 723	204 123	174 168	162 016	153 972	149 922	126 977	90 032	51 872	29 267	–	24
209 393 –*	*— 148 271 —*		*— 99 792 —*		*— 66 432 —*		*— 58 769 —*				969	25
97 095 –*	*— 68 499 —*		*— 45 568 —*		*— 29 983 —*		*— 26 598 —*				658	26
112 298 –*	*— 79 772 —*		*— 54 224 —*		*— 36 449 —*		*— 32 171 —*				311	27
249 660 –*	*— 152 038 —*		*— 100 161 —*		*— 69 957 —*		*— 60 096 —*				1 741	28
123 236 –*	*— 76 990 —*		*— 53 176 —*		*— 36 115 —*		*— 31 331 —*				766	29
126 424 –*	*— 75 048 —*		*— 46 985 —*		*— 33 842 —*		*— 28 765 —*				975	30

7. Population by age, sex and urban/rural residence: latest available year, 1986 – 1995 (continued)

Data by urban/rural residence

(See notes at end of table.)

	Continent, country or area, sex, date and urban/rural residence Continent, pays ou zone, sexe, date et résidence, urbaine/rurale	All ages Tous âges	-1	1 – 4	5 – 9	10 – 14	15 – 19	20 – 24	25 – 29	30 – 34
			Age (in years)							
	AMERICA,NORTH— (Cont.–Suite) AMERIQUE DU NORD									
	Cuba									
	Urban – Urbaine									
	1 VII 1993									
1	Urban – Urbaine	8 111 613	108 579	508 827	614 035	508 000	633 694	821 771	868 804	726 234
2	Male – Masculin	4 001 875	56 330	260 485	313 569	259 827	320 241	412 229	431 203	356 556
3	Female – Féminin	4 109 738	52 249	248 342	300 466	248 173	313 453	409 542	437 601	369 678
	Rural – Rurale									
	1 VII 1993									
4	Rural – Rurale	2 792 853	45 049	205 034	237 529	200 424	259 144	320 234	300 047	230 155
5	Male – Masculin	1 480 485	23 426	105 222	122 320	103 834	133 912	167 870	158 621	121 776
6	Female – Féminin	1 312 368	21 623	99 812	115 209	96 590	125 232	152 364	141 426	108 379
	Dominican Republic – République dominicaine									
	Urban – Urbaine									
	1 VII 1995*									
7	Urban – Urbaine	*4 881 102*	*—— *588*	*141* ——*	*584 911*	*537 560*	*455 435*	*449 740*	*450 014*	*414 605*
8	Male – Masculin	*2 411 347*	*—— *298*	*800* ——*	*295 943*	*270 978*	*225 757*	*223 909*	*221 671*	*203 401*
9	Female – Féminin	*2 469 755*	*—— *289*	*341* ——*	*288 968*	*266 582*	*229 678*	*225 831*	*228 343*	*211 204*
	Rural – Rurale									
	1 VII 1995*									
10	Rural – Rurale	*3 034 219*	*—— *408*	*432* ——*	*382 838*	*367 148*	*345 821*	*298 700*	*261 795*	*216 740*
11	Male – Masculin	*1 611 668*	*—— *208*	*676* ——*	*196 069*	*188 757*	*182 038*	*157 792*	*141 497*	*118 397*
12	Female – Féminin	*1 422 551*	*—— *199*	*756* ——*	*186 769*	*178 391*	*163 783*	*140 908*	*120 298*	*98 343*
	El Salvador									
	Urban – Urbaine									
	27 IX 1992(C)									
13	Urban – Urbaine	2 581 834	53 874	235 964	282 829	307 872	294 492	263 635	227 682	184 624
14	Male – Masculin	1 220 024	27 119	120 036	144 154	155 742	139 820	118 858	103 751	84 504
15	Female – Féminin	1 361 810	26 755	115 928	138 675	152 130	154 672	144 777	123 931	100 120
	Rural – Rurale									
	27 IX 1992(C)									
16	Rural – Rurale	2 536 765	68 514	299 867	363 537	367 889	295 513	219 635	166 768	140 414
17	Male – Masculin	1 265 589	34 598	152 955	186 082	190 232	149 289	104 051	78 527	67 511
18	Female – Féminin	1 271 176	33 916	146 912	177 455	177 657	146 224	115 584	88 241	72 903
	Greenland – Groenland									
	Urban – Urbaine									
	1 I 1994 [1]									
19	Urban – Urbaine	44 656	896	3 569	4 029	3 405	2 738	3 017	5 287	4 987
20	Male – Masculin	23 666	477	1 806	2 018	1 720	1 395	1 592	2 757	2 651
21	Female – Féminin	20 990	419	1 763	2 011	1 685	1 343	1 425	2 530	2 336
	Rural – Rurale									
	1 I 1994 [1]									
22	Rural – Rurale	10 763	255	1 009	1 031	978	681	820	1 172	1 044
23	Male – Masculin	5 958	131	491	517	520	383	438	657	615
24	Female – Féminin	4 805	124	518	514	458	298	382	515	429
	Guatemala									
	Urban – Urbaine									
	1 VII 1990									
25	Urban – Urbaine	*3 500 908*	*—— *532*	*738* ——*	*466 974*	*417 519*	*381 341*	*328 861*	*284 657*	*234 246*
26	Male – Masculin	*1 710 525*	*—— *271*	*783* ——*	*236 884*	*208 418*	*187 638*	*158 778*	*137 096*	*112 208*
27	Female – Féminin	*1 790 381*	*—— *260*	*955* ——*	*230 090*	*209 103*	*193 702*	*170 083*	*147 561*	*122 039*
	Rural – Rurale									
	1 VII 1990									
28	Rural – Rurale	*5 696 443*	*— *1 0*	*76 595* —*	*914 567*	*771 178*	*603 365*	*475 877*	*379 760*	*306 432*
29	Male – Masculin	*2 936 201*	*—— *548*	*716* ——*	*466 930*	*396 280*	*312 494*	*248 183*	*197 632*	*158 504*
30	Female – Féminin	*2 760 244*	*—— *527*	*879* ——*	*447 635*	*374 896*	*290 870*	*227 694*	*182 128*	*147 928*

7. Population selon l'âge, le sexe et la résidence, urbaine/rurale: dernière année disponible, 1986 – 1995 (suite)

Données selon la résidence urbaine/rurale

(Voir notes à la fin du tableau.)

Age (en années) 35 – 39	40 – 44	45 – 49	50 – 54	55 – 59	60 – 64	65 – 69	70 – 74	75 – 79	80 – 84	85 +	Unknown Inconnu	
501 587	539 428	483 740	426 884	332 959	281 796	*—— 429 299 ——*		*—— 251 680 ——*		74 296	–	1
243 418	262 192	233 578	208 245	160 357	136 262	*—— 202 163 ——*		*—— 112 988 ——*		32 232	–	2
258 169	277 236	250 162	218 639	172 602	145 534	*—— 227 136 ——*		*—— 138 692 ——*		42 064	–	3
160 563	162 482	141 737	127 089	99 577	87 365	*—— 115 718 ——*		*—— 76 790 ——*		23 916	–	4
84 976	85 918	74 094	68 810	54 700	49 172	*—— 67 043 ——*		*—— 44 693 ——*		14 098	–	5
75 587	76 564	67 643	58 279	44 877	38 193	*—— 48 675 ——*		*—— 32 097 ——*		9 818	–	6
334 141	258 532	205 582	166 209	138 491	109 207	87 565	45 173	*—— – 55 796 ——*			–	7
162 580	125 072	99 004	80 001	66 113	50 777	41 569	20 948	*—— – 24 824 ——*			–	8
171 561	133 460	106 578	86 208	72 378	58 430	45 996	24 225	*—— – 30 972 ——*			–	9
177 204	141 975	113 736	83 077	66 218	54 245	45 926	34 414	*—— – 35 950 ——*			–	10
98 376	79 983	64 484	47 075	37 377	30 264	24 988	17 977	*—— – 17 918 ——*			–	11
78 828	61 992	49 252	36 002	28 841	23 981	20 938	16 437	*—— – 18 032 ——*			–	12
147 546	124 433	98 132	86 484	67 188	65 697	47 169	37 299	24 408	17 301	15 205	...	13
67 343	57 758	45 602	38 493	29 025	28 961	20 234	16 000	10 146	6 894	5 584	...	14
80 208	66 675	52 530	47 991	38 163	36 736	26 935	21 299	14 262	10 407	9 616	...	15
117 449	104 908	85 782	76 895	58 141	57 215	39 617	31 870	19 766	12 836	10 149	...	16
55 792	51 115	41 721	37 767	28 614	29 216	19 810	16 672	10 128	6 583	4 926	...	17
61 657	53 793	44 061	39 128	29 527	27 999	19 807	15 198	9 638	6 253	5 223	...	18
3 942	3 058	2 779	2 250	1 577	1 294	841	453	305	155	74	–	19
2 201	1 734	1 674	1 322	902	646	404	196	108	45	18	–	20
1 741	1 324	1 105	928	675	648	437	257	197	110	56	–	21
823	611	558	529	407	334	242	145	77	34	13	–	22
491	378	371	314	234	172	128	70	29	15	4	–	23
332	233	187	215	173	162	114	75	48	19	9	–	24
190 560	147 543	115 685	102 420	90 356	73 785	56 336	35 325	23 362	*—— 19 199 ——*		–	25
91 207	69 904	54 469	48 113	41 873	33 526	25 157	15 649	10 126	*—— 7 698 ——*		–	26
99 353	77 638	61 216	54 307	48 483	40 259	31 179	19 676	13 236	*—— 11 501 ——*		–	27
261 428	205 116	171 087	144 252	127 660	101 208	68 951	43 528	24 944	*—— 20 497 ——*		–	28
134 483	106 154	88 918	75 415	66 546	53 139	36 574	22 719	13 155	*—— 10 355 ——*		–	29
126 945	98 963	82 169	68 837	61 114	48 069	32 377	20 809	11 789	*—— 10 142 ——*		–	30

7. Population by age, sex and urban/rural residence: latest available year, 1986 – 1995 (continued)

Data by urban/rural residence

(See notes at end of table.)

	Continent, country or area, sex, date and urban/rural residence Continent, pays ou zone, sexe, date et résidence, urbaine/rurale	All ages Tous âges	Age (in years) – 1	1 – 4	5 – 9	10 – 14	15 – 19	20 – 24	25 – 29	30 – 34
	AMERICA,NORTH— (Cont.–Suite) AMERIQUE DU NORD									
	Haiti – Haïti									
	Urban – Urbaine									
	1 VII 1990 [1]									
1	Urban – Urbaine	*1 920 830*	*51 425*	*182 999*	*221 407*	*247 602*	*264 895*	*243 782*	*190 413*	*134 148*
2	Male – Masculin	*860 343*	*27 112*	*93 815*	*105 583*	*109 475*	*109 504*	*106 840*	*84 844*	*59 323*
3	Female – Féminin	*1 060 487*	*24 313*	*89 184*	*115 824*	*138 127*	*155 391*	*136 942*	*105 569*	*74 825*
	Rural – Rurale									
	1 VII 1990 [1]									
4	Rural – Rurale	*4 565 218*	*157 747*	*596 897*	*639 266*	*511 902*	*427 205*	*351 119*	*320 995*	*284 046*
5	Male – Masculin	*2 320 068*	*78 933*	*300 150*	*327 580*	*272 306*	*237 768*	*188 835*	*164 565*	*139 660*
6	Female – Féminin	*2 245 150*	*78 814*	*296 747*	*311 686*	*239 596*	*189 437*	*162 284*	*156 430*	*144 386*
	Honduras									
	Urban – Urbaine									
	V 1988(C)									
7	Urban – Urbaine	1 674 944	52 306	199 220	241 527	208 490	191 848	160 384	137 464	111 943
8	Male – Masculin	793 929	26 665	101 762	122 650	102 557	87 161	69 899	61 148	51 797
9	Female – Féminin	881 015	25 641	97 458	118 877	105 933	104 687	90 485	76 316	60 146
	Rural – Rurale									
	V 1988(C)									
10	Rural – Rurale	2 573 617	101 046	381 676	442 507	363 085	255 101	186 669	163 028	136 093
11	Male – Masculin	1 316 177	51 729	195 152	226 405	187 632	132 697	93 724	81 171	68 701
12	Female – Féminin	1 257 440	49 317	186 524	216 102	175 453	122 404	92 945	81 857	67 392
	Nicaragua									
	Urban – Urbaine									
	1 VII 1989									
13	Urban – Urbaine	*2 239 025*	*80 496*	*299 390*	*328 923*	*287 195*	*254 721*	*209 886*	*170 391*	*139 369*
14	Male – Masculin	*1 090 743*	*41 457*	*153 950*	*167 479*	*143 347*	*124 195*	*100 698*	*81 680*	*65 960*
15	Female – Féminin	*1 148 282*	*39 039*	*145 440*	*161 444*	*143 848*	*130 526*	*109 188*	*88 711*	*73 409*
	Rural – Rurale									
	1 VII 1989									
16	Rural – Rurale	*1 506 006*	*62 741*	*231 039*	*241 873*	*192 429*	*153 967*	*131 214*	*111 417*	*91 868*
17	Male – Masculin	*785 449*	*31 622*	*116 200*	*122 633*	*100 050*	*82 551*	*70 266*	*58 626*	*48 337*
18	Female – Féminin	*720 557*	*31 119*	*114 839*	*119 240*	*92 379*	*71 416*	*60 948*	*52 791*	*43 531*
	Panama									
	Urban – Urbaine									
	1 VII 1995*									
19	Urban – Urbaine	*1 444 622*	*—— *148*	*213* ——*	*143 900*	*138 059*	*139 141*	*146 513*	*138 937*	*124 050*
20	Male – Masculin	*704 231*	*—— *75*	*883* ——*	*73 433*	*70 120*	*69 188*	*70 228*	*66 679*	*59 084*
21	Female – Féminin	*740 391*	*—— *72*	*330* ——*	*70 467*	*67 939*	*69 953*	*76 285*	*72 258*	*64 966*
	Rural – Rurale									
	1 VII 1995*									
22	Rural – Rurale	*1 186 391*	*—— *156*	*783* ——*	*152 501*	*138 508*	*119 533*	*107 659*	*95 040*	*79 889*
23	Male – Masculin	*625 914*	*—— *80*	*187* ——*	*78 035*	*70 664*	*62 418*	*57 934*	*50 973*	*42 896*
24	Female – Féminin	*560 477*	*—— *76*	*596* ——*	*74 466*	*67 844*	*57 115*	*49 725*	*44 067*	*36 993*
	Puerto Rico – Porto Rico									
	Urban – Urbaine									
	1 IV 1990(C) [1 9]									
25	Urban – Urbaine	2 508 346	38 703	170 778	218 573	234 752	229 240	205 084	193 282	181 665
26	Male – Masculin	1 198 085	19 694	87 077	111 547	118 983	115 710	100 122	91 336	83 933
27	Female – Féminin	1 310 261	19 009	83 701	107 026	115 769	113 530	104 962	101 946	97 732
	Rural – Rurale									
	1 IV 1990(C) [1 9]									
28	Rural – Rurale	1 013 691	16 900	75 792	97 900	104 821	97 477	82 143	77 280	72 622
29	Male – Masculin	507 557	8 538	38 450	49 781	53 724	49 922	40 876	37 674	35 292
30	Female – Féminin	506 134	8 362	37 342	48 119	51 097	47 555	41 267	39 606	37 330
	United States – Etats–Unis									
	Urban – Urbaine									
	1 IV 1990(C) [10 11]									
31	Urban – Urbaine	187 053 487	2 476 749	11 512 411	13 288 047	12 273 417	13 188 758	15 371 060	16 898 657	16 779 795
32	Male – Masculin	90 386 114	1 265 656	5 888 104	6 786 574	6 266 694	6 703 124	7 773 590	8 475 923	8 333 244
33	Female – Féminin	96 667 373	1 211 093	5 624 307	6 501 473	6 006 723	6 485 634	7 597 470	8 422 734	8 446 551

7. Population selon l'âge, le sexe et la résidence, urbaine/rurale: dernière année disponible, 1986 – 1995 (suite)

Données selon la résidence urbaine/rurale

(Voir notes à la fin du tableau.)

Age (en années) 35 – 39	40 – 44	45 – 49	50 – 54	55 – 59	60 – 64	65 – 69	70 – 74	75 – 79	80 – 84	85 +	Unknown Inconnu	
90 412	*72 215*	*50 835*	*50 552*	*38 776*	*29 833*	*22 215*	*14 923*	*9 154*	**— 5 244 —**		–	*1*
38 492	*29 511*	*21 530*	*22 399*	*17 095*	*13 392*	*9 623*	*5 871*	*3 775*	**— 2 159 —**		–	*2*
51 920	*42 704*	*29 305*	*28 153*	*21 681*	*16 441*	*12 592*	*9 052*	*5 379*	**— 3 085 —**		–	*3*
260 271	*215 205*	*192 508*	*155 177*	*132 930*	*106 606*	*83 908*	*61 676*	*38 270*	**— 29 490 —**		–	*4*
126 113	*104 919*	*92 467*	*73 876*	*63 285*	*50 167*	*39 344*	*29 042*	*17 752*	**— 13 306 —**		–	*5*
134 158	*110 286*	*100 041*	*81 301*	*69 645*	*56 439*	*44 564*	*32 634*	*20 518*	**— 16 184 —**		–	*6*
88 512	64 855	51 889	43 044	35 103	27 094	21 626	14 196	*—— – 25 443 ——*			–	*7*
41 259	30 391	24 207	19 874	15 855	12 008	9 478	6 256	*—— – 10 962 ——*			–	*8*
47 253	34 464	27 682	23 170	19 248	15 086	12 148	7 940	*—— – 14 481 ——*			–	*9*
115 978	92 891	80 687	67 302	56 117	43 615	33 536	21 487	*—— – 32 799 ——*			–	*10*
58 364	46 928	41 121	34 495	28 699	23 002	17 647	11 389	*—— – 17 321 ——*			–	*11*
57 614	45 963	39 566	32 807	27 418	20 613	15 889	10 098	*—— – 15 478 ——*			–	*12*
113 343	*83 384*	*66 228*	*55 801*	*46 126*	*37 908*	*28 343*	*18 776*	**—— – 18 745 ——**			–	*13*
52 985	*38 960*	*30 636*	*25 515*	*20 463*	*16 386*	*12 077*	*7 769*	**—— – 7 186 ——**			–	*14*
60 358	*44 424*	*35 592*	*30 286*	*25 663*	*21 522*	*16 266*	*11 007*	**—— – 11 559 ——**			–	*15*
74 275	*54 344*	*42 386*	*34 809*	*27 731*	*21 729*	*15 464*	*9 717*	**—— – 9 003 ——**			–	*16*
39 247	*29 025*	*22 740*	*18 760*	*14 875*	*11 714*	*8 491*	*5 423*	**—— – 4 889 ——**			–	*17*
35 028	*25 319*	*19 646*	*16 049*	*12 856*	*10 015*	*6 973*	*4 294*	**—— – 4 114 ——**			–	*18*
104 395	*86 569*	*70 132*	*54 681*	*41 646*	*32 403*	*27 212*	*20 692*	*14 819*	**— 13 260 —**		–	*19*
49 712	*41 513*	*33 568*	*26 378*	*19 691*	*15 317*	*12 496*	*9 251*	*6 373*	**— 5 317 —**		–	*20*
54 683	*45 056*	*36 564*	*28 303*	*21 955*	*17 086*	*14 716*	*11 441*	*8 446*	**— 7 943 —**		–	*21*
66 906	*55 547*	*47 328*	*41 854*	*35 059*	*27 533*	*22 810*	*16 554*	*12 329*	**— 10 558 —**		–	*22*
35 672	*29 722*	*25 993*	*22 781*	*19 261*	*15 321*	*12 736*	*8 931*	*6 734*	**— 5 656 —**		–	*23*
31 234	*25 825*	*21 335*	*19 073*	*15 798*	*12 212*	*10 074*	*7 623*	*5 595*	**— 4 902 —**		–	*24*
169 463	162 122	139 863	118 297	104 519	92 907	83 500	63 053	49 055	29 619	23 871	–	*25*
77 533	73 975	64 511	54 498	47 635	42 138	37 706	28 256	21 675	12 485	9 271	–	*26*
91 930	88 147	75 352	63 799	56 884	50 769	45 794	34 797	27 380	17 134	14 600	–	*27*
67 046	63 848	54 121	43 577	36 433	31 945	29 218	23 626	18 767	11 381	8 794	–	*28*
32 907	31 377	26 887	21 490	18 066	15 740	14 647	12 067	9 844	5 891	4 384	–	*29*
34 139	32 471	27 234	22 087	18 367	16 205	14 571	11 559	8 923	5 490	4 410	–	*30*
14 944 849	13 013 170	10 070 112	8 208 772	7 657 284	7 801 852	7 520 892	5 981 647	4 625 077	3 021 594	2 419 344	–	*31*
7 368 671	6 358 595	4 883 234	3 929 356	3 608 813	3 564 943	3 295 344	2 483 734	1 750 709	1 006 221	643 585	–	*32*
7 576 178	6 654 575	5 186 878	4 279 416	4 048 471	4 236 909	4 225 548	3 497 913	2 874 368	2 015 373	1 775 759	–	*33*

7. Population by age, sex and urban/rural residence: latest available year, 1986 – 1995 (continued)

Data by urban/rural residence

(See notes at end of table.)

	Continent, country or area, sex, date and urban/rural residence / Continent, pays ou zone, sexe, date et résidence, urbaine/rurale	All ages / Tous âges	– 1	1 – 4	5 – 9	10 – 14	15 – 19	20 – 24	25 – 29	30 – 34
		Age (in years)								
	AMERICA,NORTH— (Cont.–Suite) AMERIQUE DU NORD									
	United States – Etats–Unis									
	Rural – Rurale									
	1 IV 1990(C) [10] [11]									
1	Rural – Rurale	61 656 386	740 563	3 624 720	4 811 132	4 840 802	4 565 287	3 649 252	4 414 388	5 083 092
2	Male – Masculin	30 853 304	379 145	1 859 504	2 475 953	2 500 443	2 399 604	1 902 006	2 220 013	2 543 689
3	Female – Féminin	30 803 082	361 418	1 765 216	2 335 179	2 340 359	2 165 683	1 747 246	2 194 375	2 539 403
	AMERICA,SOUTH— AMERIQUE DU SUD									
	Argentina – Argentine									
	Urban – Urbaine									
	15 V 1991(C)									
4	Urban – Urbaine	*28 436 110*	*— 2 8	26 835 —*	*2 772 576*	*2 861 508*	*2 479 944*	*2 154 817*	*2 024 638*	*1 952 367*
5	Male – Masculin	*13 699 016*	*— 1 4	30 666 —*	*1 400 280*	*1 437 230*	*1 214 431*	*1 050 532*	*986 184*	*951 845*
6	Female – Féminin	*14 737 094*	*— 1 3	96 169 —*	*1 372 296*	*1 424 278*	*1 265 513*	*1 104 285*	*1 038 454*	*1 000 522*
	Rural – Rurale									
	15 V 1991									
7	Rural – Rurale	*4 179 418*	*—— 523	238 ——*	*505 361*	*481 069*	*370 161*	*299 306*	*279 604*	*261 814*
8	Male – Masculin	*2 238 964*	*—— 265	225 ——*	*257 234*	*249 767*	*203 188*	*163 303*	*151 177*	*142 286*
9	Female – Féminin	*1 940 454*	*—— 258	013 ——*	*248 127*	*231 302*	*166 973*	*136 003*	*128 427*	*119 528*
	Bolivia – Bolivie									
	Urban – Urbaine									
	3 VI 1992(C)									
10	Urban – Urbaine	3 694 846	107 069	398 311	474 688	469 568	423 268	355 925	296 272	265 718
11	Male – Masculin	1 793 445	54 719	201 660	239 975	234 942	203 008	167 999	138 912	126 665
12	Female – Féminin	1 901 401	52 350	196 651	234 713	234 626	220 260	187 926	157 360	139 053
	Rural – Rurale									
	3 VI 1992(C)									
13	Rural – Rurale	2 725 946	91 733	350 259	410 220	346 360	240 766	193 977	173 392	153 451
14	Male – Masculin	1 377 820	46 425	177 090	207 366	180 669	126 398	97 663	86 913	78 144
15	Female – Féminin	1 348 126	45 308	173 169	202 854	165 691	114 368	96 314	86 479	75 307
	Brazil – Brésil									
	Urban – Urbaine									
	1 IX 1991(C) [1] [12]									
16	Urban – Urbaine	*110 990 990*	*2 269 662*	*9 444 387*	*12 451 064*	*12 382 184*	*11 157 641*	*10 485 477*	*9 990 122*	*8 849 876*
17	Male – Masculin	*53 854 256*	*1 152 579*	*4 790 472*	*6 301 508*	*6 178 215*	*5 410 056*	*5 085 607*	*4 786 206*	*4 247 381*
18	Female – Féminin	*57 136 734*	*1 117 083*	*4 653 915*	*6 149 556*	*6 203 969*	*5 747 585*	*5 399 870*	*5 203 916*	*4 602 495*
	Rural – Rurale									
	1 IX 1991(C) [1] [12]									
19	Rural – Rurale	*35 834 485*	*931 152*	*3 875 913*	*4 969 095*	*4 664 975*	*3 859 831*	*3 079 401*	*2 647 956*	*2 213 617*
20	Male – Masculin	*18 630 866*	*470 525*	*1 966 074*	*2 534 760*	*2 407 293*	*2 050 434*	*1 626 828*	*1 388 753*	*1 159 404*
21	Female – Féminin	*17 203 619*	*460 627*	*1 909 839*	*2 434 335*	*2 257 682*	*1 809 397*	*1 452 573*	*1 259 203*	*1 054 213*
	Chile – Chili									
	Urban – Urbaine									
	30 VI 1995*									
22	Urban – Urbaine	12 002 308	*— 1 2	33 207 —*	1 205 771	1 085 352	1 015 714	1 044 785	1 048 266	1 048 791
23	Male – Masculin	5 841 532	*—— 627	179 ——*	611 281	548 415	508 101	516 434	519 589	518 310
24	Female – Féminin	6 160 776	*—— 606	028 ——*	594 490	536 937	507 613	528 351	528 677	530 481
	Rural – Rurale									
	30 VI 1995*									
25	Rural – Rurale	2 208 121	*—— 233	495 ——*	225 621	201 841	195 868	182 573	183 227	173 904
26	Male – Masculin	1 188 065	*—— 119	498 ——*	116 953	106 070	106 148	103 490	99 898	93 939
27	Female – Féminin	1 020 056	*—— 113	997 ——*	108 668	95 771	89 720	79 083	83 329	79 965
	Ecuador – Equateur									
	Urban – Urbaine									
	1 VII 1992 [13]									
28	Urban – Urbaine	*6 115 572*	*—— 743	838 ——*	*708 543*	*689 434*	*670 549*	*631 365*	*571 998*	*489 207*
29	Male – Masculin	*3 007 784*	*—— 380	192 ——*	*358 040*	*343 142*	*326 120*	*307 864*	*280 532*	*241 404*
30	Female – Féminin	*3 107 789*	*—— 363	646 ——*	*350 502*	*346 293*	*344 428*	*323 503*	*291 466*	*247 803*

7. Population selon l'âge, le sexe et la résidence, urbaine/rurale: dernière année disponible, 1986 – 1995 (suite)

Données selon la résidence urbaine/rurale

(Voir notes à la fin du tableau.)

Age (en années) 35 – 39	40 – 44	45 – 49	50 – 54	55 – 59	60 – 64	65 – 69	70 – 74	75 – 79	80 – 84	85 +	Unknown Inconnu	
5 018 268	4 602 616	3 802 461	3 141 741	2 874 472	2 814 315	2 590 843	2 013 176	1 496 292	912 145	660 821	–	1
2 533 572	2 333 389	1 927 363	1 585 382	1 425 557	1 382 104	1 236 963	925 572	649 059	359 873	214 113	–	2
2 484 696	2 269 227	1 875 098	1 556 359	1 448 915	1 432 211	1 353 880	1 087 604	847 233	552 272	446 708	–	3
1 875 578	*1 739 716*	*1 492 089*	*1 308 786*	*1 202 347*	*1 158 880*	*951 293*	*678 991*	*498 487*	*287 097*	*170 161*	–	4
908 973	*843 888*	*721 108*	*620 613*	*561 992*	*519 420*	*419 249*	*280 953*	*193 027*	*103 303*	*55 322*	–	5
966 605	*895 828*	*770 981*	*688 173*	*640 355*	*639 460*	*532 044*	*398 038*	*305 460*	*183 794*	*114 839*	–	6
243 590	*223 932*	*197 966*	*180 938*	*159 200*	*146 281*	*112 822*	*81 862*	*57 846*	*32 672*	*21 756*	–	7
134 229	*125 724*	*111 278*	*102 018*	*90 444*	*82 286*	*62 313*	*43 766*	*29 766*	*15 760*	*9 200*	–	8
109 361	*98 208*	*86 688*	*78 920*	*68 756*	*63 995*	*50 509*	*38 096*	*28 080*	*16 912*	*12 556*	–	9
223 636	173 272	134 720	97 990	71 947	70 891	46 921	32 519	21 234	12 543	10 452	7 902	10
105 694	84 907	64 530	46 238	33 215	32 895	21 110	14 355	9 455	5 125	3 930	4 111	11
117 942	88 365	70 190	51 752	38 732	37 996	25 811	18 164	11 779	7 418	6 522	3 791	12
141 390	123 900	113 074	86 378	66 546	72 282	48 342	38 314	23 727	18 440	20 441	12 954	13
68 964	61 766	56 462	42 977	32 644	35 842	23 488	18 182	11 409	8 382	9 539	7 497	14
72 426	62 134	56 612	43 401	33 902	36 440	24 854	20 132	12 318	10 058	10 902	5 457	15
7 569 934	6 180 512	4 748 445	3 972 620	3 267 297	2 805 779	2 116 335	1 437 918	988 058	532 768	340 911	–	16
3 618 320	2 994 134	2 276 855	1 897 676	1 510 742	1 271 178	951 468	630 876	415 921	214 110	120 952	–	17
3 951 614	3 186 378	2 471 590	2 074 944	1 756 555	1 534 601	1 164 867	807 042	572 137	318 658	219 959	–	18
1 893 829	1 654 202	1 376 243	1 192 508	974 827	831 079	659 725	452 000	302 160	159 149	96 823	–	19
979 504	866 784	717 930	628 905	506 752	444 423	356 875	241 548	159 817	80 517	43 740	–	20
914 325	787 418	658 313	563 603	468 075	386 656	302 850	210 452	142 343	78 632	53 083	–	21
910 127	746 593	619 131	525 130	399 291	350 616	283 311	205 366	146 612	*— 134 245 —*		–	22
445 881	363 372	297 251	247 855	183 423	155 133	120 038	81 953	53 937	*— 43 380 —*		–	23
464 246	383 221	321 880	277 275	215 868	195 483	163 273	123 413	92 675	*— 90 865 —*		–	24
154 011	127 445	109 544	93 632	87 087	69 739	62 829	46 109	30 391	*— 30 805 —*		–	25
84 833	69 969	60 417	51 518	47 897	38 206	34 112	24 766	15 846	*— 14 505 —*		–	26
69 178	57 476	49 127	42 114	39 190	31 533	28 717	21 343	14 545	*— 16 300 —*		–	27
402 104	*300 685*	*223 755*	*182 532*	*148 681*	*117 355*	*88 975*	*64 144*	*44 838*	*— 37 567 —*		–	28
198 741	*147 838*	*109 553*	*87 944*	*70 217*	*54 230*	*40 278*	*28 147*	*18 938*	*— 14 604 —*		–	29
203 363	*152 847*	*114 202*	*94 589*	*78 464*	*63 126*	*48 697*	*35 996*	*25 901*	*— 22 963 —*		–	30

7. Population by age, sex and urban/rural residence: latest available year, 1986 – 1995 (continued)

Data by urban/rural residence

(See notes at end of table.)

	Continent, country or area, sex, date and urban/rural residence / Continent, pays ou zone, sexe, date et résidence, urbaine/rurale	All ages / Tous âges	Age (in years) – 1	1 – 4	5 – 9	10 – 14	15 – 19	20 – 24	25 – 29	30 – 34
	AMERICA,SOUTH— (Cont.–Suite) AMERIQUE DU SUD									
	Ecuador – Equateur									
	Rural – Rurale									
	1 VII 1992 [13]									
1	Rural – Rurale	*4 625 227*	**—— 677*	*075 ——**	*655 521*	*602 253*	*498 355*	*400 671*	*319 564*	*266 256*
2	Male – Masculin	*2 390 678*	**—— 342*	*858 ——**	*334 796*	*312 071*	*265 953*	*213 896*	*169 111*	*138 491*
3	Female – Féminin	*2 234 548*	**—— 334*	*217 ——**	*320 725*	*290 183*	*232 403*	*186 774*	*150 453*	*127 765*
	Falkland Islands (Malvinas)– Iles Falkland (Malvinas)									
	Urban – Urbaine									
	5 III 1991(C)									
4	Urban – Urbaine	1 557	*——	101 ——*	91	124	108	109	130	149
5	Male – Masculin	814	*——	56 ——*	41	63	48	61	66	71
6	Female – Féminin	743	*——	45 ——*	50	61	60	48	64	78
	Rural – Rurale									
	5 III 1991(C)									
7	Rural – Rurale	493	*——	24 ——*	46	36	41	31	45	35
8	Male – Masculin	281	*——	14 ——*	20	20	31	16	22	19
9	Female – Féminin	212	*——	10 ——*	26	16	10	15	23	16
	Paraguay									
	Urban – Urbaine									
	26 VIII 1992(C)									
10	Urban – Urbaine	2 089 688	54 555	216 256	262 086	242 292	207 202	191 354	172 849	159 198
11	Male – Masculin	1 007 400	27 665	109 958	131 958	119 058	96 993	88 600	81 176	77 005
12	Female – Féminin	1 082 288	26 890	106 298	130 128	123 234	110 209	102 754	91 673	82 193
	Rural – Rurale									
	26 VIII 1992(C)									
13	Rural – Rurale	2 062 900	63 637	274 758	332 197	279 322	186 018	155 905	138 104	126 883
14	Male – Masculin	1 078 505	32 359	140 113	170 367	146 231	99 059	82 883	72 829	67 981
15	Female – Féminin	984 395	31 278	134 645	161 830	133 091	86 959	73 022	65 275	58 902
	Peru – Pérou									
	Urban – Urbaine									
	1 VII 1995* [3 12]									
16	Urban – Urbaine	*16 758 691*	**— 1 8*	*37 122 —**	*1 856 358*	*1 852 197*	*1 906 439*	*1 716 914*	*1 498 586*	*1 299 497*
17	Male – Masculin	*8 255 135*	**—— 936*	*781 ——**	*955 156*	*927 808*	*946 871*	*843 397*	*723 201*	*621 913*
18	Female – Féminin	*8 503 556*	**—— 900*	*341 ——**	*901 202*	*924 389*	*959 568*	*873 517*	*775 385*	*677 584*
	Rural – Rurale									
	1 VII 1995* [3 12]									
19	Rural – Rurale	*6 773 014*	**— 1 0*	*65 215 —**	*979 342*	*862 475*	*675 448*	*560 999*	*470 703*	*397 169*
20	Male – Masculin	*3 433 469*	**—— 539*	*161 ——**	*483 548*	*447 945*	*356 103*	*293 410*	*242 354*	*202 140*
21	Female – Féminin	*3 339 545*	**—— 526*	*054 ——**	*495 794*	*414 530*	*319 345*	*267 589*	*228 349*	*195 029*
	Uruguay									
	Urban – Urbaine									
	1 VII 1990									
22	Urban – Urbaine	2 748 322	*—— 234	268 ——*	231 901	249 057	231 713	199 647	199 025	190 155
23	Male – Masculin	1 306 601	*—— 119	677 ——*	118 375	126 332	116 467	96 815	95 345	90 601
24	Female – Féminin	1 441 721	*—— 114	591 ——*	113 526	122 725	115 246	102 832	103 680	99 554
	Rural – Rurale									
	1 VII 1990									
25	Rural – Rurale	345 897	*—— 25	169 ——*	27 756	29 643	28 525	27 208	26 153	24 365
26	Male – Masculin	201 826	*—— 12	902 ——*	14 178	15 640	16 448	17 241	16 056	14 117
27	Female – Féminin	144 071	*—— 12	267 ——*	13 578	14 003	12 077	9 967	10 097	10 248
	Venezuela									
	Urban – Urbaine									
	1 VII 1990 [12]									
28	Urban – Urbaine	16 231 254	*— 2 1	85 424 —*	*— 3 7 98 785	—*	*— 3 2 29 173	—*	*——	———
29	Male – Masculin	8 094 783	*— 1 1	12 223 —*	*— 1 9 21 701	—*	*— 1 6 17 338	—*	*——	———
30	Female – Féminin	8 136 471	*— 1 0	73 201 —*	*— 1 8 77 084	—*	*— 1 6 11 835	—*	*——	———

7. Population selon l'âge, le sexe et la résidence, urbaine/rurale: dernière année disponible, 1986 – 1995 (suite)

Données selon la résidence urbaine/rurale

(Voir notes à la fin du tableau.)

Age (en années)												
35 – 39	40 – 44	45 – 49	50 – 54	55 – 59	60 – 64	65 – 69	70 – 74	75 – 79	80 – 84	85 +	Unknown Inconnu	
242 374	*203 826*	*168 900*	*146 702*	*124 696*	*102 614*	*80 170*	*59 135*	*41 882*	*— *35 230*	—*	–	*1*
124 075	*104 063*	*85 777*	*74 989*	*64 086*	*52 803*	*41 149*	*29 940*	*20 527*	*— *16 094*	—*	–	*2*
118 299	*99 764*	*83 123*	*71 714*	*60 610*	*49 811*	*39 021*	*29 195*	*21 355*	*— *19 136*	—*	–	*3*
140	112	95	94	69	67	54	47	36	*—	31 —*	–	*4*
86	58	46	61	37	31	34	23	18	*—	14 —*	–	*5*
54	54	49	33	32	36	20	24	18	*—	17 —*	–	*6*
43	42	46	37	29	18	9	7	3	*—	1 —*	–	*7*
21	22	27	22	20	11	8	5	2	*—	1 —*	–	*8*
22	20	19	15	9	7	1	2	1	*—	– —*	–	*9*
132 610	102 913	81 277	68 228	48 192	48 431	35 682	26 428	19 303	12 155	8 677	–	*10*
64 666	50 941	39 647	32 593	22 528	21 949	15 667	10 979	8 202	4 830	2 985	–	*11*
67 944	51 972	41 630	35 635	25 664	26 482	20 015	15 449	11 101	7 325	5 692	–	*12*
107 441	87 269	70 973	62 879	45 034	44 829	31 395	24 082	15 945	9 436	6 793	–	*13*
56 827	47 397	37 008	33 667	23 667	24 010	16 350	12 478	8 032	4 408	2 839	–	*14*
50 614	39 872	33 965	29 212	21 367	20 819	15 045	11 604	7 913	5 028	3 954	–	*15*
1 080 608	*896 690*	*705 146*	*565 452*	*467 416*	*376 216*	*280 596*	*195 237*	*125 512*	*— *98 705*	—*	–	*16*
518 683	*436 134*	*347 527*	*278 392*	*226 806*	*179 783*	*130 834*	*88 327*	*54 243*	*— *39 279*	—*	–	*17*
561 925	*460 556*	*357 619*	*287 060*	*240 610*	*196 433*	*149 762*	*106 910*	*71 269*	*— *59 426*	—*	–	*18*
324 629	*279 941*	*249 326*	*217 896*	*197 412*	*167 794*	*127 649*	*90 390*	*59 234*	*— *47 392*	—*	–	*19*
163 077	*139 013*	*122 104*	*106 925*	*98 177*	*83 327*	*62 822*	*43 958*	*28 105*	*— *21 300*	—*	–	*20*
161 552	*140 928*	*127 222*	*110 971*	*99 235*	*84 467*	*64 827*	*46 432*	*31 129*	*— *26 092*	—*	–	*21*
168 852	156 782	147 214	139 063	142 320	133 138	109 938	83 102	67 446	*— 64 701	—*	–	*22*
80 969	73 599	68 956	63 733	65 560	59 625	48 055	34 526	26 165	*— 21 801	—*	–	*23*
87 883	83 183	78 258	75 330	76 760	73 513	61 883	48 576	41 281	*— 42 900	—*	–	*24*
23 157	21 933	20 330	20 087	20 150	17 752	13 753	8 823	5 933	*— 5 160	—*	–	*25*
13 556	13 109	12 509	12 314	12 685	11 243	8 617	5 391	3 342	*— 2 478	—*	–	*26*
9 601	8 824	7 821	7 773	7 465	6 509	5 136	3 432	2 591	*— 2 682	—*	–	*27*
4 612 10 8	———*	619 237	*———	1 214 999 ———*	*———			571 528 ———		———*	–	*28*
2 300 53 7	———*	305 983	*———	– 588 491 ———*	*———			248 510 ———		———*	–	*29*
2 311 57 1	———*	313 254	*———	– 626 508 ———*	*———			323 018 ———		———*	–	*30*

7. Population by age, sex and urban/rural residence: latest available year, 1986 – 1995 (continued)

Data by urban/rural residence

(See notes at end of table.)

	Continent, country or area, sex, date and urban/rural residence Continent, pays ou zone, sexe, date et résidence, urbaine/rurale	All ages Tous âges	– 1	1 – 4	5 – 9	10 – 14	15 – 19	20 – 24	25 – 29	30 – 34
	AMERICA,SOUTH— (Cont.–Suite) AMERIQUE DU SUD									
	Venezuela									
	Rural – Rurale									
	1 VII 1990 [12]									
1	Rural – Rurale	3 093 968	*—— 496	917 ——*	*—— 912	704 ——*	*—— 560	503 ——*	*————	————
2	Male – Masculin	1 652 592	*—— 256	308 ——*	*—— 477	128 ——*	*—— 307	768 ——*	*————	————
3	Female – Féminin	1 441 376	*—— 240	609 ——*	*—— 435	576 ——*	*—— 252	735 ——*	*————	————
	ASIA—ASIE									
	Afghanistan									
	Urban – Urbaine									
	1 VII 1988 [14]									
4	Urban – Urbaine	2 752 024	134 298	384 223	420 656	340 743	281 630	233 579	187 824	153 042
5	Male – Masculin	1 417 760	65 340	192 645	214 567	176 464	144 375	116 753	93 418	76 805
6	Female – Féminin	1 334 264	68 958	191 578	206 089	164 279	137 255	116 826	94 406	76 237
	Rural – Rurale									
	1 VII 1988 [14]									
7	Rural – Rurale	12 761 340	541 125	1 978 081	1 900 160	1 447 624	1 178 966	1 020 431	849 712	713 284
8	Male – Masculin	6 544 634	259 953	963 357	968 747	769 700	632 147	529 502	420 935	335 943
9	Female – Féminin	6 216 706	281 172	1 014 724	931 413	677 924	546 819	490 929	428 777	377 341
	Armenia – Arménie									
	Urban – Urbaine									
	1 VII 1992									
10	Urban – Urbaine	2 525 700	45 769	194 738	257 221	239 588	214 893	188 213	199 018	240 191
11	Male – Masculin	1 204 196	23 271	100 272	131 033	122 453	109 008	93 327	91 864	108 617
12	Female – Féminin	1 321 504	22 498	94 466	126 188	117 135	105 885	94 886	107 154	131 574
	Rural – Rurale									
	1 VII 1992									
13	Rural – Rurale	1 159 900	27 395	109 028	132 283	104 389	91 953	95 418	108 199	106 090
14	Male – Masculin	581 613	14 242	56 159	68 287	53 548	46 922	51 119	55 665	56 449
15	Female – Féminin	578 287	13 153	52 869	63 996	50 841	45 031	44 299	52 534	49 641
	Azerbaijan – Azerbaïdjan									
	Urban – Urbaine									
	12 I 1989(C) [1]									
16	Urban – Urbaine	3 805 885	86 454	349 050	395 196	342 739	349 244	353 651	389 837	332 734
17	Male – Masculin	1 867 911	44 610	179 605	203 382	176 353	193 100	174 085	187 138	161 842
18	Female – Féminin	1 937 974	41 844	169 445	191 814	166 386	156 144	179 566	202 699	170 892
	Rural – Rurale									
	12 I 1989(C) [1]									
19	Rural – Rurale	3 215 293	90 259	336 175	363 636	338 500	344 472	333 494	316 527	228 125
20	Male – Masculin	1 555 882	46 819	172 796	186 254	172 274	172 113	156 334	148 461	109 691
21	Female – Féminin	1 659 411	43 440	163 379	177 382	166 226	172 359	177 160	168 066	118 434
	Bangladesh									
	Urban – Urbaine									
	1 I 1988 [3]									
22	Urban – Urbaine	15 081 913	*— 1 6	01 736 —*	1 983 928	1 865 240	1 722 147	1 621 026	1 408 439	1 138 775
23	Male – Masculin	8 163 604	*—— 812	285 ——*	1 009 213	967 441	923 785	877 906	760 958	649 643
24	Female – Féminin	6 918 309	*—— 789	451 ——*	974 715	897 799	798 362	743 120	647 481	489 132
	Rural – Rurale									
	1 I 1988 [3]									
25	Rural – Rurale	89 640 975	*— 12 7	45 269 —*	14 699 213	11 360 422	8 242 301	7 471 314	6 812 133	5 390 763
26	Male – Masculin	45 677 770	*— 6 4	40 488 —*	7 445 808	5 947 701	4 186 065	3 505 436	3 370 386	2 641 037
27	Female – Féminin	43 963 205	*— 6 3	04 781 —*	7 253 405	5 412 721	4 056 236	3 965 878	3 441 747	2 749 726
	Brunei Darussalam – Brunéi Darussalam									
	Urban – Urbaine									
	7 VIII 1991(C)									
28	Urban – Urbaine	173 411	4 490	18 622	19 581	16 842	14 852	17 614	18 999	18 806
29	Male – Masculin	90 607	2 351	9 655	9 926	8 721	7 688	8 864	9 700	9 933
30	Female – Féminin	82 804	2 139	8 967	9 655	8 121	7 164	8 750	9 299	8 873

7. Population selon l'âge, le sexe et la résidence, urbaine/rurale: dernière année disponible, 1986 – 1995 (suite)

Données selon la résidence urbaine/rurale

(Voir notes à la fin du tableau.)

Age (en années)													
35 – 39	40 – 44	45 – 49	50 – 54	55 – 59	60 – 64	65 – 69	70 – 74	75 – 79	80 – 84	85 +	Unknown Inconnu	
632 757 ———*		113 189 *———		– 240 190 ———*		*———		137 708 ———*			–	1
345 877 ———*		61 493 *———		– 129 890 ———*		*———		74 128 ———*			–	2
286 880 ———*		51 696 *———		– 110 300 ———*		*———		63 580 ———*			–	3
129 270	*109 873*	*93 038*	*77 247*	*62 232*	*48 786*	*35 883*	*24 880*	*15 868*	*——— 18 952 ———*		–	4
65 984	*57 664*	*50 384*	*43 017*	*35 623*	*28 411*	*20 945*	*14 589*	*9 405*	*——— 11 371 ———*		–	5
63 286	*52 209*	*42 654*	*34 230*	*26 609*	*20 375*	*14 938*	*10 291*	*6 463*	*——— 7 581 ———*		–	6
633 938	*550 225*	*480 510*	*407 479*	*328 104*	*252 149*	*181 179*	*124 287*	*79 513*	*——— 94 573 ———*		–	7
298 593	*276 491*	*253 528*	*224 649*	*186 066*	*144 547*	*104 420*	*72 315*	*46 484*	*——— 57 257 ———*		–	8
335 345	*273 734*	*226 982*	*182 830*	*142 038*	*107 602*	*76 759*	*51 972*	*33 029*	*——— 37 316 ———*		–	9
202 329	156 593	89 884	124 317	107 606	103 014	74 791	32 675	26 119	15 454	13 287	–	10
90 862	72 151	41 769	57 822	49 389	47 681	33 017	12 131	9 282	5 193	5 054	–	11
111 467	84 442	48 115	66 495	58 217	55 333	41 774	20 544	16 837	10 261	8 233	–	12
75 000	46 573	26 509	49 879	55 879	56 269	35 848	12 350	11 039	11 272	4 527	–	13
38 901	23 449	12 091	23 256	26 472	26 679	15 433	4 194	3 639	3 803	1 305	–	14
36 099	23 124	14 418	26 623	29 407	29 590	20 415	8 156	7 400	7 469	3 222	–	15
249 973	154 545	153 510	190 774	149 953	125 844	63 034	45 691	39 647	20 668	13 289	52	16
122 168	75 223	74 564	91 161	70 750	54 582	22 296	14 541	12 731	6 057	3 701	22	17
127 805	79 322	78 946	99 613	79 203	71 262	40 738	31 150	26 916	14 611	9 588	30	18
139 180	77 765	103 229	165 015	135 795	91 187	45 235	30 664	30 753	19 287	25 950	45	19
66 827	36 834	48 786	78 684	66 425	42 456	17 347	10 011	10 610	6 112	7 028	20	20
72 353	40 931	54 443	86 331	69 370	48 731	27 888	20 653	20 143	13 175	18 922	25	21
874 210	*704 973*	*543 600*	*473 735*	*259 274*	*279 273*	*———		*344 459* ———*			261 098	22
492 984	*419 769*	*319 184*	*266 661*	*154 725*	*162 495*	*———		*212 600* ———*			133 955	23
381 226	*285 204*	*224 416*	*207 074*	*104 549*	*116 778*	*———		*131 859* ———*			127 143	24
4 865 614	*4 030 297*	*3 176 773*	*2 833 878*	*1 752 776*	*1 902 929*	*———		*2 672 056* ———*			1 685 237	25
2 508 658	*2 102 187*	*1 687 545*	*1 473 223*	*996 588*	*1 050 300*	*———		*1 466 321* ———*			856 027	26
2 356 956	*1 928 110*	*1 489 228*	*1 360 655*	*756 188*	*852 629*	*———		*1 205 735* ———*			829 210	27
14 989	9 892	5 429	4 146	2 992	2 081	1 536	1 065	693	451	297	34	28
8 253	5 692	3 066	2 205	1 453	1 085	769	558	324	202	141	21	29
6 736	4 200	2 363	1 941	1 539	996	767	507	369	249	156	13	30

7. Population by age, sex and urban/rural residence: latest available year, 1986 – 1995 (continued)

Data by urban/rural residence

(See notes at end of table.)

	Continent, country or area, sex, date and urban/rural residence — Continent, pays ou zone, sexe, date et résidence, urbaine/rurale	Age (in years)								
		All ages Tous âges	– 1	1 – 4	5 – 9	10 – 14	15 – 19	20 – 24	25 – 29	30 – 3[illegible]
	ASIA—ASIE (Cont.–Suite)									
	Brunei Darussalam – Brunéi Darussalam									
	Rural – Rurale									
	7 VIII 1991(C)									
1	Rural – Rurale	87 071	2 153	8 844	10 100	9 125	7 929	8 546	8 510	8 13[illegible]
2	Male – Masculin	47 009	1 104	4 610	5 221	4 710	4 100	4 492	4 872	4 67[illegible]
3	Female – Féminin	40 062	1 049	4 234	4 879	4 415	3 829	4 054	3 638	3 45[illegible]
	China – Chine									
	Urban – Urbaine									
	1 VII 1990(C) [15]									
4	Urban – Urbaine	296 145 180	4 615 488	19 250 054	21 503 238	20 748 791	28 856 986	33 626 175	32 424 436	27 392 42[illegible]
5	Male – Masculin	154 178 452	2 416 263	10 029 485	11 165 448	10 754 668	14 856 474	17 649 311	17 024 714	14 362 60[illegible]
6	Female – Féminin	141 966 728	2 199 225	9 220 569	10 337 790	9 994 123	14 000 512	15 976 864	15 399 722	13 029 82[illegible]
	Rural – Rurale									
	1 VII 1990(C) [15]									
7	Rural – Rurale	834 365 458	18 605 363	73 967 514	77 833 505	76 477 901	91 301 435	92 134 999	71 843 089	56 483 28[illegible]
8	Male – Masculin	427 641 955	9 838 642	38 764 740	40 465 427	39 428 925	46 794 115	46 583 712	36 488 269	29 343 52[illegible]
9	Female – Féminin	406 723 503	8 766 721	35 202 774	37 368 078	37 048 976	44 507 320	45 551 287	35 354 820	27 139 75[illegible]
	Cyprus – Chypre									
	Urban – Urbaine									
	1 X 1992(C) [1] [16]									
10	Urban – Urbaine	407 324	6 967	26 768	34 529	32 793	28 619	30 299	32 030	34 580
11	Male – Masculin	201 811	3 515	13 783	17 837	16 896	14 570	15 071	15 820	17 034
12	Female – Féminin	205 513	3 452	12 985	16 692	15 897	14 049	15 228	16 210	17 546
	Rural – Rurale									
	1 X 1992(C) [1] [16]									
13	Rural – Rurale	194 701	3 584	13 247	17 394	16 497	13 603	13 060	13 883	14 501
14	Male – Masculin	97 803	1 880	6 912	8 969	8 486	6 998	6 828	7 204	7 581
15	Female – Féminin	96 898	1 704	6 335	8 425	8 011	6 605	6 232	6 679	6 920
	Georgia – Géorgie									
	Urban – Urbaine									
	12 I 1989(C) [1]									
16	Urban – Urbaine	2 991 352	47 397	201 742	242 203	235 857	235 594	226 786	267 548	246 913
17	Male – Masculin	1 401 043	24 346	102 712	123 497	119 915	124 716	107 116	123 504	114 623
18	Female – Féminin	1 590 309	23 051	99 030	118 706	115 942	110 878	119 670	144 044	132 290
	Rural – Rurale									
	12 I 1989(C) [1]									
19	Rural – Rurale	2 409 489	41 814	174 709	198 522	196 230	183 673	186 938	200 097	169 934
20	Male – Masculin	1 160 997	21 591	89 354	100 852	100 060	93 011	96 257	102 667	86 665
21	Female – Féminin	1 248 492	20 223	85 355	97 670	96 170	90 662	90 681	97 430	83 269
	Hong Kong – Hong-kong									
	Urban – Urbaine									
	11 III 1986(C) [32]									
22	Urban – Urbaine	5 024 047	66 773	292 180	386 407	406 609	416 437	520 142	560 602	466 914
23	Male – Masculin	2 576 497	34 797	152 397	200 487	212 814	216 461	263 298	286 433	241 297
24	Female – Féminin	2 447 550	31 976	139 783	185 920	193 795	199 976	256 844	274 169	225 617
	Rural – Rurale									
	11 III 1986(C) [32]									
25	Rural – Rurale	371 950	6 974	27 571	29 653	30 780	34 887	41 393	41 015	29 297
26	Male – Masculin	195 967	3 570	14 316	15 348	15 909	18 440	21 890	21 952	16 563
27	Female – Féminin	175 983	3 404	13 255	14 305	14 871	16 447	19 503	19 063	12 734
	India – Inde [17]									
	Urban – Urbaine									
	1 VII 1993									
28	Urban – Urbaine	*232 203 000*	*— 26 8	38 000 —*	*— 48 8	24 000 —*	*———	74 165 000	———*	*———
29	Male – Masculin	*122 362 000*	*— 13 6	68 000 —*	*— 24 9	01 000 —*	*———	39 609 000	———*	*———
30	Female – Féminin	*109 841 000*	*— 13 1	70 000 —*	*— 23 9	23 000 —*	*———	34 556 000	———*	*———
	Rural – Rurale									
	1 VII 1993									
31	Rural – Rurale	*651 707 000*	*— 83 6	80 000 —*	*— 151 9	13 000 —*	*———	176 452 000	———*	*———
32	Male – Masculin	*336 795 000*	*— 43 4	28 000 —*	*— 79 1	05 000 —*	*———	91 692 000	———*	*———
33	Female – Féminin	*314 912 000*	*— 40 2	52 000 —*	*— 72 8	08 000 —*	*———	84 760 000	———*	*———

7. Population selon l'âge, le sexe et la résidence, urbaine/rurale: dernière année disponible, 1986 – 1995 (suite)

Données selon la résidence urbaine/rurale

(Voir notes à la fin du tableau.)

Age (en années)												
35 – 39	40 – 44	45 – 49	50 – 54	55 – 59	60 – 64	65 – 69	70 – 74	75 – 79	80 – 84	85 +	Unknown Inconnu	
6 661	4 657	3 173	2 608	2 110	1 506	1 109	709	512	347	275	67	1
3 831	2 608	1 830	1 399	1 058	841	622	407	282	158	139	52	2
2 830	2 049	1 343	1 209	1 052	665	487	302	230	189	136	15	3
25 515 820	18 231 757	14 097 567	13 730 554	12 019 860	9 016 687	6 398 023	4 193 313	2 599 269	1 300 849	623 887	–	4
13 306 934	9 747 985	7 449 972	7 203 762	6 441 112	4 788 101	3 221 607	1 975 563	1 119 433	478 547	186 469	–	5
12 208 886	8 483 772	6 647 595	6 526 792	5 578 748	4 228 586	3 176 416	2 217 750	1 479 836	822 302	437 418	–	6
60 835 992	45 475 907	34 990 374	31 889 005	29 689 475	24 959 567	19 934 497	13 857 267	8 334 655	4 051 841	1 699 791	–	7
31 261 913	23 587 992	18 405 928	16 906 593	15 398 825	12 693 847	9 695 878	6 368 641	3 569 671	1 515 407	529 901	–	8
29 574 079	21 887 915	16 584 446	14 982 412	14 290 650	12 265 720	10 238 619	7 488 626	4 764 984	2 536 434	1 169 890	–	9
30 944	29 337	26 789	20 666	17 740	15 254	13 085	9 993	7 600	5 338	3 131	862	10
15 314	14 455	13 385	10 298	8 763	7 067	6 085	4 611	3 310	2 241	1 259	497	11
15 630	14 882	13 404	10 368	8 977	8 187	7 000	5 382	4 290	3 097	1 872	365	12
13 264	11 887	10 356	9 065	8 681	8 549	8 102	6 689	5 711	4 100	2 298	230	13
7 010	6 067	5 219	4 301	3 958	3 792	3 777	3 140	2 674	1 834	1 042	131	14
6 254	5 820	5 137	4 764	4 723	4 757	4 325	3 549	3 037	2 266	1 256	99	15
224 009	162 309	170 417	189 777	155 434	153 026	82 416	63 476	48 143	24 975	13 330	–	16
105 166	76 591	78 557	88 310	70 979	64 672	28 718	20 378	15 791	7 670	3 782	–	17
118 843	85 718	91 860	101 467	84 455	88 354	53 698	43 098	32 352	17 305	9 548	–	18
138 377	98 719	126 157	155 851	148 430	144 429	78 178	59 900	52 634	31 003	23 894	–	19
69 342	48 071	60 442	75 566	69 815	65 546	28 910	19 086	17 159	9 962	6 641	–	20
69 035	50 648	65 715	80 285	78 615	78 883	49 268	40 814	35 475	21 041	17 253	–	21
384 328	228 060	241 192	252 490	230 944	194 593	148 694	111 755	61 208	34 839	19 880	–	22
202 972	125 188	130 669	135 429	119 707	96 873	70 952	49 686	23 016	9 933	4 088	–	23
181 356	102 872	110 523	117 061	111 237	97 720	77 742	62 069	38 192	24 906	15 792	–	24
21 042	13 972	14 843	16 709	16 627	15 021	11 903	8 473	5 766	3 709	2 315	–	25
12 165	7 741	8 360	8 912	8 800	7 892	6 146	3 974	2 268	1 232	489	–	26
8 877	6 231	6 483	7 797	7 827	7 129	5 757	4 499	3 498	2 477	1 826	–	27
44 206 00 0	———*	*———	*25 093 000*	———*	*———	———	*13 077 000*	———	———	———*	–	28
24 215 00 0	———*	*———	*13 472 000*	———*	*———	———	*6 497 000*	———	———	———*	–	29
19 991 00 0	———*	*———	*11 621 000*	———*	*———	———	*6 580 000*	———	———	———*	–	30
116 528 00 0	———*	*———	*76 572 000*	———*	*———	———	*46 562 000*	———	———	———*	–	31
59 310 00 0	———*	*———	*39 212 000*	———*	*———	———	*24 048 000*	———	———	———*	–	32
57 218 00 0	———*	*———	*37 360 000*	———*	*———	———	*22 514 000*	———	———	———*	–	33

7. Population by age, sex and urban/rural residence: latest available year, 1986 – 1995 (continued)

Data by urban/rural residence

(See notes at end of table.)

	Continent, country or area, sex, date and urban/rural residence Continent, pays ou zone, sexe, date et résidence, urbaine/rurale	All ages Tous âges	Age (in years) – 1	1 – 4	5 – 9	10 – 14	15 – 19	20 – 24	25 – 29	30 – 34
	ASIA—ASIE (Cont.–Suite)									
	Indonesia – Indonésie									
	Urban – Urbaine									
	31 X 1990(C)									
1	Urban – Urbaine	55 433 790	1 126 386	4 723 487	6 543 198	6 325 905	6 706 264	6 121 356	5 356 072	4 384 337
2	Male – Masculin	27 683 319	577 151	2 437 488	3 356 997	3 215 421	3 247 043	2 960 765	2 622 687	2 224 131
3	Female – Féminin	27 750 471	549 235	2 285 999	3 186 201	3 110 484	3 459 221	3 160 591	2 733 385	2 160 206
	Rural – Rurale									
	31 X 1990(C)									
4	Rural – Rurale	123 813 993	2 630 107	12 505 164	16 679 860	15 156 236	12 220 719	10 007 006	10 267 458	8 861 457
5	Male – Masculin	61 692 358	1 345 899	6 400 321	8 571 098	7 828 706	6 273 397	4 622 540	4 834 463	4 360 194
6	Female – Féminin	62 121 635	1 284 208	6 104 843	8 108 762	7 327 530	5 947 322	5 384 466	5 432 995	4 501 263
	Iran (Islamic Republic of – Rép. islamique d')									
	Urban – Urbaine									
	11 IX 1991(C) [1]									
7	Urban – Urbaine	31 836 598	774 899	3 537 221	5 037 727	4 112 463	3 155 352	2 902 788	2 561 194	2 261 847
8	Male – Masculin	16 435 244	395 884	1 801 956	2 571 127	2 122 918	1 624 828	1 451 469	1 289 544	1 163 090
9	Female – Féminin	15 401 354	379 015	1 735 265	2 466 600	1 989 545	1 530 524	1 451 319	1 271 650	1 098 757
	Rural – Rurale									
	11 IX 1991(C) [1]									
10	Rural – Rurale	24 000 565	688 635	3 140 530	3 997 731	3 434 668	2 753 551	2 044 472	1 444 084	1 242 373
11	Male – Masculin	12 333 206	354 101	1 604 350	2 041 022	1 778 540	1 432 781	1 068 843	722 949	616 842
12	Female – Féminin	11 667 359	334 534	1 536 180	1 956 709	1 656 128	1 320 770	975 629	721 135	625 531
	Iraq									
	Urban – Urbaine									
	1 VII 1988*									
13	Urban – Urbaine	12 589 533	*— 2 1	71 928 —*	1 833 903	1 597 719	1 445 315	1 183 485	966 002	742 075
14	Male – Masculin	6 528 691	*— 1 1	23 164 —*	946 963	833 855	755 855	618 380	504 240	387 659
15	Female – Féminin	6 060 842	*— 1 0	48 764 —*	886 940	763 864	689 460	565 105	461 762	354 416
	Rural – Rurale									
	1 VII 1988*									
16	Rural – Rurale	4 660 734	*—— 804	145 ——*	679 030	591 349	534 901	438 014	357 535	274 648
17	Male – Masculin	2 335 472	*—— 401	783 ——*	338 752	298 291	270 388	221 209	180 379	138 675
18	Female – Féminin	2 325 262	*—— 402	362 ——*	340 278	293 058	264 513	216 805	177 156	135 973
	Israel – Israël [18]									
	Urban – Urbaine									
	1 VII 1994 [1]									
19	Urban – Urbaine	4 843 800	*—— 488	600 ——*	474 700	453 400	439 400	410 400	354 800	330 500
20	Male – Masculin	2 390 900	*—— 250	500 ——*	243 100	232 400	224 300	207 300	178 400	165 700
21	Female – Féminin	2 453 000	*—— 238	100 ——*	231 600	221 000	215 100	203 100	176 400	164 800
	Rural – Rurale									
	1 VII 1994 [1]									
22	Rural – Rurale	555 600	*—— 65	900 ——*	64 100	59 900	61 200	48 300	38 200	35 100
23	Male – Masculin	285 100	*—— 33	900 ——*	33 000	31 500	32 500	25 400	20 400	17 600
24	Female – Féminin	270 600	*—— 32	000 ——*	31 100	28 400	28 700	22 900	17 800	17 500
	Japan – Japon									
	Urban – Urbaine									
	1 X 1990(C) [19]									
25	Urban – Urbaine	95 643 521	952 455	4 074 486	5 662 795	6 471 582	7 974 754	7 386 812	6 605 737	6 137 043
26	Male – Masculin	47 124 420	488 130	2 087 789	2 899 112	3 315 911	4 084 634	3 777 069	3 350 815	3 100 353
27	Female – Féminin	48 519 101	464 325	1 986 697	2 763 683	3 155 671	3 890 120	3 609 743	3 254 922	3 036 690
	Rural – Rurale									
	1 X 1990(C) [19]									
28	Rural – Rurale	27 967 646	261 230	1 204 726	1 803 762	2 055 203	2 032 333	1 413 309	1 464 976	1 650 642
29	Male – Masculin	13 572 304	132 955	617 165	922 721	1 053 969	1 037 581	691 130	727 654	825 000
30	Female – Féminin	14 395 342	128 275	587 561	881 041	1 001 234	994 752	722 179	737 322	825 642

7. Population selon l'âge, le sexe et la résidence, urbaine/rurale: dernière année disponible, 1986 – 1995 (suite)

Données selon la résidence urbaine/rurale

(Voir notes à la fin du tableau.)

Age (en années) 35 – 39	40 – 44	45 – 49	50 – 54	55 – 59	60 – 64	65 – 69	70 – 74	75 – 79	80 – 84	85 +	Unknown Inconnu	
3 470 726	2 382 695	2 171 867	1 872 772	1 331 452	1 192 000	726 966	502 517		*— 494 788 —*		1 002	1
1 827 088	1 210 507	1 093 186	926 387	628 226	576 049	346 850	227 823		*— 204 980 —*		540	2
1 643 638	1 172 188	1 078 681	946 385	703 226	615 951	380 116	274 694		*— 289 808 —*		462	3
7 713 491	5 698 940	5 393 797	4 814 814	3 500 245	3 334 451	2 022 758	1 526 509		*— 1 477 568 —*		3 413	4
3 961 353	2 799 747	2 630 736	2 362 803	1 693 395	1 643 020	982 312	718 053		*— 662 656 —*		1 665	5
3 752 138	2 899 193	2 763 061	2 452 011	1 806 850	1 691 431	1 040 446	808 456		*— 814 912 —*		1 748	6
1 846 018	1 268 676	957 759	893 314	790 129	676 239	469 305	251 664	103 687	74 537	123 249	38 530	7
968 812	667 714	502 928	478 600	436 232	371 316	269 934	139 486	55 736	36 772	61 857	25 041	8
877 206	600 962	454 831	414 714	353 897	304 923	199 371	112 178	47 951	37 765	61 392	13 489	9
1 020 651	768 801	620 224	677 308	652 800	627 151	415 772	213 503	82 306	65 244	90 926	19 835	10
493 526	359 745	295 371	342 999	357 051	352 002	244 080	124 954	47 707	36 575	48 652	11 116	11
527 125	409 056	324 853	334 309	295 749	275 149	171 692	88 549	34 599	28 669	42 274	8 719	12
607 499	*467 807*	*369 797*	*311 090*	*257 380*	*206 553*	*152 410*	*116 199*	*81 846*	*— 78 525 —*		–	13
317 875	*245 201*	*193 678*	*160 938*	*130 528*	*102 684*	*75 053*	*56 725*	*39 434*	*— 36 459 —*		–	14
289 624	*222 606*	*176 119*	*150 152*	*126 852*	*103 869*	*77 357*	*59 474*	*42 412*	*— 42 066 —*		–	15
224 827	*173 118*	*136 852*	*115 177*	*95 360*	*76 583*	*56 526*	*43 110*	*30 378*	*— 29 181 —*		–	16
113 712	*87 715*	*69 283*	*57 571*	*46 693*	*36 733*	*26 848*	*20 292*	*14 106*	*— 13 042 —*		–	17
111 115	*85 403*	*67 569*	*57 606*	*48 667*	*39 850*	*29 678*	*22 818*	*16 272*	*— 16 139 —*		–	18
321 600	313 400	266 700	172 900	*— 340 700 —*		*— 289 900 —*			*— 186 800 —*		–	19
158 500	153 700	129 500	83 500	*— 158 400 —*		*— 126 100 —*			*— 79 400 —*		–	20
163 100	159 700	137 200	89 400	*— 182 300 —*		*— 163 800 —*			*— 107 400 —*		–	21
36 200	37 000	28 700	17 900	*— 27 600 —*		*— 19 600 —*			*— 15 900 —*		–	22
17 800	19 100	14 800	9 300	*— 13 900 —*		*— 9 200 —*			*— 6 700 —*		–	23
18 400	17 900	13 900	8 600	*— 13 700 —*		*— 10 400 —*			*— 9 200 —*		–	24
6 961 340	8 383 246	7 178 650	6 306 784	5 827 428	4 896 676	3 638 132	2 701 052	2 127 596	1 275 715	764 265	316 973	25
3 490 840	4 183 693	3 562 134	3 124 678	2 863 655	2 353 862	1 564 885	1 101 552	845 794	471 554	241 350	216 610	26
3 470 500	4 199 553	3 616 516	3 182 106	2 963 773	2 542 814	2 073 247	1 599 500	1 281 802	804 161	522 915	100 363	27
2 042 440	2 275 044	1 839 362	1 781 602	1 897 460	1 848 338	1 465 444	1 116 482	890 617	557 143	358 149	9 384	28
1 033 989	1 166 292	920 164	872 570	919 712	882 687	629 898	458 420	351 663	206 831	115 690	6 213	29
1 008 451	1 108 752	919 198	909 032	977 748	965 651	835 546	658 062	538 954	350 312	242 459	3 171	30

7. Population by age, sex and urban/rural residence: latest available year, 1986 – 1995 (continued)

Data by urban/rural residence

(See notes at end of table.)

	Continent, country or area, sex, date and urban/rural residence Continent, pays ou zone, sexe, date et résidence, urbaine/rurale	All ages Tous âges	– 1	1 – 4	5 – 9	10 – 14	15 – 19	20 – 24	25 – 29	30 – 34
						Age (in years)				
	ASIA—ASIE (Cont.–Suite)									
	Jordan – Jordanie [20]									
	Urban – Urbaine									
	1 VII 1994 [21]									
1	Urban – Urbaine	*3 182 435*	*——— *467**	*740 ———**	*427 348*	*401 829*	*368 297*	*347 573*	*293 822*	*216 040*
2	Male – Masculin	*1 649 985*	*——— *239**	*848 ———**	*218 319*	*205 462*	*190 099*	*183 708*	*159 575*	*114 160*
3	Female – Féminin	*1 532 450*	*——— *227**	*892 ———**	*209 029*	*196 367*	*178 198*	*163 865*	*134 247*	*101 880*
	Rural – Rurale									
	1 VII 1994 [21]									
4	Rural – Rurale	*928 186*	*——— *148**	*308 ———**	*138 464*	*126 748*	*112 201*	*97 432*	*78 437*	*52 745*
5	Male – Masculin	*486 431*	*——— *76**	*001 ———**	*71 128*	*65 467*	*58 495*	*52 412*	*43 752*	*28 229*
6	Female – Féminin	*441 755*	*——— *72**	*307 ———**	*67 336*	*61 281*	*53 706*	*45 020*	*34 685*	*24 516*
	Kazakstan									
	Urban – Urbaine									
	1 I 1991									
7	Urban – Urbaine	9 605 740	176 872	786 310	908 155	814 548	818 837	789 070	857 287	890 268
8	Male – Masculin	4 576 954	90 966	401 069	459 163	410 856	392 204	399 302	421 720	437 084
9	Female – Féminin	5 028 786	85 906	385 241	448 992	403 692	426 633	389 768	435 567	453 184
	Rural – Rurale									
	1 I 1991									
10	Rural – Rurale	7 115 373	176 088	734 021	852 143	799 769	638 745	507 026	593 833	557 959
11	Male – Masculin	3 538 903	89 789	372 626	431 466	403 651	352 966	280 510	304 231	286 711
12	Female – Féminin	3 576 470	86 299	361 395	420 677	396 118	285 779	226 516	289 602	271 248
	Korea, Republic of– Corée, République de									
	Urban – Urbaine									
	1 XI 1990(C) [1 22]									
13	Urban – Urbaine	*32 290 055*	*525 106*	*2 110 746*	*2 952 988*	*2 922 187*	*3 319 367*	*3 350 927*	*3 502 855*	*3 404 627*
14	Male – Masculin	*16 189 140*	*277 803*	*1 111 060*	*1 534 322*	*1 517 936*	*1 686 335*	*1 646 025*	*1 720 176*	*1 724 949*
15	Female – Féminin	*16 100 915*	*247 303*	*999 686*	*1 418 666*	*1 404 251*	*1 633 032*	*1 704 902*	*1 782 679*	*1 679 678*
	Rural – Rurale									
	1 XI 1990(C) [1 22]									
16	Rural – Rurale	*11 100 319*	*107 296*	*536 642*	*909 520*	*1 069 730*	*1 129 629*	*1 045 382*	*830 645*	*803 087*
17	Male – Masculin	*5 581 779*	*57 026*	*280 974*	*464 679*	*536 558*	*580 794*	*648 265*	*440 736*	*417 876*
18	Female – Féminin	*5 518 540*	*50 270*	*255 668*	*444 841*	*533 172*	*548 835*	*397 117*	*389 909*	*385 211*
	Kyrgyzstan – Kirghizistan									
	Urban – Urbaine									
	1 I 1995*									
19	Urban – Urbaine	1 558 171	28 668	128 463	172 750	148 100	136 968	154 195	134 087	127 905
20	Male – Masculin	748 889	14 659	65 995	87 610	75 212	66 114	72 105	69 622	61 495
21	Female – Féminin	809 282	14 009	62 468	85 140	72 888	70 854	82 090	64 465	66 410
	Rural – Rurale									
	1 I 1995*									
22	Rural – Rurale	2 892 490	77 768	344 712	421 297	361 113	303 017	230 548	200 206	213 577
23	Male – Masculin	1 444 815	39 770	176 113	213 148	181 994	155 088	123 787	100 764	107 205
24	Female – Féminin	1 447 675	37 998	168 599	208 149	179 119	147 929	106 761	99 442	106 372
	Maldives									
	Urban – Urbaine									
	8 III 1990(C)									
25	Urban – Urbaine	55 130	1 308	5 748	7 263	6 528	8 381	6 518	4 968	3 542
26	Male – Masculin	30 150	642	2 935	3 693	3 422	4 722	3 687	2 770	1 950
27	Female – Féminin	24 980	666	2 813	3 570	3 106	3 659	2 831	2 198	1 592
	Rural – Rurale									
	8 III 1990(C)									
28	Rural – Rurale	158 085	6 851	25 523	27 271	19 476	13 705	12 905	10 506	8 360
29	Male – Masculin	79 186	3 491	13 062	13 857	10 011	6 237	5 562	4 962	3 954
30	Female – Féminin	78 899	3 360	12 461	13 414	9 465	7 468	7 343	5 544	4 406
	Mongolia – Mongolie									
	Urban – Urbaine									
	5 I 1989(C)									
31	Urban – Urbaine	1 165 900	*——— 173	600 ———*	146 700	136 800	136 300	118 100	112 600	85 800

7. Population selon l'âge, le sexe et la résidence, urbaine/rurale: dernière année disponible, 1986 – 1995 (suite)

Données selon la résidence urbaine/rurale

(Voir notes à la fin du tableau.)

Age (en années)												
35 – 39	40 – 44	45 – 49	50 – 54	55 – 59	60 – 64	65 – 69	70 – 74	75 – 79	80 – 84	85 +	Unknown Inconnu	
149 354	*110 135*	*101 702*	*90 993*	*72 587*	*52 911*	*33 449*	*22 250*	*10 945*	*7 467*	*5 559*	2 434	*1*
77 373	*56 328*	*50 070*	*48 689*	*38 290*	*27 344*	*17 847*	*10 132*	*5 554*	*3 190*	*2 584*	1 413	*2*
71 981	*53 807*	*51 632*	*42 304*	*34 297*	*25 567*	*15 602*	*12 118*	*5 391*	*4 277*	*2 975*	1 021	*3*
37 565	*30 106*	*24 817*	*22 999*	*18 465*	*14 806*	*8 641*	*7 291*	*3 526*	*2 764*	*1 980*	891	*4*
19 617	*16 034*	*12 418*	*12 299*	*9 608*	*7 713*	*4 861*	*3 455*	*1 936*	*1 412*	*1 131*	463	*5*
17 948	*14 072*	*12 399*	*10 700*	*8 857*	*7 093*	*3 780*	*3 836*	*1 590*	*1 352*	*849*	428	*6*
763 025	613 038	323 377	556 068	331 077	384 584	231 977	133 590	122 284	67 052	38 321	–	*7*
372 737	297 073	154 780	259 157	150 458	156 728	75 962	40 213	33 165	16 366	7 951	–	*8*
390 288	315 965	168 597	296 911	180 619	227 856	156 015	93 377	89 119	50 686	30 370	–	*9*
435 001	330 914	217 873	388 031	224 468	253 784	150 040	86 918	81 407	50 579	36 774	–	*10*
219 058	164 134	104 736	186 753	106 456	111 351	52 565	27 336	22 222	13 504	8 838	–	*11*
215 943	166 780	113 137	201 278	118 012	142 433	97 475	59 582	59 185	37 075	27 936	–	*12*
2 558 571	1 978 781	1 577 211	1 306 193	964 816	657 031	496 316	319 718	198 426	99 176	44 934	79	*13*
1 314 855	1 027 238	816 865	663 386	461 084	278 106	197 780	115 765	61 242	25 875	8 297	41	*14*
1 243 716	951 543	760 346	642 807	503 732	378 925	298 536	203 953	137 184	73 301	36 637	38	*15*
642 639	560 488	599 679	703 825	658 037	500 028	403 998	275 398	178 745	96 136	49 392	23	*16*
333 350	287 944	284 101	331 125	299 909	216 739	177 972	117 543	66 663	28 986	10 533	6	*17*
309 289	272 544	315 578	372 700	358 128	283 289	226 026	157 855	112 082	67 150	38 859	17	*18*
117 135	94 970	65 497	43 678	60 056	43 114	45 366	25 254	14 747	11 055	6 163	–	*19*
56 135	45 612	31 043	20 836	27 758	18 955	17 888	8 515	4 458	3 158	1 719	–	*20*
61 000	49 358	34 454	22 842	32 298	24 159	27 478	16 739	10 289	7 897	4 444	–	*21*
174 879	127 598	74 219	61 242	87 101	73 366	66 803	35 433	17 100	12 551	9 960	–	*22*
87 968	63 090	36 423	30 970	41 927	34 024	29 934	12 089	4 666	3 349	2 506	–	*23*
86 911	64 508	37 796	30 272	45 174	39 342	36 869	23 344	12 434	9 202	7 454	–	*24*
2 631	1 742	1 884	1 490	1 140	813	485	268	138	84	56	143	*25*
1 563	1 001	1 076	845	687	478	281	139	78	53	33	95	*26*
1 068	741	808	645	453	335	204	129	60	31	23	48	*27*
5 683	4 226	5 435	5 138	4 065	3 675	1 985	1 324	585	462	367	543	*28*
2 761	2 124	2 678	2 681	2 370	2 184	1 231	782	389	303	243	304	*29*
2 922	2 102	2 757	2 457	1 695	1 491	754	542	196	159	124	239	*30*
59 700	44 300	38 600	29 700	25 500	18 500	15 600	*——	24 100	——	——*	–	*31*

7. Population by age, sex and urban/rural residence: latest available year, 1986 – 1995 (continued)

Data by urban/rural residence

(See notes at end of table.)

	Continent, country or area, sex, date and urban/rural residence Continent, pays ou zone, sexe, date et résidence, urbaine/rurale	All ages Tous âges	– 1	1 – 4	5 – 9	10 – 14	15 – 19	20 – 24	25 – 29	30 – 3
		Age (in years)								
	ASIA—ASIE (Cont.–Suite)									
	Mongolia – Mongolie									
	Rural – Rurale									
	5 I 1989(C)									
1	Rural – Rurale	877 500	*—— 151	100 ——*	127 900	118 900	85 200	78 200	66 900	49 500
	Philippines									
	Urban – Urbaine									
	1 V 1990(C) [1]									
2	Urban – Urbaine	29 440 153	842 551	2 991 867	3 620 722	3 399 925	3 254 804	3 028 003	2 611 458	2 234 000
3	Male – Masculin	14 546 463	432 237	1 541 995	1 854 549	1 711 151	1 555 357	1 450 959	1 267 259	1 103 739
4	Female – Féminin	14 893 690	410 314	1 449 872	1 766 173	1 688 774	1 699 447	1 577 044	1 344 199	1 130 261
	Rural – Rurale									
	1 V 1990(C) [1]									
5	Rural – Rurale	31 118 963	974 719	3 657 836	4 440 286	4 065 807	3 385 847	2 740 322	2 333 793	1 967 026
6	Male – Masculin	15 896 724	497 404	1 870 880	2 270 860	2 088 257	1 765 504	1 415 248	1 192 004	1 007 052
7	Female – Féminin	15 222 239	477 315	1 786 956	2 169 426	1 977 550	1 620 343	1 325 074	1 141 789	959 974
	Syrian Arab Republic – République arabe syrienne									
	Urban – Urbaine									
	1 VII 1994 [1,25]									
8	Urban – Urbaine	7 112 000	249 000	1 011 000	1 187 000	960 000	698 000	553 000	441 000	402 000
9	Male – Masculin	3 702 000	129 000	524 000	617 000	502 000	366 000	285 000	225 000	210 000
10	Female – Féminin	3 410 000	120 000	487 000	570 000	458 000	332 000	268 000	216 000	192 000
	Rural – Rurale									
	1 VII 1994 [1,25]									
11	Rural – Rurale	6 732 000	257 000	1 091 000	1 174 000	884 000	625 000	460 000	335 000	307 000
12	Male – Masculin	3 369 000	131 000	555 000	602 000	465 000	306 000	239 000	146 000	131 000
13	Female – Féminin	3 363 000	126 000	536 000	572 000	419 000	319 000	221 000	189 000	176 000
	Tajikistan – Tadjikistan									
	Urban – Urbaine									
	1 VII 1991*									
14	Urban – Urbaine	1 678 641	47 840	184 753	206 975	169 277	164 816	159 863	137 928	130 442
15	Male – Masculin	822 094	24 588	93 828	104 532	85 284	86 020	85 905	66 330	62 615
16	Female – Féminin	856 547	23 252	90 925	102 443	83 993	78 796	73 958	71 598	67 827
	Rural – Rurale									
	1 VII 1991*									
17	Rural – Rurale	3 769 938	161 114	561 739	575 929	451 725	386 374	329 229	310 068	251 852
18	Male – Masculin	1 885 984	82 656	284 718	291 669	227 873	193 880	154 759	152 464	126 734
19	Female – Féminin	1 883 954	78 458	277 021	284 260	223 852	192 494	174 470	157 604	125 118
	Thailand – Thaïlande									
	Urban – Urbaine									
	1 IV 1990(C) [1]									
20	Urban – Urbaine	10 206 900	*—— 664	700 ——*	777 200	901 000	1 151 600	1 268 500	1 159 600	1 017 700
21	Male – Masculin	4 941 000	*—— 340	900 ——*	403 800	464 900	540 700	583 700	553 800	490 200
22	Female – Féminin	5 265 900	*—— 323	800 ——*	373 400	436 100	610 900	684 800	605 800	527 500
	Rural – Rurale									
	1 IV 1990(C) [1]									
23	Rural – Rurale	44 325 400	*— 3 8	01 900 —*	4 610 600	4 954 900	4 509 200	4 530 500	3 970 800	3 644 500
24	Male – Masculin	22 090 200	*— 1 9	59 500 —*	2 325 200	2 531 000	2 279 800	2 393 300	1 938 600	1 783 700
25	Female – Féminin	22 235 200	*— 1 8	42 400 —*	2 285 400	2 423 900	2 229 400	2 137 200	2 032 200	1 860 800
	Turkey – Turquie									
	Urban – Urbaine									
	21 X 1990(C)									
26	Urban – Urbaine	33 326 351	*———	7 097 583	———*	3 972 393	3 689 095	3 285 082	3 104 440	2 677 610
27	Male – Masculin	17 247 553	*———	3 646 919	———*	2 099 079	1 980 295	1 763 122	1 592 682	1 391 487
28	Female – Féminin	16 078 798	*———	3 450 664	———*	1 873 314	1 708 800	1 521 960	1 511 758	1 286 123
	Rural – Rurale									
	21 X 1990(C)									
29	Rural – Rurale	23 146 684	*———	5 756 370	———*	2 919 006	2 527 374	1 810 422	1 708 687	1 408 699
30	Male – Masculin	11 359 494	*———	2 946 745	———*	1 461 821	1 184 766	818 031	843 083	705 412
31	Female – Féminin	11 787 190	*———	2 809 625	———*	1 457 185	1 342 608	992 391	865 604	703 287

7. Population selon l'âge, le sexe et la résidence, urbaine/rurale: dernière année disponible, 1986 – 1995 (suite)

Données selon la résidence urbaine/rurale

(Voir notes à la fin du tableau.)

Age (en années)												
35 – 39	40 – 44	45 – 49	50 – 54	55 – 59	60 – 64	65 – 69	70 – 74	75 – 79	80 – 84	85 +	Unknown Inconnu	
32 600	26 100	29 700	25 700	24 700	17 700	15 900	*——— 27 400 ———*				–	1
1 839 870	1 442 630	1 082 001	921 215	684 758	533 380	372 989	256 677	179 540	88 302	55 461	–	2
919 281	724 979	538 312	450 337	328 875	252 211	166 602	113 278	76 700	36 442	22 200	–	3
920 589	717 651	543 689	470 878	355 883	281 169	206 387	143 399	102 840	51 860	33 261	–	4
1 661 751	1 311 213	1 139 487	984 613	754 645	594 501	434 631	308 662	206 104	96 521	61 199	–	5
849 251	664 876	575 033	494 500	376 771	294 797	210 175	151 703	99 980	44 563	27 866	–	6
812 500	646 337	564 454	490 113	377 874	299 704	224 456	156 959	106 124	51 958	33 333	–	7
375 000	*310 000*	*228 000*	*163 000*	*134 000*	*132 000*	*89 000*	*83 000*	*——— 97 000 ———*			–	8
201 000	*170 000*	*123 000*	*85 000*	*72 000*	*64 000*	*43 000*	*39 000*	*——— 47 000 ———*			–	9
174 000	*140 000*	*105 000*	*78 000*	*62 000*	*68 000*	*46 000*	*44 000*	*——— 50 000 ———*			–	10
324 000	*268 000*	*220 000*	*172 000*	*126 000*	*152 000*	*98 000*	*102 000*	*——— 137 000 ———*			–	11
149 000	*132 000*	*110 000*	*87 000*	*66 000*	*74 000*	*52 000*	*53 000*	*——— 71 000 ———*			–	12
175 000	*136 000*	*110 000*	*85 000*	*60 000*	*78 000*	*46 000*	*49 000*	*——— 66 000 ———*			–	13
102 576	78 331	44 912	69 164	52 014	48 959	32 671	18 991	15 355	8 389	5 385	–	14
49 234	37 274	22 382	32 564	23 996	21 214	11 581	6 001	4 643	2 514	1 589	–	15
53 342	41 057	22 530	36 600	28 018	27 745	21 090	12 990	10 712	5 875	3 796	–	16
163 491	107 800	70 091	99 240	90 706	80 521	49 509	30 131	20 910	13 957	15 552	–	17
82 512	54 941	39 848	52 142	45 194	41 348	22 147	11 702	8 785	5 914	6 698	–	18
80 979	52 859	30 243	47 098	45 512	39 173	27 362	18 429	12 125	8 043	8 854	–	19
818 400	610 300	467 600	413 700	309 300	243 400	149 600	111 900	68 400	*—— 74 000 ——*		–	20
395 100	299 600	225 300	206 500	150 700	112 600	68 800	48 100	29 500	*—— 26 800 ——*		–	21
423 300	310 700	242 300	207 200	158 600	130 800	80 800	63 800	38 900	*—— 47 200 ——*		–	22
3 016 200	2 434 500	2 070 600	1 858 200	1 595 900	1 235 100	828 400	553 700	357 800	*—— 352 600 ——*		–	23
1 474 400	1 195 900	1 010 500	894 100	762 300	601 000	392 500	254 000	153 800	*—— 140 600 ——*		–	24
1 541 800	1 238 600	1 060 100	964 100	833 600	634 100	435 900	299 700	204 000	*—— 212 000 ——*		–	25
2 274 882	1 756 242	1 303 615	1 111 583	1 009 056	823 497	*——— 1 193 932 ———*					27 341	26
1 183 398	920 971	677 912	550 854	516 623	388 269	*——— 518 630 ———*					17 312	27
1 091 484	835 271	625 703	560 729	492 433	435 228	*——— 675 302 ———*					10 029	28
1 215 182	1 032 182	897 544	907 385	931 465	791 796	*——— 1 223 431 ———*					17 141	29
600 723	497 813	433 201	429 261	476 779	380 278	*——— 572 512 ———*					9 069	30
614 459	534 369	464 343	478 124	454 686	411 518	*——— 650 919 ———*					8 072	31

7. Population by age, sex and urban/rural residence: latest available year, 1986 – 1995 (continued)

Data by urban/rural residence

(See notes at end of table.)

	Continent, country or area, sex, date and urban/rural residence — Continent, pays ou zone, sexe, date et résidence, urbaine/rurale	All ages Tous âges	Age (in years) -1	1–4	5–9	10–14	15–19	20–24	25–29	30–34
	ASIA—ASIE (Cont.–Suite)									
	Turkmenistan – Turkménistan									
	Urban – Urbaine 12 I 1989(C) [1]									
1	Urban – Urbaine	1 591 148	*—— 220 066 ——*		187 070	165 896	158 492	148 152	150 257	127 553
2	Male – Masculin	783 245	*—— 111 834 ——*		94 746	83 937	84 163	75 738	74 127	62 601
3	Female – Féminin	807 903	*—— 108 232 ——*		92 324	81 959	74 329	72 414	76 130	64 952
	Rural – Rurale 12 I 1989(C) [1]									
4	Rural – Rurale	1 931 569	*—— 339 575 ——*		274 898	240 900	207 798	178 485	171 482	124 988
5	Male – Masculin	951 934	*—— 171 717 ——*		138 510	120 678	103 723	85 595	83 636	61 335
6	Female – Féminin	979 635	*—— 167 858 ——*		136 388	120 222	104 075	92 890	87 846	63 653
	Uzbekistan – Ouzbékistan									
	Urban – Urbaine 12 I 1989(C) [1]									
7	Urban – Urbaine	8 040 963	224 226	867 161	908 443	803 514	811 727	754 538	745 251	628 983
8	Male – Masculin	3 937 149	114 568	439 544	460 228	406 329	416 155	388 807	371 552	310 444
9	Female – Féminin	4 103 814	109 658	427 617	448 215	397 185	395 572	365 731	373 699	318 539
	Rural – Rurale 12 I 1989(C) [1]									
10	Rural – Rurale	11 769 114	445 071	1 679 951	1 702 597	1 452 239	1 193 012	1 077 924	1 040 159	763 680
11	Male – Masculin	5 847 007	226 535	850 409	858 690	731 908	586 947	521 911	519 200	385 701
12	Female – Féminin	5 922 107	218 536	829 542	843 907	720 331	606 065	556 013	520 959	377 979
	Viet Nam									
	Urban – Urbaine 31 XII 1992									
13	Urban – Urbaine	*13 485 405*	*380 372*	*1 476 562*	*1 850 121*	*1 619 359*	*1 437 113*	*1 233 318*	*1 132 681*	*978 248*
14	Male – Masculin	*6 510 756*	*198 134*	*796 303*	*946 795*	*831 098*	*700 936*	*545 113*	*552 042*	*455 218*
15	Female – Féminin	*6 974 649*	*182 238*	*680 259*	*903 326*	*788 261*	*736 177*	*688 205*	*580 639*	*523 030*
	Rural – Rurale 31 XII 1992									
16	Rural – Rurale	*55 689 675*	*1 621 163*	*5 957 470*	*7 567 616*	*6 886 997*	*6 112 173*	*5 127 668*	*4 252 994*	*4 156 729*
17	Male – Masculin	*26 802 222*	*822 649*	*3 108 925*	*3 898 934*	*3 581 712*	*3 024 519*	*2 357 479*	*1 734 269*	*1 972 665*
18	Female – Féminin	*28 887 453*	*798 514*	*2 848 545*	*3 668 682*	*3 305 285*	*3 087 654*	*2 770 189*	*2 518 725*	*2 184 064*
	Yemen – Yémen									
	Urban – Urbaine 1 VII 1993									
19	Urban – Urbaine	*3 091 990*	*—— *502 460* ——*		*473 510*	*458 070*	*419 080*	*309 360*	*186 820*	*159 020*
20	Male – Masculin	*1 705 720*	*—— *259 810* ——*		*237 210*	*244 960*	*260 730*	*192 150*	*107 580*	*85 660*
21	Female – Féminin	*1 386 270*	*—— *242 650* ——*		*236 300*	*213 110*	*158 350*	*117 210*	*79 240*	*73 360*
	Rural – Rurale 1 VII 1993									
22	Rural – Rurale	*9 209 980*	*— *1 897 090* —*		*1 698 980*	*1 347 120*	*871 160*	*616 930*	*480 000*	*432 860*
23	Male – Masculin	*4 399 220*	*—— *966 470* ——*		*862 210*	*693 940*	*422 730*	*274 650*	*198 630*	*168 180*
24	Female – Féminin	*4 810 760*	*—— *930 620* ——*		*836 770*	*653 180*	*448 430*	*342 280*	*281 370*	*264 680*
	EUROPE									
	Andorra – Andorre									
	Urban – Urbaine 1 VII 1991									
25	Urban – Urbaine	54 285	241	2 193	2 986	3 396	3 916	4 961	6 249	5 927
26	Male – Masculin	28 866	123	1 150	1 533	1 750	2 049	2 630	3 385	3 279
27	Female – Féminin	25 419	118	1 043	1 453	1 646	1 867	2 331	2 864	2 648
	Rural – Rurale 1 VII 1991									
28	Rural – Rurale	3 273	21	113	151	188	172	228	355	338
29	Male – Masculin	1 841	13	61	85	90	90	128	204	198
30	Female – Féminin	1 432	8	52	66	98	82	100	151	140

7. Population selon l'âge, le sexe et la résidence, urbaine/rurale: dernière année disponible, 1986 – 1995 (suite)

Données selon la résidence urbaine/rurale

(Voir notes à la fin du tableau.)

Age (en années)												
35 – 39	40 – 44	45 – 49	50 – 54	55 – 59	60 – 64	65 – 69	70 – 74	75 – 79	80 – 84	85 +	Unknown Inconnu	
101 113	58 471	56 499	60 551	47 580	43 417	24 442	17 720	14 115	6 364	3 390	–	1
49 445	28 821	27 761	29 259	21 927	17 874	8 385	5 479	4 375	1 843	930	–	2
51 668	29 650	28 738	31 292	25 653	25 543	16 057	12 241	9 740	4 521	2 460	–	3
84 193	47 632	52 068	53 535	49 660	40 655	23 932	16 101	12 920	6 657	6 090	–	4
41 216	23 729	26 369	27 132	24 421	19 040	9 149	5 956	5 091	2 552	2 085	–	5
42 977	23 903	25 699	26 403	25 239	21 615	14 783	10 145	7 829	4 105	4 005	–	6
498 389	300 712	302 174	315 878	258 356	237 217	131 050	98 663	81 929	44 706	27 836	210	7
244 560	147 409	148 068	150 881	118 719	96 784	44 056	30 306	25 468	14 199	8 978	94	8
253 829	153 303	154 106	164 997	139 637	140 433	86 994	68 357	56 461	30 507	18 858	116	9
514 980	271 663	323 357	335 172	303 002	246 476	138 579	85 566	83 805	55 750	55 980	151	10
259 042	138 957	169 605	171 838	146 947	118 877	53 101	29 762	32 513	23 237	21 750	77	11
255 938	132 706	153 752	163 334	156 055	127 599	85 478	55 804	51 292	32 513	34 230	74	12
690 239	*466 578*	*414 748*	*410 614*	*392 739*	*340 055*	*266 498*	*174 183*	*122 944*	*63 082*	*35 951*	–	13
315 472	*212 297*	*183 127*	*180 576*	*181 080*	*152 727*	*112 991*	*70 182*	*45 891*	*20 499*	*10 275*	–	14
374 767	*254 281*	*231 621*	*230 038*	*211 659*	*187 328*	*153 507*	*104 001*	*77 053*	*42 583*	*25 676*	–	15
2 936 766	*1 985 865*	*1 765 509*	*1 534 328*	*1 519 649*	*1 436 829*	*1 134 911*	*742 724*	*524 885*	*270 372*	*155 027*	–	16
1 374 444	*932 772*	*807 901*	*681 667*	*646 581*	*669 050*	*498 964*	*315 701*	*211 716*	*103 018*	*59 256*	–	17
1 562 322	*1 053 093*	*957 608*	*852 661*	*873 068*	*767 779*	*635 947*	*427 023*	*313 169*	*167 354*	*95 771*	–	18
143 900	*115 220*	*93 810*	*64 500*	*58 140*	*35 760*	*30 130*	*16 680*	*————	– *25 530*	————*	–	19
76 040	*64 100*	*52 610*	*34 650*	*32 910*	*19 130*	*16 000*	*8 980*	*————	– *13 200*	————*	–	20
67 860	*51 120*	*41 200*	*29 850*	*25 230*	*16 630*	*14 130*	*7 700*	*————	– *12 330*	————*	–	21
373 900	*332 930*	*264 670*	*233 030*	*207 470*	*153 140*	*115 870*	*77 170*	*————	– *107 660*	————*	–	22
144 150	*134 190*	*114 060*	*104 660*	*101 430*	*74 100*	*54 170*	*36 340*	*————	– *49 310*	————*	–	23
229 750	*198 740*	*150 610*	*128 370*	*106 040*	*79 040*	*61 700*	*40 830*	*————	– *58 350*	————*	–	24
4 897	4 034	3 308	2 442	2 399	2 163	1 852	1 314	960	603	422	22	25
2 701	2 207	1 788	1 292	1 248	1 147	935	665	484	305	181	14	26
2 196	1 827	1 520	1 150	1 151	1 016	917	649	476	298	241	8	27
260	269	217	161	177	188	153	127	73	49	29	4	28
146	164	112	92	112	96	87	79	40	25	17	2	29
114	105	105	69	65	92	66	48	33	24	12	2	30

7. Population by age, sex and urban/rural residence: latest available year, 1986 – 1995 (continued)

Data by urban/rural residence

(See notes at end of table.)

	Continent, country or area, sex, date and urban/rural residence Continent, pays ou zone, sexe, date et résidence, urbaine/rurale	All ages Tous âges	Age (in years) – 1	1 – 4	5 – 9	10 – 14	15 – 19	20 – 24	25 – 29	30 – 34
	EUROPE (Cont.–Suite)									
	Austria – Autriche									
	Urban – Urbaine									
	15 V 1991(C) [1]									
1	Urban – Urbaine	5 032 189	55 643	216 195	269 646	255 606	296 392	416 665	456 351	403 786
2	Male – Masculin	2 386 002	28 716	111 343	138 469	131 971	151 093	209 291	231 995	203 961
3	Female – Féminin	2 646 187	26 927	104 852	131 177	123 635	145 299	207 374	224 356	199 825
	Rural – Rurale									
	15 V 1991(C) [1]									
4	Rural – Rurale	2 763 597	36 043	145 401	192 089	186 183	206 057	231 834	242 428	220 729
5	Male – Masculin	1 367 987	18 540	74 257	98 104	96 043	105 782	121 781	127 101	115 613
6	Female – Féminin	1 395 610	17 503	71 144	93 985	90 140	100 275	110 053	115 327	105 116
	Belarus – Bélarus									
	Urban – Urbaine									
	1 VII 1993* [1]									
7	Urban – Urbaine	7 012 551	85 312	415 778	600 007	567 017	535 563	530 573	543 244	663 382
8	Male – Masculin	3 323 361	43 884	214 388	306 264	288 492	264 936	260 191	263 770	321 872
9	Female – Féminin	3 689 190	41 428	201 390	293 743	278 525	270 627	270 382	279 474	341 510
	Rural – Rurale									
	1 VII 1993* [1]									
10	Rural – Rurale	3 296 058	36 671	164 893	241 495	218 624	198 245	162 511	184 491	212 589
11	Male – Masculin	1 519 552	18 754	84 277	122 625	110 607	104 900	85 913	97 789	117 380
12	Female – Féminin	1 776 506	17 917	80 616	118 870	108 017	93 345	76 598	86 702	95 209
	Bulgaria – Bulgarie									
	Urban – Urbaine									
	31 XII 1993									
13	Urban – Urbaine	5 720 519	57 300	256 635	378 005	413 089	488 154	430 725	387 585	415 484
14	Male – Masculin	2 796 113	29 509	131 663	193 143	211 805	247 159	215 097	192 226	203 126
15	Female – Féminin	2 924 406	27 791	124 972	184 862	201 284	240 995	215 628	195 359	212 358
	Rural – Rurale									
	31 XII 1993									
16	Rural – Rurale	2 739 244	25 790	120 517	157 721	164 220	152 119	162 096	150 780	147 433
17	Male – Masculin	1 355 525	13 204	62 041	81 268	85 207	80 238	87 142	80 325	79 755
18	Female – Féminin	1 383 719	12 586	58 476	76 453	79 013	71 881	74 954	70 455	67 678
	Croatia – Croatie									
	Urban – Urbaine									
	31 III 1991(C) [1]									
19	Urban – Urbaine	2 597 205	28 887	120 304	174 784	189 361	179 686	172 678	187 086	208 692
20	Male – Masculin	1 244 466	14 814	61 964	89 664	96 736	91 377	85 213	90 089	99 609
21	Female – Féminin	1 352 739	14 073	58 340	85 120	92 625	88 309	87 465	96 997	109 083
	Rural – Rurale									
	31 III 1991(C) [1]									
22	Rural – Rurale	2 187 060	25 572	105 293	139 913	142 065	146 604	147 544	155 302	157 264
23	Male – Masculin	1 074 157	13 101	53 709	71 719	72 782	75 532	77 400	82 651	85 689
24	Female – Féminin	1 112 903	12 471	51 584	68 194	69 283	71 072	70 144	72 651	71 575
	Czech Republic – Rép. tchèque									
	Urban – Urbaine									
	31 XII 1994 [1]									
25	Urban – Urbaine	7 720 461	77 980	372 007	487 231	520 236	660 424	613 536	520 298	511 848
26	Male – Masculin	3 731 186	39 998	190 815	249 289	266 441	336 662	310 271	262 236	258 550
27	Female – Féminin	3 989 275	37 982	181 192	237 942	253 795	323 762	303 265	258 062	253 298
	Rural – Rurale									
	31 XII 1994 [1]									
28	Rural – Rurale	2 612 700	27 924	124 326	160 073	178 247	227 626	207 173	161 772	158 700
29	Male – Masculin	1 289 278	14 314	64 023	81 951	91 330	116 716	109 510	86 050	83 151
30	Female – Féminin	1 323 422	13 610	60 303	78 122	86 917	110 910	97 663	75 722	75 549
	Estonia – Estonie									
	Urban – Urbaine									
	1 VII 1993									
31	Urban – Urbaine	1 068 133	10 277	53 986	77 561	74 516	73 387	77 629	71 378	80 433
32	Male – Masculin	492 432	5 340	27 700	39 508	37 839	37 089	40 411	35 753	38 901
33	Female – Féminin	575 701	4 937	26 286	38 053	36 677	36 298	37 218	35 625	41 532

7. Population selon l'âge, le sexe et la résidence, urbaine/rurale: dernière année disponible, 1986 – 1995 (suite)

Données selon la résidence urbaine/rurale

(Voir notes à la fin du tableau.)

Age (en années)												
35 – 39	40 – 44	45 – 49	50 – 54	55 – 59	60 – 64	65 – 69	70 – 74	75 – 79	80 – 84	85 +	Unknown Inconnu	
343 091	357 589	340 319	322 977	236 975	255 270	263 309	171 325	168 145	124 773	78 132	–	1
170 197	178 014	168 687	159 947	113 971	116 326	99 282	60 917	55 842	36 849	19 131	–	2
172 894	179 575	171 632	163 030	123 004	138 944	164 027	110 408	112 303	87 924	59 001	–	3
186 072	171 823	138 312	162 660	140 192	142 540	129 317	78 198	73 894	50 745	29 080	–	4
97 390	90 121	70 921	81 912	69 228	68 770	52 046	29 318	26 085	16 625	8 350	–	5
88 682	81 702	67 391	80 748	70 964	73 770	77 271	48 880	47 809	34 120	20 730	–	6
627 192	552 775	351 564	361 299	343 109	290 076	242 390	129 711	77 014	58 687	37 858	–	7
302 150	264 638	169 320	169 813	154 452	122 428	90 520	41 526	22 280	14 533	7 904	–	8
325 042	288 137	182 244	191 486	188 657	167 648	151 870	88 185	54 734	44 154	29 954	–	9
190 016	162 212	125 550	191 544	257 055	300 757	250 976	152 421	95 316	91 617	59 075	–	10
103 877	86 846	61 501	87 457	112 999	127 670	87 659	46 697	24 877	23 101	14 623	–	11
86 139	75 366	64 049	104 087	144 056	173 087	163 317	105 724	70 439	68 516	44 452	–	12
440 365	464 935	422 619	329 992	314 828	298 109	259 706	185 901	82 789	*—— 94 298 ——*		–	13
213 372	226 624	206 487	161 239	151 755	141 166	119 524	81 635	34 565	*—— 36 018 ——*		–	14
226 993	238 311	216 132	168 753	163 073	156 943	140 182	104 266	48 224	*—— 58 280 ——*		–	15
145 191	152 226	159 089	165 172	201 756	223 698	225 868	186 635	92 600	*—— 106 333 ——*		–	16
77 521	78 696	79 573	79 826	96 466	106 648	102 950	81 640	39 959	*—— 43 066 ——*		–	17
67 670	73 530	79 516	85 346	105 290	117 050	122 918	104 995	52 641	*—— 63 267 ——*		–	18
221 888	207 577	154 013	166 076	159 143	134 945	104 968	55 502	48 393	31 567	15 409	36 246	19
108 272	101 383	74 882	82 151	77 730	61 164	40 391	20 609	17 016	10 057	4 101	17 244	20
113 616	106 194	79 131	83 925	81 413	73 781	64 577	34 893	31 377	21 510	11 308	19 002	21
153 203	137 889	105 836	138 351	152 259	144 003	114 498	64 174	61 249	41 662	18 618	35 761	22
83 931	75 245	54 582	67 912	71 453	65 283	42 887	22 965	21 501	14 161	5 551	16 103	23
69 272	62 644	51 254	70 439	80 806	78 720	71 611	41 209	39 748	27 501	13 067	19 658	24
539 725	616 529	612 608	492 390	360 222	367 831	345 345	300 860	124 689	128 475	68 227	–	25
269 097	305 232	299 744	239 171	170 809	167 428	147 163	116 570	44 034	40 311	17 365	–	26
270 628	311 297	312 864	253 219	189 413	200 403	198 182	184 290	80 655	88 164	50 862	–	27
174 833	196 882	195 200	151 756	124 402	135 150	132 322	116 751	51 169	56 685	31 709	–	28
91 803	102 451	101 719	76 344	59 393	62 415	56 440	45 518	18 903	18 734	8 505	8	29
83 030	94 431	93 481	75 412	65 009	72 735	75 882	71 233	32 266	37 951	23 196	–	30
82 361	79 399	62 287	68 497	65 677	62 406	51 891	31 314	19 890	15 546	9 698	–	31
39 135	37 052	28 407	30 693	28 497	25 952	18 695	9 870	5 877	3 803	1 910	–	32
43 226	42 347	33 880	37 804	37 180	36 454	33 196	21 444	14 013	11 743	7 788	–	33

7. Population by age, sex and urban/rural residence: latest available year, 1986 – 1995 (continued)

Data by urban/rural residence

(See notes at end of table.)

	Continent, country or area, sex, date and urban/rural residence Continent, pays ou zone, sexe, date et résidence, urbaine/rurale	All ages Tous âges	Age (in years) -1	1-4	5-9	10-14	15-19	20-24	25-29	30-34
	EUROPE (Cont.–Suite)									
	Estonia – Estonie									
	Rural – Rurale									
	1 VII 1993									
1	Rural – Rurale	448 595	5 977	28 894	37 495	34 637	32 556	31 500	29 769	32 175
2	Male – Masculin	216 006	3 045	14 790	18 988	17 685	16 806	16 707	15 557	17 042
3	Female – Féminin	232 589	2 932	14 104	18 507	16 952	15 750	14 793	14 212	15 133
	Finland – Finlande									
	Urban – Urbaine									
	1 VII 1994 [1]									
4	Urban – Urbaine	3 266 117	42 238	164 374	189 422	197 357	202 476	209 747	257 357	255 376
5	Male – Masculin	1 560 508	21 480	83 811	96 737	100 659	102 314	104 215	129 512	129 547
6	Female – Féminin	1 705 609	20 759	80 565	92 690	96 702	100 166	105 537	127 848	125 834
	Rural – Rurale									
	1 VII 1994 [1]									
7	Rural – Rurale	1 822 216	22 487	97 971	125 357	132 275	124 271	95 046	105 748	126 780
8	Male – Masculin	915 415	11 432	50 069	64 118	67 958	64 665	51 574	55 709	65 846
9	Female – Féminin	906 802	11 056	47 904	61 243	64 320	59 607	43 474	50 041	60 939
	France									
	Urban – Urbaine									
	5 III 1990(C) [27]									
10	Urban – Urbaine	41 923 233	93 616	2 285 183	2 818 563	2 745 971	3 111 599	3 391 708	3 385 448	3 206 024
11	Male – Masculin	20 194 431	47 685	1 171 702	1 441 222	1 407 888	1 579 953	1 688 377	1 682 098	1 582 390
12	Female – Féminin	21 728 802	45 931	1 113 481	1 377 341	1 338 083	1 531 646	1 703 331	1 703 350	1 623 634
	Rural – Rurale									
	5 III 1990(C) [27]									
13	Rural – Rurale	14 711 066	26 892	737 663	1 042 763	1 039 430	1 108 832	877 824	914 111	1 070 707
14	Male – Masculin	7 359 357	14 151	382 504	528 919	533 627	574 056	477 193	460 621	541 665
15	Female – Féminin	7 351 709	12 741	355 159	513 844	505 803	534 776	400 631	453 490	529 042
	Greece – Grèce									
	Urban – Urbaine									
	17 III 1991(C) [33]									
16	Urban – Urbaine	6 038 981	77 191	255 859	397 632	455 237	464 251	501 987	452 956	460 915
17	Male – Masculin	2 914 404	39 600	131 529	204 227	233 335	234 198	244 794	217 333	219 326
18	Female – Féminin	3 124 577	37 591	124 330	193 405	221 902	230 053	257 193	235 623	241 589
	Rural – Rurale									
	17 III 1991(C) [33]									
19	Rural – Rurale	4 220 919	48 629	175 308	265 802	299 209	302 354	289 425	268 795	268 025
20	Male – Masculin	2 141 004	24 840	90 174	136 851	154 385	160 449	155 027	142 020	141 837
21	Female – Féminin	2 079 915	23 789	85 134	128 951	144 824	141 905	134 398	126 775	126 188
	Hungary – Hongrie									
	Urban – Urbaine									
	1 VII 1994									
22	Urban – Urbaine	6 492 931	69 672	298 367	375 220	423 817	583 135	484 839	429 690	386 887
23	Male – Masculin	3 071 972	35 715	152 804	191 637	216 212	296 598	244 542	215 555	190 023
24	Female – Féminin	3 420 959	33 957	145 563	183 583	207 605	286 537	240 297	214 135	196 864

7. Population selon l'âge, le sexe et la résidence, urbaine/rurale: dernière année disponible, 1986 – 1995 (suite)

Données selon la résidence urbaine/rurale

(Voir notes à la fin du tableau.)

Age (en années)												
35 – 39	40 – 44	45 – 49	50 – 54	55 – 59	60 – 64	65 – 69	70 – 74	75 – 79	80 – 84	85 +	Unknown Inconnu	
29 837	27 501	23 169	25 332	24 045	23 213	20 218	15 139	11 129	10 067	5 942	–	1
15 741	14 322	11 844	12 693	11 405	10 042	7 405	4 641	3 174	2 698	1 421	–	2
14 096	13 179	11 325	12 639	12 640	13 171	12 813	10 498	7 955	7 369	4 521	–	3
251 837	265 446	275 865	189 940	168 938	153 146	143 252	116 766	82 829	61 029	38 698	–	4
126 469	131 948	136 949	92 754	80 271	69 527	59 930	42 221	26 492	17 065	8 632	–	5
125 372	133 502	138 921	97 189	88 670	83 620	83 323	74 548	56 341	43 969	30 070	–	6
139 227	147 705	144 597	100 847	97 493	92 058	88 758	72 045	49 772	36 331	23 424	–	7
72 877	78 953	77 217	52 626	49 994	45 928	41 653	29 075	17 680	11 636	6 425	–	8
66 354	68 757	67 384	48 226	47 503	46 134	47 108	42 974	32 095	24 699	17 004	–	9
3 147 292	3 230 068	2 251 866	2 148 077	2 184 924	2 060 655	1 889 968	1 138 866	1 181 640	917 813	733 952	–	10
1 545 192	1 610 925	1 128 379	1 063 144	1 055 509	953 282	823 255	473 025	446 859	305 356	188 190	–	11
1 602 100	1 619 143	1 123 487	1 084 933	1 129 415	1 107 373	1 066 713	665 841	734 781	612 457	545 762	–	12
1 135 276	1 129 335	708 861	726 927	828 182	878 633	828 242	453 616	504 963	398 481	300 328	–	13
591 982	599 759	369 188	371 106	413 426	434 643	399 008	210 470	214 422	152 585	90 032	–	14
543 294	529 576	339 673	355 821	414 756	443 990	429 234	243 146	290 541	245 896	210 296	–	15
431 655	422 434	334 355	371 246	354 844	343 755	238 586	180 369	147 352	92 013	56 344	–	16
209 719	206 416	163 966	177 913	171 918	158 297	105 887	75 400	62 021	37 362	21 163	–	17
221 936	216 018	170 389	193 333	182 926	185 458	132 699	104 969	85 331	54 651	35 181	–	18
249 661	250 817	225 608	286 069	300 420	301 109	215 269	163 654	148 800	100 044	61 921	–	19
132 359	130 033	114 623	141 342	150 698	150 196	104 261	75 227	67 382	44 074	25 226	–	20
117 302	120 784	110 985	144 727	149 722	150 913	111 008	88 427	81 418	55 970	36 695	–	21
499 286	529 882	457 310	408 621	341 490	332 370	303 854	257 198	124 755	121 849	64 689	–	22
241 217	253 761	218 091	192 182	152 485	146 531	125 362	97 330	44 473	39 711	17 743	–	23
258 069	276 121	239 219	216 439	189 005	185 839	178 492	159 868	80 282	82 138	46 946	–	24

7. Population by age, sex and urban/rural residence: latest available year, 1986 – 1995 (continued)

Data by urban/rural residence

(See notes at end of table.)

	Continent, country or area, sex, date and urban/rural residence Continent, pays ou zone, sexe, date et résidence, urbaine/rurale	All ages Tous âges	Age (in years) – 1	1 – 4	5 – 9	10 – 14	15 – 19	20 – 24	25 – 29	30 – 34
	EUROPE (Cont.–Suite)									
	Hungary – Hongrie									
	Rural – Rurale									
	1 VII 1994									
1	Rural – Rurale	3 768 392	45 425	188 474	240 936	248 472	285 956	260 381	234 122	235 216
2	Male – Masculin	1 841 355	23 313	96 175	123 449	127 374	148 702	137 213	122 525	122 922
3	Female – Féminin	1 927 037	22 112	92 299	117 487	121 098	137 254	123 168	111 597	112 294
	Ireland – Irlande									
	Urban – Urbaine									
	13 IV 1986(C)									
4	Urban – Urbaine	1 996 778	*—— 177	597 ——*	190 577	194 434	196 743	186 897	158 320	141 069
5	Male – Masculin	969 003	*—— 90	953 ——*	97 802	99 500	99 462	90 153	76 872	69 227
6	Female – Féminin	1 027 775	*—— 86	644 ——*	92 775	94 934	97 281	96 744	81 448	71 842
	Rural – Rurale									
	13 IV 1986(C)									
7	Rural – Rurale	1 543 865	*—— 146	481 ——*	160 073	155 539	134 357	99 527	100 119	101 620
8	Male – Masculin	800 687	*—— 75	465 ——*	82 045	79 881	70 425	53 959	52 214	52 971
9	Female – Féminin	743 178	*—— 71	016 ——*	78 028	75 658	63 932	45 568	47 905	48 649
	Latvia – Lettonie									
	Urban – Urbaine									
	1 VII 1994									
10	Urban – Urbaine	1 761 408	15 150	80 753	126 671	121 376	115 071	124 457	122 106	134 499
11	Male – Masculin	807 576	7 699	41 421	64 799	61 939	57 302	64 022	63 164	64 591
12	Female – Féminin	953 832	7 451	39 332	61 872	59 437	57 769	60 435	58 942	69 908
	Rural – Rurale									
	1 VII 1994									
13	Rural – Rurale	786 291	9 974	49 017	68 615	60 174	51 344	52 243	52 292	58 274
14	Male – Masculin	373 832	5 106	25 069	34 826	30 495	26 870	26 625	26 599	30 958
15	Female – Féminin	412 459	4 868	23 948	33 789	29 679	24 474	25 618	25 693	27 316
	Lithuania – Lituanie									
	Urban – Urbaine									
	1 VII 1993									
16	Urban – Urbaine	2 541 182	31 865	147 424	201 642	185 535	185 239	204 413	209 852	229 984
17	Male – Masculin	1 197 614	16 298	75 333	102 983	94 129	92 811	103 562	105 314	111 680
18	Female – Féminin	1 343 568	15 567	72 091	98 659	91 406	92 428	100 851	104 538	118 304
	Rural – Rurale									
	1 VII 1993									
19	Rural – Rurale	1 189 047	17 380	75 808	91 549	80 384	78 879	82 080	79 935	80 169
20	Male – Masculin	567 234	8 963	38 840	46 629	40 987	40 918	43 550	43 119	43 036
21	Female – Féminin	621 813	8 417	36 968	44 920	39 397	37 961	38 530	36 816	37 133
	Netherlands – Pays-Bas									
	Urban – Urbaine									
	1 VII 1994 [1 34]									
22	Urban – Urbaine	9 316 457	116 508	464 583	542 174	515 984	532 223	759 674	849 002	821 653
23	Male – Masculin	4 563 876	59 710	237 406	276 532	263 027	270 177	376 755	433 708	421 689
24	Female – Féminin	4 752 581	56 798	227 177	265 642	252 957	262 046	382 919	415 294	399 964
	Rural – Rurale									
	1 VII 1994 [1 34]									
25	Rural – Rurale	6 065 678	78 935	325 223	395 815	387 792	396 347	417 482	453 718	484 117
26	Male – Masculin	3 042 274	40 259	166 640	202 573	198 939	204 396	221 100	234 055	246 015
27	Female – Féminin	3 023 404	38 676	158 583	193 242	188 853	191 951	196 382	219 663	238 102
	Norway – Norvège									
	Urban – Urbaine									
	3 XI 1990(C) [1]									
28	Urban – Urbaine	3 056 194	38 185	162 639	181 849	184 950	218 659	245 861	246 879	237 696
29	Male – Masculin	1 488 678	19 545	83 301	93 193	94 549	111 045	123 364	125 082	120 389
30	Female – Féminin	1 567 516	18 640	79 338	88 656	90 401	107 614	122 497	121 797	117 307

7. Population selon l'âge, le sexe et la résidence, urbaine/rurale: dernière année disponible, 1986 – 1995 (suite)

Données selon la résidence urbaine/rurale

(Voir notes à la fin du tableau.)

Age (en années)												
35 – 39	40 – 44	45 – 49	50 – 54	55 – 59	60 – 64	65 – 69	70 – 74	75 – 79	80 – 84	85 +	Unknown Inconnu	
292 715	281 773	231 742	224 507	217 426	222 087	204 766	174 156	72 971	71 799	35 468	–	1
154 441	147 282	118 190	107 448	98 207	97 524	85 977	68 951	26 967	24 261	10 434	–	2
138 274	134 491	113 552	117 059	119 219	124 563	118 789	105 205	46 004	47 538	25 034	–	3
130 068	109 506	93 882	83 190	76 390	71 915	62 133	52 320	36 890	21 866	12 981	–	4
64 162	54 190	46 295	40 740	35 836	32 562	26 451	21 059	13 503	6 916	3 320	–	5
65 906	55 316	47 587	42 450	40 554	39 353	35 682	31 261	23 387	14 950	9 661	–	6
99 672	82 245	67 858	64 321	65 825	68 063	67 365	58 676	38 629	21 018	12 477	–	7
52 248	43 772	36 474	34 416	34 678	34 657	34 629	29 822	19 132	9 210	4 689	–	8
47 424	38 473	31 384	29 905	31 147	33 406	32 736	28 854	19 497	11 808	7 788	–	9
135 587	125 588	110 193	113 044	113 833	97 830	90 575	58 281	31 650	27 047	17 697	–	10
64 063	58 060	50 044	50 327	49 200	40 789	32 618	17 465	9 204	7 009	3 860	–	11
71 524	67 528	60 149	62 717	64 633	57 041	57 957	40 816	22 446	20 038	13 837	–	12
51 124	43 828	38 475	47 610	47 166	44 447	37 801	27 811	17 981	16 970	11 145	–	13
27 171	23 084	19 558	23 013	21 928	18 995	13 161	8 224	4 831	4 415	2 904	–	14
23 953	20 744	18 917	24 597	25 238	25 452	24 640	19 587	13 150	12 555	8 241	–	15
192 204	176 878	147 450	149 517	131 231	118 951	90 628	51 119	35 927	29 491	21 832	–	16
91 726	82 375	67 852	68 317	58 142	51 188	32 754	17 760	11 046	8 502	5 842	–	17
100 478	94 503	79 598	81 200	73 089	67 763	57 874	33 359	24 881	20 989	15 990	–	18
62 727	58 696	58 887	70 990	77 883	78 137	67 389	45 051	33 822	28 545	20 736	–	19
33 565	30 737	28 928	33 136	34 443	31 878	24 401	15 933	10 971	10 072	7 128	–	20
29 162	27 959	29 959	37 854	43 440	46 259	42 988	29 118	22 851	18 473	13 608	–	21
737 974	684 119	674 533	499 882	437 131	410 664	379 831	345 164	243 721	172 977	128 660	–	22
375 036	347 170	343 774	253 133	216 754	196 113	171 344	144 846	91 232	54 677	30 793	–	23
362 938	336 949	330 759	246 749	220 377	214 551	208 487	200 318	152 489	118 300	97 867	–	24
472 376	461 908	476 910	369 093	313 072	282 506	240 122	203 137	138 735	96 801	71 589	–	25
240 303	236 561	245 059	190 476	159 490	140 447	113 528	89 898	56 013	34 799	21 723	–	26
232 073	225 347	231 851	178 617	153 582	142 059	126 594	113 239	82 722	62 002	49 866	–	27
227 852	232 501	189 606	144 559	130 880	138 344	144 304	126 546	95 297	62 784	46 803	–	28
115 145	118 577	95 871	71 344	63 108	65 710	65 723	53 651	36 378	20 436	12 267	–	29
112 707	113 924	93 735	73 215	67 772	72 634	78 581	72 895	58 919	42 348	34 536	–	30

7. Population by age, sex and urban/rural residence: latest available year, 1986 – 1995 (continued)

Data by urban/rural residence

(See notes at end of table.)

	Continent, country or area, sex, date and urban/rural residence Continent, pays ou zone, sexe, date et résidence, urbaine/rurale	All ages Tous âges	Age (in years) -1	1-4	5-9	10-14	15-19	20-24	25-29	30-34
	EUROPE (Cont.–Suite)									
	Norway – Norvège									
	Rural – Rurale									
	3 XI 1990(C) [1]									
1	Rural – Rurale	1 166 347	13 114	59 680	74 203	77 049	91 115	88 379	75 881	77 165
2	Male – Masculin	597 622	6 747	30 659	38 070	39 748	47 083	47 927	40 723	40 699
3	Female – Féminin	568 725	6 367	29 021	36 133	37 301	44 032	40 452	35 158	36 466
	Poland – Pologne									
	Urban – Urbaine									
	1 VII 1994 [30]									
4	Urban – Urbaine	23 858 039	259 555	1 148 340	1 797 568	2 076 190	2 006 823	1 662 801	1 467 666	1 715 297
5	Male – Masculin	11 422 337	132 996	589 957	920 200	1 059 696	1 018 440	834 223	724 509	834 748
6	Female – Féminin	12 435 702	126 559	558 383	877 368	1 016 494	988 383	828 578	743 157	880 549
	Rural – Rurale									
	1 VII 1994 [30]									
7	Rural – Rurale	14 685 538	225 103	950 430	1 268 261	1 295 286	1 160 353	1 065 060	981 703	1 045 737
8	Male – Masculin	7 340 802	115 001	486 527	648 770	661 825	599 790	558 225	524 765	562 030
9	Female – Féminin	7 344 736	110 102	463 903	619 491	633 461	560 563	506 835	456 938	483 707
	Portugal									
	Urban – Urbaine									
	15 IV 1991(C)									
10	Urban – Urbaine	4 757 134	49 795	198 003	292 657	365 389	403 983	365 088	356 627	352 284
11	Male – Masculin	2 264 977	25 415	101 605	150 360	185 615	203 402	180 962	173 283	169 563
12	Female – Féminin	2 492 157	24 380	96 398	142 297	179 774	200 581	184 126	183 344	182 721
	Rural – Rurale									
	15 IV 1991(C)									
13	Rural – Rurale	5 105 406	58 471	237 858	353 291	416 195	441 236	399 782	369 680	342 015
14	Male – Masculin	2 489 655	29 924	121 639	180 864	212 827	224 669	205 504	186 112	171 284
15	Female – Féminin	2 615 751	28 547	116 219	172 427	203 368	216 567	194 278	183 568	170 731
	Republic of Moldova – République de Moldova									
	Urban – Urbaine									
	1 VII 1992*									
16	Urban – Urbaine	2 029 460	29 990	140 965	187 982	161 704	171 554	175 025	159 637	192 492
17	Male – Masculin	975 321	15 346	72 230	95 643	82 284	82 551	92 757	76 143	91 612
18	Female – Féminin	1 054 139	14 644	68 735	92 339	79 420	89 003	82 268	83 494	100 880
	Rural – Rurale									
	1 VII 1992*									
19	Rural – Rurale	2 321 765	40 049	178 298	243 872	218 781	186 547	113 731	144 332	179 767
20	Male – Masculin	1 101 184	20 503	90 886	123 733	110 407	97 122	54 757	70 215	88 626
21	Female – Féminin	1 220 581	19 546	87 412	120 139	108 374	89 425	58 974	74 117	91 141
	Romania – Roumanie									
	Urban – Urbaine									
	1 VII 1994									
22	Urban – Urbaine	12 427 612	118 423	579 388	1 030 141	1 018 786	1 104 393	962 947	1 053 288	892 204
23	Male – Masculin	6 037 065	60 950	296 563	525 331	518 787	561 070	460 349	496 879	424 335
24	Female – Féminin	6 390 547	57 473	282 825	504 810	499 999	543 323	502 598	556 409	467 869
	Rural – Rurale									
	1 VII 1994									
25	Rural – Rurale	10 303 010	129 806	516 986	718 267	690 966	884 907	848 796	669 180	465 894
26	Male – Masculin	5 119 742	66 358	264 267	366 201	353 730	457 674	457 537	378 641	262 457
27	Female – Féminin	5 183 268	63 448	252 719	352 066	337 236	427 233	391 259	290 539	203 437
	Russian Federation – Fédération de Russie									
	Urban – Urbaine									
	1 VII 1994									
28	Urban – Urbaine	107 948 598	952 232	4 828 338	8 364 029	8 192 606	7 849 155	7 772 692	7 138 216	9 092 494
29	Male – Masculin	50 517 227	489 109	2 478 605	4 268 131	4 163 723	3 936 770	4 006 748	3 618 517	4 499 582
30	Female – Féminin	57 431 371	463 123	2 349 733	4 095 898	4 028 883	3 912 385	3 765 944	3 519 699	4 592 912

7. Population selon l'âge, le sexe et la résidence, urbaine/rurale: dernière année disponible, 1986 – 1995 (suite)

Données selon la résidence urbaine/rurale

(Voir notes à la fin du tableau.)

Age (en années)												
35 – 39	40 – 44	45 – 49	50 – 54	55 – 59	60 – 64	65 – 69	70 – 74	75 – 79	80 – 84	85 +	Unknown Inconnu	
77 843	80 878	66 900	54 962	51 993	56 690	62 428	58 686	46 808	31 144	21 429	–	1
41 429	42 842	35 149	28 702	27 181	28 996	30 702	27 759	21 480	13 419	8 307	–	2
36 414	38 036	31 751	26 260	24 812	27 694	31 726	30 927	25 328	17 725	13 122	–	3
2 185 196	2 150 345	1 630 273	1 145 194	1 178 307	1 110 079	918 862	641 664	314 467	279 012	170 400	–	4
1 055 975	1 035 189	785 783	542 656	541 978	498 077	377 865	240 764	104 414	82 434	42 433	–	5
1 129 221	1 115 156	844 490	602 538	636 329	612 002	540 997	400 900	210 053	196 578	127 967	–	6
1 103 633	980 952	744 730	591 396	694 780	732 777	675 041	518 474	275 662	241 184	134 976	–	7
598 843	524 082	381 481	291 243	333 261	336 523	284 391	205 760	103 717	83 764	40 804	–	8
504 790	456 870	363 249	300 153	361 519	396 254	390 650	312 714	171 945	157 420	94 172	–	9
345 744	344 470	302 457	279 141	268 867	246 522	209 700	147 867	116 432	71 196	40 912	–	10
164 933	165 389	145 775	133 414	124 996	110 711	91 224	60 443	43 717	23 356	10 814	–	11
180 811	179 081	156 682	145 727	143 871	135 811	118 476	87 424	72 715	47 840	30 098	–	12
315 037	289 688	266 840	279 867	292 863	286 469	260 134	196 771	154 551	94 293	50 365	–	13
156 722	142 098	125 741	132 043	138 124	134 289	120 679	88 736	66 058	36 393	15 949	–	14
158 315	147 590	141 099	147 824	154 739	152 180	139 455	108 035	88 493	57 900	34 416	–	15
176 929	161 401	82 235	104 099	80 668	71 664	58 413	33 474	21 612	13 115	6 501	–	16
84 435	78 311	39 942	49 552	37 179	31 119	21 698	11 867	7 091	3 877	1 684	–	17
92 494	83 090	42 293	54 547	43 489	40 545	36 715	21 607	14 521	9 238	4 817	–	18
165 226	153 291	85 362	127 375	125 812	122 602	94 664	66 592	39 667	25 009	10 788	–	19
81 641	73 097	37 206	55 766	55 621	52 757	36 710	25 855	14 576	8 559	3 147	–	20
83 585	80 194	48 156	71 609	70 191	69 845	57 954	40 737	25 091	16 450	7 641	–	21
1 164 579	1 050 659	723 907	590 267	605 522	514 293	418 351	289 720	131 089	118 298	61 357	–	22
565 691	528 305	365 698	291 994	290 825	238 045	187 372	112 914	47 860	43 066	21 031	–	23
598 888	522 354	358 209	298 273	314 697	276 248	230 979	176 806	83 229	75 232	40 326	–	24
538 944	566 165	556 106	601 694	747 050	730 677	646 996	485 383	211 858	198 698	94 637	–	25
287 756	278 178	267 960	286 798	352 926	344 354	294 252	204 752	82 158	76 789	36 954	–	26
251 188	287 987	288 146	314 896	394 124	386 323	352 744	280 631	129 700	121 909	57 683	–	27
9 627 066	8 989 951	6 431 050	5 189 785	6 745 410	5 061 786	5 132 051	2 734 528	1 750 191	1 382 466	714 552	–	28
4 697 060	4 333 521	3 062 886	2 371 942	2 968 476	2 077 850	1 890 818	760 011	449 613	312 798	131 067	–	29
4 930 006	4 656 430	3 368 164	2 817 843	3 776 934	2 983 936	3 241 233	1 974 517	1 300 578	1 069 668	583 485	–	30

7. Population by age, sex and urban/rural residence: latest available year, 1986 – 1995 (continued)

Data by urban/rural residence

(See notes at end of table.)

	Continent, country or area, sex, date and urban/rural residence / Continent, pays ou zone, sexe, date et résidence, urbaine/rurale	All ages / Tous âges	Age (in years) – 1	1 – 4	5 – 9	10 – 14	15 – 19	20 – 24	25 – 29	30 – 34
	EUROPE (Cont.–Suite)									
	Russian Federation – Fédération de Russie									
	Rural – Rurale									
	1 VII 1994									
1	Rural – Rurale	40 019 215	457 386	2 278 512	3 595 320	3 388 156	2 841 115	2 271 033	2 444 582	3 151 153
2	Male – Masculin	18 962 367	234 480	1 167 246	1 828 064	1 716 975	1 483 291	1 181 381	1 245 861	1 662 082
3	Female – Féminin	21 056 848	222 906	1 111 266	1 767 256	1 671 181	1 357 824	1 089 652	1 198 721	1 489 071
	Slovenia – Slovénie									
	Urban – Urbaine									
	1 VII 1994 [1]									
4	Urban – Urbaine	997 916	8 919	40 025	62 686	72 117	74 594	67 878	74 217	79 738
5	Male – Masculin	475 551	4 561	20 631	32 057	36 869	38 194	34 154	35 380	38 212
6	Female – Féminin	522 365	4 358	19 394	30 629	35 248	36 400	33 724	38 837	41 526
	Rural – Rurale									
	1 VII 1994 [1]									
7	Rural – Rurale	990 934	10 547	44 799	63 573	70 960	75 849	73 896	75 945	73 490
8	Male – Masculin	488 562	5 404	22 929	32 565	36 499	39 009	37 997	39 121	38 461
9	Female – Féminin	502 372	5 143	21 870	31 008	34 461	36 840	35 899	36 824	35 029
	Sweden – Suède									
	Urban – Urbaine									
	1 XI 1990(C) [1]									
10	Urban – Urbaine	7 164 769	87 774	359 021	395 112	406 125	474 959	532 669	531 675	481 054
11	Male – Masculin	3 494 512	45 191	184 339	202 694	208 390	241 643	270 382	273 903	246 244
12	Female – Féminin	3 670 257	42 583	174 682	192 418	197 735	233 316	262 287	257 772	234 810
	Rural – Rurale									
	1 XI 1990(C) [1]									
13	Rural – Rurale	1 422 584	18 934	82 827	92 573	88 158	88 156	67 960	83 461	95 673
14	Male – Masculin	747 839	9 533	42 410	47 766	44 969	46 647	37 253	42 796	49 465
15	Female – Féminin	674 745	9 401	40 417	44 807	43 189	41 509	30 707	40 665	46 208
	Switzerland – Suisse									
	Urban – Urbaine									
	4 XII 1990(C) [1]									
16	Urban – Urbaine	4 737 376	49 324	201 403	241 767	239 686	280 766	378 975	428 450	390 680
17	Male – Masculin	2 311 240	25 266	103 165	123 942	122 735	143 004	193 625	222 425	202 876
18	Female – Féminin	2 426 136	24 058	98 238	117 825	116 951	137 762	185 350	206 025	187 804
	Rural – Rurale									
	4 XII 1990(C) [1]									
19	Rural – Rurale	2 136 311	27 786	118 584	143 805	136 085	142 368	156 983	176 601	174 474
20	Male – Masculin	1 078 972	14 088	60 585	73 762	69 818	75 108	83 421	91 893	91 358
21	Female – Féminin	1 057 339	13 698	57 999	70 043	66 267	67 260	73 562	84 708	83 116
	Ukraine									
	Urban – Urbaine									
	1 I 1993									
22	Urban – Urbaine	35 180 550	386 026	1 862 721	2 666 899	2 519 565	2 610 345	2 560 375	2 506 380	2 970 793
23	Male – Masculin	16 461 936	198 162	955 087	1 357 289	1 282 406	1 302 769	1 283 263	1 231 869	1 439 824
24	Female – Féminin	18 718 614	187 864	907 634	1 309 610	1 237 159	1 307 576	1 277 112	1 274 511	1 530 969
	Rural – Rurale									
	1 I 1993									
25	Rural – Rurale	16 808 857	207 373	886 554	1 247 856	1 150 228	1 080 385	955 153	995 759	1 081 006
26	Male – Masculin	7 657 379	105 928	452 765	633 781	583 236	562 697	502 000	519 433	560 656
27	Female – Féminin	9 151 478	101 445	433 789	614 075	566 992	517 688	453 153	476 326	520 350
	OCEANIA—OCEANIE									
	American Samoa – Samoa américaines									
	Urban – Urbaine									
	1 IV 1990(C) [1,9]									
28	Urban – Urbaine	15 599	364	1 922	1 938	1 704	1 556	1 588	1 434	1 222
29	Male – Masculin	7 931	173	1 001	1 001	912	771	777	691	596
30	Female – Féminin	7 668	191	921	937	792	785	811	743	626

7. Population selon l'âge, le sexe et la résidence, urbaine/rurale: dernière année disponible, 1986 – 1995 (suite)

Données selon la résidence urbaine/rurale

(Voir notes à la fin du tableau.)

Age (en années)												
35 – 39	40 – 44	45 – 49	50 – 54	55 – 59	60 – 64	65 – 69	70 – 74	75 – 79	80 – 84	85 +	Unknown Inconnu	
3 126 623	2 606 440	1 649 941	1 765 042	2 570 370	2 336 358	2 314 441	1 228 274	836 944	742 980	414 545	–	1
1 650 367	1 363 156	838 661	826 561	1 183 113	1 019 474	831 737	332 073	187 962	142 742	67 141	–	2
1 476 256	1 243 284	811 280	938 481	1 387 257	1 316 884	1 482 704	896 201	648 982	600 238	347 404	–	3
85 018	86 108	65 369	62 438	55 402	52 495	42 991	31 712	14 001	14 292	7 916	–	4
41 357	42 867	31 995	30 037	26 734	23 397	16 883	11 191	4 754	4 419	1 859	–	5
43 661	43 241	33 374	32 401	28 668	29 098	26 108	20 521	9 247	9 873	6 057	–	6
74 737	74 846	57 489	58 552	55 114	55 393	45 961	34 959	16 034	18 560	10 230	–	7
39 623	39 844	30 537	30 289	26 910	25 504	18 295	11 664	5 304	5 805	2 802	–	8
35 114	35 002	26 952	28 263	28 204	29 889	27 666	23 295	10 730	12 755	7 428	–	9
485 246	548 045	515 542	389 494	341 125	345 551	361 861	324 320	266 841	188 285	130 070	–	10
244 747	274 294	260 738	194 981	166 420	162 705	165 180	141 321	106 735	67 334	37 271	–	11
240 499	273 751	254 804	194 513	174 705	182 846	196 681	182 999	160 106	120 951	92 799	–	12
99 956	106 919	97 664	77 973	74 699	78 967	82 530	71 739	55 294	35 372	23 729	–	13
53 811	58 939	53 510	41 316	39 095	41 781	44 097	38 017	29 081	17 484	9 869	–	14
46 145	47 980	44 154	36 657	35 604	37 186	38 433	33 722	26 213	17 888	13 860	–	15
355 814	363 483	344 751	285 418	261 410	231 271	205 799	158 232	141 104	104 561	74 482	–	16
180 146	182 304	172 715	141 073	127 061	106 838	89 694	66 506	53 468	34 702	19 695	–	17
175 668	181 179	172 036	144 345	134 349	124 433	116 105	91 726	87 636	69 859	54 787	–	18
159 529	153 789	133 264	108 444	103 383	96 509	91 908	73 907	63 416	44 520	30 956	–	19
84 931	81 802	70 367	55 383	51 330	45 988	42 688	33 498	26 636	16 754	9 562	–	20
74 598	71 987	62 897	53 061	52 053	50 521	49 220	40 409	36 780	27 766	21 394	–	21
2 834 566	2 750 147	1 703 556	2 373 849	1 954 222	1 778 604	1 577 720	834 675	609 852	450 780	229 475	–	22
1 358 942	1 308 806	803 827	1 089 510	895 373	766 590	582 156	262 928	174 456	116 594	52 085	–	23
1 475 624	1 441 341	899 729	1 284 339	1 058 849	1 012 014	995 564	571 747	435 396	334 186	177 390	–	24
974 203	933 444	695 674	1 208 462	1 140 781	1 242 271	1 136 086	720 040	491 399	432 739	229 444	–	25
500 949	467 096	323 414	543 764	513 617	512 831	391 540	207 043	121 483	103 272	51 874	–	26
473 254	466 348	372 260	664 698	627 164	729 440	744 546	512 997	369 916	329 467	177 570	–	27
969	782	593	487	322	266	191	107	90	35	29	44	28
486	407	337	266	177	131	84	56	40	14	11	44	29
483	375	256	221	145	135	107	51	50	21	18	44	30

7. Population by age, sex and urban/rural residence: latest available year, 1986 – 1995 (continued)

Data by urban/rural residence

(See notes at end of table.)

	Continent, country or area, sex, date and urban/rural residence Continent, pays ou zone, sexe, date et résidence, urbaine/rurale	All ages Tous âges	Age (in years) – 1	1 – 4	5 – 9	10 – 14	15 – 19	20 – 24	25 – 29	30 – 34
	OCEANIA—OCEANIE(Cont.–Suite)									
	American Samoa – Samoa américaines									
	Rural – Rurale									
	1 IV 1990(C) [19]									
1	Rural – Rurale	31 174	768	3 898	3 702	3 524	3 162	3 076	2 727	2 291
2	Male – Masculin	16 092	402	2 022	1 923	1 900	1 615	1 539	1 295	1 211
3	Female – Féminin	15 082	366	1 876	1 779	1 624	1 547	1 537	1 432	1 080
	Australia – Australie									
	Urban – Urbaine									
	30 VI 1986(C) [1]									
4	Urban – Urbaine	13 316 945	197 144	791 139	959 203	1 070 247	1 125 004	1 122 977	1 119 946	1 047 185
5	Male – Masculin	6 567 861	101 028	404 669	491 205	547 552	569 138	562 627	557 451	519 590
6	Female – Féminin	6 749 084	96 116	386 470	467 998	522 695	555 866	560 350	562 495	527 595
	Rural – Rurale									
	30 VI 1986(C) [1]									
7	Rural – Rurale	2 266 863	37 431	162 085	200 505	218 105	190 929	155 841	175 538	184 307
8	Male – Masculin	1 186 691	19 235	83 248	103 506	113 005	103 195	83 679	89 816	94 168
9	Female – Féminin	1 080 172	18 196	78 837	96 999	105 100	87 734	72 162	85 722	90 139
	Fiji – Fidji									
	Urban – Urbaine									
	31 VIII 1986(C)									
10	Urban – Urbaine	277 025	*—— 36	752 ——*	34 324	29 640	28 290	30 011	26 783	21 887
11	Male – Masculin	138 277	*—— 18	816 ——*	17 589	14 944	14 018	14 519	13 042	10 725
12	Female – Féminin	138 748	*—— 17	936 ——*	16 735	14 696	14 272	15 492	13 741	11 162
	Rural – Rurale									
	31 VIII 1986(C)									
13	Rural – Rurale	438 350	*—— 64	534 ——*	58 828	49 385	45 326	43 717	36 661	28 821
14	Male – Masculin	224 291	*—— 33	228 ——*	30 261	25 414	23 052	22 212	18 946	14 612
15	Female – Féminin	214 059	*—— 31	306 ——*	28 567	23 971	22 274	21 505	17 715	14 209
	New Caledonia – Nouvelle–Calédonie									
	Urban – Urbaine									
	4 IV 1989(C)									
16	Urban – Urbaine	97 581	*—— 9	471 ——*	8 943	9 510	11 230	9 175	8 399	7 662
17	Male – Masculin	49 525	*—— 4	934 ——*	4 523	4 788	5 695	4 731	4 066	3 740
18	Female – Féminin	48 056	*—— 4	537 ——*	4 420	4 722	5 535	4 444	4 333	3 922
	Rural – Rurale									
	4 IV 1989(C)									
19	Rural – Rurale	66 592	*—— 8	823 ——*	8 599	8 210	7 220	5 681	5 189	4 338
20	Male – Masculin	34 337	*—— 4	506 ——*	4 441	4 137	3 761	2 789	2 643	2 332
21	Female – Féminin	32 255	*—— 4	317 ——*	4 158	4 073	3 459	2 892	2 546	2 006
	New Zealand – Nouvelle–Zélande									
	Urban – Urbaine									
	5 III 1991(C) [31]									
22	Urban – Urbaine	2 866 731	49 506	181 800	205 665	207 279	247 770	240 210	234 582	228 825
23	Male – Masculin	1 395 495	25 158	92 895	105 231	105 324	124 290	118 746	113 778	111 780
24	Female – Féminin	1 471 236	24 345	88 902	100 434	101 952	123 486	121 458	120 795	117 042
	Rural – Rurale									
	5 III 1991(C) [31]									
25	Rural – Rurale	507 198	9 132	36 708	45 507	48 039	37 224	30 891	37 770	43 524
26	Male – Masculin	267 060	4 614	18 822	23 472	24 948	20 718	17 229	19 308	21 945
27	Female – Féminin	240 138	4 518	17 883	22 038	23 097	16 503	13 656	18 462	21 585
	Tonga									
	Urban – Urbaine									
	28 XI 1986(C) [1]									
28	Urban – Urbaine	28 066	819	3 152	3 506	3 426	3 966	3 080	1 951	1 588
29	Male – Masculin	13 827	411	1 646	1 770	1 757	2 052	1 553	964	762
30	Female – Féminin	14 239	408	1 506	1 736	1 669	1 914	1 527	987	826

7. Population selon l'âge, le sexe et la résidence, urbaine/rurale: dernière année disponible, 1986 – 1995 (suite)

Données selon la résidence urbaine/rurale

(Voir notes à la fin du tableau.)

35 – 39	40 – 44	45 – 49	50 – 54	55 – 59	60 – 64	65 – 69	70 – 74	75 – 79	80 – 84	85 +	Unknown Inconnu	
					Age (en années)							
1 752	1 464	1 186	1 035	771	657	476	317	201	90	77	44	1
873	771	637	569	414	336	240	167	99	41	38	44	2
879	693	549	466	357	321	236	150	102	49	39	44	3
1 043 463	832 380	692 297	606 168	630 289	606 591	489 895	413 364	287 085	165 552	117 016	–	4
522 365	421 970	351 743	306 419	315 613	290 951	223 457	178 389	114 928	58 078	30 688	–	5
521 098	410 410	340 554	299 749	314 676	315 640	266 438	234 975	172 157	107 474	86 328	–	6
188 954	153 136	125 381	105 526	104 604	91 919	67 322	49 472	30 421	15 685	9 702	–	7
98 256	81 143	67 087	56 461	56 995	49 680	35 883	25 653	15 077	7 114	3 490	–	8
90 698	71 993	58 294	49 065	47 609	42 239	31 439	23 819	15 344	8 571	6 212	–	9
17 652	14 060	11 167	8 650	6 199	4 015	3 027	1 896	*——— –	1 825	———*	847	10
8 889	7 079	5 484	4 343	3 169	2 001	1 470	905	*——— –	825	———*	459	11
8 763	6 981	5 683	4 307	3 030	2 014	1 557	991	*——— –	1 000	———*	388	12
24 065	20 709	17 635	14 014	10 870	8 028	6 163	4 112	*——— –	3 966	———*	1 516	13
12 146	10 491	8 967	7 159	5 580	4 197	3 139	2 192	*——— –	1 919	———*	776	14
11 919	10 218	8 668	6 855	5 290	3 831	3 024	1 920	*——— –	2 047	———*	740	15
7 119	6 667	5 485	4 093	3 146	2 274	1 607	1 173	931	449	247	–	16
3 620	3 597	2 847	2 172	1 620	1 182	763	565	436	162	84	–	17
3 499	3 070	2 638	1 921	1 526	1 092	844	608	495	287	163	–	18
3 596	3 082	2 626	2 428	2 089	1 729	1 191	820	594	251	126	–	19
1 989	1 675	1 385	1 283	1 091	880	617	379	276	105	48	–	20
1 607	1 407	1 241	1 145	998	849	574	441	318	146	78	–	21
205 386	198 303	156 597	133 536	116 064	120 078	110 886	88 707	69 294	43 287	28 968	–	22
100 095	97 701	77 583	65 982	57 639	58 965	51 513	37 836	27 534	15 258	8 175	–	23
105 285	100 599	79 008	67 554	58 425	61 110	59 373	50 868	41 763	28 026	20 793	–	24
41 484	38 958	30 234	26 190	22 062	20 838	15 876	10 524	6 783	3 450	2 007	–	25
21 843	20 571	16 092	13 848	11 883	11 640	8 691	5 562	3 453	1 635	777	–	26
19 644	18 390	14 148	12 336	10 179	9 195	7 182	4 959	3 324	1 827	1 212	–	27
1 200	1 082	979	937	789	572	401	254	175	126	63	–	28
527	477	419	417	370	242	190	122	80	54	14	–	29
673	605	560	520	419	330	211	132	95	72	49	–	30

Data by urban/rural residence

(See notes at end of table.)

	Continent, country or area, sex, date and urban/rural residence — Continent, pays ou zone, sexe, date et résidence, urbaine/rurale	All ages Tous âges	Age (in years) -1	1–4	5–9	10–14	15–19	20–24	25–29	30–34
	OCEANIA—OCEANIE(Cont.–Suite)									
	Tonga									
	Rural – Rurale									
	28 XI 1986(C) [1]									
1	Rural – Rurale	64 983	1 874	7 927	9 014	8 336	8 304	5 733	3 966	3 350
2	Male – Masculin	32 910	952	4 064	4 687	4 403	4 337	2 931	1 924	1 533
3	Female – Féminin	32 073	922	3 863	4 327	3 933	3 967	2 802	2 042	1 817
	Vanuatu									
	Urban – Urbaine									
	16 V 1989(C)									
4	Urban – Urbaine	25 870	988	3 143	2 843	2 589	2 939	3 059	2 924	2 222
5	Male – Masculin	13 670	528	1 612	1 520	1 309	1 429	1 571	1 519	1 114
6	Female – Féminin	12 200	460	1 531	1 323	1 280	1 510	1 488	1 405	1 108
	Rural – Rurale									
	16 V 1989(C)									
7	Rural – Rurale	116 549	4 012	15 837	18 531	14 807	10 875	9 438	8 479	6 769
8	Male – Masculin	59 714	2 073	8 269	9 740	7 744	5 586	4 512	3 974	3 144
9	Female – Féminin	56 835	1 939	7 568	8 791	7 063	5 289	4 926	4 505	3 625

GENERAL NOTES

(C) after date indicates data are results of a census. Unless otherwise specified, age is defined as age at last birthday (completed years). For definitions of urban , see Technical Notes for table 6. For method of evaluation and limitations of data, see Technical Notes, page 45.

Italics: estimates which are less reliable.

FOOTNOTES

- * Provisional.
- 1 De jure population.
- 2 For classification by urban/rural residence, see end of table.
- 3 Data have been adjusted for underenumeration, at latest census.
- 4 Data have not been adjusted for underenumeration, estimated at 1.4 per cent.
- 5 For Libyan population only.
- 6 Excluding Bophuthatswana, Ciskei, Traskei and Venda. Data have been adjusted for underenumeration.
- 7 Excluding institutional population.
- 8 Age classification based on year of birth rather than on completed years of age.
- 9 Including armed forces stationed in the area.
- 10 De jure population, but excluding civilian citizens absent from country for extended period of time.
- 11 Excluding armed forces overseas.
- 12 Excluding Indian jungle population.
- 13 Excluding nomadic Indian tribes.
- 14 Excluding nomads.
- 15 Covering only the civilian population of 30 provinces, municipalities and autonomous regions. Excluding Jimmen and Mazhu Islands.
- 16 For government controlled areas.
- 17 Including data for the Indian–held part of Jammu and Kashmir, the final status of which has not yet been determined.
- 18 Including data for East Jerusalem and Israeli residents in certain other territories under occupation by Israeli military forces since June 1967.

NOTES GENERALES

(C) après la date indique qui'il s'agit des données de recensement. Sauf indication contraire, l'âge désigne l'âge au dernier anniversaire (années révolues). Pour les définitions de "zones urbaines", voir les Notes techniques relatives au tableau 6. Pour la méthode d'évaluation et les insuffisances des données, voir Notes techniques, page 45.
Italiques: estimations moins sûres.

NOTES

- * Données provisoires.
- 1 Population de droit.
- 2 Pour le classement selon la résidence, urbaine/rurale, voir la fin du tableau.
- 3 Les données ont été ajustées pour compenser les lacunes du dénombrement lors du dernier recensement.
- 4 Les données n'ont pas été ajustées pour compenser les lacunes de dénombrement, estimées à 1,4 p. 100.
- 5 Pour la population libyenne seulement.
- 6 Non compris Bophuthatswana, Ciskei, Transkei et Venda. Les données ont pas été ajustées pour compenser les lacunes du dénombrement.
- 7 Non compris la population dans les institutions.
- 8 La classification par âge est fondées sur l'année de naissance et non sur l'âge en années révolues.
- 9 Y compris les militaires en garnison sur le territoire.
- 10 Population de droit, mais non compris les civils hors du pays pendant une période prolongée.
- 11 Non compris les militaires à l'étranger.
- 12 Non compris les Indiens de la jungle.
- 13 Non compris les tribus d'Indiens nomades.
- 14 Non compris les nomades.
- 15 Pour la population civile seulement de 30 provinces, municipalitiés et régions autonomes. Non compris les îles de Jimmen et Mazhu.
- 16 Pour les zones controlées par le Gouvernement.
- 17 Y compris les données pour la partie du Jammu–et–Cachemire occupée par l'Inde, dont le statut définitif n'a pas encore été déterminé.
- 18 Y compris les données pour Jérusalem–Est et les résidents israéliens dans certains autres territoires occupés depuis juin 1967 par les forces armées israéliennes.

Données selon la résidence urbaine/rurale

(Voir notes à la fin du tableau.)

Age (en années) 35 – 39	40 – 44	45 – 49	50 – 54	55 – 59	60 – 64	65 – 69	70 – 74	75 – 79	80 – 84	85 +	Unknown Inconnu	
2 747	2 656	2 524	2 241	1 943	1 482	1 177	786	437	274	211	1	1
1 250	1 265	1 228	1 126	973	792	609	407	231	123	75	–	2
1 497	1 391	1 296	1 115	970	690	568	379	206	151	136	1	3
1 725	1 079	858	458	402	239	180	96	78	22	26	–	4
1 013	641	531	283	235	146	102	49	46	10	12	–	5
712	438	327	175	167	93	78	47	32	12	14	–	6
6 211	4 732	4 420	2 891	2 522	2 297	1 822	1 131	761	425	589	–	7
3 096	2 356	2 419	1 507	1 360	1 253	1 024	625	466	243	323	–	8
3 115	2 376	2 001	1 384	1 162	1 044	798	506	295	182	266	–	9

FOOTNOTES (continued)

19 Excluding diplomatic personnel outside the country, and foreign military and civilian personnel and their dependants stationed in the area.

20 Excluding data for Jordanian territory under occupation since June 1967 by Israeli military forces.

21 Including military and diplomatic personnel and their families abroad, numbering 933 at 1961 census, but excluding foreign military and diplomatic personnel and their families in the country, numbering 389 at 1961 census. Also including registered Palestinian refugees numbering 722 687 on 31 May 1967.

22 Excluding alien armed forces, civilian aliens employed by armed forces, and foreign diplomatic personnel and their dependants and Korean diplomatic personnel and their dependants stationed outside the country.

23 Excluding data for Jammu and Kashmir, the final status of which has not yet been determined, Junagardh, Manavadar, Gilget and Baltistan.

24 Excluding transients afloat and non–locally domiciled military and civilian services personnel and their dependants and visitors.

25 Including Palestinian refugees.

26 Excluding the Faeroe Islands and Greenland.

27 De jure population but excluding diplomatic personnel outside the country and including foreign diplomatic personnel not living in embassies or consulates.

28 Excluding armed forces stationed outside the country, but including alien armed forces stationed in the area.

29 Including civilian nationals temporarily outside the country.

30 Excluding civilian aliens within the country, and including civilian nationals temporarily outside the country.

31 Excluding diplomatic personnel and armed forces stationed outside the country, the latter numbering 1 936 at 1966 census; also excluding alien armed forces within the country.

32 Including 26 106 transients and 9 131 Vietnamese refugees.

33 Including armed forces stationed outside country, but excluding alien armed forced stationed in the area.

34 Excluding persons on the Central Register of Population (containing persons belonging to the Netherlands population but having no fixed municipality of residence).

NOTES (suite)

19 Non compris le personnel diplomatique hors du pays, les militaires et agents civils étrangers en poste sur le territoire et les membres de leur famille les accompagnant.

20 Non compris les données pour le territoire jordanien occupé depuis juin 1967 par les forces armées israéliennes.

21 Y compris les militaires, les personnel diplomatique à l'étranger et les membres de leur famille les accompagnant au nombre de 933 personnes au recensement de 1961, mais non compris les militaires, le personnel diplomatique étranger en poste dans le pays et les membres de leur famille les accompagnant au nombre de 389 personnes au recensement de 1961. Y compris également les réfugiés de Palestine immatriculés, au nombre de 722 687 au 31 mai 1967.

22 Non compris les militaires étrangers, les civils étrangers employés par les forces armées, le personnel diplomatique étranger et les membres de leur famille les accompagnant, le personnel diplomatique coréen hors du pays et les membres de leur famille les accompagnant.

23 Non compris les données pour le Jammu–et–Cachemire, dont le statut définitif n'a pas encore été déterminé, le Jungardh, le Manavadar, le Gilgit et le Baltistan.

24 Non compris les personnes de passage à bord de navires, les militaires et agents civils non résidents et les membres de leur famille les accompagnant et les visiteurs.

25 Y compris les réfugiés de Palestine.

26 Non compris les îles Féroé et le Groenland.

27 Population de droit, non compris le personnel diplomatique hors du pays, mais y compris le personnel diplomatique étranger qui ne vit pas dans les ambassades ou les consulats.

28 Non compris les militaires en garnison hors du pays, mais y compris les militaires étrangers en garnison sur le territoire.

29 Y compris les civils nationaux temporairement hors du pays.

30 Non compris les civils étrangers dans le pays, mais y compris les civils nationaux temporairement hors du pays.

31 Non compris le personnel diplomatique et les militaires hors du pays, ces derniers au nombre de 1 936 au recensement de 1966; non compris également les militaires étrangers dans le pays.

32 Y compris 26 106 transients et 9 131 réfugiés du Viet Nam.

33 Y compris les militaires en garnison hors du pays, mais non compris les militaires étrangers en garnison sur le territoire.

34 Non compris les personnes inscrites sur le Registre central de la population (personnes appartenant à la population néerlandaise mais sans résidence fixe dans l'une des municipalités).

8. Population of capital cities and cities of 100 000 and more inhabitants: latest available year

Population des capitales et des villes de 100 000 habitants et plus: dernière année disponible

(See notes at end of table. – Voir notes à la fin du tableau.)

Continent, country or area, city and date Continent, pays ou zone, ville et date	Population City proper Ville proprement dite	Population Urban agglomeration Agglomération urbaine
AFRICA—AFRIQUE		
Algeria – Algérie		
12 II 1977 [1]		
ALGER	1 523 000	1 740 461
Annaba	239 975	246 049
Batna	102 756	102 756
Blida	138 240	158 047
Constantine	344 454	378 668
Oran	490 788	543 485
Setif	129 754	129 754
Sidi–bel–Abbès	112 998	112 998
Angola		
15 XII 1970		
LUANDA	...	475 328
Benin – Bénin		
15 II 1992		
Cotonou	536 827	...
Djougou	134 099	...
Parakou	103 577	...
PORTO–NOVO	179 138	...
Botswana		
21 VIII 1991		
GABORONE	133 468	...
Burkina Faso		
30 VI 1991(E)		
Bobo Dioulasso	268 926	...
OUAGADOUGOU	634 479	...
Burundi		
16 VIII 1990		
BUJUMBURA	235 440	...
Cameroon – Cameroun		
VIII 1983(E)		
Douala	...	708 000
30 VI 1986(E)		
Douala	1 029 731	...
Maroua	...	103 653
Nkongsamba	...	123 149
VIII 1983(E)		
YAOUNDE	...	485 184
30 VI 1986(E)		
YAOUNDE	653 670	...
Cape Verde – Cap–Vert		
23 VI 1990		
PRAIA	61 644	...
Central African Republic – République centrafricaine		
31 XII 1984		
BANGUI	473 817	...
Chad – Tchad		
1972(E)		
N'DJAMENA	*179 000*	...
Comoros – Comores		
15 IX 1980		
MORONI	17 267	...
Congo		
22 XII 1984		
BRAZZAVILLE	596 200	...
Pointe–Noire	298 014	...
Côte d'Ivoire		
1 III 1988		
Abidjan	1 929 079	1 929 079
Bouake	329 850	362 192
Daloa	121 842	127 923
Korhogo	109 445	112 888
YAMOUSSOUKRO	106 786	126 191
Djibouti		
1970(E)		
DJIBOUTI	...	[2] 62 000
Egypt – Egypte		
1 VII 1992(E)		
Alexandria	*3 380 000*	...
Assyût	*321 000*	...
Aswan	*220 000*	...
Banha	*136 000*	...
Beni–Suef	*179 000*	...
Banha	*136 000*	...
CAIRO	*6 800 000*	...
Damanhûr	*222 000*	...
El–Mahalla El–Kubra	*408 000*	...
Faiyûm	*250 000*	...
Giza	*2 144 000*	...
Ismailia	*255 000*	...
Kafr–El–Dwar	*226 000*	...
Kena	*141 000*	...
Luxer	*146 000*	...
Mansûra	*371 000*	...
Menia	*208 000*	...
Port Said	*460 000*	...
Shebin–El–Kom	*158 000*	...
Shubra–El–Khema	*834 000*	...
Sohag	*156 000*	...
Suez	*388 000*	...
Tanta	*380 000*	...
Zagazig	*287 000*	...
Equatorial Guinea – Guinée équatoriale		
4 VII 1983		
MALABO	30 418	...
Eritrea – Erythrée		
1 VII 1990(E)		
ASMARA	*358 100*	...

8. Population of capital cities and cities of 100 000 and more inhabitants: latest available year (continued)

Population des capitales et des villes de 100 000 habitants et plus: dernière année disponible (suite)

(See notes at end of table. – Voir notes à la fin du tableau.)

Continent, country or area, city and date / Continent, pays ou zone, ville et date	Population: City proper / Ville proprement dite	Population: Urban agglomeration / Agglomération urbaine
AFRICA—AFRIQUE (Cont.–Suite)		
Ethiopia – Ethiopie		
1 VII 1994(E)		
ADDIS ABABA	2 316 400	...
Bahir Dar	115 531	...
Debrezit	105 963	...
Dessie	117 268	...
Diredawa	194 587	...
Gondar	166 593	...
Harar	122 932	...
Jimma	119 717	...
Mekele	119 779	...
Nazerit	147 088	...
Gabon		
1 VII 1967(E)		
LIBREVILLE	...	57 000
Gambia – Gambie		
1 VII 1980(E)		
BANJUL	49 181	[3] 109 986
Ghana		
1 III 1970		
ACCRA	564 194	[4] 738 498
Kumasi	260 286	345 117
Sekondi–Takoradi [5]	91 874	160 868
Guinea – Guinée		
21 V 1967(E)		
CONAKRY	...	197 267
Guinea–Bissau – Guinée–Bissau		
30 IV 1979		
BISSAU	109 214	...
Kenya		
24 VIII 1979		
Kisumu	152 643	...
1 VII 1985(E)		
Mombasa	442 369	...
NAIROBI	1 162 189	...
Lesotho		
31 I 1972		
MASERU	*13 312*	29 049
Liberia – Libéria		
1 II 1984		
MONROVIA	421 053	...
Libyan Arab Jamahiriya – Jamahiriya arabe libyenne		
31 VII 1973 [1]		
BENGHAZI [6]	282 192	...
Misurata	103 302	...
TRIPOLI [6]	551 477	...
AFRICA—AFRIQUE (Cont.–Suite)		
Madagascar		
1 I 1971(E)		
ANTANANARIVO	*347 466*	[7] 377 600
Malawi		
1 IX 1987		
Blantyre–Limbe	331 588	...
LILONGWE	233 973	...
Mali		
7 IV 1987		
BAMAKO	658 275	...
Mauritania – Mauritanie		
22 XII 1976		
NOUAKCHOTT	...	134 986
Mauritius – Maurice		
Island of Mauritius – Ile Maurice		
1 VII 1994(E)		
PORT LOUIS	144 776	...
Morocco – Maroc		
1 VII 1993(E)		
Agadir	...	137 000
Béni–Mellal	...	139 000
Casablanca	...	2 943 000
El Jadida	...	125 000
Fez	...	564 000
Kénitra	...	234 000
Khouribga	...	190 000
Marrakech	...	602 000
Meknès	...	401 000
Mohammedia	...	156 000
Oujda	...	331 000
RABAT	...	1 220 000
Safi	...	278 000
Sale	...	521 000
Tanger	...	307 000
Tétouan	...	272 000
Mozambique		
1 VIII 1986(E)		
Beira	*264 202*	...
MAPUTO	*882 601*	...
Nampula	*182 505*	...
Namibia – Namibie		
21 X 1991		
WINDHOEK	147 056	...
Niger		
20 VII 1977		
NIAMEY	225 314	...

8. Population of capital cities and cities of 100 000 and more inhabitants: latest available year (continued)

Population des capitales et des villes de 100 000 habitants et plus: dernière année disponible (suite)

(See notes at end of table. – Voir notes à la fin du tableau.)

Continent, country or area, city and date / Continent, pays ou zone, ville et date	Population: City proper / Ville proprement dite	Population: Urban agglomeration / Agglomération urbaine
AFRICA—AFRIQUE (Cont.–Suite)		
Nigeria – Nigéria		
1 VII 1975(E)		
Aba	177 000	...
Abeokuta	253 000	...
ABUJA	...	...
Ado–Ekiti	213 000	...
Benin	136 000	...
Calabar	103 000	...
Ede	182 000	...
Enugu	187 000	...
Ibadan	847 000	...
Ife	176 000	...
Ikere–Ekiti	145 000	...
Ila	155 000	...
Ilesha	224 000	...
Ilorin	282 000	...
1 VII 1971(E)		
Iseyin	115 083	...
1 VII 1975(E)		
Iwo	214 000	...
Kaduna	202 000	...
Kano	399 000	...
1 VII 1971(E)		
Katsina	109 424	...
1 VII 1975(E)		
Lagos	1 060 848	...
Maiduguri	189 000	...
Mushin	197 000	...
Ogbomosho	432 000	...
Onitsha	220 000	...
Oshogbo	282 000	...
Oyo	152 000	...
Port Harcourt	242 000	...
Zaria	224 000	...
Réunion		
15 III 1990		
SAINT–DENIS	*——— [8] 121 999 ———*	
Rwanda		
15 VIII 1978		
KIGALI	116 227	...
St. Helena – Sainte–Hélène		
22 II 1987		
JAMESTOWN	1 332	...
Sao Tome and Principe – Sao Tomé–et–Principe		
15 XII 1960		
SAO TOME	5 714	...
Senegal – Sénégal		
1 VII 1994(E)		
DAKAR	1 641 358	...
Kaolack	193 115	...
Saint–Louis	132 499	...
Thies	216 381	...
Zinqunichor	161 680	...
AFRICA—AFRIQUE (Cont.–Suite)		
Seychelles		
17 VIII 1987		
VICTORIA	...	24 324
Sierra Leone		
15 XII 1985		
FREETOWN	469 776	...
Somalia – Somalie		
VII 1972(E)		
MOGADISHU	*230 000*	...
South Africa – Afrique du Sud		
7 III 1991		
Alexandra	124 586	...
6 V 1970		
Benoni	...	151 294
7 III 1991		
Benoni	113 501	...
5 III 1985		
Bloemfontein	104 381	232 984
7 III 1991		
Bloemfontein	126 867	...
6 V 1970		
Boksburg	...	106 126
7 III 1991		
Boksburg	119 890	...
Botshabelo	177 926	...
5 III 1985		
CAPE TOWN [9]	776 617	1 911 521
7 III 1991		
CAPE TOWN [9]	854 616	...
Dareyton	151 659	...
Dlepmeadow	241 099	...
5 III 1985		
Durban	634 301	982 075
7 III 1991		
Durban	715 669	...
6 V 1970		
East London	119 727	124 763
7 III 1991		
East London	102 325	...
East Rand	...	1 378 791
Evaton	201 026	...
6 V 1970		
Germiston	...	221 972
7 III 1991		
Germiston	134 005	...
Ibhayi	257 054	...
Khayelitsa	189 586	...
Kwamashu	156 679	...

8. Population of capital cities and cities of 100 000 and more inhabitants: latest available year (continued)

Population des capitales et des villes de 100 000 habitants et plus: dernière année disponible (suite)

(See notes at end of table. – Voir notes à la fin du tableau.)

Continent, country or area, city and date / Continent, pays ou zone, ville et date	Population: City proper / Ville proprement dite	Population: Urban agglomeration / Agglomération urbaine
AFRICA—AFRIQUE (Cont.–Suite)		
South Africa – Afrique du Sud		
5 III 1985		
Johannesburg	632 369	1 609 408
7 III 1991		
Johannesburg	712 507	...
Kathlehong	201 785	...
6 V 1970		
Kimberley	...	105 258
5 III 1985		
Kayamnandi	220 548	...
7 III 1991		
Lekoa	217 582	...
Mamelodi	154 845	...
Kempton Park	106 606	...
Ntuzuma	102 310	...
Mangaung	125 545	...
6 V 1970		
Pietermaritzburg	114 822	160 855
7 III 1991		
Pietermaritzburg	156 473	...
5 III 1985		
Port Elizabeth	272 844	651 993
7 III 1991		
Port Elizabeth	303 353	...
5 III 1985		
PRETORIA [9]	443 059	822 925
7 III 1991		
PRETORIA [9]	525 583	...
Sandton	101 197	...
Roodepoort	162 632	...
5 III 1985		
Sasolburg	...	540 142
7 III 1991		
Sasolburg	33 305	...
Soweto	596 632	...
6 V 1970		
Springs	...	142 812
7 III 1991		
Springs	72 647	...
Tembisa	209 238	...
6 V 1970		
Umlazi	...	123 495
7 III 1991		
Umlazi	299 275	...
6 V 1970		
Vereeniging	...	172 549
7 III 1991		
Vereeniging	71 255	...
West Rand	...	870 066

Continent, country or area, city and date / Continent, pays ou zone, ville et date	Population: City proper / Ville proprement dite	Population: Urban agglomeration / Agglomération urbaine
AFRICA—AFRIQUE (Cont.–Suite)		
Sudan – Soudan		
15 IV 1993*		
El Obeid	228 096	...
Gedaref	189 384	...
Juba	114 980	...
Kassala	234 270	...
KHARTOUM	924 505	...
Medani	218 714	...
Nyala	1 267 077	...
Omdurman	228 778	...
Port Sudan	305 385	...
Sharg el nil	879 105	...
Swaziland		
25 VIII 1986		
MBABANE	38 290	...
Togo		
30 IV 1970		
LOME	148 156	...
Tunisia – Tunisie		
30 III 1984		
Sfax	231 911	334 702
TUNIS	596 654	1 394 749
Uganda – Ouganda		
18 VIII 1969		
KAMPALA	...	330 700
United Rep. of Tanzania – Rép.–Unie de Tanzanie		
1 VII 1985(E)		
Dar es Salaam	*1 096 000*	...
DODOMA	*85 000*	...
Mbeya	*194 000*	...
Mwanza	*252 000*	...
Tabora	*214 000*	...
Tanga	*172 000*	...
Zanzibar	*133 000*	...
Western Sahara – Sahara Occidental		
30 II 1974(E)		
EL AAIUN	*20 010*	...
Zaire – Zaïre		
1 VII 1984		
Boma	197 617	...
Bukavu	167 950	...
Kananga	298 693	...
Kikwit	149 296	...
KINSHASA	2 664 309	...
Kisangani	317 581	...
Kolwezi	416 122	...
Likasi (Jadotville)	213 862	...
Lubumbashi	564 830	...
31 XII 1972(E)		
Luluabourg	*506 033*	...
1 VII 1984		
Matadi	138 798	...
Mbandaka	137 291	...

8. Population of capital cities and cities of 100 000 and more inhabitants: latest available year (continued)

Population des capitales et des villes de 100 000 habitants et plus: dernière année disponible (suite)

(See notes at end of table. – Voir notes à la fin du tableau.)

Continent, country or area, city and date Continent, pays ou zone, ville et date	Population City proper Ville proprement dite	Population Urban agglomeration Agglomération urbaine
AFRICA—AFRIQUE (Cont.–Suite)		
Zaire – Zaïre		
1 VII 1984		
Mbuji–Mayi	486 235	...
Zambia – Zambie		
25 VIII 1980		
Chingola	130 872	130 872
20 VIII 1990		
Chingola	162 954	...
25 VIII 1980		
Kabwe	127 422	136 006
20 VIII 1990		
Kabwe	166 519	...
25 VIII 1980		
Kitwe	283 962	320 320
20 VIII 1990		
Kitwe	338 207	...
25 VIII 1980		
Luanshya	110 907	113 420
20 VIII 1990		
Luanshya	146 275	...
25 VIII 1980		
LUSAKA	498 837	535 830
20 VIII 1990		
LUSAKA	982 362	...
25 VIII 1980		
Mufulira	135 535	138 824
20 VIII 1990		
Mufulira	152 944	...
25 VIII 1980		
Ndola	250 490	281 315
20 VIII 1990		
Ndola	376 311	...
Zimbabwe		
18 VIII 1992		
Bulawayo	621 742	...
Chitungwiza	274 912	...
HARARE	1 189 103	...
AMERICA,NORTH—AMERIQUE DU NORD		
Antigua and Barbuda – Antigua–et–Barbuda		
28 V 1991		
ST.JOHN'S	22 342	...
Bahamas		
1 V 1990		
NASSAU	...	172 196
Barbados – Barbade		
12 V 1980		
BRIDGETOWN	7 466	...
Belize		
12 V 1991		
BELMOPAN	44 087	...
Bermuda – Bermudes		
20 V 1991 [1] [10]		
HAMILTON	1 100	...
British Virgin Islands – Iles Vierges britanniques		
7 IV 1960		
ROAD TOWN	891	...
Canada [1]		
4 VI 1991		
Brampton	234 445	...
Burlington	129 575	...
Burnaby	158 858	...
Calgary	710 677	754 033
1 VII 1994(E)		
Calgary	...	814 510
Chicoutimi–Jonquière	...	167 747
4 VI 1991		
East York	102 696	...
Edmonton	616 741	839 924
1 VII 1994(E)		
Edmonton	...	888 465
4 VI 1991		
Etobicoke	309 993	...
Gloucester	101 677	...
Halifax	114 455	320 501
1 VII 1994(E)		
Halifax	...	338 971
4 VI 1991		
Hamilton	318 499	599 760
1 VII 1994(E)		
Hamilton	...	636 874
4 VI 1991		
Kelowna	...	111 846
Kingston	...	136 401
Kitchener	168 282	356 421
1 VII 1994(E)		
Kitchener	...	384 914
4 VI 1991		
Laval	314 398	...
London	341 322	381 522
1 VII 1994(E)		
London	...	410 282
4 VI 1991		
Longueuil	129 874	...
Markham	153 811	...
Matsqui	...	113 562

8. Population of capital cities and cities of 100 000 and more inhabitants: latest available year (continued)

Population des capitales et des villes de 100 000 habitants et plus: dernière année disponible (suite)

(See notes at end of table. – Voir notes à la fin du tableau.)

Continent, country or area, city and date / Continent, pays ou zone, ville et date	Population: City proper / Ville proprement dite	Population: Urban agglomeration / Agglomération urbaine
AMERICA,NORTH— (Cont.–Suite) AMERIQUE DU NORD		
Canada [1]		
4 VI 1991		
Mississauga	463 388	...
Moncton	...	106 503
Montréal	1 017 666	3 127 424
1 VII 1994(E)		
Montréal	...	3 322 379
4 VI 1991		
Nepean	107 627	...
North York	562 564	...
Oakville	114 670	...
Oshawa	129 344	240 104
1 VII 1994(E)		
Oshawa	...	266 420
4 VI 1991		
OTTAWA	313 987	920 857
1 VII 1994(E)		
OTTAWA	...	1 010 288
4 VI 1991		
Québec	167 517	645 550
1 VII 1994(E)		
Québec	...	683 843
4 VI 1991		
Regina	179 178	191 692
1 VII 1994(E)		
Regina	...	199 256
4 VI 1991		
Richmond	126 624	...
St. Catharines	129 300	364 556
1 VII 1994(E)		
St. Catharines	...	384 189
St. John's	...	177 663
Saint John	...	130 263
4 VI 1991		
Saskatoon	186 058	210 023
1 VII 1994(E)		
Saskatoon	...	218 950
4 VI 1991		
Scarborough	524 598	...
1 VII 1994(E)		
Sherbrooke	...	144 935
Sudbury	...	165 888
4 VI 1991		
Surrey	245 173	...
Sydney Glace Bay	...	116 100
Thunder Bay	113 946	124 427
1 VII 1994(E)		
Thunder Bay	...	129 334
4 VI 1991		
Toronto	635 395	3 893 046

Continent, country or area, city and date / Continent, pays ou zone, ville et date	Population: City proper / Ville proprement dite	Population: Urban agglomeration / Agglomération urbaine
AMERICA,NORTH— (Cont.–Suite) AMERIQUE DU NORD		
Canada [1]		
1 VII 1994(E)		
Toronto	...	4 281 906
Trois-Rivières	...	140 510
4 VI 1991		
Vancouver	471 844	1 602 502
1 VII 1994(E)		
Vancouver	...	1 774 672
4 VI 1991		
Vaughan	111 359	...
1 VII 1994(E)		
Victoria	...	313 230
4 VI 1991		
Windsor	191 435	262 075
1 VII 1994(E)		
Windsor	...	278 691
4 VI 1991		
Winnipeg	616 790	652 354
1 VII 1994(E)		
Winnipeg	...	680 505
4 VI 1991		
York	140 525	...
Cayman Islands – Iles Caïmanes		
1 VII 1988(E)		
GEORGE TOWN	13 700	...
Costa Rica		
1 VII 1994(E)		
Alajuela	170 080	...
Cartago	117 004	...
SAN JOSE	315 909	[11] 1 186 417
Cuba		
31 XII 1993(E)		
Bayamo	137 663	...
Camagüey	294 332	...
Cienfuegos	130 000	...
Guantánamo	207 796	...
Holguín	242 085	...
LA HABANA	2 175 888	...
Las Tunas	126 930	...
Matanzas	122 588	...
Pinar del Río	128 570	...
Santa Clara	205 400	...
Santiago de Cuba	430 494	...
Dominica – Dominique		
12 V 1991		
ROSEAU	16 243	...

8. Population of capital cities and cities of 100 000 and more inhabitants: latest available year (continued)

Population des capitales et des villes de 100 000 habitants et plus: dernière année disponible (suite)

(See notes at end of table. – Voir notes à la fin du tableau.)

Continent, country or area, city and date Continent, pays ou zone, ville et date	Population City proper Ville proprement dite	 Urban agglomeration Agglomération urbaine
AMERICA,NORTH— (Cont.–Suite) AMERIQUE DU NORD		
Dominican Republic – République dominicaine		
24 IX 1993*		
Azua	194 209	...
Bahoruco	101 742	...
Barahona	157 772	...
Duarte	272 277	...
Espaillat	197 617	...
La Altagracia	112 396	...
La Romana	158 132	...
La Vega	335 140	...
Maria Trinidad Sanchez	122 265	...
Monte Plata	162 630	...
Monsenor Nouel	144 327	...
Peravia	199 661	...
Puerto Plata	255 061	...
San Cristobal	409 381	...
San Juan	247 029	...
San Pedro de Macoris	212 886	...
Sanchez Ramirez	158 218	...
Santiago de los Caballeros	690 548	...
SANTO DOMINGO	2 134 779	...
Valverde	146 087	...
El Salvador		
27 IX 1992 [12]		
Apopa	*——— 100 763	———*
Delgado	104 790	
Mejicanos	131 972	
Nueva San Salvador	116 575	
SAN SALVADOR	415 346	
Santa Ana	139 389	
San Miguel	127 696	
Soyapango	261 122	
Greenland – Groenland		
1 I 1994(E) [1]		
NUUK (GODTHAB)	12 483	...
Grenada – Grenade		
30 IV 1981		
ST. GEORGE'S	4 788	...
Guadeloupe		
16 X 1967 [1]		
BASSE–TERRE	29 522	...
Guatemala		
1 VII 1990(E)		
GUATEMALA	1 675 589	...
31 XII 1989(E)		
Esquintra	...	105 842
1 VII 1990(E)		
Quezal Tenango	101 168	...
AMERICA,NORTH— (Cont.–Suite) AMERIQUE DU NORD		
Haiti – Haïti		
1 VII 1990(E) [1]		
Carrefour	*216 930*	...
Delmas	*178 990*	...
PORT–AU–PRINCE	*690 168*	...
Honduras		
31 VII 1985(E)		
La Ceiba	*103 600*	...
30 VI 1986(E)		
San Pedro Sula	*397 201*	...
TEGUCIGALPA	*597 512*	...
Jamaica – Jamaïque		
8 VI 1982		
KINGSTON	104 041	524 638
7 IV 1991		
KINGSTON	103 962	...
Martinique		
9 III 1982 [1]		
FORT–DE–FRANCE	97 814	...
Mexico – Mexique [1]		
12 III 1990		
Acapulco	515 374	...
Aguascalientes	455 234	...
Ahome	303 558	...
Benito Juarez–Cancun–Q.Ro	176 765	...
Cajeme	311 443	...
Campeche	150 518	...
Celaya	214 856	...
Centro	386 776	...
Chihuahua	530 783	...
Chilpacingo	114 244	...
Ciudad Juárez	798 499	...
Ciudad Lopez Mateos	315 059	...
Ciudad Madero	160 331	...
Ciudad Obregon	219 980	...
Ciudad Victoria	207 923	...
Coatzacoalcos	432 944	...
Cordoba	153 959	...
Cuernavaca	281 294	539 425
Culiacán	415 046	...
Durango	348 036	...
Colimas	154 347	...
Cuatlas	162 117	...
Ecatepec	1 218 135	...
Ensenada	169 426	...
Gomez Palacio	164 092	...
4 VI 1980		
Guadalajara	1 626 152	...
12 III 1990		
Guadalajara	...	2 870 417
Guadalupe	535 332	...
Guaynas	123 438	...
Hermosillo	448 966	...
Irapuato	265 042	...
Jalapa	300 041	...
La Paz	137 641	...

8. Population of capital cities and cities of 100 000 and more inhabitants: latest available year (continued)

Population des capitales et des villes de 100 000 habitants et plus: dernière année disponible (suite)

(See notes at end of table. – Voir notes à la fin du tableau.)

Continent, country or area, city and date / Continent, pays ou zone, ville et date	Population: City proper / Ville proprement dite	Population: Urban agglomeration / Agglomération urbaine
AMERICA,NORTH— (Cont.–Suite) AMERIQUE DU NORD		
Mexico – Mexique [1]		
12 III 1990		
Leon	758 279	...
Los Mochis	162 659	...
Matamoros	266 055	...
Mazatlán	262 705	...
Mérida	600 620	...
Mexicali	438 377	...
MEXICO, CIUDAD DE	8 235 744	15 047 685
Minatitlan	142 060	...
Monclova	240 056	...
4 VI 1980		
Monterrey	1 084 696	...
12 III 1990		
Monterrey	1 069 238	2 562 531
Morelia	428 486	...
Naucalpan	772 483	...
Netzahualcoyotl	1 255 456	...
Nogales	107 936	...
Nuevo Laredo	219 468	...
Oaxaca de Juárez	294 961	...
Orizaba	225 739	...
Pachuca	180 630	...
Poza Rica de Hidalgo	172 232	...
4 VI 1980		
Puebla de Zaragoza	772 908	...
12 III 1990		
Puebla de Zaragoza	1 007 170	1 266 258
Querétaro	416 340	...
Reynosa	282 667	...
Salamanca	123 190	...
Saltillo	457 716	...
San Luis Potosí	658 712	...
30 VI 1979(E)		
Tampico	*248 369*	389 940
12 III 1990		
Tampico	433 021	...
Tapachula	138 858	...
Tehuacan	155 563	...
Tepic	206 967	...
Tijuana	747 381	...
Tlalnepantla	702 270	...
Tlalpan	484 866	...
Tlaquepaque	328 031	...
Toluca	487 612	819 915
Tlaxcala	185 555	...
30 VI 1979(E)		
Torreon	...	407 271
12 III 1990		
Torreon	675 510	...
Tuxtlan Gutiérrez	295 608	...
Uruapan	187 623	...
Veracruz Llave	472 657	...
Villahermosa	261 231	...
Xochimilco	271 151	...
Zacatecas	154 989	...
Zamora de Hidalgo	145 597	...
Zapopan	668 323	...
AMERICA,NORTH— (Cont.–Suite) AMERIQUE DU NORD		
Montserrat		
12 V 1980		
PLYMOUTH	1 478	...
Netherlands Antilles – Antilles néerlandaises		
27 I 1992 [1]		
WILLEMSTAD	2 345	...
Nicaragua		
1 VII 1979(E)		
MANAGUA	*608 020*	...
Panama		
1 VII 1995(E)		
PANAMA	*452 041*	...
San Miguelito	*290 919*	...
Puerto Rico – Porto Rico [1] [14]		
1 VII 1984((E)		
Aguadilla	...	155 500
Arecibo	...	163 300
1 VII 1994(E)		
Bayamon	229 299	...
1 IV 1990		
Caguas	133 447	191 103
1 VII 1994(E)		
Caguas	141 675	...
Carolina	188 997	...
1 IV 1990		
Mayagüez	100 371	110 764
1 VII 1994(E)		
Mayagüez	104 190	...
1 IV 1990		
Ponce	187 749	[15] 190 636
1 VII 1994(E)		
Ponce	193 069	...
1 IV 1990		
SAN JUAN	437 745	[16] 1 222 316
1 VII 1994(E)		
SAN JUAN	451 168	...
Saint Kitts and Nevis – Saint–Kitts–et–Nevis		
12 V 1980		
BASSETERRE	14 161	...
Saint Lucia – Sainte–Lucie		
12 V 1991		
CASTRIES	1 991	51 994

8. Population of capital cities and cities of 100 000 and more inhabitants: latest available year (continued)

Population des capitales et des villes de 100 000 habitants et plus: dernière année disponible (suite)

(See notes at end of table. – Voir notes à la fin du tableau.)

Continent, country or area, city and date Continent, pays ou zone, ville et date	Population: City proper Ville proprement dite	Population: Urban agglomeration Agglomération urbaine
AMERICA,NORTH (Cont.) — AMERIQUE DU NORD (Suite)		
St. Pierre and Miquelon – Saint–Pierre–et–Miquelon		
9 III 1982		
SAINT–PIERRE	5 416	...
St. Vincent and the Grenadines – Saint–Vincent–et–Grenadines		
12 V 1991		
KINGSTOWN	15 466	...
Trinidad and Tobago – Trinité–et–Tobago		
1 VII 1994		
PORT–OF–SPAIN	46 222	...
Turks and Caicos Islands – Iles Turques et Caïques		
31 V 1990		
GRAND TURK	3 691	...
United States – Etats–Unis		
1 VII 1994(E) [17] [18]		
Abilene	110 034	121 904
Akron	221 886	([19])
Albany(N.Y.)	104 828	[20] 875 240
Albuquerque	411 994	645 533
Alexandria(Va.)	112 879	([21])
Allentown	105 339	[22] 611 765
Amarillo	165 036	197 039
Anaheim	282 133	([23])
Anchorage	253 649	253 649
Ann Arbor	108 817	([24])
Arlington(Tx.)	286 922	([25])
Arlington(Va.)	174 603	([21])
Atlanta	396 052	3 330 997
Aurora(Co.)	250 717	([26])
Aurora(Il.)	112 313	([27])
Austin	514 013	963 981
Bakersfield	191 060	609 332
Baltimore	702 979	([21])
Baton Rouge	227 482	558 145
Beaumont	115 022	[28] 372 735
Birmingham	264 527	872 222
Boise City	145 987	347 773
Boston	547 725	[29] 5 497 284
Bridgeport	132 919	([30])
Brownsville	112 904	[31] 299 594
Buffalo	312 965	[32] 1 189 237
Cedar Rapids	113 438	176 814
Chandler(Ar.)	119 227	...
Charlotte	437 797	[33] 1 260 390
Chattanooga	152 259	439 189
Chesapeake	180 577	([34])
Chicago	2 731 743	[35] 8 526 804
Chula Vista	149 255	([36])
Cincinnati	358 170	[37] 1 894 071
Cleveland	492 901	[38] 2 898 855
Colorado Springs	316 480	452 424
Columbia(S.C.)	104 101	486 339
Columbus (Ga.)	186 470	274 134
Columbus (Oh.)	635 913	1 422 875
Concord	111 889	([39])
Corpus Christi	275 419	375 686
Dallas	1 022 830	[40] 4 362 483
Dayton	178 540	[41] 956 382
Denver	493 559	[42] 2 189 994
Des Moines	193 965	416 485
Detroit	992 038	[43] 5 255 700
Durham	143 439	([44])
Elizabeth	106 298	([30])
El Monte	104 661	([23])
El Paso	579 307	664 813
Erie	108 398	280 320
Escondido	116 349	([36])
Eugene	118 122	[45] 298 999
Evansville	129 452	286 628
Flint	138 164	([24])
Fontana (Ca.)	103 737	([23])
Fort Lauderdale	162 842	([46])
Fort Wayne	183 359	469 065
Fort Worth	451 814	([25])
Fremont	183 575	([39])
Fresno	386 551	834 663
Fullerton	116 863	([23])
Garden Grove	147 958	([23])
Garland	194 218	([25])
Gary	114 256	([27])
Glendale(Az.)	168 439	([47])
Glendale(Ca.)	178 481	([23])
Grand Prairie(Tx.)	108 908	([25])
Grand Rapids	190 395	984 990
Green Bay	102 708	207 269
Greensboro	196 167	[48] 1 107 051
Hampton	139 628	([34])
Hartford	124 196	[49] 1 151 413
Hayward	115 590	([39])
Henderson	101 997	([50])
Hialeah	194 120	([46])
Hollywood(Fl.)	124 992	([46])
Honolulu	385 881	874 330
Houston	1 702 086	[51] 4 098 776
Huntington Beach	189 220	([23])
Huntsville	160 325	316 314
Independence	111 669	([52])
Indianapolis	752 279	1 461 693
Inglewood	110 085	([23])
Irving	125 624	([23])
Irving (Tx.)	164 917	([25])
Jackson (Miss.)	193 097	411 868
Jacksonville(Fl.)	665 070	971 829
Jersey City	226 022	([30])
Kansas City (Ka.)	142 630	([52])
Kansas City (Mo.)	443 878	1 647 241
Knoxville	169 311	631 107
Lafayette(La.)	102 281	361 338
Lakewood	126 031	([26])
Lancaster(Ca.)	119 186	([23])
Lansing	119 590	[53] 436 129
Laredo	149 914	163 066
Las Vegas	327 878	1 076 267
Lexington–Fayette	237 612	430 845
Lincoln	203 076	225 746
Little Rock	178 136	[54] 537 544
Livonia	100 415	([24])
Long Beach	433 852	([23])
Los Angeles	3 448 613	[55] 15 302 275
Louisville	270 308	980 855
Lubbock	194 467	230 527
Macon	109 191	[56] 307 420

(See notes at end of table. – Voir notes à la fin du tableau.)

Continent, country or area, city and date Continent, pays ou zone, ville et date	Population City proper Ville proprement dite	Population Urban agglomeration Agglomération urbaine
AMERICA,NORTH (Cont.) — AMERIQUE DU NORD (Suite)		
United States – Etats–Unis		
1 VII 1994(E) [17] [18]		
Madison	194 586	390 262
Memphis	614 289	1 056 096
Mesa	313 649	(47)
Mesquite	113 631	(25)
Miami	373 024	[57] 3 408 038
Milwaukee	617 044	[58] 1 637 278
Minneapolis	354 590	[59] 2 688 455
Mobile	204 490	512 150
Modesto	176 357	406 765
Montgomery	195 471	312 020
Moreno Valley	139 311	(23)
Naperville	101 163	(27)
Nashville–Davidson	504 505	1 069 648
Newark	258 751	(30)
New Haven	119 604	(30)
New Orleans	484 149	1 308 904
Newport News	179 127	(34)
New York	7 333 253	[60] 19 796 430
Norfolk	241 426	[61] 1 529 207
Norwalk	100 744	(23)
Oakland	366 926	(39)
Oceanside	146 229	(36)
Oklahoma City	463 201	1 007 302
Omaha	345 033	662 811
Overland Park	125 225	(52)
Ontario	134 825	(23)
Orange	116 785	(23)
Orlando	176 948	1 361 489
Oxnard	145 863	(23)
Pasadena(Ca.)	134 170	(23)
Pasadena(Tx.)	129 292	(62)
Palmdale	103 423	(23)
Paterson	138 290	(30)
Peoria	112 878	343 531
Philadelphia	1 524 249	[63] 5 959 301
Phoenix	1 048 949	2 473 384
Pittsburgh	358 883	2 402 012
Plano	157 394	(25)
Pomona	143 870	(23)
Portland(Or.)	450 777	[64] 1 982 238
Portsmouth(Va.)	103 464	(34)
Providence	150 639	[65] 1 129 172
Pueblo	100 471	127 666
Raleigh	236 707	[66] 963 127
Rancho Cucamonga	114 799	(23)
Reno	145 029	282 936
Richmond	201 108	[67] 916 674
Riverside	261 644	(23)
Rochester (Ny.)	231 170	1 090 596
Rockford	143 263	346 714
Sacramento	373 964	[68] 1 587 898
St. Louis	368 215	2 536 080
St. Paul	262 071	(69)
St. Petersburg	238 585	(70)
Salem	115 912	(71)
Salinas	119 814	[72] 351 928
Salt Lake City	171 849	[73] 1 178 338
San Antonio	998 905	1 437 306
San Bernardino	181 718	(23)
San Diego	1 151 977	2 632 078
San Francisco	734 676	[74] 6 513 322
San Jose	816 884	(39)
Santa Ana	290 827	(23)
Santa Clarita	123 676	(23)
Santa Rosa	116 962	(39)
Savannah	140 597	275 656
Scottsdale	152 439	(47)
Seattle	520 947	[75] 3 225 517
Shreveport	196 982	378 374
Simi Valley	106 949	(23)
Sioux Falls	109 174	151 540
South Bend	105 092	[76] 255 435
Spokane	192 781	385 882
Springfield (Ill.)	105 938	195 835
Springfield (Ma.)	149 164	579 905
Springfield (Mo.)	149 727	288 990
Stamford	107 199	(30)
Sterling Heights	119 505	(24)
Stockton	222 633	518 167
Sunnyvale	119 584	(39)
Syracuse	159 895	753 980
Tacoma	183 060	(77)
Tallahassee	133 716	253 367
Tampa	285 523	[78] 2 156 546
Tempe	144 289	(47)
Thousand Oaks	110 981	(23)
Toledo	322 550	613 945
Topeka	120 646	165 123
Torrance	138 219	(23)
Tucson	434 726	731 523
Tulsa	374 851	743 107
Vallejo	111 484	(39)
Virginia Beach	430 295	(34)
Waco	105 892	197 171
Warren	142 625	(24)
WASHINGTON D.C.	567 094	7 051 495
Waterbury	103 523	(30)
West Covina	103 298	(23)
Wichita	310 236	506 831
Winston–Salem	155 128	(79)
Worcester	165 387	(30)
Yonkers	183 490	(30)
United States Virgin Islands – Iles Vierges américaines		
1 IV 1980 [1] [14]		
CHARLOTTE AMALIE	11 842	...
AMERICA,SOUTH— AMERIQUE DU SUD		
Argentina – Argentine		
15 V 1991		
Avellaneda	346 620	...
Bahia Blanca	255 145	...
BUENOS AIRES	2 960 976	10 686 163
Catamarca	110 269	133 050
Comodoro Rivadavia	123 672	...
Cordoba	1 148 305	1 197 926
Corrientes	257 766	...
Formosa	153 855	...
General San Martin	407 506	...
La Matanza	1 111 811	...
Lanus	466 755	...
La Plata	520 647	640 344
Lomas de Zamora	572 769	...
Mar del Plata	519 707	...
Mendoza	121 739	773 559
Moron	641 541	...
Neuquén	167 078	...

8. Population of capital cities and cities of 100 000 and more inhabitants: latest available year (continued)

Population des capitales et des villes de 100 000 habitants et plus: dernière année disponible (suite)

(See notes at end of table. – Voir notes à la fin du tableau.)

Continent, country or area, city and date Continent, pays ou zone, ville et date	Population City proper Ville proprement dite	 Urban agglomeration Agglomération urbaine
AMERICA, SOUTH (Cont.) — AMERIQUE DU SUD (Suite)		
Argentina – Argentine		
15 V 1991		
Paraná	206 848	211 966
Posadas	201 943	211 297
Quilmes	509 445	...
Resistencia	228 199	291 083
Rio Cuarto	133 741	138 996
Rosario	894 645	1 095 906
Salta	367 099	369 354
San Fernando	141 496	...
San Isidro	299 022	...
San Juan	119 492	353 656
San Miguel de Tucumán	470 604	622 348
San Nicolas	114 752	...
San Salvador de Jujuy	181 318	182 663
Santa Fé	342 796	394 888
Vicente Lopez	289 142	...
Bolivia – Bolivie		
1 VII 1993(E)		
Cochabamba	448 756	...
El Alto	446 189	...
LA PAZ [81]	784 976	...
Oruro	201 831	...
Potosí	123 327	...
Santa Cruz	767 260	...
SUCRE [81]	144 994	...
Brazil – Brésil		
1 IX 1991		
Abaeteluba	*——— 100 016 ———*	
Alagoinhas	116 894	
Altamira	120 441	
Alvorada	142 046	
Americana	153 840	
Anápolis	239 378	
Aparecida de Goiania	178 483	
Aracaju	402 341	
Araçatuba	159 557	
Araguaina	103 315	
Arapiraca	164 921	
Araraquara	166 731	
Bage	118 967	
1 VII 1993(E)		
Barbacena	101 842	
Barueri	140 221	
Barra Mansa	166 269	
Bauru	273 759	
Belém	1 297 592	
Belford Roxo	370 279	
Belo Horizonte	2 060 804	
Betim	185 671	
Blumenou	221 329	
Boa Vista	159 979	
Bragança Paulista	103 761	
1 IX 1991		
BRASILIA	1 601 094	
1 VII 1993(E)		
Cabo	130 923	
Cachoeiro de Itapemir	im 148 572	
Camacari	121 146	
Camaragibe	100 377	
Campina Grande	339 641	
Campinas	*——— 878 690 ———*	
Campo Grande	565 943	
Campos dos Goytacazes	385 068	
Canoas	278 873	
Carapicuíba	300 283	
1 IX 1991		
Caratinga	125 686	
1 VII 1993(E)		
Cariacica	289 047	
Caruaru	220 690	
Cascavel	201 872	
Castanhal	108 326	
Caucaia	177 159	
Caxias	149 160	
Caxias do Sul	302 498	
Chapeco	117 432	
Codo	112 477	
Colatina	101 034	
Colombo	127 091	
Contagem	478 317	
Cotia	116 674	
Criciúma	153 455	
Cuiabá	435 647	
Curitiba	1 364 320	
Diadema	318 305	
Divinopolis	157 260	
Dourados	141 929	
Duque de Caxias	683 451	
Embu	166 215	
Feira de Santana	425 974	
Ferraz de Vasconcelos	102 164	
Florianopolis	266 858	
Fortaleza	1 846 955	
Foz do Iguaçu	201 222	
Franca	247 385	
Garanhuns	106 111	
Goiânia	957 564	
Governador Valadares	236 369	
Gravatai	194 237	
1 IX 1991		
Guaratinguita	102 072	

8. Population of capital cities and cities of 100 000 and more inhabitants: latest available year (continued)

Population des capitales et des villes de 100 000 habitants et plus: dernière année disponible (suite)

(See notes at end of table. – Voir notes à la fin du tableau.)

Continent, country or area, city and date Continent, pays ou zone, ville et date	Population City proper Ville proprement dite	 Urban agglomeration Agglomération urbaine
AMERICA,SOUTH (Cont.) — AMERIQUE DU SUD (Suite)		
Brazil – Brésil [1] [12]		
1 VII 1993(E)		
Guarapuava	*——— 145 961	———*
Guarujá	220 244	
Guarulhos	831 210	
Ilhéus	239 429	
Imperatriz	294 628	
Inoaiatuba	108 544	
Ipatinga	185 122	
Itaboraí	170 931	
Itabuna	192 255	
Itaguaí	116 951	
Itaituba	102 852	
Itajaí	125 266	
Itapetininga	105 246	
Itapevi	117 241	
Itaquaquecetuba	180 568	
Itu	112 939	
Jaboatao	513 740	
Jacareí	172 047	
Jequié	149 512	
Ji–Paraná	106 457	
Joao Pessoa	526 086	
Joinville	372 203	
Juazeiro	134 606	
Juazeiro do Norte	180 013	
Juiz de Fora	399 327	
Jundiaí	294 444	
Lages	154 896	
Limeira	217 489	
Linhares	121 981	
Londrina	405 116	
Luziania	197 459	
Macae	106 784	
Macapá	179 273	
Maceio	666 071	
Magé	167 302	
Manaus	1 078 277	
Marabá	138 270	
Maracanau	177 411	
Marília	167 838	
Maringá	252 533	
Mauá	310 161	
Moji das Cruzes	285 955	
Moji–Guaçu	106 183	
Montes Claros	262 422	
Mossoro	202 684	
Natal	639 160	
Nilopolis	159 197	
Niteroi	442 786	
Nova Friburgo	174 507	
Nova Iguaçu	792 917	
Novo Hamburgo	217 418	
Olinda	351 441	
Osasco	584 140	
Paranagua	112 041	
Parnaíba	127 953	
Passo Fundo	146 638	
Patos de Minas	105 804	
Paulista	227 266	
Pelotas	299 592	
Petrolina	173 624	
Petropolis	259 879	
Pindamonhangaba	107 584	
Piracicaba	*——— 290 641	———*
1 IX 1991		
Piraquara	106 882	
1 VII 1993(E)		
Pocos de Caldas	114 056	
Ponta Grossa	242 026	
Porto Alegre	1 280 114	
Porto Velho	296 770	
Praia Grande	133 257	
Presidente Prudente	170 349	
Queimados	101 447	
Recife	1 314 857	
Ribeirao das Neves	156 865	
Ribeirao Preto	450 690	
Rio Branco	195 943	
Rio Claro	143 005	
Rio de Janeiro	5 547 033	
Rio Grande	176 891	
Rondonopolis	131 239	
Salvador	2 174 072	
Santa Barbara D'Oeste	156 928	
1 IX 1991		
Santa Cruz do Sul	117 773	
1 VII 1993(E)		
Santa Luzia (MG)	151 064	
Santa Luzia (MA)	122 288	
Santa Maria	220 980	
Santarém	277 482	
Santo André	627 850	
Santos	419 477	
Sao Bernardo do Campo	590 896	
Sao Caetano do Sul	147 215	
Sao Carlo	164 792	
Sao Gonçalo	807 774	
Sao Joao de Meriti	430 350	
Sao José	148 272	
Sao José do Rio Prêto	299 927	
Sao José dos Campos	468 678	
Sao José dos Pinhais	137 108	
Sao Leopoldo	179 682	
Sao Luís	738 327	
Sao Paolo	9 842 059	
Sao Vicente	281 464	
Sapucaia	109 220	
Serra	245 870	
Sete Lagoas	151 385	
Sobral	131 518	
Sorocaba	397 553	
Sumaré	154 214	
Susano	168 655	
Taboao da Serra	170 690	
Taubaté	213 370	
Teresina	636 904	
Teresopolis	124 447	
Teofilo Otoni	142 873	
Timon	113 051	
Uberaba	213 968	
Uberlandia	388 483	
1 IX 1991		
Umuarama	100 249	
1 VII 1993(E)		
Uruguaiana	121 866	
Várzea Grande	176 446	
Viamao	184 692	

8. Population of capital cities and cities of 100 000 and more inhabitants: latest available year (continued)

Population des capitales et des villes de 100 000 habitants et plus: dernière année disponible (suite)

(See notes at end of table. – Voir notes à la fin du tableau.)

Continent, country or area, city and date / Continent, pays ou zone, ville et date	Population: City proper / Ville proprement dite	Population: Urban agglomeration / Agglomération urbaine
AMERICA, SOUTH (Cont.) — AMERIQUE DU SUD (Suite)		
Brazil – Brésil [1,12]		
1 VII 1993(E)		
Vila Velha	*——— 276 149 ———*	
Vitoria	267 448	
Vitoria da Conquista	234 344	
Vitoria de Santo Antao	109 166	
Volta Redonda	226 534	
Chile – Chili		
30 VI 1995(E)*		
Antofagasta	236 730	...
Arica	173 336	...
Chillán	157 083	...
Concepcion	350 268	...
Iquique	152 592	...
La Serena	117 983	...
Osorno	123 055	...
Puente Alto	318 898	...
Puerto Montt	122 399	...
Punta Arenas	117 206	...
Quilpué	110 340	...
Rancagua	193 755	...
San Bernardo	206 315	...
SANTIAGO	4 229 970	...
Talca	169 448	...
Talcahuano	260 915	...
Temuco	239 340	...
Valdivia	119 431	...
Valparaiso	282 168	...
Viña del Mar	322 220	...
Colombia – Colombie		
15 X 1985		
Armenia	...	192 409
Barrancabermeja	...	141 516
Barranquilla	...	917 486
Bello	...	211 203
Bucaramanga	...	351 687
Buenaventura	...	165 829
Cali	...	1 369 331
Cartagena	...	513 986
Cúcuta	...	383 584
Floridablanca	...	142 153
Ibagué	...	280 638
Itagüi	...	139 050
Manizales	...	283 365
Medellín	...	1 452 392
Monteria	...	162 056
Neiva	...	179 908
Palmira	...	181 157
Pasto	...	203 742
Popayan	...	149 019
Pereira	...	241 927
SANTA FE DE BOGOTA	...	3 974 813
Santa Marta	...	175 687
Sincelejo	...	122 484
Soacha	...	100 691
Soledad	...	168 291
Tulua	...	103 123
Valledupar	...	150 838
Villavicencio	...	162 556
AMERICA, SOUTH (Cont.) — AMERIQUE DU SUD (Suite)		
Ecuador – Equateur		
28 XI 1982		
Ambato	100 454	112 775
25 XI 1990		
Ambato	124 166	...
Cuenca	194 981	...
1 VII 1987(E)		
Esmeraldas	*120 387*	...
28 XI 1982		
Guayaquil	1 199 344	1 204 532
25 XI 1990		
Guayaquil	1 508 444	...
28 XI 1982		
Machala	105 521	108 156
25 XI 1990		
Machala	144 197	...
Manta	125 505	...
1 VII 1987(E)		
Milagro	*102 884*	...
28 XI 1982		
Portoviejo	102 628	123 151
25 XI 1990		
Portoviejo	132 937	...
28 XI 1982		
QUITO	866 472	890 355
25 XI 1990		
QUITO	1 100 847	...
Santo Domingo de los Colorados	114 422	...
Falkland Islands (Malvinas)– Iles Falkland (Malvinas)		
5 III 1991		
STANLEY	1 557	...
French Guiana – Guyane Française		
5 III 1990		
CAYENNE	*——— [8] 41 164 ———*	
Guyana		
1 VII 1976(E)		
GEORGETOWN	72 049	187 056
Paraguay		
11 VII 1982		
ASUNCION	454 881	[83] 718 690
1 VII 1994		
ASUNCION(E)	*546 637*	...
26 VIII 1992		
Ciudad del Este	133 881	...
San Lorenzo	133 395	...

8. Population of capital cities and cities of 100 000 and more inhabitants: latest available year (continued)

Population des capitales et des villes de 100 000 habitants et plus: dernière année disponible (suite)

(See notes at end of table. – Voir notes à la fin du tableau.)

Continent, country or area, city and date / Continent, pays ou zone, ville et date	Population: City proper / Ville proprement dite	Population: Urban agglomeration / Agglomération urbaine
AMERICA, SOUTH (Cont.) — AMERIQUE DU SUD (Suite)		
Peru – Pérou		
1 VII 1991(E)		
Arequipa	624 500	...
Ayacucho	108 900	...
Cajamarca	111 800	...
30 VI 1985(E)		
Callao	515 200	...
1 VII 1991(E)		
Chiclayo	448 400	...
Chimbote	314 700	...
Cuzco	302 700	...
Huancayo	242 800	...
Ica	153 700	...
Iquitos	293 100	...
Juliaca	135 500	...
1 VII 1990(E)		
LIMA	6 414 500	...
1 VII 1991(E)		
Piura	306 500	...
Pucallpa	161 200	...
Sullana	150 300	...
Tacna	152 200	...
Trujillo	521 200	...
Suriname		
31 III 1964		
PARAMARIBO	110 867	182 100
Uruguay		
1 VII 1991		
MONTEVIDEO	1 360 258	...
Venezuela		
1 VII 1992(E)		
Acarigua–Araure	194 800	...
21 X 1990		
Barcelona	109 061	429 072
1 VII 1992(E)		
Barcelona	254 471	...
Barcelona–Pto. La Cruz	426 250	...
21 X 1990		
Barinas	152 853	162 730
Barquisimeto	602 622	745 444
1 VII 1992(E)		
Barquisimeto	692 599	...
Baruta	165 310	...
Cabimas	182 845	...
Catia la Mar	111 998	...
21 X 1990		
CARACAS	1 824 892	2 784 042
1 VII 1992(E)		
CARACAS	1 964 846	...
Carupano	100 937	...
21 X 1990		
Ciudad Bolivar	225 846	247 593
AMERICA, SOUTH (Cont.) — AMERIQUE DU SUD (Suite)		
Venezuela		
1 VII 1992(E)		
Ciudad Bolivar	*253 112*	...
Ciudad Guayana	*523 578*	...
21 X 1990		
Ciudad Losada	100 277	...
Coro	124 616	144 006
1 VII 1992(E)		
Coro	*137 040*	...
21 X 1990		
Cumaná	212 492	230 928
1 VII 1992(E)		
Cumaná	*232 228*	...
21 X 1990		
Guanare	83 380	110 130
1 VII 1992(E)		
Guanare	*99 571*	...
Guarenas	*152 612*	...
21 X 1990		
Los Teques	143 519	156 261
1 VII 1992(E)		
Los Teques	*162 145*	...
21 X 1990		
Maracaibo	1 207 513	1 363 863
Maracay	354 428	799 884
1 VII 1992(E)		
Maracay	*384 782*	...
21 X 1990		
Maturín	207 382	257 683
1 VII 1992(E)		
Maturín	*233 279*	...
21 X 1990		
Mérida	167 992	237 575
1 VII 1992(E)		
Mérida	*188 063*	...
Petare	*379 338*	...
Puerto Cabello	*143 765*	...
21 X 1990		
San Cristobal	220 697	336 100
1 VII 1992(E)		
San Cristobal	*238 670*	...
21 X 1990		
San Fernando de Apure	72 733	116 752
1 VII 1992(E)		
Turmero	*195 711*	...
21 X 1990		
Valencia	903 076	1 031 941
1 VII 1992(E)		
Valencia	*1 034 033*	...
Valera	*107 236*	...

8. Population of capital cities and cities of 100 000 and more inhabitants: latest available year (continued)

Population des capitales et des villes de 100 000 habitants et plus: dernière année disponible (suite)

(See notes at end of table. – Voir notes à la fin du tableau.)

Continent, country or area, city and date / Continent, pays ou zone, ville et date	Population: City proper / Ville proprement dite	Population: Urban agglomeration / Agglomération urbaine
ASIA — ASIE		
Afghanistan		
1 VII 1988(E)		
Herat	177 300	...
KABUL	1 424 400	...
Kandahar (Quandahar)	225 500	...
Mazar-i-Sharif	130 600	...
Armenia – Arménie		
1 VII 1990(E)		
Kirovakan	...	170 200
Leninakan	...	206 600
YEREVAN	...	1 254 400
Azerbaijan – Azerbaïdjan		
1 I 1990(E)		
BAKU	1 149 000	...
Giyandja	281 000	...
Sumgait	235 000	...
Bahrain – Bahreïn		
16 XI 1991		
MANAMA	127 978	136 999
1 VII 1992(E)		
MANAMA	140 401	...
Bangladesh		
12 III 1991		
Barisal	...	163 481
Chittagong	...	1 363 998
Comilla	...	143 282
DHAKA	...	3 397 187
Dinajpur	...	126 189
Jamalpur	...	101 242
Jessore	...	160 198
Khulna	...	545 849
Mymensingh	...	185 517
Naogaon	...	100 794
Narayanganj	...	268 952
Nawabganj	...	121 205
Pabna	...	104 479
Rajshahi	...	299 671
Rangpur	...	203 931
Saidpur	...	102 030
Tangail	...	104 387
Tongi	...	154 175
Bhutan – Bhoutan		
1 VII 1977(E)		
THIMPHU	8 922	...
Brunei Darussalam – Brunéi Darussalam		
26 VIII 1981		
BANDAR SERI BEGAWAN	49 902	...
Cambodia – Cambodge		
17 IV 1962		
PHNOM PENH	393 995	...
ASIA (Cont.) — ASIE (Suite)		
China – Chine		
1 VII 1990 [36]		
Aksu	243 448	...
Altay	128 626	...
Anda	452 849	...
Ankang	859 165	...
Anlu	557 742	...
Anqing	464 112	...
Anshan	2 478 650	...
Anshun	657 856	...
Anyang	616 803	...
Artux	163 710	...
Baicheng	335 043	...
Baihua	488 343	...
Baise	297 377	...
Baiyin	382 654	...
31 XII 1970(E)		
Bangiao	*——— [87] 114 600 ———*	
1 VII 1990		
Baoding	594 966	...
Baoji	452 286	...
Beian	343 909	...
Beidong	797 432	...
Beihai	229 907	...
BEIJING (PEKING)	7 362 426	...
Bengbu	695 040	...
Benxi	937 805	...
Bodong	116 470	...
Boshan	722 896	...
Botou	1 228 772	...
Boutou	494 656	...
Buizhou	563 064	...
Cangzhou	314 842	...
Changchun	2 980 870	...
Changde	1 409 748	...
Changji	206 594	...
Changsha	1 328 950	...
Changzhi	552 255	...
Changzhou	729 893	...
Chaohu	759 557	...
Chaoyang	989 749	...
Chaozhou	1 293 507	...
Chengde	365 519	...
Chengdu	3 483 834	...
31 XII 1970(E)		
Chenghwa	*——— [87] 137 236 ———*	
1 VII 1990		
Chenzhou	233 917	...
31 XII 1970(E)		
Chongli	*——— [87] 129 952 ———*	
1 VII 1990		
Chongqing	3 122 704	...
Chungshan	1 227 535	...
Chuxiong	410 530	...
Chuzhou	416 926	...
Da'an	403 897	...
Dali	432 235	...
Dalian	3 473 832	...
Dandong	660 518	...
Dangyang	446 324	...
Danjiangkou	460 413	...
Daqing	996 866	...

8. Population of capital cities and cities of 100 000 and more inhabitants: latest available year (continued)

Population des capitales et des villes de 100 000 habitants et plus: dernière année disponible (suite)

(See notes at end of table. – Voir notes à la fin du tableau.)

Continent, country or area, city and date / Continent, pays ou zone, ville et date	Population: City proper / Ville proprement dite	Population: Urban agglomeration / Agglomération urbaine
ASIA (Cont.) — ASIE (Suite)		
China – Chine [86]		
1 VII 1990		
Datong	1 277 310	...
Daxian	295 202	...
Dayuan	408 466	...
Dengzhou	1 391 056	...
Deyang	1 286 664	...
Dezhou	321 381	...
Dingzhou	1 024 589	...
Dong chuan	279 456	...
Donglin	607 781	...
Dongsen	147 026	...
Dongshan	1 413 036	...
Dongwan	1 736 869	...
Dongying	644 494	...
Dunhua	477 127	...
Dunhuang	112 756	...
Duyan	417 154	...
Enshi	712 574	...
Ezhou	892 235	...
Fengcheng	1 018 911	...
31 XII 1970(E)		
Fengshan	*——— [87] 102 109 ———*	
1 VII 1990		
Foshan	429 410	...
Fuan	525 580	...
Fujin	351 645	...
Fulin	1 004 712	...
Fushun	1 388 011	...
Fuxin	743 165	...
Fuyang	232 349	...
Fuyu	944 932	...
Fuzhou (Fujian Sheng)	1 395 739	...
Gaicheng	2 488 467	...
Ganzhou	391 454	...
Gaocheng	685 477	...
31 XII 1970		
Gaoxiong	*——— [87] 828 191 ———*	
1 VII 1990		
Gejiu	384 569	...
Guangshui	817 331	...
Guangyuan	859 913	...
Guangzhou	3 918 010	...
Guichi	571 068	...
Guikong	1 377 391	...
Guilin	557 346	...
Guiyang	1 664 709	...
Haikou	410 050	...
Hailer	199 600	...
Hailun	733 795	...
Hami	212 104	...
Hancheng	345 502	...
Handan	1 769 315	...
Hangzhou	2 589 504	...
Hanzhong	441 706	...
Haozhou	1 198 295	...
Harbin	3 597 404	...
Hebi	377 346	...
Hechi	289 844	...
Hefei	1 099 523	...
Hegang	647 021	...
Heihe	123 095	...
Hengshui	329 781	...
Hengyang	1 814 936	...
Hetian	137 824	...
Heyuan	544 846	...
Heze	1 154 798	...
Hohhoit	938 470	...
Homa	178 480	...
Honghu	743 720	...
Houzhou	248 163	...
Hua	339 371	...
Huaibei	535 823	...
Huainan	1 228 052	...
Huaiyin	2 613 804	...
Huangshan	376 521	...
Huangshi	546 290	...
Huangyan	888 631	...
Huizhou	274 689	...
Hunanghua	353 330	...
Hunjiang	721 841	...
Huzhou	1 027 570	...
Ji'an	288 501	...
Jiamusi	744 584	...
Jiangmen	284 935	...
Jiaojing	394 516	...
Jiaozuo	1 578 461	...
Jiaxing	1 358 733	...
31 XII 1970(E)		
Jiayi	*——— [87] 2 38 713 ———*	
1 VII 1990		
Jiayuguan	109 987	...
Jieshou	642 474	...
Jilin	2 251 848	...
31 XII 1970 (E)		
Jilon	*——— [87] 3 24 040 ———*	
1 VII 1990		
Jinan	2 403 946	...
Jinchang	677 045	...
Jincheng	156 907	...
Jingdezhen	369 995	...
Jingmen	1 017 021	...
Jinhua	2 215 666	...
Jining(Shandong Sheng)	1 465 656	...
Jining(Shanxi Sheng)	193 085	...
Jinxi	1 350 134	...
Jinzhou	736 297	...
Jisou	230 621	...
Jiujiang	791 224	...
Jiuquan	294 080	...
Jixi	835 496	...
Kaifeng	693 148	...
Kaili	382 026	...
Kaiyuan	248 303	...
Karamay	173 926	...
Kashi	214 624	...
Korla	203 025	...
Kunming	1 611 969	...
Langfang	1 078 010	...
Lanzhou	1 617 761	...
Lengshuijiang	316 362	...
Lengshuitan	403 684	...
Lhasa	139 822	...
Lianyuan	1 006 665	...
Lianyungang	537 355	...
Liaocheng	838 309	...
Liaoyang	639 553	...
Liaoyuan	411 073	...
Lichuan	764 267	...
Linchuan	872 657	...
Linfen	582 690	...

8. Population of capital cities and cities of 100 000 and more inhabitants: latest available year (continued)

Population des capitales et des villes de 100 000 habitants et plus: dernière année disponible (suite)

(See notes at end of table. – Voir notes à la fin du tableau.)

Continent, country or area, city and date / Continent, pays ou zone, ville et date	Population: City proper / Ville proprement dite	Population: Urban agglomeration / Agglomération urbaine
ASIA (Cont.) — ASIE (Suite)		
China – Chine [86]		
1 VII 1990		
Linhai	980 541	...
Linhe	425 973	...
Linqing	672 759	...
Linxia	168 714	...
Linyi	1 590 160	...
Lishui	323 933	...
Liupanshui	1 844 471	...
Liuzhou	751 311	...
Longyan	433 621	...
Longzing	279 611	...
Loudi	300 428	...
Lu'an	191 447	...
Luohe	187 792	...
Luoyang	1 202 192	...
Luzhou	412 211	...
Ma'anshan	444 586	...
Macheng	1 056 597	...
Manzhouli	137 790	...
Maoming	532 715	...
Meizhou	232 098	...
Mianyang	1 701 059	...
Mishan	366 998	...
Mudangiang	750 585	...
Nanchang	1 262 031	...
Nanchong	279 178	...
Nangong	429 351	...
Nanjiang	2 610 594	...
Nanning	1 159 099	...
Nanping	466 995	...
Nantong	1 602 029	...
Nanyang	374 600	...
Neijiang	1 289 184	...
Ninde	361 223	...
Ningbo	3 350 851	...
Panjin	428 314	...
Panzhihua	631 572	...
Pingdingshan	1 827 593	...
31 XII 1970(E)		
Pingdong	*——— [87] 165 360 ———*	
1 VII 1990		
Pingliang	386 325	...
Pinxiang	1 388 427	...
Puqi	416 634	...
Putian	311 336	...
Puyang	302 077	...
Qianjiang	667 707	...
Qingdo	5 124 868	...
Qingtongxia	215 040	...
Qingyuan	962 955	...
Qinhuangdo	518 912	...
Qinzhou	992 399	...
Qiqihar	1 400 591	...
Qitaihe	445 216	...
Quanzhou	752 742	...
Qujing	824 137	...
Quzhou	727 256	...
Rizhao	1 027 724	...
Sanmenxia	309 543	...
Sanming	585 646	...
Sanya	306 948	...
Shahe	394 321	...
Shanghai	8 205 598	...
Shangqiu	244 581	...
Shangrao	167 570	...
Shangzhi	534 147	...
Shangzhou	511 326	...
Shantou	884 543	...
Shanwei	344 348	...
31 XII 1970(E)		
Shanzhong	*——— [87] 235 667 ———*	
1 VII 1990		
Shaoguan	315 487	...
Shaown	298 694	...
Shaoxing	1 271 268	...
Shaoyang	522 725	...
Shashi	360 045	...
Shenyang	4 655 280	...
Shenzhen	875 176	...
Shihezi	170 631	...
Shijianzhuang	1 372 109	...
Shishou	579 415	...
Shiyan	400 823	...
Shizuishan	282 945	...
Shouzhou	469 903	...
Shuangyashan	469 959	...
Shuangcheng	738 722	...
Sifen	987 301	...
Siping	1 395 094	...
Suihua	769 958	...
Suinin	1 259 604	...
Suzhou	3 273 010	...
Tai'an	3 824 748	...
31 XII 1970(E)		
Tainan	*——— [87] 474 835 ———*	
Taipei	1 769 568	
1 VII 1990		
Taiyan	2 224 580	...
31 XII 1970(E)		
Taizhong	*——— [87] 448 140 ———*	
1 VII 1990		
Tanchun	183 755	...
Tangshan	1 484 515	...
31 XII 1970(E)		
Tansyuan	*——— [87] 105 841 ———*	
1 VII 1990		
Taonan	511 239	...
Tianjin	5 804 023	...
Tianmen	1 484 085	...
Tianshui	1 039 750	...
Tieli	324 831	...
Tieling	1 097 616	...
Tongchuan	414 031	...
Tonghua	1 199 382	...
Tongliao	673 606	...
Tongling	256 458	...
Tongren	284 344	...
Tumen	122 579	...
Turpan	200 092	...
Uthan	310 037	...
Ulan Hot	229 136	...
Urumqi	1 160 775	...
Wanxian	314 392	...
Weifang	3 037 535	...
Weihai	1 733 287	...
Weinan	766 268	...
Wenzhou	1 650 419	...
Wuchuang	243 141	...
Wuhan	3 832 536	...

8. Population of capital cities and cities of 100 000 and more inhabitants: latest available year (continued)

Population des capitales et des villes de 100 000 habitants et plus: dernière année disponible (suite)

(See notes at end of table. – Voir notes à la fin du tableau.)

Continent, country or area, city and date Continent, pays ou zone, ville et date	Population City proper Ville proprement dite	 Urban agglomeration Agglomération urbaine
ASIA (Cont.) — ASIE (Suite)		
China – Chine [86]		
1 VII 1990		
Wuhu	552 932	...
Wuwei	863 999	...
Wuxi	3 181 985	...
Wuxue	648 605	...
Wuyishan	206 620	...
Wuzhou	298 915	...
Xi'an	2 872 539	...
Xiamen	639 436	...
Xiangfan	2 985 978	...
Xiangtan	1 531 117	...
Xiangtan(Hebei Sheng)	396 001	...
Xiannin	454 971	...
Xiantao	1 361 240	...
Xianyang	736 869	...
Xiaocan	1 255 045	...
Xichang	481 196	...
Xifeng	270 435	...
Xining	697 780	...
Xinji	581 982	...
Xinxiang	1 770 370	...
Xinyang	273 175	...
Xinyi	593 451	...
Xinyu	608 213	...
31 XII 1970(E)		
Xinzhu	*——— [87] 208 038 ———	*
1 VII 1990		
Xinzhu	434 062	...
Xuanzhou	768 944	...
Xuchang	1 368 850	...
Xuzhou	257 705	...
Xuzhou (Jiangsu Sheng)	1 827 306	...
Ya'an	297 590	...
Yakumshi	416 043	...
Yan'an	317 313	...
Yangjiang	869 242	...
Yangquan	574 832	...
Yangzhou	2 769 300	...
Yanji	293 069	...
Yantai	3 204 669	...
Yibin	685 192	...
Yichang	492 286	...
Yichun (Heilongjiang Sheng)	882 236	...
Yichun (Jiangxi Sheng)	836 105	...
Yinchuan	502 080	...
Yingcheng	583 805	...
Yingkow	571 513	...
Yining	257 073	...
Yintan	135 222	...
Yiyang	417 667	...
Yongzhou	945 648	...
Yuanjiang	644 301	...
Yuci	467 127	...
Yueyang	1 077 721	...
Yulin (Hunan)	1 323 410	...
Yulin (Shanxi)	369 335	...
Yumen	158 610	...
Yuncheng	492 291	...
Yuxi	321 271	...
Zalantun	402 418	...
Zaozhuang	3 191 974	...
Zhangjiakou	719 672	...
Zhangshu	489 178	...
Zhangye	430 513	...
Zhangzhou	341 637	...
Zhanjiang	1 048 720	...
Zhaoqing	348 857	...
Zhaotang	619 521	...
Zhenchu	569 378	...
Zhengzhou	1 752 374	...
Zhenjiang	1 280 027	...
Zhoukou	245 718	...
Zhoushan	672 267	...
Zhuhai	331 065	...
Zhumadian	249 162	...
Zhuzhou	1 521 879	...
Zibo	2 484 206	...
Zicheng	384 703	...
Zigong	977 147	...
Zixing	360 813	...
Zunyi	391 837	...
Zuozhou	486 589	...
Cyprus – Chypre		
1 X 1992		
Limassol	87 136	136 741
31 XII 1994(E)		
Limassol	...	146 200
1 X 1992		
NICOSIA	47 036	177 451
31 XII 1994		
NICOSIA	...	188 800
East Timor – Timor oriental		
15 XII 1960		
DILI	52 158	...
Georgia – Géorgie		
1 I 1990(E)		
Batumi	137 000	...
Kutaisi	236 000	...
Rustavi	160 000	...
Sukhumi	122 000	...
TBILISI	1 268 000	...
India – Inde [88]		
1 III 1991		
Abohar	107 163	...
Adoni	136 182	...
Agartala	157 358	...
Agra	891 790	948 063
Ahmedabad	2 876 710	3 312 216
Ahmednagar	181 339	222 088
Aizawl	155 240	...
Ajmer	402 700	...
Akola	328 034	...
Aligarh	480 520	...
Alipurduar	...	102 815
Allahabad	792 858	844 546
Allappuzha	174 666	264 969
Alwar	205 086	210 146
Ambala	[89] 119 338	139 889
Amravati	421 576	...
Amritsar	708 835	...
Amroha	137 061	...
Anand	110 266	174 480
Anantapur	174 924	...

8. Population of capital cities and cities of 100 000 and more inhabitants: latest available year (continued)

Population des capitales et des villes de 100 000 habitants et plus: dernière année disponible (suite)

(See notes at end of table. – Voir notes à la fin du tableau.)

Continent, country or area, city and date / Continent, pays ou zone, ville et date	Population: City proper / Ville proprement dite	Population: Urban agglomeration / Agglomération urbaine
ASIA (Cont.) — ASIE (Suite)		
India – Inde [88]		
1 III 1991		
Arcot	...	114 760
Arrah	157 082	...
Asansol	262 188	763 939
Aurangabad	573 272	592 709
Baharampur	115 144	126 400
Bahraich	135 400	...
Baleshwar	85 442	101 829
Bally	184 474	...
Balurghat	119 796	126 225
Bangalore	2 660 088	4 130 288
Bankura	114 876	...
Baranagar	224 821	...
Barddhaman	245 079	...
Bareilly	587 211	617 350
Barrackpur	133 265	...
Basirhat	101 409	...
Batala	86 006	103 367
Bathinda	159 042	...
Beawar	105 363	106 721
Belgaum	326 399	402 412
Bellary	245 391	...
Bhadravati	...	149 257
Bhagalpur	253 225	260 119
Bharatpur	148 519	156 880
Bharuch	133 102	139 029
Bhatpara	304 952	...
Bhavnagar	402 338	405 225
Bhilai Nagar	386 159	685 474
Bhilwara	183 965	...
Bhimavaram	121 314	...
Bhind	109 755	...
Bhiwandi	379 070	392 214
Bhiwani	121 629	...
Bhopal	1 062 771	...
Bhubaneswar	411 542	...
Bhuj	102 176	121 009
Bhusawal	145 143	159 799
Bid	112 434	...
Bidar	108 016	132 408
Bihar Sharif	201 323	...
Bijapur	186 939	193 131
Bikaner	416 289	...
Bilaspur	179 833	229 615
Bokaro Steel City	333 683	398 890
Bombay	9 925 891	12 596 243
Brahmapur	210 418	...
Budaun	116 695	...
Bulandshahr	127 201	...
Burhanpur	172 710	...
Calcutta	4 399 819	[90] 11 021 918
Chandan Nagar	120 378	...
Chandigarh	504 094	575 829
Chandrapur	226 105	...
Chapra	136 877	...
Cherthala	43 326	132 883
Chiral	80 861	142 778
Chittoor	133 462	...
Chitradurga	...	103 435
Coimbatore	816 321	1 100 746
Cuddalore	144 561	...
Cuddapah	121 463	215 866
Cuttack	403 418	440 295
Dabgram	147 217	...
Damoh	95 661	105 043
Darbhanga	218 391	...
Davangere	266 082	287 233
Dehradun	270 159	368 053
Dewas	164 364	...
Delhi	7 206 704	[91] 8 419 084
Dhanbad	151 789	815 005
Dhule	278 317	...
Dibrugarh	120 127	125 667
Dindigul	182 477	...
Durg	150 645	...
Durgapur	425 836	...
Eluru	212 866	...
English Bazar	139 204	177 164
Erode	159 232	361 755
Etawah	124 072	...
Faizabad	124 437	176 922
Faridabad	617 717	...
Farrukhabad Cum Fategarh	194 567	208 727
Fatehpur	117 675	...
Firozabad	215 128	270 536
Gadag–Betgeri	134 051	...
Gandhidham	104 585	...
Gandhinagar	123 359	...
Ganganagar	161 482	...
Gaya	291 675	294 427
Ghaziabad	454 156	511 759
Godhra	96 813	100 662
Gondiya	109 470	...
Gorakhpur	505 566	...
Gudivada	101 656	...
Gulbarga	304 099	310 920
Guna	100 490	...
Guntakal	107 592	...
Guntur	471 051	...
Gurgaon	121 486	135 884
Guruvayur	...	118 632
Guwahati	584 342	...
Gwalior	690 765	717 780
Haora	950 435	...
Habra	100 223	196 970
Haldia	100 347	...
Haldwani–cum–Kathgodam	104 195	...
Hapur	146 262	...
Hathras	113 285	...
Hardwar	147 305	187 392
Hassan	90 803	108 706
Hindupur	104 651	...
Hisar	172 677	181 255
Hospet	96 322	134 799
Hoshiarpur	122 705	...
Hubli–Dharwad	648 298	...
Hugli–Chinsura	151 806	...
Hyderabad	2 964 638	4 344 437
Ichalakaranji	214 950	235 979
Imphal	198 535	202 839
Indore	1 091 674	1 109 056
Jabalpur	741 927	888 916
Jaipur	1 458 483	1 518 235
Jalgaon	242 193	...
Jalna	174 985	...
Jamnagar	341 637	381 646
Jamshedpur	460 577	829 171
Jaunpur	136 062	...
Jhansi	300 850	368 154
Jodhpur	666 279	...
Jorhat	58 358	112 030
Jalandhar	509 510	...
Junagadh	130 484	167 110
Kakinada	279 980	327 541
Kalyan	1 014 557	...
Kamarhati	266 889	...
Kamptee	...	127 151
Kanchipuram	144 955	171 129

8. Population of capital cities and cities of 100 000 and more inhabitants: latest available year (continued)

Population des capitales et des villes de 100 000 habitants et plus: dernière année disponible (suite)

(See notes at end of table. – Voir notes à la fin du tableau.)

Continent, country or area, city and date / Continent, pays ou zone, ville et date	Population: City proper / Ville proprement dite	Population: Urban agglomeration / Agglomération urbaine
ASIA (Cont.) ASIE (Suite)		
India – Inde [88]		
1 III 1991		
Kanchrapara	100 194	...
Kanhangad	57 165	118 214
Kannur	65 238	463 962
Kanpur	1 874 409	2 029 889
Karur	...	113 669
Karaikkudi	...	110 926
Karimnagar	148 583	...
Karnal	173 751	176 131
Katihar	154 367	...
Khammam	127 992	149 077
Khandwa	145 133	...
Kharagpur	177 989	264 842
Kochi	564 589	1 140 605
Kolar Gold Fields	...	156 746
Kolhapur	406 370	418 538
Kollam	139 852	362 572
Korba	124 501	229 615
Kota	537 371	...
Kottayam	63 155	166 552
Kothagudem	80 440	102 137
Kozhikode	419 831	801 190
Krishnanagar	121 110	...
Kumbakonam	139 483	150 540
Kurnool	236 800	275 360
Latur	197 408	...
Lucknow	1 619 115	1 669 204
Ludhiana	1 042 740	...
Machilipatnam	159 110	...
Madras	3 841 396	5 421 985
Madurai	940 989	1 085 914
Mahbubnagar	116 833	...
Mahesana	...	109 950
Malegaon	342 595	...
Malappuram	49 692	142 204
Mandya	120 265	...
Mangalore	273 304	426 341
Mathura	226 691	235 922
Maunath Bhanjan	136 697	...
Medinipur	125 498	...
Meerut	753 778	849 799
Mirzapur–cum–Vindhyachal	169 336	...
Moga	108 304	110 958
Modinagar	101 660	123 279
Moradabad	429 214	443 701
Morena	147 124	...
Morvi	90 357	120 117
Munger	150 112	...
Murwara (Katni)	163 431	...
Muzaffarnagar	240 609	247 624
Muzaffarpur	241 107	...
Mysore	480 692	653 345
Nabadwip	125 037	155 905
Nadiad	167 051	170 217
Nagercoil	190 084	...
Nagpur	1 624 752	1 664 006
Naihati	132 701	...
Nanded	275 083	309 316
Nandyal	119 813	...
Nashik	656 925	725 341
Navsari	126 089	190 946
Nellore	316 606	...
NEW DELHI	[92] 301 297	...
Neyveli	118 080	126 889
Nizamabad	241 034	...
Noida	146 514	...
Ongole	100 836	128 648
Ondal	...	211 670
Palakkad	123 289	180 033
Pali	136 842	...
Panihati	275 990	...
Panipat	191 212	...
Parbhani	190 255	...
Patan	...	120 178
Pathankot	123 930	128 198
Patiala	238 368	253 706
Patna	917 243	1 099 647
Patratu	...	109 822
Phusro	...	142 585
Pilibhit	106 605	...
Pollachi	...	127 132
Pondicherry	203 065	401 437
Porbandar	116 671	160 167
Proddatur	133 914	...
Pune	1 566 651	2 493 987
Puri	125 199	...
Purnia	114 912	136 918
Rae Bareli	129 904	...
Raichur	157 551	170 577
Raiganj	151 045	159 266
Raipur	438 639	462 694
Rajahmundry	324 851	401 397
Rajapalaiyam	114 202	...
Rajkot	559 407	654 490
Rajnandgaon	125 371	...
Ramagundam	214 384	...
Rampur	243 742	...
Ranchi	599 306	614 795
Ranaghat	...	127 035
Raniganj	61 997	155 823
Ratlam	183 375	195 776
Rewa	128 981	...
Rohtak	216 096	...
Raurkela	140 408	398 864
Sagar	195 346	257 119
Saharanpur	374 945	...
Salem	366 712	578 291
Sambhal	150 869	...
Sambalpur	131 138	193 297
Santipur	109 956	...
Sangli	193 197	363 751
Satna	156 630	160 500
Serampore	137 028	...
Shahjahanpur	237 713	260 403
Shillong	131 719	223 366
Shimla	82 054	110 360
Shimoga	179 258	193 028
Shivapuri	108 277	...
Solapur	604 215	620 846
Sikar	148 272	...
Silchar	115 483	...
Siliguri	216 950	...
Sirsa	112 841	...
Sitapur	121 842	...
Sivakasi	...	102 175
Sonipat	143 922	...
South Dum Dum	232 811	...
Srinagar	586 038	606 002
Surat	1 498 817	1 518 950
Tenali	143 726	...
Thalassery	103 579	...
Thanjavur	202 013	...
Thane	803 389	...
Tiruchchirappalli	387 223	711 862
Tirunelveli	135 825	366 869
Tirupati	174 369	188 904
Tiruppur	235 661	306 237
Titagarh	114 085	...

8. Population of capital cities and cities of 100 000 and more inhabitants: latest available year (continued)

Population des capitales et des villes de 100 000 habitants et plus: dernière année disponible (suite)

(See notes at end of table. – Voir notes à la fin du tableau.)

Continent, country or area, city and date / Continent, pays ou zone, ville et date	Population: City proper / Ville proprement dite	Population: Urban agglomeration / Agglomération urbaine
ASIA (Cont.) — ASIE (Suite)		
India – Inde [88]		
1 III 1991		
Tiruvannamalai	109 196	...
Thrissur	74 604	275 053
Thiruvananthapuram	524 006	826 225
Tonk	100 079	100 235
Tumkur	138 903	179 877
Tuticorin	199 854	280 091
Udaipur	308 571	...
Udupi	...	117 674
Ujjain	362 266	362 633
Unnao	107 425	...
Ulhasnagar	369 077	...
Vadakara	72 434	102 430
Vadodara	1 031 346	1 126 824
Valparai	106 523	...
Valsad	57 909	111 775
Varanasi	929 270	1 030 863
Vellore	175 061	310 776
Vijayawada	701 827	845 756
Visakhapatnam	752 037	1 057 118
Vizianagarm	160 359	177 022
Wardha	102 985	...
Wadhwan	...	166 466
Warangal	447 657	467 757
Yamunanagar	144 346	219 754
Yavatmal	108 578	121 816
Indonesia – Indonésie		
1 VII 1995(E)*		
Ambon	313 100	...
Balikpapan	416 200	...
Banda Aceh	291 300	...
Bandar Lampung	832 400	...
Bandjarmasin	534 600	...
Bandung	2 368 200	...
Batam	168 200	...
Bengkulu	262 100	...
Binjai	206 800	...
Bitung	107 100	...
Blitar	122 600	...
Bogor	285 000	...
Cirebon	262 300	...
Denpasar	435 000	...
Jambi	410 400	...
Gorontalo	132 900	...
Jayapura	180 400	...
JAKARTA	9 160 500	...
Kediri	261 300	...
Madiun	106 600	...
Magelang	123 100	...
Malang	763 400	...
Manado	398 900	...
Mataram	306 600	...
Medan	1 909 700	...
Mojokerto	170 900	...
Padang	721 500	...
Pakalongan	341 400	...
Pakan Baru	558 200	...
Palangkaraya	148 700	...
Palembang	1 352 300	...
Pangkal Pinang	124 000	...
Pare Pare	109 700	...
Pasuruan	162 800	...
Pematang Siantar	*230 900*	...
Pontianak	*449 100*	...
Probolinggo	*190 100*	...
Salatiga	*103 000*	...
Samarinda	*536 100*	...
Semarang	*1 366 500*	...
Sukabumi	*125 400*	...
Surabaya	*2 701 300*	...
Surakarta	*516 500*	...
Tangerang	*1 198 300*	...
Tanjung Balai	*114 700*	...
31 X 1980		
Tanjung Karang	*284 275*	...
1 VII 1995(E)*		
Tebing Tinggi	*129 300*	...
Tegal	*313 400*	...
Ujung Pandang	*1 091 800*	...
Yogyakarta	*419 500*	...
Iran (Islamic Republic of – Rép. islamique d')		
1 X 1994(E)		
Ahwaz	*828 380*	...
Amol	*154 796*	...
Arak	*378 597*	...
Ardabil	*329 869*	...
Babol	*152 536*	...
Bandar-e-Abbas	*383 515*	...
Birjand	*114 944*	...
Bojnurd	*125 661*	...
Borujerd	*212 056*	...
Bushehr	*140 615*	...
Dezful	*202 004*	...
Esfahan	*1 220 595*	...
Gorgan	*178 080*	...
Hamadan	*406 070*	...
Ilam	*136 759*	...
Islam Shahr (Qasemabad)	*239 716*	...
Karaj	*588 287*	...
Kashan	*166 080*	...
Kerman	*349 626*	...
Kermanshah	*665 636*	...
Khomeini shahr	*127 415*	...
Khoramabad	*277 370*	...
Khoy	*153 473*	...
Malayer	*149 774*	...
Maraqeh	*128 717*	...
Mashhad	*1 964 489*	...
Masjed Soleyman	*109 224*	...
Mehrshahr	*413 299*	...
Najafabad	*182 028*	...
Neyshabur	*154 511*	...
Orumiyeh	*396 392*	...
Qaem shahr	*133 216*	...
Qazvin	*298 705*	...
Qom	*780 453*	...
Rajai shahr	*192 912*	...
Rasht	*374 475*	...
Sabzewar	*160 755*	...
Sanandaj	*271 314*	...
Sari	*185 899*	...
Shiraz	*1 042 801*	...
Sirjan	*120 224*	...
Tabriz	*1 166 203*	...

8. Population of capital cities and cities of 100 000 and more inhabitants: latest available year (continued)

Population des capitales et des villes de 100 000 habitants et plus: dernière année disponible (suite)

(See notes at end of table. – Voir notes à la fin du tableau.)

Continent, country or area, city and date Continent, pays ou zone, ville et date	Population City proper Ville proprement dite	 Urban agglomeration Agglomération urbaine
ASIA (Cont.) ASIE — (Suite)		
Iran (Islamic Republic of – Rép. islamique d')		
1 X 1994(E)		
TEHRAN	6 750 043	...
Yazd	306 268	...
Zahedan	419 886	...
Zanjan	280 691	...
Iraq		
17 X 1987		
Adhamiyah	464 151	...
Al Sulaimaniya	951 723	...
Amara	208 797	...
Arbil	770 439	...
BAGHDAD	[93] 3 841 268	...
Basra	406 296	...
Diwaniya	196 519	...
Diyala	961 073	...
Erbil	485 968	...
Hilla	268 834	...
Kadhimain	521 444	...
Karradah Sharqiyah	235 554	...
Kerbala	296 705	...
Kirkuk	418 624	...
Kut	183 183	...
Mamoon	244 545	...
Mosul	664 221	...
Najaf	309 010	...
Nasariya	265 937	...
Ramadi	192 556	...
Sulamaniya	364 096	...
Israel – Israël		
1 VII 1994(E) [1]		
Ashdod	115 200	...
Bat Yam	142 800	...
Be'er Sheva	144 700	...
Bene Beraq	126 000	...
1 VII 1993(E) [1]		
Haifa	248 200	448 800
1 VII 1994(E) [1]		
Haifa	246 600	...
Holon	163 300	...
JERUSALEM [94]	[95] 573 000	...
Netanya	143 800	...
Petah Tiqwa	151 500	...
Ramat Gan	122 500	...
Rishon Leziyyon	157 200	...
1 VII 1993(E) [1]		
Tel Aviv–Yafo	357 100	1 880 200
1 VII 1994(E) [1]		
Tel Aviv–Yafo	356 300	...
Japan – Japon		
1 X 1994(E) [96] [97]		
Abiko	*——— 124 065 ———	*
Ageo	206 368	
Aizuwakamatsu	120 251	
Akashi	282 912	
Akishima	108 121	
Akita	310 219	
Amagasaki	*——— 493 158 ———	*
Anjo	148 988	
Aomori	289 920	
Asaka	108 268	
Asahikawa	362 908	
Ashikaga	166 903	
Atsugi	207 146	
Beppu	129 387	
Chiba	853 853	
Chigasaki	211 878	
Chofu	198 180	
Daito	127 232	
Ebina	112 514	
Ebetsu	111 099	
Fuchu	215 597	
Fuji	229 267	
Fujieda	124 578	
Fujinomiya	120 455	
Fujisawa	365 250	
Fukui	255 084	
Fukuoka	1 275 165	
Fukushima	284 250	
Fukuyama	373 685	
Funabashi	540 306	
Gifu	409 063	
Habikino	117 554	
Hachinohe	241 588	
Hachioji	495 053	
Hadano	163 244	
Hakodate	302 135	
Hamamatsu	562 156	
Handa	106 096	
Higashihiroshima	107 963	
Higashiosaka	513 876	
Higashikurume	112 829	
Higashimurayama	136 645	
Hikone	102 656	
Himeji	465 941	
Hino	167 307	
Hirakata	397 183	
Hiratsuka	253 485	
Hirosaki	175 781	
Hiroshima	1 106 367	
Hitachi	201 116	
Hofu	119 178	
Ibaraki	255 586	
Ichihara	275 129	
Ichikawa	444 468	
Ichinomiya	267 136	
Ikeda	103 377	
Ikoma	104 939	
Imabari	120 371	
Iruma	143 017	
Ise	103 047	
Isesaki	120 208	
Ishinomaki	121 164	
Itami	189 375	
Iwaki	360 111	
Iwakuni	108 529	
Iwatsuki	109 660	
Izumi (Osaka)	152 284	
Joetsu	131 974	
Kadoma	141 473	
Kagoshima	542 932	
Kakamigahara	132 378	
Kakogawa	251 735	
Kamakura	171 815	
Kanazawa	447 733	
Kariya	125 568	
Kashihara	120 621	
Kashiwa	319 321	

8. Population of capital cities and cities of 100 000 and more inhabitants: latest available year (continued)

Population des capitales et des villes de 100 000 habitants et plus: dernière année disponible (suite)

(See notes at end of table. – Voir notes à la fin du tableau.)

Continent, country or area, city and date / Continent, pays ou zone, ville et date	Population: City proper / Ville proprement dite	Population: Urban agglomeration / Agglomération urbaine
ASIA (Cont.) — ASIE (Suite)		
Japan – Japon		
1 X 1994(E) [96] [97]		
Kasugai	*——— 275 728 ———*	
Kasukabe	199 498	
Katsuta	114 685	
Kawachinagano	115 777	
Kawagoe	320 639	
Kawaguchi	452 381	
Kawanishi	143 321	
Kawasaki	1 202 069	
Kiryu	121 858	
Kisarazu	125 510	
Kishiwada	191 872	
Kitakyushu [98]	1 019 372	
Kitami	109 405	
Kobe	1 518 982	
Kochi	320 498	
Kodaira	170 720	
Kofu	199 347	
Koganei	107 766	
Kokubanji	105 066	
Komaki	135 763	
Komatsu	106 817	
Koriyama	324 321	
Koshigaya	297 131	
Kumagaya	156 734	
Kumamoto	642 847	
Kurashiki	419 528	
Kure	210 884	
Kurume	233 829	
Kushiro	201 150	
Kuwana	101 975	
Kyoto	1 448 377	
Lida	107 021	
Machida	360 200	
Maebashi	287 145	
Matsubara	133 803	
Matsudo	463 973	
Matsue	145 885	
Matsumoto	204 879	
Matsusaka	120 746	
Matsuyama	457 497	
Minoo	124 801	
Misato	133 979	
Mishima	107 621	
Mitaka	165 328	
Mito	247 281	
Miyakonojo	131 319	
Miyazaki	296 201	
Moriguchi	155 081	
Morioka	284 906	
Muroran	113 008	
Musashino	135 508	
Nagano	354 532	
Nagaoka	189 876	
Nagareyama	146 554	
Nagasaki	439 471	
Nagoya	2 153 293	
Naha	299 898	
Nara	357 728	
Narashino	154 329	
Neyagawa	257 521	
Niigata	492 009	
Niihama	128 439	
Niiza	143 280	
Nishinomiya	424 328	
Nobeoka	127 610	
Noda	118 896	
Numazu	*——— 213 304 ———*	
Obihiro	171 099	
Odawara	199 165	
Ogaki	149 761	
Oita	424 453	
Okayama	608 115	
Okazaki	322 162	
Okinawa	111 665	
Ome	136 480	
Omiya	427 519	
Omuta	146 184	
Osaka	2 575 042	
Ota	143 562	
Otaru	159 993	
Otsu	272 668	
Oyama	148 438	
Saga	170 294	
Sagamihara	567 058	
Sakai	803 640	
Sakata	100 663	
Sakura	159 839	
Sapporo	1 744 806	
Sasebo	245 015	
Sayama	163 053	
Sendai	958 705	
Seto	128 961	
Shimizu	241 575	
Shimonoseki	259 581	
Shizuoka	473 859	
Soka	216 022	
Suita	338 079	
Suzuka	179 540	
Tachikawa	156 254	
Takamatsu	330 707	
Takaoka	175 202	
Takarazuka	206 140	
Takasaki	238 425	
Takatsuki	361 494	
Tama	148 438	
Tokorozawa	318 714	
Tokushima	265 670	
Tokuyama	109 671	
1 X 1989(E) [96]		
TOKYO [99]	8 129 377	11 927 457
1 X 1994(E) [96]		
TOKYO [99]	8 021 943	...
Tomakomai	*——— 168 349 ———*	
Tondabayashi	119 363	
Tottori	145 672	
Toyama	324 638	
Toyohashi	351 702	
Toyokawa	114 405	
Toyonaka	399 988	
Toyota	342 968	
Tsu	163 167	
Tsuchuiura	131 813	
Tsukuba	153 767	
Tsuruoka	100 083	
Ube	175 234	
Ueda	121 776	
Uji	183 880	
Urawa	447 281	
Urayasu	123 376	
Utsunomiya	434 860	
Wakayama	395 491	
Yachiyo	155 309	
Yaizu	115 521	
Yamagata	252 716	
Yamaguchi	134 077	

8. Population of capital cities and cities of 100 000 and more inhabitants: latest available year (continued)

Population des capitales et des villes de 100 000 habitants et plus: dernière année disponible (suite)

(See notes at end of table. – Voir notes à la fin du tableau.)

Continent, country or area, city and date Continent, pays ou zone, ville et date	Population City proper Ville proprement dite	 Urban agglomeration Agglomération urbaine
ASIA (Cont.) — ASIE (Suite)		
Japan – Japon		
1 X 1994(E) [96] [97]		
Yamato	*——— 203 718 ———*	
Yao	275 865	
Yatsushiro	107 438	
Yokkaichi	284 052	
Yokohama	3 300 513	
Yokosuka	435 158	
Yonago	133 496	
Zama	118 147	
Jordan – Jordanie		
31 XII 1991(E)		
AMMAN	965 000	...
Irbid	216 000	...
Russiefa	115 500	...
Zarqa	359 000	...
Kazakstan		
1 I 1993(E)		
Akmola	287 000	292 000
Aktau	174 000	190 000
Aktjubinsk	264 000	266 000
ALMATY	1 176 000	1 198 000
Atirau	151 000	156 000
Dzhambul(Zhambul)	317 000	317 000
Dzhezkazgan(Zhezkazgan)	108 000	113 000
Ekibastuz	141 000	151 000
Karaganda	596 000	596 000
Koktchetav	144 000	146 000
Kzyl–Orda	164 000	165 000
Pavlograd	349 000	367 000
Petropavlovsk (Severo–Kazakstanskaya oblast)	248 000	249 000
Rudni	130 000	146 000
Semipalatinsk	342 000	343 000
Shimkent	404 000	447 000
Taldikorgan	125 000	146 000
Temirtau	213 000	227 000
Uralsk	220 000	246 000
Ust–Kamenogorsk	334 000	342 000
Korea, Republic of– Corée, Rép. de [1]		
1 XI 1990(E)		
Andong	116 958	...
Ansan	252 418	...
Anyang	481 291	...
Bucheon	667 993	...
1 VII 1995(E)		
Busan	3 802 319	...
1 XI 1990		
Changweon	323 223	...
Cheju	232 643	...
Cheonan	211 363	...
Cheongju	477 783	...
Chinhae	120 212	...
Chinju	255 695	...
Chonchu (Jeonju)	517 059	...
Chuncheon	174 224	...
Chungju	128 425	...
1 VII 1995(E)		
Daegu	2 255 805	...
Daejean	1 182 932	...
ASIA (Cont.) — ASIE (Suite)		
Korea, Republic of – Corée, République de		
1 XI 1990		
Eujeongbu	212 352	...
Gangreung	152 678	...
Gumi	206 121	...
Gunsan	218 205	...
Gyeongju	141 896	...
Hanam	101 325	...
1 VII 1995(E)		
Inchon (Incheon)	*2 203 102*	...
1 XI 1990		
Iri	203 382	...
Jeongju	86 906	...
Kwang myong	328 593	...
1 VII 1995(E)		
Kwangchu (Gwangju)	*1 236 312*	...
1 XI 1990		
Kimhae	106 206	...
Kuri	109 374	...
Kunpo	100 059	...
Masan	493 731	...
Mogpo	243 064	...
Pohang	317 768	...
Seongnam	540 754	...
1 VII 1995(E)		
SEOUL	*10 776 201*	...
1 XI 1990		
Shihung	107 176	...
Suncheon	167 214	...
Suwon (Puwan)	644 805	...
Uijong	212 352	...
Ulsan	682 411	...
Yosu	173 169	...
Kuwait – Koweït		
20 IV 1975		
Hawalli	130 565	...
KUWAIT CITY	78 116	...
Salmiya	113 943	...
Kyrgyzstan – Kirghizistan		
1 I 1995(E)		
BISHKEK	583 900	...
Osh	218 300	...
Lao People's Dem. Rep. – Rép. dém. populaire Lao		
1966(E)		
VIENTIANE	132 253	...
Lebanon – Liban		
15 XI 1970 [100]		
BEIRUT	474 870	938 940
Tripoli	127 611	...

8. Population of capital cities and cities of 100 000 and more inhabitants: latest available year (continued)

Population des capitales et des villes de 100 000 habitants et plus: dernière année disponible (suite)

(See notes at end of table. – Voir notes à la fin du tableau.)

Continent, country or area, city and date Continent, pays ou zone, ville et date	Population City proper Ville proprement dite	Population Urban agglomeration Agglomération urbaine
ASIA (Cont.) — ASIE (Suite)		
Macau – Macao		
15 XII 1970		
MACAU	[101] 241 413	...
Malaysia – Malaisie		
Peninsular Malaysia – Malaisie Péninsulaire		
14 VIII 1991		
George Town	219 376	219 376
Ipoh	382 633	468 765
Johore Bharu	328 646	442 250
Klang	243 698	368 228
Kota Bahru	219 713	234 604
KUALA LUMPUR	1 145 075	1 145 075
Kuala Terengganu	228 659	228 659
Kuantan	198 956	201 270
Petaling Jaya	254 849	351 719
Seremban	182 584	193 009
Taiping	183 165	186 791
Sabah		
10 VI 1980		
KOTA KINABALU	108 725	...
Sarawak		
25 VII 1970		
KUCHING	63 535	...
Maldives		
31 XII 1977		
MALE	29 522	...
Mongolia – Mongolie		
1 I 1987(E)		
ULAANBAATAR	515 100	...
Myanmar		
31 III 1983		
Bassein	144 096	...
Mandalay	532 949	...
Monywa	106 843	...
Moulmein	219 961	...
Pegu	150 528	...
Sittwe	107 621	...
Taunggyi	108 231	...
YANGON	2 513 023	...
Nepal – Népal		
22 VI 1981		
KATHMANDU	235 160	...
Oman		
1960(E)		
MUSCAT	*5 080*	6 208
Pakistan [102]		
1 III 1981		
Bahawalpur	...	180 263
Chiniot	...	105 559
Dera Ghazi Khan	...	102 007
Faisalabad(Lyallpur)	...	1 104 209
Gujranwala	...	658 753
Gujrat	...	155 058
Hyderabad	...	751 529
ISLAMABAD	...	204 364
Jhang	...	195 558
Karachi	...	5 180 562
Kasur	...	155 523
Lahore	...	2 952 689
Mardan	...	147 977
Multan	...	732 070
Nawabshah	...	102 139
Okara	...	153 483
Peshawar	...	566 248
Quetta	...	285 719
Rahimyar Khan	...	119 036
Rawalpindi	...	794 843
Sargodha	...	291 362
Sheikhu Pura	...	141 168
Sialkote	...	302 009
Philippines		
1 VII 1994(E)*		
Angeles	276 545	...
Bacolod	343 048	...
Bago	139 771	...
Baguio	169 565	...
Batangas	190 627	...
Butuan	244 900	...
Cabanatuan	185 728	...
Cadiz	143 299	...
Cagayan de Oro	413 689	...
Calbayog	130 321	...
Caloocan	642 670	...
Cavite	103 422	...
Cebu	688 196	...
Cotabato	112 934	...
Dagupan	116 936	...
Davao	960 910	...
General Santos	279 343	...
Gingoog	111 326	...
Iligan	209 639	...
Iloilo	302 200	...
Lapu–Lapu	141 009	...
Las Pinas	380 482	...
Legaspi	125 128	...
Lipa	159 769	...
Lucena City	161 049	...
1 V 1990(E)*		
Makati	453 170	...
Malabon	280 037	...
1 VII 1994(E)*		
Mandaue	212 987	...
1 V 1990(E)*		
Mandaluyong	248 153	...
1 VII 1984(E)*		
MANILA	1 728 441	6 720 050
1 VII 1994(E)*		
MANILA	...	8 594 150
1 V 1990(E)*		
Marikina	310 277	...

8. Population of capital cities and cities of 100 000 and more inhabitants: latest available year (continued)

Population des capitales et des villes de 100 000 habitants et plus: dernière année disponible (suite)

(See notes at end of table. – Voir notes à la fin du tableau.)

Continent, country or area, city and date — Continent, pays ou zone, ville et date	Population: City proper — Ville proprement dite	Population: Urban agglomeration — Agglomération urbaine
ASIA (Cont.) — ASIE (Suite)		
Philippines		
1 VII 1994(E)*		
Muntinlupa	275 056	...
Naga	102 545	...
1 V 1990(E)*		
Navotas	187 479	...
1 VII 1994(E)*		
Olongapo	208 633	...
Ormoc	142 092	...
Pagadian	113 905	...
1 V 1990(E)*		
Paranaque	308 236	...
1 VII 1994(E)*		
Pasay	388 129	...
1 V 1990(E)*		
Pasig	397 679	...
1 VII 1994(E)*		
Quezon City	1 676 644	...
Roxas	111 649	...
1 V 1990(E)*		
San Carlos(Negros Occ.)	105 713	...
1 VII 1994(E)*		
San Carlos(Pangasinan)	123 473	...
1 V 1990(E)*		
San Juan	126 854	...
1 VII 1994(E)*		
San Pablo	163 297	...
ASIA (Cont.) — ASIE (Suite)		
Philippines		
1 VII 1994(E)*		
Silay	140 175	...
Tacloban	153 068	...
1 V 1990(E)*		
Taguig	266 637	...
Tarlac	208 722	...
1 VII 1994(E)*		
Toledo	125 978	...
1 V 1990(E)*		
Valenzuela	340 227	...
1 VII 1994(E)*		
Zamboanga	464 466	...
Qatar		
16 III 1986		
DOHA	217 294	...
Saudi Arabia – Arabie saoudite		
14 IX 1974		
Dammam	127 844	...
Hufuf	101 271	...
Jeddah	561 104	...
Makkah	366 801	...
Medina	198 186	...
RIYADH	666 840	...
Ta'if	204 857	...
Singapore – Singapour		
30 VI 1995(E)*		
SINGAPORE	*—— [103] 2 987 000 ——*	
Sri Lanka		
1 VII 1990(E)		
COLOMBO	*615 000*	...
Dehiwala–Mount Lavinia	*196 000*	...
1 VII 1986(E)		
Galle	*109 000*	...
1 VII 1990(E)		
Jaffna	*129 000*	...
Kandy	*104 000*	...
Kotte	*109 000*	...
Moratuwa	*170 000*	...

8. Population of capital cities and cities of 100 000 and more inhabitants: latest available year (continued)

Population des capitales et des villes de 100 000 habitants et plus: dernière année disponible (suite)

(See notes at end of table. – Voir notes à la fin du tableau.)

Continent, country or area, city and date / Continent, pays ou zone, ville et date	Population: City proper / Ville proprement dite	Population: Urban agglomeration / Agglomération urbaine
ASIA (Cont.) — ASIE (Suite)		
Syrian Arab Republic – République arabe syrienne		
1 VII 1994(E)		
Aleppo	1 542 000	...
Al–Kamishli	113 000	...
Al–Rakka	138 000	...
DAMASCUS	1 549 000	...
Deir El–Zor	133 000	...
Hama	273 000	...
Homs	558 000	...
Lattakia	303 000	...
Tajikistan – Tadjikistan		
1 VII 1993(E)		
DUSHANBE	528 600	...
Osh	161 500	...
Thailand – Thaïlande		
1 IV 1990		
BANGKOK	*—— 5 876 000 ——*	
Chiang Mai	167 000	
Chon Buri	187 000	
Khon Kaen	206 000	
Nakhon Ratchasima	278 000	
Nakhon Sawan	152 000	
Nakhon Si Thammarat	112 000	
Nanthaburi	233 000	
Saraburi	107 000	
Songkhla	243 000	
Ubon Ratchathani	137 000	
Turkey – Turquie		
1 VII 1994(E)		
Adana	*1 047 300*	1 519 800
1 VII 1995(E)		
Adana	1 066 544	...
21 X 1990		
Adapazari	171 225	297 759
1 VII 1994(E)		
Adapazari	186 000	...
Adiyaman	*128 000*	279 200
1 VII 1995(E)		
Adiyaman	129 919	...
Afyon	102 997	...
1 VII 1994(E)		
ANKARA	*2 782 200*	3 103 000
1 VII 1995(E)		
ANKARA	2 837 937	...
1 VII 1994(E)		
Antakya	137 200	...
Antalya	*497 200*	789 600

Continent, country or area, city and date / Continent, pays ou zone, ville et date	Population: City proper / Ville proprement dite	Population: Urban agglomeration / Agglomération urbaine
ASIA (Cont.) — ASIE (Suite)		
Turkey – Turquie		
1 VII 1995(E)		
Antalya	*502 269*	...
1 VII 1994(E)		
Aydin	*121 200*	425 400
1 VII 1995(E)		
Aydin	*123 163*	...
1 VII 1994(E)		
Balikesir	*187 600*	513 100
1 VII 1995(E)		
Balikesir	*189 702*	...
1 VII 1994(E)		
Batman	*182 800*	238 000
1 VII 1995(E)		
Batman	*186 178*	...
1 VII 1994(E)		
Bursa	*996 600*	1 381 300
1 VII 1995(E)		
Bursa	*1 016 760*	...
1 VII 1994(E)		
Denizli	*234 500*	379 300
1 VII 1995(E)		
Denizli	*239 698*	...
1 VII 1994(E)		
Diyarbakir	*448 300*	707 700
1 VII 1995(E)		
Diyarbakir	*448 145*	...
1 VII 1994(E)		
Elazig	*222 800*	291 800
1 VII 1995(E)		
Elazig	*224 781*	...
1 VII 1994(E)		
Edirne	*115 500*	233 200
1 VII 1995(E)		
Edirne	*117 331*	...
1 VII 1994(E)		
Erzurum	*250 100*	425 700
1 VII 1995(E)		
Erzurum	*247 585*	...
1 VII 1994(E)		
Eskisehir	*451 000*	520 000
1 VII 1995(E)		
Eskisehir	*455 285*	...
1 VII 1994(E)		
Gaziantep	*716 000*	973 800
1 VII 1995(E)		
Gaziantep	*730 435*	...
Gebze	*231 052*	...

8. Population of capital cities and cities of 100 000 and more inhabitants: latest available year (continued)

Population des capitales et des villes de 100 000 habitants et plus: dernière année disponible (suite)

(See notes at end of table. – Voir notes à la fin du tableau.)

Continent, country or area, city and date Continent, pays ou zone, ville et date	Population City proper Ville proprement dite	 Urban agglomeration Agglomération urbaine
ASIA (Cont.) — ASIE (Suite)		
Turkey – Turquie		
1 VII 1994(E)		
Hatay	...	572 700
1 VII 1995(E)		
Hatay	138 998	...
1 VII 1994(E)		
Gorum	*134 300*	282 900
1 VII 1995(E)		
Gorum	136 736	...
21 X 1990		
Içel	422 357	787 284
1 VII 1995(E)		
Içel	532 774	...
Iskenderun	153 871	...
1 VII 1994(E)		
Isparta	*120 900*	261 400
1 VII 1995(E)		
Isparta	121 663	...
1 VII 1994(E)		
Istanbul	*7 615 500*	7 784 100
1 VII 1995(E)		
Istanbul	7 774 169	...
1 VII 1994(E)		
Izmir	*1 985 300*	2 411 500
1 VII 1995(E)		
Izmir	2 017 699	...
1 VII 1994(E)		
Izmit	275 800	...
Kahramanmaras	*242 200*	443 200
1 VII 1995(E)		
Kahramanmaras	242 491	...
Karabuk	114 698	...
1 VII 1994(E)		
Kayseri	*454 000*	665 000
1 VII 1995(E)		
Kayseri	463 759	...
Kilis	107 605	...
1 VII 1994(E)		
Kirikkale	*170 300*	233 600
1 VII 1995(E)		
Kirikkale	154 764	...
21 X 1990		
Kocaeli	256 882	582 559
1 VII 1994(E)		
Kocaeli	...	693 100
1 VII 1995(E)		
Kocaeli	205 762	...
1 VII 1994(E)		
Konya	*576 000*	1 069 400
ASIA (Cont.) — ASIE (Suite)		
Turkey – Turquie		
1 VII 1995(E)		
Konya	*584 785*	...
1 VII 1994(E)		
Kütahya	*140 700*	263 300
1 VII 1995(E)		
Kütahya	*141 450*	...
1 VII 1994(E)		
Malatya	*319 700*	425 200
1 VII 1995(E)		
Malatya	*314 539*	...
1 VII 1994(E)		
Manisa	*187 500*	661 200
1 VII 1995(E)		
Manisa	*191 287*	...
21 X 1990		
Mersin	422 357	787 284
1 VII 1994(E)		
Mersin	*523 000*	...
Ordu	*121 300*	396 800
1 VII 1995(E)		
Ordu	*123 782*	...
Osmaniye	*140 257*	...
1 VII 1994(E)		
Sakarya	...	329 500
1 VII 1995(E)		
Sakarya	*185 187*	...
1 VII 1994(E)		
Samsun	*326 900*	569 700
1 VII 1995(E)		
Samsun	*330 360*	...
1 VII 1994(E)		
Sivas	*240 100*	426 400
1 VII 1995(E)		
Sivas	*243 432*	...
Sultanbeyli	*169 999*	...
Tarsus	*229 518*	...
1 VII 1994(E)		
Trabzon	*145 400*	327 700
1 VII 1995(E)		
Trabzon	*143 573*	...
1 VII 1994(E)		
Urfa	*357 900*	689 100
1 VII 1995(E)		
Urfa	*362 598*	...
1 VII 1994(E)		
Usak	*119 900*	164 300
1 VII 1995(E)		
Usak	*121 972*	...

8. Population of capital cities and cities of 100 000 and more inhabitants: latest available year (continued)

Population des capitales et des villes de 100 000 habitants et plus: dernière année disponible (suite)

(See notes at end of table. – Voir notes à la fin du tableau.)

Continent, country or area, city and date Continent, pays ou zone, ville et date	Population City proper Ville proprement dite	 Urban agglomeration Agglomération urbaine
ASIA (Cont.) — ASIE (Suite)		
Turkey – Turquie		
1 VII 1994(E)		
Van	*194 600*	312 000
1 VII 1995(E)		
Van	197 679	...
1 VII 1994(E)		
Zonguldak	*115 900*	430 800
1 VII 1995(E)		
Zonguldak	113 627	...
Turkmenistan – Turkménista		
1 I 1990(E)		
ASHKHABAD	407 000	...
Chardzhou	164 000	...
Tashauz	114 000	...
United Arab Emirates – Emirats arabes unis		
15 XII 1980		
ABU DHABI	242 975	...
Al–Aïn	101 663	...
Dubai	265 702	...
Sharjah	125 149	...
Uzbekistan – Ouzbékistan		
1 I 1990(E)		
Almalyk	116 000	...
Andizhan	297 000	...
Angren	133 000	...
Bukhara	228 000	...
Chimkent	401 000	...
Chirchik	159 000	...
Djizak	108 000	...
Fergana	198 000	...
Karshi	163 000	...
Kokand	176 000	...
Leninabad	163 000	...
Namangan	312 000	...
Navoi	110 000	...
Nukus	175 000	...
Samarkand	370 000	...
TASHKENT	2 094 000	...
Urgentch	129 000	...
Viet Nam		
1 IV 1989		
Bac Lieu	83 482	115 900
Bien Hoa	97 044	228 519
Buonmathuot	273 879	313 816
1 VII 1992(E)		
Buonmathuot	282 095	...
1 IV 1989		
Campha	105 336	127 408
1 VII 1992(E)		
Campha	209 086	...
1 IV 1989		
Cantho	208 078	284 306
ASIA (Cont.) — ASIE (Suite)		
Viet Nam		
1 VII 1992(E)		
Cantho	215 587	...
1 IV 1989		
Dalat	102 583	115 959
1 VII 1992(E)		
Dalat	*106 409*	...
1 IV 1989		
Da Nang	369 734	369 734
1 VII 1992(E)		
Da Nang	*382 674*	...
1 IV 1989		
Haiphong	449 747	1 447 523
1 VII 1992(E)		
Haiphong	*783 133*	...
1 IV 1989		
HANOI	1 089 760	3 056 146
1 VII 1992(E)		
HANOI	*1 073 760*	...
1 IV 1989		
Ho Chi Minh	2 899 753	3 924 435
1 VII 1992(E)		
Ho Chi Minh	*3 015 743*	...
1 IV 1989		
Hon Gai	123 102	129 394
1 VII 1992(E)		
Hon Gai	*127 484*	...
1 IV 1989		
Hué	211 718	260 489
1 VII 1992(E)		
Hué	*219 149*	...
1 IV 1989		
Longxuyen	128 817	214 037
1 VII 1992(E)		
Longxuyen	*132 681*	...
1 IV 1989		
Mytho	104 724	149 203
1 VII 1992(E)		
Mytho	*108 404*	...
1 IV 1989		
Namdinh	165 629	219 615
1 VII 1992(E)		
Namdinh	*171 699*	...
1 IV 1989		
Nhatrang	213 460	263 093
1 VII 1992(E)		
Nhatrang	*221 331*	...

8. Population of capital cities and cities of 100 000 and more inhabitants: latest available year (continued)

Population des capitales et des villes de 100 000 habitants et plus: dernière année disponible (suite)

(See notes at end of table. – Voir notes à la fin du tableau.)

Continent, country or area, city and date / Continent, pays ou zone, ville et date	Population: City proper / Ville proprement dite	Population: Urban agglomeration / Agglomération urbaine
ASIA (Cont.) — ASIE (Suite)		
Viet Nam		
1 IV 1989		
Qui Nhon	159 852	201 972
1 VII 1992(E)		
Qui Nhon	163 385	...
1 IV 1989		
Rach Gia	137 784	151 362
1 VII 1992(E)		
Rach Gia	141 132	...
1 IV 1989		
Thai Nguyen	124 871	171 815
1 VII 1992(E)		
Thai Nguyen	127 643	...
1 IV 1989		
Thanhhoa	84 951	126 942
Viettri	73 347	116 084
Vinh	110 793	175 167
1 VII 1992(E)		
Vinh	112 455	...
1 IV 1989		
Vungtau	123 528	133 558
1 VII 1992(E)		
Vungtau	145 145	...
Yemen – Yémen		
1 VII 1993(E)		
Aden	...	400 783
Hodeidah	...	246 068
SANA'A	...	926 595
Taiz	...	290 107
EUROPE		
Albania – Albanie		
1 VII 1990(E)		
TIRANA	244 153	...
Andorra – Andorre		
30 IX 1986		
ANDORRA LA VELLA	16 151	...
Austria – Autriche		
15 V 1991 [1]		
Graz	237 810	271 017
Innsbruck	118 112	136 516
Linz	203 044	281 566
Salzburg	143 973	162 908
WIEN	1 539 848	1 806 737
1 VII 1992(E) [1]		
WIEN	1 560 471	...

Continent, country or area, city and date / Continent, pays ou zone, ville et date	Population: City proper / Ville proprement dite	Population: Urban agglomeration / Agglomération urbaine
Belarus – Bélarus		
1 I 1993(E)		
Baranovichi	171 800	...
Bobruisk	227 100	...
Borisov	153 500	...
Brest	290 600	...
Gomel	503 900	514 900
Grodno	298 400	...
MINSK	1 659 700	1 687 400
Mogilev	364 600	...
Mozir	106 900	...
Orsha	124 700	139 000
Pinsk	129 100	...
Solegorsk	100 500	...
Vitebsk	362 700	370 800
Belgium – Belgique		
1 I 1990(E)		
Antwerpen (Anvers)	470 349	668 125
1 I 1991(E)		
Brugge	117 100	117 100
BRUXELLES (BRUSSEL)	136 488	960 324
1 I 1990(E)		
Charleroi	206 779	294 962
1 I 1991(E)		
Charleroi	206 928	...
1 I 1990(E)		
Genk/Hasselt	...	127 437
Gent (Gand)	230 543	250 666
1 I 1991(E)		
Gent (Gand)	230 446	...
1 I 1990(E)		
Kortrijk	76 081	114 371
La Louvière	76 138	115 739
Liège (Luik)	196 825	484 518
1 I 1991(E)		
Liège (Luik)	195 201	...
1 I 1990(E)		
Mons	91 867	175 290
1 I 1991(E)		
Namur	103 935	103 935
Ouvers	467 875	...
Bosnia Herzegovina Bosnie–Herzégovina		
1 VII 1991(E) [1]		
Banja Luka	195 994	...
Doboj	102 624	...
Mostar	127 034	...
Prijedor	112 635	...
31 III 1971 [1]		
SARAJEVO	243 980	271 126
1 VII 1991(E) [1]		
SARAJEVO	529 021	...
Tuzla	131 866	...
Zenica	145 837	...

8. Population of capital cities and cities of 100 000 and more inhabitants: latest available year (continued)

Population des capitales et des villes de 100 000 habitants et plus: dernière année disponible (suite)

(See notes at end of table. – Voir notes à la fin du tableau.)

Continent, country or area, city and date Continent, pays ou zone, ville et date	Population City proper Ville proprement dite	 Urban agglomeration Agglomération urbaine
EUROPE (Cont.–Suite)		
Bulgaria – Bulgarie		
1 VII 1993(E)		
Bourgas	198 439	213 245
Choumen	96 099	110 687
Dobritch	104 668	104 668
Plévène	130 354	159 658
Plovdiv	345 205	345 205
Roussé	170 209	186 810
Slivène	106 958	144 381
SOFIA	1 113 674	1 188 563
Stara Zagora	150 926	175 588
Varna	307 200	313 034
Channel Islands – Iles Anglo–Normandes Jersey		
23 III 1986		
ST. HELIER	27 012	46 329
10 III 1991		
ST. HELIER	28 123	...
Croatia – Croatie		
31 III 1991 [1]		
Osijek	129 792	...
Rijeka	167 964	...
Split	200 459	...
ZAGREB	867 717	...
Czech Republic – Rép. tchèque		
1 VII 1994(E)		
Brno	390 073	...
Hradec Králové	100 839	...
Liberec	100 934	...
Olomouc	105 998	...
Ostrava	326 049	...
Pizen	172 055	...
PRAHA	1 216 568	...
Ustí nad Labem	97 303	...
Denmark – Danemark		
1 I 1995(E) [1]		
Alborg	...	159 056
Arhus	...	277 477
KOBENHAVN	625 810	1 353 333
Odense	...	182 617
Estonia – Estonie		
1 VII 1993(E)		
TALLINN	447 672	...
Tartu	107 303	...
Faeroe Islands – Iles Féroé		
1 I 1992(E) [1]		
THORSHAVN	14 671	16 218
Finland – Finlande [1]		
1 VII 1994(E)		
Espoo	184 577	...
1 VII 1993(E)		
HELSINKI	500 051	1 016 291
EUROPE (Cont.–Suite)		
1 VII 1994(E)		
HELSINKI	512 176	...
1 VII 1993(E)		
Oulu	103 942	144 656
1 VII 1994(E)		
Oulu	105 382	...
1 VII 1993(E)		
Tampere	175 504	242 785
1 VII 1994(E)		
Tampere	177 700	...
1 VII 1993(E)		
Turku	160 153	249 890
1 VII 1994(E)		
Turku	161 380	...
Vantaa	162 739	...
France [109 110]		
5 III 1990		
Aix–en–Provence	123 778	1 230 871
Amiens	131 880	156 140
Angers	141 354	208 222
Besançon	113 835	122 633
Bordeaux	210 467	696 819
Boulogne–Billancourt [111]	101 569	...
Brest	147 888	201 442
Caen	112 872	191 505
Clermont–Ferrand	136 180	254 451
Dijon	146 723	230 469
Fort–de–France	100 072	133 920
Grenoble	150 815	404 837
Le Havre	195 932	253 675
Le Mans	145 439	189 032
Lille	172 149	[112] 959 433
Limoges	133 469	170 072
Lyon	415 479	1 262 342
Marseille	800 309	[113] 1 230 871
Metz	119 598	193 160
Montpellier	208 103	248 429
Mulhouse	108 358	223 878
Nantes	244 514	495 229
Nice	342 903	517 291
Nimes	128 549	138 610
Orléans	105 099	243 137
PARIS	2 152 329	[114] 9 319 367
Perpignan	105 869	157 755
Reims	180 611	206 446
Rennes	197 497	244 998
Rouen	102 722	380 220
Saint–Denis	121 974	121 974
Saint–Etienne	199 528	313 467
Strasbourg	252 274	[112] 388 466
Toulon	167 788	437 825
Toulouse	358 598	650 311
Tours	129 506	282 193
4 III 1982		
Trappes	...	142 000
Troyes	...	125 000
Valence	...	104 000
Valenciennes	...	[112] 337 000
5 III 1990		
Villeurbanne	116 851	262 342

8. Population of capital cities and cities of 100 000 and more inhabitants: latest available year (continued)

Population des capitales et des villes de 100 000 habitants et plus: dernière année disponible (suite)

(See notes at end of table. – Voir notes à la fin du tableau.)

Continent, country or area, city and date Continent, pays ou zone, ville et date	Population City proper Ville proprement dite	Population Urban agglomeration Agglomération urbaine
EUROPE (Cont.–Suite)		
Germany – Allemagne		
31 XII 1994(E) [1]		
Aachen	247 113	...
Augsburg	262 110	...
Bergisch Gladbach	105 122	...
BERLIN	3 472 009	...
Bielefeld	324 067	...
Bochum	401 129	...
Bonn	293 072	...
Bottrop	119 669	...
Braunschweig	254 130	...
Bremen	549 122	...
Bremerhaven	130 847	...
Chemnitz	274 162	...
Cottbus	125 643	...
Darmstadt	139 063	...
Dortmund	600 918	...
Dresden	474 443	...
Duisburg	536 106	...
Düsseldorf	572 638	...
Erfurt	213 472	...
Erlangen	101 450	...
Essen	617 955	...
Frankfurt am Main	652 412	...
Freiburg im Breisgau	198 496	...
Fürth	107 799	...
Gelsenkirchen	293 542	...
Gera	126 035	...
Göttingen	127 519	...
Hagen	213 747	...
Halle	290 051	...
Hamburg	1 705 872	...
Hamm	184 020	...
Hannover	525 763	...
Heidelberg	138 964	...
Heilbronn	122 253	...
Herne	180 029	...
Hildesheim	106 095	...
Ingolstadt	110 910	...
Jena	102 204	...
Kaisorslautern	101 910	...
Karlsruhe	277 011	...
Kassel	201 789	...
Kiel	246 586	...
Koblenz	109 550	...
Köln	963 817	...
Krefeld	249 662	...
Leipzig	481 121	...
Leverkusen	161 832	...
Lübeck	216 854	...
Lüdwigshafen am Rhein	167 883	...
Magdeburg	265 379	...
Mainz	184 627	...
Mannheim	316 223	...
Moers	107 011	...
Mönchengladbach	266 073	...
Mülheim a.d. Ruhr	176 513	...
München	1 244 676	...
Münster (Westf.)	264 887	...
Neuss	148 870	...
Nürnberg	495 845	...
Oberhausen	225 443	...
Offenbach am Main	116 482	...
Oldenburg	149 691	...
Osnabrück	168 050	...
Paderborn	131 513	...
Pforzheim	117 960	...
Potsdam	138 268	...
Recklinghausen	127 139	...
Regensburg	125 608	...
Remscheid	123 069	...
Reutlingen	107 782	...
Rostock	232 634	...
Saarbrücken	189 012	...
Salzgitter	117 842	...
Schwerin	118 291	...
Siegen	111 541	...
Solingen	165 973	...
Stuttgart	588 482	...
Ulm	115 123	...
Wiesbaden	266 081	...
Witten	105 423	...
Wolfsburg	126 965	...
Wuppertal	383 776	...
Würzburg	127 946	...
Zwickau	104 921	...
Gibraltar		
14 X 1991		
GIBRALTAR	28 074	...
Greece – Grèce		
17 III 1991 [115]		
ATHINAI	772 072	3 072 922
Calithèa	114 233	([116])
Iraclion	116 178	132 117
Larissa	113 090	([116])
Patrai	153 344	170 452
Péristéri	137 288	([116])
Piraiévs	182 671	([116])
Thessaloniki	383 967	749 048
Volos	...	116 031
Holy See – Saint-Siège		
30 VI 1988(E)		
VATICAN CITY	766	...
Hungary – Hongrie		
1 VII 1994(E)		
BUDAPEST	1 962 855	...
Debrecen	214 245	...
Györ	129 089	...
Kecskemét	105 064	...
Miskolc	185 877	...
Nyiregyháza	114 276	...
Pécs	167 772	...
Szeged	173 860	...
Székesfehérvár	108 868	...
Iceland – Islande		
1 VII 1993(E) [1]		
REYKJAVIK	101 418	153 210
Ireland – Irlande		
21 IV 1991		
Cork	127 253	174 400
DUBLIN	533 929	915 516
Isle of Man – Ile de Man		
6 IV 1986		
DOUGLAS	20 368	...

8. Population of capital cities and cities of 100 000 and more inhabitants: latest available year (continued)

Population des capitales et des villes de 100 000 habitants et plus: dernière année disponible (suite)

(See notes at end of table. – Voir notes à la fin du tableau.)

Continent, country or area, city and date / Continent, pays ou zone, ville et date	Population: City proper / Ville proprement dite	Population: Urban agglomeration / Agglomération urbaine
EUROPE (Cont.–Suite)		
Italy – Italie		
20 X 1991		
Ancona	...	101 179
Bari	...	341 273
Bergamo	...	115 655
Bologna	...	404 322
Brescia	...	200 722
Cagliari	...	203 254
Catania	...	330 037
Ferrara	...	137 336
Firenze	...	402 316
Foggia	...	155 042
Forli	...	109 228
Genova	...	675 659
La Spezia	...	101 701
Latina	...	105 543
Lecco	...	100 233
Livorno	...	167 445
Messina	...	272 461
Milano	...	1 371 008
Modena	...	176 148
Monza	...	121 151
Napoli	...	1 054 601
Novara	...	102 473
Padova	...	215 025
Palermo	...	697 162
Parma	...	168 905
Perugia	...	143 698
Pescara	...	121 367
Piacenza	...	102 252
Prato	...	165 364
Ravenna	...	135 435
Reggio di Calabria	...	169 709
Reggio nell'Emilia	...	131 419
Rimini	...	128 119
ROMA	...	2 693 383
Salerno	...	153 436
Sassari	...	116 989
Siracusa	...	126 136
Taranto	...	232 200
Terni	...	107 333
Torino	...	961 916
Torre del Greco	...	101 456
Treviso	...	101 340
Trieste	...	229 216
Venezia	...	308 717
Verona	...	252 689
Vicenza	...	107 076
Latvia – Lettonie		
1 VII 1994(E)		
Daugavpils	121 063	...
Liepaja	102 450	...
RIGA	847 976	...
Liechtenstein		
31 XII 1982(E) [1]		
VADUZ	4 904	...
Lithuania – Lituanie		
1 VII 1993(E)		
Kaunas	421 600	...
Klaipeda	204 300	...
1 I 1990(E)		
Liepaya	115 000	...
1 VII 1993(E)		
Panevezhis	131 800	...
Shauliai	147 900	...
VILNIUS	581 500	...
Luxembourg		
1 VII 1994(E) [1]		
LUXEMBOURG-VILLE	76 446	...
Malta – Malte		
31 XII 1980(E) [117]		
VALLETTA	...	14 020
31 XII 1993(E) [117]		
VALLETTA	9 144	...
Monaco		
4 III 1982 [1]		
MONACO	27 063	...
Netherlands – Pays-Bas		
1 VII 1994(E) [1, 118]		
Almere	101 493	...
Amersfoort	111 253	...
AMSTERDAM	723 163	1 100 764
Apeldoorn	149 659	...
Arnhem	134 053	312 912
Breda	129 518	166 173
Dordrecht	113 742	213 519
Eindhoven	196 547	394 469
Enschede	147 829	254 272
Geleen/Sittard	...	185 645
Groningen	170 597	210 489
Haarlem	149 561	213 392
Haarlemmermeer	103 980	...
Heerlen/Kerkrade	...	270 535
Hilversum	...	102 196
Leiden	115 167	194 493
Maastricht	118 278	164 427
Nijmegen	147 288	248 656
Rotterdam	598 236	1 076 442
's-Gravenhage	444 108	694 733
's-Hertogenbosch	...	198 508
Tilburg	163 876	237 398
Utrecht	234 352	546 433
Velsen/Beverwijk	...	134 340
Zaanstad	133 006	...
Zaanstreek	...	147 363
Zoetermeer	104 215	...
Norway – Norvège		
1 I 1993(E) [1]		
Bergen	218 144	...
OSLO	473 454	758 949
Stavanger	101 403	...
Trondheim	140 656	...
Poland – Pologne		
1 VII 1993(E)		
Bialystok	274 927	...
Bielsko – Biala	180 479	...
Bydgoszcz	384 101	...
Bytom	229 045	...
Chorzow	128 318	...

8. Population of capital cities and cities of 100 000 and more inhabitants: latest available year (continued)

Population des capitales et des villes de 100 000 habitants et plus: dernière année disponible (suite)

(See notes at end of table. – Voir notes à la fin du tableau.)

Continent, country or area, city and date Continent, pays ou zone, ville et date	Population City proper Ville proprement dite	Population Urban agglomeration Agglomération urbaine
EUROPE (Cont.–Suite)		
Poland – Pologne		
1 VII 1993(E)		
Czestochowa	259 555	...
Dabrowa Gornicza	132 552	...
Elblag	127 589	...
Gdansk	462 239	...
Gdynia	250 402	...
Gliwice	214 585	...
Grudziadz	103 537	...
Gorzow Wielkopolski	124 688	...
Jastrzebie – Zdroj	103 627	...
Kalisz	106 608	...
Katowice	359 776	...
Kielce	213 979	...
Koszalin	111 013	...
Krakow	744 203	...
Legnica	106 812	...
Lodz	835 807	...
Lublin	350 731	...
Olsztyn	165 523	...
Opole	129 833	...
Plock	125 364	...
Poznan	582 839	...
Radom	230 987	...
Ruda Slaska	167 769	...
Rybnik	143 384	...
Rzeszow	157 736	...
Slupsk	102 228	...
Sosnowiec	250 771	...
Szczecin	417 115	...
Tarnow	121 987	...
Torun	202 503	...
Tychy	136 778	...
Walbrzych	140 476	...
WARSZAWA	1 643 203	...
Wloclawek	122 578	...
Wodzislaw Slaski	–	...
Wroclaw	641 386	...
Zabrze	203 999	...
Zielona Gora	115 364	...
Portugal		
15 IV 1991		
Amadora	181 774	...
Funchal	115 403	...
LISBOA	663 394	[119] 2 561 225
Porto	302 467	[120] 1 174 461
Setubal	103 634	...
Republic of Moldova – République de Moldova		
1 VII 1992(E)		
Beltsy	159 000	...
Bendery	132 700	...
KISHINEV	667 100	...
Tiraspol	186 200	...
Romania – Roumanie		
1 VII 1994(E)		
Arad	187 876	...
Bacau	207 730	...
Baia Mare	149 975	...
Botosani	128 322	...
Braila	235 763	...
Brasov	324 210	...
BUCURESTI	2 060 551	...
Buzau	149 610	...
Cluj–Napoca	326 017	...
Constanta	348 575	...
Craiova	306 825	...
Drobeta Turnu–Severin	118 383	...
Focsani	100 900	...
Galati	326 728	...
Iasi	339 889	...
Oradea	221 885	...
Piatra Neamt	125 622	...
Pitesti	184 171	...
Ploiesti	254 136	...
Rimnicu Vilcea	114 286	...
Satu–Mare	131 431	...
Sibiu	170 528	...
Suceava	117 314	...
Timisoara	327 830	...
Tirgu–Mures	166 315	...
Russian Federation – Fédération de Russie		
1 VII 1994		
Abakan	158 954	...
Achinsk	121 882	123 300
Almetievsk	138 902	147 500
Angarsk	267 154	272 100
Anzhero–Sudzhensk	100 700	106 850
Arkhangelsk	376 178	383 850
Armavir	161 799	178 600
Arzamas	111 423	...
Astrakhan	481 171	...
Balakovo	208 083	208 850
Balashikha	134 873	...
Barnaul	593 043	654 850
Belgorod	317 925	...
Berezniki	185 672	187 500
Biisk	227 348	239 300
Blagoveshchensk (Amurskaya oblast)	212 524	215 950
Bratsk	259 095	285 550
Bryansk	456 949	479 150
Cheboksary	448 437	461 850
Chelyabinsk	1 087 609	1 114 400
Cherepovets	318 758	...
Cherkessk	118 322	...
Chita	320 002	320 450
Dimitrovgrad	133 352	...
Dzerzhinsk Novgorodskaya oblast)	285 540	296 500
Ekaterinoburg	1 277 963	1 322 950
Elektrostal	150 481	...
Elets	117 743	...
Engels	186 133	219 200
Glazov	107 158	...
Ioshkap–Ola	249 209	276 500
Irkutsk	579 896	582 150
Ivanovo	472 240	...
Izhevsk	653 174	...
Kaliningrad (Kaliningradskaya oblast	416 547	...
Kaliningrad (Moskovskaya oblast)	135 322	163 100
Kaluga	344 463	361 500
Kamensk–Uralsky	196 258	197 950
Kamyshin	128 396	...
Kansk	110 121	...
Kazan	1 079 800	1 081 750

8. Population of capital cities and cities of 100 000 and more inhabitants: latest available year (continued)

Population des capitales et des villes de 100 000 habitants et plus: dernière année disponible (suite)

(See notes at end of table. – Voir notes à la fin du tableau.)

Continent, country or area, city and date / Continent, pays ou zone, ville et date	Population: City proper / Ville proprement dite	Population: Urban agglomeration / Agglomération urbaine
EUROPE (Cont.–Suite)		
Russian Federation – Fédération de Russie		
1 VII 1994(E)		
Kemerovo	500 772	539 700
Khabarovsk	616 291	...
Khimki	135 911	137 050
Kineshma	102 661	...
Kirov (Azerbaidzhanskaya SSR)	462 910	499 150
Kiselevsk	115 912	121 900
Kislovodsk	111 317	115 900
Kolomna	154 455	...
Kolpino	144 142	...
Komsomolsk–na–Amure	311 179	...
Kostroma	283 101	286 100
Kovrov	162 269	...
Krasnodar	640 646	757 950
Krasnoyarsk	868 571	...
Kurgan	360 610	366 950
Kursk	436 144	...
Kuznetsk	101 392	101 550
Leninsk–Kuznetsky	120 652	161 050
Lipetsk	469 353	510 400
Lyubertsy	165 295	...
Maikop	163 755	175 550
Magadan	131 674	141 500
Magnitogorsk	425 503	426 050
Makhachkala	328 193	374 650
Mezhdurechensk	104 303	...
Miass	166 404	179 800
Michurinsk	105 434	121 300
MOSKVA	8 436 447	8 663 142
Murmansk	410 234	...
Murom	124 558	143 850
Mytishchi	153 037	...
Naberezhnye Tchelny	529 642	532 900
Nakhodka	163 004	192 450
Naltchik	235 303	253 350
Neftekamsk	117 792	125 050
Nevinnomyssk	129 446	...
Nizhnekamsk	209 706	...
Nizhenvartovsk	242 615	...
Nizhny Tagil	411 248	...
Nizhny Novgorod	1 382 115	1 391 250
Noginsk	119 673	...
Norilsk	166 118	267 050
Novgorod	231 729	239 700
Novocheboksarsk	123 459	123 900
Novocherkassk	188 031	201 850
Novokuybishevsk	114 307	116 550
Novokuznetsk	574 890	589 350
Novomoskovsk (Tulskaya oblast)	143 499	...
Novorossiysk	198 536	242 650
Novoshakhtinsk	105 860	122 250
Novosibirsk	1 370 544	1 401 100
Novotroitsk	109 294	116 350
Obninsk	107 035	...
Odintsovo	130 297	...
Oktyabrsky	108 977	...
Omsk	1 161 991	1 186 000
Orekhovo–Zuevo	126 277	...
Orel	343 291	...
Orenburg	527 803	546 150
Orsk	275 151	279 850
Penza	528 181	528 550
Perm	1 034 201	1 044 350
Pervouralsk	135 906	164 450
Petropavlovsk–Kamchatsky	216 956	228 500
Petrozavodsk	279 188	279 600
Podolsk	201 649	...
Prokopyevsk	251 407	251 800
Pskov	206 956	...
Pyatigorsk	128 003	183 950
Rybinsk	249 515	...
Rostov–na–Donu	1 013 001	...
Rubtsovsk	170 611	...
Ryazan	528 241	531 500
Salavat	156 747	...
Samara (Samarskaya oblast)	1 190 191	1 220 950
Saransk	320 432	348 950
Sarapyul	109 003	109 600
Saratov	894 572	901 600
Sergiev Posad	113 840	...
Serov	100 055	102 600
Serpukhov	139 198	...
Severodvinsk	247 020	249 700
Shakhty	227 549	258 550
Shchelkovo	107 567	...
Smolensk	350 616	...
Sochi	329 136	384 500
Solikamsk	108 272	...
St. Petersburg	4 273 001	4 827 538
Starsy Oskol	194 548	195 450
Stavropol	337 706	337 800
Sterlitamak	257 740	...
Surgut	263 441	...
Syktivkar	227 546	244 000
Syzran	175 694	185 700
Taganrog	290 261	...
Tambov	313 413	...
Tolyatti	694 550	707 150
Tomsk	467 656	...
Tula	530 333	579 300
Tver	449 505	453 350
Tyumen	491 059	543 000
Ufa	1 090 644	1 095 850
Uhta	110 428	139 500
Ulan–Ude	672 240	693 050
Ulyanovsk	364 662	387 350
Usolie Sibirskoye	106 118	...
Ussuriisk	160 998	...
Ust–Ulimsk	111 717	...
Uzno–Sakhalinsk	158 141	168 200
Velikie Luky	115 681	...
Vladikavkaz Osetinskaya ASSR)	309 861	323 300
Vladimir	335 347	356 700
Vladivostok	631 543	659 050
Volgodonsk	183 748	191 350
Volgograd	997 392	1 026 750
Vologda	294 328	303 000
Volzhsky	284 647	293 500
Vorkuta	106 921	200 600
Voronezh	901 117	975 800
Votkinsk	104 397	...
Yakutsk	193 938	226 200
Yaroslave	625 551	...
Zelenodolsk	101 850	...
Zelenograd	187 376	...
Zheleznodorozny	100 549	105 650
Zlatoust	203 079	205 450
San Marino – Saint–Marin		
31 XII 1991(E)		
SAN MARINO	2 792	4 251
31 XII 1994(E)		
SAN MARINO	2 768	...

8. Population of capital cities and cities of 100 000 and more inhabitants: latest available year (continued)

Population des capitales et des villes de 100 000 habitants et plus: dernière année disponible (suite)

(See notes at end of table. – Voir notes à la fin du tableau.)

Continent, country or area, city and date / Continent, pays ou zone, ville et date	Population: City proper / Ville proprement dite	Population: Urban agglomeration / Agglomération urbaine
EUROPE (Cont.–Suite)		
Slovakia – Slovaquie		
1 VII 1995(E)		
BRATISLAVA	451 272	...
Kosice	240 139	...
Slovenia – Slovénie		
1 VII 1994(E)		
LJUBLJANA	280 146	...
Marebor	130 398	...
Spain – Espagne		
1 III 1991 [12]		
Albacete	*—— 132 448 ——*	
Alcalá de Henares	159 355	
Alcorcon	139 662	
Algeciras	101 256	
Alicante	267 421	
Almería	157 540	
Badajoz	124 579	
Badalona	218 725	
Baracaldo	105 088	
Barcelona	1 596 190	
Bilbao	365 269	
Burgos	161 700	
Cádiz	152 187	
Cartagena	168 023	
Castellon	136 816	
Cordoba	305 894	
Elche	188 062	
Fuenlabrada	144 723	
Getafe	139 190	
Gijon	259 067	
Granada	256 784	
Hospitalet de Llobregat	272 578	
Huelva	144 053	
Jaén	104 892	
Jérez de la Frontera	183 316	
La Coruña	248 293	
La Laguna	110 895	
Las Palmas (Canarias)	359 611	
Leganés	171 589	
Leon	143 496	
Lérida	112 461	
Logroño	122 607	
MADRID	2 976 064	
Málaga	523 450	
Mataro	101 510	
Mostoles	192 018	
Murcia	331 898	
Orense	103 042	
Oviedo	195 651	
Palma de Mallorca	298 971	
Pamplona	181 349	
Sabadell	189 404	
Salamanca	163 400	
San Sebastián	171 540	
Santa Coloma de Gramanet	133 138	
Santa Cruz de Tenerife	*—— 202 112 ——*	
Santander	191 155	
Sevilla	678 902	
Tarragona	110 837	
Tarrasa	158 063	
Valencia	749 361	
Valladolid	331 885	
Vigo	276 109	
Vitoria	208 755	
Zaragoza	598 078	
Sweden – Suède [1]		
1 XI 1990		
Boras	88 695	101 686
31 XII 1992(E)		
Boras	102 840	...
1 XI 1990		
Göteborg	398 682	433 020
31 XII 1994(E)		
Göteborg	444 553	...
1 XI 1990		
Helsingborg	103 627	109 273
31 XII 1994(E)		
Helsingborg	113 411	...
1 XI 1990		
Jönköping	100 590	111 476
31 XII 1994(E)		
Jönköping	114 811	...
1 XI 1990		
Linköping	108 668	122 153
31 XII 1994(E)		
Linköping	130 489	...
1 XI 1990		
Malmö	233 870	254 840
31 XII 1994(E)		
Malmö	242 706	...
1 XI 1990		
Norrköping	108 841	120 478
Orebro	118 606	...
1 XI 1990		
STOCKHOLM	674 680	880 096
31 XII 1994(E)		
STOCKHOLM	703 627	...
1 XI 1990		
Uppsala	143 120	167 260
31 XII 1994(E)		
Uppsala	181 191	...

8. Population of capital cities and cities of 100 000 and more inhabitants: latest available year (continued)

Population des capitales et des villes de 100 000 habitants et plus: dernière année disponible (suite)

(See notes at end of table. – Voir notes à la fin du tableau.)

Continent, country or area, city and date Continent, pays ou zone, ville et date	Population City proper Ville proprement dite	Population Urban agglomeration Agglomération urbaine
EUROPE (Cont.–Suite)		
Sweden – Suède [1]		
1 XI 1990		
Västeras	112 800	119 780
31 XII 1994(E)		
Västeras	122 998	...
Switzerland – Suisse		
1 VII 1994(E) [1]		
Bâle	175 809	405 079
BERNE	128 872	321 932
Genève	172 138	438 819
Lausanne	116 917	283 631
Luzern	59 683	180 050
Winterthur	87 287	115 994
Zürich	342 804	921 446
The former Yugoslav Rep. of Macedonia – L'ex Rép. yougoslavie de Macédoine		
1 VII 1992(E) [1]		
SKOPLJE	448 229	...
Ukraine		
1 I 1993(E)		
Alchevsk	128 600	...
Alexandriya	106 200	...
Belaya Tserkov	213 200	...
Berdyansk	137 200	...
Cherkassy	311 700	...
Chernigov	313 300	...
Chernovtsy	263 100	...
Dneprodzerzhinsk	287 300	...
Dnepropetrovsk	1 185 500	...
Donetsk (Donestskaya oblast)	1 121 200	...
Enakievo	119 500	...
Evpatoriya	114 700	...
Gorlovka	335 700	...
Ivano–Frankovsk	234 000	...
Kamenetz–Podolsky	107 900	...
Kertch	182 500	...
Kharkov	1 615 000	...
Kherson	370 500	...
Khmelnitsky	253 200	...
KIEV	2 646 100	...
Kirovograd	281 400	...
Kohoton	100 300	...
Konstantinovka	106 300	...
Krasny Lutch	114 600	...
Kramatorsk	203 900	...
Krementchug	247 900	...
Krivoi Rog	737 300	...
Lisichask	127 100	...
Lugansk	503 800	...
Lutsk	216 800	...
Lvov	810 000	...
Makeyevka	424 000	...
Mariupol	524 000	...
Melitopol	178 100	...
Nikolaev (Nikolaevskaya oblast)	518 700	...
Nikopol	161 200	...
Odessa	1 086 700	...
Pavlograd	137 300	...
Poltava	325 800	...
Rovno	245 200	...
Sevastopol	374 800	...
Severodonetsk	135 100	...
Simferopol	358 100	...
Slavyansk	138 000	...
Stakhanov	113 700	...
Sumy	307 100	...
Ternopol	229 400	...
Uzhgorod	126 000	...
Vinnitsa	387 000	...
Yenakievo	119 500	...
Zaporozhye	899 500	...
Zhitomir	302 300	...
United Kingdom – Royaume–Uni		
1 VII 1994(E) [121]		
Aberdeen	219 090	...
Amber Valley	114 451	...
Arun	134 328	...
Ashfield	109 863	...
Aylesbury Vale	152 033	...
Barking and Dagenham [122]	155 018	...
Barnet [122]	308 300	...
Barnsley	226 526	...
Basildon	162 114	...
Basingstoke & Deane	147 193	...
Bassetlaw	105 479	...
Bedford	137 001	...
Belfast [123]	297 100	...
Beverley	118 014	...
Bexley [122]	220 432	...
Birmingham	1 008 381	...
Blackburn	140 147	...
Blackpool	153 971	...
Bolton	265 175	...
Bournemouth	160 139	...
Bracknell Forest	104 635	...
Bradford	481 747	...
Braintree	123 648	...
Breckland	112 171	...
Brent [122]	244 467	...
Brighton	154 942	...
Bristol	399 243	...
Broadland	110 069	...
Bromley [122]	293 019	...
Broxtowe	112 170	...
Bury	182 232	...
Calderdale	193 612	...
Cambridge	113 009	...
Camden [122]	182 448	...
Canterbury	133 859	...
Cardiff [124]	300 038	...
Cheltenham	106 782	...
Carlisle	103 335	...
Charnwood	153 144	...
Chelmsford	155 800	...
Cherwell	127 456	...
Chester	120 622	...
Chesterfield	101 104	...
Chichester	103 078	...
Colchester	149 621	...
Coventry	302 514	...
Crewe & Nantwich	111 422	...
Croydon [122]	326 736	...
Cunninghame	139 090	...
Dacorum	134 231	...

8. Population of capital cities and cities of 100 000 and more inhabitants: latest available year (continued)

Population des capitales et des villes de 100 000 habitants et plus: dernière année disponible (suite)

(See notes at end of table. – Voir notes à la fin du tableau.)

Continent, country or area, city and date / Continent, pays ou zone, ville et date	Population: City proper / Ville proprement dite	Population: Urban agglomeration / Agglomération urbaine
EUROPE (Cont.–Suite)		
United Kingdom – Royaume–Uni		
1 VII 1994(E) [121]		
Darlington	100 612	...
Derby	230 473	...
Derry	101 600	...
Doncaster	292 501	...
Dover	106 938	...
Dudley	312 235	...
Dundee	167 820	...
Dunfermline	130 060	...
Ealing [122]	289 793	...
East Devon	122 839	...
East Hampshire	108 209	...
East Hertfordshire	121 624	...
Eastleigh	110 780	...
East Lindsey	121 431	...
Edinburgh	443 600	...
Elmbridge	119 717	...
Enfield [122]	259 773	...
Erewash	107 142	...
Epping Forest	118 943	...
Exeter	104 537	...
Falkirk	142 530	...
Fareham	101 764	...
Gateshead	202 444	...
Gedling	111 659	...
Glasgow [125]	680 000	...
Greenwich [122]	212 332	...
Guildford	126 162	...
Gloucester	104 735	...
Hackney [122]	192 492	...
Halton	123 727	...
Hamilton	107 150	...
Hammersmith and Fulham [122]	156 597	...
Haringey [122]	212 332	...
Harrogate	148 412	...
Harrow [122]	210 308	...
Havant and Waterloo	119 430	...
Havering [122]	231 706	...
Hillingdon [122]	243 387	...
Horsham	114 324	...
Hounslow [122]	202 790	...
Huntingdonshire	149 869	...
Ipswich	114 065	...
Islington [122]	175 203	...
Kensington and Chelsea [122]	150 237	...
Kings Lynn & West Norfolk	130 958	...
Kingston upon Hull	269 144	...
Kingston upon Thames [122]	138 522	...
Kirkcaldy	148 490	...
Kirklees	386 904	...
Knowsley	153 953	...
Kyle and Carrick	114 360	...
Lambeth [122]	260 763	...
Lancaster	134 991	...
Langbaurgh–on–Tees	142 797	...
Leeds	724 448	...
Leicester	293 387	...
Lewisham [122]	242 472	...
Lisburn	105 100	...
Liverpool	474 001	...
LONDON [126]	6 962 319	...
Luton	180 848	...
Macclesfield	151 503	...
Maidstone	138 456	...
Manchester	431 061	...
Mansfield	102 127	...
Merton [122]	177 259	...
Middlesbrough	146 930	...
Mid Bedfordshire	114 853	...
Mid Sussex	125 109	...
Milton Keynes	188 447	...
Monklands	102 520	...
Motherwell	143 710	...
Newark and Sherwood	104 149	...
Newbury	141 581	...
Newcastle–under–Lyme	123 137	...
Newcastle upon Tyne	283 556	...
Newham [122]	226 850	...
Newport	137 406	...
New Forest	166 354	...
Northampton	187 608	...
Northavon	140 195	...
North Hertfordshire	114 303	...
North Tyneside	194 082	...
North Wiltshire	118 899	...
Norwich	127 778	...
Nottingham	282 440	...
Nuneaton & Bedworth	119 142	...
Ogwr	135 279	...
Oldham	220 402	...
Oxford	132 758	...
Perth and Kinross	129 180	...
Peterborough	158 654	...
Plymouth	255 815	...
Poole	138 100	...
Portsmouth	189 270	...
Preston	133 127	...
Reading	138 503	...
Redbridge [122]	225 102	...
Reigate and Banstead	118 340	...
Renfrew	201 690	...
Rhymney Valley	104 267	...
Richmond upon Thames [122]	172 035	...
Rochdale	207 147	...
Rochester–upon–Medway	145 463	...
Rotherham	256 277	...
Rushcliffe	102 967	...
St. Albans	128 739	...
St. Helens	180 969	...
Salford	230 693	...
Salisbury	110 015	...
Sandwell	293 742	...
Scarborough	108 654	...
Sefton	292 363	...
Sedgemoor	101 443	...
Sevenoaks	109 919	...
Sheffield	530 104	...
Slough	104 945	...
Solihull	202 021	...
Southampton	211 718	...
Southend on Sea	169 948	...
South Bedfordshire	110 389	...
South Cambridgeshire	123 563	...
South Kesteven	115 229	...
South Lakeland	100 263	...
South Norfolk	104 467	...
South Oxfordshire	121 823	...
South Ribble	103 592	...
South Somerset	148 298	...
South Staffordshire	104 379	...
South Tyneside	156 665	...
Southwark [122]	228 767	...
Stafford	122 458	...
Stockport	291 373	...

8. Population of capital cities and cities of 100 000 and more inhabitants: latest available year (continued)

Population des capitales et des villes de 100 000 habitants et plus: dernière année disponible (suite)

(See notes at end of table. – Voir notes à la fin du tableau.)

Continent, country or area, city and date / Continent, pays ou zone, ville et date	Population: City proper / Ville proprement dite	Population: Urban agglomeration / Agglomération urbaine
EUROPE (Cont.–Suite)		
United Kingdom – Royaume–Uni		
1 VII 1994(E) [121]		
Stockton–on–Tees	178 161	...
Stoke on Trent	254 197	...
Stratford–on–Avon	109 462	...
Stroud	106 271	...
Suffolk Coastal	113 163	...
Sunderland	297 226	...
Sutton [122]	173 376	...
Swale	117 195	...
Swansea	188 822	...
Taff–Ely	102 715	...
Tameside	221 793	...
Teignbridge	114 088	...
Tendring	130 915	...
Test Valley	105 318	...
Thamesdown	173 516	...
Thanet	125 301	...
The Wrekin	143 430	...
Thurrock	131 368	...
Tonbridge and Malling	102 765	...
Torbay	122 990	...
Tower Hamlets [122]	170 549	...
Trafford	218 110	...
Tunbridge Wells	102 727	...
Vale of Glamorgan	114 572	...
Vale of White Horse	113 195	...
Vale Royal	114 695	...
Wakefield	317 301	...
Walsall	263 853	...
Waltham Forest [122]	221 790	...
Wandsworth [122]	266 721	...
Warrington	186 749	...
Warwick	119 758	...
Waveney	107 604	...
Waverley	114 758	...
Wealden	134 936	...
West Lancashire	110 226	...
West Lothian	148 190	...
West Wiltshire	110 035	...
Westminster, City of [122]	190 743	...
Wigan	310 012	...
Winchester	101 848	...
Windsor and Maidenhead	137 781	...
Wirral	333 117	...
Wolverhampton	245 059	...
Wokingham	141 735	...
Woodspring	182 709	...
Wrexham Maelor	117 415	...
Wychavon	104 577	...
Wycombe	162 588	...
Wyre	103 927	...
York	104 102	...
Yugoslavia – Yougoslavie		
31 III 1991 [1]		
BEOGRAD	1 136 786	...
Kragujevac	146 607	...
Nis	175 555	...
Novi Sad	178 896	...
Pristina	108 083	...
Subotica	100 219	...
Titograd	118 059	...
OCEANIA—OCEANIE		
American Samoa – Samoa américaines		
1 IV 1990 [1 14]		
PAGO PAGO	3 519	...
Australia – Australie [1 127]		
6 VIII 1991		
Adelaide	957 480	1 023 597
30 VI 1993(E)		
Adelaide	1 071 100	...
6 VIII 1991		
Brisbane	1 145 537	1 334 017
30 VI 1993(E)		
Brisbane	1 421 600	...
6 VIII 1991		
CANBERRA	276 162	280 095
30 VI 1993(E)		
CANBERRA	298 200	...
6 VIII 1991		
Central Coast	197 128	...
Geelong	126 306	145 325
30 VI 1993(E)		
Geelong	151 900	...
6 VIII 1991		
Gold Coast	225 773	157 857
30 VI 1993(E)		
Gold Coast	300 200	...
6 VIII 1991		
Greater Wollongong	211 417	735 966
30 VI 1993(E)		
Greater Wollongong	249 500	...
6 VIII 1991		
Hobart	127 134	181 832
30 VI 1993(E)		
Hobart	193 200	...
6 VIII 1991		
Melbourne	2 761 995	3 022 439
30 VI 1993(E)		
Melbourne	3 189 200	...
6 VIII 1991		
Newcastle	262 331	427 824
30 VI 1993(E)		
Newcastle	454 800	...
6 VIII 1991		
Perth	1 018 702	1 143 249
30 VI 1993(E)		
Perth	1 221 200	...
Sunshine Coast	133 600	...
6 VIII 1991		
Sydney	3 097 956	3 538 749

8. Population of capital cities and cities of 100 000 and more inhabitants: latest available year (continued)

Population des capitales et des villes de 100 000 habitants et plus: dernière année disponible (suite)

(See notes at end of table. – Voir notes à la fin du tableau.)

Continent, country or area, city and date / Continent, pays ou zone, ville et date	Population: City proper / Ville proprement dite	Population: Urban agglomeration / Agglomération urbaine
OCEANIA—OCEANIE(Cont.–Suite)		
Australia – Australie		
30 VI 1993(E)		
Sydney	3 713 500	...
6 VIII 1991		
Townsville	101 398	187 288
30 VI 1993(E)		
Townsville	121 700	...
Cook Islands – Iles Cook		
1 XII 1986		
RAROTONGA	9 281	...
Fiji – Fidji		
31 VIII 1986		
SUVA	69 665	141 273
French Polynesia – Polynésie française		
8 II 1971		
PAPEETE	25 342	[128] 36 784
6 IX 1988		
PAPEETE	23 555	...
Guam		
1 IV 1990 [1 14]		
AGANA	1 139	...
Kiribati		
12 XII 1978		
TARAWA	...	17 921
New Caledonia – Nouvelle–Calédonie		
4 IV 1989		
NOUMEA	65 110	97 581
New Zealand – Nouvelle–Zélande		
31 III 1993(E)		
Auckland	321 100	910 200
Christchurch	297 600	312 600
Dunedin	118 400	111 200
Hamilton	103 600	151 800
Manukau	233 600	([129])
Napier–Hastings	...	110 800
Northshore	155 500	...
Waitakere	141 900	...
WELLINGTON	150 800	326 900
OCEANIA(Cont.)—OCEANIE(Suite)		
Papua New Guinea – Papouasie–Nouvelle–Guinée		
22 IX 1980		
PORT MORESBY	118 424	123 624
1 VII 1990		
PORT MORESBY	173 500	...
Pitcairn		
31 XII 1993(E)		
ADAMSTOWN	53	...
Samoa		
3 XI 1976		
APIA	...	32 099
Solomon Islands – Iles Salomon		
23 XI 1986		
HONIARA	30 413	...
Tonga		
30 XI 1976		
NUKU'ALOFA	...	18 312
Vanuatu		
22 I 1986		
VILA	...	14 184
15 V 1989		
VILA	18 095	...

8. Population of capital cities and cities of 100 000 and more inhabitants: latest available year (continued)

Population des capitales et des villes de 100 000 habitants et plus: dernière année disponible (suite)

GENERAL NOTES

The capital city of each country is shown in capital letters. (E) after date indicates estimated data (including results of sample surveys); all other data are national or municipal census results. Figures in italics are estimates of questionable reliablity. For definition of city proper and urban agglomeration, method of evaluation and limitations of data, see Technical Notes, page 47.

NOTES GENERALES

Le nom de la capitale de chaque pays est imprimé en majuscules. Le signe (E) après la date indique qu'il s'agit de données estimatives (y compris les résultats des enquête par sondage); toutes les autres données proviennent des résultats de recensements nationaux ou municipaux. Les chiffres en italiques sont des estimations de qualité douteuse. Pour la définition de la ville proprement dite et de l'agglomération urbaine, et pour les méthodes d'évaluation et les insuffisances des données, voir Notes techniques, page 47.

FOOTNOTES

* Provisional.
1 De jure population.
2 For "cercle".
3 Including Kombo St. Mary.
4 For "Accra–Tema Metropolitan area".
5 Including Sekondi (population 33 713) and Takoradi population (58 161). Data for urban agglomeration refer to the Sekondi–Takoradi Municipal Council.
6 Dual capitals.
7 For the urban commune of Antananarivo.
8 For communes which may contain contain rural areas as well as urban centre.
9 Pretoria is the administrative capital, Cape Town the legislative capital.
10 Excluding persons residing in institutions.
11 "Metropolitan area ", comprising central of San José (including San José city) cantones Curridabat, Escazu, Montes de Oca, and Tibas and parts of cantones of Alajuelita, Desamparados, Goicoechea and Moravia.
12 For "municipios" which may contain rural area as well as urban centre.
13 Including corregimientos of Bella Vista, Betania, Calidonia, Curundu, El Chorillo, Juan Diaz, Parque Lefevre, Pedregal, Pueblo Nuevo, Rio Abajo, San Felipe, San Francisco and Santa Ana.
14 Including armed forces stationed in the area.
15 Data for urban agglomeration refer to "standard metropolitan area" comprised of municipality of Ponce, which includes Ponce proper.
16 Data for urban agglomeration refer to "standard metropolitan statistical area", comprising municipios of San Juan, Caguas, Carolina, Catano, Guaynabo, Rio Piedras and Trujillo Alto.
17 De jure population, but excluding armed forces overseas and civilian citizens absent from country for extended period of time.
18 Unless otherwise noted, data for urban agglomeration refer to "consolidated metropolitan statistical area".
19 Included in urban agglomeration of Cleveland.
20 Albany–Schenectady–Troy, New York "standard metropolitan statistical area".
21 Included in urban agglomeration of Washington, D.C.
22 Allentown–Bethlehem–Easton, Pennsylvania–New Jersey "standard metropolitan statistical area".
23 Included in urban agglomeration of Los Angeles.
24 Included in urban agglomeration of Detroit.
25 Included in urban agglomeration of Dallas.
26 Included in urban agglomeration of Denver.
27 Included in urban agglomeration of Chicago.

NOTES

* Données provisoires.
1 Population de droit.
2 Pour "cercle".
3 Y compris Kombo St. Mary.
4 Pour la "zone métropolitaine d'Accra–Tema".
5 Y compris Sekondi (33 713 personnes) et Takoradi (58 161 personnes). Les données concernant l'agglomération urbaine se rapportent au Conseil municipal de Sekondi–Takoradi.
6 Le pays a deux capitales.
7 Pour la commune urbaine de Antananarivo.
8 Commune(s) pouvant comprendre un centre urbain et une zone rurale.
9 Pretoria est la capital administrative, Le Cap la capital législative.
10 Non compris les personnes dans les institutions.
11 "Zone métropolitaine" comprenant le canton central de San José (et la ville de San José), les cantons de Curridabat, Escazu, Montes de Oca et Tibas et certaines parties des cantons de Alajuelita, Desamparados, Goicoechea et Moravia.
12 Pour "municipios" qui peuvent comprendre un centre urbain et une zone rurale.
13 Y compris les corregimientos de Bella Vista, Betania, Calidonia, Curundu, El Chorillo, Juan Diaz, Parque Lefevre, Pedregal, Pueblo Nuevo, Rio Abajo, San Felipe, San Francisco et Santa Ana.
14 Y compris les militaires en garnison sur le territoire.
15 Les données relatives à l'agglomération urbaine se rapportent à la "zone métropolitaine officielle" qui comprend la municipalité de Ponce, comprenant Ponce proprement dite.
16 Les données concernant l'agglomération urbaine se rapportent à la "zone métropolitaine statistique officielle" qui comprend les municipios de San Juan, Caguas, Carolina, Catano, Guaynabo, Rio Piedras et Trujillo Alto.
17 Population de droit, mais non compris les militaires à l'étranger et les civils hors du pays pendant une période prolongée.
18 Sauf indication contraire, les données relatives à l'agglomération urbaine se rapportent à la "zone métropolitaine statistique officielle unifiée".
19 Comprise dans l'agglomération de Cleveland.
20 "Zone métropolitaine statistique officielle" d'Albany–Schenectady–Troy (New York).
21 Comprise dans l'agglomération de Washington, D.C.
22 "Zone métropolitaine statistique officielle" d'Allentown–Bethlehem–Easton (Pennsylvania–New Jersey).
23 Comprise dans l'agglomération urbaine de Los Angeles.
24 Comprise dans l'agglomération urbaine de Detroit.
25 Comprise dans l'agglomération urbaine de Dallas.
26 Comprise dans l'agglomération urbaine de Denver.
27 Comprise dans l'agglomération urbaine de Chicago.

FOOTNOTES (continued)

28 Beaumont–Port Arthur–Orange, Texas "standard metropolitan statistical area".
29 Boston–Worcester–Lawrence "standard consolidated statistical area", comprising "standard metropolitan statistical area" of Boston, Brockton, Fitchburg–Leominster, Lawrence, Lowell, Manchester, Nashua, New Bedford, Portsmouth–Gloucester and Worcester.
30 Included in urban agglomeration of New York.
31 Brownsville–Harlingen–San Benito, Texas "standard metropolitan statistical area".
32 Buffalo–Niagara Falls "standard consolidated statistical area", comprising "standard metropolitan statistical area" of Buffalo and Niagara Falls.
33 Charlotte–Gastonia–Rock Hill "standard metropolitan statistical area".
34 Included in urban agglomeration of Norfolk.
35 Chicago–Gary–Kenosha "standard consolidated standard statistical area", comprising "standard metropolitan statistical area" of Chicago, Gary, Kankakee and Kenosha.
36 Included in urban agglomeration of San Diego.
37 Cincinnati–Hamilton "standard consolidated statistical area", comprising "standard metropolitan statistical area" of Cincinnati and Hamilton–Middletown.
38 Cleveland–Akron "standard consolidated statistical area" comprising "standard metropolitan statistical area" of Akron and Cleveland–Lorain–Elyria.
39 Included in urban agglomeration of San Francisco.
40 Dallas–Fort Worth "standard consolidated statistical area", comprising "standard metropolitan statistical area" of Dallas and Fort Worth–Arlington.
41 Dayton–Springfield "standard metropolitan statistical area".
42 Denver–Boulder–Greeley "standard consolidated statisticalarea", comprising "standard metropolitan statistical area" of Boulder–Longmont, Denver and Greeley.
43 Detroit–Ann Arbor–Flint "standard consolidated statistical area", comprising "standard metropolitan statistical area" of Detroit, Ann Arbor and Flint.
44 Included in urban agglomeration of Raleigh.
45 Eugene–Springfield "standard metropolitan statistical area".
46 Included in urban agglomeration of Miami.
47 Included in urban agglomeration of Phoenix.
48 Greensboro–Winston–Salem–High Point, North Carolina "standard metropolitan statistical area".
49 Hartford–New Britain–Middletown "standard consolidated statistical area", comprising "standard metropolitan statistical area" of Hartford, Bristol, Middletown and New Britain.
50 Included in the urban agglomeration of Las Vegas.
51 Houston–Galveston–Brazoria "standard consolidated statistical area", comprising "standard metropolitan statistical area" of Houston, Galveston–Texas City and Brazoria.
52 Included in urban agglomeration of Kansas City, Mo.
53 Lansing–East Lansing "standard metropolitan statistical area".
54 Little Rock–North Little Rock "standard metropolitan statistical area".
55 Los Angeles–Riverside–Orange County "standard consolidated statistical area", comprising "standard metropolitan statistical area" of Los Angeles–Long Beach, Orange County, Ventura and Riverside–San Bernardino.
56 Macon–Warner Robins "standard metropolitan statistical area".

NOTES (suite)

28 "Zone métropolitaine statistique officielle" du Beaumont–Port Arthur–Orange (Texas).
29 "Zone statistique officielle unifiée" de Boston–Worcester–Lawrence, comprenant la "Zone métropolitaine statistique officielle" de Boston, de Brockton, de Fitchburg–Leominster, de Lawrence, de Lowell, Manchester, Nashua, New Bedford, Portsmouth–Rochester et Worcester.
30 Comprise dans l'agglomération urbaine de New York.
31 "Zone métropolitaine statistique officielle" de Brownsville–Harlingen–San Benito (Texas).
32 "Zone statistique officielle unifiée" de Buffalo–Niagara Falls, comprenant la "Zone métropolitaine statistique officielle" de Buffalo et Niagara Falls.
33 "Zone métropolitaine statistique officielle" de Charlotte–Gastonia–Rock Hill.
34 Comprise dans l'agglomération urbaine de Norfolk.
35 "Zone statistique officielle unifiée" de Chicago–Gary–Kenosha, comprenant la "Zone métropolitaine" de Chicago, de Gary, de Kankakee et de Kenosha.
36 Comprise dans l'agglomération urbaine de San Diego.
37 "Zone statistique officielle unifiée" de Cincinnati comprenant la "Zone métropolitaine statistique officielle" de Cincinnati et de Hamilton–Middletown.
38 "Zone statistique officielle unifiée" de Cleveland–Akron comprenant la "Zone métropolitaine statistique officielle" de Akron et de Cleveland–Lorain–Elyria.
39 Comprise dans l'agglomération urbaine de San Francisco.
40 "Zone statistique officielle unifiée" de Dallas–Fort Worth, comprenant la "Zone métropolitaine statistique officielle" de Dallas et de Fort Worth–Arlington.
41 "Zone métropolitaine statistique officielle" de Dayton–Springfield.
42 "Zone statistique officielle unifiée" de Denver–Boulder–Greeley, comprenant la "Zone métropolitaine statistique officielle" de Boulder–Longmont, de Denver et de Greeley.
43 "Zone statistique officielle unifiée" de Detroit–Ann Arbor– Flint comprenant la "Zone métropolitaine statistique officielle" de Detroit, de Ann Arbor et de Flint.
44 Comprise dans l'agglomération urbaine de Raleigh.
45 "Zone métropolitaine statistique officielle" de Eugene–Springfield.
46 Comprise dans l'agglomération urbaine de Miami.
47 Comprise dans l'agglomération urbaine de Phoenix.
48 "Zone métropolitaine statistique officielle" de Greensboro–Winston–Salem–High Point (Caroline du Nord).
49 "Zone statistique officielle unifiée" de Hartford–New Britain–Middletown, comprenant la "Zone métropolitaine statistique officielle" de Hartford, de Bristol, de Middletown et de New Britain.
50 Compris dans l'agglomération urbaine de Las Vegas.
51 "Zone statistique officielle unifiée" de Houston–Galveston–Brazoria, comprenant la "Zone métropolitaine statistique officielle" de Houston, de Galveston–Texas City et de Brazoria.
52 Comprise dans l'agglomération urbaine de Kansas City (Mo.).
53 "Zone métropolitaine statistique officielle" de Lansing–East Lansing.
54 "Zone métropolitaine statistique officielle" de Little Rock–North Little Rock (Arkansas).
55 "Zone statistique officielle unifiée" de Los Angeles–Riverside–Orange County, comprenant la "Zone métropolitaine statistique officielle" de Los Angeles–Long Beach, de Orange County, de Ventura et de Riverside–San Bernardino.
56 "Zone métropolitaine statistique officielle" de Macon–Warner Robins.

FOOTNOTES (continued)

57 Miami–Fort Lauderdale "standard consolidated statistical area", comprising "standard metropolitan statistical area" of Miami and Fort Lauderdale
58 Milwaukee–Racine "standard consolidated statistical area", comprising "standard metropolitan statistical area" of Milwaukee–Waukesha and Racine.
59 Minneapolis–St. Paul, Minnesota "standard metropolitan statistical area".
60 New York–Northern New Jersey–Long Island "standard consolidated statistical area", comprising "standard metropolitan statistical area" of New York, Bergen–Passaic, Bridgeport, Danbury, Jersey City, Danbury, Jersey City, Dutchess County, New Haven–Meriden, Dutchess County, New Haven–Meriden, Middlesex–Somerset–Hunterdon, Monmouth–Ocean, Newburgh, Nassau–Suffolk, Newark, Stamford–Norwalk, Trenton and Waterbury.
61 Norfolk–Virginia Beach–Newport News "standard metropolitan statistical area".
62 Included in urban agglomeration of Houston.
63 Philadephia–Wilmington–Atlantic City "standard consolidated statistical area", comprising "standard metropolitan statistical area" of Philadelphia, Atlantic–Cape May, Wilmington–Newark and Vineland–Milville–Bridgeton.
64 Portland–Salem "standard consolidated statistical area", comprising "standard metropolitan statistical area" of Portland–Vancouver and Salem.
65 Providence–Fall River–Warwick "standard consolidated statistical area", comprising "standard metropolitan statistical area" of Fall River Warwick and Providence.
66 Raleigh–Durham "standard metropolitan statistical area".
67 Richmond–Petersburg "standard metropolitan statistical area".
68 Sacramento–Yolo "standard consolidated statistical area", comprising "standard metropolitan statistical area" of Sacramento and Yolo.
69 Included in urban agglomeration of Minneapolis.
70 Included in urban agglomeration of Tampa.
71 Included in urban agglomeration of Portland.
72 Salinas–Seaside–Monterey, California "standard metropolitan statistical area".
73 Salt Lake City–Ogden "standard metropolitan statistical area".
74 San Francisco–Oakland–San Jose "standard consolidated statistical area", comprising "standard metropolitan statistical area" of Oakland, San Francisco, San Jose, Santa Cruz–Watsonville, Santa Rosa and Vallejo–Fairfield–Napa.
75 Seattle–Tacoma–Bremerton "standard consolidated statistical area", comprising "standard metropolitan statistical area" of Bremerton, Olympia, Seattle–Bellevue–Everett and Tacoma.
76 South Bend–Mishawaka "standard metropolitan statistical area.
77 Included in urban agglomeration of Seattle.
78 Tampa–St. Petersburg, Florida "standard metropolitan statistical area".

NOTES (suite)

57 "Zone statistique officielle unifiée" de Miami–Fort Lauderdale, comprenant la "Zone métropolitaine statistique officielle" de Miami et de Fort Lauderdale.
58 "Zone statistique officielle unifiée" de Milwaukee–Racine, comprenant la "Zone métropolitaine statistique officielle" de Milwaukee–Waukesha et de Racine.
59 "Zone métropolitaine statistique officielle" de Minneapolis–St. Paul (Minnesota).
60 "Zone statistique officielle unifiée" de New York–New Jersey–Long Island, comprenant la "Zone métropolitaine statistique officielle" de New York, de Bergen–Passaic, de Bridgeport, de Danbury, de Jersey City, de Dutchess County, de New Haven–Meriden, de Middlesex–Somerset–Hunterdon, de Monmouth–Ocean, de Monmouth–Ocean, de Nassau–Suffolk, de Trenton, de Newark, de Waterbury, de Newburgh et de Stamford–Norwal.
61 "Zone métropolitaine statistique officielle" de Norfolk–Virginia Beach–Newport News.
62 Comprise dans l'agglomération urbaine de Houston.
63 "Zone statistique officielle unifiée" de Philadelphie–Wilmington–Trenton, comprenant la "Zone métropolitaine officielle" de Philadelphie, de Wilmington, Del.–N.J.–Md., Atlantic–Cape May, de Wilmington–Newark et de Vineland–Milville–Bridgeton.
64 "Zone statistique oficielle unifiée" de Portland–Salem, comprenant la "Zone métropolitaine statistique officielle" de Portland–Vancouver et de Salem.
65 "Zone statistique officielle unifiée" de Providence–Fall River–Warwick, comprenant la "Zone métropolitaine statistique officielle" de Fall River de Warwick et de Providence.
66 "Zone métropolitaine statistique officielle" de Raleigh–Durham.
67 "Zone métropolitaine statistique officielle" de Richmond–Petersburg.
68 "Zone statistique officielle unifiée" de Sacramento–Yolo, comprenant la "Zone métropolitaine statistique officielle" de Sacramento et Yolo.
69 Comprise dans l'agglomération urbaine de Minneapolis.
70 Comprise dans l'agglomération urbaine de Tampa.
71 Comprise dans l'agglomération urbaine de Portland.
72 "Zone métropolitaine officielle" de Salinas–Seaside–Monterey (Californie).
73 "Zone métropolitaine officielle" de Salt Lake City–Ogden.
74 "Zone statistique officielle unifiée" de San Francisco–Oakland–San José, comprenant la "Zone métropolitaine statistique officielle" de Oakland, de San Francisco, de San José, de Santa Cruz–Watsonville, de Santa Rosa et de Vallejo–Fairfield–Napa.
75 "Zone statistique officielle unifiée" de Seattle–Tacoma–Bremerton comprenant la "Zone métropolitaine statistique officielle" de Bremerton, de Olympia, de Seattle–Bellevue–Everett et de Tacoma.
76 "Zone métropolitaine statistique officielle" de South Bend–Mishawaka.
77 Comprise dans l'agglomération urbaine de Seattle.
78 "Zone métropolitaine statistique officielle" de Tampa–St. Petersburg (Florida).

FOOTNOTES (continued)

79 Included in urban agglomeration of Greensboro.
80 Included in urban agglomeration of Boston.
81 La Paz is the actual capital and the seat of the Government but Sucre is the legal capital and the seat of the judiciary.
82 "Metropolitan area" (Gran Santiago).
83 "Metropolitan area", comprising Asuncion proper and localities of Trinidad, Zeballos Cué, Campo Grande and Lamboré.
84 "Metropolitan area" (Gran Lima).
85 "Metropolitan area", comprising Caracas proper (the urban parishes of Department of Libertador) and a part of district of Sucre in State of Miranda.
86 Data for 1990, covering only the civilian population of 30 provinces, municipalities and autonomous regions.
87 For municipalities which may contain rural area as well as urban centre.
88 Including data for the India–held part of Jammu and Kashmir, the final status of which has not yet been determined. Excluding cities for Assam state.
89 For Ambala Municipal Corporation.
90 Including Bally, Baranagar, Barrackpur, Bhatpara, Calcutta Municipal Corporation, Chandan Nagar, Garden Reach, Houghly–Chinsura, Howrah, Jadarpur, Kamarhati, Naihati, Panihati, Serampore, South Dum Dum, South Suburban, and Titagarh.
91 Including New Delhi.
92 Included in urban agglomeration of Delhi.
93 Including Karkh, Rassaiah, Adhamiya and Kadhimain Qadha Centres and Maamoon, Mansour and Karradah–Sharquiya Nahlyas.
94 Designation and data provided by Israel. The position of the United Nations on the question of Jerusalem is contained in General Assembly resolution 181 (II) and subsequent resolutions of the General Assembly and the Security Council concerning this question.
95 Including East Jerusalem.
96 Excluding diplomatic personnel outside country and foreign military and civilian personnel and their dependants stationed in the area.
97 Except for Tokyo, all data refer to shi, a minor division which may include some scattered or rural population as well as an urban centre.
98 Including Kokura, Moji, Tobata, Wakamatsu and Yahata (Yawata).
99 Data for city proper refer to 23 wards (ku) of the old city. The urban agglomeration figures refer to Tokyo–to (Tokyo Prefecture), comprising the 23 wards plus 14 urban counties (shi), 18 towns (machi) and 8 villages (mura). The "Tokyo Metropolitan Area" comprises the 23 wards of Tokyo–to plus 21 cities, 20 towns and 2 villages. The "Keihin Metropolitan Area" (Tokyo–Yokohama Metropolitan Area plus 9 cities (one of which is Yokohama City) and two towns, with a total population of 20 485 542 on 1 October 1965.
100 Based on a sample survey.
101 Including area maritima and concelho of Macau.

NOTES (suite)

79 Comprise dans l'agglomération urbaine de Greensboro.
80 Comprise dans l'agglomération urbaine de Boston.
81 La Paz est la capitale effective et le siège du gouvernement, mais Sucre est la capitale constitutionnelle et la siège du pouvoir judiciaire.
82 "Zone métropolitaine" (Grand Santiago).
83 "Zone métropolitaine" comprenant la ville d'Asuncion proprement dite et les localités de Trinidad , Zeballos Cué, Campo Grande et Lamboré.
84 "Zone métropolitaine (Grand Lima).
85 "Zone métropolitaine", comprenant la ville de Caracas proprement dite (paroisses urbaines du département du Libertador) et une partie du district de Sucre dans l'Etat de Miranda.
86 Données pour 1990, pour la population civile seulement de 30 provinces, municipalités et régions autonomes.
87 Pour les municipalités qui peuvent comprendre un centre urbaine et une zone rurale.
88 Y compris les données concernant la partie de Jammu–et–Cachemire occupée par l'Inde, dont le statut définitif n'a pas encore été déterminé. Non compris les villes de l'état d'Assam.
89 Pour Municipal Corporation d'Ambala.
90 Y compris Bally, Baranagar, Barrackpur, Bhatpara, Calcutta Municipal Corporation, Chandan Nagar, Garden Reach, Houghly Chinsura, Howrah, Jadarpur, Kamarhati, Naihati, Panihati, Serampopre, South Dum Dum, South Suburban et Titagarh.
91 Y compris New Delhi.
92 Comprise dans l'agglomération urbaine de Delhi.
93 Y compris les cazas de Karkh, Adhamiya et Kadhermain ainsi que les nahiyas de Maamoon, Mansour et Karradah–Sharquiya.
94 Appelation de données fournies par Israel. La position des Nations Unies concernant la question de Jérusalem est décrite dans la resolution 181 (II) de l'Assemblée générale et résolutions ultérieures de l'Assemblée générale et du Conseil de sécurité sur cette question.
95 Y compris Jérusalem–Est.
96 Non compris le personnel diplomatique hors du territoire, les militaires et agents civils étrangers en poste sur le territoire et les membres de leur famille les accompagnant.
97 Sauf pour Tokyo, toutes les données se rapportent à des shi, petites divisions administratives qui peuvent comprendre des peuplements dispersés ou ruraux en plus d'un centre urbain.
98 Y compris Kokura, Moji, Tobata, Wakamatsu et Yahata (Yawata).
99 Les données concernant la ville proprement dite se rapportent aux 23 circonscriptions de la vieille ville. Les chiffres pour l'agglomération urbaine se rapportent à Tokyo–to (préfecture de Tokyo), comprenant les 23 circonscriptions plus 14 cantons urbains (Shi), 18 villes (machi) et 8 villages (mura). La "zone métropolitaine de Tokyo" comprend les 23 circonscriptions de Tokyo–to plus 21 municipalités, 20 villes et 2 villages. La "zone métropolitaine de Keihin" (zone métropolitaine de Tokyo–Yokohama) comprend la zone métropolitaine de Tokyo, plus 9 municipalités, dont l'une est Yokohama et 2 villes, elle comptait 20 485 542 habitants au 1er octobre 1965.
100 D'après une enquête par sondage.
101 Y compris la zone maritime et le Concelho de Macao.
Kampuchea démocratique".

8. Population of capital cities and cities of 100 000 and more inhabitants: latest available year (continued)

Population des capitales et des villes de 100 000 habitants et plus: dernière année disponible (suite)

FOOTNOTES (continued)

102 Excluding data for the Pakistan–held part of Jammu and Kashmir, the final status of which has not yet been determined. Junagardh, Manavadar, Gilgit and Baltistan.
103 Excluding transients afloat and non–locally domiciled military and civilian services personnel and their dependants.
104 Including Altindag, Cankaya and Yenimahalle.
105 Including Adahalar, Bakiroy, Besistas, Beykoz, Beyogiu, Eminonu, Eyup, Faith, Gazi Osmanpasa, Kadikoy, Sariyer, Sisli, Uskudar and Zeytinburnu.
106 Including Karsiyaka.
107 Including Cholon.
108 Data for cities proper refer to communes which may contain an urban centre and a rural area.
109 Data for cities proper refer to communes which are centres for urban agglomeration.
110 De jure population, but excluding diplomatic personnel outside the country and including foreign diplomatic personnel not living in embassies or consulates.
111 Included in urban agglomeration of Paris.
112 Date refer to French territory of this international agglomeration.
113 Includes Villeurbanne.
114 Data refer to the extended agglomeration, comprising the city of Paris, 73 communes in Department of Essonne, 36 communes in Department of Hauts–de–Seine, 13 communes in the Department of Seine–et–Marne, 40 communes in Department of Seine–Saint–Denis, 47 communes in Department of Val–d'Oise and 42 communes in the Department of Yvelines.
115 Including armed forces stationed outside the country but excluding alien armed forces stationed in the area.
116 Included in urban agglomeration of Athens.
117 Including civilian nationals temporarily outside the country.
118 Data for cities proper refer to administrative units (municipalities).
119 For Lisbon proper and concelhos (administrative division) of Almada, Barreiro, Cascais, Loures, Moita, Oeiras, Seikal, Sintra; and frequezias (parish area) of Montijo and Vila Franca de Xira.
120 For Porto proper and concelhos (administrative division) of Espinho, Gondomar, Maia, Motoshinhos, Volongo, Vila Nova de Gaia.
121 For district council areas.
122 Greater London Borough included in figure for "Greater London" conurbation.
123 Capital of Northern Ireland.
124 Capital of Wales for certain purposes.
125 Capital of Scotland.
126 "Greater London" conurbation as reconstituted in 1965 and comprising 32 new Greater London Boroughs (cf160).
127 Data for urban agglomeration refer to metropolitan areas defined for census purposes and normally comprising city proper (municipality) and contiguous urban areas.
128 For the Commune of Papeete and the districts of Pirae and Faaa.
129 Included in urban agglomeration of Auckland.

NOTES (suite)

102 Non compris les données pour la partie de Jammu–Cachemire occupée par le Pakistan dont le status definitif n'a pas encore été déterminé, et le Junagardh, le Manavadar, le Gilgit et le Baltistan.
103 Non compris les personnes de passage à bord de navires, les militaires et agents civils non résidents et les membres de leur famille les accompagnant.
104 Y compris Altindag, Cankaya et Yenimahalle.
105 Y compris Adalar, Bakirkoy, Besistas, Beykoz, Beyoglu, Eminou, Eyup, Faith, Gazi Osmanpasa, Kadikoy, Sariyer, Sisli, Uskudar et Zeytinburnu.
106 Y compris Karsiyaka.
107 Y compris Cholon.
108 Les données concernant les villes proprement dites se rapportent à des communes qui peuvent comprendre un centre urbain et une zone rurale.
109 Les données concernant les villes proprement dites se rapportent à des communes qui sont des centres d'agglomérations urbaines.
110 Population de droit, mais non compris le personnel diplomatique hors du pays et y compris le personnel diplomatique étranger qui ne vit pas dans les ambassades ou les consulats.
111 Comprise dans l'agglomération urbaine de Paris.
112 Les données se rapportent aux habitants de cette agglomération internationale qui vivent en territoire francais.
113 Y compris Villeurbanne.
114 Ce chiffre se rapporte à l'agglomération étendue, qui comprend la ville de Paris, 73 communes dans le département de l'Essonne, 36 communes dans le département des Hauts–de–Seine, 13 communes dans le département de la Seine–et–Marne, 40 communes dans le département de la Seine–Saint–Denis, 47 communes dans département du Val–d'Oise et 42 communes dans le département des Yvelines.
115 Y compris les militaires en garnison hors du pays, mais non compris les militaires étrangers en garnison sur le territoire.
116 Comprise dans l'agglomération urbaine d'Athènes.
117 Y compris les civils nationaux temporairement hors du pays.
118 Les données concernant les villes proprement dites se rapportent à des unités administratives (municipalités).
119 Pour Lisbon proprement dite et concelhos (division administrative) d'Almada, Barreiro, Cascais, Loures, Moita, Oeiras, Seikal, Sintra; et frequezias (paroisses) de Montijo et Vila Franca de Xira.
120 Ville de Porto proprement dite et concelhos (division administrative) d'Espinho, Gondamar, Maia, Matoshinhos, Valongo, Vila Nova de Gaia.
121 Pour les zones de district council.
122 Le chiffre relatif à l'ensemble urbain du "Grand Londres" comprend le Greater London Borough.
123 Capitale de l'Irlande du Nord.
124 Considérée à certains égards comme la capitale du pays de Galles.
125 Capitale de l'Ecosse.
126 Ensemble urbain du "Grand Londres", tel qu'il a été reconstitué en 1965, comprenant 32 nouveaux Greater London Boroughs (voir la note 160).
127 Les données relatives aux agglomérations urbaines se rapportent à la zone métropolitaine définie aux fins du recensement qui comprend généralement la ville proprement dite (municipalité) et la zone urbaine contigue.
128 Pour la commune de Papeete et les districts de Pirae et Faaa.
129 Comprise dans l'agglomeration urbaine d'Auckland.

8. Area of capital cities and cities of 100 000 and more inhabitants: latest available year (continued)

Area des capitales et des villes de 100 000 habitants et plus: dernière année disponible (suite)

(See notes at end of table. – Voir notes à la fin du tableau.)

Continent, country or area, city and date / Continent, pays ou zone, ville et date	Surface area–Superficie(km ²): City proper / Ville proprement dite	Surface area–Superficie(km ²): Urban agglomeration / Agglomération urbaine
AFRICA—AFRIQUE		
Benin – Bénin		
15 II 1992		
Cotonou	79	...
Djougou	3 926	...
Parakou	441	...
PORTO–NOVO	50	...
Malawi		
1 IX 1987		
Blantyre City	220	...
LILONGWE	328	...
Mauritius – Maurice		
Island of Mauritius – Ile Maurice		
1 VII 1993		
PORT LOUIS	45	...
Réunion		
15 III 1990		
SAINT–DENIS	*————— 143 —————*	
Zimbabwe		
18 VIII 1992		
Bulawayo	479	...
HARARE	872	...
AMERICA,NORTH— AMERIQUE DU NORD		
Bermuda – Bermudes		
20 V 1991		
HAMILTON	51	...
Canada		
4 VI 1991		
Brampton	265	...
Burlington	177	...
Burnaby	88	...
Calgary	697	5 086
East York	21	...
Edmonton	670	9 532
Etobicoke	124	...
Gloucester	294	...
Halifax	79	2 503
Hamilton	123	1 359
Kelowna	...	3 007
Kingston	...	1 629
Kitchener	135	824
Laval	245	...
London	1 800	2 105
Longueuil	43	...
Markham	212	...
Matsqui	...	610
Mississauga	274	...
Moncton	...	1 719
Montréal	177	3 509
Nepean	217	...
North York	177	...
Oakville	138	...
Oshawa	143	894
OTTAWA	110	5 138
Québec	89	3 150
Regina	111	3 422
Richmond	123	...
St. Catharines	94	1 400
St. John's	...	1 130
Saint John	...	2 905
Saskatoon	135	4 749
Scarborough	188	...
Sherbrooke	...	916
Sudbury	...	2 612
Surrey	302	...
Sydney Glace Bay	...	1 887
Thunder Bay	323	2 203
Toronto	97	5 584
Trois–Rivières	...	872
Vancouver	113	2 786
Vaughan	275	...
Victoria	...	633
Windsor	120	862
Winnipeg	572	3 295
York	23	...
Costa Rica		
1 VII 1994		
Alajuela	388	...
Cartago	288	...
SAN JOSE	45	4 960
Cuba		
31 XII 1992		
LA HABANA	727	...
El Salvador		
27 IX 1992		
Apopa	*————— 52 —————*	
Delgado	33	

8. Area of capital cities and cities of 100 000 and more inhabitants: latest available year (continued)

Area des capitales et des villes de 100 000 habitants et plus: dernière année disponible (suite)

(See notes at end of table. – Voir notes à la fin du tableau.)

Continent, country or area, city and date / Continent, pays ou zone, ville et date	Surface area–Superficie(km ²)	
	City proper / Ville proprement dite	Urban agglomeration / Agglomération urbaine
AMERICA,NORTH— (Cont.–Suite) AMERIQUE DU NORD		
El Salvador		
27 IX 1992		
Mejicanos	*——— 22 ———*	
Nueva San Salvador	112	
SAN SALVADOR	72	
Santa Ana	400	
San Miguel	594	
Soyapango	30	
Panama		
1 VII 1994		
PANAMA	107	...
San Miguelito	50	...
Puerto Rico – Porto Rico		
1 VII 1991		
Bayamon	116	...
Caguas	153	...
Carolina	124	...
Mayagüez	200	...
Ponce	304	...
SAN JUAN	122	...
Trinidad and Tobago – Trinité–et–Tobago		
1 VII 1993		
PORT–OF–SPAIN	10	...
United States – Etats–Unis		
1 IV 1990		
Abilene	267	355
Akron	161	...
Albany(Ga.)	144	265
Albany(N.Y.)	55	1 249
Albuquerque	342	2 304
Alexandria(La.)	64	511
Alexandria(Va.)	40	...
Allentown	46	426
Altoona	25	203
Amarillo	228	704
Anaheim	115	...
Anchorage	4 397	655
Ann Arbor	67	...
Anniston	52	235
Appleton	44	540
Arlington(Tx.)	241	...
Asheville	91	427
Athens	43	228
Atlanta	341	2 365
Augusta	51	845
Aurora(Co.)	343	...
Austin	564	1 632
Bakersfield	238	3 143
Baltimore	209	...
Barnstable(Ma)	156	100
Baton Rouge	192	500
Beaumont	207	250
Bellingham	57	819
Benton Harbor	11	220
Berkeley	27	...
Billings	84	1 017
Biloxi	51	689
Binghamton	27	473
Birmingham	385	1 231
Bloomington(Il.)	43	457
Bloomington(In.)	39	152
Boise City	120	635
Boston	125	2 172
Bridgeport	42	...
Brownsville	72	350
Bryan	85	226
Buffalo	105	605
Burlington(Vt.)	27	217
Canton	52	375
Cedar Rapids	139	277
Champaign	34	385
Charleston(S.C.)	112	1 001
Charleston(W.Va.)	76	482
Charlotte	451	1 304
Charlottesville	27	454
Chattanooga	307	513
Chesapeake	882	...
Chicago	589	2 676
Chico	58	633
Chula Vista	75	...
Cincinnati	200	1 471
Clarksville	189	487
Cleveland	200	1 395
Colorado Springs	475	821
Columbia(Mo.)	115	265
Columbia(S.C.)	303	563
Columbus (Ga.)	560	606
Columbus (Oh.)	495	1 213
Concord	76	...
Corpus Christi	350	590
Cumberland	21	291
Dallas	887	3 915
Danville	112	391
Davenport	159	659
Dayton	143	650
Daytona Beach	84	614
Decatur (Al.)	122	493
Decatur (Il.)	96	224
Denver	397	3 280
Des Moines	195	667
Detroit	359	2 535
Dothan	206	441
Dover (De.)	55	228
Duluth	175	2 909
Durham	179	...
Eau Claire	72	636
Elizabeth	32	...
Elkhart	44	179
El Monte	25	...
El Paso	636	391
Erie	57	400
Escondido	92	...
Eugene	99	1 758
Evansville	105	567
Fargo	77	1 085
Fayetteville(Ark.)	104	693
Fayetteville(N.C.)	105	252
Flint	88	...
Florence(Alab.)	61	488
Florence(S.C.)	38	309
Fort Collins	107	1 004
Fort Lauderdale	81	...
Fort Myers	57	310
Fort Pierce	32	436
Fort Smith	121	697
Fort Walton Beach	19	361
Fort Wayne	162	945
Fort Worth	728	...

8. Area of capital cities and cities of 100 000 and more inhabitants: latest available year (continued)

Area des capitales et des villes de 100 000 habitants et plus: dernière année disponible (suite)

(See notes at end of table. – Voir notes à la fin du tableau.)

Continent, country or area, city and date / Continent, pays ou zone, ville et date	Surface area–Superficie(km ²) City proper / Ville proprement dite	Urban agglomeration / Agglomération urbaine
AMERICA,NORTH— (Cont.–Suite) AMERIQUE DU NORD		
United States – Etats–Unis		
1 IV 1990		
Fremont	200	...
Fresno	257	3 128
Gainesville	90	338
Garden Grove	47	...
Garland	149	...
Gary	130	...
Glendale(Az.)	135	...
Glendale(Ca.)	79	...
Glen Falls	10	658
Goldsboro	55	213
Grand Rapids	115	1 065
Green Bay	114	204
Greensboro	207	1 499
Greenville(N.C)	47	252
Greenville(S.C)	65	1 240
Hampton	134	...
Harrisburg	21	769
Hartford	45	648
Hayward	113	...
Hialeah	50	...
Hickory	53	633
Hollywood(Fl.)	71	...
Honolulu	215	232
Houma	35	903
Houston	1 398	2 976
Huntington	39	675
Huntington Beach	68	...
Huntsville	426	530
Independence	203	...
Indianapolis	937	1 360
Inglewood	24	...
Irving	110	...
Irving (Tx.)	175	...
Jackson (Mich.)	29	273
Jackson (Miss.)	282	912
Jacksonville(Fl.)	1 965	1 018
Jamestown	23	410
Jacksonville(N.C.)	34	296
Janesville	61	278
Jersey City	39	...
Johnson City	79	1 106
Johnstown	15	681
Joplin	77	489
Kalamazoo	64	727
Kansas City (Ka.)	280	...
Kansas City (Mo.)	807	2 088
Killeen	72	815
Knoxville	200	946
Lafayette(Ind.)	35	349
Lafayette(La.)	106	1 001
Lake Charles	83	414
Lakeland	99	724
Lakewood	106	...
Lancaster(Pa.)	19	366
Lansing	88	659
Laredo	85	1 276
Las Cruces	97	1 470
Las Vegas	216	15 201
La Crosse	48	390
Lawton	133	413
Lexington	737	741
Lima	33	311
Lincoln	164	324
Little Rock	266	1 123
Livonia	93	...
Long Beach	130	...
Longview	136	680
Los Angeles	1 216	13 114
Louisville	161	800
Lowell	36	...
Lubbock	270	347
Lynchburg	128	691
Macon	124	592
Madison	150	464
Mansfield	72	347
McAllen	84	606
Medford	47	1 075
Melbourne	74	393
Memphis	663	1 161
Merced	42	745
Mesa	281	...
Miami	92	1 217
Mesquite	111	...
Milwaukee	249	692
Minneapolis	142	2 342
Mobile	306	1 093
Modesto	78	577
Monroe	68	236
Montgomery	350	775
Moreno Valley	127	...
Muncie	59	152
Myrtle Beach(S.C.)	40	438
Naples	28	782
Nashville–Davidson	1 226	1 573
Newark	67	...
New Haven	49	...
New London	14	256
New Orleans	468	1 313
Newport News	177	...
New York	800	27 375
Norfolk	139	907
Oceanside	105	...
Oakland	145	...
Ocala	75	610
Odessa	92	696
Oklahoma City	1 575	1 640
Omaha	261	956
Overland Park	144	...
Ontario	95	...
Orange	60	...
Orlando	174	1 348
Oxnard	63	...
Panama City(Fl.)	40	295
Parkersburg	29	387
Pasadena(Ca.)	60	...
Pasadena(Tx.)	113	...
Paterson	22	...
Pensacola	59	648
Peoria	106	694
Philadelphia	350	2 292
Phoenix	1 088	5 627
Pittsburgh	144	1 785
Plano	172	...
Pomona	59	...
Portland(Me.)	59	242
Portland(Or.)	323	2 685
Portsmouth(Va.)	86	...
Providence	48	441
Provo	100	772
Pueblo	93	922
Punta Gorda(Fla.)	37	268
Raleigh	228	1 348
Rancho Cucamonga	98	...
Reading	25	332
Redding	133	1 462
Reno	149	2 449

8. Area of capital cities and cities of 100 000 and more inhabitants: latest available year (continued)

Area des capitales et des villes de 100 000 habitants et plus: dernière année disponible (suite)

(See notes at end of table. – Voir notes à la fin du tableau.)

Continent, country or area, city and date Continent, pays ou zone, ville et date	Surface area–Superficie(km ²) City proper Ville proprement dite	 Urban agglomeration Agglomération urbaine
AMERICA,NORTH— (Cont.–Suite) AMERIQUE DU NORD		
United States – Etats–Unis		
1 IV 1990		
Richland	83	1 137
Richmond	156	1 137
Riverside	201	...
Roanoke	111	328
Rochester (Mn.)	76	252
Rochester (Ny.)	93	1 323
Rockford	117	600
Rocky Mountain (S.C.)	65	404
Sacramento	249	1 967
Saginaw	45	685
St. Cloud	38	677
St. Louis	160	2 468
St. Paul	137	...
St. Petersburg	153	...
Salem	108	...
Salinas	48	1 283
Salt Lake City	282	625
San Antonio	863	1 284
San Bernardino	143	...
San Diego	839	1 623
San Francisco	121	2 845
San Jose	444	...
San Luis Obispo	24	1 276
Santa Ana	70	...
Santa Clarita	105	...
Santa Barbara	49	1 057
Santa Fe	95	779
Santa Rosa	87	...
Sarasota	38	507
Savannah	162	526
Scottsdale	478	...
Scranton	65	862
Seattle	217	2 789
Sharon	10	259
Sheboygan	34	198
Shreveport	255	894
Simi Valley	86	...
Sioux City	141	439
Sioux Falls	117	536
South Bend	94	177
Spokane	145	681
Springfield (Ill.)	...	457
Springfield (Ma.)	83	284
Springfield (Mo.)	176	707
Stamford	98	...
State College	12	428
Sterling Heights	95	...
Steubenville	21	225
Stockton	136	540
Sumter	59	59
Sunnyvale	57	...
Syracuse	65	1 190
Tacoma	124	...
Tallahassee	164	457
Tampa	282	986
Tempe	102	...
Terre Haute	72	393
Texarkana	55	584
Thousand Oaks	128	...
Toledo	209	527
Topeka	143	212
Torrance	53	...
Tucson	405	3 547
Tulsa	475	1 936
Tuscaloosa	122	512
Tyler	103	358
Utica	42	1 013
Vallejo	78	...
Virginia Beach	643	...
Visalia	61	1 863
Waco	196	402
Warren	89	...
WASHINGTON D.C.	159	3 698
Waterbury	74	75
Waterloo	157	219
Wausau	37	597
West Palm Beach	128	785
Wheeling	36	367
Wichita	298	1 146
Wichita Falls	140	594
Williamsport	23	477
Wilmington	77	77
Winston–Salem	184	...
Worcester	97	...
Yakima	39	1 659
Yonkers	47	...
York	14	...
Youngstown	88	...
Yuba City	18	...
Yuma	57	...
AMERICA,SOUTH— AMERIQUE DU SUD		
Brazil – Brésil		
1 IX 1991		
Abaeteluba	*——— 1 090	———*
Alagoinhas	761	
Altamira	153 862	
Alvorada	73	
Americana	122	
Ananindeua	485	
Anápolis	1 075	
Aparecida de Goiania	289	
Apucarana	556	
Aracaju	151	
Araçatuba	2 668	
Araguaina	9 098	
Araguario	2 774	
Arapiraca	367	
Araraquara	1 541	
Ariquemes	14 388	
Assis Chateaubriand	992	
Bacabal	1 723	
Bage	7 185	
Barbacena	717	
Barueri	64	
Barra do Corda	12 948	
Barra Mansa	830	
Bauru	702	
Belém	736	
Belo Horizonte	335	
Betim	376	
Blumenou	509	
Boa Vista	44 470	
Bragança	3 258	
Bragança Paulista	770	
BRASILIA	5 794	
Cabo	448	
Cáceres	27 322	
Cachoeiro de Itapemirim	892	

8. Area of capital cities and cities of 100 000 and more inhabitants: latest available year (continued)

Area des capitales et des villes de 100 000 habitants et plus: dernière année disponible (suite)

(See notes at end of table. – Voir notes à la fin du tableau.)

Continent, country or area, city and date / Continent, pays ou zone, ville et date	Surface area–Superficie(km ²) City proper / Ville proprement dite	Urban agglomeration / Agglomération urbaine
AMERICA,SOUTH— (Cont.–Suite) AMERIQUE DU SUD		
Brazil – Brésil		
1 IX 1991		
Cachoeiro do Sul	*——— 3 804 ———*	
Camacari	718	
Camaragibe	45	
Cameta	2 487	
Campina Grande	970	
Campinas	781	
Campo Grande	8 091	
Campos dos Goytacazes	4 536	
Campos Maurao	1 058	
Canoas	347	
Carapicuíba	44	
Caratinga	2 204	
Cariacica	279	
Caruaru	936	
Cascavel	2 074	
Castanhal	1 003	
Caucaia	1 293	
Caxias	6 724	
Caxias do Sul	1 601	
Chapeco	1 042	
Codo	4 923	
Colatina	2 094	
Colombo	158	
Contagem	167	
Coronel Fabriciano	202	
Criciúma	209	
Cubatao	160	
Cuiabá	3 922	
Curitiba	427	
Diadema	24	
Divinopolis	716	
Dourados	4 082	
Duque de Caxias	463	
Embu	76	
Feira de Santana	1 344	
Florianopolis	440	
Fortaleza	336	
Foz do Iguaçu	596	
Franca	590	
Garanhuns	456	
Goiânia	788	
Goie–erê	1 140	
Governador Valadares	2 447	
Gravatai	495	
Guaratinguita	825	
Guarapuava	5 365	
Guarujá	138	
Guarulhos	341	
Ilhéus	1 712	
Imperatriz	6 014	
Inoaiatuba	297	
Ipatinga	231	
Irece	254	
Itaboraí	569	
Itabuna	584	
Itaguaí	542	
Itaituba	165 578	
Itajaí	304	
Itapetininga	2 035	
Itapipoca	1 572	
Itapevi	98	
Itaquaquecetuba	104	
Itu	640	
Ituiutaba	2 694	
Jaboatao	256	
Jacareí	*——— 463 ———*	
Jacobina	2 042	
Jau	718	
Jequié	3 113	
Joao Pessoa	189	
Joinville	1 080	
Juazeiro	5 615	
Juazeiro do Norte	219	
Juiz de Fora	1 424	
Jundiaí	432	
Lages	5 287	
Limeira	597	
Linhares	4 388	
Londrina	2 129	
Luziania	4 653	
Macae	1 517	
Macapá	31 465	
Maceio	517	
Magé	744	
Manaus	11 349	
Marabá	14 320	
Maracanau	98	
Marília	1 194	
Maringá	490	
Mauá	78	
Moji das Cruzes	749	
Moji–Guaçu	960	
Montes Claros	4 135	
Mossoro	2 108	
Natal	168	
Nilopolis	19	
Niteroi	131	
Nova Friburgo	930	
Nova Iguaçu	795	
Novo Hamburgo	216	
Olinda	37	
Osasco	67	
Paranagua	1 015	
Parnaíba	1 053	
Passo Fundo	1 596	
Patos de Minas	3 336	
Paulista	101	
Paulo Alfonso	1 018	
Pelotas	1 924	
Petrolina	6 116	
Petropolis	771	
Pindamonhangaba	719	
Piracicaba	1 426	
Piraquara	285	
Pitanga	3 536	
Pocos de Caldas	533	
Ponta Grossa	2 212	
Porto Alegre	509	
Porto Velho	52 861	
Praia Grande	161	
Presidente Prudente	554	
Quixadá	2 837	
Recife	220	
Resende	1 158	
Ribeirao das Neves	157	
Ribeirao Preto	1 057	
Rio Branco	16 952	
Rio Claro	503	
Rio de Janeiro	1 256	
Rio Grande	2 825	
Rio Verde	9 136	
Rondonopolis	4 594	
Salvador	313	
Santa Barbara D'Oeste	282	
Santa Cruz do Sul	1 705	
Santa Luzia (MG)	229	

8. Area of capital cities and cities of 100 000 and more inhabitants: latest available year (continued)

Area des capitales et des villes de 100 000 habitants et plus: dernière année disponible (suite)

(See notes at end of table. – Voir notes à la fin du tableau.)

Continent, country or area, city and date Continent, pays ou zone, ville et date	Surface area–Superficie(km ²) City proper Ville proprement dite	 Urban agglomeration Agglomération urbaine
AMERICA,SOUTH— (Cont.–Suite) AMERIQUE DU SUD		
Brazil – Brésil		
1 IX 1991		
Santa Luzia (MA)	*—— 13 703 ——*	
Santa Maria	3 279	
Santarém	26 058	
Santo André	159	
Santo Angelo	941	
Santos	725	
Sao Bernardo do Campo	319	
Sao Caetano do Sul	24	
Sao Carlo	1 120	
Sao Gonçalo	250	
Sao Joao de Meriti	35	
Sao José	256	
Sao José do Rio Prêto	586	
Sao José dos Campos	1 186	
Sao José dos Pinhais	923	
Sao Leopoldo	107	
Sao Lourenço de Mata	261	
Sao Luís	822	
Sao Paolo	1 493	
Sao Vicente	131	
Sapucaia	58	
Serra	549	
Sete Lagoas	519	
Sobral	1 646	
Sorocaba	456	
Sumaré	208	
Susano	184	
Taboao da Serra	23	
Taubaté	655	
Teresina	1 356	
Teresopolis	768	
Teofilo Otoni	4 212	
Timon	1 702	
Toledo	1 503	
Uberaba	4 524	
Uberlandia	4 040	
Umuarama	3 051	
Uruguaiana	6 763	
Várzea Grande	900	
Viamao	1 484	
Vila Velha	218	
Vitoria	89	
Vitoria da Conquista	3 743	
Vitoria de Santo Antao	344	
Vitorino Fre	710	
Volta Redonda	181	
Ecuador – Equateur		
25 XI 1990		
Ambato	17	...
Cuenca	47	...
Guayaquil	193	...
Machala	23	...
Manta	38	...
Portoviejo	38	...
QUITO	...	...
Santo Domingo de los Colorados	43	...
Paraguay		
26 VIII 1992		
ASUNCION	117	...
Ciudad del Este	57	...
San Lorenzo	91	...
Uruguay		
1 VII 1991		
MONTEVIDEO	530	...
ASIA—ASIE		
Armenia – Arménie		
1 VII 1991		
Kirovakan	...	27
Leninakan	...	50
YEREVAN	...	210
Bahrain – Bahreïn		
1 VII 1992		
MANAMA	...	26
Israel – Israël		
1 VII 1992		
Bat Yam	8	...
Be'er Sheva	54	...
Bene Beraq	7	...
Haifa	59	...
Holon	19	...
JERUSALEM	107	...
Netanya	29	...
Petah Tiqwa	33	...
Ramat Gan	13	...
Rishon Leziyyon	48	...
Tel Aviv–Yafo	51	...
Japan – Japon		
1 X 1990		
Abiko	*—— 43 ——*	
Ageo	46	
Aizuwakamatsu	286	
Akashi	49	
Akishima	17	
Akita	460	
Amagasaki	50	
Anjo	86	
Aomori	692	
Asaka	18	
Asahikawa	747	
Ashikaga	178	
Atsugi	94	
Beppu	125	
Chiba	272	
Chigasaki	36	
Chofu	22	
Daito	18	
Ebina	26	
Fuchu	29	
Fuji	214	
Fujieda	141	
Fujinomiya	315	
Fujisawa	69	
Fukui	340	
Fukuoka	336	
Fukushima	746	
Fukuyama	364	
Funabashi	86	

8. Area of capital cities and cities of 100 000 and more inhabitants: latest available year (continued)

Area des capitales et des villes de 100 000 habitants et plus: dernière année disponible (suite)

(See notes at end of table. – Voir notes à la fin du tableau.)

Continent, country or area, city and date / Continent, pays ou zone, ville et date	Surface area–Superficie(km ²) City proper / Ville proprement dite	Urban agglomeration / Agglomération urbaine
ASIA—ASIE (Cont.–Suite)		
Japan – Japon		
1 X 1990		
Gifu	*—— 196 ——*	
Habikino	26	
Hachinohe	213	
Hachioji	186	
Hadano	104	
Hakodate	347	
Hamamatsu	253	
Higashiosaka	62	
Higashikurume	13	
Higashimurayama	17	
Himeji	275	
Hino	28	
Hirakata	65	
Hiratsuka	68	
Hirosaki	274	
Hiroshima	740	
Hitachi	153	
Hofu	189	
Ibaraki	77	
Ichihara	368	
Ichikawa	57	
Ichinomiya	82	
Ikeda	22	
Imabari	74	
Iruma	45	
Ise	179	
Isesaki	65	
Ishinomaki	137	
Itami	25	
Iwaki	1 231	
Iwakuni	221	
Iwatsuki	49	
Izumi (Miyagi)	85	
Joetsu	249	
Kadoma	12	
Kagoshima	290	
Kakamigahara	80	
Kakogawa	138	
Kamakura	40	
Kanazawa	468	
Kariya	50	
Kashihara	39	
Kashiwa	73	
Kasugai	93	
Kasukabe	38	
Katsuta	73	
Kawachinagano	110	
Kawagoe	109	
Kawaguchi	56	
Kawanishi	53	
Kawasaki	142	
Kiryu	137	
Kisarazu	139	
Kishiwada	72	
Kitakyushu	482	
Kitami	421	
Kobe	544	
Kochi	145	
Kodaira	20	
Kofu	172	
Koganei	11	
Kokubanji	11	
Komaki	63	
Komatsu	37	
Koriyama	731	
Koshigaya	60	
Kumagaya	*—— 85 ——*	
Kumamoto	171	
Kurashiki	298	
Kure	146	
Kurume	125	
Kushiro	221	
Kyoto	610	
Machida	72	
Maebashi	147	
Matsubara	17	
Matsudo	61	
Matsue	176	
Matsumoto	266	
Matsusaka	210	
Matsuyama	289	
Minoo	48	
Misato	30	
Mishima	61	
Mitaka	18	
Mito	147	
Miyakonojo	306	
Miyazaki	286	
Moriguchi	14	
Morioka	400	
Muroran	80	
Musashino	11	
Nagano	404	
Nagaoka	263	
Nagareyama	35	
Nagasaki	241	
Nagoya	326	
Naha	39	
Nara	212	
Narashino	21	
Neyagawa	25	
Niigata	205	
Niihama	161	
Niiza	23	
Nishinomiya	99	
Nobeoka	284	
Noda	74	
Numazu	152	
Obihiro	619	
Odawara	114	
Ogaki	80	
Oita	360	
Okayama	513	
Okazaki	227	
Okinawa	48	
Ome	103	
Omiya	89	
Omuta	82	
Osaka	220	
Ota	98	
Otaru	243	
Otsu	302	
Oyama	172	
Saga	104	
Sagamihara	90	
Sakai	137	
Sakata	176	
Sakura	104	
Sapporo	1 121	
Sasebo	248	
Sayama	49	
Sendai	784	
Seto	112	
Shimizu	228	
Shimonoseki	224	
Shizuoka	1 146	
Soka	27	

8. Area of capital cities and cities of 100 000 and more inhabitants: latest available year (continued)

Area des capitales et des villes de 100 000 habitants et plus: dernière année disponible (suite)

(See notes at end of table. – Voir notes à la fin du tableau.)

Continent, country or area, city and date / Continent, pays ou zone, ville et date	Surface area–Superficie(km²) City proper / Ville proprement dite	Surface area–Superficie(km²) Urban agglomeration / Agglomération urbaine
ASIA—ASIE (Cont.–Suite)		
Japan – Japon		
1 X 1990		
Suita	*——— 36 ———	———*
Suzuka	195	
Tachikawa	24	
Takamatsu	194	
Takaoka	150	
Takarazuka	102	
Takasaki	111	
Takatsuki	105	
Tama	21	
Tokorozawa	72	
Tokushima	190	
Tokuyama	340	
TOKYO	618	
Tomakomai	560	
Tondabayashi	40	
Tottori	237	
Toyama	209	
Toyohashi	260	
Toyokawa	65	
Toyonaka	36	
Toyota	290	
Tsu	102	
Tsuchuiura	82	
Tsuruoka	260	
Ube	210	
Ueda	177	
Uji	67	
Urawa	71	
Urayasu	17	
Utsunomiya	312	
Wakayama	207	
Yachiyo	51	
Yaizu	45	
Yamagata	381	
Yamaguchi	357	
Yamato	27	
Yao	42	
Yatsushiro	146	
Yokkaichi	197	
Yokohama	435	
Yokosuka	100	
Yonago	99	
Zama	18	
Kazakstan		
1 I 1991		
Akmola	...	252
Aktau	...	706
Aktjubinsk	...	300
ALMATY	...	230
Atirau	...	160
Dzhambul(Zhambul)	...	114
Dzhezkazgan(Zhezkazgan)	...	526
Ekibastuz	...	738
Karaganda	...	600
Koktchetav	...	230
Kzyl–Orda	...	88
Pavlograd	...	298
Petropavlovsk (Severo–Kazakstanskaya oblast)	...	155
Rudni	...	192
Semipalatinsk	...	210
Shimkent	...	78
Taldikorgan	...	59
Temirtau	...	300
Uralsk	...	232
Ust–Kamenogorsk	...	23
Korea, Republic of– Corée, République de		
1 VII 1994		
Busan	531	...
Daegu	456	...
Gwangju	501	...
Inchon (Incheon)	339	...
SEOUL	605	...
Kyrgyzstan – Kirghizistan		
1 I 1995		
BISHKEK	127	...
Osh	24	...
Philippines		
1 VII 1994		
Angeles	60	...
Bacolod	156	...
Bago	362	...
Baguio	49	...
Batangas	283	...
Butuan	345	...
Cabanatuan	283	...
Cadiz	210	...
Cagayan de Oro	373	...
Calbayog	903	...
Caloocan	56	...
Cavite	12	...
Cebu	281	...
Cotabato	144	...
Dagupan	37	...
Davao	1 211	...
General Santos	402	...
Gingoog	250	...
Iligan	673	...
Iloilo	56	...
Lapu–Lapu	58	...
Las Pinas	31	...
Legaspi	154	...
Lipa	209	...
Lucena City	80	...
Mandaue	12	...
MANILA	614	...
Muntinlupa	47	...
Naga	85	...
Olongapo	103	...
Ormoc	491	...
Pagadian	332	...
Pasay	14	...
Quezon City	166	...
Roxas	95	...
San Carlos(Negros Occ.)	384	...
San Carlos(Pangasinan)	169	...
San Pablo	198	...
Silay	167	...
Tacloban	101	...
Toledo	200	...
Zamboanga	464	...

8. Area of capital cities and cities of 100 000 and more inhabitants: latest available year (continued)

Area des capitales et des villes de 100 000 habitants et plus: dernière année disponible (suite)

(See notes at end of table. – Voir notes à la fin du tableau.)

Continent, country or area, city and date Continent, pays ou zone, ville et date	Surface area–Superficie(km ²) City proper Ville proprement dite	 Urban agglomeration Agglomération urbaine
ASIA (Cont.) — ASIE (Suite)		
Thailand – Thaïlande		
1 IV 1990		
BANGKOK	*———— 1 565 ————*	
Chiang Mai	40	
Chon Buri	248	
Khon Kaen	89	
Nakhon Ratchasima	68	
Nakhon Sawan	46	
Nakhon Si Thammarat	21	
Nanthaburi	40	
Saraburi	50	
Songkhla	75	
Ubon Ratchathani	41	
Turkey – Turquie		
21 X 1990		
Adana	1 952	17 253
Adapazari	646	4 817
ANKARA	1 814	25 706
Antalya	1 953	20 591
Balikesir	1 446	14 292
Batman	615	4 694
Bursa	1 174	11 043
Denizli	784	11 868
Diyarbakir	2 330	15 355
Elazig	2 275	9 153
Erzurum	1 280	25 066
Eskisehir	2 535	13 652
Gaziantep	2 105	7 642
Hatay	689	5 403
Içel	1 772	15 853
Iskenderun	759	...
Isparta	558	8 933
Istanbul	1 991	5 712
Izmir	763	11 973
Izmit	1 197	3 626
Kahramanmaras	2 913	14 327
Kayseri	721	16 917
Kirikkale	195	4 365
Kocaeli	1 197	3 626
ASIA (Cont.) — ASIE (Suite)		
Turkey (Cont.) — Turquie (Suite)		
Konya	5 983	38 257
Kütahya	2 572	11 875
Malatya	968	12 313
Manisa	2 125	13 810
Maras	2 913	14 327
Mersin	1 772	15 853
Osmaniye	974	...
Sakarya	646	4 817
Samsun	716	9 579
Siirt	273	5 406
Sivas	2 857	28 488
Tarsus	144	...
Trabzon	168	4 685
Urfa	3 791	18 584
Van	2 048	19 069
Zonguldak	637	8 629
Viet Nam		
1 IV 1989		
Haiphong	22	...
HANOI	46	2 146
Ho Chi Minh	140	...

8. Area of capital cities and cities of 100 000 and more inhabitants: latest available year (continued)

Area des capitales et des villes de 100 000 habitants et plus: dernière année disponible (suite)

(See notes at end of table. – Voir notes à la fin du tableau.)

Continent, country or area, city and date / Continent, pays ou zone, ville et date	Surface area–Superficie(km ²): City proper / Ville proprement dite	Surface area–Superficie(km ²): Urban agglomeration / Agglomération urbaine
EUROPE		
Austria – Autriche		
15 V 1991		
Graz	128	1 432
Innsbruck	105	1 431
Klagenfurt	120	932
Linz	96	1 659
Salzburg	66	1 187
WIEN	415	5 109
Belarus – Bélarus		
1 I 1993		
Baranovichi	43	...
Bobruisk	75	...
Borisov	46	...
Brest	48	...
Gomel	111	114
Grodno	83	...
MINSK	–	227
Mogilev	103	...
Mozir	37	...
Orsha	33	35
Pinsk	36	...
Vitebsk	74	79
Belgium – Belgique		
1 I 1991		
Brugge	138	...
BRUXELLES (BRUSSEL)	33	161
Charleroi	102	...
Gent (Gand)	156	...
Liège (Luik)	69	...
Namur	176	...
Ouvers	205	...
Bosnia Herzegovina Bosnie–Herzégovina		
31 III 1991		
Banja Luka	1 239	...
Doboj	697	...
Mostar	1 227	...
Prijedor	834	...
SARAJEVO	2 095	...
Tuzla	303	...
Zenica	505	...
Bulgaria – Bulgarie		
31 XII 1992		
Bourgas	...	481
Dobritch	...	105
Plévène	...	817
Plovdiv	...	74
Roussé	...	437
Slivène	...	1 354
SOFIA	...	1 311
Stara Zagora	...	1 005
Varna	...	210
Channel Islands – Iles Anglo–Normandes Jersey		
10 III 1991		
ST. HELIER	86	...
Croatia – Croatie		
31 III 1991		
ZAGREB	1 405	...
Czech Republic – Rép. tchèque		
1 VII 1994		
Brno	230	...
Hradec Králové	106	...
Liberec	115	...
Olomouc	117	...
Ostrava	214	...
Pizen	125	...
PRAHA	496	...
Ustí nad Labem	101	...
Denmark – Danemark		
1 I 1993		
Alborg	...	560
Arhus	...	469
KOBENHAVN	123	900
Odense	...	364
Estonia – Estonie		
1 I 1991		
TALLINN	...	183
1 VII 1993		
TALLINN	158	...
Tartu	39	...
Faeroe Islands – Iles Féroé		
1 I 1992		
THORSHAVN	63	79
Finland – Finlande		
1 VII 1993		
Espoo	312	...
HELSINKI	185	1 570
Oulu	328	1 395
Tampere	523	908
Turku	243	1 147
Vantaa	241	...
Germany – Allemagne		
31 XII 1993		
Aachen	161	...
Augsburg	147	...
Bergisch Gladbach	83	...
BERLIN	889	...
Bielefeld	258	...
Bochum	145	...
Bonn	141	...
Bottrop	101	...
Braunschweig	192	...
Bremen	327	...
Bremerhaven	78	...
Chemnitz	130	...
Cottbus	150	...
Darmstadt	122	...
Dortmund	280	...
Dresden	226	...
Duisburg	233	...

8. Area of capital cities and cities of 100 000 and more inhabitants: latest available year (continued)

Area des capitales et des villes de 100 000 habitants et plus: dernière année disponible (suite)

(See notes at end of table. – Voir notes à la fin du tableau.)

Continent, country or area, city and date / Continent, pays ou zone, ville et date	Surface area–Superficie(km ²) City proper / Ville proprement dite	Urban agglomeration / Agglomération urbaine
EUROPE (Cont.–Suite)		
Germany – Allemagne		
31 XII 1993		
Düsseldorf	217	...
Erfurt	108	...
Erlangen	77	...
Essen	210	...
Frankfurt am Main	248	...
Freiburg im Breisgau	153	...
Fürth	63	...
Gelsenkirchen	105	...
Gera	78	...
Göttingen	117	...
Hagen	160	...
Halle	135	...
Hamburg	755	...
Hamm	226	...
Hannover	204	...
Heidelberg	109	...
Heilbronn	100	...
Herne	51	...
Hildesheim	93	...
Ingolstadt	133	...
Jena	59	...
Kaisorslautern	140	...
Karlsruhe	173	...
Kassel	107	...
Kiel	117	...
Koblenz	105	...
Köln	405	...
Krefeld	138	...
Leipzig	149	...
Leverkusen	79	...
Lübeck	214	...
Lüdwigshafen am Rhein	78	...
Magdeburg	172	...
Mainz	98	...
Mannheim	145	...
Moers	68	...
Mönchengladbach	170	...
Mülheim a.d. Ruhr	91	...
München	310	...
Münster (Westf.)	302	...
Neuss	99	...
Nürnberg	186	...
Oberhausen	77	...
Offenbach am Main	45	...
Oldenburg	103	...
Osnabrück	120	...
Paderborn	179	...
Pforzheim	98	...
Potsdam	109	...
Recklinghausen	66	...
Regensburg	81	...
Remscheid	75	...
Reutlingen	87	...
Rostock	181	...
Saarbrücken	167	...
Salzgitter	224	...
Schwerin	130	...
Siegen	115	...
Solingen	89	...
Stuttgart	207	...
Ulm	118	...
Wiesbaden	204	...
Witten	72	...
Wolfsburg	204	...
Wuppertal	168	...
Würzburg	89	...
Zwickau	60	...
Greece – Grèce		
17 III 1991		
ATHINAI	39	457
Calithèa	5	...
Iraclion	52	78
Larissa	88	...
Patrai	57	104
Péristéri	10	...
Piraiévs	11	...
Thessaloniki	...	131
Volos	18	98
Hungary – Hongrie		
1 VII 1994		
BUDAPEST	525	...
Debrecen	462	...
Györ	175	...
Kecskemét	321	...
Miskolc	237	...
Nyiregyháza	274	...
Pécs	163	...
Szeged	357	...
Székesfehérvár	171	...
Iceland – Islande		
1 VII 1993		
REYKJAVIK	100	...
Ireland – Irlande		
21 IV 1991		
Cork	37	...
DUBLIN	...	922
Italy – Italie		
20 X 1991		
Allessandria	...	204
Ancona	...	124
Bari	...	116
Bergamo	...	39
Bologna	...	141
Bolzano	...	52
Brescia	...	91
Cagliari	...	92
Catania	...	181
Catanzaro	...	111
Cosenza	...	37
Ferrara	...	404
Firenze	...	102
Foggia	...	596
Forli	...	228
Genova	...	240
La Spezia	...	51
Latina	...	278
Lecco	...	238
Livorno	...	105
Messina	...	211
Milano	...	182
Modena	...	184
Monza	...	33
Napoli	...	117
Novara	...	103
Padova	...	93
Palermo	...	159

8. Area of capital cities and cities of 100 000 and more inhabitants: latest available year (continued)

Area des capitales et des villes de 100 000 habitants et plus: dernière année disponible (suite)

(See notes at end of table. – Voir notes à la fin du tableau.)

Continent, country or area, city and date / Continent, pays ou zone, ville et date	Surface area–Superficie(km ²) City proper / Ville proprement dite	Urban agglomeration / Agglomération urbaine
EUROPE (Cont.–Suite)		
Italy – Italie		
20 X 1991		
Parma	...	261
Perugia	...	450
Pescara	...	34
Piacenza	...	118
Pisa	...	187
Prato	...	98
Ravenna	...	653
Reggio di Calabria	...	236
Reggio nell'Emilia	...	232
Rimini	...	135
ROMA	...	1 499
Salerno	...	59
Sassari	...	546
Siracusa	...	204
Taranto	...	310
Terni	...	212
Torino	...	130
Torre del Greco	...	31
Treviso	...	158
Trieste	...	84
Udine	...	57
Venezia	...	457
Verona	...	199
Vicenza	...	80
Latvia – Lettonie		
1 VII 1994		
Daugavpils	75	...
Liepaja	60	...
RIGA	307	...
Lithuania – Lituanie		
1 VII 1993		
Kaunas	123	...
Klaipeda	71	...
Panevezhis	30	...
Shauliai	70	...
VILNIUS	287	...
Luxembourg		
1 VII 1994		
LUXEMBOURG–VILLE	51	...
Netherlands – Pays–Bas		
1 VII 1994		
Almere	179	...
Amersfoort	56	...
AMSTERDAM	202	789
Apeldoorn	341	...
Arnhem	97	385
Breda	76	177
Dordrecht	99	159
Eindhoven	88	455
Enschede	141	254
Geleen/Sittard	...	251
Groningen	83	204
Haarlem	32	116
Haarlemmermeer	185	...
Heerlen/Kerkrade	...	212
Hilversum	...	108
Leiden	23	91
Maastricht	59	166
Nijmegen	44	285
Rotterdam	259	500
's–Gravenhage	70	222
's–Hertogenbosch	...	228
Tilburg	80	277
Utrecht	57	456
Velsen/Beverwijk	...	100
Zaanstad	83	166
Zoetermeer	37	...
Norway – Norvège		
1 I 1993		
Bergen	445	...
OSLO	427	1 348
Stavanger	66	...
Trondheim	321	...
Poland – Pologne		
1 VII 1993		
Bialystok	90	...
Bielsko – Biala	125	...
Bydgoszcz	175	...
Bytom	83	...
Chorzow	33	...
Czestochowa	160	...
Dabrowa Gornicza	188	...
Elblag	66	...
Gdansk	262	...
Gdynia	136	...
Gliwice	134	...
Grudziadz	59	...
Gorzow Wielkopolski	77	...
Jastrzebie – Zdroj	86	...
Kalisz	55	...
Katowice	165	...
Kielce	110	...
Koszalin	83	...
Krakow	327	...
Legnica	56	...
Lodz	295	...
Lublin	148	...
Olsztyn	88	...
Opole	96	...
Plock	66	...
Poznan	261	...
Radom	112	...
Ruda Slaska	78	...
Rybnik	135	...
Rzeszow	54	...
Slupsk	43	...
Sosnowiec	91	...
Szczecin	301	...
Tarnow	72	...
Torun	116	...
Tychy	82	...
Walbrzych	85	...
WARSZAWA	495	...
Wloclawek	85	...
Wodzislaw Slaski	96	...
Wroclaw	293	...
Zabrze	80	...
Zielona Gora	58	...
Portugal		
15 IV 1991		
LISBOA	874	3 125

8. Area of capital cities and cities of 100 000 and more inhabitants: latest available year (continued)

Area des capitales et des villes de 100 000 habitants et plus: dernière année disponible (suite)

(See notes at end of table. – Voir notes à la fin du tableau.)

Continent, country or area, city and date Continent, pays ou zone, ville et date	Surface area–Superficie(km ²) City proper Ville proprement dite	 Urban agglomeration Agglomération urbaine
EUROPE (Cont.–Suite)		
Portugal		
15 IV 1991		
Porto	429	762
Romania – Roumanie		
1 VII 1993		
Arad	260	...
Bacau	43	...
Baia Mare	233	...
Botosani	42	...
Braila	33	...
Brasov	267	...
BUCURESTI	228	...
Buzau	81	...
Cluj–Napoca	179	...
Constanta	126	...
Craiova	59	...
Drobeta Turnu–Severin	51	...
Focsani	48	...
Galati	246	...
Iasi	95	...
Oradea	115	...
Piatra Neamt	77	...
Pitesti	41	...
Ploiesti	58	...
Rimnicu Vilcea	89	...
Satu–Mare	150	...
Sibiu	122	...
Suceava	52	...
Timisoara	135	...
Tirgu–Mures	49	...
Slovakia – Slovaquie		
1 VII 1992		
BRATISLAVA	368	...
Kosice	243	...
Slovenia – Slovénie		
1 VII 1993		
LJUBLJANA	364	...
Marebor	429	...
Spain – Espagne		
1 III 1991		
Albacete	*——— 12 431	———*
Alcalá de Henares	878	
Alcorcon	337	
Algeciras	851	
Alicante	2 008	
Almería	2 962	
Badajoz	15 302	
Badalona	210	
Baracaldo	243	
Barcelona	991	
Bilbao	413	
Burgos	1 084	
Cádiz	112	
Cartagena	5 583	
Castellon	1 075	
Cordoba	12 533	
Elche	3 261	
Fuenlabrada	387	
Getafe	*——— 784	———*
Gijon	1 816	
Granada	882	
Hospitalet de Llobreapt	125	
Huelva	1 513	
Jaén	4 243	
Jérez de la Frontera	14 118	
La Coruña	376	
La Laguna	1 021	
Leganés	431	
Leon	392	
Lérida	2 120	
Logroño	796	
MADRID	6 058	
Málaga	3 930	
Mataro	223	
Mostoles	454	
Murcia	8 865	
Orense	845	
Oviedo	1 866	
Las Palma de Gran Canaria	1 005	
Palma de Mallorca	2 008	
Pamplona	238	
Sabadell	376	
Salamanca	386	
San Sebastián	615	
Santa Coloma de Gramanet	71	
Santa Cruz de Tenerife	1 506	
Santander	348	
Sevilla	1 413	
Tarragona	624	
Tarrasa	702	
Valencia	1 346	
Valladolid	1 975	
Vigo	1 091	
Vitoria	2 768	
Zaragoza	10 631	
Sweden – Suède		
31 XII 1992		
Boras	1 180	...
Göteborg	449	...
Helsingborg	345	...
Jönköping	1 485	...
Linköping	1 431	...
Malmö	154	...
Norrköping	1 491	...
Orebro	1 840	...
STOCKHOLM	187	...
Uppsala	2 465	...
Västeras	956	...
Switzerland – Suisse		
1 VII 1993		
Bâle	24	271
BERNE	52	410
Genève	16	436
Lausanne	41	275
Luzern	16	168
Winterthur	68	148
Zürich	79	847
United Kingdom – Royaume–Uni		
21 IV 1991		
Aberdeen	18	...
Amber Valley	26	...
Arun	22	...

8. Area of capital cities and cities of 100 000 and more inhabitants: latest available year (continued)

Area des capitales et des villes de 100 000 habitants et plus: dernière année disponible (suite)

(See notes at end of table. – Voir notes à la fin du tableau.)

Continent, country or area, city and date Continent, pays ou zone, ville et date	Surface area–Superficie(km ²) City proper Ville proprement dite	 Urban agglomeration Agglomération urbaine
EUROPE (Cont.–Suite)		
United Kingdom – Royaume–Uni		
21 IV 1991		
Aylesbury Vale	90	...
Barking and Dagenham	3	...
Barnet	9	...
Barnsley	33	...
Basildon	11	...
Basingstoke & Deane	63	...
Bassetlaw	64	...
Belfast	11	...
Beverley	40	...
Bexley	6	...
Birmingham	27	...
Blackburn	14	...
Blackpool	3	...
Bolton	14	...
Bournemouth	5	...
Bradford	37	...
Braintree	61	...
Breckland	131	...
Brent	4	...
Brighton	6	...
Bristol	11	...
Broadland	55	...
Bromley	15	...
Broxtowe	8	...
Bury	10	...
Calderdale	36	...
Camden	2	...
Canterbury	31	...
Cardiff	12	...
Carlisle	104	...
Charnwood	28	...
Chelmsford	34	...
Cherwell	59	...
Chester	45	...
Chichester	79	...
Colchester	33	...
Coventry	10	...
Crewe & Nantwich	43	...
Croydon	9	...
Cunninghame	80	...
Dacorum	21	...
Dagemham	3	...
Darlington	20	...
Derby	8	...
Doncaster	58	...
Dover	31	...
Dudley	10	...
Dundee	24	...
Dunfermline	30	...
Ealing	6	...
East Devon	81	...
East Hampshire	51	...
East Hertfordshire	48	...
Eastleigh	8	...
East Lindsey	176	...
Edinburgh	26	...
Elmbridge	10	...
Enfield	8	...
Erewash	11	...
Epping Forest	34	...
Exeter	5	...
Falkirk	30	...
Fareham	7	...
Gateshead	14	...
Gedling	12	...
Glasgow	12	...
Greenwich	5	...
Guildford	27	...
Hackney	2	...
Halton	7	...
Hamilton	20	...
Hammersmith and Fulham	2	...
Haringey	3	...
Harrogate	133	...
Harrow	5	...
Havant and Waterloo	6	...
Havering	12	...
Hillingdon	11	...
Horsham	53	...
Hounslow	6	...
Huntingdonshire	92	...
Ipswich	4	...
Islington	1	...
Kensington and Chelsea	1	...
Kings Lynn & West Norfolk	143	...
Kingston upon Hull	7	...
Kingston upon Thames	4	...
Kirkcaldy	25	...
Kirklees	41	...
Knowsley	10	...
Kyle and Carrick	37	...
Lambeth	3	...
Lancaster	5	...
Langbaurgh–on–Tees	24	...
Leeds	56	...
Leicester	7	...
Lewisham	3	...
Liverpool	11	...
LONDON	158	...
Luton	4	...
Macclesfield	52	...
Maidstone	39	...
Manchester	12	...
Mansfield	8	...
Merton	4	...
Middlesbrough	5	...
Mid Bedfordshire	50	...
Mid Sussex	33	...
Milton Keynes	31	...
Monklands	16	...
Motherwell	17	...
Newark and Sherwood	65	...
Newbury	70	...
Newcastle–under–Lyme	21	...
Newcastle upon Tyne	11	...
Newham	4	...
Newport	19	...
New Forest	75	...
Northampton	8	...
Northavon	45	...
North Bedfordshire	48	...
North Hertfordshire	38	...
North Tyneside	8	...
North Wiltshire	177	...
Norwich	4	...
Nottingham	7	...
Nuneaton & Bedworth	8	...
Ogwr	29	...
Oldham	14	...
Oxford	5	...
Perth and Kinross	523	...
Peterborough	33	...
Plymouth	8	...
Poole	6	...

8. Area of capital cities and cities of 100 000 and more inhabitants: latest available year (continued)

Area des capitales et des villes de 100 000 habitants et plus: dernière année disponible (suite)

(See notes at end of table. – Voir notes à la fin du tableau.)

Continent, country or area, city and date / Continent, pays ou zone, ville et date	Surface area–Superficie(km ²) City proper / Ville proprement dite	Surface area–Superficie(km ²) Urban agglomeration / Agglomération urbaine
EUROPE (Cont.–Suite)		
United Kingdom – Royaume–Uni		
21 IV 1991		
Portsmouth	4	...
Preston	14	...
Reading	4	...
Redbridge	6	...
Reigate and Banstead	13	...
Renfrew	31	...
Rhymney Valley	18	...
Richmond upon Thames	6	...
Rochdale	16	...
Rochester–upon–Medway	16	...
Rotherham	28	...
Rushcliffe	41	...
St. Albans	16	...
St. Helens	13	...
Salford	10	...
Salisbury	100	...
Sandwell	9	...
Scarborough	82	...
Sefton	15	...
Sevenoaks	37	...
Sheffield	37	...
Slough	3	...
Solihull	18	...
Southampton	5	...
Southend on Sea	4	...
South Bedfordshire	21	...
South Cambridgeshire	90	...
South Kesteven	94	...
South Norfolk	91	...
South Oxfordshire	68	...
South Ribble	11	...
South Somerset	96	...
South Staffordshire	41	...
South Tyneside	6	...
Southwark	3	...
Stafford	60	...
Stockport	13	...
Stockton–on–Tees	20	...
Stoke on Trent	9	...
Stratford–on–Avon	98	...
Stroud	46	...
Suffolk Coastal	89	...
Sunderland	14	...
Sutton	4	...
Swale	37	...
Swansea	25	...
Tameside	10	...
Teignbridge	67	...
Tendring	34	...
Test Valley	64	...
Thamesdown	23	...
Thanet	10	...
The Wrekin	29	...
Thurrock	160	...
Tonbridge and Malling	24	...
Torbay	6	...
Tower Hamlets	2	...
Trafford	17	...
Vale of Glamorgan	30	...
Vale of White Horse	58	...
Vale Royal	38	...
Wakefield	33	...
Walsall	11	...
Waltham Forest	4	...
Wandsworth	3	...
Warrington	18	...
Warwick	28	...
Waveney	37	...
Waverley	35	...
Wealden	84	...
West Lancashire	34	...
West Lothian	43	...
West Wiltshire	52	...
Westminster, City of	2	...
Wigan	20	...
Windsor and Maidenhead	20	...
Wirral	16	...
Wolverhampton	7	...
Wokingham	18	...
Woodspring	37	...
Wrexham Maelor	37	...
Wychavon	66	...
Wycombe	32	...
Wyre	28	...
OCEANIA—OCEANIE		
Australia – Australie		
6 VIII 1991		
Adelaide	671	1 919
Brisbane	1 006	4 972
CANBERRA	243	815
Central Coast	184	...
Geelong	80	352
Gold Coast	191	294
Greater Wollongong	175	1 124
Hobart	121	937
Melbourne	1 643	7 815
Newcastle	247	4 294
Perth	875	5 457
Sunshine Coast	...	627
Sydney	1 548	12 381
Townsville	139	380
Guam		
1 IV 1990		
AGANA	3	...
New Caledonia – Nouvelle–Calédonie		
4 IV 1989		
NOUMEA	46	1 643
New Zealand – Nouvelle–Zélande		
5 III 1991		
Auckland	75	...
Christchurch	106	...
Manukau	566	...
Waitemata	376	...
WELLINGTON	263	...
Pitcairn		
31 XII 1993		
ADAMSTOWN	...	5

9. Live births and crude live-birth rates, by urban/rural residence: 1991 – 1995

Naissances vivantes et taux bruts de natalité selon la résidence, urbaine/rurale: 1991 – 1995

(See notes at end of table. – Voir notes à la fin du tableau.)

Continent, country or area and urban/rural residence Continent, pays ou zone et résidence, urbaine/rurale	Code [1]	Number – Nombre					Rate – Taux				
		1991	1992	1993	1994	1995	1991	1992	1993	1994	1995
AFRICA—AFRIQUE											
Algeria – Algérie [2,3]	C	773 000	799 000	776 000	...	...	30.1	30.4	28.8	...	...
Angola	..	...	...	...	...	...			[4] 51.3		
Benin – Bénin	..	...	...	...	...	...			[4] 48.7		
Botswana	..	...	...	...	...	...			[4] 37.1		
Burkina Faso	..	...	...	...	...	...			[4] 46.8		
Burundi	..	...	...	...	...	...			[4] 46.0		
Cameroon – Cameroun	..	...	...	...	...	...			[4] 40.7		
Cape Verde – Cap-Vert	C	12 289	9 671	...	...	...	35.1	26.9	...	...	...
Central African Republic – République centrafricaine	...	...	...	...	124 707	...			[4] 41.5		
Chad – Tchad	..	...	...	...	...	...			[4] 43.7		
Comoros – Comores	..	...	...	...	...	...			[4] 48.5		
Congo	..	...	...	...	...	...			[4] 44.7		
Côte d'Ivoire	...	_595 000_	_615 000_	_635 000_	_656 000_	_*677 000_			[4] 49.8		
Djibouti	..	...	...	...	...	...			[4] 38.1		
Egypt – Egypte [5]	C	1 636 551	1 496 866	1 644 247	1 719 971	...	30.0	26.9	29.1	29.7	...
Equatorial Guinea – Guinée équatoriale	..	...	...	...	...	...			[4] 43.5		
Eritrea – Erythrée	..	...	...	...	...	...			[4] 43.0		
Ethiopia – Ethiopie	..	...	...	...	...	...			[4] 48.5		
Gabon	..	...	...	...	...	...			[4] 37.2		
Gambia – Gambie	..	...	...	...	...	...			[4] 43.7		
Ghana	..	...	...	...	...	...			[4] 41.7		
Guinea – Guinée	..	...	...	...	...	...			[4] 50.6		
Guinea-Bissau – Guinée-Bissau	..	...	...	...	...	...			[4] 42.7		
Kenya	U	_371 165_	_326 553_	...	...	...			[4] 44.5		
Lesotho	..	...	...	...	...	...			[4] 36.9		
Liberia – Libéria	..	...	...	...	...	...			[4] 47.3		
Libyan Arab Jamahiriya – Jamahiriya arabe libyenne	C	193 200	...	...	...	...	44.7	...	...	...	...
Madagascar	..	...	...	...	...	...			[4] 43.8		
Malawi	..	...	...	...	...	...			[4] 50.5		
Mali	..	...	...	...	...	...			[4] 50.7		
Mauritania – Mauritanie	...	...	...	_97 713_	_100 316_	_*103 307_			[4] 39.8		
Mauritius – Maurice [5]	C	22 182	22 741	22 051	21 704	*20 549	20.7	21.0	20.1	19.5	*18.3
Island of Mauritius – Ile Maurice [5]	C	21 418	22 032	21 375	20 967	...	20.7	21.0	20.1	19.4	...
Rodrigues	C	764	709	676	737	...	22.3	20.6	19.6	21.3	...
Morocco – Maroc [5]	...	_562 186_	_571 340_	...	...	...			[4] 29.1		
Mozambique	..	...	...	...	...	...			[4] 45.2		
Namibia – Namibie	..	...	...	...	...	...			[4] 37.0		
Niger	..	...	...	...	...	...			[4] 52.5		
Nigeria – Nigéria	..	...	...	...	...	...			[4] 45.4		
Réunion [2]	C	14 107	...	...	...	...	23.1	...	...	...	...
Rwanda	..	...	...	...	...	...			[4] 44.1		
St. Helena ex. dep. – Sainte-Hélène sans dép.	C	72	78	69	*58	...	11.2	12.1	10.6	8.9	...
Tristan da Cunha	C	4	...	2	...	...	♦ 13.7	...	♦ 6.8	...	...
Sao Tome and Principe – Sao Tomé-et-Principe	C	...	...	5 254	...	...	...	...	43.0	...	...
Senegal – Sénégal	..	...	...	...	...	...			[4] 43.0		
Seychelles	+C	1 708	1 603	1 689	...	*1 582	24.2	22.7	23.4	...	*21.0
Sierra Leone	..	...	...	...	...	...			[4] 49.1		
Somalia – Somalie	..	...	...	...	...	...			[4] 50.2		
South Africa – Afrique du Sud	...	...	...	...	_*677 107_	...			[4] 31.2		
Sudan – Soudan	..	...	...	...	...	...			[4] 39.8		
Swaziland	..	...	...	...	...	...			[4] 38.5		
Togo	..	...	...	...	...	...			[4] 44.5		
Tunisia – Tunisie [5]	C	207 455	211 649	207 786	*200 223	...	25.1	25.2	24.2	22.7	...
Uganda – Ouganda	..	...	...	...	...	...			[4] 51.8		
United Rep. of Tanzania – Rép.-Unie de Tanzanie	..	...	...	...	...	...			[4] 43.1		

9. Live births and crude live-birth rates, by urban/rural residence: 1991 – 1995 (continued)

Naissances vivantes et taux bruts de natalité selon la résidence, urbaine/rurale: 1991 – 1995 (suite)

(See notes at end of table. – Voir notes à la fin du tableau.)

Continent, country or area and urban/rural residence — Continent, pays ou zone et résidence, urbaine/rurale	Code [1]	Number – Nombre 1991	1992	1993	1994	1995	Rate – Taux 1991	1992	1993	1994	1995
AFRICA—AFRIQUE (Cont.–Suite)											
Zaire – Zaïre	..	...	...	...	...	...			[4] 47.5		
Zambia – Zambie	..	...	...	...	...	...			[4] 44.6		
Zimbabwe [5]	..	...	[6] 359 286	...	...	...			[4] 39.1		
AMERICA,NORTH— AMERIQUE DU NORD											
Anguilla	+C	...	...	169	...	...	...	...	18.4	...	...
Bahamas	C	5 124	4 870	4 637	4 357	...	19.7	18.4	17.2	15.9	...
Barbados – Barbade	+C	4 240	4 185	3 781	...	*3 473	16.4	15.9	14.3	...	*13.1
Belize	U	_6 555_	_7 597_	_5 112_	_4 647_	...			[4] 34.7		
Bermuda – Bermudes	C	901	...	...	...	...	14.7	...	...	...	...
Canada [7]	C	411 910	398 642	388 394	386 350	...	14.6	14.0	13.4	13.2	...
Cayman Islands – Iles Caïmanes	+C	500	520	527	531	...	18.2	18.1	17.2	17.0	...
Costa Rica [5]	C	81 110	80 164	...	80 391	...	28.2	27.3	...	26.2	...
Cuba [5]	C	173 896	157 349	152 226	...	...	16.2	14.5	14.0	...	...
Dominica – Dominique	C	1 712	1 835	1 757	1 599	...	24.0	25.5	24.1	21.6	...
Dominican Republic – République dominicaine	U	_127 389_	_103 744_	...	...	...			[4] 27.0		
El Salvador [5]	U	_151 210_	_154 014_	...	_152 943_	...			[4] 33.5		
Greenland – Groenland	C	1 192	...	1 200	...	...	21.5	...	21.7	...	...
Guadeloupe [2]	C	7 547	7 310	...	...	...	19.1	17.9	...	...	...
Guatemala [5]	C	359 904	363 648	370 138	...	...	38.0	37.3	36.9	...	...
Haiti – Haïti	..	...	...	...	...	...			[4] 35.3		
Honduras	..	...	...	...	...	...			[4] 37.1		
Jamaica – Jamaïque	+C	59 879	56 276	...	59 235	...	25.3	23.5	...	23.7	...
Martinique [2]	C	6 316	6 305	5 900	...	...	17.2	16.9	15.6	...	...
Mexico – Mexique [5]	+U	_2 756 447_	_2 797 397_	_2 839 686_	_2 904 389_	...			[4] 27.7		
Netherlands Antilles – Antilles néerlandaises	+C	3 486	3 755	3 854	3 928	*3 793	18.5	19.6	19.7	19.7	*19.1
Nicaragua	..	...	...	...	...	...			[4] 40.4		
Panama [5]	C	60 080	59 905	59 191	55 934	...	24.6	24.1	23.3	21.7	...
Puerto Rico – Porto Rico [5]	C	64 516	64 481	65 242	64 325	...	18.2	18.0	18.0	17.5	...
Saint Kitts and Nevis – Saint–Kitts–et–Nevis	+C	915	841	849	909	...	21.8	20.0	20.2	22.2	...
Saint Lucia – Sainte–Lucie	C	...	3 624	...	...	*3 659	...	26.5	...	...	*25.2
St. Vincent and the Grenadines – Saint–Vincent–et–Grenadines [5]	C	...	2 686	...	...	*2 473	...	24.7	...	...	*22.4
Trinidad and Tobago – Trinité–et–Tobago	C	22 368	23 064	21 094	...	...	18.3	18.6	16.9	...	...
United States – Etats–Unis	C	4 110 907	*4 084 000	4 000 240	*3 979 000	...	16.3	*16.0	15.5	*15.3	...
United States Virgin Islands – Iles Vierges américaines	C	2 511	...	2 529	...	...	24.4	...	24.3	...	...
AMERICA,SOUTH— AMERIQUE DU SUD											
Argentina – Argentine	C	694 776	678 761	667 518	707 869	...	21.1	20.3	19.8	20.7	...
Bolivia – Bolivie	..	...	...	...	...	...			[4] 35.7		
Brazil – Brésil [8]	U	_2 333 202_	_2 417 470_	_2 418 514_	_2 472 325_	...			[4] 24.6		
Chile – Chili [5]	C	299 456	293 787	290 438	288 175	...	22.5	21.7	21.1	20.6	...
Colombia – Colombie	..	...	...	...	...	...			[4] 24.0		
Ecuador – Equateur [5 9]	U	_263 612_	_198 468_	_198 722_	...	...			[4] 28.2		
Falkland Islands (Malvinas)– Iles Falkland (Malvinas) [5]	+C	26	27	...	...	...	♦ 12.7	♦ 13.5	...	...	...
Guyana – Guyane	..	...	...	...	...	...			[4] 25.1		
Paraguay	U	_34 591_	_37 649_	...	...	...			[4] 33.0		
Peru – Pérou [5 8 10]	..	654 236	658 884	661 061	663 239	*664 327	29.7	29.3	28.9	28.7	*28.2
Suriname [5]	C	9 104	9 835	9 398	8 421	...	22.5	24.0	22.7	20.1	...
Uruguay	+C	54 754	54 190	56 210	...	...	17.6	17.3	17.9	...	...
Venezuela [8]	C	602 024	...	...	...	...	30.4	...	...	...	...

9. Live births and crude live-birth rates, by urban/rural residence: 1991 – 1995 (continued)

Naissances vivantes et taux bruts de natalité selon la résidence, urbaine/rurale: 1991 – 1995 (suite)

(See notes at end of table. – Voir notes à la fin du tableau.)

Continent, country or area and urban/rural residence — Continent, pays ou zone et résidence, urbaine/rurale	Code [1]	Number – Nombre					Rate – Taux				
		1991	1992	1993	1994	1995	1991	1992	1993	1994	1995
ASIA—ASIE											
Afghanistan	..	...	...	...	...	...			[4] 50.2		
Armenia – Arménie [5,11]	C	77 825	70 581	59 041	51 143	...	21.5	19.1	15.8	13.6	...
Azerbaijan – Azerbaïdjan	..	...	...	...	...	...			[4] 22.5		
Bahrain – Bahreïn	U	_13 229_	_13 874_	_14 191_	_13 766_	...			[4] 28.1		
Bangladesh	..	...	...	...	...	...			[4] 35.5		
Bhutan – Bhoutan	..	...	...	...	...	...			[4] 39.6		
Brunei Darussalam – Brunéi Darussalam [5]	+C	7 106	7 290	7 314	...	...	27.3	27.2	26.5	...	...
Cambodia – Cambodge	..	...	...	...	...	...			[4] 43.5		
China – Chine	...	...	_21 190 000_	_21 260 000_	...	...			[4] 18.5		
Cyprus – Chypre [5]	C	13 216	14 395	[12] 10 514	[12] 10 379	...	19.1	20.4	[12] 14.6	[12] 14.3	...
East Timor – Timor oriental	..	...	...	...	...	...			[4] 36.5		
Georgia – Georgie	..	...	...	...	...	...			[4] 15.9		
Hong Kong – Hong–kong [13]	C	68 281	70 949	70 451	71 646	...	11.9	12.2	11.9	11.8	...
India – Inde [5,14]	..	...	...	...	...	...	29.5	29.0	28.7	28.6	...
Indonesia – Indonésie	..	...	...	...	...	...			[4] 24.7		
Iran (Islamic Republic of – Rép. islamique d')	U	_1 885 649_	...	...	...	...			[4] 35.4		
Iraq	..	...	...	...	...	...			[4] 38.1		
Israel – Israël [5,15]	C	105 725	110 062	112 330	114 543	*116 412	21.4	21.5	21.3	21.2	*21.0
Japan – Japon [5,16]	C	1 223 245	1 208 989	1 188 282	1 238 328	...	9.9	9.7	9.5	9.9	...
Jordan – Jordanie [17]	+C	150 177	155 684	149 493	140 444	...			[4] 38.8		
Kazakstan [5,11]	C	354 101	338 475	316 263	...	...	21.1	20.0	18.7	...	...
Korea, Dem. People's Rep. of – Corée, rép. populaire dém. de [5]	...	...	...	_420 576_	...	...			[4] 24.1		
Korea, Republic of– Corée, Rép. de [5,18]	..	706 710	726 993	711 129	710 064	...	16.3	16.6	16.0	16.0	...
Kuwait – Koweït	C	20 609	34 817	37 379	38 868	...	9.9	24.5	25.6	24.0	...
Kyrgyzstan–Kirghizistan [5,11]	C	129 536	128 352	116 795	110 113	...	29.1	28.6	26.1	24.6	...
Lao People's Dem. Rep. – Rép. dém. populaire Lao	..	...	...	...	...	...			[4] 45.2		
Lebanon – Liban	..	...	...	...	...	...			[4] 26.9		
Macau – Macao [19]	...	_6 832_	_6 676_	_6 267_	_6 115_	_*5 876_	_19.4_	_17.9_	_16.1_	_15.2_	_*14.1_
Malaysia – Malaisie	C	507 889	524 349	536 931	529 080	*542 500	27.7	28.0	28.0	26.9	*27.0
Peninsular Malaysia [2,5] – Malaisie Péninsulaire	C	401 796	414 123	424 089	...	...	...	...	...	...	...
Maldives [5]	C	8 390	8 139	7 780	...	...	37.6	35.3	32.6	...	...
Mongolia – Mongolie	..	...	...	...	...	...			[4] 27.6		
Myanmar	..	...	...	...	...	...			[4] 32.5		
Nepal – Népal	..	...	...	...	...	...			[4] 39.2		
Oman	..	...	...	...	...	...			[4] 43.6		
Pakistan [5,20]	..	3 593 303	3 628 799	...	...	...	32.2	...	...	...	...
Philippines	U	_1 643 296_	_1 684 395_	...	...	...			[4] 30.4		
Qatar	C	...	10 459	10 822	10 561	...	...	19.6	19.4	17.8	...
Saudi Arabia – Arabie saoudite	..	...	...	...	...	...			[4] 35.1		
Singapore – Singapour [21]	C	49 114	49 402	50 225	49 554	*48 611	17.8	17.5	17.5	16.9	*16.3
Sri Lanka	+C	363 068	350 431	350 193	...	...	21.1	20.1	19.9	...	...
Syrian Arab Republic – République arabe syrienne [2,22]	U	_390 890_	_404 948_	_433 324_	_399 330_	...			[4] 41.1		
Tajikistan – Tadjikistan [5,11]	C	212 598	179 534	186 504	...	...	38.9	32.2	33.1	...	...
Thailand – Thaïlande [5]	+U	_960 556_	_964 557_	_957 832_	_960 248_	...			[4] 19.4		
Turkey – Turquie [18]	..	1 390 000	1 388 000	1 385 000	1 383 000	*1 381 000			[4] 27.3		
Turkmenistan–Turkménistan	..	...	...	...	...	...			[4] 31.9		
United Arab Emirates – Emirats arabes unis	...	...	...	...	_52 629_	...			[4] 23.2		
Uzbekistan – Ouzbékistan [11]	C	...	711 000	...	657 100	...	...	33.3	...	29.0	...
Viet Nam	..	...	...	...	...	...			[4] 30.7		
Yemen – Yémen	..	...	...	...	...	...			[4] 49.4		
EUROPE											
Albania – Albanie [5]	C	77 361	...	...	...	...	23.8	...	...	...	...
Andorra – Andorre [5]	...	_678_	_729_	_723_	_704_	...	_11.9_	_12.1_	_11.4_	_10.9_	...
Austria – Autriche	C	94 629	95 302	95 227	92 415	*87 760	12.1	12.1	11.9	11.5	*10.9
Belarus – Bélarus [5,11]	C	132 045	127 971	117 384	110 599	...	12.9	12.4	11.3	10.7	...
Belgium – Belgique	C	126 068	124 182	120 998	116 449	*115 638	12.6	12.3	12.0	11.6	*11.4

9. Live births and crude live-birth rates, by urban/rural residence: 1991 – 1995 (continued)

Naissances vivantes et taux bruts de natalité selon la résidence, urbaine/rurale: 1991 – 1995 (suite)

(See notes at end of table. – Voir notes à la fin du tableau.)

Continent, country or area and urban/rural residence — Continent, pays ou zone et résidence, urbaine/rurale	Code [1]	Number – Nombre 1991	1992	1993	1994	1995	Rate – Taux 1991	1992	1993	1994	1995
EUROPE (Cont.–Suite)											
Bosnia Herzegovina – Bosnie–Herzégovine	..	...	...	...	...	...			[4] 13.4		
Bulgaria – Bulgarie [5]	C	95 910	89 134	84 400	79 442	*68 397	10.7	10.4	10.0	9.4	*8.1
Channel Islands – Iles Anglo–Normandes	C	1 794	1 838	1 738	1 818	...	12.5	12.9	12.2	12.4	...
Guernsey – Guernesey	C	737	701	681	676	...	12.5	12.0	11.7	...	...
Jersey	+C	1 057	1 137	1 057	1 142	...	12.6	13.5	12.5	13.5	...
Croatia – Croatie [5]	C	51 829	46 970	48 535	48 584	...	10.8	9.8	10.2	10.2	...
Czech Republic – Rép. tchèque [5]	C	129 354	121 705	121 025	106 579	*96 097	12.5	11.8	11.7	10.3	*9.3
Denmark – Danemark [23]	C	64 358	67 726	67 369	69 668	*69 796	12.5	13.1	13.0	13.4	*13.3
Estonia – Estonie [5 11]	C	19 320	18 006	15 170	14 178	*13 527	12.3	11.7	10.0	9.5	*8.8
Faeroe Islands – Iles Féroé	C	865	...	...	...	...	18.3	...	...	...	...
Finland – Finlande [5 24]	C	65 680	66 877	64 826	65 231	*63 178	13.1	13.3	12.8	12.8	*12.4
France [5 25]	C	759 056	743 658	711 610	710 900	*729 000	13.3	13.0	12.3	12.3	*12.5
Germany – Allemagne	C	830 019	809 114	798 447	769 603	*759 528	10.4	10.0	9.8	9.5	*9.3
Gibraltar [26]	C	...	...	512	...	...	...	...	18.3	...	...
Greece – Grèce [5]	C	102 620	104 081	101 799	103 763	*103 000	10.0	10.1	9.8	10.0	*9.8
Hungary – Hongrie [5]	C	127 207	121 724	117 033	115 598	...	12.3	11.8	11.4	11.3	...
Iceland – Islande [5]	C	4 533	4 609	4 623	4 330	...	17.6	17.7	17.5	16.3	...
Ireland – Irlande [5 27]	+C	52 718	51 089	49 458	47 928	...	15.0	14.4	13.9	13.4	...
Isle of Man – Ile de Man	+C	892	858	853	883	...	12.8	12.2	12.1	12.4	...
Italy – Italie	C	562 787	567 841	549 484	527 406	...	9.9	10.0	9.6	9.2	...
Latvia – Lettonie [5 11]	C	34 633	31 569	26 759	24 256	*21 470	13.0	12.0	10.3	9.5	*8.5
Liechtenstein	...	...	...	...	*358*	...	...	...	...	*11.7*	...
Lithuania – Lituanie [5 11]	C	56 219	53 617	46 727	42 832	*41 180	15.0	14.3	12.5	11.5	*11.1
Luxembourg	C	4 986	5 149	5 353	5 451	*5 421	12.9	13.2	13.4	13.5	*13.4
Malta – Malte [28]	C	...	5 733	5 386	5 152	*4 116	...	15.9	14.8	14.0	*11.1
Netherlands – Pays–Bas [5 29]	C	198 665	196 734	195 748	195 611	*189 408	13.2	13.0	12.8	12.7	*12.3
Norway – Norvège	C	60 808	60 109	59 678	*59 200	*60 098	14.3	14.0	13.8	*13.7	*13.8
Poland – Pologne [5]	C	547 719	515 214	494 310	481 285	*443 000	14.3	13.4	12.9	12.5	*11.5
Portugal	C	116 415	115 018	114 030	105 843	*104 837	11.8	11.7	11.5	10.7	*9.7
Republic of Moldova – Rép. de Moldova [5 11]	C	72 020	69 654	...	62 177	...	16.5	16.0	...	14.3	...
Romania – Roumanie [5]	C	275 275	260 393	249 994	246 736	*236 640	11.9	11.4	11.0	10.9	*10.4
Russian Federation [5 11] – Fédération de Russie	C	1 794 626	1 587 644	1 378 983	1 408 159	*1 378 200	12.1	10.7	9.3	9.5	*9.3
San Marino – Saint–Marin [5]	+C	...	237	244	268	*244	...	9.9	10.0	10.8	*9.8
Slovakia – Slovaquie [5]	C	78 569	74 640	73 256	66 370	*61 427	14.9	14.1	13.8	12.4	*11.5
Slovenia – Slovénie [5]	C	21 583	19 982	19 793	19 463	*19 134	10.8	10.0	9.9	9.8	*9.6
Spain – Espagne	C	395 989	396 747	385 786	361 297	*357 197	10.1	10.2	9.9	9.2	*9.1
Sweden – Suède	C	123 737	122 848	117 998	112 257	*103 326	14.4	14.2	13.5	12.8	*11.7
Switzerland – Suisse [5]	C	86 200	86 910	83 762	82 980	*81 379	12.7	12.6	12.1	11.9	*11.6
The former Yugoslav Rep. of Macedonia [5] – L'ex Rép. yougoslavie de Macédoine	C	34 830	33 238	32 551	...	...	17.1	16.2	15.4	...	...
Ukraine [5 11]	C	630 813	596 785	557 467	521 545	...	12.1	11.4	10.7	10.0	...
United Kingdom–Royaume–Uni [30]	C	792 506	781 017	761 713	750 671	...	13.7	13.5	13.1	12.9	...
Yugoslavia – Yougoslavie [5]	C	152 250	140 819	140 985	137 629	*139 460	14.6	13.5	13.4	13.1	*13.2
OCEANIA—OCEANIE											
American Samoa – Samoa américaines	C	1 817	1 856	1 998	...	...	37.1	36.5	37.8	...	...
Australia – Australie	+C	257 247	264 151	260 229	258 051	...	14.9	15.1	14.7	14.5	...
Fiji – Fidji	+C	18 847	18 786	...	19 358	...	25.4	25.2	...	24.7	...
French Polynesia – Polynésie française	...	5 391	5 310	5 280	5 055	...			[4] 26.9		
Guam [5 31]	C	3 921	4 214	...	...	*4 190	28.8	30.2	...	...	*28.1
Marshall Islands – Iles Marshall	C	...	...	...	1 341	...	...	...	...	24.8	...
Nauru	C	...	...	...	...	*203	...	...	...	...	*18.8
New Caledonia – Nouvelle–Calédonie	U	*4 501*	*4 405*	*4 337*	*4 267*	...			[4] 22.8		
New Zealand – Nouvelle–Zélande [5]	+C	60 001	59 266	58 867	57 439	*57 795	17.6	17.2	17.1	16.4	*16.3
Norfolk Island – Ile Norfolk	C	...	...	...	...	*20	...	...	...	...	...
Papua New Guinea – Papouasie–Nouvelle–Guinée	..	...	...	...	...	...			[4] 33.4		

9. Live births and crude live-birth rates, by urban/rural residence: 1991 – 1995 (continued)

Naissances vivantes et taux bruts de natalité selon la résidence, urbaine/rurale: 1991 – 1995 (suite)

(See notes at end of table. – Voir notes à la fin du tableau.)

Continent, country or area and urban/rural residence — Continent, pays ou zone et résidence, urbaine/rurale	Code [1]	Number – Nombre					Rate – Taux				
		1991	1992	1993	1994	1995	1991	1992	1993	1994	1995
OCEANIA—OCEANIE(Cont.–Suite)											
Samoa	U	...	*1 476*	...	*3 144*	...			[4] 37.2		
Solomon Islands – Iles Salomon	..	...	...	...	...	...			[4] 37.5		
Tonga	...	*2 403*	...	...	...	...	*24.7*	...	...	...	...
Tuvalu	...	*269*	...	...	...	...	*29.9*	...	...	...	...
Vanuatu	..	...	...	...	...	...			[4] 35.2		

9. Live births and crude live-birth rates, by urban/rural residence: 1991 – 1995 (continued)

Naissances vivantes et taux bruts de natalité selon la résidence, urbaine/rurale: 1991 – 1995 (suite)

Data by urban/rural residence

Données selon la résidence urbaine/rurale

(See notes at end of table. – Voir notes à la fin du tableau.)

Continent, country or area and urban/rural residence — Continent, pays ou zone et résidence, urbaine/rurale	Code [1]	Number – Nombre 1991	1992	1993	1994	1995	Rate – Taux 1991	1992	1993	1994	1995
AFRICA—AFRIQUE											
Egypt – Egypte	C										
Urban – Urbaine		613 333	579 388	...	...	...	26.0	24.1	...	...	...
Rural – Rurale		1 023 218	917 478	...	...	...	33.1	28.9	...	...	...
Mauritius – Maurice	C										
Urban – Urbaine		9 718	9 879	9 391	9 196	...	20.7	20.8	19.6	18.9	...
Rural – Rurale		12 479	13 023	12 938	12 599	...	20.8	21.4	20.9	20.1	...
Island of Mauritius – Ile Maurice	C										
Urban – Urbaine		9 718	9 879	9 391	9 196	...	20.7	20.8	19.6	18.9	...
Rural – Rurale		11 718	12 291	12 276	11 854	...	20.7	21.4	21.0	20.0	...
Morocco – Maroc	...										
Urban – Urbaine		*201 486*	...	...	...	...	*16.4*	...	...	...	...
Rural – Rurale		*360 700*	...	...	...	...	*28.4*	...	...	...	...
Tunisia – Tunisie	C										
Urban – Urbaine		171 054	175 166	171 419	170 556	...	...	...	...	...	...
Rural – Rurale		36 401	36 483	36 367	29 667	...	...	...	...	...	...
Zimbabwe	..										
Urban – Urbaine		...	[6] 107 597	...	...	...	...	...	...	...	...
Rural – Rurale		...	[6] 251 689	...	...	...	...	...	...	...	...
AMERICA,NORTH— AMERIQUE DU NORD											
Costa Rica	C										
Urban – Urbaine		32 032	...	...	...	...	25.2	...	...	...	...
Rural – Rurale		49 078	...	...	...	...	30.7	...	...	...	...
Cuba	C										
Urban – Urbaine		123 457	...	...	...	...	15.5	...	...	...	...
Rural – Rurale		50 439	...	...	...	...	18.1	...	...	...	...
El Salvador	U										
Urban – Urbaine		*75 895*	*75 262*	...	...	...	*31.1*	*29.1*	...	...	...
Rural – Rurale		*75 315*	*78 752*	...	...	...	*20.8*	*31.0*	...	...	...
Guatemala	C										
Urban – Urbaine		141 199	132 342	137 728	...	...	39.1	35.5	...	...	...
Rural – Rurale		218 705	231 306	232 410	...	...	37.4	38.5	...	...	...
Mexico – Mexique [32]	+U										
Urban – Urbaine		*1 668 571*	*1 812 646*	*1 838 659*	*1 848 168*	...	...	...	...	...	...
Rural – Rurale		*950 808*	*860 134*	*863 744*	*880 099*	...	...	...	...	...	...
Panama	C										
Urban – Urbaine		26 503	29 531	29 052	...	...	20.1	21.9	21.0	...	...
Rural – Rurale		33 577	30 374	30 139	...	...	29.9	26.7	26.1	...	...
Puerto Rico – Porto Rico [32]	C										
Urban – Urbaine		31 698	31 629	...	31 845	...	...	...	...	...	...
Rural – Rurale		32 746	32 812	...	32 440	...	...	...	...	...	...
St. Vincent and the Grenadines – Saint-Vincent-et-Grenadines	C										
Urban – Urbaine		...	2 267	...	...	...	...	...	...	...	...
Rural – Rurale		...	419	...	...	...	...	...	...	...	...
AMERICA,SOUTH— AMERIQUE DU SUD											
Chile – Chili	C										
Urban – Urbaine		259 234	255 331	253 255	249 326	...	23.3	22.5	21.9	21.2	...
Rural – Rurale		40 222	38 456	37 183	38 849	...	18.2	17.4	16.8	17.6	...
Ecuador – Equateur [9]	U										
Urban – Urbaine		...	*121 721*	*128 713*	...	...	...	*19.9*	*19.8*	...	...
Rural – Rurale		...	*76 747*	*70 009*	...	...	...	*16.6*	*15.1*	...	...
Falkland Islands (Malvinas)– Iles Falkland (Malvinas)	+C										
Urban – Urbaine		16	22	...	...	...	♦ 10.3	...	...	...	...
Rural – Rurale		10	5	...	...	...	♦ 20.3	...	...	...	...
Peru – Pérou [8 10]	..										
Urban – Urbaine		404 029	410 654	415 872	...	...	25.9	25.6	26.9	...	...
Rural – Rurale		250 207	248 230	245 189	...	...	39.0	38.5	37.2	...	...

9. Live births and crude live-birth rates, by urban/rural residence: 1991 – 1995 (continued)

Naissances vivantes et taux bruts de natalité selon la résidence, urbaine/rurale: 1991 – 1995 (suite)

Data by urban/rural residence

Données selon la résidence urbaine/rurale

(See notes at end of table. – Voir notes à la fin du tableau.)

Continent, country or area and urban/rural residence — Continent, pays ou zone et résidence, urbaine/rurale	Code [1]	Number – Nombre 1991	1992	1993	1994	1995	Rate – Taux 1991	1992	1993	1994	1995
AMERICA,SOUTH— (Cont.–Suite) AMERIQUE DU SUD											
Suriname	C										
Urban – Urbaine		5 105	...	...	...	...	...	...	...	...	...
Rural – Rurale		3 999	...	...	...	...	...	...	...	...	...
ASIA—ASIE											
Armenia – Arménie [11]	C										
Urban – Urbaine		48 439	43 972	...	29 975	...	19.4	17.4	...	...	...
Rural – Rurale		29 386	26 609	...	21 168	...	26.4	22.9	...	...	...
Brunei Darussalam – Brunéi Darussalam	+C										
Urban – Urbaine		6 759	7 001	...	...	...	39.0	...	...	...	...
Rural – Rurale		347	289	...	...	...	4.0	...	...	...	...
Cyprus – Chypre [12]	C										
Urban – Urbaine		...	...	6 789	6 701	...	...	...	...	...	...
Rural – Rurale		...	...	3 625	3 521	...	...	...	...	...	...
India – Inde [14]	..										
Urban – Urbaine		...	...	...	...	...	24.3	...	...	...	...
Rural – Rurale		...	...	...	...	...	30.9	...	...	...	...
Israel – Israël [15]	C										
Urban – Urbaine		94 260	97 502	99 347	101 265	...	21.2	21.2	21.0	20.9	...
Rural – Rurale		11 465	12 560	12 976	13 278	...	23.3	24.2	24.1	23.9	...
Japan – Japon [16]	C										
Urban – Urbaine		966 086	959 266	945 772	988 035	...	...	...	...	...	...
Rural – Rurale		257 159	249 374	242 227	249 997	...	...	...	...	...	...
Kazakstan [11]	C										
Urban – Urbaine		173 312	162 391	145 909	...	...	17.9	16.8	15.2	...	...
Rural – Rurale		180 789	176 084	170 354	...	...	25.3	24.4	23.3	...	...
Korea, Dem. People's Rep. of – Corée, rép. populaire dém. de	...										
Urban – Urbaine		...	...	*230 111*	...	...	...	...	*18.4*	...	...
Rural – Rurale		...	...	*190 465*	...	...	...	...	*23.7*	...	...
Korea, Republic of– Corée, Rép. de [18]	..										
Urban – Urbaine		581 993	605 034	590 370	589 901	...	...	...	...	...	...
Rural – Rurale		124 717	121 959	120 759	120 163	...	...	...	...	...	...
Kyrgyzstan – Kirghizistan [11]	C										
Urban – Urbaine		37 616	35 599	31 070	29 327	...	22.2	21.1	19.0	18.5	...
Rural – Rurale		91 920	92 753	85 725	80 786	...	33.3	33.1	30.1	27.9	...
Malaysia – Malaisie											
Peninsular Malaysia [2] – Malaisie Péninsulaire	C										
Urban – Urbaine		152 081	217 140	233 486	...	...	...	...	...	...	...
Rural – Rurale		249 715	196 983	190 603	...	...	...	...	...	...	...
Maldives	C										
Urban – Urbaine		1 353	1 357	1 404	...	...	...	...	...	...	...
Rural – Rurale		7 037	6 782	6 376	...	...	...	...	...	...	...
Pakistan [20]	..										
Urban – Urbaine		996 167	969 020	...	...	...	...	...	...	...	...
Rural – Rurale		2 597 136	2 659 778	...	...	...	...	...	...	...	...
Tajikistan – Tadjikistan [11]	C										
Urban – Urbaine		50 413	42 652	40 288	...	...	29.8	25.5	24.5	...	...
Rural – Rurale		162 185	136 882	146 216	...	...	43.0	35.1	36.6	...	...
Thailand – Thaïlande	+U										
Urban – Urbaine		*276 739*	*293 998*	...	*305 296*	...	...	...	...	...	...
Rural – Rurale		*683 817*	*670 559*	...	*654 952*	...	...	...	...	...	...
EUROPE											
Albania – Albanie	C										
Urban – Urbaine		22 550	...	...	...	...	18.9	...	...	...	...
Rural – Rurale		54 811	...	...	...	...	26.6	...	...	...	...
Andorra – Andorre	...										
Urban – Urbaine		*643*	...	...	...	...	...	...	...	...	...
Rural – Rurale		*31*	...	...	...	...	...	...	...	...	...

Data by urban/rural residence

Données selon la résidence urbaine/rurale

(See notes at end of table. – Voir notes à la fin du tableau.)

Continent, country or area and urban/rural residence — Continent, pays ou zone et résidence, urbaine/rurale	Code [1]	Number – Nombre 1991	1992	1993	1994	1995	Rate – Taux 1991	1992	1993	1994	1995
EUROPE (Cont.–Suite)											
Belarus – Bélarus [11]	C										
Urban – Urbaine		94 232	90 272	81 442	76 291	...	13.6	12.9	11.6	...	...
Rural – Rurale		37 813	37 699	35 942	34 308	...	11.3	11.3	10.9	...	...
Bulgaria – Bulgarie	C										
Urban – Urbaine		...	60 715	58 059	55 398	...	...	10.6	10.2	...	...
Rural – Rurale		...	28 419	26 341	24 044	...	...	10.1	9.5	...	...
Croatia – Croatie	C										
Urban – Urbaine		31 739	30 453	28 746	29 097	...	12.2	...	...	...	...
Rural – Rurale		20 090	16 517	19 789	19 487	...	9.2	...	...	...	...
Czech Republic – Rép. tchèque	C										
Urban – Urbaine		97 479	90 453	89 285	78 377	...	12.6	11.7	11.6	...	...
Rural – Rurale		31 875	31 252	31 740	28 202	...	12.5	12.0	12.2	...	...
Estonia – Estonie [11]	C										
Urban – Urbaine		12 658	11 473	9 557	8 847	...	11.3	10.5	8.9	...	...
Rural – Rurale		6 662	6 475	5 580	5 276	...	14.8	14.4	12.4	...	...
Finland – Finlande [24]	C										
Urban – Urbaine		...	...	...	43 112	...	...	...	...	13.2	...
Rural – Rurale		...	...	...	22 119	...	...	...	...	12.1	...
France [25 33]	C										
Urban – Urbaine		596 510	584 556	560 206	...	...	...	13.8	...	...	...
Rural – Rurale		160 893	157 559	149 977	...	...	...	10.5	...	...	...
Greece – Grèce	C										
Urban – Urbaine		67 827	69 061	67 602	69 495	...	11.2	...	...	...	...
Rural – Rurale		34 793	35 020	34 197	34 268	...	8.2	...	...	...	...
Hungary – Hongrie	C										
Urban – Urbaine		75 852	73 224	70 431	69 102	...	11.5	11.1	10.7	10.6	...
Rural – Rurale		50 918	48 062	46 253	46 070	...	13.5	12.8	12.4	12.2	...
Iceland – Islande	C										
Urban – Urbaine		4 142	4 269	4 274	...	...	17.7	17.9	17.7	...	...
Rural – Rurale		391	340	349	...	...	16.6	14.7	15.2	...	...
Ireland – Irlande [27]	+C										
Urban – Urbaine		24 459	23 887	24 705	...	...	12.2	...	...	...	...
Rural – Rurale		28 225	27 670	24 751	...	...	18.6	...	...	...	...
Latvia – Lettonie [11]	C										
Urban – Urbaine		21 782	19 395	15 814	14 746	...	11.8	10.7	8.9	8.4	...
Rural – Rurale		12 851	12 174	10 945	9 510	...	15.7	14.9	13.6	12.1	...
Lithuania – Lituanie [11]	C										
Urban – Urbaine		37 485	34 920	30 181	27 589	*26 600	14.6	13.6	11.9	10.9	*10.5
Rural – Rurale		18 734	18 697	16 546	15 243	*14 580	15.9	15.8	13.9	12.8	*12.2
Netherlands – Pays-Bas [29 34]	C										
Urban – Urbaine		99 014	97 993	116 910	117 316	...	12.9	12.7	12.6	12.6	...
Rural – Rurale		23 542	23 318	78 832	78 295	...	14.2	14.0	13.1	12.9	...
Semi–urban–Semi–urbaine		76 103	75 420	...	...	...	13.3	13.0	...	...	...
Poland – Pologne	C										
Urban – Urbaine		289 328	271 692	262 663	258 023	...	12.4	11.4	11.1	10.9	...
Rural – Rurale		258 391	243 522	231 647	223 262	...	17.3	16.4	15.7	15.0	...
Republic of Moldova – République de Moldova [11]	C										
Urban – Urbaine		31 603	28 970	...	...	...	15.3	14.2	...	...	...
Rural – Rurale		40 417	40 684	...	...	...	17.6	17.6	...	...	...
Romania – Roumanie	C										
Urban – Urbaine		135 417	124 016	117 298	114 422	...	10.8	10.0	9.5	9.2	...
Rural – Rurale		139 858	136 377	132 696	132 314	...	13.2	13.1	12.8	12.8	...
Russian Federation [11] – Fédération de Russie	C										
Urban – Urbaine		1 230 516	1 068 304	930 530	960 413	...	11.3	9.8	8.6	8.9	...
Rural – Rurale		564 110	519 340	448 453	447 746	...	14.5	13.2	12.5	11.2	...
San Marino – Saint–Marin	+C										
Urban – Urbaine		...	214	218	243	*218	...	9.9	9.9	10.8	...
Rural – Rurale		...	23	26	25	*26	...	♦ 10.1	♦ 11.2	♦ 10.5	...
Slovakia – Slovaquie	C										
Urban – Urbaine		44 072	40 952	39 707	35 510	...	14.5	13.5	13.1	11.7	...
Rural – Rurale		34 497	33 688	33 549	30 860	...	15.4	14.8	14.7	13.4	...
Slovenia – Slovénie	C										
Urban – Urbaine		10 268	9 268	9 068	9 031	...	10.2	9.2	9.0	9.0	...
Rural – Rurale		11 315	10 714	10 725	10 432	...	11.4	10.9	10.9	10.5	...
Switzerland – Suisse	C										
Urban – Urbaine		55 674	55 872	54 123	53 545	...	12.0	11.9	11.5	11.3	...
Rural – Rurale		30 526	31 038	29 639	29 435	...	14.2	14.2	13.3	13.1	...

9. Live births and crude live-birth rates, by urban/rural residence: 1991 – 1995 (continued)

Naissances vivantes et taux bruts de natalité selon la résidence, urbaine/rurale: 1991 – 1995 (suite)

Data by urban/rural residence

Données selon la résidence urbaine/rurale

(See notes at end of table. – Voir notes à la fin du tableau.)

Continent, country or area and urban/rural residence — Continent, pays ou zone et résidence, urbaine/rurale	Code [1]	Number – Nombre					Rate – Taux				
		1991	1992	1993	1994	1995	1991	1992	1993	1994	1995
EUROPE (Cont.–Suite)											
The former Yugoslav Rep. of Macedonia – L'ex Rép. yougoslavie de Macédoine	C										
Urban – Urbaine		18 869	17 785	...	...	...	16.0	...	...	...	...
Rural – Rurale		15 961	15 453	...	...	...	18.7	...	...	...	...
Ukraine [11]	C										
Urban – Urbaine		419 205	387 696	356 833	328 522	...	11.9	...	10.1	...	...
Rural – Rurale		211 608	209 089	200 634	193 023	...	12.6	...	12.0	...	...
Yugoslavia – Yougoslavie	C										
Urban – Urbaine		...	72 965	72 979	71 355	...	...	...	...	...	...
Rural – Rurale		...	67 854	68 006	66 274	...	...	...	...	...	...
OCEANIA—OCEANIE											
Guam [31]	C										
Urban – Urbaine		3 340	3 438	...	...	...	64.3	64.7	...	...	...
Rural – Rurale		581	776	...	...	...	6.9	9.0	...	...	...
New Zealand – Nouvelle–Zélande	+C										
Urban – Urbaine		...	44 522	44 387	...	...	...	...	...	...	...
Rural – Rurale		...	14 744	14 480	...	...	...	...	...	...	...

GENERAL NOTES

For certain countries, there is a discrepancy between the total number of live births shown in this table and those shown in subsequent tables for the same year. Usually this discrepancy arises because the total number of births occurring in a given year is revised, although the remaining tabulations are not. Rates are the number of live births per 1 000 mid–year population. For definitions of "urban", see end of table 6. For method of evaluation and limitations of data, see Technical Notes, page 50.

Italics: data from civil registers which are incomplete or of unknown completeness.

FOOTNOTES

- * Provisional.
- ♦ Rates based on 30 or fewer live births.
- + Data tabulated by date of registration rather than occurrence.

1 Code "C" indicates that the data are estimated to be virtually complete (at least 90 per cent) and code "U" indicates that the data are estimated to be incomplete (less than 90 per cent). The code does not apply to estimated rates. For further details, see Technical Notes.

2 Excluding live–born infants dying before registration of birth.

3 For Algerian population only; however rates computed on total population.

4 Estimate for 1990–1995 prepared by the Population Division of the United Nations.

5 For classification by urban/rural residence, see end of table.

NOTES GENERALES

Pour quelques pays il y a une discordance entre le nombre total des naissances vivantes présenté dans ce tableau et ceux présentés après pour la même année. Habituellement ces différences apparaîssent lorsque le nombre total des naissances pour une certaine année a été révisé; alors que les autres tabulations ne l'ont pas été. Les taux représentent le nombre de naissances vivantes pour 1 000 personnes au milieu de l'année. Pour les définitions des "régions urbaines", se reporter à la fin du tableau 6. Pour la méthode d'évaluation et les insuffisances des données, voir Notes techniques, page 50.

Italiques: données incomplètes ou dont le degré d'exactitude n'est pas connu, provenant des registres de l'état civil.

NOTES

- * Données provisoires.
- ♦ Taux basés sur 30 naissances vivantes ou moins.
- + Données exploitées selon la date de l'enregistrement et non la date de l'événement.

1 Le code "C" indique que les données sont jugées pratiquement complètes (au moins 90 p. 100) et le code "U" que les données sont jugées incomplètes (moins de 90 p. 100). Le code ne s'applique pas aux taux estimatifs. Pour plus de détails, voir Notes techniques.

2 Non compris les enfants nés vivants, décédés avant l'enregistrement de leur naissance.

3 Pour la population algérienne seulement; toutefois, les taux sont calculés sur la base de la population totale.

4 Estimations pour 1990–1995 établie par la Division de la population de l'Organisation des Nations Unies.

5 Pour le classement selon la résidence, urbaine/rurale voir la fin du tableau.

FOOTNOTES (continued)

6 Based on the results of the population census.
7 Including Canadian residents temporarilu in the United States, but excluding United States residents temporarily in Canada.
8 Excluding Indian jungle population.
9 Excluding nomadic Indian tribes.
10 Including and upward adjustment for under–registration.
11 Excluding infants born alive after less than 28 weeks' gestation, of less than 1 000 grammes in weight and 35 centimetres in length, who die within seven days of birth.
12 For government controlled areas.
13 Excluding Vietnamese refugees.
14 Based on Sample Registration Scheme.
15 Including data for East Jerusalem and Israeli residents in certain other territories under occupation by Israeli military forces since June 1967.
16 For Japanese nationals in Japan only; however, rates computed on total population.
17 Excluding data for Jordanian territory under occupation since June 1967 by Israeli military forces. Excluding foreigners, including registered Palestionian refugees. For number of refugees, see table 5.
18 Based on the results of the Continuous Demographic Sample Survey.
19 Events registered by Health Service only.
20 Based on the results of the Population Growth Survey.
21 Excluding transients afloat and non–locally domiciled military and civilian services personnel and their dependants.
22 Excluding nomads and Palestinian refugees; however, rates computed on total population. For number of Palestinian refugees among whom births numbered 5 681 in 1968, see table 5.
23 Excluding Faeroe Islands and Greenland.
24 Including nationals temporarily outside the country.
25 Including armed forces stationed outside the country.
26 Rates computed on population excluding armed forces.
27 Births registered within one year of occurrence.
28 Rates computed on population including civilian nationals temporarily outside country.
29 Including residents outside the country if listed in a Netherlands population register.
30 Data tabulated by date of occurrence for England and Wales, and by date of registration for Northern Ireland and Scotland.
31 Including United States military personnel, their dependants and contract employees.
32 Excluding births of unknown residence.
33 Excluding nationals outside the country.
34 Excluding persons on the Central Register of Population (containing persons belonging to the Netherlands population but having no fixed municipality of residence).

NOTES (suite)

6 D'après les résultats du recensement de la population.
7 Y compris les résidents canadiens se trouvant temporairement aux Etats–Unis, mais non compris les résidents des Etats–Unis se trouvant temporairement au Canada.
8 Non compris les Indiens de la jungle.
9 Non compris les tribus d'Indiens nomades.
10 Y compris un ajustement pour sous–enregistrement.
11 Non compris les enfants nés vivants après moins de 28 semaines de gestation, pesant moins de 1 000 grammes, mesurant moins de 35 centimètres et décédés dans les sept jours qui ont suivi leur naissance.
12 Pour les zones controlées par le Gouvernement.
13 Non compris les refugées du Viet Nam.
14 D'après le Programe d'enregistrement par sondage.
15 Y compris les données pour Jérusalem–Est et les résidents israéliens dans certains autres territoires occupés depuis juin 1967 par les forces armées israéliennes.
16 Pour les nationaux japonais au Japon seulement; toutefois, les taux sont calculés sur la base de la population totale.
17 Non compris les données pour le territoire jordanien occupé depuis juin 1967 par les forces armées israéliennes. Non compris les étrangers, mais y compris les réfugiés de Palestine immatriculés. Pour le nombre de réfugiés, voir le tableau 5.
18 D'après les résultats d'une enquête démographique par sondage continue.
19 Evénement enregistrés par les Service de santé seulement.
20 D'après les résultats de la "Population Growth Survey".
21 Non compris les personnes de passage à bord de navires, ni les militaires et agents civils domiciliés hors du territoire et les membres de leur famille les accompagnant.
22 Non compris la population nomade et le réfugiés de Palestine; toutefois, les taux sont calculés sur la base de la population totale. Pour le nombre de réfugiés de Palestine, parmi lesquel les naissances s'établissent à 5 681 pour 1968, voir le tableau 5.
23 Non compris les îles Féroe et le Groenland.
24 Y compris les nationaux se trouvant temporairement hors du pays.
25 Y compris les militaires nationaux hors du pays.
26 Taux calculés sur la base d'un chiffre de population qui ne comprend pas les militaires.
27 Naissances enregistrées dans l'année qui suit l'événement.
28 Taux calculés sur la base d'un chiffre de population qui comprend les civils nationaux temporairement hors du pays.
29 Y compris les résidents hors du pays, s'ils sont inscrits sur un registre de population néerlandais.
30 Données exploitées selon la date de l'événement pour l'Angleterre et le pays de Galles, et selon la date de l'enregistrement pour l'Irlande du Nord et l'Ecosse.
31 Y compris les militaires des Etats–Unis, les membres de leur famille les accompagnant et les agents contractuels des Etats–Unis.
32 Non compris les naissances dont on ignore la résidence.
33 Non compris les nationaux hors du pays.
34 Non compris les personnes inscrites sur le Registre central de la population (personnes appartenant à la population néerlandaise mais sans résidence fixe dans l'une des municipalités).

10. Live births by age of mother, sex and urban/rural residence: latest available year

Naissances vivantes selon l'âge de la mère, le sexe et la résidence, urbaine/rurale: dernière année disponible

(See notes at end of table. – Voir notes à la fin du tableau.)

Continent, country or area, year, sex and urban/rural residence — Continent, pays ou zone, année, sexe et résidence, urbaine/rurale	Age of mother (in years) – Age de la mère (en années): All ages Tous âges	–15	15–19	20–24	25–29	30–34	35–39	40–44	45–49	50+	Unknown Inconnu
AFRICA—AFRIQUE											
Algeria – Algérie											
1986 [1,2]											
Total	766 186	*— 1 825 —*		42 798	165 846	216 071	138 869	80 690	54 774	60 577	4 736
Cape Verde – Cap-Vert											
1990											
Total	9 669	*— 1 422 —*		2 753	2 509	1 607	968	218	*— 59 —*		133
Male – Masculin	5 017	*— 758 —*		1 350	1 303	890	524	111	*— 26 —*		55
Female – Féminin	4 652	*— 664 —*		1 403	1 206	717	444	107	*— 33 —*		78
Egypt – Egypte											
1992 [3]											
Total	1 496 866	*— 34 092 —*		337 764	490 957	302 708	174 048	48 275	*— 14 429 —*		94 593
Male – Masculin	781 649	*— 17 723 —*		175 844	256 328	158 084	91 005	25 321	*— 7 673 —*		49 671
Female – Féminin	715 217	*— 16 369 —*		161 920	234 629	144 624	83 043	22 954	*— 6 756 —*		44 922
Mali											
1987 [3,4]											
Total	375 117	1 356	57 010	91 355	91 909	61 980	40 705	16 212	5 042	844	8 704
Male – Masculin	192 293	717	28 893	47 050	46 898	31 924	20 840	8 259	2 618	427	4 667
Female – Féminin	182 824	639	28 117	44 305	45 011	30 056	19 865	7 953	2 424	417	4 037
Mauritius – Maurice											
1994											
Total	21 704	41	2 287	6 536	6 525	4 228	1 606	373	16	3	89
Male – Masculin	11 058	23	1 167	3 325	3 322	2 142	834	195	4	3	43
Female – Féminin	10 646	18	1 120	3 211	3 203	2 086	772	178	12	–	46
Island of Mauritius – Ile Maurice											
1994											
Total	20 967	35	2 172	6 330	6 355	4 096	1 531	350	13	–	85
Male – Masculin	10 686	20	1 110	3 217	3 242	2 073	799	182	2	–	41
Female – Féminin	10 281	15	1 062	3 113	3 113	2 023	732	168	11	–	44
Rodrigues											
1994											
Total	737	6	115	206	170	132	75	23	3	3	4
Male – Masculin	372	3	57	108	80	69	35	13	2	3	2
Female – Féminin	365	3	58	98	90	63	40	10	1	–	2
Morocco – Maroc											
1991 [3]											
Total	*562 186*	–	*34 742*	*120 712*	*150 749*	*128 936*	*78 171*	*33 024*	*13 435*	–	*2 417*
Male – Masculin	*288 788*	–	*17 861*	*62 254*	*77 507*	*66 205*	*39 948*	*16 969*	*6 840*	–	*1 204*
Female – Féminin	*273 398*	–	*16 881*	*58 458*	*73 242*	*62 731*	*38 223*	*16 055*	*6 595*	–	*1 213*
Réunion											
1989 [2,5]											
Total	13 898	9	1 375	4 183	4 268	2 505	1 243	273	*— 21 —*		21
Seychelles											
1993+											
Total	1 689	3	271	522	473	275	126	16	*— 3 —*		–
Male – Masculin	860	2	157	254	246	137	56	7	*— 1 —*		–
Female – Féminin	829	1	114	268	227	138	70	9	*— 2 —*		–
Tunisia – Tunisie											
1992											
Total	211 649	–	7 015	40 175	61 293	43 406	24 645	6 841	*— 1 012 —*		27 262
1989 [3]											
Male – Masculin	103 501	–	3 235	22 949	28 898	21 167	11 122	2 926	567	–	12 637
Female – Féminin	95 958	–	3 030	20 677	26 836	19 904	10 490	2 788	569	–	11 664
Zimbabwe											
1992 [3,4]											
Total	359 286	400	51 532	113 965	77 393	58 693	37 559	15 224	*— 4 520 —*		–
Male – Masculin	181 007	196	25 946	57 541	38 894	29 648	18 926	7 568	*— 2 288 —*		–
Female – Féminin	178 279	204	25 586	56 424	38 499	29 045	18 633	7 656	*— 2 232 —*		–

10. Live births by age of mother, sex and urban/rural residence: latest available year (continued)

Naissances vivantes selon l'âge de la mère, le sexe et la résidence, urbaine/rurale: dernière année disponible (suite)

(See notes at end of table. – Voir notes à la fin du tableau.)

Continent, country or area, year, sex and urban/rural residence — Continent, pays ou zone, année, sexe et résidence, urbaine/rurale	Age of mother (in years) – Age de la mère (en années): All ages / Tous âges	–15	15–19	20–24	25–29	30–34	35–39	40–44	45–49	50+	Unknown / Inconnu
AMERICA,NORTH— AMERIQUE DU NORD											
Antigua and Barbuda – Antigua-et-Barbuda											
1986+											
Total	1 130	8	237	366	296	155	58	7	*—	– —*	3
Bahamas											
1992											
Total	4 870	5	721	1 356	1 375	944	377	70	10	1	11
1989											
Male – Masculin	2 506	5	369	757	734	420	174	28	6	–	13
Female – Féminin	2 465	5	396	711	715	438	150	31	1	–	18
Barbados – Barbade											
1988+											
Total	3 745	9	520	1 103	1 116	713	248	*———	32	———*	4
Belize											
1993											
Total	*5 112*	*16*	*943*	*1 654*	*1 110*	*720*	*301*	*115*	*—	*7* —*	*246*
Bermuda – Bermudes											
1991											
Total	901	–	71	172	304	231	93	14	1	–	15
1990											
Male – Masculin	460	–	37	91	143	136	42	8	–	–	3
Female – Féminin	435	–	41	81	131	131	44	6	–	–	1
British Virgin Islands – Iles Vierges britanniques											
1988+											
Total	237	–	30	62	74	48	*—	15 —*	*—	8 —*	–
Canada											
1992 [6]											
Total	398 642	263	23 985	77 691	145 478	111 291	34 953	4 538	106	3	334
Male – Masculin	204 378	138	12 318	39 518	74 907	57 081	17 930	2 257	53	1	175
Female – Féminin	194 264	125	11 667	38 173	70 571	54 210	17 023	2 281	53	2	159
Cayman Islands – Iles Caïmanes											
1994+											
Total	531	2	62	136	139	142	37	13	–	–	–
Male – Masculin	246	1	31	69	55	64	20	6	–	–	–
Female – Féminin	285	1	31	67	84	78	17	7	–	–	–
Costa Rica											
1991*											
Total	81 100	431	12 708	23 674	21 249	13 764	6 718	1 816	*—	151 —*	589
Cuba											
1991 [3]											
Total	173 896	3 283	32 963	59 619	50 849	19 774	6 273	977	94	40	24
Male – Masculin	90 483	1 716	17 147	31 212	26 259	10 246	3 282	531	49	24	17
Female – Féminin	83 413	1 567	15 816	28 407	24 590	9 528	2 991	446	45	16	7
Dominica – Dominique											
1989+											
Total	1 657	9	417	541	331	253	92	12	2	–	–
Male – Masculin	848	8	227	274	164	127	43	5	–	–	–
Female – Féminin	809	1	190	267	167	126	49	7	2	–	–
El Salvador											
1992 [3]											
Total	*154 014*	*981*	*30 136*	*47 646*	*33 523*	*19 235*	*10 174*	*3 872*	*755*	*210*	*7 482*
Male – Masculin	*77 086*	*496*	*15 202*	*23 838*	*16 739*	*9 630*	*4 970*	*1 968*	*372*	*103*	*3 768*
Female – Féminin	*76 928*	*485*	*14 934*	*23 808*	*16 784*	*9 605*	*5 204*	*1 904*	*383*	*107*	*3 714*

10. Live births by age of mother, sex and urban/rural residence: latest available year (continued)

Naissances vivantes selon l'âge de la mère, le sexe et la résidence, urbaine/rurale: dernière année disponible (suite)

(See notes at end of table. – Voir notes à la fin du tableau.)

Continent, country or area, year, sex and urban/rural residence — Continent, pays ou zone, année, sexe et résidence, urbaine/rurale	Age of mother (in years) – Age de la mère (en années)										
	All ages Tous âges	–15	15–19	20–24	25–29	30–34	35–39	40–44	45–49	50+	Unknown Inconnu
AMERICA,NORTH— (Cont.–Suite) AMERIQUE DU NORD											
Greenland – Groenland											
1991											
Total	1 192	*—	139 —*	402	367	204	70	9	1	–	–
Male – Masculin	612	*—	72 —*	200	184	117	33	5	1	–	–
Female – Féminin	580	*—	67 —*	202	183	87	37	4	–	–	–
Guadeloupe											
1991 [2 5]											
Total	7 547	14	667	1 832	2 444	1 639	753	171	8	–	19
1986 [2 5]											
Male – Masculin	3 241	–	–	108	450	471	276	137	39	26	1 734
Female – Féminin	3 133	–	3	94	418	459	273	130	51	15	1 690
Guatemala											
1988 [3]											
Total	341 382	1 252	53 103	98 623	79 515	55 425	34 939	12 738	2 499	3 288	–
Male – Masculin	173 137	614	26 678	52 421	41 431	26 788	15 791	5 946	1 143	2 325	–
Female – Féminin	168 245	638	26 425	46 202	38 084	28 637	19 148	6 792	1 356	963	–
Jamaica – Jamaïque											
1987+											
Total	52 476	343	12 672	17 412	11 794	6 157	2 800	804	93	6	395
Martinique											
1992 [2 5]											
Total	6 305	15	430	1 486	2 029	1 495	675	143	8	–	24
Male – Masculin	3 190	8	221	746	1 022	769	339	70	5	–	10
Female – Féminin	3 115	7	209	740	1 007	726	336	73	3	–	14
Mexico – Mexique											
1994+ [3]											
Total	*2 904 389*	*12 719*	*449 200*	*876 590*	*689 062*	*423 436*	*202 740*	*63 456*	*10 734*	*3 845*	*172 607*
1993+ [7]											
Male – Masculin	*1 425 959*	*6 054*	*224 812*	*438 951*	*346 306*	*209 970*	*101 725*	*31 705*	*5 760*	*1 952*	*58 724*
Female – Féminin	*1 412 862*	*6 301*	*217 641*	*424 750*	*338 005*	*206 108*	*100 838*	*32 045*	*5 655*	*52 129*	*29 390*
Montserrat											
1986											
Total	200	1	50	64	43	28	9	3	–	–	2
Netherlands Antilles – Antilles néerlandaises											
1991*+											
Total	3 839	10	374	897	1 112	968	402	74	2	–	–
Nicaragua											
1987+											
Total	*98 240*	*187*	*18 729*	*31 825*	*22 889*	*13 298*	*7 868*	*2 529*	*396*	*87*	*432*
Male – Masculin	*50 309*	*91*	*9 598*	*16 275*	*11 640*	*6 852*	*4 009*	*1 403*	*187*	*41*	*213*
Female – Féminin	*47 931*	*96*	*9 131*	*15 550*	*11 249*	*6 446*	*3 859*	*1 126*	*209*	*46*	*219*
Panama											
1993 [3]											
Total	59 191	439	10 808	18 028	14 442	9 134	3 704	894	124	44	1 574
Male – Masculin	30 344	210	5 584	9 247	7 376	4 677	1 920	443	57	21	809
Female – Féminin	28 847	229	5 224	8 781	7 066	4 457	1 784	451	67	23	765
Puerto Rico – Porto Rico											
1994 [3]											
Total	64 325	444	12 335	20 469	16 796	9 735	3 796	693	30	1	26
Male – Masculin	33 202	201	6 354	10 606	8 769	4 956	1 926	359	18	1	12
Female – Féminin	31 123	243	5 981	9 863	8 027	4 779	1 870	334	12	–	14
Saint Kitts and Nevis – Saint–Kitts–et–Nevis											
1992+											
Total	842	5	161	219	224	164	60	9	*—	– —*	–

10. Live births by age of mother, sex and urban/rural residence: latest available year (continued)

Naissances vivantes selon l'âge de la mère, le sexe et la résidence, urbaine/rurale: dernière année disponible (suite)

(See notes at end of table. – Voir notes à la fin du tableau.)

Continent, country or area, year, sex and urban/rural residence — Continent, pays ou zone, année, sexe et résidence, urbaine/rurale	Age of mother (in years) – Age de la mère (en années) All ages Tous âges	–15	15–19	20–24	25–29	30–34	35–39	40–44	45–49	50+	Unknown Inconnu
AMERICA,NORTH— (Cont.–Suite) AMERIQUE DU NORD											
Saint Lucia – Sainte-Lucie											
1986											
Total	3 907	12	958	1 309	881	434	240	71	*—	2 —*	–
Male – Masculin	1 953	10	482	630	458	208	128	35	*—	2 —*	–
Female – Féminin	1 954	2	476	679	423	226	112	36	*—	– —*	–
St. Vincent and the Grenadines – Saint-Vincent-et-Grenadines											
1992+ [3]											
Total	2 686	26	566	792	677	381	177	48	*—	4 —*	15
Male – Masculin	1 334	11	280	409	329	187	87	21	*—	4 —*	6
Female – Féminin	1 352	15	286	383	348	194	90	27	*—	– —*	9
Trinidad and Tobago – Trinité-et-Tobago											
1993											
Total	21 094	46	2 931	6 002	5 499	4 214	1 818	402	42	1	139
Male – Masculin	10 687	24	1 498	3 109	2 741	2 096	916	212	24	–	67
Female – Féminin	10 407	22	1 433	2 893	2 758	2 118	902	190	18	1	72
United States – Etats-Unis											
1993 [8]											
Total	4 000 240	12 554	501 093	1038127	1128862	901 151	357 053	59 071	*— 2	329 —*	–
1991 [8]											
Male – Masculin	2 101 518	6 198	265 598	556 980	623 142	453 168	168 988	26 564	*—	880 —*	–
Female – Féminin	2 009 389	5 816	253 979	532 712	596 823	431 694	162 005	25 531	*—	829 —*	–
United States Virgin Islands – Iles Vierges américaines											
1993											
Total	2 529	18	404	733	612	462	227	*———	42	———*	31
Male – Masculin	1 290	7	201	377	319	232	123	*———	17	———*	14
Female – Féminin	1 239	11	203	356	293	230	104	*———	25	———*	17
AMERICA,SOUTH— AMERIQUE DU SUD											
Argentina – Argentine											
1993											
Total	667 518	3 261	96 901	178 769	169 627	122 357	63 560	18 840	1 651	313	12 239
Brazil – Brésil											
1992 [9]											
Total	*2 417 470*	*9 481*	*400 258*	*757 396*	*645 376*	*361 403*	*159 847*	*48 494*	*6 269*	*703*	*28 243*
Male – Masculin	*1 233 417*	*4 857*	*205 191*	*387 563*	*328 836*	*183 800*	*80 935*	*24 321*	*3 102*	*324*	*14 488*
Female – Féminin	*1 184 053*	*4 624*	*195 067*	*369 833*	*316 540*	*177 603*	*78 912*	*24 173*	*3 167*	*379*	*13 755*
Chile – Chili											
1994 [10]											
Total	273 766	879	37 969	74 451	73 530	54 759	25 880	5 977	319	2	–
Male – Masculin	139 746	462	19 399	37 789	37 745	28 015	13 130	3 038	167	1	–
Female – Féminin	134 020	417	18 570	36 662	35 785	26 744	12 750	2 939	152	1	–
Colombia – Colombie											
1986+ [10]											
Total	*331 201*	*17 956*	*57 158*	*106 412*	*81 713*	*47 979*	*14 233*	*4 061*	*1 348*	*119*	*222*
Ecuador – Equateur											
1993 [3 11]											
Total	*198 722*	*524*	*30 311*	*60 382*	*48 437*	*32 712*	*17 633*	*6 524*	*1 027*	*194*	*978*
Male – Masculin	*101 206*	*253*	*15 402*	*30 930*	*24 423*	*16 777*	*9 012*	*3 317*	*499*	*101*	*492*
Female – Féminin	*97 516*	*271*	*14 909*	*29 452*	*24 014*	*15 935*	*8 621*	*3 207*	*528*	*93*	*486*

10. Live births by age of mother, sex and urban/rural residence: latest available year (continued)

Naissances vivantes selon l'âge de la mère, le sexe et la résidence, urbaine/rurale: dernière année disponible (suite)

(See notes at end of table. – Voir notes à la fin du tableau.)

Continent, country or area, year, sex and urban/rural residence Continent, pays ou zone, année, sexe et résidence, urbaine/rurale	Age of mother (in years) – Age de la mère (en années) All ages Tous âges	-15	15–19	20–24	25–29	30–34	35–39	40–44	45–49	50+	Unknown Inconnu
AMERICA,SOUTH— (Cont.–Suite) AMERIQUE DU SUD											
Falkland Islands (Malvinas)– Iles Falkland (Malvinas) 1992+ [3]											
Total	27	–	4	5	10	7	1 *—	——	–	——*	–
Male – Masculin	16	–	3	1	7	5	– *—	——	–	——*	–
Female – Féminin	11	–	1	4	3	2	1 *—	——	–	——*	–
French Guiana – Guyane Française 1985 [2 5]											
Total	2 472	20	325	696	692	452	196	48	3	2	38
Male – Masculin	1 227	13	155	331	344	226	104	26	2	1	25
Female – Féminin	1 245	7	170	365	348	226	92	22	1	1	13
Paraguay 1991											
Total	*34 591*	*3*	*1 548*	*3 727*	*3 410*	*2 114*	*1 169*	*342*	*—	*59* —*	*22 219*
Male – Masculin	*17 782*	–	*796*	*1 946*	*1 776*	*1 060*	*579*	*168*	*—	*30* —*	*11 427*
Female – Féminin	*16 809*	*3*	*752*	*1 781*	*1 634*	*1 054*	*590*	*174*	*—	*29* —*	*10 792*
Peru – Pérou 1985+ [9]											
Total	*413 304*	*671*	*54 468*	*122 359*	*104 148*	*67 367*	*41 754*	*14 375*	*2 604*	*353*	*5 205*
Male – Masculin	*210 886*	*335*	*27 866*	*62 674*	*53 089*	*34 253*	*21 250*	*7 330*	*1 307*	*181*	*2 601*
Female – Féminin	*202 418*	*336*	*26 602*	*59 685*	*51 059*	*33 114*	*20 504*	*7 045*	*1 297*	*172*	*2 604*
Suriname 1991											
Total	9 104	42	1 337	3 190	2 498	1 310	450	90	*—	14 —*	173
Uruguay 1988+											
Total	55 798	151	7 734	14 565	15 595	10 566	5 215	1 397	*—	99 —*	476
Male – Masculin	28 403	77	3 945	7 369	7 951	5 390	2 654	715	*—	42 —*	260
Female – Féminin	27 393	74	3 789	7 196	7 642	5 176	2 561	682	*—	57 —*	216
Venezuela 1991 [9]											
Total	602 024	4 305	104 429	179 489	150 049	97 116	48 269	13 400	1 808	460	2 699
Male – Masculin	314 687	2 235	54 812	94 094	78 261	50 498	25 239	6 954	955	233	1 406
Female – Féminin	287 337	2 070	49 617	85 395	71 788	46 618	23 030	6 446	853	227	1 293
ASIA—ASIE											
Armenia – Arménie 1992 [3 12]											
Total	70 581	–	12 447	28 886	16 616	9 212	2 958	433	23	6	–
Azerbaijan – Azerbaïdjan 1989 [3 12]											
Total	181 631	*— 9	172 —*	68 793	66 229	28 346	7 628	1 338	114	11	–
Bahrain – Bahreïn 1994											
Total	*13 766*	*8*	*415*	*2 686*	*4 314*	*3 708*	*1 955*	*555*	*72*	*23*	*30*
Male – Masculin	*6 930*	*2*	*223*	*1 379*	*2 132*	*1 867*	*969*	*294*	*35*	*11*	*18*
Female – Féminin	*6 836*	*6*	*192*	*1 307*	*2 182*	*1 841*	*986*	*261*	*37*	*12*	*12*
Bangladesh 1988 [3]											
Total	*3 476 511*	*— *395*	*266* —*	*1165202*	*1022374*	*497 207*	*283 243*	*83 955*	*— *29*	*264* —*	–
Male – Masculin	*1 797 113*	*— *206*	*584* —*	*601 279*	*529 136*	*253 838*	*146 908*	*43 815*	*— *15*	*553* —*	–
Female – Féminin	*1 679 398*	*— *188*	*682* —*	*563 923*	*493 238*	*243 369*	*136 335*	*40 140*	*— *13*	*711* —*	–
Brunei Darussalam – Brunéi Darussalam 1992+ [3]											
Total	7 290	10	449	1 748	2 292	1 735	838	187	16	5	10
Male – Masculin	3 710	6	217	886	1 162	896	427	100	9	2	5
Female – Féminin	3 580	4	232	862	1 130	839	411	87	7	3	5

10. Live births by age of mother, sex and urban/rural residence: latest available year (continued)

Naissances vivantes selon l'âge de la mère, le sexe et la résidence, urbaine/rurale: dernière année disponible (suite)

(See notes at end of table. – Voir notes à la fin du tableau.)

Continent, country or area, year, sex and urban/rural residence — Continent, pays ou zone, année, sexe et résidence, urbaine/rurale	Age of mother (in years) – Age de la mère (en années)										
	All ages Tous âges	–15	15–19	20–24	25–29	30–34	35–39	40–44	45–49	50+	Unknown Inconnu
ASIA—ASIE (Cont.–Suite)											
China – Chine											
1989 [3]											
Total	*23851876*	*— 516	006 —*	*10092576*	*9227729*	*2705220*	*1028617*	*227 438*	*— 49	736 —*	*4 554*
Male – Masculin	*12700194*	*— 266	114 —*	*5287897*	*4958811*	*1484102*	*554 348*	*120 451*	*— 26	086 —*	*2 385*
Female – Féminin	*11151682*	*— 249	892 —*	*4804679*	*4268918*	*1221118*	*474 269*	*106 987*	*— 23	650 —*	*2 169*
Cyprus – Chypre											
1994 [3 13]											
Total	10 379	–	458	2 828	3 581	2 413	915	146	8	1	29
Male – Masculin	5 335	–	217	1 481	1 803	1 245	489	80	5	–	15
Female – Féminin	5 044	–	242	1 347	1 778	1 168	426	66	3	1	13
Georgia – Géorgie											
1989 [3 12]											
Total	91 138	*— 11	760 —*	35 297	26 504	12 404	4 295	812	64	2	–
Hong Kong – Hong-kong											
1994 [14]											
Total [15]	71 646	14	1 294	9 872	23 994	26 326	8 997	999	34	2	114
Male – Masculin	37 218	7	686	5 091	12 459	13 759	4 689	500	22	1	4
Female – Féminin	34 321	7	608	4 779	11 534	12 567	4 308	499	12	1	6
Israel – Israël [16]											
1994 [3]											
Total	114 543	10	4 474	28 013	36 440	27 402	14 044	3 176	182	32	770
Male – Masculin	58 854	3	2 288	14 498	18 697	14 102	7 138	1 612	111	16	389
Female – Féminin	55 689	7	2 186	13 515	17 743	13 300	6 906	1 564	71	16	381
Japan – Japon											
1994 [3 17]											
Total	1 238 328	22	17 073	204 386	525 940	377 401	100 570	12 481	431	3	21
Male – Masculin	635 915	13	8 693	104 865	270 444	193 499	51 644	6 520	224	2	11
Female – Féminin	602 413	9	8 380	99 521	255 496	183 902	48 926	5 961	207	1	10
Kazakstan											
1993 [3 12]											
Total	316 263	*— 38	694 —*	123 642	81 777	49 279	18 408	3 862	238	32	331
Korea, Republic of– Corée, République de											
1994 [18]											
Total	710 064	7	6 865	144 847	383 077	145 537	26 369	2 527	183	44	608
Male – Masculin	380 489	4	3 576	75 111	203 005	81 460	15 380	1 475	111	32	335
Female – Féminin	329 575	3	3 289	69 736	180 072	64 077	10 989	1 052	72	12	273
Kuwait – Koweït											
1994											
Total	38 868	–	1 844	9 435	11 178	8 064	4 734	1 345	*—	216 —*	2 052
Male – Masculin	19 900	–	945	4 815	5 771	4 103	2 423	671	*—	106 —*	1 066
Female – Féminin	18 968	–	899	4 620	5 407	3 961	2 311	674	*—	110 —*	986
Kyrgyzstan – Kirghizistan											
1994 [3 12]											
Total	110 113	*— 11	927 —*	41 661	28 696	18 794	7 133	1 510	121	20	251
Macau – Macao											
1995* [19]											
Total	*5 876*	*2*	*95*	*884*	*2 165*	*1 929*	*690*	*108*	*3*	–	–
Male – Masculin	*3 043*	*2*	*43*	*489*	*1 065*	*1 016*	*368*	*57*	*3*	–	–
Female – Féminin	*2 833*	–	*52*	*395*	*1 100*	*913*	*322*	*51*	–	–	–
Malaysia – Malaisie											
Peninsular Malaysia – Malaisie Péninsulaire											
1993 [2 3]											
Total	424 089	120	14 477	88 576	140 644	107 244	54 669	16 449	1 262	59	589
Male – Masculin	218 925	74	7 585	45 953	72 626	55 069	28 215	8 435	622	28	318
Female – Féminin	205 164	46	6 892	42 623	68 018	52 175	26 454	8 014	640	31	271

10. Live births by age of mother, sex and urban/rural residence: latest available year (continued)

Naissances vivantes selon l'âge de la mère, le sexe et la résidence, urbaine/rurale: dernière année disponible (suite)

(See notes at end of table. – Voir notes à la fin du tableau.)

Continent, country or area, year, sex and urban/rural residence Continent, pays ou zone, année, sexe et résidence, urbaine/rurale	Age of mother (in years) – Age de la mère (en années) All ages Tous âges	–15	15–19	20–24	25–29	30–34	35–39	40–44	45–49	50+	Unknown Inconnu
ASIA—ASIE (Cont.–Suite)											
Malaysia – Malaisie											
Sarawak											
1986 [3]											
Total	*41 702*	*105*	*4 563*	*12 059*	*12 256*	*7 716*	*3 231*	*933*	*138*	*33*	*668*
Male – Masculin	*22 161*	*54*	*2 445*	*6 502*	*6 445*	*4 060*	*1 714*	*488*	*74*	*17*	*362*
Female – Féminin	*19 541*	*51*	*2 118*	*5 557*	*5 811*	*3 656*	*1 517*	*445*	*64*	*16*	*306*
Mongolia – Mongolie											
1989 [3]											
Total	*73 200*	–	*4 000*	*24 600*	*24 500*	*12 800*	*5 100*	*1 600*	*500*	*100*	–
Pakistan											
1992 [3,20]											
Total	3 628 799	–	338 345	1047001	1031852	684 114	345 037	136 770	45 680	–	–
Male – Masculin	1 850 812	–	178 983	526 229	514 747	352 349	176 950	75 658	25 896	–	–
Female – Féminin	1 777 987	–	159 362	520 772	517 105	331 765	168 087	61 112	19 784	–	–
Philippines											
1992											
Total	*1 684 395*	*294*	*104 804*	*488 035*	*489 201*	*331 277*	*183 344*	*62 685*	*8 503*	*1 096*	*15 156*
Male – Masculin	*877 885*	*163*	*54 397*	*255 063*	*255 368*	*172 393*	*95 139*	*32 513*	*4 399*	*561*	*7 889*
Female – Féminin	*806 510*	*131*	*50 407*	*232 972*	*233 833*	*158 884*	*88 205*	*30 172*	*4 104*	*535*	*7 267*
Qatar											
1994											
Total	10 561	4	507	2 327	3 226	2 608	1 392	405	65	8	19
1992											
Male – Masculin	5 409	7	297	1 269	1 663	1 303	644	183	28	5	10
Female – Féminin	5 050	5	262	1 197	1 524	1 237	617	141	39	13	15
Singapore – Singapour											
1995* [21]											
Total	48 611	9	653	5 730	17 534	17 217	6 578	865	23	–	2
Male – Masculin	25 315	3	328	2 994	9 160	8 883	3 479	458	8	–	2
Female – Féminin	23 295	6	325	2 735	8 374	8 334	3 099	407	15	–	–
Sri Lanka											
1989+ [3]											
Total	363 343	111	28 458	105 266	111 904	72 530	35 513	8 650	888	22	1
Male – Masculin	185 607	62	14 570	53 970	57 372	36 955	17 803	4 445	421	8	1
Female – Féminin	177 736	49	13 888	51 296	54 532	35 575	17 710	4 205	467	14	–
Tajikistan – Tadjikistan											
1993 [3,12]											
Total	186 504	*— 14 860 —*		69 292	51 415	32 867	13 598	3 763	340	50	319
Thailand – Thaïlande											
1992+ [3]											
Total	*964 557*	*1 963*	*123 382*	*313 494*	*269 422*	*150 257*	*63 598*	*20 051*	*5 100*	*4 123*	*13 167*
Male – Masculin	*493 900*	*993*	*62 905*	*160 756*	*138 653*	*77 233*	*32 460*	*10 128*	*2 442*	*1 599*	*6 731*
Female – Féminin	*470 657*	*970*	*60 477*	*152 738*	*130 769*	*73 024*	*31 138*	*9 923*	*2 658*	*2 524*	*6 436*
Turkey – Turquie											
1989 [3,22]											
Total	1 502 895	–	151 241	549 479	443 835	203 329	109 794	37 147	*— 8 070 —*		–
Male – Masculin	775 095	–	73 605	293 155	226 893	107 264	54 053	17 240	*— 2 885 —*		–
Female – Féminin	727 800	–	77 636	256 324	216 942	96 065	55 741	19 907	*— 5 185 —*		–
Turkmenistan – Turkménistan											
1989 [3,12]											
Total	124 992	*— 3 987 —*		37 574	46 413	24 976	9 480	2 188	222	152	–
Uzbekistan – Ouzbékistan											
1989 [3,12]											
Total	668 807	*— 42 133 —*		263 353	213 233	105 397	36 320	7 120	824	427	–

10. Live births by age of mother, sex and urban/rural residence: latest available year (continued)

Naissances vivantes selon l'âge de la mère, le sexe et la résidence, urbaine/rurale: dernière année disponible (suite)

(See notes at end of table. – Voir notes à la fin du tableau.)

Continent, country or area, year, sex and urban/rural residence — Continent, pays ou zone, année, sexe et résidence, urbaine/rurale	Age of mother (in years) – Age de la mère (en années): All ages Tous âges	-15	15–19	20–24	25–29	30–34	35–39	40–44	45–49	50+	Unknown Inconnu
EUROPE											
Albania – Albanie											
1991 [3]											
Total	77 361	*—	2 264 —*	24 075	27 670	16 655	5 110	1 168	111	45	263
1989 [3]											
Male – Masculin	40 791	*—	1 250 —*	12 403	15 452	8 288	2 591	637	70	11	89
Female – Féminin	38 071	*—	1 154 —*	11 411	14 540	7 769	2 436	600	57	17	87
Austria – Autriche											
1994											
Total	92 415	21	4 271	23 694	35 641	21 033	6 688	1 018	47	2	–
Male – Masculin	47 412	13	2 176	12 177	18 321	10 748	3 429	521	25	2	–
Female – Féminin	45 003	8	2 095	11 517	17 320	10 285	3 259	497	22	–	–
Belarus – Bélarus											
1993 [3 12]											
Total	117 384	–	15 770	51 075	29 411	15 081	5 035	950	48	1	13
Belgium – Belgique											
1987											
Total	117 334	17	3 915	32 159	51 275	22 977	5 983	914	61	13	20
Male – Masculin	60 379	8	2 033	16 385	26 482	11 858	3 091	472	35	4	11
Female – Féminin	56 955	9	1 882	15 774	24 793	11 119	2 892	442	26	9	9
Bosnia Herzegovina – Bosnie–Herzégovine											
1990 [3]											
Total	66 952	16	6 925	25 224	21 294	9 469	3 052	551	51	48	322
Male – Masculin	34 539	8	3 577	12 921	11 108	4 879	1 573	274	24	22	153
Female – Féminin	32 413	8	3 348	12 303	10 186	4 590	1 479	277	27	26	169
Bulgaria – Bulgarie											
1993 [3]											
Total	84 400	606	20 419	36 595	17 014	6 755	2 424	551	33	–	3
Male – Masculin	43 486	310	10 698	18 706	8 705	3 506	1 268	271	21	–	1
Female – Féminin	40 914	296	9 721	17 889	8 309	3 249	1 156	280	12	–	2
Channel Islands – Iles Anglo–Normandes											
Guernsey – Guernesey											
1994											
Total	676	–	34	109	221	219	80	*———	13	———*	–
Male – Masculin	336	–	16	50	107	111	46	*———	6	———*	–
Female – Féminin	340	–	18	59	114	108	34	*———	7	———*	–
Jersey											
1994+											
Total	1 142	1	31	161	390	398	140	*———	21	———*	–
Male – Masculin	589	1	17	86	201	198	77	*———	9	———*	–
Female – Féminin	553	–	14	75	189	200	63	*———	12	———*	–
Croatia – Croatie											
1994											
Total	48 584	16	3 020	14 526	16 178	9 212	3 326	654	25	2	1 625
Male – Masculin	24 765	9	1 588	7 383	8 235	4 656	1 701	342	10	1	840
Female – Féminin	23 819	7	1 432	7 143	7 943	4 556	1 625	312	15	1	785
Czech Republic – Rép. tchèque											
1994 [3]											
Total	106 579	21	14 320	47 312	28 742	11 547	3 896	716	25	–	–
Male – Masculin	54 704	9	7 390	24 313	14 727	5 904	2 004	345	12	–	–
Female – Féminin	51 875	12	6 930	22 999	14 015	5 643	1 892	371	13	–	–
Denmark – Danemark [23]											
1994											
Total	69 668	4	1 517	11 565	28 457	20 499	6 648	947	31	–	–
Male – Masculin	35 640	3	773	5 955	14 543	10 457	3 397	502	10	–	–
Female – Féminin	34 028	1	744	5 610	13 914	10 042	3 251	445	21	–	–

10. Live births by age of mother, sex and urban/rural residence: latest available year (continued)

Naissances vivantes selon l'âge de la mère, le sexe et la résidence, urbaine/rurale: dernière année disponible (suite)

(See notes at end of table. – Voir notes à la fin du tableau.)

Continent, country or area, year, sex and urban/rural residence / Continent, pays ou zone, année, sexe et résidence, urbaine/rurale	Age of mother (in years) – Age de la mère (en années)										
	All ages / Tous âges	–15	15–19	20–24	25–29	30–34	35–39	40–44	45–49	50+	Unknown / Inconnu
EUROPE (Cont.–Suite)											
Estonia – Estonie											
1993 [3]											
Total	15 170	1	2 239	6 030	3 869	1 983	861	174	8	–	5
Male – Masculin	7 887	1	1 177	3 101	2 018	1 033	451	98	4	–	4
Female – Féminin	7 283	–	1 062	2 929	1 851	950	410	76	4	–	1
Faeroe Islands – Iles Féroé											
1991											
Total	865	–	49	253	270	203	78	12	–	–	–
1989											
Male – Masculin	496	–	32	136	165	111	48	4	–	–	–
Female – Féminin	437	–	36	115	118	117	43	8	–	–	–
Finland – Finlande											
1994 [3,24]											
Total	65 231	4	1 606	10 609	24 072	19 511	7 782	1 559	86	2	–
Male – Masculin	33 180	3	838	5 363	12 267	9 853	3 998	812	44	2	–
Female – Féminin	32 051	1	768	5 246	11 805	9 658	3 784	747	42	–	–
France											
1992 [3,5,25]											
Total	743 658	33	16 813	142 353	289 283	198 469	79 463	16 377	830	37	–
Male – Masculin	381 744	19	8 669	73 100	148 630	101 733	40 755	8 372	444	22	–
Female – Féminin	361 914	14	8 144	69 253	140 653	96 736	38 708	8 005	386	15	–
Germany – Allemagne											
1994											
Total	769 603	74	20 589	133 825	288 016	237 956	76 203	12 337	553	42	8
Male – Masculin	395 869	42	10 638	68 796	148 263	122 411	39 104	6 289	291	28	7
Female – Féminin	373 734	32	9 951	65 029	139 753	115 545	37 099	6 048	262	14	1
Greece – Grèce											
1994 [3]											
Total	103 763	84	5 236	26 079	38 858	23 276	8 539	1 547	119	25	–
Male – Masculin	53 667	43	2 717	13 503	20 105	11 952	4 483	794	62	8	–
Female – Féminin	50 096	41	2 519	12 576	18 753	11 324	4 056	753	57	17	–
Hungary – Hongrie											
1994 [3]											
Total	115 598	204	14 239	41 395	35 913	15 523	6 832	1 446	45	1	–
Male – Masculin	59 409	110	7 393	21 351	18 437	7 836	3 531	723	28	–	–
Female – Féminin	56 189	94	6 846	20 044	17 476	7 687	3 301	723	17	1	–
Iceland – Islande											
1993											
Total	4 623	1	236	1 066	1 540	1 151	525	103	1	–	–
Male – Masculin	2 329	–	132	539	771	569	262	56	–	–	–
Female – Féminin	2 294	1	104	527	769	582	263	47	1	–	–
Ireland – Irlande											
1994+ [3,26]											
Total	47 928	10	2 366	7 025	13 839	15 594	7 188	1 470	75	1	360
Male – Masculin	24 744	2	1 213	3 579	7 134	8 015	3 809	782	42	1	167
Female – Féminin	23 184	8	1 153	3 446	6 705	7 579	3 379	688	33	–	193
Italy – Italie											
1993											
Total	549 484	15	15 086	98 014	206 102	157 638	59 377	10 584	518	23	2 127
Male – Masculin	283 523	9	7 714	50 603	106 608	80 964	30 721	5 484	287	12	1 121
Female – Féminin	265 961	6	7 372	47 411	99 494	76 674	28 656	5 100	231	11	1 006
Latvia – Lettonie											
1992 [3,12]											
Total	31 569	–	4 059	12 725	7 890	4 684	1 806	383	22	–	–
Liechtenstein											
1987											
Total	*365*	–	*6*	*59*	*142*	*106*	*47*	*4*	*1*	–	–

10. Live births by age of mother, sex and urban/rural residence: latest available year (continued)

Naissances vivantes selon l'âge de la mère, le sexe et la résidence, urbaine/rurale: dernière année disponible (suite)

(See notes at end of table. – Voir notes à la fin du tableau.)

Continent, country or area, year, sex and urban/rural residence Continent, pays ou zone, année, sexe et résidence, urbaine/rurale	Age of mother (in years) – Age de la mère (en années)										
	All ages Tous âges	–15	15–19	20–24	25–29	30–34	35–39	40–44	45–49	50+	Unknown Inconnu
EUROPE (Cont.–Suite)											
Lithuania – Lituanie											
1993 [3,12]											
Total	46 727	*—	5 476 —*	18 617	12 770	6 784	2 496	548	22	–	14
Luxembourg											
1994											
Total	5 451	1	124	948	2 038	1 708	569	58	–	–	5
Male – Masculin	2 770	–	69	463	1 048	864	296	28	–	–	2
Female – Féminin	2 681	1	55	485	990	844	273	30	–	–	3
Malta – Malte											
1994 [27]											
Total	4 826	*—	150 —*	972	1 668	1 344	570	114	*—	8 —*	–
Netherlands – Pays-Bas											
1994 [3,28]											
Total	195 611	*—	3 139 —*	23 811	70 465	72 592	22 650	2 783	*—	171 —*	–
Male – Masculin	100 261	*—	1 647 —*	12 197	36 021	37 260	11 636	1 407	*—	93 —*	–
Female – Féminin	95 350	*—	1 492 —*	11 614	34 444	35 332	11 014	1 376	*—	78 —*	–
Norway – Norvège											
1993 [5]											
Total	59 678	3	2 076	13 360	22 243	15 392	5 728	838	38	–	–
1992 [5]											
Male – Masculin	31 154	3	1 245	7 335	11 574	7 833	2 724	427	11	1	1
Female – Féminin	28 955	2	1 054	6 762	10 731	7 367	2 668	355	16	–	–
Poland – Pologne											
1994 [3]											
Total	481 285	95	39 382	171 728	136 077	80 506	42 784	10 291	417	5	–
Male – Masculin	246 384	48	20 269	87 927	69 756	41 162	21 805	5 190	225	2	–
Female – Féminin	234 901	47	19 113	83 801	66 321	39 344	20 979	5 101	192	3	–
Portugal											
1993											
Total	114 030	73	9 197	29 991	39 448	24 970	8 409	1 816	115	–	11
Male – Masculin	58 428	37	4 693	15 420	20 160	12 897	4 228	915	70	–	8
Female – Féminin	55 602	36	4 504	14 571	19 288	12 073	4 181	901	45	–	3
Republic of Moldova – République de Moldova											
1992 [3,12]											
Total	69 654	118	10 966	27 921	16 670	9 729	3 458	725	14	–	53
Romania – Roumanie											
1994 [3]											
Total	246 736	529	43 700	106 630	64 204	19 275	9 621	2 621	152	4	–
Male – Masculin	127 137	263	22 704	54 829	33 147	9 899	4 887	1 328	78	2	–
Female – Féminin	119 599	266	20 996	51 801	31 057	9 376	4 734	1 293	74	2	–
Russian Federation – Fédération de Russie											
1994 [3,12]											
Total	1 408 159	3 303	253 237	577 672	313 134	177 943	67 478	13 230	573	15	1 574
San Marino – Saint-Marin											
1994+ [3]											
Total	268	–	3	33	91	110	22	*———	9	———*	–
Male – Masculin	136	–	1	13	39	68	10	*———	5	———*	–
Female – Féminin	132	–	2	20	52	42	12	*———	4	———*	–
Slovakia – Slovaquie											
1994 [3]											
Total	66 370	40	8 875	28 133	17 429	8 165	3 114	588	26	–	–
Male – Masculin	33 875	18	4 524	14 324	8 942	4 154	1 606	296	11	–	–
Female – Féminin	32 495	22	4 351	13 809	8 487	4 011	1 508	292	15	–	–
Slovenia – Slovénie											
1994 [3]											
Total	19 463	2	1 042	6 240	7 355	3 553	1 091	170	9	–	1
Male – Masculin	9 899	2	543	3 128	3 786	1 807	547	83	3	–	–
Female – Féminin	9 564	–	499	3 112	3 569	1 746	544	87	6	–	1

10. Live births by age of mother, sex and urban/rural residence: latest available year (continued)

Naissances vivantes selon l'âge de la mère, le sexe et la résidence, urbaine/rurale: dernière année disponible (suite)

(See notes at end of table. – Voir notes à la fin du tableau.)

Continent, country or area, year, sex and urban/rural residence Continent, pays ou zone, année, sexe et résidence, urbaine/rurale	Age of mother (in years) – Age de la mère (en années) All ages Tous âges	-15	15–19	20–24	25–29	30–34	35–39	40–44	45–49	50+	Unknown Inconnu
EUROPE (Cont.–Suite)											
Spain – Espagne											
1991											
Total	395 989	154	17 721	72 975	152 272	110 585	34 864	6 972	415	31	–
Male – Masculin	204 878	81	9 134	37 690	78 779	57 236	18 178	3 559	205	16	–
Female – Féminin	191 111	73	8 587	35 285	73 493	53 349	16 686	3 413	210	15	–
Sweden – Suède											
1994											
Total	112 257	6	2 410	21 093	43 436	30 668	12 376	2 178	88	2	–
Male – Masculin	57 329	2	1 238	10 778	22 317	15 661	6 182	1 104	47	–	–
Female – Féminin	54 928	4	1 172	10 315	21 119	15 007	6 194	1 074	41	2	–
Switzerland – Suisse											
1994 [3]											
Total	82 980	–	1 150	11 637	32 751	27 526	8 679	1 205	29	3	–
Male – Masculin	42 594	–	581	6 042	16 860	14 096	4 408	587	18	2	–
Female – Féminin	40 386	–	569	5 595	15 891	13 430	4 271	618	11	1	–
The former Yugoslav Rep. of Macedonia – L'ex Rép. yougoslavie de Macédoine											
1992											
Total	33 238	16	3 431	12 766	10 731	4 376	1 351	233	10	3	321
Male – Masculin	17 234	12	1 728	6 613	5 562	2 290	715	122	8	1	183
Female – Féminin	16 004	4	1 703	6 153	5 169	2 086	636	111	2	2	138
Ukraine											
1993 [3] [12]											
Total	557 467	*— 105 126 —*		234 557	124 260	65 287	23 084	4 688	215	4	246
United Kingdom – Royaume-Uni											
1994											
Total	750 671	314	47 564	157 483	259 422	202 954	70 905	11 441	487	49	52
Male – Masculin	385 185	167	24 455	80 729	133 062	104 254	36 389	5 831	243	27	28
Female – Féminin	365 486	147	23 109	76 754	126 360	98 700	34 516	5 610	244	22	24
Yugoslavia – Yougoslavie											
1991											
Total	152 250	46	15 242	53 147	46 929	24 583	9 236	2 035	155	69	808
OCEANIA—OCEANIE											
American Samoa – Samoa américaines											
1993											
Total	1 998	2	137	574	614	433	197	*———	41	———*	–
Australia – Australie											
1994+ [29]											
Total	258 051	494	12 359	49 386	85 372	77 071	28 640	4 400	*—	152 —*	177
Male – Masculin	132 625	263	6 339	25 483	43 995	39 377	14 747	2 256	*—	74 —*	91
Female – Féminin	125 426	231	6 020	23 903	41 377	37 694	13 893	2 144	*—	78 —*	86
Cook Islands – Iles Cook											
1988+											
Total	430	1	86	150	101	50	29	*———	9	———*	4
Male – Masculin	232	–	41	80	58	29	19	*———	4	———*	1
Female – Féminin	198	1	45	70	43	21	10	*———	5	———*	3
Fiji – Fidji											
1987+											
Total	19 445	2	2 174	7 642	5 607	2 566	1 101	254	18	–	81
Male – Masculin	10 158	1	1 118	4 003	2 908	1 357	591	130	10	–	40
Female – Féminin	9 287	1	1 056	3 639	2 699	1 209	510	124	8	–	41

10. Live births by age of mother, sex and urban/rural residence: latest available year (continued)

Naissances vivantes selon l'âge de la mère, le sexe et la résidence, urbaine/rurale: dernière année disponible (suite)

(See notes at end of table. – Voir notes à la fin du tableau.)

Continent, country or area, year, sex and urban/rural residence Continent, pays ou zone, année, sexe et résidence, urbaine/rurale	Age of mother (in years) – Age de la mère (en années) All ages Tous âges	–15	15–19	20–24	25–29	30–34	35–39	40–44	45–49	50+	Unknown Inconnu
OCEANIA—OCEANIE(Cont.–Suite)											
Guam											
1992 [3,30]											
Total	4 214	10	614	1 285	1 227	706	302	67	–	–	3
Male – Masculin	2 179	4	335	659	655	356	141	26	–	–	3
Female – Féminin	2 035	6	279	626	572	350	161	41	–	–	–
Marshall Islands – Iles Marshall											
1989 [31]											
Total	1 429	2	212	514	338	203	106	22	*—	2 —*	30
New Caledonia – Nouvelle–Calédonie											
1994*											
Total	*4 296*	*—	*292 —**	*1 275*	*1 339*	*905*	*367*	*84*	*—	*5 —**	*29*
New Zealand – Nouvelle–Zélande											
1993+ [3,29]											
Total	58 867	145	4 243	13 073	18 806	16 304	5 474	785	37	–	–
Male – Masculin	30 365	76	2 211	6 700	9 713	8 447	2 800	396	22	–	–
Female – Féminin	28 502	69	2 032	6 373	9 093	7 857	2 674	389	15	–	–
Norfolk Island – Ile Norfolk											
1988											
Total	29	–	1	5	11	11	1	–	–	–	–
Male – Masculin	19	–	1	4	8	6	–	–	–	–	–
Female – Féminin	10	–	–	1	3	5	1	–	–	–	–
Northern Mariana Islands – Iles Mariannes du Nord											
1989 [31]											
Total	989	2	132	283	288	209	68	7	–	–	–
Male – Masculin	530	–	70	148	153	117	38	4	–	–	–
Female – Féminin	459	2	62	135	135	92	30	3	–	–	–
Tonga											
1990											
Total	*2 548*	–	*131*	*594*	*844*	*422*	*445*	*99*	*10*	*3*	–

10. Live births by age of mother, sex and urban/rural residence: latest available year (continued)

Naissances vivantes selon l'âge de la mère, le sexe et la résidence, urbaine/rurale: dernière année disponible (suite)

Data by urban/rural residence

Données selon la résidence urbaine/rurale

(See notes at end of table. – Voir notes à la fin du tableau.)

Continent, country or area, year, sex and urban/rural residence — Continent, pays ou zone, année, sexe et résidence, urbaine/rurale	All ages Tous âges	Age of mother (in years) – Age de la mère (en années) –15	15–19	20–24	25–29	30–34	35–39	40–44	45–49	50+	Unknown Inconnu
AFRICA—AFRIQUE											
Egypt – Egypte											
1992											
Urban – Urbaine	579 388	*— 11	413 —*	132 853	194 823	124 791	61 698	16 079	*— 3	941 —*	33 790
Male – Masculin	301 328	*— 5	869 —*	68 949	101 097	65 088	32 072	8 420	*— 2	088 —*	17 745
Female – Féminin	278 060	*— 5	544 —*	63 904	93 726	59 703	29 626	7 659	*— 1	853 —*	16 045
Rural – Rurale	917 478	*— 22	679 —*	204 911	296 134	177 917	112 350	32 196	*— 10	488 —*	60 803
Male – Masculin	480 321	*— 11	854 —*	106 895	155 231	92 996	58 933	16 901	*— 5	585 —*	31 926
Female – Féminin	437 157	*— 10	825 —*	98 016	140 903	84 921	53 417	15 295	*— 4	903 —*	28 877
Mali											
1987 [4]											
Urban – Urbaine	72 297	237	10 440	18 126	18 248	12 169	7 438	2 856	759	107	1 917
Male – Masculin	37 045	132	5 300	9 378	9 306	6 174	3 824	1 446	397	50	1 038
Female – Féminin	35 252	105	5 140	8 748	8 942	5 995	3 614	1 410	362	57	879
Rural – Rurale	302 820	1 119	46 570	73 229	73 661	49 811	33 267	13 356	4 283	737	6 787
Male – Masculin	155 248	585	23 593	37 672	37 592	25 750	17 016	6 813	2 221	377	3 629
Female – Féminin	147 572	534	22 977	35 557	36 069	24 061	16 251	6 543	2 062	360	3 158
Morocco – Maroc											
1991											
Urban – Urbaine	*201 486*	–	*10 601*	*41 412*	*57 855*	*51 159*	*28 413*	*8 780*	*2 501*	–	*765*
Male – Masculin	*103 483*	–	*5 456*	*21 243*	*29 709*	*26 363*	*14 579*	*4 462*	*1 282*	–	*389*
Female – Féminin	*98 003*	–	*5 145*	*20 169*	*28 146*	*24 796*	*13 834*	*4 318*	*1 219*	–	*376*
Rural – Rurale	*360 700*	–	*24 141*	*79 300*	*92 894*	*77 777*	*49 758*	*24 244*	*10 934*	–	*1 652*
Male – Masculin	*185 305*	–	*12 405*	*41 011*	*47 798*	*39 842*	*25 369*	*12 507*	*5 558*	–	*815*
Female – Féminin	*175 395*	–	*11 736*	*38 289*	*45 096*	*37 935*	*24 389*	*11 737*	*5 376*	–	*837*
Tunisia – Tunisie											
1989											
Urban – Urbaine	142 786	–	4 380	30 409	39 857	28 055	13 697	3 352	524	–	22 512
Male – Masculin	74 235	–	2 278	16 093	20 635	14 460	7 114	1 721	251	–	11 683
Female – Féminin	68 551	–	2 102	14 316	19 222	13 595	6 583	1 631	273	–	10 829
Rural – Rurale	56 673	–	1 885	13 217	15 877	13 016	7 915	2 362	612	–	1 789
Male – Masculin	29 266	–	957	6 856	8 263	6 707	4 008	1 205	316	–	954
Female – Féminin	27 407	–	928	6 361	7 614	6 309	3 907	1 157	296	–	835
Zimbabwe											
1992 [4]											
Urban – Urbaine	107 597	69	12 885	39 078	26 902	16 898	8 746	2 520	*—	499 —*	–
Male – Masculin	54 099	35	6 536	19 741	13 395	8 559	4 334	1 240	*—	259 —*	–
Female – Féminin	53 498	34	6 349	19 337	13 507	8 339	4 412	1 280	*—	240 —*	–
Rural – Rurale	251 689	331	38 647	74 887	50 491	41 795	28 813	12 704	*— 4	021 —*	–
Male – Masculin	126 908	161	19 410	37 800	25 499	21 089	14 592	6 328	*— 2	029 —*	–
Female – Féminin	124 781	170	19 237	37 087	24 992	20 706	14 221	6 376	*— 1	992 —*	–
AMERICA,NORTH— AMERIQUE DU NORD											
Cuba											
1991											
Urban – Urbaine	123 457	1 806	20 102	41 489	39 047	15 345	4 839	722	56	32	19
Male – Masculin	64 403	936	10 509	21 809	20 179	7 970	2 540	394	34	18	14
Female – Féminin	59 054	870	9 593	19 680	18 868	7 375	2 299	328	22	14	5
Rural – Rurale	50 439	1 477	12 861	18 130	11 802	4 429	1 434	255	38	8	5
Male – Masculin	26 080	780	6 638	9 402	6 080	2 276	742	137	15	6	4
Female – Féminin	24 359	697	6 223	8 728	5 722	2 153	692	118	23	2	1
El Salvador											
1992											
Urban – Urbaine	*75 262*	*447*	*14 383*	*24 677*	*17 808*	*9 457*	*4 071*	*1 326*	*224*	*59*	*2 810*
Male – Masculin	*38 395*	*229*	*7 441*	*12 605*	*9 102*	*4 800*	*1 980*	*693*	*106*	*35*	*1 404*
Female – Féminin	*36 867*	*218*	*6 942*	*12 072*	*8 706*	*4 657*	*2 091*	*633*	*118*	*24*	*1 406*
Rural – Rurale	*78 752*	*534*	*15 753*	*22 969*	*15 715*	*9 778*	*6 103*	*2 546*	*531*	*151*	*4 672*
Male – Masculin	*38 691*	*267*	*7 761*	*11 233*	*7 637*	*4 830*	*2 990*	*1 275*	*266*	*68*	*2 364*
Female – Féminin	*40 061*	*267*	*7 992*	*11 736*	*8 078*	*4 948*	*3 113*	*1 271*	*265*	*83*	*2 308*

10. Live births by age of mother, sex and urban/rural residence: latest available year (continued)

Naissances vivantes selon l'âge de la mère, le sexe et la résidence, urbaine/rurale: dernière année disponible (suite)

Data by urban/rural residence

Données selon la résidence urbaine/rurale

(See notes at end of table. – Voir notes à la fin du tableau.)

Continent, country or area, year, sex and urban/rural residence — Continent, pays ou zone, année, sexe et résidence, urbaine/rurale	Age of mother (in years) – Age de la mère (en années)										
	All ages Tous âges	-15	15–19	20–24	25–29	30–34	35–39	40–44	45–49	50+	Unknown Inconnu
AMERICA,NORTH— (Cont.–Suite) AMERIQUE DU NORD											
Guatemala											
1988											
Urban – Urbaine	126 988	343	18 883	39 404	31 366	19 924	11 099	3 873	673	1 423	–
Male – Masculin	65 274	196	9 239	20 405	16 155	10 111	5 679	1 991	346	1 152	–
Female – Féminin	61 714	147	9 644	18 999	15 211	9 813	5 420	1 882	327	271	–
Rural – Rurale	214 394	909	34 220	59 219	48 149	35 501	23 840	8 865	1 826	1 865	–
Male – Masculin	107 863	418	17 439	32 016	25 276	16 677	10 112	3 955	797	1 173	–
Female – Féminin	106 531	491	16 781	27 203	22 873	18 824	13 728	4 910	1 029	692	–
Mexico – Mexique											
1994+ [32]											
Urban – Urbaine	*1 848 168*	*6 290*	*293 621*	*603 628*	*484 376*	*288 401*	*123 700*	*33 677*	*5 327*	*1 818*	*7 330*
Rural – Rurale	*880 099*	*6 136*	*153 218*	*268 483*	*200 699*	*132 403*	*77 795*	*29 407*	*5 330*	*1 968*	*4 660*
Panama											
1993											
Urban – Urbaine	29 052	158	4 692	8 896	7 814	4 922	1 730	290	23	9	518
Male – Masculin	14 911	79	2 440	4 547	3 963	2 556	895	145	10	4	272
Female – Féminin	14 141	79	2 252	4 349	3 851	2 366	835	145	13	5	246
Rural – Rurale	30 139	281	6 116	9 132	6 628	4 212	1 974	604	101	35	1 056
Male – Masculin	15 433	131	3 144	4 700	3 413	2 121	1 025	298	47	17	537
Female – Féminin	14 706	150	2 972	4 432	3 215	2 091	949	306	54	18	519
Puerto Rico – Porto Rico											
1994 [32]											
Urban – Urbaine	31 845	201	5 413	9 584	8 608	5 449	2 168	398	13	1	10
Male – Masculin	16 445	92	2 783	4 927	4 522	2 798	1 100	210	6	1	6
Female – Féminin	15 400	109	2 630	4 657	4 086	2 651	1 068	188	7	–	4
Rural – Rurale	32 440	243	6 913	10 880	8 178	4 281	1 623	294	17	–	11
Male – Masculin	16 739	109	3 566	5 676	4 240	2 158	825	149	12	–	4
Female – Féminin	15 700	134	3 347	5 204	3 938	2 123	798	145	4	–	7
St. Vincent and the Grenadines – Saint-Vincent-et-Grenadines											
1992+											
Urban – Urbaine	2 267	23	509	632	564	325	156	47	*—	3 —*	8
Male – Masculin	1 133	9	249	332	276	163	78	20	*—	3 —*	3
Female – Féminin	1 134	14	260	300	288	162	78	27	*—	– —*	5
Rural – Rurale	419	3	57	160	113	56	21	1	*—	1 —*	7
Male – Masculin	201	2	31	77	53	24	8	1	*—	1 —*	4
Female – Féminin	218	1	26	83	60	32	13	–	*—	– —*	3
AMERICA,SOUTH— AMERIQUE DU SUD											
Ecuador – Equateur											
1993 [11]											
Urban – Urbaine	*128 713*	*331*	*19 150*	*40 066*	*33 094*	*21 495*	*10 278*	*3 096*	*468*	*98*	*637*
Male – Masculin	*65 752*	*157*	*9 785*	*20 618*	*16 739*	*11 027*	*5 220*	*1 611*	*226*	*51*	*318*
Female – Féminin	*62 961*	*174*	*9 365*	*19 448*	*16 355*	*10 468*	*5 058*	*1 485*	*242*	*47*	*319*
Rural – Rurale	*70 009*	*193*	*11 161*	*20 316*	*15 343*	*11 217*	*7 355*	*3 428*	*559*	*96*	*341*
Male – Masculin	*35 454*	*96*	*5 617*	*10 312*	*7 684*	*5 750*	*3 792*	*1 706*	*273*	*50*	*174*
Female – Féminin	*34 555*	*97*	*5 544*	*10 004*	*7 659*	*5 467*	*3 563*	*1 722*	*286*	*46*	*167*
Falkland Islands (Malvinas)– Iles Falkland (Malvinas)											
1992+											
Urban – Urbaine	22	–	4	2	8	7	1 *——	——	–	——*	–
Male – Masculin	14	–	3	1	5	5	– *——	——	–	——*	–
Female – Féminin	8	–	1	1	3	2	1 *——	——	–	——*	–
Rural – Rurale	5	–	–	3	2	–	– *——	——	–	——*	–
Male – Masculin	2	–	–	–	2	–	– *——	——	–	——*	–
Female – Féminin	3	–	–	3	–	–	– *——	——	–	——*	–

Data by urban/rural residence

Données selon la résidence urbaine/rurale

(See notes at end of table. – Voir notes à la fin du tableau.)

Continent, country or area, year, sex and urban/rural residence — Continent, pays ou zone, année, sexe et résidence, urbaine/rurale	Age of mother (in years) – Age de la mère (en années)										
	All ages Tous âges	-15	15–19	20–24	25–29	30–34	35–39	40–44	45–49	50+	Unknown Inconnu
ASIA—ASIE											
Armenia – Arménie											
1992 [12]											
Urban – Urbaine	43 972	–	6 866	17 641	10 601	6 305	2 222	317	16	4	–
Rural – Rurale	26 609	–	5 581	11 245	6 015	2 907	736	116	7	2	–
Azerbaijan – Azerbaïdjan											
1989 [12]											
Urban – Urbaine	85 930	*— 4	088 —*	32 404	31 727	13 496	3 660	526	25	4	–
Rural – Rurale	95 701	*— 5	084 —*	36 389	34 502	14 850	3 968	812	89	7	–
Bangladesh											
1988											
Urban – Urbaine	375 690	*— 36	930 —*	134 722	112 745	59 547	24 232	5 448	*— 2	066 —*	–
Male – Masculin	193 448	*— 18	923 —*	69 638	58 533	30 187	12 266	2 806	*— 1	095 —*	–
Female – Féminin	182 242	*— 18	007 —*	65 084	54 212	29 360	11 966	2 642	*—	971 —*	–
Rural – Rurale	3 100 821	*— 358	336 —*	1030480	909 629	437 660	259 011	78 507	*— 27	198 —*	–
Male – Masculin	1 603 665	*— 187	661 —*	531 641	470 603	223 651	134 642	41 009	*— 14	458 —*	–
Female – Féminin	1 497 156	*— 170	675 —*	498 839	439 026	214 009	124 369	37 498	*— 12	740 —*	–
Brunei Darussalam – Brunéi Darussalam											
1992+											
Urban – Urbaine	7 001	10	422	1 686	2 218	1 669	797	172	14	5	8
Male – Masculin	3 568	6	207	855	1 127	859	408	92	8	2	4
Female – Féminin	3 433	4	215	831	1 091	810	389	80	6	3	4
Rural – Rurale	289	–	27	62	74	66	41	15	2	–	2
Male – Masculin	142	–	10	31	35	37	19	8	1	–	1
Female – Féminin	147	–	17	31	39	29	22	7	1	–	1
China – Chine											
1989											
Urban – Urbaine	4 740 007	*— 54	214 —*	1709686	2229858	542 465	172 399	25 129	*— 5	521 —*	735
Male – Masculin	2 499 539	*— 28	351 —*	895 933	1174893	292 526	91 189	13 222	*— 3	028 —*	397
Female – Féminin	2 240 468	*— 25	863 —*	813 753	1054965	249 939	81 210	11 907	*— 2	493 —*	338
Rural – Rurale	19111869	*— 461	792 —*	8382890	6997871	2162755	856 218	202 309	*— 44	215 —*	3 819
Male – Masculin	10200655	*— 237	763 —*	4391964	3783918	1191576	463 159	107 229	*— 23	058 —*	1 988
Female – Féminin	8 911 214	*— 224	029 —*	3990926	3213953	971 179	393 059	95 080	*— 21	157 —*	1 831
Cyprus – Chypre											
1994 [13]											
Urban – Urbaine	6 701	–	223	1 717	2 380	1 649	608	104	6	–	14
Male – Masculin	3 449	–	107	911	1 194	851	318	55	4	–	9
Female – Féminin	3 253	–	116	805	1 187	798	291	49	2	–	5
Rural – Rurale	3 521	–	231	1 068	1 145	724	294	41	2	1	15
Male – Masculin	1 814	–	108	551	582	376	165	25	1	–	6
Female – Féminin	1 707	–	123	516	564	348	129	17	1	1	8
Georgia – Géorgie											
1989 [12]											
Urban – Urbaine	49 244	*— 5	656 —*	17 677	14 837	7 696	2 807	536	34	1	–
Rural – Rurale	41 894	*— 6	104 —*	17 620	11 667	4 708	1 488	276	30	1	–
Israel – Israël [16]											
1994											
Urban – Urbaine	101 265	9	3 989	25 137	32 509	23 910	12 169	2 755	161	25	601
Male – Masculin	52 008	3	2 047	13 005	16 692	12 287	6 154	1 405	95	12	308
Female – Féminin	49 257	6	1 942	12 132	15 817	11 623	6 015	1 350	66	13	293
Rural – Rurale	13 278	1	485	2 876	3 931	3 492	1 875	421	21	7	169
Male – Masculin	6 846	–	241	1 493	2 005	1 815	984	207	16	4	81
Female – Féminin	6 432	1	244	1 383	1 926	1 677	891	214	5	3	88
Japan – Japon											
1994 [17]											
Urban – Urbaine	988 035	*— 13	383 —*	160 072	420 878	302 990	80 347	9 999	346	3	17
Male – Masculin	507 581	*— 6	881 —*	82 018	216 697	155 375	41 210	5 208	180	2	10
Female – Féminin	480 454	*— 6	502 —*	78 054	204 181	147 615	39 137	4 791	166	1	7
Rural – Rurale	249 997	*— 3	711 —*	44 305	104 946	74 272	20 193	2 481	85	–	4
Male – Masculin	128 176	*— 1	825 —*	22 842	53 680	38 056	10 416	1 312	44	–	1
Female – Féminin	121 821	*— 1	886 —*	21 463	51 266	36 216	9 777	1 169	41	–	3

10. Live births by age of mother, sex and urban/rural residence: latest available year (continued)

Naissances vivantes selon l'âge de la mère, le sexe et la résidence, urbaine/rurale: dernière année disponible (suite)

Data by urban/rural residence

Données selon la résidence urbaine/rurale

(See notes at end of table. – Voir notes à la fin du tableau.)

Continent, country or area, year, sex and urban/rural residence — Continent, pays ou zone, année, sexe et résidence, urbaine/rurale	Age of mother (in years) – Age de la mère (en années): All ages Tous âges	–15	15–19	20–24	25–29	30–34	35–39	40–44	45–49	50+	Unknown Inconnu
ASIA—ASIE (Cont.–Suite)											
Kazakstan											
1993 [12]											
Urban – Urbaine	145 909	*— 19 274 —*		56 427	36 986	22 783	8 452	1 670	82	8	227
Rural – Rurale	170 354	*— 19 420 —*		67 215	44 791	26 496	9 956	2 192	156	24	104
Kyrgyzstan – Kirghizistan											
1994 [12]											
Urban – Urbaine	29 327	*— 3 019 —*		11 274	7 738	4 929	1 849	333	19	4	162
Rural – Rurale	80 786	*— 8 908 —*		30 387	20 958	13 865	5 284	1 177	102	16	89
Malaysia – Malaisie											
Peninsular Malaysia – Malaisie Péninsulaire											
1993 [2]											
Urban – Urbaine	233 486	50	6 472	45 655	82 333	63 073	28 665	6 502	393	22	321
Male – Masculin	120 614	35	3 418	23 666	42 516	32 424	14 812	3 371	192	9	171
Female – Féminin	112 872	15	3 054	21 989	39 817	30 649	13 853	3 131	201	13	150
Rural – Rurale	190 603	70	8 005	42 921	58 311	44 171	26 004	9 947	869	37	268
Male – Masculin	98 311	39	4 167	22 287	30 110	22 645	13 403	5 064	430	19	147
Female – Féminin	92 292	31	3 838	20 634	28 201	21 526	12 601	4 883	439	18	121
Sarawak											
1986											
Urban – Urbaine	6 653	7	490	1 872	2 279	1 364	466	97	6	2	70
Male – Masculin	3 549	2	262	1 021	1 187	729	250	60	4	1	33
Female – Féminin	3 104	5	228	851	1 092	635	216	37	2	1	37
Rural – Rurale	35 049	98	4 073	10 187	9 977	6 352	2 765	836	132	31	598
Male – Masculin	18 612	52	2 183	5 481	5 258	3 331	1 464	428	70	16	329
Female – Féminin	16 437	46	1 890	4 706	4 719	3 021	1 301	408	62	15	269
Maldives											
1992											
Urban – Urbaine	1 357	1	173	457	370	214	105	15	5	–	17
Male – Masculin	740	–	93	258	200	116	54	9	1	–	9
Female – Féminin	617	1	80	199	170	98	51	6	4	–	8
Mongolia – Mongolie											
1989											
Urban – Urbaine	36 300	–	1 800	12 600	12 500	6 400	2 200	600	200	–	–
Rural – Rurale	36 900	–	2 200	12 000	12 000	6 400	2 900	1 000	300	100	–
Pakistan											
1992 [20]											
Urban – Urbaine	969 020	–	65 095	293 391	300 536	190 702	79 028	34 324	5 944	–	–
Male – Masculin	493 872	–	32 972	151 697	154 470	95 379	41 613	14 283	3 458	–	–
Female – Féminin	475 148	–	32 123	141 694	146 066	95 323	37 415	20 041	2 486	–	–
Rural – Rurale	2 659 778	–	273 250	753 611	731 315	493 413	266 008	102 446	39 735	–	–
Male – Masculin	1 356 939	–	146 011	374 532	360 276	256 971	135 336	61 375	22 438	–	–
Female – Féminin	1 302 839	–	127 239	379 079	371 039	236 442	130 672	41 071	17 297	–	–
Sri Lanka											
1989+											
Urban – Urbaine	196 020	56	14 242	51 630	60 543	42 635	21 389	5 039	476	9	1
Male – Masculin	99 821	33	7 210	26 330	30 924	21 758	10 733	2 608	220	4	1
Female – Féminin	96 199	23	7 032	25 300	29 619	20 877	10 656	2 431	256	5	–
Rural – Rurale	167 323	55	14 216	53 636	51 361	29 895	14 124	3 611	412	13	–
Male – Masculin	85 786	29	7 360	27 640	26 448	15 197	7 070	1 837	201	4	–
Female – Féminin	81 537	26	6 856	25 996	24 913	14 698	7 054	1 774	211	9	–
Tajikistan – Tadjikistan											
1993 [12]											
Urban – Urbaine	40 288	*— 3 440 —*		15 582	10 995	6 861	2 605	572	45	6	182
Rural – Rurale	146 216	*— 11 420 —*		53 710	40 420	26 006	10 993	3 191	295	44	137

10. Live births by age of mother, sex and urban/rural residence: latest available year (continued)

Naissances vivantes selon l'âge de la mère, le sexe et la résidence, urbaine/rurale: dernière année disponible (suite)

Data by urban/rural residence

Données selon la résidence urbaine/rurale

(See notes at end of table. – Voir notes à la fin du tableau.)

Continent, country or area, year, sex and urban/rural residence Continent, pays ou zone, année, sexe et résidence, urbaine/rurale	Age of mother (in years) – Age de la mère (en années)										
	All ages Tous âges	-15	15–19	20–24	25–29	30–34	35–39	40–44	45–49	50+	Unknown Inconnu
ASIA—ASIE (Cont.–Suite)											
Thailand – Thaïlande											
1992+											
Urban – Urbaine	*293 998*	*497*	*34 352*	*93 251*	*86 907*	*49 339*	*18 679*	*4 328*	*533*	*195*	*5 917*
Male – Masculin	*151 444*	*251*	*17 492*	*47 763*	*44 790*	*25 597*	*9 747*	*2 275*	*296*	*84*	*3 149*
Female – Féminin	*142 554*	*246*	*16 860*	*45 488*	*42 117*	*23 742*	*8 932*	*2 053*	*237*	*111*	*2 768*
Rural – Rurale	*670 559*	*1 466*	*89 030*	*220 243*	*182 515*	*100 918*	*44 919*	*15 723*	*4 567*	*3 928*	*7 250*
Male – Masculin	*342 456*	*742*	*45 413*	*112 993*	*93 863*	*51 636*	*22 713*	*7 853*	*2 146*	*1 515*	*3 582*
Female – Féminin	*328 103*	*724*	*43 617*	*107 250*	*88 652*	*49 282*	*22 206*	*7 870*	*2 421*	*2 413*	*3 668*
Turkey – Turquie											
1989 [22]											
Urban – Urbaine	683 616	–	61 161	260 309	218 817	86 624	43 327	12 409	*—	969 —*	–
Male – Masculin	349 744	–	28 370	130 770	109 480	50 821	25 874	4 429	*—	– —*	–
Female – Féminin	333 872	–	32 791	129 539	109 337	35 803	17 453	7 980	*—	969 —*	–
Rural – Rurale	819 279	–	90 080	289 170	225 018	116 705	66 467	24 738	*—	7 101 —*	–
Male – Masculin	425 351	–	45 235	162 385	117 413	56 443	28 179	12 811	*—	2 885 —*	–
Female – Féminin	393 928	–	44 845	126 785	107 605	60 262	38 288	11 927	*—	4 216 —*	–
Turkmenistan – Turkménistan											
1989 [12]											
Urban – Urbaine	52 006	*—	2 372 —*	16 691	18 426	9 911	3 704	757	42	103	–
Rural – Rurale	72 986	*—	1 615 —*	20 883	27 987	15 065	5 776	1 431	180	49	–
Uzbekistan – Ouzbékistan											
1989 [12]											
Urban – Urbaine	213 379	*—	16 242 —*	83 436	66 113	33 844	11 569	1 866	126	183	–
Rural – Rurale	455 428	*—	25 891 —*	179 917	147 120	71 553	24 751	5 254	698	244	–
EUROPE											
Albania – Albanie											
1991											
Urban – Urbaine	22 550	*—	728 —*	6 724	8 524	4 927	1 280	175	12	18	162
Rural – Rurale	54 811	*—	1 536 —*	17 351	19 146	11 728	3 830	993	99	27	101
1989											
Urban – Urbaine											
Male – Masculin	12 386	*—	373 —*	3 489	4 938	2 713	729	93	4	6	41
Female – Féminin	11 417	*—	367 —*	3 208	4 560	2 492	642	103	6	7	32
Rural – Rurale											
Male – Masculin	28 405	*—	877 —*	8 914	10 514	5 575	1 862	544	66	5	48
Female – Féminin	26 654	*—	787 —*	8 203	9 980	5 277	1 794	497	51	10	55
Belarus – Bélarus											
1993 [12]											
Urban – Urbaine	81 442	–	10 097	35 036	21 124	11 060	3 485	602	26	1	11
Rural – Rurale	35 942	–	5 673	16 039	8 287	4 021	1 550	348	22	–	2
Bosnia Herzegovina – Bosnie–Herzégovine											
1990 [32]											
Urban – Urbaine	29 280	5	2 140	9 762	10 356	5 132	1 486	245	17	23	114
Male – Masculin	15 045	1	1 093	4 994	5 322	2 645	805	115	9	10	51
Female – Féminin	14 235	4	1 047	4 768	5 034	2 487	681	130	8	13	63
Rural – Rurale	36 426	11	4 701	15 082	10 639	4 119	1 427	278	31	20	118
Male – Masculin	18 898	7	2 435	7 757	5 633	2 129	709	145	14	10	59
Female – Féminin	17 528	4	2 266	7 325	5 006	1 990	718	133	17	10	59

10. Live births by age of mother, sex and urban/rural residence: latest available year (continued)

Naissances vivantes selon l'âge de la mère, le sexe et la résidence, urbaine/rurale: dernière année disponible (suite)

Data by urban/rural residence

Données selon la résidence urbaine/rurale

(See notes at end of table. – Voir notes à la fin du tableau.)

Continent, country or area, year, sex and urban/rural residence — Continent, pays ou zone, année, sexe et résidence, urbaine/rurale	Age of mother (in years) – Age de la mère (en années) All ages Tous âges	-15	15–19	20–24	25–29	30–34	35–39	40–44	45–49	50+	Unknown Inconnu
EUROPE (Cont.–Suite)											
Bulgaria – Bulgarie											
1993											
Urban – Urbaine	58 059	376	12 281	25 124	12 671	5 270	1 885	426	23	–	3
Male – Masculin	29 954	195	6 425	12 889	6 510	2 731	980	209	14	–	1
Female – Féminin	28 105	181	5 856	12 235	6 161	2 539	905	217	9	–	2
Rural – Rurale	26 341	230	8 138	11 471	4 343	1 485	539	125	10	–	–
Male – Masculin	13 532	115	4 273	5 817	2 195	775	288	62	7	–	–
Female – Féminin	12 809	115	3 865	5 654	2 148	710	251	63	3	–	–
Czech Republic – Rép. tchèque											
1994											
Urban – Urbaine	78 377	18	9 889	33 673	22 268	8 954	2 994	563	18	–	–
Male – Masculin	40 236	7	5 128	17 321	11 387	4 551	1 550	281	11	–	–
Female – Féminin	38 141	11	4 761	16 352	10 881	4 403	1 444	282	7	–	–
Rural – Rurale	28 202	3	4 431	13 639	6 474	2 593	902	153	7	–	–
Male – Masculin	14 468	2	2 262	6 992	3 340	1 353	454	64	1	–	–
Female – Féminin	13 734	1	2 169	6 647	3 134	1 240	448	89	6	–	–
Estonia – Estonie											
1993 [12]											
Urban – Urbaine	9 557	–	1 351	3 862	2 416	1 264	555	103	6	–	–
Male – Masculin	4 979	–	701	2 006	1 266	655	290	58	3	–	–
Female – Féminin	4 578	–	650	1 856	1 150	609	265	45	3	–	–
Rural – Rurale	5 580	1	885	2 153	1 448	715	306	70	2	–	–
Male – Masculin	2 888	1	474	1 087	749	376	161	39	1	–	–
Female – Féminin	2 692	–	411	1 066	699	339	145	31	1	–	–
Finland – Finlande											
1994 [24]											
Urban – Urbaine	43 112	4	1 095	7 037	16 080	12 913	4 978	954	50	1	–
Male – Masculin	21 898	3	582	3 585	8 190	6 483	2 540	490	24	1	–
Female – Féminin	21 214	1	513	3 452	7 890	6 430	2 438	464	26	–	–
Rural – Rurale	22 119	–	511	3 572	7 992	6 598	2 804	605	36	1	–
Male – Masculin	11 282	–	256	1 778	4 077	3 370	1 458	322	20	1	–
Female – Féminin	10 837	–	255	1 794	3 915	3 228	1 346	283	16	–	–
France											
1992 [5 25 33]											
Urban – Urbaine	584 556	29	13 969	113 915	224 384	154 439	63 570	13 519	698	33	–
Male – Masculin	299 963	15	7 187	58 481	115 331	79 201	32 448	6 899	381	20	–
Female – Féminin	284 593	14	6 782	55 434	109 053	75 238	31 122	6 620	317	13	–
Rural – Rurale	157 559	4	2 826	28 268	64 368	43 519	15 631	2 807	132	4	–
Male – Masculin	80 955	4	1 473	14 531	32 999	22 266	8 173	1 444	63	2	–
Female – Féminin	76 604	–	1 353	13 737	31 369	21 253	7 458	1 363	69	2	–
Greece – Grèce											
1994											
Urban – Urbaine	69 495	46	2 527	14 885	26 824	17 352	6 574	1 182	89	16	–
Male – Masculin	35 914	23	1 299	7 686	13 825	8 930	3 495	604	47	5	–
Female – Féminin	33 581	23	1 228	7 199	12 999	8 422	3 079	578	42	11	–
Rural – Rurale	34 268	38	2 709	11 194	12 034	5 924	1 965	365	30	9	–
Male – Masculin	17 753	20	1 418	5 817	6 280	3 022	988	190	15	3	–
Female – Féminin	16 515	18	1 291	5 377	5 754	2 902	977	175	15	6	–
Hungary – Hongrie											
1994 [32]											
Urban – Urbaine	69 102	93	7 178	23 278	23 065	10 096	4 409	955	27	1	–
Male – Masculin	35 397	44	3 732	11 949	11 802	5 119	2 267	468	16	–	–
Female – Féminin	33 705	49	3 446	11 329	11 263	4 977	2 142	487	11	1	–
Rural – Rurale	46 070	111	7 006	17 938	12 739	5 371	2 399	489	17	–	–
Male – Masculin	23 782	66	3 633	9 306	6 572	2 684	1 256	254	11	–	–
Female – Féminin	22 288	45	3 373	8 632	6 167	2 687	1 143	235	6	–	–

10. Live births by age of mother, sex and urban/rural residence: latest available year (continued)

Naissances vivantes selon l'âge de la mère, le sexe et la résidence, urbaine/rurale: dernière année disponible (suite)

Data by urban/rural residence

Données selon la résidence urbaine/rurale

(See notes at end of table. – Voir notes à la fin du tableau.)

Continent, country or area, year, sex and urban/rural residence — Continent, pays ou zone, année, sexe et résidence, urbaine/rurale	Age of mother (in years) – Age de la mère (en années): All ages Tous âges	-15	15–19	20–24	25–29	30–34	35–39	40–44	45–49	50+	Unknown Inconnu
EUROPE (Cont.–Suite)											
Ireland – Irlande											
1993+ [26]											
Urban – Urbaine	24 705	8	1 665	4 239	7 283	7 521	3 160	638	32	1	158
Male – Masculin	12 678	5	851	2 207	3 681	3 896	1 628	311	20	1	78
Female – Féminin	12 027	3	814	2 032	3 602	3 625	1 532	327	12	–	80
Rural – Rurale	24 751	2	962	3 180	7 189	8 144	4 004	985	55	2	228
Male – Masculin	12 771	2	477	1 631	3 760	4 174	2 074	499	31	–	123
Female – Féminin	11 980	–	485	1 549	3 429	3 970	1 930	486	24	2	105
Latvia – Lettonie											
1992 [12]											
Urban – Urbaine	19 395	–	2 387	7 725	4 925	2 983	1 129	236	10	–	–
Rural – Rurale	12 174	–	1 672	5 000	2 965	1 701	677	147	12	–	–
Lithuania – Lituanie											
1993 [12]											
Urban – Urbaine	30 181	*—	3 125 —*	11 747	8 612	4 623	1 715	337	*—	9 —*	13
Rural – Rurale	16 546	*—	2 351 —*	6 870	4 158	2 161	781	211	*—	13 —*	1
Netherlands – Pays-Bas											
1986 [28 34]											
Urban – Urbaine	90 632	*—	2 956 —*	20 161	37 351	23 003	6 179	836	*—	146 —*	–
Male – Masculin	46 083	*—	1 483 —*	10 251	19 008	11 764	3 090	416	*—	71 —*	–
Female – Féminin	44 549	*—	1 473 —*	9 910	18 343	11 239	3 089	420	*—	75 —*	–
Rural – Rurale	23 596	*—	241 —*	4 185	11 060	6 394	1 491	214	*—	11 —*	–
Male – Masculin	12 048	*—	131 —*	2 151	5 611	3 258	766	126	*—	5 —*	–
Female – Féminin	11 548	*—	110 —*	2 034	5 449	3 136	725	88	*—	6 —*	–
Semi-urban–Semi-urbaine	70 275	*—	853 —*	11 902	32 420	19 820	4 699	550	*—	31 —*	–
Male – Masculin	35 719	*—	447 —*	6 039	16 536	10 055	2 356	273	*—	13 —*	–
Female – Féminin	34 556	*—	406 —*	5 863	15 884	9 765	2 343	277	*—	18 —*	–
Poland – Pologne											
1994											
Urban – Urbaine	258 023	76	21 893	87 245	73 149	44 811	24 825	5 798	223	3	–
Male – Masculin	132 323	41	11 269	44 788	37 610	22 898	12 629	2 967	119	2	–
Female – Féminin	125 700	35	10 624	42 457	35 539	21 913	12 196	2 831	104	1	–
Rural – Rurale	223 262	19	17 489	84 483	62 928	35 695	17 959	4 493	194	2	–
Male – Masculin	114 061	7	9 000	43 139	32 146	18 264	9 176	2 223	106	–	–
Female – Féminin	109 201	12	8 489	41 344	30 782	17 431	8 783	2 270	88	2	–
Republic of Moldova – République de Moldova											
1992 [12]											
Urban – Urbaine	28 970	43	4 199	11 783	7 171	4 032	1 422	289	5	–	26
Rural – Rurale	40 684	75	6 767	16 138	9 499	5 697	2 036	436	9	–	27
Romania – Roumanie											
1994											
Urban – Urbaine	114 422	181	14 847	45 400	36 324	11 262	5 199	1 159	50	–	–
Male – Masculin	59 040	76	7 682	23 462	18 776	5 800	2 649	577	18	–	–
Female – Féminin	55 382	105	7 165	21 938	17 548	5 462	2 550	582	32	–	–
Rural – Rurale	132 314	348	28 853	61 230	27 880	8 013	4 422	1 462	102	4	–
Male – Masculin	68 097	187	15 022	31 367	14 371	4 099	2 238	751	60	2	–
Female – Féminin	64 217	161	13 831	29 863	13 509	3 914	2 184	711	42	2	–
Russian Federation – Fédération de Russie											
1994 [12]											
Urban – Urbaine	960 413	1 814	165 604	400 016	213 951	123 003	45 822	8 490	338	6	1 369
Rural – Rurale	447 746	1 489	87 633	177 656	99 183	54 940	21 656	4 740	235	9	205

10. Live births by age of mother, sex and urban/rural residence: latest available year (continued)

Naissances vivantes selon l'âge de la mère, le sexe et la résidence, urbaine/rurale: dernière année disponible (suite)

Data by urban/rural residence

Données selon la résidence urbaine/rurale

(See notes at end of table. – Voir notes à la fin du tableau.)

Continent, country or area, year, sex and urban/rural residence — Continent, pays ou zone, année, sexe et résidence, urbaine/rurale	Age of mother (in years) – Age de la mère (en années)										
	All ages Tous âges	–15	15–19	20–24	25–29	30–34	35–39	40–44	45–49	50+	Unknown Inconnu
EUROPE (Cont.–Suite)											
San Marino – Saint-Marin											
1993+											
Urban – Urbaine	218	–	1	24	92	79	19	3	–	–	–
Male – Masculin	111	–	1	13	44	42	9	2	–	–	–
Female – Féminin	107	–	–	11	48	37	10	1	–	–	–
Rural – Rurale	26	–	–	2	11	9	3	1	–	–	–
Male – Masculin	14	–	–	1	6	6	1	–	–	–	–
Female – Féminin	12	–	–	1	5	3	2	1	–	–	–
Slovakia – Slovaquie											
1991											
Urban – Urbaine	44 072	12	5 300	17 557	13 296	5 656	1 926	311	14	–	–
Rural – Rurale	34 497	23	5 667	15 711	8 168	3 404	1 271	249	4	–	–
Slovenia – Slovénie											
1994											
Urban – Urbaine	9 031	–	361	2 348	3 622	1 993	608	93	5	–	1
Male – Masculin	4 554	–	183	1 184	1 841	997	297	50	2	–	–
Female – Féminin	4 477	–	178	1 164	1 781	996	311	43	3	–	1
Rural – Rurale	10 432	2	681	3 892	3 733	1 560	483	77	4	–	–
Male – Masculin	5 345	2	360	1 944	1 945	810	250	33	1	–	–
Female – Féminin	5 087	–	321	1 948	1 788	750	233	44	3	–	–
Switzerland – Suisse											
1994											
Urban – Urbaine	53 545	–	792	7 361	20 353	18 043	6 104	874	15	3	–
Male – Masculin	27 401	–	415	3 805	10 432	9 214	3 094	429	10	2	–
Female – Féminin	26 144	–	377	3 556	9 921	8 829	3 010	445	5	1	–
Rural – Rurale	29 435	–	358	4 276	12 398	9 483	2 575	331	14	–	–
Male – Masculin	15 193	–	166	2 237	6 428	4 882	1 314	158	8	–	–
Female – Féminin	14 242	–	192	2 039	5 970	4 601	1 261	173	6	–	–
Ukraine											
1993 [12]											
Urban – Urbaine	356 833	*— 62	514 —*	149 359	82 070	44 419	15 235	2 911	110	3	212
Rural – Rurale	200 634	*— 42	612 —*	85 198	42 190	20 868	7 849	1 777	105	1	34
OCEANIA—OCEANIE											
Guam											
1992 [30,32]											
Urban – Urbaine	3 438	9	525	1 054	971	555	258	63	3	–	–
Male – Masculin	1 758	4	284	543	508	280	112	24	3	–	–
Female – Féminin	1 680	5	241	511	463	275	146	39	–	–	–
Rural – Rurale	775	–	89	231	256	151	45	3	–	–	–
Male – Masculin	421	–	51	116	147	76	29	2	–	–	–
Female – Féminin	354	–	38	115	109	75	16	1	–	–	–
New Zealand – Nouvelle-Zélande											
1993+ [29]											
Urban – Urbaine	44 387	106	3 175	9 748	13 991	12 467	4 260	608	32	–	–
Male – Masculin	22 881	57	1 675	5 002	7 190	6 440	2 187	312	18	–	–
Female – Féminin	21 506	49	1 500	4 746	6 801	6 027	2 073	296	14	–	–
Rural – Rurale	14 480	39	1 068	3 325	4 815	3 837	1 214	177	5	–	–
Male – Masculin	7 484	19	536	1 698	2 523	2 007	613	84	4	–	–
Female – Féminin	6 996	20	532	1 627	2 292	1 830	601	93	1	–	–

10. Live births by age of mother, sex and urban/rural residence: latest available year (continued)

Naissances vivantes selon l'âge de la mère, le sexe et la résidence, urbaine/rurale: dernière année disponible (suite)

GENERAL NOTES

For definitions of "urban", see end of table 6. For method of evaluation and limitations of data, see Technical Notes, page 53.

Italics: data from civil registers which are incomplete or of unknown completeness.

FOOTNOTES

* Provisional.
+ Data tabulated by date of registration rather than occurrence.

1 For Algerian population only.
2 Excluding live–born infants dying before registration of birth.
3 For classification by urban/rural residence, see end of table.
4 Based on the results of the population census.
5 Age classification based on year of birth of mother rather than exact date of birth of child.
6 Including Canadian residents temporarily in the United States, but excluding United States residents temporarily in Canada.
7 Excluding unknown sex.
8 Births to mothers of unknown age have been proportionately distributed among known ages.
9 Excluding Indian jungle population.
10 Excluding adjustment for under–registration.
11 Excluding nomadic Indian tribes.
12 Excluding infants born alive after less than 28 weeks' gestation, of less tha 1 000 grammes in weight and 35 centimetres in length, who die within seven days of birth.
13 For government controlled areas.
14 Excluding Vietnamese refugees.
15 Including unknown sex.
16 Including data for East Jerusalem and Israeli residents in certain other territories under occupation by Israeli military forces since June 1967.
17 For Japanese nationals in Japan only.
18 Including late registrations.
19 Events registered by Health Service only.
20 Based on the results of the Population Growth Survey.
21 Excluding transients afloat and non–locally domiciled military and civilian service personnel and their dependants.
22 Based on the results of the Population Demographic Survey.
23 Excluding Faeroe Islands and Greenland.
24 Including nationals temporarily outside the country.
25 Including armed forces outside the country.
26 Births registered within one year of occurrence.
27 Maltese population only.
28 Including residents outside the country if listed in a Netherlands population register.
29 For under 16 and 16–19 years, as appropriate.
30 Including United States military personnel, their dependants and contract employees.
31 Excluding United States military personnel, their dependants and contract employees.
32 Excluding births of unknown residence.
33 Excluding births of nationals outside the country.
34 Excluding persons on the Central Register of Population (containing persons belonging in the Netherlands population but having no fixed municipality of residence).

NOTES GENERALES

Pour les définitions des "regions urbaines", se reporter à la fin du tableau 6. Pour la méthode d'évaluation et les insuffisances des données, voir Notes techniques, page 53.

Italiques: données incomplètes ou dont le degré d'exactitude n'est pas connu provenant des registres de l'état civil.

NOTES

* Données provisoires.
+ Données exploitées selon la date de l'enregistrement et non la date de l'événement.

1 Pour la population algérienne seulement.
2 Non compris les enfants nés vivants, décédés avant l'enregistrement de leur naissance.
3 Pour le classement selon la résidence, urbaine/rurale, voir la fin du tableau.
4 D'après les résultats du recensement de la population.
5 Le classement selon l'âge est basé sur l'année de naissance de la mère et non sur la date exacte de naissance de l'enfant.
6 Y compris les résidents canadiens se trouvant temporairement aux Etats–Unis, mais non compris les résidents des Etats–Unis se trouvant temporairement au Canada.
7 Non compris le sexe inconnu.
8 Les naissances parmi les mères d'âge inconnu ont été réparties proportionellement entre les groupes d'âges indiqués.
9 Non compris les Indiens de la jungle.
10 Non compris d'un ajustement pour sous–enregistrement.
11 Non compris les tribus d'Indiens nomades.
12 Non compris les enfants nés vivants après moins de 28 semaines de gestation, pesant moins de 1 000 grammes, mesurant moins de 35 centimètres et décédés dans les sept jours qui ont suivi leur naissance.
13 Pour les zones controlées par le Gouvernement.
14 Non compris les réfugiés du Viet–Nam.
15 Y compris le sexe inconnu.
16 Y compris les données pour Jérusalem–Est et les résidents israéliens dans certains autres territoires occupés depuis juin 1967 par les forces armées israéliennes.
17 Pour les nationaux japonais au Japon seulement.
18 Y compris les enregistrement tardifs.
19 Evénements enregistrés par les Service de santé seulement.
20 D'après les résultats de la "Population Growth Survey".
21 Non compris les personnes de passage à bord de navires ni les militaires et agents civils domiciliés hors du territoire et les membres de leur famille les accompagnant.
22 D'après les résultats de la "Population Demographic Survey".
23 Non compris les îles Féroé et le Groenland.
24 Y compris les nationaux se trouvant temporairement hors du pays.
25 Y compris les militaires hors du pays.
26 Naissances enregistrées dans l'année qui suit l'événement.
27 Population Maltaise seulement.
28 Y compris les résidents hors du pays, s'ils sont inscrits sur un registre de population néerlandais.
29 Pour moins de 16 ans et 16–19 ans, selon le cas.
30 Y compris les militaires des Etats–Unis, les membres de leur famille les accompagnant et les agents contractuels des Etats–Unis.
31 Non compris les militaires des Etats–Unis, les membres de leur famille les accompagnant et les agents contractuels des Etats–Unis.
32 Non compris les naissances d'enfants dont on ignore la résidence.
33 Non compris les naissances de nationaux hors du pays.
34 Non compris les personnes inscrites sur le Registre central de la population (personnes appartenant à la population néerlandaise mais sans résidence fixe dans l'une des municipalités).

11. Live-birth rates specific for age of mother, by urban/rural residence: latest available year

Naissances vivantes, taux selon l'âge de la mère et la résidence, urbaine/rurale: dernière année disponible

(See notes at end of table. – Voir notes à la fin du tableau.)

Continent, country or area, year, and urban/rural residence — Continent, pays ou zone, année, et résidence, urbaine/rurale	Age of mother (in years) – Age de la mère (en années)							
	All ages Tous âges [1]	– 20 [2]	20–24	25–29	30–34	35–39	40–44	45+ [3]
AFRICA—AFRIQUE								
Cape Verde – Cap-Vert 1990	129.1	84.8	167.7	183.2	150.7	124.0	52.9	13.4
Egypt – Egypte 1992 [4]	115.4	13.3	150.9	252.9	180.4	120.5	39.2	13.6
Mali 1987 [4 5]	214.9	157.9	297.1	307.9	259.3	207.2	98.1	45.7
Mauritius – Maurice 1994	70.1	43.3	142.1	131.7	85.4	37.3	9.7	♦ 0.7
Island of Mauritius – Ile Maurice 1994	69.7	42.9	143.0	131.7	84.7	36.3	9.3	♦ 0.5
Rodrigues 1994	85.7	53.9	119.0	135.5	118.1	81.7	♦ 32.7	♦ 10.2
Réunion 1986 [6 7]	86.4	48.8	134.0	164.0	112.3	59.5	21.9	♦ 2.1
Seychelles 1993+	91.6	76.5	151.0	125.9	89.1	62.9	♦ 11.2	♦ 2.7
Tunisia – Tunisie 1989	105.3	17.4	130.8	195.4	175.8	113.3	41.4	9.2
Zimbabwe 1992 [4 5]	293.2	650.1	217.9	205.6	179.9	144.7	80.3	31.5
AMERICA,NORTH— AMERIQUE DU NORD								
Bahamas 1992	65.6	51.8	101.8	100.5	81.2	43.2	10.5	♦ 1.8
Barbados – Barbade 1988+	54.0	43.8	86.5	88.5	64.7	28.3	*———	2.6 ———*
Belize 1993	*111.0*	*89.5*	*185.5*	*144.9*	*119.1*	*66.0*	*33.3*	*♦ 2.7*
Bermuda – Bermudes 1991	52.5	34.1	79.9	123.6	82.7	32.9	♦ 5.5	♦ 0.5
British Virgin Islands – Iles Vierges britanniques 1988+	68.8	♦ 47.7	108.2	150.1	91.6	*——— ♦	15.9 ———*	♦ 28.3
Canada 1992 [8]	51.9	25.7	75.1	119.4	85.4	28.9	4.2	0.1
Cayman Islands – Iles Caïmanes 1989	55.8	69.0	88.7	93.0	61.5	25.6	♦ 10.7	-
Cuba 1991 [4]	57.3	70.9	105.7	89.8	50.4	17.6	2.9	0.4
El Salvador 1992 [4]	*118.0*	*108.7*	*192.3*	*166.1*	*116.8*	*75.4*	*33.8*	*10.5*
Greenland – Groenland 1991	81.3	83.8	148.4	117.4	80.1	37.9	♦ 6.3	♦ 0.7
Guadeloupe 1985 [6 7]	78.0	37.0	122.0	170.0	111.4	55.5	19.1	♦ 2.0

11. Live–birth rates specific for age of mother, by urban/rural residence: latest available year (continued)

Naissances vivantes, taux selon l'âge de la mère et la résidence, urbaine/rurale: dernière année disponible (suite)

(See notes at end of table. – Voir notes à la fin du tableau.)

Continent, country or area, year, and urban/rural residence — Continent, pays ou zone, année, et résidence, urbaine/rurale	Age of mother (in years) – Age de la mère (en années)							
	All ages Tous âges [1]	– 20 [2]	20–24	25–29	30–34	35–39	40–44	45 + [3]
AMERICA,NORTH— (Cont.–Suite) AMERIQUE DU NORD								
Guatemala 1985	188.1	125.5	273.5	271.0	225.6	183.0	81.5	43.0
Martinique 1992 [6] [7]	61.9	28.0	88.5	113.9	93.0	49.5	12.3	♦ 0.8
Mexico – Mexique 1990+	*129.8*	*98.0*	*211.3*	*205.3*	*142.1*	*86.4*	*33.5*	*8.2*
Netherlands Antilles – Antilles néerlandaises 1989	69.9	44.4	122.2	133.2	91.3	50.9	9.6	♦ 0.2
Panama 1993 [4]	90.3	90.7	150.9	133.8	98.6	47.7	14.0	3.2
Puerto Rico – Porto Rico 1994	65.9	75.8	133.8	113.4	68.9	28.8	5.5	0.3
Saint Kitts and Nevis – Saint–Kitts–et–Nevis 1988+	92.9	88.8	154.1	160.7	106.3	40.5	♦ 7.9	♦ 1.1
Saint Lucia – Sainte–Lucie 1986	129.5	113.6	206.0	201.8	125.9	88.7	29.3	♦ 0.9
Trinidad and Tobago – Trinité–et–Tobago 1993	64.1	51.6	117.6	103.2	80.9	40.3	10.8	1.4
United States – Etats–Unis 1993	59.5	61.1	112.7	115.4	80.7	32.8	6.1	0.3
United States Virgin Islands – Iles Vierges américaines 1990	85.9	78.4	183.5	177.0	114.9	44.0	10.9	♦ 0.6
AMERICA,SOUTH— AMERIQUE DU SUD								
Argentina – Argentine 1993	82.0	68.9	142.3	143.4	107.7	58.3	18.7	2.3
Brazil – Brésil 1992 [9]	*60.4*	*55.7*	*108.4*	*94.3*	*59.3*	*32.0*	*12.1*	*2.2*
Chile – Chili 1994 [10]	73.5	64.8	122.3	120.1	91.9	50.2	14.0	0.9
Colombia – Colombie 1986+ [10]	*42.0*	*44.8*	*63.9*	*61.3*	*42.9*	*15.9*	*6.1*	*2.8*
Ecuador – Equateur 1993 [4] [11]	*72.0*	*52.5*	*116.1*	*106.9*	*84.8*	*53.6*	*24.4*	*6.0*
Paraguay 1988	*38.4*	*23.4*	*57.6*	*58.1*	*44.5*	*32.1*	*18.3*	*5.4*
Peru – Pérou 1985+ [9]	*88.0*	*53.4*	*134.6*	*137.3*	*106.6*	*81.6*	*33.9*	*8.0*
Uruguay 1985+	75.8	57.3	129.7	136.7	100.3	55.7	17.6	1.6
Venezuela 1990 [9]	119.7	109.4	191.6	178.9	133.1	77.9	26.8	6.2

11. Live-birth rates specific for age of mother, by urban/rural residence: latest available year (continued)

Naissances vivantes, taux selon l'âge de la mère et la résidence, urbaine/rurale: dernière année disponible (suite)

(See notes at end of table. – Voir notes à la fin du tableau.)

Continent, country or area, year, and urban/rural residence — Continent, pays ou zone, année, et résidence, urbaine/rurale	Age of mother (in years) – Age de la mère (en années)							
	All ages Tous âges [1]	-20 [2]	20–24	25–29	30–34	35–39	40–44	45+ [3]
ASIA—ASIE								
Armenia – Arménie 1992 [4 12]	74.4	82.5	207.5	104.1	50.8	20.0	4.0	♦ 0.5
Azerbaijan – Azerbaïdjan 1989 [4 12]	101.0	27.9	192.8	178.6	98.0	38.1	11.1	0.9
Bahrain – Bahreïn 1994	*104.5*	*23.4*	*122.5*	*152.7*	*133.7*	*103.9*	*55.7*	*14.3*
Bangladesh 1988 [4]	*147.6*	*81.4*	*247.4*	*250.0*	*153.5*	*103.4*	*37.9*	*17.1*
Brunei Darussalam – Brunéi Darussalam 1992+ [4]	103.8	41.1	142.3	175.2	135.7	83.9	27.5	♦ 5.2
Cyprus – Chypre 1994 [4 13]	65.8	20.8	127.7	155.5	96.4	38.9	6.7	♦ 0.4
Georgia – Géorgie 1989 [4 12]	67.5	58.3	167.8	109.8	57.5	22.9	6.0	0.4
Hong Kong – Hong-kong 1994 [14]	40.8	6.8	40.8	83.2	79.0	29.9	4.3	0.2
Israel – Israël [15] 1994 [4]	84.4	18.5	124.9	188.9	151.3	77.9	18.0	1.4
Japan – Japon 1994 [4 16]	39.9	4.0	41.9	123.0	96.6	25.6	2.6	0.1
Kazakstan 1991 [4 12]	85.3	54.4	218.5	137.2	77.4	33.8	8.9	1.0
Korea, Republic of– Corée, République de 1994	*56.0*	*3.6*	*66.1*	*189.4*	*68.7*	*13.7*	*1.9*	*0.2*
Kuwait – Koweït 1994	109.9	37.0	168.1	172.0	132.7	96.6	40.3	10.3
Kyrgyzstan – Kirghizistan 1992 [4 12]	122.4	54.9	274.4	195.5	122.5	56.4	16.2	4.6
Macau – Macao 1995* [17]	*45.7*	*8.2*	*55.6*	*97.5*	*75.1*	*28.4*	*6.1*	*♦ 0.3*
Malaysia – Malaisie Peninsular Malaysia – Malaisie Péninsulaire 1990 [6]	104.9	18.5	123.9	203.3	170.5	105.8	39.3	4.4
Sarawak 1986	*109.3*	*55.2*	*157.7*	*197.3*	*147.8*	*80.6*	*27.8*	*6.5*
Philippines 1991	*103.2*	*32.8*	*163.5*	*180.3*	*134.7*	*91.7*	*40.5*	*8.3*
Qatar 1986	153.2	62.0	264.1	287.0	152.3	102.1	30.5	10.2
Singapore – Singapour 1995* [18]	55.7	6.8	48.5	132.7	114.6	44.3	6.9	♦ 0.2
Sri Lanka 1989+	84.7	31.9	123.0	155.6	115.9	75.4	22.6	2.7
Tajikistan – Tadjikistan 1991 [4 12]	173.8	46.5	310.7	275.5	204.1	114.8	45.9	10.1
Thailand – Thaïlande 1992+ [4]	*60.7*	*41.6*	*106.5*	*99.2*	*64.8*	*32.3*	*13.0*	*7.8*

11. Live-birth rates specific for age of mother, by urban/rural residence: latest available year (continued)

Naissances vivantes, taux selon l'âge de la mère et la résidence, urbaine/rurale: dernière année disponible (suite)

(See notes at end of table. – Voir notes à la fin du tableau.)

Continent, country or area, year, and urban/rural residence — Continent, pays ou zone, année, et résidence, urbaine/rurale	All ages Tous âges [1]	Age of mother (in years) – Age de la mère (en années) -20 [2]	20–24	25–29	30–34	35–39	40–44	45+ [3]
ASIA—ASIE (Cont.-Suite)								
Turkmenistan – Turkménistan 1989 [4,12]	149.0	22.3	227.3	283.0	194.2	100.2	40.9	6.9
Uzbekistan – Ouzbékistan 1989 [4,12]	144.8	42.1	285.7	238.3	151.3	71.2	24.9	4.1
EUROPE								
Austria – Autriche 1994	46.2	19.1	81.4	102.3	61.6	22.8	3.9	0.2
Belarus – Bélarus 1993 [4,12]	46.3	43.3	147.2	80.3	34.5	12.2	2.6	0.2
Bulgaria – Bulgarie 1993 [4]	41.1	67.2	125.9	64.0	24.1	8.2	1.8	0.1
Channel Islands – Iles Anglo-Normandes Guernsey – Guernesey 1991	48.1	21.7	52.9	120.7	78.7	35.7	♦ 4.7	♦ 1.2
Jersey 1991+	45.5	15.7	39.3	82.1	93.5	45.9	*—— ♦ 4.5 ——*	
Croatia – Croatie 1991	45.1	25.4	116.4	103.0	47.8	15.4	2.8	♦ 0.2
Czech Republic – Rép. tchèque 1994 [4]	40.0	33.0	118.0	86.1	35.1	11.0	1.8	♦ 0.1
Denmark – Danemark [19] 1994	53.4	9.3	63.4	141.6	107.0	36.5	5.2	0.2
Estonia – Estonie 1993 [4,12]	41.2	43.1	116.0	77.7	35.0	15.0	3.1	♦ 0.2
Faeroe Islands – Iles Féroé 1991	77.9	26.6	148.3	164.1	124.6	50.9	♦ 7.9	-
Finland – Finlande 1994 [4,20]	51.2	10.1	71.2	135.3	104.5	40.6	7.7	0.4
France 1991 [4,7,21]	53.9	9.1	73.2	139.4	93.4	37.0	7.4	0.5
Germany – Allemagne 1994	39.6	10.1	52.7	85.4	69.9	25.6	4.4	0.3
Greece – Grèce 1994 [4]	40.6	14.2	67.7	98.8	62.1	23.6	4.5	0.4
Hungary – Hongrie 1994 [4]	44.8	34.1	113.9	110.3	50.2	17.2	3.5	0.1
Iceland – Islande 1993	68.5	23.3	104.1	143.6	109.2	53.0	11.9	♦ 0.1

11. Live–birth rates specific for age of mother, by urban/rural residence: latest available year (continued)

Naissances vivantes, taux selon l'âge de la mère et la résidence, urbaine/rurale: dernière année disponible (suite)

(See notes at end of table. – Voir notes à la fin du tableau.)

Continent, country or area, year, and urban/rural residence Continent, pays ou zone, année, et résidence, urbaine/rurale	Age of mother (in years) – Age de la mère (en années)							
	All ages Tous âges [1]	– 20 [2]	20–24	25–29	30–34	35–39	40–44	45+ [3]
EUROPE (Cont.–Suite)								
Ireland – Irlande 1994+ [22]	53.3	15.3	49.5	112.1	123.0	58.5	12.6	0.7
Italy – Italie 1991	38.7	8.0	49.7	90.7	71.8	29.3	5.2	0.2
Latvia – Lettonie 1992 [4 12]	50.0	48.3	142.1	86.3	45.5	19.0	4.2	♦ 0.3
Liechtenstein 1987	*45.3*	*♦ 5.3*	*44.6*	*105.6*	*88.1*	*40.5*	*♦ 3.8*	*♦ 1.2*
Lithuania – Lituanie 1993 [4 12]	50.3	42.0	133.6	90.4	43.7	19.3	4.5	♦ 0.2
Luxembourg 1994	53.8	11.7	73.2	124.5	97.8	34.8	4.0	–
Malta – Malte 1994 [23]	50.7	10.9	77.1	142.7	99.2	39.3	8.2	♦ 0.5
Netherlands – Pays–Bas 1994 [4 24]	48.6	6.9	41.1	111.0	113.8	38.1	4.9	0.3
Norway – Norvège 1992 [7]	56.3	16.0	85.7	137.5	98.3	35.2	5.3	♦ 0.2
Poland – Pologne 1994 [4]	48.8	25.5	128.6	113.4	59.0	26.2	6.5	0.3
Portugal 1993	44.8	22.7	74.7	105.8	69.0	24.3	5.4	0.4
Republic of Moldova – République de Moldova 1992 [4 12]	63.4	62.2	197.8	105.8	50.7	19.7	4.4	♦ 0.2
Romania – Roumanie 1994 [4]	43.4	45.6	119.3	75.8	28.7	11.3	3.2	0.2
Russian Federation – Fédération de Russie 1994 [4 12]	37.6	48.7	119.1	66.4	29.3	10.5	2.2	0.1
San Marino – Saint–Marin 1994+	40.1	♦ 4.0	37.0	77.5	91.7	♦ 23.1	*——— ♦	5.2 ———*
Slovakia – Slovaquie 1991	58.9	50.5	182.9	111.3	44.5	15.0	3.1	♦ 0.1
Slovenia – Slovénie 1994 [4]	38.0	14.3	89.6	97.2	46.4	13.8	2.2	♦ 0.1
Spain – Espagne 1991	40.8	11.0	46.3	99.7	77.9	27.9	5.8	0.4
Sweden – Suède 1994	54.7	9.7	73.4	140.0	103.0	43.0	7.5	0.3
Switzerland – Suisse 1994 [4]	46.9	6.0	51.3	115.8	92.2	32.2	4.8	0.1
The former Yugoslav Rep. of Macedonia – L'ex Rép. yougoslavie de Macédoine 1992	64.5	44.1	174.4	144.9	56.3	17.1	3.2	♦ 0.2
Ukraine 1993 [4 12]	44.6	57.6	135.6	71.0	31.8	11.8	2.5	0.2

11. Live-birth rates specific for age of mother, by urban/rural residence: latest available year (continued)

Naissances vivantes, taux selon l'âge de la mère et la résidence, urbaine/rurale: dernière année disponible (suite)

(See notes at end of table. – Voir notes à la fin du tableau.)

Continent, country or area, year, and urban/rural residence Continent, pays ou zone, année, et résidence, urbaine/rurale	Age of mother (in years) – Age de la mère (en années)							
	All ages Tous âges [1]	– 20 [2]	20–24	25–29	30–34	35–39	40–44	45+ [3]
EUROPE (Cont.–Suite)								
United Kingdom – Royaume-Uni 1994	52.8	28.8	78.2	112.1	88.5	35.4	6.0	0.3
Former Yugoslavia – Ancienne Yougoslavie 1990	56.8	37.3	141.3	117.5	55.3	19.5	4.5	0.6
OCEANIA—OCEANIE								
American Samoa – Samoa américaines 1990	148.0	51.7	222.2	260.2	203.4	120.4	*——— ♦ 14.4 ———*	
Australia – Australie 1994+	54.9	20.7	69.2	126.0	105.1	41.2	6.7	0.3
Fiji – Fidji 1987+	106.7	60.5	214.7	178.9	100.2	52.4	14.6	♦ 1.2
Marshall Islands – Iles Marshall 1989	*156.8*	*98.5*	*294.4*	*226.4*	*159.6*	*104.7*	*♦ 29.3*	*♦ 4.0*
New Caledonia – Nouvelle-Calédonie 1994	89.5	33.9	140.4	182.3	130.0	60.7	16.5	♦ 1.1
New Zealand – Nouvelle-Zélande 1992+ [4]	65.4	33.8	95.3	142.0	108.5	39.9	6.5	0.3
Northern Mariana Islands – Iles Mariannes du Nord 1989	*174.2*	*108.2*	*266.0*	*296.6*	*237.0*	*97.8*	*♦ 14.7*	–

11. Live-birth rates specific for age of mother, by urban/rural residence: latest available year (continued)

Naissances vivantes, taux selon l'âge de la mère et la résidence, urbaine/rurale: dernière année disponible (suite)

Data by urban/rural residence

Données selon la résidence urbaine/rurale

(See notes at end of table. – Voir notes à la fin du tableau.)

Continent, country or area, year, and urban/rural residence — Continent, pays ou zone, année, et résidence, urbaine/rurale	Age of mother (in years) – Age de la mère (en années)							
	All ages Tous âges [1]	– 20 [2]	20–24	25–29	30–34	35–39	40–44	45+ [3]
AFRICA—AFRIQUE								
Egypt – Egypte								
1991								
Urban – Urbaine	109.8	10.5	149.0	253.5	183.4	104.2	29.3	9.0
Rural – Rurale	143.1	17.9	189.4	319.0	220.6	152.9	50.6	21.2
Mali								
1987 [5]								
Urban – Urbaine	180.9	112.2	241.7	268.0	237.3	180.9	86.3	34.2
Rural – Rurale	225.0	173.8	315.0	319.7	265.3	214.2	101.0	48.5
Zimbabwe								
1992 [5]								
Urban – Urbaine	246.4	591.6	181.5	172.4	139.9	100.7	46.7	13.6
Rural – Rurale	319.1	678.0	243.3	229.0	203.4	166.8	93.7	37.6
AMERICA,NORTH— AMERIQUE DU NORD								
Cuba								
1991								
Urban – Urbaine	54.0	60.4	101.4	90.3	51.2	17.5	2.7	0.4
Rural – Rurale	67.5	96.8	116.8	88.4	48.0	18.0	3.5	0.7
El Salvador								
1992								
Urban – Urbaine	*104.1*	*99.6*	*177.1*	*149.3*	*98.1*	*52.7*	*20.7*	*5.6*
Rural – Rurale	*135.2*	*118.4*	*211.3*	*189.3*	*142.6*	*105.2*	*50.3*	*16.5*
Panama								
1993								
Urban – Urbaine	72.5	63.6	113.6	113.0	87.1	38.7	7.6	1.0
Rural – Rurale	114.8	125.0	205.1	160.1	113.1	61.0	24.0	6.3
Puerto Rico – Porto Rico								
1990								
Urban – Urbaine	48.4	45.7	93.3	94.6	55.2	22.9	4.9	♦ 0.3
Rural – Rurale	130.8	154.0	279.8	222.6	116.6	45.6	10.8	♦ 0.6
AMERICA,SOUTH— AMERIQUE DU SUD								
Ecuador – Equateur								
1992 [11]								
Urban – Urbaine	72.6	52.8	117.8	109.1	81.2	48.2	20.5	4.7
Rural – Rurale	76.9	52.9	120.5	111.7	97.0	68.3	38.9	9.4
ASIA—ASIE								
Armenia – Arménie								
1992 [12]								
Urban – Urbaine	64.3	64.8	185.9	98.9	47.9	19.9	3.8	♦ 0.4
Rural – Rurale	100.4	123.9	253.8	114.5	58.6	20.4	5.0	♦ 0.6
Azerbaijan – Azerbaïdjan								
1989 [12]								
Urban – Urbaine	86.3	26.2	180.5	156.5	79.0	28.6	6.6	♦ 0.4
Rural – Rurale	119.1	29.5	205.4	205.3	125.4	54.8	19.8	1.8

11. Live-birth rates specific for age of mother, by urban/rural residence: latest available year (continued)

Naissances vivantes, taux selon l'âge de la mère et la résidence, urbaine/rurale: dernière année disponible (suite)

Data by urban/rural residence

Données selon la résidence urbaine/rurale

(See notes at end of table. – Voir notes à la fin du tableau.)

Continent, country or area, year, and urban/rural residence — Continent, pays ou zone, année, et résidence, urbaine/rurale	Age of mother (in years) – Age de la mère (en années)							
	All ages Tous âges [1]	-20 [2]	20–24	25–29	30–34	35–39	40–44	45+ [3]
ASIA—ASIE (Cont.–Suite)								
Bangladesh								
1988								
Urban – Urbaine	105.3	46.3	181.3	174.1	121.7	63.6	19.1	9.2
Rural – Rurale	155.1	88.3	259.8	264.3	159.2	109.9	40.7	18.3
Brunei Darussalam – Brunéi Darussalam								
1991+								
Urban – Urbaine	142.6	53.2	184.5	233.2	184.7	112.8	43.3	♦ 5.5
Rural – Rurale	16.4	♦ 7.8	22.2	24.7	22.3	15.5	♦ 7.8	-
Cyprus – Chypre								
1992 [13]								
Urban – Urbaine	71.5	27.5	138.1	165.4	100.4	38.1	7.5	♦ 0.6
Rural – Rurale	90.4	46.3	200.7	191.5	113.9	43.3	8.1	♦ 0.2
Georgia – Géorgie								
1989 [12]								
Urban – Urbaine	61.3	51.0	147.7	103.0	58.2	23.6	6.3	0.4
Rural – Rurale	76.5	67.3	194.3	119.7	56.5	21.6	5.4	0.5
Israel – Israël [15]								
1994								
Urban – Urbaine	83.0	18.7	124.5	185.4	146.0	75.1	17.4	1.4
Rural – Rurale	96.8	17.1	127.2	223.7	202.1	103.2	23.8	♦ 2.0
Japan – Japon								
1990 [16]								
Urban – Urbaine	38.3	3.6	41.3	132.8	92.4	21.4	2.4	0.0
Rural – Rurale	41.3	3.5	59.0	161.0	91.4	18.1	2.1	0.0
Kazakstan								
1991 [12]								
Urban – Urbaine	67.2	49.2	167.8	109.2	60.5	25.5	6.0	0.5
Rural – Rurale	115.2	62.2	305.8	179.4	105.7	48.7	14.4	1.8
Kyrgyzstan – Kirghizistan								
1992 [12]								
Urban – Urbaine	79.1	41.8	171.7	134.5	78.0	32.9	7.1	1.8
Rural – Rurale	155.0	62.8	360.3	235.7	155.6	76.1	25.1	7.2
Maldives								
1990								
Urban – Urbaine	106.6	51.4	165.7	161.5	145.1	100.2	♦ 21.6	♦ 11.1
Tajikistan – Tadjikistan								
1991 [12]								
Urban – Urbaine	123.2	45.5	253.7	207.2	135.2	61.0	17.9	2.9
Rural – Rurale	199.3	47.0	334.8	306.5	241.4	150.3	67.7	15.4
Thailand – Thaïlande								
1990+								
Urban – Urbaine	*77.1*	*52.7*	*129.4*	*131.4*	*81.7*	*35.3*	*11.6*	*2.8*
Rural – Rurale	*57.3*	*44.0*	*112.7*	*91.3*	*54.5*	*27.7*	*13.1*	*8.0*
Turkmenistan – Turkménistan								
1989 [12]								
Urban – Urbaine	130.7	31.9	230.5	242.0	152.6	71.7	25.5	5.0
Rural – Rurale	165.5	15.5	224.8	318.6	236.7	134.4	59.9	8.9

11. Live-birth rates specific for age of mother, by urban/rural residence: latest available year (continued)

Naissances vivantes, taux selon l'âge de la mère et la résidence, urbaine/rurale: dernière année disponible (suite)

Data by urban/rural residence

Données selon la résidence urbaine/rurale

(See notes at end of table. – Voir notes à la fin du tableau.)

Continent, country or area, year, and urban/rural residence — Continent, pays ou zone, année, et résidence, urbaine/rurale	Age of mother (in years) – Age de la mère (en années)							
	All ages Tous âges [1]	– 20 [2]	20–24	25–29	30–34	35–39	40–44	45 + [3]
ASIA—ASIE (Cont.–Suite)								
Uzbekistan – Ouzbékistan								
1989 [12]								
Urban – Urbaine	105.9	41.1	228.1	176.9	106.2	45.6	12.2	2.0
Rural – Rurale	174.9	42.7	323.6	282.4	189.3	96.7	39.6	6.1
EUROPE								
Belarus – Bélarus								
1993 [12]								
Urban – Urbaine	41.6	37.3	129.6	75.6	32.4	10.7	2.1	♦ 0.1
Rural – Rurale	62.2	60.8	209.4	95.6	42.2	18.0	4.6	♦ 0.3
Bulgaria – Bulgarie								
1993								
Urban – Urbaine	37.6	52.5	116.5	64.9	24.8	8.3	1.8	♦ 0.1
Rural – Rurale	52.1	116.4	153.0	61.6	21.9	8.0	1.7	♦ 0.1
Czech Republic – Rép. tchèque								
1994								
Urban – Urbaine	38.5	30.6	111.0	86.3	35.3	11.1	1.8	♦ 0.1
Rural – Rurale	44.7	40.0	139.7	85.5	34.3	10.9	1.6	♦ 0.1
Estonia – Estonie								
1993 [12]								
Urban – Urbaine	35.4	37.2	103.8	67.8	30.4	12.8	2.4	♦ 0.2
Rural – Rurale	56.7	56.3	145.5	101.9	47.2	21.7	5.3	♦ 0.2
Finland – Finlande								
1994 [20]								
Urban – Urbaine	50.3	11.0	66.7	125.8	102.6	39.7	7.1	0.4
Rural – Rurale	53.1	8.6	82.2	159.7	108.3	42.3	8.8	0.5
France								
1990 [7 21 25]								
Urban – Urbaine	53.9	10.2	72.5	132.9	92.0	37.4	7.8	0.5
Rural – Rurale	51.9	6.4	84.2	156.6	85.7	29.8	5.6	0.3
Greece – Grèce								
1991								
Urban – Urbaine	43.1	13.8	70.3	105.1	63.8	24.0	4.5	0.5
Rural – Rurale	39.6	25.2	97.3	84.7	42.7	14.0	2.9	0.3
Hungary – Hongrie								
1994								
Urban – Urbaine	40.4	25.4	96.9	107.7	51.3	17.1	3.5	♦ 0.1
Rural – Rurale	52.9	51.9	145.6	114.2	47.8	17.3	3.6	♦ 0.1
Latvia – Lettonie								
1992 [12]								
Urban – Urbaine	42.4	39.9	124.8	76.9	39.9	15.8	3.4	♦ 0.2
Rural – Rurale	70.0	68.9	181.0	108.3	60.3	28.6	6.8	♦ 0.6

11. Live–birth rates specific for age of mother, by urban/rural residence: latest available year (continued)

Naissances vivantes, taux selon l'âge de la mère et la résidence, urbaine/rurale: dernière année disponible (suite)

Data by urban/rural residence

Données selon la résidence urbaine/rurale

(See notes at end of table. – Voir notes à la fin du tableau.)

Continent, country or area, year, and urban/rural residence — Continent, pays ou zone, année, et résidence, urbaine/rurale	Age of mother (in years) – Age de la mère (en années)							
	All ages Tous âges [1]	– 20 [2]	20–24	25–29	30–34	35–39	40–44	45+ [3]
EUROPE (Cont.–Suite)								
Lithuania – Lituanie								
1993 [12]								
Urban – Urbaine	43.7	33.8	116.5	82.4	39.1	17.1	3.6	♦ 0.1
Rural – Rurale	69.7	61.9	178.3	112.9	58.2	26.8	7.5	♦ 0.4
Netherlands – Pays–Bas								
1986 [24]								
Urban – Urbaine	46.1	10.3	57.3	113.5	78.8	21.6	3.7	0.7
Rural – Rurale	55.2	3.2	66.3	174.6	101.9	22.8	4.0	♦ 0.2
Semi–urban – Semi–urbaine	48.4	3.6	56.7	153.8	92.8	20.3	2.9	0.2
Poland – Pologne								
1994								
Urban – Urbaine	39.5	22.2	105.3	98.4	50.9	22.0	5.2	0.3
Rural – Rurale	67.0	31.2	166.7	137.7	73.8	35.6	9.8	0.5
Republic of Moldova – République de Moldova								
1992 [12]								
Urban – Urbaine	50.5	47.7	143.4	86.0	40.0	15.4	3.5	♦ 0.1
Rural – Rurale	77.4	76.6	273.8	128.2	62.6	24.4	5.4	♦ 0.2
Romania – Roumanie								
1994								
Urban – Urbaine	32.2	27.7	90.3	65.3	24.1	8.7	2.2	0.1
Rural – Rurale	61.8	68.3	156.5	96.0	39.4	17.6	5.1	0.4
Russian Federation – Fédération de Russie								
1994 [12]								
Urban – Urbaine	33.4	42.9	106.4	60.9	26.8	9.3	1.8	0.1
Rural – Rurale	51.7	65.7	163.1	82.8	36.9	14.7	3.8	0.3
Slovenia – Slovénie								
1994								
Urban – Urbaine	33.4	9.9	69.6	93.3	48.0	13.9	2.1	♦ 0.1
Rural – Rurale	43.2	18.5	108.4	101.4	44.5	13.8	2.2	♦ 0.1
Switzerland – Suisse								
1990								
Urban – Urbaine	36.5	5.7	41.9	89.1	72.1	25.3	3.4	♦ 0.1
Rural – Rurale	74.2	9.7	97.5	198.0	127.9	38.1	4.9	♦ 0.2
Ukraine								
1993 [12]								
Urban – Urbaine	38.8	47.8	117.0	64.4	29.0	10.3	2.0	0.1
Rural – Rurale	61.2	82.3	188.0	88.6	40.1	16.6	3.8	0.3
OCEANIA—OCEANIE								
New Zealand – Nouvelle–Zélande								
1986+								
Urban – Urbaine	53.6	25.8	83.7	124.6	78.8	22.7	3.6	♦ 0.2
Rural – Rurale	113.6	62.7	248.9	263.2	127.8	31.9	6.8	♦ 0.4

11. Live–birth rates specific for age of mother, by urban/rural residence: latest available year (continued)

Naissances vivantes, taux selon l'âge de la mère et la résidence, urbaine/rurale: dernière année diponible (suite)

GENERAL NOTES

Rates are the number of live births by age of mother per 1 000 corresponding female population. For definitions of "urban", see end of table 6. For method of evaluation and limitations of data, see Technical Notes, page 55.

Italics: rates calculated using live births from civil registers which are incomplete or of unknown completeness.

FOOTNOTES

* Provisional.
♦ Rates based on 30 or fewer live births.
\+ Data tabulated by date of registration rather than occurrence.

1 Rates computed on female population aged 15–49.
2 Rates computed on female population aged 15–19.
3 Rates computed on female population aged 45–49.
4 For classification by urban/rural residence, see end of table.
5 Based on the results of the population census.
6 Excluding live–born infants dying before registration of birth.

7 Age classification based on year of birth of mother rather than exact date of birth of child.
8 Including Canadian residents temporarily in the United States, but excluding United States residents temporarily in Canada.

9 Excluding Indian jungle population.
10 Excluding adjustment for under–registration.
11 Excluding nomadic Indian tribes.
12 Excluding infants born alive after less than 28 weeks' gestation, of less than 1 000 grammes in weight and 35 centimetres in length, who die within seven days birth.
13 For government controlled areas.
14 Excluding Vietnamese refugees.
15 Including data for East Jerusalem and Israeli residents in certain other territories under occupation by Israeli military forces since June 1967.

16 For Japanese nationals in Japan only; however, rates computed on population including foreigners except foreign military and civilian personnel and their dependants stationed in the area.

17 Births registered by Health Service only.
18 Excluding transients afloat and non–locally domiciled military and civilian services personnel and their dependants.

19 Excluding Faeroe Islands and Greenland.
20 Including nationals temporarily outside the country.
21 Including armed forces outside the country.
22 Births registered within one year of occurrence.
23 Maltese population only.
24 Including residents outside the country if listed in a Netherlands population register.
25 Excluding births of nationals outside the country.

NOTES GENERALES

Les taux représentent les nombres de naissances vivantes selon l'âge de la mère pour 1 000 femmes du même groupe d'âge . Pour les définitions des "régions urbaines", se reporter à la fin du tableau 6. Pour la méthode d'évaluation et les insuffisances des données, voir Notes techniques, page 55.
Italiques: taux calculés d'après des chiffres de naissances vivantes provenant des registres de l'état civil incomplets ou dont le degré d'exactitude n'est pas connu.

NOTES

* Données provisoires.
♦ Taux basés sur 30 naissances vivantes ou moins.
\+ Données exploitées selon la date de l'enregistrement et non la date de l'événement.
1 Taux calculés sur la base de la population féminine de 15 à 49 ans.
2 Taux calculés sur la base de la population féminine de 15 à 19 ans.
3 Taux calculés sur la base de la population féminine de 45 à 49 ans.
4 Pour le classement selon la résidence, urbaine/rurale, voir la fin du tableau.
5 D'après les résultats du recensement de la population.
6 Non compris les enfants nés vivants, décédés avant l'enregistrement de leur naissance.
7 Le classement selon l'âge est basé sur l'année de naissance de la mère et non sur la date exacte de naissance de l'enfant.
8 Y compris les résidents can adiens se trouvant temporairement aux Etats–Unis, mais non compris les résidents des Etats–Unis se trouvant temporairement au Canada.
9 Non compris les Indiens de la jungle.
10 Non compris d'un ajustement pour sous–enregistrement.
11 Non compris les tribus d'Indiens nomades.
12 Non compris les enfants nés vivants après moins de 28 semaines de gestation, pesant moins de 1 000 grammes, mesurant moins de 35 centimètres et décédés dans les sept jours qui ont suivi leur naissance.
13 Pour les Zones controlées par le Gouvernement.
14 Non compris réfugiés du Viet–Nam.
15 Y compris les données pour Jérusalem–Est et les résidents israéliens dans certains autres territoires occupés depuis juin 1967 pour les forces armées israéliennes.
16 Pour les nationaux japonais au Japon seulement; toutefois, les taux sont calculés sur la base d'une population comprenant les étrangers, mais ne comprenant ni les militaires et agents civils étrangers en poste sur le territoire ni les membres de leur famille les accompagnant.
17 Naissances enregistrées par le Service de santé seulement.
18 Non compris les personnes de passage à bord de navires, ni les militaires et agents civils domiciliés hors du territoire et les membres de leur famille les accompagnant.
19 Non compris les îles Féroé et le Groenland.
20 Y compris les nationaux se trouvant temporairement hors du pays.
21 Y compris les militaires hors du pays.
22 Naissances enregistrées dans l'année que suit l'événement.
23 Population maltaise seulement.
24 Y compris les résidents hors du pays, s'ils sont inscrits sur un registre de population néerlandais.
25 Non compris les naissances de nationaux hors du pays.

12. Late foetal deaths and late foetal death ratios, by urban/rural residence: 1990 – 1994

Morts foetales tardives et rapports de mortinatalité, selon la résidence, urbaine/rurale: 1990 – 1994

(See notes at end of table. – Voir notes à la fin du tableau.)

Continent, country or area and urban/rural residence Continent, pays ou zone et résidence, urbaine/rurale	Code [1]	Number – Nombre					Ratio – Rapport				
		1990	1991	1992	1993	1994	1990	1991	1992	1993	1994
AFRICA—AFRIQUE											
Cape Verde – Cap-Vert	U	*280*	*420*	*380*	...	...					
Egypt – Egypte [2 3]	+U	*8 214*	*6 386*	*5 163*	...	...	...	*3.9*	*3.4*	...	...
Mauritius – Maurice [2]	+C	365	400	291	337	274					
Island of Mauritius – Ile Maurice [2]	+C	348	386	286	333	271					
Rodrigues	+C	17	14	5	4	3					
Réunion [3 4]	U	*148*	*147*	...	...	...					
South Africa – Afrique du Sud	...	...	...	...	...	*6 968*	...	...	...	...	*10.3*
Tunisia – Tunisie	...	*2 340*	*2 116*	*2 260*	*2 459*	*2 340*	*11.4*	*10.2*	*10.7*	*11.8*	*11.7*
AMERICA,NORTH—AMERIQUE DU NORD											
Bahamas [5]	...	*17*	*24*	*20*	*44*	*46*					
Barbados – Barbade	+U	...	*38*	...	...	...					
Canada [6]	C	1 598	...	2 430	2 250	...	3.9	...	6.1	5.8	...
Cayman Islands – Iles Caïmanes	C	8	4	3	3	1					
Costa Rica	C	732	662	...	...	...					
Cuba	C	2 109	1 891	1 713	...	...	11.3	10.9	10.9	...	...
El Salvador [2]	...	*783*	*805*	*799*	...	...					
Greenland – Groenland	C	8	...	...	...	...					
Guatemala [2]	...	*5 958*	*6 081*	*6 380*	*6 334*	...	*17.2*	*16.9*	*17.5*	*17.1*	...
Mexico – Mexique [2]	+...	*20 908*	*29 456*	*29 644*	*28 772*	*19 707*	*7.6*	*10.7*	*10.6*	*10.1*	*6.8*
Panama [2 7]	U	*544*	*396*	*458*	*433*	...					
Puerto Rico – Porto Rico	C	666	631	649	734	646					
Saint Kitts and Nevis – Saint-Kitts-et-Nevis	+C	18	24	18	22	17					
United States Virgin Islands – Iles Vierges américaines	...	*22*	...	...	*29*	...					
AMERICA,SOUTH—AMERIQUE DU SUD											
Argentina – Argentine	...	...	...	...	...	*8 787*	...	...	...	...	*12.4*
Brazil – Brésil [8]	...	*25 935*	*23 566*	*23 825*	...	*23 077*	*10.7*	*10.1*	*9.9*	...	*9.3*
Chile – Chili [2]	C	1 789	1 754	1 667	1 535	1 321	5.8	5.9	5.7	5.3	4.6
Ecuador – Equateur [2 9]	...	...	...	...	*3 532*	...	...	...	...	*17.8*	...
Uruguay	+C	602	638	...	...	...					
Venezuela [8]	...	*6 050*	...	...	...	...	*10.5*	...	...	...	...
ASIA—ASIE											
Armenia – Arménie [2]	C	854	746	616	378	366					
Bahrain – Bahreïn	...	...	...	*52*	*55*	...					
Brunei Darussalam – Brunéi Darussalam	+C	50	51	...	...	...					
Hong Kong – Hong-kong	...	*281*	*231*	*342*	*357*	*343*					
Israel – Israël [2 10]	C	432	477	507	...	...					
Japan – Japon [2 11]	C	4 664	4 376	4 191	3 954	4 048	3.8	3.6	3.5	3.3	3.3
Kazakstan [2]	C	3 713	3 470	3 107	2 637	...	10.2	9.8	9.2	8.3	...
Kuwait – Koweït	C	...	189	354	325	343					
Macau – Macao	U	*91*	*40*	*32*	*26*	*28*					
Malaysia – Malaisie	...	*3 409*	*3 004*	*3 151*	*3 147*	*2 805*	*6.9*	*5.9*	*6.0*	*5.9*	*5.3*
Peninsular Malaysia [12] – Malaisie Péninsulaire	...	*3 036*	*2 687*	*2 827*	*2 820*	...	*7.7*	*6.7*	*6.8*	*6.6*	...
Maldives [2]	...	...	...	...	*188*	...					
Philippines	...	*11 132*	*9 829*	*8 025*	...	...	*6.8*	*6.0*	*4.8*	...	...
Qatar	...	...	...	*68*	*87*	*75*					
Singapore – Singapour	+C	206	198	171	168	167					
Tajikistan – Tadjikistan [2]	C	2 989	2 904	2 276	1 682	...	14.5	13.7	12.7	9.0	...
Thailand – Thaïlande [2]	+...	*775*	*811*	*701*	...	*364*					

12. Late foetal deaths and late foetal death ratios, by urban/rural residence: 1990 – 1994 (continued)

Morts foetales tardives et rapports de mortinatalité, selon la résidence, urbaine/rurale: 1990 – 1994 (suite)

(See notes at end of table. – Voir notes à la fin du tableau.)

Continent, country or area and urban/rural residence — Continent, pays ou zone et résidence, urbaine/rurale	Code [1]	Number – Nombre					Ratio – Rapport				
		1990	1991	1992	1993	1994	1990	1991	1992	1993	1994
EUROPE											
Austria – Autriche	C	325	321	339	317	307					
Belgium – Belgique	C	658	613	...	...	...					
Bosnia Herzegovina – Bosnie–Herzégovine [2]	C	326	...	...	...	...					
Bulgaria – Bulgarie [2]	C	641	...	654	587	492					
Channel Islands – Iles Anglo–Normandes											
Guernsey – Guernesey	C	4	4	6	4	3					
Croatia – Croatie [2]	C	246	269	261	199	221					
Czech Republic – Rép. tchèque [2]	C	...	496	437	445	336					
Denmark – Danemark [13]	C	298	296	339	308	309					
Estonia – Estonie [2]	C	173	148	175	121	124					
Faeroe Islands – Iles Féroé	C	1	...	...	...	...					
Finland – Finlande [2 14]	C	206	...	...	...	154					
France [2 3 15]	C	4 488	4 364	...	3 566	...	5.9	5.7	...	5.0	...
Germany – Allemagne	C	2 490	2 741	2 660	2 467	3 113	2.8	3.3	3.3	3.1	4.0
Greece – Grèce [2]	C	735	706	629	679	599					
Hungary – Hongrie [2]	C	699	575	509	425	408					
Iceland – Islande [2]	C	13	13	16	9	...					
Ireland – Irlande	+C	327	301	285	291	...					
Isle of Man – Ile de Man	+C	7	2	2	2	5					
Italy – Italie	C	3 157	2 887	2 546	2 432	...	5.6	5.1	4.5	4.4	...
Latvia – Lettonie [2]	C	226	315	340	276	244					
Lithuania – Lituanie	C	309	436	452	284	...					
Luxembourg	C	21	...	...	22	20					
Netherlands – Pays–Bas [16]	C	1 139	1 067	1 114	1 071	1 055	5.8	5.4	5.7	5.5	5.4
Norway – Norvège [2]	C	279	295	258	248	...					
Poland – Pologne	C	...	...	...	2 549	2 713	...	...	...	5.2	5.6
Portugal	C	812	789	727	700	...					
Romania – Roumanie [2]	C	2 231	1 910	1 700	1 582	1 623	7.1	6.9	6.5	6.3	6.6
Russian Federation [2] – Fédération de Russie	C	18 165	15 729	13 243	10 825	11 012	9.1	8.8	8.3	7.8	7.8
San Marino – Saint–Marin	+...	...	...	...	...	*1*					
Slovakia – Slovaquie [2]	C	401	360	357	327	274					
Slovenia – Slovénie [2]	C	100	106	110	95	105					
Spain – Espagne	...	*1 617*	*1 564*	*1 602*	*1 439*	...	*4.0*	*3.9*	*4.0*	*3.7*	...
Sweden – Suède	C	443	464	396	400	348					
Switzerland – Suisse [2]	C	390	357	337	348	286					
The former Yugoslav Rep. of Macedonia – L'ex Rép. [2] yougoslavie de Macédoine	C	303	266	302	...	...					
Ukraine [2]	C	5 724	5 338	4 818	3 990	3 707	8.7	8.5	8.1	7.2	7.1
United Kingdom – Royaume–Uni	C	3 713	3 741	...	4 394	4 348	4.6	4.7	...	5.8	5.8
Yugoslavia – Yougoslavie	C	935	1 023	924	1 039	582		6.7		7.4	
OCEANIA—OCEANIE											
American Samoa – Samoa américaines	...	*19*	*20*	...	...	...					
Australia – Australie	+C	1 198	1 150	1 171	939	898	4.6	4.5	4.4		
Guam	C	29	38	37	...	...					
New Caledonia – Nouvelle–Calédonie	...	*41*	*37*	*55*	*38*	*29*					
New Zealand – Nouvelle–Zélande [2]	+C	247	...	237	178	...					

12. Late foetal deaths and late foetal death ratios, by urban/rural residence: 1990 – 1994 (continued)

Morts foetales tardives et rapports de mortinatalité, selon la résidence, urbaine/rurale: 1990 – 1994 (suite)

Data by urban/rural residence

Données selon la résidence urbaine/rurale

(See notes at end of table. – Voir notes à la fin du tableau.)

Continent, country or area and urban/rural residence — Continent, pays ou zone et résidence, urbaine/rurale	Code [1]	Number – Nombre					Ratio – Rapport				
		1990	1991	1992	1993	1994	1990	1991	1992	1993	1994
AFRICA—AFRIQUE											
Egypt – Egypte [3]	+U										
Urban – Urbaine		*6 370*	*4 947*	*4 099*	...	...	...	*8.1*	*7.1*	...	...
Rural – Rurale		*1 844*	*1 439*	*1 064*	...	...	...	*1.4*	*1.2*	...	...
Mauritius – Maurice	+C										
Urban – Urbaine		125	153	99	132	116					
Rural – Rurale		240	247	192	205	158					
Island of Mauritius – Ile Maurice	+C										
Urban – Urbaine		125	153	99	132	116					
Rural – Rurale		223	233	187	201	155					
AMERICA,NORTH— AMERIQUE DU NORD											
El Salvador	...										
Urban – Urbaine		*743*	*659*	...	...	...					
Rural – Rurale		*40*	*146*	...	...	...					
Guatemala	...										
Urban – Urbaine		*3 416*	*3 430*	*3 736*	*3 830*	...	*25.6*	*24.3*	*28.2*	*27.8*	...
Rural – Rurale		*2 542*	*2 651*	*2 645*	*2 504*	...	*11.9*	*12.1*	*11.4*	*10.8*	...
Mexico – Mexique	+...										
Urban – Urbaine		...	...	...	*22 181*	*14 512*	...	...	...	*12.1*	*7.9*
Rural – Rurale		...	...	...	*6 425*	*5 085*	...	...	...	*7.4*	*5.8*
Panama [7]	...										
Urban – Urbaine		*267*	*183*	*210*	*216*	...					
Rural – Rurale		*277*	*213*	*248*	*217*	...					
AMERICA,SOUTH— AMERIQUE DU SUD											
Chile – Chili	C										
Urban – Urbaine		1 468	1 454	1 376	1 275	1 049	5.5	5.6	5.4	5.0	4.2
Rural – Rurale		321	300	291	260	272	7.5	7.5	7.6	7.0	7.0
Ecuador – Equateur [9]	...										
Urban – Urbaine		...	...	...	*2 514*	...	...	...	...	*19.5*	...
Rural – Rurale		...	...	...	*1 018*	...	...	...	...	*14.5*	...
ASIA—ASIE											
Armenia – Arménie	C										
Urban – Urbaine		768	674	558	335	328					
Rural – Rurale		86	72	58	43	38					
Israel – Israël [10]	C										
Urban – Urbaine		...	...	*412*	...	...					
Rural – Rurale		...	...	*95*	...	...					
Japan – Japon [11 17]	C										
Urban – Urbaine		3 599	3 451	3 259	3 109	3 215	3.7	3.6	3.4	3.3	3.3
Rural – Rurale		1 061	919	927	841	827	4.1	3.6	3.7	3.5	3.3
Kazakstan	C										
Urban – Urbaine		2 251	1 997	1 853	1 500	...	12.4	11.5	11.4	10.3	...
Rural – Rurale		1 462	1 473	1 254	1 137	...	8.0	8.1	7.1	6.7	...
Maldives	...										
Urban – Urbaine		...	...	...	*31*	...					
Rural – Rurale		...	...	...	*157*	...					
Tajikistan – Tadjikistan	C										
Urban – Urbaine		1 158	1 239	962	832	...	24.1	24.6	22.6	20.7	...
Rural – Rurale		1 831	1 665	1 314	850	...	11.6	10.3	9.6	5.8	...
Thailand – Thaïlande	+...										
Urban – Urbaine		*274*	*203*	*114*	...	*94*					
Rural – Rurale		*501*	*608*	*587*	...	*270*					
EUROPE											
Bosnia Herzegovina – Bosnie–Herzégovine	C										
Urban – Urbaine		165	...	...	...	...					
Rural – Rurale		161	...	...	...	...					

12. Late foetal deaths and late foetal death ratios, by urban/rural residence: 1990 – 1994 (continued)

Morts foetales tardives et rapports de mortinatalité, selon la résidence, urbaine/rurale: 1990 – 1994 (suite)

Data by urban/rural residence

Données selon la résidence urbaine/rurale

(See notes at end of table. – Voir notes à la fin du tableau.)

Continent, country or area and urban/rural residence — Continent, pays ou zone et résidence, urbaine/rurale	Code [1]	Number – Nombre 1990	1991	1992	1993	1994	Ratio – Rapport 1990	1991	1992	1993	1994
EUROPE (Cont.–Suite)											
Bulgaria – Bulgarie	C										
Urban – Urbaine		449	...	434	375	340					
Rural – Rurale		192	...	220	212	152					
Croatia – Croatie	C										
Urban – Urbaine		146	164	160	122	140					
Rural – Rurale		100	105	101	77	81					
Czech Republic – Rép. tchèque	C										
Urban – Urbaine		...	367	323	327	248					
Rural – Rurale		...	129	114	118	88					
Estonia – Estonie	C										
Urban – Urbaine		115	105	113	80	82					
Rural – Rurale		58	43	59	39	42					
Finland – Finlande [14]	C										
Urban – Urbaine		112	...	...	...	104					
Rural – Rurale		94	...	...	...	50					
France [3] [15]	C										
Urban – Urbaine		3 517	3 420	...	...	...	6.0	5.7	...	...	...
Rural – Rurale		938	905	...	...	...	5.4	5.6	...	...	...
Greece – Grèce	C										
Urban – Urbaine		479	476	438	456	424					
Rural – Rurale		256	230	191	223	175					
Hungary – Hongrie	C										
Urban – Urbaine		397	321	283	194	234					
Rural – Rurale		302	254	226	231	174					
Iceland – Islande	C										
Urban – Urbaine		13	12	...	8	...					
Rural – Rurale		–	1	...	1	...					
Latvia – Lettonie	C										
Urban – Urbaine		160	213	224	171	149					
Rural – Rurale		66	102	116	105	95					
Poland – Pologne	C										
Urban – Urbaine		...	...	...	1 338	1 481	...	...	...	5.1	5.7
Rural – Rurale		...	...	...	1 211	1 232	...	...	...	5.2	5.5
Romania – Roumanie	C										
Urban – Urbaine		1 217	974	830	747	768	7.8	7.2	6.7	6.4	6.7
Rural – Rurale		1 014	936	870	835	855	6.4	6.9	6.4	6.3	6.5
Russian Federation – Fédération de Russie	C										
Urban – Urbaine		13 589	11 605	9 447	7 849	7 909	9.8	9.4	8.8	8.4	8.2
Rural – Rurale		4 576	4 121	3 796	2 976	3 103	7.6	7.3	7.3	6.6	6.9
Slovakia – Slovaquie	C										
Urban – Urbaine		220	192	185	174	140					
Rural – Rurale		181	168	172	153	134					
Slovenia – Slovénie	C										
Urban – Urbaine		38	44	37	47	46					
Rural – Rurale		62	62	73	48	59					
Switzerland – Suisse	C										
Urban – Urbaine		186	204	207	214	181					
Rural – Rurale		204	153	130	134	105					
The former Yugoslav Rep. of Macedonia – L'ex Rép. yougoslavie de Macédoine	C										
Urban – Urbaine		154	154	163	...	...					
Rural – Rurale		149	112	139	...	...					
Ukraine	C										
Urban – Urbaine		4 159	3 796	3 422	2 777	2 584	9.4	9.1	8.8	7.8	7.9
Rural – Rurale		1 565	1 542	1 396	1 213	1 123	7.3	7.3	6.7	6.0	5.8
OCEANIA—OCEANIE											
New Zealand – Nouvelle–Zélande	+C										
Urban – Urbaine		179	...	171	127	...					
Rural – Rurale		68	...	66	51	...					

12. Late foetal deaths and late foetal death ratios, by urban/rural residence: 1990 – 1994 (continued)

Morts foetales tardives et rapports de mortinatalité, selon la résidence, urbaine/rurale: 1990 – 1994 (suite)

GENERAL NOTES

Late foetal deaths are those of 28 or more completed weeks of gestation. Data include foetal deaths of unknown gestational age. Ratios are the number of late foetal deaths per 1 000 live births. Ratios are shown only for countries or areas having at least a total of 1 000 late foetal deaths in a given year. For definitions of "urban", see end of table 6. For method of evaluation and limitations of data, see Technical Notes, page 58.

Italics: data from civil registers which are incomplete or of unknown completeness.

FOOTNOTES

* Provisional
\+ Data tabulated by date of registration rather than occurrence.

1 Code "C" indicates that the data are estimated to be virtually complete (at least 90 per cent) and code "U" indicates that the data are estimated to be incomplete (less than 90 per cent). For further details, see Technical Notes.
2 For classification by urban/rural residence, see end of table.
3 Foetal deaths after at least 180 days (6 calendar months or 26 weeks) of gestation.
4 Including live–born infants dying before registration of birth.

5 Based on hospital records.
6 Including Canadian residents temporarily in the United States, but excluding United States residents temporarily in Canada.

7 Excluding tribal Indian population.
8 Excluding Indian jungle population.
9 Excluding nomadic Indian tribes.
10 Including data for East Jerusalem and Israeli residents in certain other territories under occupation by Israeli military forces since June 1967.

11 For Japanese nationals in Japan only.
12 For the de jure population.
13 Excluding Faeroe Islands and Greenland.
14 Including nationals temporarily outside the country.
15 Ratios computed on live births including national armed forces outside the country.
16 Including residents outside the country if listed in a Netherlands population register.
17 Excluding foetal deaths of unknown residence.

NOTES GENERALES

Les morts foetales tardives sont celles qui surviennent après 28 semaines complètes de gestation au moins. Les données comprennent les morts foetales survenues après une période de gestation de durée inconnue. Les rapports représentent le nombre de morts foetales tardives pour 1 000 naissances vivantes. Les rapports présentés ne se rapportent qu'aux pays ou zones ou l'on a enregistré un total d'au moins 1 000 morts foetales tardives dans une année donnée. Pour les définitions des "régions urbaines", se reporter à la fin du tableau 6. Pour la méthode d'évaluation et les insuffisances des données, voir Notes techniques, page 58.
Italiques: données incomplètes ou dont le degré d'exactitude n'est pas connu, provenant des registres de l'état civil.

NOTES

* Données provisoires.
\+ Données exploitées selon la date de l'enregistrement et non la date de l'événement.
1 Le code "C" indique que les données sont jugées pratiquement complètes (au moins 90 p. 100) et le code "U" que les données sont jugées incomplètes (moins de 90 p. 100). Pour plus de détails, voir Notes techniques.
2 Pour le classement selon la résidence, urbaine/rurale, voir la fin du tableau.
3 Morts foetales survenues après 180 jours (6 mois civils ou 26 semaines) au moins de gestation.
4 Y compris les enfants nés vivants, décédés avant l'enregistrement de leur naissance.
5 D'après les registres des hôpitaux.
6 Y compris les résidents canadiens se trouvant temporairement aux Etats–Unis, mais non compris les résidents des Etats–Unis se trouvant temporairement au Canada.
7 Non compris les Indiens vivant en tribus.
8 Non compris les Indiens de la jungle.
9 Non compris les tribus d'Indiens nomades.
10 Y compris les données pour Jérusalem–Est et les résidents israéliens dans certains autres territoires occupés depuis juin 1967 par les forces armées israéliennes.
11 Pour les nationaux japonais au Japon seulement.
12 Pour la population de droit.
13 Non compris les îles Féroé et le Groenland.
14 Y compris les nationaux se trouvant temporairement hors du pays.
15 Rapports calculés sur la base des naissances vivantes qui comprennent les militaires nationaux hors du pays.
16 Y compris les résidents hors du pays, s'ils sont inscrits sur un registre de population néerlandais.
17 Non compris les morts foetales tardives dont on ignore la résidence.

13. Legally induced abortions: 1986 – 1994

Avortements provoqués légalement: 1986 – 1994

(See notes at end of table. – Voir notes à la fin du tableau.)

Continent and country or area / Continent et pays ou zone	Code	Number – Nombre 1986	1987	1988	1989	1990	1991	1992	1993	1994
AFRICA—AFRIQUE										
Réunion	...	4 299	4 181	...	...	...	...	...	...	...
St. Helena ex. dep. – Sainte–Hélène sans dép.	...	22	4	3	12	5	...	...	...	...
Seychelles	...	9	...	...	...	...	...	...	...	...
Tunisia – Tunisie	...	21 900	23 100	23 300	...	...	...	...	...	...
AMERICA,NORTH— AMERIQUE DU NORD										
Belize	...	599	890	941	825	1 001	990	...	...	...
Canada	a,b,c	62 406	61 635	...	70 705	71 092	70 277	59 694	...	...
Cuba	...	160 926	152 704	155 325	151 146	147 530	124 059	...	...	...
Greenland – Groenland	a,b,c,e,f	700	800	...	...	...	...	...	...	...
Mexico – Mexique	...	...	...	...	...	...	...	...	...	28 734
United States – Etats–Unis	...	1 328 112	1 353 671	1 371 285	1 396 658	1 429 577	1 388 937	...	...	...
AMERICA,SOUTH— AMERIQUE DU SUD										
Chile – Chili	...	47	47	49	42	29	67	...	...	...
ASIA—ASIE										
Armenia – Arménie	...	...	32 587	26 670	26 141	25 282	27 174	27 958	...	...
Hong Kong – Hong–kong	...	16 800	17 600	...	...	...	...	...	...	...
India – Inde [2]	a,b,c,d,e	...	588 406	534 870	582 161	596 345	581 215	...	...	...
Israel – Israël [3]	...	17 469	15 290	15 255	15 216	15 509	15 767	18 444	17 164	...
Japan – Japon [4]	a,b,c,d,e	527 900	497 756	486 146	466 876	456 797	436 299	413 032	386 807	364 350
Kazakstan	....	...	329 819	294 596	274 896	254 943	306 669	296 586	206 877	...
Kyrgyzstan – Kirghizistan	...	...	...	...	...	73 795	66 427	59 394	37 503	31 389
Singapore – Singapour	a,b,c,d,e	21 374	21 226	20 135	20 619	18 654	17 798	17 073	16 476	15 690
Tajikistan – Tadjikistan	...	...	...	...	...	40 346	52 072	47 040	40 078	...
EUROPE										
Belarus – Bélarus	...	171 000	163 800	140 900	124 500	114 300	101 100	95 853	85 685	...
Bulgaria – Bulgarie	...	134 686	133 815	...	132 021	144 644	...	132 891	107 416	...
Channel Islands – Iles Anglo–Normandes										
Jersey	...	...	287	313	...	323	307	250	296	...
Croatia – Croatie	...	...	...	...	...	38 644	53 351	26 223	25 179	19 673
Former Czechoslovakia – Ancienne Tchécoslovaquie	a,b,c,e	124 188	159 316	164 730	160 285	159 705	...	...	...	...
Czech Republic – Rép. tchèque	a,b,c,e	...	...	...	...	...	106 042	94 180	70 634	54 836
Denmark – Danemark [5]	a,b,c,d,e	20 067	20 830	21 200	21 456	20 589	19 729	18 833	18 607	17 598
Estonia – Estonie	...	36 354	34 713	30 702	28 216	29 410	29 406	28 403	...	...
Finland – Finlande	a,b,c,e,f	13 310	12 995	12 749	12 658	12 232	...	...	...	10 013
France	a,b,c,e	166 797	162 352	165 199	161 646	161 129	162 902	...	...	...
Germany – Allemagne [6]	...	...	...	164 624	149 196	145 267	124 377	118 609	111 236	103 586
Germany, Federal Rep. of – Allemagne, République fédérale d'	...	84 274	88 540	83 784	75 297	78 808	74 571	...	...	...
Former German Democratic Republic – Ancienne République démocratique allemande	...	...	...	80 840	73 899	...	...	...	...	...
Greece – Grèce	a,b,c,e,f	356	1 584	3 205	2 292	1 216	11 109	11 977	...	...
Hungary – Hongrie	a,b,c,d,e,f	83 586	84 547	87 106	90 508	90 394	89 931	87 065	75 258	74 491
Iceland – Islande	a,b,c,e,f	684	691	673	670	714	658	743	...	...
Italy – Italie	...	189 834	187 618	175 541	166 290	161 285	157 173	149 824	144 761	124 334
Latvia – Lettonie	...	59 388	56 900	54 866	53 169	48 995	44 886	40 494	31 348	26 795

13. Legally induced abortions: 1986 – 1994 (continued)

Avortements provoqués légalement: 1986 – 1994 (suite)

(See notes at end of table. – Voir notes à la fin du tableau.)

Continent and country or area / Continent et pays ou zone	Code	1986	1987	1988	1989	1990	1991	1992	1993	1994
		Number – Nombre								
EUROPE (Cont.–Suite)										
Lithuania – Lituanie	...	39 245	37 783	34 845	30 775	27 504	40 439	40 516	38 864	30 326
Netherlands – Pays-Bas	a,b,c,e,f	...	17 760	18 014	17 996	18 384	19 568	19 422	19 804	20 811
Norway – Norvège	a,b,c,d,e,f	15 474	15 422	15 852	16 208	15 551	15 528	15 164	14 909	...
Poland – Pologne [7]	a,b,c,e,f	129 720	122 536	105 333	80 127	59 417	30 878	11 640	1 208	874
Republic of Moldova – République de Moldova	...	...	...	...	...	...	58 802	52 003	...	...
Romania – Roumanie	...	...	...	...	...	...	866 934	691 863	585 761	530 191
Russian Federation – Fédération de Russie	...	...	4 385 627	4 608 953	4 427 713	4 103 425	3 608 412	3 436 695	3 243 957	2 481 493
Slovakia – Slovaquie	...	...	...	51 000	48 602	48 437	45 919	42 631	38 815	34 883
Slovenia – Slovénie	...	...	17 742	17 355	16 546	15 454	...	13 263	12 154	11 324
Sweden – Suède	...	33 090	34 707	37 585	37 920	37 489	35 788	34 849	34 169	32 293
The former Yugoslav Rep. of Macedonia – L'ex Rép. yougoslavie de Macédoine	...	...	...	27 089	...	...	...	...	...	...
Ukraine	...	...	1 068 000	1 080 000	1 058 414	1 019 038	957 022	...	...	...
United Kingdom – Royaume-Uni [8]	a,b,c,d,e,f	157 168	165 542	178 426	180 622	184 092	178 416	171 260	173 686	169 964
OCEANIA—OCEANIE										
New Zealand – Nouvelle-Zélande	a,b,c,d,e,f	8 056	8 789	10 000	10 200	11 173	11 594	11 460	...	...

GENERAL NOTES

For method of evaluation and limitations of data, see Technical Notes, page 60.

FOOTNOTES

* Provisional.
1 Explanation of code:
a. continuance of pregnancy would involve risk to the life of the pregnant woman greater than if the pregnancy were terminated.
b. Continuance of pregnancy would involve risk of injury to the physical health of the pregnant woman greater than if the pregnancy were terminated.
c. Continuance of pregnancy would involve risk of injury to the mental health of the pregnant woman greater than if the pregnancy were terminated.
d. Continuance of pregnancy would involve risk of injury to mental or physical health of any existing children of the family greater than if the pregnancy were terminated.
e. There is a substantial risk that if the child were born it would suffer from such physical or mental abnormalities as to be seriously handicapped.
f. Other.
2 For year ending 31 March.
3 Including data for East Jerusalem and Israeli residents in certain other territories under occupation by Israeli military forces since June 1967.
4 For Japanese nationals in Japan only.
5 Excluding the Faeroe Islands and Greenland.
6 All data shown pertaining to Germany prior to 3 October 1990 are indicated separately for the Federal Republic of Germany and the former German Democratic Republic based on their respective territories at the time indicated. See See explanatory notes on data pertaining to Germany on page 4.
7 Based on hospital and polyclinic records.
8 For residents only.

NOTES GENERALES

Pour la méthode d'évaluation et les insuffisances des données, voir Notes techniques, page 60.

NOTES

* Données provisoires.
1 Explication du code:
a. La prolongation de la grossesse exposerait la vie de la femme enceinte davantage que son interruption.
b. La prolongation de la grossesse causerait des complication pouvant affecter la santé physique de la femme enceinte davantage que son interruption.
c. La prolongation de la grossesse causerait des complications affectant les facultés mentales de la femme enceinte davantage que son interruption.
d. La prolongation de la grossesse causerait des complications affectant les facultés mentales ou physiques des enfants vivants de cette famille, davantage que son interruption.
e. Il y aurait des risques majeurs pour l'enfant de naître avec des anomalies physiques ou mentales qui l'handicaperaient gravement.
f. Autres.
2 Période annuelle se terminant le 31 mars.
3 Y compris les données pour Jérusalem–Est et les résidents israéliens dans certains autres territoires occupés depuis juin 1967 par les forces armées israéliennes.
4 Pour les nationaux japonais au Japon seulement.
5 Non compris les îles Féroé et le Groenland.
6 Toutes les données se rapportant à l'Allemagne avant le 3 octobre 1990 figurent dans deux rubriques séparées basées sur les territoires respectifs de la République fédérale d'Allemagne et l'ancienne République démocratique allemande selon la période indiquée. Voir les notes explicatives sur les données concernant l'Allemagne à la page 4.
7 D'après les registres des hopitaux et des polycliniques.
8 Pour les résidents seulement.

14. Legally induced abortions by age and number of previous live births of woman: latest available year
Avortements provoqués légalement selon l'âge de la femme et selon le nombre des naissances vivantes précédentes: dernière année disponible

(See notes at end of table. – Voir notes à la fin du tableau.)

Continent, country or area, year and number of previous live births — Continent, pays ou zone, année et nombre des naissances vivantes précédentes	Age of woman (in years) – Age de la femme (en années)										
	All ages Tous âges	–15	15–19	20–24	25–29	30–34	35–39	40–44	45–49	50 plus	Unknown Inconnu
AFRICA—AFRIQUE											
Réunion											
1987 [1]											
Total	4 140	22	574	1 303	955	683	451	134	*—	17 —*	1
0	2 931	21	513	996	613	418	270	89	*—	11 —*	–
1	939	1	49	247	268	197	138	35	*—	4 —*	–
2	133	–	3	27	40	31	25	6	*—	1 —*	–
3	28	–	–	7	4	10	5	2	*—	– —*	–
4	3	–	–	–	1	1	1	–	*—	– —*	–
5 plus	1	–	–	–	1	–	–	–	*—	– —*	–
Unknown–Inconnu	105	–	9	26	28	26	12	2	*—	1 —*	1
Seychelles											
1985 [2]											
Total	188	1	24	58	61	25	14	4	1	–	–
AMERICA,NORTH—AMERIQUE DU NORD											
Canada											
1992 [3]											
Total	59 694	326	11 214	17 999	13 457	9 409	5 268	*———	1 520	———*	501
0	29 444	307	9 023	10 614	5 455	2 472	1 117	*———	217	———*	239
1	12 509	4	1 355	4 159	3 437	2 161	1 009	*———	284	———*	100
2	10 020	–	188	1 816	2 797	2 857	1 740	*———	527	———*	95
3	3 196	–	22	360	750	1 030	739	*———	257	———*	38
4	925	–	–	71	212	276	264	*———	88	———*	14
5	225	–	–	11	31	90	62	*———	29	———*	2
6 plus	119	–	–	2	17	35	39	*———	22	———*	4
Unknown–Inconnu	3 256	15	626	966	758	488	298	*———	96	———*	9
Cuba											
1991											
Total	124 059	*—	40 586 —*	*———	———	———	83 473	———	———	———*	–
Mexico – Mexique											
1994											
Total	28 734	109	4 364	7 682	6 258	4 678	2 896	1 078	124	4	1 541
0	7 073	69	2 144	2 369	1 198	545	233	60	4	–	451
1	6 108	3	833	2 286	1 548	826	295	64	7	–	246
2	4 276	–	152	1 160	1 352	958	400	94	3	–	157
3	2 421	–	14	385	762	684	370	86	8	2	110
4	1 552	–	1	119	408	494	336	117	9	–	68
5	1 055	–	2	32	201	352	318	96	10	1	43
6 plus	2 216	–	10	22	170	503	811	522	75	1	102
Unknown–Inconnu	4 033	37	1 208	1 309	619	316	133	39	8	–	364
AMERICA,SOUTH—AMERIQUE DU SUD											
Chile – Chili											
1991											
Total	67	–	*—	14 —*	*—	32 —*	*—	20 —*	*—	1 —*	–

14. Legally induced abortions by age and number of previous live births of woman: latest available year (continued)
Avortements provoqués légalement selon l'âge de la femme et selon le nombre des naissances vivantes précédentes: dernière année disponible (suite)

(See notes at end of table. – Voir notes à la fin du tableau.)

Continent, country or area, year and number of previous live births Continent, pays ou zone, année et nombre des naissances vivantes précédentes	Age of woman (in years) – Age de la femme (en années) All ages Tous âges	–15	15–19	20–24	25–29	30–34	35–39	40–44	45–49	50 plus	Unknown Inconnu
ASIA—ASIE											
India – Inde											
1991[4]											
Total	581 215	1 991	32 066	128 611	168 782	104 861	41 998	*———	7 220	———*	95 686
Israel – Israël[5]											
1993											
Total	17 164	139	1 991	3 415	3 280	3 340	2 915	1 579	154	–	351
0	4 906	131	1 724	1 861	750	227	79	25	5	–	104
1	2 506	–	75	698	759	492	288	125	14	–	55
2	3 636	–	15	300	943	1 117	800	365	36	–	60
3	2 763	1	1	60	370	826	898	514	49	–	44
4	1 290	–	1	8	125	318	480	296	28	–	34
5	458	–	–	3	24	135	164	116	11	–	5
6 plus	328	–	–	2	9	52	122	117	11	–	15
Unknown–Inconnu	1 277	7	175	483	300	173	84	21	–	–	34
Japan – Japon[6]											
1994											
Total	364 350	–	27 838	83 309	67 667	72 653	70 998	37 778	4 014	66	27
Kazakstan											
1993											
Total	206 877	370	20 704	*———	154 010	———*	*———	——— 31 793	———	———*	–
Singapore – Singapour											
1994											
Total	15 690	14	1 457	3 634	3 455	3 432	2 638	988	*—	72 —*	–
0	6 477	14	1 393	2 866	1 416	535	203	48	*—	2 —*	–
1	2 018	–	54	420	704	466	268	98	*—	8 —*	–
2	4 306	–	10	272	910	1 454	1 188	438	*—	34 —*	–
3	2 211	–	–	66	348	784	713	280	*—	20 —*	–
4 plus	678	–	–	10	77	193	266	124	*—	8 —*	–
Unknown–Inconnu	–	–	–	–	–	–	–	–	*—	– —*	–
EUROPE											
Belarus – Bélarus											
1993											
Total	85 685	139	8 774	*———	62 545	———*	*———	——— 14 227	———	———*	–
Bulgaria – Bulgarie											
1993											
Total	107 416	427	11 999	28 316	27 152	22 778	12 639	3 836	264	5	–
Croatia – Croatie											
1994											
Total	19 673	5	1 015	3 267	4 438	4 982	4 046	*—	1 790 —*	9	121
0	3 651	5	861	1 681	678	257	104	*—	40 —*	1	24
1	3 909	–	87	861	1 160	912	601	*—	261 —*	–	27
2	8 273	–	15	478	1 921	2 675	2 185	*—	948 —*	5	46
3	2 093	–	3	57	336	665	693	*—	326 —*	2	11
4 plus	572	–	3	22	87	167	197	*—	93 —*	–	3
Unknown–Inconnu	1 175	–	46	168	256	306	266	*—	122 —*	1	10

14. Legally induced abortions by age and number of previous live births of woman: latest available year (continued)
Avortements provoqués légalement selon l'âge de la femme et selon le nombre des naissances vivantes précédentes: dernière année disponible (suite)

(See notes at end of table. – Voir notes à la fin du tableau.)

Continent, country or area, year and number of previous live births / Continent, pays ou zone, année et nombre des naissances vivantes précédentes	Age of woman (in years) – Age de la femme (en années)										
	All ages / Tous âges	-15	15–19	20–24	25–29	30–34	35–39	40–44	45–49	50 plus	Unknown / Inconnu
EUROPE (Cont.–Suite)											
Czech Republic – Rép. tchèque											
1994											
Total	54 836	43	6 507	12 869	12 523	10 324	8 184	3 991	382	13	–
0	10 609	42	5 267	3 949	851	278	136	69	16	1	–
1	13 274	1	1 129	5 597	3 408	1 728	943	421	39	8	–
2	23 202	–	98	2 988	6 727	6 053	4 813	2 313	208	2	–
3	6 266	–	13	275	1 280	1 861	1 810	924	102	1	–
4	1 126	–	–	55	202	311	357	184	16	1	–
5	241	–	–	5	42	67	82	44	1	–	–
6 plus	118	–	–	–	13	26	43	36	–	–	–
Unknown–Inconnu	–	–	–	–	–	–	–	–	–	–	–
Denmark – Danemark [7]											
1994											
Total	17 598	*— 2	467 —*	4 275	4 286	3 481	2 109	873	*—	107 —*	–
Estonia – Estonie											
1992											
Total	28 403	25	2 897	*———	15 163	———*	*———	——— 4	302 ———	———*	6 016
Finland – Finlande											
1994 [3]											
Total	10 013	15	1 446	2 205	2 284	1 920	1 278	725	136	3	1
0	4 599	15	1 368	1 533	971	454	174	75	8	–	1
1	1 932	–	72	436	572	450	253	127	22	–	–
2	2 169	–	4	203	527	608	472	282	72	1	–
3	956	–	1	27	170	304	272	165	16	1	–
4	251	–	–	5	32	77	79	47	11	–	–
5	68	–	–	–	3	16	21	23	5	–	–
6 plus	26	–	–	–	3	10	6	5	1	1	–
Unknown–Inconnu	12	–	1	1	6	1	1	1	1	–	–
France											
1989											
Total	161 646	*— 16	389 —*	37 301	39 287	33 115	24 033	9 902	904	50	665
Germany – Allemagne											
1994											
Total	103 586	177	6 535	19 379	27 150	25 384	16 534	7 080	744	–	603
0	32 714	169	5 541	10 240	8 704	4 910	2 160	764	84	–	142
1	21 286	7	774	5 089	6 641	4 868	2 622	1 052	91	–	142
2	23 096	–	169	2 571	6 215	7 011	4 729	2 032	220	–	149
3	13 711	1	37	983	3 231	4 427	3 339	1 455	160	–	78
4	6 790	–	11	338	1 440	2 252	1 795	834	70	–	50
5	3 038	–	3	88	531	1 000	897	451	46	–	22
6 plus	2 951	–	–	70	388	916	992	492	73	–	20
Unknown–Inconnu	–	–	–	–	–	–	–	–	–	–	–

14. Legally induced abortions by age and number of previous live births of woman: latest available year (continued)
Avortements provoqués légalement selon l'âge de la femme et selon le nombre des naissances vivantes précédentes: dernière année disponible (suite)

(See notes at end of table. – Voir notes à la fin du tableau.)

Continent, country or area, year and number of previous live births / Continent, pays ou zone, année et nombre des naissances vivantes précédentes	Age of woman (in years) – Age de la femme (en années)										
	All ages / Tous âges	–15	15–19	20–24	25–29	30–34	35–39	40–44	45–49	50 plus	Unknown / Inconnu
EUROPE (Cont.–Suite)											
Greece – Grèce											
1992											
Total	11 977	5	540	*— 5 607 —*		*— 4 903 —*		*— 804 —*		14	104
Hungary – Hongrie											
1994											
Total	74 491	280	13 174	17 134	14 652	12 356	11 604	4 981	*—	310 —*	–
0	21 468	280	10 699	7 504	2 045	561	254	116	*—	9 —*	–
1	15 542	–	1 923	5 131	3 875	2 181	1 693	691	*—	48 —*	–
2	23 631	–	481	3 161	5 507	5 717	5 918	2 677	*—	170 —*	–
3	9 381	–	68	1 033	2 205	2 491	2 500	1 023	*—	61 —*	–
4	2 777	–	3	259	703	824	692	281	*—	15 —*	–
5	986	–	–	37	214	342	286	104	*—	3 —*	–
6 plus	706	–	–	9	103	240	261	89	*—	4 —*	–
Unknown–Inconnu	–	–	–	–	–	–	–	–	*—	– —*	–
Iceland – Islande											
1992											
Total	743	–	146	207	147	119	78	43	3	–	–
0	286	–	137	106	31	11	1	–	–	–	–
1	188	–	8	87	50	33	8	2	–	–	–
2	149	–	1	14	46	36	35	15	2	–	–
3	90	–	–	–	16	31	22	21	–	–	–
4	25	–	–	–	3	8	10	4	–	–	–
5	5	–	–	–	1	–	2	1	1	–	–
6 plus	–	–	–	–	–	–	–	–	–	–	–
Unknown–Inconnu	–	–	–	–	–	–	–	–	–	–	–
Italy – Italie											
1993											
Total	144 761	79	9 494	27 603	33 467	32 845	26 352	12 841	1 632	50	398
0	54 257	66	8 589	20 049	14 544	7 119	2 757	888	89	8	148
1	28 669	7	756	4 905	8 215	7 407	4 930	2 120	245	11	73
2	40 868	2	124	2 226	8 241	12 641	11 330	5 481	693	19	111
3	15 171	–	6	348	1 981	4 406	5 185	2 818	381	10	36
4	3 745	–	3	36	331	875	1 418	938	126	2	16
5	1 188	–	–	10	87	256	427	356	44	–	8
6 plus	662	–	1	9	28	102	255	213	52	–	2
Unknown–Inconnu	201	4	15	20	40	39	50	27	2	–	4
Latvia – Lettonie											
1994											
Total	26 795	319	2 106	*—— 19 474 ——*			*—— —— 4 896 ——*				–
Lithuania – Lituanie											
1991*											
Total	26 598	16	1 573	*—— 20 323 ——*			*—— —— 4 686 ——*				–
Netherlands – Pays-Bas											
1992											
Total	19 422	52	1 825	4 063	4 046	3 616	2 548	981	*—	86 —*	2 205
0	8 420	...	...	...	...	...	...	...	...	...	...
1	3 168	...	...	...	...	...	...	...	...	...	...
2	3 392	...	...	...	...	...	...	...	...	...	...
3	1 464	...	...	...	...	...	...	...	...	...	...
4 plus	775	...	...	...	...	...	...	...	...	...	...

14. Legally induced abortions by age and number of previous live births of woman: latest available year (continued)

Avortements provoqués légalement selon l'âge de la femme et selon le nombre des naissances vivantes précédentes: dernière année disponible (suite)

(See notes at end of table. – Voir notes à la fin du tableau.)

Continent, country or area, year and number of previous live births / Continent, pays ou zone, année et nombre des naissances vivantes précédentes	Age of woman (in years) – Age de la femme (en années) All ages / Tous âges	-15	15–19	20–24	25–29	30–34	35–39	40–44	45–49	50 plus	Unknown / Inconnu
EUROPE (Cont.–Suite)											
Norway – Norvège											
1992											
Total	15 164	29	2 692	4 557	3 528	2 239	1 505	553	*—	61 —*	–
0	7 139	29	2 465	2 871	1 234	351	145	41	*—	3 —*	–
1	3 123	–	152	1 163	1 018	468	245	72	*—	5 —*	–
2 – 3	4 103	–	5	365	1 104	1 264	962	361	*—	42 —*	–
4 – 5	320	–	–	1	58	87	111	54	*—	9 —*	–
6 plus	21	–	–	1	1	5	7	7	*—	– —*	–
Unknown–Inconnu	458	–	70	156	113	64	35	18	*—	2 —*	–
Republic of Moldova – République de Moldova											
1992											
Total	52 003	59	4 778	*—	— 44	162 —	—*	*—	3 004	—*	–
Romania – Roumanie											
1994											
Total	530 191	858	36 951	132 395	144 611	108 339	78 940	25 602	2 468	27	–
Russian Federation – Fédération de Russie											
1994											
Total	2 481 493	2 395	257 230	*—	1 722 206	—*	*—	— 499	662 —	—*	–
Slovakia – Slovaquie											
1994											
Total	34 883	24	3 229	8 222	8 801	7 398	5 258	1 817	129	5	–
0	5 296	22	2 259	2 038	585	238	102	46	6	–	–
1	7 475	2	788	3 045	1 976	957	521	177	9	–	–
2	15 067	–	165	2 598	4 531	4 084	2 759	869	58	3	–
3	5 149	–	13	421	1 264	1 531	1 355	525	38	2	–
4 plus	1 896	–	4	120	445	588	521	200	18	–	–
Unknown–Inconnu	–	–	–	–	–	–	–	–	–	–	–
Slovenia – Slovénie											
1994											
Total	11 324	6	849	1 955	2 473	2 724	2 184	1 026	107	–	–
0	2 500	6	781	1 101	396	142	48	23	3	–	–
1	2 680	–	61	618	836	635	352	164	14	–	–
2	4 853	–	–	219	1 062	1 553	1 348	610	61	–	–
3	1 033	–	–	17	160	321	335	176	24	–	–
4	176	–	–	–	13	55	75	29	4	–	–
5	44	–	–	–	4	12	14	13	1	–	–
6 plus	31	–	–	–	2	6	12	11	–	–	–
Unknown–Inconnu	7	–	7	–	–	–	–	–	–	–	–
Sweden – Suède											
1994											
Total	32 293	127	4 350	8 030	7 602	5 974	4 143	1 849	*—	218 —*	–
0	14 337	...	...	...	...	...	...	...	*—	... —*	...
1	5 749	...	...	...	...	...	...	...	*—	... —*	...
2	7 381	...	...	...	...	...	...	...	*—	... —*	...
3	3 162	...	...	...	...	...	...	...	*—	... —*	...
4	995	...	...	...	...	...	...	...	*—	... —*	...
5	264	...	...	...	...	...	...	...	*—	... —*	...
6 plus	117	...	...	...	...	...	...	...	*—	... —*	...
Unknown–Inconnu	288	...	...	...	...	...	...	...	*—	... —*	...

14. Legally induced abortions by age and number of previous live births of woman: latest available year (continued)
Avortements provoqués légalement selon l'âge de la femme et selon le nombre des naissances vivantes précédentes: dernière année disponible (suite)

(See notes at end of table. – Voir notes à la fin du tableau.)

Continent, country or area, year and number of previous live births / Continent, pays ou zone, année et nombre des naissances vivantes précédentes	Age of woman (in years) – Age de la femme (en années)										
	All ages Tous âges	–15	15–19	20–24	25–29	30–34	35–39	40–44	45–49	50 plus	Unknown Inconnu
EUROPE (Cont.–Suite)											
United Kingdom – Royaume–Uni											
1993 [1]											
Total	173 686	985	32 694	53 313	41 188	25 625	14 227	5 165	446	31	12
0	95 313	981	29 378	36 419	19 109	6 509	2 236	611	58	6	6
1	29 857	2	2 809	10 296	8 639	4 886	2 378	787	56	2	2
2	29 538	–	380	5 012	8 655	8 137	5 197	1 962	187	7	1
3	12 350	–	36	1 221	3 366	3 913	2 697	1 037	79	1	–
4	4 218	–	6	234	1 041	1 429	1 040	429	35	2	2
5 plus	2 119	–	1	41	334	706	658	335	30	13	1
Unknown–Inconnu	291	2	84	90	44	45	21	4	1	–	–
OCEANIA—OCEANIE											
New Zealand – Nouvelle–Zélande											
1992											
Total	11 460	[8] 41	[8] 2 210	3 353	2 628	1 858	1 049	297	19	2	3
0	5 552	[8] 40	[8] 1 948	2 059	993	368	122	20	–	2	–
1	2 125	[8] 1	[8] 234	768	605	318	168	28	3	–	–
2	1 989	[8] –	[8] 26	388	589	543	334	102	7	–	–
3	1 091	[8] –	[8] 2	100	297	365	257	65	5	–	–
4	435	[8] –	[8] –	33	100	166	88	45	3	–	–
5	171	[8] –	[8] –	5	33	66	47	19	1	–	–
6 plus	94	[8] –	[8] –	–	11	32	33	18	–	–	–
Unknown–Inconnu	3	[8] –	[8] –	–	–	–	–	–	–	–	3

GENERAL NOTES

For method of evaluation and limitations of data, see Technical Notes, page 62.

FOOTNOTES

1 For residents only.
2 Including spontaneous abortions.
3 Birth order based on number of previous confinements (deliveries) rather than on live births.
4 For year ending 31 March.
5 Including data for East Jerusalem and Israeli residents in certain other territories under occupation by Israeli military forces since June 1967.
6 For Japanese nationals in Japan only.
7 Excluding Faeroe Islands and Greenland.
8 For under 16 and 16–19 years, as appropriate.

NOTES GENERALES

Pour la méthode d'évaluation et les insuffisances des données, voir Notes techniques, page 62.

NOTES

1 Pour les résidents seulement.
2 Y compris les avortements spontanés.
3 Le rang de naissance est déterminé par le nombre d'accouchements antérieurs plutôt que par le nombre des naissances vivantes.
4 Période annuelle se terminant le 31 mars.
5 Y compris les données pour Jérusalem–Est et les résidents israéliens dans certains autres territoires occupés depuis juin 1967 par les forces armées israéliennes.
6 Pour les nationaux japonais au Japon seulement.
7 Non compris les îles Féroé et le Groenland.
8 Pour moins de 16 ans et 16–19 ans selon le cas.

15. Infant deaths and infant mortality rates, by urban/rural residence: 1991 – 1995

Décès d'enfants de moins d'un an et taux de mortalité infantile, selon la résidence, urbaine/rurale: 1991 – 1995

(See notes at end of table.– Voir notes à la fin du tableau.)

Continent, country or area and urban/rural residence — Continent, pays ou zone et résidence, urbaine/rurale	Code [1]	Number – Nombre					Rate – Taux				
		1991	1992	1993	1994	1995	1991	1992	1993	1994	1995
AFRICA—AFRIQUE											
Algeria – Algérie	..	...	...	...	...	...			[2] 55.0		
Angola	..	...	...	...	...	...			[2] 124.2		
Benin – Bénin	..	...	...	...	...	...			[2] 85.8		
Botswana	..	...	...	...	...	...			[2] 43.0		
Burkina Faso	..	...	...	...	...	...			[2] 129.9		
Burundi	..	...	...	...	...	...			[2] 102.0		
Cameroon – Cameroun	..	...	...	...	...	...			[2] 63.0		
Cape Verde – Cap–vert	..	...	...	...	...	...			[2] 50.0		
Central African Republic – République centrafricaine	...	...	...	...	...	...			[2] 101.7		
African – Africains		...	...	...	*16 461*	...	...	...	...	...	...
Chad – Tchad	..	...	...	...	...	...			[2] 122.0		
Comoros – Comores	..	...	...	...	...	...			[2] 88.9		
Congo	..	...	...	...	...	...			[2] 83.6		
Côte d'Ivoire	..	...	...	...	...	...			[2] 91.7		
Djibouti	..	...	...	...	...	...			[2] 114.9		
Egypt – Egypte [3]	C	59 261	54 392	...	...	...	36.2	36.3	...	...	...
Equatorial Guinea – Guinée équatoriale	..	...	...	...	...	...			[2] 116.6		
Eritrea – Erythrée	..	...	...	...	...	...			[2] 105.2		
Ethiopia – Ethiopie	..	...	...	...	...	...			[2] 119.2		
Gabon	..	...	...	...	...	...			[2] 94.0		
Gambia – Gambie	..	...	...	...	...	...			[2] 132.0		
Ghana	..	...	...	...	...	...			[2] 81.1		
Guinea – Guinée	..	...	...	...	...	...			[2] 134.2		
Guinea–Bissau – Guinée–Bissau	..	...	...	...	...	...			[2] 140.0		
Kenya	..	...	...	...	...	...			[2] 69.3		
Lesotho	..	...	...	...	...	...			[2] 79.0		
Liberia – Libéria	..	...	...	...	...	...			[2] 125.9		
Libyan Arab Jamahiriya – Jamahiriya arabe libyenne	..	...	...	...	...	...			[2] 68.3		
Madagascar	..	...	...	...	...	...			[2] 93.0		
Malawi	..	...	...	...	...	...			[2] 142.9		
Mali	..	...	...	...	...	...			[2] 159.0		
Mauritania – Mauritanie	...	...	...	11 700	11 762	* 12 015			[2] 100.5		
Mauritius – Maurice [3]	+C	413	426	438	394	* 404	18.6	18.7	19.9	18.2	*19.7
Island of Mauritius – Ile Maurice [3]	+C	388	408	424	379	...	18.1	18.5	19.8	18.1	...
Rodrigues	+C	25	18	14	15	...					
Morocco – Maroc [3]	...	*10 355*	*12 320*	...	...	...			*[2] 68.3*		
Mozambique	..	...	...	...	...	...			[2] 148.3		
Namibia – Namibie	..	...	...	...	...	...			[2] 60.0		
Niger	..	...	...	...	...	...			[2] 124.1		
Nigeria – Nigéria	..	...	...	...	...	...			[2] 84.2		
Réunion [4]	U	*103*	...	...	...	...			*[2] 8.3*		
Rwanda	..	...	...	...	...	...			[2] 110.2		
St. Helena ex. dep. – Sainte–Hélène sans dép.	C	...	2	...	2	...					
Sao Tome and Principe – Sao Tomé–et–Principe	C	...	...	267	...	...	...	...	50.8	...	...
Senegal – Sénégal	..	...	...	...	...	...			[2] 68.0		
Seychelles	+C	22	19	22	...	29					
Sierra Leone	..	...	...	...	...	...			[2] 166.5		
Somalia – Somalie	..	...	...	...	...	...			[2] 121.7		
South Africa – Afrique du Sud	...	...	...	*17 851*	...	...			*[2] 52.8*		
Sudan – Soudan	..	...	...	...	...	...			[2] 78.1		
Swaziland	..	...	...	...	...	...			[2] 75.2		
Togo	..	...	...	...	...	...			[2] 85.3		
Tunisia – Tunisie	U	...	...	*5 223*	*4 823*	...			*[2] 43.0*		
Uganda – Ouganda	..	...	...	...	...	...			[2] 115.4		
United Rep. of Tanzania – Rép.–Unie de Tanzanie	..	...	...	...	...	...			[2] 84.9		
Zaire – Zaïre	..	...	...	...	...	...			[2] 92.6		

15. Infant deaths and infant mortality rates, by urban/rural residence: 1991 – 1995 (continued)

Décès d'enfants de moins d'un an et taux de mortalité infantile, selon la résidence, urbaine/rurale: 1991 – 1995 (suite)

(See notes at end of table.– Voir notes à la fin du tableau.)

Continent, country or area and urban/rural residence — Continent, pays ou zone et résidence, urbaine/rurale	Code [1]	Number – Nombre					Rate – Taux				
		1991	1992	1993	1994	1995	1991	1992	1993	1994	1995
AFRICA—AFRIQUE (Cont.–Suite)											
Zambia – Zambie	..	...	...	...	...	...			[2] 104.4		
Zimbabwe	...	...	_20 603_	...	...	...			[2] _67.0_		
AMERICA, NORTH— AMERIQUE DU NORD											
Anguilla	C	...	...	5	...	...					
Bahamas	C	122	76	94	119	...	23.8			27.3	...
Barbados – Barbade	+C	53	38	38	...	* 46					
Belize	U	_94_	_87_	_113_	_100_	...			_22.1_	_21.5_	...
Bermuda – Bermudes	C	7	...	...	...	...					
Canada [5]	C	...	2 431	2 448	2 400	...	...	6.1	6.3	6.2	...
Cayman Islands – Iles Caïmanes	C	7	7	2	7	...					
Costa Rica	C	1 122	1 099	...	1 045	...	13.8	13.7	...	13.0	...
Cuba	C	1 853	1 607	1 431	...	...	10.7	10.2	9.4	...	...
Dominican Republic – République dominicaine	+U	_3 413_	...	...	...	...			[2] _42.0_		
El Salvador [3]	...	_2 910_	_3 073_	...	_2 704_	...			[2] _45.6_		
Greenland – Groenland	C	33	...	22	...	...					
Guadeloupe [4]	C	61	76	...	...	...					
Guatemala	C	17 145	16 957	17 085	...	...	47.6	46.6	46.2	...	...
Haiti – Haïti	..	...	...	...	...	...			[2] 86.2		
Honduras	..	...	...	...	...	...			[2] 43.0		
Martinique [4]	U	_54_	_40_	_23_	...	...					
Mexico – Mexique [3]	U	_57 091_	_52 505_	_49 631_	_49 305_	...			[2] _36.0_		
Nicaragua	..	...	...	...	...	...			[2] 52.1		
Panama [3]	U	_1 079_	_1 032_	_1 134_	_955_	...			[2] _25.1_		
Puerto Rico – Porto Rico [3]	C	841	822	874	738	...	13.0	12.7	13.4	11.5	...
Saint Kitts and Nevis – Saint–Kitts–et–Nevis	+C	15	21	19	22	...					
Saint Lucia – Sainte–Lucie	C	...	67	...	...	* 66					
St. Vincent and the Grenadines – Saint–Vincent–et–Grenadines [3]	+C	...	46	...	...	* 47					
Trinidad and Tobago – Trinité–et–Tobago	C	247	242	258	...	...	11.0	10.5	12.2	...	...
United States – Etats–Unis	C	36 766	34 400	33 466	* 31 400	...	8.9	8.4	8.4	* 7.9	...
United States Virgin Islands – Iles Vierges américaines	C	52	...	31	...	...					
AMERICA, SOUTH— AMERIQUE DU SUD											
Argentina – Argentine	C	17 152	16 242	15 291	14 405	...	24.7	23.9	22.9	20.3	...
Bolivia – Bolivie	..	...	...	...	...	...			[2] 75.1		
Brazil – Brésil [6]	U	_84 451_	_83 123_	_86 599_	_83 177_	...			[2] _57.7_		
Chile – Chili [3]	C	4 385	4 209	3 792	3 454	...	14.6	14.3	13.1	12.0	...
Colombia – Colombie [7]	+U	_12 845_	...	...	...	...			[2] _37.0_		
Ecuador – Equateur [3 8]	U	_7 452_	_7 326_	_7 006_	...	...			[2] _49.7_		
Guyana	..	...	...	...	...	...			[2] 48.0		
Paraguay	U	1 102	758	...	...	...			[2] 38.1		
Peru – Pérou [3 6 9]	..	52 031	50 767	49 494	48 416	...	79.5	77.0	74.9	73.0	...
Suriname [3]	...	175	180	248	...	...			[2] 27.9		
Uruguay	C	_1 157_	_1 011_	_1 128_	...	...	_21.1_	_18.7_	_20.1_	...	...
Venezuela [6]	C	12 162	...	...	...	...	20.2	...	...	...	...
ASIA—ASIE											
Afghanistan	..	...	...	...	...	...			[2] 163.4		
Armenia – Arménie [3 10]	C	1 404	1 336	1 048	772	...	18.0	18.9	17.7	15.1	...
Azerbaijan – Azerbaïdjan	..	...	...	...	...	...			[2] 28.0		
Bahrain – Bahreïn	U	_274_	_284_	_276_	_267_	...			[2] _18.0_		

15. Infant deaths and infant mortality rates, by urban/rural residence: 1991 – 1995 (continued)

Décès d'enfants de moins d'un an et taux de mortalité infantile, selon la résidence, urbaine/rurale: 1991 – 1995 (suite)

(See notes at end of table.– Voir notes à la fin du tableau.)

Continent, country or area and urban/rural residence — Continent, pays ou zone et résidence, urbaine/rurale	Code [1]	Number – Nombre 1991	1992	1993	1994	1995	Rate – Taux 1991	1992	1993	1994	1995
ASIA—ASIE (Cont.–Suite)											
Bangladesh	..	...	...	...	...	...			[2] 107.5		
Bhutan – Bhoutan	..	...	...	...	...	...			[2] 124.0		
Brunei Darussalam – Brunéi Darussalam	+C	79	70	82	...	...					
Cambodia – Cambodge	..	...	...	...	...	...			[2] 115.7		
China – Chine	..	...	...	...	...	...			[2] 44.5		
Cyprus – Chypre	...	*140*	*140*	*[11] 91*	*[11] 89*	...			[2] 8.5		
East Timor – Timor oriental	..	...	...	...	...	...			[2] 149.5		
Georgia – Géorgie	..	...	...	...	...	...			[2] 19.0		
Hong Kong – Hong–kong [12]	C	436	341	335	322	...	6.4	4.8	4.8	4.5	...
India – Inde [3 13]	..	...	...	...	...	...	80.0	79.0	74.0	73.0	...
Indonesia – Indonésie	..	...	...	...	...	...			[2] 58.1		
Iran (Islamic Republic of – Rép. islamique d')	U	*99 939*	...	...	...	...			[2] 36.0		
Iraq	..	...	...	...	...	...			[2] 57.8		
Israel – Israël [3 14]	C	975	1 038	876	...	...	9.2	9.4	7.8	...	...
Japan – Japon [3 15]	C	5 418	5 477	5 169	5 261	...	4.4	4.5	4.3	4.2	...
Jordan – Jordanie	..	...	...	...	...	...			[2] 36.0		
Kazakstan [3 10]	C	9 763	8 912	9 099	...	...	27.6	26.3	28.8	...	...
Korea, Dem. People's Rep. of – Corée, rép. populaire dém. de	..	...	...	...	...	...			[2] 24.4		
Korea, Republic of– Corée, République de	...	*1 977*	*2 142*	*2 160*	*2 126*	...			[2] 10.9		
Kuwait – Koweït	C	248	421	461	493	...	12.0	12.1	12.3	12.7	...
Kyrgyzstan – Kirghizistan [3 11]	C	3 848	4 058	3 839	3 262	...	29.7	31.6	32.9	29.6	...
Lao People's Dem. Rep. – Rép. dém. populaire Lao	..	...	...	...	...	...			[2] 97.0		
Lebanon – Liban	..	...	...	...	...	...			[2] 34.0		
Macau – Macao [16]	...	*51*	*49*	*54*	*38*	*33*					
Malaysia – Malaisie	U	*6 368*	*6 402*	*6 139*	*5 833*	...			[2] 13.0		
Peninsular Malaysia [4] – Malaisie Péninsulaire	C	...	...	4 515	...	...	...	...	10.6	...	...
Maldives [3]	C	320	249	266	...	...	38.1	30.6	34.2	...	...
Mongolia – Mongolie	..	...	...	...	...	...			[2] 59.7		
Myanmar	..	...	...	...	...	...			[2] 84.0		
Nepal – Népal	..	...	...	...	...	...			[2] 99.0		
Oman	..	...	...	...	...	...			[2] 29.7		
Pakistan [3 17]	..	368 042	366 007	...	...	...	102.4	100.9	...	...	...
Philippines	U	*34 332*	*36 814*	...	...	...			[2] 43.6		
Qatar	...	...	*123*	*138*	*118*	...			[2] 20.0		
Saudi Arabia – Arabie saoudite	..	...	...	...	...	...			[2] 28.9		
Singapore – Singapour [18]	+C	269	245	235	214	* 195	5.5	5.0	4.7	4.3	* 4.0
Sri Lanka	..	...	...	...	...	...			[2] 18.0		
Syrian Arab Republic – République arabe syrienne	U	...	...	*4 716*	...	...			[2] 39.4		
Tajikistan – Tadjikistan [3 10]	C	8 579	8 641	8 677	...	...	40.4	48.1	46.5	...	...
Thailand – Thaïlande [3]	+U	7 928	7 256	7 048	6 828	...			[2] 36.6		
Turkey – Turquie [17]	..	75 894	72 037	68 281	64 724	* 61 316	54.6	51.9	49.3	46.8	* 44.4
Turkmenistan – Turkménistan	..	...	...	...	...	...			[2] 57.0		
United Arab Emirates – Emirats arabes unis	..	...	...	...	...	...			[2] 18.8		
Uzbekistan – Ouzbékistan [10]	C	...	26 700	...	18 900	...	...	37.6	...	28.8	...
Viet Nam	..	...	...	...	...	...			[2] 42.0		
Yemen – Yémen	..	...	...	...	...	...			[2] 119.5		
EUROPE											
Albania – Albanie [3]	C	2 547	...	...	...	...	32.9	...	...	...	...
Andorra – Andorre	...	*1*	*8*	...	...	...					
Austria – Autriche [3]	C	708	718	618	578	* 479	7.5	7.5	6.5	6.3	* 5.5
Belarus – Bélarus [3 10]	C	1 616	1 584	1 487	1 473	...	12.2	12.4	12.7	13.3	...
Belgium – Belgique	C	1 062	934	962	885	...	8.4	7.5	7.9	7.6	...
Bosnia and Herzegovina – Bosnie–Herzegovine	..	...	...	...	...	...			[2] 15.0		

15. Infant deaths and infant mortality rates, by urban/rural residence: 1991 – 1995 (continued)

Décès d'enfants de moins d'un an et taux de mortalité infantile, selon la résidence, urbaine/rurale: 1991 – 1995 (suite)

(See notes at end of table.– Voir notes à la fin du tableau.)

Continent, country or area and urban/rural residence — Continent, pays ou zone et résidence, urbaine/rurale	Code [1]	Number – Nombre					Rate – Taux				
		1991	1992	1993	1994	1995	1991	1992	1993	1994	1995
EUROPE (Cont.–Suite)											
Bulgaria – Bulgarie [3]	C	1 624	1 420	1 310	1 296	* 1 080	16.9	15.9	15.5	16.3	*15.8
Channel Islands – Iles Anglo–Normandes	C	12	11	14	5	...					
Guernsey – Guernesey	C	7	8	7	3	...					
Jersey	+C	5	3	7	2	...					
Croatia – Croatie [3]	C	575	546	480	495	...	11.1	11.6	9.9	10.2	...
Czech Republic – Rép. tchèque [3]	C	1 343	1 204	1 028	847	* 713	10.4	9.9	8.5	7.9	* 7.4
Denmark – Danemark [19]	C	471	444	367	400	* 372	7.3	6.6	5.4	5.7	* 5.3
Estonia – Estonie [3] [10]	C	258	285	239	205	...	13.4	15.8	15.8	14.5	...
Finland – Finlande [20]	C	...	...	285	308	...	...	...	4.4	4.7	...
France [3]	C	5 511	5 075	4 604	...	* 3 550	7.3	6.8	6.5	...	* 4.9
Germany – Allemagne	C	5 711	4 992	4 665	4 309	...	6.9	6.2	5.8	5.6	...
Greece – Grèce [3]	C	927	871	864	823	* 810	9.0	8.4	8.5	7.9	* 7.9
Hungary – Hongrie [3]	C	1 989	1 714	1 458	1 335	...	15.6	14.1	12.5	11.5	...
Iceland – Islande	C	25	22	22	14	...					
Ireland – Irlande [21]	+C	400	331	296	284	...	7.6	6.5	6.0	5.9	...
Isle of Man – Ile de Man	+C	3	2	5	8	...					
Italy – Italie	C	4 571	4 489	3 937	3 498	...	8.1	7.9	7.2	6.6	...
Latvia – Lettonie [3] [10]	C	545	557	434	381	* 403	15.7	17.6	16.2	15.7	*18.8
Liechtenstein	...	...	...	2	...	...					
Lithuania – Lituanie [3] [10]	C	806	887	746	603	* 514	14.3	16.5	16.0	14.1	*12.5
Luxembourg	C	46	44	32	29	* 30					
Malta – Malte	C	...	59	42	44	* 43					
Netherlands – Pays–Bas [22]	C	1 291	1 235	1 227	1 104	...	6.5	6.3	6.3	5.6	...
Norway – Norvège [23]	C	377	346	301	...	...	6.2	5.8	5.0	...	...
Poland – Pologne [3]	C	9 942	9 020	7 995	7 284	* 6 000	18.2	17.5	16.2	15.1	*13.5
Portugal [3]	C	1 259	1 068	996	...	...	10.8	9.3	8.7	...	...
Republic of Moldova – Rép. de Moldova [3] [10]	C	1 441	1 294	...	1 425	...	20.0	18.6	...	22.9	...
Romania – Roumanie [3]	C	6 258	6 080	5 822	5 894	* 5 027	22.7	23.3	23.3	23.9	*21.2
Russian Federation [3] [10] – Féderation de Russie	C	32 492	29 208	27 946	26 141	...	18.1	18.4	20.3	18.6	...
San Marino – Saint–Marin	+C	...	2	...	2	3					
Slovakia – Slovaquie [3]	C	1 039	939	779	743	* 675	13.2	12.6	10.6	11.2	*11.0
Slovenia – Slovénie [3]	C	178	177	134	126	* 105	8.2	8.9	6.8	6.5	* 5.5
Spain – Espagne	C	2 846	2 798	2 581	...	*1 987	7.2	7.1	6.7	...	* 5.6
Sweden – Suède	C	761	657	571	499	* 381	6.1	5.3	4.8	4.4	* 3.7
Switzerland – Suisse [3]	C	537	557	465	424	...	6.2	6.4	5.6	5.1	...
The former Yugoslav Rep. of Macedonia – L'ex Rép. yougoslavie de Macédoine [3]	C	984	1 018	781	...	...	28.3	30.6	24.0	...	...
Ukraine [3] [10]	C	8 831	8 429	8 431	7 683	...	14.0	14.1	15.1	14.7	...
United Kingdom – Royaume–Uni	C	5 825	5 141	4 829	4 648	...	7.3	6.6	6.3	6.2	...
Yugoslavia – Yougoslavie [3]	C	3 187	3 051	3 081	2 529	*2 283	20.9	21.7	21.9	18.4	*16.4
OCEANIA—OCEANIE											
American Samoa – Samoa américaines	C	20	13	22	...	...					
Australia – Australie	+C	1 836	1 843	1 591	1 512	...	7.1	7.0	6.1	5.9	...
Fiji – Fidji	+C	...	...	...	...	271	...	...	...	...	13.8
French Polynesia – Polynésie française	...	67	67	54	50	* 38					
Guam [24]	C	32	41	...	...	38					
Marshall Islands – Iles Marshall	C	...	...	...	29	...					
Nauru	C	...	...	...	...	5					
New Caledonia – Nouvelle–Calédonie	C	37	38	33	43	...					
New Zealand – Nouvelle–Zélande [3]	+C	499	430	426	...	386	8.3	7.3	7.2	...	6.7
Papua New Guinea – Papouasie–Nouvelle–Guinée	..	...	...	...	...	...			[2] 68.3		
Samoa	U	...	25	...	11	...					
Solomon Islands – Iles Salomon	..	...	...	...	...	...			[2] 26.8		
Vanuatu	..	...	...	...	...	...			[2] 47.0		

15. Infant deaths and infant mortality rates, by urban/rural residence: 1991 – 1995 (continued)

Décès d'enfants de moins d'un an et taux de mortalité infantile, selon la résidence, urbaine/rurale: 1991 – 1995 (suite)

Data by urban/rural residence

Données selon la résidence urbaine/rurale

(See notes at end of table.– Voir notes à la fin du tableau.)

Continent, country or area and urban/rural residence — Continent, pays ou zone et résidence, urbaine/rurale	Code [1]	Number – Nombre					Rate – Taux				
		1991	1992	1993	1994	1995	1991	1992	1993	1994	1995
AFRICA—AFRIQUE											
Egypt – Egypte	C										
Urban – Urbaine		21 357	19 408	...	...	...	34.8	33.5	...	...	...
Rural – Rurale		37 904	34 984	...	...	...	37.0	38.1	...	...	...
Mauritius – Maurice	+C										
Urban – Urbaine		157	177	188	169	...	16.2	17.9	20.0	18.4	...
Rural – Rurale		256	249	250	225	...	20.5	19.1	19.3	17.9	...
Island of Mauritius – Ile Maurice	+C										
Urban – Urbaine		157	177	188	169	...	16.2	17.9	20.0	18.4	...
Rural – Rurale		231	231	236	210	...	19.7	18.8	19.2	17.7	...
Morocco – Maroc	...										
Urban – Urbaine		*3 098*	...	...	...	...	*15.4*	...	...	...	...
Rural – Rurale		*7 257*	...	...	...	...	*20.1*	...	...	...	...
Zimbabwe	...										
Urban – Urbaine		...	*5 217*	...	...	...	...	*48.5*	...	...	...
Rural – Rurale		...	*15 386*	...	...	...	...	*61.1*	...	...	...
AMERICA,NORTH— AMERIQUE DU NORD											
El Salvador	...										
Urban – Urbaine		*1 505*	*1 541*	...	...	...	*19.8*	*20.5*	...	...	...
Rural – Rurale		*1 405*	*1 532*	...	...	...	*18.7*	*19.5*	...	...	...
Mexico – Mexique [25]	U										
Urban – Urbaine		*38 917*	*38 452*	*36 136*	*35 822*	...	*23.3*	*21.2*	*19.7*	*19.4*	...
Rural – Rurale		*17 295*	*13 354*	*13 016*	*13 049*	...	*18.2*	*15.5*	*15.1*	*14.8*	...
Panama	U										
Urban – Urbaine		*511*	*556*	*585*	...	...	*19.3*	*18.8*	*20.1*	...	...
Rural – Rurale		*568*	*476*	*549*	...	...	*16.9*	*15.7*	*18.2*	...	...
Puerto Rico – Porto Rico [25]	C										
Urban – Urbaine		...	...	...	374	...	...	...	...	11.7	...
Rural – Rurale		...	...	...	362	...	...	...	...	11.2	...
St. Vincent and the Grenadines – Saint-Vincent-et-Grenadines	+C										
Urban – Urbaine		...	42	...	...	...	...	...	...	...	...
Rural – Rurale		...	4	...	...	...	...	...	...	...	...
AMERICA,SOUTH— AMERIQUE DU SUD											
Chile – Chili	C										
Urban – Urbaine		3 620	3 500	3 133	2 816	...	14.0	13.7	12.4	11.3	...
Rural – Rurale		765	709	659	638	...	19.0	18.4	17.7	16.4	...
Ecuador – Equateur [8]	U										
Urban – Urbaine		...	...	*4 174*	...	...	...	...	*32.4*	...	...
Rural – Rurale		...	...	*2 832*	...	...	...	...	*40.5*	...	...
Peru – Pérou [6] [9]	..										
Urban – Urbaine		27 765	27 362	26 998	...	...	68.7	66.6	64.9	...	...
Rural – Rurale		24 266	23 405	22 496	...	...	97.0	94.3	91.7	...	...
Suriname	...										
Urban – Urbaine		*82*	...	...	...	...	...	...	...	...	...
Rural – Rurale		*93*	...	...	...	...	...	...	...	...	...
ASIA—ASIE											
Armenia – Arménie [10]	C										
Urban – Urbaine		912	858	655	468	...	18.8	19.5	...	15.6	...
Rural – Rurale		492	478	393	304	...	16.7	18.0	...	14.4	...
India – Inde [13]	..										
Urban – Urbaine		...	...	...	...	...	53.0	...	...	...	...
Rural – Rurale		...	...	...	...	...	80.0	...	...	...	...
Israel – Israë [14]	C										
Urban – Urbaine		...	899	755	...	...	...	9.2	7.6	...	...
Rural – Rurale		...	133	121	...	...	...	10.6	9.3	...	...

15. Infant deaths and infant mortality rates, by urban/rural residence: 1991 – 1995 (continued)

Décès d'enfants de moins d'un an et taux de mortalité infantile, selon la résidence, urbaine/rurale: 1991 – 1995 (suite)

Data by urban/rural residence

Données selon la résidence urbaine/rurale

(See notes at end of table.– Voir notes à la fin du tableau.)

Continent, country or area and urban/rural residence — Continent, pays ou zone et résidence, urbaine/rurale	Code [1]	Number – Nombre					Rate – Taux				
		1991	1992	1993	1994	1995	1991	1992	1993	1994	1995
ASIA—ASIE (Cont.–Suite)											
Japan – Japon [15 25]	C										
Urban – Urbaine		4 214	4 294	4 071	4 057	...	4.4	4.5	4.3	4.1	...
Rural – Rurale		1 195	1 173	1 089	1 188	...	4.6	4.7	4.5	4.8	...
Kazakstan [10]	C										
Urban – Urbaine		4 661	4 283	4 194	...	...	26.9	26.4	28.7	...	...
Rural – Rurale		5 102	4 629	4 905	...	...	28.2	26.3	28.8	...	...
Kyrgyzstan – Kirghizistan [10]	C										
Urban – Urbaine		1 007	1 097	1 127	956	...	26.8	30.8	36.3	32.6	...
Rural – Rurale		2 841	2 961	2 712	2 306	...	30.9	31.9	31.6	28.5	...
Maldives	C										
Urban – Urbaine		44	51	47	...	...	32.5	37.6	33.5	...	...
Rural – Rurale		276	198	219	...	...	39.2	29.2	34.3	...	...
Pakistan [17]	..										
Urban – Urbaine		68 604	69 219	...	...	...	68.9	71.4	...	...	...
Rural – Rurale		299 438	296 787	...	...	...	115.3	111.6	...	...	...
Tajikistan – Tadjikistan [10]	C										
Urban – Urbaine		1 898	2 219	2 189	...	...	37.6	52.0	54.3	...	...
Rural – Rurale		6 681	6 422	6 488	...	...	41.2	46.9	44.4	...	...
Thailand – Thaïlande	+U										
Urban – Urbaine		*4 318*	*2 797*	...	*2 690*	...	*15.6*	*9.5*	...	*8.8*	...
Rural – Rurale		*3 610*	*4 459*	...	*4 138*	...	*5.3*	*6.6*	...	*6.3*	...
EUROPE											
Albania – Albanie	C										
Urban – Urbaine		662	...	...	...	...	29.4	...	...	...	...
Rural – Rurale		1 885	...	...	...	...	34.4	...	...	...	...
Austria – Autriche	C										
Urban – Urbaine		376	392	336	...	...	...	...	...	...	...
Rural – Rurale		332	326	282	...	...	...	...	...	...	...
Belarus – Bélarus [10]	C										
Urban – Urbaine		1 090	1 112	976	959	...	11.6	12.3	12.0	12.6	...
Rural – Rurale		526	472	511	514	...	13.9	12.5	14.2	15.0	...
Bulgaria – Bulgarie	C										
Urban – Urbaine		...	936	865	842	...	...	15.4	14.9	15.2	...
Rural – Rurale		...	484	445	454	...	...	17.0	16.9	18.9	...
Croatia – Croatie	C										
Urban – Urbaine		347	334	263	324	...	10.9	11.0	9.1	11.1	...
Rural – Rurale		228	212	217	171	...	11.3	12.8	11.0	8.8	...
Czech Republic – Rép. tchèque	C										
Urban – Urbaine		1 007	924	760	631	...	10.3	10.2	8.5	8.0	...
Rural – Rurale		336	280	268	216	...	10.5	9.0	8.4	7.7	...
Estonia – Estonie [10]	C										
Urban – Urbaine		157	167	135	120	...	12.4	14.6	14.1	13.6	...
Rural – Rurale		101	111	97	82	...	15.2	17.1	...	...	...
France [26]	C										
Urban – Urbaine		4 318	4 037	3 667	...	...	7.2	6.9	6.5	...	...
Rural – Rurale		1 126	989	873	...	...	7.0	6.3	5.8	...	...
Semi–urban		67	49	64	...	...	...	...	...	...	...
Greece – Grèce	C										
Urban – Urbaine		698	636	606	573	...	10.3	9.2	9.0	8.2	...
Rural – Rurale		229	235	258	250	...	6.6	6.7	7.5	7.3	...
Hungary – Hongrie	C										
Urban – Urbaine		1 114	968	871	802	...	14.7	13.2	12.4	11.6	...
Rural – Rurale		868	737	578	522	...	17.0	15.3	12.5	11.3	...
Latvia – Lettonie [10]	C										
Urban – Urbaine		339	318	253	247	...	15.6	16.4	16.0	16.7	...
Rural – Rurale		206	239	181	134	...	16.0	19.6	16.5	14.1	...
Lithuania – Lituanie [10]	C										
Urban – Urbaine		508	561	425	360	314	13.6	16.1	14.1	13.0	11.8
Rural – Rurale		298	326	321	243	200	15.9	17.4	19.4	15.9	13.7

15. Infant deaths and infant mortality rates, by urban/rural residence: 1991 – 1995 (continued)

Décès d'enfants de moins d'un an et taux de mortalité infantile, selon la résidence, urbaine/rurale: 1991 – 1995 (suite)

Data by urban/rural residence

Données selon la résidence urbaine/rurale

(See notes at end of table.– Voir notes à la fin du tableau.)

Continent, country or area and urban/rural residence — Continent, pays ou zone et résidence, urbaine/rurale	Code [1]	Number – Nombre					Rate – Taux				
		1991	1992	1993	1994	1995	1991	1992	1993	1994	1995
EUROPE (Cont.–Suite)											
Poland – Pologne	C										
Urban – Urbaine		5 323	4 815	4 376	4 021	...	18.4	17.7	16.7	15.6	...
Rural – Rurale		4 619	4 205	3 619	3 263	...	17.9	17.3	15.6	14.6	...
Portugal	C										
Urban – Urbaine		...	...	325	...	...	...	...	...	...	...
Rural – Rurale		...	...	484	...	...	...	...	...	...	...
Republic of Moldova – République de Moldova [10]	C										
Urban – Urbaine		546	470	...	...	...	17.3	16.2	...	...	...
Rural – Rurale		895	824	...	...	...	22.1	20.3	...	...	...
Romania – Roumanie	C										
Urban – Urbaine		2 654	2 575	2 315	2 295	...	19.6	20.8	19.7	20.1	...
Rural – Rurale		3 604	3 505	3 507	3 599	...	25.8	25.7	26.4	27.2	...
Russian Federation [10] – Fédération de Russie	C										
Urban – Urbaine		21 549	19 097	18 106	17 131	...	17.5	17.9	19.5	17.8	...
Rural – Rurale		10 943	10 111	9 840	9 010	...	19.4	19.5	21.9	20.1	...
Slovakia – Slovaquie	C										
Urban – Urbaine		543	466	415	363	...	12.3	11.4	10.5	10.2	...
Rural – Rurale		496	473	364	380	...	14.4	14.0	10.8	12.3	...
Slovenia – Slovénie	C										
Urban – Urbaine		73	74	54	60	...	7.1	9.6	6.0	6.6	...
Rural – Rurale		105	103	80	66	...	9.3	9.6	7.5	6.3	...
Switzerland – Suisse	C										
Urban – Urbaine		347	364	316	261	...	6.2	6.5	5.8	4.9	...
Rural – Rurale		190	193	149	163	...	6.2	6.2	5.0	5.5	...
The former Yugoslav Rep. of Macedonia – L'ex Rép. yougoslavie de Macédoine	C										
Urban – Urbaine		494	490	...	...	...	26.2	27.6	...	...	...
Rural – Rurale		490	528	...	...	...	30.7	34.2	...	...	...
Ukraine [10]	C										
Urban – Urbaine		5 703	5 404	5 300	4 711	...	13.6	13.9	14.9	14.3	...
Rural – Rurale		3 128	3 025	3 131	2 972	...	14.8	14.5	15.6	15.4	...
Yugoslavia – Yougoslavie	C										
Urban – Urbaine		1 751	1 755	1 759	1 458	...	...	24.1	24.1	20.4	...
Rural – Rurale		1 436	1 296	1 322	1 071	...	...	19.1	19.4	16.2	...
OCEANIA—OCEANIE											
New Zealand – Nouvelle-Zélande	+C										
Urban – Urbaine		...	319	302	...	...	...	7.2	6.8	...	...
Rural – Rurale		...	111	124	...	...	...	7.5	8.6	...	...

15. Infant deaths and infant mortality rates, by urban/rural residence: 1991 – 1995 (continued)

Décès d'enfants de moins d'un an et taux de mortalité infantile, selon la résidence, urbaine/rurale: 1991 – 1995 (suite)

GENERAL NOTES

Data exclude foetal deaths. Rates are the number of deaths of infants under one year of age per 1 000 live births. Rates are shown only for countries or areas having at least a total of 100 infant deaths in a given year. For definitions of "urban", see end of table 6. For method of evaluation and limitations of data, see Technical Notes, page 63.

Italics: data from civil registers which are incomplete or of unknown completeness.

FOOTNOTES

* Provisional.
\+ Data tabulated by date of registration rather than occurrence.

1 Code "C" indicates that the data are estimated to be virtually complete (at least 90 per cent) and code "U" indicates that the data are estimated to be incomplete (less than 90 per cent). The code does not apply to estimated rates. For further details, see Technical Notes.
2 Estimate for 1990–1995 prepared by the Population Division of the United Nations.
3 For classification by urban/rural residence, see end of table.
4 Excluding live–born infants dying before registration of birth.

5 Including Canadian residents temporarily in the United States but excluding United States residents temporarily in Canada.

6 Excluding Indian jungle population.
7 Based on burial permits.
8 Excluding nomadic Indian tribes.
9 Including an upward adjustment for under–registration.
10 Excluding infants born alive after less than 28 weeks' gestation, of less than 1 000 grammes in weight and 35 centimetres in length, who die within seven days of birth.
11 For government controlled ares.
12 Excluding Vietnamese refugees.
13 Based on Sample Registration Scheme.
14 Including data for East Jerusalem and Israeli residents in certain other territories under occupation by Israeli military forces since June 1967.

NOTES GENERALES

Les données ne comprennent pas les morts foetales. Les taux représentent le nombre de décès d'enfants de moins d'un an pour 1 000 naissances vivantes. Les taux présentés ne se rapportent qu'aux pays ou zones où l'on a enregistré un total d'au moins 100 décès d'enfants de moins d'un an dans un année donnée. Pour les définitions des "régions urbaines", se reporter à la fin du tableau 6. Pour la méthode d'évaluation et les insuffisances des données, voir Notes techniques, page 63.
Italiques: données incomplètes ou dont le degré d'exactitude n'est pas connu, provenant des registres de l'état civil.

NOTES

* Données provisoires.
\+ Données exploitées selon la date de l'enregistrement et non la date de l'événement.
1 Le code "C" indique que les données sont jugées pratiquement complètes (au moins 90 p. 100) et le code "U" que les données sont jugées incomplètes (moins de 90 p. 100). Le code ne s'applique pas aux taux estimatifs. Pour plus de détails, voir Notes techniques.
2 Estimations pour 1990–1995 établie par la Division de la population de l'Organisation des Nations Unies.
3 Pour le classement selon la résidence, urbaine/rurale, voir la fin du tableau.
4 Non compris les enfants nés vivants, décédés avant l'enregistrement de leur naissance.
5 Y compris les résidents canadiens se trouvant temporairement aux Etats–Unis, mais non compris les résidents des Etats–Unis se trouvant temporairement au Canada.
6 Non compris les Indiens de la jungle.
7 D'après les permis d'inhumer.
8 Non compris les tribus d'Indiens nomades.
9 Y compris un ajustement pour sous–enregistrement.
10 Non compris les enfants nés vivants aprés moins de 28 semaines de gestation, pesant moins de 1 000 grammes, mesurant moins de 35 centimètres et décédés dans les sept jour qui ont suivi leur naissance.
11 Pour les zones controllées pour le gouvernement.
12 Non compris les réfugiés du Viet Nam.
13 D'après le Programme d'enregistrement par sondage.
14 Y compris les données pour Jérusalem–Est et les résidents israéliens dans certains autres territoires occupés depuis juin 1967 par les forces armées israéliennes.

15. Infant deaths and infant mortality rates, by urban/rural residence: 1991 – 1995 (continued)

Décès d'enfants de moins d'un an et taux de mortalité infantile, selon la résidence, urbaine/rurale: 1991 – 1995 (suite)

FOOTNOTES (continued)

15 For Japanese nationals in Japan only.
16 Events registered by Health Service only.
17 Based on the results of the Population Demographic Survey.
18 Rates computed on live births tabulated by date of occurrence.
19 Excluding Faeroe Islands and Greenland.
20 Including nationals temporarily outside the country.
21 Infant deaths registered within one year of occurrence.
22 Including residents outside the country if listed in a Netherlands population register.
23 Including residents temporarily outside the country.
24 Including United States military personnel, their dependants and contract employees.
25 Excluding infant deaths of unknown residence.
26 Excluding nationals outside the country.

NOTES (suite)

15 Pour les nationaux japonais au Japon seulement.
16 Evénements enregistrés par le Service de santé seulement.
17 D'après les résultats d'une enquête démographique de la population.
18 Taux calculés sur la base de données relatives aux naissances vivantes exploitées selon la date de l'événement.
19 Non compris les îles Féroé et le Groenland.
20 Y compris les nationaux se trouvant temporairement hors du pays.
21 Décès d'enfants de moins d'un an enregistrés dans l'année qui suit l'événement.
22 Y compris les résidents hors du pays, s'ils sont inscrits sur un registre de population néerlandais.
23 Y compris les résidents se trouvant temporairement hors du pays.
24 Y compris les militaires des Etats–Unis, les membres de leur famille les accompagnant et les agents contractuels des Etats–Unis.
25 Non compris les décès d'enfants de moins d'un an pour lequels le lieu de résidence n'est pas connu.
26 Non compris les nationaux hors du pays.

16. Infant deaths and infant mortality rates by age, sex and urban/rural residence: latest available year
Décès d'enfants de moins d'un an et taux de mortalité infantile selon l'âge, le sexe et la résidence, urbaine/rurale: dernière année disponible

(See notes at end of table. – Voir notes à la fin du tableau.)

Continent, country or area, year, sex and urban/rural residence / Continent, pays ou zone, année, sexe et résidence, urbaine/rurale	Age (in days – en jours)											
	Number – Nombre						Rate – Taux					
	–365	–1	1–6	7–27	28–364	Unknown Inconnu	–365	–1	1–6	7–27	28–364	Unknown Inconnu
AFRICA—AFRIQUE												
Algeria – Algérie												
1986 [1 2]												
Total	*37 667*	*——	*14 061*	——*	*18 337*	*5 269*	*49.3*	*——	*18.4*	——*	*24.0*	*6.9*
Egypt – Egypte												
1992												
Total	54 392	1 457	5 936	5 981	41 018	–	36.3	1.0	4.0	4.0	27.4	–
Male – Masculin	27 560	783	3 616	3 373	19 788	–	35.3	1.0	4.6	4.3	25.3	–
Female – Féminin	26 832	674	2 320	2 608	21 230	–	37.5	0.9	3.2	3.6	29.7	–
Mauritius – Maurice												
1994+												
Total	394	110	142	45	97	–						
Male – Masculin	244	70	91	27	56	–						
Female – Féminin	150	40	51	18	41	–						
Island of Mauritius – Ile Maurice												
1994+												
Total	379	105	135	43	96	–						
Male – Masculin	235	67	88	25	55	–						
Female – Féminin	144	38	47	18	41	–						
Rodrigues												
1994+												
Total	15	5	7	2	1	–						
Male – Masculin	9	3	3	2	1	–						
Female – Féminin	6	2	4	–	–	–						
Morocco – Maroc												
1991												
Total	*10 355*	*—— —	*8 466*	——	——*	*1 889*	*18.4*	*—— –	*15.1*	——	——*	*3.4*
Male – Masculin	*5 561*	*—— —	*4 525*	——	——*	*1 036*	*19.3*	*—— –	*15.7*	——	——*	*3.6*
Female – Féminin	*4 794*	*—— —	*3 941*	——	——*	*853*	*17.5*	*—— –	*14.4*	——	——*	*3.1*
Réunion												
1990 [2]												
Total	*94*	–	*38*	*18*	*38*	–						
Male – Masculin	*58*	–	*26*	*9*	*23*	–						
Female – Féminin	*36*	–	*12*	*9*	*15*	–						
St. Helena ex. dep. – Sainte-Hélène sans dép.												
1994												
Total	2	2	–	–	–	–						
Male – Masculin	–	–	–	–	–	–						
Female – Féminin	2	2	–	–	–	–						
Seychelles												
1986+												
Total	30	15	10	1	4	–						
Male – Masculin	20	10	7	1	2	–						
Female – Féminin	10	5	3	–	2	–						
South Africa – Afrique du Sud												
1993												
Total	*17 851*	*3 027*	*3 446*	*1 940*	*9 438*	–	...	...	...	...	...	...
Male – Masculin	*9 584*	*1 673*	*1 909*	*1 004*	*4 998*	–	...	...	...	...	...	...
Female – Féminin	*8 267*	*1 354*	*1 537*	*936*	*4 440*	–	...	...	...	...	...	...

16. Infant deaths and infant mortality rates by age, sex and urban/rural residence: latest available year (continued)
Décès d'enfants de moins d'un an et taux de mortalité infantile selon l'âge, le sexe et la résidence, urbaine/rurale: dernière année disponible (suite)

(See notes at end of table. – Voir notes à la fin du tableau.)

Continent, country or area, year, sex and urban/rural residence — Continent, pays ou zone, année, sexe et résidence, urbaine/rurale	Age (in days – en jours): Number – Nombre -365	-1	1-6	7-27	28-364	Unknown Inconnu	Rate – Taux -365	-1	1-6	7-27	28-364	Unknown Inconnu
AFRICA—AFRIQUE(Cont.-Suite)												
Zimbabwe												
1986												
Total	5 229	876	1 564	749	2 039	1	...	...	...	...	...	...
Male – Masculin	2 760	482	828	405	1 045	–	...	...	...	...	...	...
Female – Féminin	2 469	394	736	344	994	1	...	...	...	...	...	...
AMERICA,NORTH— AMERIQUE DU NORD												
Bahamas												
1992												
Total	76	*—	25 —*	14	37	–						
Male – Masculin	40	*—	15 —*	7	18	–						
Female – Féminin	36	*—	10 —*	7	19	–						
Barbados – Barbade												
1991+												
Total	53	14	8	8	23	–						
Male – Masculin	40	11	7	8	14	–						
Female – Féminin	13	3	1	–	9	–						
Belize												
1993												
Total	113	18	22	12	51	10						
Male – Masculin	58	9	15	5	25	4						
Female – Féminin	55	9	7	7	26	6						
Bermuda – Bermudes												
1991												
Total	7	2	2	1	2	–						
Male – Masculin	5	2	1	1	1	–						
Female – Féminin	2	–	1	–	1	–						
British Virgin Islands – Iles Vierges britanniques												
1988+												
Total	7	5	1	1	–	–						
Male – Masculin	5	4	–	1	–	–						
Female – Féminin	2	1	1	–	–	–						
Canada												
1992 [3]												
Total	2 431	889	453	237	852	–	6.1	2.2	1.1	0.6	2.1	–
Male – Masculin	1 389	501	267	133	488	–	6.8	2.5	1.3	0.6	2.4	–
Female – Féminin	1 042	388	186	104	364	–	5.4	2.0	1.0	0.5	1.9	–
Cayman Islands – Iles Caïmanes												
1994												
Total	7	5	1	–	1	–						
Male – Masculin	1	1	–	–	–	–						
Female – Féminin	6	4	1	–	1	–						
Costa Rica												
1991												
Total	1 122	293	258	149	422	–	13.8	3.6	3.2	1.8	5.2	–
Male – Masculin	636	157	150	90	239	–	15.2	3.8	3.6	2.2	5.7	–
Female – Féminin	486	136	108	59	183	–	12.3	3.5	2.7	1.5	4.6	–
Cuba												
1991												
Total	1 853	260	551	323	719	–	10.7	1.5	3.2	1.9	4.1	–
Male – Masculin	1 042	157	326	176	383	–	11.5	1.7	3.6	1.9	4.2	–
Female – Féminin	811	103	225	147	336	–	9.7	1.2	2.7	1.8	4.0	–

16. Infant deaths and infant mortality rates by age, sex and urban/rural residence: latest available year (continued)
Décès d'enfants de moins d'un an et taux de mortalité infantile selon l'âge, le sexe et la résidence, urbaine/rurale: dernière année disponible (suite)

(See notes at end of table. – Voir notes à la fin du tableau.)

Continent, country or area, year, sex and urban/rural residence / Continent, pays ou zone, année, sexe et résidence, urbaine/rurale	Age (in days – en jours)											
	Number – Nombre						Rate – Taux					
	-365	-1	1-6	7-27	28-364	Unknown Inconnu	-365	-1	1-6	7-27	28-364	Unknown Inconnu
AMERICA,NORTH(Cont.) – AMERIQUE DU NORD(Suite)												
Dominica – Dominique												
1989+												
Total	28	13	7	2	6	–						
Male – Masculin	17	6	7	–	4	–						
Female – Féminin	11	7	–	2	2	–						
El Salvador												
1992												
Total	*3 073*	*441*	*550*	*347*	*1 735*	–	*20.0*	*2.9*	*3.6*	*2.3*	*11.3*	–
Male – Masculin	*1 729*	*228*	*321*	*190*	*990*	–	*22.4*	*3.0*	*4.2*	*2.5*	*12.8*	–
Female – Féminin	*1 344*	*213*	*229*	*157*	*745*	–	*17.5*	*2.8*	*3.0*	*2.0*	*9.7*	–
Greenland – Groenland												
1990												
Total	41	14	11	–	16	–						
Male – Masculin	25	9	9	–	7	–						
Female – Féminin	16	5	2	–	9	–						
Guadeloupe												
1991 [2]												
Total	61	3	21	11	26	–						
Male – Masculin	36	2	12	6	16	–						
Female – Féminin	25	1	9	5	10	–						
Guatemala												
1988												
Total	15 892	1 162	1 799	2 354	10 577	–	46.6	3.4	5.3	6.9	31.0	–
Male – Masculin	8 660	647	1 071	1 324	5 618	–	50.0	3.7	6.2	7.6	32.4	–
Female – Féminin	7 232	515	728	1 030	4 959	–	43.0	3.1	4.3	6.1	29.5	–
Martinique												
1992 [2]												
Total	*40*	*5*	*9*	*8*	*18*	–						
Male – Masculin	*23*	*3*	*3*	*6*	*11*	–						
Female – Féminin	*17*	*2*	*6*	*2*	*7*	–						
Mexico – Mexique												
1994+												
Total [4]	*49 305*	*10 848*	*10 543*	*6 190*	*21 537*	*187*	*17.0*	*3.7*	*3.6*	*2.1*	*7.4*	*0.1*
Male – Masculin	*28 038*	*6 183*	*6 234*	*3 541*	*11 967*	*113*	*19.2*	*4.2*	*4.3*	*2.4*	*8.2*	*0.1*
Female – Féminin	*21 192*	*4 616*	*4 302*	*2 641*	*9 560*	*73*	*14.7*	*3.2*	*3.0*	*1.8*	*6.6*	*0.0*
Panama												
1993 [5]												
Total	*1 134*	*230*	*328*	*146*	*430*	–	*19.2*	*3.9*	*5.5*	*2.5*	*7.3*	–
Male – Masculin	*620*	*120*	*205*	*80*	*215*	–	*20.4*	*4.0*	*6.8*	*2.6*	*7.1*	–
Female – Féminin	*514*	*110*	*123*	*66*	*215*	–	*17.8*	*3.8*	*4.3*	*2.3*	*7.5*	–
Puerto Rico – Porto Rico												
1994												
Total [4]	738	228	194	132	181	3						
Male – Masculin	396	129	100	74	92	1						
Female – Féminin	341	99	93	58	89	2						
Saint Kitts and Nevis – Saint-Kitts-et-Nevis												
1989+												
Total	22	5	–	–	17	–						
Male – Masculin	15	2	–	–	13	–						
Female – Féminin	7	3	–	–	4	–						
Saint Lucia – Sainte-Lucie												
1986												
Total	84	15	37	4	28	–						
Male – Masculin	48	8	23	1	16	–						
Female – Féminin	36	7	14	3	12	–						

16. Infant deaths and infant mortality rates by age, sex and urban/rural residence: latest available year (continued)
Décès d'enfants de moins d'un an et taux de mortalité infantile selon l'âge, le sexe et la résidence, urbaine/rurale: dernière année disponible (suite)

(See notes at end of table. – Voir notes à la fin du tableau.)

Continent, country or area, year, sex and urban/rural residence / Continent, pays ou zone, année, sexe et résidence, urbaine/rurale	Age (in days – en jours): Number – Nombre: –365	–1	1–6	7–27	28–364	Unknown Inconnu	Rate – Taux: –365	–1	1–6	7–27	28–364	Unknown Inconnu
AMERICA,NORTH(Cont.) – AMERIQUE DU NORD(Suite)												
St. Vincent and the Grenadines – Saint–Vincent–et–Grenadines 1992+												
Total	46	7	20	8	11	–						
Male – Masculin	27	3	12	4	8	–						
Female – Féminin	19	4	8	4	3	–						
Trinidad and Tobago – Trinité–et–Tobago 1993												
Total	258	59	64	54	81	–						
Male – Masculin	146	31	39	37	39	–						
Female – Féminin	112	28	25	17	42	–						
United States – Etats–Unis 1993												
Total	33 466	12 840	4 555	3 779	12 292	–	8.4	3.2	1.1	0.9	3.1	–
Male – Masculin	18 959	7 072	2 588	2 120	7 179	–	9.3	3.5	1.3	1.0	3.5	–
Female – Féminin	14 507	5 768	1 967	1 659	5 113	–	7.4	3.0	1.0	0.8	2.6	–
United States Virgin Islands – Iles Vierges américaines 1993												
Total	31	19	6	4	2	–						
Male – Masculin	18	11	4	1	2	–						
Female – Féminin	13	8	2	3	–	–						
AMERICA,SOUTH— AMERIQUE DU SUD												
Argentina – Argentine 1993												
Total	15 291	3 404	4 127	1 882	5 615	263	22.9	5.1	6.2	2.8	8.4	0.4
Male – Masculin	8 566	1 977	2 346	1 020	3 095	128	25.2	5.8	6.9	3.0	9.1	0.4
Female – Féminin	6 665	1 415	1 771	858	2 509	112	20.5	4.4	5.4	2.6	7.7	0.3
Brazil – Brésil 1992 [6]												
Total	*83 123*	*15 912*	*16 818*	*9 107*	*41 286*	–	*34.4*	*6.6*	*7.0*	*3.8*	*17.1*	–
Male – Masculin	*47 469*	*9 020*	*9 906*	*5 215*	*23 328*	–	*38.5*	*7.3*	*8.0*	*4.2*	*18.9*	–
Female – Féminin	*35 654*	*6 892*	*6 912*	*3 892*	*17 958*	–	*30.1*	*5.8*	*5.8*	*3.3*	*15.2*	–
Chile – Chili 1994												
Total	3 454	830	666	475	1 483	–	12.0	2.9	2.3	1.6	5.1	–
Male – Masculin	1 889	433	370	266	820	–	12.8	2.9	2.5	1.8	5.6	–
Female – Féminin	1 565	397	296	209	663	–	11.1	2.8	2.1	1.5	4.7	–
Colombia – Colombie 1986+ [7]												
Total	*16 185*	*2 428*	*3 210*	*2 097*	*8 450*	–	*17.4*	*2.6*	*3.4*	*2.2*	*9.1*	–
Male – Masculin	*9 086*	*1 355*	*1 909*	*1 163*	*4 659*	–	*19.2*	*2.9*	*4.0*	*2.5*	*9.9*	–
Female – Féminin	*7 099*	*1 073*	*1 301*	*934*	*3 791*	–	*15.4*	*2.3*	*2.8*	*2.0*	*8.2*	–
Ecuador – Equateur 1993 [8]												
Total	*7 006*	*957*	*1 113*	*947*	*3 989*	–	*35.3*	*4.8*	*5.6*	*4.8*	*20.1*	–
Male – Masculin	*3 889*	*540*	*650*	*513*	*2 186*	–	*38.4*	*5.3*	*6.4*	*5.1*	*21.6*	–
Female – Féminin	*3 117*	*417*	*463*	*434*	*1 803*	–	*32.0*	*4.3*	*4.7*	*4.4*	*18.5*	–

16. Infant deaths and infant mortality rates by age, sex and urban/rural residence: latest available year (continued)
Décès d'enfants de moins d'un an et taux de mortalité infantile selon l'âge, le sexe et la résidence, urbaine/rurale: dernière année disponible (suite)

(See notes at end of table. – Voir notes à la fin du tableau.)

Continent, country or area, year, sex and urban/rural residence — Continent, pays ou zone, année, sexe et résidence, urbaine/rurale	Age (in days – en jours)											
	Number – Nombre						Rate – Taux					
	–365	–1	1–6	7–27	28–364	Unknown Inconnu	–365	–1	1–6	7–27	28–364	Unknown Inconnu
AMERICA,SOUTH(Cont) – AMERIQUE DU SUD(Suite)												
Paraguay												
1992												
Total	*758*	*123*	*—	*210* —*	*425*	–	*20.1*	*3.3*	*—	*5.6* —*	*11.3*	–
Male – Masculin	*411*	*66*	*—	*129* —*	*216*	–	*21.4*	*3.4*	*—	*6.7* —*	*11.2*	–
Female – Féminin	*344*	*54*	*—	*81* —*	*209*	–	*18.7*	*2.9*	*—	*4.4* —*	*11.3*	–
Suriname												
1990*												
Total	*196*	*34*	*54*	*26*	*82*	–						
Male – Masculin	*110*	*21*	*31*	*9*	*49*	–						
Female – Féminin	*80*	*13*	*22*	*15*	*30*	–						
Uruguay												
1991												
Total [4]	1 157	291	239	145	481	1	21.1	5.3	4.4	2.6	8.8	♦ 0.0
Male – Masculin	631	163	136	74	257	1	...	...	...	...	...	...
Female – Féminin	519	123	101	71	224	–	...	...	...	...	...	...
Venezuela												
1991 [6]												
Total	12 162	*———	7 481	———*	4 681	–	20.2	*———	12.4	———*	7.8	–
Male – Masculin	6 987	*———	4 377	———*	2 610	–	22.2	*———	13.9	———*	8.3	–
Female – Féminin	5 175	*———	3 104	———*	2 071	–	18.0	*———	10.8	———*	7.2	–
ASIA—ASIE												
Armenia – Arménie												
1992 [9]												
Total	1 336	122	361	121	732	–	18.9	1.7	5.1	1.7	10.4	–
Male – Masculin	771	75	241	64	391	–	21.2	2.1	6.6	1.8	10.8	–
Female – Féminin	565	47	120	57	341	–	16.5	1.4	3.5	1.7	10.0	–
Bahrain – Bahreïn												
1994												
Total	*267*	*—	*206* —*	*28*	*33*	–						
Male – Masculin	*142*	*—	*108* —*	*15*	*19*	–						
Female – Féminin	*125*	*—	*98* —*	*13*	*14*	–						
Brunei Darussalam – Brunéi Darussalam												
1992+												
Total	70	11	21	17	21	–						
Male – Masculin	41	8	13	10	10	–						
Female – Féminin	29	3	8	7	11	–						
Hong Kong – Hong-kong												
1994 [10]												
Total	322	30	108	54	130	–						
Male – Masculin	162	15	49	28	70	–						
Female – Féminin	160	15	59	26	60	–						
Israel – Israël [11]												
1993												
Total	876	169	202	158	347	–						
Male – Masculin	482	102	121	82	177	–						
Female – Féminin	394	67	81	76	170	–						
Japan – Japon												
1994 [12]												
Total	5 261	1 161	925	803	2 372	–	4.2	0.9	0.7	0.6	1.9	–
Male – Masculin	2 994	674	530	459	1 331	–	4.7	1.1	0.8	0.7	2.1	–
Female – Féminin	2 267	487	395	344	1 041	–	3.8	0.8	0.7	0.6	1.7	–

16. Infant deaths and infant mortality rates by age, sex and urban/rural residence: latest available year (continued)
Décès d'enfants de moins d'un an et taux de mortalité infantile selon l'âge, le sexe et la résidence, urbaine/rurale: dernière année disponible (suite)

(See notes at end of table. – Voir notes à la fin du tableau.)

Continent, country or area, year, sex and urban/rural residence / Continent, pays ou zone, année, sexe et résidence, urbaine/rurale	Age (in days – en jours): Number – Nombre: –365	–1	1–6	7–27	28–364	Unknown Inconnu	Rate – Taux: –365	–1	1–6	7–27	28–364	Unknown Inconnu
ASIA—ASIE (Cont.–Suite)												
Kazakstan												
1993 [9]												
Total	9 099	630	2 446	897	5 121	5	28.8	2.0	7.7	2.8	16.2	♦ 0.0
Male – Masculin	5 311	361	1 471	515	2 963	1	32.6	2.2	9.0	3.2	18.2	♦ 0.0
Female – Féminin	3 788	269	975	382	2 158	4	24.7	1.8	6.4	2.5	14.1	♦ 0.0
Kuwait – Koweït												
1994												
Total	493	160	91	112	130	–						
Male – Masculin	255	82	48	63	62	–						
Female – Féminin	238	78	43	49	68	–						
Kyrgyzstan – Kirghizistan												
1994 [9]												
Total	3 262	177	603	313	2 167	2	29.6	1.6	5.5	2.8	19.7	♦ 0.0
Male – Masculin	1 906	117	356	167	1 265	1	33.5	2.1	6.3	2.9	22.2	♦ 0.0
Female – Féminin	1 356	60	247	146	902	1	25.5	1.1	4.6	2.7	16.9	♦ 0.0
Macau – Macao												
1995* [13]												
Total	33	14	5	3	11	–						
Male – Masculin	15	3	2	1	9	–						
Female – Féminin	18	11	3	2	2	–						
Malaysia – Malaisie												
1993												
Total	6 139	*—	3 202 —*	843	2 094	–	11.3	*—	5.9 —*	1.5	3.8	–
Male – Masculin	3 540	*—	1 893 —*	490	1 157	–	12.7	*—	6.8 —*	1.8	4.2	–
Female – Féminin	2 599	*—	1 309 —*	353	937	–	10.0	*—	5.1 —*	1.4	3.6	–
Peninsular Malaysia – Malaisie Péninsulaire												
1989 [2]												
Total	4 948	*—	2 408 —*	746	1 794	–	13.2	*—	6.4 —*	2.0	4.8	–
Male – Masculin	2 838	*—	1 387 —*	444	1 007	–	14.7	*—	7.2 —*	2.3	5.2	–
Female – Féminin	2 110	*—	1 021 —*	302	787	–	11.6	*—	5.6 —*	1.7	4.3	–
Sarawak												
1986												
Total	426	*—	220 —*	68	138	–						
Male – Masculin	253	*—	131 —*	47	75	–						
Female – Féminin	173	*—	89 —*	21	63	–						
Maldives												
1991												
Total	320	8	119	54	139	–						
Male – Masculin	174	3	69	32	70	–						
Female – Féminin	146	5	50	22	69	–						
Pakistan												
1992 [14]												
Total	366 007	15 304	103 064	54 086	193 553	–	100.9	4.2	28.4	14.9	53.3	–
Male – Masculin	181 041	6 396	58 638	28 654	87 353	–	97.8	3.5	31.7	15.5	47.2	–
Female – Féminin	184 966	8 907	44 422	25 430	106 207	–	104.0	5.0	25.0	14.3	59.7	–
Philippines												
1992												
Total	36 814	5 907	7 463	3 721	19 723	–	21.9	3.5	4.4	2.2	11.7	–
Male – Masculin	21 475	3 432	4 534	2 187	11 322	–	24.5	3.9	5.2	2.5	12.9	–
Female – Féminin	15 339	2 475	2 929	1 534	8 401	–	19.0	3.1	3.6	1.9	10.4	–
Qatar												
1994												
Total	118	–	61	23	34	–						
Male – Masculin	63	–	34	9	20	–						
Female – Féminin	55	–	27	14	14	–						

16. Infant deaths and infant mortality rates by age, sex and urban/rural residence: latest available year (continued)
Décès d'enfants de moins d'un an et taux de mortalité infantile selon l'âge, le sexe et la résidence, urbaine/rurale: dernière année disponible (suite)

(See notes at end of table. – Voir notes à la fin du tableau.)

Continent, country or area, year, sex and urban/rural residence / Continent, pays ou zone, année, sexe et résidence, urbaine/rurale	Age (in days – en jours)											
	Number – Nombre						Rate – Taux					
	–365	–1	1–6	7–27	28–364	Unknown Inconnu	–365	–1	1–6	7–27	28–364	Unknown Inconnu
ASIA—ASIE (Cont.–Suite)												
Singapore – Singapour												
1994+ [15]												
Total	214	32	57	32	93	–						
Male – Masculin	114	20	30	14	50	–						
Female – Féminin	100	12	27	18	43	–						
Sri Lanka												
1989+												
Total	6 668	65	3 533	1 097	1 973	–	18.4	0.2	9.7	3.0	5.4	–
Male – Masculin	3 699	39	2 015	579	1 066	–	19.9	0.2	10.9	3.1	5.7	–
Female – Féminin	2 969	26	1 518	518	907	–	16.7	♦ 0.1	8.5	2.9	5.1	–
Tajikistan – Tadjikistan												
1993 [9]												
Total	8 677	272	1 163	578	6 646	18	46.5	1.5	6.2	3.1	35.6	♦ 0.1
Male – Masculin	4 952	164	725	352	3 703	8	51.5	1.7	7.5	3.7	38.5	♦ 0.1
Female – Féminin	3 725	108	438	226	2 943	10	41.2	1.2	4.8	2.5	32.6	♦ 0.1
Thailand – Thaïlande												
1992+												
Total	*7 256*	*328*	*1 788*	*1 143*	*3 844*	*153*	*7.5*	*0.3*	*1.9*	*1.2*	*4.0*	*0.2*
Male – Masculin	*4 182*	*192*	*1 052*	*664*	*2 192*	*82*	*8.5*	*0.4*	*2.1*	*1.3*	*4.4*	*0.2*
Female – Féminin	*3 074*	*136*	*736*	*479*	*1 652*	*71*	*6.5*	*0.3*	*1.6*	*1.0*	*3.5*	*0.1*
EUROPE												
Albania – Albanie												
1989												
Male – Masculin	1 355	48	179	148	980	–	33.2	1.2	4.4	3.6	24.0	–
Female – Féminin	1 077	22	94	99	862	–	28.3	♦ 0.6	2.5	2.6	22.6	–
1991												
Total	2 547	87	394	299	1 767	–	32.9	1.1	5.1	3.9	22.8	–
Austria – Autriche												
1994												
Total	578	158	107	92	221	–						
Male – Masculin	326	88	73	52	113	–						
Female – Féminin	252	70	34	40	108	–						
Belarus – Bélarus												
1993 [9]												
Total	1 487	86	508	248	471	174	12.7	0.7	4.3	2.1	4.0	1.5
Male – Masculin	882	57	315	142	263	105	14.6	0.9	5.2	2.3	4.3	1.7
Female – Féminin	605	29	193	106	208	69	10.6	♦ 0.5	3.4	1.9	3.7	1.2
Belgium – Belgique												
1987												
Total	1 133	245	253	156	479	–	9.7	2.1	2.2	1.3	4.1	–
Male – Masculin	666	143	161	79	283	–	11.0	2.4	2.7	1.3	4.7	–
Female – Féminin	467	102	92	77	196	–	8.2	1.8	1.6	1.4	3.4	–
Bosnia Herzegovina – Bosnie–Herzégovine												
1990												
Total	1 022	234	361	114	313	–	15.3	3.5	5.4	1.7	4.7	–
Male – Masculin	578	129	215	66	168	–	16.7	3.7	6.2	1.9	4.9	–
Female – Féminin	444	105	146	48	145	–	13.7	3.2	4.5	1.5	4.5	–
Bulgaria – Bulgarie												
1993												
Total	1 310	120	402	210	578	–	15.5	1.4	4.8	2.5	6.8	–
Male – Masculin	773	73	247	116	337	–	17.8	1.7	5.7	2.7	7.7	–
Female – Féminin	537	47	155	94	241	–	13.1	1.1	3.8	2.3	5.9	–

16. Infant deaths and infant mortality rates by age, sex and urban/rural residence: latest available year (continued)
Décès d'enfants de moins d'un an et taux de mortalité infantile selon l'âge, le sexe et la résidence, urbaine/rurale: dernière année disponible (suite)

(See notes at end of table. – Voir notes à la fin du tableau.)

Continent, country or area, year, sex and urban/rural residence — Continent, pays ou zone, année, sexe et résidence, urbaine/rurale	Age (in days – en jours) Number – Nombre –365	–1	1–6	7–27	28–364	Unknown Inconnu	Rate – Taux –365	–1	1–6	7–27	28–364	Unknown Inconnu
EUROPE (Cont.–Suite)												
Channel Islands – Iles Anglo-Normandes												
Guernsey – Guernesey												
1994												
Total	3	1	–	–	2	–						
Jersey												
1994+												
Total	2	–	1	–	1	–						
Male – Masculin	–	–	–	–	–	–						
Female – Féminin	2	–	1	–	1	–						
Croatia – Croatie												
1994												
Total	495	113	140	93	149	–						
Male – Masculin	302	60	89	59	94	–						
Female – Féminin	193	53	51	34	55	–						
Czech Republic – Rép. tchèque												
1994												
Total	847	108	240	157	342	–						
Male – Masculin	486	65	134	93	194	–						
Female – Féminin	361	43	106	64	148	–						
Denmark – Danemark [16]												
1993*												
Total	364	115	79	44	126	–						
Male – Masculin	207	65	46	24	72	–						
Female – Féminin	157	50	33	20	54	–						
Estonia – Estonie												
1993 [9]												
Total	239	40	85	30	84	–						
Male – Masculin	138	23	45	18	52	–						
Female – Féminin	101	17	40	12	32	–						
Faeroe Islands – Iles Féroé												
1990												
Total	6	1	2	1	2	–						
Male – Masculin	2	1	–	–	1	–						
Female – Féminin	4	–	2	1	1	–						
Finland – Finlande												
1994 [17]												
Total	308	113	75	39	79	2						
Male – Masculin	169	69	41	16	42	1						
Female – Féminin	139	44	34	23	37	1						
France												
1992												
Total	5 075	556	1 140	768	2 611	–	6.8	0.7	1.5	1.0	3.5	–
Male – Masculin	3 012	311	652	447	1 602	–	7.9	0.8	1.7	1.2	4.2	–
Female – Féminin	2 063	245	488	321	1 009	–	5.7	0.7	1.3	0.9	2.8	–
Germany – Allemagne												
1994												
Total	4 309	905	948	627	1 829	–	5.6	1.2	1.2	0.8	2.4	–
Male – Masculin	2 454	516	563	346	1 029	–	6.2	1.3	1.4	0.9	2.6	–
Female – Féminin	1 855	389	385	281	800	–	5.0	1.0	1.0	0.8	2.1	–

16. Infant deaths and infant mortality rates by age, sex and urban/rural residence: latest available year (continued)

Décès d'enfants de moins d'un an et taux de mortalité infantile selon l'âge, le sexe et la résidence, urbaine/rurale: dernière année disponible (suite)

(See notes at end of table. – Voir notes à la fin du tableau.)

Continent, country or area, year, sex and urban/rural residence Continent, pays ou zone, année, sexe et résidence, urbaine/rurale	Number – Nombre –365	–1	1–6	7–27	28–364	Unknown Inconnu	Rate – Taux –365	–1	1–6	7–27	28–364	Unknown Inconnu
EUROPE (Cont.–Suite)												
Greece – Grèce												
1994												
Total	823	188	225	168	242	–						
Male – Masculin	436	102	125	92	117	–						
Female – Féminin	387	86	100	76	125	–						
Hungary – Hongrie												
1994 [5]												
Total	1 335	316	359	244	416	–	11.5	2.7	3.1	2.1	3.6	–
Male – Masculin	760	179	221	135	225	–	12.8	3.0	3.7	2.3	3.8	–
Female – Féminin	575	137	138	109	191	–	10.2	2.4	2.5	1.9	3.4	–
Iceland – Islande												
1993												
Total	22	5	5	3	9	–						
Male – Masculin	15	4	5	1	5	–						
Female – Féminin	7	1	–	2	4	–						
Ireland – Irlande												
1994+ [18]												
Total	284	99	55	36	94	–						
Male – Masculin	159	54	32	15	58	–						
Female – Féminin	125	45	23	21	36	–						
Isle of Man – Ile de Man												
1989+												
Total	5	4	–	–	1	–						
Male – Masculin	5	4	–	–	1	–						
Female – Féminin	–	–	–	–	–	–						
Italy – Italie												
1992*												
Total	3 804	1 255	1 095	619	835	–	6.8	2.2	2.0	1.1	1.5	–
Male – Masculin	2 185	742	636	339	468	–	7.6	2.6	2.2	1.2	1.6	–
Female – Féminin	1 619	513	459	280	367	–	5.9	1.9	1.7	1.0	1.3	–
Latvia – Lettonie												
1994 [9]												
Total	381	63	153	48	117	–						
Male – Masculin	205	37	79	27	62	–						
Female – Féminin	176	26	74	21	55	–						
Lithuania – Lituanie												
1993 [9]												
Total	746	92	275	123	201	55						
Male – Masculin	432	59	162	69	111	31						
Female – Féminin	314	33	113	54	90	24						
Luxembourg												
1994												
Total	29	9	5	4	11	–						
Male – Masculin	13	3	4	1	5	–						
Female – Féminin	16	6	1	3	6	–						
Malta – Malte												
1988												
Total	44	22	–	5	17	–						
Male – Masculin	16	8	–	2	6	–						
Female – Féminin	28	14	–	3	11	–						
Netherlands – Pays-Bas												
1994 [19]												
Total	1 104	345	284	157	318	–	5.9	1.9	1.5	0.8	1.7	–
Male – Masculin	636	200	167	92	177	–	6.3	2.0	1.7	0.9	1.8	–
Female – Féminin	468	145	117	65	141	–	4.9	1.5	1.2	0.7	1.5	–

16. Infant deaths and infant mortality rates by age, sex and urban/rural residence: latest available year (continued)
Décès d'enfants de moins d'un an et taux de mortalité infantile selon l'âge, le sexe et la résidence, urbaine/rurale: dernière année disponible (suite)

(See notes at end of table. – Voir notes à la fin du tableau.)

Continent, country or area, year, sex and urban/rural residence / Continent, pays ou zone, année, sexe et résidence, urbaine/rurale	Age (in days – en jours) Number – Nombre –365	–1	1–6	7–27	28–364	Unknown Inconnu	Rate – Taux –365	–1	1–6	7–27	28–364	Unknown Inconnu
EUROPE (Cont.–Suite)												
Norway – Norvège												
1992[20]												
Total	346	81	98	42	125	–						
Male – Masculin	194	47	57	21	69	–						
Female – Féminin	152	34	41	21	56	–						
Poland – Pologne												
1994												
Total	7 284	2 522	1 801	1 111	1 850	–	15.1	5.2	3.7	2.3	3.8	–
Male – Masculin	4 048	1 383	1 031	633	1 001	–	16.4	5.6	4.2	2.6	4.1	–
Female – Féminin	3 236	1 139	770	478	849	–	13.8	4.8	3.3	2.0	3.6	–
Portugal												
1993												
Total	996	287	183	163	363	–						
Male – Masculin	580	171	104	100	205	–						
Female – Féminin	416	116	79	63	158	–						
Republic of Moldova – République de Moldova												
1992[9]												
Total	1 294	141	366	144	643	–	18.6	2.0	5.3	2.1	9.2	–
Male – Masculin	754	88	230	83	353	–	21.1	2.5	6.4	2.3	9.9	–
Female – Féminin	540	53	136	61	290	–	15.9	1.6	4.0	1.8	8.5	–
Romania – Roumanie												
1994												
Total	5 894	334	1 200	699	3 661	–	23.7	1.3	4.8	2.8	14.7	–
Male – Masculin	3 303	196	727	398	1 982	–	26.0	1.5	5.7	3.1	15.6	–
Female – Féminin	2 591	138	473	301	1 679	–	21.7	1.2	4.0	2.5	14.0	–
Russian Federation – Féd. de Russie												
1994[9]												
Total	26 141	3 717	9 341	3 554	9 489	40	18.6	2.6	6.6	2.5	6.7	0.0
Male – Masculin	15 394	2 198	5 716	2 079	5 376	25	21.2	3.0	7.9	2.9	7.4	♦ 0.0
Female – Féminin	10 747	1 519	3 625	1 475	4 113	15	15.7	2.2	5.3	2.2	6.0	♦ 0.0
San Marino – Saint-Marin												
1994+												
Total	3	2	–	–	1	–						
Male – Masculin	1	1	–	–	–	–						
Female – Féminin	2	1	–	–	1	–						
Slovakia – Slovaquie												
1994												
Total	743	122	225	141	255	–						
Male – Masculin	437	72	137	84	144	–						
Female – Féminin	306	50	88	57	111	–						
Slovenia – Slovénie												
1994												
Total	126	35	19	24	48	–						
Male – Masculin	61	18	8	11	24	–						
Female – Féminin	65	17	11	13	24	–						
Spain – Espagne												
1991												
Total	2 846	691	623	495	1 037	–	7.2	1.7	1.6	1.2	2.6	–
Male – Masculin	1 616	382	381	275	578	–	7.9	1.9	1.9	1.3	2.8	–
Female – Féminin	1 230	309	242	220	459	–	6.4	1.6	1.3	1.2	2.4	–
Sweden – Suède												
1994												
Total	499	*—	139 —*	73	287	–						
Male – Masculin	276	*—	76 —*	37	163	–						
Female – Féminin	223	*—	63 —*	36	124	–						

16. Infant deaths and infant mortality rates by age, sex and urban/rural residence: latest available year (continued)
Décès d'enfants de moins d'un an et taux de mortalité infantile selon l'âge, le sexe et la résidence, urbaine/rurale: dernière année disponible (suite)

(See notes at end of table. – Voir notes à la fin du tableau.)

Continent, country or area, year, sex and urban/rural residence — Continent, pays ou zone, année, sexe et résidence, urbaine/rurale	Age (in days – en jours) Number – Nombre: –365	–1	1–6	7–27	28–364	Unknown Inconnu	Rate – Taux: –365	–1	1–6	7–27	28–364	Unknown Inconnu
EUROPE (Cont.–Suite)												
Switzerland – Suisse												
1994												
Total	424	135	98	38	153	–						
Male – Masculin	244	72	58	20	94	–						
Female – Féminin	180	63	40	18	59	–						
The former Yugoslav Rep. of Macedonia – L'ex Rép. yougoslavie de Macédoine												
1992												
Total	1 018	198	216	125	479	–	30.6	6.0	6.5	3.8	14.4	–
Male – Masculin	562	112	119	64	267	–	32.6	6.5	6.9	3.7	15.5	–
Female – Féminin	456	86	97	61	212	–	28.5	5.4	6.1	3.8	13.2	–
Ukraine												
1993 [9]												
Total	8 431	585	2 595	1 082	4 167	2	15.1	1.0	4.7	1.9	7.5	♦ 0.0
Male – Masculin	5 046	369	1 651	623	2 402	1	17.6	1.3	5.8	2.2	8.4	♦ 0.0
Female – Féminin	3 385	216	944	459	1 765	1	12.5	0.8	3.5	1.7	6.5	♦ 0.0
United Kingdom– Royaume–Uni												
1994												
Total	4 648	147	2 252	695	1 547	7	6.2	0.2	3.0	0.9	2.1	♦ 0.0
Male – Masculin	2 657	73	1 346	364	871	3	6.9	0.2	3.5	0.9	2.3	♦ 0.0
Female – Féminin	1 991	74	906	331	676	4	5.4	0.2	2.5	0.9	1.8	♦ 0.0
Yugoslavia – Yougoslavie												
1991												
Total	3 187	593	906	396	1 292	–	20.9	3.9	5.9	2.6	8.5	–
OCEANIA—OCEANIE												
Australia – Australie												
1994+												
Total	1 512	564	266	178	504	–	5.9	2.2	1.0	0.7	2.0	–
Male – Masculin	866	326	153	107	280	–	6.5	2.5	1.2	0.8	2.1	–
Female – Féminin	646	238	113	71	224	–	5.1	1.9	0.9	0.6	1.8	–
Fiji – Fidji												
1987+												
Total	189	48	30	18	93	–						
Male – Masculin	106	26	19	11	50	–						
Female – Féminin	83	22	11	7	43	–						
Guam												
1992 [21]												
Total	41	12	2	3	24	–						
Male – Masculin	28	7	2	3	16	–						
Female – Féminin	13	5	–	–	8	–						
New Caledonia – Nouvelle–Calédonie												
1994												
Total	43	10	9	6	18	–						
Male – Masculin	23	4	3	2	14	–						
Female – Féminin	20	6	6	4	4	–						
New Zealand – Nouvelle–Zélande												
1993+												
Total	426	101	68	49	208	–						
Male – Masculin	234	53	34	28	119	–						
Female – Féminin	192	48	34	21	89	–						

16. Infant deaths and infant mortality rates by age, sex and urban/rural residence: latest available year (continued)
Décès d'enfants de moins d'un an et taux de mortalité infantile selon l'âge, le sexe et la résidence, urbaine/rurale: dernière année disponible (suite)

(See notes at end of table. – Voir notes à la fin du tableau.)

Continent, country or area, year, sex and urban/rural residence — Continent, pays ou zone, année, sexe et résidence, urbaine/rurale	Age (in days – en jours) Number – Nombre -365	-1	1-6	7-27	28-364	Unknown Inconnu	Rate – Taux -365	-1	1-6	7-27	28-364	Unknown Inconnu
OCEANIA–OCEANIE(Cont.–Suite)												
Niue – Nioué												
1986												
Total	2	–	1	–	1	–						
Male – Masculin	–	–	–	–	–	–						
Female – Féminin	2	–	1	–	1	–						
Northern Mariana Islands – Iles Mariannes du Nord												
1989												
Total	2	1	–	–	1	–						
Male – Masculin	2	1	–	–	1	–						
Female – Féminin	–	–	–	–	–	–						

16. Infant deaths and infant mortality rates by age, sex and urban/rural residence: latest available year (continued)
Décès d'enfants de moins d'un an et taux de mortalité infantile selon l'âge, le sexe et la résidence, urbaine/rurale: dernière année disponible (suite)
Data by urban/rural residence

Données selon la résidence urbaine/rurale

(See notes at end of table. – Voir notes à la fin du tableau.)

Continent, country or area, year, sex and urban/rural residence — Continent, pays ou zone, année, sexe et résidence, urbaine/rurale	Age (in days – en jours) Number – Nombre -365	-1	1-6	7-27	28-364	Unknown Inconnu	Rate – Taux -365	-1	1-6	7-27	28-364	Unknown Inconnu
AMERICA,NORTH— AMERIQUE DU NORD												
Panama												
Urban – Urbaine												
1991												
Urban – Urbaine	511	140	169	67	135	–	19.3	5.3	6.4	2.5	5.1	–
Male – Masculin	279	76	93	30	80	–	20.4	5.6	6.8	♦ 2.2	5.9	–
Female – Féminin	232	64	76	37	55	–	18.0	5.0	5.9	2.9	4.3	–
Rural – Rurale												
1991												
Rural – Rurale	568	105	142	70	251	–	16.9	3.1	4.2	2.1	7.5	–
Male – Masculin	304	59	80	42	123	–	17.8	3.5	4.7	2.5	7.2	–
Female – Féminin	264	46	62	28	128	–	16.0	2.8	3.8	♦ 1.7	7.8	–
EUROPE												
Hungary – Hongrie												
Urban – Urbaine												
1986 [22]												
Urban – Urbaine	1 306	396	424	202	284	–	18.3	5.5	5.9	2.8	4.0	–
Male – Masculin	754	232	253	118	151	–	20.6	6.3	6.9	3.2	4.1	–
Female – Féminin	552	164	171	84	133	–	15.8	4.7	4.9	2.4	3.8	–
Rural – Rurale												
1986 [22]												
Rural – Rurale	1 128	335	357	167	269	–	20.1	6.0	6.3	3.0	4.8	–
Male – Masculin	657	203	202	89	163	–	22.9	7.1	7.0	3.1	5.7	–
Female – Féminin	471	132	155	78	106	–	17.1	4.8	5.6	2.8	3.8	–

16. Infant deaths and infant mortality rates by age, sex and urban/rural residence: latest available year (continued)
Décès d'enfants de moins d'un an et taux de mortalité infantile selon l'âge, le sexe et la résidence, urbaine/rurale: dernière année disponible (suite)

GENERAL NOTES

Data exclude foetal deaths. Rates are the number of deaths of infants of specified age by sex per 1 000 live births of some sex. Rates are shown only for countries or areas having at least a total of 1 000 infant deaths in a given year. For definition of urban , see end of table 6. For method of evaluation and limitations of data, see Technical Notes, page 67.

Italics: data from civil registers which are incomplete or of unknown completeness.

FOOTNOTES

* Provisional.
♦ Rates based on 30 or fewer maternal deaths.
\+ Data tabulated by date of registration rather than occurrence.

1 For Algerian population only.
2 Excluding live–born infants dying before registration of birth.
3 Including Canadian residents temporarily in the United States, but excluding United States residents temporarily in Canada.
4 Including infant deaths of unknown sex.
5 For classification by urban/rural residence, see end of table.
6 Excluding Indian jungle population.
7 Based on number of burial permits.
8 Exluding nomadic Indian tribes.
9 Excluding infants born alive after less than 28 weeks' gestation, of less than 1 000 grammes in weight and 35 centimetres in length, who die within seven days of birth.
10 Exluding Vietnamese refugees.
11 Including data for East Jerusalem and Israeli residents in certain other territories under occupation by Israeli military forces since June 1967.
12 For Japanese nationals in Japan only.
13 Events registered by Health Service only.
14 Based on the results of the Population Growth Survey.
15 Excluding non–locally domiciled military and civilian services personnel and their dependants.
16 Excluding Faeroe Islands and Greenland.
17 Including nationals temporarily outside the country.
18 Infant deaths registered within one year of occurrence.
19 Including residents outside the country if listed in a Netherlands population register.
20 Including residents temporarily outside the country.
21 Including United States military personnel, their dependants and contract employees.
22 Excluding unknown residence.

NOTES GENERALES

Les données ne comprennent pas les morts foetales. Les taux représent le nombre de décès d'enfants d'âge et de sexe données pour 1 000 naissances vivantes du même sexe. Les taux présentés ne se rapportent qu'aux pays ou zones où l'on a enregistréun total d'au moins 1 000 décès d'un an dans une année donnée. Pour les définitions des "régions urbaines", se reporter à la fin du tableau 6. Pour la méthode d'évaluation et les insuffisances des données voir Notes techniques, page 67.
Italiques: données incomplètes ou dont le degré d'exactitude n'est pas connu, provenant des registres de l'état civil.

NOTES

* Données provisoires.
♦ Taux basés sur 30 décès liés à la maternité ou moins.
\+ Données exploitées selon la date de l'enregistrement et non la date de l'événement.
1 Pour la population algérienne seulement.
2 Non compris les enfants nés vivants, décédés avant l'enregistrement de leur naissance.
3 Y compris les résidents canadiens se trouvant temporairement aux Etats– Unis, mais non compris les résidents des Etats–Unis se trouvant temporairement au Canada.
4 Y compris les décès d'enfants de moins d'un an dont on ignore le sexe.
5 Pour le classement selon la résidence, urbaine/rurale, voir le fin du tableau.
6 Non compris les Indiens de la jungle.
7 D'aprés les permis d'inhumer.
8 Non compris les tribus d'Indiens nomades.
9 Non compris les enfants nés vivants après moins de 28 semaines de gestation, pesant moins de 1 000 grammes, mesurant moins de 35 centimètres et décédés dans les sept jours qui ont suivi leur naissance.
10 Non compris les réfugiés du Viet Nam.
11 Y compris les données pour Jérusalem–Est et les résidents israéliens dans certains autres territoires occupés depuis juin 1967 par les forces armées israéliennes.
12 Pour les nationaux japonais au Japon seulement.
13 Evénements enregistrés par le Service de santé seulement.
14 D'après les résultats de la "Population Growth Survey".
15 Non compris les militaires et agents civils non résidents et les membres de leur famille les accompagnant.
16 Non compris les îles Féroé et le Groenland.
17 Y compris les nationaux se trouvant temporairement hors du pays.
18 Décès d'enfants de moins d'un an enregistrés dans l'année qui suit l'événement.
19 Y compris les résidents hors du pays, s'ils sont inscrits sur un registre de population néerlandais.
20 Y compris les résidents se trouvant temporairement hors du pays.
21 Y compris les militaires des Etats–Unis, les membres de leur famille les accompagnant et les agents contractuels des Etats–Unis.
22 Non compris la résidence incounue.

17. Maternal deaths and maternal death rates: 1985 – 1994

(See notes at end of table.)

Continent, country or area and urban/rural residence Continent, pays ou zone et résidence urbaine/rurale	Number – Nombre							
	1985	1986	1987	1988	1989	1990	1991	1992
AFRICA—AFRIQUE								
1 Egypt – Egypte [1]	...	...	1 241	...	...	...	...	...
Mauritius – Maurice Island of Mauritius – 2 Ile Maurice + [1]	19	23	19	9	4	15	15	9
Sao Tome and Principe – 3 Sao Tomé-et-Principe [1]	6	...	3	...	...	...	...	...
South Africa – 4 Afrique du Sud [1]	...	...	...	...	...	...	...	...
5 Zimbabwe [1]	...	*237*	...	...	...	*293*	...	...
AMERICA,NORTH—AMERIQUE DU NORD								
6 Bahamas [1]	1	...	3	...	...	...	...	...
7 Barbados – Barbade + [1]	–	1	–	1	...	4	2	3
8 Canada [1 2]	15	11	15	18	16	10	12	19
9 Costa Rica [1]	29	30	16	15	25	12	28	...
10 Cuba [1]	84	87	88	73	70	78	...	...
Dominican Republic – [1] 11 République dominicaine +	*106*	...	...	...	...	...	...	...
12 El Salvador [1]	...	...	...	...	...	*55*	*77*	...
13 Martinique [1]	–	...	6	...	...	...	...	...
14 Mexico – Mexique [1]	1 702	1 681	1 546	1 522	1 518	1 477	1 414	1 399
15 Nicaragua [1]	...	...	...	*61*	*77*	*57*	*84*	...
16 Panama [1]	*33*	*36*	*22*	*35*	*37*	...	...	...
17 Puerto Rico – Porto Rico [1]	8	10	11	11	13	13	13	14
Trinidad and Tobago – 18 Trinité-et-Tobago [1]	...	18	26	17	20	13	11	...
19 United States–Etats–Unis [1]	295	272	251	330	320	343	323	318
AMERICA,SOUTH—AMERIQUE DU SUD								
20 Argentina – Argentine [1]	386	369	325	330	346	353	334	...
21 Brazil – Brésil [1 3]	*1 892*	*1 814*	*1 912*	*1 759*	*1 670*	...	...	...
22 Chile – Chili [1]	131	129	135	122	123	123	...	91
23 Colombia – Colombie + [1 4]	*720*	*625*	*649*	*580*	*565*	*541*	*506*	...
24 Ecuador – Equateur [1 5]	*397*	*330*	*355*	*329*	*340*	*307*	...	...
25 Paraguay [1]	*146*	*140*	*100*	*105*	...	...	...	...
26 Suriname [1]	7	...	3	...	...	1	...	11
27 Uruguay [1]	23	14	15	21	14	9	...	...
28 Venezuela [1 3]	291	296	284	291	339	...	...	...
ASIA—ASIE								
29 Armenia – Arménie [1]	...	...	...	3	3	3	1	2
Azerbaijan – 30 Azerbaïdjan [1]	...	...	...	...	...	3	3	2
31 Bahrain – Bahreïn [1]	2	...	1	–	...	...	...	...
32 Georgia – Géorgie [1]	...	...	...	...	...	1	...	...
33 Hong Kong – Hong-kong [1 6]	4	2	3	3	4	3	4	4
34 Israel – Israël [1 7]	8	6	3	5	7	13	9	6
35 Japan – Japon [1 8]	226	187	162	126	135	105	110	111
36 Kazakstan [1]	...	...	...	42	46	32	170	193
Korea, Republic of– 37 Corée, Rép. de [1]	*114*	*103*	*63*	*66*	*61*	*90*	*96*	*86*
38 Kuwait – Koweït [1]	2	3	1	...	...	...	...	...
39 Kyrgyzstan – Kirghizistan [1]	...	...	...	8	8	13	11	8
40 Macau – Macao [1]	...	–	–	...	*1*	–	*2*	*2*
41 Maldives [1]	...	59	54	26	...	...	...	...
42 Singapore – Singapour + [1]	2	5	3	4	2	1	2	2
43 Tajikistan – Tadjikistan [1]	...	...	...	...	...	3	2	...
Turkmenistan – 44 Turkménistan [1]	...	...	...	...	...	2	*58*	*76*
Uzbekistan – 45 Ouzbékistan [1]	...	...	...	...	...	9	13	12

17. Mortalité liée à la maternité nombre de décès et taux: 1985 – 1994

(Voir notes à la fin du tableau.)

		Ratio – Rapport										
1993	1994	1985	1986	1987	1988	1989	1990	1991	1992	1993	1994	
...	...	...	...	65.2	...	...	...	...	...	......		1
...	...	♦ 104.1	♦ 126.2	♦ 99.2	♦ 45.0	♦ 19.2	♦ 69.6	♦ 70.0	♦ 40.8	...	...	2
...	...	♦ 152.9	...	♦ 76.7	...	...	...	...	...	...	...	3
322	...	...	...	...	...	...	...	...	...	...	...	4
...	...	...	...	...	...	...	...	...	...	...	...	5
...	...	♦ 17.9	...	♦ 69.3	...	...	...	...	...	...	...	6
...	...	–	♦ 24.7	–	♦ 26.7	...	♦ 92.7	♦ 47.2	♦ 71.7	...	...	7
15	14	♦ 4.0	♦ 3.0	♦ 4.1	♦ 4.8	♦ 4.1	♦ 2.5	♦ 2.9	♦ 4.8	♦ 3.9	♦ 3.6	8
...	...	♦ 34.4	...	♦ 19.9	♦ 18.4	♦ 30.0	♦ 14.6	♦ 34.5	...	...	...	9
...	...	46.1	52.4	49.0	38.8	37.9	41.8	...	...	...	...	10
...	...	...	...	...	...	...	...	...	...	...	...	11
...	...	...	...	...	...	...	*37.1*	*50.9*	...	...	...	12
...	...	–	...	♦ 94.8	...	...	...	...	...	...	...	13
1 268	...	64.1	65.2	55.3	58.0	57.9	54.0	51.3	50.0	44.7	...	14
...	...	...	...	...	...	...	*61.2*	...	...	...	...	15
...	...	*56.9*	*62.4*	♦ *38.2*	*59.9*	*62.6*	...	...	...	...	...	16
...	...	♦ 12.6	♦ 15.7	♦ 17.1	♦ 17.2	♦ 19.5	♦ 19.5	♦ 20.1	♦ 21.7	...	...	17
...	...	...	♦ 56.5	♦ 89.1	♦ 63.0	♦ 79.8	♦ 54.3	♦ 49.2	...	...	...	18
302	...	7.8	7.2	6.6	8.4	7.9	8.2	7.9	7.8	7.5	...	19
...	...	59.3	54.6	48.6	48.5	51.9	52.0	48.1	...	...	...	20
...	...	*72.2*	*65.3*	*71.9*	*62.6*	*64.7*	...	...	...	...	...	21
...	...	50.0	47.3	48.3	41.1	40.5	40.0	...	31.0	...	...	22
...	...	*86.1*	*67.1*	*69.2*	...	...	...	...	...	...	...	23
...	...	*189.1*	*160.4*	*173.6*	*155.6*	*169.9*	*152.2*	...	...	...	...	24
...	...	*365.3*	*379.5*	*265.3*	*280.3*	...	...	...	...	...	...	25
...	...	♦ 59.8	...	♦ 31.1	...	...	♦ 10.5	...	♦ 111.8	...	...	26
...	...	♦ 42.8	♦ 25.9	♦ 28.1	♦ 37.6	♦ 25.3	♦ 15.9	...	...	...	...	27
...	...	57.9	58.7	55.0	55.7	64.1	...	...	...	...	...	28
...	...	...	...	...	♦ 4.0	♦ 4.0	♦ 3.8	♦ 1.3	♦ 2.8	...	...	29
4	10	...	...	...	...	...	...	...	...	...	...	30
...	...	♦ 16.2	...	♦ 7.9	–	...	...	...	...	...	...	31
...	...	...	...	...	...	...	...	...	...	...	...	32
3	8	♦ 5.3	♦ 2.8	♦ 4.3	♦ 4.0	♦ 5.7	♦ 4.4	♦ 5.9	♦ 5.6	♦ 4.3	♦ 11.2	33
3	6	♦ 8.0	♦ 6.0	♦ 3.0	♦ 5.0	♦ 6.9	♦ 12.6	♦ 8.5	♦ 5.5	♦ 2.7	♦ 5.2	34
91	76	15.8	13.5	12.0	9.6	10.8	8.6	9.0	9.2	7.7	6.1	35
157	148	...	...	...	10.3	12.0	8.8	48.0	57.0	49.6	...	36
91	*86*	*17.5*	*16.3*	*10.2*	*10.5*	*9.6*	*13.9*	*13.6*	*11.8*	*12.8*	*12.1*	37
1	1	♦ 3.6	♦ 5.6	♦ 1.9	...	...	...	...	...	♦ 2.7	♦ 2.6	38
4	2	...	...	...	♦ 6.0	♦ 6.1	♦ 10.1	♦ 8.5	♦ 6.2	♦ 3.4	♦ 1.8	39
–	...	...	–	–	...	♦ 13.2	–	♦ 29.3	♦ 30.0	–	...	40
...	...	...	684.9	645.6	♦ 313.4	...	...	...	...	...	...	41
4	3	♦ 4.7	♦ 13.0	♦ 6.9	♦ 7.6	♦ 4.2	♦ 2.0	♦ 4.1	♦ 4.0	♦ 8.0	♦ 6.1	42
...	...	...	...	...	...	...	♦ 1.5	♦ 0.9	...	...	...	43
58	2	...	...	...	...	...	...	...	...	...	...	44
9	...	...	...	...	...	...	...	...	♦ 1.7	...	...	45

(See notes at end of table.)

Continent, country or area and urban/rural residence Continent, pays ou zone et résidence urbaine/rurale	Number – Nombre							
	1985	1986	1987	1988	1989	1990	1991	1992
EUROPE								
1 Albania – Albanie [1]	...	...	...	28	34	...	...	10
2 Austria – Autriche [1]	6	6	4	5	7	6	7	4
3 Belarus – Bélarus [1]	...	7	12	12	6	7	...	5
4 Belgium – Belgique [1]	...	4	4	4	8	4	5	...
5 Bulgaria – Bulgarie [1]	15	30	23	11	21	22	10	19
6 Croatia – Croatie [1]	...	...	...	...	...	6	4	2
7 Former Czechoslovakia – Ancienne Tchécoslovaquie [1]	18	24	15	28	20	16	27	...
8 Czech Republic – Rép. tchèque [1]	...	...	...	...	...	...	17	...
9 Denmark – Danemark [9] [10]	1	2	5	2	5	1	2	5
10 Estonia – Estonie [1]	...	...	...	...	10	3	2	1
11 Finland – Finlande [11]	4	4 I	3	7	2	4	3	3
12 France [1] [12]	92	85	74	72	65	79	90	96
13 Germany – Allemagne [1]	...	...	...	...	59	82	72	54
14 Greece – Grèce [1]	8	9	5	6	4	1	3	6
15 Hungary – Hongrie [1]	34	19	17	21	19	26	16	12
16 Iceland – Islande [1]	–	–	1	–	–	1	–	–
17 Ireland – Irlande + [1] [13]	4	3	2	1	2	2	4	3
18 Italy – Italie [1]	47	31	25	44	26	50	27	41
19 Latvia – Lettonie [1]	...	...	...	3	3	2	6	3
20 Lithuania – Lituanie [1]	...	...	...	3	4	3	3	2
21 Luxembourg [1]	–	–	1	–	–	1	–	–
22 Malta – Malte [1]	2	–	–	–	–	–	1	–
23 Netherlands – Pays-Bas [1] [14]	8	15	14	18	10	15	12	14
24 Norway – Norvège [1] [15]	...	2	3	2	5	2	5	4
25 Poland – Pologne [1]	75	83	94	68	60	70	70	51
26 Portugal [1]	13	11	15	8	12	12	14	11
27 Republic of Moldova – République de Moldova [1]	...	...	...	...	...	7	35	36
28 Romania – Roumanie [1]	...	571	575	591	626	263	183	157
29 Russian Federation – Féd. de Russie [1]	...	...	...	395	347	271	233	195
30 Slovenia – Slovénie [1]	...	...	–	1	1	2	1	1
31 Spain – Espagne [1]	20	24	21	21	12	22	13	19
32 Sweden – Suède	5	3 I	5	10	6	4	5	–
33 Switzerland – Suisse [9]	4	3	5	8	3	5	1	4
34 Ukraine [1]	...	82	96	85	60	41	51	31
35 United Kingdom – Royaume-Uni [1]	55	52	49	50	60	61	55	52
36 Former Yugoslavia – Ancienne Yougoslavie [1]	60	53	38	58	52	36	...	...
OCEANIA—OCEANIE								
37 Australia – Australie + [1]	11	14	13	12	14	17	9	9
38 Fiji – Fidji + [1]	8	...	...	...	...	...	...	...
39 New Zealand – Nouvelle-Zélande + [1]	7	10	7	10	6	4	9	5

GENERAL NOTES

Rates are the number of maternal deaths (caused by deliveries and complications of pregnancy, childbirth and the puerperium) per 100 000 live birth. Maternal deaths are those listed for cause AM42, AM43 and AM44 in part A and B40 and B41 in part B of table 21 which presents deaths and death rates by cause. For method of evaluation and limitations of data, see Technical Notes, page 70.

Italics: data from civil registers which are incomplete or of unknown completeness.

I Separates data classified by the 8th and 9th Revisions of the Abbreviated List of Causes for Tabulation of Mortality in the International Classification of Diseases.

FOOTNOTES

* Provisional.
♦ Rates based on 30 or fewer maternal deaths.
+ Data tabulated by date of registration rather than occurrence.

1 All data classified by 1975 revision.

NOTES GENERALES

Les taux représentent le nombre de décès liés à la maternité (accouchements et complications de la grossesse, de l'accouchement et des suites de couches), pour 100 000 naissances vivantes. Les décès liés à la maternité sont les décès dus aux causes de la catégorie AM42, AM43 et AM44 de la Partie A et de la catégorie B40 et B41 de la Partie B du tableau 21, qui présente les décès (nombre et taux) selon la cause. Pour la méthode d'evaluation et les insuffisances des données, voir Notes techniques, page 70.

Italiques: données incomplètes ou dont le degré d'exactitude n'est pas connu, provenant des registres de l'état civil.

I Sépare les données classées selon la 8ème et la 9ème Révision de la Liste abrégée de rubriques pour la mise en tableaux des causes de mortalité figurant dans la classification internationale des maladies.

NOTES

* Données provisoires.
♦ Taux basés sur 30 décès liés à la maternité ou moins.
+ Données exploitées selon la date de l'enregistrement et non la date de l'événement.

1 Toutes les données sont classiées selon la révision de 1975.

(Voir notes à la fin du tableau.)

		Ratio – Rapport										
1993	1994	1985	1986	1987	1988	1989	1990	1991	1992	1993	1994	
16	...	...	...	...	♦ 34.9	43.1	...	...	...	...	...	1
4	8	♦ 6.9	♦ 6.9	♦ 4.6	♦ 5.7	♦ 7.9	♦ 6.6	♦ 7.4	♦ 4.2	♦ 4.2	♦ 8.7	2
7	...	...	♦ 4.1	♦ 7.4	♦ 7.4	♦ 3.9	♦ 4.9	...	♦ 3.9	♦ 6.0	...	3
...	...	...	♦ 3.4	♦ 3.4	♦ 3.3	♦ 6.6	♦ 3.2	♦ 4.0	...	...	...	4
12	10	♦ 12.6	♦ 25.0	♦ 19.7	♦ 9.4	♦ 18.7	♦ 20.9	♦ 10.4	♦ 21.3	♦ 14.2	♦ 12.6	5
5	5	...	...	...	...	...	♦ 10.8	♦ 7.7	♦ 4.3	♦ 10.3	♦ 10.3	6
...	...	...	...	...	...	...	...	...	...	...	...	7
...	...	...	...	...	...	...	...	♦ 13.1	...	...	...	8
5	...	♦ 1.9	♦ 3.6	♦ 8.9	♦ 3.4	♦ 8.1	♦ 1.6	♦ 3.1	♦ 7.4	♦ 7.4	...	9
1	8	...	...	...	...	♦ 41.2	♦ 13.4	♦ 10.4	♦ 5.6	♦ 6.6	♦ 56.4	10
2	7	♦ 6.4	♦ 6.6	♦ I 5.0	♦ 11.1	♦ 3.2	♦ 6.1	♦ 4.6	♦ 4.5	♦ 3.1	♦ 10.7	11
66	83	12.0	10.9	9.6	9.3	8.5	10.4	11.9	12.9	9.3	11.7	12
44	40	...	...	...	...	6.7	9.1	8.7	6.7	5.5	5.2	13
1	2	♦ 6.9	♦ 8.0	♦ 4.7	♦ 5.6	♦ 4.0	♦ 1.0	♦ 2.9	♦ 5.8	♦ 1.0	♦ 1.9	14
22	12	26.1	♦ 14.8	♦ 13.5	♦ 16.9	♦ 15.4	♦ 20.7	♦ 12.6	♦ 9.9	♦ 18.8	♦ 10.4	15
–	–	–	–	♦ 23.8	–	–	♦ 21.0	–	–	–	–	16
...	...	♦ 6.4	♦ 4.9	♦ 3.4	♦ 1.8	♦ 3.8	♦ 3.8	♦ 7.6	♦ 5.9	...	...	17
...	...	8.1	5.6	♦ 4.5	7.7	♦ 4.6	8.9	♦ 4.8	7.2	...	...	18
3	3	...	...	...	♦ 7.3	♦ 7.7	♦ 5.3	♦ 17.3	♦ 9.5	♦ 11.2	♦ 12.4	19
6	7	...	...	...	♦ 5.3	♦ 7.2	♦ 5.3	♦ 5.3	♦ 3.7	♦ 12.8	♦ 16.3	20
–	1	–	–	♦ 23.6	–	–	♦ 20.3	–	–	–	♦ 18.3	21
1	–	♦ 35.8	–	–	–	–	–	...	–	♦ 18.6	–	22
16	12	♦ 4.5	♦ 8.1	♦ 7.5	♦ 9.6	♦ 5.3	♦ 7.6	♦ 6.0	♦ 7.1	♦ 8.2	♦ 6.1	23
2	...	...	♦ 3.8	♦ 5.6	♦ 3.5	♦ 8.4	♦ 3.3	♦ 8.2	♦ 6.7	♦ 3.4	...	24
58	53	11.1	13.1	15.5	11.6	10.7	12.8	12.8	9.9	11.7	11.0	25
7	10	♦ 10.0	♦ 8.7	♦ 12.2	♦ 6.5	♦ 10.1	♦ 10.3	♦ 12.0	♦ 9.6	♦ 6.1	♦ 9.4	26
35	16	...	...	...	...	...	♦ 9.1	48.6	51.7	...	♦ 25.7	27
133	...	...	151.5	150.1	155.5	169.4	83.6	66.5	60.3	53.2	...	28
204	185	...	...	...	16.8	16.1	13.6	13.0	12.3	14.8	13.1	29
1	–	...	...	–	♦ 4.0	♦ 4.3	♦ 8.9	♦ 4.6	♦ 5.0	♦ 5.1	–	30
24	...	♦ 4.4	♦ 5.5	♦ 4.9	♦ 5.0	♦ 2.9	♦ 5.5	♦ 3.3	♦ 4.8	♦ 6.2	...	31
6	...	♦ 5.1	♦ 2.9	♦ I 4.8	♦ 8.9	♦ 5.2	♦ 3.2	♦ 4.0	–	♦ 5.1	...	32
5	3	♦ 5.4	♦ 3.9	♦ 6.5	♦ 10.0	♦ 3.7	♦ 6.0	♦ 1.2	♦ 4.6	♦ 6.0	♦ 3.6	33
...	...	...	10.3	12.6	11.4	8.7	6.2	8.1	5.2	...	...	34
...	...	7.3	6.9	6.3	6.3	7.7	7.6	6.9	6.7	...	...	35
...	...	16.4	14.7	10.6	16.3	15.5	10.7	...	...	...	...	36
16	18	♦ 4.4	♦ 5.8	♦ 5.3	♦ 4.9	♦ 5.6	♦ 6.5	♦ 3.5	♦ 3.4	♦ 6.1	♦ 7.0	37
...	...	♦ 41.1	...	...	...	...	...	...	...	...	...	38
12	...	♦ 13.5	♦ 18.9	♦ 12.7	♦ 17.4	♦ 10.3	♦ 6.6	♦ 15.0	♦ 8.4	♦ 20.4	...	39

FOOTNOTES (continued)

2 Including Canadian residents temporarily in the United States, but excluding United States residents temporarily in Canada.

3 Excluding Indian jungle population.

4 Based on burial permits.

5 Excluding nomadic Indian tribes.

6 Excluding Vietnamese refugees.

7 Including data for East Jerusalem and Israeli residents in certain other territories under occupation by Israeli military forces since June 1967.

8 For Japanese nationals in Japan only.

9 All data classified by 1965 Revision.

10 Excluding Faeroe Islands and Greenland.

11 Including nationals temporarily outside the country.

12 Including armed forces stationed outside the country.

13 Deaths registered within one year of occurrence.

14 Including residents outside the country if listed in a Netherlands population register.

15 Including residents temporarily outside the country.

NOTES (suite)

2 Y compris les résidents canadiens se trouvant temporairement aux Etats–Unis, mais non compris les résidents des Etats–Unis se trouvant temporairement au Canada.

3 Non compris les Indiens de la jungle.

4 D'après les permis d'inhumer.

5 Non compris les tribus d'Indiens nomades.

6 Non compris les réfugiés du Viet Nam.

7 Y compris les données pour Jérusalem–Est et les résidents israéliens dans certain autres territoires occupés depuis juin 1967 par les forces armées.

8 Pour nationaux japonais au Japon seulement.

9 Toutes les données sont classées selon la Révision de 1965.

10 Non compris les îles Féroé et le Groenland.

11 Y compris les nationaux se trouvant temporairement hors du pays.

12 Y compris les militaires en garnison hors du pays.

13 Décès enregistrés dans l'année que suit l'événement.

14 Y compris les résidents hors du pays, s'ils sont inscrit sur un registre de population néerlandais.

15 Y compris les résidents se trouvant temporairement hors du pays.

18. Deaths and crude death rates, by urban/rural residence: 1991 – 1995

Décès et taux bruts de mortalité, selon la résidence, urbaine/rurale: 1991 – 1995

(See notes at end of table. – Voir notes à la fin du tableau.)

Continent, country or area and urban/rural residence Continent, pays ou zone et résidence, urbaine/rurale	Code [1]	Number – Nombre					Rate – Taux				
		1991	1992	1993	1994	1995	1991	1992	1993	1994	1995
AFRICA—AFRIQUE											
Algeria – Algérie [2 3]	U	*155 000*	*160 000*	*166 000*	...	...			[4] 6.4		
Angola	..	...	...	...	...	...			[4] 19.2		
Benin – Bénin	..	...	...	...	...	...			[4] 17.8		
Botswana	..	...	...	...	...	...			[4] 6.6		
Burkina Faso	..	...	...	...	...	...			[4] 18.2		
Burundi	..	...	...	...	...	...			[4] 15.7		
Cameroon – Cameroun	..	...	...	...	...	...			[4] 12.2		
Cape Verde – Cap–Vert	C	2 616	2 843	...	...	...	7.5	7.9	...	...	...
Central African Republic – Rép. centrafricaine	..	...	...	...	...	...			[4] 16.6		
Chad – Tchad	..	...	...	...	...	...			[4] 18.0		
Comoros – Comores	..	...	...	...	...	...			[4] 11.7		
Congo	..	...	...	...	...	...			[4] 14.9		
Côte d'Ivoire	..	...	...	...	...	...			[4] 15.1		
Djibouti	..	...	...	...	...	...			[4] 16.1		
Egypt – Egypte [5]	C	391 588	382 465	405 239	414 643	...	7.2	6.9	7.2	7.2	...
Equatorial Guinea – Guinée équatoriale	..	...	...	...	...	...			[4] 18.0		
Eritrea – Erythrée	..	...	...	...	...	...			[4] 15.2		
Ethiopia – Ethiopie	..	...	...	...	...	...			[4] 18.0		
Gabon	..	...	...	...	...	...			[4] 15.5		
Gambia – Gambie	..	...	...	...	...	...			[4] 18.8		
Ghana	..	...	...	...	...	...			[4] 11.7		
Guinea – Guinée	..	...	...	...	...	...			[4] 20.3		
Guinea–Bissau – Guinée–Bissau	..	...	...	...	...	...			[4] 21.3		
Kenya	U	*98 813*	*111 728*	...	...	...			[4] 11.7		
Lesotho	..	...	...	...	...	...			[4] 10.0		
Liberia – Libéria	..	...	...	...	...	...			[4] 14.2		
Libyan Arab Jamahiriya – Jamahiriya arabe libyenne	U	*29 720*	...	...	...	...			[4] 8.0		
Madagascar	..	...	...	...	...	...			[4] 11.8		
Malawi	..	...	...	...	...	...			[4] 20.0		
Mali	..	...	...	...	...	...			[4] 19.1		
Mauritania – Mauritanie	...	...	...	*35 292*	*35 348*	**35 509*			[4] 14.4		
Mauritius – Maurice	+C	7 027	7 023	7 433	7 402	*7 465	6.6	6.5	6.8	6.7	*6.7
Island of Mauritius – Ile Maurice [5]	+C	6 815	6 866	7 275	7 234	...	6.6	6.5	6.8	6.7	...
Rodrigues	+C	212	157	158	168	...	6.2	4.6	4.6	4.8	...
Morocco – Maroc [5]	U	*83 209*	*82 729*	...	...	...			[4] 8.1		
Mozambique	..	...	...	...	...	...			[4] 18.5		
Namibia – Namibie	..	...	...	...	...	...			[4] 10.5		
Niger	..	...	...	...	...	...			[4] 18.9		
Nigeria – Nigéria	..	...	...	...	...	...			[4] 15.4		
Réunion [3]	C	3 415	...	...	...	...	5.6	...	...	...	...
Rwanda	..	...	...	...	...	...			[4] 16.6		
St. Helena ex. dep. – Sainte–Hélène sans dép.	C	42	44	58	54	...	6.6	6.8	8.9	8.3	...
Tristan da Cunha	C	...	...	2	...	...	...	...	♦ 6.8	...	...
Sao Tome and Principe – Sao Tomé–et–Principe	C	...	...	1 102	...	...	...	...	9.0	...	...
Senegal – Sénégal	..	...	...	...	...	...			[4] 16.0		
Seychelles	+C	545	522	597	...	*525	7.7	7.4	8.3	...	*7.0
Somalia – Somalie	..	...	...	...	...	...			[4] 18.5		
South Africa – Afrique du Sud [5]	...	...	...	*201 273*	...	...			[4] 8.8		
Sudan – Soudan	..	...	...	...	...	...			[4] 13.1		
Swaziland	..	...	...	...	...	...			[4] 10.7		
Togo	..	...	...	...	...	...			[4] 12.8		
Tunisia – Tunisie [5]	U	*37 462*	*38 043*	*40 865*	*41 272*	...			[4] 6.4		
Uganda – Ouganda	..	...	...	...	...	...			[4] 19.2		
United Rep. of Tanzania – Rép.–Unie de Tanzanie	..	...	...	...	...	...			[4] 13.6		
Zaire – Zaïre	..	...	...	...	...	...			[4] 14.5		
Zambia – Zambie	..	...	...	...	...	...			[4] 15.1		
Zimbabwe [5]	...	...	[6] 98 808	...	...	...			[4] 12.0		

18. Deaths and crude death rates, by urban/rural residence: 1991 – 1995 (continued)

Décès et taux bruts de mortalité, selon la résidence, urbaine/rurale: 1991 – 1995 (suite)

(See notes at end of table. – Voir notes à la fin du tableau.)

Continent, country or area and urban/rural residence — Continent, pays ou zone et résidence, urbaine/rurale	Code [1]	Number – Nombre 1991	1992	1993	1994	1995	Rate – Taux 1991	1992	1993	1994	1995
AMERICA,NORTH— AMERIQUE DU NORD											
Anguilla	+C	...	...	59	...	...	...	...	6.4	...	...
Bahamas	C	1 319	1 383	1 493	1 538	...	5.1	5.2	5.6	5.6	...
Barbados – Barbade	+C	2 283	2 361	2 391	2 295	*2 481	8.8	9.0	9.1	8.7	*9.4
Belize	U	*842*	*846*	*882*	*863*	...	*4.3*	*4.3*	*4.3*	*4.1*	...
Bermuda – Bermudes	C	452	...	500	...	...	7.4	...	7.9	...	...
Canada [7]	C	196 050	196 535	204 912	211 535	...	7.0	6.9	7.1	7.2	...
Cayman Islands – Iles Caïmanes	C	127	128	133	149	...	4.6	4.5	4.3	4.8	...
Costa Rica	C	11 792	12 253	...	...	...	4.1	4.2	...	...	...
Cuba [5]	C	71 709	75 457	78 504	...	...	6.7	7.0	7.2	...	...
Dominica – Dominique	+C	518	566	558	530	...	7.2	7.9	7.7	7.2	...
Dominican Republic – Rép. dominicaine	+U	...	*23 717*	...	...	...			[4] 5.6		
El Salvador [5]	U	*27 066*	*27 869*	...	28 694	...			[4] 7.1		
Greenland – Groenland	C	440	446	436	...	...	7.9	8.1	7.9	...	...
Guadeloupe [3]	C	2 147	2 292	2 357	2 331	...	5.4	5.6	5.7	5.5	...
Guatemala	C	72 896	73 124	73 870	...	...	7.7	7.5	7.4	...	...
Haiti – Haïti	..	...	...	...	...	...			[4] 11.9		
Honduras	..	...	...	...	...	...			[4] 6.1		
Jamaica – Jamaïque	+C	13 319	13 225	13 927	13 503	...	5.6	5.5	5.8	5.4	...
Martinique [3]	C	2 180	2 180	2 292	...	...	5.9	5.8	6.1	...	...
Mexico – Mexique [5]	C	411 131	409 814	416 335	419 074	...	4.7	4.6	4.6	4.5	...
Netherlands Antilles – Antilles néerlandaises	C	1 107	1 316	1 379	1 340	*1 364	5.9	6.9	7.1	6.7	*6.9
Nicaragua	U	*12 515*	...	...	...	...			[4] 6.8		
Panama [5]	U	*9 683*	*10 143*	*10 669*	*9 959*	...			[4] 5.3		
Puerto Rico – Porto Rico [5]	C	26 328	27 397	28 494	28 444	...	7.4	7.7	7.9	7.7	...
Saint Kitts and Nevis – Saint–Kitts–et–Nevis	+C	397	386	391	400	...	9.5	9.2	9.3	9.8	...
Saint Lucia – Sainte–Lucie	C	866	874	...	...	*860	6.4	6.4	...	...	*5.9
St. Vincent and the Grenadines – Saint–Vincent–et–Grenadines [5]	+C	...	714	...	...	*732	...	6.6	...	...	*6.6
Trinidad and Tobago – Trinité–et–Tobago	C	8 192	8 533	8 807	...	...	6.7	6.9	7.1	...	...
United States – Etats–Unis	C	2 169 518	2 176 630	2 268 553	2 286 760	...	8.6	8.5	8.8	8.8	...
United States Virgin Islands – Iles Vierges américaines	C	535	...	569	...	...	5.2	...	5.5	...	...
AMERICA,SOUTH— AMERIQUE DU SUD											
Argentina – Argentine	C	255 609	262 287	267 286	260 245	...	7.8	7.9	7.9	7.6	...
Bolivia – Bolivie	..	...	...	...	...	...			[4] 10.2		
Brazil – Brésil [8]	U	*823 438*	*840 648*	*897 050*	*912 110*	...			[4] 7.5		
Chile – Chili [5]	C	74 862	74 090	76 261	75 445	...	5.6	5.5	5.5	5.4	...
Colombia – Colombie [9]	+U	*163 692*	...	...	...	...			[4] 5.9		
Ecuador – Equateur [5 10]	U	*53 333*	*53 430*	*52 453*	...	...			[4] 6.2		
Falkland Is.(Malvinas) – Iles Falkland (Malvinas) [5]	+C	14	19	...	...	...	♦ 6.8	♦ 9.5	...	...	...
Guyana	..	...	...	...	...	...			[4] 7.1		
Paraguay	U	*10 171*	*9 642*	...	...	...			[4] 5.5		
Peru – Pérou [5 8 11]	..	175 061	172 899	172 188	171 476	...			[4] 6.9		
Suriname [5]	C	2 573	2 720	2 998	...	...	6.4	6.6	7.2	...	...
Uruguay	C	29 784	...	...	...	...	9.6	...	...	...	...
Venezuela [8]	C	88 634	90 566	...	...	...	4.5	4.5	...	...	...
ASIA—ASIE											
Afghanistan	..	...	...	...	...	...			[4] 21.8		
Armenia – Arménie [5 12]	C	23 425	25 824	27 500	24 648	...	6.5	7.0	7.4	6.6	...
Azerbaijan–Azerbaïdjan [12]	C	...	...	...	54 921	...	...	...	...	7.4	...
Bahrain – Bahreïn	U	*1 744*	*1 760*	*1 714*	*1 695*	...			[4] 4.0		
Bangladesh	..	...	...	...	...	...			[4] 11.7		
Bhutan – Bhoutan	..	...	...	...	...	...			[4] 15.3		

18. Deaths and crude death rates, by urban/rural residence: 1991 – 1995 (continued)

Décès et taux bruts de mortalité, selon la résidence, urbaine/rurale: 1991 – 1995 (suite)

(See notes at end of table. – Voir notes à la fin du tableau.)

Continent, country or area and urban/rural residence — Continent, pays ou zone et résidence, urbaine/rurale	Code [1]	Number – Nombre 1991	1992	1993	1994	1995	Rate – Taux 1991	1992	1993	1994	1995
ASIA—ASIE (Cont.–Suite)											
Brunei Darussalam – Brunéi Darussalam	+C	852	887	1 018	...	...	3.3	3.3	3.7	...	...
Cambodia – Cambodge	..	...	...	...	...	...			[4] 14.3		
China – Chine	...	...	_7 710 000_	_7 800 000_	...	...			[4] 7.2		
Cyprus – Chypre	...	_6 238_	_6 417_	[13] _4 789_	[13] _4 924_	...			[4] 7.5		
East Timor–Timor oriental	..	...	...	...	...	...			[4] 17.4		
Georgia – Géorgie	..	...	...	...	...	...			[4] 8.9		
Hong Kong – Hong–kong [14]	C	28 429	30 550	30 571	29 905	*30 894	4.9	5.3	5.2	4.9	*5.0
India – Inde [5] [15]	..	...	...	...	...	...	9.8	10.0	9.3	9.2	...
Indonesia – Indonésie	..	...	...	...	...	...			[4] 8.4		
Iran (Islamic Republic of – Rép. islamique d')	U	_461 443_	...	...	...	...			[4] 6.7		
Iraq	..	...	...	...	...	...			[4] 6.7		
Israel – Israël [5] [16]	C	31 266	33 327	33 000	33 535	*35 117	6.3	6.5	6.3	6.2	*6.3
Japan – Japon [5] [17]	C	829 797	856 643	878 532	875 933	*922 062	6.7	6.9	7.0	7.0	*7.4
Jordan – Jordanie [18]	U	_11 268_	_12 590_	_12 472_	_12 290_	...			[4] 5.5		
Kazakstan [5] [12]	C	134 572	137 705	156 317	160 591	...	8.0	8.1	9.3	9.4	...
Korea, Dem. People's Rep. of – Corée, rép. populaire dém. de	...	...	...	_115 609_	...	...			[4] 5.3		
Korea, Republic of– Corée, Rép. de [5] [19]	...	241 602	235 410	233 315	239 523	...	5.6	5.4	5.3	5.4	...
Kuwait – Koweït	C	3 380	3 369	3 441	3 464	...	1.6	2.4	2.4	2.1	...
Kyrgyzstan–Kirghizistan [5] [12]	C	30 859	32 163	34 513	37 109	...	6.9	7.2	7.7	8.3	...
Lao People's Dem. Rep. – Rép. dém. populaire Lao	..	...	...	...	...	...			[4] 15.2		
Lebanon – Liban	..	...	...	...	...	...			[4] 7.1		
Macau – Macao [20]	...	1 335	1 432	1 531	1 330	*1 351	3.8	3.8	3.9	3.3	*3.2
Malaysia – Malaisie	C	83 851	85 646	87 175	89 702	*91 700	4.6	4.6	♦ 4.5	4.6	*4.6
Maldives [5]	C	1 366	1 330	1 319	...	...	6.1	5.8	5.5	...	...
Mongolia – Mongolie	...	...	...	...	...	...			[4] 7.4		
Myanmar	..	...	...	...	...	...			[4] 11.1		
Nepal – Népal	..	...	...	...	...	...			[4] 13.3		
Oman	..	...	...	...	...	...			[4] 4.8		
Pakistan [5] [21]	..	892 570	932 678	...	...	...	7.7	7.8	...	...	...
Philippines	+U	_298 063_	_319 579_	...	...	...			[4] 6.4		
Qatar	C	883	944	913	964	...	1.8	1.8	1.6	1.6	...
Saudi Arabia – Arabie saoudite	..	...	...	...	...	...			[4] 4.7		
Singapore – Singapour [22]	+C	13 876	14 337	14 461	14 946	*15 569	5.0	5.1	5.0	5.1	*5.2
Sri Lanka	+C	96 940	98 017	93 752	...	...	5.6	5.6	5.3	...	...
Syrian Arab Republic – République arabe syrienne [3] [23] [24]	...	_43 910_	_46 308_	_53 854_	_51 003_	...			[4] 5.8		
Tajikistan–Tadjikistan [5] [12]	C	33 067	36 718	49 326	...	...	6.1	6.6	8.7	...	...
Thailand – Thaïlande [5]	U	_264 350_	_275 313_	_285 731_	_305 526_	...			[4] 6.1		
Turkey – Turquie [25]	..	391 000	394 000	398 000	401 000	*405 000	6.8	6.7	6.6	6.6	*6.6
Turkmenistan – Turkménistan [12]	C	...	...	...	32 067	...	...	...	...	8.0	...
United Arab Emirates – Emirats arabes unis	...	...	...	...	_4 597_	...			[4] 2.7		
Uzbekistan – Ouzbékistan [12]	C	...	139 900	145 294	148 200	...	...	6.5	6.6	6.5	...
Viet Nam	...	...	...	...	...	...			[4] 8.0		
Yemen – Yémen	...	...	...	...	...	...			[4] 15.5		
EUROPE											
Albania – Albanie [5]	C	17 743	17 238	16 639	...	...	5.5	5.1	4.9	...	...
Andorra – Andorre [5]	...	217	219	211	184	...	3.8	3.6	3.3	2.8	...
Austria – Autriche [5]	C	83 428	83 162	82 517	80 684	*80 368	10.7	10.5	10.3	10.0	*10.0
Belarus – Bélarus [5] [12]	C	114 650	116 674	128 544	130 003	...	11.2	11.3	12.4	12.6	...
Belgium – Belgique [26]	C	105 150	103 741	106 601	104 894	*105 933	10.5	10.3	10.6	10.4	*10.5
Bosnia Herzegovina – Bosnie–Herzégovine	..	...	...	...	...	...			[4] 7.0		
Bulgaria – Bulgarie [5]	C	110 423	107 998	109 540	111 787	*112 632	12.3	12.6	12.9	13.2	*13.4
Channel Islands – Iles Anglo–Normandes	C	1 446	1 345	1 555	1 427	...	10.1	9.4	10.9	9.7	...
Guernsey – Guernesey	C	614	552	606	591	...	10.4	9.4	10.4	...	...
Jersey	+C	832	793	949	836	...	9.9	9.4	11.3	9.9	...

18. Deaths and crude death rates, by urban/rural residence: 1991 – 1995 (continued)

Décès et taux bruts de mortalité, selon la résidence, urbaine/rurale: 1991 – 1995 (suite)

(See notes at end of table. – Voir notes à la fin du tableau.)

Continent, country or area and urban/rural residence — Continent, pays ou zone et résidence, urbaine/rurale	Code [1]	Number – Nombre 1991	1992	1993	1994	1995	Rate – Taux 1991	1992	1993	1994	1995
EUROPE (Cont.–Suite)											
Croatia – Croatie [5]	C	54 832	51 800	50 846	49 482	...	11.5	10.8	10.6	10.4	...
Czech Republic – Rép. tchèque [5]	C	124 290	120 337	118 185	117 373	*117 913	12.1	11.7	11.4	11.4	*11.4
Denmark – Danemark [27]	C	59 581	60 821	62 809	61 148	*63 216	11.6	11.8	12.1	11.7	*12.1
Estonia – Estonie [5 12]	C	19 705	20 115	21 267	22 150	*21 071	12.6	13.0	14.0	14.8	*13.8
Faeroe Islands – Iles Féroé	C	396	393	380	...	...	8.4	8.4	8.1	...	...
Finland – Finlande [5 28]	C	49 271	49 523	50 988	48 000	*49 352	9.8	9.8	10.1	9.4	*9.7
France [5 29]	C	524 685	521 530	531 900	519 965	*529 000	9.2	9.1	9.2	9.0	*9.1
Germany – Allemagne	C	911 245	885 443	897 270	884 661	*875 071	11.4	11.0	11.1	10.9	*10.7
Gibraltar [30]	C	...	...	275	...	...	...	...	9.8	...	...
Greece – Grèce [5]	C	95 498	98 231	97 419	97 807	*98 000	9.3	9.5	9.4	9.4	*9.4
Hungary – Hongrie [5]	C	144 813	148 781	150 244	146 889	*144 000	14.0	14.4	14.6	14.3	*14.1
Iceland – Islande [5]	C	1 796	1 719	1 753	1 720	...	7.0	6.6	6.6	6.5	...
Ireland – Irlande [5 31]	+C	31 305	30 930	31 924	30 744	*31 494	8.9	8.7	9.0	8.6	*8.8
Isle of Man – Ile de Man	+C	982	917	1 011	902	...	14.1	13.0	14.3	12.7	...
Italy – Italie	C	553 833	546 690	543 433	548 081	...	9.8	9.6	9.5	9.6	...
Latvia – Lettonie [5 12]	C	34 749	35 420	39 197	41 757	*40 080	13.1	13.5	15.2	16.4	*15.9
Liechtenstein	...	*187*	*180*	*178*	*206*	...	*6.4*	*6.1*	*5.9*	*6.7*	...
Lithuania – Lituanie [5 12]	C	41 013	41 455	46 107	46 486	*45 306	11.0	11.1	12.4	12.5	*12.2
Luxembourg	C	3 744	4 022	3 915	3 800	*3 797	9.7	10.3	9.8	9.4	*9.4
Malta – Malte [32]	C	2 872	2 900	2 692	2 698	*2 711	8.0	8.0	7.4	7.3	*7.3
Netherlands – Pays-Bas [5 33]	C	129 958	129 887	137 795	133 471	*136 154	8.6	8.6	9.0	8.7	*8.8
Norway – Norvège [34]	C	44 923	44 731	46 597	43 800	*45 117	10.5	10.4	10.8	10.1	*10.3
Poland – Pologne [5]	C	405 716	394 729	392 259	386 398	*384 000	10.6	10.3	10.2	10.0	*10.0
Portugal [5]	C	104 361	101 161	106 384	97 429	*103 939	10.6	10.3	10.8	9.8	*9.6
Republic of Moldova – [5 12] République de Moldova	C	45 849	44 522	46 637	52 153	...	10.5	10.2	10.7	12.0	...
Romania – Roumanie [5]	C	251 760	263 855	263 323	266 101	*271 674	10.9	11.6	11.6	11.7	*12.0
Russian Federation – [5 12] Fédération Russie	C	1 690 657	1 807 441	2 129 339	2 301 366	*2176 400	11.4	12.2	14.4	15.6	*14.7
San Marino – Saint-Marin [5]	+C	...	172	145	184	*186	...	7.2	6.0	7.4	*7.4
Slovakia – Slovaquie [5]	C	54 618	53 423	52 707	51 386	*52 686	10.3	10.1	9.9	9.6	*9.8
Slovenia – Slovénie [5]	C	19 324	19 333	20 012	19 359	*18 968	9.7	9.7	10.1	9.7	*9.6
Spain – Espagne	C	337 691	331 515	339 161	335 843	*343 965	8.7	8.5	8.7	8.6	*8.8
Sweden – Suède	C	95 202	94 710	97 008	91 844	*96 910	11.0	10.9	11.1	10.5	*11.0
Switzerland – Suisse [5]	C	62 634	62 302	62 512	61 987	*60 755	9.2	9.1	9.0	8.9	*8.6
The former Yugoslav Rep. of Macedonia – L'ex Rép. [5] yougosl. de Macédoine	C	14 789	16 022	15 591	...	...	7.3	7.8	7.4	...	...
Ukraine [5 12]	C	669 960	697 110	741 662	764 669	...	12.9	13.4	14.2	14.7	...
United Kingdom–Royaume–Uni	C	646 181	634 238	657 852	625 897	*641 700	11.2	10.9	11.3	10.7	*11.0
Yugoslavia – Yougoslavie [5]	C	101 573	105 872	107 396	105 338	*107 966	9.8	10.1	10.2	10.0	*10.2
OCEANIA—OCEANIE											
American Samoa – Samoa américaines	C	217	226	223	...	...	4.4	4.4	4.2	...	...
Australia – Australie	+C	119 146	123 660	121 599	126 692	...	6.9	7.1	6.9	7.1	...
Fiji – Fidji	+C	4 133	...	3 837	4 210	*4 959	5.6	...	5.0	5.4	*6.2
French Polynesia – Polynésie française	...	*1 021*	*1 057*	*1 053*	*1 075*	...	*5.1*	*5.1*	*5.0*	*5.0*	...
Guam [5 35]	C	607	585	...	...	*625	4.5	4.2	...	...	*4.2
Marshall Islands – Iles Marshall	C	...	...	...	213	...	...	...	...	3.9	...
Nauru	C	...	...	...	...	*49	...	...	...	...	*4.5
New Caledonia – Nouvelle–Calédonie	..	978	931	954	1 060	...	5.6	5.3	5.3	5.8	...
New Zealand –	C										
Nouvelle–Zélande [5]	+C	26 501	27 249	27 243	27 092	*27 960	7.8	7.9	7.9	7.8	*7.9
Norfolk Is. – Ile Norfolk	C	...	...	...	...	*15	...	...	...	...	...
Papua New Guinea – Papouasie–Nouvelle–Guinée	..	...	...	...	...	...			[4] 10.7		
Pitcairn	C	2	1	...	...	...	♦ 30.3	♦ 18.5	...	...	...
Samoa	U	...	*260*	*426*	...	...			[4] 6.1		
Solomon Islands – Iles Salomon	..	...	...	...	...	...			[4] 4.4		
Tonga	...	*411*	...	...	...	...	*4.2*	...	...	...	...
Vanuatu	..	...	...	...	...	...			[4] 7.2		

18. Deaths and crude death rates, by urban/rural residence: 1991 – 1995 (continued)

Décès et taux bruts de mortalité, selon la résidence, urbaine/rurale: 1991 – 1995 (suite)

Data by urban/rural residence

Données selon la résidence urbaine/rurale

(See notes at end of table. – Voir notes à la fin du tableau.)

Continent, country or area and urban/rural residence — Continent, pays ou zone et résidence, urbaine/rurale	Code [1]	Number – Nombre 1991	1992	1993	1994	1995	Rate – Taux 1991	1992	1993	1994	1995
AFRICA—AFRIQUE											
Egypt – Egypte	C										
Urban – Urbaine		161 595	160 432	...	...	...	6.9	6.7	...	...	...
Rural – Rurale		229 993	222 033	...	...	...	7.4	7.0	...	...	...
Mauritius – Maurice	+C										
Urban – Urbaine		3 361	3 327	3 437	3 445	...	7.2	7.0	7.2	7.1	...
Rural – Rurale		3 666	3 696	3 996	3 957	...	6.1	6.1	6.5	6.3	...
Island of Mauritius – Ile Maurice	+C										
Urban – Urbaine		3 361	3 327	3 437	3 445	...	7.2	7.0	7.2	7.1	...
Rural – Rurale		3 454	3 539	3 838	3 789	...	6.1	6.2	6.6	6.4	...
Morocco – Maroc	U										
Urban – Urbaine		*36 454*	...	...	...	...	*3.0*	...	...	...	...
Rural – Rurale		*46 755*	...	...	...	...	*3.7*	...	...	...	...
South Africa – Afrique du Sud	...										
Urban – Urbaine		...	...	*141 763*	...	...	...	...	...	...	...
Rural – Rurale		...	...	*46 203*	...	...	...	...	...	...	...
Tunisia – Tunisie	U										
Urban – Urbaine		...	*29 816*	*31 694*	*32 523*	...	...	...	...	...	...
Rural – Rurale		...	*8 227*	*9 171*	*8 749*	...	...	...	...	...	...
Zimbabwe	..										
Urban – Urbaine		...	[6] 22 308	...	...	...	...	...	...	...	...
Rural – Rurale		...	[6] 76 500	...	...	...	...	...	...	...	...
AMERICA,NORTH— AMERIQUE DU NORD											
Cuba	C										
Urban – Urbaine		57 571	61 053	...	...	...	7.2	7.6	...	...	...
Rural – Rurale		14 114	14 377	...	...	...	5.1	5.2	...	...	...
El Salvador	U										
Urban – Urbaine		*16 026*	*16 336*	...	...	...	*6.6*	*6.3*	...	...	...
Rural – Rurale		*11 040*	*11 533*	...	...	...	*3.0*	*4.5*	...	...	...
Mexico – Mexique [36]	C										
Urban – Urbaine		289 679	304 894	310 342	310 595	...	...	...	...	...	...
Rural – Rurale		115 041	98 929	100 230	102 703	...	...	...	...	...	...
Panama	U										
Urban – Urbaine		*5 039*	*5 871*	*6 143*	...	...	*3.8*	*4.3*	*4.4*	...	...
Rural – Rurale		*4 644*	*4 272*	*4 526*	...	...	*4.1*	*3.8*	*3.9*	...	...
Puerto Rico – Porto Rico [36]	C										
Urban – Urbaine		14 626	14 999	...	15 144	...	...	...	...	...	...
Rural – Rurale		11 612	12 309	...	13 244	...	...	...	...	...	...
St. Vincent and the Grenadines – Saint-Vincent-et-Grenadines	+C										
Urban – Urbaine		...	326	...	...	...	...	...	...	...	...
Rural – Rurale		...	388	...	...	...	...	...	...	...	...
AMERICA,SOUTH— AMERIQUE DU SUD											
Chile – Chili	C										
Urban – Urbaine		62 777	62 920	64 504	63 262	...	5.6	5.5	5.6	5.4	...
Rural – Rurale		12 085	11 170	11 757	12 183	...	5.5	5.1	5.3	5.5	...
Ecuador – Equateur [10]	U										
Urban – Urbaine		...	*30 039*	*31 589*	...	...	...	*4.9*	*4.9*	...	...
Rural – Rurale		...	*23 391*	*20 864*	...	...	...	*5.1*	*4.5*	...	...
Falkland Is.(Malvinas) – Iles Falkland (Malvinas)	+C										
Urban – Urbaine		11	17	...	...	...	♦ 7.1	...	...	...	...
Rural – Rurale		3	2	...	...	...	♦ 6.1	...	...	...	...
Peru – Pérou [8 11]	..										
Urban – Urbaine		101 733	101 623	102 511	...	...	6.5	6.3	6.6	...	...
Rural – Rurale		73 329	71 275	69 677	...	...	11.4	11.1	10.6	...	...
Suriname	C										
Urban – Urbaine		1 508	...	...	...	...	...	...	...	...	...
Rural – Rurale		1 065	...	...	...	...	...	...	...	...	...

18. Deaths and crude death rates, by urban/rural residence: 1991 – 1995 (continued)

Décès et taux bruts de mortalité, selon la résidence, urbaine/rurale: 1991 – 1995 (suite)

Data by urban/rural residence

Données selon la résidence urbaine/rurale

(See notes at end of table. – Voir notes à la fin du tableau.)

Continent, country or area and urban/rural residence Continent, pays ou zone et résidence, urbaine/rurale	Code [1]	Number – Nombre 1991	1992	1993	1994	1995	Rate – Taux 1991	1992	1993	1994	1995
ASIA—ASIE											
Armenia – Arménie [12]	C										
Urban – Urbaine		15 777	17 431	...	16 721	...	6.3	6.9	...	...	...
Rural – Rurale		7 648	8 393	...	7 927	...	6.9	7.2	...	...	...
India – Inde	..										
Urban – Urbaine		...	...	...	...	...	...	...	[15] 7.1	...	...
Rural – Rurale		...	...	...	...	...	...	...	[15] 10.6	...	...
Israel – Israël [16]	C										
Urban – Urbaine		28 950	30 850	30 453	...	...	6.5	6.7	6.4	...	...
Rural – Rurale		2 316	2 477	2 547	...	...	4.7	4.8	4.7	...	...
Japan – Japon [17]	C										
Urban – Urbaine		593 964	616 823	633 895	634 015	...	...	...	...	...	...
Rural – Rurale		234 377	237 778	242 482	239 854	...	...	...	...	...	...
Kazakstan [12]	C										
Urban – Urbaine		80 426	82 479	93 981	...	...	8.3	8.5	9.8	...	...
Rural – Rurale		54 146	55 226	62 336	...	...	7.6	7.6	8.5	...	...
Korea, Dem. People's Rep. of – Corée, rép. populaire dém. de	...										
Urban – Urbaine		...	...	64 067	...	...	...	...	5.1	...	...
Rural – Rurale		...	...	51 542	...	...	...	...	6.4	...	...
Korea, Republic of– [19] Corée, Rép. de	...										
Urban – Urbaine		135 579	134 827	137 403	142 032	...	...	...	...	...	...
Rural – Rurale		106 023	100 583	95 912	97 491	...	...	...	...	...	...
Kyrgyzstan–Kirghizistan [12]	C										
Urban – Urbaine		12 260	12 367	14 035	14 751	...	7.3	7.3	8.6	9.3	...
Rural – Rurale		18 599	19 796	20 478	22 358	...	6.7	7.1	7.2	7.7	...
Maldives	C										
Urban – Urbaine		295	310	290	...	...	...	...	...	...	...
Rural – Rurale		1 071	1 020	1 029	...	...	...	...	...	...	...
Pakistan [21]	..										
Urban – Urbaine		213 415	227 745	...	...	...	...	...	...	...	...
Rural – Rurale		679 155	704 933	...	...	...	...	...	...	...	...
Tajikistan – Tadjikistan [12]	C										
Urban – Urbaine		11 123	12 742	15 027	...	...	6.6	7.6	9.1	...	...
Rural – Rurale		21 944	23 976	34 299	...	...	5.8	6.2	8.6	...	...
Thailand – Thaïlande	+U										
Urban – Urbaine		*80 903*	*53 229*	...	*60 501*	...	...	...	...	...	...
Rural – Rurale		*183 447*	*222 084*	...	*245 025*	...	...	...	...	...	...
EUROPE											
Albania – Albanie	C										
Urban – Urbaine		6 546	...	...	...	...	5.5	...	...	...	...
Rural – Rurale		11 197	...	...	...	...	5.4	...	...	...	...
Andorra – Andorre	...										
Urban – Urbaine		*203*	...	...	...	...	...	...	...	...	...
Rural – Rurale		*12*	...	...	...	...	...	...	...	...	...
Austria – Autriche	C										
Urban – Urbaine		49 852	50 696	49 976	48 542	...	9.9	...	...	...	...
Rural – Rurale		33 576	32 466	32 541	32 142	...	12.1	...	...	...	...
Belarus – Bélarus [12]	C										
Urban – Urbaine		53 955	56 841	62 260	64 022	...	7.8	8.1	8.8	...	...
Rural – Rurale		60 695	59 833	66 284	65 081	...	18.1	18.0	20.0	...	...
Bulgaria – Bulgarie	C										
Urban – Urbaine		57 123	55 931	57 189	59 444	...	9.3	9.7	10.0	...	...
Rural – Rurale		53 300	52 067	52 351	52 343	...	18.6	18.6	19.0	...	...
Croatia – Croatie	C										
Urban – Urbaine		27 632	27 528	24 806	25 064	...	10.6	...	...	...	...
Rural – Rurale		27 200	24 272	26 040	24 418	...	12.4	...	...	...	...
Czech Republic – Rép. tchèque	C										
Urban – Urbaine		87 592	84 584	83 352	82 697	...	11.3	11.0	10.8	...	...
Rural – Rurale		36 698	35 753	34 833	34 676	...	14.4	13.7	13.3	...	...
Estonia – Estonie [12]	C										
Urban – Urbaine		12 852	13 014	13 947	14 514	...	11.5	11.9	13.1	...	...
Rural – Rurale		6 853	6 854	7 093	7 383	...	15.3	15.3	15.8	...	...
Finland – Finlande [28]	C										
Urban – Urbaine		...	...	...	29 332	...	...	...	...	9.0	...
Rural – Rurale		...	...	...	18 668	...	...	...	...	10.2	...

18. Deaths and crude death rates, by urban/rural residence: 1991 – 1995 (continued)

Décès et taux bruts de mortalité, selon la résidence, urbaine/rurale: 1991 – 1995 (suite)

Data by urban/rural residence

Données selon la résidence urbaine/rurale

(See notes at end of table. – Voir notes à la fin du tableau.)

Continent, country or area and urban/rural residence Continent, pays ou zone et résidence, urbaine/rurale	Code [1]	Number – Nombre					Rate – Taux				
		1991	1992	1993	1994	1995	1991	1992	1993	1994	1995
EUROPE (Cont.–Suite)											
France [29 31]	C										
Urban – Urbaine		366 896	365 902	...	...	...	...	8.6	...	...	...
Rural – Rurale		155 102	152 797	...	...	...	...	10.2	...	...	...
Greece – Grèce	C										
Urban – Urbaine		48 925	50 874	51 160	51 504	...	8.1	...	...	...	...
Rural – Rurale		46 573	47 357	46 259	46 303	...	11.0	...	...	...	...
Hungary – Hongrie [38]	C										
Urban – Urbaine		82 809	85 798	86 888	86 558	...	12.6	13.0	13.2	13.3	...
Rural – Rurale		61 386	62 178	62 734	59 776	...	16.3	16.6	16.8	15.9	...
Iceland – Islande	C										
Urban – Urbaine		1 584	1 540	1 584	...	...	6.8	6.5	6.6	...	...
Rural – Rurale		212	179	169	...	...	9.0	7.7	7.4	...	...
Ireland – Irlande [31]	+C										
Urban – Urbaine		13 022	12 388	13 622	13 922	...	6.5	...	...	...	...
Rural – Rurale		18 522	18 542	18 302	16 822	...	12.2	...	...	...	...
Latvia – Lettonie [12]	C										
Urban – Urbaine		22 093	22 608	25 096	27 431	...	12.0	12.5	14.1	15.6	...
Rural – Rurale		12 656	12 812	14 101	14 326	...	15.4	15.7	17.6	18.2	...
Lithuania – Lituanie [12]	C										
Urban – Urbaine		22 155	22 257	24 697	25 653	*25 045	8.6	8.7	9.7	10.1	*9.9
Rural – Rurale		18 858	19 198	21 410	20 833	*20 261	16.0	16.2	18.0	17.5	*17.0
Netherlands – Pays-Bas [33 39]	C										
Urban – Urbaine		73 326	72 945	87 886	85 254	...	9.6	9.4	9.5	9.1	...
Rural – Rurale		12 601	12 734	49 901	48 210	...	7.6	7.6	8.3	7.9	...
Semi-urban–Semi-urbaine		44 018	44 195	...	...	...	7.7	7.6	...	...	...
Poland – Pologne	C										
Urban – Urbaine		234 118	228 630	225 998	223 369	...	10.0	9.6	9.5	9.4	...
Rural – Rurale		171 598	166 099	166 261	163 029	...	11.5	11.2	11.3	11.0	...
Portugal	C										
Urban – Urbaine		...	34 988	31 845	...	...	...	...	...	...	...
Rural – Rurale		...	43 951	55 333	...	...	...	...	...	...	...
Republic of Moldova – [12] République de Moldova	C										
Urban – Urbaine		16 045	15 506	16 563	...	...	7.8	7.6	...	...	...
Rural – Rurale		29 804	29 016	30 074	...	...	13.0	12.6	...	...	...
Romania – Roumanie	C										
Urban – Urbaine		101 460	106 784	107 482	108 771	...	8.1	8.6	8.7	8.8	...
Rural – Rurale		150 300	157 071	155 841	157 330	...	14.1	15.1	15.1	15.3	...
Russian Federation – [12] Fédération Russie	C										
Urban – Urbaine		1 168 887	1 254 841	1 488 362	1 614 983	...	10.7	11.5	13.8	15.0	...
Rural – Rurale		521 770	552 600	640 977	686 383	...	13.4	14.0	17.8	17.2	...
San Marino – Saint-Marin	+C										
Urban – Urbaine		...	155	131	167	*166	...	7.2	5.9	7.4	...
Rural – Rurale		...	17	14	17	*20	...	♦ 7.5	♦ 6.0	♦ 7.1	...
Slovakia – Slovaquie	C										
Urban – Urbaine		25 686	24 427	24 026	23 556	...	8.4	8.0	7.9	7.7	...
Rural – Rurale		28 932	28 996	28 681	27 830	...	12.9	12.8	12.5	12.1	...
Slovenia – Slovénie	C										
Urban – Urbaine		8 122	8 259	8 375	8 351	...	8.0	8.2	8.4	8.4	...
Rural – Rurale		11 202	11 074	11 637	11 008	...	11.3	11.2	11.8	11.1	...
Switzerland – Suisse	C										
Urban – Urbaine		42 815	42 690	42 725	42 813	...	9.2	9.1	9.1	9.0	...
Rural – Rurale		19 819	19 612	19 787	19 174	...	9.2	9.0	8.9	8.5	...
The former Yugoslav Rep. of Macedonia – L'ex Rép. yougosl. de Macédoine	C										
Urban – Urbaine		8 198	8 971	...	...	...	6.9	...	...	...	...
Rural – Rurale		6 591	7 051	...	...	...	7.7	...	...	...	...
Ukraine [12]	C										
Urban – Urbaine		380 988	401 849	432 462	450 823	...	10.8	...	12.2	...	...
Rural – Rurale		288 972	295 261	309 200	313 848	...	17.2	...	18.5	...	...
Yugoslavia – Yougoslavie	C										
Urban – Urbaine		...	...	...	50 787	...	...	...	...	...	...
Rural – Rurale		...	...	...	54 551	...	...	...	...	...	...

18. Deaths and crude death rates, by urban/rural residence: 1991 – 1995 (continued)

Décès et taux bruts de mortalité, selon la résidence, urbaine/rurale: 1991 – 1995 (suite)

Data by urban/rural residence

Données selon la résidence urbaine/rurale

(See notes at end of table. – Voir notes à la fin du tableau.)

Continent, country or area and urban/rural residence — Continent, pays ou zone et résidence, urbaine/rurale	Code [1]	Number – Nombre					Rate – Taux				
		1991	1992	1993	1994	1995	1991	1992	1993	1994	1995
OCEANIA—OCEANIE											
Guam [35 36]	C										
Urban – Urbaine		495	486	...	...	...	9.5	9.1	...	...	...
Rural – Rurale		112	99	...	...	...	1.3	1.1	...	...	...
New Zealand – Nouvelle-Zélande	+C										
Urban – Urbaine		...	21 096	21 042	...	...	...	...	...	...	...
Rural – Rurale		...	6 153	6 201	...	...	...	...	...	...	...

GENERAL NOTES

For certain countries, there is a discrepancy between the total number of deaths shown in this table and those shown in subsequent tables for the same year. Usually this discrepancy arises because the total number of deaths occurring in a given year is revised, although the remaining tabulations are not. Data exclude foetal deaths. Rates are the number of deaths per 1 000 mid–year population. For definitions of "urban", see end of table 6. For method of evaluation and limitations of data, see Technical Notes, page 72.

Italics: data from civil registers which are incomplete or of unknown completeness.

FOOTNOTES

* Provisional.
♦ Rates based on 30 or fewer deaths.
\+ Data tabulated by date of registration rather than occurrence.

1 Code "C" indicates that the data are estimated to be virtually complete (at least 90 per cent) and code "U" indicates that the data are estimated to be incomplete (less than 90 per cent). The code does not apply to estimated rates. For further details, see Technical Notes.
2 Registered data are for Algerian population only.
3 Excluding live–born infants dying before registration of birth.

4 Estimate for 1990–1995 prepared by the Population Division of the United Nations.
5 For classification by urban/rural residence, see end of table.
6 Based on the results of the population census.
7 Including Canadian residents temporarily in the United States, but excluding United States residents temporarily in Canada.

8 Excluding Indian jungle population.
9 Based on burial permits.
10 Excluding nomadic Indian tribes.
11 Including adjustment for under–registration.
12 Excluding infants born alive after less than 28 weeks' gestation, of less than 1 000 grammes in weight and 35 centimetres in length, who die within seven days of birth.

NOTES GENERALES

Pour quelques pays il y a une discordance entre le nombre total des décès vivantes présenté dans ce tableau et ceux présentés après pour la même année. Habituellement ces différences apparaîssent lorsque le nombre total des décès pour une certaine année a été révisé; alors que les autres tabulations ne l'ont pas été. Les données ne comprennent pas les morts foetales. Les taux représentent le nombre de décès pour 1 000 personnes au milieu de l'année. Pour les définitions des "régions urbaines", se reporter à la fin du tableau 6. Pour la méthode d'évaluation et les insuffisances des données, voir Notes techniques, page 72.
Italiques: données incomplètes ou dont le degré d'exactitude n'est pas connu, provenant des registres de l'état civil.

NOTES

* Données provisoires.
♦ Taux basés sur 30 décès ou moins.
\+ Données exploitées selon la date de l'enregistrement et non la date de l'événement.
1 Le code "C" indique que les données sont jugées pratiquement complètes (au moins 90 p. 100) et le code "U" que les données sont jugées incomplètes (moins de 90 p. 100). Le code ne s'applique pas aux taux estimatifs. Pour plus de détails, voir Notes techniques.
2 Les données ne sont enregistrées que pour la population algérienne.
3 Non compris les enfants nés vivants, décédés avant l'enregistrement de leur naissance.
4 Estimations pour 1990–1995 établies pour la Division de la population de l'Organisation des Nations Unies.
5 Pour le classement selon la résidence, urbaine/rurale, voir la fin du tableau.
6 D'après les résultats du recensement de la population.
7 Y compris les résidents canadiens se trouvant temporairement aux Etats–Unis, mais non compris les résidents des Etats–Unis se trouvant temporairement au Canada.
8 Non compris les Indiens de la jungle.
9 D'aprés les permis d'inhumer.
10 Non compris les tribus d'Indiens nomades.
11 Y compris d'un ajustement pour sous–enregistrement.
12 Non compris les enfants nés vivants après moins de 28 semaines de gestation, pesant moins de 1 000 grammes, mesurant moins de 35 centimètres et décédés dans les sept jours qui ont suivi leur naissance.

18. Deaths and crude death rates, by urban/rural residence: 1991 – 1995

Décès et taux bruts de mortalité, selon la résidence, urbaine/rurale: 1991 – 1995

FOOTNOTES (continued)

13 For government controlled areas.
14 Excluding Vietnamese refugees.
15 Based on Sample Registration scheme.
16 Including data for East Jerusalem and Israeli residents in certain other territories under occupation by Israeli military forces since June 1967.
17 For Japanese nationals in Japan only; however, rates computed on total population.
18 Excluding data for Jordanian territory under occupation since june 1967 by Israeli military forces. Excluding foreigners, but including registered Palestinian refugees. For number of refugees, see table 5.
19 Excluding alien armed forces, civilian aliens employed by armed forces, and foreign diplomatic personnel and their dependants.
20 Events registered by Health Service only.
21 Based on the results of the Population Growth survey.
22 Excluding transients afloat and non–locally domiciled military and civilian services personnel and their dependants.
23 Excluding nomads and Palestinian refugees; however, rates computed on total population.
24 Including late registered deaths.
25 Based on the results of the Population Demographic Survey.
26 Including armed forces stationed outside the country, but excluding alien armed forces stationed in the area.
27 Excluding Faeroe Islands and Greenland.
28 Including nationals temporarily outside the country.
29 Including armed forces stationed outside the country.
30 Excluding armed forces.
31 Deaths registered within one year of occurrence.
32 Rates computed on population including civilian nationals temporarily outside the country.
33 Including residents outside the country if listed in a Netherlands population register.
34 Including residents temporarily outside the country.
35 Including United States military personnel, their dependants and contract employees.
36 Excluding deaths of unknown residence.
37 Excluding nationals outside the country.
38 For the de jure population.
39 Excluding persons on the Central Register of Population (containing persons belonging to the Netherlands population but having no fixed municipality of residence).

NOTES (suite)

13 Pour les zones contrôlées pour le Gouvernement.
14 Non compris les réfugiés du Viet Nam.
15 D'après le Programme d'enregistrement par sondage.
16 Y compris les données pour Jérusalem–Est et les résidents israéliens dans certains autres territoires occupés depuis juin 1967 par les forces armées israéliennes.
17 Pour les nationaux japonais au Japon seulement; toutefois, les taux sont calculés sur la base de la population totale.
18 Non compris les données pour le territoire jordanien occupé depuis juin 1967 par les forces armées israéliennes. Non compris les étrangers, mais y compris les réfugiés de Palestine immatriculés. Pour le nombre de réfugiés, voir le tableau 5.
19 Non compris les militaires étrangers, les civils étrangers employés par les forces armées, le personnel diplomatique étranger et les membres de leur famille les accompagnant.
20 Evénements enregistrés par le Service de santé seulement.
21 D'après les résultats de la Population Growth Survey .
22 Non compris les personnes de passage à bord de navires, ni les militaires et agents civils domiciliés hors du territoire et les membres de leur famille les accompagnant.
23 Non compris la population nomade et les réfugiés de Palestine; toutefois, les taux sont calculés sur la base de la population totale.
24 Y compris les décès enregistrés tardivement.
25 D'après les résultats d'une enquête démographique de la population.
26 Y compris les militaires nationaux hors du pays, mais non compris les militaires étrangers en garnison sur le territoire.
27 Non compris les îles Féroé et le Groenland.
28 Y compris les nationaux se trouvant temporairement hors du pays.
29 Y compris les militaires nationaux se trouvant hors du pays.
30 Non compris les militaires.
31 Décès enregistrés dans l'année qui suit l'événement.
32 Les taux sont calculés sur la base d'un chiffre de population qui comprend les civils nationaux temporairement hors du pays.
33 Y compris les résidents hors du pays, s'ils sont inscrits sur un registre de population néerlandais.
34 Y compris les résidents se trouvant temporairement hors du pays.
35 Y compris les militaires des Etats–Unis, les membres de leurles accompagnant et les agents contractuels des Etats–Unis.
36 Non compris les décès de personnes pour lesquelles le lieu de résidence n'est pas connu.
37 Non compris les nationaux hors du pays.
38 Pour la population de droit.
39 Non compris les personnes inscrites sur le Registre central de la population (personnes appartenant à la population néerlandaise mais sans résidence fixe dans l'une des municipalités).

19. Deaths by age, sex and urban/rural residence: latest available year

(See notes at end of table.)

	Continent, country or area, year, sex and urban/rural residence — Continent, pays ou zone, année, sexe et résidence, urbaine/rurale	Age (in years)								
		All ages Tous âges	-1	1-4	5-9	10-14	15-19	20-24	25-29	30-34
	AFRICA—AFRIQUE									
	Algeria – Algérie 1986 [1,2]									
1	Male – Masculin	*68 991*	*21 000*	*5 984*	*2 486*	*1 535*	*1 864*	*1 367*	*1 330*	*1 392*
2	Female – Féminin	*55 410*	*16 667*	*4 916*	*1 728*	*1 113*	*1 034*	*1 083*	*1 071*	*1 150*
	Cape Verde – Cap-Vert 1991									
3	Male – Masculin	1 313	215	144	18	13	15	20	34	21
4	Female – Féminin	1 303	204	99	14	8	11	9	11	22
	Central African Republic – Rép. centrafricaine 1988 [3,4]									
5	Male – Masculin	*14 260*	*3 479*	*2 523*	*662*	*397*	*389*	*427*	*511*	*468*
6	Female – Féminin	*12 456*	*2 810*	*2 163*	*536*	*328*	*478*	*529*	*568*	*508*
	Egypt – Egypte 1992 [4]									
7	Male – Masculin	200 789	27 560	13 084	4 265	3 084	3 248	3 118	3 552	3 910
8	Female – Féminin	181 676	26 832	14 547	3 459	2 427	2 525	2 361	2 758	2 608
	Mali 1987 [4,5]									
9	Male – Masculin	51 072	*—— 29 823 ——*		2 947	1 116	1 075	1 113	1 037	965
10	Female – Féminin	45 149	*—— 25 409 ——*		2 379	888	1 301	1 295	1 378	1 245
	Mauritius – Maurice 1994+									
11	Male – Masculin	4 225	244	35	12	20	46	73	79	131
12	Female – Féminin	3 177	150	27	14	16	25	30	42	55
	Island of Mauritius – Ile Maurice 1994+									
13	Male – Masculin	4 126	235	34	11	20	45	73	79	130
14	Female – Féminin	3 108	144	27	14	16	25	30	40	54
	Rodrigues 1994+									
15	Male – Masculin	99	9	1	1	–	1	–	–	1
16	Female – Féminin	69	6	–	–	–	–	–	2	1
	Morocco – Maroc 1991 [4]									
17	Male – Masculin	*54 977*	*5 561*	*5 503*	*1 478*	*1 156*	*1 396*	*1 801*	*1 427*	*1 493*
18	Female – Féminin	*28 232*	*4 794*	*5 099*	*1 118*	*849*	*858*	*1 295*	*994*	*907*
	Réunion 1987 [2,6]									
19	Male – Masculin	1 831	73	16	13	8	30	44	54	65
20	Female – Féminin	1 243	51	14	10	6	14	20	19	27
	St. Helena ex. dep. – Sainte-Hélène sans dép. 1986									
21	Male – Masculin	30	2	–	–	–	–	2	–	–
22	Female – Féminin	23	1	–	–	–	–	–	–	–
	Seychelles 1993+									
23	Male – Masculin	357	8	5	1	2	1	6	7	13
24	Female – Féminin	240	14	2	1	–	2	1	1	2
	South Africa – Afrique du Sud 1993									
25	Male – Masculin	*117 603*	*9 584*	*3 128*	*1 101*	*1 140*	*3 195*	*5 960*	*6 626*	*6 767*
26	Female – Féminin	*83 670*	*8 267*	*2 633*	*829*	*775*	*1 604*	*2 109*	*2 530*	*2 868*

19. Décès selon l'âge, le sexe et la résidence, urbaine/rurale: dernière année disponible

(Voir notes à la fin du tableau.)

Age (en années)												
35 – 39	40 – 44	45 – 49	50 – 54	55 – 59	60 – 64	65 – 69	70 – 74	75 – 79	80 – 84	85 +	Unknown Inconnu	
1 075	982	1 622	1 796	2 784	3 057	3 760	4 834	5 077	*— 7 040 —*		6	1
1 077	985	1 454	1 795	1 922	2 251	2 829	3 474	3 875	*— 6 986 —*		–	2
34	24	20	32	55	57	60	69	95	113	104	170	3
14	14	21	18	36	39	50	77	82	171	240	163	4
462	465	648	681	573	688	529	518	*—	– 840	—*	–	5
486	504	530	516	436	607	429	405	*—	– 623	—*	–	6
4 945	6 181	7 683	10 691	13 626	18 954	20 516	20 579	*—	– 35 793	—*	–	7
3 360	3 687	4 901	7 205	8 457	13 591	15 839	18 810	*—	– 48 309	—*	–	8
862	996	894	1 141	1 090	1 756	1 295	1 459	992	*— 1 777 —*		734	9
1 083	995	730	955	724	1 288	976	1 230	730	*— 1 840 —*		703	10
184	207	243	264	367	389	559	523	378	298	168	5	11
57	97	115	120	193	249	381	385	373	396	450	2	12
183	202	240	258	364	372	549	510	369	291	158	3	13
57	95	110	118	191	244	375	380	365	387	434	2	14
1	5	3	6	3	17	10	13	9	7	10	2	15
–	2	5	2	2	5	6	5	8	9	16	–	16
1 445	1 431	1 543	2 295	3 289	4 436	4 863	5 494	3 953	*— 5 730 —*		683	17
831	672	688	970	1 212	1 525	1 499	1 647	987	*— 1 810 —*		477	18
85	88	129	154	174	176	188	163	176	115	80	–	19
34	50	31	40	75	93	93	150	160	159	197	–	20
–	–	1	1	1	5	2	1	7	3	5	–	21
–	–	–	1	1	1	4	3	3	6	3	–	22
12	11	19	22	24	32	45	49	46	32	22	–	23
9	2	4	11	11	12	21	29	31	41	46	–	24
6 998	7 067	7 007	7 998	7 886	8 779	9 078	9 248	7 246	4 925	3 870	–	25
3 024	3 419	3 533	4 514	5 069	6 747	6 628	7 782	7 475	6 560	7 304	–	26

19. Deaths by age, sex and urban/rural residence: latest available year (continued)

(See notes at end of table.)

Continent, country or area, year, sex and urban/rural residence — Continent, pays ou zone, année, sexe et résidence, urbaine/rurale	All ages Tous âges	Age (in years) -1	1-4	5-9	10-14	15-19	20-24	25-29	30-34
AFRICA—AFRIQUE (Cont.–Suite)									
Tunisia – Tunisie									
1989[4]									
1 Male – Masculin	*20 650*	*2 899*	*726*	*323*	*254*	*356*	*342*	*380*	*392*
2 Female – Féminin	*14 271*	*2 252*	*644*	*241*	*168*	*176*	*191*	*226*	*271*
Zimbabwe									
1986									
3 Male – Masculin	*14 478*	*3 143*	*1 022*	*249*	*216*	*299*	*399*	*527*	*573*
4 Female – Féminin	*8 545*	*2 832*	*444*	*219*	*171*	*232*	*322*	*335*	*311*
AMERICA,NORTH— AMERIQUE DU NORD									
Antigua and Barbuda – Antigua-et-Barbuda									
1986+									
5 Male – Masculin	189	–	1	*———	– ———*	*———	6 ———*	*———	7 ———*
6 Female – Féminin	195	3	1	*———	1 ———*	*———	5 ———*	*———	5 ———*
Bahamas									
1992									
7 Male – Masculin	767	40	6	6	8	10	20	36	44
8 Female – Féminin	616	36	10	4	2	7	10	19	32
Barbados – Barbade									
1991+									
9 Male – Masculin	1 094	40	5	2	3	13	14	19	26
10 Female – Féminin	1 189	13	6	5	7	9	4	7	15
Belize									
1993									
11 Male – Masculin	*494*	*58*	*5*	*7*	*6*	*20*	*16*	*12*	*26*
12 Female – Féminin	*388*	*55*	*13*	*1*	*5*	*7*	*10*	*8*	*8*
Bermuda – Bermudes									
1991									
13 Male – Masculin	255	5	–	–	–	1	1	3	3
14 Female – Féminin	197	2	–	–	–	–	–	2	4
British Virgin Islands – Iles Vierges britanniques									
1988+									
15 Male – Masculin	37	*———	———	5 ———	———*	–	1	1	2
16 Female – Féminin	22	*———	———	2 ———	———*	–	–	–	–
Canada									
1990[7]									
17 Male – Masculin	103 968	1 565	320	220	263	915	1 231	1 463	1 723
18 Female – Féminin	88 005	1 201	239	165	166	311	383	514	744
Cayman Islands – Iles Caïmanes									
1994*									
19 Male – Masculin	81	1	–	*———	– ———*	*———	5 ———*	*———	———
20 Female – Féminin	68	6	–	*———	– ———*	*———	– ———*	*———	———
Costa Rica									
1991									
21 Male – Masculin	6 652	636	110	50	59	91	146	182	180
22 Female – Féminin	5 140	486	96	39	31	56	59	70	96
Cuba									
1992[4]									
23 Male – Masculin	41 637	955	273	175	191	542	846	939	821
24 Female – Féminin	33 820	652	185	93	114	353	480	529	436
Dominica – Dominique									
1989+									
25 Male – Masculin	251	17	2	2	3	2	1	9	7
26 Female – Féminin	246	11	3	1	–	–	2	4	5

19. Décès selon l'âge, le sexe et la résidence, urbaine/rurale: dernière année disponible (suite)

(Voir notes à la fin du tableau.)

Age (en années)												
35 – 39	40 – 44	45 – 49	50 – 54	55 – 59	60 – 64	65 – 69	70 – 74	75 – 79	80 – 84	85 +	Unknown Inconnu	
326	*356*	*479*	*778*	*1 116*	*1 417*	*1 770*	*2 049*	*2 407*	*—— 3 099*	*——*	1 181	*1*
226	*248*	*301*	*517*	*675*	*854*	*1 158*	*1 314*	*1 672*	*—— 2 401*	*——*	736	*2*
497	*576*	*676*	*932*	*915*	*1 263*	*1 148*	*894*	*536*	*317*	*296*	–	*3*
305	*345*	*305*	*389*	*345*	*517*	*396*	*367*	*226*	*243*	*240*	1	*4*
*——	9 ——*	*——	22 ——*	*——	35 ——*	*——	49 ——*	*—— –	55 ——	——*	5	*5*
*——	8 ——*	*——	7 ——*	*——	19 ——*	*——	48 ——*	*—— –	91 ——	——*	7	*6*
35	32	45	53	55	68	56	74	60	66	47	6	*7*
30	22	34	19	46	40	44	63	54	56	87	1	*8*
29	26	42	35	44	68	83	143	169	175	158	–	*9*
14	15	26	27	35	63	88	111	171	204	369	–	*10*
19	*18*	*10*	*17*	*24*	*25*	*36*	*49*	*49*	*——*	*86 ——*	11	*11*
5	*11*	*10*	*20*	*14*	*21*	*26*	*30*	*29*	*——*	*110 ——*	5	*12*
12	15	12	9	17	24	20	28	37	21	35	12	*13*
2	4	5	8	7	12	12	24	32	30	53	–	*14*
–	–	–	–	3	3	3	2	4	6	5	2	*15*
–	3	1	1	1	–	–	3	2	4	5	–	*16*
1 903	2 233	2 772	3 768	5 934	9 240	12 346	13 966	15 692	13 694	14 444	276	*17*
924	1 235	1 608	2 171	3 293	5 010	7 609	9 516	12 602	14 210	25 248	856	*18*
7 ——	——*	*——	——	24 ——	——*	*——	——	44 ——	——	——*	–	*19*
4 ——	——*	*——	——	6 ——	——*	*——	——	52 ——	——	——*	–	*20*
199	232	225	284	337	472	497	607	707	703	862	73	*21*
107	119	161	170	224	329	395	461	590	662	954	35	*22*
823	1 069	1 389	1 731	2 210	2 770	3 541	4 664	5 520	5 782	7 366	30	*23*
562	774	1 053	1 266	1 540	2 080	2 660	3 678	4 602	5 447	7 313	3	*24*
2	7	2	6	17	14	18	43	34	27	25	13	*25*
5	4	4	8	12	11	21	36	29	34	52	4	*26*

19. Deaths by age, sex and urban/rural residence: latest available year (continued)

(See notes at end of table.)

	Continent, country or area, year, sex and urban/rural residence Continent, pays ou zone, année, sexe et résidence, urbaine/rurale	Age (in years) All ages Tous âges	-1	1-4	5-9	10-14	15-19	20-24	25-29	30-34
	AMERICA,NORTH— (Cont.–Suite) AMERIQUE DU NORD									
	Dominican Republic – Rép. dominicaine 1985+ [4]									
1	Male – Masculin	*15 248*	*3 443*	*1 011*	*253*	*166*	*282*	*456*	*414*	*369*
2	Female – Féminin	*12 596*	*2 968*	*950*	*217*	*145*	*232*	*263*	*245*	*264*
	El Salvador 1992 [4]									
3	Male – Masculin	*16 675*	*1 729*	*380*	*199*	*236*	*582*	*790*	*842*	*837*
4	Female – Féminin	*11 194*	*1 344*	*350*	*149*	*158*	*247*	*227*	*232*	*270*
	Greenland – Groenland 1991									
5	Male – Masculin	266	18	2	6	2	14	18	14	14
6	Female – Féminin	174	15	1	1	2	5	2	5	3
	Guadeloupe 1991 [2]									
7	Male – Masculin	1 180	*——	43 ——*	5	5	23	25	32	36
8	Female – Féminin	967	*——	31 ——*	10	2	8	4	18	32
	Guatemala 1988 [4]									
9	Male – Masculin	36 104	9 676	5 799	1 205	643	763	1 098	1 082	1 086
10	Female – Féminin	28 733	7 402	5 465	1 086	491	542	702	654	657
	Martinique 1992 [2]									
11	Male – Masculin	1 201	*——	28 ——*	1	3	16	20	29	34
12	Female – Féminin	979	*——	22 ——*	1	3	5	7	9	13
	Mexico – Mexique 1994 [3 4]									
13	Male – Masculin	237 772	28 038	5 621	2 325	2 436	6 241	9 449	9 103	9 545
14	Female – Féminin	181 136	21 192	5 044	1 669	1 585	2 446	2 925	2 903	3 541
	Montserrat 1986+									
15	Male – Masculin	65	–	–	1	1	1	1	1	1
16	Female – Féminin	58	1	–	2	–	1	–	1	–
	Netherlands Antilles – Antilles néerlandaises 1992*									
17	Male – Masculin	664	15	6	1	–	4	8	14	12
18	Female – Féminin	559	18	4	3	–	3	2	7	8
	Nicaragua 1987									
19	Male – Masculin	*6 885*	*676*	*245*	*111*	*96*	*671*	*759*	*476*	*321*
20	Female – Féminin	*4 171*	*541*	*192*	*63*	*52*	*122*	*132*	*118*	*108*
	Panama 1993 [4]									
21	Male – Masculin	*6 306*	*620*	*168*	*62*	*67*	*150*	*243*	*230*	*236*
22	Female – Féminin	*4 363*	*514*	*147*	*57*	*41*	*63*	*79*	*80*	*97*
	Puerto Rico – Porto Rico 1994 [3 4]									
23	Male – Masculin	16 707	396	47	32	66	293	436	492	665
24	Female – Féminin	11 736	341	29	21	37	56	77	147	210
	Saint Kitts and Nevis – Saint–Kitts–et–Nevis 1991+									
25	Male – Masculin	195	8	4	–	1	1	2	4	3
26	Female – Féminin	202	7	2	–	–	–	1	4	3

19. Décès selon l'âge, le sexe et la résidence, urbaine/rurale: dernière année disponible (suite)

(Voir notes à la fin du tableau.)

35–39	40–44	45–49	50–54	55–59	60–64	65–69	70–74	75–79	80–84	85 +	Unknown Inconnu	
368	*381*	*432*	*610*	*648*	*872*	*819*	*1 130*	*875*	*945*	*1 774*	–	*1*
273	*291*	*377*	*514*	*456*	*575*	*593*	*767*	*661*	*825*	*1 980*	–	*2*
794	*807*	*770*	*860*	*837*	*1 042*	*1 096*	*1 126*	*1 085*	*1 039*	*1 249*	375	*3*
258	*328*	*364*	*425*	*532*	*727*	*767*	*994*	*981*	*1 012*	*1 600*	229	*4*
14	18	17	20	18	18	21	21	19	7	3	2	*5*
1	5	10	5	16	22	18	11	17	14	15	6	*6*
45	44	56	57	73	91	122	143	133	115	126	6	*7*
26	30	24	22	40	67	86	82	116	131	236	2	*8*
1 124	940	1 025	1 271	1 349	1 551	1 629	1 791	1 531	1 166	1 375	–	*9*
759	643	678	808	971	1 168	1 113	1 494	1 330	1 265	1 505	–	*10*
18	32	27	46	77	97	138	140	172	130	191	2	*11*
11	23	8	24	35	48	84	107	128	145	303	3	*12*
10 080	9 973	10 634	11 771	13 298	15 512	16 407	18 890	15 407	17 719	23 834	1 489	*13*
4 123	4 904	5 851	7 390	9 452	12 312	13 598	15 809	14 593	18 393	32 692	714	*14*
–	1	2	4	1	5	7	7	8	12	11	1	*15*
–	–	2	–	1	3	4	8	5	10	19	1	*16*
21	20	23	24	47	56	60	87	81	85	100	–	*17*
10	20	19	23	23	41	27	56	62	81	152	–	*18*
278	*246*	*234*	*241*	*273*	*———	———	*2 150*	———	———	———*	108	*19*
131	*117*	*141*	*177*	*193*	*———	———	*2 007*	———	———	———*	77	*20*
183	172	230	223	356	367	458	648	646	592	625	30	*21*
87	107	132	154	167	224	309	371	484	470	765	15	*22*
714	776	792	787	895	1 116	1 397	1 752	1 813	1 807	2 380	51	*23*
199	274	329	360	479	667	956	1 241	1 529	1 742	3 028	14	*24*
5	5	3	8	12	22	18	25	24	34	15	1	*25*
2	5	4	8	5	9	16	28	34	36	38	–	*26*

19. Deaths by age, sex and urban/rural residence: latest available year (continued)

(See notes at end of table.)

	Continent, country or area, year, sex and urban/rural residence — Continent, pays ou zone, année, sexe et résidence, urbaine/rurale	All ages Tous âges	Age (in years) -1	1-4	5-9	10-14	15-19	20-24	25-29	30-34
	AMERICA,NORTH— (Cont.–Suite) AMERIQUE DU NORD									
	Saint Lucia – Sainte-Lucie 1989*									
1	Male – Masculin	416	35	9	3	4	8	10	10	13
2	Female – Féminin	415	21	10	1	8	9	7	5	13
	St. Vincent and the Grenadines – Saint-Vincent-et-Grenadines 1992+ [4]									
3	Male – Masculin	361	27	8	1	1	5	10	11	10
4	Female – Féminin	353	19	3	1	1	5	1	11	7
	Trinidad and Tobago – Trinité-et-Tobago 1993									
5	Male – Masculin	4 760	146	50	26	30	66	106	141	172
6	Female – Féminin	4 047	112	43	22	22	32	48	46	81
	United States – Etats-Unis 1993									
7	Male – Masculin	1 161 797	18 959	3 992	2 203	3 004	11 163	15 743	17 759	25 928
8	Female – Féminin	1 106 756	14 507	3 074	1 715	1 736	3 834	4 743	6 326	9 632
	United States Virgin Islands – Iles Vierges américaines 1993									
9	Male – Masculin	328	18	2	1	4	5	9	8	16
10	Female – Féminin	241	13	1	1	–	3	2	5	6
	AMERICA,SOUTH— AMERIQUE DU SUD									
	Argentina – Argentine 1993 [3]									
11	Male – Masculin	147 245	8 566	1 319	603	746	1 568	1 916	1 803	1 969
12	Female – Féminin	117 157	6 665	1 075	429	423	729	828	817	1 093
	Brazil – Brésil 1992 [8]									
13	Male – Masculin	*500 717*	*47 469*	*8 406*	*4 256*	*4 562*	*11 790*	*17 496*	*19 776*	*20 574*
14	Female – Féminin	*339 931*	*35 654*	*6 935*	*2 788*	*2 615*	*4 080*	*5 193*	*6 276*	*7 475*
	Chile – Chili 1994 [4]									
15	Male – Masculin	41 465	1 889	392	213	220	536	887	1 089	1 129
16	Female – Féminin	33 980	1 565	267	154	134	202	235	281	365
	Colombia – Colombie 1991+ [4 9]									
17	Male – Masculin	*100 343*	*7 409*	*2 160*	*— *2 170* —*		*— *35 653* —*			
18	Female – Féminin	*63 349*	*5 436*	*1 875*	*— *1 366* —*		*— *8 969* —*			
	Ecuador – Equateur 1993 [4 10]									
19	Male – Masculin	*29 292*	*3 889*	*1 577*	*486*	*494*	*778*	*1 117*	*1 176*	*1 149*
20	Female – Féminin	*23 161*	*3 117*	*1 309*	*397*	*368*	*535*	*566*	*530*	*578*
	Falkland Is.(Malvinas) – Iles Falkland (Malvinas) 1992+ [4]									
21	Male – Masculin	10	–	–	–	–	–	–	–	–
22	Female – Féminin	9	–	–	–	–	–	1	–	–
	French Guiana – Guyane Française 1985* [2]									
23	Male – Masculin	280	–	31	5	3	5	12	10	14
24	Female – Féminin	204	–	35	–	–	3	5	7	5

19. Décès selon l'âge, le sexe et la résidence, urbaine/rurale: dernière année disponible (suite)

(Voir notes à la fin du tableau.)

Age (en années)												
35 – 39	40 – 44	45 – 49	50 – 54	55 – 59	60 – 64	65 – 69	70 – 74	75 – 79	80 – 84	85 +	Unknown Inconnu	
9	17	15	15	26	40	29	45	47	45	36	–	1
5	9	13	14	13	34	37	43	47	51	75	–	2
9	8	18	10	14	26	37	38	43	39	36	10	3
10	7	8	15	17	18	27	41	42	48	67	5	4
164	162	250	251	345	380	464	575	541	478	413	–	5
98	101	150	187	254	331	399	457	501	516	646	1	6
31 185	35 210	38 084	45 364	59 129	87 777	125 445	154 161	163 677	149 882	172 778	354	7
13 145	16 498	21 186	27 181	37 204	57 471	87 921	120 292	149 097	175 382	355 659	153	8
15	14	20	24	25	29	31	28	24	29	25	1	9
4	6	8	17	12	10	15	37	27	31	43	–	10
2 479	3 785	5 203	7 319	9 959	14 387	16 828	18 224	17 713	15 660	14 505	2 693	11
1 547	2 215	2 702	3 705	4 840	7 105	9 726	12 475	16 005	18 729	24 628	1 421	12
21 713	*23 297*	*24 489*	*29 099*	*33 106*	*39 117*	*43 353*	*43 165*	*41 766*	*33 450*	*32 096*	1 737	13
8 957	*10 999*	*12 862*	*15 844*	*19 338*	*24 799*	*29 069*	*32 932*	*36 713*	*34 388*	*42 630*	384	14
1 202	1 255	1 741	2 164	2 605	3 577	4 481	4 791	4 842	4 407	4 045	–	15
529	707	1 003	1 292	1 624	2 327	3 085	3 541	4 484	5 083	7 102	–	16
——	——*	*——	*18 361*	——	——*	*——	——	*32 706*	——	——*	1 884	17
——	——*	*——	*12 785*	——	——*	*——	——	*32 210*	——	——*	708	18
1 060	*1 052*	*1 114*	*1 189*	*1 385*	*1 684*	*1 782*	*1 990*	*2 167*	*2 196*	*2 870*	137	19
622	*604*	*697*	*821*	*932*	*1 196*	*1 301*	*1 574*	*1 795*	*2 253*	*3 863*	103	20
–	1	–	2	2	1	–	2	1	–	1	–	21
–	–	1	1	1	1	1	2	–	–	1	–	22
12	14	19	19	10	19	30	32	20	24	1	–	23
2	6	9	8	10	8	12	25	23	46	–	–	24

19. Deaths by age, sex and urban/rural residence: latest available year (continued)

(See notes at end of table.)

	Continent, country or area, year, sex and urban/rural residence Continent, pays ou zone, année, sexe et résidence, urbaine/rurale	All ages Tous âges	Age (in years) -1	1-4	5-9	10-14	15-19	20-24	25-29	30-34
	AMERICA,SOUTH— (Cont.–Suite) AMERIQUE DU SUD									
	Paraguay 1992 [3 4]									
1	Male – Masculin	*5 196*	*411*	*164*	*70*	*51*	*119*	*123*	*134*	*113*
2	Female – Féminin	*4 416*	*344*	*135*	*51*	*40*	*57*	*76*	*64*	*71*
	Peru – Pérou 1985+ [8]									
3	Male – Masculin	*48 639*	*11 134*	*5 304*	*1 099*	*790*	*1 042*	*1 332*	*1 172*	*1 037*
4	Female – Féminin	*44 344*	*9 326*	*5 326*	*1 031*	*676*	*860*	*1 006*	*928*	*949*
	Suriname 1991									
5	Male – Masculin	1 442	95	18	9	6	22	39	50	49
6	Female – Féminin	1 132	80	19	8	13	22	25	23	29
	Uruguay 1991 [3]									
7	Male – Masculin	16 044	639	69	40	63	118	147	120	159
8	Female – Féminin	13 730	515	59	29	34	76	71	65	97
	Venezuela 1991 [8]									
9	Male – Masculin	51 237	6 987	1 315	618	659	1 538	2 100	1 938	1 914
10	Female – Féminin	37 397	5 175	1 138	419	365	618	655	683	866
	ASIA—ASIE									
	Armenia – Arménie 1992 [4 11]									
11	Male – Masculin	13 874	771	197	63	60	132	278	394	483
12	Female – Féminin	11 950	565	174	45	26	45	93	103	134
	Bahrain – Bahreïn 1994									
13	Male – Masculin	*1 024*	*———	———	*175* ———	———*	*18*	*19*	*———	*82* ———*
14	Female – Féminin	*671*	*———	———	*151* ———	———*	*7*	*10*	*———	*14* ———*
	Bangladesh 1986 [4]									
15	Male – Masculin	*643 028*	*217 987*	*93 455*	*24 230*	*11 598*	*9 746*	*9 165*	*9 102*	*8 377*
16	Female – Féminin	*570 792*	*187 325*	*100 949*	*22 382*	*6 821*	*10 684*	*14 261*	*13 344*	*10 542*
	Brunei Darussalam – Brunéi Darussalam 1992+									
17	Male – Masculin	535	*———	52 ———*	6	4	13	24	16	26
18	Female – Féminin	352	*———	33 ———*	2	6	2	6	4	4
	China – Chine 1989 [4]									
19	Male – Masculin	*3 619 772*	*262 421*	*100 489*	*43 309*	*34 273*	*68 945*	*90 153*	*68 135*	*79 854*
20	Female – Féminin	*2 953 187*	*264 486*	*93 664*	*28 987*	*24 199*	*53 007*	*70 899*	*51 303*	*55 083*
	Cyprus – Chypre 1994 [12]									
21	Male – Masculin	*2 564*	*48*	*5*	*3*	*6*	*22*	*34*	*24*	*37*
22	Female – Féminin	*2 360*	*41*	*4*	*5*	*2*	*6*	*12*	*12*	*9*
	Hong Kong – Hong-kong 1994 [3 13]									
23	Male – Masculin	17 062	162	37	16	39	82	147	202	260
24	Female – Féminin	12 843	160	40	19	29	53	65	81	148
	Iran (Islamic Republic of – Rép. islamique d') 1986									
25	Male – Masculin	*132 019*	*9 714*	*14 319*	*6 353*	*4 171*	*9 574*	*10 216*	*5 114*	*3 862*
26	Female – Féminin	*58 042*	*6 338*	*4 875*	*2 022*	*1 430*	*2 329*	*2 547*	*2 226*	*2 053*

19. Décès selon l'âge, le sexe et la résidence, urbaine/rurale: dernière année disponible (suite)

(Voir notes à la fin du tableau.)

Age (en années)												
35 – 39	40 – 44	45 – 49	50 – 54	55 – 59	60 – 64	65 – 69	70 – 74	75 – 79	80 – 84	85 +	Unknown Inconnu	
109	118	158	184	241	318	309	386	412	366	454	956	1
87	98	112	131	161	232	244	319	359	368	634	833	2
1 153	1 164	1 487	1 695	1 994	2 332	2 438	2 592	2 934	2 646	3 548	1 746	3
1 107	974	1 203	1 300	1 497	1 768	1 950	2 209	2 471	2 842	5 275	1 646	4
51	45	83	95	114	144	150	121	129	101	113	–	5
25	27	32	58	109	95	112	97	102	103	152	–	6
206	315	441	724	1 054	1 703	1 928	2 060	2 252	1 979	1 945	82	7
159	204	268	343	564	850	1 127	1 441	2 001	2 263	3 522	42	8
1 805	1 919	1 914	2 466	3 050	3 979	4 093	4 327	3 926	3 141	3 349	199	9
900	1 149	1 124	1 577	1 928	2 566	2 764	3 306	3 673	3 523	4 903	65	10
489	453	368	903	1 141	1 967	1 839	851	1 025	1 260	1 200	–	11
159	180	176	445	656	1 135	1 450	1 099	1 462	1 859	2 144	–	12
*—	105 —*	*—	82 —*	*—	170 —*	*—	—	373 —	—	—*	–	13
*—	30 —*	*—	46 —*	*—	138 —*	*—	—	275 —	—	—*	–	14
6 789	11 730	12 087	21 468	20 768	35 261	33 534	33 925	*—	– 83 806 —	—*	–	15
12 896	14 192	11 689	15 051	17 262	19 747	20 132	29 042	*—	– 64 473 —	—*	–	16
25	24	16	26	25	49	42	*—	—	187 —	—*	–	17
10	16	11	19	28	25	27	*—	—	159 —	—*	–	18
95 933	101 537	127 490	193 182	282 766	378 512	447 754	469 272	388 658	255 038	132 051	–	19
63 655	64 702	79 432	118 658	166 849	231 982	301 851	368 983	364 504	315 761	235 182	–	20
41	49	63	74	137	139	206	300	377	*—	999 —*	–	21
24	29	32	33	89	101	166	266	317	*—	1 212 —*	–	22
371	447	587	744	1 137	1 911	2 456	2 749	2 525	1 966	1 216	8	23
201	237	253	264	488	799	1 275	1 784	2 073	2 112	2 761	1	24
2 861	3 148	3 948	5 792	7 226	10 676	*—	—	35 045 —	—	—*	–	25
1 611	1 727	1 912	2 548	3 027	4 643	*—	—	18 754 —	—	—*	–	26

19. Deaths by age, sex and urban/rural residence: latest available year (continued)

(See notes at end of table.)

	Continent, country or area, year, sex and urban/rural residence / Continent, pays ou zone, année, sexe et résidence, urbaine/rurale	All ages / Tous âges	Age (in years) -1	1-4	5-9	10-14	15-19	20-24	25-29	30-3[illegible]
	ASIA—ASIE (Cont.–Suite)									
	Iraq									
	1989									
1	Male – Masculin	52 657	9 333	1 839	*—— 2 636	——*	*—— 2 790	——*	*——————	——————
2	Female – Féminin	39 598	6 813	1 360	*—— 1 790	——*	*—— 1 602	——*	*——————	——————
	Israel – Israël [14]									
	1993 [4]									
3	Male – Masculin	17 102	482	113	66	48	151	209	154	163
4	Female – Féminin	15 898	394	103	42	35	51	55	63	9[illegible]
	Japan – Japon									
	1994 [15]									
5	Male – Masculin	476 080	2 994	1 096	679	704	2 471	3 565	3 065	3 165
6	Female – Féminin	399 853	2 267	829	449	368	870	1 363	1 328	1 704
	Kazakstan									
	1993 [4 11]									
7	Male – Masculin	84 236	5 311	1 670	695	618	1 340	2 127	2 551	3 687
8	Female – Féminin	72 081	3 788	1 280	444	326	640	799	837	1 080
	Korea, Republic of– Corée, Rép. de									
	1994 [16 17]									
9	Male – Masculin	136 368	1 200	1 169	865	841	2 248	2 974	3 600	4 801
10	Female – Féminin	103 155	926	857	550	544	886	1 211	1 380	1 777
	Kuwait – Koweït									
	1994									
11	Male – Masculin	2 166	255	44	30	25	51	75	110	104
12	Female – Féminin	1 298	238	36	31	5	17	21	29	39
	Kyrgyzstan – Kirghizistan									
	1994 [4 11]									
13	Male – Masculin	20 009	1 906	839	184	168	250	371	550	790
14	Female – Féminin	17 100	1 356	734	141	94	113	187	199	301
	Macau – Macao									
	1995* [18]									
15	Male – Masculin	757	15	5	2	3	2	16	9	19
16	Female – Féminin	594	18	4	2	–	3	8	14	8
	Malaysia – Malaisie									
	1993									
17	Male – Masculin	49 676	3 544	908	562	570	1 194	1 493	1 358	1 466
18	Female – Féminin	37 499	2 595	793	417	365	464	547	566	705
	Peninsular Malaysia – Malaisie Péninsulaire									
	1989 [2 4]									
19	Male – Masculin	39 321	2 838	847	493	485	796	1 032	1 020	1 026
20	Female – Féminin	30 386	2 110	733	366	333	365	439	506	576
	Sabah									
	1986									
21	Male – Masculin	3 178	615	233	66	41	74	122	142	107
22	Female – Féminin	1 936	474	165	54	39	41	55	49	64
	Sarawak									
	1986 [4]									
23	Male – Masculin	3 168	253	78	37	36	53	73	75	83
24	Female – Féminin	2 016	173	60	26	18	34	39	41	47
	Maldives									
	1992 [4]									
25	Male – Masculin	745	144	82	17	15	12	10	15	11
26	Female – Féminin	585	105	39	22	6	8	11	13	19
	Mongolia – Mongolie									
	1989 [4]									
27	Male – Masculin	9 400	2 600	1 100	200	–	–	200	200	200
28	Female – Féminin	7 600	2 100	1 000	100	–	–	100	200	200

19. Décès selon l'âge, le sexe et la résidence, urbaine/rurale: dernière année disponible (suite)

(Voir notes à la fin du tableau.)

Age (en années)												
35–39	40–44	45–49	50–54	55–59	60–64	65–69	70–74	75–79	80–84	85 +	Unknown Inconnu	
5 486	*	*	11 386		*	*		19 187		*	–	1
3 280	*	*	7 604		*	*		17 149		*	–	2
216	296	371	444	786	1 194	1 731	2 227	2 318	2 947	3 186	–	3
117	194	261	275	514	884	1 441	1 965	2 473	3 253	3 683	–	4
4 383	8 855	14 470	21 353	30 032	46 332	56 547	55 564	66 376	73 948	79 927	554	5
2 443	4 778	7 583	10 647	13 852	20 330	28 361	39 398	54 791	77 276	131 122	94	6
3 923	4 750	3 750	6 901	8 713	9 477	9 483	5 306	5 044	4 623	4 011	256	7
1 335	1 677	1 408	3 040	4 226	5 291	8 293	7 105	8 643	10 025	11 771	73	8
6 139	6 629	7 830	11 256	14 004	13 525	13 923	15 802	13 206	9 698	6 657	1	9
2 038	2 002	2 646	4 025	5 548	7 206	9 390	12 820	15 136	15 744	18 468	1	10
128	106	112	146	164	194	126	146	101	85	123	41	11
35	44	39	54	62	113	98	151	74	70	96	46	12
911	1 075	862	1 159	1 765	2 097	2 246	1 490	987	1 126	1 194	39	13
374	417	359	524	899	1 332	1 851	1 719	1 623	1 991	2 877	9	14
29	33	36	31	31	53	95	103	103	106	62	4	15
8	9	16	7	14	36	47	71	101	94	132	2	16
1 452	1 709	2 092	2 754	3 860	4 494	4 990	5 420	4 441	* 7 131	*	238	17
890	1 032	1 298	1 666	2 314	3 145	3 789	4 852	4 046	* 7 898	*	117	18
1 044	1 217	1 588	2 514	2 749	3 637	3 882	4 294	4 223	2 937	2 666	33	19
696	753	981	1 463	1 715	2 305	3 207	3 683	3 932	3 164	3 011	48	20
107	140	141	194	200	228	194	222	136	92	86	38	21
55	67	80	101	95	137	101	126	81	67	71	14	22
90	95	121	173	242	280	371	356	329	202	159	62	23
46	74	72	109	151	179	240	202	214	144	110	37	24
13	18	17	35	45	61	64	56	51	40	18	21	25
25	15	11	33	50	50	52	44	28	26	14	14	26
200	200	300	400	600	600	700	*	1 900		*	–	27
200	200	200	200	300	400	600	*	1 800		*	–	28

19. Deaths by age, sex and urban/rural residence: latest available year (continued)

(See notes at end of table.)

	Continent, country or area, year, sex and urban/rural residence — Continent, pays ou zone, année, sexe et résidence, urbaine/rurale	All ages — Tous âges	Age (in years) – 1	1 – 4	5 – 9	10 – 14	15 – 19	20 – 24	25 – 29	30 – 34
	ASIA—ASIE (Cont.–Suite)									
	Pakistan 1992 [4 19]									
1	Male – Masculin	462 702	181 041	36 541	11 935	9 839	7 837	8 001	8 753	9 352
2	Female – Féminin	469 976	184 966	61 708	19 811	7 432	12 950	7 489	10 083	6 072
	Philippines 1992+									
3	Male – Masculin	*189 567*	*21 475*	*11 623*	*4 802*	*3 053*	*4 281*	*6 727*	*7 385*	*7 815*
4	Female – Féminin	*130 012*	*15 339*	*9 776*	*3 656*	*2 480*	*2 560*	*2 911*	*3 027*	*3 466*
	Qatar 1994									
5	Male – Masculin	661	63	17	12	8	21	24	29	25
6	Female – Féminin	303	55	9	6	2	3	4	7	9
	Singapore – Singapour 1995*+ [20]									
7	Male – Masculin	8 856	116	41	25	34	69	136	149	215
8	Female – Féminin	6 712	78	27	22	23	29	54	55	86
	Sri Lanka 1989+ [4]									
9	Male – Masculin	68 128	3 699	1 016	688	719	1 867	3 950	3 674	3 080
10	Female – Féminin	37 111	2 969	951	696	476	922	1 255	1 085	904
	Tajikistan – Tadjikistan 1993 [4 11]									
11	Male – Masculin	29 766	4 952	3 531	454	317	579	1 187	1 767	1 900
12	Female – Féminin	19 560	3 725	3 178	354	186	223	347	361	475
	Thailand – Thaïlande 1992+ [4]									
13	Male – Masculin	162 546	4 182	2 363	1 749	1 709	5 602	7 996	7 879	7 764
14	Female – Féminin	112 767	3 074	1 711	1 246	1 125	1 981	2 196	2 319	2 554
	EUROPE									
	Albania – Albanie 1991 [4]									
15	Male – Masculin	10 296	1 444	462	149	115	185	230	197	201
16	Female – Féminin	7 447	1 103	431	94	69	71	80	62	93
	Andorra – Andorre 1994									
17	Male – Masculin	*105*	*1*	–	–	–	*1*	–	*6*	*3*
18	Female – Féminin	*79*	*1*	–	–	*1*	*1*	*1*	*5*	–
	Austria – Autriche 1994 [4]									
19	Male – Masculin	37 244	326	78	45	60	246	411	432	468
20	Female – Féminin	43 440	252	59	28	30	99	109	145	191
	Belarus – Bélarus 1993 [4 11]									
21	Male – Masculin	64 825	882	256	185	175	448	866	1 126	1 847
22	Female – Féminin	63 719	605	158	103	102	196	211	282	442
	Belgium – Belgique 1987 [21]									
23	Male – Masculin	53 787	666	106	82	87	285	510	473	563
24	Female – Féminin	51 639	467	83	55	56	118	169	219	263
	Bosnia Herzegovina – Bosnie-Herzégovine 1990 [4 22]									
25	Male – Masculin	15 812	578	82	70	49	94	196	272	323
26	Female – Féminin	13 281	444	47	29	37	43	52	85	110

19. Décès selon l'âge, le sexe et la résidence, urbaine/rurale: dernière année disponible (suite)

(Voir notes à la fin du tableau.)

Age (en années)												
35 – 39	40 – 44	45 – 49	50 – 54	55 – 59	60 – 64	65 – 69	70 – 74	75 – 79	80 – 84	85 +	Unknown Inconnu	
13 663	7 169	8 132	12 002	13 921	26 349	19 740	*———	88 427	———	———*	–	1
2 789	9 887	5 309	13 414	15 331	22 167	19 438	*———	71 130	———	———*	–	2
8 268	*8 510*	*9 107*	*10 694*	*11 685*	*12 990*	*12 691*	*13 367*	*12 445*	*11 180*	*10 766*	703	3
3 874	*3 905*	*4 229*	*5 362*	*6 140*	*7 422*	*8 324*	*10 145*	*10 823*	*11 999*	*14 057*	517	4
36	45	29	50	45	78	55	37	27	25	32	3	5
7	11	14	13	23	16	27	42	9	17	29	–	6
269	291	419	403	654	877	1 128	1 152	1 123	929	780	46	7
134	163	217	239	383	504	684	846	972	920	1 271	5	8
3 420	3 137	3 651	3 891	4 707	5 060	5 774	5 777	4 739	4 286	4 982	11	9
1 018	991	1 276	1 523	1 892	2 326	3 268	3 833	3 462	3 413	4 846	5	10
1 530	1 245	926	1 389	1 653	1 971	1 780	1 173	1 016	1 056	1 331	9	11
435	401	289	515	783	1 109	1 362	1 309	1 256	1 375	1 870	7	12
8 123	7 799	7 918	10 259	12 015	13 890	13 680	13 650	12 825	10 352	10 109	2 682	13
3 071	3 871	4 433	6 162	7 501	9 284	10 087	11 195	12 145	11 867	15 258	1 687	14
197	222	245	373	567	819	903	1 109	1 147	910	766	55	15
103	111	115	182	251	342	459	704	922	936	1 255	64	16
5	*1*	*4*	*6*	*7*	*9*	*12*	*6*	*16*	*10*	*18*	–	17
1	*3*	*2*	*2*	*5*	*3*	*7*	*8*	*11*	*9*	*19*	–	18
560	749	1 073	1 797	1 982	3 234	4 204	5 228	4 014	6 039	6 298	–	19
245	359	612	851	966	1 527	2 768	4 890	4 917	9 925	15 467	–	20
2 368	2 973	3 031	4 978	6 819	8 806	8 329	5 929	4 692	5 531	5 562	22	21
602	934	1 034	1 804	3 034	4 597	6 923	7 399	8 185	11 778	15 323	7	22
690	866	1 184	1 947	3 477	5 163	5 950	7 364	9 328	8 084	6 962	–	23
365	468	722	1 041	1 713	2 530	3 248	5 200	8 667	11 265	14 990	–	24
415	481	597	1 258	1 731	2 223	1 703	1 191	1 798	1 659	1 092	–	25
158	205	286	563	901	1 298	1 722	1 397	2 254	2 008	1 642	–	26

19. Deaths by age, sex and urban/rural residence: latest available year (continued)

(See notes at end of table.)

	Continent, country or area, year, sex and urban/rural residence — Continent, pays ou zone, année, sexe et résidence, urbaine/rurale	All ages Tous âges	Age (in years) -1	1-4	5-9	10-14	15-19	20-24	25-29	30-34
	EUROPE (Cont.–Suite)									
	Bulgaria – Bulgarie									
	1993[4]									
1	Male – Masculin	61 003	773	193	129	123	323	430	422	653
2	Female – Féminin	48 537	537	153	87	82	134	160	178	253
	Guernsey – Guernesey									
	1994									
3	Male – Masculin	295	*—	1 —*	–	–	1	1	4	1
4	Female – Féminin	296	*—	2 —*	2	–	–	2	–	1
	Jersey									
	1994* +									
5	Male – Masculin	368	–	–	2	–	3	–	1	4
6	Female – Féminin	435	2	–	1	–	2	1	1	1
	Croatia – Croatie									
	1994[4]									
7	Male – Masculin	25 693	302	45	45	45	151	252	265	364
8	Female – Féminin	23 789	193	35	16	32	52	79	75	102
	Czech Republic – Rép. tchèque									
	1994[4]									
9	Male – Masculin	58 609	486	134	92	107	378	496	457	515
10	Female – Féminin	58 764	361	102	66	66	138	160	140	184
	Denmark – Danemark[23]									
	1993									
11	Male – Masculin	31 273	210	36	29	32	116	154	213	290
12	Female – Féminin	31 536	157	44	19	25	43	53	86	93
	Estonia – Estonie									
	1993[4 11]									
13	Male – Masculin	10 711	138	35	27	35	89	177	181	279
14	Female – Féminin	10 556	101	31	25	16	29	36	38	58
	Faeroe Islands – Iles Féroé									
	1990									
15	Male – Masculin	202	2	2	–	1	2	2	–	2
16	Female – Féminin	153	4	1	1	1	2	–	–	–
	Finland – Finlande									
	1994[4 22]									
17	Male – Masculin	23 533	169	30	21	34	144	193	241	278
18	Female – Féminin	24 467	139	25	21	24	41	54	88	95
	France									
	1992[4 24 25]									
19	Male – Masculin	271 506	3 012	614	343	424	1 495	3 069	3 527	4 226
20	Female – Féminin	250 024	2 063	412	274	282	596	925	1 200	1 592
	Germany – Allemagne									
	1994									
21	Male – Masculin	409 375	2 454	629	426	431	1 671	2 729	3 704	4 998
22	Female – Féminin	475 286	1 855	524	293	294	650	855	1 245	1 998
	Greece – Grèce									
	1994[4]									
23	Male – Masculin	51 373	436	58	59	65	324	488	504	488
24	Female – Féminin	46 434	387	55	36	50	110	141	112	179
	Hungary – Hongrie									
	1994[4]									
25	Male – Masculin	78 654	760	128	63	102	350	469	532	970
26	Female – Féminin	68 235	575	98	52	49	132	166	168	338
	Iceland – Islande									
	1993									
27	Male – Masculin	874	15	3	–	2	8	5	6	9
28	Female – Féminin	879	7	1	–	–	3	3	3	2

19. Décès selon l'âge, le sexe et la résidence, urbaine/rurale: dernière année disponible (suite)

(Voir notes à la fin du tableau.)

Age (en années)												
35 – 39	40 – 44	45 – 49	50 – 54	55 – 59	60 – 64	65 – 69	70 – 74	75 – 79	80 – 84	85 +	Unknown Inconnu	
1 012	1 688	2 370	2 997	4 789	6 256	8 617	9 001	7 056	7 945	6 226	–	1
348	552	807	1 175	1 923	3 318	5 429	7 283	6 966	9 639	9 513	–	2
2	4	6	6	18	21	28	47	45	58	52	–	3
1	2	5	6	10	14	24	27	27	71	102	–	4
3	7	11	8	24	36	34	47	*——— –	188	———*	–	5
2	2	12	9	6	12	21	54	*——— –	309	———*	–	6
483	745	928	1 451	2 274	3 440	3 505	3 568	2 147	3 205	2 449	29	7
191	272	386	624	930	1 728	2 435	3 666	2 718	5 029	5 206	20	8
841	1 539	2 591	3 215	3 807	6 052	8 044	9 891	5 849	8 254	5 861	–	9
336	667	1 059	1 305	1 673	3 184	5 386	8 538	6 947	13 549	14 903	–	10
426	545	912	1 057	1 493	2 199	3 391	4 589	5 174	5 024	5 383	–	11
212	351	560	752	1 025	1 562	2 330	3 436	4 449	5 858	10 481	–	12
337	452	557	850	1 095	1 393	1 348	966	878	990	823	61	13
97	159	191	307	451	713	1 002	1 184	1 319	2 065	2 724	10	14
1	6	9	–	5	19	28	24	41	33	25	–	15
1	1	–	2	4	5	13	22	23	37	36	–	16
480	785	1 080	1 003	1 378	2 096	2 805	3 306	3 180	3 357	2 953	–	17
171	256	410	463	545	917	1 544	2 635	3 663	5 356	8 020	–	18
5 205	7 433	8 661	9 917	15 318	23 174	29 159	31 292	30 465	42 647	51 525	–	19
2 135	2 951	3 516	3 988	6 244	9 483	13 958	18 181	24 447	48 247	109 530	–	20
6 296	8 577	10 453	20 557	31 457	38 354	47 930	54 361	41 390	65 411	67 545	2	21
2 653	4 112	5 201	9 775	14 217	18 436	30 423	53 011	52 499	107 663	169 582	–	22
530	710	1 128	1 435	2 700	4 223	5 921	6 190	7 255	8 679	10 180	–	23
232	334	531	711	1 261	2 054	3 327	4 638	7 002	10 420	14 854	–	24
2 306	3 643	4 411	5 638	6 565	8 519	10 190	11 328	6 669	9 257	6 740	14	25
871	1 340	1 649	2 258	2 946	4 572	6 636	10 061	7 831	13 846	14 642	5	26
10	18	20	21	36	61	82	117	144	134	183	–	27
4	12	16	26	19	38	53	84	129	164	315	–	28

19. Deaths by age, sex and urban/rural residence: latest available year (continued)

(See notes at end of table.)

	Continent, country or area, year, sex and urban/rural residence Continent, pays ou zone, année, sexe et résidence, urbaine/rurale	All ages Tous âges	Age (in years) -1	1-4	5-9	10-14	15-19	20-24	25-29	30-34
	EUROPE (Cont.-Suite)									
	Ireland - Irlande									
	1994+ [4 26]									
1	Male - Masculin	16 219	160	40	31	44	112	165	109	147
2	Female - Féminin	14 525	125	15	8	18	37	38	51	49
	Isle of Man - Ile de Man									
	1994+									
3	Male - Masculin	441	5	-	1	-	3	2	14	*———
4	Female - Féminin	461	3	-	-	-	2	2	2	*———
	Italy - Italie									
	1992									
5	Male - Masculin	283 289	2 590	363	281	433	1 759	2 774	3 184	3 480
6	Female - Féminin	263 401	1 899	304	191	277	583	685	1 049	1 217
	Latvia - Lettonie									
	1994 [4 11]									
7	Male - Masculin	22 182	204	68	65	52	137	319	412	630
8	Female - Féminin	19 575	177	38	36	34	38	65	97	139
	Liechtenstein									
	1987									
9	Male - Masculin	*98*	*1*	-	*1*	-	-	*1*	*1*	*———
10	Female - Féminin	*82*	-	*1*	-	-	-	-	-	*———
	Lithuania - Lituanie									
	1993 [4 11]									
11	Male - Masculin	24 792	432	88	78	71	210	420	477	714
12	Female - Féminin	21 315	314	70	50	30	69	87	100	153
	Luxembourg									
	1994									
13	Male - Masculin	1 894	13	5	2	1	9	17	30	26
14	Female - Féminin	1 906	16	2	1	2	6	6	7	14
	Malta - Malte									
	1994									
15	Male - Masculin	1 375	24	5	1	1	6	14	16	7
16	Female - Féminin	1 323	20	3	1	1	1	1	1	1
	Netherlands - Pays-Bas									
	1994 [4 27]									
17	Male - Masculin	67 028	636	145	78	88	222	429	461	613
18	Female - Féminin	66 443	468	105	55	69	121	157	228	343
	Norway - Norvège									
	1992 [28]									
19	Male - Masculin	23 071	194	53	21	35	124	181	174	204
20	Female - Féminin	21 660	152	40	21	11	36	49	63	85
	Poland - Pologne									
	1994 [4]									
21	Male - Masculin	204 770	4 048	563	418	511	1 552	1 984	2 027	3 283
22	Female - Féminin	181 628	3 236	471	296	254	550	470	527	932
	Portugal									
	1993 [4]									
23	Male - Masculin	55 896	580	183	129	141	551	760	780	831
24	Female - Féminin	50 488	416	134	70	88	170	190	245	295
	Republic of Moldova - République de Moldova									
	1992 [4 11]									
25	Male - Masculin	22 851	754	265	176	112	280	508	584	819
26	Female - Féminin	21 671	540	147	99	75	105	114	143	190
	Romania - Roumanie									
	1994 [4]									
27	Male - Masculin	145 196	3 303	829	750	495	921	1 273	1 426	1 845
28	Female - Féminin	120 905	2 591	615	476	256	405	508	548	664

(Voir notes à la fin du tableau.)

Age (en années)												
35–39	40–44	45–49	50–54	55–59	60–64	65–69	70–74	75–79	80–84	85 +	Unknown Inconnu	
142	228	333	485	715	1 276	1 849	2 592	2 868	2 717	2 206	–	1
83	137	234	315	447	659	1 145	1 780	2 337	2 891	4 156	–	2
13 –*	*——	19 ——*	*——	62 ——*	*——	103 ——*	*——	155 ——*	*——	64 ——*	–	3
6 –*	*——	15 ——*	*——	20 ——*	*——	86 ——*	*——	178 ——*	*——	147 ——*	–	4
3 057	4 087	6 102	9 972	15 608	25 298	35 223	34 524	44 508	47 231	42 815	–	5
1 447	2 048	3 197	5 047	7 623	11 956	19 324	23 935	39 977	56 520	86 122	–	6
871	1 154	1 416	1 953	2 468	2 723	2 649	1 980	1 457	1 758	1 850	16	7
217	335	501	717	1 055	1 331	1 904	2 320	2 133	3 406	5 027	5	8
3 –*	*——	1 ——*	*——	14 ——*	*——	26 ——*	*——	32 ——*	*——	18 ——*	–	9
3 –*	*——	2 ——*	*——	2 ——*	*——	5 ——*	*——	25 ——*	*——	44 ——*	–	10
886	1 140	1 411	1 909	2 287	2 775	2 632	2 272	1 779	2 150	2 985	76	11
241	319	492	741	997	1 402	1 951	2 203	2 364	3 853	5 852	27	12
38	50	46	86	120	149	228	254	252	281	286	1	13
12	20	27	38	59	85	132	196	246	422	615	–	14
19	20	32	38	70	115	161	216	216	198	216	–	15
9	22	17	23	50	74	135	182	198	211	373	–	16
744	1 116	1 791	2 184	3 316	5 343	7 528	10 267	10 653	10 297	11 117	–	17
514	765	1 209	1 383	1 878	2 874	4 189	6 622	8 938	12 377	24 148	–	18
213	322	515	561	880	1 462	2 342	3 530	4 078	3 925	4 257	–	19
106	169	283	313	465	766	1 306	2 238	3 322	4 354	7 881	–	20
5 960	8 694	9 823	10 956	16 958	23 744	27 271	26 849	18 555	22 724	18 850	–	21
1 914	3 130	3 854	4 197	7 088	11 586	17 715	23 461	21 833	35 456	44 658	–	22
929	1 131	1 421	1 991	3 212	4 704	6 440	7 405	8 513	8 690	7 505	–	23
378	556	775	1 050	1 583	2 349	3 731	5 346	7 892	10 573	14 647	–	24
899	1 067	801	1 515	1 920	2 665	2 475	2 516	2 151	1 862	1 458	24	25
320	482	486	975	1 357	2 039	2 536	2 887	3 019	3 100	3 047	10	26
3 862	5 536	6 174	8 652	13 402	16 698	19 266	18 456	11 914	16 918	13 476	–	27
1 349	2 099	2 569	3 654	6 110	8 867	12 734	17 728	14 997	23 257	21 478	–	28

19. Deaths by age, sex and urban/rural residence: latest available year (continued)

(See notes at end of table.)

	Continent, country or area, year, sex and urban/rural residence — Continent, pays ou zone, année, sexe et résidence, urbaine/rurale	All ages — Tous âges	Age (in years) -1	1-4	5-9	10-14	15-19	20-24	25-29	30-34
	EUROPE (Cont.–Suite)									
	Russian Federation – Fédération Russie 1994[4] [11]									
1	Male – Masculin	1 226 467	15 394	4 229	3 958	3 771	11 488	20 783	26 489	46 922
2	Female – Féminin	1 074 899	10 747	3 220	2 370	1 964	4 259	4 859	5 912	10 728
	San Marino – Saint-Marin 1994+ [4]									
3	Male – Masculin	106	1	–	–	–	1	2	1	–
4	Female – Féminin	78	2	–	–	–	–	–	–	–
	Slovakia – Slovaquie 1994[4]									
5	Male – Masculin	27 662	437	81	54	67	197	228	244	360
6	Female – Féminin	23 724	306	53	36	44	73	70	59	107
	Slovenia – Slovénie 1994[4]									
7	Male – Masculin	9 815	61	22	17	18	97	110	137	144
8	Female – Féminin	9 544	65	11	17	7	27	34	41	52
	Spain – Espagne 1991									
9	Male – Masculin	179 344	1 616	368	302	439	1 523	2 669	3 191	3 058
10	Female – Féminin	158 347	1 230	285	198	274	543	716	869	916
	Sweden – Suède 1994									
11	Male – Masculin	46 585	280	64	35	36	114	197	266	303
12	Female – Féminin	45 259	219	38	22	30	50	70	118	126
	Switzerland – Suisse 1994[4]									
13	Male – Masculin	31 228	244	72	48	54	127	363	457	482
14	Female – Féminin	30 759	180	50	19	32	61	105	160	203
	The former Yugoslav Rep. of Macedonia – L'ex Rép. yougosl. de Macédoine 1992[4]									
15	Male – Masculin	8 930	562	65	27	27	72	62	78	99
16	Female – Féminin	7 092	456	61	24	20	20	33	36	39
	Ukraine 1993[4] [11]									
17	Male – Masculin	356 381	5 046	1 500	1 120	1 072	2 537	4 272	5 367	8 833
18	Female – Féminin	385 281	3 385	1 168	677	542	1 016	1 204	1 542	2 296
	United Kingdom–Royaume-Uni 1994									
19	Male – Masculin	302 146	2 646	493	306	383	962	1 704	2 033	2 435
20	Female – Féminin	323 751	1 984	397	202	220	377	595	824	1 173
	Former Yugoslavia – Ancienne Yougoslavie 1990[4]									
21	Male – Masculin	112 832	3 563	501	348	301	664	1 012	1 208	1 494
22	Female – Féminin	99 316	2 894	418	231	190	284	336	428	595
	OCEANIA—OCEANIE									
	American Samoa – Samoa américaines 1993									
23	Male – Masculin	128	12	2	3	1	4	2	5	4
24	Female – Féminin	95	11	2	1	–	2	–	1	3
	Australia – Australie 1994+									
25	Male – Masculin	67 464	866	201	112	144	533	842	831	968
26	Female – Féminin	59 228	646	160	84	104	187	255	276	352

19. Décès selon l'âge, le sexe et la résidence, urbaine/rurale: dernière année disponible (suite)

(Voir notes à la fin du tableau.)

Age (en années)												
35 – 39	40 – 44	45 – 49	50 – 54	55 – 59	60 – 64	65 – 69	70 – 74	75 – 79	80 – 84	85 +	Unknown Inconnu	
67 043	85 874	80 632	92 503	149 541	153 224	169 606	87 540	73 120	72 916	46 898	14 536	1
16 903	24 377	25 626	33 419	62 992	78 411	127 118	122 056	139 842	196 305	200 370	3 421	2
–	2	4	4	8	6	11	15	12	21	18	–	3
–	–	2	4	1	1	2	7	4	30	25	–	4
585	997	1 218	1 565	2 042	3 024	3 781	4 344	2 397	3 462	2 579	–	5
238	357	456	603	896	1 554	2 340	3 724	2 631	4 778	5 399	–	6
223	346	402	620	786	1 221	1 259	1 203	833	1 318	998	–	7
82	139	162	246	356	560	865	1 156	1 117	2 079	2 528	–	8
2 706	3 284	4 550	6 070	10 861	15 464	20 700	22 139	25 666	26 981	27 757	–	9
1 026	1 460	1 957	2 711	4 449	6 942	10 267	14 992	23 772	33 092	52 648	–	10
441	621	983	1 278	1 688	2 552	4 098	6 689	8 073	8 955	9 912	–	11
234	332	650	814	991	1 511	2 385	4 293	6 085	9 321	17 970	–	12
484	583	844	1 095	1 382	1 998	2 933	3 997	4 379	5 327	6 359	–	13
198	312	437	583	785	1 102	1 729	2 499	3 488	5 956	12 860	–	14
139	223	285	404	687	901	1 117	1 041	1 112	1 120	882	27	15
84	112	150	223	405	544	822	852	1 073	1 120	1 003	15	16
11 459	16 014	14 790	28 977	36 919	43 724	50 062	33 520	29 834	33 728	26 251	1 356	17
3 314	5 256	5 570	11 676	17 230	24 772	43 164	45 894	55 770	78 411	82 015	379	18
2 634	3 878	6 129	8 733	13 908	22 436	35 440	51 310	47 906	50 989	47 821	–	19
1 630	2 597	4 323	5 710	8 355	13 992	23 346	38 647	44 062	62 643	112 674	–	20
2 330	2 803	3 835	6 919	11 174	13 645	13 386	9 170	15 719	14 366	10 301	93	21
1 008	1 304	1 809	3 218	5 133	7 896	10 899	9 055	17 735	18 586	17 236	61	22
3	1	8	8	9	16	11	11	13	6	9	–	23
5	1	1	7	4	9	8	14	12	8	6	–	24
1 096	1 294	1 757	2 202	3 151	4 958	7 911	10 091	10 517	10 028	9 955	7	25
534	740	1 056	1 272	1 770	2 622	4 389	6 480	8 358	10 922	19 018	3	26

19. Deaths by age, sex and urban/rural residence: latest available year (continued)

(See notes at end of table.)

	Continent, country or area, year, sex and urban/rural residence / Continent, pays ou zone, année, sexe et résidence, urbaine/rurale	All ages / Tous âges	Age (in years) -1	1-4	5-9	10-14	15-19	20-24	25-29	30-34
	OCEANIA—OCEANIE(Cont.–Suite)									
	Cook Islands – Iles Cook 1988+									
1	Male – Masculin	57	2	–	1	–	4	1	3	–
2	Female – Féminin	37	2	–	–	–	1	1	–	–
	Fiji – Fidji 1987+									
3	Male – Masculin	1 890	106	47	23	19	29	62	64	55
4	Female – Féminin	1 288	83	32	23	16	25	35	49	28
	Guam 1992 [4 29]									
5	Male – Masculin	346	28	1	3	3	11	16	14	20
6	Female – Féminin	239	15	2	–	3	5	4	2	5
	Marshall Islands – Iles Marshall 1989									
7	Male – Masculin	*102*	*16*	*6*	*2*	*1*	*1*	*4*	*5*	*2*
8	Female – Féminin	*49*	*13*	*4*	*1*	*1*	*1*	*2*	–	*6*
	New Caledonia – Nouvelle-Calédonie 1994									
9	Male – Masculin	621	23	12	10	2	16	32	11	22
10	Female – Féminin	439	19	12	3	2	3	9	5	4
	New Zealand – Nouvelle-Zélande 1993+ [4]									
11	Male – Masculin	14 198	234	57	22	29	184	265	184	175
12	Female – Féminin	13 045	192	55	22	27	68	76	83	94
	Norfolk Is. – Ile Norfolk 1988									
13	Male – Masculin	6	–	–	–	–	–	–	–	1
14	Female – Féminin	3	–	–	–	–	–	–	–	–
	Northern Mariana Islands – Iles Mariannes du Nord 1989									
15	Male – Masculin	*83*	*2*	*1*	*1*	*1*	*6*	*5*	*6*	*4*
16	Female – Féminin	*39*	–	–	*1*	–	*1*	*1*	–	*2*
	Palau – Palaos 1985									
17	Male – Masculin	*56*	*10*	–	*1*	–	*2*	–	*2*	*1*
18	Female – Féminin	*39*	*4*	–	*1*	–	–	*1*	*2*	*1*

19. Décès selon l'âge, le sexe et la résidence, urbaine/rurale: dernière année disponible (suite)

(Voir notes à la fin du tableau.)

Age (en années)												
35 – 39	40 – 44	45 – 49	50 – 54	55 – 59	60 – 64	65 – 69	70 – 74	75 – 79	80 – 84	85 +	Unknown Inconnu	
–	4	1	3	7	2	1	8	9	*——	11 ——*	–	1
1	–	–	5	1	4	4	6	2	*——	10 ——*	–	2
74	96	149	172	187	160	175	180	107	75	78	32	3
35	39	103	105	105	115	115	114	80	86	76	24	4
20	20	17	13	30	32	40	31	22	11	14	–	5
8	8	11	12	19	24	26	32	16	27	20	–	6
4	4	6	9	5	8	8	10 *——	–	11 ——	——*	–	7
–	1	2	1	7	2	3	1 *——	–	4 ——	——*	–	8
22	23	32	33	48	66	67	57	60	51	34	–	9
12	16	15	29	31	45	31	43	54	47	59	–	10
232	290	336	523	681	1 123	1 647	2 023	2 289	1 969	1 935	–	11
103	192	234	359	474	691	1 030	1 442	1 909	2 290	3 704	–	12
–	–	–	–	1	–	1	1	–	2	–	–	13
–	–	–	–	–	–	–	2	–	1	–	–	14
4	2	5	5	7	6	7	6	6	5	4	–	15
1	1	–	1	8	4	3	4	5	1	6	–	16
2	2	1	3	9	4	4	5	5	4	1	–	17
1	–	1	–	1	3	7	5	6	3	3	–	18

19. Deaths by age, sex and urban/rural residence: latest available year (continued)

Data by urban/rural residence

(See notes at end of table.)

	Continent, country or area, year, sex and urban/rural residence — Continent, pays ou zone, année, sexe et résidence, urbaine/rurale	All ages Tous âges	Age (in years) -1	1-4	5-9	10-14	15-19	20-24	25-29	30-34
	AFRICA—AFRIQUE									
	Central African Republic – Rép. centrafricaine									
	Urban – Urbaine									
	1988 [3]									
1	Male – Masculin	*5 054*	*1 111*	*818*	*214*	*148*	*148*	*206*	*225*	*209*
2	Female – Féminin	*4 420*	*871*	*766*	*199*	*134*	*208*	*247*	*234*	*194*
	Rural – Rurale									
	1988 [3]									
3	Male – Masculin	*9 206*	*2 368*	*1 705*	*448*	*249*	*241*	*221*	*286*	*259*
4	Female – Féminin	*8 036*	*1 939*	*1 397*	*337*	*194*	*270*	*282*	*334*	*314*
	Egypt – Egypte									
	Urban – Urbaine									
	1992									
5	Male – Masculin	88 585	10 392	3 536	1 757	1 469	1 672	1 721	1 843	1 959
6	Female – Féminin	71 847	9 016	3 355	1 275	998	1 240	1 100	1 290	1 241
	Rural – Rurale									
	1992									
7	Male – Masculin	112 204	17 168	9 548	2 508	1 615	1 576	1 397	1 709	1 951
8	Female – Féminin	109 829	17 816	11 192	2 184	1 429	1 285	1 261	1 468	1 367
	Mali									
	Urban – Urbaine									
	1987 [5]									
9	Male – Masculin	7 400	*—— 3 935	——*	411	195	177	194	141	151
10	Female – Féminin	6 315	*—— 3 364	——*	368	124	190	191	173	154
	Rural – Rurale									
	1987 [5]									
11	Male – Masculin	43 672	*—— 25 888	——*	2 536	921	898	919	896	814
12	Female – Féminin	38 834	*—— 22 045	——*	2 011	764	1 111	1 104	1 205	1 091
	Morocco – Maroc									
	Urban – Urbaine									
	1991									
13	Male – Masculin	*23 088*	*1 730*	*1 077*	*357*	*360*	*538*	*712*	*712*	*762*
14	Female – Féminin	*13 366*	*1 368*	*943*	*238*	*249*	*315*	*466*	*373*	*365*
	Rural – Rurale									
	1991									
15	Male – Masculin	*31 889*	*3 831*	*4 426*	*1 121*	*796*	*858*	*1 089*	*715*	*731*
16	Female – Féminin	*14 866*	*3 426*	*4 156*	*880*	*600*	*543*	*829*	*621*	*542*
	Tunisia – Tunisie									
	Urban – Urbaine									
	1989									
17	Male – Masculin	*14 904*	*2 335*	*443*	*236*	*180*	*265*	*284*	*295*	*302*
18	Female – Féminin	*10 401*	*1 753*	*434*	*171*	*115*	*128*	*127*	*170*	*208*
	Rural – Rurale									
	1989									
19	Male – Masculin	*5 746*	*564*	*283*	*87*	*74*	*91*	*58*	*85*	*90*
20	Female – Féminin	*3 870*	*499*	*210*	*70*	*53*	*48*	*64*	*56*	*63*
	AMERICA,NORTH— AMERIQUE DU NORD									
	Cuba									
	Urban – Urbaine									
	1992									
21	Male – Masculin	32 921	666	163	133	146	397	625	719	609
22	Female – Féminin	28 132	464	127	66	81	236	327	395	327
	Rural – Rurale									
	1992									
23	Male – Masculin	8 695	289	109	42	45	144	219	220	211
24	Female – Féminin	5 682	187	58	26	33	116	152	133	109
	Dominican Republic – Rép. dominicaine									
	Urban – Urbaine									
	1985+									
25	Male – Masculin	11 166	2 848	707	169	119	224	358	301	278
26	Female – Féminin	9 381	2 454	691	158	107	179	199	188	203

19. Décès selon l'âge, le sexe et la résidence, urbaine/rurale: dernière année disponible (suite)

Données selon la résidence urbaine/rurale

(Voir notes à la fin du tableau.)

Age (en années)												
35–39	40–44	45–49	50–54	55–59	60–64	65–69	70–74	75–79	80–84	85 +	Unknown Inconnu	
202	*181*	*256*	*271*	*207*	*257*	*186*	*169*	*——— –	*246*	———*	–	*1*
172	*173*	*195*	*179*	*144*	*217*	*131*	*139*	*——— –	*217*	———*	–	*2*
260	*284*	*392*	*410*	*366*	*431*	*343*	*349*	*——— –	*594*	———*	–	*3*
314	*331*	*335*	*337*	*292*	*390*	*298*	*266*	*——— –	*406*	———*	–	*4*
2 458	3 056	3 885	5 190	6 760	9 118	9 627	9 147	*——— –	14 995	———*	–	*5*
1 635	1 990	2 419	3 376	4 084	6 523	6 786	7 487	*——— –	18 032	———*	–	*6*
2 487	3 125	3 798	5 501	6 866	9 836	10 889	11 432	*——— –	20 798	———*	–	*7*
1 725	1 697	2 482	3 829	4 373	7 068	9 053	11 323	*——— –	30 277	———*	–	*8*
142	165	164	207	204	264	204	244	165	*—— 294	——*	143	*9*
146	134	121	141	111	172	169	166	136	*—— 325	——*	130	*10*
720	831	730	934	886	1 492	1 091	1 215	827	*—— 1 483	——*	591	*11*
937	861	609	814	613	1 116	807	1 064	594	*—— 1 515	——*	573	*12*
770	*703*	*747*	*1 139*	*1 681*	*2 159*	*2 463*	*2 581*	*1 865*	*—— *2 370*	——*	362	*13*
424	*394*	*447*	*681*	*900*	*1 176*	*1 156*	*1 306*	*782*	*—— *1 455*	——*	328	*14*
675	*728*	*796*	*1 156*	*1 608*	*2 277*	*2 400*	*2 913*	*2 088*	*—— *3 360*	——*	321	*15*
407	*278*	*241*	*289*	*312*	*349*	*343*	*341*	*205*	*—— *355*	——*	149	*16*
237	*293*	*377*	*607*	*874*	*1 121*	*1 310*	*1 450*	*1 611*	*—— *2 044*	——*	640	*17*
174	*176*	*233*	*387*	*496*	*632*	*848*	*972*	*1 169*	*—— *1 790*	——*	418	*18*
89	*63*	*102*	*171*	*242*	*296*	*460*	*599*	*796*	*—— *1 055*	——*	541	*19*
52	*72*	*68*	*130*	*179*	*222*	*310*	*342*	*503*	*—— *611*	——*	318	*20*
628	833	1 129	1 409	1 829	2 238	2 879	3 796	4 393	4 578	5 730	21	*21*
457	619	860	1 040	1 219	1 733	2 206	3 086	3 918	4 651	6 317	3	*22*
195	234	260	321	380	532	661	865	1 127	1 201	1 634	6	*23*
105	155	193	226	320	347	454	592	684	796	996	–	*24*
274	*279*	*319*	*449*	*477*	*640*	*589*	*808*	*586*	*622*	*1 119*	–	*25*
195	*219*	*280*	*370*	*324*	*419*	*412*	*557*	*476*	*578*	*1 372*	–	*26*

19. Deaths by age, sex and urban/rural residence: latest available year (continued)

Data by urban/rural residence

(See notes at end of table.)

	Continent, country or area, year, sex and urban/rural residence — Continent, pays ou zone, année, sexe et résidence, urbaine/rurale	All ages — Tous âges	Age (in years) -1	1-4	5-9	10-14	15-19	20-24	25-29	30-34
	AMERICA,NORTH— (Cont.–Suite) AMERIQUE DU NORD									
	Dominican Republic – Rép. dominicaine									
	Rural – Rurale									
	1985+									
1	Male – Masculin	*4 082*	*595*	*304*	*84*	*47*	*58*	*98*	*113*	*91*
2	Female – Féminin	*3 215*	*514*	*259*	*59*	*38*	*53*	*64*	*57*	*61*
	El Salvador									
	Urban – Urbaine									
	1992									
3	Male – Masculin	*9 597*	*850*	*148*	*92*	*110*	*284*	*465*	*495*	*518*
4	Female – Féminin	*6 739*	*691*	*141*	*71*	*76*	*131*	*117*	*149*	*150*
	Rural – Rurale									
	1992									
5	Male – Masculin	*7 078*	*879*	*232*	*107*	*126*	*298*	*325*	*347*	*319*
6	Female – Féminin	*4 455*	*653*	*209*	*78*	*82*	*116*	*110*	*83*	*120*
	Guatemala									
	Urban – Urbaine									
	1988									
7	Male – Masculin	15 804	4 308	1 976	368	215	401	640	553	515
8	Female – Féminin	11 534	3 032	1 750	354	165	231	287	251	259
	Rural – Rurale									
	1988									
9	Male – Masculin	20 300	5 368	3 823	837	428	362	458	529	571
10	Female – Féminin	17 199	4 370	3 715	732	326	311	415	403	398
	Mexico – Mexique									
	Urban – Urbaine									
	1994 [3,30]									
11	Male – Masculin	173 648	20 433	3 246	1 496	1 599	4 446	6 916	6 650	6 991
12	Female – Féminin	136 850	15 331	2 699	1 081	1 031	1 663	2 079	2 100	2 558
	Rural – Rurale									
	1994 [3,30]									
13	Male – Masculin	59 601	7 351	2 352	807	819	1 658	2 270	2 063	2 133
14	Female – Féminin	43 081	5 687	2 313	575	544	750	809	753	927
	Panama									
	Urban – Urbaine									
	1993									
15	Male – Masculin	*3 540*	*308*	*45*	*29*	*32*	*79*	*126*	*134*	*145*
16	Female – Féminin	*2 603*	*277*	*39*	*20*	*20*	*29*	*36*	*39*	*54*
	Rural – Rurale									
	1993									
17	Male – Masculin	*2 766*	*312*	*123*	*33*	*35*	*71*	*117*	*96*	*91*
18	Female – Féminin	*1 760*	*237*	*108*	*37*	*21*	*34*	*43*	*41*	*43*
	Puerto Rico – Porto Rico									
	Urban – Urbaine									
	1994 [3,30]									
19	Male – Masculin	8 639	198	23	14	47	192	251	270	406
20	Female – Féminin	6 505	176	16	5	18	28	42	85	117
	Rural – Rurale									
	1994 [3,30]									
21	Male – Masculin	8 026	197	24	18	19	101	185	221	259
22	Female – Féminin	5 217	164	13	16	19	28	35	62	92
	St. Vincent and the Grenadines – Saint-Vincent-et-Grenadines									
	Urban – Urbaine									
	1992+									
23	Male – Masculin	178	23	7	1	1	3	5	6	3
24	Female – Féminin	148	18	2	1	1	3	–	6	–
	Rural – Rurale									
	1992+									
25	Male – Masculin	183	4	1	–	–	2	5	5	7
26	Female – Féminin	205	1	1	–	–	2	1	5	7

19. Décès selon l'âge, le sexe et la résidence, urbaine/rurale: dernière année disponible (suite)

Données selon la résidence urbaine/rurale

(Voir notes à la fin du tableau.)

Age (en années)												
35 – 39	40 – 44	45 – 49	50 – 54	55 – 59	60 – 64	65 – 69	70 – 74	75 – 79	80 – 84	85 +	Unknown Inconnu	
94	*102*	*113*	*161*	*171*	*232*	*230*	*322*	*289*	*323*	*655*	–	1
78	*72*	*97*	*144*	*132*	*156*	*181*	*210*	*185*	*247*	*608*	–	2
462	*489*	*435*	*520*	*534*	*621*	*642*	*657*	*608*	*647*	*741*	279	3
141	*180*	*217*	*246*	*332*	*452*	*476*	*599*	*638*	*683*	*1 102*	147	4
332	*318*	*335*	*340*	*303*	*421*	*454*	*469*	*477*	*392*	*508*	96	5
117	*148*	*147*	*179*	*200*	*275*	*291*	*395*	*343*	*329*	*498*	82	6
515	534	461	594	620	766	695	743	681	601	618	–	7
250	294	294	368	402	445	511	646	656	624	715	–	8
609	406	564	677	729	785	934	1 048	850	565	757	–	9
509	349	384	440	569	723	602	848	674	641	790	–	10
7 451	7 319	7 869	8 813	10 106	11 726	12 600	14 332	11 480	12 866	16 720	589	11
3 002	3 644	4 438	5 810	7 473	9 675	10 806	12 427	11 512	14 349	24 748	424	12
2 228	2 329	2 481	2 731	2 960	3 579	3 617	4 355	3 830	4 764	7 024	250	13
1 070	1 189	1 360	1 522	1 926	2 558	2 719	3 302	3 022	3 984	7 871	200	14
108	*110*	*128*	*131*	*198*	*214*	*269*	*401*	*388*	*338*	*339*	18	15
52	*68*	*77*	*90*	*92*	*140*	*188*	*224*	*308*	*327*	*520*	3	16
75	*62*	*102*	*92*	*158*	*153*	*189*	*247*	*258*	*254*	*286*	12	17
35	*39*	*55*	*64*	*75*	*84*	*121*	*147*	*176*	*143*	*245*	12	18
405	440	416	390	446	580	705	906	915	915	1 102	18	19
116	165	181	185	252	371	540	654	819	982	1 747	6	20
308	334	376	395	449	536	691	844	896	892	1 278	3	21
82	109	147	175	227	296	416	587	709	760	1 280	–	22
7	5	8	6	7	14	17	15	17	14	9	10	23
5	4	2	6	7	8	12	12	14	23	21	3	24
2	3	10	4	7	12	20	23	26	25	27	–	25
5	3	6	9	10	10	15	29	28	25	46	2	26

19. Deaths by age, sex and urban/rural residence: latest available year (continued)

Data by urban/rural residence

(See notes at end of table.)

	Continent, country or area, year, sex and urban/rural residence — Continent, pays ou zone, année, sexe et résidence, urbaine/rurale	All ages Tous âges	Age (in years) -1	1-4	5-9	10-14	15-19	20-24	25-29	30-34
	AMERICA,SOUTH— AMERIQUE DU SUD									
	Chile – Chili									
	Urban – Urbaine									
	1994									
1	Male – Masculin	33 975	1 522	288	178	182	434	713	852	899
2	Female – Féminin	29 287	1 294	201	120	106	158	195	241	314
	Rural – Rurale									
	1994									
3	Male – Masculin	7 490	367	104	35	38	102	174	237	230
4	Female – Féminin	4 693	271	66	34	28	44	40	40	51
	Colombia – Colombie									
	Urban – Urbaine									
	1986+ [9]									
5	Male – Masculin	*66 570*	*7 512*	*2 149*	*906*	*777*	*2 190*	*3 970*	*3 914*	*3 135*
6	Female – Féminin	*49 785*	*5 796*	*1 803*	*593*	*468*	*914*	*1 137*	*1 106*	*1 033*
	Rural – Rurale									
	1986+ [9]									
7	Male – Masculin	*17 151*	*1 436*	*880*	*323*	*268*	*711*	*1 294*	*1 210*	*926*
8	Female – Féminin	*10 204*	*1 196*	*758*	*230*	*151*	*258*	*260*	*252*	*215*
	Ecuador – Equateur									
	Urban – Urbaine									
	1993 [10]									
9	Male – Masculin	*17 708*	*2 360*	*763*	*255*	*285*	*465*	*722*	*789*	*735*
10	Female – Féminin	*13 881*	*1 814*	*565*	*204*	*190*	*310*	*339*	*325*	*347*
	Rural – Rurale									
	1993 [10]									
11	Male – Masculin	*11 584*	*1 529*	*814*	*231*	*209*	*313*	*395*	*387*	*414*
12	Female – Féminin	*9 280*	*1 303*	*744*	*193*	*178*	*225*	*227*	*205*	*231*
	Falkland Is.(Malvinas) – Iles Falkland (Malvinas)									
	Urban – Urbaine									
	1992+									
13	Male – Masculin	9	–	–	–	–	–	–	–	–
14	Female – Féminin	8	–	–	–	–	–	1	–	–
	Rural – Rurale									
	1992+									
15	Male – Masculin	1	–	–	–	–	–	–	–	–
16	Female – Féminin	1	–	–	–	–	–	–	–	–
	Paraguay									
	Urban – Urbaine									
	1987									
17	Male – Masculin	*3 592*	*542*	*167*	*54*	*31*	*73*	*99*	*77*	*71*
18	Female – Féminin	*3 170*	*439*	*160*	*41*	*34*	*35*	*37*	*64*	*70*
	Rural – Rurale									
	1987									
19	Male – Masculin	*3 385*	*567*	*204*	*68*	*59*	*84*	*108*	*68*	*92*
20	Female – Féminin	*3 050*	*517*	*181*	*58*	*43*	*63*	*55*	*45*	*66*
	ASIA—ASIE									
	Armenia – Arménie									
	Urban – Urbaine									
	1992 [11]									
21	Male – Masculin	9 490	539	95	39	46	92	179	253	331
22	Female – Féminin	7 941	319	95	23	23	26	65	67	90
	Rural – Rurale									
	1992 [11]									
23	Male – Masculin	4 384	232	102	24	14	40	99	141	152
24	Female – Féminin	4 009	246	79	22	3	19	28	36	44
	Bangladesh									
	Urban – Urbaine									
	1986									
25	Male – Masculin	*67 078*	*19 472*	*7 382*	*2 055*	*982*	*1 071*	*1 555*	*1 105*	*519*
26	Female – Féminin	*53 927*	*16 975*	*8 113*	*2 954*	*653*	*933*	*1 690*	*2 076*	*821*

19. Décès selon l'âge, le sexe et la résidence, urbaine/rurale: dernière année disponible (suite)

Données selon la résidence urbaine/rurale

(Voir notes à la fin du tableau.)

Age (en années)												
35 – 39	40 – 44	45 – 49	50 – 54	55 – 59	60 – 64	65 – 69	70 – 74	75 – 79	80 – 84	85 +	Unknown Inconnu	
973	1 044	1 409	1 805	2 171	3 031	3 707	3 942	3 974	3 574	3 277	–	1
458	617	863	1 096	1 384	2 025	2 628	3 072	3 868	4 444	6 203	–	2
229	211	332	359	434	546	774	849	868	833	768	–	3
71	90	140	196	240	302	457	469	616	639	899	–	4
2 546	*2 050*	*2 378*	*2 765*	*3 702*	*4 282*	*4 948*	*5 291*	*5 068*	*3 851*	*4 060*	1 076	5
1 244	*1 272*	*1 783*	*2 335*	*2 966*	*3 439*	*4 131*	*4 595*	*4 898*	*4 177*	*5 592*	503	6
860	*686*	*699*	*688*	*854*	*900*	*1 028*	*1 099*	*1 101*	*876*	*938*	374	7
252	*271*	*321*	*415*	*482*	*547*	*764*	*854*	*922*	*828*	*1 139*	89	8
678	*664*	*691*	*707*	*844*	*1 002*	*1 092*	*1 206*	*1 320*	*1 322*	*1 748*	60	9
369	*353*	*414*	*479*	*591*	*790*	*810*	*1 001*	*1 148*	*1 355*	*2 439*	38	10
382	*388*	*423*	*482*	*541*	*682*	*690*	*784*	*847*	*874*	*1 122*	77	11
253	*251*	*283*	*342*	*341*	*406*	*491*	*573*	*647*	*898*	*1 424*	65	12
–	1	–	1	2	1	–	2	1	–	1	–	13
–	–	–	1	1	1	1	2	–	–	1	–	14
–	–	–	1	–	–	–	–	–	–	–	–	15
–	–	1	–	–	–	–	–	–	–	–	–	16
88	*98*	*128*	*169*	*229*	*237*	*297*	*331*	*———– –*	*876*	*———–*	25	17
78	*91*	*90*	*104*	*138*	*175*	*208*	*257*	*———– –*	*1 125*	*———–*	24	18
71	*106*	*111*	*134*	*178*	*203*	*258*	*252*	*———– –*	*801*	*———–*	21	19
93	*85*	*83*	*82*	*130*	*160*	*203*	*215*	*———– –*	*952*	*———–*	19	20
353	344	272	658	826	1 345	1 280	580	698	808	752	–	21
119	139	142	334	454	788	1 035	784	1 012	1 192	1 234	–	22
136	109	96	245	315	622	559	271	327	452	448	–	23
40	41	34	111	202	347	415	315	450	667	910	–	24
338	*1 339*	*1 692*	*3 002*	*2 916*	*5 149*	*3 389*	*5 361*	*———– –*	*9 751*	*———–*	–	25
867	*1 279*	*1 197*	*3 322*	*2 025*	*1 703*	*1 956*	*3 460*	*———– –*	*3 903*	*———–*	–	26

19. Deaths by age, sex and urban/rural residence: latest available year (continued)

Data by urban/rural residence

(See notes at end of table.)

	Continent, country or area, year, sex and urban/rural residence — Continent, pays ou zone, année, sexe et résidence, urbaine/rurale	All ages Tous âges	-1	1-4	5-9	10-14	15-19	20-24	25-29	30-34
	ASIA—ASIE (Cont.–Suite)									
	Bangladesh									
	Rural – Rurale									
	1986									
1	Male – Masculin	*575 950*	*198 515*	*86 073*	*22 175*	*10 616*	*8 675*	*7 610*	*7 997*	*7 858*
2	Female – Féminin	*516 865*	*170 350*	*92 836*	*19 428*	*6 168*	*9 751*	*12 571*	*11 268*	*9 721*
	China – Chine									
	Urban – Urbaine									
	1989									
3	Male – Masculin	*1 803 109*	*104 522*	*39 043*	*19 319*	*15 141*	*31 700*	*43 967*	*35 861*	*41 698*
4	Female – Féminin	*1 430 398*	*105 596*	*34 594*	*12 074*	*10 110*	*22 944*	*31 163*	*24 279*	*26 816*
	Rural – Rurale									
	1989									
5	Male – Masculin	*1 816 663*	*157 899*	*61 446*	*23 990*	*19 132*	*37 245*	*46 186*	*32 274*	*38 156*
6	Female – Féminin	*1 522 789*	*158 890*	*59 070*	*16 913*	*14 089*	*30 063*	*39 736*	*27 024*	*28 267*
	Israel – Israël [14]									
	Urban – Urbaine									
	1992									
7	Male – Masculin	16 102	*——	551 ——*	*——	97 ——*	*——	304 ——*	*——	273 ——*
8	Female – Féminin	14 748	*——	509 ——*	*——	62 ——*	*——	109 ——*	*——	137 ——*
	Rural – Rurale									
	1992									
9	Male – Masculin	1 265	*——	84 ——*	*——	13 ——*	*——	44 ——*	*——	36 ——*
10	Female – Féminin	1 212	*——	72 ——*	*——	14 ——*	*——	19 ——*	*——	10 ——*
	Kazakstan									
	Urban – Urbaine									
	1993 [11]									
11	Male – Masculin	50 715	2 434	537	321	287	761	1 207	1 539	2 311
12	Female – Féminin	43 266	1 760	425	217	153	346	424	483	641
	Rural – Rurale									
	1993 [11]									
13	Male – Masculin	33 521	2 877	1 133	374	331	579	920	1 012	1 376
14	Female – Féminin	28 815	2 028	855	227	173	294	375	354	439
	Kyrgyzstan – Kirghizistan									
	Urban – Urbaine									
	1994 [11]									
15	Male – Masculin	8 111	570	112	36	38	71	120	212	303
16	Female – Féminin	6 640	386	88	18	23	25	55	64	114
	Rural – Rurale									
	1994 [11]									
17	Male – Masculin	11 898	1 336	727	148	130	179	251	338	487
18	Female – Féminin	10 460	970	646	123	71	88	132	135	187
	Malaysia – Malaisie									
	Peninsular Malaysia – Malaisie Péninsulaire									
	Urban – Urbaine									
	1989 [2]									
19	Male – Masculin	14 884	884	221	136	157	251	350	395	399
20	Female – Féminin	11 438	663	197	102	93	116	140	178	212
	Rural – Rurale									
	1989 [2]									
21	Male – Masculin	24 437	1 954	626	357	328	545	682	625	627
22	Female – Féminin	18 948	1 447	536	264	240	249	299	328	364
	Sarawak									
	Urban – Urbaine									
	1986									
23	Male – Masculin	*262*	*22*	*2*	*2*	*1*	*2*	*6*	*4*	*6*
24	Female – Féminin	*199*	*13*	*5*	*5*	*1*	*2*	*2*	*4*	*5*
	Rural – Rurale									
	1986									
25	Male – Masculin	*2 906*	*231*	*76*	*35*	*35*	*51*	*67*	*71*	*77*
26	Female – Féminin	*1 817*	*160*	*55*	*21*	*17*	*32*	*37*	*37*	*42*
	Maldives									
	Urban – Urbaine									
	1992									
27	Male – Masculin	182	29	8	3	5	2	4	7	3
28	Female – Féminin	128	22	5	7	–	2	3	2	6

Données selon la résidence urbaine/rurale

(Voir notes à la fin du tableau.)

Age (en années)												
35 – 39	40 – 44	45 – 49	50 – 54	55 – 59	60 – 64	65 – 69	70 – 74	75 – 79	80 – 84	85 +	Unknown Inconnu	
6 451	*10 391*	*10 395*	*18 466*	*17 852*	*30 112*	*30 145*	*28 564*	*———	– *74 055* ———	———*	–	1
12 029	*12 913*	*10 492*	*11 729*	*15 237*	*18 044*	*18 176*	*25 582*	*———	– *60 570* ———	———*	–	2
48 920	*51 168*	*64 218*	*100 349*	*147 381*	*194 097*	*227 017*	*236 218*	*199 463*	*131 233*	*71 794*	–	3
30 044	*30 761*	*38 673*	*60 110*	*83 683*	*114 305*	*147 226*	*179 335*	*183 615*	*162 646*	*132 424*	–	4
47 013	*50 369*	*63 272*	*92 833*	*135 385*	*184 415*	*220 737*	*233 054*	*189 195*	*123 805*	*60 257*	–	5
33 611	*33 941*	*40 759*	*58 548*	*83 166*	*117 677*	*154 625*	*189 648*	*180 889*	*153 115*	*102 758*	–	6
*———	445 ———*	*———	796 ———*	*———	1 901 ———*	*———	3 818 ———*	*———	– 7 917 ———	———*	–	7
*———	280 ———*	*———	507 ———*	*———	1 359 ———*	*———	3 182 ———*	*———	– 8 603 ———	———*	–	8
*———	31 ———*	*———	62 ———*	*———	129 ———*	*———	236 ———*	*———	– 630 ———	———*	–	9
*———	27 ———*	*———	42 ———*	*———	105 ———*	*———	214 ———*	*———	– 709 ———	———*	–	10
2 594	3 288	2 538	4 335	5 339	5 844	5 805	3 283	3 150	2 806	2 097	239	11
812	1 074	891	1 791	2 551	3 296	5 300	4 538	5 563	6 252	6 692	57	12
1 329	1 462	1 212	2 566	3 374	3 633	3 678	2 023	1 894	1 817	1 914	17	13
523	603	517	1 249	1 675	1 995	2 993	2 567	3 080	3 773	5 079	16	14
433	527	419	587	880	921	976	616	473	443	335	39	15
156	191	168	230	389	524	830	725	809	888	949	8	16
478	548	443	572	885	1 176	1 270	874	514	683	859	–	17
218	226	191	294	510	808	1 021	994	814	1 103	1 928	1	18
480	512	718	1 022	1 149	1 372	1 504	1 647	1 622	1 103	949	13	19
243	298	374	555	670	925	1 174	1 383	1 623	1 232	1 247	13	20
564	705	870	1 492	1 600	2 265	2 378	2 647	2 601	1 834	1 717	20	21
453	455	607	908	1 045	1 380	2 033	2 300	2 309	1 932	1 764	35	22
8	*8*	*12*	*15*	*17*	*17*	*32*	*36*	*29*	*16*	*22*	5	23
6	*6*	*10*	*3*	*15*	*15*	*25*	*23*	*16*	*27*	*13*	3	24
82	*87*	*109*	*158*	*225*	*263*	*339*	*320*	*300*	*186*	*137*	57	25
40	*68*	*62*	*106*	*136*	*164*	*215*	*179*	*198*	*117*	*97*	34	26
6	10	7	15	16	15	16	13	7	7	4	5	27
10	5	3	11	9	14	5	9	5	7	1	2	28

19. Deaths by age, sex and urban/rural residence: latest available year (continued)

Data by urban/rural residence

(See notes at end of table.)

	Continent, country or area, year, sex and urban/rural residence — Continent, pays ou zone, année, sexe et résidence, urbaine/rurale	Age (in years): All ages Tous âges	-1	1-4	5-9	10-14	15-19	20-24	25-29	30-34
	ASIA—ASIE (Cont.-Suite)									
	Maldives									
	Rural – Rurale									
	1992									
1	Male – Masculin	563	115	74	14	10	10	6	8	8
2	Female – Féminin	457	83	34	15	6	6	8	11	13
	Mongolia – Mongolie									
	Urban – Urbaine									
	1989									
3	Male – Masculin	*4 400*	*1 200*	*500*	*100*	–	–	*100*	*100*	*100*
4	Female – Féminin	*3 300*	*1 000*	*400*	–	–	–	–	*100*	*100*
	Rural – Rurale									
	1989									
5	Male – Masculin	*5 000*	*1 400*	*600*	*100*	–	–	*100*	*100*	*100*
6	Female – Féminin	*4 300*	*1 100*	*600*	*100*	–	–	*100*	*100*	*100*
	Pakistan									
	Urban – Urbaine									
	1992 [19]									
7	Male – Masculin	115 297	32 926	7 765	2 025	1 216	659	3 045	3 056	2 983
8	Female – Féminin	112 447	36 293	12 330	2 433	2 318	2 609	2 051	1 499	2 351
	Rural – Rurale									
	1992 [19]									
9	Male – Masculin	347 404	148 114	28 777	9 910	8 622	7 178	4 956	5 697	6 368
10	Female – Féminin	357 528	148 672	49 379	17 378	5 113	10 341	5 437	8 584	3 721
	Sri Lanka									
	Urban – Urbaine									
	1989+									
11	Male – Masculin	32 192	2 712	607	356	402	828	1 688	1 587	1 368
12	Female – Féminin	16 684	2 091	533	370	251	465	638	579	475
	Rural – Rurale									
	1989+									
13	Male – Masculin	35 936	987	409	332	317	1 039	2 262	2 087	1 712
14	Female – Féminin	20 427	878	418	326	225	457	617	506	429
	Tajikistan – Tadjikistan									
	Urban – Urbaine									
	1993 [11]									
15	Male – Masculin	8 900	1 298	515	97	67	166	351	535	623
16	Female – Féminin	6 127	891	457	57	34	48	89	72	127
	Rural – Rurale									
	1993 [11]									
17	Male – Masculin	20 866	3 654	3 016	357	250	413	836	1 232	1 277
18	Female – Féminin	13 433	2 834	2 721	297	152	175	258	289	348
	Thailand – Thaïlande									
	Urban – Urbaine									
	1992+									
19	Male – Masculin	*33 269*	*1 586*	*477*	*325*	*397*	*1 717*	*2 281*	*2 043*	*1 910*
20	Female – Féminin	*19 960*	*1 211*	*342*	*293*	*266*	*586*	*617*	*637*	*679*
	Rural – Rurale									
	1992+									
21	Male – Masculin	*129 277*	*2 596*	*1 886*	*1 424*	*1 312*	*3 885*	*5 715*	*5 836*	*5 854*
22	Female – Féminin	*92 807*	*1 863*	*1 369*	*953*	*859*	*1 395*	*1 579*	*1 682*	*1 875*
	EUROPE									
	Albania – Albanie									
	Urban – Urbaine									
	1991									
23	Male – Masculin	3 805	402	80	40	30	61	82	80	84
24	Female – Féminin	2 741	260	67	22	19	20	19	24	31
	Rural – Rurale									
	1991									
25	Male – Masculin	6 491	1 042	382	109	85	124	148	117	117
26	Female – Féminin	4 706	843	364	72	50	51	61	38	62

19. Décès selon l'âge, le sexe et la résidence, urbaine/rurale: dernière année disponible (suite)

Données selon la résidence urbaine/rurale

(Voir notes à la fin du tableau.)

Age (en années)												
35 – 39	40 – 44	45 – 49	50 – 54	55 – 59	60 – 64	65 – 69	70 – 74	75 – 79	80 – 84	85 +	Unknown Inconnu	
7	8	10	20	29	46	48	43	44	33	14	16	1
15	10	8	22	41	36	47	35	23	19	13	12	2
100	100	200	200	300	300	300	*———	800		———*	–	3
100	100	100	100	100	200	300	*———	700		———*	–	4
100	100	100	200	300	300	400	*———	1 100		———*	–	5
100	100	100	100	200	200	300	*———	1 100		———*	–	6
6 924	5 168	3 719	4 736	4 992	6 383	7 824	*———	21 869		———*	–	7
742	1 384	2 557	4 873	8 075	3 861	4 484	*———	24 580		———*	–	8
6 739	2 001	4 413	7 265	8 929	19 965	11 915	*———	66 549		———*	–	9
2 046	8 503	2 751	8 541	7 256	18 305	14 954	*———	46 543		———*	–	10
1 620	1 656	1 973	2 139	2 521	2 626	2 843	2 559	1 858	1 479	1 362	8	11
554	498	632	783	925	1 125	1 451	1 537	1 335	1 136	1 302	4	12
1 800	1 481	1 678	1 752	2 186	2 434	2 931	3 218	2 881	2 807	3 620	3	13
464	493	644	740	967	1 201	1 817	2 296	2 127	2 277	3 544	1	14
525	434	322	488	617	694	663	404	395	375	324	7	15
117	147	110	190	280	426	578	546	616	693	645	4	16
1 005	811	604	901	1 036	1 277	1 117	769	621	681	1 007	2	17
318	254	179	325	503	683	784	763	640	682	1 225	3	18
1 981	1 865	1 725	2 109	2 418	2 742	2 415	2 327	2 030	1 444	1 136	341	19
746	855	890	1 239	1 396	1 786	1 680	1 778	1 674	1 435	1 668	182	20
6 142	5 934	6 193	8 150	9 597	11 148	11 265	11 323	10 795	8 908	8 973	2 341	21
2 325	3 016	3 543	4 923	6 105	7 498	8 407	9 417	10 471	10 432	13 590	1 505	22
81	95	99	174	251	361	451	430	434	314	238	18	23
41	50	40	81	143	178	226	278	389	395	432	26	24
116	127	146	199	316	458	452	679	713	596	528	37	25
62	61	75	101	108	164	233	426	533	541	823	38	26

19. Deaths by age, sex and urban/rural residence: latest available year (continued)

Data by urban/rural residence

(See notes at end of table.)

	Continent, country or area, year, sex and urban/rural residence — Continent, pays ou zone, année, sexe et résidence, urbaine/rurale	All ages Tous âges	Age (in years) -1	1-4	5-9	10-14	15-19	20-24	25-29	30-34
	EUROPE (Cont.–Suite)									
	Austria – Autriche									
	Urban – Urbaine									
	1994									
1	Male – Masculin	21 549	177	43	21	30	99	194	222	275
2	Female – Féminin	26 993	125	32	17	15	43	55	82	118
	Rural – Rurale									
	1994									
3	Male – Masculin	15 695	149	35	24	30	147	217	210	193
4	Female – Féminin	16 447	127	27	11	15	56	54	63	73
	Belarus – Bélarus									
	Urban – Urbaine									
	1993 [11]									
5	Male – Masculin	33 522	580	143	121	120	290	512	673	1 152
6	Female – Féminin	28 738	396	87	62	65	121	130	178	301
	Rural – Rurale									
	1993 [11]									
7	Male – Masculin	31 303	302	113	64	55	158	354	453	695
8	Female – Féminin	34 981	209	71	41	37	75	81	104	141
	Bosnia Herzegovina – Bosnie–Herzégovine									
	Urban – Urbaine									
	1990 [22]									
9	Male – Masculin	6 230	255	34	28	23	41	67	77	130
10	Female – Féminin	5 156	190	18	10	22	15	25	38	61
	Rural – Rurale									
	1990 [22]									
11	Male – Masculin	9 451	323	48	42	25	51	122	190	188
12	Female – Féminin	8 076	251	29	19	15	28	26	46	45
	Bulgaria – Bulgarie									
	Urban – Urbaine									
	1993									
13	Male – Masculin	32 328	505	102	84	74	221	284	267	428
14	Female – Féminin	24 861	360	87	47	46	99	109	122	183
	Rural – Rurale									
	1993									
15	Male – Masculin	28 675	268	91	45	49	102	146	155	225
16	Female – Féminin	23 676	177	66	40	36	35	51	56	70
	Croatia – Croatie									
	Urban – Urbaine									
	1994									
17	Male – Masculin	12 986	195	24	24	26	87	137	132	193
18	Female – Féminin	12 078	129	21	7	17	30	46	36	57
	Rural – Rurale									
	1994									
19	Male – Masculin	12 707	107	21	21	19	64	115	133	171
20	Female – Féminin	11 711	64	14	9	15	22	33	39	45
	Czech Republic – Rép. tchèque									
	Urban – Urbaine									
	1994									
21	Male – Masculin	41 210	354	98	68	87	255	346	344	391
22	Female – Féminin	41 487	277	69	52	47	104	115	106	148
	Rural – Rurale									
	1994									
23	Male – Masculin	17 399	132	36	24	20	123	150	113	124
24	Female – Féminin	17 277	84	33	14	19	34	45	34	36
	Estonia – Estonie									
	Urban – Urbaine									
	1993 [11]									
25	Male – Masculin	7 106	74	20	19	19	67	119	129	188
26	Female – Féminin	6 841	61	16	14	11	17	17	25	39
	Rural – Rurale									
	1993 [11]									
27	Male – Masculin	3 458	58	15	8	15	21	55	47	87
28	Female – Féminin	3 635	39	15	11	5	11	18	12	18

19. Décès selon l'âge, le sexe et la résidence, urbaine/rurale: dernière année disponible (suite)

Données selon la résidence urbaine/rurale

(Voir notes à la fin du tableau.)

Age (en années)												
35 – 39	40 – 44	45 – 49	50 – 54	55 – 59	60 – 64	65 – 69	70 – 74	75 – 79	80 – 84	85 +	Unknown Inconnu	
329	417	661	1 110	1 063	1 747	2 264	3 063	2 414	3 594	3 826	–	1
158	208	400	572	577	872	1 638	2 979	3 030	6 054	10 018	–	2
231	332	412	687	919	1 487	1 940	2 165	1 600	2 445	2 472	–	3
87	151	212	279	389	655	1 130	1 911	1 887	3 871	5 449	–	4
1 523	1 907	2 006	3 034	3 789	4 364	4 234	2 903	2 252	2 092	1 807	20	5
424	658	669	1 118	1 598	2 326	3 533	3 481	3 574	4 615	5 397	5	6
845	1 066	1 025	1 944	3 030	4 442	4 095	3 026	2 440	3 439	3 755	2	7
178	276	365	686	1 436	2 271	3 390	3 918	4 611	7 163	9 926	2	8
178	212	253	564	783	959	715	455	619	500	337	–	9
76	112	139	262	400	568	699	486	790	671	574	–	10
226	251	325	670	937	1 258	983	733	1 176	1 153	750	–	11
77	89	142	297	498	725	1 022	908	1 463	1 330	1 066	–	12
663	1 118	1 578	1 885	2 820	3 594	4 761	4 497	3 268	3 469	2 710	–	13
257	395	575	738	1 165	1 877	2 950	3 652	3 309	4 491	4 399	–	14
349	570	792	1 112	1 969	2 662	3 856	4 504	3 788	4 476	3 516	–	15
91	157	232	437	758	1 441	2 479	3 631	3 657	5 148	5 114	–	16
253	390	509	767	1 186	1 727	1 793	1 789	1 070	1 512	1 150	22	17
123	165	243	357	532	889	1 312	1 876	1 359	2 346	2 519	14	18
230	355	419	684	1 088	1 713	1 712	1 779	1 077	1 693	1 299	7	19
68	107	143	267	398	839	1 123	1 790	1 359	2 683	2 687	6	20
611	1 091	1 914	2 346	2 775	4 311	5 605	6 954	4 100	5 602	3 958	–	21
256	517	813	987	1 250	2 288	3 902	6 201	4 908	9 353	10 094	–	22
230	448	677	869	1 032	1 741	2 439	2 937	1 749	2 652	1 903	–	23
80	150	246	318	423	896	1 484	2 337	2 039	4 196	4 809	–	24
237	306	392	625	753	991	943	658	543	583	439	1	25
78	118	142	239	309	515	726	774	867	1 237	1 634	2	26
94	133	157	212	335	400	400	304	334	403	380	–	27
18	41	46	67	140	194	269	403	448	807	1 073	–	28

19. Deaths by age, sex and urban/rural residence: latest available year (continued)

Data by urban/rural residence

(See notes at end of table.)

	Continent, country or area, year, sex and urban/rural residence — Continent, pays ou zone, année, sexe et résidence, urbaine/rurale	All ages Tous âges	Age (in years) – 1	1 – 4	5 – 9	10 – 14	15 – 19	20 – 24	25 – 29	30 – 3[illegible]
	EUROPE (Cont.–Suite)									
	Finland – Finlande									
	Urban – Urbaine									
	1994 [22]									
1	Male – Masculin	13 981	108	19	14	20	91	129	179	19[illegible]
2	Female – Féminin	15 351	83	13	10	14	20	37	66	6[illegible]
	Rural – Rurale									
	1994 [22]									
3	Male – Masculin	9 552	61	11	7	14	53	64	62	8[illegible]
4	Female – Féminin	9 116	56	12	11	10	21	17	22	3[illegible]
	France									
	Urban – Urbaine									
	1992 [24 25 31]									
5	Male – Masculin	188 037	2 416	442	232	275	996	2 150	2 761	3 28[illegible]
6	Female – Féminin	177 865	1 621	305	192	176	419	686	937	1 23[illegible]
	Rural – Rurale									
	1992 [24 25 31]									
7	Male – Masculin	81 640	576	156	95	134	466	818	677	841
8	Female – Féminin	71 157	413	95	72	92	153	204	221	308
	Greece – Grèce									
	Urban – Urbaine									
	1994									
9	Male – Masculin	27 180	300	34	30	32	180	292	335	297
10	Female – Féminin	24 324	273	28	22	34	63	94	78	125
	Rural – Rurale									
	1994									
11	Male – Masculin	24 193	136	24	29	33	144	196	169	191
12	Female – Féminin	22 110	114	27	14	16	47	47	34	54
	Hungary – Hongrie									
	Urban – Urbaine									
	1994 [32]									
13	Male – Masculin	44 823	443	72	34	52	195	229	274	499
14	Female – Féminin	41 735	359	53	27	28	83	99	93	203
	Rural – Rurale									
	1994 [32]									
15	Male – Masculin	33 448	309	52	26	48	144	213	239	447
16	Female – Féminin	26 328	213	45	21	17	46	63	64	127
	Ireland – Irlande									
	Urban – Urbaine									
	1994+ [26]									
17	Male – Masculin	6 849	87	22	15	18	40	77	54	90
18	Female – Féminin	7 073	75	9	2	10	19	15	25	30
	Rural – Rurale									
	1994+ [26]									
19	Male – Masculin	9 370	73	18	16	26	72	88	55	57
20	Female – Féminin	7 452	50	6	6	8	18	23	26	19
	Latvia – Lettonie									
	Urban – Urbaine									
	1994 [11]									
21	Male – Masculin	14 745	133	29	40	31	80	214	285	420
22	Female – Féminin	12 686	114	18	26	17	25	41	69	104
	Rural – Rurale									
	1994 [11]									
23	Male – Masculin	7 437	71	39	25	21	57	105	127	210
24	Female – Féminin	6 889	63	20	10	17	13	24	28	35
	Lithuania – Lituanie									
	Urban – Urbaine									
	1993 [11]									
25	Male – Masculin	13 490	249	45	53	41	117	250	271	458
26	Female – Féminin	11 207	176	33	31	17	41	45	67	100
	Rural – Rurale									
	1993 [11]									
27	Male – Masculin	11 302	183	43	25	30	93	170	206	256
28	Female – Féminin	10 108	138	37	19	13	28	42	33	53

Données selon la résidence urbaine/rurale

(Voir notes à la fin du tableau.)

Age (en années)												
35 – 39	40 – 44	45 – 49	50 – 54	55 – 59	60 – 64	65 – 69	70 – 74	75 – 79	80 – 84	85 +	Unknown Inconnu	
312	515	739	639	854	1 225	1 653	1 896	1 834	1 949	1 613	–	1
116	165	283	309	338	555	974	1 635	2 265	3 347	5 056	–	2
168	270	341	364	524	871	1 152	1 410	1 346	1 408	1 340	–	3
55	91	127	154	207	362	570	1 000	1 398	2 009	2 964	–	4
3 889	5 555	6 421	7 373	11 055	16 301	19 929	21 550	20 984	28 316	34 111	–	5
1 622	2 268	2 713	3 057	4 677	6 923	9 958	13 049	17 428	33 480	77 119	–	6
1 198	1 769	2 110	2 400	4 101	6 686	9 013	9 605	9 379	14 249	17 367	–	7
467	633	754	857	1 484	2 491	3 911	5 039	6 949	14 697	32 317	–	8
331	472	727	870	1 558	2 455	3 288	3 487	3 846	4 297	4 349	–	9
160	216	356	469	754	1 185	1 954	2 671	3 931	5 157	6 754	–	10
199	238	401	565	1 142	1 768	2 633	2 703	3 409	4 382	5 831	–	11
72	118	175	242	507	869	1 373	1 967	3 071	5 263	8 100	–	12
1 213	2 077	2 523	3 232	3 609	4 767	5 749	6 388	3 957	5 423	4 084	3	13
529	869	1 091	1 424	1 775	2 745	3 980	6 037	4 774	8 417	9 149	–	14
1 062	1 539	1 863	2 378	2 922	3 719	4 404	4 915	2 696	3 821	2 651	–	15
337	461	551	829	1 160	1 810	2 634	4 007	3 050	5 417	5 476	–	16
76	106	171	248	383	616	844	1 141	1 074	984	803	–	17
43	69	123	178	247	348	620	902	1 070	1 304	1 984	–	18
66	122	162	237	332	660	1 005	1 451	1 794	1 733	1 403	–	19
40	68	111	137	200	311	525	878	1 267	1 587	2 172	–	20
599	854	1 030	1 341	1 681	1 852	1 842	1 276	962	1 050	1 012	14	21
164	265	358	513	768	913	1 360	1 525	1 341	2 052	3 009	4	22
272	300	386	612	787	871	807	704	495	708	838	2	23
53	70	143	204	287	418	544	795	792	1 354	2 018	1	24
552	746	920	1 153	1 311	1 639	1 493	1 112	875	921	1 214	70	25
170	232	350	489	581	814	1 150	1 162	1 232	1 834	2 657	26	26
334	394	491	756	976	1 136	1 139	1 160	904	1 229	1 771	6	27
71	87	142	252	416	588	801	1 041	1 132	2 019	3 195	1	28

19. Deaths by age, sex and urban/rural residence: latest available year (continued)

Data by urban/rural residence

(See notes at end of table.)

	Continent, country or area, year, sex and urban/rural residence — Continent, pays ou zone, année, sexe et résidence, urbaine/rurale	All ages — Tous âges	Age (in years) -1	1-4	5-9	10-14	15-19	20-24	25-29	30-34
	EUROPE (Cont.–Suite)									
	Netherlands – Pays-Bas									
	Urban – Urbaine									
	1986[27,33]									
1	Male – Masculin	37 021	425	79	49	57	141	244	278	304
2	Female – Féminin	34 246	319	67	29	39	69	127	147	189
	Rural – Rurale									
	1986[27,33]									
3	Male – Masculin	7 253	89	28	13	12	48	63	45	44
4	Female – Féminin	5 434	79	25	13	9	18	21	16	28
	Semi-urban–Semi-urbaine									
	1986[27,33]									
5	Male – Masculin	22 372	289	63	41	55	145	185	169	146
6	Female – Féminin	18 973	227	56	24	33	61	63	75	122
	Poland – Pologne									
	Urban – Urbaine									
	1994									
7	Male – Masculin	116 107	2 187	259	218	267	838	988	1 023	1 803
8	Female – Féminin	107 262	1 834	222	160	143	341	264	318	625
	Rural – Rurale									
	1994									
9	Male – Masculin	88 663	1 861	304	200	244	714	996	1 004	1 480
10	Female – Féminin	74 366	1 402	249	136	111	209	206	209	307
	Portugal									
	Urban – Urbaine									
	1993									
11	Male – Masculin	16 235	189	37	35	28	146	226	279	302
12	Female – Féminin	15 610	136	37	15	22	41	67	88	90
	Rural – Rurale									
	1993									
13	Male – Masculin	29 382	290	108	68	86	307	379	362	351
14	Female – Féminin	25 951	194	71	43	49	83	89	93	142
	Republic of Moldova – République de Moldova									
	Urban – Urbaine									
	1992[11]									
15	Male – Masculin	8 267	269	95	70	42	121	206	259	372
16	Female – Féminin	7 239	201	48	35	27	39	39	69	72
	Rural – Rurale									
	1992[11]									
17	Male – Masculin	14 584	485	170	106	70	159	302	325	447
18	Female – Féminin	14 432	339	99	64	48	66	75	74	118
	Romania – Roumanie									
	Urban – Urbaine									
	1994									
19	Male – Masculin	60 590	1 339	355	369	262	455	539	612	878
20	Female – Féminin	48 181	956	246	229	132	201	231	286	381
	Rural – Rurale									
	1994									
21	Male – Masculin	84 606	1 964	474	381	233	466	734	814	967
22	Female – Féminin	72 724	1 635	369	247	124	204	277	262	283
	Russian Federation – Fédération Russie									
	Urban – Urbaine									
	1994[11]									
23	Male – Masculin	876 650	10 092	2 339	2 500	2 472	7 984	14 315	18 378	33 580
24	Female – Féminin	738 333	7 039	1 771	1 516	1 289	3 029	3 631	4 304	7 895
	Rural – Rurale									
	1994[11]									
25	Male – Masculin	349 817	5 302	1 890	1 458	1 299	3 504	6 468	8 111	13 342
26	Female – Féminin	336 566	3 708	1 449	854	675	1 230	1 228	1 608	2 833
	San Marino – Saint-Marin									
	Urban – Urbaine									
	1987+									
27	Male – Masculin	88	3	–	–	–	1	2	2	–
28	Female – Féminin	53	–	–	–	–	1	–	1	–

19. Décès selon l'âge, le sexe et la résidence, urbaine/rurale: dernière année disponible (suite)

Données selon la résidence urbaine/rurale

(Voir notes à la fin du tableau.)

Age (en années)												
35 – 39	40 – 44	45 – 49	50 – 54	55 – 59	60 – 64	65 – 69	70 – 74	75 – 79	80 – 84	85 +	Unknown Inconnu	
477	546	796	1 223	2 057	3 209	4 449	5 781	6 168	5 317	5 421	–	1
287	321	450	721	1 129	1 709	2 361	3 632	5 400	6 723	10 527	–	2
74	100	148	257	366	629	834	1 019	1 194	1 098	1 192	–	3
49	64	79	122	202	274	409	588	836	1 011	1 591	–	4
221	377	568	922	1 392	2 008	2 641	3 221	3 523	3 058	3 348	–	5
179	227	324	449	706	948	1 276	1 861	2 861	3 792	5 689	–	6
3 610	5 513	6 401	7 101	10 613	14 558	16 029	14 713	9 502	11 216	9 268	–	7
1 367	2 250	2 786	2 966	4 790	7 549	10 946	13 886	12 264	19 517	25 034	–	8
2 350	3 181	3 422	3 855	6 345	9 186	11 242	12 136	9 053	11 508	9 582	–	9
547	880	1 068	1 231	2 298	4 037	6 769	9 575	9 569	15 939	19 624	–	10
285	385	462	685	1 063	1 496	1 946	2 127	2 406	2 209	1 929	–	11
100	186	248	325	507	809	1 174	1 629	2 391	3 210	4 535	–	12
452	506	657	908	1 533	2 306	3 292	3 910	4 661	4 932	4 274	–	13
189	255	361	529	772	1 143	1 830	2 724	4 130	5 582	7 672	–	14
409	481	343	625	694	984	888	746	720	538	388	17	15
147	202	175	286	418	652	928	911	1 058	954	975	3	16
490	586	458	890	1 226	1 681	1 587	1 770	1 431	1 324	1 070	7	17
173	280	311	689	939	1 387	1 608	1 976	1 961	2 146	2 072	7	18
2 128	3 117	3 295	4 281	6 217	7 160	7 936	6 878	4 510	5 994	4 265	–	19
843	1 237	1 353	1 778	2 803	3 860	5 308	6 845	5 567	8 121	7 804	–	20
1 734	2 419	2 879	4 371	7 185	9 538	11 330	11 578	7 404	10 924	9 211	–	21
506	862	1 216	1 876	3 307	5 007	7 426	10 883	9 430	15 136	13 674	–	22
49 082	65 250	62 970	68 728	107 524	104 755	118 542	60 609	51 422	50 514	31 595	13 999	23
12 728	18 914	20 372	24 786	45 241	54 756	88 811	85 496	95 587	130 131	127 780	3 257	24
17 961	20 624	17 662	23 775	42 017	48 469	51 064	26 931	21 698	22 402	15 303	537	25
4 175	5 463	5 254	8 633	17 751	23 655	38 307	36 560	44 255	66 174	72 590	164	26
1	1	1	1	4	10	9	15	16	11	11	–	27
–	1	–	1	–	3	7	6	7	11	15	–	28

19. Deaths by age, sex and urban/rural residence: latest available year (continued)

Data by urban/rural residence

(See notes at end of table.)

	Continent, country or area, year, sex and urban/rural residence — Continent, pays ou zone, année, sexe et résidence, urbaine/rurale	All ages Tous âges	-1	1-4	5-9	10-14	15-19	20-24	25-29	30-34
	EUROPE (Cont.–Suite)									
	San Marino – Saint-Marin									
	Rural – Rurale									
	1987 +									
1	Male – Masculin	9	–	–	–	–	–	–	–	–
2	Female – Féminin	4	–	–	–	–	–	–	–	–
	Slovakia – Slovaquie									
	Urban – Urbaine									
	1991									
3	Male – Masculin	13 845	281	52	51	50	86	114	161	223
4	Female – Féminin	11 841	262	40	31	17	36	32	49	93
	Rural – Rurale									
	1991									
5	Male – Masculin	16 097	289	45	24	39	86	135	131	225
6	Female – Féminin	12 835	207	35	27	25	41	34	37	61
	Slovenia – Slovénie									
	Urban – Urbaine									
	1994									
7	Male – Masculin	4 161	31	10	8	9	39	49	58	49
8	Female – Féminin	4 190	29	7	10	4	16	18	21	27
	Rural – Rurale									
	1994									
9	Male – Masculin	5 654	30	12	9	9	58	61	79	95
10	Female – Féminin	5 354	36	4	7	3	11	16	20	25
	Switzerland – Suisse									
	Urban – Urbaine									
	1994									
11	Male – Masculin	20 977	147	43	33	36	81	236	316	357
12	Female – Féminin	21 836	114	31	15	22	41	74	127	145
	Rural – Rurale									
	1994									
13	Male – Masculin	10 251	97	29	15	18	46	127	141	125
14	Female – Féminin	8 923	66	19	4	10	20	31	33	58
	The former Yugoslav Rep. of Macedonia – L'ex Rép. yougosl. de Macédoine									
	Urban – Urbaine									
	1992									
15	Male – Masculin	4 969	277	27	20	14	41	31	43	61
16	Female – Féminin	4 002	214	29	9	12	11	20	24	20
	Rural – Rurale									
	1992									
17	Male – Masculin	3 961	285	38	7	13	31	31	35	38
18	Female – Féminin	3 090	242	32	15	8	9	13	12	19
	Ukraine									
	Urban – Urbaine									
	1993 [11]									
19	Male – Masculin	215 844	3 202	795	714	681	1 734	2 826	3 602	6 014
20	Female – Féminin	216 618	2 098	599	420	333	677	846	1 070	1 604
	Rural – Rurale									
	1993 [11]									
21	Male – Masculin	140 537	1 844	705	406	391	803	1 446	1 765	2 819
22	Female – Féminin	168 663	1 287	569	257	209	339	358	472	692
	Former Yugoslavia – Ancienne Yougoslavie									
	Urban – Urbaine									
	1990									
23	Male – Masculin	51 272	1 871	207	169	154	316	465	545	735
24	Female – Féminin	45 643	1 443	174	92	94	129	160	226	350
	Rural – Rurale									
	1990									
25	Male – Masculin	61 560	1 692	294	179	147	348	547	663	759
26	Female – Féminin	53 673	1 451	244	139	96	155	176	202	245

19. Décès selon l'âge, le sexe et la résidence, urbaine/rurale: dernière année disponible (suite)

Données selon la résidence urbaine/rurale

(Voir notes à la fin du tableau.)

Age (en années)												
35 – 39	40 – 44	45 – 49	50 – 54	55 – 59	60 – 64	65 – 69	70 – 74	75 – 79	80 – 84	85 +	Unknown Inconnu	
–	–	–	–	–	–	–	1	3	2	3	–	1
–	–	–	–	–	–	1	–	1	–	2	–	2
385	545	703	775	1 139	1 670	1 954	1 428	1 769	1 439	1 020	–	3
152	237	269	348	568	891	1 318	1 245	1 887	2 157	2 209	–	4
335	535	614	876	1 256	1 840	2 215	1 621	2 214	2 068	1 549	–	5
84	132	217	356	477	799	1 395	1 288	2 176	2 695	2 749	–	6
90	164	167	252	336	518	560	529	375	534	383	–	7
44	79	90	133	170	260	405	492	499	827	1 059	–	8
133	182	235	368	450	703	699	674	458	784	615	–	9
38	60	72	113	186	300	460	664	618	1 252	1 469	–	10
347	411	600	768	943	1 351	1 993	2 644	2 866	3 511	4 294	–	11
145	226	308	431	578	790	1 249	1 738	2 380	4 163	9 259	–	12
137	172	244	327	439	647	940	1 353	1 513	1 816	2 065	–	13
53	86	129	152	207	312	480	761	1 108	1 793	3 601	–	14
92	151	205	274	438	539	657	556	547	544	437	15	15
56	70	104	139	267	351	492	469	564	609	532	10	16
47	72	80	130	249	362	460	485	565	576	445	12	17
28	42	46	84	138	193	330	383	509	511	471	5	18
7 656	10 922	9 892	18 448	23 147	26 470	30 397	18 881	17 673	18 153	13 336	1 301	19
2 348	3 790	3 856	7 358	10 781	14 952	25 869	25 485	31 156	41 210	41 814	352	20
3 803	5 092	4 898	10 529	13 772	17 254	19 665	14 639	12 161	15 575	12 915	55	21
966	1 466	1 714	4 318	6 449	9 820	17 295	20 409	24 614	37 201	40 201	27	22
1 244	1 494	2 015	3 534	5 669	6 514	6 486	4 196	6 478	5 351	3 757	72	23
604	825	1 021	1 706	2 735	4 126	5 217	4 023	7 715	7 644	7 319	40	24
1 086	1 309	1 820	3 385	5 505	7 131	6 900	4 974	9 241	9 015	6 544	21	25
404	479	788	1 512	2 398	3 770	5 682	5 032	10 020	10 942	9 917	21	26

Data by urban/rural residence

(See notes at end of table.)

	Continent, country or area, year, sex and urban/rural residence Continent, pays ou zone, année, sexe et résidence, urbaine/rurale	All ages Tous âges	Age (in years) -1	1-4	5-9	10-14	15-19	20-24	25-29	30-34
	OCEANIA—OCEANIE									
	Guam									
	Urban – Urbaine									
	1992 [29]									
1	Male – Masculin	284	23	1	3	3	11	12	8	17
2	Female – Féminin	202	13	2	–	3	4	4	2	4
	Rural – Rurale									
	1992 [29]									
3	Male – Masculin	62	5	–	–	–	–	4	6	3
4	Female – Féminin	37	2	–	–	–	1	–	–	1
	New Zealand – Nouvelle-Zélande									
	Urban – Urbaine									
	1993+									
5	Male – Masculin	10 644	164	44	15	19	119	178	121	123
6	Female – Féminin	10 398	138	42	15	15	47	61	54	62
	Rural – Rurale									
	1993+									
7	Male – Masculin	3 554	70	13	7	10	65	87	63	52
8	Female – Féminin	2 647	54	13	7	12	21	15	29	32

GENERAL NOTES

Data exclude foetal deaths. For method of evaluation and limitations of data, see Technical Notes, page 75.
Italics: data from civil registers which are incomplete or of unknown completeness.

FOOTNOTES

* Provisional.
\+ Data tabulated by year of registration rather than occurrence.

1 For Algerian population only.
2 Excluding deaths of infants dying before registration of birth.
3 Excluding deaths of unknown sex.
4 For classification by urban/rural residence, see end of table.
5 Based on the results of the population census.
6 For domicile population only.
7 Including Canadian residents temporarily in the United States, but excluding United States residents temporarily in Canada.
8 Excluding Indian jungle population.
9 Based on burial permits.
10 Excluding nomadic Indian tribes.
11 Excluding infants born alive after less than 28 weeks' gestation, of less than 1 000 grammes in weight and 35 centimetres in length, who die within seven days of birth.
12 For government controlled areas.
13 Excluding Vietnamese refugees.
14 Including data for East Jerusalem and Israeli residents in certain other territories under occupation by Israeli military forces since June 1967.
15 For Japanese nationals in Japan only.
16 Excluding alien armed forces, civilian aliens employed by armed forces, and foreign diplomatic personnel and their dependants.

NOTES GENERALES

Les données ne comprennent pas les morts foetales. Pour la méthode d'évaluation et les insuffisances des données, voir Notes techniques, page 75.
Italiques: données incomplètes ou dont le degré d'exactitude n'est pas connu, provenant des registres de l'état civil.

NOTES

* Données provisoires.
\+ Données exploitées selon l'année de l'enregistrement et non l'année de l'événement.
1 Pour la population algérienne seulement.
2 Non compris les enfants nés vivants décédés avant l'enregistrement de leur naissance.
3 Non compris les décès dont on ignore le sexe.
4 Pour le classement selon la résidence, urbaine/rurale, voir la fin du tableau.
5 D'après les résultats du recensement de la population.
6 Pour la population dans les domiciles seulement.
7 Y compris les résidents canadiens temporairement aux Etats-Unis, mais non compris les résidents des Etats-Unis, temporairement au Canada.
8 Non compris les Indiens de la jungle.
9 D'après les permis d'inhumer.
10 Non compris les tribus d'Indiens nomades.
11 Non compris les enfants nés vivants après moins de 28 semaines de gestation, pesant moins de 1 000 grammes, mesurant moins de 35 centimètres et décédés dans les sept jours qui ont suivi leur naissances.
12 Pour les zones contrôlées pour le Gouvernement.
13 Non compris les réfugiés du Viet Nam.
14 Y compris les données pour Jérusalem-Est et les résidents israéliens dans certains autres territoires occupés depuis juin 1967 par les forces armées israéliennes.
15 Pour les nationaux japonais au Japon seulement.
16 Non compris les militaires étrangers, les civils étrangers employés par les forces armées ni le personnel diplomatique étranger et les membres de leur famille les accompagnant.

19. Décès selon l'âge, le sexe et la résidence, urbaine/rurale: dernière année disponible (suite)

Données selon la résidence urbaine/rurale

(Voir notes à la fin du tableau.)

Age (en années)												
35–39	40–44	45–49	50–54	55–59	60–64	65–69	70–74	75–79	80–84	85 +	Unknown Inconnu	
16	16	10	9	24	29	34	27	19	10	12	–	1
7	6	10	10	15	20	25	27	15	20	15	–	2
4	4	7	4	6	3	6	4	3	1	2	–	3
1	2	1	2	4	4	1	5	1	7	5	–	4
152	198	246	384	507	819	1 214	1 552	1 724	1 534	1 531	–	5
76	150	167	260	322	511	797	1 113	1 568	1 880	3 120	–	6
80	92	90	139	174	304	433	471	565	435	404	–	7
27	42	67	99	152	180	233	329	341	410	584	–	8

FOOTNOTES (continued)

17 Estimates based on the results of the continuous Demographic Sample Survey.
18 Events registered by Health Service only.
19 Based on the results of the Population Growth Survey.
20 Excluding non–locally domiciled military and civilian services personnel and their dependants.
21 Including armed forces stationed outside the country, but excluding alien armed forces stationed in the area.
22 Including nationals temporarily outside the country.
23 Excluding Faeroe Island and Greenland.
24 Including armed forces stationed outside the country.
25 For ages five years and over, age classification based on year of birth rather than exact date of birth.
26 Deaths registered within one year of occurrence.
27 Including residents outside the country if listed in a Netherlands population register.
28 Including residents temporarily outside the country.
29 Including United States military personnel, their dependants and contract employees.
30 Excluding deaths of unknown residence.
31 Excluding nationals outside the country.
32 For the de jure population.
33 Excluding persons on the Central Register of Population (containing persons belonging to the Netherlands population but having no fixed municipality of residence).

NOTES (suite)

17 Les estimations sont basés sur les résultats d'une enquête démographique par sondage continue.
18 Evénements enregistrés par le Service de santé seulement.
19 D'après les résultats de la "Population Growth Survey".
20 Non compris les militaires et agents civils non résidents et les membres de leur famille les accompagnant.
21 Y compris les militaires nationaux hors du pays, mais non compris les militaires étrangers en garnison sur le territoire.
22 Y compris les nationaux se trouvant temporairement hors du pays.
23 Non compris les îles Féroé et le Groenland.
24 Y compris les militaires en garnison hors du pays.
25 A partir de cinq ans, le classement selon l'âge est basé sur l'année de naissances et non sur la date exacte de naissance.
26 Décès enregistrés dans l'année qui suit l'événement.
27 Y compris les résidents hors du pays, s'ils sont inscrits sur un registre de population néerlandais.
28 Y compris les résidents se trouvant temporairement hors du pays.
29 Y compris les militaires des Etats–Unis, les membres de leur famille les accompagnant et les agents contractuels des Etats–Unis.
30 Non compris les décès dont on ignore la résidence.
31 Non compris les nationaux hors du pays.
32 Pour la population de droit.
33 Non compris les personnes inscrites sur le Registre central de la population (personnes appartenant à la population néerlandaise mais sans résidence fixe dans l'une des municipalités).

20. Death rates specific for age, sex and urban/rural residence: latest available year

(See notes at end of table.)

	Continent, country or area, year, sex and urban/rural residence Continent, pays ou zone, année, sexe et résidence, urbaine/rurale	Age (in years) All ages Tous âges [1]	-1	1–4	5–9	10–14	15–19	20–24	25–29	30–
	AFRICA—AFRIQUE									
	Cape Verde – Cap-Vert									
	1990									
1	Male – Masculin	8.1	57.7	3.4	♦ 0.6	♦ 0.4	♦ 0.8	♦ 1.5	3.4	4
2	Female – Féminin	6.6	44.3	3.4	♦ 0.5	♦ 0.6	♦ 0.5	♦ 1.0	♦ 1.0	♦ 1
	Central African Republic – Rép. centrafricaine									
	1988 [2]									
3	Male – Masculin	*11.8*	*79.8*	*14.9*	*3.6*	*2.8*	*3.2*	*3.9*	*5.4*	*6*
4	Female – Féminin	*9.9*	*64.9*	*12.8*	*3.0*	*2.5*	*3.6*	*4.5*	*5.5*	*6*
	Egypt – Egypte									
	1992									
5	Male – Masculin	7.1	*—— 10.0 ——*		1.1	0.9	1.1	1.2	1.6	2
6	Female – Féminin	6.7	*—— 10.7 ——*		0.9	0.8	0.9	1.0	1.3	1
	Mali									
	1987 [2 3]									
7	Male – Masculin	13.6	*—— 41.5 ——*		4.7	2.5	3.1	4.3	4.5	4.
8	Female – Féminin	11.5	*—— 35.7 ——*		3.9	2.1	3.4	4.1	4.5	5.
	Mauritius – Maurice									
	1994+									
9	Male – Masculin	7.6	22.7	0.8	♦ 0.2	♦ 0.4	0.8	1.5	1.5	2.
10	Female – Féminin	5.7	14.1	♦ 0.6	♦ 0.3	♦ 0.3	♦ 0.5	♦ 0.6	0.8	1.
	Island of Mauritius – Ile Maurice									
	1994+									
11	Male – Masculin	7.6	22.6	0.8	♦ 0.2	♦ 0.4	0.9	1.6	1.5	2.
12	Female – Féminin	5.8	14.0	♦ 0.6	♦ 0.3	♦ 0.3	♦ 0.5	♦ 0.7	0.8	1.
	Réunion									
	1987 [4]									
13	Male – Masculin	6.7	11.4	♦ 0.6	♦ 0.5	♦ 0.3	♦ 0.9	1.3	2.6	3.5
14	Female – Féminin	4.4	8.1	♦ 0.6	♦ 0.4	♦ 0.2	♦ 0.4	♦ 0.6	♦ 0.9	♦ 1.3
	Tunisia – Tunisie									
	1989									
15	Male – Masculin	*5.1*	*—— 7.0 ——*		*0.6*	*0.5*	*0.8*	*0.9*	*1.2*	*1.5*
16	Female – Féminin	*3.7*	*—— 5.9 ——*		*0.5*	*0.4*	*0.4*	*0.5*	*0.7*	*1.0*
	AMERICA,NORTH— AMERIQUE DU NORD									
	Bahamas									
	1992									
17	Male – Masculin	5.9	12.3	♦ 0.5	♦ 0.4	♦ 0.6	♦ 0.7	♦ 1.5	2.7	4.1
18	Female – Féminin	4.6	11.5	♦ 0.9	♦ 0.3	♦ 0.1	♦ 0.5	♦ 0.7	♦ 1.4	2.7
	Barbados – Barbade									
	1988+									
19	Male – Masculin	9.0	16.7	♦ 0.5	♦ 0.3	♦ 0.3	♦ 1.1	♦ 1.2	♦ 1.5	♦ 2.0
20	Female – Féminin	8.5	♦ 13.5	♦ 0.5	♦ 0.6	♦ 0.3	♦ 0.1	♦ 0.9	♦ 0.5	♦ 1.0
	Canada									
	1990 [5]									
21	Male – Masculin	7.9	7.6	0.4	0.2	0.3	1.0	1.2	1.2	1.5
22	Female – Féminin	6.5	6.1	0.3	0.2	0.2	0.3	0.4	0.4	0.6
	Cuba									
	1992 [2]									
23	Male – Masculin	7.6	11.2	0.7	0.4	0.5	1.1	1.4	1.6	1.9
24	Female – Féminin	6.3	8.2	0.5	0.2	0.3	0.7	0.8	0.9	1.0

20. Taux de mortalité selon l'âge, le sexe et la résidence, urbaine/rurale: dernière année disponible

(Voir notes à la fin du tableau.)

Age(en années)											
35–39	40–44	45–49	50–54	55–59	60–64	65–69	70–74	75–79	80–84	85 plus	
♦ 5.0	♦ 5.6	♦ 6.0	10.9	14.7	13.4	17.0	39.6	54.7	123.2	183.8	1
♦ 2.7	♦ 3.4	♦ 3.6	♦ 3.3	6.3	11.1	13.1	30.0	43.9	84.5	151.8	2
8.1	9.9	15.9	19.4	19.4	28.5	32.1	55.4	*———	— 77.0 —	——*	3
7.8	9.8	11.2	12.6	13.4	23.7	26.0	47.1	*———	— 63.4 —	——*	4
3.1	4.5	6.7	11.3	18.2	32.8	48.4	74.6	*———	— 146.1 —	——*	5
2.2	2.8	4.3	7.6	10.8	21.7	33.6	59.9	*———	— 173.1 —	——*	6
4.8	6.4	6.8	9.8	11.5	19.6	21.4	36.4	47.2	*—— 71.1	——*	7
5.4	5.9	5.5	8.0	8.3	14.1	17.6	29.3	35.5	*—— 65.8	——*	8
4.1	5.2	9.0	13.4	22.1	28.9	45.2	65.6	88.3	145.6	192.9	9
1.3	2.5	4.1	5.8	10.5	16.5	26.1	38.2	58.5	105.0	174.0	10
4.1	5.2	9.1	13.5	22.7	28.5	45.3	65.5	88.5	145.4	187.9	11
1.3	2.5	4.0	5.8	10.7	16.6	26.2	38.5	58.9	105.3	173.1	12
5.3	6.6	10.9	15.5	21.0	25.8	41.7	52.2	96.7	129.6	189.6	13
2.0	3.6	2.5	3.7	8.4	11.6	15.7	32.1	50.0	84.8	160.2	14
1.6	2.4	3.6	5.3	8.3	13.5	22.3	36.7	56.1	*—— 1 01.8	——*	15
1.0	1.6	2.1	3.6	5.5	8.9	16.3	29.6	50.1	*—— 81.3	——*	16
4.4	5.1	8.1	12.1	16.3	27.5	31.0	47.1	62.0	127.9	170.9	17
♦ 3.4	♦ 3.3	5.7	♦ 3.9	12.4	13.4	18.9	29.6	37.8	64.1	145.5	18
♦ 2.7	♦ 1.8	♦ 6.1	9.3	11.7	21.2	31.4	50.3	62.3	*—— 1 26.0	——*	19
♦ 1.6	♦ 1.4	♦ 4.2	♦ 5.6	7.7	11.9	18.1	29.0	43.8	*—— 1 28.4	——*	20
1.8	2.3	3.6	5.9	9.9	16.6	26.0	41.1	64.2	102.7	180.1	21
0.8	1.2	2.1	3.4	5.4	8.4	13.4	21.5	35.7	62.4	135.2	22
2.5	3.1	4.6	6.5	10.5	15.4	*———	———	— 57.0 —	———	——*	23
1.7	2.2	3.4	4.8	7.3	11.7	*———	———	— 48.0 —	———	——*	24

20. Death rates specific for age, sex and urban/rural residence: latest available year (continued)

(See notes at end of table.)

	Continent, country or area, year, sex and urban/rural residence / Continent, pays ou zone, année, sexe et résidence, urbaine/rurale	All ages / Tous âges [1]	Age (in years) –1	1–4	5–9	10–14	15–19	20–24	25–29	30–3
	AMERICA,NORTH— (Cont.–Suite) AMERIQUE DU NORD									
	El Salvador									
	1992 [2]									
1	Male – Masculin	*6.7*	*28.0*	*1.4*	*0.6*	*0.7*	*2.0*	*3.5*	*4.6*	*5.*[illegible]
2	Female – Féminin	*4.3*	*22.2*	*1.3*	*0.5*	*0.5*	*0.8*	*0.9*	*1.1*	*1.*[illegible]
	Guadeloupe									
	1985 [4]									
3	Male – Masculin	7.8	*——	4.8 ——*	♦ 0.3	♦ 0.4	♦ 0.8	♦ 1.0	3.1	♦ 3.[illegible]
4	Female – Féminin	6.1	*——	4.2 ——*	♦ 0.1	♦ 0.1	♦ 0.2	♦ 0.6	♦ 0.7	♦ 1.[illegible]
	Guatemala									
	1985									
5	Male – Masculin	9.4	*——	22.2 ——*	2.0	1.3	1.9	3.3	4.0	4.8
6	Female – Féminin	8.0	*——	20.1 ——*	2.0	1.1	1.4	2.2	2.6	3.1
	Martinique									
	1992 [4]									
7	Male – Masculin	6.7	*—— ♦	1.8 ——*	♦ 0.1	♦ 0.2	♦ 1.0	♦ 1.2	♦ 1.7	2.2
8	Female – Féminin	5.1	*—— ♦	1.4 ——*	♦ 0.1	♦ 0.2	♦ 0.3	♦ 0.4	♦ 0.5	♦ 0.8
	Mexico – Mexique									
	1990									
9	Male – Masculin	5.8	*——	8.5 ——*	0.7	0.6	1.3	2.1	2.7	3.1
10	Female – Féminin	4.4	*——	7.1 ——*	0.6	0.4	0.6	0.7	0.9	1.2
	Netherlands Antilles – Antilles néerlandaises									
	1992*									
11	Male – Masculin	7.3	♦ 8.2	♦ 0.9	♦ 0.1	–	♦ 0.5	♦ 1.2	♦ 1.7	♦ 1.4
12	Female – Féminin	5.7	♦ 9.7	♦ 0.6	♦ 0.4	–	♦ 0.4	♦ 0.3	♦ 0.8	♦ 0.8
	Panama									
	1993 [2]									
13	Male – Masculin	*4.9*	*——	*5.1* ——*	*0.4*	*0.5*	*1.1*	*1.9*	*2.1*	*2.5*
14	Female – Féminin	*3.5*	*——	*4.5* ——*	*0.4*	*0.3*	*0.5*	*0.6*	*0.7*	*1.0*
	Puerto Rico – Porto Rico									
	1994									
15	Male – Masculin	9.4	*——	2.8 ——*	0.2	0.4	1.7	3.0	3.6	5.3
16	Female – Féminin	6.2	*——	2.4 ——*	♦ 0.1	0.2	0.3	0.5	1.0	1.5
	Trinidad and Tobago – Trinité–et–Tobago									
	1993									
17	Male – Masculin	7.6	14.8	1.1	♦ 0.4	♦ 0.4	1.1	2.0	2.6	3.3
18	Female – Féminin	6.6	11.6	0.9	♦ 0.3	♦ 0.3	0.5	0.9	0.9	1.5
	United States – Etats–Unis									
	1993									
19	Male – Masculin	9.2	9.5	0.5	0.2	0.3	1.3	1.6	1.8	2.3
20	Female – Féminin	8.4	7.6	0.4	0.2	0.2	0.5	0.5	0.6	0.9
	United States Virgin Islands – Iles Vierges américaines									
	1990									
21	Male – Masculin	6.8	♦ 21.9	♦ 1.1	♦ 0.4	♦ 1.0	♦ 1.4	♦ 2.3	♦ 4.3	♦ 5.2
22	Female – Féminin	3.3	♦ 18.0	–	–	♦ 0.2	–	♦ 0.5	♦ 0.8	♦ 1.8

20. Taux de mortalité selon l'âge, le sexe et la résidence, urbaine/rurale: dernière année disponible (suite)

(Voir notes à la fin du tableau.)

Age(en années)											
35–39	40–44	45–49	50–54	55–59	60–64	65–69	70–74	75–79	80–84	85 plus	
6.4	*7.4*	*8.8*	*11.3*	*14.5*	*17.9*	*27.4*	*34.5*	*53.5*	*77.1*	*118.8*	1
1.8	*2.7*	*3.8*	*4.9*	*7.9*	*11.2*	*16.4*	*27.2*	*41.0*	*60.7*	*107.8*	2
4.3	5.4	6.2	9.2	16.9	26.3	31.3	48.8	80.6	110.1	240.3	3
♦ 1.4	♦ 2.2	♦ 3.3	4.6	6.1	11.6	22.3	24.8	48.6	100.5	183.2	4
6.4	6.6	8.2	11.4	14.8	22.8	35.8	58.4	88.1	*——— 1 70.7 ———*		5
4.6	4.7	5.8	7.7	11.2	17.9	25.0	49.1	75.5	*——— 1 63.8 ———*		6
♦ 1.5	3.1	♦ 3.1	6.1	10.3	14.6	24.8	34.2	59.2	77.4	171.3	7
♦ 0.8	♦ 2.0	♦ 0.8	♦ 2.8	4.2	6.4	12.6	20.8	31.5	50.8	120.0	8
4.1	4.9	7.0	9.2	13.3	18.5	27.0	40.3	65.6	*——— 1 54.0 ———*		9
1.8	2.4	3.6	5.4	8.4	12.7	18.9	29.1	48.4	*——— 1 39.5 ———*		10
♦ 2.8	♦ 3.0	♦ 4.4	♦ 6.0	13.5	20.5	28.6	54.5	80.7	125.7	222.7	11
♦ 1.1	♦ 2.7	♦ 3.1	♦ 5.0	♦ 6.0	13.6	♦ 10.9	28.5	41.9	69.6	169.1	12
2.3	*2.6*	*4.1*	*4.9*	*9.8*	*12.4*	*19.3*	*36.7*	*51.5*	*——— 1 21.6 ———*		13
1.1	*1.6*	*2.5*	*3.5*	*4.8*	*7.9*	*13.3*	*20.4*	*36.8*	*——— 1 03.4 ———*		14
6.2	7.0	8.3	9.9	13.0	18.4	25.5	41.5	*———— — 90.2 ————*			15
1.5	2.2	3.1	4.0	6.1	9.5	15.1	25.6	*———— — 77.2 ————*			16
3.5	4.1	8.0	10.2	18.3	24.1	35.2	54.4	76.0	*——— 1 52.6 ———*		17
2.2	2.7	4.9	7.9	13.1	21.1	29.1	39.6	63.4	*——— 1 40.5 ———*		18
2.9	3.7	4.9	7.3	11.5	18.3	27.8	41.4	62.9	99.3	182.7	19
1.2	1.7	2.6	4.2	6.7	10.6	16.0	24.5	38.2	63.6	146.7	20
♦ 4.1	♦ 1.9	♦ 4.1	♦ 9.8	♦ 11.8	♦ 19.2	♦ 19.7	♦ 37.1	76.3	*——— 2 24.7 ———*		21
♦ 0.5	♦ 0.7	♦ 2.2	♦ 5.8	♦ 4.9	♦ 8.7	♦ 9.6	♦ 18.8	♦ 28.1	*——— 1 21.7 ———*		22

20. Death rates specific for age, sex and urban/rural residence: latest available year (continued)

(See notes at end of table.)

	Continent, country or area, year, sex and urban/rural residence Continent, pays ou zone, année, sexe et résidence, urbaine/rurale	All ages Tous âges [1]	Age (in years) -1	1–4	5–9	10–14	15–19	20–24	25–29	30–34
	AMERICA,SOUTH— AMERIQUE DU SUD									
	Argentina – Argentine 1993									
1	Male – Masculin	8.9	*—	5.6 —*	0.4	0.4	1.1	1.5	1.5	1.7
2	Female – Féminin	6.8	*—	4.5 —*	0.3	0.2	0.5	0.6	0.7	0.9
	Brazil – Brésil 1992 [6]									
3	Male – Masculin	*6.8*	*28.8*	*1.3*	*0.5*	*0.5*	*1.5*	*2.5*	*2.9*	*3.5*
4	Female – Féminin	*4.5*	*22.2*	*1.1*	*0.3*	*0.3*	*0.5*	*0.7*	*0.9*	*1.2*
	Chile – Chili 1994 [2]									
5	Male – Masculin	6.0	*—	3.1 —*	0.3	0.3	0.9	1.4	1.8	1.9
6	Female – Féminin	4.8	*—	2.6 —*	0.2	0.2	0.3	0.4	0.5	0.6
	Colombia – Colombie 1991+ [2,7]									
7	Male – Masculin	*6.2*	*—	*4.9* —*	*—	*0.6* —*	*—	—	—	*4.4* —
8	Female – Féminin	*3.8*	*—	*3.9* —*	*—	*0.4* —*	*—	—	—	*1.1* —
	Ecuador – Equateur 1993 [2,8]									
9	Male – Masculin	*5.3*	*26.0*	*2.7*	*0.7*	*0.7*	*1.3*	*2.1*	*2.5*	*2.9*
10	Female – Féminin	*4.2*	*21.7*	*2.3*	*0.6*	*0.6*	*0.9*	*1.1*	*1.2*	*1.5*
	Paraguay 1992									
11	Male – Masculin	*2.5*	*6.8*	*0.7*	*0.2*	*0.2*	*0.6*	*0.7*	*0.9*	*0.8*
12	Female – Féminin	*2.1*	*5.9*	*0.6*	*0.2*	*0.2*	*0.3*	*0.4*	*0.4*	*0.5*
	Peru – Pérou 1985+ [6]									
13	Male – Masculin	*4.9*	*—	*10.8* —*	*0.8*	*0.7*	*1.0*	*1.4*	*1.5*	*1.6*
14	Female – Féminin	*4.5*	*—	*9.9* —*	*0.8*	*0.6*	*0.8*	*1.1*	*1.2*	*1.5*
	Uruguay 1990									
15	Male – Masculin	11.0	*—	5.6 —*	0.3	0.4	0.9	1.2	1.5	1.8
16	Female – Féminin	8.6	*—	4.5 —*	0.2	♦ 0.2	0.5	0.5	0.5	0.9
	Venezuela 1990 [6]									
17	Male – Masculin	5.2	*—	7.0 —*	0.5	0.6	1.5	2.2	2.3	2.5
18	Female – Féminin	4.0	*—	5.7 —*	0.4	0.4	0.6	0.8	0.9	1.3
	ASIA—ASIE									
	Armenia – Arménie 1992 [2,9]									
19	Male – Masculin	7.8	20.6	1.3	0.3	0.3	0.8	1.9	2.7	2.9
20	Female – Féminin	6.3	15.8	1.2	0.2	♦ 0.2	0.3	0.7	0.6	0.7
	Bahrain – Bahreïn 1994									
21	Male – Masculin	*3.1*	*—	—	*1.9* —	—*	♦ *1.0*	♦ *0.8*	*—	*0.9* —*
22	Female – Féminin	*2.8*	*—	—	*1.8* —	—*	♦ *0.4*	♦ *0.5*	*— ♦	*0.2* —*
	Bangladesh 1986 [2]									
23	Male – Masculin	*12.3*	*—	*43.1* —*	*2.9*	*1.7*	*2.0*	*2.2*	*2.2*	*2.7*
24	Female – Féminin	*11.6*	*—	*41.1* —*	*2.8*	*1.1*	*2.3*	*3.1*	*3.4*	*3.5*

20. Taux de mortalité selon l'âge, le sexe et la résidence, urbaine/rurale: dernière année disponible (suite)

(Voir notes à la fin du tableau.)

Age(en années)											
35–39	40–44	45–49	50–54	55–59	60–64	65–69	70–74	75–79	80–84	85 plus	
2.3	3.8	6.1	9.8	14.8	23.2	33.9	54.6	77.3	128.4	219.8	1
1.4	2.2	3.1	4.7	6.6	9.8	16.2	27.8	46.8	90.9	188.0	2
4.6	6.1	8.0	11.1	15.6	23.2	34.3	53.7	81.5	*—— 1 63.5	——*	3
1.8	2.7	3.9	5.6	8.4	13.1	20.3	33.8	55.4	*—— 1 52.4	——*	4
2.3	3.0	5.0	7.5	11.5	18.9	30.1	46.1	71.4	*—— 1 50.1	——*	5
1.0	1.7	2.8	4.2	6.5	10.4	16.6	25.0	43.1	*—— 1 17.7	——*	6
——	——*	*——	——	10.3 ——	——*	*——	——	— 51.9 ——	——	——*	7
——	——*	*——	——	6.6 ——	——*	*——	——	— 42.5 ——	——	——*	8
3.2	3.9	5.5	7.1	10.0	15.2	21.1	33.1	54.0	97.9	296.6	9
1.9	2.2	3.4	4.8	6.5	10.3	14.3	23.4	37.2	77.5	255.0	10
0.9	1.2	2.1	2.8	5.2	6.9	9.7	16.5	25.4	39.6	78.0	11
0.7	1.1	1.5	2.0	3.4	4.9	7.0	11.8	18.9	29.8	65.7	12
2.2	2.7	4.0	5.4	8.1	12.4	17.7	26.6	51.6	*—— 2 04.0	——*	13
2.1	2.3	3.2	4.1	5.8	8.8	12.6	19.2	34.5	*—— 1 88.8	——*	14
2.2	3.5	6.0	9.5	16.7	22.9	34.9	55.2	79.2	*—— 1 57.8	——*	15
1.3	1.7	3.0	4.9	7.2	10.1	16.4	29.1	46.6	*—— 1 24.5	——*	16
2.7	3.4	5.1	8.4	12.0	19.4	28.1	45.2 *——	—— —	109.9 ——	——*	17
1.6	2.1	3.2	4.9	7.8	12.7	18.9	32.6 *——	—— —	92.3 ——	——*	18
3.8	4.7	6.8	11.1	15.0	26.5	38.0	52.1	79.3	140.1	188.7	19
1.1	1.7	2.8	4.8	7.5	13.4	23.3	38.3	60.3	104.8	187.2	20
*—	1.6 ——*	*——	4.1 ——*	*——	16.3 ——*	*——	——	— 55.1 ——	——	——*	21
*— ♦	1.0 ——*	*——	3.6 ——*	*——	15.7 ——*	*——	——	— 47.4 ——	——	——*	22
2.3	4.8	6.2	13.0	19.0	31.2	*——	——	— 91.9 ——	——	——*	23
4.9	6.6	7.3	10.1	21.4	22.4	*——	——	— 91.0 ——	——	——*	24

20. Death rates specific for age, sex and urban/rural residence: latest available year (continued)

(See notes at end of table.)

	Continent, country or area, year, sex and urban/rural residence Continent, pays ou zone, année, sexe et résidence, urbaine/rurale	All ages Tous âges [1]	Age (in years) -1	1–4	5–9	10–14	15–19	20–24	25–29	30–3
	ASIA—ASIE (Cont.–Suite)									
	Cyprus – Chypre									
	1994 [10]									
1	Male – Masculin	8.1	*——	1.9 ——*	♦ 0.1	♦ 0.2	♦ 1.0	1.5	♦ 1.0	1.
2	Female – Féminin	7.4	*——	1.7 ——*	♦ 0.2	♦ 0.1	♦ 0.3	♦ 0.5	♦ 0.5	♦ 0.
	Hong Kong – Hong-kong									
	1994 [11]									
3	Male – Masculin	5.5	4.1	0.2	♦ 0.1	0.2	0.4	0.6	0.7	0.
4	Female – Féminin	4.3	4.4	0.3	♦ 0.1	♦ 0.1	0.3	0.3	0.3	0.
	Iran (Islamic Republic of – Rép. islamique d')									
	1986									
5	Male – Masculin	5.2	10.8	3.9	1.7	1.4	3.6	4.9	2.8	2.6
6	Female – Féminin	2.4	7.3	1.4	0.5	0.5	0.9	1.2	1.2	1.4
	Iraq									
	1988									
7	Male – Masculin	4.9	*——	5.7 ——*	*——	1.1 ——*	*——	1.5 ——*	*——	——
8	Female – Féminin	3.8	*——	4.4 ——*	*——	0.7 ——*	*——	0.8 ——*	*——	——
	Israel – Israël [12]									
	1993 [2]									
9	Male – Masculin	6.6	8.4	0.5	0.2	0.2	0.6	0.9	0.8	0.9
10	Female – Féminin	6.0	7.3	0.5	0.2	0.1	0.2	0.3	0.3	0.5
	Japan – Japon									
	1994 [13]									
11	Male – Masculin	7.8	4.8	0.4	0.2	0.2	0.5	0.7	0.7	0.8
12	Female – Féminin	6.3	3.8	0.4	0.1	0.1	0.2	0.3	0.3	0.4
	Kazakstan									
	1991 [2 9]									
13	Male – Masculin	8.8	31.6	2.1	0.8	0.8	1.5	2.4	3.1	4.1
14	Female – Féminin	7.3	23.6	1.7	0.5	0.4	0.8	1.1	1.0	1.3
	Korea, Republic of– Corée, Rép. de									
	1994 [14 15]									
15	Male – Masculin	6.1	3.5	0.8	0.5	0.4	1.1	1.3	1.7	2.2
16	Female – Féminin	4.7	2.9	0.7	0.4	0.3	0.5	0.6	0.7	0.8
	Kuwait – Koweït									
	1994									
17	Male – Masculin	2.2	*——	3.4 ——*	♦ 0.3	♦ 0.4	0.9	0.9	0.8	0.7
18	Female – Féminin	2.1	*——	3.3 ——*	0.4	♦ 0.1	♦ 0.3	♦ 0.4	♦ 0.4	0.6
	Kyrgyzstan – Kirghizistan									
	1992 [2 9]									
19	Male – Masculin	7.8	36.5	2.9	0.6	0.7	1.2	1.9	2.9	3.3
20	Female – Féminin	6.7	27.2	2.6	0.4	0.4	0.7	1.0	1.3	1.6
	Macau – Macao									
	1995* [16]									
21	Male – Masculin	3.7	*—— ♦	1.2 ——*	♦ 0.1	♦ 0.2	♦ 0.2	♦ 1.2	♦ 0.6	♦ 0.9
22	Female – Féminin	2.8	*—— ♦	1.4 ——*	♦ 0.1	–	♦ 0.3	♦ 0.5	♦ 0.6	♦ 0.3
	Malaysia – Malaisie									
	1993									
23	Male – Masculin	5.2	12.9	0.9	0.5	0.5	1.2	1.7	1.6	2.1
24	Female – Féminin	4.0	10.2	0.8	0.4	0.4	0.5	0.6	0.7	0.9
	Peninsular Malaysia – Malaisie Péninsulaire									
	1989 [4]									
25	Male – Masculin	5.5	14.3	1.1	0.6	0.6	1.1	1.5	1.6	2.0
26	Female – Féminin	4.3	11.3	1.0	0.4	0.4	0.5	0.6	0.8	1.0

20. Taux de mortalité selon l'âge, le sexe et la résidence, urbaine/rurale: dernière année disponible (suite)

(Voir notes à la fin du tableau.)

Age(en années)											
35–39	40–44	45–49	50–54	55–59	60–64	65–69	70–74	75–79	80–84	85 plus	No.
1.7	*2.3*	*3.1*	*4.5*	*10.2*	*12.1*	*20.2*	*36.1*	*61.8*	*—— *146.9*	——*	*1*
♦ *1.0*	♦ *1.3*	*1.6*	*2.0*	*6.2*	*7.5*	*13.7*	*27.4*	*41.7*	*—— *131.7*	——*	*2*
1.2	1.7	3.0	5.6	8.1	14.8	23.4	38.6	56.4	86.2	114.7	*3*
0.7	1.0	1.5	2.5	4.2	6.9	12.1	21.6	35.0	57.2	98.3	*4*
2.7	*3.8*	*4.8*	*6.8*	*10.1*	*16.4*	*———	———	— *45.6* ———	———	——*	*5*
1.5	*2.1*	*2.5*	*3.4*	*4.9*	*8.7*	*———	———	— *25.6* ———	———	——*	*6*
2.5 ———	——*	*———	———	*11.5* ———	——*	*———	———	— *55.1* ———	———	——*	*7*
1.5 ———	——*	*———	———	*7.6* ———	——*	*———	———	— *45.4* ———	———	——*	*8*
1.2	1.8	2.8	4.8	8.8	15.2	24.3	37.4	60.7	97.3	194.3	*9*
0.7	1.1	1.9	2.8	5.2	9.5	15.3	26.7	48.6	81.9	168.9	*10*
1.1	1.9	2.9	4.8	7.8	13.1	19.5	30.6	54.3	91.3	177.2	*11*
0.6	1.0	1.5	2.3	3.5	5.4	8.5	14.7	28.5	53.8	128.0	*12*
5.0	7.2	10.1	15.5	23.9	33.1	50.3	66.1	93.7	136.5	216.4	*13*
1.7	2.5	3.6	6.1	10.0	14.6	24.8	38.1	59.6	98.3	169.6	*14*
3.1	4.7	6.5	10.5	15.0	21.5	34.8	55.7	91.0	*—— 198.4	——*	*15*
1.1	1.5	2.3	3.8	5.7	9.2	16.0	29.3	54.8	*—— 144.8	——*	*16*
1.1	1.3	2.1	4.5	7.5	17.8	21.2	46.3	54.5	*—— 165.2	——*	*17*
0.7	1.2	1.8	3.9	6.4	17.9	24.7	59.8	53.9	*—— 152.7	——*	*18*
4.4	6.9	9.9	14.1	18.8	29.6	42.5	65.2	87.8	143.5	212.4	*19*
1.9	2.9	4.1	6.6	9.7	15.7	23.2	38.3	58.0	105.3	174.5	*20*
♦ *1.2*	*1.7*	*2.6*	*4.2*	*5.4*	*10.6*	*21.1*	*31.2*	*———	— *66.1* ———	——*	*21*
♦ *0.3*	♦ *0.5*	♦ *1.4*	♦ *1.1*	♦ *2.7*	*6.1*	*7.8*	*14.5*	*———	— *45.4* ———	——*	*22*
2.4	*3.4*	*5.4*	*8.3*	*14.5*	*23.2*	*34.6*	*53.9*	*84.6*	*—— *149.4*	——*	*23*
1.4	*2.0*	*3.4*	*5.2*	*8.5*	*14.7*	*24.2*	*40.1*	*63.2*	*—— *120.5*	——*	*24*
2.4	3.5	5.4	10.0	15.5	25.7	36.7	63.5	86.7	135.8	171.8	*25*
1.5	2.2	3.5	5.9	9.0	15.7	25.9	46.1	69.8	115.6	139.6	*26*

20. Death rates specific for age, sex and urban/rural residence: latest available year (continued)

(See notes at end of table.)

	Continent, country or area, year, sex and urban/rural residence Continent, pays ou zone, année, sexe et résidence, urbaine/rurale	All ages Tous âges [1]	Age (in years) -1	1–4	5–9	10–14	15–19	20–24	25–29	30–34
	ASIA—ASIE (Cont.–Suite)									
	Malaysia – Malaisie									
	Sabah									
	1986									
1	Male – Masculin	4.8	*——	6.8 ——*	0.8	0.5	1.2	2.2	2.4	2.1
2	Female – Féminin	3.2	*——	5.5 ——*	0.7	0.5	0.7	1.0	0.9	1.6
	Sarawak									
	1986									
3	Male – Masculin	4.1	*——	3.2 ——*	0.4	0.4	0.6	1.0	1.3	1.6
4	Female – Féminin	2.7	*——	2.5 ——*	♦ 0.3	♦ 0.2	0.4	0.5	0.6	0.9
	Maldives									
	1990 [2]									
5	Male – Masculin	6.6	36.1	3.8	♦ 1.0	♦ 1.0	♦ 1.3	♦ 1.0	♦ 0.9	♦ 2.4
6	Female – Féminin	6.1	35.0	4.3	♦ 0.9	♦ 1.0	♦ 1.0	♦ 1.6	♦ 2.1	♦ 2.8
	Philippines									
	1991+									
7	Male – Masculin	5.6	22.3	2.8	1.1	0.7	1.2	2.3	2.9	3.5
8	Female – Féminin	3.8	16.6	2.5	0.8	0.6	0.7	0.9	1.2	1.4
	Singapore – Singapour									
	1995*+ [17]									
9	Male – Masculin	5.9	*——	1.2 ——*	♦ 0.2	0.3	0.7	1.1	1.2	1.4
10	Female – Féminin	4.5	*——	0.9 ——*	♦ 0.2	♦ 0.2	♦ 0.3	0.5	0.4	0.6
	Sri Lanka									
	1989+									
11	Male – Masculin	8.0	*——	4.4 ——*	0.7	0.7	2.0	4.6	5.1	4.8
12	Female – Féminin	4.5	*——	3.8 ——*	0.7	0.5	1.0	1.5	1.5	1.4
	Tajikistan – Tadjikistan									
	1991 [2 9]									
13	Male – Masculin	6.5	45.5	5.1	0.7	0.6	0.8	1.1	1.4	2.0
14	Female – Féminin	5.6	36.4	4.8	0.5	0.3	0.5	1.1	1.2	1.4
	Thailand – Thaïlande									
	1992+ [2]									
15	Male – Masculin	5.6	*——	2.2 ——*	0.6	0.5	1.8	2.6	2.8	3.3
16	Female – Féminin	3.9	*——	1.7 ——*	0.4	0.4	0.6	0.7	0.8	1.1
	EUROPE									
	Andorra – Andorre									
	1994									
17	Male – Masculin	3.1	*—— ♦	0.6 ——*	–	–	♦ 0.5	–	♦ 1.7	♦ 0.8
18	Female – Féminin	2.6	*—— ♦	0.6 ——*	–	♦ 0.6	♦ 0.5	♦ 0.4	♦ 1.5	–
	Austria – Autriche									
	1994 [2]									
19	Male – Masculin	9.6	6.8	0.4	0.2	0.2	1.0	1.4	1.2	1.3
20	Female – Féminin	10.5	5.5	0.3	♦ 0.1	♦ 0.1	0.4	0.4	0.4	0.6
	Belarus – Bélarus									
	1993 [2 9]									
21	Male – Masculin	13.4	14.1	0.9	0.4	0.4	1.2	2.5	3.1	4.2
22	Female – Féminin	11.7	10.2	0.6	0.2	0.3	0.5	0.6	0.8	1.0
	Bulgaria – Bulgarie									
	1993 [2]									
23	Male – Masculin	14.7	18.1	1.0	0.5	0.4	1.0	1.4	1.5	2.3
24	Female – Féminin	11.3	13.3	0.8	0.3	0.3	0.4	0.5	0.7	0.9
	Croatia – Croatie									
	1991 [2]									
25	Male – Masculin	12.7	11.2	0.4	0.4	0.4	1.7	5.0	4.7	4.9
26	Female – Féminin	10.3	9.9	0.3	♦ 0.2	0.2	0.4	0.5	0.6	0.7

20. Taux de mortalité selon l'âge, le sexe et la résidence, urbaine/rurale: dernière année disponible (suite)

(Voir notes à la fin du tableau.)

Age(en années)											
35–39	40–44	45–49	50–54	55–59	60–64	65–69	70–74	75–79	80–84	85 plus	
3.0	5.2	5.7	10.4	14.6	22.7	24.1	53.9	60.6	*——— 1 07.7 ———*		1
1.9	3.0	3.9	6.5	8.6	15.3	14.4	32.7	39.5	*——— 78.0 ———*		2
2.2	2.7	4.4	7.6	12.3	18.3	27.5	45.3	59.6	*——— 85.2 ———*		3
1.1	2.2	2.7	4.5	7.4	11.2	17.4	25.9	36.1	*——— 52.2 ———*		4
♦ 3.9	♦ 4.8	♦ 5.9	♦ 8.2	15.7	21.4	39.7	55.4	98.5	♦ 70.2	119.6	5
♦ 4.3	♦ 5.3	♦ 5.6	11.3	♦ 13.0	20.3	47.0	62.6	121.1	♦ 84.2	♦ 74.8	6
4.1	5.3	7.3	10.0	14.2	20.4	28.6	42.2	65.4	123.4	313.2	7
1.9	2.5	3.4	5.1	6.9	10.8	16.3	27.4	48.5	105.0	305.4	8
1.8	2.2	4.0	6.4	11.5	19.1	31.2	47.4	72.0	*——— 1 11.7 ———*		9
0.9	1.3	2.1	3.8	6.7	10.4	17.4	31.2	47.9	*——— 90.2 ———*		10
7.1	7.7	10.4	12.1	18.8	24.3	38.0	52.0	75.2	*——— 1 57.1 ———*		11
2.2	2.6	3.7	5.2	8.3	13.0	23.7	40.8	59.7	*——— 1 47.5 ———*		12
2.9	4.1	6.4	9.3	14.8	22.4	32.2	47.6	77.8	98.1	134.3	13
2.0	2.6	4.2	5.9	9.5	15.0	20.3	32.9	48.5	72.6	120.9	14
4.1	5.0	6.6	10.2	14.1	21.2	29.2	45.8	*————— — 116.8 —————*			15
1.5	2.5	3.7	5.8	8.0	12.7	18.8	31.2	*————— — 97.2 —————*			16
♦ 1.5	♦ 0.4	♦ 1.7	♦ 3.3	♦ 4.9	♦ 6.5	♦ 10.2	♦ 6.6	♦ 28.3	♦ 23.6	♦ 60.8	17
♦ 0.4	♦ 1.4	♦ 1.0	♦ 1.3	♦ 4.0	♦ 2.5	♦ 6.4	♦ 8.8	♦ 20.8	♦ 23.0	♦ 52.3	18
1.8	2.8	4.3	6.7	10.3	17.9	26.3	42.6	66.4	104.9	202.9	19
0.8	1.4	2.5	3.1	4.8	7.6	12.9	22.3	41.3	76.3	171.8	20
5.8	8.5	13.1	19.3	25.5	35.2	46.7	67.2	99.5	147.0	246.9	21
1.5	2.6	4.2	6.1	9.1	13.5	22.0	38.2	65.4	104.5	205.9	22
3.5	5.5	8.3	12.4	19.3	25.2	38.7	55.2	94.7	*——— 1 79.2 ———*		23
1.2	1.8	2.7	4.6	7.2	12.1	20.6	34.8	69.1	*——— 1 57.6 ———*		24
4.8	5.4	8.6	12.3	18.5	27.2	39.1	58.0	90.0	*——— 1 72.3 ———*		25
1.2	2.0	3.5	4.4	7.0	11.3	19.0	35.1	60.8	*——— 1 41.6 ———*		26

(See notes at end of table.)

	Continent, country or area, year, sex and urban/rural residence Continent, pays ou zone, année, sexe et résidence, urbaine/rurale	All ages Tous âges [1]	Age (in years) -1	1–4	5–9	10–14	15–19	20–24	25–29	30–34
	EUROPE (Cont.–Suite)									
	Czech Republic – Rép. tchèque									
	1994 [2]									
1	Male – Masculin	11.7	8.9	0.5	0.3	0.3	0.8	1.2	1.3	1.5
2	Female – Féminin	11.1	7.0	0.4	0.2	0.2	0.3	0.4	0.4	0.6
	Denmark – Danemark [18]									
	1993									
3	Male – Masculin	12.2	6.0	0.3	♦ 0.2	0.2	0.7	0.8	1.0	1.5
4	Female – Féminin	12.0	4.8	0.4	♦ 0.1	♦ 0.2	0.3	0.3	0.4	0.5
	Estonia – Estonie									
	1993 [2 9]									
5	Male – Masculin	15.1	16.5	0.8	♦ 0.5	0.6	1.7	3.1	3.5	5.0
6	Female – Féminin	13.1	12.8	0.8	♦ 0.4	♦ 0.3	♦ 0.6	0.7	0.8	1.0
	Finland – Finlande									
	1994 [2 19]									
7	Male – Masculin	9.5	5.1	♦ 0.2	♦ 0.1	0.2	0.9	1.2	1.3	1.4
8	Female – Féminin	9.4	4.4	♦ 0.2	♦ 0.1	♦ 0.1	0.3	0.4	0.5	0.5
	France									
	1991 [2 20 21]									
9	Male – Masculin	9.9	8.4	0.4	0.2	0.2	0.8	1.5	1.7	2.0
10	Female – Féminin	8.7	6.1	0.4	0.2	0.2	0.3	0.5	0.6	0.7
	Germany – Allemagne									
	1994									
11	Male – Masculin	10.3	6.1	0.4	0.2	0.2	0.8	1.0	1.0	1.4
12	Female – Féminin	11.4	4.9	0.3	0.1	0.1	0.3	0.3	0.4	0.6
	Greece – Grèce									
	1994 [2]									
13	Male – Masculin	10.0	8.3	0.3	0.2	0.2	0.8	1.2	1.3	1.3
14	Female – Féminin	8.8	7.8	0.3	0.1	0.1	0.3	0.4	0.3	0.5
	Hungary – Hongrie									
	1994 [2]									
15	Male – Masculin	16.0	12.9	0.5	0.2	0.3	0.8	1.2	1.6	3.1
16	Female – Féminin	12.8	10.3	0.4	0.2	0.1	0.3	0.5	0.5	1.1
	Iceland – Islande									
	1993									
17	Male – Masculin	6.6	*—— ♦	1.9 ——*	–	♦ 0.2	♦ 0.8	♦ 0.5	♦ 0.6	♦ 0.8
18	Female – Féminin	6.7	*—— ♦	0.9 ——*	–	–	♦ 0.3	♦ 0.3	♦ 0.3	♦ 0.2
	Ireland – Irlande									
	1994+ [2 22]									
19	Male – Masculin	9.1	6.4	0.4	0.2	0.2	0.7	1.1	0.9	1.2
20	Female – Féminin	8.1	5.3	♦ 0.1	♦ 0.1	♦ 0.1	0.2	0.3	0.4	0.4
	Italy – Italie									
	1991									
21	Male – Masculin	10.2	8.7	0.3	0.2	0.2	0.8	1.2	1.4	1.5
22	Female – Féminin	9.0	7.1	0.3	0.1	0.1	0.3	0.3	0.4	0.6
	Latvia – Lettonie									
	1994 [2 9]									
23	Male – Masculin	18.8	15.9	1.0	0.7	0.6	1.6	3.5	4.6	6.6
24	Female – Féminin	14.3	14.4	0.6	0.4	0.4	0.5	0.8	1.1	1.4
	Lithuania – Lituanie									
	1993 [2 9]									
25	Male – Masculin	14.0	17.1	0.8	0.5	0.5	1.6	2.9	3.2	4.6
26	Female – Féminin	10.8	13.1	0.6	0.3	♦ 0.2	0.5	0.6	0.7	1.0

20. Taux de mortalité selon l'âge, le sexe et la résidence, urbaine/rurale: dernière année disponible (suite)

(Voir notes à la fin du tableau.)

Age(en années)											
35–39	40–44	45–49	50–54	55–59	60–64	65–69	70–74	75–79	80–84	85 plus	
2.3	3.8	6.5	10.2	16.5	26.3	39.5	61.0	92.9	139.8	226.5	1
0.9	1.6	2.6	4.0	6.6	11.7	19.7	33.4	61.5	107.4	201.2	2
2.2	2.9	4.3	6.6	11.4	19.1	31.7	49.6	78.9	119.7	221.0	3
1.2	1.9	2.8	4.8	7.6	12.6	18.8	29.3	46.5	78.2	173.2	4
6.1	8.8	13.8	19.6	27.4	38.7	51.6	66.6	97.0	152.3	247.1	5
1.7	2.9	4.2	6.1	9.1	14.4	21.8	37.1	60.0	108.0	221.3	6
2.4	3.7	5.0	6.9	10.6	18.2	27.6	46.4	72.0	117.0	196.1	7
0.9	1.3	2.0	3.2	4.0	7.1	11.8	22.4	41.4	78.0	170.4	8
2.4	3.4	5.3	7.0	11.0	17.2	24.4	41.8	55.2	103.0	204.4	9
0.9	1.4	2.2	2.9	4.2	6.4	9.6	18.4	27.9	58.9	160.5	10
2.0	3.0	4.4	7.1	11.1	18.5	28.2	45.3	70.6	115.4	204.8	11
0.9	1.5	2.3	3.4	5.0	8.3	13.6	24.2	42.6	77.3	168.3	12
1.5	2.1	3.5	4.9	8.6	13.7	22.6	35.5	61.3	99.0	169.3	13
0.6	1.0	1.6	2.4	3.8	6.2	11.1	21.5	44.2	84.8	176.0	14
5.8	9.1	13.1	18.8	26.2	34.9	48.2	68.1	93.4	144.7	239.2	15
2.2	3.3	4.7	6.8	9.6	14.7	22.3	38.0	62.0	106.8	203.4	16
♦ 1.0	♦ 2.0	♦ 2.6	♦ 3.7	7.2	11.8	18.7	33.2	60.6	90.1	164.7	17
♦ 0.4	♦ 1.4	♦ 2.2	♦ 4.6	♦ 3.7	7.2	11.4	20.9	41.6	76.0	158.4	18
1.2	1.9	3.0	5.6	9.6	19.0	31.5	51.0	83.6	128.4	216.4	19
0.7	1.2	2.2	3.8	6.1	9.6	17.2	28.2	48.7	86.8	185.1	20
1.6	2.1	3.5	5.7	10.1	16.8	26.9	42.3	66.8	114.6	203.5	21
0.7	1.1	1.9	2.8	4.4	7.1	11.9	21.3	38.1	75.2	168.7	22
9.5	14.2	20.3	26.6	34.7	45.5	57.9	77.1	103.8	153.9	273.5	23
2.3	3.8	6.3	8.2	11.7	16.1	23.1	38.4	59.9	104.5	227.7	24
7.1	10.1	14.6	18.8	24.7	33.4	46.0	67.4	80.8	115.8	230.1	25
1.9	2.6	4.5	6.2	8.6	12.3	19.3	35.3	49.5	97.6	197.7	26

20. Death rates specific for age, sex and urban/rural residence: latest available year (continued)

(See notes at end of table.)

	Continent, country or area, year, sex and urban/rural residence Continent, pays ou zone, année, sexe et résidence, urbaine/rurale	Age (in years) All ages Tous âges [1]	-1	1–4	5–9	10–14	15–19	20–24	25–29	30–3
	EUROPE (Cont.–Suite)									
	Luxembourg									
	1994									
1	Male – Masculin	9.6	♦ 4.6	♦ 0.5	♦ 0.2	♦ 0.1	♦ 0.8	♦ 1.3	♦ 1.8	♦ 1.4
2	Female – Féminin	9.3	♦ 6.1	♦ 0.2	♦ 0.1	♦ 0.2	♦ 0.6	♦ 0.5	♦ 0.4	♦ 0.8
	Malta – Malte									
	1994 [23]									
3	Male – Masculin	7.5	*——♦	2.2 ——*	♦ 0.1	♦ 0.1	♦ 0.4	♦ 1.0	♦ 1.3	♦ 0.5
4	Female – Féminin	7.1	*——♦	1.8 ——*	♦ 0.1	♦ 0.1	♦ 0.1	♦ 0.1	♦ 0.1	♦ 0.1
	Netherlands – Pays-Bas									
	1994 [2 24]									
5	Male – Masculin	8.8	6.4	0.4	0.2	0.2	0.5	0.7	0.7	0.9
6	Female – Féminin	8.5	4.9	0.3	0.1	0.2	0.3	0.3	0.4	0.5
	Norway – Norvège									
	1992 [25]									
7	Male – Masculin	10.9	6.2	0.4	♦ 0.2	0.3	0.8	1.1	1.0	1.2
8	Female – Féminin	10.0	5.2	0.3	♦ 0.2	♦ 0.1	0.2	0.3	0.4	0.5
	Poland – Pologne									
	1994 [2]									
9	Male – Masculin	10.9	16.3	0.5	0.3	0.3	1.0	1.4	1.6	2.3
10	Female – Féminin	9.2	13.7	0.5	0.2	0.2	0.4	0.4	0.4	0.7
	Portugal									
	1993 [2]									
11	Male – Masculin	11.7	10.0	0.8	0.4	0.4	1.3	1.9	2.1	2.4
12	Female – Féminin	9.8	7.5	0.6	0.3	0.3	0.4	0.5	0.7	0.8
	Republic of Moldova – République de Moldova									
	1992 [2 9]									
13	Male – Masculin	11.0	21.0	1.6	0.8	0.6	1.6	3.4	4.0	4.5
14	Female – Féminin	9.5	15.8	0.9	0.5	0.4	0.6	0.8	0.9	1.0
	Romania – Roumanie									
	1994 [2]									
15	Male – Masculin	13.0	25.9	1.5	0.8	0.6	0.9	1.4	1.6	2.7
16	Female – Féminin	10.4	21.4	1.1	0.6	0.3	0.4	0.6	0.6	1.0
	Russian Federation – Fédération Russie									
	1994 [2 9]									
17	Male – Masculin	17.7	21.3	1.2	0.6	0.6	2.1	4.0	5.4	7.6
18	Female – Féminin	13.7	15.7	0.9	0.4	0.3	0.8	1.0	1.3	1.8
	Slovakia – Slovaquie									
	1991									
19	Male – Masculin	11.6	14.4	0.6	0.3	0.4	0.8	1.3	1.5	2.1
20	Female – Féminin	9.1	12.5	0.5	0.3	0.2	0.4	0.4	0.4	0.8
	Slovenia – Slovénie									
	1994 [2]									
21	Male – Masculin	10.2	6.1	♦ 0.5	♦ 0.3	♦ 0.2	1.3	1.5	1.8	1.9
22	Female – Féminin	9.3	6.8	♦ 0.3	♦ 0.3	♦ 0.1	♦ 0.4	0.5	0.5	0.7
	Spain – Espagne									
	1991									
23	Male – Masculin	9.4	8.2	0.4	0.2	0.3	0.9	1.6	2.0	2.1
24	Female – Féminin	8.0	6.6	0.4	0.2	0.2	0.3	0.5	0.6	0.6
	Sweden – Suède									
	1994									
25	Male – Masculin	10.7	4.9	0.3	0.1	0.1	0.4	0.7	0.8	1.0
26	Female – Féminin	10.1	4.0	0.2	♦ 0.1	♦ 0.1	0.2	0.2	0.4	0.4

20. Taux de mortalité selon l'âge, le sexe et la résidence, urbaine/rurale: dernière année disponible (suite)

oir notes à la fin du tableau.)

Age(en années)											
35–39	40–44	45–49	50–54	55–59	60–64	65–69	70–74	75–79	80–84	85 plus	
2.2	3.2	3.3	7.2	11.0	14.4	26.9	47.7	73.0	108.6	207.4	1
♦ 0.7	♦ 1.4	♦ 2.1	3.3	5.4	7.7	12.7	21.9	42.2	76.4	154.8	2
♦ 1.3	♦ 1.4	2.2	4.1	8.0	15.9	26.0	40.3	77.7	104.9	206.5	3
♦ 0.6	♦ 1.6	♦ 1.1	♦ 2.3	5.1	8.2	17.6	26.7	50.8	72.5	193.4	4
1.2	1.9	3.0	4.9	8.8	15.9	26.4	43.7	72.3	115.1	211.7	5
0.9	1.4	2.1	3.3	5.0	8.1	12.5	21.1	38.0	68.6	163.5	6
1.3	2.0	3.5	5.4	9.8	15.9	25.1	42.6	70.4	113.2	207.9	7
0.7	1.1	2.0	3.0	5.1	7.8	12.4	21.2	38.9	70.9	161.8	8
3.6	5.6	8.4	13.1	19.4	28.4	41.2	60.1	89.1	136.7	226.5	9
1.2	2.0	3.2	4.6	7.1	11.5	19.0	32.9	57.2	100.2	201.0	10
2.8	3.6	4.9	7.8	12.4	19.1	29.7	44.3	81.7	134.3	266.6	11
1.1	1.7	2.4	3.7	5.4	8.1	13.8	24.2	51.2	93.4	219.3	12
5.4	7.0	10.4	14.4	20.7	31.8	42.4	66.7	99.3	149.7	301.8	13
1.8	3.0	5.4	7.7	11.9	18.5	26.8	46.3	76.2	120.7	244.6	14
4.5	6.9	9.7	14.9	20.8	28.7	40.0	58.1	91.6	141.2	232.4	15
1.6	2.6	4.0	6.0	8.6	13.4	21.8	38.8	70.4	118.0	219.1	16
10.6	15.1	20.7	28.9	36.0	49.5	62.3	80.2	114.7	160.1	236.6	17
2.6	4.1	6.1	8.9	12.2	18.2	26.9	42.5	71.7	117.6	215.2	18
3.3	6.0	9.9	14.1	21.3	33.1	44.9	65.7	95.5	146.0	245.5	19
1.1	2.0	3.4	5.3	8.0	12.8	21.6	37.7	61.7	108.5	203.3	20
2.8	4.2	6.4	10.3	14.7	25.0	35.8	52.6	82.8	128.9	214.1	21
1.0	1.8	2.7	4.1	6.3	9.5	16.1	26.4	55.9	91.9	187.5	22
2.2	2.8	4.2	6.3	10.0	15.5	24.6	39.7	62.8	107.2	199.1	23
0.8	1.2	1.8	2.7	3.9	6.3	10.4	19.4	37.1	74.5	169.3	24
1.5	2.1	2.9	4.4	7.6	13.0	21.6	35.8	60.7	100.6	185.6	25
0.8	1.1	2.0	2.9	4.4	7.2	11.1	19.0	33.5	64.6	147.8	26

20. Death rates specific for age, sex and urban/rural residence: latest available year (continued)

(See notes at end of table.)

	Continent, country or area, year, sex and urban/rural residence Continent, pays ou zone, année, sexe et résidence, urbaine/rurale	All ages Tous âges [1]	Age (in years) –1	1–4	5–9	10–14	15–19	20–24	25–29	30–34
	EUROPE (Cont.–Suite)									
	Switzerland – Suisse 1994 [2]									
1	Male – Masculin	9.1	11.6	0.4	0.2	0.3	0.6	1.6	1.6	1.6
2	Female – Féminin	8.6	9.0	0.3	♦ 0.1	0.2	0.3	0.5	0.6	0.7
	The former Yugoslav Rep. of Macedonia – L'ex Rép. yougosl. de Macédoine 1992									
3	Male – Masculin	8.6	69.0	0.9	♦ 0.3	♦ 0.3	0.9	0.8	1.0	1.2
4	Female – Féminin	7.0	59.5	0.9	♦ 0.3	♦ 0.2	♦ 0.3	0.4	0.5	0.5
	Ukraine 1993 [2 9]									
5	Male – Masculin	14.8	16.6	1.1	0.6	0.6	1.4	2.4	3.1	4.4
6	Female – Féminin	13.8	11.7	0.9	0.4	0.3	0.6	0.7	0.9	1.1
	United Kingdom–Royaume–Uni 1994									
7	Male – Masculin	10.6	6.8	0.3	0.2	0.2	0.5	0.8	0.8	1.0
8	Female – Féminin	10.9	5.4	0.3	0.1	0.1	0.2	0.3	0.4	0.5
	Former Yugoslavia – Ancienne Yougoslavie 1990									
9	Male – Masculin	9.6	20.9	0.7	0.4	0.3	0.7	1.1	1.3	1.6
10	Female – Féminin	8.2	18.2	0.6	0.3	0.2	0.3	0.4	0.5	0.7
	OCEANIA—OCEANIE									
	Australia – Australie 1994+									
11	Male – Masculin	7.6	6.5	0.4	0.2	0.2	0.8	1.1	1.2	1.3
12	Female – Féminin	6.6	5.1	0.3	0.1	0.2	0.3	0.4	0.4	0.5
	Fiji – Fidji 1987+									
13	Male – Masculin	5.2	10.6	1.1	♦ 0.5	♦ 0.5	♦ 0.8	1.7	2.0	2.1
14	Female – Féminin	3.6	9.1	0.8	♦ 0.5	♦ 0.4	♦ 0.7	1.0	1.6	♦ 1.1
	Marshall Islands – Iles Marshall 1989									
15	Male – Masculin	*4.5*	*——— ♦	*4.7* ———*	*♦ 0.5*	*♦ 0.3*	*♦ 0.4*	*♦ 2.3*	*♦ 3.3*	*♦ 1.5*
16	Female – Féminin	*2.3*	*——— ♦	*3.8* ———*	*♦ 0.3*	*♦ 0.3*	*♦ 0.4*	*♦ 1.1*	–	*♦ 4.6*
	New Caledonia – Nouvelle-Calédonie 1994									
17	Male – Masculin	6.6	♦ 10.4	♦ 1.3	♦ 1.1	♦ 0.2	♦ 1.8	3.4	♦ 1.4	♦ 3.3
18	Female – Féminin	4.9	♦ 9.2	♦ 1.4	♦ 0.4	♦ 0.2	♦ 0.3	♦ 1.0	♦ 0.7	♦ 0.6
	New Zealand – Nouvelle-Zélande 1992+ [2]									
19	Male – Masculin	8.6	8.4	0.5	0.3	0.4	1.3	1.8	1.6	1.4
20	Female – Féminin	7.3	6.1	0.4	0.3	♦ 0.2	0.5	0.6	0.5	0.6
	Northern Mariana Islands – Iles Mariannes du Nord 1989									
21	Male – Masculin	*6.5*	*♦ 3.8*	*♦ 0.5*	*♦ 0.5*	*♦ 0.7*	*♦ 4.7*	*♦ 4.4*	*♦ 6.2*	*♦ 5.1*
22	Female – Féminin	*3.2*	–	–	*♦ 0.5*	–	*♦ 0.8*	*♦ 0.9*	–	*♦ 2.3*

20. Taux de mortalité selon l'âge, le sexe et la résidence, urbaine/rurale: dernière année disponible (suite)

(Voir notes à la fin du tableau.)

Age(en années)											
35–39	40–44	45–49	50–54	55–59	60–64	65–69	70–74	75–79	80–84	85 plus	
1.7	2.3	3.3	4.8	7.5	12.3	21.7	34.7	56.7	93.4	169.3	1
0.7	1.2	1.7	2.6	4.1	6.2	10.4	16.2	30.5	57.3	134.8	2
1.6	2.9	4.9	7.5	12.6	21.2	33.4	52.7	86.6	141.5	233.7	3
1.1	1.5	2.6	4.0	7.1	11.6	20.5	35.9	71.4	123.2	210.6	4
6.2	9.0	13.1	17.7	26.2	34.2	51.4	71.3	100.8	153.4	252.5	5
1.7	2.8	4.4	6.0	10.2	14.2	24.8	42.3	69.3	118.1	231.1	6
1.3	2.0	3.0	5.4	9.4	16.5	28.4	46.0	73.9	113.9	190.4	7
0.8	1.4	2.1	3.5	5.5	9.7	16.4	26.8	44.0	73.3	148.4	8
2.4	3.5	6.0	9.8	16.1	24.1	35.3	52.5	85.8	131.9	191.7	9
1.1	1.7	2.8	4.4	6.9	11.7	19.9	34.3	61.4	108.2	180.7	10
1.6	2.0	2.8	4.6	8.0	14.1	23.7	38.3	63.9	102.2	183.9	11
0.8	1.1	1.8	2.8	4.6	7.4	12.3	20.5	36.2	66.1	148.7	12
3.5	5.4	10.2	14.7	21.0	25.2	37.6	56.7 *———	—	84.5 ———	———*	13
1.7	2.2	7.1	9.2	12.2	19.0	24.8	37.2 *———	—	72.2 ———	———*	14
♦ 3.5	♦ 4.6	♦ 10.2	♦ 21.7	♦ 14.4	♦ 25.4	♦ 30.8	♦ 56.8 *———	—	♦ 65.5 ———	———*	15
–	♦ 1.3	♦ 4.0	♦ 2.8	♦ 21.7	♦ 6.4	♦ 11.0	♦ 5.2 *———	—	♦ 20.4 ———	———*	16
♦ 3.6	♦ 4.2	6.0	8.1	14.1	25.8	36.5	*———	61.2 ———*	*———	1 18.7 ———*	17
♦ 2.0	♦ 3.1	♦ 3.3	♦ 7.6	10.1	18.1	16.2	*———	45.5 ———*	*———	1 01.9 ———*	18
1.8	2.1	3.4	6.2	10.8	17.1	28.6	43.4	69.1	113.8	197.5	19
1.0	1.4	2.6	4.0	6.3	9.7	15.0	24.6	41.5	71.2	150.8	20
♦ 6.3	♦ 3.8	♦ 11.3	♦ 13.5	♦ 23.4	♦ 27.5	♦ 46.7	♦ 62.5	♦ 222.2	♦ 500.0	♦ 500.0	21
♦ 1.4	♦ 2.1	–	♦ 3.6	♦ 37.6	♦ 24.8	♦ 22.7	♦ 37.0	♦ 147.1	♦ 76.9	♦ 461.5	22

20. Death rates specific for age, sex and urban/rural residence: latest available year (continued)

Data by urban/rural residence

(See notes at end of table.)

	Continent, country or area, year, sex and urban/rural residence — Continent, pays ou zone, année, sexe et résidence, urbaine/rurale	All ages Tous âges [1]	Age (in years) −1	1–4	5–9	10–14	15–19	20–24	25–29	30–34
	AFRICA—AFRIQUE									
	Central African Republic – Rép. centrafricaine									
	Urban – Urbaine									
	1988									
1	Male – Masculin	11.2	66.8	13.2	3.2	2.6	2.8	4.5	6.3	7.8
2	Female – Féminin	9.6	53.6	12.4	2.9	2.5	3.8	5.3	6.1	6.9
	Rural – Rurale									
	1988									
3	Male – Masculin	12.1	87.8	15.9	3.8	2.9	3.5	3.5	4.8	5.4
4	Female – Féminin	10.1	71.6	13.0	3.0	2.5	3.5	4.0	5.1	6.3
	Egypt – Egypte									
	Urban – Urbaine									
	1991									
5	Male – Masculin	7.3	*——	8.2 ——*	1.1	1.0	1.3	1.6	2.0	2.6
6	Female – Féminin	6.1	*——	7.7 ——*	0.8	0.7	1.0	1.2	1.5	1.8
	Rural – Rurale									
	1991									
7	Male – Masculin	7.4	*——	12.1 ——*	1.4	1.0	1.0	1.1	1.5	2.1
8	Female – Féminin	7.6	*——	13.7 ——*	1.2	0.9	0.9	1.1	1.4	1.4
	Mali									
	Urban – Urbaine									
	1987 [3]									
9	Male – Masculin	8.8	*——	26.4 ——*	3.2	1.9	2.0	2.7	2.3	3.0
10	Female – Féminin	7.4	*——	22.9 ——*	2.9	1.2	1.9	2.5	2.5	2.9
	Rural – Rurale									
	1987 [3]									
11	Male – Masculin	14.9	*——	45.5 ——*	5.0	2.6	3.5	4.9	5.3	5.5
12	Female – Féminin	12.6	*——	39.1 ——*	4.2	2.4	4.0	4.6	5.1	5.7
	AMERICA,NORTH— AMERIQUE DU NORD									
	Cuba									
	Urban – Urbaine									
	1992									
13	Male – Masculin	8.3	11.1	0.6	0.4	0.6	1.1	1.5	1.7	1.9
14	Female – Féminin	6.9	8.3	0.5	0.2	0.3	0.7	0.8	0.9	1.0
	Rural – Rurale									
	1992									
15	Male – Masculin	5.9	11.6	1.0	0.4	0.4	1.0	1.3	1.4	1.9
16	Female – Féminin	4.3	8.0	0.6	♦ 0.2	0.3	0.8	1.0	1.0	1.1
	El Salvador									
	Urban – Urbaine									
	1992									
17	Male – Masculin	7.9	31.3	1.2	0.6	0.7	2.0	3.9	4.8	6.1
18	Female – Féminin	4.9	25.8	1.2	0.5	0.5	0.8	0.8	1.2	1.5
	Rural – Rurale									
	1992									
19	Male – Masculin	5.6	25.4	1.5	0.6	0.7	2.0	3.1	4.4	4.7
20	Female – Féminin	3.5	19.3	1.4	0.4	0.5	0.8	1.0	0.9	1.6
	Panama									
	Urban – Urbaine									
	1993									
21	Male – Masculin	5.3	19.9	0.8	♦ 0.4	0.5	1.1	1.8	2.0	2.5
22	Female – Féminin	3.7	18.4	0.7	♦ 0.3	♦ 0.3	♦ 0.4	0.5	0.6	0.9
	Rural – Rurale									
	1993									
23	Male – Masculin	4.4	19.2	1.9	0.4	0.5	1.1	2.1	2.0	2.1
24	Female – Féminin	3.2	15.5	1.7	0.5	♦ 0.3	0.6	0.9	1.0	1.1

20. Taux de mortalité selon l'âge, le sexe et la résidence, urbaine/rurale: dernière année disponible (suite)

Données selon la résidence urbaine/rurale

(Voir notes à la fin du tableau.)

Age(en années)											
35–39	40–44	45–49	50–54	55–59	60–64	65–69	70–74	75–79	80–84	85 plus	
9.8	10.9	19.2	24.2	23.0	35.8	39.7	65.3 *———	—	85.4 ———	———*	1
8.0	10.5	13.5	14.3	14.8	27.8	26.9	56.0 *———	—	73.9 ———	———*	2
7.2	9.4	14.3	17.1	17.8	25.3	29.1	51.6 *———	—	74.0 ———	———*	3
7.7	9.5	10.2	11.8	12.8	21.9	25.6	43.5 *———	—	58.9 ———	———*	4
4.1	4.9	7.6	13.5	20.5	34.3	46.2	62.6 *———	—	129.1 ———	———*	5
2.6	3.0	4.6	8.0	11.2	22.6	31.2	54.3 *———	—	166.1 ———	———*	6
3.0	3.8	6.0	11.4	16.1	29.2	43.1	62.9 *———	—	145.2 ———	———*	7
2.3	2.2	4.1	7.1	9.3	19.8	33.9	66.9 *———	—	227.1 ———	———*	8
3.4	4.8	5.7	8.9	11.8	18.5	21.2	40.7	47.9 *———	80.0 ———*		9
3.5	3.9	4.7	6.5	7.2	11.8	18.3	23.3	37.6 *———	65.9 ———*		10
5.3	6.8	7.1	10.0	11.4	19.8	21.5	35.8	47.0 *———	69.6 ———*		11
5.9	6.4	5.7	8.3	8.5	14.6	17.4	30.4	35.0 *———	65.8 ———*		12
2.5	3.2	4.9	7.0	11.7	16.9 *———	———	—	62.1 ———	———	———*	13
1.7	2.3	3.5	4.9	7.3	12.2 *———	———	—	50.3 ———	———	———*	14
2.3	2.8	3.6	4.9	7.1	11.3 *———	———	—	43.1 ———	———	———*	15
1.4	2.1	2.9	4.0	7.3	9.5 *———	———	—	38.3 ———	———	———*	16
6.9	8.5	9.5	13.5	18.4	21.4	31.7	41.1	59.9	93.8	132.7	17
1.8	2.7	4.1	5.1	8.7	12.3	17.7	28.1	44.7	65.6	114.6	18
5.9	6.2	8.0	9.0	10.6	14.4	22.9	28.1	47.1	59.5	103.1	19
1.9	2.8	3.3	4.6	6.8	9.8	14.7	26.0	35.6	52.6	95.3	20
2.4	3.0	4.4	5.9	11.6	15.4	23.9	44.7	61.5 *———	1 38.0 ———*		21
1.1	1.8	2.5	3.6	4.6	8.4	13.8	20.7	40.7 *———	1 26.8 ———*		22
2.0	2.0	3.8	4.1	8.3	9.8	15.5	27.8	44.6 *———	1 20.8 ———*		23
1.0	1.5	2.5	3.5	5.0	6.7	12.4	21.4	35.6 *———	92.7 ———*		24

20. Death rates specific for age, sex and urban/rural residence: latest available year (continued)

Data by urban/rural residence

(See notes at end of table.)

	Continent, country or area, year, sex and urban/rural residence Continent, pays ou zone, année, sexe et résidence, urbaine/rurale	All ages Tous âges [1]	Age (in years) -1	1-4	5-9	10-14	15-19	20-24	25-29	30-34
	AMERICA,SOUTH— (Cont.-Suite) AMERIQUE DU SUD									
	Chile – Chili									
	Urban – Urbaine									
	1992									
1	Male – Masculin	6.0	*——	3.7 ——*	0.2	0.3	0.8	1.4	1.5	1.9
2	Female – Féminin	4.9	*——	3.0 ——*	0.2	0.2	0.4	0.4	0.5	0.6
	Rural – Rurale									
	1992									
3	Male – Masculin	6.1	*——	3.9 ——*	0.4	0.4	1.1	1.7	2.2	2.3
4	Female – Féminin	4.9	*——	3.3 ——*	0.3	♦ 0.2	0.5	0.8	0.8	0.8
	Colombia – Colombie									
	Urban – Urbaine									
	1985+ [7]									
5	Male – Masculin	7.7	40.9	2.6	0.9	0.8	2.0	3.8	4.6	4.5
6	Female – Féminin	5.5	32.7	2.3	0.6	0.5	0.8	1.0	1.2	1.5
	Rural – Rurale									
	1985+ [7]									
7	Male – Masculin	3.7	14.9	1.8	0.5	0.5	1.3	2.8	3.4	3.1
8	Female – Féminin	2.6	12.5	1.7	0.4	0.3	0.6	0.7	0.8	1.0
	Ecuador – Equateur									
	Urban – Urbaine									
	1992 [8]									
9	Male – Masculin	5.6	*——	7.4 ——*	0.8	0.7	1.4	2.4	2.4	2.8
10	Female – Féminin	4.3	*——	6.4 ——*	0.6	0.5	0.8	0.7	1.1	1.2
	Rural – Rurale									
	1992 [8]									
11	Male – Masculin	5.4	*——	8.5 ——*	0.8	0.8	1.2	2.0	2.8	3.0
12	Female – Féminin	4.7	*——	8.0 ——*	0.7	0.6	1.0	1.2	1.6	1.9
	ASIA—ASIE									
	Armenia – Arménie									
	Urban – Urbaine									
	1992 [9]									
13	Male – Masculin	7.9	23.2	0.9	0.3	0.4	0.8	1.9	2.8	3.0
14	Female – Féminin	6.0	14.2	1.0	♦ 0.2	♦ 0.2	♦ 0.2	0.7	0.6	0.7
	Rural – Rurale									
	1992 [9]									
15	Male – Masculin	7.5	16.3	1.8	♦ 0.4	♦ 0.3	0.9	1.9	2.5	2.7
16	Female – Féminin	6.9	18.7	1.5	♦ 0.3	♦ 0.1	♦ 0.4	♦ 0.6	0.7	0.9
	Bangladesh									
	Urban – Urbaine									
	1986									
17	Male – Masculin	8.8	*——	33.4 ——*	2.1	1.1	1.3	1.9	1.5	0.9
18	Female – Féminin	8.4	*——	32.8 ——*	3.1	0.8	1.3	2.5	3.3	1.9
	Rural – Rurale									
	1986									
19	Male – Masculin	12.9	*——	44.3 ——*	3.0	1.8	2.1	2.2	2.4	3.0
20	Female – Féminin	12.0	*——	42.1 ——*	2.7	1.2	2.5	3.2	3.4	3.7
	Israel – Israël [12]									
	Urban – Urbaine									
	1992									
21	Male – Masculin	7.1	*——	2.3 ——*	*——	0.2 ——*	*——	0.7 ——*	*——	0.8 ——*
22	Female – Féminin	6.3	*——	2.2 ——*	*——	0.1 ——*	*——	0.3 ——*	*——	0.4 ——*
	Rural – Rurale									
	1992									
23	Male – Masculin	4.7	*——	2.7 ——*	*—— ♦	0.2 ——*	*——	0.8 ——*	*——	1.0 ——*
24	Female – Féminin	4.8	*——	2.4 ——*	*—— ♦	0.2 ——*	*—— ♦	0.4 ——*	*—— ♦	0.3 ——*

20. Taux de mortalité selon l'âge, le sexe et la résidence, urbaine/rurale: dernière année disponible (suite)

Données selon la résidence urbaine/rurale

(Voir notes à la fin du tableau.)

Age(en années)											
35–39	40–44	45–49	50–54	55–59	60–64	65–69	70–74	75–79	80–84	85 plus	
2.2	3.1	4.7	7.4	12.0	22.3	31.1	51.5	86.6	*——— 1 54.3	———*	1
1.0	1.7	2.5	4.1	6.4	11.2	17.0	28.1	50.3	*——— 1 23.4	———*	2
2.7	3.5	4.3	6.6	8.8	16.6	25.5	40.4	67.9	*——— 1 21.0	———*	3
1.4	1.7	3.2	4.9	7.1	10.8	17.1	27.6	48.2	*——— 1 00.8	———*	4
4.4	5.1	7.2	10.5	16.9	26.5	42.0	65.4	92.9	138.4	181.2	5
2.2	3.3	5.1	7.6	11.9	18.8	29.9	46.7	72.3	104.2	161.5	6
3.1	3.4	4.2	4.5	6.8	8.6	15.3	22.3	38.1	50.4	67.3	7
1.2	1.7	2.2	3.2	5.1	7.3	13.3	20.4	38.4	49.6	77.2	8
3.4	4.1	6.1	8.1	11.4	18.7	27.0	42.6	66.6	*——— 1 89.0	———*	9
1.7	2.4	3.5	5.4	7.5	11.6	17.0	25.8	42.0	*——— 1 57.8	———*	10
3.4	4.1	5.1	6.6	8.6	13.7	19.1	29.3	44.7	*——— 1 35.6	———*	11
2.3	2.9	3.5	4.7	6.2	9.8	14.4	24.0	33.5	*——— 1 19.7	———*	12
3.9	4.8	6.5	11.4	16.7	28.2	38.8	47.8	75.2	155.6	148.8	13
1.1	1.6	3.0	5.0	7.8	14.2	24.8	38.2	60.1	116.2	149.9	14
3.5	4.6	7.9	10.5	11.9	23.3	36.2	64.6	89.9	118.9	343.3	15
1.1	1.8	2.4	4.2	6.9	11.7	20.3	38.6	60.8	89.3	282.4	16
0.7	3.7	5.7	12.4	22.3	36.4 *———	———	——— —	94.6 ———	———	———*	17
2.4	4.7	6.9	20.8	25.2	19.2 *———	———	——— —	81.1 ———	———	———*	18
2.6	5.0	6.3	13.1	18.5	30.5 *———	———	——— —	91.6 ———	———	———*	19
5.3	6.8	7.4	8.9	20.9	22.8 *———	———	——— —	92.0 ———	———	———*	20
*———	1.5 ———*	*———	4.2 ———*	*———	12.6 ———*	*———	32.7 ———*	*——— —	101.9 ———	———*	21
*———	0.9 ———*	*———	2.5 ———*	*———	7.8 ———*	*———	21.3 ———*	*——— —	85.4 ———	———*	22
*———	0.9 ———*	*———	3.0 ———*	*———	10.0 ———*	*———	26.8 ———*	*——— —	94.0 ———	———*	23
*——— ♦	0.8 ———*	*———	2.2 ———*	*———	8.0 ———*	*———	22.1 ———*	*——— —	79.7 ———	———*	24

20. Death rates specific for age, sex and urban/rural residence: latest available year (continued)

Data by urban/rural residence

(See notes at end of table.)

	Continent, country or area, year, sex and urban/rural residence — Continent, pays ou zone, année, sexe et résidence, urbaine/rurale	All ages / Tous âges [1]	Age (in years) -1	1–4	5–9	10–14	15–19	20–24	25–29	30–34
	ASIA—ASIE (Cont.–Suite)									
	Kazakstan									
	Urban – Urbaine									
	1991 [9]									
1	Male – Masculin	9.3	29.9	1.4	0.8	0.7	1.7	2.3	3.2	4.1
2	Female – Féminin	7.6	22.6	1.0	0.5	0.4	0.7	0.9	1.0	1.2
	Rural – Rurale									
	1991 [9]									
3	Male – Masculin	8.2	33.3	2.8	0.8	0.8	1.3	2.7	3.1	4.0
4	Female – Féminin	7.0	24.5	2.3	0.4	0.4	0.9	1.4	1.1	1.5
	Kyrgyzstan – Kirghizistan									
	Urban – Urbaine									
	1992 [9]									
5	Male – Masculin	8.2	35.2	1.2	0.4	0.6	0.9	1.5	2.6	3.2
6	Female – Féminin	6.6	24.4	1.2	0.4	♦ 0.4	0.4	0.6	0.9	1.3
	Rural – Rurale									
	1992 [9]									
7	Male – Masculin	7.6	37.1	3.6	0.7	0.7	1.3	2.2	3.0	3.4
8	Female – Féminin	6.7	28.4	3.3	0.4	0.4	0.8	1.4	1.5	1.8
	Maldives									
	Urban – Urbaine									
	1990									
9	Male – Masculin	5.5	♦ 34.3	♦ 2.7	♦ 0.8	♦ 1.2	♦ 1.3	♦ 1.1	♦ 0.7	♦ 3.6
10	Female – Féminin	5.0	♦ 39.0	♦ 1.4	♦ 1.1	♦ 0.6	♦ 0.5	♦ 1.4	♦ 1.4	♦ 2.5
	Rural – Rurale									
	1990									
11	Male – Masculin	7.0	36.4	4.1	♦ 1.0	♦ 0.9	♦ 1.3	♦ 0.9	♦ 1.0	♦ 1.8
12	Female – Féminin	6.4	34.2	5.0	♦ 0.8	♦ 1.1	♦ 1.2	♦ 1.6	♦ 2.3	♦ 2.9
	Tajikistan – Tadjikistan									
	Urban – Urbaine									
	1991 [9]									
13	Male – Masculin	7.2	45.2	2.7	0.5	0.7	0.7	1.0	2.0	2.6
14	Female – Féminin	6.0	33.8	2.6	0.5	♦ 0.3	♦ 0.4	0.9	0.9	1.4
	Rural – Rurale									
	1991 [9]									
15	Male – Masculin	6.2	45.6	5.9	0.7	0.5	0.8	1.1	1.2	1.6
16	Female – Féminin	5.4	37.2	5.6	0.5	0.4	0.6	1.2	1.3	1.4
	Thailand – Thaïlande									
	Urban – Urbaine									
	1990+									
17	Male – Masculin	*9.5*	*——	*9.2* ——*	*1.5*	*1.3*	*4.2*	*5.3*	*5.3*	*5.4*
18	Female – Féminin	*5.6*	*——	*7.1* ——*	*1.1*	*0.9*	*1.3*	*1.3*	*1.4*	*1.8*
	Rural – Rurale									
	1990+									
19	Male – Masculin	*4.6*	*——	*2.1* ——*	*0.6*	*0.5*	*1.3*	*1.6*	*2.0*	*2.3*
20	Female – Féminin	*3.4*	*——	*1.5* ——*	*0.5*	*0.3*	*0.5*	*0.6*	*0.7*	*0.8*
	EUROPE									
	Austria – Autriche									
	Urban – Urbaine									
	1991									
21	Male – Masculin	9.3	7.4	♦ 0.3	♦ 0.2	♦ 0.2	0.6	0.9	1.2	1.3
22	Female – Féminin	10.4	6.1	0.3	♦ 0.1	♦ 0.1	0.2	0.3	0.3	0.6
	Rural – Rurale									
	1991									
23	Male – Masculin	12.0	10.5	0.7	♦ 0.3	♦ 0.2	1.5	2.0	1.6	1.7
24	Female – Féminin	12.3	7.8	♦ 0.3	♦ 0.2	♦ 0.2	0.5	0.6	0.4	0.6

20. Taux de mortalité selon l'âge, le sexe et la résidence, urbaine/rurale: dernière année disponible (suite)

Données selon la résidence urbaine/rurale

(Voir notes à la fin du tableau.)

Age(en années)											
35–39	40–44	45–49	50–54	55–59	60–64	65–69	70–74	75–79	80–84	85 plus	
5.2	7.4	10.3	16.3	24.7	35.3	53.6	71.2	98.1	147.9	227.4	1
1.7	2.4	3.5	5.8	9.9	15.1	26.0	40.8	65.0	107.8	184.1	2
4.7	6.7	9.7	14.4	22.7	30.0	45.6	58.6	87.1	122.7	206.5	3
1.9	2.8	3.9	6.5	10.2	13.9	22.8	34.0	51.4	85.3	153.9	4
4.4	6.8	10.3	13.8	21.5	31.3	45.1	66.9	92.4	141.8	203.9	5
1.5	2.5	3.6	5.6	9.2	13.6	22.7	38.0	58.1	100.8	163.9	6
4.5	6.9	9.6	14.4	17.1	28.5	40.8	63.7	83.8	144.8	216.0	7
2.3	3.3	4.7	7.4	10.1	17.3	23.7	38.6	58.0	109.2	180.8	8
♦ 5.1	♦ 5.0	♦ 6.5	♦ 17.8	♦ 21.8	♦ 39.7	♦ 39.1	♦ 79.1	♦ 89.7	♦ 75.5	♦ 242.4	9
♦ 7.5	♦ 6.7	♦ 9.9	♦ 7.8	♦ 13.2	♦ 35.8	♦ 53.9	♦ 54.3	♦ 116.7	♦ 96.8	♦ 217.4	10
♦ 3.3	♦ 4.7	♦ 5.6	♦ 5.2	13.9	17.4	39.8	51.1	100.3	♦ 69.3	♦ 102.9	11
♦ 3.1	♦ 4.8	♦ 4.4	♦ 12.2	♦ 13.0	♦ 16.8	45.1	64.6	♦ 122.4	♦ 81.8	♦ 48.4	12
3.9	6.1	9.3	12.8	19.9	31.3	41.5	58.0	91.8	115.4	171.2	13
1.7	2.5	4.7	5.3	9.2	15.4	22.2	37.5	59.6	88.2	136.5	14
2.3	2.7	4.8	7.1	12.1	17.9	27.4	42.2	70.5	90.8	125.6	15
2.1	2.7	3.9	6.3	9.6	14.7	18.9	29.7	38.8	61.3	114.2	16
6.1	*7.5*	*10.2*	*15.0*	*22.5*	*33.5*	*48.7*	*73.1*	*100.1*	*——— 1 49.3	———*	17
2.3	*3.5*	*5.3*	*8.5*	*12.5*	*18.4*	*27.9*	*42.2*	*69.4*	*——— 1 16.1	———*	18
2.8	*3.8*	*5.1*	*7.4*	*10.0*	*14.6*	*22.8*	*35.9*	*55.8*	*——— 98.7	———*	19
1.2	*2.0*	*2.8*	*4.3*	*5.9*	*9.4*	*15.3*	*25.7*	*39.2*	*——— 87.7	———*	20
1.5	2.7	4.2	6.0	10.3	15.7	25.4	36.9	62.8	107.1	182.7	21
0.8	1.4	2.2	2.9	4.7	7.0	12.3	20.9	37.9	71.4	159.8	22
2.4	4.1	6.3	9.0	14.8	23.1	37.0	55.4	95.0	153.3	279.0	23
1.1	1.9	2.7	4.3	6.2	9.5	17.7	29.9	58.8	116.9	250.8	24

20. Death rates specific for age, sex and urban/rural residence: latest available year (continued)

Data by urban/rural residence

(See notes at end of table.)

	Continent, country or area, year, sex and urban/rural residence Continent, pays ou zone, année, sexe et résidence, urbaine/rurale	All ages Tous âges [1]	Age (in years) -1	1-4	5-9	10-14	15-19	20-24	25-29	30-34
	EUROPE (Cont.-Suite)									
	Belarus – Bélarus									
	Urban – Urbaine									
	1993 [9]									
1	Male – Masculin	10.1	13.2	0.7	0.4	0.4	1.1	2.0	2.6	3.6
2	Female – Féminin	7.8	9.6	0.4	0.2	0.2	0.4	0.5	0.6	0.9
	Rural – Rurale									
	1993 [9]									
3	Male – Masculin	20.6	16.1	1.3	0.5	0.5	1.5	4.1	4.6	5.9
4	Female – Féminin	19.7	11.7	0.9	0.3	0.3	0.8	1.1	1.2	1.5
	Bulgaria – Bulgarie									
	Urban – Urbaine									
	1993									
5	Male – Masculin	11.6	17.1	0.8	0.4	0.3	0.9	1.3	1.4	2.1
6	Female – Féminin	8.5	13.0	0.7	0.3	0.2	0.4	0.5	0.6	0.9
	Rural – Rurale									
	1993									
7	Male – Masculin	21.2	20.3	1.5	0.6	0.6	1.3	1.7	1.9	2.8
8	Female – Féminin	17.1	14.1	1.1	0.5	0.5	0.5	0.7	0.8	1.0
	Croatia – Croatie									
	Urban – Urbaine									
	1991									
9	Male – Masculin	11.9	12.5	♦ 0.4	0.4	0.4	1.7	5.1	4.7	5.1
10	Female – Féminin	9.4	11.5	♦ 0.3	♦ 0.2	♦ 0.2	0.5	0.5	0.6	0.8
	Rural – Rurale									
	1991									
11	Male – Masculin	13.6	9.7	♦ 0.5	♦ 0.3	0.4	1.7	5.0	4.7	4.6
12	Female – Féminin	11.3	8.1	♦ 0.3	♦ 0.2	♦ 0.2	0.4	0.5	0.6	0.7
	Czech Republic – Rép. tchèque									
	Urban – Urbaine									
	1994									
13	Male – Masculin	11.0	8.8	0.5	0.3	0.3	0.8	1.1	1.3	1.5
14	Female – Féminin	10.4	7.3	0.4	0.2	0.2	0.3	0.4	0.4	0.6
	Rural – Rurale									
	1994									
15	Male – Masculin	13.5	9.2	0.6	♦ 0.3	♦ 0.2	1.1	1.4	1.3	1.5
16	Female – Féminin	13.1	6.2	0.5	♦ 0.2	♦ 0.2	0.3	0.5	0.4	0.5
	Estonia – Estonie									
	Urban – Urbaine									
	1993 [9]									
17	Male – Masculin	14.4	13.9	♦ 0.7	♦ 0.5	♦ 0.5	1.8	2.9	3.6	4.8
18	Female – Féminin	11.9	12.4	♦ 0.6	♦ 0.4	♦ 0.3	♦ 0.5	♦ 0.5	♦ 0.7	0.9
	Rural – Rurale									
	1993 [9]									
19	Male – Masculin	16.0	19.0	♦ 1.0	♦ 0.4	♦ 0.8	♦ 1.2	3.3	3.0	5.1
20	Female – Féminin	15.6	13.3	♦ 1.1	♦ 0.6	♦ 0.3	♦ 0.7	♦ 1.2	♦ 0.8	♦ 1.2
	Finland – Finlande									
	Urban – Urbaine									
	1994 [19]									
21	Male – Masculin	9.0	5.0	♦ 0.2	♦ 0.1	♦ 0.2	0.9	1.2	1.4	1.5
22	Female – Féminin	9.0	4.0	♦ 0.2	♦ 0.1	♦ 0.1	♦ 0.2	0.3	0.5	0.5
	Rural – Rurale									
	1994 [19]									
23	Male – Masculin	10.4	5.3	♦ 0.2	♦ 0.1	♦ 0.2	0.8	1.2	1.1	1.3
24	Female – Féminin	10.1	5.1	♦ 0.2	♦ 0.2	♦ 0.2	♦ 0.4	♦ 0.4	♦ 0.4	♦ 0.5
	France									
	Urban – Urbaine									
	1990 [20 21]									
25	Male – Masculin	9.1	52.8	0.4	0.2	0.2	0.7	1.3	1.5	1.9
26	Female – Féminin	8.1	39.2	0.3	0.1	0.1	0.3	0.4	0.5	0.7

20. Taux de mortalité selon l'âge, le sexe et la résidence, urbaine/rurale: dernière année disponible (suite)

Données selon la résidence urbaine/rurale

(Voir notes à la fin du tableau.)

Age(en années)											
35–39	40–44	45–49	50–54	55–59	60–64	65–69	70–74	75–79	80–84	85 plus	
5.0	7.2	11.8	17.9	24.5	35.6	46.8	69.9	101.1	143.9	228.6	1
1.3	2.3	3.7	5.8	8.5	13.9	23.3	39.5	65.3	104.5	180.2	2
8.1	12.3	16.7	22.2	26.8	34.8	46.7	64.8	98.1	148.9	256.8	3
2.1	3.7	5.7	6.6	10.0	13.1	20.8	37.1	65.5	104.5	223.3	4
3.1	4.9	7.6	11.7	18.6	25.5	39.8	55.1	94.5	*———	1 71.6 ———*	5
1.1	1.7	2.7	4.4	7.1	12.0	21.0	35.0	68.6	*———	1 52.5 ———*	6
4.5	7.2	10.0	13.9	20.4	25.0	37.5	55.2	94.8	*———	1 85.6 ———*	7
1.3	2.1	2.9	5.1	7.2	12.3	20.2	34.6	69.5	*———	1 62.2 ———*	8
4.8	5.6	8.6	12.2	18.2	28.2	41.3	60.0	95.7	*———	1 82.1 ———*	9
1.3	2.1	3.4	4.5	7.6	12.4	20.9	37.7	65.6	*———	1 53.1 ———*	10
4.8	5.0	8.8	12.5	18.8	26.2	37.0	56.2	85.5	*———	1 65.3 ———*	11
1.0	1.9	3.5	4.3	6.4	10.2	17.3	32.8	57.0	*———	1 32.4 ———*	12
2.3	3.6	6.4	9.8	16.2	25.7	38.1	59.7	93.1	139.0	227.9	13
0.9	1.7	2.6	3.9	6.6	11.4	19.7	33.6	60.9	106.1	198.5	14
2.5	4.4	6.7	11.4	17.4	27.9	43.2	64.5	92.5	141.6	223.7	15
1.0	1.6	2.6	4.2	6.5	12.3	19.6	32.8	63.2	110.6	207.3	16
6.1	8.3	13.8	20.4	26.4	38.2	50.4	66.7	92.4	153.3	229.8	17
1.8	2.8	4.2	6.3	8.3	14.1	21.9	36.1	61.9	105.3	209.8	18
6.0	9.3	13.3	16.7	29.4	39.8	54.0	65.5	105.2	149.4	267.4	19
♦ 1.3	3.1	4.1	5.3	11.1	14.7	21.0	38.4	56.3	109.5	237.3	20
2.5	3.9	5.4	6.9	10.6	17.6	27.6	44.9	69.2	114.2	186.9	21
0.9	1.2	2.0	3.2	3.8	6.6	11.7	21.9	40.2	76.1	168.1	22
2.3	3.4	4.4	6.9	10.5	19.0	27.7	48.5	76.1	121.0	208.6	23
0.8	1.3	1.9	3.2	4.4	7.8	12.1	23.3	43.6	81.3	174.3	24
2.5	3.3	4.7	7.3	11.4	17.2	24.1	34.8	57.3	91.0	169.1	25
1.0	1.3	2.1	2.9	4.4	6.3	9.4	15.6	29.7	56.3	134.7	26

20. Death rates specific for age, sex and urban/rural residence: latest available year (continued)

Data by urban/rural residence

(See notes at end of table.)

	Continent, country or area, year, sex and urban/rural residence Continent, pays ou zone, année, sexe et résidence, urbaine/rurale	All ages Tous âges [1]	-1	1–4	5–9	10–14	15–19	20–24	25–29	30–34
	EUROPE (Cont.–Suite)									
	France									
	Rural – Rurale									
	1990 [20 21]									
1	Male – Masculin	11.7	51.5	0.5	0.2	0.2	1.0	2.0	1.8	1.6
2	Female – Féminin	10.3	37.8	0.3	0.1	0.2	0.4	0.6	0.5	0.6
	Greece – Grèce									
	Urban – Urbaine									
	1991									
3	Male – Masculin	8.8	9.3	♦ 0.2	♦ 0.1	0.2	0.8	1.3	1.3	1.2
4	Female – Féminin	7.4	8.8	♦ 0.2	♦ 0.1	♦ 0.1	0.2	0.3	0.4	0.5
	Rural – Rurale									
	1991									
5	Male – Masculin	11.4	5.2	0.4	♦ 0.2	0.3	1.0	1.3	1.1	1.0
6	Female – Féminin	10.7	4.2	♦ 0.2	♦ 0.2	♦ 0.1	0.2	0.4	0.4	0.5
	Hungary – Hongrie									
	Urban – Urbaine									
	1994									
7	Male – Masculin	14.6	12.4	0.5	0.2	0.2	0.7	0.9	1.3	2.6
8	Female – Féminin	12.2	10.6	0.4	♦ 0.1	♦ 0.1	0.3	0.4	0.4	1.0
	Rural – Rurale									
	1994									
9	Male – Masculin	18.2	13.3	0.5	♦ 0.2	0.4	1.0	1.6	1.9	3.6
10	Female – Féminin	13.7	9.6	0.5	♦ 0.2	♦ 0.1	0.3	0.5	0.6	1.1
	Ireland – Irlande									
	Urban – Urbaine									
	1986+ [22]									
11	Male – Masculin	5.6	*——	1.3 ——*	♦ 0.2	♦ 0.2	0.5	0.5	0.4	0.6
12	Female – Féminin	5.8	*——	1.1 ——*	♦ 0.1	♦ 0.1	♦ 0.1	♦ 0.2	♦ 0.2	♦ 0.3
	Rural – Rurale									
	1986+ [22]									
13	Male – Masculin	16.0	*——	3.2 ——*	0.5	0.5	1.3	1.9	1.6	1.6
14	Female – Féminin	12.6	*——	2.7 ——*	♦ 0.2	♦ 0.3	♦ 0.5	♦ 0.5	♦ 0.6	0.8
	Latvia – Lettonie									
	Urban – Urbaine									
	1994 [9]									
15	Male – Masculin	18.3	17.3	♦ 0.7	0.6	0.5	1.4	3.3	4.5	6.5
16	Female – Féminin	13.3	15.3	♦ 0.5	♦ 0.4	♦ 0.3	♦ 0.4	0.7	1.2	1.5
	Rural – Rurale									
	1994 [9]									
17	Male – Masculin	19.9	13.9	1.6	♦ 0.7	♦ 0.7	2.1	3.9	4.8	6.8
18	Female – Féminin	16.7	12.9	♦ 0.8	♦ 0.3	♦ 0.6	♦ 0.5	♦ 0.9	♦ 1.1	1.3
	Lithuania – Lituanie									
	Urban – Urbaine									
	1993 [9]									
19	Male – Masculin	11.3	15.3	0.6	0.5	0.4	1.3	2.4	2.6	4.1
20	Female – Féminin	8.3	11.3	0.5	0.3	♦ 0.2	0.4	0.4	0.6	0.8
	Rural – Rurale									
	1993 [9]									
21	Male – Masculin	19.9	20.4	1.1	♦ 0.5	♦ 0.7	2.3	3.9	4.8	5.9
22	Female – Féminin	16.3	16.4	1.0	♦ 0.4	♦ 0.3	♦ 0.7	1.1	0.9	1.4
	Netherlands – Pays-Bas									
	Urban – Urbaine									
	1986 [24]									
23	Male – Masculin	10.2	9.5	0.5	0.2	0.2	0.5	0.7	0.8	1.0
24	Female – Féminin	9.0	7.4	0.4	♦ 0.1	0.2	0.2	0.4	0.4	0.6
	Rural – Rurale									
	1986 [24]									
25	Male – Masculin	8.5	7.5	♦ 0.6	♦ 0.2	♦ 0.2	0.6	0.9	0.7	0.7
26	Female – Féminin	6.5	6.9	♦ 0.6	♦ 0.2	♦ 0.1	♦ 0.2	♦ 0.3	♦ 0.3	♦ 0.4

20. Taux de mortalité selon l'âge, le sexe et la résidence, urbaine/rurale: dernière année disponible (suite)

Données selon la résidence urbaine/rurale

(Voir notes à la fin du tableau.)

Age(en années)											
35–39	40–44	45–49	50–54	55–59	60–64	65–69	70–74	75–79	80–84	85 plus	
2.1	3.0	4.9	7.4	11.4	16.7	23.8	35.4	59.1	100.6	193.6	1
0.9	1.3	1.9	3.2	4.2	6.2	9.5	16.1	33.3	64.4	156.7	2
1.6	2.3	3.8	5.4	9.2	15.4	26.0	41.9	66.9	100.9	187.7	3
0.7	1.1	1.8	2.4	4.4	7.1	13.2	25.3	49.6	83.3	169.8	4
1.5	2.2	3.2	4.8	7.7	13.3	21.6	34.6	59.1	104.2	211.9	5
0.6	1.0	1.3	2.4	3.7	5.9	11.2	21.9	45.0	88.4	216.1	6
5.0	8.2	11.6	16.8	23.7	32.5	45.9	65.6	89.0	136.6	230.2	7
2.0	3.1	4.6	6.6	9.4	14.8	22.3	37.8	59.5	102.5	194.9	8
6.9	10.4	15.8	22.1	29.8	38.1	51.2	71.3	100.0	157.5	254.1	9
2.4	3.4	4.9	7.1	9.7	14.5	22.2	38.1	66.3	113.9	218.7	10
0.7	1.2	2.2	5.4	10.3	16.7	27.1	44.5	69.5	101.2	152.1	11
0.5	0.7	2.1	3.0	5.8	10.3	15.4	25.7	42.1	72.8	147.5	12
2.3	3.5	6.1	10.0	16.2	30.7	47.4	74.8	121.1	198.4	358.1	13
1.1	2.3	3.9	6.0	10.5	16.6	23.5	44.6	79.0	145.3	303.5	14
9.3	14.7	20.6	26.6	34.2	45.4	56.5	73.1	104.5	149.8	262.2	15
2.3	3.9	6.0	8.2	11.9	16.0	23.5	37.4	59.7	102.4	217.5	16
10.0	13.0	19.7	26.6	35.9	45.9	61.3	85.6	102.5	160.4	288.6	17
2.2	3.4	7.6	8.3	11.4	16.4	22.1	40.6	60.2	107.8	244.9	18
6.0	9.1	13.6	16.9	22.5	32.0	45.6	62.6	79.2	108.3	207.8	19
1.7	2.5	4.4	6.0	7.9	12.0	19.9	34.8	49.5	87.4	166.2	20
9.9	12.8	17.0	22.8	28.3	35.6	46.7	72.8	82.4	122.0	248.5	21
2.4	3.1	4.7	6.7	9.6	12.7	18.6	35.8	49.5	109.3	234.8	22
1.6	2.3	3.9	6.5	11.5	19.0	32.2	52.7	82.6	126.7	219.2	23
1.0	1.4	2.3	3.8	5.8	8.7	13.5	22.7	40.8	73.8	163.5	24
1.0	1.7	3.1	5.9	9.4	18.1	29.0	43.6	72.7	106.9	186.5	25
0.7	1.2	1.8	3.0	5.2	7.4	12.7	21.4	38.3	69.5	155.0	26

20. Death rates specific for age, sex and urban/rural residence: latest available year (continued)

Data by urban/rural residence

(See notes at end of table.)

	Continent, country or area, year, sex and urban/rural residence Continent, pays ou zone, année, sexe et résidence, urbaine/rurale	All ages Tous âges [1]	Age (in years) -1	1–4	5–9	10–14	15–19	20–24	25–29	30–34
	EUROPE (Cont.–Suite)									
	Netherlands – Pays-Bas									
	Semi-urban – Semi-urbaine									
	1986									
1	Male – Masculin	8.2	8.2	0.5	0.2	0.3	0.6	0.8	0.8	0.7
2	Female – Féminin	6.9	6.7	0.4	♦ 0.1	0.2	0.3	0.3	0.4	0.6
	Poland – Pologne									
	Urban – Urbaine									
	1994									
3	Male – Masculin	10.2	16.4	0.4	0.2	0.3	0.8	1.2	1.4	2.2
4	Female – Féminin	8.6	14.5	0.4	0.2	0.1	0.3	0.3	0.4	0.7
	Rural – Rurale									
	1994									
5	Male – Masculin	12.1	16.2	0.6	0.3	0.4	1.2	1.8	1.9	2.6
6	Female – Féminin	10.1	12.7	0.5	0.2	0.2	0.4	0.4	0.5	0.6
	Portugal									
	Urban – Urbaine									
	1991									
7	Male – Masculin	6.8	10.0	0.4	0.3	0.3	0.7	1.1	1.5	1.6
8	Female – Féminin	6.2	6.3	0.4	♦ 0.1	♦ 0.2	0.3	0.4	0.5	0.5
	Rural – Rurale									
	1991									
9	Male – Masculin	11.9	12.1	1.1	0.5	0.5	1.9	2.2	2.1	2.6
10	Female – Féminin	10.0	9.7	0.8	0.3	0.3	0.4	0.5	0.6	0.9
	Republic of Moldova – République de Moldova									
	Urban – Urbaine									
	1992[9]									
11	Male – Masculin	8.5	17.5	1.3	0.7	0.5	1.5	2.2	3.4	4.1
12	Female – Féminin	6.9	13.7	0.7	0.4	♦ 0.3	0.4	0.5	0.8	0.7
	Rural – Rurale									
	1992[9]									
13	Male – Masculin	13.2	23.7	1.9	0.9	0.6	1.6	5.5	4.6	5.0
14	Female – Féminin	11.8	17.3	1.1	0.5	0.4	0.7	1.3	1.0	1.3
	Romania – Roumanie									
	Urban – Urbaine									
	1994									
15	Male – Masculin	10.0	22.0	1.2	0.7	0.5	0.8	1.2	1.2	2.1
16	Female – Féminin	7.5	16.6	0.9	0.5	0.3	0.4	0.5	0.5	0.8
	Rural – Rurale									
	1994									
17	Male – Masculin	16.5	29.6	1.8	1.0	0.7	1.0	1.6	2.1	3.7
18	Female – Féminin	14.0	25.8	1.5	0.7	0.4	0.5	0.7	0.9	1.4
	Russian Federation – Fédération Russie									
	Urban – Urbaine									
	1994[9]									
19	Male – Masculin	17.4	20.6	0.9	0.6	0.6	2.0	3.6	5.1	7.5
20	Female – Féminin	12.9	15.2	0.8	0.4	0.3	0.8	1.0	1.2	1.7
	Rural – Rurale									
	1994[9]									
21	Male – Masculin	18.4	22.6	1.6	0.8	0.8	2.4	5.5	6.5	8.0
22	Female – Féminin	16.0	16.6	1.3	0.5	0.4	0.9	1.1	1.3	1.9
	Slovenia – Slovénie									
	Urban – Urbaine									
	1994									
23	Male – Masculin	8.7	6.8	♦ 0.5	♦ 0.2	♦ 0.2	1.0	1.4	1.6	1.3
24	Female – Féminin	8.0	♦ 6.7	♦ 0.4	♦ 0.3	♦ 0.1	♦ 0.4	♦ 0.5	♦ 0.5	♦ 0.6
	Rural – Rurale									
	1994									
25	Male – Masculin	11.6	♦ 5.6	♦ 0.5	♦ 0.3	♦ 0.2	1.5	1.6	2.0	2.5
26	Female – Féminin	10.7	7.0	♦ 0.2	♦ 0.2	♦ 0.1	♦ 0.3	♦ 0.4	♦ 0.5	♦ 0.7

20. Taux de mortalité selon l'âge, le sexe et la résidence, urbaine/rurale: dernière année disponible (suite)

Données selon la résidence urbaine/rurale

(Voir notes à la fin du tableau.)

Age(en années)											
35–39	40–44	45–49	50–54	55–59	60–64	65–69	70–74	75–79	80–84	85 plus	
0.9	1.9	3.4	6.3	10.6	17.6	30.2	48.3	78.1	117.2	209.1	1
0.8	1.2	2.0	3.1	5.3	7.7	12.5	21.3	40.9	79.8	166.0	2
3.4	5.3	8.1	13.1	19.6	29.2	42.4	61.1	91.0	136.1	218.4	3
1.2	2.0	3.3	4.9	7.5	12.3	20.2	34.6	58.4	99.3	195.6	4
3.9	6.1	9.0	13.2	19.0	27.3	39.5	59.0	87.3	137.4	234.8	5
1.1	1.9	2.9	4.1	6.4	10.2	17.3	30.6	55.7	101.3	208.4	6
1.7	2.0	3.2	5.0	8.4	13.2	21.0	32.8	53.4	84.7	152.9	7
0.7	1.0	1.6	2.4	3.8	6.1	9.8	17.9	34.0	65.2	139.3	8
2.9	3.7	5.3	7.7	11.8	18.1	27.5	43.5	75.3	126.4	243.2	9
1.1	1.8	2.4	3.7	5.3	8.1	13.8	24.1	50.8	97.1	210.7	10
4.8	6.1	8.6	12.6	18.7	31.6	40.9	62.9	101.5	138.8	230.4	11
1.6	2.4	4.1	5.2	9.6	16.1	25.3	42.2	72.9	103.3	202.4	12
6.0	8.0	12.3	16.0	22.0	31.9	43.2	68.5	98.2	154.7	340.0	13
2.1	3.5	6.5	9.6	13.4	19.9	27.7	48.5	78.2	130.5	271.2	14
3.8	5.9	9.0	14.7	21.4	30.1	42.4	60.9	94.2	139.2	202.8	15
1.4	2.4	3.8	6.0	8.9	14.0	23.0	38.7	66.9	107.9	193.5	16
6.0	8.7	10.7	15.2	20.4	27.7	38.5	56.5	90.1	142.3	249.3	17
2.0	3.0	4.2	6.0	8.4	13.0	21.1	38.8	72.7	124.2	237.1	18
10.4	15.1	20.6	29.0	36.2	50.4	62.7	79.7	114.4	161.5	241.1	19
2.6	4.1	6.0	8.8	12.0	18.3	27.4	43.3	73.5	121.7	219.0	20
10.9	15.1	21.1	28.8	35.5	47.5	61.4	81.1	115.4	156.9	227.9	21
2.8	4.4	6.5	9.2	12.8	18.0	25.8	40.8	68.2	110.2	208.9	22
2.2	3.8	5.2	8.4	12.6	22.1	33.2	47.3	78.9	120.8	206.0	23
1.0	1.8	2.7	4.1	5.9	8.9	15.5	24.0	54.0	83.8	174.8	24
3.4	4.6	7.7	12.1	16.7	27.6	38.2	57.8	86.3	135.1	219.5	25
1.1	1.7	2.7	4.0	6.6	10.0	16.6	28.5	57.6	98.2	197.8	26

20. Death rates specific for age, sex and urban/rural residence: latest available year (continued)

Data by urban/rural residence

(See notes at end of table.)

	Continent, country or area, year, sex and urban/rural residence Continent, pays ou zone, année, sexe et résidence, urbaine/rurale	Age (in years) All ages Tous âges [1]	–1	1–4	5–9	10–14	15–19	20–24	25–29	30–34
	EUROPE (Cont.–Suite)									
	Switzerland – Suisse									
	Urban – Urbaine									
	1990									
1	Male – Masculin	8.3	6.8	0.3	♦ 0.2	♦ 0.1	0.7	1.2	1.4	1.4
2	Female – Féminin	8.2	6.2	♦ 0.2	♦ 0.1	♦ 0.1	0.3	0.4	0.5	0.5
	Rural – Rurale									
	1990									
3	Male – Masculin	12.3	10.1	0.7	♦ 0.2	♦ 0.3	1.5	2.1	1.6	1.6
4	Female – Féminin	10.7	8.0	♦ 0.4	♦ 0.2	♦ 0.2	♦ 0.4	0.5	0.5	0.7
	Ukraine									
	Urban – Urbaine									
	1993 [9]									
5	Male – Masculin	13.1	16.2	0.8	0.5	0.5	1.3	2.2	2.9	4.2
6	Female – Féminin	11.6	11.2	0.7	0.3	0.3	0.5	0.7	0.8	1.0
	Rural – Rurale									
	1993 [9]									
7	Male – Masculin	18.4	17.4	1.6	0.6	0.7	1.4	2.9	3.4	5.0
8	Female – Féminin	18.4	12.7	1.3	0.4	0.4	0.7	0.8	1.0	1.3
	OCEANIA—OCEANIE									
	New Zealand – Nouvelle–Zélande									
	Urban – Urbaine									
	1986+									
9	Male – Masculin	8.2	11.7	0.8	♦ 0.2	0.4	1.2	1.7	1.5	1.2
10	Female – Féminin	7.2	8.8	0.5	♦ 0.2	♦ 0.2	0.4	0.5	0.5	0.8
	Rural – Rurale									
	1986+									
11	Male – Masculin	12.9	17.5	♦ 1.2	♦ 0.4	♦ 0.8	3.5	3.2	2.4	2.6
12	Female – Féminin	9.8	16.3	♦ 0.5	♦ 0.5	♦ 0.5	♦ 1.0	♦ 1.3	♦ 1.1	♦ 1.1

GENERAL NOTES

Data exclude foetal deaths. Rates are the number of deaths by age and sex per 1 000 corresponding population. For definitions of "urban", see end of table 6. For method of evaluation and limitations of data, see Technical Notes, page 77.

Italics: rates calculated using deaths from civil registers which are incomplete or of unknown completeness.

FOOTNOTES

- * Provisional.
- ♦ Rates based on 30 or fewer deaths.
- \+ Data tabulated by date of registration rather than occurrence.

1 Including deaths of unknown age.
2 For classification by urban/rural residence, see end of table.
3 Based on the results of the population census.
4 Excluding live–born infants dying before registration of birth.
5 Including Canadian residents temporarily in the United States, but excluding United States residents temporarily in Canada.
6 Excluding Indian jungle population.
7 Based on burial permits.
8 Excluding nomadic Indian tribes.
9 Excluding infants born alive after less than 28 weeks' gestation, of less than 1 000 grammes in weight and 35 centimetres in length, who die within seven days of birth.
10 For government controlled areas.
11 Excluding Vietnamese refugees.
12 Including data for East Jerusalem and Israeli residents in certain other territories under occupation by Israeli military forces since June 1967.

NOTES GENERALES

Les données ne comprennent pas les morts foetales. Les taux représentent le nombre de décès selon l'âge et le sexe pour 1 000 personnes du même groupe d'âges et du même sexe. Pour les définitions des "régions urbaines", se reporter à la fin du tableau 6. Pour la méthode d'évaluation et les insuffisances des données, voir Notes techniques, page 77.
Italiques: taux calculés d'après des chiffres de décès provenant des registres de l'état civil incomplets ou dont le degré d'exactitude n'est pas connu.

NOTES

- * Données provisoires.
- ♦ Taux basés sur 30 décès ou moins.
- \+ Données exploitées selon la date de l'enregistrement et non la date de l'événement.

1 Y compris les décès dont on ignore l'âge.
2 Pour le classement selon la résidence, urbaine/rurale, voir la fin du tableau.
3 D'après les résultats du recensement de la population.
4 Non compris les enfants nés vivants, décédés avant l'enregistrement de leur naissance.
5 Y compris les résidents canadiens se trouvant temporairement aux Etats–Unis, mais non compris les résidents des Etats–Unis se trouvant temporairement au Canada.
6 Non compris les Indiens de la jungle.
7 D'après les permis d'inhumer.
8 Non compris les tribus d'Indiens nomades.
9 Non compris les enfants nés vivants après moins de 28 semaines de gestation, pesant moins de 1 000 grammes, mesurant moins de 35 centimètres et décédé dans les sept jours qui ont suivi leur naissance.
10 Pour les zones contrôlées pour le Gouvernement.
11 Non compris les réfugiés du Viet Nam.
12 Y compris les données pour Jérusalem–Est et les résidents israéliens dans certains autres territoires occupés depuis juin 1967 par les forces armées israéliennes.

20. Taux de mortalité selon l'âge, le sexe et la résidence, urbaine/rurale: dernière année disponible (suite)

Données selon la résidence urbaine/rurale

(Voir notes à la fin du tableau.)

Age(en années)											
35–39	40–44	45–49	50–54	55–59	60–64	65–69	70–74	75–79	80–84	85 plus	
1.5	1.8	2.8	4.4	7.8	13.5	21.1	33.4	58.2	92.6	176.6	1
0.7	1.1	1.7	2.6	3.9	6.1	9.5	16.7	31.2	59.4	139.4	2
1.8	2.9	3.9	7.3	11.5	19.2	33.6	48.5	81.5	131.0	259.5	3
1.0	1.3	2.7	3.6	4.5	8.5	13.3	23.7	46.1	82.4	195.0	4
5.6	8.3	12.3	16.9	25.9	34.5	52.2	71.8	101.3	155.7	256.0	5
1.6	2.6	4.3	5.7	10.2	14.8	26.0	44.6	71.6	123.3	235.7	6
7.6	10.9	15.1	19.4	26.8	33.6	50.2	70.7	100.1	150.8	249.0	7
2.0	3.1	4.6	6.5	10.3	13.5	23.2	39.8	66.5	112.9	226.4	8
1.8	2.1	3.6	6.8	10.3	18.3	28.2	47.5	70.8	109.1	181.5	9
0.9	1.5	2.4	3.9	6.7	10.1	15.1	24.4	43.5	75.2	147.2	10
2.5	4.2	5.8	12.7	18.8	33.7	56.1	93.4	163.8	240.3	405.9	11
1.8	2.5	3.8	7.5	12.3	18.1	33.2	67.8	123.3	190.1	414.5	12

FOOTNOTES (continued)

13 For Japanese nationals in Japan only; however, rates computed on population including foreigners except foreign military and civilian personnel and their dependants stationed in the area.

14 Excluding alien armed forces, civilian aliens employed by armed forces, and foreign diplomatic personnel and their dependants.

15 Estimates based on the results of the continuous Demographic Sample Survey.

16 Events registered by Health Service only.

17 Excluding transients afloat and non–locally domiciled military and civilian services personnel and their dependants.

18 Excluding Faeroe Islands and Greenland.

19 Including nationals temporarily outside the country.

20 Including armed forces stationed outside the country.

21 For ages five years and over, age classification based on year of birth rather than exact date of birth.

22 Deaths registered within one year of occurrence.

23 Rates computed on population including civilian nationals temporarily outside the country.

24 Including residents outside the country if listed in a Netherlands population register.

25 Including residents temporarily outside the country.

NOTES (suite)

13 Pour les nationaux japonais au Japon seulement; toutefois, les taux sont calculés sur la base d'une population comprenant les étrangers, mais ne comprenant ni les militaires et agents civils étrangers en poste sur le territoire ni les membres de leur famille les accompagnant.

14 Non compris les militaires étrangers, les civils étrangers employés par les forces armées, le personnel diplomatique étranger et les membres de leur famille les accompagnant.

15 Les estimations sont basés sur les résultats d'une enquête démographique pour sondage continue.

16 Evénements enregistrés par le service de santé seulement.

17 Non compris les personnes de passage à bord de navires, les militaires et agents civils domiciliés hors du territoire et les membres de leur famille les accompagnant.

18 Non compris les îles Féroé et le Groenland.

19 Y compris les nationaux se trouvant temporairement hors du pays.

20 Y compris les militaires en garnison hors du pays.

21 A partir de cinq ans, le classement selon l'âge est basé sur l'année de naissance et non sur la date exacte de naissance.

22 Décès enregistrés dans l'année qui suit l'événement.

23 Taux calculés sur la base d'un chiffre de population qui comprend les civils nationaux temporairement hors du pays.

24 Y compris les résidents hors du pays, s'ils sont inscrits sur un registre de population néerlandais.

25 Y compris les résidents se trouvant temporairement hors du pays.

21. Deaths and death rates by cause: latest available year

Décès selon la cause, nombres et taux: dernière année disponible

Part A: Classified according to Abbreviated International List, 1975 Revision

Partie A: Décès classés selon la Liste internationale abrégée de la révision de 1975

(See notes at end of table. – Voir notes à la fin du tableau.)

AFRICA – AFRIQUE

Cause of death abbreviated list number [1] / Cause de décès numéro dans la liste abrégée [1]	Egypt – Egypte 1987		Mauritius – Maurice, Island of Mauritius – Ile Maurice 1992+		Sao Tome and Principe – Sao Tomé-et-Principe 1987 [2]		South Africa – Afrique du Sud 1993	
	Number Nombre	Rate Taux	Number Nombre	Rate Taux	Number Nombre	Rate Taux	Number Nombre	Rate Taux
TOTAL	466 161	950.4	6 866	653.9	1 006	925.9	*201 273*	*507.9*
AM 1	–	–	–	–	–	–	*3*	–
AM 2	102	0.2	2	♦ 0.2	3	♦ 2.8	*105*	*0.3*
AM 3	40 285	82.1	47	4.5	48	44.2	*5 030*	*12.7*
AM 4	1 254	2.6	20	♦ 1.9	8	♦ 7.4	*7 474*	*18.9*
AM 5	6	♦ 0.0	1	♦ 0.1	1	♦ 0.9	*9*	*♦ 0.0*
AM 6	168	0.3	–	–	–	–	*70*	*0.2*
AM 7	3 513	7.2	1	♦ 0.1	13	♦ 12.0	*27*	*♦ 0.1*
AM 8	333	0.7	85	8.1	6	♦ 5.5	*2 874*	*7.3*
AM 9	–	–	–	–	–	–	–	–
AM10	140	0.3	–	–	–	–	*142*	*0.4*
AM11	4	♦ 0.0	–	–	180	165.7	*110*	*0.3*
AM12	2 653	5.4	5	♦ 0.5	11	♦ 10.1	*958*	*2.4*
AM13	425	0.9	84	8.0	3	♦ 2.8	*1 202*	*3.0*
AM14	88	0.2	18	♦ 1.7	–	–	*969*	*2.4*
AM15	319	0.6	25	♦ 2.4	1	♦ 0.9	*295*	*0.7*
AM16	852	1.7	86	8.2	3	♦ 2.8	*3 598*	*9.1*
AM17	771	...	39	...	3	...	*1 382*	...
AM18	108	...	25	...	3	...	*1 359*	...
AM19	1 048	2.1	28	♦ 2.7	–	–	*565*	*1.4*
AM20	7 159	14.6	351	33.4	9	♦ 8.3	*11 163*	*28.2*
AM21	4 388	8.9	342	32.6	6	♦ 5.5	*5 647*	*14.2*
AM22	1	♦ 0.0	7	♦ 0.7	–	–	*209*	*0.5*
AM23	1	♦ 0.0	2	♦ 0.2	19	♦ 17.5	*392*	*1.0*
AM24	456	0.9	32	3.0	53	48.8	*242*	*0.6*
AM25	974	2.0	10	♦ 1.0	3	♦ 2.8	*841*	*2.1*
AM26	321	0.7	–	–	–	–	*18*	*♦ 0.0*
AM27	3 969	8.1	16	♦ 1.5	3	♦ 2.8	*224*	*0.6*
AM28	8 048	16.4	199	19.0	36	33.1	*2 736*	*6.9*
AM29	110	0.2	878	83.6	2	♦ 1.8	*4 494*	*11.3*
AM30	7 859	16.0	227	21.6	1	♦ 0.9	*5 289*	*13.3*
AM31	9 279	18.9	880	83.8	25	♦ 23.0	*13 336*	*33.7*
AM32	4 858	9.9	4	♦ 0.4	11	♦ 10.1	*383*	*1.0*
AM33	119 637	243.9	731	69.6	83	76.4	*9 679*	*24.4*
AM34	26 148	53.3	241	23.0	69	63.5	*7 035*	*17.8*
AM35	20	♦ 0.0	–	–	–	–	*138*	*0.3*
AM36	14 452	29.5	244	23.2	28	♦ 25.8	*3 679*	*9.3*
AM37	317	0.6	24	♦ 2.3	1	♦ 0.9	*667*	*1.7*
AM38	31	0.1	–	–	1	♦ 0.9	*24*	*♦ 0.1*
AM39	3 979	8.1	194	18.5	15	♦ 13.8	*1 410*	*3.6*
AM40	3 319	6.8	244	23.2	3	♦ 2.8	*3 239*	*8.2*
AM41	58	...	–	–	2	...	*24*	...
AM42	238	[3] 12.5	4	♦ [3] 18.2	–	–	*63*	...
AM43	890	[3] 46.8	4	♦ [3] 18.2	3	♦ [3] 76.7	*240*	...
AM44	113	[3] 5.9	1	♦ [3] 4.5	–	–	*19*	...
AM45	4 404	9.0	82	7.8	8	♦ 7.4	*1 102*	*2.8*
AM46	9	♦ [3] 0.5	6	♦ [3] 27.2	–	–	*177*	...
AM47	12 167	[3] 639.5	262	[3] 1 189.2	28	♦ 715.6	*7 242*	...
AM48	96 310	196.3	406	38.7	200	184.1	*42 964*	*108.4*
AM49	65 392	133.3	531	50.6	98	90.2	*13 038*	*32.9*
AM50	3 248	6.6	159	15.1	6	♦ 5.5	*[4] 39 387*	*[4] 99.4*
AM51	523	1.1	13	♦ 1.2	1	♦ 0.9	...	...
AM52	5 148	10.5	128	12.2	5	♦ 4.6	...	...
AM53	22	♦ 0.0	146	13.9	1	♦ 0.9	...	...
AM54	241	0.5	32	3.0	3	♦ 2.8	...	...
AM55	10 003	20.4	–	–	–	–	...	...

21. Deaths and death rates by cause: latest available year (continued)

Décès selon la cause, nombres et taux: dernière année disponible (suite)

Part A: Classified according to Abbreviated International List, 1975 Revision

Partie A: Décès classés selon la Liste internationale abrégée de la révision de 1975

(See notes at end of table. – Voir notes à la fin du tableau.)

AFRICA(cont.)/AMERICA NORTH – AFRIQUE(suite)/AMERIQUE DU NORD

Cause of death abbreviated list number [1] / Cause de décès numéro dans la liste abrégée [1]	Zimbabwe		Bahamas		Barbados – Barbade		Canada	
	1990		1987		1992+ [2]		1994 [2 5]	
	Number Nombre	Rate Taux	Number Nombre	Rate Taux	Number Nombre	Rate Taux	Number Nombre	Rate Taux
TOTAL	*34 829*	*371.7*	1 376	571.0	2 365	900.6	207 077	707.9
AM 1	–	–	–	–	–	–	–	–
AM 2	*96*	*1.0*	–	–	–	–	–	–
AM 3	*1 392*	*14.9*	5	♦ 2.1	1	♦ 0.4	39	0.1
AM 4	*1 501*	*16.0*	15	♦ 6.2	2	♦ 0.8	118	0.4
AM 5	*8*	*♦ 0.1*	–	–	–	–	–	–
AM 6	*4*	*♦ 0.0*	–	–	–	–	31	0.1
AM 7	*20*	*♦ 0.2*	–	–	1	♦ 0.4	–	–
AM 8	*250*	*2.7*	12	♦ 5.0	41	15.6	821	2.8
AM 9	–	–	–	–	–	–	–	–
AM10	*56*	*0.6*	–	–	–	–	–	–
AM11	*796*	*8.5*	–	–	–	–	–	–
AM12	*2 283*	*24.4*	10	♦ 4.1	5	♦ 1.9	560	1.9
AM13	*157*	*1.7*	15	♦ 6.2	41	15.6	2 038	7.0
AM14	*80*	*0.9*	7	♦ 2.9	25	♦ 9.5	4 663	15.9
AM15	*40*	*0.4*	11	♦ 4.6	10	♦ 3.8	1 356	4.6
AM16	*241*	*2.6*	34	14.1	35	13.3	15 159	51.8
AM17	*100*	...	13	...	38	...	4 995	[6] 42.1
AM18	*189*	...	12	...	24	...	437	[6] 3.7
AM19	*112*	*1.2*	13	♦ 5.4	14	♦ 5.3	1 863	6.4
AM20	*1 898*	*20.3*	162	67.2	282	107.4	26 813	91.7
AM21	*349*	*3.7*	68	28.2	218	83.0	5 165	17.7
AM22	*61*	*0.7*	–	–	–	–	10	♦ 0.0
AM23	*365*	*3.9*	–	–	9	♦ 3.4	177	0.6
AM24	*155*	*1.7*	6	♦ 2.5	14	♦ 5.3	428	1.5
AM25	*523*	*5.6*	7	♦ 2.9	6	♦ 2.3	48	0.2
AM26	*54*	*0.6*	–	–	–	–	13	♦ 0.0
AM27	*176*	*1.9*	3	♦ 1.2	2	♦ 0.8	535	1.8
AM28	*585*	*6.2*	79	32.8	45	17.1	1 337	4.6
AM29	*283*	*3.0*	71	29.5	173	65.9	22 253	76.1
AM30	*52*	*0.6*	63	26.1	48	18.3	21 922	74.9
AM31	*1 175*	*12.5*	115	47.7	364	138.6	15 306	52.3
AM32	*45*	*0.5*	8	♦ 3.3	43	16.4	1 917	6.6
AM33	*1 676*	*17.9*	43	17.8	289	110.1	15 290	52.3
AM34	*2 773*	*29.6*	55	22.8	49	18.7	7 069	24.2
AM35	*3*	*♦ 0.0*	1	♦ 0.4	–	–	233	0.8
AM36	*414*	*4.4*	8	♦ 3.3	17	♦ 6.5	2 045	7.0
AM37	*89*	*0.9*	6	♦ 2.5	15	♦ 5.7	554	1.9
AM38	*21*	*♦ 0.2*	1	♦ 0.4	–	–	45	0.2
AM39	*419*	*4.5*	44	18.3	25	♦ 9.5	2 208	7.5
AM40	*461*	*4.9*	14	♦ 5.8	17	♦ 6.5	2 480	8.5
AM41	*41*	...	–	–	1	...	59	[7] 1.7
AM42	*93*	...	–	–	–	–	2	♦ [3] 0.5
AM43	*179*	...	3	♦ [3] 69.3	2	♦ [3] 47.8	9	♦ [3] 2.3
AM44	*21*	...	–	–	1	♦ [3] 23.9	3	♦ [3] 0.8
AM45	*485*	*5.2*	23	♦ 9.5	13	♦ 4.9	1 157	4.0
AM46	*43*	...	–	–	4	♦ [3] 95.6	39	[3] 10.1
AM47	*3 383*	...	73	[3] 1 685.5	32	[3] 764.6	1 020	[3] 264.0
AM48	*4 347*	*46.4*	36	14.9	88	33.5	3 107	10.6
AM49	*2 890*	*30.8*	156	64.7	265	100.9	30 557	104.5
AM50	*1 241*	*13.2*	47	19.5	26	♦ 9.9	3 049	10.4
AM51	*135*	*1.4*	3	♦ 1.2	15	♦ 5.7	2 347	8.0
AM52	*1 592*	*17.0*	55	22.8	26	♦ 9.9	3 291	11.2
AM53	*768*	*8.2*	3	♦ 1.2	14	♦ 5.3	3 749	12.8
AM54	*587*	*6.3*	26	♦ 10.8	22	♦ 8.4	498	1.7
AM55	*122*	*1.3*	50	20.7	3	♦ 1.1	262	0.9

21. Deaths and death rates by cause: latest available year (continued)

Décès selon la cause, nombres et taux: dernière année disponible (suite)

Part A: Classified according to Abbreviated International List, 1975 Revision

Partie A: Décès classés selon la Liste internationale abrégée de la révision de 1975

(See notes at end of table. – Voir notes à la fin du tableau.)

AMERICA,NORTH(cont.) – AMERIQUE DU NORD(suite)

Cause of death abbreviated list number [1] / Cause de décès numéro dans la liste abrégée [1]	Costa Rica		Cuba		Dominican Republic – République dominicaine		El Salvador	
	1991 [2]		1990		1985+		1991 [9]	
	Number Nombre	Rate Taux	Number Nombre	Rate Taux	Number Nombre	Rate Taux	Number Nombre	Rate Taux
TOTAL	11 795	410.8	72 144	679.0	27 844	434.0	27 096	506.4
AM 1	–	–	–	–	–	–	17	♦ 0.3
AM 2	–	–	2	♦ 0.0	24	♦ 0.4	83	1.6
AM 3	111	3.9	427	4.0	1 799	28.0	946	17.7
AM 4	83	2.9	56	0.5	547	8.5	181	3.4
AM 5	–	–	1	...	6	♦ 0.1	5	♦ 0.1
AM 6	1	♦ 0.0	118	1.1	16	♦ 0.2	4	♦ 0.1
AM 7	1	♦ 0.0	1	...	30	♦ 0.5	37	0.7
AM 8	30	♦ 1.0	144	1.4	410	6.4	192	3.6
AM 9	–	–	–	–	–	–	–	–
AM10	37	1.3	–	–	156	2.4	38	0.7
AM11	–	–	2	♦ 0.0	9	♦ 0.1	14	♦ 0.3
AM12	65	2.3	248	2.3	299	4.7	118	2.2
AM13	598	20.8	648	6.1	144	2.2	333	6.2
AM14	109	3.8	1 063	10.0	76	1.2	28	♦ 0.5
AM15	50	1.7	287	2.7	40	0.6	14	♦ 0.3
AM16	175	6.1	3 155	29.7	142	2.2	77	1.4
AM17	103	...	845	[6] 20.6	82	...	42	...
AM18	123	...	301	[6] 7.3	117	...	103	...
AM19	124	4.3	491	4.6	98	1.5	128	2.4
AM20	1 041	36.3	6 863	64.6	1 061	16.5	1 143	21.4
AM21	294	10.2	2 280	21.5	573	8.9	398	7.4
AM22	2	♦ 0.1	4	♦ 0.0	9	♦ 0.1	–	–
AM23	40	1.4	21	♦ 0.2	630	9.8	235	4.4
AM24	52	1.8	166	1.6	242	3.8	160	3.0
AM25	36	1.3	230	2.2	278	4.3	111	2.1
AM26	2	♦ 0.1	9	♦ 0.1	14	♦ 0.2	6	♦ 0.1
AM27	44	1.5	194	1.8	32	0.5	6	♦ 0.1
AM28	240	8.4	825	7.8	612	9.5	44	0.8
AM29	1 136	39.6	13 033	122.7	1 626	25.3	1 024	19.1
AM30	514	17.9	5 152	48.5	109	1.7	81	1.5
AM31	829	28.9	6 935	65.3	1 726	26.9	1 254	23.4
AM32	62	2.2	2 296	21.6	56	0.9	17	♦ 0.3
AM33	639	22.3	2 817	26.5	2 262	35.3	2 174	40.6
AM34	403	14.0	3 063	28.8	1 158	18.0	822	15.4
AM35	1	♦ 0.0	14	♦ 0.1	18	♦ 0.3	8	♦ 0.1
AM36	194	6.8	1 180	11.1	409	6.4	560	10.5
AM37	43	1.5	409	3.8	122	1.9	217	4.1
AM38	16	♦ 0.6	83	0.8	22	♦ 0.3	21	♦ 0.4
AM39	240	8.4	906	8.5	816	12.7	340	6.4
AM40	154	5.4	560	5.3	182	2.8	347	6.5
AM41	5	...	155	[7] 14.4	41	...	7	...
AM42	7	♦ [3] 8.6	16	♦ [3] 8.6	18	...	7	♦ [3] 4.6
AM43	18	♦ [3] 22.2	43	[3] 23.0	79	...	70	[3] 46.3
AM44	3	♦ [3] 3.7	19	♦ [3] 10.2	9	...	–	–
AM45	383	13.3	846	8.0	447	7.0	257	4.8
AM46	6	♦ [3] 7.4	63	[3] 33.8	115	...	21	♦ [3] 13.9
AM47	503	[3] 620.1	733	[3] 392.7	2 620	...	1 570	[3] 1 038.3
AM48	522	18.2	259	2.4	4 178	65.1	4 702	87.9
AM49	1 521	53.0	[8] 6 703	[8] 63.1	2 220	34.6	3 728	69.7
AM50	415	14.5	...	...	557	8.7	1 087	20.3
AM51	128	4.5	...	...	52	0.8	282	5.3
AM52	356	12.4	...	...	836	13.0	1 261	23.6
AM53	130	4.5	...	...	133	2.1	474	8.9
AM54	128	4.5	...	...	310	4.8	1 464	27.4
AM55	78	2.7	...	...	277	4.3	838	15.7

21. Deaths and death rates by cause: latest available year (continued)

Décès selon la cause, nombres et taux: dernière année disponible (suite)

Part A: Classified according to Abbreviated International List, 1975 Revision

Partie A: Décès classés selon la Liste internationale abrégée de la révision de 1975

(See notes at end of table. – Voir notes à la fin du tableau.) AMERICA,NORTH(cont.) – AMERIQUE DU NORD(suite)

Cause of death abbreviated list number [1] / Cause de décès numéro dans la liste abrégée [1]	Guatemala		Martinique		Mexico – Mexique		Nicaragua	
	1984 [2]		1987 [2 10]		1993+ [2]		1991	
	Number Nombre	Rate Taux	Number Nombre	Rate Taux	Number Nombre	Rate Taux	Number Nombre	Rate Taux
TOTAL	66 260	856.1	2 095	607.2	416 029	455.9	*12 515*	*312.9*
AM 1	–	–	–	–	190	0.2	–	–
AM 2	232	3.0	2	♦ 0.6	298	0.3	*1*	*♦ 0.0*
AM 3	10 872	140.5	9	♦ 2.6	12 711	13.9	*1 179*	*29.5*
AM 4	804	10.4	6	♦ 1.7	4 896	5.4	*250*	*6.3*
AM 5	1 148	14.8	–	–	67	0.1	*4*	*♦ 0.1*
AM 6	4	♦ 0.1	1	♦ 0.3	8	♦ 0.0	*9*	*♦ 0.2*
AM 7	76	1.0	3	♦ 0.9	139	0.2	*20*	*♦ 0.5*
AM 8	648	8.4	16	♦ 4.6	2 662	2.9	*53*	*1.3*
AM 9	–	–	–	–	–	–	–	–
AM10	1 120	14.5	–	–	20	♦ 0.0	*141*	*3.5*
AM11	428	5.5	–	–	–	–	*45*	*1.1*
AM12	1 040	13.4	35	10.1	2 795	3.1	*96*	*2.4*
AM13	612	7.9	42	12.2	4 604	5.0	*150*	*3.7*
AM14	8	♦ 0.1	18	♦ 5.2	1 438	1.6	*26*	*♦ 0.6*
AM15	12	♦ 0.2	–	0.0	376	0.4	*17*	*♦ 0.4*
AM16	60	0.8	31	9.0	5 735	6.3	*57*	*1.4*
AM17	48	...	24	...	2 718	...	*46*	...
AM18	132	...	21	...	4 369	...	*177*	...
AM19	136	1.8	12	♦ 3.5	2 554	2.8	*77*	*1.9*
AM20	1 300	16.8	247	71.6	23 145	25.4	*453*	*11.3*
AM21	304	3.9	87	25.2	29 572	32.4	*277*	*6.9*
AM22	28	♦ 0.4	–	–	275	0.3	*4*	*♦ 0.1*
AM23	3 412	44.1	–	–	9 593	10.5	*129*	*3.2*
AM24	608	7.9	–	–	4 241	4.6	*75*	*1.9*
AM25	264	3.4	2	♦ 0.6	750	0.8	*95*	*2.4*
AM26	16	♦ 0.2	–	–	117	0.1	*9*	*♦ 0.2*
AM27	24	♦ 0.3	4	♦ 1.2	1 345	1.5	*13*	*♦ 0.3*
AM28	112	1.4	65	18.8	7 813	8.6	*159*	*4.0*
AM29	1 084	14.0	92	26.7	27 291	29.9	*626*	*15.7*
AM30	68	0.9	–	–	6 725	7.4	*89*	*2.2*
AM31	1 008	13.0	332	96.2	21 559	23.6	*826*	*20.7*
AM32	92	1.2	–	–	1 350	1.5	*29*	*♦ 0.7*
AM33	2 024	26.2	62	18.0	24 465	26.8	*792*	*19.8*
AM34	8 696	112.4	47	13.6	18 356	20.1	*856*	*21.4*
AM35	880	11.4	6	♦ 1.7	243	0.3	*7*	*♦ 0.0*
AM36	640	8.3	40	11.6	8 647	9.5	*190*	*4.7*
AM37	184	2.4	14	♦ 4.1	3 136	3.4	*73*	*1.8*
AM38	56	0.7	–	–	457	0.5	*16*	*♦ 0.4*
AM39	708	9.1	43	12.5	20 483	22.4	*239*	*6.0*
AM40	400	5.2	27	♦ 7.8	9 649	10.6	*424*	*10.6*
AM41	4	...	9	...	387	...	*26*	...
AM42	40	[3] 12.8	–	–	99	[3] 3.5	*21*	...
AM43	188	[3] 60.2	6	♦ [3] 94.8	1 149	[3] 40.5	*63*	...
AM44	8	♦ [3] 2.6	–	–	20	♦ [3] 0.7	–	...
AM45	760	9.8	14	♦ 4.1	8 650	9.5	*219*	*5.5*
AM46	80	[3] 25.6	2	♦ [3] 31.6	861	[3] 30.3	*31*	...
AM47	9 604	[3] 3 077.3	26	♦ [3] 410.9	20 051	[3] 706.1	*1 111*	...
AM48	6 908	89.3	130	37.7	7 751	8.5	*548*	*13.7*
AM49	5 352	69.1	433	125.5	54 104	59.3	*1 114*	*27.9*
AM50	112	1.4	43	12.5	14 337	15.7	*390*	*9.8*
AM51	196	2.5	21	♦ 6.1	4 172	4.6	*15*	*♦ 0.4*
AM52	1 112	14.4	64	18.5	18 474	20.2	*627*	*15.7*
AM53	40	0.5	44	12.8	2 358	2.6	*110*	*2.7*
AM54	256	3.3	15	♦ 4.3	16 025	17.6	*229*	*5.7*
AM55	2 312	29.9	–	0.0	2 799	3.1	*288*	*7.2*

21. Deaths and death rates by cause: latest available year (continued)

Décès selon la cause, nombres et taux: dernière année disponible (suite)

Part A: Classified according to Abbreviated International List, 1975 Revision

Partie A: Décès classés selon la Liste internationale abrégée de la révision de 1975

(See notes at end of table. – Voir notes à la fin du tableau.)

AMERICA,NORTH(cont.) – AMERIQUE DU NORD(Suite)

Cause of death abbreviated list number [1] / Cause de décès numéro dans la liste abrégée [1]	Panama		Puerto Rico – Porto Rico		Trinidad and Tobago – Trinité-et-Tobago		United States – Etats-Unis	
	1989		1992		1991		1993	
	Number Nombre	Rate Taux	Number Nombre	Rate Taux	Number Nombre	Rate Taux	Number Nombre	Rate Taux
TOTAL	*9 557*	*406.7*	27 396	765.3	8 192	668.7	2 268 553	878.8
AM 1	–	–	–	–	–	–	–	–
AM 2	–	–	–	–	2	♦ 0.2	–	–
AM 3	*206*	*8.8*	5	♦ 0.1	32	2.6	700	0.3
AM 4	*143*	*6.1*	58	1.6	34	2.8	1 631	0.6
AM 5	*5*	*♦ 0.2*	–	–	–	–	7	♦ 0.0
AM 6	*17*	*♦ 0.7*	–	–	–	–	260	0.1
AM 7	*4*	*♦ 0.2*	2	♦ 0.1	6	♦ 0.5	11	♦ 0.0
AM 8	*34*	*1.4*	467	13.0	42	3.4	20 634	8.0
AM 9	–	–	–	–	–	–	–	–
AM10	*3*	*♦ 0.1*	–	–	–	–	–	–
AM11	–	–	–	–	–	–	12	♦ 0.0
AM12	*60*	*2.6*	139	3.9	43	3.5	9 621	3.7
AM13	*146*	*6.2*	347	9.7	65	5.3	13 850	5.4
AM14	*72*	*3.1*	325	9.1	81	6.6	48 722	18.9
AM15	*36*	*1.5*	47	1.3	24	♦ 2.0	8 233	3.2
AM16	*156*	*6.6*	557	15.6	89	7.3	148 855	57.7
AM17	*87*	*[6] 11.6*	311	[6] 22.7	90	...	43 555	[6] 41.8
AM18	*87*	*[6] 11.6*	43	[6] 3.1	38	...	4 583	[6] 4.4
AM19	*69*	*2.9*	163	4.6	48	3.9	19 530	7.6
AM20	*683*	*29.1*	2 600	72.6	597	48.7	242 576	94.0
AM21	*262*	*11.1*	1 836	51.3	1 031	84.2	53 894	20.9
AM22	–	–	–	–	1	♦ 0.1	272	0.1
AM23	–	–	65	1.8	37	3.0	2 921	1.1
AM24	*73*	*3.1*	160	4.5	58	4.7	4 315	1.7
AM25	*55*	*2.3*	22	♦ 0.6	30	♦ 2.4	788	0.3
AM26	*3*	*♦ 0.1*	6	♦ 0.2	1	♦ 0.1	153	0.1
AM27	*33*	*1.4*	12	♦ 0.3	31	2.5	5 590	2.2
AM28	*137*	*5.8*	1 118	31.2	379	30.9	36 744	14.2
AM29	*670*	*28.5*	1 327	37.1	912	74.4	227 456	88.1
AM30	*375*	*16.0*	2 221	62.0	493	40.2	262 607	101.7
AM31	*849*	*36.1*	1 285	35.9	939	76.6	150 108	58.1
AM32	–	–	337	9.4	60	4.9	17 272	6.7
AM33	*517*	*22.0*	2 340	65.4	402	32.8	252 280	97.7
AM34	*294*	*12.5*	1 197	33.4	273	22.3	81 776	31.7
AM35	*8*	*♦ 0.3*	5	♦ 0.1	3	♦ 0.2	1 044	0.4
AM36	*147*	*6.3*	391	10.9	109	8.9	26 530	10.3
AM37	*45*	*1.9*	52	1.5	85	6.9	5 945	2.3
AM38	*7*	*♦ 0.3*	6	♦ 0.2	8	♦ 0.7	367	0.1
AM39	*113*	*4.8*	722	20.2	77	6.3	25 209	9.8
AM40	*134*	*5.7*	394	11.0	94	7.7	23 317	9.0
AM41	*6*	*♦ [7] 3.9*	3	♦ [7] 0.8	24	...	410	[7] 1.4
AM42	*6*	*♦ [3] 10.2*	2	♦ [3] 3.1	4	♦ [3] 17.9	47	[3] 1.2
AM43	*29*	*♦ [3] 49.1*	12	♦ [3] 18.6	7	♦ [3] 31.3	241	[3] 6.0
AM44	*2*	*♦ [3] 3.4*	–	–	–	–	14	♦ [3] 0.3
AM45	*227*	*9.7*	227	6.3	78	6.4	12 444	4.8
AM46	*39*	*[3] 66.0*	1	♦ [3] 1.5	16	♦ [3] 71.5	229	[3] 5.7
AM47	*466*	*[3] 788.9*	475	[3] 736.7	111	[3] 496.2	14 868	[3] 371.7
AM48	*735*	*31.3*	223	6.2	182	14.9	26 540	10.3
AM49	*1 144*	*48.7*	5 304	148.2	920	75.1	321 331	124.5
AM50	*320*	*13.6*	614	17.2	148	12.1	40 899	15.8
AM51	*55*	*2.3*	165	4.6	48	3.9	13 141	5.1
AM52	*355*	*15.1*	430	12.0	154	12.6	36 483	14.1
AM53	*70*	*3.0*	314	8.8	148	12.1	31 102	12.0
AM54	*123*	*5.2*	851	23.8	95	7.8	25 653	9.9
AM55	*450*	*19.2*	215	6.0	43	3.5	3 783	1.5

21. Deaths and death rates by cause: latest available year (continued)

Décès selon la cause, nombres et taux: dernière année disponible (suite)

Part A: Classified according to Abbreviated International List, 1975 Revision

Partie A: Décès classés selon la Liste internationale abrégée de la révision de 1975

(See notes at end of table. – Voir notes à la fin du tableau.)

AMERICA,SOUTH – AMERIQUE DU SUD

Cause of death abbreviated list number [1] / Cause de décès numéro dans la liste abrégée [1]	Argentina – Argentine		Brazil – Brésil		Chile – Chili		Colombia – Colombie	
	1991 [2]		1989 [11] [12]		1992		1991+ [13]	
	Number Nombre	Rate Taux	Number Nombre	Rate Taux	Number Nombre	Rate Taux	Number Nombre	Rate Taux
TOTAL	253 996	770.5	814 726	572.5	74 090	547.0	163 692	498.4
AM 1	–	–	–	–	1	–	54	0.2
AM 2	6	♦ 0.0	71	0.0	6	♦ 0.0	32	0.1
AM 3	936	2.8	18 273	12.8	255	1.9	2 534	7.7
AM 4	1 218	3.7	5 343	3.8	481	3.6	1 246	3.8
AM 5	30	♦ 0.1	97	0.1	4	♦ 0.0	53	0.2
AM 6	40	0.1	615	0.4	41	0.3	37	0.1
AM 7	26	♦ 0.1	559	0.4	8	♦ 0.1	58	0.2
AM 8	5 383	16.3	8 322	5.8	826	6.1	1 015	3.1
AM 9	–	–	–	–	–	–	–	–
AM10	92	0.3	264	0.2	2	♦ 0.0	35	0.1
AM11	3	...	1 014	0.7	1	–	183	0.6
AM12	1 281	3.9	10 434	7.3	488	3.6	769	2.3
AM13	3 127	9.5	9 566	6.7	2 642	19.5	3 850	11.7
AM14	3 654	11.1	2 965	2.1	545	4.0	645	2.0
AM15	827	2.5	1 398	1.0	237	1.7	363	1.1
AM16	7 949	24.1	9 714	6.8	1 573	11.6	2 188	6.7
AM17	4 349	[6] 37.2	5 491	[6] 11.5	802	[6] 16.6	990	[6] 9.1
AM18	864	[6] 7.4	2 757	[6] 5.8	746	[6] 15.4	1 053	[6] 9.7
AM19	1 503	4.6	3 221	2.3	447	3.3	1 086	3.3
AM20	24 876	75.5	43 391	30.5	7 856	58.0	10 473	31.9
AM21	6 015	18.2	17 485	12.3	1 477	10.9	3 120	9.5
AM22	287	0.9	830	0.6	31	0.2	8	♦ 0.0
AM23	1 247	3.8	6 199	4.4	77	0.6	1 521	4.6
AM24	538	1.6	2 081	1.5	186	1.4	647	2.0
AM25	540	1.6	2 974	2.1	162	1.2	658	2.0
AM26	24	♦ 0.1	190	0.1	2	♦ 0.0	32	0.1
AM27	235	0.7	1 529	1.1	352	2.6	290	0.9
AM28	4 224	12.8	15 426	10.8	1 271	9.4	4 683	14.3
AM29	15 322	46.5	50 998	35.8	5 186	38.3	14 841	45.2
AM30	6 720	20.4	15 931	11.2	2 277	16.8	2 171	6.6
AM31	25 323	76.8	77 399	54.4	7 158	52.8	10 637	32.4
AM32	6 234	18.9	5 054	3.6	1 458	10.8	1 109	3.4
AM33	53 123	161.1	62 062	43.6	3 803	28.1	13 749	41.9
AM34	6 475	19.6	32 046	22.5	5 342	39.4	5 121	15.6
AM35	11	♦ 0.0	297	0.2	61	0.4	88	0.3
AM36	1 887	5.7	7 982	5.6	1 141	8.4	1 563	4.8
AM37	390	1.2	2 616	1.8	233	1.7	941	2.9
AM38	85	0.3	414	0.3	54	0.4	140	0.4
AM39	3 156	9.6	12 697	8.9	2 440	18.0	1 153	3.5
AM40	4 831	14.7	7 857	5.5	953	7.0	2 099	6.4
AM41	65	[7] 2.0	320	[7] 3.4	84	[7] 8.5	103	[7] 5.7
AM42	112	[3] 16.1	195	[3] 7.6	28	♦ [3] 9.5	96	...
AM43	208	[3] 29.9	1 347	[3] 52.2	57	[3] 19.4	403	...
AM44	14	♦ [3] 2.0	128	[3] 5.0	6	♦ [3] 2.0	7	...
AM45	3 149	9.6	8 462	5.9	1 398	10.3	2 055	6.3
AM46	324	[3] 46.6	610	[3] 23.6	44	[3] 15.0	101	...
AM47	8 233	[3] 1 185.0	40 262	[3] 1 559.9	1 343	[3] 457.1	5 463	...
AM48	7 081	21.5	149 670	105.2	4 153	30.7	6 597	20.1
AM49	24 952	75.7	66 031	46.4	7 488	55.3	14 189	43.2
AM50	3 103	9.4	28 817	20.2	1 528	11.3	4 723	14.4
AM51	1 046	3.2	3 684	2.6	350	2.6	1 066	3.2
AM52	6 321	19.2	22 714	16.0	1 705	12.6	6 513	19.8
AM53	1 961	5.9	4 489	3.2	658	4.9	1 020	3.1
AM54	1 407	4.3	28 726	20.2	402	3.0	29 413	89.6
AM55	3 189	9.7	13 709	9.6	4 221	31.2	708	2.2

21. Deaths and death rates by cause: latest available year (continued)

Décès selon la cause, nombres et taux: dernière année disponible (suite)

Part A: Classified according to Abbreviated International List, 1975 Revision

Partie A: Décès classés selon la Liste internationale abrégée de la révision de 1975

(See notes at end of table. – Voir notes à la fin du tableau.)

AMERICA, SOUTH(cont.) – AMERIQUE DU SUD(suite)

Cause of death abbreviated list number [1] / Cause de décès numéro dans la liste abrégée [1]	Ecuador – Equateur 1990 [14] Number Nombre	Ecuador – Equateur 1990 [14] Rate Taux	Guyana 1984+ Number Nombre	Guyana 1984+ Rate Taux	Paraguay 1988 [2] Number Nombre	Paraguay 1988 [2] Rate Taux	Suriname 1992 [2] Number Nombre	Suriname 1992 [2] Rate Taux
TOTAL	50 217	489.2	4 781	608.3	13 510	340.9	1 887	461.4
AM 1	–	–	–	–	–	–	–	–
AM 2	88	0.9	2	♦ 0.3	2	♦ 0.0	–	–
AM 3	2 590	25.2	11	♦ 1.4	550	13.9	64	15.6
AM 4	1 209	11.8	14	♦ 1.8	132	3.3	7	♦ 1.7
AM 5	64	0.6	–	–	16	♦ 0.4	–	–
AM 6	–	–	–	–	3	♦ 0.1	–	–
AM 7	58	0.6	8	♦ 1.0	44	1.1	3	♦ 0.7
AM 8	324	3.2	61	7.8	320	8.1	9	♦ 2.2
AM 9	–	–	–	–	–	–	–	–
AM10	94	0.9	–	–	28	♦ 0.7	–	–
AM11	129	1.3	1	♦ 0.1	–	–	7	♦ 1.7
AM12	339	3.3	49	6.2	60	1.5	25	♦ 6.1
AM13	1 232	12.0	42	5.3	111	2.8	16	♦ 3.9
AM14	113	1.1	13	♦ 1.7	39	1.0	15	♦ 3.7
AM15	54	0.5	7	♦ 0.9	17	♦ 0.4	4	♦ 1.0
AM16	307	3.0	15	♦ 1.9	105	2.6	20	♦ 4.9
AM17	196	[6] 6.2	21	...	76	[6] 6.4	16	...
AM18	234	[6] 7.5	25	...	79	[6] 6.6	9	...
AM19	314	3.1	9	♦ 1.1	77	1.9	6	♦ 1.5
AM20	2 656	25.9	148	18.8	741	18.7	112	27.4
AM21	994	9.7	163	20.7	338	8.5	81	19.8
AM22	86	0.8	17	♦ 2.2	6	♦ 0.2	–	–
AM23	886	8.6	205	26.1	90	2.3	8	♦ 2.0
AM24	497	4.8	97	12.3	53	1.3	12	♦ 2.9
AM25	177	1.7	10	♦ 1.3	98	2.5	6	♦ 1.5
AM26	20	♦ 0.2	3	♦ 0.4	4	♦ 0.1	–	–
AM27	88	0.9	14	♦ 1.8	22	♦ 0.6	1	♦ 0.2
AM28	820	8.0	176	22.4	194	4.9	50	12.2
AM29	1 585	15.4	199	25.3	873	22.0	189	46.2
AM30	248	2.4	60	7.6	126	3.2	23	♦ 5.6
AM31	2 697	26.3	597	76.0	1 407	35.5	153	37.4
AM32	135	1.3	19	♦ 2.4	81	2.0	7	♦ 1.7
AM33	3 321	32.4	462	58.8	1 405	35.4	136	33.3
AM34	2 524	24.6	171	21.8	691	17.4	38	9.3
AM35	241	2.3	2	♦ 0.3	26	♦ 0.7	9	♦ 2.2
AM36	1 489	14.5	49	6.2	136	3.4	59	14.4
AM37	280	2.7	29	♦ 3.7	35	0.9	13	♦ 3.2
AM38	64	0.6	5	♦ 0.6	12	♦ 0.3	1	♦ 0.2
AM39	909	8.9	119	15.1	86	2.2	35	8.6
AM40	857	8.3	47	6.0	247	6.2	20	♦ 4.9
AM41	63	[7] 10.9	2	...	24	♦ [7] 12.3	3	...
AM42	29	♦ [3] 14.4	5	...	23	♦ [3] 61.4	1	♦ [3] 10.2
AM43	267	[3] 132.4	12	...	76	[3] 202.9	8	♦ [3] 81.3
AM44	11	♦ [3] 5.5	–	–	6	♦ [3] 16.0	2	♦ [3] 20.3
AM45	719	7.0	26	♦ 3.3	200	5.0	10	♦ 2.4
AM46	96	[3] 47.6	–	–	31	[3] 82.8	1	♦ [3] 10.2
AM47	2 531	[3] 1 254.8	155	...	489	[3] 1 305.4	61	[3] 620.2
AM48	7 173	69.9	515	65.5	2 352	59.3	277	67.7
AM49	4 791	46.7	769	97.8	965	24.3	162	39.6
AM50	2 049	20.0	2	♦ 0.3	–	–	47	11.5
AM51	636	6.2	23	♦ 2.9	–	–	11	♦ 2.7
AM52	2 358	23.0	204	26.0	1 014	25.6	43	10.5
AM53	450	4.4	13	♦ 1.7	–	–	52	12.7
AM54	1 060	10.3	2	♦ 0.3	–	–	6	♦ 1.5
AM55	65	0.6	183	23.3	–	–	49	12.0

21. Deaths and death rates by cause: latest available year (continued)

Décès selon la cause, nombres et taux: dernière année disponible (suite)

Part A: Classified according to Abbreviated International List, 1975 Revision

Partie A: Décès classés selon la Liste internationale abrégée de la révision de 1975

(See notes at end of table. – Voir notes à la fin du tableau.)

AMERICA,SOUTH(cont.)/ASIA – AMERIQUE DU SUD(suite)/ASIE

Cause of death abbreviated list number [1] / Cause de décès numéro dans la liste abrégée [1]	Uruguay 1990 [2]		Venezuela 1989 [2 11]		Armenia – Arménie 1992 [15]		Azerbaijan – Azerbaïdjan 1994 [15]	
	Number Nombre	Rate Taux	Number Nombre	Rate Taux	Number Nombre	Rate Taux	Number Nombre	Rate Taux
TOTAL	30 210	976.3	84 886	449.8	25 825	700.7	54 921	743.0
AM 1	–	–	–	–	...	...	...	...
AM 2	–	–	2	♦ 0.0	1	♦ 0.0	1	♦ 0.0
AM 3	112	3.6	2 447	13.0	...	...	...	...
AM 4	72	2.3	630	3.3	116	3.1	880	11.9
AM 5	2	♦ 0.1	18	♦ 0.1	3	♦ 0.1	7	♦ 0.1
AM 6	10	♦ 0.3	12	♦ 0.1	5	♦ 0.1	18	♦ 0.2
AM 7	2	♦ 0.1	45	0.2	–	–	6	♦ 0.1
AM 8	209	6.8	931	4.9	76	2.1	160	2.2
AM 9	–	–	–	–	...	...	...	...
AM10	–	–	52	0.3	–	–	75	1.0
AM11	1	♦ 0.0	49	0.3	–	–	–	–
AM12	88	2.8	1 478	7.8	...	...	...	...
AM13	501	16.2	1 344	7.1	505	13.7	958	13.0
AM14	563	18.2	471	2.5	178	4.8	159	2.1
AM15	155	5.0	144	0.8	99	2.7	146	2.0
AM16	1 197	38.7	1 250	6.6	807	21.9	731	9.9
AM17	582	[6] 48.7	573	...	308	[6] 22.7	292	...
AM18	96	[6] 8.0	539	...	90	[6] 6.6	75	...
AM19	194	6.3	553	2.9	117	3.2	235	3.2
AM20	3 605	116.5	4 786	25.4	2 059	55.9	2 482	33.6
AM21	600	19.4	2 885	15.3	678	18.4	950	12.9
AM22	2	♦ 0.1	254	1.3	...	...	...	...
AM23	71	2.3	365	1.9	...	...	...	...
AM24	106	3.4	243	1.3	12	♦ 0.3	156	2.1
AM25	51	1.6	458	2.4	12	♦ 0.3	96	1.3
AM26	3	♦ 0.1	9	♦ 0.0	75	2.0	126	1.7
AM27	25	♦ 0.8	140	0.7	149	4.0	20	♦ 0.3
AM28	390	12.6	2 256	12.0	17	♦ 0.5	1 743	23.6
AM29	2 095	67.7	7 051	37.4	2 226	60.4	5 298	71.7
AM30	1 759	56.8	1 858	9.8	6 732	182.7	10 101	136.6
AM31	3 568	115.3	5 450	28.9	3 500	95.0	4 932	66.7
AM32	613	19.8	422	2.2	...	...	...	...
AM33	3 256	105.2	4 544	24.1	...	...	...	...
AM34	767	24.8	2 946	15.6	335	9.1	3 751	50.7
AM35	19	♦ 0.6	54	0.3	7	♦ 0.2	86	1.2
AM36	444	14.3	942	5.0	920	25.0	2 078	28.1
AM37	76	2.5	357	1.9	172	4.7	287	3.9
AM38	15	♦ 0.5	113	0.6	11	♦ 0.3	27	♦ 0.4
AM39	320	10.3	1 504	8.0	...	...	...	...
AM40	283	9.1	881	4.7	270	7.3	670	9.1
AM41	40	[7] 10.7	67	...	55	[7] 17.0	16	...
AM42	1	♦ [3] 1.8	81	[3] 15.3	2	♦ [3] 2.8	10	...
AM43	8	♦ [3] 14.2	234	[3] 44.2	...	...	...	...
AM44	–	–	24	♦ [3] 4.5	...	...	...	...
AM45	272	8.8	1 896	10.0	204	5.5	422	5.7
AM46	20	♦ [3] 35.4	180	[3] 34.0	21	♦ [3] 29.8	108	...
AM47	465	[3] 823.2	5 970	[3] 1 128.5	389	[3] 551.1	477	...
AM48	1 936	62.6	10 637	56.4	1 075	29.2	1 607	21.7
AM49	3 707	119.8	6 138	32.5	...	...	...	...
AM50	375	12.1	3 905	20.7	467	12.7	136	1.8
AM51	154	5.0	794	4.2	96	2.6	25	♦ 0.3
AM52	925	29.9	2 745	14.5	56	1.5	601	8.1
AM53	318	10.3	913	4.8	83	2.3	47	0.6
AM54	136	4.4	2 290	12.1	933	25.3	4 620	62.5
AM55	1	♦ 0.0	956	5.1	132	3.6	157	2.1

21. Deaths and death rates by cause: latest available year (continued)

Décès selon la cause, nombres et taux: dernière année disponible (suite)

Part A: Classified according to Abbreviated International List, 1975 Revision

Partie A: Décès classés selon la Liste internationale abrégée de la révision de 1975

(See notes at end of table. – Voir notes à la fin du tableau.)

ASIA(cont.) – ASIE(suite)

Cause of death abbreviated list number [1] / Cause de décès numéro dans la liste abrégée [1]	Bahrain – Bahreïn		China – Chine		Georgia – Géorgie		Hong Kong – Hong-kong	
	1988		1987 [16]		1990 [15]		1994 [2 25]	
	Number Nombre	Rate Taux	Number Nombre	Rate Taux	Number Nombre	Rate Taux	Number Nombre	Rate Taux
TOTAL	*1 523*	*321.8*	*579 561*	*585.6*	45 945	840.9	30 104	496.6
AM 1	–	–	...	...	...	...	1	♦ 0.0
AM 2	–	–	*87*	*0.1*	–	–	–	–
AM 3	*1*	*♦ 0.2*	...	...	...	...	5	♦ 0.1
AM 4	*1*	*♦ 0.2*	*14 668*	*14.8*	387	7.1	366	6.0
AM 5	–	–	*9*	*♦ 0.0*	5	♦ 0.1	–	–
AM 6	–	–	*321*	*0.3*	3	♦ 0.1	1	♦ 0.0
AM 7	*1*	*♦ 0.2*	*185*	*0.2*	6	♦ 0.1	35	0.6
AM 8	*5*	*♦ 1.1*	*1 801*	*1.8*	178	3.3	697	11.5
AM 9	–	–	–	–	...	...	–	–
AM10	–	–	...	...	–	–	–	–
AM11	–	–	*7*	*♦ 0.0*	–	–	–	–
AM12	*3*	*♦ 0.6*	*[17] 7 148*	*[17] 7.2*	...	...	75	1.2
AM13	*14*	*♦ 3.0*	...	...	713	13.0	587	9.7
AM14	*2*	*♦ 0.4*	...	...	217	4.0	681	11.2
AM15	*3*	*♦ 0.6*	...	...	224	4.1	409	6.7
AM16	*46*	*9.7*	...	...	1 008	18.4	2 784	45.9
AM17	*13*	*♦ [6] 11.0*	...	...	581	...	330	[6] 13.7
AM18	*2*	*♦ [6] 1.7*	...	...	183	...	138	[6] 5.7
AM19	*4*	*♦ 0.8*	*3 488*	*3.5*	161	2.9	205	3.4
AM20	*70*	*14.8*	*[18] 104 285*	*[18] 105.3*	2 962	54.2	4 256	70.2
AM21	*52*	*11.0*	*4 479*	*4.5*	717	13.1	358	5.9
AM22	–	–	...	...	...	...	–	–
AM23	*4*	*♦ 0.8*	*[19] 2 148*	*[19] 2.2*	...	...	–	–
AM24	*2*	*♦ 0.4*	*877*	*0.9*	72	1.3	28	♦ 0.5
AM25	*2*	*♦ 0.4*	*465*	*0.5*	39	0.7	35	0.6
AM26	–	–	*411*	*0.4*	24	♦ 0.4	–	–
AM27	–	–	*8 540*	*8.6*	152	2.8	146	2.4
AM28	*45*	*9.5*	*13 555*	*13.7*	55	1.0	679	11.2
AM29	*289*	*61.1*	*13 281*	*13.4*	2 541	46.5	1 842	30.4
AM30	*36*	*7.6*	*17 211*	*17.4*	15 377	281.4	1 421	23.4
AM31	*49*	*10.4*	*106 576*	*107.7*	10 805	197.7	3 225	53.2
AM32	–	–	...	...	...	...	24	♦ 0.4
AM33	*78*	*16.5*	*[20] 38 412*	*[20] 38.8*	...	...	1 187	19.6
AM34	*48*	*10.1*	*16 157*	*16.3*	683	12.5	2 008	33.1
AM35	–	–	...	...	31	0.6	–	–
AM36	*20*	*♦ 4.2*	*81 153*	*82.0*	964	17.6	383	6.3
AM37	–	–	*4 542*	*4.6*	170	3.1	177	2.9
AM38	–	–	*393*	*0.4*	4	♦ 0.1	7	♦ 0.1
AM39	*17*	*♦ 3.6*	*12 267*	*12.4*	...	...	441	7.3
AM40	–	–	*6 092*	*6.2*	368	6.7	853	14.1
AM41	–	–	*497*	*[7] 6.0*	30	...	3	♦ [7] 0.5
AM42	–	–	*31*	*[3] 1.9*	1	...	–	–
AM43	–	–	*497*	*[3] 30.7*	...	...	8	♦ [3] 11.2
AM44	–	–	*176*	*[3] 10.9*	...	...	–	–
AM45	*82*	*17.3*	*5 953*	*6.0*	87	1.6	144	2.4
AM46	–	–	...	...	332	...	1	♦ [3] 1.4
AM47	*189*	*[3] 1 505.4*	*[21] 12 797*	*[3 21] 790.4*	277	...	165	[3] 230.3
AM48	*157*	*33.2*	*[22] 34 420*	*[22] 13.6*	692	12.7	436	7.2
AM49	*181*	*38.2*	*[23] 34 127*	*[23] 34.5*	...	...	4 245	70.0
AM50	*38*	*8.0*	*8 368*	*8.5*	729	13.3	315	5.2
AM51	–	–	*5 750*	*5.8*	167	3.1	172	2.8
AM52	*12*	*♦ 2.5*	...	...	206	3.8	357	5.9
AM53	*14*	*♦ 3.0*	*17 382*	*17.6*	196	3.6	751	12.4
AM54	*2*	*♦ 0.4*	*1 412*	*1.4*	151	2.8	66	1.1
AM55	*41*	*8.7*	*[24] 20 593*	*[24] 20.8*	601	11.0	57	0.9

21. Deaths and death rates by cause: latest available year (continued)

Décès selon la cause, nombres et taux: dernière année disponible (suite)

Part A: Classified according to Abbreviated International List, 1975 Revision

Partie A: Décès classés selon la Liste internationale abrégée de la révision de 1975

(See notes at end of table. – Voir notes à la fin du tableau.)

ASIA(cont.) – ASIE(suite)

Cause of death abbreviated list number [1] / Cause de décès numéro dans la liste abrégée [1]	Israel – Israël [26] 1994		Japan – Japon 1994 [27]		Kazakstan 1994 [15]		Korea, Republic of– Corée, République de 1994 [2]	
	Number Nombre	Rate Taux	Number Nombre	Rate Taux	Number Nombre	Rate Taux	Number Nombre	Rate Taux
TOTAL	33 535	621.1	875 933	701.0	160 591	943.2	230 677	518.9
AM 1	–	–	–	–	–	–	2	♦ 0.0
AM 2	1	♦ 0.0	1	0.0	2	♦ 0.0	5	♦ 0.0
AM 3	34	0.6	944	0.8	1 254	7.4	414	0.9
AM 4	45	0.8	3 094	2.5	2 974	17.5	4 102	9.2
AM 5	–	–	3	♦ 0.0	1	♦ 0.0	1	♦ 0.0
AM 6	9	♦ 0.2	2	♦ 0.0	121	0.7	5	♦ 0.0
AM 7	–	–	11	♦ 0.0	5	♦ 0.0	14	♦ 0.0
AM 8	262	4.9	4 594	3.7	451	2.6	728	1.6
AM 9	–	–	–	–	–	–	–	–
AM10	4	♦ 0.1	11	♦ 0.0	4	♦ 0.0	39	0.1
AM11	–	–	3	♦ 0.0	–	–	4	♦ 0.0
AM12	163	3.0	7 048	5.6	309	1.8	379	0.9
AM13	483	8.9	47 791	38.2	3 350	19.7	12 553	28.2
AM14	896	16.6	19 063	15.3	728	4.3	1 300	2.9
AM15	254	4.7	10 025	8.0	850	5.0	1 160	2.6
AM16	1 097	20.3	43 476	34.8	4 624	27.2	8 196	18.4
AM17	806	[6] 41.5	7 131	[6] 13.3	1 154	...	830	[6] 4.9
AM18	46	[6] 2.4	1 887	[6] 3.5	582	...	548	[6] 3.2
AM19	295	5.5	5 910	4.7	444	2.6	1 385	3.1
AM20	3 803	70.4	108 387	86.7	10 837	63.6	23 060	51.9
AM21	854	15.8	10 872	8.7	1 727	10.1	7 380	16.6
AM22	–	–	–	–	–	–	–	–
AM23	2	♦ 0.0	309	0.2	–	–	67	0.1
AM24	57	1.1	1 575	1.3	121	0.7	323	0.7
AM25	13	♦ 0.2	479	0.4	207	1.2	252	0.6
AM26	2	♦ 0.0	42	0.0	756	4.4	4	♦ 0.0
AM27	40	0.7	1 311	1.0	379	2.2	160	0.4
AM28	952	17.6	7 938	6.4	2 963	17.4	11 232	25.3
AM29	3 079	57.0	39 872	31.9	6 274	36.8	4 466	10.0
AM30	4 137	76.6	18 009	14.4	34 382	201.9	1 005	2.3
AM31	2 928	54.2	120 239	96.2	23 586	138.5	36 718	82.6
AM32	14	♦ 0.3	1 550	1.2	–	–	868	2.0
AM33	3 652	67.6	107 714	86.2	8 821	51.8	14 454	32.5
AM34	216	4.0	83 354	66.7	4 022	23.6	1 994	4.5
AM35	–	–	65	0.1	134	0.8	172	0.4
AM36	193	3.6	16 211	13.0	7 092	41.7	5 440	12.2
AM37	151	2.8	3 678	2.9	510	3.0	984	2.2
AM38	5	♦ 0.1	86	0.1	85	0.5	47	0.1
AM39	208	3.9	16 446	13.2	2 606	15.3	11 540	26.0
AM40	583	10.8	18 789	15.0	1 054	6.2	1 761	4.0
AM41	21	♦ [7] 4.3	154	[7] 0.8	149	...	61	[7] 1.7
AM42	–	–	4	♦ [3] 0.3	33	...	5	♦ [3] 0.7
AM43	5	♦ [3] 4.4	65	[3] 5.2	115	...	78	[3] 11.0
AM44	1	♦ [3] 0.9	7	♦ [3] 0.6	–	–	3	♦ [3] 0.4
AM45	357	6.6	3 287	2.6	1 444	8.5	1 167	2.6
AM46	2	♦ [3] 1.7	173	[3] 14.0	347	...	4	♦ [3] 0.6
AM47	389	[3] 339.6	1 400	[3] 113.1	2 232	...	234	[3] 33.0
AM48	1 868	34.6	31 567	25:3	3 714	21.8	24 194	54.4
AM49	3 541	65.6	70 462	56.4	9 028	53.0	19 323	43.5
AM50	568	10.5	13 563	10.9	2 249	13.2	14 730	33.1
AM51	375	6.9	4 690	3.8	544	3.2	2 236	5.0
AM52	476	8.8	17 862	14.3	6 473	38.0	9 673	21.8
AM53	416	7.7	20 923	16.7	4 045	23.8	4 212	9.5
AM54	119	2.2	789	0.6	2 985	17.5	720	1.6
AM55	113	2.1	3 067	2.5	4 824	28.3	445	1.0

21. Deaths and death rates by cause: latest available year (continued)

Décès selon la cause, nombres et taux: dernière année disponible (suite)

Part A: Classified according to Abbreviated International List, 1975 Revision

Partie A: Décès classés selon la Liste internationale abrégée de la révision de 1975

(See notes at end of table. – Voir notes à la fin du tableau.)

ASIA(cont.) – ASIE(suite)

Cause of death abbreviated list number [1] / Cause de décès numéro dans la liste abrégée [1]	Kuwait – Koweït		Kyrgyzstan – Kirghizistan		Macau – Macao		Maldives	
	1994		1994 [15]		1993		1988	
	Number Nombre	Rate Taux	Number Nombre	Rate Taux	Number Nombre	Rate Taux	Number Nombre	Rate Taux
TOTAL	3 464	213.8	37 109	829.6	1 531	394.5	1 526	751.7
AM 1	–	–	...	...	–	–	–	–
AM 2	–	–	2	♦ 0.0	–	–	–	–
AM 3	9	♦ 0.6	...	...	1	♦ 0.3	–	–
AM 4	11	♦ 0.7	546	12.2	21	♦ 5.4	26	♦ 12.8
AM 5	–	–	4	♦ 0.1	–	–	–	–
AM 6	–	–	73	1.6	–	–	–	–
AM 7	1	♦ 0.1	1	♦ 0.0	1	♦ 0.3	47	23.2
AM 8	48	3.0	89	2.0	3	♦ 0.8	–	–
AM 9	–	–	...	...	–	–	–	–
AM10	–	–	6	♦ 0.1	–	–	–	–
AM11	–	–	–	–	–	–	–	–
AM12	25	♦ 1.5	...	...	5	♦ 1.3	–	–
AM13	18	♦ 1.1	618	13.8	23	♦ 5.9	–	–
AM14	22	♦ 1.4	103	2.3	20	♦ 5.2	–	–
AM15	8	♦ 0.5	80	1.8	9	♦ 2.3	–	–
AM16	45	2.8	447	10.0	81	20.9	–	–
AM17	35	[6] 8.9	204	...	15	♦ [6] 9.6	–	–
AM18	8	♦ [6] 2.0	99	...	4	♦ [6] 2.6	–	–
AM19	30	♦ 1.9	88	2.0	6	♦ 1.5	–	–
AM20	200	12.3	1 573	35.2	165	42.5	–	–
AM21	96	5.9	323	7.2	8	♦ 2.1	–	–
AM22	–	–	...	...	3	♦ 0.8	–	–
AM23	–	–	...	...	5	♦ 1.3	–	–
AM24	5	♦ 0.3	48	1.1	4	♦ 1.0	–	–
AM25	11	♦ 0.7	68	1.5	3	♦ 0.8	–	–
AM26	–	–	175	3.9	–	–	212	104.4
AM27	9	♦ 0.6	95	2.1	3	♦ 0.8	–	–
AM28	273	16.8	364	8.1	33	8.5	53	26.1
AM29	210	13.0	1 288	28.8	48	12.4	–	–
AM30	354	21.8	5 772	129.0	143	36.8	77	37.9
AM31	110	6.8	5 919	132.3	156	40.2	–	–
AM32	80	4.9	...	...	11	♦ 2.8	–	–
AM33	203	12.5	...	...	206	53.1	–	–
AM34	119	7.3	1 924	43.0	60	15.5	11	♦ 5.4
AM35	–	–	52	1.2	–	–	–	–
AM36	33	2.0	2 085	46.6	24	♦ 6.2	122	60.1
AM37	7	♦ 0.4	139	3.1	6	♦ 1.5	–	–
AM38	–	–	21	♦ 0.5	–	–	–	–
AM39	18	♦ 1.1	...	...	26	♦ 6.7	–	–
AM40	95	5.9	430	9.6	52	13.4	–	–
AM41	–	–	19	...	–	–	–	–
AM42	–	–	2	♦ [3] 1.8	–	–	–	–
AM43	1	♦ [3] 2.6	...	...	–	–	26	♦ [3] 313.4
AM44	–	–	...	...	–	–	–	–
AM45	209	12.9	250	5.6	20	♦ 5.2	–	–
AM46	–	–	63	[3] 57.2	–	–	–	–
AM47	219	[3] 563.4	722	[3] 655.7	24	♦ [3] 383.0	–	–
AM48	162	10.0	3 349	74.9	96	24.7	–	–
AM49	220	13.6	...	...	138	35.6	932	459.1
AM50	329	20.3	485	10.8	20	♦ 5.2	–	–
AM51	42	2.6	79	1.8	8	♦ 2.1	–	–
AM52	119	7.3	40	0.9	22	♦ 5.7	3	♦ 1.5
AM53	30	♦ 1.9	583	13.0	41	10.6	17	♦ 8.4
AM54	28	♦ 1.7	611	13.7	10	♦ 2.6	–	–
AM55	22	♦ 1.4	285	6.4	7	♦ 1.8	–	–

21. Deaths and death rates by cause: latest available year (continued)

Décès selon la cause, nombres et taux: dernière année disponible (suite)

Part A: Classified according to Abbreviated International List, 1975 Revision

Partie A: Décès classés selon la Liste internationale abrégée de la révision de 1975

(See notes at end of table. – Voir notes à la fin du tableau.)

ASIA(cont.) – ASIE(suite)

Cause of death abbreviated list number [1] / Cause de décès numéro dans la liste abrégée [1]	Singapore – Singapour		Tajikistan – Tadjikistan		Turkmenistan – Turkménistan		Uzbekistan – Ouzbékistan	
	1995* + [28]		1991 [2 15]		1994 [15]		1993 [2 15]	
	Number Nombre	Rate Taux	Number Nombre	Rate Taux	Number Nombre	Rate Taux	Number Nombre	Rate Taux
TOTAL	15 568	521.3	33 067	605.1	32 067	799.7	145 294	664.7
AM 1	–	–	...	...	...	...	...	...
AM 2	–	–	11	♦ 0.2	3	♦ 0.1	4	♦ 0.0
AM 3	26	♦ 0.9	...	...	...	...	...	...
AM 4	118	4.0	244	4.5	514	12.8	1 736	7.9
AM 5	–	–	5	♦ 0.1	6	♦ 0.1	3	♦ 0.0
AM 6	1	♦ 0.0	109	2.0	43	1.1	76	0.3
AM 7	–	–	3	♦ 0.1	2	♦ 0.0	3	♦ 0.0
AM 8	172	5.8	403	7.4	314	7.8	743	3.4
AM 9	–	–	...	...	...	...	...	...
AM10	–	–	8	♦ 0.1	9	♦ 0.2	9	♦ 0.0
AM11	3	♦ 0.1	–	–	–	–	1	♦ 0.0
AM12	49	1.6	...	...	...	...	...	...
AM13	360	12.1	624	11.4	328	8.2	1 723	7.9
AM14	382	12.8	56	1.0	53	1.3	230	1.1
AM15	167	5.6	76	1.4	69	1.7	302	1.4
AM16	863	28.9	287	5.3	235	5.9	1 347	6.2
AM17	238	[6] 20.6	76	[6] 4.8	123	...	609	...
AM18	96	[6] 8.3	60	[6] 3.8	48	...	276	...
AM19	108	3.6	150	2.7	106	2.6	547	2.5
AM20	1 684	56.4	1 235	22.6	883	22.0	4 646	21.3
AM21	271	9.1	400	7.3	416	10.4	1 977	9.0
AM22	–	–	...	...	...	...	...	...
AM23	1	♦ 0.0	...	...	...	...	...	...
AM24	16	♦ 0.5	90	1.6	73	1.8	594	2.7
AM25	13	♦ 0.4	89	1.6	68	1.7	402	1.8
AM26	–	–	185	3.4	51	1.3	752	3.4
AM27	42	1.4	33	0.6	116	2.9	638	2.9
AM28	365	12.2	1 083	19.8	2 087	52.0	4 532	20.7
AM29	1 530	51.2	1 132	20.7	1 452	36.2	5 013	22.9
AM30	1 334	44.7	4 063	74.4	5 977	149.1	35 348	161.7
AM31	1 701	57.0	3 112	56.9	2 786	69.5	16 729	76.5
AM32	6	♦ 0.2	...	...	...	...	...	...
AM33	582	19.5	...	...	...	...	...	...
AM34	2 028	67.9	2 757	50.5	2 492	62.1	10 077	46.1
AM35	2	♦ 0.1	72	1.3	297	7.4	57	0.3
AM36	163	5.5	697	12.8	726	18.1	3 179	14.5
AM37	94	3.1	112	2.0	84	2.1	520	2.4
AM38	2	♦ 0.1	11	♦ 0.2	26	♦ 0.6	65	0.3
AM39	154	5.2	...	...	...	...	...	...
AM40	194	6.5	461	8.4	247	6.2	1 816	8.3
AM41	1	♦ [7] 0.4	24	♦ [7] 8.1	12	...	101	...
AM42	–	–	2	♦ [3] 0.9	2	...	9	...
AM43	2	♦ [3] 4.1	...	...	...	...	...	...
AM44	–	–	...	...	...	...	...	...
AM45	157	5.3	498	9.1	292	7.3	1 403	6.4
AM46	–	–	364	[3] 171.2	220	...	960	...
AM47	50	[3] 102.9	1 313	[3] 617.6	562	...	4 036	...
AM48	59	2.0	1 478	27.0	817	20.4	2 659	12.2
AM49	1 421	47.6	...	...	...	...	...	...
AM50	233	7.8	696	12.7	403	10.0	1 829	8.4
AM51	113	3.8	90	1.6	54	1.3	292	1.3
AM52	107	3.6	49	0.9	1	♦ 0.0	80	0.4
AM53	401	13.4	210	3.8	234	5.8	1 356	6.2
AM54	53	1.8	127	2.3	177	4.4	934	4.3
AM55	206	6.9	53	1.0	140	3.5	636	2.9

21. Deaths and death rates by cause: latest available year (continued)

Décès selon la cause, nombres et taux: dernière année disponible (suite)

Part A: Classified according to Abbreviated International List, 1975 Revision

Partie A: Décès classés selon la Liste internationale abrégée de la révision de 1975

(See notes at end of table. – Voir notes à la fin du tableau.)

EUROPE

Cause of death abbreviated list number [1] / Cause de décès numéro dans la liste abrégée [1]	Albania – Albanie		Austria – Autriche		Belarus – Bélarus		Belgium – Belgique	
	1993		1995* [2]		1993 [2,15]		1991 [2,29]	
	Number Nombre	Rate Taux	Number Nombre	Rate Taux	Number Nombre	Rate Taux	Number Nombre	Rate Taux
TOTAL	16 639	491.0	81 171	1 008.0	128 544	1 241.2	104 149	1 043.7
AM 1	3	♦ 0.1	–	–	...	...	–	–
AM 2	1	♦ 0.0	–	–	–	–	–	–
AM 3	129	3.8	4	♦ 0.0	...	...	65	0.7
AM 4	33	1.0	75	0.9	508	4.9	75	0.8
AM 5	3	♦ 0.1	–	–	1	♦ 0.0	–	–
AM 6	8	♦ 0.2	10	♦ 0.1	46	0.4	9	...
AM 7	6	♦ 0.2	–	–	6	♦ 0.1	1	♦ 0.0
AM 8	28	♦ 0.8	31	0.4	118	1.1	662	6.6
AM 9	–	–	–	–	...	...	–	–
AM10	–	–	–	–	2	♦ 0.0	–	–
AM11	2	♦ 0.1	1	♦ 0.0	–	–	–	–
AM12	129	3.8	48	0.6	...	...	257	2.6
AM13	228	6.7	1 595	19.8	3 485	33.6	1 446	14.5
AM14	37	1.1	1 817	22.6	868	8.4	2 450	24.6
AM15	24	♦ 0.7	859	10.7	1 037	10.0	732	7.3
AM16	384	11.3	3 156	39.2	3 921	37.9	6 433	64.5
AM17	66	...	1 737	...	1 112	[6] 25.7	2 464	...
AM18	4	...	211	...	376	[6] 8.7	184	...
AM19	80	2.4	571	7.1	528	5.1	836	8.4
AM20	818	24.1	9 208	114.3	10 771	104.0	12 480	125.1
AM21	82	2.4	1 776	22.1	829	8.0	1 584	15.9
AM22	22	♦ 0.6	–	–	...	...	2	♦ 0.0
AM23	13	♦ 0.4	–	–	...	...	16	♦ 0.2
AM24	54	1.6	62	0.8	60	0.6	242	2.4
AM25	82	2.4	37	0.5	42	0.4	37	0.4
AM26	9	♦ 0.3	2	♦ 0.0	62	0.6	7	♦ 0.1
AM27	46	1.4	217	2.7	837	8.1	52	0.5
AM28	259	7.6	1 271	15.8	717	6.9	727	7.3
AM29	935	27.6	8 506	105.6	1 096	10.6	7 546	75.6
AM30	222	6.5	8 520	105.8	38 539	372.1	3 882	38.9
AM31	1 911	56.4	9 857	122.4	17 723	171.1	9 984	100.1
AM32	162	4.8	1 545	19.2	...	...	1 525	15.3
AM33	2 379	70.2	13 529	168.0	...	...	15 412	154.4
AM34	1 889	55.7	986	12.2	746	7.2	2 580	25.9
AM35	129	3.8	84	1.0	13	♦ 0.1	68	0.7
AM36	351	10.4	1 330	16.5	4 999	48.3	1 619	16.2
AM37	42	1.2	398	4.9	426	4.1	353	3.5
AM38	15	♦ 0.4	15	♦ 0.2	46	0.4	12	♦ 0.1
AM39	165	4.9	2 101	26.1	...	...	1 153	11.6
AM40	189	5.6	515	6.4	410	4.0	1 392	13.9
AM41	12	...	19	...	190	[7] 16.5	20	...
AM42	3	...	–	–	7	♦ [3] 6.0	–	–
AM43	13	...	1	♦ [3] 1.1	...	...	5	♦ [3] 4.0
AM44	–	–	–	–	...	...	–	–
AM45	142	4.2	238	3.0	655	6.3	347	3.5
AM46	10	...	2	♦ [3] 2.3	53	[3] 45.1	22	♦ [3] 17.4
AM47	130	...	218	[3] 248.4	427	[3] 363.8	342	[3] 271.3
AM48	2 126	62.7	604	7.5	16 612	160.4	7 451	74.7
AM49	1 944	57.4	5 119	63.6	...	...	13 105	131.3
AM50	357	10.5	1 082	13.4	1 718	16.6	1 766	17.7
AM51	29	♦ 0.9	999	12.4	676	6.5	1 207	12.1
AM52	602	17.8	888	11.0	125	1.2	1 257	12.6
AM53	73	2.2	1 788	22.2	2 886	27.9	1 805	18.1
AM54	191	5.6	84	1.0	1 082	10.4	142	1.4
AM55	68	2.0	55	0.7	1 049	10.1	393	3.9

21. Deaths and death rates by cause: latest available year (continued)

Décès selon la cause, nombres et taux: dernière année disponible (suite)

Part A: Classified according to Abbreviated International List, 1975 Revision

Partie A: Décès classés selon la Liste internationale abrégée de la révision de 1975

(See notes at end of table. – Voir notes à la fin du tableau.) EUROPE(cont. – suite)

Cause of death abbreviated list number [1] / Cause de décès numéro dans la liste abrégée [1]	Bulgaria – Bulgarie		Croatia – Croatie		Czech Republic – Rép. tchèque		Estonia – Estonie	
	1994		1994		1991		1994 [15]	
	Number Nombre	Rate Taux	Number Nombre	Rate Taux	Number Nombre	Rate Taux	Number Nombre	Rate Taux
TOTAL	111 787	1 324.1	49 482	1 035.8	124 290	1 205.7	22 150	1 477.4
AM 1	–	–	–	–	–	–	–	–
AM 2	–	–	–	–	–	–	–	–
AM 3	71	0.8	13	♦ 0.3	22	♦ 0.2	5	♦ 0.3
AM 4	322	3.8	229	4.8	174	1.7	124	8.3
AM 5	–	–	–	–	–	–	–	–
AM 6	31	0.4	2	♦ 0.0	5	♦ 0.0	3	♦ 0.2
AM 7	5	♦ 0.1	8	♦ 0.2	1	♦ 0.0	1	♦ 0.1
AM 8	215	2.5	130	2.7	71	0.7	4	♦ 0.3
AM 9	–	–	–	–	–	–	–	–
AM10	–	–	–	–	–	–	–	–
AM11	–	–	–	–	–	–	–	–
AM12	116	1.4	27	♦ 0.6	73	0.7	33	2.2
AM13	1 998	23.7	1 022	21.4	2 072	20.1	428	28.5
AM14	905	10.7	573	12.0	2 457	23.8	195	13.0
AM15	1 201	14.2	558	11.7	1 861	18.1	178	11.9
AM16	3 284	38.9	2 239	46.9	5 795	56.2	680	45.4
AM17	1 135	...	749	...	1 946	[6] 45.8	229	...
AM18	326	...	107	...	475	[6] 11.2	72	...
AM19	454	5.4	283	5.9	861	8.4	118	7.9
AM20	6 858	81.2	4 794	100.4	12 635	122.6	1 371	91.4
AM21	1 823	21.6	943	19.7	1 780	17.3	118	7.9
AM22	–	–	–	–	6	♦ 0.1	3	♦ 0.2
AM23	–	–	1	♦ 0.0	1	♦ 0.0	1	♦ 0.1
AM24	60	0.7	10	♦ 0.2	88	0.9	12	♦ 0.8
AM25	59	0.7	34	0.7	79	0.8	25	♦ 1.7
AM26	29	♦ 0.3	–	–	2	♦ 0.0	1	♦ 0.1
AM27	314	3.7	96	2.0	636	6.2	105	7.0
AM28	3 107	36.8	781	16.3	718	7.0	240	16.0
AM29	7 301	86.5	4 105	85.9	16 817	163.1	633	42.2
AM30	15 395	182.3	4 995	104.6	16 644	161.5	6 930	462.2
AM31	23 197	274.8	7 979	167.0	21 499	208.6	3 659	244.0
AM32	7 141	84.6	1 144	23.9	8 487	82.3	186	12.4
AM33	13 015	154.2	5 617	117.6	4 685	45.4	482	32.1
AM34	3 008	35.6	985	20.6	2 127	20.6	290	19.3
AM35	42	0.5	87	1.8	155	1.5	6	♦ 0.4
AM36	1 009	12.0	683	14.3	2 334	22.6	287	19.1
AM37	312	3.7	199	4.2	527	5.1	82	5.5
AM38	13	♦ 0.2	10	♦ 0.2	62	0.6	4	♦ 0.3
AM39	1 902	22.5	1 372	28.7	2 086	20.2	174	11.6
AM40	874	10.4	351	7.3	1 102	10.7	49	3.3
AM41	51	...	39	...	207	[7] 16.8	33	...
AM42	4	♦ [3] 5.0	–	–	4	♦ [3] 3.1	3	♦ [3] 21.2
AM43	6	♦ [3] 7.6	5	♦ [3] 10.3	13	♦ [3] 10.0	5	♦ [3] 35.3
AM44	–	–	–	–	–	–	–	–
AM45	457	5.4	156	3.3	427	4.1	65	4.3
AM46	5	♦ [3] 6.3	18	♦ [3] 37.0	6	♦ [3] 4.6	13	♦ [3] 91.7
AM47	400	[3] 503.5	252	[3] 518.7	721	[3] 557.4	90	[3] 634.8
AM48	5 266	62.4	2 893	60.6	717	7.0	836	55.8
AM49	4 216	49.9	2 278	47.7	5 126	49.7	880	58.7
AM50	1 150	13.6	552	11.6	1 325	12.9	401	26.7
AM51	528	6.3	508	10.6	2 968	28.8	270	18.0
AM52	2 069	24.5	1 185	24.8	1 957	19.0	1 631	108.8
AM53	1 464	17.3	1 088	22.8	1 904	18.5	614	41.0
AM54	428	5.1	158	3.3	182	1.8	423	28.2
AM55	221	2.6	224	4.7	450	4.4	158	10.5

21. Deaths and death rates by cause: latest available year (continued)

Décès selon la cause, nombres et taux: dernière année disponible (suite)

Part A: Classified according to Abbreviated International List, 1975 Revision

Partie A: Décès classés selon la Liste internationale abrégée de la révision de 1975

(See notes at end of table. – Voir notes à la fin du tableau.)

EUROPE(cont. – suite)

Cause of death abbreviated list number [1] / Cause de décès numéro dans la liste abrégée [1]	Finland – Finlande		France		Germany – Allemagne		Greece – Grèce	
	1994 [2 30]		1994 [31]		1994		1994	
	Number Nombre	Rate Taux	Number Nombre	Rate Taux	Number Nombre	Rate Taux	Number Nombre	Rate Taux
TOTAL	47 938	942.1	519 965	898.0	884 661	1 086.7	97 807	938.1
AM 1	–	–	–	–	–	–	–	–
AM 2	–	–	2	♦ 0.0	1	♦ 0.0	–	–
AM 3	43	0.8	584	1.0	329	0.4	1	...
AM 4	77	1.5	820	1.4	758	0.9	105	1.0
AM 5	–	–	3	♦ 0.0	2	♦ 0.0	–	–
AM 6	8	♦ 0.2	23	♦ 0.0	81	0.1	–	–
AM 7	–	–	12	♦ 0.0	6	–	3	♦ 0.0
AM 8	76	1.5	1 906	3.3	2 397	2.9	467	4.5
AM 9	–	–	–	–	–	–	–	–
AM10	–	–	1	♦ 0.0	7	♦ 0.0	–	–
AM11	–	–	12	♦ 0.0	28	♦ 0.0	–	–
AM12	153	3.0	4 098	7.1	2 389	2.9	88	0.8
AM13	696	13.7	5 986	10.3	15 929	19.6	1 233	11.8
AM14	594	11.7	11 957	20.6	21 427	26.3	1 342	12.9
AM15	387	7.6	3 789	6.5	8 899	10.9	201	1.9
AM16	1 840	36.2	23 131	39.9	36 160	44.4	5 191	49.8
AM17	760	[6] 35.6	10 783	...	18 356	[6] 51.9	1 507	[6] 34.2
AM18	67	[6] 3.1	798	...	2 378	[6] 6.7	69	[6] 1.6
AM19	326	6.4	4 691	8.1	6 675	8.2	895	8.6
AM20	5 113	100.5	79 599	137.5	102 567	126.0	11 113	106.6
AM21	536	10.5	6 357	11.0	22 459	27.6	752	7.2
AM22	1	♦ 0.0	1 082	1.9	87	0.1	–	–
AM23	–	–	1 047	1.8	10	♦ 0.0	–	–
AM24	29	♦ 0.6	1 654	2.9	960	1.2	190	1.8
AM25	27	♦ 0.5	213	0.4	266	0.3	30	♦ 0.3
AM26	1	♦ 0.0	14	♦ 0.0	24	♦ 0.0	–	–
AM27	78	1.5	1 044	1.8	2 636	3.2	81	0.8
AM28	420	8.3	5 903	10.2	13 812	17.0	1 071	10.3
AM29	8 419	165.5	28 513	49.2	86 915	106.8	8 583	82.3
AM30	4 937	97.0	17 894	30.9	93 976	115.4	3 411	32.7
AM31	5 720	112.4	43 386	74.9	104 079	127.8	18 600	178.4
AM32	331	6.5	1 283	2.2	18 696	23.0	193	1.9
AM33	2 921	57.4	69 498	120.0	110 404	135.6	17 947	172.1
AM34	2 422	47.6	14 975	25.9	18 277	22.4	575	5.5
AM35	100	2.0	332	0.6	270	0.3	1	...
AM36	908	17.8	7 825	13.5	19 568	24.0	266	2.6
AM37	331	6.5	1 525	2.6	3 696	4.5	181	1.7
AM38	16	♦ 0.3	149	0.3	237	0.3	5	♦ 0.0
AM39	518	10.2	9 133	15.8	19 864	24.4	856	8.2
AM40	101	2.0	4 731	8.2	6 825	8.4	1 531	14.7
AM41	32	[7] 4.9	225	...	258	[7] 2.1	3	♦ [7] 0.2
AM42	–	–	10	♦ [3] 1.4	6	♦ [3] 0.8	2	♦ [3] 1.9
AM43	6	♦ [3] 9.2	66	[3] 9.3	28	♦ [3] 3.6	–	–
AM44	1	♦ [3] 1.5	7	♦ [3] 1.0	6	♦ [3] 0.8	–	–
AM45	198	3.9	1 613	2.8	2 200	2.7	420	4.0
AM46	1	♦ [3] 1.5	13	♦ [3] 1.8	66	[3] 8.6	1	♦ [3] 1.0
AM47	134	[3] 205.4	1 337	[3] 188.1	1 679	[3] 218.2	408	[3] 393.2
AM48	183	3.6	31 075	53.7	21 899	26.9	7 924	76.0
AM49	5 102	100.3	75 809	130.9	76 149	93.5	8 139	78.1
AM50	455	8.9	8 231	14.2	9 352	11.5	2 221	21.3
AM51	865	17.0	9 564	16.5	10 512	12.9	557	5.3
AM52	1 264	24.8	11 954	20.6	5 258	6.5	1 162	11.1
AM53	1 387	27.3	12 041	20.8	12 718	15.6	355	3.4
AM54	165	3.2	649	1.1	954	1.2	119	1.1
AM55	189	3.7	2 618	4.5	2 126	2.6	8	♦ 0.1

21. Deaths and death rates by cause: latest available year (continued)

Décès selon la cause, nombres et taux: dernière année disponible (suite)

Part A: Classified according to Abbreviated International List, 1975 Revision

Partie A: Décès classés selon la Liste internationale abrégée de la révision de 1975

(See notes at end of table. – Voir notes à la fin du tableau.) EUROPE(cont. – suite)

Cause of death abbreviated list number [1] / Cause de décès numéro dans la liste abrégée [1]	Hungary – Hongrie 1995* [2]		Iceland – Islande 1994 [2]		Ireland – Irlande 1992+ [2] [32]		Isle of Man – Ile de Man 1993+	
	Number Nombre	Rate Taux	Number Nombre	Rate Taux	Number Nombre	Rate Taux	Number Nombre	Rate Taux
TOTAL	145 431	1 422.3	1 717	645.5	30 948	872.0	1 011	1 432.4
AM 1	–	–	–	–	–	–	–	–
AM 2	–	–	–	–	–	–	–	–
AM 3	21	♦ 0.2	–	–	7	♦ 0.2	–	–
AM 4	561	5.5	4	♦ 1.5	41	1.2	1	♦ 1.4
AM 5	–	–	–	–	–	–	–	–
AM 6	4	♦ 0.0	2	♦ 0.8	19	♦ 0.5	–	–
AM 7	10	♦ 0.1	–	–	–	–	–	–
AM 8	25	♦ 0.2	4	♦ 1.5	40	1.1	5	♦ 7.1
AM 9	–	–	–	–	–	–	–	–
AM10	–	–	–	–	–	–	–	–
AM11	1	♦ 0.0	–	–	2	♦ 0.1	–	–
AM12	184	1.8	1	♦ 0.4	61	1.7	–	–
AM13	2 588	25.3	29	♦ 10.9	445	12.5	9	♦ 12.8
AM14	2 741	26.8	31	11.7	696	19.6	26	♦ 36.8
AM15	1 863	18.2	12	♦ 4.5	243	6.8	9	♦ 12.8
AM16	7 551	73.8	96	36.1	1 545	43.5	60	85.0
AM17	2 239	...	38	...	652	...	17	...
AM18	546	...	4	...	72	...	4	...
AM19	966	9.4	12	♦ 4.5	227	6.4	9	♦ 12.8
AM20	14 447	141.3	221	83.1	3 614	101.8	101	143.1
AM21	1 864	18.2	8	♦ 3.0	486	13.7	3	♦ 4.2
AM22	1	♦ 0.0	–	–	–	–	–	–
AM23	2	♦ 0.0	–	–	6	♦ 0.2	–	–
AM24	85	0.8	1	♦ 0.4	64	1.8	–	–
AM25	124	1.2	1	♦ 0.4	13	♦ 0.4	–	–
AM26	–	–	–	–	1	♦ 0.0	–	–
AM27	657	6.4	2	♦ 0.8	60	1.7	3	♦ 4.2
AM28	4 560	44.6	11	♦ 4.1	188	5.3	1	♦ 1.4
AM29	14 630	143.1	298	112.0	5 840	164.5	137	194.1
AM30	16 112	157.6	169	63.5	1 903	53.6	162	229.5
AM31	20 013	195.7	184	69.2	2 971	83.7	102	144.5
AM32	9 737	95.2	10	♦ 3.8	408	11.5	33	46.8
AM33	8 088	79.1	125	47.0	2 588	72.9	50	70.8
AM34	930	9.1	130	48.9	1 792	50.5	149	211.1
AM35	78	0.8	3	♦ 1.1	18	♦ 0.5	–	–
AM36	4 629	45.3	53	19.9	495	13.9	31	43.9
AM37	1 015	9.9	8	♦ 3.0	191	5.4	2	♦ 2.8
AM38	39	0.4	–	–	3	♦ 0.1	–	–
AM39	8 496	83.1	2	♦ 0.8	95	2.7	5	♦ 7.1
AM40	385	3.8	6	♦ 2.3	368	10.4	12	♦ 17.0
AM41	100	...	–	–	26	...	–	–
AM42	3	...	–	–	1	♦ [3] 2.0	–	–
AM43	14	...	–	–	1	♦ [3] 2.0	–	–
AM44	–	...	–	–	1	♦ [3] 2.0	–	–
AM45	498	4.9	11	♦ 4.1	224	6.3	–	–
AM46	24	...	–	–	–	–	–	–
AM47	666	...	5	♦ [3] 115.5	110	[3] 215.3	3	♦ [3] 351.7
AM48	193	1.9	13	♦ 4.9	204	5.7	4	♦ [3] 5.7
AM49	7 334	71.7	128	48.1	3 859	108.7	38	53.8
AM50	1 738	17.0	10	♦ 3.8	425	12.0	17	♦ 24.1
AM51	3 800	37.2	17	♦ 6.4	220	6.2	2	♦ 2.8
AM52	2 058	20.1	39	14.7	323	9.1	8	♦ 11.3
AM53	3 369	32.9	25	♦ 9.4	355	10.0	7	♦ 9.9
AM54	360	3.5	–	–	23	♦ 0.6	1	♦ 1.4
AM55	82	0.8	4	♦ 1.5	22	♦ 0.6	–	–

21. Deaths and death rates by cause: latest available year (continued)

Décès selon la cause, nombres et taux: dernière année disponible (suite)

Part A: Classified according to Abbreviated International List, 1975 Revision

Partie A: Décès classés selon la Liste internationale abrégée de la révision de 1975

(See notes at end of table. – Voir notes à la fin du tableau.)

EUROPE(cont. – suite)

Cause of death abbreviated list number [1] / Cause de décès numéro dans la liste abrégée [1]	Italy – Italie		Latvia – Lettonie		Lithuania – Lituanie		Luxembourg	
	1992		1994 [2] [15]		1994 [15]		1994 [2]	
	Number Nombre	Rate Taux	Number Nombre	Rate Taux	Number Nombre	Rate Taux	Number Nombre	Rate Taux
TOTAL	546 690	961.5	41 614	1 633.4	46 486	1 249.3	3 727	923.1
AM 1	–	–	...	...	–	–	–	–
AM 2	2	♦ 0.0	–	–	–	–	–	–
AM 3	131	0.2	...	...	18	♦ 0.5	6	♦ 1.5
AM 4	516	0.9	320	12.6	412	11.1	4	♦ 1.0
AM 5	4	–	–	–	–	–	–	–
AM 6	18	♦ 0.0	5	♦ 0.2	20	♦ 0.5	–	–
AM 7	39	0.1	2	♦ 0.1	2	♦ 0.1	–	–
AM 8	488	0.9	17	♦ 0.7	37	1.0	–	–
AM 9	–	–	...	...	–	–	–	–
AM10	19	♦ 0.0	–	–	–	–	–	–
AM11	6	♦ 0.0	–	–	1	♦ 0.0	–	–
AM12	720	1.3	...	...	50	1.3	26	♦ 6.4
AM13	13 312	23.4	714	28.0	876	23.5	52	12.9
AM14	9 734	17.1	358	14.1	373	10.0	117	29.0
AM15	4 865	8.6	270	10.6	435	11.7	13	♦ 3.2
AM16	30 758	54.1	1 162	45.6	1 506	40.5	190	47.1
AM17	10 889	...	394	[6] 35.6	546	...	89	[6] 52.5
AM18	425	...	103	[6] 9.3	206	...	5	♦ [6] 2.9
AM19	5 032	8.8	165	6.5	272	7.3	30	♦ 7.4
AM20	73 613	129.5	3 012	118.2	3 254	87.5	449	111.2
AM21	18 675	32.8	282	11.1	230	6.2	47	11.6
AM22	2	♦ 0.0	...	...	1	♦ 0.0	1	♦ 0.2
AM23	8	♦ 0.0	...	...	–	–	–	–
AM24	1 312	2.3	9	♦ 0.4	28	♦ 0.8	9	♦ 2.2
AM25	155	0.3	43	1.7	43	1.2	1	♦ 0.2
AM26	17	♦ 0.0	28	♦ 1.1	35	0.9	–	–
AM27	1 838	3.2	173	6.8	309	8.3	1	♦ 0.2
AM28	15 797	27.8	66	2.6	228	6.1	54	13.4
AM29	38 064	66.9	1 100	43.2	1 415	38.0	219	54.2
AM30	34 097	60.0	12 368	485.5	14 777	397.1	299	74.1
AM31	73 199	128.7	7 780	305.4	5 189	139.5	479	118.6
AM32	11 298	19.9	...	...	1 481	39.8	30	♦ 7.4
AM33	63 196	111.1	...	...	914	24.6	497	123.1
AM34	6 492	11.4	567	22.3	299	8.0	47	11.6
AM35	507	0.9	–	–	3	♦ 0.1	1	♦ 0.2
AM36	17 991	31.6	544	21.4	1 392	37.4	100	24.8
AM37	2 137	3.8	154	6.0	149	4.0	14	♦ 3.5
AM38	85	0.1	20	♦ 0.8	18	♦ 0.5	4	♦ 1.0
AM39	14 655	25.8	...	...	466	12.5	64	15.9
AM40	5 597	9.8	130	5.1	150	4.0	26	♦ 6.4
AM41	394	...	83	27.0	50	...	–	–
AM42	2	♦ [3] 0.4	3	♦ [3] 12.4	2	♦ [3] 4.7	–	–
AM43	37	[3] 6.5	...	...	5	♦ [3] 11.7	–	–
AM44	2	♦ [3] 0.4	...	...	–	–	1	♦ [3] 18.3
AM45	1 948	3.4	165	6.5	255	6.9	10	♦ 2.5
AM46	163	[3] 28.7	11	♦ [3] 45.3	13	♦ [3] 30.4	–	–
AM47	2 407	[3] 423.9	187	[3] 770.9	262	[3] 611.7	12	♦ [3] 220.1
AM48	11 267	19.8	1 804	70.8	1 492	40.1	148	36.7
AM49	45 505	80.0	...	...	2 354	63.3	419	103.8
AM50	9 567	16.8	900	35.3	821	22.1	71	17.6
AM51	9 408	16.5	523	20.5	686	18.4	38	9.4
AM52	4 123	7.3	404	15.9	2 985	80.2	70	17.3
AM53	4 543	8.0	1 036	40.7	1 703	45.8	74	18.3
AM54	1 275	2.2	583	22.9	497	13.4	5	♦ 1.2
AM55	356	0.6	567	22.3	226	6.1	5	♦ 1.2

21. Deaths and death rates by cause: latest available year (continued)

Décès selon la cause, nombres et taux: dernière année disponible (suite)

Part A: Classified according to Abbreviated International List, 1975 Revision

Partie A: Décès classés selon la Liste internationale abrégée de la révision de 1975

(See notes at end of table. – Voir notes à la fin du tableau.)

EUROPE(cont. – suite)

Cause of death abbreviated list number [1] / Cause de décès numéro dans la liste abrégée [1]	Malta – Malte		Netherlands – Pays-Bas		Norway – Norvège		Poland – Pologne	
	1994 [33]		1994 [34]		1993 [2]		1995* [2 35]	
	Number Nombre	Rate Taux	Number Nombre	Rate Taux	Number Nombre	Rate Taux	Number Nombre	Rate Taux
TOTAL	2 698	733.3	133 471	867.7	46 623	1 081.1	386 084	1 000.5
AM 1	–	–	–	–	–	–	–	–
AM 2	–	–	1	♦ 0.0	–	–	–	–
AM 3	–	–	47	0.3	43	1.0	34	0.1
AM 4	–	–	46	0.3	11	♦ 0.3	1 130	2.9
AM 5	–	–	–	–	–	–	1	♦ 0.0
AM 6	1	♦ 0.3	42	0.3	10	♦ 0.2	22	♦ 0.1
AM 7	–	–	–	–	–	–	19	♦ 0.0
AM 8	10	♦ 2.7	504	3.3	148	3.4	570	1.5
AM 9	–	–	–	–	–	–	–	–
AM10	–	–	–	–	–	–	–	–
AM11	–	–	3	♦ 0.0	–	–	1	♦ 0.0
AM12	5	♦ 1.4	391	2.5	108	2.5	679	1.8
AM13	42	11.4	1 979	12.9	577	13.4	6 559	17.0
AM14	66	17.9	3 210	20.9	1 050	24.3	3 617	9.4
AM15	25	♦ 6.8	899	5.8	553	12.8	3 750	9.7
AM16	114	31.0	8 566	55.7	1 562	36.2	19 036	49.3
AM17	100	[6] 68.0	3 555	[6] 55.6	797	...	4 665	...
AM18	1	♦ [6] 0.7	235	[6] 3.7	131	...	1 992	...
AM19	22	♦ 6.0	1 011	6.6	295	6.8	2 152	5.6
AM20	321	87.2	17 023	110.7	5 257	121.9	36 323	94.1
AM21	66	17.9	3 149	20.5	526	12.2	5 030	13.0
AM22	–	–	90	0.6	–	–	38	0.1
AM23	–	–	2	♦ 0.0	–	–	11	♦ 0.0
AM24	3	♦ 0.8	219	1.4	53	1.2	365	0.9
AM25	–	–	78	0.5	21	♦ 0.5	292	0.8
AM26	–	–	–	–	–	–	32	0.1
AM27	6	♦ 1.6	178	1.2	98	2.3	2 396	6.2
AM28	20	♦ 5.4	748	4.9	447	10.4	7 298	18.9
AM29	381	103.5	15 728	102.2	6 979	161.8	28 836	74.7
AM30	280	76.1	4 971	32.3	3 270	75.8	10 087	26.1
AM31	279	75.8	12 595	81.9	5 540	128.5	29 035	75.2
AM32	2	♦ 0.5	1 267	8.2	394	9.1	75 652	196.1
AM33	225	61.2	16 193	105.3	4 136	95.9	41 374	107.2
AM34	82	22.3	4 693	30.5	3 492	81.0	5 454	14.1
AM35	–	–	136	0.9	288	6.7	66	0.2
AM36	22	♦ 6.0	2 564	16.7	762	17.7	6 555	17.0
AM37	20	♦ 5.4	446	2.9	239	5.5	1 455	3.8
AM38	1	♦ 0.3	32	0.2	9	♦ 0.2	102	0.3
AM39	24	♦ 6.5	730	4.7	206	4.8	4 895	12.7
AM40	60	16.3	1 250	8.1	236	5.5	3 096	8.0
AM41	1	♦ [7] 2.3	79	[7] 4.0	37	...	145	...
AM42	–	–	1	♦ [3] 0.5	–	–	14	♦ [3] 3.2
AM43	–	–	9	♦ [3] 4.6	2	♦ [3] 3.4	26	♦ [3] 5.9
AM44	–	–	2	♦ [3] 1.0	–	–	3	♦ [3] 0.7
AM45	18	♦ 4.9	719	4.7	202	4.7	2 161	5.6
AM46	–	–	11	♦ [3] 5.6	5	♦ [3] 8.4	162	[3] 36.6
AM47	28	♦ [3] 543.5	494	[3] 252.5	131	[3] 219.5	3 002	[3] 677.7
AM48	34	9.2	5 249	34.1	1 976	45.8	32 994	85.5
AM49	345	93.8	19 049	123.8	4 597	106.6	16 190	42.0
AM50	21	♦ 5.7	1 207	7.8	272	6.3	7 076	18.3
AM51	29	♦ 7.9	1 550	10.1	993	23.0	4 805	12.5
AM52	15	♦ 4.1	691	4.5	521	12.1	8 150	21.1
AM53	15	♦ 4.1	1 584	10.3	590	13.7	5 499	14.2
AM54	3	♦ 0.8	171	1.1	42	1.0	1 088	2.8
AM55	11	♦ 3.0	74	0.5	17	♦ 0.4	2 150	5.6

21. Deaths and death rates by cause: latest available year (continued)

Décès selon la cause, nombres et taux: dernière année disponible (suite)

Part A: Classified according to Abbreviated International List, 1975 Revision

Partie A: Décès classés selon la Liste internationale abrégée de la révision de 1975

(See notes at end of table. – Voir notes à la fin du tableau.) EUROPE(cont. – suite)

Cause of death abbreviated list number [1] / Cause de décès numéro dans la liste abrégée [1]	Portugal		Republic of Moldova – République de Moldova		Romania – Roumanie		Russian Federation – Fédération de Russie	
	1995* [2]		1994 [2,15]		1993		1994 [15]	
	Number Nombre	Rate Taux	Number Nombre	Rate Taux	Number Nombre	Rate Taux	Number Nombre	Rate Taux
TOTAL	103 939	962.7	52 122	1 198.1	263 323	1 157.2	2 301 366	1 555.3
AM 1	–	–	–	–	1	♦ 0.0	...	...
AM 2	2	♦ 0.0	–	–	–	–	6	♦ 0.0
AM 3	7	♦ 0.1	103	2.4	219	1.0	...	...
AM 4	313	2.9	461	10.6	2 312	10.2	21 671	14.6
AM 5	–	–	1	♦ 0.0	4	♦ 0.0	28	♦ 0.0
AM 6	10	♦ 0.1	30	♦ 0.7	35	0.2	774	0.5
AM 7	16	♦ 0.1	–	–	16	♦ 0.1	37	0.0
AM 8	313	2.9	9	♦ 0.2	106	0.5	1 749	1.2
AM 9	–	–	–	–	–	–	...	...
AM10	4	♦ 0.0	2	♦ 0.0	66	0.3	14	♦ 0.0
AM11	7	♦ 0.1	–	–	–	–	4	♦ 0.0
AM12	338	3.1	96	2.2	370	1.6	...	...
AM13	2 814	26.1	691	15.9	3 955	17.4	50 534	34.2
AM14	1 763	16.3	362	8.3	1 710	7.5	16 918	11.4
AM15	855	7.9	324	7.4	1 306	5.7	14 612	9.9
AM16	2 573	23.8	1 107	25.4	7 429	32.6	65 915	44.5
AM17	1 536	...	510	...	2 475	[6] 27.0	19 057	[6] 30.4
AM18	198	...	170	...	1 611	[6] 17.6	6 262	[6] 10.0
AM19	626	5.8	186	4.3	973	4.3	7 393	5.0
AM20	9 642	89.3	2 652	61.0	16 311	71.7	171 901	116.2
AM21	3 076	28.5	474	10.9	2 215	9.7	14 655	9.9
AM22	21	♦ 0.2	–	–	21	♦ 0.1	...	...
AM23	35	0.3	3	♦ 0.1	18	♦ 0.1	...	...
AM24	169	1.6	21	♦ 0.5	37	0.2	960	0.6
AM25	61	0.6	70	1.6	218	1.0	1 854	1.3
AM26	4	♦ 0.0	61	1.4	–	–	2 226	1.5
AM27	237	2.2	264	6.1	1 233	5.4	10 009	6.8
AM28	753	7.0	267	6.1	12 060	53.0	18 254	12.3
AM29	6 710	62.1	974	22.4	19 515	85.8	58 371	39.4
AM30	2 375	22.0	12 487	287.0	34 986	153.7	538 427	363.9
AM31	23 439	217.1	6 626	152.3	53 398	234.7	433 597	293.0
AM32	2 054	19.0	389	8.9	13 131	57.7	...	...
AM33	7 951	73.6	868	20.0	27 774	122.1	...	...
AM34	3 293	30.5	1 111	25.5	7 999	35.2	29 875	20.2
AM35	93	0.9	3	♦ 0.1	19	♦ 0.1	295	0.2
AM36	1 089	10.1	1 692	38.9	3 727	16.4	60 315	40.8
AM37	349	3.2	317	7.3	950	4.2	8 084	5.5
AM38	21	♦ 0.2	23	♦ 0.5	66	0.3	685	0.5
AM39	2 250	20.8	3 802	87.4	9 996	43.9	...	...
AM40	1 352	12.5	107	2.5	1 623	7.1	7 348	5.0
AM41	16	...	60	...	728	[7] 25.0	2 333	[7] 15.0
AM42	3	♦ [3] 2.9	4	♦ [3] 6.4	86	[3] 34.4	185	[3] 13.1
AM43	6	♦ [3] 5.7	9	♦ [3] 14.5	47	[3] 18.8	...	...
AM44	–	–	3	♦ [3] 4.8	–	–	...	...
AM45	325	3.0	392	9.0	1 290	5.7	8 666	5.9
AM46	3	♦ [3] 2.9	73	[3] 117.4	192	[3] 76.8	1 660	[3] 117.9
AM47	344	[3] 328.1	342	[3] 550.0	1 261	[3] 504.4	10 297	[3] 731.2
AM48	11 887	110.1	7 811	179.5	141	0.6	93 673	63.3
AM49	9 077	84.1	2 261	52.0	14 903	65.5	...	...
AM50	2 466	22.8	711	16.3	3 108	13.7	34 943	23.6
AM51	608	5.6	292	6.7	1 906	8.4	9 996	6.8
AM52	944	8.7	2 138	49.1	7 975	35.0	2 861	1.9
AM53	809	7.5	784	18.0	2 774	12.2	61 886	41.8
AM54	172	1.6	626	14.4	978	4.3	47 870	32.4
AM55	930	8.6	353	8.1	49	0.2	51 952	35.1

21. Deaths and death rates by cause: latest available year (continued)

Décès selon la cause, nombres et taux: dernière année disponible (suite)

Part A: Classified according to Abbreviated International List, 1975 Revision

Partie A: Décès classés selon la Liste internationale abrégée de la révision de 1975

(See notes at end of table. – Voir notes à la fin du tableau.)

EUROPE(cont. – suite)

Cause of death abbreviated list number [1] / Cause de décès numéro dans la liste abrégée [1]	Slovenia – Slovénie 1995 *		Spain – Espagne 1993 [2]		Sweden – Suède 1993 [2]		Ukraine 1992 [2 15]	
	Number Nombre	Rate Taux	Number Nombre	Rate Taux	Number Nombre	Rate Taux	Number Nombre	Rate Taux
TOTAL	18 968	956.2	339 661	867.8	96 659	1 108.7	697 106	1 336.7
AM 1	–	–	–	–	–	–	...	...
AM 2	–	–	3	♦ 0.0	–	–	2	♦ 0.0
AM 3	3	♦ 0.2	188	0.5	38	0.4	...	...
AM 4	31	1.6	720	1.8	44	0.5	4 952	9.5
AM 5	1	♦ 0.0	–	–	–	–	8	♦ 0.0
AM 6	1	♦ 0.0	71	0.2	11	♦ 0.1	231	0.4
AM 7	1	♦ 0.0	17	0.0	1	♦ 0.0	63	0.1
AM 8	33	1.7	2 440	6.2	256	2.9	423	0.8
AM 9	–	–	–	–	–	–	...	...
AM10	–	–	1	♦ 0.0	1	♦ 0.0	6	♦ 0.0
AM11	–	–	4	♦ 0.0	–	–	4	♦ 0.0
AM12	16	♦ 0.8	825	2.1	417	4.8	...	...
AM13	454	22.9	6 662	17.0	1 083	12.4	15 897	30.5
AM14	304	15.3	7 013	17.9	1 678	19.2	5 722	11.0
AM15	328	16.5	2 345	6.0	832	9.5	5 534	10.6
AM16	955	48.1	15 574	39.8	2 725	31.3	22 603	43.3
AM17	375	...	5 902	[6] 37.7	1 514	[6] 41.7	7 194	[6] 32.1
AM18	74	...	516	[6] 3.1	177	[6] 4.9	2 590	[6] 11.6
AM19	112	5.6	2 431	6.2	679	7.8	3 122	6.0
AM20	1 971	99.4	42 601	108.8	11 873	136.2	59 290	113.7
AM21	518	26.1	8 920	22.8	1 662	19.1	3 618	6.9
AM22	–	–	3	♦ 0.0	44	0.5	...	...
AM23	1	♦ 0.0	94	0.2	29	♦ 0.3	...	...
AM24	18	♦ 0.9	872	2.2	213	2.4	328	0.6
AM25	5	♦ 0.3	180	0.5	46	0.5	492	0.9
AM26	1	♦ 0.0	15	♦ 0.0	5	♦ 0.1	1 198	2.3
AM27	81	4.1	1 554	4.0	219	2.5	2 996	5.7
AM28	421	21.2	3 308	8.5	631	7.2	1 557	3.0
AM29	1 175	59.2	25 564	65.3	15 566	178.5	11 080	21.2
AM30	1 239	62.5	10 768	27.5	9 763	112.0	189 582	363.5
AM31	2 407	121.3	41 886	107.0	10 227	117.3	116 263	222.9
AM32	379	19.1	7 591	19.4	2 501	28.7	...	...
AM33	2 346	118.3	43 629	111.5	9 455	108.4	...	...
AM34	680	34.3	6 981	17.8	4 717	54.1	3 642	7.0
AM35	4	♦ 0.2	430	1.1	566	6.5	73	0.1
AM36	244	12.3	3 757	9.6	1 510	17.3	29 064	55.7
AM37	115	5.8	1 086	2.8	528	6.1	2 431	4.7
AM38	5	♦ 0.3	72	0.2	25	♦ 0.3	246	0.5
AM39	692	34.9	7 188	18.4	569	6.5	...	...
AM40	128	6.5	5 551	14.2	563	6.5	2 087	4.0
AM41	14	...	157	[7] 3.0	72	[7] 5.4	883	[7] 13.8
AM42	–	–	3	♦ [3] 0.8	2	♦ [3] 1.7	31	[3] 5.2
AM43	1	♦ [3] 5.2	9	♦ [3] 2.3	4	♦ [3] 3.4	...	...
AM44	–	–	–	–	–	–	...	...
AM45	74	3.7	1 386	3.5	351	4.0	3 495	6.7
AM46	1	♦ [3] 5.2	54	[3] 13.9	22	♦ [3] 18.6	366	[3] 61.3
AM47	37	[3] 193.4	1 017	[3] 261.6	197	[3] 167.0	2 819	[3] 472.4
AM48	498	25.1	6 927	17.7	1 446	16.6	73 666	141.3
AM49	1 498	75.5	56 825	145.2	9 884	113.4	...	...
AM50	388	19.6	6 176	15.8	590	6.8	10 043	19.3
AM51	410	20.7	1 184	3.0	1 098	12.6	2 965	5.7
AM52	296	14.9	5 497	14.0	872	10.0	902	1.7
AM53	564	28.4	3 037	7.8	1 373	15.7	11 731	22.5
AM54	47	2.4	373	1.0	113	1.3	5 911	11.3
AM55	22	♦ 1.1	164	0.4	467	5.4	6 475	12.4

21. Deaths and death rates by cause: latest available year (continued)

Décès selon la cause, nombres et taux: dernière année disponible (suite)

Part A: Classified according to Abbreviated International List, 1975 Revision

Partie A: Décès classés selon la Liste internationale abrégée de la révision de 1975

(See notes at end of table. – Voir notes à la fin du tableau.) EUROPE(cont.–suite) – OCEANIA – OCEANIE

Cause of death abbreviated list number [1] / Cause de décès numéro dans la liste abrégée [1]	United Kingdom – Royaume-Uni		Former Yugoslavia – Ancienne Yougoslavie		Australia – Australie		Fiji – Fidji	
	1992		1990		1994+		1985+	
	Number Nombre	Rate Taux	Number Nombre	Rate Taux	Number Nombre	Rate Taux	Number Nombre	Rate Taux
TOTAL	634 239	1 093.4	212 148	890.7	126 982	711.8	3 680	528.0
AM 1	1	♦ 0.0	–	–	–	–	–	–
AM 2	1	♦ 0.0	1	♦ 0.0	–	–	–	–
AM 3	256	0.4	498	2.1	67	0.4	77	11.0
AM 4	475	0.8	1 224	5.1	36	0.2	49	7.0
AM 5	1	♦ 0.0	2	♦ 0.0	1	♦ 0.0	–	–
AM 6	178	0.3	26	♦ 0.1	26	♦ 0.1	1	♦ 0.1
AM 7	1	♦ 0.0	21	♦ 0.1	3	♦ 0.0	–	–
AM 8	941	1.6	198	0.8	489	2.7	–	–
AM 9	–	–	–	–	–	–	–	–
AM10	2	♦ 0.0	19	♦ 0.1	3	♦ 0.0	–	–
AM11	9	♦ 0.0	–	–	1	♦ 0.0	–	–
AM12	1 084	1.9	280	1.2	426	2.4	92	13.2
AM13	9 326	16.1	3 804	16.0	1 293	7.2	358	51.4
AM14	13 295	22.9	1 577	6.6	3 537	19.8	–	–
AM15	6 330	10.9	2 042	8.6	1 090	6.1	–	–
AM16	38 741	66.8	8 202	34.4	6 734	37.7	–	–
AM17	15 221	[6] 62.9	2 642	[6] 28.0	2 669	[6] 37.7	–	–
AM18	1 863	[6] 7.7	688	[6] 7.3	340	[6] 4.8	–	–
AM19	3 968	6.8	1 064	4.5	1 254	7.0	–	–
AM20	74 096	127.7	17 549	73.7	16 886	94.7	13	♦ 1.9
AM21	8 594	14.8	3 751	15.7	2 755	15.4	203	29.1
AM22	6	♦ 0.0	1	♦ 0.0	–	–	17	♦ 2.4
AM23	85	0.1	8	♦ 0.0	71	0.4	–	–
AM24	1 144	2.0	127	0.5	209	1.2	25	♦ 3.6
AM25	256	0.4	171	0.7	45	0.3	19	♦ 2.7
AM26	7	♦ 0.0	2	♦ 0.0	–	–	5	♦ 0.7
AM27	2 380	4.1	439	1.8	339	1.9	24	♦ 3.4
AM28	3 536	6.1	5 174	21.7	1 132	6.3	306	43.9
AM29	98 383	169.6	16 324	68.5	18 938	106.2	557	79.9
AM30	68 373	117.9	2 888	12.1	11 562	64.8	271	38.9
AM31	75 847	130.8	30 737	129.0	12 882	72.2	167	24.0
AM32	3 657	6.3	6 428	27.0	830	4.7	–	–
AM33	38 414	66.2	48 689	204.4	9 239	51.8	–	–
AM34	31 558	54.4	2 810	11.8	1 750	9.8	185	26.5
AM35	297	0.5	55	0.2	132	0.7	1	♦ 0.1
AM36	8 560	14.8	5 858	24.6	2 083	11.7	115	16.5
AM37	4 780	8.2	787	3.3	604	3.4	47	6.7
AM38	141	0.2	61	0.3	26	♦ 0.1	2	♦ 0.3
AM39	3 571	6.2	3 971	16.7	1 053	5.9	44	6.3
AM40	2 841	4.9	1 939	8.1	1 513	8.5	90	12.9
AM41	369	[7] 4.6	418	[7] 14.6	69	[7] 3.2	2	♦ [7] 5.1
AM42	6	♦ [3] 0.8	7	♦ [3] 2.1	4	♦ [3] 1.5	3	♦ [3] 15.4
AM43	38	[3] 4.9	27	♦ [3] 8.1	14	♦ [3] 5.4	5	♦ [3] 25.7
AM44	8	♦ [3] 1.0	2	♦ [3] 0.6	–	–	–	–
AM45	2 513	4.3	1 168	4.9	743	4.2	37	5.3
AM46	123	[3] 15.7	221	[3] 65.9	63	[3] 24.4	33	[3] 169.5
AM47	2 463	[3] 315.4	2 652	[3] 791.3	644	[3] 249.6	115	[3] 590.8
AM48	5 670	9.8	14 993	62.9	553	3.1	356	51.1
AM49	85 018	146.6	8 698	36.5	17 660	99.0	123	17.6
AM50	4 681	8.1	3 970	16.7	1 934	10.8	89	12.8
AM51	3 995	6.9	1 485	6.2	997	5.6	–	–
AM52	3 760	6.5	3 683	15.5	1 567	8.8	104	14.9
AM53	4 628	8.0	3 653	15.3	2 283	12.8	77	11.0
AM54	503	0.9	472	2.0	323	1.8	–	–
AM55	2 245	3.9	642	2.7	110	0.6	68	9.8

21. Deaths and death rates by cause: latest available year (continued)

Décès selon la cause, nombres et taux: dernière année disponible (suite)

Part A: Classified according to Abbreviated International List, 1975 Revision

Partie A: Décès classés selon la Liste internationale abrégée de la révision de 1975

(See notes at end of table. – Voir notes à la fin du tableau.)

Cause of death abbreviated list number [1] / Cause de décès numéro dans la liste abrégée [1]	New Zealand – Nouvelle-Zélande 1993+ [2] Number Nombre	Rate Taux
TOTAL	27 211	788.5
AM 1	–	–
AM 2	–	–
AM 3	7	♦ 0.2
AM 4	11	♦ 0.3
AM 5	–	–
AM 6	10	♦ 0.3
AM 7	–	–
AM 8	55	1.6
AM 9	–	–
AM10	–	–
AM11	1	♦ 0.0
AM12	58	1.7
AM13	275	8.0
AM14	708	20.5
AM15	367	10.6
AM16	1 336	38.7
AM17	584	...
AM18	80	...
AM19	248	7.2
AM20	3 497	101.3
AM21	458	13.3
AM22	–	–
AM23	14	♦ 0.4
AM24	57	1.7
AM25	19	♦ 0.5
AM26	–	–
AM27	126	3.7
AM28	282	8.2
AM29	3 997	115.8
AM30	2 902	84.1
AM31	2 788	80.8
AM32	98	2.8
AM33	1 799	52.1
AM34	999	28.9
AM35	29	♦ 0.8
AM36	395	11.4
AM37	164	4.8
AM38	4	♦ 0.1
AM39	124	3.6
AM40	266	7.7
AM41	20	...
AM42	2	♦ [3] 3.4
AM43	6	♦ [3] 10.2
AM44	4	♦ [3] 6.8
AM45	208	6.0
AM46	6	♦ [3] 10.2
AM47	116	[3] 197.1
AM48	181	5.2
AM49	3 170	91.9
AM50	607	17.6
AM51	232	6.7
AM52	361	10.5
AM53	443	12.8
AM54	51	1.5
AM55	46	1.3

21. Deaths and death rates by cause: latest available year (continued)

Décès selon la cause, nombres et taux: dernière année disponible (suite)

Part B: Classified according to Abbreviated International List, 1965 Revision

Partie B: Décès classés selon la Liste internationale abrégée de la révision de 1965

(See notes at end of table. – Voir notes à la fin du tableau.)

AFRICA – AFRIQUE/ASIA – ASIE/EUROPE

Cause of death abbreviated list number [1] / Cause de décès numéro dans la liste abrégée [1]	Cape Verde – Cap-Vert		Philippines		Denmark – Danemark [36]		Switzerland – Suisse	
	1980		1981		1993 [2]		1994	
	Number Nombre	Rate Taux	Number Nombre	Rate Taux	Number Nombre	Rate Taux	Number Nombre	Rate Taux
TOTAL	2 281	771.4	296 547	598.6	62 530	1 205.0	61 987	886.3
B 1	–	–	298	0.6	–	–	–	–
B 2	18	♦ 6.1	582	1.2	–	–	–	–
B 3	5	♦ 1.7	1 477	3.0	–	–	–	–
B 4	277	93.7	16 217	32.7	51	1.0	35	0.5
B 5	36	12.2	26 287	53.1	23	♦ 0.4	32	0.5
B 6	2	♦ 0.7	1 030	2.1	24	♦ 0.5	13	♦ 0.2
B 7	–	–	–	–	–	–	–	–
B 8	–	–	504	1.0	–	–	–	–
B 9	–	–	57	0.1	–	–	–	–
B 10	–	–	6	♦ 0.0	1	♦ 0.0	–	–
B 11	5	♦ 1.7	58	0.1	24	♦ 0.5	9	♦ 0.1
B 12	–	–	118	0.2	–	–	–	–
B 13	–	–	–	–	–	–	–	–
B 14	34	11.5	6 951	14.0	–	–	–	–
B 15	–	–	31	0.1	–	–	–	–
B 16	–	–	1 071	2.2	–	–	2	♦ 0.0
B 17	–	–	4	♦ 0.0	1	♦ 0.0	14	♦ 0.2
B 18	78	26.4	6 213	12.5	406	7.8	1 038	14.8
B 19	142	48.0	15 621	31.5	15 486	298.4	16 232	232.1
B 20	5	♦ 1.7	438	0.9	389	7.5	460	6.6
B 21	12	♦ 4.1	1 701	3.4	997	19.2	1 336	19.1
B 22	47	15.9	6 863	13.9	81	1.6	32	0.5
B 23	18	♦ 6.1	1 506	3.0	60	1.2	122	1.7
B 24	28	♦ 9.5	2 560	5.2	70	1.3	33	0.5
B 25	1	♦ 0.3	41	0.1	1	♦ 0.0	–	–
B 26	4	♦ 1.4	2 189	4.4	215	4.1	83	1.2
B 27	24	♦ 8.1	9 478	19.1	402	7.7	1 353	19.3
B 28	21	♦ 7.1	11 083	22.4	14 390	277.3	10 270	146.8
B 29	168	56.8	19 714	39.8	3 073	59.2	7 654	109.4
B 30	148	50.0	10 029	20.2	5 920	114.1	5 480	78.4
B 31	1	♦ 0.3	1 476	3.0	248	4.8	271	3.9
B 32	88	29.8	43 164	87.1	1 766	34.0	2 042	29.2
B 33	66	22.3	5 569	11.2	2 774	53.5	1 740	24.9
B 34	7	♦ 2.4	4 443	9.0	640	12.3	197	2.8
B 35	1	♦ 0.3	451	0.9	22	♦ 0.4	19	♦ 0.3
B 36	4	♦ 1.4	144	0.3	213	4.1	185	2.6
B 37	11	♦ 3.7	1 969	4.0	725	14.0	644	9.2
B 38	6	♦ 2.0	4 445	9.0	50	1.0	66	0.9
B 39	1	♦ [7] 5.8	70	...	52	[7] 7.1	50	[7] 5.0
B 40	–	–	248	17.0	–	–	–	–
B 41	10	♦ [3] 103.6	1 294	[3] 88.6	5	♦ [3] 7.4	3	♦ [3] 3.6
B 42	56	18.9	3 607	7.3	266	5.1	253	3.6
B 43	11	♦ [3] 114.0	2 456	[3] 168.1	84	[3] 124.7	76	[3] 91.6
B 44	80	[3] 829.0	20 172	[3] 1 380.5	55	[3] 81.6	56	[3] 67.5
B 45	568	192.1	26 973	54.5	3 962	76.3	1 444	20.6
B 46	209	70.7	21 879	44.2	6 208	119.6	5 898	84.3
BE47	8	♦ 2.7	2 044	4.1	559	10.8	631	9.0
BE48	69	23.3	4 100	8.3	1 872	36.1	2 529	36.2
BE49	7	♦ 2.4	236	0.5	1 159	22.3	1 494	21.4
BE50	5	♦ 1.7	9 680	19.5	256	4.9	191	2.7

21. Deaths and death rates by cause : latest available (continued)

Décès selon la cause, nombres et taux : dernière année disponible (suite)

GENERAL NOTES

Data exclude foetal deaths. In Part A of this table, cause of death is classified according to the Adapted Mortality List derived from the 1975 (ninth) Revision. In Part B, data classified according to the 1965 Revision are shown. Rates are the number of deaths from each cause per 100 000 population except for the rates for AM17–18, AM41–44 and AM46–47 in Part A and B39, B40–41 and B43–44 in Part B where, as specified in footnotes, the base has been changed in order to relate the deaths more closely to the population actually at risk. For method of evaluation and limitations of data, see Technical Notes, page 80.

Italics: Data from civil registers which are incomplete or of unknown completeness.

FOOTNOTES

- * Provisional.
- ♦ Rates based on 30 or fewer deaths.
- \+ Data tabulated by date of registration rather than occurrence.

1 For title of each cause group and detailed list categories included, see Technical Notes.
2 Source: Ministry of Health
3 Per 100 000 live–born.
4 For AM50 to AM55.
5 Including Canadian residents temporarily in the United States, but excluding United States residents temporarily in Canada.
6 Per 100 000 females of 15 years and over.
7 Per 100 000 males of 50 years and over.
8 For AM49 to AM55.
9 Including deaths of foreigners temporarily in the country.
10 Excluding deaths of infants dying before registration of birth.
11 Excluding Indian jungle population.
12 Excluding deaths for which information by cause was not available.
13 Based on burial permits.
14 Excluding nomadic Indian tribes.
15 Excluding infants born alive after less than 28 weeks' gestation, of less than 1 000 grammes in weight and 35 centimetres in length, who die within seven days of birth.
16 For certain urban areas only.
17 For AM2, AM4 to AM8 and AM10 to AM12.
18 For AM13 to AM18 and AM20.
19 For AM22 to AM23.
20 For AM32 to AM33.
21 For AM46 to AM47.

NOTES GENERALES

Il n'est pas tenu compte des morts foetales. Dans la partie A du tableau, les causes de décès sont classées selon la Liste adaptée des causes de mortalité, dérivé de la neuvième révision (1975). Les données classées selon la révision de 1965 figurent dans la partie B du tableau. Les taux représentent le nombre de décès attribuables à chaque cause pour 100 000 personnes dans la population totale. Font exception à cette règle les taux pour les catégories AM17–18, AM41–44 et AM46–47 dans la partie A du tableau et pour les catégories B39, B40–41 et B43–44 dans la partie B du tableau, où comme il est indique dans les notes, on a changé la base pour mieux relier les décès à la population effectivement exposée au risque. Pour la méthode d'évaluation et les insuffisances des données, voir Notes techniques, page 80.

Italiques: Données incomplètes ou dont le degré d'exactitude n'est pas connu provenant des registres de l'état civil.

NOTES

- * Données provisoires.
- ♦ Taux basés sur 30 décès ou moins.
- \+ Données exploitées selon la date de l'enregistrement et non la date de l'événement.

1 Pour le titre de chaque groupe de causes et les catégories de la nomenclature détaillée, voir Notes techniques.
2 Source: Ministère de la Santé
3 Pour 100 000 enfants nés vivants.
4 Pour AM50 à AM55.
5 Y compris les résidents canadiens temporairement aux Etats–Unis, mais non compris les résidents de Etats–Unis temporairement au Canada.
6 Pour 100 000 personnes du sexe féminin âgées de 15 ans et plus.
7 Pour 100 000 personnes du sexe masculin âgées de 50 ans et plus.
8 Pour AM49 à AM55.
9 Y compris les décès étrangers temporairement dans le pays.
10 Non compris les enfants de moins d'un an décédés avant l'enregistrement de leur naissance.
11 Non compris les Indiens de la jungle.
12 Non compris les décès dont il n'a pas été possible de connaître la cause.
13 D'après les permis d'inhumer.
14 Non compris les tribus d'Indiens nomades.
15 Non compris les enfants nés vivants après moins de 28 semaines de gestation, pesant moins de 1 000 grammes, mesurant moins de 35 centimètres et décédés dans les sept jours qui ont suivi leur naissance.
16 Pour certaines zones urbaines seulement.
17 Pour AM2, AM4 à AM8 et AM10 à AM12.
18 Pour AM13 à AM18 et AM20.
19 Pour AM22 à AM23.
20 Pour AM32 à AM33.
21 Pour AM46 à AM47.

FOOTNOTES (continued)

22 Including (360–389, 680–709, 780–796) other specified diseases, and (797–799) ill–defined and unknown causes.
23 Including (210–229) benign neoplasm, (286–289) diseases of blood and blood forming organs, (290–319) mental disorders, (320–359) diseases of the nervous systems,(460–479,487–489, 494–519) diseases of the respiratory system, (520–579) diseases of the digestive system, (580–629) diseases of the genito–urinary system, (710–739) diseases of the musculo– skeletal system and connector tissues.
24 Accidents due to natural and environmental factors, excluding (E880–E888).
25 Excluding Vietnamese refugees.
26 Including data for East Jerusalem and Israeli residents in certain other territories under occupation by Israeli military forces since June 1967.
27 For Japanese nationals in Japan only; however, rates computed on total population.
28 Excluding transients afloat and non–locally domiciled military and civilian services personnel and their dependants.
29 Including armed forces stationed outside the country, but excluding alien armed forces stationed in the area.
30 Including nationals temporarily outside the country.
31 Including armed forces outside the country.
32 Deaths registered within one year of occurrence.
33 Rates computed on population including civilian nationals temporarily outside the country.
34 Including residents outside the country if listed in a Netherlands population register.
35 Including residents temporarily outside the country.
36 Excluding Faeroe Islands and Greenland.

NOTES (suite)

22 Y compris (360–389, 680–709, 780–796) autres maladies et symptômes spécifiques, et (797–799) causes mal définies et inconnues.
23 Y compris (210–229) tumeurs benignes, (286–289) maladies du sang et des organes hematopoietiques, (290–319) troubles mentaux, (320–359) maladies du système nerveux, (460–479, 487–489, 494–519) maladies de l'appareil respiratoire,(580–629) maladies des organes genito–urinaires (710–739) maladies du système osteo–articulaire, des muscles et du tissu conjonctif.
24 Accidents provoqués par des agents physiques naturels ou facteurs du milieu; non compris (E880–E888).
25 Non compris les réfugiés du Viet Nam.
26 Y compris les données pour Jérusalem–Est et les résidents israéliens dans certains autres territoires occupés depuis juin 1967 par les forces armées israéliennes.
27 Pour les nationaux japonais au Japon seulement, toutefois les taux sont calculés sur la base de la population totale.
28 Non compris les personnes de passage à bord de navires, les militaires et agents civils domiciliés hors du territoire et les membres de leur
29 Y compris les militaires nationaux hors du pays, mais non compris les militaires étrangers en garnison sur le territoire.
30 Y compris les nationaux temporairement hors du pays.
31 Y compris les militaires en garnison hors du pays.
32 Décès enregistrés dans l'année que suit l'événement.
33 Les taux sont calculés sur la base d'un chiffre de population qui comprend les civils nationaux temporairement hors du pays.
34 Y compris les résidents hors du pays, s'ils sont inscrits sur un registre de population néerlandais.
35 Y compris les résidents temporairement hors du pays.
36 Non compris les Iles Féroé et le Groenland.

22. Expectation of life at specified ages for each sex: latest available year

(See notes at end of table.)

	Continent, country or area, period and sex / Continent, pays ou zone, période et sexe	Age (in years) 0	1	2	3	4	5	10	15	20
	AFRICA—AFRIQUE									
	Algeria – Algérie									
	1987									
1	Male – Masculin	65.75	69.44	...	...	...	65.11	60.60	56.02	51.47
2	Female – Féminin	66.34	69.71	...	...	...	66.57	62.12	57.53	52.92
	Angola									
	1990–1995 [1]									
3	Male – Masculin	44.90	...	...	...	...	...	...	...	...
4	Female – Féminin	48.10	...	...	...	...	...	...	...	...
	Benin – Bénin									
	1990–1995 [1]									
5	Male – Masculin	45.92	...	...	...	...	...	...	...	...
6	Female – Féminin	49.29	...	...	...	...	...	...	...	...
	Botswana									
	1981									
7	Male – Masculin	52.32	55.90	...	...	...	54.56	50.43	46.06	41.91
8	Female – Féminin	59.70	62.64	...	...	...	61.47	57.59	53.02	48.69
	Burkina Faso									
	1990–1995 [1]									
9	Male – Masculin	45.84	...	...	...	...	...	...	...	...
10	Female – Féminin	49.01	...	...	...	...	...	...	...	...
	Burundi									
	1990–1995 [1]									
11	Male – Masculin	48.42	...	...	...	...	...	...	...	...
12	Female – Féminin	51.92	...	...	...	...	...	...	...	...
	Cameroon – Cameroun									
	1990–1995 [1]									
13	Male – Masculin	54.50	...	...	...	...	...	...	...	...
14	Female – Féminin	57.50	...	...	...	...	...	...	...	...
	Cape Verde – Cap-Vert									
	1990									
15	Male – Masculin	63.53	65.00	...	...	...	62.76	58.33	53.71	49.07
16	Female – Féminin	71.33	72.90	...	...	...	71.29	66.70	62.03	57.35
	Central African Republic – République centrafricaine									
	1990–1995 [1]									
17	Male – Masculin	46.87	...	...	...	...	...	...	...	...
18	Female – Féminin	51.88	...	...	...	...	...	...	...	...
	Chad – Tchad									
	1990–1995 [1]									
19	Male – Masculin	45.93	...	...	...	...	...	...	...	...
20	Female – Féminin	49.12	...	...	...	...	...	...	...	...
	Comoros – Comores									
	1990–1995 [1]									
21	Male – Masculin	55.50	...	...	...	...	...	...	...	...
22	Female – Féminin	56.50	...	...	...	...	...	...	...	...
	Congo									
	1990–1995 [1]									
23	Male – Masculin	48.91	...	...	...	...	...	...	...	...
24	Female – Féminin	53.77	...	...	...	...	...	...	...	...
	Côte d'Ivoire									
	1990–1995 [1]									
25	Male – Masculin	49.69	...	...	...	...	...	...	...	...
26	Female – Féminin	52.38	...	...	...	...	...	...	...	...
	Djibouti									
	1990–1995 [1]									
27	Male – Masculin	46.72	...	...	...	...	...	...	...	...
28	Female – Féminin	50.00	...	...	...	...	...	...	...	...

22. Espérance de vie à un âge donné pour chaque sexe: dernière année disponible

(Voir notes à la fin du tableau.)

Age (en années)													
25	30	35	40	45	50	55	60	65	70	75	80	85	
46.88	42.26	37.72	33.37	28.86	24.41	20.20	16.26	12.70	9.29	...	...	...	1
48.30	43.17	39.12	34.67	30.20	25.73	21.44	17.46	43.69	10.06	...	...	...	2
...	...	...	...	...	...	...	...	...	...	...	...	...	3
...	...	...	...	...	...	...	...	...	...	...	...	...	4
...	...	...	...	...	...	...	...	...	...	...	...	...	5
...	...	...	...	...	...	...	...	...	...	...	...	...	6
37.96	34.10	30.29	26.54	22.83	19.25	15.89	12.84	10.22	8.15	6.81	...	...	7
44.52	40.32	36.09	31.88	27.70	23.63	19.72	15.97	12.52	9.34	6.55	...	...	8
...	...	...	...	...	...	...	...	...	...	...	...	...	9
...	...	...	...	...	...	...	...	...	...	...	...	...	10
...	...	...	...	...	...	...	...	...	...	...	...	...	11
...	...	...	...	...	...	...	...	...	...	...	...	...	12
...	...	...	...	...	...	...	...	...	...	...	...	...	13
...	...	...	...	...	...	...	...	...	...	...	...	...	14
44.68	40.81	37.24	33.24	29.94	26.20	22.91	19.36	15.99	11.95	9.32	6.95	...	15
53.03	48.47	44.26	39.85	35.75	31.31	26.77	22.53	18.83	14.61	11.91	9.65	...	16
...	...	...	...	...	...	...	...	...	...	...	...	...	17
...	...	...	...	...	...	...	...	...	...	...	...	...	18
...	...	...	...	...	...	...	...	...	...	...	...	...	19
...	...	...	...	...	...	...	...	...	...	...	...	...	20
...	...	...	...	...	...	...	...	...	...	...	...	...	21
...	...	...	...	...	...	...	...	...	...	...	...	...	22
...	...	...	...	...	...	...	...	...	...	...	...	...	23
...	...	...	...	...	...	...	...	...	...	...	...	...	24
...	...	...	...	...	...	...	...	...	...	...	...	...	25
...	...	...	...	...	...	...	...	...	...	...	...	...	26
...	...	...	...	...	...	...	...	...	...	...	...	...	27
...	...	...	...	...	...	...	...	...	...	...	...	...	28

22. Expectation of life at specified ages for each sex: latest available year (continued)

(See notes at end of table.)

	Continent, country or area, period and sex / Continent, pays ou zone, période et sexe	Age (in years) 0	1	2	3	4	5	10	15	20
	AFRICA—AFRIQUE (Cont.–Suite)									
	Egypt – Egypte									
	1991									
1	Male – Masculin	62.86	64.99	...	...	...	62.48	57.90	58.19	48.49
2	Female – Féminin	66.39	58.65	...	...	...	66.35	61.69	56.92	52.17
	Equatorial Guinea – Guinée équatoriale									
	1990–1995 [1]									
3	Male – Masculin	46.43	...	...	...	...	...	...	...	...
4	Female – Féminin	49.62	...	...	...	...	...	...	...	...
	Eritrea – Erythrée									
	1990–1995 [1]									
5	Male – Masculin	48.90	...	...	...	...	...	...	...	...
6	Female – Féminin	52.10	...	...	...	...	...	...	...	...
	Ethiopia – Ethiopie									
	1990–1995 [1]									
7	Male – Masculin	45.90	...	...	...	...	...	...	...	...
8	Female – Féminin	49.10	...	...	...	...	...	...	...	...
	Gabon									
	1990–1995 [1]									
9	Male – Masculin	51.86	...	...	...	...	...	...	...	...
10	Female – Féminin	55.18	...	...	...	...	...	...	...	...
	Gambia – Gambie									
	1990–1995 [1]									
11	Male – Masculin	43.41	...	...	...	...	...	...	...	...
12	Female – Féminin	46.63	...	...	...	...	...	...	...	...
	Ghana									
	1990–1995 [1]									
13	Male – Masculin	54.22	...	...	...	...	...	...	...	...
14	Female – Féminin	57.84	...	...	...	...	...	...	...	...
	Guinea – Guinée									
	1990–1995 [1]									
15	Male – Masculin	44.00	...	...	...	...	...	...	...	...
16	Female – Féminin	45.00	...	...	...	...	...	...	...	...
	Guinea-Bissau – Guinée-Bissau									
	1990–1995 [1]									
17	Male – Masculin	41.92	...	...	...	...	...	...	...	...
18	Female – Féminin	45.12	...	...	...	...	...	...	...	...
	Kenya									
	1990–1995 [1]									
19	Male – Masculin	54.18	...	...	...	...	...	...	...	...
20	Female – Féminin	57.29	...	...	...	...	...	...	...	...
	Lesotho									
	1990–1995 [1]									
21	Male – Masculin	58.00	...	...	...	...	...	...	...	...
22	Female – Féminin	63.00	...	...	...	...	...	...	...	...
	Liberia – Libéria									
	1990–1995 [1]									
23	Male – Masculin	54.01	...	...	...	...	...	...	...	...
24	Female – Féminin	56.95	...	...	...	...	...	...	...	...
	Libyan Arab Jamahiriya – Jamahiriya arabe libyenne									
	1990–1995 [1]									
25	Male – Masculin	61.58	...	...	...	...	...	...	...	...
26	Female – Féminin	65.00	...	...	...	...	...	...	...	...
	Madagascar									
	1990–1995 [1]									
27	Male – Masculin	55.00	...	...	...	...	...	...	...	...
28	Female – Féminin	58.00	...	...	...	...	...	...	...	...

22. Espérance de vie à un âge donné pour chaque sexe: dernière année disponible (suite)

(Voir notes à la fin du tableau.)

Age (en années)													
25	30	35	40	45	50	55	60	65	70	75	80	85	
43.86	39.27	34.69	30.16	25.76	21.59	17.97	14.85	11.98	9.38	7.54	6.09	4.90	1
47.45	42.75	38.06	33.43	28.85	24.40	20.28	16.48	12.87	10.02	7.77	6.03	4.68	2
...	...	...	...	...	...	...	...	...	...	...	...	...	3
...	...	...	...	...	...	...	...	...	...	...	...	...	4
...	...	...	...	...	...	...	...	...	...	...	...	...	5
...	...	...	...	...	...	...	...	...	...	...	...	...	6
...	...	...	...	...	...	...	...	...	...	...	...	...	7
...	...	...	...	...	...	...	...	...	...	...	...	...	8
...	...	...	...	...	...	...	...	...	...	...	...	...	9
...	...	...	...	...	...	...	...	...	...	...	...	...	10
...	...	...	...	...	...	...	...	...	...	...	...	...	11
...	...	...	...	...	...	...	...	...	...	...	...	...	12
...	...	...	...	...	...	...	...	...	...	...	...	...	13
...	...	...	...	...	...	...	...	...	...	...	...	...	14
...	...	...	...	...	...	...	...	...	...	...	...	...	15
...	...	...	...	...	...	...	...	...	...	...	...	...	16
...	...	...	...	...	...	...	...	...	...	...	...	...	17
...	...	...	...	...	...	...	...	...	...	...	...	...	18
...	...	...	...	...	...	...	...	...	...	...	...	...	19
...	...	...	...	...	...	...	...	...	...	...	...	...	20
...	...	...	...	...	...	...	...	...	...	...	...	...	21
...	...	...	...	...	...	...	...	...	...	...	...	...	22
...	...	...	...	...	...	...	...	...	...	...	...	...	23
...	...	...	...	...	...	...	...	...	...	...	...	...	24
...	...	...	...	...	...	...	...	...	...	...	...	...	25
...	...	...	...	...	...	...	...	...	...	...	...	...	26
...	...	...	...	...	...	...	...	...	...	...	...	...	27
...	...	...	...	...	...	...	...	...	...	...	...	...	28

22. Expectation of life at specified ages for each sex: latest available year (continued)

(See notes at end of table.)

	Continent, country or area, period and sex Continent, pays ou zone, période et sexe	Age (in years) 0	1	2	3	4	5	10	15	20
	AFRICA—AFRIQUE (Cont.–Suite)									
	Malawi									
	1992–1997									
1	Male – Masculin	43.51	49.98	...	...	...	52.08	49.54	45.70	41.89
2	Female – Féminin	46.75	52.41	...	...	...	54.49	51.99	48.22	44.39
	Mali									
	1987									
3	Male – Masculin	55.24	61.36	...	...	...	63.68	60.16	55.90	51.76
4	Female – Féminin	58.66	63.40	...	...	...	65.60	61.88	57.54	53.52
	Mauritania – Mauritanie									
	1990–1995 [1]									
5	Male – Masculin	49.90	...	...	...	...	...	...	...	...
6	Female – Féminin	53.10	...	...	...	...	...	...	...	...
	Mauritius – Maurice									
	1992–1994									
7	Male – Masculin	66.44	66.82	...	...	...	63.02	58.11	53.21	48.41
8	Female – Féminin	73.95	74.06	...	...	...	70.24	65.33	60.44	55.59
	Island of Mauritius – Ile Maurice									
	1992–1994									
9	Male – Masculin	66.37	66.73	...	...	...	62.93	58.02	53.12	48.33
10	Female – Féminin	73.90	74.01	...	...	...	70.19	65.28	60.39	55.55
	Rodrigues									
	1990–1992									
11	Male – Masculin	66.53	67.62	...	...	...	63.78	58.87	54.09	49.26
12	Female – Féminin	73.52	74.48	...	...	...	70.97	66.07	61.15	56.20
	Morocco – Maroc									
	1990–1995 [1]									
13	Male – Masculin	61.58	...	...	...	...	...	...	...	...
14	Female – Féminin	65.00	...	...	...	...	...	...	...	...
	Mozambique									
	1990–1995 [1]									
15	Male – Masculin	44.88	...	...	...	...	...	...	...	...
16	Female – Féminin	48.01	...	...	...	...	...	...	...	...
	Namibia – Namibie									
	1990–1995 [1]									
17	Male – Masculin	57.50	...	...	...	...	...	...	...	...
18	Female – Féminin	60.00	...	...	...	...	...	...	...	...
	Niger									
	1990–1995 [1]									
19	Male – Masculin	44.90	...	...	...	...	...	...	...	...
20	Female – Féminin	48.14	...	...	...	...	...	...	...	...
	Nigeria – Nigéria									
	1990–1995 [1]									
21	Male – Masculin	48.81	...	...	...	...	...	...	...	...
22	Female – Féminin	52.01	...	...	...	...	...	...	...	...
	Réunion									
	1990–1995 [1]									
23	Male – Masculin	69.38	...	...	...	...	...	...	...	...
24	Female – Féminin	77.73	...	...	...	...	...	...	...	...
	Rwanda									
	1990–1995 [1]									
25	Male – Masculin	45.82	...	...	...	...	...	...	...	...
26	Female – Féminin	48.90	...	...	...	...	...	...	...	...
	Senegal – Sénégal									
	1990–1995 [1]									
27	Male – Masculin	48.30	...	...	...	...	...	...	...	...
28	Female – Féminin	50.30	...	...	...	...	...	...	...	...

22. Espérance de vie à un âge donné pour chaque sexe: dernière année disponible (suite)

(Voir notes à la fin du tableau.)

Age (en années)													
25	30	35	40	45	50	55	60	65	70	75	80	85	
38.38	34.81	31.18	27.57	24.04	20.58	17.26	14.08	11.16	8.55	6.34	4.39	...	1
40.62	36.88	33.20	29.55	25.90	22.18	18.56	15.11	11.94	9.15	6.77	4.63	...	2
47.85	43.91	39.95	35.89	32.00	28.04	24.36	20.67	17.60	14.35	11.78	9.32	7.38	3
49.60	45.71	41.85	37.95	34.04	23.95	26.10	22.12	18.59	15.11	12.15	9.07	6.74	4
...	...	...	...	...	...	...	...	...	...	...	...	...	5
...	...	...	...	...	...	...	...	...	...	...	...	...	6
43.72	39.03	34.47	30.12	25.90	21.94	18.30	15.10	12.27	9.76	7.78	5.76	4.81	7
50.81	46.01	41.26	36.54	31.99	27.58	23.40	19.46	15.90	12.77	10.05	7.63	6.29	8
43.64	38.96	34.40	30.06	25.84	21.89	18.27	15.09	12.27	9.77	7.80	5.77	4.87	9
50.77	45.98	41.22	36.50	31.95	27.54	23.37	19.43	15.88	12.75	10.03	7.63	6.31	10
44.78	39.95	35.28	30.81	26.76	22.60	18.83	15.24	12.57	10.12	7.41	5.25	3.00	11
51.31	46.38	41.51	36.91	32.83	28.29	24.12	20.29	16.19	13.02	10.29	8.35	6.81	12
...	...	...	...	...	...	...	...	...	...	...	...	...	13
...	...	...	...	...	...	...	...	...	...	...	...	...	14
...	...	...	...	...	...	...	...	...	...	...	...	...	15
...	...	...	...	...	...	...	...	...	...	...	...	...	16
...	...	...	...	...	...	...	...	...	...	...	...	...	17
...	...	...	...	...	...	...	...	...	...	...	...	...	18
...	...	...	...	...	...	...	...	...	...	...	...	...	19
...	...	...	...	...	...	...	...	...	...	...	...	...	20
...	...	...	...	...	...	...	...	...	...	...	...	...	21
...	...	...	...	...	...	...	...	...	...	...	...	...	22
...	...	...	...	...	...	...	...	...	...	...	...	...	23
...	...	...	...	...	...	...	...	...	...	...	...	...	24
...	...	...	...	...	...	...	...	...	...	...	...	...	25
...	...	...	...	...	...	...	...	...	...	...	...	...	26
...	...	...	...	...	...	...	...	...	...	...	...	...	27
...	...	...	...	...	...	...	...	...	...	...	...	...	28

22. Expectation of life at specified ages for each sex: latest available year (continued)

(See notes at end of table.)

	Continent, country or area, period and sex / Continent, pays ou zone, période et sexe	Age (in years) 0	1	2	3	4	5	10	15	20
	AFRICA—AFRIQUE (Cont.–Suite)									
	Seychelles									
	1981–1985									
1	Male – Masculin	65.26	65.51	...	...	...	61.72	56.97	52.05	47.28
2	Female – Féminin	74.05	74.35	...	...	...	70.70	65.91	60.99	56.10
	Sierra Leone									
	1990–1995 [1]									
3	Male – Masculin	37.47	...	...	...	...	...	...	...	...
4	Female – Féminin	40.58	...	...	...	...	...	...	...	...
	Somalia – Somalie									
	1990–1995 [1]									
5	Male – Masculin	45.41	...	...	...	...	...	...	...	...
6	Female – Féminin	48.60	...	...	...	...	...	...	...	...
	South Africa – Afrique du Sud									
	1990–1995 [1]									
7	Male – Masculin	60.01	...	...	...	...	...	...	...	...
8	Female – Féminin	66.00	...	...	...	...	...	...	...	...
	Sudan – Soudan									
	1990–1995 [1]									
9	Male – Masculin	51.58	...	...	...	...	...	...	...	...
10	Female – Féminin	54.37	...	...	...	...	...	...	...	...
	Swaziland									
	1990–1995 [1]									
11	Male – Masculin	55.20	...	...	...	...	...	...	...	...
12	Female – Féminin	59.80	...	...	...	...	...	...	...	...
	Togo									
	1990–1995 [1]									
13	Male – Masculin	53.23	...	...	...	...	...	...	...	...
14	Female – Féminin	56.82	...	...	...	...	...	...	...	...
	Tunisia – Tunisie									
	1990–1995 [1]									
15	Male – Masculin	66.85	...	...	...	...	...	...	...	...
16	Female – Féminin	68.68	...	...	...	...	...	...	...	...
	Uganda – Ouganda									
	1990–1995 [1]									
17	Male – Masculin	43.57	...	...	...	...	...	...	...	...
18	Female – Féminin	46.19	...	...	...	...	...	...	...	...
	United Rep. of Tanzania – Rép.–Unie de Tanzanie									
	1988									
19	Male – Masculin	47.00	...	...	...	...	...	...	...	...
20	Female – Féminin	50.00	...	...	...	...	...	...	...	...
	Tanganyika									
	1988									
21	Male – Masculin	47.00	...	...	...	...	...	...	...	...
22	Female – Féminin	50.00	...	...	...	...	...	...	...	...
	United Rep. of Tanzania – Rép.–Unie de Tanzanie									
	Zanzibar									
	1988									
23	Male – Masculin	46.00	...	...	...	...	...	...	...	...
24	Female – Féminin	49.00	...	...	...	...	...	...	...	...
	Zaire – Zaïre									
	1990–1995 [1]									
25	Male – Masculin	50.40	...	...	...	...	...	...	...	...
26	Female – Féminin	53.66	...	...	...	...	...	...	...	...

22. Espérance de vie à un âge donné pour chaque sexe: dernière année disponible (suite)

(Voir notes à la fin du tableau.)

Age (en années)													
25	30	35	40	45	50	55	60	65	70	75	80	85	
42.79	38.25	33.85	29.75	25.73	21.82	18.62	14.97	11.41	8.88	6.61	3.74	2.16	1
51.25	46.65	41.92	37.27	32.91	28.32	24.17	20.20	16.31	12.60	9.50	6.70	4.81	2
...	...	...	...	...	...	...	...	...	...	...	...	...	3
...	...	...	...	...	...	...	...	...	...	...	...	...	4
...	...	...	...	...	...	...	...	...	...	...	...	...	5
...	...	...	...	...	...	...	...	...	...	...	...	...	6
...	...	...	...	...	...	...	...	...	...	...	...	...	7
...	...	...	...	...	...	...	...	...	...	...	...	...	8
...	...	...	...	...	...	...	...	...	...	...	...	...	9
...	...	...	...	...	...	...	...	...	...	...	...	...	10
...	...	...	...	...	...	...	...	...	...	...	...	...	11
...	...	...	...	...	...	...	...	...	...	...	...	...	12
...	...	...	...	...	...	...	...	...	...	...	...	...	13
...	...	...	...	...	...	...	...	...	...	...	...	...	14
...	...	...	...	...	...	...	...	...	...	...	...	...	15
...	...	...	...	...	...	...	...	...	...	...	...	...	16
...	...	...	...	...	...	...	...	...	...	...	...	...	17
...	...	...	...	...	...	...	...	...	...	...	...	...	18
...	...	...	...	...	...	...	...	...	...	...	...	...	19
...	...	...	...	...	...	...	...	...	...	...	...	...	20
...	...	...	...	...	...	...	...	...	...	...	...	...	21
...	...	...	...	...	...	...	...	...	...	...	...	...	22
...	...	...	...	...	...	...	...	...	...	...	...	...	23
...	...	...	...	...	...	...	...	...	...	...	...	...	24
...	...	...	...	...	...	...	...	...	...	...	...	...	25
...	...	...	...	...	...	...	...	...	...	...	...	...	26

22. Expectation of life at specified ages for each sex: latest available year (continued)

(See notes at end of table.)

	Continent, country or area, period and sex Continent, pays ou zone, période et sexe	Age (in years) 0	1	2	3	4	5	10	15	20
	AFRICA—AFRIQUE (Cont.–Suite)									
	Zambia – Zambie									
	1980									
1	Male – Masculin	50.70	55.57	...	...	...	55.60	52.28	48.13	44.12
2	Female – Féminin	53.00	57.40	...	...	...	57.63	54.37	50.29	46.24
	Zimbabwe									
	1990–1995 [1]									
3	Male – Masculin	52.39	...	...	...	...	...	...	...	...
4	Female – Féminin	55.12	...	...	...	...	...	...	...	...
	AMERICA,NORTH—AMERIQUE DU NORD									
	Bahamas									
	1989–1991									
5	Male – Masculin	68.32	68.86	...	...	...	64.75	59.96	55.09	50.30
6	Female – Féminin	75.28	75.53	...	...	...	71.48	66.58	61.63	56.78
	Barbados – Barbade									
	1980									
7	Male – Masculin	67.15	69.14	...	...	...	65.55	60.65	55.82	51.06
8	Female – Féminin	72.46	73.20	...	...	...	69.53	64.64	59.83	54.94
	Belize									
	1991									
9	Male – Masculin	69.95	71.48	...	...	...	67.91	63.04	58.21	53.39
10	Female – Féminin	74.07	75.75	...	...	...	72.04	67.07	62.25	57.39
	Bermuda – Bermudes									
	1991									
11	Male – Masculin	70.23	70.08	...	...	...	66.25	61.41	56.41	51.70
12	Female – Féminin	78.01	77.54	...	...	...	73.55	68.55	63.55	58.56
	Canada									
	1985–1987									
13	Male – Masculin	73.02	72.64	...	...	...	68.78	63.87	58.96	54.26
14	Female – Féminin	79.79	79.33	...	...	...	75.45	70.52	65.58	60.71
	Costa Rica									
	1990–1995									
15	Male – Masculin	72.89	73.30	...	...	...	69.53	64.63	59.75	54.94
16	Female – Féminin	77.60	77.71	...	...	...	73.93	69.01	64.09	59.19
	Cuba									
	1988 [2]									
17	Male – Masculin	72.89	72.85	71.93	70.99	70.03	69.07	64.24	59.41	54.73
18	Female – Féminin	76.80	76.57	75.65	74.70	73.73	72.77	67.88	62.99	58.23
	Dominican Republic – République dominicaine									
	1990–1995 [1]									
19	Male – Masculin	67.63	...	...	...	...	...	...	...	...
20	Female – Féminin	71.69	...	...	...	...	...	...	...	...
	El Salvador									
	1985									
21	Male – Masculin	50.74	...	...	...	...	...	...	...	...
22	Female – Féminin	63.89	...	...	...	...	...	...	...	...
	Greenland – Groenland									
	1981–1985									
23	Male – Masculin	60.40	61.70	...	...	...	58.10	53.50	48.80	44.80
24	Female – Féminin	66.30	67.60	...	...	...	64.10	59.40	54.50	50.00
	Guadeloupe									
	1990–1995 [1]									
25	Male – Masculin	71.12	...	...	...	...	...	...	...	...
26	Female – Féminin	78.01	...	...	...	...	...	...	...	...

22. Espérance de vie à un âge donné pour chaque sexe: dernière année disponible (suite)

(Voir notes à la fin du tableau.)

Age (en années)													
25	30	35	40	45	50	55	60	65	70	75	80	85	
40.42	36.66	32.85	29.05	25.33	21.68	18.21	14.87	11.81	9.07	6.72	4.66	...	1
42.28	38.38	34.53	30.71	26.91	23.07	19.35	15.77	12.49	9.59	7.10	4.89	...	2
...	...	...	...	...	...	...	...	...	...	...	...	...	3
...	...	...	...	...	...	...	...	...	...	...	...	...	4
45.85	41.48	37.10	33.10	29.07	25.13	21.58	18.16	14.99	12.33	9.77	7.54	5.58	5
52.02	47.34	42.80	38.33	33.94	29.66	25.62	21.61	17.91	14.49	11.34	8.83	6.63	6
46.18	41.58	36.82	32.30	27.75	23.68	19.89	14.68	13.56	10.91	8.18	5.60	...	7
50.11	45.38	40.64	36.03	31.64	27.26	23.19	19.10	15.46	12.17	9.32	6.40	...	8
48.80	44.54	40.11	35.27	30.81	26.67	22.55	18.91	15.21	12.18	9.41	6.26	...	9
52.45	47.68	42.98	38.43	34.37	29.77	25.51	21.47	17.27	13.84	10.33	7.03	...	10
47.03	42.26	37.54	33.23	29.09	24.97	20.89	16.94	13.51	10.33	7.80	5.65	...	11
53.56	48.82	44.18	39.50	34.83	30.35	26.07	21.64	17.55	13.62	10.35	7.24	...	12
49.62	44.92	40.21	35.51	30.91	26.46	22.27	18.40	14.89	11.79	9.12	6.91	5.13	13
55.83	50.95	46.09	41.27	36.54	31.94	27.50	23.24	19.20	15.44	12.01	9.04	6.59	14
50.26	45.55	40.84	36.18	31.59	27.12	22.83	18.79	15.09	11.80	9.07	6.91	...	15
54.31	49.44	44.63	39.86	35.15	30.58	26.15	21.90	17.87	14.09	10.74	7.84	...	16
50.11	45.51	40.94	36.40	31.95	27.63	23.51	19.60	16.00	12.70	9.77	...	...	17
53.47	48.71	43.98	39.29	34.70	30.23	25.92	21.81	17.93	14.28	11.03	...	...	18
...	...	...	...	...	...	...	...	...	...	...	...	...	19
...	...	...	...	...	...	...	...	...	...	...	...	...	20
...	...	...	...	...	...	...	...	...	...	...	...	...	21
...	...	...	...	...	...	...	...	...	...	...	...	...	22
41.70	37.90	33.60	29.40	25.20	21.40	17.80	14.20	11.10	8.60	6.20	4.50	...	23
45.60	41.00	36.40	31.90	27.70	23.70	19.90	16.50	13.20	10.60	8.10	5.90	...	24
...	...	...	...	...	...	...	...	...	...	...	...	...	25
...	...	...	...	...	...	...	...	...	...	...	...	...	26

22. Expectation of life at specified ages for each sex: latest available year (continued)

(See notes at end of table.)

	Continent, country or area, period and sex / Continent, pays ou zone, période et sexe	Age (in years) 0	1	2	3	4	5	10	15	20
	AMERICA,NORTH— (Cont.–Suite) AMERIQUE DU NORD									
	Guatemala									
	1979–1980									
1	Male – Masculin	55.11	59.09	...	...	...	58.51	54.38	49.83	45.55
2	Female – Féminin	59.43	62.98	...	...	...	62.77	58.74	54.18	49.79
	Haiti – Haïti									
	1990–1995 [1]									
3	Male – Masculin	54.95	...	...	...	...	...	...	...	...
4	Female – Féminin	58.34	...	...	...	...	...	...	...	...
	Honduras									
	1990–1995 [1]									
5	Male – Masculin	65.43	...	...	...	...	...	...	...	...
6	Female – Féminin	70.06	...	...	...	...	...	...	...	...
	Jamaica – Jamaïque									
	1990–1995 [1]									
7	Male – Masculin	71.41	...	...	...	...	...	...	...	...
8	Female – Féminin	75.82	...	...	...	...	...	...	...	...
	Martinique									
	1990–1995 [1]									
9	Male – Masculin	72.92	...	...	...	...	...	...	...	...
10	Female – Féminin	79.37	...	...	...	...	...	...	...	...
	Mexico – Mexique									
	1990–1995 [1]									
11	Male – Masculin	67.84	...	...	...	...	...	...	...	...
12	Female – Féminin	73.94	...	...	...	...	...	...	...	...
	Netherlands Antilles – Antilles néerlandaises									
	1981–1991									
13	Male – Masculin	72.28	72.23	...	...	...	68.35	63.44	58.53	53.69
14	Female – Féminin	77.87	77.99	...	...	...	74.10	69.16	64.24	59.36
	Nicaragua									
	1990–1995									
15	Male – Masculin	64.80	67.43	...	...	...	65.40	60.87	56.20	51.74
16	Female – Féminin	67.71	69.98	...	...	...	67.76	63.19	58.49	53.97
	Panama									
	1990–1995 [3]									
17	Male – Masculin	70.85	71.72	...	...	...	68.32	63.51	58.66	53.99
18	Female – Féminin	75.00	75.87	...	...	...	72.43	67.62	62.76	57.96
	Puerto Rico – Porto Rico									
	1990–1992									
19	Male – Masculin	69.60	69.62	...	...	...	65.76	60.84	55.92	51.30
20	Female – Féminin	78.50	78.42	...	...	...	74.54	69.61	64.66	59.77
	Saint Kitts and Nevis – Saint–Kitts–et–Nevis									
	1991									
21	Male – Masculin	65.10	65.60	...	...	...	62.37	57.66	52.82	48.03
22	Female – Féminin	70.08	70.32	...	...	...	66.76	61.94	56.98	52.12
	Saint Lucia – Sainte–Lucie									
	1986									
23	Male – Masculin	68.00	68.70	...	...	...	65.10	60.20	55.30	50.60
24	Female – Féminin	74.80	75.20	...	...	...	71.40	66.50	61.50	56.60
	Trinidad and Tobago – Trinité–et–Tobago									
	1990									
25	Male – Masculin	68.39	68.28	...	...	...	64.51	59.64	54.76	50.05
26	Female – Féminin	73.20	72.91	...	...	...	69.10	64.21	59.33	54.48

22. Espérance de vie à un âge donné pour chaque sexe: dernière année disponible (suite)

(Voir notes à la fin du tableau.)

Age (en années)													
25	30	35	40	45	50	55	60	65	70	75	80	85	
41.64	37.92	34.23	30.56	26.92	23.37	19.91	16.57	13.45	10.30	8.63	7.00	...	1
45.49	41.25	37.10	33.01	28.99	25.00	21.13	17.50	14.16	11.42	9.29	7.78	...	2
...	...	...	...	...	...	...	...	...	...	...	...	...	3
...	...	...	...	...	...	...	...	...	...	...	...	...	4
...	...	...	...	...	...	...	...	...	...	...	...	...	5
...	...	...	...	...	...	...	...	...	...	...	...	...	6
...	...	...	...	...	...	...	...	...	...	...	...	...	7
...	...	...	...	...	...	...	...	...	...	...	...	...	8
...	...	...	...	...	...	...	...	...	...	...	...	...	9
...	...	...	...	...	...	...	...	...	...	...	...	...	10
...	...	...	...	...	...	...	...	...	...	...	...	...	11
...	...	...	...	...	...	...	...	...	...	...	...	...	12
48.98	44.37	39.63	34.95	30.43	26.09	22.03	18.27	14.84	11.92	9.24	7.07	5.30	13
54.52	49.70	44.86	40.13	35.49	30.92	26.55	22.30	18.25	14.57	11.42	8.53	6.08	14
47.41	43.04	38.66	34.30	30.01	25.84	21.83	18.02	14.53	11.37	8.73	6.62	...	15
49.56	45.13	40.69	36.27	31.90	27.63	23.51	19.55	15.86	12.46	9.55	7.16	...	16
49.47	44.97	40.42	35.89	31.40	27.03	22.85	18.93	15.32	12.11	9.32	6.90	...	17
53.18	48.42	43.71	39.06	34.47	29.99	25.64	21.45	17.50	13.81	10.48	7.57	...	18
46.89	42.69	38.68	34.77	30.79	26.83	22.99	19.33	16.03	12.94	10.26	7.86	5.99	19
54.95	50.22	45.53	40.87	36.23	31.64	27.20	22.94	18.91	15.20	11.88	8.94	6.63	20
43.25	38.80	34.15	29.80	25.75	21.50	18.04	15.22	12.94	10.11	8.44	6.49	5.01	21
47.31	42.82	38.43	33.80	29.59	25.90	22.26	18.41	14.77	11.35	9.00	6.92	5.22	22
45.90	41.60	37.20	33.00	28.80	24.70	20.80	17.10	13.80	10.70	8.40	5.60	3.80	23
51.80	46.90	42.50	37.90	33.30	28.90	24.80	17.20	20.60	13.80	10.80	7.40	5.10	24
45.53	41.02	36.57	32.12	27.75	23.63	19.88	16.50	13.52	10.81	8.56	6.76	...	25
49.73	44.96	40.24	35.60	31.06	26.86	22.91	19.28	15.91	12.82	10.23	8.03	...	26

(See notes at end of table.)

	Continent, country or area, period and sex / Continent, pays ou zone, période et sexe	Age (in years) 0	1	2	3	4	5	10	15	20
	AMERICA,NORTH— (Cont.–Suite) AMERIQUE DU NORD									
	United States – Etats–Unis									
	1993 [2]									
1	Male – Masculin	72.20	71.80	70.90	69.90	68.90	68.00	63.00	58.10	53.50
2	Female – Féminin	78.80	78.40	77.50	76.50	75.50	74.60	69.60	64.70	59.80
	AMERICA,SOUTH— AMERIQUE DU SUD									
	Argentina – Argentine									
	1990–1991									
3	Male – Masculin	68.17	69.20	...	...	...	65.51	60.63	55.75	51.00
4	Female – Féminin	73.09	74.36	...	...	...	70.78	65.91	61.03	56.23
	Bolivia – Bolivie									
	1990–1995 [1]									
5	Male – Masculin	57.74	...	...	...	...	...	...	...	...
6	Female – Féminin	61.00	...	...	...	...	...	...	...	...
	Brazil – Brésil									
	1995 [4]									
7	Male – Masculin	63.81	66.19	65.40	64.52	63.59	62.65	57.82	52.99	48.37
8	Female – Féminin	70.38	72.16	71.38	70.49	69.56	68.62	63.77	58.89	54.08
	Chile – Chili									
	1995									
9	Male – Masculin	71.83	71.89	70.99	70.05	69.09	68.12	63.23	58.33	53.57
10	Female – Féminin	77.77	77.74	76.81	75.85	74.88	73.90	69.00	64.07	59.17
	Colombia – Colombie									
	1990–1995									
11	Male – Masculin	66.36	67.47	...	...	...	64.18	59.42	54.61	50.09
12	Female – Féminin	72.26	72.99	...	...	...	69.62	64.79	59.93	55.13
	Ecuador – Equateur									
	1995 [5]									
13	Male – Masculin	67.32	69.92	...	...	...	67.04	62.32	57.56	52.91
14	Female – Féminin	72.49	74.51	...	...	...	71.56	66.81	62.00	57.28
	Guyana									
	1990–1995 [1]									
15	Male – Masculin	62.44	...	...	...	...	...	...	...	...
16	Female – Féminin	68.02	...	...	...	...	...	...	...	...
	Paraguay									
	1980–1985									
17	Male – Masculin	64.42	67.10	66.82	66.19	65.46	64.67	60.10	55.37	50.75
18	Female – Féminin	68.51	70.97	70.55	69.83	69.02	68.17	63.54	58.76	54.04
	Peru – Pérou									
	1990–1995 [4]									
19	Male – Masculin	62.74	67.16	...	...	...	64.96	60.33	55.59	50.93
20	Female – Féminin	66.55	70.65	...	...	...	68.50	63.83	59.04	54.33
	Suriname									
	1990–1995 [1]									
21	Male – Masculin	67.80	...	...	...	...	...	...	...	...
22	Female – Féminin	72.78	...	...	...	...	...	...	...	...
	Uruguay									
	1984–1986 [2]									
23	Male – Masculin	68.43	69.67	68.79	67.84	66.88	65.91	61.03	56.18	51.40
24	Female – Féminin	74.88	75.89	75.01	74.07	73.11	72.14	67.24	62.34	57.46
	Venezuela									
	1985 [4]									
25	Male – Masculin	66.68	68.45	67.77	66.87	65.94	64.99	60.31	55.53	50.92
26	Female – Féminin	72.80	74.16	73.49	72.60	71.67	70.72	65.90	61.02	56.23

22. Espérance de vie à un âge donné pour chaque sexe: dernière année disponible (suite)

(Voir notes à la fin du tableau.)

Age (en années)													
25	30	35	40	45	50	55	60	65	70	75	80	85	
48.90	44.30	39.80	35.40	31.00	26.70	22.60	18.80	15.30	12.20	9.50	7.10	5.20	1
55.00	50.10	45.40	40.60	35.90	31.40	27.00	22.80	18.90	15.30	11.90	8.90	6.40	2
46.31	41.66	37.04	32.46	28.05	23.88	20.01	16.52	13.31	10.37	7.77	5.44	...	3
51.46	46.71	42.00	37.38	32.87	28.44	24.16	20.04	16.13	12.47	9.39	6.60	...	4
...	...	...	...	...	...	...	...	...	...	...	...	...	5
...	...	...	...	...	...	...	...	...	...	...	...	...	6
43.98	39.70	35.47	31.30	27.25	23.38	19.75	16.39	13.28	10.48	8.08	6.10	...	7
49.32	44.61	39.97	35.40	30.96	26.68	22.60	18.74	15.12	11.83	8.96	6.57	...	8
48.95	44.33	39.74	35.19	30.73	26.40	22.27	18.45	14.96	11.79	9.12	6.94	...	9
54.29	49.43	44.61	39.83	35.14	30.59	26.20	22.02	18.08	14.47	11.25	8.43	...	10
45.96	41.93	37.79	33.55	29.32	25.23	21.26	17.66	14.35	11.59	9.28	7.51	...	11
50.38	45.65	40.96	36.33	31.82	27.47	23.31	19.44	15.83	12.72	10.05	8.01	...	12
48.36	43.89	39.47	35.13	30.89	26.74	22.74	18.94	15.37	12.11	9.31	6.95	...	13
52.59	47.45	43.34	38.77	34.29	29.90	25.62	21.54	17.69	14.18	10.98	8.19	...	14
...	...	...	...	...	...	...	...	...	...	...	...	...	15
...	...	...	...	...	...	...	...	...	...	...	...	...	16
46.19	41.61	37.03	32.51	28.11	23.90	19.95	16.31	13.03	10.14	7.72	5.80	4.33	17
49.35	44.69	40.50	35.47	30.97	26.60	22.40	18.41	14.71	11.40	8.61	6.39	4.68	18
46.39	41.82	37.31	32.83	28.47	24.25	20.26	16.51	13.06	9.92	7.29	5.31	...	19
49.69	45.07	40.47	35.90	31.39	26.94	22.64	18.47	14.59	11.08	8.15	5.91	...	20
...	...	...	...	...	...	...	...	...	...	...	...	...	21
...	...	...	...	...	...	...	...	...	...	...	...	...	22
46.70	41.99	37.30	32.68	28.25	24.01	20.19	16.65	13.46	10.68	8.35	6.35	4.99	23
52.60	47.76	42.98	38.27	33.68	29.23	24.97	21.01	17.30	13.95	10.95	8.51	6.63	24
46.36	41.86	37.42	33.07	28.86	24.81	20.93	17.30	14.17	11.42	9.08	7.21	5.71	25
51.44	46.68	41.95	37.31	32.77	28.39	24.22	20.30	16.68	13.48	10.66	8.28	6.13	26

22. Expectation of life at specified ages for each sex: latest available year (continued)

(See notes at end of table.)

	Continent, country or area, period and sex / Continent, pays ou zone, période et sexe	Age (in years) 0	1	2	3	4	5	10	15	20
	ASIA—ASIE									
	Afghanistan									
	1990–1995 [1]									
1	Male – Masculin	43.00	...	...	...	...	...	...	...	...
2	Female – Féminin	44.00	...	...	...	...	...	...	...	...
	Armenia – Arménie									
	1991–1992 [2]									
3	Male – Masculin	68.66	69.03	68.22	67.29	66.33	65.36	60.46	55.54	50.73
4	Female – Féminin	75.51	75.76	74.93	74.02	73.06	72.09	67.17	62.22	57.30
	Azerbaijan – Azerbaïdjan									
	1989									
5	Male – Masculin	66.60	...	...	...	...	...	...	...	...
6	Female – Féminin	74.20	...	...	...	...	...	...	...	...
	Bahrain – Bahreïn									
	1986–1991 [6]									
7	Male – Masculin	66.83	...	...	...	...	...	...	...	...
8	Female – Féminin	69.43	...	...	...	...	...	...	...	...
	Bangladesh									
	1988									
9	Male – Masculin	56.91	63.66	63.57	63.54	63.19	62.76	58.73	54.09	49.53
10	Female – Féminin	55.97	61.50	61.63	61.76	61.68	61.29	57.26	52.63	48.30
	Bhutan – Bhoutan									
	1990–1995 [1]									
11	Male – Masculin	49.10	...	...	...	...	...	...	...	...
12	Female – Féminin	52.40	...	...	...	...	...	...	...	...
	Brunei Darussalam – Brunéi Darussalam									
	1981									
13	Male – Masculin	70.13	70.32	...	...	...	66.68	61.90	57.12	52.44
14	Female – Féminin	72.69	72.65	...	...	...	68.96	64.08	59.26	54.48
	Cambodia – Cambodge									
	1990–1995 [1]									
15	Male – Masculin	50.10	...	...	...	...	...	...	...	...
16	Female – Féminin	52.90	...	...	...	...	...	...	...	...
	China – Chine									
	1990–1995 [1]									
17	Male – Masculin	66.70	...	...	...	...	...	...	...	...
18	Female – Féminin	70.45	...	...	...	...	...	...	...	...
	Cyprus – Chypre									
	1992–1993 [7]									
19	Male – Masculin	74.64	74.39	...	...	...	70.49	65.57	60.63	56.03
20	Female – Féminin	79.05	78.74	...	...	...	74.82	69.87	64.89	60.00
	East Timor – Timor oriental									
	1990–1995 [1]									
21	Male – Masculin	44.15	...	...	...	...	...	...	...	...
22	Female – Féminin	45.94	...	...	...	...	...	...	...	...
	Georgia – Géorgie									
	1989									
23	Male – Masculin	68.10	...	...	...	...	...	...	...	...
24	Female – Féminin	75.70	...	...	...	...	...	...	...	...
	Hong Kong – Hong-kong									
	1994 [2]									
25	Male – Masculin	75.84	75.17	74.19	73.20	72.21	71.22	66.25	61.31	56.43
26	Female – Féminin	81.16	80.54	79.56	78.58	77.60	76.61	71.65	66.71	61.79
	India – Inde									
	1986–1990									
27	Male – Masculin	57.70	62.20	...	...	...	60.90	56.70	52.10	47.50
28	Female – Féminin	58.10	62.60	...	...	...	62.50	58.50	54.00	49.70
	Indonesia – Indonésie									
	1990–1995 [1]									
29	Male – Masculin	61.00	...	...	...	...	...	...	...	...
30	Female – Féminin	64.50	...	...	...	...	...	...	...	...

22. Espérance de vie à un âge donné pour chaque sexe: dernière année disponible (suite)

(Voir notes à la fin du tableau.)

Age (en années)													
25	30	35	40	45	50	55	60	65	70	75	80	85	
...	...	...	...	...	...	...	...	...	...	...	...	...	1
...	...	...	...	...	...	...	...	...	...	...	...	...	2
46.11	41.60	37.10	32.65	28.29	24.13	20.55	16.94	13.96	10.89	8.10	6.00	4.17	3
52.44	47.60	42.77	37.98	33.25	28.62	24.28	20.06	16.24	12.70	9.57	6.95	4.80	4
...	...	...	...	...	...	...	...	...	...	...	...	...	5
...	...	...	...	...	...	...	...	...	...	...	...	...	6
...	...	...	...	...	...	...	...	...	...	...	...	...	7
...	...	...	...	...	...	...	...	...	...	...	...	...	8
45.01	40.47	35.98	31.58	27.07	23.12	19.24	15.50	12.21	9.63	7.40	...	...	9
43.93	39.76	35.51	31.44	27.38	23.62	19.71	15.76	11.98	8.00	6.23	...	...	10
...	...	...	...	...	...	...	...	...	...	...	...	...	11
...	...	...	...	...	...	...	...	...	...	...	...	...	12
47.83	43.17	38.51	33.87	29.41	25.06	21.05	17.27	13.67	10.55	7.60	5.68	4.22	13
49.68	44.87	40.14	35.44	30.92	26.63	22.68	19.19	16.13	12.86	9.97	7.23	5.22	14
...	...	...	...	...	...	...	...	...	...	...	...	...	15
...	...	...	...	...	...	...	...	...	...	...	...	...	16
...	...	...	...	...	...	...	...	...	...	...	...	...	17
...	...	...	...	...	...	...	...	...	...	...	...	...	18
51.29	46.48	41.69	36.91	32.22	27.70	23.38	19.23	15.54	12.26	9.52	7.27	...	19
55.11	50.23	45.35	40.46	35.65	30.94	26.30	21.77	17.47	13.49	10.19	7.42	...	20
...	...	...	...	...	...	...	...	...	...	...	...	...	21
...	...	...	...	...	...	...	...	...	...	...	...	...	22
...	...	...	...	...	...	...	...	...	...	...	...	...	23
...	...	...	...	...	...	...	...	...	...	...	...	...	24
51.60	46.78	41.96	37.19	32.49	27.96	23.64	19.54	15.81	12.50	9.61	7.18	5.22	25
56.87	51.95	47.06	42.21	37.41	32.69	28.07	23.59	19.33	15.38	11.83	8.82	6.34	26
43.10	38.60	34.10	29.80	25.60	21.70	18.00	14.70	11.90	9.40	...	...	...	27
45.40	41.10	36.70	32.30	28.00	23.70	19.80	16.10	12.90	10.10	...	...	...	28
...	...	...	...	...	...	...	...	...	...	...	...	...	29
...	...	...	...	...	...	...	...	...	...	...	...	...	30

22. Expectation of life at specified ages for each sex: latest available year (continued)

(See notes at end of table.)

	Continent, country or area, period and sex / Continent, pays ou zone, période et sexe	Age (in years) 0	1	2	3	4	5	10	15	20
	ASIA—ASIE (Cont.–Suite)									
	Iran (Islamic Republic of – Rép. islamique d') 1990–1995 [1]									
1	Male – Masculin	67.03	...	...	...	...	...	...	...	...
2	Female – Féminin	67.98	...	...	...	...	...	...	...	...
	Iraq 1990									
3	Male – Masculin	77.43	77.77	...	...	...	74.11	69.25	69.40	59.52
4	Female – Féminin	78.22	78.41	...	...	...	74.78	69.86	65.01	60.17
	Israel – Israël [8] 1993 [2]									
5	Male – Masculin	75.33	74.58	73.65	72.68	71.71	71.11	66.20	61.26	56.43
6	Female – Féminin	79.10	78.21	77.28	76.31	75.34	74.82	69.88	64.93	60.00
	Japan – Japon 1994 [2 9]									
7	Male – Masculin	76.57	75.98	74.98	74.02	73.05	72.07	67.14	62.19	57.35
8	Female – Féminin	82.98	82.29	81.34	80.37	79.40	78.41	73.46	68.50	63.56
	Jordan – Jordanie 1990–1995 [1]									
9	Male – Masculin	66.16	...	...	...	...	...	...	...	...
10	Female – Féminin	69.84	...	...	...	...	...	...	...	...
	Kazakstan 1990 [2]									
11	Male – Masculin	63.83	64.76	64.08	63.20	62.26	61.32	56.55	51.75	47.07
12	Female – Féminin	73.06	73.80	73.09	72.20	71.27	70.32	65.48	60.58	55.79
	Korea, Dem. People's Rep. of – Corée, rép. populaire dém. de 1990–1995 [1]									
13	Male – Masculin	67.70	...	...	...	...	...	...	...	...
14	Female – Féminin	73.95	...	...	...	...	...	...	...	...
	Korea, Republic of– Corée, République de 1991 [2]									
15	Male – Masculin	67.66	67.33	66.43	65.49	64.55	63.60	58.80	53.94	49.21
16	Female – Féminin	75.67	75.38	74.48	73.54	72.59	71.64	66.80	61.91	57.06
	Kuwait – Koweït 1992–1993									
17	Male – Masculin	71.77	71.68	...	...	...	67.86	62.99	58.15	53.57
18	Female – Féminin	73.32	73.08	...	...	...	69.21	64.31	59.42	54.50
	Kyrgyzstan – Kirghizistan 1992 [2]									
19	Male – Masculin	64.23	65.61	65.09	64.22	63.32	62.37	57.54	52.73	48.00
20	Female – Féminin	72.23	73.22	72.70	71.86	70.94	69.99	65.14	60.26	55.46
	Lao People's Dem. Rep. – Rép. dém. populaire Lao 1990–1995 [1]									
21	Male – Masculin	49.50	...	...	...	...	...	...	...	...
22	Female – Féminin	52.50	...	...	...	...	...	...	...	...
	Lebanon – Liban 1990–1995 [1]									
23	Male – Masculin	66.60	...	...	...	...	...	...	...	...
24	Female – Féminin	70.50	...	...	...	...	...	...	...	...
	Macau – Macao 1988									
25	Male – Masculin	75.01	75.02	...	...	...	71.20	66.27	61.33	56.42
26	Female – Féminin	80.26	80.11	...	...	...	76.20	71.28	66.34	61.38

22. Espérance de vie à un âge donné pour chaque sexe: dernière année disponible (suite)

(Voir notes à la fin du tableau.)

Age (en années)													
25	30	35	40	45	50	55	60	65	70	75	80	85	
...	...	...	...	...	...	...	...	...	...	...	...	...	1
...	...	...	...	...	...	...	...	...	...	...	...	...	2
54.88	50.19	45.56	40.79	36.34	32.39	28.81	24.77	21.32	18.00	15.64	13.11	...	3
55.32	50.43	45.52	40.77	36.04	31.12	26.61	22.03	17.65	12.92	8.74	4.21	...	4
51.68	46.88	42.08	37.33	32.63	28.05	23.67	19.62	15.96	12.69	9.78	7.37	5.51	5
55.07	50.16	45.28	40.42	35.63	30.95	26.35	21.98	17.92	14.13	10.78	8.05	5.89	6
52.55	47.72	42.91	38.13	33.45	28.92	24.57	20.44	16.67	13.14	9.96	7.28	5.25	7
58.65	53.74	48.85	44.00	39.20	34.49	29.87	25.34	20.97	16.78	12.89	9.46	6.72	8
...	...	...	...	...	...	...	...	...	...	...	...	...	9
...	...	...	...	...	...	...	...	...	...	...	...	...	10
42.57	38.19	33.86	29.60	25.51	21.70	18.25	15.12	12.38	9.97	7.89	6.13	4.68	11
51.06	46.30	41.56	36.88	32.33	27.91	23.71	19.73	16.19	12.92	9.99	7.45	5.35	12
...	...	...	...	...	...	...	...	...	...	...	...	...	13
...	...	...	...	...	...	...	...	...	...	...	...	...	14
44.54	39.93	35.40	30.94	26.71	22.76	19.04	15.48	12.29	9.48	7.11	5.19	...	15
52.25	47.45	42.67	37.93	33.27	28.77	24.38	20.12	16.12	12.46	9.29	6.70	...	16
48.89	44.15	39.42	34.72	30.05	25.62	21.35	17.34	14.10	10.75	7.83	4.37	2.46	17
49.60	44.68	39.81	34.95	30.17	25.51	21.09	16.83	13.32	9.95	7.38	4.33	2.58	18
43.45	39.05	34.65	30.37	26.35	22.57	19.06	15.64	12.32	9.78	7.82	6.30	5.11	19
50.72	46.04	41.36	36.75	32.24	27.85	23.76	19.76	15.71	12.40	9.74	7.62	5.94	20
...	...	...	...	...	...	...	...	...	...	...	...	...	21
...	...	...	...	...	...	...	...	...	...	...	...	...	22
...	...	...	...	...	...	...	...	...	...	...	...	...	23
...	...	...	...	...	...	...	...	...	...	...	...	...	24
51.53	46.63	41.76	36.92	32.16	27.64	23.38	19.48	15.86	12.52	9.54	6.62	...	25
56.46	51.55	46.62	41.75	36.93	32.26	27.77	23.32	18.91	14.82	11.32	7.80	...	26

22. Expectation of life at specified ages for each sex: latest available year (continued)

(See notes at end of table.)

	Continent, country or area, period and sex / Continent, pays ou zone, période et sexe	Age (in years) 0	1	2	3	4	5	10	15	20
	ASIA—ASIE (Cont.–Suite)									
	Malaysia – Malaisie									
	1990–1995 [1]									
1	Male – Masculin	68.68	...	...	...	...	...	...	...	...
2	Female – Féminin	73.04	...	...	...	...	...	...	...	...
	Peninsular Malaysia – Malaisie Péninsulaire									
	1992									
3	Male – Masculin	69.37	69.24	...	...	...	65.48	60.63	55.78	51.14
4	Female – Féminin	74.11	73.83	...	...	...	70.06	65.19	60.30	55.45
	Maldives									
	1992									
5	Male – Masculin	67.15	68.36	...	...	...	65.67	60.96	56.24	51.51
6	Female – Féminin	66.60	67.28	...	...	...	63.92	59.30	54.41	49.59
	Mongolia – Mongolie									
	1990–1995 [1]									
7	Male – Masculin	62.32	...	...	...	...	...	...	...	...
8	Female – Féminin	65.00	...	...	...	...	...	...	...	...
	Myanmar									
	1990–1995 [1]									
9	Male – Masculin	56.00	...	...	...	...	...	...	...	...
10	Female – Féminin	59.30	...	...	...	...	...	...	...	...
	Nepal – Népal									
	1981									
11	Male – Masculin	50.88	56.57	...	...	...	55.76	51.67	47.28	43.13
12	Female – Féminin	48.10	54.13	...	...	...	54.73	50.98	46.89	43.01
	Oman									
	1990–1995 [1]									
13	Male – Masculin	67.70	...	...	...	...	...	...	...	...
14	Female – Féminin	71.80	...	...	...	...	...	...	...	...
	Pakistan									
	1990–1995 [1]									
15	Male – Masculin	60.60	...	...	...	...	...	...	...	...
16	Female – Féminin	62.60	...	...	...	...	...	...	...	...
	Philippines									
	1991									
17	Male – Masculin	63.10	65.70	65.20	64.40	63.60	62.80	58.20	53.50	48.90
18	Female – Féminin	66.70	68.70	68.20	67.40	66.60	65.70	61.10	56.30	51.70
	Qatar									
	1990–1995 [1]									
19	Male – Masculin	68.75	...	...	...	...	...	...	...	...
20	Female – Féminin	74.20	...	...	...	...	...	...	...	...
	Saudi Arabia – Arabie saoudite									
	1990–1995 [1]									
21	Male – Masculin	68.39	...	...	...	...	...	...	...	...
22	Female – Féminin	71.41	...	...	...	...	...	...	...	...
	Singapore – Singapour									
	1994									
23	Male – Masculin	74.20	73.50	...	...	...	69.60	64.60	59.70	54.90
24	Female – Féminin	78.50	77.80	...	...	...	73.90	68.90	64.00	59.00
	Sri Lanka									
	1981									
25	Male – Masculin	67.78	68.99	...	...	...	65.69	60.99	56.23	51.64
26	Female – Féminin	71.66	72.67	...	...	...	69.46	64.75	59.94	55.36

22. Espérance de vie à un âge donné pour chaque sexe: dernière année disponible (suite)

(Voir notes à la fin du tableau.)

Age (en années)													
25	30	35	40	45	50	55	60	65	70	75	80	85	
...	...	...	...	...	...	...	...	...	...	...	...	...	1
...	...	...	...	...	...	...	...	...	...	...	...	...	2
46.57	41.93	37.34	32.80	28.34	24.06	19.98	16.30	13.05	10.09	7.56	5.49	...	3
50.61	45.78	40.99	36.26	31.61	27.10	22.73	18.62	14.88	11.56	8.72	6.28	...	4
40.76	42.15	37.48	32.93	28.69	24.34	20.44	16.76	13.46	10.51	7.90	5.57	...	5
44.83	40.15	35.68	31.54	27.20	22.63	18.67	15.36	12.17	9.40	7.06	5.16	...	6
...	...	...	...	...	...	...	...	...	...	...	...	...	7
...	...	...	...	...	...	...	...	...	...	...	...	...	8
...	...	...	...	...	...	...	...	...	...	...	...	...	9
...	...	...	...	...	...	...	...	...	...	...	...	...	10
39.22	35.30	31.40	27.58	23.87	20.30	16.95	13.82	11.01	8.52	6.36	4.49	...	11
39.32	35.68	32.07	28.46	24.83	21.19	17.72	14.42	11.48	8.81	6.53	4.54	...	12
...	...	...	...	...	...	...	...	...	...	...	...	...	13
...	...	...	...	...	...	...	...	...	...	...	...	...	14
...	...	...	...	...	...	...	...	...	...	...	...	...	15
...	...	...	...	...	...	...	...	...	...	...	...	...	16
44.50	40.10	35.60	31.20	27.00	22.90	19.10	15.50	12.30	9.50	7.10	5.10	...	17
47.20	42.70	38.20	33.80	29.40	25.20	21.20	17.30	13.70	10.60	7.90	5.60	...	18
...	...	...	...	...	...	...	...	...	...	...	...	...	19
...	...	...	...	...	...	...	...	...	...	...	...	...	20
...	...	...	...	...	...	...	...	...	...	...	...	...	21
...	...	...	...	...	...	...	...	...	...	...	...	...	22
50.10	45.20	40.40	35.60	31.00	26.50	22.20	18.20	14.80	11.80	9.10	6.80	4.40	23
54.10	49.20	44.30	39.50	34.70	30.00	25.60	21.30	17.30	13.60	10.50	7.60	4.60	24
47.24	42.77	39.23	33.19	29.49	25.39	21.46	17.74	14.25	11.07	8.37	5.81	...	25
50.81	46.20	41.56	36.96	32.44	28.01	23.70	19.57	15.69	12.19	9.17	6.43	...	26

22. Expectation of life at specified ages for each sex: latest available year (continued)

(See notes at end of table.)

Continent, country or area, period and sex — Continent, pays ou zone, période et sexe	Age (in years) 0	1	2	3	4	5	10	15	20
ASIA—ASIE (Cont.-Suite)									
Syrian Arab Republic – République arabe syrienne									
1981									
1 Male – Masculin	64.42	68.48	...	...	...	65.89	61.18	56.46	51.69
2 Female – Féminin	68.05	71.73	...	...	...	69.16	64.12	59.58	54.85
Tajikistan – Tadjikistan									
1992									
3 Male – Masculin	65.40	67.60	...	...	...	...	60.50	...	50.90
4 Female – Féminin	71.10	72.80	...	...	...	...	65.70	...	56.00
Thailand – Thaïlande									
1985–1986									
5 Male – Masculin	63.82	66.31	...	...	...	62.88	58.28	53.48	48.86
6 Female – Féminin	68.85	70.91	...	...	...	67.27	62.68	58.01	53.43
Turkey – Turquie									
1990–1995 [1]									
7 Male – Masculin	64.52	...	...	...	...	...	...	...	...
8 Female – Féminin	68.64	...	...	...	...	...	...	...	...
Turkmenistan – Turkménistan									
1989									
9 Male – Masculin	61.80	...	...	...	...	...	...	...	...
10 Female – Féminin	68.40	...	...	...	...	...	...	...	...
United Arab Emirates – Emirats arabes unis									
1990–1995 [1]									
11 Male – Masculin	72.95	...	...	...	...	...	...	...	...
12 Female – Féminin	75.27	...	...	...	...	...	...	...	...
Uzbekistan – Ouzbékistan									
1989									
13 Male – Masculin	66.00	...	...	...	...	...	...	...	...
14 Female – Féminin	72.10	...	...	...	...	...	...	...	...
Viet Nam									
1990–1995 [1]									
15 Male – Masculin	62.90	...	...	...	...	...	...	...	...
16 Female – Féminin	67.31	...	...	...	...	...	...	...	...
Yemen – Yémen									
1990–1995 [1]									
17 Male – Masculin	49.90	...	...	...	...	...	...	...	...
18 Female – Féminin	50.40	...	...	...	...	...	...	...	...
EUROPE									
Albania – Albanie									
1988–1989									
19 Male – Masculin	69.60	...	...	...	...	...	...	...	...
20 Female – Féminin	75.50	...	...	...	...	...	...	...	...
Austria – Autriche									
1994 [2]									
21 Male – Masculin	73.34	72.85	71.89	70.92	69.94	68.96	64.02	59.10	54.39
22 Female – Féminin	79.73	79.18	78.22	77.25	76.27	75.28	70.32	65.36	60.50
Belarus – Bélarus									
1993 [2]									
23 Male – Masculin	63.75	63.67	62.75	61.81	60.85	59.89	55.01	50.13	45.42
24 Female – Féminin	74.43	74.21	73.29	72.33	71.37	70.39	65.47	60.55	55.71
Belgium – Belgique									
1988–1990 [2]									
25 Male – Masculin	72.43	72.00	71.06	70.09	69.11	68.14	63.21	58.28	53.54
26 Female – Féminin	79.13	78.60	77.65	77.67	75.70	74.71	69.79	64.85	59.95

22. Espérance de vie à un âge donné pour chaque sexe: dernière année disponible (suite)

(Voir notes à la fin du tableau.)

Age (en années)													
25	30	35	40	45	50	55	60	65	70	75	80	85	
47.06	42.42	37.83	33.28	28.83	24.53	20.46	16.61	13.03	9.74	6.88	4.45	...	1
50.09	45.40	40.72	36.07	31.49	26.97	22.58	18.32	14.31	10.61	7.39	4.59	...	2
...	42.00	...	33.30	...	25.00	...	17.70	...	11.70	...	7.30	...	3
...	46.60	...	37.40	...	28.40	...	20.40	...	13.50	...	8.50	...	4
44.30	40.01	35.68	31.34	27.07	22.99	19.09	15.52	12.53	9.69	7.49	5.20	...	5
48.84	44.24	39.63	35.05	30.62	26.23	22.12	18.56	15.15	12.03	9.33	6.17	...	6
...	...	...	...	...	...	...	...	...	...	...	...	...	7
...	...	...	...	...	...	...	...	...	...	...	...	...	8
...	...	...	...	...	...	...	...	...	...	...	...	...	9
...	...	...	...	...	...	...	...	...	...	...	...	...	10
...	...	...	...	...	...	...	...	...	...	...	...	...	11
...	...	...	...	...	...	...	...	...	...	...	...	...	12
...	...	...	...	...	...	...	...	...	...	...	...	...	13
...	...	...	...	...	...	...	...	...	...	...	...	...	14
...	...	...	...	...	...	...	...	...	...	...	...	...	15
...	...	...	...	...	...	...	...	...	...	...	...	...	16
...	...	...	...	...	...	...	...	...	...	...	...	...	17
...	...	...	...	...	...	...	...	...	...	...	...	...	18
...	...	...	...	...	...	...	...	...	...	...	...	...	19
...	...	...	...	...	...	...	...	...	...	...	...	...	20
49.75	45.03	40.30	35.65	31.12	26.74	22.55	18.62	15.11	11.89	9.13	6.70	4.70	21
55.61	50.72	45.85	41.04	36.30	31.73	27.19	22.79	18.57	14.61	11.04	7.95	5.50	22
40.96	36.56	32.28	28.16	24.26	20.77	17.58	14.64	11.97	9.50	7.38	5.51	4.16	23
50.87	46.06	41.28	36.56	32.00	27.64	23.40	19.38	15.55	12.06	9.10	6.59	4.63	24
48.49	44.16	39.45	34.78	30.21	25.79	21.53	17.60	14.03	10.91	8.27	6.13	4.49	25
55.09	50.22	45.38	40.61	35.92	31.32	26.82	22.48	18.31	14.41	10.87	7.88	5.57	26

22. Expectation of life at specified ages for each sex: latest available year (continued)

(See notes at end of table.)

	Continent, country or area, period and sex / Continent, pays ou zone, période et sexe	Age (in years) 0	1	2	3	4	5	10	15	20
	EUROPE (Cont.–Suite)									
	Bosnia Herzegovina – Bosnie–Herzégovine 1990–1995 [1]									
1	Male – Masculin	69.50	...	...	...	...	...	...	...	...
2	Female – Féminin	75.10	...	...	...	...	...	...	...	...
	Bulgaria – Bulgarie 1991–1993 [2]									
3	Male – Masculin	67.71	67.95	67.07	66.13	65.21	64.26	59.42	54.54	49.79
4	Female – Féminin	74.72	74.78	73.88	72.94	71.99	71.04	66.17	61.27	56.41
	Croatia – Croatie 1990–1995 [1]									
5	Male – Masculin	67.10	...	...	...	...	...	...	...	...
6	Female – Féminin	75.70	...	...	...	...	...	...	...	...
	Czech Republic – Rép. tchèque 1994 [2]									
7	Male – Masculin	69.53	69.11	68.17	67.21	66.23	65.34	60.43	55.52	50.73
8	Female – Féminin	76.55	76.05	75.10	74.13	73.15	72.42	67.49	62.55	57.64
	Denmark – Danemark 1992–1993 [2]									
9	Male – Masculin	72.49	72.04	71.08	70.10	69.11	68.13	63.20	58.27	53.45
10	Female – Féminin	77.76	77.19	76.23	75.26	74.28	73.29	68.34	63.39	58.47
	Estonia – Estonie 1992 [2]									
11	Male – Masculin	64.05	64.00	63.16	62.26	61.37	60.39	55.60	50.76	46.08
12	Female – Féminin	75.03	74.93	74.05	73.12	72.14	71.20	66.34	61.45	56.60
	Faeroe Islands – Iles Féroé 1981–1985									
13	Male – Masculin	73.30	73.10	...	...	...	69.20	64.50	59.60	55.00
14	Female – Féminin	79.60	73.40	...	...	...	75.50	70.60	65.70	60.80
	Finland – Finlande 1994 [2]									
15	Male – Masculin	72.82	72.18	71.21	70.22	69.23	68.25	63.29	58.35	53.59
16	Female – Féminin	80.15	79.49	78.51	77.53	76.54	75.55	70.60	65.65	60.73
	France 1992									
17	Male – Masculin	72.94	72.54	71.59	70.63	69.65	68.67	63.74	58.81	54.04
18	Female – Féminin	81.15	80.64	79.69	78.71	77.73	76.74	71.81	66.86	61.97
	Germany – Allemagne 1992–1994									
19	Male – Masculin	72.77	72.25	71.29	70.32	69.34	68.36	63.42	58.48	53.69
20	Female – Féminin	79.30	78.71	77.75	76.77	75.79	74.80	69.85	64.90	60.00
	Greece – Grèce 1990–1991									
21	Male – Masculin	74.61	...	...	...	...	...	...	...	...
22	Female – Féminin	79.96	...	...	...	...	...	...	...	...
	Hungary – Hongrie 1994 [2]									
23	Male – Masculin	64.84	64.67	63.72	62.76	61.78	60.80	55.87	50.94	46.12
24	Female – Féminin	74.23	73.99	73.05	72.08	71.10	70.11	65.18	60.22	55.31
	Iceland – Islande 1992–1993 [2]									
25	Male – Masculin	76.85	76.30	75.31	74.38	73.39	72.44	67.45	62.50	57.69
26	Female – Féminin	80.75	80.05	79.07	78.09	77.11	76.11	71.12	66.16	61.23
	Ireland – Irlande 1990–1992 [2]									
27	Male – Masculin	72.30	71.89	70.94	69.98	69.00	68.02	63.09	58.16	53.35
28	Female – Féminin	77.87	77.37	76.43	75.47	75.50	73.53	68.58	63.63	58.72

22. Espérance de vie à un âge donné pour chaque sexe: dernière année disponible (suite)

(Voir notes à la fin du tableau.)

Age (en années)													
25	30	35	40	45	50	55	60	65	70	75	80	85	
...	...	...	...	...	...	...	...	...	...	...	...	...	1
...	...	...	...	...	...	...	...	...	...	...	...	...	2
45.12	40.47	35.87	31.42	27.16	23.19	19.45	16.01	12.82	10.02	7.59	5.54	4.07	3
51.55	46.71	41.90	37.14	32.45	27.90	23.50	19.28	15.35	11.77	8.72	6.26	4.50	4
...	...	...	...	...	...	...	...	...	...	...	...	...	5
...	...	...	...	...	...	...	...	...	...	...	...	...	6
46.03	41.31	36.61	32.00	27.56	23.39	19.52	15.99	12.86	10.12	7.91	6.05	4.65	7
52.76	47.86	42.99	38.18	33.47	28.88	24.43	20.16	16.21	12.61	9.50	6.96	5.13	8
48.67	43.90	39.20	34.59	30.07	25.67	21.46	17.58	14.12	11.07	8.48	6.33	4.55	9
53.56	48.66	43.79	39.04	34.38	29.82	25.48	21.38	17.59	14.04	10.82	7.92	5.50	10
41.67	37.32	33.03	28.84	24.88	21.12	17.70	14.43	11.61	9.31	7.30	5.37	3.80	11
51.77	46.92	42.12	37.40	32.79	28.28	23.98	19.82	15.98	12.36	9.19	6.34	3.90	12
50.30	45.60	40.80	36.00	31.20	26.90	22.60	18.60	15.00	11.60	8.70	6.60	...	13
55.80	50.90	46.10	41.20	36.40	31.90	27.10	22.60	18.40	14.50	10.80	7.80	...	14
48.91	44.21	39.50	34.95	30.55	26.27	22.10	18.16	14.63	11.42	8.77	6.49	4.82	15
55.84	50.97	46.09	41.29	36.53	31.87	27.35	22.85	18.58	14.54	10.97	7.89	5.48	16
49.43	44.82	40.24	35.71	31.29	27.02	22.97	19.18	15.71	12.46	9.52	6.98	4.99	17
57.10	52.26	47.43	42.66	37.94	33.32	28.80	24.38	20.10	16.00	12.19	8.83	6.13	18
48.96	44.20	39.50	34.87	30.36	25.99	21.83	17.97	14.50	11.35	8.64	6.33	4.56	19
55.10	50.21	45.35	40.55	35.84	31.23	26.72	22.35	18.21	14.33	10.86	7.84	5.47	20
...	...	...	...	...	...	...	...	...	...	...	...	...	21
...	...	...	...	...	...	...	...	...	...	...	...	...	22
41.38	36.70	32.24	28.08	24.27	20.77	17.57	14.66	11.96	9.57	7.42	5.48	3.81	23
50.42	45.55	40.79	36.19	31.75	27.44	23.30	19.32	15.57	12.12	9.07	6.51	4.36	24
52.88	48.04	43.27	38.45	33.73	29.15	24.77	20.51	16.70	13.18	10.10	7.61	5.55	25
56.29	51.37	46.48	41.57	36.80	32.23	27.77	23.29	19.06	15.11	11.59	8.55	6.13	26
48.64	43.92	39.15	34.40	29.72	25.22	20.90	16.95	13.43	10.39	7.84	5.74	4.15	27
53.81	48.92	44.04	39.20	34.45	29.84	25.36	21.09	17.10	13.46	10.20	7.35	5.16	28

22. Expectation of life at specified ages for each sex: latest available year (continued)

(See notes at end of table.)

	Continent, country or area, period and sex / Continent, pays ou zone, période et sexe	Age (in years) 0	1	2	3	4	5	10	15	20
	EUROPE (Cont.–Suite)									
	Isle of Man – Ile de Man									
	1991 [2]									
1	Male – Masculin	71.47	70.63	69.63	68.63	67.63	66.63	61.63	56.76	52.36
2	Female – Féminin	79.94	79.31	78.31	77.31	76.31	75.31	70.31	65.31	60.60
	Italy – Italie									
	1992 [2]									
3	Male – Masculin	73.79	73.44	72.48	71.50	70.52	69.53	64.60	59.67	54.91
4	Female – Féminin	80.36	79.92	78.95	77.98	76.99	76.01	71.05	66.11	61.20
	Latvia – Lettonie									
	1994 [2]									
5	Male – Masculin	60.72	61.08	60.24	59.34	58.41	57.47	52.69	47.93	43.31
6	Female – Féminin	72.87	73.07	72.17	71.22	70.26	69.30	64.43	59.56	54.72
	Liechtenstein									
	1980–1984 [2]									
7	Male – Masculin	66.07	65.80	64.80	63.80	62.95	61.95	57.07	52.44	47.56
8	Female – Féminin	72.94	73.11	72.11	71.31	70.31	69.31	64.31	59.47	54.77
	Lithuania – Lituanie									
	1993									
9	Male – Masculin	63.27	63.36	...	...	...	59.55	54.70	49.83	45.20
10	Female – Féminin	75.04	75.02	...	...	...	71.21	66.33	61.40	56.56
	Luxembourg									
	1985–1987 [2]									
11	Male – Masculin	70.61	70.13	69.16	68.19	67.22	66.24	61.37	56.51	51.86
12	Female – Féminin	77.87	77.50	76.52	75.53	74.55	73.56	68.63	63.70	58.82
	Malta – Malte									
	1994									
13	Male – Masculin	74.86	74.60	73.68	72.71	71.73	70.73	65.76	60.78	55.89
14	Female – Féminin	79.11	78.78	77.84	76.87	75.87	74.87	69.90	64.92	59.95
	Netherlands – Pays-Bas									
	1992–1993 [2]									
15	Male – Masculin	74.21	73.72	72.76	71.79	70.81	69.82	64.88	59.93	55.09
16	Female – Féminin	80.20	79.65	78.69	77.72	76.74	75.75	70.80	65.85	60.93
	Norway – Norvège									
	1993 [2]									
17	Male – Masculin	74.24	73.66	72.70	71.74	70.76	69.77	64.83	59.90	55.10
18	Female – Féminin	80.25	79.61	78.65	77.68	76.71	75.72	70.76	65.80	60.90
	Poland – Pologne									
	1993									
19	Male – Masculin	67.37	67.37	...	...	...	63.50	58.59	53.67	48.90
20	Female – Féminin	76.00	75.89	...	...	...	72.01	67.08	62.14	57.24
	Portugal									
	1993–1994									
21	Male – Masculin	71.18	70.82	...	...	...	67.01	62.14	57.27	52.61
22	Female – Féminin	78.23	77.81	...	...	...	73.98	69.08	64.17	59.29
	Republic of Moldova – République de Moldova									
	1991 [2]									
23	Male – Masculin	64.28	64.71	63.82	62.90	61.94	61.01	56.28	51.42	46.69
24	Female – Féminin	70.99	71.25	70.37	69.45	68.49	67.53	62.68	57.79	52.98
	Romania – Roumanie									
	1992–1994 [2]									
25	Male – Masculin	65.88	66.60	65.76	64.86	63.95	63.03	58.24	53.40	48.62
26	Female – Féminin	73.32	73.84	73.00	72.08	71.15	70.22	65.36	60.45	55.58
	Russian Federation – Fédération de Russie									
	1994 [2]									
27	Male – Masculin	57.59	57.81	56.92	55.99	55.04	54.09	49.27	44.42	39.87
28	Female – Féminin	71.18	71.29	70.41	69.48	68.53	67.57	62.71	57.82	53.04

22. Espérance de vie à un âge donné pour chaque sexe: dernière année disponible (suite)

(Voir notes à la fin du tableau.)

Age (en années) 25	30	35	40	45	50	55	60	65	70	75	80	85	
47.67	43.50	38.95	34.33	30.08	25.78	21.57	17.40	13.92	10.60	8.39	5.87	4.14	1
55.72	50.83	46.03	41.13	36.36	31.81	27.26	22.82	18.47	14.48	11.21	7.92	5.83	2
50.22	45.54	40.88	36.18	31.53	27.03	22.73	18.74	15.14	11.93	9.09	6.65	4.77	3
56.29	51.41	46.54	41.70	36.92	32.22	27.63	23.18	18.92	14.91	11.26	8.08	5.56	4
38.90	34.75	30.91	27.38	24.17	21.25	18.62	16.24	14.09	12.15	10.40	8.82	7.40	5
49.93	45.22	40.57	36.03	31.63	27.42	23.43	19.71	16.30	13.23	10.55	8.26	6.36	6
43.49	38.68	34.54	30.57	26.34	22.47	18.51	15.17	12.33	9.42	7.32	5.74	4.00	7
50.06	45.06	40.28	35.71	31.58	27.44	23.03	19.00	14.91	11.20	8.63	6.23	4.30	8
40.82	36.44	32.23	28.30	24.63	21.30	18.16	15.22	12.53	10.14	8.27	6.22	4.29	9
51.73	46.90	42.12	37.49	32.95	28.64	24.47	20.42	16.54	12.96	10.00	7.12	5.06	10
47.27	42.62	37.88	33.19	28.62	24.24	20.19	16.44	13.06	10.09	7.51	5.32	3.71	11
53.93	49.02	44.18	39.38	34.66	30.08	25.61	21.31	17.19	13.32	9.80	6.75	4.61	12
51.18	46.50	41.78	37.03	32.28	27.60	23.15	18.55	14.89	11.59	8.68	6.73	4.78	13
54.97	49.99	45.01	40.15	35.44	30.63	25.97	21.59	17.39	13.76	10.41	7.77	5.10	14
50.26	45.45	40.65	35.90	31.21	26.68	22.31	18.24	14.55	11.32	8.59	6.36	4.61	15
56.01	51.12	46.25	41.43	36.68	32.04	27.51	23.15	19.02	15.09	11.49	8.34	5.83	16
50.22	45.52	40.79	36.08	31.45	26.93	22.56	18.46	14.78	11.45	8.70	6.35	4.51	17
55.98	51.07	46.19	41.35	36.59	31.91	27.34	22.94	78.76	14.83	11.19	8.10	5.61	18
44.22	39.56	34.98	30.56	26.36	22.40	18.77	15.48	12.52	9.93	7.63	5.70	4.27	19
52.34	47.44	42.60	37.84	33.20	28.69	24.31	20.10	16.15	12.56	9.41	6.77	4.78	20
48.05	43.51	38.99	34.50	30.05	25.71	21.58	17.73	14.18	10.95	8.05	5.75	3.85	21
54.41	49.58	44.76	40.00	35.30	30.68	26.18	21.78	17.55	13.57	9.97	7.02	4.66	22
42.18	37.76	33.42	29.20	25.15	21.42	18.00	14.78	11.75	9.14	6.96	5.18	3.78	23
48.17	43.35	38.60	33.96	29.50	25.30	21.27	17.58	14.02	10.89	8.24	6.07	4.35	24
43.94	39.30	34.78	30.46	26.39	22.54	19.04	15.78	12.75	10.01	7.62	5.60	4.05	25
50.72	45.88	41.10	36.42	31.85	27.42	23.15	19.03	15.16	11.62	8.59	6.11	4.28	26
35.63	31.54	27.66	24.03	20.71	17.76	15.10	12.62	10.36	8.36	6.63	5.17	3.97	27
48.30	43.58	38.94	34.43	30.09	25.98	22.03	18.25	14.58	11.34	8.58	6.31	4.51	28

22. Expectation of life at specified ages for each sex: latest available year (continued)

(See notes at end of table.)

	Continent, country or area, period and sex / Continent, pays ou zone, période et sexe	Age (in years) 0	1	2	3	4	5	10	15	20
	EUROPE (Cont.–Suite)									
	San Marino – Saint–Marin 1977–1986 [2]									
1	Male – Masculin	73.16	72.92	71.95	70.98	70.00	69.02	64.07	59.12	54.26
2	Female – Féminin	79.12	78.94	77.97	77.00	76.03	75.05	70.52	65.19	60.27
	Slovakia – Slovaquie 1994 [2]									
3	Male – Masculin	68.34	68.18	67.24	66.28	65.30	64.42	59.50	54.58	49.79
4	Female – Féminin	76.48	76.16	75.22	74.26	73.28	72.49	67.55	62.62	57.71
	Slovenia – Slovénie 1993–1994									
5	Male – Masculin	69.58	69.07	68.11	67.13	66.17	65.19	60.26	55.33	50.62
6	Female – Féminin	77.38	76.85	75.88	74.90	73.94	72.95	68.02	63.06	58.16
	Spain – Espagne 1990–1991 [2]									
7	Male – Masculin	73.40	73.02	72.09	71.12	70.14	69.17	64.26	59.36	54.62
8	Female – Féminin	80.49	80.06	79.11	78.14	77.16	76.19	71.26	66.33	61.44
	Sweden – Suède 1994 [2]									
9	Male – Masculin	76.08	75.45	74.48	73.50	72.51	71.53	66.57	61.62	56.74
10	Female – Féminin	81.38	80.70	79.72	78.73	77.74	76.75	71.78	66.82	61.89
	Switzerland – Suisse 1993–1994 [2]									
11	Male – Masculin	75.10	74.50	...	...	...	70.60	65.70	60.70	55.90
12	Female – Féminin	81.60	81.00	...	...	...	77.10	72.20	67.20	62.30
	The former Yugoslav Rep. of Macedonia – L'ex Rép. yougoslavie de Macédoine 1990–1995 [1]									
13	Male – Masculin	68.80	...	...	...	...	...	...	...	...
14	Female – Féminin	75.00	...	...	...	...	...	...	...	...
	Ukraine 1992–1993 [2]									
15	Male – Masculin	63.50	63.58	62.70	67.76	60.81	59.86	55.02	50.17	45.48
16	Female – Féminin	73.70	73.60	72.72	71.78	70.83	69.87	64.99	60.08	55.24
	United Kingdom – Royaume–Uni 1994 [2]									
17	Male – Masculin	74.17	73.68	72.70	71.74	70.75	69.77	64.82	59.88	55.04
18	Female – Féminin	79.44	78.86	77.90	76.92	75.94	74.95	69.99	65.03	60.10
	OCEANIA—OCEANIE									
	Australia – Australie 1994 [2,11]									
19	Male – Masculin	75.04	74.53	73.57	72.60	71.63	70.64	65.70	60.77	56.00
20	Female – Féminin	80.94	80.36	79.77	78.81	77.84	76.85	71.91	66.96	62.04
	Fiji – Fidji 1990–1995 [1]									
21	Male – Masculin	69.50	...	...	...	...	...	...	...	...
22	Female – Féminin	73.70	...	...	...	...	...	...	...	...
	French Polynesia – Polynésie française 1990–1995 [1]									
23	Male – Masculin	67.23	...	...	...	...	...	...	...	...
24	Female – Féminin	72.76	...	...	...	...	...	...	...	...
	Guam 1979–1981									
25	Male – Masculin	69.53	69.36	...	...	...	65.53	60.63	55.75	51.10
26	Female – Féminin	75.59	75.64	...	...	...	71.78	66.85	61.89	57.12

22. Espérance de vie à un âge donné pour chaque sexe: dernière année disponible (suite)

(Voir notes à la fin du tableau.)

Age (en années)													
25	30	35	40	45	50	55	60	65	70	75	80	85	
49.42	44.69	39.95	35.12	30.34	26.90	21.76	17.78	14.23	11.10	8.36	6.14	4.10	1
55.40	50.46	45.55	40.66	35.82	31.08	26.46	22.05	17.64	13.54	10.04	7.05	4.77	2
45.05	40.33	35.67	31.13	26.83	22.81	19.12	15.80	12.90	10.40	8.26	6.34	5.06	3
52.81	47.89	43.02	38.25	33.56	28.99	24.57	20.37	16.48	12.90	9.88	7.33	5.47	4
46.03	41.42	36.82	32.31	27.97	23.79	19.91	16.37	13.26	10.44	7.88	5.83	4.15	5
53.30	48.43	43.59	38.81	34.13	29.55	25.12	20.85	16.82	13.00	9.55	6.83	4.51	6
50.04	45.48	40.88	36.27	31.74	27.32	23.15	19.20	15.53	12.21	9.29	6.89	4.97	7
56.56	51.71	46.86	42.04	37.26	32.55	27.96	23.49	19.17	15.07	11.35	8.18	5.71	8
51.92	47.12	42.34	37.63	32.99	28.43	24.03	19.88	16.03	12.54	9.49	6.98	5.03	9
56.96	52.06	47.17	42.35	37.57	32.92	28.38	23.97	19.75	15.72	12.02	8.73	6.12	10
51.30	46.70	42.10	37.40	32.80	28.30	24.00	19.80	16.00	12.60	9.60	7.10	5.20	11
57.40	52.60	47.80	43.00	38.20	33.50	28.90	24.50	20.20	16.10	12.30	9.00	6.30	12
...	...	...	...	...	...	...	...	...	...	...	...	...	13
...	...	...	...	...	...	...	...	...	...	...	...	...	14
41.01	36.62	32.37	28.27	24.42	20.82	17.57	14.53	11.82	9.40	7.22	5.36	3.93	15
50.43	45.63	40.86	36.18	31.63	27.23	22.94	18.98	15.19	11.77	8.83	6.36	4.54	16
50.25	45.45	40.67	35.92	31.26	26.70	22.37	18.32	14.66	11.50	8.81	6.64	4.96	17
55.18	50.28	45.40	40.57	35.83	31.19	26.70	22.38	18.35	14.70	11.42	8.58	6.31	18
51.31	46.60	41.90	37.21	32.55	27.99	23.58	19.43	15.66	12.29	9.36	6.95	5.09	19
57.15	52.25	47.37	42.52	37.73	33.03	28.45	24.01	19.73	15.70	12.04	8.80	6.21	20
...	...	...	...	...	...	...	...	...	...	...	...	...	21
...	...	...	...	...	...	...	...	...	...	...	...	...	22
...	...	...	...	...	...	...	...	...	...	...	...	...	23
...	...	...	...	...	...	...	...	...	...	...	...	...	24
46.61	42.10	37.55	32.81	28.38	24.31	20.43	16.78	13.72	11.07	8.20	6.27	3.88	25
52.28	47.51	42.65	37.98	33.25	28.50	24.18	20.19	16.46	13.37	10.67	8.03	6.35	26

22. Expectation of life at specified ages for each sex: latest available year (continued)

(See notes at end of table.)

Continent, country or area, period and sex / Continent, pays ou zone, période et sexe	Age (in years) 0	1	2	3	4	5	10	15	20
OCEANIA—OCEANIE(Cont.–Suite)									
Marshall Islands – Iles Marshall 1989									
1 Male – Masculin	59.06	62.54	...	...	...	...	60.95	56.54	51.95
2 Female – Féminin	62.96	65.50	...	...	...	...	63.65	59.17	54.53
New Caledonia – Nouvelle-Calédonie 1994									
3 Male – Masculin	67.70	67.40	66.60	65.60	64.70	63.70	59.10	54.10	49.60
4 Female – Féminin	73.90	73.60	72.80	72.00	71.00	70.00	65.10	60.20	55.30
New Zealand – Nouvelle-Zélande 1990–1992 [2]									
5 Male – Masculin	72.86	72.54	71.60	70.64	69.68	68.71	63.80	58.91	54.27
6 Female – Féminin	78.74	78.27	77.31	76.34	75.36	74.38	69.46	64.52	59.68
Papua New Guinea – Papouasie-Nouvelle-Guinée 1990–1995 [1]									
7 Male – Masculin	55.16	...	...	...	...	...	...	...	...
8 Female – Féminin	56.68	...	...	...	...	...	...	...	...
Samoa 1990–1995 [1]									
9 Male – Masculin	65.95	...	...	...	...	...	...	...	...
10 Female – Féminin	69.21	...	...	...	...	...	...	...	...
Solomon Islands – Iles Salomon 1980–1984									
11 Male – Masculin	59.90	...	...	...	...	...	...	...	...
12 Female – Féminin	61.40	...	...	...	...	...	...	...	...
Vanuatu 1990–1995 [1]									
13 Male – Masculin	63.48	...	...	...	...	...	...	...	...
14 Female – Féminin	67.34	...	...	...	...	...	...	...	...

GENERAL NOTES

Average number of years of life remaining to persons surviving to exact age specified, if subject to mortality conditions of the period indicated. For limitations of data, see Technical Notes, page 84.

FOOTNOTES

- * Provisional.
- 1 Estimates prepared in the Population Division of the United Nations.
- 2 Complete life table.
- 3 Excluding tribal Indian population.
- 4 Excluding Indian jungle population.

NOTES GENERALES

Nombre moyen d'années restant à vivre aux personnes ayant atteint l'âge donné si elles sont soumises aux conditions de mortalité de la période indiquée. Pour les insuffisances des données, voir Notes techniques, page 84.

NOTES

- * Données provisoires.
- 1 Estimations établies par la Division de la population de l'Organisation des Nations Unies.
- 2 Tableaux complète de mortalité.
- 3 Non compris les Indiens vivant en tribus.
- 4 Non compris les Indiens de la jungle.

22. Espérance de vie à un âge donné pour chaque sexe: dernière année disponible (suite)

(Voir notes à la fin du tableau.)

Age (en années)													
25	30	35	40	45	50	55	60	65	70	75	80	85	
47.62	43.47	39.29	35.09	30.91	26.79	22.80	18.96	15.36	12.07	9.17	6.78	4.95	1
50.11	45.85	41.55	37.24	32.95	28.71	24.57	20.58	16.79	13.27	10.12	7.45	5.37	2
45.40	40.80	36.40	32.00	27.60	23.50	...	15.80	...	10.10	...	5.60	...	3
50.50	45.70	40.90	36.20	31.80	27.40	...	19.50	...	12.70	...	7.60	...	4
49.77	45.13	40.43	35.76	31.12	26.64	22.38	18.43	14.82	11.65	8.91	6.64	4.99	5
54.84	49.98	45.14	40.36	35.65	31.09	26.71	22.51	18.51	14.78	11.42	8.44	6.08	6
...	...	...	...	...	...	...	...	...	...	...	...	...	7
...	...	...	...	...	...	...	...	...	...	...	...	...	8
...	...	...	...	...	...	...	...	...	...	...	...	...	9
...	...	...	...	...	...	...	...	...	...	...	...	...	10
...	...	...	...	...	...	...	...	...	...	...	...	...	11
...	...	...	...	...	...	...	...	...	...	...	...	...	12
...	...	...	...	...	...	...	...	...	...	...	...	...	13
...	...	...	...	...	...	...	...	...	...	...	...	...	14

FOOTNOTES (cont.)

5 Excluding nomadic Indian tribes.
6 For Bahrain population only.
7 For government controlled areas.
8 Including data for East Jesuralem and Israeli residents in certain other territories under occupation by Israeli military forces since June 1967.
9 For Japanese nationals in Japan only.
10 Excluding the Faeroe Islands and Greenland.
11 Excluding full–blooded aborigines.

NOTES (suite)

5 Non compris les tribus d'Indiens nomades.
6 Pour la population du Bahraïn seulement.
6 Pour les zones controlées par le gouvernement.
8 Y compris les données pour Jérusalem–Est et les résidents israéliens dans certains autres territoires occupés depuis juin 1967 par les forces armées israéliennes.
9 Pour les nationaux japonais au Japon seulement.
10 Non compris les îles Féroé et le Groenland.
11 Non compris les aborigènes purs.

23. Marriages and crude marriage rates, by urban/rural residence: 1991 – 1995

Mariages et taux bruts de nuptialité, selon la résidence, urbaine/rurale: 1991 – 1995

(See notes at end of table. – Voir notes à la fin du tableau.)

Continent, country or area and urban/rural residence Continent, pays ou zone et résidence, urbaine/rurale	Code [1]	Number – Nombre					Rate – Taux				
		1991	1992	1993	1994	1995	1991	1992	1993	1994	1995
AFRICA—AFRIQUE											
Algeria – Algérie [2]	...	151 467	159 380	153 137	...	...	5.9	6.1	5.7	...	...
Cape Verde – Cap-Vert	C	1 666	1 360	...	...	...	4.8	3.8	...	...	...
Egypt – Egypte [3]	+...	456 000	462 792	478 576	530 746	...	8.4	8.3	8.5	9.2	...
Libyan Arab Jamahiriya – Jamahiriya arabe libyenne	U	21 924	...	...	...	...	5.1	...	...	...	...
Mauritius – Maurice	+C	11 295	11 408	11 576	11 414	*10 624	10.6	10.5	10.5	10.3	*9.5
Island of Mauritius – Ile Maurice [4]	+C	11 146	11 246	11 383	11 212	...	10.8	10.7	10.7	10.4	...
Rodrigues	+C	149	162	...	202	...	4.3	4.7	...	5.8	...
St. Helena ex. dep. – Sainte-Hélène sans dép.	...	20	19	26	19	...					
Seychelles	+C	932	829	813	878	...	13.2	11.7	11.3	11.9	...
South Africa – Afrique du Sud	...	...	...	120 159	133 309	...	...	...	3.0	3.3	...
Tunisia – Tunisie	...	59 010	64 780	54 120	52 266	...	7.1	7.7	6.3	5.9	...
AMERICA,NORTH— AMERIQUE DU NORD											
Anguilla	C	...	...	201	...	...	...	...	21.8	...	...
Bahamas	C	2 491	2 406	2 620	2 537	...	9.6	9.1	9.7	9.3	...
Barbados – Barbade	C	1 979	2 048	...	2 963	...	7.7	7.8	...	11.2	...
Belize	+C	1 047	1 241	1 094	1 373	...	5.4	6.2	5.3	6.5	...
Bermuda – Bermudes	C	871	...	...	...	...	14.2	...	...	...	...
Canada	C	...	164 573	159 316	158 200	...	...	5.8	5.5	5.4	...
Cayman Islands – Iles Caïmanes	+...	279	261	245	237	...	10.1	9.1	8.0	7.6	...
Costa Rica	C	22 348	20 525	21 715	20 073	...	7.8	7.0	7.2	6.5	...
Cuba [4]	C	162 020	191 837	...	...	...	15.1	17.7	...	...	...
Dominican Republic – République dominicaine	+C	31 607	25 351	21 430	27 616	...	4.3	3.4	2.8	3.6	...
El Salvador [4]	...	22 658	23 050	...	...	...	4.2	4.2	...	...	...
Greenland – Groenland	C	451	...	403	...	...	8.1	...	7.3	...	...
Guadeloupe	C	1 928	1 933	...	...	...	4.9	4.7	...	...	...
Guatemala	C	48 254	49 831	46 789	...	...	5.1	5.1	4.7	...	...
Jamaica – Jamaïque	+C	13 254	13 042	...	15 171	...	5.6	5.4	...	6.1	...
Martinique	C	1 612	1 646	1 555	...	...	4.4	4.4	4.1	...	...
Mexico – Mexique [4]	+C	652 172	667 598	659 567	671 640	...	7.4	7.5	7.2	7.2	...
Netherlands Antilles – Antilles néerlandaises	C	1 220	1 110	1 223	1 267	*1 056	6.5	5.8	6.3	6.3	*5.3
Panama [4 5]	C	11 714	12 547	13 744	13 537	...	4.8	5.0	5.4	5.2	...
Puerto Rico – Porto Rico	C	33 222	34 222	33 262	33 200	...	9.4	9.6	9.2	9.0	...
Saint Lucia – Sainte-Lucie	C	436	...	...	...	*493	3.2	...	...	...	*3.4
St. Vincent and the Grenadines – Saint-Vincent-et-Grenadines	+C	...	405	...	...	*531	...	3.7	...	...	*4.8
Trinidad and Tobago – Trinité-et-Tobago	+C	7 009	6 760	7 011	...	...	5.7	5.5	5.6	...	...
United States – Etats-Unis	C	*2 371 000	*2 362 000	*2 334 000	*2 362 000	...	*9.4	*9.2	*9.0	*9.1	...
United States Virgin Islands – Iles Vierges américaines [6]	C	2 855	...	3 646	...	...	27.7	...	35.1	...	...
AMERICA,SOUTH— AMERIQUE DU SUD											
Argentina – Argentine	C	...	...	...	...	*158 805	...	...	...	...	*4.6
Brazil – Brésil [1]	U	743 416	748 020	747 151	763 129	...	5.1	5.0	4.9	5.0	...
Chile – Chili [4]	+C	91 732	89 370	92 821	91 555	...	6.9	6.6	6.7	6.5	...
Ecuador – Equateur [8]	U	66 091	68 337	68 193	...	...	6.3	6.4	6.2	...	...
Paraguay	+U	16 379	16 042	...	...	...	3.8	3.6	...	...	...
Peru – Pérou [7]	+C	...	...	90 000	...	...	...	...	4.1	...	...

23. Marriages and crude marriage rates, by urban/rural residence: 1991 – 1995 (continued)

Mariages et taux bruts de nuptialité, selon la résidence, urbaine/rurale: 1991 – 1995 (suite)

(See notes at end of table. – Voir notes à la fin du tableau.)

Continent, country or area and urban/rural residence — Continent, pays ou zone et résidence, urbaine/rurale	Code [1]	Number – Nombre 1991	1992	1993	1994	1995	Rate – Taux 1991	1992	1993	1994	1995
AMERICA,SOUTH— (Cont.–Suite) AMERIQUE DU SUD											
Suriname [4]	+U	1 974	2 012	1 944	...	...	4.9	4.9	4.7	...	...
Uruguay	C	20 502	19 376	...	...	...	6.6	6.2	...	...	...
Venezuela	C	107 136	...	...	...	...	5.4	...	...	...	...
ASIA—ASIE											
Armenia – Arménie [4]	C	28 023	22 955	21 514	17 074	...	7.8	6.2	5.8	4.6	...
Azerbaijan – Azerbaïdjan	C	...	...	...	47 386	...	...	...	...	6.4	...
Bahrain – Bahreïn	...	3 528	3 048	3 218	2 973	...	6.9	5.9	6.0	5.3	...
Bangladesh	...	1 200 000	...	...	...	...	10.9	...	...	...	...
Brunei Darussalam – Brunéi Darussalam	...	1 834	1 912	1 971	...	...	7.0	7.1	7.1	...	...
China – Chine	...	...	9 545 047	9 121 622	...	...	...	8.1	7.6	...	...
Cyprus – Chypre [4 9]	...	6 177	4 857	5 999	6 097	...	8.9	6.9	8.4	8.4	...
Hong Kong – Hong-kong	C	42 568	45 702	41 681	38 264	...	7.4	7.9	7.0	6.3	...
Iran (Islamic Republic of – Rép. islamique d')	+U	448 851	...	460 888	...	...	8.0	...	7.9	...	...
Israel – Israël [10]	C	32 291	32 769	34 344	...	...	6.5	6.4	6.5	...	...
Japan – Japon [4 11]	+C	742 264	754 441	792 658	782 738	...	6.0	6.1	6.4	6.3	...
Jordan – Jordanie [4 12]	+C	35 926	37 216	40 391	36 132	...	8.1	8.0	8.2	7.0	...
Kazakstan [4]	C	166 080	147 531	146 161	...	...	9.9	8.7	8.7	...	...
Korea, Republic of– Corée, Rép. de [4]	U	403 319	406 151	370 192	304 146	...	9.3	9.3	8.4	6.8	...
Kuwait – Koweït	C	6 907	12 243	11 418	...	...	3.3	8.6	7.8	...	...
Kyrgyzstan – Kirghizistan [4]	C	47 069	40 818	36 874	26 097	...	10.6	9.1	8.2	5.8	...
Macau – Macao	...	1 997	2 148	3 397	2 742	*2 146	5.7	5.8	8.8	6.8	*5.1
Maldives [4]	...	4 065	...	...	...	*4 998	18.2	...	...	...	*19.7
Philippines	U	445 526	454 155	...	...	...	7.0	6.9	...	...	...
Qatar	U	...	1 578	1 570	1 495	...	...	3.0	2.8	2.5	...
Singapore – Singapour [13 14]	+C	25 192	25 876	25 306	24 662	*24 974	9.1	9.2	8.8	8.4	*8.4
Sri Lanka	+U	154 856	159 856	...	...	...	9.0	9.2	...	...	...
Syrian Arab Republic – République arabe syrienne [15]	+...	98 536	106 545	114 979	...	...	7.9	8.2	8.6	...	...
Tajikistan – Tadjikistan [4]	C	56 505	46 672	53 946	...	...	10.3	8.4	9.6	...	...
Thailand – Thaïlande	C	406 326	482 452	484 569	...	...	7.1	8.4	8.3	...	...
Turkey – Turquie [4 16]	+U	459 624	436 121	460 002	...	...	8.0	7.4	7.7	...	...
United Arab Emirates – Emirats arabes unis	...	...	...	...	7 381	...	...	...	...	4.0	...
Uzbekistan – Ouzbékistan	C	...	235 900	...	176 300	...	...	11.0	...	7.8	...
EUROPE											
Albania – Albanie [4]	C	24 853	...	...	...	...	7.6	...	...	...	...
Andorra – Andorre	C	152	135	138	132	...	2.7	2.2	2.2	2.0	...
Austria – Autriche [17]	C	44 106	45 701	45 014	43 284	*42 744	5.6	5.8	5.6	5.4	*5.3
Belarus – Bélarus [4]	C	94 760	79 813	82 326	75 540	...	9.2	7.7	7.9	7.3	...
Belgium – Belgique [18]	C	60 832	58 253	54 176	51 978	*51 543	6.1	5.8	5.4	5.2	*5.1
Bulgaria – Bulgarie [4 19]	C	48 820	44 806	40 022	37 910	*33 761	5.4	5.2	4.7	4.5	*4.0
Channel Islands – Iles Anglo-Normandes	C	1 050	1 081	881	...	...	7.3	7.6	6.2	...	...
Guernsey – Guernesey	C	403	440	345	366	...	6.8	7.5	5.9	...	...
Jersey	+C	647	641	536	542	...	7.7	7.6	6.4	6.4	...
Croatia – Croatie [4]	C	21 583	22 169	23 021	23 966	...	4.5	4.6	4.8	5.0	...
Czech Republic – Rép. tchèque [4]	C	71 973	74 060	66 033	58 440	*54 956	7.0	7.2	6.4	5.7	*5.3
Denmark – Danemark [20]	C	31 099	32 188	31 638	35 321	*34 970	6.0	6.2	6.1	6.8	*6.7

23. Marriages and crude marriage rates, by urban/rural residence: 1991 – 1995 (continued)

Mariages et taux bruts de nuptialité, selon la résidence, urbaine/rurale: 1991 – 1995 (suite)

(See notes at end of table. – Voir notes à la fin du tableau.)

Continent, country or area and urban/rural residence — Continent, pays ou zone et résidence, urbaine/rurale	Code [1]	Number – Nombre 1991	1992	1993	1994	1995	Rate – Taux 1991	1992	1993	1994	1995
EUROPE (Cont.–Suite)											
Estonia – Estonie [4]	C	10 292	8 878	7 745	7 378	*6 852	6.6	5.7	5.1	4.9	*4.5
Faeroe Islands – Iles Féroé	C	232	...	...	...	...	4.9	...	...	...	...
Finland – Finlande [21]	C	23 573	23 093	24 660	24 898	*23 015	4.7	4.6	4.9	4.9	*4.5
France [4 22]	C	280 175	271 427	255 190	253 746	*254 000	4.9	4.7	4.4	4.4	*4.4
Germany – Allemagne	C	454 291	453 428	442 605	440 244	*428 650	5.7	5.6	5.5	5.4	*5.2
Gibraltar [23]	C	...	...	758	...	...	...	...	27.1	...	...
Greece – Grèce [4]	C	65 568	48 631	62 195	56 813	*62 000	6.4	4.7	6.0	5.4	*5.9
Hungary – Hongrie [4]	C	61 198	57 005	54 099	54 114	...	5.9	5.5	5.3	5.3	...
Iceland – Islande [4 24]	C	1 236	1 241	1 219	...	...	4.8	4.8	4.6	...	...
Ireland – Irlande	+C	17 441	16 630	15 728	16 297	...	4.9	4.7	4.4	4.6	...
Isle of Man – Ile de Man	C	448	453	415	452	...	6.4	6.4	5.9	6.4	...
Italy – Italie [4]	C	312 061	312 348	302 230	285 112	...	5.5	5.5	5.3	5.0	...
Latvia – Lettonie [4]	C	22 337	18 906	14 595	11 572	*11 072	8.4	7.2	5.6	4.5	*4.4
Liechtenstein	C	...	...	...	396	...	...	...	...	12.9	...
Lithuania – Lituanie [4]	C	34 241	30 112	23 709	23 337	*22 150	9.2	8.0	6.4	6.3	*6.0
Luxembourg [24]	C	2 592	2 512	2 379	2 352	*2 074	6.7	6.4	6.0	5.8	*5.1
Malta – Malte [25]	C	...	2 377	2 476	2 483	*2 203	...	6.6	6.8	6.7	*5.9
Netherlands – Pays-Bas	C	94 932	93 638	88 251	82 982	*80 559	6.3	6.2	5.8	5.4	*5.2
Norway – Norvège [26]	C	19 880	19 266	19 464	*20 000	...	4.7	4.5	4.5	*4.6	...
Poland – Pologne [4]	C	233 206	217 240	207 674	207 689	*209 000	6.1	5.7	5.4	5.4	*5.4
Portugal	C	71 808	69 887	68 176	...	...	7.3	7.1	6.9	...	...
Republic of Moldova – République de Moldova [4]	C	39 609	39 340	...	...	...	9.1	9.0	...	...	...
Romania – Roumanie [4]	C	183 388	174 593	161 595	154 221	*153 943	7.9	7.7	7.1	6.8	*6.8
Russian Federation – Fédération de Russie [4]	C	1 277 232	1 053 717	1 106 723	1 080 600	...	8.6	7.1	7.5	7.3	...
San Marino – Saint-Marin	C	...	205	...	180	*218	...	8.6	...	7.2	*8.7
Slovakia – Slovaquie [4]	C	32 721	33 880	30 771	28 155	*27 489	6.2	6.4	5.8	5.3	*5.1
Slovenia – Slovénie [4]	C	8 173	9 119	9 022	8 314	...	4.1	4.6	4.5	4.2	...
Spain – Espagne	C	218 121	217 512	201 463	196 369	*196 916	5.6	5.6	5.2	5.0	*5.0
Sweden – Suède	C	36 836	37 173	34 005	34 203	*39 138	4.3	4.3	3.9	3.9	*4.4
Switzerland – Suisse [4]	C	47 567	45 080	43 257	42 411	*33 496	7.0	6.6	6.2	6.1	*4.8
The former Yugoslav Rep. of Macedonia – L'ex Rép. yougoslavie de Macédoine	C	15 311	15 354	15 086	...	...	7.5	7.5	7.1	...	...
Ukraine [4]	C	493 067	...	427 882	399 152	...	9.5	...	8.2	7.7	...
United Kingdom – Royaume-Uni	C	349 739	356 013	341 608	...	...	6.0	6.1	5.9	...	...
Yugoslavia – Yougoslavie [4]	C	61 521	63 563	62 045	59 803	*60 302	5.9	6.1	5.9	5.7	*5.7
OCEANIA—OCEANIE											
American Samoa – Samoa américaines	C	358	383	325	...	...	7.3	7.5	6.1	...	...
Australia – Australie	+C	113 869	114 752	113 255	111 174	...	6.6	6.6	6.4	6.2	...
French Polynesia – Polynésie française	...	1 159	1 188	1 181	1 318	...	5.8	5.8	5.6	6.1	...
Guam [27]	C	1 442	1 447	...	...	*1 507	10.6	10.4	...	...	*10.1
Marshall Islands – Iles Marshall	...	...	...	...	170	...	...	...	...	3.1	...
Nauru	...	...	...	...	...	*57	...	...	...	...	...
New Caledonia – Nouvelle-Calédonie	...	912	824	896	898	...	5.3	4.7	5.0	4.9	...
New Zealand – Nouvelle-Zélande	C	23 065	22 018	22 056	21 858	...	6.8	6.4	6.4	6.3	...
Norfolk Island–Ile Norfolk	+...	...	...	...	...	*28					
Pitcairn	...	...	2	...	...	...					
Samoa	...	...	803	...	...	...	...	5.0	...	...	...
Tonga	...	666	...	...	...	...	6.9	...	...	...	...

23. Marriages and crude marriage rates, by urban/rural residence: 1991 – 1995 (continued)

Mariages et taux bruts de nuptialité, selon la résidence, urbaine/rurale: 1991 – 1995 (suite)

Data by urban/rural residence

Données selon la résidence urbaine/rurale

(See notes at end of table. – Voir notes à la fin du tableau.)

Continent, country or area and urban/rural residence — Continent, pays ou zone et résidence, urbaine/rurale	Code [1]	Number – Nombre 1991	1992	1993	1994	1995	Rate – Taux 1991	1992	1993	1994	1995
AFRICA—AFRIQUE											
Mauritius – Maurice	+C										
Urban – Urbaine		4 715	4 648	4 196	3 824	...	10.0	9.8	8.8	7.9	...
Rural – Rurale		6 580	6 760	7 380	7 590	...	11.0	11.1	11.9	12.1	...
Mauritius – Maurice Island of Mauritius – Ile Maurice	+C										
Urban – Urbaine		4 715	4 648	4 196	3 824	...	10.0	9.8	8.8	7.9	...
Rural – Rurale		6 431	6 598	7 187	7 388	...	11.4	11.5	12.3	12.5	...
AMERICA,NORTH— AMERIQUE DU NORD											
Cuba	C										
Urban – Urbaine		133 481	...	...	...	...	16.8	...	...	...	...
Rural – Rurale		28 539	...	...	...	...	10.2	...	...	...	...
El Salvador	...										
Urban – Urbaine		*17 926*	*19 143*	...	...	...	*7.3*	*7.4*	...	...	...
Rural – Rurale		*4 732*	*3 907*	...	...	...	*1.3*	*1.5*	...	...	...
Mexico – Mexique [28]	+C										
Urban – Urbaine		462 322	500 304	496 214	510 109	...	...	...	...	...	...
Rural – Rurale		182 698	160 764	156 867	153 125	...	...	...	...	...	...
Panama [5]	C										
Urban – Urbaine		7 678	9 177	10 137	...	...	5.8	6.8	7.3	...	...
Rural – Rurale		4 036	3 370	3 607	...	...	3.6	3.0	3.1	...	...
AMERICA,SOUTH— AMERIQUE DU SUD											
Chile – Chili	+C										
Urban – Urbaine		79 444	77 548	81 236	79 495	...	7.2	6.8	7.0	6.7	...
Rural – Rurale		12 288	11 822	11 585	12 060	...	5.6	5.3	5.2	5.5	...
Suriname	+U										
Urban – Urbaine		*957*	...	...	...	...	...	...	...	...	...
Rural – Rurale		*1 017*	...	...	...	...	...	...	...	...	...
ASIA—ASIE											
Armenia – Arménie	C										
Urban – Urbaine		17 883	14 328	12 870	10 214	...	7.2	5.7	...	...	...
Rural – Rurale		10 140	8 627	8 644	6 860	...	9.1	7.4	...	...	...
Cyprus – Chypre [9]	...										
Urban – Urbaine		*4 442*	...	...	...	...	...	...	...	...	...
Rural – Rurale		*1 735*	...	...	...	...	...	...	...	...	...
Japan – Japon [11]	+C										
Urban – Urbaine		610 937	623 203	656 128	647 933	...	...	...	...	...	...
Rural – Rurale		131 327	131 238	136 530	134 805	...	...	...	...	...	...
Jordan – Jordanie [12]	+C										
Urban – Urbaine		24 397	26 354	28 394	25 714	...	...	...	...	...	...
Rural – Rurale		11 529	10 862	11 997	10 418	...	...	...	...	...	...
Kazakstan	C										
Urban – Urbaine		96 850	83 080	...	...	...	10.0	8.6	...	...	...
Rural – Rurale		69 230	64 451	...	...	...	9.7	8.9	...	...	...
Korea, Republic of– Corée, République de	U										
Urban – Urbaine		*302 258*	*311 499*	*287 831*	*240 643*	...	...	...	...	...	...
Rural – Rurale		*101 061*	*94 652*	*82 361*	*63 503*	...	...	...	...	...	...
Kyrgyzstan – Kirghizistan	C										
Urban – Urbaine		16 544	13 232	11 728	9 194	...	9.8	7.8	7.2	5.8	...
Rural – Rurale		30 525	27 586	25 146	16 903	...	11.0	9.8	8.8	5.8	...
Maldives	...										
Urban – Urbaine		*1 168*	...	...	...	...	...	...	...	...	...
Rural – Rurale		*2 897*	...	...	...	...	...	...	...	...	...

23. Marriages and crude marriage rates, by urban/rural residence: 1991 – 1995 (continued)

Mariages et taux bruts de nuptialité, selon la résidence, urbaine/rurale: 1991 – 1995 (suite)

Data by urban/rural residence

Données selon la résidence urbaine/rurale

(See notes at end of table. – Voir notes à la fin du tableau.)

Continent, country or area and urban/rural residence — Continent, pays ou zone et résidence, urbaine/rurale	Code [1]	Number – Nombre					Rate – Taux				
		1991	1992	1993	1994	1995	1991	1992	1993	1994	1995
ASIA—ASIE (Cont.–Suite)											
Tajikistan – Tadjikistan	C										
Urban – Urbaine		16 818	14 179	15 033	...	...	9.9	8.5	9.1	...	...
Rural – Rurale		39 687	32 493	38 913	...	...	10.5	8.3	9.7	...	...
Turkey – Turquie [16]	+U										
Urban – Urbaine		262 017	256 137	274 759	...	...	7.6	7.2	7.4	...	...
Rural – Rurale		197 607	179 984	185 243	...	...	8.6	7.9	8.2	...	...
EUROPE											
Albania – Albanie	C										
Urban – Urbaine		7 704	...	...	...	...	6.4	...	...	...	...
Rural – Rurale		17 149	...	...	...	...	8.3	...	...	...	...
Belarus – Bélarus	C										
Urban – Urbaine		68 717	57 247	59 419	...	...	9.9	8.2	8.4	...	...
Rural – Rurale		26 043	22 566	22 907	...	...	7.8	6.8	6.9	...	...
Bulgaria – Bulgarie [19]	C										
Urban – Urbaine		35 006	32 448	29 587	28 485	...	5.7	5.7	5.2	...	...
Rural – Rurale		13 814	12 358	10 435	9 425	...	4.8	4.4	3.8	...	...
Croatia – Croatie	C										
Urban – Urbaine		13 732	14 391	13 508	14 053	...	5.3	...	...	...	...
Rural – Rurale		7 851	7 778	9 513	9 913	...	3.6	...	...	...	...
Czech Republic – Rép. tchèque	C										
Urban – Urbaine		54 702	55 860	49 563	43 803	...	7.1	7.2	6.4	...	...
Rural – Rurale		17 271	18 200	16 470	14 637	...	6.8	7.0	6.3	...	...
Estonia – Estonie	C										
Urban – Urbaine		8 898	6 995	5 977	...	...	8.0	6.4	5.6	...	...
Rural – Rurale		1 394	1 871	1 764	...	...	3.1	4.2	3.9	...	...
France [22]	C										
Urban – Urbaine		205 421	...	184 969	181 446	...	...	...	...	...	...
Rural – Rurale		74 754	...	70 221	723 000	...	...	...	...	...	...
Greece – Grèce	C										
Urban – Urbaine		43 130	31 615	40 873	37 820	...	7.1	...	...	...	...
Rural – Rurale		22 438	17 016	21 322	18 993	...	5.3	...	...	...	...
Hungary – Hongrie	C										
Urban – Urbaine		37 808	35 403	33 808	33 976	...	5.7	5.4	5.1	5.2	...
Rural – Rurale		22 671	20 895	19 809	19 337	...	6.0	5.6	5.3	5.1	...
Iceland – Islande [24]	C										
Urban – Urbaine		1 157	1 159	1 158	...	...	4.9	4.9	4.8	...	...
Rural – Rurale		61	82	61	...	...	2.6	3.5	2.7	...	...
Latvia – Lettonie	C										
Urban – Urbaine		17 176	14 442	10 429	8 356	...	9.3	8.0	5.8	4.7	...
Rural – Rurale		5 161	4 464	4 166	3 216	...	6.3	5.5	5.2	4.1	...
Lithuania – Lituanie	C										
Urban – Urbaine		23 965	20 527	16 296	16 196	15 077	9.3	8.0	6.4	6.4	6.0
Rural – Rurale		10 276	9 585	7 413	7 141	7 073	8.7	8.1	6.2	6.0	5.9
Poland – Pologne	C										
Urban – Urbaine		128 086	120 477	119 616	120 338	...	5.5	5.1	5.0	5.1	...
Rural – Rurale		105 120	96 763	88 058	87 351	...	7.0	6.5	6.0	5.9	...
Republic of Moldova – République de Moldova	C										
Urban – Urbaine		20 138	...	...	...	...	9.8	...	...	...	...
Rural – Rurale		19 471	...	...	...	...	8.5	...	...	...	...
Romania – Roumanie	C										
Urban – Urbaine		101 993	92 663	85 505	82 263	...	8.1	7.5	6.9	6.6	...
Rural – Rurale		81 395	81 930	76 090	71 958	...	7.7	7.9	7.4	7.0	...
Russian Federation – Fédération de Russie	C										
Urban – Urbaine		954 056	783 332	827 728	816 599	...	8.7	7.2	7.6	7.6	...
Rural – Rurale		323 176	270 385	278 995	264 001	...	8.3	6.8	7.8	6.6	...
Slovakia – Slovaquie	C										
Urban – Urbaine		17 575	18 126	16 410	15 606	...	5.8	6.0	5.4	5.1	...
Rural – Rurale		15 146	15 754	14 361	12 549	...	6.8	6.9	6.3	5.5	...
Slovenia – Slovénie	C										
Urban – Urbaine		3 940	3 950	...	...	...	3.9	3.9	...	...	...
Rural – Rurale		4 233	4 500	...	...	...	4.3	4.6	...	...	...

23. Marriages and crude marriage rates, by urban/rural residence: 1991 – 1995 (continued)

Mariages et taux bruts de nuptialité, selon la résidence, urbaine/rurale: 1991 – 1995 (suite)

Data by urban/rural residence

Données selon la résidence urbaine/rurale

(See notes at end of table. – Voir notes à la fin du tableau.)

Continent, country or area and urban/rural residence Continent, pays ou zone et résidence, urbaine/rurale	Code [1]	Number – Nombre 1991	1992	1993	1994	1995	Rate – Taux 1991	1992	1993	1994	1995
EUROPE (Cont.–Suite)											
Switzerland – Suisse	C										
Urban – Urbaine		33 506	31 282	30 081	29 216	...	7.2	6.7	6.4	6.2	...
Rural – Rurale		14 061	13 798	13 176	13 195	...	6.5	6.3	5.9	5.9	...
Ukraine	C										
Urban – Urbaine		352 610	...	304 155	...	...	10.0	...	8.6	...	...
Rural – Rurale		140 457	...	123 727	...	...	8.4	...	7.4	...	...
Yugoslavia – Yougoslavie	C										
Urban – Urbaine		33 486	34 737	33 475	32 336	...	...	...	...	...	...
Rural – Rurale		28 035	28 826	28 570	57 467	...	...	...	...	...	...

23. Marriages and crude marriage rates, by urban/rural residence: 1991 – 1995 (continued)

Mariages et taux bruts de nuptialité, selon la résidence, urbaine/rurale: 1991 – 1995 (suite)

GENERAL NOTES

Rates are the number of legal (recognized) marriages performed and registered per 1 000 mid–year population. Rates are shown only for countries or areas having at least a total of 100 marriages in a given year. For definitions of "urban", see end of table 6. For method of evaluation and limitations of data, see Technical Notes, page 86.

Italics: data from civil registers which are incomplete or of unknown completeness.

FOOTNOTES

* Provisional.
\+ Data tabulated by date of registration rather than occurrence.

1 Code "C" indicates that the data are estimated to be virtually complete (at least 90 per cent) and code "U" indicates that the data are estimated to be incomplete (less than 90 per cent). For futher details, see Technical Notes.
2 For Algerian population only.
3 Including marriages resumed after "revocable divorce" (among Moslem population), which approximates legal separation.
4 For classification by urban/rural residence, see end of table.
5 Excluding tribal Indian population.
6 Based on marriage licenses issued.
7 Excluding Indian jungle population.
8 Excluding nomadic Indian tribes.
9 For government controlled areas.
10 Including data for East Jerusalem and Israeli residents in certain other territories under occupation by Israeli military forces since June 1967.
11 For Japanese nationals in Japan only, but rates computed on total population.
12 Excluding data for Jordanian territory under occupation since 1967 by Israeli military forces. Excluding foreigners, but including registered Palestinian refugees. For number of refugees, see table 5.
13 Rates computed on population excluding transients afloat and non–locally domiciled military and civilian services personnel and their dependants.
14 Registration of Kandyan marriages is complete; registration of Moslem and general marriages is incomplete.
15 Excluding nomads; however, rates computed on total population.
16 For provincial capitals and district centres only; however, rates computed on total population.
17 Excluding aliens temporarily in the area.
18 Including armed forces stationed outside the country and alien armed forces in the area unless marriage performed by local foreign authority.
19 Including Bulgarian nationals outside the country, but excluding aliens in the area.
20 Excluding Faeroe Islands and Greenland.
21 Marriages in which the bride was domiciled in Finland only.
22 Including armed forces stationed outside the country. Rates computed on population including armed forces stationed outside the country, but excluding alien armed forces living in military camps within the country.
23 Rates computed on population excluding armed forces.
24 For the de jure population.
25 Computed on population including civilian nationals temporarily outside the country.
26 Marriages in which the groom was domiciled in Norway only.
27 Including United States military personnel, their dependants and contract employees.
28 Excluding marriages of unknown residence.

NOTES GENERALES

Les taux représentent le nombre de mariages qui ont été célébrés et reconnus par la loi pour 1 000 personnes au milieu de l'année. Les taux présentés ne se rapportent qu'aux pays ou zones où l'on a enregistré un total d'au moins 100 mariages dans une année donnée. Pour les définitions des "régions urbaines", se reporter à la fin du tableau 6. Pour la méthode d'évaluation et les insuffisances des données, voir Notes techniques, page 86.
Italiques: données incomplètes ou dont le degré d'exactitude n'est pas connu, provenant des registres de l'état civil.

NOTES

* Données provisoires.
\+ Données exploitées selon la date de l'enregistrement et non la date de l'événement.
1 Le code "C" indique que les données sont jugées pratiquement complètes (au moins 90 p. 100) et le code "U" que les données sont jugées incomplètes (moins de 90 p. 100). Pour plus de détails, voir Notes techniques.
2 Pour la population algérienne seulement.
3 Y compris les unions reconstituées après un "divorce révocable" (parmi la population musulmane), qui est à peu près l'équivalent d'une séparation légale.
4 Pour le classement selon la résidence, urbaine/rurale, voir la fin du tableau.
5 Non compris les Indiens vivant en tribus.
6 D'après le nombre d'autorisations de mariages délivrées.
7 Non compris les Indiens de la jungle.
8 Non compris les tribus d'Indiens nomades.
9 Pour les zones contrôlées par le Gouvernement.
10 Y compris les données pour Jérusalem–Est et les résidents israéliens dans certains autres territoires occupés depuis juin 1967 par les forces armées israéliennes.
11 Pour les nationaux japonais au Japon seulement, toutefois les taux sont calculés sur la base de la population totale.
12 Non compris les données pour le territoire jordanien occupé depuis 1967 par les forces armées israéliennes. Non compris les étrangers, mais y compris les réfugiés de Palestine immatriculés. Pour le nombre de réfugiés, voir le tableau 5.
13 Taux calculés sur la base d'un chiffre de population qui ne comprend pas les personnes de passage à bord de navires, les militaires et agents civils domiciliés hors du territoire et les membres de leur famille les accompagnant.
14 Tous les mariages de Kandyens sont enregistrés; l'enregistrement des mariages musulmans et des autres mariages est incomplet.
15 Non compris la population nomade; toutefois, les taux sont calculés sur la base de la population totale.
16 Pour les capitales de provinces et les chefs–lieux de districts seulement; toutefois, les taux sont calculés sur la base de la population totale.
17 Non compris les étrangers se trouvant temporairement sur le territoire.
18 Y compris les militaires nationaux hors du pays et les militaires étrangers en garnison sur le territoire, sauf si le mariage a été célébré par l'authorité étrangère locale.
19 Y compris les nationaux bulgares à l'étranger, mais non compris les étrangers sur le territoire.
20 Non compris les îles Féroé et le Groenland.
21 Mariages où l'épouse était domiciliée en Finlande seulement.
22 Y compris les militaires nationaux hors du pays. Taux calculés sur la base d'un chiffre de population qui comprend les militaires nationaux hors du pays, mais pas les militaires étrangers en garnison sur le territoire.
23 Taux calculés sur la base d'un chiffre de population qui ne comprend pas les militaires.
24 Pour la population de droit.
25 Calculés sur la base d'un chiffre de population qui comprend les civils nationaux temporairement hors du pays.
26 Mariages où l'époux était domicilié en Norvège seulement.
27 Y compris les militaires des Etats–Unis, les membres de le famille les accompagnant et les agents contractuels des Etats–Unis.
28 Non compris les mariages dont ignore la résidence.

24. Marriages by age of bridegroom and by age of bride: latest available year

Mariages selon l'âge de l'époux et selon l'âge de l'épouse: dernière année disponible

(See notes at end of table – Voir notes à la fin du tableau.)

Continent, country or area and year / Continent, pays ou zone et année	Age [1]	All ages / Tous âges	–15	15–19	20–24	25–29	30–34	35–39	40–44	45–49	50–54	55–59	60+	Unknown / Inconnu
		Age(in years–en années)												
AFRICA—AFRIQUE														
Botswana														
1986														
Groom – Epoux	...	*1 638*	–	–	*35*	*502*	*519*	*251*	*137*	*—	—	*194*	—*	–
Bride – Epouse	...	*1 638*	–	*82*	*597*	*536*	*223*	*89*	*—	—	*111*	—	—*	–
Egypt – Egypte														
1990+ [2]														
Groom – Epoux	18	*405 141*	*–	*15 404* —*	*90 753*	*156300*	*76 846*	*26 921*	*12 367*	*6 726*	*5 755*	*4 482*	*7 639*	*1 948*
Bride – Epouse	16	*405 141*	*–	*139 156* —*	*146536*	*67 655*	*23 487*	*10 307*	*5 675*	*2 927*	*1 873*	*1 193*	*3 040*	*3 292*
Mali														
1987														
Groom – Epoux	...	16 823	19	2	27	203	317	440	583	903	1 447	2 670	4 256	5 956
Bride – Epouse	...	16 823	11	4	459	205	91	29	37	58	101	239	729	14 860
Mauritius – Maurice														
1994+														
Groom – Epoux	16	11 414	–	194	2 136	4 245	2 597	1 054	542	283	142	108	113	–
Bride – Epouse	16	11 414	–	2 764	3 816	2 393	1 232	627	281	151	75	33	42	–
Island of Mauritius – Ile Maurice														
1994+														
Groom – Epoux	16	11 212	–	190	2 063	4 172	2 565	1 046	540	278	139	106	113	–
Bride – Epouse	16	11 212	–	2 693	3 737	2 357	1 227	619	280	150	74	33	42	–
Réunion														
1990														
Groom – Epoux	...	*3 716*	–	*44*	*1 034*	*1 390*	*560*	*293*	*130*	*78*	*57*	*43*	*87*	–
Bride – Epouse	...	*3 716*	–	*464*	*1 503*	*978*	*385*	*157*	*82*	*52*	*35*	*17*	*43*	–
Tunisia – Tunisie														
1992*														
Groom – Epoux	20	*64 694*	–	–	*12 000*	*27 165*	*16 205*	*4 696*	*1 501*	*716*	*611*	*562*	*1 238*	–
Bride – Epouse	17	*64 694*	–	*15 973*	*25 038*	*15 487*	*4 861*	*1 986*	*701*	*291*	*133*	*–	*224* –*	–
AMERICA,NORTH—AMERIQUE DU NORD														
Bahamas														
1992														
Groom – Epoux	15	2 406	–	17	440	799	477	275	165	110	48	31	36	8
Bride – Epouse	15	2 406	–	107	711	748	415	194	115	59	23	9	11	14
Barbados – Barbade														
1991														
Groom – Epoux	18	1 979	–	7	221	582	474	247	158	101	72	35	81	1
Bride – Epouse	18	1 979	–	44	426	634	408	179	119	77	48	17	26	1

24. Marriages by age of bridegroom and by age of bride: latest available year (continued)

Mariages selon l'âge de l'époux et selon l'âge de l'épouse: dernière année disponible (suite)

(See notes at end of table – Voir notes à la fin du tableau.)

Continent, country or area and year / Continent, pays ou zone et année	Age [1]	All ages / Tous âges	–15	15–19	20–24	25–29	30–34	35–39	40–44	45–49	50–54	55–59	60+	Unknown / Inconnu
		Age(in years–en années)												
AMERICA,NORTH— (Cont.–Suite) AMERIQUE DU NORD														
Belize														
1992+														
Groom – Epoux	...	1 241	–	83	471	284	164	89	46	30	22	19	29	4
Bride – Epouse	...	1 241	18	350	404	211	122	47	29	22	16	3	15	4
Canada														
1992														
Groom – Epoux	([3])	164 573	1	1 689	32 552	55 680	32 443	15 726	9 166	6 079	3 706	2 356	4 870	305
Bride – Epouse	([3])	164 573	6	6 950	50 254	50 745	25 195	12 526	7 425	4 592	2 555	1 481	2 695	149
Costa Rica														
1991														
Groom – Epoux	15	22 348	1	1 577	8 285	6 422	2 756	1 260	653	390	*——	835	——*	169
Bride – Epouse	15	22 348	142	6 000	7 984	4 146	1 818	906	477	263	*——	392	——*	220
Cuba														
1991														
Groom – Epoux	16	162 020	–	10 235	45 212	42 429	20 190	12 628	8 552	6 362	4 849	3 465	7 869	229
Bride – Epouse	14	162 020	1 051	29 470	48 178	34 479	16 229	9 291	7 157	5 383	3 895	2 615	4 045	227
El Salvador														
1992 [4]														
Groom – Epoux	16	23 084	–	1 517	6 902	5 751	3 182	1 823	1 222	836	558	354	788	151
Bride – Epouse	14	23 084	241	4 731	7 384	4 483	2 317	1 318	885	571	359	211	283	301
Guadeloupe														
1991 [5]														
Groom – Epoux	20	1 928	–	9	245	746	417	185	93	61	48	39	82	3
Bride – Epouse	19	1 928	–	139	594	590	268	114	76	48	40	20	39	–
Guatemala														
1988														
Groom – Epoux	16	46 155	32	7 288	17 262	8 469	4 228	2 557	1 717	1 302	1 015	789	1 496	–
Bride – Epouse	14	46 155	1 394	17 751	12 310	5 243	3 115	1 975	1 394	1 052	743	498	680	–
Martinique														
1992 [5]														
Groom – Epoux	...	1 558	–	2	173	556	352	173	88	56	*——	158	——*	–
Bride – Epouse	..	1 558	–	52	466	492	231	130	59	38	*——	90	——*	–
Mexico – Mexique														
1994+														
Groom – Epoux	18	671 640	657	105060	275666	162161	63 920	26 201	12 834	7 694	*——	17 447	——*	–
Bride – Epouse	18	671 640	9 783	222621	250526	110378	38 742	16 657	8 659	5 074	*——	9 200	——*	–
Panama														
1993 [6]														
Groom – Epoux	14	13 744	1	351	3 281	3 863	2 287	1 216	796	550	356	333	616	94
Bride – Epouse	12	13 744	71	1 562	4 216	3 368	1 785	892	601	429	281	187	225	127

24. Marriages by age of bridegroom and by age of bride: latest available year (continued)

Mariages selon l'âge de l'époux et selon l'âge de l'épouse: dernière année disponible (suite)

(See notes at end of table – Voir notes à la fin du tableau.)

Continent, country or area and year / Continent, pays ou zone et année	Age [1]	All ages / Tous âges	–15	15–19	20–24	25–29	30–34	35–39	40–44	45–49	50–54	55–59	60+	Unknown / Inconnu
			Age(in years–en années)											
AMERICA,NORTH— (Cont.–Suite) AMERIQUE DU NORD														
Puerto Rico – Porto Rico														
1994														
Groom – Epoux	16	33 200	3	3 275	10 493	7 598	4 012	2 441	1 608	1 157	801	*–	1 812 –*	–
Bride – Epouse	14	33 200	317	6 674	10 166	6 550	3 419	2 116	1 449	927	631	*–	951 –*	951
Trinidad and Tobago – Trinité–et–Tobago														
1993+														
Groom – Epoux	(3)	7 011	1	399	1 995	2 152	1 046	489	281	220	133	117	177	1
Bride – Epouse	(3)	7 011	94	1 553	2 134	1 541	754	355	204	146	102	59	69	–
United States – Etats–Unis														
1990 [7 8 9]														
Groom – Epoux	(3)	1 869 892	6 790	73 156	461213	507481	309543	186656	120649	72 919	46 642	29 260	55 583	–
Bride – Epouse	(3)	1 869 892	44 392	159462	547411	459064	265661	158856	101889	56 132	28 865	16 206	31 954	–
United States Virgin Islands – Iles Vierges américaines														
1993														
Groom – Epoux	...	*3 646*	–	*14*	*335*	*892*	*899*	*568*	*381*	*——	——	*557* ———	——*	–
Bride – Epouse	...	*3 646*	–	*70*	*624*	*1 049*	*838*	*476*	*287*	*——	——	*302* ———	——*	–
AMERICA,SOUTH— AMERIQUE DU SUD														
Brazil – Brésil														
1992 [10]														
Groom – Epoux	...	*748 020*	*83*	*55 812*	*300893*	*227559*	*86 291*	*31 633*	*14 895*	*8 696*	*6 535*	*4 848*	*10 775*	–
Bride – Epouse	...	*748 020*	*4 305*	*237517*	*271274*	*138188*	*50 265*	*20 658*	*10 471*	*6 190*	*3 730*	*2 353*	*3 069*	–
Chile – Chili														
1994+														
Groom – Epoux	14	91 555	7	5 274	33 785	29 244	12 570	4 610	1 971	1 122	768	515	1 689	–
Bride – Epouse	12	91 555	374	17 884	36 431	20 715	8 549	3 388	1 549	901	625	383	756	–
Colombia – Colombie														
1986+ [11]														
Groom – Epoux	14	*70 350*	*142*	*2 689*	*22 912*	*22 207*	*9 444*	*3 800*	*1 807*	*1 151*	*960*	*781*	*4 214*	*243*
Bride – Epouse	12	*70 350*	*497*	*15 180*	*27 089*	*14 071*	*5 126*	*2 020*	*1 070*	*737*	*603*	*533*	*3 289*	*135*
Ecuador – Equateur														
1993 [12]														
Groom – Epoux	14	*68 193*	*31*	*8 537*	*26 169*	*17 427*	*7 917*	*3 375*	*1 692*	*1 068*	*643*	*437*	*897*	–
Bride – Epouse	12	*68 193*	*1 247*	*21 493*	*24 106*	*11 584*	*4 821*	*2 227*	*1 122*	*651*	*366*	*231*	*345*	–
Paraguay														
1992+														
Groom – Epoux	14	*16 042*	–	*673*	*5 610*	*4 784*	*2 263*	*1 017*	*553*	*365*	*236*	*170*	*369*	*2*
Bride – Epouse	12	*16 042*	*210*	*4 674*	*5 277*	*2 776*	*1 300*	*723*	*407*	*263*	*150*	*74*	*174*	*14*

24. Marriages by age of bridegroom and by age of bride: latest available year (continued)

Mariages selon l'âge de l'époux et selon l'âge de l'épouse: dernière année disponible (suite)

(See notes at end of table – Voir notes à la fin du tableau.)

Continent, country or area and year / Continent, pays ou zone et année	Age [1]	Age(in years–en années)											
		All ages Tous âges	–15	15–19	20–24	25–29	30–34	35–39	40–44	45–49	50–54	55–59	60+	Unknown Inconnu
AMERICA,SOUTH— (Cont.–Suite) AMERIQUE DU SUD													
Uruguay													
1990													
Groom – Epoux	14	20 084	*–	1 440 —*	6 508	5 508	2 496	1 236	*– 1	228 –*	*——	1 664	——*	4
Bride – Epouse	12	20 084	*–	4 728 —*	6 584	3 916	1 736	988	*– 1	036 –*	*——	1 088	——*	8
Venezuela													
1991 [10]													
Groom – Epoux	21	107 136	21	11 490	38 242	27 384	13 989	6 878	3 807	2 008	1 277	777	1 263	–
Bride – Epouse	18	107 136	2 437	30 158	34 919	20 435	9 594	4 722	2 349	1 162	590	330	440	–
ASIA—ASIE													
Armenia – Arménie													
1992													
Groom – Epoux	18	22 955	–	1 134	9 183	7 769	2 814	763	396	192	243	178	283	–
Bride – Epouse	17	22 955	–	9 019	9 011	2 453	1 111	597	261	123	134	109	137	–
Azerbaijan – Azerbaïdjan													
1989													
Groom – Epoux	...	71 874	18	829	29 164	28 656	7 170	2 151	939	634	805	598	909	1
Bride – Epouse	...	71 874	422	17 418	33 012	12 923	4 022	1 572	677	403	534	346	541	4
Bahrain – Bahreïn													
1994													
Groom – Epoux	15	*2 973*	–	*67*	*824*	*1 072*	*476*	*208*	*105*	*80*	*——	*133*	——*	*8*
Bride – Epouse	...	*2 973*	*18*	*748*	*1 120*	*552*	*282*	*142*	*58*	*17*	*——	*16*	——*	*20*
Brunei Darussalam – Brunéi Darussalam													
1992													
Groom – Epoux	([3])	1 912	4	198	489	469	366	206	82	53	23	14	8	–
Bride – Epouse	([3])	1 912	6	212	516	529	316	159	78	42	19	13	22	–
Cyprus – Chypre													
1994 [13]													
Groom – Epoux	([3])	*6 097*	–	*38*	*1 527*	*2 191*	*1 168*	*485*	*256*	*187*	*98*	*52*	*95*	–
Bride – Epouse	([3])	*6 097*	–	*669*	*2 321*	*1 624*	*748*	*305*	*184*	*121*	*62*	*24*	*39*	–
Georgia – Géorgie													
1989													
Groom – Epoux	...	*38 288*	*131*	*2 068*	*13 431*	*11 929*	*5 068*	*2 358*	*952*	*578*	*581*	*453*	*739*	–
Bride – Epouse	...	*38 288*	*1 015*	*9 615*	*14 609*	*6 721*	*2 849*	*1 272*	*587*	*359*	*451*	*368*	*442*	–
Hong Kong – Hong-kong													
1994													
Groom – Epoux	16	38 264	–	355	4 730	12 872	11 046	4 326	1 643	753	497	507	1 535	–
Bride – Epouse	12	38 264	–	1 415	10 921	14 454	6 525	2 076	743	387	346	415	982	–

24. Marriages by age of bridegroom and by age of bride: latest available year (continued)

Mariages selon l'âge de l'époux et selon l'âge de l'épouse: dernière année disponible (suite)

(See notes at end of table – Voir notes à la fin du tableau.)

Continent, country or area and year / Continent, pays ou zone et année	Age [1]	Age(in years–en années) All ages / Tous âges	-15	15–19	20–24	25–29	30–34	35–39	40–44	45–49	50–54	55–59	60+	Unknown / Inconnu
ASIA—ASIE (Cont.–Suite)														
Israel – Israël [14]														
1993														
Groom – Epoux	([15])	34 344	*–	1 197 —*	12 303	12 995	4 468	1 495	737	385	202	168	341	53
Bride – Epouse	17	34 344	*–	7 554 —*	16 229	6 908	1 796	810	440	210	102	80	145	70
Japan – Japon														
1994+ [16]														
Groom – Epoux	18	707 983	–	8 884	137401	297125	153850	56 701	25 302	13 674	7 084	3 884	4 067	11
Bride – Epouse	16	707 983	–	20 517	243110	308691	82 819	23 949	11 758	8 323	4 778	2 319	1 718	1
Jordan – Jordanie [17]														
1992+														
Groom – Epoux	18	37 216	2	1 951	13 742	13 187	4 592	1 445	705	542	402	249	399	–
Bride – Epouse	16	37 216	21	14 555	15 099	5 109	1 511	511	213	106	50	25	16	–
Kazakstan														
1993														
Groom – Epoux	18	146 161	–	11 135	77 116	31 251	11 970	5 210	3 050	1 507	1 492	1 349	2 062	19
Bride – Epouse	17	146 161	–	52 054	59 378	15 633	7 663	3 978	2 438	1 244	1 275	1 044	1 423	31
Korea, Republic of– Corée, République de														
1994														
Groom – Epoux	18	_304 146_	–	_818_	_32 075_	_178937_	_68 314_	_12 794_	_4 395_	_2 719_	_1 829_	*–	_2 226_ –*	_39_
Bride – Epouse	16	_304 146_	–	_5 826_	_132858_	_132850_	_18 714_	_7 389_	_3 046_	_1 651_	_953_	*–	_832_ –*	_27_
Kuwait – Koweït														
1992*														
Groom – Epoux	18	10 803	–	657	4 708	3 094	1 092	*–	807 –*	*——	——	445	——*	–
Bride – Epouse	15	10 803	–	3 874	4 159	1 605	630	*–	431 –*	*——	——	104	——*	–
Kyrgyzstan – Kirghizistan														
1993														
Groom – Epoux	18	36 874	19	2 178	21 054	8 485	2 362	947	645	280	277	241	386	–
Bride – Epouse	16	36 874	664	14 428	15 140	3 243	1 440	681	464	209	206	168	230	1
Macau – Macao														
1995*														
Groom – Epoux	16	_2 146_	–	_15_	_244_	_692_	_618_	_332_	_122_	_53_	_31_	_13_	_26_	–
Bride – Epouse	16	_2 146_	–	_64_	_560_	_836_	_417_	_159_	_69_	_20_	_3_	_6_	_12_	–
Philippines														
1992														
Groom – Epoux	18	454 155	*–	24 093 —*	162229	142812	64 987	27 224	13 328	6 757	*——	12 670	——*	55
Bride – Epouse	18	454 155	*–	85 713 —*	180546	109980	42 143	18 026	8 048	4 008	*——	5 612	——*	79
Qatar														
1994														
Groom – Epoux	...	_1 495_	*——	_55_ —*	_474_	_557_	_227_	_89_	_37_	_18_	_9_	_10_	_17_	_2_
Bride – Epouse	...	_1 495_	*——	_398_ —*	_630_	_297_	_115_	_32_	_10_	_4_	_4_	–	–	_5_

24. Marriages by age of bridegroom and by age of bride: latest available year (continued)

Mariages selon l'âge de l'époux et selon l'âge de l'épouse: dernière année disponible (suite)

(See notes at end of table – Voir notes à la fin du tableau.)

Continent, country or area and year / Continent, pays ou zone et année	Age [1]	Age(in years–en années): All ages / Tous âges	-15	15–19	20–24	25–29	30–34	35–39	40–44	45–49	50–54	55–59	60+	Unknown / Inconnu
ASIA—ASIE (Cont.–Suite)														
Singapore – Singapour														
1995*+ [4]														
Groom – Epoux	18	24 965	2	127	3 504	10 576	6 221	2 587	1 108	445	161	112	122	–
Bride – Epouse	18	24 965	–	913	9 059	9 591	3 303	1 307	485	201	52	40	14	–
Sri Lanka														
1988+ [18]														
Groom – Epoux	...	*132 520*	–	*837*	*39 550*	*49 172*	*26 926*	*10 272*	*2 937*	*1 254*	*622*	*436*	*514*	–
Bride – Epouse	...	*132 520*	*314*	*20 500*	*63 771*	*30 143*	*11 462*	*3 977*	*1 180*	*557*	*309*	*160*	*147*	–
Tajikistan – Tadjikistan														
1993														
Groom – Epoux	...	53 946	*–	5 257 —*	33 788	10 348	2 099	822	446	249	302	255	346	34
Bride – Epouse	...	53 946	25 962	25 962	21 920	3 536	1 205	432	299	137	152	127	139	37
Turkey – Turquie														
1993+ [19]														
Groom – Epoux	17	460 002	–	29 680	191250	160319	44 368	14 728	6 182	3 741	2 574	2 245	4 846	69
Bride – Epouse	15	460 002	2 878	151476	200777	67 368	20 522	7 766	3 560	2 060	1 230	852	1 438	75
Turkmenistan – Turkménistan														
1989														
Groom – Epoux	...	*34 890*	*50*	*1 006*	*22 170*	*8 317*	*1 665*	*682*	*289*	*219*	*182*	*113*	*191*	*6*
Bride – Epouse	...	*34 890*	*271*	*5 336*	*20 713*	*6 171*	*1 221*	*470*	*193*	*153*	*142*	*78*	*138*	*4*
Uzbekistan – Ouzbékistan														
1989														
Groom – Epoux	...	*200 681*	*295*	*4 266*	*135880*	*39 552*	*8 628*	*4 213*	*2 035*	*1 551*	*1 575*	*1 011*	*1 621*	*54*
Bride – Epouse	...	*200 681*	*13 982*	*62 079*	*93 126*	*17 697*	*6 420*	*2 785*	*1 191*	*845*	*989*	*569*	*922*	*76*
EUROPE														
Albania – Albanie														
1991														
Groom – Epoux	18	24 853	*–	366 —*	8 513	11 474	3 373	654	208	96 *——		164	——*	5
Bride – Epouse	16	24 853	*–	5 967 —*	14 008	3 724	792	199	72	27 *——		53	——*	11
Austria – Autriche														
1994 [20]														
Groom – Epoux	18	43 284	–	513	7 746	16 105	9 248	3 884	1 894	1 513	1 192	576	613	–
Bride – Epouse	16	43 284	–	2 276	13 772	14 324	6 500	2 757	1 447	1 084	649	255	220	–
Belarus – Bélarus														
1993														
Groom – Epoux	18	82 326	528	4 827	43 689	15 187	7 101	3 587	2 221	1 257	1 149	941	1 839	–
Bride – Epouse	18	82 326	4 878	20 388	32 608	9 596	5 424	3 096	1 978	1 164	1 002	799	1 393	–

24. Marriages by age of bridegroom and by age of bride: latest available year (continued)

Mariages selon l'âge de l'époux et selon l'âge de l'épouse: dernière année disponible (suite)

(See notes at end of table – Voir notes à la fin du tableau.)

Continent, country or area and year / Continent, pays ou zone et année	Age [1]	Age(in years–en années) All ages / Tous âges	–15	15–19	20–24	25–29	30–34	35–39	40–44	45–49	50–54	55–59	60+	Unknown / Inconnu
EUROPE (Cont.–Suite)														
Belgium – Belgique														
1990 [21]														
Groom – Epoux	18	64 554	–	758	22 533	22 521	7 865	4 001	2 608	1 535	1 076	759	898	–
Bride – Epouse	15	64 554	–	4 834	30 225	15 781	5 833	3 210	2 039	1 165	730	362	375	–
Bosnia Herzegovina – Bosnie–Herzégovine														
1990														
Groom – Epoux	...	29 990	–	618	12 322	10 234	3 798	1 286	498	243	250	233	476	32
Bride – Epouse	...	29 990	2	8 533	12 198	5 543	1 802	746	332	205	204	136	224	65
Bulgaria – Bulgarie														
1993 [9 22]														
Groom – Epoux	18	40 022	*–	1 918 —*	20 095	10 296	3 666	1 690	1 034	539	255	176	353	–
Bride – Epouse	18	40 022	3 147	10 784	17 067	4 744	1 862	957	596	343	177	136	209	–
Croatia – Croatie														
1994														
Groom – Epoux	16	23 966	–	331	7 301	8 796	3 758	1 542	747	454	280	240	469	48
Bride – Epouse	16	23 966	–	3 752	10 130	5 738	1 974	882	510	330	215	139	238	58
Czech Republic – Rép. tchèque														
1994														
Groom – Epoux	16	58 440	–	3 978	25 227	13 450	5 300	3 187	2 515	1 974	1 233	612	964	–
Bride – Epouse	16	58 440	–	14 614	25 609	7 568	3 263	2 229	1 998	1 583	865	344	367	–
Denmark – Danemark [23]														
1994														
Groom – Epoux	18	35 321	*–	106 —*	2 438	10 784	7 983	4 804	2 887	2 310	1 330	767	845	1 067
Bride – Epouse	15	35 321	*–	556 —*	5 145	12 031	6 939	3 771	2 264	1 746	949	444	478	998
Estonia – Estonie														
1993														
Groom – Epoux	16	7 745	–	436	2 916	1 430	845	573	452	310	249	193	341	–
Bride – Epouse	16	7 745	–	1 542	2 643	1 099	660	527	390	250	230	176	228	–
Finland – Finlande														
1994 [24]														
Groom – Epoux	18	24 898	–	271	4 071	9 054	5 481	2 513	1 421	945	472	290	380	–
Bride – Epouse	17	24 898	2	984	6 309	8 906	4 162	1 972	1 070	744	323	202	224	–

24. Marriages by age of bridegroom and by age of bride: latest available year (continued)

Mariages selon l'âge de l'époux et selon l'âge de l'épouse: dernière année disponible (suite)

(See notes at end of table – Voir notes à la fin du tableau.)

Continent, country or area and year / Continent, pays ou zone et année	Age [1]	Age (in years–en années): All ages / Tous âges	–15	15–19	20–24	25–29	30–34	35–39	40–44	45–49	50–54	55–59	60+	Unknown / Inconnu
EUROPE (Cont.–Suite)														
France														
1993 [5 25]														
Groom – Epoux	18	255 190	*–	597 –*	41 089	101035	51 291	23 658	14 468	9 489	5 219	3 432	4 912	–
Bride – Epouse	15	255 190	3	5 035	78 949	89 553	37 326	18 466	11 318	6 989	3 444	1 866	2 241	–
Germany – Allemagne														
1994														
Groom – Epoux	18	440 244	–	2 705	60 998	156519	102367	43 642	24 398	16 105	14 740	9 214	9 556	–
Bride – Epouse	18	440 244	6	15 585	110854	157001	73 483	32 054	19 098	12 424	10 092	5 394	4 253	–
Greece – Grèce														
1994														
Groom – Epoux	18	56 813	1	554	8 340	22 648	13 894	5 784	2 317	1 195	628	499	953	–
Bride – Epouse	14	56 813	132	5 954	20 013	19 006	6 505	2 441	1 127	673	310	288	364	–
Hungary – Hongrie														
1994														
Groom – Epoux	16	54 114	–	2 891	22 510	14 696	4 905	2 911	2 161	1 434	967	544	1 095	–
Bride – Epouse	16	54 114	4	12 950	23 216	8 374	2 953	2 194	1 639	1 143	719	388	534	–
Iceland – Islande														
1993 [26]														
Groom – Epoux	18	1 219	–	8	165	417	305	142	88	43	16	18	16	1
Bride – Epouse	18	1 219	–	19	300	459	232	97	59	21	14	11	7	–
Ireland – Irlande														
1992+														
Groom – Epoux	14	16 636	–	138	3 261	7 944	3 575	984	318	149	85	49	98	35
Bride – Epouse	12	16 636	–	403	5 383	7 677	2 245	551	172	55	48	23	45	34
Italy – Italie														
1993														
Groom – Epoux	16	302 230	*–	1 956 –*	47 296	141908	69 126	21 280	8 554	4 479	2 745	1 852	3 034	–
Bride – Epouse	16	302 230	18 443	18 443	110636	115026	36 645	10 661	4 509	2 553	1 544	999	1 214	–

24. Marriages by age of bridegroom and by age of bride: latest available year (continued)

Mariages selon l'âge de l'époux et selon l'âge de l'épouse: dernière année disponible (suite)

(See notes at end of table – Voir notes à la fin du tableau.)

Continent, country or area and year Continent, pays ou zone et année	Age [1]	Age(in years–en années) All ages Tous âges	–15	15–19	20–24	25–29	30–34	35–39	40–44	45–49	50–54	55–59	60+	Unknown Inconnu
EUROPE (Cont.–Suite)														
Latvia – Lettonie														
1994														
Groom – Epoux	18	11 572	–	733	4 774	2 473	1 130	709	448	357	292	260	396	–
Bride – Epouse	18	11 572	–	2 294	4 661	1 620	932	590	431	329	257	204	254	–
Lithuania – Lituanie														
1993														
Groom – Epoux	18	23 709	–	1 991	12 050	4 722	1 934	936	622	413	323	247	469	2
Bride – Epouse	18	23 709	–	6 628	9 933	3 105	1 560	834	522	352	308	175	289	3
Luxembourg														
1994 [26]														
Groom – Epoux	18	2 352	–	19	375	846	552	223	126	87	50	46	28	–
Bride – Epouse	15	2 352	–	78	684	826	381	176	90	67	29	7	14	–
Malta – Malte														
1994														
Groom – Epoux	16	2 483	–	56	762	1 061	351	132	47	27	19	12	16	–
Bride – Epouse	16	2 483	–	234	1 235	660	206	62	43	19	11	4	9	–
Netherlands – Pays-Bas														
1994														
Groom – Epoux	18	82 982	*—	229 —*	11 012	31 966	19 827	8 185	4 224	3 081	1 731	1 064	1 663	–
Bride – Epouse	18	82 982	*—	1 553 —*	23 077	30 488	14 114	5 622	3 194	2 318	1 248	634	734	–
Norway – Norvège														
1992 [5 27]														
Groom – Epoux	16	19 266	–	109	3 286	7 057	4 413	1 935	966	726	354	213	207	–
Bride – Epouse	16	19 266	–	620	6 098	6 928	2 833	1 328	676	430	213	68	72	–
Poland – Pologne														
1994														
Groom – Epoux	18	207 689	–	7 653	101172	58 015	17 601	8 137	4 228	2 682	1 745	1 766	4 690	–
Bride – Epouse	16	207 689	–	40 143	111541	28 914	9 319	5 467	3 692	2 621	1 865	1 615	2 512	–
Portugal														
1993 [28]														
Groom – Epoux	16	68 176	59	2 673	25 365	24 166	7 926	2 745	1 461	905	723	609	1 544	–
Bride – Epouse	16	68 176	1 059	10 383	29 468	16 664	5 078	1 945	1 090	722	554	397	816	–
Republic of Moldova – République de Moldova														
1991														
Groom – Epoux	18	39 609	216	2 137	21 961	7 580	2 973	1 408	962	493	561	409	906	3
Bride – Epouse	16	39 609	2 458	12 416	14 835	3 732	2 222	1 213	841	460	542	341	528	21
Romania – Roumanie														
1994														
Groom – Epoux	18	154 221	–	4 636	70 624	46 890	12 556	7 542	4 320	2 440	1 601	1 392	2 220	–
Bride – Epouse	16	154 221	–	45 199	66 309	23 643	6 290	4 461	3 094	1 911	1 198	977	1 139	–

24. Marriages by age of bridegroom and by age of bride: latest available year (continued)

Mariages selon l'âge de l'époux et selon l'âge de l'épouse: dernière année disponible (suite)

(See notes at end of table – Voir notes à la fin du tableau.)

Continent, country or area and year / Continent, pays ou zone et année	Age [1]	All ages / Tous âges	–15	15–19	20–24	25–29	30–34	35–39	40–44	45–49	50–54	55–59	60+	Unknown / Inconnu
EUROPE (Cont.–Suite)														
Russian Federation – Fédération de Russie														
1994														
Groom – Epoux	18	1 080 600	8 844	68 262	510043	191227	102396	62 052	41 583	26 952	18 306	20 870	30 011	54
Bride – Epouse	18	1 080 600	69 237	258964	379667	121146	78 924	53 975	37 600	25 133	16 673	18 006	21 218	57
Slovakia – Slovaquie														
1994														
Groom – Epoux	16	28 155	–	1 942	14 715	6 739	2 252	1 049	570	329	204	144	211	–
Bride – Epouse	16	28 155	–	8 583	13 433	3 316	1 220	663	397	247	143	81	72	–
Slovenia – Slovénie														
1994														
Groom – Epoux	18	8 314	–	68	2 023	3 432	1 419	550	283	156	113	68	202	–
Bride – Epouse	18	8 314	–	633	3 592	2 493	720	341	200	97	81	61	96	–
Spain – Espagne														
1991 [29]														
Groom – Epoux	14	218 121	6	4 025	53 691	102149	36 345	10 099	4 444	2 511	1 426	1 198	2 227	–
Bride – Epouse	12	218 121	79	17 864	85 967	81 250	20 260	5 915	2 572	1 476	903	683	1 152	–
Sweden – Suède														
1994 [4]														
Groom – Epoux	18	32 008	–	108	2 717	10 236	7 955	4 117	2 351	1 932	1 328	655	609	–
Bride – Epouse	18	32 008	–	487	5 722	11 562	6 300	3 052	1 855	1 587	832	318	293	–
Switzerland – Suisse														
1994														
Groom – Epoux	18	42 411	–	122	4 979	15 084	10 651	4 673	2 375	1 851	1 151	751	774	–
Bride – Epouse	17	42 411	1	936	10 549	15 962	7 725	3 066	1 706	1 201	732	310	124	99
The former Yugoslav Rep. of Macedonia – L'ex Rép. yougoslavie de Macédoine														
1992														
Groom – Epoux	18	15 354	–	791	6 420	5 494	1 613	506	184	70	60	61	140	15
Bride – Epouse	18	15 354	–	4 468	6 931	2 655	612	245	135	52	45	35	56	120
Ukraine														
1993														
Groom – Epoux	18	427 882	*– 35	618 —*	216835	72 157	35 490	19 732	13 604	7 549	7 949	6 774	12 163	11
Bride – Epouse	17	427 882	*– 159	132 —*	142426	42 260	26 899	16 616	12 054	7 149	7 263	5 741	8 325	17
United Kingdom – Royaume-Uni														
1993 [18]														
Groom – Epoux	16	341 608	–	3 610	70 286	114101	63 848	31 104	19 449	15 098	8 743	5 835	9 534	–
Bride – Epouse	16	341 608	–	14 011	105953	104517	49 546	24 469	15 621	12 271	6 529	3 184	5 507	–

24. Marriages by age of bridegroom and by age of bride: latest available year (continued)

Mariages selon l'âge de l'époux et selon l'âge de l'épouse: dernière année disponible (suite)

(See notes at end of table – Voir notes à la fin du tableau.)

Continent, country or area and year / Continent, pays ou zone et année	Age [1]	Age(in years–en années)												
		All ages / Tous âges	–15	15–19	20–24	25–29	30–34	35–39	40–44	45–49	50–54	55–59	60+	Unknown / Inconnu
EUROPE (Cont.–Suite)														
Former Yugoslavia – Ancienne Yougoslavie														
1990														
Groom – Epoux	18	146 975	–	3 364	53 979	51 069	19 981	7 492	3 330	1 670	1 489	1 301	3 076	224
Bride – Epouse	18	146 975	3	34 586	62 687	28 446	9 247	4 400	2 197	1 360	1 196	905	1 645	303
OCEANIA—OCEANIE														
Australia – Australie														
1994+														
Groom – Epoux	16	111 174	–	793	24 526	36 064	21 357	10 321	6 170	4 525	2 770	1 749	2 899	–
Bride – Epouse	16	111 174	–	4 025	38 504	32 190	15 820	7 746	4 902	3 417	1 936	1 009	1 625	–
Fiji – Fidji														
1987+														
Groom – Epoux	18	6 039	–	397	2 421	1 726	704	319	186	110	63	44	68	1
Bride – Epouse	16	6 039	–	1 870	2 456	915	400	187	85	57	40	19	9	1
Guam														
1992 [30]														
Groom – Epoux	15	1 477	–	44	459	360	265	146	89	39	33	8	34	–
Bride – Epouse	15	1 477	–	136	509	367	203	109	63	34	23	17	16	–
New Caledonia – Nouvelle-Calédonie														
1994														
Groom – Epoux	...	*898*	*–	*1* —*	*120*	*288*	*226*	*97*	*–	*98* –*	*–	*47* –*	*21*	–
Bride – Epouse	...	*898*	*–	*45* —*	*256*	*294*	*138*	*63*	*–	*73* –*	*–	*24* –*	*5*	–
New Zealand – Nouvelle-Zélande														
1993 [18]														
Groom – Epoux	16	22 056	–	172	4 512	6 953	4 410	2 131	1 319	944	606	343	666	–
Bride – Epouse	16	22 056	–	716	7 209	6 472	3 310	1 605	1 056	718	413	212	345	–

24. Marriages by age of bridegroom and by age of bride: latest available year (continued)

Mariages selon l'âge de l'époux et selon l'âge de l'épouse: dernière année disponible (suite)

GENERAL NOTES

Data are legal (recognized) marriages performed and registered. For method of evaluation and limitations of data, see Technical Notes, page 89.

Italics: data from civil registers which are incomplete or of unknown completeness.

FOOTNOTES

- * Provisional.
- \+ Data tabulated by date of registration rather than occurrence.

1 Age below which marriage is unlawful or invalid without dispensation by competent authority.
2 Including marriages resumed after "revocable divorce" (among Moslem population), which approximates legal separation.
3 Varies among major civil divisions, or ethnic or religious groups.
4 Including residents outside the country.
5 Age classification based on year of birth rather than exact date of birth.
6 Excluding tribal population.
7 Marriages performed in varying number of states. These data are not to be considered as necessarily representative of the country.
8 Based on returns of sample marriage records.
9 For under 18 and 18–19 years, as appropriate.
10 Excluding Indian jungle population.
11 Except for Bogotá, data are not to be considered as necessarily representative of the country.
12 Excluding nomadic Indian tribes.
13 For government controlled areas.
14 Including data for East Jerusalem and Israeli residents in certain other territories under occupation by Israeli military forces since June 1967.
15 No minimum age has been fixed for males.
16 For Japanese nationals in Japan only. For grooms and brides married for the first time whose marriages occurred and were registered in the same year.
17 Excluding data for Jordanian territory under occupation since June 1967 by Israeli military forces. Excluding foreigners but including registered Palestinian refugees. For number of refugees, see table 5.
18 For under 16 and 16–19 years, as appropriate.
19 For provincial capitals and district centres only.
20 Excluding aliens temporarily in the area.
21 Including armed forces stationed outside the country and alien armed forces in the area unless marriage performed by local foreign authority.
22 Including Bulgarian nationals outside the country, but excluding aliens in the area.
23 Excluding Faeroe Islands and Greenland.
24 Marriages in which the bride was domiciled in Finland only.
25 Including armed forces stationed outside the country.
26 For the de jure population.
27 Marriages in which the groom was domiciled in Norway only.
28 For under 17 and 17–19 years, as appropriate.
29 Civil marriages only. Canonical marriages are void for males under 16 years of age and for females under 14 years of age.
30 Including United States military personnel, their dependants and contract employees.

NOTES GENERALES

Les données représentent le nombre de mariages qui ont été célébrés et reconnus par la loi. Pour la méthode d'évaluation et les insuffisances des données, voir Notes techniques, page 89.
Italiques: données incomplètes ou dont le degré d'exactitude n'est pas connu, provenant des registres de l'état civil.

NOTES

- * Données provisoires.
- \+ Données exploitées selon la date de l'enregistrement et non la date de l'événement.

1 Age en-dessous duquel le mariage est illégal ou nul sans une dispense de l'autorité compétente.
2 Y compris les unions reconstituées après un "divorce révocable" (parmi la population musulmane), qui est à peu près l'équivalent d'une séparation légale.
3 Varie selon les grandes divisions administratives ou selon les groups ethniques ou religieux.
4 Y compris les résidents à l'étranger.
5 Le classement selon l'âge est basé sur l'année de naissance et non sur la date exacte de naissance.
6 Non compris les Indiens vivant en tribus.
7 Mariages célébrés dans un nombre variable d'Etats. Ces données ne sont donc pas nécessairement représentatives de l'ensemble des Etats–Unis.
8 D'après un échantillon extrait des registres de mariages.
9 Pour moins de 18 ans et 18–19 ans, selon le cas.
10 Non compris les Indiens de la jungle.
11 Sauf pour Bogotá, les données ne concernent que les mariages inscrits sur les registres des églises catholiques romaines.
12 Non compris les tribus d'Indiens nomades.
13 Pour les zones contrôlées pour le Gouvernement.
14 Y compris les données pour Jérusalem–Est et les résidents israéliens dans certains autres territoires occupés depuis juin 1967 par les forces armées israéliennes.
15 Il n'y a pas d'âge minimal pour les hommes.
16 Pour les nationaux japonais au Japon seulement. Pour les époux et épouses mariés pour la première fois, dont le mariage a été célébré et enregistré la même année.
17 Non compris les données pour le territoire jordanien occupé depuis juin 1967 par les forces armées israéliennes. Non compris les étrangers, mais y compris les réfugiés de Palestine immatriculés. Pour les nombres de réfugiés, voir le tableau 5.
18 Pour moins de 16 ans et 16–19 ans, selon le cas.
19 Pour les capitales de province et les chefs–lieux de district seulement.
20 Non compris les étrangers temporairement sur le territoire.
21 Y compris les militaires nationaux hors du pays et les militaires étrangers en garnison sur le territoire, sauf si le mariage a été célébré par l'autorité étrangère locale.
22 Y compris les nationaux bulgares à l'étranger, mais non compris les étrangers sur le territoire.
23 Non compris les îles Féroé et le Groenland.
24 Mariages où l'épouse était domiciliée en Finlande seulement.
25 Y compris les militaires nationaux hors du pays.
26 Pour la population de droit.
27 Mariages où l'époux était domicilié en Norvège seulement.
28 Pour moins de 17 ans et 17–19 ans, selon le cas.
29 Mariages civils seulement. Les mariages religieux sont nuls pour les hommes ayant moins de 16 ans et pour les femmes ayant moins de 14 ans.
30 Y compris les militaires des Etats–Unis, les membres de leur famille les accompagnant et les agents contractuels des Etats–Unis.

25. Divorces and crude divorce rates: 1991 – 1995

Divorces et taux bruts de divortialité: 1991 – 1995

(See notes at end of table. – Voir notes à la fin du tableau.)

Continent and country or area – Continent et pays ou zone	Code [1]	Number – Nombre 1991	1992	1993	1994	1995	Rate – Taux 1991	1992	1993	1994	1995
AFRICA—AFRIQUE											
Egypt – Egypte [2]	U	...	78 490	77 571	89 938	...	...	1.41	1.37	1.55	...
Libyan Arab Jamahiriya – Jamahiriya arabe libyenne	U	2 175	...	...	...	...	0.50	...	...	...	...
Mauritius – Maurice	+C	707	781	762	733	...	0.66	0.72	0.69	0.66	...
St. Helena ex. dep. – Sainte–Hélène sans dép.	...	18	12	5	10	...					
Seychelles	+C	86	87	81	...	*92					
South Africa – Afrique du Sud	...	...	...	26 616	...	...	...	...	0.67	...	...
Tunisia – Tunisie	...	12 154	...	...	7 500	...	1.47	...	...	0.85	...
AMERICA,NORTH— AMERIQUE DU NORD											
Bahamas [3]	...	328	305	403	474	...	1.26	1.15	1.50	1.73	...
Barbados – Barbade	C	367	...	...	...	*369	1.42	...	...	...	*1.40
Belize	+C	92	121	122	...	...		0.61	0.59	...	...
Bermuda – Bermudes	C	195	...	...	...	...	3.18	...	...	...	...
Canada	C	79 034	77 031	78 226	...	...	2.81	2.70	2.70	...	...
Cayman Islands – Iles Caïmanes	...	152	...	...	...	...	5.53	...	...	...	...
Costa Rica	C	3 152	3 482	3 763	3 385	...	1.10	1.18	1.25	1.10	...
Cuba	C	43 646	63 432	64 938	...	...	4.06	5.86	5.95	...	...
Dominican Republic – République dominicaine	+C	17 393	9 409	...	...	...	2.38	1.26	...	...	...
El Salvador	...	2 583	2 804	...	...	...	0.48	0.51	...	...	...
Greenland – Groenland	...	...	...	109	...	...	...	...	1.97	...	...
Guadeloupe	+...	494	448	...	...	...	1.25	1.10	...	...	...
Guatemala	+C	1 587	1 425	1 516	...	...	0.17	0.15	0.15	...	...
Jamaica – Jamaïque	C	1 413	1 454	...	1 343	...	0.60	0.61	...	0.54	...
Martinique	+...	293	357	333	...	...	0.80	0.96	0.88	...	...
Mexico – Mexique	+C	50 001	51 953	32 746	32 483	...	0.57	0.58	0.36	0.35	...
Netherlands Antilles – Antilles néerlandaises	+C	484	438	505	522	*521	2.56	2.29	2.59	2.61	*2.62
Panama [4]	C	1 733	1 947	2 203	...	...	0.71	0.78	0.87	...	...
Puerto Rico – Porto Rico	C	13 571	14 227	14 198	13 724	...	3.82	3.97	3.92	3.72	...
Saint Lucia – Sainte–Lucie	C	...	41	...	...	*32					
St. Vincent and the Grenadines – Saint–Vincent–et–Grenadines	...	...	92	...	...	*83					
Trinidad and Tobago – Trinité–et–Tobago	C	1 364	1 361	1 088	...	...	1.11	1.10	0.87	...	...
United States – Etats–Unis [5]	...	1 187 000	1 215 000	1 187 000	1 191 000	...	4.70	4.76	4.60	4.57	...
United States Virgin Islands – Iles Vierges américaines [6]	C	332	...	469	...	...	3.22	...	4.51	...	...
AMERICA,SOUTH— AMERIQUE DU SUD											
Brazil – Brésil [7]	...	81 128	87 242	...	94 818	...	0.55	0.58	...	0.62	...
Chile – Chili	...	5 852	6 006	6 405	...	...	0.44	0.44	0.46	...	...
Ecuador – Equateur [8]	...	6 731	...	7 302	...	...	0.64	...	0.66	...	...
Suriname	...	1 011	1 398	1 720	...	...	2.50	3.42	4.15	...	...
Uruguay [9]	+C	9 800	...	...	...	...	3.15	...	...	...	...
Venezuela [7]	...	19 560	...	...	...	...	0.99	...	...	...	...

25. Divorces and crude divorce rates: 1991 – 1995 (continued)

Divorces et taux bruts de divortialité: 1991 – 1995 (suite)

(See notes at end of table. – Voir notes à la fin du tableau.)

Continent and country or area / Continent et pays ou zone	Code [1]	Number – Nombre 1991	1992	1993	1994	1995	Rate – Taux 1991	1992	1993	1994	1995
ASIA—ASIE											
Armenia – Arménie	C	3 863	3 155	3 068	3 402	...	1.07	0.86	0.82	0.91	...
Bahrain – Bahreïn	...	661	574	636	663	...	1.30	1.11	1.18	1.19	...
Brunei Darussalam – Brunéi Darussalam	...	241	286	...	...	...	0.92	1.07	...	...	...
China – Chine	...	...	849 616	909 195	...	...	...	4.63	4.63	...	...
Cyprus – Chypre	C	304	433	[10] 504	[10] 555	...	0.44	0.61	[10] 0.70	[10] 0.76	...
Iran (Islamic Republic of – Rép. islamique d')	+...	39 336	...	29 388	...	...	0.70	...	0.50	...	...
Israel – Israël [11]	C	6 291	7 029	7 324	...	...	1.27	1.37	1.39	...	...
Japan – Japon [12]	+C	168 969	179 191	188 297	195 106	...	1.36	1.44	1.51	1.56	...
Jordan – Jordanie [13]	+C	5 363	5 513	6 092	6 251	...	1.21	1.18	1.23	1.20	...
Kazakstan	C	48 913	50 078	45 516	...	...	2.91	2.96	2.69	...	...
Korea, Republic of– Corée, Rép. de [14]	U	46 007	49 866	52 872	50 960	...	1.06	1.14	1.20	1.15	...
Kuwait – Koweït	C	1 768	2 709	2 594	...	...	0.85	1.90	1.77	...	...
Kyrgyzstan – Kirghizistan	C	8 926	8 043	7 321	5 536	...	2.00	1.79	1.63	1.24	...
Macau – Macao	...	...	174	174	253	...	...	0.47	0.45	0.63	...
Maldives	...	2 659	...	...	...	*2 731	11.91	...	...	...	*10.75
Qatar	...	...	416	432	515	...	...	0.78	0.77	0.87	...
Singapore – Singapour	...	3 813	3 567	3 826	3 585	*4 110	1.38	1.26	1.33	1.22	*1.38
Syrian Arab Republic – République arabe syrienne [15]	+...	9 018	9 127	10 343	10 343	...	0.72	0.70	0.77	0.75	...
Tajikistan – Tadjikistan	C	7 562	6 482	5 293	...	...	1.38	1.16	0.94	...	...
Turkey – Turquie	C	27 167	27 133	27 725	28 041	...	0.47	0.46	0.46	0.46	...
United Arab Emirates – Emirats arabes unis	...	...	...	...	2 121	...	...	...	...	1.14	...
EUROPE											
Albania – Albanie	C	2 236	...	...	...	...	0.69	...	...	...	...
Austria – Autriche [16]	C	16 391	16 296	16 299	16 928	...	2.09	2.07	2.04	2.11	...
Belarus – Bélarus	C	37 802	39 904	44 894	44 075	...	3.68	3.87	4.33	4.26	...
Belgium – Belgique [17]	C	20 838	...	...	...	...	2.09	...	...	...	...
Bulgaria – Bulgarie [18]	C	...	9 434	7 318	7 986	...	...	1.10	0.86	0.94	...
Channel Islands – Iles Anglo–Normandes	C	382	...	...	...	...	2.67	...	...	...	...
Guernsey – Guernesey	C	173	177	147	155	...	2.94	3.02	2.53	...	...
Jersey	C	209	...	...	...	...	2.48	...	...	...	...
Croatia – Croatie	C	4 877	3 676	4 667	4 630	...	1.02	0.77	0.98	0.97	...
Czech Republic – Rép. tchèque	C	29 366	28 572	30 227	30 939	*31 135	2.85	2.77	2.92	2.99	*3.01
Denmark – Danemark [19]	C	12 655	12 981	12 971	13 709	...	2.45	2.51	2.50	2.63	...
Estonia – Estonie	C	5 738	6 651	5 757	5 606	...	3.66	4.31	3.79	3.74	...
Faeroe Islands – Iles Féroé	C	47	...	...	...	...					
Finland – Finlande [20]	C	...	12 800	12 284	13 751	...	...	2.54	2.42	2.70	...
France [21]	C	108 086	...	110 759	...	*114 282	1.89	...	1.92	...	*1.96
Germany – Allemagne	C	136 317	135 010	156 425	166 052	...	1.70	1.67	1.93	2.04	...
Greece – Grèce	C	6 351	6 154	7 200	7 000	...	0.62	0.60	0.69	0.74	...
Hungary – Hongrie	C	24 420	21 586	22 329	23 402	...	2.36	2.09	2.17	2.28	...
Iceland – Islande [22]	C	547	531	537	480	...	2.12	2.03	2.03	1.80	...
Isle of Man – Ile de Man	C	186	371	...	299	...	2.66	5.26	...	4.20	...
Italy – Italie	...	27 350	25 997	23 863	27 510	...	0.48	0.46	0.42	0.48	...
Latvia – Lettonie	C	11 070	14 553	10 278	8 416	*8 050	4.16	5.53	3.97	3.36	*3.20
Lithuania – Lituanie	C	15 250	13 981	13 884	11 061	*10 221	4.07	3.74	3.72	2.97	*2.75
Luxembourg	C	762	716	751	700	*727	1.97	1.84	1.89	1.73	*1.79
Netherlands – Pays-Bas	C	28 277	30 463	30 597	36 182	...	1.88	2.01	2.00	2.35	...
Norway – Norvège	C	10 281	10 209	10 943	11 000	...	2.41	2.38	2.54	2.54	...
Poland – Pologne	C	33 823	32 024	27 891	31 574	*38 000	0.88	0.83	0.72	0.82	*0.98

25. Divorces and crude divorce rates: 1991 – 1995 (continued)

Divorces et taux bruts de divortialité: 1991 – 1995 (suite)

(See notes at end of table. – Voir notes à la fin du tableau.)

Continent and country or area / Continent et pays ou zone	Code [1]	Number – Nombre 1991	1992	1993	1994	1995	Rate – Taux 1991	1992	1993	1994	1995
EUROPE (Cont.–Suite)											
Portugal	C	10 619	12 429	12 093	...	...	1.07	1.26	1.22	...	...
Republic of Moldova – République de Moldova	C	13 879	14 821	...	13 811	...	3.18	3.41	...	3.17	...
Romania – Roumanie	C	37 031	29 290	31 193	39 663	*34 908	1.60	1.28	1.37	1.74	*1.54
Russian Federation – Fédération de Russie	C	597 930	639 248	663 282	680 494	...	4.03	4.31	4.48	4.60	...
San Marino – Saint–Marin	C	...	16	...	31	*28					
Slovakia – Slovaquie	C	7 893	8 057	8 143	8 666	*8 978	1.49	1.52	1.53	1.62	*1.67
Slovenia – Slovénie	C	1 828	1 966	1 962	1 923	*1 585	0.91	0.98	0.98	0.97	*0.80
Spain – Espagne	...	*23 063*	...	...	...	...	*0.59*	...	...	...	...
Sweden – Suède	C	20 149	21 907	21 673	22 237	*22 452	2.34	2.53	2.48	2.53	*2.54
Switzerland – Suisse	C	13 627	14 530	15 150	15 634	...	2.00	2.11	2.18	2.23	...
The former Yugoslav Rep. of Macedonia – L'ex Rép. yougoslavie de Macédoine	C	496	578	575	...	...	0.24	0.28	0.27	...	...
Ukraine	C	200 810	...	218 974	207 577	...	3.86	...	4.20	4.00	...
United Kingdom – Royaume–Uni	C	171 144	174 717	174 717	...	...	2.96	3.01	3.08	...	...
Yugoslavia – Yougoslavie	C	8 760	7 136	7 394	...	*7 005	0.84	0.68	0.70	...	*0.66
OCEANIA—OCEANIE											
American Samoa – Samoa américaines	C	54	...	...	...	...					
Australia – Australie [23]	C	45 630	45 665	48 324	48 256	...	2.64	2.61	2.74	2.70	...
Guam	C	855	857	...	...	*648	6.28	6.15	...	...	*4.34
Marshall Islands – Iles Marshall	...	...	...	...	*18*	...					
New Caledonia – Nouvelle–Calédonie	...	*163*	*165*	*215*	...	...	*0.94*	*0.93*	*1.19*	...	...
New Zealand – Nouvelle–Zélande	C	9 188	9 114	...	...	...	2.70	2.65	...	...	...

25. Divorces and crude divorce rates: 1991 – 1995 (continued)

Divorces et taux bruts de divortialité: 1991 – 1995 (suite)

GENERAL NOTES

Data exclude annulments and legal separations unless otherwise specified. Rates are the number of final divorce decrees granted under civil law per 1 000 mid-year population. Rates are shown only for countries or areas having at least a total 100 divorces in a given year. For method of evaluation and limitations of data, see Technical Notes, page 91.

Italics: data from civil registers which are incomplete or of unknown completeness.

FOOTNOTES

- * Provisional.
- + Data tabulated by date of registration rather than occurrence.

1 Code "C" indicates that the data are estimated to be virtually complete (at least 90 per cent) and code "U" indicates that the data are estimated to be incomplete (less than 90 per cent). For further details, see Technical Notes.
2 Including "revocable divorce" (among Moslem population), which approximates legal separation.
3 Petitions for divorce entered in courts.
4 Excluding tribal Indian population.
5 Estimates based on divorces and annulments reported by a varying number of states.
6 Including annulments. High numbers attributable to divorces among non–permanent residents.
7 Excluding Indian jungle population.
8 Excluding nomadic Indian tribes.
9 Including annulments.
10 For government controlled areas.
11 Including data for East Jerusalem and Israeli residents in certain other territories under occupation by Israeli military forces since June 1967.
12 For Japanese nationals in Japan only; however, rates computed on total population.
13 Excluding data for Jordanian territory under occupation since June 1967 by Israeli military forces. Excluding foreigner but including registered Palestinian refugees. For number of refugees, see table 5.
14 Excluding alien armed forces, civilian aliens employed by armed forces, and foreign diplomatic personnel and their dependants.
15 Excluding nomads; however, rates computed on total population.
16 Excluding aliens temporarily in the area.
17 Including divorces among armed forces stationed outside the country and alien armed forces in the area.
18 Including Bulgarian nationals outside the country, but excluding aliens in the area.
19 Excluding Faeroe Islands and Greenland.
20 Including nationals temporarily outside the country.
21 Rates computed on population including armed forces stationed outside the country, but excluding alien armed forces living in military camps within the country.
22 For the de jure population.
23 Excluding full–blooded aborigines estimated at 49 036 in June 1966.
24 Including United States military personnel, their dependants and contract employees.

NOTES GENERALES

Sauf indications contraires, il n'est pas tenu compte des annulations et des séparations légales. Les taux représentent le nombre de jugements de divorce définitifs prononcés par les tribunaux pour 1 000 personnes au milieu de l'année. Les taux présentés ne se rapportent qu'aux pays ou zones où l'on a enregistré un total d'au moins 100 divorces dans une année donnée. Pour la méthode d'évaluation et les insuffisances des données, voir Notes techniques, page 91.
Italiques: données incomplètes ou dont le degré d'exactitude n'est pas connu, provenant des registres de l'état civil.

NOTES

- * Données provisoires.
- + Données exploitées selon la date de l'enregistrement et non la date de l'événement.

1 Le code "C" indique que les données sont jugées pratiquement complètes (au moins 90 p. 100) et le code "U" que les données sont jugées incomplètes (moins de 90 p. 100). Pour plus de détails, voir Notes techniques.
2 Y compris les "divorce révocable" (parmi population musulmane), qui sont à peu près l'équivalent de séparations légale.
3 Demandes de divorce en instance devant les tribunaux.
4 Non compris également les Indiens vivant en tribus.
5 Estimations fondées sur les chiffres (divorces et annulations) communiqués par un nombre variable d'Etats.
6 Y compris les annulations. Les divorces parmi les résidennon permanents ont contribué au relèvement des chiffre
7 Non compris les Indiens de la jungle.
8 Non compris les tribus d'Indiens nomades.
9 Y compris les annulations.
10 Pour les zones controlées par le Gouvernement.
11 Y compris les données pour Jérusalem–Est et les résidents israéliens dans certains autres territoires occupés depuis juin l967 par les forces armées israéliennes.
12 Pour les nationaux japonais au Japon seulement; toutefois, les taux sont calculés sur la base de la population totale.
13 Non compris les données pour le territoire jordanien occupé depuis juin l967 par les forces armées israéliennes. Non compris les étrangers, mais y compris les réfugiés de Palestine immatriculés. Pour le nombre de réfugiés, voir le tableau 5.
14 Non compris les militaires étrangers, les civils étrangers employés par les forces armées ni le personnel diplomatique étranger et les membres de leur famille les accompagnant.
15 Non compris la population nomade; toutefois, les taux sont calculés sur la base de la population totale.
16 Y compris les étrangers se trouvant temporairement sur le territoire.
17 Y compris les divorces de militaires nationaux hors du pays et de militaires étrangers en garnison sur le territoire.
18 Y compris les nationaux bulgares à l'étranger, mais non compris les étrangers sur le territoire.
19 Non compris les îles Féroé et le Groenland.
20 Y compris les nationaux temporairement hors du pays.
21 Taux calculés sur la base d'un chiffre de population qui comprend les militaires nationaux hors du pays, mais pas les militaires étrangers en garnison sur le territoire.
22 Pour la population de droit.
23 Non compris les aborigènes purs, estimés à 49 036 personnes en juin 1966.
24 Y compris les militaires des Etats–Unis, les membres de leur famille les accompagnant et les agents contractuels des Etats–Unis.

26. Selected derived measures of nuptiality and divorce: 1985 – 1995

Quelques mesures indirectes de la nuptialité et de la divortialité: 1985 – 1995

(See notes at end of table. – Voir notes à la fin du tableau.)

Continent, country or area and year / Continent, pays ou zone et année	Proportion of population never–married / Proportion de célibataires: Male – Masculin 15–19	Male – Masculin 20–24	Male – Masculin 45–49	Female – Féminin 15–19	Female – Féminin 20–24	Female – Féminin 45–49	Average marriage rate / Taux moyen de nuptialité: Male Masculin	Female Féminin	Average divorce rate / Taux moyen de divortialité	Singulate age at marriage / Age singularisé au mariage: Male Masculin	Female Féminin
AFRICA—AFRIQUE											
Algeria – Algérie											
1987 [1]	99.2	89.1	2.4	90.4	52.1	1.4	46.3	50.0	...	27.7	23.7
Botswana											
1991	96.8	90.4	14.8	94.2	72.6	22.4	...	...	...	30.9	26.9
Burkina Faso											
1985	96.7	75.9	5.4	54.9	9.8	1.0	...	...	...	26.7	18.4
1991	97.1	82.9	2.8	65.4	14.1	1.7	...	...	...	27.6	19.0
Burundi											
1985	*94.0*	*47.0*	*2.3*	*80.6*	*26.0*	*3.4*	...	...	...	23.0	20.8
1988	*96.0*	*58.5*	*2.3*	*93.5*	*33.7*	*1.2*	...	...	...	25.1	21.7
1990	97.6	71.6	2.5	91.0	38.0	1.9	...	...	...	25.7	22.5
Cape Verde – Cap–Vert											
1990	98.9	85.3	14.5	93.3	67.7	22.3	...	...	...	28.1	25.7
Central African Republic – Rép. centrafricaine											
1988*	87.9	56.0	8.5	57.5	23.7	6.6	...	...	...	24.1	19.1
Comoros – Comores											
1991 [2]	98.4	85.8	3.7	83.5	45.3	1.2	...	...	...	28.6	22.4
Côte d'Ivoire											
1988	96.5	79.7	9.3	58.1	24.2	4.4	...	...	...	27.6	19.8
Egypt – Egypte											
1986 [3]	[4] 89.6	80.7	3.4	[5] 79.3	39.4	2.8	46.1	43.3	4.1	26.4	21.6
Malawi											
1987	91.1	51.4	1.7	55.1	11.5	0.7	...	...	...	23.6	18.6
Mali											
1987 [1]	96.9	83.7	2.9	55.4	16.8	0.8	[6] 41.1	[6] 60.3	...	28.1	18.9
Mauritius – Maurice											
1990	99.3	87.4	5.3	88.5	48.5	5.5	70.2	72.6	3.3	28.2	23.8
Namibia – Namibie											
1991	97.4	88.8	[7] 18.5	92.8	71.0	[7] 16.5	...	...	...	...	...
Niger											
1988*	88.8	53.6	1.0	24.7	5.8	0.8	...	...	...	23.4	16.6
Réunion											
1990 [1]	99.9	93.1	17.9	97.9	80.6	15.9	32.1	29.6	3.8	30.3	28.2
Sao Tome and Principe – Sao Tomé–et–Principe											
1991	98.1	72.0	22.6	80.1	38.3	24.6	...	...	...	23.1	17.8
Senegal – Sénégal											
1988 [1]	95.6	82.1	4.6	56.2	29.6	1.7	...	...	...	28.5	20.1
Seychelles											
1987	99.1	80.9	20.0	93.9	62.9	17.4	52.4	52.0	♦ 0.0	26.4	23.8
South Africa – Afrique du Sud [8 9]											
1985	99.1	83.5	9.5	94.8	66.0	10.7	...	...	...	27.9	26.1
1991	99.0	87.1	10.4	95.5	71.3	11.6	...	...	...	28.9	26.8
Swaziland											
1986	[10] 99.7	[11] 84.3	[7] 29.2	[10] 98.2	[11] 69.2	[7] 4.8	...	...	...	...	...
1991	98.3	84.4	9.7	90.4	60.0	9.0	...	...	...	29.3	26.0
Uganda – Ouganda											
1991	93.1	55.8	8.1	60.5	20.1	2.9	...	...	...	23.7	19.4

26. Selected derived measures of nuptiality and divorce: 1985 – 1995 (continued)

Quelques mesures indirectes de la nuptialité et de la divortialité: 1985 – 1995 (suite)

(See notes at end of table. – Voir notes à la fin du tableau.)

Continent, country or area and year / Continent, pays ou zone et année	Proportion of population never-married / Proportion de célibataires: Male – Masculin 15–19	20–24	45–49	Female – Féminin 15–19	20–24	45–49	Average marriage rate / Taux moyen de nuptialité: Male Masculin	Female Féminin	Average divorce rate / Taux moyen de divortialité	Singulate age at marriage / Age singularisé au mariage: Male Masculin	Female Féminin
AFRICA—AFRIQUE (Cont.–Suite)											
Zambia – Zambie											
1990	91.1	68.7	3.3	73.1	31.1	2.5	...	...	...	25.9	21.2
Zimbabwe											
1987	*98.5*	*82.8*	*2.2*	*84.1*	*32.4*	*0.9*	...	...	...	26.4	21.5
1992	98.2	76.3	3.2	79.2	32.6	1.9	...	...	...	26.1	21.3
AMERICA,NORTH— AMERIQUE DU NORD											
Aruba											
1991 [1]	99.6	85.1	16.1	96.8	71.0	21.0	...	...	...	28.8	26.2
Bahamas											
1990 [1]	98.9	86.1	14.5	96.3	74.8	17.2	40.2	36.6	10.6	29.1	27.2
Belize											
1991	[12]98.8	81.9	25.3	[12]93.5	69.1	24.0	*54.6*	*56.6*	*2.5*	...	...
Bermuda – Bermudes											
1991 [1]	100.0	94.0	10.7	98.9	83.2	10.1	[13]85.9	[13]72.6	[6]8.2	30.5	28.9
British Virgin Islands – Iles Vierges britanniques											
1991 [1]	99.8	92.7	15.7	98.4	84.8	23.6	...	...	...	31.9	28.4
Canada [1]											
1985	98.6	77.8	7.2	94.8	58.5	5.8	...	...	...	26.3	24.1
1986	99.7	79.2	6.9	97.8	60.2	5.6	52.0	46.4	...	26.5	24.3
1987	99.1	81.7	7.1	96.8	62.6	5.9	...	...	...	26.9	24.6
1988	99.3	83.9	7.1	97.6	65.2	5.9	...	...	...	27.2	24.9
1989	99.5	86.5	7.1	98.2	68.7	6.0	...	...	...	27.6	25.2
1990	99.6	88.3	7.1	98.5	72.1	6.1	...	...	...	27.9	25.5
1991	99.4	82.4	8.9	98.4	65.8	7.3	...	...	12.7	29.4	27.1
1992	99.3	85.0	7.9	97.3	68.7	6.6	...	...	...	28.1	25.6
1993	99.6	87.2	8.1	98.2	71.8	6.8	...	...	...	28.5	25.9
1994	99.7	89.2	8.5	98.7	74.9	7.0	...	...	...	28.9	26.2
Cayman Islands – Iles Caïmanes											
1989 [1]	98.2	80.2	12.7	94.2	63.8	15.3	66.6	56.1	...	27.6	25.2
Costa Rica [1]											
1987	[10]98.3	73.0	[7]8.3	[10]92.7	[7]50.7	13.0	...	...	...	...	...
1988	[10]98.4	76.2	[7]7.2	[10]94.1	[7]52.1	11.5	...	...	...	...	...
1989	[10]99.0	74.2	[7]8.0	[10]94.3	[7]51.5	12.0	...	...	...	...	...
1990	[10]98.8	73.4	[7]9.0	[10]94.1	[7]51.9	12.2	...	...	...	...	...
1991	[10]99.1	74.8	[7]8.5	[10]94.7	[7]54.3	11.9	...	...	...	...	...
1993	[10]99.1	76.7	[7]8.7	[10]94.2	[7]53.3	10.2	...	...	...	...	...
1994	[10]98.6	73.9	[7]9.4	[10]93.4	[7]53.3	10.8	...	...	...	...	...
El Salvador											
1992	95.5	65.5	10.6	84.1	50.1	13.7	*22.4*	*20.3*	*2.7*	25.3	22.3
Greenland – Groenland [1]											
1985	100.0	96.9	22.1	99.5	89.5	14.0	...	...	...	33.2	29.6
1986	99.9	96.3	22.5	99.2	89.4	15.2	...	...	...	33.5	29.9
1987	99.8	96.7	22.4	99.2	89.5	14.9	...	...	...	33.9	30.3
1988	100.0	96.6	23.6	99.3	89.5	14.9	...	...	...	34.1	30.7
1990	99.9	95.8	26.3	99.5	88.3	14.8	...	...	...	34.1	31.0
1991	99.9	94.9	27.5	99.6	86.6	14.3	...	...	...	34.2	31.1
1992	99.8	95.0	29.8	99.3	86.4	15.4	...	...	...	34.2	31.2
Guadeloupe											
1990 [1]	99.9	97.4	27.6	98.9	88.3	30.2	...	...	*4.7*	32.3	29.5
Guatemala											
1990	*92.2*	*54.1*	*5.0*	*75.8*	*33.2*	*3.4*	...	...	...	23.8	21.3

26. Selected derived measures of nuptiality and divorce: 1985 – 1995 (continued)

Quelques mesures indirectes de la nuptialité et de la divortialité: 1985 – 1995 (suite)

(See notes at end of table. – Voir notes à la fin du tableau.)

Continent, country or area and year / Continent, pays ou zone et année	Proportion of population never–married / Proportion de célibataires: Male – Masculin 15–19	Male – Masculin 20–24	Male – Masculin 45–49	Female – Féminin 15–19	Female – Féminin 20–24	Female – Féminin 45–49	Average marriage rate / Taux moyen de nuptialité: Male Masculin	Female Féminin	Average divorce rate / Taux moyen de divortialité	Singulate age at marriage / Age singularisé au mariage: Male Masculin	Female Féminin
AMERICA,NORTH— (Cont.–Suite) AMERIQUE DU NORD											
Haiti – Haïti [1]											
1988	*96.7*	*83.9*	*11.4*	*91.4*	*58.5*	*8.0*	...	...	...	27.3	23.8
1990	*96.7*	*83.9*	*11.4*	*91.4*	*58.5*	*8.0*	...	...	...	27.3	23.8
Martinique											
1990 [1]	99.9	98.3	29.5	99.5	93.3	32.8	18.7	16.3	*3.0*	33.0	31.0
Netherlands Antilles – Antilles néerlandaises											
1992 [1 14]	99.5	93.5	21.5	98.4	84.1	27.6	...	...	...	31.7	29.2
Panama											
1990	95.3	69.1	12.3	78.6	44.1	8.1	22.9	25.1	...	25.4	21.9
Puerto Rico – Porto Rico											
1990 [1 15]	94.3	67.1	9.2	85.5	52.7	7.0	61.2	51.0	19.7	25.8	23.8
St. Vincent and the Grenadines – Saint–Vincent–et–Grenadines											
1991	100.0	98.2	39.3	99.2	92.4	41.7	...	...	...	34.5	30.9
United States –Etats–Unis [16]											
1985	98.7	75.6	6.3	93.4	58.5	4.6	...	...	...	...	...
1986	98.3	75.5	5.9	94.2	57.9	4.7	...	...	...	...	...
1987	98.6	77.7	5.9	94.6	60.8	4.4	...	...	...	...	...
1988	96.6	77.7	5.7	18.7	61.1	5.1	...	...	...	...	...
1989	98.8	77.4	6.7	95.2	62.5	5.4	...	...	...	...	...
1990	97.7	79.3	6.8	95.0	64.6	5.6	63.1	52.9	21.1	...	...
1991	98.4	79.7	7.4	95.1	64.1	5.6	...	...	...	...	...
1992	98.9	80.3	7.3	95.1	65.6	5.3	...	...	...	...	...
1993	98.8	81.0	6.9	95.2	66.8	5.4	...	...	...	...	...
1994	98.5	81.0	8.2	95.6	66.0	5.9	...	...	...	...	...
1995	98.7	80.7	8.1	96.1	66.7	6.1	...	...	...	...	...
AMERICA,SOUTH— AMERIQUE DU SUD											
Argentina – Argentine											
1991	97.2	74.4	9.4	87.5	54.7	8.7	...	...	...	25.8	23.3
Bolivia – Bolivie											
1988	*96.8*	*65.6*	*3.4*	*88.8*	*47.3*	*6.1*	...	...	...	25.2	22.8
1992 [17]	96.3	64.0	5.8	86.5	46.8	7.3	...	...	...	25.1	22.7
Chile – Chili											
1985	97.8	73.6	11.6	89.5	54.2	12.8	...	...	...	25.8	23.3
1992	94.7	74.6	10.7	88.3	56.2	13.4	45.6	41.2	2.3	25.8	23.4
Ecuador – Equateur											
1990 [18 19]	93.1	64.6	8.1	80.1	43.9	10.3	*39.6*	*38.9*	*2.3*	25.2	22.0
French Guiana – Guyane Française											
1990 [1]	99.9	96.8	46.1	98.9	91.3	45.8	...	...	...	32.3	29.1
Paraguay											
1992 [20]	97.5	71.9	9.8	82.9	46.1	14.5	...	...	...	25.8	21.5
Uruguay											
1985 [21]	98.0	73.3	13.3	88.7	51.2	9.2	47.7	40.4	6.3	25.2	22.9

26. Selected derived measures of nuptiality and divorce: 1985 – 1995 (continued)

Quelques mesures indirectes de la nuptialité et de la divortialité: 1985 – 1995 (suite)

(See notes at end of table. – Voir notes à la fin du tableau.)

Continent, country or area and year / Continent, pays ou zone et année	Proportion of population never–married / Proportion de célibataires: Male – Masculin 15–19	20–24	45–49	Female – Féminin 15–19	20–24	45–49	Average marriage rate / Taux moyen de nuptialité: Male Masculin	Female Féminin	Average divorce rate / Taux moyen de divortialité	Singulate age at marriage / Age singularisé au mariage: Male Masculin	Female Féminin
ASIA—ASIE											
Bahrain – Bahreïn											
1991	99.5	87.2	6.5	93.3	59.0	3.8	*40.0*	*58.4*	*3.2*	28.4	25.6
Brunei Darussalam – [22] Brunéi Darussalam											
1986	95.4	72.8	5.1	91.8	61.7	5.5	...	...	...	26.1	25.0
1991	98.8	81.4	4.8	92.0	61.8	8.7	51.0	55.3	2.4	27.3	25.1
China – Chine											
1987 [23 24]	98.6	61.0	5.1	95.8	39.9	0.1	...	...	...	23.9	22.0
1990 [25]	98.2	62.5	5.1	95.3	41.4	0.2	...	...	...	23.8	22.1
Cyprus – Chypre											
1992 [26]	99.4	81.9	2.8	92.5	49.2	6.0	88.4	80.3	2.6	27.0	23.1
Hong Kong –Hong–kong [27 28]											
1986	99.4	92.2	7.4	97.9	78.7	2.4	49.9	52.8	3.8	29.2	26.6
1991	99.4	93.5	6.4	98.4	82.9	3.7	51.3	52.1	...	30.0	27.7
Indonesia – Indonésie											
1985 [29]	98.2	69.0	1.7	81.2	29.7	1.4	...	...	...	24.8	21.1
1990	97.6	71.7	2.9	81.8	35.7	1.5	...	...	...	25.2	21.6
Iran (Islamic Republic of – Rép. islamique d')											
1986	89.8	57.3	1.7	64.2	25.6	1.5	...	...	...	23.8	20.1
1991	94.6	65.8	1.7	74.1	31.4	1.1	[13] *79.3*	[13] *97.1*	[13] *1.7*	24.5	21.1
Iraq											
1987	85.1	68.0	3.0	72.1	41.4	3.9	*58.4*	*66.7*	...	26.3	22.3
Israel – Israël [1 30]											
1985	99.2	81.9	3.0	93.2	52.3	3.6	...	...	...	26.4	23.7
1986	99.4	82.7	2.9	93.9	53.4	3.7	...	...	...	26.6	23.8
1987	99.5	83.2	2.8	94.3	54.1	3.9	...	...	...	26.7	23.9
1989	99.6	84.1	2.7	95.0	55.4	4.4	...	...	...	24.5	21.2
1990	99.6	84.4	2.7	95.1	56.3	4.7	...	...	...	27.1	24.0
1991	99.6	84.9	2.7	94.9	58.0	4.8	...	...	...	27.3	24.1
1992	99.6	85.3	2.7	95.0	59.4	4.9	...	...	...	27.4	24.2
1993	99.6	85.5	2.8	95.1	60.5	5.0	...	...	...	27.5	24.3
Japan – Japon [31]											
1985	99.4	92.1	4.7	98.9	81.4	4.3	46.7	39.8	2.8	29.6	25.8
1990	98.5	92.2	6.7	98.2	85.0	4.6	40.9	35.2	2.6	30.3	26.9
Jordan – Jordanie [32]											
1993	*99.3*	*88.2*	*1.4*	*90.6*	*57.9*	*2.3*	...	...	...	28.0	24.5
Kazakstan											
1989 [1]	98.0	64.3	2.5	90.7	36.7	1.9	104.0	83.4	5.9	24.6	22.4
Korea, Republic of– Corée, Rép. de [33]											
1985 [34]	99.9	94.4	0.6	99.1	72.1	0.4	*63.4*	*62.2*	*4.4*	27.8	24.7
1990	99.9	96.4	0.8	99.5	80.5	0.6	*61.0*	*59.3*	...	28.5	25.4
Kuwait – Koweït											
1985	97.5	72.8	2.3	85.4	45.0	2.8	47.6	64.0	4.0	26.3	22.9
1986	*97.5*	*72.8*	*2.3*	*85.5*	*45.1*	*2.8*	...	...	...	*26.3*	*22.9*
1987	*97.5*	*72.8*	*2.3*	*85.5*	*45.1*	*2.8*	...	...	...	*26.3*	*22.9*
1988	*99.4*	*72.8*	*2.3*	*90.9*	*45.2*	*2.8*	...	...	...	*26.7*	*24.5*
1989	*97.5*	*72.8*	*2.3*	*85.6*	*45.2*	*2.8*	...	...	...	*26.3*	*23.0*
1990	*97.5*	*72.8*	*2.3*	*85.6*	*45.3*	*2.8*	...	...	...	*26.3*	*23.0*
1994	*98.7*	*77.9*	*3.7*	*86.7*	*52.1*	*5.5*	...	...	...	*29.6*	*25.0*
Kyrgyzstan – Kirghizistan											
1989 [1]	98.3	61.6	1.3	88.6	29.1	1.1	98.8	78.2	4.7	24.0	21.6
Macau – Macao											
1991 [1]	99.2	90.1	5.0	97.7	77.7	4.0	45.6	36.6	...	28.1	26.4

26. Selected derived measures of nuptiality and divorce: 1985 – 1995 (continued)

Quelques mesures indirectes de la nuptialité et de la divortialité: 1985 – 1995 (suite)

(See notes at end of table. – Voir notes à la fin du tableau.)

Continent, country or area and year / Continent, pays ou zone et année	Proportion of population never-married / Proportion de célibataires: Male – Masculin 15–19	20–24	45–49	Female – Féminin 15–19	20–24	45–49	Average marriage rate / Taux moyen de nuptialité: Male Masculin	Female Féminin	Average divorce rate / Taux moyen de divortialité	Singulate age at marriage / Age singularisé au mariage: Male Masculin	Female Féminin
ASIA—ASIE (Cont.–Suite)											
Maldives											
1985	89.2	38.6	2.7	48.7	8.0	♦ 0.3	...	...	...	22.1	17.9
1990	93.9	50.9	1.9	63.5	14.8	♦ 0.5	195.0	255.6	40.5	23.2	19.1
Philippines											
1990 [1]	97.0	73.2	4.5	89.5	55.7	6.1	55.8	55.1	...	26.3	23.8
Qatar											
1986	96.1	74.4	2.6	85.5	40.4	3.7	20.5	51.3	4.4	26.6	22.7
Singapore – Singapour											
1990 [35]	99.8	94.2	8.5	98.6	78.5	7.3	53.2	55.0	2.7	30.0	27.0
Tajikistan – Tadjikistan											
1989 [1]	98.0	54.8	1.0	87.6	22.7	1.1	99.2	89.6	7.9	23.2	20.9
Thailand – Thaïlande											
1990 [1]	94.0	68.5	3.2	84.8	48.0	5.2	60.1	57.3	...	26.0	23.5
Turkey – Turquie											
1985	94.8	68.6	2.7	84.2	33.7	1.5	*56.9*	*63.4*	0.8	24.6	21.5
1990	95.7	71.8	2.6	84.8	38.2	1.6	*72.7*	*79.7*	2.1	25.0	22.0
Viet Nam											
1989	95.3	62.3	1.4	88.5	42.4	3.3	...	...	...	24.4	23.1
EUROPE											
Austria – Autriche											
1991 [1]	99.4	88.5	9.7	97.3	74.3	7.6	35.4	27.5	9.2	28.9	26.1
Belarus – Bélarus											
1989 [1]	98.1	61.0	3.6	91.6	35.7	3.3	98.5	58.4	6.6	24.5	21.9
Belgium – Belgique											
1991 [1]	99.7	85.7	8.0	97.5	67.4	5.1	...	...	...	27.5	25.1
Bulgaria – Bulgarie											
1985	96.9	63.0	4.0	83.5	28.4	1.8	68.9	61.2	5.0	24.9	21.1
Channel Islands – Iles Anglo–Normandes											
Guernsey – Guernesey											
1986	99.8	85.9	7.2	98.1	68.6	4.9	54.4	43.0	11.6	27.3	25.0
1991	99.5	89.9	6.8	98.9	79.6	6.3	46.2	36.4	12.8	28.6	26.6
Jersey											
1986	99.9	89.0	11.6	98.5	79.7	6.7	47.5	38.9	10.0	28.2	26.8
1989	100.0	90.1	11.0	100.0	81.8	6.9	[13] 46.7	[13] 38.8	[13] 11.0	28.9	27.7
1991	99.4	89.8	10.6	98.7	82.6	7.5	...	...	10.7	29.3	28.2
Croatia – Croatie											
1991 [1]	99.4	85.1	7.2	94.8	55.9	4.8	37.5	29.7	3.9	28.0	23.8
Czech Republic – Rép. tchèque [1]											
1991	98.4	67.1	6.3	93.0	35.0	3.2	...	...	...	25.3	22.0
1993	98.8	70.4	6.7	94.2	43.2	3.2	...	...	...	25.6	22.5
1994	99.2	74.0	7.0	95.8	48.5	3.2	...	...	...	26.0	23.0
Denmark – Danemark [1 36]											
1985	99.9	94.7	9.3	99.3	84.6	4.8	...	...	...	30.2	27.5
1986	99.8	94.9	9.4	99.3	85.7	4.8	...	...	...	30.6	27.9
1987	99.8	94.9	9.5	99.1	86.4	4.8	...	...	...	30.9	28.3
1988	99.8	94.9	9.7	99.1	86.9	4.9	...	...	...	31.2	28.6
1990	99.8	95.0	10.6	99.1	87.8	5.5	...	...	...	31.9	29.3
1991	98.8	74.1	8.5	94.4	54.5	4.4	30.7	28.2	12.3	27.3	24.5
1992	99.8	95.3	11.3	99.0	88.7	5.9	...	...	...	32.3	29.8
1994	98.8	76.2	9.6	94.8	57.5	5.0	...	...	...	27.7	25.0
1995	98.8	76.3	10.1	94.6	57.9	5.3	...	...	...	27.7	25.0

26. Selected derived measures of nuptiality and divorce: 1985 – 1995 (continued)

Quelques mesures indirectes de la nuptialité et de la divortialité: 1985 – 1995 (suite)

(See notes at end of table. – Voir notes à la fin du tableau.)

Continent, country or area and year Continent, pays ou zone et année	Proportion of population never–married / Proportion de célibataires — Male – Masculin			Female – Féminin			Average marriage rate / Taux moyen de nuptialité		Average divorce rate / Taux moyen de divortialité	Singulate age at marriage / Age singularisé au mariage	
	15–19	20–24	45–49	15–19	20–24	45–49	Male Masculin	Female Féminin		Male Masculin	Female Féminin
EUROPE (Cont.–Suite)											
Faeroe Islands – Iles Féroé [1]											
1991	100.0	93.8	15.7	99.1	81.7	5.5	...	...	...	30.9	28.2
1992	100.0	93.6	16.3	99.0	81.0	4.6	...	...	...	31.0	28.3
Finland – Finlande [1]											
1985	99.8	89.9	13.6	98.6	76.7	9.7	32.1	26.6	8.9	28.5	26.1
1986	99.8	90.9	13.4	98.8	79.0	9.7	...	...	...	28.9	26.5
1987	99.8	91.5	13.4	98.9	80.5	9.6	...	...	...	29.3	26.8
1989	99.9	92.3	13.2	99.1	82.2	9.7	...	...	...	29.8	27.3
1991	99.9	93.0	13.9	99.2	84.5	9.9	...	...	...	30.6	28.2
1994	99.9	94.1	16.1	99.3	86.6	10.8	...	...	...	31.5	29.0
France [37]											
1985	99.8	84.1	9.8	97.9	65.0	6.7	...	...	...	26.6	24.7
1986	99.9	86.3	9.6	98.4	68.8	6.7	...	...	...	27.0	25.1
1987	99.9	88.2	9.4	98.7	72.1	6.7	...	...	...	27.5	25.6
1988	99.9	89.8	9.1	99.0	75.0	6.8	...	...	...	27.9	26.0
1989	99.9	91.0	9.0	99.2	77.6	6.9	...	...	...	28.4	26.4
1990	99.9	94.5	8.9	99.4	84.8	7.1	30.4	25.2	8.4	29.7	27.7
1991	99.9	92.3	9.7	99.2	80.4	7.7	...	...	...	29.2	27.2
Germany – Allemagne [1]											
1990	99.8	89.4	9.3	97.8	74.3	5.2	...	...	...	28.9	26.1
1991	99.8	90.8	9.3	98.0	76.4	5.2	...	...	...	29.3	26.5
1992	99.8	91.5	9.4	98.1	77.9	5.3	...	...	...	29.6	26.8
1993	99.8	92.3	9.6	98.3	79.3	5.4	...	...	...	30.0	27.1
1994	99.8	93.1	10.0	98.5	80.7	5.7	...	...	...	30.3	27.5
Greece – Grèce [38]											
1991	99.4	91.6	5.9	94.5	63.7	5.1	41.6	37.1	2.3	29.4	24.5
Hungary – Hongrie											
1985	98.6	70.1	6.4	88.8	34.8	3.8	...	...	...	25.5	21.7
1986	98.6	70.9	6.6	89.0	36.4	3.8	...	...	...	25.6	21.8
1987	98.7	71.8	6.7	89.8	38.3	3.9	...	...	...	25.7	22.0
1988	98.9	72.9	6.8	91.1	40.3	3.9	...	...	...	25.9	22.2
1989	99.0	73.7	6.8	92.4	42.2	3.9	...	...	...	26.1	22.4
1990	98.3	71.4	6.1	91.1	40.7	3.5	46.6	35.3	9.9	25.7	22.2
1991	99.1	73.9	6.8	93.9	45.8	3.9	...	...	...	26.3	22.8
1992	99.3	74.9	6.9	94.4	48.3	4.0	...	...	...	26.5	23.1
1993	99.3	76.7	7.1	94.9	51.7	4.1	...	...	...	26.8	23.4
1994	99.4	79.2	7.4	95.3	56.0	4.2	...	...	...	27.1	23.8
Iceland – Islande [1]											
1985	99.8	89.2	12.9	99.1	78.0	7.3	...	...	...	28.0	26.1
1986	99.8	90.8	12.5	99.2	80.6	7.0	...	...	...	28.4	26.6
1987	99.9	92.4	12.4	99.4	82.9	7.0	...	...	...	28.9	27.2
1988	99.9	93.5	12.4	99.5	84.8	6.9	...	...	...	29.4	27.8
1989	99.9	94.0	12.4	99.5	86.3	6.8	...	...	...	29.9	28.3
1990	100.0	94.7	12.5	99.7	87.6	6.8	...	...	...	30.4	28.8
1991	99.9	95.3	12.8	99.7	88.8	7.0	...	...	...	30.9	29.3
1992	99.9	95.9	13.1	99.7	90.2	7.2	...	...	...	31.3	29.7
1993	100.0	96.5	13.3	99.8	91.4	7.8	...	...	...	31.7	30.2
Ireland – Irlande											
1985	99.5	88.1	15.3	98.8	75.4	10.2	...	...	...	26.2	24.6
1986	99.8	88.7	18.9	99.1	77.7	11.2	31.9	31.0	...	26.1	25.0
1988	99.9	90.3	14.8	99.3	79.9	9.0	...	...	...	26.7	25.3
1989	99.9	91.5	16.2	99.6	80.8	9.0	...	...	...	27.1	25.8
1990	99.8	93.1	15.8	99.6	85.1	10.3	...	...	...	27.6	26.0
1991	99.9	93.9	15.5	99.6	86.2	9.7	28.2	26.5	...	27.9	26.7
1994	99.9	96.1	14.8	99.7	91.6	8.8	...	...	...	29.0	27.7
1995	99.9	96.8	13.9	99.6	92.5	8.1	...	...	...	29.2	28.0
Isle of Man – Ile de Man											
1991	99.7	89.6	9.0	98.5	77.9	5.7	...	...	16.9	28.8	26.4
Latvia – Lettonie											
1989	96.8	61.1	6.6	91.3	38.3	5.2	77.0	47.6	8.7	24.3	22.2

26. Selected derived measures of nuptiality and divorce: 1985 – 1995 (continued)

Quelques mesures indirectes de la nuptialité et de la divortialité: 1985 – 1995 (suite)

(See notes at end of table. – Voir notes à la fin du tableau.)

Continent, country or area and year / Continent, pays ou zone et année	Proportion of population never-married / Proportion de célibataires: Male – Masculin 15–19	Male – Masculin 20–24	Male – Masculin 45–49	Female – Féminin 15–19	Female – Féminin 20–24	Female – Féminin 45–49	Average marriage rate / Taux moyen de nuptialité: Male Masculin	Female Féminin	Average divorce rate / Taux moyen de divortialité	Singulate age at marriage / Age singularisé au mariage: Male Masculin	Female Féminin
EUROPE (Cont.–Suite)											
Liechtenstein											
1985	99.9	92.5	7.7	99.2	76.8	10.1	...	...	...	28.5	25.6
1986	100.0	92.7	7.7	98.7	79.3	9.4	...	...	...	28.7	25.8
1987	99.8	93.3	7.6	99.2	80.2	8.8	...	...	...	28.8	26.1
Lithuania – Lituanie											
1989	97.4	65.8	5.6	93.1	41.8	5.1	83.9	56.2	6.8	24.7	22.3
Luxembourg [1]											
1987	99.5	86.6	9.0	97.7	71.3	6.8	...	...	...	27.9	25.5
1990	99.5	88.0	9.4	97.1	71.8	7.0	...	...	...	28.3	25.8
1991	99.6	89.2	9.1	97.6	73.8	6.6	40.9	34.5	8.0	28.5	26.0
Malta – Malte											
1985	99.6	86.8	11.8	96.9	66.8	19.3	...	...	...	26.2	22.1
Netherlands – Pays-Bas [1]											
1985	99.9	89.1	8.0	98.6	70.8	5.3	...	...	...	27.8	25.2
1986	99.9	90.2	8.0	98.8	73.1	5.2	...	...	...	28.2	25.6
1987	99.9	90.9	7.8	98.8	75.1	5.1	...	...	...	28.6	26.0
1988	99.9	91.8	7.8	98.8	77.0	5.1	...	...	...	28.9	26.3
1989	99.8	92.5	7.9	98.6	78.8	5.1	...	...	...	29.3	26.7
1990	99.8	92.7	7.8	98.4	79.8	5.2	...	...	...	29.5	26.9
1991	99.8	93.0	7.9	98.4	80.4	5.2	...	...	...	29.6	27.1
1992	99.8	93.4	8.3	98.3	81.4	5.4	...	...	...	29.9	27.3
1993	99.8	93.8	8.7	98.5	82.4	5.6	...	...	...	30.2	27.6
1994	99.8	94.3	9.1	98.7	83.4	5.8	...	...	...	30.5	27.9
1995	99.9	94.7	9.7	98.9	84.2	6.2	...	...	...	30.8	28.2
Norway – Norvège [1]											
1986	99.9	90.8	9.8	99.0	75.5	5.0	...	...	...	28.3	26.0
1987	99.9	91.6	9.8	99.0	77.5	5.0	...	...	...	28.7	26.4
1988	99.9	92.4	9.7	99.1	79.4	5.2	...	...	...	29.2	26.8
1989	99.9	93.0	9.6	99.2	81.2	5.4	...	...	...	29.6	27.1
1990	99.9	94.6	9.8	99.5	84.6	5.6	27.2	24.9	10.7	30.5	28.0
1991	99.9	94.4	9.9	99.4	84.3	5.8	...	...	...	30.4	27.9
1992	99.9	95.1	10.2	99.5	85.9	6.0	...	...	...	30.9	28.3
1993	99.9	95.4	10.4	99.5	86.7	6.0	...	...	...	31.1	28.6
Poland – Pologne [39]											
1988	99.4	77.1	7.2	96.0	47.9	5.0	56.2	45.1	5.3	26.2	23.0
1990	99.3	75.6	7.2	95.6	48.5	5.3	...	...	...	26.3	23.1
Portugal											
1991	98.8	81.1	4.6	94.3	61.4	6.9	54.6	43.0	4.4	26.7	23.9
Republic of Moldova – République de Moldova											
1989	97.8	58.0	1.2	88.0	27.7	3.3	104.7	66.8	5.9	23.8	21.1
Romania – Roumanie											
1991	99.3	75.1	0.9	91.2	43.1	1.1	...	...	...	25.9	22.1
1992	96.2	69.3	5.2	86.5	39.4	3.4	62.8	53.6	5.6	25.7	22.1
1993	99.3	79.1	5.4	93.4	48.6	3.5	...	...	...	26.7	23.1
1994	99.5	71.8	5.4	89.6	41.3	3.4	...	...	...	26.0	22.4
Russian Federation – Fédération de Russie											
1989	97.0	59.5	3.7	88.7	33.5	3.5	89.8	54.0	7.9	24.4	21.8
San Marino – Saint-Marin											
1985	100.0	85.9	9.3	96.2	59.2	♦ 3.7	...	...	...	27.7	24.1
1986	99.9	86.2	8.4	96.3	59.5	♦ 3.4	...	...	...	27.9	24.3
1987	99.9	87.0	8.2	96.8	59.9	♦ 3.8	...	...	...	28.1	24.6
1988	99.7	87.1	8.6	97.8	63.4	♦ 2.9	...	...	...	27.9	24.9
1989	99.9	89.8	8.1	98.2	64.9	♦ 3.3	...	...	...	28.1	25.1
1991	100.0	93.2	9.2	98.9	72.3	4.7	...	...	...	28.7	25.7
1992	100.0	93.1	9.3	98.6	74.9	4.3	...	...	...	28.8	26.0
1993	100.0	93.8	9.9	98.9	78.8	4.4	...	...	...	28.8	26.4
1994	100.0	94.7	9.2	99.1	79.2	4.3	...	...	...	29.2	26.6

26. Selected derived measures of nuptiality and divorce: 1985 – 1995 (continued)

Quelques mesures indirectes de la nuptialité et de la divortialité: 1985 – 1995 (suite)

(See notes at end of table. – Voir notes à la fin du tableau.)

Continent, country or area and year / Continent, pays ou zone et année	Proportion of population never-married / Proportion de célibataires: Male – Masculin 15–19	20–24	45–49	Female – Féminin 15–19	20–24	45–49	Average marriage rate / Taux moyen de nuptialité: Male Masculin	Female Féminin	Average divorce rate / Taux moyen de divortialité	Singulate age at marriage / Age singularisé au mariage: Male Masculin	Female Féminin
EUROPE (Cont.–Suite)											
Slovakia – Slovaquie											
1991 [1]	98.6	70.2	7.3	93.0	40.6	5.2	55.3	44.8	...	25.5	22.6
Slovenia – Slovénie											
1991 [1]	99.5	88.8	10.8	97.8	66.0	7.7	29.9	24.1	4.1	28.5	24.8
Spain – Espagne											
1986	99.0	88.1	10.1	96.3	70.7	8.4	...	...	...	27.3	24.7
1991	98.7	90.4	9.9	97.0	77.2	8.2	37.2	32.1	*2.5*	28.4	26.0
Sweden – Suède [1]											
1985	98.9	96.5	10.5	93.6	58.5	7.9	22.8	21.0	12.0	27.3	24.7
1986	99.9	96.6	14.1	99.5	89.9	8.2	...	...	...	32.4	29.9
1987	100.0	97.3	14.7	99.7	91.6	8.7	...	...	...	33.0	30.5
1988	99.9	96.3	15.4	99.5	89.7	9.1	...	...	...	32.9	30.4
1989	99.9	95.6	15.6	99.4	88.0	9.3	...	...	...	32.4	29.9
1990	99.9	95.8	16.2	99.5	88.3	9.7	36.4	33.0	11.2	32.5	30.0
1991	99.9	96.1	17.2	99.4	88.8	10.4	...	...	...	32.7	30.3
1992	99.9	96.5	18.3	99.5	89.6	11.2	...	...	...	32.9	30.5
1994	99.9	97.2	20.5	99.5	91.0	13.1	...	...	...	33.3	31.0
Switzerland – Suisse [1]											
1986	99.9	92.9	9.0	98.9	79.0	8.7	...	...	...	29.0	26.2
1987	99.9	93.1	9.0	98.9	80.0	8.8	...	...	...	29.2	26.4
1988	99.9	93.2	9.1	98.9	80.7	8.8	...	...	...	29.4	26.7
1989	99.9	93.3	9.3	98.8	81.0	8.7	...	...	...	29.5	26.8
1990	99.8	93.2	9.8	98.3	80.8	8.8	41.0	35.2	8.1	29.4	26.7
1991	99.8	93.1	9.7	98.6	81.0	8.7	...	...	...	29.6	27.0
1993	99.8	92.9	10.5	98.5	80.6	9.0	...	...	...	29.9	27.1
1994	99.8	93.2	10.7	98.6	81.3	9.1	...	...	...	30.0	27.3
Ukraine											
1989	96.9	58.3	2.7	84.3	29.3	3.2	104.6	55.2	7.2	24.1	21.0
United Kingdom – Royaume–Uni											
1985	99.4	82.2	8.7	97.0	64.7	5.2	...	...	...	26.7	24.5
1986	99.4	83.6	8.7	97.3	66.7	5.1	...	...	...	27.1	24.8
1987	99.4	84.2	8.8	97.1	67.8	5.0	...	...	...	27.3	25.1
1988	99.5	84.7	8.8	97.2	69.0	4.9	...	...	...	27.6	25.4
1989	99.5	85.3	8.9	97.5	70.0	4.9	...	...	...	27.9	25.7
1990	99.6	86.1	9.0	97.7	71.1	4.9	...	...	...	28.2	26.0
1991	99.6	87.1	9.2	98.3	75.4	5.0	42.3	34.7	13.3	28.4	26.4
OCEANIA—OCEANIE											
American Samoa – Samoa américaines											
1990 [1 15]	98.4	84.0	7.5	95.3	65.0	3.8	52.2	55.0	♦ 0.0	28.3	25.7
Australia – Australie											
1986	99.4	83.4	7.7	97.6	63.9	4.3	49.8	47.2	5.5	27.1	24.8
1988	99.7	86.4	7.9	98.3	69.4	4.5	...	...	...	27.9	25.5
1989	99.7	88.2	7.9	98.9	73.3	4.6	...	...	...	28.1	25.8
1990	99.7	88.9	7.9	98.8	75.6	4.6	...	...	...	28.4	26.0
1991	99.8	90.8	8.0	99.1	80.4	4.6	...	...	...	28.7	26.4
1992	98.0	87.7	8.4	97.1	75.6	5.3	...	...	...	28.6	26.4
1993	98.5	88.5	8.5	97.8	77.0	5.4	...	...	...	28.9	26.7
1994	99.0	89.4	8.6	98.4	78.4	5.6	...	...	...	29.2	27.0
Fiji – Fidji											
1986	97.5	70.8	4.2	86.7	41.5	3.6	*72.4*	*77.3*	...	25.3	22.5
New Caledonia – Nouvelle–Calédonie											
1989	99.8	94.8	22.8	98.7	79.9	15.8	*25.4*	*27.3*	*7.3*	30.9	28.4
New Zealand – Nouvelle–Zélande [40]											
1986	95.7	83.0	6.8	95.2	64.9	4.2	44.5	41.5	12.0	27.1	24.9
1991	98.4	89.1	7.2	97.9	76.7	4.7	42.1	38.1	12.6	28.8	26.7

26. Selected derived measures of nuptiality and divorce: 1985 – 1995 (continued)

Quelques mesures indirectes de la nuptialité et de la divortialité: 1985 – 1995 (suite)

(See notes at end of table. – Voir notes à la fin du tableau.)

Continent, country or area and year / Continent, pays ou zone et année	Proportion of population never-married / Proportion de célibataires: Male – Masculin 15–19	20–24	45–49	Female – Féminin 15–19	20–24	45–49	Average marriage rate / Taux moyen de nuptialité: Male Masculin	Female Féminin	Average divorce rate / Taux moyen de divortialité	Singulate age at marriage / Age singularisé au mariage: Male Masculin	Female Féminin
OCEANIA—OCEANIE(Cont.–Suite)											
Niue – Nioué											
1986	99.3	76.9	♦ 9.4	100.0	67.8	♦ 13.3	♦ 0.0	♦ 0.0	...	15.0	15.0
Tonga											
1986	97.2	79.1	7.8	93.6	65.4	6.8	*47.1*	*49.5*	...	27.1	24.8
Vanuatu											
1989	96.6	69.1	5.5	87.2	42.0	3.0	...	...	...	25.3	22.6

GENERAL NOTES

The percentage of single persons by sex for selected age groups is the ratio of the number of persons classified as single (never–married) at a given moment, to the number of persons of all marital statuses, including marital status unknown, for a given age group by sex. Marriage rates are the average annual number of marriages in the period specified per 1 000 marriageable male or female population enumerated. Divorce rates are the average annual number of divorces in the period specified per 1 000 married couples. The singulate mean age at marriage, the average age at which men and women marry, is an estimated ofthe average number of years lived prior to first marriage bya hypothetical cohort, if they marry before age 50. For method of evaulation and limitations of data, see Technical Notes, page 94.

Italics: estimates of population which are less reliable. Also rates calculated using data from civil registers which are incomplete or of unknown completeness.

FOOTNOTES

- * Provisional.
- ♦ Based on 30 or fewer persons.
- 1 De jure population.
- 2 Excluding Mayotte.
- 3 For Egyptian nationals only.
- 4 For 18–19 years.
- 5 For 16–19 years.
- 6 One year only.
- 7 For 40–49 years.
- 8 Excluding Bophuthatswana, Ciskei, Transkei and Venda.
- 9 Excluding adjustment for underenumeration.
- 10 For 10–19 years.
- 11 For 20–29 years.
- 12 For 14–19 years.
- 13 Two–year average.
- 14 Data exclude adjustment for underenumeration, estimated at 2.0 per cent.
- 15 Including armed forces stationed in the area.

NOTES GENERALES

Le pourcentage des personnes célibataires classées selon le sexe pour quelques groupes d'âge est le quotient obtenu en divisant le nombre de personnes considérées comme célibataires (jamais mariées) à un moment donné par le nombre de personnes de tout état matrimonial, y compris d'état matrimonial inconnu classées selon le sexe, pour un groupe d'âge.Les taux de mariages représentent, pour chaque sexe, le nombre annuel moyen de mariages célébrés pendant la période considérées pour 1 000 personnes mariables dénombrées. Les taux de divorces représentent le nombre annuel moyen de divorces prononcés pendant la période considérée pour 1 000 couples mariées. L'âge moyen singularisé au mariage, l'âge moyen auquel les hommes et femmes se marient, est une estimation du nombre moyen d'années qu'une cohorts hypothétique a vécues avant le premier mariage et ces personnes se marient avant l'âge de 50 ans. Pour la méthode d'évaluation et les inssufisances des données, voir Notes techniques, page 94.

Italiques: estimations de la population moins sûres. Aussi taux calculés d'après des chiffres de mariages et de divorces provenant de registres de l'état civil incomplets ou dont le degré d'exactitude n'est pas connu.

NOTES

- * Données provisoires.
- ♦ Basés sur 30 personnes ou moins.
- 1 Population de droit.
- 2 Non compris Mayotte.
- 3 Pour les nationaux égyptiens seulement.
- 4 Pour 18–19 ans.
- 5 Pour 16–19 ans.
- 6 Un année seulement.
- 7 Pour 40–49 ans.
- 8 Non compris Bophuthatswana, Ciskei, Transkei et Venda.
- 9 Les données n'ont pas été ajustées pour compenser les lacunes du dénombrement.
- 10 Pour 10–19 ans.
- 11 Pour 20–29 ans.
- 12 Pour 14–19 ans.
- 13 Moyenne de deux ans.
- 14 Les données n'ont pas été ajustées pour compenser les lacunes du dénombrement, estimées à 2,0 p. 100.
- 15 Y compris les militaires en garnis on sur le territoire.

26. Selected derived measures of nuptiality and divorce: 1985 – 1995

Quelques mesures indirectes de la nuptialité et de la divortialité: 1985 – 1995

FOOTNOTES (continued)

16 De jure population but excluding armed forces overseas and civilian citizens absent from country for extended period of time.
17 Data exclude adjustment for underenumeration, estimated at 6.92 per cent.
18 Excluding nomadic Indian tribes.
19 Data exclude adjustment for underenumeration, estimated at 6.29 per cent.
20 Data exclude adjustment for underenumeration, estimated at 7.4 per cent.
21 Data exclude adjustment for underenumeration, estimated at 2.6 per cent.
22 Excluding transients afloat.
23 Covering only the civilian population of 29 provinces.
24 Based on a 10 per cent sample of census returns.
25 Covering only the civilian population of 30 provinces.
26 For government controlled areas.
27 Marriage rates computed on population which includes separated, and divorce rates computed on population which excludes separated.
28 Including transients and Vietnamese refugees.
29 Based on results of a sample survey.
30 Including data for East Jerusalem and Israeli residents in certain other territories under occupation by Israeli military forces since June 1967.
31 Population excludes diplomatic personnel outside the country and foreign military and civilian personnel and their dependants stationed in the area. Rates are for Japanese nationals in Japan only.
32 Excluding data for Jordanian territory under occupation since June 1967 by israeli military force.
33 Excluding alien armed forces, civilian aliens employed by armed forces and foreign diplomatic personnel and their dependants.
34 Based on a 2 per cent sample of census returns.
35 Excluding transients afloat and non–locally domiciled military and civilian services personnel and their dependants and visitors.
36 Excluding Faeroe Islands and Greenland.
37 Population is de jure, but excludes diplomatic personnel outside the country and includes foreign diplomatic personnel not living in embassies or consulates.
38 Including armed forces stationed outside the country, but excluding alien armed forces stationed in the area.
39 Population excludes civilian aliens within the country but includes civilian nationals temporarily outside the country.
40 Excluding diplomatic personnel and armed forces stationed outside country, the latter numbering 1 936 at 1966 census; also excluding alien armed forces within the country.

NOTES (suite)

16 Population de droit, mais non compris les militaires à l'étranger, et les civils hors du pays pendant une période prolongée.
17 Les données n'ont pas été ajustées pour compenser les lacunes du dénombrement, estimées à 6,92 p.100.
18 Non compris les tribus d'Indiens nomades.
19 Les données n'ont pas été ajustées pour compenser les lacunes du dénombrement, estimées à 6,29 p.100.
20 Les données n'ont pas été ajustées pour compenser les lacunes du dénombrement, estimées à 7,4 p.100.
21 Les données n'ont pas été ajustées pour compenser les lacunes du dénombrement, estimées à 2,6 p. 100.
22 Non compris les personnes de passage à bord de navires.
23 Pour la population civil seulement de 29 provinces.
24 D'après un échantillon de 10 p. 100 des bulletins de recensement.
25 Pour la population civil seulement de 30 provinces.
26 Pour les zones controlées par le Gouvernement.
27 Les taux des mariages sont calculés sur la base d'un chiffre de population qui comprend les personnes séparées, et les taux des divorces sont calculés sur la base d'une population qui ne comprend pas les personnes séparées.
28 Y compris transients et réfugiés du Viet Nam.
29 D'après les résultats d'une enquête par sondage.
30 Y compris les données pour Jérusalem–Est et les résidents israéliens dans certains autres territoires occupés depuis juin 1967 par les forces armées israéliennes.
31 La population ne comprend pas le personnel diplomatique hors du pays ni les militaires et agents civils étrangers en poste sur le territoire et les membres de leur famille les accompagnant. Les taux ne concernent que les nationaux japonais se trouvant au Japan.
32 Non compris les données pour le territoire jordanien occupé depuis juin 1967 par les forces armées israéliennes.
33 Non compris les militaires étrangers, les civils étrangers employés par les forces armées, ni le personnel diplomatique étranger et les membres de leur famille les accompagnant.
34 D'après un échantillon de 2 p. 100 des bulletins de recensement.
35 Non compris les personnes de passage à bord de navires, ni les militaires et agents civils domiciliés hors du territoire et les membres de leur famille les accompagnant et les visiteurs.
36 Non compris les îles Féroé et le Groenland.
37 Population de droit, mais non compris le personnel diplomatique hors du pays et y compris le personnel diplomatique étranger qui ne vit pas dans les ambassades ou les consulats.
38 Y compris les militaires en garnison hors du pays, mais non compris les militaires étrangers en garnison sur le territoire.
39 Les données pour la population ne comprennent pas les civils étrangers dans le pays, mais y compris les civils nationaux temporairement hors du pays.
40 Non compris le personnel diplomatique et les militaires en poste hors du pays, ces derniers au nombre de 1 936 aux recensement de 1966; non compris également les militaires étrangers dans le pays.

27. Population in households, number of households and number of family nuclei, by size of household and urban/rural residence: each census, 1985 – 1995

(See notes at end of table.)

	Continent, country or area, date, family nuclei and urban/rural residence Continent, pays ou zone, date, noyaux familiaux et résidence urbaine/rurale	Population Totale	Total household Ensembles des ménages	Average size of household Dimension moyenne du ménage [1]	Size (number of persons) Total				
					1	2	3	4	5
	AFRICA—AFRIQUE								
	Algeria – Algérie								
	20 IV 1987 [3]								
1	Population	23 038 942	23 038 942	..	...	...	...	...	...
2	Number of households – Nombre de ménages	..	3 283 409	[4] 7.0	...	...	...	...	...
	Benin – Bénin								
	15 II 1992								
3	Population	4 915 555	4 915 555	..	...	...	...	...	...
4	Number of households – Nombre de ménages	..	832 526	[4] 5.9	...	...	...	...	...
	Botswana								
	21 VIII 1991								
5	Population	1 326 796	1 326 796	..	...	...	...	...	...
6	Number of households – Nombre de ménages	..	276 209	[4] 4.8	...	...	...	...	...
	Burundi								
	16 VIII 1990								
7	Population	5 139 073	5 139 073	..	...	...	...	...	...
8	Number of households – Nombre de ménages	..	1 145 479	[4] 4.5	93 520	146 596	181 378	171 007	121 939
	Cape Verde – Cap-Vert								
	23 VI 1990 [5]								
9	Population	341 491	339 171	..	5 937	14 518	27 288	39 500	45 455
10	Number of households – Nombre de ménages	..	67 619	5.0	5 937	7 259	9 096	9 875	9 091
11	0–1 [6]	..	42 730	..	2 309	3 720	5 571	6 644	6 300
12	2	..	95 585	..	1 665	4 528	8 709	12 376	13 740
13	3	..	67 539	..	752	2 502	4 896	7 372	9 110
14	4 plus	..	127 234	..	1 074	3 478	7 698	12 440	15 530
15	Unknown–Inconnu	..	6 083	..	137	290	414	668	775
	Central African Republic – République centrafricaine								
	8 XII 1988* [5]								
16	Population	2 463 616	2 454 042	..	74 753	168 588	216 638	252 134	268 689
17	Number of households – Nombre de ménages	..	519 314	4.7	74 700	84 249	72 196	63 024	53 722
	Comoros – Comores [7]								
	15 IX 1991								
18	Population	446 817	446 817	..	...	...	...	...	...
19	Number of households – Nombre de ménages	..	71 995	[4] 6.2	...	...	...	...	...
	Côte d'Ivoire								
	1 III 1988								
20	Population	10 815 694	10 815 694	..	...	...	...	...	...
21	Number of households – Nombre de ménages	..	1 798 799	[4] 6.0	266 606	190 914	190 199	186 928	172 330
	Egypt – Egypte								
	17 XI 1986 [8]								
22	Population	47 995 265	47 995 265	..	623 811	2 174 012	3 686 172	6 041 920	7 678 485
23	Number of households – Nombre de ménages	..	9 732 735	[4] 4.9	623 811	1 087 006	1 228 724	1 510 480	1 535 697

27. Effectifs des ménages, nombre de ménages et nombres de noyaux familiaux, selon la dimension du ménage et la résidence, urbaine/rurale: chaque recensement, 1985 – 1995

(Voir notes à la fin du tableau.)

Dimension (nombre de personnes)						Persons not living in households	Not stated	
6	7	8	9	10 +	Not stated Non determiné	Personnes ne vivant pas dans des ménages	Non determiné [2]	
...	...	...	...	...	...	...	...	1
...	...	...	...	...	...	..	..	2
...	...	...	...	...	...	...	...	3
...	...	...	...	...	...	..	..	4
...	...	...	...	...	...	...	...	5
...	...	...	...	...	...	..	..	6
...	...	...	...	...	...	...	...	7
142 456	107 813	69 890	78 842	32 038	–	..	..	8
47 724	42 826	35 864	30 987	49 072	–	–	2 320	9
7 954	6 118	4 483	3 443	4 363	–	..	..	10
5 922	4 438	3 144	2 241	2 441	–	..	..	11
13 926	11 991	10 016	7 947	10 687	–	..	..	12
9 846	8 722	7 744	6 975	9 620	–	..	..	13
17 316	17 164	14 464	13 302	24 768	–	..	..	14
714	511	496	522	1 556	–	..	..	15
265 183	244 134	212 644	209 046	542 233	–	–	9 574	16
44 194	34 873	26 577	23 227	42 552	–	..	..	17
...	...	...	...	...	...	...	...	18
...	...	...	...	...	...	..	..	19
...	...	...	...	...	...	...	...	20
153 322	143 876	91 169	80 397	318 064	4 994	..	..	21
8 030 880	8 468 411	3 827 120	2 797 911	4 666 543	–	–	–	22
1 338 480	1 209 773	478 390	310 879	409 495	–	..	..	23

27. Population in households, number of households and number of family nuclei, by size of household and urban/rural residence: each census, 1985 – 1995 (continued)

(See notes at end of table.)

	Continent, country or area, date, family nuclei and urban/rural residence Continent, pays ou zone, date, noyaux familiaux et résidence urbaine/rurale	Population Totale	Total household Ensembles des ménages	Average size of household Dimension moyenne du ménage [1]	Size (number of persons) Total				
					1	2	3	4	5
	AFRICA—AFRIQUE (Cont.–Suite)								
	Malawi								
	1 IX 1987								
1	Population	7 988 507	7 988 507	..	...	...	...	...	...
2	Number of households – Nombre de ménages	..	1 859 572	[4] 4.3	...	...	...	...	...
	Mali								
	1 IV 1987 [3]								
3	Population	7 696 348	7 696 348	..	...	...	...	...	...
4	Number of households – Nombre de ménages	..	1 364 079	[4] 5.6	81 382	153 192	194 055	188 923	168 533
	Mauritius – Maurice								
	1 VII 1990								
5	Population	1 056 660	1 054 902	..	12 336	50 184	119 019	223 188	214 525
6	Number of households – Nombre de ménages	..	236 110	4.5	12 336	25 092	39 673	55 797	42 905
7	0	..	16 689	..	12 324	2 749	907	389	154
8	1	..	193 128	..	11	22 341	38 765	53 642	38 881
9	2	..	22 375	..	1	2	1	1 766	3 870
10	3	..	3 332	..	–	–	–	–	–
11	4 plus	..	586	..	–	–	–	–	–
12	Unknown–Inconnu	..	–	..	–	–	–	–	–
13	Number of family nuclei –Nombre de noyaux familiaux	..	250 309	..	13	22 345	38 767	57 174	46 621
	Namibia – Namibie								
	20 X 1991 [5]								
14	Population	1 409 920	1 318 935	..	27 173	63 794	95 733	134 508	150 590
15	Number of households – Nombre de ménages	..	254 389	5.2	...	...	...	...	...
	Niger								
	20 V 1988*								
16	Population	7 248 100	7 248 100	..	...	...	...	...	...
17	Number of households – Nombre de ménages	..	1 134 230	[4] 6.4	45 090	93 370	133 120	146 470	142 400
	Réunion								
	15 III 1990 [3]								
18	Population	597 828	597 828	..	...	...	...	...	...
19	Number of households – Nombre de ménages	..	157 853	[4] 3.8	20 481	26 477	30 229	32 171	21 817
	Rwanda								
	5 VIII 1991*								
20	Population	7 148 496	7 148 496	..	...	...	...	...	...
21	Number of households – Nombre de ménages	..	1 508 774	[4] 4.7	...	...	...	...	...
	St. Helena ex. dep. – Sainte–Hélène sans dép.								
	22 II 1987*								
22	Population	5 500	5 500	..	170	486	852	1 100	1 060
23	Number of households – Nombre de ménages	..	1 429	[4] 3.8	170	243	284	275	212

27. Effectifs des ménages, nombre de ménages et nombres de noyaux familiaux, selon la dimension du ménage et la résidence, urbaine/rurale: chaque recensement, 1985 – 1995 (suite)

(Voir notes à la fin du tableau.)

Dimension (nombre de personnes)						Persons not living in households	Not stated	
6	7	8	9	10 +	Not stated Non determiné	Personnes ne vivant pas dans des ménages	Non determiné [2]	
...	...	...	...	...	...	...	...	1
...	...	...	...	...	...	..	..	2
...	...	...	...	...	...	...	...	3
142 994	112 517	85 041	62 616	174 826	–	..	..	4
161 430	106 162	66 816	39 888	61 354	–	1 758	–	5
26 905	15 166	8 352	4 432	5 452	–	..	..	6
92	37	16	10	11	–	..	..	7
21 454	10 191	4 643	1 895	1 305	–	..	..	8
5 244	4 604	3 112	1 895	1 880	–	..	..	9
115	334	569	615	1 699	–	..	..	10
–	–	12	17	557	–	..	..	11
–	–	–	–	–	–	..	..	12
32 287	20 401	12 622	7 598	12 481	–	..	..	13
—— 297 362 ——		*—— 229 915 ——*		319 860	–	90 985	–	14
—— ... ——		*—— ... ——*		...	...	..	..	15
—— ... ——			*—— ... ——*		–	–	–	16
—— 318 190 ——			*—— 25 590 ——*		230 000	..	..	17
...	...	...	...	...	...	...	...	18
—— 26 678 ——					–	..	..	19
...	...	...	...	...	...	...	...	20
...	...	...	...	...	...	..	..	21
696	441	240	180	180	95	–	–	22
116	63	30	20	16	–	..	..	23

27. Population in households, number of households and number of family nuclei, by size of household and urban/rural residence: each census, 1985 – 1995 (continued)

(See notes at end of table.)

	Continent, country or area, date, family nuclei and urban/rural residence Continent, pays ou zone, date, noyaux familiaux et résidence urbaine/rurale	Population Totale	Total household Ensembles des ménages	Average size of household Dimension moyenne du ménage [1]	Size (number of persons) Total				
					1	2	3	4	5
	AFRICA—AFRIQUE (Cont.–Suite)								
	Sao Tome and Principe – Sao Tomé–et–Principe								
	4 VIII 1991								
1	Population	116 998	116 998	..	...	...	...	...	...
2	Number of households – Nombre de ménages	..	27 449	[4] 4.3	...	...	...	...	...
	Seychelles								
	17 VIII 1987								
3	Population	68 598	68 598	..	2 089	4 246	6 429	8 968	9 095
4	Number of households – Nombre de ménages	..	15 118	[4] 4.5	2 089	2 123	2 143	2 242	1 819
	South Africa – Afrique du Sud [9]								
	7 III 1991 [10]								
5	Population	30 986 920	30 986 920	..	...	...	...	...	...
6	Number of households – Nombre de ménages	..	5 317 359	[4] 5.8	...	...	...	...	...
	Uganda – Ouganda								
	12 I 1991								
7	Population	16 671 705	16 484 556	..	440 544	899 450	1 437 375	1 853 856	2 065 365
8	Number of households – Nombre de ménages	..	3 434 177	4.8	440 544	449 725	479 125	463 464	413 073
	United Rep. of Tanzania – Rép.–Unie de Tanzanie								
	28 VIII 1988*								
9	Population	23 174 336	23 174 336	..	...	...	...	...	...
10	Number of households – Nombre de ménages	..	4 377 288	[4] 5.3	...	...	...	...	...
	Tanganyika								
	28 VIII 1988*								
11	Population	22 533 758	22 533 758	..	...	...	...	...	...
12	Number of households – Nombre de ménages	..	4 240 891	[4] 5.3	...	...	...	...	...
	Zanzibar								
	28 VIII 1988*								
13	Population	640 578	640 578	..	...	...	...	...	...
14	Number of households – Nombre de ménages	..	136 397	[4] 4.7	...	...	...	...	...
	Zambia – Zambie								
	20 VIII 1990								
15	Population	7 383 097	7 383 097	..	...	...	...	...	...
16	Number of households – Nombre de ménages	..	1 327 098	[4] 5.6	...	...	...	...	...
	Zimbabwe								
	18 VIII 1992								
17	Population	10 412 548	10 302 048	..	...	...	...	...	...
18	Number of households – Nombre de ménages	..	2 165 744	4.8	...	...	...	...	...

27. Effectifs des ménages, nombre de ménages et nombres de noyaux familiaux, selon la dimension du ménage et la résidence, urbaine/rurale: chaque recensement, 1985 – 1995 (suite)

(Voir notes à la fin du tableau.)

Dimension (nombre de personnes)						Persons not living in households	Not stated	
6	7	8	9	10 +	Not stated Non determiné	Personnes ne vivant pas dans des ménages	Non determiné [2]	
...	...	...	...	...	...	...	...	1
...	...	...	...	...	...	..	..	2
8 700	7 154	5 752	4 491	11 674	–	–	–	3
1 450	1 022	719	499	1 012	–	..	..	4
...	...	...	...	...	...	...	...	5
...	...	...	...	...	...	..	..	6
2 039 598	1 837 647	1 531 584	1 203 444	3 175 693	–	187 149	–	7
339 933	262 521	191 448	133 716	260 628	–	..	..	8
...	...	...	...	...	...	...	...	9
...	...	...	...	...	...	..	..	10
...	...	...	...	...	...	...	...	11
...	...	...	...	...	...	..	..	12
...	...	...	...	...	...	...	...	13
...	...	...	...	...	...	..	..	14
...	...	...	...	...	...	...	...	15
...	...	...	...	...	...	..	..	16
...	...	...	...	...	...	...	...	17
...	...	...	...	...	...	..	..	18

27. Population in households, number of households and number of family nuclei, by size of household and urban/rural residence: each census, 1985 – 1995 (continued)

(See notes at end of table.)

	Continent, country or area, date, family nuclei and urban/rural residence Continent, pays ou zone, date, noyaux familiaux et résidence urbaine/rurale	Population Totale	Total household Ensembles des ménages	Average size of household Dimension moyenne du ménage [1]	Size (number of persons) Total				
					1	2	3	4	5
	AMERICA,NORTH — AMERIQUE DU NORD								
	Antigua and Barbuda – Antigua-et-Barbuda								
	28 V 1991* [3]								
1	Population	60 840	60 840	..	...	...	...	...	...
2	Number of households – Nombre de ménages	..	19 501	[4] 3.1	...	...	...	...	...
	Aruba								
	6 X 1991 [3]								
3	Population	65 807	66 687	..	...	...	...	...	...
4	Number of households – Nombre de ménages	..	19 276	3.4	...	...	...	...	...
	Bahamas								
	1 V 1990								
5	Population	255 095	255 095	..	11 594	21 790	29 397	38 244	37 105
6	Number of households – Nombre de ménages	..	61 910	4.1	11 594	10 895	9 799	9 561	7 421
	Belize								
	12 V 1991								
7	Population	189 774	189 774	..	...	...	...	...	...
8	Number of households – Nombre de ménages	..	39 929	[4] 4.8	...	...	...	...	...
	Bermuda – Bermude								
	20 V 1991 [3]								
9	Population	59 324	58 460	..	...	...	...	...	...
10	Number of households – Nombre de ménages	..	22 430	2.6	...	...	...	...	...
	British Virgin Islands – Iles Vierges britanniques								
	12 V 1991								
11	Population	17 809	17 809	..	...	...	...	...	...
12	Number of households – Nombre de ménages	..	5 331	[4] 3.3	...	...	...	...	...
	Canada								
	3 VI 1986 [3 5 11]								
13	Population	25 309 330	24 773 105	..	1 934 710	5 402 350	4 797 975	6 726 360	3 641 050
14	Number of households – Nombre de ménages	..	8 991 670	2.8	1 934 710	2 701 175	1 599 325	1 681 590	728 210
15	0	..	2 356 675	..	1 934 710	338 455	62 170	14 540	4 135
16	1	..	6 537 880	..	–	2 362 720	1 537 150	1 647 530	699 450
17	2	..	94 400	..	–	–	–	19 520	24 625
18	3	..	2 580	..	–	–	–	–	–
19	4 plus	..	135	..	–	–	–	–	–
20	Number of family nuclei –Nombre de noyaux familiaux	..	6 734 975	..	–	2 362 720	1 537 150	1 686 570	748 700
	4 VI 1991 [3 11 12]								
21	Population	27 296 859	26 731 855	..	2 297 055	6 288 370	5 230 815	7 075 300	3 657 075
22	Number of households – Nombre de ménages	..	10 018 265	2.7	2 297 055	3 144 185	1 743 605	1 768 825	731 420
23	0	..	2 783 035	..	2 297 055	391 010	70 135	17 300	4 865
24	1	..	7 118 655	..	–	2 753 175	1 673 475	1 727 180	697 660
25	2	..	112 495	..	–	–	–	24 345	28 890
26	3	..	3 820	..	–	–	–	–	–
27	4 plus	..	260	..	–	–	–	–	–
28	Unknown–Inconnu	..	–	..	–	–	–	–	–
29	Number of family nuclei –Nombre de noyaux familiaux	..	7 356 165	..	–	2 753 175	1 673 475	1 775 865	755 440

27. Effectifs des ménages, nombre de ménages et nombres de noyaux familiaux, selon la dimension du ménage et la résidence, urbaine/rurale: chaque recensement, 1985 – 1995 (suite)

(Voir notes à la fin du tableau.)

Dimension (nombre de personnes)						Persons not living in households	Not stated	
6	7	8	9	10 +	Not stated Non determiné	Personnes ne vivant pas dans des ménages	Non determiné [2]	
...	...	...	...	...	...	...	2 082	1
...	...	...	...	...	...	..	..	2
...	...	...	...	...	...	...	...	3
...	...	...	...	...	...	..	..	4
28 812	21 742	15 280	9 108	...	...	2 126	–	5
4 802	3 106	1 910	1 012	1 795	15	..	..	6
...	...	...	...	...	...	...	...	7
...	...	...	...	...	...	..	..	8
...	...	...	...	...	...	...	...	9
...	...	...	...	...	...	..	..	10
...	...	...	...	...	...	...	...	11
...	...	...	...	...	...	..	..	12
1 437 090	442 680	193 000	90 225	107 680	–	536 225	–	13
239 515	63 240	24 125	10 025	9 760	–	..	..	14
1 680	475	280	155	75	–	..	..	15
211 055	50 015	17 350	6 755	5 850	–	..	..	16
26 480	12 355	5 995	2 660	2 750	–	..	..	17
295	390	495	440	960	–	..	..	18
–	–	5	5	125	–	..	..	19
264 910	75 900	30 840	13 445	14 740	–	..	..	20
1 377 150	426 545	186 120	89 955	103 430	–	–	565 004	21
229 530	60 935	23 265	9 995	9 450	–	..	..	22
1 765	470	240	135	55	–	..	..	23
196 595	45 270	14 890	5 720	4 690	–	..	..	24
30 805	14 700	7 335	3 355	3 065	–	..	..	25
360	495	790	765	1 405	5	..	..	26
–	–	10	15	235	–	..	..	27
–	–	–	–	–	–	..	..	28
259 290	76 160	31 970	14 790	16 000	–	..	..	29

27. Population in households, number of households and number of family nuclei, by size of household and urban/rural residence: each census, 1985 – 1995 (continued)

(See notes at end of table.)

Continent, country or area, date, family nuclei and urban/rural residence Continent, pays ou zone, date, noyaux familiaux et résidence urbaine/rurale	Population Totale	Total household Ensembles des ménages	Average size of household Dimension moyenne du ménage [1]	Size (number of persons) Total 1	2	3	4	5
AMERICA,NORTH— (Cont.–Suite) AMERIQUE DU NORD								
Cayman Islands – Iles Caïmanes								
15 X 1989 [3]								
1 Population	25 355	25 123	..	1 781	4 134	4 170	5 060	3 670
Number of households –								
2 Nombre de ménages	..	8 115	3.1	1 781	2 067	1 390	1 265	734
El Salvador								
27 IX 1992								
3 Population	5 118 599	5 118 599	..	...	...	...	...	...
Number of households –								
4 Nombre de ménages	..	1 236 866	[4] 4.1	...	...	...	...	...
Guadeloupe								
15 III 1990 [3]								
5 Population	387 034	383 627	..	...	...	...	...	...
Number of households –								
6 Nombre de ménages	..	112 478	3.4	22 265	22 077	19 987	19 238	12 307
Martinique								
15 III 1990 [3]								
7 Population	359 579	355 498	..	...	...	...	...	...
Number of households –								
8 Nombre de ménages	..	106 536	3.3	22 790	21 293	18 572	18 070	11 423
Mexico – Mexique								
12 III 1990 [3]								
9 Population	81 249 645	80 433 824	..	794 481	3 378 972	7 117 029	11 880 916	13 819 470
Number of households –								
10 Nombre de ménages	..	16 202 846	5.0	794 481	1 689 486	2 372 343	2 970 229	2 763 894
Netherlands Antilles – Antilles néerlandaises								
27 I 1992 [3 13]								
11 Population	189 474	189 474	..	10 761	25 000	33 807	42 128	30 785
Number of households –								
12 Nombre de ménages	..	57 439	[4] 3.3	10 761	12 500	11 269	10 526	6 157
13 0	..	13 115	..	10 761	1 616	467	165	44
14 1	..	39 782	..	–	10 884	10 802	9 792	5 197
15 2 plus	..	4 542	..	–	–	–	569	916
Number of family nuclei								
16 –Nombre de noyaux familiaux	..	44 375	..	–	10 884	10 802	10 367	6 113
Panama								
13 V 1990								
17 Population	2 329 329	2 307 306	..	61 920	135 358	244 494	366 992	396 340
Number of households –								
18 Nombre de ménages	..	526 456	4.4	61 920	67 679	81 498	91 748	79 268
19 0	..	95 275	..	61 920	18 740	7 844	3 560	1 538
20 1	..	376 428	..	–	48 939	73 654	85 228	71 318
21 2	..	45 800	..	–	–	–	2 960	6 412
22 3	..	7 488	..	–	–	–	–	–
23 4 plus	..	1 465	..	–	–	–	–	–
24 Unknown–Inconnu	..	–	..	–	–	–	–	–
Number of family nuclei								
25 –Nombre de noyaux familiaux	..	496 669	..	–	48 939	73 654	91 148	84 142
Puerto Rico – Porto Rico								
1 IV 1990 [3 14]								
26 Population	3 522 037	3 487 667	..	*— 397 760 —*		413 860 *—	—	—
Number of households –								
27 Nombre de ménages	..	886 339	3.9	*— 227 291 —*		206 930 *—	—	—

27. Effectifs des ménages, nombre de ménages et nombres de noyaux familiaux, selon la dimension du ménage et la résidence, urbaine/rurale: chaque recensement, 1985 – 1995 (suite)

(Voir notes à la fin du tableau.)

Dimension (nombre de personnes) 6	7	8	9	10 +	Not stated Non determiné	Persons not living in households Personnes ne vivant pas dans des ménages	Not stated Non determiné [2]	
2 790	1 225	736	477	1 312	–	232	–	1
465	175	92	53	93	–	..	..	2
...	...	...	...	...	...	...	...	3
...	...	...	...	...	...	..	..	4
...	...	...	...	...	...	...	...	5
*————	————	— 16 604 ——	————	————*	...	..	..	6
...	...	...	...	...	...	...	...	7
*————	————	— 14 388 ——	————	————*	–	..	..	8
12 174 006	9 536 156	7 136 072	*——— 14 5	96 722 ———*	–	–	–	9
2 029 001	1 362 308	892 009	*——— 1 3	29 095 ———*	–	..	..	10
17 880	9 863	6 672	3 645	8 933	–	–	–	11
2 980	1 409	834	405	598	–	..	..	12
30	10	8	5	9	–	..	..	13
2 028	683	242	94	60	–	..	..	14
922	716	584	306	529	–	..	..	15
2 950	1 399	826	400	529	105	..	..	16
323 184	240 093	189 568	107 739	241 618	–	22 023	–	17
53 864	34 299	23 696	11 971	20 513	–	..	..	18
803	396	254	93	127	–	..	..	19
44 205	25 029	15 000	6 440	6 615	–	..	..	20
8 611	8 251	7 342	4 375	7 849	–	..	..	21
245	623	1 079	1 031	4 510	–	..	..	22
–	–	21	32	1 412	–	..	..	23
–	–	–	–	–	–	..	..	24
62 162	43 400	33 005	18 411	41 808	–	..	..	25
————	—— 2 676 047 ——	————	————	————*	–	34 370	...	26
————	—— 452 118 ——	————	————	————*	...	..	..	27

27. Population in households, number of households and number of family nuclei, by size of household and urban/rural residence: each census, 1985 – 1995 (continued)

(See notes at end of table.)

	Continent, country or area, date, family nuclei and urban/rural residence Continent, pays ou zone, date, noyaux familiaux et résidence urbaine/rurale	Population Totale	Total household Ensembles des ménages	Average size of household Dimension moyenne du ménage [1]	Size (number of persons) Total				
					1	2	3	4	5
	AMERICA,NORTH— (Cont.–Suite) AMERIQUE DU NORD								
	Saint Lucia – Sainte–Lucie								
	12 V 1991								
1	Population	135 685	133 308	..	...	...	...	...	...
2	Number of households – Nombre de ménages	..	33 105	4.0	...	...	...	...	...
	Trinidad and Tobago – Trinité–et–Tobago								
	15 V 1990 [3 15]								
3	Population	1 125 128	1 125 128	..	38 044	78 724	126 993	199 424	202 125
4	Number of households – Nombre de ménages	..	274 846	[4] 4.1	38 044	39 362	42 331	49 856	40 425
	United States – Etats–Unis [16]								
	1 III 1985 [17 18]								
5	Population	234067000	233517000	..	–	–	–	–	–
6	Number of households – Nombre de ménages	..	86 788 000	2.7	...	...	...	...	...
	1 III 1990 &								
7	Population	246191000	245774000	..	22 999 000	60 228 000	48 384 000	57 824 000	31 065 000
8	Number of households – Nombre de ménages	..	93 347 000	2.6	22 999 000	30 114 000	16 128 000	14 456 000	6 213 000
	1 IV 1990								
9	Population	248709873	242012129	..	22 580 420	58 907 186	47 910 807	55 440 376	30 944 690
10	Number of households – Nombre de ménages	..	91 947 410	2.6	22 580 420	29 453 593	15 970 269	13 860 094	6 188 938
11	Number of family nuclei –Nombre de noyaux familiaux	..	64 517 947	..	...	...	...	...	...
	1 III 1992 [17]								
12	Population	251434000	250984000	..	23 974 000	61 468 000	49 194 000	58 840 000	31 945 000
13	Number of households – Nombre de ménages	..	95 669 000	2.6	23 974 000	30 734 000	16 398 000	14 710 000	6 389 000
	1 III 1993 [17]								
14	Population	254241000	253924000	..	23 642 000	62 350 000	50 685 000	59 704 000	31 785 000
15	Number of households – Nombre de ménages	..	96 391 000	2.6	23 642 000	31 175 000	16 895 000	14 926 000	6 357 000
	AMERICA,SOUTH— AMERIQUE DU SUD								
	Argentina – Argentine								
	15 V 1991								
16	Population	32 615 528	32 615 528	..	...	...	...	...	...
17	Number of households – Nombre de ménages	..	8 927 289	[4] 3.7	...	...	...	...	...
	Bolivia – Bolivie								
	3 VI 1992 [19]								
18	Population	6 420 792	6 254 372	..	...	...	...	...	...
19	Number of households – Nombre de ménages	..	1 444 817	[4] 4.3	...	...	...	...	...
	Brazil – Brésil								
	1 IX 1991 [3 20]								
20	Population	146825475	146825475	..	...	...	...	...	...
21	Number of households – Nombre de ménages	..	34 734 715	[4] 4.2	...	...	...	...	...

27. Effectifs des ménages, nombre de ménages et nombres de noyaux familiaux, selon la dimension du ménage et la résidence, urbaine/rurale: chaque recensement, 1985 – 1995 (suite)

(Voir notes à la fin du tableau.)

Dimension (nombre de personnes) 6	7	8	9	10 +	Not stated Non determiné	Persons not living in households Personnes ne vivant pas dans des ménages	Not stated Non determiné [2]	
...	...	...	...	...	...	...	...	1
...	...	...	...	...	...	..	..	2
165 150	108 549	73 224	46 743	86 152	–	–	–	3
27 525	15 507	9 153	5 194	7 449	–	..	..	4
–	–	–	–	–	–	550 000	–	5
...	...	...	...	...	...	..	..	6
12 858 000	*——————	—— 12 416 000 ——	——————	—————*	–	417 000	–	7
2 143 000	*——————	—— 1 294 000 ——	——————	—————*	–	..	..	8
13 803 120	*——————	—— 12 425 530 ——	——————	—————*	–	6 697 744	–	9
2 300 520	*——————	—— 1 593 576 ——	——————	—————*	...	..	..	10
...	...	...	...	...	...	..	..	11
12 756 000	*——————	—— 12 807 000 ——	——————	—————*	...	–	–	12
2 126 000	*——————	—— 1 338 000 ——	——————	—————*	–	..	..	13
13 080 000	12 678 000 *——————	—— 317 000 ——	——————	—————*	–	–	–	14
2 180 000	*——————	—— 1 215 000 ——	——————	—————*	–	..	..	15
...	...	...	...	...	...	...	...	16
...	...	...	...	...	...	..	..	17
...	...	...	...	...	...	...	...	18
...	...	...	...	...	...	..	..	19
...	...	...	...	...	...	...	...	20
...	...	...	...	...	...	..	..	21

27. Population in households, number of households and number of family nuclei, by size of household and urban/rural residence: each census, 1985 – 1995 (continued)

(See notes at end of table.)

	Continent, country or area, date, family nuclei and urban/rural residence Continent, pays ou zone, date, noyaux familiaux et résidence urbaine/rurale	Population Totale	Total household Ensembles des ménages	Average size of household Dimension moyenne du ménage [1]	Size (number of persons) Total 1	2	3	4	5
	AMERICA,SOUTH— (Cont.–Suite) AMERIQUE DU SUD								
	Chile – Chili								
	22 IV 1992								
1	Population	13 348 401	13 094 923	..	273 320	935 394	1 976 250	3 024 784	2 729 800
2	Number of households – Nombre de ménages	..	3 293 779	4.0	273 320	467 697	658 750	756 196	545 960
	Colombia – Colombie								
	15 X 1985								
3	Population	27 837 932	27 315 425	..	...	...	...	...	...
4	Number of households – Nombre de ménages	..	5 251 273	5.2	...	...	...	...	...
	Falkland Islands (Malvinas)– Iles Falkland (Malvinas)								
	5 III 1991								
5	Population	2 050	2 050	..	...	...	...	...	...
6	Number of households – Nombre de ménages	..	759	[4] 2.7	...	...	...	...	...
	French Guiana – Guyane Française								
	5 III 1990 [3]								
7	Population	114 808	112 953	..	...	...	...	...	...
8	Number of households – Nombre de ménages	..	33 285	3.4	7 300	6 701	5 731	5 153	3 422
	Paraguay								
	26 VIII 1992 [21]								
9	Population	4 152 588	4 152 588	..	...	...	...	...	...
10	Number of households – Nombre de ménages	..	863 990	[4] 4.8	...	...	...	...	...
	Peru – Pérou								
	11 VII 1993 [20]								
11	Population	22 048 356	22 048 356	..	...	...	...	...	...
12	Number of households – Nombre de ménages	..	4 762 779	4.6	...	...	...	...	...
13	0–1 [6]	..	4 178 217	..	...	...	...	...	...
14	2	..	187 797	..	...	...	...	...	...
15	3	..	44 334	..	...	...	...	...	...
16	4 plus	..	17 169	..	...	...	...	...	...
17	Unknown–Inconnu	..	–	..	...	...	...	...	...
18	Number of family nuclei –Nombre de noyaux familiaux	..	4 427 517	..	...	...	...	...	...
	Uruguay								
	23 X 1985 [22]								
19	Population	2 955 241	2 876 355	..	129 900	403 554	532 809	633 580	479 915
20	Number of households – Nombre de ménages	..	862 962	3.3	129 900	201 777	177 603	158 395	95 983
	ASIA—ASIE								
	Bahrain – Bahreïn								
	16 XI 1991								
21	Population	508 037	439 657	..	7 220	15 762	26 886	43 120	49 705
22	Number of households – Nombre de ménages	..	78 776	5.6	7 220	7 881	8 962	10 780	9 941

27. Effectifs des ménages, nombre de ménages et nombres de noyaux familiaux, selon la dimension du ménage et la résidence, urbaine/rurale: chaque recensement, 1985 – 1995 (suite)

(Voir notes à la fin du tableau.)

Dimension (nombre de personnes)						Persons not living in households	Not stated	
6	7	8	9	10 +	Not stated Non determiné	Personnes ne vivant pas dans des ménages	Non determiné [2]	
1 876 554	892 528	571 576	336 987	477 730	–	253 478	–	1
312 759	127 504	71 447	37 443	42 673	–	..	..	2
...	...	...	...	–	...	254 148	268 359	3
...	...	...	...	...	...	..	..	4
...	...	...	...	...	...	...	...	5
...	...	...	...	...	...	..	..	6
...	...	...	...	...	...	...	...	7
*—	—	4 978	—	—*	–	..	..	8
...	...	...	...	...	...	...	...	9
...	...	...	...	...	...	..	..	10
...	...	...	...	...	...	...	...	11
...	...	...	...	...	...	..	..	12
...	...	...	...	...	...	..	..	13
...	...	...	...	...	...	..	..	14
...	...	...	...	...	...	..	..	15
...	...	...	...	...	...	..	..	16
...	...	...	...	...	...	..	..	17
...	...	...	...	...	...	..	..	18
306 858	163 121	*— 226 618	—	—*	–	78 886	...	19
51 143	23 303	*— 24 858	—	—*	–	..	..	20
51 036	47 950	41 176	33 615	123 187	–	68 380	–	21
8 506	6 850	5 147	3 735	9 754	–	..	..	22

27. Population in households, number of households and number of family nuclei, by size of household and urban/rural residence: each census, 1985 – 1995 (continued)

(See notes at end of table.)

	Continent, country or area, date, family nuclei and urban/rural residence Continent, pays ou zone, date, noyaux familiaux et résidence urbaine/rurale	Population Totale	Total household Ensembles des ménages	Average size of household Dimension moyenne du ménage [1]	Size (number of persons) Total 1	2	3	4	5
	ASIA—ASIE (Cont.–Suite)								
	China – Chine [23]								
	1 VII 1990								
1	Population	1130510638	1097776366	..	17 355 508	61 210 336	197 153 370	286 042 176	245572255
2	Number of households – Nombre de ménages	..	276911767	[4] 4.0	17 355 508	30 605 168	65 717 790	71 510 544	49 114 451
	Cyprus – Chypre								
	1 X 1992 [3 5 24]								
3	Population	602 025	598 750	..	23 408	92 020	96 747	189 444	127 570
4	Number of households – Nombre de ménages	..	185 459	3.2	23 408	46 010	32 249	47 361	25 514
	Hong Kong – Hong–kong								
	11 III 1986 [25]								
5	Population	5 395 997	5 316 120	..	214 921	474 354	754 521	1 196 200	1 089 190
6	Number of households – Nombre de ménages	..	1 452 576	3.7	214 921	237 177	251 507	299 050	217 838
7	0	..	298 686	..	198 053	62 757	22 411	9 428	3 736
8	1	..	1 064 256	..	16 651	173 126	226 849	279 154	196 134
9	2	..	83 511	..	217	1 259	2 205	10 419	17 828
10	3	..	5 530	..	–	35	42	49	140
11	4 plus	..	593	..	–	–	–	–	–
	15 III 1991 [25]								
12	Population	5 522 281	5 444 158	..	225 930	581 170	922 674	1 439 616	1 129 665
13	Number of households – Nombre de ménages	..	1 582 215	3.4	225 930	290 585	307 558	359 904	225 933
14	0	..	333 176	..	233 923	67 259	21 688	6 730	2 072
15	1	..	1 173 854	..	–	221 454	284 685	338 543	204 822
16	2	..	71 594	..	–	–	–	10 562	18 489
17	3 plus	..	3 591	..	–	–	–	–	–
18	Number of family nuclei –Nombre de noyaux familiaux	..	1 328 083	..	–	221 454	284 685	359 667	241 800
	India – Inde [26]								
	1 III 1991 [5]								
19	Population	838583988	838583988	..	...	...	...	...	...
20	Number of households – Nombre de ménages	..	152009467	[4] 5.5	...	...	...	...	...
	Indonesia – Indonésie								
	31 X 1990 [5]								
21	Population	179378946	179378946	..	...	...	...	...	...
22	Number of households – Nombre de ménages	..	39 695 158	[4] 4.5	...	...	...	...	...
	Iran (Islamic Republic of – Rép. islamique d')								
	1 X 1991								
23	Population	55 837 163	55 837 163	..	450 996	2 234 598	4 159 530	6 908 520	8 383 045
24	Number of households – Nombre de ménages	..	10 785 221	[4] 5.2	450 996	1 117 299	1 386 510	1 727 130	1 676 609
	Japan – Japon								
	1 X 1985 [5 27]								
25	Population	121048923	119333780	..	7 894 636	13 970 584	20 440 206	35 952 168	21 006 210
26	Number of households – Nombre de ménages	..	37 979 984	3.1	7 894 636	6 985 292	6 813 402	8 988 042	4 201 242
	1 X 1990 [5 27]								
27	Population	123611167	121545271	..	9 389 660	16 740 174	22 051 917	35 151 632	19 025 735
28	Number of households – Nombre de ménages	..	40 670 475	3.0	9 389 660	8 370 087	7 350 639	8 787 908	3 805 147

27. Effectifs des ménages, nombre de ménages et nombres de noyaux familiaux, selon la dimension du ménage et la résidence, urbaine/rurale: chaque recensement, 1985 – 1995 (suite)

(Voir notes à la fin du tableau.)

Dimension (nombre de personnes) 6	7	8	9	10 +	Not stated Non determiné	Persons not living in households Personnes ne vivant pas dans des ménages	Not stated Non determiné [2]	
139 708 698	76 023 584	38 097 720	18 230 994	18 381 725	–	32 734 272	–	1
23 284 783	10 860 512	4 762 215	2 025 666	1 675 130	–	..	..	2
48 162	14 658	4 376	1 467	898	–	3 275	–	3
8 027	2 094	547	163	86	–	..	..	4
750 126	419 083	210 216	101 727	105 782	–	79 877	–	5
125 021	59 869	26 277	11 303	9 613	–	..	..	6
1 384	588	119	70	140	–	..	..	7
103 046	44 020	16 549	5 840	2 887	–	..	..	8
20 227	14 407	8 713	4 408	3 828	–	..	..	9
357	854	889	915	2 249	–	..	..	10
7	–	7	70	509	–	..	..	11
631 302	287 301	132 424	47 475	46 601	–	78 123	–	12
105 217	41 043	16 553	5 275	4 217	–	..	..	13
844	251	188	69	152	–	..	..	14
84 576	27 526	8 863	2 304	1 081	–	..	..	15
19 800	12 109	6 065	2 637	1 932	–	..	..	16
282	394	618	769	1 528	–	..	..	17
125 022	52 926	22 848	9 901	9 780	–	..	..	18
...	...	...	...	...	...	...	...	19
...	...	...	...	...	...	..	..	20
...	...	...	...	...	...	...	...	21
...	...	...	...	...	...	..	..	22
9 171 660	7 309 862	6 238 936	4 547 547	6 432 469	–	–	–	23
1 528 610	1 044 266	779 867	505 283	568 651	–	..	..	24
11 907 714	5 849 781	1 691 320	435 411	185 750	–	1 673 797	41 346	25
1 984 619	835 683	211 415	48 379	17 274	–	..	..	26
11 418 390	5 702 417	1 591 456	344 781	129 109	–	1 741 756	324 140	27
1 903 065	814 631	198 932	38 309	12 097	–	..	..	28

27. Population in households, number of households and number of family nuclei, by size of household and urban/rural residence: each census, 1985 – 1995 (continued)

(See notes at end of table.)

	Continent, country or area, date, family nuclei and urban/rural residence Continent, pays ou zone, date, noyaux familiaux et résidence urbaine/rurale	Population Totale	Total household Ensembles des ménages	Average size of household Dimension moyenne du ménage [1]	Size (number of persons) Total				
					1	2	3	4	5
	ASIA—ASIE (Cont.–Suite)								
	Kazakstan								
	12 I 1989 [3,5]								
1	Population	16 536 511	15 771 169	..	572 448	1 732 756	2 556 195	3 890 844	2 599 330
2	Number of households – Nombre de ménages	..	4 397 043	3.6	572 448	866 378	852 065	972 711	519 866
	Korea, Republic of– Corée, République de								
	1 XI 1985 [3,28,29]								
3	Population	39 121 522	39 121 522	..	660 941	2 351 064	4 739 004	9 686 508	9 314 724
4	Number of households – Nombre de ménages	..	9 571 361	4.1	660 941	1 175 532	1 579 668	2 421 627	1 862 908
5	0	..	1 108 376	..	660 941	262 719	113 393	46 392	19 821
6	1	..	7 831 356	..	–	912 813	1 466 275	2 337 242	1 744 842
7	2	..	615 940	..	–	–	–	37 993	98 267
8	3 plus	..	15 689	..	–	–	–	–	–
9	Number of family nuclei –Nombre de noyaux familiaux	..	9 110 689	..	–	912 813	1 466 275	2 413 228	1 941 376
	1 XI 1990 [3,28,30]								
10	Population	43 390 374	42 101 544	..	1 021 481	3 131 426	6 489 816	13 402 912	10 700 365
11	Number of households – Nombre de ménages	..	11 354 540	3.7	1 021 481	1 565 713	2 163 272	3 350 728	2 140 073
12	0	..	1 522 963	..	1 021 481	295 219	118 922	50 460	30 827
13	1	..	9 344 016	..	–	1 270 494	2 044 350	3 258 906	1 984 071
14	2	..	484 795	..	–	–	–	41 362	125 175
15	3 plus	..	2 766	..	–	–	–	–	–
16	Unknown–Inconnu	..	–	..	–	–	–	–	–
17	Number of family nuclei –Nombre de noyaux familiaux	..	10 321 910	..	–	1 270 494	2 044 350	3 341 630	2 234 421
	Kuwait – Koweït								
	21 IV 1985								
18	Population	1 697 301	1 469 557	..	12 084	37 818	62 901	113 056	141 420
19	Number of households – Nombre de ménages	..	227 288	6.5	12 084	18 909	20 967	28 264	28 284
	Kyrgyzstan – Kirghizistan								
	12 I 1989 [3,5]								
20	Population	4 257 755	3 998 932	..	*— 2 91 900 —*		444 555	712 372	652 885
21	Number of households – Nombre de ménages	..	856 148	4.7	*— 1 45 950 —*		148 185	178 093	130 577
	Macau – Macao								
	30 VIII 1991								
22	Population	385 089	352 837	..	13 687	34 772	58 566	87 728	67 580
23	Number of households – Nombre de ménages	..	97 503	3.6	13 687	17 386	19 522	21 932	13 516
	Malaysia – Malaisie								
	14 VIII 1991* [5]								
24	Population	17 566 982	17 566 982	..	...	...	...	...	...
25	Number of households – Nombre de ménages	..	3 580 016	[4] 4.9	...	...	...	...	...
	Nepal – Népal								
	22 VI 1991* [3]								
26	Population	18 462 081	18 462 081	..	...	...	...	...	...
27	Number of households – Nombre de ménages	..	3 345 052	[4] 5.5	...	...	...	...	...

27. Effectifs des ménages, nombre de ménages et nombres de noyaux familiaux, selon la dimension du ménage et la résidence, urbaine/rurale: chaque recensement, 1985 – 1995 (suite)

(Voir notes à la fin du tableau.)

Dimension (nombre de personnes) 6	7	8	9	10 +	Not stated Non determiné	Persons not living in households Personnes ne vivant pas dans des ménages	Not stated Non determiné [2]	
*——	——	4 419 596 ——	——	——*	–	–	–	1
*——	——	— 613 575 ——	——	——*	–	..	..	2
7 095 534	2 794 946	1 441 848	622 854	414 099	–	–	–	3
1 182 604	399 278	180 231	69 208	39 364	–	..	..	4
4 455	437	139	46	33	–	..	..	5
981 000	263 724	89 257	25 773	10 430	–	..	..	6
196 317	133 661	87 780	39 859	22 063	–	..	..	7
817	1 456	3 055	3 528	6 833	–	..	..	8
1 376 085	535 414	273 995	116 100	75 403	–	..	..	9
4 026 372	2 002 140	830 424	312 750	183 858	–	1 288 830	–	10
671 062	286 020	103 803	34 750	17 638	–	..	..	11
2 817	1 355	728	418	736	–	..	..	12
533 700	180 932	51 668	14 007	5 888	–	..	..	13
134 396	103 305	50 653	19 661	10 243	–	..	..	14
149	428	754	664	771	–	..	..	15
–	–	–	–	–	–	..	..	16
802 939	388 826	155 236	55 322	28 692	–	..	..	17
152 562	143 276	135 744	125 847	544 849	–	227 744	–	18
25 427	20 468	16 968	13 983	41 934	–	..	..	19
563 190	450 051	327 248	215 163	341 568	–	258 823	–	20
93 865	64 293	40 906	23 907	30 372	–	..	..	21
38 028	19 670	10 880	4 356	5 332	15 094	–	–	22
6 338	2 810	1 360	484	468	–	..	..	23
...	...	...	...	...	...	...	...	24
...	...	...	...	...	...	..	..	25
...	...	...	...	...	...	...	...	26
...	...	...	...	...	...	..	..	27

27. Population in households, number of households and number of family nuclei, by size of household and urban/rural residence: each census, 1985 – 1995 (continued)

(See notes at end of table.)

	Continent, country or area, date, family nuclei and urban/rural residence Continent, pays ou zone, date, noyaux familiaux et résidence urbaine/rurale	Population Totale	Total household Ensembles des ménages	Average size of household Dimension moyenne du ménage [1]	Size (number of persons) Total 1	2	3	4	5
	ASIA—ASIE (Cont.–Suite)								
	Oman								
	1 XII 1993								
1	Population	2 018 074	2 018 074	..	...	...	...	...	...
2	Number of households – Nombre de ménages	..	286 748	[4] 7.0	...	...	...	...	...
	Philippines								
	1 V 1990 [3]								
3	Population	60 559 116	60 559 116	..	331 728	1 812 210	4 332 327	7 559 164	9 788 820
4	Number of households – Nombre de ménages	..	11 407 262	[4] 5.3	331 728	906 105	1 444 109	1 889 791	1 957 764
	Qatar								
	16 III 1986								
5	Population	369 079	277 450	..	*— 16 813 —*		*— 44 118 —*		*—
6	Number of households – Nombre de ménages	..	49 783	5.6	*— 10 955 —*		*— 12 469 —*		*—
	Singapore – Singapour								
	30 VI 1990 [31]								
7	Population	2 705 115	2 705 115	..	...	...	...	...	...
8	Number of households – Nombre de ménages	..	649 100	[4] 4.2	28 400	80 300	108 900	167 000	135 900
9	0	..	43 400	..	...	...	...	...	...
10	1	..	552 400	..	...	...	...	...	...
11	2	..	47 300	..	...	...	...	...	...
12	3	..	5 500	..	...	...	...	...	...
13	4 plus	..	300	..	...	...	...	...	...
14	Unknown–Inconnu	..	–	..	...	...	...	...	...
	Tajikistan – Tadjikistan								
	12 I 1989 [3]								
15	Population	5 092 603	4 933 940	..	59 879	178 286	272 151	460 804	516 275
16	Number of households – Nombre de ménages	..	858 793	5.7	59 879	89 143	90 717	115 201	103 255
17	0	..	59 879	..	59 879	–	–	–	–
18	1	..	648 084	..	–	89 143	90 717	112 222	95 373
19	2 plus	..	150 830	..	–	–	–	2 979	7 882
	Turkey – Turquie								
	20 X 1985 [5]								
20	Population	50 813 802	50 813 802	..	453 064	1 980 242	3 704 625	7 172 848	7 871 020
21	Number of households – Nombre de ménages	..	9 730 018	[4] 5.2	453 064	990 121	1 234 875	1 793 212	1 574 204
	21 X 1990								
22	Population	56 473 035	55 622 032	..	503 830	2 516 718	4 778 103	9 190 000	9 045 560
23	Number of households – Nombre de ménages	..	11 188 636	5.0	503 830	1 258 359	1 592 701	2 297 500	1 809 112
	Viet Nam								
	1 IV 1989 [3]								
24	Population	64 411 713	62 656 941	..	646 903	2 513 908	5 831 205	9 806 492	11 117 615
25	Number of households – Nombre de ménages	..	12 958 041	4.8	646 903	1 256 954	1 943 735	2 451 623	2 223 523
	Yemen – Yémen Former Dem. Yemen – Ancienne Yémen dém.								
	1 II 1986								
26	Population	9 274 173	9 274 173	..	...	...	...	...	...
27	Number of households – Nombre de ménages	..	1 366 480	[4] 6.8	...	...	...	...	...

27. Effectifs des ménages, nombre de ménages et nombres de noyaux familiaux, selon la dimension du ménage et la résidence, urbaine/rurale: chaque recensement, 1985 – 1995 (suite)

(Voir notes à la fin du tableau.)

Dimension (nombre de personnes)						Persons not living in households	Not stated	
6	7	8	9	10 +	Not stated Non determiné	Personnes ne vivant pas dans des ménages	Non determiné [2]	
...	...	...	...	...	...	...	...	1
...	...	...	...	...	...	..	..	2
10 060 704	8 677 319 *———	———	17 996 844 –	———*	–	–	–	3
1 676 784	1 239 617 *———	———	1 961 364 –	———*	–	..	..	4
59 159 ——*	*—— 46 399	——*	*—— 110 961	——*	–	–	91 629	5
10 845 ——*	*—— 6 228	——*	*—— 9 286	——*	–	..	..	6
...	...	...	...	...	...	...	...	7
71 500	31 300	13 900	6 200	5 600	–	..	..	8
...	...	...	...	–	...	..	..	9
...	...	...	...	–	...	..	..	10
...	...	...	...	–	...	..	..	11
...	...	...	...	–	...	..	..	12
...	...	...	...	...	...	..	..	13
...	...	...	...	...	...	..	..	14
570 258	560 987	519 504	437 073	1 358 783	–	158 663	–	15
95 043	80 141	64 938	48 557	111 919	–	..	..	16
–	–	–	–	–	–	..	..	17
82 189	64 450	47 634	30 953	35 403	–	..	..	18
12 854	15 691	17 304	17 604	76 516	–	..	..	19
7 058 802	5 779 809	4 535 248	3 765 474	8 492 670	–	–	–	20
1 176 467	825 687	566 906	418 386	697 096	–	..	..	21
7 595 460	6 554 625	4 022 328	3 008 367	8 407 041	–	–	–	22
1 265 910	936 375	502 791	334 263	687 795	–	..	..	23
10 401 264	8 117 074	5 834 264	3 433 284	4 954 932	–	1 754 772	–	24
1 733 544	1 159 582	729 283	381 476	431 418	–	..	..	25
...	...	...	...	...	...	...	...	26
...	...	...	...	...	...	..	..	27

27. Population in households, number of households and number of family nuclei, by size of household and urban/rural residence: each census, 1985 – 1995 (continued)

(See notes at end of table.)

	Continent, country or area, date, family nuclei and urban/rural residence Continent, pays ou zone, date, noyaux familiaux et résidence urbaine/rurale	Population Totale	Total household Ensembles des ménages	Average size of household Dimension moyenne du ménage [1]	Size (number of persons) Total 1	2	3	4	5
	EUROPE								
	Belarus – Bélarus								
	12 I 1989 [3]								
1	Population	10 199 709	10 199 709 –	..	*—— 971	334 ——*	1 532 178 *——	——	——
2	Number of households – Nombre de ménages	..	2 796 121	[4] 3.6	*—— 971	734 ——*	766 089 *——	——	——
	Bulgaria – Bulgarie								
	4 XII 1985								
3	Population	8 948 388	8 799 040	..	...	...	...	...	...
4	Number of households – Nombre de ménages	..	3 020 335	2.9	...	...	...	...	...
	Channel Islands – Iles Anglo-Normandes Guernsey – Guernesey								
	23 III 1986								
5	Population	55 482	53 106	..	3 824	13 276	10 350	14 660	7 215
6	Number of households – Nombre de ménages	..	19 615	2.7	3 824	6 638	3 450	3 665	1 443
	21 IV 1991								
7	Population	58 867	58 867	..	...	...	...	...	...
8	Number of households – Nombre de ménages	..	21 628	[4] 2.7	...	...	...	...	...
	Jersey								
	23 III 1986								
9	Population	80 212	75 257	..	6 804	20 052	15 249	18 344	8 440
10	Number of households – Nombre de ménages	..	29 201	2.6	6 804	10 026	5 083	4 586	1 688
	Czech Republic – Rép. tchèque								
	3 III 1991 [3]								
11	Population	10 302 215	10 302 215	..	...	...	...	...	...
12	Number of households – Nombre de ménages	..	4 051 583	2.5	...	...	...	...	...
	Denmark – Danemark [32]								
	1 I 1991 [3]								
13	Population	5 146 469	5 146 469	..	...	...	...	...	...
14	Number of households – Nombre de ménages	..	2 274 265	2.3	...	...	...	...	...
	Finland – Finlande								
	31 XII 1985 [3 33]								
15	Population	4 910 664	4 839 697	..	532 094	1 029 650	1 041 381	1 297 460	586 450
16	Number of households – Nombre de ménages	..	1 887 710	2.6	532 094	514 825	347 127	324 365	117 290
17	0	..	668 515	..	532 094	123 864	9 674	1 713	437
18	1	..	1 195 381	..	–	390 961	337 453	318 331	110 780
19	2	..	23 413	..	–	–	–	4 321	6 073
20	3 plus	..	401	..	–	–	–	–	–
21	Unknown–Inconnu	..	1 243 974	..	–	390 961	337 453	322 652	116 853
	31 XII 1990 [3]								
22	Population	4 998 478	4 998 478	..	...	...	...	...	...
23	Number of households – Nombre de ménages	..	2 036 732	[4] 2.5	...	...	...	...	...

27. Effectifs des ménages, nombre de ménages et nombres de noyaux familiaux, selon la dimension du ménage et la résidence, urbaine/rurale: chaque recensement, 1985 – 1995 (suite)

(Voir notes à la fin du tableau.)

Dimension (nombre de personnes)						Persons not living in households	Not stated	
					Not stated Non determiné	Personnes ne vivant pas dans des ménages	Non determiné [2]	
6	7	8	9	10 +				
———	—— 7 696 197	———	———	———*	...	...	...	1
———	—— 1 058 298	———	———	———*	–	..	..	2
...	...	...	...	–	...	149 348	–	3
...	...	...	...	...	...	..	..	4
2 586	819	376	–	–	–	2 376	–	5
431	117	47	–	–	–	..	..	6
...	...	...	...	...	...	...	...	7
...	...	...	...	...	...	..	..	8
4 104	1 078	552	315	319	–	4 955	–	9
684	154	69	35	26	46	..	..	10
...	...	...	...	...	...	...	...	11
...	...	...	...	...	...	..	..	12
...	...	...	...	...	...	...	...	13
...	...	...	...	...	...	..	..	14
203 370	*———	——— 149 2 92	———	———*	–	70 967	–	15
33 895	*———	——— 18 1 14	———	———*	–	..	..	16
140	*———	——— 5 93	———	———*	–	..	..	17
27 033	*———	——— 10 8 23	———	———*	–	..	..	18
6 686	*———	——— 6 3 33	———	———*	–	..	..	19
36	*———	——— 3 65	———	———*	–	..	..	20
76 055	*———	——— –	———	———*	–	..	..	21
...	...	...	...	...	...	...	...	22
...	...	...	...	...	...	..	..	23

27. Population in households, number of households and number of family nuclei, by size of household and urban/rural residence: each census, 1985 – 1995 (continued)

(See notes at end of table.)

	Continent, country or area, date, family nuclei and urban/rural residence Continent, pays ou zone, date, noyaux familiaux et résidence urbaine/rurale	Population Totale	Total household Ensembles des ménages	Average size of household Dimension moyenne du ménage [1]	Size (number of persons) Total 1	2	3	4	5
	EUROPE (Cont.–Suite)								
	France								
	5 III 1990 [34 35]								
1	Population	55 383 720	55 383 720	..	5 825 720	12 730 240	11 454 240	13 484 240	7 216 300
2	Number of households – Nombre de ménages	..	21 520 700	[4] 2.6	5 825 720	6 365 120	3 818 080	3 371 060	1 443 260
3	0	..	6 272 440	..	5 825 720	371 400	54 660	13 600	3 620
4	1	..	15 109 580	..	–	5 993 720	3 763 420	3 317 800	1 400 360
5	2 plus	..	138 680	..	–	–	–	39 660	39 280
	Germany – Allemagne [36]	...	...	...	...	...	...	...	...
	Germany, Federal Rep. of – Allemagne, République fédérale d'								
	25 V 1987 [3]								
6	Population	61 077 042	61 077 042	..	8 766 753	14 902 718	13 929 177	14 401 520	*———
7	Number of households – Nombre de ménages	..	26 218 438	[4] 2.3	8 766 753	7 451 359	4 643 059	3 600 380	*———
	Greece – Grèce								
	17 III 1991 [5 37]								
8	Population	10 259 900	9 531 128	..	520 261	1 709 726	1 972 029	2 986 912	1 366 085
9	Number of households – Nombre de ménages	..	3 203 834	3.0	520 261	854 863	657 343	746 728	273 217
10	0	..	677 080	..	520 261	108 992	28 713	9 515	6 202
11	1 plus	..	2 526 754	..	–	745 871	628 630	737 213	267 015
12	Unknown–Inconnu	..	–	..	–	–	–	–	–
	Hungary – Hongrie								
	1 I 1990								
13	Population	10 374 823	10 123 829	..	945 972	2 252 436	2 408 724	2 804 568	1 098 515
14	Number of households – Nombre de ménages	..	3 889 532	2.6	945 972	1 126 218	802 908	701 142	219 703
15	0	..	1 096 664	..	945 972	133 662	14 442	1 959	432
16	1	..	2 692 764	..	–	992 556	788 466	673 373	185 372
17	2	..	97 100	..	–	–	–	25 810	33 899
18	3	..	2 821	..	–	–	–	–	–
19	4 plus	..	183	..	–	–	–	–	–
20	Unknown–Inconnu	..	–	..	–	–	–	–	–
21	Number of family nuclei –Nombre de noyaux familiaux	..	2 896 202	..	–	992 556	788 466	724 993	253 170
	Ireland – Irlande								
	21 IV 1991								
22	Population	3 525 719	3 433 020	..	207 565	437 048	473 520	683 576	654 430
23	Number of households – Nombre de ménages	..	1 029 080	3.3	207 565	218 524	157 840	170 894	130 886
	Isle of Man – Ile de Man								
	14 IV 1991 [3]								
24	Population	69 788	67 900	..	7 270	18 614	12 729	16 724	7 875
25	Number of households – Nombre de ménages	..	27 316	2.5	7 270	9 307	4 243	4 181	1 575
	Latvia – Lettonie								
	12 I 1989 [3 5]								
26	Population	2 666 567	2 283 549	..	*— 5 53754	—*	630 489	657 808	274 070
27	Number of households – Nombre de ménages	..	731 855	3.1	*— 2 76877	—*	210 163	164 452	54 814
28	Number of family nuclei –Nombre de noyaux familiaux	..	587 446	..	*— 2 59554	—*	171 047	123 905	24 754

27. Effectifs des ménages, nombre de ménages et nombres de noyaux familiaux, selon la dimension du ménage et la résidence, urbaine/rurale: chaque recensement, 1985 – 1995 (suite)

(Voir notes à la fin du tableau.)

Dimension (nombre de personnes) 6	7	8	9	10 +	Not stated Non determiné	Persons not living in households Personnes ne vivant pas dans des ménages	Not stated Non determiné [2]	
2 562 480	1 063 580	525 600	252 900	268 420	–	–	–	1
427 080	151 940	65 700	28 100	24 640	–	..	..	2
2 080	700	300	140	220	–	..	..	3
395 460	136 280	58 620	23 960	19 960	–	..	..	4
29 540	14 960	6 780	4 000	4 460	–	..	..	5
...	...	...	...	...	...	...	...	
————	———— 9 0 76 874 ———	————	————	————*	–	–	–	6
————	———— 1 7 56 887 ———	————	————	————*	–	..	..	7
658 050	191 933	68 960	25 929	31 243	–	728 772	–	8
109 675 *——	————	———— 41 7 47 ———	————	————*	–	..	..	9
2 383 *——	————	———— 1 0 14 ———	————	————*	–	..	..	10
107 292 *——	————	———— 40 7 33 ———	————	————*	–	..	..	11
– *——	————	———— – ———	————	————*	–	..	..	12
382 422	128 695 *——	————	— 102 497 ——	————*	–	250 994	–	13
63 737	18 385 *——	————	— 11 467 ——	————*	–	..	..	14
116	48 *——	————	— 33 ——	————*	–	..	..	15
37 426	9 676 *——	————	— 5 895 ——	————*	–	..	..	16
25 740	7 885 *——	————	— 3 766 ——	————*	–	..	..	17
455	776 *——	————	— 1 590 ——	————*	–	..	..	18
–	– *——	————	— 183 ——	————*	–	..	..	19
–	– *——	————	— – ——	————*	–	..	..	20
90 271	27 774 *——	————	— 18 972 ——	————*	–	..	..	21
463 122	257 334	147 376	51 885	57 164	–	–	92 699	22
77 187	36 762	18 422	5 765	5 235	–	..	..	23
3 342	931 *——	————	— 415 ——	————*	–	1 888	–	24
557	133 *——	————	— 50 ——	————*	–	..	..	25
101 538	38 458	14 624	6 291	6 517	–	383 018	–	26
16 923	5 494	1 828	699	605	–	..	..	27
5 063	2 041	635	221	226	–	..	..	28

27. Population in households, number of households and number of family nuclei, by size of household and urban/rural residence: each census, 1985 – 1995 (continued)

(See notes at end of table.)

	Continent, country or area, date, family nuclei and urban/rural residence Continent, pays ou zone, date, noyaux familiaux et résidence urbaine/rurale	Population Totale	Total household Ensembles des ménages	Average size of household Dimension moyenne du ménage [1]	Size (number of persons) Total 1	2	3	4	5
	EUROPE (Cont.–Suite)								
	Luxembourg								
	1 III 1991 [3]								
1	Population	384 634	384 634	..	...	...	...	...	...
2	Number of households – Nombre de ménages	..	144 684	[4] 2.7	...	...	...	...	...
	Malta – Malte								
	16 XI 1985 [38]								
3	Population	345 418	345 418	..	...	...	...	...	...
4	Number of households – Nombre de ménages	..	104 742	[4] 3.3	14 044	22 321	22 580	26 163	12 729
	Norway – Norvège								
	3 XI 1990 [3 5]								
5	Population	4 247 546	4 206 414	..	601 097	919 580	797 654	1 120 265	558 047
6	Number of households – Nombre de ménages	..	1 751 363	2.4	601 097	459 790	265 885	280 066	111 609
7	0	..	670 421	..	601 097	66 413	2 542	273	65
8	1	..	643 591	..	–	252 105	162 498	152 802	60 118
9	2	..	434 035	..	–	141 272	100 844	126 203	50 369
10	3 plus	..	3 287	..	–	–	–	787	1 057
11	Unknown–Inconnu	..	–	..	–	–	–	–	–
12	Number of family nuclei –Nombre de noyaux familiaux	..	1 521 640	..	–	534 649	364 187	407 571	164 027
	Poland – Pologne								
	6 XII 1988 [5 39]								
13	Population	37 878 641	37 114 325	..	2 187 876	5 345 332	7 282 878	10 528 992	5 853 940
14	Number of households – Nombre de ménages	..	11 970 440	3.1	2 187 876	2 672 666	2 427 626	2 632 248	1 170 788
15	0	..	2 379 669	..	2 187 876	171 814	15 440	2 784	853
16	1	..	8 978 606	..	–	2 500 852	2 412 186	2 528 970	1 013 291
17	2	..	589 697	..	–	–	–	100 494	156 644
18	3 plus	..	22 468	..	–	–	–	–	–
19	Unknown–Inconnu	..	–	..	–	–	–	–	–
20	Number of family nuclei –Nombre de noyaux familiaux	..	10 226 191	..	–	2 500 852	2 412 186	2 729 958	1 326 579
	Portugal								
	15 IV 1991								
21	Population	9 862 540	9 862 540	..	...	...	...	...	...
22	Number of households – Nombre de ménages	..	3 145 734	[4] 3.1	...	...	...	...	...
	Republic of Moldova – République de Moldova								
	12 I 1989 [3 5]								
23	Population	4 335 360	3 881 175	..	...	...	...	...	...
24	Number of households – Nombre de ménages	..	1 143 423	3.4	*— 35	1 006 —*	291 590	305 970	126 403
	Romania – Roumanie								
	7 I 1992 [5]								
25	Population	22 810 035	22 385 707	..	1 246 889	3 764 290	4 587 768	5 569 856	3 259 425
26	Number of households – Nombre de ménages	..	7 288 676	3.1	1 246 889	1 882 145	1 529 256	1 392 464	651 885
27	0	..	1 366 516	..	1 246 889	101 178	13 583	3 279	1 049
28	1	..	5 470 992	..	–	1 780 967	1 515 673	1 302 237	510 220
29	2	..	432 312	..	–	–	–	86 948	140 616
30	3 plus	..	18 856	..	–	–	–	–	–
31	Unknown–Inconnu	..	–	..	–	–	–	–	–
32	Number of family nuclei –Nombre de noyaux familiaux	..	6 393 088	..	–	2 528 577	1 719 218	1 374 599	450 156

27. Effectifs des ménages, nombre de ménages et nombres de noyaux familiaux, selon la dimension du ménage et la résidence, urbaine/rurale: chaque recensement, 1985 – 1995 (suite)

(Voir notes à la fin du tableau.)

Dimension (nombre de personnes)						Persons not living in households	Not stated	
6	7	8	9	10 +	Not stated Non determiné	Personnes ne vivant pas dans des ménages	Non determiné [2]	
...	...	...	...	...	...	...	...	1
...	...	...	...	...	...	..	..	2
...	...	...	...	...	...	...	...	3
4 498	1 556	526	180	145	–	..	..	4
148 164	40 143	12 934	4 568	3 962	–	41 132	–	5
24 694	5 735	1 617	508	362	–	..	..	6
–	–	–	–	–	–	..	..	7
12 696	2 512	584	154	122	–	..	..	8
11 115	2 865	872	290	205	–	..	..	9
856	348	149	57	–	–	..	..	10
–	–	–	–	–	–	..	..	11
37 514	9 300	2 818	930	644	–	..	..	12
3 084 792	1 481 214 *—	—	1 349 301 —	—*	–	764 316	–	13
514 132	211 602 *—	—	153 502 —	—*	–	..	..	14
509	242 *—	—	151 —	—*	–	..	..	15
339 689	111 289 *—	—	72 329 —	—*	–	..	..	16
171 936	96 047 *—	—	64 576 —	—*	–	..	..	17
1 998	4 024 *—	—	16 446 —	—*	–	..	..	18
–	– *—	—	– —	—*	–	..	..	19
689 555	315 455 *—	—	251 606 —	—*	–	..	..	20
...	...	...	...	...	...	...	...	21
...	...	...	...	...	...	..	..	22
...	...	...	...	...	...	182 655	271 530	23
44 982	15 320	4 881	1 816	1 455	–	..	..	24
2 000 418	1 068 228	440 696	210 636	237 501	–	–	–	25
333 403	152 604	55 087	23 404	21 539	–	..	..	26
325	105	59	25	24	–	..	..	27
208 277	97 337	31 794	12 783	11 704	–	..	..	28
122 277	50 477	18 707	7 740	5 547	–	..	..	29
2 524	4 685	4 527	2 856	4 264	–	..	..	30
–	–	–	–	–	–	..	..	31
185 249	135 289	–	–	–	–	..	..	32

27. Population in households, number of households and number of family nuclei, by size of household and urban/rural residence: each census, 1985 – 1995 (continued)

(See notes at end of table.)

	Continent, country or area, date, family nuclei and urban/rural residence Continent, pays ou zone, date, noyaux familiaux et résidence urbaine/rurale	Population Totale	Total household Ensembles des ménages	Average size of household Dimension moyenne du ménage [1]	Size (number of persons) Total				
					1	2	3	4	5
	EUROPE (Cont.–Suite)								
	Russian Federation – Fédération de Russie								
	12 I 1989								
1	Population	147021869	147021869	..	17 050 875	27 517 614	33 844 581	40 615 724	16 768 600
	Number of households –								
2	Nombre de ménages	..	57 297 047	[4] 2.6	17 050 875	13 758 807	11 281 527	10 153 931	3 353 720
3	0	..	24 397 692	..	17 050 875	4 830 717	1 820 160	506 914	127 410
4	1	..	31 544 636	..	–	8 928 090	9 461 367	9 457 757	2 715 567
5	2 plus	..	1 354 719	..	–	–	–	189 260	510 743
6	Unknown–Inconnu	..	–	..	–	–	–	–	–
	Number of family nuclei								
7	–Nombre de noyaux familiaux	..	–	..	–	–	–	–	–
	San Marino – Saint–Marin								
	31 XII 1985 [33]								
8	Population	21 971	21 705	..	...	...	...	...	...
	Number of households –								
9	Nombre de ménages	..	7 465	2.9	...	...	...	...	...
	Slovakia – Slovaquie								
	3 III 1991 [3]								
10	Population	5 274 335	5 274 335	..	...	...	...	...	...
	Number of households –								
11	Nombre de ménages	..	1 832 484	[4] 2.9	...	...	...	...	...
	Slovenia – Slovénie								
	31 III 1991 [3 5]								
12	Population	1 965 986	1 963 699	..	115 395	268 282	410 064	642 884	275 925
	Number of households –								
13	Nombre de ménages	..	640 198	3.1	115 395	134 141	136 688	160 721	55 185
14	0	..	133 540	..	115 395	14 365	2 597	761	232
15	1	..	463 423	..	–	119 776	134 091	153 089	42 626
16	2	..	41 311	..	–	–	–	6 871	12 327
17	3	..	1 846	..	–	–	–	–	–
18	4 plus	..	78	..	–	–	–	–	–
19	Unknown–Inconnu	..	–	..	–	–	–	–	–
	Number of family nuclei								
20	–Nombre de noyaux familiaux	..	551 899	..	–	119 776	134 091	166 831	67 280
	Sweden – Suède								
	1 XI 1985 [3]								
21	Population	8 360 178	8 167 503	..	1 324 766	2 301 920	1 494 605	1 973 630	804 542
	Number of households –								
22	Nombre de ménages	..	3 670 340	2.2	1 324 766	1 150 976	498 189	493 408	160 907
	1 XI 1990 [3]								
23	Population	8 587 353	8 180 620	..	1 515 655	2 379 204	1 413 546	1 811 828	787 390
	Number of households –								
24	Nombre de ménages	..	3 830 037	2.1	1 515 655	1 189 602	471 182	452 957	157 478
	Switzerland – Suisse								
	4 XII 1990 [3]								
25	Population	6 873 687	6 873 687	..	...	...	...	...	...
	Number of households –								
26	Nombre de ménages	..	2 841 850	[4] 2.4	...	...	...	...	...
	The former Yugoslav Rep. of Macedonia – L'ex Rép. yougoslavie de Macédoine								
	20 VI 1994* [3]								
27	Population	1 936 877	1 936 877	..	...	...	...	...	...
	Number of households –								
28	Nombre de ménages	..	503 456	[4] 3.8	...	...	...	...	...

27. Effectifs des ménages, nombre de ménages et nombres de noyaux familiaux, selon la dimension du ménage et la résidence, urbaine/rurale: chaque recensement, 1985 – 1995 (suite)

(Voir notes à la fin du tableau.)

Dimension (nombre de personnes) 6	7	8	9	10 +	Not stated Non determiné	Persons not living in households Personnes ne vivant pas dans des ménages	Not stated Non determiné ²	
*		11 224 475		*	–	–	–	1
*		1 698 187		*	–	..	..	2
*		61 616		*	–	..	..	3
*		981 855		*	–	..	..	4
*		654 716		*	–	..	..	5
*		—		*	–	..	..	6
*		—		*	–	..	..	7
...	...	...	...	...	...	266	...	8
...	...	...	...	...	...	..	..	9
...	...	...	...	...	...	...	...	10
...	...	...	...	...	...	..	..	11
145 200	60 746	25 496	10 656	9 051	–	2 287	–	12
24 200	8 678	3 187	1 184	819	–	..	..	13
100	39	18	10	23	–	..	..	14
10 202	2 563	739	210	127	–	..	..	15
13 724	5 639	1 918	570	262	–	..	..	16
174	437	508	383	344	–	..	..	17
–	–	4	11	63	–	..	..	18
–	–	–	–	–	–	..	..	19
38 172	15 152	6 115	2 543	1 939	–	..	..	20
191 144	*	76 8 96		*	–	128 567	64 108	21
31 859	*	10 2 35		*	–	..	..	22
200 400	*	72 5 97		*	...	353 904	52 829	23
33 400	*	9 7 63		*	–	..	..	24
...	...	...	...	...	...	...	...	25
...	...	...	...	...	...	..	..	26
...	...	...	...	...	...	...	...	27
...	...	...	...	...	...	..	..	28

27. Population in households, number of households and number of family nuclei, by size of household and urban/rural residence: each census, 1985 – 1995 (continued)

(See notes at end of table.)

	Continent, country or area, date, family nuclei and urban/rural residence Continent, pays ou zone, date, noyaux familiaux et résidence urbaine/rurale	Population Totale	Total household Ensembles des ménages	Average size of household Dimension moyenne du ménage [1]	Size (number of persons) Total				
					1	2	3	4	5
	EUROPE (Cont.–Suite)								
	Ukraine								
	12 I 1989 [3]								
1	Population	51 452 034	45 581 300	..	3 133 938	9 878 694	11 411 823	13 535 224	6 047 470
2	Number of households – Nombre de ménages	..	14 057 509	3.2	–	4 939 347	3 803 941	3 383 806	1 209 494
	Yugoslavia – Yougoslavie								
	31 III 1991* [3]								
3	Population	10 337 504	10 337 504	..	...	...	...	...	...
4	Number of households – Nombre de ménages	..	2 870 670	[4] 3.6	399 473	605 233	512 827	652 328	281 514
	OCEANIA—OCEANIE								
	Cook Islands – Iles Cook								
	1 XII 1991*								
5	Population	18 617	18 617	..	...	...	...	...	...
6	Number of households – Nombre de ménages	..	3 668	[4] 5.1	...	...	...	...	...
	Guam								
	1 IV 1990 [3 14]								
7	Population	133 152	124 596	..	3 080	11 718	16 698	25 164	21 290
8	Number of households – Nombre de ménages	..	31 373	4.0	3 080	5 859	5 566	6 291	4 258
9	Number of family nuclei –Nombre de noyaux familiaux	..	27 313	..	...	...	...	...	...
	New Zealand – Nouvelle–Zélande								
	4 III 1986 [40]								
10	Population	3 307 083	3 095 406	..	199 710	668 742	538 511	780 468	518 865
11	Number of households – Nombre de ménages	..	1 071 561	2.9	199 710	334 371	179 505	195 117	103 773
12	0	..	263 610	..	199 710	42 291	13 986	5 355	1 614
13	1	..	791 667	..	–	292 083	165 519	186 519	98 607
14	2	..	15 150	..	–	–	–	3 240	3 552
15	3 plus	..	1 137	..	–	–	–	–	–
	5 III 1991 [3 5 40]								
16	Population	3 373 926	3 238 848	..	249 255	769 257	594 177	766 788	483 123
17	Number of households – Nombre de ménages	..	1 175 634	2.8	235 890	381 447	200 421	195 204	98 769
18	0	..	304 692	..	235 890	45 318	15 084	5 811	1 887
19	1	..	841 878	..	–	336 132	185 340	184 314	91 752
20	2	..	18 798	..	–	–	–	5 076	5 127
21	3 plus	..	1 020	..	–	–	–	–	–
22	Unknown–Inconnu	..	9 246	..	–	–	–	–	–
	Solomon Islands – Iles Salomon								
	23 XI 1986								
23	Population	285 176	285 176	..	...	...	...	...	...
24	Number of households – Nombre de ménages	..	43 842	[4] 6.5	...	...	...	...	...

27. Effectifs des ménages, nombre de ménages et nombres de noyaux familiaux, selon la dimension du ménage et la résidence, urbaine/rurale: chaque recensement, 1985 – 1995 (suite)

(Voir notes à la fin du tableau.)

Dimension (nombre de personnes) 6	7	8	9	10 +	Not stated Non determiné	Persons not living in households Personnes ne vivant pas dans des ménages	Not stated Non determiné [2]	
2 917 152	1 045 065	404 584	180 441	160 847	–	2 736 796	–	1
486 192	149 295	50 573	20 049	14 812	–	..	..	2
...	...	...	...	...	...	...	...	3
191 559	87 742 *	———	— 139 994 —	———*	–	..	..	4
...	...	...	...	...	...	...	...	5
...	...	...	...	...	...	..	..	6
16 074	11 074	6 816	4 410	8 272	–	8 556	–	7
2 679	1 582	852	490	716	–	..	..	8
...	...	...	...	...	...	..	..	9
223 974	86 268 *	———	— 78 868 —	———*	–	166 758	44 919	10
37 329	12 324 *	———	— 9 432 —	———*	–	..	..	11
429	141 *	———	— 84 —	———*	–	..	..	12
33 738	9 939 *	———	— 5 262 —	———*	–	..	..	13
3 099	2 130 *	———	— 3 129 —	———*	–	..	..	14
63	120 *	———	— 954 —	———*	–	..	..	15
205 770	77 259	36 534	17 097	18 696	–	135 078	20 895	16
35 115	11 259	4 635	1 929	1 719	9 243	..	..	17
507	135	30	15	15	–	..	..	18
30 729	8 721	3 147	1 071	672	–	..	..	19
3 747	2 229	1 254	702	657	–	..	..	20
135	168	201	144	375	–	..	..	21
–	–	–	–	–	9 243	..	..	22
...	...	...	...	...	...	...	...	23
...	...	...	...	...	...	..	..	24

27. Population in households, number of households and number of family nuclei, by size of household and urban/rural residence: each census, 1985 – 1995 (continued)

(See notes at end of table.)

	Continent, country or area, date, family nuclei and urban/rural residence Continent, pays ou zone, date, noyaux familiaux et résidence urbaine/rurale	Population Totale	Total household Ensembles des ménages	Average size of household Dimension moyenne du ménage [1]	Size (number of persons) Total				
					1	2	3	4	5
	OCEANIA—OCEANIE(Cont.–Suite)								
	Tonga								
	28 XI 1986								
1	Population	94 649	94 649	..	15 065	14 320	13 377	12 014	10 289
2	Number of households – Nombre de ménages	..	15 065	[4] 6.3	745	943	1 363	1 725	2 016
	Vanuatu								
	16 V 1989*								
3	Population	142 630	142 630	..	...	...	...	...	...
4	Number of households – Nombre de ménages	..	28 252	[4] 5.0	2 507	2 894	3 597	4 198	4 010

27. Effectifs des ménages, nombre de ménages et nombres de noyaux familiaux, selon la dimension du ménage et la résidence, urbaine/rurale: chaque recensement, 1985 – 1995 (suite)

(Voir notes à la fin du tableau.)

Dimension (nombre de personnes)						Persons not living in households	Not stated	
6	7	8	9	10 +	Not stated Non determiné	Personnes ne vivant pas dans des ménages	Non determiné [2]	
8 273	6 330	4 600	3 199	7 182	–	–	–	1
1 943	1 730	1 401	1 032	2 167	–	..	..	2
...	...	...	...	...	...	...	...	3
*——	——	10 848	——	——*	198	..	..	4

27. Population in households, number of households and number of family nuclei, by size of household and urban/rural residence: each census, 1985 – 1995 (continued)
Data by urban/rural residence

(See notes at end of table.)

	Continent, country or area, date, family nuclei and urban/rural residence Continent, pays ou zone, date, noyaux familiaux et résidence urbaine/rurale	Population Totale	Total household Ensembles des ménages	Average size of household Dimension moyenne du ménage [1]	Size (number of persons) Total 1	2	3	4	5
	AFRICA—AFRIQUE								
	Cape Verde – Cap–Vert								
	Urban – Urbaine								
	23 VI 1990								
1	Population	150 599	149 121	..	3 142	6 986	12 675	18 392	20 005
	Number of households –								
2	Nombre de ménages	..	30 659	4.9	3 142	3 493	4 225	4 598	4 001
3	0–1 [6]	..	21 204	..	1 341	2 264	3 279	3 704	2 975
4	2	..	29 875	..	707	1 612	3 060	4 184	4 360
5	3	..	25 227	..	385	1 054	1 977	2 972	3 380
6	4 plus	..	70 384	..	654	1 952	4 218	7 320	9 025
7	Unknown–Inconnu	..	2 431	..	55	104	141	212	265
	Number of family nuclei								
8	–Nombre de noyaux familiaux	..	–	..	–	–	–	–	–
	Rural – Rurale								
	23 VI 1990								
9	Population	190 892	190 050	..	2 795	7 532	14 613	21 108	25 450
	Number of households –								
10	Nombre de ménages	..	36 960	5.1	2 795	3 766	4 871	5 277	5 090
11	0–1 [6]	..	21 526	..	968	1 456	2 292	2 940	3 325
12	2	..	65 710	..	958	2 916	5 649	8 192	9 380
13	3	..	42 312	..	367	1 448	2 919	4 400	5 730
14	4 plus	..	56 850	..	420	1 526	3 480	5 120	6 505
15	Unknown–Inconnu	..	3 652	..	82	186	273	456	510
	Number of family nuclei								
16	–Nombre de noyaux familiaux	..	–	..	–	–	–	–	–
	Central African Republic – République centrafricaine								
	Urban – Urbaine								
	8 XII 1988*								
17	Population	913 439	906 038	..	23 012	47 035	62 049	75 067	85 121
	Number of households –								
18	Nombre de ménages	..	170 149	5.3	22 983	23 499	20 674	18 761	17 018
	Rural – Rurale								
	8 XII 1988*								
19	Population	1 550 177	1 548 004	..	51 741	121 553	154 589	177 067	183 568
	Number of households –								
20	Nombre de ménages	..	349 165	4.4	51 717	60 750	51 522	44 263	36 704
	Namibia – Namibie								
	Urban – Urbaine								
	20 X 1991								
21	Population	455 840	399 921	..	10 888	25 802	35 538	48 216	48 530
	Number of households –								
22	Nombre de ménages	..	84 539	4.7	...	...	...	...	...
	Rural – Rurale								
	20 X 1991								
23	Population	954 080	919 014	..	16 285	37 992	60 195	86 292	102 060
	Number of households –								
24	Nombre de ménages	..	169 850	5.4	...	...	...	...	...

27. Effectifs des ménages, nombre de ménages et nombres de noyaux familiaux, selon la dimension du ménage et la résidence, urbaine/rurale: chaque recensement, 1985 – 1995 (suite)
Données selon la résidence urbaine/rurale

(Voir notes à la fin du tableau.)

Dimension (nombre de personnes)						Persons not living in households	Not stated	
6	7	8	9	10 +	Not stated Non determiné	Personnes ne vivant pas dans des ménages	Non determiné [2]	
21 108	17 724	14 544	12 852	21 693	–	–	1 478	1
3 518	2 532	1 818	1 428	1 904	–	..	..	2
2 826	1 939	1 272	819	785	–	..	..	3
4 362	3 570	2 928	2 043	3 049	–	..	..	4
3 894	3 073	2 512	2 466	3 514	–	..	..	5
9 750	8 981	7 632	7 272	13 580	–	..	..	6
276	161	200	252	765	–	..	..	7
–	–	–	–	–	–	..	..	8
26 616	25 102	21 320	18 135	27 379	–	–	842	9
4 436	3 586	2 665	2 015	2 459	–	..	..	10
3 096	2 499	1 872	1 422	1 656	–	..	..	11
9 564	8 421	7 088	5 904	7 638	–	..	..	12
5 952	5 649	5 232	4 509	6 106	–	..	..	13
7 566	8 183	6 832	6 030	11 188	–	..	..	14
438	350	296	270	791	–	..	..	15
–	–	–	–	–	–	..	..	16
87 770	84 238	79 557	76 233	285 956	–	–	7 401	17
14 627	12 032	9 943	8 470	22 142	–	..	..	18
177 413	159 896	133 087	132 813	256 277	–	–	2 173	19
29 567	22 841	16 634	14 757	20 410	–	..	..	20
—— 83 675 ——		*—— 59 177 ——*		88 095	–	55 919	–	21
—— ... ——		*—— ... ——*		...	...	..	..	22
—— 213 687 ——		*—— 170 738 ——*		231 765	–	35 066	–	23
—— ... ——		*—— ... ——*		...	...	..	..	24

27. Population in households, number of households and number of family nuclei, by size of household and urban/rural residence: each census, 1985 – 1995 (continued)

Data by urban/rural residence

(See notes at end of table.)

	Continent, country or area, date, family nuclei and urban/rural residence Continent, pays ou zone, date, noyaux familiaux et résidence urbaine/rurale	Population Totale	Total household Ensembles des ménages	Average size of household Dimension moyenne du ménage [1]	Size (number of persons) Total				
					1	2	3	4	5
	AMERICA,NORTH — AMERIQUE DU NORD								
	Canada								
	Urban – Urbaine								
	3 VI 1986 [3 11]								
1	Population	19 352 085	18 928 745	..	1 670 335	4 315 500	3 765 900	5 080 540	2 611 050
2	Number of households – Nombre de ménages	..	7 104 865	2.7	1 670 335	2 157 750	1 255 300	1 270 135	522 210
3	0	..	2 038 850	..	1 670 335	295 120	54 695	12 785	3 615
4	1	..	4 989 120	..	–	1 862 630	1 200 610	1 241 730	498 865
5	2	..	74 675	..	–	–	–	15 625	19 730
6	3	..	2 110	..	–	–	–	–	–
7	4 plus	..	110	..	–	–	–	–	–
8	Number of family nuclei –Nombre de noyaux familiaux	..	5 145 250	..	–	1 862 635	1 200 605	1 272 975	538 330
	Rural – Rurale								
	3 VI 1986 [3 11]								
9	Population	5 957 245	5 844 360	..	264 375	1 086 850	1 032 075	1 645 840	1 030 000
10	Number of households – Nombre de ménages	..	1 886 805	3.1	264 375	543 425	344 025	411 460	206 000
11	0	..	317 825	..	264 375	43 340	7 475	1 760	520
12	1	..	1 548 755	..	–	500 090	336 540	405 800	200 585
13	2	..	19 725	..	–	–	–	3 900	4 895
14	3	..	475	..	–	–	–	–	–
15	4 plus	..	30	..	–	–	–	–	–
16	Number of family nuclei –Nombre de noyaux familiaux	..	1 589 730	..	–	500 085	336 545	413 600	210 370
	ASIA—ASIE								
	Cyprus – Chypre								
	Urban – Urbaine								
	1 X 1992 [3 24]								
17	Population	407 176	404 330	..	...	...	...	...	...
18	Number of households – Nombre de ménages	..	125 484	3.2	...	...	...	...	...
	Rural – Rurale								
	1 X 1992 [3 24]								
19	Population	194 546	194 210	..	...	...	...	...	...
20	Number of households – Nombre de ménages	..	59 933	3.2	...	...	...	...	...
	India – Inde [26]								
	Urban – Urbaine								
	1 III 1991								
21	Population	215771612	215771612	..	...	...	...	...	...
22	Number of households – Nombre de ménages	..	40 418 141	[4] 5.3	...	...	...	...	...

27. Effectifs des ménages, nombre de ménages et nombres de noyaux familiaux, selon la dimension du ménage et la résidence, urbaine/rurale: chaque recensement, 1985 – 1995 (suite)
Données selon la résidence urbaine/rurale

(Voir notes à la fin du tableau.)

Dimension (nombre de personnes) 6	7	8	9	10 +	Not stated Non determiné	Persons not living in households Personnes ne vivant pas dans des ménages	Not stated Non determiné [2]	
980 100	283 885	117 760	51 750	51 960	–	423 340	–	1
163 350	40 555	14 720	5 750	4 770	–	..	..	2
1 480	415	240	130	50	–	..	..	3
140 165	30 075	9 455	3 310	2 285	–	..	..	4
21 450	9 740	4 610	1 920	1 605	–	..	..	5
255	330	410	385	725	–	..	..	6
–	–	5	5	105	–	..	..	7
183 825	50 540	19 930	8 325	8 090	–	..	..	8
457 020	158 795	75 280	38 430	55 720	–	112 885	–	9
76 170	22 685	9 410	4 270	4 990	–	..	..	10
200	60	45	25	20	–	..	..	11
70 890	19 945	7 895	3 450	3 565	–	..	..	12
5 035	2 615	1 390	745	1 150	–	..	..	13
40	60	80	60	235	–	..	..	14
–	–	–	5	25	–	..	..	15
81 090	25 360	10 915	5 110	6 650	–	..	..	16
...	...	...	...	–	...	2 846	–	17
...	...	...	...	...	...	..	..	18
...	...	...	...	–	...	336	–	19
...	...	...	...	...	...	..	..	20
...	...	...	...	...	...	...	...	21
...	...	...	...	...	...	..	..	22

27. Population in households, number of households and number of family nuclei, by size of household and urban/rural residence: each census, 1985 – 1995 (continued)
Data by urban/rural residence

(See notes at end of table.)

	Continent, country or area, date, family nuclei and urban/rural residence Continent, pays ou zone, date, noyaux familiaux et résidence urbaine/rurale	Population Totale	Total household Ensembles des ménages	Average size of household Dimension moyenne du ménage [1]	Size (number of persons) Total				
					1	2	3	4	5
	ASIA—ASIE (Cont.–Suite)								
	India – Inde [26]								
	Rural – Rurale								
	1 III 1991								
1	Population	622812376	622812376	..	...	...	...	...	...
2	Number of households – Nombre de ménages	..	111591326	[4] 5.6	...	...	...	...	...
	Indonesia – Indonésie								
	Urban – Urbaine								
	31 X 1990								
3	Population	55 502 063	55 502 063	..	...	...	...	...	...
4	Number of households – Nombre de ménages	..	11 692 856	[4] 4.7	...	...	...	...	...
	Rural – Rurale								
	31 X 1990								
5	Population	123876883	123876883	..	...	...	...	...	...
6	Number of households – Nombre de ménages	..	28 002 302	[4] 4.4	...	...	...	...	...
	Japan – Japon [27]								
	Urban – Urbaine								
	1 X 1985								
7	Population	92 889 236	91 556 384	..	6 898 904	11 124 746	16 373 586	29 235 712	15 673 865
8	Number of households – Nombre de ménages	..	30 265 112	3.0	6 898 904	5 562 373	5 457 862	7 308 928	3 134 773
	Rural – Rurale								
	1 X 1985								
9	Population	28 159 687	27 777 396	..	995 732	2 845 838	4 066 620	6 716 456	5 332 345
10	Number of households – Nombre de ménages	..	7 714 872	3.6	995 732	1 422 919	1 355 540	1 679 114	1 066 469
	Urban – Urbaine								
	1 X 1990								
11	Population	95 643 521	93 978 051	..	8 221 176	13 411 628	17 780 817	28 656 604	14 234 160
12	Number of households – Nombre de ménages	..	32 682 533	2.9	8 221 176	6 705 814	5 926 939	7 164 151	2 846 832
	Rural – Rurale								
	1 X 1990								
13	Population	27 967 646	27 567 220	..	1 168 484	3 328 546	4 271 100	6 495 028	4 791 575
14	Number of households – Nombre de ménages	..	7 987 942	3.5	1 168 484	1 664 273	1 423 700	1 623 757	958 315
	Kazakstan								
	Urban – Urbaine								
	12 I 1989 [3]								
15	Population	9 465 351	8 901 486	..	439 944	1 206 972	1 777 980	2 571 384	1 360 075
16	Number of households – Nombre de ménages	..	2 771 234	3.2	439 944	603 486	592 660	642 846	272 015
	Rural – Rurale								
	12 I 1989 [3]								
17	Population	7 071 160	6 869 683	..	132 504	525 784	778 215	1 319 460	1 239 255
18	Number of households – Nombre de ménages	..	1 625 809	4.2	132 504	262 892	259 405	329 865	247 851

27. Effectifs des ménages, nombre de ménages et nombres de noyaux familiaux, selon la dimension du ménage et la résidence, urbaine/rurale: chaque recensement, 1985 – 1995 (suite)
Données selon la résidence urbaine/rurale

(Voir notes à la fin du tableau.)

Dimension (nombre de personnes) 6	7	8	9	10 +	Not stated Non determiné	Persons not living in households Personnes ne vivant pas dans des ménages	Not stated Non determiné [2]	
...	...	...	...	...	...	...	...	1
...	...	...	...	...	...	..	..	2
...	...	...	...	...	...	...	...	3
...	...	...	...	...	...	..	..	4
...	...	...	...	...	...	...	...	5
...	...	...	...	...	...	..	..	6
7 631 628	3 365 012	907 776	231 966	113 189	–	1 292 493	40 359	7
1 271 938	480 716	113 472	25 774	10 372	–	..	..	8
4 276 086	2 484 769	783 544	203 445	72 561	–	381 304	987	9
712 681	354 967	97 943	22 605	6 902	–	..	..	10
7 325 532	3 253 194	843 424	175 896	75 620	–	1 350 438	315 032	11
1 220 922	464 742	105 428	19 544	6 985	–	..	..	12
4 092 858	2 449 223	748 032	168 885	53 489	–	391 318	9 108	13
682 143	349 889	93 504	18 765	5 112	–	..	..	14
*—	—	1 545 131 —	—	—*	–	–	–	15
*—	—	— 220 283 —	—	—*	–	..	..	16
*—	—	2 874 465 —	—	—*	–	–	–	17
*—	—	— 393 292 —	—	—*	–	..	..	18

27. Population in households, number of households and number of family nuclei, by size of household and urban/rural residence: each census, 1985 – 1995 (continued)
Data by urban/rural residence

(See notes at end of table.)

	Continent, country or area, date, family nuclei and urban/rural residence / Continent, pays ou zone, date, noyaux familiaux et résidence urbaine/rurale	Population / Totale	Total household / Ensembles des ménages	Average size of household / Dimension moyenne du ménage [1]	Size (number of persons) Total 1	2	3	4	5
	ASIA—ASIE (Cont.–Suite)								
	Kyrgyzstan – Kirghizistan								
	Urban – Urbaine								
	12 I 1989 [3]								
1	Population	1 624 535	1 455 920	..	*—— 1 74 776	——*	251 094	363 904	251 725
2	Number of households – Nombre de ménages	..	369 620	3.9	*—— 87 388	——*	83 698	90 976	50 345
	Rural – Rurale								
	12 I 1989 [3]								
3	Population	2 633 220	2 543 012	..	*—— 1 17 124	——*	193 461	348 468	401 160
4	Number of households – Nombre de ménages	..	486 528	5.2	*—— 58 562	——*	64 487	87 117	80 232
	Malaysia – Malaisie								
	Urban – Urbaine								
	14 VIII 1991*								
5	Population	8 896 225	8 896 225	..	...	...	...	...	...
6	Number of households – Nombre de ménages	..	1 826 256	[4] 4.9	...	...	...	...	...
	Rural – Rurale								
	14 VIII 1991*								
7	Population	8 670 757	8 670 757	..	...	...	...	...	...
8	Number of households – Nombre de ménages	..	1 753 760	[4] 4.9	...	...	...	...	...
	Turkey – Turquie								
	Urban – Urbaine								
	20 X 1985								
9	Population	25 472 225	25 472 225	..	269 971	1 237 760	2 563 830	4 971 876	4 898 115
10	Number of households – Nombre de ménages	..	5 499 271	[4] 4.6	269 971	618 880	854 610	1 242 969	979 623
	Rural – Rurale								
	20 X 1985								
11	Population	25 341 577	25 341 577	..	183 093	742 482	1 140 795	2 200 972	2 972 905
12	Number of households – Nombre de ménages	..	4 230 747	[4] 6.0	183 093	371 241	380 265	550 243	594 581
	EUROPE								
	Greece – Grèce								
	Urban – Urbaine								
	17 III 1991 [37]								
13	Population	6 038 981	5 631 775	..	338 986	978 092	1 270 992	1 981 084	725 670
14	Number of households – Nombre de ménages	..	1 945 097	2.9	338 986	489 046	423 664	495 271	145 134
	Rural – Rurale								
	17 III 1991 [37]								
15	Population	4 220 919	3 899 353	..	181 275	731 634	701 037	1 005 828	640 415
16	Number of households – Nombre de ménages	..	1 258 737	3.1	181 275	365 817	233 679	251 457	128 083

27. Effectifs des ménages, nombre de ménages et nombres de noyaux familiaux, selon la dimension du ménage et la résidence, urbaine/rurale: chaque recensement, 1985 – 1995 (suite)
Données selon la résidence urbaine/rurale

(Voir notes à la fin du tableau.)

Dimension (nombre de personnes)						Persons not living in households	Not stated	
6	7	8	9	10 +	Not stated Non determiné	Personnes ne vivant pas dans des ménages	Non determiné [2]	
160 104	97 321	57 944	34 281	64 771	–	168 615	–	1
26 684	13 903	7 243	3 809	5 574	–	..	..	2
403 086	352 730	269 304	180 882	276 797	–	90 208	–	3
67 181	50 390	33 663	20 098	24 798	–	..	..	4
...	...	...	...	...	...	...	...	5
...	...	...	...	...	...	..	..	6
...	...	...	...	...	...	...	...	7
...	...	...	...	...	...	..	..	8
3 733 848	2 563 393	1 718 456	1 284 750	2 230 226	–	–	–	9
622 308	366 199	214 807	142 750	187 154	–	..	..	10
3 324 954	3 216 416	2 816 792	2 480 724	6 262 444	–	–	–	11
554 159	459 488	352 099	275 636	509 942	–	..	..	12
245 826	56 707	19 256	7 110	8 052	–	407 206	–	13
40 971	8 101	2 407	790	727	–	..	..	14
412 224	135 226	49 704	18 819	23 191	–	321 566	–	15
68 704	19 318	6 213	2 091	2 100	–	..	..	16

27. Population in households, number of households and number of family nuclei, by size of household and urban/rural residence: each census, 1985 – 1995 (continued)
Data by urban/rural residence

(See notes at end of table.)

	Continent, country or area, date, family nuclei and urban/rural residence Continent, pays ou zone, date, noyaux familiaux et résidence urbaine/rurale	Population Totale	Total household Ensembles des ménages	Average size of household Dimension moyenne du ménage [1]	Size (number of persons) Total 1	2	3	4	5
	EUROPE (Cont.–Suite)								
	Latvia – Lettonie								
	Urban – Urbaine								
	12 I 1989 [3]								
1	Population	1 888 526	1 620 814	..	*—— 388 846 —*		474 498	477 716	180 330
2	Number of households – Nombre de ménages	..	523 370	3.1	*—— 194 423 —*		158 166	119 429	36 066
3	Number of family nuclei –Nombre de noyaux familiaux	..	414 103	..	*—— 182 520 —*		128 419	87 426	12 735
	Rural – Rurale								
	12 I 1989 [3]								
4	Population	778 041	662 735	..	*—— 164 908 —*		155 991	180 092	93 740
5	Number of households – Nombre de ménages	..	208 485	3.2	*—— 82 454 —*		51 997	45 023	18 748
6	Number of family nuclei –Nombre de noyaux familiaux	..	173 343	..	*—— 77 034 —*		42 628	36 479	12 019
	Norway – Norvège								
	Urban – Urbaine								
	3 XI 1990 [3]								
7	Population	3 056 194	3 021 860	..	470 878	683 451	588 554	810 198	357 792
8	Number of households – Nombre de ménages	..	1 300 372	2.3	470 879	341 734	196 177	202 563	71 547
9	0	..	523 059	..	470 879	50 449	1 521	153	–
10	1	..	431 942	..	–	175 985	113 390	101 122	34 021
11	2	..	343 140	..	–	115 300	81 266	100 700	36 753
12	3 plus	..	2 219	..	–	–	–	589	736
13	Unknown–Inconnu	..	–	..	–	–	–	–	–
14	Number of family nuclei –Nombre de noyaux familiaux	..	1 124 926	..	–	406 585	275 922	304 289	109 735
	Rural – Rurale								
	3 XI 1990 [3]								
15	Population	1 166 347	1 159 771	..	124 518	231 326	204 602	304 423	197 253
16	Number of households – Nombre de ménages	..	439 216	2.6	124 518	115 653	68 215	76 097	39 463
17	0	..	141 197	..	124 518	15 517	1 004	120	–
18	1	..	207 871	..	–	74 704	48 063	50 816	25 724
19	2	..	89 080	..	–	25 432	19 148	24 963	13 395
20	3 plus	..	1 054	..	–	–	–	198	315
21	Unknown–Inconnu	..	–	..	–	–	–	–	–
22	Number of family nuclei –Nombre de noyaux familiaux	..	389 252	..	–	125 568	86 359	101 337	53 459
	Poland – Pologne								
	Urban – Urbaine								
	6 XII 1988 [39]								
23	Population	23 174 726	22 518 112	..	1 593 701	3 703 860	5 174 001	7 282 764	3 053 650
24	Number of households – Nombre de ménages	..	7 864 162	2.9	1 593 701	1 851 930	1 724 667	1 820 691	610 730
25	0	..	1 733 116	..	1 593 701	127 111	9 411	1 599	557
26	1	..	5 905 513	..	–	1 724 819	1 715 256	1 758 300	535 981
27	2	..	218 064	..	–	–	–	60 792	74 192
28	3 plus	..	7 469	..	–	–	–	–	–
29	Unknown–Inconnu	..	–	..	–	–	–	–	–
30	Number of family nuclei –Nombre de noyaux familiaux	..	6 364 341	..	–	1 724 819	1 715 256	1 879 884	684 365

27. Effectifs des ménages, nombre de ménages et nombres de noyaux familiaux, selon la dimension du ménage et la résidence, urbaine/rurale: chaque recensement, 1985 – 1995 (suite)
Données selon la résidence urbaine/rurale

(Voir notes à la fin du tableau.)

Dimension (nombre de personnes) 6	7	8	9	10 +	Not stated Non determiné	Persons not living in households Personnes ne vivant pas dans des ménages	Not stated Non determiné [2]	
63 162	21 546	7 872	3 375	3 469	–	267 712	...	1
10 527	3 078	984	375	322	–	..	..	2
1 939	704	223	60	77	–	..	..	3
38 376	16 912	6 752	2 916	3 048	–	115 306	...	4
6 396	2 416	844	324	283	–	..	..	5
3 124	1 337	412	161	149	–	..	..	6
80 333	19 866	6 307	2 333	2 147	–	34 334	–	7
13 391	2 835	789	259	198	–	..	..	8
–	–	–	–	–	–	..	..	9
5 932	1 071	277	79	66	–	..	..	10
6 899	1 544	417	147	114	–	..	..	11
544	215	85	–	–	–	..	..	12
–	–	–	–	–	–	..	..	13
21 362	4 812	1 402	472	349	–	..	..	14
67 007	20 065	6 565	2 235	1 778	–	6 576	–	15
11 169	2 872	820	249	161	–	..	..	16
–	–	–	–	–	–	..	..	17
6 703	1 428	305	75	53	–	..	..	18
4 152	1 307	449	143	91	–	..	..	19
305	131	64	–	–	–	..	..	20
–	–	–	–	–	–	..	..	21
15 933	4 444	1 403	458	291	–	..	..	22
1 081 986	362 600 *—	— 265 550 —	—	—*	–	656 614	–	23
180 331	51 800 *—	— 30 312 —	—	—*	–	..	..	24
405	209 *—	— 123 —	—	—*	–	..	..	25
124 729	30 273 *—	— 16 155 —	—	—*	–	..	..	26
54 122	19 590 *—	— 9 368 —	—	—*	–	..	..	27
1 075	1 728 *—	— 4 666 —	—	—*	–	..	..	28
–	– *—	— – —	—	—*	–	..	..	29
236 198	74 637 *—	— 49 182 —	—	—*	–	..	..	30

27. Population in households, number of households and number of family nuclei, by size of household and urban/rural residence: each census, 1985 – 1995 (continued)
Data by urban/rural residence

(See notes at end of table.)

	Continent, country or area, date, family nuclei and urban/rural residence Continent, pays ou zone, date, noyaux familiaux et résidence urbaine/rurale	Population Totale	Total household Ensembles des ménages	Average size of household Dimension moyenne du ménage [1]	Size (number of persons) Total 1	2	3	4	5
	EUROPE (Cont.–Suite)								
	Poland – Pologne								
	Rural – Rurale								
	6 XII 1988 [39]								
1	Population	14 703 915	14 596 213	..	594 175	1 641 472	2 108 877	3 246 228	2 800 290
2	Number of households – Nombre de ménages	..	4 106 278	3.6	594 175	820 736	702 959	811 557	560 058
3	0	..	646 553	..	594 175	44 703	6 029	1 185	296
4	1	..	3 073 093	..	–	776 033	696 930	770 670	477 310
5	2	..	371 633	..	–	–	–	39 702	82 452
6	3 plus	..	14 999	..	–	–	–	–	–
7	Unknown–Inconnu	..	–	..	–	–	–	–	–
8	Number of family nuclei –Nombre de noyaux familiaux	..	3 861 850	..	–	776 033	696 930	850 074	642 214
	Republic of Moldova – République de Moldova								
	Urban – Urbaine								
	12 I 1989 [3]								
9	Population	2 020 120	1 728 836	..	...	...	...	...	...
10	Number of households – Nombre de ménages	..	520 712	3.3	*—	149 396 —*	152 860	154 000	44 312
	Rural – Rurale								
	12 I 1989 [3]								
11	Population	2 315 240	2 152 339	..	...	...	...	...	...
12	Number of households – Nombre de ménages	..	622 711	3.5	*—	201 610 —*	138 730	151 970	82 091
	Romania – Roumanie								
	Urban – Urbaine								
	7 I 1992								
13	Population	12 391 819	12 022 458	..	647 446	1 842 100	2 888 103	3 626 644	1 595 920
14	Number of households – Nombre de ménages	..	3 970 435	3.0	647 446	921 050	962 701	906 661	319 184
15	0	..	718 489	..	647 446	60 090	8 231	1 917	559
16	1	..	3 084 133	..	–	860 960	954 470	866 809	260 946
17	2	..	160 386	..	–	–	–	37 935	57 679
18	3 plus	..	7 427	..	–	–	–	–	–
19	Unknown–Inconnu	..	–	..	–	–	–	–	–
20	Number of family nuclei –Nombre de noyaux familiaux	..	3 427 586	..	–	1 164 111	1 039 631	875 281	223 399
	Rural – Rurale								
	7 I 1992								
21	Population	10 418 216	10 363 249	..	599 443	1 922 190	1 699 665	1 943 212	1 663 505
22	Number of households – Nombre de ménages	..	3 318 241	3.1	599 443	961 095	566 555	485 803	332 701
23	0	..	648 027	..	599 443	41 088	5 352	1 362	490
24	1	..	2 386 859	..	–	920 007	561 203	435 428	249 274
25	2	..	271 926	..	–	–	–	49 013	82 937
26	3 plus	..	11 429	..	–	–	–	–	–
27	Unknown–Inconnu	..	–	..	–	–	–	–	–
28	Number of family nuclei –Nombre de noyaux familiaux	..	2 965 502	..	–	1 364 466	679 587	499 318	226 757

27. Effectifs des ménages, nombre de ménages et nombres de noyaux familiaux, selon la dimension du ménage et la résidence, urbaine/rurale: chaque recensement, 1985 – 1995 (suite)
Données selon la résidence urbaine/rurale

(Voir notes à la fin du tableau.)

Dimension (nombre de personnes)						Persons not living in households	Not stated	
6	7	8	9	10 +	Not stated Non determiné	Personnes ne vivant pas dans des ménages	Non determiné ²	
2 002 806	1 118 614 *——	——	1 083 751 –	——*	–	107 702	–	1
333 801	159 802 *——	——	— 123 190 —	——*	–	..	..	2
104	33 *——	——	— 28 —	——*	–	..	..	3
214 960	81 016 *——	——	— 56 174 —	——*	–	..	..	4
117 814	76 457 *——	——	— 55 208 —	——*	–	..	..	5
923	2 296 *——	——	— 11 780 —	——*	–	..	..	6
–	–*——	——	— – —	——*	–	..	..	7
453 357	240 818 *——	——	— 202 424 —	——*	–	..	..	8
...	...	...	...	...	...	156 399	134 885	9
13 140	4 102	1 498	655	749	–	..	..	10
...	...	...	...	...	...	26 256	136 645	11
31 842	11 218	3 383	1 161	706	–	..	..	12
780 600	369 033	134 056	63 081	75 475	–	–	–	13
130 100	52 719	16 757	7 009	6 868	–	..	..	14
149	39	37	10	11	–	..	..	15
88 088	36 194	9 647	3 642	3 377	–	..	..	16
40 860	14 741	5 341	2 175	1 655	–	..	..	17
1 003	1 745	1 732	1 182	1 765	–	..	..	18
–	–	–	–	–	–	..	..	19
78 469	46 695	–	–	–	–	..	..	20
1 219 818	699 195	306 640	147 555	162 026	–	–	–	21
203 303	99 885	38 330	16 395	14 731	–	..	..	22
176	66	22	15	13	–	..	..	23
120 189	61 143	22 147	9 141	8 327	–	..	..	24
81 417	35 736	13 366	5 565	3 892	–	..	..	25
1 521	2 940	2 795	1 674	2 499	–	..	..	26
–	–	–	–	–	–	..	..	27
106 780	88 594	–	–	–	–	..	..	28

27. Population in households, number of households and number of family nuclei, by size of household and urban/rural residence: each census, 1985 – 1995 (continued)

Data by urban/rural residence

(See notes at end of table.)

	Continent, country or area, date, family nuclei and urban/rural residence Continent, pays ou zone, date, noyaux familiaux et résidence urbaine/rurale	Population Totale	Total household Ensembles des ménages	Average size of household Dimension moyenne du ménage [1]	Size (number of persons) Total				
					1	2	3	4	5
	EUROPE (Cont.–Suite)								
	Slovenia – Slovénie								
	Urban – Urbaine								
	31 III 1991 [3]								
1	Population	993 283	991 794	..	69 623	161 294	245 367	353 828	104 700
	Number of households –								
2	Nombre de ménages	..	350 201	2.8	69 623	80 647	81 789	88 457	20 940
3	0	..	79 524	..	69 623	7 992	1 310	406	101
4	1	..	256 764	..	–	72 655	80 479	84 554	15 931
5	2	..	13 417	..	–	–	–	3 497	4 908
6	3	..	473	..	–	–	–	–	–
7	4 plus	..	23	..	–	–	–	–	–
8	Unknown–Inconnu	..	–	..	–	–	–	–	–
	Number of family nuclei								
9	–Nombre de noyaux familiaux	..	285 110	..	–	72 655	80 479	91 548	25 747
	Rural – Rurale								
	31 III 1991 [3]								
10	Population	972 703	971 905	..	45 772	106 988	164 697	289 056	171 225
	Number of households –								
11	Nombre de ménages	..	289 997	3.4	45 772	53 494	54 899	72 264	34 245
12	0	..	54 016	..	45 772	6 373	1 287	355	131
13	1	..	206 659	..	–	47 121	53 612	68 535	26 695
14	2	..	27 894	..	–	–	–	3 374	7 419
15	3	..	1 373	..	–	–	–	–	–
16	4 plus	..	55	..	–	–	–	–	–
17	Unknown–Inconnu	..	–	..	–	–	–	–	–
	Number of family nuclei								
18	–Nombre de noyaux familiaux	..	266 789	..	–	47 121	53 612	75 283	41 533
	OCEANIA—OCEANIE								
	New Zealand – Nouvelle–Zélande								
	Urban – Urbaine								
	5 III 1991 [3, 40]								
19	Population	2 866 731	2 758 245	..	221 625	666 222	512 910	652 770	395 955
	Number of households –								
20	Nombre de ménages	..	1 011 330	2.7	210 321	330 792	172 899	165 894	80 706
21	0	..	273 273	..	210 324	40 680	14 172	5 586	1 830
22	1	..	714 912	..	–	290 115	158 727	155 799	74 361
23	2	..	16 674	..	–	–	–	4 512	4 509
24	3 plus	..	918	..	–	–	–	–	–
25	Unknown–Inconnu	..	5 556	..	–	–	–	–	–
	Rural – Rurale								
	5 III 1991 [3, 40]								
26	Population	507 198	480 606	..	27 633	103 035	81 267	114 018	87 168
	Number of households –								
27	Nombre de ménages	..	164 301	2.9	25 569	50 655	27 525	29 307	18 063
28	0	..	31 422	..	25 569	4 641	912	225	54
29	1	..	126 966	..	–	46 017	26 613	28 515	17 388
30	2	..	2 124	..	–	–	–	567	618
31	3 plus	..	102	..	–	–	–	–	–
32	Unknown–Inconnu	..	3 690	..	–	–	–	–	–

27. Effectifs des ménages, nombre de ménages et nombres de noyaux familiaux, selon la dimension du ménage et la résidence, urbaine/rurale: chaque recensement, 1985 – 1995 (suite)
Données selon la résidence urbaine/rurale

(Voir notes à la fin du tableau.)

Dimension (nombre de personnes) 6	7	8	9	10 +	Not stated Non determiné	Persons not living in households Personnes ne vivant pas dans des ménages	Not stated Non determiné [2]	
36 660	11 774	4 624	1 872	2 052	–	1 489	–	1
6 110	1 682	578	208	167	–	..	..	2
42	17	10	4	19	–	..	..	3
2 489	454	142	40	20	–	..	..	4
3 511	1 074	296	84	47	–	..	..	5
68	137	130	78	60	–	..	..	6
–	–	–	2	21	–	..	..	7
–	–	–	–	–	–	..	..	8
9 715	3 013	1 124	450	379	–	..	..	9
108 540	48 972	20 872	8 784	6 999	–	798	–	10
18 090	6 996	2 609	976	652	–	..	..	11
58	22	8	6	4	–	..	..	12
7 713	2 109	597	170	107	–	..	..	13
10 213	4 565	1 622	486	215	–	..	..	14
106	300	378	305	284	–	..	..	15
–	–	4	9	42	–	..	..	16
–	–	–	–	–	–	..	..	17
28 457	12 139	4 991	2 093	1 560	–	..	..	18
167 217	65 055	31 722	15 084	16 950	–	108 486	12 735	19
28 440	9 447	4 020	1 698	1 557	5 556	..	..	20
495	126	30	15	15	–	..	..	21
24 519	7 209	2 673	918	591	–	..	..	22
3 306	1 962	1 140	642	606	–	..	..	23
123	147	180	120	345	–	..	..	24
–	–	–	–	–	5 556	..	..	25
38 556	12 204	4 812	2 010	1 749	–	26 592	8 160	26
6 678	1 809	615	231	162	3 687	..	..	27
12	6	3	–	–	–	..	..	28
6 210	1 515	477	150	81	–	..	..	29
441	267	117	60	54	–	..	..	30
12	18	21	24	30	–	..	..	31
–	–	–	–	–	3 690	..	..	32

27. Population in households, number of households and number of family nuclei, by size of household and urban/rural residence: each census, 1985 – 1995 (continued)

GENERAL NOTES

For definitions of "urban", see end of table 6. For method of evaluation and limitations of data, see Technical Notes, page 98.

NOTES GENERALES

Pour les définitions des "régions urbaines", se reporter à la fin du tableau 6. Pour la méthode d'évaluation et les insuffisances des données, voir Notes techniques, page 98.

FOOTNOTES

* Provisional.
1 Ratio of population in households to number of households.
2 Not stated whether or not living in households.
3 De jure population.
4 Ratio of total population to number of households.
5 For classification by urban/rural residence, see end of table.
6 Single person is regarded as a family nuclei.
7 Excluding Mayotte.
8 For Egyptian nationals only.
9 Excluding Bophuthatswana, Ciskei, Transkei and Venda.
10 Data exclude adjustment for underenumeration estimated at 15.1 per cent.
11 Because of rounding, totals are not in all cases the sum of the parts.
12 Data exclude adjustment for underenumeration.
13 Data exclude adjustment for underenumeration estimated at 2.0 per cent.
14 Including armed forces stationed in the area.
15 Excluding persons residing in institutions.
16 De jure population but excluding armed forces overseas and civilian citizens absent from country for extended period oftime.
17 Based on the results of a household survey.
18 Excluding persons not living in households.
19 Data exclude adjustment for underenumeration, estimated at 6.92 per cent.
20 Excluding Indian jungle population.
21 Data exclude adjustment for underenumeration estimated at 7.40 per cent.
22 Data exclude adjustment for underenumeration estimated at 2.6 per cent.
23 Covering only the civilian population of 30 provinces, municipalities and autonomous regions. Excluding Jimmen and Mazhu islands.
24 For government controlled areas.
25 Including transients and Vietnamese refugees.

NOTES

* Données provisoires.
1 Rapport de la population des ménages au nombre des ménages.
2 Personnes pour lesquelles il n'a pas été déterminé si elles font ou non partie de ménages.
3 Population de droit.
4 Rapport de la population totale au nombre des ménages.
5 Pour le classement selon la résidence, urbaine/rurale, voir la fin du tableau.
6 Le person célibataire est considérée comme a noyaux familiaux.
7 Non compris Mayotte.
8 Pour les nationaux égyptiens seulement.
9 Non compris Bophuthatswana, Ciskei, Transkei et Venda.
10 Les données n'ont pas été ajustées pour compenser les lacunes du dénombrement, estimées à 15,1 p.100.
11 Les chiffres étant arrondis, les totaux ne correspondent pas toujours rigoureusement à la somme des chiffres partiels.
12 Les données n'ont pas été ajustées pour compenser les lacunes du dénombrement.
13 Les données n'ont pas été ajustées pour compenser les lacunes du dénombrement, estimées à 2,0 p.100.
14 Y compris les militaires en garnison sur le territoire.
15 Non compris les personnes dans les institutions.
16 Population de droit, mais non compris les militaires à l'étranger, et les civils hors du pays pendant une période prolongée.
17 D'après les résultats d'une enquête des ménages.
18 Non compris les personnes ne vivant pas dans des ménages.
19 Les données n'ont pas été ajustées pour compenser les lacunes du dénombrement, estimées à 6,92 p. 100.
20 Non compris les Indiens de la jungle.
21 Les données n'ont pas été ajustées pour compenser les lacunes du dénombrement, estimées à 7,40 p. 100.
22 Les données n'ont pas été ajustées pour compenser les lacunes du dénombrement, estimées à 2,6 p. 100.
23 Pour la population civile seulement de 30 provinces, municipalités et régions autonomes. Non compris les îles de Jimmen et Mazhu.
24 Pour les zones controlées par le Gouvernement.
25 Y compris transients et réfugiés du Viet Nam.

27. Effectifs des ménages, nombre de ménages et nombres de noyaux familiaux, selon la dimension du ménage et la résidence, urbaine/rurale: chaque recensement, 1985 – 1995 (suite)
Données selon la résidence urbaine/rurale

FOOTNOTES(continued)

26 Including data for the Indian–held part of Jammu and Kashmir, the final status of which has not yet been determined. Excluding Assam.
27 Excluding diplomatic personnel outside country and foreign military and civilian personnel and their dependants stationed in the area.
28 Excluding alien armed forces, civilian aliens employed by armed forces and foreign diplomatic personnel and their dependants.
29 Based on a 2 per cent sample of census returns.
30 Excluding foreigners.
31 Excluding transients afloat and non–locally domiciled military and civilian services personnel and their dependants and visitors.
32 Excluding the Faeroe Islands and Greenland.
33 Based on national registers.
34 De jure population, but excluding diplomatic personnel outside the country and including foreign diplomatic personnel not living in embassies or consulates.
35 Based on a 5 per cent sample of census returns.
36 All data shown pertaining to Germany prior to 3 October 1990 are indicated separately for the Federal Republic of Germany and the former German Democratic Republic based on their respective territories at the time indicated. See explanatory notes on data pertaining to Germany on page 4.
37 Including armed forces stationed outside the country, but excluding alien armed forces stationed in the area.
38 Including civilian nationals temporarily outside the country.
39 Excluding civilian aliens within the country, and including nationals temporarily outside the country.
40 Excluding diplomatic personnel and armed forces stationed outside country, the latter numbering 1 936 at 1966 census; also excluding alien armed forces within the country.

NOTES(suite)

26 Y compris les données pour la partie du Jammu et Cachemire occupée par l'Inde, dont le statut définitif n'a pas encore été déterminé. Non compris Assam.
27 Non compris le personnel diplomatique hors du pays ni les militaires et agents civils étrangers en poste sur le territoire et les membres de leur famille les accompagnant.
28 Non compris les militaires étrangers, les civils étrangers employés sur les forces armées, ni le personnel diplomatique étranger et les membres de leur famille les accompagnant.
29 D'après un échantillon de 2 p. 100 des bulletins de recensement.
30 Non compris les étrangers.
31 Non compris les personnes de passage à bord de navires ni les militaires et agents civils non résidents et les membres de leur famille les accompagnant ni les visiteurs.
32 Non compris les îles Féroé et le Groenland.
33 D'après les registres nationaux.
34 Population de droit, mais non compris le personnel diplomatique hors du pays, mais y compris le personnel diplomatique étranger ne vivant pas dans les ambassades ou les consulats.
35 D'après un échantillon de 5 p. 100 des bulletins de recensement.
36 Toutes les données se rapportant à l'Allemagne avant le 3 octobre 1990 figurent dans deux rubriques séparées basées sur les territoires respectifs de la République fédérale d'Allemagne et l'ancienne République démocratique allemande selon la période indiquée. Voir les notes explicatives sur les données concernant l'Allemagne à la page 4.
37 Y compris les militaires en garnison hors du pays, mais non compris les militaires étrangers en garnison sur le territoire.
38 Y compris les civils nationaux hors du pays.
39 Non compris les civils étrangers dans le pays, mais y compris les civils nationaux temporairement hors du pays.
40 Non compris le personnel diplomatique et les militaires hors du pays, ces derniers étant au nombre de 1 936 au recensement de 1966; non compris également les militaires étrangers en garnison dans le pays.

28. Population by age, sex, living arrangements and urban/rural residence: each census, 1985 – 1995

(See notes at end of table.)

	Continent, country or area, date, sex, living arrangements and urban/rural residence / Continent, pays ou zone, date, sexe, type de ménage et résidence, urbaine/rurale	Age (in years)						
		All ages / Tous âges	15 + [1]	– 15	15–19	20–24	25–29	30–34
	AFRICA—AFRIQUE							
	Cape Verde – Cap-Vert							
	23 VI 1990							
	Total							
1	Total	341 491	187 968	153 523	34 300	32 476	26 353	19 092
	Household –							
2	Ménages ordinaires	339 171	185 748	153 423	33 558	31 676	26 151	18 941
	Institutional –							
3	Pop. des collectivité	2 320	2 220	100	742	800	202	151
	Male – Masculin							
4	Total	161 494	84 637	76 857	17 288	15 833	12 465	8 283
	Household –							
5	Ménages ordinaires	159 528	82 737	76 791	16 587	15 077	12 318	8 178
	Institutional –							
6	Pop. des collectivité	1 966	1 900	66	701	756	147	105
	Female – Féminin							
7	Total	179 997	103 331	76 666	17 012	16 643	13 888	10 809
	Household –							
8	Ménages ordinaires	179 643	103 011	76 632	16 971	16 599	13 833	10 763
	Institutional –							
9	Pop. des collectivité	354	320	34	41	44	55	46
	Egypt – Egypte							
	17 XI 1986							
	Total							
10	Total	48 254 238	...	...	...	...	...	...
	Household –							
11	Ménages ordinaires	48 043 175	...	...	...	...	...	...
	Institutional –							
12	Pop. des collectivité	211 063	...	...	...	...	...	...
	Malawi							
	1 IX 1987 [2]							
	Total							
13	Total	7 988 507	...	...	...	...	...	...
	Household –							
14	Ménages ordinaires	7 928 792	...	...	...	...	...	...
	Institutional –							
15	Pop. des collectivité	59 715	...	...	...	...	...	...
	Male – Masculin							
16	Total	3 867 136	...	...	...	...	...	...
	Household –							
17	Ménages ordinaires	3 832 951	...	...	...	...	...	...
	Institutional –							
18	Pop. des collectivité	34 185	...	...	...	...	...	...
	Female – Féminin							
19	Total	4 121 371	...	...	...	...	...	...
	Household –							
20	Ménages ordinaires	4 095 841	...	...	...	...	...	...
	Institutional –							
21	Pop. des collectivité	25 530	...	...	...	...	...	...
	Mauritius – Maurice							
	1 VII 1990							
	Total							
22	Total	1 056 660	743 114	313 474	97 202	102 664	*— 199 171	—*
	Household –							
23	Ménages ordinaires	1 054 902	741 555	313 277	97 126	102 570	*— 198 912	—*
	Institutional –							
24	Pop. des collectivité	1 758	1 559	197	76	94	*— 259	—*
	Male – Masculin							
25	Total	527 760	369 238	158 492	49 238	52 426	*— 101 403	—*
	Household –							
26	Ménages ordinaires	527 021	368 606	158 386	49 205	52 377	*— 101 263	—*
	Institutional –							
27	Pop. des collectivité	739	632	106	33	49	*— 140	—*

28. Population selon l'âge, le sexe, le type de ménage et la résidence, urbaine/rurale: chaque recensement, 1985 – 1995

(Voir notes à la fin du tableau.)

Age (en années)										
35–39	40–44	45–49	50–54	55–59	60–64	65–69	70–74	75+	Unknown Inconnu	
13 067	6 873	7 124	10 323	9 702	8 801	5 389	4 698	9 770	–	1
12 947	6 803	7 087	10 296	9 678	8 783	5 382	4 686	9 760	–	2
120	70	37	27	24	18	7	12	10	–	3
5 148	2 697	2 654	3 953	4 017	3 951	2 405	2 069	3 874	–	4
5 076	2 660	2 634	3 935	4 003	3 937	2 401	2 063	3 868	–	5
72	37	20	18	14	14	4	6	6	–	6
7 919	4 176	4 470	6 370	5 685	4 850	2 984	2 629	5 896	–	7
7 871	4 143	4 453	6 361	5 675	4 846	2 981	2 623	5 892	–	8
48	33	17	9	10	4	3	6	4	–	9
...	...	...	...	...	...	...	...	...	...	10
...	...	...	...	...	...	...	...	...	...	11
...	...	...	...	...	...	...	...	...	...	12
...	...	...	...	...	...	...	...	...	...	13
...	...	...	...	...	...	...	...	...	...	14
...	...	...	...	...	...	...	...	...	...	15
...	...	...	...	...	...	...	...	...	...	16
...	...	...	...	...	...	...	...	...	...	17
...	...	...	...	...	...	...	...	...	...	18
...	...	...	...	...	...	...	...	...	...	19
...	...	...	...	...	...	...	...	...	...	20
...	...	...	...	...	...	...	...	...	...	21
— 141 644 —		*— 82 748 —*		*— 63 009 —*		*— 56 676 —*			72	22
— 141 471 —		*— 82 596 —*		*— 62 792 —*		*— 56 088 —*			70	23
— 173 —		*— 152 —*		*— 217 —*		*— 588 —*			2	24
— 71 410 —		*— 40 370 —*		*— 30 446 —*		*— 23 945 —*			30	25
— 71 332 —		*— 40 307 —*		*— 30 341 —*		*— 23 781 —*			29	26
— 78 —		*— 63 —*		*— 105 —*		*— 164 —*			1	27

28. Population by age, sex, living arrangements and urban/rural residence: each census, 1985 – 1995 (continued)

(See notes at end of table.)

	Continent, country or area, date, sex, living arrangements and urban/rural residence Continent, pays ou zone, date, sexe, type de ménage et résidence, urbaine/rurale	All ages Tous âges	Age (in years) 15 + [1]	– 15	15–19	20–24	25–29	30–34
	AFRICA—AFRIQUE (Cont.–Suite)							
	Mauritius – Maurice							
	1 VII 1990							
	Female – Féminin							
1	Total	528 900	373 876	154 982	47 964	50 238	*—— 97 768	——*
	Household –							
2	Ménages ordinaires	527 881	372 949	154 891	47 921	50 193	*—— 97 649	——*
	Institutional –							
3	Pop. des collectivité	1 019	927	91	43	45	*—— 119	——*
	Namibia – Namibie							
	20 X 1991							
	Total							
4	Total	1 409 920	...	...	...	...	...	...
	Household –							
5	Ménages ordinaires	1 318 935	...	...	...	...	...	...
	Institutional –							
6	Pop. des collectivité	90 640	...	...	...	...	...	...
	Shelterless –							
7	Pop. sans abri	345	...	...	...	...	...	...
	Male – Masculin							
8	Total	686 327	...	...	...	...	...	...
	Household –							
9	Ménages ordinaires	633 742	...	...	...	...	...	...
	Institutional –							
10	Pop. des collectivité	52 361	...	...	...	...	...	...
	Shelterless –							
11	Pop. sans abri	224	...	...	...	...	...	...
	Female – Féminin							
12	Total	723 593	...	...	...	...	...	...
	Household –							
13	Ménages ordinaires	685 193	...	...	...	...	...	...
	Institutional –							
14	Pop. des collectivité	38 279	...	...	...	...	...	...
	Shelterless –							
15	Pop. sans abri	121	...	...	...	...	...	...
	Zimbabwe							
	18 VIII 1992							
	Total							
16	Total	10 412 548	5 683 332	4 695 230	1 248 238	989 897	712 208	606 365
	Household –							
17	Ménages ordinaires	10 302 048	5 590 239	4 679 699	1 238 041	968 242	696 048	591 902
	Institutional –							
18	Pop. des collectivité	110 500	93 093	15 531	10 197	21 655	16 160	14 463
	Male – Masculin							
19	Total	5 083 537	2 732 398	2 335 187	615 728	466 837	335 713	280 066
	Household –							
20	Ménages ordinaires	5 009 324	2 667 100	2 327 316	610 016	452 147	323 302	268 611
	Institutional –							
21	Pop. des collectivité	74 213	65 298	7 871	5 712	14 690	12 411	11 455
	Female – Féminin							
22	Total	5 329 011	2 950 934	2 360 043	632 510	523 060	376 495	326 299
	Household –							
23	Ménages ordinaires	5 292 724	2 923 139	2 352 383	628 025	516 095	372 746	323 291
	Institutional –							
24	Pop. des collectivité	36 287	27 795	7 660	4 485	6 965	3 749	3 008

28. Population selon l'âge, le sexe, le type de ménage et la résidence, urbaine/rurale: chaque recensement, 1985 – 1995 (suite)

(Voir notes à la fin du tableau.)

Age (en années)

35–39	40–44	45–49	50–54	55–59	60–64	65–69	70–74	75+	Unknown Inconnu	
*——— 70 234	———*	*——— 42 378	———*	*——— 32 563	———*	*——— — 32 731	———	———*	42	1
*——— 70 139	———*	*——— 42 289	———*	*——— 32 451	———*	*——— — 32 307	———	———*	41	2
*——— 95	———*	*——— 89	———*	*——— 112	———*	*——— — 424	———	———*	1	3
...	...	...	...	...	...	...	...	...	...	4
...	...	...	...	...	...	...	...	...	...	5
...	...	...	...	...	...	...	...	...	...	6
...	...	...	...	...	...	...	...	...	...	7
...	...	...	...	...	...	...	...	...	...	8
...	...	...	...	...	...	...	...	...	...	9
...	...	...	...	...	...	...	...	...	...	10
...	...	...	...	...	...	...	...	...	...	11
...	...	...	...	...	...	...	...	...	...	12
...	...	...	...	...	...	...	...	...	...	13
...	...	...	...	...	...	...	...	...	...	14
...	...	...	...	...	...	...	...	...	...	15
488 915	363 775	288 878	280 600	181 442	179 723	102 104	120 758	120 429	33 986	16
478 643	358 026	284 970	277 301	179 615	177 869	101 133	119 633	118 816	32 110	17
10 272	5 749	3 908	3 299	1 827	1 854	971	1 125	1 613	1 876	18
229 360	174 266	145 437	133 261	94 713	95 510	51 202	58 279	52 026	15 952	19
221 438	170 182	142 809	131 182	93 536	94 285	50 624	57 637	51 331	14 908	20
7 922	4 084	2 628	2 079	1 177	1 225	578	642	695	1 044	21
259 555	189 509	143 441	147 339	86 729	84 213	50 902	62 479	68 403	18 034	22
257 205	187 844	142 161	146 119	86 079	83 584	50 509	61 996	67 485	17 202	23
2 350	1 665	1 280	1 220	650	629	393	483	918	832	24

28. Population by age, sex, living arrangements and urban/rural residence: each census, 1985 – 1995 (continued)

(See notes at end of table.)

	Continent, country or area, date, sex, living arrangements and urban/rural residence — Continent, pays ou zone, date, sexe, type de ménage et résidence, urbaine/rurale	Age (in years): All ages Tous âges	15 + [1]	– 15	15–19	20–24	25–29	30–34
	AMERICA, NORTH— AMERIQUE DU NORD							
	Aruba							
	6 X 1991 [3]							
	Total							
1	Total	66 687	...	...	...	...	...	...
2	Household – Ménages ordinaires	65 807	...	...	...	...	...	...
3	Institutional – Pop. des collectivité	848	...	...	...	...	...	...
4	Shelterless – Pop. sans abri	32	...	...	...	...	...	...
5	Other – Autre	–	...	...	...	...	...	...
	Bahamas							
	1 V 1990							
	Total							
6	Total	255 095	159 642	75 693	24 897	23 531	24 018	19 880
7	Household – Ménages ordinaires	252 969	157 738	75 567	24 735	23 172	23 529	19 513
8	Institutional – Pop. des collectivité	2 126	1 904	126	162	359	489	367
	Male – Masculin							
9	Total	124 992	76 965	38 340	12 435	11 680	11 848	9 535
10	Household – Ménages ordinaires	123 203	75 328	38 255	12 302	11 350	11 390	9 196
11	Institutional – Pop. des collectivité	1 789	1 637	85	133	330	458	339
	Female – Féminin							
12	Total	130 103	82 677	37 353	12 462	11 851	12 170	10 345
13	Household – Ménages ordinaires	129 766	82 410	37 312	12 433	11 822	12 139	10 317
14	Institutional – Pop. des collectivité	337	267	41	29	29	31	28
	Bermuda – Bermudes							
	20 V 1991 [3]							
	Total							
15	Total	59 324	47 887	11 437	3 701	4 476	6 023	6 152
16	Household – Ménages ordinaires	58 460	47 095	11 405	3 672	4 406	5 931	6 068
17	Institutional – Pop. des collectivité	864	792	32	*—— 88	——*	92	84
	Male – Masculin							
18	Total	28 911	23 184	5 727	1 893	2 291	3 023	2 976
19	Household – Ménages ordinaires	28 345	22 679	5 706	1 866	2 230	2 946	2 906
20	Institutional – Pop. des collectivité	566	545	21	27	61	77	70
	Female – Féminin							
21	Total	30 413	24 703	5 710	1 808	2 185	3 000	3 176
22	Household – Ménages ordinaires	30 115	24 416	5 699	1 806	2 176	2 985	3 162
23	Institutional – Pop. des collectivité	298	287	11	*——	11 ——*	15	14
	Canada							
	3 VI 1986 [3 4]							
	Total							
24	Total	25 309 353	19 917 380	5 391 977	1 924 855	2 253 350	2 341 519	2 185 656
25	Household – Ménages ordinaires	24 773 110	19 412 185	5 360 915	1 892 080	2 199 415	2 304 225	2 158 315
26	Institutional – Pop. des collectivité	434 360	417 570	16 800	17 930	35 280	24 250	18 150
27	Other – Autre	101 883	87 621	14 262	14 845	18 655	13 044	9 191

28. Population selon l'âge, le sexe, le type de ménage et la résidence, urbaine/rurale: chaque recensement, 1985 – 1995 (suite)

(Voir notes à la fin du tableau.)

Age (en années)										
35–39	40–44	45–49	50–54	55–59	60–64	65–69	70–74	75+	Unknown Inconnu	
...	...	...	...	...	...	...	...	...	...	1
...	...	...	...	...	...	...	...	...	...	2
...	...	...	...	...	...	...	...	...	...	3
...	...	...	...	...	...	...	...	...	...	4
...	...	...	...	...	...	...	...	...	...	5
14 913	11 588	10 267	8 258	6 313	4 849	3 684	3 295	4 149	19 760	6
14 744	11 504	10 218	8 231	6 295	4 823	3 663	3 261	4 050	19 664	7
169	84	49	27	18	26	21	34	99	96	8
7 146	5 647	4 955	3 907	3 013	2 210	1 612	1 405	1 572	9 687	9
6 997	5 572	4 919	3 884	3 001	2 193	1 598	1 390	1 536	9 620	10
149	75	36	23	12	17	14	15	36	67	11
7 767	5 941	5 312	4 351	3 300	2 639	2 072	1 890	2 577	10 073	12
7 747	5 932	5 299	4 347	3 294	2 630	2 065	1 871	2 514	10 044	13
20	9	13	4	6	9	7	19	63	29	14
5 302	4 447	3 762	2 975	2 923	2 435	1 983	1 403	2 305	–	15
5 216	4 391	3 731	2 948	2 891	2 445	1 945	1 366	2 085	–	16
86	*—— 74	——*	27	32	30	38	37	220	–	17
2 635	2 221	1 853	1 402	1 451	1 133	880	589	837	–	18
2 564	2 174	1 826	1 382	1 431	1 155	855	568	776	–	19
71	47	27	20	20	18	25	21	61	–	20
2 667	2 226	1 909	1 573	1 472	1 302	1 103	814	1 468	–	21
2 652	2 217	1 905	1 566	1 460	1 290	1 090	798	1 309	–	22
15	*——	13 ——*	7	12	12	13	16	159	–	23
2 026 175	1 614 715	1 315 897	1 229 322	1 203 192	1 125 128	911 767	738 321	1 047 483	–	24
2 004 655	1 597 075	1 299 420	1 212 235	1 184 125	1 103 950	886 555	705 810	864 325	–	25
15 335	13 200	12 675	14 020	16 455	18 840	21 495	29 765	180 175	–	26
6 185	4 440	3 802	3 067	2 608	2 338	3 717	2 746	2 983	–	27

28. Population by age, sex, living arrangements and urban/rural residence: each census, 1985 – 1995 (continued)

(See notes at end of table.)

	Continent, country or area, date, sex, living arrangements and urban/rural residence — Continent, pays ou zone, date, sexe, type de ménage et résidence, urbaine/rurale	Age (in years) All ages Tous âges	15 + [1]	– 15	15–19	20–24	25–29	30–34
	AMERICA,NORTH— (Cont.–Suite) AMERIQUE DU NORD							
	Canada							
	3 VI 1986 [3 4]							
	Male – Masculin							
1	Total	12 485 664	9 721 014	2 764 640	985 251	1 131 456	1 164 990	1 083 773
	Household –							
2	Ménages ordinaires	12 227 675	9 479 340	2 748 325	965 275	1 095 400	1 138 670	1 065 220
	Institutional –							
3	Pop. des collectivité	199 265	190 140	9 125	11 325	24 975	17 375	12 715
4	Other – Autre	58 724	51 534	7 190	8 651	11 081	8 945	5 838
	Female – Féminin							
5	Total	12 823 689	10 196 366	2 627 337	939 604	1 121 894	1 176 529	1 101 883
	Household –							
6	Ménages ordinaires	12 545 435	9 932 845	2 612 590	926 805	1 104 015	1 165 555	1 093 095
	Institutional –							
7	Pop. des collectivité	235 095	227 430	7 675	6 605	10 305	6 875	5 435
8	Other – Autre	43 159	36 087	7 072	6 194	7 574	4 099	3 353
	4 VI 1991 [3 4 5]							
	Total							
9	Total	27 296 860	21 604 315	5 692 560	1 868 635	1 961 875	2 375 540	2 491 050
	Household –							
10	Ménages ordinaires	26 731 860	21 067 415	5 664 445	1 835 245	1 921 505	2 336 725	2 457 465
	Institutional –							
11	Pop. des collectivité	446 885	430 130	16 760	15 835	24 155	22 115	19 400
12	Other – Autre	118 140	106 779	11 361	17 551	16 216	16 701	14 185
	Male – Masculin							
13	Total	13 454 580	10 537 685	2 916 910	958 405	985 220	1 182 575	1 237 690
	Household –							
14	Ménages ordinaires	13 186 645	10 284 825	2 901 815	938 265	958 015	1 155 445	1 214 460
	Institutional –							
15	Pop. des collectivité	195 915	186 840	9 085	9 635	17 070	15 780	13 675
16	Other – Autre	72 032	66 016	6 016	10 503	10 139	11 351	9 557
	Female – Féminin							
17	Total	13 842 280	11 066 630	2 775 650	910 230	976 655	1 192 965	1 253 360
	Household –							
18	Ménages ordinaires	13 545 215	10 782 590	2 762 630	896 980	963 490	1 181 280	1 243 005
	Institutional –							
19	Pop. des collectivité	250 970	243 290	7 675	6 200	7 085	6 335	5 725
20	Other – Autre	46 108	40 763	5 345	7 048	6 077	5 350	4 628
	Cayman Islands – Iles Caïmanes							
	15 X 1989 [3]							
	Total							
21	Total	25 355	19 597	5 758	2 053	2 274	2 867	2 711
	Household –							
22	Ménages ordinaires	25 123	19 379	5 744	2 044	2 221	2 835	2 678
	Institutional –							
23	Pop. des collectivité	232	218	14	9	53	32	33
	Male – Masculin							
24	Total	12 372	9 472	2 900	966	1 158	1 404	1 297
	Household –							
25	Ménages ordinaires	12 195	9 303	2 892	960	1 108	1 376	1 269
	Institutional –							
26	Pop. des collectivité	177	169	8	6	50	28	28
	Female – Féminin							
27	Total	12 983	10 125	2 858	1 087	1 116	1 463	1 414
	Household –							
28	Ménages ordinaires	12 928	10 076	2 852	1 084	1 113	1 459	1 409
	Institutional –							
29	Pop. des collectivité	55	49	6	3	3	4	5

28. Population selon l'âge, le sexe, le type de ménage et la résidence, urbaine/rurale: chaque recensement, 1985 – 1995 (suite)

(Voir notes à la fin du tableau.)

35–39	40–44	45–49	50–54	55–59	60–64	65–69	70–74	75+	Unknown Inconnu	
1 011 058	810 937	659 974	616 189	593 599	530 460	414 542	324 329	394 456	–	1
996 965	799 710	649 965	606 090	582 880	519 415	403 545	311 645	344 560	–	2
10 370	8 470	7 645	8 190	9 140	9 630	9 700	11 690	48 915	–	3
3 723	2 757	2 364	1 909	1 579	1 415	1 297	994	981	–	4
1 015 117	803 778	655 923	613 133	609 593	594 668	497 225	413 992	653 027	–	5
1 007 690	797 365	649 455	606 145	601 245	584 535	483 010	394 165	519 765	–	6
4 965	4 730	5 030	5 830	7 315	9 210	11 795	18 075	131 260	–	7
2 462	1 683	1 438	1 158	1 029	923	2 420	1 752	2 002	–	8
2 284 480	2 086 900	1 640 780	1 325 460	1 222 920	1 176 705	1 073 170	821 900	1 274 900	–	9
2 259 490	2 065 185	1 622 375	1 308 740	1 205 315	1 156 140	1 046 160	788 980	1 064 090	–	10
16 765	15 055	13 270	12 935	14 570	17 725	22 495	29 420	206 390	–	11
8 224	6 666	5 141	3 788	3 036	2 830	4 521	3 498	4 422	–	12
1 133 670	1 042 185	824 200	663 285	608 085	571 940	492 505	358 955	478 970	–	13
1 116 640	1 027 810	812 665	653 385	598 085	560 935	479 925	345 955	423 240	–	14
11 540	9 930	8 345	7 545	8 105	9 255	10 510	11 480	53 970	–	15
5 488	4 447	3 190	2 356	1 892	1 745	2 069	1 517	1 762	–	16
1 150 810	1 044 715	816 580	662 175	614 835	604 765	580 665	462 945	795 930	–	17
1 142 850	1 037 375	809 710	655 355	607 230	595 205	566 235	443 025	640 850	–	18
5 225	5 125	4 925	5 390	6 465	8 470	11 985	17 940	152 420	–	19
2 736	2 219	1 951	1 432	1 144	1 085	2 452	1 981	2 660	–	20
2 357	1 717	1 327	1 126	878	686	521	412	668	–	21
2 337	1 710	1 315	1 123	875	683	518	406	634	–	22
20	7	12	3	3	3	3	6	34	–	23
1 105	873	659	577	431	336	257	175	234	–	24
1 087	867	650	574	430	335	256	173	218	–	25
18	6	9	3	1	1	1	2	16	–	26
1 252	844	668	549	447	350	264	237	434	–	27
1 250	843	665	549	445	348	262	233	416	–	28
2	1	3	–	2	2	2	4	18	–	29

Age (en années)

28. Population by age, sex, living arrangements and urban/rural residence: each census, 1985 – 1995 (continued)

(See notes at end of table.)

	Continent, country or area, date, sex, living arrangements and urban/rural residence — Continent, pays ou zone, date, sexe, type de ménage et résidence, urbaine/rurale	All ages Tous âges	15 + [1]	– 15	15–19	20–24	25–29	30–34
	AMERICA,NORTH— (Cont.–Suite) AMERIQUE DU NORD							
	Guadeloupe							
	15 III 1990 [3]							
	Total							
1	Total	387 034	290 681	96 353	42 455	35 625	35 957	32 169
2	Household – Ménages ordinaires	383 627	287 629	95 998	42 125	34 835	35 668	31 936
3	Institutional – Pop. des collectivité	3 407	3 052	355	330	790	289	233
	Male – Masculin							
4	Total	189 187	140 478	48 709	21 600	17 530	17 862	16 016
5	Household – Ménages ordinaires	187 077	138 555	48 522	21 437	16 918	17 643	15 857
6	Institutional – Pop. des collectivité	2 110	1 923	187	163	612	219	159
	Female – Féminin							
7	Total	197 847	150 203	47 644	20 855	18 095	18 095	16 153
8	Household – Ménages ordinaires	196 550	149 074	47 476	20 688	17 917	18 025	16 079
9	Institutional – Pop. des collectivité	1 297	1 129	168	167	178	70	74
	Martinique							
	15 III 1990 [3]							
	Total							
10	Total	359 579	276 590	82 989	35 549	34 245	34 176	28 651
11	Household – Ménages ordinaires	355 498	272 758	82 775	35 246	33 185	33 799	28 423
12	Institutional – Pop. des collectivité	4 081	3 867	214	303	1 060	377	*———
	Male – Masculin							
13	Total	173 878	131 765	42 113	18 145	17 052	16 807	14 042
14	Household – Ménages ordinaires	171 480	129 474	42 006	17 987	16 288	16 517	13 862
15	Institutional – Pop. des collectivité	2 398	2 291	107	158	764	290	*———
	Female – Féminin							
16	Total	185 701	144 825	40 876	17 404	17 193	17 369	14 609
17	Household – Ménages ordinaires	184 018	143 284	40 769	17 259	16 897	17 282	14 561
18	Institutional – Pop. des collectivité	1 683	1 576	107	145	296	87	*———
	Mexico – Mexique							
	12 III 1990 [3]							
	Total							
19	Total	81 249 645	49 610 876	31 146 504	9 664 403	7 829 163	6 404 512	5 387 619
20	Household – Ménages ordinaires	79 425 895	48 647 004	30 705 489	9 489 882	7 644 033	6 278 365	5 306 624
21	Institutional – Pop. des collectivité	1 713 750	853 872	441 015	174 521	185 130	126 147	80 995
	Male – Masculin							
22	Total	39 893 969	23 924 966	15 728 945	4 759 892	3 738 128	3 050 595	2 578 736
23	Household – Ménages ordinaires	38 977 383	23 442 952	15 502 307	4 660 843	3 624 930	2 973 108	2 529 833
24	Institutional – Pop. des collectivité	916 586	482 014	226 638	99 049	113 198	77 487	48 903
	Female – Féminin							
25	Total	41 355 676	25 685 910	15 417 559	4 904 511	4 091 035	3 353 917	2 808 883
26	Household – Ménages ordinaires	40 448 512	25 204 052	15 203 182	4 829 039	4 019 103	3 305 257	2 776 791
27	Institutional – Pop. des collectivité	797 164	371 858	214 377	75 472	71 932	48 660	32 092

28. Population selon l'âge, le sexe, le type de ménage et la résidence, urbaine/rurale: chaque recensement, 1985 – 1995 (suite)

(Voir notes à la fin du tableau.)

Age (en années)										
35–39	40–44	45–49	50–54	55–59	60–64	65–69	70–74	75+	Unknown Inconnu	
27 025	23 688	18 349	15 754	14 245	12 444	11 328	8 339	13 303	–	1
26 812	23 519	18 220	15 624	14 138	12 338	11 199	8 237	12 978	–	2
213	169	129	130	107	106	129	102	325	–	3
12 901	11 442	8 889	7 608	6 758	5 720	5 255	3 780	5 117	–	4
12 753	11 325	8 809	7 521	6 695	5 661	5 191	3 729	5 016	–	5
148	117	80	87	63	59	64	51	101	–	6
14 124	12 246	9 460	8 146	7 487	6 724	6 073	4 559	8 186	–	7
14 059	12 194	9 411	8 103	7 443	6 677	6 008	4 508	7 962	–	8
65	52	49	43	44	47	65	51	224	–	9
24 153	20 815	17 319	16 282	15 093	13 990	12 063	8 825	15 429	–	10
23 981	20 651	17 200	16 211	14 974	13 865	11 916	8 651	14 656	–	11
———	683 ———	———*	*———	225 ———*	*——— —	446 ———	———*	773	–	12
11 184	9 772	8 180	7 632	7 119	6 513	5 511	3 985	5 823	–	13
11 060	9 659	8 103	7 561	7 055	6 457	5 437	3 914	5 574	–	14
———	494 ———	———*	*———	135 ———*	*——— —	201 ———	———*	249	–	15
12 969	11 043	9 139	8 650	7 974	7 477	6 552	4 840	9 606	–	16
12 921	10 992	9 097	8 650	7 919	7 408	6 479	4 737	9 082	–	17
———	189 ———	———*	*———	90 ———*	*——— —	245 ———	———*	524	–	18
4 579 116	3 497 770	2 971 860	2 393 791	1 894 484	1 611 317	*———	— 3 376 841 ———	———*	492 265	19
4 520 096	3 453 801	2 930 963	2 358 599	1 865 447	1 585 912	*———	— 3 213 282 ———	———*	73 402	20
59 020	43 969	40 897	35 192	29 037	25 405	*———	——— 53 559 ———	———*	418 863	21
2 210 565	1 705 013	1 452 573	1 161 875	918 864	769 917	*———	— 1 578 808 ———	———*	240 058	22
2 176 479	1 681 498	1 431 714	1 144 463	904 581	757 803	*———	— 1 557 700 ———	———*	32 124	23
34 086	23 515	20 859	17 412	14 283	12 114	*———	——— 21 108 ———	———*	207 934	24
2 368 551	1 792 757	1 519 287	1 231 916	975 620	841 400	*———	— 1 798 033 ———	———*	252 207	25
2 343 617	1 772 303	1 499 249	1 214 136	960 866	828 109	*———	— 1 655 582 ———	———*	41 278	26
24 934	20 454	20 038	17 780	14 754	13 291	*———	——— 32 451 ———	———*	210 929	27

28. Population by age, sex, living arrangements and urban/rural residence: each census, 1985 – 1995 (continued)

(See notes at end of table.)

	Continent, country or area, date, sex, living arrangements and urban/rural residence — Continent, pays ou zone, date, sexe, type de ménage et résidence, urbaine/rurale	Age (in years) All ages Tous âges	15 + [1]	– 15	15–19	20–24	25–29	30–34
	AMERICA,NORTH— (Cont.–Suite) AMERIQUE DU NORD							
	Netherlands Antilles – Antilles néerlandaises							
	27 I 1992 [3]							
	Total							
1	Total	189 474	140 238	49 236	14 671	13 574	16 971	18 086
2	Household – Ménages ordinaires	187 535	138 665	48 870	14 564	13 417	16 855	17 964
3	Institutional – Pop. des collectivité	1 942	1 576	366	107	157	116	122
	Male – Masculin							
4	Total	90 707	65 923	24 784	7 504	6 603	8 076	8 452
5	Household – Ménages ordinaires	89 606	65 038	24 568	7 430	6 501	7 987	8 365
6	Institutional – Pop. des collectivité	1 104	888	216	74	102	89	87
	Female – Féminin							
7	Total	98 767	74 315	24 452	7 167	6 971	8 895	9 634
8	Household – Ménages ordinaires	97 929	73 627	24 302	7 134	6 916	8 868	9 599
9	Institutional – Pop. des collectivité	838	688	150	33	55	27	35
	Puerto Rico – Porto Rico							
	1 IV 1990 [3 6]							
	Total							
10	Total	3 522 037	2 564 799	957 238	325 810	286 692	269 548	256 095
11	Household – Ménages ordinaires	3 489 047	2 532 847	956 200	321 312	279 202	264 881	252 864
12	Institutional – Pop. des collectivité	32 990	31 952	1 038	4 498	7 490	4 667	3 231
	Male – Masculin							
13	Total	1 705 343	1 218 636	486 707	165 676	140 943	128 867	119 838
14	Household – Ménages ordinaires	1 682 804	1 196 626	486 178	162 848	135 705	124 973	117 013
15	Institutional – Pop. des collectivité	22 539	22 010	529	2 828	5 238	3 894	2 825
	Female – Féminin							
16	Total	1 816 694	1 346 163	470 531	160 134	145 749	140 681	136 257
17	Household – Ménages ordinaires	1 806 243	1 336 221	470 022	158 464	143 497	139 908	135 851
18	Institutional – Pop. des collectivité	10 451	9 942	509	1 670	2 252	773	406
	Saint Lucia – Sainte–Lucie							
	12 V 1991							
	Total							
19	Total	135 685	...	...	...	...	...	...
20	Household – Ménages ordinaires	133 308	...	...	...	...	...	...
21	Institutional – Pop. des collectivité	2 377	...	...	...	...	...	...
	Male – Masculin							
22	Total	65 988	...	...	...	...	...	...
23	Household – Ménages ordinaires	64 645	...	...	...	...	...	...
24	Institutional – Pop. des collectivité	1 343	...	...	...	...	...	...
	Female – Féminin							
25	Total	69 697	...	...	...	...	...	...
26	Household – Ménages ordinaires	68 663	...	...	...	...	...	...
27	Institutional – Pop. des collectivité	1 034	...	...	...	...	...	...

28. Population selon l'âge, le sexe, le type de ménage et la résidence, urbaine/rurale: chaque recensement, 1985 – 1995 (suite)

(Voir notes à la fin du tableau.)

Age (en années)										
35–39	40–44	45–49	50–54	55–59	60–64	65–69	70–74	75+	Unknown Inconnu	
16 142	14 061	11 323	8 542	7 314	5 744	4 583	3 558	5 669	–	1
16 048	13 985	11 267	8 496	7 260	5 680	4 527	3 472	5 130	–	2
94	76	56	46	54	64	59	86	539	–	3
7 449	6 584	5 248	3 978	3 473	2 733	2 099	1 595	2 129	–	4
7 385	6 534	5 214	3 946	3 430	2 691	2 063	1 556	1 936	–	5
64	50	34	32	43	42	39	39	193	–	6
8 693	7 477	6 075	4 564	3 841	3 011	2 484	1 963	3 540	–	7
8 663	7 451	6 053	4 550	3 830	2 989	2 464	1 916	3 194	–	8
30	26	22	14	11	22	20	47	346	–	9
236 222	225 539	194 413	162 647	141 443	124 331	114 487	87 819	139 753	–	10
233 710	224 249	193 506	161 909	140 779	123 662	113 747	87 027	135 999	–	11
2 512	1 290	907	738	664	669	740	792	3 754	–	12
110 159	105 575	91 695	75 713	65 955	57 522	53 414	41 015	62 264	–	13
107 953	104 571	91 032	75 313	65 537	57 147	53 025	40 624	60 885	–	14
2 206	1 004	663	400	418	375	389	391	1 379	–	15
126 063	119 964	102 718	86 934	75 488	66 809	61 073	46 804	77 489	–	16
125 757	119 678	102 474	86 596	75 242	66 515	60 722	46 403	75 114	–	17
306	286	244	338	246	294	351	401	2 375	–	18
...	...	...	...	...	...	...	...	...	...	19
...	...	...	...	...	...	...	...	...	...	20
...	...	...	...	...	...	...	...	...	...	21
...	...	...	...	...	...	...	...	...	...	22
...	...	...	...	...	...	...	...	...	...	23
...	...	...	...	...	...	...	...	...	...	24
...	...	...	...	...	...	...	...	...	...	25
...	...	...	...	...	...	...	...	...	...	26
...	...	...	...	...	...	...	...	...	...	27

28. Population by age, sex, living arrangements and urban/rural residence: each census, 1985 – 1995 (continued)

(See notes at end of table.)

	Continent, country or area, date, sex, living arrangements and urban/rural residence / Continent, pays ou zone, date, sexe, type de ménage et résidence, urbaine/rurale	Age (in years)						
		All ages Tous âges	15 + [1]	– 15	15–19	20–24	25–29	30–34
	AMERICA,NORTH— (Cont.–Suite) AMERIQUE DU NORD							
	Trinidad and Tobago – Trinité–et–Tobago							
	15 V 1990 [3]							
	Total							
1	Total	1 213 733	807 578	406 155	114 377	104 107	111 181	96 359
	Household –							
2	Ménages ordinaires	1 205 432	799 972	405 460	113 188	102 866	110 025	95 492
	Institutional –							
3	Pop. des collectivité	7 899	7 219	680	1 189	1 241	1 058	811
	Shelterless –							
4	Pop. sans abri	402	387	15	–	–	98	56
	Male – Masculin							
5	Total	606 388	401 305	205 083	58 221	52 076	55 711	48 024
	Household –							
6	Ménages ordinaires	600 786	396 073	204 713	57 286	51 151	54 757	47 286
	Institutional –							
7	Pop. des collectivité	5 249	4 894	355	935	925	881	694
	Shelterless –							
8	Pop. sans abri	353	338	15	–	–	73	44
	Female – Féminin							
9	Total	607 345	406 273	201 072	56 156	52 031	55 470	48 335
	Household –							
10	Ménages ordinaires	604 646	403 899	200 747	55 902	51 715	55 268	48 206
	Institutional –							
11	Pop. des collectivité	2 650	2 325	325	254	316	177	117
	Shelterless –							
12	Pop. sans abri	49	49	–	–	–	25	12
	United States – Etats–Unis [7]							
	1 III 1985 [8] [10]							
	Total							
13	Total	234 067 000	182290000	51 751 000	18 325 000	20 466 000	21 106 000	19 751 000
	Household –							
14	Ménages ordinaires	233 517 000	181838000	51 676 000	18 280 000	20 383 000	21 023 000	19 741 000
	Institutional – [9]							
15	Pop. des collectivité	550 000	476 000	75 000	45 000	83 000	83 000	10 000
	Male – Masculin							
16	Total	113 509 000	87 037 000	26 475 000	9 222 000	10 055 000	10 420 000	9 764 000
	Household –							
17	Ménages ordinaires	113 186 000	86 749 000	26 435 000	9 205 000	10 011 000	10 369 000	9 759 000
	Institutional – [9]							
18	Pop. des collectivité	323 000	284 000	40 000	17 000	44 000	51 000	5 000
	Female – Féminin							
19	Total	120 558 000	95 216 000	25 276 000	9 103 000	10 411 000	10 686 000	9 987 000
	Household –							
20	Ménages ordinaires	120 331 000	95 089 000	25 241 000	9 075 000	10 372 000	10 654 000	9 982 000
	Institutional – [9]							
21	Pop. des collectivité	227 000	192 000	35 000	28 000	39 000	32 000	5 000
	1 III 1988 [8] [10]							
	Total							
22	Total	241 155 000	188452000	52 703 000	17 996 000	18 840 000	21 523 000	21 446 000
	Household –							
23	Ménages ordinaires	240 722 000	188044000	52 675 000	17 962 000	18 781 000	21 482 000	21 403 000
	Institutional – [9]							
24	Pop. des collectivité	433 000	405 000	28 000	34 000	59 000	41 000	43 000
	Male – Masculin							
25	Total	117 260 000	90 283 000	26 976 000	9 089 000	9 254 000	10 669 000	10 651 000
	Household –							
26	Ménages ordinaires	117 016 000	90 054 000	26 960 000	9 062 000	9 214 000	10 636 000	10 616 000
	Institutional – [9]							
27	Pop. des collectivité	244 000	229 000	16 000	27 000	40 000	33 000	35 000
	Female – Féminin							
28	Total	123 895 000	98 169 000	25 727 000	8 907 000	9 586 000	10 854 000	10 795 000
	Household –							
29	Ménages ordinaires	123 706 000	97 990 000	25 715 000	8 900 000	9 567 000	10 846 000	10 787 000
	Institutional – [9]							
30	Pop. des collectivité	189 000	176 000	12 000	7 000	19 000	8 000	8 000

28. Population selon l'âge, le sexe, le type de ménage et la résidence, urbaine/rurale: chaque recensement, 1985 – 1995 (suite)

(Voir notes à la fin du tableau.)

Age (en années)										
35–39	40–44	45–49	50–54	55–59	60–64	65–69	70–74	75+	Unknown Inconnu	
79 552	66 053	52 447	43 313	34 348	30 100	27 573	20 354	27 814	–	1
78 981	65 670	52 183	43 142	34 170	29 876	27 354	20 120	26 905	–	2
515	309	235	171	163	209	204	234	880	–	3
56	74	29	–	15	15	15	–	29	–	4
39 882	33 431	26 066	21 461	16 764	14 741	13 289	9 859	11 780	–	5
39 428	33 133	25 905	21 365	16 670	14 631	13 188	9 758	11 515	–	6
410	224	132	96	79	95	86	101	236	–	7
44	74	29	–	15	15	15	–	29	–	8
39 670	32 622	26 381	21 852	17 584	15 359	14 284	10 495	16 034	–	9
39 553	32 537	26 278	21 777	17 500	15 245	14 166	10 362	15 390	–	10
105	85	103	75	84	114	118	133	644	–	11
12	–	–	–	–	–	–	–	–	–	12
17 208 000	14 077 000	*—— 22 3 89 000 ——*		*—— 22 1 51 000 ——*		*—— 16 5 75 000 ——*		10 242 000	–	13
17 184 000	14 055 000	*—— 22 3 51 000 ——*		*—— 22 1 18 000 ——*		*—— 16 5 24 000 ——*		10 179 000	–	14
38 000	22 000	*—— 47 000 ——*		*—— 3 3 000 ——*		*—— 52 000 ——*		63 000	–	15
8 464 000	6 873 000	*—— 10 8 48 000 ——*		*—— 10 3 77 000 ——*		*—— 7 2 59 000 ——*		3 755 000	–	16
8 436 000	6 852 000	*—— 10 8 10 000 ——*		*—— 10 3 51 000 ——*		*—— 7 2 21 000 ——*		3 735 000	–	17
24 000	21 000	*—— 38 000 ——*		*—— 2 6 000 ——*		*—— 3 8 000 ——*		20 000	–	18
8 762 000	7 203 000	*—— 11 5 50 000 ——*		*—— 11 7 67 000 ——*		*—— 9 3 03 000 ——*		6 444 000	–	19
8 748 000	7 203 000	*—— 11 5 41 000 ——*		*—— 11 7 67 000 ——*		*—— 9 3 03 000 ——*		6 444 000	–	20
14 000	1 000	*—— 9 000 ——*		*—— 7 000 ——*		*—— 14 000 ——*		43 000	–	21
18 854 000	15 828 000	12 776 000	11 019 000	10 851 000	10 791 000	9 804 000	7 668 000	11 056 000	–	22
18 825 000	15 798 000	*—— 23 7 54 000 ——*		*—— 21 6 21 000 ——*		*—— 17 4 46 000 ——*		10 972 000	–	23
29 000	27 000	*—— 41 000 ——*		*—— 21 000 ——*		*—— 26 000 ——*		84 000	–	24
9 321 000	7 755 000	6 204 000	5 317 000	5 168 000	5 018 000	4 460 000	3 276 000	4 101 000	–	25
9 298 000	7 744 000	*—— 11 4 88 000 ——*		*—— 10 1 80 000 ——*		*—— 7 7 32 000 ——*		4 084 000	–	26
23 000	11 000	*—— 33 000 ——*		*—— 6 000 ——*		*—— 4 000 ——*		17 000	–	27
9 533 000	8 073 000	6 572 000	5 702 000	5 683 000	5 773 000	5 344 000	4 392 000	6 955 000	–	28
9 527 000	8 054 000	*—— 12 2 66 000 ——*		*—— 11 4 41 000 ——*		*—— 9 7 14 000 ——*		6 888 000	–	29
6 000	16 000	*—— 8 000 ——*		*—— 15 000 ——*		*—— 22 000 ——*		67 000	–	30

28. Population by age, sex, living arrangements and urban/rural residence: each census, 1985 – 1995 (continued)

(See notes at end of table.)

	Continent, country or area, date, sex, living arrangements and urban/rural residence — Continent, pays ou zone, date, sexe, type de ménage et résidence, urbaine/rurale	Age (in years): All ages / Tous âges	15 +[1]	– 15	15–19	20–24	25–29	30–34
	AMERICA,NORTH— (Cont.–Suite) AMERIQUE DU NORD							
	United States – Etats–Unis							
	1 IV 1990							
	Total							
1	Total	248 709 873	195142002	53 567 871	17 754 015	19 020 312	21 313 045	21 862 887
2	Household – Ménages ordinaires	242 012 129	188572642	53 439 487	16 407 182	17 483 243	20 783 703	21 450 845
3	Institutional –[9] Pop. des collectivité	6 697 744	6 569 360	128 384	1 346 833	1 537 069	529 342	412 042
	Male – Masculin							
4	Total	121 239 418	93 817 315	27 422 103	9 102 698	9 675 596	10 695 936	10 876 933
5	Household – Ménages ordinaires	117 450 800	90 104 325	27 346 475	8 369 753	8 663 806	10 256 475	10 535 426
6	Institutional –[9] Pop. des collectivité	3 788 618	3 712 990	75 628	732 945	1 011 790	439 461	341 507
	Female – Féminin							
7	Total	127 470 455	101324687	26 145 768	8 651 317	9 344 716	10 617 109	10 985 954
8	Household – Ménages ordinaires	124 561 329	98 468 317	26 093 012	8 037 429	8 819 437	10 527 228	10 915 419
9	Institutional – Pop. des collectivité	2 909 126	2 856 370	52 756	613 888	525 279	89 881	70 535
	1 III 1991[10]							
	Total							
10	Total	248 886 000	193519000	55 366 000	16 839 000	17 987 000	20 767 000	22 138 000
11	Household – Ménages ordinaires	248 464 000	193102000	55 360 000	16 799 000	17 947 000	20 730 000	22 097 000
12	Institutional –[9] Pop. des collectivité	422 000	417 000	6 000	40 000	40 000	37 000	41 000
	Male – Masculin							
13	Total	121 191 000	92 839 000	28 351 000	8 513 000	8 839 000	10 331 000	10 988 000
14	Household – Ménages ordinaires	120 938 000	92 591 000	28 345 000	8 482 000	8 814 000	10 302 000	10 957 000
15	Institutional –[9] Pop. des collectivité	253 000	248 000	6 000	31 000	25 000	29 000	31 000
	Female – Féminin							
16	Total	127 695 000	100680000	27 015 000	8 326 000	9 148 000	10 436 000	11 150 000
17	Household – Ménages ordinaires	127 526 000	100511000	27 015 000	8 317 000	9 133 000	10 428 000	11 140 000
18	Institutional – Pop. des collectivité	169 000	169 000	–	9 000	15 000	8 000	10 000
	1 III 1992[10]							
	Total							
19	Total	251 434 000	195242000	56 191 000	16 567 000	17 848 000	20 132 000	22 361 000
20	Household – Ménages ordinaires	250 983 000	194847000	56 135 000	16 552 000	17 786 000	20 064 000	22 317 000
21	Institutional –[9] Pop. des collectivité	451 000	395 000	56 000	15 000	62 000	68 000	44 000
	Male – Masculin							
22	Total	122 528 000	93 760 000	28 768 000	8 380 000	8 800 000	10 024 000	11 101 000
23	Household – Ménages ordinaires	122 254 000	93 505 000	28 749 000	8 370 000	8 762 000	9 971 000	11 069 000
24	Institutional –[9] Pop. des collectivité	274 000	255 000	19 000	10 000	38 000	53 000	32 000
	Female – Féminin							
25	Total	128 906 000	101482000	27 423 000	8 187 000	9 048 000	10 108 000	11 260 000
26	Household – Ménages ordinaires	128 729 000	101342000	27 386 000	8 182 000	9 024 000	10 093 000	11 248 000
27	Institutional –[9] Pop. des collectivité	177 000	140 000	37 000	5 000	24 000	15 000	12 000
	1 III 1993[10]							
	Total							
28	Total	254 241 000	197254000	56 987 000	16 626 000	17 802 000	19 603 000	22 260 000
29	Household – Ménages ordinaires	253 924 000	196974000	56 950 000	16 594 000	17 740 000	19 562 000	22 227 000
30	Institutional –[9] Pop. des collectivité	317 000	280 000	37 000	32 000	62 000	41 000	33 000

28. Population selon l'âge, le sexe, le type de ménage et la résidence, urbaine/rurale: chaque recensement, 1985 – 1995 (suite)

(Voir notes à la fin du tableau.)

Age (en années) 35–39	40–44	45–49	50–54	55–59	60–64	65–69	70–74	75+	Unknown Inconnu	
— 37 5 78 903 —		*— 25 2 23 086 —*		10 531 756	10 616 167	*— 18 1 06 558 —*		13 135 273	–	1
— 37 0 71 167 —		*— 24 9 85 352 —*		10 432 847	10 497 337	*— 17 7 70 393 —*		11 690 573	–	2
— 5 07 736 —		*— 2 37 734 —*		98 909	118 830	*— 3 36 165 —*		1 444 700	–	3
— 18 5 94 227 —		*— 12 3 25 335 —*		5 034 370	4 947 047	*— 7 9 41 613 —*		4 623 560	–	4
— 18 1 83 076 —		*— 12 1 55 427 —*		4 972 511	4 880 377	*— 7 7 94 360 —*		4 293 114	–	5
— 4 11 151 —		*— 1 69 908 —*		61 859	66 670	*— 1 47 253 —*		330 446	–	6
— 18 9 84 676 —		*— 12 8 97 751 —*		5 497 386	5 669 120	*— 10 1 64 945 —*		8 511 713	–	7
— 18 8 88 091 —		*— 12 8 29 925 —*		5 460 336	5 616 960	*— 9 9 76 033 —*		7 397 459	–	8
— 96 585 —		*— 67 826 —*		37 050	52 160	*— 1 88 912 —*		1 114 254	–	9
20 379 000	18 286 000	*— 25 6 86 000 —*		*— 21 3 45 000 —*		*— 18 2 37 000 —*		11 855 000	–	10
20 346 000	18 246 000	*— 25 6 43 000 —*		*— 21 3 11 000 —*		*— 18 2 03 000 —*		11 780 000	–	11
33 000	40 000	*— 43 000 —*		*— 34 000 —*		*— 34 000 —*		75 000	–	12
10 066 000	8 966 000	*— 12 4 28 000 —*		*— 10 1 61 000 —*		*— 8 1 56 000 —*		4 391 000	–	13
10 035 000	8 937 000	*— 12 3 99 000 —*		*— 10 1 42 000 —*		*— 8 1 40 000 —*		4 383 000	–	14
31 000	29 000	*— 29 000 —*		*— 19 000 —*		*— 16 000 —*		8 000	–	15
10 313 000	9 320 000	*— 13 2 58 000 —*		*— 11 1 84 000 —*		*— 10 0 81 000 —*		7 464 000	–	16
10 311 000	9 309 000	*— 13 2 44 000 —*		*— 11 1 69 000 —*		*— 10 0 63 000 —*		7 397 000	–	17
2 000	11 000	*— 14 000 —*		*— 15 000 —*		*— 18 000 —*		67 000	–	18
20 953 000	18 618 000	*— 27 0 24 000 —*		*— 21 1 50 000 —*		*— 18 4 40 000 —*		12 149 000	–	19
20 929 000	18 585 000	*— 26 9 87 000 —*		*— 21 1 15 000 —*		*— 18 4 10 000 —*		12 102 000	–	20
24 000	33 000	*— 37 000 —*		*— 35 000 —*		*— 30 000 —*		47 000	–	21
10 358 000	9 148 000	*— 13 1 14 000 —*		*— 10 0 36 000 —*		*— 8 2 66 000 —*		4 533 000	–	22
10 343 000	9 120 000	*— 13 0 92 000 —*		*— 10 0 15 000 —*		*— 8 2 49 000 —*		4 514 000	–	23
15 000	28 000	*— 22 000 —*		*— 21 000 —*		*— 17 000 —*		19 000	–	24
10 595 000	9 470 000	*— 13 9 10 000 —*		*— 11 1 14 000 —*		*— 10 1 74 000 —*		7 616 000	–	25
10 586 000	9 465 000	*— 13 8 95 000 —*		*— 11 1 00 000 —*		*— 10 1 61 000 —*		7 588 000	–	26
9 000	5 000	*— 15 000 —*		*— 14 000 —*		*— 13 000 —*		28 000	–	27
21 467 000	18 875 000	*— 28 5 02 000 —*		*— 21 2 47 000 —*		*— 18 3 63 000 —*		12 509 000	–	28
21 456 000	18 862 000	*— 28 4 84 000 —*		*— 21 2 21 000 —*		*— 18 3 52 000 —*		12 476 000	–	29
11 000	13 000	*— 18 000 —*		*— 26 000 —*		*— 11 000 —*		33 000	–	30

28. Population by age, sex, living arrangements and urban/rural residence: each census, 1985 – 1995 (continued)

(See notes at end of table.)

	Continent, country or area, date, sex, living arrangements and urban/rural residence Continent, pays ou zone, date, sexe, type de ménage et résidence, urbaine/rurale	All ages Tous âges	15 + [1]	– 15	15–19	20–24	25–29	30–34
	AMERICA,NORTH— (Cont.–Suite) AMERIQUE DU NORD							
	United States – Etats–Unis							
	1 III 1993 [10]							
	Male – Masculin							
1	Total	124 018 000	94 854 000	29 164 000	8 424 000	8 786 000	9 767 000	11 089 000
	Household –							
2	Ménages ordinaires	123 840 000	94 694 000	29 146 000	8 409 000	8 754 000	9 736 000	11 066 000
	Institutional – [9]							
3	Pop. des collectivité	178 000	160 000	18 000	15 000	32 000	31 000	23 000
	Female – Féminin							
4	Total	130 223 000	102400000	27 823 000	8 202 000	9 016 000	9 836 000	11 171 000
	Household –							
5	Ménages ordinaires	130 084 000	102280000	27 804 000	8 185 000	8 986 000	9 826 000	11 161 000
	Institutional – [9]							
6	Pop. des collectivité	139 000	120 000	19 000	17 000	30 000	10 000	10 000
	1 III 1994 [10]							
	Total							
7	Total	259 752 000	200801000	58 952 000	17 730 000	18 559 000	19 626 000	22 320 000
	Household –							
8	Ménages ordinaires	259 507 000	200579000	59 108 000	17 714 000	18 487 000	19 600 000	22 306 000
	Institutional – [9]							
9	Pop. des collectivité	245 000	222 000	24 000	16 000	72 000	26 000	14 000
	Male – Masculin							
10	Total	126 914 000	96 768 000	30 146 000	9 008 000	9 221 000	9 765 000	11 108 000
	Household –							
11	Ménages ordinaires	126 797 000	96 665 000	30 312 000	9 001 000	9 189 000	9 753 000	11 103 000
	Institutional – [9]							
12	Pop. des collectivité	117 000	103 000	14 000	7 000	32 000	12 000	5 000
	Female – Féminin							
13	Total	132 838 000	104033000	28 806 000	8 722 000	9 338 000	9 861 000	11 212 000
	Household –							
14	Ménages ordinaires	132 710 000	103914000	28 796 000	8 713 000	9 298 000	9 847 000	11 203 000
	Institutional – [9]							
15	Pop. des collectivité	128 000	119 000	10 000	9 000	40 000	14 000	9 000
	United States Virgin Islands – Iles Vierges américaines							
	1 IV 1990 [3 6]							
	Total							
16	Total	101 809	72 365	29 444	9 623	7 103	7 353	7 324
	Household –							
17	Ménages ordinaires	100 488	71 166	29 322	9 541	6 866	7 175	7 185
	Institutional –							
18	Pop. des collectivité	1 321	1 199	122	82	237	178	139
	Male – Masculin							
19	Total	49 210	34 377	14 833	4 830	3 452	3 489	3 435
	Household –							
20	Ménages ordinaires	48 405	33 641	14 764	4 795	3 331	3 356	3 326
	Institutional –							
21	Pop. des collectivité	805	736	69	35	121	133	109
	Female – Féminin							
22	Total	52 599	37 988	14 611	4 793	3 651	3 864	3 889
	Household –							
23	Ménages ordinaires	52 083	37 525	14 558	4 746	3 535	3 819	3 859
	Institutional –							
24	Pop. des collectivité	516	463	53	47	116	45	30

28. Population selon l'âge, le sexe, le type de ménage et la résidence, urbaine/rurale: chaque recensement, 1985 – 1995 (suite)

(Voir notes à la fin du tableau.)

Age (en années)										
35–39	40–44	45–49	50–54	55–59	60–64	65–69	70–74	75+	Unknown Inconnu	
10 606 000	9 298 000	*——— 13 8 47 000 ———*		*——— 10 2 05 000 ———*		*——— 8 1 14 000 ———*		4 718 000	–	1
10 596 000	9 290 000	*——— 13 8 38 000 ———*		*——— 10 1 89 000 ———*		*——— 8 1 08 000 ———*		4 708 000	–	2
10 000	8 000	*——— 9 000 ———*		*——— 16 000 ———*		*——— 6 000 ———*		10 000	–	3
10 861 000	9 577 000	*——— 14 6 55 000 ———*		*——— 11 0 42 000 ———*		*——— 10 2 49 000 ———*		7 791 000	–	4
10 860 000	9 572 000	*——— 14 6 46 000 ———*		*——— 11 0 32 000 ———*		*——— 10 2 44 000 ———*		7 768 000	–	5
1 000	5 000	*——— 9 000 ———*		*——— 10 000 ———*		*——— 5 000 ———*		23 000	–	6
21 970 000	19 557 000	*——— 29 5 22 000 ———*		*——— 20 7 38 000 ———*		*——— 18 0 87 000 ———*		12 692 000	–	7
21 949 000	19 551 000	*——— 29 5 08 000 ———*		*——— 20 7 23 000 ———*		*——— 18 0 72 000 ———*		12 669 000	–	8
21 000	6 000	*——— 14 000 ———*		*——— 15 000 ———*		*——— 15 000 ———*		23 000	–	9
10 892 000	9 651 000	*——— 14 4 54 000 ———*		*——— 9 9 33 000 ———*		*——— 7 9 24 000 ———*		4 812 000	–	10
10 876 000	9 648 000	*——— 14 4 42 000 ———*		*——— 9 9 27 000 ———*		*——— 7 9 20 000 ———*		4 806 000	–	11
16 000	3 000	*——— 12 000 ———*		*——— 6 000 ———*		*——— 4 000 ———*		6 000	–	12
11 078 000	9 906 000	*——— 15 0 68 000 ———*		*——— 10 8 05 000 ———*		*——— 10 1 63 000 ———*		7 880 000	–	13
11 073 000	9 903 000	*——— 15 0 66 000 ———*		*——— 10 7 96 000 ———*		*——— 10 1 52 000 ———*		7 863 000	–	14
5 000	3 000	*——— 2 000 ———*		*——— 9 000 ———*		*——— 11 000 ———*		17 000	–	15
——— 15 039 ———		*——— 12 284 ———*		3 980	*——— 3 180 ———*		4 283	2 196	–	16
——— 14 839 ———		*——— 12 167 ———*		3 942	*——— 3 139 ———*		4 224	2 088	–	17
——— 200 ———		*——— 117 ———*		38	*——— - 41 ———*		59	108	–	18
——— 6 881 ———		*——— 5 938 ———*		1 948	*——— 1 563 ———*		1 970	871	–	19
——— 6 741 ———		*——— 5 857 ———*		1 926	*——— 1 536 ———*		1 935	838	–	20
——— 140 ———		*——— - 81 ———*		22	*——— - 27 ———*		35	33	–	21
——— 8 158 ———		*——— 6 346 ———*		2 032	*——— 1 617 ———*		2 313	1 325	–	22
——— 8 098 ———		*——— 6 310 ———*		2 016	*——— 1 603 ———*		2 289	1 250	–	23
——— - 60 ———		*——— - 36 ———*		16	*——— - 14 ———*		24	75	–	24

28. Population by age, sex, living arrangements and urban/rural residence: each census, 1985 – 1995 (continued)

(See notes at end of table.)

	Continent, country or area, date, sex, living arrangements and urban/rural residence Continent, pays ou zone, date, sexe, type de ménage et résidence, urbaine/rurale	All ages Tous âges	15 +[1]	– 15	15–19	20–24	25–29	30–34
					Age (in years)			
	AMERICA,SOUTH— AMERIQUE DU SUD							
	Argentina – Argentine							
	15 V 1991							
	Total							
1	Total	32 615 528	22 644 941	9 970 587	*——— 5 304 228	——*	*———	———
	Household –							
2	Ménages ordinaires	32 245 467	22 319 682	9 925 785	*——— 5 224 831	——*	*———	———
3	Other – Autre	370 061	325 259	44 802	*——— 79 397	——*	*———	———
	Male – Masculin							
4	Total	15 937 980	10 897 578	5 040 402	*——— 2 631 454	——*	*———	———
	Household –							
5	Ménages ordinaires	15 727 575	10 710 988	5 016 587	*——— 2 575 399	——*	*———	———
6	Other – Autre	210 405	186 590	23 815	*——— 56 055	——*	*———	———
	Female – Féminin							
7	Total	16 677 548	11 747 363	4 930 185	*——— 2 672 774	——*	*———	———
	Household –							
8	Ménages ordinaires	16 517 892	11 608 694	4 909 198	*——— 2 649 432	——*	*———	———
9	Other – Autre	159 656	138 669	20 987	*——— 23 342	——*	*———	———
	Bolivia – Bolivie							
	3 VI 1992 [11]							
	Total							
10	Total	6 420 792	3 751 728	2 648 208	664 034	549 902	469 664	419 169
	Household –							
11	Ménages ordinaires	6 292 909	3 643 288	2 629 784	628 768	529 690	456 423	408 814
	Institutional –							
12	Pop. des collectivité	119 708	101 819	17 153	34 394	19 105	12 273	9 570
	Shelterless –							
13	Pop. sans abri	8 175	6 621	1 271	872	1 107	968	785
	Male – Masculin							
14	Total	3 171 265	1 816 811	1 342 846	329 406	265 662	225 825	204 809
	Household –							
15	Ménages ordinaires	3 075 217	1 732 135	1 332 223	299 364	250 072	215 801	196 778
	Institutional –							
16	Pop. des collectivité	90 041	79 591	9 890	29 401	14 768	9 260	7 399
	Shelterless –							
17	Pop. sans abri	6 007	5 085	733	641	822	764	632
	Female – Féminin							
18	Total	3 249 527	1 934 917	1 305 362	334 628	284 240	243 839	214 360
	Household –							
19	Ménages ordinaires	3 217 692	1 911 153	1 297 561	329 404	279 618	240 622	212 036
	Institutional –							
20	Pop. des collectivité	29 667	22 228	7 263	4 993	4 337	3 013	2 171
	Shelterless –							
21	Pop. sans abri	2 168	1 536	538	231	285	204	153
22	Other – Autre	–	–	–	–	–	–	–
	Paraguay							
	26 VIII 1992 [12]							
	Total							
23	Total	4 152 588	...	...	...	...	...	...
	Household –							
24	Ménages ordinaires	4 111 991	...	...	...	...	...	...
	Institutional –							
25	Pop. des collectivité	40 597	...	...	...	...	...	...
	Male – Masculin							
26	Total	2 085 905	...	...	...	...	...	...
	Household –							
27	Ménages ordinaires	2 055 070	...	...	...	...	...	...
	Institutional –							
28	Pop. des collectivité	30 835	...	...	...	...	...	...
	Female – Féminin							
29	Total	2 066 683	...	...	...	...	...	...
	Household –							
30	Ménages ordinaires	2 056 921	...	...	...	...	...	...
	Institutional –							
31	Pop. des collectivité	9 762	...	...	...	...	...	...

28. Population selon l'âge, le sexe, le type de ménage et la résidence, urbaine/rurale: chaque recensement, 1985 – 1995 (suite)

(Voir notes à la fin du tableau.)

Age (en années)										
35–39	40–44	45–49	50–54	55–59	60–64	65–69	70–74	75+	Unknown Inconnu	
8 601 239	———*	*———	5 846 487	———	———*	*———	2 892 987	———*	–	1
8 498 614	———*	*———	5 784 506	———	———*	*———	2 811 731	———*	–	2
102 625	———*	*———	61 981	———	———*	*———	81 256	———*	–	3
4 244 306	———*	*———	2 809 159	———	———*	*———	1 212 659	———*	–	4
4 178 335	———*	*———	2 775 389	———	———*	*———	1 181 865	———*	–	5
65 971	———*	*———	33 770	———	———*	*———	30 794	———*	–	6
4 356 933	———*	*———	3 037 328	———	———*	*———	1 680 328	———*	–	7
4 320 279	———*	*———	3 009 117	———	———*	*———	1 629 866	———*	–	8
36 654	———*	*———	28 211	———	———*	*———	50 462	———*	–	9
365 026	297 172	247 794	184 368	138 493	143 173	95 263	70 833	106 837	20 856	10
356 844	290 994	243 184	181 073	136 552	141 460	94 248	70 046	105 192	19 837	11
7 481	5 611	4 128	2 947	1 700	1 478	909	708	1 515	736	12
701	567	482	348	241	235	106	79	130	283	13
174 658	146 673	120 992	89 215	65 859	68 737	44 598	32 537	47 840	11 608	14
168 423	141 926	117 546	86 850	64 578	67 651	43 969	32 114	47 063	10 859	15
5 692	4 284	3 066	2 101	1 101	913	549	372	685	560	16
543	463	380	264	180	173	80	51	92	189	17
190 368	150 499	126 802	95 153	72 634	74 436	50 665	38 296	58 997	9 248	18
188 421	149 068	125 638	94 223	71 974	73 809	50 279	37 932	58 129	8 978	19
1 789	1 327	1 062	846	599	565	360	336	830	176	20
158	104	102	84	61	62	26	28	38	94	21
–	–	–	–	–	–	–	–	–	–	22
...	...	...	...	...	...	...	...	...	...	23
...	...	...	...	...	...	...	...	...	...	24
...	...	...	...	...	...	...	...	...	...	25
...	...	...	...	...	...	...	...	...	...	26
...	...	...	...	...	...	...	...	...	...	27
...	...	...	...	...	...	...	...	...	...	28
...	...	...	...	...	...	...	...	...	...	29
...	...	...	...	...	...	...	...	...	...	30
...	...	...	...	...	...	...	...	...	...	31

28. Population by age, sex, living arrangements and urban/rural residence: each census, 1985 – 1995 (continued)

(See notes at end of table.)

	Continent, country or area, date, sex, living arrangements and urban/rural residence Continent, pays ou zone, date, sexe, type de ménage et résidence, urbaine/rurale	All ages Tous âges	15 + [1]	– 15	15–19	20–24	25–29	30–34
	AMERICA,SOUTH— (Cont.–Suite) AMERIQUE DU SUD							
	Peru – Pérou							
	11 VII 1993 [13 14]							
	Total							
1	Total	22 048 356	13 892 980	8 155 376	*———	— 6 296 271	———*	*———
	Household –							
2	Ménages ordinaires	21 801 654	13 668 292	8 133 362	*———	— 6 149 883	———*	*———
	Institutional –							
3	Pop. des collectivité	209 846	190 996	18 850	*———	— 130 780	———*	*———
	Shelterless –							
4	Pop. sans abri	563	499	64	*———	— 251	———*	*———
5	Other – Autre	36 293	33 193	3 100	*———	— 15 357	———*	*———
	Male – Masculin							
6	Total	10 956 375	6 817 169	4 139 206	*———	— 3 094 080	———*	*———
	Household –							
7	Ménages ordinaires	10 757 222	6 630 099	4 127 123	*———	— 2 965 695	———*	*———
	Institutional –							
8	Pop. des collectivité	170 071	159 799	10 272	*———	— 116 192	———*	*———
	Shelterless –							
9	Pop. sans abri	466	425	41	*———	— 213	———*	*———
10	Other – Autre	28 616	26 846	1 770	*———	— 11 980	———*	*———
	Female – Féminin							
11	Total	11 091 981	7 075 811	4 016 170	*———	— 3 202 191	———*	*———
	Household –							
12	Ménages ordinaires	11 044 432	7 038 193	4 006 239	*———	— 3 184 188	———*	*———
	Institutional –							
13	Pop. des collectivité	39 775	31 197	8 578	*———	— 14 588	———*	*———
	Shelterless –							
14	Pop. sans abri	97	74	23	*———	— 38	———*	*———
15	Other – Autre	7 677	6 347	1 330	*———	— 3 377	———*	*———
	Uruguay							
	23 X 1985 [2 15]							
	Total							
16	Total	2 955 241	2 164 837	789 876	229 492	226 868	215 086	193 760
	Household –							
17	Ménages ordinaires	2 876 355	2 092 606	783 749	221 121	215 558	207 264	187 892
	Institutional –							
18	Pop. des collectivité	78 358	72 231	6 127	8 371	11 310	7 822	5 868
	Shelterless –							
19	Pop. sans abri	528	–	–	–	–	–	–
	Male – Masculin							
20	Total	1 439 021	1 035 974	402 565	115 801	112 662	105 509	94 717
	Household –							
21	Ménages ordinaires	1 380 765	981 913	398 852	108 877	103 093	99 074	89 968
	Institutional –							
22	Pop. des collectivité	57 774	54 061	3 713	6 924	9 569	6 435	4 749
	Shelterless –							
23	Pop. sans abri	482	–	–	–	–	–	–
	Female – Féminin							
24	Total	1 516 220	1 128 863	387 311	113 691	114 206	109 577	99 043
	Household –							
25	Ménages ordinaires	1 495 590	1 110 693	384 897	112 244	112 465	108 190	97 924
	Institutional –							
26	Pop. des collectivité	20 584	18 170	2 414	1 447	1 741	1 387	1 119
	Shelterless –							
27	Pop. sans abri	46	–	–	–	–	–	–
	ASIA—ASIE							
	China – Chine							
	1 VII 1990 [16]							
	Total							
28	Total	1 130 510 638	817508784	313 001 854	120 158 421	125 761 174	104 267 525	83 875 707
	Household –							
29	Ménages ordinaires	1 097 776 366	785541662	312 234 704	114 090 871	115 754 373	99 761 805	81 488 473
	Institutional –							
30	Pop. des collectivité	32 734 272	31 967 122	767 150	6 067 550	10 006 801	4 505 720	2 387 234

28. Population selon l'âge, le sexe, le type de ménage et la résidence, urbaine/rurale: chaque recensement, 1985 – 1995 (suite)

(Voir notes à la fin du tableau.)

Age (en années) 35–39	40–44	45–49	50–54	55–59	60–64	65–69	70–74	75+	Unknown Inconnu	
3 899 755	———*	*———	———	2 670 835	———*	*———	1 026 119	———*	–	1
3 851 066	———*	*———	———	2 649 365	———*	*———	1 017 978	———*	–	2
37 240	———*	*———	———	15 491	———*	*———	7 485	———*	–	3
154	———*	*———	———	75	———*	*———	19	———*	–	4
11 295	———*	*———	———	– 5 904	———*	*———	637	———*	–	5
1 909 260	———*	*———	———	1 326 670	———*	*———	487 159	———*	–	6
1 870 565	———*	*———	———	1 310 734	———*	*———	483 105	———*	–	7
29 190	———*	*———	———	10 854	———*	*———	3 563	———*	–	8
132	———*	*———	———	63	———*	*———	17	———*	–	9
9 373	———*	*———	———	– 5 019	———*	*———	474	———*	–	10
1 990 495	———*	*———	———	1 344 165	———*	*———	538 960	———*	–	11
1 980 501	———*	*———	———	1 338 631	———*	*———	534 873	———*	–	12
8 050	———*	*———	———	– 4 637	———*	*———	3 922	———*	–	13
22	———*	*———	———	12	———*	*———	2	———*	–	14
1 922	———*	*———	———	885	———*	*———	163	———*	–	15
179 289	167 893	160 655	164 997	160 002	137 201	109 518	91 860	128 216	528	16
174 431	163 182	156 057	160 339	155 548	133 634	106 628	89 205	121 747	–	17
4 858	4 711	4 598	4 658	4 454	3 567	2 890	2 655	6 469	–	18
–	–	–	–	–	–	–	–	–	528	19
87 074	82 238	77 975	80 320	76 522	64 826	49 716	39 616	48 998	482	20
83 155	78 411	74 289	76 689	73 205	62 368	47 916	38 251	46 617	–	21
3 919	3 827	3 686	3 631	3 317	2 458	1 800	1 365	2 381	–	22
–	–	–	–	–	–	–	–	–	482	23
92 215	85 655	82 680	84 677	83 480	72 375	59 802	52 244	79 218	46	24
91 276	84 771	81 768	83 650	82 343	71 266	58 712	50 954	75 130	–	25
939	884	912	1 027	1 137	1 109	1 090	1 290	4 088	–	26
–	–	–	–	–	–	–	–	–	46	27
86 351 812	63 707 664	49 087 941	45 619 559	41 709 335	*———	———	96 9 69 646	———*	–	28
84 030 588	61 516 391	47 367 488	44 354 234	40 977 625	*———	———	96 1 99 814	———*	–	29
2 321 224	2 191 273	1 720 453	1 265 325	731 710	*———	———	7 69 832	———*	–	30

28. Population by age, sex, living arrangements and urban/rural residence: each census, 1985 – 1995 (continued)

(See notes at end of table.)

	Continent, country or area, date, sex, living arrangements and urban/rural residence Continent, pays ou zone, date, sexe, type de ménage et résidence, urbaine/rurale	Age (in years) All ages Tous âges	15 + [1]	– 15	15–19	20–24	25–29	30–34
	ASIA—ASIE (Cont.–Suite)							
	China – Chine							
	1 VII 1990							
	Male – Masculin							
1	Total	581 820 407	418956809	162 863 598	61 650 589	64 233 023	53 512 983	43 706 133
	Household –							
2	Ménages ordinaires	556 667 903	394226570	162 441 333	58 185 083	57 306 920	49 674 573	41 566 491
	Institutional –							
3	Pop. des collectivité	25 152 504	24 730 239	422 265	3 465 506	6 926 103	3 838 410	2 139 642
	Female – Féminin							
4	Total	548 690 231	398551975	150 138 256	58 507 832	61 528 151	50 754 542	40 169 574
	Household –							
5	Ménages ordinaires	541 108 463	391315092	149 793 371	55 905 788	58 447 453	50 087 232	39 921 982
	Institutional –							
6	Pop. des collectivité	7 581 768	7 236 883	344 885	2 602 044	3 080 698	667 310	247 592
	Cyprus – Chypre							
	1 X 1992 [2 17]							
	Total							
7	Total	602 025	449 154	151 779	42 222	43 359	45 913	49 081
	Household –							
8	Ménages ordinaires	598 750	446 003	151 663	42 067	43 264	45 811	48 971
	Institutional –							
9	Pop. des collectivité	3 275	3 151	116	155	95	102	110
	Male – Masculin							
10	Total	299 614	220 708	78 278	21 568	21 899	23 024	24 615
	Household –							
11	Ménages ordinaires	298 256	219 426	78 204	21 488	21 826	22 953	24 539
	Institutional –							
12	Pop. des collectivité	1 358	1 282	74	80	73	71	76
	Female – Féminin							
13	Total	302 411	228 446	73 501	20 654	21 460	22 889	24 466
	Household –							
14	Ménages ordinaires	300 494	226 577	73 459	20 579	21 438	22 858	24 432
	Institutional –							
15	Pop. des collectivité	1 917	1 869	42	75	22	31	34
	Hong Kong – Hong–kong							
	11 III 1986 [18]							
	Total							
16	Total	5 395 997	4 149 050	1 246 947	451 324	561 535	601 617	496 211
	Household –							
17	Ménages ordinaires	5 316 120	4 076 047	1 240 073	445 325	549 831	592 622	490 135
	Institutional –							
18	Pop. des collectivité	79 877	73 003	6 874	5 999	11 704	8 995	6 076
	Male – Masculin							
19	Total	2 772 464	2 122 826	649 638	234 901	285 188	308 385	257 860
	Household –							
20	Ménages ordinaires	2 720 559	2 074 835	645 704	230 323	277 173	301 533	253 079
	Institutional –							
21	Pop. des collectivité	51 905	47 971	3 934	4 578	8 015	6 832	4 781
	Female – Féminin							
22	Total	2 623 533	2 026 224	597 309	216 423	276 347	293 232	238 351
	Household –							
23	Ménages ordinaires	2 595 561	2 001 192	594 369	215 002	272 658	291 069	237 056
	Institutional –							
24	Pop. des collectivité	27 972	25 032	2 940	1 421	3 689	2 163	1 295
	15 III 1991 [18]							
	Total							
25	Total	5 522 281	4 370 365	1 151 916	409 642	430 199	577 567	600 721
	Household –							
26	Ménages ordinaires	5 444 158	4 297 407	1 146 751	405 119	422 228	569 313	594 394
	Institutional –							
27	Pop. des collectivité	78 123	72 958	5 165	4 523	7 971	8 254	6 327

28. Population selon l'âge, le sexe, le type de ménage et la résidence, urbaine/rurale: chaque recensement, 1985 – 1995 (suite)

(Voir notes à la fin du tableau.)

Age (en années)										
35–39	40–44	45–49	50–54	55–59	60–64	65–69	70–74	75+	Unknown Inconnu	
44 568 847	33 335 977	25 855 900	24 110 355	21 839 937	*——— 46 143 065 ———*				–	1
42 434 046	31 263 291	24 222 633	22 910 236	21 147 865	*——— 45 515 432 ———*				–	2
2 134 801	2 072 686	1 633 267	1 200 119	692 072	*——— 627 633 ———*				–	3
41 782 965	30 371 687	23 232 041	21 509 204	19 869 398	*——— 50 826 581 ———*				–	4
41 596 542	30 253 100	23 144 855	21 443 998	19 829 760	*——— 50 684 382 ———*				–	5
186 423	118 587	87 186	65 206	39 638	*——— 142 199 ———*				–	6
44 208	41 224	37 145	29 731	26 421	23 803	21 187	16 682	28 178	1 092	7
44 113	41 125	37 035	29 603	26 287	23 675	21 021	16 455	26 576	1 084	8
95	99	110	128	134	128	166	227	1 602	8	9
22 324	20 522	18 604	14 599	12 721	10 859	9 862	7 751	12 360	628	10
22 262	20 468	18 540	14 533	12 661	10 805	9 792	7 670	11 889	626	11
62	54	64	66	60	54	70	81	471	2	12
21 884	20 702	18 541	15 132	13 700	12 944	11 325	8 931	15 818	464	13
21 851	20 657	18 495	15 070	13 626	12 870	11 229	8 785	14 687	458	14
33	45	46	62	74	74	96	146	1 131	6	15
405 370	242 032	256 035	269 199	247 571	209 614	*——— 408 542 ———*			–	16
401 086	239 295	252 612	265 209	243 476	206 121	*——— 390 335 ———*			–	17
4 284	2 737	3 423	3 990	4 095	3 493	*——— 18 207 ———*			–	18
215 137	132 929	139 029	144 341	128 507	104 765	*——— 171 784 ———*			–	19
211 770	130 801	136 278	140 967	125 322	102 252	*——— 165 337 ———*			–	20
3 367	2 128	2 751	3 374	3 185	2 513	*——— 6 447 ———*			–	21
190 233	109 103	117 006	124 858	119 064	104 849	*——— 236 758 ———*			–	22
189 316	108 494	116 334	124 242	118 154	103 869	*——— 224 998 ———*			–	23
917	609	672	616	910	980	*——— 11 760 ———*			–	24
491 330	399 702	239 040	248 618	256 645	234 861	185 097	134 926	162 017	–	25
486 577	396 011	236 645	246 030	253 774	231 569	181 247	129 800	144 700	–	26
4 753	3 691	2 395	2 588	2 871	3 292	3 850	5 126	17 317	–	27

28. Population by age, sex, living arrangements and urban/rural residence: each census, 1985 – 1995 (continued)

(See notes at end of table.)

	Continent, country or area, date, sex, living arrangements and urban/rural residence — Continent, pays ou zone, date, sexe, type de ménage et résidence, urbaine/rurale	All ages Tous âges	15 + [1]	– 15	15–19	20–24	25–29	30–34
	ASIA—ASIE (Cont.–Suite)							
	Hong Kong – Hong-kong							
	15 III 1991 [18]							
	Male – Masculin							
1	Total	2 811 991	2 212 947	599 044	213 439	216 280	283 377	303 200
2	Household – Ménages ordinaires	2 766 867	2 170 962	595 905	210 454	210 942	277 406	298 513
3	Institutional – Pop. des collectivité	45 124	41 985	3 139	2 985	5 338	5 971	4 687
	Female – Féminin							
4	Total	2 710 290	2 157 418	552 872	196 203	213 919	294 190	297 521
5	Household – Ménages ordinaires	2 677 291	2 126 445	550 846	194 665	211 286	291 907	295 881
6	Institutional – Pop. des collectivité	32 999	30 973	2 026	1 538	2 633	2 283	1 640
	Iran (Islamic Republic of – Rép. islamique d')							
	22 IX 1986							
	Total							
7	Total	49 857 384	27 155 622	22 670 244	5 249 417	4 229 909	3 674 169	2 933 815
8	Household – Ménages ordinaires	49 489 584	26 936 670	22 522 110	5 185 680	4 176 390	3 652 722	2 917 404
9	Institutional – Pop. des collectivité	113 200	93 052	20 034	41 237	37 919	6 247	2 011
10	Shelterless – Pop. sans abri	254 600	125 900	128 100	22 500	15 600	15 200	14 400
	Male – Masculin							
11	Total	25 491 645	13 872 715	11 600 192	2 703 040	2 141 747	1 842 908	1 474 693
12	Household – Ménages ordinaires	25 278 150	13 741 950	11 517 840	2 659 650	2 109 360	1 831 512	1 465 434
13	Institutional – Pop. des collectivité	86 095	69 065	16 952	33 390	26 287	4 796	1 459
14	Shelterless – Pop. sans abri	127 400	61 700	65 400	10 000	6 100	6 600	7 800
	Female – Féminin							
15	Total	24 365 739	13 282 907	11 070 052	2 546 377	2 088 162	1 831 261	1 459 122
16	Household – Ménages ordinaires	24 211 434	13 194 720	11 004 270	2 526 030	2 067 030	1 821 210	1 451 970
17	Institutional – Pop. des collectivité	27 105	23 987	3 082	7 847	11 632	1 451	552
18	Shelterless – Pop. sans abri	127 200	64 200	62 700	12 500	9 500	8 600	6 600
	1 X 1991 [3]							
	Total							
19	Total	55 837 163	31 054 924	24 723 874	5 908 903	4 947 260	4 005 278	3 504 220
20	Household – Ménages ordinaires	55 301 816	30 728 308	24 517 531	5 809 898	4 854 002	3 973 728	3 483 585
21	Institutional – Pop. des collectivité	171 373	144 938	24 404	56 692	64 937	13 001	3 174
22	Shelterless – Pop. sans abri	363 974	181 678	181 939	42 313	28 321	18 549	17 461
	Male – Masculin							
23	Total	28 768 450	16 062 395	12 669 898	3 057 609	2 520 312	2 012 493	1 779 932
24	Household – Ménages ordinaires	28 457 320	15 867 068	12 556 061	2 993 013	2 463 400	1 994 297	1 769 195
25	Institutional – Pop. des collectivité	122 822	100 421	20 646	42 145	41 920	9 580	2 449
26	Shelterless – Pop. sans abri	188 308	94 906	93 191	22 451	14 992	8 616	8 288
	Female – Féminin							
27	Total	27 068 713	14 992 529	12 053 976	2 851 294	2 426 948	1 992 785	1 724 288
28	Household – Ménages ordinaires	26 844 496	14 861 240	11 961 470	2 816 885	2 390 602	1 979 431	1 714 390
29	Institutional – Pop. des collectivité	48 551	44 517	3 758	14 547	23 017	3 421	725
30	Shelterless – Pop. sans abri	175 666	86 772	88 748	19 862	13 329	9 933	9 173

28. Population selon l'âge, le sexe, le type de ménage et la résidence, urbaine/rurale: chaque recensement, 1985 – 1995 (suite)

(Voir notes à la fin du tableau.)

Age (en années) 35–39	40–44	45–49	50–54	55–59	60–64	65–69	70–74	75+	Unknown Inconnu	
251 372	210 858	131 057	135 447	135 776	120 266	89 550	61 908	60 417	–	1
247 764	208 076	129 234	133 475	133 673	118 045	87 417	59 763	56 200	–	2
3 608	2 782	1 823	1 972	2 103	2 221	2 133	2 145	4 217	–	3
239 958	188 844	107 983	113 171	120 869	114 595	95 547	73 018	101 600	–	4
238 813	187 935	107 411	112 555	120 101	113 524	93 830	70 037	88 500	–	5
1 145	909	572	616	768	1 071	1 717	2 981	13 100	–	6
2 131 887	1 676 006	1 600 564	1 606 100	1 359 379	1 191 940		*— 1 502 436 —*		31 518	7
2 119 458	1 666 170	1 592 730	1 595 994	1 352 928	1 185 138		*— 1 492 056 —*		30 804	8
1 029	836	634	706	451	502		*— 1 480 —*		114	9
11 400	9 000	7 200	9 400	6 000	6 300		*— 8 900 —*		600	10
1 057 456	845 201	831 750	862 398	704 181	652 277		*— 757 064 —*		18 738	11
1 051 518	839 664	827 934	856 290	700 740	648 516		*— 751 332 —*		18 360	12
738	537	416	408	241	261		*— 532 —*		78	13
5 200	5 000	3 400	5 700	3 200	3 500		*— 5 200 —*		300	14
1 074 431	830 805	768 814	743 702	655 198	539 663		*— 745 372 —*		12 780	15
1 067 940	826 506	764 796	739 704	652 188	536 622		*— 740 724 —*		12 444	16
291	299	218	298	210	241		*— 948 —*		36	17
6 200	4 000	3 800	3 700	2 800	2 800		*— 3 700 —*		300	18
2 866 669	2 037 477	1 577 983	1 570 622	1 442 929	1 303 390		*— 1 890 193 —*		58 365	19
2 849 948	2 024 183	1 568 431	1 559 685	1 433 516	1 293 286		*— 1 878 046 —*		55 977	20
1 645	1 057	779	725	575	510		*— 1 843 —*		2 031	21
15 076	12 237	8 773	10 212	8 838	9 594		*— 10 304 —*		357	22
1 462 338	1 027 459	798 299	821 599	793 283	723 318		*— 1 065 753 —*		36 157	23
1 453 745	1 020 786	793 464	815 596	787 710	717 018		*— 1 058 844 —*		34 191	24
1 242	761	545	483	354	259		*— 683 —*		1 755	25
7 351	5 912	4 290	5 520	5 219	6 041		*— 6 226 —*		211	26
1 404 331	1 010 018	779 684	749 023	649 646	580 072		*— 824 440 —*		22 208	27
1 396 203	1 003 397	774 967	744 089	645 806	576 268		*— 819 202 —*		21 786	28
403	296	234	242	221	251		*— 1 160 —*		276	29
7 725	6 325	4 483	4 692	3 619	3 553		*— 4 078 —*		146	30

28. Population by age, sex, living arrangements and urban/rural residence: each census, 1985 – 1995 (continued)

(See notes at end of table.)

	Continent, country or area, date, sex, living arrangements and urban/rural residence Continent, pays ou zone, date, sexe, type de ménage et résidence, urbaine/rurale	All ages Tous âges	Age (in years) 15 + [1]	– 15	15–19	20–24	25–29	30–34
	ASIA—ASIE (Cont.–Suite)							
	Japan – Japon							
	1 X 1985 [2 19]							
	Total							
1	Total	121 048 923	94 974 359	26 033 218	8 979 947	8 200 554	7 823 402	9 054 224
	Household –							
2	Ménages ordinaires	119 333 780	93 374 823	25 958 957	8 714 068	8 005 389	7 756 276	8 987 288
	Institutional –							
3	Pop. des collectivité	1 673 797	1 599 536	74 261	265 879	195 165	67 126	66 936
4	Other – Autre	41 346	–	–	–	–	–	–
	Male – Masculin							
5	Total	59 497 316	46 131 184	13 338 805	4 600 427	4 165 995	3 948 330	4 558 265
	Household –							
6	Ménages ordinaires	58 526 464	45 233 214	13 293 250	4 440 317	4 031 595	3 895 158	4 509 295
	Institutional –							
7	Pop. des collectivité	943 525	897 970	45 555	160 110	134 400	53 172	48 970
8	Other – Autre	27 327	–	–	–	–	–	–
	Female – Féminin							
9	Total	61 551 607	48 843 175	12 694 413	4 379 520	4 034 559	3 875 072	4 495 959
	Household –							
10	Ménages ordinaires	60 807 316	48 141 609	12 665 707	4 273 751	3 973 794	3 861 118	4 477 993
	Institutional –							
11	Pop. des collectivité	730 272	701 566	28 706	105 769	60 765	13 954	17 966
12	Other – Autre	14 019	–	–	–	–	–	–
	1 X 1990 [2 19]							
	Total							
13	Total	123 611 167	100798571	22 486 239	10 007 087	8 800 121	8 070 713	7 787 685
	Household –							
14	Ménages ordinaires	121 545 271	99 118 838	22 426 433	9 732 225	8 618 457	8 006 315	7 738 105
	Institutional –							
15	Pop. des collectivité	1 739 539	1 679 733	59 806	274 862	181 664	64 398	49 580
16	Other – Autre	326 357	–	–	–	–	–	–
	Male – Masculin							
17	Total	60 696 724	48 956 149	11 517 752	5 122 215	4 468 199	4 078 469	3 925 353
	Household –							
18	Ménages ordinaires	59 547 003	48 066 013	11 480 990	4 958 570	4 342 289	4 027 177	3 889 028
	Institutional –							
19	Pop. des collectivité	926 898	890 136	36 762	163 645	125 910	51 292	36 325
20	Other – Autre	222 823	–	–	–	–	–	–
	Female – Féminin							
21	Total	62 914 443	51 842 422	10 968 487	4 884 872	4 331 922	3 992 244	3 862 332
	Household –							
22	Ménages ordinaires	61 998 268	51 052 825	10 945 443	4 773 655	4 276 168	3 979 138	3 849 077
	Institutional –							
23	Pop. des collectivité	812 641	789 597	23 044	111 217	55 754	13 106	13 255
24	Other – Autre	103 534	–	–	–	–	–	–
	Kazakstan							
	12 I 1989 [2 3]							
	Total							
25	Total	16 464 464	11 206 579	5 246 925	1 444 760	*——— 2 8 90 121	———*	*———
	Household –							
26	Ménages ordinaires	15 771 169	10 538 184	5 222 788	1 112 381	*——— 2 6 89 539	———*	*———
27	Other – Autre	693 295	668 395	24 137	332 379	*——— 2 00 582	———*	*———
	Male – Masculin							
28	Total	7 974 004	5 312 986	2 655 796	745 746	*——— 1 4 53 750	———*	*———
	Household –							
29	Ménages ordinaires	7 480 543	4 833 045	2 642 854	496 772	*——— 1 3 05 365	———*	*———
30	Other – Autre	493 461	479 941	12 942	248 974	*——— 1 48 385	———*	*———
	Female – Féminin							
31	Total	8 490 460	5 893 593	2 591 129	699 014	*——— 1 4 36 371	———*	*———
	Household –							
32	Ménages ordinaires	8 290 626	5 705 139	2 579 934	615 609	*——— 1 3 84 174	———*	*———
33	Other – Autre	199 834	188 454	11 195	83 405	*——— 52 197	———*	*———

28. Population selon l'âge, le sexe, le type de ménage et la résidence, urbaine/rurale: chaque recensement, 1985 – 1995 (suite)

(Voir notes à la fin du tableau.)

Age (en années) 35–39	40–44	45–49	50–54	55–59	60–64	65–69	70–74	75+	Unknown Inconnu	
10 738 044	9 134 954	8 236 614	7 932 994	6 999 745	5 405 538	4 193 419	3 563 397	4 711 527	41 346	1
10 657 184	9 056 776	8 153 092	7 845 096	6 920 426	5 335 185	4 117 327	3 454 607	4 372 109	–	2
80 860	78 178	83 522	87 898	79 319	70 353	76 092	108 790	339 418	–	3
–	–	–	–	–	–	–	–	–	41 346	4
5 398 230	4 551 877	4 092 121	3 926 414	3 409 374	2 379 902	1 781 008	1 503 595	1 815 646	27 327	5
5 339 530	4 495 916	4 033 090	3 865 837	3 358 219	2 342 073	1 745 869	1 460 267	1 716 048	–	6
58 700	55 961	59 031	60 577	51 155	37 829	35 139	43 328	99 598	–	7
–	–	–	–	–	–	–	–	–	27 327	8
5 339 814	4 583 077	4 144 493	4 006 580	3 590 371	3 025 636	2 412 411	2 059 802	2 895 881	14 019	9
5 317 654	4 560 860	4 120 002	3 979 259	3 562 207	2 993 112	2 371 458	1 994 340	2 656 061	–	10
22 160	22 217	24 491	27 321	28 164	32 524	40 953	65 462	239 820	–	11
–	–	–	–	–	–	–	–	–	14 019	12
9 003 780	10 658 290	9 018 012	8 088 386	7 724 888	6 745 014	5 103 576	3 817 534	5 973 485	326 357	13
8 941 429	10 578 705	8 940 614	8 006 817	7 639 122	6 662 560	5 020 348	3 714 271	5 519 870	–	14
62 351	79 585	77 398	81 569	85 766	82 454	83 228	103 263	453 615	–	15
–	–	–	–	–	–	–	–	–	326 357	16
4 524 829	5 349 985	4 482 298	3 997 248	3 783 367	3 236 549	2 194 783	1 559 972	2 232 882	222 823	17
4 480 775	5 293 808	4 428 737	3 942 218	3 727 246	3 187 563	2 155 459	1 520 846	2 112 297	–	18
44 054	56 177	53 561	55 030	56 121	48 986	39 324	39 126	120 585	–	19
–	–	–	–	–	–	–	–	–	222 823	20
4 478 951	5 308 305	4 535 714	4 091 138	3 941 521	3 508 465	2 908 793	2 257 562	3 740 603	103 534	21
4 460 654	5 284 897	4 511 877	4 064 599	3 911 876	3 474 997	2 864 889	2 193 425	3 407 573	–	22
18 297	23 408	23 837	26 539	29 645	33 468	43 904	64 137	333 030	–	23
–	–	–	–	–	–	–	–	–	103 534	24
2 493 457—	* *———	1 448 625 —*	836 442	586 139	592 464	305 827	*— 608 744 —	—*	10 960	25
2 445 642—	* *———	1 419 681 —*	819 589	574 351	580 844	299 188	*— 596 969 —	—*	10 187	26
47 815—	* *———	28 944 —*	16 853	11 788	11 620	6 639	*— 11 775 —	—*	763	27
1 237 316—	* *———	698 759 —*	399 646	269 876	234 988	101 258	*— 171 647 —	—*	5 222	28
1 198 202—	* *———	678 157 —*	389 795	264 299	231 318	99 700	*— 169 437 —	—*	4 644	29
39 114—	* *———	20 602 —*	9 851	5 577	3 670	1 558	*— 2 210 —	—*	578	30
1 256 141—	* *———	749 866 —*	436 796	316 263	357 476	204 569	*— 437 097 —	—*	5 738	31
1 247 440—	* *———	41 524 —*	429 794	310 052	349 526	199 488	*— 427 532 —	—*	5 553	32
8 701—	* *———	– 8 342 —*	7 002	6 211	7 950	5 081	*— 9 565 —	—*	185	33

28. Population by age, sex, living arrangements and urban/rural residence: each census, 1985 – 1995 (continued)

(See notes at end of table.)

	Continent, country or area, date, sex, living arrangements and urban/rural residence — Continent, pays ou zone, date, sexe, type de ménage et résidence, urbaine/rurale	Age (in years) — All ages / Tous âges	15 + [1]	– 15	15–19	20–24	25–29	30–34
	ASIA—ASIE (Cont.-Suite)							
	Korea, Republic of– Corée, République de							
	1 XI 1985 [3 20]							
	Total							
1	Total	40 419 652	28 324 762	12 094 890	4 316 264	4 245 090	4 070 408	3 115 238
2	Household – Ménages ordinaires	39 772 671	...	...	...	...	...	...
3	Institutional – Pop. des collectivité	646 973	...	...	...	...	...	...
	Male – Masculin							
4	Total	20 227 564	13 968 883	6 258 681	2 227 322	2 185 720	2 027 185	1 589 610
5	Household – Ménages ordinaires	19 925 681	...	...	...	...	...	...
6	Institutional – Pop. des collectivité	301 883	...	...	...	...	...	...
	Female – Féminin							
7	Total	20 192 088	14 355 879	5 836 209	2 088 942	2 059 370	2 043 223	1 525 628
8	Household – Ménages ordinaires	19 846 998	...	...	...	...	...	...
9	Institutional – Pop. des collectivité	345 090	...	...	...	...	...	...
	Kuwait – Koweït							
	20 IV 1985							
	Total							
10	Total	1 697 301	1 072 216	625 085	145 196	148 388	187 256	173 723
11	Household – Ménages ordinaires	1 469 557	...	...	...	...	...	...
12	Institutional – Pop. des collectivité	227 744	...	...	...	...	...	...
	Male – Masculin							
13	Total	965 297	647 085	318 212	72 697	76 900	114 995	110 977
14	Household – Ménages ordinaires	743 382	...	...	...	...	...	...
15	Institutional – Pop. des collectivité	221 915	...	...	...	...	...	...
	Female – Féminin							
16	Total	732 004	425 131	306 873	72 499	71 488	72 261	62 746
17	Household – Ménages ordinaires	726 175	...	...	...	...	...	...
18	Institutional – Pop. des collectivité	5 829	...	...	...	...	...	...
	Macau – Macao							
	30 VIII 1991 [3]							
	Total							
19	Total	355 693	268 360	87 333	24 521	31 476	39 691	44 171
20	Household – Ménages ordinaires	340 544	253 896	86 648	22 962	26 473	37 475	42 734
21	Institutional – Pop. des collectivité	15 094	14 409	685	1 559	5 003	2 214	1 432
22	Shelterless – Pop. sans abri	55	55	–	–	–	2	5
	Male – Masculin							
23	Total	172 492	127 565	44 927	11 633	12 084	17 226	21 804
24	Household – Ménages ordinaires	166 264	121 722	44 542	11 372	11 123	16 208	20 941
25	Institutional – Pop. des collectivité	6 179	5 794	385	261	961	1 016	858
26	Shelterless – Pop. sans abri	49	49	–	–	–	2	5
	Female – Féminin							
27	Total	183 201	140 795	42 406	12 888	19 392	22 465	22 367
28	Household – Ménages ordinaires	174 280	132 174	42 106	11 590	15 350	21 267	21 793
29	Institutional – Pop. des collectivité	8 915	8 615	300	1 298	4 042	1 198	574
30	Shelterless – Pop. sans abri	6	6	–	–	–	–	–

28. Population selon l'âge, le sexe, le type de ménage et la résidence, urbaine/rurale: chaque recensement, 1985 – 1995 (suite)

(Voir notes à la fin du tableau.)

Age (en années) 35–39	40–44	45–49	50–54	55–59	60–64	65–69	70–74	75+	Unknown Inconnu	
2 581 181	2 187 508	2 089 212	1 695 259	1 267 757	1 006 876	722 817	501 254	525 898	–	1
...	...	...	...	...	...	...	...	...	...	2
...	...	...	...	...	...	...	...	...	...	3
1 324 369	1 108 685	1 042 989	809 619	560 580	440 387	306 710	190 553	155 154	–	4
...	...	...	...	...	...	...	...	...	...	5
...	...	...	...	...	...	...	...	...	...	6
1 256 812	1 078 823	1 046 223	885 640	707 177	566 489	416 107	310 701	370 744	–	7
...	...	...	...	...	...	...	...	...	...	8
...	...	...	...	...	...	...	...	...	...	9
137 561	98 080	72 438	46 224	27 323	15 171	8 907	5 642	6 307	–	10
...	...	...	...	...	...	...	...	...	...	11
...	...	...	...	...	...	...	...	...	...	12
88 466	64 808	48 948	31 368	18 237	9 040	4 745	2 895	3 009	–	13
...	...	...	...	...	...	...	...	...	...	14
...	...	...	...	...	...	...	...	...	...	15
49 095	33 272	23 490	14 856	9 086	6 131	4 162	2 747	3 298	–	16
...	...	...	...	...	...	...	...	...	...	17
...	...	...	...	...	...	...	...	...	...	18
35 759	24 613	13 372	10 174	10 410	10 676	8 616	6 591	8 290	–	19
34 674	23 796	12 936	9 794	10 119	10 454	8 387	6 416	7 676	–	20
1 077	813	432	364	287	219	224	172	613	–	21
8	4	4	16	4	3	5	3	1	–	22
18 957	13 709	7 418	5 521	5 013	4 800	3 627	2 746	3 027	–	23
18 197	13 065	7 071	5 231	4 792	4 666	3 517	2 670	2 869	–	24
754	641	344	275	218	131	105	73	157	–	25
6	3	3	15	3	3	5	3	1	–	26
16 802	10 904	5 954	4 653	5 397	5 876	4 989	3 845	5 263	–	27
16 477	10 731	5 865	4 563	5 327	5 788	4 870	3 746	4 807	–	28
323	172	88	89	69	88	119	99	456	–	29
2	1	1	1	1	–	–	–	–	–	30

28. Population by age, sex, living arrangements and urban/rural residence: each census, 1985 – 1995 (continued)

(See notes at end of table.)

	Continent, country or area, date, sex, living arrangements and urban/rural residence — Continent, pays ou zone, date, sexe, type de ménage et résidence, urbaine/rurale	Age (in years): All ages — Tous âges	15 + [1]	– 15	15–19	20–24	25–29	30–34
	ASIA—ASIE (Cont.–Suite)							
	Philippines							
	1 V 1990 [3]							
	Total							
1	Total	60 559 116	36 565 403	23 993 713	*——	– 17 354 227 ——	——*	*——
	Household –							
2	Ménages ordinaires	60 417 362	36 435 253	23 982 138	*——	– 17 273 365 ——	——*	*——
	Institutional –							
3	Pop. des collectivité	138 878	128 005	10 873	*——	—— 80 086 ——	——*	*——
	Shelterless –							
4	Pop. sans abri	2 876	2 145	702	*——	—— 776 ——	——*	*——
	Male – Masculin							
5	Total	30 443 187	18 175 854	12 267 333	*——	— 8 646 331 ——	——*	*——
	Household –							
6	Ménages ordinaires	30 349 162	18 088 357	12 260 818	*——	— 8 592 692 ——	——*	*——
	Institutional –							
7	Pop. des collectivité	92 153	86 109	6 044	*——	—— 53 081 ——	——*	*——
	Shelterless –							
8	Pop. sans abri	1 872	1 388	471	*——	—— 558 ——	——*	*——
	Female – Féminin							
9	Total	30 115 929	18 389 549	11 726 380	*——	— 8 707 896 ——	——*	*——
	Household –							
10	Ménages ordinaires	30 068 200	18 346 896	11 721 320	*——	— 8 680 673 ——	——*	*——
	Institutional –							
11	Pop. des collectivité	46 725	41 896	4 829	*——	—— 27 005 ——	——*	*——
	Shelterless –							
12	Pop. sans abri	1 004	757	231	*——	—— 218 ——	——*	*——
	Tajikistan – Tadjikistan							
	12 I 1989							
	Total							
13	Total	5 092 603	2 904 444	2 186 585	525 009	*—— 905 262 ——	——*	*——
	Household –							
14	Ménages ordinaires	4 933 940	2 750 626	2 181 964	436 295	*—— 858 227 ——	——*	*——
	Viet Nam							
	1 IV 1989 [3]							
	Total							
15	Total	64 411 713	39 286 065	25 118 037	6 820 107	5 999 744	5 667 234	4 733 391
	Household –							
16	Ménages ordinaires	62 656 941	37 550 402	25 099 719	6 594 618	5 390 845	5 329 380	4 481 723
	Institutional –							
17	Pop. des collectivité	1 754 772	1 735 663	18 318	225 489	608 899	337 854	251 668
	Male – Masculin							
18	Total	31 336 568	18 406 641	12 926 164	3 376 525	2 879 761	2 695 857	2 264 254
	Household –							
19	Ménages ordinaires	29 964 175	17 045 398	12 915 536	3 212 693	2 400 215	2 434 516	2 062 000
	Institutional –							
20	Pop. des collectivité	1 372 393	1 361 243	10 628	163 832	479 546	261 341	202 254
	Female – Féminin							
21	Total	33 075 145	20 879 424	12 191 873	3 443 582	3 119 983	2 971 377	2 469 137
	Household –							
22	Ménages ordinaires	32 692 766	20 505 004	12 184 183	3 381 925	2 990 630	2 894 864	2 419 723
	Institutional –							
23	Pop. des collectivité	382 379	374 420	7 690	61 657	129 353	76 513	49 414
	EUROPE							
	Belarus – Bélarus							
	12 I 1989							
	Total							
24	Total	10 151 806	7 814 600	2 337 047	706 886	*—— 1 5 63 128 ——	——*	*——
	Household –							
25	Ménages ordinaires	8 935 109	6 619 407	2 315 570	479 771	*—— 1 3 26 955 ——	——*	*——
	Institutional –							
26	Pop. des collectivité	446 665	433 496	13 165	197 241	*—— 1 20 494 ——	——*	*——
	Shelterless –							
27	Pop. sans abri	770 032	761 697	8 312	29 874	*—— 1 15 679 ——	——*	*——

28. Population selon l'âge, le sexe, le type de ménage et la résidence, urbaine/rurale: chaque recensement, 1985 – 1995 (suite)

(Voir notes à la fin du tableau.)

Age (en années)										
35–39	40–44	45–49	50–54	55–59	60–64	65–69	70–74	75+	Unknown Inconnu	
——— 12 6 77 978	———	———*	*———	———	——— 6 533 198	———	———	———*	29	1
——— 12 6 39 860	———	———*	*———	———	——— 6 522 028	———	———	———*	–	2
——— 37 249	———	———*	*———	———	——— 10 670	———	———	———*	–	3
——— — 869	———	———*	*———	———	——— 500	———	———	———*	29	4
——— 6 3 82 523	———	———*	*———	———	——— 3 147 000	———	———	———*	13	5
——— 6 3 54 342	———	———*	*———	———	——— 3 141 323	———	———	———*	–	6
——— 27 658	———	———*	*———	———	——— 5 370	———	———	———*	–	7
——— — 523	———	———*	*———	———	——— 307	———	———	———*	13	8
——— 6 2 95 455	———	———*	*———	———	——— 3 386 198	———	———	———*	16	9
——— 6 2 85 518	———	———*	*———	———	——— 3 380 705	———	———	———*	–	10
——— 9 591	———	———*	*———	———	——— 5 300	———	———	———*	–	11
——— — 346	———	———*	*———	———	——— 193	———	———	———*	16	12
564 879 —*	*——— 290 945	———*	164 936	142 019	119 486	68 640	*——— 123 268	———*	1 574	13
559 123 —*	*——— 286 822	———*	162 899	140 417	117 985	67 590	*——— 121 268	———*	1 350	14
3 325 266	2 234 574	1 964 693	1 942 063	1 966 503	1 574 837	1 237 645	807 769	1 012 239	7 611	15
3 184 883	2 157 945	1 922 575	1 917 104	1 952 541	1 569 417	1 234 255	806 008	1 009 108	6 820	16
140 383	76 629	42 118	24 959	13 962	5 420	3 390	1 761	3 131	791	17
1 551 126	1 039 015	881 617	865 427	921 778	714 310	536 957	326 377	353 637	3 763	18
1 438 304	976 378	845 263	843 203	909 407	710 205	534 862	325 724	352 628	3 241	19
112 822	62 637	36 354	22 224	12 371	4 105	2 095	653	1 009	522	20
1 774 140	1 195 559	1 083 076	1 076 636	1 044 725	860 527	700 688	481 392	658 602	3 848	21
1 746 579	1 181 567	1 077 312	1 073 901	1 043 134	859 212	699 393	480 284	656 480	3 579	22
27 561	13 992	5 764	2 735	1 591	1 315	1 295	1 108	2 122	269	23
1 562 599——	**——— 1 065 794	——*	654 218	628 238	580 324	359 249	*——— 694 164	———*	169	24
1 480 481——	**——— 992 662	——*	594 376	550 699	475 130	266 830	*——— 452 503	———*	132	25
23 695 ——	**——— 16 700	——*	11 089	11 954	13 287	10 869	*——— 28 167	———*	4	26
58 423 ——	**——— 56 432	——*	48 753	65 585	91 907	81 550	*——— 213 494	———*	23	27

28. Population by age, sex, living arrangements and urban/rural residence: each census, 1985 – 1995 (continued)

(See notes at end of table.)

	Continent, country or area, date, sex, living arrangements and urban/rural residence Continent, pays ou zone, date, sexe, type de ménage et résidence, urbaine/rurale	All ages Tous âges	15 + [1]	– 15	15–19	20–24	25–29	30–34
					Age (in years)			
	EUROPE (Cont.–Suite)							
	Belarus – Bélarus							
	12 I 1989							
	Male – Masculin							
1	Total	4 749 324	3 559 013	1 190 231	355 980	*——— 781 887 ———*		*———
	Household –							
2	Ménages ordinaires	4 272 858	3 094 591	1 178 203	221 385	*——— 640 023 ———*		*———
	Institutional –							
3	Pop. des collectivité	262 788	255 385	7 399	126 405	*——— 82 016 ———*		*———
	Shelterless –							
4	Pop. sans abri	213 678	209 037	4 629	8 190	*——— 59 848 ———*		*———
	Female – Féminin							
5	Total	5 402 482	4 255 587	1 146 816	350 906	*——— 781 241 ———*		*———
	Household –							
6	Ménages ordinaires	4 662 251	3 524 816	1 137 367	258 386	*——— 686 932 ———*		*———
	Institutional –							
7	Pop. des collectivité	183 877	178 111	5 766	70 836	*——— 38 478 ———*		*———
	Shelterless –							
8	Pop. sans abri	556 354	552 660	3 683	21 684	*——— 55 831 ———*		*———
	Denmark – Danemark [21]							
	1 I 1986 [3]							
	Total							
9	Total	5 123 989	4 069 119	1 054 870	400 275	371 568	372 788	407 617
	Household –							
10	Ménages ordinaires	5 027 013	3 977 604	1 049 409	392 488	362 564	366 594	403 394
	Institutional –							
11	Pop. des collectivité	90 906	85 594	5 312	7 600	8 342	5 402	3 503
12	Other – Autre	6 070	5 921	149	187	662	792	720
	Male – Masculin							
13	Total	2 528 225	1 988 537	539 688	204 841	189 881	191 099	208 486
	Household –							
14	Ménages ordinaires	2 483 009	1 946 595	536 414	200 607	184 666	187 061	205 623
	Institutional –							
15	Pop. des collectivité	40 851	37 655	3 196	4 110	4 684	3 352	2 213
16	Other – Autre	4 365	4 287	78	124	531	686	650
	Female – Féminin							
17	Total	2 595 764	2 080 582	515 182	195 434	181 687	181 689	199 131
	Household –							
18	Ménages ordinaires	2 544 004	2 031 009	512 995	191 881	177 898	179 533	197 771
	Institutional –							
19	Pop. des collectivité	50 055	47 939	2 116	3 490	3 658	2 050	1 290
20	Other – Autre	1 705	1 634	71	63	131	106	70
	1 I 1991 [3]							
	Total							
21	Total	5 146 469	4 272 839	873 630	368 320	389 685	405 846	372 986
	Household –							
22	Ménages ordinaires	5 062 111	4 192 192	869 919	363 123	381 852	399 924	368 888
	Institutional –							
23	Pop. des collectivité	77 644	74 137	3 507	4 963	6 930	4 670	3 143
	Shelterless –							
24	Pop. sans abri	6 714	6 510	204	234	903	1 252	955
	Male – Masculin							
25	Total	2 536 391	2 089 112	447 279	188 130	200 006	208 842	191 070
	Household –							
26	Ménages ordinaires	2 497 702	2 052 517	445 185	185 349	195 357	204 887	188 227
	Institutional –							
27	Pop. des collectivité	33 255	31 273	1 982	2 623	3 935	2 915	2 036
	Shelterless –							
28	Pop. sans abri	5 434	5 322	112	158	714	1 040	807
	Female – Féminin							
29	Total	2 610 078	2 183 727	426 351	180 190	189 679	197 004	181 916
	Household –							
30	Ménages ordinaires	2 564 409	2 139 675	424 734	177 774	186 495	195 037	180 661
	Institutional –							
31	Pop. des collectivité	44 389	42 864	1 525	2 340	2 995	1 755	1 107
	Shelterless –							
32	Pop. sans abri	1 280	1 188	92	76	189	212	148

28. Population selon l'âge, le sexe, le type de ménage et la résidence, urbaine/rurale: chaque recensement, 1985 – 1995 (suite)

(Voir notes à la fin du tableau.)

35–39	40–44	45–49	50–54	55–59	60–64	65–69	70–74	75+	Unknown Inconnu	
779 828 —*	*—— 517 075 ——*		301 024	277 965	227 638	121 764	*—— 195 852 ——*		80	1
727 091 —*	*—— 477 930 ——*		278 822	259 295	211 875	111 963	*—— 166 207 ——*		64	2
17 773 —*	*—— 10 276 ——*		5 208	4 215	3 132	1 963	*—— 4 397 ——*		4	3
34 964 —*	*—— 28 869 ——*		16 994	14 455	12 631	7 838	*—— 25 248 ——*		12	4
782 771 —*	*—— 548 719 ——*		353 194	350 273	352 686	237 485	*—— 498 312 ——*		79	5
753 390 —*	*—— 514 732 ——*		315 554	291 404	263 255	154 867	*—— 286 296 ——*		68	6
5 922 —*	*—— 6 424 ——*		5 881	7 739	10 155	8 906	*—— 23 770 ——*		–	7
23 459 —*	*—— 27 563 ——*		31 759	51 130	79 276	73 712	*—— 188 246 ——*		11	8
384 176	301 794	272 579	271 696	282 028	263 148	242 744	205 631	293 075	–	9
381 083	299 479	270 368	269 427	279 325	260 335	238 969	199 829	253 749	–	10
2 479	1 867	1 862	2 019	2 425	2 590	3 539	5 538	38 428	–	11
614	448	349	250	278	223	236	264	898	–	12
196 647	152 526	135 860	133 921	136 782	125 994	112 447	89 744	110 309	–	13
194 456	150 930	134 366	132 518	135 124	124 415	110 622	87 302	98 905	–	14
1 651	1 207	1 188	1 192	1 442	1 423	1 695	2 303	11 195	–	15
540	389	306	211	216	156	130	139	209	–	16
187 529	149 268	136 719	137 775	145 246	137 154	130 297	115 887	182 766	–	17
186 627	148 549	136 002	136 909	144 201	135 920	128 347	112 527	154 844	–	18
828	660	674	827	983	1 167	1 844	3 235	27 233	–	19
74	59	43	39	62	67	106	125	689	–	20
369 419	401 460	374 762	289 727	254 378	244 226	239 097	204 859	358 074	–	21
365 652	398 245	372 126	287 747	252 607	242 276	236 422	201 072	322 258	–	22
2 886	2 431	2 089	1 672	1 559	1 825	2 565	3 720	35 684	–	23
881	784	547	308	212	125	110	67	132	–	24
188 403	204 013	190 638	145 146	124 895	117 212	110 218	90 203	130 336	–	25
185 745	201 768	188 817	143 849	123 793	116 200	108 875	88 547	121 103	–	26
1 901	1 569	1 357	1 028	930	913	1 266	1 617	9 183	–	27
757	676	464	269	172	99	77	39	50	–	28
181 016	197 447	184 124	144 581	129 483	127 014	128 879	114 656	227 738	–	29
179 907	196 477	183 309	143 898	128 814	126 076	127 547	112 525	201 155	–	30
985	862	732	644	629	912	1 299	2 103	26 501	–	31
124	108	83	39	40	26	33	28	82	–	32

Age (en années)

28. Population by age, sex, living arrangements and urban/rural residence: each census, 1985 – 1995 (continued)

(See notes at end of table.)

	Continent, country or area, date, sex, living arrangements and urban/rural residence / Continent, pays ou zone, date, sexe, type de ménage et résidence, urbaine/rurale	All ages / Tous âges	Age (in years) 15 + [1]	– 15	15–19	20–24	25–29	30–34
	EUROPE (Cont.–Suite)							
	Finland – Finlande							
	31 XII 1985 [3]							
	Total							
1	Total	4 910 664	3 959 132	951 532	345 381	377 268	382 333	405 916
	Household –							
2	Ménages ordinaires	4 836 340	3 889 482	946 858	343 282	373 910	378 174	401 713
	Institutional –							
3	Pop. des collectivité	60 166	58 344	1 822	1 762	2 151	2 355	2 436
	Shelterless –							
4	Pop. sans abri	4 199	4 090	109	78	257	413	546
5	Other – Autre	9 959	7 216	2 743	259	950	1 391	1 221
	Male – Masculin							
6	Total	2 377 780	1 891 229	486 551	176 112	192 739	195 856	208 099
	Household –							
7	Ménages ordinaires	2 344 619	1 860 535	484 084	175 012	191 064	193 363	205 247
	Institutional –							
8	Pop. des collectivité	23 831	22 873	958	917	1 065	1 438	1 646
	Shelterless –							
9	Pop. sans abri	3 648	3 590	58	42	185	329	480
10	Other – Autre	5 682	4 231	1 451	141	425	726	726
	Female – Féminin							
11	Total	2 532 884	2 067 903	464 981	169 269	184 529	186 477	197 817
	Household –							
12	Ménages ordinaires	2 491 721	2 028 947	462 774	168 270	182 846	184 811	196 466
	Institutional –							
13	Pop. des collectivité	36 335	35 471	864	845	1 086	917	790
	Shelterless –							
14	Pop. sans abri	551	500	51	36	72	84	66
15	Other – Autre	4 277	2 985	1 292	118	525	665	495
	31 XII 1990 [3]							
	Total							
16	Total	4 998 478	4 034 275	964 203	303 383	343 608	376 821	383 326
	Household –							
17	Ménages ordinaires	4 927 430	3 968 261	959 169	301 462	339 668	371 721	379 056
	Institutional –							
18	Pop. des collectivité	47 545	44 194	3 351	1 332	1 369	2 155	2 015
	Male – Masculin							
19	Total	2 426 204	1 933 376	492 828	155 219	175 039	192 527	196 001
	Household –							
20	Ménages ordinaires	2 393 085	1 902 855	490 230	154 243	172 948	189 436	193 119
	Institutional –							
21	Pop. des collectivité	18 079	16 361	1 718	702	686	1 157	1 201
	Female – Féminin							
22	Total	2 572 274	2 100 899	471 375	148 164	168 569	184 294	187 325
	Household –							
23	Ménages ordinaires	2 534 345	2 065 406	468 939	147 219	166 720	182 285	185 937
	Institutional –							
24	Pop. des collectivité	29 466	27 833	1 633	630	683	998	814
	Germany – Allemagne [22]	...	...	...	...	...	...	...
	Germany, Federal Rep. of – Allemagne, République fédérale d'							
	25 V 1987 [3]							
	Total							
25	Total	61 077 042	...	*— 13 293 629	—*	5 326 401	4 913 116	4 313 030
	Household –							
26	Ménages ordinaires	61 603 392	...	*— 13 340 541	—*	5 700 405	5 189 025	4 425 200
	Male – Masculin							
27	Total	29 322 923	...	*— 6 816 824	—*	2 733 325	2 518 300	2 192 311
	Household –							
28	Ménages ordinaires	29 725 504	...	*— 6 827 862	—*	2 898 404	2 674 837	2 258 620
	Female – Féminin							
29	Total	31 754 119	...	*— 6 476 805	—*	2 593 076	2 394 816	2 120 719
	Household –							
30	Ménages ordinaires	31 877 888	...	*— 6 512 679	—*	2 802 001	2 514 188	2 166 580

28. Population selon l'âge, le sexe, le type de ménage et la résidence, urbaine/rurale: chaque recensement, 1985 – 1995 (suite)

(Voir notes à la fin du tableau.)

Age (en années)										
35–39	40–44	45–49	50–54	55–59	60–64	65–69	70–74	75+	Unknown Inconnu	
—— 774 367 ——		*—— 543 135 ——*		*—— 512 998 ——*		*—— 369 192 ——*		248 542	–	1
—— 766 918 ——		*—— 537 320 ——*		*—— 506 557 ——*		*—— 360 376 ——*		221 232	–	2
—— 4 353 ——		*—— 4 138 ——*		*—— 5 508 ——*		*—— 8 523 ——*		27 118	–	3
—— 1 135 ——		*—— 873 ——*		*—— 557 ——*		*—— 166 ——*		65	–	4
—— 1 961 ——		*—— 804 ——*		*—— 376 ——*		*—— 127 ——*		127	–	5
—— 397 328 ——		*—— 270 581 ——*		*—— 233 614 ——*		*—— 141 022 ——*		75 878	–	6
—— 391 935 ——		*—— 266 384 ——*		*—— 229 573 ——*		*—— 137 642 ——*		70 315	–	7
—— 3 087 ——		*—— 2 815 ——*		*—— 3 259 ——*		*—— 3 148 ——*		5 498	–	8
—— 1 037 ——		*—— 811 ——*		*—— 517 ——*		*—— 153 ——*		36	–	9
—— 1 269 ——		*—— 571 ——*		*—— 265 ——*		*—— - 79 ——*		29	–	10
—— 377 039 ——		*—— 272 554 ——*		*—— 279 384 ——*		*—— 228 170 ——*		172 664	–	11
—— 374 983 ——		*—— 270 936 ——*		*—— 276 984 ——*		*—— 222 734 ——*		150 917	–	12
—— 1 266 ——		*—— 1 323 ——*		*—— 2 249 ——*		*—— 5 375 ——*		21 620	–	13
—— - 98 ——		*—— - 62 ——*		*—— - 40 ——*		*—— - 13 ——*		29	–	14
—— 692 ——		*—— 233 ——*		*—— 111 ——*		*—— - 48 ——*		98	–	15
405 368	441 173	325 282	275 265	252 434	254 650	222 601	167 296	283 068	–	16
400 868	436 627	322 198	272 707	250 106	252 213	219 873	163 910	257 852	–	17
2 190	2 042	1 454	1 336	1 344	1 623	2 095	2 698	22 541	–	18
207 180	226 073	165 065	136 588	122 808	117 581	91 843	61 511	85 941	–	19
203 944	222 703	162 824	134 763	121 201	116 032	90 449	60 308	80 885	–	20
1 366	1 276	922	812	800	899	1 016	967	4 557	–	21
198 188	215 100	160 217	138 677	129 626	137 069	130 758	105 785	197 127	–	22
196 924	213 924	159 374	137 944	128 905	136 181	129 424	103 602	176 967	–	23
824	766	532	524	544	724	1 079	1 731	17 984	–	24
...	...	...	...	...	...	...	...	...	...	
4 206 056	3 763 026	4 912 419	4 064 246	3 616 027	3 321 383	2 649 382	2 321 663	4 376 664	–	25
4 260 060	3 792 171	4 930 483	4 065 880	3 609 943	3 307 769	2 629 450	2 283 810	4 068 655	–	26
2 138 355	1 934 441	2 525 431	2 069 907	1 795 124	1 396 196	1 010 315	832 189	1 360 205	–	27
2 171 683	1 953 251	2 538 121	2 072 891	1 794 599	1 392 933	1 005 316	824 312	1 312 675	–	28
2 067 701	1 828 585	2 386 988	1 994 339	1 820 903	1 925 187	1 639 067	1 489 474	3 016 459	–	29
2 088 377	1 838 920	2 392 362	1 992 989	1 815 344	1 914 836	1 624 134	1 459 498	2 755 980	–	30

28. Population by age, sex, living arrangements and urban/rural residence: each census, 1985 – 1995 (continued)

(See notes at end of table.)

	Continent, country or area, date, sex, living arrangements and urban/rural residence — Continent, pays ou zone, date, sexe, type de ménage et résidence, urbaine/rurale	All ages Tous âges	15 + [1]	– 15	15–19	20–24	25–29	30–34
	EUROPE (Cont.–Suite)							
	Greece – Grèce							
	17 III 1991 [23]							
	Total							
1	Total	10 259 900	8 285 033	1 974 867	766 605	791 412	721 751	728 940
2	Household – Ménages ordinaires	10 043 538	8 077 301	1 966 237	715 724	744 726	699 878	715 368
3	Institutional – Pop. des collectivité	216 362	207 732	8 630	50 881	46 686	21 873	13 572
	Male – Masculin							
4	Total	5 055 408	4 040 467	1 014 941	394 647	399 821	359 353	361 163
5	Household – Ménages ordinaires	4 900 273	3 889 886	1 010 387	350 677	360 600	342 274	351 491
6	Institutional – Pop. des collectivité	155 135	150 581	4 554	43 970	39 221	17 079	9 672
	Female – Féminin							
7	Total	5 204 492	4 244 566	959 926	371 958	391 591	362 398	367 777
8	Household – Ménages ordinaires	5 143 265	4 187 415	955 850	365 047	384 126	357 604	363 877
9	Institutional – Pop. des collectivité	61 227	57 151	4 076	6 911	7 465	4 794	3 900
	Hungary – Hongrie							
	1 I 1990							
	Total							
10	Total	10 374 823	8 244 274	2 130 549	766 856	678 653	620 290	774 415
11	Household – Ménages ordinaires	10 123 829	8 034 193	2 089 636	675 765	637 839	607 305	765 596
12	Institutional – Pop. des collectivité	250 994	210 081	40 913	91 091	40 814	12 985	8 819
	Male – Masculin							
13	Total	4 984 904	3 894 477	1 090 427	393 404	346 861	313 671	389 033
14	Household – Ménages ordinaires	4 842 734	3 774 832	1 067 902	345 657	323 553	304 541	382 209
15	Institutional – Pop. des collectivité	142 170	119 645	22 525	47 747	23 308	9 130	6 824
	Female – Féminin							
16	Total	5 389 919	4 349 797	1 040 122	373 452	331 792	306 619	385 382
17	Household – Ménages ordinaires	5 281 095	4 259 361	1 021 734	330 108	314 286	302 764	383 387
18	Institutional – Pop. des collectivité	108 824	90 436	18 388	43 344	17 506	3 855	1 995
	Ireland – Irlande							
	21 IV 1991							
	Total							
19	Total	3 525 719	2 585 145	940 574	335 026	266 572	246 321	249 071
20	Household – Ménages ordinaires	3 433 020	...	...	...	...	...	...
21	Institutional – Pop. des collectivité	92 699	...	...	...	...	...	...
	Male – Masculin							
22	Total	1 753 418	1 270 580	482 838	171 408	136 479	120 660	123 168
23	Household – Ménages ordinaires	1 709 694	...	...	...	...	...	...
24	Institutional – Pop. des collectivité	43 724	...	...	...	...	...	...
	Female – Féminin							
25	Total	1 772 301	1 314 565	457 736	163 618	130 093	125 661	125 903
26	Household – Ménages ordinaires	1 723 326	...	...	...	...	...	...
27	Institutional – Pop. des collectivité	48 975	...	...	...	...	...	...

28. Population selon l'âge, le sexe, le type de ménage et la résidence, urbaine/rurale: chaque recensement, 1985 – 1995 (suite)

(Voir notes à la fin du tableau.)

Age (en années)										
35–39	40–44	45–49	50–54	55–59	60–64	65–69	70–74	75+	Unknown Inconnu	
681 316	673 251	559 963	657 315	655 264	644 864	453 855	344 023	606 474	–	1
670 782	663 578	552 672	649 561	648 415	637 890	448 066	338 630	592 011	–	2
10 534	9 673	7 291	7 754	6 849	6 974	5 789	5 393	14 463	–	3
342 078	336 449	278 589	319 255	322 616	308 493	210 148	150 627	257 228	–	4
334 758	329 805	273 814	314 585	318 866	305 033	207 445	148 496	252 042	–	5
7 320	6 644	4 775	4 670	3 750	3 460	2 703	2 131	5 186	–	6
339 238	336 802	281 374	338 060	332 648	336 371	243 707	193 396	349 246	–	7
336 024	333 773	278 858	334 976	329 549	332 857	240 621	190 134	339 969	–	8
3 214	3 029	2 516	3 084	3 099	3 514	3 086	3 262	9 277	–	9
847 341	716 675	674 954	597 701	607 543	*— 1 9 59 846 —*				–	10
839 470	710 617	669 119	592 230	602 667	*— 1 9 33 585 —*				–	11
7 871	6 058	5 835	5 471	4 876	*— 26 261 —*				–	12
423 099	355 443	328 144	277 582	279 920	*— 7 87 320 —*				–	13
416 869	350 602	323 580	273 492	276 338	*— 7 77 991 —*				–	14
6 230	4 841	4 564	4 090	3 582	*— 9 329 —*				–	15
424 242	361 232	346 810	320 119	327 623	*— 1 1 72 526 —*				–	16
422 601	360 015	345 539	318 738	326 329	*— 1 1 55 594 —*				–	17
1 641	1 217	1 271	1 381	1 294	*— 16 932 —*				–	18
237 889	225 683	187 762	156 806	142 549	134 566	130 752	109 325	162 823	–	19
...	...	...	...	...	...	...	...	...	...	20
...	...	...	...	...	...	...	...	...	...	21
118 724	113 856	95 443	79 861	71 665	65 591	60 956	49 183	63 586	–	22
...	...	...	...	...	...	...	...	...	...	23
...	...	...	...	...	...	...	...	...	...	24
119 165	111 827	92 319	76 945	70 884	68 975	69 796	60 142	99 237	–	25
...	...	...	...	...	...	...	...	...	–	26
...	...	...	...	...	...	...	...	...	–	27

28. Population by age, sex, living arrangements and urban/rural residence: each census, 1985 – 1995 (continued)

(See notes at end of table.)

	Continent, country or area, date, sex, living arrangements and urban/rural residence / Continent, pays ou zone, date, sexe, type de ménage et résidence, urbaine/rurale	Age (in years)						
		All ages Tous âges	15 + [1]	– 15	15–19	20–24	25–29	30–34
	EUROPE (Cont.–Suite)							
	Norway – Norvège							
	3 XI 1990 [2 3]							
	Total							
1	Total	4 247 546	3 450 996	796 550	311 277	336 689	325 367	317 125
	Household –							
2	Ménages ordinaires	4 206 413	3 405 828	800 585	314 874	332 733	321 739	317 482
	Institutional – [24]							
3	Pop. des collectivité	41 133	...	...	...	...	...	...
	Male – Masculin							
4	Total	2 099 881	1 691 564	408 317	158 869	172 519	167 288	162 445
	Household –							
5	Ménages ordinaires	2 089 784	1 678 431	411 353	161 333	170 559	165 616	162 374
	Institutional – [24]							
6	Pop. des collectivité	10 097	...	...	...	...	...	...
	Female – Féminin							
7	Total	2 147 665	1 759 432	388 233	152 408	164 170	158 079	154 680
	Household –							
8	Ménages ordinaires	2 116 629	1 727 397	389 232	153 541	162 174	156 123	155 108
	Institutional – [24]							
9	Pop. des collectivité	31 036	...	...	...	...	...	...
	Poland – Pologne							
	6 XII 1988 [2 25]							
	Total							
10	Total	37 878 641	28 238 807	9 609 866	2 713 913	2 472 621	2 844 340	3 351 343
	Household –							
11	Ménages ordinaires	37 114 325	27 545 885	9 540 850	2 441 211	2 300 381	2 771 519	3 308 623
	Institutional –							
12	Pop. des collectivité	741 719	670 575	68 815	264 573	167 699	70 991	41 416
13	Other – Autre	22 597	22 347	201	8 129	4 541	1 830	1 304
	Male – Masculin							
14	Total	18 464 373	13 541 250	4 910 486	1 391 090	1 264 823	1 443 999	1 694 482
	Household –							
15	Ménages ordinaires	18 042 273	13 158 753	4 872 151	1 251 893	1 168 822	1 395 459	1 664 667
	Institutional –							
16	Pop. des collectivité	412 518	373 011	38 259	136 351	94 261	47 443	28 933
17	Other – Autre	9 582	9 486	76	2 846	1 740	1 097	882
	Female – Féminin							
18	Total	19 414 268	14 697 557	4 699 380	1 322 823	1 207 798	1 400 341	1 656 861
	Household –							
19	Ménages ordinaires	19 072 052	14 387 132	4 668 699	1 189 318	1 131 559	1 376 060	1 643 956
	Institutional –							
20	Pop. des collectivité	329 201	297 564	30 556	128 222	73 438	23 548	12 483
21	Other – Autre	13 015	12 861	125	5 283	2 801	733	422
	Portugal							
	15 IV 1991							
	Total							
22	Total	9 862 540	7 890 881	1 971 659	845 219	764 870	726 307	694 299
	Household –							
23	Ménages ordinaires	9 804 399	7 839 162	1 965 237	842 433	763 279	724 993	693 241
	Institutional –							
24	Pop. des collectivité	58 141	51 719	6 422	2 786	1 591	1 314	1 058
	Male – Masculin							
25	Total	4 754 632	3 746 383	1 008 249	428 071	386 466	359 395	340 847
	Household –							
26	Ménages ordinaires	4 733 150	3 727 997	1 005 153	426 806	385 775	358 812	340 399
	Institutional –							
27	Pop. des collectivité	21 482	18 386	3 096	1 265	691	583	448
	Female – Féminin							
28	Total	5 107 908	4 144 498	963 410	417 148	378 404	366 912	353 452
	Household –							
29	Ménages ordinaires	5 071 249	4 111 165	960 084	415 627	377 504	366 181	352 842
	Institutional –							
30	Pop. des collectivité	36 659	33 333	3 326	1 521	900	731	610

28. Population selon l'âge, le sexe, le type de ménage et la résidence, urbaine/rurale: chaque recensement, 1985 – 1995 (suite)

(Voir notes à la fin du tableau.)

Age (en années)										
35–39	40–44	45–49	50–54	55–59	60–64	65–69	70–74	75+	Unknown Inconnu	
307 654	315 144	257 935	200 627	183 828	195 954	207 726	186 044	305 626	–	1
309 858	317 643	257 155	198 305	182 091	195 425	206 045	181 692	270 786	–	2
...	...	...	...	...	...	...	...	...	...	3
157 780	162 480	131 861	100 719	90 833	95 190	96 968	81 786	112 826	–	4
158 613	163 528	131 121	99 782	89 692	94 698	96 805	79 549	104 761	–	5
...	...	...	...	...	...	...	...	...	...	6
149 874	152 664	126 074	99 908	92 995	100 764	110 758	104 258	192 800	–	7
151 245	154 115	126 034	98 523	92 399	100 727	109 240	102 143	166 025	–	8
...	...	...	...	...	...	...	...	...	...	9
3 157 756	2 328 085	1 832 858	1 993 855	2 024 020	1 792 912	1 360 153	*— 2 3 66 951 —*		29 968	10
3 132 204	2 312 774	1 821 173	1 980 969	2 012 200	1 782 820	1 351 219	*— 2 3 30 792 —*		27 590	11
24 553	14 554	11 011	12 090	10 982	9 311	8 360	*— 35 035 —*		2 329	12
999	757	674	796	838	781	574	*— 1 124 —*		49	13
1 584 950	1 157 313	897 603	960 583	956 975	785 247	567 146	*— 8 37 039 —*		12 637	14
1 566 212	1 146 029	889 559	952 348	950 367	780 793	563 873	*— 8 28 731 —*		11 369	15
18 051	10 754	7 628	7 824	6 277	4 238	3 137	*— 8 114 —*		1 248	16
687	530	416	411	331	216	136	*— — 194 —*		20	17
1 572 806	1 170 772	935 255	1 033 272	1 067 045	1 007 665	793 007	*— 1 5 29 912 —*		17 331	18
1 565 992	1 166 745	931 614	1 028 621	1 061 833	1 002 027	787 346	*— 1 5 02 061 —*		16 221	19
6 502	3 800	3 383	4 266	4 705	5 073	5 223	*— 26 921 —*		1 081	20
312	227	258	385	507	565	438	*— — 930 —*		29	21
660 781	634 158	569 297	559 008	561 730	532 991	469 834	344 638	527 749	–	22
659 659	632 768	567 441	556 991	559 182	529 978	465 842	339 249	504 106	–	23
1 122	1 390	1 856	2 017	2 548	3 013	3 992	5 389	23 643	–	24
321 655	307 487	271 516	265 457	263 120	245 000	211 903	149 179	196 287	–	25
321 160	306 971	270 809	264 700	262 166	243 746	210 320	147 107	189 226	–	26
495	516	707	757	954	1 254	1 583	2 072	7 061	–	27
339 126	326 671	297 781	293 551	298 610	287 991	257 931	195 459	331 462	–	28
338 499	325 797	296 632	292 291	297 016	286 232	255 522	192 142	314 880	–	29
627	874	1 149	1 260	1 594	1 759	2 409	3 317	16 582	–	30

28. Population by age, sex, living arrangements and urban/rural residence: each census, 1985 – 1995 (continued)

(See notes at end of table.)

	Continent, country or area, date, sex, living arrangements and urban/rural residence — Continent, pays ou zone, date, sexe, type de ménage et résidence, urbaine/rurale	All ages Tous âges	15 + [1]	– 15	15–19	20–24	25–29	30–34
	EUROPE (Cont.–Suite)							
	Romania – Roumanie							
	7 I 1992 [3]							
	Total							
1	Total	22 810 035	17 625 385	5 181 902	1 916 936	2 042 068	1 255 780	1 546 138
2	Household – Ménages ordinaires	22 385 707	17 267 277	5 116 285	1 775 213	1 922 496	1 225 454	1 527 385
3	Institutional – Pop. des collectivité	424 328	358 168	65 617	141 723	119 632	30 326	18 753
	Male – Masculin							
4	Total	11 213 763	8 567 154	2 645 056	985 954	1 030 191	638 007	780 609
5	Household – Ménages ordinaires	10 948 518	8 338 557	2 608 791	904 041	958 466	614 385	764 757
6	Institutional – Pop. des collectivité	265 245	228 657	36 265	81 913	71 785	23 622	15 852
	Female – Féminin							
7	Total	11 596 272	9 058 231	2 536 846	930 982	1 011 877	617 773	765 529
8	Household – Ménages ordinaires	11 437 189	8 928 720	2 507 494	871 172	964 030	611 069	762 628
9	Institutional – Pop. des collectivité	159 083	129 511	29 352	59 810	47 847	6 704	2 901
	San Marino – Saint-Marin							
	31 XII 1985 [10]							
	Total							
10	Total	21 971	17 795	4 176	1 782	1 933	1 785	1 661
11	Household – Ménages ordinaires	21 705	...	...	...	...	...	...
12	Institutional – Pop. des collectivité	266	...	...	...	...	...	...
	Male – Masculin							
13	Total	11 011	8 849	2 162	929	1 005	906	845
14	Household – Ménages ordinaires	10 853	...	...	...	...	...	...
15	Institutional – Pop. des collectivité	158	...	...	...	...	...	...
	Female – Féminin							
16	Total	10 960	8 946	2 014	853	928	879	816
17	Household – Ménages ordinaires	10 852	...	...	...	...	...	...
18	Institutional – Pop. des collectivité	108	...	...	...	...	...	...
	Slovenia – Slovénie							
	31 III 1991 [3]							
	Total							
19	Total	1 965 986	1 560 938	404 358	144 900	143 629	153 345	155 073
20	Household – Ménages ordinaires	1 963 699	1 558 673	404 336	144 890	143 554	153 244	154 962
21	Institutional – Pop. des collectivité	2 287	2 265	22	10	75	101	111
	Male – Masculin							
22	Total	952 611	744 642	207 629	74 103	71 886	76 562	78 153
23	Household – Ménages ordinaires	951 751	743 792	207 619	74 095	71 847	76 492	78 086
24	Institutional – Pop. des collectivité	860	850	10	8	39	70	67
	Female – Féminin							
25	Total	1 013 375	816 296	196 729	70 797	71 743	76 783	76 920
26	Household – Ménages ordinaires	1 011 948	814 881	196 717	70 795	71 707	76 752	76 876
27	Institutional – Pop. des collectivité	1 427	1 415	12	2	36	31	44

28. Population selon l'âge, le sexe, le type de ménage et la résidence, urbaine/rurale: chaque recensement, 1985 – 1995 (suite)

(Voir notes à la fin du tableau.)

Age (en années)										
35–39	40–44	45–49	50–54	55–59	60–64	65–69	70–74	75+	Unknown Inconnu	
1 713 144	1 527 519	1 173 644	1 347 530	1 363 062	1 232 053	1 029 195	558 656	919 660	2 748	1
1 700 644	1 519 060	1 167 990	1 341 820	1 358 924	1 229 373	1 027 011	557 075	914 832	2 205	2
12 500	8 459	5 654	5 710	4 138	2 680	2 184	1 581	4 828	543	3
859 432	764 443	580 319	654 305	654 412	580 332	459 503	223 809	355 838	1 553	4
848 697	757 182	575 616	649 751	651 287	578 692	458 388	223 130	354 165	1 230	5
10 735	7 261	4 703	4 554	3 125	1 640	1 115	679	1 673	323	6
853 712	763 076	593 325	693 225	708 650	651 721	569 692	334 847	563 822	1 195	7
851 947	761 878	592 374	692 069	707 637	650 681	568 623	333 945	560 667	975	8
1 765	1 198	951	1 156	1 013	1 040	1 069	902	3 155	220	9
1 634	1 380	1 350	1 306	1 165	1 153	842	811	993	–	10
...	...	...	...	...	...	...	...	...	...	11
...	...	...	...	...	...	...	...	...	...	12
842	699	679	647	587	562	406	365	377	–	13
...	...	...	...	...	...	...	...	...	...	14
...	...	...	...	...	...	...	...	...	...	15
792	681	671	659	578	591	436	446	616	–	16
...	...	...	...	...	...	...	...	...	...	17
...	...	...	...	...	...	...	...	...	...	18
162 088	144 430	113 496	114 541	111 730	103 022	81 304	43 458	89 922	690	19
161 982	144 310	113 381	114 412	111 595	102 871	81 132	43 297	89 043	690	20
106	120	115	129	135	151	172	161	879	–	21
83 222	74 122	57 198	56 947	52 838	45 222	29 761	15 551	29 077	340	22
83 154	74 069	57 141	56 873	52 781	45 149	29 708	15 504	28 893	340	23
68	53	57	74	57	73	53	47	184	–	24
78 866	70 308	56 298	57 594	58 892	57 800	51 543	27 907	60 845	350	25
78 828	70 241	56 240	57 539	58 814	57 722	51 424	27 793	60 150	350	26
38	67	58	55	78	78	119	114	695	–	27

28. Population by age, sex, living arrangements and urban/rural residence: each census, 1985 – 1995 (continued)

(See notes at end of table.)

	Continent, country or area, date, sex, living arrangements and urban/rural residence Continent, pays ou zone, date, sexe, type de ménage et résidence, urbaine/rurale	Age (in years) All ages Tous âges	15 + [1]	– 15	15–19	20–24	25–29	30–34
	EUROPE (Cont.–Suite)							
	Sweden – Suède							
	1 XI 1985 [3]							
	Total							
1	Total	8 360 178	... *	—— 2 077 069	——*	588 083	559 991	578 391
	Household –							
2	Ménages ordinaires	8 167 494	... *	—— 2 056 997	——*	568 656	542 006	564 361
	Institutional –							
3	Pop. des collectivité	64 105	... *	—— 774	——*	4 679	3 744	1 999
4	Other – Autre	128 579	... *	—— 19 298	——*	14 748	14 241	12 031
	Male – Masculin							
5	Total	4 128 367	... *	—— 1 064 275	——*	300 821	286 328	295 445
	Household –							
6	Ménages ordinaires	4 033 307	... *	—— 1 054 536	——*	290 289	274 736	285 900
	Institutional –							
7	Pop. des collectivité	25 681	... *	—— 335	——*	2 707	2 661	1 539
8	Other – Autre	69 379	... *	—— 9 404	——*	7 825	8 931	8 006
	Female – Féminin							
9	Total	4 231 811	... *	—— 1 012 794	——*	287 262	273 663	282 946
	Household –							
10	Ménages ordinaires	4 134 187	... *	—— 1 002 461	——*	278 367	267 270	278 461
	Institutional –							
11	Pop. des collectivité	38 424	... *	—— 439	——*	1 972	1 083	460
12	Other – Autre	59 200	... *	—— 9 894	——*	6 923	5 310	4 025
	13 XI 1990 [3]							
	Total							
13	Total	8 587 353	6 950 213	1 637 140	456 499	600 629	615 136	576 727
	Household –							
14	Ménages ordinaires	8 180 620	6 599 958	1 580 662	439 875	550 911	564 826	538 945
	Institutional –							
15	Pop. des collectivité	52 829	51 677	1 152	695	5 528	4 537	2 192
	Shelterless –							
16	Pop. sans abri	353 904	298 578	55 326	15 929	44 190	45 773	35 590
	Male – Masculin							
17	Total	4 242 351	3 402 562	839 789	233 793	307 635	316 699	295 709
	Household –							
18	Ménages ordinaires	4 024 041	3 213 186	810 855	225 882	280 569	285 760	271 453
	Institutional –							
19	Pop. des collectivité	22 431	21 831	600	345	3 102	3 120	1 585
	Shelterless –							
20	Pop. sans abri	195 879	167 545	28 334	7 566	23 964	27 819	22 671
	Female – Féminin							
21	Total	4 345 002	3 547 651	797 351	222 706	292 994	298 437	281 018
	Household –							
22	Ménages ordinaires	4 156 579	3 386 772	769 807	213 993	270 342	279 066	267 492
	Institutional –							
23	Pop. des collectivité	30 398	29 846	552	350	2 426	1 417	607
	Shelterless –							
24	Pop. sans abri	158 025	131 033	26 992	8 363	20 226	17 954	12 919
	OCEANIA—OCEANIE							
	Australia – Australie							
	30 VI 1986 [26]							
	Total							
25	Total	15 602 156	11 965 311	3 636 845	1 317 264	1 281 665	*————	2 531 533 —*
	Household –							
26	Ménages ordinaires	15 078 586	11 480 530	3 598 056	1 264 759	1 227 820	*————	2 458 923 —*
	Institutional –							
27	Pop. des collectivité	523 570	484 781	38 789	52 505	53 845	*————	72 610 —*
	Male – Masculin							
28	Total	7 768 313	5 904 292	1 864 021	673 182	648 532	*————	1 264 796 —*
	Household –							
29	Ménages ordinaires	7 485 725	5 643 848	1 841 877	642 367	613 310	*————	1 215 062 —*
	Institutional –							
30	Pop. des collectivité	282 588	260 444	22 144	30 815	35 222	*————	49 734 —*

28. Population selon l'âge, le sexe, le type de ménage et la résidence, urbaine/rurale: chaque recensement, 1985 – 1995 (suite)

(Voir notes à la fin du tableau.)

Age (en années)										
35–39	40–44	45–49	50–54	55–59	60–64	65–69	70–74	75+	Unknown Inconnu	
654 493	617 007	473 593	425 799	442 241	476 280	444 131	391 741	631 359	–	1
642 640	607 508	467 494	421 139	437 798	471 650	439 097	384 328	563 820	–	2
1 321	957	731	654	697	889	1 361	3 033	43 266	–	3
10 532	8 542	5 368	4 006	3 746	3 741	3 673	4 380	24 273	–	4
333 842	317 174	240 688	212 494	216 732	230 277	209 950	177 133	243 208	–	5
325 500	310 508	236 448	209 311	213 849	227 464	207 107	173 644	224 015	–	6
1 068	722	563	512	510	610	823	1 420	12 211	–	7
7 274	5 944	3 677	2 671	2 373	2 203	2 020	2 069	6 982	–	8
320 651	299 833	232 905	213 305	225 509	246 003	234 181	214 608	388 151	–	9
317 140	297 000	231 046	211 828	223 949	244 186	231 990	210 684	339 805	–	10
253	235	168	142	187	279	538	1 613	31 055	–	11
3 258	2 598	1 691	1 335	1 373	1 538	1 653	2 311	17 291	–	12
585 202	654 964	613 206	467 467	415 824	424 518	444 391	396 059	699 591	–	13
554 126	627 051	590 783	453 953	406 243	416 591	436 255	387 103	633 296	–	14
1 490	1 224	917	722	663	762	1 141	1 998	29 808	–	15
29 586	26 689	21 506	12 792	8 918	7 165	6 995	6 958	36 487	–	16
298 558	333 233	314 248	236 297	205 515	204 486	209 277	179 338	267 774	–	17
278 154	315 199	299 855	227 695	199 654	199 921	204 956	175 155	248 933	–	18
1 055	853	601	512	443	457	666	951	8 141	–	19
19 349	17 181	13 792	8 090	5 418	4 108	3 655	3 232	10 700	–	20
286 644	321 731	298 958	231 170	210 309	220 032	235 114	216 721	431 817	–	21
275 972	311 852	290 928	226 258	206 589	216 670	231 299	211 948	384 363	–	22
435	371	316	210	220	305	475	1 047	21 667	–	23
10 237	9 508	7 714	4 702	3 500	3 057	3 340	3 726	25 787	–	24
—— 2 2 21 143 ——		*—— 1 5 31 637 ——*		735 971	699 378	557 779	*—— 1 0 88 941 ——*		–	25
—— 2 1 68 227 ——		*—— 1 4 91 908 ——*		714 799	677 077	535 582	*—— 9 41 435 ——*		–	26
—— 52 916 ——		*—— 39 729 ——*		21 172	22 301	22 197	*—— 1 47 506 ——*		–	27
—— 1 1 26 456 ——		*—— 7 83 492 ——*		373 365	341 142	259 594	*—— 4 33 733 ——*		–	28
—— 1 0 88 688 ——		*—— 7 56 746 ——*		360 139	328 347	248 384	*—— 3 90 805 ——*		–	29
—— 37 768 ——		*—— 26 746 ——*		13 226	12 795	11 210	*—— 42 928 ——*		–	30

28. Population by age, sex, living arrangements and urban/rural residence: each census, 1985 – 1995 (continued)

(See notes at end of table.)

	Continent, country or area, date, sex, living arrangements and urban/rural residence — Continent, pays ou zone, date, sexe, type de ménage et résidence, urbaine/rurale	Age (in years) All ages Tous âges	15 + [1]	– 15	15–19	20–24	25–29	30–34
	OCEANIA—OCEANIE(Cont.–Suite)							
	Australia – Australie							
	30 VI 1986 [26]							
	Female – Féminin							
1	Total	7 833 843	6 061 019	1 772 824	644 082	633 133	*———	1 266 737 —*
	Household –							
2	Ménages ordinaires	7 592 861	5 836 682	1 756 179	622 392	614 510	*———	1 243 861 —*
	Institutional –							
3	Pop. des collectivité	240 982	224 337	16 645	21 690	18 623	*———	22 876 —*
	Cook Islands – Iles Cook							
	1 XII 1991*							
	Total							
4	Total	18 617	12 266	6 351	2 142	1 857	1 522	1 163
	Household –							
5	Ménages ordinaires	17 869	11 553	6 316	2 112	1 747	1 410	1 081
	Institutional –							
6	Pop. des collectivité	748	713	35	30	110	112	82
	Male – Masculin							
7	Total	9 697	6 372	3 325	1 105	934	801	617
	Household –							
8	Ménages ordinaires	9 254	5 951	3 303	1 085	872	739	561
	Institutional –							
9	Pop. des collectivité	443	421	22	20	62	62	56
	Female – Féminin							
10	Total	8 920	5 894	3 026	1 037	923	721	546
	Household –							
11	Ménages ordinaires	8 615	5 602	3 013	1 027	875	671	520
	Institutional –							
12	Pop. des collectivité	305	292	13	10	48	50	26
	New Zealand – Nouvelle–Zélande							
	4 III 1986 [27]							
	Total							
13	Total	3 307 083	2 508 960	798 123	302 205	288 015	272 031	249 390
	Household –							
14	Ménages ordinaires	3 138 999	...	...	...	...	...	...
	Institutional –							
15	Pop. des collectivité	168 084	...	...	...	...	...	...
	Male – Masculin							
16	Total	1 638 357	1 230 426	407 931	153 927	145 635	135 432	123 768
	Household –							
17	Ménages ordinaires	1 546 659	...	...	...	...	...	...
	Institutional –							
18	Pop. des collectivité	91 698	...	...	...	...	...	...
	Female – Féminin							
19	Total	1 668 726	1 278 534	390 192	148 278	142 380	136 599	125 622
	Household –							
20	Ménages ordinaires	1 592 340	...	...	...	...	...	...
	Institutional –							
21	Pop. des collectivité	76 386	...	...	...	...	...	...
	5 III 1991 [3 7]							
	Total							
22	Total	3 373 923	2 590 284	783 642	284 988	271 095	272 352	272 352
	Household –							
23	Ménages ordinaires	3 238 848	2 475 435	763 407	265 755	259 836	263 079	264 429
	Institutional –							
24	Pop. des collectivité	135 078	114 837	20 235	19 230	11 259	9 270	7 923
	Male – Masculin							
25	Total	1 662 552	1 262 085	400 467	145 002	135 978	133 086	133 728
	Household –							
26	Ménages ordinaires	1 589 892	1 200 783	389 106	134 301	128 535	127 056	128 511
	Institutional –							
27	Pop. des collectivité	72 660	61 302	11 358	10 701	7 443	6 030	5 217

28. Population selon l'âge, le sexe, le type de ménage et la résidence, urbaine/rurale: chaque recensement, 1985 – 1995 (suite)

(Voir notes à la fin du tableau.)

Age (en années)										
35–39	40–44	45–49	50–54	55–59	60–64	65–69	70–74	75+	Unknown Inconnu	
—— 1 0 94 687 ——		*—— 748 145 ——*		362 606	358 236	298 185	*—— 655 208 ——*		–	1
—— 1 0 79 539 ——		*—— 735 162 ——*		354 660	348 730	287 198	*—— 550 630 ——*		–	2
—— 15 148 ——		*—— 12 983 ——*		7 946	9 506	10 987	*—— 104 578 ——*		–	3
956	896	811	786	689	522	379	267	276	–	4
883	828	744	741	645	490	349	258	265	–	5
73	68	67	45	44	32	30	9	11	–	6
466	481	420	401	376	293	207	145	126	–	7
424	442	378	378	349	272	191	141	119	–	8
42	39	42	23	27	21	16	4	7	–	9
490	415	391	385	313	229	172	122	150	–	10
459	386	366	363	296	218	158	117	146	–	11
31	29	25	22	17	11	14	5	4	–	12
242 724	193 401	168 315	147 096	152 433	143 010	118 371	98 052	133 917	–	13
...	...	...	...	...	...	...	...	...	...	14
...	...	...	...	...	...	...	...	...	...	15
121 428	97 140	84 558	74 535	77 409	69 624	54 207	43 125	49 638	–	16
...	...	...	...	...	...	...	...	...	...	17
...	...	...	...	...	...	...	...	...	...	18
121 296	96 261	83 757	72 561	75 024	73 386	64 164	54 927	84 279	–	19
...	...	...	...	...	...	...	...	...	...	20
...	...	...	...	...	...	...	...	...	...	21
246 873	237 255	186 828	159 726	138 135	140 913	126 756	99 231	153 780	–	22
239 982	230 760	181 395	154 776	133 659	135 801	121 758	94 605	129 600	–	23
6 888	6 498	5 430	4 950	4 479	5 112	4 998	4 617	24 183	–	24
121 944	118 269	93 672	79 833	69 525	70 608	60 207	43 401	56 832	–	25
117 327	113 985	90 213	76 836	66 942	67 800	57 573	41 217	50 487	–	26
4 617	4 284	3 459	2 997	2 583	2 811	2 634	2 178	6 348	–	27

28. Population by age, sex, living arrangements and urban/rural residence: each census, 1985 – 1995 (continued)

(See notes at end of table.)

	Continent, country or area, date, sex, living arrangements and urban/rural residence / Continent, pays ou zone, date, sexe, type de ménage et résidence, urbaine/rurale	Age (in years)						
		All ages / Tous âges	15 + [1]	– 15	15–19	20–24	25–29	30–34
	OCEANIA—OCEANIE(Cont.–Suite)							
	New Zealand – Nouvelle–Zélande							
	5 III 1991 [3 27]							
	Female – Féminin							
1	Total	1 711 371	1 328 199	383 175	139 986	135 117	139 266	138 624
2	Household – Ménages ordinaires	1 648 956	1 274 652	374 301	131 454	131 301	136 023	135 918
3	Institutional – Pop. des collectivité	62 418	53 535	8 877	8 529	3 816	3 240	2 706

28. Population selon l'âge, le sexe, le type de ménage et la résidence, urbaine/rurale: chaque recensement, 1985 – 1995 (suite)

(Voir notes à la fin du tableau.)

Age (en années)										
35–39	40–44	45–49	50–54	55–59	60–64	65–69	70–74	75+	Unknown Inconnu	
124 929	118 986	93 156	79 893	68 610	70 305	66 549	55 830	96 948	–	1
122 655	116 775	91 182	77 940	66 717	68 001	64 185	53 388	79 113	–	2
2 271	2 214	1 971	1 953	1 896	2 301	2 364	2 439	17 835	–	3

28. Population by age, sex, living arrangements and urban/rural residence: each census, 1985 – 1995 (continued)
Data by urban/rural residence

(See notes at end of table.)

	Continent, country or area, date, sex, living arrangements and urban/rural residence / Continent, pays ou zone, date, sexe, type de ménage et résidence, urbaine/rurale	Age (in years): All ages / Tous âges	15 + [1]	– 15	15–19	20–24	25–29	30–34
	AFRICA—AFRIQUE							
	Malawi							
	Urban – Urbaine							
	1 IX 1987							
	Total							
1	Total	853 390	...	...	...	...	...	...
2	Household – Ménages ordinaires	828 928	...	...	...	...	...	...
3	Institutional – Pop. des collectivité	24 462	...	...	...	...	...	...
	Rural – Rurale							
	1 IX 1987							
	Total							
4	Total	7 135 117	...	...	...	...	...	...
5	Household – Ménages ordinaires	7 099 864	...	...	...	...	...	...
6	Institutional – Pop. des collectivité	35 253	...	...	...	...	...	...
	AMERICA,SOUTH— AMERIQUE DU SUD							
	Uruguay							
	Urban – Urbaine							
	23 X 1985* [15]							
	Total							
7	Total	2 535 000	1 861 600	673 300	194 300	194 600	187 000	165 000
8	Household – Ménages ordinaires	2 499 300	1 829 200	670 100	191 700	190 000	183 900	162 600
9	Institutional – Pop. des collectivité	35 500	32 200	3 200	2 700	4 600	3 100	2 200
10	Shelterless – Pop. sans abri	200	200	–	–	–	–	100
	Male – Masculin							
11	Total	1 198 100	856 000	342 000	94 500	93 400	89 600	78 600
12	Household – Ménages ordinaires	1 178 100	837 900	340 300	92 800	90 100	87 500	77 100
13	Institutional – Pop. des collectivité	19 800	17 900	1 700	1 700	3 300	2 100	1 400
14	Shelterless – Pop. sans abri	200	200	–	–	–	–	100
	Female – Féminin							
15	Total	1 336 900	1 005 600	331 300	99 800	101 200	97 400	86 400
16	Household – Ménages ordinaires	1 321 200	991 300	329 800	98 900	99 900	96 400	85 500
17	Institutional – Pop. des collectivité	15 700	14 300	1 500	1 000	1 300	1 000	800
18	Shelterless – Pop. sans abri	–	–	–	–	–	–	–
	Rural – Rurale							
	23 X 1985* [15]							
	Total							
19	Total	405 200	296 200	109 000	33 800	32 500	29 400	28 500
20	Household – Ménages ordinaires	370 500	263 400	107 300	29 200	27 100	25 700	25 700
21	Institutional – Pop. des collectivité	34 400	32 700	1 600	4 500	5 400	3 700	2 900
22	Shelterless – Pop. sans abri	300	200	100	–	–	–	–

28. Population selon l'âge, le sexe, le type de ménage et la résidence, urbaine/rurale: chaque recensement, 1985 – 1995 (suite)
Données selon la résidence urbaine/rurale

(Voir notes à la fin du tableau.)

Age (en années)										
35–39	40–44	45–49	50–54	55–59	60–64	65–69	70–74	75+	Unknown Inconnu	
...	...	...	...	...	...	...	...	...	...	1
...	...	...	...	...	...	...	...	...	...	2
...	...	...	...	...	...	...	...	...	...	3
...	...	...	...	...	...	...	...	...	...	4
...	...	...	...	...	...	...	...	...	...	5
...	...	...	...	...	...	...	...	...	...	6
151 300	142 400	136 200	141 100	139 100	118 000	*— 292 600 —*			–	7
149 400	140 700	134 500	139 300	137 300	116 200	*— 283 600 —*			–	8
1 900	1 800	1 600	1 700	1 800	1 800	*— 9 000 —*			–	9
–	–	–	100	–	–	*— – —*			–	10
71 500	66 700	63 500	65 400	62 600	53 100	*— 117 100 —*			–	11
70 300	65 600	62 600	64 300	61 700	52 200	*— 113 700 —*			–	12
1 200	1 100	900	1 000	900	900	*— 3 400 —*			–	13
–	–	–	100	–	–	*— – —*			–	14
79 800	75 700	72 700	75 700	76 500	64 900	*— 175 500 —*			–	15
79 100	75 100	71 900	75 000	75 600	64 000	*— 169 900 —*			–	16
700	700	700	700	900	900	*— 5 600 —*			–	17
–	–	–	–	–	–	*— – —*			–	18
25 900	24 600	23 700	23 700	22 000	18 400	*— 33 700 —*			–	19
23 400	22 000	21 000	21 200	19 700	16 800	*— 31 600 —*			–	20
2 600	2 500	2 700	2 500	2 300	1 600	*— 2 000 —*			–	21
–	100	–	–	–	–	*— 100 —*			–	22

28. Population by age, sex, living arrangements and urban/rural residence: each census, 1985 – 1995 (continued)
Data by urban/rural residence

(See notes at end of table.)

	Continent, country or area, date, sex, living arrangements and urban/rural residence — Continent, pays ou zone, date, sexe, type de ménage et résidence, urbaine/rurale	Age (in years): All ages Tous âges	15 + [1]	– 15	15–19	20–24	25–29	30–34
	AMERICA, SOUTH— (Cont.–Suite) AMERIQUE DU SUD							
	Uruguay							
	Rural – Rurale							
	23 X 1985* [15]							
	Male – Masculin							
1	Total	233 200	176 400	56 900	20 200	19 200	16 600	16 400
2	Household – Ménages ordinaires	201 300	145 800	55 600	15 800	14 000	13 100	13 700
3	Institutional – Pop. des collectivité	31 600	30 300	1 200	4 300	5 200	3 500	2 700
4	Shelterless – Pop. sans abri	300	200	100	–	–	–	–
5	Other – Autre	–	–	–	–	–	–	–
	Female – Féminin							
6	Total	172 000	119 800	52 100	13 600	13 300	12 800	12 100
7	Household – Ménages ordinaires	169 200	117 600	51 700	13 400	13 100	12 600	12 000
8	Institutional – Pop. des collectivité	2 800	2 400	400	200	200	200	200
9	Shelterless – Pop. sans abri	–	–	–	–	–	–	–
	ASIA—ASIE							
	Cyprus – Chypre							
	Urban – Urbaine							
	1 X 1992 [17]							
	Total							
10	Total	407 324	305 405	101 057	28 619	30 299	32 030	34 580
11	Household – Ménages ordinaires	404 384	302 588	100 942	28 466	30 218	31 939	34 483
12	Institutional – Pop. des collectivité	2 940	2 817	115	153	81	91	97
	Male – Masculin							
13	Total	201 811	149 283	52 031	14 570	15 071	15 820	17 034
14	Household – Ménages ordinaires	200 563	148 110	51 958	14 492	15 009	15 754	16 968
15	Institutional – Pop. des collectivité	1 248	1 173	73	78	62	66	66
	Female – Féminin							
16	Total	205 513	156 122	49 026	14 049	15 228	16 210	17 546
17	Household – Ménages ordinaires	203 821	154 478	48 984	13 974	15 209	16 185	17 515
18	Institutional – Pop. des collectivité	1 692	1 644	42	75	19	25	31
	Rural – Rurale							
	1 X 1992 [17]							
	Total							
19	Total	194 701	143 749	50 722	13 603	13 060	13 883	14 501
20	Household – Ménages ordinaires	194 366	143 415	50 721	13 601	13 046	13 872	14 488
21	Institutional – Pop. des collectivité	335	334	1	2	14	11	13
	Male – Masculin							
22	Total	97 803	71 425	26 247	6 998	6 828	7 204	7 581
23	Household – Ménages ordinaires	97 693	71 316	26 246	6 996	6 817	7 199	7 571
24	Institutional – Pop. des collectivité	110	109	1	2	11	5	10
	Female – Féminin							
25	Total	96 898	72 324	24 475	6 605	6 232	6 679	6 920
26	Household – Ménages ordinaires	96 673	72 099	24 475	6 605	6 229	6 673	6 917
27	Institutional – Pop. des collectivité	225	225	–	–	3	6	3

28. Population selon l'âge, le sexe, le type de ménage et la résidence, urbaine/rurale: chaque recensement, 1985 – 1995 (suite)
Données selon la résidence urbaine/rurale

(Voir notes à la fin du tableau.)

Age (en années)										
35–39	40–44	45–49	50–54	55–59	60–64	65–69	70–74	75+	Unknown Inconnu	
15 300	14 900	14 600	14 500	13 900	11 400		*—— 19 400 ——*		–	1
12 900	12 400	12 100	12 200	11 800	10 000		*—— 17 800 ——*		–	2
2 400	2 400	2 500	2 300	2 100	1 400		*—— 1 500 ——*		–	3
–	100	–	–	–	–		*—— 100 ——*		–	4
–	–	–	–	–	–		*—— – ——*		–	5
10 600	9 700	9 100	9 200	8 100	7 000		*—— 14 300 ——*		–	6
10 500	9 600	8 900	9 000	7 900	6 800		*—— 13 800 ——*		–	7
200	100	200	200	200	200		*—— 500 ——*		–	8
–	–	–	–	–	–		*—— – ——*		–	9
30 944	29 337	26 789	20 666	17 740	15 254	13 085	9 993	16 069	862	10
30 859	29 250	26 692	20 557	17 623	15 145	12 948	9 799	14 609	854	11
85	87	97	109	117	109	137	194	1 460	8	12
15 314	14 455	13 385	10 298	8 763	7 067	6 085	4 611	6 810	497	13
15 260	14 403	13 325	10 237	8 710	7 015	6 028	4 539	6 370	495	14
54	52	60	61	53	52	57	72	440	2	15
15 630	14 882	13 404	10 368	8 977	8 187	7 000	5 382	9 259	365	16
15 599	14 847	13 367	10 320	8 913	8 130	6 920	5 260	8 239	359	17
31	35	37	48	64	57	80	122	1 020	6	18
13 264	11 887	10 356	9 065	8 681	8 549	8 102	6 689	12 109	230	19
13 254	11 875	10 343	9 046	8 664	8 530	8 073	6 656	11 967	230	20
10	12	13	19	17	19	29	33	142	–	21
7 010	6 067	5 219	4 301	3 958	3 792	3 777	3 140	5 550	131	22
7 002	6 065	5 215	4 296	3 951	3 790	3 764	3 131	5 519	131	23
8	2	4	5	7	2	13	9	31	–	24
6 254	5 820	5 137	4 764	4 723	4 757	4 325	3 549	6 559	99	25
6 252	5 810	5 128	4 750	4 713	4 740	4 309	3 525	6 448	99	26
2	10	9	14	10	17	16	24	111	–	27

28. Population by age, sex, living arrangements and urban/rural residence: each census, 1985 – 1995 (continued)
Data by urban/rural residence

(See notes at end of table.)

	Continent, country or area, date, sex, living arrangements and urban/rural residence Continent, pays ou zone, date, sexe, type de ménage et résidence, urbaine/rurale	All ages Tous âges	15 + [1]	– 15	15–19	20–24	25–29	30–34
	ASIA—ASIE (Cont.–Suite)							
	Japan – Japon [19]							
	Urban – Urbaine							
	1 X 1985							
	Total							
1	Total	92 889 236	72 896 081	19 952 796	7 138 599	6 760 146	6 188 285	7 044 273
	Household –							
2	Ménages ordinaires	91 556 384	71 658 414	19 897 970	6 922 255	6 596 189	6 138 857	6 994 981
	Institutional –							
3	Pop. des collectivité	1 292 493	1 237 667	54 826	216 344	163 957	49 428	49 292
4	Other – Autre	40 359	–	–	–	–	–	–
	Male – Masculin							
5	Total	45 793 045	35 542 314	10 224 044	3 659 654	3 459 523	3 128 759	3 541 115
	Household –							
6	Ménages ordinaires	45 036 095	34 845 725	10 190 370	3 533 947	3 347 898	3 089 064	3 504 873
	Institutional –							
7	Pop. des collectivité	730 263	696 589	33 674	125 707	111 625	39 695	36 242
8	Other – Autre	26 687	–	–	–	–	–	–
	Female – Féminin							
9	Total	47 096 191	37 353 767	9 728 752	3 478 945	3 300 623	3 059 526	3 503 158
	Household –							
10	Ménages ordinaires	46 520 289	36 812 689	9 707 600	3 388 308	3 248 291	3 049 793	3 490 108
	Institutional –							
11	Pop. des collectivité	562 230	541 078	21 152	90 637	52 332	9 733	13 050
12	Other – Autre	13 672	–	–	–	–	–	–
	1 X 1990							
	Total							
13	Total	95 643 521	78 165 230	17 161 318	7 974 754	7 386 812	6 605 737	6 137 043
	Household –							
14	Ménages ordinaires	93 978 051	76 861 456	17 116 595	7 747 728	7 233 643	6 556 764	6 100 820
	Institutional –							
15	Pop. des collectivité	1 348 497	1 303 774	44 723	227 026	153 169	48 973	36 223
16	Other – Autre	316 973	–	–	–	–	–	–
	Male – Masculin							
17	Total	47 124 420	38 116 868	8 790 942	4 084 634	3 777 069	3 350 815	3 100 353
	Household –							
18	Ménages ordinaires	46 181 174	37 417 860	8 763 314	3 953 271	3 671 612	3 311 128	3 073 340
	Institutional –							
19	Pop. des collectivité	726 636	699 008	27 628	131 363	105 457	39 687	27 013
20	Other – Autre	216 610	–	–	–	–	–	–
	Female – Féminin							
21	Total	48 519 101	40 048 362	8 370 376	3 890 120	3 609 743	3 254 922	3 036 690
	Household –							
22	Ménages ordinaires	47 796 877	39 443 596	8 353 281	3 794 457	3 562 031	3 245 636	3 027 480
	Institutional –							
23	Pop. des collectivité	621 861	604 766	17 095	95 663	47 712	9 286	9 210
24	Other – Autre	100 363	–	–	–	–	–	–
	Rural – Rurale							
	1 X 1985							
	Total							
25	Total	28 159 687	22 078 278	6 080 422	1 841 348	1 440 408	1 635 117	2 009 951
	Household –							
26	Ménages ordinaires	27 777 396	21 716 409	6 060 987	1 791 813	1 409 200	1 617 419	1 992 307
	Institutional –							
27	Pop. des collectivité	381 304	361 869	19 435	49 535	31 208	17 698	17 644
28	Other – Autre	987	–	–	–	–	–	–
	Male – Masculin							
29	Total	13 704 271	10 588 870	3 114 761	940 773	706 472	819 571	1 017 150
	Household –							
30	Ménages ordinaires	13 490 369	10 387 489	3 102 880	906 370	683 697	806 094	1 004 422
	Institutional –							
31	Pop. des collectivité	213 262	201 381	11 881	34 403	22 775	13 477	12 728
32	Other – Autre	640	–	–	–	–	–	–

28. Population selon l'âge, le sexe, le type de ménage et la résidence, urbaine/rurale: chaque recensement, 1985 – 1995 (suite)
Données selon la résidence urbaine/rurale

(Voir notes à la fin du tableau.)

Age (en années)										
35–39	40–44	45–49	50–54	55–59	60–64	65–69	70–74	75+	Unknown Inconnu	
8 460 219	7 265 141	6 418 621	5 984 058	5 084 292	3 854 427	2 964 885	2 506 982	3 226 153	40 359	1
8 397 804	7 203 795	6 353 013	5 915 155	5 022 380	3 800 018	2 907 267	2 426 373	2 980 327	–	2
62 415	61 346	65 608	68 903	61 912	54 409	57 618	80 609	245 826	–	3
–	–	–	–	–	–	–	–	–	40 359	4
4 233 323	3 613 795	3 195 514	2 970 343	2 481 223	1 699 431	1 258 014	1 060 969	1 240 651	26 687	5
4 187 823	3 569 815	3 149 141	2 922 971	2 441 442	1 670 129	1 231 193	1 028 503	1 168 926	–	6
45 500	43 980	46 373	47 372	39 781	29 302	26 821	32 466	71 725	–	7
–	–	–	–	–	–	–	–	–	26 687	8
4 226 896	3 651 346	3 223 107	3 013 715	2 603 069	2 154 996	1 706 871	1 446 013	1 985 502	13 672	9
4 209 981	3 633 980	3 203 872	2 992 184	2 580 938	2 129 889	1 676 074	1 397 870	1 811 401	–	10
16 915	17 366	19 235	21 531	22 131	25 107	30 797	48 143	174 101	–	11
–	–	–	–	–	–	–	–	–	13 672	12
6 961 340	8 383 246	7 178 650	6 306 784	5 827 428	4 896 676	3 638 132	2 701 052	4 167 576	316 973	13
6 914 655	8 321 042	7 117 014	6 241 612	5 759 313	4 831 888	3 574 281	2 624 144	3 838 552	–	14
46 685	62 204	61 636	65 172	68 115	64 788	63 851	76 908	329 024	–	15
–	–	–	–	–	–	–	–	–	316 973	16
3 490 840	4 183 693	3 562 134	3 124 678	2 863 655	2 353 862	1 564 885	1 101 552	1 558 698	216 610	17
3 457 405	4 139 346	3 519 233	3 080 439	2 818 945	2 315 235	1 534 484	1 071 999	1 471 423	–	18
33 435	44 347	42 901	44 239	44 710	38 627	30 401	29 553	87 275	–	19
–	–	–	–	–	–	–	–	–	216 610	20
3 470 500	4 199 553	3 616 516	3 182 106	2 963 773	2 542 814	2 073 247	1 599 500	2 608 878	100 363	21
3 457 250	4 181 696	3 597 781	3 161 173	2 940 368	2 516 653	2 039 797	1 552 145	2 367 129	–	22
13 250	17 857	18 735	20 933	23 405	26 161	33 450	47 355	241 749	–	23
–	–	–	–	–	–	–	–	–	100 363	24
2 277 825	1 869 813	1 817 993	1 948 936	1 915 453	1 551 111	1 228 534	1 056 415	1 485 374	987	25
2 259 380	1 852 981	1 800 079	1 929 941	1 898 046	1 535 167	1 210 060	1 028 234	1 391 782	–	26
18 445	16 832	17 914	18 995	17 407	15 944	18 474	28 181	93 592	–	27
–	–	–	–	–	–	–	–	–	987	28
1 164 907	938 082	896 607	956 071	928 151	680 471	522 994	442 626	574 995	640	29
1 151 707	926 101	883 949	942 866	916 777	671 944	514 676	431 764	547 122	–	30
13 200	11 981	12 658	13 205	11 374	8 527	8 318	10 862	27 873	–	31
–	–	–	–	–	–	–	–	–	640	32

28. Population by age, sex, living arrangements and urban/rural residence: each census, 1985 – 1995 (continued)
Data by urban/rural residence

(See notes at end of table.)

	Continent, country or area, date, sex, living arrangements and urban/rural residence — Continent, pays ou zone, date, sexe, type de ménage et résidence, urbaine/rurale	All ages Tous âges	15 + [1]	– 15	15–19	20–24	25–29	30–34
			Age (in years)					
	ASIA—ASIE (Cont.–Suite)							
	Japan – Japon [19]							
	Rural – Rurale							
	1 X 1985							
	Female – Féminin							
1	Total	14 455 416	11 489 408	2 965 661	900 575	733 936	815 546	992 801
	Household –							
2	Ménages ordinaires	14 287 027	11 328 920	2 958 107	885 443	725 503	811 325	987 885
	Institutional –							
3	Pop. des collectivité	168 042	160 488	7 554	15 132	8 433	4 221	4 916
4	Other – Autre	347	–	–	–	–	–	–
	1 X 1990							
	Total							
5	Total	27 967 646	22 633 341	5 324 921	2 032 333	1 413 309	1 464 976	1 650 642
	Household –							
6	Ménages ordinaires	27 567 220	22 257 382	5 309 838	1 984 497	1 384 814	1 449 551	1 637 285
	Institutional –							
7	Pop. des collectivité	391 042	375 959	15 083	47 836	28 495	15 425	13 357
8	Other – Autre	9 384	–	–	–	–	–	–
	Male – Masculin							
9	Total	13 572 304	10 839 281	2 726 810	1 037 581	691 130	727 654	825 000
	Household –							
10	Ménages ordinaires	13 365 829	10 648 153	2 717 676	1 005 299	670 677	716 049	815 688
	Institutional –							
11	Pop. des collectivité	200 262	191 128	9 134	32 282	20 453	11 605	9 312
12	Other – Autre	6 213	–	–	–	–	–	–
	Female – Féminin							
13	Total	14 395 342	11 794 060	2 598 111	994 752	722 179	737 322	825 642
	Household –							
14	Ménages ordinaires	14 201 391	11 609 229	2 592 162	979 198	714 137	733 502	821 597
	Institutional –							
15	Pop. des collectivité	190 780	184 831	5 949	15 554	8 042	3 820	4 045
16	Other – Autre	3 171	–	–	–	–	–	–
	Kazakstan							
	Urban – Urbaine							
	12 I 1989 [3]							
	Total							
17	Total	9 402 582	6 379 448	2 654 530	804 148	*—— 1 6 91 519	——*	*——
	Household –							
18	Ménages ordinaires	8 901 486	5 906 594	2 635 488	589 224	*—— 1 5 34 381	——*	*——
19	Other – Autre	501 096	472 854	19 042	214 924	*—— 1 57 138	——*	*——
	Male – Masculin							
20	Total	4 471 855	3 125 334	1 343 390	394 191	*—— 8 30 338	——*	*——
	Household –							
21	Ménages ordinaires	4 144 677	2 808 597	1 333 250	254 535	*—— 7 21 200	——*	*——
22	Other – Autre	327 178	316 737	10 140	139 656	*—— 1 09 138	——*	*——
	Female – Féminin							
23	Total	4 930 727	3 615 987	1 311 140	409 957	*—— 8 61 181	——*	*——
	Household –							
24	Ménages ordinaires	4 756 809	3 451 127	1 302 238	334 689	*—— 8 13 181	——*	*——
25	Other – Autre	173 918	164 860	8 902	75 268	*—— 48 000	——*	*——
	Rural – Rurale							
	12 I 1989 [3]							
	Total							
26	Total	7 061 882	4 465 258	2 592 395	640 612	*—— 1 1 98 602	——*	*——
	Household –							
27	Ménages ordinaires	6 869 683	4 278 460	2 587 300	523 157	*—— 1 1 55 158	——*	*——
28	Other – Autre	192 199	186 798	5 095	117 455	*—— 43 444	——*	*——
	Male – Masculin							
29	Total	3 502 149	2 187 652	1 312 406	351 555	*—— 6 23 412	——*	*——
	Household –							
30	Ménages ordinaires	3 335 866	2 024 448	1 309 604	242 237	*—— 5 84 165	——*	*——
31	Other – Autre	166 283	163 204	2 802	109 318	*—— 39 247	——*	*——

28. Population selon l'âge, le sexe, le type de ménage et la résidence, urbaine/rurale: chaque recensement, 1985 – 1995 (suite)
Données selon la résidence urbaine/rurale

(Voir notes à la fin du tableau.)

Age (en années)										
35–39	40–44	45–49	50–54	55–59	60–64	65–69	70–74	75+	Unknown Inconnu	
1 112 918	931 731	921 386	992 865	987 302	870 640	705 540	613 789	910 379	347	1
1 107 673	926 880	916 130	987 075	981 269	863 223	695 384	596 470	844 660	–	2
5 245	4 851	5 256	5 790	6 033	7 417	10 156	17 319	65 719	–	3
–	–	–	–	–	–	–	–	–	347	4
2 042 440	2 275 044	1 839 362	1 781 602	1 897 460	1 848 338	1 465 444	1 116 482	1 805 909	9 384	5
2 026 774	2 257 663	1 823 600	1 765 205	1 879 809	1 830 672	1 446 067	1 090 127	1 681 318	–	6
15 666	17 381	15 762	16 397	17 651	17 666	19 377	26 355	124 591	–	7
–	–	–	–	–	–	–	–	–	9 384	8
1 033 989	1 166 292	920 164	872 570	919 712	882 687	629 898	458 420	674 184	6 213	9
1 023 370	1 154 462	909 504	861 779	908 301	872 328	620 975	448 847	640 874	–	10
10 619	11 830	10 660	10 791	11 411	10 359	8 923	9 573	33 310	–	11
–	–	–	–	–	–	–	–	–	6 213	12
1 008 451	1 108 752	919 198	909 032	977 748	965 651	835 546	658 062	1 131 725	3 171	13
1 003 404	1 103 201	914 096	903 426	971 508	958 344	825 092	641 280	1 040 444	–	14
5 047	5 551	5 102	5 606	6 240	7 307	10 454	16 782	91 281	–	15
–	–	–	–	–	–	–	–	–	3 171	16
1 583 930 —*	*—— 898 308 ——*		497 283	352 553	364 621	187 086	*—— 361 873 ——*		6 731	17
1 543 907 —*	*—— 874 475 ——*		483 774	343 301	355 565	181 967	*—— 360 873 ——*		6 274	18
40 023 —*	*—— 23 833 ——*		13 509	9 252	9 056	5 119	*—— 8 743 ——*		457	19
776 388 —*	*—— 431 339 ——*		234 194	158 477	141 181	60 108	*—— 99 118 ——*		3 131	20
743 788 —*	*—— 414 322 ——*		226 227	154 013	138 245	58 846	*—— 97 421 ——*		2 830	21
32 600 —*	*—— 17 017 ——*		7 967	4 464	2 936	1 262	*—— 1 697 ——*		301	22
807 542 —*	*—— 466 969 ——*		263 089	194 076	223 440	126 978	*—— 262 755 ——*		3 600	23
800 119 —*	*—— 460 153 ——*		257 547	189 288	217 320	123 121	*—— 255 709 ——*		3 444	24
7 423 —*	*—— 6 816 ——*		5 542	4 788	6 120	3 857	*—— 7 046 ——*		156	25
909 527 —*	*—— 550 317 ——*		339 159	233 586	227 843	118 741	*—— 246 871 ——*		4 229	26
901 735 —*	*—— 545 206 ——*		335 815	231 050	225 279	117 221	*—— 243 839 ——*		3 923	27
7 792 —*	*—— 5 111 ——*		3 344	2 536	2 564	1 520	*—— 3 032 ——*		306	28
460 928 —*	*—— 267 420 ——*		165 452	111 399	93 807	41 150	*—— 72 529 ——*		2 091	29
454 414 —*	*—— 263 835 ——*		163 568	110 286	93 073	40 854	*—— 72 016 ——*		1 814	30
6 514 —*	*—— 3 585 ——*		1 884	1 113	734	296	*—— 513 ——*		277	31

28. Population by age, sex, living arrangements and urban/rural residence: each census, 1985 – 1995 (continued)
Data by urban/rural residence

(See notes at end of table.)

	Continent, country or area, date, sex, living arrangements and urban/rural residence Continent, pays ou zone, date, sexe, type de ménage et résidence, urbaine/rurale	Age (in years) All ages Tous âges	15 + [1]	– 15	15–19	20–24	25–29	30–34
	ASIA—ASIE (Cont.–Suite)							
	Kazakstan							
	Rural – Rurale							
	12 I 1989 [3]							
	Female – Féminin							
1	Total	3 559 733	2 277 606	1 279 989	289 057	*——— 575 190 ———*		*———
	Household –							
2	Ménages ordinaires	3 533 817	2 254 012	1 277 696	280 920	*——— 570 993 ———*		*———
3	Other – Autre	25 916	23 594	2 293	8 137	*——— 4 197 ———*		*———
	EUROPE							
	Norway – Norvège							
	Urban – Urbaine							
	3 XI 1990 [3]							
	Total							
4	Total	3 056 194	2 488 571	567 623	218 659	245 861	246 879	237 696
	Household –							
5	Ménages ordinaires	3 021 860	2 451 136	570 727	221 433	242 909	244 011	236 964
	Institutional – [24]							
6	Pop. des collectivité	34 334	...	...	...	...	...	...
	Male – Masculin							
7	Total	1 488 678	1 198 090	290 588	111 045	123 364	125 082	120 389
	Household –							
8	Ménages ordinaires	1 480 772	1 187 405	293 368	112 817	121 918	123 660	119 732
	Institutional – [24]							
9	Pop. des collectivité	7 906	...	...	...	...	...	...
	Female – Féminin							
10	Total	1 567 516	1 290 481	277 035	107 614	122 497	121 797	117 307
	Household –							
11	Ménages ordinaires	1 541 088	1 263 731	277 359	108 616	120 991	120 351	117 232
	Institutional – [24]							
12	Pop. des collectivité	26 428	...	...	...	...	...	...
	Rural – Rurale							
	3 XI 1990 [3]							
	Total							
13	Total	1 166 347	942 301	224 046	91 115	88 379	75 881	77 165
	Household –							
14	Ménages ordinaires	1 159 771	934 875	224 897	91 957	87 324	75 107	78 086
	Institutional – [24]							
15	Pop. des collectivité	6 576	...	...	...	...	...	...
	Male – Masculin							
16	Total	597 622	482 398	115 224	47 083	47 927	40 723	40 699
	Household –							
17	Ménages ordinaires	595 403	479 922	115 482	47 809	47 341	40 465	41 188
	Institutional – [24]							
18	Pop. des collectivité	2 219	...	...	...	...	...	...
	Female – Féminin							
19	Total	568 725	459 903	108 822	44 032	40 452	35 158	36 466
	Household –							
20	Ménages ordinaires	564 368	454 953	109 415	44 148	39 983	34 642	36 898
	Institutional – [24]							
21	Pop. des collectivité	4 357	...	...	...	...	...	...
	Poland – Pologne							
	Urban – Urbaine							
	6 XII 1988 [25]							
	Total							
22	Total	23 174 726	17 462 790	5 693 385	1 693 103	1 453 334	1 713 386	2 190 190
	Household –							
23	Ménages ordinaires	22 518 112	16 863 682	5 637 868	1 458 994	1 290 437	1 647 103	2 153 081
	Institutional –							
24	Pop. des collectivité	639 504	582 210	55 347	226 856	158 728	64 787	36 165
25	Other – Autre	17 110	16 898	170	7 253	4 169	1 496	944

28. Population selon l'âge, le sexe, le type de ménage et la résidence, urbaine/rurale: chaque recensement, 1985 – 1995 (suite)
Données selon la résidence urbaine/rurale

(Voir notes à la fin du tableau.)

Age (en années)										
35–39	40–44	45–49	50–54	55–59	60–64	65–69	70–74	75+	Unknown Inconnu	
448 599 —*	*— 282 897 —*		173 707	122 187	134 036	77 591	*— 174 342 —*		2 138	1
447 321 —*	*— 281 371 —*		172 247	120 764	132 206	76 367	*— 171 823 —*		2 109	2
1 278 —*	*— 1 526 —*		1 460	1 423	1 830	1 224	*— 2 519 —*		29	3
227 852	232 501	189 606	144 559	130 880	138 344	144 304	126 546	204 884	–	4
230 063	234 607	189 271	143 230	129 559	137 902	142 707	123 251	175 229	–	5
...	...	...	...	...	...	...	...	...	...	6
115 145	118 577	95 871	71 344	63 108	65 710	65 723	53 651	69 081	–	7
116 221	119 594	95 343	70 955	62 105	65 357	65 547	51 992	62 164	–	8
...	...	...	...	...	...	...	...	...	...	9
112 707	113 924	93 735	73 215	67 772	72 634	78 581	72 895	135 803	–	10
113 842	115 013	93 928	72 275	67 454	72 545	77 160	71 259	113 065	–	11
...	...	...	...	...	...	...	...	...	...	12
77 843	80 878	66 900	54 962	51 993	56 690	62 428	58 686	99 381	–	13
77 830	81 202	66 474	54 035	51 695	56 602	62 411	57 691	94 461	–	14
...	...	...	...	...	...	...	...	...	...	15
41 429	42 842	35 149	28 702	27 181	28 996	30 702	27 759	43 206	–	16
41 166	42 802	34 935	28 151	27 136	28 872	30 763	27 169	42 125	–	17
...	...	...	...	...	...	...	...	...	...	18
36 414	38 036	31 751	26 260	24 812	27 694	31 726	30 927	56 175	–	19
36 664	38 400	31 539	25 884	24 559	27 730	31 648	30 522	52 336	–	20
...	...	...	...	...	...	...	...	...	...	21
2 145 440	1 584 399	1 197 842	1 244 239	1 208 938	1 027 979	745 527	*— 1 2 58 413 —*		18 551	22
2 124 583	1 572 536	1 189 185	1 235 106	1 200 939	1 021 343	739 525	*— 1 2 30 850 —*		16 562	23
20 259	11 473	8 344	8 784	7 673	6 324	5 791	*— 27 026 —*		1 947	24
598	390	313	349	326	312	211	*— — 537 —*		42	25

28. Population by age, sex, living arrangements and urban/rural residence: each census, 1985 – 1995 (continued)
Data by urban/rural residence

(See notes at end of table.)

	Continent, country or area, date, sex, living arrangements and urban/rural residence Continent, pays ou zone, date, sexe, type de ménage et résidence, urbaine/rurale	Age (in years) All ages Tous âges	15 + [1]	– 15	15–19	20–24	25–29	30–34
	EUROPE (Cont.–Suite)							
	Poland – Pologne							
	Urban – Urbaine							
	6 XII 1988 [25]							
	Male – Masculin							
1	Total	11 120 389	8 202 860	2 909 539	859 592	722 418	837 726	1 063 017
	Household –							
2	Ménages ordinaires	10 752 710	7 866 618	2 879 174	738 610	631 652	793 206	1 036 541
	Institutional –							
3	Pop. des collectivité	360 617	329 264	30 300	118 437	89 196	43 651	25 839
4	Other – Autre	7 062	6 978	65	2 545	1 570	869	637
	Female – Féminin							
5	Total	12 054 337	9 259 930	2 783 846	833 511	730 916	875 660	1 127 173
	Household –							
6	Ménages ordinaires	11 765 402	8 997 064	2 758 694	720 384	658 785	853 897	1 116 540
	Institutional –							
7	Pop. des collectivité	278 887	252 946	25 047	108 419	69 532	21 136	10 326
8	Other – Autre	10 048	9 920	105	4 708	2 599	627	307
	Rural – Rurale							
	6 XII 1988 [25]							
	Total							
9	Total	14 703 915	10 776 017	3 916 481	1 020 810	1 019 287	1 130 954	1 161 153
	Household –							
10	Ménages ordinaires	14 596 213	10 682 203	3 902 982	982 217	1 009 944	1 124 416	1 155 542
	Institutional –							
11	Pop. des collectivité	102 215	88 365	13 468	37 717	8 971	6 204	5 251
12	Other – Autre	5 487	5 449	31	876	372	334	360
	Male – Masculin							
13	Total	7 343 984	5 338 390	2 000 947	531 498	542 405	606 273	631 465
	Household –							
14	Ménages ordinaires	7 289 563	5 292 135	1 992 977	513 283	537 170	602 253	628 126
	Institutional –							
15	Pop. des collectivité	51 901	43 747	7 959	17 914	5 065	3 792	3 094
16	Other – Autre	2 520	2 508	11	301	170	228	245
	Female – Féminin							
17	Total	7 359 931	5 437 627	1 915 534	489 312	476 882	524 681	529 688
	Household –							
18	Ménages ordinaires	7 306 650	5 390 068	1 910 005	468 934	472 774	522 163	527 416
	Institutional –							
19	Pop. des collectivité	50 314	44 618	5 509	19 803	3 906	2 412	2 157
20	Other – Autre	2 967	2 941	20	575	202	106	115
	Romania – Roumanie							
	Urban – Urbaine							
	7 I 1992							
	Total							
21	Total	12 391 819	9 384 017	3 005 224	1 042 117	1 162 703	782 526	1 037 130
	Household –							
22	Ménages ordinaires	12 022 458	9 064 751	2 954 941	914 345	1 049 092	754 998	1 021 190
	Institutional –							
23	Pop. des collectivité	369 361	318 566	50 283	127 772	113 611	27 528	15 940
	Male – Masculin							
24	Total	6 047 785	4 514 619	1 531 703	531 465	549 694	371 426	498 410
	Household –							
25	Ménages ordinaires	5 819 131	4 312 296	1 504 976	458 883	482 168	349 987	484 780
	Institutional –							
26	Pop. des collectivité	228 654	201 623	26 727	72 582	67 526	21 439	13 630
	Female – Féminin							
27	Total	6 344 034	4 869 398	1 473 521	510 652	613 009	411 100	538 720
	Household –							
28	Ménages ordinaires	6 203 327	4 752 455	1 449 965	455 462	566 924	405 011	536 410
	Institutional –							
29	Pop. des collectivité	140 707	116 943	23 556	55 190	46 085	6 089	2 310

28. Population selon l'âge, le sexe, le type de ménage et la résidence, urbaine/rurale: chaque recensement, 1985 – 1995 (suite)
Données selon la résidence urbaine/rurale

(Voir notes à la fin du tableau.)

35–39	40–44	45–49	50–54	55–59	60–64	65–69	70–74	75+	Unknown Inconnu	
1 042 249	774 047	579 786	591 856	568 683	446 602	303 401	*——— 413 483 ———*		7 990	1
1 026 395	764 820	573 510	585 732	563 954	443 658	301 211	*——— 407 329 ———*		6 918	2
15 437	8 950	6 095	5 949	4 615	2 871	2 145	*——— 6 079 ———*		1 053	3
417	277	181	175	114	73	45	*——— – 75 ———*		19	4
1 103 191	810 352	618 056	652 383	640 255	581 377	442 126	*——— 844 930 ———*		10 561	5
1 098 188	807 716	615 675	649 374	636 985	577 685	438 314	*——— 823 521 ———*		9 644	6
4 822	2 523	2 249	2 835	3 058	3 453	3 646	*——— 20 947 ———*		894	7
181	113	132	174	212	239	166	*——— 462 ———*		23	8
1 012 316	743 686	635 016	749 616	815 082	764 933	614 626	*——— 1 1 08 538 ———*		11 417	9
1 007 621	740 238	631 988	745 863	811 261	761 477	611 694	*——— 1 0 99 942 ———*		11 028	10
4 294	3 081	2 667	3 306	3 309	2 987	2 569	*——— 8 009 ———*		382	11
401	367	361	447	512	469	363	*——— — 587 ———*		7	12
542 701	383 266	317 817	368 727	388 292	338 645	263 745	*——— 4 23 556 ———*		4 647	13
539 817	381 209	316 049	366 616	386 413	337 135	262 662	*——— 4 21 402 ———*		4 451	14
2 614	1 804	1 533	1 875	1 662	1 367	992	*——— 2 035 ———*		195	15
270	253	235	236	217	143	91	*——— — 119 ———*		1	16
469 615	360 420	317 199	380 889	426 790	426 288	350 881	*——— 6 84 982 ———*		6 770	17
467 804	359 029	315 939	379 247	424 848	424 342	349 032	*——— 6 78 540 ———*		6 577	18
1 680	1 277	1 134	1 431	1 647	1 620	1 577	*——— 5 974 ———*		187	19
131	114	126	211	295	326	272	*——— — 468 ———*		6	20
1 160 091	931 647	616 110	633 877	578 986	499 055	390 263	211 578	337 934	2 578	21
1 150 081	925 392	611 364	630 065	576 407	497 566	389 013	210 656	334 582	2 066	22
10 010	6 255	4 046	3 812	2 579	1 489	1 250	922	3 352	512	23
576 855	474 830	310 475	313 113	278 559	233 621	169 581	81 371	125 219	1 463	24
568 027	469 268	306 275	309 866	276 438	232 618	168 919	80 972	124 095	1 159	25
8 828	5 562	3 500	3 247	2 121	1 003	662	399	1 124	304	26
583 236	456 817	305 635	320 764	300 427	265 434	220 682	130 207	212 715	1 115	27
582 054	456 124	305 089	320 199	299 969	264 948	220 094	129 684	210 487	907	28
1 182	693	546	565	458	486	588	523	2 228	208	29

Age (en années)

28. Population by age, sex, living arrangements and urban/rural residence: each census, 1985 – 1995 (continued)
Data by urban/rural residence

(See notes at end of table.)

	Continent, country or area, date, sex, living arrangements and urban/rural residence / Continent, pays ou zone, date, sexe, type de ménage et résidence, urbaine/rurale	All ages / Tous âges	15 + [1]	– 15	15–19	20–24	25–29	30–34
	EUROPE (Cont.–Suite)							
	Romania – Roumanie							
	Rural – Rurale							
	7 I 1992							
	Total							
1	Total	10 418 216	8 241 368	2 176 678	874 819	879 365	473 254	509 008
	Household –							
2	Ménages ordinaires	10 363 249	8 201 766	2 161 344	860 868	873 344	470 456	506 195
	Institutional –							
3	Pop. des collectivité	54 967	39 602	15 334	13 951	6 021	2 798	2 813
	Male – Masculin							
4	Total	5 165 978	4 052 535	1 113 353	454 489	480 497	266 581	282 199
	Household –							
5	Ménages ordinaires	5 129 387	4 025 501	1 103 815	445 158	476 238	264 398	279 977
	Institutional –							
6	Pop. des collectivité	36 591	27 034	9 538	9 331	4 259	2 183	2 222
	Female – Féminin							
7	Total	5 252 238	4 188 833	1 063 325	420 330	398 868	206 673	226 809
	Household –							
8	Ménages ordinaires	5 233 862	4 176 265	1 057 529	415 710	397 106	206 058	226 218
	Institutional –							
9	Pop. des collectivité	18 376	12 568	5 796	4 620	1 762	615	591

Age (in years)

GENERAL NOTES

For definitions of "urban", see end of table 6. For method of evaluation and limitations of data, see Technical Notes, page 101.

FOOTNOTES

* Provisional.
1 Excluding persons of unknown age.
2 For classification by urban/rural residence, see end of table.
3 De jure population.
4 Because of rounding, totals are not in all cases the sum of the parts.
5 Data exclude adjustment for underenumeration.
6 Including armed forces stationed in the area.
7 De jure population but excluding armed forces overseas and civilian citizens absent from country for extended period of time.
8 Excluding persons not living in households.
9 Population in group quarters only.
10 Based on the results of a household survey.
11 Data exclude adjustment for underenumeration estimated at 6.92 per cent.
12 Data exclude adjustment for underenumeration, estimated at 7.40 per cent.
13 Excluding Indian jungle population.
14 Data exclude adjustment for underenumeration estimated at 2.35 per cent.

NOTES GENERALES

Pour les définitions des "régions urbaines", se reporter à la fin du tableau 6. Pour la méthode d'évaluation et les insuffisances des données, voir Notes techniques, page 101.

NOTES

* Données provisoires.
1 Non compris les personnes d'âge inconnu.
2 Pour le classement selon la résidence, urbaine/rurale, voir la fin du tableau.
3 Population de droit.
4 Les chiffres étant arrondis, les totaux ne correspondent pas toujours rigoureusement à la somme des chiffres partiels.
5 Les données n'ont pas été ajustées pour compenser les lacunes du dénombrement.
6 Y compris les militaires en garnison sur le territoire.
7 Population de droit, mais non compris les militaires à l'étranger, et les civils hors du pays pendant une période prolongée.
8 Non compris les personnes ne vivant pas dans des ménages.
9 Population dans les groupes de logements seulement.
10 D'après les résultats d'une enquête des ménages.
11 Les données n'ont pas été ajustées pour compenser les lacunes du dénombrement, estimées à 6,92 p. 100.
12 Les données n'ont pas été ajustées pour compenser les lacunes du dénombrement, estimées à 7,40 p. 100.
13 Non compris les Indiens de la jungle.
14 Les données n'ont pas été ajustées pour compenser les lacunes du dénombrement, estimées à 2,35 p.100.

28. Population selon l'âge, le sexe, le type de ménage et la résidence, urbaine/rurale: chaque recensement, 1985 – 1995 (suite)
Données selon la résidence urbaine/rurale

(Voir notes à la fin du tableau.)

Age (en années)										
35–39	40–44	45–49	50–54	55–59	60–64	65–69	70–74	75+	Unknown Inconnu	
553 053	595 872	557 534	713 653	784 076	732 998	638 932	347 078	581 726	170	1
550 563	593 668	555 926	711 755	782 517	731 807	637 998	346 419	580 250	139	2
2 490	2 204	1 608	1 898	1 559	1 191	934	659	1 476	31	3
282 577	289 613	269 844	341 192	375 853	346 711	289 922	142 438	230 619	90	4
280 670	287 914	268 641	339 885	374 849	346 074	289 469	142 158	230 070	71	5
1 907	1 699	1 203	1 307	1 004	637	453	280	549	19	6
270 476	306 259	287 690	372 461	408 223	386 287	349 010	204 640	351 107	80	7
269 893	305 754	287 285	371 870	407 668	385 733	348 529	204 261	350 180	68	8
583	505	405	591	555	554	481	379	927	12	9

FOOTNOTES (continued)

15 Data exclude adjustment of underenumeration, estimated at 2.6 per cent.

16 Covering only the civilian population of 30 provinces, municipalities and autonomous regions. Excluding Jimmen and Mazhu islands.

17 For government controlled areas.

18 Including transients and Vietnamese refugees.

19 Excluding diplomatic personnel outside country and foreign military and civilian personnel and their dependants stationed in the area.

20 Excluding alien armed forces, civilian aliens employed by armed forces and foreign diplomatic personnel and their dependants.

21 Excluding the Faeroe Islands and Greenland.

22 All data shown pertaining to Germany prior to 3 October 1990 are indicated separately for the Federal Republic of Germany and the former German Democratic Republic based on their respective territories at the time indicated. See explanatory notes on data pertaining to Germany on page 4.

23 Including armed forces stationed outside the country, but excluding alien armed forces stationed in the area.

24 Including shelterless population.

25 Excluding civilian aliens within the country, and including nationals temporarily outside the country.

26 Data exclude adjustment of underenumeration, estimated at 1.8 per cent.

27 Excluding diplomatic personnel and armed forces stationed outside country, the latter numbering 1 936 at 1966 census; also excluding alien armed forces within the country.

NOTES (suite)

15 Les données n'ont pas été ajustées pour compenser les lacunes du dénombrement, estimées à 2,6 p. 100.

16 Pour la population civile seulement de 30 provinces, municipalités et régions autonomes. Non compris les îles de Jimmen et Mazhu.

17 Pour les zones controlées par le Gouvernement.

18 Y compris transients et réfugiés du Viet Nam.

19 Non compris le personnel diplomatique hors du pays ni les militaires et agents civils étrangers en poste sur le territoire et les membres de leur famille les accompagnant.

20 Non compris les militaires étrangers, les civils étrangers employés sur les forces armées, ni le personnel diplomatique étranger et les membres de leur famille les accompagnant.

21 Non compris les îles Féroé et le Groenland.

22 Toutes les données se rapportant à l'Allemagne avant le 3 octobre 1990 figurent dans deux rubriques séparées basées sur les territoires respectifs de la République fédérale d'Allemagne et l'ancienne République démocratique allemande selon la période indiquée. Voir les notes explicatives sur les données concernant l'Allemagne à la page 4.

23 Y compris les militaires en garnison hors du pays, mais non compris les militaires étrangers en garnison sur le territoire.

24 Y compris la population sans abri.

25 Non compris les civils étrangers dans le pays, mais y compris les civils nationaux temporairement hors du pays.

26 Les données n'ont pas été ajustées pour compenser les lacunes du dénombrement, estimées à 1,8 p. 100.

27 Non compris le personnel diplomatique et les militaires hors du pays, ces derniers étant au nombre de 1 936 au recensement de 1966; non compris également les militaires étrangers en garnison dans le pays.

29. Institutional and total population by age, sex and urban/rural residence: each census, 1985 – 1995

Population des collectivités et population totale selon l'âge, le sexe et la résidence, urbaine/rurale: chaque recensement, 1985 – 1995

(See notes at end of table. – Voir notes à la fin du tableau.)

Continent, country or area, date, age(in years) and urban/rural residence — Continent, pays ou zone, date, âge(en années) et résidence, urbaine/rurale	Both sexes – Les deux sexes			Male – Masculin			Female – Féminin		
	Total	In institutions – Vivant en collectivité: Number Nombre	Per cent P. 100	Total	In institutions – Vivant en collectivité: Number Nombre	Per cent P. 100	Total	In institutions – Vivant en collectivité: Number Nombre	Per cent P. 100
AFRICA—AFRIQUE									
Cape Verde – Cap–Vert									
23 VI 1990									
Total									
Total	341 491	2 320	0.7	161 494	1 966	1.2	179 997	354	0.2
– 15	153 523	100	0.1	76 857	66	0.1	76 666	34	0.0
15 – 19	34 300	742	2.2	17 288	701	4.1	17 012	41	0.2
20 – 24	32 476	800	2.5	15 833	756	4.8	16 643	44	0.3
25 – 29	26 353	202	0.8	12 465	147	1.2	13 888	55	0.4
30 – 34	19 092	151	0.8	8 283	105	1.3	10 809	46	0.4
35 – 39	13 067	120	0.9	5 148	72	1.4	7 919	48	0.6
40 – 44	6 873	70	1.0	2 697	37	1.4	4 176	33	0.8
45 – 49	7 124	37	0.5	2 654	20	0.8	4 470	17	0.4
50 – 54	10 323	27	0.3	3 953	18	0.5	6 370	9	0.1
55 – 59	9 702	24	0.2	4 017	14	0.3	5 685	10	0.2
60 – 64	8 801	18	0.2	3 951	14	0.4	4 850	4	0.1
65 – 69	5 389	7	0.1	2 405	4	0.2	2 984	3	0.1
70 – 74	4 698	12	0.3	2 069	6	0.3	2 629	6	0.2
75 plus	9 770	10	0.1	3 874	6	0.2	5 896	4	0.1
Egypt – Egypte									
17 XI 1986									
Total									
Total	48 254 238	211 063	0.4	...	...	...	...	...	...
Malawi									
1 IX 1987									
Total									
Total	7 988 507	59 715	0.7	3 867 136	34 185	0.9	4 121 371	25 530	0.6
Mauritius – Maurice									
1 VII 1990									
Total									
Total	1 056 660	1 758	0.2	527 760	739	0.1	528 900	1 019	0.2
– 15	313 474	197	0.1	158 492	106	0.1	154 982	91	0.1
15 – 19	97 202	76	0.1	49 238	33	0.1	47 964	43	0.1
20 – 24	102 664	94	0.1	52 426	49	0.1	50 238	45	0.1
25 – 34	199 171	259	0.1	101 403	140	0.1	97 768	119	0.1
35 – 44	141 644	173	0.1	71 410	78	0.1	70 234	95	0.1
45 – 54	82 748	152	0.2	40 370	63	0.2	42 378	89	0.2
55 – 64	63 009	217	0.3	30 446	105	0.3	32 563	112	0.3
65 plus	56 676	588	1.0	23 945	164	0.7	32 731	424	1.3
Unknown–Inconnu	72	2	2.8	30	1	3.3	42	1	2.4
Namibia – Namibie									
20 X 1991									
Total									
Total	1 409 920	90 640	6.4	686 327	52 361	7.6	723 593	38 279	5.3

29. Institutional and total population by age, sex and urban/rural residence: each census, 1985 – 1995 (continued)

Population des collectivités et population totale selon l'âge, le sexe et la résidence, urbaine/rurale: chaque recensement, 1985 – 1995 (suite)

(See notes at end of table. – Voir notes à la fin du tableau.)

Continent, country or area, date, age(in years) and urban/rural residence — Continent, pays ou zone, date, âge(en années) et résidence, urbaine/rurale	Both sexes – Les deux sexes			Male – Masculin			Female – Féminin		
	Total	In institutions – Vivant en collectivité: Number – Nombre	In institutions – Vivant en collectivité: Per cent – P. 100	Total	In institutions – Vivant en collectivité: Number – Nombre	In institutions – Vivant en collectivité: Per cent – P. 100	Total	In institutions – Vivant en collectivité: Number – Nombre	In institutions – Vivant en collectivité: Per cent – P. 100
AFRICA—AFRIQUE (Cont.–Suite)									
Zimbabwe									
18 VIII 1992									
Total									
Total	10 412 548	110 500	1.1	5 083 537	74 213	1.5	5 329 011	36 287	0.7
– 15	4 695 230	15 531	0.3	2 335 187	7 871	0.3	2 360 043	7 660	0.3
15 – 19	1 248 238	10 197	0.8	615 728	5 712	0.9	632 510	4 485	0.7
20 – 24	989 897	21 655	2.2	466 837	14 690	3.1	523 060	6 965	1.3
25 – 29	712 208	16 160	2.3	335 713	12 411	3.7	376 495	3 749	1.0
30 – 34	606 365	14 463	2.4	280 066	11 455	4.1	326 299	3 008	0.9
35 – 39	488 915	10 272	2.1	229 360	7 922	3.5	259 555	2 350	0.9
40 – 44	363 775	5 749	1.6	174 266	4 084	2.3	189 509	1 665	0.9
45 – 49	288 878	3 908	1.4	145 437	2 628	1.8	143 441	1 280	0.9
50 – 54	280 600	3 299	1.2	133 261	2 079	1.6	147 339	1 220	0.8
55 – 59	181 442	1 827	1.0	94 713	1 177	1.2	86 729	650	0.7
60 – 64	179 723	1 854	1.0	95 510	1 225	1.3	84 213	629	0.7
65 – 69	102 104	971	0.9	51 202	578	1.1	50 902	393	0.8
70 – 74	120 758	1 125	0.9	58 279	642	1.1	62 479	483	0.8
75 plus	120 429	1 613	1.3	52 026	695	1.3	68 403	918	1.3
Unknown–Inconnu	33 986	1 876	5.5	15 952	1 044	6.5	18 034	832	4.6
AMERICA,NORTH— AMERIQUE DU NORD									
Aruba									
6 X 1991 [2]									
Total									
Total	66 687	848	1.3	...	...	...	...	...	...
Bahamas									
1 V 1990									
Total									
Total	255 095	2 126	0.8	124 992	1 789	1.4	130 103	337	0.3
– 15	75 693	126	0.2	38 340	85	0.2	37 353	41	0.1
15 – 19	24 897	162	0.6	12 435	133	1.1	12 462	29	0.2
20 – 24	23 531	359	1.5	11 680	330	2.8	11 851	29	0.2
25 – 29	24 018	489	2.0	11 848	458	3.9	12 170	31	0.3
30 – 34	19 880	367	1.8	9 535	339	3.6	10 345	28	0.3
35 – 39	14 913	169	1.1	7 146	149	2.1	7 767	20	0.3
40 – 44	11 588	84	0.7	5 647	75	1.3	5 941	9	0.2
45 – 49	10 267	49	0.5	4 955	36	0.7	5 312	13	0.2
50 – 54	8 258	27	0.3	3 907	23	0.6	4 351	4	0.1
55 – 59	6 313	18	0.3	3 013	12	0.4	3 300	6	0.2
60 – 64	4 849	26	0.5	2 210	17	0.8	2 639	9	0.3
65 – 69	3 684	21	0.6	1 612	14	0.9	2 072	7	0.3
70 – 74	3 295	34	1.0	1 405	15	1.1	1 890	19	1.0
75 plus	4 149	99	2.4	1 572	36	2.3	2 577	63	2.4
Unknown–Inconnu	19 760	96	0.5	9 687	67	0.7	10 073	29	0.3

29. Institutional and total population by age, sex and urban/rural residence: each census, 1985 – 1995 (continued)
Population des collectivités et population totale selon l'âge, le sexe et la résidence, urbaine/rurale: chaque recensement, 1985 – 1995 (suite)

(See notes at end of table. – Voir notes à la fin du tableau.)

Continent, country or area, date, age(in years) and urban/rural residence / Continent, pays ou zone, date, âge(en années) et résidence, urbaine/rurale	Both sexes – Les deux sexes			Male – Masculin			Female – Féminin		
	Total	In institutions / Vivant en collectivité		Total	In institutions / Vivant en collectivité		Total	In institutions / Vivant en collectivité	
		Number / Nombre	Per cent / P. 100		Number / Nombre	Per cent / P. 100		Number / Nombre	Per cent / P. 100
AMERICA,NORTH— (Cont.–Suite) AMERIQUE DU NORD									
Bermuda – Bermudes									
20 V 1991 [2]									
Total									
Total	59 324	864	1.5	28 911	566	2.0	30 413	298	1.0
– 15	11 437	32	0.3	5 727	21	0.4	5 710	11	0.2
15 – 24	8 177	99	1.2	4 184	88	2.1	3 993	11	0.3
25 – 29	6 023	92	1.5	3 023	77	2.5	3 000	15	0.5
30 – 34	6 152	84	1.4	2 976	70	2.4	3 176	14	0.4
35 – 39	5 302	86	1.6	2 635	71	2.7	2 667	15	0.6
40 – 49	8 209	87	1.1	4 074	74	1.8	4 135	13	0.3
50 – 54	2 975	27	0.9	1 402	20	1.4	1 573	7	0.4
55 – 59	2 923	32	1.1	1 451	20	1.4	1 472	12	0.8
60 – 64	2 435	30	1.2	1 133	18	1.6	1 302	12	0.9
65 – 69	1 983	38	1.9	880	25	2.8	1 103	13	1.2
70 – 74	1 403	37	2.6	589	21	3.6	814	16	2.0
75 plus	2 305	220	9.5	837	61	7.3	1 468	159	10.8
Canada									
3 VI 1986 [2,3]									
Total									
Total	25 309 353	434 360	1.7	12 485 664	199 265	1.6	12 823 689	235 095	1.8
– 15	5 391 977	16 800	0.3	2 764 640	9 125	0.3	2 627 337	7 675	0.3
15 – 19	1 924 855	17 930	0.9	985 251	11 325	1.1	939 604	6 605	0.7
20 – 24	2 253 350	35 280	1.6	1 131 456	24 975	2.2	1 121 894	10 305	0.9
25 – 29	2 341 519	24 250	1.0	1 164 990	17 375	1.5	1 176 529	6 875	0.6
30 – 34	2 185 656	18 150	0.8	1 083 773	12 715	1.2	1 101 883	5 435	0.5
35 – 39	2 026 175	15 335	0.8	1 011 058	10 370	1.0	1 015 117	4 965	0.5
40 – 44	1 614 715	13 200	0.8	810 937	8 470	1.0	803 778	4 730	0.6
45 – 49	1 315 897	12 675	1.0	659 974	7 645	1.2	655 923	5 030	0.8
50 – 54	1 229 322	14 020	1.1	616 189	8 190	1.3	613 133	5 830	0.9
55 – 59	1 203 192	16 455	1.4	593 599	9 140	1.5	609 593	7 315	1.2
60 – 64	1 125 128	18 840	1.7	530 460	9 630	1.8	594 668	9 210	1.5
65 – 69	911 767	21 495	2.4	414 542	9 700	2.3	497 225	11 795	2.4
70 – 74	738 321	29 765	4.0	324 329	11 690	3.6	413 992	18 075	4.4
75 plus	1 047 483	180 175	17.2	394 456	48 915	12.4	653 027	131 260	20.1
4 VI 1991 [2,3,4]									
Total									
Total	27 296 860	446 885	1.6	13 454 580	195 915	1.5	13 842 280	250 970	1.8
– 15	5 692 560	16 760	0.3	2 916 910	9 085	0.3	2 775 650	7 675	0.3
15 – 19	1 868 635	15 835	0.8	958 405	9 635	1.0	910 230	6 200	0.7
20 – 24	1 961 875	24 155	1.2	985 220	17 070	1.7	976 655	7 085	0.7
25 – 29	2 375 540	22 115	0.9	1 182 575	15 780	1.3	1 192 965	6 335	0.5
30 – 34	2 491 050	19 400	0.8	1 237 690	13 675	1.1	1 253 360	5 725	0.5
35 – 39	2 284 480	16 765	0.7	1 133 670	11 540	1.0	1 150 810	5 225	0.5
40 – 44	2 086 900	15 055	0.7	1 042 185	9 930	1.0	1 044 715	5 125	0.5
45 – 49	1 640 780	13 270	0.8	824 200	8 345	1.0	816 580	4 925	0.6
50 – 54	1 325 460	12 935	1.0	663 285	7 545	1.1	662 175	5 390	0.8
55 – 59	1 222 920	14 570	1.2	608 085	8 105	1.3	614 835	6 465	1.1
60 – 64	1 176 705	17 725	1.5	571 940	9 255	1.6	604 765	8 470	1.4
65 – 69	1 073 170	22 495	2.1	492 505	10 510	2.1	580 665	11 985	2.1
70 – 74	821 900	29 420	3.6	358 955	11 480	3.2	462 945	17 940	3.9
75 plus	1 274 900	206 390	16.2	478 970	53 970	11.3	795 930	152 420	19.1

29. Institutional and total population by age, sex and urban/rural residence: each census, 1985 – 1995 (continued)
Population des collectivités et population totale selon l'âge, le sexe et la résidence, urbaine/rurale: chaque recensement, 1985 – 1995 (suite)

(See notes at end of table. – Voir notes à la fin du tableau.)

Continent, country or area, date, age(in years) and urban/rural residence — Continent, pays ou zone, date, âge(en années) et résidence, urbaine/rurale	Both sexes – Les deux sexes: Total	In institutions – Vivant en collectivité: Number – Nombre	Per cent – P. 100	Male – Masculin: Total	In institutions – Vivant en collectivité: Number – Nombre	Per cent – P. 100	Female – Féminin: Total	In institutions – Vivant en collectivité: Number – Nombre	Per cent – P. 100
AMERICA,NORTH— (Cont.–Suite) AMERIQUE DU NORD									
Cayman Islands – Iles Caïmanes									
15 X 1989 [2]									
Total									
Total	25 355	232	0.9	12 372	177	1.4	12 983	55	0.4
– 15	5 758	14	0.2	2 900	8	0.3	2 858	6	0.2
15 – 19	2 053	9	0.4	966	6	0.6	1 087	3	0.3
20 – 24	2 274	53	2.3	1 158	50	4.3	1 116	3	0.3
25 – 29	2 867	32	1.1	1 404	28	2.0	1 463	4	0.3
30 – 34	2 711	33	1.2	1 297	28	2.2	1 414	5	0.4
35 – 39	2 357	20	0.8	1 105	18	1.6	1 252	2	0.2
40 – 44	1 717	7	0.4	873	6	0.7	844	1	0.1
45 – 49	1 327	12	0.9	659	9	1.4	668	3	0.4
50 – 54	1 126	3	0.3	577	3	0.5	549	–	0.0
55 – 59	878	3	0.3	431	1	0.2	447	2	0.4
60 – 64	686	3	0.4	336	1	0.3	350	2	0.6
65 – 69	521	3	0.6	257	1	0.4	264	2	0.8
70 – 74	412	6	1.5	175	2	1.1	237	4	1.7
75 plus	668	34	5.1	234	16	6.8	434	18	4.1
Guadeloupe									
15 III 1990 [2]									
Total									
Total	387 034	3 407	0.9	189 187	2 110	1.1	197 847	1 297	0.7
– 15	96 353	355	0.4	48 709	187	0.4	47 644	168	0.4
15 – 19	42 455	330	0.8	21 600	163	0.8	20 855	167	0.8
20 – 24	35 625	790	2.2	17 530	612	3.5	18 095	178	1.0
25 – 29	35 957	289	0.8	17 862	219	1.2	18 095	70	0.4
30 – 34	32 169	233	0.7	16 016	159	1.0	16 153	74	0.5
35 – 39	27 025	213	0.8	12 901	148	1.1	14 124	65	0.5
40 – 44	23 688	169	0.7	11 442	117	1.0	12 246	52	0.4
45 – 49	18 349	129	0.7	8 889	80	0.9	9 460	49	0.5
50 – 54	15 754	130	0.8	7 608	87	1.1	8 146	43	0.5
55 – 59	14 245	107	0.8	6 758	63	0.9	7 487	44	0.6
60 – 64	12 444	106	0.9	5 720	59	1.0	6 724	47	0.7
65 – 69	11 328	129	1.1	5 255	64	1.2	6 073	65	1.1
70 – 74	8 339	102	1.2	3 780	51	1.3	4 559	51	1.1
75 plus	13 303	325	2.4	5 117	101	2.0	8 186	224	2.7
Martinique									
15 III 1990 [2]									
Total									
Total	359 579	4 081	1.1	173 878	2 398	1.4	185 701	1 683	0.9
– 15	82 989	214	0.3	42 113	107	0.3	40 876	107	0.3
15 – 19	35 549	303	0.9	18 145	158	0.9	17 404	145	0.8
20 – 24	34 245	1 060	3.1	17 052	764	4.5	17 193	296	1.7
25 – 29	34 176	377	1.1	16 807	290	1.7	17 369	87	0.5
30 – 49	90 938	683	0.8	43 178	494	1.1	47 760	189	0.4
50 – 59	31 375	225	0.7	14 751	135	0.9	16 624	90	0.5
60 – 74	34 878	446	1.3	16 009	201	1.3	18 869	245	1.3
75 plus	15 429	773	5.0	5 823	249	4.3	9 606	524	5.5

29. Institutional and total population by age, sex and urban/rural residence: each census, 1985 – 1995 (continued)
Population des collectivités et population totale selon l'âge, le sexe et la résidence, urbaine/rurale: chaque recensement, 1985 – 1995 (suite)

(See notes at end of table. – Voir notes à la fin du tableau.)

Continent, country or area, date, age(in years) and urban/rural residence — Continent, pays ou zone, date, âge(en années) et résidence, urbaine/rurale	Both sexes – Les deux sexes: Total	Both sexes: In institutions – Vivant en collectivité: Number – Nombre	Both sexes: In institutions: Per cent – P. 100	Male – Masculin: Total	Male: In institutions – Vivant en collectivité: Number – Nombre	Male: In institutions: Per cent – P. 100	Female – Féminin: Total	Female: In institutions – Vivant en collectivité: Number – Nombre	Female: In institutions: Per cent – P. 100
AMERICA,NORTH— (Cont.–Suite) AMERIQUE DU NORD									
Mexico – Mexique									
12 III 1990 [2]									
Total									
Total	81 249 645	1 713 750	2.1	39 893 969	916 586	2.3	41 355 676	797 164	1.9
– 15	31 146 504	441 015	1.4	15 728 945	226 638	1.4	15 417 559	214 377	1.4
15 – 19	9 664 403	174 521	1.8	4 759 892	99 049	2.1	4 904 511	75 472	1.5
20 – 24	7 829 163	185 130	2.4	3 738 128	113 198	3.0	4 091 035	71 932	1.8
25 – 29	6 404 512	126 147	2.0	3 050 595	77 487	2.5	3 353 917	48 660	1.4
30 – 34	5 387 619	80 995	1.5	2 578 736	48 903	1.9	2 808 883	32 092	1.1
35 – 39	4 579 116	59 020	1.3	2 210 565	34 086	1.5	2 368 551	24 934	1.1
40 – 44	3 497 770	43 969	1.3	1 705 013	23 515	1.4	1 792 757	20 454	1.1
45 – 49	2 971 860	40 897	1.4	1 452 573	20 859	1.4	1 519 287	20 038	1.3
50 – 54	2 393 791	35 192	1.5	1 161 875	17 412	1.5	1 231 916	17 780	1.4
55 – 59	1 894 484	29 037	1.5	918 864	14 283	1.6	975 620	14 754	1.5
60 – 64	1 611 317	25 405	1.6	769 917	12 114	1.6	841 400	13 291	1.6
65 plus	3 376 841	53 559	1.6	1 578 808	21 108	1.3	1 798 033	32 451	1.8
Unknown–Inconnu	492 265	418 863	85.1	240 058	207 934	86.6	252 207	210 929	83.6
Netherlands Antilles – Antilles néerlandaises									
27 I 1992 [2]									
Total									
Total	189 474	1 942	1.0	90 707	1 104	1.2	98 767	838	0.8
– 15	49 236	366	0.7	24 784	216	0.9	24 452	150	0.6
15 – 19	14 671	107	0.7	7 504	74	1.0	7 167	33	0.5
20 – 24	13 574	157	1.2	6 603	102	1.5	6 971	55	0.8
25 – 29	16 971	116	0.7	8 076	89	1.1	8 895	27	0.3
30 – 34	18 086	122	0.7	8 452	87	1.0	9 634	35	0.4
35 – 39	16 142	94	0.6	7 449	64	0.9	8 693	30	0.3
40 – 44	14 061	76	0.5	6 584	50	0.8	7 477	26	0.3
45 – 49	11 323	56	0.5	5 248	34	0.6	6 075	22	0.4
50 – 54	8 542	46	0.5	3 978	32	0.8	4 564	14	0.3
55 – 59	7 314	54	0.7	3 473	43	1.2	3 841	11	0.3
60 – 64	5 744	64	1.1	2 733	42	1.5	3 011	22	0.7
65 – 69	4 583	59	1.3	2 099	39	1.9	2 484	20	0.8
70 – 74	3 558	86	2.4	1 595	39	2.4	1 963	47	2.4
75 plus	5 669	539	9.5	2 129	193	9.1	3 540	346	9.8
Puerto Rico – Porto Rico									
1 IV 1990 [2 5]									
Total									
Total	3 522 037	32 990	0.9	1 705 343	22 539	1.3	1 816 694	10 451	0.6
– 15	957 238	1 038	0.1	486 707	529	0.1	470 531	509	0.1
15 – 19	325 810	4 498	1.4	165 676	2 828	1.7	160 134	1 670	1.0
20 – 24	286 692	7 490	2.6	140 943	5 238	3.7	145 749	2 252	1.5
25 – 29	269 548	4 667	1.7	128 867	3 894	3.0	140 681	773	0.5
30 – 34	256 095	3 231	1.3	119 838	2 825	2.4	136 257	406	0.3
35 – 39	236 222	2 512	1.1	110 159	2 206	2.0	126 063	306	0.2
40 – 44	225 539	1 290	0.6	105 575	1 004	0.9	119 964	286	0.2
45 – 49	194 413	907	0.5	91 695	663	0.7	102 718	244	0.2
50 – 54	162 647	738	0.5	75 713	400	0.5	86 934	338	0.4
55 – 59	141 443	664	0.5	65 955	418	0.6	75 488	246	0.3
60 – 64	124 331	669	0.5	57 522	375	0.7	66 809	294	0.4
65 – 69	114 487	740	0.6	53 414	389	0.7	61 073	351	0.6
70 – 74	87 819	792	0.9	41 015	391	1.0	46 804	401	0.9
75 plus	139 753	3 754	2.7	62 264	1 379	2.2	77 489	2 375	3.1
Saint Lucia – Sainte–Lucie									
12 V 1991									
Total									
Total	135 685	2 377	1.8	65 988	1 343	2.0	69 697	1 034	1.5

29. Institutional and total population by age, sex and urban/rural residence: each census, 1985 – 1995 (continued)
Population des collectivités et population totale selon l'âge, le sexe et la résidence, urbaine/rurale: chaque recensement, 1985 – 1995 (suite)

(See notes at end of table. – Voir notes à la fin du tableau.)

Continent, country or area, date, age(in years) and urban/rural residence — Continent, pays ou zone, date, âge(en années) et résidence, urbaine/rurale	Both sexes – Les deux sexes: Total	In institutions – Vivant en collectivité: Number Nombre	Per cent P. 100	Male – Masculin: Total	In institutions – Vivant en collectivité: Number Nombre	Per cent P. 100	Female – Féminin: Total	In institutions – Vivant en collectivité: Number Nombre	Per cent P. 100
AMERICA,NORTH— (Cont.–Suite) AMERIQUE DU NORD									
Trinidad and Tobago – Trinité–et–Tobago									
15 V 1990 [2]									
Total									
Total	1 213 733	7 899	0.6	606 388	5 249	0.9	607 345	2 650	0.4
– 15	406 155	680	0.2	205 083	355	0.2	201 072	325	0.2
15 – 19	114 377	1 189	1.0	58 221	935	1.6	56 156	254	0.5
20 – 24	104 107	1 241	1.2	52 076	925	1.8	52 031	316	0.6
25 – 29	111 181	1 058	1.0	55 711	881	1.6	55 470	177	0.3
30 – 34	96 359	811	0.8	48 024	694	1.4	48 335	117	0.2
35 – 39	79 552	515	0.6	39 882	410	1.0	39 670	105	0.3
40 – 44	66 053	309	0.5	33 431	224	0.7	32 622	85	0.3
45 – 49	52 447	235	0.4	26 066	132	0.5	26 381	103	0.4
50 – 54	43 313	171	0.4	21 461	96	0.4	21 852	75	0.3
55 – 59	34 348	163	0.5	16 764	79	0.5	17 584	84	0.5
60 – 64	30 100	209	0.7	14 741	95	0.6	15 359	114	0.7
65 – 69	27 573	204	0.7	13 289	86	0.6	14 284	118	0.8
70 – 74	20 354	234	1.1	9 859	101	1.0	10 495	133	1.3
75 plus	27 814	880	3.2	11 780	236	2.0	16 034	644	4.0
United States – Etats–Unis [6]									
1 III 1988 [7 8]									
Total									
Total	241 155 000	433 000	0.2	117 260 000	244 000	0.2	123 895 000	189 000	0.2
– 15	52 703 000	28 000	0.1	26 976 000	16 000	0.1	25 727 000	12 000	0.0
15 – 19	17 996 000	34 000	0.2	9 089 000	27 000	0.3	8 907 000	7 000	0.1
20 – 24	18 840 000	59 000	0.3	9 254 000	40 000	0.4	9 586 000	19 000	0.2
25 – 29	21 523 000	41 000	0.2	10 669 000	33 000	0.3	10 854 000	8 000	0.1
30 – 34	21 446 000	43 000	0.2	10 651 000	35 000	0.3	10 795 000	8 000	0.1
35 – 39	18 854 000	29 000	0.2	9 321 000	23 000	0.2	9 533 000	6 000	0.1
40 – 44	15 828 000	27 000	0.2	7 755 000	11 000	0.1	8 073 000	16 000	0.2
45 – 54	23 795 000	41 000	0.2	11 521 000	33 000	0.3	12 274 000	8 000	0.1
55 – 64	21 642 000	21 000	0.1	10 186 000	6 000	0.1	11 456 000	15 000	0.1
65 – 74	17 472 000	26 000	0.1	7 737 000	4 000	0.1	9 736 000	22 000	0.2
75 plus	11 056 000	84 000	0.8	4 101 000	17 000	0.4	6 955 000	67 000	1.0
1 IV 1990									
Total									
Total	248 709 873	6 697 744	2.7	121 239 418	3 788 618	3.1	127 470 455	2 909 126	2.3
– 15	53 567 871	128 384	0.2	27 422 103	75 628	0.3	26 145 768	52 756	0.2
15 – 19	17 754 015	1 346 833	7.6	9 102 698	732 945	8.1	8 651 317	613 888	7.1
20 – 24	19 020 312	1 537 069	8.1	9 675 596	1 011 790	10.5	9 344 716	525 279	5.6
25 – 29	21 313 045	529 342	2.5	10 695 936	439 461	4.1	10 617 109	89 881	0.8
30 – 34	21 862 887	412 042	1.9	10 876 933	341 507	3.1	10 985 954	70 535	0.6
35 – 44	37 578 903	507 736	1.4	18 594 227	411 151	2.2	18 984 676	96 585	0.5
45 – 54	25 223 086	237 734	0.9	12 325 335	169 908	1.4	12 897 751	67 826	0.5
55 – 59	10 531 756	98 909	0.9	5 034 370	61 859	1.2	5 497 386	37 050	0.7
60 – 64	10 616 167	118 830	1.1	4 947 047	66 670	1.3	5 669 120	52 160	0.9
65 – 74	18 106 558	336 165	1.9	7 941 613	147 253	1.9	10 164 945	188 912	1.9
75 plus	13 135 273	1 444 700	11.0	4 623 560	330 446	7.1	8 511 713	1 114 254	13.1

29. Institutional and total population by age, sex and urban/rural residence: each census, 1985 – 1995 (continued)
Population des collectivités et population totale selon l'âge, le sexe et la résidence, urbaine/rurale: chaque recensement, 1985 – 1995 (suite)

(See notes at end of table. – Voir notes à la fin du tableau.)

Continent, country or area, date, age(in years) and urban/rural residence / Continent, pays ou zone, date, âge(en années) et résidence, urbaine/rurale	Both sexes – Les deux sexes			Male – Masculin			Female – Féminin		
	Total	In institutions / Vivant en collectivité		Total	In institutions / Vivant en collectivité		Total	In institutions / Vivant en collectivité	
		Number / Nombre	Per cent / P. 100		Number / Nombre	Per cent / P. 100		Number / Nombre	Per cent / P. 100
AMERICA,NORTH— (Cont.–Suite) AMERIQUE DU NORD									
United States – Etats–Unis									
1 III 1991 [7,8]									
Total									
Total	248 886 000	422 000	0.2	121 191 000	253 000	0.2	127 695 000	169 000	0.1
– 15	55 366 000	6 000	0.0	28 351 000	6 000	0.0	27 015 000	–	0.0
15 – 19	16 839 000	40 000	0.2	8 513 000	31 000	0.4	8 326 000	9 000	0.1
20 – 24	17 987 000	40 000	0.2	8 839 000	25 000	0.3	9 148 000	15 000	0.2
25 – 29	20 767 000	37 000	0.2	10 331 000	29 000	0.3	10 436 000	8 000	0.1
30 – 34	22 138 000	41 000	0.2	10 988 000	31 000	0.3	11 150 000	10 000	0.1
35 – 39	20 379 000	33 000	0.2	10 066 000	31 000	0.3	10 313 000	2 000	0.0
40 – 44	18 286 000	40 000	0.2	8 966 000	29 000	0.3	9 320 000	11 000	0.1
45 – 54	25 686 000	43 000	0.2	12 428 000	29 000	0.2	13 258 000	14 000	0.1
55 – 64	21 345 000	34 000	0.2	10 161 000	19 000	0.2	11 184 000	15 000	0.1
65 – 74	18 237 000	34 000	0.2	8 156 000	16 000	0.2	10 081 000	18 000	0.2
75 plus	11 855 000	75 000	0.6	4 391 000	8 000	0.2	7 464 000	67 000	0.9
1 III 1992 [7,8]									
Total									
Total	251 434 000	451 000	0.2	122 528 000	274 000	0.2	128 906 000	177 000	0.1
– 15	56 191 000	56 000	0.1	28 768 000	19 000	0.1	27 423 000	37 000	0.1
15 – 19	16 567 000	15 000	0.1	8 380 000	10 000	0.1	8 187 000	5 000	0.1
20 – 24	17 848 000	62 000	0.3	8 800 000	38 000	0.4	9 048 000	24 000	0.3
25 – 29	20 132 000	68 000	0.3	10 024 000	53 000	0.5	10 108 000	15 000	0.1
30 – 34	22 361 000	44 000	0.2	11 101 000	32 000	0.3	11 260 000	12 000	0.1
35 – 39	20 953 000	24 000	0.1	10 358 000	15 000	0.1	10 595 000	9 000	0.1
40 – 44	18 618 000	33 000	0.2	9 148 000	28 000	0.3	9 470 000	5 000	0.1
45 – 54	27 024 000	37 000	0.1	13 114 000	22 000	0.2	13 910 000	15 000	0.1
55 – 64	21 150 000	35 000	0.2	10 036 000	21 000	0.2	11 114 000	14 000	0.1
65 – 74	18 440 000	30 000	0.2	8 266 000	17 000	0.2	10 174 000	13 000	0.1
75 plus	12 149 000	47 000	0.4	4 533 000	19 000	0.4	7 616 000	28 000	0.4
1 III 1993 [7,8]									
Total									
Total	254 241 000	317 000	0.1	124 018 000	178 000	0.1	130 223 000	139 000	0.1
– 15	56 987 000	37 000	0.1	29 164 000	18 000	0.1	27 823 000	19 000	0.1
15 – 19	16 626 000	32 000	0.2	8 424 000	15 000	0.2	8 202 000	17 000	0.2
20 – 24	17 802 000	62 000	0.3	8 786 000	32 000	0.4	9 016 000	30 000	0.3
25 – 29	19 603 000	41 000	0.2	9 767 000	31 000	0.3	9 836 000	10 000	0.1
30 – 34	22 260 000	33 000	0.1	11 089 000	23 000	0.2	11 171 000	10 000	0.1
35 – 39	21 467 000	11 000	0.1	10 606 000	10 000	0.1	10 861 000	1 000	0.0
40 – 44	18 875 000	13 000	0.1	9 298 000	8 000	0.1	9 577 000	5 000	0.1
45 – 54	28 502 000	18 000	0.1	13 847 000	9 000	0.1	14 655 000	9 000	0.1
55 – 64	21 247 000	26 000	0.1	10 205 000	16 000	0.2	11 042 000	10 000	0.1
65 – 74	18 363 000	11 000	0.1	8 114 000	6 000	0.1	10 249 000	5 000	0.0
75 plus	12 509 000	33 000	0.3	4 718 000	10 000	0.2	7 791 000	23 000	0.3
1 III 1994 [7,8]									
Total									
Total	259 752 000	245 000	0.1	126 914 000	117 000	0.1	132 838 000	128 000	0.1
– 15	58 952 000	24 000	0.0	30 146 000	14 000	0.0	28 806 000	10 000	0.0
15 – 19	17 730 000	16 000	0.1	9 008 000	7 000	0.1	8 722 000	9 000	0.1
20 – 24	18 559 000	72 000	0.4	9 221 000	32 000	0.3	9 338 000	40 000	0.4
25 – 29	19 626 000	26 000	0.1	9 765 000	12 000	0.1	9 861 000	14 000	0.1
30 – 34	22 320 000	14 000	0.1	11 108 000	5 000	0.0	11 212 000	9 000	0.1
35 – 39	21 970 000	21 000	0.1	10 892 000	16 000	0.1	11 078 000	5 000	0.0
40 – 44	19 557 000	6 000	0.0	9 651 000	3 000	0.0	9 906 000	3 000	0.0
45 – 54	29 522 000	14 000	0.0	14 454 000	12 000	0.1	15 068 000	2 000	0.0
55 – 64	20 738 000	15 000	0.1	9 933 000	6 000	0.1	10 805 000	9 000	0.1
65 – 74	18 087 000	15 000	0.1	7 924 000	4 000	0.0	10 163 000	11 000	0.1
75 plus	12 692 000	23 000	0.2	4 812 000	6 000	0.1	7 880 000	17 000	0.2

29. Institutional and total population by age, sex and urban/rural residence: each census, 1985 – 1995 (continued)
Population des collectivités et population totale selon l'âge, le sexe et la résidence, urbaine/rurale: chaque recensement, 1985 – 1995 (suite)

(See notes at end of table. – Voir notes à la fin du tableau.)

Continent, country or area, date, age(in years) and urban/rural residence — Continent, pays ou zone, date, âge(en années) et résidence, urbaine/rurale	Both sexes – Les deux sexes: Total	Both sexes: In institutions – Vivant en collectivité: Number – Nombre	Both sexes: In institutions: Per cent – P. 100	Male – Masculin: Total	Male: In institutions – Vivant en collectivité: Number – Nombre	Male: In institutions: Per cent – P. 100	Female – Féminin: Total	Female: In institutions – Vivant en collectivité: Number – Nombre	Female: In institutions: Per cent – P. 100
AMERICA,NORTH— (Cont.–Suite) AMERIQUE DU NORD									
United States Virgin Islands – Iles Vierges américaines									
1 IV 1990 [2 5]									
Total									
Total	101 809	1 321	1.3	49 210	805	1.6	52 599	516	1.0
– 15	29 444	122	0.4	14 833	69	0.5	14 611	53	0.4
15 – 19	9 623	82	0.9	4 830	35	0.7	4 793	47	1.0
20 – 24	7 103	237	3.3	3 452	121	3.5	3 651	116	3.2
25 – 29	7 353	178	2.4	3 489	133	3.8	3 864	45	1.2
30 – 34	7 324	139	1.9	3 435	109	3.2	3 889	30	0.8
35 – 44	15 039	200	1.3	6 881	140	2.0	8 158	60	0.7
45 – 54	12 284	117	1.0	5 938	81	1.4	6 346	36	0.6
55 – 59	3 980	38	1.0	1 948	22	1.1	2 032	16	0.8
60 – 69	3 180	41	1.3	1 563	27	1.7	1 617	14	0.9
70 – 74	4 283	59	1.4	1 970	35	1.8	2 313	24	1.0
75 plus	2 196	108	4.9	871	33	3.8	1 325	75	5.7
AMERICA,SOUTH— AMERIQUE DU SUD									
Bolivia – Bolivie									
3 VI 1992 [9]									
Total									
Total	6 420 792	119 708	1.9	3 171 265	90 041	2.8	3 249 527	29 667	0.9
– 15	2 648 208	17 153	0.6	1 342 846	9 890	0.7	1 305 362	7 263	0.6
15 – 19	664 034	34 394	5.2	329 406	29 401	8.9	334 628	4 993	1.5
20 – 24	549 902	19 105	3.5	265 662	14 768	5.6	284 240	4 337	1.5
25 – 29	469 664	12 273	2.6	225 825	9 260	4.1	243 839	3 013	1.2
30 – 34	419 169	9 570	2.3	204 809	7 399	3.6	214 360	2 171	1.0
35 – 39	365 026	7 481	2.0	174 658	5 692	3.3	190 368	1 789	0.9
40 – 44	297 172	5 611	1.9	146 673	4 284	2.9	150 499	1 327	0.9
45 – 49	247 794	4 128	1.7	120 992	3 066	2.5	126 802	1 062	0.8
50 – 54	184 368	2 947	1.6	89 215	2 101	2.4	95 153	846	0.9
55 – 59	138 493	1 700	1.2	65 859	1 101	1.7	72 634	599	0.8
60 – 64	143 173	1 478	1.0	68 737	913	1.3	74 436	565	0.8
65 – 69	95 263	909	1.0	44 598	549	1.2	50 665	360	0.7
70 – 74	70 833	708	1.0	32 537	372	1.1	38 296	336	0.9
75 plus	106 837	1 515	1.4	47 840	685	1.4	58 997	830	1.4
Unknown–Inconnu	20 856	736	3.5	11 608	560	4.8	9 248	176	1.9
Colombia – Colombie									
15 X 1985									
Total									
Total	27 837 932	254 148	0.9	13 777 700	178 128	1.3	14 060 232	76 020	0.5
Paraguay									
26 VIII 1992 [10]									
Total									
Total	4 152 588	40 597	1.0	2 085 905	30 835	1.5	2 066 683	9 762	0.5

29. Institutional and total population by age, sex and urban/rural residence: each census, 1985 – 1995 (continued)
Population des collectivités et population totale selon l'âge, le sexe et la résidence, urbaine/rurale: chaque recensement, 1985 – 1995 (suite)

(See notes at end of table. – Voir notes à la fin du tableau.)

Continent, country or area, date, age(in years) and urban/rural residence — Continent, pays ou zone, date, âge(en années) et résidence, urbaine/rurale	Both sexes – Les deux sexes: Total	In institutions – Vivant en collectivité: Number Nombre	Per cent P. 100	Male – Masculin: Total	In institutions – Vivant en collectivité: Number Nombre	Per cent P. 100	Female – Féminin: Total	In institutions – Vivant en collectivité: Number Nombre	Per cent P. 100
AMERICA,SOUTH— (Cont.–Suite) AMERIQUE DU SUD									
Peru – Pérou									
11 VII 1993 [11 12]									
Total									
Total	22 048 356	209 846	1.0	10 956 375	170 071	1.6	11 091 981	39 775	0.4
– 15	8 155 376	18 850	0.2	4 139 206	10 272	0.2	4 016 170	8 578	0.2
15 – 29	6 296 271	130 780	2.1	3 094 080	116 192	3.8	3 202 191	14 588	0.5
30 – 44	3 899 755	37 240	1.0	1 909 260	29 190	1.5	1 990 495	8 050	0.4
45 – 64	2 670 835	15 491	0.6	1 326 670	10 854	0.8	1 344 165	4 637	0.3
65 plus	1 026 119	7 485	0.7	487 159	3 563	0.7	538 960	3 922	0.7
Uruguay									
23 X 1985 [1 13]									
Total									
Total	2 955 241	78 358	2.7	1 439 021	57 774	4.0	1 516 220	20 584	1.4
– 15	789 876	6 127	0.8	402 565	3 713	0.9	387 311	2 414	0.6
15 – 19	229 492	8 371	3.6	115 801	6 924	6.0	113 691	1 447	1.3
20 – 24	226 868	11 310	5.0	112 662	9 569	8.5	114 206	1 741	1.5
25 – 29	215 086	7 822	3.6	105 509	6 435	6.1	109 577	1 387	1.3
30 – 34	193 760	5 868	3.0	94 717	4 749	5.0	99 043	1 119	1.1
35 – 39	179 289	4 858	2.7	87 074	3 919	4.5	92 215	939	1.0
40 – 44	167 893	4 711	2.8	82 238	3 827	4.7	85 655	884	1.0
45 – 49	160 655	4 598	2.9	77 975	3 686	4.7	82 680	912	1.1
50 – 54	164 997	4 658	2.8	80 320	3 631	4.5	84 677	1 027	1.2
55 – 59	160 002	4 454	2.8	76 522	3 317	4.3	83 480	1 137	1.4
60 – 64	137 201	3 567	2.6	64 826	2 458	3.8	72 375	1 109	1.5
65 – 69	109 518	2 890	2.6	49 716	1 800	3.6	59 802	1 090	1.8
70 – 74	91 860	2 655	2.9	39 616	1 365	3.4	52 244	1 290	2.5
75 plus	128 216	6 469	5.0	48 998	2 381	4.9	79 218	4 088	5.2
Unknown–Inconnu	528	–	0.0	482	–	0.0	46	–	0.0
ASIA—ASIE									
China – Chine [14]									
1 VII 1990									
Total									
Total	1130 510 638	32 734 272	2.9	581 820 407	25 152 504	4.3	548 690 231	7 581 768	1.4
– 15	313 001 854	767 150	0.2	162 863 598	422 265	0.3	150 138 256	344 885	0.2
15 – 19	120 158 421	6 067 550	5.0	61 650 589	3 465 506	5.6	58 507 832	2 602 044	4.4
20 – 24	125 761 174	10 006 801	8.0	64 233 023	6 926 103	10.8	61 528 151	3 080 698	5.0
25 – 29	104 267 525	4 505 720	4.3	53 512 983	3 838 410	7.2	50 754 542	667 310	1.3
30 – 34	83 875 707	2 387 234	2.8	43 706 133	2 139 642	4.9	40 169 574	247 592	0.6
35 – 39	86 351 812	2 321 224	2.7	44 568 847	2 134 801	4.8	41 782 965	186 423	0.4
40 – 44	63 707 664	2 191 273	3.4	33 335 977	2 072 686	6.2	30 371 687	118 587	0.4
45 – 49	49 087 941	1 720 453	3.5	25 855 900	1 633 267	6.3	23 232 041	87 186	0.4
50 – 54	45 619 559	1 265 325	2.8	24 110 355	1 200 119	5.0	21 509 204	65 206	0.3
55 – 59	41 709 335	731 710	1.8	21 839 937	692 072	3.2	19 869 398	39 638	0.2
60 plus	96 969 646	769 832	0.8	46 143 065	627 633	1.4	50 826 581	142 199	0.3

29. Institutional and total population by age, sex and urban/rural residence: each census, 1985 – 1995 (continued)
Population des collectivités et population totale selon l'âge, le sexe et la résidence, urbaine/rurale: chaque recensement, 1985 – 1995 (suite)

(See notes at end of table. – Voir notes à la fin du tableau.)

Continent, country or area, date, age(in years) and urban/rural residence — Continent, pays ou zone, date, âge(en années) et résidence, urbaine/rurale	Both sexes – Les deux sexes: Total	In institutions – Vivant en collectivité: Number – Nombre	Per cent – P. 100	Male – Masculin: Total	In institutions – Vivant en collectivité: Number – Nombre	Per cent – P. 100	Female – Féminin: Total	In institutions – Vivant en collectivité: Number – Nombre	Per cent – P. 100
ASIA—ASIE (Cont.–Suite)									
Cyprus – Chypre									
1 X 1992 [1 15]									
Total									
Total	602 025	3 275	0.5	299 614	1 358	0.5	302 411	1 917	0.6
– 15	151 779	116	0.1	78 278	74	0.1	73 501	42	0.1
15 – 19	42 222	155	0.4	21 568	80	0.4	20 654	75	0.4
20 – 24	43 359	95	0.2	21 899	73	0.3	21 460	22	0.1
25 – 29	45 913	102	0.2	23 024	71	0.3	22 889	31	0.1
30 – 34	49 081	110	0.2	24 615	76	0.3	24 466	34	0.1
35 – 39	44 208	95	0.2	22 324	62	0.3	21 884	33	0.1
40 – 44	41 224	99	0.2	20 522	54	0.3	20 702	45	0.2
45 – 49	37 145	110	0.3	18 604	64	0.3	18 541	46	0.2
50 – 54	29 731	128	0.4	14 599	66	0.5	15 132	62	0.4
55 – 59	26 421	134	0.5	12 721	60	0.5	13 700	74	0.5
60 – 64	23 803	128	0.5	10 859	54	0.5	12 944	74	0.6
65 – 69	21 187	166	0.8	9 862	70	0.7	11 325	96	0.8
70 – 74	16 682	227	1.4	7 751	81	1.0	8 931	146	1.6
75 plus	28 178	1 602	5.7	12 360	471	3.8	15 818	1 131	7.1
Unknown–Inconnu	1 092	8	0.7	628	2	0.3	464	6	1.3
Hong Kong – Hong-kong									
11 III 1986 [16]									
Total									
Total	5 395 997	79 877	1.5	2 772 464	51 905	1.9	2 623 533	27 972	1.1
– 15	1 246 947	6 874	0.6	649 638	3 934	0.6	597 309	2 940	0.5
15 – 19	451 324	5 999	1.3	234 901	4 578	1.9	216 423	1 421	0.7
20 – 24	561 535	11 704	2.1	285 188	8 015	2.8	276 347	3 689	1.3
25 – 29	601 617	8 995	1.5	308 385	6 832	2.2	293 232	2 163	0.7
30 – 34	496 211	6 076	1.2	257 860	4 781	1.9	238 351	1 295	0.5
35 – 39	405 370	4 284	1.1	215 137	3 367	1.6	190 233	917	0.5
40 – 44	242 032	2 737	1.1	132 929	2 128	1.6	109 103	609	0.6
45 – 49	256 035	3 423	1.3	139 029	2 751	2.0	117 006	672	0.6
50 – 54	269 199	3 990	1.5	144 341	3 374	2.3	124 858	616	0.5
55 – 59	247 571	4 095	1.7	128 507	3 185	2.5	119 064	910	0.8
60 – 64	209 614	3 493	1.7	104 765	2 513	2.4	104 849	980	0.9
65 plus	408 542	18 207	4.5	171 784	6 447	3.8	236 758	11 760	5.0
15 III 1991 [16]									
Total									
Total	5 522 281	78 123	1.4	2 811 991	45 124	1.6	2 710 290	32 999	1.2
– 15	1 151 916	5 165	0.4	599 044	3 139	0.5	552 872	2 026	0.4
15 – 19	409 642	4 523	1.1	213 439	2 985	1.4	196 203	1 538	0.8
20 – 24	430 199	7 971	1.9	216 280	5 338	2.5	213 919	2 633	1.2
25 – 29	577 567	8 254	1.4	283 377	5 971	2.1	294 190	2 283	0.8
30 – 34	600 721	6 327	1.1	303 200	4 687	1.5	297 521	1 640	0.6
35 – 39	491 330	4 753	1.0	251 372	3 608	1.4	239 958	1 145	0.5
40 – 44	399 702	3 691	0.9	210 858	2 782	1.3	188 844	909	0.5
45 – 49	239 040	2 395	1.0	131 057	1 823	1.4	107 983	572	0.5
50 – 54	248 618	2 588	1.0	135 447	1 972	1.5	113 171	616	0.5
55 – 59	256 645	2 871	1.1	135 776	2 103	1.5	120 869	768	0.6
60 – 64	234 861	3 292	1.4	120 266	2 221	1.8	114 595	1 071	0.9
65 – 69	185 097	3 850	2.1	89 550	2 133	2.4	95 547	1 717	1.8
70 – 74	134 926	5 126	3.8	61 908	2 145	3.5	73 018	2 981	4.1
75 plus	162 017	17 317	10.7	60 417	4 217	7.0	101 600	13 100	12.9

29. Institutional and total population by age, sex and urban/rural residence: each census, 1985 – 1995 (continued)
Population des collectivités et population totale selon l'âge, le sexe et la résidence, urbaine/rurale: chaque recensement, 1985 – 1995 (suite)

(See notes at end of table. – Voir notes à la fin du tableau.)

Continent, country or area, date, age(in years) and urban/rural residence — Continent, pays ou zone, date, âge(en années) et résidence, urbaine/rurale	Both sexes – Les deux sexes: Total	In institutions – Vivant en collectivité: Number – Nombre	Per cent – P. 100	Male – Masculin: Total	In institutions – Vivant en collectivité: Number – Nombre	Per cent – P. 100	Female – Féminin: Total	In institutions – Vivant en collectivité: Number – Nombre	Per cent – P. 100
ASIA—ASIE (Cont.–Suite)									
Iran (Islamic Republic of – Rép. islamique d')									
22 IX 1986									
Total									
Total	49 857 384	113 200	0.2	25 491 645	86 095	0.3	24 365 739	27 105	0.1
– 15	22 670 244	20 034	0.1	11 600 192	16 952	0.1	11 070 052	3 082	0.0
15 – 19	5 249 417	41 237	0.8	2 703 040	33 390	1.2	2 546 377	7 847	0.3
20 – 24	4 229 909	37 919	0.9	2 141 747	26 287	1.2	2 088 162	11 632	0.6
25 – 29	3 674 169	6 247	0.2	1 842 908	4 796	0.3	1 831 261	1 451	0.1
30 – 34	2 933 815	2 011	0.1	1 474 693	1 459	0.1	1 459 122	552	0.0
35 – 39	2 131 887	1 029	0.0	1 057 456	738	0.1	1 074 431	291	0.0
40 – 44	1 676 006	836	0.0	845 201	537	0.1	830 805	299	0.0
45 – 49	1 600 564	634	0.0	831 750	416	0.0	768 814	218	0.0
50 – 54	1 606 100	706	0.0	862 398	408	0.0	743 702	298	0.0
55 – 59	1 359 379	451	0.0	704 181	241	0.0	655 198	210	0.0
60 – 64	1 191 940	502	0.0	652 277	261	0.0	539 663	241	0.0
65 plus	1 502 436	1 480	0.1	757 064	532	0.1	745 372	948	0.1
Unknown–Inconnu	31 518	114	0.4	18 738	78	0.4	12 780	36	0.3
1 X 1991 [2]									
Total									
Total	55 837 163	171 373	0.3	28 768 450	122 822	0.4	27 068 713	48 551	0.2
– 15	24 723 874	24 404	0.1	12 669 898	20 646	0.2	12 053 976	3 758	0.0
15 – 19	5 908 903	56 692	1.0	3 057 609	42 145	1.4	2 851 294	14 547	0.5
20 – 24	4 947 260	64 937	1.3	2 520 312	41 920	1.7	2 426 948	23 017	0.9
25 – 29	4 005 278	13 001	0.3	2 012 493	9 580	0.5	1 992 785	3 421	0.2
30 – 34	3 504 220	3 174	0.1	1 779 932	2 449	0.1	1 724 288	725	0.0
35 – 39	2 866 669	1 645	0.1	1 462 338	1 242	0.1	1 404 331	403	0.0
40 – 44	2 037 477	1 057	0.1	1 027 459	761	0.1	1 010 018	296	0.0
45 – 49	1 577 983	779	0.0	798 299	545	0.1	779 684	234	0.0
50 – 54	1 570 622	725	0.0	821 599	483	0.1	749 023	242	0.0
55 – 59	1 442 929	575	0.0	793 283	354	0.0	649 646	221	0.0
60 – 64	1 303 390	510	0.0	723 318	259	0.0	580 072	251	0.0
65 plus	1 890 193	1 843	0.1	1 065 753	683	0.1	824 440	1 160	0.1
Unknown–Inconnu	58 365	2 031	3.5	36 157	1 755	4.9	22 208	276	1.2
Japan – Japon									
1 X 1985 [1 17]									
Total									
Total	121 048 923	1 673 797	1.4	59 497 316	943 525	1.6	61 551 607	730 272	1.2
– 15	26 033 218	74 261	0.3	13 338 805	45 555	0.3	12 694 413	28 706	0.2
15 – 19	8 979 947	265 879	3.0	4 600 427	160 110	3.5	4 379 520	105 769	2.4
20 – 24	8 200 554	195 165	2.4	4 165 995	134 400	3.2	4 034 559	60 765	1.5
25 – 29	7 823 402	67 126	0.9	3 948 330	53 172	1.3	3 875 072	13 954	0.4
30 – 34	9 054 224	66 936	0.7	4 558 265	48 970	1.1	4 495 959	17 966	0.4
35 – 39	10 738 044	80 860	0.8	5 398 230	58 700	1.1	5 339 814	22 160	0.4
40 – 44	9 134 954	78 178	0.9	4 551 877	55 961	1.2	4 583 077	22 217	0.5
45 – 49	8 236 614	83 522	1.0	4 092 121	59 031	1.4	4 144 493	24 491	0.6
50 – 54	7 932 994	87 898	1.1	3 926 414	60 577	1.5	4 006 580	27 321	0.7
55 – 59	6 999 745	79 319	1.1	3 409 374	51 155	1.5	3 590 371	28 164	0.8
60 – 64	5 405 538	70 353	1.3	2 379 902	37 829	1.6	3 025 636	32 524	1.1
65 – 69	4 193 419	76 092	1.8	1 781 008	35 139	2.0	2 412 411	40 953	1.7
70 – 74	3 563 397	108 790	3.1	1 503 595	43 328	2.9	2 059 802	65 462	3.2
75 plus	4 711 527	339 418	7.2	1 815 646	99 598	5.5	2 895 881	239 820	8.3
Unknown–Inconnu	41 346	–	0.0	27 327	–	0.0	14 019	–	0.0

29. Institutional and total population by age, sex and urban/rural residence: each census, 1985 – 1995 (continued)
Population des collectivités et population totale selon l'âge, le sexe et la résidence, urbaine/rurale: chaque recensement, 1985 – 1995 (suite)

(See notes at end of table. – Voir notes à la fin du tableau.)

Continent, country or area, date, age(in years) and urban/rural residence — Continent, pays ou zone, date, âge(en années) et résidence, urbaine/rurale	Both sexes – Les deux sexes			Male – Masculin			Female – Féminin		
	Total	In institutions Vivant en collectivité: Number Nombre	Per cent P. 100	Total	In institutions Vivant en collectivité: Number Nombre	Per cent P. 100	Total	In institutions Vivant en collectivité: Number Nombre	Per cent P. 100
ASIA—ASIE (Cont.–Suite)									
Japan – Japon									
1 X 1990 [1, 17]									
Total									
Total	123 611 167	1 739 539	1.4	60 696 724	926 898	1.5	62 914 443	812 641	1.3
– 15	22 486 239	59 806	0.3	11 517 752	36 762	0.3	10 968 487	23 044	0.2
15 – 19	10 007 087	274 862	2.7	5 122 215	163 645	3.2	4 884 872	111 217	2.3
20 – 24	8 800 121	181 664	2.1	4 468 199	125 910	2.8	4 331 922	55 754	1.3
25 – 29	8 070 713	64 398	0.8	4 078 469	51 292	1.3	3 992 244	13 106	0.3
30 – 34	7 787 685	49 580	0.6	3 925 353	36 325	0.9	3 862 332	13 255	0.3
35 – 39	9 003 780	62 351	0.7	4 524 829	44 054	1.0	4 478 951	18 297	0.4
40 – 44	10 658 290	79 585	0.7	5 349 985	56 177	1.0	5 308 305	23 408	0.4
45 – 49	9 018 012	77 398	0.9	4 482 298	53 561	1.2	4 535 714	23 837	0.5
50 – 54	8 088 386	81 569	1.0	3 997 248	55 030	1.4	4 091 138	26 539	0.6
55 – 59	7 724 888	85 766	1.1	3 783 367	56 121	1.5	3 941 521	29 645	0.8
60 – 64	6 745 014	82 454	1.2	3 236 549	48 986	1.5	3 508 465	33 468	1.0
65 – 69	5 103 576	83 228	1.6	2 194 783	39 324	1.8	2 908 793	43 904	1.5
70 – 74	3 817 534	103 263	2.7	1 559 972	39 126	2.5	2 257 562	64 137	2.8
75 plus	5 973 485	453 615	7.6	2 232 882	120 585	5.4	3 740 603	333 030	8.9
Unknown–Inconnu	326 357	–	0.0	222 823	–	0.0	103 534	–	0.0
Korea, Republic of– Corée, République de									
1 XI 1985 [2, 18]									
Total									
Total	40 419 652	646 973	1.6	20 227 564	301 883	1.5	20 192 088	345 090	1.7
Kuwait – Koweït									
20 IV 1985									
Total									
Total	1 697 301	227 744	13.4	965 297	221 915	23.0	732 004	5 829	0.8
Macau – Macao									
30 VIII 1991 [2]									
Total									
Total	355 693	15 094	4.2	172 492	6 179	3.6	183 201	8 915	4.9
– 15	87 333	685	0.8	44 927	385	0.9	42 406	300	0.7
15 – 19	24 521	1 559	6.4	11 633	261	2.2	12 888	1 298	10.1
20 – 24	31 476	5 003	15.9	12 084	961	8.0	19 392	4 042	20.8
25 – 29	39 691	2 214	5.6	17 226	1 016	5.9	22 465	1 198	5.3
30 – 34	44 171	1 432	3.2	21 804	858	3.9	22 367	574	2.6
35 – 39	35 759	1 077	3.0	18 957	754	4.0	16 802	323	1.9
40 – 44	24 613	813	3.3	13 709	641	4.7	10 904	172	1.6
45 – 49	13 372	432	3.2	7 418	344	4.6	5 954	88	1.5
50 – 54	10 174	364	3.6	5 521	275	5.0	4 653	89	1.9
55 – 59	10 410	287	2.8	5 013	218	4.3	5 397	69	1.3
60 – 64	10 676	219	2.1	4 800	131	2.7	5 876	88	1.5
65 – 69	8 616	224	2.6	3 627	105	2.9	4 989	119	2.4
70 – 74	6 591	172	2.6	2 746	73	2.7	3 845	99	2.6
75 plus	8 290	613	7.4	3 027	157	5.2	5 263	456	8.7
Philippines									
1 V 1990 [2]									
Total									
Total	60 559 116	138 878	0.2	30 443 187	92 153	0.3	30 115 929	46 725	0.2
– 15	23 993 713	10 873	0.0	12 267 333	6 044	0.0	11 726 380	4 829	0.0
15 – 29	17 354 227	80 086	0.5	8 646 331	53 081	0.6	8 707 896	27 005	0.3
30 – 49	12 677 978	37 249	0.3	6 382 523	27 658	0.4	6 295 455	9 591	0.2
50 plus	6 533 198	10 670	0.2	3 147 000	5 370	0.2	3 386 198	5 300	0.2
Unknown–Inconnu	29	–	0.0	13	–	0.0	16	–	0.0

29. Institutional and total population by age, sex and urban/rural residence: each census, 1985 – 1995 (continued)

Population des collectivités et population totale selon l'âge, le sexe et la résidence, urbaine/rurale: chaque recensement, 1985 – 1995 (suite)

(See notes at end of table. – Voir notes à la fin du tableau.)

Continent, country or area, date, age(in years) and urban/rural residence — Continent, pays ou zone, date, âge(en années) et résidence, urbaine/rurale	Both sexes – Les deux sexes			Male – Masculin			Female – Féminin		
	Total	In institutions – Vivant en collectivité		Total	In institutions – Vivant en collectivité		Total	In institutions – Vivant en collectivité	
		Number – Nombre	Per cent – P. 100		Number – Nombre	Per cent – P. 100		Number – Nombre	Per cent – P. 100
ASIA—ASIE (Cont.–Suite)									
Viet Nam									
1 IV 1989 [2]									
Total									
Total	64 411 713	1 754 772	2.7	31 336 568	1 372 393	4.4	33 075 145	382 379	1.2
– 15	25 118 037	18 318	0.1	12 926 164	10 628	0.1	12 191 873	7 690	0.1
15 – 19	6 820 107	225 489	3.3	3 376 525	163 832	4.9	3 443 582	61 657	1.8
20 – 24	5 999 744	608 899	10.1	2 879 761	479 546	16.7	3 119 983	129 353	4.1
25 – 29	5 667 234	337 854	6.0	2 695 857	261 341	9.7	2 971 377	76 513	2.6
30 – 34	4 733 391	251 668	5.3	2 264 254	202 254	8.9	2 469 137	49 414	2.0
35 – 39	3 325 266	140 383	4.2	1 551 126	112 822	7.3	1 774 140	27 561	1.6
40 – 44	2 234 574	76 629	3.4	1 039 015	62 637	6.0	1 195 559	13 992	1.2
45 – 49	1 964 693	42 118	2.1	881 617	36 354	4.1	1 083 076	5 764	0.5
50 – 54	1 942 063	24 959	1.3	865 427	22 224	2.6	1 076 636	2 735	0.3
55 – 59	1 966 503	13 962	0.7	921 778	12 371	1.3	1 044 725	1 591	0.2
60 – 64	1 574 837	5 420	0.3	714 310	4 105	0.6	860 527	1 315	0.2
65 – 69	1 237 645	3 390	0.3	536 957	2 095	0.4	700 688	1 295	0.2
70 – 74	807 769	1 761	0.2	326 377	653	0.2	481 392	1 108	0.2
75 plus	1 012 239	3 131	0.3	353 637	1 009	0.3	658 602	2 122	0.3
Unknown–Inconnu	7 611	791	10.4	3 763	522	13.9	3 848	269	7.0
EUROPE									
Belarus – Bélarus									
12 I 1989									
Total									
Total	10 151 806	446 665	4.4	4 749 324	262 788	5.5	5 402 482	183 877	3.4
– 15	2 337 047	13 165	0.6	1 190 231	7 399	0.6	1 146 816	5 766	0.5
15 – 19	706 886	197 241	27.9	355 980	126 405	35.5	350 906	70 836	20.2
20 – 29	1 563 128	120 494	7.7	781 887	82 016	10.5	781 241	38 478	4.9
30 – 39	1 562 599	23 695	1.5	779 828	17 773	2.3	782 771	5 922	0.8
40 – 49	1 065 794	16 700	1.6	517 075	10 276	2.0	548 719	6 424	1.2
50 – 54	654 218	11 089	1.7	301 024	5 208	1.7	353 194	5 881	1.7
55 – 59	628 238	11 954	1.9	277 965	4 215	1.5	350 273	7 739	2.2
60 – 64	580 324	13 287	2.3	227 638	3 132	1.4	352 686	10 155	2.9
65 – 69	359 249	10 869	3.0	121 764	1 963	1.6	237 485	8 906	3.7
70 plus	694 164	28 167	4.1	195 852	4 397	2.2	498 312	23 770	4.8
Unknown–Inconnu	159	4	2.5	80	4	5.0	79	–	0.0
Channel Islands – Iles Anglo–Normandes									
23 III 1986									
Total									
Total	80 212	4 975 6		.2 38 751	2 411	6.2	41 461 7	2 5644 6.2	

29. Institutional and total population by age, sex and urban/rural residence: each census, 1985 – 1995 (continued)
Population des collectivités et population totale selon l'âge, le sexe et la résidence, urbaine/rurale: chaque recensement, 1985 – 1995 (suite)

(See notes at end of table. – Voir notes à la fin du tableau.)

Continent, country or area, date, age(in years) and urban/rural residence / Continent, pays ou zone, date, âge(en années) et résidence, urbaine/rurale	Both sexes – Les deux sexes: Total	In institutions – Vivant en collectivité: Number – Nombre	Per cent – P. 100	Male – Masculin: Total	In institutions – Vivant en collectivité: Number – Nombre	Per cent – P. 100	Female – Féminin: Total	In institutions – Vivant en collectivité: Number – Nombre	Per cent – P. 100
EUROPE (Cont.–Suite)									
Denmark – Danemark [19]									
1 I 1986 [2]									
Total									
Total	5 123 989	90 906	1.8	2 528 225	40 851	1.6	2 595 764	50 055	1.9
– 15	1 054 870	5 312	0.5	539 688	3 196	0.6	515 182	2 116	0.4
15 – 19	400 275	7 600	1.9	204 841	4 110	2.0	195 434	3 490	1.8
20 – 24	371 568	8 342	2.2	189 881	4 684	2.5	181 687	3 658	2.0
25 – 29	372 788	5 402	1.4	191 099	3 352	1.8	181 689	2 050	1.1
30 – 34	407 617	3 503	0.9	208 486	2 213	1.1	199 131	1 290	0.6
35 – 39	384 176	2 479	0.6	196 647	1 651	0.8	187 529	828	0.4
40 – 44	301 794	1 867	0.6	152 526	1 207	0.8	149 268	660	0.4
45 – 49	272 579	1 862	0.7	135 860	1 188	0.9	136 719	674	0.5
50 – 54	271 696	2 019	0.7	133 921	1 192	0.9	137 775	827	0.6
55 – 59	282 028	2 425	0.9	136 782	1 442	1.1	145 246	983	0.7
60 – 64	263 148	2 590	1.0	125 994	1 423	1.1	137 154	1 167	0.8
65 – 69	242 744	3 539	1.5	112 447	1 695	1.5	130 297	1 844	1.4
70 – 74	205 631	5 538	2.7	89 744	2 303	2.6	115 887	3 235	2.8
75 plus	293 075	38 428	13.1	110 309	11 195	10.1	182 766	27 233	14.9
1 I 1991 [2]									
Total									
Total	5 146 469	77 644	1.5	2 536 391	33 255	1.3	2 610 078	44 389	1.7
– 15	873 630	3 507	0.4	447 279	1 982	0.4	426 351	1 525	0.4
15 – 19	368 320	4 963	1.3	188 130	2 623	1.4	180 190	2 340	1.3
20 – 24	389 685	6 930	1.8	200 006	3 935	2.0	189 679	2 995	1.6
25 – 29	405 846	4 670	1.1	208 842	2 915	1.4	197 004	1 755	0.9
30 – 34	372 986	3 143	0.8	191 070	2 036	1.1	181 916	1 107	0.6
35 – 39	369 419	2 886	0.8	188 403	1 901	1.0	181 016	985	0.5
40 – 44	401 460	2 431	0.6	204 013	1 569	0.8	197 447	862	0.4
45 – 49	374 762	2 089	0.6	190 638	1 357	0.7	184 124	732	0.4
50 – 54	289 727	1 672	0.6	145 146	1 028	0.7	144 581	644	0.4
55 – 59	254 378	1 559	0.6	124 895	930	0.7	129 483	629	0.5
60 – 64	244 226	1 825	0.7	117 212	913	0.8	127 014	912	0.7
65 – 69	239 097	2 565	1.1	110 218	1 266	1.1	128 879	1 299	1.0
70 – 74	204 859	3 720	1.8	90 203	1 617	1.8	114 656	2 103	1.8
75 plus	358 074	35 684	10.0	130 336	9 183	7.0	227 738	26 501	11.6

29. Institutional and total population by age, sex and urban/rural residence: each census, 1985 – 1995 (continued)
Population des collectivités et population totale selon l'âge, le sexe et la résidence, urbaine/rurale: chaque recensement, 1985 – 1995 (suite)

(See notes at end of table. – Voir notes à la fin du tableau.)

Continent, country or area, date, age(in years) and urban/rural residence — Continent, pays ou zone, date, âge(en années) et résidence, urbaine/rurale	Both sexes – Les deux sexes			Male – Masculin			Female – Féminin		
	Total	In institutions – Vivant en collectivité: Number Nombre	Per cent P. 100	Total	In institutions – Vivant en collectivité: Number Nombre	Per cent P. 100	Total	In institutions – Vivant en collectivité: Number Nombre	Per cent P. 100
EUROPE (Cont.–Suite)									
Finland – Finlande									
31 XII 1985 [2]									
Total									
Total	4 910 664	60 166	1.2	2 377 780	23 831	1.0	2 532 884	36 335	1.4
– 15	951 532	1 822	0.2	486 551	958	0.2	464 981	864	0.2
15 – 19	345 381	1 762	0.5	176 112	917	0.5	169 269	845	0.5
20 – 24	377 268	2 151	0.6	192 739	1 065	0.6	184 529	1 086	0.6
25 – 29	382 333	2 355	0.6	195 856	1 438	0.7	186 477	917	0.5
30 – 34	405 916	2 436	0.6	208 099	1 646	0.8	197 817	790	0.4
35 – 44	774 367	4 353	0.6	397 328	3 087	0.8	377 039	1 266	0.3
45 – 54	543 135	4 138	0.8	270 581	2 815	1.0	272 554	1 323	0.5
55 – 64	512 998	5 508	1.1	233 614	3 259	1.4	279 384	2 249	0.8
65 – 74	369 192	8 523	2.3	141 022	3 148	2.2	228 170	5 375	2.4
75 plus	248 542	27 118	10.9	75 878	5 498	7.2	172 664	21 620	12.5
31 XII 1990 [2]									
Total									
Total	4 998 478	47 545	1.0	2 426 204	18 079	0.7	2 572 274	29 466	1.1
– 15	964 203	3 351	0.3	492 828	1 718	0.3	471 375	1 633	0.3
15 – 19	303 383	1 332	0.4	155 219	702	0.5	148 164	630	0.4
20 – 24	343 608	1 369	0.4	175 039	686	0.4	168 569	683	0.4
25 – 29	376 821	2 155	0.6	192 527	1 157	0.6	184 294	998	0.5
30 – 34	383 326	2 015	0.5	196 001	1 201	0.6	187 325	814	0.4
35 – 39	405 368	2 190	0.5	207 180	1 366	0.7	198 188	824	0.4
40 – 44	441 173	2 042	0.5	226 073	1 276	0.6	215 100	766	0.4
45 – 49	325 282	1 454	0.4	165 065	922	0.6	160 217	532	0.3
50 – 54	275 265	1 336	0.5	136 588	812	0.6	138 677	524	0.4
55 – 59	252 434	1 344	0.5	122 808	800	0.7	129 626	544	0.4
60 – 64	254 650	1 623	0.6	117 581	899	0.8	137 069	724	0.5
65 – 69	222 601	2 095	0.9	91 843	1 016	1.1	130 758	1 079	0.8
70 – 74	167 296	2 698	1.6	61 511	967	1.6	105 785	1 731	1.6
75 plus	283 068	22 541	8.0	85 941	4 557	5.3	197 127	17 984	9.1
Greece – Grèce									
17 III 1991 [20]									
Total									
Total	10 259 900	216 362	2.1	5 055 408	155 135	3.1	5 204 492	61 227	1.2
– 15	1 974 867	8 630	0.4	1 014 941	4 554	0.4	959 926	4 076	0.4
15 – 19	766 605	50 881	6.6	394 647	43 970	11.1	371 958	6 911	1.9
20 – 24	791 412	46 686	5.9	399 821	39 221	9.8	391 591	7 465	1.9
25 – 29	721 751	21 873	3.0	359 353	17 079	4.8	362 398	4 794	1.3
30 – 34	728 940	13 572	1.9	361 163	9 672	2.7	367 777	3 900	1.1
35 – 39	681 316	10 534	1.5	342 078	7 320	2.1	339 238	3 214	0.9
40 – 44	673 251	9 673	1.4	336 449	6 644	2.0	336 802	3 029	0.9
45 – 49	559 963	7 291	1.3	278 589	4 775	1.7	281 374	2 516	0.9
50 – 54	657 315	7 754	1.2	319 255	4 670	1.5	338 060	3 084	0.9
55 – 59	655 264	6 849	1.0	322 616	3 750	1.2	332 648	3 099	0.9
60 – 64	644 864	6 974	1.1	308 493	3 460	1.1	336 371	3 514	1.0
65 – 69	453 855	5 789	1.3	210 148	2 703	1.3	243 707	3 086	1.3
70 – 74	344 023	5 393	1.6	150 627	2 131	1.4	193 396	3 262	1.7
75 plus	606 474	14 463	2.4	257 228	5 186	2.0	349 246	9 277	2.7

29. Institutional and total population by age, sex and urban/rural residence: each census, 1985 – 1995 (continued)
Population des collectivités et population totale selon l'âge, le sexe et la résidence, urbaine/rurale: chaque recensement, 1985 – 1995 (suite)

(See notes at end of table. – Voir notes à la fin du tableau.)

Continent, country or area, date, age(in years) and urban/rural residence / Continent, pays ou zone, date, âge(en années) et résidence, urbaine/rurale	Both sexes – Les deux sexes: Total	In institutions – Vivant en collectivité: Number – Nombre	Per cent – P. 100	Male – Masculin: Total	In institutions – Vivant en collectivité: Number – Nombre	Per cent – P. 100	Female – Féminin: Total	In institutions – Vivant en collectivité: Number – Nombre	Per cent – P. 100
EUROPE (Cont.–Suite)									
Hungary – Hongrie									
1 I 1990									
Total									
Total	10 374 823	250 994	2.4	4 984 904	142 170	2.9	5 389 919	108 824	2.0
– 15	2 130 549	40 913	1.9	1 090 427	22 525	2.1	1 040 122	18 388	1.8
15 – 19	766 856	91 091	11.9	393 404	47 747	12.1	373 452	43 344	11.6
20 – 24	678 653	40 814	6.0	346 861	23 308	6.7	331 792	17 506	5.3
25 – 29	620 290	12 985	2.1	313 671	9 130	2.9	306 619	3 855	1.3
30 – 34	774 415	8 819	1.1	389 033	6 824	1.8	385 382	1 995	0.5
35 – 39	847 341	7 871	0.9	423 099	6 230	1.5	424 242	1 641	0.4
40 – 44	716 675	6 058	0.8	355 443	4 841	1.4	361 232	1 217	0.3
45 – 49	674 954	5 835	0.9	328 144	4 564	1.4	346 810	1 271	0.4
50 – 54	597 701	5 471	0.9	277 582	4 090	1.5	320 119	1 381	0.4
55 – 59	607 543	4 876	0.8	279 920	3 582	1.3	327 623	1 294	0.4
60 plus	1 959 846	26 261	1.3	787 320	9 329	1.2	1 172 526	16 932	1.4
Ireland – Irlande									
21 IV 1991									
Total									
Total	3 525 719	92 699	2.6	1 753 418	43 724	2.5	1 772 301	48 975	2.8
Norway – Norvège									
3 XI 1990 [1 2 21]									
Total									
Total	4 247 546	41 133	1.0	2 099 881	10 097	0.5	2 147 665	31 036	1.4
Poland – Pologne									
6 XII 1988 [2 22]									
Total									
Total	37 878 641	741 719	2.0	18 464 373	412 518	2.2	19 414 268	329 201	1.7
– 15	9 609 866	68 815	0.7	4 910 486	38 259	0.8	4 699 380	30 556	0.6
15 – 19	2 713 913	264 573	9.7	1 391 090	136 351	9.8	1 322 823	128 222	9.7
20 – 24	2 472 621	167 699	6.8	1 264 823	94 261	7.5	1 207 798	73 438	6.1
25 – 29	2 844 340	70 991	2.5	1 443 999	47 443	3.3	1 400 341	23 548	1.7
30 – 34	3 351 343	41 416	1.2	1 694 482	28 933	1.7	1 656 861	12 483	0.8
35 – 39	3 157 756	24 553	0.8	1 584 950	18 051	1.1	1 572 806	6 502	0.4
40 – 44	2 328 085	14 554	0.6	1 157 313	10 754	0.9	1 170 772	3 800	0.3
45 – 49	1 832 858	11 011	0.6	897 603	7 628	0.8	935 255	3 383	0.4
50 – 54	1 993 855	12 090	0.6	960 583	7 824	0.8	1 033 272	4 266	0.4
55 – 59	2 024 020	10 982	0.5	956 975	6 277	0.7	1 067 045	4 705	0.4
60 – 64	1 792 912	9 311	0.5	785 247	4 238	0.5	1 007 665	5 073	0.5
65 – 69	1 360 153	8 360	0.6	567 146	3 137	0.6	793 007	5 223	0.7
70 plus	2 366 951	35 035	1.5	837 039	8 114	1.0	1 529 912	26 921	1.8
Unknown–Inconnu	29 968	2 329	7.8	12 637	1 248	9.9	17 331	1 081	6.2

29. Institutional and total population by age, sex and urban/rural residence: each census, 1985 – 1995 (continued)
Population des collectivités et population totale selon l'âge, le sexe et la résidence, urbaine/rurale: chaque recensement, 1985 – 1995 (suite)

(See notes at end of table. – Voir notes à la fin du tableau.)

Continent, country or area, date, age(in years) and urban/rural residence — Continent, pays ou zone, date, âge(en années) et résidence, urbaine/rurale	Both sexes – Les deux sexes			Male – Masculin			Female – Féminin		
	Total	In institutions – Vivant en collectivité: Number – Nombre	Per cent – P. 100	Total	In institutions – Vivant en collectivité: Number – Nombre	Per cent – P. 100	Total	In institutions – Vivant en collectivité: Number – Nombre	Per cent – P. 100
EUROPE (Cont.–Suite)									
Portugal									
15 IV 1991									
Total									
Total	9 862 540	58 141	0.6	4 754 632	21 482	0.5	5 107 908	36 659	0.7
– 15	1 971 659	6 422	0.3	1 008 249	3 096	0.3	963 410	3 326	0.3
15 – 19	845 219	2 786	0.3	428 071	1 265	0.3	417 148	1 521	0.4
20 – 24	764 870	1 591	0.2	386 466	691	0.2	378 404	900	0.2
25 – 29	726 307	1 314	0.2	359 395	583	0.2	366 912	731	0.2
30 – 34	694 299	1 058	0.2	340 847	448	0.1	353 452	610	0.2
35 – 39	660 781	1 122	0.2	321 655	495	0.2	339 126	627	0.2
40 – 44	634 158	1 390	0.2	307 487	516	0.2	326 671	874	0.3
45 – 49	569 297	1 856	0.3	271 516	707	0.3	297 781	1 149	0.4
50 – 54	559 008	2 017	0.4	265 457	757	0.3	293 551	1 260	0.4
55 – 59	561 730	2 548	0.5	263 120	954	0.4	298 610	1 594	0.5
60 – 64	532 991	3 013	0.6	245 000	1 254	0.5	287 991	1 759	0.6
65 – 69	469 834	3 992	0.8	211 903	1 583	0.7	257 931	2 409	0.9
70 – 74	344 638	5 389	1.6	149 179	2 072	1.4	195 459	3 317	1.7
75 plus	527 749	23 643	4.5	196 287	7 061	3.6	331 462	16 582	5.0
Romania – Roumanie									
7 I 1992 [1]									
Total									
Total	22 810 035	424 328	1.9	11 213 763	265 245	2.4	11 596 272	159 083	1.4
– 15	5 181 902	65 617	1.3	2 645 056	36 265	1.4	2 536 846	29 352	1.2
15 – 19	1 916 936	141 723	7.4	985 954	81 913	8.3	930 982	59 810	6.4
20 – 24	2 042 068	119 632	5.9	1 030 191	71 785	7.0	1 011 877	47 847	4.7
25 – 29	1 255 780	30 326	2.4	638 007	23 622	3.7	617 773	6 704	1.1
30 – 34	1 546 138	18 753	1.2	780 609	15 852	2.0	765 529	2 901	0.4
35 – 39	1 713 144	12 500	0.7	859 432	10 735	1.2	853 712	1 765	0.2
40 – 44	1 527 519	8 459	0.6	764 443	7 261	0.9	763 076	1 198	0.2
45 – 49	1 173 644	5 654	0.5	580 319	4 703	0.8	593 325	951	0.2
50 – 54	1 347 530	5 710	0.4	654 305	4 554	0.7	693 225	1 156	0.2
55 – 59	1 363 062	4 138	0.3	654 412	3 125	0.5	708 650	1 013	0.1
60 – 64	1 232 053	2 680	0.2	580 332	1 640	0.3	651 721	1 040	0.2
65 – 69	1 029 195	2 184	0.2	459 503	1 115	0.2	569 692	1 069	0.2
70 – 74	558 656	1 581	0.3	223 809	679	0.3	334 847	902	0.3
75 plus	919 660	4 828	0.5	355 838	1 673	0.5	563 822	3 155	0.6
Unknown–Inconnu	2 748	543	19.8	1 553	323	20.8	1 195	220	18.4
San Marino – Saint-Marin									
31 XII 1985 [7]									
Total									
Total	21 971	266	1.2	11 011	158	1.4	10 960	108	1.0

29. Institutional and total population by age, sex and urban/rural residence: each census, 1985 – 1995 (continued)
Population des collectivités et population totale selon l'âge, le sexe et la résidence, urbaine/rurale: chaque recensement, 1985 – 1995 (suite)

(See notes at end of table. – Voir notes à la fin du tableau.)

Continent, country or area, date, age(in years) and urban/rural residence — Continent, pays ou zone, date, âge(en années) et résidence, urbaine/rurale	Both sexes – Les deux sexes: Total	In institutions – Vivant en collectivité: Number – Nombre	Per cent – P. 100	Male – Masculin: Total	In institutions – Vivant en collectivité: Number – Nombre	Per cent – P. 100	Female – Féminin: Total	In institutions – Vivant en collectivité: Number – Nombre	Per cent – P. 100
EUROPE (Cont.–Suite)									
Slovenia – Slovénie									
31 III 1991 [2]									
Total									
Total	1 965 986	2 287	0.1	952 611	860	0.1	1 013 375	1 427	0.1
– 15	404 358	22	0.0	207 629	10	0.0	196 729	12	0.0
15 – 19	144 900	10	0.0	74 103	8	0.0	70 797	2	0.0
20 – 24	143 629	75	0.1	71 886	39	0.1	71 743	36	0.0
25 – 29	153 345	101	0.1	76 562	70	0.1	76 783	31	0.0
30 – 34	155 073	111	0.1	78 153	67	0.1	76 920	44	0.1
35 – 39	162 088	106	0.1	83 222	68	0.1	78 866	38	0.0
40 – 44	144 430	120	0.1	74 122	53	0.1	70 308	67	0.1
45 – 49	113 496	115	0.1	57 198	57	0.1	56 298	58	0.1
50 – 54	114 541	129	0.1	56 947	74	0.1	57 594	55	0.1
55 – 59	111 730	135	0.1	52 838	57	0.1	58 892	78	0.1
60 – 64	103 022	151	0.1	45 222	73	0.2	57 800	78	0.1
65 – 69	81 304	172	0.2	29 761	53	0.2	51 543	119	0.2
70 – 74	43 458	161	0.4	15 551	47	0.3	27 907	114	0.4
75 plus	89 922	879	1.0	29 077	184	0.6	60 845	695	1.1
Unknown–Inconnu	690	–	0.0	340	–	0.0	350	–	0.0
Sweden – Suède									
1 XI 1985 [2]									
Total									
Total	8 360 178	64 105	0.8	4 128 367	25 681	0.6	4 231 811	38 424	0.9
– 20	2 077 069	774	0.0	1 064 275	335	0.0	1 012 794	439	0.0
20 – 24	588 083	4 679	0.8	300 821	2 707	0.9	287 262	1 972	0.7
25 – 29	559 991	3 744	0.7	286 328	2 661	0.9	273 663	1 083	0.4
30 – 34	578 391	1 999	0.3	295 445	1 539	0.5	282 946	460	0.2
35 – 39	654 493	1 321	0.2	333 842	1 068	0.3	320 651	253	0.1
40 – 44	617 007	957	0.2	317 174	722	0.2	299 833	235	0.1
45 – 49	473 593	731	0.2	240 688	563	0.2	232 905	168	0.1
50 – 54	425 799	654	0.2	212 494	512	0.2	213 305	142	0.1
55 – 59	442 241	697	0.2	216 732	510	0.2	225 509	187	0.1
60 – 64	476 280	889	0.2	230 277	610	0.3	246 003	279	0.1
65 – 69	444 131	1 361	0.3	209 950	823	0.4	234 181	538	0.2
70 – 74	391 741	3 033	0.8	177 133	1 420	0.8	214 608	1 613	0.8
75 plus	631 359	43 266	6.9	243 208	12 211	5.0	388 151	31 055	8.0
13 XI 1990 [2]									
Total									
Total	8 587 353	52 829	0.6	4 242 351	22 431	0.5	4 345 002	30 398	0.7
– 15	1 637 140	1 152	0.1	839 789	600	0.1	797 351	552	0.1
15 – 19	456 499	695	0.2	233 793	345	0.1	222 706	350	0.2
20 – 24	600 629	5 528	0.9	307 635	3 102	1.0	292 994	2 426	0.8
25 – 29	615 136	4 537	0.7	316 699	3 120	1.0	298 437	1 417	0.5
30 – 34	576 727	2 192	0.4	295 709	1 585	0.5	281 018	607	0.2
35 – 39	585 202	1 490	0.3	298 558	1 055	0.4	286 644	435	0.2
40 – 44	654 964	1 224	0.2	333 233	853	0.3	321 731	371	0.1
45 – 49	613 206	917	0.1	314 248	601	0.2	298 958	316	0.1
50 – 54	467 467	722	0.2	236 297	512	0.2	231 170	210	0.1
55 – 59	415 824	663	0.2	205 515	443	0.2	210 309	220	0.1
60 – 64	424 518	762	0.2	204 486	457	0.2	220 032	305	0.1
65 – 69	444 391	1 141	0.3	209 277	666	0.3	235 114	475	0.2
70 – 74	396 059	1 998	0.5	179 338	951	0.5	216 721	1 047	0.5
75 plus	699 591	29 808	4.3	267 774	8 141	3.0	431 817	21 667	5.0

29. Institutional and total population by age, sex and urban/rural residence: each census, 1985 – 1995 (continued)
Population des collectivités et population totale selon l'âge, le sexe et la résidence, urbaine/rurale: chaque recensement, 1985 – 1995 (suite)

(See notes at end of table. – Voir notes à la fin du tableau.)

Continent, country or area, date, age(in years) and urban/rural residence / Continent, pays ou zone, date, âge(en années) et résidence, urbaine/rurale	Both sexes – Les deux sexes: Total	Both sexes: In institutions – Vivant en collectivité: Number / Nombre	Both sexes: In institutions: Per cent / P. 100	Male – Masculin: Total	Male: In institutions – Vivant en collectivité: Number / Nombre	Male: In institutions: Per cent / P. 100	Female – Féminin: Total	Female: In institutions – Vivant en collectivité: Number / Nombre	Female: In institutions: Per cent / P. 100
OCEANIA—OCEANIE									
Australia – Australie									
30 VI 1986 [23]									
Total									
Total	15 602 156	523 570	3.4	7 768 313	282 588	3.6	7 833 843	240 982	3.1
– 15	3 636 845	38 789	1.1	1 864 021	22 144	1.2	1 772 824	16 645	0.9
15 – 19	1 317 264	52 505	4.0	673 182	30 815	4.6	644 082	21 690	3.4
20 – 24	1 281 665	53 845	4.2	648 532	35 222	5.4	633 133	18 623	2.9
25 – 34	2 531 533	72 610	2.9	1 264 796	49 734	3.9	1 266 737	22 876	1.8
35 – 44	2 221 143	52 916	2.4	1 126 456	37 768	3.4	1 094 687	15 148	1.4
45 – 54	1 531 637	39 729	2.6	783 492	26 746	3.4	748 145	12 983	1.7
55 – 59	735 971	21 172	2.9	373 365	13 226	3.5	362 606	7 946	2.2
60 – 64	699 378	22 301	3.2	341 142	12 795	3.7	358 236	9 506	2.7
65 – 69	557 779	22 197	4.0	259 594	11 210	4.3	298 185	10 987	3.7
70 plus	1 088 941	147 506	13.5	433 733	42 928	9.9	655 208	104 578	16.0
Cook Islands – Iles Cook									
1 XII 1991*									
Total									
Total	18 617	748	4.0	9 697	443	4.6	8 920	305	3.4
– 15	6 351	35	0.6	3 325	22	0.7	3 026	13	0.4
15 – 19	2 142	30	1.4	1 105	20	1.8	1 037	10	1.0
20 – 24	1 857	110	5.9	934	62	6.6	923	48	5.2
25 – 29	1 522	112	7.4	801	62	7.7	721	50	6.9
30 – 34	1 163	82	7.0	617	56	9.1	546	26	4.8
35 – 39	956	73	7.6	466	42	9.0	490	31	6.3
40 – 44	896	68	7.6	481	39	8.1	415	29	7.0
45 – 49	811	67	8.3	420	42	10.0	391	25	6.4
50 – 54	786	45	5.7	401	23	5.7	385	22	5.7
55 – 59	689	44	6.4	376	27	7.2	313	17	5.4
60 – 64	522	32	6.1	293	21	7.2	229	11	4.8
65 – 69	379	30	7.9	207	16	7.7	172	14	8.1
70 – 74	267	9	3.4	145	4	2.8	122	5	4.1
75 plus	276	11	4.0	126	7	5.6	150	4	2.7
New Zealand – Nouvelle-Zélande									
4 III 1986 [24]									
Total									
Total	3 307 083	168 084	5.1	1 638 357	91 698	5.6	1 668 726	76 386	4.6
5 III 1991 [2 24]									
Total									
Total	3 373 923	135 078	4.0	1 662 552	72 660	4.4	1 711 371	62 418	3.6
– 15	783 642	20 235	2.6	400 467	11 358	2.8	383 175	8 877	2.3
15 – 19	284 988	19 230	6.7	145 002	10 701	7.4	139 986	8 529	6.1
20 – 24	271 095	11 259	4.2	135 978	7 443	5.5	135 117	3 816	2.8
25 – 29	272 352	9 270	3.4	133 086	6 030	4.5	139 266	3 240	2.3
30 – 34	272 352	7 923	2.9	133 728	5 217	3.9	138 624	2 706	2.0
35 – 39	246 873	6 888	2.8	121 944	4 617	3.8	124 929	2 271	1.8
40 – 44	237 255	6 498	2.7	118 269	4 284	3.6	118 986	2 214	1.9
45 – 49	186 828	5 430	2.9	93 672	3 459	3.7	93 156	1 971	2.1
50 – 54	159 726	4 950	3.1	79 833	2 997	3.8	79 893	1 953	2.4
55 – 59	138 135	4 479	3.2	69 525	2 583	3.7	68 610	1 896	2.8
60 – 64	140 913	5 112	3.6	70 608	2 811	4.0	70 305	2 301	3.3
65 – 69	126 756	4 998	3.9	60 207	2 634	4.4	66 549	2 364	3.6
70 – 74	99 231	4 617	4.7	43 401	2 178	5.0	55 830	2 439	4.4
75 plus	153 780	24 183	15.7	56 832	6 348	11.2	96 948	17 835	18.4

29. Institutional and total population by age, sex and urban/rural residence: each census, 1985 – 1995 (continued)
Population des collectivités et population totale selon l'âge, le sexe et la résidence, urbaine/rurale: chaque recensement, 1985 – 1995 (suite)
Data by urban/rural residence

Données selon la résidence urbaine/rurale

(See notes at end of table. – Voir notes à la fin du tableau.)

Continent, country or area, date, age(in years) and urban/rural residence — Continent, pays ou zone, date, âge(en années) et résidence, urbaine/rurale	Both sexes – Les deux sexes			Male – Masculin			Female – Féminin		
	Total	In institutions – Vivant en collectivité: Number / Nombre	In institutions – Vivant en collectivité: Per cent / P. 100	Total	In institutions – Vivant en collectivité: Number / Nombre	In institutions – Vivant en collectivité: Per cent / P. 100	Total	In institutions – Vivant en collectivité: Number / Nombre	In institutions – Vivant en collectivité: Per cent / P. 100
AFRICA—AFRIQUE									
Malawi									
Urban – Urbaine									
1 IX 1987									
Total									
Total	853 390	24 462	2.9	...	...	...	...	...	...
Rural – Rurale									
1 IX 1987									
Total									
Total	7 135 117	35 253	0.5	...	...	...	...	...	...
AMERICA,SOUTH— AMERIQUE DU SUD									
Uruguay									
Urban – Urbaine									
23 X 1985* [13]									
Total									
Total	2 535 000	35 500	1.4	1 198 100	19 800	1.7	1 336 900	15 700	1.2
– 15	673 300	3 200	0.5	342 000	1 700	0.5	331 300	1 500	0.5
15 – 19	194 300	2 700	1.4	94 500	1 700	1.8	99 800	1 000	1.0
20 – 24	194 600	4 600	2.4	93 400	3 300	3.5	101 200	1 300	1.3
25 – 29	187 000	3 100	1.7	89 600	2 100	2.3	97 400	1 000	1.0
30 – 34	165 000	2 200	1.3	78 600	1 400	1.8	86 400	800	0.9
35 – 39	151 300	1 900	1.3	71 500	1 200	1.7	79 800	700	0.9
40 – 44	142 400	1 800	1.3	66 700	1 100	1.6	75 700	700	0.9
45 – 49	136 200	1 600	1.2	63 500	900	1.4	72 700	700	1.0
50 – 54	141 100	1 700	1.2	65 400	1 000	1.5	75 700	700	0.9
55 – 59	139 100	1 800	1.3	62 600	900	1.4	76 500	900	1.2
60 – 64	118 000	1 800	1.5	53 100	900	1.7	64 900	900	1.4
65 plus	292 600	9 000	3.1	117 100	3 400	2.9	175 500	5 600	3.2
Rural – Rurale									
23 X 1985* [13]									
Total									
Total	405 200	34 400	8.5	233 200	31 600	13.5	172 000	2 800	1.6
– 15	109 000	1 600	1.5	56 900	1 200	2.1	52 100	400	0.8
15 – 19	33 800	4 500	13.3	20 200	4 300	21.3	13 600	200	1.5
20 – 24	32 500	5 400	16.6	19 200	5 200	27.1	13 300	200	1.5
25 – 29	29 400	3 700	12.6	16 600	3 500	21.1	12 800	200	1.6
30 – 34	28 500	2 900	10.2	16 400	2 700	16.5	12 100	200	1.7
35 – 39	25 900	2 600	10.0	15 300	2 400	15.7	10 600	200	1.9
40 – 44	24 600	2 500	10.2	14 900	2 400	16.1	9 700	100	1.0
45 – 49	23 700	2 700	11.4	14 600	2 500	17.1	9 100	200	2.2
50 – 54	23 700	2 500	10.5	14 500	2 300	15.9	9 200	200	2.2
55 – 59	22 000	2 300	10.5	13 900	2 100	15.1	8 100	200	2.5
60 – 64	18 400	1 600	8.7	11 400	1 400	12.3	7 000	200	2.9
65 plus	33 700	2 000	5.9	19 400	1 500	7.7	14 300	500	3.5

29. Institutional and total population by age, sex and urban/rural residence: each census, 1985 – 1995 (continued)

Population des collectivités et population totale selon l'âge, le sexe et la résidence, urbaine/rurale: chaque recensement, 1985 – 1995 (suite)

Data by urban/rural residence

Données selon la résidence urbaine/rurale

(See notes at end of table. – Voir notes à la fin du tableau.)

Continent, country or area, date, age(in years) and urban/rural residence — Continent, pays ou zone, date, âge(en années) et résidence, urbaine/rurale	Both sexes – Les deux sexes: Total	Both sexes – In institutions / Vivant en collectivité: Number / Nombre	Both sexes – In institutions: Per cent / P. 100	Male – Masculin: Total	Male – In institutions / Vivant en collectivité: Number / Nombre	Male – In institutions: Per cent / P. 100	Female – Féminin: Total	Female – In institutions / Vivant en collectivité: Number / Nombre	Female – In institutions: Per cent / P. 100
ASIA—ASIE									
Cyprus – Chypre									
Urban – Urbaine									
1 X 1992 [15]									
Total									
Total	407 324	2 940	0.7	201 811	1 248	0.6	205 513	1 692	0.8
– 15	101 057	115	0.1	52 031	73	0.1	49 026	42	0.1
15 – 19	28 619	153	0.5	14 570	78	0.5	14 049	75	0.5
20 – 24	30 299	81	0.3	15 071	62	0.4	15 228	19	0.1
25 – 29	32 030	91	0.3	15 820	66	0.4	16 210	25	0.2
30 – 34	34 580	97	0.3	17 034	66	0.4	17 546	31	0.2
35 – 39	30 944	85	0.3	15 314	54	0.4	15 630	31	0.2
40 – 44	29 337	87	0.3	14 455	52	0.4	14 882	35	0.2
45 – 49	26 789	97	0.4	13 385	60	0.4	13 404	37	0.3
50 – 54	20 666	109	0.5	10 298	61	0.6	10 368	48	0.5
55 – 59	17 740	117	0.7	8 763	53	0.6	8 977	64	0.7
60 – 64	15 254	109	0.7	7 067	52	0.7	8 187	57	0.7
65 – 69	13 085	137	1.0	6 085	57	0.9	7 000	80	1.1
70 – 74	9 993	194	1.9	4 611	72	1.6	5 382	122	2.3
75 plus	16 069	1 460	9.1	6 810	440	6.5	9 259	1 020	11.0
Unknown–Inconnu	862	8	0.9	497	2	0.4	365	6	1.6
Rural – Rurale									
1 X 1992 [15]									
Total									
Total	194 701	335	0.2	97 803	110	0.1	96 898	225	0.2
– 15	50 722	1	0.0	26 247	1	0.0	24 475	–	0.0
15 – 19	13 603	2	0.0	6 998	2	0.0	6 605	–	0.0
20 – 24	13 060	14	0.1	6 828	11	0.2	6 232	3	0.0
25 – 29	13 883	11	0.1	7 204	5	0.1	6 679	6	0.1
30 – 34	14 501	13	0.1	7 581	10	0.1	6 920	3	0.0
35 – 39	13 264	10	0.1	7 010	8	0.1	6 254	2	0.0
40 – 44	11 887	12	0.1	6 067	2	0.0	5 820	10	0.2
45 – 49	10 356	13	0.1	5 219	4	0.1	5 137	9	0.2
50 – 54	9 065	19	0.2	4 301	5	0.1	4 764	14	0.3
55 – 59	8 681	17	0.2	3 958	7	0.2	4 723	10	0.2
60 – 64	8 549	19	0.2	3 792	2	0.1	4 757	17	0.4
65 – 69	8 102	29	0.4	3 777	13	0.3	4 325	16	0.4
70 – 74	6 689	33	0.5	3 140	9	0.3	3 549	24	0.7
75 plus	12 109	142	1.2	5 550	31	0.6	6 559	111	1.7
Unknown–Inconnu	230	–	0.0	131	–	0.0	99	–	0.0
Japan – Japon [17]									
Urban – Urbaine									
1 X 1985									
Total									
Total	92 889 236	1 292 493	1.4	45 793 045	730 263	1.6	47 096 191	562 230	1.2
– 15	19 952 796	54 826	0.3	10 224 044	33 674	0.3	9 728 752	21 152	0.2
15 – 19	7 138 599	216 344	3.0	3 659 654	125 707	3.4	3 478 945	90 637	2.6
20 – 24	6 760 146	163 957	2.4	3 459 523	111 625	3.2	3 300 623	52 332	1.6
25 – 29	6 188 285	49 428	0.8	3 128 759	39 695	1.3	3 059 526	9 733	0.3
30 – 34	7 044 273	49 292	0.7	3 541 115	36 242	1.0	3 503 158	13 050	0.4
35 – 39	8 460 219	62 415	0.7	4 233 323	45 500	1.1	4 226 896	16 915	0.4
40 – 44	7 265 141	61 346	0.8	3 613 795	43 980	1.2	3 651 346	17 366	0.5
45 – 49	6 418 621	65 608	1.0	3 195 514	46 373	1.5	3 223 107	19 235	0.6
50 – 54	5 984 058	68 903	1.2	2 970 343	47 372	1.6	3 013 715	21 531	0.7
55 – 59	5 084 292	61 912	1.2	2 481 223	39 781	1.6	2 603 069	22 131	0.8
60 – 64	3 854 427	54 409	1.4	1 699 431	29 302	1.7	2 154 996	25 107	1.2
65 – 69	2 964 885	57 618	1.9	1 258 014	26 821	2.1	1 706 871	30 797	1.8
70 – 74	2 506 982	80 609	3.2	1 060 969	32 466	3.1	1 446 013	48 143	3.3
75 plus	3 226 153	245 826	7.6	1 240 651	71 725	5.8	1 985 502	174 101	8.8
Unknown–Inconnu	40 359	–	0.0	26 687	–	0.0	13 672	–	0.0

29. Institutional and total population by age, sex and urban/rural residence: each census, 1985 – 1995 (continued)

Population des collectivités et population totale selon l'âge, le sexe et la résidence, urbaine/rurale: chaque recensement, 1985 – 1995 (suite)

Data by urban/rural residence

Données selon la résidence urbaine/rurale

(See notes at end of table. – Voir notes à la fin du tableau.)

Continent, country or area, date, age(in years) and urban/rural residence — Continent, pays ou zone, date, âge(en années) et résidence, urbaine/rurale	Both sexes – Les deux sexes			Male – Masculin			Female – Féminin		
	Total	In institutions – Vivant en collectivité: Number – Nombre	In institutions – Vivant en collectivité: Per cent – P. 100	Total	In institutions – Vivant en collectivité: Number – Nombre	In institutions – Vivant en collectivité: Per cent – P. 100	Total	In institutions – Vivant en collectivité: Number – Nombre	In institutions – Vivant en collectivité: Per cent – P. 100
ASIA—ASIE (Cont.–Suite)									
Japan – Japon [17]									
Urban – Urbaine									
1 X 1990									
Total									
Total	95 643 521	1 348 497	1.4	47 124 420	726 636	1.5	48 519 101	621 861	1.3
– 15	17 161 318	44 723	0.3	8 790 942	27 628	0.3	8 370 376	17 095	0.2
15 – 19	7 974 754	227 026	2.8	4 084 634	131 363	3.2	3 890 120	95 663	2.5
20 – 24	7 386 812	153 169	2.1	3 777 069	105 457	2.8	3 609 743	47 712	1.3
25 – 29	6 605 737	48 973	0.7	3 350 815	39 687	1.2	3 254 922	9 286	0.3
30 – 34	6 137 043	36 223	0.6	3 100 353	27 013	0.9	3 036 690	9 210	0.3
35 – 39	6 961 340	46 685	0.7	3 490 840	33 435	1.0	3 470 500	13 250	0.4
40 – 44	8 383 246	62 204	0.7	4 183 693	44 347	1.1	4 199 553	17 857	0.4
45 – 49	7 178 650	61 636	0.9	3 562 134	42 901	1.2	3 616 516	18 735	0.5
50 – 54	6 306 784	65 172	1.0	3 124 678	44 239	1.4	3 182 106	20 933	0.7
55 – 59	5 827 428	68 115	1.2	2 863 655	44 710	1.6	2 963 773	23 405	0.8
60 – 64	4 896 676	64 788	1.3	2 353 862	38 627	1.6	2 542 814	26 161	1.0
65 – 69	3 638 132	63 851	1.8	1 564 885	30 401	1.9	2 073 247	33 450	1.6
70 – 74	2 701 052	76 908	2.8	1 101 552	29 553	2.7	1 599 500	47 355	3.0
75 plus	4 167 576	329 024	7.9	1 558 698	87 275	5.6	2 608 878	241 749	9.3
Unknown–Inconnu	316 973	–	0.0	216 610	–	0.0	100 363	–	0.0
Rural – Rurale									
1 X 1985									
Total									
Total	28 159 687	381 304	1.4	13 704 271	213 262	1.6	14 455 416	168 042	1.2
– 15	6 080 422	19 435	0.3	3 114 761	11 881	0.4	2 965 661	7 554	0.3
15 – 19	1 841 348	49 535	2.7	940 773	34 403	3.7	900 575	15 132	1.7
20 – 24	1 440 408	31 208	2.2	706 472	22 775	3.2	733 936	8 433	1.1
25 – 29	1 635 117	17 698	1.1	819 571	13 477	1.6	815 546	4 221	0.5
30 – 34	2 009 951	17 644	0.9	1 017 150	12 728	1.3	992 801	4 916	0.5
35 – 39	2 277 825	18 445	0.8	1 164 907	13 200	1.1	1 112 918	5 245	0.5
40 – 44	1 869 813	16 832	0.9	938 082	11 981	1.3	931 731	4 851	0.5
45 – 49	1 817 993	17 914	1.0	896 607	12 658	1.4	921 386	5 256	0.6
50 – 54	1 948 936	18 995	1.0	956 071	13 205	1.4	992 865	5 790	0.6
55 – 59	1 915 453	17 407	0.9	928 151	11 374	1.2	987 302	6 033	0.6
60 – 64	1 551 111	15 944	1.0	680 471	8 527	1.3	870 640	7 417	0.9
65 – 69	1 228 534	18 474	1.5	522 994	8 318	1.6	705 540	10 156	1.4
70 – 74	1 056 415	28 181	2.7	442 626	10 862	2.5	613 789	17 319	2.8
75 plus	1 485 374	93 592	6.3	574 995	27 873	4.8	910 379	65 719	7.2
Unknown–Inconnu	987	–	0.0	640	–	0.0	347	–	0.0
1 X 1990									
Total									
Total	27 967 646	391 042	1.4	13 572 304	200 262	1.5	14 395 342	190 780	1.3
– 15	5 324 921	15 083	0.3	2 726 810	9 134	0.3	2 598 111	5 949	0.2
15 – 19	2 032 333	47 836	2.4	1 037 581	32 282	3.1	994 752	15 554	1.6
20 – 24	1 413 309	28 495	2.0	691 130	20 453	3.0	722 179	8 042	1.1
25 – 29	1 464 976	15 425	1.1	727 654	11 605	1.6	737 322	3 820	0.5
30 – 34	1 650 642	13 357	0.8	825 000	9 312	1.1	825 642	4 045	0.5
35 – 39	2 042 440	15 666	0.8	1 033 989	10 619	1.0	1 008 451	5 047	0.5
40 – 44	2 275 044	17 381	0.8	1 166 292	11 830	1.0	1 108 752	5 551	0.5
45 – 49	1 839 362	15 762	0.9	920 164	10 660	1.2	919 198	5 102	0.6
50 – 54	1 781 602	16 397	0.9	872 570	10 791	1.2	909 032	5 606	0.6
55 – 59	1 897 460	17 651	0.9	919 712	11 411	1.2	977 748	6 240	0.6
60 – 64	1 848 338	17 666	1.0	882 687	10 359	1.2	965 651	7 307	0.8
65 – 69	1 465 444	19 377	1.3	629 898	8 923	1.4	835 546	10 454	1.3
70 – 74	1 116 482	26 355	2.4	458 420	9 573	2.1	658 062	16 782	2.5
75 plus	1 805 909	124 591	6.9	674 184	33 310	4.9	1 131 725	91 281	8.1
Unknown–Inconnu	9 384	–	0.0	6 213	–	0.0	3 171	–	0.0

29. Institutional and total population by age, sex and urban/rural residence: each census, 1985 – 1995 (continued)
Population des collectivités et population totale selon l'âge, le sexe et la résidence, urbaine/rurale: chaque recensement, 1985 – 1995 (suite)
Data by urban/rural residence
Données selon la résidence urbaine/rurale

(See notes at end of table. – Voir notes à la fin du tableau.)

Continent, country or area, date, age(in years) and urban/rural residence / Continent, pays ou zone, date, âge(en années) et résidence, urbaine/rurale	Both sexes – Les deux sexes			Male – Masculin			Female – Féminin		
	Total	In institutions – Vivant en collectivité		Total	In institutions – Vivant en collectivité		Total	In institutions – Vivant en collectivité	
		Number Nombre	Per cent P. 100		Number Nombre	Per cent P. 100		Number Nombre	Per cent P. 100
EUROPE									
Norway – Norvège									
Urban – Urbaine									
3 XI 1990 [2 21]									
Total									
Total	3 056 194	34 334	1.1	1 488 678	7 906	0.5	1 567 516	26 428	1.7
Rural – Rurale									
3 XI 1990 [2 21]									
Total									
Total	1 166 347	6 576	0.6	597 622	2 219	0.4	568 725	4 357	0.8
Poland – Pologne									
Urban – Urbaine									
6 XII 1988 [22]									
Total									
Total	23 174 726	639 504	2.8	11 120 389	360 617	3.2	12 054 337	278 887	2.3
– 15	5 693 385	55 347	1.0	2 909 539	30 300	1.0	2 783 846	25 047	0.9
15 – 19	1 693 103	226 856	13.4	859 592	118 437	13.8	833 511	108 419	13.0
20 – 24	1 453 334	158 728	10.9	722 418	89 196	12.3	730 916	69 532	9.5
25 – 29	1 713 386	64 787	3.8	837 726	43 651	5.2	875 660	21 136	2.4
30 – 34	2 190 190	36 165	1.7	1 063 017	25 839	2.4	1 127 173	10 326	0.9
35 – 39	2 145 440	20 259	0.9	1 042 249	15 437	1.5	1 103 191	4 822	0.4
40 – 44	1 584 399	11 473	0.7	774 047	8 950	1.2	810 352	2 523	0.3
45 – 49	1 197 842	8 344	0.7	579 786	6 095	1.1	618 056	2 249	0.4
50 – 54	1 244 239	8 784	0.7	591 856	5 949	1.0	652 383	2 835	0.4
55 – 59	1 208 938	7 673	0.6	568 683	4 615	0.8	640 255	3 058	0.5
60 – 64	1 027 979	6 324	0.6	446 602	2 871	0.6	581 377	3 453	0.6
65 – 69	745 527	5 791	0.8	303 401	2 145	0.7	442 126	3 646	0.8
70 plus	1 258 413	27 026	2.1	413 483	6 079	1.5	844 930	20 947	2.5
Unknown–Inconnu	18 551	1 947	10.5	7 990	1 053	13.2	10 561	894	8.5
Rural – Rurale									
6 XII 1988 [22]									
Total									
Total	14 703 915	102 215	0.7	7 343 984	51 901	0.7	7 359 931	50 314	0.7
– 15	3 916 481	13 468	0.3	2 000 947	7 959	0.4	1 915 534	5 509	0.3
15 – 19	1 020 810	37 717	3.7	531 498	17 914	3.4	489 312	19 803	4.0
20 – 24	1 019 287	8 971	0.9	542 405	5 065	0.9	476 882	3 906	0.8
25 – 29	1 130 954	6 204	0.5	606 273	3 792	0.6	524 681	2 412	0.5
30 – 34	1 161 153	5 251	0.5	631 465	3 094	0.5	529 688	2 157	0.4
35 – 39	1 012 316	4 294	0.4	542 701	2 614	0.5	469 615	1 680	0.4
40 – 44	743 686	3 081	0.4	383 266	1 804	0.5	360 420	1 277	0.4
45 – 49	635 016	2 667	0.4	317 817	1 533	0.5	317 199	1 134	0.4
50 – 54	749 616	3 306	0.4	368 727	1 875	0.5	380 889	1 431	0.4
55 – 59	815 082	3 309	0.4	388 292	1 662	0.4	426 790	1 647	0.4
60 – 64	764 933	2 987	0.4	338 645	1 367	0.4	426 288	1 620	0.4
65 – 69	614 626	2 569	0.4	263 745	992	0.4	350 881	1 577	0.4
70 plus	1 108 538	8 009	0.7	423 556	2 035	0.5	684 982	5 974	0.9
Unknown–Inconnu	11 417	382	3.3	4 647	195	4.2	6 770	187	2.8

29. Institutional and total population by age, sex and urban/rural residence: each census, 1985 – 1995 (continued)
Population des collectivités et population totale selon l'âge, le sexe et la résidence, urbaine/rurale: chaque recensement, 1985 – 1995 (suite)
Data by urban/rural residence

Données selon la résidence urbaine/rurale

(See notes at end of table. – Voir notes à la fin du tableau.)

Continent, country or area, date, age(in years) and urban/rural residence — Continent, pays ou zone, date, âge(en années) et résidence, urbaine/rurale	Both sexes – Les deux sexes: Total	Both sexes – In institutions / Vivant en collectivité: Number / Nombre	Both sexes – In institutions: Per cent / P. 100	Male – Masculin: Total	Male – In institutions / Vivant en collectivité: Number / Nombre	Male – In institutions: Per cent / P. 100	Female – Féminin: Total	Female – In institutions / Vivant en collectivité: Number / Nombre	Female – In institutions: Per cent / P. 100
EUROPE (Cont.–Suite)									
Romania – Roumanie									
Urban – Urbaine									
7 I 1992									
Total									
Total	12 391 819	369 361	3.0	6 047 785	228 654	3.8	6 344 034	140 707	2.2
– 15	3 005 224	50 283	1.7	1 531 703	26 727	1.7	1 473 521	23 556	1.6
15 – 19	1 042 117	127 772	12.3	531 465	72 582	13.7	510 652	55 190	10.8
20 – 24	1 162 703	113 611	9.8	549 694	67 526	12.3	613 009	46 085	7.5
25 – 29	782 526	27 528	3.5	371 426	21 439	5.8	411 100	6 089	1.5
30 – 34	1 037 130	15 940	1.5	498 410	13 630	2.7	538 720	2 310	0.4
35 – 39	1 160 091	10 010	0.9	576 855	8 828	1.5	583 236	1 182	0.2
40 – 44	931 647	6 255	0.7	474 830	5 562	1.2	456 817	693	0.2
45 – 49	616 110	4 046	0.7	310 475	3 500	1.1	305 635	546	0.2
50 – 54	633 877	3 812	0.6	313 113	3 247	1.0	320 764	565	0.2
55 – 59	578 986	2 579	0.4	278 559	2 121	0.8	300 427	458	0.2
60 – 64	499 055	1 489	0.3	233 621	1 003	0.4	265 434	486	0.2
65 – 69	390 263	1 250	0.3	169 581	662	0.4	220 682	588	0.3
70 – 74	211 578	922	0.4	81 371	399	0.5	130 207	523	0.4
75 plus	337 934	3 352	1.0	125 219	1 124	0.9	212 715	2 228	1.0
Unknown–Inconnu	2 578	512	19.9	1 463	304	20.8	1 115	208	18.7
Rural – Rurale									
7 I 1992									
Total									
Total	10 418 216	54 967	0.5	5 165 978	36 591	0.7	5 252 238	18 376	0.3
– 15	2 176 678	15 334	0.7	1 113 353	9 538	0.9	1 063 325	5 796	0.5
15 – 19	874 819	13 951	1.6	454 489	9 331	2.1	420 330	4 620	1.1
20 – 24	879 365	6 021	0.7	480 497	4 259	0.9	398 868	1 762	0.4
25 – 29	473 254	2 798	0.6	266 581	2 183	0.8	206 673	615	0.3
30 – 34	509 008	2 813	0.6	282 199	2 222	0.8	226 809	591	0.3
35 – 39	553 053	2 490	0.4	282 577	1 907	0.7	270 476	583	0.2
40 – 44	595 872	2 204	0.4	289 613	1 699	0.6	306 259	505	0.2
45 – 49	557 534	1 608	0.3	269 844	1 203	0.4	287 690	405	0.1
50 – 54	713 653	1 898	0.3	341 192	1 307	0.4	372 461	591	0.2
55 – 59	784 076	1 559	0.2	375 853	1 004	0.3	408 223	555	0.1
60 – 64	732 998	1 191	0.2	346 711	637	0.2	386 287	554	0.1
65 – 69	638 932	934	0.1	289 922	453	0.2	349 010	481	0.1
70 – 74	347 078	659	0.2	142 438	280	0.2	204 640	379	0.2
75 plus	581 726	1 476	0.3	230 619	549	0.2	351 107	927	0.3
Unknown–Inconnu	170	31	18.2	90	19	21.1	80	12	15.0

29. Institutional and total population by age, sex and urban/rural residence: each census, 1985 – 1995 (continued)

Population des collectivités et population totale selon l'âge, le sexe et la résidence, urbaine/rurale: chaque recensement, 1985 – 1995 (suite)

GENERAL NOTES

For definitions of "urban", see end of table 6. For method of evaluation and limitations of data, see Technical Notes, page 104.

FOOTNOTES

- * Provisional.
- 1 For classification by urban/rural residence, see end of table.
- 2 De jure population.
- 3 Because of rounding, totals are not in all cases the sum of the parts.
- 4 Data exclude adjustment for underenumeration.
- 5 Including armed forces stationed in the area.
- 6 De jure population but excluding armed forces overseas and civilian citizens absent from country for extended period of time.
- 7 Based on the results of a household survey.
- 8 Institutional population in group quarters only.
- 9 Data exclude adjustment for underenumeration estimated at 6.92 per cent.
- 10 Data exclude adjustment for underenumeration, estimated at 7.40 per cent.
- 11 Excluding Indian jungle population.
- 12 Data exclude adjustment for underenumeration, estimated at 2.35 per cent.
- 13 Data exclude adjustment of underenumeration, estimated at 2.6 per cent.
- 14 Covering only the civilian population of 30 provinces, municipalities and autonomous regions. Excluding Jimmen and Mazhu islands.
- 15 For government controlled areas.
- 16 Including transients and Vietnamese refugees.
- 17 Excluding diplomatic personnel outside country and foreign military and civilian personnel and their dependants stationed in the area.
- 18 Excluding alien armed forces, civilian aliens employed by armed forces and foreign diplomatic personnel and their dependants.
- 19 Excluding the Faeroe Islands and Greenland.
- 20 Including armed forces stationed outside the country, but excluding alien armed forces stationed in the area.
- 21 Institutional population include shelterless population.
- 22 Excluding civilian aliens within the country, and including nationals temporarily outside the country.
- 23 Data exclude adjustment of underenumeration, estimated at 1.8 per cent.
- 24 Excluding diplomatic personnel and armed forces stationed outside country, the latter numbering 1 936 at 1966 census; also excluding alien armed forces within the country.

NOTES GENERALES

Pour les définitions des "régions urbaines", se reporter à la fin du tableau 6. Pour la méthode d'évaluation et les insuffisances des données, voir Notes techniques, page 104.

NOTES

- * Données provisoires.
- 1 Pour le classement selon la résidence, urbaine/rurale, voir la fin du tableau.
- 2 Population de droit.
- 3 Les chiffres étant arrondis, les totaux ne correspondent pas toujours rigoureusement à la somme des chiffres partiels.
- 4 Les données n'ont pas été ajustées pour compenser les lacunes du dénombrement.
- 5 Y compris les militaires en garnison sur le territoire.
- 6 Population de droit, mais non compris les militaires à l'étranger, et les civils hors du pays pendant une période prolongée.
- 7 D'après les résultats d'une enquête des ménages.
- 8 Population dans les institutions pour les groupes de logements seulement.
- 9 Les données n'ont pas été ajustées pour compenser les lacunes du dénombrement, estimées à 6,92 p. 100.
- 12 Les données n'ont pas été ajustées pour o mpenser les lacunes du dénombrement, estimées à 7,40 p. 100.
- 11 Non compris les Indiens de la jungle.
- 12 Les données n'ont pas été ajustées pour compenser les lacunes du dénombrement, estimées à 2.35 p. 100.
- 18 Les données n'ont pas été ajustées pour compenser les lacunes du dénombrement, estimées à 2,6 p. 100.
- 14 Pour la population civile seulement de 30 provinces, municipalités et régions autonomes. Non compris les îles de Jimmen et Mazhu.
- 15 Pour les zones controlées par le Gouvernement.
- 16 Y compris transients et réfugiés du Viet Nam.
- 20 Non compris le personnel diplomatique hors du pays ni les militaires et agents civils étrangers en poste sur le territoire et les membres de leur famille les accompagnant.
- 18 Non compris les militaires étrangers, les civils étrangers employés sur les forces armées, ni le personnel diplomatique étranger et les membres de leur famille les accompagnant.
- 19 Non compris les îles Féroé et le Groenland.
- 20 Y compris les militaires en garnison hors du pays, mais non compris les militaires étrangers en garnison sur le territoire.
- 21 Population dans les institutions comprend la population sans abri.
- 22 Non compris les civils étrangers dans le pays, mais y compris les civils nationaux temporairement hors du pays.
- 23 Les données n'ont pas été ajustées pour compenser les lacunes du dénombrement, estimées à 1,8 p. 100.
- 24 Non compris le personnel diplomatique et les militaires hors du pays, ces derniers étant au nombre de 1 936 au recensement de 1966; non compris également les militaires étrangers en garnison dans le pays.

30. Households by age and sex of householder and size of household and urban/rural residence: each census, 1985 – 1995

(See notes at end of table.)

	Continent, country or area, date, sex, size(number of persons) and urban/rural residence / Continent, pays ou zone, date, sexe, dimension du ménage (nombre de personnes) et résidence, urbaine/rurale	Age (in years): All ages / Tous âges	15 + [1]	– 15	15–19	20–24	25–29	30–34
	AFRICA—AFRIQUE							
	Botswana							
	21 VIII 1991 [2]							
	Total							
1	Total	276 209	266 075	2 153	*———	— 67 849 ———	———*	*———
2	1	50 422	48 976	324	*———	— 19 359 ———	———*	*———
3	2	39 875	38 312	495	*———	— 15 059 ———	———*	*———
4	3	31 914	30 613	400	*———	— 10 211 ———	———*	*———
5	4	30 431	29 274	305	*———	— 7 818 ———	———*	*———
6	5	27 804	26 745	220	*———	— 5 390 ———	———*	*———
7	6 plus	95 763	92 155	409	*———	— 10 012 ———	———*	*———
	Male – Masculin							
8	Total	146 134	140 432	1 204	*———	— 34 260 ———	———*	*———
9	1	32 724	31 790	229	*———	— 11 805 ———	———*	*———
10	2	23 911	22 901	339	*———	— 9 072 ———	———*	*———
11	3	16 470	15 745	241	*———	— 5 219 ———	———*	*———
12	4	14 280	13 715	144	*———	— 3 238 ———	———*	*———
13	5	12 520	11 987	98	*———	— 1 899 ———	———*	*———
14	6 plus	46 229	44 294	153	*———	— 3 027 ———	———*	*———
	Female – Féminin							
15	Total	130 075	125 643	949	*———	— 33 589 ———	———*	*———
16	1	17 698	17 186	95	*———	— 7 554 ———	———*	*———
17	2	15 964	15 411	156	*———	— 5 987 ———	———*	*———
18	3	15 444	14 868	159	*———	— 4 992 ———	———*	*———
19	4	16 151	15 559	161	*———	— 4 580 ———	———*	*———
20	5	15 284	14 758	122	*———	— 3 491 ———	———*	*———
21	6 plus	49 534	47 861	256	*———	— 6 985 ———	———*	*———
	Cape Verde – Cap-Vert							
	23 VI 1990*							
	Total							
22	Total	66 593	...	...	...	...	...	...
23	1	5 779	...	...	...	...	...	...
24	2	7 100	...	...	...	...	...	...
25	3	8 919	...	...	...	...	...	...
26	4	9 699	...	...	...	...	...	...
27	5	8 963	...	...	...	...	...	...
28	6 plus	26 133	...	...	...	...	...	...
	Male – Masculin							
29	Total	41 005	...	...	...	...	...	...
30	1	3 180	...	...	...	...	...	...
31	2	3 308	...	...	...	...	...	...
32	3	4 635	...	...	...	...	...	...
33	4	5 650	...	...	...	...	...	...
34	5	5 544	...	...	...	...	...	...
35	6 plus	18 688	...	...	...	...	...	...
	Female – Féminin							
36	Total	25 588	...	...	...	...	...	...
37	1	2 599	...	...	...	...	...	...
38	2	3 792	...	...	...	...	...	...
39	3	4 284	...	...	...	...	...	...
40	4	4 049	...	...	...	...	...	...
41	5	3 419	...	...	...	...	...	...
42	6 plus	7 445	...	...	...	...	...	...
	Central African Republic – République centrafricaine							
	8 XII 1988*							
	Total							
43	Total	...	518 898	...	20 712	53 983	71 863	69 388
44	1	...	74 664	...	7 002	10 118	9 009	6 771
45	2	...	84 170	...	5 685	12 139	11 225	8 000
46	3	...	72 146	...	3 525	12 145	12 537	8 546
47	4	...	62 982	...	1 817	8 386	12 052	9 235
48	5	...	53 697	...	1 008	4 806	9 884	9 009
49	6 plus	...	171 239	...	1 675	6 389	17 156	27 827

30. Ménages selon l'âge et le sexe du chef de ménage, la dimension du ménage et la résidence, urbaine/rurale: chaque recensement, 1985 – 1995

(Voir notes à la fin du tableau.)

Age (en années)										
35–39	40–44	45–49	50–54	55–59	60–64	65–69	70–74	75+	Unknown Inconnu	
— 90 559	——*	*——	— 57 075	——*	*——	—— 50 592	——	——*	7 981	1
— 15 939	——*	*——	— 7 285	——*	*——	—— 6 393	——	——*	1 122	2
— 11 679	——*	*——	— 5 662	——*	*——	—— 5 912	——	——*	1 068	3
— 9 972	——*	*——	— 5 215	——*	*——	—— 5 215	——	——*	901	4
— 10 882	——*	*——	— 5 560	——*	*——	—— 5 014	——	——*	852	5
— 10 992	——*	*——	— 5 669	——*	*——	—— 4 694	——	——*	839	6
— 31 095	——*	*——	— 27 684	——*	*——	—— 23 364	——	——*	3 199	7
— 48 116	——*	*——	— 31 428	——*	*——	—— 26 628	——	——*	4 498	8
— 11 116	——*	*——	— 5 281	——*	*——	—— 3 588	——	——*	705	9
— 7 360	——*	*——	— 3 387	——*	*——	—— 3 082	——	——*	671	10
— 5 285	——*	*——	— 2 690	——*	*——	—— 2 551	——	——*	484	11
— 5 383	——*	*——	— 2 665	——*	*——	—— 2 429	——	——*	421	12
— 5 085	——*	*——	— 2 742	——*	*——	—— 2 261	——	——*	435	13
— 13 887	——*	*——	— 14 663	——*	*——	—— 12 717	——	——*	1 782	14
— 42 443	——*	*——	— 25 647	——*	*——	—— 23 964	——	——*	3 483	15
— 4 823	——*	*——	— 2 004	——*	*——	—— 2 805	——	——*	417	16
— 4 319	——*	*——	— 2 275	——*	*——	—— 2 830	——	——*	397	17
— 4 687	——*	*——	— 2 525	——*	*——	—— 2 664	——	——*	417	18
— 5 499	——*	*——	— 2 895	——*	*——	—— 2 585	——	——*	431	19
— 5 907	——*	*——	— 2 927	——*	*——	—— 2 433	——	——*	404	20
— 17 208	——*	*——	— 13 021	——*	*——	—— 10 647	——	——*	1 417	21
...	...	...	...	...	...	...	...	...	...	22
...	...	...	...	...	...	...	...	...	...	23
...	...	...	...	...	...	...	...	...	...	24
...	...	...	...	...	...	...	...	...	...	25
...	...	...	...	...	...	...	...	...	...	26
...	...	...	...	...	...	...	...	...	...	27
...	...	...	...	...	...	...	...	...	...	28
...	...	...	...	...	...	...	...	...	...	29
...	...	...	...	...	...	...	...	...	...	30
...	...	...	...	...	...	...	...	...	...	31
...	...	...	...	...	...	...	...	...	...	32
...	...	...	...	...	...	...	...	...	...	33
...	...	...	...	...	...	...	...	...	...	34
...	...	...	...	...	...	...	...	...	...	35
...	...	...	...	...	...	...	...	...	...	36
...	...	...	...	...	...	...	...	...	...	37
...	...	...	...	...	...	...	...	...	...	38
...	...	...	...	...	...	...	...	...	...	39
...	...	...	...	...	...	...	...	...	...	40
...	...	...	...	...	...	...	...	...	...	41
...	...	...	...	...	...	...	...	...	...	42
57 879	51 103	46 663	42 050	36 009	29 503 *——	——	— 39 745	——*	416	43
5 441	5 330	5 455	5 646	5 473	5 302 *——	——	— 9 117	——*	104	44
6 645	6 187	6 473	6 647	6 288	5 726 *——	——	— 9 155	——*	84	45
6 270	5 114	5 066	4 929	4 452	3 949 *——	——	— 5 613	——*	52	46
6 458	5 123	4 690	4 295	3 790	3 115 *——	——	— 4 021	——*	45	47
6 624	5 075	4 525	3 942	3 355	2 450 *——	——	— 3 019	——*	27	48
26 441	24 274	20 454	16 591	12 651	8 961 *——	——	— 8 820	——*	104	49

30. Households by age and sex of householder and size of household and urban/rural residence: each census, 1985 – 1995 (continued)

(See notes at end of table.)

	Continent, country or area, date, sex, size(number of persons) and urban/rural residence — Continent, pays ou zone, date, sexe, dimension du ménage (nombre de personnes) et résidence, urbaine/rurale	All ages Tous âges	Age (in years) 15 +[1]	– 15	15–19	20–24	25–29	30–34
	AFRICA—AFRIQUE (Cont.–Suite)							
	Central African Republic – République centrafricaine							
	8 XII 1988*							
	Male – Masculin							
1	Total	...	421 858	...	17 428	47 275	62 672	59 833
2	1	...	46 594	...	5 950	8 551	7 142	4 963
3	2	...	64 493	...	4 696	10 491	9 451	6 429
4	3	...	57 689	...	2 969	10 773	10 913	7 053
5	4	...	52 092	...	1 493	7 470	10 679	7 948
6	5	...	45 757	...	864	4 241	8 885	7 908
7	6 plus	...	155 233	...	1 456	5 749	15 602	25 532
	Female – Féminin							
8	Total	...	97 040	...	3 284	6 708	9 191	9 555
9	1	...	28 070	...	1 052	1 567	1 867	1 808
10	2	...	19 677	...	989	1 648	1 774	1 571
11	3	...	14 457	...	556	1 372	1 624	1 493
12	4	...	10 890	...	324	916	1 373	1 287
13	5	...	7 940	...	144	565	999	1 101
14	6 plus	...	16 006	...	219	640	1 554	2 295
	Comoros – Comores[3]							
	15 IX 1991							
	Total							
15	Total	...	71 995	[4] 37	744	3 454	7 432	8 660
	Male – Masculin							
16	Total	...	54 324	[4] 21	353	2 184	5 532	6 714
	Female – Féminin							
17	Total	...	17 671	[4] 16	391	1 270	1 900	1 946
	Egypt – Egypte							
	17 XI 1986*							
	Total							
18	Total	9 718 663	...	...	...	...	...	...
19	1	622 189	...	...	...	...	...	...
20	2	1 117 238	...	...	...	...	...	...
21	3	1 236 567	...	...	...	...	...	...
22	4	1 513 758	...	...	...	...	...	...
23	5	1 523 632	...	...	...	...	...	...
24	6 plus	3 705 279	...	...	...	...	...	...
	Malawi							
	1 IX 1987							
	Total							
25	Total	1 859 572	1 850 137	6 655	51 336	176 237	261 833	225 792
	Male – Masculin							
26	Total	1 237 089	1 231 584	3 334	24 625	112 900	187 875	160 543
	Female – Féminin							
27	Total	622 483	618 553	3 321	26 711	63 337	73 958	65 249
	Mali							
	1 IV 1987*[5]							
	Total							
28	Total	1 452 327	...	...	...	...	...	...
29	1	81 382	...	...	...	...	...	...
30	2	153 192	...	...	...	...	...	...
31	3	194 055	...	...	...	...	...	...
32	4	188 923	...	...	...	...	...	...
33	5	168 533	...	...	...	...	...	...
34	6 plus	666 242	...	...	...	...	...	...
	Male – Masculin							
35	Total	1 261 936	...	...	...	...	...	...
36	1	44 563	...	...	...	...	...	...
37	2	114 183	...	...	...	...	...	...
38	3	160 017	...	...	...	...	...	...
39	4	162 680	...	...	...	...	...	...
40	5	149 525	...	...	...	...	...	...
41	6 plus	630 968	...	...	...	...	...	...

30. Ménages selon l'âge et le sexe du chef de ménage, la dimension du ménage et la résidence, urbaine/rurale: chaque recensement, 1985 – 1995 (suite)

(Voir notes à la fin du tableau.)

Age (en années)										
35–39	40–44	45–49	50–54	55–59	60–64	65–69	70–74	75+	Unknown Inconnu	
48 426	41 342	36 432	31 590	26 618	21 417	*——	— 28 825 ——	—*	112	1
3 598	3 050	2 738	2 422	2 265	2 037	*——	— 3 878 ——	—*	18	2
5 078	4 444	4 507	4 442	4 233	3 930	*——	— 6 792 ——	—*	18	3
4 880	3 734	3 550	3 421	3 146	2 893	*——	— 4 357 ——	—*	13	4
5 253	3 958	3 506	3 221	2 874	2 439	*——	— 3 251 ——	—*	9	5
5 577	4 156	3 600	3 211	2 726	2 043	*——	— 2 546 ——	—*	7	6
24 040	22 000	18 531	14 873	11 374	8 075	*——	— 8 001 ——	—*	47	7
9 453	9 761	10 231	10 460	9 391	8 086	*——	— 10 920 ——	—*	304	8
1 843	2 280	2 717	3 224	3 208	3 265	*——	— 5 239 ——	—*	86	9
1 567	1 743	1 966	2 205	2 055	1 796	*——	— 2 363 ——	—*	66	10
1 390	1 380	1 516	1 508	1 306	1 056	*——	— 1 256 ——	—*	39	11
1 205	1 165	1 184	1 074	916	676	*——	— 770 ——	—*	36	12
1 047	919	925	731	629	407	*——	— 473 ——	—*	20	13
2 401	2 274	1 923	1 718	1 277	886	*——	— 819 ——	—*	57	14
8 982	9 243	7 570	7 906	4 750	5 011	2 581	2 823	2 839	–	15
6 961	7 163	5 877	6 053	3 711	3 655	1 958	2 109	2 054	–	16
2 021	2 080	1 693	1 853	1 039	1 356	623	714	785	–	17
...	...	...	...	...	...	...	...	...	...	18
...	...	...	...	...	...	...	...	...	...	19
...	...	...	...	...	...	...	...	...	...	20
...	...	...	...	...	...	...	...	...	...	21
...	...	...	...	...	...	...	...	...	...	22
...	...	...	...	...	...	...	...	...	...	23
...	...	...	...	...	...	...	...	...	...	24
238 528	171 660	164 885	122 172	115 739	91 229	*——	— 230 726 ——	—*	2 780	25
166 528	118 724	113 058	79 123	75 672	54 323	*——	— 138 213 ——	—*	2 171	26
72 000	52 936	51 827	43 049	40 067	36 906	*——	— 92 513 ——	—*	609	27
...	...	...	...	...	...	...	...	...	...	28
...	...	...	...	...	...	...	...	...	...	29
...	...	...	...	...	...	...	...	...	...	30
...	...	...	...	...	...	...	...	...	...	31
...	...	...	...	...	...	...	...	...	...	32
...	...	...	...	...	...	...	...	...	...	33
...	...	...	...	...	...	...	...	...	...	34
...	...	...	...	...	...	...	...	...	...	35
...	...	...	...	...	...	...	...	...	...	36
...	...	...	...	...	...	...	...	...	...	37
...	...	...	...	...	...	...	...	...	...	38
...	...	...	...	...	...	...	...	...	...	39
...	...	...	...	...	...	...	...	...	...	40
...	...	...	...	...	...	...	...	...	...	41

30. Households by age and sex of householder and size of household and urban/rural residence: each census, 1985 – 1995 (continued)

(See notes at end of table.)

	Continent, country or area, date, sex, size(number of persons) and urban/rural residence — Continent, pays ou zone, date, sexe, dimension du ménage (nombre de personnes) et résidence, urbaine/rurale	All ages Tous âges	15 + [1]	– 15	15–19	20–24	25–29	30–34
			Age (in years)					
	AFRICA—AFRIQUE (Cont.–Suite)							
	Mali							
	1 IV 1987* [5]							
	Female – Féminin							
1	Total	190 391	...	...	...	...	...	...
2	1	36 819	...	...	...	...	...	...
3	2	39 009	...	...	...	...	...	...
4	3	34 038	...	...	...	...	...	...
5	4	26 243	...	...	...	...	...	...
6	5	19 008	...	...	...	...	...	...
7	6 plus	35 274	...	...	...	...	...	...
	Mauritius – Maurice							
	1 VII 1990							
	Total							
8	Total	236 110	236 081	3	238	4 303	16 780	30 635
9	1	12 336	12 330	2	43	234	511	650
10	2	25 092	25 087	–	75	1 184	3 215	2 800
11	3	39 673	39 670	–	62	1 759	6 535	8 159
12	4	55 797	55 795	1	32	685	4 053	10 409
13	5	42 905	42 902	–	12	223	1 433	5 097
14	6 plus	60 307	60 297	–	14	218	1 033	3 520
	Male – Masculin							
15	Total	194 501	194 483	3	187	3 991	15 987	28 896
16	1	4 930	4 927	2	36	204	418	497
17	2	17 291	17 286	–	57	1 084	3 033	2 472
18	3	32 236	32 233	–	49	1 656	6 315	7 691
19	4	49 447	49 445	1	24	642	3 889	10 044
20	5	38 188	38 186	–	9	208	1 355	4 857
21	6 plus	52 409	52 406	–	12	197	977	3 335
	Female – Féminin							
22	Total	41 609	41 598	–	51	312	793	1 739
23	1	7 406	7 403	–	7	30	93	153
24	2	7 801	7 801	–	18	100	182	328
25	3	7 437	7 437	–	13	103	220	468
26	4	6 350	6 350	–	8	43	164	365
27	5	4 717	4 716	–	3	15	78	240
28	6 plus	7 898	7 891	–	2	21	56	185
	Namibia – Namibie							
	21 X 1991 [2]							
	Total							
29	Total	254 389	253 962	280	4 543	14 826	*—— 57	625 ——*
30	1	27 173	27 084	61	1 084	3 198	*—— 7	089 ——*
31	2	31 897	31 810	76	1 111	3 250	*—— 8	175 ——*
32	3	31 911	31 816	76	806	2 817	*—— 9	320 ——*
33	4	33 627	33 576	36	576	1 994	*—— 9	832 ——*
34	5	30 118	30 086	17	382	1 254	*—— 7	799 ——*
35	6 plus	82 968	82 910	13	543	2 117	*—— 13	892 ——*
36	Unknown – Inconnue	16 695	16 680	1	41	196	*—— 1	518 ——*
	Male – Masculin							
37	Total	154 466	154 215	144	2 557	8 686	*—— 35	547 ——*
38	1	18 510	18 443	46	790	2 271	*—— 5	050 ——*
39	2	20 922	20 872	39	687	2 037	*—— 5	306 ——*
40	3	18 904	18 860	32	406	1 604	*—— 5	780 ——*
41	4	19 746	19 723	14	276	1 064	*—— 6	219 ——*
42	5	17 310	17 292	7	165	647	*—— 4	728 ——*
43	6 plus	42 379	42 345	5	192	867	*—— 6	946 ——*
44	Unknown – Inconnue	16 695	16 680	1	41	196	*—— 1	518 ——*
	Female – Féminin							
45	Total	99 923	99 747	136	1 986	6 140	*—— 22	078 ——*
46	1	8 663	8 641	15	294	927	*—— 2	039 ——*
47	2	10 975	10 938	37	424	1 213	*—— 2	869 ——*
48	3	13 007	12 956	44	400	1 213	*—— 3	540 ——*
49	4	13 881	13 853	22	300	930	*—— 3	613 ——*
50	5	12 808	12 794	10	217	607	*—— 3	071 ——*
51	6 plus	40 589	40 565	8	351	1 250	*—— 6	946 ——*
52	Unknown – Inconnue	–	–	–	–	–	*——	– ——*

30. Ménages selon l'âge et le sexe du chef de ménage, la dimension du ménage et la résidence, urbaine/rurale: chaque recensement, 1985 – 1995 (suite)

(Voir notes à la fin du tableau.)

Age (en années) 35–39	40–44	45–49	50–54	55–59	60–64	65–69	70–74	75+	Unknown Inconnu	
...	...	...	...	...	...	...	...	...	...	1
...	...	...	...	...	...	...	...	...	...	2
...	...	...	...	...	...	...	...	...	...	3
...	...	...	...	...	...	...	...	...	...	4
...	...	...	...	...	...	...	...	...	...	5
...	...	...	...	...	...	...	...	...	...	6
...	...	...	...	...	...	...	...	...	...	7
36 224	31 041	24 625	22 295	19 633	19 110	14 872	8 370	7 955	26	8
728	754	765	876	1 059	1 499	1 643	1 411	2 157	4	9
2 005	1 506	1 385	1 574	2 029	2 662	2 691	1 807	2 154	5	10
4 994	3 022	2 366	2 642	2 665	2 768	2 327	1 278	1 093	3	11
12 417	8 455	5 328	4 205	3 358	2 955	2 088	1 071	739	1	12
8 677	8 075	5 721	4 441	3 236	2 683	1 822	886	596	3	13
7 403	9 229	9 060	8 557	7 286	6 543	4 301	1 917	1 216	10	14
33 080	26 817	20 203	17 327	14 671	13 518	10 052	5 408	4 346	15	15
488	418	373	375	437	445	427	350	459	1	16
1 409	825	723	804	1 179	1 579	1 639	1 179	1 303	5	17
4 267	2 105	1 542	1 747	1 813	1 878	1 565	893	712	3	18
11 759	7 579	4 543	3 365	2 603	2 176	1 536	783	502	1	19
8 213	7 453	5 089	3 801	2 612	2 077	1 408	670	434	2	20
6 944	8 437	7 933	7 235	6 027	5 363	3 477	1 533	936	3	21
3 144	4 224	4 422	4 968	4 962	5 592	4 820	2 962	3 609	11	22
240	336	392	501	622	1 054	1 216	1 061	1 698	3	23
596	681	662	770	850	1 083	1 052	628	851	–	24
727	917	824	895	852	890	762	385	381	–	25
658	876	785	840	755	779	552	288	237	–	26
464	622	632	640	624	606	414	216	162	1	27
459	792	1 127	1 322	1 259	1 180	824	384	280	7	28
—— 55 076 ——			*—— 76 571 ——*				*—— 45 321 ——*		147	29
—— 4 727 ——			*—— 6 631 ——*				*—— 4 355 ——*		28	30
—— 5 501 ——			*—— 8 569 ——*				*—— 5 204 ——*		11	31
—— 6 280 ——			*—— 8 142 ——*				*—— 4 451 ——*		19	32
—— 7 963 ——			*—— 8 363 ——*				*—— 4 848 ——*		15	33
—— 7 581 ——			*—— 8 326 ——*				*—— 4 744 ——*		15	34
—— 19 854 ——			*—— 29 339 ——*				*—— 17 165 ——*		45	35
—— 3 170 ——			*—— 7 201 ——*				*—— 4 554 ——*		14	36
—— 35 408 ——			*—— 48 268 ——*				*—— 23 749 ——*		107	37
—— 3 557 ——			*—— 4 605 ——*				*—— 2 170 ——*		21	38
—— 3 801 ——			*—— 6 106 ——*				*—— 2 935 ——*		11	39
—— 4 003 ——			*—— 5 098 ——*				*—— 1 969 ——*		12	40
—— 5 217 ——			*—— 4 874 ——*				*—— 2 073 ——*		9	41
—— 4 798 ——			*—— 4 795 ——*				*—— 2 159 ——*		11	42
—— 10 862 ——			*—— 15 589 ——*				*—— 7 889 ——*		29	43
—— 3 170 ——			*—— 7 201 ——*				*—— 4 554 ——*		14	44
—— 19 668 ——			*—— 28 303 ——*				*—— 21 572 ——*		40	45
—— 1 170 ——			*—— 2 026 ——*				*—— 2 185 ——*		7	46
—— 1 700 ——			*—— 2 463 ——*				*—— 2 269 ——*		–	47
—— 2 277 ——			*—— 3 044 ——*				*—— 2 482 ——*		7	48
—— 2 746 ——			*—— 3 489 ——*				*—— 2 775 ——*		6	49
—— 2 783 ——			*—— 3 531 ——*				*—— 2 585 ——*		4	50
—— 8 992 ——			*—— 13 750 ——*				*—— 9 276 ——*		16	51
—— – ——			*—— – ——*				*—— – ——*		–	52

30. Households by age and sex of householder and size of household and urban/rural residence: each census, 1985 – 1995 (continued)

(See notes at end of table.)

	Continent, country or area, date, sex, size(number of persons) and urban/rural residence Continent, pays ou zone, date, sexe, dimension du ménage (nombre de personnes) et résidence, urbaine/rurale	All ages Tous âges	Age (in years) 15 + [1]	–15	15–19	20–24	25–29	30–34
	AFRICA—AFRIQUE (Cont.–Suite)							
	Rwanda							
	15 VIII 1991*							
	Total							
1	Total	1 507 230	...*–	— 33 625	——*	90 245	206 375	249 965
2	1	125 820	...*–	— 10 455	——*	17 720	23 420	16 170
3	2	177 750	...*–	— 12 210	——*	27 695	34 560	20 295
4	3	222 795	...*–	— 6 710	——*	27 445	54 815	35 325
5	4	222 680	...*–	— 2 385	——*	12 140	47 995	47 505
6	5	212 970	...*–	— 775	——*	3 510	29 265	53 120
7	6 plus	545 215	...*–	— 1 090	——*	1 735	16 320	77 550
	Male – Masculin							
8	Total	1 130 680	...*–	— 25 530	——*	75 065	176 615	209 975
9	1	83 500	...*–	— 7 990	——*	14 920	20 900	14 140
10	2	111 500	...*–	— 9 330	——*	22 390	28 440	16 190
11	3	153 340	...*–	— 5 340	——*	23 310	46 900	27 560
12	4	158 005	...*–	— 1 595	——*	10 405	40 775	38 035
13	5	159 650	...*–	— 505	——*	2 865	25 630	45 150
14	6 plus	464 685	...*–	— 770	——*	1 175	13 970	68 900
	Female – Féminin							
15	Total	376 550	...*–	— 8 095	——*	15 180	29 760	39 990
16	1	42 320	...*–	— 2 465	——*	2 800	2 520	2 030
17	2	66 250	...*–	— 2 880	——*	5 305	6 120	4 105
18	3	69 455	...*–	— 1 370	——*	4 135	7 915	7 765
19	4	64 675	...*–	— 790	——*	1 735	7 220	9 470
20	5	53 320	...*–	— 270	——*	645	3 635	7 970
21	6 plus	80 530	...*–	— 320	——*	560	2 350	8 650
	Sao Tome and Principe – Sao Tomé-et-Principe							
	4 VIII 1991							
	Total							
22	Total	27 449	...*–	— 443	——*	2 274	3 739	3 394
23	1	5 764	...*–	— 197	——*	622	611	417
24	2	3 430	...*–	— 136	——*	550	482	265
25	3	3 519	...*–	— 70	——*	611	790	410
26	4	3 347	...*–	— 20	——*	296	822	548
27	5	2 939	...*–	— 10	——*	95	550	578
28	6 plus	8 450	...*–	— 10	——*	100	484	1 176
	Male – Masculin							
29	Total	18 490	...*–	— 310	——*	1 762	2 796	2 382
30	1	4 233	...*–	— 163	——*	561	528	349
31	2	2 158	...*–	— 79	——*	380	337	165
32	3	2 163	...*–	— 46	——*	447	555	255
33	4	2 113	...*–	— 11	——*	230	619	367
34	5	1 825	...*–	— 6	——*	67	397	398
35	6 plus	5 998	...*–	— 5	——*	77	360	848
	Female – Féminin							
36	Total	8 959	...*–	— 133	——*	512	943	1 012
37	1	1 531	...*–	— 34	——*	61	83	68
38	2	1 272	...*–	— 57	——*	170	145	100
39	3	1 356	...*–	— 24	——*	164	235	155
40	4	1 234	...*–	— 9	——*	66	203	181
41	5	1 114	...*–	— 4	——*	28	153	180
42	6 plus	2 452	...*–	— 5	——*	23	124	328
	South Africa – Afrique du Sud [6]							
	7 III 1991 [7]							
	Total							
43	Total	5 317 359	...	...	...	...	...	...
44	1	462 074	...	...	...	...	...	...
45	2	792 589	...	...	...	...	...	...
46	3	780 004	...	...	...	...	...	...
47	4	887 418	...	...	...	...	...	...
48	5	767 416	...	...	...	...	...	...
49	6 plus	1 627 858	...	...	...	...	...	...
50	Unknown – Inconnue	–	...	...	...	...	...	...

30. Ménages selon l'âge et le sexe du chef de ménage, la dimension du ménage et la résidence, urbaine/rurale: chaque recensement, 1985 – 1995 (suite)

(Voir notes à la fin du tableau.)

Age (en années)										
35–39	40–44	45–49	50–54	55–59	60–64	65–69	70–74	75+	Unknown Inconnu	
207 065	147 690	107 015	108 130	89 470	89 025	63 680	*——— 114 945 ———*		–	1
9 065	5 655	4 760	4 685	4 500	5 995	5 895	*——— 17 500 ———*		–	2
9 685	6 415	5 650	7 470	7 970	11 310	9 430	*——— 25 060 ———*		–	3
15 665	9 160	7 545	10 315	10 535	13 095	10 415	*——— 21 770 ———*		–	4
23 490	13 150	10 395	12 445	11 995	13 750	10 510	*——— 16 920 ———*		–	5
32 735	18 140	12 895	14 715	12 640	13 350	9 120	*——— 12 705 ———*		–	6
116 425	95 170	65 770	58 500	41 830	31 525	18 310	*——— 20 990 ———*		–	7
166 795	113 630	75 565	71 665	60 130	54 160	38 590	*——— 62 960 ———*		–	8
7 575	4 420	3 275	2 220	1 875	1 590	1 235	*——— 3 360 ———*		–	9
6 640	3 815	2 320	2 510	2 830	3 455	3 230	*——— 10 350 ———*		–	10
10 560	5 115	3 180	3 865	4 520	5 775	5 320	*——— 11 895 ———*		–	11
16 025	7 485	5 030	5 780	6 685	8 045	6 940	*——— 11 205 ———*		–	12
24 495	11 365	7 285	8 820	8 590	9 230	6 550	*——— 9 165 ———*		–	13
101 500	81 430	54 475	48 470	35 630	26 065	15 315	*——— 16 985 ———*		–	14
40 270	34 060	31 450	36 465	29 340	34 865	25 090	*——— 51 985 ———*		–	15
1 490	1 235	1 485	2 465	2 625	4 405	4 660	*——— 14 140 ———*		–	16
3 045	2 600	3 330	4 960	5 140	7 855	6 200	*——— 14 710 ———*		–	17
5 105	4 045	4 365	6 450	6 015	7 320	5 095	*——— 9 875 ———*		–	18
7 465	5 665	5 365	6 665	5 310	5 705	3 570	*——— 5 715 ———*		–	19
8 240	6 775	5 610	5 895	4 050	4 120	2 570	*——— 3 540 ———*		–	20
14 925	13 740	11 295	10 030	6 200	5 460	2 995	*——— 4 005 ———*		–	21
2 878	2 222	1 961	2 426	2 258	1 987	1 612	*——— 2 255 ———*		–	22
317	260	300	442	523	487	553	*——— 1 035 ———*		–	23
179	130	159	253	273	307	274	*——— 422 ———*		–	24
236	180	158	225	246	210	163	*——— 220 ———*		–	25
336	207	166	226	220	200	153	*——— 153 ———*		–	26
391	268	201	233	208	206	104	*——— 95 ———*		–	27
1 419	1 177	977	1 047	788	577	365	*——— 330 ———*		–	28
1 916	1 501	1 288	1 596	1 487	1 231	985	*——— 1 236 ———*		–	29
263	212	247	347	393	329	338	*——— 503 ———*		–	30
108	85	83	147	179	182	171	*——— 242 ———*		–	31
115	105	89	106	123	111	93	*——— 118 ———*		–	32
196	99	90	100	110	109	89	*——— 93 ———*		–	33
229	150	105	124	120	113	56	*——— 60 ———*		–	34
1 005	850	674	772	562	387	238	*——— 220 ———*		–	35
962	721	673	830	771	756	627	*——— 1 019 ———*		–	36
54	48	53	95	130	158	215	*——— 532 ———*		–	37
71	45	76	106	94	125	103	*——— 180 ———*		–	38
121	75	69	119	123	99	70	*——— 102 ———*		–	39
140	108	76	126	110	91	64	*——— 60 ———*		–	40
162	118	96	109	88	93	48	*——— 35 ———*		–	41
414	327	303	275	226	190	127	*——— 110 ———*		–	42
...	...	...	...	...	...	...	...	...	...	43
...	...	...	...	...	...	...	...	...	...	44
...	...	...	...	...	...	...	...	...	...	45
...	...	...	...	...	...	...	...	...	...	46
...	...	...	...	...	...	...	...	...	...	47
...	...	...	...	...	...	...	...	...	...	48
...	...	...	...	...	...	...	...	...	...	49
...	...	...	...	...	...	...	...	...	...	50

30. Households by age and sex of householder and size of household and urban/rural residence: each census, 1985 – 1995 (continued)

(See notes at end of table.)

	Continent, country or area, date, sex, size(number of persons) and urban/rural residence Continent, pays ou zone, date, sexe, dimension du ménage (nombre de personnes) et résidence, urbaine/rurale	All ages Tous âges	Age (in years) 15 +[1]	– 15	15–19	20–24	25–29	30–34
	AFRICA—AFRIQUE (Cont.–Suite)							
	Uganda – Ouganda							
	12 I 1991*[2]							
	Total							
1	Total	...	3 423 308	[8] 6 856	90 382	363 809	513 846	470 040
	Male – Masculin							
2	Total	...	2 432 125	[8] 3 622	57 911	270 159	393 851	353 898
	Female – Féminin							
3	Total	...	991 183	[8] 3 234	32 471	93 650	119 995	116 142
	Zambia – Zambie							
	20 VIII 1990[9]							
	Total							
4	Total	1 327 098	...	...	...	...	...	...
5	1	102 624	...	...	...	...	...	...
6	2	147 339	...	...	...	...	...	...
7	3	166 425	...	...	...	...	...	...
8	4	169 580	...	...	...	...	...	...
9	5	158 769	...	...	...	...	...	...
10	6 plus	582 361	...	...	...	...	...	...
11	Unknown – Inconnue	–	...	...	...	...	...	...
	Male – Masculin							
12	Total	1 103 088	...	...	...	...	...	...
13	1	65 217	...	...	...	...	...	...
14	2	115 783	...	...	...	...	...	...
15	3	133 908	...	...	...	...	...	...
16	4	139 121	...	...	...	...	...	...
17	5	132 767	...	...	...	...	...	...
18	6 plus	516 292	...	...	...	...	...	...
19	Unknown – Inconnue	–	...	...	...	...	...	...
	Female – Féminin							
20	Total	224 010	...	...	...	...	...	...
21	1	37 407	...	...	...	...	...	...
22	2	31 556	...	...	...	...	...	...
23	3	32 517	...	...	...	...	...	...
24	4	30 459	...	...	...	...	...	...
25	5	26 002	...	...	...	...	...	...
26	6 plus	66 069	...	...	...	...	...	...
27	Unknown – Inconnue	–	...	...	...	...	...	...
	Zimbabwe							
	18 VIII 1992*							
	Total							
28	Total	2 163 289	2 139 110	10 728	62 936	187 419	270 637	301 926
29	1	297 739	...	...	...	...	...	...
30	2	263 125	...	...	...	...	...	...
31	3	284 121	...	...	...	...	...	...
32	4	280 086	...	...	...	...	...	...
33	5	259 754	...	...	...	...	...	...
34	6 plus	778 464	...	...	...	...	...	...
35	Unknown – Inconnue	–	...	...	...	...	...	...
	Male – Masculin							
36	Total	1 445 824	1 432 516	4 863	32 792	121 376	186 115	203 398
37	1	215 151	...	...	...	...	...	...
38	2	175 083	...	...	...	...	...	...
39	3	184 651	...	...	...	...	...	...
40	4	178 183	...	...	...	...	...	...
41	5	162 117	...	...	...	...	...	...
42	6 plus	530 639	...	...	...	...	...	...
43	Unknown – Inconnue	–	...	...	...	...	...	...
	Female – Féminin							
44	Total	717 465	706 594	5 865	30 144	66 043	84 522	98 528
45	1	82 588	...	...	...	...	...	...
46	2	88 042	...	...	...	...	...	...
47	3	99 470	...	...	...	...	...	...
48	4	101 903	...	...	...	...	...	...
49	5	97 637	...	...	...	...	...	...
50	6 plus	247 825	...	...	...	...	...	...
51	Unknown – Inconnue	–	...	...	...	...	...	...

30. Ménages selon l'âge et le sexe du chef de ménage, la dimension du ménage et la résidence, urbaine/rurale: chaque recensement, 1985 – 1995 (suite)

(Voir notes à la fin du tableau.)

Age (en années) 35–39	40–44	45–49	50–54	55–59	60–64	65–69	70–74	75+	Unknown Inconnu	
374 285	315 209	277 608	270 862	178 869	189 699	122 729	110 011	145 959	4 013	1
274 165	221 577	194 013	179 057	122 762	117 941	81 204	68 901	96 686	2 344	2
100 120	93 632	83 595	91 805	56 107	71 758	41 525	41 110	49 273	1 669	3
...	...	...	...	...	...	...	...	...	...	4
...	...	...	...	...	...	...	...	...	...	5
...	...	...	...	...	...	...	...	...	...	6
...	...	...	...	...	...	...	...	...	...	7
...	...	...	...	...	...	...	...	...	...	8
...	...	...	...	...	...	...	...	...	...	9
...	...	...	...	...	...	...	...	...	...	10
...	...	...	...	...	...	...	...	...	...	11
...	...	...	...	...	...	...	...	...	...	12
...	...	...	...	...	...	...	...	...	...	13
...	...	...	...	...	...	...	...	...	...	14
...	...	...	...	...	...	...	...	...	...	15
...	...	...	...	...	...	...	...	...	...	16
...	...	...	...	...	...	...	...	...	...	17
...	...	...	...	...	...	...	...	...	...	18
...	...	...	...	...	...	...	...	...	...	19
...	...	...	...	...	...	...	...	...	...	20
...	...	...	...	...	...	...	...	...	...	21
...	...	...	...	...	...	...	...	...	...	22
...	...	...	...	...	...	...	...	...	...	23
...	...	...	...	...	...	...	...	...	...	24
...	...	...	...	...	...	...	...	...	...	25
...	...	...	...	...	...	...	...	...	...	26
...	...	...	...	...	...	...	...	...	...	27
277 464	220 053	183 659	177 004	120 506	121 139	66 861	79 088	70 418	13 451	28
...	...	...	...	...	...	...	...	...	...	29
...	...	...	...	...	...	...	...	...	...	30
...	...	...	...	...	...	...	...	...	...	31
...	...	...	...	...	...	...	...	...	...	32
...	...	...	...	...	...	...	...	...	...	33
...	...	...	...	...	...	...	...	...	...	34
...	...	...	...	...	...	...	...	...	...	35
186 012	148 446	126 880	118 716	85 073	85 275	45 098	50 746	42 589	8 445	36
...	...	...	...	...	...	...	...	...	...	37
...	...	...	...	...	...	...	...	...	...	38
...	...	...	...	...	...	...	...	...	...	39
...	...	...	...	...	...	...	...	...	...	40
...	...	...	...	...	...	...	...	...	...	41
...	...	...	...	...	...	...	...	...	...	42
...	...	...	...	...	...	...	...	...	...	43
91 452	71 607	56 779	58 288	35 433	35 864	21 763	28 342	27 829	5 006	44
...	...	...	...	...	...	...	...	...	...	45
...	...	...	...	...	...	...	...	...	...	46
...	...	...	...	...	...	...	...	...	...	47
...	...	...	...	...	...	...	...	...	...	48
...	...	...	...	...	...	...	...	...	...	49
...	...	...	...	...	...	...	...	...	...	50
...	...	...	...	...	...	...	...	...	...	51

30. Households by age and sex of householder and size of household and urban/rural residence: each census, 1985 – 1995 (continued)

(See notes at end of table.)

	Continent, country or area, date, sex, size(number of persons) and urban/rural residence Continent, pays ou zone, date, sexe, dimension du ménage (nombre de personnes) et résidence, urbaine/rurale	Age (in years) All ages Tous âges	15 + [1]	– 15	15–19	20–24	25–29	30–34
	AMERICA,NORTH— AMERIQUE DU NORD							
	Bahamas							
	1 V 1990							
	Total							
1	Total	61 910	...	...	...	...	...	...
2	1	11 594	...	...	...	...	...	...
3	2	10 895	...	...	...	...	...	...
4	3	9 799	...	...	...	...	...	...
5	4	9 561	...	...	...	...	...	...
6	5	7 421	...	...	...	...	...	...
7	6 plus	12 625	...	...	...	...	...	...
8	Unknown – Inconnue	15	...	...	...	...	...	...
	Male – Masculin							
9	Total	39 712	...	...	...	...	...	...
10	1	7 563	...	...	...	...	...	...
11	2	7 155	...	...	...	...	...	...
12	3	6 323	...	...	...	...	...	...
13	4	6 226	...	...	...	...	...	...
14	5	4 678	...	...	...	...	...	...
15	6 plus	7 758	...	...	...	...	...	...
16	Unknown – Inconnue	9	...	...	...	...	...	...
	Female – Féminin							
17	Total	22 198	...	...	...	...	...	...
18	1	4 031	...	...	...	...	...	...
19	2	3 740	...	...	...	...	...	...
20	3	3 476	...	...	...	...	...	...
21	4	3 335	...	...	...	...	...	...
22	5	2 743	...	...	...	...	...	...
23	6 plus	4 867	...	...	...	...	...	...
24	Unknown – Inconnue	6	...	...	...	...	...	...
	Belize							
	12 V 1991							
	Total							
25	Total	...	37 944	...	500	3 142	5 199	5 474
	Male – Masculin							
26	Total	...	29 617	...	365	2 523	4 325	4 564
	Female – Féminin							
27	Total	...	8 327	...	135	619	874	910
	Bermuda – Bermudes							
	20 V 1991 [5]							
	Total							
28	Total	22 430	22 429	1	43	794	2 393	2 940
29	1	6 037	6 036	1	20	395	835	828
30	2	6 311	6 311	–	12	232	792	753
31	3	4 196	4 196	–	7	107	455	607
32	4	3 715	3 715	–	2	44	224	515
33	5	1 425	1 425	–	2	10	55	181
34	6 plus	746	746	–	–	6	32	56
	Male – Masculin							
35	Total	14 809	14 809	–	21	489	1 602	2 009
36	1	3 205	3 205	–	12	243	522	522
37	2	4 236	4 236	–	4	150	530	494
38	3	2 857	2 857	–	3	58	329	422
39	4	2 944	2 944	–	1	26	171	394
40	5	1 063	1 063	–	1	7	32	140
41	6 plus	504	504	–	–	5	18	37
	Female – Féminin							
42	Total	7 621	7 620	1	22	305	791	931
43	1	2 832	2 831	1	8	152	313	306
44	2	2 075	2 075	–	8	82	262	259
45	3	1 339	1 339	–	4	49	126	185
46	4	771	771	–	1	18	53	121
47	5	362	362	–	1	3	23	41
48	6 plus	242	242	–	–	1	14	19

30. Ménages selon l'âge et le sexe du chef de ménage, la dimension du ménage et la résidence, urbaine/rurale: chaque recensement, 1985 – 1995 (suite)

(Voir notes à la fin du tableau.)

Age (en années)										
35–39	40–44	45–49	50–54	55–59	60–64	65–69	70–74	75+	Unknown Inconnu	
...	...	...	...	...	...	...	...	...	...	1
...	...	...	...	...	...	...	...	...	...	2
...	...	...	...	...	...	...	...	...	...	3
...	...	...	...	...	...	...	...	...	...	4
...	...	...	...	...	...	...	...	...	...	5
...	...	...	...	...	...	...	...	...	...	6
...	...	...	...	...	...	...	...	...	...	7
...	...	...	...	...	...	...	...	...	...	8
...	...	...	...	...	...	...	...	...	...	9
...	...	...	...	...	...	...	...	...	...	10
...	...	...	...	...	...	...	...	...	...	11
...	...	...	...	...	...	...	...	...	...	12
...	...	...	...	...	...	...	...	...	...	13
...	...	...	...	...	...	...	...	...	...	14
...	...	...	...	...	...	...	...	...	...	15
...	...	...	...	...	...	...	...	...	...	16
...	...	...	...	...	...	...	...	...	...	17
...	...	...	...	...	...	...	...	...	...	18
...	...	...	...	...	...	...	...	...	...	19
...	...	...	...	...	...	...	...	...	...	20
...	...	...	...	...	...	...	...	...	...	21
...	...	...	...	...	...	...	...	...	...	22
...	...	...	...	...	...	...	...	...	...	23
...	...	...	...	...	...	...	...	...	...	24
4 666	3 766	2 843	2 778	2 444	2 224	1 807	1 308	1 793	–	25
3 860	3 038	2 247	2 151	1 812	1 619	1 243	845	1 025	–	26
806	728	596	627	632	605	564	463	768	–	27
2 830	2 564	2 204	1 730	1 788	1 510	1 255	919	1 459	–	28
611	511	441	347	352	369	371	308	648	–	29
583	487	482	429	586	553	492	374	536	–	30
548	495	440	385	386	302	185	121	158	–	31
705	701	521	333	282	154	103	70	61	–	32
283	262	200	150	104	64	57	26	31	–	33
100	108	120	86	78	68	47	20	25	–	34
2 000	1 802	1 531	1 201	1 250	979	746	522	657	–	35
403	330	268	199	177	163	124	87	155	–	36
351	276	294	277	438	424	368	280	350	–	37
353	318	305	276	289	205	123	82	94	–	38
594	578	424	283	215	107	75	48	28	–	39
225	214	162	113	75	37	29	12	16	–	40
74	86	78	53	56	43	27	13	14	–	41
830	762	673	529	538	531	509	397	802	–	42
208	181	173	148	175	206	247	221	493	–	43
232	211	188	152	148	129	124	94	186	–	44
195	177	135	109	97	97	62	39	64	–	45
111	123	97	50	67	47	28	22	33	–	46
58	48	38	37	29	27	28	14	15	–	47
26	22	42	33	22	25	20	7	11	–	48

30. Households by age and sex of householder and size of household and urban/rural residence: each census, 1985 – 1995 (continued)

(See notes at end of table.)

	Continent, country or area, date, sex, size(number of persons) and urban/rural residence — Continent, pays ou zone, date, sexe, dimension du ménage (nombre de personnes) et résidence, urbaine/rurale	All ages — Tous âges	Age (in years) 15 + [1]	– 15	15–19	20–24	25–29	30–34
	AMERICA,NORTH— (Cont.–Suite) AMERIQUE DU NORD							
	British Virgin Islands – Iles Vierges britanniques							
	12 V 1991							
	Total							
1	Total	...	5 331	...	27	293	759	882
2	1	...	1 361	...	9	103	209	241
3	2	...	1 302	...	12	107	224	199
4	3	...	836	...	3	43	155	163
5	4	...	757	...	2	28	96	137
6	5	...	485	...	–	7	41	82
7	6 plus	...	590	...	1	5	34	60
8	Unknown – Inconnue	...	–	...	–	–	–	–
	Male – Masculin							
9	Total	...	3 800	...	15	178	527	627
10	1	...	943	...	6	70	146	185
11	2	...	901	...	6	56	149	139
12	3	...	586	...	1	27	109	111
13	4	...	570	...	2	19	70	102
14	5	...	359	...	–	3	31	53
15	6 plus	...	441	...	–	3	22	37
16	Unknown – Inconnue	...	–	...	–	–	–	–
	Female – Féminin							
17	Total	...	1 531	...	12	115	232	255
18	1	...	418	...	3	33	63	56
19	2	...	401	...	6	51	75	60
20	3	...	250	...	2	16	46	52
21	4	...	187	...	–	9	26	35
22	5	...	126	...	–	4	10	29
23	6 plus	...	149	...	1	2	12	23
24	Unknown – Inconnue	...	–	...	–	–	–	–
	Canada							
	3 VI 1986 [5 10]							
	Total							
25	Total	8 991 675	8 991 670	–	41 410	494 535	1 015 505	1 108 540
26	1	1 934 710	1 934 705	–	14 035	139 600	214 785	180 035
27	2	2 701 175	2 701 175	–	18 265	226 965	351 355	227 580
28	3	1 599 320	1 599 320	–	5 995	85 435	224 775	225 485
29	4	1 681 590	1 681 600	–	1 965	31 380	162 450	314 920
30	5	728 210	728 205	–	680	7 750	46 125	118 130
31	6 plus	346 660	346 665	–	475	3 410	16 010	42 385
	Male – Masculin							
32	Total	6 436 845	6 436 845	–	17 550	290 445	720 950	839 445
33	1	797 070	797 070	–	6 065	70 785	120 665	105 860
34	2	1 975 785	1 975 795	–	7 020	133 545	241 370	151 515
35	3	1 227 775	1 227 775	–	2 770	56 215	170 635	166 460
36	4	1 476 460	1 476 475	–	1 045	22 260	136 760	274 135
37	5	652 780	652 780	–	385	5 320	38 735	104 715
38	6 plus	306 975	306 970	–	270	2 325	12 790	36 755
	Female – Féminin							
39	Total	2 554 830	2 554 825	–	23 860	204 090	294 555	269 095
40	1	1 137 640	1 137 635	–	7 970	68 815	94 120	74 175
41	2	725 390	725 380	–	11 245	93 420	109 985	76 065
42	3	371 545	371 545	–	3 225	29 220	54 140	59 025
43	4	205 130	205 125	–	920	9 120	25 690	40 785
44	5	75 430	75 425	–	295	2 430	7 390	13 415
45	6 plus	39 685	39 695	–	205	1 085	3 220	5 630
	4 VI 1991 [5 10 11]							
	Total							
46	Total	10 018 270	10 018 275	–	47 410	418 815	983 270	1 236 725
47	1	2 297 055	2 297 055	–	14 890	115 545	220 780	218 750
48	2	3 144 185	3 144 195	–	21 775	192 155	361 690	276 395
49	3	1 743 605	1 743 605	–	7 385	74 455	211 290	255 740
50	4	1 768 825	1 768 835	–	2 165	26 205	133 455	317 800
51	5	731 415	731 405	–	690	7 135	39 835	120 950
52	6 plus	333 170	333 175	–	505	3 310	16 215	47 095

30. Ménages selon l'âge et le sexe du chef de ménage, la dimension du ménage et la résidence, urbaine/rurale: chaque recensement, 1985 – 1995 (suite)

(Voir notes à la fin du tableau.)

Age (en années)										
35–39	40–44	45–49	50–54	55–59	60–64	65–69	70–74	75+	Unknown Inconnu	
771	668	477	342	246	234	211	170	251	1	1
176	139	88	72	62	58	69	59	76	1	2
133	146	87	73	61	71	63	38	88	–	3
109	100	58	47	33	32	25	24	44	–	4
149	98	90	60	21	28	17	12	19	–	5
106	82	66	35	25	14	8	7	12	–	6
98	103	88	55	44	31	29	30	12	–	7
–	–	–	–	–	–	–	–	–	–	8
567	500	366	248	180	159	162	118	153	1	9
123	97	59	51	44	38	52	39	33	1	10
99	97	63	46	44	52	51	33	66	–	11
78	76	45	33	23	22	18	15	28	–	12
115	71	79	45	16	20	14	6	11	–	13
81	72	53	27	17	8	4	5	5	–	14
71	87	67	46	36	19	23	20	10	–	15
–	–	–	–	–	–	–	–	–	–	16
204	168	111	94	66	75	49	52	98	–	17
53	42	29	21	18	20	17	20	43	–	18
34	49	24	27	17	19	12	5	22	–	19
31	24	13	14	10	10	7	9	16	–	20
34	27	11	15	5	8	3	6	8	–	21
25	10	13	8	8	6	4	2	7	–	22
27	16	21	9	8	12	6	10	2	–	23
–	–	–	–	–	–	–	–	–	–	24
1 084 845	886 630	726 190	686 325	680 280	646 720	553 140	468 165	599 385	–	25
139 040	101 855	87 465	97 350	123 560	156 810	175 445	187 785	316 940	–	26
159 205	125 955	131 495	182 080	249 990	294 375	273 455	224 245	236 210	–	27
184 475	152 300	149 665	164 020	155 845	115 150	66 880	37 820	31 475	–	28
365 945	290 930	197 120	137 330	89 310	48 780	22 390	10 575	8 505	–	29
166 815	146 450	103 920	65 655	37 410	18 735	8 640	4 360	3 535	–	30
69 380	69 140	56 530	39 885	24 165	12 860	6 330	3 375	2 720	–	31
843 685	698 115	576 495	541 340	520 885	464 265	361 265	274 790	287 615	–	32
83 390	58 920	46 960	47 290	51 840	51 400	44 900	42 170	66 825	–	33
98 490	75 900	86 515	134 915	198 630	243 060	228 375	187 675	188 785	–	34
126 770	106 690	116 970	137 545	134 300	99 355	56 790	30 895	22 380	–	35
322 535	259 955	178 340	124 755	80 620	43 080	19 065	8 340	5 585	–	36
150 640	133 955	95 980	60 530	33 895	16 310	7 000	3 140	2 175	–	37
61 870	62 700	51 735	36 300	21 600	11 055	5 135	2 570	1 865	–	38
241 160	188 515	149 695	144 985	159 395	182 455	191 875	193 375	311 770	–	39
55 650	42 935	40 505	50 060	71 720	105 410	130 545	145 615	250 115	–	40
60 715	50 055	44 980	47 165	51 360	51 315	45 080	36 570	47 425	–	41
57 705	45 610	32 695	26 475	21 545	15 795	10 090	6 925	9 095	–	42
43 410	30 975	18 780	12 575	8 690	5 700	3 325	2 235	2 920	–	43
16 175	12 495	7 940	5 125	3 515	2 425	1 640	1 220	1 360	–	44
7 510	6 440	4 795	3 585	2 565	1 805	1 195	805	855	–	45
1 213 550	1 149 480	920 625	745 785	696 330	683 620	647 295	520 960	754 410	–	46
184 125	159 570	133 655	122 590	137 975	171 065	207 325	208 030	402 755	–	47
199 545	187 765	191 475	226 015	283 720	326 785	326 905	253 270	296 700	–	48
210 510	204 075	193 105	172 545	147 655	113 400	74 385	40 970	38 090	–	49
376 980	359 655	246 250	138 215	78 245	45 025	23 805	11 060	9 975	–	50
170 415	164 725	106 910	56 865	30 525	16 315	8 745	4 355	3 940	–	51
71 980	73 680	49 220	29 565	18 210	11 030	6 130	3 275	2 960	–	52

30. Households by age and sex of householder and size of household and urban/rural residence: each census, 1985 – 1995 (continued)

(See notes at end of table.)

	Continent, country or area, date, sex, size(number of persons) and urban/rural residence Continent, pays ou zone, date, sexe, dimension du ménage (nombre de personnes) et résidence, urbaine/rurale	Age (in years) All ages Tous âges	15 + [1]	– 15	15–19	20–24	25–29	30–34
	AMERICA,NORTH— (Cont.–Suite) AMERIQUE DU NORD							
	Canada							
	4 VI 1991 [5 10 11]							
	Male – Masculin							
1	Total	7 001 560	7 001 565	–	18 650	228 385	665 430	904 540
2	1	970 190	970 180	–	6 575	59 725	128 680	133 755
3	2	2 277 160	2 277 160	–	7 385	103 225	237 705	179 835
4	3	1 304 300	1 304 300	–	3 070	43 215	151 545	182 935
5	4	1 519 815	1 519 820	–	995	15 970	104 410	266 035
6	5	642 180	642 175	–	360	4 290	31 000	102 755
7	6 plus	287 910	287 920	–	260	1 950	12 085	39 230
	Female – Féminin							
8	Total	3 016 710	3 016 710	–	28 760	190 430	317 840	332 185
9	1	1 326 865	1 326 875	–	8 315	55 820	92 100	84 995
10	2	867 025	867 035	–	14 390	88 930	123 985	96 560
11	3	439 305	439 305	–	4 315	31 240	59 745	72 805
12	4	249 010	249 015	–	1 170	10 235	29 045	51 765
13	5	89 235	89 230	–	330	2 845	8 835	18 195
14	6 plus	45 260	45 255	–	245	1 360	4 130	7 865
	Cayman Islands – Iles Caïmanes							
	15 X 1989 [5]							
	Total							
15	Total	8 115	8 114	1	84	468	1 029	1 188
16	1	1 781	1 780	1	12	104	241	311
17	2	2 067	2 067	–	28	155	330	267
18	3	1 390	1 390	–	13	111	214	198
19	4	1 265	1 265	–	16	44	126	219
20	5	734	734	–	4	26	72	92
21	6 plus	878	878	–	11	28	46	101
	Male – Masculin							
22	Total	5 303	5 302	1	29	274	655	767
23	1	1 027	1 026	1	7	62	152	185
24	2	1 367	1 367	–	8	103	222	166
25	3	901	901	–	5	66	132	138
26	4	915	915	–	4	23	88	155
27	5	519	519	–	2	11	38	62
28	6 plus	574	574	–	3	9	23	61
	Female – Féminin							
29	Total	2 812	2 812	–	55	194	374	421
30	1	754	754	–	5	42	89	126
31	2	700	700	–	20	52	108	101
32	3	489	489	–	8	45	82	60
33	4	350	350	–	12	21	38	64
34	5	215	215	–	2	15	34	30
35	6 plus	304	304	–	8	19	23	40
	Guadeloupe							
	15 III 1990 [5]							
	Total							
36	Total	112 478	112 478	–	*——— 3 182	———*	9 286 *———	———
37	1	22 265	22 265	–	*——— 631	———*	1 478 *———	———
38	2	22 077	22 077	–	*——— 932	———*	2 387 *———	———
39	3	19 987	19 987	–	*——— 739	———*	2 521 *———	———
40	4	19 238	19 238	–	*——— 385	———*	1 480 *———	———
41	5	12 807	12 807	–	*——— 190	———*	664 *———	———
42	6 plus	16 104	16 104	–	*——— 305	———*	756 *———	———

30. Ménages selon l'âge et le sexe du chef de ménage, la dimension du ménage et la résidence, urbaine/rurale: chaque recensement, 1985 – 1995 (suite)

(Voir notes à la fin du tableau.)

Age (en années) 35–39	40–44	45–49	50–54	55–59	60–64	65–69	70–74	75+	Unknown Inconnu	
909 300	872 935	706 570	575 035	528 835	495 870	427 105	307 125	361 785	–	1
112 700	92 825	69 895	57 520	57 465	61 150	58 370	47 480	84 040	–	2
120 310	109 825	123 660	168 015	228 950	273 120	274 030	212 205	238 895	–	3
140 640	139 675	148 415	144 685	127 955	98 480	62 895	33 260	27 530	–	4
323 030	315 775	221 570	125 975	70 930	39 775	19 950	8 600	6 805	–	5
149 975	148 940	98 360	52 330	27 560	14 095	6 975	3 060	2 475	–	6
62 645	65 895	44 670	26 515	15 975	9 250	4 880	2 520	2 045	–	7
304 250	276 545	214 055	170 750	167 495	187 750	220 190	213 835	392 625	–	8
71 425	66 745	63 760	65 070	80 510	109 915	148 955	160 550	318 715	–	9
79 235	77 940	67 815	58 000	54 770	53 665	52 875	41 065	57 805	–	10
69 870	64 400	44 690	27 860	19 700	14 920	11 490	7 710	10 560	–	11
53 950	43 880	24 680	12 240	7 315	5 250	3 855	2 460	3 170	–	12
20 440	15 785	8 550	4 535	2 965	2 220	1 770	1 295	1 465	–	13
9 335	7 785	4 550	3 050	2 235	1 780	1 250	755	915	–	14
1 181	929	728	654	490	417	325	254	367	–	15
250	179	147	117	88	98	62	61	110	–	16
231	163	146	174	131	112	121	92	117	–	17
199	148	122	100	73	65	42	36	69	–	18
235	191	120	108	69	53	29	24	31	–	19
138	127	94	56	49	24	26	15	11	–	20
128	121	99	99	80	65	45	26	29	–	21
784	681	513	456	345	280	213	140	165	–	22
148	114	91	73	53	54	28	24	35	–	23
152	119	100	125	89	89	82	52	60	–	24
117	99	86	71	56	40	31	24	36	–	25
183	150	94	79	54	39	18	15	13	–	26
102	106	69	37	40	17	19	8	8	–	27
82	93	73	71	53	41	35	17	13	–	28
397	248	215	198	145	137	112	114	202	–	29
102	65	56	44	35	44	34	37	75	–	30
79	44	46	49	42	23	39	40	57	–	31
82	49	36	29	17	25	11	12	33	–	32
52	41	26	29	15	14	11	9	18	–	33
36	21	25	19	9	7	7	7	3	–	34
46	28	26	28	27	24	10	9	16	–	35
28 890 —*	*— 24 875	—*	*— 18 320	—*	*—	— 19 676 —	—*	8 249	–	36
3 541 —*	*— 3 241	—*	*— 3 273	—*	*—	— 6 229 —	—*	3 872	–	37
4 393 —*	*— 3 280	—*	*— 3 385	—*	*—	— 5 127 —	—*	2 573	–	38
6 401 —*	*— 3 894	—*	*— 2 786	—*	*—	— 2 771 —	—*	875	–	39
7 127 —*	*— 5 263	—*	*— 2 639	—*	*—	— 1 957 —	—*	387	–	40
4 009 —*	*— 4 288	—*	*— 2 176	—*	*—	— 1 245 —	—*	235	–	41
3 419 —*	*— 4 909	—*	*— 4 061	—*	*—	— 2 347 —	—*	307	–	42

30. Households by age and sex of householder and size of household and urban/rural residence: each census, 1985 – 1995 (continued)

(See notes at end of table.)

	Continent, country or area, date, sex, size(number of persons) and urban/rural residence — Continent, pays ou zone, date, sexe, dimension du ménage (nombre de personnes) et résidence, urbaine/rurale	All ages Tous âges	15 + [1]	Age (in years) – 15	15–19	20–24	25–29	30–34
	AMERICA,NORTH— (Cont.–Suite) AMERIQUE DU NORD							
	Martinique							
	15 III 1990 [5]							
	Total							
1	Total	106 536	106 536	–	*——— 2 203	———*	7 685	*———
2	1	22 790	22 790	–	*——— 511	———*	1 482	*———
3	2	21 293	21 293	–	*——— 593	———*	1 955	*———
4	3	18 572	18 572	–	*——— 465	———*	1 970	*———
5	4	18 070	18 070	–	*——— 261	———*	1 118	*———
6	5	11 423	11 423	–	*——— 135	———*	530	*———
7	6 plus	14 388	14 388	–	*——— 238	———*	630	*———
	Mexico – Mexique							
	12 III 1990 [5]							
	Total							
8	Total	16 202 845	16 180 191	6 397	153 421	1 063 739	1 934 821	2 211 886
9	1	794 481	...	...	...	...	...	...
10	2	1 584 559	...	...	...	...	...	...
11	3	2 342 322	...	...	...	...	...	...
12	4	2 954 860	...	...	...	...	...	...
13	5	2 755 205	...	...	...	...	...	...
14	6 plus	5 599 502	...	...	...	...	...	...
15	Unknown – Inconnue	171 916	...	...	...	...	...	...
	Male – Masculin							
16	Total	13 397 357	13 380 060	4 278	124 399	947 229	1 751 312	1 972 294
17	1	405 615	...	...	...	...	...	...
18	2	1 143 005	...	...	...	...	...	...
19	3	1 849 777	...	...	...	...	...	...
20	4	2 517 669	...	...	...	...	...	...
21	5	2 417 746	...	...	...	...	...	...
22	6 plus	4 975 217	...	...	...	...	...	...
23	Unknown – Inconnue	88 328	...	...	...	...	...	...
	Female – Féminin							
24	Total	2 805 488	2 800 131	2 119	29 022	116 510	183 509	239 592
25	1	388 866	...	...	...	...	...	...
26	2	441 554	...	...	...	...	...	...
27	3	492 545	...	...	...	...	...	...
28	4	437 191	...	...	...	...	...	...
29	5	337 459	...	...	...	...	...	...
30	6 plus	624 285	...	...	...	...	...	...
31	Unknown – Inconnue	83 588	...	...	...	...	...	...
	Netherlands Antilles – Antilles néerlandaises							
	27 I 1992 [5 12]							
	Total							
32	Total	...	57 445	...	*——— 1 461	———*	*—— 11 766	———*
33	1	...	10 761	...	*——— 495	———*	*—— 2 431	———*
34	2	...	12 500	...	*——— 530	———*	*—— 2 878	———*
35	3	...	11 269	...	*——— 257	———*	*—— 2 839	———*
36	4	...	10 532	...	*——— 103	———*	*—— 2 194	———*
37	5	...	6 157	...	*——— 48	———*	*—— 904	———*
38	6 plus	...	6 226	...	*——— 28	———*	*—— 520	———*
39	Unknown – Inconnue	...	–	...	*——— –	———*	*—— –	———*
	Male – Masculin							
40	Total	...	37 855	...	*——— 924	———*	*—— 8 260	———*
41	1	...	5 835	...	*——— 291	———*	*—— 1 442	———*
42	2	...	7 901	...	*——— 340	———*	*—— 1 986	———*
43	3	...	7 499	...	*——— 189	———*	*—— 2 140	———*
44	4	...	7 956	...	*——— 62	———*	*—— 1 709	———*
45	5	...	4 651	...	*——— 29	———*	*—— 674	———*
46	6 plus	...	4 013	...	*——— 13	———*	*—— 309	———*
47	Unknown – Inconnue	...	–	...	*——— –	———*	*—— –	———*

30. Ménages selon l'âge et le sexe du chef de ménage, la dimension du ménage et la résidence, urbaine/rurale: chaque recensement, 1985 – 1995 (suite)

(Voir notes à la fin du tableau.)

Age (en années)										
35–39	40–44	45–49	50–54	55–59	60–64	65–69	70–74	75+	Unknown Inconnu	
24 856 —*	*—— 22 558	——*	*—— 18 961	——*	*————	— 21 047	————*	9 226	–	1
3 501 —*	*—— 3 073	——*	*—— 3 565	——*	*————	— 6 426	————*	4 232	–	2
3 867 —*	*—— 2 985	——*	*—— 3 402	——*	*————	— 5 525	————*	2 966	–	3
5 488 —*	*—— 3 814	——*	*—— 2 928	——*	*————	— 2 939	————*	968	–	4
6 064 —*	*—— 5 194	——*	*—— 2 904	——*	*————	— 2 075	————*	454	–	5
3 216 —*	*—— 3 639	——*	*—— 2 182	——*	*————	— 1 453	————*	268	–	6
2 720 —*	*—— 3 853	——*	*—— 3 980	——*	*————	— 2 629	————*	338	–	7
2 149 817	1 786 188	1 593 502	1 334 441	1 088 390	945 573	*————	1 918 413	————*	16 257	8
...	...	...	...	...	...	...	...	...	...	9
...	...	...	...	...	...	...	...	...	...	10
...	...	...	...	...	...	...	...	...	...	11
...	...	...	...	...	...	...	...	...	...	12
...	...	...	...	...	...	...	...	...	...	13
...	...	...	...	...	...	...	...	...	...	14
...	...	...	...	...	...	...	...	...	...	15
1 868 871	1 506 541	1 309 098	1 054 692	838 101	694 361	*————	1 313 162	————*	13 019	16
...	...	...	...	...	...	...	...	...	...	17
...	...	...	...	...	...	...	...	...	...	18
...	...	...	...	...	...	...	...	...	...	19
...	...	...	...	...	...	...	...	...	...	20
...	...	...	...	...	...	...	...	...	...	21
...	...	...	...	...	...	...	...	...	...	22
...	...	...	...	...	...	...	...	...	...	23
280 946	279 647	284 404	279 749	250 289	251 212	*————	605 251	————*	3 238	24
...	...	...	...	...	...	...	...	...	...	25
...	...	...	...	...	...	...	...	...	...	26
...	...	...	...	...	...	...	...	...	...	27
...	...	...	...	...	...	...	...	...	...	28
...	...	...	...	...	...	...	...	...	...	29
...	...	...	...	...	...	...	...	...	...	30
...	...	...	...	...	...	...	...	...	...	31
*—— 15 471	——*	*—— 11 561	——*	*—— 8 196	——*	*———— —	8 990 ——	——*	–	32
*—— 2 414	——*	*—— 1 889	——*	*—— 1 417	——*	*———— —	2 115 ——	——*	–	33
*—— 2 479	——*	*—— 2 226	——*	*—— 1 923	——*	*———— —	2 464 ——	——*	–	34
*—— 2 977	——*	*—— 2 297	——*	*—— 1 492	——*	*———— —	1 407 ——	——*	–	35
*—— 3 880	——*	*—— 2 171	——*	*—— 1 145	——*	*———— —	1 039 ——	——*	–	36
*—— 2 217	——*	*—— 1 459	——*	*—— 816	——*	*———— —	713 ——	——*	–	37
*—— 1 504	——*	*—— 1 519	——*	*—— 1 403	——*	*———— —	1 252 ——	——*	–	38
*—— –	——*	*—— –	——*	*—— –	——*	*———— —	– ——	——*	–	39
*—— 10 613	——*	*—— 7 751	——*	*—— 5 430	——*	*———— —	4 877 ——	——*	–	40
*—— 1 452	——*	*—— 1 042	——*	*—— 766	——*	*———— —	842 ——	——*	–	41
*—— 1 435	——*	*—— 1 374	——*	*—— 1 313	——*	*———— —	1 453 ——	——*	–	42
*—— 1 788	——*	*—— 1 503	——*	*—— 1 060	——*	*———— —	819 ——	——*	–	43
*—— 3 074	——*	*—— 1 714	——*	*—— 806	——*	*———— —	591 ——	——*	–	44
*—— 1 817	——*	*—— 1 143	——*	*—— 567	——*	*———— —	421 ——	——*	–	45
*—— 1 047	——*	*—— 975	——*	*—— 918	——*	*———— —	751 ——	——*	–	46
*—— –	——*	*—— –	——*	*—— –	——*	*———— —	– ——	——*	–	47

30. Households by age and sex of householder and size of household and urban/rural residence: each census, 1985 – 1995 (continued)

(See notes at end of table.)

	Continent, country or area, date, sex, size(number of persons) and urban/rural residence Continent, pays ou zone, date, sexe, dimension du ménage (nombre de personnes) et résidence, urbaine/rurale	All ages Tous âges	15 + [1]	– 15	15–19	20–24	25–29	30–34
				Age (in years)				
	AMERICA,NORTH— (Cont.-Suite) AMERIQUE DU NORD							
	Netherlands Antilles – Antilles néerlandaises							
	27 I 1992 [5 12]							
	Female – Féminin							
1	Total	...	19 590	...	*——	537 ——*	*—— 3 506	——*
2	1	...	4 926	...	*——	204 ——*	*—— 989	——*
3	2	...	4 599	...	*——	190 ——*	*—— 892	——*
4	3	...	3 770	...	*——	68 ——*	*—— 699	——*
5	4	...	2 576	...	*——	41 ——*	*—— 485	——*
6	5	...	1 506	...	*——	19 ——*	*—— 230	——*
7	6 plus	...	2 213	...	*——	15 ——*	*—— 211	——*
8	Unknown – Inconnue	...	–	...	*——	– ——*	*—— –	——*
	Puerto Rico – Porto Rico							
	1 IV 1990* [5 13]							
	Total							
9	Total	1 057 357	1 057 357	–	6 306	44 099	87 790	109 697
	Male – Masculin							
10	Total	719 773	719 773	–	4 083	31 002	63 292	78 151
	Female – Féminin							
11	Total	337 584	337 584	–	2 223	13 097	24 498	31 546
	United States – Etats-Unis [14]							
	1 III 1985 [15 16]							
	Total							
12	Total	86 788 000	86 787 000	–	420 000	5 018 000	9 637 000	10 376 000
13	1	20 602 000	20 602 000	–	129 000	1 194 000	2 067 000	1 838 000
14	2 plus	66 186 000	66 185 000	–	291 000	3 824 000	7 570 000	8 538 000
	Male – Masculin							
15	Total	60 025 000	60 025 000	–	210 000	3 243 000	6 956 000	7 613 000
16	1	7 922 000	7 922 000	–	69 000	681 000	1 232 000	1 075 000
17	2 plus	52 103 000	52 103 000	–	141 000	2 562 000	5 724 000	6 538 000
	Female – Féminin							
18	Total	26 763 000	26 762 000	–	210 000	1 775 000	2 681 000	2 763 000
19	1	12 680 000	12 680 000	–	60 000	513 000	835 000	763 000
20	2 plus	14 083 000	14 082 000	–	150 000	1 262 000	1 846 000	2 000 000
	1 III 1988							
	Total							
21	Total	91 066 000	91 067 000	–	453 000	4 775 000	9 614 000	10 969 000
22	1	21 889 000	21 887 000	–	126 000	1 118 000	2 118 000	1 901 000
23	2 plus	69 180 000	69 180 000	–	327 000	3 657 000	7 496 000	9 068 000
	Male – Masculin							
24	Total	62 773 000	62 774 000	–	211 000	2 884 000	6 799 000	7 980 000
25	1	8 788 000	8 788 000	–	60 000	593 000	1 239 000	1 130 000
26	2 plus	53 986 000	53 986 000	–	151 000	2 291 000	5 560 000	6 850 000
	Female – Féminin							
27	Total	28 293 000	28 293 000	–	242 000	1 891 000	2 815 000	2 989 000
28	1	13 101 000	13 099 000	–	66 000	525 000	879 000	771 000
29	2 plus	15 194 000	15 194 000	–	176 000	1 366 000	1 936 000	2 218 000
	1 IV 1990							
	Total							
30	Total	91 947 410	91 947 410	–	496 313	4 553 045	9 018 446	10 831 205
31	1	22 580 420	22 580 420	–	113 836	1 082 377	1 988 913	2 002 145
32	2 plus	69 366 990	69 366 990	–	382 477	3 470 668	7 029 533	8 829 060
	Male – Masculin							
33	Total	62 274 741	62 274 741	–	236 138	2 731 116	6 222 370	7 836 354
34	1	9 206 811	9 206 811	–	57 047	606 020	1 196 723	1 244 248
35	2 plus	53 067 930	53 067 930	–	179 091	2 125 096	5 025 647	6 592 106
	Female – Féminin							
36	Total	29 672 669	29 672 669	–	260 175	1 821 929	2 796 076	2 994 851
37	1	13 373 609	13 373 609	–	56 789	476 357	792 190	757 897
38	2 plus	16 299 060	16 299 060	–	203 386	1 345 572	2 003 886	2 236 954

30. Ménages selon l'âge et le sexe du chef de ménage, la dimension du ménage et la résidence, urbaine/rurale: chaque recensement, 1985 – 1995 (suite)

(Voir notes à la fin du tableau.)

Age (en années) 35–39	40–44	45–49	50–54	55–59	60–64	65–69	70–74	75+	Unknown Inconnu	
—— 4 858 ——		*—— 3 810 ——*		*—— 2 766 ——*		*—— —	4 113	——*	–	1
—— 962 ——		*—— 847 ——*		*—— 651 ——*		*—— —	1 273	——*	–	2
—— 1 044 ——		*—— 852 ——*		*—— 610 ——*		*—— —	1 011	——*	–	3
—— 1 189 ——		*—— 794 ——*		*—— 432 ——*		*—— —	588	——*	–	4
—— 806 ——		*—— 457 ——*		*—— 339 ——*		*—— —	448	——*	–	5
—— 400 ——		*—— 316 ——*		*—— 249 ——*		*—— —	292	——*	–	6
—— 457 ——		*—— 544 ——*		*—— 485 ——*		*—— —	501	——*	–	7
—— – ——		*—— – ——*		*—— – ——*		*—— —	–	——*	–	8
112 831	116 851	105 178	91 465	82 523	76 735	74 371	59 146	90 365	–	9
80 031	82 028	74 798	63 985	56 927	50 667	47 108	36 513	51 188	–	10
32 800	34 823	30 380	27 480	25 596	26 068	27 263	22 633	39 177	–	11
—— 17 4 81 000 ——		*—— 12 6 28 000 ——*		*—— 13 0 72 000 ——*		*—— 10 8 51 000 ——*		7 304 000	–	12
—— 2 3 22 000 ——		*—— 1 8 51 000 ——*		*—— 3 0 89 000 ——*		*—— 4 1 30 000 ——*		3 982 000	–	13
—— 15 1 59 000 ——		*—— 10 7 77 000 ——*		*—— 9 9 83 000 ——*		*—— 6 7 21 000 ——*		3 322 000	–	14
—— 13 2 56 000 ——		*—— 9 5 79 000 ——*		*—— 9 3 90 000 ——*		*—— 6 5 11 000 ——*		3 267 000	–	15
—— 1 4 06 000 ——		*—— 8 65 000 ——*		*—— 9 80 000 ——*		*—— 8 68 000 ——*		746 000	–	16
—— 11 8 50 000 ——		*—— 8 7 14 000 ——*		*—— 8 4 10 000 ——*		*—— 5 6 43 000 ——*		2 521 000	–	17
—— 4 2 25 000 ——		*—— 3 0 49 000 ——*		*—— 3 6 82 000 ——*		*—— 4 3 40 000 ——*		4 037 000	–	18
—— 9 16 000 ——		*—— 9 86 000 ——*		*—— 2 1 09 000 ——*		*—— 3 2 62 000 ——*		3 236 000	–	19
—— 3 3 09 000 ——		*—— 2 0 63 000 ——*		*—— 1 5 73 000 ——*		*—— 1 0 78 000 ——*		801 000	–	20
—— 19 3 23 000 ——		*—— 13 6 31 000 ——*		*—— 12 8 46 000 ——*		*—— 11 4 11 000 ——*		8 045 000	–	21
—— 2 8 37 000 ——		*—— 2 1 31 000 ——*		*—— 2 9 73 000 ——*		*—— 4 2 43 000 ——*		4 440 000	–	22
—— 16 4 86 000 ——		*—— 11 5 00 000 ——*		*—— 9 8 73 000 ——*		*—— 7 1 68 000 ——*		3 605 000	–	23
—— 14 4 77 000 ——		*—— 10 2 95 000 ——*		*—— 9 3 27 000 ——*		*—— 7 1 13 000 ——*		3 688 000	–	24
—— 1 7 76 000 ——		*—— 1 0 37 000 ——*		*—— 1 0 40 000 ——*		*—— 1 0 14 000 ——*		899 000	–	25
—— 12 7 01 000 ——		*—— 9 2 58 000 ——*		*—— 8 2 87 000 ——*		*—— 6 0 99 000 ——*		2 789 000	–	26
—— 4 8 46 000 ——		*—— 3 3 36 000 ——*		*—— 3 5 19 000 ——*		*—— 4 2 98 000 ——*		4 357 000	–	27
—— 1 0 61 000 ——		*—— 1 0 94 000 ——*		*—— 1 9 33 000 ——*		*—— 3 2 29 000 ——*		3 541 000	–	28
—— 3 7 85 000 ——		*—— 2 2 42 000 ——*		*—— 1 5 86 000 ——*		*—— 1 0 69 000 ——*		816 000	–	29
—— 20 3 93 073 ——		*—— 14 3 03 214 ——*		6 079 086	6 300 327	*—— 11 5 16 582 ——*		8 456 119	–	30
—— 3 2 72 158 ——		*—— 2 4 27 627 ——*		1 254 332	1 614 187	*—— 4 1 31 233 ——*		4 693 612	–	31
—— 17 1 20 915 ——		*—— 11 8 75 587 ——*		4 824 754	4 686 140	*—— 7 3 85 349 ——*		3 762 507	–	32
—— 15 0 24 229 ——		*—— 10 6 05 737 ——*		4 426 096	4 378 111	*—— 7 0 43 104 ——*		3 771 486	–	33
—— 1 9 74 598 ——		*—— 1 1 93 467 ——*		496 348	535 746	*—— 1 0 08 447 ——*		894 167	–	34
—— 13 0 49 631 ——		*—— 9 4 12 270 ——*		3 929 748	3 842 365	*—— 6 0 34 657 ——*		2 877 319	–	35
—— 5 3 68 844 ——		*—— 3 6 97 477 ——*		1 652 990	1 922 216	*—— 4 4 73 478 ——*		4 684 633	–	36
—— 1 2 97 560 ——		*—— 1 2 34 160 ——*		757 984	1 078 441	*—— 3 1 22 786 ——*		3 799 445	–	37
—— 4 0 71 284 ——		*—— 2 4 63 317 ——*		895 006	843 775	*—— 1 3 50 692 ——*		885 188	–	38

Special topic

30. Households by age and sex of householder and size of household and urban/rural residence: each census, 1985 – 1995 (continued)

(See notes at end of table.)

	Continent, country or area, date, sex, size(number of persons) and urban/rural residence Continent, pays ou zone, date, sexe, dimension du ménage (nombre de personnes) et résidence, urbaine/rurale	Age (in years) All ages Tous âges	15 + [1]	– 15	15–19	20–24	25–29	30–34
	AMERICA,NORTH— (Cont.–Suite) AMERIQUE DU NORD							
	United States – Etats–Unis [14]							
	1 III 1991 [16]							
	Total							
1	Total	94 312 000	94 311 000	–	441 000	4 442 000	9 246 000	11 077 000
2	1	23 591 000	23 590 000	–	108 000	1 032 000	2 027 000	2 090 000
3	2 plus	70 721 000	70 721 000	–	333 000	3 410 000	7 219 000	8 987 000
	Male – Masculin							
4	Total	63 279 000	63 279 000	–	195 000	2 540 000	6 308 000	7 941 000
5	1	9 450 000	9 450 000	–	49 000	573 000	1 194 000	1 297 000
6	2 plus	53 829 000	53 829 000	–	146 000	1 967 000	5 114 000	6 644 000
	Female – Féminin							
7	Total	31 033 000	31 032 000	–	246 000	1 902 000	2 938 000	3 136 000
8	1	14 141 000	14 140 000	–	59 000	459 000	833 000	793 000
9	2 plus	16 892 000	16 892 000	–	187 000	1 443 000	2 105 000	2 343 000
	1 III 1992 [16]							
	Total							
10	Total	95 669 000	95 669 000	–	424 000	4 434 000	8 811 000	11 197 000
11	1	23 974 000	23 975 000	–	95 000	1 061 000	1 917 000	2 007 000
12	2 plus	71 694 000	71 694 000	–	329 000	3 373 000	6 894 000	9 190 000
	Male – Masculin							
13	Total	63 698 000	63 699 000	–	176 000	2 512 000	5 858 000	7 879 000
14	1	9 613 000	9 613 000	–	44 000	557 000	1 102 000	1 218 000
15	2 plus	54 086 000	54 086 000	–	132 000	1 955 000	4 756 000	6 661 000
	Female – Féminin							
16	Total	31 971 000	31 970 000	–	248 000	1 922 000	2 953 000	3 318 000
17	1	14 361 000	14 362 000	–	51 000	504 000	815 000	789 000
18	2 plus	17 608 000	17 608 000	–	197 000	1 418 000	2 138 000	2 529 000
	1 III 1993 [16]							
	Total							
19	Total	96 391 000	96 389 000	–	469 000	4 553 000	8 614 000	11 127 000
20	1	23 642 000	23 641 000	–	102 000	1 084 000	1 750 000	1 983 000
21	2 plus	72 748 000	72 748 000	–	367 000	3 469 000	6 864 000	9 144 000
	Male – Masculin							
22	Total	63 764 000	63 764 000	–	191 000	2 578 000	5 687 000	7 804 000
23	1	9 436 000	9 435 000	–	49 000	616 000	1 058 000	1 224 000
24	2 plus	54 329 000	54 329 000	–	142 000	1 962 000	4 629 000	6 580 000
	Female – Féminin							
25	Total	32 627 000	32 625 000	–	278 000	1 975 000	2 927 000	3 323 000
26	1	14 206 000	14 206 000	–	53 000	468 000	692 000	759 000
27	2 plus	18 419 000	18 419 000	–	225 000	1 507 000	2 235 000	2 564 000
	1 III 1994 [16]							
	Total							
28	Total	97 106 000	97 107 000	–	539 000	4 726 000	8 472 000	11 245 000
29	1	23 611 000	23 609 000	–	118 000	1 009 000	1 732 000	1 983 000
30	2 plus	73 498 000	73 498 000	–	421 000	3 717 000	6 740 000	9 262 000
	Male – Masculin							
31	Total	62 264 000	62 265 000	–	170 000	2 564 000	5 305 000	7 569 000
32	1	9 440 000	9 439 000	–	48 000	522 000	1 016 000	1 228 000
33	2 plus	52 826 000	52 826 000	–	122 000	2 042 000	4 289 000	6 341 000
	Female – Féminin							
34	Total	34 842 000	34 842 000	–	369 000	2 162 000	3 167 000	3 676 000
35	1	14 171 000	14 170 000	–	70 000	487 000	716 000	755 000
36	2 plus	20 672 000	20 672 000	–	299 000	1 675 000	2 451 000	2 921 000
	United States Virgin Islands – Iles Vierges américaines							
	1 IV 1990 [5,13]							
	Total							
37	Total	32 020	32 020	–	130	1 159	2 629	3 382
38	1	7 390	7 390	–	32	277	555	678
39	2 plus	24 630	24 630	–	98	882	2 074	2 704
	Male – Masculin							
40	Total	17 498	17 498	–	57	512	1 256	1 722
41	1	4 104	4 104	–	18	180	366	452
42	2 plus	13 394	13 394	–	39	332	890	1 270

30. Ménages selon l'âge et le sexe du chef de ménage, la dimension du ménage et la résidence, urbaine/rurale: chaque recensement, 1985 – 1995 (suite)

(Voir notes à la fin du tableau.)

Age (en années) 35–39	40–44	45–49	50–54	55–59	60–64	65–69	70–74	75+	Unknown Inconnu	
10 947 000	10 358 000	*— 14 751 000 —*		*— 12 523 000 —*		*— 12 001 000 —*		8 525 000	–	1
1 753 000	1 649 000	*— 2 609 000 —*		*— 2 942 000 —*		*— 4 493 000 —*		4 887 000	–	2
9 194 000	8 709 000	*— 12 142 000 —*		*— 9 581 000 —*		*— 7 508 000 —*		3 638 000	–	3
7 934 000	7 536 000	*— 10 756 000 —*		*— 8 969 000 —*		*— 7 400 000 —*		3 700 000	–	4
1 107 000	901 000	*— 1 240 000 —*		*— 1 079 000 —*		*— 1 096 000 —*		914 000	–	5
6 827 000	6 635 000	*— 9 516 000 —*		*— 7 890 000 —*		*— 6 304 000 —*		2 786 000	–	6
3 013 000	2 822 000	*— 3 995 000 —*		*— 3 554 000 —*		*— 4 601 000 —*		4 825 000	–	7
646 000	748 000	*— 1 369 000 —*		*— 1 863 000 —*		*— 3 397 000 —*		3 973 000	–	8
2 367 000	2 074 000	*— 2 626 000 —*		*— 1 691 000 —*		*— 1 204 000 —*		852 000	–	9
11 162 000	10 612 000	*— 15 548 000 —*		*— 12 560 000 —*		*— 12 043 000 —*		8 878 000	–	10
1 831 000	1 650 000	*— 2 897 000 —*		*— 2 994 000 —*		*— 4 561 000 —*		4 962 000	–	11
9 331 000	8 962 000	*— 12 651 000 —*		*— 9 566 000 —*		*— 7 482 000 —*		3 916 000	–	12
8 001 000	7 774 000	*— 11 295 000 —*		*— 8 879 000 —*		*— 7 382 000 —*		3 943 000	–	13
1 150 000	973 000	*— 1 380 000 —*		*— 1 103 000 —*		*— 1 100 000 —*		986 000	–	14
6 851 000	6 801 000	*— 9 915 000 —*		*— 7 776 000 —*		*— 6 282 000 —*		2 957 000	–	15
3 161 000	2 838 000	*— 4 253 000 —*		*— 3 681 000 —*		*— 4 661 000 —*		4 935 000	–	16
681 000	677 000	*— 1 517 000 —*		*— 1 891 000 —*		*— 3 461 000 —*		3 976 000	–	17
2 480 000	2 161 000	*— 2 736 000 —*		*— 1 790 000 —*		*— 1 200 000 —*		959 000	–	18
11 160 000	10 557 000	*— 16 576 000 —*		*— 12 438 000 —*		*— 11 834 000 —*		9 061 000	–	19
1 768 000	1 517 000	*— 3 048 000 —*		*— 3 033 000 —*		*— 4 330 000 —*		5 026 000	–	20
9 392 000	9 040 000	*— 13 528 000 —*		*— 9 405 000 —*		*— 7 504 000 —*		4 035 000	–	21
7 945 000	7 648 000	*— 12 023 000 —*		*— 8 641 000 —*		*— 7 156 000 —*		4 091 000	–	22
1 100 000	872 000	*— 1 465 000 —*		*— 1 057 000 —*		*— 1 046 000 —*		948 000	–	23
6 845 000	6 776 000	*— 10 558 000 —*		*— 7 584 000 —*		*— 6 110 000 —*		3 143 000	–	24
3 215 000	2 909 000	*— 4 553 000 —*		*— 3 797 000 —*		*— 4 678 000 —*		4 970 000	–	25
668 000	645 000	*— 1 583 000 —*		*— 1 976 000 —*		*— 3 284 000 —*		4 078 000	–	26
2 547 000	2 264 000	*— 2 970 000 —*		*— 1 821 000 —*		*— 1 394 000 —*		892 000	–	27
11 796 000	10 498 000	*— 16 837 000 —*		*— 12 188 000 —*		*— 11 639 000 —*		9 167 000	–	28
1 863 000	1 653 000	*— 3 015 000 —*		*— 2 951 000 —*		*— 4 199 000 —*		5 086 000	–	29
9 933 000	8 845 000	*— 13 822 000 —*		*— 9 237 000 —*		*— 7 440 000 —*		4 081 000	–	30
8 072 000	7 350 000	*— 11 876 000 —*		*— 8 285 000 —*		*— 6 868 000 —*		4 206 000	–	31
1 166 000	949 000	*— 1 440 000 —*		*— 1 033 000 —*		*— 1 031 000 —*		1 006 000	–	32
6 906 000	6 401 000	*— 10 436 000 —*		*— 7 252 000 —*		*— 5 837 000 —*		3 200 000	–	33
3 724 000	3 148 000	*— 4 961 000 —*		*— 3 903 000 —*		*— 4 771 000 —*		4 961 000	–	34
697 000	704 000	*— 1 575 000 —*		*— 1 918 000 —*		*— 3 168 000 —*		4 080 000	–	35
3 027 000	2 444 000	*— 3 386 000 —*		*— 1 985 000 —*		*— 1 603 000 —*		881 000	–	36
— 8 448 —		*— 7 527 —*		2 524	*— 2 056 —*		2 806	1 359	–	37
— 1 543 —		*— 1 481 —*		606	*— 574 —*		984	660	–	38
— 6 905 —		*— 6 046 —*		1 918	*— 1 482 —*		1 822	699	–	39
— 4 619 —		*— 4 424 —*		1 527	*— 1 194 —*		1 533	654	–	40
— 1 005 —		*— 846 —*		322	*— 296 —*		386	233	–	41
— 3 614 —		*— 3 578 —*		1 205	*— 898 —*		1 147	421	–	42

30. Households by age and sex of householder and size of household and urban/rural residence: each census, 1985 – 1995 (continued)

(See notes at end of table.)

	Continent, country or area, date, sex, size(number of persons) and urban/rural residence — Continent, pays ou zone, date, sexe, dimension du ménage (nombre de personnes) et résidence, urbaine/rurale	Age (in years) All ages Tous âges	15 + [1]	– 15	15–19	20–24	25–29	30–34
	AMERICA,NORTH— (Cont.–Suite) AMERIQUE DU NORD							
	United States Virgin Islands – Iles Vierges américaines							
	1 IV 1990 [5 13]							
	Female – Féminin							
1	Total	14 522	14 522	–	73	647	1 373	1 660
2	1	3 286	3 286	–	14	97	189	226
3	2 plus	11 236	11 236	–	59	550	1 184	1 434
	AMERICA,SOUTH— AMERIQUE DU SUD							
	Argentina – Argentine							
	15 V 1991 [17]							
	Total							
4	Total	8 927 289	...	...	...	...	...	...
5	1	1 179 033	...	...	...	...	...	...
6	2	1 818 337	...	...	...	...	...	...
7	3	1 640 306	...	...	...	...	...	...
8	4	1 707 342	...	...	...	...	...	...
9	5	1 195 534	...	...	...	...	...	...
10	6 plus	1 386 737	...	...	...	...	...	...
11	Unknown – Inconnue	–	...	...	...	...	...	...
	Male – Masculin							
12	Total	6 939 950	...	...	...	...	...	...
13	1	534 628	...	...	...	...	...	...
14	2	1 319 600	...	...	...	...	...	...
15	3	1 310 746	...	...	...	...	...	...
16	4	1 494 644	...	...	...	...	...	...
17	5	1 064 532	...	...	...	...	...	...
18	6 plus	1 215 800	...	...	...	...	...	...
19	Unknown – Inconnue	–	...	...	...	...	...	...
	Female – Féminin							
20	Total	1 987 339	...	...	...	...	...	...
21	1	644 405	...	...	...	...	...	...
22	2	498 737	...	...	...	...	...	...
23	3	329 560	...	...	...	...	...	...
24	4	212 698	...	...	...	...	...	...
25	5	131 002	...	...	...	...	...	...
26	6 plus	170 937	...	...	...	...	...	...
27	Unknown – Inconnue	–	...	...	...	...	...	...
	Bolivia – Bolivie							
	3 VI 1992 [18]							
	Total							
28	Total	1 444 817	1 435 188	5 200	30 630	111 639	169 613	191 324
29	1	168 509	164 579	1 778	11 181	18 269	15 341	12 022
30	2	190 334	188 330	1 494	8 358	22 296	18 352	13 697
31	3	219 439	218 067	995	5 684	32 247	34 595	24 044
32	4	232 458	231 557	493	2 704	21 792	41 922	37 682
33	5	211 628	211 089	250	1 365	9 730	31 385	39 770
34	6 plus	422 447	421 564	190	1 338	7 304	28 017	64 109
35	Unknown – Inconnue	2	2	–	–	1	1	–
	Male – Masculin							
36	Total	1 091 179	1 084 603	2 750	19 478	87 163	137 783	155 199
37	1	104 162	101 329	1 105	7 780	13 657	11 813	9 535
38	2	121 656	120 463	763	5 035	15 487	12 454	8 748
39	3	153 809	153 013	461	3 567	26 115	26 919	17 032
40	4	178 694	178 098	211	1 543	18 168	35 485	30 374
41	5	171 081	170 693	113	775	7 952	27 072	33 481
42	6 plus	361 775	361 005	97	778	5 783	24 039	56 029
43	Unknown – Inconnue	2	2	–	–	1	1	–

30. Ménages selon l'âge et le sexe du chef de ménage, la dimension du ménage et la résidence, urbaine/rurale: chaque recensement, 1985 – 1995 (suite)

(Voir notes à la fin du tableau.)

Age (en années): 35–39	40–44	45–49	50–54	55–59	60–64	65–69	70–74	75+	Unknown Inconnu	
——— 3 829 ———		*——— 3 103 ———*		997	*——— 862 ———*		1 273	705	–	1
——— 538 ———		*——— 635 ———*		284	*——— 278 ———*		598	427	–	2
——— 3 291 ———		*——— 2 468 ———*		713	*——— 584 ———*		675	278	–	3
...	...	...	...	...	...	...	...	...	...	4
...	...	...	...	...	...	...	...	...	...	5
...	...	...	...	...	...	...	...	...	...	6
...	...	...	...	...	...	...	...	...	...	7
...	...	...	...	...	...	...	...	...	...	8
...	...	...	...	...	...	...	...	...	...	9
...	...	...	...	...	...	...	...	...	...	10
...	...	...	...	...	...	...	...	...	...	11
...	...	...	...	...	...	...	...	...	...	12
...	...	...	...	...	...	...	...	...	...	13
...	...	...	...	...	...	...	...	...	...	14
...	...	...	...	...	...	...	...	...	...	15
...	...	...	...	...	...	...	...	...	...	16
...	...	...	...	...	...	...	...	...	...	17
...	...	...	...	...	...	...	...	...	...	18
...	...	...	...	...	...	...	...	...	...	19
...	...	...	...	...	...	...	...	...	...	20
...	...	...	...	...	...	...	...	...	...	21
...	...	...	...	...	...	...	...	...	...	22
...	...	...	...	...	...	...	...	...	...	23
...	...	...	...	...	...	...	...	...	...	24
...	...	...	...	...	...	...	...	...	...	25
...	...	...	...	...	...	...	...	...	...	26
...	...	...	...	...	...	...	...	...	...	27
183 393	163 769	142 380	109 317	82 877	88 550	58 048	42 925	60 723	4 429	28
10 753	10 230	10 968	11 007	10 497	14 612	11 414	10 139	18 146	2 152	29
11 954	12 145	13 320	14 151	13 793	17 999	13 738	11 380	17 147	510	30
18 163	16 507	16 687	15 373	13 238	15 291	10 076	7 058	9 104	377	31
27 840	22 170	19 621	15 924	12 038	12 177	7 251	4 674	5 762	408	32
33 672	26 560	21 442	15 235	10 361	9 201	5 288	3 330	3 750	289	33
81 011	76 157	60 342	37 627	22 950	19 270	10 281	6 344	6 814	693	34
–	–	–	–	–	–	–	–	–	–	35
144 488	126 857	107 141	79 649	59 273	61 701	39 493	28 031	38 347	3 826	36
8 364	7 464	7 330	6 379	5 602	6 921	5 082	4 124	7 278	1 728	37
7 050	6 911	7 316	8 003	8 315	11 652	9 408	7 854	12 230	430	38
11 281	9 980	9 912	9 762	8 858	10 799	7 295	5 062	6 431	335	39
20 524	15 617	13 703	11 466	8 921	9 211	5 414	3 457	4 215	385	40
27 079	20 803	16 649	12 004	8 229	7 249	4 058	2 520	2 822	275	41
70 190	66 082	52 231	32 035	19 348	15 869	8 236	5 014	5 371	673	42
–	–	–	–	–	–	–	–	–	–	43

30. Households by age and sex of householder and size of household and urban/rural residence: each census, 1985 – 1995 (continued)

(See notes at end of table.)

	Continent, country or area, date, sex, size(number of persons) and urban/rural residence — Continent, pays ou zone, date, sexe, dimension du ménage (nombre de personnes) et résidence, urbaine/rurale	Age (in years): All ages / Tous âges	15 + [1]	– 15	15–19	20–24	25–29	30–34
	AMERICA,SOUTH— (Cont.–Suite) AMERIQUE DU SUD							
	Bolivia – Bolivie							
	3 VI 1992 [18]							
	Female – Féminin							
1	Total	353 638	350 585	2 450	11 152	24 476	31 830	36 125
2	1	64 347	63 250	673	3 401	4 612	3 528	2 487
3	2	68 678	67 867	731	3 323	6 809	5 898	4 949
4	3	65 630	65 054	534	2 117	6 132	7 676	7 012
5	4	53 764	53 459	282	1 161	3 624	6 437	7 308
6	5	40 547	40 396	137	590	1 778	4 313	6 289
7	6 plus	60 672	60 559	93	560	1 521	3 978	8 080
8	Unknown – Inconnue	–	–	–	–	–	–	–
	Brazil – Brésil							
	1 IX 1991 [19]							
	Total							
9	Total	34 734 715	34 719 539	15 176	267 433	1 995 443	3 969 397	4 669 925
	Male – Masculin							
10	Total	28 440 447	28 428 550	11 897	220 916	1 796 084	3 595 627	4 150 014
	Female – Féminin							
11	Total	6 294 268	6 290 989	3 279	46 517	199 359	373 770	519 911
	Chile – Chili							
	22 IV 1992							
	Total							
12	Total	3 293 779	3 293 474	305	*—	— 454 823 —	—*	*—
13	1	273 320	...	...	...	...	...	...
14	2	467 697	...	...	...	...	...	...
15	3	658 750	...	...	...	...	...	...
16	4	756 196	...	...	...	...	...	...
17	5	545 960	...	...	...	...	...	...
18	6 plus	591 856	...	...	...	...	...	...
19	Unknown – Inconnue	–	...	...	...	...	...	...
	Male – Masculin							
20	Total	2 459 452	2 459 285	167	*—	— 374 411 —	—*	*—
21	1	150 660	...	...	...	...	...	...
22	2	289 554	...	...	...	...	...	...
23	3	481 232	...	...	...	...	...	...
24	4	613 644	...	...	...	...	...	...
25	5	450 936	...	...	...	...	...	...
26	6 plus	473 426	...	...	...	...	...	...
27	Unknown – Inconnue	–	...	...	...	...	...	...
	Female – Féminin							
28	Total	834 327	834 189	138	*—	— 80 412 —	—*	*—
29	1	122 660	...	...	...	...	...	...
30	2	178 143	...	...	...	...	...	...
31	3	177 518	...	...	...	...	...	...
32	4	142 552	...	...	...	...	...	...
33	5	95 024	...	...	...	...	...	...
34	6 plus	118 430	...	...	...	...	...	...
35	Unknown – Inconnue	–	...	...	...	...	...	...
	Falkland Islands (Malvinas)– Iles Falkland (Malvinas)							
	5 III 1991							
	Total							
36	Total	759	757	2	11	39	78	88
	Male – Masculin							
37	Total	581	581	–	7	25	56	70
	Female – Féminin							
38	Total	178	176	2	4	14	22	18

30. Ménages selon l'âge et le sexe du chef de ménage, la dimension du ménage et la résidence, urbaine/rurale: chaque recensement, 1985 – 1995 (suite)

(Voir notes à la fin du tableau.)

Age (en années)										
35–39	40–44	45–49	50–54	55–59	60–64	65–69	70–74	75+	Unknown Inconnu	
38 905	36 912	35 239	29 668	23 604	26 849	18 555	14 894	22 376	603	1
2 389	2 766	3 638	4 628	4 895	7 691	6 332	6 015	10 868	424	2
4 904	5 234	6 004	6 148	5 478	6 347	4 330	3 526	4 917	80	3
6 882	6 527	6 775	5 611	4 380	4 492	2 781	1 996	2 673	42	4
7 316	6 553	5 918	4 458	3 117	2 966	1 837	1 217	1 547	23	5
6 593	5 757	4 793	3 231	2 132	1 952	1 230	810	928	14	6
10 821	10 075	8 111	5 592	3 602	3 401	2 045	1 330	1 443	20	7
–	–	–	–	–	–	–	–	–	–	8
4 541 498	4 098 448	3 354 911	2 949 824	2 476 158	2 185 264	1 711 989	1 163 037	1 336 212	–	9
3 930 422	3 448 386	2 737 266	2 325 230	1 867 324	1 576 346	1 189 674	770 281	820 980	–	10
611 076	650 062	617 645	624 594	608 834	608 918	522 315	392 756	515 232	–	11
1 219 048 ——	——*	*——	—— 879 013 ——	——*	*——	—— 740	590 ——	——*	–	12
...	...	...	...	...	...	...	...	...	...	13
...	...	...	...	...	...	...	...	...	...	14
...	...	...	...	...	...	...	...	...	...	15
...	...	...	...	...	...	...	...	...	...	16
...	...	...	...	...	...	...	...	...	...	17
...	...	...	...	...	...	...	...	...	...	18
...	...	...	...	...	...	...	...	...	...	19
—— 985 961 ——	——*	*——	—— 641 588 ——	——*	*——	—— 457	325 ——	——*	–	20
...	...	...	...	...	...	...	...	...	...	21
...	...	...	...	...	...	...	...	...	...	22
...	...	...	...	...	...	...	...	...	...	23
...	...	...	...	...	...	...	...	...	...	24
...	...	...	...	...	...	...	...	...	...	25
...	...	...	...	...	...	...	...	...	...	26
...	...	...	...	...	...	...	...	...	...	27
—— 233 087 ——	——*	*——	—— 237 425 ——	——*	*——	—— 283	265 ——	——*	–	28
...	...	...	...	...	...	...	...	...	...	29
...	...	...	...	...	...	...	...	...	...	30
...	...	...	...	...	...	...	...	...	...	31
...	...	...	...	...	...	...	...	...	...	32
...	...	...	...	...	...	...	...	...	...	33
...	...	...	...	...	...	...	...	...	...	34
...	...	...	...	...	...	...	...	...	...	35
104	78	78	81	11	57	46	36	50	–	36
88	66	64	73	–	39	38	26	29	–	37
16	12	14	8	11	18	8	10	21	–	38

30. Households by age and sex of householder and size of household and urban/rural residence: each census, 1985 – 1995 (continued)

(See notes at end of table.)

	Continent, country or area, date, sex, size(number of persons) and urban/rural residence Continent, pays ou zone, date, sexe, dimension du ménage (nombre de personnes) et résidence, urbaine/rurale	Age (in years) All ages Tous âges	15 + [1]	– 15	15–19	20–24	25–29	30–34
	AMERICA,SOUTH— (Cont.–Suite) AMERIQUE DU SUD							
	Paraguay							
	26 VIII 1992 [20]							
	Total							
1	Total	863 990	...	...	...	...	...	...
2	1	65 158	...	...	...	...	...	...
3	2	100 229	...	...	...	...	...	...
4	3	130 389	...	...	...	...	...	...
5	4	145 312	...	...	...	...	...	...
6	5	129 512	...	...	...	...	...	...
7	6 plus	293 390	...	...	...	...	...	...
8	Unknown – Inconnue	–	...	...	...	...	...	...
	Male – Masculin							
9	Total	683 943	...	...	...	...	...	...
10	1	42 433	...	...	...	...	...	...
11	2	68 021	...	...	...	...	...	...
12	3	98 422	...	...	...	...	...	...
13	4	117 365	...	...	...	...	...	...
14	5	107 770	...	...	...	...	...	...
15	6 plus	249 932	...	...	...	...	...	...
16	Unknown – Inconnue	–	...	...	...	...	...	...
	Female – Féminin							
17	Total	180 047	...	...	...	...	...	...
18	1	22 725	...	...	...	...	...	...
19	2	32 208	...	...	...	...	...	...
20	3	31 967	...	...	...	...	...	...
21	4	27 947	...	...	...	...	...	...
22	5	21 742	...	...	...	...	...	...
23	6 plus	43 458	...	...	...	...	...	...
24	Unknown – Inconnue	–	...	...	...	...	...	...
	Uruguay							
	23 X 1985* [2, 21]							
	Total							
25	Total	862 700	862 300	500	3 700	31 400	66 700	77 100
26	1	130 200	129 900	300	1 300	5 000	5 700	5 100
27	2 plus	732 500	732 400	200	2 400	26 400	61 000	72 000
	Male – Masculin							
28	Total	664 700	664 400	400	2 600	26 300	58 800	67 700
29	1	64 500	64 300	200	800	3 500	4 000	3 500
30	2 plus	600 200	600 100	200	1 800	22 800	54 800	64 200
	Female – Féminin							
31	Total	198 000	197 900	100	1 100	5 100	7 900	9 400
32	1	65 700	65 600	100	500	1 500	1 700	1 600
33	2 plus	132 300	132 300	–	600	3 600	6 200	7 800
	ASIA—ASIE							
	Cyprus – Chypre							
	1 X 1992 [2, 5, 22]							
	Total							
34	Total	185 459	184 985	–	*—— 4 068	——*	*——	——
35	1	23 408	23 254	–	*—— 718	——*	*——	——
36	2	46 010	45 849	–	*—— 1 654	——*	*——	——
37	3	32 249	32 184	–	*—— 1 244	——*	*——	——
38	4	47 361	47 303	–	*—— 369	——*	*——	——
39	5	25 514	25 490	–	*—— 54	——*	*——	——
40	6 plus	10 917	10 905	–	*—— 29	——*	*——	——
41	Unknown – Inconnue	–	–	–	*—— –	——*	*——	——
	Male – Masculin							
42	Total	159 454	159 053	–	*—— 3 517	——*	*——	——
43	1	7 454	7 356	–	*—— 413	——*	*——	——
44	2	40 749	40 599	–	*—— 1 502	——*	*——	——
45	3	29 490	29 428	–	*—— 1 180	——*	*——	——
46	4	46 071	46 015	–	*—— 348	——*	*——	——
47	5	25 021	24 998	–	*—— 50	——*	*——	——
48	6 plus	10 669	10 657	–	*—— 24	——*	*——	——
49	Unknown – Inconnue	–	–	–	*—— –	——*	*——	——

30. Ménages selon l'âge et le sexe du chef de ménage, la dimension du ménage et la résidence, urbaine/rurale: chaque recensement, 1985 – 1995 (suite)

(Voir notes à la fin du tableau.)

Age (en années)										
35–39	40–44	45–49	50–54	55–59	60–64	65–69	70–74	75+	Unknown Inconnu	
...	...	...	...	...	...	...	...	...	...	1
...	...	...	...	...	...	...	...	...	...	2
...	...	...	...	...	...	...	...	...	...	3
...	...	...	...	...	...	...	...	...	...	4
...	...	...	...	...	...	...	...	...	...	5
...	...	...	...	...	...	...	...	...	...	6
...	...	...	...	...	...	...	...	...	...	7
...	...	...	...	...	...	...	...	...	...	8
...	...	...	...	...	...	...	...	...	...	9
...	...	...	...	...	...	...	...	...	...	10
...	...	...	...	...	...	...	...	...	...	11
...	...	...	...	...	...	...	...	...	...	12
...	...	...	...	...	...	...	...	...	...	13
...	...	...	...	...	...	...	...	...	...	14
...	...	...	...	...	...	...	...	...	...	15
...	...	...	...	...	...	...	...	...	...	16
...	...	...	...	...	...	...	...	...	...	17
...	...	...	...	...	...	...	...	...	...	18
...	...	...	...	...	...	...	...	...	...	19
...	...	...	...	...	...	...	...	...	...	20
...	...	...	...	...	...	...	...	...	...	21
...	...	...	...	...	...	...	...	...	...	22
...	...	...	...	...	...	...	...	...	...	23
...	...	...	...	...	...	...	...	...	...	24
80 100	80 900	82 300	87 000	89 000	78 300	*—	185 800	—*	–	25
5 300	6 800	8 400	10 800	14 700	15 900	*—	50 900	—*	–	26
74 800	74 100	73 900	76 200	74 300	62 400	*—	134 900	—*	–	27
68 300	67 200	65 800	68 400	66 900	56 900	*—	115 500	—*	–	28
3 800	4 800	5 500	6 300	7 500	7 300	*—	17 300	—*	–	29
64 500	62 400	60 300	62 100	59 400	49 600	*—	98 200	—*	–	30
11 800	13 700	16 500	18 600	22 100	21 400	*—	70 300	—*	–	31
1 500	2 000	2 900	4 500	7 200	8 600	*—	33 600	—*	–	32
10 300	11 700	13 600	14 100	14 900	12 800	*—	36 700	—*	–	33
77 964	—*	*—	63 281	—	—*	*—	39 672	—*	474	34
3 955	—*	*—	5 173	—	—*	*—	13 408	—*	154	35
7 545	—*	*—	16 972	—	—*	*—	19 678	—*	161	36
13 775	—*	*—	12 964	—	—*	*—	4 201	—*	65	37
30 332	—*	*—	15 209	—	—*	*—	1 393	—*	58	38
16 345	—*	*—	8 533	—	—*	*—	558	—*	24	39
6 012	—*	*—	4 430	—	—*	*—	434	—*	12	40
–	—*	*—	–	—	—*	*—	–	—*	–	41
73 076	—*	*—	55 136	—	—*	*—	27 324	—*	401	42
2 302	—*	*—	1 243	—	—*	*—	3 398	—*	98	43
6 252	—*	*—	14 814	—	—*	*—	18 031	—*	150	44
12 671	—*	*—	11 821	—	—*	*—	3 756	—*	62	45
29 765	—*	*—	14 658	—	—*	*—	1 244	—*	56	46
16 157	—*	*—	8 296	—	—*	*—	495	—*	23	47
5 929	—*	*—	4 304	—	—*	*—	400	—*	12	48
–	—*	*—	–	—	—*	*—	–	—*	–	49

30. Households by age and sex of householder and size of household and urban/rural residence: each census, 1985 – 1995 (continued)

(See notes at end of table.)

	Continent, country or area, date, sex, size(number of persons) and urban/rural residence — Continent, pays ou zone, date, sexe, dimension du ménage (nombre de personnes) et résidence, urbaine/rurale	Age (in years): All ages Tous âges	15 + [1]	– 15	15–19	20–24	25–29	30–34
	ASIA—ASIE (Cont.–Suite)							
	Cyprus – Chypre							
	1 X 1992 [2 5 22]							
	Female – Féminin							
1	Total	26 005	25 932	–	*———	551 ———*	*———	———
2	1	15 954	15 898	–	*———	305 ———*	*———	———
3	2	5 261	5 250	–	*———	152 ———*	*———	———
4	3	2 759	2 756	–	*———	64 ———*	*———	———
5	4	1 290	1 288	–	*———	21 ———*	*———	———
6	5	493	492	–	*———	4 ———*	*———	———
7	6 plus	248	248	–	*———	5 ———*	*———	———
8	Unknown – Inconnue	–	–	–	*———	– ———*	*———	———
	Hong Kong – Hong-kong							
	15 III 1991 [23]							
	Total							
9	Total	1 582 215	1 580 486	1 729	7 565	31 223	116 342	216 383
10	1	233 923	233 506	417	2 997	10 870	24 535	28 501
11	2	288 713	288 150	563	2 379	10 659	41 436	48 699
12	3	306 373	305 944	429	1 170	5 234	25 782	52 468
13	4	355 835	355 627	208	593	2 553	15 705	52 560
14	5	225 383	225 300	83	240	1 004	5 666	23 435
15	6 plus	171 988	171 959	29	186	903	3 218	10 720
	Male – Masculin							
16	Total	1 174 982	1 174 103	879	4 561	19 912	87 399	171 760
17	1	155 342	155 087	255	1 896	7 000	17 608	22 337
18	2	207 176	206 902	274	1 335	6 788	32 911	40 573
19	3	225 659	225 440	219	683	3 278	19 273	42 689
20	4	281 284	281 191	93	409	1 630	11 303	40 840
21	5	175 940	175 913	27	144	678	3 880	17 320
22	6 plus	129 581	129 570	11	94	538	2 424	8 001
	Female – Féminin							
23	Total	407 233	406 383	850	3 004	11 311	28 943	44 623
24	1	78 581	78 419	162	1 101	3 870	6 927	6 164
25	2	81 537	81 248	289	1 044	3 871	8 525	8 126
26	3	80 714	80 504	210	487	1 956	6 509	9 779
27	4	74 551	74 436	115	184	923	4 402	11 720
28	5	49 443	49 387	56	96	326	1 786	6 115
29	6 plus	42 407	42 389	18	92	365	794	2 719
	Iran (Islamic Republic of – Rep. islamique d')							
	11 IX 1991 [5]							
	Total							
30	Total	10 785 321	...*– ——	192 304	———*	1 994 629	*– 3 058 747	———*
31	1	452 976	...*– ——	15 520	———*	38 651	*– 25 093	———*
32	2 plus	10 332 345	...*– ——	176 784	———*	1 955 978	*– 3 033 654	———*
	Male – Masculin							
33	Total	10 147 283	...*– ——	184 969	———*	1 963 534	*– 2 982 928	———*
34	1	197 442	...*– ——	12 841	———*	34 360	*– 17 643	———*
35	2 plus	9 949 841	...*– ——	172 128	———*	1 929 174	*– 2 965 285	———*
	Female – Féminin							
36	Total	638 038	...*– ——	7 335	———*	31 095	*— 75 819	———*
37	1	255 534	...*– ——	2 679	———*	4 291	*— 7 450	———*
38	2 plus	382 504	...*– ——	4 656	———*	26 804	*— 68 369	———*
	Japan – Japon							
	1 X 1985 [2 24]							
	Total							
39	Total	37 980 867	37 979 888	979	566 123	2 124 476	2 370 314	3 386 384
40	1	7 896 370	7 895 612	758	548 085	1 795 594	1 072 620	666 040
41	2	6 983 478	6 983 322	156	13 870	191 363	483 762	471 218
42	3	6 826 948	6 826 920	28	3 500	106 169	478 318	732 396
43	4	8 983 922	8 983 887	35	525	26 386	264 950	1 052 535
44	5	4 192 293	4 192 291	2	113	4 005	53 246	334 054
45	6 plus	3 097 856	3 097 856	–	30	959	17 418	130 141

30. Ménages selon l'âge et le sexe du chef de ménage, la dimension du ménage et la résidence, urbaine/rurale: chaque recensement, 1985 – 1995 (suite)

(Voir notes à la fin du tableau.)

Age (en années) 35–39	40–44	45–49	50–54	55–59	60–64	65–69	70–74	75+	Unknown Inconnu	
4 888 —	—*	*—	—	8 145 —	—*	*— —	12 348 —	—*	73	1
1 653 —	—*	*—	—	3 930 —	—*	*— —	10 010 —	—*	56	2
1 293 —	—*	*—	—	2 158 —	—*	*— —	1 647 —	—*	11	3
1 104 —	—*	*—	—	1 143 —	—*	*— —	445 —	—*	3	4
567 —	—*	*—	—	551 —	—*	*— —	149 —	—*	2	5
188 —	—*	*—	—	237 —	—*	*— —	63 —	—*	1	6
83 —	—*	*—	—	126 —	—*	*— —	34 —	—*	–	7
– —	—*	*—	—	– —	—*	*— —	– —	—*	–	8
215 844	198 143	129 328	140 999	147 990	134 485	102 698	71 410	68 076	–	9
21 254	18 150	13 016	15 685	18 780	19 571	19 406	17 026	23 715	–	10
26 617	18 885	12 744	17 511	22 630	26 357	23 764	18 474	17 995	–	11
42 806	32 959	20 780	24 398	29 102	28 063	20 269	13 062	9 851	–	12
68 582	61 074	34 809	33 790	31 064	24 571	15 762	8 637	5 927	–	13
37 565	41 517	26 537	26 274	23 186	17 410	11 122	6 618	4 726	–	14
19 020	25 558	21 442	23 341	23 228	18 513	12 375	7 593	5 862	–	15
172 631	160 165	104 032	109 571	108 358	92 127	64 755	42 884	35 948	–	16
16 403	14 312	10 653	12 843	14 291	13 148	9 958	7 096	7 542	–	17
20 561	13 904	8 941	12 275	15 341	16 713	14 604	11 835	11 121	–	18
33 600	25 001	15 409	17 915	19 994	18 731	13 324	8 903	6 640	–	19
56 914	51 775	29 311	27 234	23 495	17 649	10 737	5 883	4 011	–	20
30 311	34 472	22 680	21 360	17 540	12 665	7 654	4 288	2 921	–	21
14 842	20 701	17 038	17 944	17 697	13 221	8 478	4 879	3 713	–	22
43 213	37 978	25 296	31 428	39 632	42 358	37 943	28 526	32 128	–	23
4 851	3 838	2 363	2 842	4 489	6 423	9 448	9 930	16 173	–	24
6 056	4 981	3 803	5 236	7 289	9 644	9 160	6 639	6 874	–	25
9 206	7 958	5 371	6 483	9 108	9 332	6 945	4 159	3 211	–	26
11 668	9 299	5 498	6 556	7 569	6 922	5 025	2 754	1 916	–	27
7 254	7 045	3 857	4 914	5 646	4 745	3 468	2 330	1 805	–	28
4 178	4 857	4 404	5 397	5 531	5 292	3 897	2 714	2 149	–	29
*— 1 864 682 —	—*	*— 1 720 383 —	—*	*—	—	— 1 935 845	—	—*	18 731	30
*— 23 131 —	—*	*— 60 698 —	—*	*—	—	— 277 624	—	—*	12 259	31
*— 1 841 551 —	—*	*— 1 659 685 —	—*	*—	—	— 1 658 221	—	—*	6 472	32
*— 1 772 394 —	—*	*— 1 577 424 —	—*	*—	—	— 1 648 170	—	—*	17 864	33
*— 13 139 —	—*	*— 21 477 —	—*	*—	—	— 86 311	—	—*	11 671	34
*— 1 759 255 —	—*	*— 1 555 947 —	—*	*—	—	— 1 561 859	—	—*	6 193	35
*— 92 288 —	—*	*— 142 959 —	—*	*—	—	— 287 675	—	—*	867	36
*— 9 992 —	—*	*— 39 221 —	—*	*—	—	— 191 313	—	—*	588	37
*— 82 296 —	—*	*— 103 738 —	—*	*—	—	— 96 362	—	—*	279	38
4 682 423	4 476 511	4 273 739	4 265 390	3 834 236	2 770 998	2 065 125	1 633 247	1 530 922	–	39
547 061	405 226	383 324	424 357	441 281	430 540	402 748	365 147	413 589	–	40
427 771	360 056	448 777	733 114	1 012 176	926 285	753 766	604 600	556 564	–	41
690 450	623 280	802 165	1 091 217	1 020 532	590 635	327 985	200 331	159 942	–	42
1 839 025	1 803 844	1 546 957	1 199 582	669 845	271 161	130 396	87 523	91 158	–	43
806 797	881 405	759 993	536 085	313 563	173 620	119 664	101 897	107 849	–	44
371 319	402 700	332 523	281 035	376 839	378 757	330 566	273 749	201 820	–	45

30. Households by age and sex of householder and size of household and urban/rural residence: each census, 1985 – 1995 (continued)

(See notes at end of table.)

	Continent, country or area, date, sex, size(number of persons) and urban/rural residence / Continent, pays ou zone, date, sexe, dimension du ménage (nombre de personnes) et résidence, urbaine/rurale	Age (in years): All ages / Tous âges	15 + [1]	– 15	15–19	20–24	25–29	30–34
	ASIA—ASIE (Cont.–Suite)							
	Japan – Japon							
	1 X 1985 [2, 24]							
	Male – Masculin							
1	Total	31 947 665	31 947 045	620	345 516	1 487 077	2 055 718	3 090 072
2	1	4 425 895	4 425 398	497	333 185	1 211 539	826 635	506 922
3	2	5 737 750	5 737 665	85	8 837	145 335	437 625	411 035
4	3	6 064 306	6 064 289	17	2 978	100 052	461 178	679 025
5	4	8 681 548	8 681 527	21	397	25 373	260 687	1 034 440
6	5	4 025 754	4 025 754	–	102	3 847	52 408	329 845
7	6 plus	3 012 412	3 012 412	–	17	931	17 185	128 805
	Female – Féminin							
8	Total	6 033 202	6 032 843	359	220 607	637 399	314 596	296 312
9	1	3 470 475	3 470 214	261	214 900	584 055	245 985	159 118
10	2	1 245 728	1 245 657	71	5 033	46 028	46 137	60 183
11	3	762 642	762 631	11	522	6 117	17 140	53 371
12	4	302 374	302 360	14	128	1 013	4 263	18 095
13	5	166 539	166 537	2	11	158	838	4 209
14	6 plus	85 444	85 444	–	13	28	233	1 336
	1 X 1990 [2, 24]							
	Total							
15	Total	40 670 475	40 669 845	630	642 622	2 267 345	2 541 380	2 881 200
16	1	9 389 660	9 389 176	484	623 618	1 945 922	1 286 955	669 837
17	2 plus	31 280 815	31 280 669	146	19 004	321 423	1 254 425	2 211 363
	Male – Masculin							
18	Total	33 752 239	33 751 879	360	394 148	1 554 882	2 127 297	2 602 170
19	1	5 246 526	5 246 246	280	380 786	1 292 805	954 772	502 265
20	2 plus	28 505 713	28 505 633	80	13 362	262 077	1 172 525	2 099 905
	Female – Féminin							
21	Total	6 918 236	6 917 966	270	248 474	712 463	414 083	279 030
22	1	4 143 134	4 142 930	204	242 832	653 117	332 183	167 572
23	2 plus	2 775 102	2 775 036	66	5 642	59 346	81 900	111 458
	Kazakstan							
	12 I 1989 [2]							
	Total							
24	Total	4 397 043	...	...	...	...	...	...
25	1	572 448	...	...	...	...	...	...
26	2	866 378	...	...	...	...	...	...
27	3	852 065	...	...	...	...	...	...
28	4	972 711	...	...	...	...	...	...
29	5	519 866	...	...	...	...	...	...
30	6 plus	613 575	...	...	...	...	...	...
31	Unknown – Inconnue	–	...	...	...	...	...	...
	Korea, Republic of– Corée, République de							
	1 XI 1985 [5, 25, 26]							
	Total							
32	Total	9 571 361	9 566 350	5 011	*—— 492 607 ——*		1 113 944	1 416 509
	Male – Masculin							
33	Total	8 069 984	8 067 010	2 974	*—— 275 603 ——*		1 007 931	1 325 257
	Female – Féminin							
34	Total	1 501 377	1 499 340	2 037	*—— 217 004 ——*		106 013	91 252
	Kuwait – Koweït							
	20 IV 1985							
	Total							
35	Total	227 288	...	...	...	...	...	...
36	1	12 084	...	...	...	...	...	...
37	2	18 909	...	...	...	...	...	...
38	3	20 967	...	...	...	...	...	...
39	4	28 264	...	...	...	...	...	...
40	5	28 284	...	...	...	...	...	...
41	6 plus	118 780	...	...	...	...	...	...

30. Ménages selon l'âge et le sexe du chef de ménage, la dimension du ménage et la résidence, urbaine/rurale: chaque recensement, 1985 – 1995 (suite)

(Voir notes à la fin du tableau.)

Age (en années)										
35–39	40–44	45–49	50–54	55–59	60–64	65–69	70–74	75+	Unknown Inconnu	
4 258 515	4 005 973	3 758 620	3 694 050	3 251 061	2 198 413	1 546 473	1 189 168	1 066 389	–	1
393 073	268 178	222 198	194 822	143 537	93 182	70 601	66 692	94 834	–	2
335 838	245 945	296 098	552 023	850 447	795 273	656 033	528 732	474 444	–	3
573 688	479 547	667 123	989 134	957 943	548 221	296 930	176 236	132 234	–	4
1 793 123	1 747 738	1 498 906	1 164 460	643 736	250 595	113 183	72 070	76 819	–	5
794 978	866 275	746 505	520 578	291 995	147 819	94 237	82 528	94 637	–	6
367 815	398 290	327 790	273 033	363 403	363 323	315 489	262 910	193 421	–	7
423 908	470 538	515 119	571 340	583 175	572 585	518 652	444 079	464 533	–	8
153 988	137 048	161 126	229 535	297 744	337 358	332 147	298 455	318 755	–	9
91 933	114 111	152 679	181 091	161 729	131 012	97 733	75 868	82 120	–	10
116 762	143 733	135 042	102 083	62 589	42 414	31 055	24 095	27 708	–	11
45 902	56 106	48 051	35 122	26 109	20 566	17 213	15 453	14 339	–	12
11 819	15 130	13 488	15 507	21 568	25 801	25 427	19 369	13 212	–	13
3 504	4 410	4 733	8 002	13 436	15 434	15 077	10 839	8 399	–	14
3 788 712	5 063 464	4 679 068	4 342 349	4 233 501	3 653 775	2 578 483	1 822 004	2 175 942	–	15
559 308	597 208	518 810	493 124	529 026	541 935	526 211	457 659	639 563	–	16
3 229 404	4 466 256	4 160 258	3 849 225	3 704 475	3 111 840	2 052 272	1 364 345	1 536 379	–	17
3 425 987	4 494 806	4 087 098	3 753 870	3 604 242	3 020 603	1 952 332	1 279 948	1 454 496	–	18
417 229	426 505	334 126	263 441	211 112	152 870	102 494	75 940	131 901	–	19
3 008 758	4 068 301	3 752 972	3 490 429	3 393 130	2 867 733	1 849 838	1 204 008	1 322 595	–	20
362 725	568 658	591 970	588 479	629 259	633 172	626 151	542 056	721 446	–	21
142 079	170 703	184 684	229 683	317 914	389 065	423 717	381 719	507 662	–	22
220 646	397 955	407 286	358 796	311 345	244 107	202 434	160 337	213 784	–	23
...	...	...	...	...	...	...	...	...	...	24
...	...	...	...	...	...	...	...	...	...	25
...	...	...	...	...	...	...	...	...	...	26
...	...	...	...	...	...	...	...	...	...	27
...	...	...	...	...	...	...	...	...	...	28
...	...	...	...	...	...	...	...	...	...	29
...	...	...	...	...	...	...	...	...	...	30
...	...	...	...	...	...	...	...	...	...	31
1 318 718	1 183 672	1 166 090	956 711	700 810	*——	1 2 17 289	——	——*	–	32
1 209 040	1 049 626	1 002 477	782 407	535 041	*——	8 79 628	——	——*	–	33
109 678	134 046	163 613	174 304	165 769	*——	3 37 661	——	——*	–	34
...	...	...	...	...	...	...	...	...	...	35
...	...	...	...	...	...	...	...	...	...	36
...	...	...	...	...	...	...	...	...	...	37
...	...	...	...	...	...	...	...	...	...	38
...	...	...	...	...	...	...	...	...	...	39
...	...	...	...	...	...	...	...	...	...	40
...	...	...	...	...	...	...	...	...	...	41

30. Households by age and sex of householder and size of household and urban/rural residence: each census, 1985 – 1995 (continued)

(See notes at end of table.)

	Continent, country or area, date, sex, size(number of persons) and urban/rural residence Continent, pays ou zone, date, sexe, dimension du ménage (nombre de personnes) et résidence, urbaine/rurale	All ages Tous âges	Age (in years) 15 + [1]	– 15	15–19	20–24	25–29	30–34
	ASIA—ASIE (Cont.–Suite)							
	Kuwait – Koweït							
	20 IV 1985							
	Male – Masculin							
1	Total	216 456	...	...	...	...	...	...
2	1	10 948	...	...	...	...	...	...
3	2	17 605	...	...	...	...	...	...
4	3	19 711	...	...	...	...	...	...
5	4	27 043	...	...	...	...	...	...
6	5	27 150	...	...	...	...	...	...
7	6 plus	113 999	...	...	...	...	...	...
	Female – Féminin							
8	Total	10 832	...	...	...	...	...	...
9	1	1 136	...	...	...	...	...	...
10	2	1 304	...	...	...	...	...	...
11	3	1 256	...	...	...	...	...	...
12	4	1 221	...	...	...	...	...	...
13	5	1 134	...	...	...	...	...	...
14	6 plus	4 781	...	...	...	...	...	...
	Macau – Macao							
	30 VIII 1991 [5]							
	Total							
15	Total	95 729	95 717	12	698	3 464	10 585	17 859
16	1	13 322	13 320	2	248	1 044	2 071	1 934
17	2	17 026	17 023	3	194	1 177	2 955	3 071
18	3	19 051	19 047	4	126	640	2 578	4 413
19	4	21 644	21 643	1	60	305	1 682	4 649
20	5	13 349	13 347	2	38	149	752	2 280
21	6 plus	11 337	11 337	–	32	149	547	1 512
	Male – Masculin							
22	Total	75 855	75 852	3	340	1 966	8 141	15 101
23	1	8 133	8 132	1	128	496	1 316	1 362
24	2	12 312	12 311	1	90	698	2 302	2 464
25	3	15 186	15 185	1	57	377	2 098	3 779
26	4	18 849	18 849	–	35	197	1 372	4 131
27	5	11 587	11 587	–	14	91	612	2 029
28	6 plus	9 788	9 788	–	16	107	441	1 336
	Female – Féminin							
29	Total	19 874	19 865	9	358	1 498	2 444	2 758
30	1	5 189	5 188	1	120	548	755	572
31	2	4 714	4 712	2	104	479	653	607
32	3	3 865	3 862	3	69	263	480	634
33	4	2 795	2 794	1	25	108	310	518
34	5	1 762	1 760	2	24	58	140	251
35	6 plus	1 549	1 549	–	16	42	106	176
	Philippines							
	1 V 1990 [5]							
	Total							
36	Total	11 407 262	...*–	— 63 455 —	—*	*— 1 914 095 —	—*	*—
37	1	331 728	...*–	— 8 359 —	—*	*— 49 834 —	—*	*—
38	2	906 105	...*–	— 22 491 —	—*	*— 223 848 —	—*	*—
39	3	1 444 109	...*–	— 19 829 —	—*	*— 480 700 —	—*	*—
40	4	1 889 791	...*–	— 6 850 —	—*	*— 533 204 —	—*	*—
41	5	1 957 764	...*–	— 2 851 —	—*	*— 346 155 —	—*	*—
42	6 plus	4 877 765	...*–	— 3 075 —	—*	*— 280 354 —	—*	*—
	Male – Masculin							
43	Total	10 122 235	...*–	— 53 985 —	—*	*— 1 818 363 —	—*	*—
44	1	170 324	...*–	— 5 540 —	—*	*— 34 019 —	—*	*—
45	2	680 833	...*–	— 19 624 —	—*	*— 201 212 —	—*	*—
46	3	1 226 205	...*–	— 18 158 —	—*	*— 459 658 —	—*	*—
47	4	1 694 676	...*–	— 5 885 —	—*	*— 517 498 —	—*	*—
48	5	1 797 902	...*–	— 2 328 —	—*	*— 336 759 —	—*	*—
49	6 plus	4 552 295	...*–	— 2 450 —	—*	*— 269 217 —	—*	*—
	Female – Féminin							
50	Total	1 285 027	...*–	— 9 470 —	—*	*— 95 732 —	—*	*—
51	1	161 404	...*–	— 2 819 —	—*	*— 15 815 —	—*	*—
52	2	225 272	...*–	— 2 867 —	—*	*— 22 636 —	—*	*—
53	3	217 904	...*–	— 1 671 —	—*	*— 21 042 —	—*	*—
54	4	195 115	...*–	— 965 —	—*	*— 15 706 —	—*	*—
55	5	159 862	...*–	— 523 —	—*	*— 9 396 —	—*	*—
56	6 plus	325 470	...*–	— 625 —	—*	*— 11 137 —	—*	*—

30. Ménages selon l'âge et le sexe du chef de ménage, la dimension du ménage et la résidence, urbaine/rurale: chaque recensement, 1985 – 1995 (suite)

(Voir notes à la fin du tableau.)

Age (en années) 35–39	40–44	45–49	50–54	55–59	60–64	65–69	70–74	75+	Unknown Inconnu	
...	...	...	...	...	...	...	...	...	...	1
...	...	...	...	...	...	...	...	...	...	2
...	...	...	...	...	...	...	...	...	...	3
...	...	...	...	...	...	...	...	...	...	4
...	...	...	...	...	...	...	...	...	...	5
...	...	...	...	...	...	...	...	...	...	6
...	...	...	...	...	...	...	...	...	...	7
...	...	...	...	...	...	...	...	...	...	8
...	...	...	...	...	...	...	...	...	...	9
...	...	...	...	...	...	...	...	...	...	10
...	...	...	...	...	...	...	...	...	...	11
...	...	...	...	...	...	...	...	...	...	12
...	...	...	...	...	...	...	...	...	...	13
...	...	...	...	...	...	...	...	...	...	14
16 604	12 526	7 192	5 480	5 272	5 251	4 166	3 127	3 493	–	15
1 514	1 066	665	650	705	775	744	731	1 173	–	16
1 933	1 268	752	803	902	1 070	1 027	850	1 021	–	17
3 258	2 099	1 236	966	951	1 004	783	519	474	–	18
5 096	3 745	1 913	1 203	966	860	544	338	282	–	19
2 876	2 520	1 479	905	765	633	427	296	227	–	20
1 927	1 828	1 147	953	983	909	641	393	316	–	21
14 446	10 880	6 106	4 496	4 072	3 704	2 761	1 938	1 901	–	22
1 115	781	494	471	501	456	371	293	348	–	23
1 463	946	525	608	629	717	667	555	647	–	24
2 766	1 726	981	771	703	702	552	359	314	–	25
4 689	3 427	1 719	1 036	798	636	388	235	186	–	26
2 644	2 320	1 340	782	621	463	312	195	164	–	27
1 769	1 680	1 047	828	820	730	471	301	242	–	28
2 158	1 646	1 086	984	1 200	1 547	1 405	1 189	1 592	–	29
399	285	171	179	204	319	373	438	825	–	30
470	322	227	195	273	353	360	295	374	–	31
492	373	255	195	248	302	231	160	160	–	32
407	318	194	167	168	224	156	103	96	–	33
232	200	139	123	144	170	115	101	63	–	34
158	148	100	125	163	179	170	92	74	–	35
3 260 888 —*	*——— 2 53 8 183 ———*		*——— 1 86 1 424 ———*		*——— 1 117 067 ———*		*——— 652 150 ———*		–	36
44 048 —*	*——— 4 0 267 ———*		*——— 5 0 042 ———*		*——— 64 371 ———*		*——— 74 807 ———*		–	37
134 952 —*	*——— 8 9 016 ———*		*——— 12 2 816 ———*		*——— 157 421 ———*		*——— 155 561 ———*		–	38
298 441 —*	*——— 16 8 387 ———*		*——— 18 7 906 ———*		*——— 172 429 ———*		*——— 116 417 ———*		–	39
567 448 —*	*——— 28 8 717 ———*		*——— 24 2 853 ———*		*——— 166 052 ———*		*——— 84 667 ———*		–	40
709 917 —*	*——— 40 6 060 ———*		*——— 27 6 748 ———*		*——— 150 583 ———*		*——— 65 450 ———*		–	41
1 506 082 —*	*——— 1 54 5 736 ———*		*——— 98 1 059 ———*		*——— 406 211 ———*		*——— 155 248 ———*		–	42
3 093 425 —*	*——— 2 29 9 618 ———*		*——— 1 55 6 502 ———*		*——— 847 649 ———*		*——— 452 693 ———*		–	43
31 266 —*	*——— 2 6 832 ———*		*——— 2 5 456 ———*		*——— 22 960 ———*		*——— 24 251 ———*		–	44
111 562 —*	*——— 6 1 710 ———*		*——— 7 7 469 ———*		*——— 102 633 ———*		*——— 106 623 ———*		–	45
268 372 —*	*——— 13 1 949 ———*		*——— 13 7 070 ———*		*——— 126 069 ———*		*——— 84 929 ———*		–	46
535 832 —*	*——— 24 8 745 ———*		*——— 19 3 653 ———*		*——— 129 256 ———*		*——— 63 807 ———*		–	47
683 833 —*	*——— 36 8 249 ———*		*——— 23 4 616 ———*		*——— 122 105 ———*		*——— 50 012 ———*		–	48
1 462 560 —*	*——— 1 46 2 133 ———*		*——— 88 8 238 ———*		*——— 344 626 ———*		*——— 123 071 ———*		–	49
167 463 —*	*——— 23 8 565 ———*		*——— 30 4 922 ———*		*——— 269 418 ———*		*——— 199 457 ———*		–	50
12 782 —*	*——— 1 3 435 ———*		*——— 2 4 586 ———*		*——— 41 411 ———*		*——— 50 556 ———*		–	51
23 390 —*	*——— 2 7 306 ———*		*——— 4 5 347 ———*		*——— 54 788 ———*		*——— 48 938 ———*		–	52
30 069 —*	*——— 3 6 438 ———*		*——— 5 0 836 ———*		*——— 46 360 ———*		*——— 31 488 ———*		–	53
31 616 —*	*——— 3 9 972 ———*		*——— 4 9 200 ———*		*——— 36 796 ———*		*——— 20 860 ———*		–	54
26 084 —*	*——— 3 7 811 ———*		*——— 4 2 132 ———*		*——— 28 478 ———*		*——— 15 438 ———*		–	55
43 522 —*	*——— 8 3 603 ———*		*——— 9 2 821 ———*		*——— 61 585 ———*		*——— 32 177 ———*		–	56

30. Households by age and sex of householder and size of household and urban/rural residence: each census, 1985 – 1995 (continued)

(See notes at end of table.)

	Continent, country or area, date, sex, size(number of persons) and urban/rural residence Continent, pays ou zone, date, sexe, dimension du ménage (nombre de personnes) et résidence, urbaine/rurale	Age (in years) All ages Tous âges	15 + [1]	– 15	15–19	20–24	25–29	30–34
	EUROPE							
	Bulgaria – Bulgarie							
	4 XII 1985*							
	Total							
1	Total	3 030 278	3 030 177	101	49 060	112 941	199 215	257 923
2	1	552 139	552 139	–	44 321	52 627	29 584	23 170
3	2	808 774	808 703	71	2 942	19 456	23 439	19 573
4	3	616 073	616 058	15	1 332	26 724	63 858	58 411
5	4	650 251	650 245	6	365	10 676	62 693	117 886
6	5	221 063	221 057	6	67	2 640	14 285	27 392
7	6 plus	181 978	181 975	3	33	818	5 356	11 491
	Male – Masculin							
8	Total	2 495 856	2 495 798	58	21 896	85 165	178 165	231 605
9	1	237 818	237 818	–	19 029	31 210	21 936	17 511
10	2	692 530	692 492	38	1 469	15 503	16 916	11 308
11	3	558 948	558 938	10	1 031	25 017	59 314	50 471
12	4	625 176	625 170	6	285	10 136	61 004	114 715
13	5	206 820	206 817	3	53	2 522	13 822	26 563
14	6 plus	174 564	174 563	1	29	777	5 173	11 037
	Female – Féminin							
15	Total	534 422	534 379	43	27 164	27 776	21 050	26 318
16	1	314 321	314 321	–	25 292	21 417	7 648	5 659
17	2	116 244	116 211	33	1 473	3 953	6 523	8 265
18	3	57 125	57 120	5	301	1 707	4 544	7 940
19	4	25 075	25 075	–	80	540	1 689	3 171
20	5	14 243	14 240	3	14	118	463	829
21	6 plus	7 414	7 412	2	4	41	183	454
	Channel Islands – Iles Anglo–Normandes Guernsey – Guernesey							
	21 IV 1991							
	Total							
22	Total	21 628	21 620	8	114	880	1 659	1 935
23	1	4 751	4 750	1	46	257	311	247
24	2	7 339	7 339	–	46	410	697	501
25	3	3 720	3 719	1	10	107	309	393
26	4	3 684	3 680	4	4	57	217	502
27	5	1 357	1 357	–	1	14	76	193
28	6 plus	777	775	2	7	35	49	99
	Male – Masculin							
29	Total	15 790	15 787	3	39	494	1 247	1 583
30	1	1 621	1 621	–	17	108	167	142
31	2	5 918	5 918	–	18	267	569	403
32	3	3 052	3 052	–	3	59	251	332
33	4	3 343	3 341	2	1	39	174	460
34	5	1 222	1 222	–	–	7	56	168
35	6 plus	634	633	1	–	14	30	78
	Female – Féminin							
36	Total	5 838	5 833	5	75	386	412	352
37	1	3 130	3 129	1	29	149	144	105
38	2	1 421	1 421	–	28	143	128	98
39	3	668	667	1	7	48	58	61
40	4	341	339	2	3	18	43	42
41	5	135	135	–	1	7	20	25
42	6 plus	143	142	1	7	21	19	21
	Czech Republic – Rép. tchèque							
	3 III 1991 [5]							
	Total							
43	Total	4 051 583	4 050 630	–	26 192	180 698	315 613	349 152
44	1	1 089 647	1 088 883	–	16 606	60 021	58 110	46 203
45	2	1 125 547	1 125 438	–	6 507	50 057	49 674	32 572
46	3	752 271	752 232	–	2 691	53 317	99 847	71 220
47	4 plus	1 084 118	1 084 077	–	388	17 303	107 982	199 157

30. Ménages selon l'âge et le sexe du chef de ménage, la dimension du ménage et la résidence, urbaine/rurale: chaque recensement, 1985 – 1995 (suite)

(Voir notes à la fin du tableau.)

Age (en années) 35–39	40–44	45–49	50–54	55–59	60–64	65–69	70–74	75+	Unknown Inconnu	
306 246	273 719	278 319	323 069	326 485	317 787	180 462	*—— 404 951 ——*		–	1
23 103	20 334	23 110	31 039	42 929	58 393	43 539	*—— 159 990 ——*		–	2
19 820	23 518	46 565	95 435	136 210	156 303	91 007	*—— 174 435 ——*		–	3
59 043	65 613	84 426	91 952	70 542	46 553	18 911	*—— 28 693 ——*		–	4
150 741	116 110	76 686	49 901	27 293	15 568	7 236	*—— 15 090 ——*		–	5
37 494	31 647	26 773	25 335	19 678	15 326	8 196	*—— 12 224 ——*		–	6
16 045	16 497	20 759	29 407	29 833	25 644	11 573	*—— 14 519 ——*		–	7
274 055	244 531	246 740	281 886	274 969	253 376	135 438	*—— 267 972 ——*		–	8
17 298	13 746	12 980	13 044	14 170	16 030	10 874	*—— 49 990 ——*		–	9
9 436	13 415	35 784	82 875	123 009	143 182	83 415	*—— 156 180 ——*		–	10
48 660	57 815	78 608	86 982	66 578	43 058	17 044	*—— 24 360 ——*		–	11
146 895	113 211	74 140	47 356	25 007	13 404	5 969	*—— 13 048 ——*		–	12
36 371	30 557	25 449	23 363	17 424	13 009	6 992	*—— 10 692 ——*		–	13
15 395	15 787	19 779	28 266	28 781	24 693	11 144	*—— 13 702 ——*		–	14
32 191	29 188	31 579	41 183	51 516	64 411	45 024	*—— 136 979 ——*		–	15
5 805	6 588	10 130	17 995	28 759	42 363	32 665	*—— 110 000 ——*		–	16
10 384	10 103	10 781	12 560	13 201	13 121	7 592	*—— 18 255 ——*		–	17
10 383	7 798	5 818	4 970	3 964	3 495	1 867	*—— 4 333 ——*		–	18
3 846	2 899	2 546	2 545	2 286	2 164	1 267	*—— 2 042 ——*		–	19
1 123	1 090	1 324	1 972	2 254	2 317	1 204	*—— 1 532 ——*		–	20
650	710	980	1 141	1 052	951	429	*—— 817 ——*		–	21
2 002	2 367	1 790	1 852	1 669	1 670	1 666	1 449	2 567	–	22
225	193	182	218	292	389	496	549	1 345	–	23
323	382	391	550	703	809	852	696	979	–	24
382	468	405	460	368	311	209	139	158	–	25
671	856	524	384	197	104	79	36	49	–	26
273	300	195	155	69	37	15	14	15	–	27
128	168	93	85	40	20	15	15	21	–	28
1 665	1 990	1 496	1 528	1 342	1 244	1 127	861	1 171	–	29
147	123	99	113	123	111	116	103	252	–	30
244	273	300	433	604	701	743	606	757	–	31
294	363	339	405	331	280	182	103	110	–	32
609	791	500	360	180	101	67	30	29	–	33
258	283	178	142	64	34	11	10	11	–	34
113	157	80	75	40	17	8	9	12	–	35
337	377	294	324	327	426	539	588	1 396	–	36
78	70	83	105	169	278	380	446	1 093	–	37
79	109	91	117	99	108	109	90	222	–	38
88	105	66	55	37	31	27	36	48	–	39
62	65	24	24	17	3	12	6	20	–	40
15	17	17	13	5	3	4	4	4	–	41
15	11	13	10	–	3	7	6	9	–	42
434 759	473 027	391 097	305 567	310 568	339 739	344 813	*—— 579 405 ——*		953	43
53 731	60 635	61 981	59 372	78 621	112 167	145 605	*—— 335 831 ——*		764	44
36 365	55 221	80 196	106 671	147 090	174 790	168 612	*—— 217 683 ——*		109	45
75 203	99 374	113 485	85 803	61 251	41 767	25 673	*—— 22 601 ——*		39	46
269 460	257 797	135 435	53 721	23 606	11 015	4 923	*—— 3 290 ——*		41	47

30. Households by age and sex of householder and size of household and urban/rural residence: each census, 1985 – 1995 (continued)

(See notes at end of table.)

	Continent, country or area, date, sex, size(number of persons) and urban/rural residence — Continent, pays ou zone, date, sexe, dimension du ménage (nombre de personnes) et résidence, urbaine/rurale	Age (in years): All ages / Tous âges	15 + [1]	– 15	15–19	20–24	25–29	30–34
	EUROPE (Cont.–Suite)							
	Czech Republic – Rép. tchèque							
	3 III 1991 [5]							
	Male – Masculin							
1	Total	3 014 667	3 014 041	–	12 308	131 496	268 706	305 174
2	1	421 556	421 080	–	7 105	35 840	42 476	36 184
3	2	886 232	886 154	–	2 490	29 451	30 293	18 082
4	3	650 738	650 705	–	2 358	49 338	89 691	56 022
5	4 plus	1 056 141	1 056 102	–	355	16 867	106 246	194 886
	Female – Féminin							
6	Total	1 036 916	1 036 589	–	13 884	49 202	46 907	43 978
7	1	668 091	667 803	–	9 501	24 181	15 634	10 019
8	2	239 315	239 284	–	4 017	20 606	19 381	14 490
9	3	101 533	101 527	–	333	3 979	10 156	15 198
10	4 plus	27 977	27 975	–	33	436	1 736	4 271
	Denmark – Danemark [27]							
	1 I 1986 [5]							
	Total							
11	Total	2 069 450	2 069 090	360	16 870	123 820	178 690	213 370
12	1	612 400	612 070	330	13 900	61 510	47 760	33 320
13	2	643 850	643 820	30	2 700	45 340	54 380	35 220
14	3	327 420	327 420	–	250	13 550	45 340	48 130
15	4	334 380	334 380	–	20	2 990	26 680	74 600
16	5	114 580	114 580	–	–	380	3 760	18 130
17	6 plus	36 820	36 820	–	–	50	770	3 970
	Male – Masculin							
18	Total	1 312 110	1 311 920	190	7 100	77 330	126 490	154 080
19	1	243 450	243 280	170	5 670	33 370	31 270	24 370
20	2	445 610	445 590	20	1 320	32 060	38 160	22 270
21	3	236 920	236 920	–	110	9 550	33 270	33 350
22	4	264 970	264 970	–	–	2 010	20 520	57 690
23	5	92 200	92 200	–	–	310	2 750	13 670
24	6 plus	28 960	28 960	–	–	30	520	2 730
	Female – Féminin							
25	Total	757 340	757 170	170	9 770	46 490	52 200	59 290
26	1	368 950	368 790	160	8 230	28 140	16 490	8 950
27	2	198 240	198 230	10	1 380	13 280	16 220	12 950
28	3	90 500	90 500	–	140	4 000	12 070	14 780
29	4	69 410	69 410	–	20	980	6 160	16 910
30	5	22 380	22 380	–	–	70	1 010	4 460
31	6 plus	7 860	7 860	–	–	20	250	1 240
	1 I 1991 [5]							
	Total							
32	Total	2 274 265	2 274 218	47	15 998	136 133	201 276	197 958
33	1	781 855	781 819	36	13 721	79 764	71 463	45 976
34	2	748 995	748 987	8	2 054	45 337	71 344	44 989
35	3	338 963	338 963	–	180	8 894	38 320	45 335
36	4	295 711	295 708	3	36	1 811	16 591	47 915
37	5	82 826	82 826	–	7	294	2 921	11 081
38	6 plus	25 915	25 915	–	–	33	637	2 662
	Male – Masculin							
39	Total	1 327 655	1 327 631	24	6 468	71 930	123 325	128 088
40	1	329 896	329 880	16	5 823	41 651	45 085	32 138
41	2	486 860	486 854	6	540	24 420	44 208	27 468
42	3	220 273	220 273	–	81	4 660	22 195	28 041
43	4	211 701	211 699	2	19	998	9 764	31 668
44	5	60 248	60 248	–	5	182	1 701	7 088
45	6 plus	18 677	18 677	–	–	19	372	1 685
	Female – Féminin							
46	Total	946 610	946 587	23	9 530	64 203	77 951	69 870
47	1	451 959	451 939	20	7 898	38 113	26 378	13 838
48	2	262 135	262 133	2	1 514	20 917	27 136	17 521
49	3	118 690	118 690	–	99	4 234	16 125	17 294
50	4	84 010	84 009	1	17	813	6 827	16 247
51	5	22 578	22 578	–	2	112	1 220	3 993
52	6 plus	7 238	7 238	–	–	14	265	977

30. Ménages selon l'âge et le sexe du chef de ménage, la dimension du ménage et la résidence, urbaine/rurale: chaque recensement, 1985 – 1995 (suite)

(Voir notes à la fin du tableau.)

Age (en années)										
35–39	40–44	45–49	50–54	55–59	60–64	65–69	70–74	75+	Unknown Inconnu	
375 395	402 181	326 837	250 221	239 987	236 637	206 555	*——— 258 544 ———*		626	1
42 657	44 215	36 381	26 753	26 448	29 291	30 430	*——— 63 300 ———*		476	2
19 020	29 803	55 955	89 951	132 289	157 505	148 189	*——— 173 126 ———*		78	3
52 171	77 231	102 014	81 034	58 405	39 417	23 545	*——— 19 479 ———*		33	4
261 547	250 932	132 487	52 483	22 845	10 424	4 391	*——— 2 639 ———*		39	5
59 364	70 846	64 260	55 346	70 581	103 102	138 258	*——— 320 861 ———*		327	6
11 074	16 420	25 600	32 619	52 173	82 876	115 175	*——— 272 531 ———*		288	7
17 345	25 418	24 241	16 720	14 801	17 285	20 423	*——— 44 557 ———*		31	8
23 032	22 143	11 471	4 769	2 846	2 350	2 128	*——— 3 122 ———*		6	9
7 913	6 865	2 948	1 238	761	591	532	*——— 651 ———*		2	10
207 790	167 230	145 960	150 110	163 110	163 740	162 530	152 500	223 370	–	11
25 470	19 360	20 780	28 220	42 220	51 950	64 350	72 510	130 720	–	12
23 600	20 570	28 450	49 140	72 610	84 450	81 350	68 930	77 080	–	13
35 250	30 890	36 290	38 200	31 410	18 990	11 750	7 560	9 810	–	14
83 420	59 580	38 200	23 370	11 910	5 630	3 220	1 930	2 830	–	15
30 970	28 350	16 340	7 810	3 410	1 670	1 110	880	1 770	–	16
9 080	8 480	5 900	3 370	1 550	1 050	750	690	1 160	–	17
148 990	122 060	106 470	105 330	107 750	100 480	89 590	74 770	91 480	–	18
18 340	12 540	11 730	11 860	14 990	15 550	16 900	16 800	29 890	–	19
12 990	10 730	16 850	33 570	52 730	62 290	59 540	50 170	52 910	–	20
21 660	20 420	26 760	30 060	25 470	15 690	9 380	5 460	5 740	–	21
64 710	47 870	31 830	19 810	10 330	4 830	2 570	1 360	1 440	–	22
24 340	23 590	14 110	6 980	2 860	1 360	710	540	980	–	23
6 950	6 910	5 190	3 050	1 370	760	490	440	520	–	24
58 800	45 170	39 490	44 780	55 360	63 260	72 940	77 730	131 890	–	25
7 130	6 820	9 050	16 360	27 230	36 400	47 450	55 710	100 830	–	26
10 610	9 840	11 600	15 570	19 880	22 160	21 810	18 760	24 170	–	27
13 590	10 470	9 530	8 140	5 940	3 300	2 370	2 100	4 070	–	28
18 710	11 710	6 370	3 560	1 580	800	650	570	1 390	–	29
6 630	4 760	2 230	830	550	310	400	340	790	–	30
2 130	1 570	710	320	180	290	260	250	640	–	31
202 488	225 976	221 880	172 141	152 999	153 961	161 532	150 783	281 093	–	32
37 255	37 471	40 431	38 237	42 522	52 570	67 197	74 287	180 925	–	33
33 256	37 849	53 414	64 870	74 186	80 814	82 112	69 107	89 655	–	34
38 120	46 899	58 408	42 053	24 987	14 607	8 741	5 246	7 173	–	35
67 371	74 052	51 238	19 942	8 014	3 837	2 000	1 137	1 764	–	36
20 743	23 199	13 883	4 974	2 120	1 292	814	546	952	–	37
5 743	6 506	4 506	2 065	1 170	841	668	460	624	–	38
131 750	145 738	143 864	113 802	99 189	93 783	88 451	73 892	107 351	–	39
26 746	25 069	23 068	18 364	17 081	17 734	19 121	18 586	39 414	–	40
17 552	17 647	28 723	41 943	52 689	59 469	59 937	50 173	62 085	–	41
21 463	26 933	38 652	31 427	20 070	11 847	6 884	3 776	4 244	–	42
47 414	53 645	38 899	16 241	6 690	3 183	1 528	776	874	–	43
14 652	17 557	10 961	4 145	1 738	955	544	309	411	–	44
3 923	4 887	3 561	1 682	921	595	437	272	323	–	45
70 738	80 238	78 016	58 339	53 810	60 178	73 081	76 891	173 742	–	46
10 509	12 402	17 363	19 873	25 441	34 836	48 076	55 701	141 511	–	47
15 704	20 202	24 691	22 927	21 497	21 345	22 175	18 934	27 570	–	48
16 657	19 966	19 756	10 626	4 917	2 760	1 857	1 470	2 929	–	49
19 957	20 407	12 339	3 701	1 324	654	472	361	890	–	50
6 091	5 642	2 922	829	382	337	270	237	541	–	51
1 820	1 619	945	383	249	246	231	188	301	–	52

30. Households by age and sex of householder and size of household and urban/rural residence: each census, 1985 – 1995 (continued)

(See notes at end of table.)

	Continent, country or area, date, sex, size(number of persons) and urban/rural residence — Continent, pays ou zone, date, sexe, dimension du ménage (nombre de personnes) et résidence, urbaine/rurale	All ages Tous âges	15 + [1]	– 15	15–19	20–24	25–29	30–34
			Age (in years)					
	EUROPE (Cont.–Suite)							
	Finland – Finlande							
	17 XI 1985 [5]							
	Total							
1	Total	1 887 710	1 887 710	–	6 703	80 864	189 476	218 850
2	1	532 094	532 094	–	3 567	30 450	45 418	37 008
3	2	514 825	514 825	–	2 145	31 428	55 319	39 757
4	3	347 127	347 127	–	744	12 999	45 809	50 946
5	4	324 365	324 365	–	143	4 378	30 768	63 475
6	5	117 290	117 290	–	46	969	8 181	20 105
7	6 plus	52 009	52 009	–	58	640	3 981	7 559
	Male – Masculin							
8	Total	1 183 191	1 183 191	–	2 431	43 974	129 778	159 090
9	1	183 517	183 517	–	1 226	13 149	23 989	20 586
10	2	337 882	337 882	–	751	17 979	36 889	24 789
11	3	254 146	254 146	–	324	8 770	34 610	37 981
12	4	266 401	266 401	–	72	3 023	24 602	52 579
13	5	98 121	98 121	–	25	640	6 551	16 921
14	6 plus	43 124	43 124	–	33	413	3 137	6 234
	Female – Féminin							
15	Total	704 519	704 519	–	4 272	36 890	59 698	59 760
16	1	348 577	348 577	–	2 341	17 301	21 429	16 422
17	2	176 943	176 943	–	1 394	13 449	18 430	14 968
18	3	92 981	92 981	–	420	4 229	11 199	12 965
19	4	57 964	57 964	–	71	1 355	6 166	10 896
20	5	19 169	19 169	–	21	329	1 630	3 184
21	6 plus	8 885	8 885	–	25	227	844	1 325
	31 XII 1990 [5]							
	Total							
22	Total	2 036 732	2 036 732	–	7 779	89 670	194 684	212 640
23	1	646 229	646 229	–	4 211	38 520	57 729	45 729
24	2	597 928	597 928	–	2 679	35 384	61 906	43 655
25	3	332 295	332 295	–	650	10 734	39 807	44 048
26	4	300 429	300 429	–	137	3 526	24 760	52 383
27	5	112 714	112 714	–	48	957	7 083	19 321
28	6 plus	47 137	47 137	–	54	549	3 424	7 504
	Male – Masculin							
29	Total	1 246 226	1 246 226	–	2 736	47 698	129 120	149 435
30	1	241 844	241 844	–	1 433	17 397	31 652	27 353
31	2	397 476	397 476	–	944	20 281	41 317	28 066
32	3	237 374	237 374	–	262	6 805	29 319	31 531
33	4	239 559	239 559	–	54	2 235	19 001	41 336
34	5	92 065	92 065	–	22	608	5 316	15 312
35	6 plus	37 908	37 908	–	21	372	2 515	5 837
	Female – Féminin							
36	Total	790 506	790 506	–	5 043	41 972	65 564	63 205
37	1	404 385	404 385	–	2 778	21 123	26 052	18 376
38	2	200 452	200 452	–	1 735	15 103	20 589	15 589
39	3	94 921	94 921	–	388	3 929	10 488	12 517
40	4	60 870	60 870	–	83	1 291	5 759	11 047
41	5	20 649	20 649	–	26	349	1 767	4 009
42	6 plus	9 229	9 229	–	33	177	909	1 667
43	Germany – Allemagne [28]	...	...	...	...	...	...	...
	Germany, Federal Rep. of – Allemagne, République fédérale d'							
	25 V 1987 [5]							
	Total							
44	Total	26 218 438	...*–	— 162 868	—*	1 511 807	2 347 983	2 332 308
45	1	8 766 753	...*–	— 128 022	—*	988 273	973 914	602 332
46	2	7 451 359	...*–	— 22 024	—*	360 023	686 812	539 744
47	3	4 643 059	...*–	— 7 766	—*	120 324	421 444	548 647
48	4	3 600 380	...*–	— 2 865	—*	32 855	211 401	489 098
49	5 plus	1 756 887	...*–	— 2 191	—*	10 332	54 412	152 487

30. Ménages selon l'âge et le sexe du chef de ménage, la dimension du ménage et la résidence, urbaine/rurale: chaque recensement, 1985 – 1995 (suite)

(Voir notes à la fin du tableau.)

Age (en années) 35–39	40–44	45–49	50–54	55–59	60–64	65–69	70–74	75+	Unknown Inconnu	
247 818	189 129	160 819	150 032	151 714	131 771	110 318	107 273	142 943	–	1
33 866	25 860	26 103	30 363	40 785	49 368	52 154	60 087	97 065	–	2
36 363	29 519	33 248	44 940	59 313	57 086	46 186	40 363	39 158	–	3
52 772	41 905	39 796	37 450	30 673	16 980	8 302	4 742	4 009	–	4
81 229	58 030	39 147	23 851	13 507	5 409	2 164	1 117	1 147	–	5
31 384	23 706	15 554	8 941	4 708	1 741	814	478	663	–	6
12 204	10 109	6 971	4 487	2 728	1 187	698	486	901	–	7
181 946	135 946	112 151	100 171	93 764	72 529	54 287	47 073	50 051	–	8
19 482	14 446	13 359	13 404	14 659	12 613	9 670	10 244	16 690	–	9
21 035	16 312	18 887	27 370	38 208	39 645	34 958	31 625	29 434	–	10
37 386	28 878	28 435	27 970	23 350	13 304	6 724	3 763	2 651	–	11
67 315	47 786	32 262	19 884	11 152	4 493	1 793	838	602	–	12
26 436	19 947	13 189	7 659	4 053	1 478	626	307	289	–	13
10 292	8 577	6 019	3 884	2 342	996	516	296	385	–	14
65 872	53 183	48 668	49 861	57 950	59 242	56 031	60 200	92 892	–	15
14 384	11 414	12 744	16 959	26 126	36 755	42 484	49 843	80 375	–	16
15 328	13 207	14 361	17 570	21 105	17 441	11 228	8 738	9 724	–	17
15 386	13 027	11 361	9 480	7 323	3 676	1 578	979	1 358	–	18
13 914	10 244	6 885	3 967	2 355	916	371	279	545	–	19
4 948	3 759	2 365	1 282	655	263	188	171	374	–	20
1 912	1 532	952	603	386	191	182	190	516	–	21
228 740	254 203	191 924	161 637	147 353	140 971	128 212	103 743	175 176	–	22
38 976	41 787	36 177	38 325	43 482	55 000	62 556	59 924	123 838	–	23
36 148	43 939	45 532	56 747	64 856	65 475	56 151	39 240	46 216	–	24
43 328	54 132	47 172	37 766	25 745	14 757	7 205	3 481	3 470	–	25
68 468	73 082	42 155	19 861	9 111	3 935	1 562	650	799	–	26
30 123	29 206	14 872	6 188	2 744	1 107	439	244	382	–	27
11 697	12 057	6 016	2 750	1 415	697	299	204	471	–	28
161 426	178 026	130 673	104 761	89 052	81 143	65 924	45 548	60 684	–	29
23 800	24 305	18 579	17 158	16 657	17 345	14 364	10 419	21 382	–	30
20 856	24 023	26 175	35 440	41 794	47 142	43 833	31 541	36 064	–	31
28 760	36 298	33 674	28 239	19 531	11 819	5 867	2 820	2 449	–	32
54 062	58 957	34 541	16 334	7 522	3 331	1 277	477	432	–	33
24 617	24 351	12 587	5 293	2 373	919	344	155	168	–	34
9 331	10 092	5 117	2 297	1 175	587	239	136	189	–	35
67 314	76 177	61 251	56 876	58 301	59 828	62 288	58 195	114 492	–	36
15 176	17 482	17 598	21 167	26 825	37 655	48 192	49 505	102 456	–	37
15 292	19 916	19 357	21 307	23 062	18 333	12 318	7 699	10 152	–	38
14 568	17 834	13 498	9 527	6 214	2 938	1 338	661	1 021	–	39
14 406	14 125	7 614	3 527	1 589	604	285	173	367	–	40
5 506	4 855	2 285	895	371	188	95	89	214	–	41
2 366	1 965	899	453	240	110	60	68	282	–	42
...	...	...	...	...	...	...	...	...	...	43
2 333 228	2 160 166	2 845 351	*——— 4 531 556 ———*		*——— 3 583 432 ———*		1 565 663	2 844 076	–	44
438 046	370 223	461 440	*——— 810 550 ———*		*——— 1 267 169 ———*		834 132	1 892 652	–	45
435 894	400 600	603 710	*——— 1 470 474 ———*		*——— 1 529 390 ———*		593 242	809 446	–	46
540 910	504 478	705 483	*——— 1 109 526 ———*		*——— 502 675 ———*		94 933	86 873	–	47
651 053	590 269	691 078	*——— 710 491 ———*		*——— 177 781 ———*		22 677	20 812	–	48
267 325	294 596	383 640	*——— 430 515 ———*		*——— 106 417 ———*		20 679	34 293	–	49

30. Households by age and sex of householder and size of household and urban/rural residence: each census, 1985 – 1995 (continued)

(See notes at end of table.)

	Continent, country or area, date, sex, size(number of persons) and urban/rural residence — Continent, pays ou zone, date, sexe, dimension du ménage (nombre de personnes) et résidence, urbaine/rurale	All ages Tous âges	Age (in years): 15 + [1]	– 15	15–19	20–24	25–29	30–34
	EUROPE (Cont.–Suite)							
	Germany, Federal Rep. of – Allemagne, République fédérale d'							
	25 V 1987 [5]							
	Male – Masculin							
1	Total	19 115 879	...*–	— 72 227	————*	887 574	1 790 031	1 950 296
2	1	3 262 781	...*–	— 51 712	————*	475 335	575 122	386 207
3	2	6 356 272	...*–	— 11 428	————*	266 307	570 239	435 928
4	3	4 279 751	...*–	— 5 442	————*	106 321	388 533	503 008
5	4	3 499 867	...*–	— 2 041	————*	30 175	203 885	476 726
6	5 plus	1 717 208	...*–	— 1 604	————*	9 436	52 252	148 427
	Female – Féminin							
7	Total	7 102 559	...*–	— 90 641	————*	624 233	557 952	382 012
8	1	5 503 972	...*–	— 76 310	————*	512 938	398 792	216 125
9	2	1 095 087	...*–	— 10 596	————*	93 716	116 573	103 816
10	3	363 308	...*–	— 2 324	————*	14 003	32 911	45 639
11	4	100 513	...*–	— 824	————*	2 680	7 516	12 372
12	5 plus	39 679	...*–	— 587	————*	896	2 160	4 060
	Greece – Grèce							
	17 III 1991 [29]							
	Total							
13	Total	3 203 834	3 203 834	–	18 790	82 133	160 758	256 256
14	1	520 261	520 261	–	12 006	36 604	30 293	27 062
15	2	854 863	854 863	–	4 930	26 410	44 732	40 506
16	3	657 343	657 343	–	1 330	13 609	46 923	64 192
17	4	746 728	746 728	–	352	4 005	29 454	89 752
18	5	273 217	273 217	–	109	941	6 383	23 426
19	6 plus	151 422	151 422	–	63	564	2 973	11 318
20	Unknown – Inconnue	–	–	–	–	–	–	–
	Male – Masculin							
21	Total	2 555 075	2 555 075	–	8 593	49 796	128 980	219 349
22	1	185 677	185 677	–	5 588	18 900	17 728	16 371
23	2	698 585	698 585	–	2 059	16 802	36 217	32 354
24	3	571 636	571 636	–	627	10 115	41 399	56 167
25	4	698 298	698 298	–	210	2 814	25 515	82 390
26	5	256 733	256 733	–	63	683	5 459	21 433
27	6 plus	144 146	144 146	–	46	482	2 662	10 634
28	Unknown – Inconnue	–	–	–	–	–	–	–
	Female – Féminin							
29	Total	648 759	648 759	–	10 197	32 337	31 778	36 907
30	1	334 584	334 584	–	6 418	17 704	12 565	10 691
31	2	156 278	156 278	–	2 871	9 608	8 515	8 152
32	3	85 707	85 707	–	703	3 494	5 524	8 025
33	4	48 430	48 430	–	142	1 191	3 939	7 362
34	5	16 484	16 484	–	46	258	924	1 993
35	6 plus	7 276	7 276	–	17	82	311	684
36	Unknown – Inconnue	–	–	–	–	–	–	–
	Hungary – Hongrie							
	1 I 1990							
	Total							
37	Total	3 889 532	...*–	— 66 569	————*	137 800	251 845	376 982
38	1	945 973	...*–	— 35 223	————*	45 104	40 292	44 662
39	2	1 126 217	...*–	— 22 841	————*	39 216	47 496	46 363
40	3	802 908	...*–	— 6 117	————*	31 891	78 542	90 680
41	4	701 142	...*–	— 1 448	————*	13 875	60 731	138 263
42	5	219 703	...*–	— 505	————*	4 872	17 421	40 588
43	6 plus	93 589	...*–	— 435	————*	2 842	7 363	16 426
	Male – Masculin							
44	Total	2 859 054	...*–	— 38 699	————*	98 339	206 634	313 005
45	1	339 778	...*–	— 17 090	————*	22 654	23 995	29 365
46	2	870 353	...*–	— 14 930	————*	28 611	33 586	27 598
47	3	685 934	...*–	— 4 711	————*	27 686	68 702	71 050
48	4	664 816	...*–	— 1 190	————*	12 459	57 230	131 089
49	5	209 486	...*–	— 427	————*	4 400	16 296	38 393
50	6 plus	88 687	...*–	— 351	————*	2 529	6 825	15 510

30. Ménages selon l'âge et le sexe du chef de ménage, la dimension du ménage et la résidence, urbaine/rurale: chaque recensement, 1985 – 1995 (suite)

(Voir notes à la fin du tableau.)

Age (en années) 35–39	40–44	45–49	50–54	55–59	60–64	65–69	70–74	75+	Unknown Inconnu	
2 009 631	1 868 398	2 458 682	*——— 3 779 584 ———*		*——— 2 337 135 ———*		791 752	1 170 569	–	1
292 362	248 211	289 903	*——— 363 053 ———*		*——— 201 000 ———*		100 577	279 299	–	2
332 648	302 957	476 431	*——— 1 265 321 ———*		*——— 1 382 720 ———*		557 986	754 307	–	3
486 939	452 555	644 548	*——— 1 040 752 ———*		*——— 477 423 ———*		91 137	83 093	–	4
635 973	575 662	672 166	*——— 689 347 ———*		*——— 172 013 ———*		21 775	20 104	–	5
261 709	289 013	375 634	*——— 421 111 ———*		*——— 103 979 ———*		20 277	33 766	–	6
323 597	291 768	386 669	*——— 751 972 ———*		*——— 1 246 297 ———*		773 911	1 673 507	–	7
145 684	122 012	171 537	*——— 447 497 ———*		*——— 1 066 169 ———*		733 555	1 613 353	–	8
103 246	97 643	127 279	*——— 205 153 ———*		*——— 146 670 ———*		35 256	55 139	–	9
53 971	51 923	60 935	*——— 68 774 ———*		*——— 25 252 ———*		3 796	3 780	–	10
15 080	14 607	18 912	*——— 21 144 ———*		*——— 5 768 ———*		902	708	–	11
5 616	5 583	8 006	*——— 9 404 ———*		*——— 2 438 ———*		402	527	–	12
295 407	322 355	280 318	337 562	350 436	353 991	254 970	192 015	298 843	–	13
20 522	20 142	17 704	26 859	36 820	57 239	58 682	59 798	116 530	–	14
28 965	29 915	34 324	65 992	101 735	138 371	115 055	88 821	135 107	–	15
50 691	51 459	59 359	88 982	96 682	84 381	46 426	25 490	27 819	–	16
129 465	137 360	105 143	98 237	72 813	44 376	18 688	8 436	8 647	–	17
43 830	56 478	43 927	39 078	26 887	16 122	7 571	4 007	4 458	–	18
21 934	27 001	19 861	18 414	15 499	13 502	8 548	5 463	6 282	–	19
–	–	–	–	–	–	–	–	–	–	20
257 607	280 444	243 827	288 177	294 541	279 472	186 556	128 266	189 467	–	21
12 279	11 265	8 950	11 430	13 204	15 511	12 919	11 981	29 551	–	22
20 876	19 470	23 659	49 720	83 571	117 470	99 628	77 604	119 155	–	23
41 311	40 400	49 928	78 174	87 673	76 921	42 152	22 720	24 049	–	24
120 929	129 277	99 833	93 548	69 567	41 924	17 281	7 605	7 405	–	25
41 270	53 938	42 209	37 597	25 711	14 866	6 586	3 311	3 607	–	26
20 942	26 094	19 248	17 708	14 815	12 780	7 990	5 045	5 700	–	27
–	–	–	–	–	–	–	–	–	–	28
37 800	41 911	36 491	49 385	55 895	74 519	68 414	63 749	109 376	–	29
8 243	8 877	8 754	15 429	23 616	41 728	45 763	47 817	86 979	–	30
8 089	10 445	10 665	16 272	18 164	20 901	15 427	11 217	15 952	–	31
9 380	11 059	9 431	10 808	9 009	7 460	4 274	2 770	3 770	–	32
8 536	8 083	5 310	4 689	3 246	2 452	1 407	831	1 242	–	33
2 560	2 540	1 718	1 481	1 176	1 256	985	696	851	–	34
992	907	613	706	684	722	558	418	582	–	35
–	–	–	–	–	–	–	–	–	–	36
443 505	*——— 761 555 ———*		*——— 667 525 ———*		*——— 660 627 ———*		*——— 523 124 ———*		–	37
51 508	*——— 103 787 ———*		*——— 142 894 ———*		*——— 224 729 ———*		*——— 257 774 ———*		–	38
51 821	*——— 131 416 ———*		*——— 247 430 ———*		*——— 319 819 ———*		*——— 219 815 ———*		–	39
98 134	*——— 202 129 ———*		*——— 166 246 ———*		*——— 91 479 ———*		*——— 37 690 ———*		–	40
168 053	*——— 221 752 ———*		*——— 72 419 ———*		*——— 18 667 ———*		*——— 5 934 ———*		–	41
53 598	*——— 72 886 ———*		*——— 24 431 ———*		*——— 4 032 ———*		*——— 1 370 ———*		–	42
20 391	*——— 29 585 ———*		*——— 14 105 ———*		*——— 1 901 ———*		*——— 541 ———*		–	43
365 228	*——— 623 377 ———*		*——— 518 294 ———*		*——— 436 456 ———*		*——— 259 022 ———*		–	44
34 153	*——— 58 560 ———*		*——— 49 708 ———*		*——— 51 914 ———*		*——— 52 339 ———*		–	45
28 665	*——— 84 212 ———*		*——— 207 884 ———*		*——— 277 380 ———*		*——— 167 487 ———*		–	46
73 125	*——— 170 199 ———*		*——— 153 934 ———*		*——— 84 288 ———*		*——— 32 239 ———*		–	47
158 874	*——— 211 768 ———*		*——— 69 612 ———*		*——— 17 378 ———*		*——— 5 216 ———*		–	48
51 066	*——— 70 282 ———*		*——— 23 628 ———*		*——— 3 755 ———*		*——— 1 239 ———*		–	49
19 345	*——— 28 356 ———*		*——— 13 528 ———*		*——— 1 741 ———*		*——— 502 ———*		–	50

30. Households by age and sex of householder and size of household and urban/rural residence: each census, 1985 – 1995 (continued)

(See notes at end of table.)

	Continent, country or area, date, sex, size(number of persons) and urban/rural residence — Continent, pays ou zone, date, sexe, dimension du ménage (nombre de personnes) et résidence, urbaine/rurale	Age (in years): All ages Tous âges	15 + [1]	– 15	15–19	20–24	25–29	30–34
	EUROPE (Cont.–Suite)							
	Hungary – Hongrie							
	1 I 1990							
	Female – Féminin							
1	Total	1 030 478	...*–	— 27 870	———*	39 461	45 211	63 977
2	1	606 195	...*–	— 18 133	———*	22 450	16 297	15 297
3	2	255 864	...*–	— 7 911	———*	10 605	13 910	18 765
4	3	116 974	...*–	— 1 406	———*	4 205	9 840	19 630
5	4	36 326	...*–	— 258	———*	1 416	3 501	7 174
6	5	10 217	...*–	— 78	———*	472	1 125	2 195
7	6 plus	4 902	...*–	— 84	———*	313	538	916
	Ireland – Irlande							
	21 IV 1991							
	Total							
8	Total	1 029 080	1 029 080	–	5 464	31 750	73 433	106 561
	Male – Masculin							
9	Total	758 654	758 654	–	2 231	16 768	54 354	85 431
	Female – Féminin							
10	Total	270 426	270 426	–	3 233	14 982	19 079	21 130
	Luxembourg							
	1 III 1991 [5]							
	Total							
11	Total	144 684	143 310	7	276	4 037	12 141	15 682
12	1	36 846	36 094	7	171	1 760	3 854	3 296
13	2	40 901	40 575	–	65	1 484	3 853	3 176
14	3	28 429	28 297	–	26	551	2 646	3 811
15	4	24 984	24 872	–	9	159	1 308	3 871
16	5	9 231	9 197	–	4	43	344	1 162
17	6 plus	4 293	4 275	–	1	40	136	366
	Male – Masculin							
18	Total	107 347	106 450	3	149	2 492	9 047	12 714
19	1	14 438	14 047	3	87	857	2 054	1 865
20	2	32 283	32 016	–	34	982	2 992	2 401
21	3	24 692	24 591	–	18	453	2 376	3 363
22	4	23 297	23 200	–	5	133	1 192	3 646
23	5	8 646	8 616	–	4	37	311	1 101
24	6 plus	3 991	3 980	–	1	30	122	338
	Female – Féminin							
25	Total	37 337	36 860	4	127	1 545	3 094	2 968
26	1	22 408	22 047	4	84	903	1 800	1 431
27	2	8 618	8 559	–	31	502	861	775
28	3	3 737	3 706	–	8	98	270	448
29	4	1 687	1 672	–	4	26	116	225
30	5	585	581	–	–	6	33	61
31	6 plus	302	295	–	–	10	14	28
	Norway – Norvège							
	3 XI 1990 [2,5]							
	Total							
32	Total	1 751 363	1 750 523	840	9 650	100 027	178 644	188 731
33	1	601 097	600 271	826	6 683	49 489	68 503	50 168
34	2	459 789	459 779	10	1 647	25 115	40 393	29 411
35	3	265 885	265 884	1	612	15 237	38 706	39 068
36	4	280 066	280 063	3	409	6 540	23 402	49 376
37	5	111 609	111 609	–	195	2 454	5 782	16 955
38	6 plus	32 917	32 917	–	104	1 192	1 858	3 753
	Male – Masculin							
39	Total	1 151 010	1 150 557	453	4 217	52 917	116 124	133 061
40	1	274 238	273 794	444	3 046	26 102	43 174	34 199
41	2	330 455	330 450	5	422	10 039	22 603	16 457
42	3	195 143	195 142	1	284	9 509	26 992	27 404
43	4	231 784	231 781	3	277	4 683	17 784	38 869
44	5	93 289	93 289	–	120	1 757	4 270	13 379
45	6 plus	26 101	26 101	–	68	827	1 301	2 753

30. Ménages selon l'âge et le sexe du chef de ménage, la dimension du ménage et la résidence, urbaine/rurale: chaque recensement, 1985 – 1995 (suite)

(Voir notes à la fin du tableau.)

Age (en années) 35–39	40–44	45–49	50–54	55–59	60–64	65–69	70–74	75+	Unknown Inconnu	
78 277	*——— 138 178 ———*		*——— 149 231 ———*		*——— 224 171 ———*		*——— 264 102 ———*		–	1
17 355	*——— 45 227 ———*		*——— 93 186 ———*		*——— 172 815 ———*		*——— 205 435 ———*		–	2
23 156	*——— 47 204 ———*		*——— 39 546 ———*		*——— 42 439 ———*		*——— 52 328 ———*		–	3
25 009	*——— 31 930 ———*		*——— 12 312 ———*		*——— 7 191 ———*		*——— 5 451 ———*		–	4
9 179	*——— 9 984 ———*		*——— 2 807 ———*		*——— 1 289 ———*		*——— 718 ———*		–	5
2 532	*——— 2 604 ———*		*——— 803 ———*		*——— 277 ———*		*——— 131 ———*		–	6
1 046	*——— 1 229 ———*		*——— 577 ———*		*——— 160 ———*		*——— 39 ———*		–	7
113 224	111 916	97 224	83 947	79 776	79 475	*——— 246 310 ———*			–	8
92 888	93 734	81 611	69 331	62 805	57 445	*——— 142 056 ———*			–	9
20 336	18 182	15 613	14 616	16 971	22 030	*——— 104 254 ———*			–	10
15 644	15 201	13 059	12 428	11 961	12 658	9 665	7 470	13 088	1 367	11
2 492	2 176	1 809	1 931	2 061	2 891	3 310	3 069	7 274	745	12
2 446	2 160	2 269	2 982	4 174	5 564	4 437	3 323	4 642	326	13
3 248	3 318	3 129	3 316	2 972	2 525	1 252	725	778	132	14
4 896	4 802	3 613	2 619	1 716	1 023	414	209	233	112	15
1 866	1 829	1 498	1 049	668	416	133	81	104	34	16
696	916	741	531	370	239	119	63	57	18	17
13 069	12 804	10 987	10 257	9 601	9 460	5 932	4 110	5 828	894	18
1 474	1 326	1 075	1 040	851	909	612	517	1 380	388	19
1 757	1 523	1 611	2 308	3 489	4 772	3 714	2 765	3 668	267	20
2 774	2 784	2 745	2 952	2 687	2 251	1 074	579	535	101	21
4 630	4 553	3 401	2 477	1 604	932	333	146	148	97	22
1 774	1 751	1 440	987	619	380	98	54	60	30	23
660	867	715	493	351	216	101	49	37	11	24
2 575	2 397	2 072	2 171	2 360	3 198	3 733	3 360	7 260	473	25
1 018	850	734	891	1 210	1 982	2 698	2 552	5 894	357	26
689	637	658	674	685	792	723	558	974	59	27
474	534	384	364	285	274	178	146	243	31	28
266	249	212	142	112	91	81	63	85	15	29
92	78	58	62	49	36	35	27	44	4	30
36	49	26	38	19	23	18	14	20	7	31
183 644	186 240	148 164	110 076	99 430	111 087	122 337	116 479	196 014	–	32
36 179	32 181	27 030	24 604	26 470	36 941	51 914	58 445	131 664	–	33
22 018	23 162	24 853	28 360	37 963	52 294	59 873	53 383	61 307	–	34
30 847	32 086	31 455	26 572	21 235	15 336	8 311	3 865	2 554	–	35
59 840	61 762	41 521	20 182	9 625	4 879	1 618	565	344	–	36
27 940	28 202	17 581	7 665	3 070	1 153	394	140	78	–	37
6 820	8 847	5 724	2 693	1 067	484	227	81	67	–	38
133 438	139 067	110 790	82 206	72 678	76 590	78 590	65 836	85 043	–	39
25 972	22 640	16 414	13 597	13 004	14 300	17 284	14 481	29 581	–	40
11 666	12 459	14 732	19 488	28 750	42 281	51 463	47 073	53 017	–	41
19 537	20 928	23 292	21 710	18 263	13 841	7 737	3 571	2 074	–	42
48 576	51 892	35 856	18 070	8 818	4 624	1 539	520	273	–	43
22 699	24 030	15 607	6 930	2 859	1 097	364	124	53	–	44
4 988	7 118	4 889	2 411	984	447	203	67	45	–	45

30. Households by age and sex of householder and size of household and urban/rural residence: each census, 1985 – 1995 (continued)

(See notes at end of table.)

	Continent, country or area, date, sex, size(number of persons) and urban/rural residence — Continent, pays ou zone, date, sexe, dimension du ménage (nombre de personnes) et résidence, urbaine/rurale	Age (in years): All ages / Tous âges	15 + [1]	– 15	15–19	20–24	25–29	30–34
	EUROPE (Cont.–Suite)							
	Norway – Norvège							
	3 XI 1990 [2 5]							
	Female – Féminin							
1	Total	600 353	599 966	387	5 433	47 110	62 520	55 670
2	1	326 859	326 477	382	3 637	23 387	25 329	15 969
3	2	129 334	129 329	5	1 225	15 076	17 790	12 954
4	3	70 742	70 742	–	328	5 728	11 714	11 664
5	4	48 282	48 282	–	132	1 857	5 618	10 507
6	5	18 320	18 320	–	75	697	1 512	3 576
7	6 plus	6 816	6 816	–	36	365	557	1 000
	Poland – Pologne							
	6 XII 1988 [2 30]							
	Total							
8	Total	11 970 440	11 961 231	366	31 255	319 625	908 455	1 452 629
9	1	2 187 876	2 183 091	321	18 286	90 431	108 074	125 469
10	2	2 672 666	2 670 892	37	6 138	75 128	129 388	138 807
11	3	2 427 626	2 426 589	8	4 547	97 946	294 140	315 045
12	4	2 632 248	2 631 279	–	1 337	40 598	266 871	557 203
13	5	1 170 788	1 170 400	–	525	10 298	75 929	209 221
14	6 plus	879 236	878 980	–	422	5 224	34 053	106 884
	Male – Masculin							
15	Total	8 287 861	8 282 539	172	14 759	201 783	705 311	1 141 606
16	1	776 884	774 739	150	7 838	44 476	68 858	83 027
17	2	1 752 366	1 751 255	20	2 234	37 883	73 862	70 347
18	3	1 815 081	1 814 346	2	2 958	73 995	236 837	231 563
19	4	2 211 976	2 211 166	–	984	32 888	230 827	480 092
20	5	987 253	986 939	–	396	8 326	65 709	183 282
21	6 plus	744 301	744 094	–	349	4 215	29 218	93 295
	Female – Féminin							
22	Total	3 682 579	3 678 692	194	16 496	117 842	203 144	311 023
23	1	1 410 992	1 408 352	171	10 448	45 955	39 216	42 442
24	2	920 300	919 637	17	3 904	37 245	55 526	68 460
25	3	612 545	612 243	6	1 589	23 951	57 303	83 482
26	4	420 272	420 113	–	353	7 710	36 044	77 111
27	5	183 535	183 461	–	129	1 972	10 220	25 939
28	6 plus	134 935	134 886	–	73	1 009	4 835	13 589
	Portugal							
	15 IV 1991							
	Total							
29	Total	3 145 734	3 143 657	2 077	8 847	70 055	204 060	284 619
30	1	435 533	434 745	788	3 471	12 674	16 663	15 811
31	2	797 375	796 848	527	2 582	25 226	50 495	32 668
32	3	747 695	747 350	345	1 628	23 942	88 575	102 945
33	4	681 713	681 436	277	706	5 925	35 953	94 450
34	5	275 956	275 876	80	270	1 519	8 655	26 132
35	6 plus	207 462	207 402	60	190	769	3 719	12 613
	Male – Masculin							
36	Total	2 520 955	2 519 885	1 070	5 530	56 943	182 619	256 467
37	1	130 636	130 326	310	1 668	6 105	8 867	8 713
38	2	650 700	650 406	294	1 782	21 532	44 276	25 278
39	3	663 445	663 240	205	1 241	22 098	84 184	95 726
40	4	635 348	635 174	174	521	5 275	33 978	90 393
41	5	253 059	253 009	50	183	1 294	7 999	24 671
42	6 plus	187 767	187 730	37	135	639	3 315	11 686
	Female – Féminin							
43	Total	624 779	623 772	1 007	3 317	13 112	21 441	28 152
44	1	304 897	304 419	478	1 803	6 569	7 796	7 098
45	2	146 675	146 442	233	800	3 694	6 219	7 390
46	3	84 250	84 110	140	387	1 844	4 391	7 219
47	4	46 365	46 262	103	185	650	1 975	4 057
48	5	22 897	22 867	30	87	225	656	1 461
49	6 plus	19 695	19 672	23	55	130	404	927

30. Ménages selon l'âge et le sexe du chef de ménage, la dimension du ménage et la résidence, urbaine/rurale: chaque recensement, 1985 – 1995 (suite)

(Voir notes à la fin du tableau.)

Age (en années) 35–39	40–44	45–49	50–54	55–59	60–64	65–69	70–74	75+	Unknown Inconnu	
50 206	47 173	37 374	27 870	26 752	34 497	43 747	50 643	110 971	–	1
10 207	9 541	10 616	11 007	13 466	22 641	34 630	43 964	102 083	–	2
10 352	10 703	10 121	8 872	9 213	10 013	8 410	6 310	8 290	–	3
11 310	11 158	8 163	4 862	2 972	1 495	574	294	480	–	4
11 264	9 870	5 665	2 112	807	255	79	45	71	–	5
5 241	4 172	1 974	735	211	56	30	16	25	–	6
1 832	1 729	835	282	83	37	24	14	22	–	7
1 572 067	1 246 355	1 012 264	1 131 263	1 163 117	1 027 006	787 862	464 495	844 838	8 843	8
128 194	111 886	111 644	153 738	204 369	250 197	251 917	188 291	440 595	4 464	9
142 052	137 124	166 549	279 199	386 070	401 852	325 959	186 714	295 912	1 737	10
283 219	251 164	240 986	281 239	260 088	181 698	106 798	47 777	61 942	1 029	11
590 780	411 052	253 233	203 929	143 804	82 951	42 444	17 017	20 060	969	12
265 074	195 476	128 381	106 952	79 295	48 975	26 921	11 062	12 291	388	13
162 748	139 653	111 471	106 206	89 491	61 333	33 823	13 634	14 038	256	14
1 209 767	933 526	745 008	807 984	809 593	655 086	454 389	236 462	367 265	5 150	15
82 494	67 073	58 680	66 405	69 159	61 287	50 338	32 358	82 746	1 995	16
65 502	62 445	89 198	175 840	276 648	299 291	246 393	139 472	212 140	1 091	17
190 337	169 226	176 198	216 636	208 269	144 866	83 482	36 457	43 522	733	18
499 511	345 749	214 006	169 769	117 774	64 771	30 917	11 654	12 224	810	19
229 877	168 363	110 655	89 468	63 482	35 937	17 657	6 730	7 057	314	20
142 046	120 670	96 271	89 866	74 261	48 934	25 602	9 791	9 576	207	21
362 300	312 829	267 256	323 279	353 524	371 920	333 473	228 033	477 573	3 693	22
45 700	44 813	52 964	87 333	135 210	188 910	201 579	155 933	357 849	2 469	23
76 550	74 679	77 351	103 359	109 422	102 561	79 566	47 242	83 772	646	24
92 882	81 938	64 788	64 603	51 819	36 832	23 316	11 320	18 420	296	25
91 269	65 303	39 227	34 160	26 030	18 180	11 527	5 363	7 836	159	26
35 197	27 113	17 726	17 484	15 813	13 038	9 264	4 332	5 234	74	27
20 702	18 983	15 200	16 340	15 230	12 399	8 221	3 843	4 462	49	28
308 518	315 384	291 478	295 373	304 460	299 014	272 860	204 314	284 675	–	29
14 003	13 872	15 006	21 404	31 942	48 288	61 162	61 940	118 509	–	30
22 790	23 030	29 817	56 105	92 742	119 588	126 856	96 044	118 905	–	31
78 109	71 794	69 374	77 902	77 414	62 593	43 272	23 871	25 931	–	32
126 129	126 960	99 755	71 930	49 103	32 176	18 771	9 702	9 876	–	33
43 454	49 088	44 283	35 333	26 415	17 707	11 204	6 197	5 619	–	34
24 033	30 640	33 243	32 699	26 844	18 662	11 595	6 560	5 835	–	35
276 092	278 686	252 786	249 285	247 802	229 466	196 012	133 535	154 662	–	36
7 794	7 085	6 628	7 993	9 965	12 738	13 780	13 155	25 835	–	37
14 641	13 663	19 287	43 014	76 643	102 064	110 188	82 940	95 098	–	38
68 903	61 635	60 127	68 996	69 084	55 107	37 503	19 849	18 787	–	39
120 855	121 068	94 353	66 726	44 428	27 893	15 503	7 443	6 738	–	40
41 301	46 578	41 698	32 698	23 644	15 262	9 123	4 743	3 815	–	41
22 598	28 657	30 693	29 858	24 038	16 402	9 915	5 405	4 389	–	42
32 426	36 698	38 692	46 088	56 658	69 548	76 848	70 779	130 013	–	43
6 209	6 787	8 378	13 411	21 977	35 550	47 382	48 785	92 674	–	44
8 149	9 367	10 530	13 091	16 099	17 524	16 668	13 104	23 807	–	45
9 206	10 159	9 247	8 906	8 330	7 486	5 769	4 022	7 144	–	46
5 274	5 892	5 402	5 204	4 675	4 283	3 268	2 259	3 138	–	47
2 153	2 510	2 585	2 635	2 771	2 445	2 081	1 454	1 804	–	48
1 435	1 983	2 550	2 841	2 806	2 260	1 680	1 155	1 446	–	49

30. Households by age and sex of householder and size of household and urban/rural residence: each census, 1985 – 1995 (continued)

(See notes at end of table.)

	Continent, country or area, date, sex, size(number of persons) and urban/rural residence Continent, pays ou zone, date, sexe, dimension du ménage (nombre de personnes) et résidence, urbaine/rurale	Age (in years) All ages Tous âges	15 + [1]	– 15	15–19	20–24	25–29	30–34
	EUROPE (Cont.–Suite)							
	Romania – Roumanie							
	7 I 1992 [2]							
	Total							
1	Total	7 288 676	7 286 703	292	15 295	209 719	373 040	626 866
2	1	1 246 889	1 245 356	210	7 001	42 672	40 179	49 808
3	2	1 882 145	1 881 881	62	4 361	67 241	63 922	66 133
4	3	1 529 256	1 529 145	13	2 555	70 272	143 895	169 153
5	4	1 392 464	1 392 417	5	889	21 349	88 076	213 600
6	5	651 885	651 873	1	282	5 793	24 404	75 701
7	6 plus	586 037	586 031	1	207	2 392	12 564	52 471
	Male – Masculin							
8	Total	5 681 106	5 679 925	111	10 207	172 168	328 643	553 344
9	1	416 630	415 774	85	4 221	25 695	24 457	31 385
10	2	1 533 674	1 533 481	24	2 911	56 070	51 000	45 217
11	3	1 338 022	1 337 937	2	1 976	64 075	135 052	151 801
12	4	1 279 139	1 279 105	–	695	19 075	83 633	203 904
13	5	582 010	582 002	–	232	5 149	22 888	71 541
14	6 plus	531 631	531 626	–	172	2 104	11 613	49 496
	Female – Féminin							
15	Total	1 607 570	1 606 778	181	5 088	37 551	44 397	73 522
16	1	830 259	829 582	125	2 780	16 977	15 722	18 423
17	2	348 471	348 400	38	1 450	11 171	12 922	20 916
18	3	191 234	191 208	11	579	6 197	8 843	17 352
19	4	113 325	113 312	5	194	2 274	4 443	9 696
20	5	69 875	69 871	1	50	644	1 516	4 160
21	6 plus	54 406	54 405	1	35	288	951	2 975
	San Marino – Saint-Marin							
	31 XII 1985 [16]							
	Total							
22	Total	7 465	7 465	–	11	270	592	714
23	1	1 175	...	...	...	...	...	...
24	2	1 820	...	...	...	...	...	...
25	3	1 779	...	...	...	...	...	...
26	4	1 794	...	...	...	...	...	...
27	5	653	...	...	...	...	...	...
28	6 plus	244	...	...	...	...	...	...
	Male – Masculin							
29	Total	6 059	6 059	–	4	183	479	614
30	1	613	...	...	...	...	...	...
31	2	1 004	...	...	...	...	...	...
32	3	1 754	...	...	...	...	...	...
33	4	1 793	...	...	...	...	...	...
34	5	651	...	...	...	...	...	...
35	6 plus	244	...	...	...	...	...	...
	Female – Féminin							
36	Total	1 406	1 406	–	7	87	113	100
37	1	562	...	...	...	...	...	...
38	2	816	...	...	...	...	...	...
39	3	25	...	...	...	...	...	...
40	4	1	...	...	...	...	...	...
41	5	2	...	...	...	...	...	...
42	6 plus	–	...	...	...	...	...	...
	Slovakia – Slovaquie							
	3 III 1991 [5]							
	Total							
43	Total	1 832 484	1 831 541	–	9 468	75 475	162 270	202 031
44	1	399 288	398 541	–	5 286	18 557	20 348	20 135
45	2	438 827	438 736	–	2 543	21 157	23 035	16 706
46	3	336 692	336 639	–	1 373	25 141	50 538	34 162
47	4 plus	657 677	657 625	–	266	10 620	68 349	131 028
	Male – Masculin							
48	Total	1 409 157	1 408 570	–	5 037	59 519	143 335	179 747
49	1	139 284	138 855	–	2 504	10 474	12 906	12 898
50	2	339 711	339 648	–	1 108	14 921	15 853	9 747
51	3	292 083	292 037	–	1 188	23 778	47 150	28 341
52	4 plus	638 079	638 030	–	237	10 346	67 426	128 761

30. Ménages selon l'âge et le sexe du chef de ménage, la dimension du ménage et la résidence, urbaine/rurale: chaque recensement, 1985 – 1995 (suite)

(Voir notes à la fin du tableau.)

Age (en années) 35–39	40–44	45–49	50–54	55–59	60–64	65–69	70–74	75+	Unknown Inconnu	
789 921	758 427	616 071	741 271	789 617	754 791	656 922	367 322	587 441	1 681	1
55 194	52 753	50 682	79 818	113 585	154 285	183 956	135 831	279 592	1 323	2
73 088	77 732	93 238	179 262	272 227	324 926	299 788	152 442	207 521	202	3
176 953	168 407	149 980	190 608	182 988	128 049	74 521	31 506	40 258	98	4
281 039	250 699	162 847	143 706	100 809	58 580	33 325	15 803	21 695	42	5
110 338	109 522	84 127	77 779	61 083	42 185	29 139	14 153	17 367	11	6
93 309	99 314	75 197	70 098	58 925	46 766	36 193	17 587	21 008	5	7
689 885	656 483	522 299	609 135	622 525	557 549	439 672	210 863	307 152	1 070	8
35 065	32 161	26 418	32 728	34 906	38 131	38 484	24 464	67 659	771	9
44 730	48 100	64 850	140 159	228 800	283 971	264 285	130 234	173 154	169	10
151 183	142 705	129 984	169 430	164 634	113 807	62 606	23 844	26 840	83	11
266 837	236 793	151 841	131 535	88 927	48 087	24 217	10 076	13 485	34	12
103 731	102 584	78 453	70 759	52 692	33 285	20 614	9 097	10 977	8	13
88 339	94 140	70 753	64 524	52 566	40 268	29 466	13 148	15 037	5	14
100 036	101 944	93 772	132 136	167 092	197 242	217 250	156 459	280 289	611	15
20 129	20 592	24 264	47 090	78 679	116 154	145 472	111 367	211 933	552	16
28 358	29 632	28 388	39 103	43 427	40 955	35 503	22 208	34 367	33	17
25 770	25 702	19 996	21 178	18 354	14 242	11 915	7 662	13 418	15	18
14 202	13 906	11 006	12 171	11 882	10 493	9 108	5 727	8 210	8	19
6 607	6 938	5 674	7 020	8 391	8 900	8 525	5 056	6 390	3	20
4 970	5 174	4 444	5 574	6 359	6 498	6 727	4 439	5 971	–	21
791	685	685	698	666	688	519	511	635	–	22
...	...	...	...	...	...	...	...	...	...	23
...	...	...	...	...	...	...	...	...	...	24
...	...	...	...	...	...	...	...	...	...	25
...	...	...	...	...	...	...	...	...	...	26
...	...	...	...	...	...	...	...	...	...	27
...	...	...	...	...	...	...	...	...	...	28
713	623	641	624	562	548	394	346	328	–	29
...	...	...	...	...	...	...	...	...	...	30
...	...	...	...	...	...	...	...	...	...	31
...	...	...	...	...	...	...	...	...	...	32
...	...	...	...	...	...	...	...	...	...	33
...	...	...	...	...	...	...	...	...	...	34
...	...	...	...	...	...	...	...	...	...	35
78	62	44	74	104	140	125	165	307	–	36
...	...	...	...	...	...	...	...	...	...	37
...	...	...	...	...	...	...	...	...	...	38
...	...	...	...	...	...	...	...	...	...	39
...	...	...	...	...	...	...	...	...	...	40
...	...	...	...	...	...	...	...	...	...	41
...	...	...	...	...	...	...	...	...	...	42
223 579	196 131	153 002	141 538	145 200	149 848	146 535	*——— 226 464 ———*		943	43
21 778	19 853	19 108	22 940	31 434	43 277	54 840	*——— 120 985 ———*		747	44
16 166	16 775	22 963	37 470	56 944	68 840	68 847	*——— 87 290 ———*		91	45
29 026	29 290	35 874	39 337	34 565	26 008	17 031	*——— 14 294 ———*		53	46
156 609	130 213	75 057	41 791	22 257	11 723	5 817	*——— 3 895 ———*		52	47
195 980	168 542	127 354	113 614	109 821	103 652	90 202	*——— 111 767 ———*		587	48
13 904	12 075	9 799	9 314	9 406	10 114	10 863	*——— 24 598 ———*		429	49
8 609	8 601	14 023	28 633	47 854	59 101	59 168	*——— 72 030 ———*		63	50
20 849	21 529	30 848	35 662	31 678	23 748	15 209	*——— 12 057 ———*		46	51
152 618	126 337	72 684	40 005	20 883	10 689	4 962	*——— 3 082 ———*		49	52

30. Households by age and sex of householder and size of household and urban/rural residence: each census, 1985 – 1995 (continued)

(See notes at end of table.)

	Continent, country or area, date, sex, size(number of persons) and urban/rural residence Continent, pays ou zone, date, sexe, dimension du ménage (nombre de personnes) et résidence, urbaine/rurale	Age (in years) All ages Tous âges	15 + [1]	– 15	15–19	20–24	25–29	30–34
	EUROPE (Cont.–Suite)							
	Slovakia – Slovaquie							
	3 III 1991 [5]							
	Female – Féminin							
1	Total	423 327	422 971	–	4 431	15 956	18 935	22 284
2	1	260 004	259 686	–	2 782	8 083	7 442	7 237
3	2	99 116	99 088	–	1 435	6 236	7 182	6 959
4	3	44 609	44 602	–	185	1 363	3 388	5 821
5	4 plus	19 598	19 595	–	29	274	923	2 267
	Slovenia – Slovénie							
	31 III 1991 [5]							
	Total							
6	Total	640 198	639 346	649	1 070	11 663	39 274	62 140
7	1	115 395	115 055	236	413	2 625	4 806	5 303
8	2	134 141	133 937	163	302	2 698	5 861	6 549
9	3	136 688	136 545	119	211	4 179	13 579	15 534
10	4	160 721	160 605	96	99	1 593	11 900	26 689
11	5	55 185	55 153	22	29	340	2 121	5 726
12	6 plus	38 068	38 051	13	16	228	1 007	2 339
	Male – Masculin							
13	Total	357 714	357 226	364	438	4 864	21 801	37 439
14	1	38 322	38 132	123	183	1 390	2 928	3 501
15	2	68 074	67 963	91	113	910	2 487	2 558
16	3	81 469	81 390	64	75	1 804	8 194	9 191
17	4	108 043	107 967	63	43	530	6 493	17 092
18	5	35 907	35 884	17	17	138	1 109	3 548
19	6 plus	25 899	25 890	6	7	92	590	1 549
	Female – Féminin							
20	Total	282 484	282 120	285	632	6 799	17 473	24 701
21	1	77 073	76 923	113	230	1 235	1 878	1 802
22	2	66 067	65 974	72	189	1 788	3 374	3 991
23	3	55 219	55 155	55	136	2 375	5 385	6 343
24	4	52 678	52 638	33	56	1 063	5 407	9 597
25	5	19 278	19 269	5	12	202	1 012	2 178
26	6 plus	12 169	12 161	7	9	136	417	790
	Sweden – Suède							
	1 XI 1985 [5]							
	Total							
27	Total	3 670 335	3 670 335	3	24 141	213 888	297 012	317 896
	Male – Masculin							
28	Total	2 688 983	2 688 983	2	11 221	137 638	227 740	261 826
	Female – Féminin							
29	Total	981 352	981 352	1	12 920	76 250	69 272	56 070
	1 XI 1990 [5]							
	Total							
30	Total	3 830 037	3 830 037	–	24 924	227 977	320 175	310 283
31	1	1 515 655	1 515 655	–	22 493	156 351	150 943	99 573
32	2	1 189 602	1 189 602	–	2 157	55 570	87 301	57 594
33	3	471 182	471 182	–	249	13 161	48 588	55 937
34	4	452 957	452 957	–	14	2 633	27 459	69 226
35	5	157 478	157 478	–	9	217	5 082	22 619
36	6 plus	43 163	43 163	–	2	45	802	5 334
	Male – Masculin							
37	Total	2 411 441	2 411 441	–	11 305	138 655	216 224	218 509
38	1	684 791	684 791	–	9 902	85 590	92 596	66 536
39	2	850 427	850 427	–	1 184	40 824	61 706	36 433
40	3	340 523	340 523	–	199	9 944	35 451	37 868
41	4	369 644	369 644	–	11	2 094	21 961	55 596
42	5	130 611	130 611	–	7	168	3 906	17 974
43	6 plus	35 445	35 445	–	2	35	604	4 102

30. Ménages selon l'âge et le sexe du chef de ménage, la dimension du ménage et la résidence, urbaine/rurale: chaque recensement, 1985 – 1995 (suite)

(Voir notes à la fin du tableau.)

Age (en années)										
35–39	40–44	45–49	50–54	55–59	60–64	65–69	70–74	75+	Unknown Inconnu	
27 599	27 589	25 648	27 924	35 379	46 196	56 333	*——— 114 697 ———*		356	1
7 874	7 778	9 309	13 626	22 028	33 163	43 977	*——— 96 387 ———*		318	2
7 557	8 174	8 940	8 837	9 090	9 739	9 679	*——— 15 260 ———*		28	3
8 177	7 761	5 026	3 675	2 887	2 260	1 822	*——— 2 237 ———*		7	4
3 991	3 876	2 373	1 786	1 374	1 034	855	*——— 813 ———*		3	5
75 440	72 151	59 946	63 628	64 018	61 493	49 970	27 337	51 216	203	6
6 103	6 737	6 107	7 960	10 354	13 981	15 612	10 243	24 811	104	7
7 268	7 296	8 247	12 505	18 243	21 181	18 272	9 714	15 801	41	8
15 209	14 669	14 161	16 350	15 343	11 918	7 274	3 247	4 871	24	9
34 108	29 731	19 239	14 721	9 682	5 830	3 298	1 541	2 174	20	10
8 920	9 209	7 408	6 689	5 306	4 020	2 573	1 158	1 654	10	11
3 832	4 509	4 784	5 403	5 090	4 563	2 941	1 434	1 905	4	12
47 207	45 954	37 753	39 610	37 625	32 917	21 967	11 040	18 611	124	13
4 179	4 473	3 550	3 741	3 501	3 106	2 387	1 390	3 803	67	14
2 862	2 963	3 382	5 898	9 849	12 310	10 241	5 524	8 866	20	15
8 229	7 925	8 093	10 449	10 236	7 981	4 426	1 941	2 846	15	16
23 297	21 142	14 123	10 862	6 821	3 908	1 806	765	1 085	13	17
6 038	6 368	5 304	4 802	3 610	2 420	1 224	535	771	6	18
2 602	3 083	3 301	3 858	3 608	3 192	1 883	885	1 240	3	19
28 233	26 197	22 193	24 018	26 393	28 576	28 003	16 297	32 605	79	20
1 924	2 264	2 557	4 219	6 853	10 875	13 225	8 853	21 008	37	21
4 406	4 333	4 865	6 607	8 394	8 871	8 031	4 190	6 935	21	22
6 980	6 744	6 068	5 901	5 107	3 937	2 848	1 306	2 025	9	23
10 811	8 589	5 116	3 859	2 861	1 922	1 492	776	1 089	7	24
2 882	2 841	2 104	1 887	1 696	1 600	1 349	623	883	4	25
1 230	1 426	1 483	1 545	1 482	1 371	1 058	549	665	1	26
366 781	354 361	273 341	245 728	260 006	292 426	289 400	274 421	460 931	–	27
306 705	295 993	226 865	201 693	207 152	221 577	202 411	169 773	218 387	–	28
60 076	58 368	46 476	44 035	52 854	70 849	86 989	104 648	242 544	–	29
320 139	369 327	363 554	279 660	248 080	260 004	288 977	279 917	537 020	–	30
76 203	77 462	82 679	75 545	79 406	96 713	122 456	135 625	340 206	–	31
44 064	54 321	78 815	95 693	113 035	132 616	148 954	134 218	185 264	–	32
49 309	64 817	82 702	62 485	38 148	23 394	14 219	8 380	9 793	–	33
95 970	112 315	85 931	35 113	13 591	5 611	2 515	1 295	1 284	–	34
42 763	46 928	26 350	8 430	2 847	1 134	552	243	304	–	35
11 830	13 484	7 077	2 394	1 053	536	281	156	169	–	36
227 255	258 945	254 057	195 392	169 822	169 337	174 281	152 092	225 567	–	37
53 400	51 294	48 594	38 967	36 368	38 906	42 284	39 250	81 104	–	38
22 868	25 644	46 054	67 438	86 072	104 075	117 025	104 683	136 421	–	39
29 579	40 299	60 130	49 523	31 912	19 874	12 053	6 816	6 875	–	40
77 142	91 128	70 739	29 908	11 978	4 996	2 213	1 040	838	–	41
34 889	39 348	22 459	7 457	2 546	1 013	465	180	199	–	42
9 377	11 232	6 081	2 099	946	473	241	123	130	–	43

30. Households by age and sex of householder and size of household and urban/rural residence: each census, 1985 – 1995 (continued)

(See notes at end of table.)

	Continent, country or area, date, sex, size(number of persons) and urban/rural residence Continent, pays ou zone, date, sexe, dimension du ménage (nombre de personnes) et résidence, urbaine/rurale	All ages Tous âges	15 + [1]	– 15	15–19	20–24	25–29	30–34
			Age (in years)					
	EUROPE (Cont.–Suite)							
	Sweden – Suède							
	1 XI 1990 [5]							
	Female – Féminin							
1	Total	1 418 596	1 418 596	–	13 619	89 322	103 951	91 774
2	1	830 864	830 864	–	12 591	70 761	58 347	33 037
3	2	339 175	339 175	–	973	14 746	25 595	21 161
4	3	130 659	130 659	–	50	3 217	13 137	18 069
5	4	83 313	83 313	–	3	539	5 498	13 630
6	5	26 867	26 867	–	2	49	1 176	4 645
7	6 plus	7 718	7 718	–	–	10	198	1 232
	Switzerland – Suisse							
	4 XII 1990 [2 5]							
	Total							
8	Total	2 841 850	2 841 850	–	9 495	140 122	278 917	295 170
9	1	920 330	920 330	–	7 831	84 067	116 651	80 849
10	2	899 754	899 754	–	1 269	44 107	94 133	70 636
11	3	424 241	424 241	–	288	8 937	39 764	53 403
12	4	413 171	413 171	–	72	2 309	22 311	64 782
13	5	136 743	136 743	–	17	459	4 755	19 912
14	6 plus	47 611	47 611	–	18	243	1 303	5 588
	Male – Masculin							
15	Total	2 057 592	2 057 592	–	4 079	80 956	205 646	241 559
16	1	376 293	376 293	–	3 253	40 494	67 821	49 744
17	2	737 964	737 964	–	609	30 512	74 992	57 409
18	3	370 020	370 020	–	162	7 435	35 961	47 482
19	4	395 091	395 091	–	37	1 942	21 142	62 341
20	5	132 226	132 226	–	6	381	4 521	19 218
21	6 plus	45 998	45 998	–	12	192	1 209	5 365
	Female – Féminin							
22	Total	784 258	784 258	–	5 416	59 166	73 271	53 611
23	1	544 037	544 037	–	4 578	43 573	48 830	31 105
24	2	161 790	161 790	–	660	13 595	19 141	13 227
25	3	54 221	54 221	–	126	1 502	3 803	5 921
26	4	18 080	18 080	–	35	367	1 169	2 441
27	5	4 517	4 517	–	11	78	234	694
28	6 plus	1 613	1 613	–	6	51	94	223
	OCEANIA—OCEANIE							
	Cook Islands – Iles Cook							
	1 XII 1991*							
	Total							
29	Total	...	3 668	...	28	169	344	383
30	1	...	374	...	9	32	27	34
31	2	...	492	...	11	37	55	49
32	3	...	495	...	5	37	62	66
33	4	...	564	...	1	23	67	78
34	5	...	466	...	–	13	51	68
35	6 plus	...	1 277	...	2	27	82	88
36	Unknown – Inconnue	...	–	...	–	–	–	–
	Male – Masculin							
37	Total	...	2 984	...	21	127	283	324
38	1	...	273	...	5	25	21	27
39	2	...	371	...	10	33	42	39
40	3	...	385	...	3	27	48	51
41	4	...	466	...	1	15	61	72
42	5	...	386	...	–	8	41	60
43	6 plus	...	1 103	...	2	19	70	75
44	Unknown – Inconnue	...	–	...	–	–	–	–

30. Ménages selon l'âge et le sexe du chef de ménage, la dimension du ménage et la résidence, urbaine/rurale: chaque recensement, 1985 – 1995 (suite)

(Voir notes à la fin du tableau.)

Age (en années)										
35–39	40–44	45–49	50–54	55–59	60–64	65–69	70–74	75+	Unknown Inconnu	
92 884	110 382	109 497	84 268	78 258	90 667	114 696	127 825	311 453	–	1
22 803	26 168	34 085	36 578	43 038	57 807	80 172	96 375	259 102	–	2
21 196	28 677	32 761	28 255	26 963	28 541	31 929	29 535	48 843	–	3
19 730	24 518	22 572	12 962	6 236	3 520	2 166	1 564	2 918	–	4
18 828	21 187	15 192	5 205	1 613	615	302	255	446	–	5
7 874	7 580	3 891	973	301	121	87	63	105	–	6
2 453	2 252	996	295	107	63	40	33	39	–	7
280 484	291 027	276 617	229 479	216 764	196 057	181 498	152 406	293 814	–	8
58 925	54 238	53 359	48 120	50 833	57 246	67 504	67 041	173 666	–	9
50 026	50 534	60 727	71 427	90 991	95 551	90 613	72 892	106 848	–	10
45 068	50 186	59 211	54 851	45 402	29 178	17 205	9 746	11 002	–	11
84 040	90 548	71 390	38 676	20 797	10 012	4 437	2 027	1 770	–	12
31 986	33 563	23 429	11 793	5 998	2 797	1 186	488	360	–	13
10 439	11 958	8 501	4 612	2 743	1 273	553	212	168	–	14
232 349	239 008	223 814	181 943	165 589	141 027	118 013	89 995	133 614	–	15
35 782	31 697	28 094	22 178	19 299	16 857	15 124	13 532	32 418	–	16
38 170	36 386	45 083	57 401	76 552	84 005	81 418	65 204	90 223	–	17
36 896	39 962	50 866	49 408	41 530	26 779	15 684	8 762	9 093	–	18
80 424	86 690	68 711	37 070	19 789	9 498	4 156	1 846	1 445	–	19
30 955	32 630	22 788	11 435	5 777	2 669	1 108	449	289	–	20
10 122	11 643	8 272	4 451	2 642	1 219	523	202	146	–	21
48 135	52 019	52 803	47 536	51 175	55 030	63 485	62 411	160 200	–	22
23 143	22 541	25 265	25 942	31 534	40 389	52 380	53 509	141 248	–	23
11 856	14 148	15 644	14 026	14 439	11 546	9 195	7 688	16 625	–	24
8 172	10 224	8 345	5 443	3 872	2 399	1 521	984	1 909	–	25
3 616	3 858	2 679	1 606	1 008	514	281	181	325	–	26
1 031	933	641	358	221	128	78	39	71	–	27
317	315	229	161	101	54	30	10	22	–	28
344	404	391	416	377	294	215	160	143	–	29
27	22	26	34	37	30	36	25	35	–	30
23	35	45	46	55	48	31	35	22	–	31
33	44	38	45	50	36	27	28	24	–	32
65	71	56	60	42	41	26	16	18	–	33
55	54	57	54	35	32	21	17	9	–	34
141	178	169	177	158	107	74	39	35	–	35
–	–	–	–	–	–	–	–	–	–	36
293	355	324	340	311	238	163	115	90	–	37
21	16	19	25	28	27	25	17	17	–	38
18	30	30	34	39	39	20	22	15	–	39
22	35	30	35	43	29	23	21	18	–	40
56	57	46	50	39	29	17	13	10	–	41
47	50	47	49	27	25	16	11	5	–	42
129	167	152	147	135	89	62	31	25	–	43
–	–	–	–	–	–	–	–	–	–	44

30. Households by age and sex of householder and size of household and urban/rural residence: each census, 1985 – 1995 (continued)

(See notes at end of table.)

	Continent, country or area, date, sex, size(number of persons) and urban/rural residence Continent, pays ou zone, date, sexe, dimension du ménage (nombre de personnes) et résidence, urbaine/rurale	Age (in years) All ages Tous âges	15 + [1]	– 15	15–19	20–24	25–29	30–34
	OCEANIA—OCEANIE(Cont.–Suite)							
	Cook Islands – Iles Cook							
	1 XII 1991*							
	Female – Féminin							
1	Total	...	684	...	7	42	61	59
2	1	...	101	...	4	7	6	7
3	2	...	121	...	1	4	13	10
4	3	...	110	...	2	10	14	15
5	4	...	98	...	–	8	6	6
6	5	...	80	...	–	5	10	8
7	6 plus	...	174	...	–	8	12	13
8	Unknown – Inconnue	...	–	...	–	–	–	–
	New Zealand – Nouvelle–Zélande							
	4 III 1986 [5 31]							
	Total							
9	Total	1 069 446	1 069 446	–	12 129	67 773	111 165	119 505
10	1	199 167	199 176	–	1 935	8 712	11 247	10 041
11	2	333 660	333 660	–	4 788	30 714	38 259	21 552
12	3	179 181	179 184	–	2 895	15 900	25 986	21 831
13	4	194 817	194 817	–	1 539	8 424	22 653	36 927
14	5	103 608	103 605	–	642	2 754	8 910	19 686
15	6 plus	59 013	59 004	–	333	1 275	4 101	9 462
	Male – Masculin							
16	Total	714 816	714 819	–	4 989	37 284	72 645	82 350
17	1	77 073	77 076	–	1 041	5 349	7 464	6 654
18	2	241 218	241 218	–	1 701	17 010	25 908	14 412
19	3	123 477	123 477	–	1 167	8 448	16 794	13 980
20	4	147 708	147 708	–	633	4 437	14 619	26 640
21	5	80 733	80 733	–	306	1 413	5 574	14 187
22	6 plus	44 610	44 601	–	141	630	2 283	6 474
	Female – Féminin							
23	Total	354 630	354 627	–	7 140	30 489	38 520	37 155
24	1	122 094	122 100	–	894	3 363	3 783	3 387
25	2	92 442	92 442	–	3 087	13 704	12 351	7 140
26	3	55 704	55 707	–	1 728	7 452	9 192	7 851
27	4	47 109	47 109	–	906	3 987	8 034	10 287
28	5	22 875	22 872	–	336	1 341	3 336	5 499
29	6 plus	14 403	14 403	–	192	645	1 818	2 988
	5 III 1991 [5 31]							
	Total							
30	Total	1 175 634	1 175 259	372	14 259	69 279	115 026	134 922
31	1	247 536	247 476	63	2 694	10 755	15 594	15 606
32	2	374 586	374 493	96	5 502	29 067	40 386	28 248
33	3	205 305	205 212	99	3 210	16 332	26 391	27 054
34	4	191 415	191 352	69	1 638	8 433	19 839	34 581
35	5	97 299	97 260	39	747	3 063	8 202	18 930
36	6 plus	59 490	59 493	9	468	1 632	4 617	10 503
	Male – Masculin							
37	Total	737 892	737 703	195	5 454	31 980	64 530	83 985
38	1	103 287	103 266	27	1 554	6 219	10 002	10 308
39	2	256 002	255 951	51	1 746	13 245	23 574	17 256
40	3	129 693	129 645	54	1 050	6 981	13 938	15 315
41	4	135 522	135 483	39	597	3 576	10 563	22 239
42	5	70 848	70 827	21	321	1 302	4 218	12 228
43	6 plus	42 540	42 540	6	189	654	2 235	6 639
	Female – Féminin							
44	Total	437 742	437 556	177	8 805	37 299	50 496	50 937
45	1	144 249	144 210	36	1 140	4 536	5 592	5 298
46	2	118 584	118 542	45	3 756	15 822	16 812	10 992
47	3	75 612	75 567	45	2 160	9 351	12 453	11 739
48	4	55 893	55 869	30	1 041	4 857	9 276	12 342
49	5	26 451	26 433	18	426	1 761	3 984	6 702
50	6 plus	16 950	16 953	3	279	978	2 382	3 864

30. Ménages selon l'âge et le sexe du chef de ménage, la dimension du ménage et la résidence, urbaine/rurale: chaque recensement, 1985 – 1995 (suite)

(Voir notes à la fin du tableau.)

Age (en années)										
35–39	40–44	45–49	50–54	55–59	60–64	65–69	70–74	75+	Unknown Inconnu	
51	49	67	76	66	56	52	45	53	–	1
6	6	7	9	9	3	11	8	18	–	2
5	5	15	12	16	9	11	13	7	–	3
11	9	8	10	7	7	4	7	6	–	4
9	14	10	10	3	12	9	3	8	–	5
8	4	10	5	8	7	5	6	4	–	6
12	11	17	30	23	18	12	8	10	–	7
–	–	–	–	–	–	–	–	–	–	8
123 045	100 095	87 366	77 625	82 440	78 939	*——— 129 447 ———*		79 917	–	9
9 291	7 911	8 427	10 209	14 742	19 983	*——— 50 433 ———*		46 245	–	10
13 986	12 201	16 632	24 198	36 057	40 629	*——— 64 950 ———*		29 694	–	11
17 559	15 915	18 987	18 942	17 136	11 361	*——— 9 702 ———*		2 970	–	12
41 829	31 575	22 488	13 515	8 589	4 152	*——— 2 553 ———*		573	–	13
26 331	20 370	12 654	6 168	3 333	1 536	*——— 972 ———*		249	–	14
14 055	12 120	8 175	4 599	2 583	1 278	*——— 840 ———*		183	–	15
88 146	74 118	65 904	59 178	61 833	55 446	*——— 77 004 ———*		35 922	–	16
6 198	5 004	4 731	5 055	6 285	6 855	*——— 12 339 ———*		10 101	–	17
8 661	7 128	10 494	17 748	28 488	33 141	*——— 53 439 ———*		23 088	–	18
10 221	9 756	13 821	15 246	14 448	9 642	*——— 7 881 ———*		2 073	–	19
31 842	25 320	18 930	11 775	7 557	3 546	*——— 2 037 ———*		372	–	20
20 547	17 109	11 064	5 460	2 919	1 272	*——— 720 ———*		162	–	21
10 680	9 801	6 861	3 894	2 136	987	*——— 588 ———*		126	–	22
34 899	25 977	21 462	18 447	20 607	23 493	*——— 52 443 ———*		43 995	–	23
3 093	2 907	3 696	5 154	8 457	13 128	*——— 38 094 ———*		36 144	–	24
5 325	5 073	6 138	6 450	7 569	7 488	*——— 11 511 ———*		6 606	–	25
7 338	6 159	5 166	3 696	2 688	1 719	*——— 1 821 ———*		897	–	26
9 987	6 255	3 558	1 740	1 032	606	*——— 516 ———*		201	–	27
5 784	3 261	1 590	708	414	264	*——— 252 ———*		87	–	28
3 375	2 319	1 314	705	447	291	*——— 252 ———*		57	–	29
129 828	128 211	101 292	87 276	77 331	81 756	76 953	63 594	95 532	–	30
13 386	13 662	13 074	14 034	15 945	21 972	26 559	27 906	56 289	–	31
19 170	20 991	24 249	30 273	34 197	40 587	38 676	29 382	33 765	–	32
21 945	24 999	23 541	20 115	14 823	11 355	7 377	4 185	3 885	–	33
38 304	36 495	22 692	13 053	7 068	4 470	2 544	1 245	990	–	34
23 181	20 217	10 818	5 682	2 832	1 836	945	474	333	–	35
13 845	11 847	6 918	4 116	2 481	1 539	852	396	279	–	36
85 422	88 431	72 333	63 375	56 358	57 774	49 710	35 643	42 708	–	37
8 703	8 385	7 005	6 840	7 155	8 820	8 595	7 065	12 615	–	38
10 833	11 409	14 892	21 291	26 613	33 120	31 776	23 814	26 382	–	39
11 583	14 697	16 665	15 900	12 228	9 477	5 955	3 216	2 640	–	40
27 009	28 089	18 840	11 157	6 033	3 708	2 052	936	684	–	41
17 241	16 386	9 234	4 809	2 376	1 458	708	333	213	–	42
10 056	9 465	5 694	3 375	1 965	1 191	624	273	180	–	43
44 406	39 780	28 959	23 901	20 973	23 982	27 243	27 951	52 824	–	44
4 683	5 277	6 069	7 194	8 790	13 152	17 964	20 841	43 674	–	45
8 337	9 582	9 357	8 982	7 584	7 467	6 900	5 568	7 383	–	46
10 362	10 302	6 876	4 215	2 595	1 878	1 422	969	1 245	–	47
11 295	8 406	3 852	1 896	1 035	762	492	309	306	–	48
5 940	3 831	1 584	873	456	378	237	141	120	–	49
3 789	2 382	1 224	741	516	348	228	123	99	–	50

30. Households by age and sex of householder and size of household and urban/rural residence: each census, 1985 – 1995 (continued)

(See notes at end of table.)

	Continent, country or area, date, sex, size(number of persons) and urban/rural residence Continent, pays ou zone, date, sexe, dimension du ménage (nombre de personnes) et résidence, urbaine/rurale	Age (in years) All ages Tous âges	15 + [1]	– 15	15–19	20–24	25–29	30–34
	OCEANIA—OCEANIE(Cont.–Suite)							
	Tonga							
	28 XI 1986 [5]							
	Total							
1	Total	...	14 622	...	86	460	1 032	1 509
	Male – Masculin							
2	Total	...	11 708	...	70	398	913	1 273
	Female – Féminin							
3	Total	...	2 914	...	16	62	119	236

30. Ménages selon l'âge et le sexe du chef de ménage, la dimension du ménage et la résidence, urbaine/rurale: chaque recensement, 1985 – 1995 (suite)

(Voir notes à la fin du tableau.)

Age (en années)										
35–39	40–44	45–49	50–54	55–59	60–64	65–69	70–74	75+	Unknown Inconnu	
1 568	1 723	1 757	1 725	1 515	1 188	*—	— 2 059 —	—*	–	1
1 255	1 401	1 423	1 366	1 188	912	*—	— 1 509 —	—*	–	2
313	322	334	359	327	276	*—	— 550 —	—*	–	3

30. Households by age and sex of householder and size of household and urban/rural residence: each census, 1985 – 1995 (continued)
Data by urban/rural residence

(See notes at end of table.)

	Continent, country or area, date, sex, size(number of persons) and urban/rural residence Continent, pays ou zone, date, sexe, dimension du ménage (nombre de personnes) et résidence, urbaine/rurale	Age (in years) All ages Tous âges	15 + [1]	– 15	15–19	20–24	25–29	30–34
	AFRICA—AFRIQUE							
	Botswana							
	Urban – Urbaine							
	21 VIII 1991							
	Total							
1	Total	140 883	138 498	516	*———— —	42 948	————*	*————
2	1	30 784	30 410	89	*———— —	13 480	————*	*————
3	2	23 970	23 565	106	*———— —	10 619	————*	*————
4	3	17 357	17 027	83	*———— —	6 488	————*	*————
5	4	15 590	15 295	71	*———— —	4 632	————*	*————
6	5	13 375	13 151	60	*———— —	2 996	————*	*————
7	6 plus	39 807	39 050	107	*———— —	4 733	————*	*————
	Male – Masculin							
8	Total	78 314	77 002	193	*———— —	22 939	————*	*————
9	1	19 973	19 738	42	*———— —	8 059	————*	*————
10	2	14 979	14 726	55	*———— —	6 547	————*	*————
11	3	9 608	9 431	33	*———— —	3 520	————*	*————
12	4	7 936	7 793	21	*———— —	2 125	————*	*————
13	5	6 500	6 395	14	*———— —	1 167	————*	*————
14	6 plus	19 318	18 919	28	*———— —	1 521	————*	*————
	Female – Féminin							
15	Total	62 569	61 496	323	*———— —	20 009	————*	*————
16	1	10 811	10 672	47	*———— —	5 421	————*	*————
17	2	8 991	8 839	51	*———— —	4 072	————*	*————
18	3	7 749	7 596	50	*———— —	2 968	————*	*————
19	4	7 654	7 502	50	*———— —	2 507	————*	*————
20	5	6 875	6 756	46	*———— —	1 829	————*	*————
21	6 plus	20 489	20 131	79	*———— —	3 212	————*	*————
	Rural – Rurale							
	21 VIII 1991							
	Total							
22	Total	135 326	127 577	1 637	*———— —	24 901	————*	*————
23	1	19 638	18 566	235	*———— —	5 879	————*	*————
24	2	15 905	14 747	389	*———— —	4 440	————*	*————
25	3	14 557	13 586	317	*———— —	3 723	————*	*————
26	4	14 841	13 979	234	*———— —	3 186	————*	*————
27	5	14 429	13 594	160	*———— —	2 394	————*	*————
28	6 plus	55 956	53 105	302	*———— —	5 279	————*	*————
	Male – Masculin							
29	Total	67 820	63 430	1 011	*———— —	11 321	————*	*————
30	1	12 751	12 052	187	*———— —	3 746	————*	*————
31	2	8 932	8 175	284	*———— —	2 525	————*	*————
32	3	6 862	6 314	208	*———— —	1 699	————*	*————
33	4	6 344	5 922	123	*———— —	1 113	————*	*————
34	5	6 020	5 592	84	*———— —	732	————*	*————
35	6 plus	26 911	25 375	125	*———— —	1 506	————*	*————
	Female – Féminin							
36	Total	67 506	64 147	626	*———— —	13 580	————*	*————
37	1	6 887	6 514	48	*———— —	2 133	————*	*————
38	2	6 973	6 572	105	*———— —	1 915	————*	*————
39	3	7 695	7 272	109	*———— —	2 024	————*	*————
40	4	8 497	8 057	111	*———— —	2 073	————*	*————
41	5	8 409	8 002	76	*———— —	1 662	————*	*————
42	6 plus	29 045	27 730	177	*———— —	3 773	————*	*————
	Namibia – Namibie							
	Urban – Urbaine							
	21 X 1991							
	Total							
43	Total	73 870	73 808	26	686	4 757	*—— 23 926	————*
44	1	9 347	9 332	9	215	1 221	*—— 3 111	————*
45	2	11 342	11 334	8	174	1 144	*—— 3 812	————*
46	3	10 346	10 335	4	104	842	*—— 3 907	————*
47	4	10 588	10 585	1	54	562	*—— 4 023	————*
48	5	8 557	8 552	1	47	326	*—— 2 993	————*
49	6 plus	23 690	23 670	3	92	662	*—— 6 080	————*
50	Unknown – Inconnue	–	–	–	–	–	*—— –	————*

30. Ménages selon l'âge et le sexe du chef de ménage, la dimension du ménage et la résidence, urbaine/rurale: chaque recensement, 1985 – 1995 (suite)
Données selon la résidence urbaine/rurale

(Voir notes à la fin du tableau.)

35–39	40–44	45–49	50–54	55–59	60–64	65–69	70–74	75+	Unknown Inconnu	
				Age (en années)						
— 54 647	———*	*——— —	25 368 ———	———*	*———	——— 15 535	———	———*	1 869	1
— 11 005	———*	*——— —	3 868 ———	———*	*———	——— 2 057	———	———*	285	2
— 8 168	———*	*——— —	2 939 ———	———*	*———	——— 1 839	———	———*	299	3
— 6 479	———*	*——— —	2 465 ———	———*	*———	——— 1 595	———	———*	247	4
— 6 676	———*	*——— —	2 472 ———	———*	*———	——— 1 515	———	———*	224	5
— 6 286	———*	*——— —	2 442 ———	———*	*———	——— 1 427	———	———*	164	6
— 16 033	———*	*——— —	11 182 ———	———*	*———	——— 7 102	———	———*	650	7
— 31 823	———*	*——— —	14 857 ———	———*	*———	——— 7 383	———	———*	1 119	8
— 7 629	———*	*——— —	2 890 ———	———*	*———	——— 1 160	———	———*	193	9
— 5 354	———*	*——— —	1 943 ———	———*	*———	——— 882	———	———*	198	10
— 3 740	———*	*——— —	1 437 ———	———*	*———	——— 734	———	———*	144	11
— 3 683	———*	*——— —	1 333 ———	———*	*———	——— 652	———	———*	122	12
— 3 340	———*	*——— —	1 284 ———	———*	*———	——— 604	———	———*	91	13
— 8 077	———*	*——— —	5 970 ———	———*	*———	——— 3 351	———	———*	371	14
— 22 824	———*	*——— —	10 511 ———	———*	*———	——— 8 152	———	———*	750	15
— 3 376	———*	*——— —	978 ———	———*	*———	——— 897	———	———*	92	16
— 2 814	———*	*——— —	996 ———	———*	*———	——— 957	———	———*	101	17
— 2 739	———*	*——— —	1 028 ———	———*	*———	——— 861	———	———*	103	18
— 2 993	———*	*——— —	1 139 ———	———*	*———	——— 863	———	———*	102	19
— 2 946	———*	*——— —	1 158 ———	———*	*———	——— 823	———	———*	73	20
— 7 956	———*	*——— —	5 212 ———	———*	*———	——— 3 751	———	———*	279	21
— 35 912	———*	*——— —	31 707 ———	———*	*———	——— 35 057	———	———*	6 112	22
— 4 934	———*	*——— —	3 417 ———	———*	*———	——— 4 336	———	———*	837	23
— 3 511	———*	*——— —	2 723 ———	———*	*———	——— 4 073	———	———*	769	24
— 3 493	———*	*——— —	2 750 ———	———*	*———	——— 3 620	———	———*	654	25
— 4 206	———*	*——— —	3 088 ———	———*	*———	——— 3 499	———	———*	628	26
— 4 706	———*	*——— —	3 227 ———	———*	*———	——— 3 267	———	———*	675	27
— 15 062	———*	*——— —	16 502 ———	———*	*———	——— 16 262	———	———*	2 549	28
— 16 293	———*	*——— —	16 571 ———	———*	*———	——— 19 245	———	———*	3 379	29
— 3 487	———*	*——— —	2 391 ———	———*	*———	——— 2 428	———	———*	512	30
— 2 006	———*	*——— —	1 444 ———	———*	*———	——— 2 200	———	———*	473	31
— 1 545	———*	*——— —	1 253 ———	———*	*———	——— 1 817	———	———*	340	32
— 1 700	———*	*——— —	1 332 ———	———*	*———	——— 1 777	———	———*	299	33
— 1 745	———*	*——— —	1 458 ———	———*	*———	——— 1 657	———	———*	344	34
— 5 810	———*	*——— —	8 693 ———	———*	*———	——— 9 366	———	———*	1 411	35
— 19 619	———*	*——— —	15 136 ———	———*	*———	——— 15 812	———	———*	2 733	36
— 1 447	———*	*——— —	1 026 ———	———*	*———	——— 1 908	———	———*	325	37
— 1 505	———*	*——— —	1 279 ———	———*	*———	——— 1 873	———	———*	296	38
— 1 948	———*	*——— —	1 497 ———	———*	*———	——— 1 803	———	———*	314	39
— 2 506	———*	*——— —	1 756 ———	———*	*———	——— 1 722	———	———*	329	40
— 2 961	———*	*——— —	1 769 ———	———*	*———	——— 1 610	———	———*	331	41
— 9 252	———*	*——— —	7 809 ———	———*	*———	——— 6 896	———	———*	1 138	42
*———	20 722 ———*	*———	———	19 101 ———	———*	*———	— 4 616	———*	36	43
*———	1 867 ———*	*———	———	1 964 ———	———*	*———	— 954	———*	6	44
*———	2 149 ———*	*———	———	2 931 ———	———*	*———	— 1 124	———*	–	45
*———	2 469 ———*	*———	———	2 551 ———	———*	*———	— 462	———*	7	46
*———	3 312 ———*	*———	———	2 256 ———	———*	*———	— 378	———*	2	47
*———	2 952 ———*	*———	———	1 917 ———	———*	*———	— 317	———*	4	48
*———	7 973 ———*	*———	———	7 482 ———	———*	*———	— 1 381	———*	17	49
*———	– ———*	*———	———	– ———	———*	*———	— –	———*	–	50

30. Households by age and sex of householder and size of household and urban/rural residence: each census, 1985 – 1995 (continued)
Data by urban/rural residence

(See notes at end of table.)

	Continent, country or area, date, sex, size(number of persons) and urban/rural residence — Continent, pays ou zone, date, sexe, dimension du ménage (nombre de personnes) et résidence, urbaine/rurale	Age (in years)						
		All ages Tous âges	15 + [1]	– 15	15–19	20–24	25–29	30–34
	AFRICA—AFRIQUE (Cont.–Suite)							
	Namibia – Namibie							
	Urban – Urbaine							
	21 X 1991							
	Male – Masculin							
1	Total	51 128	51 079	19	342	2 796	*—— 16 417	——*
2	1	5 775	5 764	7	117	711	*—— 2 037	——*
3	2	8 050	8 044	6	92	712	*—— 2 544	——*
4	3	7 330	7 320	4	48	526	*—— 2 731	——*
5	4	7 744	7 743	–	25	325	*—— 2 946	——*
6	5	6 167	6 162	1	22	190	*—— 2 155	——*
7	6 plus	16 062	16 046	1	38	332	*—— 4 004	——*
8	Unknown – Inconnue	–	–	–	–	–	*—— –	——*
	Female – Féminin							
9	Total	22 742	22 729	7	344	1 961	*—— 7 509	——*
10	1	3 572	3 568	2	98	510	*—— 1 074	——*
11	2	3 292	3 290	2	82	432	*—— 1 268	——*
12	3	3 016	3 015	–	56	316	*—— 1 176	——*
13	4	2 844	2 842	1	29	237	*—— 1 077	——*
14	5	2 390	2 390	–	25	136	*—— 838	——*
15	6 plus	7 628	7 624	2	54	330	*—— 2 076	——*
16	Unknown – Inconnue	–	–	–	–	–	*—— –	——*
	Rural – Rurale							
	21 X 1991							
	Total							
17	Total	180 519	180 154	254	3 857	10 069	*—— 33 699	——*
18	1	17 826	17 752	52	869	1 977	*—— 3 978	——*
19	2	20 555	20 476	68	937	2 106	*—— 4 363	——*
20	3	21 565	21 481	72	702	1 975	*—— 5 413	——*
21	4	23 039	22 991	35	522	1 432	*—— 5 809	——*
22	5	21 561	21 534	16	335	928	*—— 4 806	——*
23	6 plus	59 278	59 240	10	451	1 455	*—— 7 812	——*
24	Unknown – Inconnue	16 695	16 680	1	41	196	*—— 1 518	——*
	Male – Masculin							
25	Total	103 338	103 136	125	2 215	5 890	*—— 19 130	——*
26	1	12 735	12 679	39	673	1 560	*—— 3 013	——*
27	2	12 872	12 828	33	595	1 325	*—— 2 762	——*
28	3	11 574	11 540	28	358	1 078	*—— 3 049	——*
29	4	12 002	11 980	14	251	739	*—— 3 273	——*
30	5	11 143	11 130	6	143	457	*—— 2 573	——*
31	6 plus	26 317	26 299	4	154	535	*—— 2 942	——*
32	Unknown – Inconnue	16 695	16 680	1	41	196	*—— 1 518	——*
	Female – Féminin							
33	Total	77 181	77 018	129	1 642	4 179	*—— 14 569	——*
34	1	5 091	5 073	13	196	417	*—— 965	——*
35	2	7 683	7 648	35	342	781	*—— 1 601	——*
36	3	9 991	9 941	44	344	897	*—— 2 364	——*
37	4	11 037	11 011	21	271	693	*—— 2 536	——*
38	5	10 418	10 404	10	192	471	*—— 2 233	——*
39	6 plus	32 961	32 941	6	297	920	*—— 4 870	——*
40	Unknown – Inconnue	–	–	–	–	–	*—— –	——*
	Uganda – Ouganda							
	Urban – Urbaine							
	12 I 1991*							
	Total							
41	Total	...	445 020	[8] 1 375	20 191	72 721	96 033	78 495
	Male – Masculin							
42	Total	...	297 783	[8] 660	11 539	48 041	66 201	55 136
	Female – Féminin							
43	Total	...	147 237	[8] 715	8 652	24 680	29 832	23 359
	Rural – Rurale							
	12 I 1991*							
	Total							
44	Total	...	2 978 288	[8] 5 481	70 191	291 088	417 813	391 545

30. Ménages selon l'âge et le sexe du chef de ménage, la dimension du ménage et la résidence, urbaine/rurale: chaque recensement, 1985 – 1995 (suite)
Données selon la résidence urbaine/rurale

(Voir notes à la fin du tableau.)

Age (en années)										
35–39	40–44	45–49	50–54	55–59	60–64	65–69	70–74	75+	Unknown Inconnu	
*— 15 043	—*	*—	— 13 827	—	—*	*— —	2 654	—*	30	1
*— 1 333	—*	*—	— 1 251	—	—*	*— —	315	—*	4	2
*— 1 501	—*	*—	— 2 314	—	—*	*— —	881	—*	–	3
*— 1 710	—*	*—	— 2 020	—	—*	*— —	285	—*	6	4
*— 2 517	—*	*—	— 1 706	—	—*	*— —	224	—*	1	5
*— 2 204	—*	*—	— 1 403	—	—*	*— —	188	—*	4	6
*— 5 778	—*	*—	— 5 133	—	—*	*— —	761	—*	15	7
*— –	—*	*—	— –	—	—*	*— —	–	—*	–	8
*— 5 679	—*	*—	— 5 274	—	—*	*— —	1 962	—*	6	9
*— 534	—*	*—	— 713	—	—*	*— —	639	—*	2	10
*— 648	—*	*—	— 617	—	—*	*— —	243	—*	–	11
*— 759	—*	*—	— 531	—	—*	*— —	177	—*	1	12
*— 795	—*	*—	— 550	—	—*	*— —	154	—*	1	13
*— 748	—*	*—	— 514	—	—*	*— —	129	—*	–	14
*— 2 195	—*	*—	— 2 349	—	—*	*— —	620	—*	2	15
*— –	—*	*—	— –	—	—*	*— —	–	—*	–	16
*— 34 354	—*	*—	— 57 470	—	—*	*— —	40 705	—*	111	17
*— 2 860	—*	*—	— 4 667	—	—*	*— —	3 401	—*	22	18
*— 3 352	—*	*—	— 5 638	—	—*	*— —	4 080	—*	11	19
*— 3 811	—*	*—	— 5 591	—	—*	*— —	3 989	—*	12	20
*— 4 651	—*	*—	— 6 107	—	—*	*— —	4 470	—*	13	21
*— 4 629	—*	*—	— 6 409	—	—*	*— —	4 427	—*	11	22
*— 11 881	—*	*—	— 21 857	—	—*	*— —	15 784	—*	28	23
*— 3 170	—*	*—	— 7 201	—	—*	*— —	4 554	—*	14	24
*— 20 365	—*	*—	— 34 441	—	—*	*— —	21 095	—*	77	25
*— 2 224	—*	*—	— 3 354	—	—*	*— —	1 855	—*	17	26
*— 2 300	—*	*—	— 3 792	—	—*	*— —	2 054	—*	11	27
*— 2 293	—*	*—	— 3 078	—	—*	*— —	1 684	—*	6	28
*— 2 700	—*	*—	— 3 168	—	—*	*— —	1 849	—*	8	29
*— 2 594	—*	*—	— 3 392	—	—*	*— —	1 971	—*	7	30
*— 5 084	—*	*—	— 10 456	—	—*	*— —	7 128	—*	14	31
*— 3 170	—*	*—	— 7 201	—	—*	*— —	4 554	—*	14	32
*— 13 989	—*	*—	— 23 029	—	—*	*— —	19 610	—*	34	33
*— 636	—*	*—	— 1 313	—	—*	*— —	1 546	—*	5	34
*— 1 052	—*	*—	— 1 846	—	—*	*— —	2 026	—*	–	35
*— 1 518	—*	*—	— 2 513	—	—*	*— —	2 305	—*	6	36
*— 1 951	—*	*—	— 2 939	—	—*	*— —	2 621	—*	5	37
*— 2 035	—*	*—	— 3 017	—	—*	*— —	2 456	—*	4	38
*— 6 797	—*	*—	— 11 401	—	—*	*— —	8 656	—*	14	39
*— –	—*	*—	— –	—	—*	*— —	–	—*	–	40
54 050	36 925	26 300	21 866	11 218	10 629	5 725	4 886	5 981	585	41
37 614	25 332	17 971	13 866	7 413	5 781	3 337	2 440	3 112	352	42
16 436	11 593	8 329	8 000	3 805	4 848	2 388	2 446	2 869	233	43
320 235	278 284	251 308	248 996	167 651	179 070	117 004	105 125	139 978	3 428	44

30. Households by age and sex of householder and size of household and urban/rural residence: each census, 1985 – 1995 (continued)
Data by urban/rural residence

(See notes at end of table.)

	Continent, country or area, date, sex, size(number of persons) and urban/rural residence — Continent, pays ou zone, date, sexe, dimension du ménage (nombre de personnes) et résidence, urbaine/rurale	All ages Tous âges	Age (in years) 15 +[1]	– 15	15–19	20–24	25–29	30–34
	AFRICA—AFRIQUE (Cont.–Suite)							
	Uganda – Ouganda							
	Rural – Rurale							
	12 I 1991*							
	Male – Masculin							
1	Total	...	2 134 342	[8]2 962	46 372	222 118	327 650	298 762
	Female – Féminin							
2	Total	...	843 946	[8]2 519	23 819	68 970	90 163	92 783
	AMERICA,SOUTH— AMERIQUE DU SUD							
	Uruguay							
	Urban – Urbaine							
	23 X 1985*[21]							
	Total							
3	Total	756 200	755 700	400	3 000	27 500	59 400	66 700
4	1	113 000	112 900	200	1 000	4 200	5 000	4 300
5	2 plus	643 200	642 800	200	2 000	23 300	54 400	62 400
	Male – Masculin							
6	Total	570 200	569 900	300	2 000	22 900	52 000	58 100
7	1	50 100	50 100	100	600	2 800	3 300	2 800
8	2 plus	520 100	519 800	200	1 400	20 100	48 700	55 300
	Female – Féminin							
9	Total	186 000	185 800	100	1 000	4 600	7 400	8 600
10	1	62 900	62 800	100	400	1 400	1 700	1 500
11	2 plus	123 100	123 000	–	600	3 200	5 700	7 100
	Rural – Rurale							
	23 X 1985*[21]							
	Total							
12	Total	106 400	106 300	100	700	3 900	7 300	10 400
13	1	17 200	17 300	–	200	700	800	800
14	2 plus	89 200	89 000	100	500	3 200	6 500	9 600
	Male – Masculin							
15	Total	94 400	94 300	100	600	3 400	6 700	9 600
16	1	14 400	14 400	–	200	600	700	700
17	2 plus	80 000	79 900	100	400	2 800	6 000	8 900
	Female – Féminin							
18	Total	12 000	12 000	–	100	500	600	800
19	1	2 800	2 900	–	–	100	100	100
20	2 plus	9 200	9 100	–	100	400	500	700
	ASIA—ASIE							
	Cyprus – Chypre							
	Urban – Urbaine							
	1 X 1992[5,22]							
	Total							
21	Total	125 485	125 089	–	*—— 3 136	——*	*——	——
22	1	15 506	15 368	–	*—— 640	——*	*——	——
23	2	29 281	29 139	–	*—— 1 271	——*	*——	——
24	3	23 374	23 323	–	*—— 907	——*	*——	——
25	4	34 638	34 593	–	*—— 260	——*	*——	——
26	5	16 546	16 534	–	*—— 35	——*	*——	——
27	6 plus	6 140	6 132	–	*—— 23	——*	*——	——
28	Unknown – Inconnue	–	–	–	*—— –	——*	*——	——

30. Ménages selon l'âge et le sexe du chef de ménage, la dimension du ménage et la résidence, urbaine/rurale: chaque recensement, 1985 – 1995 (suite)
Données selon la résidence urbaine/rurale

(Voir notes à la fin du tableau.)

Age (en années) 35–39	40–44	45–49	50–54	55–59	60–64	65–69	70–74	75+	Unknown Inconnu	
236 551	196 245	176 042	165 191	115 349	112 160	77 867	66 461	93 574	1 992	1
83 684	82 039	75 266	83 805	52 302	66 910	39 137	38 664	46 404	1 436	2
69 400	69 700	71 200	75 500	77 200	68 500	*—	167 600	—*	–	3
4 300	5 500	6 900	9 000	12 500	14 000	*—	46 200	—*	–	4
65 100	64 200	64 300	66 500	64 700	54 500	*—	121 400	—*	–	5
58 400	56 900	55 700	58 000	56 600	48 400	*—	100 900	—*	–	6
2 800	3 600	4 100	4 700	5 600	5 800	*—	14 000	—*	–	7
55 600	53 300	51 600	53 300	51 000	42 600	*—	86 900	—*	–	8
11 000	12 800	15 500	17 500	20 600	20 100	*—	66 700	—*	–	9
1 500	1 900	2 800	4 300	6 900	8 200	*—	32 200	—*	–	10
9 500	10 900	12 700	13 200	13 700	11 900	*—	34 500	—*	–	11
10 700	11 200	11 000	11 500	11 600	9 800	*—	18 200	—*	–	12
1 000	1 300	1 500	1 900	2 200	2 100	*—	4 800	—*	–	13
9 700	9 900	9 500	9 600	9 400	7 700	*—	13 400	—*	–	14
9 900	10 300	10 100	10 400	10 200	8 500	*—	14 600	—*	–	15
1 000	1 200	1 400	1 700	1 900	1 600	*—	3 400	—*	–	16
8 900	9 100	8 700	8 700	8 300	6 900	*—	11 200	—*	–	17
800	900	900	1 100	1 400	1 300	*—	3 600	—*	–	18
–	100	100	200	300	500	*—	1 400	—*	–	19
800	800	800	900	1 100	800	*—	2 200	—*	–	20
54 963 —	—*	*—	— 44 057	—	—*	*—	22 933	—*	396	21
3 539 —	—*	*—	— 3 671	—	—*	*—	7 518	—*	138	22
5 994 —	—*	*—	— 10 810	—	—*	*—	11 064	—*	142	23
10 384 —	—*	*—	— 9 267	—	—*	*—	2 765	—*	51	24
21 706 —	—*	*—	— 11 665	—	—*	*—	962	—*	45	25
10 172 —	—*	*—	— 5 968	—	—*	*—	359	—*	12	26
3 168 —	—*	*—	— 2 676	—	—*	*—	265	—*	8	27
– —	—*	*—	— –	—	—*	*—	–	—*	–	28

30. Households by age and sex of householder and size of household and urban/rural residence: each census, 1985 – 1995 (continued)
Data by urban/rural residence

(See notes at end of table.)

	Continent, country or area, date, sex, size(number of persons) and urban/rural residence Continent, pays ou zone, date, sexe, dimension du ménage (nombre de personnes) et résidence, urbaine/rurale	Age (in years) All ages Tous âges	15 + [1]	– 15	15–19	20–24	25–29	30–34
	ASIA—ASIE (Cont.–Suite)							
	Cyprus – Chypre							
	Urban – Urbaine							
	1 X 1992 [5 22]							
	Male – Masculin							
1	Total	107 663	107 329	–	*——— 2 641	———*	*———	———
2	1	5 223	5 132	–	*——— 362	———*	*———	———
3	2	25 388	25 257	–	*——— 1 143	———*	*———	———
4	3	21 229	21 179	–	*——— 847	———*	*———	———
5	4	33 665	33 622	–	*——— 239	———*	*———	———
6	5	16 192	16 181	–	*——— 31	———*	*———	———
7	6 plus	5 966	5 958	–	*——— 19	———*	*———	———
8	Unknown – Inconnue	–	–	–	*——— –	———*	*———	———
	Female – Féminin							
9	Total	17 822	17 760	–	*——— 495	———*	*———	———
10	1	10 283	10 236	–	*——— 278	———*	*———	———
11	2	3 893	3 882	–	*——— 128	———*	*———	———
12	3	2 145	2 144	–	*——— 60	———*	*———	———
13	4	973	971	–	*——— 21	———*	*———	———
14	5	354	353	–	*——— 4	———*	*———	———
15	6 plus	174	174	–	*——— 4	———*	*———	———
16	Unknown – Inconnue	–	–	–	*——— –	———*	*———	———
	Rural – Rurale							
	1 X 1992 [5 22]							
	Total							
17	Total	59 974	59 896	–	*——— 932	———*	*———	———
18	1	7 902	7 886	–	*——— 78	———*	*———	———
19	2	16 729	16 710	–	*——— 383	———*	*———	———
20	3	8 875	8 861	–	*——— 337	———*	*———	———
21	4	12 723	12 710	–	*——— 109	———*	*———	———
22	5	8 968	8 956	–	*——— 19	———*	*———	———
23	6 plus	4 777	4 773	–	*——— 6	———*	*———	———
24	Unknown – Inconnue	–	–	–	*——— –	———*	*———	———
	Male – Masculin							
25	Total	51 791	51 724	–	*——— 876	———*	*———	———
26	1	2 231	2 224	–	*——— 51	———*	*———	———
27	2	15 361	15 342	–	*——— 359	———*	*———	———
28	3	8 261	8 249	–	*——— 333	———*	*———	———
29	4	12 406	12 393	–	*——— 109	———*	*———	———
30	5	8 829	8 817	–	*——— 19	———*	*———	———
31	6 plus	4 703	4 699	–	*——— 5	———*	*———	———
32	Unknown – Inconnue	–	–	–	*——— –	———*	*———	———
	Female – Féminin							
33	Total	8 183	8 172	–	*——— 56	———*	*———	———
34	1	5 671	5 662	–	*——— 27	———*	*———	———
35	2	1 368	1 368	–	*——— 24	———*	*———	———
36	3	614	612	–	*——— 4	———*	*———	———
37	4	317	317	–	*——— –	———*	*———	———
38	5	139	139	–	*——— –	———*	*———	———
39	6 plus	74	74	–	*——— 1	———*	*———	———
40	Unknown – Inconnue	–	–	–	*——— –	———*	*———	———
	Japan – Japon							
	Urban – Urbaine							
	1 X 1985 [24]							
	Total							
41	Total	30 265 948	30 265 159	789	514 364	1 956 644	2 085 460	2 844 962
42	1	6 900 399	6 899 796	603	498 259	1 665 987	982 974	609 540
43	2	5 560 216	5 560 093	123	12 558	174 843	430 499	411 724
44	3	5 472 394	5 472 366	28	3 017	90 555	407 702	626 230
45	4	7 301 700	7 301 665	35	436	21 609	215 004	869 437
46	5	3 126 100	3 126 100	–	76	3 016	38 862	251 646
47	6 plus	1 905 139	1 905 139	–	18	634	10 419	76 385

30. Ménages selon l'âge et le sexe du chef de ménage, la dimension du ménage et la résidence, urbaine/rurale: chaque recensement, 1985 – 1995 (suite)
Données selon la résidence urbaine/rurale

(Voir notes à la fin du tableau.)

Age (en années) 35–39	40–44	45–49	50–54	55–59	60–64	65–69	70–74	75+	Unknown Inconnu	
50 817	—*	*—	—	38 288	—*	*— —	15 583 —	—*	334	1
2 032	—*	*—	—	986	—*	*— —	1 752 —	—*	91	2
4 901	—*	*—	—	9 253	—*	*— —	9 960 —	—*	131	3
9 479	—*	*—	—	8 390	—*	*— —	2 463 —	—*	50	4
21 270	—*	*—	—	11 257	—*	*— —	856 —	—*	43	5
10 032	—*	*—	—	5 807	—*	*— —	311 —	—*	11	6
3 103	—*	*—	—	2 595	—*	*— —	241 —	—*	8	7
–	—*	*—	—	–	—*	*— —	– —	—*	–	8
4 146	—*	*—	—	5 769	—*	*— —	7 350 —	—*	62	9
1 507	—*	*—	—	2 685	—*	*— —	5 766 —	—*	47	10
1 093	—*	*—	—	1 557	—*	*— —	1 104 —	—*	11	11
905	—*	*—	—	877	—*	*— —	302 —	—*	1	12
436	—*	*—	—	408	—*	*— —	106 —	—*	2	13
140	—*	*—	—	161	—*	*— —	48 —	—*	1	14
65	—*	*—	—	81	—*	*— —	24 —	—*	–	15
–	—*	*—	—	–	—*	*— —	– —	—*	–	16
23 001	—*	*—	—	19 224	—*	*— —	16 739 —	—*	78	17
416	—*	*—	—	1 502	—*	*— —	5 890 —	—*	16	18
1 551	—*	*—	—	6 162	—*	*— —	8 614 —	—*	19	19
3 391	—*	*—	—	3 697	—*	*— —	1 436 —	—*	14	20
8 626	—*	*—	—	3 544	—*	*— —	431 —	—*	13	21
6 173	—*	*—	—	2 565	—*	*— —	199 —	—*	12	22
2 844	—*	*—	—	1 754	—*	*— —	169 —	—*	4	23
–	—*	*—	—	–	—*	*— —	– —	—*	–	24
22 259	—*	*—	—	16 848	—*	*— —	11 741 —	—*	67	25
270	—*	*—	—	257	—*	*— —	1 646 —	—*	7	26
1 351	—*	*—	—	5 561	—*	*— —	8 071 —	—*	19	27
3 192	—*	*—	—	3 431	—*	*— —	1 293 —	—*	12	28
8 495	—*	*—	—	3 401	—*	*— —	388 —	—*	13	29
6 125	—*	*—	—	2 489	—*	*— —	184 —	—*	12	30
2 826	—*	*—	—	1 709	—*	*— —	159 —	—*	4	31
–	—*	*—	—	–	—*	*— —	– —	—*	–	32
742	—*	*—	—	2 376	—*	*— —	4 998 —	—*	11	33
146	—*	*—	—	1 245	—*	*— —	4 244 —	—*	9	34
200	—*	*—	—	601	—*	*— —	543 —	—*	–	35
199	—*	*—	—	266	—*	*— —	143 —	—*	2	36
131	—*	*—	—	143	—*	*— —	43 —	—*	–	37
48	—*	*—	—	76	—*	*— —	15 —	—*	–	38
18	—*	*—	—	45	—*	*— —	10 —	—*	–	39
–	—*	*—	—	–	—*	*— —	– —	—*	–	40
3 843 581	3 641 878	3 399 179	3 269 306	2 835 157	2 031 234	1 509 052	1 201 368	1 132 974	–	41
496 513	362 061	332 837	355 925	361 263	341 425	309 048	277 312	306 652	–	42
371 689	308 492	364 399	559 445	761 060	701 575	572 376	463 871	427 562	–	43
590 027	523 887	639 408	837 384	774 803	449 103	249 988	155 533	124 729	–	44
1 533 612	1 502 042	1 267 584	949 477	513 374	203 880	96 079	63 648	65 483	–	45
622 165	682 799	577 219	394 780	217 357	117 013	80 115	67 237	73 815	–	46
229 575	262 597	217 732	172 295	207 300	218 238	201 446	173 767	134 733	–	47

30. Households by age and sex of householder and size of household and urban/rural residence: each census, 1985 – 1995 (continued)
Data by urban/rural residence

(See notes at end of table.)

	Continent, country or area, date, sex, size(number of persons) and urban/rural residence — Continent, pays ou zone, date, sexe, dimension du ménage (nombre de personnes) et résidence, urbaine/rurale	All ages Tous âges	15 + [1]	– 15	15–19	20–24	25–29	30–34
	ASIA—ASIE (Cont.–Suite)							
	Japan – Japon							
	Urban – Urbaine							
	1 X 1985 [24]							
	Male – Masculin							
1	Total	25 259 876	25 259 371	505	316 085	1 366 190	1 796 433	2 579 033
2	1	3 961 182	3 960 784	398	305 132	1 125 717	754 759	459 680
3	2	4 526 275	4 526 206	69	8 002	131 234	388 324	358 455
4	3	4 842 685	4 842 668	17	2 556	85 044	393 318	581 767
5	4	7 067 746	7 067 725	21	325	20 689	211 493	855 100
6	5	3 010 326	3 010 326	–	65	2 896	38 291	248 519
7	6 plus	1 851 662	1 851 662	–	5	610	10 248	75 512
	Female – Féminin							
8	Total	5 006 072	5 005 788	284	198 279	590 454	289 027	265 929
9	1	2 939 217	2 939 012	205	193 127	540 270	228 215	149 860
10	2	1 033 941	1 033 887	54	4 556	43 609	42 175	53 269
11	3	629 709	629 698	11	461	5 511	14 384	44 463
12	4	233 954	233 940	14	111	920	3 511	14 337
13	5	115 774	115 774	–	11	120	571	3 127
14	6 plus	53 477	53 477	–	13	24	171	873
	1 X 1990 [24]							
	Total							
15	Total	32 682 533	32 682 022	511	584 876	2 089 981	2 269 860	2 461 691
16	1	8 221 176	8 220 777	399	567 924	1 806 790	1 187 126	614 361
17	2 plus	24 461 357	24 461 245	112	16 952	283 191	1 082 734	1 847 330
	Male – Masculin							
18	Total	26 883 646	26 883 363	283	358 408	1 427 440	1 886 300	2 209 162
19	1	4 690 188	4 689 968	220	346 576	1 199 937	877 198	456 633
20	2 plus	22 193 458	22 193 395	63	11 832	227 503	1 009 102	1 752 529
	Female – Féminin							
21	Total	5 798 887	5 798 659	228	226 468	662 541	383 560	252 529
22	1	3 530 988	3 530 809	179	221 348	606 853	309 928	157 728
23	2 plus	2 267 899	2 267 850	49	5 120	55 688	73 632	94 801
	Rural – Rurale							
	1 X 1985 [24]							
	Total							
24	Total	7 714 919	7 714 729	190	51 759	167 832	284 854	541 422
25	1	995 971	995 816	155	49 826	129 607	89 646	56 500
26	2	1 423 262	1 423 229	33	1 312	16 520	53 263	59 494
27	3	1 354 554	1 354 554	–	483	15 614	70 616	106 166
28	4	1 682 222	1 682 222	–	89	4 777	49 946	183 098
29	5	1 066 193	1 066 191	2	37	989	14 384	82 408
30	6 plus	1 192 717	1 192 717	–	12	325	6 999	53 756
	Male – Masculin							
31	Total	6 687 789	6 687 674	115	29 431	120 887	259 285	511 039
32	1	464 713	464 614	99	28 053	85 822	71 876	47 242
33	2	1 211 475	1 211 459	16	835	14 101	49 301	52 580
34	3	1 221 621	1 221 621	–	422	15 008	67 860	97 258
35	4	1 613 802	1 613 802	–	72	4 684	49 194	179 340
36	5	1 015 428	1 015 428	–	37	951	14 117	81 326
37	6 plus	1 160 750	1 160 750	–	12	321	6 937	53 293
	Female – Féminin							
38	Total	1 027 130	1 027 055	75	22 328	46 945	25 569	30 383
39	1	531 258	531 202	56	21 773	43 785	17 770	9 258
40	2	211 787	211 770	17	477	2 419	3 962	6 914
41	3	132 933	132 933	–	61	606	2 756	8 908
42	4	68 420	68 420	–	17	93	752	3 758
43	5	50 765	50 763	2	–	38	267	1 082
44	6 plus	31 967	31 967	–	–	4	62	463
	1 X 1990 [24]							
	Total							
45	Total	7 987 942	7 987 823	119	57 746	177 364	271 520	419 509
46	1	1 168 484	1 168 399	85	55 694	139 132	99 829	55 476
47	2 plus	6 819 458	6 819 424	34	2 052	38 232	171 691	364 033

Age (in years)

30. Ménages selon l'âge et le sexe du chef de ménage, la dimension du ménage et la résidence, urbaine/rurale: chaque recensement, 1985 – 1995 (suite)
Données selon la résidence urbaine/rurale

(Voir notes à la fin du tableau.)

Age (en années)										
35–39	40–44	45–49	50–54	55–59	60–64	65–69	70–74	75+	Unknown Inconnu	
3 473 156	3 236 611	2 967 604	2 803 996	2 371 672	1 586 957	1 115 246	863 839	782 549	–	1
352 950	237 124	192 288	162 930	117 134	75 292	55 599	51 342	70 837	–	2
291 348	210 476	237 774	411 826	631 478	597 783	495 391	402 702	361 413	–	3
491 725	401 797	526 543	754 018	725 228	415 871	225 527	136 740	102 534	–	4
1 496 602	1 456 606	1 229 277	923 075	494 421	189 100	83 952	52 651	54 434	–	5
613 355	671 199	567 205	384 458	203 428	99 766	62 852	53 820	64 472	–	6
227 176	259 409	214 517	167 689	199 983	209 145	191 925	166 584	128 859	–	7
370 425	405 267	431 575	465 310	463 485	444 277	393 806	337 529	350 425	–	8
143 563	124 937	140 549	192 995	244 129	266 133	253 449	225 970	235 815	–	9
80 341	98 016	126 625	147 619	129 582	103 792	76 985	61 169	66 149	–	10
98 302	122 090	112 865	83 366	49 575	33 232	24 461	18 793	22 195	–	11
37 010	45 436	38 307	26 402	18 953	14 780	12 127	10 997	11 049	–	12
8 810	11 600	10 014	10 322	13 929	17 247	17 263	13 417	9 343	–	13
2 399	3 188	3 215	4 606	7 317	9 093	9 521	7 183	5 874	–	14
3 094 778	4 098 057	3 788 245	3 441 579	3 246 189	2 723 946	1 909 792	1 348 616	1 624 412	–	15
504 181	532 586	454 917	420 765	440 718	441 235	414 903	351 388	483 883	–	16
2 590 597	3 565 471	3 333 328	3 020 814	2 805 471	2 282 711	1 494 889	997 228	1 140 529	–	17
2 778 905	3 607 972	3 282 904	2 951 448	2 734 166	2 218 919	1 421 718	933 095	1 072 926	–	18
371 881	376 790	292 218	225 534	176 227	125 151	81 894	59 307	100 622	–	19
2 407 024	3 231 182	2 990 686	2 725 914	2 557 939	2 093 768	1 339 824	873 788	972 304	–	20
315 873	490 085	505 341	490 131	512 023	505 027	488 074	415 521	551 486	–	21
132 300	155 796	162 699	195 231	264 491	316 084	333 009	292 081	383 261	–	22
183 573	334 289	342 642	294 900	247 532	188 943	155 065	123 440	168 225	–	23
838 842	834 633	874 560	996 084	999 079	739 764	556 073	431 879	397 948	–	24
50 548	43 165	50 487	68 432	80 018	89 115	93 700	87 835	106 937	–	25
56 082	51 564	84 378	173 669	251 116	224 710	181 390	140 729	129 002	–	26
100 423	99 393	162 757	253 833	245 729	141 532	77 997	44 798	35 213	–	27
305 413	301 802	279 373	250 105	156 471	67 281	34 317	23 875	25 675	–	28
184 632	198 606	182 774	141 305	96 206	56 607	39 549	34 660	34 034	–	29
141 744	140 103	114 791	108 740	169 539	160 519	129 120	99 982	67 087	–	30
785 359	769 362	791 016	890 054	879 389	611 456	431 227	325 329	283 840	–	31
40 123	31 054	29 910	31 892	26 403	17 890	15 002	15 350	23 997	–	32
44 490	35 469	58 324	140 197	218 969	197 490	160 642	126 030	113 031	–	33
81 963	77 750	140 580	235 116	232 715	132 350	71 403	39 496	29 700	–	34
296 521	291 132	269 629	241 385	149 315	61 495	29 231	19 419	22 385	–	35
181 623	195 076	179 300	136 120	88 567	48 053	31 385	28 708	30 165	–	36
140 639	138 881	113 273	105 344	163 420	154 178	123 564	96 326	64 562	–	37
53 483	65 271	83 544	106 030	119 690	128 308	124 846	106 550	114 108	–	38
10 425	12 111	20 577	36 540	53 615	71 225	78 698	72 485	82 940	–	39
11 592	16 095	26 054	33 472	32 147	27 220	20 748	14 699	15 971	–	40
18 460	21 643	22 177	18 717	13 014	9 182	6 594	5 302	5 513	–	41
8 892	10 670	9 744	8 720	7 156	5 786	5 086	4 456	3 290	–	42
3 009	3 530	3 474	5 185	7 639	8 554	8 164	5 952	3 869	–	43
1 105	1 222	1 518	3 396	6 119	6 341	5 556	3 656	2 525	–	44
693 934	965 407	890 823	900 770	987 312	929 829	668 691	473 388	551 530	–	45
55 127	64 622	63 893	72 359	88 308	100 700	111 308	106 271	155 680	–	46
638 807	900 785	826 930	828 411	899 004	829 129	557 383	367 117	395 850	–	47

30. Households by age and sex of householder and size of household and urban/rural residence: each census, 1985 – 1995 (continued)
Data by urban/rural residence

(See notes at end of table.)

	Continent, country or area, date, sex, size(number of persons) and urban/rural residence — Continent, pays ou zone, date, sexe, dimension du ménage (nombre de personnes) et résidence, urbaine/rurale	Age (in years) All ages Tous âges	15 +[1]	– 15	15–19	20–24	25–29	30–34
	ASIA—ASIE (Cont.–Suite)							
	Japan – Japon							
	Rural – Rurale							
	1 X 1990[24]							
	Male – Masculin							
1	Total	6 868 593	6 868 516	77	35 740	127 442	240 997	393 008
2	1	556 338	556 278	60	34 210	92 868	77 574	45 632
3	2 plus	6 312 255	6 312 238	17	1 530	34 574	163 423	347 376
	Female – Féminin							
4	Total	1 119 349	1 119 307	42	22 006	49 922	30 523	26 501
5	1	612 146	612 121	25	21 484	46 264	22 255	9 844
6	2 plus	507 203	507 186	17	522	3 658	8 268	16 657
	Kazakstan							
	Urban – Urbaine							
	12 I 1989							
	Total							
7	Total	2 771 234	...	...	...	...	...	...
8	1	439 944	...	...	...	...	...	...
9	2	603 486	...	...	...	...	...	...
10	3	592 660	...	...	...	...	...	...
11	4	642 846	...	...	...	...	...	...
12	5	272 015	...	...	...	...	...	...
13	6 plus	220 283	...	...	...	...	...	...
14	Unknown – Inconnue	–	...	...	...	...	...	...
	Rural – Rurale							
	12 I 1989							
	Total							
15	Total	1 625 809	...	...	...	...	...	...
16	1	132 504	...	...	...	...	...	...
17	2	262 892	...	...	...	...	...	...
18	3	259 405	...	...	...	...	...	...
19	4	329 865	...	...	...	...	...	...
20	5	247 851	...	...	...	...	...	...
21	6 plus	393 292	...	...	...	...	...	...
22	Unknown – Inconnue	–	...	...	...	...	...	...
	EUROPE							
	Norway – Norvège							
	Urban – Urbaine							
	3 XI 1990[5]							
	Total							
23	Total	1 300 443	1 300 158	283	7 192	78 178	140 411	144 375
24	1	470 879	470 600	279	5 248	42 218	60 305	43 070
25	2	341 761	341 759	–	1 224	20 283	32 860	23 697
26	3	196 205	196 204	–	387	10 311	28 036	29 759
27	4	202 564	202 470	–	212	3 773	15 263	34 950
28	5	71 554	71 371	–	–	1 179	3 157	10 795
29	6 plus	17 480	17 345	–	–	413	791	2 103
	Male – Masculin							
30	Total	836 637	836 474	161	3 035	39 677	88 954	99 859
31	1	208 963	208 804	159	2 376	21 813	37 234	28 489
32	2	241 152	241 152	–	312	7 901	17 968	12 775
33	3	141 978	141 978	–	149	6 264	19 181	20 595
34	4	169 036	169 036	–	130	2 617	11 636	27 531
35	5	61 252	61 158	–	–	818	2 392	8 865
36	6 plus	14 256	14 192	–	–	264	543	1 604

30. Ménages selon l'âge et le sexe du chef de ménage, la dimension du ménage et la résidence, urbaine/rurale: chaque recensement, 1985 – 1995 (suite)
Données selon la résidence urbaine/rurale

(Voir notes à la fin du tableau.)

Age (en années)										
35–39	40–44	45–49	50–54	55–59	60–64	65–69	70–74	75+	Unknown Inconnu	
647 082	886 834	804 194	802 422	870 076	801 684	530 614	346 853	381 570	–	1
45 348	49 715	41 908	37 907	34 885	27 719	20 600	16 633	31 279	–	2
601 734	837 119	762 286	764 515	835 191	773 965	510 014	330 220	350 291	–	3
46 852	78 573	86 629	98 348	117 236	128 145	138 077	126 535	169 960	–	4
9 779	14 907	21 985	34 452	53 423	72 981	90 708	89 638	124 401	–	5
37 073	63 666	64 644	63 896	63 813	55 164	47 369	36 897	45 559	–	6
...	...	...	...	...	...	...	...	...	...	7
...	...	...	...	...	...	...	...	...	...	8
...	...	...	...	...	...	...	...	...	...	9
...	...	...	...	...	...	...	...	...	...	10
...	...	...	...	...	...	...	...	...	...	11
...	...	...	...	...	...	...	...	...	...	12
...	...	...	...	...	...	...	...	...	...	13
...	...	...	...	...	...	...	...	...	...	14
...	...	...	...	...	...	...	...	...	...	15
...	...	...	...	...	...	...	...	...	...	16
...	...	...	...	...	...	...	...	...	...	17
...	...	...	...	...	...	...	...	...	...	18
...	...	...	...	...	...	...	...	...	...	19
...	...	...	...	...	...	...	...	...	...	20
...	...	...	...	...	...	...	...	...	...	21
...	...	...	...	...	...	...	...	...	...	22
138 918	140 721	111 777	82 147	73 223	81 091	87 672	81 627	132 826	–	23
30 813	27 173	22 230	19 522	20 193	27 339	38 100	42 013	92 376	–	24
17 706	18 415	19 473	21 505	28 698	38 984	42 972	36 953	38 989	–	25
23 772	24 754	24 037	19 934	15 510	10 759	5 382	2 305	1 258	–	26
44 435	46 651	31 351	14 854	6 523	3 163	901	277	117	–	27
18 289	18 771	11 624	4 940	1 810	613	193	–	–	–	28
3 904	4 957	3 060	1 391	465	195	66	–	–	–	29
99 611	103 730	82 228	60 368	52 255	54 570	54 851	44 410	52 926	–	30
21 595	18 602	12 752	10 113	8 917	9 309	11 294	8 922	17 388	–	31
8 821	9 327	11 160	14 698	21 769	31 682	37 383	33 003	34 353	–	32
14 623	15 715	17 726	16 374	13 386	9 761	5 015	2 154	1 035	–	33
36 355	39 680	27 348	13 414	6 019	3 011	901	277	117	–	34
15 253	16 274	10 543	4 507	1 700	613	193	–	–	–	35
2 964	4 132	2 698	1 261	465	195	66	–	–	–	36

30. Households by age and sex of householder and size of household and urban/rural residence: each census, 1985 – 1995 (continued)
Data by urban/rural residence

(See notes at end of table.)

	Continent, country or area, date, sex, size(number of persons) and urban/rural residence / Continent, pays ou zone, date, sexe, dimension du ménage (nombre de personnes) et résidence, urbaine/rurale	Age (in years): All ages / Tous âges	15 + [1]	– 15	15–19	20–24	25–29	30–34
	EUROPE (Cont.–Suite)							
	Norway – Norvège							
	Urban – Urbaine							
	3 XI 1990 [5]							
	Female – Féminin							
1	Total	463 806	463 684	122	4 157	38 501	51 457	44 516
2	1	261 916	261 796	120	2 872	20 405	23 071	14 581
3	2	100 609	100 607	–	912	12 382	14 892	10 922
4	3	54 227	54 226	–	238	4 047	8 855	9 164
5	4	33 528	33 434	–	82	1 156	3 627	7 419
6	5	10 302	10 213	–	–	361	765	1 930
7	6 plus	3 224	3 153	–	–	149	248	499
	Rural – Rurale							
	3 XI 1990 [5]							
	Total							
8	Total	439 123	438 596	528	2 316	20 688	36 539	42 712
9	1	124 518	123 997	520	1 318	6 581	7 444	6 301
10	2	115 636	115 632	–	413	4 603	7 223	5 536
11	3	68 171	68 168	–	216	4 766	10 322	9 084
12	4	76 089	75 990	–	193	2 733	7 925	14 100
13	5	39 457	39 308	–	79	1 236	2 576	6 056
14	6 plus	15 254	15 099	–	–	769	1 047	1 635
	Male – Masculin							
15	Total	305 681	305 410	272	1 129	12 476	25 919	31 905
16	1	61 093	60 824	268	627	3 765	5 316	5 036
17	2	87 601	87 598	–	108	2 058	4 434	3 567
18	3	52 172	52 170	–	132	3 144	7 599	6 657
19	4	61 562	61 561	–	144	2 040	5 984	11 070
20	5	31 554	31 519	–	79	912	1 839	4 433
21	6 plus	11 700	11 632	–	–	556	746	1 141
	Female – Féminin							
22	Total	133 442	133 186	256	1 187	8 212	10 620	10 807
23	1	63 425	63 173	252	691	2 816	2 128	1 265
24	2	28 035	28 034	–	305	2 545	2 789	1 969
25	3	15 999	15 998	–	84	1 622	2 723	2 427
26	4	14 527	14 429	–	49	693	1 941	3 030
27	5	7 903	7 789	–	–	324	737	1 623
28	6 plus	3 554	3 467	–	–	213	301	494
	Poland – Pologne							
	Urban – Urbaine							
	6 XII 1988 [30]							
	Total							
29	Total	7 864 162	7 857 991	331	23 997	217 829	596 779	996 006
30	1	1 593 701	1 590 421	290	15 710	74 029	85 635	101 707
31	2	1 851 930	1 850 676	33	4 696	54 934	96 451	108 137
32	3	1 724 667	1 723 974	8	2 663	61 570	203 493	242 922
33	4	1 820 691	1 820 032	–	608	22 265	168 003	398 864
34	5	610 730	610 525	–	192	3 837	34 842	112 798
35	6 plus	262 443	262 363	–	128	1 194	8 355	31 578
	Male – Masculin							
36	Total	5 167 230	5 163 701	159	10 151	124 603	437 195	745 398
37	1	554 939	553 414	138	6 462	34 964	52 119	63 896
38	2	1 131 147	1 130 398	19	1 539	24 737	49 589	48 050
39	3	1 251 497	1 251 024	2	1 537	43 983	158 044	172 774
40	4	1 513 239	1 512 684	–	386	17 149	141 921	338 166
41	5	504 842	504 682	–	127	2 906	28 928	96 386
42	6 plus	211 566	211 499	–	100	864	6 594	26 126
	Female – Féminin							
43	Total	2 696 932	2 694 290	172	13 846	93 226	159 584	250 608
44	1	1 038 762	1 037 007	152	9 248	39 065	33 516	37 811
45	2	720 783	720 278	14	3 157	30 197	46 862	60 087
46	3	473 170	472 950	6	1 126	17 587	45 449	70 148
47	4	307 452	307 348	–	222	5 116	26 082	60 698
48	5	105 888	105 843	–	65	931	5 914	16 412
49	6 plus	50 877	50 864	–	28	330	1 761	5 452

30. Ménages selon l'âge et le sexe du chef de ménage, la dimension du ménage et la résidence, urbaine/rurale: chaque recensement, 1985 – 1995 (suite)
Données selon la résidence urbaine/rurale

(Voir notes à la fin du tableau.)

Age (en années)										
35–39	40–44	45–49	50–54	55–59	60–64	65–69	70–74	75+	Unknown Inconnu	
39 307	36 991	29 549	21 779	20 968	26 521	32 821	37 217	79 900	–	1
9 218	8 571	9 478	9 409	11 276	18 030	26 806	33 091	74 988	–	2
8 885	9 088	8 313	6 807	6 929	7 302	5 589	3 950	4 636	–	3
9 149	9 039	6 311	3 560	2 124	998	367	151	223	–	4
8 080	6 971	4 003	1 440	504	152	–	–	–	–	5
3 036	2 497	1 081	433	110	–	–	–	–	–	6
940	825	362	130	–	–	–	–	–	–	7
43 399	44 266	35 478	27 242	25 703	29 500	34 026	34 322	62 405	–	8
4 866	4 474	4 374	4 796	6 072	9 390	13 504	16 101	38 776	–	9
4 173	4 625	5 234	6 697	9 105	13 098	16 608	16 253	22 064	–	10
6 901	7 163	7 307	6 528	5 645	4 511	2 901	1 544	1 280	–	11
15 123	14 836	10 042	5 238	3 060	1 712	633	240	155	–	12
9 470	9 326	5 894	2 685	1 247	483	170	86	–	–	13
2 868	3 842	2 628	1 299	574	252	136	49	–	–	14
32 775	34 320	27 818	21 242	20 051	21 638	23 301	21 093	31 743	–	15
3 927	3 557	3 276	3 230	3 960	4 852	5 838	5 391	12 049	–	16
2 744	3 067	3 487	4 663	6 848	10 422	13 829	13 921	18 450	–	17
4 832	5 115	5 484	5 245	4 818	4 019	2 695	1 406	1 024	–	18
11 988	11 975	8 395	4 568	2 759	1 610	633	240	155	–	19
7 303	7 660	5 015	2 389	1 150	483	170	86	–	–	20
1 982	2 946	2 161	1 147	516	252	136	49	–	–	21
10 624	9 946	7 660	6 000	5 652	7 862	10 725	13 229	30 662	–	22
939	917	1 098	1 566	2 112	4 538	7 666	10 710	26 727	–	23
1 429	1 558	1 747	2 034	2 257	2 676	2 779	2 332	3 614	–	24
2 069	2 048	1 823	1 283	827	492	206	138	256	–	25
3 135	2 861	1 647	670	301	102	–	–	–	–	26
2 167	1 666	879	296	97	–	–	–	–	–	27
886	896	467	152	58	–	–	–	–	–	28
1 101 687	874 324	682 036	730 492	725 637	633 493	479 805	279 169	516 737	5 840	29
103 272	89 641	88 598	119 713	155 021	181 805	172 412	122 602	280 276	2 990	30
111 725	108 884	130 208	209 843	272 697	265 962	202 091	109 890	175 158	1 221	31
228 729	202 203	184 255	196 540	164 473	107 484	62 592	28 275	38 775	685	32
451 419	314 251	177 275	124 373	76 781	42 501	22 251	9 441	12 000	659	33
153 773	112 889	66 922	48 983	32 949	20 189	11 786	5 077	6 288	205	34
52 769	46 456	34 778	31 040	23 716	15 552	8 673	3 884	4 240	80	35
808 828	624 680	476 196	490 640	476 905	378 848	258 400	130 156	201 701	3 370	36
62 198	49 938	42 665	47 224	49 140	42 894	33 690	20 133	48 091	1 387	37
43 974	43 660	65 330	127 638	192 088	194 185	147 569	77 315	114 724	730	38
149 924	133 667	133 312	149 103	130 130	83 851	47 876	20 914	25 909	471	39
377 828	263 292	149 572	102 215	61 555	32 032	15 604	6 142	6 822	555	40
130 975	95 732	56 729	39 708	25 341	14 123	7 375	2 948	3 404	160	41
43 929	38 391	28 588	24 752	18 651	11 763	6 286	2 704	2 751	67	42
292 859	249 644	205 840	239 852	248 732	254 645	221 405	149 013	315 036	2 470	43
41 074	39 703	45 933	72 489	105 881	138 911	138 722	102 469	232 185	1 603	44
67 751	65 224	64 878	82 205	80 609	71 777	54 522	32 575	60 434	491	45
78 805	68 536	50 943	47 437	34 343	23 633	14 716	7 361	12 866	214	46
73 591	50 959	27 703	22 158	15 226	10 469	6 647	3 299	5 178	104	47
22 798	17 157	10 193	9 275	7 608	6 066	4 411	2 129	2 884	45	48
8 840	8 065	6 190	6 288	5 065	3 789	2 387	1 180	1 489	13	49

30. Households by age and sex of householder and size of household and urban/rural residence: each census, 1985 – 1995 (continued)
Data by urban/rural residence

(See notes at end of table.)

	Continent, country or area, date, sex, size(number of persons) and urban/rural residence / Continent, pays ou zone, date, sexe, dimension du ménage (nombre de personnes) et résidence, urbaine/rurale	Age (in years): All ages / Tous âges	15 + [1]	– 15	15–19	20–24	25–29	30–34
	EUROPE (Cont.–Suite)							
	Poland – Pologne							
	Rural – Rurale							
	6 XII 1988 [30]							
	Total							
1	Total	4 106 278	4 103 240	35	7 258	101 796	311 676	456 623
2	1	594 175	592 670	31	2 576	16 402	22 439	23 762
3	2	820 736	820 216	4	1 442	20 194	32 937	30 670
4	3	702 959	702 615	–	1 884	36 376	90 647	72 123
5	4	811 557	811 247	–	729	18 333	98 868	158 339
6	5	560 058	559 875	–	333	6 461	41 087	96 423
7	6 plus	616 793	616 617	–	294	4 030	25 698	75 306
	Male – Masculin							
8	Total	3 120 631	3 118 838	13	4 608	77 180	268 116	396 208
9	1	221 945	221 325	12	1 376	9 512	16 739	19 131
10	2	621 219	620 857	1	695	13 146	24 273	22 297
11	3	563 584	563 322	–	1 421	30 012	78 793	58 789
12	4	698 737	698 482	–	598	15 739	88 906	141 926
13	5	482 411	482 257	–	269	5 420	36 781	86 896
14	6 plus	532 735	532 595	–	249	3 351	22 624	67 169
	Female – Féminin							
15	Total	985 647	984 402	22	2 650	24 616	43 560	60 415
16	1	372 230	371 345	19	1 200	6 890	5 700	4 631
17	2	199 517	199 359	3	747	7 048	8 664	8 373
18	3	139 375	139 293	–	463	6 364	11 854	13 334
19	4	112 820	112 765	–	131	2 594	9 962	16 413
20	5	77 647	77 618	–	64	1 041	4 306	9 527
21	6 plus	84 058	84 022	–	45	679	3 074	8 137
	Romania – Roumanie							
	Urban – Urbaine							
	7 I 1992							
	Total							
22	Total	3 970 435	3 968 682	155	9 124	146 641	266 278	463 955
23	1	647 446	646 088	98	4 251	32 760	32 354	40 083
24	2	921 050	920 817	42	2 720	49 177	50 047	54 198
25	3	962 701	962 596	10	1 398	47 840	107 274	138 506
26	4	906 661	906 619	4	510	12 694	58 475	161 912
27	5	319 184	319 173	1	149	2 997	12 553	45 173
28	6 plus	213 393	213 389	–	96	1 173	5 575	24 083
	Male – Masculin							
29	Total	3 080 402	3 079 334	41	5 317	113 819	226 829	399 150
30	1	228 446	227 678	24	2 191	17 466	17 754	22 914
31	2	699 174	698 998	16	1 618	39 377	38 349	35 002
32	3	835 641	835 559	1	965	42 603	99 524	123 194
33	4	839 216	839 185	–	354	10 865	54 829	153 843
34	5	285 868	285 861	–	117	2 512	11 425	42 052
35	6 plus	192 057	192 053	–	72	996	4 948	22 145
	Female – Féminin							
36	Total	890 033	889 348	114	3 807	32 822	39 449	64 805
37	1	419 000	418 410	74	2 060	15 294	14 600	17 169
38	2	221 876	221 819	26	1 102	9 800	11 698	19 196
39	3	127 060	127 037	9	433	5 237	7 750	15 312
40	4	67 445	67 434	4	156	1 829	3 646	8 069
41	5	33 316	33 312	1	32	485	1 128	3 121
42	6 plus	21 336	21 336	–	24	177	627	1 938
	Rural – Rurale							
	7 I 1992							
	Total							
43	Total	3 318 241	3 318 021	137	6 171	63 078	106 762	162 911
44	1	599 443	599 268	112	2 750	9 912	7 825	9 725
45	2	961 095	961 064	20	1 641	18 064	13 875	11 935
46	3	566 555	566 549	3	1 157	22 432	36 621	30 647
47	4	485 803	485 798	1	379	8 655	29 601	51 688
48	5	332 701	332 700	–	133	2 796	11 851	30 528
49	6 plus	372 644	372 642	1	111	1 219	6 989	28 388

30. Ménages selon l'âge et le sexe du chef de ménage, la dimension du ménage et la résidence, urbaine/rurale: chaque recensement, 1985 – 1995 (suite)
Données selon la résidence urbaine/rurale

(Voir notes à la fin du tableau.)

Age (en années)										
35–39	40–44	45–49	50–54	55–59	60–64	65–69	70–74	75+	Unknown Inconnu	
470 380	372 031	330 228	400 771	437 480	393 513	308 057	185 326	328 101	3 003	1
24 922	22 245	23 046	34 025	49 348	68 392	79 505	65 689	160 319	1 474	2
30 327	28 240	36 341	69 356	113 373	135 890	123 868	76 824	120 754	516	3
54 490	48 961	56 731	84 699	95 615	74 214	44 206	19 502	23 167	344	4
139 361	96 801	75 958	79 556	67 023	40 450	20 193	7 576	8 060	310	5
111 301	82 587	61 459	57 969	46 346	28 786	15 135	5 985	6 003	183	6
109 979	93 197	76 693	75 166	65 775	45 781	25 150	9 750	9 798	176	7
400 939	308 846	268 812	317 344	332 688	276 238	195 989	106 306	165 564	1 780	8
20 296	17 135	16 015	19 181	20 019	18 393	16 648	12 225	34 655	608	9
21 528	18 785	23 868	48 202	84 560	105 106	98 824	62 157	97 416	361	10
40 413	35 559	42 886	67 533	78 139	61 015	35 606	15 543	17 613	262	11
121 683	82 457	64 434	67 554	56 219	32 739	15 313	5 512	5 402	255	12
98 902	72 631	53 926	49 760	38 141	21 814	10 282	3 782	3 653	154	13
98 117	82 279	67 683	65 114	55 610	37 171	19 316	7 087	6 825	140	14
69 441	63 185	61 416	83 427	104 792	117 275	112 068	79 020	162 537	1 223	15
4 626	5 110	7 031	14 844	29 329	49 999	62 857	53 464	125 664	866	16
8 799	9 455	12 473	21 154	28 813	30 784	25 044	14 667	23 338	155	17
14 077	13 402	13 845	17 166	17 476	13 199	8 600	3 959	5 554	82	18
17 678	14 344	11 524	12 002	10 804	7 711	4 880	2 064	2 658	55	19
12 399	9 956	7 533	8 209	8 205	6 972	4 853	2 203	2 350	29	20
11 862	10 918	9 010	10 052	10 165	8 610	5 834	2 663	2 973	36	21
587 272	507 585	347 536	369 320	348 555	315 411	254 359	140 080	212 566	1 598	22
43 235	38 214	33 355	47 765	59 879	74 713	80 100	56 200	103 179	1 260	23
59 680	57 210	57 697	92 687	119 617	132 462	111 924	56 547	76 851	191	24
149 114	128 551	93 258	100 047	83 054	55 391	30 597	12 579	14 987	95	25
223 551	182 842	97 895	73 159	44 990	24 428	12 977	5 874	7 312	38	26
68 884	60 323	38 369	32 280	23 308	15 499	9 717	4 573	5 348	10	27
42 808	40 445	26 962	23 382	17 707	12 918	9 044	4 307	4 889	4	28
502 446	429 417	284 937	291 948	262 819	221 771	159 639	75 193	106 049	1 027	29
24 987	21 179	15 810	18 542	18 364	19 013	16 534	9 993	22 931	744	30
34 191	32 856	37 604	68 657	96 308	111 666	94 769	46 353	62 248	160	31
127 006	108 660	79 950	87 704	73 500	48 248	25 179	9 162	9 864	81	32
212 236	173 138	91 368	66 737	39 197	19 712	9 087	3 611	4 208	31	33
64 240	55 971	35 310	29 093	19 944	12 151	6 816	2 908	3 322	7	34
39 786	37 613	24 895	21 215	15 506	10 981	7 254	3 166	3 476	4	35
84 826	78 168	62 599	77 372	85 736	93 640	94 720	64 887	106 517	571	36
18 248	17 035	17 545	29 223	41 515	55 700	63 566	46 207	80 248	516	37
25 489	24 354	20 093	24 030	23 309	20 796	17 155	10 194	14 603	31	38
22 108	19 891	13 308	12 343	9 554	7 143	5 418	3 417	5 123	14	39
11 315	9 704	6 527	6 422	5 793	4 716	3 890	2 263	3 104	7	40
4 644	4 352	3 059	3 187	3 364	3 348	2 901	1 665	2 026	3	41
3 022	2 832	2 067	2 167	2 201	1 937	1 790	1 141	1 413	–	42
202 649	250 842	268 535	371 951	441 062	439 380	402 563	227 242	374 875	83	43
11 959	14 539	17 327	32 053	53 706	79 572	103 856	79 631	176 413	63	44
13 408	20 522	35 541	86 575	152 610	192 464	187 864	95 895	130 670	11	45
27 839	39 856	56 722	90 561	99 934	72 658	43 924	18 927	25 271	3	46
57 488	67 857	64 952	70 547	55 819	34 152	20 348	9 929	14 383	4	47
41 454	49 199	45 758	45 499	37 775	26 686	19 422	9 580	12 019	1	48
50 501	58 869	48 235	46 716	41 218	33 848	27 149	13 280	16 119	1	49

30. Households by age and sex of householder and size of household and urban/rural residence: each census, 1985 – 1995 (continued)
Data by urban/rural residence

(See notes at end of table.)

	Continent, country or area, date, sex, size(number of persons) and urban/rural residence — Continent, pays ou zone, date, sexe, dimension du ménage (nombre de personnes) et résidence, urbaine/rurale	Age (in years) All ages Tous âges	15 + [1]	– 15	15–19	20–24	25–29	30–34
	EUROPE (Cont.–Suite)							
	Romania – Roumanie							
	Rural – Rurale							
	7 I 1992							
	Male – Masculin							
1	Total	2 600 704	2 600 591	70	4 890	58 349	101 814	154 194
2	1	188 184	188 096	61	2 030	8 229	6 703	8 471
3	2	834 500	834 483	8	1 293	16 693	12 651	10 215
4	3	502 381	502 378	1	1 011	21 472	35 528	28 607
5	4	439 923	439 920	–	341	8 210	28 804	50 061
6	5	296 142	296 141	–	115	2 637	11 463	29 489
7	6 plus	339 574	339 573	–	100	1 108	6 665	27 351
	Female – Féminin							
8	Total	717 537	717 430	67	1 281	4 729	4 948	8 717
9	1	411 259	411 172	51	720	1 683	1 122	1 254
10	2	126 595	126 581	12	348	1 371	1 224	1 720
11	3	64 174	64 171	2	146	960	1 093	2 040
12	4	45 880	45 878	1	38	445	797	1 627
13	5	36 559	36 559	–	18	159	388	1 039
14	6 plus	33 070	33 069	1	11	111	324	1 037
	Switzerland – Suisse							
	Urban – Urbaine							
	4 XII 1990 [5]							
	Total							
15	Total	2 055 893	2 055 893	–	7 345	107 873	208 606	210 932
16	1	724 758	724 758	–	6 060	66 774	95 125	65 840
17	2	657 490	657 490	–	978	32 686	69 221	52 650
18	3	298 083	298 083	–	224	6 326	27 226	37 629
19	4	276 454	276 454	–	59	1 597	13 709	41 395
20	5	77 529	77 529	–	11	320	2 648	10 777
21	6 plus	21 579	21 579	–	13	170	677	2 641
	Male – Masculin							
22	Total	1 444 475	1 444 475	–	3 175	61 556	149 235	167 162
23	1	294 158	294 158	–	2 545	32 437	54 735	39 478
24	2	533 648	533 648	–	465	22 283	54 198	42 061
25	3	257 711	257 711	–	126	5 149	24 323	33 149
26	4	263 742	263 742	–	27	1 303	12 879	39 654
27	5	74 609	74 609	–	3	255	2 485	10 328
28	6 plus	20 607	20 607	–	9	129	615	2 492
	Female – Féminin							
29	Total	611 418	611 418	–	4 170	46 317	59 371	43 770
30	1	430 600	430 600	–	3 515	34 337	40 390	26 362
31	2	123 842	123 842	–	513	10 403	15 023	10 589
32	3	40 372	40 372	–	98	1 177	2 903	4 480
33	4	12 712	12 712	–	32	294	830	1 741
34	5	2 920	2 920	–	8	65	163	449
35	6 plus	972	972	–	4	41	62	149
	Rural – Rurale							
	4 XII 1990 [5]							
	Total							
36	Total	785 957	785 957	–	2 150	32 249	70 311	84 238
37	1	195 572	195 572	–	1 771	17 293	21 526	15 009
38	2	242 264	242 264	–	291	11 421	24 912	17 986
39	3	126 158	126 158	–	64	2 611	12 538	15 774
40	4	136 717	136 717	–	13	712	8 602	23 387
41	5	59 214	59 214	–	6	139	2 107	9 135
42	6 plus	26 032	26 032	–	5	73	626	2 947
	Male – Masculin							
43	Total	613 117	613 117	–	904	19 400	56 411	74 397
44	1	82 135	82 135	–	708	8 057	13 086	10 266
45	2	204 316	204 316	–	144	8 229	20 794	15 348
46	3	112 309	112 309	–	36	2 286	11 638	14 333
47	4	131 349	131 349	–	10	639	8 263	22 687
48	5	57 617	57 617	–	3	126	2 036	8 890
49	6 plus	25 391	25 391	–	3	63	594	2 873

30. Ménages selon l'âge et le sexe du chef de ménage, la dimension du ménage et la résidence, urbaine/rurale: chaque recensement, 1985 – 1995 (suite)
Données selon la résidence urbaine/rurale

(Voir notes à la fin du tableau.)

Age (en années) 35–39	40–44	45–49	50–54	55–59	60–64	65–69	70–74	75+	Unknown Inconnu	
187 439	227 066	237 362	317 187	359 706	335 778	280 033	135 670	201 103	43	*1*
10 078	10 982	10 608	14 186	16 542	19 118	21 950	14 471	44 728	27	*2*
10 539	15 244	27 246	71 502	132 492	172 305	169 516	83 881	110 906	9	*3*
24 177	34 045	50 034	81 726	91 134	65 559	37 427	14 682	16 976	2	*4*
54 601	63 655	60 473	64 798	49 730	28 375	15 130	6 465	9 277	3	*5*
39 491	46 613	43 143	41 666	32 748	21 134	13 798	6 189	7 655	1	*6*
48 553	56 527	45 858	43 309	37 060	29 287	22 212	9 982	11 561	1	*7*
15 210	23 776	31 173	54 764	81 356	103 602	122 530	91 572	173 772	40	*8*
1 881	3 557	6 719	17 867	37 164	60 454	81 906	65 160	131 685	36	*9*
2 869	5 278	8 295	15 073	20 118	20 159	18 348	12 014	19 764	2	*10*
3 662	5 811	6 688	8 835	8 800	7 099	6 497	4 245	8 295	1	*11*
2 887	4 202	4 479	5 749	6 089	5 777	5 218	3 464	5 106	1	*12*
1 963	2 586	2 615	3 833	5 027	5 552	5 624	3 391	4 364	–	*13*
1 948	2 342	2 377	3 407	4 158	4 561	4 937	3 298	4 558	–	*14*
197 395	207 641	202 887	169 586	158 582	141 003	127 366	105 864	210 813	–	*15*
48 480	44 691	44 233	39 651	40 738	44 546	50 501	49 046	129 073	–	*16*
37 873	38 629	46 556	54 131	67 897	69 404	63 426	49 889	74 150	–	*17*
32 999	36 951	43 337	39 796	31 924	19 235	10 367	5 636	6 433	–	*18*
55 564	62 374	50 712	27 120	13 717	5 981	2 329	998	899	–	*19*
17 681	19 573	14 082	6 928	3 202	1 381	546	210	170	–	*20*
4 798	5 423	3 967	1 960	1 104	456	197	85	88	–	*21*
157 944	165 090	159 218	130 878	118 313	99 043	80 345	60 611	91 905	–	*22*
28 520	25 199	22 481	17 703	14 934	12 763	10 845	9 553	22 965	–	*23*
28 177	27 087	33 739	42 922	56 905	61 126	57 159	44 811	62 715	–	*24*
26 668	29 042	36 773	35 690	29 231	17 721	9 469	5 066	5 304	–	*25*
52 976	59 565	48 724	25 987	13 109	5 696	2 190	916	716	–	*26*
17 002	18 962	13 663	6 701	3 082	1 309	502	185	132	–	*27*
4 601	5 235	3 838	1 875	1 052	428	180	80	73	–	*28*
39 451	42 551	43 669	38 708	40 269	41 960	47 021	45 253	118 908	–	*29*
19 960	19 492	21 752	21 948	25 804	31 783	39 656	39 493	106 108	–	*30*
9 696	11 542	12 817	11 209	10 992	8 278	6 267	5 078	11 435	–	*31*
6 331	7 909	6 564	4 106	2 693	1 514	898	570	1 129	–	*32*
2 588	2 809	1 988	1 133	608	285	139	82	183	–	*33*
679	611	419	227	120	72	44	25	38	–	*34*
197	188	129	85	52	28	17	5	15	–	*35*
83 089	83 386	73 730	59 893	58 182	55 054	54 132	46 542	83 001	–	*36*
10 445	9 547	9 126	8 469	10 095	12 700	17 003	17 995	44 593	–	*37*
12 153	11 905	14 171	17 296	23 094	26 147	27 187	23 003	32 698	–	*38*
12 069	13 235	15 874	15 055	13 478	9 943	6 838	4 110	4 569	–	*39*
28 476	28 174	20 678	11 556	7 080	4 031	2 108	1 029	871	–	*40*
14 305	13 990	9 347	4 865	2 796	1 416	640	278	190	–	*41*
5 641	6 535	4 534	2 652	1 639	817	356	127	80	–	*42*
74 405	73 918	64 596	51 065	47 276	41 984	37 668	29 384	41 709	–	*43*
7 262	6 498	5 613	4 475	4 365	4 094	4 279	3 979	9 453	–	*44*
9 993	9 299	11 344	14 479	19 647	22 879	24 259	20 393	27 508	–	*45*
10 228	10 920	14 093	13 718	12 299	9 058	6 215	3 696	3 789	–	*46*
27 448	27 125	19 987	11 083	6 680	3 802	1 966	930	729	–	*47*
13 953	13 668	9 125	4 734	2 695	1 360	606	264	157	–	*48*
5 521	6 408	4 434	2 576	1 590	791	343	122	73	–	*49*

30. Households by age and sex of householder and size of household and urban/rural residence: each census, 1985 – 1995 (continued)
Data by urban/rural residence

(See notes at end of table.)

	Continent, country or area, date, sex, size(number of persons) and urban/rural residence Continent, pays ou zone, date, sexe, dimension du ménage (nombre de personnes) et résidence, urbaine/rurale	Age (in years) All ages Tous âges	15 + [1]	– 15	15–19	20–24	25–29	30–34
	EUROPE (Cont.–Suite)							
	Switzerland – Suisse							
	Rural – Rurale							
	4 XII 1990 [5]							
	Female – Féminin							
1	Total	172 840	172 840	–	1 246	12 849	13 900	9 841
2	1	113 437	113 437	–	1 063	9 236	8 440	4 743
3	2	37 948	37 948	–	147	3 192	4 118	2 638
4	3	13 849	13 849	–	28	325	900	1 441
5	4	5 368	5 368	–	3	73	339	700
6	5	1 597	1 597	–	3	13	71	245
7	6 plus	641	641	–	2	10	32	74

GENERAL NOTES

For definitions of "urban", see end of table 6. For method of evaluation and limitations of data, see Technical Notes, page 106.

FOOTNOTES

* Provisional.
1 Excluding persons of unknown age.
2 For classification by urban/rural residence, see end of table.
3 Excluding Mayotte.
4 For 12–14 years.
5 De jure population.
6 Excluding Bophuthatswana, Ciskei, Transkei and Venda.
7 Data exclude adjustment for underenumeration estimated at 15.1 per cent.
8 For 10–14 years.
9 For 12 years and over.
10 Because of rounding, totals are not in all cases the sum of the parts.
11 Data exclude adjustment for underenumeration.
12 Data exclude adjustment for underenumeration estimated at 2.0 per cent.
13 Including armed forces stationed in the area.
14 De jure population but excluding armed forces overseas and civilian citizens absent from country for extended period of time.
15 Excluding persons not living in households.
16 Based on the results of a household survey.

NOTES GENERALES

Pour les définitions des "régions urbaines", se reporter à la fin du tableau 6. Pour la méthode d'évaluation et les insuffisances des données, voir Notes techniques, page 106.

NOTES

* Données provisoires.
1 Non compris les personnes d'âge inconnu.
2 Pour le classement selon la résidence, urbaine/rurale, voir la fin du tableau.
3 Non compris Mayotte.
4 Pour 12–14 ans.
5 Population de droit.
6 Non compris Bophuthatswana, Ciskei, Transkei et Venda.
7 Les données n'ont pas été ajustées pour compenser les lacunes du dénombrement, estimées à 15,1 p.100.
8 Pour 10–14 ans.
9 Pour 12 ans et plus.
10 Les chiffres étant arrondis, les totaux ne correspondent pas toujours rigoureusement à la somme des chiffres partiels.
11 Les données n'ont pas été ajustées pour compenser les lacunes du dénombrement.
12 Les données n'ont pas été ajustées pour compenser les lacunes du dénombrement, estimées à 2,0 p. 100.
13 Y compris les militaires en garnison sur le territoire.
14 Population de droit, mais non compris les militaires à l'étranger, et les civils hors du pays pendant une période prolongée.
15 Non compris les personnes ne vivant pas dans des ménages.
16 D'après les résultats d'une enquête des ménages.

30. Ménages selon l'âge et le sexe du chef de ménage, la dimension du ménage et la résidence, urbaine/rurale: chaque recensement, 1985 – 1995 (suite)
Données selon la résidence urbaine/rurale

(Voir notes à la fin du tableau.)

Age (en années)										
35–39	40–44	45–49	50–54	55–59	60–64	65–69	70–74	75+	Unknown Inconnu	
8 684	9 468	9 134	8 828	10 906	13 070	16 464	17 158	41 292	–	1
3 183	3 049	3 513	3 994	5 730	8 606	12 724	14 016	35 140	–	2
2 160	2 606	2 827	2 817	3 447	3 268	2 928	2 610	5 190	–	3
1 841	2 315	1 781	1 337	1 179	885	623	414	780	–	4
1 028	1 049	691	473	400	229	142	99	142	–	5
352	322	222	131	101	56	34	14	33	–	6
120	127	100	76	49	26	13	5	7	–	7

FOOTNOTES (continued)

17 For 14 years and over.
18 Data exclude adjustment for underenumeration estimated at 6.92 per cent.
19 Excluding Indian jungle population.
20 Data exclude adjustment for underenumeration, estimated at 7.4 per cent.
21 Data exclude adjustment for underenumeration, estimated at 2.6 per cent.
22 For government controlled areas.
23 Including transients and Vietnamese refugees.
24 Excluding diplomatic personnel outside country and foreign military and civilian personnel and their dependants stationed in the area.
25 Excluding alien armed forces, civilian aliens employed by armed forces and foreign diplomatic personnel and their dependants.
26 Based on a 2 per cent sample of census returns.
27 Excluding the Faeroe Islands and Greenland.
28 All data shown pertaining to Germany prior to 3 October 1990 are indicated separately for the Federal Republic of Germany and the former German Democratic Republic based on their respective territories at the time indicated. See explanatory notes on data pertaining to Germany on page 4.
29 Including armed forces stationed outside the country, but excluding alien armed forces stationed in the area.
30 Excluding civilian aliens within the country, and including nationals temporarily outside the country.
31 Excluding diplomatic personnel and armed forces stationed outside country, the latter numbering 1 936 at 1966 census; also excluding alien armed forces within the country.

NOTES (suite)

17 Pour 14 ans et plus.
18 Les données n'ont pas été ajustées pour compenser les lacunes du dénombrement, estimées à 6,92 p. 100.
19 Non compris les Indiens de la jungle.
20 Les données n'ont pas été ajustées pour compenser les lacunes du dénombrement, estimées à 7,4 p. 100.
21 Les données n'ont pas été ajustées pour compenser les lacunes du dénombrement, estimées à 2,6 p. 100.
22 Pour les zones controlées par le Gouvernement.
23 Y compris transients et réfugiés du Viet Nam.
24 Non compris le personnel diplomatique hors du pays ni les militaires et agents civils étrangers en poste sur le territoire et les membres de leur famille les accompagnant.
25 Non compris les militaires étrangers, les civils étrangers employés sur les forces armées, ni le personnel diplomatique étranger et les membres de leur famille les accompagnant.
26 D'après un échantillon de 2 p. 100 des bulletins de recensement.
27 Non compris les îles Féroé et le Groenland.
28 Toutes les données se rapportant à l'Allemagne avant le 3 octobre 1990 figurent dans deux rubriques séparées basées sur les territoires respectifs de la République fédérale d'Allemagne et l'ancienne République démocratique allemande selon la période indiquée. Voir les notes explicatives sur les données concernant l'Allemagne à la page 4.
29 Y compris les militaires en garnison hors du pays, mais non compris les militaires étrangers en garnison sur le territoire.
30 Non compris les civils étrangers dans le pays, mais y compris les civils nationaux temporairement hors du pays.
31 Non compris le personnel diplomatique et les militaires hors du pays, ces derniers étant au nombre de 1 936 au recensement de 1966; non compris également les militaires étrangers en garnison dans le pays.

31. Headship rates by age and sex of householder and urban/rural residence: each census, 1985 – 1995

(See notes at end of table.)

	Continent, country or area, date, sex and urban/rural residence Continent, pays ou zone, date, sexe et résidence, urbaine/rurale	All ages Tous âges	Age (in years) –15	15–19	20–24	25–29	30–34
	AFRICA—AFRIQUE						
	Botswana 21 VIII 1991 [1]						
1	Total	20.8	0.4 *—	—	18.4 —	—*	*—
2	Male – Masculin	23.0	0.4 *—	—	19.8 —	—*	*—
3	Female – Féminin	18.8	0.3 *—	—	17.1 —	—*	*—
	Cape Verde – Cap-Vert 23 VI 1990*						
4	Total	19.5	...	...	...	...	...
5	Male – Masculin	25.4	...	...	...	...	...
6	Female – Féminin	14.2	...	...	...	...	...
	Central African Republic – République centrafricaine 8 XII 1988*						
7	Total	21.1	–	8.2	24.0	36.2	45.5
8	Male – Masculin	34.9	–	14.3	43.5	66.2	80.5
9	Female – Féminin	7.8	–	2.5	5.8	8.8	12.2
	Egypt – Egypte 17 XI 1986*						
10	Total	20.1	...	...	...	...	...
	Malawi 1 IX 1987						
11	Total	23.3	0.2	6.7	26.3	44.3	51.7
12	Male – Masculin	32.0	0.2	6.7	37.5	66.7	77.3
13	Female – Féminin	15.1	0.2	6.6	17.1	23.9	28.5
	Mali 1 IV 1987* [2]						
14	Total	18.9	...	...	...	...	...
15	Male – Masculin	33.6	...	...	...	...	...
16	Female – Féminin	4.8	...	...	...	...	...
	Mauritius – Maurice 1 VII 1990						
17	Total	22.3	0.0	0.2	4.2	15.9	32.7
18	Male – Masculin	36.9	♦ 0.0	0.4	7.6	29.8	60.6
19	Female – Féminin	7.9	–	0.1	0.6	1.5	3.8
	Namibia – Namibie 21 X 1991 [1]						
20	Total	18.0	0.0	2.7	11.3 *—	29.3 —*	
21	Male – Masculin	22.5	0.0	3.1	13.7 *—	38.3 —*	
22	Female – Féminin	13.8	0.0	2.4	9.1 *—	21.3 —*	
	Rwanda 15 VIII 1991*						
23	Total	21.1	*—	0.8 —*	15.4	39.0	51.9
24	Male – Masculin	32.5	*—	1.3 —*	26.6	67.5	87.6
25	Female – Féminin	10.3	*—	0.4 —*	5.0	11.1	16.6
	Sao Tome and Principe – Sao Tomé-et-Principe 4 VIII 1991						
26	Total	23.4	*—	0.7 —*	22.8	45.7	55.9
27	Male – Masculin	31.9	*—	0.9 —*	35.2	70.4	83.6
28	Female – Féminin	15.1	*—	0.4 —*	10.3	22.4	31.4
	South Africa – Afrique du Sud [3] 7 III 1991 [4]						
29	Total	17.2	...	...	...	...	...
	Uganda – Ouganda 12 I 1991* [1]						
30	Total	20.6	0.1	5.0	23.8	40.0	49.7
31	Male – Masculin	29.8	0.1	6.7	38.0	64.5	76.0
32	Female – Féminin	11.7	0.1	3.5	11.5	17.8	24.2

31. Répartition des chefs de ménage selon l'âge, le sexe et la résidence, urbaine/rurale: chaque recensement, 1985 – 1995

(Voir notes à la fin du tableau.)

Age (en années)										
35–39	40–44	45–49	50–54	55–59	60–64	65–69	70–74	75+	Unknown Inconnu	
— 46.4	———*	*———	— 56.8	———*	*———	———	57.4	———*	–	1
— 53.6	———*	*———	— 66.2	———*	*———	———	66.1	———*	–	2
— 40.3	———*	*———	— 48.4	———*	*———	———	50.0	———*	–	3
...	...	...	...	...	...	...	...	...	...	4
...	...	...	...	...	...	...	...	...	...	5
...	...	...	...	...	...	...	...	...	...	6
48.6	52.0	52.9	55.2	58.0	59.2	*———	— 55.5	———*	9.7	7
85.4	88.3	89.3	89.9	90.0	88.6	*———	— 78.5	———*	16.4	8
15.1	19.0	21.6	25.5	28.9	31.5	*———	— 31.3	———*	8.4	9
...	...	...	...	...	...	...	...	...	...	10
56.2	58.5	61.5	61.6	65.9	65.2	*———	— 69.1	———*	59.8	11
82.1	83.8	85.7	86.3	88.3	87.1	*———	— 86.6	———*	76.2	12
32.5	34.9	38.1	40.4	44.5	47.6	*———	— 53.1	———*	33.8	13
...	...	...	...	...	...	...	...	...	...	14
...	...	...	...	...	...	...	...	...	...	15
...	...	...	...	...	...	...	...	...	...	16
44.6	51.4	55.1	58.6	61.0	62.0	61.3	56.7	45.0	♦ 36.1	17
80.1	89.0	92.2	93.9	93.5	91.6	88.9	83.5	70.5	♦ 50.0	18
7.9	13.9	19.4	25.4	30.1	34.8	37.2	35.8	31.4	♦ 26.2	19
*———	45.4 ———*	*———	———	55.2 ———	———*	*———	— 66.3	———*	25.0	20
*———	60.2 ———*	*———	———	72.2 ———	———*	*———	— 79.8	———*	28.8	21
*———	31.4 ———*	*———	———	39.4 ———	———*	*———	— 55.9	———*	18.5	22
57.8	60.3	60.9	62.4	66.7	70.5	75.7	*———	80.7 ———*	–	23
94.6	96.2	97.0	98.1	97.8	98.3	97.9	*———	95.7 ———*	–	24
22.1	26.9	32.1	36.4	40.3	49.0	56.2	*———	67.9 ———*	–	25
60.3	63.6	66.1	71.7	73.3	75.2	76.2	*———	73.6 ———*	–	26
89.0	92.5	93.5	95.6	96.1	95.6	95.8	*———	91.3 ———*	–	27
36.7	38.5	42.4	48.4	50.3	55.8	57.7	*———	59.6 ———*	–	28
...	...	...	...	...	...	...	...	...	...	29
54.0	58.3	60.6	63.3	66.9	66.9	70.0	67.4	67.1	53.2	30
80.8	85.0	86.4	86.2	89.0	87.8	91.4	86.9	84.3	68.1	31
28.4	33.4	35.9	41.6	43.4	48.0	47.9	49.0	47.9	40.7	32

31. Headship rates by age and sex of householder and urban/rural residence: each census, 1985 – 1995 (continued)

(See notes at end of table.)

	Continent, country or area, date, sex and urban/rural residence Continent, pays ou zone, date, sexe et résidence, urbaine/rurale	All ages Tous âges	Age (in years) –15	15–19	20–24	25–29	30–34
	AFRICA—AFRIQUE (Cont.–Suite)						
	Zambia – Zambie						
	20 VIII 1990						
1	Total	26.2	...	...	...	...	...
2	Male – Masculin	44.8	...	...	...	...	...
3	Female – Féminin	8.6	...	...	...	...	...
	Zimbabwe						
	18 VIII 1992*						
4	Total	20.8	0.2	5.0	18.9	38.0	49.8
5	Male – Masculin	28.4	0.2	5.3	26.0	55.4	72.6
6	Female – Féminin	13.5	0.2	4.8	12.6	22.4	30.2
	AMERICA,NORTH—AMERIQUE DU NORD						
	Bahamas						
	1 V 1990						
7	Total	24.3	...	...	...	...	...
8	Male – Masculin	31.8	...	...	...	...	...
9	Female – Féminin	17.1	...	...	...	...	...
	Belize						
	12 V 1991						
10	Total	20.4	–	2.5	18.6	35.6	46.3
11	Male – Masculin	31.5	–	3.6	30.0	59.6	75.7
12	Female – Féminin	9.0	–	1.3	7.3	11.9	15.7
	Bermuda – Bermudes						
	20 V 1991 [2]						
13	Total	38.4	♦ 0.0	1.2	18.0	40.3	48.4
14	Male – Masculin	52.2	–	♦ 1.1	21.9	54.4	69.1
15	Female – Féminin	25.3	♦ 0.0	♦ 1.2	14.0	26.5	29.4
	British Virgin Islands – Iles Vierges britanniques						
	12 V 1991						
16	Total	33.1	–	♦ 2.2	19.4	40.9	50.9
17	Male – Masculin	46.0	–	♦ 2.5	24.0	55.3	71.3
18	Female – Féminin	19.5	–	♦ 2.0	15.0	25.7	29.9
	Canada						
	3 VI 1986 [2]						
19	Total	35.5	–	2.2	21.9	43.4	50.7
20	Male – Masculin	51.6	–	1.8	25.7	61.9	77.5
21	Female – Féminin	19.9	–	2.5	18.2	25.0	24.4
	4 VI 1991 [2,5]						
22	Total	36.7	–	2.5	21.3	41.4	49.6
23	Male – Masculin	52.0	–	1.9	23.2	56.3	73.1
24	Female – Féminin	21.8	–	3.2	19.5	26.6	26.5
	Cayman Islands – Iles Caïmanes						
	15 X 1989 [2]						
25	Total	32.0	♦ 0.0	4.1	20.6	35.9	43.8
26	Male – Masculin	42.9	♦ 0.0	♦ 3.0	23.7	46.7	59.1
27	Female – Féminin	21.7	–	5.1	17.4	25.6	29.8
	Guadeloupe						
	15 III 1990 [2]						
28	Total	38.7	–	*——— 4.1	———*	25.8 *———	———
	Martinique						
	15 III 1990 [2]						
29	Total	29.6	–	*——— 3.2	———*	22.5 *———	———
	Mexico – Mexique						
	12 III 1990 [2]						
30	Total	19.9	0.0	1.6	13.6	30.2	41.1
31	Male – Masculin	33.6	0.0	2.6	25.3	57.4	76.5
32	Female – Féminin	6.8	0.0	0.6	2.8	5.5	8.5

31. Répartition des chefs de ménage selon l'âge, le sexe et la résidence, urbaine/rurale: chaque recensement, 1985 – 1995 (suite)

(Voir notes à la fin du tableau.)

Age (en années) 35–39	40–44	45–49	50–54	55–59	60–64	65–69	70–74	75+	Unknown Inconnu	
...	...	...	...	...	...	...	...	...	...	1
...	...	...	...	...	...	...	...	...	...	2
...	...	...	...	...	...	...	...	...	...	3
56.7	60.5	63.6	63.1	66.4	67.4	65.5	65.5	58.5	39.6	4
81.1	85.2	87.2	89.1	89.8	89.3	88.1	87.1	81.9	52.9	5
35.2	37.8	39.6	39.6	40.9	42.6	42.8	45.4	40.7	27.8	6
...	...	...	...	...	...	...	...	...	...	7
...	...	...	...	...	...	...	...	...	...	8
...	...	...	...	...	...	...	...	...	...	9
51.5	55.2	57.9	60.9	62.5	64.2	65.1	63.8	58.3	–	10
82.2	86.5	87.8	89.1	88.6	88.8	88.6	82.8	72.9	–	11
18.5	22.0	25.3	29.2	33.9	36.8	41.0	45.0	46.1	–	12
54.3	58.4	59.1	58.7	61.8	62.8	64.5	67.3	70.0	–	13
78.0	82.9	83.8	86.9	87.4	87.8	87.3	91.9	84.7	–	14
31.3	34.4	35.3	33.8	36.8	41.2	46.7	49.7	61.3	–	15
55.5	60.8	61.9	63.8	66.8	66.3	67.2	71.7	72.3	♦ 50.0	16
79.5	84.3	87.1	88.6	91.8	87.4	92.0	91.5	85.5	♦ 50.0	17
30.1	33.2	31.6	36.7	38.4	43.9	35.5	48.1	58.3	–	18
53.5	54.9	55.2	55.8	56.5	57.5	60.7	63.4	57.2	–	19
83.4	86.1	87.4	87.9	87.7	87.5	87.1	84.7	72.9	–	20
23.8	23.5	22.8	23.6	26.1	30.7	38.6	46.7	47.7	–	21
53.1	55.1	56.1	56.3	56.9	58.1	60.3	63.4	59.2	–	22
80.2	83.8	85.7	86.7	87.0	86.7	86.7	85.6	75.5	–	23
26.4	26.5	26.2	25.8	27.2	31.0	37.9	46.2	49.3	–	24
50.1	54.1	54.9	58.1	55.8	60.8	62.4	61.6	54.9	–	25
70.9	77.9	77.8	79.0	80.0	83.3	82.9	80.0	70.5	–	26
31.7	29.4	32.2	36.1	32.4	39.1	42.4	48.1	46.5	–	27
48.8 —*	*———	59.2 ———*	*———	61.1 ———*	*——— —	61.3 ———	———*	62.0	–	28
47.1 —*	*———	59.2 ———*	*———	60.4 ———*	*——— —	60.3 ———	———*	59.8	–	29
46.9	51.1	53.6	55.7	57.4	58.7 *———	—	56.8 ———	———*	3.3	30
84.5	88.4	90.1	90.8	91.2	90.2 *———	—	83.2 ———	———*	5.4	31
11.9	15.6	18.7	22.7	25.7	29.9 *———	—	33.7 ———	———*	1.3	32

31. Headship rates by age and sex of householder and urban/rural residence: each census, 1985 – 1995 (continued)

(See notes at end of table.)

	Continent, country or area, date, sex and urban/rural residence Continent, pays ou zone, date, sexe et résidence, urbaine/rurale	All ages Tous âges	Age (in years) –15	15–19	20–24	25–29	30–34
	AMERICA,NORTH— (Cont.–Suite) AMERIQUE DU NORD						
	Netherlands Antilles – Antilles néerlandaises						
	27 I 1992 [2 6]						
1	Total	30.3	–	*—— 5.2 ——*		*—— 33.6 ——*	
2	Male – Masculin	41.7	–	*—— 6.5 ——*		*—— 50.0 ——*	
3	Female – Féminin	19.8	–	*—— 3.8 ——*		*—— 18.9 ——*	
	Puerto Rico – Porto Rico						
	1 IV 1990* [2 7]						
4	Total	30.0	–	1.9	15.4	32.4	43.1
5	Male – Masculin	42.2	–	2.5	22.0	49.1	65.5
6	Female – Féminin	18.6	–	1.4	9.0	17.3	23.4
	United States – Etats–Unis [8]						
	1 III 1985 [9 10]						
7	Total	36.4	–	2.3	23.9	44.3	51.2
8	Male – Masculin	51.7	–	2.2	30.8	63.9	75.4
9	Female – Féminin	21.8	–	2.3	16.9	24.7	27.2
	1 III 1988 [10]						
10	Total	37.0	–	2.5	24.6	43.7	50.1
11	Male – Masculin	52.2	–	2.3	29.5	61.5	72.7
12	Female – Féminin	22.4	–	2.7	19.7	25.7	27.4
	1 IV 1990						
13	Total	37.0	–	2.8	23.9	42.3	49.5
14	Male – Masculin	51.4	–	2.6	28.2	58.2	72.0
15	Female – Féminin	23.3	–	3.0	19.5	26.3	27.3
	1 III 1991 [10]						
16	Total	37.4	–	2.6	23.1	44.6	50.0
17	Male – Masculin	51.5	–	2.2	26.0	60.7	72.0
18	Female – Féminin	24.0	–	2.9	20.2	28.5	28.2
	1 III 1993 [10]						
19	Total	37.4	–	2.7	24.3	43.9	49.9
20	Male – Masculin	50.6	–	2.2	27.0	57.7	70.3
21	Female – Féminin	24.7	–	3.3	21.4	29.9	29.8
	1 III 1994 [10]						
22	Total	37.3	–	3.1	25.8	44.2	50.7
23	Male – Masculin	49.0	–	1.9	27.5	55.2	68.4
24	Female – Féminin	26.1	–	4.3	24.0	33.1	33.1
	United States Virgin Islands – Iles Vierges américaines						
	1 IV 1990 [2 7]						
25	Total	31.5	–	1.3	16.3	35.8	46.2
26	Male – Masculin	35.6	–	1.2	14.8	36.0	50.1
27	Female – Féminin	27.6	–	1.5	17.7	35.5	42.7
	AMERICA,SOUTH— AMERIQUE DU SUD						
	Argentina – Argentine						
	15 V 1991						
28	Total	27.4	...	...	...	...	...
29	Male – Masculin	43.5	...	...	...	...	...
30	Female – Féminin	11.9	...	...	...	...	...
	Bolivia – Bolivie						
	3 VI 1992 [11]						
31	Total	22.5	0.2	4.6	20.3	36.1	45.6
32	Male – Masculin	34.4	0.2	5.9	32.8	61.0	75.8
33	Female – Féminin	10.9	0.2	3.3	8.6	13.1	16.9
	Brazil – Brésil						
	1 IX 1991 [12]						
34	Total	23.7	0.0	1.8	14.7	31.4	42.2
35	Male – Masculin	39.2	0.0	3.0	26.8	58.2	76.8
36	Female – Féminin	8.5	0.0	0.6	2.9	5.8	9.2

31. Répartition des chefs de ménage selon l'âge, le sexe et la résidence, urbaine/rurale: chaque recensement, 1985 – 1995 (suite)

(Voir notes à la fin du tableau.)

35–39	40–44	45–49	50–54	55–59	60–64	65–69	70–74	75+	Unknown Inconnu	
*———	51.2 ———*	*———	58.2 ———*	*———	62.8 ———*	*——— —	65.1 ———	———*	–	1
*———	75.6 ———*	*———	84.0 ———*	*———	87.5 ———*	*——— —	83.8 ———	———*	–	2
*———	30.0 ———*	*———	35.8 ———*	*———	40.4 ———*	*——— —	51.5 ———	———*	–	3
47.7	51.7	54.2	56.5	58.5	61.5	66.0	68.2	63.9	–	4
72.5	77.9	81.8	84.2	86.6	87.5	90.0	90.6	80.5	–	5
26.0	28.9	29.6	32.0	34.0	38.9	45.2	48.8	50.3	–	6
*———	55.0 ———*	*———	55.9 ———*	*———	58.5 ———*	*———	63.8 ———*	63.3	–	7
*———	84.8 ———*	*———	87.4 ———*	*———	89.4 ———*	*———	87.2 ———*	80.5	–	8
*———	26.2 ———*	*———	26.2 ———*	*———	31.1 ———*	*———	45.5 ———*	54.0	–	9
*———	54.7 ———*	*———	56.4 ———*	*———	58.8 ———*	*———	63.8 ———*	64.5	–	10
*———	82.9 ———*	*———	87.5 ———*	*———	90.6 ———*	*———	89.5 ———*	83.6	–	11
*———	27.1 ———*	*———	26.9 ———*	*———	30.5 ———*	*———	43.2 ———*	54.0	–	12
*———	54.3 ———*	*———	56.7 ———*	57.7	59.3	*———	63.6 ———*	64.4	–	13
*———	80.8 ———*	*———	86.0 ———*	87.9	88.5	*———	88.7 ———*	81.6	–	14
*———	28.3 ———*	*———	28.7 ———*	30.1	33.9	*———	44.0 ———*	55.0	–	15
53.4	55.2	*———	57.3 ———*	*———	59.6 ———*	*———	65.7 ———*	63.3	–	16
78.0	81.4	*———	85.6 ———*	*———	90.3 ———*	*———	92.2 ———*	77.6	–	17
29.1	29.7	*———	30.3 ———*	*———	32.1 ———*	*———	44.9 ———*	55.4	–	18
51.6	54.9	*———	57.8 ———*	*———	59.4 ———*	*———	63.4 ———*	64.1	–	19
73.9	80.6	*———	85.8 ———*	*———	87.0 ———*	*———	86.9 ———*	80.9	–	20
29.6	29.9	*———	31.1 ———*	*———	34.5 ———*	*———	44.9 ———*	54.7	–	21
53.7	53.3	*———	56.4 ———*	*———	58.0 ———*	*———	62.2 ———*	63.5	–	22
73.9	75.6	*———	81.4 ———*	*———	83.0 ———*	*———	82.8 ———*	81.1	–	23
33.7	31.6	*———	32.5 ———*	*———	35.4 ———*	*———	45.8 ———*	53.6	–	24
*———	56.2 ———*	*———	61.3 ———*	63.4	*———	36.0 ———*	♦ 0.0	76.4	–	25
*———	67.1 ———*	*———	74.5 ———*	78.4	*———	43.8 ———*	♦ 0.0	90.2	–	26
*———	46.9 ———*	*———	48.9 ———*	49.1	*———	29.0 ———*	♦ 0.0	67.0	–	27
...	...	...	...	...	...	...	...	...	...	28
...	...	...	...	...	...	...	...	...	...	29
...	...	...	...	...	...	...	...	...	...	30
50.2	55.1	57.5	59.3	59.8	61.8	60.9	60.6	56.8	21.2	31
82.7	86.5	88.6	89.3	90.0	89.8	88.6	86.2	80.2	33.0	32
20.4	24.5	27.8	31.2	32.5	36.1	36.6	38.9	37.9	6.5	33
48.0	52.3	54.8	57.1	58.4	60.1	61.7	61.5	55.2	–	34
85.5	89.3	91.4	92.0	92.6	91.9	90.9	88.3	79.3	–	35
12.6	16.4	19.7	23.7	27.4	31.7	35.6	38.6	37.2	–	36

31. Headship rates by age and sex of householder and urban/rural residence: each census, 1985 – 1995 (continued)

(See notes at end of table.)

	Continent, country or area, date, sex and urban/rural residence — Continent, pays ou zone, date, sexe et résidence, urbaine/rurale	Age (in years) — All ages / Tous âges	–15	15–19	20–24	25–29	30–34
	AMERICA, SOUTH— (Cont.–Suite) AMERIQUE DU SUD						
	Chile – Chili						
	22 IV 1992						
1	Total	24.7	0.0	*———	— 12.5 ———	———*	*———
2	Male – Masculin	37.5	0.0	*———	— 20.6 ———	———*	*———
3	Female – Féminin	12.3	0.0	*———	— 4.4 ———	———*	*———
	Falkland Islands (Malvinas)– Iles Falkland (Malvinas)						
	5 III 1991						
4	Total	37.0	♦ 0.5	♦ 7.4	27.9	44.6	47.8
5	Male – Masculin	53.1	–	♦ 8.9	♦ 32.5	63.6	77.8
6	Female – Féminin	18.6	♦ 1.0	♦ 5.7	♦ 22.2	♦ 25.3	♦ 19.1
	Paraguay						
	26 VIII 1992 [13]						
7	Total	20.8	...	...	...	...	...
8	Male – Masculin	32.8	...	...	...	...	...
9	Female – Féminin	8.7	...	...	...	...	...
	Uruguay						
	23 X 1985* [1 14]						
10	Total	29.2	0.1	1.6	13.8	31.0	39.8
11	Male – Masculin	46.2	0.1	2.2	23.3	55.7	71.5
12	Female – Féminin	13.1	0.0	1.0	4.5	7.2	9.5
	ASIA—ASIE						
	Cyprus – Chypre [15]						
	1 X 1992 [12]						
13	Total	30.8	–	*———	4.8 ———*	*———	———
14	Male – Masculin	53.2	–	*———	8.1 ———*	*———	———
15	Female – Féminin	8.6	–	*———	1.3 ———*	*———	———
	Hong Kong – Hong-kong						
	15 III 1991 [16]						
16	Total	28.7	0.1	1.8	7.3	20.1	36.0
17	Male – Masculin	41.8	0.1	2.1	9.2	30.8	56.6
18	Female – Féminin	15.0	0.2	1.5	5.3	9.8	15.0
	Iran (Islamic Republic of – Rép. islamique d')						
	11 IX 1991 [2]						
19	Total	19.3	*——— 0.6	———*	40.3	*——— 40.7	———*
20	Male – Masculin	35.3	*——— 1.2	———*	77.9	*——— 78.7	———*
21	Female – Féminin	2.4	*——— 0.0	———*	1.3	*——— 2.0	———*
	Japan – Japon						
	1 X 1985 [17]						
22	Total	31.4	0.0	6.3	25.9	30.3	37.4
23	Male – Masculin	53.7	0.0	7.5	35.7	52.1	67.8
24	Female – Féminin	9.8	0.0	5.0	15.8	8.1	6.6
	1 X 1990 [17]						
25	Total	32.9	0.0	6.4	25.8	31.5	37.0
26	Male – Masculin	55.6	0.0	7.7	34.8	52.2	66.3
27	Female – Féminin	11.0	0.0	5.1	16.4	10.4	7.2
	Kazakstan						
	12 I 1989 [2]						
28	Total	26.6	...	...	...	...	...
	Korea, Republic of– Corée, République de						
	1 XI 1985 [2 18 19]						
29	Total	23.7	0.0	*———	5.8 ———*	27.4	45.5
30	Male – Masculin	39.9	0.0	*———	6.2 ———*	49.7	83.4
31	Female – Féminin	7.4	0.0	*———	5.2 ———*	5.2	6.0

31. Répartition des chefs de ménage selon l'âge, le sexe et la résidence, urbaine/rurale: chaque recensement, 1985 – 1995 (suite)

(Voir notes à la fin du tableau.)

Age (en années)										
35–39	40–44	45–49	50–54	55–59	60–64	65–69	70–74	75+	Unknown Inconnu	
— 43.1 ——	——*	*—— —	53.8 ——	——*	*——	——	56.7 ——	——*	–	1
— 71.4 ——	——*	*—— —	81.7 ——	——*	*——	——	80.1 ——	——*	–	2
— 16.1 ——	——*	*—— —	28.0 ——	——*	*——	——	38.6 ——	——*	–	3
56.8	50.6	55.3	61.8	♦ 11.2	67.1	73.0	66.7	70.4	–	4
82.2	82.5	87.7	88.0	–	92.9	90.5	♦ 92.9	♦ 82.9	–	5
♦ 21.1	♦ 16.2	♦ 20.6	♦ 16.7	♦ 26.8	♦ 41.9	♦ 38.1	♦ 38.5	♦ 58.3	–	6
...	...	...	...	...	...	...	...	...	...	7
...	...	...	...	...	...	...	...	...	...	8
...	...	...	...	...	...	...	...	...	...	9
44.7	48.2	51.2	52.7	55.6	57.1	*—— —	56.4 ——	——*	–	10
78.4	81.7	84.3	85.1	87.4	87.7	*—— —	83.5 ——	——*	–	11
12.8	16.0	20.0	22.0	26.5	29.6	*—— —	36.8 ——	——*	–	12
43.2 ——	——*	*——	——	54.0 ——	——*	*—— —	60.1 ——	——*	43.4	13
80.8 ——	——*	*——	——	97.1 ——	——*	*—— —	91.2 ——	——*	63.9	14
5.4 ——	——*	*——	——	13.5 ——	——*	*—— —	34.2 ——	——*	15.7	15
43.9	49.6	54.1	56.7	57.7	57.3	55.5	52.9	42.0	–	16
68.7	76.0	79.4	80.9	79.8	76.6	72.3	69.3	59.5	–	17
18.0	20.1	23.4	27.8	32.8	37.0	39.7	39.1	31.6	–	18
*——	38.0 ——*	*——	54.6 ——*	*——	—— —	41.8 ——	——	——*	32.1	19
*——	71.2 ——*	*——	97.4 ——*	*——	—— —	63.8 ——	——	——*	49.4	20
*——	3.8 ——*	*——	9.4 ——*	*——	—— —	14.0 ——	——	——*	3.9	21
43.6	49.0	51.9	53.8	54.8	51.3	49.2	45.8	32.5	–	22
78.9	88.0	91.8	94.1	95.4	92.4	86.8	79.1	58.7	–	23
7.9	10.3	12.4	14.3	16.2	18.9	21.5	21.6	16.0	–	24
42.1	47.5	51.9	53.7	54.8	54.2	50.5	47.7	36.4	–	25
75.7	84.0	91.2	93.9	95.3	93.3	89.0	82.0	65.1	–	26
8.1	10.7	13.1	14.4	16.0	18.0	21.5	24.0	19.3	–	27
...	...	...	...	...	...	...	...	...	...	28
51.1	54.1	55.8	56.4	55.3	*——	——	44.2 ——	——*	–	29
91.3	94.7	96.1	96.6	95.4	*——	——	80.5 ——	——*	–	30
8.7	12.4	15.6	19.7	23.4	*——	——	20.3 ——	——*	–	31

31. Headship rates by age and sex of householder and urban/rural residence: each census, 1985 – 1995 (continued)

(See notes at end of table.)

	Continent, country or area, date, sex and urban/rural residence Continent, pays ou zone, date, sexe et résidence, urbaine/rurale	All ages Tous âges	–15	15–19	20–24	25–29	30–34
			Age (in years)				
	ASIA—ASIE (Cont.–Suite)						
	Kuwait – Koweït 20 IV 1985						
1	Total	13.4	...	...	...	...	...
2	Male – Masculin	22.4	...	...	...	...	...
3	Female – Féminin	1.5	...	...	...	...	...
	Macau – Macao 30 VIII 1991 [2]						
4	Total	26.9	♦ 0.0	2.8	11.0	26.7	40.4
5	Male – Masculin	44.0	♦ 0.0	2.9	16.3	47.3	69.3
6	Female – Féminin	10.8	♦ 0.0	2.8	7.7	10.9	12.3
	Philippines 1 V 1990 [2]						
7	Total	18.8	*——— 0.2	———*	*———	17.9 ———*	*———
8	Male – Masculin	33.2	*——— 0.3	———*	*———	34.1 ———*	*———
9	Female – Féminin	4.3	*——— 0.1	———*	*———	1.8 ———*	*———
	EUROPE						
	Bulgaria – Bulgarie 4 XII 1985*						
10	Total	33.8	0.0	8.1	18.7	32.2	39.7
11	Male – Masculin	56.1	0.0	7.0	27.6	57.0	71.1
12	Female – Féminin	11.9	0.0	9.2	9.4	6.9	8.1
	Channel Islands – Iles Anglo–Normandes Guernsey – Guernesey 21 IV 1991						
13	Total	36.7	♦ 0.1	2.9	17.6	34.6	44.2
14	Male – Masculin	55.8	♦ 0.1	2.0	21.2	53.1	72.6
15	Female – Féminin	19.1	♦ 0.1	3.9	14.4	16.8	16.0
	Czech Republic – Rép. tchèque 3 III 1991 [2]						
16	Total	39.3	–	3.0	26.4	45.9	51.4
17	Male – Masculin	60.3	–	2.8	37.5	76.6	88.5
18	Female – Féminin	19.6	–	3.3	14.7	13.9	13.1
	Denmark – Danemark [20] 1 I 1991 [2]						
19	Total	44.2	0.0	4.3	34.9	49.6	53.1
20	Male – Masculin	52.3	♦ 0.0	3.4	36.0	59.1	67.0
21	Female – Féminin	36.3	♦ 0.0	5.3	33.8	39.6	38.4
	Finland – Finlande 31 XII 1990 [2]						
22	Total	40.7	–	2.6	26.1	51.7	55.5
23	Male – Masculin	51.4	–	1.8	27.2	67.1	76.2
24	Female – Féminin	30.7	–	3.4	24.9	35.6	33.7
25	Germany – Allemagne [21]	...	...	...	...	...	...
	Germany, Federal Rep. of – Allemagne, République fédérale d' 25 V 1987 [2]						
26	Total	42.9	*——— 1.2	———*	28.4	47.8	54.1
27	Male – Masculin	65.2	*——— 1.1	———*	32.5	71.1	89.0
28	Female – Féminin	22.4	*——— 1.4	———*	24.1	23.3	18.0
	Greece – Grèce 17 III 1991 [22]						
29	Total	31.2	–	2.5	10.4	22.3	35.2
30	Male – Masculin	50.5	–	2.2	12.5	35.9	60.7
31	Female – Féminin	12.5	–	2.7	8.3	8.8	10.0
	Hungary – Hongrie 1 I 1990						
32	Total	37.5	*——— 2.3	———*	20.3	40.6	48.7
33	Male – Masculin	57.3	*——— 2.6	———*	28.4	65.9	80.5
34	Female – Féminin	19.1	*——— 2.0	———*	11.9	14.7	16.6

31. Répartition des chefs de ménage selon l'âge, le sexe et la résidence, urbaine/rurale: chaque recensement, 1985 – 1995 (suite)

(Voir notes à la fin du tableau.)

Age (en années)										
35–39	40–44	45–49	50–54	55–59	60–64	65–69	70–74	75+	Unknown Inconnu	
...	...	...	...	...	...	...	...	...	...	1
...	...	...	...	...	...	...	...	...	...	2
...	...	...	...	...	...	...	...	...	...	3
46.4	50.9	53.8	53.9	50.6	49.2	48.4	47.4	42.1	–	4
76.2	79.4	82.3	81.4	81.2	77.2	76.1	70.6	62.8	–	5
12.8	15.1	18.2	21.1	22.2	26.3	28.2	30.9	30.2	–	6
42.3 ——*	*———	51.0 ———*	*———	55.6 ———*	*———	57.7 ———*	*———	52.1 ———*	–	7
79.7 ——*	*———	91.9 ———*	*———	94.3 ———*	*———	91.8 ———*	*———	79.0 ———*	–	8
4.4 ——*	*———	9.6 ———*	*———	18.0 ———*	*———	26.6 ———*	*———	29.3 ———*	–	9
45.5	48.8	50.3	51.9	54.5	57.5	60.6	*———	56.5 ———*	–	10
81.2	87.2	90.2	91.6	92.8	95.7	98.7	*———	84.4 ———*	–	11
9.6	10.4	11.3	13.1	17.0	22.4	28.1	*———	34.4 ———*	–	12
49.5	50.8	52.3	54.8	54.6	56.8	60.6	63.5	60.4	–	13
80.9	86.4	87.7	89.0	88.4	91.1	89.2	87.2	79.2	–	14
16.9	16.0	17.1	19.5	21.2	27.0	36.2	45.4	50.4	–	15
54.0	56.1	57.2	58.1	60.1	63.6	68.2	*———	72.8 ———*	70.2	16
92.6	95.0	96.5	97.6	98.1	98.1	97.7	*———	92.8 ———*	82.5	17
14.8	16.8	18.6	20.5	25.9	35.1	47.0	*———	62.0 ———*	54.7	18
54.8	56.3	59.2	59.4	60.1	63.0	67.6	73.6	78.5	–	19
69.9	71.4	75.5	78.4	79.4	80.0	80.2	81.9	82.4	–	20
39.1	40.6	42.4	40.3	41.6	47.4	56.7	67.1	76.3	–	21
56.4	57.6	59.0	58.7	58.4	55.4	57.6	62.0	61.9	–	22
77.9	78.7	79.2	76.7	72.5	69.0	71.8	74.0	70.6	–	23
34.0	35.4	38.2	41.0	45.0	43.6	47.6	55.0	58.1	–	24
...	...	...	...	...	...	...	...	...	...	25
55.5	57.4	57.9	*———	59.0 ———*	*———	60.0 ———*	67.4	65.0	–	26
94.0	96.6	97.4	*———	97.8 ———*	*———	97.1 ———*	95.1	86.1	–	27
15.6	16.0	16.2	*———	19.7 ———*	*———	35.0 ———*	52.0	55.5	–	28
43.4	47.9	50.1	51.4	53.5	54.9	56.2	55.8	49.3	–	29
75.3	83.4	87.5	90.3	91.3	90.6	88.8	85.2	73.7	–	30
11.1	12.4	13.0	14.6	16.8	22.2	28.1	33.0	31.3	–	31
52.3	*———	54.7 ———*	*———	55.4 ———*	*———	59.2 ———*	*———	62.0 ———*	–	32
86.3	*———	91.2 ———*	*———	93.0 ———*	*———	90.5 ———*	*———	84.6 ———*	–	33
18.5	*———	19.5 ———*	*———	23.0 ———*	*———	35.4 ———*	*———	49.1 ———*	–	34

31. Headship rates by age and sex of householder and urban/rural residence: each census, 1985 – 1995 (continued)

(See notes at end of table.)

	Continent, country or area, date, sex and urban/rural residence — Continent, pays ou zone, date, sexe et résidence, urbaine/rurale	All ages Tous âges	Age (in years) -15	15–19	20–24	25–29	30–34
	EUROPE (Cont.–Suite)						
	Ireland – Irlande						
	21 IV 1991						
1	Total	29.2	–	1.6	11.9	29.8	42.8
2	Male – Masculin	43.3	–	1.3	12.3	45.0	69.4
3	Female – Féminin	15.3	–	2.0	11.5	15.2	16.8
	Luxembourg						
	1 III 1991 [2]						
4	Total	37.6	♦ 0.0	1.3	14.4	36.5	47.3
5	Male – Masculin	56.9	♦ 0.0	1.3	17.7	53.5	75.8
6	Female – Féminin	19.0	♦ 0.0	1.2	11.1	18.9	18.1
	Norway – Norvège						
	3 XI 1990 [1 2]						
7	Total	41.2	0.1	3.1	29.7	54.9	59.5
8	Male – Masculin	54.8	0.1	2.7	30.7	69.4	81.9
9	Female – Féminin	28.0	0.1	3.6	28.7	39.5	36.0
	Poland – Pologne						
	6 XII 1988 [1 23]						
10	Total	31.6	0.0	1.2	12.9	31.9	43.3
11	Male – Masculin	44.9	0.0	1.1	16.0	48.8	67.4
12	Female – Féminin	19.0	0.0	1.2	9.8	14.5	18.8
	Portugal						
	15 IV 1991						
13	Total	31.9	0.1	1.0	9.2	28.1	41.0
14	Male – Masculin	53.0	0.1	1.3	14.7	50.8	75.2
15	Female – Féminin	12.2	0.1	0.8	3.5	5.8	8.0
	Romania – Roumanie						
	7 I 1992 [1]						
16	Total	32.0	0.0	0.8	10.3	29.7	40.5
17	Male – Masculin	50.7	0.0	1.0	16.7	51.5	70.9
18	Female – Féminin	13.9	0.0	0.5	3.7	7.2	9.6
	San Marino – Saint–Marin						
	31 XII 1985 [10]						
19	Total	33.3	–	♦ 0.6	13.6	33.6	43.1
20	Male – Masculin	54.4	–	♦ 0.4	17.9	56.6	75.9
21	Female – Féminin	12.5	–	♦ 0.8	9.0	12.3	11.8
	Slovakia – Slovaquie						
	3 III 1991 [2]						
22	Total	34.7	–	2.1	20.4	41.5	48.9
23	Male – Masculin	54.7	–	2.2	31.5	72.4	85.6
24	Female – Féminin	15.7	–	2.0	8.8	9.8	10.9
	Slovenia – Slovénie						
	31 III 1991 [2]						
25	Total	32.6	0.2	0.7	8.1	25.6	40.1
26	Male – Masculin	37.5	0.2	0.6	6.8	28.5	47.9
27	Female – Féminin	27.9	0.1	0.9	9.5	22.8	32.1
	Sweden – Suède						
	1 XI 1985 [2]						
28	Total	43.9	*——— 1.2	———*	36.4	53.0	55.0
29	Male – Masculin	65.1	*——— 1.1	———*	45.8	79.5	88.6
30	Female – Féminin	23.2	*——— 1.3	———*	26.5	25.3	19.8
	1 XI 1990 [2]						
31	Total	44.6	–	4.4	38.0	52.0	53.8
32	Male – Masculin	56.8	–	3.9	45.1	68.3	73.9
33	Female – Féminin	32.6	–	5.0	30.5	34.8	32.7
	Switzerland – Suisse						
	4 XII 1990 [1 2]						
34	Total	41.3	–	2.2	26.1	46.1	52.2
35	Male – Masculin	60.7	–	1.9	29.2	65.4	82.1
36	Female – Féminin	22.5	–	2.6	22.9	25.2	19.8

31. Répartition des chefs de ménage selon l'âge, le sexe et la résidence, urbaine/rurale: chaque recensement, 1985 – 1995 (suite)

(Voir notes à la fin du tableau.)

Age (en années)										
35–39	40–44	45–49	50–54	55–59	60–64	65–69	70–74	75+	Unknown Inconnu	
47.6	49.6	51.8	53.5	56.0	59.1 *———	—	61.1 ———	*	–	1
78.2	82.3	85.5	86.8	87.6	87.6 *———	—	81.8 ———	*	–	2
17.1	16.3	16.9	19.0	23.9	31.9 *———	—	45.5 ———	*	–	3
51.5	54.0	55.2	55.3	56.4	59.2	59.9	64.3	58.1	28.8	4
83.9	87.3	89.5	90.1	91.4	91.3	90.3	88.5	77.5	40.0	5
17.4	17.8	18.2	19.5	22.1	29.0	39.0	48.1	48.4	18.8	6
59.7	59.1	57.4	54.9	54.1	56.7	58.9	62.6	64.1	–	7
84.6	85.6	84.0	81.6	80.0	80.5	81.0	80.5	75.4	–	8
33.5	30.9	29.6	27.9	28.8	34.2	39.5	48.6	57.6	–	9
49.8	53.5	55.2	56.7	57.5	57.3	57.9	58.4	53.8	29.5	10
76.3	80.7	83.0	84.1	84.6	83.4	80.1	76.8	69.4	40.8	11
23.0	26.7	28.6	31.3	33.1	36.9	42.1	46.8	45.8	21.3	12
46.7	49.7	51.2	52.8	54.2	56.1	58.1	59.3	53.9	–	13
85.8	90.6	93.1	93.9	94.2	93.7	92.5	89.5	78.8	–	14
9.6	11.2	13.0	15.7	19.0	24.1	29.8	36.2	39.2	–	15
46.1	49.6	52.5	55.0	57.9	61.3	63.8	65.8	63.9	61.2	16
80.3	85.9	90.0	93.1	95.1	96.1	95.7	94.2	86.3	68.9	17
11.7	13.4	15.8	19.1	23.6	30.3	38.1	46.7	49.7	51.1	18
46.8	47.8	48.8	50.9	55.5	58.5	60.3	62.9	63.3	–	19
84.1	85.3	90.7	91.5	92.4	94.8	95.6	93.0	84.5	–	20
9.3	8.8	6.3	10.7	17.6	23.4	27.9	37.5	49.9	–	21
52.2	54.4	55.3	56.8	59.5	62.9	67.1 *———	69.7 ———	*	64.0	22
91.0	93.9	95.8	97.0	97.6	97.6	97.1 *———	91.2 ———	*	74.1	23
13.0	15.2	17.8	21.2	26.9	35.0	44.9 *———	56.7 ———	*	52.3	24
46.5	50.0	52.8	55.5	57.3	59.7	61.5	62.9	57.0	29.4	25
56.7	62.0	66.0	69.6	71.2	72.8	73.8	71.0	64.0	36.5	26
35.8	37.3	39.4	41.7	44.8	49.4	54.3	58.4	53.6	22.6	27
56.0	57.4	57.7	57.7	58.8	61.4	65.2	70.0	73.0	–	28
91.9	93.3	94.3	94.9	95.6	96.2	96.4	95.8	89.8	–	29
18.7	19.5	20.0	20.6	23.4	28.8	37.1	48.8	62.5	–	30
54.7	56.4	59.3	59.8	59.7	61.2	65.0	70.7	76.8	–	31
76.1	77.7	80.8	82.7	82.6	82.8	83.3	84.8	84.2	–	32
32.4	34.3	36.6	36.5	37.2	41.2	48.8	59.0	72.1	–	33
54.4	56.3	57.9	58.3	59.4	59.8	61.0	65.7	64.0	–	34
87.7	90.5	92.1	92.6	92.8	92.3	89.1	90.0	83.1	–	35
19.2	20.5	22.5	24.1	27.5	31.5	38.4	47.2	53.7	–	36

31. Headship rates by age and sex of householder and urban/rural residence: each census, 1985 – 1995 (continued)

(See notes at end of table.)

	Continent, country or area, date, sex and urban/rural residence — Continent, pays ou zone, date, sexe et résidence, urbaine/rurale	Age (in years) All ages Tous âges	-15	15–19	20–24	25–29	30–34
	OCEANIA—OCEANIE						
	New Zealand – Nouvelle–Zélande						
	4 III 1986 [2 24]						
1	Total	32.8	–	4.0	24.0	41.6	48.6
2	Male – Masculin	44.2	–	3.3	26.1	54.7	67.6
3	Female – Féminin	21.5	–	4.9	21.8	28.7	29.9
	5 III 1991 [2 24]						
4	Total	34.8	0.0	5.0	25.6	42.2	49.5
5	Male – Masculin	44.4	0.0	3.8	23.5	48.5	62.8
6	Female – Féminin	25.6	0.0	6.3	27.6	36.3	36.7
	Tonga						
	28 XI 1986 [2]						
7	Total	15.7	–	0.7	5.2	17.4	30.6
8	Male – Masculin	25.0	–	1.1	8.9	31.6	55.5
9	Female – Féminin	6.3	–	♦ 0.3	1.4	3.9	8.9

31. Répartition des chefs de ménage selon l'âge, le sexe et la résidence, urbaine/rurale: chaque recensement, 1985 – 1995 (suite)

(Voir notes à la fin du tableau.)

Age (en années)										
35–39	40–44	45–49	50–54	55–59	60–64	65–69	70–74	75+	Unknown Inconnu	
51.2	52.3	52.6	53.7	55.3	56.9	*——— 61.6 ———*		60.5	–	1
73.5	77.2	79.0	80.7	81.4	81.8	*——— 81.6 ———*		73.6	–	2
29.0	27.2	26.0	25.9	28.2	33.1	*——— 45.4 ———*		52.8	–	3
52.6	54.0	54.2	54.6	56.0	58.0	60.7	64.1	62.1	–	4
70.0	74.8	77.2	79.4	81.1	81.8	82.6	82.1	75.1	–	5
35.5	33.4	31.1	29.9	30.6	34.1	40.9	50.1	54.5	–	6
39.7	46.1	50.2	54.3	55.5	57.8	*———— — 52.7 ————*			–	7
70.6	80.4	86.4	88.5	88.5	88.2	*———— — 79.2 ————*			–	8
14.4	16.1	18.0	22.0	23.5	27.1	*———— — 27.5 ————*			–	9

31. Headship rates by age and sex of householder and urban/rural residence: each census, 1985 – 1995 (continued)
Data by urban/rural residence

(See notes at end of table.)

	Continent, country or area, date, sex and urban/rural residence — Continent, pays ou zone, date, sexe et résidence, urbaine/rurale	All ages Tous âges	Age (in years) –15	15–19	20–24	25–29	30–34
	AFRICA—AFRIQUE						
	Botswana						
	Urban – Urbaine						
	21 VIII 1991						
1	Urban – Urbaine	23.2	0.2 *———	———	— 20.9 ———	———*	*———
2	Male – Masculin	27.4	0.2 *———	———	— 24.4 ———	———*	*———
3	Female – Féminin	19.5	0.3 *———	———	— 18.0 ———	———*	*———
	Rural – Rurale						
	21 VIII 1991						
4	Rural – Rurale	18.8	0.5 *———	———	— 15.2 ———	———*	*———
5	Male – Masculin	19.4	0.6 *———	———	— 14.4 ———	———*	*———
6	Female – Féminin	18.2	0.4 *———	———	— 15.9 ———	———*	*———
	Namibia – Namibie						
	Urban – Urbaine						
	21 X 1991						
7	Urban – Urbaine	19.3	♦ 0.0	1.6	10.0	*———	29.3 ———*
8	Male – Masculin	26.3	♦ 0.0	1.7	11.8	*———	38.8 ———*
9	Female – Féminin	12.1	♦ 0.0	1.6	8.3	*———	19.1 ———*
	Rural – Rurale						
	21 X 1991						
10	Rural – Rurale	17.6	0.1	3.1	12.1	*———	29.4 ———*
11	Male – Masculin	21.0	0.1	3.6	14.8	*———	37.8 ———*
12	Female – Féminin	14.4	0.1	2.6	9.6	*———	22.7 ———*
	Uganda – Ouganda						
	Urban – Urbaine						
	12 I 1991*						
13	Urban – Urbaine	23.7	0.2	8.9	29.6	46.5	57.2
14	Male – Masculin	32.6	0.2	12.2	41.3	62.7	74.1
15	Female – Féminin	15.2	0.2	6.5	19.1	29.5	37.3
	Rural – Rurale						
	12 I 1991*						
16	Rural – Rurale	20.2	0.1	4.5	22.7	38.8	48.4
17	Male – Masculin	29.4	0.1	6.0	37.4	64.9	76.4
18	Female – Féminin	11.3	0.1	3.0	10.0	15.8	22.2
	AMERICA,SOUTH— AMERIQUE DU SUD						
	Uruguay						
	Urban – Urbaine						
	23 X 1985* [14]						
19	Urban – Urbaine	29.3	0.1	1.5	14.0	31.7	39.7
20	Male – Masculin	46.7	0.1	2.1	24.3	58.0	72.8
21	Female – Féminin	13.7	0.0	1.0	4.5	7.5	9.8
	Rural – Rurale						
	23 X 1985* [14]						
22	Rural – Rurale	28.4	0.1	2.2	12.8	26.6	40.2
23	Male – Masculin	43.5	0.2	3.2	18.6	42.0	64.1
24	Female – Féminin	7.6	–	0.8	4.1	5.2	7.3
	ASIA—ASIE						
	Cyprus – Chypre [15]						
	Urban – Urbaine						
	1 X 1992 [2]						
25	Urban – Urbaine	30.8	– *———	5.3 ———	———*	*———	———
26	Male – Masculin	53.3	– *———	8.9 ———	———*	*———	———
27	Female – Féminin	8.7	– *———	1.7 ———	———*	*———	———
	Rural – Rurale						
	1 X 1992 [2]						
28	Rural – Rurale	30.8	– *———	3.5 ———	———*	*———	———
29	Male – Masculin	53.0	– *———	6.3 ———	———*	*———	———
30	Female – Féminin	8.4	– *———	0.4 ———	———*	*———	———

31. Répartition des chefs de ménage selon l'âge, le sexe et la résidence, urbaine/rurale: chaque recensement, 1985 – 1995 (suite)
Données selon la résidence urbaine/rurale

(Voir notes à la fin du tableau.)

Age (en années)										
35–39	40–44	45–49	50–54	55–59	60–64	65–69	70–74	75+	Unknown Inconnu	
— 49.8 ——	——*	*——	— 60.1 ——	——*	*——	——	57.0 ——	——*	–	1
— 58.3 ——	——*	*——	— 68.2 ——	——*	*——	——	64.3 ——	——*	–	2
— 41.3 ——	——*	*——	— 51.4 ——	——*	*——	——	51.6 ——	——*	–	3
— 42.1 ——	——*	*——	— 54.4 ——	——*	*——	——	57.5 ——	——*	–	4
— 45.6 ——	——*	*——	— 64.5 ——	——*	*——	——	68.2 ——	——*	–	5
— 39.6 ——	——*	*——	— 46.4 ——	——*	*——	——	48.3 ——	——*	–	6
*——	45.8 ——*	*——	——	52.7 ——	——*	*——	— 46.9 ——	——*	15.7	7
*——	60.0 ——*	*——	——	67.9 ——	——*	*——	— 60.4 ——	——*	♦ 17.6	8
*——	28.1 ——*	*——	——	33.2 ——	——*	*——	— 36.1 ——	——*	♦ 10.0	9
*——	45.2 ——*	*——	——	56.1 ——	——*	*——	— 69.6 ——	——*	29.4	10
*——	60.4 ——*	*——	——	74.1 ——	——*	*——	— 83.2 ——	——*	34.7	11
*——	33.0 ——*	*——	——	41.2 ——	——*	*——	— 59.2 ——	——*	21.8	12
62.6	66.2	67.6	68.7	69.1	66.5	65.3	62.8	59.3	40.8	13
78.4	80.5	81.6	82.1	82.7	80.3	79.4	76.4	73.7	48.1	14
42.9	47.7	49.4	53.5	52.4	55.3	52.4	53.4	49.0	33.1	15
52.8	57.3	60.0	62.8	66.8	66.9	70.2	67.7	67.4	56.1	16
81.2	85.6	86.9	86.6	89.4	88.2	92.0	87.4	84.7	73.5	17
26.6	32.1	34.8	40.8	42.9	47.6	47.7	48.8	47.8	42.3	18
44.7	47.9	51.4	52.9	55.4	57.0	*——	— 56.3 ——	——*	–	19
80.1	82.8	86.3	87.2	89.0	89.5	*——	— 84.2 ——	——*	–	20
13.4	16.6	20.9	22.9	27.2	30.5	*——	— 37.5 ——	——*	–	21
44.5	50.1	49.7	51.6	56.2	57.2	*——	— 56.7 ——	——*	–	22
69.8	75.8	74.8	74.9	78.6	79.1	*——	— 78.9 ——	——*	–	23
8.1	10.3	10.4	13.1	18.3	20.3	*——	— 26.4 ——	——*	–	24
43.3 ——	——*	*——	——	54.8 ——	——*	*——	— 58.6 ——	——*	45.9	25
81.1 ——	——*	*——	——	96.9 ——	——*	*——	— 89.0 ——	——*	67.2	26
6.5 ——	——*	*——	——	14.1 ——	——*	*——	— 34.0 ——	——*	17.0	27
43.0 ——	——*	*——	——	52.5 ——	——*	*——	— 62.2 ——	——*	33.9	28
79.9 ——	——*	*——	——	97.6 ——	——*	*——	— 94.2 ——	——*	51.1	29
2.9 ——	——*	*——	——	12.3 ——	——*	*——	— 34.6 ——	——*	♦ 11.1	30

31. Headship rates by age and sex of householder and urban/rural residence: each census, 1985 – 1995 (continued)
Data by urban/rural residence

(See notes at end of table.)

	Continent, country or area, date, sex and urban/rural residence — Continent, pays ou zone, date, sexe et résidence, urbaine/rurale	Age (in years) All ages Tous âges	-15	15–19	20–24	25–29	30–34
	EUROPE						
	Norway – Norvège						
	Urban – Urbaine						
	3 XI 1990 [2]						
1	Urban – Urbaine	42.6	0.0	3.3	31.8	56.9	60.7
2	Male – Masculin	56.2	0.1	2.7	32.2	71.1	82.9
3	Female – Féminin	29.6	0.0	3.9	31.4	42.2	37.9
	Rural – Rurale						
	3 XI 1990 [2]						
4	Rural – Rurale	37.6	0.2	2.5	23.4	48.2	55.4
5	Male – Masculin	51.1	0.2	2.4	26.0	63.6	78.4
6	Female – Féminin	23.5	0.2	2.7	20.3	30.2	29.6
	Poland – Pologne						
	Urban – Urbaine						
	6 XII 1988 [23]						
7	Urban – Urbaine	33.9	0.0	1.4	15.0	34.8	45.5
8	Male – Masculin	46.5	0.0	1.2	17.2	52.2	70.1
9	Female – Féminin	22.4	0.0	1.7	12.8	18.2	22.2
	Rural – Rurale						
	6 XII 1988 [23]						
10	Rural – Rurale	27.9	0.0	0.7	10.0	27.6	39.3
11	Male – Masculin	42.5	0.0	0.9	14.2	44.2	62.7
12	Female – Féminin	13.4	♦ 0.0	0.5	5.2	8.3	11.4
	Romania – Roumanie						
	Urban – Urbaine						
	7 I 1992						
13	Urban – Urbaine	32.0	0.0	0.9	12.6	34.0	44.7
14	Male – Masculin	50.9	0.0	1.0	20.7	61.1	80.1
15	Female – Féminin	14.0	0.0	0.7	5.4	9.6	12.0
	Rural – Rurale						
	7 I 1992						
16	Rural – Rurale	31.8	0.0	0.7	7.2	22.6	32.0
17	Male – Masculin	50.3	0.0	1.1	12.1	38.2	54.6
18	Female – Féminin	13.7	0.0	0.3	1.2	2.4	3.8
	Switzerland – Suisse						
	Urban – Urbaine						
	4 XII 1990 [2]						
19	Urban – Urbaine	43.4	–	2.6	28.5	48.7	54.0
20	Male – Masculin	62.5	–	2.2	31.8	67.1	82.4
21	Female – Féminin	25.2	–	3.0	25.0	28.8	23.3
	Rural – Rurale						
	4 XII 1990 [2]						
22	Rural – Rurale	36.8	–	1.5	20.5	39.8	48.3
23	Male – Masculin	56.8	–	1.2	23.3	61.4	81.4
24	Female – Féminin	16.3	–	1.9	17.5	16.4	11.8

GENERAL NOTES

For definitions of "urban", see end of table 6. For method of evaluation and limitations of data, see Technical Notes, page 109.

FOOTNOTES

- * Provisional.
- 1 For classification by urban/rural residence, see end of table.
- 2 De jure population.
- 3 Excluding Bophuthatswana, Ciskei, Transkei and Venda.
- 4 Data exclude adjustment for underenumeration estimated at 15.1 per cent.
- 5 Data exclude adjustment for underenumeration.
- 6 Data exclude adjustment for underenumeration estimated at 2.0 per cent.
- 7 Including armed forces stationed in the area.
- 8 De jure population, but excluding armed forces overseas and civilian citizens absent from country for extended period of time.
- 9 Excluding persons not living in households.
- 10 Based on the results of a household survey.
- 11 Data exclude adjustment for underenumeration estimated at 6.92 per cent.
- 12 Excluding Indian jungle population.

NOTES GENERALES

Pour les définitions des "régions urbaines", se reporter à la fin du tableau 6. Pour la méthode d'évaluation et les insuffisances des données, voir Notes techniques, page 109.

NOTES

- * Données provisoires.
- 1 Pour le classement selon la résidence, urbaine/rurale, voir la fin du tableau.
- 2 Population de droit.
- 3 Non compris Bophuthatswana, Ciskei, Transkei et Venda.
- 4 Les données n'ont pas été ajustées pour compenser les lacunes du dénombrement, estimées à 15,1 p. 100.
- 5 Les données n'ont pas été ajustées pour compenser les lacunes du dénombrement.
- 6 Les données n'ont pas été ajustées pour compenser les lacunes du dénombrement, estimées à 2,0 p. 100.
- 7 Y compris les militaires en garnison sur le territoire.
- 8 Population de droit, mais non compris les militaires à l'étranger, et les civils hors du pays pendant une période prolongée.
- 9 Non compris les personnes ne vivant pas dans des ménages.
- 10 D'après les résultats d'une enquête des ménages.
- 11 Les données n'ont pas été ajustées pour compenser les lacunes du dénombrement, estimées à 6,92 p. 100.
- 12 Non compris les Indiens de la jungle.

31. Répartition des chefs de ménage selon l'âge, le sexe et la résidence, urbaine/rurale: chaque recensement, 1985 – 1995 (suite)
Données selon la résidence urbaine/rurale

(Voir notes à la fin du tableau.)

Age (en années)										
35–39	40–44	45–49	50–54	55–59	60–64	65–69	70–74	75+	Unknown Inconnu	
61.0	60.5	59.0	56.8	55.9	58.6	60.8	64.5	64.8	–	1
86.5	87.5	85.8	84.6	82.8	83.0	83.5	82.8	76.6	–	2
34.9	32.5	31.5	29.7	30.9	36.5	41.8	51.1	58.8	–	3
55.8	54.7	53.0	49.6	49.4	52.0	54.5	58.5	62.8	–	4
79.1	80.1	79.1	74.0	73.8	74.6	75.9	76.0	73.5	–	5
29.2	26.1	24.1	22.8	22.8	28.4	33.8	42.8	54.6	–	6
51.3	55.2	56.9	58.7	60.0	61.6	64.4	66.1	61.8	31.5	7
77.6	80.7	82.1	82.9	83.9	84.8	85.2	84.1	78.0	42.2	8
26.5	30.8	33.3	36.8	38.8	43.8	50.1	55.7	54.5	23.4	9
46.5	50.0	52.0	53.5	53.7	51.4	50.1	49.6	44.6	26.3	10
73.9	80.6	84.6	86.1	85.7	81.6	74.3	69.4	61.2	38.3	11
14.8	17.5	19.4	21.9	24.6	27.5	31.9	35.9	35.0	18.1	12
50.6	54.5	56.4	58.3	60.2	63.2	65.2	66.2	62.9	62.0	13
87.1	90.4	91.8	93.2	94.3	94.9	94.1	92.4	84.7	70.2	14
14.5	17.1	20.5	24.1	28.5	35.3	42.9	49.8	50.1	51.2	15
36.6	42.1	48.2	52.1	56.3	59.9	63.0	65.5	64.4	48.8	16
66.3	78.4	88.0	93.0	95.7	96.8	96.6	95.2	87.2	47.8	17
5.6	7.8	10.8	14.7	19.9	26.8	35.1	44.7	49.5	50.0	18
55.5	57.1	58.8	59.4	60.7	61.0	61.9	66.9	65.8	–	19
87.7	90.6	92.2	92.8	93.1	92.7	89.6	91.1	85.2	–	20
22.5	23.5	25.4	26.8	30.0	33.7	40.5	49.3	56.0	–	21
52.1	54.2	55.3	55.2	56.3	57.0	58.9	63.0	59.8	–	22
87.6	90.4	91.8	92.2	92.1	91.3	88.2	87.7	78.8	–	23
11.6	13.2	14.5	16.6	21.0	25.9	33.4	42.5	48.0	–	24

FOOTNOTES (continued)

13 Data exclude adjustment for underenumeration estimated at 7.4 per cent.

14 Data exclude adjustment for underenumeration, estimated at 2.6 per cent.

15 For government controlled areas.

16 Excluding transients and Vietnamese refugees.

17 Excluding diplomatic personnel outside country and foreign military and civilian personnel and their dependants stationed in the area.

18 Excluding alien armed forces, civilian aliens employed by armed forces and foreign diplomatic personnel and their dependants.

19 Based on a 2 per cent sample of census returns.

20 Excluding Faeroe Islands and Greenland.

21 All data shown pertaining to Germany prior to 3 October 1990 are indicated separately for the Federal Republic of Germany and the former German Democratic Republic based on their respective territories at the time indicated. See explanatory notes on data pertaining to Germany on page 4.

22 Including armed forces stationed outside the country, but excluding alien armed forces stationed in the area.

23 Excluding civilian aliens within the country, and including nationals temporarily outside the country.

24 Excluding diplomatic personnel and armed forces stationed outside country, the latter numbering 1 936 at 1966 census; also excluding alien armed forces within the country.

NOTES (suite)

13 Les données n'ont pas été ajustées pour compenser les lacunes du dénombrement, estimées à 7,4 p. 100.

14 Les données n'ont pas été ajustées pour compenser les lacunes du dénombrement, estimées à 2,6 p. 100.

15 Pour les zones controlées par le Gouvernement.

16 Non compris les transients et les réfugiés du Viet Nam.

17 Non compris le personnel diplomatique hors du pays ni les militaires et agents civils étrangers en poste sur le territoire et les membres de leur famille les accompagnant.

18 Non compris les militaires étrangers, les civils étrangers employés sur les forces armées, ni le personnel diplomatique étranger et les membres de leur famille les accompagnant.

19 D'après un échantillon de 2 p. 100 des bulletins de recensement.

20 Non compris les îles Féroé et le Groenland.

21 Toutes les données se rapportant à l'Allemagne avant le 3 octobre 1990 figurent dans deux rubriques séparées basées sur les territoires respectifs de la République fédérale d'Allemagne et l'ancienne République démocratique allemande selon la période indiquée. Voir les notes explicatives sur les données concernant l'Allemagne à la page 4.

22 Y compris les militaires en garnison hors du pays, mais non compris les militaires étrangers en garnison sur le territoire.

23 Non compris les civils étrangers dans le pays, mais y compris les civils nationaux temporairement hors du pays.

24 Non compris le personnel diplomatique et les militaires hors du pays, ces derniers étant au nombre de 1 936 au recensement de 1966; non compris également les militaires étrangers en garnison dans le pays.

32. Households by age, sex and marital status of householder and urban/rural residence: each census, 1985 – 1995

(See notes at end of table.)

	Continent, country or area, date, sex, marital status and urban/rural residence Continent, pay ou zone, date, sexe, situation matrimoniale et résidence, urbaine/rurale	All ages Tous âges	Age (in years) 15 + [1]	– 15	15–19	20–24	25–29	30–34
	AFRICA—AFRIQUE							
	Benin – Bénin							
	15 II 1992 [2]							
	Total							
1	Total	832 526	...	...	...	...	...	...
2	Single – Célibataires	80 801	...	...	...	...	...	...
3	Married – Mariés	627 964	...	...	...	...	...	...
4	Widowed – Veufs	76 688	...	...	...	...	...	...
5	Divorced and separated – Divorcés et séparés	36 302	...	...	...	...	...	...
6	Unknown – Inconnu	10 771	...	...	...	...	...	...
	Male – Masculin							
7	Total	654 627	...	...	...	...	...	...
8	Single – Célibataires	67 612	...	...	...	...	...	...
9	Married – Mariés	551 298	...	...	...	...	...	...
10	Widowed – Veufs	12 683	...	...	...	...	...	...
11	Divorced and separated – Divorcés et séparés	16 526	...	...	...	...	...	...
12	Unknown – Inconnu	6 508	...	...	...	...	...	...
	Female – Féminin							
13	Total	177 899	...	...	...	...	...	...
14	Single – Célibataires	13 189	...	...	...	...	...	...
15	Married – Mariées	76 666	...	...	...	...	...	...
16	Widowed – Veuves	64 005	...	...	...	...	...	...
17	Divorced and separated – Divorcées et séparées	19 776	...	...	...	...	...	...
18	Unknown– Inconnu	4 263	...	...	...	...	...	...
	Central African Republic – République centrafricaine							
	8 XII 1988*							
	Total							
19	Total	519 314	...	...	...	...	...	...
20	Single – Célibataires	67 891	...	...	...	...	...	...
21	Married – Mariés	370 562	...	...	...	...	...	...
22	Widowed – Veufs	44 829	...	...	...	...	...	...
23	Divorced – Divorcés	19 611	...	...	...	...	...	...
24	Separated – Séparés	13 974	...	...	...	...	...	...
25	Unknown – Inconnu	2 447	...	...	...	...	...	...
	Male – Masculin							
26	Total	421 970	...	...	...	...	...	...
27	Single – Célibataires	47 963	...	...	...	...	...	...
28	Married – Mariés	350 511	...	...	...	...	...	...
29	Widowed – Veufs	8 498	...	...	...	...	...	...
30	Divorced – Divorcés	7 558	...	...	...	...	...	...
31	Separated – Séparés	5 439	...	...	...	...	...	...
32	Unknown – Inconnu	2 001	...	...	...	...	...	...
	Female – Féminin							
33	Total	97 344	...	...	...	...	...	...
34	Single – Célibataires	19 928	...	...	...	...	...	...
35	Married – Mariées	20 051	...	...	...	...	...	...
36	Widowed – Veuves	36 331	...	...	...	...	...	...
37	Divorced – Divorcées	12 053	...	...	...	...	...	...
38	Separated – Séparées	8 535	...	...	...	...	...	...
39	Unknown– Inconnu	446	...	...	...	...	...	...
	Comoros – Comores [3]							
	15 IX 1991							
	Total							
40	Total	72 032	71 995	37	744	3 454	7 432	8 660
41	Single – Célibataires	1 937	1 924	13	264	551	518	261
42	Married – Mariés	59 487	59 464	23	370	2 490	6 148	7 519
43	Widowed – Veufs	2 383	2 383	–	6	29	63	91
44	Divorced – Divorcés	8 225	8 224	1	104	384	703	789

32. Ménages selon l'âge, le sexe, la situation matrimoniale du chef de ménage et la résidence, urbaine/rurale: chaque recensement, 1985 – 1995

(Voir notes à la fin du tableau.)

Age (en années)										
35–39	40–44	45–49	50–54	55–59	60–64	65–69	70–74	75+	Unknown Inconnu	
...	...	...	...	...	...	...	...	...	...	1
...	...	...	...	...	...	...	...	...	...	2
...	...	...	...	...	...	...	...	...	...	3
...	...	...	...	...	...	...	...	...	...	4
...	...	...	...	...	...	...	...	...	...	5
...	...	...	...	...	...	...	...	...	...	6
...	...	...	...	...	...	...	...	...	...	7
...	...	...	...	...	...	...	...	...	...	8
...	...	...	...	...	...	...	...	...	...	9
...	...	...	...	...	...	...	...	...	...	10
...	...	...	...	...	...	...	...	...	...	11
...	...	...	...	...	...	...	...	...	...	12
...	...	...	...	...	...	...	...	...	...	13
...	...	...	...	...	...	...	...	...	...	14
...	...	...	...	...	...	...	...	...	...	15
...	...	...	...	...	...	...	...	...	...	16
...	...	...	...	...	...	...	...	...	...	17
...	...	...	...	...	...	...	...	...	...	18
...	...	...	...	...	...	...	...	...	...	19
...	...	...	...	...	...	...	...	...	...	20
...	...	...	...	...	...	...	...	...	...	21
...	...	...	...	...	...	...	...	...	...	22
...	...	...	...	...	...	...	...	...	...	23
...	...	...	...	...	...	...	...	...	...	24
...	...	...	...	...	...	...	...	...	...	25
...	...	...	...	...	...	...	...	...	...	26
...	...	...	...	...	...	...	...	...	...	27
...	...	...	...	...	...	...	...	...	...	28
...	...	...	...	...	...	...	...	...	...	29
...	...	...	...	...	...	...	...	...	...	30
...	...	...	...	...	...	...	...	...	...	31
...	...	...	...	...	...	...	...	...	...	32
...	...	...	...	...	...	...	...	...	...	33
...	...	...	...	...	...	...	...	...	...	34
...	...	...	...	...	...	...	...	...	...	35
...	...	...	...	...	...	...	...	...	...	36
...	...	...	...	...	...	...	...	...	...	37
...	...	...	...	...	...	...	...	...	...	38
...	...	...	...	...	...	...	...	...	...	39
8 982	9 243	7 570	7 906	4 750	5 011	2 581	2 823	2 839	–	40
130	64	45	25	18	26	3	11	8	–	41
7 886	7 921	6 437	6 590	3 934	3 889	2 042	2 164	2 074	–	42
113	224	201	345	221	334	181	243	332	–	43
853	1 034	887	946	577	762	355	405	425	–	44

32. Households by age, sex and marital status of householder and urban/rural residence: each census, 1985 – 1995 (continued)

(See notes at end of table.)

	Continent, country or area, date, sex, marital status and urban/rural residence Continent, pay ou zone, date, sexe, situation matrimoniale et résidence, urbaine/rurale	Age (in years) All ages Tous âges	15 + [1]	– 15	15–19	20–24	25–29	30–34
	AFRICA—AFRIQUE (Cont.–Suite)							
	Comoros – Comores [3]							
	15 IX 1991							
	Male – Masculin							
1	Total	54 345	54 324	21	353	2 184	5 532	6 714
2	Single – Célibataires	1 480	1 475	5	178	422	411	205
3	Married – Mariés	51 436	51 420	16	169	1 735	5 007	6 389
4	Widowed – Veufs	228	228	–	–	2	15	7
5	Divorced – Divorcés	1 201	1 201	–	6	25	99	113
	Female – Féminin							
6	Total	17 687	17 671	16	391	1 270	1 900	1 946
7	Single – Célibataires	457	449	8	86	129	107	56
8	Married – Mariées	8 051	8 044	7	201	755	1 141	1 130
9	Widowed – Veuves	2 155	2 155	–	6	27	48	84
10	Divorced – Divorcées	7 024	7 023	1	98	359	604	676
	Mauritius – Maurice							
	1 VII 1990							
	Total							
11	Total	236 110	236 081	3	238	4 303	16 780	30 635
12	Single – Célibataires	7 960	7 956	2	118	788	1 277	1 149
13	Married – Mariés	178 283	178 272	1	60	2 803	13 898	26 913
14	Consensually married – En union consensuelle	6 694	6 694	–	48	537	985	1 042
15	Widowed – Veufs	33 173	33 163	–	2	35	152	521
16	Divorced – Divorcés	1 816	1 816	–	–	9	54	159
17	Separated – Séparés	7 634	7 633	–	7	91	359	791
18	Unknown – Inconnu	550	547	–	3	40	55	60
	Male – Masculin							
19	Total	194 501	194 483	3	187	3 991	15 987	28 896
20	Single – Célibataires	5 829	5 826	2	102	725	1 164	996
21	Married – Mariés	175 310	175 299	1	47	2 742	13 756	26 644
22	Consensually married – En union consensuelle	5 807	5 807	–	37	495	913	920
23	Widowed – Veufs	4 438	4 437	–	–	5	19	38
24	Divorced – Divorcés	724	724	–	–	1	16	56
25	Separated – Séparés	2 230	2 230	–	1	20	110	224
26	Unknown – Inconnu	163	160	–	–	3	9	18
	Female – Féminin							
27	Total	41 609	41 598	–	51	312	793	1 739
28	Single – Célibataires	2 131	2 130	–	16	63	113	153
29	Married – Mariées	2 973	2 973	–	13	61	142	269
30	Consensually married – En union consensuelle	887	887	–	11	42	72	122
31	Widowed – Veuves	28 735	28 726	–	2	30	133	483
32	Divorced – Divorcées	1 092	1 092	–	–	8	38	103
33	Separated – Séparées	5 404	5 403	–	6	71	249	567
34	Unknown– Inconnu	387	387	–	3	37	46	42
	Namibia – Namibie							
	21 X 1991 [2]							
	Total							
35	Total	254 389	...	...	...	...	...	...
36	Single – Célibataires	49 958	...	...	...	...	...	...
37	Married – Mariés	116 938	...	...	...	...	...	...
38	Consensually married – En union consensuelle	45 209	...	...	...	...	...	...
39	Widowed – Veufs	25 316	...	...	...	...	...	...
40	Divorced – Divorcés	10 271	...	...	...	...	...	...
41	Separated – Séparés	5 861	...	...	...	...	...	...
42	Unknown – Inconnu	836	...	...	...	...	...	...

32. Ménages selon l'âge, le sexe, la situation matrimoniale du chef de ménage et la résidence, urbaine/rurale: chaque recensement, 1985 – 1995 (suite)

(Voir notes à la fin du tableau.)

Age (en années)										
35–39	40–44	45–49	50–54	55–59	60–64	65–69	70–74	75+	Unknown Inconnu	
6 961	7 163	5 877	6 053	3 711	3 655	1 958	2 109	2 054	–	1
105	52	36	17	15	15	3	11	5	–	2
6 717	6 937	5 695	5 883	3 584	3 503	1 880	2 007	1 914	–	3
14	19	18	25	20	27	14	30	37	–	4
125	155	128	128	92	110	61	61	98	–	5
2 021	2 080	1 693	1 853	1 039	1 356	623	714	785	–	6
25	12	9	8	3	11	–	–	3	–	7
1 169	984	742	707	350	386	162	157	160	–	8
99	205	183	320	201	307	167	213	295	–	9
728	879	759	818	485	652	294	344	327	–	10
36 224	31 041	24 625	22 295	19 633	19 110	14 872	8 370	7 955	26	11
924	773	583	487	462	434	348	260	353	2	12
31 498	25 637	19 186	16 286	13 447	12 141	8 758	4 440	3 205	10	13
904	666	603	512	489	373	266	158	111	–	14
1 215	2 255	2 910	3 826	4 344	5 461	5 044	3 278	4 120	10	15
275	302	251	247	192	151	88	57	31	–	16
1 333	1 315	1 048	888	661	514	347	157	122	1	17
75	93	44	49	38	36	21	20	13	3	18
33 080	26 817	20 203	17 327	14 671	13 518	10 052	5 408	4 346	15	19
677	506	377	316	307	243	184	120	109	1	20
31 119	25 229	18 845	15 946	13 161	11 880	8 517	4 312	3 101	10	21
764	557	502	412	422	323	224	141	97	–	22
74	101	147	299	447	770	890	703	944	1	23
97	105	90	103	81	76	48	31	20	–	24
318	280	233	236	239	215	186	98	70	–	25
31	39	9	15	14	11	3	3	5	3	26
3 144	4 224	4 422	4 968	4 962	5 592	4 820	2 962	3 609	11	27
247	267	206	171	155	191	164	140	244	1	28
379	408	341	340	286	261	241	128	104	–	29
140	109	101	100	67	50	42	17	14	–	30
1 141	2 154	2 763	3 527	3 897	4 691	4 154	2 575	3 176	9	31
178	197	161	144	111	75	40	26	11	–	32
1 015	1 035	815	652	422	299	161	59	52	1	33
44	54	35	34	24	25	18	17	8	–	34
...	...	...	...	...	...	...	...	...	...	35
...	...	...	...	...	...	...	...	...	...	36
...	...	...	...	...	...	...	...	...	...	37
...	...	...	...	...	...	...	...	...	...	38
...	...	...	...	...	...	...	...	...	...	39
...	...	...	...	...	...	...	...	...	...	40
...	...	...	...	...	...	...	...	...	...	41
...	...	...	...	...	...	...	...	...	...	42

32. Households by age, sex and marital status of householder and urban/rural residence: each census, 1985 – 1995 (continued)

(See notes at end of table.)

	Continent, country or area, date, sex, marital status and urban/rural residence Continent, pay ou zone, date, sexe, situation matrimoniale et résidence, urbaine/rurale	All ages Tous âges	15 + [1]	– 15	15–19	20–24	25–29	30–34
			Age (in years)					
	AFRICA—AFRIQUE (Cont.–Suite)							
	Namibia – Namibie							
	21 X 1991 [2]							
	Male – Masculin							
1	Total	154 466	...	...	...	...	...	...
2	Single – Célibataires	24 269	...	...	...	...	...	...
3	Married – Mariés	88 405	...	...	...	...	...	...
4	Consensually married – En union consensuelle	34 045	...	...	...	...	...	...
5	Widowed – Veufs	2 695	...	...	...	...	...	...
6	Divorced – Divorcés	2 850	...	...	...	...	...	...
7	Separated – Séparés	1 694	...	...	...	...	...	...
8	Unknown – Inconnu	508	...	...	...	...	...	...
	Female – Féminin							
9	Total	99 923	...	...	...	...	...	...
10	Single – Célibataires	25 689	...	...	...	...	...	...
11	Married – Mariées	28 533	...	...	...	...	...	...
12	Consensually married – En union consensuelle	11 164	...	...	...	...	...	...
13	Widowed – Veuves	22 621	...	...	...	...	...	...
14	Divorced – Divorcées	7 421	...	...	...	...	...	...
15	Separated – Séparées	4 167	...	...	...	...	...	...
16	Unknown– Inconnu	328	...	...	...	...	...	...
	Niger							
	20 V 1988*							
	Total							
17	Total	1 134 180	...	...	...	...	...	...
18	Single – Célibataires	34 790	...	...	...	...	...	...
19	Married – Mariés	998 820	...	...	...	...	...	...
20	Widowed – Veufs	55 140	...	...	...	...	...	...
21	Divorced – Divorcés	44 780	...	...	...	...	...	...
22	Unknown – Inconnu	650	...	...	...	...	...	...
	Male – Masculin							
23	Total	1 022 360	...	...	...	...	...	...
24	Single – Célibataires	31 640	...	...	...	...	...	...
25	Married – Mariés	961 880	...	...	...	...	...	...
26	Widowed – Veufs	9 870	...	...	...	...	...	...
27	Divorced – Divorcés	18 810	...	...	...	...	...	...
28	Unknown – Inconnu	160	...	...	...	...	...	...
	Female – Féminin							
29	Total	111 820	...	...	...	...	...	...
30	Single – Célibataires	3 150	...	...	...	...	...	...
31	Married – Mariées	36 940	...	...	...	...	...	...
32	Widowed – Veuves	45 270	...	...	...	...	...	...
33	Divorced – Divorcées	25 970	...	...	...	...	...	...
34	Unknown– Inconnu	490	...	...	...	...	...	...
	Zambia – Zambie							
	20 VIII 1990							
	Total							
35	Total	1 327 098	1 320 896	384	7 776	83 591	170 873	197 333
36	Single – Célibataires	60 528	60 170	230	3 747	17 181	18 491	8 605
37	Married – Mariés	951 199	949 199	103	3 075	56 036	127 732	154 937
38	Widowed – Veufs	91 574	90 939	4	69	531	1 666	3 506
39	Divorced – Divorcés	80 242	79 956	7	299	3 050	7 370	10 781
40	Separated – Séparés	35 295	35 163	4	289	1 964	3 796	4 976
41	Unknown – Inconnu	108 260	105 469	36	297	4 829	11 818	14 528
	Male – Masculin							
42	Total	1 103 088	1 098 704	236	5 445	72 487	152 354	174 754
43	Single – Célibataires	42 457	42 269	116	2 557	13 082	13 851	5 839
44	Married – Mariés	921 577	919 658	88	2 578	53 829	124 446	150 983
45	Widowed – Veufs	11 162	11 105	1	4	66	276	523
46	Divorced – Divorcés	18 052	18 008	3	20	510	1 523	2 322
47	Separated – Séparés	9 936	9 902	–	30	429	983	1 338
48	Unknown – Inconnu	99 904	97 762	28	256	4 571	11 275	13 749

32. Ménages selon l'âge, le sexe, la situation matrimoniale du chef de ménage et la résidence, urbaine/rurale: chaque recensement, 1985 – 1995 (suite)

(Voir notes à la fin du tableau.)

Age (en années)										
35–39	40–44	45–49	50–54	55–59	60–64	65–69	70–74	75+	Unknown Inconnu	
...	...	...	...	...	...	...	...	...	...	1
...	...	...	...	...	...	...	...	...	...	2
...	...	...	...	...	...	...	...	...	...	3
...	...	...	...	...	...	...	...	...	...	4
...	...	...	...	...	...	...	...	...	...	5
...	...	...	...	...	...	...	...	...	...	6
...	...	...	...	...	...	...	...	...	...	7
...	...	...	...	...	...	...	...	...	...	8
...	...	...	...	...	...	...	...	...	...	9
...	...	...	...	...	...	...	...	...	...	10
...	...	...	...	...	...	...	...	...	...	11
...	...	...	...	...	...	...	...	...	...	12
...	...	...	...	...	...	...	...	...	...	13
...	...	...	...	...	...	...	...	...	...	14
...	...	...	...	...	...	...	...	...	...	15
...	...	...	...	...	...	...	...	...	...	16
...	...	...	...	...	...	...	...	...	...	17
...	...	...	...	...	...	...	...	...	...	18
...	...	...	...	...	...	...	...	...	...	19
...	...	...	...	...	...	...	...	...	...	20
...	...	...	...	...	...	...	...	...	...	21
...	...	...	...	...	...	...	...	...	...	22
...	...	...	...	...	...	...	...	...	...	23
...	...	...	...	...	...	...	...	...	...	24
...	...	...	...	...	...	...	...	...	...	25
...	...	...	...	...	...	...	...	...	...	26
...	...	...	...	...	...	...	...	...	...	27
...	...	...	...	...	...	...	...	...	...	28
...	...	...	...	...	...	...	...	...	...	29
...	...	...	...	...	...	...	...	...	...	30
...	...	...	...	...	...	...	...	...	...	31
...	...	...	...	...	...	...	...	...	...	32
...	...	...	...	...	...	...	...	...	...	33
...	...	...	...	...	...	...	...	...	...	34
155 453	146 804	127 120	120 046	96 503	80 496	*——	134 901	——*	5 818	35
3 442	2 111	1 507	1 346	993	958	*——	1 789	——*	128	36
121 045	109 935	92 374	81 989	65 852	51 109	*——	85 115	——*	1 897	37
4 583	7 540	9 139	13 008	11 714	13 219	*——	25 964	——*	631	38
10 135	10 582	9 076	8 873	6 364	5 398	*——	8 028	——*	279	39
4 312	4 373	3 761	3 616	2 550	2 162	*——	3 364	——*	128	40
11 936	12 263	11 263	11 214	9 030	7 650	*——	10 641	——*	2 755	41
134 515	122 449	104 164	93 789	76 061	60 251	*——	102 435	——*	4 148	42
2 141	1 309	934	736	556	444	*——	820	——*	72	43
117 630	105 961	89 127	78 897	63 772	49 451	*——	82 984	——*	1 831	44
611	810	861	1 128	1 073	1 267	*——	4 486	——*	56	45
1 992	2 072	1 975	1 860	1 554	1 376	*——	2 804	——*	41	46
1 048	1 050	980	996	820	705	*——	1 523	——*	34	47
11 093	11 247	10 287	10 172	8 286	7 008	*——	9 818	——*	2 114	48

32. Households by age, sex and marital status of householder and urban/rural residence: each census, 1985 – 1995 (continued)

(See notes at end of table.)

	Continent, country or area, date, sex, marital status and urban/rural residence Continent, pay ou zone, date, sexe, situation matrimoniale et résidence, urbaine/rurale	Age (in years) All ages Tous âges	15 + [1]	– 15	15–19	20–24	25–29	30–34
	AFRICA—AFRIQUE (Cont.–Suite)							
	Zambia – Zambie							
	20 VIII 1990							
	Female – Féminin							
1	Total	224 010	222 192	148	2 331	11 104	18 519	22 579
2	Single – Célibataires	18 071	17 901	114	1 190	4 099	4 640	2 766
3	Married – Mariées	29 622	29 541	15	497	2 207	3 286	3 954
4	Widowed – Veuves	80 412	79 834	3	65	465	1 390	2 983
5	Divorced – Divorcées	62 190	61 948	4	279	2 540	5 847	8 459
6	Separated – Séparées	25 359	25 261	4	259	1 535	2 813	3 638
7	Unknown– Inconnu	8 356	7 707	8	41	258	543	779
	Zimbabwe							
	18 VIII 1992*							
	Total							
8	Total	2 163 289	2 139 110	10 728	62 936	187 419	270 637	301 926
9	Single – Célibataires	212 005	200 830	10 514	48 145	71 618	41 469	15 623
10	Married – Mariés	1 633 630	1 624 835	200	13 741	106 992	210 460	259 554
11	Widowed – Veufs	185 519	182 724	5	79	819	2 788	6 356
12	Divorced and separated – Divorcés et séparés	131 530	130 598	8	970	7 973	15 914	20 375
13	Unknown – Inconnu	605	123	1	1	17	6	18
	Male – Masculin							
14	Total	1 445 824	1 432 516	4 863	32 792	121 376	186 115	203 398
15	Single – Célibataires	149 589	144 308	4 782	29 591	57 256	32 948	10 300
16	Married – Mariés	1 235 894	1 228 973	74	3 108	62 576	149 346	187 286
17	Widowed – Veufs	20 822	20 527	1	6	111	324	652
18	Divorced and separated – Divorcés et séparés	39 016	38 644	6	86	1 421	3 496	5 152
19	Unknown – Inconnu	503	64	–	1	12	1	8
	Female – Féminin							
20	Total	717 465	706 594	5 865	30 144	66 043	84 522	98 528
21	Single – Célibataires	62 416	56 522	5 732	18 554	14 362	8 521	5 323
22	Married – Mariées	397 736	395 862	126	10 633	44 416	61 114	72 268
23	Widowed – Veuves	164 697	162 197	4	73	708	2 464	5 704
24	Divorced and separated – Divorcées et séparées	92 514	91 954	2	884	6 552	12 418	15 223
25	Unknown– Inconnu	102	59	1	–	5	5	10
	AMERICA,NORTH— AMERIQUE DU NORD							
	Bahamas							
	1 V 1990							
	Total							
26	Total	61 910	...	...	...	...	...	...
27	Single – Célibataires	15 705	...	...	...	...	...	...
28	Married – Mariés	26 453	...	...	...	...	...	...
29	Consensually married – En union consensuelle	6 070	...	...	...	...	...	...
30	Widowed – Veufs	5 630	...	...	...	...	...	...
31	Divorced – Divorcés	2 797	...	...	...	...	...	...
32	Separated – Séparés	4 995	...	...	...	...	...	...
33	Unknown – Inconnu	260	...	...	...	...	...	...
	Male – Masculin							
34	Total	39 712	...	...	...	...	...	...
35	Single – Célibataires	6 640	...	...	...	...	...	...
36	Married – Mariés	24 388	...	...	...	...	...	...
37	Consensually married – En union consensuelle	4 634	...	...	...	...	...	...
38	Widowed – Veufs	1 081	...	...	...	...	...	...
39	Divorced – Divorcés	962	...	...	...	...	...	...
40	Separated – Séparés	1 805	...	...	...	...	...	...
41	Unknown – Inconnu	202	...	...	...	...	...	...

32. Ménages selon l'âge, le sexe, la situation matrimoniale du chef de ménage et la résidence, urbaine/rurale: chaque recensement, 1985 – 1995 (suite)

(Voir notes à la fin du tableau.)

Age (en années) 35–39	40–44	45–49	50–54	55–59	60–64	65–69	70–74	75+	Unknown Inconnu	
20 938	24 355	22 956	26 257	20 442	20 245	*————	— 32 466 —	————*	1 670	1
1 301	802	573	610	437	514	*————	— 969 —	————*	56	2
3 415	3 974	3 247	3 092	2 080	1 658	*————	— 2 131 —	————*	66	3
3 972	6 730	8 278	11 880	10 641	11 952	*————	— 21 478 —	————*	575	4
8 143	8 510	7 101	7 013	4 810	4 022	*————	— 5 224 —	————*	238	5
3 264	3 323	2 781	2 620	1 730	1 457	*————	— 1 841 —	————*	94	6
843	1 016	976	1 042	744	642	*————	— 823 —	————*	641	7
277 464	220 053	183 659	177 004	120 506	121 139	66 861	79 088	70 418	13 451	8
7 584	4 296	3 153	2 658	1 773	1 632	945	1 004	930	661	9
241 206	187 321	152 259	138 574	92 263	88 220	45 299	49 373	39 573	8 595	10
9 831	13 130	15 273	23 492	18 576	23 996	16 787	24 662	26 935	2 790	11
18 833	15 290	12 964	12 271	7 889	7 280	3 827	4 037	2 975	924	12
10	16	10	9	5	11	3	12	5	481	13
186 012	148 446	126 880	118 716	85 073	85 275	45 098	50 746	42 589	8 445	14
4 137	2 299	1 816	1 632	1 189	1 129	659	697	655	499	15
176 204	141 051	119 795	111 154	79 019	78 034	40 563	44 735	36 102	6 847	16
936	1 078	1 378	1 909	1 880	2 791	2 039	3 201	4 222	294	17
4 731	4 009	3 887	4 017	2 982	3 314	1 834	2 109	1 606	366	18
4	9	4	4	3	7	3	4	4	439	19
91 452	71 607	56 779	58 288	35 433	35 864	21 763	28 342	27 829	5 006	20
3 447	1 997	1 337	1 026	584	503	286	307	275	162	21
65 002	46 270	32 464	27 420	13 244	10 186	4 736	4 638	3 471	1 748	22
8 895	12 052	13 895	21 583	16 696	21 205	14 748	21 461	22 713	2 496	23
14 102	11 281	9 077	8 254	4 907	3 966	1 993	1 928	1 369	558	24
6	7	6	5	2	4	-	8	1	42	25
...	...	...	...	...	...	...	...	...	...	26
...	...	...	...	...	...	...	...	...	...	27
...	...	...	...	...	...	...	...	...	...	28
...	...	...	...	...	...	...	...	...	...	29
...	...	...	...	...	...	...	...	...	...	30
...	...	...	...	...	...	...	...	...	...	31
...	...	...	...	...	...	...	...	...	...	32
...	...	...	...	...	...	...	...	...	...	33
...	...	...	...	...	...	...	...	...	...	34
...	...	...	...	...	...	...	...	...	...	35
...	...	...	...	...	...	...	...	...	...	36
...	...	...	...	...	...	...	...	...	...	37
...	...	...	...	...	...	...	...	...	...	38
...	...	...	...	...	...	...	...	...	...	39
...	...	...	...	...	...	...	...	...	...	40
...	...	...	...	...	...	...	...	...	...	41

32. Households by age, sex and marital status of householder and urban/rural residence: each census, 1985 – 1995 (continued)

(See notes at end of table.)

	Continent, country or area, date, sex, marital status and urban/rural residence Continent, pay ou zone, date, sexe, situation matrimoniale et résidence, urbaine/rurale	Age (in years) All ages Tous âges	15 + [1]	– 15	15–19	20–24	25–29	30–34
	AMERICA,NORTH— (Cont.–Suite) AMERIQUE DU NORD							
	Bahamas							
	1 V 1990							
	Female – Féminin							
1	Total	22 198	...	...	...	...	...	...
2	Single – Célibataires	9 065	...	...	...	...	...	...
3	Married – Mariées	2 065	...	...	...	...	...	...
4	Consensually married – En union consensuelle	1 436	...	...	...	...	...	...
5	Widowed – Veuves	4 549	...	...	...	...	...	...
6	Divorced – Divorcées	1 835	...	...	...	...	...	...
7	Separated – Séparées	3 190	...	...	...	...	...	...
8	Unknown– Inconnu	58	...	...	...	...	...	...
	Belize							
	12 V 1991							
	Total							
9	Total	37 944	37 944	–	500	3 142	5 199	5 474
10	Single – Célibataires	13 501	13 501	–	431	1 949	2 559	2 270
11	Married – Mariés	20 610	20 610	–	68	1 170	2 544	3 017
12	Widowed – Veufs	2 435	2 435	–	–	7	19	41
13	Divorced – Divorcés	635	635	–	–	3	34	57
14	Separated – Séparés	763	763	–	1	13	43	89
	Male – Masculin							
15	Total	29 617	29 617	–	365	2 523	4 325	4 564
16	Single – Célibataires	9 480	9 480	–	315	1 452	1 924	1 703
17	Married – Mariés	18 699	18 699	–	50	1 066	2 364	2 781
18	Widowed – Veufs	681	681	–	–	–	2	10
19	Divorced – Divorcés	358	358	–	–	1	13	23
20	Separated – Séparés	399	399	–	–	4	22	47
	Female – Féminin							
21	Total	8 327	8 327	–	135	619	874	910
22	Single – Célibataires	4 021	4 021	–	116	497	635	567
23	Married – Mariées	1 911	1 911	–	18	104	180	236
24	Widowed – Veuves	1 754	1 754	–	–	7	17	31
25	Divorced – Divorcées	277	277	–	–	2	21	34
26	Separated – Séparées	364	364	–	1	9	21	42
	Bermuda – Bermudes							
	20 V 1991 [4]							
	Total							
27	Total	22 430	22 429	1	43	794	2 393	2 940
28	Single – Célibataires	5 274	5 274	–	41	657	1 332	1 076
29	Married – Mariés	11 513	11 513	–	2	125	955	1 502
30	Widowed – Veufs	2 093	2 074	–	–	–	–	–
31	Divorced – Divorcés	3 074	2 990	–	–	–	–	280
32	Separated – Séparés	435	437	–	–	7	25	63
33	Unknown – Inconnu	41	40	1	–	–	2	2
	Male – Masculin							
34	Total	14 809	14 809	–	21	489	1 602	2 009
35	Single – Célibataires	2 737	2 737	–	19	378	752	556
36	Married – Mariés	10 391	10 391	–	2	110	809	1 313
37	Widowed – Veufs	367	367	–	–	–	–	3
38	Divorced – Divorcés	1 115	1 115	–	–	*—— 29	——*	102
39	Separated – Séparés	186	188	–	–	2	13	35
40	Unknown – Inconnu	13	13	–	–	–	–	–
	Female – Féminin							
41	Total	7 621	7 620	1	22	305	791	931
42	Single – Célibataires	2 537	2 537	–	22	279	580	520
43	Married – Mariées	1 122	1 122	–	–	15	146	189
44	Widowed – Veuves	1 726	1 726	–	–	*——	—— 16 ——	——*
45	Divorced – Divorcées	1 959	1 959	–	–	5	50	178
46	Separated – Séparées	249	249	–	–	5	12	28
47	Unknown– Inconnu	28	27	1	–	–	2	2

32. Ménages selon l'âge, le sexe, la situation matrimoniale du chef de ménage et la résidence, urbaine/rurale: chaque recensement, 1985 – 1995 (suite)

(Voir notes à la fin du tableau.)

Age (en années) 35–39	40–44	45–49	50–54	55–59	60–64	65–69	70–74	75+	Unknown Inconnu	
...	...	...	...	...	...	...	...	...	...	1
...	...	...	...	...	...	...	...	...	...	2
...	...	...	...	...	...	...	...	...	...	3
...	...	...	...	...	...	...	...	...	...	4
...	...	...	...	...	...	...	...	...	...	5
...	...	...	...	...	...	...	...	...	...	6
...	...	...	...	...	...	...	...	...	...	7
...	...	...	...	...	...	...	...	...	...	8
4 666	3 766	2 843	2 778	2 444	2 224	1 807	1 308	1 793	–	9
1 569	1 062	717	705	637	551	432	286	333	–	10
2 869	2 398	1 835	1 722	1 450	1 265	934	627	711	–	11
71	105	123	188	222	297	329	338	695	–	12
74	100	86	83	56	51	46	23	22	–	13
83	101	82	80	79	60	66	34	32	–	14
3 860	3 038	2 247	2 151	1 812	1 619	1 243	845	1 025	–	15
1 120	718	480	466	402	345	253	145	157	–	16
2 636	2 173	1 655	1 551	1 284	1 123	830	554	632	–	17
22	33	25	43	49	92	94	107	204	–	18
35	60	54	52	38	28	26	16	12	–	19
47	54	33	39	39	31	40	23	20	–	20
806	728	596	627	632	605	564	463	768	–	21
449	344	237	239	235	206	179	141	176	–	22
233	225	180	171	166	142	104	73	79	–	23
49	72	98	145	173	205	235	231	491	–	24
39	40	32	31	18	23	20	7	10	–	25
36	47	49	41	40	29	26	11	12	–	26
2 830	2 564	2 204	1 730	1 788	1 510	1 255	919	1 459	–	27
689	407	239	170	176	153	126	80	128	–	28
1 614	1 493	1 302	1 038	1 089	835	651	438	469	–	29
26	47	66	107	164	257	313	305	789	–	30
420	551	546	367	310	228	149	80	59	–	31
76	61	48	45	45	31	9	15	12	–	32
5	5	3	3	4	6	7	1	2	–	33
2 000	1 802	1 531	1 201	1 250	979	746	522	657	–	34
357	210	119	88	81	72	45	26	34	–	35
1 462	1 355	1 181	952	1 003	769	598	406	431	–	36
6	6	9	14	30	33	47	55	164	–	37
140	201	203	130	120	89	48	31	22	–	38
34	27	18	16	16	14	4	3	6	–	39
1	3	1	1	–	2	4	1	–	–	40
830	762	673	529	538	531	509	397	802	–	41
332	197	120	82	95	81	81	54	94	–	42
152	138	121	86	86	66	53	32	38	–	43
20	41	57	93	134	224	266	250	625	–	44
280	350	343	237	190	139	101	49	37	–	45
42	34	30	29	29	17	5	12	6	–	46
4	2	2	2	4	4	3	–	2	–	47

32. Households by age, sex and marital status of householder and urban/rural residence: each census, 1985 – 1995 (continued)

(See notes at end of table.)

	Continent, country or area, date, sex, marital status and urban/rural residence Continent, pay ou zone, date, sexe, situation matrimoniale et résidence, urbaine/rurale	All ages Tous âges	15 + [1]	– 15	15–19	20–24	25–29	30–34
	AMERICA,NORTH— (Cont.–Suite) AMERIQUE DU NORD							
	Canada							
	3 VI 1986 [4 5]							
	Total							
1	Total	8 991 675	8 991 675	–	41 415	494 530	1 015 505	1 108 540
2	Single – Célibataires	1 257 050	1 257 050	–	30 840	250 620	294 000	189 460
3	Married – Mariés	5 381 455	5 381 455	–	2 905	136 840	524 395	698 445
4	Consensually married – En union consensuelle	484 155	484 155	–	6 740	88 480	120 915	88 385
5	Widowed – Veufs	923 995	923 995	–	170	610	2 385	5 465
6	Divorced – Divorcés	545 265	545 265	–	190	4 730	30 635	67 280
7	Separated – Séparés	399 760	399 760	–	565	13 255	43 175	59 510
	Male – Masculin							
8	Total	6 436 845	6 436 845	–	17 550	290 445	720 955	839 445
9	Single – Célibataires	638 860	638 860	–	12 345	119 450	155 915	102 500
10	Married – Mariés	4 957 240	4 957 240	–	1 915	111 110	459 295	631 890
11	Consensually married – En union consensuelle	334 640	334 640	–	3 105	56 530	84 875	62 540
12	Widowed – Veufs	150 140	150 140	–	40	90	330	840
13	Divorced – Divorcés	196 825	196 825	–	60	850	7 760	20 520
14	Separated – Séparés	159 145	159 145	–	85	2 410	12 775	21 155
	Female – Féminin							
15	Total	2 554 830	2 554 830	–	23 865	204 085	294 550	269 095
16	Single – Célibataires	618 190	618 190	–	18 495	131 170	138 085	86 960
17	Married – Mariées	424 215	424 215	–	990	25 730	65 100	66 555
18	Consensually married – En union consensuelle	149 515	149 515	–	3 635	31 950	36 040	25 845
19	Widowed – Veuves	773 855	773 855	–	130	520	2 055	4 625
20	Divorced – Divorcées	348 440	348 440	–	130	3 880	22 875	46 760
21	Separated – Séparées	240 615	240 615	–	480	10 845	30 400	38 355
	4 VI 1991 [4 5 6]							
	Total							
22	Total	10 018 265	10 018 265	–	47 410	418 810	983 270	1 236 725
23	Single – Célibataires	1 489 860	1 489 860	–	35 475	231 700	333 815	260 810
24	Married – Mariés	5 679 900	5 679 900	–	2 100	81 120	427 680	707 235
25	Consensually married – En union consensuelle	710 500	710 500	–	9 005	93 070	158 090	136 805
26	Widowed – Veufs	1 007 010	1 007 010	–	240	510	1 760	4 720
27	Divorced – Divorcés	735 640	735 640	–	200	3 755	28 175	71 935
28	Separated – Séparés	395 360	395 360	–	390	8 655	33 750	55 220
	Male – Masculin							
29	Total	7 001 555	7 001 555	–	18 650	228 380	665 430	904 540
30	Single – Célibataires	763 310	763 310	–	13 605	108 095	179 280	142 170
31	Married – Mariés	5 160 700	5 160 700	–	1 255	61 295	359 440	623 350
32	Consensually married – En union consensuelle	488 615	488 615	–	3 595	56 845	109 940	96 605
33	Widowed – Veufs	165 765	165 765	–	50	105	305	870
34	Divorced – Divorcés	268 045	268 045	–	85	630	7 425	23 020
35	Separated – Séparés	155 130	155 130	–	55	1 410	9 050	18 525
	Female – Féminin							
36	Total	3 016 710	3 016 710	–	28 760	190 430	317 840	332 185
37	Single – Célibataires	726 550	726 550	–	21 870	123 605	154 535	118 640
38	Married – Mariées	519 200	519 200	–	845	19 825	68 240	83 885
39	Consensually married – En union consensuelle	221 885	221 885	–	5 410	36 225	48 150	40 200
40	Widowed – Veuves	841 245	841 245	–	190	405	1 455	3 850
41	Divorced – Divorcées	467 595	467 595	–	115	3 125	20 750	48 915
42	Separated – Séparées	240 230	240 230	–	335	7 245	24 700	36 695

32. Ménages selon l'âge, le sexe, la situation matrimoniale du chef de ménage et la résidence, urbaine/rurale: chaque recensement, 1985 – 1995 (suite)

(Voir notes à la fin du tableau.)

Age (en années)										
35–39	40–44	45–49	50–54	55–59	60–64	65–69	70–74	75+	Unknown Inconnu	
1 084 845	886 630	726 185	686 330	680 280	646 720	553 140	468 160	599 395	–	1
116 735	69 870	49 110	45 205	47 400	45 645	38 235	34 295	45 635	–	2
737 810	618 425	516 250	485 955	465 050	413 710	321 670	238 065	221 935	–	3
63 545	40 900	24 960	17 750	12 630	8 750	5 605	3 285	2 210	–	4
10 220	16 040	25 045	42 980	75 020	118 045	148 195	168 240	311 580	–	5
91 995	87 200	69 655	59 700	50 135	37 655	23 185	13 510	9 395	–	6
64 535	54 205	41 175	34 735	30 055	22 920	16 250	10 770	8 610	–	7
843 685	698 115	576 490	541 345	520 885	464 265	361 265	274 790	287 610	–	8
61 935	36 700	26 440	25 210	26 675	24 150	17 845	14 160	15 535	–	9
680 085	576 540	483 820	456 585	437 785	389 405	300 350	221 270	207 190	–	10
44 650	28 780	17 685	12 770	9 230	6 290	4 010	2 445	1 730	–	11
1 730	2 630	4 085	7 195	12 425	18 430	22 020	25 900	54 425	–	12
30 660	31 230	26 505	23 995	20 815	15 280	9 455	5 655	4 040	–	13
24 625	22 240	17 960	15 580	13 960	10 710	7 580	5 360	4 705	–	14
241 160	188 515	149 695	144 985	159 395	182 455	191 875	193 370	311 785	–	15
54 800	33 170	22 670	19 995	20 725	21 495	20 390	20 135	30 100	–	16
57 725	41 885	32 430	29 370	27 265	24 305	21 320	16 795	14 745	–	17
18 895	12 120	7 275	4 980	3 400	2 460	1 595	840	480	–	18
8 490	13 410	20 960	35 785	62 595	99 615	126 175	142 340	257 155	–	19
61 335	55 970	43 150	35 705	29 320	22 375	13 730	7 855	5 355	–	20
39 910	31 965	23 215	19 155	16 095	12 210	8 670	5 410	3 905	–	21
1 213 545	1 149 475	920 645	745 785	696 325	683 620	647 290	520 965	754 400	–	22
170 885	112 820	70 305	50 570	46 030	47 340	43 870	33 715	52 525	–	23
761 320	753 080	615 400	508 085	468 220	434 540	374 095	265 330	281 695	–	24
100 695	75 565	51 480	31 640	21 350	14 350	9 215	5 085	4 150	–	25
9 150	16 475	25 085	38 395	64 675	109 495	163 285	184 090	389 130	–	26
109 655	129 955	111 170	83 460	68 240	54 320	38 175	20 645	15 955	–	27
61 835	61 585	47 180	33 630	27 815	23 565	18 640	12 090	11 005	–	28
909 295	872 935	706 590	575 030	528 830	495 870	427 105	307 130	361 770	–	29
92 015	59 350	36 770	27 015	25 255	25 765	21 980	14 440	17 570	–	30
684 945	686 980	567 305	471 260	437 235	408 295	349 390	247 250	262 700	–	31
69 630	52 030	36 575	23 115	16 120	10 910	6 670	3 525	3 055	–	32
1 605	3 060	4 345	6 330	10 650	18 085	25 580	28 330	66 450	–	33
38 155	46 845	41 455	32 395	27 090	21 885	14 865	7 955	6 240	–	34
22 945	24 670	20 120	14 915	12 485	10 925	8 610	5 630	5 790	–	35
304 250	276 540	214 055	170 755	167 495	187 750	220 185	213 835	392 630	–	36
78 870	53 470	33 535	23 555	20 775	21 575	21 890	19 275	34 955	–	37
76 375	66 100	48 095	36 825	30 985	26 245	24 705	18 080	18 995	–	38
31 065	23 535	14 905	8 525	5 230	3 440	2 545	1 560	1 095	–	39
7 545	13 415	20 740	32 065	54 025	91 410	137 705	155 760	322 680	–	40
71 500	83 110	69 715	51 065	41 150	32 435	23 310	12 690	9 715	–	41
38 890	36 915	27 060	18 715	15 330	12 640	10 030	6 460	5 215	–	42

32. Households by age, sex and marital status of householder and urban/rural residence: each census, 1985 – 1995 (continued)

(See notes at end of table.)

	Continent, country or area, date, sex, marital status and urban/rural residence Continent, pay ou zone, date, sexe, situation matrimoniale et résidence, urbaine/rurale	Age (in years) All ages Tous âges	15 + [1]	– 15	15–19	20–24	25–29	30–34
	AMERICA,NORTH— (Cont.–Suite) AMERIQUE DU NORD							
	Cayman Islands – Iles Caïmanes							
	15 X 1989 [4]							
	Total							
1	Total	8 115	8 114	1	84	468	1 029	1 188
2	Single – Célibataires	1 823	1 822	1	65	265	406	329
3	Married and consensually married – Mariés et en union consensuelle	4 876	4 876	–	18	185	558	745
4	Widowed – Veufs	495	495	–	–	3	4	13
5	Divorced – Divorcés	561	561	–	–	7	30	51
6	Separated – Séparés	360	360	–	1	8	31	50
	Male – Masculin							
7	Total	5 303	5 302	1	29	274	655	767
8	Single – Célibataires	908	907	1	25	151	227	164
9	Married and consensually married – Mariés et en union consensuelle	3 971	3 971	–	4	118	409	568
10	Widowed – Veufs	85	85	–	–	–	1	4
11	Divorced – Divorcés	192	192	–	–	3	10	15
12	Separated – Séparés	147	147	–	–	2	8	16
	Female – Féminin							
13	Total	2 812	2 812	–	55	194	374	421
14	Single – Célibataires	915	915	–	40	114	179	165
15	Married and consensually married – Mariées et en union consensuelle	905	905	–	14	67	149	177
16	Widowed – Veuves	410	410	–	–	3	3	9
17	Divorced – Divorcées	369	369	–	–	4	20	36
18	Separated – Séparées	213	213	–	1	6	23	34
	Netherlands Antilles – Antilles néerlandaises							
	27 I 1992 [4 7]							
	Total							
19	Total	57 445	57 445	–	100	1 361	4 547	7 219
20	Single – Célibataires	18 194	18 194	–	92	1 072	2 737	3 349
21	Married – Mariés	28 372	28 372	–	8	269	1 658	3 389
22	Widowed – Veufs	5 084	5 084	–	–	3	13	35
23	Divorced – Divorcés	5 750	5 750	–	–	14	130	444
24	Unknown – Inconnu	45	45	–	–	3	9	2
	Male – Masculin							
25	Total	37 855	37 855	–	58	866	3 147	5 113
26	Single – Célibataires	8 651	8 651	–	54	622	1 598	1 859
27	Married – Mariés	25 986	25 986	–	4	236	1 505	3 106
28	Widowed – Veufs	1 143	1 143	–	–	1	2	5
29	Divorced – Divorcés	2 043	2 043	–	–	5	35	142
30	Unknown – Inconnu	32	32	–	–	2	7	1
	Female – Féminin							
31	Total	19 590	19 590	–	42	495	1 400	2 106
32	Single – Célibataires	9 543	9 543	–	38	450	1 139	1 490
33	Married – Mariées	2 386	2 386	–	4	33	153	283
34	Widowed – Veuves	3 941	3 941	–	–	2	11	30
35	Divorced – Divorcées	3 707	3 707	–	–	9	95	302
36	Unknown– Inconnu	13	13	–	–	1	2	1
	United States – Etats–Unis [8]							
	1 III 1985 [9]							
	Total							
37	Total	86 788 000	86 788 000	–	420 000	5 018 000	9 637 000	10 376 000
38	Single – Célibataires	11 378 000	11 378 000	–	296 000	2 499 000	2 963 000	1 832 000
39	Married – Mariés	50 350 000	50 350 000	–	91 000	2 057 000	5 271 000	6 349 000
40	Widowed – Veufs	11 348 000	11 348 000	–	4 000	17 000	41 000	101 000
41	Divorced – Divorcés	9 800 000	9 800 000	–	10 000	217 000	857 000	1 516 000
42	Separated – Séparés	3 913 000	3 913 000	–	19 000	228 000	504 000	580 000

32. Ménages selon l'âge, le sexe, la situation matrimoniale du chef de ménage et la résidence, urbaine/rurale: chaque recensement, 1985 – 1995 (suite)

(Voir notes à la fin du tableau.)

Age (en années)										
35–39	40–44	45–49	50–54	55–59	60–64	65–69	70–74	75+	Unknown Inconnu	
1 181	929	728	654	490	417	325	254	367	–	1
227	139	85	70	50	54	35	38	59	–	2
778	630	495	435	328	259	200	122	123	–	3
17	16	21	32	47	47	52	79	164	–	4
104	94	99	66	35	37	18	7	13	–	5
55	50	28	51	30	20	20	8	8	–	6
784	681	513	456	345	280	213	140	165	–	7
103	77	48	32	24	26	8	11	11	–	8
621	545	418	367	294	229	182	108	108	–	9
5	1	1	5	2	6	9	15	36	–	10
31	36	33	22	14	13	9	2	4	–	11
24	22	13	30	11	6	5	4	6	–	12
397	248	215	198	145	137	112	114	202	–	13
124	62	37	38	26	28	27	27	48	–	14
157	85	77	68	34	30	18	14	15	–	15
12	15	20	27	45	41	43	64	128	–	16
73	58	66	44	21	24	9	5	9	–	17
31	28	15	21	19	14	15	4	2	–	18
7 761	7 710	6 448	5 113	4 486	3 710	3 016	2 478	3 496	–	19
2 845	2 189	1 611	1 122	907	713	525	470	562	–	20
3 962	4 244	3 590	2 904	2 622	2 037	1 514	1 070	1 105	–	21
88	162	231	331	442	603	727	774	1 675	–	22
860	1 108	1 011	754	511	356	248	163	151	–	23
6	7	5	2	4	1	2	1	3	–	24
5 377	5 236	4 335	3 416	3 031	2 399	1 831	1 396	1 650	–	25
1 429	972	633	417	333	261	190	151	132	–	26
3 625	3 863	3 273	2 647	2 406	1 885	1 407	996	1 033	–	27
15	36	46	70	101	106	145	177	439	–	28
302	360	379	281	190	146	88	71	44	–	29
6	5	4	1	1	1	1	1	2	–	30
2 384	2 474	2 113	1 697	1 455	1 311	1 185	1 082	1 846	–	31
1 416	1 217	978	705	574	452	335	319	430	–	32
337	381	317	257	216	152	107	74	72	–	33
73	126	185	261	341	497	582	597	1 236	–	34
558	748	632	473	321	210	160	92	107	–	35
–	2	1	1	3	–	1	–	1	–	36
—— 17 4 81 000 ——		*—— 12 6 28 000 ——*		*—— 13 0 72 000 ——*		*—— 10 8 51 000 ——*		7 305 000	–	37
—— 1 4 53 000 ——		*—— 704 000 ——*		*—— 694 000 ——*		*—— 522 000 ——*		415 000	–	38
—— 11 6 15 000 ——		*—— 8 5 59 000 ——*		*—— 8 3 52 000 ——*		*—— 5 6 16 000 ——*		2 440 000	–	39
—— 320 000 ——		*—— 831 000 ——*		*—— 2 1 31 000 ——*		*—— 3 7 61 000 ——*		4 142 000	–	40
—— 3 0 45 000 ——		*—— 1 8 81 000 ——*		*—— 1 3 85 000 ——*		*—— 698 000 ——*		191 000	–	41
—— 1 0 49 000 ——		*—— 653 000 ——*		*—— 511 000 ——*		*—— 254 000 ——*		115 000	–	42

32. Households by age, sex and marital status of householder and urban/rural residence: each census, 1985 – 1995 (continued)

(See notes at end of table.)

	Continent, country or area, date, sex, marital status and urban/rural residence Continent, pay ou zone, date, sexe, situation matrimoniale et résidence, urbaine/rurale	Age (in years) All ages Tous âges	15 + [1]	– 15	15–19	20–24	25–29	30–34
	AMERICA,NORTH— (Cont.–Suite) AMERIQUE DU NORD							
	United States – Etats–Unis [8]							
	1 III 1985 [9]							
	Male – Masculin							
1	Total	60 025 000	60 025 000	–	210 000	3 243 000	6 956 000	7 613 000
2	Single – Célibataires	5 772 000	5 772 000	–	137 000	1 261 000	1 588 000	944 000
3	Married – Mariés	47 683 000	47 683 000	–	69 000	1 858 000	4 885 000	5 910 000
4	Widowed – Veufs	1 620 000	1 620 000	–	–	–	2 000	7 000
5	Divorced – Divorcés	3 535 000	3 535 000	–	–	60 000	311 000	563 000
6	Separated – Séparés	1 416 000	1 416 000	–	4 000	63 000	170 000	190 000
	Female – Féminin							
7	Total	26 763 000	26 763 000	–	210 000	1 775 000	2 681 000	2 763 000
8	Single – Célibataires	5 606 000	5 606 000	–	159 000	1 238 000	1 375 000	888 000
9	Married – Mariées	2 667 000	2 667 000	–	22 000	199 000	386 000	439 000
10	Widowed – Veuves	9 728 000	9 728 000	–	4 000	17 000	39 000	94 000
11	Divorced – Divorcées	6 265 000	6 265 000	–	10 000	157 000	546 000	953 000
12	Separated – Séparées	2 497 000	2 497 000	–	15 000	165 000	334 000	390 000
	1 III 1988 [9]							
	Total							
13	Total	91 066 000	91 066 000	–	453 000	4 775 000	9 614 000	10 969 000
14	Single – Célibataires	12 787 000	12 787 000	–	338 000	2 668 000	3 170 000	2 277 000
15	Married – Mariés	51 809 000	51 809 000	–	87 000	1 720 000	5 085 000	6 553 000
16	Widowed – Veufs	11 548 000	11 548 000	–	–	11 000	45 000	73 000
17	Divorced – Divorcés	10 484 000	10 484 000	–	9 000	171 000	829 000	1 412 000
18	Separated – Séparés	4 439 000	4 439 000	–	20 000	204 000	486 000	654 000
	Male – Masculin							
19	Total	62 773 000	62 773 000	–	211 000	2 884 000	6 799 000	7 980 000
20	Single – Célibataires	6 477 000	6 477 000	–	144 000	1 295 000	1 686 000	1 169 000
21	Married – Mariés	48 748 000	48 748 000	–	63 000	1 492 000	4 668 000	6 067 000
22	Widowed – Veufs	1 920 000	1 920 000	–	–	5 000	11 000	15 000
23	Divorced – Divorcés	3 957 000	3 957 000	–	–	39 000	288 000	505 000
24	Separated – Séparés	1 671 000	1 671 000	–	4 000	53 000	147 000	223 000
	Female – Féminin							
25	Total	28 293 000	28 293 000	–	242 000	1 891 000	2 815 000	2 989 000
26	Single – Célibataires	6 310 000	6 310 000	–	194 000	1 373 000	1 484 000	1 108 000
27	Married – Mariées	3 061 000	3 061 000	–	24 000	228 000	417 000	486 000
28	Widowed – Veuves	9 628 000	9 628 000	–	–	6 000	34 000	58 000
29	Divorced – Divorcées	6 527 000	6 527 000	–	9 000	132 000	541 000	907 000
30	Separated – Séparées	2 768 000	2 768 000	–	16 000	151 000	339 000	431 000
	1 III 1990 [9]							
	Total							
31	Total	93 347 000	93 347 000	–	482 000	4 638 000	9 423 000	11 049 000
32	Single – Célibataires	13 682 000	13 682 000	–	373 000	2 734 000	3 352 000	2 408 000
33	Married – Mariés	52 317 000	52 317 000	–	98 000	1 539 000	4 846 000	6 538 000
34	Widowed – Veufs	11 826 000	11 826 000	–	–	9 000	39 000	80 000
35	Divorced – Divorcés	11 290 000	11 290 000	–	3 000	190 000	712 000	1 363 000
36	Separated – Séparés	4 233 000	4 233 000	–	8 000	166 000	473 000	659 000
	Male – Masculin							
37	Total	62 929 000	62 929 000	–	215 000	2 675 000	6 420 000	7 969 000
38	Single – Célibataires	6 842 000	6 842 000	–	141 000	1 326 000	1 741 000	1 312 000
39	Married – Mariés	48 439 000	48 439 000	–	73 000	1 269 000	4 307 000	5 942 000
40	Widowed – Veufs	1 862 000	1 862 000	–	–	–	2 000	9 000
41	Divorced – Divorcés	4 295 000	4 295 000	–	–	50 000	253 000	518 000
42	Separated – Séparés	1 491 000	1 491 000	–	2 000	30 000	117 000	188 000
	Female – Féminin							
43	Total	30 418 000	30 418 000	–	267 000	1 963 000	3 003 000	3 080 000
44	Single – Célibataires	6 840 000	6 840 000	–	232 000	1 408 000	1 611 000	1 096 000
45	Married – Mariées	3 878 000	3 878 000	–	25 000	270 000	539 000	596 000
46	Widowed – Veuves	9 964 000	9 964 000	–	–	9 000	37 000	71 000
47	Divorced – Divorcées	6 995 000	6 995 000	–	3 000	140 000	459 000	845 000
48	Separated – Séparées	2 742 000	2 742 000	–	6 000	136 000	356 000	471 000

32. Ménages selon l'âge, le sexe, la situation matrimoniale du chef de ménage et la résidence, urbaine/rurale: chaque recensement, 1985 – 1995 (suite)

(Voir notes à la fin du tableau.)

Age (en années)										
35–39	40–44	45–49	50–54	55–59	60–64	65–69	70–74	75+	Unknown Inconnu	
—— 13 2 56 000 ——		*—— 9 5 79 000 ——*		*—— 9 3 90 000 ——*		*—— 6 5 11 000 ——*		3 267 000	–	1
—— 738 000 ——		*—— 349 000 ——*		*—— 383 000 ——*		*—— 233 000 ——*		139 000	–	2
—— 10 9 83 000 ——		*—— 8 1 88 000 ——*		*—— 8 0 03 000 ——*		*—— 5 4 11 000 ——*		2 376 000	–	3
—— 35 000 ——		*—— 102 000 ——*		*—— 314 000 ——*		*—— 540 000 ——*		620 000	–	4
—— 1 1 46 000 ——		*—— 673 000 ——*		*—— 479 000 ——*		*—— 232 000 ——*		71 000	–	5
—— 355 000 ——		*—— 267 000 ——*		*—— 211 000 ——*		*—— 95 000 ——*		61 000	–	6
—— 4 2 25 000 ——		*—— 3 0 49 000 ——*		*—— 3 6 82 000 ——*		*—— 4 3 40 000 ——*		4 038 000	–	7
—— 715 000 ——		*—— 355 000 ——*		*—— 311 000 ——*		*—— 289 000 ——*		276 000	–	8
—— 632 000 ——		*—— 371 000 ——*		*—— 349 000 ——*		*—— 205 000 ——*		64 000	–	9
—— 285 000 ——		*—— 729 000 ——*		*—— 1 8 17 000 ——*		*—— 3 2 21 000 ——*		3 522 000	–	10
—— 1 8 99 000 ——		*—— 1 2 08 000 ——*		*—— 906 000 ——*		*—— 466 000 ——*		120 000	–	11
—— 694 000 ——		*—— 386 000 ——*		*—— 300 000 ——*		*—— 159 000 ——*		54 000	–	12
—— 19 3 23 000 ——		*—— 13 6 31 000 ——*		*—— 12 8 46 000 ——*		*—— 11 4 11 000 ——*		8 044 000	–	13
—— 1 9 01 000 ——		*—— 748 000 ——*		*—— 659 000 ——*		*—— 587 000 ——*		439 000	–	14
—— 12 4 48 000 ——		*—— 9 0 68 000 ——*		*—— 8 2 16 000 ——*		*—— 5 9 88 000 ——*		2 644 000	–	15
—— 339 000 ——		*—— 757 000 ——*		*—— 2 0 02 000 ——*		*—— 3 7 51 000 ——*		4 570 000	–	16
—— 3 3 80 000 ——		*—— 2 2 42 000 ——*		*—— 1 4 26 000 ——*		*—— 783 000 ——*		232 000	–	17
—— 1 2 56 000 ——		*—— 814 000 ——*		*—— 543 000 ——*		*—— 300 000 ——*		162 000	–	18
—— 14 4 77 000 ——		*—— 10 2 95 000 ——*		*—— 9 3 27 000 ——*		*—— 7 1 13 000 ——*		3 687 000	–	19
—— 1 0 21 000 ——		*—— 375 000 ——*		*—— 380 000 ——*		*—— 283 000 ——*		124 000	–	20
—— 11 6 32 000 ——		*—— 8 5 94 000 ——*		*—— 7 8 46 000 ——*		*—— 5 7 97 000 ——*		2 589 000	–	21
—— 51 000 ——		*—— 122 000 ——*		*—— 324 000 ——*		*—— 591 000 ——*		801 000	–	22
—— 1 3 02 000 ——		*—— 892 000 ——*		*—— 556 000 ——*		*—— 293 000 ——*		82 000	–	23
—— 472 000 ——		*—— 311 000 ——*		*—— 221 000 ——*		*—— 148 000 ——*		92 000	–	24
—— 4 8 46 000 ——		*—— 3 3 36 000 ——*		*—— 3 5 19 000 ——*		*—— 4 2 98 000 ——*		4 357 000	–	25
—— 880 000 ——		*—— 373 000 ——*		*—— 279 000 ——*		*—— 304 000 ——*		315 000	–	26
—— 816 000 ——		*—— 474 000 ——*		*—— 370 000 ——*		*—— 191 000 ——*		55 000	–	27
—— 288 000 ——		*—— 635 000 ——*		*—— 1 6 78 000 ——*		*—— 3 1 60 000 ——*		3 769 000	–	28
—— 2 0 78 000 ——		*—— 1 3 50 000 ——*		*—— 870 000 ——*		*—— 490 000 ——*		150 000	–	29
—— 784 000 ——		*—— 503 000 ——*		*—— 322 000 ——*		*—— 152 000 ——*		70 000	–	30
10 894 000	9 661 000	*—— 14 5 15 000 ——*		*—— 12 5 30 000 ——*		*—— 11 7 33 000 ——*		8 422 000	–	31
1 435 000	905 000	*—— 892 000 ——*		*—— 644 000 ——*		*—— 583 000 ——*		356 000	–	32
6 859 000	6 224 000	*—— 9 4 72 000 ——*		*—— 7 8 43 000 ——*		*—— 6 1 43 000 ——*		2 755 000	–	33
153 000	207 000	*—— 711 000 ——*		*—— 1 9 97 000 ——*		*—— 3 8 07 000 ——*		4 823 000	–	34
1 829 000	1 782 000	*—— 2 6 34 000 ——*		*—— 1 5 52 000 ——*		*—— 905 000 ——*		320 000	–	35
617 000	543 000	*—— 806 000 ——*		*—— 493 000 ——*		*—— 295 000 ——*		173 000	–	36
8 006 000	7 062 000	*—— 10 8 10 000 ——*		*—— 8 8 57 000 ——*		*—— 7 1 96 000 ——*		3 719 000	–	37
742 000	426 000	*—— 475 000 ——*		*—— 344 000 ——*		*—— 240 000 ——*		95 000	–	38
6 291 000	5 781 000	*—— 8 8 70 000 ——*		*—— 7 4 03 000 ——*		*—— 5 8 45 000 ——*		2 658 000	–	39
25 000	30 000	*—— 124 000 ——*		*—— 282 000 ——*		*—— 613 000 ——*		777 000	–	40
720 000	644 000	*—— 1 0 45 000 ——*		*—— 601 000 ——*		*—— 368 000 ——*		96 000	–	41
227 000	180 000	*—— 296 000 ——*		*—— 226 000 ——*		*—— 130 000 ——*		95 000	–	42
2 888 000	2 599 000	*—— 3 7 05 000 ——*		*—— 3 6 73 000 ——*		*—— 4 5 37 000 ——*		4 703 000	–	43
693 000	479 000	*—— 417 000 ——*		*—— 300 000 ——*		*—— 343 000 ——*		261 000	–	44
568 000	443 000	*—— 602 000 ——*		*—— 440 000 ——*		*—— 298 000 ——*		97 000	–	45
128 000	177 000	*—— 587 000 ——*		*—— 1 7 15 000 ——*		*—— 3 1 94 000 ——*		4 046 000	–	46
1 109 000	1 138 000	*—— 1 5 89 000 ——*		*—— 951 000 ——*		*—— 537 000 ——*		224 000	–	47
390 000	363 000	*—— 510 000 ——*		*—— 267 000 ——*		*—— 165 000 ——*		78 000	–	48

32. Households by age, sex and marital status of householder and urban/rural residence: each census, 1985 – 1995 (continued)

(See notes at end of table.)

Continent, country or area, date, sex, marital status and urban/rural residence / Continent, pay ou zone, date, sexe, situation matrimoniale et résidence, urbaine/rurale	Age (in years) All ages / Tous âges	15 + [1]	– 15	15–19	20–24	25–29	30–34
AMERICA,NORTH— (Cont.–Suite) AMERIQUE DU NORD							
United States – Etats–Unis [8]							
1 III 1991 [9]							
Total							
1 Total	94 312 000	94 312 000	–	441 000	4 442 000	9 246 000	11 077 000
2 Single – Célibataires	14 244 000	14 244 000	–	327 000	2 570 000	3 434 000	2 571 000
3 Married – Mariés	52 147 000	52 147 000	–	93 000	1 466 000	4 552 000	6 452 000
4 Widowed – Veufs	11 687 000	11 687 000	–	1 000	1 000	40 000	75 000
5 Divorced – Divorcés	11 784 000	11 784 000	–	5 000	162 000	723 000	1 327 000
6 Separated – Séparés	4 450 000	4 450 000	–	15 000	242 000	498 000	653 000
Male – Masculin							
7 Total	63 279 000	63 279 000	–	195 000	2 540 000	6 308 000	7 941 000
8 Single – Célibataires	7 110 000	7 110 000	–	122 000	1 230 000	1 841 000	1 353 000
9 Married – Mariés	48 222 000	48 222 000	–	68 000	1 218 000	4 074 000	5 877 000
10 Widowed – Veufs	1 921 000	1 921 000	–	–	–	5 000	10 000
11 Divorced – Divorcés	4 422 000	4 422 000	–	–	39 000	244 000	492 000
12 Separated – Séparés	1 604 000	1 604 000	–	5 000	53 000	143 000	209 000
Female – Féminin							
13 Total	31 033 000	31 033 000	–	246 000	1 902 000	2 938 000	3 136 000
14 Single – Célibataires	7 134 000	7 134 000	–	205 000	1 340 000	1 593 000	1 218 000
15 Married – Mariées	3 925 000	3 925 000	–	25 000	248 000	478 000	575 000
16 Widowed – Veuves	9 766 000	9 766 000	–	1 000	1 000	35 000	65 000
17 Divorced – Divorcées	7 362 000	7 362 000	–	5 000	123 000	479 000	835 000
18 Separated – Séparées	2 846 000	2 846 000	–	10 000	189 000	355 000	444 000
1 III 1992 [9]							
Total							
19 Total	95 669 000	95 669 000	–	424 000	4 434 000	8 811 000	11 197 000
20 Single – Célibataires	14 460 000	14 460 000	–	333 000	2 666 000	3 320 000	2 586 000
21 Married – Mariés	52 457 000	52 457 000	–	69 000	1 402 000	4 205 000	6 486 000
Consensually married –							
22 En union consensuelle	4 572 000	4 572 000	–	17 000	192 000	460 000	718 000
23 Widowed – Veufs	11 895 000	11 895 000	–	–	8 000	30 000	80 000
24 Divorced – Divorcés	12 287 000	12 287 000	–	6 000	166 000	795 000	1 328 000
Male – Masculin							
25 Total	63 699 000	63 699 000	–	176 000	2 512 000	5 858 000	7 879 000
26 Single – Célibataires	7 129 000	7 129 000	–	127 000	1 266 000	1 721 000	1 358 000
27 Married – Mariés	48 245 000	48 245 000	–	45 000	1 150 000	3 703 000	5 838 000
Consensually married –							
28 En union consensuelle	1 695 000	1 695 000	–	3 000	35 000	137 000	221 000
29 Widowed – Veufs	2 032 000	2 032 000	–	–	2 000	9 000	8 000
30 Divorced – Divorcés	4 596 000	4 596 000	–	–	58 000	287 000	455 000
Female – Féminin							
31 Total	31 970 000	31 970 000	–	248 000	1 922 000	2 953 000	3 318 000
32 Single – Célibataires	7 331 000	7 331 000	–	206 000	1 400 000	1 599 000	1 228 000
33 Married – Mariées	4 212 000	4 212 000	–	24 000	252 000	502 000	648 000
Consensually married –							
34 En union consensuelle	2 877 000	2 877 000	–	14 000	157 000	323 000	497 000
35 Widowed – Veuves	9 863 000	9 863 000	–	–	6 000	21 000	72 000
36 Divorced – Divorcées	7 691 000	7 691 000	–	6 000	108 000	508 000	873 000
AMERICA,SOUTH— AMERIQUE DU SUD							
Bolivia – Bolivie							
3 VI 1992 [10]							
Total							
37 Total	1 444 817	1 435 188	5 200	30 630	111 639	169 613	191 324
38 Single – Célibataires	149 004	144 109	4 895	22 476	32 431	23 247	15 338
39 Married – Mariés	1 078 331	1 078 076	255	7 814	76 788	140 185	164 755
40 Widowed – Veufs	155 596	155 562	34	124	750	2 001	4 253
Divorced and separated – Divorcés et							
41 séparés	57 457	57 441	16	216	1 670	4 180	6 978
42 Unknown – Inconnu	4 429	–	–	–	–	–	–

32. Ménages selon l'âge, le sexe, la situation matrimoniale du chef de ménage et la résidence, urbaine/rurale: chaque recensement, 1985 – 1995 (suite)

(Voir notes à la fin du tableau.)

Age (en années) 35–39	40–44	45–49	50–54	55–59	60–64	65–69	70–74	75+	Unknown Inconnu	
10 947 000	10 358 000	*—— 14 7 51 000 ——*		*—— 12 5 23 000 ——*		*—— 12 0 01 000 ——*		8 526 000	–	1
1 612 000	1 043 000	*—— 1 0 03 000 ——*		*—— 647 000 ——*		*—— 643 000 ——*		394 000	–	2
6 739 000	6 506 000	*—— 9 4 07 000 ——*		*—— 7 8 98 000 ——*		*—— 6 2 99 000 ——*		2 735 000	–	3
119 000	204 000	*—— 691 000 ——*		*—— 1 7 90 000 ——*		*—— 3 8 61 000 ——*		4 905 000	–	4
1 761 000	2 010 000	*—— 2 8 38 000 ——*		*—— 1 6 93 000 ——*		*—— 935 000 ——*		330 000	–	5
716 000	594 000	*—— 811 000 ——*		*—— 495 000 ——*		*—— 263 000 ——*		163 000	–	6
7 934 000	7 536 000	*—— 10 7 56 000 ——*		*—— 8 9 69 000 ——*		*—— 7 4 00 000 ——*		3 700 000	–	7
827 000	488 000	*—— 513 000 ——*		*—— 355 000 ——*		*—— 283 000 ——*		98 000	–	8
6 140 000	6 035 000	*—— 8 7 71 000 ——*		*—— 7 4 35 000 ——*		*—— 5 9 98 000 ——*		2 606 000	–	9
13 000	38 000	*—— 101 000 ——*		*—— 291 000 ——*		*—— 657 000 ——*		806 000	–	10
722 000	756 000	*—— 1 0 52 000 ——*		*—— 670 000 ——*		*—— 344 000 ——*		103 000	–	11
232 000	218 000	*—— 319 000 ——*		*—— 218 000 ——*		*—— 118 000 ——*		89 000	–	12
3 013 000	2 822 000	*—— 3 9 95 000 ——*		*—— 3 5 54 000 ——*		*—— 4 6 01 000 ——*		4 826 000	–	13
785 000	555 000	*—— 490 000 ——*		*—— 292 000 ——*		*—— 360 000 ——*		296 000	–	14
599 000	471 000	*—— 636 000 ——*		*—— 463 000 ——*		*—— 301 000 ——*		129 000	–	15
106 000	166 000	*—— 590 000 ——*		*—— 1 4 99 000 ——*		*—— 3 2 04 000 ——*		4 099 000	–	16
1 039 000	1 254 000	*—— 1 7 86 000 ——*		*—— 1 0 23 000 ——*		*—— 591 000 ——*		227 000	–	17
484 000	376 000	*—— 492 000 ——*		*—— 277 000 ——*		*—— 145 000 ——*		74 000	–	18
11 162 000	10 612 000	*—— 15 5 48 000 ——*		*—— 12 5 60 000 ——*		*—— 12 0 43 000 ——*		8 878 000	–	19
1 711 000	1 082 000	*—— 1 0 71 000 ——*		*—— 668 000 ——*		*—— 589 000 ——*		434 000	–	20
6 815 000	6 704 000	*—— 9 8 28 000 ——*		*—— 7 7 59 000 ——*		*—— 6 2 69 000 ——*		2 920 000	–	21
761 000	580 000	*—— 865 000 ——*		*—— 566 000 ——*		*—— 253 000 ——*		160 000	–	22
134 000	206 000	*—— 657 000 ——*		*—— 1 7 83 000 ——*		*—— 3 9 81 000 ——*		5 016 000	–	23
1 741 000	2 040 000	*—— 3 1 26 000 ——*		*—— 1 7 85 000 ——*		*—— 952 000 ——*		348 000	–	24
8 001 000	7 774 000	*—— 11 2 95 000 ——*		*—— 8 8 79 000 ——*		*—— 7 3 82 000 ——*		3 943 000	–	25
841 000	514 000	*—— 571 000 ——*		*—— 348 000 ——*		*—— 265 000 ——*		118 000	–	26
6 170 000	6 184 000	*—— 9 1 27 000 ——*		*—— 7 2 92 000 ——*		*—— 5 9 65 000 ——*		2 771 000	–	27
288 000	220 000	*—— 323 000 ——*		*—— 258 000 ——*		*—— 124 000 ——*		86 000	–	28
31 000	41 000	*—— 91 000 ——*		*—— 296 000 ——*		*—— 680 000 ——*		874 000	–	29
671 000	816 000	*—— 1 1 82 000 ——*		*—— 685 000 ——*		*—— 349 000 ——*		93 000	–	30
3 161 000	2 838 000	*—— 4 2 53 000 ——*		*—— 3 6 81 000 ——*		*—— 4 6 61 000 ——*		4 935 000	–	31
870 000	568 000	*—— 500 000 ——*		*—— 320 000 ——*		*—— 324 000 ——*		316 000	–	32
645 000	520 000	*—— 701 000 ——*		*—— 467 000 ——*		*—— 304 000 ——*		149 000	–	33
473 000	360 000	*—— 542 000 ——*		*—— 308 000 ——*		*—— 129 000 ——*		74 000	–	34
103 000	165 000	*—— 566 000 ——*		*—— 1 4 87 000 ——*		*—— 3 3 01 000 ——*		4 142 000	–	35
1 070 000	1 224 000	*—— 1 9 44 000 ——*		*—— 1 1 00 000 ——*		*—— 603 000 ——*		255 000	–	36
183 393	163 769	142 380	109 317	82 877	88 550	58 048	42 925	60 723	4 429	37
11 896	9 079	7 774	5 876	4 105	4 387	2 838	2 034	2 628	–	38
155 196	134 776	112 322	80 914	58 357	58 159	35 533	23 833	29 444	–	39
7 204	11 043	14 376	16 314	16 181	22 206	17 694	15 893	27 523	–	40
9 097	8 871	7 908	6 213	4 234	3 798	1 983	1 165	1 128	–	41
–	–	–	–	–	–	–	–	–	4 429	42

32. Households by age, sex and marital status of householder and urban/rural residence: each census, 1985 – 1995 (continued)

(See notes at end of table.)

	Continent, country or area, date, sex, marital status and urban/rural residence Continent, pay ou zone, date, sexe, situation matrimoniale et résidence, urbaine/rurale	All ages Tous âges	15 + [1]	– 15	15–19	20–24	25–29	30–34
			Age (in years)					
	AMERICA,SOUTH— (Cont.–Suite) AMERIQUE DU SUD							
	Bolivia – Bolivie							
	3 VI 1992 [10]							
	Male – Masculin							
1	Total	1 091 179	1 084 603	2 750	19 478	87 163	137 783	155 199
2	Single – Célibataires	82 510	79 932	2 578	13 877	21 245	14 489	8 659
3	Married – Mariés	944 136	943 973	163	5 543	65 499	122 078	143 953
4	Widowed – Veufs	45 136	45 130	6	32	201	531	1 168
	Divorced and separated – Divorcés et							
5	séparés	15 571	15 568	3	26	218	685	1 419
6	Unknown – Inconnu	3 826	–	–	–	–	–	–
	Female – Féminin							
7	Total	353 638	350 585	2 450	11 152	24 476	31 830	36 125
8	Single – Célibataires	66 494	64 177	2 317	8 599	11 186	8 758	6 679
9	Married – Mariées	134 195	134 103	92	2 271	11 289	18 107	20 802
10	Widowed – Veuves	110 460	110 432	28	92	549	1 470	3 085
	Divorced and separated – Divorcées et							
11	séparées	41 886	41 873	13	190	1 452	3 495	5 559
12	Unknown– Inconnu	603	–	–	–	–	–	–
	Falkland Islands (Malvinas)– Iles Falkland (Malvinas)							
	5 III 1991							
	Total							
13	Total	759	757	2	11	39	78	88
14	Single – Célibataires	172	170	2	11	34	39	17
15	Married – Mariés	458	458	–	–	5	34	64
16	Widowed – Veufs	71	71	–	–	–	1	1
17	Divorced – Divorcés	58	58	–	–	–	4	6
	Male – Masculin							
18	Total	581	581	–	7	25	56	70
19	Single – Célibataires	123	123	–	7	21	24	12
20	Married – Mariés	414	414	–	–	4	30	58
21	Widowed – Veufs	18	18	–	–	–	–	–
22	Divorced – Divorcés	26	26	–	–	–	2	–
	Female – Féminin							
23	Total	178	176	2	4	14	22	18
24	Single – Célibataires	49	47	2	4	13	15	5
25	Married – Mariées	44	44	–	–	1	4	6
26	Widowed – Veuves	53	53	–	–	–	1	1
27	Divorced – Divorcées	32	32	–	–	–	2	6
	Uruguay							
	23 X 1985 [11]							
	Total							
28	Total	862 962	...	...	...	...	...	...
29	Single – Célibataires	88 724	...	...	...	...	...	...
30	Married – Mariés	538 530	...	...	...	...	...	...
	Consensually married –		...					
31	En union consensuelle	64 189	...	...	...	...	...	...
32	Widowed – Veufs	108 784	...	...	...	...	...	...
33	Divorced – Divorcés	36 925	...	...	...	...	...	...
34	Separated – Séparés	25 810	...	...	...	...	...	...
	Male – Masculin		...					
35	Total	664 320	...	...	...	...	...	...
36	Single – Célibataires	51 015	...	...	...	...	...	...
37	Married – Mariés	514 422	...	...	...	...	...	...
	Consensually married –		...					
38	En union consensuelle	58 464	...	...	...	...	...	...
39	Widowed – Veufs	18 792	...	...	...	...	...	...
40	Divorced – Divorcés	12 248	...	...	...	...	...	...
41	Separated – Séparés	9 379	...	...	...	...	...	...

32. Ménages selon l'âge, le sexe, la situation matrimoniale du chef de ménage et la résidence, urbaine/rurale: chaque recensement, 1985 – 1995 (suite)

(Voir notes à la fin du tableau.)

Age (en années)										
35–39	40–44	45–49	50–54	55–59	60–64	65–69	70–74	75+	Unknown Inconnu	
144 488	126 857	107 141	79 649	59 273	61 701	39 493	28 031	38 347	3 826	1
5 769	4 073	3 367	2 392	1 638	1 734	1 038	723	928	–	2
134 779	117 364	97 798	71 087	51 852	52 330	32 436	21 995	27 259	–	3
1 872	3 094	3 786	4 285	4 348	6 176	5 220	4 799	9 618	–	4
2 068	2 326	2 190	1 885	1 435	1 461	799	514	542	–	5
–	–	–	–	–	–	–	–	–	3 826	6
38 905	36 912	35 239	29 668	23 604	26 849	18 555	14 894	22 376	603	7
6 127	5 006	4 407	3 484	2 467	2 653	1 800	1 311	1 700	–	8
20 417	17 412	14 524	9 827	6 505	5 829	3 097	1 838	2 185	–	9
5 332	7 949	10 590	12 029	11 833	16 030	12 474	11 094	17 905	–	10
7 029	6 545	5 718	4 328	2 799	2 337	1 184	651	586	–	11
–	–	–	–	–	–	–	–	–	603	12
104	78	78	81	11	57	46	36	50	–	13
20	11	6	7	1	5	10	4	5	–	14
79	54	61	62	4	33	25	22	15	–	15
1	1	2	3	4	11	10	8	29	–	16
4	12	9	9	2	8	1	2	1	–	17
88	66	64	73	–	39	38	26	29	–	18
19	8	4	7	–	4	10	4	3	–	19
69	52	54	59	–	29	24	20	15	–	20
–	–	1	1	–	1	3	2	10	–	21
–	6	5	6	–	5	1	–	1	–	22
16	12	14	8	11	18	8	10	21	–	23
1	3	2	–	1	1	–	–	2	–	24
10	2	7	3	4	4	1	2	–	–	25
1	1	1	2	4	10	7	6	19	–	26
4	6	4	3	2	3	–	2	–	–	27
...	...	...	...	...	...	...	...	...	...	28
...	...	...	...	...	...	...	...	...	...	29
...	...	...	...	...	...	...	...	...	...	30
...	...	...	...	...	...	...	...	...	...	31
...	...	...	...	...	...	...	...	...	...	32
...	...	...	...	...	...	...	...	...	...	33
...	...	...	...	...	...	...	...	...	...	34
...	...	...	...	...	...	...	...	...	...	35
...	...	...	...	...	...	...	...	...	...	36
...	...	...	...	...	...	...	...	...	...	37
...	...	...	...	...	...	...	...	...	...	38
...	...	...	...	...	...	...	...	...	...	39
...	...	...	...	...	...	...	...	...	...	40
...	...	...	...	...	...	...	...	...	...	41

32. Households by age, sex and marital status of householder and urban/rural residence: each census, 1985 – 1995 (continued)

(See notes at end of table.)

	Continent, country or area, date, sex, marital status and urban/rural residence Continent, pay ou zone, date, sexe, situation matrimoniale et résidence, urbaine/rurale	All ages Tous âges	15 + [1]	– 15	15–19	20–24	25–29	30–34
			Age (in years)					
	AMERICA,SOUTH— (Cont.–Suite) AMERIQUE DU SUD							
	Uruguay							
	23 X 1985 [11]							
	Female – Féminin							
1	Total	198 642	...	...	...	...	...	...
2	Single – Célibataires	37 709	...	...	...	...	...	...
3	Married – Mariées	24 108	...	...	...	...	...	...
4	Consensually married – En union consensuelle	5 725	...	...	...	...	...	...
5	Widowed – Veuves	89 992	...	...	...	...	...	...
6	Divorced – Divorcées	24 677	...	...	...	...	...	...
7	Separated – Séparées	16 431	...	...	...	...	...	...
	ASIA—ASIE							
	Cyprus – Chypre							
	1 X 1992 [4 12]							
	Total							
8	Total	185 459	184 985	–	176	3 892	13 454	21 377
9	Single – Célibataires	9 110	9 079	–	164	1 212	1 610	1 241
10	Married – Mariés	150 596	150 342	–	11	2 590	11 468	19 346
11	Widowed – Veufs	20 075	20 046	–	–	4	24	95
12	Divorced – Divorcés	3 657	3 652	–	–	45	214	443
13	Separated – Séparés	1 838	1 836	–	1	39	135	248
14	Unknown – Inconnu	183	30	–	–	2	3	4
	Male – Masculin							
15	Total	159 454	159 053	–	118	3 399	12 652	20 174
16	Single – Célibataires	4 808	4 786	–	110	861	1 220	799
17	Married – Mariés	149 057	148 807	–	8	2 532	11 363	19 210
18	Widowed – Veufs	4 013	4 009	–	–	–	1	10
19	Divorced – Divorcés	890	888	–	–	2	36	80
20	Separated – Séparés	541	540	–	–	3	30	71
21	Unknown – Inconnu	145	23	–	–	1	2	4
	Female – Féminin							
22	Total	26 005	25 932	–	58	493	802	1 203
23	Single – Célibataires	4 302	4 293	–	54	351	390	442
24	Married – Mariées	1 539	1 535	–	3	58	105	136
25	Widowed – Veuves	16 062	16 037	–	–	4	23	85
26	Divorced – Divorcées	2 767	2 764	–	–	43	178	363
27	Separated – Séparées	1 297	1 296	–	1	36	105	177
28	Unknown– Inconnu	38	7	–	–	1	1	–
	Hong Kong – Hong–kong							
	15 III 1991 [13]							
	Total							
29	Total	1 582 215	1 580 486	1 729	7 565	31 223	116 342	216 383
30	Single – Célibataires	179 856	178 127	1 729	7 262	23 015	43 251	36 586
31	Married – Mariés	1 217 484	1 217 484	–	303	7 977	71 435	174 728
32	Widowed – Veufs	147 934	147 934	–	–	29	268	875
33	Divorced and separated – Divorcés et séparés	36 941	36 941	–	–	202	1 388	4 194
	Male – Masculin							
34	Total	1 174 982	1 174 103	879	4 561	19 912	87 399	171 760
35	Single – Célibataires	127 610	126 731	879	4 383	14 399	31 712	27 939
36	Married – Mariés	997 623	997 623	–	178	5 425	55 102	142 222
37	Widowed – Veufs	33 409	33 409	–	–	–	71	131
38	Divorced and separated – Divorcés et séparés	16 340	16 340	–	–	88	514	1 468
	Female – Féminin							
39	Total	407 233	406 383	850	3 004	11 311	28 943	44 623
40	Single – Célibataires	52 246	51 396	850	2 879	8 616	11 539	8 647
41	Married – Mariées	219 861	219 861	–	125	2 552	16 333	32 506
42	Widowed – Veuves	114 525	114 525	–	–	29	197	744
43	Divorced and separated – Divorcées et séparées	20 601	20 601	–	–	114	874	2 726

32. Ménages selon l'âge, le sexe, la situation matrimoniale du chef de ménage et la résidence, urbaine/rurale: chaque recensement, 1985 – 1995 (suite)

(Voir notes à la fin du tableau.)

Age (en années) 35–39	40–44	45–49	50–54	55–59	60–64	65–69	70–74	75+	Unknown Inconnu	
...	...	...	...	...	...	...	...	...	...	1
...	...	...	...	...	...	...	...	...	...	2
...	...	...	...	...	...	...	...	...	...	3
...	...	...	...	...	...	...	...	...	...	4
...	...	...	...	...	...	...	...	...	...	5
...	...	...	...	...	...	...	...	...	...	6
...	...	...	...	...	...	...	...	...	...	7
21 927	21 206	19 750	15 896	14 433	13 202	12 565	10 380	16 727	474	8
897	763	668	517	439	441	392	295	440	31	9
20 076	19 308	17 713	13 920	12 116	10 217	8 919	6 545	8 113	254	10
151	323	582	931	1 419	2 210	2 969	3 341	7 997	29	11
535	563	534	364	307	220	186	129	112	5	12
266	246	250	160	152	114	97	69	59	2	13
2	3	3	4	–	–	2	1	6	153	14
20 622	19 628	18 025	14 166	12 382	10 563	9 491	7 308	10 525	401	15
475	289	218	165	127	135	135	102	150	22	16
19 933	19 103	17 529	13 770	11 991	10 111	8 803	6 464	7 990	250	17
8	37	61	89	139	234	456	663	2 311	4	18
132	128	143	84	81	53	63	47	39	2	19
72	68	72	55	44	30	32	32	31	1	20
2	3	2	3	–	–	2	–	4	122	21
1 305	1 578	1 725	1 730	2 051	2 639	3 074	3 072	6 202	73	22
422	474	450	352	312	306	257	193	290	9	23
143	205	184	150	125	106	116	81	123	4	24
143	286	521	842	1 280	1 976	2 513	2 678	5 686	25	25
403	435	391	280	226	167	123	82	73	3	26
194	178	178	105	108	84	65	37	28	1	27
–	–	1	1	–	–	–	1	2	31	28
215 844	198 143	129 328	140 999	147 990	134 485	102 698	71 410	68 076	–	29
19 414	12 483	5 741	6 017	6 464	5 966	4 878	3 405	3 645	–	30
187 965	174 728	114 765	121 241	120 853	100 782	68 173	42 213	32 321	–	31
2 377	4 535	4 873	9 551	16 902	24 923	27 623	24 777	31 201	–	32
6 088	6 397	3 949	4 190	3 771	2 814	2 024	1 015	909	–	33
172 631	160 165	104 032	109 571	108 358	92 127	64 755	42 884	35 948	–	34
14 045	8 821	4 350	5 017	5 473	4 728	3 215	1 586	1 063	–	35
156 072	147 901	96 727	100 650	97 522	80 291	54 555	34 608	26 370	–	36
424	746	1 071	1 730	3 468	5 629	5 933	6 119	8 087	–	37
2 090	2 697	1 884	2 174	1 895	1 479	1 052	571	428	–	38
43 213	37 978	25 296	31 428	39 632	42 358	37 943	28 526	32 128	–	39
5 369	3 662	1 391	1 000	991	1 238	1 663	1 819	2 582	–	40
31 893	26 827	18 038	20 591	23 331	20 491	13 618	7 605	5 951	–	41
1 953	3 789	3 802	7 821	13 434	19 294	21 690	18 658	23 114	–	42
3 998	3 700	2 065	2 016	1 876	1 335	972	444	481	–	43

32. Households by age, sex and marital status of householder and urban/rural residence: each census, 1985 – 1995 (continued)

(See notes at end of table.)

	Continent, country or area, date, sex, marital status and urban/rural residence Continent, pay ou zone, date, sexe, situation matrimoniale et résidence, urbaine/rurale	Age (in years) All ages Tous âges	15 +[1]	– 15	15–19	20–24	25–29	30–34
	ASIA—ASIE (Cont.–Suite)							
	Japan – Japon							
	1 X 1985[2, 14]							
	Total							
1	Total	37 980 867	37 979 888	979	566 123	2 124 476	2 370 314	3 386 384
2	Single – Célibataires	5 737 761	5 736 782	979	555 473	1 868 255	1 136 618	690 867
3	Married and consensually married – Mariés et en union consensuelle	27 438 988	27 438 988	–	8 749	236 783	1 178 018	2 544 196
4	Widowed – Veufs	3 154 449	3 154 449	–	40	615	3 143	15 356
5	Divorced and separated – Divorcés et séparés	1 587 431	1 587 431	–	335	10 003	43 421	127 306
6	Unknown – Inconnu	62 238	62 238	–	1 526	8 820	9 114	8 659
	Male – Masculin							
7	Total	31 947 665	31 947 045	620	345 516	1 487 077	2 055 718	3 090 072
8	Single – Célibataires	3 842 260	3 841 640	620	336 570	1 248 885	876 737	539 105
9	Married and consensually married – Mariés et en union consensuelle	26 847 482	26 847 482	–	7 748	229 318	1 160 499	2 504 335
10	Widowed – Veufs	674 141	674 141	–	9	164	587	2 612
11	Divorced and separated – Divorcés et séparés	543 725	543 725	–	77	2 389	11 090	37 225
12	Unknown – Inconnu	40 057	40 057	–	1 112	6 321	6 805	6 795
	Female – Féminin							
13	Total	6 033 202	6 032 843	359	220 607	637 399	314 596	296 312
14	Single – Célibataires	1 895 501	1 895 142	359	218 903	619 370	259 881	151 762
15	Married and consensually married – Mariées et en union consensuelle	591 506	591 506	–	1 001	7 465	17 519	39 861
16	Widowed – Veuves	2 480 308	2 480 308	–	31	451	2 556	12 744
17	Divorced and separated – Divorcées et séparées	1 043 706	1 043 706	–	258	7 614	32 331	90 081
18	Unknown– Inconnu	22 181	22 181	–	414	2 499	2 309	1 864
	1 X 1990[2, 14]							
	Total							
19	Total	40 670 475	40 669 845	630	642 622	2 267 345	2 541 380	2 881 200
20	Single – Célibataires	6 580 181	6 579 551	630	623 016	1 996 468	1 332 114	678 767
21	Married and consensually married – Mariés et en union consensuelle	28 414 907	28 414 907	–	10 901	225 730	1 129 515	2 070 122
22	Widowed – Veufs	3 478 293	3 478 293	–	34	874	2 973	9 697
23	Divorced – Divorcés	1 897 406	1 897 406	–	384	12 071	52 566	105 075
24	Unknown – Inconnu	299 688	299 688	–	8 287	32 202	24 212	17 539
	Male – Masculin							
25	Total	33 752 239	33 751 879	360	394 148	1 554 882	2 127 297	2 602 170
26	Single – Célibataires	4 390 223	4 389 863	360	378 494	1 311 208	985 170	517 999
27	Married and consensually married – Mariés et en union consensuelle	27 753 931	27 753 931	–	9 637	217 501	1 109 662	2 037 304
28	Widowed – Veufs	761 424	761 424	–	3	248	593	1 800
29	Divorced – Divorcés	677 930	677 930	–	113	3 056	14 296	32 326
30	Unknown – Inconnu	168 731	168 731	–	5 901	22 869	17 576	12 741
	Female – Féminin							
31	Total	6 918 236	6 917 966	270	248 474	712 463	414 083	279 030
32	Single – Célibataires	2 189 958	2 189 688	270	244 522	685 260	346 944	160 768
33	Married and consensually married – Mariées et en union consensuelle	660 976	660 976	–	1 264	8 229	19 853	32 818
34	Widowed – Veuves	2 716 869	2 716 869	–	31	626	2 380	7 897
35	Divorced – Divorcées	1 219 476	1 219 476	–	271	9 015	38 270	72 749
36	Unknown– Inconnu	130 957	130 957	–	2 386	9 333	6 636	4 798

32. Ménages selon l'âge, le sexe, la situation matrimoniale du chef de ménage et la résidence, urbaine/rurale: chaque recensement, 1985 – 1995 (suite)

(Voir notes à la fin du tableau.)

Age (en années)										
35–39	40–44	45–49	50–54	55–59	60–64	65–69	70–74	75+	Unknown Inconnu	
4 682 423	4 476 511	4 273 739	4 265 390	3 834 236	2 770 998	2 065 125	1 633 247	1 530 922	–	1
523 500	304 739	204 661	165 627	130 416	78 910	39 063	22 145	16 508	–	2
3 851 363	3 789 881	3 624 909	3 570 342	3 132 170	2 099 390	1 455 052	1 079 939	868 196	–	3
49 486	104 033	188 933	302 629	397 215	475 828	504 471	492 066	620 634	–	4
251 044	271 972	250 553	222 481	171 039	113 846	64 298	37 166	23 967	–	5
7 030	5 886	4 683	4 311	3 396	3 024	2 241	1 931	1 617	–	6
4 258 515	4 005 973	3 758 620	3 694 050	3 251 061	2 198 413	1 546 473	1 189 168	1 066 389	–	7
387 779	199 819	111 880	67 182	37 490	17 967	8 591	5 197	4 438	–	8
3 776 238	3 686 355	3 517 954	3 482 338	3 072 437	2 059 760	1 429 079	1 063 273	858 148	–	9
8 574	18 195	32 024	55 945	80 503	85 693	88 337	107 183	194 315	–	10
80 597	97 258	93 660	86 201	59 284	33 981	19 963	13 068	8 932	–	11
5 327	4 346	3 102	2 384	1 347	1 012	503	447	556	–	12
423 908	470 538	515 119	571 340	583 175	572 585	518 652	444 079	464 533	–	13
135 721	104 920	92 781	98 445	92 926	60 943	30 472	16 948	12 070	–	14
75 125	103 526	106 955	88 004	59 733	39 630	25 973	16 666	10 048	–	15
40 912	85 838	156 909	246 684	316 712	390 135	416 134	384 883	426 319	–	16
170 447	174 714	156 893	136 280	111 755	79 865	44 335	24 098	15 035	–	17
1 703	1 540	1 581	1 927	2 049	2 012	1 738	1 484	1 061	–	18
3 788 712	5 063 464	4 679 068	4 342 349	4 233 501	3 653 775	2 578 483	1 822 004	2 175 942	–	19
537 259	485 732	298 064	199 909	163 405	127 868	73 933	34 701	28 315	–	20
2 989 079	4 104 512	3 845 432	3 563 723	3 417 909	2 850 804	1 826 731	1 172 629	1 207 820	–	21
32 717	90 211	168 947	273 656	403 705	494 779	564 168	551 566	884 966	–	22
208 673	349 443	333 325	274 650	218 691	157 059	97 264	50 039	38 166	–	23
20 984	33 566	33 300	30 411	29 791	23 265	16 387	13 069	16 675	–	24
3 425 987	4 494 806	4 087 098	3 753 870	3 604 242	3 020 603	1 952 332	1 279 948	1 454 496	–	25
413 333	355 311	192 222	107 619	65 234	35 580	14 789	6 662	6 242	–	26
2 924 613	3 976 957	3 714 472	3 465 216	3 350 959	2 807 854	1 796 123	1 152 942	1 190 691	–	27
6 295	18 003	33 174	53 546	84 787	111 394	108 359	102 800	240 422	–	28
67 068	122 164	126 963	110 829	88 855	56 507	28 664	14 578	12 511	–	29
14 678	22 371	20 267	16 660	14 407	9 268	4 397	2 966	4 630	–	30
362 725	568 658	591 970	588 479	629 259	633 172	626 151	542 056	721 446	–	31
123 926	130 421	105 842	92 290	98 171	92 288	59 144	28 039	22 073	–	32
64 466	127 555	130 960	98 507	66 950	42 950	30 608	19 687	17 129	–	33
26 422	72 208	135 773	220 110	318 918	383 385	455 809	448 766	644 544	–	34
141 605	227 279	206 362	163 821	129 836	100 552	68 600	35 461	25 655	–	35
6 306	11 195	13 033	13 751	15 384	13 997	11 990	10 103	12 045	–	36

32. Households by age, sex and marital status of householder and urban/rural residence: each census, 1985 – 1995 (continued)

(See notes at end of table.)

	Continent, country or area, date, sex, marital status and urban/rural residence Continent, pay ou zone, date, sexe, situation matrimoniale et résidence, urbaine/rurale	All ages Tous âges	15 + [1]	– 15	15–19	20–24	25–29	30–34
				Age (in years)				
	ASIA—ASIE (Cont.–Suite)							
	Korea, Republic of– Corée, République de							
	1 XI 1985 [4 15 16]							
	Total							
1	Total	9 571 361	9 566 350	5 011	*——— 492 607 ———*		1 113 944	1 416 509
2	Single – Célibataires	762 360	757 349	5 011	*——— 401 614 ———*		251 789	63 471
3	Married – Mariés	7 791 336	7 791 336	–	*——— 90 074 ———*		852 400	1 319 943
4	Widowed – Veufs	911 169	911 169	–	*——— 458 ———*		4 985	18 032
5	Divorced – Divorcés	106 494	106 494	–	*——— 461 ———*		4 770	15 063
6	Unknown – Inconnu	2	2	–	*——— – ———*		–	–
	Male – Masculin							
7	Total	8 069 984	8 067 010	2 974	*——— 275 603 ———*		1 007 931	1 325 257
8	Single – Célibataires	451 589	448 615	2 974	*——— 192 997 ———*		186 849	43 399
9	Married – Mariés	7 450 217	7 450 217	–	*——— 82 344 ———*		818 684	1 274 019
10	Widowed – Veufs	126 782	126 782	–	*——— 121 ———*		765	2 395
11	Divorced – Divorcés	41 394	41 394	–	*——— 141 ———*		1 633	5 444
12	Unknown – Inconnu	2	2	–	*——— – ———*		–	–
	Female – Féminin							
13	Total	1 501 377	1 499 340	2 037	*——— 217 004 ———*		106 013	91 252
14	Single – Célibataires	310 771	308 734	2 037	*——— 208 617 ———*		64 940	20 072
15	Married – Mariées	341 119	341 119	–	*——— 7 730 ———*		33 716	45 924
16	Widowed – Veuves	784 387	784 387	–	*——— 337 ———*		4 220	15 637
17	Divorced – Divorcées	65 100	65 100	–	*——— 320 ———*		3 137	9 619
	1 XI 1990 [4 15 17]							
	Total							
18	Total	11 354 540	11 351 750	2 790	*——— 446 468 ———*		1 161 514	1 848 669
19	Single – Célibataires	940 739	937 949	2 790	*——— 381 970 ———*		351 652	130 390
	Married and consensually married – Mariés et							
20	en union consensuelle	9 043 700	9 043 700	–	*——— 63 641 ———*		799 578	1 673 122
21	Widowed – Veufs	1 195 754	1 195 754	–	*——— 374 ———*		4 518	21 564
22	Divorced – Divorcés	174 245	174 245	–	*——— 483 ———*		5 766	23 593
23	Unknown – Inconnu	102	102	–	*——— – ———*		–	–
	Male – Masculin							
24	Total	9 567 785	9 566 497	1 288	*——— 236 995 ———*		1 039 557	1 729 704
25	Single – Célibataires	575 388	574 100	1 288	*——— 177 594 ———*		261 265	93 089
	Married and consensually married – Mariés et							
26	en union consensuelle	8 727 955	8 727 955	–	*——— 59 159 ———*		775 644	1 624 865
27	Widowed – Veufs	189 883	189 883	–	*——— 82 ———*		704	3 155
28	Divorced – Divorcés	74 512	74 512	–	*——— 160 ———*		1 944	8 595
29	Unknown – Inconnu	47	47	–	*——— – ———*		–	–
	Female – Féminin							
30	Total	1 786 755	1 785 253	1 502	*——— 209 473 ———*		121 957	118 965
31	Single – Célibataires	365 351	363 849	1 502	*——— 204 376 ———*		90 387	37 301
	Married and consensually married – Mariées et							
32	en union consensuelle	315 745	315 745	–	*——— 4 482 ———*		23 934	48 257
33	Widowed – Veuves	1 005 871	1 005 871	–	*——— 292 ———*		3 814	18 409
34	Divorced – Divorcées	99 733	99 733	–	*——— 323 ———*		3 822	14 998
35	Unknown– Inconnu	55	55	–	*——— – ———*		–	–
	Macau – Macao							
	30 VIII 1991 [4]							
	Total							
36	Total	95 729	95 717	12	698	3 464	10 585	17 859
37	Single – Célibataires	12 605	12 593	12	640	2 601	3 592	2 570
38	Married – Mariés	74 904	74 904	–	58	824	6 893	14 945
39	Widowed – Veufs	6 313	6 313	–	–	9	5	80
40	Divorced – Divorcés	1 907	1 907	–	–	30	95	264
	Male – Masculin							
41	Total	75 855	75 852	3	340	1 966	8 141	15 101
42	Single – Célibataires	8 276	8 273	3	300	1 369	2 472	1 944
43	Married – Mariés	65 428	65 428	–	40	592	5 627	13 035
44	Widowed – Veufs	1 330	1 330	–	–	–	–	10
45	Divorced – Divorcés	821	821	–	–	5	42	112

32. Ménages selon l'âge, le sexe, la situation matrimoniale du chef de ménage et la résidence, urbaine/rurale: chaque recensement, 1985 – 1995 (suite)

(Voir notes à la fin du tableau.)

Age (en années) 35–39	40–44	45–49	50–54	55–59	60–64	65–69	70–74	75+	Unknown Inconnu	
1 318 718	1 183 672	1 166 090	956 711	700 810	*————	1 217 289		————*	–	1
21 167	8 387	4 947	2 605	1 469	*————	1 900		————*	–	2
1 232 825	1 076 861	1 027 449	798 767	543 173	*————	849 844		————*	–	3
41 564	75 314	115 102	144 378	150 392	*————	360 944		————*	–	4
23 162	23 109	18 592	10 961	5 776	*————	4 600		————*	–	5
–	1	–	–	–	*————	1		————*	–	6
1 209 040	1 049 626	1 002 477	782 407	535 041	*————	879 628		————*	–	7
13 257	5 211	3 199	1 710	929	*————	1 064		————*	–	8
1 182 179	1 026 500	978 836	760 348	514 882	*————	812 425		————*	–	9
4 712	8 371	12 974	16 192	17 058	*————	64 194		————*	–	10
8 892	9 543	7 468	4 157	2 172	*————	1 944		————*	–	11
–	1	–	–	–	*————	1		————*	–	12
109 678	134 046	163 613	174 304	165 769	*————	337 661		————*	–	13
7 910	3 176	1 748	895	540	*————	836		————*	–	14
50 646	50 361	48 613	38 419	28 291	*————	37 419		————*	–	15
36 852	66 943	102 128	128 186	133 334	*————	296 750		————*	–	16
14 270	13 566	11 124	6 804	3 604	*————	2 656		————*	–	17
1 613 988	1 375 101	1 218 333	1 151 115	930 084	*————	1 606 478		————*	–	18
42 072	15 434	7 612	4 027	2 245	*————	2 547		————*	–	19
1 488 562	1 238 971	1 056 951	957 923	722 631	*————	1 042 321		————*	–	20
46 170	82 062	123 152	169 659	194 590	*————	553 665		————*	–	21
37 184	38 634	30 618	19 506	10 618	*————	7 843		————*	–	22
–	–	–	–	–	*————	102		————*	–	23
1 482 931	1 227 587	1 048 461	957 389	730 407	*————	1 113 466		————*	–	24
24 998	8 649	4 248	2 149	1 095	*————	1 013		————*	–	25
1 435 741	1 189 467	1 012 723	921 821	697 232	*————	1 011 303		————*	–	26
6 748	11 936	17 448	24 621	27 458	*————	97 731		————*	–	27
15 444	17 535	14 042	8 798	4 622	*————	3 372		————*	–	28
–	–	–	–	–	*————	47		————*	–	29
131 057	147 514	169 872	193 726	199 677	*————	493 012		————*	–	30
17 074	6 785	3 364	1 878	1 150	*————	1 534		————*	–	31
52 821	49 504	44 228	36 102	25 399	*————	31 018		————*	–	32
39 422	70 126	105 704	145 038	167 132	*————	455 934		————*	–	33
21 740	21 099	16 576	10 708	5 996	*————	4 471		————*	–	34
–	–	–	–	–	*————	55		————*	–	35
16 604	12 526	7 192	5 480	5 272	5 251	4 166	3 127	3 493	–	36
1 175	682	286	196	195	232	164	161	99	–	37
14 945	11 307	6 456	4 820	4 350	3 916	2 803	1 891	1 696	–	38
113	175	250	321	563	994	1 108	1 035	1 660	–	39
371	362	200	143	164	109	91	40	38	–	40
14 446	10 880	6 106	4 496	4 072	3 704	2 761	1 938	1 901	–	41
804	443	220	150	145	172	115	90	49	–	42
13 484	10 246	5 765	4 227	3 729	3 297	2 347	1 551	1 488	–	43
15	22	43	57	113	200	248	272	350	–	44
143	169	78	62	85	35	51	25	14	–	45

32. Households by age, sex and marital status of householder and urban/rural residence: each census, 1985 – 1995 (continued)

(See notes at end of table.)

	Continent, country or area, date, sex, marital status and urban/rural residence Continent, pay ou zone, date, sexe, situation matrimoniale et résidence, urbaine/rurale	All ages Tous âges	15 + [1]	– 15	15–19	20–24	25–29	30–34
		Age (in years)						
	ASIA—ASIE (Cont.–Suite)							
	Macau – Macao							
	30 VIII 1991 [4]							
	Female – Féminin							
1	Total	19 874	19 865	9	358	1 498	2 444	2 758
2	Single – Célibataires	4 329	4 320	9	340	1 232	1 120	626
3	Married – Mariées	9 476	9 476	–	18	232	1 266	1 910
4	Widowed – Veuves	4 983	4 983	–	–	9	5	70
5	Divorced – Divorcées	1 086	1 086	–	–	25	53	152
	EUROPE							
	Bulgaria – Bulgarie							
	4 XII 1985*							
	Total							
6	Total	3 030 278	3 030 177	101	49 060	112 941	199 215	257 923
7	Single – Célibataires	203 054	203 002	52	45 781	50 790	23 431	15 141
8	Married – Mariés	2 246 027	2 245 987	40	2 744	57 330	161 408	218 059
9	Widowed – Veufs	406 428	406 427	1	43	266	1 072	2 592
10	Divorced – Divorcés	174 769	174 761	8	492	4 555	13 304	22 131
	Male – Masculin							
11	Total	2 495 856	2 495 798	58	21 896	85 165	178 165	231 605
12	Single – Célibataires	120 444	120 425	19	19 591	29 853	17 110	11 014
13	Married – Mariés	2 200 154	2 200 119	35	2 153	53 966	156 909	212 946
14	Widowed – Veufs	107 803	107 803	–	13	36	164	382
15	Divorced – Divorcés	67 455	67 451	4	139	1 310	3 982	7 263
	Female – Féminin							
16	Total	534 422	534 379	43	27 164	27 776	21 050	26 318
17	Single – Célibataires	82 610	82 577	33	26 190	20 937	6 321	4 127
18	Married – Mariées	45 873	45 868	5	591	3 364	4 499	5 113
19	Widowed – Veuves	298 625	298 624	1	30	230	908	2 210
20	Divorced – Divorcées	107 314	107 310	4	353	3 245	9 322	14 868
	Channel Islands – Iles Anglo–Normandes Jersey							
	23 III 1986							
	Total							
21	Total	29 201	29 201	–	151	*— 3 778	—*	*—
22	Single – Célibataires	4 969	4 969	–	148	*— 1 997	—*	*—
23	Married – Mariés	17 051	17 051	–	2	*— 1 558	—*	*—
24	Widowed – Veufs	4 001	4 001	–	–	*— 2	—*	*—
25	Divorced – Divorcés	2 164	2 164	–	–	*— 113	—*	*—
26	Separated – Séparés	1 016	1 016	–	1	*— 108	—*	*—
	Denmark – Danemark [18]							
	1 I 1986 [4 19]							
	Total							
27	Total	2 069 450	2 069 090	360	16 870	123 820	178 690	213 370
28	Single – Célibataires	301 800	301 450	350	15 050	69 990	54 950	31 820
29	Married – Mariés	1 148 300	1 148 300	–	110	13 550	70 410	137 810
	Consensually married –							
30	En union consensuelle	24 240	24 240	–	90	4 330	9 920	6 230
31	Widowed – Veufs	273 650	273 650	–	–	50	270	730
32	Divorced – Divorcés	150 230	150 230	–	20	1 160	6 670	15 630
33	Unknown – Inconnu	171 230	171 220	10	1 600	34 740	36 470	21 150
	Male – Masculin							
34	Total	1 312 110	1 311 920	190	7 100	77 330	126 490	154 080
35	Single – Célibataires	157 770	157 590	180	5 870	36 410	33 120	20 640
36	Married – Mariés	906 670	906 670	–	50	9 340	54 260	106 670
	Consensually married –							
37	En union consensuelle	19 130	19 130	–	60	3 540	7 790	4 740
38	Widowed – Veufs	58 020	58 020	–	–	10	30	160
39	Divorced – Divorcés	56 260	56 260	–	–	190	1 910	5 960
40	Unknown – Inconnu	114 260	114 250	10	1 120	27 840	29 380	15 910

32. Ménages selon l'âge, le sexe, la situation matrimoniale du chef de ménage et la résidence, urbaine/rurale: chaque recensement, 1985 – 1995 (suite)

(Voir notes à la fin du tableau.)

Age (en années) 35–39	40–44	45–49	50–54	55–59	60–64	65–69	70–74	75+	Unknown Inconnu	
2 158	1 646	1 086	984	1 200	1 547	1 405	1 189	1 592	–	1
371	239	66	46	50	60	49	71	50	–	2
1 461	1 061	691	593	621	619	456	340	208	–	3
98	153	207	264	450	794	860	763	1 310	–	4
228	193	122	81	79	74	40	15	24	–	5
306 246	273 719	278 319	323 069	326 485	317 787	180 462	*——— 404	951 ———*	–	6
13 021	9 446	8 189	8 425	8 530	8 008	3 889	*——— 8	351 ———*	–	7
258 873	230 986	233 269	267 046	258 318	233 731	121 648	*——— 202	575 ———*	–	8
5 735	9 319	15 809	27 996	43 409	63 569	49 724	*——— 186	893 ———*	–	9
28 617	23 968	21 052	19 602	16 228	12 479	5 201	*——— 7	132 ———*	–	10
274 055	244 531	246 740	281 886	274 969	253 376	135 438	*——— 267	972 ———*	–	11
9 541	6 927	5 895	5 678	4 937	4 109	1 912	*——— 3	858 ———*	–	12
253 356	226 405	229 184	262 793	254 427	230 055	119 708	*——— 198	217 ———*	–	13
763	1 449	2 618	5 064	8 783	14 127	11 654	*——— 62	750 ———*	–	14
10 395	9 750	9 043	8 351	6 822	5 085	2 164	*——— 3	147 ———*	–	15
32 191	29 188	31 579	41 183	51 516	64 411	45 024	*——— 136	979 ———*	–	16
3 480	2 519	2 294	2 747	3 593	3 899	1 977	*——— 4	493 ———*	–	17
5 517	4 581	4 085	4 253	3 891	3 676	1 940	*——— 4	358 ———*	–	18
4 972	7 870	13 191	22 932	34 626	49 442	38 070	*——— 124	143 ———*	–	19
18 222	14 218	12 009	11 251	9 406	7 394	3 037	*——— 3	985 ———*	–	20
6 091 —*	*————	———— —	12 158 ——	————	————*	*———— —	7 023 ————	————*	–	21
1 105 —*	*————	———— —	1 076 ——	————	————*	*———— —	643 ————	————*	–	22
4 077 —*	*————	———— —	8 436 ——	————	————*	*———— —	2 978 ————	————*	–	23
31 —*	*————	———— —	919 ——	————	————*	*———— —	3 049 ————	————*	–	24
559 —*	*————	———— —	1 255 ——	————	————*	*———— —	237 ————	————*	–	25
319 —*	*————	———— —	472 ——	————	————*	*———— —	116 ————	————*	–	26
207 790	167 230	145 960	150 110	163 110	163 740	162 530	152 500	223 370	–	27
19 510	11 810	9 420	10 830	13 360	13 600	14 090	14 600	22 420	–	28
151 390	125 550	108 080	107 430	108 970	101 330	86 710	68 190	68 770	–	29
2 530	720	240	100	20	40	10	10	–	–	30
1 350	2 830	5 340	9 840	18 520	28 050	41 890	52 740	112 040	–	31
19 740	17 340	15 770	14 750	15 410	13 700	11 520	9 610	8 910	–	32
13 270	8 980	7 110	7 160	6 830	7 020	8 310	7 350	11 230	–	33
148 990	122 060	106 470	105 330	107 750	100 480	89 590	74 770	91 480	–	34
12 400	7 160	5 770	6 040	7 160	6 650	6 110	5 240	5 020	–	35
117 670	100 670	87 910	87 370	87 300	80 290	67 820	53 440	53 880	–	36
1 970	630	220	100	20	40	10	10	–	–	37
320	520	1 260	2 060	3 690	5 430	8 110	10 320	26 110	–	38
7 700	7 180	7 080	5 720	5 940	5 140	4 230	2 950	2 260	–	39
8 930	5 900	4 230	4 040	3 640	2 930	3 310	2 810	4 210	–	40

32. Households by age, sex and marital status of householder and urban/rural residence: each census, 1985 – 1995 (continued)

(See notes at end of table.)

	Continent, country or area, date, sex, marital status and urban/rural residence — Continent, pay ou zone, date, sexe, situation matrimoniale et résidence, urbaine/rurale	Age (in years): All ages Tous âges	15 + [1]	– 15	15–19	20–24	25–29	30–34
	EUROPE (Cont.–Suite)							
	Denmark – Danemark [18]							
	1 I 1986 [4 19]							
	Female – Féminin							
1	Total	757 340	757 170	170	9 770	46 490	52 200	59 290
2	Single – Célibataires	144 030	143 860	170	9 180	33 580	21 830	11 180
3	Married – Mariées	241 630	241 630	–	60	4 210	16 150	31 140
	Consensually married –							
4	En union consensuelle	5 110	5 110	–	30	790	2 130	1 490
5	Widowed – Veuves	215 630	215 630	–	–	40	240	570
6	Divorced – Divorcées	93 970	93 970	–	20	970	4 760	9 670
7	Unknown– Inconnu	56 970	56 970	–	480	6 900	7 090	5 240
	Finland – Finlande							
	31 XII 1985 [4 19]							
	Total							
8	Total	1 887 710	1 887 710	–	6 703	80 864	189 476	218 850
9	Single – Célibataires	444 894	444 894	–	6 195	59 692	100 641	68 545
10	Married – Mariés	1 025 541	1 025 541	–	499	19 971	81 479	132 207
	Widowed and divorced –							
11	Veufs et divorcés	417 275	417 275	–	9	1 201	7 356	18 098
	Male – Masculin							
12	Total	1 183 191	1 183 191	–	2 431	43 974	129 778	159 090
13	Single – Célibataires	239 706	239 706	–	2 267	30 659	64 651	43 654
14	Married – Mariés	831 189	831 189	–	164	13 028	62 450	107 619
	Widowed and divorced –							
15	Veufs et divorcés	112 296	112 296	–	–	287	2 677	7 817
	Female – Féminin							
16	Total	704 519	704 519	–	4 272	36 890	59 698	59 760
17	Single – Célibataires	205 188	205 188	–	3 928	29 033	35 990	24 891
18	Married – Mariées	194 352	194 352	–	335	6 943	19 029	24 588
	Widowed and divorced –							
19	Veuves et divorcées	304 979	304 979	–	9	914	4 679	10 281
	31 XII 1990 [4]							
	Total							
20	Total	2 036 729	2 036 729	–	7 783	89 672	194 684	212 640
21	Single – Célibataires	412 388	412 388	–	5 408	46 517	81 074	59 659
22	Married – Mariés	957 676	957 676	–	258	11 317	58 330	102 483
	Consensually married –							
23	En union consensuelle	181 815	181 815	–	2 030	29 419	45 144	31 495
24	Widowed – Veufs	195 036	195 036	–	5	932	5 853	13 254
25	Divorced – Divorcés	289 814	289 814	–	82	1 487	4 283	5 749
	Male – Masculin							
26	Total	1 246 226	1 246 226	–	2 736	47 698	129 120	149 435
27	Single – Célibataires	210 446	210 446	–	1 887	20 508	47 157	35 572
28	Married – Mariés	769 761	769 761	–	92	7 236	44 102	82 163
	Consensually married –							
29	En union consensuelle	131 851	131 851	–	731	19 350	34 352	24 333
30	Widowed – Veufs	74 477	74 477	–	1	174	1 813	4 967
31	Divorced – Divorcés	59 691	59 691	–	25	430	1 696	2 400
	Female – Féminin							
32	Total	790 503	790 503	–	5 047	41 974	65 564	63 205
33	Single – Célibataires	201 942	201 942	–	3 521	26 009	33 917	24 087
34	Married – Mariées	187 915	187 915	–	166	4 081	14 228	20 320
	Consensually married –							
35	En union consensuelle	49 964	49 964	–	1 299	10 069	10 792	7 162
36	Widowed – Veuves	120 559	120 559	–	4	758	4 040	8 287
37	Divorced – Divorcées	230 123	230 123	–	57	1 057	2 587	3 349
	France							
	5 III 1990 [20 21]							
	Total							
38	Total	21 520 700	21 520 700	–	55 780	816 400	1 801 140	2 136 700
39	Single – Célibataires	4 130 240	4 130 240	–	54 480	705 820	1 011 120	662 580
40	Widowed – Veufs	3 034 100	3 034 100	–	180	1 020	4 200	12 760
41	Divorced – Divorcés	1 595 340	1 595 340	–	60	5 200	49 220	149 280
	Married and separated – Mariés							
42	et séparés	12 761 020	12 761 020	–	1 060	104 360	736 600	1 312 080

32. Ménages selon l'âge, le sexe, la situation matrimoniale du chef de ménage et la résidence, urbaine/rurale: chaque recensement, 1985 – 1995 (suite)

(Voir notes à la fin du tableau.)

Age (en années)										
35–39	40–44	45–49	50–54	55–59	60–64	65–69	70–74	75+	Unknown Inconnu	
58 800	45 170	39 490	44 780	55 360	63 260	72 940	77 730	131 890	–	1
7 110	4 650	3 650	4 790	6 200	6 950	7 980	9 360	17 400	–	2
33 720	24 880	20 170	20 060	21 670	21 040	18 890	14 750	14 890	–	3
560	90	20	–	–	–	–	–	–	–	4
1 030	2 310	4 080	7 780	14 830	22 620	33 780	42 420	85 930	–	5
12 040	10 160	8 690	9 030	9 470	8 560	7 290	6 660	6 650	–	6
4 340	3 080	2 880	3 120	3 190	4 090	5 000	4 540	7 020	–	7
247 818	189 129	160 819	150 032	151 714	131 771	110 318	107 273	142 943	–	8
49 673	28 813	22 834	20 606	21 687	18 399	14 176	13 526	20 107	–	9
165 339	129 052	107 733	98 805	93 368	70 937	50 587	40 597	34 967	–	10
32 806	31 264	30 252	30 621	36 659	42 435	45 555	53 150	87 869	–	11
181 946	135 946	112 151	100 171	93 764	72 529	54 287	47 073	50 051	–	12
30 702	16 618	12 789	10 853	10 568	6 848	3 930	3 000	3 167	–	13
136 775	105 870	87 424	78 768	72 844	56 792	42 795	35 455	31 205	–	14
14 469	13 458	11 938	10 550	10 352	8 889	7 562	8 618	15 679	–	15
65 872	53 183	48 668	49 861	57 950	59 242	56 031	60 200	92 892	–	16
18 971	12 195	10 045	9 753	11 119	11 551	10 246	10 526	16 940	–	17
28 564	23 182	20 309	20 037	20 524	14 145	7 792	5 142	3 762	–	18
18 337	17 806	18 314	20 071	26 307	33 546	37 993	44 532	72 190	–	19
228 736	254 197	191 923	161 637	147 353	140 971	128 211	103 742	175 180	–	20
46 460	39 294	25 129	20 732	18 993	19 325	16 490	11 814	21 493	–	21
129 843	151 699	116 672	96 439	84 803	72 260	56 228	37 472	39 872	–	22
22 684	18 303	10 706	7 397	5 187	3 726	2 570	1 491	1 663	–	23
22 535	33 869	28 166	23 666	19 563	16 846	12 584	7 941	9 822	–	24
7 214	11 032	11 250	13 403	18 807	28 814	40 339	45 024	102 330	–	25
161 426	178 026	130 673	104 761	89 052	81 143	65 924	45 548	60 684	–	26
27 616	22 911	13 943	11 317	9 596	8 714	5 524	2 628	3 073	–	27
104 820	123 641	93 507	74 810	63 813	57 862	48 144	33 202	36 369	–	28
17 256	13 642	7 640	5 042	3 331	2 440	1 630	971	1 133	–	29
8 924	13 973	11 954	9 880	8 031	6 506	4 141	2 075	2 038	–	30
2 810	3 859	3 629	3 712	4 281	5 621	6 485	6 672	18 071	–	31
67 310	76 171	61 250	56 876	58 301	59 828	62 287	58 194	114 496	–	32
18 844	16 383	11 186	9 415	9 397	10 611	10 966	9 186	18 420	–	33
25 023	28 058	23 165	21 629	20 990	14 398	8 084	4 270	3 503	–	34
5 428	4 661	3 066	2 355	1 856	1 286	940	520	530	–	35
13 611	19 896	16 212	13 786	11 532	10 340	8 443	5 866	7 784	–	36
4 404	7 173	7 621	9 691	14 526	23 193	33 854	38 352	84 259	–	37
2 270 140	2 399 500	1 654 200	1 604 040	1 694 980	1 703 000	1 660 200	1 040 900	2 683 720	–	38
408 000	276 260	152 920	139 160	154 460	154 360	146 380	76 160	188 540	–	39
24 240	49 420	60 460	106 400	188 300	300 680	427 780	368 060	1 490 600	–	40
248 120	307 680	214 120	168 180	134 640	108 400	84 080	45 220	81 140	–	41
1 589 780	1 766 140	1 226 700	1 190 300	1 217 580	1 139 560	1 001 960	551 460	923 440	–	42

32. Households by age, sex and marital status of householder and urban/rural residence: each census, 1985 – 1995 (continued)

(See notes at end of table.)

	Continent, country or area, date, sex, marital status and urban/rural residence Continent, pay ou zone, date, sexe, situation matrimoniale et résidence, urbaine/rurale	Age (in years) All ages Tous âges	15 + [1]	– 15	15–19	20–24	25–29	30–34
	EUROPE (Cont.–Suite)							
	France							
	5 III 1990 [20 21]							
	Male – Masculin							
1	Total	16 285 960	16 285 960	–	27 540	524 960	1 453 360	1 818 800
2	Single – Célibataires	2 575 620	2 575 620	–	26 640	424 700	717 980	463 060
3	Widowed – Veufs	512 720	512 720	–	60	220	840	3 140
4	Divorced – Divorcés	753 920	753 920	–	–	1 460	19 400	72 960
5	Married and separated – Mariés et séparés	12 443 700	12 443 700	–	840	98 580	715 140	1 279 640
	Female – Féminin							
6	Total	5 234 740	5 234 740	–	28 240	291 440	347 780	317 900
7	Single – Célibataires	1 554 620	1 554 620	–	27 840	281 120	293 140	199 520
8	Widowed – Veuves	2 521 380	2 521 380	–	120	800	3 360	9 620
9	Divorced – Divorcées	841 420	841 420	–	60	3 740	29 820	76 320
10	Married and separated – Mariées et séparées	317 320	317 320	–	220	5 780	21 460	32 440
	Germany – Allemagne [22]	...	...	...	...	...	...	...
	Germany, Federal Rep. of – Allemagne, République fédérale d'							
	25 V 1987 [4]							
	Total							
11	Total	26 218 438	...*— —	162 868	———*	1 511 807	2 347 983	2 332 308
12	Single – Célibataires	5 138 235	...*— —	152 583	———*	1 197 984	1 191 789	652 692
13	Married – Mariés	15 179 780	...*— —	8 933	———*	284 064	1 031 451	1 464 533
14	Widowed – Veufs	3 951 144	...*— —	435	———*	3 810	9 952	17 042
15	Divorced – Divorcés	1 949 279	...*— —	917	———*	25 949	114 791	198 041
	Male – Masculin							
16	Total	19 115 879	...*— —	72 227	———*	887 574	1 790 031	1 950 296
17	Single – Célibataires	2 884 752	...*— —	65 888	———*	630 400	770 464	445 427
18	Married – Mariés	14 749 684	...*— —	5 898	———*	248 357	970 782	1 406 928
19	Widowed – Veufs	592 591	...*— —	109	———*	1 223	2 868	5 028
20	Divorced – Divorcés	888 852	...*— —	332	———*	7 594	45 917	92 913
	Female – Féminin							
21	Total	7 102 559	...*— —	90 641	———*	624 233	557 952	382 012
22	Single – Célibataires	2 253 483	...*— —	86 695	———*	567 584	421 325	207 265
23	Married – Mariées	430 096	...*— —	3 035	———*	35 707	60 669	57 605
24	Widowed – Veuves	3 358 553	...*— —	326	———*	2 587	7 084	12 014
25	Divorced – Divorcées	1 060 427	...*— —	585	———*	18 355	68 874	105 128
	Greece – Grèce							
	17 III 1991 [23]							
	Total							
26	Total	3 203 834	...*— ———	100 923	———	———*	160 758	256 256
27	Single – Célibataires	285 277	...*— ———	73 823	———	———*	43 781	33 093
28	Married – Mariés	2 446 539	...*— ———	25 980	———	———*	112 165	211 661
29	Widowed – Veufs	383 359	...*— ———	183	———	———*	703	2 064
30	Divorced – Divorcés	88 659	...*— ———	937	———	———*	4 109	9 438
	Male – Masculin							
31	Total	2 555 075	...*— ———	58 389	———	———*	128 980	219 349
32	Single – Célibataires	154 119	...*— ———	37 888	———	———*	28 202	22 040
33	Married – Mariés	2 310 179	...*— ———	20 368	———	———*	100 086	195 073
34	Widowed – Veufs	63 802	...*— ———	18	———	———*	44	172
35	Divorced – Divorcés	26 975	...*— ———	115	———	———*	648	2 064
	Female – Féminin							
36	Total	648 759	...*— ———	42 534	———	———*	31 778	36 907
37	Single – Célibataires	131 158	...*— ———	35 935	———	———*	15 579	11 053
38	Married – Mariées	136 360	...*— ———	5 612	———	———*	12 079	16 588
39	Widowed – Veuves	319 557	...*— ———	165	———	———*	659	1 892
40	Divorced – Divorcées	61 684	...*— ———	822	———	———*	3 461	7 374

32. Ménages selon l'âge, le sexe, la situation matrimoniale du chef de ménage et la résidence, urbaine/rurale: chaque recensement, 1985 – 1995 (suite)

(Voir notes à la fin du tableau.)

Age (en années) 35–39	40–44	45–49	50–54	55–59	60–64	65–69	70–74	75+	Unknown Inconnu	
1 945 340	2 055 160	1 405 660	1 345 520	1 379 440	1 303 880	1 154 800	645 260	1 226 240	–	1
264 980	166 380	89 660	83 020	91 620	87 520	71 120	32 160	56 780	–	2
5 320	11 600	12 720	21 660	33 800	51 260	67 920	54 820	249 360	–	3
124 300	156 740	110 480	82 000	64 640	49 120	34 240	17 100	21 480	–	4
1 550 740	1 720 440	1 192 800	1 158 840	1 189 380	1 115 980	981 520	541 180	898 620	–	5
324 800	344 340	248 540	258 520	315 540	399 120	505 400	395 640	1 457 480	–	6
143 020	109 880	63 260	56 140	62 840	66 840	75 260	44 000	131 760	–	7
18 920	37 820	47 740	84 740	154 500	249 420	359 860	313 240	1 241 240	–	8
123 820	150 940	103 640	86 180	70 000	59 280	49 840	28 120	59 660	–	9
39 040	45 700	33 900	31 460	28 200	23 580	20 440	10 280	24 820	–	10
	...	...	...	...	...	...	...	...	...	
2 333 228	2 160 166	2 845 351	*— 4 531 556 —*		*— 3 583 432 —*		1 565 663	2 844 076	–	11
381 334	256 800	299 202	*— 391 579 —*		*— 297 370 —*		104 094	212 808	–	12
1 659 176	1 580 619	2 108 146	*— 3 360 716 —*		*— 2 118 304 —*		682 983	880 855	–	13
27 880	45 499	108 013	*— 407 964 —*		*— 953 304 —*		711 615	1 665 630	–	14
264 838	277 248	329 990	*— 371 297 —*		*— 214 454 —*		66 971	84 783	–	15
2 009 631	1 868 398	2 458 682	*— 3 779 584 —*		*— 2 337 135 —*		791 752	1 170 569	–	16
263 808	178 701	200 836	*— 204 612 —*		*— 68 153 —*		21 235	35 228	–	17
1 607 630	1 536 367	2 060 277	*— 3 302 868 —*		*— 2 079 999 —*		670 359	860 219	–	18
7 319	11 225	24 887	*— 83 952 —*		*— 119 871 —*		81 903	254 206	–	19
130 874	142 105	172 682	*— 188 152 —*		*— 69 112 —*		18 255	20 916	–	20
323 597	291 768	386 669	*— 751 972 —*		*— 1 246 297 —*		773 911	1 673 507	–	21
117 526	78 099	98 366	*— 186 967 —*		*— 229 217 —*		82 859	177 580	–	22
51 546	44 252	47 869	*— 57 848 —*		*— 38 305 —*		12 624	20 636	–	23
20 561	34 274	83 126	*— 324 012 —*		*— 833 433 —*		629 712	1 411 424	–	24
133 964	135 143	157 308	*— 183 145 —*		*— 145 342 —*		48 716	63 867	–	25
295 407	322 355	280 318	337 562	350 436	353 991	*— 745 828 —*			–	26
21 806	18 059	13 234	15 358	16 093	17 440	*— 32 590 —*			–	27
257 052	281 786	244 612	287 996	291 286	273 402	*— 460 599 —*			–	28
4 190	8 334	11 798	23 149	34 088	55 587	*— 243 263 —*			–	29
12 359	14 176	10 674	11 059	8 969	7 562	*— 9 376 —*			–	30
257 607	280 444	243 827	288 177	294 541	279 472	*— 504 289 —*			–	31
13 912	10 625	7 164	7 396	7 183	6 987	*— 12 722 —*			–	32
239 926	264 613	231 728	274 271	279 635	262 722	*— 441 757 —*			–	33
387	834	1 338	2 749	4 588	7 224	*— 46 448 —*			–	34
3 382	4 372	3 597	3 761	3 135	2 539	*— 3 362 —*			–	35
37 800	41 911	36 491	49 385	55 895	74 519	*— 241 539 —*			–	36
7 894	7 434	6 070	7 962	8 910	10 453	*— 19 868 —*			–	37
17 126	17 173	12 884	13 725	11 651	10 680	*— 18 842 —*			–	38
3 803	7 500	10 460	20 400	29 500	48 363	*— 196 815 —*			–	39
8 977	9 804	7 077	7 298	5 834	5 023	*— 6 014 —*			–	40

32. Households by age, sex and marital status of householder and urban/rural residence: each census, 1985 – 1995 (continued)

(See notes at end of table.)

	Continent, country or area, date, sex, marital status and urban/rural residence Continent, pay ou zone, date, sexe, situation matrimoniale et résidence, urbaine/rurale	All ages Tous âges	15 + [1]	– 15	15–19	20–24	25–29	30–34
				Age (in years)				
	EUROPE (Cont.–Suite)							
	Hungary – Hongrie							
	1 I 1990							
	Total							
1	Total	3 889 532	...	* — 66 569	————*	137 800	251 845	376 982
2	Single – Célibataires	330 567	...	* — 62 182	————*	54 302	35 854	31 952
3	Married – Mariés	2 500 488	...	* — 4 136	————*	78 112	190 853	290 893
4	Widowed – Veufs	627 298	...	* — 43	————*	344	1 377	4 418
5	Divorced – Divorcés	431 179	...	* — 208	————*	5 042	23 761	49 719
	Male – Masculin							
6	Total	2 859 054	...	* — 38 699	————*	98 339	206 634	313 005
7	Single – Célibataires	193 301	...	* — 36 400	————*	32 696	24 291	22 300
8	Married – Mariés	2 369 000	...	* — 2 267	————*	64 552	173 465	270 038
9	Widowed – Veufs	111 749	...	* — 4	————*	34	211	804
10	Divorced – Divorcés	185 004	...	* — 28	————*	1 057	8 667	19 863
	Female – Féminin							
11	Total	1 030 478	...	* — 27 870	————*	39 461	45 211	63 977
12	Single – Célibataires	137 266	...	* — 25 782	————*	21 606	11 563	9 652
13	Married – Mariées	131 488	...	* — 1 869	————*	13 560	17 388	20 855
14	Widowed – Veuves	515 549	...	* — 39	————*	310	1 166	3 614
15	Divorced – Divorcées	246 175	...	* — 180	————*	3 985	15 094	29 856
	Ireland – Irlande							
	21 IV 1991							
	Total							
16	Total	1 029 080	1 029 080	–	5 464	31 750	73 433	106 561
17	Single – Célibataires	197 617	197 617	–	5 272	23 546	23 156	17 671
18	Married and consensually married – Mariés et en union consensuelle	648 373	648 373	–	177	7 689	47 405	82 951
19	Widowed – Veufs	140 779	140 779	–	3	54	193	542
20	Divorced and separated – Divorcés et séparés	42 311	42 311	–	12	461	2 679	5 397
	Male – Masculin							
21	Total	758 654	758 654	–	2 231	16 768	54 354	85 431
22	Single – Célibataires	113 253	113 253	–	2 110	10 366	12 304	9 810
23	Married and consensually married – Mariés et en union consensuelle	601 184	601 184	–	117	6 341	41 512	74 092
24	Widowed – Veufs	29 248	29 248	–	1	9	33	112
25	Divorced and separated – Divorcés et séparés	14 969	14 969	–	3	52	505	1 417
	Female – Féminin							
26	Total	270 426	270 426	–	3 233	14 982	19 079	21 130
27	Single – Célibataires	84 364	84 364	–	3 162	13 180	10 852	7 861
28	Married and consensually married – Mariées et en union consensuelle	47 189	47 189	–	60	1 348	5 893	8 859
29	Widowed – Veuves	111 531	111 531	–	2	45	160	430
30	Divorced and separated – Divorcées et séparées	27 342	27 342	–	9	409	2 174	3 980
	Luxembourg							
	1 III 1991 [4]							
	Total							
31	Total	144 684	143 310	7	276	4 037	12 141	15 682
32	Single – Célibataires	22 026	21 537	7	243	2 755	5 124	3 563
33	Married and consensually married – Mariés et en union consensuelle	90 714	90 222	–	32	1 212	6 403	10 671
34	Widowed – Veufs	21 216	20 946	–	–	8	46	118
35	Divorced – Divorcés	10 728	10 605	–	1	62	568	1 330

32. Ménages selon l'âge, le sexe, la situation matrimoniale du chef de ménage et la résidence, urbaine/rurale: chaque recensement, 1985 – 1995 (suite)

(Voir notes à la fin du tableau.)

Age (en années) 35–39	40–44	45–49	50–54	55–59	60–64	65–69	70–74	75+	Unknown Inconnu	
443 505	*— 761 555 —*		*— 667 525 —*		*— 660 627 —*		*— 523 124 —*		–	1
27 787	*— 36 765 —*		*— 27 592 —*		*— 28 892 —*		*— 25 241 —*		–	2
334 979	*— 559 569 —*		*— 463 692 —*		*— 382 070 —*		*— 196 184 —*		–	3
9 438	*— 38 949 —*		*— 92 243 —*		*— 198 553 —*		*— 281 933 —*		–	4
71 301	*— 126 272 —*		*— 83 998 —*		*— 51 112 —*		*— 19 766 —*		–	5
365 228	*— 623 377 —*		*— 518 294 —*		*— 436 456 —*		*— 259 022 —*		–	6
18 740	*— 23 918 —*		*— 16 254 —*		*— 11 813 —*		*— 6 889 —*		–	7
313 989	*— 532 924 —*		*— 447 845 —*		*— 371 671 —*		*— 192 249 —*		–	8
1 765	*— 7 531 —*		*— 15 316 —*		*— 32 823 —*		*— 53 261 —*		–	9
30 734	*— 59 004 —*		*— 38 879 —*		*— 20 149 —*		*— 6 623 —*		–	10
78 277	*— 138 178 —*		*— 149 231 —*		*— 224 171 —*		*— 264 102 —*		–	11
9 047	*— 12 847 —*		*— 11 338 —*		*— 17 079 —*		*— 18 352 —*		–	12
20 990	*— 26 645 —*		*— 15 847 —*		*— 10 399 —*		*— 3 935 —*		–	13
7 673	*— 31 418 —*		*— 76 927 —*		*— 165 730 —*		*— 228 672 —*		–	14
40 567	*— 67 268 —*		*— 45 119 —*		*— 30 963 —*		*— 13 143 —*		–	15
113 224	111 916	97 224	83 947	79 776	79 475	*— 246 310 —*			–	16
14 227	12 881	11 667	12 323	13 940	15 634	*— 47 300 —*			–	17
90 642	89 039	75 477	60 719	52 057	44 958	*— 97 259 —*			–	18
1 203	2 331	3 904	6 391	10 636	16 733	*— 98 789 —*			–	19
7 152	7 665	6 176	4 514	3 143	2 150	*— 2 962 —*			–	20
92 888	93 734	81 611	69 331	62 805	57 445	*— 142 056 —*			–	21
8 022	8 153	7 731	8 540	9 566	10 372	*— 26 279 —*			–	22
82 444	82 359	70 721	57 525	49 787	43 089	*— 93 197 —*			–	23
259	551	821	1 364	2 030	2 979	*— 21 089 —*			–	24
2 163	2 671	2 338	1 902	1 422	1 005	*— 1 491 —*			–	25
20 336	18 182	15 613	14 616	16 971	22 030	*— 104 254 —*			–	26
6 205	4 728	3 936	3 783	4 374	5 262	*— 21 021 —*			–	27
8 198	6 680	4 756	3 194	2 270	1 869	*— 4 062 —*			–	28
944	1 780	3 083	5 027	8 606	13 754	*— 77 700 —*			–	29
4 989	4 994	3 838	2 612	1 721	1 145	*— 1 471 —*			–	30
15 644	15 201	13 059	12 428	11 961	12 658	9 665	7 470	13 088	1 367	31
2 148	1 458	1 062	964	890	943	787	568	1 032	482	32
11 526	11 496	9 872	9 177	8 630	8 388	5 231	3 466	4 118	492	33
214	339	582	1 005	1 597	2 711	3 311	3 256	7 759	270	34
1 756	1 908	1 543	1 282	844	616	336	180	179	123	35

32. Households by age, sex and marital status of householder and urban/rural residence: each census, 1985 – 1995 (continued)

(See notes at end of table.)

	Continent, country or area, date, sex, marital status and urban/rural residence — Continent, pay ou zone, date, sexe, situation matrimoniale et résidence, urbaine/rurale	Age (in years) All ages Tous âges	15 +[1]	– 15	15–19	20–24	25–29	30–34
	EUROPE (Cont.–Suite)							
	Luxembourg							
	1 III 1991 [4]							
	Male – Masculin							
1	Total	107 347	106 450	3	149	2 492	9 047	12 714
2	Single – Célibataires	11 717	11 401	3	125	1 425	2 894	2 038
3	Married and consensually married – Mariés et en union consensuelle	87 285	86 828	–	24	1 051	5 954	10 125
4	Widowed – Veufs	3 575	3 505	–	–	1	5	17
5	Divorced – Divorcés	4 770	4 716	–	–	15	194	534
	Female – Féminin							
6	Total	37 337	36 860	4	127	1 545	3 094	2 968
7	Single – Célibataires	10 309	10 136	4	118	1 330	2 230	1 525
8	Married and consensually married – Mariées et en union consensuelle	3 429	3 394	–	8	161	449	546
9	Widowed – Veuves	17 641	17 441	–	–	7	41	101
10	Divorced – Divorcées	5 958	5 889	–	1	47	374	796
	Norway – Norvège							
	3 XI 1990 [2 4]							
	Total							
11	Total	1 751 362	1 750 520	842	9 650	100 027	178 644	188 704
12	Single – Célibataires	460 417	459 575	842	9 444	87 286	115 957	72 795
13	Married – Mariés	861 887	861 887	–	196	10 718	51 337	91 673
14	Widowed – Veufs	222 156	222 156	–	–	–	210	684
15	Divorced – Divorcés	155 642	155 642	–	–	709	5 667	15 374
16	Separated – Séparés	51 260	51 260	–	–	1 296	5 446	8 204
	Male – Masculin							
17	Total	1 151 009	1 150 556	453	4 217	52 917	116 124	133 034
18	Single – Célibataires	273 892	273 439	453	4 164	46 142	72 784	47 801
19	Married – Mariés	733 719	733 719	–	53	6 372	39 130	74 524
20	Widowed – Veufs	43 310	43 310	–	–	–	–	160
21	Divorced – Divorcés	73 740	73 740	–	–	101	2 032	6 807
22	Separated – Séparés	26 348	26 348	–	–	301	2 152	3 768
	Female – Féminin							
23	Total	600 353	599 964	389	5 433	47 110	62 520	55 670
24	Single – Célibataires	186 525	186 136	389	5 280	41 144	43 173	24 994
25	Married – Mariées	128 168	128 168	–	143	4 346	12 207	17 149
26	Widowed – Veuves	178 846	178 846	–	–	–	210	524
27	Divorced – Divorcées	81 902	81 902	–	–	608	3 635	8 567
28	Separated – Séparées	24 912	24 912	–	–	995	3 294	4 436
	Poland – Pologne							
	6 XII 1988 [2 24]							
	Total							
29	Total	11 970 440	11 961 231	366	31 255	319 625	908 455	1 452 629
30	Single – Célibataires	1 012 671	1 010 626	366	23 910	114 646	126 395	135 481
31	Married and consensually married – Mariés et en union consensuelle	8 538 741	8 534 850	–	7 127	199 841	751 437	1 231 823
32	Widowed, divorced and separated – Veufs, divorcés et séparés	2 419 028	2 415 755	–	218	5 138	30 623	85 325
	Male – Masculin							
33	Total	8 287 861	8 282 539	172	14 759	201 783	705 311	1 141 606
34	Single – Célibataires	501 141	500 005	172	11 664	64 245	80 015	80 924
35	Married and consensually married – Mariés et en union consensuelle	7 289 220	7 286 000	–	3 058	136 899	618 983	1 039 349
36	Widowed, divorced and separated – Veufs, divorcés et séparés	497 500	496 534	–	37	639	6 313	21 333

32. Ménages selon l'âge, le sexe, la situation matrimoniale du chef de ménage et la résidence, urbaine/rurale: chaque recensement, 1985 – 1995 (suite)

(Voir notes à la fin du tableau.)

Age (en années) 35–39	40–44	45–49	50–54	55–59	60–64	65–69	70–74	75+	Unknown Inconnu	
13 069	12 804	10 987	10 257	9 601	9 460	5 932	4 110	5 828	894	1
1 229	841	611	567	497	444	235	179	316	313	2
11 013	11 032	9 541	8 884	8 399	8 207	5 117	3 409	4 072	457	3
32	61	98	190	297	511	451	461	1 381	70	4
795	870	737	616	408	298	129	61	59	54	5
2 575	2 397	2 072	2 171	2 360	3 198	3 733	3 360	7 260	473	6
919	617	451	397	393	499	552	389	716	169	7
513	464	331	293	231	181	114	57	46	35	8
182	278	484	815	1 300	2 200	2 860	2 795	6 378	200	9
961	1 038	806	666	436	318	207	119	120	69	10
183 644	186 238	148 164	110 096	99 430	111 093	122 337	116 479	196 014	–	11
41 174	25 866	16 891	11 956	11 302	13 252	15 254	13 527	24 871	–	12
109 631	120 024	97 931	71 431	63 639	67 476	65 250	54 311	58 270	–	13
1 431	2 694	4 053	5 539	9 562	18 154	31 053	42 178	106 598	–	14
22 256	28 093	22 758	17 230	12 403	10 324	9 232	5 785	5 811	–	15
9 150	9 605	6 543	3 919	2 525	1 882	1 550	676	464	–	16
133 438	139 067	110 790	82 226	72 678	76 596	78 590	65 836	85 043	–	17
27 354	17 115	11 082	8 117	7 458	8 310	8 646	6 381	8 085	–	18
90 528	102 052	83 804	61 808	55 149	58 788	58 698	49 464	53 349	–	19
276	667	799	1 087	1 826	3 444	5 905	7 420	21 726	–	20
10 670	14 153	11 440	8 795	6 715	4 784	4 380	2 204	1 659	–	21
4 609	5 107	3 666	2 398	1 531	1 264	962	366	224	–	22
50 206	47 171	37 374	27 870	26 752	34 497	43 747	50 643	110 971	–	23
13 820	8 751	5 809	3 839	3 844	4 942	6 608	7 146	16 786	–	24
19 103	17 972	14 127	9 623	8 490	8 688	6 552	4 847	4 921	–	25
1 155	2 027	3 254	4 452	7 736	14 710	25 148	34 758	84 872	–	26
11 586	13 940	11 318	8 435	5 688	5 540	4 852	3 581	4 152	–	27
4 541	4 498	2 877	1 521	994	618	588	310	240	–	28
1 572 067	1 246 355	1 012 264	1 131 263	1 163 117	1 027 006	787 862	464 495	844 838	8 843	29
126 138	90 249	68 868	68 156	65 590	61 590	48 016	28 186	53 401	1 679	30
1 309 102	1 008 931	790 891	850 893	823 873	645 980	428 408	210 325	276 219	3 891	31
136 827	147 175	152 505	212 214	273 654	319 436	311 438	225 984	515 218	3 273	32
1 209 767	933 526	745 008	807 984	809 593	655 086	454 389	236 462	367 265	5 150	33
69 687	46 434	37 378	35 954	28 818	18 941	11 445	5 639	8 861	964	34
1 103 811	847 442	668 562	722 416	721 681	576 840	389 954	195 061	261 944	3 220	35
36 269	39 650	39 068	49 614	59 094	59 305	52 990	35 762	96 460	966	36

32. Households by age, sex and marital status of householder and urban/rural residence: each census, 1985 – 1995 (continued)

(See notes at end of table.)

	Continent, country or area, date, sex, marital status and urban/rural residence — Continent, pay ou zone, date, sexe, situation matrimoniale et résidence, urbaine/rurale	Age (in years): All ages – Tous âges	15 + [1]	– 15	15–19	20–24	25–29	30–34
	EUROPE (Cont.–Suite)							
	Poland – Pologne							
	6 XII 1988 [2 24]							
	Female – Féminin							
1	Total	3 682 579	3 678 692	194	16 496	117 842	203 144	311 023
2	Single – Célibataires	511 530	510 621	194	12 246	50 401	46 380	54 557
3	Married and consensually married – Mariées et en union consensuelle	1 249 521	1 248 850	–	4 069	62 942	132 454	192 474
4	Widowed, divorced and separated – Veuves, divorcées et séparées	1 921 528	1 919 221	–	181	4 499	24 310	63 992
	Portugal							
	15 IV 1991							
	Total							
5	Total	3 145 734	3 143 657	2 077	8 847	70 055	204 060	284 619
6	Single – Célibataires	206 002	204 119	1 883	5 506	17 432	20 152	16 715
7	Married – Mariés	2 276 976	2 276 841	135	2 325	45 354	164 704	236 940
8	Consensually married – En union consensuelle	89 165	89 148	17	692	4 743	10 114	12 598
9	Widowed – Veufs	430 121	430 088	33	144	346	1 184	3 152
10	Divorced – Divorcés	69 251	69 248	3	28	300	2 314	6 386
11	Separated – Séparés	74 219	74 213	6	152	1 880	5 592	8 828
	Male – Masculin							
12	Total	2 520 955	2 519 885	1 070	5 530	56 943	182 619	256 467
13	Single – Célibataires	81 026	80 112	914	2 792	8 902	10 819	8 542
14	Married – Mariés	2 235 974	2 235 842	132	2 094	43 217	160 424	232 252
15	Consensually married – En union consensuelle	82 297	82 283	14	587	4 337	9 407	11 572
16	Widowed – Veufs	80 734	80 726	8	23	44	148	351
17	Divorced – Divorcés	18 553	18 552	1	8	61	482	1 494
18	Separated – Séparés	22 371	22 370	1	26	382	1 339	2 256
	Female – Féminin							
19	Total	624 779	623 772	1 007	3 317	13 112	21 441	28 152
20	Single – Célibataires	124 976	124 007	969	2 714	8 530	9 333	8 173
21	Married – Mariées	41 002	40 999	3	231	2 137	4 280	4 688
22	Consensually married – En union consensuelle	6 868	6 865	3	105	406	707	1 026
23	Widowed – Veuves	349 387	349 362	25	121	302	1 036	2 801
24	Divorced – Divorcées	50 698	50 696	2	20	239	1 832	4 892
25	Separated – Séparées	51 848	51 843	5	126	1 498	4 253	6 572
	Romania – Roumanie							
	7 I 1992 [2]							
	Total							
26	Total	7 288 676	7 286 703	292	15 295	209 719	373 040	626 866
27	Single – Célibataires	414 383	413 739	292	10 783	58 242	46 980	51 784
28	Married and consensually married – Mariés et en union consensuelle	5 227 473	5 227 163	–	4 106	144 472	307 206	527 975
29	Widowed – Veufs	1 272 464	1 272 269	–	132	1 170	3 090	9 343
30	Divorced – Divorcés	364 093	363 997	–	132	5 215	15 178	36 976
31	Unknown – Inconnu	10 263	9 535	–	142	620	586	788
	Male – Masculin							
32	Total	5 681 106	5 679 925	111	10 207	172 168	328 643	553 344
33	Single – Célibataires	242 014	241 672	111	6 615	36 577	29 861	33 365
34	Married and consensually married – Mariés et en union consensuelle	5 061 111	5 060 823	–	3 455	134 246	294 630	508 530
35	Widowed – Veufs	257 237	257 190	–	27	159	452	1 566
36	Divorced – Divorcés	115 823	115 773	–	30	829	3 354	9 443
37	Unknown – Inconnu	4 921	4 467	–	80	357	346	440

32. Ménages selon l'âge, le sexe, la situation matrimoniale du chef de ménage et la résidence, urbaine/rurale: chaque recensement, 1985 – 1995 (suite)

(Voir notes à la fin du tableau.)

Age (en années)										
35–39	40–44	45–49	50–54	55–59	60–64	65–69	70–74	75+	Unknown Inconnu	
362 300	312 829	267 256	323 279	353 524	371 920	333 473	228 033	477 573	3 693	1
56 451	43 815	31 490	32 202	36 772	42 649	36 571	22 547	44 540	715	2
205 291	161 489	122 329	128 477	102 192	69 140	38 454	15 264	14 275	671	3
100 558	107 525	113 437	162 600	214 560	260 131	258 448	190 222	418 758	2 307	4
308 518	315 384	291 478	295 373	304 460	299 014	272 860	204 314	284 675	–	5
13 550	12 926	12 384	14 573	17 068	19 586	18 819	14 196	21 212	–	6
257 103	261 847	237 362	232 395	228 314	207 436	173 471	113 714	115 876	–	7
12 340	9 982	8 038	7 183	6 780	5 756	4 710	2 976	3 236	–	8
5 683	9 727	15 453	25 203	38 520	55 163	67 693	68 555	139 265	–	9
10 089	11 218	9 245	7 930	6 794	5 719	4 177	2 448	2 600	–	10
9 753	9 684	8 996	8 089	6 984	5 354	3 990	2 425	2 486	–	11
276 092	278 686	252 786	249 285	247 802	229 466	196 012	133 535	154 662	–	12
6 211	5 144	4 577	5 514	6 428	6 909	5 889	3 881	4 504	–	13
252 739	257 733	233 591	228 543	224 543	203 882	170 611	111 943	114 270	–	14
11 291	9 093	7 364	6 635	6 290	5 406	4 431	2 798	3 072	–	15
712	1 214	2 033	3 755	6 123	9 525	12 303	13 290	31 205	–	16
2 546	2 897	2 618	2 300	1 982	1 730	1 218	646	570	–	17
2 593	2 605	2 603	2 538	2 436	2 014	1 560	977	1 041	–	18
32 426	36 698	38 692	46 088	56 658	69 548	76 848	70 779	130 013	–	19
7 339	7 782	7 807	9 059	10 640	12 677	12 930	10 315	16 708	–	20
4 364	4 114	3 771	3 852	3 771	3 554	2 860	1 771	1 606	–	21
1 049	889	674	548	490	350	279	178	164	–	22
4 971	8 513	13 420	21 448	32 397	45 638	55 390	55 265	108 060	–	23
7 543	8 321	6 627	5 630	4 812	3 989	2 959	1 802	2 030	–	24
7 160	7 079	6 393	5 551	4 548	3 340	2 430	1 448	1 445	–	25
789 921	758 427	616 071	741 271	789 617	754 791	656 922	367 322	587 441	1 681	26
51 281	40 023	28 426	29 790	26 457	24 439	20 125	10 813	14 596	352	27
660 470	626 741	495 339	573 515	583 584	513 119	393 084	180 212	217 340	310	28
20 353	35 287	49 111	91 563	139 962	185 652	222 752	167 246	346 608	195	29
56 906	55 534	42 580	45 662	38 810	30 647	20 137	8 475	7 745	96	30
911	842	615	741	804	934	824	576	1 152	728	31
689 885	656 483	522 299	609 135	622 525	557 549	439 672	210 863	307 152	1 070	32
32 422	25 332	17 947	18 014	14 346	11 341	7 634	3 528	4 690	231	33
636 772	605 758	479 779	557 229	568 407	500 935	383 901	175 437	211 744	288	34
3 728	6 421	8 649	16 521	25 376	34 772	41 951	29 449	88 119	47	35
16 447	18 517	15 582	17 009	14 041	10 115	5 903	2 286	2 217	50	36
516	455	342	362	355	386	283	163	382	454	37

32. Households by age, sex and marital status of householder and urban/rural residence: each census, 1985 – 1995 (continued)

(See notes at end of table.)

	Continent, country or area, date, sex, marital status and urban/rural residence — Continent, pay ou zone, date, sexe, situation matrimoniale et résidence, urbaine/rurale	All ages Tous âges	15 + [1]	– 15	15–19	20–24	25–29	30–34
	EUROPE (Cont.–Suite)							
	Romania – Roumanie							
	7 I 1992 [2]							
	Female – Féminin							
1	Total	1 607 570	1 606 778	181	5 088	37 551	44 397	73 522
2	Single – Célibataires	172 369	172 067	181	4 168	21 665	17 119	18 419
3	Married and consensually married – Mariées et en union consensuelle	166 362	166 340	–	651	10 226	12 576	19 445
4	Widowed – Veuves	1 015 227	1 015 079	–	105	1 011	2 638	7 777
5	Divorced – Divorcées	248 270	248 224	–	102	4 386	11 824	27 533
6	Unknown– Inconnu	5 342	5 068	–	62	263	240	348
	San Marino – Saint–Marin							
	31 XII 1985 [9]							
	Total							
7	Total	7 465	7 465	–	11	270	592	714
8	Single – Célibataires	649	649	–	10	100	103	74
9	Married – Mariés	5 798	5 798	–	1	170	487	631
10	Widowed – Veufs	1 003	1 003	–	–	–	1	6
11	Divorced – Divorcés	15	15	–	–	–	1	3
	Male – Masculin							
12	Total	6 059	6 059	–	4	183	479	614
13	Single – Célibataires	401	401	–	4	59	69	51
14	Married – Mariés	5 462	5 462	–	–	124	410	562
15	Widowed – Veufs	191	191	–	–	–	–	1
16	Divorced – Divorcés	5	5	–	–	–	–	–
	Female – Féminin							
17	Total	1 406	1 406	–	7	87	113	100
18	Single – Célibataires	248	248	–	6	41	34	23
19	Married – Mariées	336	336	–	1	46	77	69
20	Widowed – Veuves	812	812	–	–	–	1	5
21	Divorced – Divorcées	10	10	–	–	–	1	3
	Slovenia – Slovénie							
	31 III 1991 [4]							
	Total							
22	Total	640 198	639 346	649	1 070	11 663	39 274	62 140
23	Single – Célibataires	82 910	82 185	649	906	5 390	9 995	10 293
24	Married – Mariés	418 646	418 574	–	152	6 043	27 676	47 626
25	Widowed – Veufs	97 879	97 850	–	–	27	196	658
26	Divorced – Divorcés	38 291	38 281	–	5	171	1 331	3 469
27	Unknown – Inconnu	2 472	2 456	–	7	32	76	94
	Male – Masculin							
28	Total	357 714	357 226	364	438	4 864	21 801	37 439
29	Single – Célibataires	37 200	36 783	364	397	2 565	5 331	5 653
30	Married – Mariés	295 058	295 010	–	36	2 259	16 174	30 877
31	Widowed – Veufs	13 495	13 486	–	–	3	19	83
32	Divorced – Divorcés	11 166	11 162	–	1	20	221	764
33	Unknown – Inconnu	795	785	–	4	17	56	62
	Female – Féminin							
34	Total	282 484	282 120	285	632	6 799	17 473	24 701
35	Single – Célibataires	45 710	45 402	285	509	2 825	4 664	4 640
36	Married – Mariées	123 588	123 564	–	116	3 784	11 502	16 749
37	Widowed – Veuves	84 384	84 364	–	–	24	177	575
38	Divorced – Divorcées	27 125	27 119	–	4	151	1 110	2 705
39	Unknown– Inconnu	1 677	1 671	–	3	15	20	32
	Sweden – Suède							
	13 XI 1990 [4]							
	Total							
40	Total	3 830 037	3 830 037	–	24 924	227 977	320 175	310 283
41	Single – Célibataires	1 130 162	1 130 162	–	24 776	216 909	252 081	167 015
42	Married – Mariés	1 711 457	1 711 457	–	139	9 952	60 190	122 099
43	Widowed – Veufs	504 854	504 854	–	–	26	196	623
44	Divorced – Divorcés	483 564	483 564	–	9	1 090	7 708	20 546

32. Ménages selon l'âge, le sexe, la situation matrimoniale du chef de ménage et la résidence, urbaine/rurale: chaque recensement, 1985 – 1995 (suite)

(Voir notes à la fin du tableau.)

Age (en années)										
35–39	40–44	45–49	50–54	55–59	60–64	65–69	70–74	75+	Unknown Inconnu	
100 036	101 944	93 772	132 136	167 092	197 242	217 250	156 459	280 289	611	1
18 859	14 691	10 479	11 776	12 111	13 098	12 491	7 285	9 906	121	2
23 698	20 983	15 560	16 286	15 177	12 184	9 183	4 775	5 596	22	3
16 625	28 866	40 462	75 042	114 586	150 880	180 801	137 797	258 489	148	4
40 459	37 017	26 998	28 653	24 769	20 532	14 234	6 189	5 528	46	5
395	387	273	379	449	548	541	413	770	274	6
791	685	685	698	666	688	519	511	635	–	7
49	42	43	38	37	51	32	31	39	–	8
722	617	622	603	538	498	367	301	241	–	9
16	25	20	55	88	139	120	178	355	–	10
4	1	–	2	3	–	–	1	–	–	11
713	623	641	624	562	548	394	346	328	–	12
36	29	36	25	20	32	14	15	11	–	13
673	593	604	590	526	495	356	296	233	–	14
2	1	1	8	14	21	24	35	84	–	15
2	–	–	1	2	–	–	–	–	–	16
78	62	44	74	104	140	125	165	307	–	17
13	13	7	13	17	19	18	16	28	–	18
49	24	18	13	12	3	11	5	8	–	19
14	24	19	47	74	118	96	143	271	–	20
2	1	–	1	1	–	–	1	–	–	21
75 440	72 151	59 946	63 628	64 018	61 493	49 970	27 337	51 216	203	22
9 623	8 021	5 933	6 135	5 703	5 909	5 366	2 826	6 085	76	23
58 418	55 390	45 224	46 100	43 559	37 298	24 641	11 482	14 965	72	24
1 403	2 376	3 724	6 617	10 447	14 452	17 332	11 903	28 715	29	25
5 870	6 206	4 923	4 590	4 070	3 554	2 303	908	881	10	26
126	158	142	186	239	280	328	218	570	16	27
47 207	45 954	37 753	39 610	37 625	32 917	21 967	11 040	18 611	124	28
5 347	4 661	3 233	3 057	2 393	1 714	1 042	441	949	53	29
39 950	38 852	32 213	33 791	32 325	28 215	18 523	9 021	12 774	48	30
200	351	574	1 052	1 532	1 982	1 817	1 322	4 551	9	31
1 630	2 009	1 657	1 635	1 293	954	533	216	229	4	32
80	81	76	75	82	52	52	40	108	10	33
28 233	26 197	22 193	24 018	26 393	28 576	28 003	16 297	32 605	79	34
4 276	3 360	2 700	3 078	3 310	4 195	4 324	2 385	5 136	23	35
18 468	16 538	13 011	12 309	11 234	9 083	6 118	2 461	2 191	24	36
1 203	2 025	3 150	5 565	8 915	12 470	15 515	10 581	24 164	20	37
4 240	4 197	3 266	2 955	2 777	2 600	1 770	692	652	6	38
46	77	66	111	157	228	276	178	462	6	39
320 139	369 327	363 554	279 660	248 080	260 004	288 977	279 917	537 020	–	40
113 745	86 501	56 745	33 335	27 592	29 405	32 570	28 545	60 943	–	41
106 238	212 860	218 299	168 977	147 806	148 351	153 202	132 529	170 815	–	42
1 494	3 743	7 252	10 957	19 198	35 904	63 119	90 010	272 332	–	43
38 662	66 223	81 258	66 391	53 484	46 344	40 086	28 833	32 930	–	44

32. Households by age, sex and marital status of householder and urban/rural residence: each census, 1985 – 1995 (continued)

(See notes at end of table.)

	Continent, country or area, date, sex, marital status and urban/rural residence Continent, pay ou zone, date, sexe, situation matrimoniale et résidence, urbaine/rurale	Age (in years) All ages Tous âges	15 + [1]	– 15	15–19	20–24	25–29	30–34
	EUROPE (Cont.–Suite)							
	Sweden – Suède							
	13 XI 1990 [4]							
	Male – Masculin							
1	Total	2 411 441	2 411 441	–	11 305	138 655	216 224	218 509
2	Single – Célibataires	699 851	699 851	–	11 250	131 096	165 642	111 290
3	Married – Mariés	1 396 455	1 396 455	–	55	7 317	47 882	98 862
4	Widowed – Veufs	101 257	101 257	–	–	3	35	112
5	Divorced – Divorcés	213 878	213 878	–	–	239	2 665	8 245
	Female – Féminin							
6	Total	1 418 596	1 418 596	–	13 619	89 322	103 951	91 774
7	Single – Célibataires	430 311	430 311	–	13 526	85 813	86 439	55 725
8	Married – Mariées	315 002	315 002	–	84	2 635	12 308	23 237
9	Widowed – Veuves	403 597	403 597	–	–	23	161	511
10	Divorced – Divorcées	269 686	269 686	–	9	851	5 043	12 301
	Switzerland – Suisse							
	4 XII 1990 [2 4]							
	Total							
11	Total	2 841 850	2 841 850	–	9 495	140 122	278 917	295 170
12	Single – Célibataires	631 699	631 699	–	9 248	118 216	161 200	93 091
13	Married – Mariés	1 645 204	1 645 204	–	242	20 675	109 552	183 456
14	Widowed – Veufs	328 360	328 360	–	–	231	659	1 232
15	Divorced – Divorcés	236 587	236 587	–	5	1 000	7 506	17 391
	Male – Masculin							
16	Total	2 057 592	2 057 592	–	4 079	80 956	205 646	241 559
17	Single – Célibataires	349 632	349 632	–	3 937	63 645	102 900	60 341
18	Married – Mariés	1 547 128	1 547 128	–	142	17 011	99 692	172 981
19	Widowed – Veufs	56 870	56 870	–	–	40	197	328
20	Divorced – Divorcés	103 962	103 962	–	–	260	2 857	7 909
	Female – Féminin							
21	Total	784 258	784 258	–	5 416	59 166	73 271	53 611
22	Single – Célibataires	282 067	282 067	–	5 311	54 571	58 300	32 750
23	Married – Mariées	98 076	98 076	–	100	3 664	9 860	10 475
24	Widowed – Veuves	271 490	271 490	–	–	191	462	904
25	Divorced – Divorcées	132 625	132 625	–	5	740	4 649	9 482
	OCEANIA—OCEANIE							
	Cook Islands – Iles Cook							
	1 XII 1991*							
	Total							
26	Total	3 668	3 668	–	28	169	344	383
27	Single – Célibataires	686	686	–	24	131	163	125
28	Married – Mariés	2 352	2 352	–	4	36	171	243
29	Widowed – Veufs	391	391	–	–	–	1	1
30	Divorced – Divorcés	108	108	–	–	–	1	6
31	Separated – Séparés	94	94	–	–	2	3	8
32	Unknown – Inconnu	37	37	–	–	–	5	–
	Male – Masculin							
33	Total	2 984	2 984	–	21	127	283	324
34	Single – Célibataires	493	493	–	18	90	125	91
35	Married – Mariés	2 170	2 170	–	3	36	151	225
36	Widowed – Veufs	157	157	–	–	–	–	1
37	Divorced – Divorcés	72	72	–	–	–	–	3
38	Separated – Séparés	60	60	–	–	1	2	4
39	Unknown – Inconnu	32	32	–	–	–	5	–
	Female – Féminin							
40	Total	684	684	–	7	42	61	59
41	Single – Célibataires	193	193	–	6	41	38	34
42	Married – Mariées	182	182	–	1	–	20	18
43	Widowed – Veuves	234	234	–	–	–	1	–
44	Divorced – Divorcées	36	36	–	–	–	1	3
45	Separated – Séparées	34	34	–	–	1	1	4
46	Unknown– Inconnu	5	5	–	–	–	–	–

32. Ménages selon l'âge, le sexe, la situation matrimoniale du chef de ménage et la résidence, urbaine/rurale: chaque recensement, 1985 – 1995 (suite)

(Voir notes à la fin du tableau.)

Age (en années) 35–39	40–44	45–49	50–54	55–59	60–64	65–69	70–74	75+	Unknown Inconnu	
227 255	258 945	254 057	195 392	169 822	169 337	174 281	152 092	225 567	–	1
74 610	55 769	36 572	21 102	17 495	18 392	19 378	15 347	21 908	–	2
135 753	173 685	178 054	139 723	122 876	122 408	125 244	107 720	136 876	–	3
325	868	1 675	2 366	3 874	6 796	12 016	17 226	55 961	–	4
16 567	28 623	37 756	32 201	25 577	21 741	17 643	11 799	10 822	–	5
92 884	110 382	109 497	84 268	78 258	90 667	114 696	127 825	311 453	–	6
39 135	30 732	20 173	12 233	10 097	11 013	13 192	13 198	39 035	–	7
30 485	39 175	40 245	29 254	24 930	25 943	27 958	24 809	33 939	–	8
1 169	2 875	5 577	8 591	15 324	29 108	51 103	72 784	216 371	–	9
22 095	37 600	43 502	34 190	27 907	24 603	22 443	17 034	22 108	–	10
280 484	291 027	276 617	229 479	216 764	196 057	181 498	152 406	293 814	–	11
54 217	38 723	29 971	22 423	20 768	19 638	18 858	15 060	30 286	–	12
196 377	208 684	198 640	165 041	152 994	128 173	104 198	76 830	100 342	–	13
2 285	4 455	7 536	12 123	19 963	31 215	45 529	51 803	151 329	–	14
27 605	39 165	40 470	29 892	23 039	17 031	12 913	8 713	11 857	–	15
232 349	239 008	223 814	181 943	165 589	141 027	118 013	89 995	133 614	–	16
33 149	22 407	16 206	11 460	9 610	8 035	6 578	4 704	6 660	–	17
185 966	197 112	186 643	154 091	142 029	120 993	100 012	73 989	96 467	–	18
528	996	1 547	2 251	3 388	4 901	6 771	8 379	27 544	–	19
12 706	18 493	19 418	14 141	10 562	7 098	4 652	2 923	2 943	–	20
48 135	52 019	52 803	47 536	51 175	55 030	63 485	62 411	160 200	–	21
21 068	16 316	13 765	10 963	11 158	11 603	12 280	10 356	23 626	–	22
10 411	11 572	11 997	10 950	10 965	7 180	4 186	2 841	3 875	–	23
1 757	3 459	5 989	9 872	16 575	26 314	38 758	43 424	123 785	–	24
14 899	20 672	21 052	15 751	12 477	9 933	8 261	5 790	8 914	–	25
344	404	391	416	377	294	215	160	143	–	26
64	41	25	35	21	22	15	13	7	–	27
251	313	293	306	277	195	118	85	60	–	28
3	12	27	41	50	56	71	55	74	–	29
13	21	24	17	13	8	2	3	–	–	30
9	12	19	14	12	8	4	2	1	–	31
4	5	3	3	4	5	5	2	1	–	32
293	355	324	340	311	238	163	115	90	–	33
43	28	15	25	13	19	10	11	5	–	34
228	292	272	279	256	179	109	82	58	–	35
1	5	9	15	24	26	34	16	26	–	36
10	16	14	11	9	4	2	3	–	–	37
7	10	11	8	7	5	3	1	1	–	38
4	4	3	2	2	5	5	2	–	–	39
51	49	67	76	66	56	52	45	53	–	40
21	13	10	10	8	3	5	2	2	–	41
23	21	21	27	21	16	9	3	2	–	42
2	7	18	26	26	30	37	39	48	–	43
3	5	10	6	4	4	–	–	–	–	44
2	2	8	6	5	3	1	1	–	–	45
–	1	–	1	2	–	–	–	1	–	46

32. Households by age, sex and marital status of householder and urban/rural residence: each census, 1985 – 1995 (continued)

(See notes at end of table.)

	Continent, country or area, date, sex, marital status and urban/rural residence — Continent, pay ou zone, date, sexe, situation matrimoniale et résidence, urbaine/rurale	All ages Tous âges	15 + [1]	– 15	15–19	20–24	25–29	30–34
				Age (in years)				
	OCEANIA—OCEANIE(Cont.–Suite)							
	New Zealand – Nouvelle–Zélande							
	4 III 1986 [4 25]							
	Total							
1	Total	1 069 446	1 069 446	–	12 129	67 773	111 165	119 505
2	Single – Célibataires	156 081	156 081	–	10 860	42 372	34 212	17 913
3	Married and consensually married – Mariés et en union consensuelle	651 759	651 759	–	561	21 087	64 197	81 870
4	Widowed – Veufs	125 346	125 346	–	9	99	408	792
5	Divorced – Divorcés	66 378	66 378	–	21	459	3 774	8 016
6	Separated – Séparés	57 969	57 969	–	117	2 760	7 512	9 819
7	Unknown – Inconnu	11 910	11 910	–	570	1 002	1 059	1 089
	Male – Masculin							
8	Total	714 816	714 816	–	4 989	37 284	72 645	82 350
9	Single – Célibataires	85 434	85 434	–	4 404	22 563	20 514	10 671
10	Married and consensually married – Mariés et en union consensuelle	549 045	549 045	–	270	13 602	47 997	64 398
11	Widowed – Veufs	23 511	23 511	–	3	21	78	186
12	Divorced – Divorcés	26 517	26 517	–	9	102	1 128	2 883
13	Separated – Séparés	23 826	23 826	–	12	510	2 352	3 612
14	Unknown – Inconnu	6 480	6 480	–	291	489	573	594
	Female – Féminin							
15	Total	354 630	354 630	–	7 140	30 489	38 520	37 155
16	Single – Célibataires	70 647	70 647	–	6 456	19 809	13 698	7 242
17	Married and consensually married – Mariées et en union consensuelle	102 714	102 714	–	291	7 485	16 200	17 472
18	Widowed – Veuves	101 835	101 835	–	6	78	330	606
19	Divorced – Divorcées	39 861	39 861	–	12	357	2 646	5 133
20	Separated – Séparées	34 143	34 143	–	105	2 250	5 160	6 207
21	Unknown– Inconnu	5 430	5 430	–	279	513	486	495
	5 III 1991 [4 25]							
	Total							
22	Total	1 175 634	1 175 262	372	14 259	69 282	115 026	134 919
23	Single – Célibataires	210 318	209 946	372	13 281	52 398	49 029	31 431
24	Married – Mariés	652 491	652 491	–	372	13 368	52 116	79 458
25	Widowed – Veufs	135 711	135 711	–	12	126	369	855
26	Divorced – Divorcés	89 079	89 079	–	15	360	3 474	9 027
27	Separated – Séparés	75 348	75 348	–	57	1 971	8 520	12 558
28	Unknown – Inconnu	12 687	12 687	–	519	1 062	1 524	1 590
	Male – Masculin							
29	Total	737 892	737 697	195	5 454	31 980	64 530	83 982
30	Single – Célibataires	107 823	107 628	195	5 028	24 072	26 337	17 397
31	Married – Mariés	529 431	529 431	–	117	6 954	33 972	58 137
32	Widowed – Veufs	26 154	26 154	–	3	27	72	168
33	Divorced – Divorcés	35 940	35 940	–	12	84	1 032	3 183
34	Separated – Séparés	30 792	30 792	–	6	285	2 334	4 254
35	Unknown – Inconnu	7 755	7 755	–	288	561	786	846
	Female – Féminin							
36	Total	437 742	437 565	177	8 805	37 302	50 496	50 937
37	Single – Célibataires	102 495	102 318	177	8 253	28 326	22 692	14 034
38	Married – Mariées	123 060	123 060	–	255	6 414	18 144	21 321
39	Widowed – Veuves	109 557	109 557	–	9	99	297	687
40	Divorced – Divorcées	53 139	53 139	–	3	276	2 442	5 844
41	Separated – Séparées	44 556	44 556	–	51	1 686	6 186	8 304
42	Unknown– Inconnu	4 932	4 932	–	231	501	738	744

32. Ménages selon l'âge, le sexe, la situation matrimoniale du chef de ménage et la résidence, urbaine/rurale: chaque recensement, 1985 – 1995 (suite)

(Voir notes à la fin du tableau.)

Age (en années)										
35–39	40–44	45–49	50–54	55–59	60–64	65–69	70–74	75+	Unknown Inconnu	
123 045	100 095	87 366	77 625	82 440	78 939	*——— 129 447 ———*		79 917	–	1
10 185	6 165	4 761	4 539	5 154	5 454	*——— 8 685 ———*		5 781	–	2
88 647	72 759	63 756	55 788	57 030	50 769	*——— 68 187 ———*		27 108	–	3
1 512	2 163	3 501	5 349	9 762	14 832	*——— 43 554 ———*		43 365	–	4
11 055	10 008	8 514	6 762	6 147	4 866	*——— 5 190 ———*		1 566	–	5
10 524	8 028	5 940	4 299	3 417	2 442	*——— 2 433 ———*		678	–	6
1 119	975	900	888	924	582	*——— 1 401 ———*		1 401	–	7
88 146	74 118	65 904	59 178	61 833	55 446	*——— 77 004 ———*		35 919	–	8
6 111	3 663	2 898	2 898	3 201	3 108	*——— 3 783 ———*		1 620	–	9
72 660	62 016	55 470	49 545	51 474	45 843	*——— 61 491 ———*		24 279	–	10
300	429	663	1 071	1 944	2 733	*——— 7 629 ———*		8 454	–	11
4 212	3 894	3 501	2 997	2 874	2 175	*——— 2 145 ———*		597	–	12
4 230	3 516	2 823	2 127	1 764	1 254	*——— 1 227 ———*		399	–	13
630	603	558	537	573	336	*——— 735 ———*		561	–	14
34 899	25 977	21 462	18 447	20 607	23 493	*——— 52 443 ———*		43 998	–	15
4 074	2 502	1 863	1 641	1 953	2 346	*——— 4 902 ———*		4 161	–	16
15 987	10 743	8 286	6 243	5 556	4 926	*——— 6 696 ———*		2 829	–	17
1 212	1 734	2 838	4 278	7 818	12 099	*——— 35 925 ———*		34 911	–	18
6 843	6 114	5 013	3 765	3 273	2 691	*——— 3 045 ———*		969	–	19
6 294	4 512	3 117	2 172	1 653	1 188	*——— 1 206 ———*		279	–	20
489	372	342	351	351	246	*——— 666 ———*		840	–	21
129 831	128 208	101 292	87 276	77 337	81 756	76 956	63 594	95 526	–	22
16 539	10 164	6 468	5 106	4 767	5 412	5 082	3 948	6 321	–	23
84 189	86 133	69 036	59 769	51 681	51 246	43 545	30 264	31 314	–	24
1 392	2 460	3 522	5 322	8 196	14 253	20 592	24 801	53 811	–	25
13 128	15 534	12 699	10 227	7 713	6 798	4 917	2 793	2 394	–	26
13 275	12 747	8 634	5 970	4 158	3 279	2 094	1 194	891	–	27
1 305	1 170	933	885	819	765	729	588	798	–	28
85 422	88 428	72 333	63 375	56 361	57 774	49 713	35 640	42 705	–	29
9 342	5 922	3 804	3 063	2 970	3 306	2 760	1 731	1 896	–	30
65 034	69 480	57 972	51 177	45 561	46 077	39 243	27 306	28 401	–	31
324	534	744	1 086	1 602	2 889	3 822	4 422	10 461	–	32
4 890	6 183	5 199	4 446	3 501	3 162	2 196	1 143	909	–	33
5 076	5 592	4 029	3 003	2 139	1 788	1 170	636	480	–	34
756	717	585	603	585	549	525	399	555	–	35
44 409	39 780	28 959	23 901	20 976	23 982	27 243	27 954	52 821	–	36
7 197	4 242	2 664	2 043	1 797	2 106	2 322	2 217	4 425	–	37
19 155	16 653	11 064	8 592	6 120	5 169	4 302	2 958	2 913	–	38
1 068	1 926	2 778	4 236	6 594	11 364	16 770	20 379	43 350	–	39
8 238	9 351	7 500	5 781	4 212	3 636	2 721	1 650	1 485	–	40
8 199	7 155	4 605	2 967	2 019	1 491	924	558	411	–	41
549	453	348	282	234	216	204	189	243	–	42

32. Households by age, sex and marital status of householder and urban/rural residence: each census, 1985 – 1995 (continued)
Data by urban/rural residence

(See notes at end of table.)

	Continent, country or area, date, sex, marital status and urban/rural residence — Continent, pay ou zone, date, sexe, situation matrimoniale et résidence, urbaine/rurale	All ages Tous âges	15 + [1]	– 15	15–19	20–24	25–29	30–34
			Age (in years)					
	AFRICA—AFRIQUE							
	Benin – Bénin							
	Urban – Urbaine							
	15 II 1992							
	Total							
1	Total	306 780	...	...	...	...	...	...
2	Single – Célibataires	42 444	...	...	...	...	...	...
3	Married – Mariés	219 699	...	...	...	...	...	...
4	Widowed – Veufs	24 622	...	...	...	...	...	...
5	Unknown – Inconnu	5 816	...	...	...	...	...	...
	Male – Masculin							
6	Total	229 117	...	...	...	...	...	...
7	Single – Célibataires	34 238	...	...	...	...	...	...
8	Married – Mariés	183 197	...	...	...	...	...	...
9	Widowed – Veufs	3 187	...	...	...	...	...	...
10	Divorced and separated – Divorcés et séparés	5 097	...	...	...	...	...	...
11	Unknown – Inconnu	3 398	...	...	...	...	...	...
	Female – Féminin							
12	Total	77 663	...	...	...	...	...	...
13	Single – Célibataires	8 206	...	...	...	...	...	...
14	Married – Mariées	36 502	...	...	...	...	...	...
15	Widowed – Veuves	21 435	...	...	...	...	...	...
16	Divorced – Divorcées	9 102	...	...	...	...	...	...
17	Unknown– Inconnu	2 418	...	...	...	...	...	...
	Rural – Rurale							
	15 II 1992							
	Total							
18	Total	525 746	...	...	...	...	...	...
19	Single – Célibataires	38 357	...	...	...	...	...	...
20	Married – Mariés	408 265	...	...	...	...	...	...
21	Widowed – Veufs	52 066	...	...	...	...	...	...
22	Divorced – Divorcés	22 103	...	...	...	...	...	...
23	Unknown – Inconnu	4 955	...	...	...	...	...	...
	Male – Masculin							
24	Total	425 510	...	...	...	...	...	...
25	Single – Célibataires	33 374	...	...	...	...	...	...
26	Married – Mariés	368 101	...	...	...	...	...	...
27	Widowed – Veufs	9 496	...	...	...	...	...	...
28	Divorced – Divorcés	11 429	...	...	...	...	...	...
29	Unknown – Inconnu	3 110	...	...	...	...	...	...
	Female – Féminin							
30	Total	100 236	...	...	...	...	...	...
31	Single – Célibataires	4 983	...	...	...	...	...	...
32	Married – Mariées	40 164	...	...	...	...	...	...
33	Widowed – Veuves	42 570	...	...	...	...	...	...
34	Divorced – Divorcées	10 674	...	...	...	...	...	...
35	Unknown– Inconnu	1 845	...	...	...	...	...	...
	Namibia – Namibie							
	Urban – Urbaine							
	21 X 1991							
	Total							
36	Total	73 870	...	...	...	...	...	...
37	Single – Célibataires	19 751	...	...	...	...	...	...
38	Married – Mariés	34 769	...	...	...	...	...	...
39	Consensually married – En union consensuelle	11 791	...	...	...	...	...	...
40	Widowed – Veufs	3 996	...	...	...	...	...	...
41	Divorced – Divorcés	2 733	...	...	...	...	...	...
42	Separated – Séparés	799	...	...	...	...	...	...
43	Unknown – Inconnu	123	...	...	...	...	...	...

32. Ménages selon l'âge, le sexe, la situation matrimoniale du chef de ménage et la résidence, urbaine/rurale: chaque recensement, 1985 – 1995 (suite)
Données selon la résidence urbaine/rurale

(Voir notes à la fin du tableau.)

Age (en années)										
35–39	40–44	45–49	50–54	55–59	60–64	65–69	70–74	75+	Unknown Inconnu	
...	...	...	...	...	...	...	...	...	...	1
...	...	...	...	...	...	...	...	...	...	2
...	...	...	...	...	...	...	...	...	...	3
...	...	...	...	...	...	...	...	...	...	4
...	...	...	...	...	...	...	...	...	...	5
...	...	...	...	...	...	...	...	...	...	6
...	...	...	...	...	...	...	...	...	...	7
...	...	...	...	...	...	...	...	...	...	8
...	...	...	...	...	...	...	...	...	...	9
...	...	...	...	...	...	...	...	...	...	10
...	...	...	...	...	...	...	...	...	...	11
...	...	...	...	...	...	...	...	...	...	12
...	...	...	...	...	...	...	...	...	...	13
...	...	...	...	...	...	...	...	...	...	14
...	...	...	...	...	...	...	...	...	...	15
...	...	...	...	...	...	...	...	...	...	16
...	...	...	...	...	...	...	...	...	...	17
...	...	...	...	...	...	...	...	...	...	18
...	...	...	...	...	...	...	...	...	...	19
...	...	...	...	...	...	...	...	...	...	20
...	...	...	...	...	...	...	...	...	...	21
...	...	...	...	...	...	...	...	...	...	22
...	...	...	...	...	...	...	...	...	...	23
...	...	...	...	...	...	...	...	...	...	24
...	...	...	...	...	...	...	...	...	...	25
...	...	...	...	...	...	...	...	...	...	26
...	...	...	...	...	...	...	...	...	...	27
...	...	...	...	...	...	...	...	...	...	28
...	...	...	...	...	...	...	...	...	...	29
...	...	...	...	...	...	...	...	...	...	30
...	...	...	...	...	...	...	...	...	...	31
...	...	...	...	...	...	...	...	...	...	32
...	...	...	...	...	...	...	...	...	...	33
...	...	...	...	...	...	...	...	...	...	34
...	...	...	...	...	...	...	...	...	...	35
...	...	...	...	...	...	...	...	...	...	36
...	...	...	...	...	...	...	...	...	...	37
...	...	...	...	...	...	...	...	...	...	38
...	...	...	...	...	...	...	...	...	...	39
...	...	...	...	...	...	...	...	...	...	40
...	...	...	...	...	...	...	...	...	...	41
...	...	...	...	...	...	...	...	...	...	42
...	...	...	...	...	...	...	...	...	...	43

32. Households by age, sex and marital status of householder and urban/rural residence: each census, 1985 – 1995 (continued)
Data by urban/rural residence

(See notes at end of table.)

	Continent, country or area, date, sex, marital status and urban/rural residence Continent, pay ou zone, date, sexe, situation matrimoniale et résidence, urbaine/rurale	All ages Tous âges	Age (in years) 15 + [1]	– 15	15–19	20–24	25–29	30–34
	AFRICA—AFRIQUE (Cont.–Suite)							
	Namibia – Namibie							
	Urban – Urbaine							
	21 X 1991							
	Male – Masculin							
1	Total	51 128	...	...	...	...	...	...
2	Single – Célibataires	9 104	...	...	...	...	...	...
3	Married – Mariés	30 840	...	...	...	...	...	...
	Consensually married –		...					
4	En union consensuelle	9 297	...	...	...	...	...	...
5	Widowed – Veufs	624	...	...	...	...	...	...
6	Divorced – Divorcés	883	...	...	...	...	...	...
7	Separated – Séparés	281	...	...	...	...	...	...
8	Unknown – Inconnu	99	...	...	...	...	...	...
	Female – Féminin		...					
9	Total	27 014	...	...	...	...	...	...
10	Single – Célibataires	12 708	...	...	...	...	...	...
11	Married – Mariées	4 805	...	...	...	...	...	...
	Consensually married –		...					
12	En union consensuelle	2 942	...	...	...	...	...	...
13	Widowed – Veuves	4 024	...	...	...	...	...	...
14	Divorced – Divorcées	1 993	...	...	...	...	...	...
15	Separated – Séparées	429	...	...	...	...	...	...
16	Unknown– Inconnu	21	...	...	...	...	...	...
	Rural – Rurale		...					
	21 X 1991		...					
	Total		...					
17	Total	150 090	...	...	...	...	...	...
18	Single – Célibataires	28 023	...	...	...	...	...	...
19	Married – Mariés	48 332	...	...	...	...	...	...
	Consensually married –		...					
20	En union consensuelle	16 892	...	...	...	...	...	...
21	Widowed – Veufs	37 846	...	...	...	...	...	...
22	Divorced – Divorcés	10 999	...	...	...	...	...	...
23	Separated – Séparés	7 387	...	...	...	...	...	...
24	Unknown – Inconnu	611	...	...	...	...	...	...
	Male – Masculin		...					
25	Total	103 338	...	...	...	...	...	...
26	Single – Célibataires	15 165	...	...	...	...	...	...
27	Married – Mariés	57 565	...	...	...	...	...	...
	Consensually married –		...					
28	En union consensuelle	24 748	...	...	...	...	...	...
29	Widowed – Veufs	2 071	...	...	...	...	...	...
30	Divorced – Divorcés	1 967	...	...	...	...	...	...
31	Separated – Séparés	1 413	...	...	...	...	...	...
32	Unknown – Inconnu	409	...	...	...	...	...	...
	Female – Féminin		...					
33	Total	77 181	...	...	...	...	...	...
34	Single – Célibataires	15 042	...	...	...	...	...	...
35	Married – Mariées	24 604	...	...	...	...	...	...
	Consensually married –		...					
36	En union consensuelle	8 670	...	...	...	...	...	...
37	Widowed – Veuves	19 249	...	...	...	...	...	...
38	Divorced – Divorcées	5 571	...	...	...	...	...	...
39	Separated – Séparées	3 738	...	...	...	...	...	...
40	Unknown– Inconnu	307	...	...	...	...	...	...

32. Ménages selon l'âge, le sexe, la situation matrimoniale du chef de ménage et la résidence, urbaine/rurale: chaque recensement, 1985 – 1995 (suite)
Données selon la résidence urbaine/rurale

(Voir notes à la fin du tableau.)

Age (en années)										
35–39	40–44	45–49	50–54	55–59	60–64	65–69	70–74	75+	Unknown Inconnu	
...	...	...	...	...	...	...	...	...	...	1
...	...	...	...	...	...	...	...	...	...	2
...	...	...	...	...	...	...	...	...	...	3
...	...	...	...	...	...	...	...	...	...	4
...	...	...	...	...	...	...	...	...	...	5
...	...	...	...	...	...	...	...	...	...	6
...	...	...	...	...	...	...	...	...	...	7
...	...	...	...	...	...	...	...	...	...	8
...	...	...	...	...	...	...	...	...	...	9
...	...	...	...	...	...	...	...	...	...	10
...	...	...	...	...	...	...	...	...	...	11
...	...	...	...	...	...	...	...	...	...	12
...	...	...	...	...	...	...	...	...	...	13
...	...	...	...	...	...	...	...	...	...	14
...	...	...	...	...	...	...	...	...	...	15
...	...	...	...	...	...	...	...	...	...	16
...	...	...	...	...	...	...	...	...	...	17
...	...	...	...	...	...	...	...	...	...	18
...	...	...	...	...	...	...	...	...	...	19
...	...	...	...	...	...	...	...	...	...	20
...	...	...	...	...	...	...	...	...	...	21
...	...	...	...	...	...	...	...	...	...	22
...	...	...	...	...	...	...	...	...	...	23
...	...	...	...	...	...	...	...	...	...	24
...	...	...	...	...	...	...	...	...	...	25
...	...	...	...	...	...	...	...	...	...	26
...	...	...	...	...	...	...	...	...	...	27
...	...	...	...	...	...	...	...	...	...	28
...	...	...	...	...	...	...	...	...	...	29
...	...	...	...	...	...	...	...	...	...	30
...	...	...	...	...	...	...	...	...	...	31
...	...	...	...	...	...	...	...	...	...	32
...	...	...	...	...	...	...	...	...	...	33
...	...	...	...	...	...	...	...	...	...	34
...	...	...	...	...	...	...	...	...	...	35
...	...	...	...	...	...	...	...	...	...	36
...	...	...	...	...	...	...	...	...	...	37
...	...	...	...	...	...	...	...	...	...	38
...	...	...	...	...	...	...	...	...	...	39
...	...	...	...	...	...	...	...	...	...	40

32. Households by age, sex and marital status of householder and urban/rural residence: each census, 1985 – 1995 (continued)
Data by urban/rural residence

(See notes at end of table.)

	Continent, country or area, date, sex, marital status and urban/rural residence — Continent, pay ou zone, date, sexe, situation matrimoniale et résidence, urbaine/rurale	All ages Tous âges	15 + [1]	– 15	15–19	20–24	25–29	30–34
		Age (in years)						
	ASIA—ASIE							
	Japan – Japon							
	Urban – Urbaine							
	1 X 1985 [14]							
	Total							
1	Total	30 265 948	30 265 159	789	514 364	1 956 644	2 085 460	2 844 962
2	Single – Célibataires	5 202 183	5 201 394	789	504 748	1 732 166	1 032 412	618 193
3	Married and consensually married – Mariés et en union consensuelle	21 290 031	21 290 031	–	7 823	206 368	1 003 785	2 097 499
4	Widowed – Veufs	2 363 179	2 363 179	–	32	502	2 569	12 062
5	Divorced and separated – Divorcés et séparés	1 351 085	1 351 085	–	287	8 973	37 805	108 786
6	Unknown – Inconnu	59 470	59 470	–	1 474	8 635	8 889	8 422
	Male – Masculin							
7	Total	25 259 876	25 259 371	505	316 085	1 366 190	1 796 433	2 579 033
8	Single – Célibataires	3 464 867	3 464 362	505	308 016	1 158 085	790 682	475 057
9	Married and consensually married – Mariés et en union consensuelle	20 813 508	20 813 508	–	6 927	199 615	988 959	2 064 217
10	Widowed – Veufs	489 932	489 932	–	6	148	507	2 098
11	Divorced and separated – Divorcés et séparés	453 068	453 068	–	66	2 166	9 669	31 084
12	Unknown – Inconnu	38 501	38 501	–	1 070	6 176	6 616	6 577
	Female – Féminin							
13	Total	5 006 072	5 005 788	284	198 279	590 454	289 027	265 929
14	Single – Célibataires	1 737 316	1 737 032	284	196 732	574 081	241 730	143 136
15	Married and consensually married – Mariées et en union consensuelle	476 523	476 523	–	896	6 753	14 826	33 282
16	Widowed – Veuves	1 873 247	1 873 247	–	26	354	2 062	9 964
17	Divorced and separated – Divorcées et séparées	898 017	898 017	–	221	6 807	28 136	77 702
18	Unknown– Inconnu	20 969	20 969	–	404	2 459	2 273	1 845
	1 X 1990 [14]							
	Total							
19	Total	32 682 533	32 682 022	511	584 876	2 089 981	2 269 860	2 461 691
20	Single – Célibataires	5 952 533	5 952 022	511	566 832	1 852 210	1 222 339	609 253
21	Married and consensually married – Mariés et en union consensuelle	22 201 040	22 201 040	–	9 741	194 982	975 304	1 737 525
22	Widowed – Veufs	2 637 119	2 637 119	–	28	752	2 477	7 649
23	Divorced – Divorcés	1 610 753	1 610 753	–	341	10 728	46 258	90 418
24	Unknown – Inconnu	281 088	281 088	–	7 934	31 309	23 482	16 846
	Male – Masculin							
25	Total	26 883 646	26 883 363	283	358 408	1 427 440	1 886 300	2 209 162
26	Single – Célibataires	3 939 391	3 939 108	283	344 078	1 214 727	898 164	457 884
27	Married and consensually married – Mariés et en union consensuelle	21 661 680	21 661 680	–	8 573	187 572	957 964	1 709 978
28	Widowed – Veufs	560 993	560 993	–	3	225	520	1 454
29	Divorced – Divorcés	561 827	561 827	–	104	2 723	12 621	27 633
30	Unknown – Inconnu	159 755	159 755	–	5 650	22 193	17 031	12 213
	Female – Féminin							
31	Total	5 798 887	5 798 659	228	226 468	662 541	383 560	252 529
32	Single – Célibataires	2 013 142	2 012 914	228	222 754	637 483	324 175	151 369
33	Married and consensually married – Mariées et en union consensuelle	539 360	539 360	–	1 168	7 410	17 340	27 547
34	Widowed – Veuves	2 076 126	2 076 126	–	25	527	1 957	6 195
35	Divorced – Divorcées	1 048 926	1 048 926	–	237	8 005	33 637	62 785
36	Unknown– Inconnu	121 333	121 333	–	2 284	9 116	6 451	4 633

32. Ménages selon l'âge, le sexe, la situation matrimoniale du chef de ménage et la résidence, urbaine/rurale: chaque recensement, 1985 – 1995 (suite)
Données selon la résidence urbaine/rurale

(Voir notes à la fin du tableau.)

Age (en années)										
35–39	40–44	45–49	50–54	55–59	60–64	65–69	70–74	75+	Unknown Inconnu	
3 843 581	3 641 878	3 399 179	3 269 306	2 835 157	2 031 234	1 509 052	1 201 368	1 132 974	–	1
467 334	273 028	182 375	146 260	113 905	67 260	32 283	18 120	13 310	–	2
3 116 658	3 047 787	2 851 899	2 699 320	2 276 391	1 510 622	1 047 423	784 636	639 820	–	3
38 375	81 117	145 378	229 499	297 333	355 350	374 883	366 596	459 483	–	4
214 443	234 277	215 070	190 148	144 398	95 248	52 448	30 272	18 930	–	5
6 771	5 669	4 457	4 079	3 130	2 754	2 015	1 744	1 431	–	6
3 473 156	3 236 611	2 967 604	2 803 996	2 371 672	1 586 957	1 115 246	863 839	782 549	–	7
340 088	175 758	97 394	57 437	31 880	15 194	7 084	4 158	3 529	–	8
3 054 215	2 960 814	2 764 322	2 630 153	2 231 061	1 481 082	1 027 942	772 099	632 102	–	9
6 819	14 426	24 700	42 003	58 312	61 496	63 433	76 465	139 519	–	10
66 921	81 438	78 236	72 130	49 153	28 248	16 345	10 721	6 891	–	11
5 113	4 175	2 952	2 273	1 266	937	442	396	508	–	12
370 425	405 267	431 575	465 310	463 485	444 277	393 806	337 529	350 425	–	13
127 246	97 270	84 981	88 823	82 025	52 066	25 199	13 962	9 781	–	14
62 443	86 973	87 577	69 167	45 330	29 540	19 481	12 537	7 718	–	15
31 556	66 691	120 678	187 496	239 021	293 854	311 450	290 131	319 964	–	16
147 522	152 839	136 834	118 018	95 245	67 000	36 103	19 551	12 039	–	17
1 658	1 494	1 505	1 806	1 864	1 817	1 573	1 348	923	–	18
3 094 778	4 098 057	3 788 245	3 441 579	3 246 189	2 723 946	1 909 792	1 348 616	1 624 412	–	19
468 157	425 044	263 988	175 903	143 066	111 075	62 609	28 511	23 035	–	20
2 405 980	3 274 891	3 074 964	2 790 022	2 580 969	2 085 103	1 326 176	853 294	892 089	–	21
25 283	70 342	132 519	212 413	308 432	374 268	425 009	414 162	663 785	–	22
175 542	296 079	285 434	234 768	185 969	132 161	81 184	41 039	30 832	–	23
19 816	31 701	31 340	28 473	27 753	21 339	14 814	11 610	14 671	–	24
2 778 905	3 607 972	3 282 904	2 951 448	2 734 166	2 218 919	1 421 718	933 095	1 072 926	–	25
352 458	304 136	166 889	92 445	55 359	30 157	12 333	5 424	5 054	–	26
2 352 846	3 168 124	2 965 173	2 709 741	2 528 477	2 052 452	1 303 273	838 550	878 957	–	27
4 912	14 142	26 201	41 554	63 269	81 117	78 298	74 500	174 798	–	28
54 862	100 410	105 502	92 024	73 530	46 587	23 803	11 956	10 072	–	29
13 827	21 160	19 139	15 684	13 531	8 606	4 011	2 665	4 045	–	30
315 873	490 085	505 341	490 131	512 023	505 027	488 074	415 521	551 486	–	31
115 699	120 908	97 099	83 458	87 707	80 918	50 276	23 087	17 981	–	32
53 134	106 767	109 791	80 281	52 492	32 651	22 903	14 744	13 132	–	33
20 371	56 200	106 318	170 859	245 163	293 151	346 711	339 662	488 987	–	34
120 680	195 669	179 932	142 744	112 439	85 574	57 381	29 083	20 760	–	35
5 989	10 541	12 201	12 789	14 222	12 733	10 803	8 945	10 626	–	36

32. Households by age, sex and marital status of householder and urban/rural residence: each census, 1985 – 1995 (continued)
Data by urban/rural residence

(See notes at end of table.)

	Continent, country or area, date, sex, marital status and urban/rural residence — Continent, pay ou zone, date, sexe, situation matrimoniale et résidence, urbaine/rurale	Age (in years)						
		All ages Tous âges	15 + [1]	– 15	15–19	20–24	25–29	30–34
	ASIA—ASIE (Cont.–Suite)							
	Japan – Japon							
	Rural – Rurale							
	1 X 1985 [14]							
	Total							
1	Total	7 714 919	7 714 729	190	51 759	167 832	284 854	541 422
2	Single – Célibataires	535 578	535 388	190	50 725	136 089	104 206	72 674
3	Married and consensually married – Mariés et en union consensuelle	6 148 957	6 148 957	–	926	30 415	174 233	446 697
4	Widowed – Veufs	791 270	791 270	–	8	113	574	3 294
5	Divorced and separated – Divorcés et séparés	236 346	236 346	–	48	1 030	5 616	18 520
6	Unknown – Inconnu	2 768	2 768	–	52	185	225	237
	Male – Masculin							
7	Total	6 687 789	6 687 674	115	29 431	120 887	259 285	511 039
8	Single – Célibataires	377 393	377 278	115	28 554	90 800	86 055	64 048
9	Married and consensually married – Mariés et en union consensuelle	6 033 974	6 033 974	–	821	29 703	171 540	440 118
10	Widowed – Veufs	184 209	184 209	–	3	16	80	514
11	Divorced and separated – Divorcés et séparés	90 657	90 657	–	11	223	1 421	6 141
12	Unknown – Inconnu	1 556	1 556	–	42	145	189	218
	Female – Féminin							
13	Total	1 027 130	1 027 055	75	22 328	46 945	25 569	30 383
14	Single – Célibataires	158 185	158 110	75	22 171	45 289	18 151	8 626
15	Married and consensually married – Mariées et en union consensuelle	114 983	114 983	–	105	712	2 693	6 579
16	Widowed – Veuves	607 061	607 061	–	5	97	494	2 780
17	Divorced and separated – Divorcées et séparées	145 689	145 689	–	37	807	4 195	12 379
18	Unknown– Inconnu	1 212	1 212	–	10	40	36	19
	1 X 1990 [14]							
	Total							
19	Total	7 987 942	7 987 823	119	57 746	177 364	271 520	419 509
20	Single – Célibataires	627 648	627 529	119	56 184	144 258	109 775	69 514
21	Married and consensually married – Mariés et en union consensuelle	6 213 867	6 213 867	–	1 160	30 748	154 211	332 597
22	Widowed – Veufs	841 174	841 174	–	6	122	496	2 048
23	Divorced – Divorcés	286 653	286 653	–	43	1 343	6 308	14 657
24	Unknown – Inconnu	18 600	18 600	–	353	893	730	693
	Male – Masculin							
25	Total	6 868 593	6 868 516	77	35 740	127 442	240 997	393 008
26	Single – Célibataires	450 832	450 755	77	34 416	96 481	87 006	60 115
27	Married and consensually married – Mariés et en union consensuelle	6 092 251	6 092 251	–	1 064	29 929	151 698	327 326
28	Widowed – Veufs	200 431	200 431	–	–	23	73	346
29	Divorced – Divorcés	116 103	116 103	–	9	333	1 675	4 693
30	Unknown – Inconnu	8 976	8 976	–	251	676	545	528
	Female – Féminin							
31	Total	1 119 349	1 119 307	42	22 006	49 922	30 523	26 501
32	Single – Célibataires	176 816	176 774	42	21 768	47 777	22 769	9 399
33	Married and consensually married – Mariées et en union consensuelle	121 616	121 616	–	96	819	2 513	5 271
34	Widowed – Veuves	640 743	640 743	–	6	99	423	1 702
35	Divorced – Divorcées	170 550	170 550	–	34	1 010	4 633	9 964
36	Unknown– Inconnu	9 624	9 624	–	102	217	185	165

32. Ménages selon l'âge, le sexe, la situation matrimoniale du chef de ménage et la résidence, urbaine/rurale: chaque recensement, 1985 – 1995 (suite)
Données selon la résidence urbaine/rurale

(Voir notes à la fin du tableau.)

Age (en années)										
35–39	40–44	45–49	50–54	55–59	60–64	65–69	70–74	75+	Unknown Inconnu	
838 842	834 633	874 560	996 084	999 079	739 764	556 073	431 879	397 948	–	1
56 166	31 711	22 286	19 367	16 511	11 650	6 780	4 025	3 198	–	2
734 705	742 094	773 010	871 022	855 779	588 768	407 629	295 303	228 376	–	3
11 111	22 916	43 555	73 130	99 882	120 478	129 588	125 470	161 151	–	4
36 601	37 695	35 483	32 333	26 641	18 598	11 850	6 894	5 037	–	5
259	217	226	232	266	270	226	187	186	–	6
785 359	769 362	791 016	890 054	879 389	611 456	431 227	325 329	283 840	–	7
47 691	24 061	14 486	9 745	5 610	2 773	1 507	1 039	909	–	8
722 023	725 541	753 632	852 185	841 376	578 678	401 137	291 174	226 046	–	9
1 755	3 769	7 324	13 942	22 191	24 197	24 904	30 718	54 796	–	10
13 676	15 820	15 424	14 071	10 131	5 733	3 618	2 347	2 041	–	11
214	171	150	111	81	75	61	51	48	–	12
53 483	65 271	83 544	106 030	119 690	128 308	124 846	106 550	114 108	–	13
8 475	7 650	7 800	9 622	10 901	8 877	5 273	2 986	2 289	–	14
12 682	16 553	19 378	18 837	14 403	10 090	6 492	4 129	2 330	–	15
9 356	19 147	36 231	59 188	77 691	96 281	104 684	94 752	106 355	–	16
22 925	21 875	20 059	18 262	16 510	12 865	8 232	4 547	2 996	–	17
45	46	76	121	185	195	165	136	138	–	18
693 934	965 407	890 823	900 770	987 312	929 829	668 691	473 388	551 530	–	19
69 102	60 688	34 076	24 006	20 339	16 793	11 324	6 190	5 280	–	20
583 099	829 621	770 468	773 701	836 940	765 701	500 555	319 335	315 731	–	21
7 434	19 869	36 428	61 243	95 273	120 511	139 159	137 404	221 181	–	22
33 131	53 364	47 891	39 882	32 722	24 898	16 080	9 000	7 334	–	23
1 168	1 865	1 960	1 938	2 038	1 926	1 573	1 459	2 004	–	24
647 082	886 834	804 194	802 422	870 076	801 684	530 614	346 853	381 570	–	25
60 875	51 175	25 333	15 174	9 875	5 423	2 456	1 238	1 188	–	26
571 767	808 833	749 299	755 475	822 482	755 402	492 850	314 392	311 734	–	27
1 383	3 861	6 973	11 992	21 518	30 277	30 061	28 300	65 624	–	28
12 206	21 754	21 461	18 805	15 325	9 920	4 861	2 622	2 439	–	29
851	1 211	1 128	976	876	662	386	301	585	–	30
46 852	78 573	86 629	98 348	117 236	128 145	138 077	126 535	169 960	–	31
8 227	9 513	8 743	8 832	10 464	11 370	8 868	4 952	4 092	–	32
11 332	20 788	21 169	18 226	14 458	10 299	7 705	4 943	3 997	–	33
6 051	16 008	29 455	49 251	73 755	90 234	109 098	109 104	155 557	–	34
20 925	31 610	26 430	21 077	17 397	14 978	11 219	6 378	4 895	–	35
317	654	832	962	1 162	1 264	1 187	1 158	1 419	–	36

32. Households by age, sex and marital status of householder and urban/rural residence: each census, 1985 – 1995 (continued)
Data by urban/rural residence

(See notes at end of table.)

	Continent, country or area, date, sex, marital status and urban/rural residence Continent, pay ou zone, date, sexe, situation matrimoniale et résidence, urbaine/rurale	Age (in years) All ages Tous âges	15 + [1]	– 15	15–19	20–24	25–29	30–34
	EUROPE							
	Norway – Norvège							
	Urban – Urbaine							
	3 XI 1990 [4 26]							
	Total							
1	Total	1 300 443	1 300 160	283	7 192	78 178	140 411	144 375
2	Single – Célibataires	345 720	345 437	283	7 006	68 343	93 024	57 483
3	Married – Mariés	622 807	622 807	–	177	8 072	38 136	66 989
4	Widowed – Veufs	159 613	159 613	–	–	–	159	515
5	Divorced – Divorcés	130 534	130 534	–	–	636	4 642	12 772
6	Separated – Séparés	41 769	41 769	–	–	1 114	4 426	6 616
	Male – Masculin							
7	Total	836 637	836 476	161	3 035	39 677	88 954	99 859
8	Single – Célibataires	193 456	193 295	161	2 984	34 647	56 477	36 239
9	Married – Mariés	534 537	534 537	–	51	4 705	29 237	55 045
10	Widowed – Veufs	29 203	29 203	–	–	–	–	113
11	Divorced – Divorcés	58 731	58 731	–	–	90	1 554	5 506
12	Separated – Séparés	20 710	20 710	–	–	236	1 662	2 956
	Female – Féminin							
13	Total	463 806	463 684	122	4 157	38 501	51 457	44 516
14	Single – Célibataires	152 264	152 142	122	4 022	33 696	36 547	21 244
15	Married – Mariées	88 270	88 270	–	126	3 367	8 899	11 944
16	Widowed – Veuves	130 410	130 410	–	–	–	159	402
17	Divorced – Divorcées	71 803	71 803	–	–	546	3 088	7 266
18	Separated – Séparées	21 059	21 059	–	–	878	2 764	3 660
	Rural – Rurale							
	3 XI 1990 [4 26]							
	Total							
19	Total	439 123	438 595	528	2 316	20 688	36 539	42 712
20	Single – Célibataires	110 078	109 550	528	2 296	17 923	21 833	14 540
21	Married – Mariés	234 624	234 624	–	–	2 523	12 739	24 070
22	Widowed – Veufs	61 745	61 745	–	–	–	51	170
23	Divorced – Divorcés	23 782	23 782	–	–	62	925	2 469
24	Separated – Séparés	8 895	8 895	–	–	167	990	1 462
	Male – Masculin							
25	Total	305 681	305 409	272	1 129	12 476	25 919	31 905
26	Single – Célibataires	77 038	76 766	272	1 127	10 803	15 480	10 958
27	Married – Mariés	195 423	195 423	–	–	1 596	9 536	18 966
28	Widowed – Veufs	13 919	13 919	–	–	–	–	48
29	Divorced – Divorcés	14 106	14 106	–	–	–	435	1 206
30	Separated – Séparés	5 195	5 195	–	–	65	467	726
	Female – Féminin							
31	Total	133 442	133 186	256	1 187	8 212	10 620	10 807
32	Single – Célibataires	33 040	32 784	256	1 169	7 120	6 353	3 582
33	Married – Mariées	39 201	39 201	–	–	927	3 203	5 104
34	Widowed – Veuves	47 826	47 826	–	–	–	51	122
35	Divorced – Divorcées	9 676	9 676	–	–	62	490	1 263
36	Separated – Séparées	3 700	3 700	–	–	102	523	736
	Poland – Pologne							
	Urban – Urbaine							
	6 XII 1988 [24]							
	Total							
37	Total	7 864 162	7 857 991	331	23 997	217 829	596 779	996 006
38	Single – Célibataires	674 914	673 381	331	18 554	78 277	79 848	89 378
39	Married and consensually married – Mariés et en union consensuelle	5 493 515	5 490 909	–	5 282	135 429	491 934	835 361
40	Widowed, divorced and separated – Veufs, divorcés et séparés	1 695 733	1 693 701	–	161	4 123	24 997	71 267

32. Ménages selon l'âge, le sexe, la situation matrimoniale du chef de ménage et la résidence, urbaine/rurale: chaque recensement, 1985 – 1995 (suite)
Données selon la résidence urbaine/rurale

(Voir notes à la fin du tableau.)

Age (en années)										
35–39	40–44	45–49	50–54	55–59	60–64	65–69	70–74	75+	Unknown Inconnu	
138 918	140 721	111 777	82 147	73 223	81 091	87 672	81 627	132 828	–	1
32 407	19 723	12 172	7 719	7 047	7 930	9 209	8 191	15 183	–	2
79 479	87 733	72 093	52 475	46 465	49 370	46 614	37 604	37 600	–	3
1 060	1 903	3 035	4 189	7 207	13 570	22 797	30 368	74 810	–	4
18 530	23 473	19 089	14 645	10 364	8 744	7 783	4 943	4 913	–	5
7 443	7 891	5 387	3 119	2 140	1 477	1 269	521	366	–	6
99 611	103 730	82 228	60 368	52 255	54 570	54 851	44 410	52 928	–	7
20 553	12 266	7 293	4 703	4 002	4 209	4 174	2 800	2 948	–	8
66 598	75 600	62 348	45 942	40 384	43 087	42 166	34 536	34 838	–	9
234	450	561	836	1 327	2 558	4 269	5 086	13 769	–	10
8 543	11 375	9 146	7 026	5 297	3 754	3 472	1 729	1 239	–	11
3 684	4 040	2 879	1 861	1 245	962	770	259	156	–	12
39 307	36 991	29 549	21 779	20 968	26 521	32 821	37 217	79 900	–	13
11 854	7 457	4 879	3 016	3 045	3 721	5 035	5 391	12 235	–	14
12 881	12 133	9 745	6 533	6 081	6 283	4 448	3 068	2 762	–	15
826	1 453	2 474	3 353	5 880	11 012	18 528	25 282	61 041	–	16
9 987	12 098	9 943	7 619	5 067	4 990	4 311	3 214	3 674	–	17
3 759	3 851	2 508	1 258	895	515	499	262	210	–	18
43 399	44 266	35 478	27 242	25 703	29 500	34 026	34 322	62 404	–	19
8 417	5 888	4 534	4 061	4 174	5 232	5 911	5 191	9 550	–	20
29 507	31 693	25 427	18 637	16 899	17 856	18 320	16 507	20 446	–	21
327	743	991	1 328	2 297	4 523	8 119	11 761	31 435	–	22
3 511	4 330	3 471	2 469	1 954	1 517	1 401	806	867	–	23
1 595	1 613	1 055	748	379	372	277	139	98	–	24
32 775	34 320	27 818	21 242	20 051	21 638	23 301	21 093	31 742	–	25
6 505	4 622	3 644	3 260	3 383	4 019	4 378	3 487	5 100	–	26
23 394	25 935	21 098	15 576	14 537	15 475	16 251	14 760	18 299	–	27
–	192	224	250	496	862	1 611	2 381	7 855	–	28
1 977	2 586	2 147	1 667	1 355	1 002	873	457	401	–	29
856	987	705	489	281	280	189	90	60	–	30
10 624	9 946	7 660	6 000	5 652	7 862	10 725	13 229	30 662	–	31
1 912	1 266	890	801	791	1 213	1 533	1 704	4 450	–	32
6 113	5 758	4 329	3 061	2 362	2 381	2 069	1 747	2 147	–	33
327	551	767	1 078	1 801	3 661	6 508	9 380	23 580	–	34
1 534	1 744	1 324	802	599	515	528	349	466	–	35
739	626	350	259	98	92	88	49	38	–	36
1 101 687	874 324	682 036	730 492	725 637	633 493	479 805	279 169	516 737	5 840	37
84 629	62 296	46 207	44 086	41 943	40 719	31 841	18 779	36 824	1 202	38
903 213	692 490	517 572	529 955	492 118	376 277	244 348	116 098	150 832	2 606	39
113 845	119 538	118 257	156 451	191 576	216 497	203 616	144 292	329 081	2 032	40

32. Households by age, sex and marital status of householder and urban/rural residence: each census, 1985 – 1995 (continued)
Data by urban/rural residence

(See notes at end of table.)

	Continent, country or area, date, sex, marital status and urban/rural residence — Continent, pay ou zone, date, sexe, situation matrimoniale et résidence, urbaine/rurale	Age (in years): All ages Tous âges	15 +[1]	– 15	15–19	20–24	25–29	30–34
	EUROPE (Cont.–Suite)							
	Poland – Pologne							
	Urban – Urbaine							
	6 XII 1988[24]							
	Male – Masculin							
1	Total	5 167 230	5 163 701	159	10 151	124 603	437 195	745 398
2	Single – Célibataires	266 935	266 142	159	7 985	36 402	41 615	42 534
3	Married and consensually married – Mariés et en union consensuelle	4 550 232	4 548 141	–	2 135	87 696	390 560	685 434
4	Widowed, divorced and separated – Veufs, divorcés et séparés	350 063	349 418	–	31	505	5 020	17 430
	Female – Féminin							
5	Total	2 696 932	2 694 290	172	13 846	93 226	159 584	250 608
6	Single – Célibataires	407 979	407 239	172	10 569	41 875	38 233	46 844
7	Married and consensually married – Mariées et en union consensuelle	943 283	942 768	–	3 147	47 733	101 374	149 927
8	Widowed, divorced and separated – Veuves, divorcées et séparées	1 345 670	1 344 283	–	130	3 618	19 977	53 837
	Rural – Rurale							
	6 XII 1988[24]							
	Total							
9	Total	4 106 278	4 103 240	35	7 258	101 796	311 676	456 623
10	Single – Célibataires	337 757	337 245	35	5 356	36 369	46 547	46 103
11	Married and consensually married – Mariés et en union consensuelle	3 045 226	3 043 941	–	1 845	64 412	259 503	396 462
12	Widowed, divorced and separated – Veufs, divorcés et séparés	723 295	722 054	–	57	1 015	5 626	14 058
	Male – Masculin							
13	Total	3 120 631	3 118 838	13	4 608	77 180	268 116	396 208
14	Single – Célibataires	234 206	233 863	13	3 679	27 843	38 400	38 390
15	Married and consensually married – Mariés et en union consensuelle	2 738 988	2 737 859	–	923	49 203	228 423	353 915
16	Widowed, divorced and separated – Veufs, divorcés et séparés	147 437	147 116	–	6	134	1 293	3 903
	Female – Féminin							
17	Total	985 647	984 402	22	2 650	24 616	43 560	60 415
18	Single – Célibataires	103 551	103 382	22	1 677	8 526	8 147	7 713
19	Married and consensually married – Mariées et en union consensuelle	306 238	306 082	–	922	15 209	31 080	42 547
20	Widowed, divorced and separated – Veuves, divorcées et séparées	575 858	574 938	–	51	881	4 333	10 155

32. Ménages selon l'âge, le sexe, la situation matrimoniale du chef de ménage et la résidence, urbaine/rurale: chaque recensement, 1985 – 1995 (suite)
Données selon la résidence urbaine/rurale

(Voir notes à la fin du tableau.)

Age (en années)										
35–39	40–44	45–49	50–54	55–59	60–64	65–69	70–74	75+	Unknown Inconnu	
808 828	624 680	476 196	490 640	476 905	378 848	258 400	130 156	201 701	3 370	1
35 541	24 547	19 983	18 936	15 089	10 037	5 892	2 860	4 721	634	2
743 715	567 988	425 478	434 437	418 989	328 140	217 744	105 292	140 533	2 091	3
29 572	32 145	30 735	37 267	42 827	40 671	34 764	22 004	56 447	645	4
292 859	249 644	205 840	239 852	248 732	254 645	221 405	149 013	315 036	2 470	5
49 088	37 749	26 224	25 150	26 854	30 682	25 949	15 919	32 103	568	6
159 498	124 502	92 094	95 518	73 129	48 137	26 604	10 806	10 299	515	7
84 273	87 393	87 522	119 184	148 749	175 826	168 852	122 288	272 634	1 387	8
470 380	372 031	330 228	400 771	437 480	393 513	308 057	185 326	328 101	3 003	9
41 509	27 953	22 661	24 070	23 647	20 871	16 175	9 407	16 577	477	10
405 889	316 441	273 319	320 938	331 755	269 703	184 060	94 227	125 387	1 285	11
22 982	27 637	34 248	55 763	82 078	102 939	107 822	81 692	186 137	1 241	12
400 939	308 846	268 812	317 344	332 688	276 238	195 989	106 306	165 564	1 780	13
34 146	21 887	17 395	17 018	13 729	8 904	5 553	2 779	4 140	330	14
360 096	279 454	243 084	287 979	302 692	248 700	172 210	89 769	121 411	1 129	15
6 697	7 505	8 333	12 347	16 267	18 634	18 226	13 758	40 013	321	16
69 441	63 185	61 416	83 427	104 792	117 275	112 068	79 020	162 537	1 223	17
7 363	6 066	5 266	7 052	9 918	11 967	10 622	6 628	12 437	147	18
45 793	36 987	30 235	32 959	29 063	21 003	11 850	4 458	3 976	156	19
16 285	20 132	25 915	43 416	65 811	84 305	89 596	67 934	146 124	920	20

32. Households by age, sex and marital status of householder and urban/rural residence: each census, 1985 – 1995 (continued)
Data by urban/rural residence

(See notes at end of table.)

	Continent, country or area, date, sex, marital status and urban/rural residence — Continent, pay ou zone, date, sexe, situation matrimoniale et résidence, urbaine/rurale	Age (in years): All ages Tous âges	15 + [1]	– 15	15–19	20–24	25–29	30–34
	EUROPE (Cont.–Suite)							
	Romania – Roumanie							
	Urban – Urbaine							
	7 I 1992							
	Total							
1	Total	3 970 435	3 968 682	155	9 124	146 641	266 278	463 955
2	Single – Célibataires	275 982	275 483	155	6 770	44 168	36 259	39 784
3	Married and consensually married – Mariés et en union consensuelle	2 864 195	2 863 900	–	2 073	96 705	213 965	384 190
4	Widowed – Veufs	523 377	523 222	–	58	742	2 145	6 523
5	Divorced – Divorcés	298 683	298 595	–	99	4 465	13 368	32 742
6	Unknown – Inconnu	8 198	7 482	–	124	561	541	716
	Male – Masculin							
7	Total	3 080 402	3 079 334	41	5 317	113 819	226 829	399 150
8	Single – Célibataires	146 514	146 249	41	3 578	24 796	20 549	22 828
9	Married and consensually married – Mariés et en union consensuelle	2 747 577	2 747 304	–	1 634	88 017	203 140	367 640
10	Widowed – Veufs	98 251	98 214	–	13	81	265	976
11	Divorced – Divorcés	84 090	84 044	–	21	612	2 569	7 318
12	Unknown – Inconnu	3 970	3 523	–	71	313	306	388
	Female – Féminin							
13	Total	890 033	889 348	114	3 807	32 822	39 449	64 805
14	Single – Célibataires	129 468	129 234	114	3 192	19 372	15 710	16 956
15	Married and consensually married – Mariées et en union consensuelle	116 618	116 596	–	439	8 688	10 825	16 550
16	Widowed – Veuves	425 126	425 008	–	45	661	1 880	5 547
17	Divorced – Divorcées	214 593	214 551	–	78	3 853	10 799	25 424
18	Unknown– Inconnu	4 228	3 959	–	53	248	235	328
	Rural – Rurale							
	7 I 1992							
	Total							
19	Total	3 318 241	3 318 021	137	6 171	63 078	106 762	162 911
20	Single – Célibataires	138 401	138 256	137	4 013	14 074	10 721	12 000
21	Married and consensually married – Mariés et en union consensuelle	2 363 278	2 363 263	–	2 033	47 767	93 241	143 785
22	Widowed – Veufs	749 087	749 047	–	74	428	945	2 820
23	Divorced – Divorcés	65 410	65 402	–	33	750	1 810	4 234
24	Unknown – Inconnu	2 065	2 053	–	18	59	45	72
	Male – Masculin							
25	Total	2 600 704	2 600 591	70	4 890	58 349	101 814	154 194
26	Single – Célibataires	95 500	95 423	70	3 037	11 781	9 312	10 537
27	Married and consensually married – Mariés et en union consensuelle	2 313 534	2 313 519	–	1 821	46 229	91 490	140 890
28	Widowed – Veufs	158 986	158 976	–	14	78	187	590
29	Divorced – Divorcés	31 733	31 729	–	9	217	785	2 125
30	Unknown – Inconnu	951	944	–	9	44	40	52
	Female – Féminin							
31	Total	717 537	717 430	67	1 281	4 729	4 948	8 717
32	Single – Célibataires	42 901	42 833	67	976	2 293	1 409	1 463
33	Married and consensually married – Mariées et en union consensuelle	49 744	49 744	–	212	1 538	1 751	2 895
34	Widowed – Veuves	590 101	590 071	–	60	350	758	2 230
35	Divorced – Divorcées	33 677	33 673	–	24	533	1 025	2 109
36	Unknown– Inconnu	1 114	1 109	–	9	15	5	20

32. Ménages selon l'âge, le sexe, la situation matrimoniale du chef de ménage et la résidence, urbaine/rurale: chaque recensement, 1985 – 1995 (suite)
Données selon la résidence urbaine/rurale

(Voir notes à la fin du tableau.)

Age (en années)										
35–39	40–44	45–49	50–54	55–59	60–64	65–69	70–74	75+	Unknown Inconnu	
587 272	507 585	347 536	369 320	348 555	315 411	254 359	140 080	212 566	1 598	1
38 520	27 745	17 907	16 911	13 255	11 713	9 373	5 289	7 789	344	2
484 476	411 828	270 077	273 491	244 100	201 393	141 289	63 554	76 759	295	3
13 371	20 238	24 599	42 413	60 962	78 209	88 049	64 463	121 450	155	4
50 111	47 059	34 458	35 944	29 643	23 396	15 106	6 405	5 799	88	5
794	715	495	561	595	700	542	369	769	716	6
502 446	429 417	284 937	291 948	262 819	221 771	159 639	75 193	106 049	1 027	7
21 444	15 285	9 742	9 057	6 693	5 219	3 303	1 634	2 121	224	8
465 354	396 196	259 593	263 238	235 447	194 741	136 560	61 247	74 497	273	9
2 327	3 704	4 326	7 641	10 842	14 386	15 453	10 582	27 618	37	10
12 886	13 856	11 008	11 753	9 560	7 138	4 133	1 618	1 572	46	11
435	376	268	259	277	287	190	112	241	447	12
84 826	78 168	62 599	77 372	85 736	93 640	94 720	64 887	106 517	571	13
17 076	12 460	8 165	7 854	6 562	6 494	6 070	3 655	5 668	120	14
19 122	15 632	10 484	10 253	8 653	6 652	4 729	2 307	2 262	22	15
11 044	16 534	20 273	34 772	50 120	63 823	72 596	53 881	93 832	118	16
37 225	33 203	23 450	24 191	20 083	16 258	10 973	4 787	4 227	42	17
359	339	227	302	318	413	352	257	528	269	18
202 649	250 842	268 535	371 951	441 062	439 380	402 563	227 242	374 875	83	19
12 761	12 278	10 519	12 879	13 202	12 726	10 752	5 524	6 807	8	20
175 994	214 913	225 262	300 024	339 484	311 726	251 795	116 658	140 581	15	21
6 982	15 049	24 512	49 150	79 000	107 443	134 703	102 783	225 158	40	22
6 795	8 475	8 122	9 718	9 167	7 251	5 031	2 070	1 946	8	23
117	127	120	180	209	234	282	207	383	12	24
187 439	227 066	237 362	317 187	359 706	335 778	280 033	135 670	201 103	43	25
10 978	10 047	8 205	8 957	7 653	6 122	4 331	1 894	2 569	7	26
171 418	209 562	220 186	293 991	332 960	306 194	247 341	114 190	137 247	15	27
1 401	2 717	4 323	8 880	14 534	20 386	26 498	18 867	60 501	10	28
3 561	4 661	4 574	5 256	4 481	2 977	1 770	668	645	4	29
81	79	74	103	78	99	93	51	141	7	30
15 210	23 776	31 173	54 764	81 356	103 602	122 530	91 572	173 772	40	31
1 783	2 231	2 314	3 922	5 549	6 604	6 421	3 630	4 238	1	32
4 576	5 351	5 076	6 033	6 524	5 532	4 454	2 468	3 334	–	33
5 581	12 332	20 189	40 270	64 466	87 057	108 205	83 916	164 657	30	34
3 234	3 814	3 548	4 462	4 686	4 274	3 261	1 402	1 301	4	35
36	48	46	77	131	135	189	156	242	5	36

32. Households by age, sex and marital status of householder and urban/rural residence: each census, 1985 – 1995 (continued)
Data by urban/rural residence

(See notes at end of table.)

	Continent, country or area, date, sex, marital status and urban/rural residence — Continent, pay ou zone, date, sexe, situation matrimoniale et résidence, urbaine/rurale	Age (in years) All ages Tous âges	15 + [1]	– 15	15–19	20–24	25–29	30–34
	EUROPE (Cont.–Suite)							
	Switzerland – Suisse							
	Urban – Urbaine							
	4 XII 1990 [4]							
	Total							
1	Total	2 055 893	2 055 893	–	7 345	107 873	208 606	210 932
2	Single – Célibataires	497 012	497 012	–	7 150	92 347	127 849	74 419
3	Married – Mariés	1 132 066	1 132 066	–	191	14 565	74 318	121 894
4	Widowed – Veufs	232 258	232 258	–	–	166	481	884
5	Divorced – Divorcés	194 557	194 557	–	4	795	5 958	13 735
	Male – Masculin							
6	Total	1 444 475	1 444 475	–	3 175	61 556	149 235	167 162
7	Single – Célibataires	266 987	266 987	–	3 074	49 512	80 082	46 917
8	Married – Mariés	1 056 221	1 056 221	–	101	11 808	66 787	113 884
9	Widowed – Veufs	39 459	39 459	–	–	28	152	251
10	Divorced – Divorcés	81 808	81 808	–	–	208	2 214	6 110
	Female – Féminin							
11	Total	611 418	611 418	–	4 170	46 317	59 371	43 770
12	Single – Célibataires	230 025	230 025	–	4 076	42 835	47 767	27 502
13	Married – Mariées	75 845	75 845	–	90	2 757	7 531	8 010
14	Widowed – Veuves	192 799	192 799	–	–	138	329	633
15	Divorced – Divorcées	112 749	112 749	–	4	587	3 744	7 625
	Rural – Rurale							
	4 XII 1990 [4]							
	Total							
16	Total	785 957	785 957	–	2 150	32 249	70 311	84 238
17	Single – Célibataires	134 687	134 687	–	2 098	25 869	33 351	18 672
18	Married – Mariés	513 138	513 138	–	51	6 110	35 234	61 562
19	Widowed – Veufs	96 102	96 102	–	–	65	178	348
20	Divorced – Divorcés	42 030	42 030	–	1	205	1 548	3 656
	Male – Masculin							
21	Total	613 117	613 117	–	904	19 400	56 411	74 397
22	Single – Célibataires	82 645	82 645	–	863	14 133	22 818	13 424
23	Married – Mariés	490 907	490 907	–	41	5 203	32 905	59 097
24	Widowed – Veufs	17 411	17 411	–	–	12	45	77
25	Divorced – Divorcés	22 154	22 154	–	–	52	643	1 799
	Female – Féminin							
26	Total	172 840	172 840	–	1 246	12 849	13 900	9 841
27	Single – Célibataires	52 042	52 042	–	1 235	11 736	10 533	5 248
28	Married – Mariées	22 231	22 231	–	10	907	2 329	2 465
29	Widowed – Veuves	78 691	78 691	–	–	53	133	271
30	Divorced – Divorcées	19 876	19 876	–	1	153	905	1 857

32. Ménages selon l'âge, le sexe, la situation matrimoniale du chef de ménage et la résidence, urbaine/rurale: chaque recensement, 1985 – 1995 (suite)
Données selon la résidence urbaine/rurale

(Voir notes à la fin du tableau.)

Age (en années)										
35–39	40–44	45–49	50–54	55–59	60–64	65–69	70–74	75+	Unknown Inconnu	
197 395	207 641	202 887	169 586	158 582	141 003	127 366	105 864	210 813	–	1
43 999	31 461	24 376	17 883	15 953	14 750	13 746	10 782	22 297	–	2
129 978	141 707	139 851	118 027	109 275	90 035	71 240	51 853	69 132	–	3
1 544	3 065	5 359	8 681	14 091	21 795	31 478	35 780	108 934	–	4
21 874	31 408	33 301	24 995	19 263	14 423	10 902	7 449	10 450	–	5
157 944	165 090	159 218	130 878	118 313	99 043	80 345	60 611	91 905	–	6
25 948	17 416	12 425	8 512	6 687	5 346	4 100	2 839	4 129	–	7
121 923	132 765	130 370	109 354	100 717	84 513	68 030	49 751	66 218	–	8
361	692	1 137	1 645	2 426	3 431	4 547	5 667	19 122	–	9
9 712	14 217	15 286	11 367	8 483	5 753	3 668	2 354	2 436	–	10
39 451	42 551	43 669	38 708	40 269	41 960	47 021	45 253	118 908	–	11
18 051	14 045	11 951	9 371	9 266	9 404	9 646	7 943	18 168	–	12
8 055	8 942	9 481	8 673	8 558	5 522	3 210	2 102	2 914	–	13
1 183	2 373	4 222	7 036	11 665	18 364	26 931	30 113	89 812	–	14
12 162	17 191	18 015	13 628	10 780	8 670	7 234	5 095	8 014	–	15
83 089	83 386	73 730	59 893	58 182	55 054	54 132	46 542	83 001	–	16
10 218	7 262	5 595	4 540	4 815	4 888	5 112	4 278	7 989	–	17
66 399	66 977	58 789	47 014	43 719	38 138	32 958	24 977	31 210	–	18
741	1 390	2 177	3 442	5 872	9 420	14 051	16 023	42 395	–	19
5 731	7 757	7 169	4 897	3 776	2 608	2 011	1 264	1 407	–	20
74 405	73 918	64 596	51 065	47 276	41 984	37 668	29 384	41 709	–	21
7 201	4 991	3 781	2 948	2 923	2 689	2 478	1 865	2 531	–	22
64 043	64 347	56 273	44 737	41 312	36 480	31 982	24 238	30 249	–	23
167	304	410	606	962	1 470	2 224	2 712	8 422	–	24
2 994	4 276	4 132	2 774	2 079	1 345	984	569	507	–	25
8 684	9 468	9 134	8 828	10 906	13 070	16 464	17 158	41 292	–	26
3 017	2 271	1 814	1 592	1 892	2 199	2 634	2 413	5 458	–	27
2 356	2 630	2 516	2 277	2 407	1 658	976	739	961	–	28
574	1 086	1 767	2 836	4 910	7 950	11 827	13 311	33 973	–	29
2 737	3 481	3 037	2 123	1 697	1 263	1 027	695	900	–	30

32. Households by age, sex and marital status of householder and urban/rural residence: each census, 1985 – 1995 (continued)

GENERAL NOTES

For definitions of "urban", see end of table 6. For method of evaluation and limitations of data, see Technical Notes, page 112.

FOOTNOTES

* Provisional.
1 Excluding persons of unknown age.
2 For classification by urban/rural residence, see end of table.
3 Excluding Mayotte.
4 De jure population.
5 Because of rounding, totals are not in all cases the sum of the parts.
6 Data exclude adjustment for underenumeration.
7 Data exclude adjustment for underenumeration, estimated at 2.0 per cent.
8 De jure population, but excluding armed forces overseas and civilian citizens absent from country for extended period of time.
9 Based on the results of a household survey.
10 Data exclude adjustment for underenumeration, estimated at 6.92 per cent.
11 Data exclude adjustment for underenumeration, estimated at 2.6 per cent.
12 For government controlled areas.
13 Including transients and Vietnamese refugees.
14 Excluding diplomatic personnel outside country and foreign military and civilian personnel and their dependants stationed in the area.
15 Excluding alien armed forces, civilian aliens employed by armed forces and foreign diplomatic personnel and their dependants.

NOTES GENERALES

Pour les définitions des "régions urbaines", se reporter à la fin du tableau 6. Pour la méthode d'évaluation et les insuffisances des données, voir Notes techniques, page 112.

NOTES

* Données provisoires.
1 Non compris les personnes d'âge inconnu.
2 Pour le classement selon la résidence, urbaine/rurale, voir la fin du tableau.
3 Non compris Mayotte.
4 Population de droit.
5 Les chiffres étant arrondis, les totaux ne correspondent pas toujours rigoureusement à la somme des chiffres partiels.
6 Les données n'ont pas été ajustées pour compenser les lacunes du dénombrement.
7 Les données n'ont pas été ajustées pour compenser les lacunes du dénombrement, estimées à 2,0 p. 100.
8 Population de droit, mais non compris les militaires à l'étranger, et les civils hors du pays pendant une période prolongée.
9 D'après les résultats d'une enquête des ménages.
10 Les données n'ont pas été ajustées pour compenser les lacunes du dénombrement, estimées à 6,92 p. 100.
11 Les données n'ont pas été ajustées pour compenser les lacunes du dénombrement, estimées à 2,6 p. 100.
12 Pour les zones controllées par le Gouvernement.
13 Y compris transients et réfugiés du Viet Nam.
14 Non compris le personnel diplomatique hors du pays ni les militaires et agents civils étrangers en poste sur le territoire et les membres de leur famille les accompagnant.
15 Non compris les militaires étrangers, les civils étrangers employés sur les forces armées, ni le personnel diplomatique étranger et les membres de leur famille les accompagnant.

32. Ménages selon l'âge, le sexe, la situation matrimoniale du chef de ménage et la résidence, urbaine/rurale: chaque recensement, 1985 – 1995 (suite)

FOOTNOTES(continued)

16 Based on a 2 per cent sample of census returns.
17 Excluding foreigners.
18 Excluding the Faeroe Islands and Greenland.
19 Based on national registers.
20 De jure population, but excluding diplomatic personnel outside country and including foreign diplomatic personnel not living in embassies or consulates.
21 Based on a 5 per cent sample of census returns.
22 All data shown pertaining to Germany prior to 3 October 1990 are indicated separately for the Federal Republic of Germany and the former German Democratic Republic based on their respective territories at the time indicated. See explanatory notes on data pertaining to Germany on page 4.
23 Including armed forces stationed outside the country, but excluding alien armed forces stationed in the area.
24 Excluding civilian aliens within the country, and including nationals temporarily outside the country.
25 Excluding diplomatic personnel and armed forces stationed outside country, the latter numbering 1 936 at 1966 census; also excluding alien armed forces within the country.
26 Excluding semi–urban.

NOTES(suite)

16 D'après un échantillon de 2 p. 100 des bulletins de recensement.
17 Non compris les étrangers.
18 Non compris les îles Féroé et le Groenland.
19 D'après les registres nationaux.
20 Population de droit, mais non compris le personnel diplomatique hors du pays mais personnel diplomatique étranger ne vivant pas dans les ambassades ou les consulats.
21 D'après un échantillon de 5 p. 100 des bulletins de recensement.
22 Toutes les données se rapportant à l'Allemagne avant le 3 octobre 1990 figurent dans deux rubriques séparées basées sur les territoires respectifs de la République fédérale d'Allemagne et l'ancienne République démocratique allemande selon la période indiquée. Voir les notes explicatives sur les données concernant l'Allemagne à la page 4.
23 Y compris les militaires en garnison hors du pays, mais non compris les militaires étrangers en garnison sur le territoire.
24 Non compris les civils étrangers dans le pays, mais y compris les civils nationaux temporairement hors du pays.
25 Non compris le personnel diplomatique et les militaires hors du pays, ces derniers étant au nombre de 1 936 au recensement de 1966; non compris également les militaires étrangers en garnison dans le pays.
26 Non compris semi–urbaine.

33. Households by age and sex of householder, size and relationship to householder by urban/rural residence: each census, 1985 – 1995

(See notes at end of table.)

	Continent, country or area, date, sex, size, relationship and urban/rural residence Continent, pays ou zone, date, sexe, dimension, lien et résidence, urbaine/rurale	Age (in years) All ages Tous âges	15 + [1]	– 15	15–19	20–24	25–29	30–34
	AFRICA—AFRIQUE							
	Egypt – Egypte							
	17 XI 1986* [2]							
	Total							
1	Total	9 718 663	...	...	...	...	...	...
2	1	622 189	...	...	...	...	...	...
3	2 +	9 096 474	...	...	...	...	...	...
	2							
4	Spouse – Epouse	761 673	...	...	...	...	...	...
	No spouse – Sans épouse							
5	Child – Enfant	921 533	...	...	...	...	...	...
6	Other – Autres	164 357	...	...	...	...	...	...
	3 +							
	Spouse + Child –							
7	Epouse + enfant	328 105	...	...	...	...	...	...
	Spouse, child, other –							
8	Epouse, enfant, autres	6 920 806	...	...	...	...	...	...
	Namibia – Namibie							
	21 X 1991							
	Total							
9	Total	254 389	...	...	...	...	...	...
10	1	27 173	...	...	...	...	...	...
11	2 +	293 293	...	...	...	...	...	...
	2							
12	Spouse – Epouse	12 997	...	...	...	...	...	...
	No spouse – Sans épouse							
13	Child – Enfant	6 174	...	...	...	...	...	...
14	Other – Autres	25 204	...	...	...	...	...	...
	3 +							
	Spouse + Child –							
15	Epouse + enfant	37 913	...	...	...	...	...	...
	Spouse, child, other –							
16	Epouse, enfant, autres	99 263	...	...	...	...	...	...
	No Spouse – Sans épouse							
17	Children – Enfants	15 688	...	...	...	...	...	...
	No Spouse – Sans épouse							
	Children, other –							
18	Enfants, autres	96 054	...	...	...	...	...	...
	Male – Masculin							
19	Total	154 466	...	...	...	...	...	...
20	1	18 510	...	...	...	...	...	...
21	2 +	186 415	...	...	...	...	...	...
	2							
22	Spouse – Epouse	12 478	...	...	...	...	...	...
	No spouse – Sans épouse							
23	Child – Enfant	1 103	...	...	...	...	...	...
24	Other – Autres	19 819	...	...	...	...	...	...
	3 +							
	Spouse + Child –							
25	Epouse + enfant	36 604	...	...	...	...	...	...
	Spouse, child, other –							
26	Epouse, enfant, autres	94 740	...	...	...	...	...	...
	No Spouse – Sans épouse							
27	Children – Enfants	1 378	...	...	...	...	...	...
	No Spouse – Sans épouse							
	Children, other –							
28	Enfants, autres	20 293	...	...	...	...	...	...

33. Ménages selon l'âge et le sexe du chef de ménage, la dimension du ménage, le lien avec le chef de ménage et la résidence, urbaine/rurale: chaque recensement, 1985 – 1995

(Voir notes à la fin du tableau.)

Age (en années)										
35–39	40–44	45–49	50–54	55–59	60–64	65–69	70–74	75+	Unknown Inconnu	
...	...	...	...	...	...	...	...	...	...	1
...	...	...	...	...	...	...	...	...	...	2
...	...	...	...	...	...	...	...	...	...	3
...	...	...	...	...	...	...	...	...	...	4
...	...	...	...	...	...	...	...	...	...	5
...	...	...	...	...	...	...	...	...	...	6
...	...	...	...	...	...	...	...	...	...	7
...	...	...	...	...	...	...	...	...	...	8
...	...	...	...	...	...	...	...	...	...	9
...	...	...	...	...	...	...	...	...	...	10
...	...	...	...	...	...	...	...	...	...	11
...	...	...	...	...	...	...	...	...	...	12
...	...	...	...	...	...	...	...	...	...	13
...	...	...	...	...	...	...	...	...	...	14
...	...	...	...	...	...	...	...	...	...	15
...	...	...	...	...	...	...	...	...	...	16
...	...	...	...	...	...	...	...	...	...	17
...	...	...	...	...	...	...	...	...	...	18
...	...	...	...	...	...	...	...	...	...	19
...	...	...	...	...	...	...	...	...	...	20
...	...	...	...	...	...	...	...	...	...	21
...	...	...	...	...	...	...	...	...	...	22
...	...	...	...	...	...	...	...	...	...	23
...	...	...	...	...	...	...	...	...	...	24
...	...	...	...	...	...	...	...	...	...	25
...	...	...	...	...	...	...	...	...	...	26
...	...	...	...	...	...	...	...	...	...	27
...	...	...	...	...	...	...	...	...	...	28

33. Households by age and sex of householder, size and relationship to householder by urban/rural residence: each census, 1985 – 1995 (continued)

(See notes at end of table.)

	Continent, country or area, date, sex, size, relationship and urban/rural residence — Continent, pays ou zone, date, sexe, dimension, lien et résidence, urbaine/rurale	Age (in years): All ages — Tous âges	15 + [1]	– 15	15–19	20–24	25–29	30–34
	AFRICA—AFRIQUE (Cont.–Suite)							
	Namibia – Namibie U							
	21 X 1991							
	Female – Féminin							
1	Total	99 923	...	...	...	...	...	...
2	1	8 663	...	...	...	...	...	...
3	2 +	106 878	...	...	...	...	...	...
	2							
4	Spouse – Epouse	519	...	...	...	...	...	...
	No spouse – Sans épouse							
5	Child – Enfant	5 071	...	...	...	...	...	...
6	Other – Autres	5 385	...	...	...	...	...	...
	3 +							
7	Spouse + Child – Epouse + enfant	1 309	...	...	...	...	...	...
8	Spouse, child, other – Epouse, enfant, autres	4 523	...	...	...	...	...	...
9	No Spouse – Sans épouse Children – Enfants	14 310	...	...	...	...	...	...
10	No Spouse – Sans épouse Children, other – Enfants, autres	75 761	...	...	...	...	...	...
	AMERICA,NORTH— AMERIQUE DU NORD							
	Canada							
	3 VI 1986 [3 4]							
	Total							
11	Total	8 991 670	8 991 680	–	41 410	494 530	1 015 510	1 108 535
12	1	1 934 715	1 934 700	–	14 030	139 600	214 780	180 035
13	2 +	7 056 960	7 056 970	–	27 380	354 935	800 720	928 495
	2							
14	Spouse – Epouse	1 992 585	1 992 600	–	6 095	138 035	256 140	154 845
	No spouse – Sans épouse							
15	Child – Enfant	370 130	370 125	–	4 085	25 080	35 025	37 645
16	Other – Autres	338 455	338 470	–	8 095	63 850	60 190	35 095
	3 +							
17	Spouse + Child – Epouse + enfant	3 339 885	3 339 890	–	3 005	72 110	347 270	576 740
18	Spouse, child, other – Epouse, enfant, autres	301 900	301 885	–	370	5 915	23 315	39 120
19	No Spouse – Sans épouse Children – Enfants	285 610	285 610	–	735	10 750	29 545	45 570
20	No Spouse – Sans épouse Children, other – Enfants, autres	140 080	140 085	–	1 300	7 465	13 570	16 760
21	Other – Autres	288 320	288 310	–	3 705	31 720	35 665	22 725
	Male – Masculin							
22	Total	6 436 845	6 436 850	–	17 550	290 445	720 955	839 440
23	1	797 070	797 070	–	6 060	70 785	120 660	105 860
24	2 +	5 639 775	5 639 780	–	11 490	219 665	600 290	733 580
	2							
25	Spouse – Epouse	1 737 970	1 737 990	–	3 020	97 965	202 565	125 310
	No spouse – Sans épouse							
26	Child – Enfant	72 925	72 915	–	385	1 480	3 145	4 920
27	Other – Autres	164 885	164 895	–	3 615	34 100	35 655	21 290
	3 +							
28	Spouse + Child – Epouse + enfant	3 099 040	3 099 050	–	1 885	59 385	308 315	522 655
29	Spouse, child, other – Epouse, enfant, autres	277 080	277 080	–	215	4 650	20 035	34 780
30	No Spouse – Sans épouse Children – Enfants	43 490	43 485	–	185	910	1 975	3 545
31	No Spouse – Sans épouse Children, other – Enfants, autres	38 035	38 045	–	365	1 355	2 805	3 890
32	Other – Autres	206 350	206 340	–	1 820	19 810	25 790	17 195

33. Ménages selon l'âge et le sexe du chef de ménage, la dimension du ménage, le lien avec le chef de ménage et la résidence, urbaine/rurale: chaque recensement, 1985 – 1995 (suite)

(Voir notes à la fin du tableau.)

Age (en années) 35–39	40–44	45–49	50–54	55–59	60–64	65–69	70–74	75+	Unknown Inconnu	
–	–	–	–	–	–	–	–	–	–	1
–	–	–	–	–	–	–	–	–	–	2
–	–	–	–	–	–	–	–	–	–	3
–	–	–	–	–	–	–	–	–	–	4
–	–	–	–	–	–	–	–	–	–	5
–	–	–	–	–	–	–	–	–	–	6
–	–	–	–	–	–	–	–	–	–	7
–	–	–	–	–	–	–	–	–	–	8
–	–	–	–	–	–	–	–	–	–	9
–	–	–	–	–	–	–	–	–	–	10
1 084 850	886 630	726 185	686 330	680 285	646 725	553 140	468 160	599 390	–	11
139 040	101 850	87 465	97 355	123 565	156 815	175 440	187 785	316 940	–	12
945 805	784 775	638 725	588 975	556 720	489 910	377 700	280 380	282 450	–	13
93 600	68 485	82 185	133 560	199 730	246 945	234 605	191 910	186 465	–	14
43 210	41 660	36 260	34 445	32 895	27 605	18 775	13 450	19 990	–	15
22 390	15 810	13 050	14 075	17 375	19 825	20 070	18 885	29 760	–	16
643 860	531 865	400 720	310 430	221 440	129 255	60 855	26 730	15 610	–	17
49 350	45 575	42 435	37 690	28 070	16 590	7 940	3 570	1 945	–	18
57 535	49 805	33 295	23 410	16 125	9 415	4 270	2 160	2 995	–	19
20 035	18 765	15 815	13 770	11 855	8 710	5 180	3 260	3 600	–	20
15 825	12 815	14 965	21 600	29 235	31 550	25 995	20 420	22 090	–	21
843 685	698 115	576 490	541 345	520 885	464 265	361 265	274 790	287 620	–	22
83 390	58 915	46 960	47 295	51 845	51 405	44 900	42 170	66 825	–	23
760 295	639 195	529 535	494 050	469 040	412 860	316 365	232 620	220 795	–	24
76 405	56 195	69 890	119 185	183 240	229 895	218 190	179 370	176 760	–	25
8 775	10 775	9 860	9 040	7 955	6 035	3 865	2 665	4 015	–	26
13 310	8 930	6 765	6 690	7 440	7 130	6 315	5 640	8 015	–	27
593 245	497 890	380 155	296 970	213 300	125 140	59 020	25 945	15 145	–	28
44 770	41 950	39 660	35 560	26 710	15 870	7 580	3 430	1 870	–	29
6 775	8 655	7 160	5 635	3 850	2 315	1 180	620	680	–	30
5 170	5 420	4 950	4 295	3 725	2 555	1 495	980	1 040	–	31
11 845	9 385	11 100	16 680	22 830	23 920	18 715	13 975	13 275	–	32

33. Households by age and sex of householder, size and relationship to householder by urban/rural residence: each census, 1985 – 1995 (continued)

(See notes at end of table.)

	Continent, country or area, date, sex, size, relationship and urban/rural residence — Continent, pays ou zone, date, sexe, dimension, lien et résidence, urbaine/rurale	Age (in years): All ages / Tous âges	15 + [1]	– 15	15–19	20–24	25–29	30–34
	AMERICA,NORTH— (Cont.–Suite) AMERIQUE DU NORD							
	Canada							
	3 VI 1986 [3,4]							
	Female – Féminin							
1	Total	2 554 825	2 554 830	–	23 860	204 085	294 555	269 095
2	1	1 137 645	1 137 630	–	7 970	68 815	94 120	74 175
3	2 +	1 417 185	1 417 190	–	15 890	135 270	200 430	194 915
	2							
4	Spouse – Epouse	254 615	254 610	–	3 075	40 070	53 575	29 535
	No spouse – Sans épouse							
5	Child – Enfant	297 205	297 210	–	3 700	23 600	31 880	32 725
6	Other – Autres	173 570	173 575	–	4 480	29 750	24 535	13 805
	3 +							
7	Spouse + Child – Epouse + enfant	240 845	240 840	–	1 120	12 725	38 955	54 085
8	Spouse, child, other – Epouse, enfant, autres	24 820	24 805	–	155	1 265	3 280	4 340
9	No Spouse – Sans épouse Children – Enfants	242 120	242 125	–	550	9 840	27 570	42 025
10	No Spouse – Sans épouse Children, other – Enfants, autres	102 045	102 040	–	935	6 110	10 765	12 870
11	Other – Autres	81 970	81 970	–	1 885	11 910	9 875	5 530
	4 VI 1991 [3,4,5]							
	Total							
12	Total	10 018 263	10 018 260	–	47 410	418 815	983 270	1 236 725
13	1	2 297 060	2 297 060	–	14 885	115 550	220 780	218 750
14	2 +	7 721 210	7 721 220	–	32 525	303 260	762 490	1 017 980
	2							
15	Spouse – Epouse	2 322 230	2 322 230	–	7 020	105 885	253 255	184 905
	No spouse – Sans épouse							
16	Child – Enfant	430 950	430 935	–	5 700	25 515	36 975	44 740
17	Other – Autres	391 015	391 005	–	9 055	60 745	71 460	46 750
	3 +							
18	Spouse + Child – Epouse + enfant	3 441 165	3 441 165	–	3 385	53 760	286 800	589 045
19	Spouse, child, other – Epouse, enfant, autres	335 455	335 470	–	410	5 360	23 115	46 195
20	No Spouse – Sans épouse Children – Enfants	311 180	311 180	–	1 115	12 035	33 620	54 990
21	No Spouse – Sans épouse Children, other – Enfants, autres	156 700	156 695	–	1 300	7 320	13 970	20 100
22	Other – Autres	332 525	332 530	–	4 545	32 630	43 295	31 245
	Male – Masculin							
23	Total	7 001 553	7 001 560	–	18 650	228 385	665 430	904 540
24	1	970 190	970 185	–	6 575	59 735	128 680	133 755
25	2 +	6 031 370	6 031 370	–	12 075	168 650	536 750	770 785
	2							
26	Spouse – Epouse	1 999 030	1 999 030	–	2 995	69 230	190 775	144 945
	No spouse – Sans épouse							
27	Child – Enfant	82 130	82 130	–	410	1 525	3 455	6 000
28	Other – Autres	196 000	195 995	–	3 985	32 465	43 475	28 890
	3 +							
29	Spouse + Child – Epouse + enfant	3 128 065	3 128 050	–	1 735	39 960	243 685	518 360
30	Spouse, child, other – Epouse, enfant, autres	300 725	300 735	–	210	3 690	19 025	39 610
31	No Spouse – Sans épouse Children – Enfants	44 615	44 625	–	295	855	2 120	4 410
32	No Spouse – Sans épouse Children, other – Enfants, autres	43 415	43 420	–	235	1 205	2 995	5 105
33	Other – Autres	237 390	237 390	–	2 215	19 705	31 220	23 470

33. Ménages selon l'âge et le sexe du chef de ménage, la dimension du ménage, le lien avec le chef de ménage et la résidence, urbaine/rurale: chaque recensement, 1985 – 1995 (suite)

(Voir notes à la fin du tableau.)

Age (en années) 35–39	40–44	45–49	50–54	55–59	60–64	65–69	70–74	75+	Unknown Inconnu	
241 165	188 515	149 695	144 985	159 400	182 460	191 875	193 370	311 770	–	1
55 650	42 935	40 505	50 060	71 720	105 410	130 540	145 615	250 115	–	2
185 510	145 580	109 190	94 925	87 680	77 050	61 335	47 760	61 655	–	3
17 195	12 290	12 295	14 375	16 490	17 050	16 415	12 540	9 705	–	4
34 435	30 885	26 400	25 405	24 940	21 570	14 910	10 785	15 975	–	5
9 080	6 880	6 285	7 385	9 935	12 695	13 755	13 245	21 745	–	6
50 615	33 975	20 565	13 460	8 140	4 115	1 835	785	465	–	7
4 580	3 625	2 775	2 130	1 360	720	360	140	75	–	8
50 760	41 150	26 135	17 775	12 275	7 100	3 090	1 540	2 315	–	9
14 865	13 345	10 865	9 475	8 130	6 155	3 685	2 280	2 560	–	10
3 980	3 430	3 865	4 920	6 405	7 630	7 280	6 445	8 815	–	11
1 213 545	1 149 470	920 630	745 785	696 330	683 620	647 290	520 960	754 410	–	12
184 125	159 575	133 650	122 590	137 975	171 075	207 325	208 025	402 755	–	13
1 029 425	989 900	786 980	623 205	558 355	512 550	439 965	312 930	351 655	–	14
118 910	106 700	123 685	172 895	235 515	278 730	281 125	216 710	236 895	–	15
50 765	57 945	49 395	36 550	30 600	27 330	23 180	16 720	25 520	–	16
29 865	23 125	18 395	16 560	17 605	20 715	22 595	19 845	34 290	–	17
667 200	640 970	471 200	301 285	194 405	119 975	64 380	28 840	19 920	–	18
55 875	59 695	49 100	37 920	26 850	16 495	8 425	3 710	2 320	–	19
63 860	59 535	37 130	18 935	11 505	7 545	4 750	2 645	3 515	–	20
22 595	23 945	18 665	14 045	10 875	8 755	6 490	3 965	4 670	–	21
20 350	17 995	19 405	25 010	31 000	32 990	29 015	20 520	24 530	–	22
909 295	872 930	706 575	575 035	528 835	495 870	427 105	307 125	361 785	–	23
112 700	92 825	69 890	57 520	57 465	61 155	58 370	47 480	84 035	–	24
796 595	780 110	636 680	517 515	471 365	434 715	368 735	259 645	277 750	–	25
92 855	83 625	101 720	151 000	214 045	258 870	261 485	202 775	224 710	–	26
9 535	13 475	12 710	9 405	7 245	5 875	4 480	3 165	4 850	–	27
17 920	12 730	9 230	7 605	7 655	8 370	8 065	6 270	9 335	–	28
598 785	587 030	440 330	286 080	186 515	116 000	62 315	27 950	19 305	–	29
48 950	53 710	45 180	35 370	25 400	15 730	8 055	3 565	2 240	–	30
7 440	9 690	7 895	4 660	2 935	1 830	1 145	590	760	–	31
6 005	6 975	5 675	4 560	3 375	2 610	1 990	1 195	1 495	–	32
15 110	12 875	13 940	18 830	24 195	25 420	21 200	14 160	15 050	–	33

33. Households by age and sex of householder, size and relationship to householder by urban/rural residence: each census, 1985 – 1995 (continued)

(See notes at end of table.)

	Continent, country or area, date, sex, size, relationship and urban/rural residence Continent, pays ou zone, date, sexe, dimension, lien et résidence, urbaine/rurale	Age (in years) All ages Tous âges	15 + [1]	– 15	15–19	20–24	25–29	30–34
	AMERICA,NORTH— (Cont.–Suite) AMERIQUE DU NORD							
	Canada							
	4 VI 1991 [3 4 5]							
	Female – Féminin							
1	Total	3 016 710	3 016 700	–	28 760	190 430	317 840	332 185
2	1	1 326 870	1 326 875	–	8 310	55 815	92 100	84 995
3	2 +	1 689 840	1 689 850	–	20 450	134 610	225 740	247 195
	2							
4	Spouse – Epouse	323 200	323 200	–	4 025	36 655	62 480	39 960
	No spouse – Sans épouse							
5	Child – Enfant	348 820	348 805	–	5 290	23 990	33 520	38 740
6	Other – Autres	195 015	195 010	–	5 070	28 280	27 985	17 860
	3 +							
	Spouse + Child –							
7	Epouse + enfant	313 100	313 115	–	1 650	13 800	43 115	70 685
	Spouse, child, other –							
8	Epouse, enfant, autres	34 730	34 735	–	200	1 670	4 090	6 585
	No Spouse – Sans épouse							
9	Children – Enfants	266 565	266 555	–	820	11 180	31 500	50 580
	No Spouse – Sans épouse							
	Children, other –							
10	Enfants, autres	113 285	113 275	–	1 065	6 115	10 975	14 995
11	Other – Autres	95 135	95 140	–	2 330	12 925	12 075	7 775
	Cayman Islands – Iles Caïmanes							
	15 X 1989 [3]							
	Total							
12	Total	8 115	8 114	1	84	468	1 029	1 188
13	1	1 781	1 780	1	12	104	241	311
14	2 +	5 816	5 816	–	72	364	788	359
	2							
15	Spouse – Epouse	1 166	1 166	–	9	67	181	149
	No spouse – Sans épouse							
16	Child – Enfant	266	266	–	2	11	24	35
17	Other – Autres	635	635	–	17	77	125	83
	3 +							
	Spouse + Child –							
18	Epouse + enfant	2 029	2 029	–	6	67	210	357
	Spouse, child, other –							
19	Epouse, enfant, autres	1 064	1 064	–	5	39	111	113
	No Spouse – Sans épouse							
20	Children – Enfants	271	271	–	–	3	27	36
	No Spouse – Sans épouse							
	Children, other –							
21	Enfants, autres	903	903	–	33	100	110	104
	Male – Masculin							
22	Total	5 303	5 302	1	29	274	655	767
23	1	1 027	1 026	1	7	62	152	185
24	2 +	3 758	3 758	–	22	212	503	64
	2							
25	Spouse – Epouse	997	997	–	3	51	144	121
	No spouse – Sans épouse							
26	Child – Enfant	50	50	–	–	–	2	3
27	Other – Autres	320	320	–	5	52	76	42
	3 +							
	Spouse + Child –							
28	Epouse + enfant	1 737	1 737	–	–	43	168	278
	Spouse, child, other –							
29	Epouse, enfant, autres	861	861	–	1	20	66	91
	No Spouse – Sans épouse							
30	Children – Enfants	27	27	–	–	–	–	1
	No Spouse – Sans épouse							
	Children, other –							
31	Enfants, autres	284	284	–	13	46	47	46

33. Ménages selon l'âge et le sexe du chef de ménage, la dimension du ménage, le lien avec le chef de ménage et la résidence, urbaine/rurale: chaque recensement, 1985 – 1995 (suite)

(Voir notes à la fin du tableau.)

Age (en années)										
35–39	40–44	45–49	50–54	55–59	60–64	65–69	70–74	75+	Unknown Inconnu	
304 250	276 540	214 055	170 750	167 495	187 750	220 185	213 835	392 625	–	1
71 425	66 750	63 760	65 070	80 510	109 920	148 955	160 545	318 720	–	2
232 830	209 790	150 300	105 690	86 990	77 835	71 230	53 285	73 905	–	3
26 055	23 075	21 965	21 895	21 470	19 860	19 640	13 935	12 185	–	4
41 230	44 470	36 685	27 145	23 355	21 455	18 700	13 555	20 670	–	5
11 945	10 395	9 165	8 955	9 950	12 345	14 530	13 575	24 955	–	6
68 415	53 940	30 870	15 205	7 890	3 975	2 065	890	615	–	7
6 925	5 985	3 920	2 550	1 450	765	370	145	80	–	8
56 420	49 845	29 235	14 275	8 570	5 715	3 605	2 055	2 755	–	9
16 590	16 970	12 990	9 485	7 500	6 145	4 500	2 770	3 175	–	10
5 240	5 120	5 465	6 180	6 805	7 570	7 815	6 360	9 480	–	11
1 181	929	728	654	490	417	325	254	367	–	12
250	179	147	117	88	98	62	61	110	–	13
931	750	581	537	402	319	263	193	257	–	14
125	87	84	110	89	89	80	50	46	–	15
34	28	27	27	24	11	20	8	15	–	16
72	48	35	37	18	12	21	34	56	–	17
397	348	226	173	112	63	33	14	23	–	18
143	109	105	102	100	79	71	46	41	–	19
54	54	36	26	14	5	2	4	10	–	20
106	76	68	62	45	60	36	37	66	–	21
784	681	513	456	345	280	213	140	165	–	22
148	114	91	73	53	54	28	24	35	–	23
636	567	422	383	292	226	185	116	130	–	24
109	81	70	96	78	86	71	45	42	–	25
3	7	9	7	6	1	7	1	4	–	26
40	31	21	22	5	2	4	6	14	–	27
336	320	211	153	106	59	32	12	19	–	28
113	93	86	89	87	64	66	44	41	–	29
3	8	2	5	4	2	1	–	1	–	30
32	27	23	11	6	12	4	8	9	–	31

33. Households by age and sex of householder, size and relationship to householder by urban/rural residence: each census, 1985 – 1995 (continued)

(See notes at end of table.)

	Continent, country or area, date, sex, size, relationship and urban/rural residence — Continent, pays ou zone, date, sexe, dimension, lien et résidence, urbaine/rurale	Age (in years)						
		All ages Tous âges	15 + [1]	– 15	15–19	20–24	25–29	30–34
	AMERICA, NORTH— (Cont.–Suite) AMERIQUE DU NORD							
	Cayman Islands – Iles Caïmanes							
	15 X 1989 [3]							
	Female – Féminin							
1	Total	2 812	2 812	–	55	194	374	421
2	1	754	754	–	5	42	89	126
3	2 +	2 058	2 058	–	50	152	285	295
	2							
4	Spouse – Epouse	169	169	–	6	16	37	28
	No spouse – Sans épouse							
5	Child – Enfant	216	216	–	2	11	22	32
6	Other – Autres	315	315	–	12	25	49	41
	3 +							
7	Spouse + Child – Epouse + enfant	292	292	–	6	24	42	79
8	Spouse, child, other – Epouse, enfant, autres	203	203	–	4	19	45	22
9	No Spouse – Sans épouse Children – Enfants	244	244	–	–	3	27	35
10	No Spouse – Sans épouse Children, other – Enfants, autres	619	619	–	20	54	63	58
	Netherlands Antilles – Antilles néerlandaises							
	27 I 1992 [3 6]							
	Total							
11	Total	57 445	57 445	–	100	1 361	4 547	7 219
12	1	10 761	10 761	–	51	444	1 124	1 307
13	2 +	12 500	12 500	–	38	492	1 318	1 560
	2							
14	Spouse – Epouse	7 099	7 099	–	15	264	864	954
	No spouse – Sans épouse							
15	Child – Enfant	3 549	3 549	–	14	98	226	421
16	Other – Autres	1 852	1 852	–	9	130	228	185
	3 +							
17	Spouse + Child – Epouse + enfant	18 597	18 597	–	2	249	1 420	3 027
18	Spouse, child, other – Epouse, enfant, autres	5 639	5 639	–	1	60	215	410
19	No Spouse – Sans épouse Children – Enfants	4 251	4 251	–	2	35	228	592
20	No Spouse – Sans épouse Children, other – Enfants, autres	4 556	4 556	–	3	44	124	203
21	Other – Autres	1 141	1 141	–	3	37	118	120
	Male – Masculin							
22	Total	37 855	37 855	–	58	866	3 147	5 113
23	1	5 835	5 835	–	35	256	624	818
24	2 +	7 901	7 901	–	19	321	946	1 040
	2							
25	Spouse – Epouse	6 636	6 636	–	11	234	791	889
	No spouse – Sans épouse							
26	Child – Enfant	453	453	–	–	2	12	22
27	Other – Autres	812	812	–	8	85	143	129
	3 +							
28	Spouse + Child – Epouse + enfant	17 618	17 618	–	2	215	1 299	2 804
29	Spouse, child, other – Epouse, enfant, autres	5 199	5 199	–	–	53	184	359
30	No Spouse – Sans épouse Children – Enfants	322	322	–	–	–	7	15
31	No Spouse – Sans épouse Children, other – Enfants, autres	520	520	–	–	3	8	10
32	Other – Autres	460	460	–	2	18	79	67

33. Ménages selon l'âge et le sexe du chef de ménage, la dimension du ménage, le lien avec le chef de ménage et la résidence, urbaine/rurale: chaque recensement, 1985 – 1995 (suite)

(Voir notes à la fin du tableau.)

Age (en années)										
35–39	40–44	45–49	50–54	55–59	60–64	65–69	70–74	75+	Unknown Inconnu	
397	248	215	198	145	137	112	114	202	–	1
102	65	56	44	35	44	34	37	75	–	2
295	183	159	154	110	93	78	77	127	–	3
16	6	14	14	11	3	9	5	4	–	4
31	21	18	20	18	10	13	7	11	–	5
32	17	14	15	13	10	17	28	42	–	6
61	28	15	20	6	4	1	2	4	–	7
30	16	19	13	13	15	5	2	–	–	8
51	46	34	21	10	3	1	4	9	–	9
74	49	45	51	39	48	32	29	57	–	10
7 761	7 710	6 448	5 113	4 486	3 710	3 016	2 478	3 496	–	11
1 254	1 160	1 043	846	741	676	558	594	963	–	12
1 276	1 203	1 185	1 041	1 029	894	772	672	1 020	–	13
698	613	636	596	640	556	465	366	432	–	14
429	465	425	298	256	210	191	180	336	–	15
149	125	124	147	133	128	116	126	252	–	16
3 505	3 404	2 488	1 661	1 130	720	448	291	252	–	17
482	565	615	630	739	660	532	355	375	–	18
845	832	568	327	246	156	144	109	167	–	19
320	460	455	511	518	492	489	385	552	–	20
79	86	94	97	83	112	73	72	167	–	21
5 377	5 236	4 335	3 416	3 031	2 399	1 831	1 396	1 650	–	22
773	679	584	458	424	342	265	257	320	–	23
766	669	698	676	698	615	514	412	527	–	24
648	562	577	564	616	527	446	355	416	–	25
28	41	58	60	38	53	39	36	64	–	26
90	66	63	52	44	35	29	21	47	–	27
3 304	3 249	2 390	1 600	1 100	696	434	281	244	–	28
443	523	543	583	694	619	501	340	357	–	29
21	49	46	29	32	36	25	25	37	–	30
23	27	31	34	58	56	71	67	132	–	31
47	40	43	36	25	35	21	14	33	–	32

33. Households by age and sex of householder, size and relationship to householder by urban/rural residence: each census, 1985 – 1995 (continued)

(See notes at end of table.)

	Continent, country or area, date, sex, size, relationship and urban/rural residence — Continent, pays ou zone, date, sexe, dimension, lien et résidence, urbaine/rurale	Age (in years): All ages Tous âges	15 +[1]	– 15	15–19	20–24	25–29	30–34
	AMERICA,NORTH— (Cont.–Suite) AMERIQUE DU NORD							
	Netherlands Antilles – Antilles néerlandaises							
	27 I 1992[3,6]							
	Female – Féminin							
1	Total	19 590	19 590	–	42	495	1 400	2 106
2	1	4 926	4 926	–	16	188	500	489
3	2 +	4 599	4 599	–	19	171	372	520
	2							
4	Spouse – Epouse	463	463	–	4	30	73	65
	No spouse – Sans épouse							
5	Child – Enfant	3 096	3 096	–	14	96	214	399
6	Other – Autres	1 040	1 040	–	1	45	85	56
	3 +							
7	Spouse + Child – Epouse + enfant	979	979	–	–	34	121	223
8	Spouse, child, other – Epouse, enfant, autres	440	440	–	1	7	31	51
9	No Spouse – Sans épouse Children – Enfants	3 929	3 929	–	2	35	221	577
10	No Spouse – Sans épouse Children, other – Enfants, autres	4 036	4 036	–	3	41	116	193
11	Other – Autres	681	681	–	1	19	39	53
	United States – Etats–Unis[7]							
	1 III 1985[4,8]							
	Total							
12	Total	86 788 000	86 787 000	–	420 000	5 018 000	9 637 000	10 376 000
13	1	20 602 000	20 602 000	–	129 000	1 194 000	2 067 000	1 838 000
14	2 +	66 186 000	66 185 000	–	291 000	3 824 000	7 570 000	8 538 000
	2							
15	Spouse – Epouse	19 078 000	...	...	...	...	...	...
	No spouse – Sans épouse							
16	Child – Enfant	2 596 000	...	...	...	...	...	...
	Male – Masculin							
17	Total	60 025 000	60 025 000	–	210 000	3 243 000	6 956 000	7 613 000
18	1	7 922 000	7 922 000	–	69 000	681 000	1 232 000	1 075 000
19	2 +	52 103 000	52 103 000	–	141 000	2 562 000	5 724 000	6 538 000
	2							
20	Spouse – Epouse	...	...	...	...	...	...	...
	No spouse – Sans épouse							
21	Child – Enfant	460 000	...	...	...	...	...	...
	Female – Féminin							
22	Total	26 763 000	26 762 000	–	210 000	1 775 000	2 681 000	2 763 000
23	1	12 680 000	12 680 000	–	60 000	513 000	835 000	763 000
24	2 +	14 083 000	14 082 000	–	150 000	1 262 000	1 846 000	2 000 000
	2							
25	Spouse – Epouse	...	...	...	...	...	...	...
	No spouse – Sans épouse							
26	Child – Enfant	2 136 000	...	...	...	...	...	...
	1 III 1988[4,8]							
	Total							
27	Total	91 066 000	91 067 000	–	453 000	4 775 000	9 614 000	10 969 000
28	1	21 889 000	21 887 000	–	126 000	1 118 000	2 118 000	1 901 000
29	2 +	69 177 000	69 180 000	–	327 000	3 657 000	7 496 000	9 068 000
	No spouse – Sans épouse							
30	Child – Enfant	2 786 000	...	...	...	...	...	...
	Male – Masculin							
31	Total	62 773 000	62 774 000	–	211 000	2 884 000	6 799 000	7 980 000
32	1	8 788 000	8 788 000	–	60 000	593 000	1 239 000	1 130 000
33	2 +	53 985 000	53 986 000	–	151 000	2 291 000	5 560 000	6 850 000
	2							
34	Spouse – Epouse	20 054 000	...	...	...	...	...	...
	No spouse – Sans épouse							
35	Child – Enfant	521 000	...	...	...	...	...	...

33. Ménages selon l'âge et le sexe du chef de ménage, la dimension du ménage, le lien avec le chef de ménage et la résidence, urbaine/rurale: chaque recensement, 1985 – 1995 (suite)

(Voir notes à la fin du tableau.)

Age (en années)										
35–39	40–44	45–49	50–54	55–59	60–64	65–69	70–74	75+	Unknown Inconnu	
2 384	2 474	2 113	1 697	1 455	1 311	1 185	1 082	1 846	–	1
481	481	459	388	317	334	293	337	643	–	2
510	534	487	365	331	279	258	260	493	–	3
50	51	59	32	24	29	19	11	16	–	4
401	424	367	238	218	157	152	144	272	–	5
59	59	61	95	89	93	87	105	205	–	6
201	155	98	61	30	24	14	10	8	–	7
39	42	72	47	45	41	31	15	18	–	8
824	783	522	298	214	120	119	84	130	–	9
297	433	424	477	460	436	418	318	420	–	10
32	46	51	61	58	77	52	58	134	–	11
—— 17 4 81 000 ——		*—— 12 6 28 000 ——*		*—— 13 0 72 000 ——*		*—— 10 8 51 000 ——*		7 304 000	–	12
—— 2 3 22 000 ——		*—— 1 8 51 000 ——*		*—— 3 0 89 000 ——*		*—— 4 1 30 000 ——*		3 982 000	–	13
—— 15 1 59 000 ——		*—— 10 7 77 000 ——*		*—— 9 9 83 000 ——*		*—— 6 7 21 000 ——*		3 322 000	–	14
...	...	...	...	...	...	...	...	...	...	15
...	...	...	...	...	...	...	...	...	...	16
—— 13 2 56 000 ——		*—— 9 5 79 000 ——*		*—— 9 3 90 000 ——*		*—— 6 5 11 000 ——*		3 267 000	–	17
—— 1 4 06 000 ——		*—— 865 000 ——*		*—— 980 000 ——*		*—— 868 000 ——*		746 000	–	18
—— 11 8 50 000 ——		*—— 8 7 14 000 ——*		*—— 8 4 10 000 ——*		*—— 5 6 43 000 ——*		2 521 000	–	19
...	...	...	...	...	...	...	...	...	...	20
...	...	...	...	...	...	...	...	...	...	21
—— 4 2 25 000 ——		*—— 3 0 49 000 ——*		*—— 3 6 82 000 ——*		*—— 4 3 40 000 ——*		4 037 000	–	22
—— 916 000 ——		*—— 986 000 ——*		*—— 2 1 09 000 ——*		*—— 3 2 62 000 ——*		3 236 000	–	23
—— 3 3 09 000 ——		*—— 2 0 63 000 ——*		*—— 1 5 73 000 ——*		*—— 1 0 78 000 ——*		801 000	–	24
...	...	...	...	...	...	...	...	...	...	25
...	...	...	...	...	...	...	...	...	...	26
—— 19 3 23 000 ——		*—— 13 6 31 000 ——*		*—— 12 8 46 000 ——*		*—— 11 4 11 000 ——*		8 045 000	–	27
—— 2 8 37 000 ——		*—— 2 1 31 000 ——*		*—— 2 9 73 000 ——*		*—— 4 2 43 000 ——*		4 440 000	–	28
—— 16 4 86 000 ——		*—— 11 5 00 000 ——*		*—— 9 8 73 000 ——*		*—— 7 1 68 000 ——*		3 605 000	–	29
...	...	...	...	...	...	...	...	...	...	30
—— 14 4 77 000 ——		*—— 10 2 95 000 ——*		*—— 9 3 27 000 ——*		*—— 7 1 13 000 ——*		3 688 000	–	31
—— 1 7 76 000 ——		*—— 1 0 37 000 ——*		*—— 1 0 40 000 ——*		*—— 1 0 14 000 ——*		899 000	–	32
—— 12 7 01 000 ——		*—— 9 2 58 000 ——*		*—— 8 2 87 000 ——*		*—— 6 0 99 000 ——*		2 789 000	–	33
...	...	...	...	...	...	...	...	...	...	34
...	...	...	...	...	...	...	...	...	...	35

33. Households by age and sex of householder, size and relationship to householder by urban/rural residence: each census, 1985 – 1995 (continued)

(See notes at end of table.)

	Continent, country or area, date, sex, size, relationship and urban/rural residence Continent, pays ou zone, date, sexe, dimension, lien et résidence, urbaine/rurale	All ages Tous âges	15 + [1]	– 15	15–19	20–24	25–29	30–34
	AMERICA,NORTH— (Cont.–Suite) AMERIQUE DU NORD							
	United States – Etats–Unis [7]							
	1 III 1988 [4 8]							
	Female – Féminin							
1	Total	28 293 000	28 293 000	–	242 000	1 891 000	2 815 000	2 989 000
2	1	13 101 000	13 099 000	–	66 000	525 000	879 000	771 000
3	2 +	15 192 000	15 194 000	–	176 000	1 366 000	1 936 000	2 218 000
	No spouse – Sans épouse							
4	Child – Enfant	2 265 000	...	...	...	...	...	...
	1 IV 1990							
	Total							
5	Total	91 947 410	91 947 410	–	496 313	4 553 045	9 018 446	10 831 205
6	1	22 580 420	22 580 420	–	113 836	1 082 377	1 988 913	2 002 145
7	2 +	69 366 990	69 366 990	–	382 477	3 470 668	7 029 533	8 829 060
	2							
8	Spouse – Epouse	52 708 322	50 708 322	–	94 153	1 490 019	4 479 878	6 309 810
	No spouse – Sans épouse							
9	Child – Enfant	7 382 949	...	...	...	...	...	...
10	Other – Autres	11 275 719	...	...	...	...	...	...
	Male – Masculin							
11	Total	62 274 741	62 274 741	–	236 138	2 731 116	6 222 370	7 836 354
12	1	9 206 811	9 206 811	–	57 047	606 020	1 196 723	1 244 248
13	2 +	53 067 930	53 067 930	–	179 091	2 125 096	5 025 647	6 592 106
	2							
14	Spouse – Epouse	48 989 458	46 989 458	–	68 385	1 259 664	3 974 892	5 735 502
	No spouse – Sans épouse							
15	Child – Enfant	1 354 540	...	...	...	...	...	...
16	Other – Autres	4 723 932	...	...	...	...	...	...
	Female – Féminin							
17	Total	29 672 669	29 672 669	–	260 175	1 821 929	2 796 076	2 994 851
18	1	13 373 609	13 373 609	–	56 789	476 357	792 190	757 897
19	2 +	16 299 060	16 299 060	–	203 386	1 345 572	2 003 886	2 236 954
	2							
20	Spouse – Epouse	3 718 864	3 718 864	–	25 768	230 355	504 986	574 308
	No spouse – Sans épouse							
21	Child – Enfant	6 028 409	...	...	...	...	...	...
22	Other – Autres	6 551 787	...	...	...	...	...	...
	AMERICA,SOUTH— AMERIQUE DU SUD							
	Bolivia – Bolivie							
	3 VI 1992 [9]							
	Total							
23	Total	1 444 817	1 435 185	5 203	30 630	111 639	169 613	191 323
24	1	168 509	164 579	1 778	11 181	18 269	15 341	12 022
25	2 +	1 276 308	1 270 606	3 425	19 449	93 370	154 272	179 301
	2							
26	Spouse – Epouse	80 758	80 698	26	1 918	10 103	8 288	5 406
	No spouse – Sans épouse							
27	Child – Enfant	68 300	67 648	640	2 629	5 864	5 722	5 274
28	Other – Autres	75 576	73 819	1 736	7 611	11 790	8 536	5 999
	3 +							
	Spouse + Child –							
29	Epouse + enfant	546 041	545 870	60	2 332	39 523	80 997	96 349
	Spouse, child, other –							
30	Epouse, enfant, autres	202 758	202 689	31	603	8 815	21 239	29 353
	No Spouse – Sans épouse							
31	Children – Enfants	152 004	151 276	708	2 299	8 219	16 252	21 998
	No Spouse – Sans épouse							
	Children, other –							
32	Enfants, autres	110 370	110 162	194	1 524	5 709	9 068	11 318
33	Other – Autres	40 501	38 444	30	533	3 347	4 170	3 604

Age (in years)

33. Ménages selon l'âge et le sexe du chef de ménage, la dimension du ménage, le lien avec le chef de ménage et la résidence, urbaine/rurale: chaque recensement, 1985 – 1995 (suite)

(Voir notes à la fin du tableau.)

Age (en années)										
35–39	40–44	45–49	50–54	55–59	60–64	65–69	70–74	75+	Unknown Inconnu	
—— 4 8 46 000 ——		*—— 3 3 36 000 ——*		*—— 3 5 19 000 ——*		*—— 4 2 98 000 ——*		4 357 000	–	1
—— 1 0 61 000 ——		*—— 1 0 94 000 ——*		*—— 1 9 33 000 ——*		*—— 3 2 29 000 ——*		3 541 000	–	2
—— 3 7 85 000 ——		*—— 2 2 42 000 ——*		*—— 1 5 86 000 ——*		*—— 1 0 69 000 ——*		816 000	–	3
...	...	...	...	...	...	...	...	...	...	4
—— 20 3 93 073 ——		*—— 14 3 03 214 ——*		6 079 086	6 300 327	*—— 11 5 16 582 ——*		8 456 119	–	5
—— 3 2 72 158 ——		*—— 2 4 27 627 ——*		1 254 332	1 614 187	*—— 4 1 31 233 ——*		4 693 612	–	6
—— 17 1 20 915 ——		*—— 11 8 75 587 ——*		4 824 754	4 686 140	*—— 7 3 85 349 ——*		3 762 507	–	7
—— 12 6 55 731 ——		*—— 9 1 83 817 ——*		3 886 302	3 812 559	*—— 6 0 09 758 ——*		2 786 295	–	8
...	...	...	...	...	...	...	...	...	...	9
...	...	...	...	...	...	...	...	...	...	10
—— 15 0 24 229 ——		*—— 10 6 05 737 ——*		4 426 096	4 378 111	*—— 7 0 43 104 ——*		3 771 486	–	11
—— 1 9 74 598 ——		*—— 1 1 93 467 ——*		496 348	535 746	*—— 1 0 08 447 ——*		894 167	–	12
—— 13 0 49 631 ——		*—— 9 4 12 270 ——*		3 929 748	3 842 365	*—— 6 0 34 657 ——*		2 877 319	–	13
—— 11 7 25 725 ——		*—— 8 6 06 936 ——*		3 664 358	3 605 918	*—— 5 6 91 856 ——*		2 656 222	–	14
...	...	...	...	...	...	...	...	...	...	15
...	...	...	...	...	...	...	...	...	...	16
—— 5 3 68 844 ——		*—— 3 6 97 477 ——*		1 652 990	1 922 216	*—— 4 4 73 478 ——*		4 684 633	–	17
—— 1 2 97 560 ——		*—— 1 2 34 160 ——*		757 984	1 078 441	*—— 3 1 22 786 ——*		3 799 445	–	18
—— 4 0 71 284 ——		*—— 2 4 63 317 ——*		895 006	843 775	*—— 1 3 50 692 ——*		885 188	–	19
—— 930 006 ——		*—— 576 881 ——*		221 944	206 641	*—— 317 902 ——*		130 073	–	20
...	...	...	...	...	...	...	...	...	...	21
...	...	...	...	...	...	...	...	...	...	22
183 393	163 769	142 379	109 317	82 876	88 550	58 048	42 925	60 723	4 429	23
10 753	10 230	10 968	11 007	10 497	14 612	11 414	10 139	18 146	2 152	24
172 640	153 539	131 411	98 310	72 379	73 938	46 634	32 786	42 577	2 277	25
3 950	3 753	4 270	5 180	5 808	8 811	7 362	6 244	9 605	34	26
5 612	6 228	6 799	6 580	5 651	6 113	3 926	2 954	4 296	12	27
4 651	4 187	4 116	4 304	4 083	5 439	4 179	3 575	5 349	21	28
88 793	74 602	57 733	37 224	23 795	20 588	10 690	6 295	6 949	111	29
28 915	26 530	23 844	18 622	13 784	13 231	7 767	4 905	5 081	38	30
25 289	22 835	18 832	12 247	7 608	6 486	3 598	2 416	3 197	20	31
12 187	12 571	12 980	11 369	8 925	9 312	5 967	4 088	5 144	14	32
3 243	2 833	2 837	2 784	2 725	3 958	3 145	2 309	2 956	2 027	33

33. Households by age and sex of householder, size and relationship to householder by urban/rural residence: each census, 1985 – 1995 (continued)

(See notes at end of table.)

	Continent, country or area, date, sex, size, relationship and urban/rural residence — Continent, pays ou zone, date, sexe, dimension, lien et résidence, urbaine/rurale	Age (in years): All ages Tous âges	15 + [1]	– 15	15–19	20–24	25–29	30–34
	AMERICA,SOUTH— (Cont.–Suite) AMERIQUE DU SUD							
	Bolivia – Bolivie							
	3 VI 1992 [9]							
	Male – Masculin							
1	Total	1 091 176	1 084 600	2 750	19 478	87 163	137 783	155 198
2	1	104 162	101 329	1 105	7 780	13 657	11 813	9 535
3	2 +	987 014	983 271	1 645	11 698	73 506	125 970	145 663
	2							
4	Spouse – Epouse	79 579	79 523	22	1 871	9 997	8 163	5 323
	No spouse – Sans épouse							
5	Child – Enfant	19 617	19 299	311	798	1 205	1 209	1 284
6	Other – Autres	40 823	39 973	833	4 427	7 971	6 047	4 211
	3 +							
7	Spouse + Child – Epouse + enfant	539 629	539 467	52	2 202	38 904	80 024	95 275
8	Spouse, child, other – Epouse, enfant, autres	197 718	197 658	25	521	8 535	20 822	28 769
9	No Spouse – Sans épouse Children – Enfants	36 172	35 880	283	836	1 835	2 896	3 828
10	No Spouse – Sans épouse Children, other – Enfants, autres	35 796	35 687	99	579	1 924	2 915	3 636
11	Other – Autres	37 680	35 784	20	464	3 135	3 894	3 337
	Female – Féminin							
12	Total	353 641	350 585	2 453	11 152	24 476	31 830	36 125
13	1	64 347	63 250	673	3 401	4 612	3 528	2 487
14	2 +	289 294	287 335	1 780	7 751	19 864	28 302	33 638
	2							
15	Spouse – Epouse	1 179	1 175	4	47	106	125	83
	No spouse – Sans épouse							
16	Child – Enfant	48 683	48 349	329	1 831	4 659	4 513	3 990
17	Other – Autres	34 753	33 846	903	3 184	3 819	2 489	1 788
	3 +							
18	Spouse + Child – Epouse + enfant	6 412	6 403	8	130	619	973	1 074
19	Spouse, child, other – Epouse, enfant, autres	5 040	5 031	6	82	280	417	584
20	No Spouse – Sans épouse Children – Enfants	115 832	115 396	425	1 463	6 384	13 356	18 170
21	No Spouse – Sans épouse Children, other – Enfants, autres	74 574	74 475	95	945	3 785	6 153	7 682
22	Other – Autres	2 821	2 660	10	69	212	276	267
	ASIA—ASIE							
	Cyprus – Chypre							
	1 X 1992 [3 10]							
	Total							
23	Total	185 459	184 985	–	176	3 892	13 454	21 377
24	1	23 408	23 254	–	71	647	1 067	1 120
25	2 +	162 051	161 731	–	105	3 245	12 387	20 257
	2							
26	Spouse – Epouse	39 593	39 468	–	22	1 355	2 603	1 666
	No spouse – Sans épouse							
27	Child – Enfant	4 246	4 243	–	2	49	172	307
28	Other – Autres	2 171	2 138	–	28	198	224	158
	3 +							
29	Spouse + Child – Epouse + enfant	95 724	95 615	–	16	1 379	8 750	16 961
30	Spouse, child, other – Epouse, enfant, autres	16 162	16 141	–	7	97	400	765
31	No Spouse – Sans épouse Children – Enfants	2 779	2 776	–	3	18	118	297
32	No Spouse – Sans épouse Children, other – Enfants, autres	1 376	1 350	–	27	149	120	103
33	Other – Autres	–	–	–	–	–	–	–

33. Ménages selon l'âge et le sexe du chef de ménage, la dimension du ménage, le lien avec le chef de ménage et la résidence, urbaine/rurale: chaque recensement, 1985 – 1995 (suite)

(Voir notes à la fin du tableau.)

Age (en années)										
35–39	40–44	45–49	50–54	55–59	60–64	65–69	70–74	75+	Unknown Inconnu	
144 488	126 857	107 140	79 649	59 272	61 701	39 493	28 031	38 347	3 826	1
8 364	7 464	7 330	6 379	5 602	6 921	5 082	4 124	7 278	1 728	2
136 124	119 393	99 810	73 270	53 670	54 780	34 411	23 907	31 069	2 098	3
3 877	3 668	4 187	5 068	5 712	8 695	7 266	6 184	9 512	34	4
1 542	1 892	1 964	1 873	1 718	1 893	1 338	964	1 619	7	5
3 111	2 560	2 123	1 867	1 512	1 862	1 353	1 139	1 790	17	6
87 821	73 715	57 108	36 828	23 546	20 362	10 569	6 241	6 872	110	7
28 373	25 909	23 205	18 108	13 429	12 850	7 527	4 734	4 876	35	8
4 705	5 264	4 673	3 586	2 409	2 345	1 318	898	1 287	9	9
3 756	3 853	4 006	3 413	2 780	3 020	2 026	1 538	2 241	10	10
2 939	2 532	2 544	2 527	2 564	3 753	3 014	2 209	2 872	1 876	11
38 905	36 912	35 239	29 668	23 604	26 849	18 555	14 894	22 376	603	12
2 389	2 766	3 638	4 628	4 895	7 691	6 332	6 015	10 868	424	13
36 516	34 146	31 601	25 040	18 709	19 158	12 223	8 879	11 508	179	14
73	85	83	112	96	116	96	60	93	–	15
4 070	4 336	4 835	4 707	3 933	4 220	2 588	1 990	2 677	5	16
1 540	1 627	1 993	2 437	2 571	3 577	2 826	2 436	3 559	4	17
972	887	625	396	249	226	121	54	77	1	18
542	621	639	514	355	381	240	171	205	3	19
20 584	17 571	14 159	8 661	5 199	4 141	2 280	1 518	1 910	11	20
8 431	8 718	8 974	7 956	6 145	6 292	3 941	2 550	2 903	4	21
304	301	293	257	161	205	131	100	84	151	22
21 927	21 206	19 750	15 896	14 433	13 202	12 565	10 380	16 727	474	23
927	841	901	959	1 336	1 977	2 758	3 127	7 523	154	24
21 000	20 365	18 849	14 937	13 097	11 225	9 807	7 253	9 204	320	25
842	705	1 381	2 972	4 690	5 624	6 003	4 965	6 640	125	26
295	381	444	416	405	449	405	336	582	3	27
93	99	92	126	168	205	221	178	348	33	28
18 111	16 448	13 328	8 326	5 325	3 114	1 895	1 062	900	109	29
1 146	2 153	3 053	2 694	2 200	1 546	1 038	537	505	21	30
409	452	423	288	217	175	143	105	128	3	31
104	127	128	115	92	112	102	70	101	26	32
–	–	–	–	–	–	–	–	–	–	33

33. Households by age and sex of householder, size and relationship to householder by urban/rural residence: each census, 1985 – 1995 (continued)

(See notes at end of table.)

	Continent, country or area, date, sex, size, relationship and urban/rural residence — Continent, pays ou zone, date, sexe, dimension, lien et résidence, urbaine/rurale	Age (in years)						
		All ages Tous âges	15 + [1]	– 15	15–19	20–24	25–29	30–34
	ASIA—ASIE (Cont.–Suite)							
	Cyprus – Chypre							
	1 X 1992 [3 10]							
	Male – Masculin							
1	Total	159 454	159 053	–	118	3 399	12 652	20 174
2	1	7 454	7 356	–	39	374	713	693
3	2 +	152 000	151 697	–	79	3 025	11 939	19 481
	2							
4	Spouse – Epouse	39 237	39 113	–	19	1 316	2 568	1 648
	No spouse – Sans épouse							
5	Child – Enfant	670	670	–	1	8	25	36
6	Other – Autres	842	816	–	17	141	171	109
	3 +							
7	Spouse + Child – Epouse + enfant	95 210	95 102	–	15	1 349	8 691	16 869
8	Spouse, child, other – Epouse, enfant, autres	15 156	15 136	–	5	89	386	748
9	No Spouse – Sans épouse Children – Enfants	350	350	–	1	5	7	18
10	No Spouse – Sans épouse Children, other – Enfants, autres	535	510	–	21	117	91	53
11	Other – Autres	–	–	–	–	–	–	–
	Female – Féminin							
12	Total	26 005	25 932	–	58	493	802	1 203
13	1	15 954	15 898	–	32	273	354	427
14	2 +	10 051	10 034	–	26	220	448	776
	2							
15	Spouse – Epouse	356	355	–	3	39	35	18
	No spouse – Sans épouse							
16	Child – Enfant	3 576	3 573	–	1	41	147	271
17	Other – Autres	1 329	1 322	–	11	57	53	49
	3 +							
18	Spouse + Child – Epouse + enfant	514	513	–	1	30	59	92
19	Spouse, child, other – Epouse, enfant, autres	1 006	1 005	–	2	8	14	17
20	No Spouse – Sans épouse Children – Enfants	2 429	2 426	–	2	13	111	279
21	No Spouse – Sans épouse Children, other – Enfants, autres	841	840	–	6	32	29	50
22	Other – Autres	–	–	–	–	–	–	–
	Hong Kong – Hong-kong							
	15 III 1991 [11]							
	Total							
23	Total	1 582 215	1 580 486	1 729	7 565	31 223	116 342	216 383
24	1	233 923	233 506	417	2 997	10 870	24 535	28 501
25	2 +	1 348 292	1 346 980	1 312	4 568	20 353	91 807	187 882
	2							
26	Spouse – Epouse	162 247	162 247	–	143	3 306	27 546	33 793
	No spouse – Sans épouse							
27	Child – Enfant	51 984	51 984	–	–	194	1 130	2 701
28	Other – Autres	74 482	73 919	563	2 236	7 159	12 760	12 205
	Male – Masculin							
29	Total	1 174 982	1 174 103	879	4 561	19 912	87 399	171 760
30	1	155 342	155 087	255	1 896	7 000	17 608	22 337
31	2 +	1 019 640	1 019 016	624	2 665	12 912	69 791	149 423
	2							
32	Spouse – Epouse	142 516	142 516	–	68	2 458	23 530	30 758
	No spouse – Sans épouse							
33	Child – Enfant	14 736	14 736	–	–	24	92	374
34	Other – Autres	49 924	49 650	274	1 267	4 306	9 289	9 441

33. Ménages selon l'âge et le sexe du chef de ménage, la dimension du ménage, le lien avec le chef de ménage et la résidence, urbaine/rurale: chaque recensement, 1985 – 1995 (suite)

(Voir notes à la fin du tableau.)

Age (en années)										
35–39	40–44	45–49	50–54	55–59	60–64	65–69	70–74	75+	Unknown Inconnu	
20 622	19 628	18 025	14 166	12 382	10 563	9 491	7 308	10 525	401	1
523	373	349	282	282	330	497	682	2 219	98	2
20 099	19 255	17 676	13 884	12 100	10 233	8 994	6 626	8 306	303	3
832	686	1 359	2 944	4 644	5 583	5 968	4 936	6 610	124	4
42	43	49	35	43	45	77	82	184	–	5
50	42	26	29	28	29	43	38	93	26	6
18 022	16 363	13 260	8 283	5 308	3 104	1 889	1 056	893	108	7
1 104	2 043	2 901	2 527	2 038	1 420	956	476	443	20	8
24	45	57	46	25	28	28	19	47	–	9
25	33	24	20	14	24	33	19	36	25	10
–	–	–	–	–	–	–	–	–	–	11
1 305	1 578	1 725	1 730	2 051	2 639	3 074	3 072	6 202	73	12
404	468	552	677	1 054	1 647	2 261	2 445	5 304	56	13
901	1 110	1 173	1 053	997	992	813	627	898	17	14
10	19	22	28	46	41	35	29	30	1	15
253	338	395	381	362	404	328	254	398	3	16
43	57	66	97	140	176	178	140	255	7	17
89	85	68	43	17	10	6	6	7	1	18
42	110	152	167	162	126	82	61	62	1	19
385	407	366	242	192	147	115	86	81	3	20
79	94	104	95	78	88	69	51	65	1	21
–	–	–	–	–	–	–	–	–	–	22
215 844	198 143	129 328	140 999	147 990	134 485	102 698	71 410	68 076	–	23
21 254	18 150	13 016	15 685	18 780	19 571	19 406	17 026	23 715	–	24
194 590	179 993	116 312	125 314	129 210	114 914	83 292	54 384	44 361	–	25
15 594	9 348	5 905	8 906	11 862	13 984	12 686	10 031	9 143	–	26
3 545	3 584	3 401	4 850	7 031	8 610	7 514	5 157	4 267	–	27
7 478	5 953	3 438	3 755	3 737	3 763	3 564	3 286	4 585	–	28
172 631	160 165	104 032	109 571	108 358	92 127	64 755	42 884	35 948	–	29
16 403	14 312	10 653	12 843	14 291	13 148	9 958	7 096	7 542	–	30
156 228	145 853	93 379	96 728	94 067	78 979	54 797	35 788	28 406	–	31
14 302	8 531	5 150	7 702	9 990	11 788	10 921	8 926	8 392	–	32
588	842	1 014	1 564	2 522	2 525	2 093	1 744	1 354	–	33
5 671	4 531	2 777	3 009	2 829	2 400	1 590	1 165	1 375	–	34

33. Households by age and sex of householder, size and relationship to householder by urban/rural residence: each census, 1985 – 1995 (continued)

(See notes at end of table.)

	Continent, country or area, date, sex, size, relationship and urban/rural residence — Continent, pays ou zone, date, sexe, dimension, lien et résidence, urbaine/rurale	Age (in years) All ages Tous âges	15 + [1]	– 15	15–19	20–24	25–29	30–34
	ASIA—ASIE (Cont.–Suite)							
	Hong Kong – Hong–kong							
	15 III 1991 [11]							
	Female – Féminin							
1	Total	407 233	406 383	850	3 004	11 311	28 943	44 623
2	1	78 581	78 419	162	1 101	3 870	6 927	6 164
3	2 +	328 652	327 964	688	1 903	7 441	22 016	38 459
	2							
4	Spouse – Epouse	19 731	19 731	–	75	848	4 016	3 035
	No spouse – Sans épouse							
5	Child – Enfant	37 248	37 248	–	–	170	1 038	2 327
6	Other – Autres	24 558	24 269	289	969	2 853	3 471	2 764
	Japan – Japon							
	1 X 1985 [12 13]							
	Total							
7	Total	37 980 867	37 979 888	979	566 123	2 124 476	2 370 314	3 386 384
8	1	7 896 370	7 895 612	758	548 085	1 795 594	1 072 620	666 040
9	2 +	30 084 497	30 084 276	221	18 038	328 882	1 297 694	2 720 344
	2							
10	Spouse – Epouse	5 208 261	5 208 261	–	4 155	105 385	383 327	344 898
	3 +							
	Spouse + Child –							
11	Epouse + enfant	15 187 913	15 187 913	–	2 330	112 764	704 454	1 867 830
	Spouse, child, other –							
12	Epouse, enfant, autres	5 604 959	5 604 959	–	98	5 347	54 123	255 315
	No Spouse – Sans épouse							
13	Children – Enfants	2 410 609	2 410 609	–	1 158	24 284	78 806	181 178
14	Other – Autres	1 672 755	1 672 534	221	10 297	81 102	76 984	71 123
	Male – Masculin							
15	Total	31 947 665	31 947 045	620	345 516	1 487 077	2 055 718	3 090 072
16	1	4 425 895	4 425 398	497	333 185	1 211 539	826 635	506 922
17	2 +	27 521 770	27 521 647	123	12 331	275 538	1 229 083	2 583 150
	2							
18	Spouse – Epouse	5 174 185	5 174 185	–	3 904	103 560	381 302	342 978
	3 +							
	Spouse + Child –							
19	Epouse + enfant	15 158 570	15 158 570	–	2 291	112 217	702 885	1 864 791
	Spouse, child, other –							
20	Epouse, enfant, autres	5 373 038	5 373 038	–	98	5 289	53 784	253 771
	No Spouse – Sans épouse							
21	Children – Enfants	637 569	637 569	–	641	13 321	39 227	68 758
22	Other – Autres	1 178 408	1 178 285	123	5 397	41 151	51 885	52 852
	Female – Féminin							
23	Total	6 033 202	6 032 843	359	220 607	637 399	314 596	296 312
24	1	3 470 475	3 470 214	261	214 900	584 055	245 985	159 118
25	2 +	2 562 727	2 562 629	98	5 707	53 344	68 611	137 194
	2							
26	Spouse – Epouse	34 076	34 076	–	251	1 825	2 025	1 920
	3 +							
	Spouse + Child –							
27	Epouse + enfant	29 343	29 343	–	39	547	1 569	3 039
	Spouse, child, other –							
28	Epouse, enfant, autres	231 921	231 921	–	–	58	339	1 544
	No Spouse – Sans épouse							
29	Children – Enfants	1 773 040	1 773 040	–	517	10 963	39 579	112 420
30	Other – Autres	494 347	494 249	98	4 900	39 951	25 099	18 271

33. Ménages selon l'âge et le sexe du chef de ménage, la dimension du ménage, le lien avec le chef de ménage et la résidence, urbaine/rurale: chaque recensement, 1985 – 1995 (suite)

(Voir notes à la fin du tableau.)

Age (en années)										
35–39	40–44	45–49	50–54	55–59	60–64	65–69	70–74	75+	Unknown Inconnu	
43 213	37 978	25 296	31 428	39 632	42 358	37 943	28 526	32 128	–	1
4 851	3 838	2 363	2 842	4 489	6 423	9 448	9 930	16 173	–	2
38 362	34 140	22 933	28 586	35 143	35 935	28 495	18 596	15 955	–	3
1 292	817	755	1 204	1 872	2 196	1 765	1 105	751	–	4
2 957	2 742	2 387	3 286	4 509	6 085	5 421	3 413	2 913	–	5
1 807	1 422	661	746	908	1 363	1 974	2 121	3 210	–	6
4 682 423	4 476 511	4 273 739	4 265 390	3 834 236	2 770 998	2 065 125	1 633 247	1 530 922	–	7
547 061	405 226	383 324	424 357	441 281	430 540	402 748	365 147	413 589	–	8
4 135 362	4 071 285	3 890 415	3 841 033	3 392 955	2 340 458	1 662 377	1 268 100	1 117 333	–	9
254 076	184 531	244 889	505 077	812 996	772 093	639 427	511 924	445 483	–	10
2 838 400	2 689 496	2 417 954	2 043 398	1 303 104	603 798	309 705	179 435	115 245	–	11
623 445	727 464	721 841	721 381	735 996	585 230	467 696	388 282	318 741	–	12
327 045	370 683	370 742	331 750	241 428	168 758	116 920	90 434	107 423	–	13
92 396	99 111	134 989	239 427	299 431	210 579	128 629	98 025	130 441	–	14
4 258 515	4 005 973	3 758 620	3 694 050	3 251 061	2 198 413	1 546 473	1 189 168	1 066 389	–	15
393 073	268 178	222 198	194 822	143 537	93 182	70 601	66 692	94 834	–	16
3 865 442	3 737 795	3 536 422	3 499 228	3 107 524	2 105 231	1 475 872	1 122 476	971 555	–	17
252 115	182 475	242 208	500 882	807 837	766 856	635 803	509 798	444 467	–	18
2 833 781	2 684 825	2 413 625	2 039 041	1 299 806	602 135	308 903	179 158	115 112	–	19
619 671	722 040	712 497	698 068	695 750	539 077	423 340	354 692	294 961	–	20
98 647	90 842	81 465	75 566	57 476	35 299	23 995	21 020	31 312	–	21
61 228	57 613	86 627	185 671	246 655	161 864	83 831	57 808	85 703	–	22
423 908	470 538	515 119	571 340	583 175	572 585	518 652	444 079	464 533	–	23
153 988	137 048	161 126	229 535	297 744	337 358	332 147	298 455	318 755	–	24
269 920	333 490	353 993	341 805	285 431	235 227	186 505	145 624	145 778	–	25
1 961	2 056	2 681	4 195	5 159	5 237	3 624	2 126	1 016	–	26
4 619	4 671	4 329	4 357	3 298	1 663	802	277	133	–	27
3 774	5 424	9 344	23 313	40 246	46 153	44 356	33 590	23 780	–	28
228 398	279 841	289 277	256 184	183 952	133 459	92 925	69 414	76 111	–	29
31 168	41 498	48 362	53 756	52 776	48 715	44 798	40 217	44 738	–	30

33. Households by age and sex of householder, size and relationship to householder by urban/rural residence: each census, 1985 – 1995 (continued)

(See notes at end of table.)

	Continent, country or area, date, sex, size, relationship and urban/rural residence — Continent, pays ou zone, date, sexe, dimension, lien et résidence, urbaine/rurale	Age (in years) All ages Tous âges	15 + [1]	– 15	15–19	20–24	25–29	30–34
	ASIA—ASIE (Cont.–Suite)							
	Japan – Japon							
	1 X 1990 [12 13]							
	Total							
1	Total	40 670 475	40 669 845	630	642 622	2 267 345	2 541 380	2 881 200
2	1	9 389 660	9 389 176	484	623 618	1 945 922	1 286 955	669 837
3	2 +	31 280 815	31 280 669	146	19 004	321 423	1 254 425	2 211 363
	2							
4	Spouse – Epouse	6 293 858	6 293 858	–	4 812	98 085	414 596	364 862
	3 +							
5	Spouse + Child – Epouse + enfant	15 171 520	15 171 520	–	2 606	108 862	640 268	1 478 271
6	Spouse, child, other – Epouse, enfant, autres	5 278 408	5 278 408	–	65	4 042	38 731	165 765
	No Spouse – Sans épouse							
7	Children – Enfants	2 752 701	2 752 691	10	1 250	23 433	81 496	144 730
8	Other – Autres	1 784 328	1 784 192	136	10 271	87 001	79 334	57 735
	Male – Masculin							
9	Total	33 752 239	33 751 879	360	394 148	1 554 882	2 127 297	2 602 170
10	1	5 246 526	5 246 246	280	380 786	1 292 805	954 772	502 265
11	2 +	28 505 713	28 505 633	80	13 362	262 077	1 172 525	2 099 905
	2							
12	Spouse – Epouse	6 252 663	6 252 663	–	4 454	95 658	411 241	362 522
	3 +							
13	Spouse + Child – Epouse + enfant	15 137 771	15 137 771	–	2 573	108 257	638 250	1 474 952
14	Spouse, child, other – Epouse, enfant, autres	5 075 801	5 075 801	–	63	3 977	38 333	164 458
	No Spouse – Sans épouse							
15	Children – Enfants	764 616	764 608	8	663	10 552	35 303	55 399
16	Other – Autres	1 274 862	1 274 790	72	5 609	43 633	49 398	42 574
	Female – Féminin							
17	Total	6 918 236	6 917 966	270	248 474	712 463	414 083	279 030
18	1	4 143 134	4 142 930	204	242 832	653 117	332 183	167 572
19	2 +	2 775 102	2 775 036	66	5 642	59 346	81 900	111 458
	2							
20	Spouse – Epouse	41 195	41 195	–	358	2 427	3 355	2 340
	3 +							
21	Spouse + Child – Epouse + enfant	33 749	33 749	–	33	605	2 018	3 319
22	Spouse, child, other – Epouse, enfant, autres	202 607	202 607	–	2	65	398	1 307
	No Spouse – Sans épouse							
23	Children – Enfants	1 988 085	1 988 083	2	587	12 881	46 193	89 331
24	Other – Autres	509 466	509 402	64	4 662	43 368	29 936	15 161
	Kazakstan							
	12 I 1989 [3]							
	Total							
25	Total	4 397 043	...	...	...	...	...	...
26	1	572 448	...	...	...	...	...	...
27	2 +	3 824 595	...	...	...	...	...	...
	2							
28	Spouse – Epouse	539 282	...	...	...	...	...	...
	No spouse – Sans épouse							
29	Child – Enfant	266 768	...	...	...	...	...	...
30	Other – Autres	60 328	...	...	...	...	...	...
	3 +							
31	Spouse + Child – Epouse + enfant	1 898 718	...	...	...	...	...	...
32	Spouse, child, other – Epouse, enfant, autres	758 027	...	...	...	...	...	...
	No Spouse – Sans épouse							
33	Children – Enfants	166 923	...	...	...	...	...	...
	No Spouse – Sans épouse							
34	Children, other – Enfants, autres	62 761	...	...	...	...	...	...
35	Other – Autres	71 788	...	...	...	...	...	...

33. Ménages selon l'âge et le sexe du chef de ménage, la dimension du ménage, le lien avec le chef de ménage et la résidence, urbaine/rurale: chaque recensement, 1985 – 1995 (suite)

(Voir notes à la fin du tableau.)

Age (en années)										
35–39	40–44	45–49	50–54	55–59	60–64	65–69	70–74	75+	Unknown Inconnu	
3 788 712	5 063 464	4 679 068	4 342 349	4 233 501	3 653 775	2 578 483	1 822 004	2 175 942	–	1
559 308	597 208	518 810	493 124	529 026	541 935	526 211	457 659	639 563	–	2
3 229 404	4 466 256	4 160 258	3 849 225	3 704 475	3 111 840	2 052 272	1 364 345	1 536 379	–	3
244 612	244 128	284 601	500 026	884 334	1 124 369	874 303	606 064	649 066	–	4
2 199 546	2 863 493	2 556 046	2 121 209	1 583 621	869 705	383 592	196 772	167 529	–	5
432 752	768 256	714 811	629 672	641 884	648 014	489 437	353 158	391 821	–	6
279 556	473 570	456 263	380 918	300 029	202 968	143 422	105 754	159 302	–	7
72 938	116 809	148 537	217 400	294 607	266 784	161 518	102 597	168 661	–	8
3 425 987	4 494 806	4 087 098	3 753 870	3 604 242	3 020 603	1 952 332	1 279 948	1 454 496	–	9
417 229	426 505	334 126	263 441	211 112	152 870	102 494	75 940	131 901	–	10
3 008 758	4 068 301	3 752 972	3 490 429	3 393 130	2 867 733	1 849 838	1 204 008	1 322 595	–	11
242 709	241 301	280 997	495 612	878 894	1 118 826	869 710	603 369	647 370	–	12
2 194 850	2 857 448	2 550 564	2 116 758	1 580 260	867 756	382 520	196 305	167 278	–	13
429 434	762 245	707 176	613 487	610 739	610 766	453 225	322 811	359 087	–	14
90 890	133 173	115 970	96 605	77 839	52 646	31 606	21 983	41 979	–	15
50 875	74 134	98 265	167 967	245 398	217 739	112 777	59 540	106 881	–	16
362 725	568 658	591 970	588 479	629 259	633 172	626 151	542 056	721 446	–	17
142 079	170 703	184 684	229 683	317 914	389 065	423 717	381 719	507 662	–	18
220 646	397 955	407 286	358 796	311 345	244 107	202 434	160 337	213 784	–	19
1 903	2 827	3 604	4 414	5 440	5 543	4 593	2 695	1 696	–	20
4 696	6 045	5 482	4 451	3 361	1 949	1 072	467	251	–	21
3 318	6 011	7 635	16 185	31 145	37 248	36 212	30 347	32 734	–	22
188 666	340 397	340 293	284 313	222 190	150 322	111 816	83 771	117 323	–	23
22 063	42 675	50 272	49 433	49 209	49 045	48 741	43 057	61 780	–	24
...	...	...	...	...	...	...	...	...	...	25
...	...	...	...	...	...	...	...	...	...	26
...	...	...	...	...	...	...	...	...	...	27
...	...	...	...	...	...	...	...	...	...	28
...	...	...	...	...	...	...	...	...	...	29
...	...	...	...	...	...	...	...	...	...	30
...	...	...	...	...	...	...	...	...	...	31
...	...	...	...	...	...	...	...	...	...	32
...	...	...	...	...	...	...	...	...	...	33
...	...	...	...	...	...	...	...	...	...	34
...	...	...	...	...	...	...	...	...	...	35

33. Households by age and sex of householder, size and relationship to householder by urban/rural residence: each census, 1985 – 1995 (continued)

(See notes at end of table.)

	Continent, country or area, date, sex, size, relationship and urban/rural residence Continent, pays ou zone, date, sexe, dimension, lien et résidence, urbaine/rurale	All ages Tous âges	Age (in years) 15 + [1]	–15	15–19	20–24	25–29	30–34
	ASIA—ASIE (Cont.–Suite)							
	Kazakstan							
	12 I 1989 [3]							
	Male – Masculin							
1	Total	2 771 234	...	...	...	...	...	...
2	1	439 944	...	...	...	...	...	...
3	2 +	2 331 290	...	...	...	...	...	...
	2							
4	Spouse – Epouse	357 557	...	...	...	...	...	...
	No spouse – Sans épouse							
5	Child – Enfant	202 755	...	...	...	...	...	...
6	Other – Autres	43 174	...	...	...	...	...	...
	3 +							
	Spouse + Child –							
7	Epouse + enfant	1 133 501	...	...	...	...	...	...
	Spouse, child, other –							
8	Epouse, enfant, autres	407 534	...	...	...	...	...	...
	No Spouse – Sans épouse							
9	Children – Enfants	98 718	...	...	...	...	...	...
	No Spouse – Sans épouse							
	Children, other –							
10	Enfants, autres	43 926	...	...	...	...	...	...
11	Other – Autres	44 125	...	...	...	...	...	...
	Female – Féminin							
12	Total	1 625 809	...	...	...	...	...	...
13	1	132 504	...	...	...	...	...	...
14	2 +	1 493 305	...	...	...	...	...	...
	2							
15	Spouse – Epouse	181 725	...	...	...	...	...	...
	No spouse – Sans épouse							
16	Child – Enfant	64 013	...	...	...	...	...	...
17	Other – Autres	17 154	...	...	...	...	...	...
	3 +							
	Spouse + Child –							
18	Epouse + enfant	765 217	...	...	...	...	...	...
	Spouse, child, other –							
19	Epouse, enfant, autres	350 493	...	...	...	...	...	...
	No Spouse – Sans épouse							
20	Children – Enfants	68 205	...	...	...	...	...	...
	No Spouse – Sans épouse							
	Children, other –							
21	Enfants, autres	18 835	...	...	...	...	...	...
22	Other – Autres	27 663	...	...	...	...	...	...
	Macau – Macao							
	30 VIII 1991							
	Total							
23	Total	95 729	95 717	12	698	3 464	10 585	17 859
24	1	13 322	13 320	2	248	1 044	2 071	1 934
25	2 +	17 026	17 023	3	194	1 177	2 955	3 071
	2							
26	Spouse – Epouse	9 093	9 093	–	28	360	1 658	1 921
	No spouse – Sans épouse							
27	Child – Enfant	2 769	2 769	–	–	27	139	305
28	Other – Autres	5 164	5 161	3	166	790	1 158	845
	3 +							
	Spouse + Child –							
29	Epouse + enfant	36 310	36 310	–	5	185	2 622	7 567
	Spouse, child, other –							
30	Epouse, enfant, autres	15 292	15 292	–	3	101	1 146	3 335
	No Spouse – Sans épouse							
31	Children – Enfants	3 071	3 071	–	–	5	83	325
	No Spouse – Sans épouse							
	Children, other –							
32	Enfants, autres	3 684	3 684	–	1	25	154	363
33	Other – Autres	7 024	7 017	7	247	927	1 554	1 264

33. Ménages selon l'âge et le sexe du chef de ménage, la dimension du ménage, le lien avec le chef de ménage et la résidence, urbaine/rurale: chaque recensement, 1985 – 1995 (suite)

(Voir notes à la fin du tableau.)

Age (en années) 35–39	40–44	45–49	50–54	55–59	60–64	65–69	70–74	75+	Unknown Inconnu	
...	...	...	...	...	...	...	...	...	...	1
...	...	...	...	...	...	...	...	...	...	2
...	...	...	...	...	...	...	...	...	...	3
...	...	...	...	...	...	...	...	...	...	4
...	...	...	...	...	...	...	...	...	...	5
...	...	...	...	...	...	...	...	...	...	6
...	...	...	...	...	...	...	...	...	...	7
...	...	...	...	...	...	...	...	...	...	8
...	...	...	...	...	...	...	...	...	...	9
...	...	...	...	...	...	...	...	...	...	10
...	...	...	...	...	...	...	...	...	...	11
...	...	...	...	...	...	...	...	...	...	12
...	...	...	...	...	...	...	...	...	...	13
...	...	...	...	...	...	...	...	...	...	14
...	...	...	...	...	...	...	...	...	...	15
...	...	...	...	...	...	...	...	...	...	16
...	...	...	...	...	...	...	...	...	...	17
...	...	...	...	...	...	...	...	...	...	18
...	...	...	...	...	...	...	...	...	...	19
...	...	...	...	...	...	...	...	...	...	20
...	...	...	...	...	...	...	...	...	...	21
...	...	...	...	...	...	...	...	...	...	22
16 604	12 526	7 192	5 480	5 272	5 251	4 166	3 127	3 493	–	23
1 514	1 066	665	650	705	775	744	731	1 173	–	24
1 933	1 268	752	803	902	1 070	1 027	850	1 021	–	25
1 065	627	355	395	506	585	589	486	518	–	26
294	293	223	256	250	319	265	204	194	–	27
574	348	174	152	146	166	173	160	309	–	28
8 266	6 614	3 691	2 420	1 877	1 445	874	457	287	–	29
3 411	2 380	1 250	833	865	771	575	337	285	–	30
412	451	364	315	356	359	223	108	70	–	31
348	307	237	284	343	518	442	351	311	–	32
720	440	233	175	224	313	281	293	346	–	33

33. Households by age and sex of householder, size and relationship to householder by urban/rural residence: each census, 1985 – 1995 (continued)

(See notes at end of table.)

	Continent, country or area, date, sex, size, relationship and urban/rural residence Continent, pays ou zone, date, sexe, dimension, lien et résidence, urbaine/rurale	Age (in years) All ages Tous âges	15 + [1]	– 15	15–19	20–24	25–29	30–34
	ASIA—ASIE (Cont.–Suite)							
	Macau – Macao							
	30 VIII 1991							
	Male – Masculin							
1	Total	75 855	75 852	3	340	1 966	8 141	15 101
2	1	8 133	8 132	1	128	496	1 316	1 362
3	2 +	12 312	12 311	1	90	698	2 302	2 464
	2							
4	Spouse – Epouse	8 431	8 431	–	18	286	1 513	1 814
	No spouse – Sans épouse							
5	Child – Enfant	737	737	–	–	3	14	30
6	Other – Autres	3 144	3 143	1	72	409	775	620
	3 +							
7	Spouse + Child – Epouse + enfant	34 389	34 389	–	4	139	2 273	7 052
8	Spouse, child, other – Epouse, enfant, autres	14 417	14 417	–	2	80	1 014	3 110
9	No Spouse – Sans épouse Children – Enfants	523	523	–	–	–	3	19
10	No Spouse – Sans épouse Children, other – Enfants, autres	980	980	–	1	3	21	61
11	Other – Autres	5 101	5 100	1	115	550	1 212	1 033
	Female – Féminin							
12	Total	19 874	19 865	9	358	1 498	2 444	2 758
13	1	5 189	5 188	1	120	548	755	572
14	2 +	4 714	4 712	2	104	479	653	607
	2							
15	Spouse – Epouse	662	662	–	10	74	145	107
	No spouse – Sans épouse							
16	Child – Enfant	2 032	2 032	–	–	24	125	275
17	Other – Autres	2 020	2 018	2	94	381	383	225
	3 +							
18	Spouse + Child – Epouse + enfant	1 921	1 921	–	1	46	349	515
19	Spouse, child, other – Epouse, enfant, autres	875	875	–	1	21	132	225
20	No Spouse – Sans épouse Children – Enfants	2 548	2 548	–	–	5	80	306
21	No Spouse – Sans épouse Children, other – Enfants, autres	2 704	2 704	–	–	22	133	302
22	Other – Autres	1 923	1 917	6	132	377	342	231
	EUROPE							
	Czech Republic – Rép. tchèque							
	3 III 1991							
	Total							
23	Total	4 051 583	4 050 630	–	26 192	180 698	315 613	349 152
24	1	1 089 647	1 088 883	–	16 606	60 021	58 110	46 203
25	2 +	2 961 936	2 961 747	–	9 586	120 677	257 503	302 949
	No spouse – Sans épouse							
26	Child – Enfant	284 164	284 127	–	4 487	22 546	21 898	17 484
27	Other – Autres	13 841	13 839	–	233	903	781	542
	No Spouse – Sans épouse							
28	Children – Enfants	150 221	150 211	–	517	5 031	13 062	21 441
29	Other – Autres	817	816	–	17	52	52	53

33. Ménages selon l'âge et le sexe du chef de ménage, la dimension du ménage, le lien avec le chef de ménage et la résidence, urbaine/rurale: chaque recensement, 1985 – 1995 (suite)

(Voir notes à la fin du tableau.)

Age (en années)										
35–39	40–44	45–49	50–54	55–59	60–64	65–69	70–74	75+	Unknown Inconnu	
14 446	10 880	6 106	4 496	4 072	3 704	2 761	1 938	1 901	–	1
1 115	781	494	471	501	456	371	293	348	–	2
1 463	946	525	608	629	717	667	555	647	–	3
1 011	590	327	368	470	541	541	457	495	–	4
56	102	72	128	75	78	65	47	67	–	5
396	254	126	112	84	98	61	51	85	–	6
7 921	6 356	3 549	2 337	1 794	1 391	850	442	281	–	7
3 260	2 297	1 200	783	814	724	534	320	279	–	8
31	64	77	71	63	69	59	35	32	–	9
82	89	73	85	92	128	105	110	130	–	10
574	347	188	141	179	219	175	183	184	–	11
2 158	1 646	1 086	984	1 200	1 547	1 405	1 189	1 592	–	12
399	285	171	179	204	319	373	438	825	–	13
470	322	227	195	273	353	360	295	374	–	14
54	37	28	27	36	44	48	29	23	–	15
238	191	151	128	175	241	200	157	127	–	16
178	94	48	40	62	68	112	109	224	–	17
345	258	142	83	83	54	24	15	6	–	18
151	83	50	50	51	47	41	17	6	–	19
381	387	287	244	293	290	164	73	38	–	20
266	218	164	199	251	390	337	241	181	–	21
146	93	45	34	45	94	106	110	162	–	22
434 759	473 027	391 097	305 567	310 568	339 739	344 813	*——— 579 405 ———*		953	23
53 731	60 635	61 981	59 372	78 621	112 167	145 605	*——— 335 831 ———*		764	24
381 028	412 392	329 116	246 195	231 947	227 572	199 208	*——— 243 574 ———*		189	25
22 178	32 700	31 069	21 323	18 290	20 138	22 686	*——— 49 328 ———*		37	26
610	792	817	729	916	1 332	1 720	*——— 4 464 ———*		2	27
34 400	33 808	17 826	7 775	4 727	3 729	3 216	*——— 4 679 ———*		10	28
65	76	64	65	62	71	75	*——— 164 ———*		1	29

33. Households by age and sex of householder, size and relationship to householder by urban/rural residence: each census, 1985 – 1995 (continued)

(See notes at end of table.)

	Continent, country or area, date, sex, size, relationship and urban/rural residence / Continent, pays ou zone, date, sexe, dimension, lien et résidence, urbaine/rurale	All ages / Tous âges	15 + [1]	– 15	15–19	20–24	25–29	30–34
	EUROPE (Cont.–Suite)							
	Czech Republic – Rép. tchèque							
	3 III 1991							
	Male – Masculin							
1	Total	3 014 667	3 014 041	–	12 308	131 496	268 706	305 174
2	1	421 556	421 080	–	7 105	35 840	42 476	36 184
3	2 +	2 593 111	2 592 961	–	5 203	95 656	226 230	268 990
	2							
4	Spouse – Epouse	827 542	827 472	–	1 787	26 608	26 995	14 546
	No spouse – Sans épouse							
5	Child – Enfant	51 920	51 913	–	555	2 219	2 720	3 099
6	Other – Autres	6 770	6 769	–	148	624	578	437
	3 +							
	Spouse + Child –							
7	Epouse + enfant	1 685 351	1 685 282	–	2 545	65 537	194 715	248 883
	No Spouse – Sans épouse							
8	Children – Enfants	20 958	20 955	–	158	624	1 182	1 975
9	Other – Autres	570	570	–	10	44	40	50
	Female – Féminin							
10	Total	1 036 916	1 036 589	–	13 884	49 202	46 907	43 978
11	1	668 091	667 803	–	9 501	24 181	15 634	10 019
12	2 +	368 825	368 786	–	4 383	25 021	31 273	33 959
	No spouse – Sans épouse							
13	Child – Enfant	232 244	232 214	–	3 932	20 327	19 178	14 385
14	Other – Autres	7 071	7 070	–	85	279	203	105
	No Spouse – Sans épouse							
15	Children – Enfants	129 263	129 256	–	359	4 407	11 880	19 466
16	Other – Autres	247	246	–	7	8	12	3
	Denmark – Danemark [14]							
	1 I 1986 [3 15]							
	Total							
17	Total	2 069 450	2 069 090	360	16 870	123 820	178 690	213 370
18	1	612 400	612 070	330	13 900	61 510	47 760	33 320
19	2 +	1 457 050	1 457 020	30	2 970	62 310	130 930	180 050
	2							
20	Spouse – Epouse	420 270	420 270	–	50	4 620	13 220	11 150
	No spouse – Sans épouse							
21	Child – Enfant	60 220	60 220	–	650	4 780	8 170	9 410
22	Other – Autres	163 360	163 330	30	2 000	35 940	32 990	14 660
	3 +							
	Spouse + Child –							
23	Epouse + enfant	629 350	629 350	–	100	10 810	59 030	119 680
	Spouse, child, other –							
24	Epouse, enfant, autres	25 830	25 830	–	–	200	1 830	3 320
	No Spouse – Sans épouse							
25	Children – Enfants	39 550	39 550	–	10	960	3 980	8 460
	No Spouse – Sans épouse							
	Children, other –							
26	Enfants, autres	45 480	45 480	–	40	2 020	7 120	9 890
27	Other – Autres	72 990	72 990	–	120	2 980	4 590	3 480

Age (in years) applies to columns 15 + through 30–34.

33. Ménages selon l'âge et le sexe du chef de ménage, la dimension du ménage, le lien avec le chef de ménage et la résidence, urbaine/rurale: chaque recensement, 1985 – 1995 (suite)

(Voir notes à la fin du tableau.)

Age (en années)										
35–39	40–44	45–49	50–54	55–59	60–64	65–69	70–74	75+	Unknown Inconnu	
375 395	402 181	326 837	250 221	239 987	236 637	206 555	*—— 258 544 ——*		626	1
42 657	44 215	36 381	26 753	26 448	29 291	30 430	*—— 63 300 ——*		476	2
332 738	357 966	290 456	223 468	213 539	207 346	176 125	*—— 195 244 ——*		150	3
13 577	21 729	48 310	84 619	127 884	153 320	144 206	*—— 163 891 ——*		70	4
4 927	7 450	7 076	4 890	3 914	3 622	3 346	*—— 8 095 ——*		7	5
516	624	569	442	491	563	637	*—— 1 140 ——*		1	6
310 198	323 287	231 030	131 684	80 068	48 982	27 305	*—— 21 048 ——*		69	7
3 461	4 811	3 420	1 779	1 141	817	587	*—— 1 000 ——*		3	8
59	65	51	54	41	42	44	*—— 70 ——*		–	9
59 364	70 846	64 260	55 346	70 581	103 102	138 258	*—— 320 861 ——*		327	10
11 074	16 420	25 600	32 619	52 173	82 876	115 175	*—— 272 531 ——*		288	11
48 290	54 426	38 660	22 727	18 408	20 226	23 083	*—— 48 330 ——*		39	12
17 251	25 250	23 993	16 433	14 376	16 516	19 340	*—— 41 233 ——*		30	13
94	168	248	287	425	769	1 083	*—— 3 324 ——*		1	14
30 939	28 997	14 406	5 996	3 586	2 912	2 629	*—— 3 679 ——*		7	15
6	11	13	11	21	29	31	*—— 94 ——*		1	16
207 790	167 230	145 960	150 110	163 110	163 740	162 530	152 500	223 370	–	17
25 470	19 360	20 780	28 220	42 220	51 950	64 350	72 510	130 720	–	18
182 320	147 870	125 180	121 890	120 890	111 790	98 180	79 990	92 650	–	19
7 760	7 870	16 300	36 720	61 030	74 100	70 220	58 230	59 000	–	20
8 720	7 970	7 390	6 360	4 360	1 530	680	160	40	–	21
7 120	4 730	4 760	6 060	7 220	8 820	10 450	10 540	18 040	–	22
131 900	107 550	82 170	59 800	35 920	15 330	5 130	1 540	390	–	23
4 410	3 630	3 090	3 570	2 780	1 810	850	250	90	–	24
10 830	7 610	4 340	2 130	820	320	70	20	–	–	25
9 050	6 480	4 260	2 940	1 810	880	500	230	260	–	26
2 530	2 030	2 870	4 310	6 950	9 000	10 280	9 020	14 830	–	27

33. Households by age and sex of householder, size and relationship to householder by urban/rural residence: each census, 1985 – 1995 (continued)

(See notes at end of table.)

	Continent, country or area, date, sex, size, relationship and urban/rural residence — Continent, pays ou zone, date, sexe, dimension, lien et résidence, urbaine/rurale	All ages Tous âges	15 + [1]	– 15	15–19	20–24	25–29	30–34
	EUROPE (Cont.–Suite)							
	Denmark – Danemark [14]							
	1 I 1986 [3 15]							
	Male – Masculin							
1	Total	1 312 110	1 311 920	190	7 100	77 330	126 490	154 080
2	1	243 450	243 280	170	5 670	33 370	31 270	24 370
3	2 +	1 068 660	1 068 640	20	1 430	43 960	95 220	129 710
	2							
4	Spouse – Epouse	329 850	329 850	–	40	3 660	10 770	9 030
	No spouse – Sans épouse							
5	Child – Enfant	10 430	10 430	–	–	40	380	1 270
6	Other – Autres	105 330	105 310	20	1 280	28 360	27 010	11 970
	3 +							
7	Spouse + Child – Epouse + enfant	519 070	519 070	–	70	8 500	47 190	95 300
8	Spouse, child, other – Epouse, enfant, autres	21 470	21 470	–	–	170	1 430	2 730
9	No Spouse – Sans épouse Children – Enfants	4 490	4 490	–	–	–	50	330
10	No Spouse – Sans épouse Children, other – Enfants, autres	28 200	28 200	–	20	1 210	4 670	6 140
11	Other – Autres	49 820	49 820	–	20	2 020	3 720	2 940
	Female – Féminin							
12	Total	757 340	757 170	170	9 770	46 490	52 200	59 290
13	1	368 950	368 790	160	8 230	28 140	16 490	8 950
14	2 +	388 390	388 380	10	1 540	18 350	35 710	50 340
	2							
15	Spouse – Epouse	90 420	90 420	–	10	960	2 450	2 120
	No spouse – Sans épouse							
16	Child – Enfant	49 790	49 790	–	650	4 740	7 790	8 140
17	Other – Autres	58 030	58 020	10	720	7 580	5 980	2 690
	3 +							
18	Spouse + Child – Epouse + enfant	110 280	110 280	–	30	2 310	11 840	24 380
19	Spouse, child, other – Epouse, enfant, autres	4 360	4 360	–	–	30	400	590
20	No Spouse – Sans épouse Children – Enfants	35 060	35 060	–	10	960	3 930	8 130
21	No Spouse – Sans épouse Children, other – Enfants, autres	17 280	17 280	–	20	810	2 450	3 750
22	Other – Autres	23 170	23 170	–	100	960	870	540
	1 I 1991 [3]							
	Total							
23	Total	2 274 265	2 274 218	47	15 998	136 133	201 276	197 958
24	1	781 855	781 819	36	13 721	79 764	71 463	45 976
25	2 +	748 995	748 987	8	2 054	45 337	71 344	44 989
	2							
26	Spouse – Epouse	605 923	605 923	–	1 064	34 454	55 560	30 470
	No spouse – Sans épouse							
27	Child – Enfant	86 785	86 785	–	422	4 501	8 946	10 566
28	Other – Autres	56 287	56 279	8	568	6 382	6 838	3 953
	3 +							
29	Spouse + Child – Epouse + enfant	597 454	597 454	–	65	6 118	44 532	89 360
30	Spouse, child, other – Epouse, enfant, autres	24 699	24 699	–	–	210	1 675	3 103
31	No Spouse – Sans épouse Children – Enfants	44 163	44 163	–	17	1 046	4 888	8 602
32	No Spouse – Sans épouse Children, other – Enfants, autres	21 235	21 235	–	1	113	582	643
33	Other – Autres	55 864	55 861	3	140	3 545	6 792	5 285

Age (in years) applies to columns 15 + through 30–34.

33. Ménages selon l'âge et le sexe du chef de ménage, la dimension du ménage, le lien avec le chef de ménage et la résidence, urbaine/rurale: chaque recensement, 1985 – 1995 (suite)

(Voir notes à la fin du tableau.)

Age (en années)										
35–39	40–44	45–49	50–54	55–59	60–64	65–69	70–74	75+	Unknown Inconnu	
148 990	122 060	106 470	105 330	107 750	100 480	89 590	74 770	91 480	–	1
18 340	12 540	11 730	11 860	14 990	15 550	16 900	16 800	29 890	–	2
130 650	109 520	94 740	93 470	92 760	84 930	72 690	57 970	61 590	–	3
5 890	5 620	12 220	28 810	47 760	58 020	54 990	45 980	47 060	–	4
1 650	1 710	1 670	1 440	1 260	520	370	90	30	–	5
5 450	3 400	2 960	3 320	3 710	3 750	4 180	4 100	5 820	–	6
105 730	89 430	69 480	51 340	31 340	13 940	4 860	1 500	390	–	7
3 590	2 880	2 610	2 960	2 410	1 590	770	250	80	–	8
900	970	1 050	640	300	160	70	20	–	–	9
5 350	3 890	2 520	1 850	1 180	640	360	170	200	–	10
2 090	1 620	2 230	3 110	4 800	6 310	7 090	5 860	8 010	–	11
58 800	45 170	39 490	44 780	55 360	63 260	72 940	77 730	131 890	–	12
7 130	6 820	9 050	16 360	27 230	36 400	47 450	55 710	100 830	–	13
51 670	38 350	30 440	28 420	28 130	26 860	25 490	22 020	31 060	–	14
1 870	2 250	4 080	7 910	13 270	16 080	15 230	12 250	11 940	–	15
7 070	6 260	5 720	4 920	3 100	1 010	310	70	10	–	16
1 670	1 330	1 800	2 740	3 510	5 070	6 270	6 440	12 220	–	17
26 170	18 120	12 690	8 460	4 580	1 390	270	40	–	–	18
820	750	480	610	370	220	80	–	10	–	19
9 930	6 640	3 290	1 490	520	160	–	–	–	–	20
3 700	2 590	1 740	1 090	630	240	140	60	60	–	21
440	410	640	1 200	2 150	2 690	3 190	3 160	6 820	–	22
202 488	225 976	221 880	172 141	152 999	153 961	161 532	150 783	281 093	–	23
37 255	37 471	40 431	38 237	42 522	52 570	67 197	74 287	180 925	–	24
33 256	37 849	53 414	64 870	74 186	80 814	82 112	69 107	89 655	–	25
16 836	17 595	35 562	54 180	66 883	75 095	76 733	63 998	77 493	–	26
13 017	16 494	13 863	7 683	4 583	2 895	1 936	1 097	782	–	27
3 403	3 760	3 989	3 007	2 720	2 824	3 443	4 012	11 380	–	28
111 527	128 321	108 983	56 849	27 851	13 808	6 377	2 466	1 197	–	29
3 599	3 926	3 625	2 219	1 597	1 414	1 172	849	1 310	–	30
11 096	9 966	5 344	1 857	755	350	154	51	37	–	31
424	821	2 071	2 470	2 296	2 216	2 359	2 368	4 871	–	32
5 331	7 622	8 012	5 639	3 792	2 789	2 161	1 655	3 098	–	33

33. Households by age and sex of householder, size and relationship to householder by urban/rural residence: each census, 1985 – 1995 (continued)

(See notes at end of table.)

	Continent, country or area, date, sex, size, relationship and urban/rural residence / Continent, pays ou zone, date, sexe, dimension, lien et résidence, urbaine/rurale	All ages / Tous âges	15 + [1]	– 15	15–19	20–24	25–29	30–34
	EUROPE (Cont.–Suite)							
	Denmark – Danemark [14]							
	1 I 1991 [3]							
	Male – Masculin							
1	Total	1 327 655	1 327 631	24	6 468	71 930	123 325	128 088
2	1	329 896	329 880	16	5 823	41 651	45 085	32 138
3	2 +	486 860	486 854	6	540	24 420	44 208	27 468
	2							
4	Spouse – Epouse	440 478	440 478	–	329	20 990	39 251	23 238
	No spouse – Sans épouse							
5	Child – Enfant	16 117	16 117	–	–	51	451	1 140
6	Other – Autres	30 265	30 259	6	211	3 379	4 506	3 090
	3 +							
7	Spouse + Child – Epouse + enfant	439 668	439 668	–	26	3 349	27 683	61 754
8	Spouse, child, other – Epouse, enfant, autres	17 349	17 349	–	–	127	1 123	2 271
9	No Spouse – Sans épouse Children – Enfants	4 410	4 410	–	–	2	65	253
10	No Spouse – Sans épouse Children, other – Enfants, autres	14 723	14 723	–	–	74	412	487
11	Other – Autres	34 749	34 747	2	79	2 307	4 749	3 717
	Female – Féminin							
12	Total	946 610	946 587	23	9 530	64 203	77 951	69 870
13	1	451 959	451 939	20	7 898	38 113	26 378	13 838
14	2 +	262 135	262 133	2	1 514	20 917	27 136	17 521
	2							
15	Spouse – Epouse	165 445	165 445	–	735	13 464	16 309	7 232
	No spouse – Sans épouse							
16	Child – Enfant	70 668	70 668	–	422	4 450	8 495	9 426
17	Other – Autres	26 022	26 020	2	357	3 003	2 332	863
	3 +							
18	Spouse + Child – Epouse + enfant	157 786	157 786	–	39	2 769	16 849	27 606
19	Spouse, child, other – Epouse, enfant, autres	7 350	7 350	–	–	83	552	832
20	No Spouse – Sans épouse Children – Enfants	39 753	39 753	–	17	1 044	4 823	8 349
21	No Spouse – Sans épouse Children, other – Enfants, autres	6 512	6 512	–	1	39	170	156
22	Other – Autres	21 115	21 114	1	61	1 238	2 043	1 568
	Finland – Finlande							
	31 XII 1985 [3 15]							
	Total							
23	Total	1 887 710	1 887 710	–	6 703	80 864	189 476	218 850
24	1	532 094	532 094	–	3 567	30 450	45 418	37 008
25	2 +	1 355 616	1 355 616	–	3 136	50 414	144 058	181 842
	2							
26	Spouse – Epouse	305 418	305 418	–	231	7 412	19 437	14 237
	Male – Masculin							
27	Total	1 183 191	1 183 191	–	2 431	43 974	129 778	159 090
28	1	183 517	183 517	–	1 226	13 149	23 989	20 586
29	2 +	999 674	999 674	–	1 205	30 825	105 789	138 504
	2							
30	Spouse – Epouse	237 178	237 178	–	71	4 285	13 839	10 331
	Female – Féminin							
31	Total	704 519	704 519	–	4 272	36 890	59 698	59 760
32	1	348 577	348 577	–	2 341	17 301	21 429	16 422
33	2 +	355 942	355 942	–	1 931	19 589	38 269	43 338
	2							
34	Spouse – Epouse	68 240	68 240	–	160	3 127	5 598	3 906

33. Ménages selon l'âge et le sexe du chef de ménage, la dimension du ménage, le lien avec le chef de ménage et la résidence, urbaine/rurale: chaque recensement, 1985 – 1995 (suite)

(Voir notes à la fin du tableau.)

Age (en années)										
35–39	40–44	45–49	50–54	55–59	60–64	65–69	70–74	75+	Unknown Inconnu	
131 750	145 738	143 864	113 802	99 189	93 783	88 451	73 892	107 351	–	1
26 746	25 069	23 068	18 364	17 081	17 734	19 121	18 586	39 414	–	2
17 552	17 647	28 723	41 943	52 689	59 469	59 937	50 173	62 085	–	3
12 410	11 096	22 561	37 986	49 781	57 131	57 958	48 595	59 152	–	4
2 305	3 488	3 204	1 972	1 312	932	626	355	281	–	5
2 837	3 063	2 958	1 985	1 596	1 406	1 353	1 223	2 652	–	6
80 378	93 871	82 074	45 767	23 739	12 091	5 645	2 184	1 107	–	7
2 647	2 930	2 707	1 694	1 154	920	721	465	590	–	8
718	1 223	1 064	556	274	149	67	23	16	–	9
293	549	1 413	1 782	1 720	1 617	1 717	1 676	2 983	–	10
3 416	4 449	4 815	3 696	2 532	1 803	1 243	785	1 156	–	11
70 738	80 238	78 016	58 339	53 810	60 178	73 081	76 891	173 742	–	12
10 509	12 402	17 363	19 873	25 441	34 836	48 076	55 701	141 511	–	13
15 704	20 202	24 691	22 927	21 497	21 345	22 175	18 934	27 570	–	14
4 426	6 499	13 001	16 194	17 102	17 964	18 775	15 403	18 341	–	15
10 712	13 006	10 659	5 711	3 271	1 963	1 310	742	501	–	16
566	697	1 031	1 022	1 124	1 418	2 090	2 789	8 728	–	17
31 149	34 450	26 909	11 082	4 112	1 717	732	282	90	–	18
952	996	918	525	443	494	451	384	720	–	19
10 378	8 743	4 280	1 301	481	201	87	28	21	–	20
131	272	658	688	576	599	642	692	1 888	–	21
1 915	3 173	3 197	1 943	1 260	986	918	870	1 942	–	22
247 818	189 129	160 819	150 032	151 714	131 771	110 318	107 273	142 943	–	23
33 866	25 860	26 103	30 363	40 785	49 368	52 154	60 087	97 065	–	24
213 952	163 269	134 716	119 669	110 929	82 403	58 164	47 186	45 878	–	25
12 109	10 738	16 586	30 001	45 055	46 573	39 016	34 016	30 007	–	26
181 946	135 946	112 151	100 171	93 764	72 529	54 287	47 073	50 051	–	27
19 482	14 446	13 359	13 404	14 659	12 613	9 670	10 244	16 690	–	28
162 464	121 500	98 792	86 767	79 105	59 916	44 617	36 829	33 361	–	29
8 659	7 423	11 523	21 488	32 949	36 447	32 977	29 980	27 206	–	30
65 872	53 183	48 668	49 861	57 950	59 242	56 031	60 200	92 892	–	31
14 384	11 414	12 744	16 959	26 126	36 755	42 484	49 843	80 375	–	32
51 488	41 769	35 924	32 902	31 824	22 487	13 547	10 357	12 517	–	33
3 450	3 315	5 063	8 513	12 106	10 126	6 039	4 036	2 801	–	34

33. Households by age and sex of householder, size and relationship to householder by urban/rural residence: each census, 1985 – 1995 (continued)

(See notes at end of table.)

	Continent, country or area, date, sex, size, relationship and urban/rural residence — Continent, pays ou zone, date, sexe, dimension, lien et résidence, urbaine/rurale	All ages Tous âges	15 + [1]	– 15	15–19	20–24	25–29	30–34
		Age (in years)						
	EUROPE (Cont.–Suite)							
	Finland – Finlande							
	31 XII 1990 [3]							
	Total							
1	Total	2 036 732	2 036 732	–	7 779	89 670	194 684	212 640
2	1	646 229	646 229	–	4 211	38 520	57 704	45 729
	2							
3	Spouse – Epouse	450 325	450 325	–	1 773	28 055	46 812	28 006
	No spouse – Sans épouse							
4	Child – Enfant	102 886	102 886	–	192	2 746	9 973	12 107
5	Other – Autres	44 702	44 702	–	710	4 583	5 121	3 529
	3 +							
	Spouse + Child –							
6	Epouse + enfant	652 258	652 258	–	376	9 952	58 772	104 040
	Spouse, child, other –							
7	Epouse, enfant, autres	77 111	77 111	–	318	4 146	9 872	10 059
	No Spouse – Sans épouse							
8	Children – Enfants	47 828	47 828	–	13	610	4 544	7 591
	No Spouse – Sans épouse							
	Children, other –							
9	Enfants, autres	10 081	10 081	–	60	433	1 193	1 108
10	Other – Autres	5 312	5 312	–	126	625	693	471
	Male – Masculin							
11	Total	1 246 226	1 246 226	–	2 736	47 698	129 120	149 435
12	1	241 844	241 844	–	1 433	17 397	31 652	27 353
	2							
13	Spouse – Epouse	343 094	343 094	–	624	17 965	34 774	21 640
	No spouse – Sans épouse							
14	Child – Enfant	30 294	30 294	–	2	50	3 552	3 995
15	Other – Autres	24 073	24 073	–	313	2 266	2 991	2 418
	3 +							
	Spouse + Child –							
16	Epouse + enfant	531 492	531 492	–	143	6 811	46 343	83 962
	Spouse, child, other –							
17	Epouse, enfant, autres	57 441	57 441	–	129	2 718	7 282	7 698
	No Spouse – Sans épouse							
18	Children – Enfants	10 151	10 151	–	–	4	1 416	1 431
	No Spouse – Sans épouse							
	Children, other –							
19	Enfants, autres	4 360	4 360	–	28	159	670	580
20	Other – Autres	3 477	3 477	–	64	328	440	358
	Female – Féminin							
21	Total	790 506	790 506	–	5 043	41 972	65 564	63 205
22	1	404 385	404 385	–	2 778	21 123	26 052	18 376
	2							
23	Spouse – Epouse	107 231	107 231	–	1 149	10 090	12 038	6 366
	No spouse – Sans épouse							
24	Child – Enfant	72 592	72 592	–	190	2 696	6 421	8 112
25	Other – Autres	20 629	20 629	–	397	2 317	2 130	1 111
	3 +							
	Spouse + Child –							
26	Epouse + enfant	120 766	120 766	–	233	3 141	12 429	20 078
	Spouse, child, other –							
27	Epouse, enfant, autres	19 670	19 670	–	189	1 428	2 590	2 361
	No Spouse – Sans épouse							
28	Children – Enfants	37 677	37 677	–	13	606	3 128	6 160
	No Spouse – Sans épouse							
	Children, other –							
29	Enfants, autres	5 721	5 721	–	32	274	523	528
30	Other – Autres	1 835	1 835	–	62	297	253	113

33. Ménages selon l'âge et le sexe du chef de ménage, la dimension du ménage, le lien avec le chef de ménage et la résidence, urbaine/rurale: chaque recensement, 1985 – 1995 (suite)

(Voir notes à la fin du tableau.)

Age (en années)										
35–39	40–44	45–49	50–54	55–59	60–64	65–69	70–74	75+	Unknown Inconnu	
228 740	254 203	191 924	161 637	147 353	140 971	128 212	103 743	175 176	–	1
38 976	41 787	36 177	38 325	43 482	55 000	62 556	59 924	123 838	–	2
17 669	20 515	27 530	43 216	54 562	57 661	50 694	35 286	38 546	–	3
15 071	19 095	14 264	9 849	6 894	4 706	2 875	1 871	3 243	–	4
3 410	4 331	3 740	3 682	3 401	3 107	2 580	2 082	4 426	–	5
131 229	143 694	93 661	54 917	30 517	14 758	6 034	2 526	1 782	–	6
9 876	10 680	8 509	7 175	5 877	4 266	2 548	1 524	2 261	–	7
10 795	11 876	6 255	3 093	1 509	742	367	166	267	–	8
1 261	1 665	1 314	969	705	443	303	202	425	–	9
453	560	474	411	406	288	255	162	388	–	10
161 426	178 026	130 673	104 761	89 052	81 143	65 924	45 548	60 684	–	11
23 800	24 305	18 579	17 158	16 657	17 345	14 364	10 419	21 382	–	12
13 273	14 686	19 155	30 162	38 130	44 573	42 521	30 814	34 777	–	13
4 995	5 985	4 365	2 908	1 767	1 140	544	339	652	–	14
2 589	3 355	2 656	2 370	1 898	1 428	767	387	635	–	15
106 424	118 015	77 088	45 239	25 190	12 779	5 496	2 346	1 656	–	16
7 479	8 279	6 414	5 318	4 387	3 303	1 963	1 133	1 338	–	17
1 863	2 222	1 469	888	456	224	88	33	57	–	18
615	727	558	398	279	161	65	31	89	–	19
388	452	389	320	288	190	116	46	98	–	20
67 314	76 177	61 251	56 876	58 301	59 828	62 288	58 195	114 492	–	21
15 176	17 482	17 598	21 167	26 825	37 655	48 192	49 505	102 456	–	22
4 396	5 829	8 375	13 054	16 432	13 088	8 173	4 472	3 769	–	23
10 076	13 110	9 899	6 941	5 127	3 566	2 331	1 532	2 591	–	24
821	976	1 084	1 312	1 503	1 679	1 813	1 695	3 791	–	25
24 805	25 679	16 573	9 678	5 327	1 979	538	180	126	–	26
2 397	2 401	2 095	1 857	1 490	963	585	391	923	–	27
8 932	9 654	4 786	2 205	1 053	518	279	133	210	–	28
646	938	756	571	426	282	238	171	336	–	29
65	108	85	91	118	98	139	116	290	–	30

33. Households by age and sex of householder, size and relationship to householder by urban/rural residence: each census, 1985 – 1995 (continued)

(See notes at end of table.)

	Continent, country or area, date, sex, size, relationship and urban/rural residence — Continent, pays ou zone, date, sexe, dimension, lien et résidence, urbaine/rurale	All ages Tous âges	15 + [1]	– 15	15–19	20–24	25–29	30–34
		Age (in years)						
	EUROPE (Cont.–Suite)							
	France							
	5 III 1990 [16] [17]							
	Total							
1	Total	21 520 700	21 520 700	–	55 780	816 400	1 801 140	2 136 700
2	1	5 825 720	5 825 720	–	40 400	426 280	539 180	396 780
3	2 +	15 694 980	15 694 980	–	15 380	390 120	1 261 960	1 739 920
	No spouse – Sans épouse							
4	Child – Enfant	904 140	904 140	–	1 100	24 340	53 360	76 400
5	Other – Autres	371 400	371 400	–	6 300	49 700	37 340	25 800
	No Spouse – Sans épouse							
6	Children – Enfants	531 300	531 300	–	180	5 840	29 420	65 200
	No Spouse – Sans épouse							
	Children, other –							
7	Enfants, autres	114 360	114 360	–	220	2 600	7 120	10 480
8	Other – Autres	484 120	484 120	–	1 680	20 960	29 520	26 600
	Male – Masculin							
9	Total	16 285 960	16 285 960	–	27 540	524 960	1 453 360	1 818 800
10	1	2 158 500	2 158 500	–	18 120	199 320	298 420	233 660
11	2 +	14 127 460	14 127 460	–	9 420	325 640	1 154 940	1 585 140
	2							
12	Spouse – Epouse	5 089 580	5 089 580	–	3 520	203 820	476 960	261 640
	No spouse – Sans épouse							
13	Child – Enfant	142 140	142 140	–	20	360	1 800	5 380
14	Other – Autres	170 680	170 680	–	2 500	23 300	21 140	16 520
	3 +							
	Spouse + Child –							
15	Epouse + enfant	7 839 640	7 839 640	–	2 300	80 140	614 200	1 245 360
	Spouse, child, other –							
16	Epouse, enfant, autres	360 440	360 440	–	80	2 720	14 040	28 440
	No Spouse – Sans épouse							
17	Children – Enfants	63 260	63 260	–	20	–	900	3 000
	No Spouse – Sans épouse							
	Children, other –							
18	Enfants, autres	17 140	17 140	–	–	60	600	1 140
19	Other – Autres	444 580	444 580	–	980	15 240	25 300	23 660
	Female – Féminin							
20	Total	5 234 740	5 234 740	–	28 240	291 440	347 780	317 900
21	1	3 667 220	3 667 220	–	22 280	226 960	240 760	163 120
22	2 +	1 567 520	1 567 520	–	5 960	64 480	107 020	154 780
	No spouse – Sans épouse							
23	Child – Enfant	762 000	762 000	–	1 080	23 980	51 560	71 020
24	Other – Autres	200 720	200 720	–	3 800	26 400	16 200	9 280
	No Spouse – Sans épouse							
25	Children – Enfants	468 040	468 040	–	160	5 840	28 520	62 200
	No Spouse – Sans épouse							
	Children, other –							
26	Enfants, autres	97 220	97 220	–	220	2 540	6 520	9 340
27	Other – Autres	39 540	39 540	–	700	5 720	4 220	2 940
	Greece – Grèce							
	17 III 1991 [18]							
	Total							
28	Total	3 203 834	3 203 834	–	18 790	82 133	160 758	256 256
29	1	520 261	520 261	–	12 006	36 604	30 293	27 062
30	2 +	2 218 643	2 218 643	–	708	22 288	104 993	201 150
	2							
31	Spouse – Epouse	646 011	646 011	–	361	9 561	29 000	26 288
	3 +							
	Spouse + Child –							
32	Epouse + enfant	1 339 406	1 339 406	–	315	11 782	69 415	155 680
	Spouse, child, other –							
33	Epouse, enfant, autres	233 226	233 226	–	32	945	6 578	19 182

33. Ménages selon l'âge et le sexe du chef de ménage, la dimension du ménage, le lien avec le chef de ménage et la résidence, urbaine/rurale: chaque recensement, 1985 – 1995 (suite)

(Voir notes à la fin du tableau.)

Age (en années)										
35–39	40–44	45–49	50–54	55–59	60–64	65–69	70–74	75+	Unknown Inconnu	
2 270 140	2 399 500	1 654 200	1 604 040	1 694 980	1 703 000	1 660 200	1 040 900	2 683 720	–	1
311 980	297 320	226 780	258 180	339 600	451 980	565 700	433 880	1 537 660	–	2
1 958 160	2 102 180	1 427 420	1 345 860	1 355 380	1 251 020	1 094 500	607 020	1 146 060	–	3
94 220	114 500	88 320	82 000	75 460	67 540	59 320	36 880	130 700	–	4
23 480	25 200	20 360	23 540	27 640	20 200	20 420	13 480	77 940	–	5
105 980	122 540	69 360	46 400	33 120	20 800	11 680	5 400	15 380	–	6
12 920	16 880	13 160	12 720	10 960	9 640	7 340	3 200	7 120	–	7
24 040	27 320	29 920	48 240	71 240	71 100	60 000	28 300	45 200	–	8
1 945 340	2 055 160	1 405 660	1 345 520	1 379 440	1 303 880	1 154 800	645 260	1 226 240	–	9
188 940	177 780	125 280	125 180	137 300	147 500	140 880	87 740	278 380	–	10
1 756 400	1 877 380	1 280 380	1 220 340	1 242 140	1 156 380	1 013 920	557 520	947 860	–	11
153 540	153 200	181 340	336 880	573 560	730 940	763 060	454 120	797 000	–	12
11 660	21 300	19 580	18 140	15 420	12 200	10 340	5 520	20 420	–	13
16 400	17 840	13 040	12 880	14 020	8 260	6 840	3 800	14 140	–	14
1 502 760	1 580 100	968 080	741 400	517 020	301 880	157 600	60 200	68 600	–	15
41 220	62 440	56 880	54 680	46 380	28 920	15 080	5 440	4 120	–	16
7 660	14 640	11 480	8 440	6 240	4 500	2 220	1 240	2 920	–	17
1 820	3 220	2 160	2 440	1 720	1 460	960	380	1 180	–	18
21 340	24 640	27 820	45 480	67 780	68 220	57 820	26 820	39 480	–	19
324 800	344 340	248 540	258 520	315 540	399 120	505 400	395 640	1 457 480	–	20
123 040	119 540	101 500	133 000	202 300	304 480	424 820	346 140	1 259 280	–	21
201 760	224 800	147 040	125 520	113 240	94 640	80 580	49 500	198 200	–	22
82 560	93 200	68 740	63 860	60 040	55 340	48 980	31 360	110 280	–	23
7 080	7 360	7 320	10 660	13 620	11 940	13 580	9 680	63 800	–	24
98 320	107 900	57 880	37 960	26 880	16 300	9 460	4 160	12 460	–	25
11 100	13 660	11 000	10 280	9 240	8 180	6 380	2 820	5 940	–	26
2 700	2 680	2 100	2 760	3 460	2 880	2 180	1 480	5 720	–	27
295 407	322 355	280 318	337 562	350 436	353 991	254 970	192 015	298 843	–	28
20 522	20 142	17 704	26 859	36 820	57 239	58 682	59 798	116 530	–	29
245 306	267 386	228 472	261 046	256 141	235 501	154 385	103 010	138 257	–	30
15 924	14 805	20 056	46 142	80 502	115 088	98 156	76 066	114 062	–	31
198 218	211 932	171 612	176 862	146 986	102 897	48 875	23 638	21 194	–	32
31 164	40 649	36 804	38 042	28 653	17 516	7 354	3 306	3 001	–	33

33. Households by age and sex of householder, size and relationship to householder by urban/rural residence: each census, 1985 – 1995 (continued)

(See notes at end of table.)

	Continent, country or area, date, sex, size, relationship and urban/rural residence — Continent, pays ou zone, date, sexe, dimension, lien et résidence, urbaine/rurale	Age (in years): All ages — Tous âges	15 + [1]	– 15	15–19	20–24	25–29	30–34
	EUROPE (Cont.–Suite)							
	Greece – Grèce							
	17 III 1991 [18]							
	Male – Masculin							
1	Total	2 555 075	2 555 075	–	8 593	49 796	128 980	219 349
2	1	185 677	185 677	–	5 588	18 900	17 728	16 371
3	2 +	2 139 038	2 139 038	–	383	18 558	96 157	189 118
	2							
4	Spouse – Epouse	624 829	624 829	–	189	8 150	26 911	24 802
	3 +							
5	Spouse + Child – Epouse + enfant	1 287 697	1 287 697	–	174	9 641	63 145	146 103
6	Spouse, child, other – Epouse, enfant, autres	226 512	226 512	–	20	767	6 101	18 213
	Female – Féminin							
7	Total	648 759	648 759	–	10 197	32 337	31 778	36 907
8	1	334 584	334 584	–	6 418	17 704	12 565	10 691
9	2 +	79 605	79 605	–	325	3 730	8 836	12 032
	2							
10	Spouse – Epouse	21 182	21 182	–	172	1 411	2 089	1 486
	3 +							
11	Spouse + Child – Epouse + enfant	51 709	51 709	–	141	2 141	6 270	9 577
12	Spouse, child, other – Epouse, enfant, autres	6 714	6 714	–	12	178	477	969
	Hungary – Hongrie							
	1 I 1990							
	Total							
13	Total	3 889 532	3 889 532	–	66 569	137 800	251 845	376 982
14	1	945 973	945 973	–	35 223	45 104	40 292	44 662
15	2 +	2 943 559	2 943 559	–	31 346	92 696	211 553	332 320
	2							
16	Spouse – Epouse	770 559	770 559	–	1 255	20 564	26 339	20 102
	No spouse – Sans épouse							
17	Child – Enfant	221 997	...	...	...	...	...	...
18	Other – Autres	133 661	...	...	...	...	...	...
19	Other – Autres	17 030	...	...	...	...	...	...
	Norway – Norvège							
	3 XI 1990 [3 13]							
	Total							
20	Total	1 751 362	1 750 523	842	9 650	100 027	178 644	188 731
21	1	601 097	600 271	825	6 683	49 489	68 503	50 168
22	2 +	1 150 264	1 150 246	–	2 967	50 537	110 141	138 564
	2							
23	Spouse – Epouse	299 802	299 746	–	–	3 347	10 695	8 545
	No spouse – Sans épouse							
24	Child – Enfant	50 180	50 073	–	857	9 015	11 000	9 736
25	Other – Autres	109 807	109 799	–	725	12 712	18 698	11 128
	3 +							
26	Spouse + Child – Epouse + enfant	398 257	398 196	–	424	7 202	35 576	76 368
27	Spouse, child, other – Epouse, enfant, autres	14 217	14 144	–	–	407	1 089	1 788
28	No Spouse – Sans épouse Children – Enfants	29 187	29 147	–	54	1 369	4 734	7 610
29	No Spouse – Sans épouse Children, other – Enfants, autres	24 656	24 569	–	208	3 056	5 422	5 798
30	Other – Autres	224 160	224 162	–	602	13 366	22 925	17 590

33. Ménages selon l'âge et le sexe du chef de ménage, la dimension du ménage, le lien avec le chef de ménage et la résidence, urbaine/rurale: chaque recensement, 1985 – 1995 (suite)

(Voir notes à la fin du tableau.)

35–39	40–44	45–49	50–54	55–59	60–64	65–69	70–74	75+	Unknown Inconnu	
									Age (en années)	
257 607	280 444	243 827	288 177	294 541	279 472	186 556	128 266	189 467	–	1
12 279	11 265	8 950	11 430	13 204	15 511	12 919	11 981	29 551	–	2
233 388	256 137	220 682	253 737	250 414	230 605	151 430	101 368	137 061	–	3
14 974	13 632	18 752	44 018	77 836	111 971	95 897	74 687	113 010	–	4
188 444	203 264	166 044	172 443	144 345	101 338	48 277	23 410	21 069	–	5
29 970	39 241	35 886	37 276	28 233	17 296	7 256	3 271	2 982	–	6
37 800	41 911	36 491	49 385	55 895	74 519	68 414	63 749	109 376	–	7
8 243	8 877	8 754	15 429	23 616	41 728	45 763	47 817	86 979	–	8
11 918	11 249	7 790	7 309	5 727	4 896	2 955	1 642	1 196	–	9
950	1 173	1 304	2 124	2 666	3 117	2 259	1 379	1 052	–	10
9 774	8 668	5 568	4 419	2 641	1 559	598	228	125	–	11
1 194	1 408	918	766	420	220	98	35	19	–	12
443 505	391 010	370 545	*——— 667 525	———*	*——— 660 627	———*	*——— 523 124	———*	–	13
51 508	48 604	55 183	*——— 142 894	———*	*——— 224 729	———*	*——— 257 774	———*	–	14
391 997	342 406	315 362	*——— 524 631	———*	*——— 435 898	———*	*——— 265 350	———*	–	15
20 064	24 039	43 810	*——— 194 534	———*	*——— 265 354	———*	*——— 154 498	———*	–	16
...	...	...	...	...	...	...	...	...	...	17
...	...	...	...	...	...	...	...	...	...	18
...	...	...	...	...	...	...	...	...	...	19
183 644	186 240	148 164	110 076	99 430	111 087	122 337	116 479	196 014	–	20
36 179	32 181	27 030	24 604	26 470	36 941	51 914	58 445	131 664	–	21
147 463	154 057	121 134	85 472	72 960	74 147	70 423	58 032	64 349	–	22
5 512	6 538	11 252	18 400	30 172	46 004	54 573	49 575	55 133	–	23
8 397	6 386	3 060	1 181	380	61	–	–	–	–	24
8 110	10 238	10 541	8 780	7 411	6 195	5 292	3 796	6 173	–	25
96 569	95 996	54 197	20 598	7 767	2 665	686	148	–	–	26
2 426	3 420	2 625	1 409	596	264	120	–	–	–	27
8 057	5 230	1 566	417	110	–	–	–	–	–	28
4 675	3 319	1 433	486	121	51	–	–	–	–	29
13 719	22 931	36 458	34 202	26 403	18 805	9 709	4 456	2 996	–	30

33. Households by age and sex of householder, size and relationship to householder by urban/rural residence: each census, 1985 – 1995 (continued)

(See notes at end of table.)

	Continent, country or area, date, sex, size, relationship and urban/rural residence — Continent, pays ou zone, date, sexe, dimension, lien et résidence, urbaine/rurale	Age (in years) All ages Tous âges	15 + [1]	– 15	15–19	20–24	25–29	30–34
	EUROPE (Cont.–Suite)							
	Norway – Norvège							
	3 XI 1990 [3 13]							
	Male – Masculin							
1	Total	1 151 009	1 150 557	453	4 217	52 917	116 124	133 061
2	1	274 238	273 794	444	3 046	26 102	43 174	34 199
3	2 +	876 770	876 760	–	1 171	26 814	72 950	98 862
	2							
4	Spouse – Epouse	257 872	257 848	–	–	1 900	8 002	6 708
	No spouse – Sans épouse							
5	Child – Enfant	5 538	5 472	–	–	–	472	817
6	Other – Autres	67 045	67 041	–	389	8 098	14 129	8 931
	3 +							
7	Spouse + Child – Epouse + enfant	339 375	339 347	–	285	5 174	28 302	62 959
8	Spouse, child, other – Epouse, enfant, autres	11 749	11 690	–	–	323	903	1 431
9	No Spouse – Sans épouse Children – Enfants	2 685	2 645	–	–	–	98	411
10	No Spouse – Sans épouse Children, other – Enfants, autres	5 400	5 365	–	–	157	406	1 013
11	Other – Autres	187 107	187 108	–	433	11 099	20 637	16 591
	Female – Féminin							
12	Total	600 353	599 966	389	5 433	47 110	62 520	55 670
13	1	326 859	326 477	381	3 637	23 387	25 329	15 969
14	2 +	273 494	273 486	–	1 796	23 723	37 191	39 702
	2							
15	Spouse – Epouse	41 930	41 898	–	–	1 447	2 693	1 837
	No spouse – Sans épouse							
16	Child – Enfant	44 642	44 601	–	857	9 015	10 528	8 919
17	Other – Autres	42 762	42 758	–	336	4 614	4 569	2 197
	3 +							
18	Spouse + Child – Epouse + enfant	58 882	58 849	–	139	2 028	7 274	13 409
19	Spouse, child, other – Epouse, enfant, autres	2 468	2 454	–	–	84	186	357
20	No Spouse – Sans épouse Children – Enfants	26 502	26 502	–	54	1 369	4 636	7 199
21	No Spouse – Sans épouse Children, other – Enfants, autres	19 256	19 204	–	208	2 899	5 016	4 785
22	Other – Autres	37 053	37 054	–	169	2 267	2 288	999
	Portugal							
	15 IV 1991							
	Total							
23	Total	3 145 734	3 143 657	2 077	8 847	70 055	204 060	284 619
24	1	435 533	434 745	788	3 471	12 674	16 663	15 811
25	2 +	2 710 201	2 708 912	1 289	5 376	57 381	187 397	268 808
	2							
26	Spouse – Epouse	628 426	628 366	60	1 341	20 705	43 342	23 658
	No spouse – Sans épouse							
27	Child – Enfant	98 089	98 065	24	146	1 369	3 676	6 019
28	Other – Autres	61 480	61 092	388	946	2 820	3 116	2 650
	3 +							
29	Spouse + Child – Epouse + enfant	1 380 455	1 380 091	364	1 583	25 810	118 276	203 162
30	Spouse, child, other – Epouse, enfant, autres	190 043	189 970	73	258	2 001	8 890	17 505
31	No Spouse – Sans épouse Children – Enfants	74 762	74 755	7	33	405	2 479	6 742
32	No Spouse – Sans épouse Children, other – Enfants, autres	35 423	35 405	18	54	288	971	2 048
33	Other – Autres	241 523	241 168	355	1 015	3 983	6 647	7 024

33. Ménages selon l'âge et le sexe du chef de ménage, la dimension du ménage, le lien avec le chef de ménage et la résidence, urbaine/rurale: chaque recensement, 1985 – 1995 (suite)

(Voir notes à la fin du tableau.)

Age (en années)										
35–39	40–44	45–49	50–54	55–59	60–64	65–69	70–74	75+	Unknown Inconnu	
133 438	139 067	110 790	82 206	72 678	76 590	78 590	65 836	85 043	–	1
25 972	22 640	16 414	13 597	13 004	14 300	17 284	14 481	29 581	–	2
107 465	116 426	94 376	68 609	59 674	62 291	61 306	51 354	55 462	–	3
4 329	5 033	8 458	14 603	24 880	39 099	48 832	45 202	50 802	–	4
1 435	1 481	810	283	113	61	–	–	–	–	5
5 903	5 946	5 464	4 603	3 757	3 121	2 627	1 859	2 214	–	6
80 936	83 510	48 280	18 987	7 415	2 665	686	148	–	–	7
1 833	2 790	2 232	1 248	546	264	120	–	–	–	8
712	852	342	168	62	–	–	–	–	–	9
1 298	1 427	693	252	68	51	–	–	–	–	10
11 021	15 389	28 096	28 466	22 833	17 025	9 022	4 096	2 400	–	11
50 206	47 173	37 374	27 870	26 752	34 497	43 747	50 643	110 971	–	12
10 207	9 541	10 616	11 007	13 466	22 641	34 630	43 964	102 083	–	13
39 998	37 631	26 758	16 863	13 286	11 856	9 117	6 678	8 887	–	14
1 183	1 505	2 794	3 797	5 292	6 905	5 741	4 373	4 331	–	15
6 962	4 905	2 250	898	267	–	–	–	–	–	16
2 207	4 292	5 077	4 177	3 654	3 074	2 665	1 937	3 959	–	17
15 633	12 486	5 917	1 611	352	–	–	–	–	–	18
593	630	393	161	50	–	–	–	–	–	19
7 345	4 378	1 224	249	48	–	–	–	–	–	20
3 377	1 892	740	234	53	–	–	–	–	–	21
2 698	7 542	8 362	5 736	3 570	1 780	687	360	596	–	22
308 518	315 384	291 478	295 373	304 460	299 014	272 860	204 314	284 675	–	23
14 003	13 872	15 006	21 404	31 942	48 288	61 162	61 940	118 509	–	24
294 515	301 512	276 472	273 969	272 518	250 726	211 698	142 374	166 166	–	25
12 747	11 689	17 490	41 361	75 073	100 723	108 792	81 432	90 013	–	26
7 464	8 500	9 107	10 213	11 140	10 749	9 208	6 931	13 543	–	27
2 283	2 589	2 964	4 126	5 800	6 999	7 317	6 251	13 231	–	28
226 687	223 512	186 157	148 827	108 894	68 606	37 677	17 230	13 670	–	29
24 091	28 475	28 074	26 001	20 730	14 110	9 076	5 140	5 619	–	30
10 636	12 423	11 138	9 781	7 945	5 659	3 095	1 611	2 808	–	31
2 904	3 747	4 150	4 380	4 245	3 744	3 024	2 231	3 619	–	32
7 703	10 577	17 392	29 280	38 691	40 136	33 509	21 548	23 663	–	33

33. Households by age and sex of householder, size and relationship to householder by urban/rural residence: each census, 1985 – 1995 (continued)

(See notes at end of table.)

	Continent, country or area, date, sex, size, relationship and urban/rural residence — Continent, pays ou zone, date, sexe, dimension, lien et résidence, urbaine/rurale	All ages Tous âges	15 + [1]	– 15	15–19	20–24	25–29	30–34
	EUROPE (Cont.–Suite)							
	Portugal							
	15 IV 1991							
	Male – Masculin							
1	Total	2 520 955	2 519 885	1 070	5 530	56 943	182 619	256 467
2	1	130 636	130 326	310	1 668	6 105	8 867	8 713
3	2 +	2 390 319	2 389 559	760	3 862	50 838	173 752	247 754
	2							
4	Spouse – Epouse	612 222	612 165	57	1 184	19 685	41 938	22 922
	No spouse – Sans épouse							
5	Child – Enfant	14 676	14 676	–	8	51	172	510
6	Other – Autres	21 104	20 910	194	470	1 524	1 852	1 536
	3 +							
7	Spouse + Child – Epouse + enfant	1 357 625	1 357 361	264	1 351	24 622	115 442	199 076
8	Spouse, child, other – Epouse, enfant, autres	173 263	173 220	43	185	1 816	8 500	17 000
9	No Spouse – Sans épouse Children – Enfants	9 165	9 164	1	3	26	70	302
10	No Spouse – Sans épouse Children, other – Enfants, autres	4 602	4 601	1	5	43	157	276
11	Other – Autres	197 662	197 462	200	656	3 071	5 621	6 132
	Female – Féminin							
12	Total	624 779	623 772	1 007	3 317	13 112	21 441	28 152
13	1	304 897	304 419	478	1 803	6 569	7 796	7 098
14	2 +	319 882	319 353	529	1 514	6 543	13 645	21 054
	2							
15	Spouse – Epouse	16 204	16 201	3	157	1 020	1 404	736
	No spouse – Sans épouse							
16	Child – Enfant	83 413	83 389	24	138	1 318	3 504	5 509
17	Other – Autres	40 376	40 182	194	476	1 296	1 264	1 114
	3 +							
18	Spouse + Child – Epouse + enfant	22 830	22 730	100	232	1 188	2 834	4 086
19	Spouse, child, other – Epouse, enfant, autres	16 780	16 750	30	73	185	390	505
20	No Spouse – Sans épouse Children – Enfants	65 597	65 591	6	30	379	2 409	6 440
21	No Spouse – Sans épouse Children, other – Enfants, autres	30 821	30 804	17	49	245	814	1 772
22	Other – Autres	43 861	43 706	155	359	912	1 026	892
	Romania – Roumanie							
	7 I 1992 [13]							
	Total							
23	Total	7 288 676	7 286 703	292	15 295	209 719	373 040	626 866
24	1	1 246 889	1 245 356	210	7 001	42 672	40 179	49 808
25	2 +	6 041 787	6 041 347	82	8 294	167 047	332 861	577 058
	2							
26	Spouse – Epouse	1 463 250	1 463 094	–	1 738	51 360	47 464	40 087
	No spouse – Sans épouse							
27	Child – Enfant	317 717	317 697	3	567	7 389	11 337	21 481
28	Other – Autres	101 778	101 090	59	2 056	8 492	5 121	4 565
29	Other – Autres	4 159 642	4 159 466	20	3 933	99 806	268 939	510 925
	Male – Masculin							
30	Total	5 681 106	5 679 925	111	10 207	172 168	328 643	553 344
31	1	416 630	415 774	85	4 221	25 695	24 457	31 385
32	2 +	5 264 476	5 264 151	26	5 986	146 473	304 186	521 959
	2							
33	Spouse – Epouse	1 428 882	1 428 731	–	1 523	49 056	45 855	38 447
	No spouse – Sans épouse							
34	Child – Enfant	65 737	65 732	1	208	1 850	1 867	3 730
35	Other – Autres	39 655	39 018	23	1 180	5 164	3 278	3 040
36	Other – Autres	3 730 802	3 730 670	2	3 075	90 403	253 186	476 742

Age (in years)

33. Ménages selon l'âge et le sexe du chef de ménage, la dimension du ménage, le lien avec le chef de ménage et la résidence, urbaine/rurale: chaque recensement, 1985 – 1995 (suite)

(Voir notes à la fin du tableau.)

Age (en années)										
35–39	40–44	45–49	50–54	55–59	60–64	65–69	70–74	75+	Unknown Inconnu	
276 092	278 686	252 786	249 285	247 802	229 466	196 012	133 535	154 662	–	1
7 794	7 085	6 628	7 993	9 965	12 738	13 780	13 155	25 835	–	2
268 298	271 601	246 158	241 292	237 837	216 728	182 232	120 380	128 827	–	3
12 306	11 170	16 699	39 940	73 055	98 318	106 481	79 907	88 560	–	4
779	1 009	1 169	1 458	1 677	1 739	1 598	1 349	3 157	–	5
1 296	1 266	1 248	1 455	1 775	1 899	1 994	1 568	3 027	–	6
222 686	220 020	183 611	146 954	107 691	67 917	37 366	17 076	13 549	–	7
23 485	27 791	27 144	24 650	18 753	11 570	6 308	3 025	2 993	–	8
720	1 108	1 332	1 363	1 331	1 094	718	402	695	–	9
424	498	518	541	561	445	360	251	522	–	10
6 602	8 739	14 437	24 931	32 994	33 746	27 407	16 802	16 324	–	11
32 426	36 698	38 692	46 088	56 658	69 548	76 848	70 779	130 013	–	12
6 209	6 787	8 378	13 411	21 977	35 550	47 382	48 785	92 674	–	13
26 217	29 911	30 314	32 677	34 681	33 998	29 466	21 994	37 339	–	14
441	519	791	1 421	2 018	2 405	2 311	1 525	1 453	–	15
6 685	7 491	7 938	8 755	9 463	9 010	7 610	5 582	10 386	–	16
987	1 323	1 716	2 671	4 025	5 100	5 323	4 683	10 204	–	17
4 001	3 492	2 546	1 873	1 203	689	311	154	121	–	18
606	684	930	1 351	1 977	2 540	2 768	2 115	2 626	–	19
9 916	11 315	9 806	8 418	6 614	4 565	2 377	1 209	2 113	–	20
2 480	3 249	3 632	3 839	3 684	3 299	2 664	1 980	3 097	–	21
1 101	1 838	2 955	4 349	5 697	6 390	6 102	4 746	7 339	–	22
789 921	758 427	616 071	741 271	789 617	754 791	656 922	367 322	587 441	1 681	23
55 194	52 753	50 682	79 818	113 585	154 285	183 956	135 831	279 592	1 323	24
734 727	705 674	565 389	661 453	676 032	600 506	472 966	231 491	307 849	358	25
37 331	40 349	58 571	133 078	222 576	278 903	259 986	127 762	163 889	156	26
31 218	32 962	30 265	39 138	39 802	33 220	26 143	15 728	28 447	17	27
4 539	4 421	4 402	7 046	9 849	12 803	13 659	8 952	15 185	29	28
661 639	627 942	472 151	482 191	403 805	275 580	173 178	79 049	100 328	156	29
689 885	656 483	522 299	609 135	622 525	557 549	439 672	210 863	307 152	1 070	30
35 065	32 161	26 418	32 728	34 906	38 131	38 484	24 464	67 659	771	31
654 820	624 322	495 881	576 407	587 619	519 418	401 188	186 399	239 493	299	32
35 379	37 870	55 715	128 712	217 515	274 047	256 270	125 888	162 454	151	33
6 367	7 620	6 872	8 648	8 216	6 550	4 855	2 471	6 478	4	34
2 984	2 610	2 263	2 799	3 069	3 374	3 160	1 875	4 222	14	35
610 090	576 222	431 031	436 248	358 819	235 447	136 903	56 165	66 339	130	36

33. Households by age and sex of householder, size and relationship to householder by urban/rural residence: each census, 1985 – 1995 (continued)

(See notes at end of table.)

	Continent, country or area, date, sex, size, relationship and urban/rural residence — Continent, pays ou zone, date, sexe, dimension, lien et résidence, urbaine/rurale	Age (in years) All ages Tous âges	15 + [1]	– 15	15–19	20–24	25–29	30–34
	EUROPE (Cont.–Suite)							
	Romania – Roumanie							
	7 I 1992 [13]							
	Female – Féminin							
1	Total	1 607 570	1 606 778	181	5 088	37 551	44 397	73 522
2	1	830 259	829 582	125	2 780	16 977	15 722	18 423
3	2 +	777 311	777 196	56	2 308	20 574	28 675	55 099
	2							
4	Spouse – Epouse	34 368	34 363	–	215	2 304	1 609	1 640
	No spouse – Sans épouse							
5	Child – Enfant	251 980	251 965	2	359	5 539	9 470	17 751
6	Other – Autres	62 123	62 072	36	876	3 328	1 843	1 525
7	Other – Autres	428 840	428 796	18	858	9 403	15 753	34 183
	Sweden – Suède							
	13 XI 1990 [3]							
	Total							
8	Total	3 830 037	3 830 037	–	24 924	227 977	320 175	310 283
9	1	1 515 655	1 515 655	–	22 493	156 351	150 943	99 573
10	2 +	1 189 602	1 189 602	–	2 157	55 570	87 301	57 594
	2							
11	Spouse – Epouse	975 730	975 730	–	1 096	42 799	66 651	38 209
	No spouse – Sans épouse							
12	Child – Enfant	94 502	94 502	–	698	7 085	12 895	14 715
13	Other – Autres	119 370	119 370	–	363	5 686	7 755	4 670
	3 +							
	Spouse + Child –							
14	Epouse + enfant	835 838	835 838	–	156	13 272	71 639	136 168
	No Spouse – Sans épouse							
15	Children – Enfants	89 374	89 374	–	80	2 083	9 068	16 167
16	Other – Autres	199 568	199 568	–	38	701	1 224	781
	Male – Masculin							
17	Total	2 411 441	2 411 441	–	11 305	138 655	216 224	218 509
18	1	684 791	684 791	–	9 902	85 590	92 596	66 536
19	2 +	850 427	850 427	–	1 184	40 824	61 706	36 433
	2							
20	Spouse – Epouse	788 973	788 973	–	981	37 291	55 776	31 490
	No spouse – Sans épouse							
21	Child – Enfant	15 730	15 730	–	34	171	714	1 644
22	Other – Autres	45 724	45 724	–	169	3 362	5 216	3 299
	3 +							
	Spouse + Child –							
23	Epouse + enfant	698 000	698 000	–	144	11 296	59 459	112 376
	No Spouse – Sans épouse							
24	Children – Enfants	17 926	17 926	–	45	431	1 558	2 552
25	Other – Autres	160 297	160 297	–	30	514	905	612
	Female – Féminin							
26	Total	1 418 596	1 418 596	–	13 619	89 322	103 951	91 774
27	1	830 864	830 864	–	12 591	70 761	58 347	33 037
28	2 +	339 175	339 175	–	973	14 746	25 595	21 161
	2							
29	Spouse – Epouse	186 757	186 757	–	115	5 508	10 875	6 719
	No spouse – Sans épouse							
30	Child – Enfant	78 772	78 772	–	664	6 914	12 181	13 071
31	Other – Autres	73 646	73 646	–	194	2 324	2 539	1 371
	3 +							
	Spouse + Child –							
32	Epouse + enfant	137 838	137 838	–	12	1 976	12 180	23 792
	No Spouse – Sans épouse							
33	Children – Enfants	71 448	71 448	–	35	1 652	7 510	13 615
34	Other – Autres	39 271	39 271	–	8	187	319	169

33. Ménages selon l'âge et le sexe du chef de ménage, la dimension du ménage, le lien avec le chef de ménage et la résidence, urbaine/rurale: chaque recensement, 1985 – 1995 (suite)

(Voir notes à la fin du tableau.)

Age (en années)										
35–39	40–44	45–49	50–54	55–59	60–64	65–69	70–74	75+	Unknown Inconnu	
100 036	101 944	93 772	132 136	167 092	197 242	217 250	156 459	280 289	611	1
20 129	20 592	24 264	47 090	78 679	116 154	145 472	111 367	211 933	552	2
79 907	81 352	69 508	85 046	88 413	81 088	71 778	45 092	68 356	59	3
1 952	2 479	2 856	4 366	5 061	4 856	3 716	1 874	1 435	5	4
24 851	25 342	23 393	30 490	31 586	26 670	21 288	13 257	21 969	13	5
1 555	1 811	2 139	4 247	6 780	9 429	10 499	7 077	10 963	15	6
51 549	51 720	41 120	45 943	44 986	40 133	36 275	22 884	33 989	26	7
320 139	369 327	363 554	279 660	248 080	260 004	288 977	279 917	537 020	–	8
76 203	77 462	82 679	75 545	79 406	96 713	122 456	135 625	340 206	–	9
44 064	54 321	78 815	95 693	113 035	132 616	148 954	134 218	185 264	–	10
21 678	23 780	49 912	78 107	101 787	123 578	140 057	125 539	162 537	–	11
18 086	20 148	13 591	5 042	1 568	427	137	71	39	–	12
4 300	10 393	15 312	12 544	9 680	8 611	8 760	8 608	22 688	–	13
176 811	203 433	147 561	56 915	19 574	6 634	2 418	840	417	–	14
21 697	21 997	11 788	3 559	1 115	541	407	331	541	–	15
1 364	12 114	42 711	47 948	34 950	23 500	14 742	8 903	10 592	–	16
227 255	258 945	254 057	195 392	169 822	169 337	174 281	152 092	225 567	–	17
53 400	51 294	48 594	38 967	36 368	38 906	42 284	39 250	81 104	–	18
22 868	25 644	46 054	67 438	86 072	104 075	117 025	104 683	136 421	–	19
17 425	17 722	37 761	61 686	82 190	100 640	113 748	101 814	130 449	–	20
3 223	4 467	3 216	1 365	546	220	84	35	11	–	21
2 220	3 455	5 077	4 387	3 336	3 215	3 193	2 834	5 961	–	22
146 659	168 987	122 511	48 833	17 887	6 371	2 313	783	381	–	23
3 494	4 347	3 103	1 246	514	244	150	91	151	–	24
834	8 673	33 795	38 908	28 981	19 741	12 509	7 285	7 510	–	25
92 884	110 382	109 497	84 268	78 258	90 667	114 696	127 825	311 453	–	26
22 803	26 168	34 085	36 578	43 038	57 807	80 172	96 375	259 102	–	27
21 196	28 677	32 761	28 255	26 963	28 541	31 929	29 535	48 843	–	28
4 253	6 058	12 151	16 421	19 597	22 938	26 309	23 725	32 088	–	29
14 863	15 681	10 375	3 677	1 022	207	53	36	28	–	30
2 080	6 938	10 235	8 157	6 344	5 396	5 567	5 774	16 727	–	31
30 152	34 446	25 050	8 082	1 687	263	105	57	36	–	32
18 203	17 650	8 685	2 313	601	297	257	240	390	–	33
530	3 441	8 916	9 040	5 969	3 759	2 233	1 618	3 082	–	34

33. Households by age and sex of householder, size and relationship to householder by urban/rural residence: each census, 1985 – 1995 (continued)

(See notes at end of table.)

	Continent, country or area, date, sex, size, relationship and urban/rural residence — Continent, pays ou zone, date, sexe, dimension, lien et résidence, urbaine/rurale	All ages / Tous âges	15 + [1]	– 15	15–19	20–24	25–29	30–34
				Age (in years)				
	OCEANIA—OCEANIE							
	New Zealand – Nouvelle–Zélande							
	4 III 1986 [3 19]							
	Total							
1	Total	1 069 446	1 069 446	–	12 129	67 773	111 165	*———
2	1	199 167	199 176	–	1 935	8 712	11 247	*———
3	2 +	870 279	870 270	–	10 194	59 061	99 918	*———
	2							
4	Spouse – Epouse	247 620	247 614	–	1 284	17 331	26 526	*———
	No spouse – Sans épouse							
5	Child – Enfant	43 953	43 950	–	705	3 378	3 798	*———
6	Other – Autres	42 087	42 096	–	2 799	10 005	7 935	*———
	3 +							
7	Spouse + Child – Epouse + enfant	402 120	402 123	–	1 338	11 469	42 648	*———
8	Spouse, child, other – Epouse, enfant, autres	25 725	25 722	–	207	1 344	3 276	*———
9	No Spouse – Sans épouse Children – Enfants	40 566	40 566	–	321	1 890	4 818	*———
10	No Spouse – Sans épouse Children, other – Enfants, autres	18 357	18 357	–	426	2 154	2 766	*———
11	Other – Autres	49 851	49 842	–	3 114	11 490	8 151	*———
	Male – Masculin							
12	Total	714 816	714 819	–	4 989	37 284	72 645	*———
13	1	77 073	77 076	–	1 041	5 349	7 464	*———
14	2 +	637 743	637 743	–	3 948	31 935	65 181	*———
	2							
15	Spouse – Epouse	209 304	209 301	–	468	11 163	20 427	*———
	No spouse – Sans épouse							
16	Child – Enfant	9 594	9 594	–	120	276	432	*———
17	Other – Autres	22 320	22 323	–	1 113	5 571	5 049	*———
	3 +							
18	Spouse + Child – Epouse + enfant	333 615	333 618	–	699	7 101	30 735	*———
19	Spouse, child, other – Epouse, enfant, autres	20 373	20 373	–	93	804	2 325	*———
20	No Spouse – Sans épouse Children – Enfants	6 192	6 192	–	114	135	273	*———
21	No Spouse – Sans épouse Children, other – Enfants, autres	4 077	4 077	–	96	351	447	*———
22	Other – Autres	32 268	32 265	–	1 245	6 534	5 493	*———
	Female – Féminin							
23	Total	354 630	354 627	–	7 140	30 489	38 520	*———
24	1	122 094	122 100	–	894	3 363	3 783	*———
25	2 +	232 536	232 527	–	6 246	27 126	34 737	*———
	2							
26	Spouse – Epouse	38 316	38 313	–	816	6 168	6 099	*———
	No spouse – Sans épouse							
27	Child – Enfant	34 359	34 356	–	585	3 102	3 366	*———
28	Other – Autres	19 767	19 773	–	1 686	4 434	2 886	*———
	3 +							
29	Spouse + Child – Epouse + enfant	68 505	68 505	–	639	4 368	11 913	*———
30	Spouse, child, other – Epouse, enfant, autres	5 352	5 349	–	114	540	951	*———
31	No Spouse – Sans épouse Children – Enfants	34 374	34 374	–	207	1 755	4 545	*———
32	No Spouse – Sans épouse Children, other – Enfants, autres	14 280	14 280	–	330	1 803	2 319	*———
33	Other – Autres	17 583	17 577	–	1 869	4 956	2 658	*———

33. Ménages selon l'âge et le sexe du chef de ménage, la dimension du ménage, le lien avec le chef de ménage et la résidence, urbaine/rurale: chaque recensement, 1985 – 1995 (suite)

(Voir notes à la fin du tableau.)

Age (en années)										
35–39	40–44	45–49	50–54	55–59	60–64	65–69	70–74	75+	Unknown Inconnu	
242 550 —*	100 095	*——— —	247 431 ———	———*	78 939	*——— —	209 364 ———	———*	–	1
19 332 —*	7 911	*——— —	33 378 ———	———*	19 983	*——— —	96 678 ———	———*	–	2
223 218 —*	92 184	*——— —	214 053 ———	———*	58 956	*——— —	112 686 ———	———*	–	3
21 192 —*	6 297	*——— —	59 490 ———	———*	35 238	*——— —	80 256 ———	———*	–	4
7 437 —*	4 158	*——— —	12 360 ———	———*	3 468	*——— —	8 646 ———	———*	–	5
6 909 —*	1 746	*——— —	5 037 ———	———*	1 923	*——— —	5 742 ———	———*	–	6
151 569 —*	64 740	*——— —	106 806 ———	———*	12 855	*——— —	10 698 ———	———*	–	7
8 220 —*	3 717	*——— —	7 119 ———	———*	882	*——— —	957 ———	———*	–	8
16 059 —*	6 642	*——— —	8 559 ———	———*	999	*——— —	1 278 ———	———*	–	9
5 103 —*	2 127	*——— —	3 714 ———	———*	714	*——— —	1 353 ———	———*	–	10
6 729 —*	2 757	*——— —	10 968 ———	———*	2 877	*——— —	3 756 ———	———*	–	11
170 496 —*	74 118	*——— —	186 915 ———	———*	55 446	*——— —	112 926 ———	———*	–	12
12 852 —*	5 004	*——— —	16 071 ———	———*	6 855	*——— —	22 440 ———	———*	–	13
157 644 —*	69 114	*——— —	170 844 ———	———*	48 591	*——— —	90 486 ———	———*	–	14
17 061 —*	4 815	*——— —	50 703 ———	———*	31 551	*——— —	73 113 ———	———*	–	15
1 629 —*	1 236	*——— —	3 465 ———	———*	777	*——— —	1 659 ———	———*	–	16
4 383 —*	1 077	*——— —	2 562 ———	———*	813	*——— —	1 755 ———	———*	–	17
120 645 —*	55 566	*——— —	96 786 ———	———*	12 045	*——— —	10 041 ———	———*	–	18
6 519 —*	3 099	*——— —	6 177 ———	———*	723	*——— —	633 ———	———*	–	19
1 812 —*	1 140	*——— —	2 160 ———	———*	282	*——— —	276 ———	———*	–	20
1 083 —*	495	*——— —	1 050 ———	———*	201	*——— —	354 ———	———*	–	21
4 512 —*	1 686	*——— —	7 941 ———	———*	2 199	*——— —	2 655 ———	———*	–	22
72 054 —*	25 977	*——— —	60 516 ———	———*	23 493	*——— —	96 438 ———	———*	–	23
6 480 —*	2 907	*——— —	17 307 ———	———*	13 128	*——— —	74 238 ———	———*	–	24
65 574 —*	23 070	*——— —	43 209 ———	———*	10 365	*——— —	22 200 ———	———*	–	25
4 131 —*	1 482	*——— —	8 787 ———	———*	3 687	*——— —	7 143 ———	———*	–	26
5 808 —*	2 922	*——— —	8 895 ———	———*	2 691	*——— —	6 987 ———	———*	–	27
2 526 —*	669	*——— —	2 475 ———	———*	1 110	*——— —	3 987 ———	———*	–	28
30 924 —*	9 174	*——— —	10 020 ———	———*	810	*——— —	657 ———	———*	–	29
1 701 —*	618	*——— —	942 ———	———*	159	*——— —	324 ———	———*	–	30
14 247 —*	5 502	*——— —	6 399 ———	———*	717	*——— —	1 002 ———	———*	–	31
4 020 —*	1 632	*——— —	2 664 ———	———*	513	*——— —	999 ———	———*	–	32
2 217 —*	1 071	*——— —	3 027 ———	———*	678	*——— —	1 101 ———	———*	–	33

33. Households by age and sex of householder, size and relationship to householder by urban/rural residence: each census, 1985 – 1995 (continued)

(See notes at end of table.)

	Continent, country or area, date, sex, size, relationship and urban/rural residence — Continent, pays ou zone, date, sexe, dimension, lien et résidence, urbaine/rurale	Age (in years): All ages Tous âges	15 +[1]	– 15	15–19	20–24	25–29	30–34
	OCEANIA—OCEANIE(Cont.–Suite)							
	New Zealand – Nouvelle–Zélande							
	5 III 1991[3,19]							
	Total							
1	Total	1 175 634	1 175 259	375	14 256	69 282	115 023	134 919
2	1	247 536	247 476	60	2 694	10 749	15 597	15 612
3	2 +	928 095	927 777	312	11 565	58 524	99 429	119 310
	2							
4	Spouse – Epouse	268 347	268 329	–	1 578	14 781	25 881	17 031
	No spouse – Sans épouse							
5	Child – Enfant	46 980	46 977	–	792	3 810	4 800	4 689
6	Other – Autres	59 259	59 157	93	3 126	10 479	9 699	6 525
	3 +							
7	Spouse + Child – Epouse + enfant	356 868	356 883	–	483	7 437	31 950	63 531
8	Spouse, child, other – Epouse, enfant, autres	32 040	32 034	–	111	1 101	2 985	4 455
9	No Spouse – Sans épouse Children – Enfants	55 641	55 644	–	330	3 540	7 731	10 740
10	No Spouse – Sans épouse Children, other – Enfants, autres	24 774	24 783	3	396	2 457	3 480	3 504
11	Other – Autres	84 192	83 967	222	4 740	14 922	12 906	8 832
	Male – Masculin							
12	Total	737 892	737 700	198	5 454	31 980	64 527	83 985
13	1	103 287	103 263	24	1 554	6 216	10 002	10 311
14	2 +	634 605	634 431	171	3 900	25 761	54 528	73 674
	2							
15	Spouse – Epouse	216 870	216 861	–	408	7 554	17 175	12 522
	No spouse – Sans épouse							
16	Child – Enfant	9 036	9 039	–	12	135	429	681
17	Other – Autres	30 096	30 036	51	1 323	5 559	5 964	4 050
	3 +							
18	Spouse + Child – Epouse + enfant	282 141	282 147	–	123	3 684	19 827	45 366
19	Spouse, child, other – Epouse, enfant, autres	24 675	24 672	–	24	441	1 779	3 186
20	No Spouse – Sans épouse Children – Enfants	9 993	9 996	–	3	111	540	1 128
21	No Spouse – Sans épouse Children, other – Enfants, autres	4 359	4 368	–	15	105	309	459
22	Other – Autres	57 438	57 315	123	1 989	8 172	8 505	6 279
	Female – Féminin							
23	Total	437 742	437 559	177	8 802	37 302	50 496	50 934
24	1	144 249	144 213	36	1 140	4 533	5 595	5 301
25	2 +	293 490	293 346	141	7 665	32 763	44 901	45 636
	2							
26	Spouse – Epouse	51 477	51 468	–	1 170	7 227	8 706	4 509
	No spouse – Sans épouse							
27	Child – Enfant	37 944	37 938	–	780	3 675	4 371	4 008
28	Other – Autres	29 163	29 121	42	1 803	4 920	3 735	2 475
	3 +							
29	Spouse + Child – Epouse + enfant	74 727	74 736	–	360	3 753	12 123	18 165
30	Spouse, child, other – Epouse, enfant, autres	7 365	7 362	–	87	660	1 206	1 269
31	No Spouse – Sans épouse Children – Enfants	45 648	45 648	–	327	3 429	7 191	9 612
32	No Spouse – Sans épouse Children, other – Enfants, autres	20 415	20 415	3	381	2 352	3 171	3 045
33	Other – Autres	26 754	26 652	99	2 751	6 750	4 401	2 553

33. Ménages selon l'âge et le sexe du chef de ménage, la dimension du ménage, le lien avec le chef de ménage et la résidence, urbaine/rurale: chaque recensement, 1985 – 1995 (suite)

(Voir notes à la fin du tableau.)

Age (en années)										
35–39	40–44	45–49	50–54	55–59	60–64	65–69	70–74	75+	Unknown Inconnu	
129 828	128 211	101 292	87 276	77 331	81 756	76 956	63 594	95 535	–	1
13 383	13 662	13 074	14 037	15 939	21 969	26 559	27 912	56 289	–	2
116 442	114 546	88 221	73 239	61 392	59 787	50 394	35 685	39 243	–	3
10 044	11 418	16 125	23 436	28 416	34 779	33 444	24 876	26 520	–	4
4 914	6 021	5 082	3 870	3 060	2 649	2 193	1 890	3 207	–	5
4 212	3 549	3 036	2 970	2 715	3 159	3 042	2 610	4 035	–	6
72 507	70 617	46 929	28 908	16 140	9 693	4 938	2 208	1 542	–	7
4 848	5 295	4 452	3 564	2 373	1 572	774	306	198	–	8
10 959	9 270	5 358	3 003	1 833	1 152	696	453	579	–	9
3 246	3 039	2 211	1 830	1 395	1 176	834	561	654	–	10
5 721	5 340	5 022	5 664	5 457	5 613	4 470	2 772	2 508	–	11
85 422	88 431	72 333	63 375	56 358	57 771	49 713	35 643	42 708	–	12
8 700	8 385	7 005	6 840	7 152	8 817	8 598	7 068	12 615	–	13
76 719	80 043	65 328	56 535	49 206	48 954	41 115	28 575	30 093	–	14
7 233	7 836	11 994	18 891	24 597	31 161	30 267	22 620	24 603	–	15
984	1 488	1 317	1 026	810	654	489	381	633	–	16
2 616	2 082	1 581	1 377	1 203	1 305	1 020	810	1 146	–	17
55 689	57 750	40 965	26 268	15 042	9 162	4 698	2 106	1 467	–	18
3 573	4 146	3 672	3 096	2 133	1 449	702	285	186	–	19
1 758	2 097	1 557	1 092	657	471	237	168	177	–	20
615	636	507	459	381	309	210	165	198	–	21
4 257	4 008	3 738	4 326	4 383	4 446	3 492	2 037	1 683	–	22
44 406	39 780	28 959	23 901	20 973	23 985	27 243	27 951	52 827	–	23
4 683	5 277	6 069	7 197	8 787	13 152	17 961	20 844	43 674	–	24
39 723	34 503	22 893	16 704	12 186	10 833	9 279	7 110	9 150	–	25
2 811	3 582	4 131	4 545	3 819	3 618	3 177	2 256	1 917	–	26
3 930	4 533	3 765	2 844	2 250	1 995	1 704	1 509	2 574	–	27
1 596	1 467	1 455	1 593	1 512	1 854	2 022	1 800	2 889	–	28
16 818	12 867	5 964	2 640	1 098	531	240	102	75	–	29
1 275	1 149	780	468	240	123	72	21	12	–	30
9 201	7 173	3 801	1 911	1 176	681	459	285	402	–	31
2 631	2 403	1 704	1 371	1 014	867	624	396	456	–	32
1 464	1 332	1 284	1 338	1 074	1 167	978	735	825	–	33

33. Households by age and sex of householder, size and relationship to householder by urban/rural residence: each census, 1985 – 1995 (continued)
Data by urban/rural residence

(See notes at end of table.)

	Continent, country or area, date, sex, size, relationship and urban/rural residence — Continent, pays ou zone, date, sexe, dimension, lien et résidence, urbaine/rurale	Age (in years)						
		All ages Tous âges	15 + [1]	– 15	15–19	20–24	25–29	30–34
	ASIA—ASIE							
	Japan – Japon							
	Urban – Urbaine							
	1 X 1985 [12]							
	Total							
1	Total	30 265 948	30 265 159	789	514 364	1 956 644	2 085 460	2 844 962
2	1	6 900 399	6 899 796	603	498 259	1 665 987	982 974	609 540
3	2 +	23 365 549	23 365 363	186	16 105	290 657	1 102 486	2 235 422
	2							
4	Spouse – Epouse	4 101 025	4 101 025	–	3 744	94 510	343 302	307 634
	3 +							
5	Spouse + Child – Epouse + enfant	12 511 949	12 511 949	–	2 012	95 793	593 135	1 563 435
6	Spouse, child, other – Epouse, enfant, autres	3 583 681	3 583 681	–	61	3 990	36 143	162 029
7	No Spouse – Sans épouse Children – Enfants	1 972 007	1 972 007	–	1 001	20 416	63 070	145 765
8	Other – Autres	1 196 887	1 196 701	186	9 287	75 948	66 836	56 559
	Male – Masculin							
9	Total	25 259 876	25 259 371	505	316 085	1 366 190	1 796 433	2 579 033
10	1	3 961 182	3 960 784	398	305 132	1 125 717	754 759	459 680
11	2 +	21 298 694	21 298 587	107	10 953	240 473	1 041 674	2 119 353
	2							
12	Spouse – Epouse	4 073 034	4 073 034	–	3 507	92 806	341 387	305 785
	3 +							
13	Spouse + Child – Epouse + enfant	12 488 552	12 488 552	–	1 975	95 333	591 816	1 560 897
14	Spouse, child, other – Epouse, enfant, autres	3 433 601	3 433 601	–	61	3 944	35 935	161 035
15	No Spouse – Sans épouse Children – Enfants	502 143	502 143	–	546	10 670	29 405	51 088
16	Other – Autres	801 364	801 257	107	4 864	37 720	43 131	40 548
	Female – Féminin							
17	Total	5 006 072	5 005 788	284	198 279	590 454	289 027	265 929
18	1	2 939 217	2 939 012	205	193 127	540 270	228 215	149 860
19	2 +	2 066 855	2 066 776	79	5 152	50 184	60 812	116 069
	2							
20	Spouse – Epouse	27 991	27 991	–	237	1 704	1 915	1 849
	3 +							
21	Spouse + Child – Epouse + enfant	23 397	23 397	–	37	460	1 319	2 538
22	Spouse, child, other – Epouse, enfant, autres	150 080	150 080	–	–	46	208	994
23	No Spouse – Sans épouse Children – Enfants	1 469 864	1 469 864	–	455	9 746	33 665	94 677
24	Other – Autres	395 523	395 444	79	4 423	38 228	23 705	16 011
	1 X 1990 [12]							
	Total							
25	Total	32 682 533	32 682 022	511	584 876	2 089 981	2 269 860	2 461 691
26	1	8 221 176	8 220 777	399	567 924	1 806 790	1 187 126	614 361
27	2 +	24 461 357	24 461 245	112	16 952	283 191	1 082 734	1 847 330
	2							
28	Spouse – Epouse	4 993 831	4 993 831	–	4 281	86 572	372 952	327 952
	3 +							
29	Spouse + Child – Epouse + enfant	12 558 521	12 558 521	–	2 250	91 941	544 291	1 249 932
30	Spouse, child, other – Epouse, enfant, autres	3 363 281	3 363 281	–	43	3 088	26 785	106 595
31	No Spouse – Sans épouse Children – Enfants	2 262 588	2 262 581	7	1 067	19 939	67 791	116 485
32	Other – Autres	1 283 136	1 283 031	105	9 311	81 651	70 915	46 366

33. Ménages selon l'âge et le sexe du chef de ménage, la dimension du ménage, le lien avec le chef de ménage et la résidence, urbaine/rurale: chaque recensement, 1985 – 1995 (suite)
Données selon la résidence urbaine/rurale

(Voir notes à la fin du tableau.)

Age (en années)										
35–39	40–44	45–49	50–54	55–59	60–64	65–69	70–74	75+	Unknown Inconnu	
3 843 581	3 641 878	3 399 179	3 269 306	2 835 157	2 031 234	1 509 052	1 201 368	1 132 974	–	1
496 513	362 061	332 837	355 925	361 263	341 425	309 048	277 312	306 652	–	2
3 347 068	3 279 817	3 066 342	2 913 381	2 473 894	1 689 809	1 200 004	924 056	826 322	–	3
226 549	160 661	196 493	374 474	602 240	579 995	482 741	389 573	339 109	–	4
2 370 483	2 238 388	1 997 546	1 660 847	1 040 428	475 322	241 042	141 684	91 834	–	5
406 496	492 322	470 683	454 860	442 879	355 928	292 975	249 187	216 128	–	6
270 404	311 917	308 733	271 569	193 288	133 348	92 369	73 162	86 965	–	7
73 136	76 529	92 887	151 631	195 059	145 216	90 877	70 450	92 286	–	8
3 473 156	3 236 611	2 967 604	2 803 996	2 371 672	1 586 957	1 115 246	863 839	782 549	–	9
352 950	237 124	192 288	162 930	117 134	75 292	55 599	51 342	70 837	–	10
3 120 206	2 999 487	2 775 316	2 641 066	2 254 538	1 511 665	1 059 647	812 497	711 712	–	11
224 713	158 768	194 264	371 125	598 262	576 044	480 032	388 010	338 331	–	12
2 366 621	2 234 549	1 994 132	1 657 532	1 037 889	474 122	240 440	141 493	91 753	–	13
404 055	488 543	464 808	440 821	418 447	326 354	263 837	226 606	199 155	–	14
77 372	73 957	66 025	60 654	45 380	27 219	18 587	16 524	24 716	–	15
47 445	43 670	56 087	110 934	154 560	107 926	56 751	39 864	57 757	–	16
370 425	405 267	431 575	465 310	463 485	444 277	393 806	337 529	350 425	–	17
143 563	124 937	140 549	192 995	244 129	266 133	253 449	225 970	235 815	–	18
226 862	280 330	291 026	272 315	219 356	178 144	140 357	111 559	114 610	–	19
1 836	1 893	2 229	3 349	3 978	3 951	2 709	1 563	778	–	20
3 862	3 839	3 414	3 315	2 539	1 200	602	191	81	–	21
2 441	3 779	5 875	14 039	24 432	29 574	29 138	22 581	16 973	–	22
193 032	237 960	242 708	210 915	147 908	106 129	73 782	56 638	62 249	–	23
25 691	32 859	36 800	40 697	40 499	37 290	34 126	30 586	34 529	–	24
3 094 778	4 098 057	3 788 245	3 441 579	3 246 189	2 723 946	1 909 792	1 348 616	1 624 412	–	25
504 181	532 586	454 917	420 765	440 718	441 235	414 903	351 388	483 883	–	26
2 590 597	3 565 471	3 333 328	3 020 814	2 805 471	2 282 711	1 494 889	997 228	1 140 529	–	27
216 621	213 063	233 280	386 718	673 859	854 907	665 658	461 124	496 844	–	28
1 826 784	2 376 946	2 124 049	1 760 895	1 297 550	695 758	302 047	153 253	132 825	–	29
267 582	493 692	483 799	412 491	396 180	388 058	298 602	224 273	262 093	–	30
224 179	393 036	385 298	318 124	245 733	162 775	113 869	84 891	129 394	–	31
55 431	88 734	106 902	142 586	192 149	181 213	114 713	73 687	119 373	–	32

33. Households by age and sex of householder, size and relationship to householder by urban/rural residence: each census, 1985 – 1995 (continued)
Data by urban/rural residence

(See notes at end of table.)

	Continent, country or area, date, sex, size, relationship and urban/rural residence Continent, pays ou zone, date, sexe, dimension, lien et résidence, urbaine/rurale	Age (in years) All ages Tous âges	15 + [1]	– 15	15–19	20–24	25–29	30–34
	ASIA—ASIE (Cont.–Suite)							
	Japan – Japon							
	Urban – Urbaine							
	1 X 1990 [12]							
	Male – Masculin							
1	Total	26 883 646	26 883 363	283	358 408	1 427 440	1 886 300	2 209 162
2	1	4 690 188	4 689 968	220	346 576	1 199 937	877 198	456 633
3	2 +	22 193 458	22 193 395	63	11 832	227 503	1 009 102	1 752 529
	2							
4	Spouse – Epouse	4 959 529	4 959 529	–	3 951	84 294	369 776	325 764
	3 +							
	Spouse + Child –							
5	Epouse + enfant	12 531 441	12 531 441	–	2 221	91 439	542 579	1 247 131
	Spouse, child, other –							
6	Epouse, enfant, autres	3 230 964	3 230 964	–	42	3 040	26 520	105 754
	No Spouse – Sans épouse							
7	Children – Enfants	599 189	599 183	6	550	8 562	27 708	41 008
8	Other – Autres	872 335	872 278	57	5 068	40 168	42 519	32 872
	Female – Féminin							
9	Total	5 798 887	5 798 659	228	226 468	662 541	383 560	252 529
10	1	3 530 988	3 530 809	179	221 348	606 853	309 928	157 728
11	2 +	2 267 899	2 267 850	49	5 120	55 688	73 632	94 801
	2							
12	Spouse – Epouse	34 302	34 302	–	330	2 278	3 176	2 188
	3 +							
	Spouse + Child –							
13	Epouse + enfant	27 080	27 080	–	29	502	1 712	2 801
	Spouse, child, other –							
14	Epouse, enfant, autres	132 317	132 317	–	1	48	265	841
	No Spouse – Sans épouse							
15	Children – Enfants	1 663 399	1 663 398	1	517	11 377	40 083	75 477
16	Other – Autres	410 801	410 753	48	4 243	41 483	28 396	13 494
	Rural – Rurale							
	10 I 1985 [12]							
	Male – Masculin							
17	Total	6 687 789	6 687 674	115	29 431	120 887	259 285	511 039
18	1	464 713	464 614	99	28 053	85 822	71 876	47 242
19	2 +	6 223 076	6 223 060	16	1 378	35 065	187 409	463 797
	2							
20	Spouse – Epouse	1 101 151	1 101 151	–	397	10 754	39 915	37 193
	3 +							
	Spouse + Child –							
21	Epouse + enfant	2 670 018	2 670 018	–	316	16 884	111 069	303 894
	Spouse, child, other –							
22	Epouse, enfant, autres	1 939 437	1 939 437	–	37	1 345	17 849	92 736
	No Spouse – Sans épouse							
23	Children – Enfants	135 426	135 426	–	95	2 651	9 822	17 670
24	Other – Autres	377 044	377 028	16	533	3 431	8 754	12 304
	1 X 1985 [12]							
	Female – Féminin							
25	Total	1 027 130	1 027 055	75	22 328	46 945	25 569	30 383
26	1	531 258	531 202	56	21 773	43 785	17 770	9 258
27	2 +	495 872	495 853	19	555	3 160	7 799	21 125
	2							
28	Spouse – Epouse	6 085	6 085	–	14	121	110	71
	3 +							
	Spouse + Child –							
29	Epouse + enfant	5 946	5 946	–	2	87	250	501
	Spouse, child, other –							
30	Epouse, enfant, autres	81 841	81 841	–	–	12	131	550
	No Spouse – Sans épouse							
31	Children – Enfants	303 176	303 176	–	62	1 217	5 914	17 743
32	Other – Autres	98 824	98 805	19	477	1 723	1 394	2 260

33. Ménages selon l'âge et le sexe du chef de ménage, la dimension du ménage, le lien avec le chef de ménage et la résidence, urbaine/rurale: chaque recensement, 1985 – 1995 (suite)
Données selon la résidence urbaine/rurale

(Voir notes à la fin du tableau.)

Age (en années)										
35–39	40–44	45–49	50–54	55–59	60–64	65–69	70–74	75+	Unknown Inconnu	
2 778 905	3 607 972	3 282 904	2 951 448	2 734 166	2 218 919	1 421 718	933 095	1 072 926	–	1
371 881	376 790	292 218	225 534	176 227	125 151	81 894	59 307	100 622	–	2
2 407 024	3 231 182	2 990 686	2 725 914	2 557 939	2 093 768	1 339 824	873 788	972 304	–	3
214 845	210 519	230 159	383 060	669 500	850 646	662 266	459 140	495 609	–	4
1 822 845	2 371 945	2 119 696	1 757 433	1 295 017	694 326	301 252	152 921	132 636	–	5
265 515	489 759	478 848	402 561	377 087	364 375	274 886	203 719	238 858	–	6
66 406	104 098	94 369	78 424	62 096	41 294	24 283	17 112	33 273	–	7
37 413	54 861	67 614	104 436	154 239	143 127	77 137	40 896	71 928	–	8
315 873	490 085	505 341	490 131	512 023	505 027	488 074	415 521	551 486	–	9
132 300	155 796	162 699	195 231	264 491	316 084	333 009	292 081	383 261	–	10
183 573	334 289	342 642	294 900	247 532	188 943	155 065	123 440	168 225	–	11
1 776	2 544	3 121	3 658	4 359	4 261	3 392	1 984	1 235	–	12
3 939	5 001	4 353	3 462	2 533	1 432	795	332	189	–	13
2 067	3 933	4 951	9 930	19 093	23 683	23 716	20 554	23 235	–	14
157 773	288 938	290 929	239 700	183 637	121 481	89 586	67 779	96 121	–	15
18 018	33 873	39 288	38 150	37 910	38 086	37 576	32 791	47 445	–	16
785 359	769 362	791 016	890 054	879 389	611 456	431 227	325 329	283 840	–	17
40 123	31 054	29 910	31 892	26 403	17 890	15 002	15 350	23 997	–	18
745 236	738 308	761 106	858 162	852 986	593 566	416 225	309 979	259 843	–	19
27 402	23 707	47 944	129 757	209 575	190 812	155 771	121 788	106 136	–	20
467 160	450 276	419 493	381 509	261 917	128 013	68 463	37 665	23 359	–	21
215 616	233 497	247 689	257 247	277 303	212 723	159 503	128 086	95 806	–	22
21 275	16 885	15 440	14 912	12 096	8 080	5 408	4 496	6 596	–	23
13 783	13 943	30 540	74 737	92 095	53 938	27 080	17 944	27 946	–	24
53 483	65 271	83 544	106 030	119 690	128 308	124 846	106 550	114 108	–	25
10 425	12 111	20 577	36 540	53 615	71 225	78 698	72 485	82 940	–	26
43 058	53 160	62 967	69 490	66 075	57 083	46 148	34 065	31 168	–	27
125	163	452	846	1 181	1 286	915	563	238	–	28
757	832	915	1 042	759	463	200	86	52	–	29
1 333	1 645	3 469	9 274	15 814	16 579	15 218	11 009	6 807	–	30
35 366	41 881	46 569	45 269	36 044	27 330	19 143	12 776	13 862	–	31
5 477	8 639	11 562	13 059	12 277	11 425	10 672	9 631	10 209	–	32

33. Households by age and sex of householder, size and relationship to householder by urban/rural residence: each census, 1985 – 1995 (continued)
Data by urban/rural residence

(See notes at end of table.)

	Continent, country or area, date, sex, size, relationship and urban/rural residence — Continent, pays ou zone, date, sexe, dimension, lien et résidence, urbaine/rurale	All ages Tous âges	15 + [1]	– 15	15–19	20–24	25–29	30–34
	ASIA—ASIE (Cont.–Suite)							
	Japan – Japon							
	Rural – Rurale							
	1 X 1990 [12]							
	Total							
1	Total	7 987 942	7 987 823	119	57 746	177 364	271 520	419 509
2	1	1 168 484	1 168 399	85	55 694	139 132	99 829	55 476
3	2 +	6 819 458	6 819 424	34	2 052	38 232	171 691	364 033
	2							
4	Spouse – Epouse	1 300 027	1 300 027	–	531	11 513	41 644	36 910
	3 +							
	Spouse + Child –							
5	Epouse + enfant	2 612 999	2 612 999	–	356	16 921	95 977	228 339
	Spouse, child, other –							
6	Epouse, enfant, autres	1 915 127	1 915 127	–	22	954	11 946	59 170
	No Spouse – Sans épouse							
7	Children – Enfants	490 113	490 110	3	183	3 494	13 705	28 245
8	Other – Autres	501 192	501 161	31	960	5 350	8 419	11 369
	Male – Masculin							
9	Total	6 868 593	6 868 516	77	35 740	127 442	240 997	393 008
10	1	556 338	556 278	60	34 210	92 868	77 574	45 632
11	2 +	6 312 255	6 312 238	17	1 530	34 574	163 423	347 376
	2							
12	Spouse – Epouse	1 293 134	1 293 134	–	503	11 364	41 465	36 758
	3 +							
	Spouse + Child –							
13	Epouse + enfant	2 606 330	2 606 330	–	352	16 818	95 671	227 821
	Spouse, child, other –							
14	Epouse, enfant, autres	1 844 837	1 844 837	–	21	937	11 813	58 704
	No Spouse – Sans épouse							
15	Children – Enfants	165 427	165 425	2	113	1 990	7 595	14 391
16	Other – Autres	402 527	402 512	15	541	3 465	6 879	9 702
	Female – Féminin							
17	Total	1 119 349	1 119 307	42	22 006	49 922	30 523	26 501
18	1	612 146	612 121	25	21 484	46 264	22 255	9 844
19	2 +	507 203	507 186	17	522	3 658	8 268	16 657
	2							
20	Spouse – Epouse	6 893	6 893	–	28	149	179	152
	3 +							
	Spouse + Child –							
21	Epouse + enfant	6 669	6 669	–	4	103	306	518
	Spouse, child, other –							
22	Epouse, enfant, autres	70 290	70 290	–	1	17	133	466
	No Spouse – Sans épouse							
23	Children – Enfants	324 686	324 685	1	70	1 504	6 110	13 854
24	Other – Autres	98 665	98 649	16	419	1 885	1 540	1 667

33. Ménages selon l'âge et le sexe du chef de ménage, la dimension du ménage, le lien avec le chef de ménage et la résidence, urbaine/rurale: chaque recensement, 1985 – 1995 (suite)
Données selon la résidence urbaine/rurale

(Voir notes à la fin du tableau.)

Age (en années)										
35–39	40–44	45–49	50–54	55–59	60–64	65–69	70–74	75+	Unknown Inconnu	
693 934	965 407	890 823	900 770	987 312	929 829	668 691	473 388	551 530	–	1
55 127	64 622	63 893	72 359	88 308	100 700	111 308	106 271	155 680	–	2
638 807	900 785	826 930	828 411	899 004	829 129	557 383	367 117	395 850	–	3
27 991	31 065	51 321	113 308	210 475	269 462	208 645	144 940	152 222	–	4
372 762	486 547	431 997	360 314	286 071	173 947	81 545	43 519	34 704	–	5
165 170	274 564	231 012	217 181	245 704	259 956	190 835	128 885	129 728	–	6
55 377	80 534	70 965	62 794	54 296	40 193	29 553	20 863	29 908	–	7
17 507	28 075	41 635	74 814	102 458	85 571	46 805	28 910	49 288	–	8
647 082	886 834	804 194	802 422	870 076	801 684	530 614	346 853	381 570	–	9
45 348	49 715	41 908	37 907	34 885	27 719	20 600	16 633	31 279	–	10
601 734	837 119	762 286	764 515	835 191	773 965	510 014	330 220	350 291	–	11
27 864	30 782	50 838	112 552	209 394	268 180	207 444	144 229	151 761	–	12
372 005	485 503	430 868	359 325	285 243	173 430	81 268	43 384	34 642	–	13
163 919	272 486	228 328	210 926	233 652	246 391	178 339	119 092	120 229	–	14
24 484	29 075	21 601	18 181	15 743	11 352	7 323	4 871	8 706	–	15
13 462	19 273	30 651	63 531	91 159	74 612	35 640	18 644	34 953	–	16
46 852	78 573	86 629	98 348	117 236	128 145	138 077	126 535	169 960	–	17
9 779	14 907	21 985	34 452	53 423	72 981	90 708	89 638	124 401	–	18
37 073	63 666	64 644	63 896	63 813	55 164	47 369	36 897	45 559	–	19
127	283	483	756	1 081	1 282	1 201	711	461	–	20
757	1 044	1 129	989	828	517	277	135	62	–	21
1 251	2 078	2 684	6 255	12 052	13 565	12 496	9 793	9 499	–	22
30 893	51 459	49 364	44 613	38 553	28 841	22 230	15 992	21 202	–	23
4 045	8 802	10 984	11 283	11 299	10 959	11 165	10 266	14 335	–	24

33. Households by age and sex of householder, size and relationship to householder by urban/rural residence: each census, 1985 – 1995 (continued)
Data by urban/rural residence

(See notes at end of table.)

	Continent, country or area, date, sex, size, relationship and urban/rural residence Continent, pays ou zone, date, sexe, dimension, lien et résidence, urbaine/rurale	Age (in years) All ages Tous âges	15 + [1]	– 15	15–19	20–24	25–29	30–34
	EUROPE							
	Norway – Norvège							
	Urban – Urbaine							
	3 XI 1990 [3]							
	Total							
1	Total	1 300 443	1 300 158	283	7 192	78 178	140 411	144 375
2	1	470 879	470 600	279	5 248	42 218	60 305	43 070
3	2 +	829 564	829 558	–	1 946	35 960	80 106	101 304
	2							
4	Spouse – Epouse	218 550	218 497	–	–	2 675	8 677	6 949
	No spouse – Sans épouse							
5	Child – Enfant	42 323	42 251	–	623	7 352	9 241	8 277
6	Other – Autres	80 888	80 886	–	544	10 223	14 942	8 470
	3 +							
	Spouse + Child –							
7	Epouse + enfant	285 114	285 083	–	196	4 489	25 333	54 926
	Spouse, child, other –							
8	Epouse, enfant, autres	7 505	7 384	–	–	109	512	1 006
	No Spouse – Sans épouse							
9	Children – Enfants	23 415	23 307	–	–	1 041	3 740	6 048
	No Spouse – Sans épouse							
	Children, other –							
10	Enfants, autres	17 681	17 551	–	132	2 044	3 796	4 231
11	Other – Autres	154 088	154 090	–	343	7 935	13 864	11 398
	Male – Masculin							
12	Total	836 637	836 474	161	3 035	39 677	88 954	99 859
13	1	208 963	208 804	159	2 376	21 813	37 234	28 489
14	2 +	627 674	627 671	–	660	17 864	51 720	71 370
	2							
15	Spouse – Epouse	189 086	189 062	–	–	1 493	6 484	5 480
	No spouse – Sans épouse							
16	Child – Enfant	4 289	4 244	–	–	–	373	616
17	Other – Autres	47 777	47 777	–	283	6 376	11 112	6 678
	3 +							
	Spouse + Child –							
18	Epouse + enfant	246 124	246 107	–	113	3 149	20 374	45 943
	Spouse, child, other –							
19	Epouse, enfant, autres	6 361	6 299	–	–	109	428	822
	No Spouse – Sans épouse							
20	Children – Enfants	2 021	1 990	–	–	–	85	309
	No Spouse – Sans épouse							
	Children, other –							
21	Enfants, autres	3 936	3 856	–	–	95	298	724
22	Other – Autres	128 079	128 080	–	228	6 592	12 566	10 798
	Female – Féminin							
23	Total	463 806	463 684	122	4 157	38 501	51 457	44 516
24	1	261 916	261 796	120	2 872	20 405	23 071	14 581
25	2 +	201 890	201 887	–	1 286	18 096	28 386	29 934
	2							
26	Spouse – Epouse	29 464	29 435	–	–	1 182	2 193	1 469
	No spouse – Sans épouse							
27	Child – Enfant	38 034	38 007	–	623	7 352	8 868	7 661
28	Other – Autres	33 111	33 109	–	261	3 847	3 830	1 792
	3 +							
	Spouse + Child –							
29	Epouse + enfant	38 990	38 976	–	83	1 340	4 959	8 983
	Spouse, child, other –							
30	Epouse, enfant, autres	1 144	1 085	–	–	–	84	184
	No Spouse – Sans épouse							
31	Children – Enfants	21 394	21 317	–	–	1 041	3 655	5 739
	No Spouse – Sans épouse							
	Children, other –							
32	Enfants, autres	13 745	13 695	–	132	1 949	3 498	3 507
33	Other – Autres	26 009	26 010	–	115	1 343	1 298	600

33. Ménages selon l'âge et le sexe du chef de ménage, la dimension du ménage, le lien avec le chef de ménage et la résidence, urbaine/rurale: chaque recensement, 1985 – 1995 (suite)
Données selon la résidence urbaine/rurale

(Voir notes à la fin du tableau.)

Age (en années)										
35–39	40–44	45–49	50–54	55–59	60–64	65–69	70–74	75+	Unknown Inconnu	
138 918	140 721	111 777	82 147	73 223	81 091	87 672	81 627	132 826	–	1
30 813	27 173	22 230	19 522	20 193	27 339	38 100	42 013	92 376	–	2
108 105	113 549	89 546	62 624	53 029	53 752	49 572	39 614	40 451	–	3
4 282	5 123	8 832	14 018	23 029	34 646	39 706	34 748	35 812	–	4
7 327	5 545	2 614	948	274	50	–	–	–	–	5
6 097	7 747	8 027	6 539	5 394	4 266	3 262	2 198	3 177	–	6
69 504	69 983	39 187	14 393	4 976	1 595	411	90	–	–	7
1 362	1 901	1 416	709	262	107	–	–	–	–	8
6 540	4 325	1 248	311	54	–	–	–	–	–	9
3 555	2 437	1 006	350	–	–	–	–	–	–	10
9 439	16 486	27 217	25 357	18 925	13 000	6 128	2 562	1 436	–	11
99 611	103 730	82 228	60 368	52 255	54 570	54 851	44 410	52 926	–	12
21 595	18 602	12 752	10 113	8 917	9 309	11 294	8 922	17 388	–	13
78 016	85 129	69 475	50 254	43 338	45 261	43 557	35 488	35 539	–	14
3 393	3 975	6 754	11 416	19 118	29 624	35 855	32 017	33 453	–	15
1 145	1 156	639	187	78	50	–	–	–	–	16
4 283	4 196	3 767	3 095	2 572	2 009	1 527	979	900	–	17
59 182	61 786	35 341	13 342	4 781	1 595	411	90	–	–	18
1 087	1 600	1 250	634	262	107	–	–	–	–	19
539	632	245	126	54	–	–	–	–	–	20
997	1 029	519	194	–	–	–	–	–	–	21
7 390	10 753	20 961	21 260	16 434	11 843	5 708	2 387	1 160	–	22
39 307	36 991	29 549	21 779	20 968	26 521	32 821	37 217	79 900	–	23
9 218	8 571	9 478	9 409	11 276	18 030	26 806	33 091	74 988	–	24
30 089	28 420	20 071	12 370	9 691	8 491	6 015	4 126	4 912	–	25
889	1 148	2 078	2 602	3 911	5 022	3 851	2 731	2 359	–	26
6 182	4 389	1 975	761	196	–	–	–	–	–	27
1 814	3 551	4 260	3 444	2 822	2 257	1 735	1 219	2 277	–	28
10 322	8 197	3 846	1 051	195	–	–	–	–	–	29
275	301	166	75	–	–	–	–	–	–	30
6 001	3 693	1 003	185	–	–	–	–	–	–	31
2 558	1 408	487	156	–	–	–	–	–	–	32
2 049	5 733	6 256	4 097	2 491	1 157	420	175	276	–	33

33. Households by age and sex of householder, size and relationship to householder by urban/rural residence: each census, 1985 – 1995 (continued)
Data by urban/rural residence

(See notes at end of table.)

	Continent, country or area, date, sex, size, relationship and urban/rural residence — Continent, pays ou zone, date, sexe, dimension, lien et résidence, urbaine/rurale	All ages Tous âges	15 + [1]	– 15	15–19	20–24	25–29	30–34
	EUROPE (Cont.–Suite)							
	Norway – Norvège							
	Rural – Rurale							
	3 XI 1990 [3]							
	Total							
1	Total	439 123	438 596	528	2 316	20 688	36 539	42 712
2	1	124 518	123 997	520	1 318	6 581	7 444	6 301
3	2 +	314 606	314 599	–	998	14 107	29 094	36 410
	2							
4	Spouse – Epouse	79 831	79 826	–	–	642	1 955	1 546
	No spouse – Sans épouse							
5	Child – Enfant	7 513	7 433	–	233	1 551	1 671	1 398
6	Other – Autres	28 292	28 292	–	172	2 400	3 596	2 592
	3 +							
7	Spouse + Child – Epouse + enfant	110 969	110 942	–	221	2 613	9 892	20 961
8	Spouse, child, other – Epouse, enfant, autres	6 652	6 520	–	–	210	571	775
9	No Spouse – Sans épouse Children – Enfants	5 558	5 464	–	–	313	914	1 530
10	No Spouse – Sans épouse Children, other – Enfants, autres	6 778	6 651	–	71	986	1 564	1 527
11	Other – Autres	69 013	69 011	–	258	5 333	8 917	6 082
	Male – Masculin							
12	Total	305 681	305 410	272	1 129	12 476	25 919	31 905
13	1	61 093	60 824	268	627	3 765	5 316	5 036
14	2 +	244 589	244 585	–	502	8 711	20 603	26 868
	2							
15	Spouse – Epouse	67 580	67 579	–	–	392	1 464	1 182
	No spouse – Sans épouse							
16	Child – Enfant	1 212	1 146	–	–	–	99	187
17	Other – Autres	18 809	18 808	–	104	1 657	2 870	2 198
	3 +							
18	Spouse + Child – Epouse + enfant	91 424	91 415	–	166	1 957	7 637	16 627
19	Spouse, child, other – Epouse, enfant, autres	5 338	5 295	–	–	210	471	604
20	No Spouse – Sans épouse Children – Enfants	649	579	–	–	–	–	102
21	No Spouse – Sans épouse Children, other – Enfants, autres	1 418	1 346	–	–	58	107	283
22	Other – Autres	58 159	58 158	–	205	4 422	7 941	5 685
	Female – Féminin							
23	Total	133 442	133 186	256	1 187	8 212	10 620	10 807
24	1	63 425	63 173	252	691	2 816	2 128	1 265
25	2 +	70 017	70 014	–	496	5 396	8 491	9 542
	2							
26	Spouse – Epouse	12 251	12 247	–	–	250	491	364
	No spouse – Sans épouse							
27	Child – Enfant	6 301	6 287	–	233	1 551	1 572	1 211
28	Other – Autres	9 483	9 484	–	68	743	726	394
	3 +							
29	Spouse + Child – Epouse + enfant	19 545	19 527	–	55	656	2 255	4 334
30	Spouse, child, other – Epouse, enfant, autres	1 314	1 225	–	–	–	100	171
31	No Spouse – Sans épouse Children – Enfants	4 909	4 885	–	–	313	914	1 428
32	No Spouse – Sans épouse Children, other – Enfants, autres	5 360	5 305	–	71	928	1 457	1 244
33	Other – Autres	10 854	10 853	–	53	911	976	397

33. Ménages selon l'âge et le sexe du chef de ménage, la dimension du ménage, le lien avec le chef de ménage et la résidence, urbaine/rurale: chaque recensement, 1985 – 1995 (suite)
Données selon la résidence urbaine/rurale

(Voir notes à la fin du tableau.)

Age (en années)										
35–39	40–44	45–49	50–54	55–59	60–64	65–69	70–74	75+	Unknown Inconnu	
43 399	44 266	35 478	27 242	25 703	29 500	34 026	34 322	62 405	–	1
4 866	4 474	4 374	4 796	6 072	9 390	13 504	16 101	38 776	–	2
38 533	39 792	31 105	22 447	19 631	20 110	20 522	18 221	23 629	–	3
1 161	1 364	2 350	4 276	7 004	11 178	14 588	14 658	19 104	–	4
1 047	810	422	231	70	–	–	–	–	–	5
1 965	2 450	2 464	2 192	1 997	1 898	2 016	1 590	2 960	–	6
26 558	25 592	14 835	6 104	2 772	1 062	273	59	–	–	7
1 049	1 506	1 193	701	283	157	75	–	–	–	8
1 467	878	303	59	–	–	–	–	–	–	9
1 084	861	421	137	–	–	–	–	–	–	10
4 202	6 330	9 120	8 708	7 357	5 739	3 545	1 874	1 546	–	11
32 775	34 320	27 818	21 242	20 051	21 638	23 301	21 093	31 743	–	12
3 927	3 557	3 276	3 230	3 960	4 852	5 838	5 391	12 049	–	13
28 848	30 763	24 542	18 012	16 091	16 786	17 463	15 702	19 694	–	14
883	1 022	1 651	3 098	5 643	9 316	12 732	13 042	17 154	–	15
279	315	171	95	–	–	–	–	–	–	16
1 582	1 730	1 666	1 471	1 171	1 095	1 094	874	1 296	–	17
21 330	21 355	12 784	5 549	2 616	1 062	273	59	–	–	18
735	1 177	969	614	283	157	75	–	–	–	19
173	219	85	–	–	–	–	–	–	–	20
287	382	171	58	–	–	–	–	–	–	21
3 579	4 564	7 047	7 087	6 306	5 123	3 279	1 694	1 226	–	22
10 624	9 946	7 660	6 000	5 652	7 862	10 725	13 229	30 662	–	23
939	917	1 098	1 566	2 112	4 538	7 666	10 710	26 727	–	24
9 685	9 029	6 563	4 435	3 540	3 324	3 059	2 519	3 935	–	25
278	342	699	1 178	1 361	1 862	1 856	1 616	1 950	–	26
768	495	251	136	70	–	–	–	–	–	27
383	720	798	721	826	803	922	716	1 664	–	28
5 228	4 237	2 051	555	156	–	–	–	–	–	29
314	329	224	87	–	–	–	–	–	–	30
1 294	659	218	59	–	–	–	–	–	–	31
797	479	250	79	–	–	–	–	–	–	32
623	1 766	2 073	1 621	1 051	616	266	180	320	–	33

33. Households by age and sex of householder, size and relationship to householder by urban/rural residence: each census, 1985 – 1995 (continued)
Data by urban/rural residence

(See notes at end of table.)

	Continent, country or area, date, sex, size, relationship and urban/rural residence — Continent, pays ou zone, date, sexe, dimension, lien et résidence, urbaine/rurale	Age (in years) All ages Tous âges	15 + [1]	– 15	15–19	20–24	25–29	30–34
	EUROPE (Cont.–Suite)							
	Romania – Roumanie							
	Urban – Urbaine							
	7 I 1992							
	Total							
1	Total	3 970 435	3 968 682	155	9 124	146 641	266 278	463 955
2	1	647 446	636 088	98	4 251	22 760	32 354	40 083
3	2 +	3 322 989	3 322 594	57	4 873	113 881	233 924	423 872
	2							
4	Spouse – Epouse	666 229	666 079	–	937	36 426	36 328	32 029
	No spouse – Sans épouse							
5	Child – Enfant	194 731	194 714	1	368	5 966	9 703	18 704
6	Other – Autres	60 090	60 024	41	1 415	6 785	4 016	3 465
7	Other – Autres	2 401 939	2 401 777	15	2 153	64 704	183 877	369 674
	Male – Masculin							
8	Total	3 080 402	3 079 334	41	5 317	113 819	226 829	399 150
9	1	228 446	227 678	24	2 191	17 466	17 754	22 914
10	2 +	2 851 956	2 851 656	17	3 126	96 353	209 075	376 236
	2							
11	Spouse – Epouse	641 373	641 228	–	781	34 340	34 832	30 530
	No spouse – Sans épouse							
12	Child – Enfant	35 101	35 096	1	136	1 256	1 185	2 389
13	Other – Autres	22 700	22 674	15	701	3 781	2 332	2 083
14	Other – Autres	2 152 782	2 152 658	1	1 508	56 976	170 726	341 234
	Female – Féminin							
15	Total	890 033	889 348	114	3 807	32 822	39 449	64 805
16	1	419 000	408 410	74	2 060	5 294	14 600	17 169
17	2 +	471 033	470 938	40	1 747	17 528	24 849	47 636
	2							
18	Spouse – Epouse	24 856	24 851	–	156	2 086	1 496	1 499
	No spouse – Sans épouse							
19	Child – Enfant	159 630	159 618	–	232	4 710	8 518	16 315
20	Other – Autres	37 390	37 350	26	714	3 004	1 684	1 382
21	Other – Autres	249 157	249 119	14	645	7 728	13 151	28 440
	Rural – Rurale							
	7 I 1992							
	Total							
22	Total	3 318 241	3 318 021	137	6 171	63 078	106 762	162 911
23	1	599 443	599 268	112	2 750	9 912	7 825	9 725
24	2 +	2 718 798	2 718 753	25	3 421	53 166	98 937	153 186
	2							
25	Spouse – Epouse	797 021	797 015	–	801	14 934	11 136	8 058
	No spouse – Sans épouse							
26	Child – Enfant	122 986	122 983	2	199	1 423	1 634	2 777
27	Other – Autres	41 088	41 066	18	641	1 707	1 105	1 100
28	Other – Autres	1 757 703	1 756 743	5	1 780	34 102	85 122	141 251
	Male – Masculin							
29	Total	2 600 704	2 600 591	70	4 890	58 349	101 814	154 194
30	1	188 184	188 096	61	2 030	8 229	6 703	8 471
31	2 +	2 412 520	2 412 495	9	2 860	50 120	95 111	145 723
	2							
32	Spouse – Epouse	787 509	787 503	–	742	14 716	11 023	7 917
	No spouse – Sans épouse							
33	Child – Enfant	30 636	30 636	–	72	594	682	1 341
34	Other – Autres	16 355	16 344	8	479	1 383	946	957
35	Other – Autres	1 578 020	1 577 012	1	1 567	32 427	82 460	135 508
	Female – Féminin							
36	Total	717 537	717 430	67	1 281	4 729	4 948	8 717
37	1	411 259	411 172	51	720	1 683	1 122	1 254
38	2 +	306 278	306 258	16	561	3 046	3 826	7 463
	2							
39	Spouse – Epouse	9 512	9 512	–	59	218	113	141
	No spouse – Sans épouse							
40	Child – Enfant	92 350	92 347	2	127	829	952	1 436
41	Other – Autres	24 733	24 722	10	162	324	159	143
42	Other – Autres	179 683	179 731	4	213	1 675	2 662	5 743

33. Ménages selon l'âge et le sexe du chef de ménage, la dimension du ménage, le lien avec le chef de ménage et la résidence, urbaine/rurale: chaque recensement, 1985 – 1995 (suite)
Données selon la résidence urbaine/rurale

(Voir notes à la fin du tableau.)

Age (en années)										
35–39	40–44	45–49	50–54	55–59	60–64	65–69	70–74	75+	Unknown Inconnu	
587 272	507 585	347 536	369 320	348 555	315 411	254 359	140 080	212 566	1 598	1
43 235	38 214	33 355	47 765	59 879	74 713	80 100	56 200	103 179	1 260	2
544 037	469 371	314 181	321 555	288 676	240 698	174 259	83 880	109 387	338	3
29 771	28 388	34 280	65 346	93 887	110 040	93 759	45 731	59 157	150	4
26 522	25 718	20 691	23 389	20 718	15 954	11 243	6 148	9 590	16	5
3 387	3 104	2 726	3 952	5 012	6 468	6 922	4 668	8 104	25	6
484 357	412 161	256 484	228 868	169 059	108 236	62 335	27 333	32 536	147	7
502 446	429 417	284 937	291 948	262 819	221 771	159 639	75 193	106 049	1 027	8
24 987	21 179	15 810	18 542	18 364	19 013	16 534	9 993	22 931	744	9
477 459	408 238	269 127	273 406	244 455	202 758	143 105	65 200	83 118	283	10
28 038	26 338	32 183	62 381	90 670	106 983	91 349	44 542	58 261	145	11
4 143	4 852	4 102	4 768	4 137	3 114	2 022	958	2 034	4	12
2 010	1 666	1 319	1 508	1 501	1 569	1 398	853	1 953	11	13
443 268	375 382	231 523	204 749	148 147	91 092	48 336	18 847	20 870	123	14
84 826	78 168	62 599	77 372	85 736	93 640	94 720	64 887	106 517	571	15
18 248	17 035	17 545	29 223	41 515	55 700	63 566	46 207	80 248	516	16
66 578	61 133	45 054	48 149	44 221	37 940	31 154	18 680	26 269	55	17
1 733	2 050	2 097	2 965	3 217	3 057	2 410	1 189	896	5	18
22 379	20 866	16 589	18 621	16 581	12 840	9 221	5 190	7 556	12	19
1 377	1 438	1 407	2 444	3 511	4 899	5 524	3 815	6 151	14	20
41 089	36 779	24 961	24 119	20 912	17 144	13 999	8 486	11 666	24	21
202 649	250 842	268 535	371 951	441 062	439 380	402 563	227 242	374 875	83	22
11 959	14 539	17 327	32 053	53 706	79 572	103 856	79 631	176 413	63	23
190 690	236 303	251 208	339 898	387 356	359 808	298 707	147 611	198 462	20	24
7 560	11 961	24 291	67 732	128 689	168 863	166 227	82 031	104 732	6	25
4 696	7 244	9 574	15 749	19 084	17 266	14 900	9 580	18 857	1	26
1 152	1 317	1 676	3 094	4 837	6 335	6 737	4 284	7 081	4	27
177 282	215 781	215 661	253 323	234 746	167 344	110 843	51 716	67 792	9	28
187 439	227 066	237 362	317 187	359 706	335 778	280 033	135 670	201 103	43	29
10 078	10 982	10 608	14 186	16 542	19 118	21 950	14 471	44 728	27	30
177 361	216 084	226 754	303 001	343 164	316 660	258 083	121 199	156 375	16	31
7 341	11 532	23 532	66 331	126 845	167 064	164 921	81 346	104 193	6	32
2 224	2 768	2 770	3 880	4 079	3 436	2 833	1 513	4 444	–	33
974	944	944	1 291	1 568	1 805	1 762	1 022	2 269	3	34
166 822	200 840	199 508	231 499	210 672	144 355	88 567	37 318	45 469	7	35
15 210	23 776	31 173	54 764	81 356	103 602	122 530	91 572	173 772	40	36
1 881	3 557	6 719	17 867	37 164	60 454	81 906	65 160	131 685	36	37
13 329	20 219	24 454	36 897	44 192	43 148	40 624	26 412	42 087	4	38
219	429	759	1 401	1 844	1 799	1 306	685	539	–	39
2 472	4 476	6 804	11 869	15 005	13 830	12 067	8 067	14 413	1	40
178	373	732	1 803	3 269	4 530	4 975	3 262	4 812	1	41
10 460	14 941	16 153	21 824	24 074	22 989	22 276	14 398	22 323	2	42

33. Households by age and sex of householders, size and relationship to householder and urban/rural residence: each census, 1985 – 1995 (continued)

GENERAL NOTES

For definitions of "urban", see end of table 6. For method of evaluation and limitations of data, see Technical Notes, page 115.

FOOTNOTES

* * Provisional.
* 1 Excluding persons of unknown age.
* 2 For Egyptian nationals only.
* 3 De jure population.
* 4 Because of rounding, totals are not in all cases the sum of the parts.
* 5 Data exclude adjustment for underenumeration.
* 6 Data exclude adjustment for underenumeration, estimated at 2.0 per cent.
* 7 De jure population, but excluding armed forces overseas and civilian citizens absent from country for extended period of time.
* 8 Based on the results of a household survey.
* 9 Data exclude adjustment for underenumeration, estimated at 6.92 per cent.
* 10 For government controlled areas.

NOTES GENERALES

Pour les définitions des "régions urbaines", se reporter à la fin du tableau 6. Pour la méthode d'évaluation et les insuffisances des données, voir Notes techniques, page 115.

NOTES

* * Données provisoires.
* 1 Non compris les personnes d'âge inconnu.
* 2 Pour les nationaux égyptiens seulement.
* 3 Population de droit.
* 4 Les chiffres étant arrondis, les totaux ne correspondent pas toujours rigoureusement à la somme des chiffres partiels.
* 5 Les données n'ont pas été ajustées pour compenser les lacunes du dénombrement.
* 6 Les données n'ont pas été ajustées pour compenser les lacunes du dénombrement, estimées à 2,0 p. 100.
* 7 Population de droit, mais non compris les militaires à l'étranger, et les civils hors du pays pendant une période prolongée.
* 8 D'après les résultats d'une enquête des ménages.
* 9 Les données n'ont pas été ajustées pour compenser les lacunes du dénombrement, estimées à 6,92 p. 100.
* 10 Pour les zones controllées par le Gouvernement.

33. Ménages selon l'âge et le sexe du chef de ménage, la dimension du ménage, le lien avec le chef de ménage et la résidence, urbaine/rurale: chaque recensement, 1985 – 1995 (suite)

FOOTNOTES (continued)

11 Including transients and Vietnamese refugees.
12 Excluding diplomatic personnel outside country and foreign military and civilian personnel and their dependants stationed in the area.
13 For classification by urban/rural residence, see end of table.
14 Excluding the Faeroe Islands and Greenland.
15 Based on national registers.
16 De jure population, but excluding diplomatic personnel outside country and including foreign diplomatic personnel not living in embassies or consulates.
17 Based on a 5 per cent sample of census returns.
18 Including armed forces stationed outside the country, but excluding alien armed forces stationed in the area.
19 Excluding diplomatic personnel and armed forces stationed outside the country, the latter numbering 1 936 at 1966 census; also excluding alien armed forces within the country.

NOTES (suite)

11 Y compris transients et les réfugiés du Viet Nam.
12 Non compris le personnel diplomatique hors du pays ni les militaires et agents civils étrangers en poste sur le territoire et les membres de leur famille les accompagnant.
13 Pour le classement selon la résidence, urbaine/rurale,voir la fin du tableau.
14 Non compris les îles Féroé et le Groenland.
15 D'après les registres nationaux.
16 Population de droit, mais non compris le personnel diplomatique hors du pays, le personnel diplomatique étranger ne vivant pas dans les ambassades ou les consulats.
17 D'après un échantillon de 5 p. 100 des bulletins de recensement.
18 Y compris les militaires en garnison hors du pays, mais non compris les militaires étrangers en garnison sur le territoire.
19 Non compris le personnel diplomatique et les militaires hors du pays, ces derniers étant au nombre de 1 936 au recensement de 1966; non compris également les militaires étrangers en garnison dans le pays.

34. Population in households by age and sex of householder, size and relationship to householder by urban/rural residence: each census, 1985 – 1995

(See notes at end of table.)

	Continent, country or area, date, sex, size, relationship and urban/rural residence Continent, pays ou zone, date, sexe, dimension, lien et résidence, urbaine/rurale	Age (in years) All ages Tous âges	15 + [1]	– 15	15–19	20–24	25–29	30–34
	AFRICA—AFRIQUE							
	Namibia – Namibie							
	21 X 1991							
	Total							
1	Total	1 318 935	...	...	...	...	...	...
2	1	27 173	...	...	...	...	...	...
3	2 +	1 576 268	...	...	...	...	...	...
	2							
4	Spouse – Epouse	25 968	...	...	...	...	...	...
	No spouse – Sans épouse							
5	Child – Enfant	12 538	...	...	...	...	...	...
6	Other – Autres	187 330	...	...	...	...	...	...
	Spouse, child, other –							
7	Epouse, enfant, autres	650 219	...	...	...	...	...	...
	No spouse – Sans épouse							
8	Children – Enfants	71 510	...	...	...	...	...	...
	Children, other –							
9	Enfants, autres	608 733	...	...	...	...	...	...
10	Other – Autres	–	...	...	...	...	...	...
	Male – Masculin							
11	Total	793 065	...	...	...	...	...	...
12	1	18 510	...	...	...	...	...	...
13	2 +	955 806	...	...	...	...	...	...
	2							
14	Spouse – Epouse	24 934	...	...	...	...	...	...
	No spouse – Sans épouse							
15	Child – Enfant	2 396	...	...	...	...	...	...
16	Other – Autres	176 560	...	...	...	...	...	...
	Spouse, child, other –							
17	Epouse, enfant, autres	619 227	...	...	...	...	...	...
	No spouse – Sans épouse							
18	Children – Enfants	5 681	...	...	...	...	...	...
	Children, other –							
19	Enfants, autres	113 476	...	...	...	...	...	...
20	Other – Autres	–	...	...	...	...	...	...
	Female – Féminin							
21	Total	525 870	...	...	...	...	...	...
22	1	8 663	...	...	...	...	...	...
23	2 +	620 462	...	...	...	...	...	...
	2							
24	Spouse – Epouse	1 034	...	...	...	...	...	...
	No spouse – Sans épouse							
25	Child – Enfant	10 142	...	...	...	...	...	...
26	Other – Autres	10 770	...	...	...	...	...	...
	3 +							
	Spouse + Child –							
27	Epouse + enfant	6 438	...	...	...	...	...	...
	Spouse, child, other –							
28	Epouse, enfant, autres	30 992	...	...	...	...	...	...
	No spouse – Sans épouse							
29	Children – Enfants	65 829	...	...	...	...	...	...
	Children, other –							
30	Enfants, autres	495 257	...	...	...	...	...	...
31	Other – Autres	–	...	...	...	...	...	...

34. Effectifs des ménages selon l'âge et le sexe des chefs de ménage, la dimension du ménage, le lien avec le chef de ménage et la résidence, urbaine/rurale: chaque recensement, 1985 – 1995

(Voir notes à la fin du tableau.)

Age (en années)										
35–39	40–44	45–49	50–54	55–59	60–64	65–69	70–74	75+	Unknown Inconnu	
...	...	...	...	...	...	...	...	...	...	1
...	...	...	...	...	...	...	...	...	...	2
...	...	...	...	...	...	...	...	...	...	3
...	...	...	...	...	...	...	...	...	...	4
...	...	...	...	...	...	...	...	...	...	5
...	...	...	...	...	...	...	...	...	...	6
...	...	...	...	...	...	...	...	...	...	7
...	...	...	...	...	...	...	...	...	...	8
...	...	...	...	...	...	...	...	...	...	9
...	...	...	...	...	...	...	...	...	...	10
...	...	...	...	...	...	...	...	...	...	11
...	...	...	...	...	...	...	...	...	...	12
...	...	...	...	...	...	...	...	...	...	13
...	...	...	...	...	...	...	...	...	...	14
...	...	...	...	...	...	...	...	...	...	15
...	...	...	...	...	...	...	...	...	...	16
...	...	...	...	...	...	...	...	...	...	17
...	...	...	...	...	...	...	...	...	...	18
...	...	...	...	...	...	...	...	...	...	19
...	...	...	...	...	...	...	...	...	...	20
...	...	...	...	...	...	...	...	...	...	21
...	...	...	...	...	...	...	...	...	...	22
...	...	...	...	...	...	...	...	...	...	23
...	...	...	...	...	...	...	...	...	...	24
...	...	...	...	...	...	...	...	...	...	25
...	...	...	...	...	...	...	...	...	...	26
...	...	...	...	...	...	...	...	...	...	27
...	...	...	...	...	...	...	...	...	...	28
...	...	...	...	...	...	...	...	...	...	29
...	...	...	...	...	...	...	...	...	...	30
...	...	...	...	...	...	...	...	...	...	31

34. Population in households by age and sex of householder, size and relationship to householder by urban/rural residence: each census, 1985 – 1995 (continued)

(See notes at end of table.)

	Continent, country or area, date, sex, size, relationship and urban/rural residence Continent, pays ou zone, date, sexe, dimension, lien et résidence, urbaine/rurale	All ages Tous âges	15 + [1]	– 15	Age (in years) 15–19	20–24	25–29	30–34
	AMERICA,NORTH— AMERIQUE DU NORD							
	Aruba							
	6 X 1991 [2]							
	Total							
1	Total	65 839	49 506	16 199	*—— 8 850 ——*		*—— 12 304 ——*	
2	1	2 951	2 935	–	*—— 129 ——*		*—— 545 ——*	
3	2 +	62 887	46 572	16 199	*—— 8 721 ——*		*—— 11 759 ——*	
	2							
4	Spouse – Epouse	3 460	3 451	–	*—— 136 ——*		*—— 653 ——*	
	3 +							
5	Spouse + Child – Epouse + enfant	25 100	17 091	7 982	*—— 3 532 ——*		*—— 4 316 ——*	
6	Spouse, child, other – Epouse, enfant, autres	26 169	19 265	6 844	*—— 3 740 ——*		*—— 5 237 ——*	
	No spouse – Sans épouse							
7	Children – Enfants	4 911	3 606	1 302	*—— 974 ——*		*—— 704 ——*	
8	Other – Autres	3 247	3 159	72	*—— 340 ——*		*—— 849 ——*	
	Male – Masculin							
9	Total	32 216	23 743	8 417	*—— 4 499 ——*		*—— 6 008 ——*	
10	1	1 517	1 510	–	*—— 92 ——*		*—— 333 ——*	
11	2 +	30 699	22 233	8 417	*—— 4 407 ——*		*—— 5 675 ——*	
	2							
12	Spouse – Epouse	1 730	1 727	–	*—— 34 ——*		*—— 333 ——*	
	3 +							
13	Spouse + Child – Epouse + enfant	12 981	8 870	4 099	*—— 1 867 ——*		*—— 2 072 ——*	
14	Spouse, child, other – Epouse, enfant, autres	12 357	8 741	3 592	*—— 1 754 ——*		*—— 2 449 ——*	
	No spouse – Sans épouse							
15	Children – Enfants	1 975	1 287	687	*—— 553 ——*		*—— 299 ——*	
16	Other – Autres	1 658	1 610	40	*—— 200 ——*		*—— 523 ——*	
	Female – Féminin							
17	Total	33 623	25 763	7 782	*—— 4 351 ——*		*—— 6 296 ——*	
18	1	1 434	1 425	–	*—— 37 ——*		*—— 212 ——*	
19	2 +	32 188	24 339	7 782	*—— 4 314 ——*		*—— 6 084 ——*	
	2							
20	Spouse – Epouse	1 730	1 724	–	*—— 102 ——*		*—— 320 ——*	
	3 +							
21	Spouse + Child – Epouse + enfant	12 119	8 221	3 883	*—— 1 665 ——*		*—— 2 244 ——*	
22	Spouse, child, other – Epouse, enfant, autres	13 812	10 524	3 252	*—— 1 986 ——*		*—— 2 788 ——*	
	No spouse – Sans épouse							
23	Children – Enfants	2 936	2 319	615	*—— 421 ——*		*—— 405 ——*	
24	Other – Autres	1 589	1 549	32	*—— 140 ——*		*—— 326 ——*	
	Canada							
	3 VI 1986 [2 3]							
	Total							
25	Total	24 773 110	24 773 130	–	83 060	1 036 615	2 576 355	3 434 965
26	1	1 934 715	1 934 695	–	14 030	139 600	214 780	180 035
27	2 +	22 838 400	22 838 425	–	69 030	897 020	2 361 575	3 254 930
	2							
28	Spouse – Epouse	3 985 170	3 985 175	–	12 190	276 065	512 285	309 685
	No spouse – Sans épouse							
29	Child – Enfant	740 265	740 275	–	8 170	50 160	70 050	75 295
30	Other – Autres	676 915	676 925	–	16 180	127 690	120 380	70 185
	3 +							
31	Spouse + Child – Epouse + enfant	13 223 310	13 223 320	–	10 300	244 035	1 265 475	2 286 625
32	Spouse, child, other – Epouse, enfant, autres	1 644 215	1 644 210	–	1 910	29 205	120 200	211 645
	No spouse – Sans épouse							
33	Children – Enfants	968 795	968 790	–	2 415	34 860	98 220	154 000
34	Children, other – Enfants, autres	571 220	571 225	–	4 980	27 975	53 035	68 035
35	Other – Autres	1 028 505	1 028 515	–	12 900	107 015	121 930	79 460

34. Effectifs des ménages selon l'âge et le sexe des chefs de ménage, la dimension du ménage, le lien avec le chef de ménage et la résidence, urbaine/rurale: chaque recensement, 1985 – 1995 (suite)

(Voir notes à la fin du tableau.)

Age (en années)										
35–39	40–44	45–49	50–54	55–59	60–64	65–69	70–74	75+	Unknown Inconnu	
*——— 11 097	———*	*——— 7 602	———*	*——— 5 161	———*	*——— 2 667	———*	1 825	134	1
*——— 601	———*	*——— 530	———*	*——— 462	———*	*——— 343	———*	325	16	2
*——— 10 496	———*	*——— 7 072	———*	*——— 4 699	———*	*——— 2 324	———*	1 501	116	3
*——— 493	———*	*——— 694	———*	*——— 816	———*	*——— 436	———*	223	9	4
*——— 4 806	———*	*——— 2 740	———*	*——— 1 188	———*	*——— 379	———*	130	27	5
*——— 3 771	———*	*——— 2 602	———*	*——— 2 075	———*	*——— 1 112	———*	728	60	6
*——— 765	———*	*——— 548	———*	*——— 270	———*	*——— 170	———*	175	3	7
*——— 662	———*	*——— 486	———*	*——— 352	———*	*——— 226	———*	244	16	8
*——— 5 270	———*	*——— 3 584	———*	*——— 2 426	———*	*——— 1 225	———*	731	56	9
*——— 340	———*	*——— 262	———*	*——— 229	———*	*——— 132	———*	122	7	10
*——— 4 930	———*	*——— 3 322	———*	*——— 2 197	———*	*——— 1 093	———*	609	49	11
*——— 240	———*	*——— 322	———*	*——— 402	———*	*——— 257	———*	139	3	12
*——— 2 437	———*	*——— 1 491	———*	*——— 676	———*	*——— 241	———*	86	12	13
*——— 1 687	———*	*——— 1 154	———*	*——— 911	———*	*——— 501	———*	285	24	14
*——— 187	———*	*——— 123	———*	*——— 63	———*	*——— 29	———*	33	1	15
*——— 380	———*	*——— 230	———*	*——— 146	———*	*——— 65	———*	66	8	16
*——— 5 827	———*	*——— 4 018	———*	*——— 2 735	———*	*——— 1 442	———*	1 094	78	17
*——— 261	———*	*——— 268	———*	*——— 233	———*	*——— 211	———*	203	9	18
*——— 5 566	———*	*——— 3 750	———*	*——— 2 502	———*	*——— 1 231	———*	892	67	19
*——— 253	———*	*——— 372	———*	*——— 414	———*	*——— 179	———*	84	6	20
*——— 2 369	———*	*——— 1 249	———*	*——— 512	———*	*——— 138	———*	44	15	21
*——— 2 084	———*	*——— 1 448	———*	*——— 1 164	———*	*——— 611	———*	443	36	22
*——— 578	———*	*——— 425	———*	*——— 207	———*	*——— 141	———*	142	2	23
*——— 282	———*	*——— 256	———*	*——— 206	———*	*——— 161	———*	178	8	24
3 757 070	3 156 205	2 478 950	2 096 670	1 797 955	1 466 715	1 098 595	836 345	953 630	–	25
139 040	101 850	87 465	97 350	123 565	156 815	175 440	187 790	316 935	–	26
3 618 035	3 054 345	2 391 490	1 999 315	1 674 390	1 309 905	923 150	648 550	636 690	–	27
187 205	136 970	164 365	267 110	399 455	493 895	469 205	383 820	372 925	–	28
86 425	83 325	72 530	68 895	65 785	55 210	37 555	26 895	39 980	–	29
44 780	31 615	26 105	28 150	34 740	39 655	40 155	37 770	59 520	–	30
2 687 810	2 249 715	1 655 250	1 212 190	814 930	453 280	205 680	87 855	50 175	–	31
276 050	256 980	237 685	206 665	149 475	85 970	40 635	18 015	9 775	–	32
196 060	170 785	114 910	80 665	54 785	31 410	14 070	6 995	9 615	–	33
83 410	79 035	66 655	57 360	48 590	35 295	20 665	12 630	13 560	–	34
56 285	45 930	53 990	78 280	106 625	115 200	95 190	74 570	81 140	–	35

34. Population in households by age and sex of householder, size and relationship to householder by urban/rural residence: each census, 1985 – 1995 (continued)

(See notes at end of table.)

	Continent, country or area, date, sex, size, relationship and urban/rural residence / Continent, pays ou zone, date, sexe, dimension, lien et résidence, urbaine/rurale	Age (in years): All ages / Tous âges	15 + [1]	– 15	15–19	20–24	25–29	30–34
	AMERICA,NORTH— (Cont.–Suite) AMERIQUE DU NORD							
	Canada							
	3 VI 1986 [2 3]							
	Male – Masculin							
1	Total	19 608 370	19 608 375	–	36 365	637 455	1 939 045	2 764 720
2	1	797 070	797 055	–	6 060	70 780	120 660	105 860
3	2 +	18 811 300	18 811 310	–	30 305	566 675	1 818 385	2 658 860
	2							
4	Spouse – Epouse	3 475 940	3 475 945	–	6 040	195 925	405 135	250 615
	No spouse – Sans épouse							
5	Child – Enfant	145 850	145 860	–	775	2 965	6 290	9 845
6	Other – Autres	329 775	329 785	–	7 230	68 195	71 315	42 575
	3 +							
7	Spouse + Child – Epouse + enfant	12 309 040	12 309 045	–	6 595	200 910	1 125 665	2 078 930
8	Spouse, child, other – Epouse, enfant, autres	1 511 245	1 511 245	–	1 120	22 870	103 320	188 615
	No spouse – Sans épouse							
9	Children – Enfants	147 460	147 455	–	655	3 250	6 830	11 815
10	Children, other – Enfants, autres	158 115	158 125	–	1 490	5 405	11 395	16 200
11	Other – Autres	733 875	733 870	–	6 410	67 150	88 440	60 265
	Female – Féminin							
12	Total	5 164 740	5 164 755	–	46 695	399 160	637 310	670 245
13	1	1 137 645	1 137 640	–	7 970	68 820	94 120	74 175
14	2 +	4 027 100	4 027 115	–	38 725	330 345	543 190	596 070
	2							
15	Spouse – Epouse	509 230	509 230	–	6 150	80 140	107 150	59 070
	No spouse – Sans épouse							
16	Child – Enfant	594 415	594 415	–	7 395	47 195	63 760	65 450
17	Other – Autres	347 140	347 140	–	8 950	59 495	49 065	27 610
	3 +							
18	Spouse + Child – Epouse + enfant	914 270	914 275	–	3 705	43 125	139 810	207 695
19	Spouse, child, other – Epouse, enfant, autres	132 970	132 965	–	790	6 335	16 880	23 030
	No spouse – Sans épouse							
20	Children – Enfants	821 335	821 335	–	1 760	31 610	91 390	142 185
21	Children, other – Enfants, autres	413 105	413 100	–	3 490	22 570	41 640	51 835
22	Other – Autres	294 630	294 645	–	6 490	39 865	33 490	19 195
	4 VI 1991 [2 3 4]							
	Total							
23	Total	26 731 860	26 731 860	–	96 180	885 695	2 417 780	3 721 245
24	1	2 297 060	2 297 065	–	14 885	115 555	220 780	218 745
25	2 +	24 434 800	24 434 805	–	81 295	770 135	2 197 005	3 502 505
	2							
26	Spouse – Epouse	4 644 465	4 644 450	–	14 035	211 780	506 505	369 810
	No spouse – Sans épouse							
27	Child – Enfant	861 890	861 900	–	11 395	51 040	73 945	89 480
28	Other – Autres	782 020	782 015	–	18 125	121 490	142 930	93 500
	3 +							
29	Spouse + Child – Epouse + enfant	13 470 235	13 470 235	–	11 375	182 020	1 036 755	2 317 770
30	Spouse, child, other – Epouse, enfant, autres	1 816 825	1 816 833	–	2 130	26 785	120 135	252 040
	No spouse – Sans épouse							
31	Children – Enfants	1 041 935	1 041 940	–	3 610	38 920	112 760	187 370
32	Children, other – Enfants, autres	627 440	627 420	–	4 815	27 335	55 110	82 170
33	Other – Autres	1 189 980	1 190 000	–	15 815	110 765	148 850	110 375

34. Effectifs des ménages selon l'âge et le sexe des chefs de ménage, la dimension du ménage, le lien avec le chef de ménage et la résidence, urbaine/rurale: chaque recensement, 1985 – 1995 (suite)

(Voir notes à la fin du tableau.)

Age (en années) 35–39	40–44	45–49	50–54	55–59	60–64	65–69	70–74	75+	Unknown Inconnu	
3 103 120	2 647 105	2 103 250	1 772 500	1 489 025	1 164 000	818 075	576 415	557 300	–	1
83 390	58 915	46 960	47 290	51 845	51 405	44 895	42 175	66 820	–	2
3 019 735	2 588 180	2 056 290	1 725 205	1 437 185	1 112 595	773 175	534 240	490 480	–	3
152 805	112 390	139 780	238 360	366 475	459 790	436 375	358 740	353 515	–	4
17 555	21 550	19 725	18 085	15 905	12 070	7 735	5 330	8 030	–	5
26 615	17 860	13 530	13 380	14 875	14 265	12 635	11 280	16 030	–	6
2 485 205	2 113 465	1 575 620	1 162 835	786 485	439 530	199 710	85 360	48 735	–	7
250 970	236 850	222 420	195 100	142 255	82 170	38 815	17 335	9 405	–	8
22 510	29 300	24 515	19 355	13 140	7 840	4 015	2 045	2 185	–	9
21 865	23 165	20 865	17 905	15 340	10 450	6 125	3 835	4 085	–	10
42 200	33 620	39 840	60 180	82 705	86 495	67 760	50 310	48 495	–	11
653 950	509 100	375 700	324 170	308 930	302 715	280 520	259 930	396 330	–	12
55 650	42 935	40 505	50 060	71 720	105 410	130 545	145 615	250 115	–	13
598 300	466 165	335 200	274 110	237 205	197 310	149 975	114 310	146 210	–	14
34 400	24 580	24 585	28 750	32 980	34 105	32 830	25 080	19 410	–	15
68 870	61 775	52 805	50 810	49 880	43 140	29 820	21 565	31 950	–	16
18 165	13 755	12 575	14 770	19 865	25 390	27 520	26 490	43 490	–	17
202 605	136 250	79 630	49 355	28 445	13 750	5 970	2 495	1 440	–	18
25 080	20 130	15 265	11 565	7 220	3 800	1 820	680	370	–	19
173 550	141 485	90 395	61 310	41 645	23 570	10 055	4 950	7 430	–	20
61 545	55 870	45 790	39 455	33 250	24 845	14 540	8 795	9 475	–	21
14 085	12 310	14 150	18 100	23 920	28 705	27 430	24 260	32 645	–	22
4 041 930	3 889 725	2 937 655	2 125 125	1 736 015	1 500 870	1 264 555	925 340	1 189 745	–	23
184 125	159 575	133 650	122 590	137 980	171 065	207 325	208 030	402 760	–	24
3 857 805	3 730 150	2 804 005	2 002 535	1 598 045	1 329 795	1 057 235	717 305	786 990	–	25
237 820	213 385	247 370	345 790	471 035	557 470	562 255	433 420	473 775	–	26
101 535	115 900	98 795	73 110	61 200	54 665	46 355	33 435	51 045	–	27
59 730	46 240	36 790	33 125	35 205	41 430	45 180	39 690	68 580	–	28
2 764 150	2 659 825	1 884 825	1 137 810	694 080	410 535	213 365	93 520	64 205	–	29
312 790	333 835	268 345	202 395	140 630	84 840	42 733	18 650	11 525	–	30
216 265	198 960	123 115	62 785	38 105	24 825	15 420	8 555	11 250	–	31
93 115	98 120	75 425	56 235	43 300	34 650	25 010	14 870	17 265	–	32
72 400	63 895	69 335	91 285	114 495	121 380	106 905	75 165	89 335	–	33

34. Population in households by age and sex of householder, size and relationship to householder by urban/rural residence: each census, 1985 – 1995 (continued)

(See notes at end of table.)

	Continent, country or area, date, sex, size, relationship and urban/rural residence Continent, pays ou zone, date, sexe, dimension, lien et résidence, urbaine/rurale	Age (in years) All ages Tous âges	15 + [1]	– 15	15–19	20–24	25–29	30–34
	AMERICA,NORTH— (Cont.–Suite) AMERIQUE DU NORD							
	Canada							
	4 VI 1991 [2 3 4]							
	Male – Masculin							
1	Total	20 610 460	20 610 460	–	38 125	494 100	1 711 000	2 875 145
2	1	970 190	970 190	–	6 570	59 735	128 680	133 755
3	2 +	19 640 270	19 640 270	–	31 550	434 360	1 582 325	2 741 390
	2							
4	Spouse – Epouse	3 998 070	3 998 060	–	5 985	138 470	381 550	289 890
	No spouse – Sans épouse							
5	Child – Enfant	164 255	164 260	–	810	3 055	6 905	12 000
6	Other – Autres	391 995	391 985	–	7 975	64 930	86 955	57 780
	3 +							
7	Spouse + Child – Epouse + enfant	12 285 125	12 285 130	–	5 970	134 720	881 050	2 046 060
8	Spouse, child, other – Epouse, enfant, autres	1 630 475	1 630 473	–	1 110	18 355	98 715	216 645
	No spouse – Sans épouse							
9	Children – Enfants	147 525	147 525	–	1 010	2 940	7 210	14 650
10	Children, other – Enfants, autres	174 380	174 375	–	945	4 750	12 080	21 185
11	Other – Autres	848 435	848 435	–	7 745	67 150	107 850	83 185
	Female – Féminin							
12	Total	6 121 400	6 121 400	–	58 055	391 595	706 780	846 100
13	1	1 326 870	1 326 875	–	8 315	55 820	92 100	84 990
14	2 +	4 794 530	4 794 535	–	49 745	335 775	614 680	761 115
	2							
15	Spouse – Epouse	646 395	646 390	–	8 050	73 310	124 955	79 920
	No spouse – Sans épouse							
16	Child – Enfant	697 635	697 640	–	10 585	47 985	67 040	77 480
17	Other – Autres	390 025	390 030	–	10 150	56 560	55 975	35 720
	3 +							
18	Spouse + Child – Epouse + enfant	1 185 110	1 185 105	–	5 405	47 300	155 705	271 710
19	Spouse, child, other – Epouse, enfant, autres	186 350	186 360	–	1 020	8 430	21 420	35 395
	No spouse – Sans épouse							
20	Children – Enfants	894 410	894 415	–	2 600	35 980	105 550	172 720
21	Children, other – Enfants, autres	453 060	453 045	–	3 870	22 585	43 030	60 985
22	Other – Autres	341 545	341 565	–	8 070	43 615	41 000	27 190
	Cayman Islands – Iles Caïmanes							
	15 X 1989 [2]							
	Total							
23	Total	25 123	25 122	1	271	1 257	2 714	3 462
24	1	1 781	1 780	1	12	104	241	311
25	2 +	23 342	23 342	–	259	1 153	2 473	3 151
	2							
26	Spouse – Epouse	2 332	2 332	–	18	134	362	298
	No spouse – Sans épouse							
27	Child – Enfant	532	532	–	4	22	48	70
28	Other – Autres	1 270	1 270	–	34	154	250	166
	3 +							
29	Spouse + Child – Epouse + enfant	8 168	8 168	–	21	223	764	1 407
30	Spouse, child, other – Epouse, enfant, autres	5 921	5 921	–	23	203	534	617
	No spouse – Sans épouse							
31	Children – Enfants	981	981	–	–	9	86	133
32	Children, other – Enfants, autres	4 138	4 138	–	159	408	429	460
33	Other – Autres	–	–	–	–	–	–	–

34. Effectifs des ménages selon l'âge et le sexe des chefs de ménage, la dimension du ménage, le lien avec le chef de ménage et la résidence, urbaine/rurale: chaque recensement, 1985 – 1995 (suite)

(Voir notes à la fin du tableau.)

Age (en années) 35–39	40–44	45–49	50–54	55–59	60–64	65–69	70–74	75+	Unknown Inconnu	
3 223 205	3 167 955	2 432 160	1 768 040	1 427 450	1 194 565	942 795	638 235	697 685	–	1
112 705	92 825	69 890	57 520	57 470	61 150	58 370	47 480	84 040	–	2
3 110 505	3 075 130	2 362 270	1 710 520	1 369 985	1 133 410	884 425	590 750	613 650	–	3
185 710	167 240	203 440	302 000	428 095	517 745	522 975	405 550	449 410	–	4
19 070	26 950	25 425	18 815	14 495	11 750	8 955	6 320	9 710	–	5
35 835	25 455	18 460	15 210	15 310	16 740	16 120	12 540	18 675	–	6
2 491 760	2 448 060	1 769 085	1 083 925	667 365	397 445	206 725	90 725	62 240	–	7
274 625	301 070	247 265	188 925	133 030	80 815	40 848	17 935	11 135	–	8
24 625	31 875	26 015	15 355	9 705	6 050	3 765	1 920	2 405	–	9
25 000	28 805	23 020	17 905	13 060	9 905	7 645	4 475	5 600	–	10
53 880	45 675	49 560	68 380	88 925	92 950	77 390	51 280	54 465	–	11
818 725	721 770	505 495	357 085	308 565	306 305	321 760	287 105	492 060	–	12
71 420	66 750	63 760	65 070	80 510	109 915	148 955	160 550	318 720	–	13
747 300	655 020	441 735	292 015	228 060	196 385	172 810	126 555	173 340	–	14
52 110	46 145	43 930	43 790	42 940	39 725	39 280	27 870	24 365	–	15
82 465	88 950	73 370	54 295	46 705	42 915	37 400	27 115	41 335	–	16
23 895	20 785	18 330	17 915	19 895	24 690	29 060	27 150	49 905	–	17
272 390	211 765	115 740	53 885	26 715	13 090	6 640	2 795	1 965	–	18
38 165	32 765	21 080	13 470	7 600	4 025	1 885	715	390	–	19
191 640	167 085	97 100	47 430	28 400	18 775	11 655	6 635	8 845	–	20
68 115	69 315	52 405	38 330	30 240	24 745	17 365	10 395	11 665	–	21
18 520	18 220	19 775	22 905	25 570	28 430	29 515	23 885	34 870	–	22
3 808	3 184	2 502	2 197	1 705	1 351	1 006	729	936	–	23
250	179	147	117	88	98	62	61	110	–	24
3 558	3 005	2 355	2 080	1 617	1 253	944	668	826	–	25
250	174	168	220	178	178	160	100	92	–	26
68	56	54	54	48	22	40	16	30	–	27
144	96	70	74	36	24	42	68	112	–	28
1 636	1 504	943	719	473	236	116	53	73	–	29
781	636	653	601	578	454	400	241	200	–	30
194	195	131	100	54	17	15	13	34	–	31
485	344	336	312	250	322	171	177	285	–	32
–	–	–	–	–	–	–	–	–	–	33

34. Population in households by age and sex of householder, size and relationship to householder by urban/rural residence: each census, 1985 – 1995 (continued)

(See notes at end of table.)

	Continent, country or area, date, sex, size, relationship and urban/rural residence — Continent, pays ou zone, date, sexe, dimension, lien et résidence, urbaine/rurale	Age (in years): All ages Tous âges	15 + [1]	– 15	15–19	20–24	25–29	30–34
	AMERICA,NORTH— (Cont.–Suite) AMERIQUE DU NORD							
	Cayman Islands – Iles Caïmanes							
	15 X 1989 [2]							
	Male – Masculin							
1	Total	16 752	16 751	1	91	672	1 694	2 281
2	1	1 027	1 026	1	7	62	152	185
3	2 +	15 725	15 725	–	84	610	1 542	2 096
	2							
4	Spouse – Epouse	1 994	1 994	–	6	102	288	242
	No spouse – Sans épouse							
5	Child – Enfant	100	100	–	–	–	4	6
6	Other – Autres	640	640	–	10	104	152	84
	3 +							
7	Spouse + Child – Epouse + enfant	6 993	6 993	–	–	142	606	1 070
8	Spouse, child, other – Epouse, enfant, autres	4 743	4 743	–	3	90	320	489
	No spouse – Sans épouse							
9	Children – Enfants	104	104	–	–	–	–	5
10	Children, other – Enfants, autres	1 151	1 151	–	65	172	172	200
11	Other – Autres	–	–	–	–	–	–	–
	Female – Féminin							
12	Total	8 371	8 371	–	180	585	1 020	1 181
13	1	754	754	–	5	42	89	126
14	2 +	7 617	7 617	–	175	543	931	1 055
	2							
15	Spouse – Epouse	338	338	–	12	32	74	56
	No spouse – Sans épouse							
16	Child – Enfant	432	432	–	4	22	44	64
17	Other – Autres	630	630	–	24	50	98	82
	3 +							
18	Spouse + Child – Epouse + enfant	1 175	1 175	–	21	81	158	337
19	Spouse, child, other – Epouse, enfant, autres	1 178	1 178	–	20	113	214	128
	No spouse – Sans épouse							
20	Children – Enfants	877	877	–	–	9	86	128
21	Children, other – Enfants, autres	2 987	2 987	–	94	236	257	260
22	Other – Autres	–	–	–	–	–	–	–
	United States – Etats–Unis [5]							
	1 III 1985 [3 6]							
	Total							
23	Total	233 515 000	233515000	–	884 000	11 773 000	25 506 000	31 771 000
24	1	20 602 000	20 602 000	–	129 000	1 194 000	2 067 000	1 838 000
25	2 +	212 913 000	212913000	–	755 000	10 579 000	23 439 000	29 933 000
	No spouse – Sans épouse							
26	Child – Enfant	5 192 000	–	–	...	...	...	...
	Male – Masculin							
27	Total	185 979 000	185979000	–	514 000	8 370 000	20 362 000	26 169 000
28	1	7 922 000	7 922 000	–	69 000	681 000	1 232 000	1 075 000
29	2 +	178 057 000	178057000	–	445 000	7 689 000	19 130 000	25 094 000
	2							
30	Spouse – Epouse	38 156 000	.	–	...	...	...	...
	No spouse – Sans épouse							
31	Child – Enfant	920 000	.	–	...	...	...	...
	Female – Féminin							
32	Total	47 536 000	47 536 000	–	370 000	3 403 000	5 144 000	5 602 000
33	1	12 680 000	12 680 000	–	60 000	513 000	835 000	763 000
34	2 +	34 856 000	34 856 000	–	310 000	2 890 000	4 309 000	4 839 000
	No spouse – Sans épouse							
35	Child – Enfant	4 272 000	.	–	...	...	...	...

34. Effectifs des ménages selon l'âge et le sexe des chefs de ménage, la dimension du ménage, le lien avec le chef de ménage et la résidence, urbaine/rurale: chaque recensement, 1985 – 1995 (suite)

(Voir notes à la fin du tableau.)

Age (en années)										
35–39	40–44	45–49	50–54	55–59	60–64	65–69	70–74	75+	Unknown Inconnu	
2 579	2 409	1 794	1 556	1 199	885	708	431	452	–	1
148	114	91	73	53	54	28	24	35	–	2
2 431	2 295	1 703	1 483	1 146	831	680	407	417	–	3
218	162	140	192	156	172	142	90	84	–	4
6	14	18	14	12	2	14	2	8	–	5
80	62	42	44	10	4	8	12	28	–	6
1 387	1 387	880	636	441	223	113	47	61	–	7
609	528	518	527	488	371	376	224	200	–	8
9	27	7	15	17	8	12	–	4	–	9
122	115	98	55	22	51	15	32	32	–	10
–	–	–	–	–	–	–	–	–	–	11
1 229	775	708	641	506	466	298	298	484	–	12
102	65	56	44	35	44	34	37	75	–	13
1 127	710	652	597	471	422	264	261	409	–	14
32	12	28	28	22	6	18	10	8	–	15
62	42	36	40	36	20	26	14	22	–	16
64	34	28	30	26	20	34	56	84	–	17
249	117	63	83	32	13	3	6	12	–	18
172	108	135	74	90	83	24	17	–	–	19
185	168	124	85	37	9	3	13	30	–	20
363	229	238	257	228	271	156	145	253	–	21
–	–	–	–	–	–	–	–	–	–	22
—— 60 5 08 000 ——		*—— 39 7 53 000 ——*		*—— 31 1 51 000 ——*		*—— 20 4 64 000 ——*		11 705 000	–	23
—— 2 3 22 000 ——		*—— 1 8 51 000 ——*		*—— 3 0 89 000 ——*		*—— 4 1 30 000 ——*		3 982 000	–	24
—— 58 1 86 000 ——		*—— 37 9 02 000 ——*		*—— 28 0 62 000 ——*		*—— 16 3 34 000 ——*		7 723 000	–	25
...	...	...	...	...	...	...	...	...	...	26
—— 50 7 45 000 ——		*—— 33 2 80 000 ——*		*—— 25 4 50 000 ——*		*—— 14 6 28 000 ——*		6 461 000	–	27
—— 1 4 06 000 ——		*—— 865 000 ——*		*—— 980 000 ——*		*—— 868 000 ——*		746 000	–	28
—— 49 3 39 000 ——		*—— 32 4 15 000 ——*		*—— 24 4 70 000 ——*		*—— 13 7 60 000 ——*		5 715 000	–	29
—— ... ——		*—— ... ——*		*—— ... ——*		*—— ... ——*		...	...	30
—— ... ——		*—— ... ——*		*—— ... ——*		*—— ... ——*		...	...	31
—— 9 7 63 000 ——		*—— 6 4 73 000 ——*		*—— 5 7 01 000 ——*		*—— 5 8 36 000 ——*		5 244 000	–	32
—— 916 000 ——		*—— 986 000 ——*		*—— 2 1 09 000 ——*		*—— 3 2 62 000 ——*		3 236 000	–	33
—— 8 8 47 000 ——		*—— 5 4 87 000 ——*		*—— 3 5 92 000 ——*		*—— 2 5 74 000 ——*		2 008 000	–	34
—— ... ——		*—— ... ——*		*—— ... ——*		*—— ... ——*		...	...	35

34. Population in households by age and sex of householder, size and relationship to householder by urban/rural residence: each census, 1985 – 1995 (continued)

(See notes at end of table.)

	Continent, country or area, date, sex, size, relationship and urban/rural residence Continent, pays ou zone, date, sexe, dimension, lien et résidence, urbaine/rurale	All ages Tous âges	15 + [1]	– 15	15–19	20–24	25–29	30–34
					Age (in years)			
	AMERICA,NORTH— (Cont.–Suite) AMERIQUE DU NORD							
	United States – Etats–Unis [5]							
	1 III 1988 [3 6]							
	Total							
1	Total	240 722 000	240723000	–	981 000	11 137 000	25 258 000	33 466 000
2	1	21 889 000	21 887 000	–	126 000	1 118 000	2 118 000	1 901 000
3	2 +	218 835 000	218835000	–	855 000	10 018 000	23 140 000	31 565 000
	No spouse – Sans épouse							
4	Child – Enfant	5 572 000	–	–	…	…	…	…
	Male – Masculin							
5	Total	191 553 000	191555000	–	518 000	7 549 000	19 971 000	27 227 000
6	1	8 788 000	8 788 000	–	60 000	593 000	1 239 000	1 130 000
7	2 +	182 765 000	182766000	–	458 000	6 955 000	18 732 000	26 097 000
	2							
8	Spouse – Epouse	40 108 000	.	–	…	…	…	…
	No spouse – Sans épouse							
9	Child – Enfant	1 042 000	.	–	…	…	…	…
	Female – Féminin							
10	Total	49 169 000	49 168 000	–	463 000	3 588 000	5 287 000	6 239 000
11	1	13 101 000	13 099 000	–	66 000	525 000	879 000	771 000
12	2 +	36 068 000	36 069 000	–	397 000	3 063 000	4 408 000	5 468 000
	No spouse – Sans épouse							
13	Child – Enfant	4 530 000	.	–	…	…	…	…
	1 III 1990 [3 6]							
	Total							
14	Total	245 774 000	–	…	…	…	…	…
15	1	22 999 000	23 001 000	–	109 000	1 101 000	2 012 000	1 961 000
16	2 +	235 330 000	–	–	…	…	…	…
	Male – Masculin							
17	Total	194 128 000	.	…	…	…	…	…
18	1	9 049 000	9 051 000	–	43 000	631 000	1 156 000	1 239 000
19	2 +	185 079 000	.	–	…	…	…	…
	Female – Féminin							
20	Total	51 646 000	.	…	…	…	…	…
21	1	13 950 000	13 950 000	–	66 000	470 000	856 000	722 000
22	2 +	50 251 000	.	–	…	…	…	…
	1 III 1991 [3 6]							
	Total							
23	Total	248 464 000	–	–	–	–	–	–
24	1	23 591 000	23 590 000	–	108 000	1 032 000	2 027 000	2 090 000
25	2 +	371 446 000	–	–	–	–	–	–
	Male – Masculin							
26	Total	195 173 000	–	–	–	–	–	–
27	1	9 450 000	9 450 000	–	49 000	573 000	1 194 000	1 297 000
28	2 +	185 723 000	–	–	–	–	–	–
	Female – Féminin							
29	Total	53 291 000	–	–	–	–	–	–
30	1	14 141 000	14 140 000	–	59 000	459 000	833 000	793 000
31	2 +	185 723 000	–	–	–	–	–	–
	1 III 1992 [3 6]							
	Total							
32	Total	250 984 000	–	–	…	…	…	…
33	1	23 975 000	23 975 000	–	95 000	1 061 000	1 917 000	2 007 000
34	2 +	227 010 000	–	–	…	…	…	…
	Male – Masculin							
35	Total	196 197 000	–	–	–	–	–	–
36	1	9 613 000	9 613 000	–	44 000	557 000	1 102 000	1 218 000
37	2 +	186 584 000	–	–	–	–	–	–
	Female – Féminin							
38	Total	54 787 000	.	–	…	…	…	…
39	1	14 362 000	14 362 000	–	51 000	504 000	815 000	789 000
40	2 +	40 426 000	–	–	…	…	…	…
	1 III 1993 [3 6]							
	Total							
41	Total	253 924 000	–	…	…	…	…	…
42	1	23 642 000	23 641 000	–	102 000	1 084 000	1 750 000	1 983 000
43	2 +	230 282 000	–	…	…	…	…	…

34. Effectifs des ménages selon l'âge et le sexe des chefs de ménage, la dimension du ménage, le lien avec le chef de ménage et la résidence, urbaine/rurale: chaque recensement, 1985 – 1995 (suite)

(Voir notes à la fin du tableau.)

Age (en années)										
35–39	40–44	45–49	50–54	55–59	60–64	65–69	70–74	75+	Unknown Inconnu	
—— 64 3 51 000 ——		*—— 41 3 79 000 ——*		*—— 30 1 51 000 ——*		*—— 21 3 31 000 ——*		12 669 000	–	1
—— 2 8 37 000 ——		*—— 2 1 31 000 ——*		*—— 2 9 73 000 ——*		*—— 4 2 43 000 ——*		4 440 000	–	2
—— 61 5 14 000 ——		*—— 39 2 48 000 ——*		*—— 27 1 78 000 ——*		*—— 17 0 88 000 ——*		8 229 000	–	3
...	...	...	...	...	...	...	...	...	...	4
—— 53 9 66 000 ——		*—— 34 7 50 000 ——*		*—— 24 6 57 000 ——*		*—— 15 7 17 000 ——*		7 200 000	–	5
—— 1 7 76 000 ——		*—— 1 0 37 000 ——*		*—— 1 0 40 000 ——*		*—— 1 0 14 000 ——*		899 000	–	6
—— 52 1 90 000 ——		*—— 33 7 13 000 ——*		*—— 23 6 17 000 ——*		*—— 14 7 03 000 ——*		6 301 000	–	7
—— ... ——		*—— ... ——*		*—— ... ——*		*—— ... ——*		...	...	8
—— ... ——		*—— ... ——*		*—— ... ——*		*—— ... ——*		...	...	9
—— 10 3 85 000 ——		*—— 6 6 29 000 ——*		*—— 5 4 94 000 ——*		*—— 5 6 14 000 ——*		5 469 000	–	10
—— 1 0 61 000 ——		*—— 1 0 94 000 ——*		*—— 1 9 33 000 ——*		*—— 3 2 29 000 ——*		3 541 000	–	11
—— 9 3 24 000 ——		*—— 5 5 35 000 ——*		*—— 3 5 61 000 ——*		*—— 2 3 85 000 ——*		1 928 000	–	12
—— ... ——		*—— ... ——*		*—— ... ——*		*—— ... ——*		...	...	13
...	...	...	...	...	...	...	...	...	...	14
1 745 000	1 394 000	*—— 2 4 23 000 ——*		*—— 3 0 80 000 ——*		*—— 4 3 51 000 ——*		4 825 000	–	15
...	...	...	...	...	...	...	...	...	...	16
...	...	*—— ... ——*		*—— ... ——*		*—— ... ——*		...	...	17
1 087 000	749 000	*—— 1 1 67 000 ——*		*—— 1 0 36 000 ——*		*—— 1 0 42 000 ——*		901 000	–	18
...	...	*—— ... ——*		*—— ... ——*		*—— ... ——*		...	...	19
...	...	*—— ... ——*		*—— ... ——*		*—— ... ——*		...	...	20
658 000	645 000	*—— 1 2 56 000 ——*		*—— 2 0 44 000 ——*		*—— 3 3 09 000 ——*		3 924 000	–	21
...	...	*—— ... ——*		*—— ... ——*		*—— ... ——*		...	...	22
–	–	*—— – ——*		*—— – ——*		*—— – ——*		–	–	23
1 753 000	1 649 000	*—— 2 6 09 000 ——*		*—— 2 9 42 000 ——*		*—— 4 4 93 000 ——*		4 887 000	–	24
–	–	*—— – ——*		*—— – ——*		*—— – ——*		–	–	25
–	–	*—— – ——*		*—— – ——*		*—— – ——*		–	–	26
1 107 000	901 000	*—— 1 2 40 000 ——*		*—— 1 0 79 000 ——*		*—— 1 0 96 000 ——*		914 000	–	27
–	–	*—— – ——*		*—— – ——*		*—— – ——*		–	–	28
–	–	*—— – ——*		*—— – ——*		*—— – ——*		–	–	29
646 000	748 000	*—— 1 3 69 000 ——*		*—— 1 8 63 000 ——*		*—— 3 3 97 000 ——*		3 973 000	–	30
–	–	*—— – ——*		*—— – ——*		*—— – ——*		–	–	31
...	...	...	...	...	...	...	...	...	...	32
1 831 000	1 650 000	*—— 2 8 97 000 ——*		*—— 2 9 94 000 ——*		*—— 4 5 61 000 ——*		4 962 000	–	33
...	...	...	...	...	...	...	...	...	...	34
–	–	*—— – ——*		*—— – ——*		*—— – ——*		–	–	35
1 150 000	973 000	*—— 1 3 80 000 ——*		*—— 1 1 03 000 ——*		*—— 1 1 00 000 ——*		986 000	–	36
–	–	*—— – ——*		*—— – ——*		*—— – ——*		–	–	37
...	...	*—— ... ——*		*—— ... ——*		*—— ... ——*		...	...	38
681 000	677 000	*—— 1 5 17 000 ——*		*—— 1 8 91 000 ——*		*—— 3 4 61 000 ——*		3 976 000	–	39
...	...	...	...	...	...	...	...	...	...	40
...	...	...	...	...	...	...	...	...	...	41
1 768 000	1 517 000	*—— 3 0 48 000 ——*		*—— 3 0 33 000 ——*		*—— 4 3 30 000 ——*		5 026 000	–	42
...	...	...	...	...	...	...	...	...	...	43

34. Population in households by age and sex of householder, size and relationship to householder by urban/rural residence: each census, 1985 – 1995 (continued)

(See notes at end of table.)

	Continent, country or area, date, sex, size, relationship and urban/rural residence — Continent, pays ou zone, date, sexe, dimension, lien et résidence, urbaine/rurale	All ages Tous âges	15 + [1]	– 15	15–19	20–24	25–29	30–34
	AMERICA,NORTH— (Cont.–Suite) AMERIQUE DU NORD							
	United States – Etats–Unis [5]							
	1 III 1993 [3 6]							
	Male – Masculin							
1	Total	198 111 000	.	...	...	...	...	...
2	1	9 436 000	9 435 000	–	49 000	616 000	1 058 000	1 224 000
3	2 +	188 675 000	.	–	...	...	...	...
	Female – Féminin							
4	Total	55 813 000	.	...	...	...	...	...
5	1	14 206 000	14 206 000	–	53 000	468 000	692 000	759 000
6	2 +	41 607 000	.	...	...	...	...	...
	1 III 1994 [3 6]							
	Total							
7	Total	259 507 000	–	–	...	...	...	...
8	1	23 610 000	23 610 000	–	118 000	1 009 000	1 732 000	1 983 000
9	2 +	235 896 000	–	–	...	...	...	...
	Male – Masculin							
10	Total	200 953 000	.	–	...	...	...	...
11	1	9 440 000	9 439 000	–	48 000	522 000	1 016 000	1 228 000
12	2 +	191 513 000	.	–	...	...	...	...
	Female – Féminin							
13	Total	58 554 000	.	–	...	...	...	...
14	1	14 171 000	14 171 000	–	70 000	487 000	716 000	755 000
15	2 +	44 383 000	.	–	...	...	...	...
	AMERICA,SOUTH— AMERIQUE DU SUD							
	Argentina – Argentine							
	15 V 1991							
	Total							
16	Total	32 245 467	22 319 682	9 925 785	*— 5 224 831	—*	*———	———
17	1	1 206 541	1 204 573	1 968	*— 73 576	—*	*———	———
	Male – Masculin							
18	Total	15 727 575	10 710 988	5 016 587	*— 2 575 399	—*	*———	———
19	1	539 069	538 214	855	*— 46 439	—*	*———	———
	Female – Féminin							
20	Total	16 517 892	11 608 694	4 909 198	*— 2 649 432	—*	*———	———
21	1	667 472	666 359	1 113	*— 27 137	—*	*———	———
	Bolivia – Bolivie							
	3 VI 1992* [7]							
	Total							
22	Total	6 292 894	6 268 112	12 309	71 891	346 109	670 381	905 184
23	1	168 509	164 579	1 778	11 181	18 269	15 341	12 022
24	2 +	6 124 385	6 103 533	10 531	60 710	327 840	655 040	893 162
	2							
25	Spouse – Epouse	161 516	161 396	52	3 836	20 206	16 576	10 812
	No spouse – Sans épouse							
26	Child – Enfant	136 600	135 296	1 280	5 258	11 728	11 444	10 548
27	Other – Autres	225 935	220 825	5 032	22 935	34 914	26 286	19 000
	3 +							
28	Spouse + Child – Epouse + enfant	2 788 541	2 787 705	294	7 876	144 461	347 986	487 628
29	Spouse, child, other – Epouse, enfant, autres	1 373 052	1 372 590	221	3 273	47 987	125 556	188 981
	No spouse – Sans épouse							
30	Children – Enfants	659 839	657 122	2 622	8 650	29 743	65 071	98 804
31	Children, other – Enfants, autres	603 059	602 071	911	6 814	25 945	44 968	60 916
32	Other – Autres	175 843	166 528	119	2 068	12 856	17 153	16 473

Age (in years)

34. Effectifs des ménages selon l'âge et le sexe des chefs de ménage, la dimension du ménage, le lien avec le chef de ménage et la résidence, urbaine/rurale: chaque recensement, 1985 – 1995 (suite)

(Voir notes à la fin du tableau.)

Age (en années) 35–39	40–44	45–49	50–54	55–59	60–64	65–69	70–74	75+	Unknown Inconnu	
...	...	*—— ...	——*	*—— ...	——*	*—— ...	——*	...	–	1
1 100 000	872 000	*—— 1 4 65 000	——*	*—— 1 0 57 000	——*	*—— 1 0 46 000	——*	948 000	–	2
...	...	*—— ...	——*	*—— ...	——*	*—— ...	——*	...	–	3
...	...	*—— ...	——*	*—— ...	——*	*—— ...	——*	...	...	4
668 000	645 000	*—— 1 5 83 000	——*	*—— 1 9 76 000	——*	*—— 3 2 84 000	——*	4 078 000	–	5
...	...	*—— ...	——*	*—— ...	——*	*—— ...	——*	...	...	6
...	...	...	...	...	...	...	...	...	...	7
1 863 000	1 653 000	*—— 3 0 15 000	——*	*—— 2 9 51 000	——*	*—— 4 1 99 000	——*	5 087 000	–	8
...	...	...	...	...	...	...	...	...	...	9
...	...	*—— ...	——*	*—— ...	——*	*—— ...	——*	...	...	10
1 166 000	949 000	*—— 1 4 40 000	——*	*—— 1 0 33 000	——*	*—— 1 0 31 000	——*	1 006 000	–	11
...	...	*—— ...	——*	*—— ...	——*	*—— ...	——*	...	...	12
...	...	*—— ...	——*	*—— ...	——*	*—— ...	——*	...	...	13
697 000	704 000	*—— 1 5 75 000	——*	*—— 1 9 18 000	——*	*—— 3 1 68 000	——*	4 081 000	–	14
...	...	*—— ...	——*	*—— ...	——*	*—— ...	——*	...	...	15
8 498 614	——*	*—— 5 7 84 506			——*	*—— 2 811 731		——*	–	16
244 974	——*	*—— 394 756			——*	*—— 491 267		——*	–	17
4 178 335	——*	*—— 2 7 75 389			——*	*—— 1 181 865		——*	–	18
163 825	——*	*—— 191 769			——*	*—— 136 181		——*	–	19
4 320 279	——*	*—— 3 0 09 117			——*	*—— 1 629 866		——*	–	20
81 149	——*	*—— 202 987			——*	*—— 355 086		——*	–	21
952 819	873 003	730 094	511 833	353 392	338 579	203 515	138 179	173 133	12 473	22
10 753	10 230	10 968	11 007	10 497	14 612	11 414	10 139	18 146	2 152	23
942 066	862 773	719 126	500 826	342 895	323 967	192 101	128 040	154 987	10 321	24
7 900	7 506	8 540	10 360	11 616	17 622	14 724	12 488	19 210	68	25
11 224	12 456	13 598	13 160	11 302	12 226	7 852	5 908	8 592	24	26
14 788	13 099	12 524	12 887	11 920	15 775	11 874	9 996	14 827	78	27
504 724	443 670	335 978	201 076	118 303	94 643	46 516	26 306	28 538	542	28
198 548	191 190	175 389	134 528	97 622	90 945	52 513	32 780	33 278	241	29
119 642	107 135	84 072	51 775	30 981	25 582	13 981	9 367	12 319	95	30
68 947	73 196	75 108	64 626	49 583	51 030	32 211	22 010	26 717	77	31
16 293	14 521	13 917	12 414	11 568	16 144	12 430	9 185	11 506	9 196	32

34. Population in households by age and sex of householder, size and relationship to householder by urban/rural residence: each census, 1985 – 1995 (continued)

(See notes at end of table.)

	Continent, country or area, date, sex, size, relationship and urban/rural residence Continent, pays ou zone, date, sexe, dimension, lien et résidence, urbaine/rurale	Age (in years) All ages Tous âges	15 + [1]	– 15	15–19	20–24	25–29	30–34
	AMERICA,SOUTH— (Cont.-Suite) AMERIQUE DU SUD							
	Bolivia – Bolivie							
	3 VI 1992* [7]							
	Male – Masculin							
1	Total	5 035 612	5 018 043	6 118	44 049	275 508	557 298	755 219
2	1	104 162	101 329	1 105	7 780	13 657	11 813	9 535
3	2 +	4 931 450	4 916 714	5 013	36 269	261 851	545 485	745 684
	2							
4	Spouse – Epouse	159 158	159 046	44	3 742	19 994	16 326	10 646
	No spouse – Sans épouse							
5	Child – Enfant	39 234	38 598	622	1 596	2 410	2 418	2 568
6	Other – Autres	123 149	120 725	2 357	13 075	23 485	18 665	13 351
	3 +							
7	Spouse + Child – Epouse + enfant	2 756 350	2 755 555	258	7 428	142 052	343 423	481 934
8	Spouse, child, other – Epouse, enfant, autres	1 337 839	1 337 438	178	2 791	46 278	122 846	184 962
	No spouse – Sans épouse							
9	Children – Enfants	158 366	157 315	1 014	3 168	6 899	11 921	17 458
10	Children, other – Enfants, autres	195 214	194 704	455	2 680	8 738	14 042	19 633
11	Other – Autres	162 140	153 333	85	1 789	11 995	15 844	15 132
	Female – Féminin							
12	Total	1 257 282	1 250 069	6 191	27 842	70 601	113 083	149 965
13	1	64 347	63 250	673	3 401	4 612	3 528	2 487
14	2 +	1 192 935	1 186 819	5 518	24 441	65 989	109 555	147 478
	2							
15	Spouse – Epouse	2 358	2 350	8	94	212	250	166
	No spouse – Sans épouse							
16	Child – Enfant	97 366	96 698	658	3 662	9 318	9 026	7 980
17	Other – Autres	102 786	100 100	2 675	9 860	11 429	7 621	5 649
	3 +							
18	Spouse + Child – Epouse + enfant	32 191	32 150	36	448	2 409	4 563	5 694
19	Spouse, child, other – Epouse, enfant, autres	35 213	35 152	43	482	1 709	2 710	4 019
	No spouse – Sans épouse							
20	Children – Enfants	501 473	499 807	1 608	5 482	22 844	53 150	81 346
21	Children, other – Enfants, autres	407 845	407 367	456	4 134	17 207	30 926	41 283
22	Other – Autres	13 703	13 195	34	279	861	1 309	1 341
	Uruguay							
	23 X 1985* [8] [9]							
	Total							
23	Total	2 869 800	2 868 900	1 000	8 600	87 400	220 600	296 500
24	1	2 739 600	2 739 000	700	7 300	82 400	214 900	291 400
	Male – Masculin							
25	Total	2 369 500	2 368 700	800	6 100	75 300	197 900	266 100
26	1	2 305 000	2 304 400	600	5 300	71 800	193 900	262 600
	Female – Féminin							
27	Total	500 300	500 200	200	2 500	12 100	22 700	30 400
28	1	434 600	434 600	100	2 000	10 600	21 000	28 800

34. Effectifs des ménages selon l'âge et le sexe des chefs de ménage, la dimension du ménage, le lien avec le chef de ménage et la résidence, urbaine/rurale: chaque recensement, 1985 – 1995 (suite)

(Voir notes à la fin du tableau.)

Age (en années)										
35–39	40–44	45–49	50–54	55–59	60–64	65–69	70–74	75+	Unknown Inconnu	
781 071	711 915	586 334	401 948	273 722	257 042	151 079	100 038	122 820	11 451	1
8 364	7 464	7 330	6 379	5 602	6 921	5 082	4 124	7 278	1 728	2
772 707	704 451	579 004	395 569	268 120	250 121	145 997	95 914	115 542	9 723	3
7 754	7 336	8 374	10 136	11 424	17 390	14 532	12 368	19 024	68	4
3 084	3 784	3 928	3 746	3 436	3 786	2 676	1 928	3 238	14	5
9 918	8 038	6 562	5 677	4 398	5 465	3 855	3 226	5 010	67	6
499 080	438 671	332 703	199 129	117 193	93 683	45 992	26 057	28 210	537	7
194 578	186 590	170 585	130 786	95 144	88 330	50 947	31 645	31 956	223	8
22 378	24 848	21 298	15 734	10 168	9 616	5 231	3 555	5 041	37	9
21 254	22 389	23 200	19 203	15 627	16 685	10 950	8 399	11 904	55	10
14 661	12 795	12 354	11 158	10 730	15 166	11 814	8 736	11 159	8 722	11
171 748	161 088	143 760	109 885	79 670	81 537	52 436	38 141	50 313	1 022	12
2 389	2 766	3 638	4 628	4 895	7 691	6 332	6 015	10 868	424	13
169 359	158 322	140 122	105 257	74 775	73 846	46 104	32 126	39 445	598	14
146	170	166	224	192	232	192	120	186	–	15
8 140	8 672	9 670	9 414	7 866	8 440	5 176	3 980	5 354	10	16
4 870	5 061	5 962	7 210	7 522	10 310	8 019	6 770	9 817	11	17
5 644	4 999	3 275	1 947	1 110	960	524	249	328	5	18
3 970	4 600	4 804	3 742	2 478	2 615	1 566	1 135	1 322	18	19
97 264	82 287	62 774	36 041	20 813	15 966	8 750	5 812	7 278	58	20
47 693	50 807	51 908	45 423	33 956	34 345	21 261	13 611	14 813	22	21
1 632	1 726	1 563	1 256	838	978	616	449	347	474	22
331 600	335 800	320 800	310 300	281 100	223 400	*——— 452 800 ———*			–	23
326 300	329 000	312 400	299 500	266 400	207 500	*——— 401 900 ———*			–	24
291 000	290 000	269 800	257 900	226 400	175 500	*——— 312 700 ———*			–	25
287 200	285 200	264 300	251 600	218 900	168 200	*——— 295 400 ———*			–	26
40 600	45 800	51 000	52 400	54 700	47 900	*——— 140 100 ———*			–	27
39 100	43 800	48 100	47 900	47 500	39 300	*——— 106 500 ———*			–	28

34. Population in households by age and sex of householder, size and relationship to householder by urban/rural residence: each census, 1985 – 1995 (continued)

(See notes at end of table.)

	Continent, country or area, date, sex, size, relationship and urban/rural residence — Continent, pays ou zone, date, sexe, dimension, lien et résidence, urbaine/rurale	Age (in years)						
		All ages Tous âges	15 + [1]	– 15	15–19	20–24	25–29	30–34
	ASIA—ASIE							
	Cyprus – Chypre							
	1 X 1992 [2 10]							
	Total							
1	Total	598 750	597 652	–	357	9 339	41 249	79 988
2	1	23 408	23 254	–	71	647	1 067	1 120
3	2 +	575 342	574 398	–	286	8 692	40 182	78 868
	2							
4	Spouse – Epouse	79 186	78 936	–	44	2 710	5 206	3 332
	No spouse – Sans épouse							
5	Child – Enfant	8 492	8 486	–	4	98	344	614
6	Other – Autres	4 342	4 276	–	56	396	448	316
	3 +							
7	Spouse + Child – Epouse + enfant	388 714	388 292	–	59	4 493	31 524	69 312
8	Spouse, child, other – Epouse, enfant, autres	80 384	80 279	–	30	383	1 845	3 910
	No spouse – Sans épouse							
9	Children – Enfants	9 321	9 311	–	10	56	383	993
10	Children, other – Enfants, autres	4 903	4 818	–	83	556	432	391
11	Other – Autres	–	–	–	–	–	–	–
	Male – Masculin							
12	Total	554 769	553 771	–	261	8 498	39 687	77 306
13	1	7 454	7 356	–	39	374	713	693
14	2 +	547 315	546 415	–	222	8 124	38 974	76 613
	2							
15	Spouse – Epouse	78 474	78 226	–	38	2 632	5 136	3 296
	No spouse – Sans épouse							
16	Child – Enfant	1 340	1 340	–	2	16	50	72
17	Other – Autres	1 684	1 632	–	34	282	342	218
	3 +							
18	Spouse + Child – Epouse + enfant	386 756	386 338	–	56	4 388	31 303	68 938
19	Spouse, child, other – Epouse, enfant, autres	75 969	75 869	–	22	349	1 792	3 830
	No spouse – Sans épouse							
20	Children – Enfants	1 177	1 177	–	3	16	21	65
21	Children, other – Enfants, autres	1 915	1 833	–	67	441	330	194
22	Other – Autres	–	–	–	–	–	–	–
	Female – Féminin							
23	Total	43 981	43 881	–	96	841	1 562	2 682
24	1	15 954	15 898	–	32	273	354	427
25	2 +	28 027	27 983	–	64	568	1 208	2 255
	2							
26	Spouse – Epouse	712	710	–	6	78	70	36
	No spouse – Sans épouse							
27	Child – Enfant	7 152	7 146	–	2	82	294	542
28	Other – Autres	2 658	2 644	–	22	114	106	98
	3 +							
29	Spouse + Child – Epouse + enfant	1 958	1 954	–	3	105	221	374
30	Spouse, child, other – Epouse, enfant, autres	4 415	4 410	–	8	34	53	80
	No spouse – Sans épouse							
31	Children – Enfants	8 144	8 134	–	7	40	362	928
32	Children, other – Enfants, autres	2 988	2 985	–	16	115	102	197
33	Other – Autres	–	–	–	–	–	–	–

34. Effectifs des ménages selon l'âge et le sexe des chefs de ménage, la dimension du ménage, le lien avec le chef de ménage et la résidence, urbaine/rurale: chaque recensement, 1985 – 1995 (suite)

(Voir notes à la fin du tableau.)

Age (en années)										
35–39	40–44	45–49	50–54	55–59	60–64	65–69	70–74	75+	Unknown Inconnu	
90 769	89 297	78 560	55 181	42 916	33 435	27 793	20 426	28 342	1 098	*1*
927	841	901	959	1 336	1 977	2 758	3 127	7 523	154	*2*
89 842	88 456	77 659	54 222	41 580	31 458	25 035	17 299	20 819	944	*3*
1 684	1 410	2 762	5 944	9 380	11 248	12 006	9 930	13 280	250	*4*
590	762	888	832	810	898	810	672	1 164	6	*5*
186	198	184	252	336	410	442	356	696	66	*6*
79 355	72 182	55 683	32 289	19 564	10 951	6 445	3 503	2 932	422	*7*
6 262	11 883	16 228	13 535	10 439	6 978	4 535	2 264	1 987	105	*8*
1 382	1 537	1 434	967	732	594	461	340	422	10	*9*
383	484	480	403	319	379	336	234	338	85	*10*
–	–	–	–	–	–	–	–	–	–	*11*
87 589	85 420	74 456	51 478	39 096	29 184	23 471	16 391	20 934	998	*12*
523	373	349	282	282	330	497	682	2 219	98	*13*
87 066	85 047	74 107	51 196	38 814	28 854	22 974	15 709	18 715	900	*14*
1 664	1 372	2 718	5 888	9 288	11 166	11 936	9 872	13 220	248	*15*
84	86	98	70	86	90	154	164	368	–	*16*
100	84	52	58	56	58	86	76	186	52	*17*
78 987	71 850	55 443	32 141	19 505	10 913	6 423	3 483	2 908	418	*18*
6 069	11 380	15 510	12 807	9 753	6 444	4 177	1 989	1 747	100	*19*
73	156	195	157	83	99	90	62	157	–	*20*
89	119	91	75	43	84	108	63	129	82	*21*
–	–	–	–	–	–	–	–	–	–	*22*
3 180	3 877	4 104	3 703	3 820	4 251	4 322	4 035	7 408	100	*23*
404	468	552	677	1 054	1 647	2 261	2 445	5 304	56	*24*
2 776	3 409	3 552	3 026	2 766	2 604	2 061	1 590	2 104	44	*25*
20	38	44	56	92	82	70	58	60	2	*26*
506	676	790	762	724	808	656	508	796	6	*27*
86	114	132	194	280	352	356	280	510	14	*28*
368	332	240	148	59	38	22	20	24	4	*29*
193	503	718	728	686	534	358	275	240	5	*30*
1 309	1 381	1 239	810	649	495	371	278	265	10	*31*
294	365	389	328	276	295	228	171	209	3	*32*
–	–	–	–	–	–	–	–	–	–	*33*

34. Population in households by age and sex of householder, size and relationship to householder by urban/rural residence: each census, 1985 – 1995 (continued)

(See notes at end of table.)

	Continent, country or area, date, sex, size, relationship and urban/rural residence — Continent, pays ou zone, date, sexe, dimension, lien et résidence, urbaine/rurale	Age (in years)						
		All ages Tous âges	15 + [1]	– 15	15–19	20–24	25–29	30–34
	ASIA—ASIE (Cont.–Suite)							
	Hong Kong – Hong-kong							
	15 III 1991 [11 12]							
	Total							
1	Total	5 425 214	5 420 959	4 255	16 158	69 511	297 460	680 259
2	1	233 923	233 506	417	2 997	10 870	24 535	28 501
3	2 +	5 191 291	5 187 453	3 838	13 161	58 641	272 925	651 758
	2							
4	Spouse – Epouse	324 494	324 494	–	286	6 612	55 092	67 586
	No spouse – Sans épouse							
5	Child – Enfant	51 984	51 984	–	–	194	1 130	2 701
6	Other – Autres	200 948	199 822	1 126	4 472	14 512	26 650	27 111
	Male – Masculin							
7	Total	4 110 857	4 108 824	2 033	9 640	44 120	222 140	533 355
8	1	155 342	155 087	255	1 896	7 000	17 608	22 337
9	2 +	3 955 515	3 953 737	1 778	7 744	37 120	204 532	511 018
	2							
10	Spouse – Epouse	285 032	285 032	–	136	4 916	47 060	61 516
	No spouse – Sans épouse							
11	Child – Enfant	14 736	14 736	–	–	24	92	374
12	Other – Autres	114 584	114 036	548	2 534	8 636	18 670	19 256
	Female – Féminin							
13	Total	1 314 357	1 312 135	2 222	6 518	25 391	75 320	146 904
14	1	78 581	78 419	162	1 101	3 870	6 927	6 164
15	2 +	1 235 776	1 233 716	2 060	5 417	21 521	68 393	140 740
	2							
16	Spouse – Epouse	39 462	39 462	–	150	1 696	8 032	6 070
	No spouse – Sans épouse							
17	Child – Enfant	37 248	37 248	–	–	170	1 038	2 327
18	Other – Autres	86 364	85 786	578	1 938	5 876	7 980	7 855
	Japan – Japon							
	1 X 1985 [9 13 14]							
	Total							
19	Total	119 311 964	119310660	1 304	589 179	2 628 435	4 912 042	10 517 488
20	1	7 896 370	7 895 612	758	548 085	1 795 594	1 072 620	666 040
21	2 +	111 415 594	111415048	546	41 094	832 841	3 839 422	9 851 448
	2							
22	Spouse – Epouse	10 442 827	10 442 827	–	8 310	210 809	766 867	690 280
	3 +							
23	Spouse + Child – Epouse + enfant	58 108 533	58 108 533	–	7 122	361 409	2 415 210	7 096 373
24	Spouse, child, other – Epouse, enfant, autres	31 291 256	31 291 256	–	467	24 963	273 006	1 388 977
	No spouse – Sans épouse							
25	Children – Enfants	6 020 518	6 020 518	–	2 754	57 907	189 036	462 670
26	Other – Autres	5 552 460	5 551 914	546	22 441	177 753	195 303	213 148
	Male – Masculin							
27	Total	108 476 251	108475449	802	362 002	1 928 941	4 499 659	9 975 912
28	1	4 425 895	4 425 398	497	333 185	1 211 539	826 635	506 922
29	2 +	104 050 356	104050051	305	28 817	717 402	3 673 024	9 468 990
	2							
30	Spouse – Epouse	10 374 326	10 374 326	–	7 808	207 159	762 817	686 440
	3 +							
31	Spouse + Child – Epouse + enfant	58 006 420	58 006 420	–	6 996	359 628	2 409 749	7 085 383
32	Spouse, child, other – Epouse, enfant, autres	30 093 771	30 093 771	–	467	24 704	271 359	1 381 158
	No spouse – Sans épouse							
33	Children – Enfants	1 524 768	1 524 768	–	1 651	32 949	91 310	156 884
34	Other – Autres	4 051 071	4 050 766	305	11 895	92 962	137 789	159 125

34. Effectifs des ménages selon l'âge et le sexe des chefs de ménage, la dimension du ménage, le lien avec le chef de ménage et la résidence, urbaine/rurale: chaque recensement, 1985 – 1995 (suite)

(Voir notes à la fin du tableau.)

Age (en années)										
35–39	40–44	45–49	50–54	55–59	60–64	65–69	70–74	75+	Unknown Inconnu	
788 226	772 531	514 571	546 194	548 444	468 137	331 260	212 211	175 997	–	1
21 254	18 150	13 016	15 685	18 780	19 571	19 406	17 026	23 715	–	2
766 972	754 381	501 555	530 509	529 664	448 566	311 854	195 185	152 282	–	3
31 188	18 696	11 810	17 812	23 724	27 968	25 372	20 062	18 286	–	4
3 545	3 584	3 401	4 850	7 031	8 610	7 514	5 157	4 267	–	5
18 501	15 490	10 277	12 360	14 505	16 136	14 642	11 729	13 437	–	6
633 608	630 544	417 354	425 578	405 721	327 113	218 540	135 559	105 552	–	7
16 403	14 312	10 653	12 843	14 291	13 148	9 958	7 096	7 542	–	8
617 205	616 232	406 701	412 735	391 430	313 965	208 582	128 463	98 010	–	9
28 604	17 062	10 300	15 404	19 980	23 576	21 842	17 852	16 784	–	10
588	842	1 014	1 564	2 522	2 525	2 093	1 744	1 354	–	11
11 930	9 904	6 568	7 582	8 180	7 325	5 273	4 074	4 104	–	12
154 618	141 987	97 217	120 616	142 723	141 024	112 720	76 652	70 445	–	13
4 851	3 838	2 363	2 842	4 489	6 423	9 448	9 930	16 173	–	14
149 767	138 149	94 854	117 774	138 234	134 601	103 272	66 722	54 272	–	15
2 584	1 634	1 510	2 408	3 744	4 392	3 530	2 210	1 502	–	16
2 957	2 742	2 387	3 286	4 509	6 085	5 421	3 413	2 913	–	17
6 571	5 586	3 709	4 778	6 325	8 811	9 369	7 655	9 333	–	18
17 236 254	17 171 438	15 788 316	14 470 481	12 280 927	8 508 134	6 170 997	4 810 979	4 225 990	–	19
547 061	405 226	383 324	424 357	441 281	430 540	402 748	365 147	413 589	–	20
16 689 193	16 766 212	15 404 992	14 046 124	11 839 646	8 077 594	5 768 249	4 445 832	3 812 401	–	21
509 223	370 388	491 379	1 013 339	1 631 194	1 548 799	1 282 134	1 026 558	893 547	–	22
11 493 620	11 020 671	9 623 866	7 616 953	4 517 308	2 003 953	1 005 317	578 962	367 769	–	23
3 503 109	4 020 108	3 846 592	3 763 109	4 098 470	3 441 392	2 797 123	2 310 034	1 823 906	–	24
881 433	1 015 208	971 742	811 193	556 934	378 304	259 330	198 990	235 017	–	25
301 808	339 837	471 413	841 530	1 035 740	705 146	424 345	331 288	492 162	–	26
16 283 083	16 046 738	14 626 500	13 302 861	11 173 773	7 472 711	5 259 419	4 061 462	3 482 388	–	27
393 073	268 178	222 198	194 822	143 537	93 182	70 601	66 692	94 834	–	28
15 890 010	15 778 560	14 404 302	13 108 039	11 030 236	7 379 529	5 188 818	3 994 770	3 387 554	–	29
505 250	366 263	485 999	1 004 928	1 620 786	1 538 284	1 274 840	1 022 257	891 495	–	30
11 476 516	11 003 515	9 608 766	7 602 422	4 506 540	1 998 651	1 002 797	578 096	367 361	–	31
3 483 669	3 992 644	3 799 982	3 644 491	3 889 990	3 200 381	2 564 840	2 136 875	1 703 211	–	32
230 832	226 320	207 072	188 110	137 130	81 351	54 561	47 175	69 423	–	33
193 743	189 818	302 483	668 088	875 790	560 862	291 780	210 367	356 064	–	34

34. Population in households by age and sex of householder, size and relationship to householder by urban/rural residence: each census, 1985 – 1995 (continued)

(See notes at end of table.)

	Continent, country or area, date, sex, size, relationship and urban/rural residence — Continent, pays ou zone, date, sexe, dimension, lien et résidence, urbaine/rurale	Age (in years) All ages Tous âges	15 + [1]	– 15	15–19	20–24	25–29	30–34
	ASIA—ASIE (Cont.–Suite)							
	Japan – Japon							
	1 X 1985 [9 13 14]							
	Female – Féminin							
1	Total	10 835 713	10 835 211	502	227 177	699 494	412 383	541 576
2	1	3 470 475	3 470 214	261	214 900	584 055	245 985	159 118
3	2 +	7 365 238	7 364 997	241	12 277	115 439	166 398	382 458
	2							
4	Spouse – Epouse	68 501	68 501	–	502	3 650	4 050	3 840
	3 +							
	Spouse + Child –							
5	Epouse + enfant	102 113	102 113	–	126	1 781	5 461	10 990
	Spouse, child, other –							
6	Epouse, enfant, autres	1 197 485	1 197 485	–	–	259	1 647	7 819
	No spouse – Sans épouse							
7	Children – Enfants	4 495 750	4 495 750	–	1 103	24 958	97 726	305 786
8	Other – Autres	1 501 389	1 501 148	241	10 546	84 791	57 514	54 023
	1 X 1990 [9 13]							
	Total							
9	Total	121 545 271	121544440	831	666 306	2 754 123	4 907 457	8 394 778
10	1	9 389 660	9 389 176	484	623 618	1 945 922	1 286 955	669 837
11	2 +	112 155 611	112155264	347	42 688	808 201	3 620 502	7 724 941
	2							
12	Spouse – Epouse	12 608 604	12 608 604	–	9 634	196 220	829 393	730 090
	3 +							
	Spouse + Child –							
13	Epouse + enfant	57 544 913	57 544 913	–	7 960	350 821	2 206 276	5 560 320
	Spouse, child, other –							
14	Epouse, enfant, autres	29 422 616	29 422 616	–	302	19 092	196 665	902 106
	No spouse – Sans épouse							
15	Children – Enfants	6 781 556	6 781 528	28	2 902	54 824	195 774	365 258
16	Other – Autres	5 797 922	5 797 603	319	21 890	187 244	192 394	167 167
	Male – Masculin							
17	Total	109 650 218	109649744	474	411 495	1 973 524	4 379 572	7 921 337
18	1	5 246 526	5 246 246	280	380 786	1 292 805	954 772	502 265
19	2 +	104 403 692	104403498	194	30 709	680 719	3 424 800	7 419 072
	2							
20	Spouse – Epouse	12 525 986	12 525 986	–	8 918	191 364	822 682	725 410
	3 +							
	Spouse + Child –							
21	Epouse + enfant	57 427 431	57 427 431	–	7 855	348 827	2 199 386	5 548 388
	Spouse, child, other –							
22	Epouse, enfant, autres	28 380 445	28 380 445	–	291	18 798	194 715	895 313
	No spouse – Sans épouse							
23	Children – Enfants	1 795 840	1 795 817	23	1 626	25 789	82 837	125 444
24	Other – Autres	4 273 990	4 273 819	171	12 019	95 941	125 180	124 517
	Female – Féminin							
25	Total	11 895 053	11 894 696	357	254 811	780 599	527 885	473 441
26	1	4 143 134	4 142 930	204	242 832	653 117	332 183	167 572
27	2 +	7 751 919	7 751 766	153	11 979	127 482	195 702	305 869
	2							
28	Spouse – Epouse	82 618	82 618	–	716	4 856	6 711	4 680
	3 +							
	Spouse + Child –							
29	Epouse + enfant	117 482	117 482	–	105	1 994	6 890	11 932
	Spouse, child, other –							
30	Epouse, enfant, autres	1 042 171	1 042 171	–	11	294	1 950	6 793
	No spouse – Sans épouse							
31	Children – Enfants	4 985 716	4 985 711	5	1 276	29 035	112 937	239 814
32	Other – Autres	1 523 932	1 523 784	148	9 871	91 303	67 214	42 650

34. Effectifs des ménages selon l'âge et le sexe des chefs de ménage, la dimension du ménage, le lien avec le chef de ménage et la résidence, urbaine/rurale: chaque recensement, 1985 – 1995 (suite)

(Voir notes à la fin du tableau.)

Age (en années)										
35–39	40–44	45–49	50–54	55–59	60–64	65–69	70–74	75+	Unknown Inconnu	
953 171	1 124 700	1 161 816	1 167 620	1 107 154	1 035 423	911 578	749 517	743 602	–	1
153 988	137 048	161 126	229 535	297 744	337 358	332 147	298 455	318 755	–	2
799 183	987 652	1 000 690	938 085	809 410	698 065	579 431	451 062	424 847	–	3
3 973	4 125	5 380	8 411	10 408	10 515	7 294	4 301	2 052	–	4
17 104	17 156	15 100	14 531	10 768	5 302	2 520	866	408	–	5
19 440	27 464	46 610	118 618	208 480	241 011	232 283	173 159	120 695	–	6
650 601	788 888	764 670	623 083	419 804	296 953	204 769	151 815	165 594	–	7
108 065	150 019	168 930	173 442	159 950	144 284	132 565	120 921	136 098	–	8
13 400 275	18 763 548	16 643 656	14 323 996	12 981 728	10 776 258	7 287 216	4 967 948	5 677 151	–	9
559 308	597 208	518 810	493 124	529 026	541 935	526 211	457 659	639 563	–	10
12 840 967	18 166 340	16 124 846	13 830 872	12 452 702	10 234 323	6 761 005	4 510 289	5 037 588	–	11
489 806	489 391	570 866	1 002 437	1 771 904	2 252 763	1 751 841	1 214 024	1 300 235	–	12
8 915 118	11 715 014	10 087 754	7 916 205	5 526 137	2 869 133	1 232 558	626 331	531 286	–	13
2 455 511	4 301 956	3 782 005	3 235 625	3 464 988	3 784 432	2 940 949	2 103 514	2 235 471	–	14
745 927	1 268 935	1 181 399	933 258	692 470	449 937	313 852	229 933	347 059	–	15
234 605	391 044	502 822	743 347	997 203	878 058	521 805	336 487	623 537	–	16
12 605 869	17 429 177	15 324 620	13 130 947	11 822 443	9 701 096	6 275 933	4 115 182	4 558 549	–	17
417 229	426 505	334 126	263 441	211 112	152 870	102 494	75 940	131 901	–	18
12 188 640	17 002 672	14 990 494	12 867 506	11 611 331	9 548 226	6 173 439	4 039 242	4 426 648	–	19
485 997	483 716	563 640	993 589	1 760 987	2 241 634	1 742 604	1 208 613	1 296 832	–	20
8 897 637	11 692 804	10 068 623	7 901 253	5 515 219	2 862 904	1 229 185	624 852	530 498	–	21
2 438 230	4 271 711	3 744 148	3 153 619	3 304 275	3 589 181	2 751 189	1 947 431	2 071 544	–	22
208 284	315 738	284 779	236 749	184 221	119 496	70 222	48 431	92 201	–	23
158 492	238 703	329 304	582 296	846 629	735 011	380 239	209 915	435 573	–	24
794 406	1 334 371	1 319 036	1 193 049	1 159 285	1 075 162	1 011 283	852 766	1 118 602	–	25
142 079	170 703	184 684	229 683	317 914	389 065	423 717	381 719	507 662	–	26
652 327	1 163 668	1 134 352	963 366	841 371	686 097	587 566	471 047	610 940	–	27
3 809	5 675	7 226	8 848	10 917	11 129	9 237	5 411	3 403	–	28
17 481	22 210	19 131	14 952	10 918	6 229	3 373	1 479	788	–	29
17 281	30 245	37 857	82 006	160 713	195 251	189 760	156 083	163 927	–	30
537 643	953 197	896 620	696 509	508 249	330 441	243 630	181 502	254 858	–	31
76 113	152 341	173 518	161 051	150 574	143 047	141 566	126 572	187 964	–	32

34. Population in households by age and sex of householder, size and relationship to householder by urban/rural residence: each census, 1985 – 1995 (continued)

(See notes at end of table.)

	Continent, country or area, date, sex, size, relationship and urban/rural residence — Continent, pays ou zone, date, sexe, dimension, lien et résidence, urbaine/rurale	All ages Tous âges	15 + [1]	– 15	15–19	20–24	25–29	30–34
			Age (in years)					
	ASIA—ASIE (Cont.–Suite)							
	Kazakstan							
	12 I 1989 [2,9]							
	Total							
1	Total	15 771 169	10 538 184	5 222 788	1 112 381	*—— 2 689 539 ——*		*————
2	1	572 448	561 666	10 302	32 130	*—— 111 753 ——*		*————
3	2 +	15 198 721	9 976 518	5 212 486	1 080 251	*—— 2 577 786 ——*		*————
	3 +							
	Spouse + Child –							
4	Epouse + enfant	9 078 473	5 751 323	3 321 896	562 806	*—— 1 371 444 ——*		*————
	Spouse, child, other –							
5	Epouse, enfant, autres	4 325 932	2 961 726	1 361 109	318 595	*—— 897 484 ——*		*————
	No spouse – Sans épouse							
6	Children – Enfants	1 140 413	790 114	349 531	128 697	*—— 185 458 ——*		*————
	Children, other –							
7	Enfants, autres	223 463	154 605	68 703	18 496	*—— 26 850 ——*		*————
8	Other – Autres	430 440	318 750	111 247	51 657	*—— 96 550 ——*		*————
	Male – Masculin							
9	Total	7 480 543	4 833 045	2 642 854	496 772	*—— 1 305 365 ——*		*————
10	1	208 688	203 032	5 465	11 096	*—— 61 347 ——*		*————
11	2 +	7 271 855	4 630 013	2 637 389	485 676	*—— 1 244 018 ——*		*————
	3 +							
	Spouse + Child –							
12	Epouse + enfant	4 611 548	2 927 521	1 681 498	265 153	*—— 661 736 ——*		*————
	Spouse, child, other –							
13	Epouse, enfant, autres	2 012 049	1 321 821	688 820	131 081	*—— 437 411 ——*		*————
	No spouse – Sans épouse							
14	Children – Enfants	425 336	247 910	177 114	60 788	*—— 93 357 ——*		*————
	Children, other –							
15	Enfants, autres	65 139	30 205	34 889	8 552	*—— 9 092 ——*		*————
16	Other – Autres	157 783	102 556	55 068	20 102	*—— 42 422 ——*		*————
	Female – Féminin							
17	Total	8 290 626	5 705 139	2 579 934	615 609	*—— 1 384 174 ——*		*————
18	1	363 760	358 634	4 837	21 034	*—— 50 406 ——*		*————
19	2 +	7 926 866	5 346 505	2 575 097	594 575	*—— 1 333 768 ——*		*————
	3 +							
	Spouse + Child –							
20	Epouse + enfant	4 466 925	2 823 802	1 640 398	297 653	*—— 709 708 ——*		*————
	Spouse, child, other –							
21	Epouse, enfant, autres	2 313 883	1 639 905	672 289	187 514	*—— 460 073 ——*		*————
	No spouse – Sans épouse							
22	Children – Enfants	715 077	542 204	172 417	67 909	*—— 92 101 ——*		*————
	Children, other –							
23	Enfants, autres	158 324	124 400	33 814	9 944	*—— 17 758 ——*		*————
24	Other – Autres	272 657	216 194	56 179	31 555	*—— 54 128 ——*		*————
	Korea, Republic of– Corée, République de							
	1 XI 1985 [2,15,16]							
	Total							
25	Total	39 121 522	39 109 273	12 249	*—— 1 092 431 ——*		3 418 099	5 641 225
	Male – Masculin							
26	Total	34 981 206	34 973 430	7 776	*—— 664 992 ——*		3 190 054	5 388 922
	Female – Féminin							
27	Total	4 140 316	4 135 843	4 473	*—— 427 439 ——*		228 045	252 303

34. Effectifs des ménages selon l'âge et le sexe des chefs de ménage, la dimension du ménage, le lien avec le chef de ménage et la résidence, urbaine/rurale: chaque recensement, 1985 – 1995 (suite)

(Voir notes à la fin du tableau.)

Age (en années)										
35–39	40–44	45–49	50–54	55–59	60–64	65–69	70–74	75+	Unknown Inconnu	
2 445 642 —*	*— 1 4 19 681 —*		819 589	574 351	580 844	299 188	*— 596 969 —*		10 197	1
61 711 —*	*— 57 644 —*		47 753	47 169	66 283	44 854	*— 92 369 —*		480	2
2 383 931 —*	*— 1 3 62 037 —*		771 836	527 182	514 561	254 334	*— 504 600 —*		9 717	3
1 662 157 —*	*— 8 96 115 —*		457 108	297 242	265 302	110 732	*— 128 417 —*		5 254	4
486 212 —*	*— 3 15 320 —*		231 198	169 596	178 231	100 160	*— 264 930 —*		3 097	5
165 667 —*	*— 1 09 330 —*		57 302	37 103	37 810	20 192	*— 48 555 —*		768	6
24 791 —*	*— 17 287 —*		10 040	8 780	12 915	8 948	*— 26 498 —*		155	7
45 104 —*	*— 23 985 —*		16 188	14 461	20 303	14 302	*— 36 200 —*		443	8
1 198 202 —*	*— 6 78 157 —*		389 795	264 299	231 318	99 700	*— 169 437 —*		4 644	9
38 173 —*	*— 29 955 —*		19 329	13 587	12 526	5 486	*— 11 533 —*		191	10
160 029 —*	*— 6 48 202 —*		370 466	250 712	218 792	94 214	*— 157 904 —*		4 453	11
842 678 —*	*— 4 70 797 —*		245 555	162 855	139 318	57 335	*— 82 094 —*		2 529	12
252 373 —*	*— 1 44 628 —*		108 767	78 362	71 014	33 052	*— 65 133 —*		1 408	13
43 049 —*	*— 22 253 —*		10 725	5 980	4 875	1 977	*— 4 906 —*		312	14
3 983 —*	*— 2 432 —*		1 316	815	1 021	615	*— 2 379 —*		45	15
17 946 —*	*— 8 092 —*		4 103	2 700	2 564	1 235	*— 3 392 —*		159	16
1 247 440 —*	*— 7 41 524 —*		429 794	310 052	349 526	199 488	*— 427 532 —*		5 553	17
23 538 —*	*— 27 689 —*		28 424	33 582	53 757	39 368	*— 80 836 —*		289	18
1 223 902 —*	*— 7 13 835 —*		401 370	276 470	295 769	160 120	*— 346 696 —*		5 264	19
819 479 —*	*— 4 25 318 —*		211 553	134 387	125 984	53 397	*— 46 323 —*		2 725	20
233 839 —*	*— 1 70 692 —*		122 431	91 234	107 217	67 108	*— 199 797 —*		1 689	21
122 618 —*	*— 87 077 —*		46 577	31 123	32 935	18 215	*— 43 649 —*		456	22
20 808 —*	*— 14 855 —*		8 724	7 965	11 894	8 333	*— 24 119 —*		110	23
27 158 —*	*— 15 893 —*		12 085	11 761	17 739	13 067	*— 32 808 —*		284	24
5 978 934	5 733 425	5 675 716	4 341 648	2 868 734	*— 4 3 59 061 —*				–	25
5 623 929	5 260 682	5 102 902	3 784 627	2 397 222	*— 3 5 60 100 —*				–	26
355 005	472 743	572 814	557 021	471 512	*— 798 961 —*				–	27

34. Population in households by age and sex of householder, size and relationship to householder by urban/rural residence: each census, 1985 – 1995 (continued)

(See notes at end of table.)

	Continent, country or area, date, sex, size, relationship and urban/rural residence — Continent, pays ou zone, date, sexe, dimension, lien et résidence, urbaine/rurale	Age (in years)						
		All ages Tous âges	15 + [1]	– 15	15–19	20–24	25–29	30–34
	ASIA—ASIE (Cont.–Suite)							
	Macau – Macao							
	30 VIII 1991 [2]							
	Total							
1	Total	335 247	335 213	34	1 687	8 344	29 875	61 302
2	1	13 322	13 320	2	248	1 044	2 071	1 934
3	2 +	34 052	34 046	6	388	2 354	5 910	6 142
	2							
4	Spouse – Epouse	18 186	18 186	–	56	720	3 316	3 842
	No spouse – Sans épouse							
5	Child – Enfant	5 538	5 538	–	–	54	278	610
6	Other – Autres	10 328	10 322	6	332	1 580	2 316	1 690
	3 +							
7	Spouse + Child – Epouse + enfant	144 810	144 810	–	17	584	8 999	27 933
8	Spouse, child, other – Epouse, enfant, autres	86 493	86 493	–	19	490	5 857	17 763
	No spouse – Sans épouse							
9	Children – Enfants	11 177	11 177	–	–	15	279	1 075
10	Children, other – Enfants, autres	17 627	17 627	–	4	95	644	1 606
11	Other – Autres	27 767	27 741	26	1 011	3 762	6 115	4 849
	Male – Masculin							
12	Total	278 206	278 200	6	796	5 011	23 712	53 087
13	1	8 133	8 132	1	128	496	1 316	1 362
14	2 +	24 624	24 622	2	180	1 396	4 604	4 928
	2							
15	Spouse – Epouse	16 862	16 862	–	36	572	3 026	3 628
	No spouse – Sans épouse							
16	Child – Enfant	1 474	1 474	–	–	6	28	60
17	Other – Autres	6 288	6 286	2	144	818	1 550	1 240
	3 +							
18	Spouse + Child – Epouse + enfant	137 248	137 248	–	14	431	7 753	25 958
19	Spouse, child, other – Epouse, enfant, autres	81 540	81 540	–	15	389	5 166	16 545
	No spouse – Sans épouse							
20	Children – Enfants	1 883	1 883	–	–	–	9	64
21	Children, other – Enfants, autres	4 632	4 632	–	4	12	86	256
22	Other – Autres	20 147	20 144	3	455	2 287	4 778	3 974
	Female – Féminin							
23	Total	57 041	57 013	28	891	3 333	6 163	8 215
24	1	5 189	5 188	1	120	548	755	572
25	2 +	9 428	9 424	4	208	958	1 306	1 214
	2							
26	Spouse – Epouse	1 324	1 324	–	20	148	290	214
	No spouse – Sans épouse							
27	Child – Enfant	4 064	4 064	–	–	48	250	550
28	Other – Autres	4 040	4 036	4	188	762	766	450
	3 +							
29	Spouse + Child – Epouse + enfant	7 562	7 562	–	3	153	1 246	1 975
30	Spouse, child, other – Epouse, enfant, autres	4 953	4 953	–	4	101	691	1 218
	No spouse – Sans épouse							
31	Children – Enfants	9 294	9 294	–	–	15	270	1 011
32	Children, other – Enfants, autres	12 995	12 995	–	–	83	558	1 350
33	Other – Autres	7 620	7 597	23	556	1 475	1 337	875

34. Effectifs des ménages selon l'âge et le sexe des chefs de ménage, la dimension du ménage, le lien avec le chef de ménage et la résidence, urbaine/rurale: chaque recensement, 1985 – 1995 (suite)

(Voir notes à la fin du tableau.)

Age (en années)										
35–39	40–44	45–49	50–54	55–59	60–64	65–69	70–74	75+	Unknown Inconnu	
62 664	49 689	28 602	21 109	20 061	18 994	14 087	9 655	9 144	–	1
1 514	1 066	665	650	705	775	744	731	1 173	–	2
3 866	2 536	1 504	1 606	1 804	2 140	2 054	1 700	2 042	–	3
2 130	1 254	710	790	1 012	1 170	1 178	972	1 036	–	4
588	586	446	512	500	638	530	408	388	–	5
1 148	696	348	304	292	332	346	320	618	–	6
32 639	27 635	15 890	10 470	8 198	6 122	3 492	1 750	1 081	–	7
18 827	13 681	7 248	5 102	5 317	4 745	3 599	2 095	1 750	–	8
1 427	1 671	1 358	1 220	1 408	1 325	792	373	234	–	9
1 539	1 371	1 082	1 364	1 792	2 563	2 303	1 764	1 500	–	10
2 852	1 729	855	697	837	1 325	1 103	1 242	1 364	–	11
56 004	44 355	25 069	17 796	15 990	14 070	9 863	6 568	5 879	–	12
1 115	781	494	471	501	456	371	293	348	–	13
2 926	1 892	1 050	1 216	1 258	1 434	1 334	1 110	1 294	–	14
2 022	1 180	654	736	940	1 082	1 082	914	990	–	15
112	204	144	256	150	156	130	94	134	–	16
792	508	252	224	168	196	122	102	170	–	17
31 235	26 519	15 296	10 139	7 839	5 903	3 401	1 698	1 062	–	18
17 984	13 188	6 955	4 783	4 992	4 464	3 347	2 000	1 712	–	19
101	244	267	251	246	250	211	128	112	–	20
358	378	319	373	489	618	533	566	640	–	21
2 285	1 353	688	563	665	946	666	773	711	–	22
6 660	5 334	3 533	3 313	4 071	4 924	4 224	3 087	3 265	–	23
399	285	171	179	204	319	373	438	825	–	24
940	644	454	390	546	706	720	590	748	–	25
108	74	56	54	72	88	96	58	46	–	26
476	382	302	256	350	482	400	314	254	–	27
356	188	96	80	124	136	224	218	448	–	28
1 404	1 116	594	331	359	219	91	52	19	–	29
843	493	293	319	325	281	252	95	38	–	30
1 326	1 427	1 091	969	1 162	1 075	581	245	122	–	31
1 181	993	763	991	1 303	1 945	1 770	1 198	860	–	32
567	376	167	134	172	379	437	469	653	–	33

34. Population in households by age and sex of householder, size and relationship to householder by urban/rural residence: each census, 1985 – 1995 (continued)

(See notes at end of table.)

	Continent, country or area, date, sex, size, relationship and urban/rural residence — Continent, pays ou zone, date, sexe, dimension, lien et résidence, urbaine/rurale	Age (in years) All ages Tous âges	15 + [1]	– 15	15–19	20–24	25–29	30–34
	EUROPE							
	Denmark – Danemark [17]							
	1 I 1986 [2 18]							
	Total							
1	Total	5 029 460	5 029 070	390	20 130	207 050	422 880	662 430
2	1	612 400	612 070	330	13 900	61 510	47 760	33 320
3	2 +	4 417 060	4 417 000	60	6 230	145 540	375 120	629 110
	2							
4	Spouse – Epouse	840 540	840 540	–	100	9 240	26 440	22 300
	No spouse – Sans épouse							
5	Child – Enfant	120 440	120 440	–	1 300	9 560	16 340	18 820
6	Other – Autres	326 720	326 660	60	4 000	71 880	65 980	29 320
	3 +							
7	Spouse + Child – Epouse + enfant	2 434 900	2 434 900	–	300	34 400	205 250	464 050
8	Spouse, child, other – Epouse, enfant, autres	134 980	134 980	–	–	930	8 890	17 930
	No spouse – Sans épouse							
9	Children – Enfants	130 430	130 430	–	30	3 030	12 690	28 050
10	Children, other – Enfants, autres	164 290	164 290	–	120	6 390	23 400	35 550
11	Other – Autres	264 760	264 760	–	380	10 110	16 130	13 090
	Male – Masculin							
12	Total	3 552 210	3 552 000	210	8 640	135 940	306 450	485 320
13	1	243 450	243 280	170	5 670	33 370	31 270	24 370
14	2 +	3 308 760	3 308 720	40	2 970	102 570	275 180	460 950
	2							
15	Spouse – Epouse	659 700	659 700	–	80	7 320	21 540	18 060
	No spouse – Sans épouse							
16	Child – Enfant	20 860	20 860	–	–	80	760	2 540
17	Other – Autres	210 660	210 620	40	2 560	56 720	54 020	23 940
	3 +							
18	Spouse + Child – Epouse + enfant	2 011 070	2 011 070	–	210	26 960	163 800	368 370
19	Spouse, child, other – Epouse, enfant, autres	112 310	112 310	–	–	770	6 910	14 640
	No spouse – Sans épouse							
20	Children – Enfants	14 560	14 560	–	–	–	150	1 090
21	Children, other – Enfants, autres	99 420	99 420	–	60	3 780	14 970	21 180
22	Other – Autres	180 180	180 180	–	60	6 940	13 030	11 130
	Female – Féminin							
23	Total	1 477 250	1 477 070	180	11 490	71 110	116 430	177 110
24	1	368 950	368 790	160	8 230	28 140	16 490	8 950
25	2 +	1 108 300	1 108 280	20	3 260	42 970	99 940	168 160
	2							
26	Spouse – Epouse	180 840	180 840	–	20	1 920	4 900	4 240
	No spouse – Sans épouse							
27	Child – Enfant	99 580	99 580	–	1 300	9 480	15 580	16 280
28	Other – Autres	116 060	116 040	20	1 440	15 160	11 960	5 380
	3 +							
29	Spouse + Child – Epouse + enfant	423 830	423 830	–	90	7 440	41 450	95 680
30	Spouse, child, other – Epouse, enfant, autres	22 670	22 670	–	–	160	1 980	3 290
	No spouse – Sans épouse							
31	Children – Enfants	115 870	115 870	–	30	3 030	12 540	26 960
32	Children, other – Enfants, autres	64 870	64 870	–	60	2 610	8 430	14 370
33	Other – Autres	84 580	84 580	–	320	3 170	3 100	1 960

34. Effectifs des ménages selon l'âge et le sexe des chefs de ménage, la dimension du ménage, le lien avec le chef de ménage et la résidence, urbaine/rurale: chaque recensement, 1985 – 1995 (suite)

(Voir notes à la fin du tableau.)

Age (en années)										
35–39	40–44	45–49	50–54	55–59	60–64	65–69	70–74	75+	Unknown Inconnu	
724 480	587 960	459 430	395 570	356 340	315 590	285 570	249 630	342 010	–	1
25 470	19 360	20 780	28 220	42 220	51 950	64 350	72 510	130 720	–	2
699 010	568 600	438 650	367 350	314 120	263 640	221 220	177 120	211 290	–	3
15 520	15 740	32 600	73 440	122 060	148 200	140 440	116 460	118 000	–	4
17 440	15 940	14 780	12 720	8 720	3 060	1 360	320	80	–	5
14 240	9 460	9 520	12 120	14 440	17 640	20 900	21 080	36 080	–	6
545 760	448 370	323 150	218 090	122 130	50 680	16 470	4 960	1 290	–	7
24 790	21 130	17 280	17 620	13 060	8 040	3 820	1 110	380	–	8
36 170	25 500	14 260	6 740	2 630	1 040	220	70	–	–	9
35 190	24 640	15 670	10 600	6 400	3 050	1 730	730	820	–	10
9 900	7 820	11 390	16 020	24 680	31 930	36 280	32 390	54 640	–	11
533 880	448 980	357 290	303 140	261 310	218 320	181 180	144 500	167 050	–	12
18 340	12 540	11 730	11 860	14 990	15 550	16 900	16 800	29 890	–	13
515 540	436 440	345 560	291 280	246 320	202 770	164 280	127 700	137 160	–	14
11 780	11 240	24 440	57 620	95 520	116 040	109 980	91 960	94 120	–	15
3 300	3 420	3 340	2 880	2 520	1 040	740	180	60	–	16
10 900	6 800	5 920	6 640	7 420	7 500	8 360	8 200	11 640	–	17
437 980	374 160	275 310	188 820	107 330	46 360	15 640	4 840	1 290	–	18
20 320	16 780	14 750	14 750	11 430	7 070	3 440	1 110	340	–	19
2 830	3 220	3 420	2 070	940	550	220	70	–	–	20
20 110	14 430	9 320	6 700	4 210	2 200	1 280	540	640	–	21
8 320	6 390	9 060	11 800	16 950	22 010	24 620	20 800	29 070	–	22
190 600	138 980	102 140	92 430	95 030	97 270	104 390	105 130	174 960	–	23
7 130	6 820	9 050	16 360	27 230	36 400	47 450	55 710	100 830	–	24
183 470	132 160	93 090	76 070	67 800	60 870	56 940	49 420	74 130	–	25
3 740	4 500	8 160	15 820	26 540	32 160	30 460	24 500	23 880	–	26
14 140	12 520	11 440	9 840	6 200	2 020	620	140	20	–	27
3 340	2 660	3 600	5 480	7 020	10 140	12 540	12 880	24 440	–	28
107 780	74 210	47 840	29 270	14 800	4 320	830	120	–	–	29
4 470	4 350	2 530	2 870	1 630	970	380	–	40	–	30
33 340	22 280	10 840	4 670	1 690	490	–	–	–	–	31
15 080	10 210	6 350	3 900	2 190	850	450	190	180	–	32
1 580	1 430	2 330	4 220	7 730	9 920	11 660	11 590	25 570	–	33

34. Population in households by age and sex of householder, size and relationship to householder by urban/rural residence: each census, 1985 – 1995 (continued)

(See notes at end of table.)

	Continent, country or area, date, sex, size, relationship and urban/rural residence — Continent, pays ou zone, date, sexe, dimension, lien et résidence, urbaine/rurale	Age (in years) — All ages / Tous âges	15 + [1]	– 15	15–19	20–24	25–29	30–34
	EUROPE (Cont.–Suite)							
	Denmark – Danemark [17]							
	1 I 1991 [2]							
	Total							
1	Total	5 062 093	5 062 029	64	18 548	206 040	414 166	535 939
2	1	781 855	781 819	36	13 721	79 764	71 463	45 976
3	2 +	1 497 990	1 497 974	16	4 108	90 674	142 688	89 978
	2							
4	Spouse – Epouse	1 211 846	1 211 846	–	2 128	68 908	111 120	60 940
	No spouse – Sans épouse							
5	Child – Enfant	173 570	173 570	–	844	9 002	17 892	21 132
6	Other – Autres	112 574	112 558	16	1 136	12 764	13 676	7 906
	3 +							
7	Spouse + Child – Epouse + enfant	2 225 109	2 225 109	–	199	19 351	151 069	334 013
8	Spouse, child, other – Epouse, enfant, autres	126 579	126 579	–	–	909	7 714	15 285
	No spouse – Sans épouse							
9	Children – Enfants	141 959	141 959	–	51	3 231	15 630	28 078
10	Children, other – Enfants, autres	70 547	70 547	–	3	343	1 761	1 946
11	Other – Autres	218 054	218 042	12	466	11 768	23 841	20 663
	Male – Masculin							
12	Total	3 233 816	3 233 780	36	7 247	109 490	250 047	344 035
13	1	329 896	329 880	16	5 823	41 651	45 085	32 138
14	2 +	973 720	973 708	12	1 080	48 840	88 416	54 936
	2							
15	Spouse – Epouse	880 956	880 956	–	658	41 980	78 502	46 476
	No spouse – Sans épouse							
16	Child – Enfant	32 234	32 234	–	–	102	902	2 280
17	Other – Autres	60 530	60 518	12	422	6 758	9 012	6 180
	3 +							
18	Spouse + Child – Epouse + enfant	1 641 036	1 641 036	–	80	10 559	93 405	229 221
19	Spouse, child, other – Epouse, enfant, autres	88 957	88 957	–	–	546	5 121	11 055
	No spouse – Sans épouse							
20	Children – Enfants	13 881	13 881	–	–	7	197	799
21	Children, other – Enfants, autres	49 014	49 014	–	–	224	1 246	1 472
22	Other – Autres	137 312	137 304	8	264	7 663	16 577	14 414
	Female – Féminin							
23	Total	1 828 277	1 828 249	28	11 301	96 550	164 119	191 904
24	1	451 959	451 939	20	7 898	38 113	26 378	13 838
25	2 +	524 270	524 266	4	3 028	41 834	54 272	35 042
	2							
26	Spouse – Epouse	330 890	330 890	–	1 470	26 928	32 618	14 464
	No spouse – Sans épouse							
27	Child – Enfant	141 336	141 336	–	844	8 900	16 990	18 852
28	Other – Autres	52 044	52 040	4	714	6 006	4 664	1 726
	3 +							
29	Spouse + Child – Epouse + enfant	584 073	584 073	–	119	8 792	57 664	104 792
30	Spouse, child, other – Epouse, enfant, autres	37 622	37 622	–	–	363	2 593	4 230
	No spouse – Sans épouse							
31	Children – Enfants	128 078	128 078	–	51	3 224	15 433	27 279
32	Children, other – Enfants, autres	21 533	21 533	–	3	119	515	474
33	Other – Autres	80 742	80 738	4	202	4 105	7 264	6 249

34. Effectifs des ménages selon l'âge et le sexe des chefs de ménage, la dimension du ménage, le lien avec le chef de ménage et la résidence, urbaine/rurale: chaque recensement, 1985 – 1995 (suite)

(Voir notes à la fin du tableau.)

Age (en années)										
35–39	40–44	45–49	50–54	55–59	60–64	65–69	70–74	75+	Unknown Inconnu	
628 139	707 962	626 358	412 568	316 352	285 512	274 145	238 579	397 721	–	1
37 255	37 471	40 431	38 237	42 522	52 570	67 197	74 287	180 925	–	2
66 512	75 698	106 828	129 740	148 372	161 628	164 224	138 214	179 310	–	3
33 672	35 190	71 124	108 360	133 766	150 190	153 466	127 996	154 986	–	4
26 034	32 988	27 726	15 366	9 166	5 790	3 872	2 194	1 564	–	5
6 806	7 520	7 978	6 014	5 440	5 648	6 886	8 024	22 760	–	6
445 322	507 305	403 211	196 217	92 152	44 678	20 154	7 728	3 710	–	7
18 894	20 750	18 903	11 384	8 236	7 330	6 136	4 381	6 657	–	8
36 103	31 867	16 926	5 838	2 376	1 102	483	158	116	–	9
1 303	2 820	7 563	8 906	7 971	7 378	7 657	7 457	15 439	–	10
22 750	32 051	32 496	22 246	14 723	10 826	8 294	6 354	11 564	–	11
414 296	475 010	430 135	293 429	224 266	193 740	171 356	136 709	184 020	–	12
26 746	25 069	23 068	18 364	17 081	17 734	19 121	18 586	39 414	–	13
35 104	35 294	57 446	83 886	105 378	118 938	119 874	100 346	124 170	–	14
24 820	22 192	45 122	75 972	99 562	114 262	115 916	97 190	118 304	–	15
4 610	6 976	6 408	3 944	2 624	1 864	1 252	710	562	–	16
5 674	6 126	5 916	3 970	3 192	2 812	2 706	2 446	5 304	–	17
320 993	374 203	306 808	159 288	78 954	39 309	17 903	6 875	3 438	–	18
13 790	15 510	14 158	8 745	5 973	4 787	3 778	2 433	3 061	–	19
2 247	3 855	3 368	1 744	860	469	214	72	49	–	20
895	1 859	5 206	6 486	5 997	5 419	5 600	5 270	9 340	–	21
14 521	19 220	20 081	14 916	10 023	7 084	4 866	3 127	4 548	–	22
213 843	232 952	196 223	119 139	92 086	91 772	102 789	101 870	213 701	–	23
10 509	12 402	17 363	19 873	25 441	34 836	48 076	55 701	141 511	–	24
31 408	40 404	49 382	45 854	42 994	42 690	44 350	37 868	55 140	–	25
8 852	12 998	26 002	32 388	34 204	35 928	37 550	30 806	36 682	–	26
21 424	26 012	21 318	11 422	6 542	3 926	2 620	1 484	1 002	–	27
1 132	1 394	2 062	2 044	2 248	2 836	4 180	5 578	17 456	–	28
124 329	133 102	96 403	36 929	13 198	5 369	2 251	853	272	–	29
5 104	5 240	4 745	2 639	2 263	2 543	2 358	1 948	3 596	–	30
33 856	28 012	13 558	4 094	1 516	633	269	86	67	–	31
408	961	2 357	2 420	1 974	1 959	2 057	2 187	6 099	–	32
8 229	12 831	12 415	7 330	4 700	3 742	3 428	3 227	7 016	–	33

34. Population in households by age and sex of householder, size and relationship to householder by urban/rural residence: each census, 1985 – 1995 (continued)

(See notes at end of table.)

	Continent, country or area, date, sex, size, relationship and urban/rural residence Continent, pays ou zone, date, sexe, dimension, lien et résidence, urbaine/rurale	All ages Tous âges	15 + [1]	– 15	15–19	20–24	25–29	30–34
			Age (in years)					
	EUROPE (Cont.–Suite)							
	Finland – Finlande							
	31 XII 1990 [2]							
	Total							
1	Total	4 928 009	4 928 009	–	12 731	164 190	458 373	621 413
2	1	646 229	646 229	–	4 211	38 520	57 704	45 729
3	2 +	4 281 780	4 281 780	–	8 520	125 670	400 669	575 684
	2							
4	Spouse – Epouse	900 790	900 790	–	3 546	56 110	93 634	56 034
	No spouse – Sans épouse							
5	Child – Enfant	205 774	205 774	–	384	5 492	19 952	24 218
6	Other – Autres	89 988	89 988	–	1 427	9 165	10 223	7 135
	3 +							
7	Spouse + Child – Epouse + enfant	2 511 117	2 511 117	–	1 164	32 833	210 486	406 940
8	Spouse, child, other – Epouse, enfant, autres	360 509	360 509	–	1 199	16 390	45 180	50 931
	No spouse – Sans épouse							
9	Children – Enfants	156 264	156 264	–	39	1 898	14 668	25 017
10	Children, other – Enfants, autres	33 989	33 989	–	209	1 470	3 997	3 716
11	Other – Autres	23 349	23 349	–	552	2 312	2 529	1 693
	Male – Masculin							
12	Total	3 425 361	3 425 361	–	4 631	92 896	321 636	458 911
13	1	241 844	241 844	–	1 433	17 397	31 652	27 353
14	2 +	3 183 517	3 183 517	–	3 198	75 499	289 984	431 558
	2							
15	Spouse – Epouse	686 382	686 382	–	1 248	35 930	69 558	43 302
	No spouse – Sans épouse							
16	Child – Enfant	60 610	60 610	–	4	100	7 110	7 994
17	Other – Autres	48 653	48 653	–	633	4 531	5 963	4 913
	3 +							
18	Spouse + Child – Epouse + enfant	2 056 751	2 056 751	–	444	22 409	165 646	328 558
19	Spouse, child, other – Epouse, enfant, autres	269 122	269 122	–	474	10 751	33 164	38 889
	No spouse – Sans épouse							
20	Children – Enfants	32 976	32 976	–	–	12	4 674	4 679
21	Children, other – Enfants, autres	14 668	14 668	–	96	559	2 262	1 928
22	Other – Autres	14 355	14 355	–	299	1 207	1 607	1 295
	Female – Féminin							
23	Total	1 502 648	1 502 648	–	8 100	71 294	136 737	162 502
24	1	404 385	404 385	–	2 778	21 123	26 052	18 376
25	2 +	1 098 263	1 098 263	–	5 322	50 171	110 685	144 126
	2							
26	Spouse – Epouse	214 408	214 408	–	2 298	20 180	24 076	12 732
	No spouse – Sans épouse							
27	Child – Enfant	145 164	145 164	–	380	5 392	12 842	16 224
28	Other – Autres	41 335	41 335	–	794	4 634	4 260	2 222
	3 +							
29	Spouse + Child – Epouse + enfant	454 366	454 366	–	720	10 424	44 840	78 382
30	Spouse, child, other – Epouse, enfant, autres	91 387	91 387	–	725	5 639	12 016	12 042
	No spouse – Sans épouse							
31	Children – Enfants	123 288	123 288	–	39	1 886	9 994	20 338
32	Children, other – Enfants, autres	19 321	19 321	–	113	911	1 735	1 788
33	Other – Autres	8 994	8 994	–	253	1 105	922	398
	Greece – Grèce							
	17 III 1991 [19]							
	Total							
34	Total	9 531 128	...*	182 842		*	429 205	848 840
35	1	520 261	...*	48 610		*	30 293	27 062
	Male – Masculin							
36	Total	8 303 281	...*	113 693		*	360 690	754 009
37	1	185 677	...*	24 488		*	17 728	16 371

34. Effectifs des ménages selon l'âge et le sexe des chefs de ménage, la dimension du ménage, le lien avec le chef de ménage et la résidence, urbaine/rurale: chaque recensement, 1985 – 1995 (suite)

(Voir notes à la fin du tableau.)

Age (en années) 35–39	40–44	45–49	50–54	55–59	60–64	65–69	70–74	75+	Unknown Inconnu	
743 597	811 810	553 013	394 393	310 309	256 336	206 999	154 510	240 335	–	1
38 976	41 787	36 177	38 325	43 482	55 000	62 556	59 924	123 838	–	2
704 621	770 023	516 836	356 068	266 827	201 336	144 443	94 586	116 497	–	3
35 386	41 086	55 084	86 442	109 124	115 320	101 376	70 564	77 084	–	4
30 156	38 192	28 526	19 698	13 790	9 412	5 732	3 738	6 484	–	5
6 769	8 648	7 493	7 362	6 795	6 218	5 192	4 170	9 391	–	6
538 844	580 322	358 491	196 434	104 083	48 587	19 375	7 991	5 567	–	7
51 934	54 999	40 732	31 369	24 386	16 784	9 651	5 852	11 102	–	8
35 664	38 958	20 301	9 979	4 829	2 372	1 165	532	842	–	9
4 245	5 699	4 491	3 227	2 327	1 472	998	692	1 446	–	10
1 623	2 119	1 718	1 557	1 493	1 171	954	1 047	4 581	–	11
553 301	607 011	408 224	280 406	208 934	169 127	128 102	85 723	106 459	–	12
23 800	24 305	18 579	17 158	16 657	17 345	14 364	10 419	21 382	–	13
529 501	582 706	389 645	263 248	192 277	151 782	113 738	75 304	85 077	–	14
26 592	29 426	38 334	60 336	76 268	89 154	85 044	61 628	69 562	–	15
10 004	11 970	8 728	5 818	3 538	2 282	1 080	678	1 304	–	16
5 129	6 697	5 325	4 734	3 779	2 848	1 542	768	1 791	–	17
438 914	480 240	297 889	163 325	86 694	42 324	17 698	7 430	5 180	–	18
39 412	43 038	31 264	23 623	18 526	13 066	7 390	4 253	5 272	–	19
6 007	7 239	4 755	2 870	1 464	716	278	104	178	–	20
2 034	2 433	1 960	1 320	905	543	215	116	297	–	21
1 409	1 663	1 390	1 222	1 103	849	491	327	1 493	–	22
190 296	204 799	144 789	113 987	101 375	87 209	78 897	68 787	133 876	–	23
15 176	17 482	17 598	21 167	26 825	37 655	48 192	49 505	102 456	–	24
175 120	187 317	127 191	92 820	74 550	49 554	30 705	19 282	31 420	–	25
8 794	11 660	16 750	26 106	32 856	26 166	16 332	8 936	7 522	–	26
20 152	26 222	19 798	13 880	10 252	7 130	4 652	3 060	5 180	–	27
1 640	1 951	2 168	2 628	3 016	3 370	3 650	3 402	7 600	–	28
99 930	100 082	60 602	33 109	17 389	6 263	1 677	561	387	–	29
12 522	11 961	9 468	7 746	5 860	3 718	2 261	1 599	5 830	–	30
29 657	31 719	15 546	7 109	3 365	1 656	887	428	664	–	31
2 211	3 266	2 531	1 907	1 422	929	783	576	1 149	–	32
214	456	328	335	390	322	463	720	3 088	–	33
1 107 702	1 238 812	1 032 002	1 132 873	1 056 759	933 525	*—	1 568 568	—*	–	34
20 522	20 142	17 704	26 859	36 820	57 239	*—	— 235 010 —	—*	–	35
1 001 813	1 125 029	939 815	1 021 705	946 443	806 749	*—	1 233 335	—*	–	36
12 279	11 265	8 950	11 430	13 204	15 511	*—	— 54 451 —	—*	–	37

34. Population in households by age and sex of householder, size and relationship to householder by urban/rural residence: each census, 1985 – 1995 (continued)

(See notes at end of table.)

	Continent, country or area, date, sex, size, relationship and urban/rural residence Continent, pays ou zone, date, sexe, dimension, lien et résidence, urbaine/rurale	All ages Tous âges	Age (in years) 15 + [1]	-15	15–19	20–24	25–29	30–34
	EUROPE (Cont.–Suite)							
	Greece – Grèce							
	17 III 1991 [19]							
	Female – Féminin							
1	Total	1 227 847	... * ———	69	149 ———	———*	68 515	94 831
2	1	334 584	... * ———	24	122 ———	———*	12 565	10 691
	Hungary – Hongrie							
	1 I 1990							
	Total							
3	Total	10 123 829	... * ———	110	630 ———*	318 644	749 089	1 271 326
4	1	945 973	... * ———	35	223 ———*	45 104	40 292	44 662
5	2 +	9 177 856	... * ———	75	407 ———*	273 540	708 797	1 226 664
	2							
6	Spouse – Epouse	1 541 058	... * ———	2	510 ———*	41 128	52 678	40 204
	No spouse – Sans épouse							
7	Child – Enfant	443 994	... * ———	...	———*	...	...	...
8	Other – Autres	267 322	... * ———	...	———*	...	...	...
9	Other – Autres	54 656	... * ———	...	———*	...	...	...
	Norway – Norvège							
	3 XI 1990 [2 9]							
	Total							
10	Total	4 206 412	4 205 542	870	15 087	191 609	399 780	532 193
11	1	601 097	600 271	825	6 683	49 489	68 503	50 168
12	2 +	3 605 315	3 605 268	–	8 404	142 119	331 277	482 025
	2							
13	Spouse – Epouse	599 605	599 494	–	–	6 693	21 389	17 092
	No spouse – Sans épouse							
14	Child – Enfant	100 359	100 146	–	1 715	18 031	22 001	19 472
15	Other – Autres	219 613	219 596	–	1 451	25 424	37 396	22 257
	3 +							
	Spouse + Child –							
16	Epouse + enfant	1 644 195	1 643 958	–	1 849	27 283	129 791	304 736
	Spouse, child, other –							
17	Epouse, enfant, autres	79 500	79 070	–	–	2 372	6 035	9 937
	No spouse – Sans épouse							
18	Children – Enfants	97 180	97 040	–	165	4 256	15 118	25 034
	Children, other –							
19	Enfants, autres	95 583	95 185	–	856	11 038	19 762	22 204
20	Other – Autres	769 278	769 279	–	2 068	46 870	79 783	61 294
	Male – Masculin							
21	Total	3 080 084	3 079 616	468	6 880	107 559	270 137	389 021
22	1	274 238	273 794	444	3 046	26 102	43 174	34 199
23	2 +	2 805 846	2 805 821	–	3 834	81 456	226 963	354 822
	2							
24	Spouse – Epouse	515 745	515 698	–	–	3 800	16 004	13 417
	No spouse – Sans épouse							
25	Child – Enfant	11 075	10 941	–	–	–	944	1 634
26	Other – Autres	134 090	134 079	–	779	16 195	28 257	17 862
	3 +							
	Spouse + Child –							
27	Epouse + enfant	1 402 193	1 402 081	–	1 315	19 867	103 134	250 677
	Spouse, child, other –							
28	Epouse, enfant, autres	65 537	65 192	–	–	1 901	5 007	7 950
	No spouse – Sans épouse							
29	Children – Enfants	8 983	8 843	–	–	–	304	1 340
	Children, other –							
30	Enfants, autres	22 554	22 399	–	–	657	1 577	4 042
31	Other – Autres	645 668	645 669	–	1 510	38 883	71 734	57 900

34. Effectifs des ménages selon l'âge et le sexe des chefs de ménage, la dimension du ménage, le lien avec le chef de ménage et la résidence, urbaine/rurale: chaque recensement, 1985 – 1995 (suite)

(Voir notes à la fin du tableau.)

Age (en années) 35–39	40–44	45–49	50–54	55–59	60–64	65–69	70–74	75+	Unknown Inconnu	No.
105 889	113 783	92 187	111 168	110 316	126 776	*—— 335 233 ——*			–	1
8 243	8 877	8 754	15 429	23 616	41 728	*—— 180 559 ——*			–	2
1 522 004	1 295 686	1 123 647	*—— 1 641 946 ——*		*—— 1 246 277 ——*		*—— 844 580 ——*		–	3
51 508	48 604	55 183	*—— 142 894 ——*		*—— 224 729 ——*		*—— 257 774 ——*		–	4
1 470 496	1 247 082	1 068 464	*—— 1 499 052 ——*		*—— 1 021 548 ——*		*—— 586 806 ——*		–	5
40 128	48 078	87 620	*—— 389 008 ——*		*—— 530 708 ——*		*—— 308 996 ——*		–	6
...	...	...	*—— ... ——*		*—— ... ——*		*—— ... ——*		...	7
...	...	...	*—— ... ——*		*—— ... ——*		*—— ... ——*		...	8
...	...	...	*—— ... ——*		*—— ... ——*		*—— ... ——*		...	9
595 081	618 857	461 934	297 422	226 763	215 931	206 483	180 279	264 123	–	10
36 179	32 181	27 030	24 604	26 470	36 941	51 914	58 445	131 664	–	11
558 900	586 675	434 904	272 819	200 293	178 991	154 569	121 833	132 459	–	12
11 023	13 076	22 505	36 801	60 345	92 007	109 145	99 151	110 267	–	13
16 794	12 773	6 119	2 361	759	121	–	–	–	–	14
16 219	20 475	21 081	17 559	14 821	12 390	10 583	7 594	12 346	–	15
408 640	410 766	230 798	85 669	30 879	10 421	2 592	534	–	–	16
13 456	19 102	14 810	7 937	3 279	1 467	675	–	–	–	17
26 928	18 020	5 579	1 519	421	–	–	–	–	–	18
18 806	13 761	5 970	2 073	493	222	–	–	–	–	19
47 035	78 703	128 041	118 900	89 295	61 977	31 381	14 294	9 638	–	20
447 292	482 975	368 591	240 138	181 146	167 247	152 688	122 465	143 477	–	21
25 972	22 640	16 414	13 597	13 004	14 300	17 284	14 481	29 581	–	22
421 319	460 334	352 177	226 542	168 142	152 947	135 405	107 984	113 896	–	23
8 657	10 065	16 917	29 206	49 761	78 198	97 664	90 405	101 604	–	24
2 870	2 962	1 619	566	225	121	–	–	–	–	25
11 805	11 891	10 928	9 205	7 514	6 242	5 253	3 719	4 429	–	26
341 666	357 142	206 073	79 104	29 556	10 421	2 592	534	–	–	27
10 140	15 476	12 551	7 034	2 991	1 467	675	–	–	–	28
2 328	2 855	1 170	614	232	–	–	–	–	–	29
5 408	6 118	2 995	1 107	273	222	–	–	–	–	30
38 445	53 825	99 924	99 706	77 590	56 249	29 135	13 105	7 663	–	31

34. Population in households by age and sex of householder, size and relationship to householder by urban/rural residence: each census, 1985 – 1995 (continued)

(See notes at end of table.)

	Continent, country or area, date, sex, size, relationship and urban/rural residence — Continent, pays ou zone, date, sexe, dimension, lien et résidence, urbaine/rurale	All ages Tous âges	15 + [1]	– 15	15–19	20–24	25–29	30–34
		Age (in years)						
	EUROPE (Cont.–Suite)							
	Norway – Norvège							
	3 XI 1990 [2 9]							
	Female – Féminin							
1	Total	1 126 328	1 125 926	402	8 207	84 050	129 643	143 172
2	1	326 859	326 477	381	3 637	23 387	25 329	15 969
3	2 +	799 469	799 447	–	4 570	60 663	104 314	127 203
	2							
4	Spouse – Epouse	83 860	83 796	–	–	2 893	5 385	3 675
	No spouse – Sans épouse							
5	Child – Enfant	89 284	89 205	–	1 715	18 031	21 057	17 838
6	Other – Autres	85 523	85 517	–	672	9 229	9 139	4 395
	3 +							
7	Spouse + Child – Epouse + enfant	242 002	241 877	–	534	7 416	26 657	54 059
8	Spouse, child, other – Epouse, enfant, autres	13 963	13 878	–	–	471	1 028	1 987
	No spouse – Sans épouse							
9	Children – Enfants	88 197	88 197	–	165	4 256	14 814	23 694
10	Children, other – Enfants, autres	73 029	72 786	–	856	10 381	18 185	18 162
11	Other – Autres	123 610	123 610	–	558	7 987	8 049	3 394
	Portugal							
	15 IV 1991							
	Total							
12	Total	9 804 399	9 799 610	4 789	18 977	171 437	595 041	981 612
13	1	435 533	434 745	788	3 471	12 674	16 663	15 811
14	2 +	9 368 866	8 941 883	4 001	15 506	158 763	578 378	965 801
	2							
15	Spouse – Epouse	1 256 852	1 256 732	120	2 682	41 410	86 684	47 316
	No spouse – Sans épouse							
16	Child – Enfant	196 178	196 130	48	292	2 738	7 352	12 038
17	Other – Autres	122 960	122 184	776	1 892	5 640	6 232	5 300
	3 +							
18	Spouse + Child – Epouse + enfant	5 317 288	5 315 893	1 395	5 481	82 921	398 387	751 355
19	Spouse, child, other – Epouse, enfant, autres	961 605	961 253	352	1 224	9 078	41 369	86 382
	No spouse – Sans épouse							
20	Children – Enfants	266 437	266 413	24	107	1 291	8 234	23 239
21	Children, other – Enfants, autres	137 445	137 373	72	206	1 083	3 668	8 030
22	Other – Autres	1 110 101	1 108 887	1 214	3 622	14 602	26 452	32 141
	Male – Masculin							
23	Total	8 515 387	8 512 686	2 701	12 866	147 355	547 750	908 256
24	1	130 636	130 326	310	1 668	6 105	8 867	8 713
25	2 +	8 384 751	8 059 875	2 391	11 198	141 250	538 883	899 543
	2							
26	Spouse – Epouse	1 224 444	1 224 330	114	2 368	39 370	83 876	45 844
	No spouse – Sans épouse							
27	Child – Enfant	29 352	29 352	–	16	102	344	1 020
28	Other – Autres	42 208	41 820	388	940	3 048	3 704	3 072
	3 +							
29	Spouse + Child – Epouse + enfant	5 230 384	5 229 368	1 016	4 655	79 003	388 330	735 572
30	Spouse, child, other – Epouse, enfant, autres	880 495	880 293	202	872	8 233	39 455	83 809
	No spouse – Sans épouse							
31	Children – Enfants	32 557	32 553	4	10	74	228	1 011
32	Children, other – Enfants, autres	17 410	17 407	3	19	168	549	999
33	Other – Autres	927 901	927 237	664	2 318	11 252	22 397	28 216

34. Effectifs des ménages selon l'âge et le sexe des chefs de ménage, la dimension du ménage, le lien avec le chef de ménage et la résidence, urbaine/rurale: chaque recensement, 1985 – 1995 (suite)

(Voir notes à la fin du tableau.)

Age (en années) 35–39	40–44	45–49	50–54	55–59	60–64	65–69	70–74	75+	Unknown Inconnu	
147 789	135 882	93 343	57 284	45 617	48 684	53 795	57 814	120 646	–	1
10 207	9 541	10 616	11 007	13 466	22 641	34 630	43 964	102 083	–	2
137 581	126 341	82 727	46 277	32 151	26 044	19 164	13 849	18 563	–	3
2 366	3 011	5 588	7 595	10 584	13 809	11 481	8 746	8 663	–	4
13 924	9 811	4 500	1 795	534	–	–	–	–	–	5
4 414	8 584	10 153	8 354	7 307	6 148	5 330	3 875	7 917	–	6
66 974	53 624	24 725	6 565	1 323	–	–	–	–	–	7
3 316	3 626	2 259	903	288	–	–	–	–	–	8
24 600	15 165	4 409	905	189	–	–	–	–	–	9
13 398	7 643	2 975	966	220	–	–	–	–	–	10
8 590	24 878	28 117	19 194	11 705	5 728	2 246	1 189	1 975	–	11
1 176 062	1 235 816	1 132 247	1 061 600	967 606	822 490	655 214	440 017	541 491	–	12
14 003	13 872	15 006	21 404	31 942	48 288	61 162	61 940	118 509	–	13
1 162 059	1 221 944	1 117 241	1 040 196	935 664	774 202	594 052	378 077	422 982	–	14
25 494	23 378	34 980	82 722	150 146	201 446	217 584	162 864	180 026	–	15
14 928	17 000	18 214	20 426	22 280	21 498	18 416	13 862	27 086	–	16
4 566	5 178	5 928	8 252	11 600	13 998	14 634	12 502	26 462	–	17
903 947	910 952	760 588	593 844	417 941	253 526	132 645	58 871	45 435	–	18
125 042	149 674	146 836	133 131	103 426	69 011	43 820	24 905	27 355	–	19
37 316	44 358	40 872	36 447	29 517	20 067	10 478	5 337	9 150	–	20
11 795	15 208	17 040	17 526	16 577	14 232	11 049	8 105	12 854	–	21
38 971	56 196	92 783	147 848	184 177	180 424	145 426	91 631	94 614	5	22
1 084 174	1 129 903	1 022 412	941 072	835 645	684 124	522 010	328 799	348 320	–	23
7 794	7 085	6 628	7 993	9 965	12 738	13 780	13 155	25 835	–	24
1 076 380	1 122 818	1 015 784	933 079	825 680	671 386	508 230	315 644	322 485	–	25
24 612	22 340	33 398	79 880	146 110	196 636	212 962	159 814	177 120	–	26
1 558	2 018	2 338	2 916	3 354	3 478	3 196	2 698	6 314	–	27
2 592	2 532	2 496	2 910	3 550	3 798	3 988	3 136	6 054	–	28
887 836	896 885	750 602	586 698	413 599	251 174	131 611	58 377	45 026	–	29
121 889	146 130	142 275	126 799	94 175	56 995	30 656	14 641	14 364	–	30
2 491	3 879	4 813	4 970	4 942	3 946	2 523	1 369	2 297	–	31
1 624	1 939	2 024	2 159	2 206	1 674	1 346	891	1 809	–	32
33 778	47 095	77 838	126 747	157 744	153 685	121 948	74 718	69 501	–	33

34. Population in households by age and sex of householder, size and relationship to householder by urban/rural residence: each census, 1985 – 1995 (continued)

(See notes at end of table.)

	Continent, country or area, date, sex, size, relationship and urban/rural residence — Continent, pays ou zone, date, sexe, dimension, lien et résidence, urbaine/rurale	Age (in years): All ages Tous âges	15 + [1]	– 15	15–19	20–24	25–29	30–34
	EUROPE (Cont.–Suite)							
	Portugal							
	15 IV 1991							
	Female – Féminin							
1	Total	1 289 012	1 286 924	2 088	6 111	24 082	47 291	73 356
2	1	304 897	304 419	478	1 803	6 569	7 796	7 098
3	2 +	984 115	982 505	1 610	4 308	17 513	39 495	66 258
	2							
4	Spouse – Epouse	32 408	32 402	6	314	2 040	2 808	1 472
	No spouse – Sans épouse							
5	Child – Enfant	166 826	166 778	48	276	2 636	7 008	11 018
6	Other – Autres	80 752	80 364	388	952	2 592	2 528	2 228
	3 +							
7	Spouse + Child – Epouse + enfant	86 904	86 525	379	826	3 918	10 057	15 783
8	Spouse, child, other – Epouse, enfant, autres	81 110	80 960	150	352	845	1 914	2 573
	No spouse – Sans épouse							
9	Children – Enfants	233 880	233 860	20	97	1 217	8 006	22 228
10	Children, other – Enfants, autres	120 035	119 966	69	187	915	3 119	7 031
11	Other – Autres	182 200	181 650	550	1 304	3 350	4 055	3 925
	Romania – Roumanie							
	7 I 1992 [9]							
	Total							
12	Total	22 385 707	22 383 015	405	29 783	518 088	1 156 140	2 270 764
13	1	1 246 889	1 245 356	210	7 001	42 672	40 179	49 808
14	2 +	21 138 818	21 737 659	195	22 782	475 416	1 115 961	2 220 956
	2							
15	Spouse – Epouse	2 926 500	2 926 188	–	3 476	102 720	94 928	80 174
	No spouse – Sans épouse							
16	Child – Enfant	635 434	635 394	6	1 134	14 778	22 674	42 962
17	Other – Autres	202 356	202 180	118	4 112	16 984	10 242	9 130
	3 +							
18	Spouse + Child – Epouse + enfant	13 265 921	13 270 565	4	8 164	278 808	883 116	1 851 715
19	Spouse, child, other – Epouse, enfant, autres	2 002 660	2 302 919	4	1 274	23 660	56 858	123 726
	No spouse – Sans épouse							
20	Children – Enfants	782 909	782 880	4	659	8 939	24 321	69 430
21	Children, other – Enfants, autres	432 983	432 948	19	1 142	9 488	15 113	31 122
22	Other – Autres	889 755	889 535	40	2 821	19 989	13 709	12 697
	Male – Masculin							
23	Total	19 112 432	19 110 716	139	21 110	445 953	1 056 407	2 079 231
24	1	416 630	415 774	85	4 221	25 695	24 457	31 385
25	2 +	18 695 802	19 294 942	54	16 889	420 258	1 031 950	2 047 846
	2							
26	Spouse – Epouse	2 857 764	2 857 462	–	3 046	98 112	91 710	76 894
	No spouse – Sans épouse							
27	Child – Enfant	131 474	131 464	2	416	3 700	3 734	7 460
28	Other – Autres	78 110	78 036	46	2 360	10 328	6 556	6 080
	3 +							
29	Spouse + Child – Epouse + enfant	12 962 036	12 961 697	–	7 097	262 901	853 147	1 806 088
30	Spouse, child, other – Epouse, enfant, autres	1 534 597	1 834 864	–	1 042	21 540	54 642	120 037
	No spouse – Sans épouse							
31	Children – Enfants	249 428	249 424	–	415	2 449	3 339	7 656
32	Children, other – Enfants, autres	134 729	134 723	–	803	5 284	6 992	12 376
33	Other – Autres	747 364	747 272	6	1 710	15 944	11 830	11 255

34. Effectifs des ménages selon l'âge et le sexe des chefs de ménage, la dimension du ménage, le lien avec le chef de ménage et la résidence, urbaine/rurale: chaque recensement, 1985 – 1995 (suite)

(Voir notes à la fin du tableau.)

Age (en années) 35–39	40–44	45–49	50–54	55–59	60–64	65–69	70–74	75+	Unknown Inconnu	
91 888	105 913	109 835	120 528	131 961	138 366	133 204	111 218	193 171	–	1
6 209	6 787	8 378	13 411	21 977	35 550	47 382	48 785	92 674	–	2
85 679	99 126	101 457	107 117	109 984	102 816	85 822	62 433	100 497	–	3
882	1 038	1 582	2 842	4 036	4 810	4 622	3 050	2 906	–	4
13 370	14 982	15 876	17 510	18 926	18 020	15 220	11 164	20 772	–	5
1 974	2 646	3 432	5 342	8 050	10 200	10 646	9 366	20 408	–	6
16 111	14 067	9 986	7 146	4 342	2 352	1 034	494	409	–	7
3 153	3 544	4 561	6 332	9 251	12 016	13 164	10 264	12 991	–	8
34 825	40 479	36 059	31 477	24 575	16 121	7 955	3 968	6 853	–	9
10 171	13 269	15 016	15 367	14 371	12 558	9 703	7 214	11 045	–	10
5 193	9 101	14 945	21 101	26 433	26 739	23 478	16 913	25 113	5	11
3 038 908	2 940 813	2 273 295	2 452 429	2 313 312	1 945 469	1 526 768	786 738	1 130 508	2 287	12
55 194	52 753	50 682	79 818	113 585	154 285	183 956	135 831	279 592	1 323	13
2 983 714	2 888 060	2 822 613	2 372 611	2 199 727	1 791 184	1 342 812	650 907	850 916	964	14
74 662	80 698	117 142	266 156	445 152	557 806	519 972	255 524	327 778	312	15
62 436	65 924	60 530	78 276	79 604	66 440	52 286	31 456	56 894	34	16
9 078	8 842	8 804	14 092	19 698	25 606	27 318	17 904	30 370	58	17
2 449 532	2 277 160	1 588 589	1 460 795	1 101 972	681 173	388 254	152 821	148 466	352	18
204 865	251 022	245 420	570 891	244 120	195 027	157 136	91 521	137 399	37	19
122 082	129 732	98 593	98 889	83 302	60 976	41 984	20 423	23 550	25	20
45 395	46 575	40 707	46 950	48 626	44 679	40 096	24 336	38 719	16	21
15 664	28 107	62 828	136 562	177 253	159 477	115 766	56 922	87 740	130	22
2 761 549	2 658 149	2 029 135	2 141 577	1 959 501	1 573 997	1 149 994	529 710	704 403	1 577	23
35 065	32 161	26 418	32 728	34 906	38 131	38 484	24 464	67 659	771	24
2 726 484	2 625 988	2 602 717	2 108 849	1 924 595	1 535 866	1 111 510	505 246	636 744	806	25
70 758	75 740	111 430	257 424	435 030	548 094	512 540	251 776	324 908	302	26
12 734	15 240	13 744	17 296	16 432	13 100	9 710	4 942	12 956	8	27
5 968	5 220	4 526	5 598	6 138	6 748	6 320	3 750	8 444	28	28
2 393 686	2 230 736	1 555 803	1 430 487	1 079 322	668 258	380 186	149 223	144 763	339	29
198 418	238 948	225 673	527 099	174 341	109 330	68 282	34 487	61 025	33	30
15 646	22 130	24 382	34 578	41 028	38 403	29 666	14 143	15 589	4	31
15 768	14 956	12 604	14 518	13 833	11 676	9 419	5 189	11 305	6	32
13 506	23 018	54 555	121 849	158 471	140 257	95 387	41 736	57 754	86	33

34. Population in households by age and sex of householder, size and relationship to householder by urban/rural residence: each census, 1985 – 1995 (continued)

(See notes at end of table.)

	Continent, country or area, date, sex, size, relationship and urban/rural residence / Continent, pays ou zone, date, sexe, dimension, lien et résidence, urbaine/rurale	Age (in years)						
		All ages / Tous âges	15 + [1]	– 15	15–19	20–24	25–29	30–34
	EUROPE (Cont.–Suite)							
	Romania – Roumanie							
	7 I 1992 [9]							
	Female – Féminin							
1	Total	3 273 275	3 272 299	266	8 673	72 135	99 733	191 533
2	1	830 259	829 582	125	2 780	16 977	15 722	18 423
3	2 +	2 443 016	2 442 717	141	5 893	55 158	84 011	173 110
	2							
4	Spouse – Epouse	68 736	68 726	–	430	4 608	3 218	3 280
	No spouse – Sans épouse							
5	Child – Enfant	503 960	503 930	4	718	11 078	18 940	35 502
6	Other – Autres	124 246	124 144	72	1 752	6 656	3 686	3 050
	3 +							
7	Spouse + Child – Epouse + enfant	303 885	308 868	4	1 067	15 907	29 969	45 627
8	Spouse, child, other – Epouse, enfant, autres	468 063	468 055	4	232	2 120	2 216	3 689
	No spouse – Sans épouse							
9	Children – Enfants	533 481	533 456	4	244	6 490	20 982	61 774
10	Children, other – Enfants, autres	298 254	298 225	19	339	4 204	8 121	18 746
11	Other – Autres	142 391	142 263	34	1 111	4 045	1 879	1 442
	OCEANIA—OCEANIE							
	New Zealand – Nouvelle–Zélande							
	5 III 1991* [20]							
	Total							
12	Total	3 242 202	2 477 997	764 202	266 970	260 787	263 385	264 495
13	1	247 548	247 464	72	2 718	10 743	15 582	15 639
14	2 +	2 994 654	2 230 530	764 127	264 252	250 044	247 800	248 856
	2							
15	Spouse – Epouse	534 738	534 630	96	4 188	34 317	52 203	32 118
	No spouse – Sans épouse							
16	Child – Enfant	50 937	50 523	411	855	3 891	4 872	4 755
17	Other – Autres	161 808	136 008	25 803	19 320	29 184	21 462	13 311
	3 +							
18	Spouse + Child – Epouse + enfant	710 475	710 019	456	1 464	18 615	73 524	133 941
19	Spouse, child, other – Epouse, enfant, autres	70 890	70 626	267	729	4 212	8 412	10 482
	No spouse – Sans épouse							
20	Children – Enfants	70 251	67 323	2 928	834	4 443	8 814	11 898
21	Children, other – Enfants, autres	59 100	49 722	9 372	3 534	7 545	7 245	6 018
22	Other – Autres	1 336 455	611 667	724 800	233 325	147 834	71 265	36 330
	Male – Masculin							
23	Total	2 167 716	1 678 989	488 724	173 787	158 079	165 579	175 695
24	1	103 290	103 266	24	1 554	6 219	10 002	10 311
25	2 +	2 064 429	1 575 720	488 700	172 233	151 860	155 577	165 387
	2							
26	Spouse – Epouse	433 941	433 947	–	2 454	22 134	34 902	21 687
	No spouse – Sans épouse							
27	Child – Enfant	10 878	10 881	3	21	150	465	711
28	Other – Autres	66 438	62 070	4 365	7 122	14 448	11 613	7 164
	3 +							
29	Spouse + Child – Epouse + enfant	571 392	571 383	–	792	12 603	53 511	102 027
30	Spouse, child, other – Epouse, enfant, autres	56 283	56 274	–	420	2 766	5 907	7 998
	No spouse – Sans épouse							
31	Children – Enfants	13 230	13 227	6	63	363	810	1 356
32	Children, other – Enfants, autres	19 098	19 050	39	1 074	2 745	2 412	1 815
33	Other – Autres	893 169	408 879	484 287	160 284	96 648	45 957	22 629

34. Effectifs des ménages selon l'âge et le sexe des chefs de ménage, la dimension du ménage, le lien avec le chef de ménage et la résidence, urbaine/rurale: chaque recensement, 1985 – 1995 (suite)

(Voir notes à la fin du tableau.)

Age (en années)										
35–39	40–44	45–49	50–54	55–59	60–64	65–69	70–74	75+	Unknown Inconnu	
277 359	282 664	244 160	310 852	353 811	371 472	376 774	257 028	426 105	710	1
20 129	20 592	24 264	47 090	78 679	116 154	145 472	111 367	211 933	552	2
257 230	262 072	219 896	263 762	275 132	255 318	231 302	145 661	214 172	158	3
3 904	4 958	5 712	8 732	10 122	9 712	7 432	3 748	2 870	10	4
49 702	50 684	46 786	60 980	63 172	53 340	42 576	26 514	43 938	26	5
3 110	3 622	4 278	8 494	13 560	18 858	20 998	14 154	21 926	30	6
55 846	46 424	32 786	30 308	22 650	12 915	8 068	3 598	3 703	13	7
6 447	12 074	19 747	43 792	69 779	85 697	88 854	57 034	76 374	4	8
106 436	107 602	74 211	64 311	42 274	22 573	12 318	6 280	7 961	21	9
29 627	31 619	28 103	32 432	34 793	33 003	30 677	19 147	27 414	10	10
2 158	5 089	8 273	14 713	18 782	19 220	20 379	15 186	29 986	44	11
240 129	230 949	181 749	154 785	133 692	135 708	121 596	94 515	129 237	–	12
13 371	13 677	13 113	14 031	15 960	21 966	26 529	27 909	56 226	–	13
226 761	217 272	168 639	140 748	117 729	113 742	95 070	66 609	73 008	–	14
18 894	24 153	35 868	50 913	58 857	68 316	63 825	46 011	44 967	–	15
5 031	6 192	5 247	4 059	3 267	2 859	2 445	2 223	4 827	–	16
8 469	7 068	5 979	5 493	4 833	5 451	4 923	4 131	6 384	–	17
146 250	137 658	88 281	51 906	27 708	16 221	8 076	3 720	2 655	–	18
10 359	10 710	8 868	6 894	4 416	2 856	1 488	672	528	–	19
12 057	10 458	6 387	3 798	2 514	1 821	1 290	969	2 040	–	20
4 830	4 092	2 910	2 469	2 106	2 043	1 722	1 485	3 723	–	21
20 865	16 935	15 102	15 213	14 031	14 175	11 310	7 398	7 884	–	22
166 815	166 908	135 201	117 612	102 237	101 913	86 694	60 777	67 692	–	23
8 703	8 382	7 005	6 840	7 155	8 820	8 598	7 065	12 612	–	24
158 112	158 523	128 196	110 772	95 082	93 093	78 096	53 712	55 077	–	25
12 942	17 481	28 626	42 780	51 354	60 870	57 381	41 334	40 002	–	26
1 017	1 548	1 392	1 122	915	813	678	627	1 422	–	27
4 473	3 540	2 706	2 298	1 986	2 028	1 602	1 293	1 797	–	28
115 380	113 136	75 525	45 756	24 882	14 649	7 392	3 390	2 340	–	29
8 139	8 751	7 542	5 997	3 897	2 529	1 308	585	435	–	30
1 929	2 259	1 728	1 293	864	741	483	426	912	–	31
1 410	1 164	861	804	879	981	945	927	3 033	–	32
12 819	10 638	9 813	10 722	10 305	10 479	8 310	5 136	5 139	–	33

34. Population in households by age and sex of householder, size and relationship to householder by urban/rural residence: each census, 1985 – 1995 (continued)

(See notes at end of table.)

	Continent, country or area, date, sex, size, relationship and urban/rural residence — Continent, pays ou zone, date, sexe, dimension, lien et résidence, urbaine/rurale	Age (in years) All ages Tous âges	15 + [1]	– 15	15–19	20–24	25–29	30–34
	OCEANIA—OCEANIE(Cont.–Suite)							
	New Zealand – Nouvelle–Zélande							
	5 III 1991* [20]							
	Female – Féminin							
1	Total	1 071 132	796 452	274 680	91 968	101 760	97 503	88 737
2	1	144 249	144 222	33	1 140	4 536	5 595	5 301
3	2 +	926 883	652 236	274 644	90 828	97 224	91 908	83 436
	2							
4	Spouse – Epouse	100 320	100 317	–	1 635	11 961	16 971	10 092
	No spouse – Sans épouse							
5	Child – Enfant	39 528	39 522	–	792	3 699	4 398	4 035
6	Other – Autres	96 234	74 862	21 363	12 126	15 021	10 314	6 597
	3 +							
7	Spouse + Child – Epouse + enfant	141 591	141 594	–	531	5 793	19 983	32 280
8	Spouse, child, other – Epouse, enfant, autres	17 046	17 049	–	336	1 761	2 979	2 931
	No spouse – Sans épouse							
9	Children – Enfants	48 066	48 069	6	387	3 630	7 428	9 810
10	Children, other – Enfants, autres	30 792	30 750	36	1 350	4 506	4 821	4 209
11	Other – Autres	453 303	200 064	253 236	73 671	50 850	25 011	13 479

34. Effectifs des ménages selon l'âge et le sexe des chefs de ménage, la dimension du ménage, le lien avec le chef de ménage et la résidence, urbaine/rurale: chaque recensement, 1985 – 1995 (suite)

(Voir notes à la fin du tableau.)

Age (en années)										
35–39	40–44	45–49	50–54	55–59	60–64	65–69	70–74	75+	Unknown Inconnu	
73 164	63 855	46 194	37 161	31 416	33 891	35 064	33 831	61 908	–	1
4 683	5 280	6 069	7 197	8 787	13 152	17 964	20 844	43 674	–	2
68 484	58 575	40 125	29 964	22 629	20 742	17 100	12 987	18 234	–	3
5 667	6 444	7 173	8 223	7 647	7 686	6 702	4 902	5 214	–	4
3 966	4 593	3 816	2 904	2 322	2 070	1 812	1 632	3 483	–	5
4 341	3 813	3 333	3 210	2 760	3 216	3 069	2 646	4 416	–	6
31 506	25 242	13 377	6 582	3 078	1 716	783	375	348	–	7
2 577	2 208	1 572	1 086	666	438	249	126	120	–	8
9 354	7 347	3 978	2 085	1 365	867	627	429	762	–	9
3 408	2 964	2 079	1 728	1 368	1 242	984	783	1 308	–	10
7 662	5 967	4 800	4 149	3 420	3 504	2 871	2 094	2 586	–	11

34. Population in households by age and sex of householder, size and relationship to householder by urban/rural residence: each census, 1985 – 1995 (continued)
Data by urban/rural residence

(See notes at end of table.)

	Continent, country or area, date, sex, size, relationship and urban/rural residence — Continent, pays ou zone, date, sexe, dimension, lien et résidence, urbaine/rurale	All ages Tous âges	15 + [1]	– 15	15–19	20–24	25–29	30–34
				Age (in years)				
	AMERICA,SOUTH— AMERIQUE DU SUD							
	Uruguay							
	Urban – Urbaine							
	23 X 1985* [8]							
	Total							
1	Total	2 499 300	2 498 500	900	7 200	77 000	195 900	255 800
2	1	2 386 300	2 385 600	700	6 200	72 800	190 900	251 500
	Male – Masculin							
3	Total	2 035 000	2 034 300	700	4 900	66 200	175 300	228 500
4	1	1 984 900	1 984 200	600	4 300	63 400	172 000	225 700
	Female – Féminin							
5	Total	464 300	464 200	200	2 300	10 800	20 600	27 300
6	1	401 400	401 400	100	1 900	9 400	18 900	25 800
	Rural – Rurale							
	23 X 1985* [8]							
	Total							
7	Total	370 500	370 700	200	1 600	10 400	24 700	40 700
8	1	363 300	363 400	200	8 800	2 300	23 900	39 900
	Male – Masculin							
9	Total	334 500	334 500	200	1 300	9 100	22 600	37 600
10	1	330 100	330 100	200	8 500	1 100	21 900	36 900
	Female – Féminin							
11	Total	36 000	36 200	–	300	1 300	2 100	3 100
12	1	33 200	33 300	–	300	1 200	2 000	3 000
	ASIA—ASIE							
	Japan – Japon							
	Urban – Urbaine							
	1 X 1985 [13] [14]							
	Total							
13	Total	91 540 420	91 539 347	1 073	534 658	2 392 817	4 187 551	8 531 724
14	1	6 900 399	6 899 796	603	498 259	1 665 987	982 974	609 540
15	2 +	84 640 021	84 639 551	470	36 399	726 830	3 204 577	7 922 184
	2							
16	Spouse – Epouse	8 224 266	8 224 266	–	7 488	189 056	686 787	615 679
	3 +							
17	Spouse + Child – Epouse + enfant	47 875 161	47 875 161	–	6 139	306 522	2 024 035	5 908 031
18	Spouse, child, other – Epouse, enfant, autres	19 748 326	19 748 326	–	271	18 437	179 041	862 282
	No spouse – Sans épouse							
19	Children – Enfants	4 939 153	4 939 153	–	2 383	48 498	151 013	371 926
20	Other – Autres	3 853 115	3 852 645	470	20 118	164 317	163 701	164 266
	Male – Masculin							
21	Total	82 789 442	82 788 771	671	330 459	1 744 350	3 813 874	8 063 346
22	1	3 961 182	3 960 784	398	305 132	1 125 717	754 759	459 680
23	2 +	78 828 260	78 827 987	273	25 327	618 633	3 059 115	7 603 666
	2							
24	Spouse – Epouse	8 168 016	8 168 016	–	7 014	185 648	682 957	611 981
	3 +							
25	Spouse + Child – Epouse + enfant	47 793 588	47 793 588	–	6 019	305 027	2 019 439	5 898 974
26	Spouse, child, other – Epouse, enfant, autres	18 979 449	18 979 449	–	271	18 237	178 048	857 358
	No spouse – Sans épouse							
27	Children – Enfants	1 206 165	1 206 165	–	1 420	26 365	68 690	116 967
28	Other – Autres	2 681 042	2 680 769	273	10 603	83 356	109 981	118 386

34. Effectifs des ménages selon l'âge et le sexe des chefs de ménage, la dimension du ménage, le lien avec le chef de ménage et la résidence, urbaine/rurale: chaque recensement, 1985 – 1995 (suite)
Données selon la résidence urbaine/rurale

(Voir notes à la fin du tableau.)

Age (en années)										
35–39	40–44	45–49	50–54	55–59	60–64	65–69	70–74	75+	Unknown Inconnu	
286 600	289 300	276 900	268 400	242 800	193 700	*—	404 900	—*	–	1
282 300	283 800	270 000	259 400	230 300	179 700	*—	358 700	—*	–	2
249 100	246 900	229 500	219 600	192 200	148 900	*—	273 200	—*	–	3
246 300	243 300	225 400	214 900	186 600	143 100	*—	259 200	—*	–	4
37 500	42 400	47 400	48 800	50 600	44 800	*—	131 700	—*	–	5
36 000	40 500	44 600	44 500	43 700	36 600	*—	99 500	—*	–	6
44 900	46 500	43 900	41 900	38 400	29 700	*—	48 000	—*	–	7
43 900	45 200	52 400	40 000	36 200	27 600	*—	43 200	—*	–	8
41 800	43 100	40 300	38 300	34 200	26 600	*—	39 600	—*	–	9
40 800	41 900	48 900	36 600	32 300	25 000	*—	36 200	—*	–	10
3 100	3 400	3 600	3 600	4 200	3 100	*—	8 400	—*	–	11
3 100	3 300	3 500	3 400	3 900	2 600	*—	7 000	—*	–	12
13 711 199	13 631 195	12 314 657	10 869 579	8 714 782	5 924 261	4 297 424	3 386 848	3 042 652	–	13
496 513	362 061	332 837	355 925	361 263	341 425	309 048	277 312	306 652	–	14
13 214 686	13 269 134	11 981 820	10 513 654	8 353 519	5 582 836	3 988 376	3 109 536	2 736 000	–	15
453 982	322 439	394 222	751 522	1 208 829	1 163 912	968 270	781 524	680 556	–	16
9 556 733	9 146 060	7 959 913	6 222 174	3 625 939	1 583 012	784 368	458 249	293 986	–	17
2 242 837	2 689 193	2 497 078	2 350 305	2 407 067	2 056 677	1 734 945	1 476 380	1 233 813	–	18
727 585	853 884	812 136	666 340	447 415	299 596	205 725	161 444	191 208	–	19
233 549	257 558	318 471	523 313	664 269	479 639	295 068	231 939	336 437	–	20
12 904 685	12 683 832	11 358 162	9 944 385	7 870 619	5 148 155	3 622 001	2 825 784	2 479 119	–	21
352 950	237 124	192 288	162 930	117 134	75 292	55 599	51 342	70 837	–	22
12 551 735	12 446 708	11 165 874	9 781 455	7 753 485	5 072 863	3 566 402	2 774 442	2 408 282	–	23
450 271	318 645	389 750	744 803	1 200 819	1 155 982	962 812	778 354	678 980	–	24
9 542 459	9 132 005	7 947 946	6 211 115	3 617 597	1 579 149	782 477	457 644	293 737	–	25
2 230 482	2 670 249	2 468 124	2 279 891	2 282 488	1 903 797	1 582 878	1 359 857	1 147 769	–	26
181 504	184 655	168 506	151 530	108 821	62 922	42 504	37 173	55 108	–	27
147 019	141 154	191 548	394 116	543 760	371 013	195 731	141 414	232 688	–	28

34. Population in households by age and sex of householder, size and relationship to householder by urban/rural residence: each census, 1985 – 1995 (continued)
Data by urban/rural residence

(See notes at end of table.)

	Continent, country or area, date, sex, size, relationship and urban/rural residence — Continent, pays ou zone, date, sexe, dimension, lien et résidence, urbaine/rurale	Age (in years): All ages — Tous âges	15 + [1]	– 15	15–19	20–24	25–29	30–34
	ASIA—ASIE (Cont.–Suite)							
	Japan – Japon							
	Urban – Urbaine							
	1 X 1985 [13 14]							
	Female – Féminin							
1	Total	8 750 978	8 750 576	402	204 199	648 467	373 677	468 378
2	1	2 939 217	2 939 012	205	193 127	540 270	228 215	149 860
3	2 +	5 811 761	5 811 564	197	11 072	108 197	145 462	318 518
	2							
4	Spouse – Epouse	56 250	56 250	–	474	3 408	3 830	3 698
	3 +							
5	Spouse + Child – Epouse + enfant	81 573	81 573	–	120	1 495	4 596	9 057
6	Spouse, child, other – Epouse, enfant, autres	768 877	768 877	–	–	200	993	4 924
	No spouse – Sans épouse							
7	Children – Enfants	3 732 988	3 732 988	–	963	22 133	82 323	254 959
8	Other – Autres	1 172 073	1 171 876	197	9 515	80 961	53 720	45 880
	1 X 1990 [13]							
	Total							
9	Total	93 978 051	93 977 391	660	605 776	2 510 801	4 266 098	6 940 374
10	1	8 221 176	8 220 777	399	567 924	1 806 790	1 187 126	614 361
11	2 +	85 756 875	85 756 614	261	37 852	704 011	3 078 972	6 326 013
	2							
12	Spouse – Epouse	10 004 894	10 004 894	–	8 572	173 189	746 080	656 208
	3 +							
13	Spouse + Child – Epouse + enfant	47 635 678	47 635 678	–	6 863	295 865	1 868 764	4 676 982
14	Spouse, child, other – Epouse, enfant, autres	18 481 896	18 481 896	–	198	14 422	134 177	569 299
	No spouse – Sans épouse							
15	Children – Enfants	5 591 675	5 591 656	19	2 480	46 463	162 519	293 923
16	Other – Autres	4 042 732	4 042 490	242	19 739	174 072	167 432	129 601
	Male – Masculin							
17	Total	84 232 775	84 232 402	373	373 595	1 784 834	3 782 042	6 526 504
18	1	4 690 188	4 689 968	220	346 576	1 199 937	877 198	456 633
19	2 +	79 542 587	79 542 434	153	27 019	584 897	2 904 844	6 069 871
	2							
20	Spouse – Epouse	9 936 106	9 936 106	–	7 912	168 631	739 727	651 832
	3 +							
21	Spouse + Child – Epouse + enfant	47 541 115	47 541 115	–	6 771	294 209	1 862 931	4 666 911
22	Spouse, child, other – Epouse, enfant, autres	17 806 507	17 806 507	–	191	14 212	132 906	565 055
	No spouse – Sans épouse							
23	Children – Enfants	1 413 913	1 413 896	17	1 352	20 860	65 066	93 268
24	Other – Autres	2 844 946	2 844 810	136	10 793	86 985	104 214	92 805
	Female – Féminin							
25	Total	9 745 276	9 744 989	287	232 181	725 967	484 056	413 870
26	1	3 530 988	3 530 809	179	221 348	606 853	309 928	157 728
27	2 +	6 214 288	6 214 180	108	10 833	119 114	174 128	256 142
	2							
28	Spouse – Epouse	68 788	68 788	–	660	4 558	6 353	4 376
	3 +							
29	Spouse + Child – Epouse + enfant	94 563	94 563	–	92	1 656	5 833	10 071
30	Spouse, child, other – Epouse, enfant, autres	675 389	675 389	–	7	210	1 271	4 244
	No spouse – Sans épouse							
31	Children – Enfants	4 177 762	4 177 760	2	1 128	25 603	97 453	200 655
32	Other – Autres	1 197 786	1 197 680	106	8 946	87 087	63 218	36 796

34. Effectifs des ménages selon l'âge et le sexe des chefs de ménage, la dimension du ménage, le lien avec le chef de ménage et la résidence, urbaine/rurale: chaque recensement, 1985 – 1995 (suite)
Données selon la résidence urbaine/rurale

(Voir notes à la fin du tableau.)

Age (en années)										
35–39	40–44	45–49	50–54	55–59	60–64	65–69	70–74	75+	Unknown Inconnu	
806 514	947 363	956 495	925 194	844 163	776 106	675 423	561 064	563 533	–	1
143 563	124 937	140 549	192 995	244 129	266 133	253 449	225 970	235 815	–	2
662 951	822 426	815 946	732 199	600 034	509 973	421 974	335 094	327 718	–	3
3 711	3 794	4 472	6 719	8 010	7 930	5 458	3 170	1 576	–	4
14 274	14 055	11 967	11 059	8 342	3 863	1 891	605	249	–	5
12 355	18 944	28 954	70 414	124 579	152 880	152 067	116 523	86 044	–	6
546 081	669 229	643 630	514 810	338 594	236 674	163 221	124 271	136 100	–	7
86 530	116 404	126 923	129 197	120 509	108 626	99 337	90 525	103 749	–	8
10 568 144	14 724 130	13 214 509	11 157 477	9 639 517	7 629 344	5 108 748	3 512 250	4 100 223	–	9
504 181	532 586	454 917	420 765	440 718	441 235	414 903	351 388	483 883	–	10
10 063 963	14 191 544	12 759 592	10 736 712	9 198 799	7 188 109	4 693 845	3 160 862	3 616 340	–	11
433 704	427 035	467 897	775 318	1 350 357	1 713 124	1 334 045	923 857	995 508	–	12
7 370 484	9 696 442	8 388 435	6 595 203	4 548 920	2 303 943	972 850	488 738	422 189	–	13
1 487 031	2 722 417	2 546 962	2 104 091	2 089 951	2 221 948	1 773 025	1 327 036	1 491 339	–	14
599 407	1 054 673	1 000 611	782 945	569 410	361 756	249 586	184 996	282 887	–	15
173 337	290 977	355 687	479 155	640 161	587 338	364 339	236 235	424 417	–	16
9 900 713	13 600 002	12 103 707	10 181 056	8 725 121	6 800 646	4 340 094	2 867 633	3 246 455	–	17
371 881	376 790	292 218	225 534	176 227	125 151	81 894	59 307	100 622	–	18
9 528 832	13 223 212	11 811 489	9 955 522	8 548 894	6 675 495	4 258 200	2 808 326	3 145 833	–	19
430 149	421 930	461 641	767 992	1 341 610	1 704 569	1 327 215	919 870	993 028	–	20
7 355 884	9 678 089	8 373 190	6 583 485	4 540 678	2 299 343	970 340	487 690	421 594	–	21
1 476 510	2 702 890	2 522 642	2 054 537	1 992 779	2 099 119	1 649 321	1 221 472	1 374 873	–	22
153 095	247 877	232 281	193 126	147 737	94 107	54 051	37 784	73 292	–	23
113 194	172 426	221 735	356 382	526 090	478 357	257 273	141 510	283 046	–	24
667 431	1 124 128	1 110 802	976 421	914 396	828 698	768 654	644 617	853 768	–	25
132 300	155 796	162 699	195 231	264 491	316 084	333 009	292 081	383 261	–	26
535 131	968 332	948 103	781 190	649 905	512 614	435 645	352 536	470 507	–	27
3 555	5 105	6 256	7 326	8 747	8 555	6 830	3 987	2 480	–	28
14 600	18 353	15 245	11 718	8 242	4 600	2 510	1 048	595	–	29
10 521	19 527	24 320	49 554	97 172	122 829	123 704	105 564	116 466	–	30
446 312	806 796	768 330	589 819	421 673	267 649	195 535	147 212	209 595	–	31
60 143	118 551	133 952	122 773	114 071	108 981	107 066	94 725	141 371	–	32

34. Population in households by age and sex of householder, size and relationship to householder by urban/rural residence: each census, 1985 – 1995 (continued)
Data by urban/rural residence

(See notes at end of table.)

	Continent, country or area, date, sex, size, relationship and urban/rural residence Continent, pays ou zone, date, sexe, dimension, lien et résidence, urbaine/rurale	All ages Tous âges	15 + [1]	– 15	15–19	20–24	25–29	30–34
				Age (in years)				
	ASIA—ASIE (Cont.–Suite)							
	Japan – Japon							
	Rural – Rurale							
	1 X 1985 [13 14]							
	Total							
1	Total	27 771 544	27 771 313	231	54 521	235 618	724 491	1 985 764
2	1	995 971	995 816	155	49 826	129 607	89 646	56 500
3	2 +	26 775 573	26 775 497	76	4 695	106 011	634 845	1 929 264
	2							
4	Spouse – Epouse	2 218 561	2 218 561	–	822	21 753	80 080	74 601
	3 +							
	Spouse + Child –							
5	Epouse + enfant	10 233 372	10 233 372	–	983	54 887	391 175	1 188 342
	Spouse, child, other –							
6	Epouse, enfant, autres	11 542 930	11 542 930	–	196	6 526	93 965	526 695
	No spouse – Sans épouse							
7	Children – Enfants	1 081 365	1 081 365	–	371	9 409	38 023	90 744
8	Other – Autres	1 699 345	1 699 269	76	2 323	13 436	31 602	48 882
	Male – Masculin							
9	Total	25 686 809	25 686 678	131	31 543	184 591	685 785	1 912 566
10	1	464 713	464 614	99	28 053	85 822	71 876	47 242
11	2 +	25 222 096	25 222 064	32	3 490	98 769	613 909	1 865 324
	2							
12	Spouse – Epouse	2 206 310	2 206 310	–	794	21 511	79 860	74 459
	3 +							
	Spouse + Child –							
13	Epouse + enfant	10 212 832	10 212 832	–	977	54 601	390 310	1 186 409
	Spouse, child, other –							
14	Epouse, enfant, autres	11 114 322	11 114 322	–	196	6 467	93 311	523 800
	No spouse – Sans épouse							
15	Children – Enfants	318 603	318 603	–	231	6 584	22 620	39 917
16	Other – Autres	1 370 029	1 369 997	32	1 292	9 606	27 808	40 739
	Female – Féminin							
17	Total	2 084 735	2 084 635	100	22 978	51 027	38 706	73 198
18	1	531 258	531 202	56	21 773	43 785	17 770	9 258
19	2 +	1 553 477	1 553 433	44	1 205	7 242	20 936	63 940
	2							
20	Spouse – Epouse	12 251	12 251	–	28	242	220	142
	3 +							
	Spouse + Child –							
21	Epouse + enfant	20 540	20 540	–	6	286	865	1 933
	Spouse, child, other –							
22	Epouse, enfant, autres	428 608	428 608	–	–	59	654	2 895
	No spouse – Sans épouse							
23	Children – Enfants	762 762	762 762	–	140	2 825	15 403	50 827
24	Other – Autres	329 316	329 272	44	1 031	3 830	3 794	8 143
	1 X 1990 [13]							
	Total							
25	Total	27 567 220	27 567 049	171	60 530	243 322	641 359	1 454 404
26	1	1 168 484	1 168 399	85	55 694	139 132	99 829	55 476
27	2 +	26 398 736	26 398 650	86	4 836	104 190	541 530	1 398 928
	2							
28	Spouse – Epouse	2 603 710	2 603 710	–	1 062	23 031	83 313	73 882
	3 +							
	Spouse + Child –							
29	Epouse + enfant	9 909 235	9 909 235	–	1 097	54 956	337 512	883 338
	Spouse, child, other –							
30	Epouse, enfant, autres	10 940 720	10 940 720	–	104	4 670	62 488	332 807
	No spouse – Sans épouse							
31	Children – Enfants	1 189 881	1 189 872	9	422	8 361	33 255	71 335
32	Other – Autres	1 755 190	1 755 113	77	2 151	13 172	24 962	37 566

34. Effectifs des ménages selon l'âge et le sexe des chefs de ménage, la dimension du ménage, le lien avec le chef de ménage et la résidence, urbaine/rurale: chaque recensement, 1985 – 1995 (suite)
Données selon la résidence urbaine/rurale

(Voir notes à la fin du tableau.)

Age (en années) 35–39	40–44	45–49	50–54	55–59	60–64	65–69	70–74	75+	Unknown Inconnu	
3 525 055	3 540 243	3 473 659	3 600 902	3 566 145	2 583 873	1 873 573	1 424 131	1 183 338	–	1
50 548	43 165	50 487	68 432	80 018	89 115	93 700	87 835	106 937	–	2
3 474 507	3 497 078	3 423 172	3 532 470	3 486 127	2 494 758	1 779 873	1 336 296	1 076 401	–	3
55 241	47 949	97 157	261 817	422 365	384 887	313 864	245 034	212 991	–	4
1 936 887	1 874 611	1 663 953	1 394 779	891 369	420 941	220 949	120 713	73 783	–	5
1 260 272	1 330 915	1 349 514	1 412 804	1 691 403	1 384 715	1 062 178	833 654	590 093	–	6
153 848	161 324	159 606	144 853	109 519	78 708	53 605	37 546	43 809	–	7
68 259	82 279	152 942	318 217	371 471	225 507	129 277	99 349	155 725	–	8
3 378 398	3 362 906	3 268 338	3 358 476	3 303 154	2 324 556	1 637 418	1 235 678	1 003 269	–	9
40 123	31 054	29 910	31 892	26 403	17 890	15 002	15 350	23 997	–	10
3 338 275	3 331 852	3 238 428	3 326 584	3 276 751	2 306 666	1 622 416	1 220 328	979 272	–	11
54 979	47 618	96 249	260 125	419 967	382 302	312 028	243 903	212 515	–	12
1 934 057	1 871 510	1 660 820	1 391 307	888 943	419 502	220 320	120 452	73 624	–	13
1 253 187	1 322 395	1 331 858	1 364 600	1 607 502	1 296 584	981 962	777 018	555 442	–	14
49 328	41 665	38 566	36 580	28 309	18 429	12 057	10 002	14 315	–	15
46 724	48 664	110 935	273 972	332 030	189 849	96 049	68 953	123 376	–	16
146 657	177 337	205 321	242 426	262 991	259 317	236 155	188 453	180 069	–	17
10 425	12 111	20 577	36 540	53 615	71 225	78 698	72 485	82 940	–	18
136 232	165 226	184 744	205 886	209 376	188 092	157 457	115 968	97 129	–	19
262	331	908	1 692	2 398	2 585	1 836	1 131	476	–	20
2 830	3 101	3 133	3 472	2 426	1 439	629	261	159	–	21
7 085	8 520	17 656	48 204	83 901	88 131	80 216	56 636	34 651	–	22
104 520	119 659	121 040	108 273	81 210	60 279	41 548	27 544	29 494	–	23
21 535	33 615	42 007	44 245	39 441	35 658	33 228	30 396	32 349	–	24
2 832 131	4 039 418	3 429 147	3 166 519	3 342 211	3 146 914	2 178 468	1 455 698	1 576 928	–	25
55 127	64 622	63 893	72 359	88 308	100 700	111 308	106 271	155 680	–	26
2 777 004	3 974 796	3 365 254	3 094 160	3 253 903	3 046 214	2 067 160	1 349 427	1 421 248	–	27
56 102	62 356	102 969	227 119	421 547	539 639	417 796	290 167	304 727	–	28
1 544 634	2 018 572	1 699 319	1 321 002	977 217	565 190	259 708	137 593	109 097	–	29
968 480	1 579 539	1 235 043	1 131 534	1 375 037	1 562 484	1 167 924	776 478	744 132	–	30
146 520	214 262	180 788	150 313	123 060	88 181	64 266	44 937	64 172	–	31
61 268	100 067	147 135	264 192	357 042	290 720	157 466	100 252	199 120	–	32

34. Population in households by age and sex of householder, size and relationship to householder by urban/rural residence: each census, 1985 – 1995 (continued)
Data by urban/rural residence

(See notes at end of table.)

	Continent, country or area, date, sex, size, relationship and urban/rural residence — Continent, pays ou zone, date, sexe, dimension, lien et résidence, urbaine/rurale	Age (in years) All ages Tous âges	15 + [1]	– 15	15–19	20–24	25–29	30–34
	ASIA—ASIE (Cont.–Suite)							
	Japan – Japon							
	Rural – Rurale							
	1 X 1990 [13]							
	Male – Masculin							
1	Total	25 417 443	25 417 342	101	37 900	188 690	597 530	1 394 833
2	1	556 338	556 278	60	34 210	92 868	77 574	45 632
3	2 +	24 861 105	24 861 064	41	3 690	95 822	519 956	1 349 201
	2							
4	Spouse – Epouse	2 589 880	2 589 880	–	1 006	22 733	82 955	73 578
	3 +							
5	Spouse + Child – Epouse + enfant	9 886 316	9 886 316	–	1 084	54 618	336 455	881 477
6	Spouse, child, other – Epouse, enfant, autres	10 573 938	10 573 938	–	100	4 586	61 809	330 258
	No spouse – Sans épouse							
7	Children – Enfants	381 927	381 921	6	274	4 929	17 771	32 176
8	Other – Autres	1 429 044	1 429 009	35	1 226	8 956	20 966	31 712
	Female – Féminin							
9	Total	2 149 777	2 149 707	70	22 630	54 632	43 829	59 571
10	1	612 146	612 121	25	21 484	46 264	22 255	9 844
11	2 +	1 537 631	1 537 586	45	1 146	8 368	21 574	49 727
	2							
12	Spouse – Epouse	13 830	13 830	–	56	298	358	304
	3 +							
13	Spouse + Child – Epouse + enfant	22 919	22 919	–	13	338	1 057	1 861
14	Spouse, child, other – Epouse, enfant, autres	366 782	366 782	–	4	84	679	2 549
	No spouse – Sans épouse							
15	Children – Enfants	807 954	807 951	3	148	3 432	15 484	39 159
16	Other – Autres	326 146	326 104	42	925	4 216	3 996	5 854
	Kazakstan							
	Urban – Urbaine							
	12 I 1989 [2]							
	Total							
17	Total	8 901 486	6 259 724	2 635 488	589 224	*— 1 534 381	—*	*—
18	1	439 944	431 636	7 939	27 746	*— 95 059	—*	*—
19	2 +	8 461 542	5 828 088	2 627 549	561 478	*— 1 439 322	—*	*—
	3 +							
20	Spouse + Child – Epouse + enfant	5 149 256	3 444 829	1 701 149	297 876	*— 791 402	—*	*—
21	Spouse, child, other – Epouse, enfant, autres	2 152 820	1 548 196	602 936	143 417	*— 455 503	—*	*—
	No spouse – Sans épouse							
22	Children – Enfants	741 443	521 758	219 140	77 532	*— 112 958	—*	*—
23	Children, other – Enfants, autres	149 889	106 007	43 764	11 431	*— 17 709	—*	*—
24	Other – Autres	268 134	207 298	60 560	31 222	*— 61 750	—*	*—
	Male – Masculin							
25	Total	4 144 677	2 808 597	1 333 250	254 535	*— 721 200	—*	*—
26	1	161 449	157 155	4 150	8 921	*— 51 862	—*	*—
27	2 +	3 983 228	2 651 442	1 329 100	245 614	*— 669 338	—*	*—
	3 +							
28	Spouse + Child – Epouse + enfant	2 603 882	1 741 005	861 338	137 378	*— 374 756	—*	*—
29	Spouse, child, other – Epouse, enfant, autres	983 671	677 872	305 008	56 268	*— 214 138	—*	*—
	No spouse – Sans épouse							
30	Children – Enfants	261 513	150 350	110 942	35 706	*— 50 305	—*	*—
31	Children, other – Enfants, autres	40 599	18 543	22 019	5 036	*— 4 912	—*	*—
32	Other – Autres	93 563	63 672	29 793	11 226	*— 25 227	—*	*—

34. Effectifs des ménages selon l'âge et le sexe des chefs de ménage, la dimension du ménage, le lien avec le chef de ménage et la résidence, urbaine/rurale: chaque recensement, 1985 – 1995 (suite)
Données selon la résidence urbaine/rurale

(Voir notes à la fin du tableau.)

Age (en années) 35–39	40–44	45–49	50–54	55–59	60–64	65–69	70–74	75+	Unknown Inconnu	
2 705 156	3 829 175	3 220 913	2 949 891	3 097 322	2 900 450	1 935 839	1 247 549	1 312 094	–	1
45 348	49 715	41 908	37 907	34 885	27 719	20 600	16 633	31 279	–	2
2 659 808	3 779 460	3 179 005	2 911 984	3 062 437	2 872 731	1 915 239	1 230 916	1 280 815	–	3
55 848	61 786	101 999	225 597	419 377	537 065	415 389	288 743	303 804	–	4
1 541 753	2 014 715	1 695 433	1 317 768	974 541	563 561	258 845	137 162	108 904	–	5
961 720	1 568 821	1 221 506	1 099 082	1 311 496	1 490 062	1 101 868	725 959	696 671	–	6
55 189	67 861	52 498	43 623	36 484	25 389	16 171	10 647	18 909	–	7
45 298	66 277	107 569	225 914	320 539	256 654	122 966	68 405	152 527	–	8
126 975	210 243	208 234	216 628	244 889	246 464	242 629	208 149	264 834	–	9
9 779	14 907	21 985	34 452	53 423	72 981	90 708	89 638	124 401	–	10
117 196	195 336	186 249	182 176	191 466	173 483	151 921	118 511	140 433	–	11
254	570	970	1 522	2 170	2 574	2 407	1 424	923	–	12
2 881	3 857	3 886	3 234	2 676	1 629	863	431	193	–	13
6 760	10 718	13 537	32 452	63 541	72 422	66 056	50 519	47 461	–	14
91 331	146 401	128 290	106 690	86 576	62 792	48 095	34 290	45 263	–	15
15 970	33 790	39 566	38 278	36 503	34 066	34 500	31 847	46 593	–	16
543 907 —*	*——— 8 74 475 ———*		483 774	343 301	355 565	181 967	*——— 353	130 ———*	6 274	17
49 951 —*	*——— 44 775 ———*		35 514	34 306	48 108	32 133	*——— 64	044 ———*	369	18
1 493 956 —*	*——— 8 29 700 ———*		448 260	308 995	307 457	149 834	*——— 289	086 ———*	5 905	19
1 050 046 —*	*——— 5 48 749 ———*		266 396	175 525	164 290	70 020	*——— 80	525 ———*	3 27	8 20
271 557 —*	*——— 1 73 882 ———*		127 859	94 675	96 719	51 340	*——— 133	244 ———*	1 688	21
122 214 —*	*——— 78 116 ———*		36 492	23 216	24 140	12 920	*——— 34	170 ———*	545	22
18 183 —*	*——— 12 495 ———*		7 109	6 339	9 225	6 302	*——— 17	214 ———*	118	23
31 956 —*	*——— 16 458 ———*		10 404	9 240	13 083	9 252	*——— 23	933 ———*	276	24
743 788 —*	*——— 4 14 322 ———*		226 227	154 013	138 245	58 846	*——— 97	421 ———*	2 830	25
29 495 —*	*——— 21 947 ———*		13 785	9 687	9 148	4 081	*——— 8	229 ———*	144	26
714 293 —*	*——— 3 92 375 ———*		212 442	144 326	129 097	54 765	*——— 89	192 ———*	2 686	27
531 166 —*	*——— 2 89 366 ———*		142 025	94 674	85 235	35 566	*——— 50	839 ———*	1 539	28
139 013 —*	*——— 79 476 ———*		59 424	43 284	38 381	16 645	*——— 31	243 ———*	791	29
29 314 —*	*——— 16 237 ———*		7 299	3 937	3 059	1 246	*——— 3	247 ———*	221	30
2 645 —*	*——— 1 644 ———*		883	595	748	457	*——— 1	623 ———*	37	31
12 155 —*	*——— 5 652 ———*		2 811	1 836	1 674	851	*——— 2	240 ———*	98	32

34. Population in households by age and sex of householder, size and relationship to householder by urban/rural residence: each census, 1985 – 1995 (continued)
Data by urban/rural residence

(See notes at end of table.)

	Continent, country or area, date, sex, size, relationship and urban/rural residence Continent, pays ou zone, date, sexe, dimension, lien et résidence, urbaine/rurale	Age (in years) All ages Tous âges	15 + [1]	– 15	15–19	20–24	25–29	30–34
	ASIA—ASIE (Cont.–Suite)							
	Kazakstan							
	Urban – Urbaine							
	12 I 1989 [2]							
	Female – Féminin							
1	Total	4 756 809	3 451 127	1 302 238	334 689	*—— 813	181 ——*	*——
2	1	278 495	274 481	3 789	18 825	*—— 43	197 ——*	*——
3	2 +	4 478 314	3 176 646	1 298 449	315 864	*—— 769	984 ——*	*——
	3 +							
	Spouse + Child –							
4	Epouse + enfant	2 545 374	1 703 824	839 811	160 498	*—— 416	646 ——*	*——
	Spouse, child, other –							
5	Epouse, enfant, autres	1 169 149	870 324	297 928	87 149	*—— 241	365 ——*	*——
	No spouse – Sans épouse							
6	Children – Enfants	479 930	371 408	108 198	41 826	*—— 62	653 ——*	*——
	Children, other –							
7	Enfants, autres	109 290	87 464	21 745	6 395	*—— 12	797 ——*	*——
8	Other – Autres	174 571	143 626	30 767	19 996	*—— 36	523 ——*	*——
	Rural – Rurale							
	12 I 1989 [2]							
	Total							
9	Total	6 869 683	4 278 460	2 587 300	523 157	*—— 1 155	158 ——*	*——
10	1	132 504	130 030	2 363	4 384	*—— 16	694 ——*	*——
11	2 +	6 737 179	4 148 430	2 584 937	518 773	*—— 1 138	464 ——*	*——
	3 +							
	Spouse + Child –							
12	Epouse + enfant	3 929 217	2 306 494	1 620 747	264 930	*—— 580	042 ——*	*——
	Spouse, child, other –							
13	Epouse, enfant, autres	2 173 112	1 413 530	758 173	175 178	*—— 441	981 ——*	*——
	No spouse – Sans épouse							
14	Children – Enfants	398 970	268 356	130 391	51 165	*—— 72	500 ——*	*——
	Children, other –							
15	Enfants, autres	73 574	48 598	24 939	7 065	*—— 9	141 ——*	*——
16	Other – Autres	162 306	111 452	50 687	20 435	*—— 34	800 ——*	*——
	Male – Masculin							
17	Total	3 335 866	2 024 448	1 309 604	242 237	*—— 584	165 ——*	*——
18	1	47 239	45 877	1 315	2 175	*—— 9	485 ——*	*——
19	2 +	3 288 627	1 978 571	1 308 289	240 062	*—— 574	680 ——*	*——
	3 +							
	Spouse + Child –							
20	Epouse + enfant	2 007 666	1 186 516	820 160	127 775	*—— 286	980 ——*	*——
	Spouse, child, other –							
21	Epouse, enfant, autres	1 028 378	643 949	383 812	74 813	*—— 223	273 ——*	*——
	No spouse – Sans épouse							
22	Children – Enfants	163 823	97 560	66 172	25 082	*—— 43	052 ——*	*——
	Children, other –							
23	Enfants, autres	24 540	11 662	12 870	3 516	*—— 4	180 ——*	*——
24	Other – Autres	64 220	38 884	25 275	8 876	*—— 17	195 ——*	*——
	Female – Féminin							
25	Total	3 533 817	2 254 012	1 277 696	280 920	*—— 570	993 ——*	*——
26	1	85 265	84 153	1 048	2 209	*—— 7	209 ——*	*——
27	2 +	3 448 552	2 169 859	1 276 648	278 711	*—— 563	784 ——*	*——
	3 +							
	Spouse + Child –							
28	Epouse + enfant	1 921 551	1 119 978	800 587	137 155	*—— 293	062 ——*	*——
	Spouse, child, other –							
29	Epouse, enfant, autres	1 144 734	769 581	374 361	100 365	*—— 218	708 ——*	*——
	No spouse – Sans épouse							
30	Children – Enfants	235 147	170 796	64 219	26 083	*—— 29	448 ——*	*——
	Children, other –							
31	Enfants, autres	49 034	36 936	12 069	3 549	*—— 4	961 ——*	*——
32	Other – Autres	98 086	72 568	25 412	11 559	*—— 17	605 ——*	*——

34. Effectifs des ménages selon l'âge et le sexe des chefs de ménage, la dimension du ménage, le lien avec le chef de ménage et la résidence, urbaine/rurale: chaque recensement, 1985 – 1995 (suite)
Données selon la résidence urbaine/rurale

(Voir notes à la fin du tableau.)

Age (en années) 35–39	40–44	45–49	50–54	55–59	60–64	65–69	70–74	75+	Unknown Inconnu	
800 119 —*	*—— 460	153 ——*	257 547	189 288	217 320	123 121	*—— 255	709 ——*	3 444	1
20 456 —*	*—— 22	828 ——*	21 729	24 619	38 960	28 052	*—— 55	815 ——*	225	2
779 663 —*	*—— 437	325 ——*	235 818	164 669	178 360	95 069	*—— 199	894 ——*	3 219	3
518 880 —*	*—— 259	383 ——*	124 371	80 851	79 055	34 454	*—— 29	686 ——*	1 739	4
132 544 —*	*—— 94	406 ——*	68 435	51 391	58 338	34 695	*—— 102	001 ——*	897	5
92 900 —*	*—— 61	879 ——*	29 193	19 279	21 081	11 674	*—— 30	923 ——*	324	6
15 538 —*	*—— 10	851 ——*	6 226	5 744	8 477	5 845	*—— 15	591 ——*	81	7
19 801 —*	*—— 10	806 ——*	7 593	7 404	11 409	8 401	*—— 21	693 ——*	178	8
901 735 —*	*—— 545	206 ——*	335 815	231 050	225 279	117 221	*—— 243	839 ——*	3 923	9
11 760 —*	*—— 12	869 ——*	12 239	12 863	18 175	12 721	*—— 28	325 ——*	111	10
889 975 —*	*—— 532	337 ——*	323 576	218 187	207 104	104 500	*—— 215	514 ——*	3 812	11
612 111 —*	*—— 347	366 ——*	190 712	121 717	101 012	40 712	*—— 47	892 ——*	1 976	12
214 655 —*	*—— 141	438 ——*	103 339	74 921	81 512	48 820	*—— 131	686 ——*	1 409	13
43 453 —*	*—— 31	214 ——*	20 810	13 887	13 670	7 272	*—— 14	385 ——*	223	14
6 608 —*	*—— 4	792 ——*	2 931	2 441	3 690	2 646	*—— 9	284 ——*	37	15
13 148 —*	*—— 7	527 ——*	5 784	5 221	7 220	5 050	*—— 12	267 ——*	167	16
454 414 —*	*—— 263	835 ——*	163 568	110 286	93 073	40 854	*—— 72	016 ——*	1 814	17
8 678 —*	*—— 8	008 ——*	5 544	3 900	3 378	1 405	*—— 3	304 ——*	47	18
445 736 —*	*—— 255	827 ——*	158 024	106 386	89 695	39 449	*—— 68	712 ——*	1 767	19
311 512 —*	*—— 181	431 ——*	103 530	68 181	54 083	21 769	*—— 31	255 ——*	990	20
113 360 —*	*—— 65	152 ——*	49 343	35 078	32 633	16 407	*—— 33	890 ——*	617	21
13 735 —*	*—— 6	016 ——*	3 426	2 043	1 816	731	*—— 1	659 ——*	91	22
1 338 —*	*——	788 ——*	433	220	273	158	*——	756 ——*	8	23
5 791 —*	*—— 2	440 ——*	1 292	864	890	384	*—— 1	152 ——*	61	24
447 321 —*	*—— 281	371 ——*	172 247	120 764	132 206	76 367	*—— 171	823 ——*	2 109	25
3 082 —*	*—— 4	861 ——*	6 695	8 963	14 797	11 316	*—— 25	021 ——*	64	26
444 239 —*	*—— 276	510 ——*	165 552	111 801	117 409	65 051	*—— 146	802 ——*	2 045	27
300 599 —*	*—— 165	935 ——*	87 182	53 536	46 929	18 943	*—— 16	637 ——*	986	28
101 295 —*	*—— 76	286 ——*	53 996	39 843	48 879	32 413	*—— 97	796 ——*	792	29
29 718 —*	*—— 25	198 ——*	17 384	11 844	11 854	6 541	*—— 12	726 ——*	132	30
5 270 —*	*—— 4	004 ——*	2 498	2 221	3 417	2 488	*—— 8	528 ——*	29	31
7 357 —*	*—— 5	087 ——*	4 492	4 357	6 330	4 666	*—— 11	115 ——*	106	32

34. Population in households by age and sex of householder, size and relationship to householder by urban/rural residence: each census, 1985 – 1995 (continued) Data by urban/rural residence

(See notes at end of table.)

	Continent, country or area, date, sex, size, relationship and urban/rural residence — Continent, pays ou zone, date, sexe, dimension, lien et résidence, urbaine/rurale	Age (in years): All ages / Tous âges	15 + [1]	– 15	15–19	20–24	25–29	30–34
	EUROPE (Cont.–Suite)							
	Norway – Norvège							
	Urban – Urbaine							
	3 XI 1990 [2 21]							
	Total							
1	Total	3 022 081	3 021 788	291	10 374	137 383	291 943	386 738
2	1	470 879	470 600	279	5 248	42 218	60 305	43 070
3	2 +	2 551 201	2 551 191	–	5 126	95 165	231 638	343 667
	2							
4	Spouse – Epouse	437 100	437 000	–	–	5 352	17 355	13 898
	No spouse – Sans épouse							
5	Child – Enfant	84 646	84 506	–	1 247	14 704	18 483	16 555
6	Other – Autres	161 775	161 774	–	1 090	20 447	29 883	16 940
	3 +							
7	Spouse + Child – Epouse + enfant	1 159 366	1 159 238	–	814	16 142	90 696	215 973
8	Spouse, child, other – Epouse, enfant, autres	40 438	39 808	–	–	595	2 711	5 445
	No spouse – Sans épouse							
9	Children – Enfants	77 432	77 059	–	–	3 257	11 975	19 800
10	Children, other – Enfants, autres	66 839	66 308	–	535	7 124	13 353	15 795
11	Other – Autres	523 603	523 603	–	1 167	27 238	47 183	39 261
	Male – Masculin							
12	Total	2 190 031	2 189 865	166	4 344	72 678	192 644	280 302
13	1	208 963	208 804	159	2 376	21 813	37 234	28 489
14	2 +	1 981 068	1 981 064	–	1 968	50 865	155 410	251 813
	2							
15	Spouse – Epouse	378 172	378 126	–	–	2 987	12 968	10 960
	No spouse – Sans épouse							
16	Child – Enfant	8 579	8 490	–	–	–	746	1 233
17	Other – Autres	95 554	95 556	–	567	12 752	22 223	13 357
	3 +							
18	Spouse + Child – Epouse + enfant	1 003 359	1 003 287	–	521	11 418	73 039	180 748
19	Spouse, child, other – Epouse, enfant, autres	34 343	34 009	–	–	595	2 278	4 456
	No spouse – Sans épouse							
20	Children – Enfants	6 662	6 560	–	–	–	264	990
21	Children, other – Enfants, autres	16 163	15 833	–	–	378	1 129	2 810
22	Other – Autres	438 235	438 236	–	794	22 620	42 763	37 259
	Female – Féminin							
23	Total	832 050	831 923	125	6 030	64 705	99 299	106 436
24	1	261 916	261 796	120	2 872	20 405	23 071	14 581
25	2 +	570 133	570 127	–	3 158	44 300	76 228	91 854
	2							
26	Spouse – Epouse	58 928	58 874	–	–	2 365	4 387	2 938
	No spouse – Sans épouse							
27	Child – Enfant	76 067	76 016	–	1 247	14 704	17 737	15 322
28	Other – Autres	66 221	66 218	–	523	7 695	7 660	3 583
	3 +							
29	Spouse + Child – Epouse + enfant	156 007	155 951	–	293	4 724	17 657	35 225
30	Spouse, child, other – Epouse, enfant, autres	6 095	5 799	–	–	–	433	989
	No spouse – Sans épouse							
31	Children – Enfants	70 770	70 499	–	–	3 257	11 711	18 810
32	Children, other – Enfants, autres	50 676	50 475	–	535	6 746	12 224	12 985
33	Other – Autres	85 368	85 367	–	373	4 618	4 420	2 002

34. Effectifs des ménages selon l'âge et le sexe des chefs de ménage, la dimension du ménage, le lien avec le chef de ménage et la résidence, urbaine/rurale: chaque recensement, 1985 – 1995 (suite)
Données selon la résidence urbaine/rurale

(Voir notes à la fin du tableau.)

Age (en années)										
35–39	40–44	45–49	50–54	55–59	60–64	65–69	70–74	75+	Unknown Inconnu	
431 575	450 013	336 506	215 375	162 352	154 746	145 417	124 343	175 023	–	1
30 813	27 173	22 230	19 522	20 193	27 339	38 100	42 013	92 376	–	2
400 764	422 841	314 276	195 853	142 159	127 407	107 317	82 330	82 648	–	3
8 564	10 248	17 663	28 038	46 058	69 292	79 410	69 498	71 624	–	4
14 654	11 091	5 228	1 896	549	99	–	–	–	–	5
12 193	15 494	16 055	13 077	10 788	8 531	6 526	4 397	6 353	–	6
290 227	295 024	164 192	58 792	19 412	6 137	1 521	308	–	–	7
7 347	10 213	7 681	3 873	1 379	564	–	–	–	–	8
21 655	14 746	4 341	1 099	186	–	–	–	–	–	9
13 931	9 921	4 192	1 457	–	–	–	–	–	–	10
32 190	56 105	94 922	87 619	63 310	42 441	19 547	8 070	4 550	–	11
323 656	350 490	267 696	172 913	128 127	118 298	106 076	82 789	89 852	–	12
21 595	18 602	12 752	10 113	8 917	9 309	11 294	8 922	17 388	–	13
302 062	331 889	254 944	162 800	119 210	108 989	94 782	73 867	72 465	–	14
6 786	7 951	13 507	22 833	38 236	59 248	71 709	64 035	66 906	–	15
2 291	2 312	1 278	374	157	99	–	–	–	–	16
8 565	8 392	7 535	6 190	5 144	4 018	3 055	1 959	1 799	–	17
246 999	260 720	148 590	54 581	18 705	6 137	1 521	308	–	–	18
5 869	8 586	6 802	3 480	1 379	564	–	–	–	–	19
1 739	2 125	816	440	186	–	–	–	–	–	20
4 092	4 347	2 235	842	–	–	–	–	–	–	21
25 719	37 456	74 180	74 059	55 254	38 771	18 210	7 512	3 639	–	22
107 919	99 523	68 810	42 462	34 225	36 448	39 341	41 554	85 171	–	23
9 218	8 571	9 478	9 409	11 276	18 030	26 806	33 091	74 988	–	24
98 702	90 952	59 332	33 053	22 949	18 418	12 535	8 463	10 183	–	25
1 778	2 297	4 156	5 205	7 822	10 044	7 701	5 463	4 718	–	26
12 363	8 779	3 950	1 522	392	–	–	–	–	–	27
3 628	7 102	8 520	6 887	5 644	4 513	3 471	2 438	4 554	–	28
43 228	34 304	15 602	4 211	707	–	–	–	–	–	29
1 478	1 627	879	393	–	–	–	–	–	–	30
19 916	12 621	3 525	659	–	–	–	–	–	–	31
9 839	5 574	1 957	615	–	–	–	–	–	–	32
6 471	18 649	20 742	13 560	8 056	3 670	1 337	558	911	–	33

34. Population in households by age and sex of householder, size and relationship to householder by urban/rural residence: each census, 1985 – 1995 (continued)
Data by urban/rural residence

(See notes at end of table.)

	Continent, country or area, date, sex, size, relationship and urban/rural residence — Continent, pays ou zone, date, sexe, dimension, lien et résidence, urbaine/rurale	All ages / Tous âges	15 + [1]	– 15	15–19	20–24	25–29	30–34
			Age (in years)					
	EUROPE (Cont.–Suite)							
	Norway – Norvège							
	Rural – Rurale							
	3 XI 1990 [2 21]							
	Total							
1	Total	1 159 517	1 158 974	543	4 522	52 211	104 197	141 713
2	1	124 518	123 997	520	1 318	6 581	7 444	6 301
3	2 +	1 035 000	1 034 980	–	3 203	45 630	96 752	135 412
	2							
4	Spouse – Epouse	159 662	159 652	–	–	1 286	3 911	3 093
	No spouse – Sans épouse							
5	Child – Enfant	15 026	14 866	–	466	3 102	3 344	2 795
6	Other – Autres	56 584	56 580	–	343	4 800	7 192	5 183
	3 +							
7	Spouse + Child – Epouse + enfant	475 955	475 845	–	1 002	10 786	37 798	86 860
8	Spouse, child, other – Epouse, enfant, autres	38 738	37 931	–	–	1 282	3 293	4 452
	No spouse – Sans épouse							
9	Children – Enfants	19 063	18 691	–	–	954	2 902	5 136
10	Children, other – Enfants, autres	27 976	27 396	–	305	3 817	6 172	6 247
11	Other – Autres	241 996	241 996	–	897	19 288	32 102	21 646
	Male – Masculin							
12	Total	871 422	871 143	279	2 458	33 619	74 912	105 840
13	1	61 093	60 824	268	627	3 765	5 316	5 036
14	2 +	810 330	810 320	–	1 830	29 854	69 596	100 804
	2							
15	Spouse – Epouse	135 160	135 159	–	–	785	2 929	2 365
	No spouse – Sans épouse							
16	Child – Enfant	2 423	2 291	–	–	–	199	374
17	Other – Autres	37 618	37 614	–	208	3 314	5 741	4 395
	3 +							
18	Spouse + Child – Epouse + enfant	391 314	391 276	–	765	8 209	29 013	68 383
19	Spouse, child, other – Epouse, enfant, autres	30 932	30 671	–	–	1 282	2 709	3 467
	No spouse – Sans épouse							
20	Children – Enfants	2 275	1 983	–	–	–	–	350
21	Children, other – Enfants, autres	6 205	5 888	–	–	261	440	1 208
22	Other – Autres	204 402	204 402	–	716	15 968	28 526	20 262
	Female – Féminin							
23	Total	288 095	287 831	264	2 064	18 592	29 285	35 873
24	1	63 425	63 173	252	691	2 816	2 128	1 265
25	2 +	224 670	224 660	–	1 373	15 776	27 156	34 608
	2							
26	Spouse – Epouse	24 502	24 493	–	–	501	982	728
	No spouse – Sans épouse							
27	Child – Enfant	12 603	12 575	–	466	3 102	3 145	2 421
28	Other – Autres	18 966	18 966	–	135	1 486	1 451	788
	3 +							
29	Spouse + Child – Epouse + enfant	84 641	84 569	–	237	2 577	8 785	18 477
30	Spouse, child, other – Epouse, enfant, autres	7 806	7 260	–	–	–	584	985
	No spouse – Sans épouse							
31	Children – Enfants	16 788	16 708	–	–	954	2 902	4 786
32	Children, other – Enfants, autres	21 771	21 508	–	305	3 556	5 732	5 039
33	Other – Autres	37 594	37 594	–	181	3 320	3 576	1 384

34. Effectifs des ménages selon l'âge et le sexe des chefs de ménage, la dimension du ménage, le lien avec le chef de ménage et la résidence, urbaine/rurale: chaque recensement, 1985 – 1995 (suite)
Données selon la résidence urbaine/rurale

(Voir notes à la fin du tableau.)

Age (en années)										
35–39	40–44	45–49	50–54	55–59	60–64	65–69	70–74	75+	Unknown Inconnu	
159 863	165 640	123 324	80 534	63 386	60 320	60 045	55 185	88 034	–	1
4 866	4 474	4 374	4 796	6 072	9 390	13 504	16 101	38 776	–	2
154 998	161 166	118 951	75 740	57 315	50 930	46 541	39 084	49 258	–	3
2 322	2 728	4 699	8 550	14 008	22 356	29 175	29 317	38 207	–	4
2 095	1 620	843	460	141	–	–	–	–	–	5
3 931	4 902	4 926	4 384	3 994	3 795	4 032	3 179	5 919	–	6
116 215	113 946	65 837	26 464	11 391	4 252	1 068	226	–	–	7
6 037	8 828	7 040	4 064	1 605	903	427	–	–	–	8
5 109	3 184	1 173	233	–	–	–	–	–	–	9
4 730	3 756	1 752	617	–	–	–	–	–	–	10
14 562	22 202	32 681	30 798	25 568	19 337	11 713	6 157	5 045	–	11
120 820	129 910	99 207	65 906	52 220	48 246	45 839	39 159	53 007	–	12
3 927	3 557	3 276	3 230	3 960	4 852	5 838	5 391	12 049	–	13
116 893	126 353	95 932	62 677	48 260	43 394	40 001	33 768	40 958	–	14
1 766	2 043	3 302	6 195	11 286	18 632	25 464	26 085	34 307	–	15
558	630	341	189	–	–	–	–	–	–	16
3 164	3 461	3 331	2 942	2 342	2 190	2 188	1 747	2 591	–	17
92 803	94 852	56 797	24 133	10 775	4 252	1 068	226	–	–	18
4 217	6 829	5 678	3 554	1 605	903	427	–	–	–	19
589	730	314	–	–	–	–	–	–	–	20
1 267	1 702	744	266	–	–	–	–	–	–	21
12 530	16 105	25 425	25 228	22 012	17 298	10 810	5 542	3 980	–	22
39 043	35 730	24 117	14 628	11 166	12 074	14 206	16 026	35 027	–	23
939	917	1 098	1 566	2 112	4 538	7 666	10 710	26 727	–	24
38 105	34 813	23 019	13 063	9 055	7 536	6 540	5 316	8 300	–	25
556	685	1 397	2 355	2 722	3 724	3 711	3 232	3 900	–	26
1 537	990	502	271	141	–	–	–	–	–	27
767	1 441	1 595	1 442	1 652	1 605	1 844	1 432	3 328	–	28
23 412	19 094	9 040	2 331	616	–	–	–	–	–	29
1 820	1 999	1 362	510	–	–	–	–	–	–	30
4 520	2 454	859	233	–	–	–	–	–	–	31
3 463	2 054	1 008	351	–	–	–	–	–	–	32
2 032	6 097	7 256	5 570	3 556	2 039	903	615	1 065	–	33

34. Population in households by age and sex of householder, size and relationship to householder by urban/rural residence: each census, 1985 – 1995 (continued)
Data by urban/rural residence

(See notes at end of table.)

	Continent, country or area, date, sex, size, relationship and urban/rural residence Continent, pays ou zone, date, sexe, dimension, lien et résidence, urbaine/rurale	Age (in years) All ages Tous âges	15 + [1]	– 15	15–19	20–24	25–29	30–34
	EUROPE (Cont.–Suite)							
	Romania – Roumanie							
	Urban – Urbaine							
	7 I 1992							
	Total							
1	Total	12 022 458	12 020 659	233	17 306	348 087	787 250	1 595 845
2	1	647 446	646 088	98	4 251	32 760	32 354	40 083
3	2 +	11 375 012	11 373 971	135	13 055	315 327	754 896	1 555 762
	2							
4	Spouse – Epouse	1 332 458	1 332 158	–	1 874	72 852	72 656	64 058
	No spouse – Sans épouse							
5	Child – Enfant	389 462	389 428	2	736	11 932	19 406	37 408
6	Other – Autres	525 880	120 048	82	2 830	13 570	8 032	6 930
	3 +							
7	Spouse + Child – Epouse + enfant	7 706 635	7 706 295	4	4 137	178 484	590 036	1 303 642
8	Spouse, child, other – Epouse, enfant, autres	770 367	770 336	4	578	12 695	27 433	59 913
	No spouse – Sans épouse							
9	Children – Enfants	447 026	447 002	4	437	6 064	17 785	52 846
10	Children, other – Enfants, autres	240 529	240 505	8	702	6 265	10 512	22 693
11	Other – Autres	368 355	368 154	31	1 761	13 465	9 036	8 272
	Male – Masculin							
12	Total	10 198 016	10 197 054	59	10 804	286 581	701 629	1 433 745
13	1	228 446	227 678	24	2 191	17 466	17 754	22 914
14	2 +	9 969 570	9 968 776	35	8 613	269 115	683 875	1 410 831
	2							
15	Spouse – Epouse	1 282 746	1 282 456	–	1 562	68 680	69 664	61 060
	No spouse – Sans épouse							
16	Child – Enfant	70 202	70 192	2	272	2 512	2 370	4 778
17	Other – Autres	451 100	45 348	30	1 402	7 562	4 664	4 166
	3 +							
18	Spouse + Child – Epouse + enfant	7 489 862	7 489 539	–	3 371	164 936	568 252	1 264 436
19	Spouse, child, other – Epouse, enfant, autres	600 756	600 733	–	418	11 050	25 721	57 007
	No spouse – Sans épouse							
20	Children – Enfants	115 743	115 739	–	268	1 425	1 836	4 796
21	Children, other – Enfants, autres	68 823	68 817	–	439	2 996	3 963	7 521
22	Other – Autres	296 038	295 902	3	881	9 954	7 405	7 067
	Female – Féminin							
23	Total	1 824 442	1 823 605	174	6 502	61 506	85 621	162 100
24	1	419 000	418 410	74	2 060	15 294	14 600	17 169
25	2 +	1 405 442	1 405 195	100	4 442	46 212	71 021	144 931
	2							
26	Spouse – Epouse	49 712	49 702	–	312	4 172	2 992	2 998
	No spouse – Sans épouse							
27	Child – Enfant	319 260	319 236	–	464	9 420	17 036	32 630
28	Other – Autres	74 780	74 700	52	1 428	6 008	3 368	2 764
	3 +							
29	Spouse + Child – Epouse + enfant	216 773	216 756	4	766	13 548	21 784	39 206
30	Spouse, child, other – Epouse, enfant, autres	169 611	169 603	4	160	1 645	1 712	2 906
	No spouse – Sans épouse							
31	Children – Enfants	331 283	331 263	4	169	4 639	15 949	48 050
32	Children, other – Enfants, autres	171 706	171 688	8	263	3 269	6 549	15 172
33	Other – Autres	72 317	72 252	28	880	3 511	1 631	1 205

34. Effectifs des ménages selon l'âge et le sexe des chefs de ménage, la dimension du ménage, le lien avec le chef de ménage et la résidence, urbaine/rurale: chaque recensement, 1985 – 1995 (suite)
Données selon la résidence urbaine/rurale

(Voir notes à la fin du tableau.)

Age (en années)										
35–39	40–44	45–49	50–54	55–59	60–64	65–69	70–74	75+	Unknown Inconnu	
2 132 761	1 841 405	1 193 212	1 145 081	964 059	766 739	556 011	282 527	390 376	2 166	1
43 235	38 214	33 355	47 765	59 879	74 713	80 100	56 200	103 179	1 260	2
2 089 526	1 803 191	1 159 857	1 097 316	904 180	692 026	475 911	225 727	287 197	906	3
59 542	56 776	68 560	130 692	187 774	220 080	187 518	91 462	118 314	300	4
53 044	51 436	41 382	46 778	41 436	31 908	22 486	12 296	19 180	32	5
6 774	6 208	5 452	7 904	10 024	12 936	13 844	9 336	16 208	50	6
1 741 857	1 454 153	844 351	681 667	445 703	248 750	124 592	45 700	43 223	336	7
95 090	104 166	92 658	101 408	91 118	69 998	50 500	27 227	37 552	27	8
90 613	85 847	55 435	48 025	35 448	24 564	15 149	7 211	7 578	25	9
32 601	29 828	24 084	25 095	24 739	21 487	17 535	10 759	14 205	16	10
10 005	14 777	27 940	55 747	67 938	62 253	44 287	21 736	30 937	120	11
1 908 649	1 636 241	1 039 969	974 332	792 018	599 274	399 725	180 632	233 455	1 503	12
24 987	21 179	15 810	18 542	18 364	19 013	16 534	9 993	22 931	744	13
1 883 662	1 615 062	1 024 159	955 790	773 654	580 261	383 191	170 039	210 524	759	14
56 076	52 676	64 366	124 762	181 340	213 966	182 698	89 084	116 522	290	15
8 286	9 704	8 204	9 536	8 274	6 228	4 044	1 916	4 068	8	16
4 020	3 332	2 638	3 016	3 002	3 138	2 796	1 706	3 906	22	17
1 696 219	1 419 746	823 534	664 683	434 473	242 809	120 968	44 321	41 791	323	18
90 540	96 305	82 461	82 898	64 299	40 513	22 984	10 630	15 907	23	19
10 225	13 453	13 416	16 621	17 706	15 372	10 652	4 943	5 026	4	20
10 020	8 636	6 767	6 946	6 230	5 238	3 946	2 205	3 910	6	21
8 276	11 210	22 773	47 328	58 330	52 947	35 103	15 234	19 394	83	22
224 112	205 164	153 243	170 749	172 041	167 465	156 286	101 895	156 921	663	23
18 248	17 035	17 545	29 223	41 515	55 700	63 566	46 207	80 248	516	24
205 864	188 129	135 698	141 526	130 526	111 765	92 720	55 688	76 673	147	25
3 466	4 100	4 194	5 930	6 434	6 114	4 820	2 378	1 792	10	26
44 758	41 732	33 178	37 242	33 162	25 680	18 442	10 380	15 112	24	27
2 754	2 876	2 814	4 888	7 022	9 798	11 048	7 630	12 302	28	28
45 638	34 407	20 817	16 984	11 230	5 941	3 624	1 379	1 432	13	29
4 550	7 861	10 197	18 510	26 819	29 485	27 516	16 597	21 645	4	30
80 388	72 394	42 019	31 404	17 742	9 192	4 497	2 268	2 552	21	31
22 581	21 192	17 317	18 149	18 509	16 249	13 589	8 554	10 295	10	32
1 729	3 567	5 167	8 419	9 608	9 306	9 184	6 502	11 543	37	33

34. Population in households by age and sex of householder, size and relationship to householder by urban/rural residence: each census, 1985 – 1995 (continued)
Data by urban/rural residence

(See notes at end of table.)

	Continent, country or area, date, sex, size, relationship and urban/rural residence — Continent, pays ou zone, date, sexe, dimension, lien et résidence, urbaine/rurale	All ages Tous âges	15 + [1]	– 15	15–19	20–24	25–29	30–34
		Age (in years)						
	EUROPE (Cont.–Suite)							
	Romania – Roumanie							
	Rural – Rurale							
	7 I 1992							
	Total							
1	Total	10 363 249	10 362 956	172	12 477	170 001	368 890	674 919
2	1	599 443	599 268	112	2 750	9 912	7 825	9 725
3	2 +	9 763 806	9 763 688	60	9 727	160 089	361 065	665 194
	2							
4	Spouse – Epouse	1 594 042	1 594 030	–	1 602	29 868	22 272	16 116
	No spouse – Sans épouse							
5	Child – Enfant	245 972	245 966	4	398	2 846	3 268	5 554
6	Other – Autres	82 176	82 132	36	1 282	3 414	2 210	2 200
	3 +							
	Spouse + Child –							
7	Epouse + enfant	5 559 286	5 559 270	–	4 027	100 324	288 080	548 073
	Spouse, child, other –							
8	Epouse, enfant, autres	1 332 593	1 232 583	–	696	10 965	29 425	63 813
	No spouse – Sans épouse							
9	Children – Enfants	335 883	335 883	–	222	2 875	6 536	16 584
	Children, other –							
10	Enfants, autres	192 454	192 443	11	440	3 223	4 601	8 429
11	Other – Autres	521 400	521 381	9	1 060	6 574	4 673	4 425
	Male – Masculin							
12	Total	8 914 416	8 914 262	80	10 306	159 372	354 778	645 486
13	1	188 184	188 096	61	2 030	8 229	6 703	8 471
14	2 +	8 726 232	8 726 166	19	8 276	151 143	348 075	637 015
	2							
15	Spouse – Epouse	1 575 018	1 575 006	–	1 484	29 432	22 046	15 834
	No spouse – Sans épouse							
16	Child – Enfant	61 272	61 272	–	144	1 188	1 364	2 682
17	Other – Autres	32 710	32 688	16	958	2 766	1 892	1 914
	3 +							
	Spouse + Child –							
18	Epouse + enfant	5 472 174	5 472 158	–	3 726	97 965	284 895	541 652
	Spouse, child, other –							
19	Epouse, enfant, autres	934 141	934 131	–	624	10 490	28 921	63 030
	No spouse – Sans épouse							
20	Children – Enfants	133 685	133 685	–	147	1 024	1 503	2 860
	Children, other –							
21	Enfants, autres	65 906	65 906	–	364	2 288	3 029	4 855
22	Other – Autres	451 326	451 320	3	829	5 990	4 425	4 188
	Female – Féminin							
23	Total	1 448 833	1 448 694	92	2 171	10 629	14 112	29 433
24	1	411 259	411 172	51	720	1 683	1 122	1 254
25	2 +	1 037 574	1 037 522	41	1 451	8 946	12 990	28 179
	2							
26	Spouse – Epouse	19 024	19 024	–	118	436	226	282
	No spouse – Sans épouse							
27	Child – Enfant	184 700	184 694	4	254	1 658	1 904	2 872
28	Other – Autres	49 466	49 444	20	324	648	318	286
	3 +							
	Spouse + Child –							
29	Epouse + enfant	87 112	87 112	–	301	2 359	3 185	6 421
	Spouse, child, other –							
30	Epouse, enfant, autres	398 452	298 452	–	72	475	504	783
	No spouse – Sans épouse							
31	Children – Enfants	202 198	202 198	–	75	1 851	5 033	13 724
	Children, other –							
32	Enfants, autres	126 548	126 537	11	76	935	1 572	3 574
33	Other – Autres	70 074	70 061	6	231	584	248	237

34. Effectifs des ménages selon l'âge et le sexe des chefs de ménage, la dimension du ménage, le lien avec le chef de ménage et la résidence, urbaine/rurale: chaque recensement, 1985 – 1995 (suite)
Données selon la résidence urbaine/rurale

(Voir notes à la fin du tableau.)

Age (en années)										
35–39	40–44	45–49	50–54	55–59	60–64	65–69	70–74	75+	Unknown Inconnu	
906 147	1 099 408	1 080 083	1 307 348	1 349 253	1 178 730	970 757	504 811	740 132	121	1
11 959	14 539	17 327	32 053	53 706	79 572	103 856	79 631	176 413	63	2
894 188	1 084 869	1 062 756	1 275 295	1 295 547	1 099 158	866 901	425 180	563 719	58	3
15 120	23 922	48 582	135 464	257 378	337 726	332 454	164 062	209 464	12	4
9 392	14 488	19 148	31 498	38 168	34 532	29 800	19 160	37 714	2	5
2 304	2 634	3 352	6 188	9 674	12 670	13 474	8 568	14 162	8	6
707 675	823 007	744 238	779 128	656 269	432 423	263 662	107 121	105 243	16	7
109 775	146 856	152 762	169 483	153 002	125 029	106 636	64 294	99 847	10	8
31 469	43 885	43 163	50 864	47 854	36 412	26 835	13 212	15 972	–	9
12 794	16 747	16 623	21 855	23 887	23 192	22 561	13 577	24 514	–	10
5 659	13 330	34 888	80 815	109 315	97 174	71 479	35 186	56 803	10	11
852 900	1 021 908	989 166	1 167 245	1 167 483	974 723	750 269	349 678	470 948	74	12
10 078	10 982	10 608	14 186	16 542	19 118	21 950	14 471	44 728	27	13
842 822	1 010 926	978 558	1 153 059	1 150 941	955 605	728 319	335 207	426 220	47	14
14 682	23 064	47 064	132 662	253 690	334 128	329 842	162 692	208 386	12	15
4 448	5 536	5 540	7 760	8 158	6 872	5 666	3 026	8 888	–	16
1 948	1 888	1 888	2 582	3 136	3 610	3 524	2 044	4 538	6	17
697 467	810 990	732 269	765 804	644 849	425 449	259 218	104 902	102 972	16	18
107 878	142 643	143 212	144 201	110 042	68 817	45 298	23 857	45 118	10	19
5 421	8 677	10 966	17 957	23 322	23 031	19 014	9 200	10 563	–	20
5 748	6 320	5 837	7 572	7 603	6 438	5 473	2 984	7 395	–	21
5 230	11 808	31 782	74 521	100 141	87 260	60 284	26 502	38 360	3	22
53 247	77 500	90 917	140 103	181 770	204 007	220 488	155 133	269 184	47	23
1 881	3 557	6 719	17 867	37 164	60 454	81 906	65 160	131 685	36	24
51 366	73 943	84 198	122 236	144 606	143 553	138 582	89 973	137 499	11	25
438	858	1 518	2 802	3 688	3 598	2 612	1 370	1 078	–	26
4 944	8 952	13 608	23 738	30 010	27 660	24 134	16 134	28 826	2	27
356	746	1 464	3 606	6 538	9 060	9 950	6 524	9 624	2	28
10 208	12 017	11 969	13 324	11 420	6 974	4 444	2 219	2 271	–	29
1 897	4 213	9 550	25 282	42 960	56 212	61 338	40 437	54 729	–	30
26 048	35 208	32 197	32 907	24 532	13 381	7 821	4 012	5 409	–	31
7 046	10 427	10 786	14 283	16 284	16 754	17 088	10 593	17 119	–	32
429	1 522	3 106	6 294	9 174	9 914	11 195	8 684	18 443	7	33

34. Population in households by age and sex of householder, size and relationship to householder and urban/rural residence: each census, 1985 – 1995 (continued)

GENERAL NOTES

For definitions of "urban", see end of table 6. For method of evaluation and limitations of data, see Technical Notes, page 117.

FOOTNOTES

- * Provisional.
- 1 Excluding persons of unknown age.
- 2 De jure population.
- 3 Because of rounding, totals are not in all cases the sum of the parts.
- 4 Data exclude adjustment for underenumeration.
- 5 De jure population, but excluding armed forces overseas and civilian citizens absent from country for extended period of time.
- 6 Based on the results of a household survey.
- 7 Data exclude adjustment for underenumeration, estimated at 6.92 per cent.
- 8 Data exclude adjustment of underenumeration, estimated at 2.6 per cent.
- 9 For classification by urban/rural residence, see end of table.
- 10 For government controlled areas.

NOTES GENERALES

Pour les définitions des "régions urbaines", se reporter à la fin du tableau 6. Pour la méthode d'évaluation et les insuffisances des données, voir Notes techniques, page 117.

NOTES

- * Données provisoires.
- 1 Non compris les personnes d'âge inconnu.
- 2 Population de droit.
- 3 Les chiffres étant arrondis, les totaux ne correspondent pas toujours rigoureusement à la somme des chiffres partiels.
- 4 Les données n'ont pas été ajustées pour compenser les lacunes du dénombrement.
- 5 Population de droit, mais non compris les militaires à l'étranger, et les civils hors du pays pendant une période prolongée.
- 6 D'après les résultats d'une enquête des ménages.
- 7 Les données n'ont pas été ajustées pour compenser les lacunes du dénombrement, estimées à 6,92 p. 100.
- 8 Les données n'ont pas été ajustées pour compenser les lacunes du dénombrement, estimées à 2,6 p. 100.
- 9 Pour le classement selon la résidence, urbaine/rurale, voir la fin du tableau.
- 10 Pour les zones dontrolées par le Gouvernement.

34. Effectifs des ménages selon l'âge et le sexe des chefs de ménage, la dimension du ménage, le lien avec le chef de ménage et la résidence, urbaine/rurale: chaque recensement, 1985 – 1995 (suite)
Données selon la résidence urbaine/rurale

FOOTNOTES

11 Including transients and Vietnamese refugees.
12 Based on a sample of census returns.
13 Excluding diplomatic personnel outside country and foreign military and civilian personnel and their dependants stationed in the area.
14 Based on a 20 per cent sample of census returns.
15 Excluding alien armed forces, civilian aliens employed by armed forces and foreign diplomatic personnel and their dependants.
16 Based on a 2 per cent sample of census returns.
17 Excluding the Faeroe Islands and Greenland.
18 Based on national registers.
19 Including armed forces stationed outside country, but excluding alien armed forces stationed in the area.
20 Excluding diplomatic personnel and armed forces stationed outside country, the latter numbering 1 936 at 1966 census; also excluding alien armed forces within the country.
21 Excluding semi–urban.

NOTES

11 Y compris transients et réfugiés du Viet Nam.
12 D'après un échantillon des bulletins de recensement.
13 Non compris le personnel diplomatique hors du pays ni les militaires et agents civils étrangers en poste sur le territoire et les membres de leur famille les accompagnant.
14 D'après un échantillon de 20 p. 100 des bulletins de recensement.
15 Non compris les militaires étrangers, les civils étrangers employés sur les forces armées, ni le personnel diplomatique étranger et les membres de leur famille les accompagnant.
16 D'après un échantillon de 2 p. 100 des bulletins de recensement.
17 Non compris les îles Féroé et le Groenland.
18 D'après les registres nationaux.
19 Y compris les militaires en garnisom hors du pays, mais non compris les militaires étrangers en garnison sur le territoire.
20 Non compris le personnel diplomatique et les militaires hors du pays, ces derniers étant au nombre de 1 936 au recensement de 1966; non compris également les militaires étrangers en garnison dans le pays.
21 Non compris semi–urbaine.

35. Households by age and sex of householder, size and type of household and urban/rural residence: each census, 1985 – 1995

(See notes at end of table.)

	Continent, country or area, date, sex, size, family type and urban/rural residence Continent, pays ou zone, date, sexe, dimension, type de famille et résidence, urbaine/rurale	Age (in years) All ages Tous âges	15 + [1]	– 15	15–19	20–24	25–29	30–34
	AFRICA—AFRIQUE							
	Namibia – Namibie							
	21 X 1991							
	Total							
1	Total	254 389	...	...	...	...	...	...
2	1	27 173	...	...	...	...	...	...
3	2 +	257 773	...	...	...	...	...	...
	Nuclear – Nucléaire							
4	Spouse – Epouse	50 899	...	...	...	...	...	...
5	Other – Autres	49 129	...	...	...	...	...	...
	Extended – Elargis							
6	Spouse – Epouse	47 282	...	...	...	...	...	...
7	Other – Autres	70 834	...	...	...	...	...	...
	Composite – Complexes							
8	Spouse – Epouse	14 080	...	...	...	...	...	...
9	Other – Autres	25 549	...	...	...	...	...	...
	Male – Masculin							
10	Total	154 466	...	...	...	...	...	...
11	1	18 510	...	...	...	...	...	...
12	2 +	157 851	...	...	...	...	...	...
	Nuclear – Nucléaire							
13	Spouse – Epouse	49 073	...	...	...	...	...	...
14	Other – Autres	21 085	...	...	...	...	...	...
	Extended – Elargis							
15	Spouse – Epouse	44 844	...	...	...	...	...	...
16	Other – Autres	15 467	...	...	...	...	...	...
	Composite – Complexes							
17	Spouse – Epouse	13 302	...	...	...	...	...	...
18	Other – Autres	14 080	...	...	...	...	...	...
	Female – Féminin							
19	Total	99 923	...	...	...	...	...	...
20	1	8 663	...	...	...	...	...	...
21	2 +	99 922	...	...	...	...	...	...
	Nuclear – Nucléaire							
22	Spouse – Epouse	1 826	...	...	...	...	...	...
23	Other – Autres	28 044	...	...	...	...	...	...
	Extended – Elargis							
24	Spouse – Epouse	2 438	...	...	...	...	...	...
25	Other – Autres	55 367	...	...	...	...	...	...
	Composite – Complexes							
26	Spouse – Epouse	778	...	...	...	...	...	...
27	Other – Autres	11 469	...	...	...	...	...	...
	AMERICA,NORTH— AMERIQUE DU NORD							
	Canada							
	3 VI 1986 [2 3]							
	Total							
28	Total	8 991 670	8 991 670	–	41 415	494 530	1 015 505	1 108 535
29	1	1 934 710	1 934 710	–	14 035	139 595	214 785	180 035
30	2 +	7 056 965	7 056 945	–	27 380	354 935	800 720	928 500
	Nuclear – Nucléaire							
31	Spouse – Epouse	5 332 475	5 332 475	–	9 100	210 145	603 410	731 585
32	Other – Autres	655 735	655 735	–	4 815	35 825	64 575	83 215
	Extended – Elargis							
33	Spouse – Epouse	340 135	340 130	–	445	8 415	25 290	34 825
34	Other – Autres	275 205	275 215	–	3 235	21 705	27 385	21 900
	Composite – Complexes							
35	Spouse – Epouse	121 525	121 540	–	515	6 415	13 150	15 210
36	Other – Autres	79 255	79 265	–	1 145	8 320	10 945	10 630
	Unknown type –Type inconnu							
37	Spouse – Epouse	–	–	–	–	–	–	–
38	Other – Autres	252 615	252 610	–	8 130	64 105	55 965	31 150

35. Ménages selon l'âge et le sexe du chef de ménage, la dimension et le type du ménage et la résidence, urbaine/rurale: chaque recensement, 1985 – 1995

(Voir notes à la fin du tableau.)

Age (en années) 35–39	40–44	45–49	50–54	55–59	60–64	65–69	70–74	75+	Unknown Inconnu	
...	...	...	...	...	...	...	...	...	...	1
...	...	...	...	...	...	...	...	...	...	2
...	...	...	...	...	...	...	...	...	...	3
...	...	...	...	...	...	...	...	...	...	4
...	...	...	...	...	...	...	...	...	...	5
...	...	...	...	...	...	...	...	...	...	6
...	...	...	...	...	...	...	...	...	...	7
...	...	...	...	...	...	...	...	...	...	8
...	...	...	...	...	...	...	...	...	...	9
...	...	...	...	...	...	...	...	...	...	10
...	...	...	...	...	...	...	...	...	...	11
...	...	...	...	...	...	...	...	...	...	12
...	...	...	...	...	...	...	...	...	...	13
...	...	...	...	...	...	...	...	...	...	14
...	...	...	...	...	...	...	...	...	...	15
...	...	...	...	...	...	...	...	...	...	16
...	...	...	...	...	...	...	...	...	...	17
...	...	...	...	...	...	...	...	...	...	18
...	...	...	...	...	...	...	...	...	...	19
...	...	...	...	...	...	...	...	...	...	20
...	...	...	...	...	...	...	...	...	...	21
...	...	...	...	...	...	...	...	...	...	22
...	...	...	...	...	...	...	...	...	...	23
...	...	...	...	...	...	...	...	...	...	24
...	...	...	...	...	...	...	...	...	...	25
...	...	...	...	...	...	...	...	...	...	26
...	...	...	...	...	...	...	...	...	...	27
1 084 840	886 630	726 185	686 330	680 280	646 725	553 140	468 165	599 390	–	28
139 040	101 850	87 465	97 350	123 565	156 815	175 445	187 790	316 940	–	29
945 800	784 775	638 725	588 965	556 715	489 915	377 695	280 375	282 445	–	30
737 460	600 340	482 905	443 985	421 170	376 205	295 460	218 640	202 070	–	31
100 745	91 465	69 560	57 860	49 020	37 015	23 055	15 605	22 980	–	32
40 840	37 515	38 440	40 730	38 885	31 140	20 650	13 150	9 805	–	33
20 125	18 405	17 735	19 555	22 585	24 550	23 240	21 455	33 340	–	34
16 450	14 890	13 405	12 310	10 535	8 075	4 905	3 120	2 560	–	35
11 125	9 530	7 310	5 715	4 830	3 555	2 355	1 590	2 215	–	36
–	–	–	–	–	–	–	–	–	–	37
19 065	12 625	9 360	8 825	9 710	9 350	8 040	6 815	9 470	–	38

35. Households by age and sex of householder, size and type of household and urban/rural residence: each census, 1985 – 1995 (continued)

(See notes at end of table.)

	Continent, country or area, date, sex, size, family type and urban/rural residence Continent, pays ou zone, date, sexe, dimension, type de famille et résidence, urbaine/rurale	Age (in years) All ages Tous âges	15 + [1]	– 15	15–19	20–24	25–29	30–34
	AMERICA,NORTH— (Cont.–Suite) AMERIQUE DU NORD							
	Canada							
	3 VI 1986 [2 3]							
	Male – Masculin							
1	Total	6 436 845	6 436 850	–	17 550	290 445	720 955	839 440
2	1	797 070	797 070	–	6 065	70 780	120 665	105 860
3	2 +	5 639 780	5 639 770	–	11 490	219 665	600 290	733 580
	Nuclear – Nucléaire							
4	Spouse – Epouse	4 837 015	4 837 020	–	4 905	157 350	510 880	647 965
5	Other – Autres	116 410	116 410	–	570	2 390	5 125	8 465
	Extended – Elargis							
6	Spouse – Epouse	311 435	311 430	–	250	6 295	21 410	31 020
7	Other – Autres	101 975	101 970	–	1 480	9 995	12 830	9 585
	Composite – Complexes							
8	Spouse – Epouse	106 160	106 160	–	225	4 530	10 605	12 915
9	Other – Autres	26 160	26 170	–	380	3 290	4 170	3 530
	Unknown type –Type inconnu							
10	Spouse – Epouse	–	–	–	–	–	–	–
11	Other – Autres	140 620	140 625	–	3 680	35 810	35 270	20 115
	Female – Féminin							
12	Total	2 554 825	2 554 820	–	23 865	204 085	294 550	269 095
13	1	1 137 640	1 137 640	–	7 970	68 815	94 120	74 175
14	2 +	1 417 185	1 417 175	–	15 890	135 270	200 430	194 920
	Nuclear – Nucléaire							
15	Spouse – Epouse	495 460	495 455	–	4 195	52 795	92 530	83 620
16	Other – Autres	539 325	539 325	–	4 245	33 435	59 450	74 750
	Extended – Elargis							
17	Spouse – Epouse	28 700	28 700	–	195	2 120	3 880	3 805
18	Other – Autres	173 230	173 245	–	1 755	11 710	14 555	12 315
	Composite – Complexes							
19	Spouse – Epouse	15 365	15 380	–	290	1 885	2 545	2 295
20	Other – Autres	53 095	53 095	–	765	5 030	6 775	7 100
	Unknown type –Type inconnu							
21	Spouse – Epouse	–	–	–	–	–	–	–
22	Other – Autres	111 995	111 985	–	4 450	28 295	20 695	11 035
	4 VI 1991 [2 3 4]							
	Total							
23	Total	10 018 270	10 018 255	–	47 415	418 810	983 270	1 236 725
24	1	2 297 060	2 297 045	–	14 885	115 555	220 780	218 745
25	2 +	7 721 205	7 721 195	–	32 525	303 260	762 490	1 017 980
	Nuclear – Nucléaire							
26	Spouse – Epouse	5 763 390	5 763 395	–	10 400	159 650	540 060	773 955
27	Other – Autres	742 130	742 110	–	6 810	37 555	70 585	99 735
	Extended – Elargis							
28	Spouse – Epouse	364 235	364 225	–	490	7 150	24 855	38 705
29	Other – Autres	256 160	256 155	–	3 035	17 085	23 750	21 650
	Composite – Complexes							
30	Spouse – Epouse	158 855	158 860	–	715	7 090	16 635	22 755
31	Other – Autres	115 770	115 780	–	1 635	9 720	15 400	17 670
	Unknown type –Type inconnu							
32	Spouse – Epouse	–	–	–	–	–	–	–
33	Other – Autres	320 585	320 580	–	9 440	65 010	71 200	43 515

35. Ménages selon l'âge et le sexe du chef de ménage, la dimension et le type du ménage et la résidence, urbaine/rurale: chaque recensement, 1985 – 1995 (suite)

(Voir notes à la fin du tableau.)

Age (en années)										
35–39	40–44	45–49	50–54	55–59	60–64	65–69	70–74	75+	Unknown Inconnu	
843 680	698 115	576 495	541 345	520 885	464 265	361 265	274 790	287 620	–	1
83 390	58 915	46 960	47 290	51 840	51 405	44 900	42 175	66 825	–	2
760 290	639 195	529 535	494 045	469 040	412 865	316 365	232 615	220 795	–	3
669 650	554 080	450 045	416 150	396 535	355 035	277 210	205 315	191 900	–	4
15 550	19 430	17 020	14 680	11 805	8 350	5 050	3 280	4 695	–	5
37 240	34 425	35 590	38 055	36 620	29 370	19 445	12 355	9 355	–	6
8 175	7 535	7 330	7 675	8 260	7 870	6 575	6 015	8 645	–	7
14 255	13 285	12 175	11 275	9 735	7 455	4 490	2 850	2 365	–	8
3 400	2 950	2 295	1 785	1 525	1 015	710	465	655	–	9
–	–	–	–	–	–	–	–	–	–	10
12 025	7 490	5 070	4 435	4 575	3 760	2 885	2 340	3 170	–	11
241 160	188 515	149 690	144 985	159 395	182 460	191 875	193 375	311 770	–	12
55 650	42 935	40 505	50 060	71 725	105 410	130 545	145 615	250 115	–	13
185 510	145 580	109 190	94 920	87 675	77 050	61 330	47 760	61 650	–	14
67 810	46 260	32 860	27 835	24 635	21 170	18 250	13 325	10 170	–	15
85 195	72 035	52 540	43 180	37 215	28 665	18 005	12 325	18 285	–	16
3 600	3 090	2 850	2 675	2 265	1 770	1 205	795	450	–	17
11 950	10 870	10 405	11 880	14 325	16 680	16 665	15 440	24 695	–	18
2 195	1 605	1 230	1 035	800	620	415	270	195	–	19
7 725	6 580	5 015	3 930	3 305	2 540	1 645	1 125	1 560	–	20
–	–	–	–	–	–	–	–	–	–	21
7 040	5 135	4 290	4 390	5 135	5 590	5 155	4 475	6 300	–	22
1 213 545	1 149 470	920 625	745 790	696 330	683 615	647 290	520 965	754 405	–	23
184 120	159 575	133 655	122 585	137 975	171 070	207 320	208 030	402 750	–	24
1 029 420	989 900	786 970	623 200	558 355	512 545	439 965	312 930	351 655	–	25
786 110	747 665	594 885	474 185	429 930	398 710	345 500	245 540	256 805	–	26
114 625	117 480	86 520	55 485	42 105	34 880	27 930	19 360	29 040	–	27
41 675	45 930	42 485	41 605	39 420	32 925	23 315	13 780	11 890	–	28
17 875	17 995	16 545	17 150	18 585	21 540	23 635	20 845	36 465	–	29
24 550	23 975	19 290	14 440	11 000	7 920	5 150	2 775	2 565	–	30
17 360	16 450	11 850	7 815	5 625	4 470	3 115	1 980	2 690	–	31
–	–	–	–	–	–	–	–	–	–	32
27 225	20 395	15 390	12 520	11 705	12 100	11 320	8 640	12 120	–	33

35. Households by age and sex of householder, size and type of household and urban/rural residence: each census, 1985 – 1995 (continued)

(See notes at end of table.)

	Continent, country or area, date, sex, size, family type and urban/rural residence Continent, pays ou zone, date, sexe, dimension, type de famille et résidence, urbaine/rurale	Age (in years) All ages Tous âges	15 + [1]	– 15	15–19	20–24	25–29	30–34
	AMERICA,NORTH— (Cont.–Suite) AMERIQUE DU NORD							
	Canada							
	4 VI 1991 [2 3 4]							
	Male – Masculin							
1	Total	7 001 560	7 001 545	–	18 650	228 380	665 430	904 535
2	1	970 190	970 190	–	6 575	59 735	128 680	133 755
3	2 +	6 031 365	6 031 360	–	12 075	168 650	536 750	770 785
	Nuclear – Nucléaire							
4	Spouse – Epouse	5 127 095	5 127 100	–	4 730	109 195	434 465	663 305
5	Other – Autres	126 745	126 740	–	700	2 385	5 570	10 410
	Extended – Elargis							
6	Spouse – Epouse	327 890	327 875	–	215	4 715	20 140	33 425
7	Other – Autres	86 890	86 890	–	1 430	8 200	12 080	10 275
	Composite – Complexes							
8	Spouse – Epouse	135 415	135 420	–	300	4 625	13 075	18 740
9	Other – Autres	43 800	43 800	–	535	3 695	6 405	6 665
	Unknown type –Type inconnu							
10	Spouse – Epouse	–	–	–	–	–	–	–
11	Other – Autres	183 445	183 445	–	4 165	35 830	45 015	27 965
	Female – Féminin							
12	Total	3 016 710	3 016 710	–	28 765	190 430	317 840	332 190
13	1	1 326 870	1 326 855	–	8 310	55 820	92 100	84 990
14	2 +	1 689 840	1 689 835	–	20 450	134 610	225 740	247 195
	Nuclear – Nucléaire							
15	Spouse – Epouse	636 295	636 295	–	5 670	50 455	105 595	110 650
16	Other – Autres	615 385	615 370	–	6 110	35 170	65 015	89 325
	Extended – Elargis							
17	Spouse – Epouse	36 345	36 350	–	275	2 435	4 715	5 280
18	Other – Autres	169 270	169 265	–	1 605	8 885	11 670	11 375
	Composite – Complexes							
19	Spouse – Epouse	23 440	23 440	–	415	2 465	3 560	4 015
20	Other – Autres	71 970	71 980	–	1 100	6 025	8 995	11 005
	Unknown type –Type inconnu							
21	Spouse – Epouse	–	–	–	–	–	–	–
22	Other – Autres	137 140	137 135	–	5 275	29 180	26 185	15 550
	United States – Etats–Unis [5]							
	1 III 1985 [3 6]							
	Total							
23	Total	86 788 000	86 787 000	–	420 000	5 018 000	9 637 000	10 376 000
24	1	20 602 000	20 602 000	–	129 000	1 194 000	2 067 000	1 838 000
25	2 +	66 186 000	66 185 000	–	291 000	3 824 000	7 570 000	8 538 000
	Nuclear – Nucléaire							
26	Spouse – Epouse	50 350 000	50 348 000	–	91 000	2 057 000	5 271 000	6 349 000
27	Other – Autres	15 836 000	15 837 000	–	200 000	1 767 000	2 299 000	2 189 000
	Male – Masculin							
28	Total	60 025 000	60 025 000	–	210 000	3 243 000	6 956 000	7 613 000
29	1	7 922 000	7 922 000	–	69 000	681 000	1 232 000	1 075 000
30	2 +	52 103 000	52 103 000	–	141 000	2 562 000	5 724 000	6 538 000
	Nuclear – Nucléaire							
31	Spouse – Epouse	47 683 000	47 683 000	–	69 000	1 858 000	4 885 000	5 910 000
32	Other – Autres	4 420 000	4 420 000	–	72 000	704 000	839 000	628 000
	Female – Féminin							
33	Total	26 763 000	26 762 000	–	210 000	1 775 000	2 681 000	2 763 000
34	1	12 680 000	12 680 000	–	60 000	513 000	835 000	763 000
35	2 +	14 083 000	14 082 000	–	150 000	1 262 000	1 846 000	2 000 000
	Nuclear – Nucléaire							
36	Spouse – Epouse	2 667 000	2 665 000	–	22 000	199 000	386 000	439 000
37	Other – Autres	11 416 000	11 417 000	–	128 000	1 063 000	1 460 000	1 561 000
	1 III 1988 [3 6]							
	Total							
38	Total	91 066 000	91 067 000	–	453 000	4 775 000	9 614 000	10 969 000
39	1	21 889 000	21 885 000	–	126 000	1 118 000	2 118 000	1 901 000
40	2 +	69 177 000	69 178 000	–	327 000	3 657 000	7 496 000	9 068 000
	Nuclear – Nucléaire							
41	Spouse – Epouse	51 809 000	51 808 000	–	87 000	1 720 000	5 085 000	6 553 000
42	Other – Autres	17 368 000	17 372 000	–	240 000	1 937 000	2 411 000	2 515 000

35. Ménages selon l'âge et le sexe du chef de ménage, la dimension et le type du ménage et la résidence, urbaine/rurale: chaque recensement, 1985 – 1995 (suite)

(Voir notes à la fin du tableau.)

Age (en années) 35–39	40–44	45–49	50–54	55–59	60–64	65–69	70–74	75+	Unknown Inconnu	
909 295	872 930	706 570	575 035	528 835	495 865	427 105	307 130	361 785	–	1
112 700	92 825	69 895	57 520	57 465	61 155	58 370	47 480	84 035	–	2
796 595	780 110	636 675	517 515	471 365	434 710	368 735	259 645	277 750	–	3
691 640	670 655	542 050	437 085	400 570	374 875	323 800	230 720	244 010	–	4
16 970	23 165	20 605	14 065	10 180	7 710	5 625	3 745	5 610	–	5
36 910	41 335	38 610	38 300	36 810	31 080	21 950	13 040	11 345	–	6
7 200	6 305	5 335	5 435	5 335	5 845	5 960	4 995	8 495	–	7
20 605	20 755	17 195	13 030	10 090	7 305	4 760	2 540	2 400	–	8
6 190	6 015	4 520	3 135	2 285	1 690	1 170	655	840	–	9
–	–	–	–	–	–	–	–	–	–	10
17 075	11 880	8 360	6 460	6 105	6 205	5 470	3 940	4 975	–	11
304 250	276 540	214 055	170 755	167 495	187 750	220 185	213 835	392 620	–	12
71 420	66 750	63 760	65 065	80 510	109 915	148 950	160 550	318 715	–	13
232 825	209 790	150 295	105 685	86 990	77 835	71 230	53 285	73 905	–	14
94 470	77 010	52 835	37 100	29 360	23 835	21 700	14 820	12 795	–	15
97 655	94 315	65 915	41 420	31 925	27 170	22 305	15 615	23 430	–	16
4 765	4 595	3 875	3 305	2 610	1 845	1 365	740	545	–	17
10 675	11 690	11 210	11 715	13 250	15 695	17 675	15 850	27 970	–	18
3 945	3 220	2 095	1 410	910	615	390	235	165	–	19
11 170	10 435	7 330	4 680	3 340	2 780	1 945	1 325	1 850	–	20
–	–	–	–	–	–	–	–	–	–	21
10 150	8 515	7 030	6 060	5 600	5 895	5 850	4 700	7 145	–	22
—— 17 4 81 000 ——		*—— 12 6 28 000 ——*		*—— 13 0 72 000 ——*		*—— 10 8 51 000 ——*		7 304 000	–	23
—— 2 3 22 000 ——		*—— 1 8 51 000 ——*		*—— 3 0 89 000 ——*		*—— 4 1 30 000 ——*		3 982 000	–	24
—— 15 1 59 000 ——		*—— 10 7 77 000 ——*		*—— 9 9 83 000 ——*		*—— 6 7 21 000 ——*		3 322 000	–	25
—— 11 6 15 000 ——		*—— 8 5 56 000 ——*		*—— 8 3 52 000 ——*		*—— 5 6 16 000 ——*		2 441 000	–	26
—— 3 5 44 000 ——		*—— 2 2 21 000 ——*		*—— 1 6 31 000 ——*		*—— 1 1 05 000 ——*		881 000	–	27
—— 13 2 56 000 ——		*—— 9 5 79 000 ——*		*—— 9 3 90 000 ——*		*—— 6 5 11 000 ——*		3 267 000	–	28
—— 1 4 06 000 ——		*—— 865 000 ——*		*—— 980 000 ——*		*—— 868 000 ——*		746 000	–	29
—— 11 8 50 000 ——		*—— 8 7 14 000 ——*		*—— 8 4 10 000 ——*		*—— 5 6 43 000 ——*		2 521 000	–	30
—— 10 9 83 000 ——		*—— 8 1 85 000 ——*		*—— 8 0 03 000 ——*		*—— 5 4 11 000 ——*		2 379 000	–	31
—— 867 000 ——		*—— 529 000 ——*		*—— 407 000 ——*		*—— 232 000 ——*		142 000	–	32
—— 4 2 25 000 ——		*—— 3 0 49 000 ——*		*—— 3 6 82 000 ——*		*—— 4 3 40 000 ——*		4 037 000	–	33
—— 916 000 ——		*—— 986 000 ——*		*—— 2 1 09 000 ——*		*—— 3 2 62 000 ——*		3 236 000	–	34
—— 3 3 09 000 ——		*—— 2 0 63 000 ——*		*—— 1 5 73 000 ——*		*—— 1 0 78 000 ——*		801 000	–	35
—— 632 000 ——		*—— 371 000 ——*		*—— 349 000 ——*		*—— 205 000 ——*		62 000	–	36
—— 2 6 77 000 ——		*—— 1 6 92 000 ——*		*—— 1 2 24 000 ——*		*—— 873 000 ——*		739 000	–	37
—— 19 3 23 000 ——		*—— 13 6 31 000 ——*		*—— 12 8 46 000 ——*		*—— 11 4 11 000 ——*		8 045 000	–	38
—— 2 8 37 000 ——		*—— 2 1 31 000 ——*		*—— 2 9 73 000 ——*		*—— 4 2 41 000 ——*		4 440 000	–	39
—— 16 4 86 000 ——		*—— 11 5 00 000 ——*		*—— 9 8 73 000 ——*		*—— 7 1 66 000 ——*		3 605 000	–	40
—— 12 4 48 000 ——		*—— 9 0 68 000 ——*		*—— 8 2 16 000 ——*		*—— 5 9 88 000 ——*		2 643 000	–	41
—— 4 0 38 000 ——		*—— 2 4 32 000 ——*		*—— 1 6 57 000 ——*		*—— 1 1 80 000 ——*		962 000	–	42

35. Households by age and sex of householder, size and type of household and urban/rural residence: each census, 1985 – 1995 (continued)

(See notes at end of table.)

	Continent, country or area, date, sex, size, family type and urban/rural residence — Continent, pays ou zone, date, sexe, dimension, type de famille et résidence, urbaine/rurale	Age (in years): All ages — Tous âges	15 + [1]	– 15	15–19	20–24	25–29	30–34
	AMERICA,NORTH— (Cont.–Suite) AMERIQUE DU NORD							
	United States – Etats–Unis [5]							
	1 III 1988 [3 6]							
	Male – Masculin							
1	Total	62 773 000	62 774 000	–	211 000	2 884 000	6 799 000	7 980 000
2	1	8 788 000	8 788 000	–	60 000	593 000	1 239 000	1 130 000
3	2 +	53 985 000	53 986 000	–	151 000	2 291 000	5 560 000	6 850 000
	Nuclear – Nucléaire							
4	Spouse – Epouse	48 748 000	48 748 000	–	63 000	1 492 000	4 668 000	6 067 000
5	Other – Autres	5 237 000	5 238 000	–	88 000	799 000	892 000	783 000
	Female – Féminin							
6	Total	28 293 000	28 293 000	–	242 000	1 891 000	2 815 000	2 989 000
7	1	13 101 000	13 097 000	–	66 000	525 000	879 000	771 000
8	2 +	15 192 000	15 192 000	–	176 000	1 366 000	1 936 000	2 218 000
	Nuclear – Nucléaire							
9	Spouse – Epouse	3 061 000	3 060 000	–	24 000	228 000	417 000	486 000
10	Other – Autres	12 131 000	12 134 000	–	152 000	1 138 000	1 519 000	1 732 000
	1 III 1990 [3 6]							
	Total							
11	Total	93 347 000	93 348 000	–	482 000	4 638 000	9 423 000	11 049 000
12	1	22 999 000	23 001 000	–	109 000	1 101 000	2 012 000	1 961 000
13	2 +	70 348 000	70 347 000	–	373 000	3 537 000	7 411 000	9 088 000
	Nuclear – Nucléaire							
14	Spouse – Epouse	52 317 000	52 317 000	–	98 000	1 539 000	4 846 000	6 538 000
15	Other – Autres	18 031 000	18 030 000	–	275 000	1 998 000	2 565 000	2 550 000
	Male – Masculin							
16	Total	62 929 000	62 929 000	–	215 000	2 675 000	6 420 000	7 969 000
17	1	9 049 000	9 051 000	–	43 000	631 000	1 156 000	1 239 000
18	2 +	53 880 000	53 878 000	–	172 000	2 044 000	5 264 000	6 730 000
	Nuclear – Nucléaire							
19	Spouse – Epouse	48 439 000	48 440 000	–	73 000	1 269 000	4 307 000	5 942 000
20	Other – Autres	5 441 000	5 438 000	–	99 000	775 000	957 000	788 000
	Female – Féminin							
21	Total	30 418 000	30 419 000	–	267 000	1 963 000	3 003 000	3 080 000
22	1	13 950 000	13 950 000	–	66 000	470 000	856 000	722 000
23	2 +	16 468 000	16 469 000	–	201 000	1 493 000	2 147 000	2 358 000
	Nuclear – Nucléaire							
24	Spouse – Epouse	3 878 000	3 877 000	–	25 000	270 000	539 000	596 000
25	Other – Autres	12 590 000	12 592 000	–	176 000	1 223 000	1 608 000	1 762 000
	1 III 1991 [3 6]							
	Total							
26	Total	94 312 000	94 311 000	–	441 000	4 442 000	9 246 000	11 077 000
27	1	23 591 000	23 590 000	–	108 000	1 032 000	2 027 000	2 090 000
28	2 +	70 721 000	70 721 000	–	333 000	3 410 000	7 219 000	8 987 000
	Nuclear – Nucléaire							
29	Spouse – Epouse	52 147 000	52 149 000	–	93 000	1 466 000	4 552 000	6 452 000
30	Other – Autres	18 574 000	18 572 000	–	240 000	1 944 000	2 667 000	2 535 000
	Male – Masculin							
31	Total	63 279 000	63 279 000	–	195 000	2 540 000	6 308 000	7 941 000
32	1	9 450 000	9 450 000	–	49 000	573 000	1 194 000	1 297 000
33	2 +	53 829 000	53 829 000	–	146 000	1 967 000	5 114 000	6 644 000
	Nuclear – Nucléaire							
34	Spouse – Epouse	48 222 000	48 224 000	–	68 000	1 218 000	4 074 000	5 877 000
35	Other – Autres	5 607 000	5 605 000	–	78 000	749 000	1 040 000	767 000
	Female – Féminin							
36	Total	31 033 000	31 032 000	–	246 000	1 902 000	2 938 000	3 136 000
37	1	14 141 000	14 140 000	–	59 000	459 000	833 000	793 000
38	2 +	16 892 000	16 892 000	–	187 000	1 443 000	2 105 000	2 343 000
	Nuclear – Nucléaire							
39	Spouse – Epouse	3 925 000	3 925 000	–	25 000	248 000	478 000	575 000
40	Other – Autres	12 967 000	12 967 000	–	162 000	1 195 000	1 627 000	1 768 000

35. Ménages selon l'âge et le sexe du chef de ménage, la dimension et le type du ménage et la résidence, urbaine/rurale: chaque recensement, 1985 – 1995 (suite)

(Voir notes à la fin du tableau.)

Age (en années) 35–39	40–44	45–49	50–54	55–59	60–64	65–69	70–74	75+	Unknown Inconnu	
—— 14 4 77 000 ——		*—— 10 2 95 000 ——*		*—— 9 3 27 000 ——*		*—— 7 1 13 000 ——*		3 688 000	–	1
—— 1 7 76 000 ——		*—— 1 0 37 000 ——*		*—— 1 0 40 000 ——*		*—— 1 0 14 000 ——*		899 000	–	2
—— 12 7 01 000 ——		*—— 9 2 58 000 ——*		*—— 8 2 87 000 ——*		*—— 6 0 99 000 ——*		2 789 000	–	3
—— 11 6 32 000 ——		*—— 8 5 94 000 ——*		*—— 7 8 46 000 ——*		*—— 5 7 97 000 ——*		2 589 000	–	4
—— 1 0 69 000 ——		*—— 664 000 ——*		*—— 441 000 ——*		*—— 302 000 ——*		200 000	–	5
—— 4 8 46 000 ——		*—— 3 3 36 000 ——*		*—— 3 5 19 000 ——*		*—— 4 2 98 000 ——*		4 357 000	–	6
—— 1 0 61 000 ——		*—— 1 0 94 000 ——*		*—— 1 9 33 000 ——*		*—— 3 2 27 000 ——*		3 541 000	–	7
—— 3 7 85 000 ——		*—— 2 2 42 000 ——*		*—— 1 5 86 000 ——*		*—— 1 0 67 000 ——*		816 000	–	8
—— 816 000 ——		*—— 474 000 ——*		*—— 370 000 ——*		*—— 191 000 ——*		54 000	–	9
—— 2 9 69 000 ——		*—— 1 7 68 000 ——*		*—— 1 2 16 000 ——*		*—— 878 000 ——*		762 000	–	10
10 894 000	9 661 000	*—— 14 5 15 000 ——*		*—— 12 5 30 000 ——*		*—— 11 7 33 000 ——*		8 423 000	–	11
1 745 000	1 394 000	*—— 2 4 23 000 ——*		*—— 3 0 80 000 ——*		*—— 4 3 51 000 ——*		4 825 000	–	12
9 149 000	8 267 000	*—— 12 0 92 000 ——*		*—— 9 4 50 000 ——*		*—— 7 3 82 000 ——*		3 598 000	–	13
6 859 000	6 224 000	*—— 9 4 72 000 ——*		*—— 7 8 43 000 ——*		*—— 6 1 43 000 ——*		2 755 000	–	14
2 290 000	2 043 000	*—— 2 6 20 000 ——*		*—— 1 6 07 000 ——*		*—— 1 2 39 000 ——*		843 000	–	15
8 006 000	7 062 000	*—— 10 8 10 000 ——*		*—— 8 8 57 000 ——*		*—— 7 1 96 000 ——*		3 719 000	–	16
1 087 000	749 000	*—— 1 1 67 000 ——*		*—— 1 0 36 000 ——*		*—— 1 0 42 000 ——*		901 000	–	17
6 919 000	6 313 000	*—— 9 6 43 000 ——*		*—— 7 8 21 000 ——*		*—— 6 1 54 000 ——*		2 818 000	–	18
6 291 000	5 781 000	*—— 8 8 70 000 ——*		*—— 7 4 03 000 ——*		*—— 5 8 45 000 ——*		2 659 000	–	19
628 000	532 000	*—— 773 000 ——*		*—— 418 000 ——*		*—— 309 000 ——*		159 000	–	20
2 888 000	2 599 000	*—— 3 7 05 000 ——*		*—— 3 6 73 000 ——*		*—— 4 5 37 000 ——*		4 704 000	–	21
658 000	645 000	*—— 1 2 56 000 ——*		*—— 2 0 44 000 ——*		*—— 3 3 09 000 ——*		3 924 000	–	22
2 230 000	1 954 000	*—— 2 4 49 000 ——*		*—— 1 6 29 000 ——*		*—— 1 2 28 000 ——*		780 000	–	23
568 000	443 000	*—— 602 000 ——*		*—— 440 000 ——*		*—— 298 000 ——*		96 000	–	24
1 662 000	1 511 000	*—— 1 8 47 000 ——*		*—— 1 1 89 000 ——*		*—— 930 000 ——*		684 000	–	25
10 947 000	10 358 000	*—— 14 7 51 000 ——*		*—— 12 5 23 000 ——*		*—— 12 0 01 000 ——*		8 525 000	–	26
1 753 000	1 649 000	*—— 2 6 09 000 ——*		*—— 2 9 42 000 ——*		*—— 4 4 93 000 ——*		4 887 000	–	27
9 194 000	8 709 000	*—— 12 1 42 000 ——*		*—— 9 5 81 000 ——*		*—— 7 5 08 000 ——*		3 638 000	–	28
6 739 000	6 506 000	*—— 9 4 07 000 ——*		*—— 7 8 98 000 ——*		*—— 6 2 99 000 ——*		2 737 000	–	29
2 455 000	2 203 000	*—— 2 7 35 000 ——*		*—— 1 6 83 000 ——*		*—— 1 2 09 000 ——*		901 000	–	30
7 934 000	7 536 000	*—— 10 7 56 000 ——*		*—— 8 9 69 000 ——*		*—— 7 4 00 000 ——*		3 700 000	–	31
1 107 000	901 000	*—— 1 2 40 000 ——*		*—— 1 0 79 000 ——*		*—— 1 0 96 000 ——*		914 000	–	32
6 827 000	6 635 000	*—— 9 5 16 000 ——*		*—— 7 8 90 000 ——*		*—— 6 3 04 000 ——*		2 786 000	–	33
6 140 000	6 035 000	*—— 8 7 71 000 ——*		*—— 7 4 35 000 ——*		*—— 5 9 98 000 ——*		2 608 000	–	34
687 000	600 000	*—— 745 000 ——*		*—— 455 000 ——*		*—— 306 000 ——*		178 000	–	35
3 013 000	2 822 000	*—— 3 9 95 000 ——*		*—— 3 5 54 000 ——*		*—— 4 6 01 000 ——*		4 825 000	–	36
646 000	748 000	*—— 1 3 69 000 ——*		*—— 1 8 63 000 ——*		*—— 3 3 97 000 ——*		3 973 000	–	37
2 367 000	2 074 000	*—— 2 6 26 000 ——*		*—— 1 6 91 000 ——*		*—— 1 2 04 000 ——*		852 000	–	38
599 000	471 000	*—— 636 000 ——*		*—— 463 000 ——*		*—— 301 000 ——*		129 000	–	39
1 768 000	1 603 000	*—— 1 9 90 000 ——*		*—— 1 2 28 000 ——*		*—— 903 000 ——*		723 000	–	40

35. Households by age and sex of householder, size and type of household and urban/rural residence: each census, 1985 – 1995 (continued)

(See notes at end of table.)

	Continent, country or area, date, sex, size, family type and urban/rural residence Continent, pays ou zone, date, sexe, dimension, type de famille et résidence, urbaine/rurale	Age (in years) All ages Tous âges	15 + [1]	– 15	15–19	20–24	25–29	30–34
	AMERICA, NORTH— (Cont.–Suite) AMERIQUE DU NORD							
	United States – Etats-Unis [5]							
	1 III 1992 [3,6]							
	Total							
1	Total	95 668 000	95 669 000	–	424 000	4 434 000	8 811 000	11 197 000
2	1	23 974 000	23 975 000	–	95 000	1 061 000	1 917 000	2 007 000
3	2 +	71 695 000	71 694 000	–	329 000	3 373 000	6 894 000	9 190 000
	Nuclear – Nucléaire							
4	Spouse – Epouse	52 457 000	52 457 000	–	69 000	1 402 000	4 205 000	6 486 000
5	Other – Autres	19 238 000	19 237 000	–	260 000	1 971 000	2 689 000	2 704 000
	Male – Masculin							
6	Total	63 698 000	63 699 000	–	176 000	2 512 000	5 858 000	7 879 000
7	1	9 613 000	9 613 000	–	44 000	557 000	1 102 000	1 218 000
8	2 +	54 085 000	54 086 000	–	132 000	1 955 000	4 756 000	6 661 000
	Nuclear – Nucléaire							
9	Spouse – Epouse	48 246 000	48 245 000	–	45 000	1 150 000	3 703 000	5 838 000
10	Other – Autres	5 839 000	5 841 000	–	87 000	805 000	1 053 000	823 000
	Female – Féminin							
11	Total	31 970 000	31 970 000	–	248 000	1 922 000	2 953 000	3 318 000
12	1	14 361 000	14 362 000	–	51 000	504 000	815 000	789 000
13	2 +	17 610 000	17 608 000	–	197 000	1 418 000	2 138 000	2 529 000
	Nuclear – Nucléaire							
14	Spouse – Epouse	4 211 000	4 212 000	–	24 000	252 000	502 000	648 000
15	Other – Autres	13 399 000	13 396 000	–	173 000	1 166 000	1 636 000	1 881 000
	1 III 1993 [3,6]							
	Total							
16	Total	96 391 000	96 389 000	–	469 000	4 553 000	8 614 000	11 127 000
17	1	23 642 000	23 641 000	–	102 000	1 084 000	1 750 000	1 983 000
18	2 +	72 749 000	72 748 000	–	367 000	3 469 000	6 864 000	9 144 000
	Nuclear – Nucléaire							
19	Spouse – Epouse	53 171 000	53 172 000	–	71 000	1 393 000	4 211 000	6 444 000
20	Other – Autres	19 578 000	19 576 000	–	296 000	2 076 000	2 653 000	2 700 000
	Male – Masculin							
21	Total	63 764 000	63 764 000	–	191 000	2 578 000	5 687 000	7 804 000
22	1	9 436 000	9 435 000	–	49 000	616 000	1 058 000	1 224 000
23	2 +	54 328 000	54 329 000	–	142 000	1 962 000	4 629 000	6 580 000
	Nuclear – Nucléaire							
24	Spouse – Epouse	48 484 000	48 485 000	–	53 000	1 149 000	3 664 000	5 688 000
25	Other – Autres	5 844 000	5 844 000	–	89 000	813 000	965 000	892 000
	Female – Féminin							
26	Total	32 627 000	32 625 000	–	278 000	1 975 000	2 927 000	3 323 000
27	1	14 206 000	14 206 000	–	53 000	468 000	692 000	759 000
28	2 +	18 421 000	18 419 000	–	225 000	1 507 000	2 235 000	2 564 000
	Nuclear – Nucléaire							
29	Spouse – Epouse	4 687 000	4 687 000	–	18 000	244 000	547 000	756 000
30	Other – Autres	13 734 000	13 732 000	–	207 000	1 263 000	1 688 000	1 808 000
	1 III 1994 [3,6]							
	Total							
31	Total	97 106 000	97 107 000	–	539 000	4 726 000	8 472 000	11 245 000
32	1	23 611 000	23 609 000	–	118 000	1 009 000	1 732 000	1 983 000
33	2 +	73 495 000	73 498 000	–	421 000	3 717 000	6 740 000	9 262 000
	Nuclear – Nucléaire							
34	Spouse – Epouse	53 171 000	53 172 000	–	79 000	1 495 000	4 021 000	6 351 000
35	Other – Autres	20 324 000	20 326 000	–	342 000	2 222 000	2 719 000	2 911 000
	Male – Masculin							
36	Total	62 264 000	62 265 000	–	170 000	2 564 000	5 305 000	7 569 000
37	1	9 440 000	9 439 000	–	48 000	522 000	1 016 000	1 228 000
38	2 +	52 824 000	52 826 000	–	122 000	2 042 000	4 289 000	6 341 000
	Nuclear – Nucléaire							
39	Spouse – Epouse	46 889 000	46 891 000	–	41 000	1 179 000	3 302 000	5 447 000
40	Other – Autres	5 935 000	5 935 000	–	81 000	863 000	987 000	894 000
	Female – Féminin							
41	Total	34 842 000	34 842 000	–	369 000	2 162 000	3 167 000	3 676 000
42	1	14 171 000	14 170 000	–	70 000	487 000	716 000	755 000
43	2 +	20 671 000	20 672 000	–	299 000	1 675 000	2 451 000	2 921 000
	Nuclear – Nucléaire							
44	Spouse – Epouse	6 282 000	6 281 000	–	38 000	316 000	719 000	904 000
45	Other – Autres	14 389 000	14 391 000	–	261 000	1 359 000	1 732 000	2 017 000

35. Ménages selon l'âge et le sexe du chef de ménage, la dimension et le type du ménage et la résidence, urbaine/rurale: chaque recensement, 1985 – 1995 (suite)

(Voir notes à la fin du tableau.)

Age (en années)										
35–39	40–44	45–49	50–54	55–59	60–64	65–69	70–74	75+	Unknown Inconnu	
11 162 000	10 612 000	*—— 15 5 48 000 ——*		*—— 12 5 60 000 ——*		*—— 12 0 43 000 ——*		8 878 000	–	1
1 831 000	1 650 000	*—— 2 8 97 000 ——*		*—— 2 9 94 000 ——*		*—— 4 5 61 000 ——*		4 962 000	–	2
9 331 000	8 962 000	*—— 12 6 51 000 ——*		*—— 9 5 66 000 ——*		*—— 7 4 82 000 ——*		3 916 000	–	3
6 815 000	6 704 000	*—— 9 8 28 000 ——*		*—— 7 7 59 000 ——*		*—— 6 2 69 000 ——*		2 920 000	–	4
2 516 000	2 258 000	*—— 2 8 23 000 ——*		*—— 1 8 07 000 ——*		*—— 1 2 13 000 ——*		996 000	–	5
8 001 000	7 774 000	*—— 11 2 95 000 ——*		*—— 8 8 79 000 ——*		*—— 7 3 82 000 ——*		3 943 000	–	6
1 150 000	973 000	*—— 1 3 80 000 ——*		*—— 1 1 03 000 ——*		*—— 1 1 00 000 ——*		986 000	–	7
6 851 000	6 801 000	*—— 9 9 15 000 ——*		*—— 7 7 76 000 ——*		*—— 6 2 82 000 ——*		2 957 000	–	8
6 170 000	6 184 000	*—— 9 1 27 000 ——*		*—— 7 2 92 000 ——*		*—— 5 9 65 000 ——*		2 771 000	–	9
681 000	617 000	*—— 788 000 ——*		*—— 484 000 ——*		*—— 317 000 ——*		186 000	–	10
3 161 000	2 838 000	*—— 4 2 53 000 ——*		*—— 3 6 81 000 ——*		*—— 4 6 61 000 ——*		4 935 000	–	11
681 000	677 000	*—— 1 5 17 000 ——*		*—— 1 8 91 000 ——*		*—— 3 4 61 000 ——*		3 976 000	–	12
2 480 000	2 161 000	*—— 2 7 36 000 ——*		*—— 1 7 90 000 ——*		*—— 1 2 00 000 ——*		959 000	–	13
645 000	520 000	*—— 701 000 ——*		*—— 467 000 ——*		*—— 304 000 ——*		149 000	–	14
1 835 000	1 641 000	*—— 2 0 35 000 ——*		*—— 1 3 23 000 ——*		*—— 896 000 ——*		810 000	–	15
11 160 000	10 557 000	*—— 16 5 76 000 ——*		*—— 12 4 38 000 ——*		*—— 11 8 34 000 ——*		9 061 000	–	16
1 768 000	1 517 000	*—— 3 0 48 000 ——*		*—— 3 0 33 000 ——*		*—— 4 3 30 000 ——*		5 026 000	–	17
9 392 000	9 040 000	*—— 13 5 28 000 ——*		*—— 9 4 05 000 ——*		*—— 7 5 04 000 ——*		4 035 000	–	18
6 868 000	6 653 000	*—— 10 5 51 000 ——*		*—— 7 6 74 000 ——*		*—— 6 2 23 000 ——*		3 084 000	–	19
2 524 000	2 387 000	*—— 2 9 77 000 ——*		*—— 1 7 31 000 ——*		*—— 1 2 81 000 ——*		951 000	–	20
7 945 000	7 648 000	*—— 12 0 23 000 ——*		*—— 8 6 41 000 ——*		*—— 7 1 56 000 ——*		4 091 000	–	21
1 100 000	872 000	*—— 1 4 65 000 ——*		*—— 1 0 57 000 ——*		*—— 1 0 46 000 ——*		948 000	–	22
6 845 000	6 776 000	*—— 10 5 58 000 ——*		*—— 7 5 84 000 ——*		*—— 6 1 10 000 ——*		3 143 000	–	23
6 162 000	6 105 000	*—— 9 7 36 000 ——*		*—— 7 1 52 000 ——*		*—— 5 8 26 000 ——*		2 950 000	–	24
683 000	671 000	*—— 822 000 ——*		*—— 432 000 ——*		*—— 284 000 ——*		193 000	–	25
3 215 000	2 909 000	*—— 4 5 53 000 ——*		*—— 3 7 97 000 ——*		*—— 4 6 78 000 ——*		4 970 000	–	26
668 000	645 000	*—— 1 5 83 000 ——*		*—— 1 9 76 000 ——*		*—— 3 2 84 000 ——*		4 078 000	–	27
2 547 000	2 264 000	*—— 2 9 70 000 ——*		*—— 1 8 21 000 ——*		*—— 1 3 94 000 ——*		892 000	–	28
706 000	548 000	*—— 815 000 ——*		*—— 522 000 ——*		*—— 397 000 ——*		134 000	–	29
1 841 000	1 716 000	*—— 2 1 55 000 ——*		*—— 1 2 99 000 ——*		*—— 997 000 ——*		758 000	–	30
11 796 000	10 498 000	*—— 16 8 37 000 ——*		*—— 12 1 88 000 ——*		*—— 11 6 39 000 ——*		9 167 000	–	31
1 863 000	1 653 000	*—— 3 0 15 000 ——*		*—— 2 9 51 000 ——*		*—— 4 1 99 000 ——*		5 086 000	–	32
9 933 000	8 845 000	*—— 13 8 22 000 ——*		*—— 9 2 37 000 ——*		*—— 7 4 40 000 ——*		4 081 000	–	33
7 118 000	6 573 000	*—— 10 7 24 000 ——*		*—— 7 5 64 000 ——*		*—— 6 0 61 000 ——*		3 186 000	–	34
2 815 000	2 272 000	*—— 3 0 98 000 ——*		*—— 1 6 73 000 ——*		*—— 1 3 79 000 ——*		895 000	–	35
8 072 000	7 350 000	*—— 11 8 76 000 ——*		*—— 8 2 85 000 ——*		*—— 6 8 68 000 ——*		4 206 000	–	36
1 166 000	949 000	*—— 1 4 40 000 ——*		*—— 1 0 33 000 ——*		*—— 1 0 31 000 ——*		1 006 000	–	37
6 906 000	6 401 000	*—— 10 4 36 000 ——*		*—— 7 2 52 000 ——*		*—— 5 8 37 000 ——*		3 200 000	–	38
6 164 000	5 761 000	*—— 9 6 73 000 ——*		*—— 6 8 13 000 ——*		*—— 5 5 19 000 ——*		2 992 000	–	39
742 000	640 000	*—— 763 000 ——*		*—— 439 000 ——*		*—— 318 000 ——*		208 000	–	40
3 724 000	3 148 000	*—— 4 9 61 000 ——*		*—— 3 9 03 000 ——*		*—— 4 7 71 000 ——*		4 961 000	–	41
697 000	704 000	*—— 1 5 75 000 ——*		*—— 1 9 18 000 ——*		*—— 3 1 68 000 ——*		4 080 000	–	42
3 027 000	2 444 000	*—— 3 3 86 000 ——*		*—— 1 9 85 000 ——*		*—— 1 6 03 000 ——*		881 000	–	43
954 000	812 000	*—— 1 0 51 000 ——*		*—— 751 000 ——*		*—— 542 000 ——*		194 000	–	44
2 073 000	1 632 000	*—— 2 3 35 000 ——*		*—— 1 2 34 000 ——*		*—— 1 0 61 000 ——*		687 000	–	45

35. Households by age and sex of householder, size and type of household and urban/rural residence: each census, 1985 – 1995 (continued)

(See notes at end of table.)

	Continent, country or area, date, sex, size, family type and urban/rural residence Continent, pays ou zone, date, sexe, dimension, type de famille et résidence, urbaine/rurale	All ages Tous âges	15 + [1]	– 15	15–19	20–24	25–29	30–34
	AMERICA, SOUTH— AMERIQUE DU SUD							
	Argentina – Argentine							
	15 V 1991							
	Total							
1	Total	...	[7] 8 927 289	...	*—— [8] 389 371	——*	*——	——
2	1	...	[7] 1 191 609	...	...	...	...	...
3	2 +	...	[7] 7 735 680	...	...	...	...	...
	Nuclear – Nucléaire							
4	Spouse – Epouse	...	[7] 4 920 808	...	...	...	...	...
5	Other – Autres	...	[7] 798 546	...	...	...	...	...
	Extended – Elargis							
6	Spouse – Epouse	...	[7] 987 172	...	...	...	...	...
7	Other – Autres	...	[7] 734 208	...	...	...	...	...
	Composite – Complexes							
8	Spouse – Epouse	...	[7] 117 840	...	...	...	...	...
9	Other – Autres	...	[7] 77 679	...	...	...	...	...
	Unknown type –Type inconnu	...						
10	Spouse – Epouse	...	[7] 99 427	...	...	...	...	...
11	Other – Autres	...	[7] –	...	...	...	...	...
	Male – Masculin							
12	Total	...	[7] 6 939 950	...	*—— [8] 307 877	——*	*——	——
13	1	...	[7] 537 711	...	...	...	...	...
14	2 +	...	[7] 6 402 239	...	...	...	...	...
	Nuclear – Nucléaire							
15	Spouse – Epouse	...	[7] 4 797 193	...	...	...	...	...
16	Other – Autres	...	[7] 186 261	...	...	...	...	...
	Extended – Elargis							
17	Spouse – Epouse	...	[7] 952 030	...	...	...	...	...
18	Other – Autres	...	[7] 263 802	...	...	...	...	...
	Composite – Complexes							
19	Spouse – Epouse	...	[7] 112 545	...	...	...	...	...
20	Other – Autres	...	[7] 33 753	...	...	...	...	...
	Unknown type –Type inconnu	...						
21	Spouse – Epouse	...	[7] 56 655	...	...	...	...	...
22	Other – Autres	...	[7] –	...	...	...	...	...
	Female – Féminin							
23	Total	...	[7] 1 987 339	...	*—— [8] 81 494	——*	*——	——
24	1	...	[7] 653 898	...	...	...	...	...
25	2 +	...	[7] 1 333 441	...	...	...	...	...
	Nuclear – Nucléaire							
26	Spouse – Epouse	...	[7] 123 615	...	...	...	...	...
27	Other – Autres	...	[7] 612 285	...	...	...	...	...
	Extended – Elargis							
28	Spouse – Epouse	...	[7] 35 142	...	...	...	...	...
29	Other – Autres	...	[7] 470 406	...	...	...	...	...
	Composite – Complexes							
30	Spouse – Epouse	...	[7] 5 295	...	...	...	...	...
31	Other – Autres	...	[7] –	...	...	...	...	...
	Unknown type –Type inconnu							
32	Spouse – Epouse	...	[7] 42 783	...	...	...	...	...
33	Other – Autres	...	[7] –	...	...	...	...	...
	Bolivia – Bolivie							
	3 VI 1992 [9]							
	Total							
34	Total	1 444 817	1 435 188	5 200	30 630	111 639	169 613	191 324
35	1	168 509	164 579	1 778	11 181	18 269	15 341	12 022
36	2 +	1 276 308	1 270 609	3 422	19 449	93 370	154 272	179 302
	Nuclear – Nucléaire							
37	Spouse – Epouse	626 801	626 570	86	4 250	49 626	89 285	101 756
	Extended – Elargis							
38	Spouse – Epouse	127 023	126 976	21	457	6 424	13 967	17 392
	Composite – Complexes							
39	Spouse – Epouse	24 164	24 156	5	46	692	1 953	3 073
	Unknown type –Type inconnu							
40	Spouse – Epouse	498 320	492 907	3 310	14 696	36 628	49 067	57 081

35. Ménages selon l'âge et le sexe du chef de ménage, la dimension et le type du ménage et la résidence, urbaine/rurale: chaque recensement, 1985 – 1995 (suite)

(Voir notes à la fin du tableau.)

Age (en années)										
35–39	40–44	45–49	50–54	55–59	60–64	65–69	70–74	75+	Unknown Inconnu	
3 593 051 ———	———*	*———	——— 3 2 21 173	———	———*	*———	1 723 694	———*	–	1
...	...	...	...	...	...	...	...	...	...	2
...	...	...	...	...	...	...	...	...	...	3
...	...	...	...	...	...	...	...	...	...	4
...	...	...	...	...	...	...	...	...	...	5
...	...	...	...	...	...	...	...	...	...	6
...	...	...	...	...	...	...	...	...	...	7
...	...	...	...	...	...	...	...	...	...	8
...	...	...	...	...	...	...	...	...	...	9
...	...	...	...	...	...	...	...	...	...	10
...	...	...	...	...	...	...	...	...	...	11
3 104 924 ———	———*	*———	——— 2 4 84 924	———	———*	*———	1 042 225	———*	–	12
...	...	...	...	...	...	...	...	...	...	13
...	...	...	...	...	...	...	...	...	...	14
...	...	...	...	...	...	...	...	...	...	15
...	...	...	...	...	...	...	...	...	...	16
...	...	...	...	...	...	...	...	...	...	17
...	...	...	...	...	...	...	...	...	...	18
...	...	...	...	...	...	...	...	...	...	19
...	...	...	...	...	...	...	...	...	...	20
...	...	...	...	...	...	...	...	...	...	21
...	...	...	...	...	...	...	...	...	...	22
488 127 ———	———*	*———	——— 736 249	———	———*	*———	— 681 469	———*	–	23
...	...	...	...	...	...	...	...	...	...	24
...	...	...	...	...	...	...	...	...	...	25
...	...	...	...	...	...	...	...	...	...	26
...	...	...	...	...	...	...	...	...	...	27
...	...	...	...	...	...	...	...	...	...	28
...	...	...	...	...	...	...	...	...	...	29
...	...	...	...	...	...	...	...	...	...	30
...	...	...	...	...	...	...	...	...	...	31
...	...	...	...	...	...	...	...	...	...	32
...	...	...	...	...	...	...	...	...	...	33
183 393	163 769	142 380	109 317	82 877	88 550	58 048	42 925	60 723	4 429	34
10 753	10 230	10 968	11 007	10 497	14 612	11 414	10 139	18 146	2 152	35
172 640	153 539	131 412	98 310	72 380	73 938	46 634	32 786	42 577	2 277	36
92 743	78 355	62 004	42 404	29 603	29 399	18 052	12 539	16 554	145	37
16 197	15 334	14 644	11 790	9 228	8 969	5 405	3 447	3 722	26	38
3 300	3 079	2 984	2 597	1 907	1 924	1 162	736	703	3	39
60 400	56 771	51 780	41 519	31 642	33 646	22 015	16 064	21 598	2 103	40

35. Households by age and sex of householder, size and type of household and urban/rural residence: each census, 1985 – 1995 (continued)

(See notes at end of table.)

	Continent, country or area, date, sex, size, family type and urban/rural residence — Continent, pays ou zone, date, sexe, dimension, type de famille et résidence, urbaine/rurale	Age (in years) All ages Tous âges	15 + [1]	– 15	15–19	20–24	25–29	30–34
	AMERICA,SOUTH— (Cont.–Suite) AMERIQUE DU SUD							
	Bolivia – Bolivie							
	3 VI 1992 [9]							
	Male – Masculin							
1	Total	1 091 179	1 084 603	2 750	19 478	87 163	137 783	155 199
2	1	104 162	101 329	1 105	7 780	13 657	11 813	9 535
3	2 +	987 017	983 274	1 645	11 698	73 506	125 970	145 664
	Nuclear – Nucléaire							
4	Spouse – Epouse	619 210	618 992	74	4 073	48 901	88 187	100 599
	Extended – Elargis							
5	Spouse – Epouse	123 430	123 389	18	399	6 219	13 697	17 048
	Composite – Complexes							
6	Spouse – Epouse	23 436	23 430	3	34	657	1 893	2 989
	Unknown type –Type inconnu							
7	Spouse – Epouse	220 941	217 463	1 550	7 192	17 729	22 193	25 028
	Female – Féminin							
8	Total	353 638	350 585	2 450	11 152	24 476	31 830	36 125
9	1	64 347	63 250	673	3 401	4 612	3 528	2 487
10	2 +	289 291	287 335	1 777	7 751	19 864	28 302	33 638
	Nuclear – Nucléaire							
11	Spouse – Epouse	7 591	7 578	12	177	725	1 098	1 157
	Extended – Elargis							
12	Spouse – Epouse	3 593	3 587	3	58	205	270	344
	Composite – Complexes							
13	Spouse – Epouse	728	726	2	12	35	60	84
	Unknown type –Type inconnu							
14	Spouse – Epouse	277 379	275 444	1 760	7 504	18 899	26 874	32 053
	Uruguay							
	23 X 1985* [10 11]							
	Total							
15	Total	862 700	862 300	500	3 700	31 400	66 700	77 100
16	1	130 200	129 900	300	1 300	5 000	5 700	5 100
17	2 +	732 500	732 400	200	2 400	26 400	61 000	72 000
	Nuclear – Nucléaire							
18	Spouse – Epouse	503 900	503 600	100	1 200	19 000	47 600	55 700
	Extended – Elargis							
19	Spouse – Epouse	168 800	168 900	–	800	5 000	9 500	11 800
	Composite – Complexes							
20	Spouse – Epouse	59 700	59 600	–	400	2 400	3 900	4 600
	Male – Masculin							
21	Total	664 700	664 400	400	2 600	26 300	58 800	67 700
22	1	64 500	64 300	200	800	3 500	4 000	3 500
23	2 +	600 200	600 100	200	1 800	22 800	54 800	64 200
	Nuclear – Nucléaire							
24	Spouse – Epouse	435 400	435 100	100	900	17 000	43 400	50 200
	Extended – Elargis							
25	Spouse – Epouse	121 600	121 600	–	600	3 900	8 100	10 100
	Composite – Complexes							
26	Spouse – Epouse	43 100	43 100	–	300	1 900	3 300	3 900
	Female – Féminin							
27	Total	198 000	197 900	100	1 100	5 100	7 900	9 400
28	1	65 700	65 600	100	500	1 500	1 700	1 600
29	2 +	132 300	132 300	–	600	3 600	6 200	7 800
	Nuclear – Nucléaire							
30	Spouse – Epouse	68 500	68 500	–	300	2 000	4 200	5 500
	Extended – Elargis							
31	Spouse – Epouse	47 200	47 300	–	200	1 100	1 400	1 700
	Composite – Complexes							
32	Spouse – Epouse	16 600	16 500	–	100	500	600	700

35. Ménages selon l'âge et le sexe du chef de ménage, la dimension et le type du ménage et la résidence, urbaine/rurale: chaque recensement, 1985 – 1995 (suite)

(Voir notes à la fin du tableau.)

Age (en années) 35–39	40–44	45–49	50–54	55–59	60–64	65–69	70–74	75+	Unknown Inconnu	
144 488	126 857	107 141	79 649	59 273	61 701	39 493	28 031	38 347	3 826	1
8 364	7 464	7 330	6 379	5 602	6 921	5 082	4 124	7 278	1 728	2
136 124	119 393	99 811	73 270	53 671	54 780	34 411	23 907	31 069	2 098	3
91 698	77 383	61 296	41 896	29 258	29 057	17 835	12 425	16 384	144	4
15 849	14 888	14 185	11 408	8 956	8 660	5 217	3 305	3 558	23	5
3 213	2 996	2 880	2 515	1 852	1 880	1 124	715	682	3	6
25 364	24 126	21 450	17 451	13 605	15 183	10 235	7 462	10 445	1 928	7
38 905	36 912	35 239	29 668	23 604	26 849	18 555	14 894	22 376	603	8
2 389	2 766	3 638	4 628	4 895	7 691	6 332	6 015	10 868	424	9
36 516	34 146	31 601	25 040	18 709	19 158	12 223	8 879	11 508	179	10
1 045	972	708	508	345	342	217	114	170	1	11
348	446	459	382	272	309	188	142	164	3	12
87	83	104	82	55	44	38	21	21	–	13
35 036	32 645	30 330	24 068	18 037	18 463	11 780	8 602	11 153	175	14
80 100	80 900	82 300	87 000	89 000	78 300	*— 185 800 —*			–	15
5 300	6 800	8 400	10 800	14 700	15 900	*— 50 900 —*			–	16
74 800	74 100	73 900	76 200	74 300	62 400	*— 134 900 —*			–	17
56 400	54 600	52 900	51 100	47 200	39 000	*— 78 900 —*			–	18
12 800	13 900	15 400	19 000	20 600	18 000	*— 42 100 —*			–	19
5 600	5 700	5 600	6 100	6 200	5 300	*— 13 800 —*			–	20
68 300	67 200	65 800	68 400	66 900	56 900	*— 115 500 —*			–	21
3 800	4 800	5 500	6 300	7 500	7 300	*— 17 300 —*			–	22
64 500	62 400	60 300	62 100	59 400	49 600	*— 98 200 —*			–	23
49 400	46 600	44 200	43 100	40 100	33 500	*— 66 700 —*			–	24
10 500	11 200	11 700	14 200	14 600	12 400	*— 24 300 —*			–	25
4 600	4 700	4 400	4 700	4 500	3 700	*— 7 100 —*			–	26
11 800	13 700	16 500	18 600	22 100	21 400	*— 70 300 —*			–	27
1 500	2 000	2 900	4 500	7 200	8 600	*— 33 600 —*			–	28
10 300	11 700	13 600	14 100	14 900	12 800	*— 36 700 —*			–	29
7 000	8 000	8 700	8 000	7 100	5 500	*— 12 200 —*			–	30
2 300	2 700	3 700	4 800	6 000	5 600	*— 17 800 —*			–	31
1 000	1 000	1 200	1 400	1 700	1 600	*— 6 700 —*			–	32

35. Households by age and sex of householder, size and type of household and urban/rural residence: each census, 1985 – 1995 (continued)

(See notes at end of table.)

	Continent, country or area, date, sex, size, family type and urban/rural residence Continent, pays ou zone, date, sexe, dimension, type de famille et résidence, urbaine/rurale	All ages Tous âges	15 + [1]	Age (in years) – 15	15–19	20–24	25–29	30–34
	ASIA—ASIE							
	Cyprus – Chypre							
	1 X 1992 [2 12]							
	Total							
1	Total	185 459	184 985	–	*———	4 068 ———*	*———	———
2	1	23 408	23 254	–	*———	718 ———*	*———	———
3	2 +	162 051	161 731	–	*———	3 350 ———*	*———	———
	Nuclear – Nucléaire							
4	Spouse – Epouse	135 317	135 083	–	*———	2 772 ———*	*———	———
5	Other – Autres	7 025	7 019	–	*———	72 ———*	*———	———
	Extended – Elargis							
6	Spouse – Epouse	15 257	15 242	–	*———	99 ———*	*———	———
7	Other – Autres	683	683	–	*———	9 ———*	*———	———
	Composite – Complexes							
8	Spouse – Epouse	905	899	–	*———	5 ———*	*———	———
9	Other – Autres	2 812	2 799	–	*———	391 ———*	*———	———
	Unknown type –Type inconnu							
10	Spouse – Epouse	–	–	–	*———	– ———*	*———	———
11	Other – Autres	52	6	–	*———	2 ———*	*———	———
	Male – Masculin							
12	Total	159 454	159 053	–	*———	3 517 ———*	*———	———
13	1	7 454	7 356	–	*———	413 ———*	*———	———
14	2 +	152 000	151 697	–	*———	3 104 ———*	*———	———
	Nuclear – Nucléaire							
15	Spouse – Epouse	134 447	134 215	–	*———	2 699 ———*	*———	———
16	Other – Autres	1 020	1 020	–	*———	15 ———*	*———	———
	Extended – Elargis							
17	Spouse – Epouse	14 272	14 258	–	*———	91 ———*	*———	———
18	Other – Autres	115	115	–	*———	3 ———*	*———	———
	Composite – Complexes							
19	Spouse – Epouse	884	878	–	*———	3 ———*	*———	———
20	Other – Autres	1 217	1 208	–	*———	293 ———*	*———	———
	Unknown type –Type inconnu							
21	Spouse – Epouse	–	–	–	*———	– ———*	*———	———
22	Other – Autres	45	3	–	*———	– ———*	*———	———
	Female – Féminin							
23	Total	26 005	25 932	–	*———	551 ———*	*———	———
24	1	15 954	15 898	–	*———	305 ———*	*———	———
25	2 +	10 051	10 034	–	*———	246 ———*	*———	———
	Nuclear – Nucléaire							
26	Spouse – Epouse	870	868	–	*———	73 ———*	*———	———
27	Other – Autres	6 005	5 999	–	*———	57 ———*	*———	———
	Extended – Elargis							
28	Spouse – Epouse	985	984	–	*———	8 ———*	*———	———
29	Other – Autres	568	568	–	*———	6 ———*	*———	———
	Composite – Complexes							
30	Spouse – Epouse	21	21	–	*———	2 ———*	*———	———
31	Other – Autres	1 595	1 591	–	*———	98 ———*	*———	———
	Unknown type –Type inconnu							
32	Spouse – Epouse	–	–	–	*———	– ———*	*———	———
33	Other – Autres	7	3	–	*———	2 ———*	*———	———
	Hong Kong – Hong–kong							
	15 III 1991 [13]							
	Total							
34	Total	1 582 215	1 580 486	1 729	7 565	31 223	116 342	216 383
35	1	233 923	233 506	417	2 997	10 870	24 535	28 501
36	2 +	1 348 292	1 346 980	1 312	4 568	20 353	91 807	187 882
37	Nuclear – Nucléaire	924 421	924 383	38	761	7 205	59 816	135 446
38	Extended – Elargis	325 648	324 936	712	2 582	8 674	23 851	36 057
39	Composite – Complexes	66 159	66 145	14	65	384	2 793	11 892
40	Unknown type –Type inconnu	32 064	31 516	548	1 160	4 090	5 347	4 487

35. Ménages selon l'âge et le sexe du chef de ménage, la dimension et le type du ménage et la résidence, urbaine/rurale: chaque recensement, 1985 – 1995 (suite)

(Voir notes à la fin du tableau.)

Age (en années)										
35–39	40–44	45–49	50–54	55–59	60–64	65–69	70–74	75+	Unknown Inconnu	
77 964 ——	——*	*——	——	63 281 ——	——*	*—— —	39 672 ——	——*	474	1
3 955 ——	——*	*——	——	5 173 ——	——*	*—— —	13 408 ——	——*	154	2
74 009 ——	——*	*——	——	58 108 ——	——*	*—— —	26 264 ——	——*	320	3
66 086 ——	——*	*——	——	44 760 ——	——*	*—— —	21 465 ——	——*	234	4
2 431 ——	——*	*——	——	2 817 ——	——*	*—— —	1 699 ——	——*	6	5
3 980 ——	——*	*——	——	9 181 ——	——*	*—— —	1 982 ——	——*	15	6
208 ——	——*	*——	——	312 ——	——*	*—— —	154 ——	——*	–	7
484 ——	——*	*——	——	312 ——	——*	*—— —	98 ——	——*	6	8
818 ——	——*	*——	——	725 ——	——*	*—— —	865 ——	——*	13	9
– ——	——*	*——	——	– ——	——*	*—— —	– ——	——*	–	10
2 ——	——*	*——	——	1 ——	——*	*—— —	1 ——	——*	46	11
73 076 ——	——*	*——	——	55 136 ——	——*	*—— —	27 324 ——	——*	401	12
2 302 ——	——*	*——	——	1 243 ——	——*	*—— —	3 398 ——	——*	98	13
70 774 ——	——*	*——	——	53 893 ——	——*	*—— —	23 926 ——	——*	303	14
65 679 ——	——*	*——	——	44 485 ——	——*	*—— —	21 352 ——	——*	232	15
240 ——	——*	*——	——	328 ——	——*	*—— —	437 ——	——*	–	16
3 801 ——	——*	*——	——	8 581 ——	——*	*—— —	1 785 ——	——*	14	17
35 ——	——*	*——	——	32 ——	——*	*—— —	45 ——	——*	–	18
480 ——	——*	*——	——	305 ——	——*	*—— —	90 ——	——*	6	19
537 ——	——*	*——	——	161 ——	——*	*—— —	217 ——	——*	9	20
– ——	——*	*——	——	– ——	——*	*—— —	– ——	——*	–	21
2 ——	——*	*——	——	1 ——	——*	*—— —	– ——	——*	42	22
4 888 ——	——*	*——	——	8 145 ——	——*	*—— —	12 348 ——	——*	73	23
1 653 ——	——*	*——	——	3 930 ——	——*	*—— —	10 010 ——	——*	56	24
3 235 ——	——*	*——	——	4 215 ——	——*	*—— —	2 338 ——	——*	17	25
407 ——	——*	*——	——	275 ——	——*	*—— —	113 ——	——*	2	26
2 191 ——	——*	*——	——	2 489 ——	——*	*—— —	1 262 ——	——*	6	27
179 ——	——*	*——	——	600 ——	——*	*—— —	197 ——	——*	1	28
173 ——	——*	*——	——	280 ——	——*	*—— —	109 ——	——*	–	29
4 ——	——*	*——	——	7 ——	——*	*—— —	8 ——	——*	–	30
281 ——	——*	*——	——	564 ——	——*	*—— —	648 ——	——*	4	31
– ——	——*	*——	——	– ——	——*	*—— —	– ——	——*	–	32
– ——	——*	*——	——	– ——	——*	*—— —	1 ——	——*	4	33
215 844	198 143	129 328	140 999	147 990	134 485	102 698	71 410	68 076	–	34
21 254	18 150	13 016	15 685	18 780	19 571	19 406	17 026	23 715	–	35
194 590	179 993	116 312	125 314	129 210	114 914	83 292	54 384	44 361	–	36
141 918	132 547	89 426	93 295	91 579	75 470	49 018	28 330	19 572	–	37
33 131	32 038	19 864	26 214	32 857	35 496	30 554	22 960	20 658	–	38
16 692	13 096	5 657	4 200	3 387	2 456	2 215	1 608	1 700	–	39
2 849	2 312	1 365	1 605	1 387	1 492	1 505	1 486	2 431	–	40

35. Households by age and sex of householder, size and type of household and urban/rural residence: each census, 1985 – 1995 (continued)

(See notes at end of table.)

	Continent, country or area, date, sex, size, family type and urban/rural residence Continent, pays ou zone, date, sexe, dimension, type de famille et résidence, urbaine/rurale	Age (in years) All ages Tous âges	15 + [1]	– 15	15–19	20–24	25–29	30–34
	ASIA—ASIE (Cont.–Suite)							
	Hong Kong – Hong-kong							
	15 III 1991 [13]							
	Male – Masculin							
1	Total	1 174 982	1 174 103	879	4 561	19 912	87 399	171 760
2	1	155 342	155 087	255	1 896	7 000	17 608	22 337
3	2 +	1 019 640	1 019 016	624	2 665	12 912	69 791	149 423
4	Nuclear – Nucléaire	724 736	724 726	10	490	5 009	46 435	108 575
5	Extended – Elargis	219 621	219 241	380	1 412	5 261	17 625	27 893
6	Composite – Complexes	53 738	53 738	–	44	224	1 799	9 389
7	Unknown type –Type inconnu	21 545	21 311	234	719	2 418	3 932	3 566
	Female – Féminin							
8	Total	407 233	406 383	850	3 004	11 311	28 943	44 623
9	1	78 581	78 419	162	1 101	3 870	6 927	6 164
10	2 +	328 652	327 964	688	1 903	7 441	22 016	38 459
11	Nuclear – Nucléaire	199 685	199 657	28	271	2 196	13 381	26 871
12	Extended – Elargis	106 027	105 695	332	1 170	3 413	6 226	8 164
13	Composite – Complexes	12 421	12 407	14	21	160	994	2 503
14	Unknown type –Type inconnu	10 519	10 205	314	441	1 672	1 415	921
	Japan – Japon							
	1 X 1985 [11] [14]							
	Total							
15	Total	37 980 867	37 979 888	979	566 123	2 124 476	2 370 314	3 386 384
16	1	7 896 370	7 895 612	758	548 085	1 795 594	1 072 620	666 040
17	2 +	30 084 497	30 084 276	221	18 038	328 882	1 297 694	2 720 344
	Nuclear – Nucléaire							
18	Spouse – Epouse	20 396 174	20 396 174	–	6 485	218 149	1 087 781	2 212 728
19	Other – Autres	2 410 609	2 410 609	–	1 158	24 284	78 806	181 178
	Extended – Elargis							
20	Spouse – Epouse	6 557 042	6 557 033	9	258	8 168	69 262	281 907
21	Other – Autres	648 185	647 973	212	8 065	64 340	51 948	38 362
	Unknown type –Type inconnu							
22	Spouse – Epouse	72 487	72 487	–	2 072	13 941	9 897	6 169
23	Other – Autres	–	–	–	–	–	–	–
	Male – Masculin							
24	Total	31 947 665	31 947 045	620	345 516	1 487 077	2 055 718	3 090 072
25	1	4 425 895	4 425 398	497	333 185	1 211 539	826 635	506 922
26	2 +	27 521 770	27 521 647	123	12 331	275 538	1 229 083	2 583 150
	Nuclear – Nucléaire							
27	Spouse – Epouse	20 332 755	20 332 755	–	6 195	215 777	1 084 187	2 207 769
28	Other – Autres	637 569	637 569	–	641	13 321	39 227	68 758
	Extended – Elargis							
29	Spouse – Epouse	6 275 238	6 275 233	5	236	7 960	68 742	280 201
30	Other – Autres	230 854	230 736	118	3 765	28 394	29 008	21 509
	Unknown type –Type inconnu							
31	Spouse – Epouse	45 354	45 354	–	1 494	10 086	7 919	4 913
32	Other – Autres	–	–	–	–	–	–	–
	Female – Féminin							
33	Total	6 033 202	6 032 843	359	220 607	637 399	314 596	296 312
34	1	3 470 475	3 470 214	261	214 900	584 055	245 985	159 118
35	2 +	2 562 727	2 562 629	98	5 707	53 344	68 611	137 194
	Nuclear – Nucléaire							
36	Spouse – Epouse	63 419	63 419	–	290	2 372	3 594	4 959
37	Other – Autres	1 773 040	1 773 040	–	517	10 963	39 579	112 420
	Extended – Elargis							
38	Spouse – Epouse	281 804	281 800	4	22	208	520	1 706
39	Other – Autres	417 331	417 237	94	4 300	35 946	22 940	16 853
	Unknown type –Type inconnu							
40	Spouse – Epouse	27 133	27 133	–	578	3 855	1 978	1 256
41	Other – Autres	–	–	–	–	–	–	–

35. Ménages selon l'âge et le sexe du chef de ménage, la dimension et le type du ménage et la résidence, urbaine/rurale: chaque recensement, 1985 – 1995 (suite)

(Voir notes à la fin du tableau.)

Age (en années) 35–39	40–44	45–49	50–54	55–59	60–64	65–69	70–74	75+	Unknown Inconnu	
172 631	160 165	104 032	109 571	108 358	92 127	64 755	42 884	35 948	–	1
16 403	14 312	10 653	12 843	14 291	13 148	9 958	7 096	7 542	–	2
156 228	145 853	93 379	96 728	94 067	78 979	54 797	35 788	28 406	–	3
113 692	106 844	71 923	73 317	69 202	55 019	36 139	22 164	15 917	–	4
26 336	25 719	15 449	18 640	20 955	21 181	16 421	11 916	10 433	–	5
13 852	11 462	4 943	3 463	2 793	1 777	1 544	1 130	1 318	–	6
2 348	1 828	1 064	1 308	1 117	1 002	693	578	738	–	7
43 213	37 978	25 296	31 428	39 632	42 358	37 943	28 526	32 128	–	8
4 851	3 838	2 363	2 842	4 489	6 423	9 448	9 930	16 173	–	9
38 362	34 140	22 933	28 586	35 143	35 935	28 495	18 596	15 955	–	10
28 226	25 703	17 503	19 978	22 377	20 451	12 879	6 166	3 655	–	11
6 795	6 319	4 415	7 574	11 902	14 315	14 133	11 044	10 225	–	12
2 840	1 634	714	737	594	679	671	478	382	–	13
501	484	301	297	270	490	812	908	1 693	–	14
4 682 423	4 476 511	4 273 739	4 265 390	3 834 236	2 770 998	2 065 125	1 633 247	1 530 922	–	15
547 061	405 226	383 324	424 357	441 281	430 540	402 748	365 147	413 589	–	16
4 135 362	4 071 285	3 890 415	3 841 033	3 392 955	2 340 458	1 662 377	1 268 100	1 117 333	–	17
3 092 476	2 874 027	2 662 843	2 548 475	2 116 100	1 375 891	949 132	691 359	560 728	–	18
327 045	370 683	370 742	331 750	241 428	168 758	116 920	90 434	107 423	–	19
655 865	759 206	787 361	891 635	973 874	742 859	548 886	442 356	395 396	–	20
53 603	62 990	65 056	64 194	56 827	48 850	43 950	40 780	49 008	–	21
6 373	4 379	4 413	4 979	4 726	4 100	3 489	3 171	4 778	–	22
–	–	–	–	–	–	–	–	–	–	23
4 258 515	4 005 973	3 758 620	3 694 050	3 251 061	2 198 413	1 546 473	1 189 168	1 066 389	–	24
393 073	268 178	222 198	194 822	143 537	93 182	70 601	66 692	94 834	–	25
3 865 442	3 737 795	3 536 422	3 499 228	3 107 524	2 105 231	1 475 872	1 122 476	971 555	–	26
3 085 896	2 867 300	2 655 833	2 539 923	2 107 643	1 368 991	944 706	688 956	559 579	–	27
98 647	90 842	81 465	75 566	57 476	35 299	23 995	21 020	31 312	–	28
651 854	752 907	774 743	860 677	924 246	689 501	498 795	402 807	362 564	–	29
24 272	23 942	21 971	20 705	15 939	9 833	7 116	8 375	15 907	–	30
4 773	2 804	2 410	2 357	2 220	1 607	1 260	1 318	2 193	–	31
–	–	–	–	–	–	–	–	–	–	32
423 908	470 538	515 119	571 340	583 175	572 585	518 652	444 079	464 533	–	33
153 988	137 048	161 126	229 535	297 744	337 358	332 147	298 455	318 755	–	34
269 920	333 490	353 993	341 805	285 431	235 227	186 505	145 624	145 778	–	35
6 580	6 727	7 010	8 552	8 457	6 900	4 426	2 403	1 149	–	36
228 398	279 841	289 277	256 184	183 952	133 459	92 925	69 414	76 111	–	37
4 011	6 299	12 618	30 958	49 628	53 358	50 091	39 549	32 832	–	38
29 331	39 048	43 085	43 489	40 888	39 017	36 834	32 405	33 101	–	39
1 600	1 575	2 003	2 622	2 506	2 493	2 229	1 853	2 585	–	40
–	–	–	–	–	–	–	–	–	–	41

35. Households by age and sex of householder, size and type of household and urban/rural residence: each census, 1985 – 1995 (continued)

(See notes at end of table.)

	Continent, country or area, date, sex, size, family type and urban/rural residence Continent, pays ou zone, date, sexe, dimension, type de famille et résidence, urbaine/rurale	Age (in years) All ages Tous âges	15 + [1]	– 15	15–19	20–24	25–29	30–34
	ASIA—ASIE (Cont.–Suite)							
	Japan – Japon							
	1 X 1990 [11 14]							
	Total							
1	Total	40 670 475	40 669 845	630	642 622	2 267 345	2 541 380	2 881 200
2	1	9 389 660	9 389 176	484	623 618	1 945 922	1 286 955	669 837
3	2 +	31 280 815	31 280 669	146	19 004	321 423	1 254 425	2 211 363
	Nuclear – Nucléaire							
4	Spouse – Epouse	21 465 378	21 465 378	–	7 418	206 947	1 054 864	1 843 133
5	Other – Autres	2 752 701	2 752 691	10	1 250	23 433	81 496	144 730
	Extended – Elargis							
6	Spouse – Epouse	6 293 165	6 293 162	3	189	6 202	50 050	185 676
7	Other – Autres	692 660	692 532	128	7 944	69 850	55 937	31 746
	Unknown type –Type inconnu							
8	Spouse – Epouse	76 911	76 906	5	2 203	14 991	12 078	6 078
9	Other – Autres	–	–	–	–	–	–	–
	Male – Masculin							
10	Total	33 752 239	33 751 879	360	394 148	1 554 882	2 127 297	2 602 170
11	1	5 246 526	5 246 246	280	380 786	1 292 805	954 772	502 265
12	2 +	28 505 713	28 505 633	80	13 362	262 077	1 172 525	2 099 905
	Nuclear – Nucléaire							
13	Spouse – Epouse	21 390 434	21 390 434	–	7 027	203 915	1 049 491	1 837 474
14	Other – Autres	764 616	764 608	8	663	10 552	35 303	55 399
	Extended – Elargis							
15	Spouse – Epouse	6 041 562	6 041 561	1	164	6 038	49 497	184 225
16	Other – Autres	255 292	255 223	69	3 792	29 387	28 083	17 778
	Unknown type –Type inconnu							
17	Spouse – Epouse	53 809	53 807	2	1 716	12 185	10 151	5 029
18	Other – Autres	–	–	–	–	–	–	–
	Female – Féminin							
19	Total	6 918 236	6 917 966	270	248 474	712 463	414 083	279 030
20	1	4 143 134	4 142 930	204	242 832	653 117	332 183	167 572
21	2 +	2 775 102	2 775 036	66	5 642	59 346	81 900	111 458
	Nuclear – Nucléaire							
22	Spouse – Epouse	74 944	74 944	–	391	3 032	5 373	5 659
23	Other – Autres	1 988 085	1 988 083	2	587	12 881	46 193	89 331
	Extended – Elargis							
24	Spouse – Epouse	251 603	251 601	2	25	164	553	1 451
25	Other – Autres	437 368	437 309	59	4 152	40 463	27 854	13 968
	Unknown type –Type inconnu							
26	Spouse – Epouse	23 102	23 099	3	487	2 806	1 927	1 049
27	Other – Autres	–	–	–	–	–	–	–
	EUROPE							
	Denmark – Danemark [15]							
	1 I 1986 [2 16]							
	Total							
28	Total	2 069 450	2 069 090	360	16 870	123 820	178 690	213 370
29	1	612 400	612 070	330	13 900	61 510	47 760	33 320
30	2 +	1 457 050	1 457 020	30	2 970	62 310	130 930	180 050
	Nuclear – Nucléaire							
31	Spouse – Epouse	1 049 620	1 049 620	–	150	15 430	72 250	130 830
32	Other – Autres	99 770	99 770	–	660	5 740	12 150	17 870
	Unknown type –Type inconnu							
33	Spouse – Epouse	25 830	25 830	–	–	200	1 830	3 320
34	Other – Autres	281 830	281 800	30	2 160	40 940	44 700	28 030
	Male – Masculin							
35	Total	1 312 110	1 311 920	190	7 100	77 330	126 490	154 080
36	1	243 450	243 280	170	5 670	33 370	31 270	24 370
37	2 +	1 068 660	1 068 640	20	1 430	43 960	95 220	129 710
	Nuclear – Nucléaire							
38	Spouse – Epouse	848 920	848 920	–	110	12 160	57 960	104 330
39	Other – Autres	14 920	14 920	–	–	40	430	1 600
	Unknown type –Type inconnu							
40	Spouse – Epouse	21 470	21 470	–	–	170	1 430	2 730
41	Other – Autres	183 350	183 330	20	1 320	31 590	35 400	21 050

35. Ménages selon l'âge et le sexe du chef de ménage, la dimension et le type du ménage et la résidence, urbaine/rurale: chaque recensement, 1985 – 1995 (suite)

(Voir notes à la fin du tableau.)

Age (en années)										
35–39	40–44	45–49	50–54	55–59	60–64	65–69	70–74	75+	Unknown Inconnu	
3 788 712	5 063 464	4 679 068	4 342 349	4 233 501	3 653 775	2 578 483	1 822 004	2 175 942	–	1
559 308	597 208	518 810	493 124	529 026	541 935	526 211	457 659	639 563	–	2
3 229 404	4 466 256	4 160 258	3 849 225	3 704 475	3 111 840	2 052 272	1 364 345	1 536 379	–	3
2 444 158	3 107 621	2 840 647	2 621 235	2 467 955	1 994 074	1 257 895	802 836	816 595	–	4
279 556	473 570	456 263	380 918	300 029	202 968	143 422	105 754	159 302	–	5
459 475	807 872	782 822	776 539	872 879	855 443	596 256	409 059	490 700	–	6
40 902	70 691	74 933	65 476	59 001	55 140	51 401	44 227	65 284	–	7
5 313	6 502	5 593	5 057	4 611	4 215	3 298	2 469	4 498	–	8
–	–	–	–	–	–	–	–	–	–	9
3 425 987	4 494 806	4 087 098	3 753 870	3 604 242	3 020 603	1 952 332	1 279 948	1 454 496	–	10
417 229	426 505	334 126	263 441	211 112	152 870	102 494	75 940	131 901	–	11
3 008 758	4 068 301	3 752 972	3 490 429	3 393 130	2 867 733	1 849 838	1 204 008	1 322 595	–	12
2 437 559	3 098 749	2 831 561	2 612 370	2 459 154	1 986 582	1 252 230	799 674	814 648	–	13
90 890	133 173	115 970	96 605	77 839	52 646	31 606	21 983	41 979	–	14
455 951	801 086	772 595	754 411	833 595	811 412	554 616	373 180	444 791	–	15
20 081	30 490	29 230	24 107	20 069	15 020	9 968	8 201	19 017	–	16
4 277	4 803	3 616	2 936	2 473	2 073	1 418	970	2 160	–	17
–	–	–	–	–	–	–	–	–	–	18
362 725	568 658	591 970	588 479	629 259	633 172	626 151	542 056	721 446	–	19
142 079	170 703	184 684	229 683	317 914	389 065	423 717	381 719	507 662	–	20
220 646	397 955	407 286	358 796	311 345	244 107	202 434	160 337	213 784	–	21
6 599	8 872	9 086	8 865	8 801	7 492	5 665	3 162	1 947	–	22
188 666	340 397	340 293	284 313	222 190	150 322	111 816	83 771	117 323	–	23
3 524	6 786	10 227	22 128	39 284	44 031	41 640	35 879	45 909	–	24
20 821	40 201	45 703	41 369	38 932	40 120	41 433	36 026	46 267	–	25
1 036	1 699	1 977	2 121	2 138	2 142	1 880	1 499	2 338	–	26
–	–	–	–	–	–	–	–	–	–	27
207 790	167 230	145 960	150 110	163 110	163 740	162 530	152 500	223 370	–	28
25 470	19 360	20 780	28 220	42 220	51 950	64 350	72 510	130 720	–	29
182 320	147 870	125 180	121 890	120 890	111 790	98 180	79 990	92 650	–	30
139 660	115 420	98 470	96 520	96 950	89 430	75 350	59 770	59 390	–	31
19 550	15 580	11 730	8 490	5 180	1 850	750	180	40	–	32
4 410	3 630	3 090	3 570	2 780	1 810	850	250	90	–	33
18 700	13 240	11 890	13 310	15 980	18 700	21 230	19 790	33 130	–	34
148 990	122 060	106 470	105 330	107 750	100 480	89 590	74 770	91 480	–	35
18 340	12 540	11 730	11 860	14 990	15 550	16 900	16 800	29 890	–	36
130 650	109 520	94 740	93 470	92 760	84 930	72 690	57 970	61 590	–	37
111 620	95 050	81 700	80 150	79 100	71 960	59 850	47 480	47 450	–	38
2 550	2 680	2 720	2 080	1 560	680	440	110	30	–	39
3 590	2 880	2 610	2 960	2 410	1 590	770	250	80	–	40
12 890	8 910	7 710	8 280	9 690	10 700	11 630	10 130	14 030	–	41

35. Households by age and sex of householder, size and type of household and urban/rural residence: each census, 1985 – 1995 (continued)

(See notes at end of table.)

	Continent, country or area, date, sex, size, family type and urban/rural residence Continent, pays ou zone, date, sexe, dimension, type de famille et résidence, urbaine/rurale	Age (in years) All ages Tous âges	15 + [1]	– 15	15–19	20–24	25–29	30–34
	EUROPE (Cont.–Suite)							
	Denmark – Danemark [15]							
	1 I 1986 [2 16]							
	Female – Féminin							
1	Total	757 340	757 170	170	9 770	46 490	52 200	59 290
2	1	368 950	368 790	160	8 230	28 140	16 490	8 950
3	2 +	388 390	388 380	10	1 540	18 350	35 710	50 340
	Nuclear – Nucléaire							
4	Spouse – Epouse	200 700	200 700	–	40	3 270	14 290	26 500
5	Other – Autres	84 850	84 850	–	660	5 700	11 720	16 270
	Unknown type –Type inconnu							
6	Spouse – Epouse	4 360	4 360	–	–	30	400	590
7	Other – Autres	98 480	98 470	10	840	9 350	9 300	6 980
	1 I 1991 [2]							
	Total							
8	Total	2 274 265	2 274 218	47	15 998	136 133	201 276	197 958
9	1	781 855	781 819	36	13 721	79 764	71 463	45 976
10	2 +	1 492 410	1 492 399	11	2 277	56 369	129 813	151 982
	Nuclear – Nucléaire							
11	Spouse – Epouse	1 203 377	1 203 377	–	1 129	40 572	100 092	119 830
12	Other – Autres	130 948	130 948	–	439	5 547	13 834	19 168
	Extended – Elargis							
13	Spouse – Epouse	45 934	45 934	–	1	323	2 257	3 746
14	Other – Autres	76 078	76 070	8	573	6 488	7 284	4 790
	Composite – Complexes							
15	Spouse – Epouse	36 073	36 070	3	135	3 439	6 346	4 448
	Male – Masculin							
16	Total	1 327 655	1 327 631	24	6 468	71 930	123 325	128 088
17	1	329 896	329 880	16	5 823	41 651	45 085	32 138
18	2 +	997 759	997 751	8	645	30 279	78 240	95 950
	Nuclear – Nucléaire							
19	Spouse – Epouse	880 146	880 146	–	355	24 339	66 934	84 992
20	Other – Autres	20 527	20 527	–	–	53	516	1 393
	Extended – Elargis							
21	Spouse – Epouse	32 072	32 072	–	–	201	1 535	2 758
22	Other – Autres	40 571	40 565	6	213	3 406	4 639	3 409
	Composite – Complexes							
23	Spouse – Epouse	24 443	24 441	2	77	2 280	4 616	3 398
	Female – Féminin							
24	Total	946 610	946 587	23	9 530	64 203	77 951	69 870
25	1	451 959	451 939	20	7 898	38 113	26 378	13 838
26	2 +	494 651	494 648	3	1 632	26 090	51 573	56 032
	Nuclear – Nucléaire							
27	Spouse – Epouse	323 231	323 231	–	774	16 233	33 158	34 838
28	Other – Autres	110 421	110 421	–	439	5 494	13 318	17 775
	Extended – Elargis							
29	Spouse – Epouse	13 862	13 862	–	1	122	722	988
30	Other – Autres	35 507	35 505	2	360	3 082	2 645	1 381
	Composite – Complexes							
31	Spouse – Epouse	11 630	11 629	1	58	1 159	1 730	1 050
	Norway – Norvège							
	3 XI 1990 [2 11]							
	Total							
32	Total	1 751 362	1 750 523	842	9 650	100 027	178 644	188 731
33	1	601 097	600 271	825	6 683	49 489	68 503	50 168
34	2 +	1 150 264	1 150 246	–	2 967	50 537	110 141	138 564
	Nuclear – Nucléaire							
35	Spouse – Epouse	839 581	839 575	–	769	17 606	55 917	90 218
36	Other – Autres	143 350	143 348	–	1 391	14 695	20 673	20 867
	Extended – Elargis							
37	Spouse – Epouse	–	–	–	–	–	–	–
38	Other – Autres	160 144	160 136	–	758	17 579	32 447	26 688
	Composite – Complexes							
39	Spouse – Epouse	–	–	–	–	–	–	–
40	Other – Autres	6 549	6 503	–	–	601	1 009	722
	Unknown type –Type inconnu							
41	Spouse – Epouse	–	–	–	–	–	–	–
42	Other – Autres	640	115	–	–	–	62	53

35. Ménages selon l'âge et le sexe du chef de ménage, la dimension et le type du ménage et la résidence, urbaine/rurale: chaque recensement, 1985 – 1995 (suite)

(Voir notes à la fin du tableau.)

Age (en années)										
35–39	40–44	45–49	50–54	55–59	60–64	65–69	70–74	75+	Unknown Inconnu	
58 800	45 170	39 490	44 780	55 360	63 260	72 940	77 730	131 890	–	1
7 130	6 820	9 050	16 360	27 230	36 400	47 450	55 710	100 830	–	2
51 670	38 350	30 440	28 420	28 130	26 860	25 490	22 020	31 060	–	3
28 040	20 370	16 770	16 370	17 850	17 470	15 500	12 290	11 940	–	4
17 000	12 900	9 010	6 410	3 620	1 170	310	70	10	–	5
820	750	480	610	370	220	80	–	10	–	6
5 810	4 330	4 180	5 030	6 290	8 000	9 600	9 660	19 100	–	7
202 488	225 976	221 880	172 141	152 999	153 961	161 532	150 783	281 093	–	8
37 255	37 471	40 431	38 237	42 522	52 570	67 197	74 287	180 925	–	9
165 233	188 505	181 449	133 904	110 477	101 391	94 335	76 496	100 168	–	10
128 363	145 916	144 545	111 029	94 734	88 903	83 110	66 464	78 690	–	11
24 113	26 460	19 207	9 540	5 338	3 245	2 090	1 148	819	–	12
4 023	4 747	5 696	4 689	3 893	3 630	3 531	3 217	6 181	–	13
5 298	7 785	8 475	6 002	4 589	4 072	4 199	4 509	12 006	–	14
3 436	3 597	3 526	2 644	1 923	1 541	1 405	1 158	2 472	–	15
131 750	145 738	143 864	113 802	99 189	93 783	88 451	73 892	107 351	–	16
26 746	25 069	23 068	18 364	17 081	17 734	19 121	18 586	39 414	–	17
105 004	120 669	120 796	95 438	82 108	76 049	69 330	55 306	67 937	–	18
92 788	104 967	104 635	83 753	73 520	69 222	63 603	50 779	60 259	–	19
3 023	4 711	4 268	2 528	1 586	1 081	693	378	297	–	20
2 940	3 479	4 120	3 476	2 874	2 537	2 438	2 141	3 573	–	21
3 681	4 974	5 362	3 866	2 780	2 187	1 767	1 414	2 867	–	22
2 572	2 538	2 411	1 815	1 348	1 022	829	594	941	–	23
70 738	80 238	78 016	58 339	53 810	60 178	73 081	76 891	173 742	–	24
10 509	12 402	17 363	19 873	25 441	34 836	48 076	55 701	141 511	–	25
60 229	67 836	60 653	38 466	28 369	25 342	25 005	21 190	32 231	–	26
35 575	40 949	39 910	27 276	21 214	19 681	19 507	15 685	18 431	–	27
21 090	21 749	14 939	7 012	3 752	2 164	1 397	770	522	–	28
1 083	1 268	1 576	1 213	1 019	1 093	1 093	1 076	2 608	–	29
1 617	2 811	3 113	2 136	1 809	1 885	2 432	3 095	9 139	–	30
864	1 059	1 115	829	575	519	576	564	1 531	–	31
183 644	186 240	148 164	110 076	99 430	111 087	122 337	116 479	196 014	–	32
36 179	32 181	27 030	24 604	26 470	36 941	51 914	58 445	131 664	–	33
147 463	154 057	121 134	85 472	72 960	74 147	70 423	58 032	64 349	–	34
105 960	114 130	91 644	66 528	59 862	64 397	63 009	52 911	56 624	–	35
21 846	23 038	16 019	9 520	5 996	3 813	2 274	1 232	1 984	–	36
–	–	–	–	–	–	–	–	–	–	37
19 007	16 078	12 706	8 895	6 696	5 554	4 833	3 615	5 280	–	38
–	–	–	–	–	–	–	–	–	–	39
583	748	693	506	380	332	282	234	413	–	40
–	–	–	–	–	–	–	–	–	–	41
–	–	–	–	–	–	–	–	–	–	42

35. Households by age and sex of householder, size and type of household and urban/rural residence: each census, 1985 – 1995 (continued)

(See notes at end of table.)

	Continent, country or area, date, sex, size, family type and urban/rural residence Continent, pays ou zone, date, sexe, dimension, type de famille et résidence, urbaine/rurale	Age (in years) All ages Tous âges	15 + [1]	– 15	15–19	20–24	25–29	30–34
	EUROPE (Cont.–Suite)							
	Norway – Norvège							
	3 XI 1990 [2 11]							
	Male – Masculin							
1	Total	1 151 009	1 150 557	453	4 217	52 917	116 124	133 061
2	1	274 238	273 794	444	3 046	26 102	43 174	34 199
3	2 +	876 770	876 760	–	1 171	26 814	72 950	98 862
	Nuclear – Nucléaire							
4	Spouse – Epouse	721 476	721 472	–	533	12 722	44 491	74 391
5	Other – Autres	37 814	37 814	–	322	3 252	4 617	4 179
	Extended – Elargis							
6	Spouse – Epouse	–	–	–	–	–	–	–
7	Other – Autres	112 488	112 483	–	287	10 480	23 087	19 702
	Composite – Complexes							
8	Spouse – Epouse	–	–	–	–	–	–	–
9	Other – Autres	4 577	4 550	–	–	325	693	536
	Unknown type –Type inconnu							
10	Spouse – Epouse	–	–	–	–	–	–	–
11	Other – Autres	415	115	–	–	–	62	53
	Female – Féminin							
12	Total	600 353	599 966	389	5 433	47 110	62 520	55 670
13	1	326 859	326 477	381	3 637	23 387	25 329	15 969
14	2 +	273 494	273 486	–	1 796	23 723	37 191	39 702
	Nuclear – Nucléaire							
15	Spouse – Epouse	118 105	118 103	–	236	4 884	11 426	15 827
16	Other – Autres	105 536	105 534	–	1 069	11 443	16 056	16 688
	Extended – Elargis							
17	Spouse – Epouse	–	–	–	–	–	–	–
18	Other – Autres	47 656	47 653	–	471	7 099	9 360	6 986
	Composite – Complexes							
19	Spouse – Epouse	–	–	–	–	–	–	–
20	Other – Autres	1 972	1 953	–	–	276	316	186
	Unknown type –Type inconnu							
21	Spouse – Epouse	–	–	–	–	–	–	–
22	Other – Autres	225	–	–	–	–	–	–
	Romania – Roumanie							
	7 I 1992 [11]							
	Total							
23	Total	7 288 676	7 286 703	292	15 295	209 719	373 040	626 866
24	1	1 246 889	1 245 356	210	7 001	42 672	40 179	49 808
25	2 +	6 041 787	6 037 347	82	8 294	167 047	332 861	577 058
	Nuclear – Nucléaire							
26	Spouse – Epouse	4 375 604	4 375 351	1	4 009	133 778	287 900	493 042
27	Other – Autres	475 489	475 462	4	727	9 651	17 683	39 703
	Extended – Elargis							
28	Spouse – Epouse	931 720	931 696	3	555	9 852	15 735	28 766
29	Other – Autres	161 432	161 351	60	1 906	7 502	5 252	6 186
	Composite – Complexes							
30	Spouse – Epouse	22 061	22 055	–	24	597	1 128	1 814
31	Other – Autres	26 096	26 695	1	149	1 198	2 114	4 075
	Unknown type –Type inconnu							
32	Spouse – Epouse	2 064	2 113	–	6	53	99	140
33	Other – Autres	46 721	46 674	13	918	4 416	2 950	3 332

35. Ménages selon l'âge et le sexe du chef de ménage, la dimension et le type du ménage et la résidence, urbaine/rurale: chaque recensement, 1985 – 1995 (suite)

(Voir notes à la fin du tableau.)

Age (en années)										
35–39	40–44	45–49	50–54	55–59	60–64	65–69	70–74	75+	Unknown Inconnu	
133 438	139 067	110 790	82 206	72 678	76 590	78 590	65 836	85 043	–	1
25 972	22 640	16 414	13 597	13 004	14 300	17 284	14 481	29 581	–	2
107 465	116 426	94 376	68 609	59 674	62 291	61 306	51 354	55 462	–	3
88 427	97 826	79 138	57 871	52 055	56 383	56 947	48 450	52 238	–	4
4 769	6 329	5 241	3 564	2 229	1 509	799	441	563	–	5
–	–	–	–	–	–	–	–	–	–	6
13 822	11 714	9 448	6 759	5 059	4 106	3 336	2 280	2 403	–	7
–	–	–	–	–	–	–	–	–	–	8
410	518	507	396	311	256	208	153	237	–	9
–	–	–	–	–	–	–	–	–	–	10
–	–	–	–	–	–	–	–	–	–	11
50 206	47 173	37 374	27 870	26 752	34 497	43 747	50 643	110 971	–	12
10 207	9 541	10 616	11 007	13 466	22 641	34 630	43 964	102 083	–	13
39 998	37 631	26 758	16 863	13 286	11 856	9 117	6 678	8 887	–	14
17 533	16 304	12 506	8 657	7 807	8 014	6 062	4 461	4 386	–	15
17 077	16 709	10 778	5 956	3 767	2 304	1 475	791	1 421	–	16
–	–	–	–	–	–	–	–	–	–	17
5 185	4 364	3 258	2 136	1 637	1 448	1 497	1 335	2 877	–	18
–	–	–	–	–	–	–	–	–	–	19
173	230	186	110	69	76	74	81	176	–	20
–	–	–	–	–	–	–	–	–	–	21
–	–	–	–	–	–	–	–	–	–	22
789 921	758 427	616 071	741 271	789 617	754 791	656 922	367 322	587 441	1 681	23
55 194	52 753	50 682	79 818	113 585	154 285	183 956	135 831	279 592	1 323	24
734 727	705 674	561 389	661 453	676 032	600 506	472 966	231 491	307 849	358	25
604 917	550 232	397 143	433 161	435 816	394 772	313 119	146 237	181 225	252	26
62 724	64 952	52 319	58 170	52 132	39 627	29 550	17 381	30 843	23	27
47 146	70 193	97 224	146 376	161 014	137 051	101 863	49 862	66 059	21	28
8 191	9 848	10 490	14 539	18 266	20 979	21 389	13 768	23 035	21	29
2 596	2 657	2 345	2 727	2 576	2 070	1 570	814	1 137	6	30
5 249	4 093	2 654	2 306	1 751	1 188	820	452	646	–	31
146	172	142	195	268	257	215	138	282	1	32
3 758	3 527	3 072	3 979	4 259	4 562	4 440	2 839	4 622	34	33

35. Households by age and sex of householder, size and type of household and urban/rural residence: each census, 1985 – 1995 (continued)

(See notes at end of table.)

	Continent, country or area, date, sex, size, family type and urban/rural residence — Continent, pays ou zone, date, sexe, dimension, type de famille et résidence, urbaine/rurale	All ages — Tous âges	15 + [1]	– 15	15–19	20–24	25–29	30–34
					Age (in years)			
	EUROPE (Cont.–Suite)							
	Romania – Roumanie							
	7 I 1992 [11]							
	Male – Masculin							
1	Total	5 681 106	5 679 925	111	10 207	172 168	328 643	553 344
2	1	416 630	415 774	85	4 221	25 695	24 457	31 385
3	2 +	5 264 476	5 264 151	26	5 986	146 473	304 186	521 959
	Nuclear – Nucléaire							
4	Spouse – Epouse	4 285 633	4 285 388	–	3 486	126 980	279 776	480 346
5	Other – Autres	91 481	91 476	1	303	2 289	2 404	5 211
	Extended – Elargis							
6	Spouse – Epouse	787 243	787 229	–	442	8 795	14 864	27 493
7	Other – Autres	42 321	42 291	21	1 109	4 419	2 901	3 036
	Composite – Complexes							
8	Spouse – Epouse	19 965	19 960	–	19	542	1 079	1 745
9	Other – Autres	10 746	10 746	–	114	707	1 020	1 585
	Unknown type – Type inconnu							
10	Spouse – Epouse	1 688	1 687	–	5	41	85	114
11	Other – Autres	25 399	25 374	4	508	2 700	2 057	2 429
	Female – Féminin							
12	Total	1 607 570	1 606 778	181	5 088	37 551	44 397	73 522
13	1	830 259	829 582	125	2 780	16 977	15 722	18 423
14	2 +	777 311	773 196	56	2 308	20 574	28 675	55 099
	Nuclear – Nucléaire							
15	Spouse – Epouse	89 971	89 963	1	523	6 798	8 124	12 696
16	Other – Autres	384 008	383 986	3	424	7 362	15 279	34 492
	Extended – Elargis							
17	Spouse – Epouse	144 477	144 467	3	113	1 057	871	1 273
18	Other – Autres	119 111	119 060	39	797	3 083	2 351	3 150
	Composite – Complexes							
19	Spouse – Epouse	2 096	2 095	–	5	55	49	69
20	Other – Autres	15 350	15 949	1	35	491	1 094	2 490
	Unknown type – Type inconnu							
21	Spouse – Epouse	376	426	–	1	12	14	26
22	Other – Autres	21 322	21 300	9	410	1 716	893	903
	OCEANIA—OCEANIE							
	New Zealand – Nouvelle–Zélande							
	4 III 1986 [2 17]							
	Total							
23	Total	1 069 446	1 069 446	–	12 129	67 773	111 165	*———
24	1	199 167	199 176	–	1 935	8 712	11 247	*———
25	2 +	870 279	870 270	–	10 194	59 061	99 918	*———
	Nuclear – Nucléaire							
26	Spouse – Epouse	649 740	649 737	–	2 622	28 800	69 174	*———
27	Other – Autres	84 519	84 516	–	1 026	5 268	8 616	*———
	Extended – Elargis							
28	Spouse – Epouse	72 444	72 435	–	1 119	6 288	9 318	*———
29	Other – Autres	63 576	63 582	–	5 427	18 705	12 810	*———
	Male – Masculin							
30	Total	714 816	714 819	–	4 989	37 284	72 645	*———
31	1	77 073	77 076	–	1 041	5 349	7 464	*———
32	2 +	637 743	637 743	–	3 948	31 935	65 181	*———
	Nuclear – Nucléaire							
33	Spouse – Epouse	542 919	542 919	–	1 167	18 264	51 162	*———
34	Other – Autres	15 786	15 786	–	234	411	705	*———
	Extended – Elargis							
35	Spouse – Epouse	44 034	44 031	–	372	2 661	4 941	*———
36	Other – Autres	35 004	35 007	–	2 175	10 599	8 373	*———

35. Ménages selon l'âge et le sexe du chef de ménage, la dimension et le type du ménage et la résidence, urbaine/rurale: chaque recensement, 1985 – 1995 (suite)

(Voir notes à la fin du tableau.)

Age (en années) 35–39	40–44	45–49	50–54	55–59	60–64	65–69	70–74	75+	Unknown Inconnu	
689 885	656 483	522 299	609 135	622 525	557 549	439 672	210 863	307 152	1 070	1
35 065	32 161	26 418	32 728	34 906	38 131	38 484	24 464	67 659	771	2
654 820	624 322	495 881	576 407	587 619	519 418	401 188	186 399	239 493	299	3
590 218	538 701	389 618	425 468	428 793	389 056	309 024	144 224	179 698	245	4
9 747	12 566	11 294	12 874	11 165	8 120	5 638	2 801	7 064	4	5
44 392	63 428	86 936	129 016	139 025	114 128	79 464	35 291	43 955	14	6
3 380	3 169	2 913	3 332	3 447	3 597	3 422	2 116	5 450	9	7
2 437	2 409	2 088	2 472	2 302	1 838	1 388	687	954	5	8
1 857	1 586	1 120	993	697	463	286	135	183	–	9
118	138	121	161	171	224	171	115	223	1	10
2 671	2 325	1 791	2 091	2 019	1 992	1 795	1 030	1 966	21	11
100 036	101 944	93 772	132 136	167 092	197 242	217 250	156 459	280 289	611	12
20 129	20 592	24 264	47 090	78 679	116 154	145 472	111 367	211 933	552	13
79 907	81 352	65 508	85 046	88 413	81 088	71 778	45 092	68 356	59	14
14 699	11 531	7 525	7 693	7 023	5 716	4 095	2 013	1 527	7	15
52 977	52 386	41 025	45 296	40 967	31 507	23 912	14 580	23 779	19	16
2 754	6 765	10 288	17 360	21 989	22 923	22 399	14 571	22 104	7	17
4 811	6 679	7 577	11 207	14 819	17 382	17 967	11 652	17 585	12	18
159	248	257	255	274	232	182	127	183	1	19
3 392	2 507	1 534	1 313	1 054	725	534	317	463	–	20
28	34	21	34	97	33	44	23	59	–	21
1 087	1 202	1 281	1 888	2 240	2 570	2 645	1 809	2 656	13	22
242 550 —*	100 095 *—	—	247 431	—*	78 939 *—	—	209 364	—*	–	23
19 332 —*	7 911 *—	—	33 378	—*	19 983 *—	—	96 678	—*	–	24
223 218 —*	92 184 *—	—	214 053	—*	58 956 *—	—	112 686	—*	–	25
172 761 —*	71 037 *—	—	166 296	—*	48 093 *—	—	90 954	—*	–	26
23 496 —*	10 800 *—	—	20 919	—*	4 467 *—	—	9 924	—*	–	27
17 295 —*	8 115 *—	—	20 610	—*	4 218 *—	—	5 472	—*	–	28
9 666 —*	2 232 *—	—	6 228	—*	2 178 *—	—	6 336	—*	–	29
170 496 —*	74 118 *—	—	186 915	—*	55 446 *—	—	112 926	—*	–	30
12 852 —*	5 004 *—	—	16 071	—*	6 855 *—	—	22 440	—*	–	31
157 644 —*	69 114 *—	—	170 844	—*	48 591 *—	—	90 486	—*	–	32
137 706 —*	60 381 *—	—	147 489	—*	43 596 *—	—	83 154	—*	–	33
3 441 —*	2 376 *—	—	5 625	—*	1 059 *—	—	1 935	—*	–	34
10 215 —*	4 953 *—	—	14 484	—*	2 997 *—	—	3 408	—*	–	35
6 282 —*	1 404 *—	—	3 246	—*	939 *—	—	1 989	—*	–	36

35. Households by age and sex of householder, size and type of household and urban/rural residence: each census, 1985 – 1995 (continued)

(See notes at end of table.)

	Continent, country or area, date, sex, size, family type and urban/rural residence — Continent, pays ou zone, date, sexe, dimension, type de famille et résidence, urbaine/rurale	Age (in years) All ages Tous âges	15 + [1]	– 15	15–19	20–24	25–29	30–34
	OCEANIA—OCEANIE(Cont.–Suite)							
	New Zealand – Nouvelle–Zélande							
	4 III 1986 [2 17]							
	Female – Féminin							
1	Total	354 630	354 627	–	7 140	30 489	38 520	*———
2	1	122 094	122 100	–	894	3 363	3 783	*———
3	2 +	232 536	232 527	–	6 246	27 126	34 737	*———
	Nuclear – Nucléaire							
4	Spouse – Epouse	106 821	106 818	–	1 455	10 536	18 012	*———
5	Other – Autres	68 733	68 730	–	792	4 857	7 911	*———
	Extended – Elargis							
6	Spouse – Epouse	28 410	28 404	–	747	3 627	4 377	*———
7	Other – Autres	28 572	2C 575	–	3 252	8 106	4 437	*———

35. Ménages selon l'âge et le sexe du chef de ménage, la dimension et le type du ménage et la résidence, urbaine/rurale: chaque recensement, 1985 – 1995 (suite)

(Voir notes à la fin du tableau.)

Age (en années)										
35–39	40–44	45–49	50–54	55–59	60–64	65–69	70–74	75+	Unknown Inconnu	
72 054 —*	25 977 *——	—	60 516 ——	—*	23 493 *——	—	96 438 ——	—*	–	1
6 480 —*	2 907 *——	—	17 307 ——	—*	13 128 *——	—	74 238 ——	—*	–	2
65 574 —*	23 070 *——	—	43 209 ——	—*	10 365 *——	—	22 200 ——	—*	–	3
35 055 —*	10 656 *——	—	18 807 ——	—*	4 497 *——	—	7 800 ——	—*	–	4
20 055 —*	8 424 *——	—	15 294 ——	—*	3 408 *——	—	7 989 ——	—*	–	5
7 080 —*	3 162 *——	—	6 126 ——	—*	1 221 *——	—	2 064 ——	—*	–	6
3 384 —*	828 *——	—	2 982 ——	—*	1 239 *——	—	4 347 ——	—*	–	7

35. Households by age and sex of householder, size and type of household and urban/rural residence: each census, 1985 – 1995 (continued)
Data by urban/rural residence

(See notes at end of table.)

	Continent, country or area, date, sex, size, family type and urban/rural residence — Continent, pays ou zone, date, sexe, dimension, type de famille et résidence, urbaine/rurale	All ages Tous âges	15 + [1]	– 15	15–19	20–24	25–29	30–34
	AMERICA,SOUTH— AMERIQUE DU SUD							
	Uruguay							
	Urban – Urbaine							
	23 X 1985* [10]							
	Total							
1	Total	756 200	755 700	400	3 000	27 500	59 400	66 700
2	1	113 000	112 900	200	1 000	4 200	5 000	4 300
3	2 +	643 200	642 800	200	2 000	23 300	54 400	62 400
	Nuclear – Nucléaire							
4	Spouse – Epouse	445 500	445 300	100	1 100	16 800	42 800	48 700
	Extended – Elargis							
5	Spouse – Epouse	150 800	150 700	–	700	4 600	8 500	10 200
	Composite – Complexes							
6	Spouse – Epouse	47 000	47 100	–	300	1 900	3 200	3 500
	Male – Masculin							
7	Total	570 200	569 900	300	2 000	22 900	52 000	58 100
8	1	50 100	50 100	100	600	2 800	3 300	2 800
9	2 +	520 100	519 800	200	1 400	20 100	48 700	55 300
	Nuclear – Nucléaire							
10	Spouse – Epouse	382 100	381 900	100	800	15 000	39 000	43 800
	Extended – Elargis							
11	Spouse – Epouse	106 300	106 400	–	500	3 600	7 200	8 700
	Composite – Complexes							
12	Spouse – Epouse	31 700	31 900	–	200	1 500	2 600	2 800
	Female – Féminin							
13	Total	186 000	185 800	100	1 000	4 600	7 400	8 600
14	1	62 900	62 800	100	400	1 400	1 700	1 500
15	2 +	123 100	123 000	–	600	3 200	5 700	7 100
	Nuclear – Nucléaire							
16	Spouse – Epouse	63 400	63 400	–	300	1 800	3 800	4 900
	Extended – Elargis							
17	Spouse – Epouse	44 500	44 300	–	200	1 000	1 300	1 500
	Composite – Complexes							
18	Spouse – Epouse	15 300	15 200	–	100	400	600	700
	Rural – Rurale							
	23 X 1985* [10]							
	Total							
19	Total	106 400	106 300	100	700	3 900	7 300	10 400
20	1	17 200	17 300	–	200	700	800	800
21	2 +	89 200	89 000	100	500	3 200	6 500	9 600
	Nuclear – Nucléaire							
22	Spouse – Epouse	58 400	58 400	–	100	2 200	4 800	7 000
	Extended – Elargis							
23	Spouse – Epouse	18 100	18 100	–	100	500	1 000	1 500
	Composite – Complexes							
24	Spouse – Epouse	12 700	12 600	–	100	500	700	1 100
	Male – Masculin							
25	Total	94 400	94 300	100	600	3 400	6 700	9 600
26	1	14 400	14 400	–	200	600	700	700
27	2 +	80 000	79 900	100	400	2 800	6 000	8 900
	Nuclear – Nucléaire							
28	Spouse – Epouse	53 300	53 300	–	100	2 000	4 400	6 500
	Extended – Elargis							
29	Spouse – Epouse	15 300	15 400	–	100	400	900	1 400
	Composite – Complexes							
30	Spouse – Epouse	11 400	11 300	–	100	400	700	1 000
	Female – Féminin							
31	Total	12 000	12 000	–	100	500	600	800
32	1	2 800	2 900	–	–	100	100	100
33	2 +	9 200	9 100	–	100	400	500	700
	Nuclear – Nucléaire							
34	Spouse – Epouse	5 100	5 100	–	–	200	400	500
	Extended – Elargis							
35	Spouse – Epouse	2 800	2 700	–	–	100	100	100
	Composite – Complexes							
36	Spouse – Epouse	1 300	1 300	–	–	100	–	100

35. Ménages selon l'âge et le sexe du chef de ménage, la dimension et le type du ménage et la résidence, urbaine/rurale: chaque recensement, 1985 – 1995 (suite)
Données selon la résidence urbaine/rurale

(Voir notes à la fin du tableau.)

Age (en années)										
35–39	40–44	45–49	50–54	55–59	60–64	65–69	70–74	75+	Unknown Inconnu	
69 400	69 700	71 200	75 500	77 200	68 500	*—	167 600	—*	–	1
4 300	5 500	6 900	9 000	12 500	14 000	*—	46 200	—*	–	2
65 100	64 200	64 300	66 500	64 700	54 500	*—	121 400	—*	–	3
49 400	47 700	46 400	44 900	41 800	34 600	*—	71 100	—*	–	4
11 400	12 200	13 800	16 900	18 200	16 000	*—	38 200	—*	–	5
4 300	4 300	4 100	4 700	4 800	4 000	*—	12 000	—*	–	6
58 400	56 900	55 700	58 000	56 600	48 400	*—	100 900	—*	–	7
2 800	3 600	4 100	4 700	5 600	5 800	*—	14 000	—*	–	8
55 600	53 300	51 600	53 300	51 000	42 600	*—	86 900	—*	–	9
42 900	40 200	38 200	37 500	35 200	29 500	*—	59 800	—*	–	10
9 300	9 700	10 300	12 400	12 600	10 700	*—	21 400	—*	–	11
3 400	3 400	3 100	3 500	3 200	2 500	*—	5 700	—*	–	12
11 000	12 800	15 500	17 500	20 600	20 100	*—	66 700	—*	–	13
1 500	1 900	2 800	4 300	6 900	8 200	*—	32 200	—*	–	14
9 500	10 900	12 700	13 200	13 700	11 900	*—	34 500	—*	–	15
6 500	7 500	8 200	7 400	6 600	5 100	*—	11 300	—*	–	16
2 100	2 500	3 500	4 500	5 600	5 300	*—	16 800	—*	–	17
900	900	1 000	1 200	1 600	1 500	*—	6 300	—*	–	18
10 700	11 200	11 000	11 500	11 600	9 800	*—	18 200	—*	–	19
1 000	1 300	1 500	1 900	2 200	2 100	*—	4 800	—*	–	20
9 700	9 900	9 500	9 600	9 400	7 700	*—	13 400	—*	–	21
7 000	7 000	6 500	6 200	5 400	4 400	*—	7 800	—*	–	22
1 300	1 600	1 700	2 100	2 400	2 000	*—	3 900	—*	–	23
1 300	1 400	1 400	1 400	1 600	1 300	*—	1 800	—*	–	24
9 900	10 300	10 100	10 400	10 200	8 500	*—	14 600	—*	–	25
1 000	1 200	1 400	1 700	1 900	1 600	*—	3 400	—*	–	26
8 900	9 100	8 700	8 700	8 300	6 900	*—	11 200	—*	–	27
6 500	6 400	6 000	5 600	4 900	4 000	*—	6 900	—*	–	28
1 200	1 500	1 500	1 800	2 000	1 700	*—	2 900	—*	–	29
1 200	1 300	1 300	1 300	1 400	1 200	*—	1 400	—*	–	30
800	900	900	1 100	1 400	1 300	*—	3 600	—*	–	31
–	100	100	200	300	500	*—	1 400	—*	–	32
800	800	800	900	1 100	800	*—	2 200	—*	–	33
500	600	500	600	500	400	*—	900	—*	–	34
100	100	200	300	400	300	*—	1 000	—*	–	35
100	100	100	100	200	100	*—	400	—*	–	36

35. Households by age and sex of householder, size and type of household and urban/rural residence: each census, 1985 – 1995 (continued)
Data by urban/rural residence

(See notes at end of table.)

	Continent, country or area, date, sex, size, family type and urban/rural residence — Continent, pays ou zone, date, sexe, dimension, type de famille et résidence, urbaine/rurale	Age (in years) — All ages / Tous âges	15 + [1]	– 15	15–19	20–24	25–29	30–34
	ASIA—ASIE							
	Japan – Japon							
	Urban – Urbaine							
	1 X 1985 [14]							
	Total							
1	Total	30 265 948	30 265 159	789	514 364	1 956 644	2 085 460	2 844 962
2	1	6 900 399	6 899 796	603	498 259	1 665 987	982 974	609 540
3	2 +	23 365 549	23 365 363	186	16 105	290 657	1 102 486	2 235 422
	Nuclear – Nucléaire							
4	Spouse – Epouse	16 612 974	16 612 974	–	5 756	190 303	936 437	1 871 069
5	Other – Autres	1 972 007	1 972 007	–	1 001	20 416	63 070	145 765
	Extended – Elargis							
6	Spouse – Epouse	4 197 159	4 197 150	9	188	6 192	47 424	180 962
7	Other – Autres	518 605	518 428	177	7 226	60 467	46 126	31 937
	Unknown type – Type inconnu							
8	Spouse – Epouse	64 804	64 804	–	1 934	13 279	9 429	5 689
9	Other – Autres	–	–	–	–	–	–	–
	Male – Masculin							
10	Total	25 259 876	25 259 371	505	316 085	1 366 190	1 796 433	2 579 033
11	1	3 961 182	3 960 784	398	305 132	1 125 717	754 759	459 680
12	2 +	21 298 694	21 298 587	107	10 953	240 473	1 041 674	2 119 353
	Nuclear – Nucléaire							
13	Spouse – Epouse	16 561 586	16 561 586	–	5 482	188 139	933 203	1 866 682
14	Other – Autres	502 143	502 143	–	546	10 670	29 405	51 088
	Extended – Elargis							
15	Spouse – Epouse	4 011 748	4 011 743	5	175	6 012	47 067	179 845
16	Other – Autres	182 204	182 102	102	3 366	26 087	24 485	17 191
	Unknown type – Type inconnu							
17	Spouse – Epouse	41 013	41 013	–	1 384	9 565	7 514	4 547
18	Other – Autres	–	–	–	–	–	–	–
	Female – Féminin							
19	Total	5 006 072	5 005 788	284	198 279	590 454	289 027	265 929
20	1	2 939 217	2 939 012	205	193 127	540 270	228 215	149 860
21	2 +	2 066 855	2 066 776	79	5 152	50 184	60 812	116 069
	Nuclear – Nucléaire							
22	Spouse – Epouse	51 388	51 388	–	274	2 164	3 234	4 387
23	Other – Autres	1 469 864	1 469 864	–	455	9 746	33 665	94 677
	Extended – Elargis							
24	Spouse – Epouse	185 411	185 407	4	13	180	357	1 117
25	Other – Autres	336 401	336 326	75	3 860	34 380	21 641	14 746
	Unknown type – Type inconnu							
26	Spouse – Epouse	23 791	23 791	–	550	3 714	1 915	1 142
27	Other – Autres	–	–	–	–	–	–	–
	1 X 1990 [14]							
	Total							
28	Total	32 682 533	32 682 022	511	584 876	2 089 981	2 269 860	2 461 691
29	1	8 221 176	8 220 777	399	567 924	1 806 790	1 187 126	614 361
30	2 +	24 461 357	24 461 245	112	16 952	283 191	1 082 734	1 847 330
	Nuclear – Nucléaire							
31	Spouse – Epouse	17 552 352	17 552 352	–	6 531	178 513	917 243	1 577 884
32	Other – Autres	2 262 588	2 262 581	7	1 067	19 939	67 791	116 485
	Extended – Elargis							
33	Spouse – Epouse	4 020 747	4 020 747	–	148	4 818	35 400	120 960
34	Other – Autres	556 417	556 317	100	7 163	65 874	50 848	26 310
	Unknown type – Type inconnu							
35	Spouse – Epouse	69 253	69 248	5	2 043	14 047	11 452	5 691
36	Other – Autres	–	–	–	–	–	–	–
	Male – Masculin							
37	Total	26 883 646	26 883 363	283	358 408	1 427 440	1 886 300	2 209 162
38	1	4 690 188	4 689 968	220	346 576	1 199 937	877 198	456 633
39	2 +	22 193 458	22 193 395	63	11 832	227 503	1 009 102	1 752 529
	Nuclear – Nucléaire							
40	Spouse – Epouse	17 490 970	17 490 970	–	6 172	175 733	912 355	1 572 895
41	Other – Autres	599 189	599 183	6	550	8 562	27 708	41 008
	Extended – Elargis							
42	Spouse – Epouse	3 853 894	3 853 894	–	129	4 691	35 003	120 001
43	Other – Autres	200 502	200 447	55	3 401	27 125	24 430	13 929
	Unknown type – Type inconnu							
44	Spouse – Epouse	48 903	48 901	2	1 580	11 392	9 606	4 696
45	Other – Autres	–	–	–	–	–	–	–

35. Ménages selon l'âge et le sexe du chef de ménage, la dimension et le type du ménage et la résidence, urbaine/rurale: chaque recensement, 1985 – 1995 (suite)
Données selon la résidence urbaine/rurale

(Voir notes à la fin du tableau.)

Age (en années)										
35–39	40–44	45–49	50–54	55–59	60–64	65–69	70–74	75+	Unknown Inconnu	
3 843 581	3 641 878	3 399 179	3 269 306	2 835 157	2 031 234	1 509 052	1 201 368	1 132 974	–	1
496 513	362 061	332 837	355 925	361 263	341 425	309 048	277 312	306 652	–	2
3 347 068	3 279 817	3 066 342	2 913 381	2 473 894	1 689 809	1 200 004	924 056	826 322	–	3
2 597 032	2 399 049	2 194 039	2 035 321	1 642 668	1 055 317	723 783	531 257	430 943	–	4
270 404	311 917	308 733	271 569	193 288	133 348	92 369	73 162	86 965	–	5
430 640	515 588	510 654	553 867	590 490	460 396	347 638	286 027	267 084	–	6
43 198	49 402	49 069	48 338	43 579	37 440	33 340	30 991	37 315	–	7
5 794	3 861	3 847	4 286	3 869	3 308	2 874	2 619	4 015	–	8
–	–	–	–	–	–	–	–	–	–	9
3 473 156	3 236 611	2 967 604	2 803 996	2 371 672	1 586 957	1 115 246	863 839	782 549	–	10
352 950	237 124	192 288	162 930	117 134	75 292	55 599	51 342	70 837	–	11
3 120 206	2 999 487	2 775 316	2 641 066	2 254 538	1 511 665	1 059 647	812 497	711 712	–	12
2 591 334	2 393 317	2 188 396	2 028 657	1 636 151	1 050 166	720 472	529 503	430 084	–	13
77 372	73 957	66 025	60 654	45 380	27 219	18 587	16 524	24 716	–	14
428 015	511 144	502 494	534 532	559 372	425 717	314 449	259 294	243 627	–	15
19 093	18 589	16 284	15 198	11 821	7 237	5 119	6 115	11 517	–	16
4 392	2 480	2 117	2 025	1 814	1 326	1 020	1 061	1 768	–	17
–	–	–	–	–	–	–	–	–	–	18
370 425	405 267	431 575	465 310	463 485	444 277	393 806	337 529	350 425	–	19
143 563	124 937	140 549	192 995	244 129	266 133	253 449	225 970	235 815	–	20
226 862	280 330	291 026	272 315	219 356	178 144	140 357	111 559	114 610	–	21
5 698	5 732	5 643	6 664	6 517	5 151	3 311	1 754	859	–	22
193 032	237 960	242 708	210 915	147 908	106 129	73 782	56 638	62 249	–	23
2 625	4 444	8 160	19 335	31 118	34 679	33 189	26 733	23 457	–	24
24 105	30 813	32 785	33 140	31 758	30 203	28 221	24 876	25 798	–	25
1 402	1 381	1 730	2 261	2 055	1 982	1 854	1 558	2 247	–	26
–	–	–	–	–	–	–	–	–	–	27
3 094 778	4 098 057	3 788 245	3 441 579	3 246 189	2 723 946	1 909 792	1 348 616	1 624 412	–	28
504 181	532 586	454 917	420 765	440 718	441 235	414 903	351 388	483 883	–	29
2 590 597	3 565 471	3 333 328	3 020 814	2 805 471	2 282 711	1 494 889	997 228	1 140 529	–	30
2 043 405	2 590 009	2 357 329	2 147 613	1 971 409	1 550 665	967 705	614 377	629 669	–	31
224 179	393 036	385 298	318 124	245 733	162 775	113 869	84 891	129 394	–	32
286 342	521 855	527 609	500 548	539 283	523 238	371 034	262 260	327 252	–	33
31 820	54 679	58 125	50 125	45 157	42 523	39 557	33 656	50 480	–	34
4 851	5 892	4 967	4 404	3 889	3 510	2 724	2 044	3 734	–	35
–	–	–	–	–	–	–	–	–	–	36
2 778 905	3 607 972	3 282 904	2 951 448	2 734 166	2 218 919	1 421 718	933 095	1 072 926	–	37
371 881	376 790	292 218	225 534	176 227	125 151	81 894	59 307	100 622	–	38
2 407 024	3 231 182	2 990 686	2 725 914	2 557 939	2 093 768	1 339 824	873 788	972 304	–	39
2 037 690	2 582 464	2 349 855	2 140 493	1 964 517	1 544 972	963 518	612 061	628 245	–	40
66 406	104 098	94 369	78 424	62 096	41 294	24 283	17 112	33 273	–	41
284 116	517 332	520 810	486 412	514 379	494 659	343 456	237 910	294 996	–	42
14 904	22 920	22 430	17 997	14 862	11 113	7 400	5 902	14 034	–	43
3 908	4 368	3 222	2 588	2 085	1 730	1 167	803	1 756	–	44
–	–	–	–	–	–	–	–	–	–	45

35. Households by age and sex of householder, size and type of household and urban/rural residence: each census, 1985 – 1995 (continued)
Data by urban/rural residence

(See notes at end of table.)

	Continent, country or area, date, sex, size, family type and urban/rural residence Continent, pays ou zone, date, sexe, dimension, type de famille et résidence, urbaine/rurale	All ages Tous âges	15 + [1]	– 15	15–19	20–24	25–29	30–34
				Age (in years)				
	ASIA—ASIE (Cont.–Suite)							
	Japan – Japon							
	Urban – Urbaine							
	1 X 1990 [14]							
	Female – Féminin							
1	Total	5 798 887	5 798 659	228	226 468	662 541	383 560	252 529
2	1	3 530 988	3 530 809	179	221 348	606 853	309 928	157 728
3	2 +	2 267 899	2 267 850	49	5 120	55 688	73 632	94 801
	Nuclear – Nucléaire							
4	Spouse – Epouse	61 382	61 382	–	359	2 780	4 888	4 989
5	Other – Autres	1 663 399	1 663 398	1	517	11 377	40 083	75 477
	Extended – Elargis							
6	Spouse – Epouse	166 853	166 853	–	19	127	397	959
7	Other – Autres	355 915	355 870	45	3 762	38 749	26 418	12 381
	Unknown type –Type inconnu							
8	Spouse – Epouse	20 350	20 347	3	463	2 655	1 846	995
9	Other – Autres	–	–	–	–	–	–	–
	Rural – Rurale							
	1 X 1985 [14]							
	Total							
10	Total	7 714 919	7 714 729	190	51 759	167 832	284 854	541 422
11	1	995 971	995 816	155	49 826	129 607	89 646	56 500
12	2 +	6 718 948	6 718 913	35	1 933	38 225	195 208	484 922
	Nuclear – Nucléaire							
13	Spouse – Epouse	3 783 200	3 783 200	–	729	27 846	151 344	341 659
14	Other – Autres	438 602	438 602	–	157	3 868	15 736	35 413
	Extended – Elargis							
15	Spouse – Epouse	2 359 883	2 359 883	–	70	1 976	21 838	100 945
16	Other – Autres	129 580	129 545	35	839	3 873	5 822	6 425
	Unknown type –Type inconnu							
17	Spouse – Epouse	7 683	7 683	–	138	662	468	480
18	Other – Autres	–	–	–	–	–	–	–
	Male – Masculin							
19	Total	6 687 789	6 687 674	115	29 431	120 887	259 285	511 039
20	1	464 713	464 614	99	28 053	85 822	71 876	47 242
21	2 +	6 223 076	6 223 060	16	1 378	35 065	187 409	463 797
	Nuclear – Nucléaire							
22	Spouse – Epouse	3 771 169	3 771 169	–	713	27 638	150 984	341 087
23	Other – Autres	135 426	135 426	–	95	2 651	9 822	17 670
	Extended – Elargis							
24	Spouse – Epouse	2 263 490	2 263 490	–	61	1 948	21 675	100 356
25	Other – Autres	48 650	48 634	16	399	2 307	4 523	4 318
	Unknown type –Type inconnu							
26	Spouse – Epouse	4 341	4 341	–	110	521	405	366
27	Other – Autres	–	–	–	–	–	–	–
	Female – Féminin							
28	Total	1 027 130	1 027 055	75	22 328	46 945	25 569	30 383
29	1	531 258	531 202	56	21 773	43 785	17 770	9 258
30	2 +	495 872	495 853	19	555	3 160	7 799	21 125
	Nuclear – Nucléaire							
31	Spouse – Epouse	12 031	12 031	–	16	208	360	572
32	Other – Autres	303 176	303 176	–	62	1 217	5 914	17 743
	Extended – Elargis							
33	Spouse – Epouse	96 393	96 393	–	9	28	163	589
34	Other – Autres	80 930	80 911	19	440	1 566	1 299	2 107
	Unknown type –Type inconnu							
35	Spouse – Epouse	3 342	3 342	–	28	141	63	114
36	Other – Autres	–	–	–	–	–	–	–

35. Ménages selon l'âge et le sexe du chef de ménage, la dimension et le type du ménage et la résidence, urbaine/rurale: chaque recensement, 1985 – 1995 (suite)
Données selon la résidence urbaine/rurale

(Voir notes à la fin du tableau.)

35–39	40–44	45–49	50–54	55–59	60–64	65–69	70–74	75+	Unknown Inconnu	
315 873	490 085	505 341	490 131	512 023	505 027	488 074	415 521	551 486	–	1
132 300	155 796	162 699	195 231	264 491	316 084	333 009	292 081	383 261	–	2
183 573	334 289	342 642	294 900	247 532	188 943	155 065	123 440	168 225	–	3
5 715	7 545	7 474	7 120	6 892	5 693	4 187	2 316	1 424	–	4
157 773	288 938	290 929	239 700	183 637	121 481	89 586	67 779	96 121	–	5
2 226	4 523	6 799	14 136	24 904	28 579	27 578	24 350	32 256	–	6
16 916	31 759	35 695	32 128	30 295	31 410	32 157	27 754	36 446	–	7
943	1 524	1 745	1 816	1 804	1 780	1 557	1 241	1 978	–	8
–	–	–	–	–	–	–	–	–	–	9
838 842	834 633	874 560	996 084	999 079	739 764	556 073	431 879	397 948	–	10
50 548	43 165	50 487	68 432	80 018	89 115	93 700	87 835	106 937	–	11
788 294	791 468	824 073	927 652	919 061	650 649	462 373	344 044	291 011	–	12
495 444	474 978	468 804	513 154	473 432	320 574	225 349	160 102	129 785	–	13
56 641	58 766	62 009	60 181	48 140	35 410	24 551	17 272	20 458	–	14
225 225	243 618	276 707	337 768	383 384	282 463	201 248	156 329	128 312	–	15
10 405	13 588	15 987	15 856	13 248	11 410	10 610	9 789	11 693	–	16
579	518	566	693	857	792	615	552	763	–	17
–	–	–	–	–	–	–	–	–	–	18
785 359	769 362	791 016	890 054	879 389	611 456	431 227	325 329	283 840	–	19
40 123	31 054	29 910	31 892	26 403	17 890	15 002	15 350	23 997	–	20
745 236	738 308	761 106	858 162	852 986	593 566	416 225	309 979	259 843	–	21
494 562	473 983	467 437	511 266	471 492	318 825	224 234	159 453	129 495	–	22
21 275	16 885	15 440	14 912	12 096	8 080	5 408	4 496	6 596	–	23
223 839	241 763	272 249	326 145	364 874	263 784	184 346	143 513	118 937	–	24
5 179	5 353	5 687	5 507	4 118	2 596	1 997	2 260	4 390	–	25
381	324	293	332	406	281	240	257	425	–	26
–	–	–	–	–	–	–	–	–	–	27
53 483	65 271	83 544	106 030	119 690	128 308	124 846	106 550	114 108	–	28
10 425	12 111	20 577	36 540	53 615	71 225	78 698	72 485	82 940	–	29
43 058	53 160	62 967	69 490	66 075	57 083	46 148	34 065	31 168	–	30
882	995	1 367	1 888	1 940	1 749	1 115	649	290	–	31
35 366	41 881	46 569	45 269	36 044	27 330	19 143	12 776	13 862	–	32
1 386	1 855	4 458	11 623	18 510	18 679	16 902	12 816	9 375	–	33
5 226	8 235	10 300	10 349	9 130	8 814	8 613	7 529	7 303	–	34
198	194	273	361	451	511	375	295	338	–	35
–	–	–	–	–	–	–	–	–	–	36

35. Households by age and sex of householder, size and type of household and urban/rural residence: each census, 1985 – 1995 (continued)
Data by urban/rural residence

(See notes at end of table.)

	Continent, country or area, date, sex, size, family type and urban/rural residence — Continent, pays ou zone, date, sexe, dimension, type de famille et résidence, urbaine/rurale	Age (in years) All ages Tous âges	15 + [1]	– 15	15–19	20–24	25–29	30–34
	ASIA—ASIE (Cont.–Suite)							
	Japan – Japon							
	Rural – Rurale							
	1 X 1990 [14]							
	Total							
1	Total	7 987 942	7 987 823	119	57 746	177 364	271 520	419 509
2	1	1 168 484	1 168 399	85	55 694	139 132	99 829	55 476
3	2 +	6 819 458	6 819 424	34	2 052	38 232	171 691	364 033
	Nuclear – Nucléaire							
4	Spouse – Epouse	3 913 026	3 913 026	–	887	28 434	137 621	265 249
5	Other – Autres	490 113	490 110	3	183	3 494	13 705	28 245
	Extended – Elargis							
6	Spouse – Epouse	2 272 418	2 272 415	3	41	1 384	14 650	64 716
7	Other – Autres	136 243	136 215	28	781	3 976	5 089	5 436
	Unknown type –Type inconnu							
8	Spouse – Epouse	7 658	7 658	–	160	944	626	387
9	Other – Autres	–	–	–	–	–	–	–
	Male – Masculin							
10	Total	6 868 593	6 868 516	77	35 740	127 442	240 997	393 008
11	1	556 338	556 278	60	34 210	92 868	77 574	45 632
12	2 +	6 312 255	6 312 238	17	1 530	34 574	163 423	347 376
	Nuclear – Nucléaire							
13	Spouse – Epouse	3 899 464	3 899 464	–	855	28 182	137 136	264 579
14	Other – Autres	165 427	165 425	2	113	1 990	7 595	14 391
	Extended – Elargis							
15	Spouse – Epouse	2 187 668	2 187 667	1	35	1 347	14 494	64 224
16	Other – Autres	54 790	54 776	14	391	2 262	3 653	3 849
	Unknown type –Type inconnu							
17	Spouse – Epouse	4 906	4 906	–	136	793	545	333
18	Other – Autres	–	–	–	–	–	–	–
	Female – Féminin							
19	Total	1 119 349	1 119 307	42	22 006	49 922	30 523	26 501
20	1	612 146	612 121	25	21 484	46 264	22 255	9 844
21	2 +	507 203	507 186	17	522	3 658	8 268	16 657
	Nuclear – Nucléaire							
22	Spouse – Epouse	13 562	13 562	–	32	252	485	670
23	Other – Autres	324 686	324 685	1	70	1 504	6 110	13 854
	Extended – Elargis							
24	Spouse – Epouse	84 750	84 748	2	6	37	156	492
25	Other – Autres	81 453	81 439	14	390	1 714	1 436	1 587
	Unknown type –Type inconnu							
26	Spouse – Epouse	2 752	2 752	–	24	151	81	54
27	Other – Autres	–	–	–	–	–	–	–
	EUROPE							
	Norway – Norvège							
	Urban – Urbaine							
	3 XI 1990 [2, 18]							
	Total							
28	Total	1 300 443	1 300 158	283	7 192	78 178	140 411	144 375
29	1	470 879	470 600	279	5 248	42 218	60 305	43 070
30	2 +	829 564	829 558	–	1 946	35 960	80 106	101 304
	Nuclear – Nucléaire							
31	Spouse – Epouse	600 375	600 372	–	386	10 882	39 071	64 601
32	Other – Autres	111 310	111 310	–	1 012	11 456	16 098	16 318
	Extended – Elargis							
33	Spouse – Epouse	–	–	–	–	–	–	–
34	Other – Autres	113 717	113 715	–	509	13 197	24 245	19 913
	Composite – Complexes							
35	Spouse – Epouse	–	–	–	–	–	–	–
36	Other – Autres	3 813	3 660	–	–	385	628	427
	Unknown type – Type inconn	u						
37	Spouse – Epouse	–	–	–	–	–	–	–
38	Other – Autres	350	–	–	–	–	–	–

35. Ménages selon l'âge et le sexe du chef de ménage, la dimension et le type du ménage et la résidence, urbaine/rurale: chaque recensement, 1985 – 1995 (suite)
Données selon la résidence urbaine/rurale

(Voir notes à la fin du tableau.)

Age (en années)										
35–39	40–44	45–49	50–54	55–59	60–64	65–69	70–74	75+	Unknown Inconnu	
693 934	965 407	890 823	900 770	987 312	929 829	668 691	473 388	551 530	–	1
55 127	64 622	63 893	72 359	88 308	100 700	111 308	106 271	155 680	–	2
638 807	900 785	826 930	828 411	899 004	829 129	557 383	367 117	395 850	–	3
400 753	517 612	483 318	473 622	496 546	443 409	290 190	188 459	186 926	–	4
55 377	80 534	70 965	62 794	54 296	40 193	29 553	20 863	29 908	–	5
173 133	286 017	255 213	275 991	333 596	332 205	225 222	146 799	163 448	–	6
9 082	16 012	16 808	15 351	13 844	12 617	11 844	10 571	14 804	–	7
462	610	626	653	722	705	574	425	764	–	8
–	–	–	–	–	–	–	–	–	–	9
647 082	886 834	804 194	802 422	870 076	801 684	530 614	346 853	381 570	–	10
45 348	49 715	41 908	37 907	34 885	27 719	20 600	16 633	31 279	–	11
601 734	837 119	762 286	764 515	835 191	773 965	510 014	330 220	350 291	–	12
399 869	516 285	481 706	471 877	494 637	441 610	288 712	187 613	186 403	–	13
24 484	29 075	21 601	18 181	15 743	11 352	7 323	4 871	8 706	–	14
171 835	283 754	251 785	267 999	319 216	316 753	211 160	135 270	149 795	–	15
5 177	7 570	6 800	6 110	5 207	3 907	2 568	2 299	4 983	–	16
369	435	394	348	388	343	251	167	404	–	17
–	–	–	–	–	–	–	–	–	–	18
46 852	78 573	86 629	98 348	117 236	128 145	138 077	126 535	169 960	–	19
9 779	14 907	21 985	34 452	53 423	72 981	90 708	89 638	124 401	–	20
37 073	63 666	64 644	63 896	63 813	55 164	47 369	36 897	45 559	–	21
884	1 327	1 612	1 745	1 909	1 799	1 478	846	523	–	22
30 893	51 459	49 364	44 613	38 553	28 841	22 230	15 992	21 202	–	23
1 298	2 263	3 428	7 992	14 380	15 452	14 062	11 529	13 653	–	24
3 905	8 442	10 008	9 241	8 637	8 710	9 276	8 272	9 821	–	25
93	175	232	305	334	362	323	258	360	–	26
–	–	–	–	–	–	–	–	–	–	27
138 918	140 721	111 777	82 147	73 223	81 091	87 672	81 627	132 826	–	28
30 813	27 173	22 230	19 522	20 193	27 339	38 100	42 013	92 376	–	29
108 105	113 549	89 546	62 624	53 029	53 752	49 572	39 614	40 451	–	30
75 998	83 114	67 498	49 046	43 955	47 329	45 150	36 756	36 586	–	31
17 622	18 563	12 693	7 216	4 392	2 672	1 524	796	948	–	32
–	–	–	–	–	–	–	–	–	–	33
14 075	11 365	8 879	6 046	4 453	3 551	2 766	1 961	2 755	–	34
–	–	–	–	–	–	–	–	–	–	35
370	466	439	309	169	180	90	49	148	–	36
–	–	–	–	–	–	–	–	–	–	37
–	–	–	–	–	–	–	–	–	–	38

35. Households by age and sex of householder, size and type of household and urban/rural residence: each census, 1985 – 1995 (continued)
Data by urban/rural residence

(See notes at end of table.)

	Continent, country or area, date, sex, size, family type and urban/rural residence — Continent, pays ou zone, date, sexe, dimension, type de famille et résidence, urbaine/rurale	All ages Tous âges	15 + [1]	– 15	15–19	20–24	25–29	30–34
		Age (in years)						
	EUROPE (Cont.–Suite)							
	Norway – Norvège							
	Urban – Urbaine							
	3 XI 1990 [2 18]							
	Male – Masculin							
1	Total	836 637	836 474	161	3 035	39 677	88 954	99 859
2	1	208 963	208 804	159	2 376	21 813	37 234	28 489
3	2 +	627 674	627 671	–	660	17 864	51 720	71 370
	Nuclear – Nucléaire							
4	Spouse – Epouse	520 730	520 726	–	234	7 614	31 127	53 827
5	Other – Autres	24 716	24 716	–	230	2 259	2 960	2 531
	Extended – Elargis							
6	Spouse – Epouse	–	–	–	–	–	–	–
7	Other – Autres	79 377	79 376	–	170	7 770	17 154	14 669
	Composite – Complexes							
8	Spouse – Epouse	–	–	–	–	–	–	–
9	Other – Autres	2 627	2 601	–	–	194	437	305
	Unknown type –Type inconnu							
10	Spouse – Epouse	–	–	–	–	–	–	–
11	Other – Autres	225	–	–	–	–	–	–
	Female – Féminin							
12	Total	463 806	463 684	122	4 157	38 501	51 457	44 516
13	1	261 916	261 796	120	2 872	20 405	23 071	14 581
14	2 +	201 890	201 887	–	1 286	18 096	28 386	29 934
	Nuclear – Nucléaire							
15	Spouse – Epouse	79 645	79 646	–	152	3 268	7 944	10 774
16	Other – Autres	86 594	86 594	–	782	9 197	13 138	13 787
	Extended – Elargis							
17	Spouse – Epouse	–	–	–	–	–	–	–
18	Other – Autres	34 340	34 339	–	339	5 427	7 091	5 244
	Composite – Complexes							
19	Spouse – Epouse	–	–	–	–	–	–	–
20	Other – Autres	1 186	1 059	–	–	191	191	122
	Unknown type –Type inconnu							
21	Spouse – Epouse	–	–	–	–	–	–	–
22	Other – Autres	125	–	–	–	–	–	–
	Rural – Rurale							
	3 XI 1990 [2 18]							
	Total							
23	Total	439 123	438 596	528	2 316	20 688	36 539	42 712
24	1	124 518	123 997	520	1 318	6 581	7 444	6 301
25	2 +	314 606	314 599	–	998	14 107	29 094	36 410
	Nuclear – Nucléaire							
26	Spouse – Epouse	235 056	235 049	–	374	6 563	16 388	25 074
27	Other – Autres	31 203	31 200	–	371	3 088	4 386	4 447
	Extended – Elargis							
28	Spouse – Epouse	–	–	–	–	–	–	–
29	Other – Autres	45 361	45 359	–	241	4 227	7 914	6 582
	Composite – Complexes							
30	Spouse – Epouse	–	–	–	–	–	–	–
31	Other – Autres	2 694	2 510	–	–	214	374	286
	Unknown type –Type inconnu							
32	Spouse – Epouse	–	–	–	–	–	–	–
33	Other – Autres	291	–	–	–	–	–	–

35. Ménages selon l'âge et le sexe du chef de ménage, la dimension et le type du ménage et la résidence, urbaine/rurale: chaque recensement, 1985 – 1995 (suite)
Données selon la résidence urbaine/rurale

(Voir notes à la fin du tableau.)

Age (en années)										
35–39	40–44	45–49	50–54	55–59	60–64	65–69	70–74	75+	Unknown Inconnu	
99 611	103 730	82 228	60 368	52 255	54 570	54 851	44 410	52 926	–	1
21 595	18 602	12 752	10 113	8 917	9 309	11 294	8 922	17 388	–	2
78 016	85 129	69 475	50 254	43 338	45 261	43 557	35 488	35 539	–	3
64 314	72 197	58 982	43 177	38 383	41 593	41 095	33 974	34 209	–	4
3 159	4 314	3 519	2 292	1 437	977	497	285	256	–	5
–	–	–	–	–	–	–	–	–	–	6
10 258	8 269	6 629	4 532	3 336	2 545	1 872	1 168	1 004	–	7
–	–	–	–	–	–	–	–	–	–	8
263	327	325	246	169	130	90	49	66	–	9
–	–	–	–	–	–	–	–	–	–	10
–	–	–	–	–	–	–	–	–	–	11
39 307	36 991	29 549	21 779	20 968	26 521	32 821	37 217	79 900	–	12
9 218	8 571	9 478	9 409	11 276	18 030	26 806	33 091	74 988	–	13
30 089	28 420	20 071	12 370	9 691	8 491	6 015	4 126	4 912	–	14
11 684	10 917	8 516	5 869	5 572	5 736	4 055	2 782	2 377	–	15
14 463	14 249	9 174	4 924	2 955	1 695	1 027	511	692	–	16
–	–	–	–	–	–	–	–	–	–	17
3 817	3 096	2 250	1 514	1 117	1 006	894	793	1 751	–	18
–	–	–	–	–	–	–	–	–	–	19
107	139	114	63	–	50	–	–	82	–	20
–	–	–	–	–	–	–	–	–	–	21
–	–	–	–	–	–	–	–	–	–	22
43 399	44 266	35 478	27 242	25 703	29 500	34 026	34 322	62 405	–	23
4 866	4 474	4 374	4 796	6 072	9 390	13 504	16 101	38 776	–	24
38 533	39 792	31 105	22 447	19 631	20 110	20 522	18 221	23 629	–	25
29 376	30 484	23 815	17 173	15 644	16 829	17 546	15 972	19 811	–	26
4 132	4 363	3 231	2 264	1 590	1 123	740	434	1 031	–	27
–	–	–	–	–	–	–	–	–	–	28
4 789	4 643	3 772	2 802	2 218	1 979	2 060	1 644	2 488	–	29
–	–	–	–	–	–	–	–	–	–	30
213	278	250	142	143	126	116	103	265	–	31
–	–	–	–	–	–	–	–	–	–	32
–	–	–	–	–	–	–	–	–	–	33

35. Households by age and sex of householder, size and type of household and urban/rural residence: each census, 1985 – 1995 (continued)
Data by urban/rural residence

(See notes at end of table.)

	Continent, country or area, date, sex, size, family type and urban/rural residence — Continent, pays ou zone, date, sexe, dimension, type de famille et résidence, urbaine/rurale	Age (in years)						
		All ages Tous âges	15 +[1]	– 15	15–19	20–24	25–29	30–34
	EUROPE (Cont.–Suite)							
	Norway – Norvège							
	Rural – Rurale							
	3 XI 1990[2 18]							
	Male – Masculin							
1	Total	305 681	305 410	272	1 129	12 476	25 919	31 905
2	1	61 093	60 824	268	627	3 765	5 316	5 036
3	2 +	244 589	244 585	–	502	8 711	20 603	26 868
	Nuclear – Nucléaire							
4	Spouse – Epouse	197 233	197 230	–	292	5 002	12 979	20 117
5	Other – Autres	12 922	12 920	–	90	970	1 632	1 631
	Extended – Elargis							
6	Spouse – Epouse	–	–	–	–	–	–	–
7	Other – Autres	32 324	32 322	–	116	2 602	5 719	4 883
	Composite – Complexes							
8	Spouse – Epouse	–	–	–	–	–	–	–
9	Other – Autres	1 919	1 916	–	–	129	252	222
	Unknown type –Type inconnu							
10	Spouse – Epouse	–	–	–	–	–	–	–
11	Other – Autres	191	–	–	–	–	–	–
	Female – Féminin							
12	Total	133 442	133 186	256	1 187	8 212	10 620	10 807
13	1	63 425	63 173	252	691	2 816	2 128	1 265
14	2 +	70 017	70 014	–	496	5 396	8 491	9 542
	Nuclear – Nucléaire							
15	Spouse – Epouse	37 823	37 819	–	82	1 561	3 409	4 957
16	Other – Autres	18 281	18 280	–	281	2 118	2 754	2 816
	Extended – Elargis							
17	Spouse – Epouse	–	–	–	–	–	–	–
18	Other – Autres	13 037	13 037	–	125	1 625	2 195	1 699
	Composite – Complexes							
19	Spouse – Epouse	–	–	–	–	–	–	–
20	Other – Autres	775	594	–	–	85	122	64
	Unknown type –Type inconnu							
21	Spouse – Epouse	–	–	–	–	–	–	–
22	Other – Autres	100	–	–	–	–	–	–
	Romania – Roumanie							
	Urban – Urbaine							
	7 I 1992							
	Total							
23	Total	3 970 435	3 968 712	155	9 154	146 641	266 278	463 955
24	1	647 446	646 088	98	4 251	32 760	32 354	40 083
25	2 +	3 322 989	3 318 594	57	4 873	113 881	229 924	423 872
	Nuclear – Nucléaire							
26	Spouse – Epouse	2 517 221	2 516 978	1	2 087	90 112	202 702	364 652
27	Other – Autres	295 291	295 267	2	480	7 552	14 529	33 107
	Extended – Elargis							
28	Spouse – Epouse	359 529	359 507	3	276	5 716	8 197	14 649
29	Other – Autres	87 414	87 356	42	1 221	5 564	3 821	4 401
	Composite – Complexes							
30	Spouse – Epouse	12 269	12 265	–	12	406	706	1 145
31	Other – Autres	18 516	18 516	–	94	824	1 565	3 235
	Unknown type –Type inconnu							
32	Spouse – Epouse	1 308	1 313	–	4	32	65	102
33	Other – Autres	31 441	31 398	9	699	3 675	2 339	2 581

35. Ménages selon l'âge et le sexe du chef de ménage, la dimension et le type du ménage et la résidence, urbaine/rurale: chaque recensement, 1985 – 1995 (suite)
Données selon la résidence urbaine/rurale

(Voir notes à la fin du tableau.)

Age (en années)										
35–39	40–44	45–49	50–54	55–59	60–64	65–69	70–74	75+	Unknown Inconnu	
32 775	34 320	27 818	21 242	20 051	21 638	23 301	21 093	31 743	–	1
3 927	3 557	3 276	3 230	3 960	4 852	5 838	5 391	12 049	–	2
28 848	30 763	24 542	18 012	16 091	16 786	17 463	15 702	19 694	–	3
23 630	25 175	19 874	14 413	13 455	14 574	15 574	14 321	17 824	–	4
1 599	1 992	1 686	1 254	784	527	298	155	302	–	5
–	–	–	–	–	–	–	–	–	–	6
3 458	3 391	2 780	2 191	1 701	1 540	1 459	1 103	1 379	–	7
–	–	–	–	–	–	–	–	–	–	8
147	187	178	142	143	126	116	103	171	–	9
–	–	–	–	–	–	–	–	–	–	10
–	–	–	–	–	–	–	–	–	–	11
10 624	9 946	7 660	6 000	5 652	7 862	10 725	13 229	30 662	–	12
939	917	1 098	1 566	2 112	4 538	7 666	10 710	26 727	–	13
9 685	9 029	6 563	4 435	3 540	3 324	3 059	2 519	3 935	–	14
5 746	5 309	3 941	2 760	2 189	2 255	1 972	1 651	1 987	–	15
2 533	2 371	1 545	1 010	806	596	442	279	729	–	16
–	–	–	–	–	–	–	–	–	–	17
1 331	1 252	992	611	517	439	601	541	1 109	–	18
–	–	–	–	–	–	–	–	–	–	19
66	91	72	–	–	–	–	–	94	–	20
–	–	–	–	–	–	–	–	–	–	21
–	–	–	–	–	–	–	–	–	–	22
587 272	507 585	347 536	369 320	348 555	315 411	254 359	140 080	212 566	1 598	23
43 235	38 214	33 355	47 765	59 879	74 713	80 100	56 200	103 179	1 260	24
544 037	469 371	314 181	321 555	288 676	240 698	174 259	83 880	109 387	338	25
455 433	376 552	228 529	217 188	188 705	158 610	114 635	52 494	65 279	242	26
50 859	47 901	33 626	33 058	26 022	18 583	12 486	6 735	10 329	22	27
23 213	31 407	40 653	58 174	59 928	48 895	33 351	15 692	19 356	19	28
5 679	6 142	6 156	7 751	9 191	10 303	10 076	6 575	10 476	16	29
1 693	1 645	1 266	1 370	1 216	1 003	756	414	633	4	30
4 156	2 980	1 729	1 377	987	624	411	245	289	–	31
106	118	100	120	123	148	129	80	186	1	32
2 898	2 626	2 122	2 517	2 510	2 532	2 415	1 645	2 839	34	33

35. Households by age and sex of householder, size and type of household and urban/rural residence: each census, 1985 – 1995 (continued)
Data by urban/rural residence

(See notes at end of table.)

	Continent, country or area, date, sex, size, family type and urban/rural residence Continent, pays ou zone, date, sexe, dimension, type de famille et résidence, urbaine/rurale	All ages Tous âges	15 + [1]	– 15	15–19	20–24	25–29	30–34
				Age (in years)				
	EUROPE (Cont.–Suite)							
	Romania – Roumanie							
	Urban – Urbaine							
	7 I 1992							
	Male – Masculin							
1	Total	3 080 402	3 079 364	41	5 347	113 819	226 829	399 150
2	1	228 446	227 678	24	2 191	17 466	17 754	22 914
3	2 +	2 851 956	2 847 656	17	3 126	96 353	205 075	376 236
	Nuclear – Nucléaire							
4	Spouse – Epouse	2 446 625	2 446 390	–	1 711	84 149	195 406	353 407
5	Other – Autres	49 731	49 726	1	202	1 530	1 496	3 344
	Extended – Elargis							
6	Spouse – Epouse	298 881	298 868	–	199	4 839	7 497	13 655
7	Other – Autres	21 715	21 696	14	604	2 926	1 796	1 836
	Composite – Complexes							
8	Spouse – Epouse	10 977	10 973	–	9	360	663	1 086
9	Other – Autres	6 788	6 788	–	66	424	632	1 060
	Unknown type – Type inconnu							
10	Spouse – Epouse	1 030	1 035	–	4	24	53	78
11	Other – Autres	16 209	16 186	2	331	2 101	1 532	1 770
	Female – Féminin							
12	Total	890 033	889 348	114	3 807	32 822	39 449	64 805
13	1	419 000	418 410	74	2 060	15 294	14 600	17 169
14	2 +	471 033	470 938	40	1 747	17 528	24 849	47 636
	Nuclear – Nucléaire							
15	Spouse – Epouse	70 596	70 588	1	376	5 963	7 296	11 245
16	Other – Autres	245 560	245 541	1	278	6 022	13 033	29 763
	Extended – Elargis							
17	Spouse – Epouse	60 648	60 639	3	77	877	700	994
18	Other – Autres	65 699	65 660	28	617	2 638	2 025	2 565
	Composite – Complexes							
19	Spouse – Epouse	1 292	1 292	–	3	46	43	59
20	Other – Autres	11 728	11 728	–	28	400	933	2 175
	Unknown type – Type inconnu							
21	Spouse – Epouse	278	278	–	–	8	12	24
22	Other – Autres	15 232	15 212	7	368	1 574	807	811
	Rural – Rurale							
	7 I 1992							
	Total							
23	Total	3 318 241	3 317 974	137	6 171	63 078	106 762	162 911
24	1	599 443	599 268	112	2 750	9 912	7 825	9 725
25	2 +	2 718 798	2 718 751	25	3 421	53 166	98 937	153 186
	Nuclear – Nucléaire							
26	Spouse – Epouse	1 858 383	1 858 313	–	1 922	43 666	85 198	128 390
27	Other – Autres	180 198	180 495	2	247	2 099	3 154	6 596
	Extended – Elargis							
28	Spouse – Epouse	572 191	572 189	–	279	4 136	7 538	14 117
29	Other – Autres	74 018	73 995	18	685	1 938	1 431	1 785
	Composite – Complexes							
30	Spouse – Epouse	9 792	9 790	–	12	191	422	669
31	Other – Autres	8 180	8 179	1	55	374	549	840
	Unknown type – Type inconnu							
32	Spouse – Epouse	756	756	–	2	21	34	38
33	Other – Autres	15 280	15 276	4	219	741	611	751

35. Ménages selon l'âge et le sexe du chef de ménage, la dimension et le type du ménage et la résidence, urbaine/rurale: chaque recensement, 1985 – 1995 (suite)
Données selon la résidence urbaine/rurale

(Voir notes à la fin du tableau.)

Age (en années)										
35–39	40–44	45–49	50–54	55–59	60–64	65–69	70–74	75+	Unknown Inconnu	
502 446	429 417	284 937	291 948	262 819	221 771	159 639	75 193	106 049	1 027	1
24 987	21 179	15 810	18 542	18 364	19 013	16 534	9 993	22 931	744	2
477 459	408 238	269 127	273 406	244 455	202 758	143 105	65 200	83 118	283	3
442 848	367 241	223 041	211 907	184 187	154 990	111 959	51 223	64 321	235	4
6 449	8 048	6 683	7 024	5 532	3 787	2 342	1 080	2 209	4	5
21 253	27 042	34 869	49 766	50 493	40 085	25 604	10 973	12 593	13	6
1 961	1 637	1 442	1 568	1 572	1 649	1 488	955	2 262	5	7
1 568	1 478	1 104	1 227	1 067	866	662	346	537	4	8
1 345	1 081	725	564	383	242	138	69	59	–	9
82	90	82	97	96	129	92	62	146	1	10
1 953	1 621	1 181	1 253	1 131	1 010	820	492	991	21	11
84 826	78 168	62 599	77 372	85 736	93 640	94 720	64 887	106 517	571	12
18 248	17 035	17 545	29 223	41 515	55 700	63 566	46 207	80 248	516	13
66 578	61 133	45 054	48 149	44 221	37 940	31 154	18 680	26 269	55	14
12 585	9 311	5 488	5 281	4 518	3 620	2 676	1 271	958	7	15
44 410	39 853	26 943	26 034	20 490	14 796	10 144	5 655	8 120	18	16
1 960	4 365	5 784	8 408	9 435	8 810	7 747	4 719	6 763	6	17
3 718	4 505	4 714	6 183	7 619	8 654	8 588	5 620	8 214	11	18
125	167	162	143	149	137	94	68	96	–	19
2 811	1 899	1 004	813	604	382	273	176	230	–	20
24	28	18	23	27	19	37	18	40	–	21
945	1 005	941	1 264	1 379	1 522	1 595	1 153	1 848	13	22
202 649	250 842	268 535	371 954	441 012	439 380	402 563	227 242	374 875	83	23
11 959	14 539	17 327	32 053	53 706	79 572	103 856	79 631	176 413	63	24
190 690	236 303	251 208	339 898	387 356	359 808	298 707	147 611	198 460	20	25
149 484	173 680	168 554	215 973	247 111	236 162	198 484	93 743	115 946	10	26
12 165	17 051	18 693	25 112	26 110	21 044	17 064	10 646	20 514	1	27
23 933	38 786	56 571	88 202	101 086	88 156	68 512	34 170	46 703	2	28
2 512	3 706	4 334	6 788	9 075	10 676	11 313	7 193	12 559	5	29
903	1 012	1 079	1 357	1 360	1 067	814	400	504	2	30
1 093	1 113	925	929	764	564	409	207	357	–	31
40	54	42	75	101	109	86	58	96	–	32
860	901	950	1 462	1 749	2 030	2 025	1 194	1 783	–	33

35. Households by age and sex of householder, size and type of household and urban/rural residence: each census, 1985 – 1995 (continued)
Data by urban/rural residence

(See notes at end of table.)

	Continent, country or area, date, sex, size, family type and urban/rural residence — Continent, pays ou zone, date, sexe, dimension, type de famille et résidence, urbaine/rurale	All ages Tous âges	15 + [1]	– 15	15–19	20–24	25–29	30–34
	EUROPE (Cont.–Suite)							
	Romania – Roumanie							
	Rural – Rurale							
	7 I 1992							
	Male – Masculin							
1	Total	2 600 704	2 600 591	70	4 890	58 349	101 814	154 194
2	1	188 184	188 096	61	2 030	8 229	6 703	8 471
3	2 +	2 412 520	2 412 493	9	2 860	50 120	95 111	145 723
	Nuclear – Nucléaire							
4	Spouse – Epouse	1 839 008	1 838 938	–	1 775	42 831	84 370	126 939
5	Other – Autres	41 750	41 750	–	101	759	908	1 867
	Extended – Elargis							
6	Spouse – Epouse	488 362	488 361	–	243	3 956	7 367	13 838
7	Other – Autres	20 606	20 595	7	505	1 493	1 105	1 200
	Composite – Complexes							
8	Spouse – Epouse	8 988	8 987	–	10	182	416	659
9	Other – Autres	3 958	3 958	–	48	283	388	525
	Unknown type –Type inconnu							
10	Spouse – Epouse	658	658	–	1	17	32	36
11	Other – Autres	9 190	9 188	2	177	599	525	659
	Female – Féminin							
12	Total	717 537	717 383	67	1 281	4 729	4 948	8 717
13	1	411 259	411 172	51	720	1 683	1 122	1 254
14	2 +	306 278	306 258	16	561	3 046	3 826	7 463
	Nuclear – Nucléaire							
15	Spouse – Epouse	19 375	19 375	–	147	835	828	1 451
16	Other – Autres	138 448	138 745	2	146	1 340	2 246	4 729
	Extended – Elargis							
17	Spouse – Epouse	83 829	83 828	–	36	180	171	279
18	Other – Autres	53 412	53 400	11	180	445	326	585
	Composite – Complexes							
19	Spouse – Epouse	804	803	–	2	9	6	10
20	Other – Autres	4 222	4 221	1	7	91	161	315
	Unknown type –Type inconnu							
21	Spouse – Epouse	98	98	–	1	4	2	2
22	Other – Autres	6 090	6 088	2	42	142	86	92

Age (in years)

GENERAL NOTES

For definitions of "urban", see end of table 6. For method of evaluation and limitations of data, see Technical Notes, page 120.

FOOTNOTES

- * Provisional.
- 1 Excluding persons of unknown age.
- 2 De jure population.
- 3 Because of rounding, totals are not in all cases the sum of the parts.
- 4 Data exclude adjustment for underenumeration.
- 5 De jure population, but excluding armed forces overseas and civilian citizens absent from country for extended period oftime.
- 6 Based on the results of a household survey.
- 7 For 14 years and over.

NOTES GENERALES

Pour les définitions des "régions urbaines", se reporter à la fin du tableau 6. Pour la méthode d'évaluation et les insuffisances des données, voir Notes techniques, page 120.

NOTES

- * Données provisoires.
- 1 Non compris les personnes d'âge inconnu.
- 2 Population de droit.
- 3 Les chiffres étant arrondis, les totaux ne correspondent pas toujours rigoureusement à la somme des chiffres partiels.
- 4 Les données n'ont pas été ajustées pour compenser les lacunes du dénombrement.
- 5 Population de droit, mais non compris les militaires à l'étranger, et les civils hors du pays pendant une période prolongée.
- 6 D'après les résultats d'une enquête des ménages.
- 7 Pour 14 ans et plus.

35. Ménages selon l'âge et le sexe du chef de ménage, la dimension et le type du ménage et la résidence, urbaine/rurale: chaque recensement, 1985 – 1995 (suite)
Données selon la résidence urbaine/rurale

(Voir notes à la fin du tableau.)

Age (en années)										
35–39	40–44	45–49	50–54	55–59	60–64	65–69	70–74	75+	Unknown Inconnu	
187 439	227 066	237 362	317 187	359 706	335 778	280 033	135 670	201 103	43	1
10 078	10 982	10 608	14 186	16 542	19 118	21 950	14 471	44 728	27	2
177 361	216 084	226 754	303 001	343 164	316 660	258 083	121 199	156 373	16	3
147 370	171 460	166 517	213 561	244 606	234 066	197 065	93 001	115 377	10	4
3 298	4 518	4 611	5 850	5 633	4 333	3 296	1 721	4 855	–	5
23 139	36 386	52 067	79 250	88 532	74 043	53 860	24 318	31 362	1	6
1 419	1 532	1 471	1 764	1 875	1 948	1 934	1 161	3 188	4	7
869	931	984	1 245	1 235	972	726	341	417	1	8
512	505	395	429	314	221	148	66	124	–	9
36	48	39	64	81	95	79	53	77	–	10
718	704	610	838	888	982	975	538	975	–	11
15 210	23 776	31 173	54 767	81 306	103 602	122 530	91 572	173 772	40	12
1 881	3 557	6 719	17 867	37 164	60 454	81 906	65 160	131 685	36	13
13 329	20 219	24 454	36 897	44 192	43 148	40 624	26 412	42 087	4	14
2 114	2 220	2 037	2 412	2 505	2 096	1 419	742	569	–	15
8 867	12 533	14 082	19 262	20 477	16 711	13 768	8 925	15 659	1	16
794	2 400	4 504	8 952	12 554	14 113	14 652	9 852	15 341	1	17
1 093	2 174	2 863	5 024	7 200	8 728	9 379	6 032	9 371	1	18
34	81	95	112	125	95	88	59	87	1	19
581	608	530	500	450	343	261	141	233	–	20
4	6	3	11	20	14	7	5	19	–	21
142	197	340	624	861	1 048	1 050	656	808	–	22

FOOTNOTES(continued)

8 For 14–19 years.
9 Data exclude adjustment for underenumeration, estimated at 6.92 per cent.
10 Data exclude adjustment of underenumeration, estimated at 2.6 per cent.
11 For classification by urban/rural residence, see end of table.
12 For government controlled areas.
13 Including transients and Vietnamese refugees.
14 Excluding diplomatic personnel outside country and foreign military and civilian personnel and their dependants stationed in the area.
15 Excluding the Faeroe Islands and Greenland.
16 Based on national registers.
17 Excluding diplomatic personnel and armed forces stationed outside country, the latter numbering 1 936 at 1966 census; also excluding alien armed forces within the country.
18 Excluding semi–urban.

NOTES(suite)

8 Pour 14–19 ans.
9 Les données n'ont pas été ajustées pour compenser les lacunes du dénombrement, estimées à 6,92 p. 100.
10 Les données n'ont pas été ajustées pour compenser les lacunes du dénombrement, estimées à 2,6 p. 100.
11 Pour le classement selon la résidence, urbaine/rurale, voir la fin du tableau.
12 Pour les zones dontrolées par le Gouvernement.
13 Y compris transients et les réfugieés du Viet Nam.
14 Non compris le personnel diplomatique hors du pays ni les militaires et agents civils étrangers en poste sur le territoire et les membres de leur famille les accompagnant.
15 Non compris les îles Féroé et le Groenland.
16 D'après les registres nationaux.
17 Non compris le personnel diplomatique et les militaires hors du pays, ces derniers étant au nombre de 1 936 au recensement de 1966; non compris également les militaires étrangers en garnison dans le pays.
18 Non compris semi–urbaine.

Subject–matter index (continued)

(See notes at end of index)

Subject–matter index (continued)

(See notes at end of index)

Subject–matter index (continued)

(See notes at end of index)

(See notes at end of index)

Subject–matter index (continued)

(See notes at end of index)

(See notes at end of index)

Subject–matter index (continued)

(See notes at end of index)

(See notes at end of index)

Subject–matter index (continued)

(See notes at end of index)

Subject–matter index (continued)

(See notes at end of index)

Subject-matter index (continued)

(See notes at end of index)

Subject–matter index (continued)

(See notes at end of index)

Subject–matter index (continued)

(See notes at end of index)

Subject–matter index (continued)

(See notes at end of index)

(See notes at end of index)

Subject–matter index (continued)

(See notes at end of index)

Subject–matter index (continued)

(See notes at end of index)

Subject–matter index (continued)

(See notes at end of index)

(See notes at end of index)

Subject-matter index (continued)

(See notes at end of index)

(See notes at end of index)

Index

Subject–matter index (continued)

(See notes at end of index)

Subject–matter index (continued)

(See notes at end of index)

Subject–matter index (continued)

(See notes at end of index)

Subject–matter index (continued)

(See notes at end of index)

Subject–matter index (continued)

(See notes at end of index)

General Notes

This cumulative index covers the content of each of the 47 issues of the Demographic Yearbook. "Year of issue"stands for the particular issue in which the indicated subject–matter appears. Unless otherwise specified, "Time coverage" designates the years for which annual statistics are shown in the Demographic Yearbook referred to in "Year of issue" column. "Latest" or "2–Latest" indicates that data are for latest available year(s) only.

Footnotes

1 Only titles not available for preceding bibliography.
2 Historical Supplement published in separate volume.
3 Five–year average rates.
4 Only data not available for preceding issue.
5 Population ageing published in separate volume.

Index

Index par sujet (suite)

(Voir notes à la fin de l'index)

(Voir notes à la fin de l'index)

Index par sujet (suite)

(Voir notes à la fin de l'index)

(Voir notes à la fin de l'index)

Index

Index par sujet (suite)

(Voir notes à la fin de l'index)

(Voir notes à la fin de l'index)

Index

Index par sujet (suite)

(Voir notes à la fin de l'index)

(Voir notes à la fin de l'index)

Index par sujet (suite)

(Voir notes à la fin de l'index)

(Voir notes à la fin de l'index)

Index par sujet (suite)

(Voir notes à la fin de l'index)

Index par sujet (suite)

(Voir notes à la fin de l'index)

(Voir notes à la fin de l'index)

Index par sujet (suite)

(Voir notes à la fin de l'index)

(Voir notes à la fin de l'index)

Index par sujet (suite)

(Voir notes à la fin de l'index)

Index par sujet (suite)

(Voir notes à la fin de l'index)

Index par sujet (suite)

(Voir notes à la fin de l'index)

(Voir notes à la fin de l'index)

Index par sujet (suite)

(Voir notes à la fin de l'index)

(Voir notes à la fin de l'index)

Index par sujet (suite)

(Voir notes à la fin de l'index)

(Voir notes à la fin de l'index)

Notes générales

Cet index alphabétique donne la liste des sujets traités dans chacune de 47 éditions de l'Annuaire démographique. La colonne "Année de l'édition" indique l'édition spécifique dans laquelle le sujet a été traité. Sauf indication contraire, lacolonne "Période considérée" désigne les années pour lesquelles les statistiques annuelles apparaissant dans l'Annuaire démographique sont indiquées sous la colonne "Année de l'édition". La rubrique "Dernière" ou "2–Dernières" indique que les données représentent la ou les dernières années disponibles seulement.

Notes

1 Le Supplément rétrospectif fait l'objet d'un tirage spécial.
2 Données non disponibles dans l'édition précédente seulement.
3 Titres non disponibles dans la bibliographie précedente seulement.
4 Taux moyens pour 5 ans.
5 Vieillissement de la population.

كيفية الحصول على منشورات الأمم المتحدة

يمكن الحصول على منشورات الأمم المتحدة من المكتبات ودور التوزيع في جميع أنحاء العالم . استعلم عنها من المكتبة التي تتعامل معها أو اكتب إلى : الأمم المتحدة ، قسم البيع في نيويورك أو في جنيف .

如何购取联合国出版物

联合国出版物在全世界各地的书店和经售处均有发售。请向书店询问或写信到纽约或日内瓦的联合国销售组。

HOW TO OBTAIN UNITED NATIONS PUBLICATIONS

United Nations publications may be obtained from bookstores and distributors throughout the world. Consult your bookstore or write to: United Nations, Sales Section, New York or Geneva.

COMMENT SE PROCURER LES PUBLICATIONS DES NATIONS UNIES

Les publications des Nations Unies sont en vente dans les librairies et les agences dépositaires du monde entier. Informez-vous auprès de votre libraire ou adressez-vous à : Nations Unies, Section des ventes, New York ou Genève.

КАК ПОЛУЧИТЬ ИЗДАНИЯ ОРГАНИЗАЦИИ ОБЪЕДИНЕННЫХ НАЦИЙ

Издания Организации Объединенных Наций можно купить в книжных магазинах и агентствах во всех районах мира. Наводите справки об изданиях в вашем книжном магазине или пишите по адресу: Организация Объединенных Наций, Секция по продаже изданий, Нью-Йорк или Женева.

COMO CONSEGUIR PUBLICACIONES DE LAS NACIONES UNIDAS

Las publicaciones de las Naciones Unidas están en venta en librerías y casas distribuidoras en todas partes del mundo. Consulte a su librero o diríjase a: Naciones Unidas, Sección de Ventas, Nueva York o Ginebra.

Litho in United Nations, New York
93221—February 1997—5,750
ISBN 92-1-051086-0

United Nations publication
Sales No. E/F.97.XIII.1
ST/ESA/STAT/SER.R/26

125,00